INCIDENTE DE RESOLUÇÃO DE DEMANDAS REPETITIVAS

Panorama e perspectivas

Coordenação

Aluisio Gonçalves de Castro Mendes • José Roberto Mello Porto

INCIDENTE DE RESOLUÇÃO DE DEMANDAS REPETITIVAS

Panorama e perspectivas

Prefácio: Ministro João Otávio de Noronha

Apresentação: Ministros Paulo de Tarso Sanseverino, Assusete Magalhães, Rogerio Schietti e Moura Ribeiro

Participação Especial: Ministros Humberto Martins, Marco Aurélio Bellizze Oliveira, Paulo Dias de Moura Ribeiro, Antonio Saldanha Palheiro e Bruno Dantas

2020

EDITORA *Jus*PODIVM

www.editorajuspodivm.com.br

EDITORA *Jus*PODIVM
www.editorajuspodivm.com.br

Rua Território Rio Branco, 87 – Pituba – CEP: 41830-530 – Salvador – Bahia
Tel: (71) 3045.9051
• Contato: https://www.editorajuspodivm.com.br/sac

Capa: Maitê Coelho

I37 Incidente de Resolução de Demandas Repetitivas: Panorama e Perspectivas / coordenadores Aluisio Gonçalves de Castro Mendes, José Roberto Mello Porto – Salvador: Editora JusPodivm, 2020.
1120 p.

Vários autores
Inclui bibliografia
ISBN 978-65-5680-039-4

1. Direito Processual. 2. Incidente de Resolução de Demandas Repetitivas. I. Mendes, Aluisio Gonçalves de Castro. II. Porto, José Roberto Mello. III. Título.

CDD 341.4

NOTA DOS COORDENADORES

Instrumento destacadamente relevante do Código Fux, o Incidente de Resolução de Demandas Repetitivas prontamente atraiu o interesse da comunidade jurídica. Multiplicam-se as pesquisas e os trabalhos acadêmicos sobre o avanço do IRDR, em diálogo com a prática dos tribunais, que, a cada dia, ganham maior entrosamento com o instituto fixador de teses jurídicas.

Percebendo a importância do incidente, convidamos autores de diversas instituições a apresentarem reflexões sobre seu cenário atual de consolidação, bem como sobre lançar questionamentos capazes de levar ao aperfeiçoamento gradual dos elementos fundamentais do IRDR.

O resultado foi o esperado: uma robusta obra coletiva, que une, aos artigos de Ministros do Superior Tribunal de Justiça e do Tribunal de Contas da União, trabalhos de doutrinadores consagrados – muitos dos quais responsáveis pela própria feição do instituto analisado – e de nomes da nova geração de processualistas.

Desejamos uma profícua leitura, com votos de que as ponderações nas páginas que se seguem sejam aptas a, como é desejo de todos, aprimorar o sistema judiciário nacional.

Aluisio Gonçalves de Castro Mendes

José Roberto Mello Porto

PREFÁCIO

Nas últimas três décadas, de valorização dos princípios democráticos e de reconhecimento dos direitos e garantias fundamentais, decorrência da Constituição de 1988, ampliou-se de tal forma o acesso à Justiça que a atividade da magistratura tornou-se minúscula para dar conta da tarefa. A nova realidade trouxe a reboque um desafio: assegurar a razoável duração do processo não obstante a incontrolável reivindicação de direitos, muitas vezes por meio da judicialização de um sem-fim de casos idênticos, prática batizada de litigância repetitiva.

Os dados passaram a ser preocupantes. O aumento da produtividade dos juízes não foi suficiente para fechar a conta do Judiciário. Como explicar essa contradição sistêmica? Predestinação calvinista? Castigo de Sísifo? Crise de parâmetros? Entre justificativas, racionais ou não, uma constatação veio à tona: o sistema processual brasileiro, anacrônico e inoperante, precisava de reforma.

A resposta foi o Código de Processo Civil de 2015. Concebido com a finalidade, entre outras, de conferir tratamento racional à repetição como fenômeno, estendeu a sistemática do julgamento por amostragem – antes reservada ao Superior Tribunal de Justiça e ao Supremo Tribunal Federal – aos tribunais de justiça e aos tribunais regionais federais, que, a partir da vigência do texto, passariam a também atuar na uniformização do direito mediante a prolação de decisões de amplo espectro e de efeito vinculante. A proposta recebeu nome: incidente de resolução de demandas repetitivas (IRDR).

À época da promulgação do novo Código, o IRDR foi para a berlinda. Em clima de conflitos de interpretação, a doutrina divergiu.

"O incidente é inconstitucional", dizia a crítica. Violará o direito de ação, a independência dos magistrados, os princípios do juiz natural e da separação dos Poderes. Será álibi para a supressão de instância, a obstrução do acesso à Justiça e a prevalência do precedente sobre a norma legal. Ainda culminará na criação de acervo de decisões estereotipadas para escolha *à la carte*, e por aí vai.

"Opinião de curto prazo", argumentavam os defensores, para quem a técnica processual era uma saída, em todos os sentidos, para processos sem desfecho acumulados. Conferiria tempestividade à jurisdição e garantiria eficiência, isonomia e segurança jurídica. Resultado previsto? Uniformidade e estabilidade da jurisprudência, além de previsibilidade das decisões. Afinal, casos materialmente idênticos seriam decididos de modo idêntico, no presente e no futuro.

Passados quatro anos da entrada em vigor do CPC, o IRDR tem sido alvo de estudos para sistematização e implementação, o que traduz os esforços da comunidade jurídica para pacificar a matéria.

Vem com esse propósito a publicação de *Incidente de resolução de demandas repetitivas: panorama e perspectivas*, obra de envergadura coordenada por Aluisio Gonçalves de Castro Mendes e por José Roberto Mello Porto. Da construção do trabalho também participam outros notáveis profissionais do mundo jurídico cujos nomes são referência da área acadêmico-científica e da doutrina especializada.

Qual o roteiro? (Re)ver o IRDR no universo de sua aplicação e implicações, sob a perspectiva do contexto histórico de sua criação; da exegese da lei; do direito comparado e do direito processual coletivo; da formação de microssistemas; da natureza jurídica; do cabimento; da legitimidade das partes; da admissibilidade e afetação; da suspensão de processos; da instrução e contraditório; do julgamento e fixação da tese; dos recursos; dos efeitos da tese; e da revisão, superação e distinção.

O mérito dos textos aqui compilados está no equilíbrio que rege o exame da matéria. O leitor se verá no meio de um diálogo de gerações de processualistas que não abrem mão da tarefa de dar ao instituto processual criado seu verdadeiro espírito, sem complexo de definitivo. Vale a pena conferir.

Uma coisa é certa: o IRDR veio com a eficácia de mudar o quadro do sistema judiciário em termos de funcionamento e números. O contexto atual é de aprimoramento do instituto para a consolidação de cultura que permitirá à Justiça sair do vermelho. Alguém duvida?

Ministro João Otávio de Noronha

Presidente do Superior Tribunal de Justiça

APRESENTAÇÃO

A presente obra, coordenada pelos ilustres professores Aluisio Gonçalves de Castro Mendes e José Roberto Mello Porto, vai além de consolidar preciosos ensinamentos de estudiosos e aplicadores do direito sobre o incidente de resolução de demandas repetitivas. Ela convida o leitor a visualizar a atuação jurisdicional como um verdadeiro sistema, eficientemente integrado por instrumentos processuais de vanguarda, em que se exige a efetiva participação de diversos atores.

Podemos confidenciar que o incidente de resolução de demandas repetitivas foi objeto de muitos debates, antes mesmo da entrada em vigor do Código de Processo Civil de 2015, perante a então Comissão Especial de Ministros do Superior Tribunal de Justiça, atual Comissão Gestora de Precedentes, em que as primeiras conclusões caminharam para um tom esperançoso.

Conversávamos sobre um instrumento inovador, que seria capaz de efetivar anseios identificados diuturnamente por juízes e desembargadores, tais como o desperdício de tempo e da atividade intelectual de magistrados e de servidores na atuação em demandas repetitivas, no âmbito de suas competências.

A repercussão geral e os recursos repetitivos, mesmo com alguma necessidade de aperfeiçoamento na sua implementação, demonstravam, naquele momento, relevante eficiência e estabilidade. Imaginávamos, então, como o IRDR seria importante para a gestão e o julgamento de demandas de massa no Brasil.

O STJ logo se adiantou, regulamentando aspectos relacionados ao IRDR em seu Regimento Interno. A Emenda Regimental n. 22, de 16 de março de 2016, incluiu o art. 271-A, com três parágrafos, ao Título X, que trata "Dos Processos Incidentes", e disciplinou, perante a Corte Superior, o pedido de suspensão nacional decorrente de incidente de resolução de demandas repetitivas, previsto nos §§ 3º e 4º do art. 982 do CPC, pedido esse sob a jurisdição do Presidente da Comissão Gestora de Precedentes, conforme delegação contida na Portaria STJ/GP n. 475, de 11 de novembro de 2016.

Mas não foi somente isso. Devido à nossa experiência com a gestão dos recursos repetitivos no STJ, designamos, a convite do Conselho Nacional de Justiça, o titular da então Coordenadoria de Repercussão Geral e Recursos Repetitivos do STJ, atual Núcleo de Gerenciamento de Precedentes, para realizar, sob nossa supervisão, a interação CNJ/STJ junto ao Grupo de Trabalho do Conselho, criado para o desenvolvimento de estudos sobre o alcance das modificações trazidas pelo CPC[1], na temática "demandas repetitivas".

Desse trabalho de interlocução interinstitucional resultou a edição da Resolução CNJ n. 235, de 13 de julho de 2016, que representou importante marco para a organização e padronização de procedimentos administrativos decorrentes do processo e julgamento de precedentes obrigatórios previstos no CPC/2015.

No normativo do CNJ foi dado o devido destaque ao incidente de resolução de demandas repetitivas, pois temíamos uma fragilidade na organização dos processos submetidos a esse rito qualificado, caso cada um dos tribunais ordinários brasileiros adotasse um procedimento para a organização e ampla divulgação dos incidentes.

Além das disposições referentes à padronização de procedimentos administrativos, fazemos um destaque especial à criação do Núcleo de Gerenciamento de Precedentes e da Comissão Gestora de Precedentes em todos os Tribunais do País, conforme sugerido pelo STJ.

Assim, estávamos relativamente preparados para um novo e importante momento da atividade jurisdicional a ser efetivado com o incidente de resolução de demandas repetitivas e a integração entre todos os Tribunais do País (inclusive dos Superiores).

Passados quatro anos de vigência do Código de Processo Civil de 2015, podemos visualizar, no entanto, alguns desencontros entre a vontade do legislador e a prática no Poder Judiciário, sendo, a nosso ver, o principal deles a discreta utilização do incidente de resolução de demandas repetitivas pelos Tribunais de Justiça e Tribunais Regionais Federais.

Conforme informações do Banco Nacional de Precedentes e Demandas Repetitivas do Conselho Nacional de Justiça[2], em março de 2020 havia apenas **303** incidentes admitidos nos Tribunais de Justiça e **32** admitidos nos Tribunais Regionais Federais. Essa observação é importante, pois impacta no ideal de racionalidade e celeridade da atividade jurisdicional almejado pelo Código, lastreado em julgamentos coletivizados de questões repetitivas, desde as instâncias ordinárias.

Podemos identificar alguns motivos para esse reduzido número de IRDRs, sendo o que mais se destaca a premente necessidade de definição de seus requisitos, cabimento, admissibilidade, suspensão de processos e julgamento.

1. Conselho Nacional de Justiça. Portaria CNJ n. 160, de 1º de dezembro de 2015.
2. Banco Nacional de Precedentes e Demandas Repetitivas. Disponível em: https://paineis.cnj.jus.br/QvAJAXZfc/opendoc.htm?document=qvw_l%2FPainelCNJ.qvw&host=QVS%40neodimio03&anonymous=true&sheet=shDRGraficos. Acesso em: 4/3/2020.

Após quatro anos da entrada em vigor do CPC, ainda estamos em um momento de consolidação dos entendimentos da legislação. O reduzido número de incidentes alonga a definição, pelo STJ, de importantes questões processuais, tendo em vista que, nesse período, a Corte Superior recebeu **vinte e quatro** recursos especiais interpostos contra julgamento de mérito em IRDR, havendo, até o momento, apenas **três** julgados, com os efeitos do § 2º do art. 987 do CPC[3].

Esta obra, portanto, que busca apresentar o panorama e as perspectivas do incidente de resolução de demandas repetitivas no nosso sistema processual brasileiro, possui notória relevância e é digna dos nossos elogios. A mudança de cultura no sistema judicial presente no CPC somente poderá ser alcançada com o diálogo e com o desenvolvimento da ciência jurídica relacionada à temática dos precedentes vinculantes (ou qualificados).

Que possamos caminhar juntos para concretizar os ideais do CPC, com uma prestação jurisdicional estável, íntegra, coerente e previsível.

Desejamos uma boa leitura e que esta coletânea seja ferramenta de intensa consulta pelos magistrados, membros do Ministério Público e da Defensoria Pública, advogados públicos e privados, bem como por toda a comunidade jurídica.

Brasília, 19 de março de 2020.
Comissão Gestora de Precedentes do STJ
Ministro Paulo de Tarso Sanseverino (Presidente)
Ministra Assusete Magalhães
Ministro Rogerio Schietti
Ministro Moura Ribeiro

3. Brasil. Lei n. 13.105, de 16 de março de 2015. *Código de Processo Civil*, art. 987 [...] § 2º Apreciado o mérito do recurso, a tese jurídica adotada pelo Supremo Tribunal Federal ou pelo Superior Tribunal de Justiça será aplicada no território nacional a todos os processos individuais ou coletivos que versem sobre idêntica questão de direito.

SOBRE OS COORDENADORES

ALUISIO GONÇALVES DE CASTRO MENDES

Desembargador Federal no Tribunal Regional Federal da 2ª Região; Presidente da 3ª Seção Especializada do TRF-2; Professor Titular de Direito Processual Civil na Faculdade de Direito da Universidade do Estado do Rio de Janeiro; Professor Titular de Direito Processual no Programa de Pós-Graduação em Direito da Universidade Estácio de Sá; Especialista em Direito Processual Civil pela Universidade de Brasília (UnB); Mestre em Direito pela Universidade Federal do Paraná (UFPR); Mestre em Direito pela Johann Wolfgang Universität (Frankfurt am Main, Alemanha); Doutor em Direito pela Universidade Federal do Paraná (UFPR), em doutorado cooperativo com a Johann Wolfgang Universität (Frankfurt am Main, Alemanha); Pós-Doutor em Direito pela Universidade de Regensburg (Alemanha); Bolsista do Programa de Pesquisa Produtividade da UNESA; Diretor do Instituto Brasileiro de Direito Processual (IBDP); Diretor do Instituto Ibero-americano de Direito Processual; Membro da International Association of Procedural Law; Membro da Academia Brasileira de Letras Jurídicas (ABLJ).

E-mail: aluisiomendes@terra.com.br

JOSÉ ROBERTO MELLO PORTO

Defensor Público do Estado do Rio de Janeiro. Doutorando em Direito Processual (UERJ). Mestre em Direito Processual (UERJ). Pós-graduado em Direito Privado (UCAM). Membro do Instituto Brasileiro de Direito Processual (IBDP). Presidente da Comissão de Estudos em Processo Civil da Ordem dos Advogados do Brasil – Seccional Rio de Janeiro (2019/2021).

SOBRE OS AUTORES

MIN. HUMBERTO MARTINS

Ministro do Superior Tribunal de Justiça.

MIN. MARCO AURÉLIO BELLIZZE OLIVEIRA

Ministro do Superior Tribunal de Justiça. Mestre em Direito pela Universidade Estácio de Sá.

MIN. PAULO DIAS DE MOURA RIBEIRO

Ministro do Superior Tribunal de Justiça. Pós-Doutor em Direito pela Universidade de Lisboa. Doutor em Direito Civil pela PUC/SP. Coordenador Científico do Curso de Direito da UNISA. Professor Titular da FDSBC. Professor do Curso de Direito da UDF.

MIN. ANTONIO SALDANHA PALHEIRO

Ministro do Superior Tribunal de Justiça. Mestre em Ciências Jurídicas (PUC/RJ).

MIN. BRUNO DANTAS

Ministro do TCU. Pós-Doutor (UERJ), Doutor e Mestre (PUC-SP) em Direito. *Visiting Researcher Fellow* na Benjamin N. Cardozo School of Law (Nova York, EUA) e no Max Planck Institute for Regulatory Procedural Law (Luxemburgo). Professor do Mestrado em Direito da UNINOVE e da FGV Direito-Rio.

ALEXANDRE MAGNO DA CONCEIÇÃO BITTENCOURT

Mestrando em Processo Civil pelo PPGD-UERJ.

ALUISIO GONÇALVES DE CASTRO MENDES

Desembargador Federal no Tribunal Regional Federal da 2ª Região; Presidente da 3ª Seção Especializada do TRF-2; Professor Titular de Direito Processual Civil na Faculdade de Direito da Universidade do Estado do Rio de Janeiro; Professor Titular de Direito Processual no Programa de Pós-Graduação em Direito da Universidade Estácio de Sá; Especialista em Direito Processual Civil pela Universidade de Brasília (UnB); Mestre em Direito pela Universidade Federal do Paraná (UFPR); Mestre em Direito pela Johann Wolfgang Universität (Frankfurt am Main, Alemanha); Doutor em Direito pela Universidade Federal do Paraná (UFPR), em doutorado cooperativo com a Johann Wolfgang Universität (Frankfurt am Main, Alemanha); Pós-Doutor em Direito pela Universidade de Regensburg (Alemanha); Bolsista do Programa de Pesquisa Produtividade da UNESA; Diretor do Instituto Brasileiro de Direito Processual (IBDP); Diretor do Instituto Ibero-americano de Direito Processual; Membro da International Association of Procedural Law; Membro da Academia Brasileira de Letras Jurídicas (ABLJ).

E-mail: aluisiomendes@terra.com.br

AMANDA DE LIMA VIEIRA

Mestre em Direito – UNESA. Doutoranda em Direito Processual – UERJ. Membro efetivo do Instituto Brasileiro de Direito Processual – IBDP. Advogada. Contato: amandalimavieira@uol.com.br

ANDERSON DE PAIVA GABRIEL

Doutorando e Mestre em Direito Processual pela Universidade do Estado do Rio de Janeiro (UERJ). Juiz de Direito do Tribunal de Justiça do Estado do Rio de Janeiro, aprovado em 1º lugar no XLVII Concurso. Anteriormente, atuou como Delegado de Polícia do Estado do Rio de Janeiro e como Delegado de Polícia do Estado de Santa Catarina. Possui graduação em Ciências Jurídicas e Sociais pela Universidade Federal do Rio de Janeiro, especialização em Direito Público e Privado pelo Instituto Superior do Ministério Público, especialização em Direito Constitucional pela Universidade Estácio de Sá e especialização em Gestão em Segurança Pública pela Universidade do Sul de Santa Catarina. Professor de Direito Processual Penal da Escola da Magistratura do Estado do Rio de Janeiro (EMERJ) e da Escola de Administração Judiciária (ESAJ). Membro do Instituto Brasileiro de Direito Processual (IBDP). Integrante do Fórum Nacional de Juízes Criminais (FONAJUC).

ANDRESSA MENDES CRUZ FELIZ

Graduanda em Direito pela Universidade Estácio de Sá. Auxiliar de pesquisa acadêmica.

ANTONIO AURELIO ABI RAMIA DUARTE

Doutor pela Universidade de Salamanca – Espanha. Mestre em Processo pela UERJ. Possui duas *pós*-graduações pela Universidade de Salamanca. Juiz de Direito TJE/RJ. Juiz integrante da Corte TRE/RJ de 2º grau, biênio 2017/2019. Conferencista e Coordenador Editorial da *Revista da EMERJ*. Professor visitante da Universidade de Barcelona. Membro do Instituto Brasileiro de Direito Processual e do Instituto Carioca de Processo. Autor de livros e artigos publicados em revistas especializadas.

ANTÔNIO PEREIRA GAIO JÚNIOR

Pós-Doutor em Direito (Universidade de Coimbra/PT). Pós-Doutor em Democracia e Direitos Humanos (Ius Gentium Conimbrigae/Faculdade de Direito da Universidade de Coimbra/PT). Doutor em Direito (UGF). Mestre em Direito (UGF). Pós-Graduado em Direito Processual (UGF). *Visiting Professor* do Ius Gentium Conimbrigae (CDH/Faculdade de Direito da Universidade de Coimbra). Professor Associado de Direito Processual Civil e Teoria Geral do Processo da Universidade Federal Rural do Rio de Janeiro – UFRRJ. Membro da International Association of Procedural Law (IAPL). Membro do Instituto Ibero-americano de Direito Processual (IIDP). Membro do Instituto Brasileiro de Direito Processual (IBDP). Membro da International Bar Association (IBA). Membro efetivo da Comissão Permanente de Direito Processual Civil do IAB-Nacional. Membro da Comissão de Educação Jurídica da OAB/MG. Advogado, consultor jurídico e parecerista. www.gaiojr.com

BERNARDO DA SILVEIRA LATGÉ

Mestre em Direito Processual pela Universidade do Estado do Rio de Janeiro. Professor convidado dos programas de pós-graduação da Universidade do Estado do Rio de Janeiro, Fundação Getulio Vargas e Escola Superior da Advocacia Pública. Advogado.

BRUNO PROVENÇANO DO OUTEIRO SOUZA

Mestrando em Direito Processual pela Universidade do Rio de Janeiro – UERJ. Pós-graduado em Direito e Processo do Trabalho pela Universidade Cândido Mendes – UCAM. Pós-graduado em Direito Processual Civil e em Direito Processual do Trabalho pela Universidade Veiga de Almeida – UVA. Advogado e sócio da Pinaud Freire & Provençano Sociedade de Advogados.

CAIO VICTOR RIBEIRO DOS SANTOS

Pós-graduado em Direito Processual Civil (IDP).

CESAR FELIPE CURY

Mestre e Doutorando em Direito – UNESA. Membro efetivo do Instituto Brasileiro de Direito Processual – IBDP. Desembargador do TJRJ. Contato: cesarcury@tjrj.jus.br

CINTIA REGINA GUEDES

Defensora Pública do Estado do Rio de Janeiro. Mestre em Direito Processual pela UERJ. Doutoranda em Direito Processual pela UERJ.

DANIEL DE OLIVEIRA PONTES

Mestre em Direito Processual pela Universidade do Estado do Rio de Janeiro (UERJ). Procurador do Estado de São Paulo.

DANIEL DE SOUZA LUCAS

Mestre em Teorias Jurídicas Contemporâneas pela Faculdade Nacional de Direito da UFRJ. Pesquisador. Lattes disponível em http://lattes.cnpq.br/3612789113321010. E-mail: daniellucas@adv.oabrj.org.br

DANIEL VIANNA VARGAS

Doutorando e Mestre em Direito Processual pela UERJ. Mestre em Direito (mestrado próprio) pela Universidade de Barcelona e Universidade Pompeu Fabra (Espanha). Juiz de Direito do TJRJ. Professor da EMERJ.

DIOGO ESTEVES

Doutorando e Mestre em Sociologia e Direito pela UFF. Professor da FESUDEPERJ. Defensor Público do Estado do Rio de Janeiro.

EVERTON FERREIRA JORDÃO

Mestre em Direito Processual pela Universidade do Estado do Rio de Janeiro – UERJ. Especialista em Direito Processual Civil pela Escola de Magistratura do Estado do Rio de Janeiro – EMERJ e em Direito Empresarial pela Fundação Getulio Vargas – FGV.

FÁBIO COSTA SOARES

Doutorando em Direito Processual (UERJ). Mestre em Direito Processual (UERJ). Especialista em Direito do Consumidor (UERJ/CEPED). Graduado em Direito pela Universidade Federal Fluminense (UFF). Juiz de Direito (TJRJ).

FELIPE CARVALHO GONÇALVES DA SILVA

Doutorando e Mestre em Direito Processual pela Universidade do Estado do Rio de Janeiro (UERJ). Juiz de Direito do Tribunal de Justiça do Estado do Rio de Janeiro. Anteriormente, foi Defensor Público do Estado do Rio de Janeiro (2002-2006). Titular da 2ª Vara Criminal de Belford Roxo. Integrante do Fórum Nacional de Juízes Criminais (FONAJUC). Presidente Eleito da Associação dos Magistrados do Estado do Rio de Janeiro (AMAERJ) para o biênio 2020/2021.

FELIPPE BORRING ROCHA

Doutor em Sociologia e Direito pela Universidade Federal Fluminense – UFF. Mestre em Direito pela Universidade Estácio de Sá – UNESA. Professor de Direito Processual Civil. Defensor Público do Estado do Rio de Janeiro.

E-mail: fborring@gmail.com

Facebook: Professor FelippeBorring

Instagram: @felippe_borring

Twitter: @felippeborring

FERNANDA COSTA VOGT

Mestranda em Direito Processual pela UERJ.

FRANCISCO EMILIO DE CARVALHO POSADA

Mestrando em Direito Processual pela Universidade do Estado do Rio de Janeiro (UERJ). Pós-Graduado em Direito Público e Privado pela Escola da Magistratura do Estado do Rio de Janeiro (EMERJ). Juiz de Direito do Tribunal de Justiça do Estado do Rio de Janeiro. Professor da Escola da Magistratura do Estado do Rio de Janeiro (EMERJ).

E-mail: francisco_ecp@hotmail.com

FRANKLYN ROGER ALVES SILVA

Doutor e Mestre em Direito Processual pela UERJ. Professor da UCAM e da FESUDEPERJ. Defensor Público do Estado do Rio de Janeiro.

FREDIE DIDIER JR.

Pós-Doutor (Universidade de Lisboa). Livre-Docente (USP). Doutor (PUC-SP). Mestre (UFBA). Professor-associado na Faculdade de Direito da Universidade Federal da Bahia (graduação, mestrado e doutorado). Diretor Acadêmico da Faculdade Baiana de Direito. Membro da Associação Internacional de Direito Processual (IAPL), do Instituto Ibero-americano de Direito Processual, do Instituto Brasileiro de Direito Processual, da Associação Norte e Nordeste de Professores de Processo e da Associação Brasileira de Direito Processual. Advogado.

E-mail: fredie@terra.com.br

GUSTAVO SILVA ALVES

Mestre em Direito Processual pela Universidade Federal do Espírito Santo – UFES. Graduado em Direito pela Universidade Federal do Espírito Santo – UFES. Membro do Instituto Brasileiro de Direito Processual – IBDP. Participante do Grupo de Pesquisa "Fundamentos do Processo Civil Contemporâneo" (UFES). Professor em cursos de pós-graduação. Assessor jurídico no Ministério Público do Espírito Santo.

E-mail: gugalves2003@gmail.com

HERMES ZANETI JR.

Pós-Doutor em Processos Coletivos pela Università degli Studi di Torino (Unito). Doutor em Teoria e Filosofia do Direito pela Universitàdegli Studi di Roma Ter (Uniroma3). Doutor e Mestre (UFRGS). Professor na Faculdade de Direito da Universidade Federal do Espírito Santo. Promotor de Justiça no Estado do Espírito Santo. Membro do Instituto Brasileiro de Direito Processual (IBDP). Membro do Instituto Ibero-americano de Direito Processual (IIDP). Membro da Associação Brasileira do Ministério Público de Meio Ambiente e do MPCon (Associação Nacional do Ministério Público do Consumidor [Abrampa]).

E-mail: hermeszanetijr@gmail.com

HUMBERTO DALLA BERNARDINA DE PINHO

Professor Titular de Direito Processual Civil (UERJ, Estácio e Ibmec). Martin-Flynn Global Law Professor (University of Connecticut School of Law). Professor Emérito e Diretor Acadêmico da FEMPERJ. Membro do Ministério Público do Estado do Rio de Janeiro.

HUMBERTO SANTAROSA DE OLIVEIRA

Mestre e Doutorando em Direito Processual pela Universidade do Estado do Rio de Janeiro – UERJ. Pós-Graduado em Direito Processual pela Universidade Federal de Juiz de Fora – UFJF. Advogado e professor.

HUMBERTO THEODORO JÚNIOR

Professor Titular Aposentado da Faculdade de Direito da UFMG. Desembargador Aposentado do TJMG. Membro da Academia Mineira de Letras Jurídicas, do Instituto dos Advogados de Minas Gerais, do Instituto dos Advogados Brasileiros, do Instituto de Direito Comparado Luso-Brasileiro, do Instituto Brasileiro de Direito Processual, do Instituto Ibero-Americano de Direito Processual e da International Association of Procedural Law e da Association Henri Capitant des Amis de la Culture Juridique Française. Doutor em Direito. Advogado.

JACQUES RUBENS

Mestrando em Direito pela Universidade do Estado do Rio de Janeiro (UERJ). Advogado.

JEAN CARLOS DE ALBUQUERQUE GOMES

Mestrando em Direito Processual pela Universidade do Estado do Rio de Janeiro (UERJ). Advogado. Membro do Instituto Brasileiro de Direito Processual (IBDP).

JORGE LUIS DA COSTA SILVA

Mestrando em Direito Processual pela Universidade do Estado do Rio de Janeiro (UERJ). Graduado em Direito pela Universidade do Estado do Rio de Janeiro (UERJ). Advogado.

JOSÉ ROBERTO MELLO PORTO

Defensor Público do Estado do Rio de Janeiro. Doutorando em Direito Processual (UERJ). Mestre em Direito Processual (UERJ). Pós-graduado em Direito Privado (UCAM). Membro do Instituto Brasileiro de Direito Processual (IBDP). Presidente da Comissão de Estudos em Processo Civil da Ordem dos Advogados do Brasil – Seccional Rio de Janeiro (2019/2021).

LARISSA CLARE POCHMANN DA SILVA

Pós-Doutoranda em Direito Processual pela Universidade do Estado do Rio de Janeiro (UERJ). Doutora e Mestre em Direito pela Universidade Estácio de Sá (UNESA). Professora da Universidade Candido Mendes (UCAM) e da Universidade Estácio de Sá (UNESA). Advogada.

LUDMILLA CAMACHO DUARTE VIDAL

Mestre e Doutoranda em Direito Processual (UERJ). Pesquisadora visitante da Universidade de Paris 1 Panthéon-Sorbonne. Pesquisadora da CAPES. Advogada.

LUIZ GUILHERME MARINONI

Professor Titular da Universidade Federal do Paraná. Presidente da Associação Brasileira de Direito Processual Constitucional. Conselheiro da International Association of Procedural Law.

LYDIA DE FREITAS VIANNA

Mestranda em Direito Processual pela UERJ. Advogada.

MARCELO MAZZOLA

Doutorando e Mestre em Direito Processual pela UERJ. Vice-Presidente de Propriedade Intelectual do CBMA. Coordenador de Processo Civil da ESA/RJ. Professor de Processo Civil da EMERJ. Membro do IBDP, da ABDPro e do ICPC. Advogado.

MARCELO ORNELLAS MARCHIORI

Analista Judiciário do Superior Tribunal de Justiça. Assessor Chefe do Núcleo de Gerenciamento de Precedentes (NUGEP). Ex-servidor do Supremo Tribunal Federal. Ex-servidor do Conselho Nacional de Justiça. Membro do Centro Nacional de Inteligência da Justiça Federal.

MARIA EDUARDA MOOG

Mestranda em Direito Processual Civil pela UERJ. Mestre em Direito e Negócios pela Bucerius Law School, Alemanha, especializada em Resolução de Conflitos pela New York University. Especialista em Direito Processual Civil pela Pontifícia Universidade Católica do Rio de Janeiro. Advogada.

MAURILIO CASAS MAIA

Doutorando em Direito Constitucional (UNIFOR) e Mestre em Ciências Jurídicas (UFPB). Pós-Graduado em Direitos Civil e Processual Civil e em Direito Público: Constitucional e Administrativo (CIESA). Professor de Direito (UFAM). Defensor Público (DPE-AM).

MURILO STRÄTZ

Advogado da União lotado na Procuradoria Regional da União – 2ª Região. Mestre em Teorias Jurídicas Contemporâneas pela UFRJ. Doutorando em Ciências Jurídicas pela Universidade do Minho (Portugal). Instrutor da Escola da Advocacia Geral da União no Rio de Janeiro. Professor convidado dos cursos de pós-graduação *lato sensu* da UERJ em Direito Processual Civil e em Advocacia Pública, bem como da pós-graduação da AVM-UCAM em Licitações e Contratos.

NATHALIA RIBEIRO

Mestranda em Direito Processual Civil pela Universidade do Estado do Rio de Janeiro (UERJ). Pós-Graduada em Direito Processual Civil pela Escola da Magistratura do Estado do Rio de Janeiro (EMERJ). Graduada em Direito pela Universidade Federal do Estado do Rio de Janeiro. Coordenadora Adjunta de Processo Civil da Escola Superior de Advocacia/RJ. Advogada.

OSMAR MENDES PAIXÃO CÔRTES

Pós-Doutor em Processo Civil pela UERJ. Doutor em Direito pela PUC/SP. Mestre em Direito pela UnB. Diretor IBDP. Professor do doutorado/mestrado do IDP/DF. Advogado.

PAULO HENRIQUE DOS SANTOS LUCON

Professor Associado da Faculdade de Direito do Largo de São Francisco – USP. Livre-Docente, Doutor e Mestre em Direito Processual Civil pela mesma instituição. Presidente do Instituto Brasileiro de Direito Processual – IBDP. Advogado.

PEDRO LOSA LOUREIRO VALIM

Juiz Federal na 2ª Região. Ex-Promotor de Justiça do Ministério Público do Rio de Janeiro e ex-Defensor Público em São Paulo. Doutorando em Direito Processual (UERJ). Mestre em Direito Processual (PUC/SP).

RAFAEL GAIA EDAIS PEPE

Mestre em Direito Processual pela UERJ. Master of Laws pela Columbia University (EUA). Procurador do Estado do Rio de Janeiro e Advogado. Ex-Assessor de Ministro no Supremo Tribunal Federal e ex-Procurador da Fazenda Nacional.

RAPHAEL JORGE DE CASTILHO BARILLI

Mestre em Direito pela UFRJ. Pós-Graduado em Direito Público pela UCAM. Delegado de Polícia no Estado do Rio de Janeiro. Professor de cursos de graduação e pós-graduação. Pesquisador.

Lattes disponível em http://lattes.cnpq.br/0897287459205783.

E-mail: raphaelbarilli@icloud.com

RAVI PEIXOTO

Doutorando em Direito Processual pela UERJ. Mestre em Direito pela UFPE. Membro da Associação Norte-Nordeste de Professores de Processo (ANNEP), do Centro de Estudos Avançados de Processo (CEAPRO), da Associação Brasileira de Direito Processual (ABDPRO) e do Instituto Brasileiro de Direito Processual (IBDP). Procurador do Município do Recife. Advogado.

Endereço eletrônico: ravipeixoto@gmail.com

RENNAN THAMAY

Pós-Doutor pela Universidade de Lisboa. Doutor em Direito pela PUC/RS e Università degli Studi di Pavia. Mestre em Direito pela UNISINOS e pela PUC Minas. Especialista em Direito pela UFRGS. Professor Titular do programa de graduação e pós-graduação (doutorado, mestrado e especialização) da FADISP. Professor da pós-graduação (*lato sensu*) da PUC/SP, do Mackenzie e da Escola Paulista de Direito – EDP. Professor Titular do Estratégia Concursos e do UNASP. Foi Professor assistente (visitante) do programa de graduação da USP e Professor do programa de graduação e pós-graduação (*lato sensu*) da PUC/RS. Presidente da Comissão de Processo Constitucional do IASP (Instituto dos Advogados de São Paulo). Membro do IAPL (International Association of Procedural Law), do IIDP (Instituto Iberoamericano de Derecho Procesal), do IBDP (Instituto Brasileiro de Direito Processual), IASP (Instituto dos Advogados de São Paulo), da ABDPC (Academia Brasileira de Direito Processual Civil), do CEBEPEJ (Centro Brasileiro de Estudos e Pesquisas Judiciais), da ABDPro (Associação Brasileira de Direito Processual) e do CEAPRO (Centro de Estudos Avançados de Processo). Advogado, árbitro, consultor jurídico e parecerista. www.rennanthamay.com.br

ROBERTO DE ARAGÃO RIBEIRO RODRIGUES

Doutor em Direito Processual pela UERJ. Professor Titular de Direito Processual Civil do IMBEC/RJ. Advogado da União, atualmente no cargo de Subprocurador Regional da União da 2ª Região.

RODRIGO CUNHA MELLO SALOMÃO

Mestre em Direito Processual (UERJ). Advogado. Vice-Presidente da Comissão de Estudos em Processo Civil da OAB/RJ. Secretário-Geral da Comissão de Arbitragem da OAB Federal.

RODRIGO FUX

Doutorando e Mestre em Direito Processual pela Universidade do Estado do Rio de Janeiro – UERJ. Advogado.

ROGÉRIA DOTTI

Doutora e Mestre pela Universidade Federal do Paraná. Professora universitária. Coordenadora da pós-graduação em Direito Civil e Processo Civil do Unicuritiba. Secretária-geral do Instituto Brasileiro de Direito Processual – IBDP. Advogada.

TERESA ARRUDA ALVIM

Livre-Docente, Doutora e Mestre em Direito pela PUC-SP. Professora nos cursos de graduação, especialização, mestrado e doutorado da mesma instituição. Professora Visitante na Universidade de Cambridge – Inglaterra. Professora Visitante na Universidade de Lisboa. Diretora de Relações Internacionais do IBDP. Honorary Executive Secretary General da International Association of Procedural Law. Membro honorário da Associazione Italiana fra gli studiosi del processo civile, do Instituto Paranaense de Direito Processual. Membro do Instituto Ibero-americano de Direito Processual, do Instituto Panamericano de Derecho Procesal, do Instituto Português de Processo Civil, da Academia Paranaense de Letras Jurídicas, do IAPPR, do IASP, da AASP, do IBDFAM e da ABDConst. Membro do Conselho Consultivo da Câmara de Arbitragem e Mediação da Federação das Indústrias do Estado do Paraná – CAMFIEP. Membro do Conselho Consultivo da *Revista dos Tribunais – RT* e Coordenadora da *Revista de Processo – RePro*, publicações mensais da Editora Revista dos Tribunais. Advogada.

VINICIUS SILVA LEMOS

Advogado. Doutorando em Processo Civil pela UNICAP/PE. Mestre em Sociologia e Direito pela UFF/RJ. Especialista em Processo Civil pela FARO. Professor de Processo Civil da FARO e da UNIRON. Coordenador da pós-graduação em Processo Civil da Uninter/FAP. Diretor-Geral da ESA/RO. Vice-Presidente do Instituto de Direito Processual de Rondônia – IDPR. Membro da Associação Norte-Nordeste de Professores de Processo – ANNEP. Membro do Instituto Brasileiro de Direito Processual – IBDP. Membro do Centro de Estudos Avançados em Processo – CEAPRO. Membro da Academia Brasileira de Direito Processual Civil – ABDPC. Membro da Associação Brasileira de Direito Processual – ABDPRO.

E-mail: viniciuslemos@lemosadvocacia.adv.br

SUMÁRIO

CAPÍTULO VI - NATUREZA JURÍDICA

CAPÍTULO VII - CABIMENTO

CAPÍTULO I

PARTICIPAÇÃO ESPECIAL DE MINISTROS

1

MUSTERVERFAHREN: CONSIDERAÇÕES SOBRE SUA DITA INFLUÊNCIA NO INCIDENTE DE RESOLUÇÃO DE DEMANDAS REPETITIVAS – IRDR

Min. Humberto Martins[1]

Sumário: 1 – Introdução. 2 – Musterverfahren. 2.1 – Breve histórico. 2.2 Conceito. 3 – Suposta influência do *Musterverfahren* sobre o Incidente de Resolução de Demandas Repetitivas – IRDR. 4 – Conclusão. 5 – Referências bibliográficas.

1. INTRODUÇÃO

No direito brasileiro, a necessidade de otimizar a prestação jurisdicional motivou o advento do Incidente de Resolução de Demandas Repetitivas – IRDR, trazido pelo Código de Processo Civil de 2015 (arts. 976 a 987), a ser aplicado nas lides conhecidas pelo termo genérico de "coletivas".

O novo instituto inspira nos profissionais do direito a ideia de resguardar a segurança jurídica, um dos pilares do Estado de Direito, mas também de isonomia, eficiência e previsibilidade processuais ou de integração institucional diante da política judiciária para julgamento dessas macrolides. Nesse contexto, o conhecimento do IRDR a partir de sua inspiração no direito estrangeiro (em especial, no direito alemão) pode contribuir para sua melhor compreensão.

Desse modo, propõe-se, aqui, um estudo do *Musterverfahren*, como contributo ao entendimento de seu homólogo brasileiro, o Incidente de Resolução de Demandas Repetitivas – IRDR.

2. MUSTERVERFAHREN

2.1 Breve histórico

Em vez de editar uma vasta regulamentação sobre tutela coletiva, o direito alemão elegeu alterações específicas e um número mais contido de leis – talvez

1. Ministro do Superior Tribunal de Justiça.

por contar com uma Administração Pública bastante eficiente, o que faz com que muitos pleitos dos cidadãos alemães sejam atendidos ainda na esfera administrativa e não convirjam em massa ao Judiciário.

A partir do ano de 1991, desenvolveu-se a abertura do ordenamento jurídico alemão à sistemática de resolução conjunta de demandas de massa. O conhecido modelo de tutela jurisdicional dos direitos coletivos, o *Verbandsklage*, adotado em boa parte da Europa Continental nas demandas de associações, caracteriza-se, em suma, pela eleição de um sujeito supraindividual (uma associação) que em seu nome postula para defender como direito próprio a tutela, por exemplo, de consumidores ou do meio ambiente pelas respectivas associações.

Ainda em 1991, ocorre a reforma do Código Administrativo alemão, de 1960 (*Verwaltungsgerichtsordnung – VwGO*), incluindo-se um instrumento para tratar demandas coletivas no §93a, inicialmente para ser aplicado no âmbito do Tribunal Administrativo e, depois, estendido para o Tribunal Social (§114a, *Sozialgerechtsgezetz – SGG*).

Como instrumento não representativo, no ano de 2005, o *Musterverfahren* passou a integrar experimentalmente a Lei do Procedimento-Modelo para os investidores em mercado de capitais, a *KapMuG* (*Gesetz zur Einführung von Kapitalanleger-Musterverfahrengesetz*), de modo temporário e com vigência até 2010, quando, após ser prorrogado por mais 2 (dois) anos, adveio nova lei em 2012 com vigência até 1º de novembro de 2020 (sem prejuízo de sua renovação), devido à necessidade de reger a questão pontual da *Deutsche Telekom*.

A companhia de telecomunicações alemã teria lesado cerca de 17.000 investidores do mercado de capitais, divulgando, entre os anos de 1999 e 2000, informações inverídicas que não correspondiam à real valorização mobiliária da sociedade. Os milhares de investidores que adquiriram ações da companhia foram, na sequência, surpreendidos com a veloz e notória desvalorização desses títulos, o que motivou a propositura de milhares de ações no Tribunal de Frankfurt.

Nesse entretempo, em 2008, a *Sozialgerichtsgesetz* também adota o *Musterverfahren* para os feitos assistenciais e previdenciários, mas de forma mais semelhante àquela utilizada pela Justiça Administrativa.

2.2 Conceito

A Lei Fundamental alemã (*Grundgesetz*), no seu artigo 95, utiliza o critério da matéria para definir a especialização da justiça alemã: a Justiça Comum ou Ordinária (*Ordentliche Gerichtsbarkeit*); a Justiça Trabalhista (*Arbeitsgerichtsbarkeit*); a Justiça de Finanças (*Finanzgerichtsbarkeit*); a Justiça Administrativa (*Verwaltungsgerichtsbarkeit*); e a Justiça Previdenciária ou Social (*Sozialgerichtsbarkeit*).

Nesse ambiente, o *Musterverfahren* é tido como uma modalidade de julgamento de casos repetitivos que segue o sistema do processo-modelo: há uma cisão de competência em que o colegiado fixa a tese para a questão comum a um grupo de casos e devolve o feito ao juiz competente a fim de que este aplique a tese e decida eventuais questões periféricas.

Logo, o *Musterverfahren* tem a função de oferecer uma tese comum para um número significativo de demandas coletivas que versem sobre o mesmo quadro fático ou jurídico.

Esse parece um procedimento comum aos olhos do ordenamento jurídico brasileiro, mas representa, na verdade, uma experiência relativamente nova para o direito alemão, que sempre primou pela solução de conflitos bilaterais, até mesmo por possuir um direito processual de excelência, bem como um Judiciário reconhecido por sua celeridade e por não incentivar a judicialização de conflitos de massa.[2]

3. SUPOSTA INFLUÊNCIA DO *MUSTERVERFAHREN* SOBRE O INCIDENTE DE RESOLUÇÃO DE DEMANDAS REPETITIVAS – IRDR

A legislação infraconstitucional brasileira, sob inspiração da *class action* norte-americana, já havia previsto na Lei da Ação Civil Pública (Lei n. 7.347/1985) o cabimento de ações coletivas de responsabilidade por danos morais e patrimoniais em controvérsias sobre danos causados ao meio ambiente, ao consumidor, a bens e direitos de valor artístico, estético, histórico, turístico e paisagístico.

Em 1988, a Constituição da República, no artigo 5º, incisos XXI, LXX, "b", e LXXIII, e artigo 129, inciso III, acenou para a coletivização das macrolides, a fim de dar um norte para a solução das ações de massa, vezes várias com sujeitos numerosos ou indeterminados e com objeto indivisível.

Na sequência da Lei da Ação Civil Pública, o Código de Defesa do Consumidor (Lei n. 8.078/1990) incluiu os danos a qualquer outro interesse difuso e coletivo; a MP n. 2.180-35/2001 acrescentou os danos à ordem urbanística; a Lei n. 12.529/2011 acresceu os danos por infração da ordem econômica; a Lei n. 12.966/2014 compreendeu os danos à honra e à dignidade de grupos raciais, étnicos ou religiosos; e a Lei n. 13.004/2014 abrangeu os danos ao patrimônio público e social.

A exposição de motivos do Código de Processo Civil de 2015 reconhece expressamente que o *Musterverfahren* inspirou a criação do Incidente de Resolução de Demandas Repetitivas – IRDR, a fim de que o Judiciário brasileiro reúna, ainda na instância de primeiro grau, os processos que versem sobre idêntica matéria de direito para que sejam decididos conjuntamente, *verbis*:

2. CAVALCANTI, Marcos. *Incidente de resolução de demandas repetitivas e ações coletivas*. Salvador: Juspodivm, 2015, p. 320-321.

> Criaram-se figuras, no novo CPC, para evitar a dispersão excessiva da jurisprudência. Com isso, haverá condições de se atenuar o assoberbamento de trabalho no Poder Judiciário, sem comprometer a qualidade da prestação jurisdicional.
>
> Dentre esses instrumentos, está a complementação e o reforço da eficiência do regime de julgamento de recursos repetitivos, que agora abrange a possibilidade de suspensão do procedimento das demais ações, tanto no juízo de primeiro grau, quanto dos demais recursos extraordinários ou especiais, que estejam tramitando nos tribunais superiores, aguardando julgamento, desatreladamente dos afetados.
>
> Com os mesmos objetivos, criou-se, com inspiração no direito alemão, o já referido incidente de Resolução de Demandas Repetitivas, que consiste na identificação de processos que contenham a mesma questão de direito, que estejam ainda no primeiro grau de jurisdição, para decisão conjunta.[3]

Ao prever o IRDR, o intuito do Código foi, no dizer de Rodolfo de Camargo Mancuso, conter a dispersão excessiva da jurisprudência, otimizar o trabalho dos tribunais, conferir mais isonomia do tratamento dos jurisdicionados e realizar a segurança jurídica.[4]

Não se esqueça de que, à inspiração no *Musterverfahren*, o processo civil brasileiro somou, sobretudo, sua experiência obtida com a utilização dos incidentes previstos nos artigos 543-B e 543-C do Código de Processo Civil de 1973 no julgamento de recursos extraordinário e especial.

Tal como ocorre na experiência alemã com o *Musterverfahren*, o legislador brasileiro tem trazido nas últimas décadas instrumentos processuais que permitam o julgamento em bloco de processos repetitivos a partir de decisões-modelo oriundas da análise de causas-piloto. Nessa linha, podem ser citados como institutos mais conhecidos a repercussão geral no recurso extraordinário, o recurso repetitivo no âmbito do Superior Tribunal de Justiça, a suspensão de liminar para conter grave lesão à ordem, à saúde, à segurança e à economia públicas, o pedido de uniformização da interpretação de lei federal nos Juizados Especiais Cíveis Federais e o pedido de uniformização da interpretação de lei nos Juizados Especiais da Fazenda Pública na esfera dos Estados, do Distrito Federal, dos Territórios e dos Municípios.[5]

Há, contudo, pontos divergentes entre o instituto brasileiro e o instituto alemão, citando-se, a propósito, o art. 976 do Código de Processo Civil de 2015:

> Art. 976. É cabível a instauração do incidente de resolução de demandas repetitivas quando houver, simultaneamente:

---

3. Anteprojeto do Novo Código de Processo Civil. Disponível em: <https://www2.senado.leg.br/bdsf/handle/id/496296>. Acesso em: 23-09-2019.

4. MANCUSO, Rodolfo de Camargo. *Incidente de resolução de demandas repetitivas:* a luta contra a dispersão jurisprudencial excessiva. São Paulo: Revista dos Tribunais, 2016, p. 227.

5. CAVALCANTI, Marco. Op. cit., p. 326.

> I – efetiva repetição de processos que contenham controvérsia sobre a mesma questão unicamente de direito;
>
> II – risco de ofensa à isonomia e à segurança jurídica.
>
> § 1º A desistência ou o abandono do processo não impede o exame de mérito do incidente.
>
> § 2º Se não for o requerente, o Ministério Público intervirá obrigatoriamente no incidente e deverá assumir sua titularidade em caso de desistência ou de abandono.
>
> § 3º A inadmissão do incidente de resolução de demandas repetitivas por ausência de qualquer de seus pressupostos de admissibilidade não impede que, uma vez satisfeito o requisito, seja o incidente novamente suscitado.
>
> § 4º É incabível o incidente de resolução de demandas repetitivas quando um dos tribunais superiores, no âmbito de sua respectiva competência, já tiver afetado recurso para definição de tese sobre questão de direito material ou processual repetitiva.
>
> § 5º Não serão exigidas custas processuais no incidente de resolução de demandas repetitivas.

Embora a Exposição de Motivos do Anteprojeto do Código de Processo Civil de 2015 se refira expressamente a essa influência do *Musterverfahren*, o instituto brasileiro IRDR tem ampla aplicação sobre as disciplinas existentes no direito nacional, quer sejam de direito material, quer sejam de direito processual, enquanto o instituto alemão é, até o presente momento, específico para controvérsias relativas ao mercado mobiliário e, de forma mais especializada, também aplicável ao direito administrativo e previdenciário-assistencial.

Por outro lado, nos termos do art. 976 do Código de Processo Civil de 2015, o IRDR permite a aplicação da tese aos processos com controvérsia sobre idêntico ponto e "unicamente de direito" (inc. I) ou quando houver "risco de ofensa à isonomia e à segurança jurídica" (inc. II), ao passo que o *Musterverfahren* possibilita sua utilização tanto em questões jurídicas quanto fáticas.

O IRDR não dispõe de modo expresso sobre a situação da parte no processo repetitivo que não deseja optar pelo julgamento coletivo (*opt-in*), mas, sim, prefira ter seu processo julgado individualmente. Essa opção, todavia, está presente no direito alemão, como se lê da doutrina especializada:

> [A] *KapMug* autoriza que o autor da demanda repetitiva exerça, sem consentimento do réu, no prazo de um mês contado da desistência da demanda individual, como forma de não ser alcançado pelos efeitos da decisão-modelo (sistema de *opt-out*). Além disso, a *KapMug* permite que as partes representativas formalizem um acordo, de forma que os termos ali decididos atinjam todos os processos. Nesse caso, permite-se o direito de o indivíduo optar por não aderir ao acordo (*opt-out*).[6]

6. CAVALCANTI, Marco. Op. cit., p 24. No mesmo sentido: MENDES, Aluísio Gonçalves de Castro. *Incidente de Resolução de Demandas Repetitivas:* sistematização, análise e interpretação do novo instituto processual. Rio de Janeiro: Gen/Forense, 2017, p. 50.

No direito brasileiro, uma questão que suscita dúvida diz respeito a se cabe ou não a instauração do IRDR diretamente nos tribunais superiores (de forma originária), pois, como instrumento incidental, haveria necessidade de um prévio processo principal (processo-piloto), tanto que o incidente não será cabível se já julgada a causa de fundo nem a fixação da tese estará prejudicada pela desistência ou abandono do feito pela parte autora (§ 1º do art. 976). Ademais, no ordenamento brasileiro, o legislador ordinário não pode definir a competência originária dos tribunais, visto que a matéria é reservada à Constituição da República ou às Constituições estaduais.

A respeito, estabelecem os arts. 977 e 978 do Código de Processo Civil de 2015:

> Art. 977. O pedido de instauração do incidente será dirigido ao presidente de tribunal:
>
> I – pelo juiz ou relator, por ofício;
>
> II – pelas partes, por petição;
>
> III – pelo Ministério Público ou pela Defensoria Pública, por petição.
>
> Parágrafo único. O ofício ou a petição será instruído com os documentos necessários à demonstração do preenchimento dos pressupostos para a instauração do incidente.
>
> Art. 978. O julgamento do incidente caberá ao órgão indicado pelo regimento interno dentre aqueles responsáveis pela uniformização de jurisprudência do tribunal.
>
> Parágrafo único. O órgão colegiado incumbido de julgar o incidente e de fixar a tese jurídica julgará igualmente o recurso, a remessa necessária ou o processo de competência originária de onde se originou o incidente.

Da leitura de ambos os artigos infere-se que o legislador ordinário previu a instauração do incidente nas causas originárias, recursais ou em remessa necessária em curso nos tribunais de segundo grau, estaduais ou federais (em tese, a circunstância de a causa-piloto não tramitar no tribunal superior obstaria, por exemplo, a instauração do IRDR originariamente no Superior Tribunal de Justiça).

Entretanto, ao analisar a referida questão, a Corte Especial do Superior Tribunal de Justiça formou entendimento no sentido de que o IRDR se amolda principalmente à competência dos tribunais de segunda instância (estaduais ou federais), mas em caráter excepcional poderá o incidente ser instaurado originariamente no Superior Tribunal de Justiça.[7]

---

7. AGRAVO INTERNO EM PETIÇÃO. RECLAMAÇÃO. INCIDENTE DE RESOLUÇÃO DE DEMANDAS REPETITIVAS (IRDR). INSTITUTO AFETO À COMPETÊNCIA JURISDICIONAL DE TRIBUNAIS DE SEGUNDA INSTÂNCIA (ESTADUAIS OU REGIONAIS FEDERAIS). INSTAURAÇÃO DIRETA NO SUPERIOR TRIBUNAL DE JUSTIÇA. POSSIBILIDADE RESTRITA. NECESSIDADE DE OBSERVÂNCIA DOS REQUISITOS (ART. 976 DO CPC). JUÍZO DE ADMISSIBILIDADE NÃO ULTRAPASSADO. NÃO CABIMENTO DA INSTAURAÇÃO DO INSTITUTO.

   1. O novo Código de Processo Civil instituiu microssistema para o julgamento de demandas repetitivas – nele incluído o IRDR, instituto, em regra, afeto à competência dos tribunais estaduais ou regionais federal –,

Ocorre que, por um lado, o art. 976 do Código de Processo Civil de 2015 determina os pressupostos para a instauração do IRDR, entre os quais se destacam: *(a)* os pressupostos positivos – a efetiva repetição de processos com controvérsia sobre idêntica questão de direito (inc. I) em concomitância com o risco de violação da isonomia e da segurança jurídica (inc. II); e *(b)* o pressuposto negativo – a inexistência de afetação de recurso repetitivo pelos tribunais superiores na esfera de suas competências para fixação de tese sobre a questão de direito objeto do IRDR (§ 4º).

Por outro lado, a exposição de motivos do Processo Civil de 2015 explica que o IRDR, inspirado no *Musterverfahren*, serviria, entre outros, para que os tribunais de segundo grau (federais e estaduais) dispusessem de um instrumento processual análogo ao do recurso repetitivo utilizado nos tribunais superiores.

É sabido que o Superior Tribunal de Justiça possui mecanismo próprio para julgamento dos processos repetitivos, qual seja, a conhecida sistemática dos recursos especiais repetitivos, descrita atualmente nos arts. 1.036 a 1.041 do Código de Processo Civil de 2015, o que, a princípio, afastaria a necessidade da utilização do IRDR originariamente nessa Corte.

Como bem elucidou o relator:

> Veja-se que o pressuposto negativo previsto no § 4º do art. 976 – inexistência de afetação da tese jurídica por um dos tribunais superiores no âmbito de sua respectiva competência – afigura-se como regra dirigida aos tribunais de segunda instância. Acaso cabível o incidente no âmbito do STJ, inexistiria razão para privilegiar o julgamento de determinada tese em recurso representativo de controvérsia em detrimento do IRDR. Note-se que este último possui efeito vinculativo mais próximo das conhecidas súmulas vinculantes, instituídas pela Emenda Constitucional n. 45/2004, autorizando o manejo imediato de reclamação no tribunal prolator da decisão paradigmática (art. 988, IV); já no regime dos recursos especiais repetitivos, admite-se que os tribunais de origem mantenham acórdãos em sentido contrário à tese fixada pelo STJ (art. 1.041) e a reclamação somente será viável após esgotadas as instâncias ordinárias (art. 988, § 5º, II).[8]

Todavia, na prática judiciária, a competência originária e a competência recursal ordinária do Superior Tribunal de Justiça (incs. I e II da Constituição de 1988, respectivamente) atraem situações análogas às existentes nas instâncias

---

a fim de assegurar o tratamento isonômico das questões comuns e, assim, conferir maior estabilidade à jurisprudência e efetividade e celeridade à prestação jurisdicional.

2. A instauração de incidente de resolução de demandas repetitivas diretamente no Superior Tribunal de Justiça é cabível apenas nos casos de competência recursal ordinária e de competência originária e desde que preenchidos os requisitos do art. 976 do CPC.

3. Quando a reclamação não ultrapassa o juízo de admissibilidade, não cabe a instauração do incidente de demandas repetitivas no Superior Tribunal de Justiça.

4. Agravo interno desprovido. (AgInt na Pet 11.838/MS, Rel. Ministro João Otávio de Noronha, Rel. p/ Acórdão Ministro João Otávio de Noronha, Corte Especial, julgado em 7/8/2019, DJe 10/9/2019)

8. Idem.

de segundo grau (estadual ou federal) que autorizam estas últimas a instaurarem o incidente de resolução de demandas repetitivas, tais como a efetiva repetição de processos com controvérsia sobre a mesma questão unicamente de direito e o risco de ofensa à isonomia e à segurança jurídica (incs. I e II do art. 976 do Código de Processo Civil de 2015).

Deve-se levar em conta que o Código de Processo Civil de 2015 trouxe um microssistema para o julgamento de processos repetitivos no intuito de proporcionar a apreciação de controvérsias idênticas com base na isonomia, na estabilidade jurisprudencial, na celeridade e na efetividade da prestação jurisdicional.

Assim, não seria lógico imaginar que o *Codex* vedasse peremptoriamente a utilização do IRDR no âmbito do Superior Tribunal de Justiça nem que esse microssistema tivesse autorizado esse órgão a utilizar o mecanismo de tratamento de feitos repetitivos somente quando estes ascenderem ao Tribunal da Cidadania dentro das regras de competência tradicionais, privando-o, no entanto, do mecanismo análogo (o IRDR) quando referido Tribunal atue dentro da competência originária ou recursal ordinária.

Daí concluir a Corte Especial que é possível a instauração do IRDR diretamente no Superior Tribunal de Justiça, desde que as demandas de sua competência originária ou recursal ordinária reúnam os pressupostos do art. 976 do Código de Processo Civil de 2015.

É verdade que o legislador ordinário não pode alterar a competência constitucionalmente estabelecida para os tribunais, prevista nos arts. 102, 105 e 108 da Constituição da República. Acontece, porém, que o IRDR possui natureza incidental e o legislador ordinário pode criar incidentes processuais para causas originárias ou recursais que estejam em curso nos tribunais.

Essa orientação do Superior Tribunal de Justiça sobre a viabilidade da instauração originária do incidente num tribunal superior vem também a marcar a diferença entre o IRDR e o *Musterferfahren*, já que neste o juiz, de ofício ou a pedido do autor ou do réu de um processo repetitivo, instaura um incidente processual coletivo, provocando o tribunal imediato a produzir uma tese-modelo que sirva para casos que guardem entre si a mesma situação de fato ou de direito.[9]

4. CONCLUSÃO

Entre os processos que tramitam hoje nos tribunais brasileiros, talvez se possa dizer, com uma boa margem de segurança, que a maioria deles diz respeito a processos repetitivos individuais, ou seja, que comportariam, em tese, uma decisão coletivizada, quer por questões de celeridade, quer principalmente

9. CAVALCANTI, Marcos. Op. cit., p. 326.

por questões de isonomia. Embora ainda tramitem em menor número, as ações coletivas são um exemplo desse êxito em termos de celeridade e isonomia no julgamento.

No cuidadoso processo alemão de substituição de múltiplas demandas individuais pela ação coletiva, o *Musterverfahren* apresenta elementos importantes para o Incidente de Resolução de Demandas Repetitivas – IRDR, amparado pelo Código de Processo Civil de 2015, o qual objetiva um provimento único, mais célere, previsível e com menos risco de decisões conflitantes.

Nota-se, entretanto, que o IRDR possui somente objetivos semelhantes com os do *Musterverfahren*, diferenciando-se bastante desse instituto alemão para assumir regramento consentâneo com a realidade legislativa, doutrinária e jurisprudencial brasileira. O processo civil brasileiro enfrenta questões peculiares e precisa, sim, inspirar-se em institutos estrangeiros, mas sem deixar de lado a sua realidade e os anos de experiência obtida na prática, em especial com as demandas coletivas e as macrolides.

5. REFERÊNCIAS BIBLIOGRÁFICAS

BRANDÃO, Antonio Augusto Pires. *O incidente de resolução de demandas repetitivas (IRDR):* do contexto à otimização. Curitiba: CRV,, 2019.

CAVALCANTI, Marcos. *Incidente de resolução de demandas repetitivas e ações coletivas.* Salvador: Juspodivm, 2015.

GONÇALVES, Gláucio Maciel; DUTRA, Victor Barbosa. Apontamentos sobre o novo incidente de resolução de demandas repetitivas do Código de Processo Civil de 2015. *Revista de Informação Legislativa*, Brasília, v. 52, n. 208, p. 189-202, out./dez. 2015.

MANCUSO, Rodolfo de Camargo. *Incidente de resolução de demandas repetitivas:* a luta contra a dispersão jurisprudencial excessiva. São Paulo: Revista dos Tribunais, 2016.

MENDES, Aluísio Gonçalves de Castro. *Incidente de Resolução de Demandas Repetitivas*: sistematização, análise e interpretação do novo instituto processual. Rio de Janeiro: Gen/Forense, 2017.

2

OS REQUISITOS DO IRDR: ENTRE O PROCEDIMENTO-MODELO E A CAUSA-PILOTO

Min. Marco Aurélio Bellizze Oliveira[1]

Sumário: 1 – Introdução. 2 – Contexto jurídico do surgimento do IRDR. 3 – Contornos dogmáticos do IRDR. 4 – A controvérsia quanto aos requisitos: procedimento-modelo ou causa-piloto? 4.1 – Da necessidade de causa ou recurso pendente no tribunal. 4.2 – Da desnecessidade de causa ou recurso pendente no tribunal. 5 – Conclusão e posicionamento. 6 – Referências bibliográficas.

1. INTRODUÇÃO

Das inovações proporcionadas pelo Código de Processo Civil de 2015, o Incidente de Resolução de Demandas Repetitivas (IRDR) está entre as maiores. Não havia procedimento análogo no Código anterior. Esse instrumento foi inspirado no *musterverfahren*, mas apresenta diferenças consideráveis em relação a ele, especialmente a amplitude de seu objeto e a restrição às questões apenas de direito. Há também nuances de outros instrumentos estrangeiros e nacionais.

Tantas novidades acabaram dividindo a doutrina a respeito da classificação do IRDR: será ele um procedimento-modelo ou uma causa-piloto? Conforme ressaltado por Antonio do Passo Cabral e Ronaldo Cramer, "não se trata de uma questão puramente acadêmica: a definição dessa controvérsia impactará a interpretação das normas e a aplicação de vários aspectos do instituto[2]". Realmente, outra discussão, de caráter mais prático, decorre dessa primeira: afinal, a instauração e o julgamento do IRDR dependem que haja causa, recurso ou remessa necessária pendente no tribunal?

Este artigo investiga a relação entre essas questões e pretende, também, respondê-las. Para tanto, faz-se uma incursão sobre o contexto jurídico em que o IRDR foi concebido, e das inspirações que ajudaram a moldá-lo. Na sequência,

---

1. Ministro do Superior Tribunal de Justiça. Mestre em Direito pela Universidade Estácio de Sá em 2003. gab.bellizze@stj.jus.br.

2. CABRAL, Antonio do Passo; CRAMER, Ronaldo. *Comentários ao novo Código de Processo Civil.* Rio de Janeiro: Forense, 2015, p. 1.418.

serão apresentados os contornos principais do IRDR, seu conceito, objetivo, aspectos relevantes do procedimento e concepções sobre a sua natureza jurídica, os quais já permitem identificar se ele é um procedimento-modelo ou uma causa-piloto. Na terceira parte será apresentada, de forma mais direta, a relação entre as duas perguntas formuladas e os argumentos de ambas as posições sobre a segunda delas.

Ao final, serão retomadas as premissas construídas ao longo do estudo, a conclusão sobre a relação entre a primeira e a segunda indagações, bem como a resposta para cada uma delas.

2. CONTEXTO JURÍDICO DO SURGIMENTO DO IRDR

O equilíbrio entre justiça no caso concreto e segurança é uma utopia que sempre esteve no horizonte do Direito[3], orientando sua caminhada ao longo da história[4]. A dinamização das relações sociais, contudo, inseriu novas variáveis que precisam ser consideradas no delicado equilíbrio jurídico[5], entre elas o aumento exponencial da litigiosidade[6], que representa grave ameaça à segurança e efetividade jurídicas[7].

O aumento na quantidade de processos representa, em si, um desafio para as estruturas do Poder Judiciário. Mas a repetição de questões jurídicas nas demandas cotidianamente ajuizadas, atrelada a uma concepção equivocada de "li-

---

3. Essa passagem decorre da seguinte reflexão de Eduardo Galeano: "A utopia está lá no horizonte. Me aproximo dois passos, ela se afasta dois passos. Caminho dez passos e o horizonte corre dez passos. Por mais que eu caminhe, jamais alcançarei. Para que serve a utopia? Serve para isso: para que eu não deixe de caminhar".

4. VELASCO, Ignacio Maria Poveda. Direito, jurisprudência e justiça no pensamento clássico (grego-romano). *Revista da Faculdade de Direito da Universidade de São Paulo*. v. 101, p. 21-32, jan./dez. 2006.

5. "Isso porque não podemos, para a boa exposição de um método de solução do conflito axiológico que se dá no processo, confundir o resultado da aplicação do método com uma das variáveis do conflito. Se o problema é resolver o conflito entre efetividade e segurança, se esta é a 'função sociopolítico-jurídica' do processo, então o resultado não pode ser a efetividade pura. A interferência do valor *segurança* impõe que o resultado seja a combinação daqueles dois valores: a equação deve resultar na justiça e na pacificação social" (AMARAL, Guilherme Rizzo. Efetividade, segurança, massificação e a proposta de um "Incidente de Resolução de Demandas Repetitivas". *Revista de Processo*, v. 36, n. 196, p. 237-275, jun./2011, p. 241-242).

6. "Os litígios na sociedade contemporânea transformaram-se agudamente. Do litígio individual migrou-se para o coletivo. Nada representa melhor a irrupção das massas que a litigiosidade seriada" (ASSIS, Araken. *Manual dos Recursos*. 8. ed., São Paulo: Revista dos Tribunais, 2016, p. 458).

7. "Muito embora se possa sustentar que os valores *efetividade* e *segurança* apresentam- se frequentemente em conflito – no sentido de que a realização de um geralmente implica sacrifício, em alguma medida, do outro –, é interessante notar que, com a massificação de litígios, efetividade e segurança são igual e implacavelmente sacrificadas" (AMARAL, Guilherme Rizzo. Efetividade, segurança, massificação e a proposta de um "Incidente de Resolução de Demandas Repetitivas". *Revista de Processo*, v. 36, n. 196, p. 237-275, jun./2011, p. 246).

berdade decisória"[8], expõe o problema da jurisprudência lotérica[9]. Muito além de gráficos e estatísticas, a insegurança jurídica, seja ela proveniente das leis ou das decisões judiciais[10], ameaça o modelo de Estado Constitucional[11] e a própria democracia, na medida em que enfraquece um de seus pressupostos fundamentais: a igualdade[12].

---

8. *"O juiz não tem a liberdade violada quando obrigado a decidir de acordo com os tribunais superiores, justamente porque, além de liberdade para julgar, o magistrado tem ainda o dever para com o Poder de que faz parte e para com o cidadão. Logo, deve manter a coerência do ordenamento jurídico, bem como zelar pela respeitabilidade e ela credibilidade do Judiciário"* (CAMBI, Eduardo; FOGAÇA, Mateus Vargas. Incidente de Resolução de Demandas Repetitivas no Novo Código de Processo Civil. In: DIDIER JR., Fredie (coord. Geral); MACÊDO, Lucas Buril de; PEIXOTO, Ravi; FREIRE, Alexandre (org.). *Processo nos tribunais e meios de impugnação das decisões judiciais.* Salvador: Juspodivm, 2016, p. 364 – grifos nossos).

9. *"Entende-se, então, por demandas repetitivas aquelas demandas idênticas, seriais, que em grandes quantidades, são propostas perante o Judiciário. Diz-se que elas são idênticas por terem objeto e causa de pedir idênticas, ainda que mudem as partes* (...). Muito frequentemente, porém, essas demandas repetitivas receberam, do Judiciário brasileiro, tratamentos diferentes, o que levou a incompreensíveis quebras de isonomia. É que muitos juízes e tribunais, em nome de uma suposta 'liberdade decisória', davam a casos rigorosamente iguais soluções completamente diferentes. Inaugurou-se, então, no Brasil o que se chegou a chamar de *jurisprudência lotérica*, já que o resultado do processo muitas vezes dependia da distribuição por sorteio e, dependendo do juízo para o qual o processo fosse distribuído, o resultado final poderia variar completamente" (CÂMARA, Alexandre Freitas. *O novo processo civil brasileiro*. 3. ed. São Paulo: Atlas, 2017, p. 484-485 – grifos nossos). "E, nos julgamentos das ações de massa, surge talvez a pior consequência para a segurança jurídica: a ausência de um julgamento concentrado das causas torna absolutamente imprevisível a sua solução. Cada juiz, uma sentença" (AMARAL, Guilherme Rizzo. Efetividade, segurança, massificação e a proposta de um "Incidente de Resolução de Demandas Repetitivas". *Revista de Processo*, v. 36, n. 196, p. 237-275, jun./2011, p. 251).

10. "Não apenas a lei, como também a jurisprudência deve ser clara e previsível, sendo ameaçadoras da segurança jurídica as decisões exóticas ou surpreendentes, em especial quando trouxerem questões novas que não foram debatidas com as partes" (AMARAL, Guilherme Rizzo. Efetividade, segurança, massificação e a proposta de um "Incidente de Resolução de Demandas Repetitivas". *Revista de Processo*, v. 36, n. 196, p. 237-275, jun./2011, p. 244).

11. Estado Legislativo para Estado Constitucional – "A partir dessa passagem, o processo civil passou a responder não só pela necessidade de resolver casos concretos mediante a prolação de uma decisão justa para as partes, mas também pela promoção da unidade do direito mediante a formação de precedentes. Daí que o processo civil no Estado Constitucional tem por função dar tutela aos direitos mediante a prolação da decisão justa para o caso concreto e a formação de precedente para promoção da unidade do direito para a sociedade em geral. Essa finalidade responde a dois fundamentos bem evidentes do Estado Constitucional – a dignidade da pessoa humana e a segurança jurídica" (MITIDIERO, Daniel. *Cortes superiores e cortes supremas*: do controle à interpretação, da jurisprudência ao precedente. 3. ed. São Paulo: Revista dos Tribunais, 2017, p. 22).

12. *"É que o relacionamento social passou, cada vez mais, a girar em torno de interesses massificados, interesses homogêneos, cuja tutela não pode correr o risco de ser dispensada pela Justiça de maneira individual e distinta, isto é, com a possibilidade de soluções não idênticas, caso a caso. Esse risco põe em xeque a garantia basilar da democracia, qual seja, a de que, perante a lei, todos são necessariamente iguais. Se assim é no plano dos direitos materiais, também assim haverá de ser no plano de acesso à Justiça e da tutela jurisdicional proporcionada a cada um e a todos que demandam. A igualdade em direitos seria quimérica se na solução das crises fossem desiguais as sentenças e os provimentos judiciais"* (THEODORO JR., Humberto. Incidente de resolução de demandas repetitivas. In: THEODORO JR., Humberto; OLIVEIRA, Fernanda Alvim de; REZENDE, Ester Camila Gomes Norato (Coord.). *Primeiras linhas sobre o novo direito processual civil brasileiro* (de acordo com o novo Código de Processo Civil, Lei 13.105, de 16 de março de 2015). Rio de Janeiro: Forense, 2015, p. 735).

Nesse panorama, ainda sob a égide do Código de Processo Civil de 1973, foram introduzidas técnicas de julgamento para agilizar e uniformizar decisões[13], as quais foram aprimoradas e diversificadas[14] pela nova legislação processual, inclusive com a criação do Incidente de Resolução de Demandas Repetitivas (IRDR)[15].

13. "Nesses moldes, a técnica da repercussão geral é introduzida almejando dimensionar a litigiosidade das denominadas causas repetitivas ou seriais. A aludida técnica (art. 102, § 3º, da CF/1988 e arts. 543-A e 543-B do CPC) se encaixa no perfil técnico das chamadas "causas piloto" ou "processos teste" (*Pilotverfahren* ou *test claims*), no qual, para resolução dos litígios em massa, uma ou algumas causas são escolhidas pela similitude na sua tipicidade para serem julgadas inicialmente, e cuja solução permite que se resolvam rapidamente todas as demais causas paralelas" (THEODORO JÚNIOR, Humberto; NUNES, Dierle; BAHIA, Alexandre. Litigiosidade em massa e repercussão geral no recurso extraordinário. *Revista de Processo*, v. 34, n. 177, p. 09-46, nov./2009, p. 22). "No ordenamento brasileiro, pode-se assinalar que o Incidente de Resolução de Demandas Repetitivas complementa o sistema de julgamento de litígios seriados que foi inaugurado, respectivamente em 2006 e 2008, com os recursos extraordinários e especiais repetitivos. Estes mecanismos careciam de solução que propiciasse economia mais efetiva para toda a estrutura jurisdicional, em especial para o primeiro e segundo graus de jurisdição, que continuavam tendo que julgar de modo atomizado e anti-isonômico as demandas de massa e as questões comuns. Nesse sentido, o art. 848 do anteprojeto, na essência reproduzido no texto final do art. 928 do CPC, já apontava para um sistema de julgamento de casos repetitivos, ainda que algumas peculiaridades fossem mantidas para cada uma das espécies (IRDR e recursos repetitivos)" (MENDES, Aluísio Gonçalves de Castro. *Incidente de Resolução de Demandas Repetitivas*: sistematização, análise e interpretação do instituto processual. Rio de Janeiro: Forense, 2017, p. 66).

14. "O art. 926 CPC brasileiro inova ao dispor que "os tribunais devem uniformizar sua jurisprudência e mantê-la estável, íntegra e coerente". Prevê, assim, deveres gerais para os tribunais no âmbito da construção e manutenção de um sistema de precedentes (jurisprudência e súmula), persuasivos e obrigatórios, sendo eles: *a)* o dever de uniformizar sua jurisprudência; *b)* o dever de manter essa jurisprudência estável; *c)* o dever de integridade; e *d)* o dever de coerência" (DIDIER JR., Fredie. Sistema brasileiro de precedentes judiciais obrigatórios e deveres institucionais dos tribunais: uniformidade, estabilidade, integridade e coerência da jurisprudência. *Revista do Ministério Público do Rio de Janeiro*, n. 64, p. 135-147, abr./jun. 2017, p. 136).

15. "Criaram-se figuras, no novo CPC, para evitar a dispersão excessiva da jurisprudência. (...) dentre esses instrumentos está a complementação e o reforço da eficiência do regime de julgamento de recursos repetitivos, que agora abrange a possibilidade de suspensão do procedimento das demais ações, tanto no juízo de primeiro grau, quanto dos demais recursos extraordinários ou especiais, que estejam tramitando nos tribunais superiores, aguardando julgamento, desatreladamente dos afetados. Com os mesmos objetivos, criou-se, com inspiração no direito alemão, o já referido Incidente de Resolução de Demandas Repetitivas, que consiste na identificação de processos que contenham a mesma questão de direito, que estejam ainda no primeiro grau de jurisdição, para decisão conjunta. O incidente de resolução de demandas repetitivas é admissível quando identificada, em primeiro grau, controvérsia com potencial de gerar multiplicação expressiva de demandas e o correlato risco da coexistência de decisões conflitantes" (MANCUSO, Rodolfo de Camargo. *Incidente de resolução de demandas repetitivas*: a luta contra a dispersão jurisprudencial excessiva. São Paulo: Revista dos Tribunais, 2016, p. 184-185). "Como se verá adiante, o IRDR está voltado, precipuamente, para a racionalização dos julgamentos, a partir da solução de questões jurídicas comuns que se repetem em inúmeros processos e que são apreciadas exaustivamente por inúmeros magistrados, que acabam chegando, muitas vezes, a conclusões diversas. A demanda em relação à prestação jurisdicional é extraordinária e supera a capacidade de oferta de uma prestação jurisdicional qualitativa e tempestivamente satisfatória. A falta de uniformidade nos julgamentos propicia, por outro lado, a sensação de incerteza e de insegurança" (MENDES, Aluísio Gonçalves de Castro. *Incidente de Resolução de Demandas Repetitivas*: sistematização, análise e interpretação do instituto processual. Rio de Janeiro: Forense, 2017, p. 10).

Esse mecanismo é objeto de aplausos[16] e críticas[17] da doutrina, mas, sobretudo, uma fonte de intrigantes questões que merecem detida atenção e empenho da comunidade jurídica. Algumas delas serão enfrentadas neste artigo, na medida em que tangenciam a discussão sobre a (des)necessidade de haver causa ou recurso pendente de julgamento no tribunal.

O IRDR tem confessada inspiração no *musterverfahren*[18], procedimento criado na Alemanha para solucionar o aumento exponencial, para os padrões ale-

16. "Foi acertada a opção da Comissão de Juristas ao propor o incidente de resolução de demandas repetitivas. Optando-se pela segurança jurídica, característica de um Estado de Direito que prima pela previsibilidade das decisões judiciais, possibilita-se ao cidadão pautar suas condutas e saber, razoavelmente, quais as consequências dela decorrerão. (...) O postulado da segurança jurídica deve ser concebido junto da proteção da confiança, como princípio constitutivo do Estado de Direito. O incidente de resolução de demandas repetitivas, ao primar pela segurança jurídica, permite a minimização da possibilidade de decisões antagônicas, imprevistas ou incontroláveis, que levam ao fenômeno da jurisprudência lotérica" (CAMBI, Eduardo; FOGAÇA, Mateus Vargas. Incidente de Resolução de Demandas Repetitivas no Novo Código de Processo Civil. In: DIDIER JR., Fredie (coord. Geral); MACÊDO, Lucas Buril de; PEIXOTO, Ravi; FREIRE, Alexandre (org.). *Processo nos tribunais e meios de impugnação das decisões judiciais.* Salvador: Juspodivm, 2016, p. 365-366). "*O novo Código de Processo Civil deu um grande passo no terreno da coletivização da prestação jurisdicional instituindo um novo incidente processual, a que atribuiu o nome de incidente de resolução de demandas repetitivas (arts. 976 a 978), e cuja aplicação é ampla, já que pode acontecer perante qualquer tribunal, seja da Justiça dos Estados, seja da Justiça Federal*" (THEODORO JR., Humberto. Incidente de resolução de demandas repetitivas. In: THEODORO JR., Humberto; OLIVEIRA, Fernanda Alvim de; REZENDE, Ester Camila Gomes Norato (Coord.). *Primeiras linhas sobre o novo direito processual civil brasileiro* (de acordo com o novo Código de Processo Civil, Lei 13.105, de 16 de março de 2015). Rio de Janeiro: Forense, 2015, p. 735 – grifos nossos).

17. "Cumpre-nos abordar apenas um aspecto em particular: é o incidente, tal qual proposto, capaz de combater efetivamente os nefastos efeitos da massificação, já ressaltados anteriormente? Entendemos que a resposta é negativa, e tal se dá por uma singela razão: a decisão proferida no incidente, embora vincule todo e qualquer futuro julgamento a ser proferido acerca da matéria em discussão, não tem o condão de *evitar* o ajuizamento de novas ações. Muito pelo contrário: exige-se a instauração de *processo* judicial individual para que se possa aplicar a *tese jurídica* (art. 930)" (AMARAL, Guilherme Rizzo. Efetividade, segurança, massificação e a proposta de um "Incidente de Resolução de Demandas Repetitivas, p. 261). "Nosso objetivo é restrito à demonstração das *inconstitucionalidades* que inquinam esse instituto. Ou seja, evidenciar as razões que nos permitem afirmar que ele *é mais do mesmo* que tem sido apresentado como solução para os problemas do Judiciário brasileiro. Mais precisamente é a aposta que a melhora do sistema judicial nacional opera-se mediante a atribuição de maiores poderes aos Tribunais e o recrudescimento de efeito vinculante às diversas modalidades de decisões desses órgãos julgadores" (ABBOUD, Georges; CAVALCANTI, Marcos de Araújo. Inconstitucionalidades do Incidente de Resolução de Demandas Repetitivas (IRDR) e os riscos ao sistema decisório. *Revista de Processo*, v.40, n. 240, p. 221-242, fev./2015, p. 223).

18. "Criou-se o incidente de julgamento de demandas repetitivas, a que adiante se fará referência. Por enquanto, é oportuno ressaltar que levam a um processo mais célere as medidas cujo objetivo seja o julgamento conjunto de demandas que gravitam em torno da mesma questão de direito, por dois ângulos: a) o relativo àqueles processos, em si mesmos considerados, que, serão decididos conjuntamente; b) no que concerne à atenuação do excesso de carga do trabalho do Poder Judiciário – já que o tempo usado para decidir aqueles processos poderá ser mas eficazmente aproveitado em todos os outros, em cujo trâmite serão evidentemente menores os ditos "tempos mortos" (= períodos em que nada acontece no processo) (...). Com os mesmos objetivos, criou-se, com inspiração no direito alemão, o já referido incidente de Resolução de Demandas Repetitivas, que consiste na identificação de processos que contenham a mesma questão de direito, que estejam ainda no primeiro grau de jurisdição, para decisão conjunta. O incidente de resolução de demandas repetitivas é admissível quando identificada, em primeiro grau, controvérsia com potencial de gerar multiplicação expressiva de demandas e o correlato risco da coexistência de deci-

mães, do número de processos versando sobre uma questão bem delimitada e específica[19]: a violação do dever de informação aos acionistas da *Deutsche Telekom*[20]. O primeiro procedimento-modelo alemão surgiu no âmbito administrativo[21], mas foi o impacto das 13.000 (treze mil) ações ajuizadas perante o tribunal de Frankfurt entre agosto de 2001 e a primavera de 2003, formando um contencioso que levaria cerca de 15 (quinze) anos para ser liquidado[22], que motivou o

---

sões conflitantes. É instaurado perante o Tribunal local, por iniciativa do juiz, do MP, das partes, da Defensoria Pública ou pelo próprio Relator. O juízo de admissibilidade e de mérito caberão ao tribunal pleno ou ao órgão especial, onde houver, e a extensão da eficácia da decisão acerca da tese jurídica limita-se à área de competência territorial do tribunal, salvo decisão em contrário do STF ou dos Tribunais superiores, pleiteada pelas partes, interessados, MP ou Defensoria Pública. Há a possibilidade de intervenção de *amici curiae*" (Comissão de Juristas Responsável pela Elaboração do Anteprojeto do Novo Código de Processo Civil. Anteprojeto do Novo Código de Processo Civil. Brasília: Senado Federal, Subsecretaria de Edições Técnicas, 2010, p. 25; 28-29).

19. "O *Mustervefahren*, a reboque de outras disposições legais alemãs no campo da tutela coletiva, também tem espectro de aplicação bem restrito, já que inserto pelo legislador tedesco não em uma norma geral, mas na disciplina específica da proteção dos investidores no mercado de capitais" (CABRAL, Antonio do Passo. O novo procedimento-modelo (*musterverfahren*) alemão: uma alternativa às ações coletivas. *Revista de Processo*, ano 32, n. 147, p. 123-146, mai./2007, p. 131).

20. "Como se observa, o procedimento criado na Alemanha teve como plano de fundo um crescimento no número de ações entre os anos de 2000 e 2005 relacionado a demandas individuais de acionistas contra uma grande empresa daquele país, a *Deutsche Telekom*, em uma de suas cortes, a corte de Frankfurt" (ALMENDRA, Matheus Leite. Incidente de resolução de demandas repetitivas: desmistificando a sua influência e o tema da suspensão de processos em razão de sua admissibilidade. *Revista de Processo*, v. 281, ano 43, p. 337-365, jul./2018, p. 340).

21. "No ordenamento alemão, o processo modelo foi primeiramente disciplinado no Código de Justiça Administrativa. Se a legitimidade de um provimento administrativo é objeto de mais de 20 procedimentos, com um provimento final não impugnável, ouvidas as partes, o juiz pode escolher um ou mais que se revelem idôneos a serem decididos por primeiro, suspendendo os outros. Uma vez que a decisão do procedimento modelo transita em julgado, o juiz pode pronunciar-se definitivamente em uma forma simplificada (com ordem) sobre os processos suspensos, ouvidas as partes, quando se considera que esses não apresentam diferenças essenciais no ponto de direito ou de fato em relação ao processo modelo (§ 93a VwGO)" (CAPONI, Remo. Modelo europeu de tutela coletiva no processo civil: comparação entre a experiência alemã e italiana. *Revista de Processo*, v. 36, n. 200, p. 235-269, out./2011, p. 260). "*Nas décadas de 1960 a 1980, houve, na Alemanha, um número elevado de objeções contra projetos estatais desenvolvidos, como, por exemplo, em relação a usinas nucleares (...). O Tribunal Administrativo de Munique, diante de 5.724 reclamações, resolveu inovar, selecionando 30 casos considerados representativos (modelo) de controvérsia, suspendendo os demais até o julgamento do Musterverfahren (procedimentos modelo), cujo entendimento foi aplicado a todos os processos pendentes. A Corte Constitucional decidiu em 1980, pela constitucionalidade da prática estabelecida*" (MENDES, Aluísio Gonçalves de Castro; TEMER, Sofia. O incidente de resolução de demandas repetitivas e o novo Código de Processo Civil. In: DIDIER JR., Fredie (coord. Geral); MACÊDO, Lucas Buril de; PEIXOTO, Ravi; FREIRE, Alexandre (org.). *Processo nos tribunais e meios de impugnação das decisões judiciais*. Salvador: Juspodivm, 2016, p. 315-316 – grifos nossos).

22. "Em 2005, foi aprovada a Lei sobre o Processo Modelo nas controvérsias de mercados financeiros, que foi gerada por um caso concreto. Trata-se da colocação das ações da *Telekom* no mercado acionário nos anos 1999 e 2000. Pouco tempo depois desta operação, o preço das ações sofreu uma considerável desvalorização. Os acionistas decepcionados agiram contra a *Telekom*, argumentando especialmente que as indicações contidas no prospecto informativo eram errôneas ou lacunosas. Perante o Tribunal de Frankfurt, competente exclusivamente por força da sede da Bolsa de Valores, a qual autorizou o prospecto entre agosto de 2001 e a primavera de 2003, foram propostas mais de 13.000 ações. Isso levou a uma paralisia total da Câmara Comercial do Tribunal: de acordo com as declarações de seu presidente, com o seguimento do curso ordinário das causas, levaria 15 anos para eliminar o contencioso gerado no caso

Tribunal Constitucional Alemão, após provocado, a manifestar posição favorável à adoção desse procedimento, desencadeando a promulgação da *Kapitalan leger musterverfahrensgesetz (KapMuG)*[23].

De forma simplificada, o *musterverfahren* pode ser instaurado quando for identificada uma questão ou um grupo de questões, de fato ou de direito[24], replicadas em diversos processos[25]. Essas questões são destacadas e submetidas

---

Telekom, mesmo tendo em conta que o Código de Processo Civil alemão permite a reutilização de prova técnica produzida em causas paralelas, a situação ocasionou, em 2004, a proposição de um recurso direto de constitucionalidade perante o Tribunal Federal Constitucional (*Bundesverfassungsgericht*), por parte de alguns autores que se queixavam de uma lesão à garantia da razoável duração do processo. O Tribunal Constitucional deu provimento ao recurso, argumentando que esperar até a fixação de uma audiência é tolerável, tendo em conta as circunstâncias do caso concreto. Ao mesmo tempo em que aludiu à possibilidade de empregar o instrumento do processo modelo" (CAPONI, Remo. Modelo europeu de tutela coletiva no processo civil: comparação entre a experiência alemã e italiana. *Revista de Processo*, v. 36, n. 200, p. 235-269, out./2011, p. 262).

23. "Tal lei foi editada para regular uma situação fática específica e já existente, dada a impossibilidade de o sistema jurídico alemão solucionar o problema da insatisfação de 17.000 investidores com informações falsas do mercado de capitais na oferta pública inicial de ações da *Deutsche Telekom* feita em 1999 e 2001. A indenização pedida era de cerca de 150 milhões de euros, com atuação de aproximadamente 900 escritórios de advocacia" (GONÇALVES, Gláucio Maciel; DUTRA, Victor Barbosa. Apontamentos sobre o novo incidente de resolução de demandas repetitivas no Código de Processo Civil de 2015. *RIL*, ano 52, n.208, p.189-292, out./dez. 2015, p. 192). "A ideia da lei alemã era simples, mas também ousada: introduzir, no bojo do processo judicial, um expediente incidental com a pretensão de estabelecer, a partir do julgamento de um procedimento-modelo, um padrão decisório, de acordo com o qual todos os demais casos repetitivos seriam posteriormente examinados e julgados. Era, como se pensou, a solução mais adequada, dentro dos parâmetros da ordem processual alemã, vinculada ao *civil law*" (NUNES, Dierle. Incidente de resolução de demandas repetitivas. *Revista Brasileira de Direito Processual*, v. 24, n. 93, p. 51/62, jan./mar. 2016, p. 55).

24. "Em primeiro lugar, talvez a distinção mais relevante diga respeito ao objeto do incidente de resolução de demandas repetitivas. O procedimento-modelo alemão destina-se à resolução de questões fáticas e/ou jurídicas comuns. Em nosso caso, embora em uma das versões do projeto de novo Código tenha sido estendido o incidente para resolução de questões fáticas, a redação final da lei prevê claramente o cabimento para questões 'unicamente de direito' (art. 976). O que se observa, então é que o *Musterverfahren* não trabalha com a abstração de norma e fato da mesma forma que ocorre no IRDR. A restrição à análise de questões de direito é, aliás, um dos principais elementos que demonstra que o IRDR é meio processual objetivo e que, portanto, justifica a distinção em relação à natureza do procedimento – modelo alemão" (TEMER, Sofia Orberg. *Incidente de resolução de demandas repetitivas*. 3. ed. Salvador: Juspodivm, 2018, p. 100).

25. "Em linhas gerais, no *Musterverfahren* (procedimento-modelo, em tradução livre) o Tribunal é instado a afetar um processo piloto, como representativo de um certo núcleo de questões de fato e de direito, replicadas em muitos processos, buscando-se ao fim e ao cabo, que a estes seja estendida, oportunamente, a decisão firmada no processo-piloto. Na síntese de Luiz Guilherme Marinoni *et al.*, uma vez instaurado o incidente, com a afetação do caso-piloto, 'realiza-se uma cisão no julgamento da causa, de modo a destacar a(s) questão(ões) comum(ns) a várias demandas individuais, deixando-as para apreciação conjunta. As questões comuns serão julgadas por um tribunal de segundo grau (atuando como instância originária) e, depois, disso, cada processo será apreciado por seu juízo natural, aplicando a solução da questão comum'. Observe-se que o nosso IRDR também promove uma *cisão de competência*, porque, apesar do nome do instituto, ele não se destina, *de per si*, a 'resolver demandas', e sim a fixar uma *tese jurídica*, no tribunal, a ser, depois, aplicada às ações sobrestadas em primeiro grau – art. 985 e incisos" (MANCUSO, Rodolfo de Camargo. *Incidente de resolução de demandas repetitivas*: a luta contra a dispersão jurisprudencial excessiva. São Paulo: Revista dos Tribunais, 2016, p. 185-186).

à apreciação do tribunal, que só dará prosseguimento ao procedimento se, no período de 6 (seis) meses, forem identificados, ao menos, mais nove processos com a mesma questão afetada. Para possibilitar o levantamento do grupo de casos, cabe ao juiz fazer a divulgação em cadastro nacional[26]. Após a apreciação e solução da(s) controvérsia(s) submetida(s) ao tribunal, os processos retomam seu curso, aplicando-se, porém, a todos eles, a decisão final de segunda instância.

Com efeito, é um procedimento que se organiza em três fases, evidenciando uma cisão de cognição entre a questão repetitiva e o mérito das causas: i) a escolha de uma causa representante; ii) o processamento e julgamento da questão pelo tribunal; e iii) o julgamento das demais causas sobrestadas a partir da decisão do tribunal[27]. Destaca-se que essa decisão é aplicável apenas às ações que já estavam ajuizadas e que ficam sobrestadas[28], de modo que, causas futuras, ainda que versando sobre a mesma questão, ensejarão um novo procedimento[29]. As-

---

26. "O objetivo da resolução modelo pode ser dispor sobre pontos prejudiciais singulares ou simples questões jurídicas. Essa primeira fase termina com a remessa da questão à Corte de Apelação por parte do juiz que primeiramente obteve a publicação da ocorrência no registro eletrônico. (CAPONI, Remo. Modelo europeu de tutela coletiva no processo civil: comparação entre a experiência alemã e italiana. *Revista de Processo*, v. 36, n. 200, p. 235-269, out./2011, p. 263). "É de notar que, no caso do procedimento alemão, o juízo de primeira instância não é mero coadjuvante, como ocorre com no IRDR introduzido no direito brasileiro. Ao contrário, o papel do juízo de primeiro grau é fundamental na preparação da técnica processual, tendo atuação determinante e com parâmetros objetivos para a definição das questões isomórficas controversas, sejam de fato ou de direito, que serão analisadas e julgadas pelo tribunal local. O juiz de primeira instância fará, então, publicar em cadastro eletrônico o resumo da demanda, com as partes e o objetivo do procedimento" (MACHADO, Daniel Carneiro. *A (in)compatibilidade do incidente de resolução de demandas repetitivas com o modelo constitucional de processo.* Rio de Janeiro: Lumen Juris, 2017, p. 72).

27. "O *KapMuG* engendrou procedimento que compreende três fases distintas:1) eleição da causa representante; 2) processamento da demanda perante o tribunal, com realização de audiências, produção de provas, e decisão resolvendo as questões de fato e de direito envolvidas na controvérsia; 3) julgamento posterior de todas as outras causas, sobrestadas em primeira instância, que serão decididas com base na decisão-modelo prolatada pelo tribunal estadual.Perceba-se a já aludida cisão da cognição, na qual o padrão decisório será um *principium* de julgamento pelo juízo de origem cujos processos estão sobrestados, impedindo-se a promoção de uma aplicação mecânica do julgado. Trata-se, em tese, de um procedimento simples, mas que precisa enfrentar alguns problemas, mormente no que diz respeito à observância do contraditório e da ampla defesa." (NUNES, Dierle. Incidente de resolução de demandas repetitivas. *Revista Brasileira de Direito Processual*, v. 24, n. 93, p. 51/62, jan./mar. 2016, p. 56).

28. "A *KapMuG* também qualifica expressamente essa eficácia como coisa julgada e introduz, portanto, uma decisão sobre o ponto de fato ou também sobre o ponto de direito, pendente de uma sistematização teórica adequada, também a fim de avaliar a propagação transnacional da decisão modelo, a qual indubitavelmente era um dos objetivos que o legislador se comprometeu alcançar com essa qualificação" (CAPONI, Remo. Modelo europeu de tutela coletiva no processo civil: comparação entre a experiência alemã e italiana. *Revista de Processo*, v. 36, n. 200, p. 235-69, out./2011, p.264).

29. "Estaríamos diante do efeito vinculante? A resposta parece inclinar-se pela negativa. Isso porque, caso se tratasse do *Bindungswirkung*, os fundamentos determinantes da decisão no Procedimento-Modelo seriam vinculantes para quaisquer futuros processos. Porém, isso não ocorre: os autores futuros não são atingidos pela decisão coletiva, porque o § 16 (1), ao afirmar que o julgado atinge os processos que dependam das questões resolvidas no incidente coletivo, exige litispendência dos processos individuais no *momento da decisão do Tribunal.* Ou seja, para que haja vinculação, o processo deve estar ajuizado naquele marco temporal. Por esta razão, poucos são os autores que consideram ser um típico efeito vinculante e parte da doutrina vem falando em um 'efeito vinculante igual à eficácia da intervenção'" (CABRAL,

sim, o julgamento da pretensão é parcialmente realizado no tribunal e, de outra parte, no juízo singular, mas isso não representa uma separação entre questões de fato e de direito[30], necessariamente.

Embora o modelo desenvolvido na Alemanha seja deveras interessante, é equivocado considerar que a previsão de um instituto análogo no Brasil será a solução para todos os males[31], por várias razões. Primeiramente, não se pode perder de vista o contexto e a tradição próprias da cultura jurídica tedesca, refratária às ações coletivas[32] e às modificações sociais por meio de decisões jurídicas. Destaca-se, ainda, com amparo nas observações de Rolf Stürner, a importância de uma boa condução do processo pelo juiz, preocupado com a efetividade e com a segurança jurídica[33]. Para esse autor, os resultados do *musterverfahren* na Alemanha não são

---

Antonio do Passo. O novo procedimento-modelo (*musterverfahren*) alemão: uma alternativa às ações coletivas. *Revista de Processo*, ano 32, n. 147, p. 123-146, mai./2007, p. 138-139).

30. "Ressalte-se que o objeto da cognição judicial neste procedimento pode versar tanto sobre questões de fato como de direito, o que denota a possibilidade de resolução parcial dos fundamentos da pretensão, com a cisão da atividade cognitiva em dois momentos: um coletivo e outro individual. Esse detalhe é de extrema importância pois evita uma potencial quebra da necessária correlação entre fato e direito no juízo cognitivo. Vale dizer, se na atividade de cognição judicial, fato e direito estão indissociavelmente imbricados, a abstração excessiva das questões jurídicas referentes às pretensões individuais poderia apontar para um artificialismo da decisão, o que não ocorre aqui, com a vantagem de evitar as críticas aos processos-teste" (CABRAL, Antonio do Passo. O novo procedimento-modelo (*musterverfahren*) alemão: uma alternativa às ações coletivas. *Revista de Processo*, ano 32, n. 147, p. 123-146, mai./2007, p 132-133).

31. "O Incidente de Resolução de Demandas Repetitivas não pode ser visto como uma solução mágica e única para os problemas que afligem o tratamento dos litígios no Brasil. É preciso compreendê-lo, em primeiro lugar, dentro de um conjunto de instrumentos no seio do Direito Processual Coletivo, ao lado das ações coletivas e dos meios adequados e consensuais de resolução coletiva das lides. E que dialoga com soluções dentro de todo o Direito Processual, bem como com modificações estruturais, de gestão e culturais. Contudo, é, sem dúvida, um dos principais instrumentos para a consecução das funções almejadas pelo novo Código de Processo Civil" (MENDES, Aluísio Gonçalves de Castro. *Incidente de Resolução de Demandas Repetitivas*: sistematização, análise e interpretação do instituto processual. Rio de Janeiro: Forense, 2017, p. 9).

32. "A primeira consideração a ser feita é que a experiência alemã tem se mostrado refratária ao manejo processual coletivo de demandas seriais, como afirma Marcos de Araújo Cavalcanti: 'A cultura jurídica alemã dificilmente simpatiza com a ideia de progresso social via ações coletivas e de massa. O direito processual civil alemão tem preferência natural pela resolução de processos bilaterais, que digam respeito somente a duas partes. Evita-se, assim, vinculação com outras demandas que possam sobrecarregar ou dificultar a resolução do conflito bilateral. A celeridade da justiça alemã na resolução de processos individuais é, talvez, a razão para a formação bilateral do direito processual alemão'" (MANCUSO, Rodolfo de Camargo. *Incidente de resolução de demandas repetitivas*: a luta contra a dispersão jurisprudencial excessiva. São Paulo: Revista dos Tribunais, 2016, p. 185).

33. "O sucesso do processo alemão se assenta enfim – não apenas no processo civil, mas também em outras áreas – na condução processual necessariamente dirigida pelo juiz e na sua orientação dialógica. Apesar de as partes determinarem com sua atividade os fatos e os meios de prova, é o juízo que se ocupa, com medidas ordenadoras do processo, de uma rápida tramitação, e que deve evitar a surpresa nas decisões por meio de advertências sobre pontos não suficientemente esclarecidos e discussões com as partes – o que resguarda tanto estas, quanto o tribunal de decisões equivocadas e contribui para a pacificação dos envolvidos. É esse diálogo entre o tribunal e as partes o que explica a eficiência e o grau de eficácia jurídica desse processo" (STÜRNER, Rolf. Sobre as reformas recentes no direito alemão e alguns pontos em comum com o projeto brasileiro para um novo Código de Processo Civil. *Revista de Processo*, v. 36, n. 193, p. 355-372, mar./2011, p. 359).

tão animadores[34] e poderiam ser alcançados pela condução habilidosa do processo por uma magistratura qualificada[35].

De igual forma é preciso considerar que o *musterverfahren* foi uma inspiração para o IRDR, mas o procedimento brasileiro tem inegável autenticidade[36], mesmo porque deve dialogar com outros institutos já previstos na lei brasileira[37]. Além disso, o IRDR tem um escopo mais amplo do que o procedimento alemão[38], pois este é restrito *às questões de fato e de direito do mercado mobiliário,*

---

34. "A Lei dos Processos Modelos dos Investidores de Capital (*Kapitalanlegermusterverfahrensgesetz*), que se aplica para as ações referentes a investidores logrados ou fraudados, não renuncia à concepção de que, em última análise, trata-se de processos individuais reunidos e introduz apenas a novidade de uma decisão-modelo na instância mais alta sobre questões prejudiciais comuns submetidas pela instância inferior. Alguns processos ficam suspensos, nenhum processo é decidido. Até agora não há nenhum resultado visível que não tivesse sido igualmente alcançado sem essa lei por uma habilidosa e pragmática condução processual, mediante uma qualificada magistratura. Para os colegas brasileiros, que cogitam na atual reforma para a uniformização do Direito e celeridade processual um incidente de resolução de demandas repetitivas, talvez seja interessante analisar o sucesso desse processo alemão. Ele não é muito animador. Se se pretende garantir, nos processos-modelo, o contraditório de todas as partes que tiverem suas ações individuais suspensas, eles se tornarão muito lentos e complicados. Se tais processos forem acolhidos apenas para a elaboração de enunciados jurídicos não vinculantes, sempre haverá espaço para a *distinguishing*, além de seus efeitos uniformizadores e de celeridade serem também questionáveis. A *ratio* dos tribunais, por meio da aplicação de uma jurisprudência consolidada, não pode substituir à legislação" (STÜRNER, Rolf. Sobre as reformas recentes no direito alemão e alguns pontos em comum com o projeto brasileiro para um novo código de processo civil. *Revista de Processo,* v. 36, n. 193, p. 355-372, mar./2011, p. 361-362).

35. "Os acórdãos-modelo dos tribunais superiores para uma série de casos semelhantes é – como já indicado – uma instituição com uma expectativa de sucesso muito incerta. Em última análise, a observância dos acórdãos dos tribunais superiores depende sempre do conhecimento e do raciocínio dos juízes. Não se pode esconder certo ceticismo em relação às perspectivas de êxito. Processos- modelo têm um efeito muitas vezes retardante, e os casos individuais diferenciam-se frequentemente do modelo. Uma racionalidade pragmática dos magistrados pode conduzir a resultados superiores" (STÜRNER, Rolf. Sobre as reformas recentes no direito alemão e alguns pontos em comum com o projeto brasileiro para um novo Código de Processo Civil. *Revista de Processo,* v. 36, n. 193, p. 355-372, mar./2011, p. 369).

36. "Em que pese a confessada inspiração pela Comissão de Juristas responsável pela elaboração do Anteprojeto de novo Código de Processo Civil no procedimento-modelo alemão *Musterverfahren*, o estudo comparativo comprova que o incidente projetado brasileiro em muito se diferencia do instrumento jurídico tedesco" (VIAFORE, Daniele. As semelhanças e as diferenças entre o procedimento-modelo *musterverfahren* "Incidente de Resolução de Demandas Repetitivas". *Revista de Processo*, v. 38, n. 217, p. 257-308, mar./2013, p. 279).

37. "*O incidente de resolução de demandas repetitivas foi desenvolvido a partir de inspirações do direito comparado, especialmente dos institutos alemães, notadamente do instituto da KapMuG, como se observa da exposição de motivos da Comissão de Juristas nomeada para elaboração do texto do novo Código. Inserido no novo Código de Processo Civil, assumiu características de alguns dos institutos já vigentes sob a égide do CPC/71, notadamente dos recurso especial e extraordinário repetitivos, adaptando-se à realidade brasileira*" (MENDES, Aluísio Gonçalves de Castro; TEMER, Sofia. O incidente de resolução de demandas repetitivas e o novo Código de Processo Civil. In: DIDIER JR., Fredie (coord. Geral); MACÊDO, Lucas Buril de; PEIXOTO, Ravi; FREIRE, Alexandre (org.). *Processo nos tribunais e meios de impugnação das decisões judiciais.* Salvador: Juspodivm, 2016, p. 317 – grifos nossos).

38. "Apesar disso, o IRDR não guarda nenhuma semelhança com o referido instrumento tedesco.Talvez nem mesmo a inspiração. No que se refere ao objeto do procedimento-modelo alemão, ele é muito restrito, aplicando-se apenas às controvérsias oriundas do mercado mobiliário. No Brasil, a aplicação será ampla, abarcando qualquer matéria jurídica, inclusive para dirimir questões processuais. O que interessa é

enquanto o primeiro trata de questões de direito, sem limitação de matéria[39]. Essa diferença tem ensejado debates interessantes na doutrina a respeito da cisão de cognição no IRDR.

Isso porque, embora o processo civil brasileiro já conviva, há algum tempo, com técnicas de julgamento que separam questões de fato e de direito[40], o IRDR parece não se pautar apenas por essa dicotomia (questões de fato *vs.* questões de direito); mas, tal como o procedimento alemão, promove uma cisão da cognição entre as questões comuns e específicas da controvérsia[41]. A bem da verdade, essa fragmentação também não é exatamente uma novidade no processo civil brasileiro, como pôde observar Antonio do Passo Cabral[42].

---

que a questão seja jurídica. Em contrapartida, o *Musterverfahren* aplica-se também às questões de fato" (ABBOUD, Georges; CAVALCANTI, Marcos de Araújo. Inconstitucionalidades do Incidente de Resolução de Demandas Repetitivas (IRDR) e os riscos ao sistema decisório. *Revista de Processo*, v. 40, n. 240, p. 221-242, fev./2015, p. 227).

39. "Observa-se, portanto, que a ideia do Incidente de Resolução de Demandas Repetitivas brasileiro, quanto ao seu objeto específico, é abranger unicamente questões de direito e, nesse contexto, abarcar questões tanto de direito material quanto processual, sem qualquer limitação de matéria, como visto anteriormente" (ALMENDRA, Matheus Leite. Incidente de resolução de demandas repetitivas: desmistificando a sua influência e o tema da suspensão de processos em razão de sua admissibilidade. *Revista de Processo*, v. 281, ano 43, p. 337-365, jul./2018, p. 343).

40. "Além disso, há quem entenda que essa fragmentação da cognição (*v.g.* questões de direito sendo apreciadas pelo tribunal e questões de fatos pelos juízes de primeiro grau) pode levar ao mesmo destino de outros institutos de pouca utilização na praxe forense, tais como o incidente de uniformização de jurisprudência (arts. 476 a 479 do CPC/1973) e o incidente de declaração de inconstitucionalidade (arts. 480 a 482 do CPC/1973) (ROSSI, 2012). (...) Não se sabe ao certo como funcionará o IRDR em questões que demandem uma imbricada análise fática, mas já se acende o alerta, pois se percebe uma inequívoca tendência de elaboração de normas gerais e abstratas pelo Judiciário, cada vez mais distanciada das peculiaridades dos casos concretos. (...). No direito processual brasileiro, todavia, costuma-se fazer a distinção entre questões de fato e questões de direito, embora seja difícil, como já se disse, aplicar o direito sem se ter ciência dos fatos. Entretanto, é possível construir a ideia do legislador e entender seu intuito, no sentido de que a controvérsia sobre a matéria de direito é aquela referente à norma jurídica aplicável e ao seu alcance, partindo de circunstâncias do caso sobre as quais as partes não dissentem – em outras palavras, o que a norma quer dizer em uma situação abstrata. (GONÇALVES, Gláucio Maciel; DUTRA, Victor Barbosa. Apontamentos sobre o novo incidente de resolução de demandas repetitivas no Código de Processo Civil de 2015. *RIL*, ano 52, n.208, p.189-292, out./dez. 2015, p. 195).

41. "No modelo brasileiro, há uma cisão de julgamento, que se desdobra em uma decisão objetiva e outra subjetiva complexa. Em outras palavras, enquanto um órgão judiciário julga todas as questões comuns objeto do incidente, o outro órgão julga o processo originário, com todas as suas especificidades, observando a prévia decisão do incidente, obrigatoriamente tomada como premissa à definição das demais questões versadas no processo. Mediante a técnica da cisão, a decisão do incidente decorre do julgamento em abstrato da questão jurídica submetida ao órgão prolator, sem prejuízo das garantias fundamentais do contraditório e da ampla defesa daqueles cuja esfera jurídica poderá ser afetada" (CAMBI, Eduardo; FOGAÇA, Mateus Vargas. Incidente de Resolução de Demandas Repetitivas no Novo Código de Processo Civil. In: DIDIER JR., Fredie (coord. Geral); MACÊDO, Lucas Buril de; PEIXOTO, Ravi; FREIRE, Alexandre (org.). *Processo nos tribunais e meios de impugnação das decisões judiciais.* Salvador: Juspodivm, 2016, p. 375).

42. "E nosso direito positivo, possui previsão de algo similar? Ainda que não existam muitos mecanismos com funções de conferir tutela coletiva a questões comuns, a legislação processual pátria admite, há muito tempo, a quebra de cognição em alguns procedimentos, com um JUIZO decidindo sobre uma ou algumas questões prévias, deixando o julgamento da questão principal a outro órgão judiciário. Assim ocorre

Porém, ao divergir do modelo alemão, restringindo o julgamento apenas às questões de direito, o IRDR parece ter combinado as duas técnicas. Essa, porém, é uma dúvida tormentosa para a doutrina[43], que em parte vislumbra no IRDR a mesma cisão de cognição do *musterverfahren*[44], e, sob outra perspectiva, entende que há, apenas, a separação entre questão de fato e de direito[45].

Outrossim, uma terceira razão que não pode ser negligenciada é a influência, ainda que não mencionada diretamente pela Comissão de Juristas, de institutos de outros países. Um bom exemplo é a *Group Litigation Order*[46], oriunda da Inglaterra, que adota o modelo da causa-piloto, e foi inspiração para o requisito da

com o incidente de reserva de plenário (art. 97 da CF/88 e art. 480 e ss. do CPC) para a declaração de inconstitucionalidade das leis pelos tribunais, bem como o incidente de uniformização de jurisprudência, previsto no art. 476 do CPC. Nestes incidentes, a cognição da questão prévia é remetida ao pleno ou órgão especial dos tribunais, deixando às câmaras ou turmas (órgãos fracionados), a decisão sobre o mérito do recurso" (CABRAL, Antonio do Passo. O novo procedimento-modelo (*musterverfahren*) alemão: uma alternativa às ações coletivas. *Revista de Processo*, ano 32, n. 147, p. 123-146, mai./2007, p. 143-144).

43. "A divisão da cognição, que o incidente viabiliza, mitiga os problemas de análise das especificidades de cada demanda e viabiliza um melhor julgamento dos aspectos "idênticos" das ações seriais. Tal exemplo não deve ser obviamente transportado ao direito brasileiro sem maiores reflexões, mas, representa um exemplo de busca de dimensionamento do problema das ações repetitivas sem negligenciar as garantias processuais do modelo constitucional de processo, como a técnica de processo-teste, como a repercussão geral, v.g., pode conduzir" (THEODORO JÚNIOR, Humberto; NUNES, Dierle; BAHIA, Alexandre. Litigiosidade em massa e repercussão geral no recurso extraordinário. *Revista de Processo,* v. 34, n. 177, p. 9-46, nov./2009, p. 41).

44. "Há, portanto, uma cisão cognitiva – ainda que virtual e não física -, firmando-se a tese jurídica no procedimento incidental em que haverá se reproduzido o "modelo" que melhor represente a controvérsia jurídica que se repete em dezenas ou milhares de pretensões" (MENDES, Aluísio Gonçalves de Castro; TEMER, Sofia. O incidente de resolução de demandas repetitivas e o novo Código de Processo Civil. In: DIDIER JR., Fredie (coord. Geral); MACÊDO, Lucas Buril de; PEIXOTO, Ravi; FREIRE, Alexandre (org.). *Processo nos tribunais e meios de impugnação das decisões judiciais.* Salvador: Juspodivm, 2016, p. 319).

45. "O IRDR, da maneira como previsto (PLS 166/2010 e PLC 8.046/2010) – estabelecendo padrões de decisão-quadro com conteúdo abstrato e geral abarcando uma série de questões e cuja aplicação pelos órgãos judiciários competentes para julgamentos das ações sobrestadas revela-se compulsória – não parece seguir a mesma dicção de seu inspirador instrumento de coletivização alemão, segundo o qual a decisão tomada pelo tribunal vinculará todos os processos, iniciando-se uma nova fase na qual os juízos competentes definirão as pretensões individualizadas em cada demanda. A divisão da cognição estabelecida no *Musterverfahren* tem o condão de mitigar os problemas relacionados à análise dos pontos em comum, relativos às ações assemelhadas (*streitpunkte*) decididos pelo Tribunal, deixando a análise das particularidades de cada uma das demandas ao juiz natural para o seu julgamento" (ROSSI, Júlio César. O precedente à brasileira: súmula vinculante e o incidente de resolução de demandas repetitivas. *Revista de Processo*, v. 37, n. 208, p. 203-240, jun./2012, p. 230).

46. "*Na Inglaterra, foi editado em 2000 o seu primeiro Código de Processo Civil, com a previsão das decisões em litígios de grupo (*group litigation order*), ao lado da própria demanda teste (*test claim*). A* group litigation order *é mecanismo que permite que um caso receba tratamento coletivo, desde que haja pretensões similares fundadas na mesma questão de fato ou de direito, sendo o efeito do julgamento, a priori, vinculante às demais demandas previamente registradas*" (MENDES, Aluísio Gonçalves de Castro; TEMER, Sofia. O incidente de resolução de demandas repetitivas e o novo Código de Processo Civil. In: DIDIER JR., Fredie (coord. Geral); MACÊDO, Lucas Buril de; PEIXOTO, Ravi; FREIRE, Alexandre (org.). *Processo nos tribunais e meios de impugnação das decisões judiciais.* Salvador: Juspodivm, 2016, p. 316 – grifos nossos).

repercussão geral para admissão de recursos extraordinários e do julgamento de recursos repetitivos no Brasil[47].

O legislador brasileiro tem se valido muito da "força dos precedentes" própria de sistemas da família do *common law*[48], e as controvérsias sobre esse assunto são inúmeras e profundas[49]. A falta de uma doutrina sólida sobre os precedentes[50] nos leva a compreendê-los como o resultado acabado de um único caso, julgado por tribunal superior ou sob determinado regime processual[51], com força

---

47. "Uma das soluções possíveis adotadas no exterior é das chamadas *causas piloto* ou *processos-teste* (*casi pilota, Pilot veifahren* ou *test claims*), uma ou algumas causas que, pela similitude na sua tipicidade, são escolhidas para serem julgadas inicialmente, e cuja solução permite que se resolvam rapidamente todas as demais. Assim ocorre na Inglaterra, por força das *Parts*19.13 *(b)* e19.15 das Civil Procedure Rules e também encontra paralelo no ordenamento austríaco. Recentemente, o legislador brasileiro previu instituto semelhante: ao regulamentar o § 3º do art. 102 da CF/88, que disciplina o requisito da repercussão geral no recurso extraordinário, a Lei 11.418/2006 acrescentou o art. 543-B ao CPC, dispositivo que, em seu § 1.0, permite ao tribunal, quando 'diante de casos idênticos em grande quantidade, selecionar um recurso *representativo da controvérsia,* encaminhando-o ao Supremo Tribunal Federal para pronunciamento.Ao lado dos processos-teste, outros instrumentos ganharam previsão normativa em dois dos mais importantes ordenamentos europeus, o Procedimento-Modelo *(Musterverfahren)* alemão, normatizado em 2005 e objeto deste estudo, e a *Group Litigation* inglesa, prevista nas *Rules of Civil Procedure* de 1999" (CABRAL, Antonio do Passo. O novo procedimento-modelo (*musterverfahren*) alemão: uma alternativa às ações coletivas. *Revista de Processo*, ano 32, n. 147, p. 123-146, mai./2007, p. 130).

48. "*Nesse contexto de aproximação dos sistemas jurídicos e de influência das técnicas de julgamento do common law, a adoção de um "sistema próprio de precedentes vinculantes" pareceu ao legislador infraconstitucional uma opção legítima para, em curto prazo, minimizar a crise causada pela "justiça intempestiva" no Brasil*" (MACHADO, Daniel Carneiro. Uma visão crítica da inclusão do IRDR no sistema de precedentes do CPC 2015. In: FARIA, Juliana Cordeiro de; REZENDE, Ester Camila Gomes Norato; NETO, Edgard Audomar Marx (Orgs.). *Novas tendências, diálogos entre direito material e processo:* estudos em homenagem ao professor Humberto Theodoro Júnior. Belo Horizonte: D'Plácido, 2018, p. 69 – grifos nossos).

49. "O que se verifica, na verdade, é que o modo como o NCPC tenta importar o sistema do *stare decisis* do *common law* é absolutamente inadequado.O precedente judicial nos países de tradição *anglo-saxônica* funciona como *ponto de partida* para a discussão e resolução da lide, função que, nos países do *civil law*, é desempenhada pela própria legislação. Sua aplicação exige intensa interpretação e realização do contraditório entre as partes. No caso do IRDR, a tese jurídica não serve de ponto de partida, mas de *linha de chegada* para resolução dos casos repetitivos. Constitui verdadeira *regra decisória*, dispensando as alegações das partes, a fundamentação e a problematização decisional. Por isso, o NCPC tornou *desnecessária* a interpretação da lei ou do texto constitucional, assim como o exame das alegações das partes para a resolução dos processos repetitivos sobrestados" (ABBOUD, Georges; CAVALCANTI, Marcos de Araújo. Inconstitucionalidades do Incidente de Resolução de Demandas Repetitivas (IRDR) e os riscos ao sistema decisório. *Revista de Processo*, v. 40, n. 240, p. 221-242, fev./2015, p. 236-237).

50. "Em que pese o fato de os sistemas anglo-saxão (*common law*) e romano-germânico (*civil law*) possuírem estruturas diversas, mas não absolutamente disjuntivas, o que permite, em certa e cautelosa medida, um diálogo ou influências recíprocas, certo é que a prática brasileira carece de uma teorização ou doutrina dos *precedentes*, valorizando julgados, ou mesmo ementas de decisões, como se fossem genuínos *precedentes*, interpretando-os e aplicando-os de forma autônoma e desvinculada da causa (objeto) de onde foram gerados" (ROSSI, Júlio César. O precedente à brasileira: súmula vinculante e o incidente de resolução de demandas repetitivas. *Revista de Processo*, v. 37, n. 208, p. 203-240, jun./2012, p. 204).

51. "Entendamos o precedente como resultado (norma jurídica estabelecida para uma dada situação concreta) de um único julgamento, de uma série de julgamentos, oriundos de um tribunal local, federal, ou mesmo dos Tribunais Superiores e do STF, o fato é que o precedente não é apenas, e tão somente, por

normativa[52]. Essa perspectiva, porém, pode prejudicar a qualidade da cognição judicial[53], engessar a jurisprudência[54] e abafar discussões jurídicas muito relevantes[55].

---

assim dizer, "julgado". Ele representa a essência, o ponto central da discussão levada à apreciação do Poder Judiciário para a solução de uma determinada lide. Uma premissa parece clara: o precedente não se confunde com as normas, de modo que não traz em seu bojo as características da generalidade, abstratividade, imperatividade, impessoalidade etc., todos esses elementos ínsitos à qualidade normativa" (ROSSI, Júlio César. O precedente à brasileira: súmula vinculante e o incidente de resolução de demandas repetitivas. *Revista de Processo*, v. 37, n. 208, p. 203-240, jun./2012, p. 213).

52. "Criamos um precedente à brasileira: uma forma de solucionar os conflitos por meio da jurisprudência (seja ou não reiterada; matéria constitucional ou infraconstitucional) que servirá de parâmetro normativo obrigatório (não indicativo ou persuasivo), para que os órgãos inferiores do Poder Judiciário chancelem, com a mesma decisão padrão, casos aparentemente assemelhados" (ROSSI, Júlio César. O precedente à brasileira: súmula vinculante e o incidente de resolução de demandas repetitivas. *Revista de Processo*, v.37, n. 208, p. 203- 240, jun./ 2012, p. 206).

53. "*Ao contrário do que se passa no* common law, *a utilização, no Brasil, dos precedentes e, em maior medida, do direito jurisprudencial na aplicação do direito tal como realizada na vigência da legislação anterior pode favorecer a sumarização da cognição e a padronização decisória superficial para se alcançar uma justiça em números (eficiência apenas quantitativa), o que acarretará afronta à garantias do modelo constitucional de processo*" (MACHADO, Daniel Carneiro. Uma visão crítica da inclusão do IRDR no sistema de precedentes do CPC 2015. In: FARIA, Juliana Cordeiro de; REZENDE, Ester Camila Gomes Norato; NETO, Edgard Audomar Marx (Orgs.). *Novas tendências, diálogos entre direito material e processo:* estudos em homenagem ao professor Humberto Theodoro Júnior. Belo Horizonte: D'Plácido, 2018, p. 79 – grifos nossos).

54. Nas palavras de A. Castanheira Neves, "a vinculação por precedentes na *common law,* longe de ser uma vinculação de fixidez e definitiva, traduz antes o sábio dúctil equilíbrio, praticamente conseguido, entre estabilidade e a continuidade jurídicas, por um lado, e a abertura e a liberdade jurisdicionais, por outro lado, através da vinculação com as possibilidades do *distinguishing* e do *overruling.* Essa funcionalização do precedente evidencia sua diferença em relação às decisões jurisdicionais dotadas de efeito vinculante na medida em que elas, apesar de serem decisões judiciais, em nenhum momento podem constituir como o ponto de partida para a discussão da *legal reasoning,* uma vez que elas pretendem trazer a decisão pronta. (...) Pelo contrário, a decisão de provimentos vinculantes almeja constituir-se como a regra decisória do caso concreto, ou seja, como se viesse a norma pronta e acabada que pudesse substituir- se às alegações das partes, à fundamentação e à problematização decisional, de modo que se torna desnecessário que o magistrado ou os tribunais locais precisassem socorrer-se à interpretação da lei e da Constituição Federal, bem como ao exame das alegações das partes para solucionar as lides sobrestadas em razão da aplicação sistema vinculatório jurisprudencial. Esse é o grande risco da utilização irrefletida de provimentos vinculantes, ou seja, com o intuito de assegurar uma aplicação isonômica e uniforme da legislação, ignora-se a individualidade e as particularidades de cada caso concreto, solucionando-se diversas demandas de forma automática, impedindo que os juízes e os tribunais locais examinem pormenorizadamente as particularidades do caso concreto." (STRECK, Lenio Luiz; ABBOUD, Georges. *O que é isto:* o precedente judicial e as súmulas vinculantes? 3. ed. Porto Alegre: Livraria do Advogado, 2015, p. 112-113).

55. "De certa forma, criamos um paradoxo. Vale dizer, uma das nossas principais (na realidade a principal) apostas para resolver a questão da insegurança e celeridade foi a atribuição de efeito vinculante, por meio de lei, para diversos provimentos judiciais dos Tribunais Superiores. Após o NCPC, praticamente não resta mais nada a ser tornado vinculante. Eis o paradoxo. Se a solução é criar provimentos vinculantes, no instante em que tudo vincula, se as mazelas não são solucionadas, o paradoxo se forma, porque a pseudo-solução está esgotada. Diante do paradoxo, o processo civil é obrigado a retomar para o caso concreto e, mais especificamente, para a teoria da decisão judicial com o intuito de evidenciar que há um verdadeiro *déficit* qualitativo na fundamentação das decisões judiciais, que não pode ser corrigido pelo simples recrudescimento do efeito vinculante" (STRECK,

Torna-se cada vez mais importante o estudo aprofundado sobre o sistema de precedentes, o *stare decisis*[56], bem como das figuras que lhe são afeitas, como o *distinguishing* e o *overruling,* pois, como advertem Lenio Streck e Georges Abboud: "a colocação legislativa de provimentos judiciais vinculantes, em nenhuma hipótese, pode ser confundida com o sistema de precedentes do *common law*"[57].

O precedente não é uma resposta definitiva e acabada a ser reproduzida em casos subsequentes, tal como o enunciado de uma súmula[58], tampouco é um sinônimo de jurisprudência[59]. É, na verdade, um ponto de partida, cujos funda-

---

Lenio Luiz; ABBOUD, Georges. *O que é isto:* o precedente judicial e as súmulas vinculantes? 3. ed. Porto Alegre: Livraria do Advogado, 2015, p. 115-116).

56. "Outrossim, o juiz, no regime do *stare decisis,* possui técnicas para se afastar dos precedentes. São elas: o *distinguishing* e o *overruling.* No primeiro caso, o juiz intenta evidenciar não só as semelhanças mas também os caracteres específicos que diferenciam a situação em análise; no segundo caso, rejeita a solução precedente por ser susceptível de conduzir a resultados injustos. Em ambos os casos deve fundamentar o seu afastamento da solução que constitui precedente (ônus de argumentação). (...) No Brasil não faz sentido falar-se de *overruling* para afastara aplicação de precedente ou dos demais provimentos vinculantes, até mesmo porque não vivenciamos um genuíno sistema de precedentes, nem mesmo após o advento do CPC. O mais adequado é falar-se em controle difuso de constitucionalidade, que é um direito fundamental do cidadão de provimentos vinculantes nas hipóteses que sua incidência culminar em uma inconstitucionalidade para o caso concreto" (STRECK, Lenio Luiz; ABBOUD, Georges. *O que é isto:* o precedente judicial e as súmulas vinculantes? 3. ed. Porto Alegre: Livraria do Advogado, 2015, p. 136-139).

57. STRECK, Lenio Luiz; ABBOUD, Georges. *O que é isto:* o precedente judicial e as súmulas vinculantes? 3. ed. Porto Alegre: Livraria do Advogado, 2015, p. 105.

58. "A impossibilidade de se equiparar o genuíno sistema de precedentes do *common law* com o modelo criado pelo Código é evidente quando examinamos o CPC em sua completude. Isso porque o Código *identifica o precedente como decisão dos Tribunais Superiores.* Esse dado reforça que o Código aumenta a aposta em uma verticalização vinculante estabelecendo diversos provimentos que passam a ser vinculantes, em cujo rol, aliás, o termo precedente *não aparece.* O precedente (o do *common law*) não nasce como precedente. Ele contém um DNA de historicidade que somente surge se houver adesão de seu entendimento pelas instâncias inferiores do judiciário. O NCPC quando se refere a precedente faz menção a um caso julgado pelos Tribunais Superiores, tal qual explicita a seguinte passagem do art. 926, § 2º, *ao editar enunciados de súmula, os tribunais devem ater-se às circunstâncias fáticas dos precedentes que motivaram sua criação.* Esse ponto evidencia que precedente não pode ser confundido com súmula, o que está correto - sempre dissemos isso, desde a primeira edição deste livro – e faz transparecer que há uma hierarquia entre súmulas e precedentes tendo prevalência a primeira. (STRECK, Lenio Luiz; ABBOUD, Georges. *O que é isto:* o precedente judicial e as súmulas vinculantes? 3. ed. Porto Alegre: Livraria do Advogado, 2015, p. 106). "Caminhamos para contemplarmos em nosso ordenamento dois institutos processuais capazes de gerar *precedentes* cuja observância se revela obrigatória; a súmula vinculante e o IRDR, cada qual com suas peculiaridades, mas ambos muito próximos de se caracterizarem como verdadeiros enunciados literais, proferidos pelos tribunais competentes, que se apartam dos casos que os originaram e que possuem força obrigatória geral, próximos da abstração e generalidade, típicas dos atos normativos emanados do Poder Legislativo. Assim, a permanecer nos moldes cogitados, tanto o instituto vigente da súmula vinculante, quanto o incidente de resolução de demandas repetitivas (IRDR), em perspectiva podemos s.m.j., afirmar que temos uma modalidade típica de precedentes, muito próxima aos extirpados assentos portugueses" (ROSSI, Júlio César. O precedente à brasileira: súmula vinculante e o incidente de resolução de demandas repetitivas. *Revista de Processo*, v.37, n. 208, p. 203-240, jun./2012, p. 220).

59. "Aliás, nem toda decisão de Tribunal Superior se toma precedente, razão pela qual essa compreensão é fundamental para que possamos fazer uso constitucionalmente adequado da nova legislação processual.

mentos principais passam a orientar julgamentos posteriores. Nas palavras de Michele Taruffo, ele fornece uma regra a ser aplicada como critério de decisão em casos sucessivos[60]. Com relação à jurisprudência, trata-se de um grupo de casos, ao passo que o precedente é uma decisão singular[61].

Nessa perspectiva, a análise da situação fática e a identificação de elementos comuns é relevante para orientar a decisão de aplicar, ou não, um precedente. Não basta a coincidência superficial de alguns fatos, nem é necessária a absoluta igualdade entre eles, mas é indispensável que os elementos que deter-

Nesse sentido: precedente não equivale a súmula ou a jurisprudência, e os três não devem ser utilizados/aplicados da mesma forma. Em suma, precedente é um julgamento que passa a ser referência em julgamentos posteriores. Jurisprudência é um conjunto de decisões sobre o mesmo assunto" (STRECK, Lenio Luiz; ABBOUD, Georges. *O que é isto:* o precedente judicial e as súmulas vinculantes? 3. ed. Porto Alegre: Livraria do Advogado, 2015, p. 109).

60. "Il precedente fornisce una regola (universalizzabile, come già si e deito) che puo essere applicata come criterio di decisione nel caso successivo in funzione della identità o – come accade di regola – dell'analogia trai fatti dei primo caso e i fatti dei secondo caso. (...) L'impiego della giurisprudenza ha caratteristiche assai diverse. Anzitutto, l'analisi comparativa dei fatti manca, almeno nella grandíssima maggioranza dei casi. Quiil problema dipende da cio che inrealtà « costituisce » Ia giurisprudenza: si tratta, come e noto, soprattutto delle massime elaborate dall'apposito ufficio che existe presso Ia Corte di cassazione. La caratteristica piu importante delle massime e che si tratta di enunciazioni, concentrate in una o in poche frasi, che hanno ad oggetto regole giuridiche. Queste regole hanno solitamente un contenuto piu specifico rispetto ai dettato testuale della norma di cui costituiscono una interpretazione, masono pur sempre formulate come regole, ossia come enunciazioni generali di contenuto precettivo. (...) Ecco dunque una prima differenza assai rilevante: di regola i testi che costituiscono la nostra giurisprudenza non includono i fatti che so no statioggetto di decisione, sicché l' applicazione della rego la formula ta in una decisione precedente non si fonda sull'analogia dei fatti, ma sulla sussunzione della fattispecie successiva in una regola generale" (TARUFFO, Michele. Precedente e giurisprudenza. *Rivista Trimestale di Diritto e Procedura Civile*, ano 61, n. 3, p. 709-725, set./2007, p. 712-713).

61. "Vi ê anzitutto una distinzione di carattere - per cosi dire -quantitativo. Quando si parla dei precedente si fa solitamente riferimento ad una decisione relativa ad un caso particolare, mentre quando si parla dellagiurisprudenza si fa solitamente riferimento ad una pluralità, spesso assai ampia, di decisioni relative a vari e diversi casi concreti. La differenza non ê solo di tipo semantico. II fatto ê che nei sistemiche si fondano tradizionalmente e típicamente sul precedente, disolito la decisione che si assume come precedente e una sola; ai piu, po che decisioni successive vengono citatea sostegno dei precedente. lnquesto modo, e facile identificare quale decisione da vvero « fa precedente>>. lnvece, nei sistemi – come il nostro – in cui si richiam a la giurisprudenza, si fa riferimento solitamente a molte decisioni: talvolta sono dozzine o addirittura centinaia, anche se non tutte vengono espressamente citate. Cio implica varie conseguenze, tracui Ia difficoltà – spesso dificilmente superabile – distabilire quale sia Ia decisione che davvero e rilevante (se ve n'e una) oppure di decidere quante decisioni occorrono perché si possa direche esiste una giurisprudenza relativa ad un determinata interpretazione di una norma" (TARUFFO, Michele. Precedente e giurisprudenza. *Rivista Trimestale di Diritto e Procedura Civile*, ano 61, n. 3, p. 709-725, set./2007, p. 711-712). "Aliás, nem toda decisão de Tribunal Superior se toma precedente, razão pela qual essa compreensão é fundamental para que possamos fazer uso constitucionalmente adequado da nova legislação processual. Nesse sentido: precedente não equivale a súmula ou a jurisprudência, e os três não devem ser utilizados/aplicados da mesma forma. Em suma, precedente é um julgamento que passa a ser referência em julgamentos posteriores. Jurisprudência é um conjunto de decisões sobre o mesmo assunto" (STRECK, Lenio Luiz; ABBOUD, Georges. *O que é isto:* o precedente judicial e as súmulas vinculantes? 3. ed. Porto Alegre: Livraria do Advogado, 2015, p. 109).

minaram a decisão do precedente estejam presentes no caso[62] para que aquele possa ser aplicado[63].

Assim sendo, tanto a escolha da causa representativa da questão a ser solucionada em IRDR deve ser cuidadosa[64], primando pela representatividade e amplitude da discussão[65], como deve ser minuciosa e técnica a identificação dos processos aos quais será aplicada a tese[66].

---

62. "Pautando-se, assim, na premissa de que um *precedente* não se traduz em um simples ementário de jurisprudência ou em *razões de decidir* absolutamente descontextualizadas da questão jurídica da qual emanou, e tampouco tem a aptidão de gerar aplicação automática (com força vinculativa) pelos demais órgãos do Poder Judiciário às hipóteses aparentemente assemelhadas, prescindindo da adequada e necessária motivação, podemos considerar que os precedentes não se confundem com outros mecanismos de aplicação no direito brasileiro, como são as hipóteses das súmulas vinculantes e das decisões tomadas em incidente de resolução de demandas repetitivas, este último constituindo norma em perspectiva" (ROSSI, Júlio César. O precedente à brasileira: súmula vinculante e o incidente de resolução de demandas repetitivas. *Revista de Processo*, v. 37, n. 208, p. 203-240, jun./2012, p. 218).

63. "Nessa perspectiva, não se pode justificar a instituição desmedida da jurisprudência com efeito vinculante, sob o argumento de que estaria sendo introduzido em nosso ordenamento o sistema do *stare decisis.* Em consonância com o que afirmamos, não se deve nunca perder de vista que o *stare decisis* é mais do que a aplicação da regra de solução análoga para casos iguais, pois essa seria uma visão muito simplificada de um procedimento altamente complexo que, por séculos, se estruturou naquelas comunidades.A doutrina do *stare decisis,* em sua acepção técnica, surgiu apenas mais tarde, mediante uma sistematização das decisões, que distinguia a elaboração/construção (*holding*) do caso que consistiria no precedente e seria vinculante para casos futuros, e o *dictum,* que consistia na argumentação utilizada pelo corte dispensável à decisão e desse modo, não eram vinculantes. Essa argumentação demonstra o quão diferente é a mecânica dos sistemas de precedente em relação a nossa técnica de utilização da solução paradigma para processos repetitivos. O manejo do precedente para solucionar o caso concreto exige intensa interpretação e realização de contraditório entre as partes. Já o uso dos provimentos vinculantes dispensaria nova argumentação das partes - até mesmo porque o processo em que elas atuam estaria sobrestado - para que o juiz decidisse imediatamente a lide a partir do que ficou estabelecido na decisão paradigma (piloto) proferida pelo STF ou STJ. Desse modo, jurisprudência vinculante não pode ser confundida com o sistema do *stare decisis* do *common law.* Na realidade, eles caracterizam uma forma particular de nosso ordenamento em forçar a uniformização da jurisprudência, ignorando a conflituosidade que é ínsita à atividade jurisprudencial, característica de toda atividade que contenha um *devir* histórico" (STRECK, Lenio Luiz; ABBOUD, Georges. *O que é isto:* o precedente judicial e as súmulas vinculantes? 3 ed. Porto Alegre: Livraria do Advogado, 2015, p.114).

64. "Neste viés, a seleção do processo originário pode e deve ser *avaliada pelo Tribunal julgador* do incidente, mesmo quando é um dos membros do próprio colegiado quem escolhe, de maneira a inadmitir o incidente instaurado a partir de uma equivocada escolha da causa-piloto, ou pelo menos corrigir esta seleção, evitando problemas de tramitação e déficit nas garantias processuais" (CABRAL, Antonio do Passo. A escolha da causa-piloto nos incidentes de resolução de processos repetitivos. *Revista de Processo,* v. 39, n. 231, p. 201-223, mai./2014, p. 206).

65. "Queremos propor dois vetores básicos para guiar a escolha da causa-piloto. O primeiro é a *amplitude do contraditório.* Sempre que houver restrições ao contraditório, seja no procedimento do processo originário, seja quando a escolha da causa puder limitar o contraditório no próprio incidente, deve-se rever ou corrigir a seleção do processo-teste. O segundo vetor de interpretação para a escolha da causa-piloto é a *pluralidade e representatividade* dos sujeitos do processo originário. Isso porque, de acordo com o desenho estrutural dos procedimentos, muitas vezes o papel das partes do processo originário é maior no âmbito do incidente. Assim, o próprio contraditório no incidente pode ser impactado se dele participar litigante mal preparado ou inexperiente, por exemplo" (CABRAL, Antonio do Passo. A escolha da causa-piloto nos incidentes de resolução de processos repetitivos. *Revista de Processo,* v. 39, n. 231, p. 201-223, mai./2014, p. 210).

66. "Ou seja, sem a similaridade fática, não se consegue aplicar a jurisprudência ou acórdão oriundo de recurso repetitivo ou de IRDR. Aliás, esse é o maior risco de uma aplicação equivocada da jurisprudência e dos

A doutrina classifica os procedimentos para solução de controvérsias repetitivas em dois paradigmas: a causa-piloto e o procedimento-modelo. O primeiro se caracteriza pela unidade de cognição processual, isto é, a demanda será julgada inteiramente por um único órgão e, posteriormente, a decisão é replicada nas demais causas. É o caso da *Group Litigantion Order* inglesa e também do modelo austríaco. No Brasil, esse modelo inspirou o requisito da repercussão geral e o julgamento dos recursos repetitivos. Escolhem-se causas paradigmas, e a partir de seu julgamento de mérito, são extraídas as teses jurídicas que devem ser aplicadas aos demais casos similares. O procedimento-modelo, por sua vez, apresenta uma cisão cognitiva e decisória, na medida em que as questões comuns são apreciadas em um julgamento e, em seguida, individualmente é feita a apreciação do mérito de cada causa. É o caso do *musterverfahren.*

Apesar da declarada inspiração alemã do IRDR, em certos aspectos ele se aproxima de outros modelos, em especial porque não há acordo sobre a natureza e extensão da "cisão cognitiva". Assim, tanto aspectos do *musterverfahren*, como certa influência dos precedentes da *common law* e de outros instrumentos da própria legislação pátria se combinam em alguma medida, fazendo do IRDR um "sistema, portanto, brasileiríssimo"[67]. Cabe, então, questionar, como o fazem Antonio do Passo Cabral e Ronaldo Cramer: "diante do texto final: o IRDR seria uma causa-piloto ou um processo-modelo?".[68]

Antes, porém, de enfrentar essa dúvida, é oportuno que se faça uma incursão mais profunda sobre as características do IRDR, a fim de averiguar a (im)prescindibilidade da tramitação de causa ou recurso no tribunal para que possa ser instaurado o incidente.

---

recursos repetitivos uma vez que no afã de assegurar celeridade corre-se o risco de se sobrestar e solucionar equivocadamente casos concretos que não guardam similaridade fática com o acórdão paradigma. O mesmo não ocorre pela aplicação de um genuíno precedente que, em diversas hipóteses, pode dispensar essa similaridade fática" (STRECK, Lenio Luiz; ABBOUD, Georges. *O que é isto:* o precedente judicial e as súmulas vinculantes? 3. ed. Porto Alegre: Livraria do Advogado, 2015, p. 111).

67. "No direito estrangeiro há duas espécies de tratamento procedimental para a solução de processos repetitivos. O primeiro se vale de causas-piloto (processos-teste), por meio do qual o próprio processo é julgado no caso concreto e a tese fixada nesse julgamento é aplicada aos demais processos com a mesma matéria jurídica. O sistema é adotado na Inglaterra, por meio do *Group Litigation Order,* e na Áustria, por meio do *Pilotverfahren,* tendo seu espírito sido incorporado nos julgamentos dos recursos especial e extraordinário repetitivos em nosso sistema. No segundo sistema tem-se o chamado procedimento-modelo, como o *Musterverfahren* alemão, pelo qual há uma cisão cognitiva e decisória, de forma a ser criado um incidente pelo qual se fixa a tese jurídica a ser aplicada em todos os processos repetitivos, inclusive aquele em relação ao qual o incidente foi suscitado.Entendo que o IRDR é um sistema inovador, já que não adotou plenamente nenhum dos sistemas conhecidos no direito estrangeiro. Julgará o recurso ou ação e fixará a tese jurídica. Parece ser o sistema de causas-piloto, mas não é, porque exige a formação de um incidente processual, não sendo, portanto, a tese fixada na 'causa-piloto': e não é um procedimento-modelo porque o processo ou recurso do qual foi instaurado o IRDR é julgado pelo próprio órgão competente para o julgamento do incidente. Um sistema, portanto, brasileiríssimo" (NEVES, Daniel Amorim Assumpção. *Manual de direito processual civil.* 8. ed. Salvador: Juspodivm, 2016, p. 1415-1416).

68. CABRAL, Antonio do Passo; CRAMER, Ronaldo. *Comentários ao novo Código de Processo Civil.* Rio de Janeiro: Forense, 2015, p. 1417-1418.

3. CONTORNOS DOGMÁTICOS DO IRDR

O IRDR é uma técnica processual[69], com previsão legal nos arts. 976 a 987 do Código de Processo Civil de 2015, que busca "a definição, a fixação (ou firmação) e a adoção de uma tese sobre uma questão"[70] recorrente em um considerável número de processos com probabilidade de ocasionar decisões conflitantes[71].

Justamente para assegurar a uniformidade das decisões[72] sobre a mesma questão jurídica[73], o incidente é instaurado no tribunal de segunda instância, cuja decisão de mérito será vinculante para as causas sobrestadas e para aquelas que vierem a ser propostas e envolvam a temática decidida[74]. A identidade completa

69. "O incidente de resolução é uma técnica processual destinada a criar uma solução para a questão replicada nas múltiplas ações pendentes. Bem por isso, como é óbvio, a decisão proferida no incidente de resolução de demandas repetitivas apenas resolve casos idênticos. Essa é a distinção básica entre o sistema de precedentes das Cortes Supremas e o incidente destinado a dar solução a uma questão litigiosa de que podem provir múltiplos casos" (MARINONI, Luiz Guilherme. O "problema" do incidente de resolução de demandas repetitivas. *Revista TRF1*, v. 28, n. 5/6, p. 36-46, mai./jun. 2016, p. 36).

70. MEDINA, José Miguel Garcia. *Novo Código de Processo Civil Comentado*. 4. ed. São Paulo: Revista dos Tribunais, 2016, p. 1.414).

71. "*O incidente de resolução de demandas repetitivas é admissível quando identificada, em primeiro grau, controvérsia com potencial de gerar multiplicação expressiva de demandas e correlato risco da coexistência de decisões conflitantes*" (MANCUSO, Rodolfo de Camargo. *Incidente de resolução de demandas repetitivas*: a luta contra a dispersão jurisprudencial excessiva. São Paulo: Revista dos Tribunais, 2016, p. 147- grifos nossos). "Como mencionado, o IRDR consiste na possibilidade de uma reunião de processos (individuais) que estejam em primeiro grau de jurisdição e que contenham a mesma questão unicamente de direito. Ou seja, nos termos da lição acima, o que une esses processos é a incidência da norma sobre o fato em casos que já estavam em curso" (ALMEIDA, Gustavo Milaré. O incidente de resolução de demandas repetitivas e o trato da litigiosidade coletiva. In: DIDIER JR., Fredie (coord. Geral); MACÊDO, Lucas Buril de; PEIXOTO, Ravi; FREIRE, Alexandre (org.). *Processo nos tribunais e meios de impugnação das decisões judiciais*. Salvador: Juspodivm, 2016, p. 410).

72. "O dispositivo evidencia que o objetivo do novel instituto é o de obter decisões iguais para casos (predominantemente) iguais. Não é por acaso, aliás, que o incidente é considerado, pelo inciso I do art. 928, como hipótese de 'julgamento de casos repetitivos'. O incidente, destarte, é vocacionado a desempenhar, na tutela daqueles princípios, da isonomia e da segurança jurídica, papel próximo (e complementar) ao dos recursos extraordinários e especiais repetitivos (art. 928, II). Não é por acaso, também, o destaque que a ele dá o inciso III do art. 927, que dispensa a menção aos diversos casos em que, naquele contexto, o incidente é referido ao longo de todo o CPC de 2015" (BUENO, Cassio Scarpinella. *Curso sistematizado de direito processual civil*. 2. ed. São Paulo: Saraiva, 2016, p. 637).

73. "O objetivo desse incidente processual é conferir um julgamento *coletivo e abstrato* sobre as *questões unicamente de direito* abordadas nas demandas repetitivas, viabilizando a aplicação vinculada da *tese jurídica* aos respectivos casos concretos. Com isso, procura-se, de uma só vez, atender aos princípios da segurança jurídica, da isonomia e da economia processual" (ABBOUD, Georges; CAVALCANTI, Marcos de Araújo. Inconstitucionalidades do Incidente de Resolução de Demandas Repetitivas (IRDR) e os riscos ao sistema decisório. *Revista de Processo*, v. 40, n. 240, p. 221-242, fev./2015, p. 222).

74. "(...) o CPC de 2015 criou um mecanismo destinado a assegurar que casos iguais recebam resultados iguais: o IRDR (incidente de resolução de demandas repetitivas), que pode ser instaurado perante os tribunais de segunda instância (Tribunais de Justiça e Tribunais Regionais Federais ou do Trabalho. (...) Este é um incidente processual destinado a, através do julgamento de um caso piloto, estabelecer um precedente dotado de eficácia vinculante capaz de fazer com que casos idênticos recebam (dentro dos limites da competência territorial do tribunal) soluções idênticas, sem com isso esbarrar-se nos entraves típicos do processo coletivo. (...) Através deste incidente, então, produz-se uma decisão que, dotada de eficácia

entre as causas é dispensável, mas a questão jurídica que ensejou o IRDR deve ser a mesma em todas as demandas em que será aplicado o seu resultado[75]. Em síntese, é a identidade da questão e não da demanda que motiva a instauração do incidente[76]. Por isso, parte da doutrina critica a nomenclatura, aduzindo que o correto seria "incidente de resolução de questões repetitivas"[77]. Questão jurídica é um ponto controvertido, de fato ou direito, em que a solução depende de pronunciamento judicial, podendo também ser entendida como "mérito"[78] ou um pressuposto para a sua solução (questão incidental)[79].

---

vinculante, assegura isonomia (já que casos iguais serão tratados igualmente) e segurança jurídica (uma vez que, estabelecido o padrão decisório a ser observado, de forma vinculativa, pelos órgãos jurisdicionais em casos idênticos, será possível falar-se em *previsibilidade* do *resultado* do *processo*" (CÂMARA, Alexandre Freitas. *O novo processo civil brasileiro*. 3. ed. São Paulo: Atlas, 2017, p. 484-485).

75. "Em realidade, o IRDR teria o propósito de solucionar "questões repetitivas" e não necessariamente demandas repetitivas. Por "demandas repetitivas" entende-se, enfim, os processos que contém questões jurídicas homogêneas, de direito material ou processual, não havendo a necessidade de existência de uma relação jurídica substancial modelo e tampouco identidade de causa de pedir e do pedido. Basta a identificação de controvérsia sobre o ponto de direito (e não de fato) que se repita em vários processos individuais e coletivos para que o IRDR possa ser utilizado e desde que haja risco à segurança jurídica e à isonomia" (MACHADO, Daniel Carneiro. Uma visão crítica da inclusão do IRDR no sistema de precedentes do CPC 2015. In: FARIA, Juliana Cordeiro de; REZENDE, Ester Camila Gomes Norato; MARX NETO, Edgard Audomar (Orgs.). *Novas tendências, diálogos entre direito material e processo:* estudos em homenagem ao professor Humberto Theodoro Júnior. Belo Horizonte: D'Plácido, 2018, p. 64).

76. "No entanto, essa realidade deve ser analisada com certa flexibilidade, porque, mesmo existindo diversidade de fatos, a questão jurídica pode ser a mesma. Basta imaginar diferentes remessas de nomes para cadastros de devedores por uma causa comum, quando cada autor indicará um fato diferente, afinal, cada inclusão é um fato. Contudo, nesse caso a causa da inclusão nos cadastros de devedores é comum, de forma a ser irrelevante a diversidade dos fatos para a fixação da tese jurídica.A diversidade de fatos apta a afastar o cabimento do incidente de resolução de demandas repetitivas deve ser aquela suficiente a influenciar a aplicação do direito ao caso concreto, porque, havendo fatos diferentes de origem comum, deve ser cabível o incidente ora analisado. Cabe registrar que no projeto aprovado originariamente no Senado o incidente tinha natureza preventiva porque poderia ser instaurado quando *"identificada controvérsia com potencial de gerar relevante multiplicação de processos fundados em idêntica questão de direito':* A redação aprovada afasta essa realidade a exigir a existência de múltiplos processos, dando a entender que a questão jurídica deve ser enfrentada e decidida em diversos processos antes de ser instaurado o incidente processual" (NEVES, Daniel Amorim Assumpção. *Manual de direito processual civil*. 8 ed. Salvador: Juspodivm, 2016, p. 1.400).

77. "A despeito da denominação empregada, o incidente regulado nos arts. 976 a 978 do CPC/2015 não se destina à resolução de 'demandas repetitivas'. Rigorosamente, com a demanda (primeira manifestação do direito de ação, no processo), o autor ou exequente provoca a jurisdição, rompendo sua inércia. (...) A expressão 'demanda', no incidente disciplinado não é utilizada nesse sentido, nem no de conteúdo de provocação que o autor ou exequente fez. (...) A questão a ser objeto do incidente deve ser de direito. (...) De todo modo, está-se diante de incidente de resolução de questões repetitivas" (MEDINA, José Miguel Garcia. *Novo Código de Processo Civil Comentado*. 4. ed. São Paulo: Revista dos Tribunais, 2016, p. 1.413).

78. "Em um primeiro significado, que pode ser qualificado de restrito, questão é qualquer ponto de fato ou de direito controvertido, de que dependa o pronunciamento judicial. (...) Mas o vocábulo 'questão' também pode ser entendido como 'o próprio *thema decidedum*, ou, ao menos cada uma das partes em que ele se fraciona'. Aqui a palavra 'questão' assemelha-se a 'mérito', que nada mais é do que a questão principal' do processo, o seu objeto litigioso. (...) Há questões que são postas como fundamento para a solução de outras e há aquelas que são colocadas para que sobre elas haja uma decisão judicial. Em relação à todas haverá cognição, em relação às ultimas haverá, também, julgamento" (DIDIER JR., Fredie. *Curso de direito processual civil*: introdução ao direito processual civil, parte geral e processo de conhecimento. 18. ed. Salvador: Juspodivm, 2016, p. 440).

Registra-se que a questão deverá ser unicamente de direito, embora possa ter natureza material ou processual[80], o que leva parte da doutrina a considerar que o IRDR "não julga causa, mas apenas fixa tese"[81]. Essa discussão é importante para o objeto deste artigo, e não se pode deixar de assinalar que a oposição entre "questão de fato" e "questão de direito" é apenas um dos argumentos para sustentar oposição entre causa e tese no IRDR. Contudo, tal discussão parece ser resultado de uma compreensão equivocada sobre o incidente, que se processa mediante a divisão da análise e do julgamento da causa em dois momentos: um coletivo, no tribunal; e outro individual, pelo juízo competente. Tanto é assim que a mesma divisão está presente no *musterverfahren,* embora ele admita questão de fato e de direito[82].

---

79. "Questões resolvidas *incidenter tantum*; esta forma de resolução não se presta a, de regra, ficar imune pela coisa julgada. O magistrado tem de resolvê-las como etapa necessária de seu julgamento, mas não as decidirá. (...) Sobre essa resolução, não recairá a imutabilidade da coisa julgada. (...) Note, porém, que isso é apenas a regra. Há um caso em que a resolução de uma questão incidental pode, preenchidos certos pressupostos, tornar-se indiscutível pela coisa julgada material. É o que pode acontecer com a questão prejudicial incidental: preenchidos os pressupostos dos §§ 1º e 2º do art. 503 do CPC/2015, a resolução da questão prejudicial fica imunizada pela coisa julgada material" (DIDIER JR., Fredie. *Curso de direito processual civil*: introdução ao direito processual civil, parte geral e processo de conhecimento. 18. ed. Salvador: Juspodivm, 2016, p. 440-441).

80. "Embora a própria denominação do IRDR indique o escopo voltado para a uniformização do entendimento nas demandas repetitivas, o seu regramento legal acabou propiciando ao instituto uma abrangência ainda mais ampla, porque, em tese, cabível a sua aplicação mesmo para casos heterogêneos, se houver, em termos de direito material ou processual, controvérsia sobre uma questão comum de direito que seja relevante para o processamento ou julgamento do pedido formulado. É o que se pode deduzir do contido no inciso I do art. 976 do CPC-2015" (MENDES, Aluísio Gonçalves de Castro. *Incidente de Resolução de Demandas Repetitivas*: sistematização, análise e interpretação do instituto processual. Rio de Janeiro: Forense, 2017, p.25).

81. "Nesse ponto, abre-se parênteses para reafirmar a natureza objetiva do IRDR, o que também se aplica a sua decisão de admissibilidade. Com efeito, acolhe-se o entendimento de que o incidente tem como principal finalidade o enfrentamento de questões jurídicas, sem foco na resolução de questões fáticas. Assim, o melhor entendimento parece ser de que o IRDR "não julga 'causa', mas apenas fixa tese" (ZUFELATO, Camilo; OLIVEIRA, Fernando Antônio. Meios de impugnação da decisão do exame de admissibilidade do incidente de resolução de demandas repetitivas. *Revista de Processo*, v. 286, ano 43, p. 421-448, dez./2018, p. 440).

82. "Quanto à exigência de o objeto do IRDR dever confinar-se à 'questão unicamente de direito'(inciso I do art. 976), cabe desde logo observar que, apesar da referência explícita, na Exposição de Motivos do novo CPC, ao *Musterverfahren* alemão, como fonte inspiradora do IRDR, fato é que esse modelo tedesco consente a imbricação de *questões de fato e de direito*, como elucida Antonio dos Passos Cabral: '(...) o objeto da cognição judicial neste procedimento pode versar tanto sobre questões de fato como de direito, o que denota a possibilidade de resolução parcial dos fundamentos da pretensão, com a cisão da atividade cognitiva em dois momentos: um coletivo e outro individual. Esse detalhe é de extrema importância pois evita uma potencial quebra da necessária correlação entre fato e direito no juízo cognitivo. Vale dizer, se na atividade de cognição judicial, fato e direito estão indissociavelmente imbricados, a abstração excessiva das questões jurídicas referentes às pretensões individuais poderia apontar para um artificialismo da decisão, o que não ocorre aqui, com vantagem de evitar as críticas aos processos-teste'" (MANCUSO, Rodolfo de Camargo. *Incidente de resolução de demandas repetitivas*: a luta contra a dispersão jurisprudencial excessiva. São Paulo: Revista dos Tribunais, 2016, p. 153).

O IRDR pode ser instaurado quando constatada a multiplicidade de processos com a mesma questão de direito, representando um risco para a isonomia e a segurança jurídica. Muito se debateu sobre a imprescindibilidade de já existirem demandas ajuizadas versando sobre a questão, argumentando que o potencial de divergência sobre a matéria já seria suficiente[83]. Encerrada a tramitação legislativa da Lei n. 13.105/2015, a discussão foi apaziguada pelo inciso I do art. 976 do Código de Processo Civil, que exige a "efetiva repetição de processos", o que possibilitou a conclusão de que o incidente poderá ser proposto após a instauração da controvérsia, que se dá com a oferta da contestação pela parte ré ou o decurso do prazo para tal[84].

Não obstante, a tramitação legislativa deu certo impulso para a controvérsia sobre os requisitos do IRDR. O processo legislativo teve início no Senado, com o PLS 166/2010, que se manteve fiel à inspiração alemã, satisfazendo-se com a potencial repetição de causas[85]. Durante a tramitação na Câmara dos Deputados,

---

83. "No que diz respeito ao momento de sua instauração, há quem sustente que o ideal seria que o incidente fosse suscitado somente quando já houvesse algumas sentenças antagônicas a respeito do assunto. Para esta parcela da doutrina, o incidente deveria ter apenas caráter repressivo e respeitar um maior amadurecimento da questão no âmbito do processamento das demandas repetitivas no primeiro grau. Com efeito, uma vez acolhida tal proposta, restaria comprometido o caráter nitidamente preventivo que a comissão de juristas designada para elaborá-lo procurou atribuir ao procedimento-modelo" (MENDES, Aluísio Gonçalves de Castro; RODRIGUES, Roberto de Aragão Ribeiro. Reflexões sobre o incidente de resolução de demandas repetitivas previsto no projeto de novo Código de Processo Civil. *Revista de Processo,* v. 37, n. 211, p. 191-208, set./2012, p. 196).

84. "Antes de tudo, é necessário saber sobre o que controvertem as partes, de modo que a coisa se torna litigiosa apenas após a citação, quando também se saberá se há resistência à pretensão posta na petição inicial e em que medida. Dessa forma, apenas após a contestação ou o seu decurso de prazo é que se pode admitir o incidente. O *dies ad quem*, por outro lado, é a data da divulgação do resultado do julgamento em segundo grau, pressupondo a inexistência de trânsito em julgado da sentença. Se o julgamento do incidente é feito pelo segundo grau de jurisdição, em nada influencia o advento da sentença recorrida. Embora fosse recomendável a dedução do incidente antes de proferida a sentença, para evitar perda de tempo do julgador de primeiro grau, em alguns casos pode ser que os pressupostos para o seu cabimento estejam presentes somente após a chegada dos autos ao tribunal. Daí ser viável a formulação do incidente até a finalização do julgamento do recurso, o que se dá com a proclamação do resultado" (GONÇALVES, Gláucio Maciel; DUTRA, Victor Barbosa. Apontamentos sobre o novo incidente de resolução de demandas repetitivas no Código de Processo Civil de 2015. *RIL*, ano 52, n. 208, p. 189-292, out./dez. 2015, p. 192).

85. "*A previsão legal que confere legitimidade para o juiz de primeiro grau requerer a instauração do incidente é ponto que vem gerando controvérsias doutrinárias. Na versão do CPC aprovada pelo Senado em 2010, o instituto poderia ser instaurado logo em primeiro grau, quando houvesse potencial de repetição de causas, à semelhança do modelo alemão (art. 930 do PLS 166/2010). Na versão posterior, aprovada pela Câmara revisora, o instituto mudou de feição, somente sendo admitida sua instauração quando houvesse causa de competência do tribunal pendente de julgamento, sendo a iniciativa de instauração restrita ao relator, não compreendendo o juiz de primeiro grau (art. 988, §§ 2º e 3º, I, do SCD ao PLS 166/2010). Por ocasião da votação e aprovação final pelo Senado, foi revigorada a autorização ao juiz para requerer ao tribunal a instauração do incidente, mediante ofício (art. 977, I), suprimindo-se a regra relativa à obrigatoriedade de pendência de causa no Tribunal, resgatando-se, portanto, características do instituto adotadas na versão da casa iniciadora do projeto de lei, o que foi mantido na versão sancionada e publicada no Diário Oficial. Não obstante, foi inserida no parágrafo único do art. 978 uma previsão que menciona que o órgão que julgar o incidente deverá julgar*

um substitutivo (SDC) modificou o projeto[86], retirando a legitimidade do juiz de primeira instância para propor o incidente[87] e exigindo a tramitação de causa originária ou recurso no tribunal[88], com intenção de aplicar ao IRDR o mesmo sistema de julgamento dos recursos repetitivos, isto é, o julgamento conjunto das questões de direito e de mérito (causa-piloto). Quando o projeto retornou ao Senado, a legitimidade do juiz foi restabelecida[89], mas acrescentou-se o que

---

o recurso, remessa necessária ou processo de competência originária do qual este se originar, o que sugere que o(s) processo(s) de onde se originar o incidente deverá(ão) estar tramitando perante os tribunais (MENDES, Aluísio Gonçalves de Castro; TEMER, Sofia. O incidente de resolução de demandas repetitivas e o novo Código de Processo Civil. In: DIDIER JR., Fredie (coord. Geral); MACÊDO, Lucas Buril de; PEIXOTO, Ravi; FREIRE, Alexandre (org.). *Processo nos tribunais e meios de impugnação das decisões judiciais.* Salvador: Juspodivm, 2016, p. 324 – grifos nossos).

86. "*O § 2º do art. 988 do substitutivo aprovado na Câmara dos Deputados possuía dispositivo que exigia expressamente a pendência de causa no tribunal como pressuposto para a instauração do IRDR. De acordo com tal dispositivo: 'O incidente somente pode ser suscitado na pendência de qualquer causa de competência do tribunal'. No Senado Federal, o referido enunciado normativo foi excluído, não havendo no texto do NCPC exigência expressa de causa pendente no tribunal como um dos pressupostos para instauração e julgamento do IRDR*" (CAVALCANTI, Marcos de Araújo. *Incidente de resolução de demandas repetitivas (IRDR).* São Paulo: Revista dos Tribunais, 2016, p. 223 – grifos nossos).

87. "*Dois seriam os motivos que levaram à modificação do Projeto do Novo Código de Processo Civil, na versão Câmara. De um lado, reforçar a circunstância de que o incidente de resolução de demandas repetitivas não pode ter caráter simplesmente preventivo, ou seja, antes de instaurada efetiva controvérsia acerca de um determinado tema. (...) De outro lado, e essa parece ser a razão primordial, o fato de existir um recurso pendente de julgamento, em segundo grau, abriria a jurisdição do Tribunal para conhecer, diretamente da questão, sem violar a garantia/promessa do duplo grau de jurisdição* (OLIVEIRA, Guilherme José Braz de. Nova técnica de julgamento de casos repetitivos à luz do novo Código de Processo Civil. Tese (Doutorado em Direito Processual). Faculdade de Direito da Universidade de São Paulo, São Paulo, 2015, p. 72-73 – grifos nossos).

88. "No substitutivo aprovado na Câmara dos Deputados, houve modificações significativas em relação ao texto anteriormente aprovado no Senado Federal. (...) Houve significativa redução no campo de cabimento e de aplicação do Incidente de Resolução de Demandas Repetitivas em razão (a) da exclusão do juiz do rol de legitimados para suscitar o incidente; (b) do incidente somente poder ser provocado na pendência de processo no tribunal, afastando-se o cabimento do incidente enquanto não houver processo, tramitando no tribunal, que contenha a controvérsia sobre a questão comum de direito" (MENDES, Aluísio Gonçalves de Castro. *Incidente de Resolução de Demandas Repetitivas*: sistematização, análise e interpretação do instituto processual. Rio de Janeiro: Forense, 2017, p.67-68).

89. "A inclusão dos juízes de primeiro grau no rol dos legitimados, resgatando a previsão original do PLS nº 166/2010, corrigiu a distorção que havia sido criada pela Câmara dos Deputados. Afinal, não haveria sentido deixar que o magistrado de primeiro grau, quando percebesse risco de ofensa à isonomia e à segurança jurídica, requeresse aos Tribunais Superiores a extensão da suspensão das ações repetitivas, justamente porque é o magistrado, em primeiro grau, que pode perceber, de início, antes dos Tribunais, se há multiplicação ou potencial de repetição de demandas" (CAMBI, Eduardo; FOGAÇA, Mateus Vargas. Incidente de Resolução de Demandas Repetitivas no Novo Código de Processo Civil. In: DIDIER JR., Fredie (coord. Geral); MACÊDO, Lucas Buril de; PEIXOTO, Ravi; FREIRE, Alexandre (org.). *Processo nos tribunais e meios de impugnação das decisões judiciais.* Salvador: Juspodivm, 2016, p. 371). "Cabe, neste momento, apenas assinalar que a modificação mais sensível efetuada por ocasião da aprovação final no Senado Federal foi quanto à concepção pretendida pela Câmara dos Deputados, no sentido de condicionar o cabimento do Incidente de Resolução de Demandas repetitivas à existência de processo em tramitação no tribunal de segundo grau. Como já apontado, esta visão já se contrapunha ao anteprojeto redigido pela Comissão de Juristas, bem como à versão aprovada em primeiro turno no Senado. Ressalte-se que o objetivo do IRDR estava focado na economia processual, na isonomia, na segurança jurídica e na busca da duração razoável dos processos. Em princípio, para que estes objetivos já pudessem se

hoje é o parágrafo único do art. 978 do Código de Processo Civil, no qual a doutrina ampara a permanência da tramitação de causa ou recurso em segundo grau como requisito do IRDR[90], embora a constitucionalidade desse dispositivo seja questionada[91].

Tantas nuances de inspiração na elaboração do incidente refletem-se na dispersão da doutrina quanto a sua natureza jurídica, e não é motivo de espanto que o mesmo autor vislumbre no IRDR aspectos de outros institutos processuais. Aluísio Gonçalves de Castro Mendes, Antonio do Passo Cabral e Humberto Theodoro Júnior já destacaram a relação do IRDR com o processo coletivo[92],

---

sentir, de modo mais direto, em todo o Poder Judiciário, pretendia-se a sua utilização de modo mais amplo, o que seria atingido se o incidente pudesse ser acionado mais rapidamente, ou seja, a partir da multiplicação em primeiro grau, sem a necessidade de se aguardar que chegassem aos tribunais de segundo grau, seja por força de ação originária ou de recurso" (MENDES, Aluísio Gonçalves de Castro. *Incidente de Resolução de Demandas Repetitivas*: sistematização, análise e interpretação do instituto processual. Rio de Janeiro: Forense, 2017, p. 69).

90. "Apesar de não estar previsto como requisito de admissibilidade do IRDR, já se discute na doutrina a necessidade de haver ao menos um processo em trâmite no tribunal, seja em grau recursal ou em razão do reexame necessário, para que se admita a instauração do incidente processual ora analisado.Parcela da doutrina entende que não, de forma que o IRDR deva ser admitido ainda que os múltiplos processos estejam todos em primeiro grau de jurisdição. Parece também ter sido essa intenção do legislador, como se pode notar de trecho da Emenda constante do tópico 2.3.2.231 do Parecer Final 956 do Senado, que na realidade notou um problema que eu entendia não existir no projeto de lei aprovado pela Câmara: "Os §§ 1.º, 2.º e 3.º do art. 998 do SCD desfiguram o incidente de demandas repetitivas. Com efeito, é nociva a eliminação da possibilidade da sua instauração em primeira instância, o que prolonga situações de incerteza e estimula uma desnecessária multiplicação de demandas, além de torná-lo similar à hipótese de uniformização de jurisprudência. Prefiro a corrente doutrinária que defende a necessidade de ao menos um processo em trâmite no tribunal, justamente o processo no qual deverá ser instaurado o IRDR. Esse requisito não escrito decorre da opção do legislador de prever, no art. 978, parágrafo único, do Novo CPC, a competência do mesmo órgão para fixar a tese jurídica, decidindo o IRDR, e julgar o recurso, a remessa necessária ou o processo de competência originária de onde se originou o incidente. Caso só existam processos em trâmite no primeiro grau e seja instaurado o IRDR, necessariamente o processo de onde se originou o incidente será um processo de primeiro grau, o que impossibilitará o cumprimento pleno do art. 978, parágrafo único, do Novo CPC" (NEVES, Daniel Amorim Assumpção. *Manual de direito processual civil*. 8. ed. Salvador: Juspodivm, 2016, p. 1.401).

91. "Antes de se fazer a análise do parágrafo único do art. 978 do Novo CPC é importante dizer que o dispositivo é inconstitucional, e se assim fosse declarado muitos problemas práticos do IRDR seriam resolvidos. Conforme apontado pela melhor doutrina, a norma é formalmente inconstitucional porque não constava da versão originária aprovada no Senado e tampouco na versão da Câmara dos Deputados. A opção, além de inconstitucional, foi extremamente infeliz" (NEVES, Daniel Amorim Assumpção. *Manual de direito processual civil*. 8. ed. Salvador: Juspodivm, 2016, p. 1.415-1.416).

92. "Neste contexto, a primeira afirmação que se procura desenvolver neste trabalho é no sentido de que o novo Incidente de Resolução de Demandas Repetitivas está inserido no âmbito do Direito Processual Coletivo. Este ramo, por sua vez, pode ser subdividido em três subáreas: a) as ações coletivas ou representativas propriamente ditas, incluindo as suas várias subespécies, como as *class actions*, as ações associativas (*Verbandsklagen*), ação civil pública, ação popular, ações de grupo etc.; b) os meios consensuais de resolução de conflitos coletivos, como os termos de ajustamento de conduta; c) os instrumentos de solução de questões comuns ou de julgamentos a partir de procedimentos ou casos-modelo, como as *test-claims* (ações ou demandas teste), o *Musterverfahren* (procedimento-modelo), o *Group Litigation Order* (GLO) (Decisão sobre o litígio de grupo), os recursos repetitivos e o Incidente de Resolução de Demandas Repetitivas (IRDR)" (MENDES, Aluísio Gonçalves de Castro. *Incidente de Resolução de Demandas Repetitivas*: sistematização, análise e interpretação do instituto processual. Rio de Janeiro: Forense, 2017,

o que pode ser explicado pela cisão da cognição, que em parte será individual, e, quanto à questão objeto do IRDR, será decidida "coletivamente"[93]. Fredie Didier Jr. e Hermes Zaneti Jr. também destacaram o aspecto coletivo do incidente[94], justificando-o na repetição da questão em diversas demandas[95]. Guilherme José Braz de Oliveira, autor de tese de doutorado sobre o tema, reconhece no IRDR

---

p. 4). "(...). Sem embargo, tanto a Comissão de Juristas que elaborou o Anteprojeto, quanto as sucessivas Comissões do Congresso que foram incumbidas de trabalhar com o Projeto e que vêm assessorando os parlamentares no Senado Federal e na Câmara dos Deputados, todas têm estruturado, com pequenas alterações, o que vem sendo denominado de "incidente de resolução de *demandas* repetitivas", a ser provocado nos Tribunais Regionais Federais, Tribunais Regionais do Trabalho e Tribunais de Justiça, e que sinaliza para uma iminente adoção desta técnica na legislação nacional. Em suma, vê-se que o Brasil caminha a passos largos para a ampliação dos mecanismos não representativos de coletivização da solução de litígios. Se hoje, *de lege lata,* já somos previdentes de alguns instrumentos desta natureza, as perspectivas *de lege ferenda* não apenas confirmam estas opções legislativas, como pretendem expandi-las e aumentar seu espectro de incidência" (CABRAL, Antonio do Passo. A escolha da causa-piloto nos incidentes de resolução de processos repetitivos. *Revista de Processo,* v. 39, n. 231, p. 201-223, mai./2014, p. 203-204). "Trata-se, portanto, de remédio processual de inconteste caráter coletivo. Não se confunde, entretanto, com as conhecidas ações coletivas, (...) A distinção básica entre a ação coletiva e o incidente de resolução de demandas repetitivas consiste em que naquela os litígios cumulados são solucionados simultaneamente, enquanto no incidente apenas se delibera, em Tribunal, sobre idêntica questão de direito presente em várias ações, as quais continuam a se desenvolver com independência entre si" (THEODORO JR., Humberto. Regime das demandas repetitivas no novo Código de Processo Civil. In: DIDIER JR., Fredie (coord. Geral); MACÊDO, Lucas Buril de; PEIXOTO, Ravi; FREIRE, Alexandre (org.). *Processo nos tribunais e meios de impugnação das decisões judiciais.* Salvador: Juspodivm, 2016, p. 426).

93. "A premissa é de que uma parte da *fattispecie* constitutiva dos interesses individuais pode ser definida em uma demanda coletiva. A cognição judicial, nos incidentes, é cindida: neles seriam apreciadas somente questões comuns a todos os casos similares, deixando para um procedimento complementar a decisão de cada caso concreto. No incidente coletivo é resolvida parte das questões que embasam a pretensão, complementando-se a atividade cognitiva no posterior procedimento aditivo. A efetividade do incidente coletivo é proporcional, portanto, à possibilidade de que as questões nele decididas sejam fundamentos de muitas pretensões similares, e que possam tais questões ser resolvidas coletiva e uniformemente para todas as demandas individuais. É a ideia de resolver coletivamente questões comuns a inúmeros processos em que se discutam *pretensões isomórficas,* evitando-se os problemas de mecanismos representativos de tutela coletiva como a legitimidade extraordinária e as ficções de extensão da coisa julgada. Mantêm-se os princípios e instrumentos do processo civil individual, assegurando o respeito às singularidades. Preservam-se a garantia do devido processo legal e o princípio dispositivo em sua plenitude" (CABRAL, Antonio do Passo. O novo procedimento-modelo (*musterverfahren*) alemão: uma alternativa às ações coletivas. *Revista de Processo*, ano 32, n. 147, p. 123-146, mai./2007, p. 128-130).

94. "No Direito brasileiro, as situações jurídicas coletivas podem ser tuteladas por dois tipos de instrumento: as *ações* coletivas e o julgamento de *casos* repetitivos (art. 928, CPC), como tipo de incidente em processos que tramitam em tribunais. Ambos os instrumentos podem ser considerados "processos coletivos", nos termos defendidos neste ensaio, pois têm por objeto a solução de uma situação jurídica coletiva – titularizada por grupo/coletividade/ comunidade" (DIDIER JR., Fredie; ZANETI JR., Hermes. Ações coletivas e o incidente de julgamento de casos repetitivos: espécies de processo coletivo no Direito brasileiro. In: DIDIER JR., Fredie; CUNHA, Leonardo Carneiro da. *Julgamentos de casos repetitivos.* Salvador: Juspodivm, 2017, p. 185).

95. "A repetição da questão em diversos processos faz com que surja o grupo daqueles em cujo processo a questão se repete; surge, assim, a situação jurídica coletiva consistente no direito à certificação da questão repetitiva" (DIDIER JR., Fredie; ZANETI JR., Hermes. Ações coletivas e o incidente de julgamento de casos repetitivos: espécies de processo coletivo no Direito brasileiro. In: DIDIER JR., Fredie; CUNHA, Leonardo Carneiro da. *Julgamentos de Casos Repetitivos.* Salvador: Juspodivm, 2017, p. 186).

um incidente processual[96] que se efetiva de forma independente, com a cisão de cognição ou uma decisão *per saltum*[97]. Aluísio Gonçalves de Castro Mendes, Sofia Temer e Araken de Assis também já afirmaram que é um incidente autônomo[98]. Aluísio Gonçalves de Castro Mendes, Roberto de Aragão Ribeiro Rodrigues, Daniel Carneiro Machado e Sofia Temer já apontaram que seria um processo de natureza objetiva[99]. Fredie Didier, Leonardo Carneiro da Cunha e Elpídio Donizetti

---

96. "Como o próprio nome explicita, está-se diante de um incidente processual, que tem origem no curso do andamento de uma determinada ação, estado a ela relacionada, de maneira indissociável, mas que comporta uma decisão a parte, de caráter específico e também prévio, justamente para resolver, de modo particular, um determinado ponto controvertido. (...) *Para corroborar essa assertiva, vale notar que mesmo no processo em que originado o incidente haverá, posteriormente à decisão prolatada pelo tribunal, o julgamento individualizado da causa em si, mediante aplicação, em concreto, do precedente, ou melhor, das razões de decidir do acórdão (v. Capítulo Sexto, infra). Logo, utilizando a lição de Carnelutti, 'chamam-se incidentes todas as questões que surgem entre a demanda e a decisão, no sentido de que têm que ser resolvidas antes da decisão da lide'*" (OLIVEIRA, Guilherme José Braz de. Nova técnica de julgamento de casos repetitivos à luz do novo Código de Processo Civil. Tese (Doutorado em Direito Processual). Faculdade de Direito da Universidade de São Paulo, São Paulo, 2015, p. 53-56 – grifos nossos).

97. "*Ocorre, a bem da verdade, uma cisão funcional, deslocando momentaneamente a competência, de modo a permitir que aquela determinada questão controvertida – a tese jurídica, insista-se – seja apreciada e decidida, desde logo, mas de modo objetivo (cfr. Item 6.1, infra), pelo órgão jurisdicional superior competente (junto aos Tribunais de segundo grau), mesmo sem ter havido, em alguns casos, decisão da instância originária. Posteriormente, a tese fixada será aplicada ao caso concreto. Há, pois, típica hipótese de julgamento* per saltum" (OLIVEIRA, Guilherme José Braz de. Nova técnica de julgamento de casos repetitivos à luz do novo Código de Processo Civil. Tese (Doutorado em Direito Processual). Faculdade de Direito da Universidade de São Paulo, São Paulo, 2015, p. 59 – grifos nossos).

98. "*Embora haja algumas controvérsias, geradas a partir das alterações das versões apresentadas durante a tramitação do projeto de lei, as características adotadas no Código permitem apontar, ao menos em uma primeira análise, tratar-se de procedimento incidental autônomo, de julgamento abstrato – ou objetivo – das questões de direito controvertidas, comuns às demandas seriadas, a partir da criação de um procedimento-modelo*" (MENDES, Aluísio Gonçalves de Castro; TEMER, Sofia. O incidente de resolução de demandas repetitivas e o novo Código de Processo Civil. In: DIDIER JR., Fredie (coord. Geral); MACÊDO, Lucas Buril de; PEIXOTO, Ravi; FREIRE, Alexandre (org.). *Processo nos tribunais e meios de impugnação das decisões judiciais.* Salvador: Juspodivm, 2016, p. 318 – grifos nossos). "Cuida-se de incidente autônomo de competência originária dos tribunais brasileiros" (ASSIS, Araken. *Manual dos Recursos.* 8. Ed. São Paulo: Revista dos Tribunais, 2016, p. 459).

99. "O procedimento-modelo idealizado no Projeto de novo Código de Processo Civil reveste-se da natureza de processo objetivo, uma vez que tem por escopo não a resolução da lide individual na qual surge, mas sim a elaboração de uma "decisão-quadro", de uma tese jurídica aplicável as questões de direito comuns que dão origem a multiplicidade de demandas idênticas" (MENDES, Aluísio Gonçalves de Castro; RODRIGUES, Roberto de Aragão Ribeiro. Reflexões sobre o incidente de resolução de demandas repetitivas previsto no projeto de novo Código de Processo Civil. *Revista de Processo,* v. 37, n. 211, p. 191-208, set./2012, p. 206). "O IRDR é classificado como meio processual objetivo, porque é técnica que não pretende tutelar direito subjetivo diretamente, já que opera pela lógica da abstração em relação às situações subjetivas concretas para fixar uma tese jurídica padrão. (...) Assim, embora em alguns aspectos a atividade jurisdicional exercida no IRDR se aproxime daquela exercida no controle abstrato de constitucionalidade, há várias particularidades do incidente que indicam diferenças substanciais, notadamente porque o IRDR é instaurado *a partir* de processos que versam sobre conflitos subjetivos, o que não ocorre nas ações de controle concentrado, com o objetivo de que a tese seja aplicada, posteriormente, *para a resolução* de tais conflitos" (TEMER, Sofia Orberg. *Incidente de resolução de demandas repetitivas.* 3 ed. Salvador: Juspodivm, 2018, p. 90). "Não se pode negar que se trata de um processo objetivo bastante peculiar. Foi conferido, por lei ordinária, aos tribunais de segundo grau, que não possuem competência constitucionalmente atribuída para definirem teses jurídicas com eficácia vinculante em relação aos juízes de primeiro grau,

afirmam que é um incidente processual comum que, como qualquer outro, tramita em dependência de uma ação principal[100], e portanto depende de uma ação ou recurso tramitando em segundo grau para que possa ser processado[101]. Aluísio Gonçalves de Castro Mendes e Marcos Araújo Cavalcanti também já o apresentaram como um incidente processual coletivo[102].

principalmente. Trata-se de verdadeiro controle abstrato de legalidade anômalo" (MACHADO, Daniel Carneiro. *A (in)compatibilidade do incidente de resolução de demandas repetitivas com o modelo constitucional de processo*. Rio de Janeiro: Lumen Juris, 2017, p. 89).

100. "*O IRDR é, como seu próprio nome indica, um incidente. Trata-se de um incidente, instaurado num processo de competência originária ou em recurso (inclusive na remessa necessária) (...). Sendo o IRDR um incidente, é preciso que haja um caso tramitando no tribunal. O incidente há de ser instaurado no caso que esteja em curso no tribunal. Se não houver caso em trâmite no tribunal, não se terá um incidente, mas um processo originário. E não é possível ao legislador ordinário criar competências originárias para os tribunais. As competências do STF e do STJ estão previstas, respectivamente, no art. 102 e no art. 105 da Constituição Federal, e a dos tribunais regionais federais estão estabelecidas no art. 108 da Constituição Federal, cabendo às Constituições Estaduais ficar as competências dos tribunais de justiça (art. 125, § 1º, CF). O legislador ordinário pode – e foi isso que fez o CPC – criar incidentes processuais para causas originárias e recursais que tramitam nos tribunais, mas não lhe cabe criar competências originárias para os tribunais. É também por isso que não se permite a instauração do IRDR sem que haja causa tramitando no tribunal*" (DIDIER JR., Fredie; CUNHA, Leonardo Carneiro da. *Curso de direito processual civil*: meios de impugnação às decisões judiciais e processo nos tribunais. 16. ed. Salvador: Juspodivm, 2019, p. 757-758 – grifos nossos). "O incidente de resolução de demandas repetitivas não é recurso, e sim um incidente instaurado no julgamento de recursos, remessa necessária ou processo de competência originária" (DONIZETTI, Elpídio. *Curso didático de direito processual civil*. 19. ed. São Paulo: Atlas, 2016, p. 1.400).

101. "*Ainda é preciso que haja causa pendente no tribunal. O IRDR é instaurado a partir de um caso que esteja no tribunal, seja um processo originário, seja um recurso (inclusive a remessa necessária). Somente cabe o IRDR enquanto pendente causa de competência do tribunal. A causa de competência do tribunal pode ser recursal ou originária. Caberá o IRDR, se estiver pendente de julgamento no tribunal uma apelação, um agravo de instrumento, uma ação rescisória, um mandado de segurança, enfim, uma causa recursal ou originária. Se já encerrado o julgamento, não cabe mais o IRDR. Os interessados poderão suscitar o IRDR em outra causa pendente, mas não naquela que já foi julgada*" (DIDIER JR., Fredie; CUNHA, Leonardo Carneiro da. *Curso de direito processual civil*: meios de impugnação às decisões judiciais e processo nos tribunais. 16. ed. Salvador: Juspodivm, 2019, p. 760 – grifos nossos).

102. "O IRDR tem natureza jurídica de incidente processual coletivo, suscitado perante o tribunal onde se encontra o processo paradigma pendente com a finalidade de fixar previamente uma tese jurídica a ser aplicada aos casos concretos e abrangidos pela eficácia vinculante da decisão. Todas as principais características de um incidente processual são preenchidas pelo instituto estudado, quais sejam: (a) acessoriedade: o IRDR tem acessoriedade múltipla, uma vez que sua instauração depende da existência de diversos processos repetitivos sobre a mesma questão unicamente de direito, assim como necessita da pendência de um desses procedimentos repetitivos no tribunal competente (art. 978, parágrafo único, do NCPC); (b) acidentalidade (...); (c) incidentalidade (...) e (d) procedimento incidental: o NCPC cria um procedimento específico para o exame das questões comuns de direito, estabelecendo, especialmente nos arts. 976 ao 978, o tratamento do IRDR" (CAVALCANTI, Marcos de Araújo. *Incidente de resolução de demandas repetitivas (IRDR)*. São Paulo: Revista dos Tribunais, 2016, p. 179-180). " O Incidente de Resolução de Demandas Repetitivas, como a denominação já indica, não se trata de uma demanda individual ou coletiva, mas, sim, de um incidente processual (...) Mas, mesmo como incidente processual, possui peculiaridades significativas. A primeira peculiaridade é que, normalmente, os incidentes processuais, como por exemplo o incidente decorrente da controvérsia quanto à admissibilidade da assistência; de desconsideração da personalidade jurídica; de impedimento ou suspeição; de arguição de falsidade de documento; de remoção; para indenizações decorrentes de atos processuais, como a prevista no § 5° do art. 828 do CPC; de assunção de competência ou mesmo de arguição de inconstitucionalidade, são baseados em relações processuais de duas partes (autor e réu). (...) Entretanto, no Incidente de Resolução de Demandas Repetitivas o procedimento padrão diz respeito à questão jurídica pertinente a processos paralelos, nos

Já se considerou, inclusive, que a natureza jurídica não é relevante na discussão sobre a origem dos processos que contenham a questão objeto do IRDR[103], pois a melhor solução será casuística[104]. Ainda que a discussão sobre a natureza objetiva ou subjetiva do incidente não ofereça uma resposta imediata para a dúvida sobre a necessidade, ou não, de tramitação de uma causa ou de um recurso no tribunal, é interessante observar a posição da doutrina sobre a cisão no IRDR, que, por certo, deve estar coerente com a natureza jurídica apontada para o incidente.

Essa relação ficará mais clara no item seguinte, na exposição direta da controvérsia e dos argumentos das correntes favoráveis ao procedimento-modelo e à causa-piloto.

4. A CONTROVÉRSIA QUANTO AOS REQUISITOS: PROCEDIMENTO-MODELO OU CAUSA-PILOTO?

Nos itens anteriores, em alguma medida, foi apresentada a bipartição dos modelos processuais existentes no mundo para solucionar processos repetitivos: o procedimento-modelo e a causa-piloto[105]. Também se mencionou a restrição do

---

quais figura sempre um número significativo de interessados. A metodologia é inerente ao procedimento estabelecido, pois haverá sempre um interesse plúrimo em relação à questão de direito a ser decidida. O modelo calcado em processos paralelos é algo relativamente novo no Direito Processual, pois tradicionalmente os processos e os respectivos incidentes são calcados no modelo da dualidade de partes. O sistema de procedimentos paralelos enseja uma série de questões jurídicas processuais relacionadas a este novo modelo, como a da competência, legitimação, comunicação dos interessados, representação, possibilidades e limites para a intervenção, relação entre o incidente e o julgamento dos processos paralelos, efeito vinculativo, recursos, coisa julgada, revisão e rescisória" (MENDES, Aluísio Gonçalves de Castro. *Incidente de Resolução de Demandas Repetitivas*: sistematização, análise e interpretação do instituto processual. Rio de Janeiro: Forense, 2017, p. 104-105).

103. "*A definição da natureza jurídica do incidente (objetiva ou subjetiva) não se confunde com a questão atinente ao juízo perante o qual tramitam os processos dos quais este se origina (primeiro e segundo grau)*" (MENDES, Aluísio Gonçalves de Castro; TEMER, Sofia. O incidente de resolução de demandas repetitivas e o novo Código de Processo Civil. In: DIDIER JR., Fredie (coord. Geral); MACÊDO, Lucas Buril de; PEIXOTO, Ravi; FREIRE, Alexandre (org.). *Processo nos tribunais e meios de impugnação das decisões judiciais.* Salvador: Juspodivm, 2016, p. 328 – grifos nossos).

104. "*Entendemos, para concluir o que foi abordado neste tópico, que são possíveis as duas interpretações sobre a instauração do incidente. Há vantagens e desvantagens em ambas as leituras, o que poderia apontar, inclusive, para uma definição casuística da melhor utilização do instituto. O amadurecimento deste debate é que dirá o melhor caminho para a aplicação da nova lei*" (MENDES, Aluísio Gonçalves de Castro; TEMER, Sofia. O incidente de resolução de demandas repetitivas e o novo Código de Processo Civil. In: DIDIER JR., Fredie (coord. Geral); MACÊDO, Lucas Buril de; PEIXOTO, Ravi; FREIRE, Alexandre (org.). *Processo nos tribunais e meios de impugnação das decisões judiciais.* Salvador: Juspodivm, 2016, p. 330 – grifos nossos).

105. "No exterior, uma das soluções possíveis adotadas para se resolver coletivamente questões comuns a inúmeros processos em que se discutam pretensões isomórficas são as chamadas *causas piloto* ou *processos-teste*. Nos *processos-teste* uma ou algumas causas, pela similitude na sua tipicidade, são escolhidas para serem julgadas inicialmente e, a partir desta solução, resolve-se todas as demais. Assim ocorre na Inglaterra, por força das *Parts* 19.13 (b) e 19.15 das *Civil Procedure Rules*, e também encontra paralelo no ordenamento austríaco. Ao lado dos *processos-teste*, outros instrumentos ganharam previsão normativa em dois dos mais importantes ordenamentos europeus, o procedimento-modelo alemão *mustervefahren* e a "*Group Litigation Order* (GLO)", prevista nas *rules of civil procedure* de 1999 (TESHEINER, José Maria

IRDR às questões de direito, em contraposição ao *musterverfahren*, que admite tanto questões de direito como de fato, bem como a confusão que essa diferença provoca no entendimento de doutrina. Há, ainda, uma terceira questão, já referida nas linhas acima: será a existência de uma causa ou recurso no tribunal de segunda instância um requisito para interposição do IRDR?

A doutrina tem se utilizado das respostas às duas primeiras questões como fundamentos para responder à terceira[106]. Defende-se que o processamento de uma causa ou recurso no tribunal seja um requisito de instauração do IRDR sob o argumento de se tratar de uma causa-piloto[107]. De outra forma, a dispensa desse requisito, não raro, é fundamentada na afirmação de ser o IRDR um procedimen-

---

Rosa; VIAFORE, Daniele. O incidente de resolução de demandas repetitivas no Código de Processo Civil. *Revista Brasileira de Direito Processual*, v. 23, n. 91, p. 171-224, jul./set. 2015, p. 176).

106. "Diverge-se sobre a circunstância de haver, em razão do incidente, uma cisão cognitiva e decisória, ou não. Discute-se se o IRDR leva ao Julgamento da demanda (pretensão) ou se apenas fixa a tese jurídica, sem resolver a "lide". Permeia tal discussão a referência aos modelos da "causa-piloto" e o "procedimento-modelo", empregados para identificar a unidade cognitiva e decisória ou sua cisão, respectivamente. (...) De lado há autores afirmando que o incidente destina-se também ao julgamento do caso concreto a partir do qual foi instaurado. Segundo esta linha, além de dirimir a controvérsia quanto à questão de direito, haveria, no incidente, a resolução do conflito subjetivo, caracterizando-se uma unidade cognitiva e decisória. Esta parcela da doutrina empresa o termo "causa-piloto" para se referir ao incidente. De outro, afirma-se que o incidente de resolução de demandas repetitivas apenas fixa a tese sobre a questão de direito comum, não adentrando na análise do conflito subjetivo. Haveria, então, uma cisão cognitiva, com a fixação da tese em abstrato, sem aplicação direta ao caso concreto, assumindo o incidente uma feição objetiva. Alguns destes autores empregam a nomenclatura 'procedimento- modelo' para se referirem à natureza do IRDR" (TEMER, Sofia Orberg. *Incidente de resolução de demandas repetitivas*. 3. ed. Salvador: Juspodivm, 2018, p. 66-69).

107. "No sistema brasileiro, os recursos especial e extraordinário repetitivos são processados e julgados como *causa-piloto*. Escolhem-se uns recursos para exame e julgamento (art. 1.036, CPC). Os recursos afetados para análise devem ser julgados no prazo de um ano, tendo preferência sobre os demais, ressalvado o *habeas* corpus (art. 1.037, § 4º, CPC). Julgados os recursos paradigmas, decidem-se as causas neles contidas *(causas-piloto)* e, ao mesmo tempo, fixa-se a tese a ser aplicada a todos os demais processos que ficaram sobrestados. Forma-se, além disso, um precedente obrigatório a ser seguido pelos juízos e tribunais em casos que contenham a mesma questão repetitiva, de direito processual ou de direito material. Quanto ao IRDR, cumpre observar o disposto no parágrafo único do art. 978, segundo o qual "O órgão colegiado incumbido de julgar o incidente e de fixar a tese jurídica julgará igualmente o recurso, a remessa necessária ou o processo de competência originária de onde se originou o incidente". Já se percebe que o tribunal, no IRDR, julga a causa e fixa o entendimento a ser aplicável aos demais casos repetitivos. Trata-se, então, também, de uma causa-piloto, e não de uma causa-modelo. Ainda que não houvesse o texto do parágrafo único do art. 978 do CPC, haveria aí uma causa-piloto, pois não é possível que o IRDR seja instaurado sem que haja causa pendente no tribunal. Sendo o IRDR um incidente, é preciso que haja um caso tramitando no tribunal. A instauração do *IRDR,* repita-se, pressupõe a existência de uma *causa* no *tribunal,* assim como a instauração do *incidente* para *julgamento* de recurso extraordinário e especial repetitivo *pressupõe* a existência de um *deles* no âmbito do *tribunal* superior" (DIDIER JR., Fredie; CUNHA, Leonardo Carneiro da. Recursos contra decisão proferida em incidente de resolução de demandas repetitivas que apenas fixa a tese jurídica. In: DIDIER JR., Fredie; CUNHA, Leonardo Carneiro da. *Julgamentos de Casos Repetitivos*. Salvador: Juspodivm, 2017, p. 316-317).

to-modelo[108]. E a confusão entre "cisão cognitiva" e "questão de fato vs. questão de direito" contribui para a classificação como "procedimento-modelo"[109].

Esses não são os únicos fundamentos usados para justificar as possíveis posições a respeito dos requisitos do IRDR. Há argumentos de ordem constitucional, análise da tramitação legislativa, comparação com outros instrumentos nacionais e estrangeiros e, por certo, análise dos dispositivos legais, em especial do art. 976 e do parágrafo único do art. 978 do Código de Processo Civil. Certamente todos eles serão considerados, com a devida deferência, neste artigo. Antes, porém, é oportuno examinar a relação entre essas questões, a fim de evitar premissas equivocadas.

Iniciando pelo mais simples, é preciso ter uma clara compreensão do que é a "cisão de cognição", e por que ela não se confunde com a diferença entre "questão de fato vs. de direito". A matéria já foi, em alguma medida, esclarecida quando foram apontadas as diferenças entre o *musterverfahren* e o IRDR. O procedimento alemão, que inspirou a Comissão de Juristas[110], pode ser interposto para solucionar uma questão de fato ou de direito, mas não deixa de representar uma cisão cognitiva[111]. Em conclusão: uma não pode ser sinônimo da outra.

---

108. "*Mesmo não sendo tal controvérsia o objeto do presente artigo, desde logo, conclui-se no mesmo sentido de Rodrigo Becker e Victor Trigueiro, de que a natureza jurídica do IRDR é de um procedimento-modelo, e não de uma causa-piloto, uma vez que o inciso I, do art. 977, do CPC/2015 confere legitimidade ao juiz para provocar, de ofício, a instauração do IRDR, possibilitando que o incidente seja formado no tribunal, sem estar necessariamente relacionado com um processo subjetivo a ser julgado ou seja, nesta hipótese, inexiste o caso concreto pendente de recurso no tribunal*" (JOBIM, Marco Félix; PEREIRA, Rafael Caseli. O recurso especial representativo de controvérsia como solução para a falta de controle da representatividade adequada do advogado, constituído para atuar no incidente de resolução de demandas repetitivas (IRDR). *Revista de Processo*, v. 287, ano 44, p. 307-332, jan./2019, p. 314).

109. "Adotamos a posição segundo a qual o incidente de resolução de demandas repetitivas apenas resolve a questão de direito, fixando a tese jurídica, que será posteriormente aplicada tanto nos casos que serviram como substrato para a formação do incidente, como nos demais casos pendentes e futuros. Entendemos, portanto, que no incidente não haverá julgamento de 'causa-piloto', mas que será formado um 'procedimento-modelo'. E essa posição decorre, *principalmente*, dos seguintes fundamentos: a) no IRDR apenas há a resolução de questões de direito, o que limita a cognição e impede o julgamento da 'demanda'; b) a desistência do que seria a 'causa-piloto' não impede o prosseguimento do incidente, que tramita independentemente de um conflito subjetivo subjacente, corroborando seu caráter objetivo; c) a natureza objetiva parece ser mais adequada, em termos da sistemática processual, para que seja possível aplicar a tese às demandas fundadas na mesma questão, além de viabilizar a construção de outras categorias que permitam justificar a ampliação do debate e da participação dos sujeitos processuais" (TEMER, Sofia Orberg. *Incidente de resolução de demandas repetitivas*. 3. ed. Salvador: Juspodivm, 2018, p. 69-70).

110. "O incidente projetado brasileiro teve inspiração no procedimento-modelo do mercado de capitais alemão – *Musterverfahren*, mas adquiriu feições próprias" (VIAFORE, Daniele. As semelhanças e as diferenças entre o procedimento-modelo *musterverfahren* "Incidente de Resolução de Demandas Repetitivas". *Revista de Processo*, v. 38, n. 217, p. 257- 308, mar./2013, p. 259).

111. "A premissa é de que uma parte da *fattispecie* constitutiva dos interesses individuais pode ser definida em uma demanda coletiva. A cognição judicial, nos incidentes, é cindida: neles seriam apreciadas somente questões comuns a todos os casos similares, deixando para um procedimento complementar a decisão de cada caso concreto. No incidente coletivo é resolvida parte das questões que embasam a pretensão, complementando-se a atividade cognitiva no posterior procedimento aditivo. A efe-

A separação de questões de fato e de direito não é uma novidade para o processo civil brasileiro. Na verdade, já está no cerne dos requisitos para os recursos aos tribunais superiores, como o recurso especial e o recurso extraordinário, o que não torna sua compreensão mais simples. A dificuldade dessa separação foi reconhecida por Antonio Castanheira Neves, que dedicou tese para o tema e bem pontuou como é árduo identificar a própria natureza da questão[112]. Já se reconheceu a impossibilidade de haver "questão puramente de direito" e "questão puramente de fato", uma vez que direito e fato são aspectos de um mesmo fenômeno, de modo que a classificação se satisfaz com a preponderância[113], segun-

---

tividade do incidente coletivo é proporcional, portanto, à possibilidade de que as questões nele decididas sejam fundamentos de muitas pretensões similares, e que possam tais questões ser resolvidas coletiva e uniformemente para todas as demandas individuais. É a ideia de resolver coletivamente questões comuns a inúmeros processos em que se discutam *pretensões isomórficas,* evitando-se os problemas de mecanismos representativos de tutela coletiva como a legitimidade extraordinária e as ficções de extensão da coisa julgada. Mantêm-se os princípios e instrumentos do processo civil individual, assegurando o respeito às singularidades. Preservam-se a garantia do devido processo legal e o princípio dispositivo em sua plenitude. Uma das soluções possíveis adotadas no exterior é das chamadas *causas piloto* ou *processos-teste* (*casi pilota, Pilotveifahren* ou *test claims*), uma ou algumas causas que, pela similitude na sua tipicidade, são escolhidas para serem julgadas inicialmente, e cuja solução permite que se resolvam rapidamente todas as demais. Assim ocorre na Inglaterra, por força das *Parts* 19.13 *(b)* e 19.15 das Civil Procedure Rules, e também encontra paralelo no ordenamento austríaco. Recentemente, o legislador brasileiro previu instituto semelhante: ao regulamentar o § 3º do art. 102 da CF/88, que disciplina o requisito da repercussão geral no recurso extraordinário, a Lei 11.418/2006 acrescentou o art. 543-B ao CPC, dispositivo que, em seu § 1.0, permite ao tribunal, quando 'diante de casos idênticos em grande quantidade, selecionar um recurso *representativo da controvérsia,* encaminhando-o ao Supremo Tribunal Federal para pronunciamento.Ao lado dos processos-teste, outros instrumentos ganharam previsão normativa em dois dos mais importantes ordenamentos europeus, o Procedimento-Modelo (*Musterverfahren*) alemão, normatizado em 2005 e objeto deste estudo, e a *Group Litigation* inglesa, prevista nas *Rules of Civil Procedure* de 1999" (CABRAL, Antonio do Passo. O novo procedimento-modelo (*musterverfahren*) alemão: uma alternativa às ações coletivas. *Revista de Processo*, ano 32, n. 147, p. 123-146, mai./2007, p. 128-130).

112. "(...) encontra-se hoje o problema da distinção entre a questão de facto e a questão de direito numa situação de dúvida radical. É equívoco o seu relevo no contexto do pensamento jurídico, com ser desde logo incerta a natureza do problemático que essencializa – tratar-se-á de um problema dogmático, de um problema epistemológico ou de um problema metodológico?" (NEVES, Antonio Castanheira. *Questão de facto-questão de direito ou o problema metodológico da juridicidade.* Coimbra: Livraria Almedina, 1967, p. 11).

113. "Mas, no que diz respeito especificamente ao tema central dessas nossas breves considerações, tem-se dito, com acerto, que, rigorosamente, seria impossível fazer-se a distinção integral entre questão de direto e questão de fato, pelo menos no plano ontológico, já que o fenômeno direito ocorre, efetivamente, no momento de incidência da norma, no mundo real, no universo empírico. Assim, na verdade, o direito acontece quando se encontram o mundo dos fatos com o mundo das normas. (...) Mas, paralelamente ao raciocínio antes desenvolvido, o que se pode dizer é que se, de um lado, o fenômeno jurídico envolve necessariamente fato/direito, a nosso ver, pode-se falar em questões que sejam predominantemente de fato e predominantemente de direito, ou seja, o fenômeno jurídico é de fato e é de direito, mas o aspecto problemático deste fenômeno pode estar girando em tomo dos fatos ou em tomo do direito. Queremos com isso dizer que, embora indubitavelmente o fenômeno jurídico não ocorra senão diante de fato e de norma, o aspecto problemático desse fenômeno pode estar lá ou cá" (WAMBIER, Teresa Arruda Alvim. Distinção entre questão de fato e questão de direito para fins de cabimento de recurso especial. *Revista de Processo*, ano 23, n. 92, p. 52-70, out./dez. 1998, p. 53).

do os critérios ontológico ou substancial e técnico-processual[114]. Daí falar-se em "questão predominantemente de fato ou de direito"[115].

A doutrina não deixa de apontar essa dificuldade no julgamento do IRDR[116], pois, a despeito das críticas[117], o incidente será cabível apenas para solucionar questões de direito[118], conforme o comando expresso do inciso I do art. 976 do Código de Processo Civil de 2015. Assim, caberá ao tribunal fixar uma tese sobre a interpretação e aplicação de norma jurídica, e não avaliar provas de um caso concreto, uma vez que os fatos são peculiares a cada caso individual.

Uma crítica interessante que se faz ao IRDR decorre da combinação de sua restrição às questões unicamente de direito e da competência atribuída aos tri-

---

114. "Ainda, a possibilidade de se subdividirem as questões jurídicas em questões predominantemente fáticas e questões predominantemente de direito no sentido estrito, pode nascer de dois critérios diferentes. O primeiro deles é o ontológico ou substancial, que diz respeito à natureza mesma, ao "ser" dessas questões. Esse é o que examinaremos em primeiro lugar. O segundo é de natureza técnico-processual e não se pode dizer que, a partir de uma visão pragmática do direito, seja menos importante que o outro" (WAMBIER, Teresa Arruda Alvim. Distinção entre questão de fato e questão de direito para fins de cabimento de recurso especial. *Revista de Processo*, ano 23, n. 92, p. 52-70, out./dez. 1998, p. 53).

115. WAMBIER, Teresa Arruda Alvim. Distinção entre questão de fato e questão de direito para fins de cabimento de recurso especial. *Revista de Processo*, ano 23, n. 92, p. 52-70, out./dez. 1998, p. 53.

116. "No IRDR, a resolução das questões de direito não será realizada a partir de uma completa abstração da realidade, até porque 'não há teses sem fatos'. Os fatos, porque essenciais para análise da questão de direito, estarão presentes na resolução da controvérsia, mas não como fatos efetivamente ocorridos em uma situação concreta (até porque o tribunal não julgará nenhuma 'causa', e sim como fatos pressupostos, projetados, generalizados" (TEMER, Sofia Orberg. *Incidente de resolução de demandas repetitivas*. 3. ed. Salvador: Juspodivm, 2018, p. 74).

117. "Por outro lado, na mesma ideia de *efetividade* da decisão prolatada no procedimento-modelo, é de se perquirir a viabilidade na cisão entre questões de fato e questões de direito, tal como proposta pelo legislador. Isso porque, no CPC/2015, conferiu-se ao IRDR o objetivo de uniformizar questões unicamente "de direito", como prevê o inciso I do art. 976. Cumpre destacar que, durante a tramitação do projeto, havia sido deixada uma abertura para se empreender a análise de questões fáticas, conforme dispunha o § 9º do art. 988[2]: "O incidente pode ser instaurado quando houver decisões conflitantes sobre mesma questão de fato" (BRASIL, 2015b). Entretanto, o texto aprovado, sancionado e promulgado não encampou a ideia, de modo que o IRDR manteve seu âmbito de incidência restrito às questões de direito. Tal situação provavelmente perpetuará uma defeituosa tradição brasileira de subdimensionar a importância dos fatos para o deslinde da controvérsia e empreender uma leitura "exegética" dos supostos precedentes (BAHIA, 2012, p. 366). Espera-se que não. (...) Muitos doutrinadores, aliás, têm alertado que essa cisão radical entre questões de direito e questões de fato é fantasiosa (ROSSI, 2012, p. 233), pois não há como interpretar um texto em abstrato, tendo em vista que o sentido normativo de um texto sempre pressupõe, no mínimo, uma ilustração da sua possibilidade de aplicação (SIMIONI, 2011) (GONÇALVES, Gláucio Maciel; DUTRA, Victor Barbosa. Apontamentos sobre o novo incidente de resolução de demandas repetitivas no Código de Processo Civil de 2015. *RIL*, ano 52, n. 208, p. 189-292, out./dez. 2015, p.194).

118. "Não é novidade que fato e norma são dois aspectos de um só fenômeno e que a tentativa de os distanciar causa quase sempre um artificialismo estéril, o que gera, com razão, fortes críticas às tentativas de separação, mormente quando objetivam limitar a cognição judicial. Todavia, apesar das fundadas críticas, o sistema jurídico brasileiro trabalha em diversas situações com a diferenciação entre questões de fato e questões de direito, o que é, em certa medida, acentuado pelo novo Código de Processo Civil. O IRDR é um instituto que opera a partir dessa lógica e pretende cindir a cognição, ocupando-se tão somente com as questões de direito surgidas nos processos repetitivos" (TEMER, Sofia Orberg. *Incidente de resolução de demandas repetitivas*. 3. ed. Salvador: Juspodivm, 2018, p. 71).

bunais de segunda instância[119], que são considerados "cortes de justiça", ou seja, voltadas para a aplicação da norma ao caso concreto[120]. Nessa perspectiva, tanto por respeito à função dos tribunais de segundo grau e dos tribunais superiores[121], como para possibilitar um amadurecimento da questão jurídica[122], parte

---

119. "Essa tentativa do legislador de proceder à cisão entre os dois fenômenos revela uma tendência de atribuir aos tribunais de segundo grau a prerrogativa de elaboração de normas cada vez mais gerais e abstratas, cada vez mais distantes das peculiaridades dos casos concretos, o que foge ao tradicional papel do Poder Judiciário de fazer a subsunção do fato à norma para a composição da lide no caso concreto. Esse distanciamento se mostra mais alarmante no caso do IRDR, porquanto o papel constitucional dos tribunais locais e regionais como meras cortes de revisão não é o de estabelecer teses jurídicas gerais e abstratas, mas o de proceder à subsunção dos fatos às normas para composição dos litígios que se apresentam" (MACHADO, Daniel Carneiro. *A (in)compatibilidade do incidente de resolução de demandas repetitivas com o modelo constitucional de processo*. Rio de Janeiro: Lumen Juris, 2017, p. 95).

120. "A solução que melhor atende à necessidade de economia processual e tempestividade da tutela jurisdicional é a que partilha a tutela dos direitos em dois níveis judiciários distintos, correspondentes às duas dimensões da tutela dos direitos. O ideal é que apenas determinadas cortes sejam vocacionadas à prolação de uma decisão justa e que outras cuidem tão somente da formação de precedentes. Assim, uma organização judiciária ideal parte do pressuposto da necessidade de uma cisão entre cortes para decisão justa e cortes para formação de precedentes – ou, dito mais sinteticamente, entre Cortes de Justiça e Cortes de Precedentes. (...) A distinção se estabelece, porém, nas diferentes maneiras com que os casos ganham relevo e colocam-se no influxo da atividade das cortes. Quando a corte está pré-ordenada para tutela dos direitos mediante decisão justa, a interpretação normativa é meio para obtenção do fim justa decisão do caso. Do contrário, quando está direcionada para tutela do direito mediante precedente, o caso concreto é apenas um meio – um verdadeiro 'pretexto' – para formulação da adequada interpretação das normas nele envolvidas. E são justamente essas diferentes direções que podem ser estabelecidas entre o caso e suas dimensões fático-normativas que justificam a divisão de tarefas entre as Cortes de Justiça e as Cortes de Precedentes. É obvio, portanto, que todos os órgãos jurisdicionais interpretam o direito – a diferença, como é evidente, está na finalidade com que o fazem. Tendo diferentes funções, é natural que se valham igualmente de diferentes meios para bem desempenhá-las" (MITIDIERO, Daniel. *Cortes superiores e cortes supremas*: do controle à interpretação, da jurisprudência ao precedente. 3. ed. São Paulo: Revista dos Tribunais, 2017, p. 37-39).

121. "*A finalidade primordial dos recursos extraordinários (especial e extraordinário) é a de propiciar ao STJ e ao STF o zelo pela validade, autoridade, uniformidade do direito nacional no âmbito de suas respectivas competências, incumbência essa que não pode ser atribuída, por lei infraconstitucional, às instâncias ordinárias, sob pena de se deturpar todo o sistema de autoridade das decisões judiciais. Nessa perspectiva, defende-se que somente ao órgão do Judiciário que desempenha função constitucional de uma verdadeira "Corte Suprema" é que se deve outorgar a função de definir teses jurídicas, com eficácia erga omnes e vinculante, para uniformização do direito, assegurando a coerência, previsibilidade e a segurança jurídica do sistema*" (MACHADO, Daniel Carneiro. Uma visão crítica da inclusão do IRDR no sistema de precedentes do CPC 2015. In: FARIA, Juliana Cordeiro de; REZENDE, Ester Camila Gomes Norato; MARX NETO, Edgard Audomar (Orgs.). *Novas tendências, diálogos entre direito material e processo:* estudos em homenagem ao professor Humberto Theodoro Júnior. Belo Horizonte: D'Plácido, 2018, p. 87 – grifos nossos).

122. "Nessa perspectiva, ao julgar o incidente, o tribunal terá, sob seu escrutínio, vários pontos de vista sobre a questão jurídica, o que possibilita um melhor amadurecimento sobre a controvérsia e a formação de um precedente verdadeiramente qualificado" (MACHADO, Daniel Carneiro. *A (in)compatibilidade do incidente de resolução de demandas repetitivas com o modelo constitucional de processo.* Rio de Janeiro: Lumen Juris, 2017, p. 101). "A corrente contrária destaca que a pendência de causa no tribunal não é garantia de amadurecimento do debate jurídico: "Aliás, a existência de causa pendente no Tribunal, embora possa ser um indicativo de que a questão foi suficientemente debatida previamente e que há decisões divergentes sobre o tema, não é prova disso. Com efeito, é possível ter causa pendente no Tribunal sem efetiva repetição e sem decisões prévias, como nos casos de processos de competência originária" (TEMER, Sofia Orberg. *Incidente de resolução de demandas repetitivas.* 3. ed. Salvador: Juspodivm, 2018, p. 111).

da doutrina defende que a competência para julgar o IRDR deveria ser atribuída aos tribunais superiores[123].

A cisão de cognição, por sua vez, é a separação do julgamento da demanda em dois momentos distintos, inclusive com competências diferentes[124], conforme seja a questão específica ou comum (repetitiva)[125]. O critério de separação não é a preponderância fática ou jurídica da questão, tal como na diferença acima tratada, mas a possibilidade de sua "objetivação"[126] ou "dessubjetivação"[127], pois "[n]o IRDR não há aglutinação, mas abstração"[128].

---

123. *"O sistema de precedentes deveria ter sido circunscrito somente aos julgamentos pelos tribunais superiores, os quais possuem competência constitucional para uniformizar a interpretação do Direito e atuar como Cortes de Precedentes para definir teses jurídicas com caráter prospectivo"* (MACHADO, Daniel Carneiro. Uma visão crítica da inclusão do IRDR no sistema de precedentes do CPC 2015. In: FARIA, Juliana Cordeiro de; REZENDE, Ester Camila Gomes Norato; MARX NETO, Edgard Audomar (Orgs.). *Novas tendências, diálogos entre direito material e processo:* estudos em homenagem ao professor Humberto Theodoro Júnior. Belo Horizonte: D'Plácido, 2018, p. 81 – grifos nossos).

124. "O incidente de resolução de demandas repetitivas não ocorre dentro do processo que legitimou sua instauração. Diferentemente do sistema dos recursos especial e extraordinário repetitivos, que também viabilizam uniformização de jurisprudência vinculante, a partir do julgamento do recurso adotado como padrão, o incidente do art. 976 se processa separadamente da causa originária, e sob a competência de órgão judicial diverso. Esse órgão será sempre o tribunal de segundo grau, cuja competência se restringe ao julgamento do incidente, sem eliminar a dos órgãos de primeiro e segundo grau para julgar a ação ou o recurso, cujo processamento apenas se suspende, para aguardar o pronunciamento normatizador do tribunal" (THEODORO JR., Humberto. Regime das demandas repetitivas no novo Código de Processo Civil. In: DIDIER JR., Fredie (coord. Geral); MACÊDO, Lucas Buril de; PEIXOTO, Ravi; FREIRE, Alexandre (org.). *Processo nos tribunais e meios de impugnação das decisões judiciais.* Salvador: Juspodivm, 2016, p. 428-429).

125. "Primeiramente, é importante relembrar que nosso entendimento é de que não há, no IRDR, julgamento da causa, mas sim uma cisão decisória, que faz com o que o tribunal aprecie, no incidente, apenas a controvérsia de direito (num misto de abstração e concretude), sem julgar nenhum conflito subjetivo. O tribunal, como órgão superior, responsável (também) por uniformizar a aplicação do direito, exerce sua função de fixar um entendimento sobre a mesma questão que se repete em diversos processos" (TEMER, Sofia Orberg. *Incidente de resolução de demandas repetitivas.* 3. ed. Salvador: Juspodivm, 2018, p.114).

126. "(...) a preocupação preponderante do IRDR é a tutela do direito objetivo, embora haja, indireta e posteriormente, consequências sobre situações subjetivas concretas (por ocasião da aplicação da tese à resolução e julgamento das demandas)" (TEMER, Sofia Orberg. *Incidente de resolução de demandas repetitivas.* 3. ed. Salvador: Juspodivm, 2018, p.96). "Embora o IRDR tenha como pressuposto de admissibilidade a existência efetiva de processos repetitivos, sendo instaurado a partir de um ou vários processos modelos (causa piloto), deles se desprende totalmente, adquirindo autonomia processual tanto em relação ao procedimento quanto em relação aos efeitos que irradia. Possui na sua essência a natureza de um processo objetivo diferente do processo tradicional, uma vez que, em razão da cisão da cognição judicial, não há a necessidade de se discutir interesses subjetivos, não se observando, portanto, um litígio, uma pretensão individual resistida" (MACHADO, Daniel Carneiro. *A (in)compatibilidade do incidente de resolução de demandas repetitivas com o modelo constitucional de processo.* Rio de Janeiro: Lumen Juris, 2017, p. 87).

127. "Em geral, da dessubjetivação ou abstração no julgamento decorre a extração de razões que são consideradas como padrões decisórios para julgamento de casos análogos. É inegável a tendência contemporânea. Sobretudo nas cortes superiores, de alargar a esfera de aplicação das decisões cuja função era apenas a de resolver conflitos subjetivos como, por exemplo, no julgamento dos recursos especial e extraordinário" (TEMER, Sofia Orberg. *Incidente de resolução de demandas repetitivas.* 3. ed. Salvador: Juspodivm, 2018, p. 88).

128. TEMER, Sofia Orberg. *Incidente de resolução de demandas repetitivas.* 3. ed. Salvador: Juspodivm, 2018, p. 97).

É essa cisão que determinará se o procedimento é uma "causa-piloto" ou um "procedimento-modelo"[129], assim como é também nessa perspectiva que se entende o *musterverfarhen* como uma inspiração[130] para o IRDR, uma vez que nem mesmo a desistência da ação obsta o julgamento da questão suscitada[131]. Isso demons-

---

129. "Há dois sistemas de resolução de causas repetitivas: a) o da causa-piloto e b) o da causa modelo. No sistema da causa-piloto, o órgão jurisdicional seleciona um caso para julgar, fixando a tese a ser seguida nos demais. Já na causa-modelo, instaura-se um incidente apenas para fixar a tese a ser seguida, não havendo a escolha de uma causa a ser julgada. Na Áustria, há a previsão da causa piloto (*Testprozess*): escolhe-se uma causa amostra a ser julgada, com a fixação da tese a ser seguida nos demais casos. O legislador previu esse sistema no art. 29 do KSchG. No direito alemão, há um Procedimento-Modelo ou Procedimento-Padrão *(Musterverfahren)*, previsto na Lei de Introdução do Procedimento-Modelo para os investidores em mercado de capitais. Há, aí, uma causa-modelo, sendo fixada a tese a ser seguida no julgamento das demandas repetitivas. No ordenamento jurídico português, mais especificamente na legislação pertinente ao contencioso administrativo, há a escolha de um (ou alguns) dos processos para que seja(m) apreciado(s) e julgado(s). Os demais processos ficam suspensos, aguardando o desfecho daquele(s) que fora(m) escolhido(s) para ser apreciado(s) e julgado(s). Nos termos do n. 5 do art. 480 do Código de Processo nos Tribunais Administrativos – CTPA, após a decisão final transitada em julgado, as partes, nos autos suspensos, têm a possibilidade de, no prazo de trinta dias, (a) desistir de sua ação, (b) requerer a extensão dos efeitos da decisão ao seu próprio processo, (c) requerer a continuação de seu próprio processo ou (d) recorrer da sentença, se ela tiver sido proferida em primeira instância. Enfim, tem-se aí um sistema de causa-piloto, aplicável às demandas que envolvem a Administração Pública: escolhe-se um ou mais processos para análise e julgamento, devendo os demais ficar aguardando a solução" (DIDIER JR., Fredie; CUNHA, Leonardo Carneiro da. Recursos contra decisão proferida em incidente de resolução de demandas repetitivas que apenas fixa a tese jurídica. In: DIDIER JR., Fredie; CUNHA, Leonardo Carneiro da. *Julgamentos de Casos Repetitivos*. Salvador: Juspodivm, 2017, p. 315-316).

130. "O novo Código de Processo Civil estabeleceu uma clara inovação, com a criação do Incidente de Resolução de Demandas Repetitivas, a partir de um sistema semelhante ao do *Musterverfahren* adotado na Alemanha para os litígios do mercado de capitais. Contudo, no modelo brasileiro, o tribunal de segundo grau decide apenas em relação à questão jurídica, fixando a tese respectiva, para que haja a apreciação dos casos concretos pelo juiz natural, ou seja, o órgão competente perante o qual tramita o processo, seja ele de primeira instância ou o próprio tribunal. A opção representa uma opção política no sentido de considerar a gravidade dos problemas existentes, destacando-se o número excessivo de demandas repetitivas, o congestionamento de processos no Poder Judiciário, a demora no julgamento dos processos, a diversidade de pronunciamentos em torno de questões comuns, a necessidade de fortalecimento da isonomia e da segurança jurídica" (MENDES, Aluísio Gonçalves de Castro. *Incidente de Resolução de Demandas Repetitivas*: sistematização, análise e interpretação do instituto processual. Rio de Janeiro: Forense, 2017, p. 123). "Apesar do dissenso interpretativo existente, pela própria natureza de incidente, o IRDR trata-se de técnica de procedimento-padrão, igualmente ao sistema alemão, não se vislumbrando, com o devido respeito a opiniões em contrário, a possibilidade de enxergá-lo como técnica de causa-piloto (como os recursos extraordinários) sem cisão cognitiva. Em assim sendo, o julgamento no tribunal dar-se-á na parte padronizável, sob pena de se inviabilizar a instauração do incidente em relação a processos em primeiro grau (art. 977, I), eis que o IRDR se limita à matéria jurídica (art. 976, I), de modo que a análise de fatos e provas ficará sob a competência do juízo de aplicação, na etapa final prevista no art. 985 (...)" (NUNES, Dierle. Incidente de resolução de demandas repetitivas. *Revista Brasileira de Direito Processual*, v. 24, n. 93, p. 51/62, jan./mar. 2016, p. 52).

131. "O incidente apenas serve à fixação de tese e não de julgamento da 'causa-piloto' (categoria que entendemos não se aplicar bem ao IRDR) porque o Código expressamente prevê que a desistência ou o abandono da causa a partir da qual foi instaurado não impede o seu prosseguimento e a resolução da controvérsia sobre a questão de direito (art. 976, § 1º, do CPC/2015)" (TEMER, Sofia Orberg. *Incidente de resolução de demandas repetitivas*. 3. ed. Salvador: Juspodivm, 2018, p. 79).

tra a autonomia processual do IRDR[132], que não decorre de ser a questão em debate de fato ou de direito, mas justamente do processo de abstração, da cisão cognitiva, que faz da tese uma "imagem holográfica"[133], para prestigiar a feliz expressão utilizada por Sofia Temer, e torna possível o julgamento independente do IRDR.

Com efeito, é possível concluir que o IRDR é um "procedimento-modelo". Mas isso implica, necessariamente, perquirir se é dispensável a tramitação de causa ou recurso no tribunal para que seja cabível o incidente. A resposta que oferecemos é negativa, e a razão é lógica. A pendência de uma causa ou recurso no tribunal não garante, por si só, a unidade de cognição em seu julgamento. Basta lembrar o extinto procedimento de uniformização de jurisprudência previsto nos arts. 476 a 479 do Código de Processo Civil de 1973.

Tratava-se de um incidente[134], de origem remota[135], voltado à uniformização da jurisprudência de um mesmo tribunal[136], e, portanto, versava apenas sobre a

132. "A autonomia processual do IRDR se evidencia, principalmente, no seu julgamento. O órgão competente do tribunal local proferirá acórdão, definindo a tese jurídica a ser aplicada de forma vinculante aos processos repetitivos já ajuizados e aos futuros, podendo ser atacado autonomamente por recurso especial e extraordinário, nos termos do art. 987 do novo CPC, presumindo-se a repercussão geral da questão constitucional eventualmente discutida, além da possibilidade de extensão dos efeitos do julgamento para todos os processos individuais e coletivos em tramitação no território nacional que versarem sobre idêntica questão de direito" (MACHADO, Daniel Carneiro. *A (in)compatibilidade do incidente de resolução de demandas repetitivas com o modelo constitucional de processo*. Rio de Janeiro: Lumen Juris, 2017, p. 89).

133. "No IRDR, não há uma junção de situações concretas comuns para julgamento único – ou seja, uma 'coletivização', mas, ao contrário, a abstração em relação aos casos concretos, como numa 'imagem holográfica', para fixação de uma decisão padrão, a partir de um fato-tipo extraído das situações concretas, que depois deverá ser incorporada para julgamento das demandas" (TEMER, Sofia Orberg. *Incidente de resolução de demandas repetitivas*. 3. ed. Salvador: Juspodivm, 2018, p. 96).

134. "Trata-se, na realidade, a uniformização da jurisprudência, da mesma figura jurídica regulamentada no art. 861 do Código de Processo Civil de 1939. Mas, como acentuamos, com roupagem nova e, outrossim, a vantagem de, suprimido o recurso de revista, contemplado pela revogada Codificação, consistir no único meio idôneo para a unificação da jurisprudência dos nossos tribunais de segundo grau. Daí porque sua natureza é a mesma atribuída ao prejulgado pela doutrina dominante quando vigente – a de *incidente de julgamento*" (TUCCI, Rogério Lauria. *Curso de Direito Processual Civil*. São Paulo: Saraiva, v. 3, 1989, p. 168-169).

135. "De outra parte, alguns Códigos de Processo Civil estaduais e, após eles, o nacional de 1939, estatuíram regras sobre o instituto do prejulgado, cuja origem remonta ao Decreto-lei n. 16.273, de 20 de dezembro de 1923, que, no art. 2º, o inseriu na legislação processual do Distrito Federal. (...) Do mesmo modo, regulamentou-o o Código de Processo Civil de 1939, no art. 861, assim redigido: 'A requerimento de qualquer de seus juízes, a Câmara ou turma julgadora poderá promover o pronunciamento prévio das Câmaras reunidas sobre a interpretação de qualquer norma jurídica, se reconhecer que sobre ela ocorre, ou poderá ocorrer, divergência de interpretação entre Câmaras ou turmas'. E, já agora, o Código de 1973, com melhor técnica, cuida, nos arts. 476 a 479, da uniformização da jurisprudência" (TUCCI, Rogério Lauria. *Curso de Direito Processual Civil*. São Paulo: Saraiva, v. 3, 1989, p. 167-168).

136. "A uniformização não é recurso, e sim incidente do julgamento, tanto que após a uniformização os autos voltam à Câmara ou Turma para julgar a matéria residual, de houver. Entretanto, se não houver matéria residual a decisão final pode ser a de uniformização. O julgamento é a apreciação ao incidente" (ROSAS,

interpretação divergente, sem análise de caso concreto[137]. O julgamento do incidente caberia ao órgão pleno tribunal, com participação de todos os membros[138], e ocorreria, necessariamente, antes do julgamento de mérito da causa[139]. Além disso, qualquer juiz membro do tribunal estava legitimado a provocar o incidente[140]. Havia, portanto, cisão de cognição, já que o julgamento sobre a questão era anterior ao da causa de mérito e realizado por outro órgão (o pleno do tribunal). Entretanto, respeitável doutrina da época apontava a necessidade de estar pendente no tribunal causa originária ou recurso sobre aquela questão[141].

Roberto; ARAGÃO, Paulo Cézar. *Comentários ao Código de Processo Civil.* 2. ed. São Paulo: Ed. RT, v.5, 1975, p. 11).

137. "Em verdade, o tribunal não deliberará no caso concreto, e sim, fixará a interpretação do Direito sem a divergência, aplicando-se então ao caso concreto quando o feito voltar à câmara ou turma" (ROSAS, Roberto; ARAGÃO, Paulo Cézar. *Comentários ao Código de Processo Civil.* 2. ed. São Paulo: Ed. RT, v.5, 1975, p. 15).

138. Art. 479. O julgamento, tomado pelo voto da maioria absoluta dos membros que integram o tribunal, será objeto de súmula e constituirá precedente na uniformização da jurisprudência. (BRASIL, 1973).

139. "Noutro aspecto, mais significativo ainda, por não constituir a uniformização de jurisprudência impugnação a ato decisório preexistente, mas, sim, pronunciamento prévio do tribunal, ou de seção civil dele integrante, antecedente a julgamento" (TUCCI, Rogério Lauria. *Curso de Direito Processual Civil.* São Paulo: Saraiva, v. 3, 1989, p.169).

140. Art. 476. Compete a qualquer juiz, ao dar o voto na turma, câmara, ou grupo de câmaras, solicitar o pronunciamento prévio do tribunal acerca da interpretação do direito quando: I - verificar que, a seu respeito, ocorre divergência; II - no julgamento recorrido a interpretação for diversa da que lhe haja dado outra turma, câmara, grupo de câmaras ou câmaras cíveis reunidas. (BRASIL, 1973).

141. *"Como se pode notar, a princípio essa novel sistemática de julgamento das assim chamadas "macrolides" apenas poderia ter lugar se, perante o Tribunal competente para conhecer e julgar o incidente, já houver uma "causa" pendente. Como afirmava Pontes de Miranda, na sistemática da uniformização da jurisprudência, fazia-se necessária a "existência de algum feito a ser julgado". Ou, como explicava Rogério Lauria Tucci, é preciso o "julgamento da uma causa pelo tribunal, seja originariamente, seja por via de manifestação funcional ou recursal". E, ainda, Roberto Rosas, para quem " é ato jurisdicionalmente incidente do julgamento de um feito em segunda instância. Portanto, somente se perante o Tribunal de segundo grau tiver sido proposta uma demanda de competência originária, ou que para lá já tenha sido remetido recurso, ou mesmo o que a doutrina denomina como "sucedâneo recursal", tal qual o reexame necessário, é que o incidente de resolução de demandas repetitivas poderia ser instaurado. (...) O que interessa fundamentalmente nesse ponto é a competência de natureza recursal. A princípio, o incidente de resolução de demandas repetitivas somente poderia ser suscitado – de ofício ou a requerimento dos legitimados – se perante o Tribunal de Justiça ou Regional Federal já houver ao menos um recurso pendente na Corte"* (OLIVEIRA, Guilherme José Braz de. Nova técnica de julgamento de casos repetitivos à luz do novo Código de Processo Civil. Tese (Doutorado em Direito Processual). Faculdade de Direito da Universidade de São Paulo, São Paulo, 2015, p. 69-71 – grifos nossos). "No tocante ao primeiro [julgamento de uma causa pelo tribunal, seja originalmente, seja pela via de manifestação funcional ou recursal], como já esclarecido, sendo a uniformização de jurisprudência um incidente que envolve questão prejudicial do julgamento instaurado, é necessário que este se encontre em via de realização ou já esteja acontecendo. E isto, à evidência– é bom repetir – tanto nas causas de competência originária dos tribunais, como naquelas cujas sentenças estejam sujeitas ao duplo grau de jurisdição, e, ainda, nos recursos interpostos contra atos decisórios inferiores ou do próprio órgão colegiado de segundo grau" (TUCCI, Rogério Lauria. *Curso de Direito Processual Civil.* São Paulo: Saraiva, v. 3, 1989, p. 170."O julgamento pode ser de recurso ou de causa de competência originária da turma, da câmara, do grupo de câmara ou da seção. (...) Pode tratar-se de regra de direito material ou processual, indiferentemente. Se o órgão está julgando recurso, nenhuma relevância tem o fato de haver ele sido interposto

É certo que a unidade de cognição, ou seja, o julgamento de tese e fato simultaneamente e pelo mesmo órgão, só pode ocorrer se nele estiver tramitando ação ou recurso envolvendo tal questão. O inverso, porém, não pode ser afirmado, e o incidente de uniformização de jurisprudência é um exemplo, pois, apesar da necessidade de tramitação de uma causa ou recurso no tribunal, o julgamento da tese e do mérito era cindido. Ou seja, o trâmite da demanda no tribunal não assegura que a tese e o mérito serão decididos pelo mesmo órgão e no mesmo julgamento, até porque os tribunais têm suas próprias estruturas e regras de competência internas.

Desse modo, a definição do IRDR como um procedimento-modelo ou uma causa-piloto não oferece subsídios para uma resposta segura quanto aos requisitos do incidente. São assuntos, em certa medida, independentes e, portanto, exigem o desenvolvimento de um raciocínio próprio[142].

A conclusão quanto à qualificação do IRDR foi alcançada linhas acima: é um procedimento-modelo, dado que se vale da técnica de cisão cognitiva característica desse modelo. Por outro lado, é preciso lançar luz sobre os argumentos favoráveis e contrários à exigência de tramitação do mérito no tribunal como requisito do IRDR, antes de definir uma posição. Essa é matéria para os subitens a seguir.

4.1 Da necessidade de causa ou recurso pendente no tribunal

A necessidade de tramitação de uma causa originária, um recurso ou remessa necessária, no tribunal é considerada, por respeitados doutrinadores,

contra a sentença (art. 162, § 1º) ou contra decisão interlocutória (art. 162, § 2º). Tampouco se distingue entre o julgamento de recursos contra decisão de primeiro grau, como a apelação, e julgamento de recurso contra decisão de segundo grau, como os embargos infringentes com que se ataque acórdão de apelação. Menos ainda, entre julgamento de recurso interposto contra decisão proferida nesta ou naquela espécie de processo, de conhecimento (de rito ordinário, sumário ou especial), de execução ou cautelar" (BARBOSA MOREIRA, José Carlos. *Comentários ao Código de Processo Civil*. 14. ed. Rio de Janeiro: Forense, v. 5, 2008, p. 10-11).

142. "Isso porque, no ordenamento brasileiro, está muito nítido que o objeto do incidente é a questão jurídica, com a formulação de uma tese jurídica A controvérsia, sim, parece residir em relação aos pressupostos para o cabimento do Incidente de Resolução de Demandas Repetitivas, ou seja, se deve haver, necessariamente, processo em tramitação no tribunal, para que esteja, digamos, firmada a competência para o julgamento do incidente (segundo a posição restritiva) ou que se poderia suscitar o julgamento a partir de processos em tramitação no primeiro ou no segundo grau (posição não restritiva). A discussão acima, sobre o pressuposto, tem sido aglutinada com o debate subsequente ao julgamento do IRDR, ou seja, quanto à constitucionalidade, formal e material, do parágrafo único do art. 978, no sentido de atribuir ao mesmo órgão, que efetua a apreciação do incidente, com a fixação da tese jurídica, a competência para julgar igualmente o recurso, a remessa necessária ou o processo de competência originária de onde se originou o incidente" (MENDES, Aluísio Gonçalves de Castro. *Incidente de Resolução de Demandas Repetitivas*: sistematização, análise e interpretação do instituto processual. Rio de Janeiro: Forense, 2017, p. 107).

um requisito para interposição do IRDR[143]. Essa posição foi cristalizada nos enunciados 342[144] e 344[145] do Fórum Permanente de Processualistas.

Uma das pedras de toque da argumentação dessa corrente é a interpretação do parágrafo único do art. 987 do Código de Processo Civil de 2015, como um requisito processual[146]. Esse dispositivo estabelece que o mesmo órgão julgador do IRDR ficará incumbido de julgar o recurso, a remessa necessária ou o processo de competência originária a ele atrelado[147]. Tal dispositivo resulta da emenda n.

---

143. *"O IRDR somente é cabível, se (a) houver efetiva repetição de processos e risco de ofensa à isonomia e à segurança jurídica, (b) a questão for unicamente de direito e (c) houver causa pendente no tribunal. (...) Tais requisitos de admissibilidade denotam: (a) o caráter não preventivo do IRDR, (b) a restrição de seu objeto à questão unicamente de direito, não sendo cabível para questões de fato e, (c) a necessidade de pendência de julgamento de causa repetitiva no tribunal competente"* (DIDIER JR., Fredie. CUNHA, Leonardo Carneiro da. *Curso de direito processual civil*: meios de impugnação às decisões judiciais e processo nos tribunais, p. 758 – grifos nossos). *"Aqui, bastará um requerimento, desde que já existe uma demanda repetitiva pendente no tribunal"*(CAVALCANTI, Marcos de Araújo. A falta de controle judicial da adequação da representatividade no incidente de resolução de demandas repetitivas (IRDR). In: DIDIER JR., Fredie (coord. Geral); MACÊDO, Lucas Buril de; PEIXOTO, Ravi; FREIRE, Alexandre (org.). *Processo nos tribunais e meios de impugnação das decisões judiciais.* Salvador: Juspodivm, 2016, p. 482 – grifos nossos). "Além dos pressupostos analisados no item anterior, é necessário ainda que já exista demanda sobre a questão de direito repetitiva tramitando no tribunal local ou regional para a instauração do IRDR. Ou seja, a admissibilidade do incidente deve pressupor a tramitação no respectivo tribunal de recurso, remessa necessária ou processo de competência originária que tenha por objeto a questão de direito repetitiva hipótese em que o órgão competente, de acordo com o regimento interno do tribunal, não só fixará a tese jurídica comum, como também julgará o mérito do recurso, da remessa necessária ou processo de competência originária pendente, aplicando a tese definida" (MACHADO, Daniel Carneiro. *A (in)compatibilidade do incidente de resolução de demandas repetitivas com o modelo constitucional de processo.* Rio de Janeiro: Lumen Juris, 2017, p. 99). "A repetição de processos que contenham controvérsia sobre a mesma questão de direito pode ocorrer no tribunal ou na primeira instância, mas nesse último caso a questão já deve ter aportado ao tribunal, por meio de recurso, remessa necessária ou processo de competência originária" (DONIZETTI, Elpídio. *Curso Didático de Direito Processual Civil.* 19. ed. São Paulo: Atlas, 2016, p. 1.401).

144. 342. (art. 976) O incidente de resolução de demandas repetitivas aplica-se a recurso, a remessa necessária ou a qualquer causa de competência originária.

145. 344. (art. 978, parágrafo único) A instauração do incidente pressupõe a existência de processo pendente no respectivo tribunal.

146. *"Outros dispositivos que regulamentam o IRDR exigem claramente a necessidade da existência de causa pendente no tribunal para que o IRDR possa ser instaurado e julgado por ele. Observe-se o que diz o parágrafo único do art. 978 do NCPC (...) Como se verifica, ele exige que algum recurso, remessa necessária ou processo de competência originária do tribunal tenha dado origem ao IRDR"* (CAVALCANTI, Marcos de Araújo. *Incidente de resolução de demandas repetitivas (IRDR).* São Paulo: Revista dos Tribunais, 2016, p. 224-225 – grifos nossos). No mesmo sentido cf.: BASTOS, Antonio Adonias Aguiar. Dever de enfrentamento do precedente editado num Incidente de Resolução de Demandas Repetitivas (IRDR) para o julgamento de outro IRDR. *Revista Brasileira de Direito Processual*, ano 26, n. 103, p. 43-62, jul/set. 2018, p. 47.

147. "Este órgão colegiado, competente para fixar o padrão decisório através do IRDR, não se limitará a estabelecer a tese. A ele competirá, também, julgar o caso concreto (recurso, remessa necessária ou processo de competência originária do tribunal), nos termos do art. 978, parágrafo único. Daí a razão pela qual se tem, aqui, falado que o processo em que se instaura o incidente funciona como verdadeira *causa-piloto.* É que este processo será usado mesmo como piloto (empregado o termo no sentido, encontrado nos dicionários, de «realização em dimensões reduzidas, para experimentação ou melhor adaptação de certos processos tecnológicos»; «que é experimental, inicial, podendo vir a ser melhorado ou continuado»; «que

131 do Senador João Durval (PDT/BA), cujo objetivo era esclarecer que ao IRDR deveria ser aplicada a mesma sistemática do julgamento de recursos repetitivos[148]. A emenda foi oferecida quando o projeto retornou ao Senado, e, nas razões de acolhimento, o relator, Senador Vital do Rego (PMDB/PB), destacou o intuito de esclarecer a necessidade de julgamento conjunto da tese e do caso concreto, o que já estaria implícito na previsão de recurso especial e extraordinário contra acórdão que julgasse o IRDR[149], observação partilhada por Daniel Amorim As-

serve de modelo e como experiência»; «qualquer experiência inovadora que sirva de modelo ou exemplo»), nele se proferindo uma decisão que servirá de modelo, de padrão, para a decisão posterior de casos idênticos (e que, evidentemente, poderá depois ser melhorado ou continuado)" (CÂMARA, Alexandre Freitas. *O novo processo civil brasileiro*. 3. ed. São Paulo: Atlas, 2017, p. 487).

148. "A presente emenda tem por objetivo adicionar o § 1º – com função meramente explicativa – ao art. 991 do Substitutivo da Câmara dos Deputados ao Projeto de Lei do Senado (SCD) nº 166, de 2010, que instituiu o Código de Processo Civil. O propósito, como se adiantou, é garantir clareza à proposição. Realmente, é preciso estabelecer se o incidente de resolução de demandas repetitivas acarreta o julgamento da causa originária ou apenas define a tese a ser aplicada. Há, como se sabe, incidentes, como o de inconstitucionalidade, em que a causa não é julgada, cabendo ao órgão do Tribunal apenas resolver a questão prévia. Outros há, como a assunção de competência, em que o tribunal efetivamente decide a lide. O art. 522 da proposição em exame cria o regime jurídico único para o julgamento de casos repetitivos, estabelecendo que ele compreende o *incidente de resolução de demandas repetitivas e os recursos especial e extraordinários repetitivos*. Nesses últimos, a tese jurídica é fixada e a causa originária é igualmente julgada. Assim também deve ocorrer com o incidente de resolução de demandas repetitivas, a fim de que não haja incoerência no sistema engendrado. Impende, portanto, tornar isso claro, evitando dúvidas e dificuldades procedimentais. Para tanto, convém tornar expresso que ao incidente de resolução de demandas repetitivas aplica-se o regime dos recursos especial e extraordinário" (Emenda nº 131 ao SCD n. 166, de 2010 – Senador João Durval (PDT-BA).

149. "O art. 991 do SCD não deixa claro se, no julgamento do incidente de resolução de demandas repetitivas, o julgamento do órgão competente se restringirá à fixação da tese jurídica ou se avançará também para decidir o caso concreto. No caso de recursos especial ou extraordinário repetitivos, o Superior Tribunal de Justiça ou o Supremo Tribunal Federal não apenas fixa a tese jurídica como também decide o recurso, conforme explicitado no art. 1.052 do SCD. No caso de incidente de resolução de demandas repetitivas, a lógica é a mesma. Um recurso representativo da controvérsia servirá de esteio para que o tribunal prolate sua decisão de eficácia multitudinária. Acontece que, para clareza textual, é importante deixar claro que, no incidente de recursos repetitivos, o órgão julgador não se limita a fixar a tese, mas também avança no julgamento do caso concreto. É verdade que tal procedimento já está implícito na redação do SCD, do que dá ilustração o fato de o § 4º do art. 995 do SCD prever o cabimento de recursos especial e extraordinário contra o veredito firmado sobre o incidente. Assim, em busca da clareza textual, há de acrescer esse esclarecimento no § 1º do art. 991 do SCD, como ajuste de mera redação para garantia da clareza das informações. A Emenda nº 131, do Senador João Durval, é nesse sentido.Ressalva-se que, por visível erro material, foi inserido um texto para o *caput* do art. 991 que não guarda qualquer conexão lógico-temática com a atual versão do dispositivo, de maneira que, nesse ponto, a emenda não merecerá acolhimento. Pelo que se infere, o texto contido equivocadamente no *caput* do art. 991 reporta-se a uma sugestão de alteração do art. 820 do SCD, alvitre esse que será analisado nesta peça em ambiente oportuno, dedicado também ao exame da Emenda nº 98, do Senador Ricardo Ferraço, que aborda o mesmo tema. Acolhe-se, pois, parcialmente a Emenda nº 131, do Senador João Durval, para inserir, onde couber na redação final lançada no capítulo deste relatório destinado ao exame do art. 988 do SCD, o seguinte texto normativo: "O órgão colegiado, incumbido de julgar o incidente e de fixar a tese jurídica, julgará igualmente o recurso, a remessa necessária ou a causa de competência originária de onde se originou o incidente" (Parecer n. 956 de 2014 – Relator, Senador Vital do Rêgo, p. 184-185).

sunção Neves[150]. A versão final publicada no Diário Oficial, contudo, não afasta a controvérsia[151].

A existência de um sistema de julgamento de demandas repetitivas também é usada como justificativa pela doutrina, para defender que o julgamento do IRDR deve ocorrer nos mesmos moldes dos recursos repetitivos[152]. Nesses, são escolhidas causas-piloto, a partir das quais é fixada a tese a ser aplicada nas demandas que ficaram sobrestadas. Na mesma oportunidade, também é resolvido o mérito dessas causas-piloto[153].

---

150. "Apesar da justificativa pragmática, deve se questionar a constitucionalidade do art. 978, *caput,* do Novo CPC, considerando-se que tanto o art. 102, III, *caput,* como o art. 105, III, *caput,* da CF exigem para o cabimento do recurso extraordinário e especial que o acórdão impugnado tenha decidido "causa" em única ou última instância. De nada adianta, como parcela da doutrina sustenta, que com o recurso especial ou extraordinário, além do IRDR também siga para o tribunal superior o recurso, reexame necessário ou processo de competência originária de onde se originou o incidente processual, pois desta forma o tribunal superior estaria julgando em grau recursal "causa' já decidida pelo tribunal de segundo grau. No caso, estar-se-á diante de dois julgamentos, ainda que formalmente possa ser elaborado somente um acórdão, o que, inclusive, nem é recomendável que aconteça. Mas mesmo que exista somente um acórdão, fica claro que ele terá dois capítulos: um que julgará o IRDR e fixará a tese jurídica, e outro que julgará o recurso, reexame necessário ou processo de competência originária de onde se originou o incidente. Quanto a este é indiscutível a decisão da causa, mas quanto àquele, terá havido realmente julgamento de uma causa? Ao se responder que não, o recurso especial ou extraordinário seria admitido apenas parcialmente, o que não chega a ser anormal diante de nosso sistema processual" (NEVES, Daniel Amorim Assumpção. *Manual de direito processual civil.* 8. ed. Salvador: Juspodivm, 2016, p. 1.419).

151. "Como mencionado anteriormente, no decorrer do processo legislativo, ficaram caracterizadas duas nítidas concepções sobre a moldura de instituto que se pretendia construir, que correspondiam aos textos aprovados no Senado Federal e na Câmara dos Deputados. Em síntese, a concepção que predominou no Senado, tanto na versão aprovada em primeiro turno, quanto na redação final, foi no sentido de que o incidente poderia ser provocado quando houvesse processos em primeira instância ou no tribunal, razão pela qual o incidente poderia ser suscitado tanto pelo juiz de primeiro grau quanto pelo relator, assim como pelas partes, pelo Ministério Público e pela Defensoria Pública. No Substitutivo da Câmara dos Deputados, no entanto, constavam dispositivos que expressamente mencionavam a exigência de que, para ser suscitado, o incidente deveria tomar como base processos que já estivessem em tramitação no tribunal de segundo grau e, por isso, o IRDR não poderia ser provocado pelo juiz de primeiro grau. Não obstante a clara manifestação a respeito, no parecer final que norteou o texto aprovado em última versão no Senado Federal, que foi sancionado e publicado, a controvérsia ainda persiste. Por certo, as duas posições encontram-se embasadas em fundamentos jurídicos sólidos e serão a seguir expostas" (MENDES, Aluísio Gonçalves de Castro. *Incidente de Resolução de Demandas Repetitivas*: sistematização, análise e interpretação do instituto processual. Rio de Janeiro: Forense, 2017, p. 116).

152. 345. (arts. 976, 928 e 1.036). O incidente de resolução de demandas repetitivas e o julgamento dos recursos extraordinários e especiais repetitivos formam um microssistema de solução de casos repetitivos, cujas normas de regência se complementam reciprocamente e devem ser interpretadas conjuntamente.

153. "Terceiro requisito, que não está expresso na lei mas resulta necessariamente do sistema é que já haja pelo menos um processo pendente perante o tribunal (seja recurso, remessa necessária ou processo de competência originária do próprio tribunal: FPPC, enunciado 344). É que, como se verá melhor adiante, uma vez instaurado o IRDR, o processo em que tal instauração ocorra será afetado para julgamento por órgão a que se tenha especificamente atribuído a competência para conhecer do incidente, o qual julgará o caso concreto como uma verdadeira *causa-piloto,* devendo o julgamento desse caso concreto ser, além de decisão do caso efetivamente julgado, um precedente que funcionará como padrão decisório para outros casos, pendentes ou futuros. Assim, por força da exigência legal de que o tribunal não se limite a fixar a tese, mas julgue, como causa-piloto, o processo em que instaurado o incidente, impõe-se que já haja pelo menos um processo pendente perante o tribunal, sob pena de se promover uma inade-

São também apontadas inconstitucionalidades na dispensa do trâmite de um processo relacionado ao IRDR no tribunal[154]. Diz-se que a garantia ao duplo grau de jurisdição seria violada[155], e modificada a competência dos tribunais prevista constitucionalmente[156]. Isso porque a competência dos tribunais federais é estabelecida no art. 108 da Constituição e, no caso dos tribunais estaduais, nas respectivas Constituições[157]. Portanto, somente uma regra de mesma hierarquia poderia versar sobre a matéria[158].

---

quada e ilegítima supressão de instância" (CÂMARA, Alexandre Freitas. *O novo processo civil brasileiro*. 3. ed. São Paulo: Atlas, 2017, p. 485-486).

154. "A realidade é que não se podem buscar subterfúgios para tentar explicar a constitucionalidade do dispositivo ora comentado. Ou o julgamento do IRDR representa decisão de "causa" e o art. 987, *caput*, do Novo CPC é constitucional, ou não há causa decidida nesse caso e o dispositivo é inconstitucional" (NEVES, Daniel Amorim Assumpção. *Manual de direito processual civil*. 8. ed. Salvador: Juspodivm, 2016, p.1.420).

155. "Vê-se, portanto, que mesmo diante dos profícuos argumentos favoráveis à interpretação conciliadora entre os dispositivos que tratam do pedido de instauração e julgamento do IRDR, somos inclinados a afastá-los para reconhecermos os vícios de inconstitucionalidades tanto do ponto de vista formal quanto do material, sob pena de desconsiderarmos, de uma só vez, a ofensa ao processo legislativo brasileiro, como também a ofensa ao duplo grau de jurisdição, notadamente, o viés da supressão de instância no julgamento do incidente, confusamente disposto no CPC/2015" (ROSSI, Júlio César. *Incidente de resolução de demandas repetitivas e o novo CPC*: das inadequações às inconstitucionalidades. Curitiba: Juruá, 2016, p. 87). "Por outro lado, embora concordemos com José Miguel Garcia Medina, quando alude ao fato de que, no pedido de instauração do IRDR não há, necessariamente, a remessa dos próprios autos onde a(s) questão(ões) deva(m) ser enfrentada(s) e decidida(s) pelo Tribunal, aplicando a (s) solução(ões) às demais demandas idênticas, ou seja, não há deslocamento dos autos do primeiro grau de jurisdição para o Tribunal, podendo-se, por óbvio; fazer juntada de peças processuais argumentativas, decisões paradigmas e documentos, tudo a evidenciar a existência dos pressupostos necessários à admissão do incidente, parece-nos que o IRDR, não obstante à inconstitucionalidade formal já referida, padece também de inconstitucionalidade material na medida em que há supressão de instância e ofensa à reserva taxativa de competência dos Tribunais (TRF's e TJ's). É que o CPC/2015 ao permitir que o IRDR possa vir a ser suscitado durante o trâmite do processo no juízo de primeiro grau, ou seja, antes da prolação da sentença, como alude Artur César de Souza, "*não observou que tal permissibilidade apresenta ares de inconstitucionalidade* (...)" (ROSSI, Júlio César. *Incidente de resolução de demandas repetitivas e o novo CPC*: das inadequações às inconstitucionalidades. Curitiba: Juruá, 2016, p. 85-86).

156. "A instauração do incidente sem que exista processo pendente no tribunal de segundo grau implica a ampliação indevida da competência originária de tais tribunais por meio de lei ordinária em total afronta à Constituição da República de 1988" (MACHADO, Daniel Carneiro. *A (in)compatibilidade do incidente de resolução de demandas repetitivas com o modelo constitucional de processo*. Rio de Janeiro: Lumen Juris, 2017, p. 103).

157. "Como se sabe, não é possível ao legislador ordinário criar competências originárias para os tribunais. As competências dos tribunais regionais federais estão estabelecidas no art. 108 da Constituição Federal, cabendo às Constituições Estaduais fixar as competências dos tribunais de justiça (art. 125, § 1º, CF). O legislador ordinário pode – e foi isso que fez o CPC – criar incidentes processuais para causas originárias e recursais que tramitem nos tribunais, mas não lhe cabe criar competências originárias para os tribunais. É também por isso que não se permite a instauração do IRDR sem que haja causa tramitando no tribunal" (DIDIER JR., Fredie; CUNHA, Leonardo Carneiro da. Recursos contra decisão proferida em incidente de resolução de demandas repetitivas que apenas fixa a tese jurídica. In: DIDIER JR., Fredie; CUNHA, Leonardo Carneiro da. *Julgamentos de Casos Repetitivos*. Salvador: Juspodivm, 2017, p. 317-318).

158. "*Não poderia ser diferente a conclusão. A exigência de causa pendente no tribunal decorre da própria Constituição da República. Imaginar a instauração do IRDR sem a pendência de qualquer causa seria o mesmo que atribuir competência originária ao tribunal. (...) Não se pode esquecer, os incidentes processuais têm a característica da acessoriedade, dependendo da existência de outro processo, e da incidentalidade, sendo um procedimento específico que recai sobre um processo preexistente*" (CAVALCANTI, Marcos

Outro argumento interessante, de ordem mais prática do que técnica, é a possibilidade de maturação da controvérsia, favorecida por diversas sentenças e recursos diferentes. Trata-se de privilegiar o contraditório e o aprofundamento das discussões até que a causa chegue ao tribunal[159].

Quanto à norma contida no § 1º do art. 976 do Código de Processo Civil, que mantém o julgamento do IRDR mesmo após a desistência ou abandono do processo, os autores dessa corrente se dividem. Há quem a interprete como uma confirmação da necessidade de causa ou recurso no tribunal, do contrário, não haveria sentido em mencionar os efeitos da desistência[160]. Uma segunda leitura, mais moderada e majoritária, defende que essa hipótese é uma exceção, na qual o IRDR será processado e julgado como se fosse um procedimento-modelo[161]. Tal

---

de Araújo. *Incidente de resolução de demandas repetitivas (IRDR)*. São Paulo: Revista dos Tribunais, 2016, p. 226 – grifos nossos).

159. "*O aparente conflito, portanto, é entre o argumento da celeridade na uniformização do entendimento, evitando-se repetição indevida de casos, congestionamento do Judiciário, insegurança e imprevisibilidade do sistema jurídico, e a alegação de necessidade de maior amadurecimento do debate, com o diálogo plural, efetivo e consistente que deve preceder a fixação da tese, o que apenas poderia ocorrer após a prolação de decisões judiciais distintas e a interposição de recursos*" (MENDES, Aluísio Gonçalves de Castro; TEMER, Sofia. O incidente de resolução de demandas repetitivas e o novo Código de Processo Civil. In: DIDIER JR., Fredie (coord. Geral); MACÊDO, Lucas Buril de; PEIXOTO, Ravi; FREIRE, Alexandre (org.). *Processo nos tribunais e meios de impugnação das decisões judiciais*. Salvador: Juspodivm, 2016, p. 330 – grifos nossos).

160. "*O art. 976, § 1º, do NCPC, estabelece que 'a desistência ou o abandono do processo não impede o exame de mérito do incidente. Ora, que desistência e abandono seriam esses? É claro que o NCPC quis estabelecer que o abandono ou a desistência da causa pendente no tribunal, que deu origem à instauração do incidente, não impedirá o julgamento do mérito do IRDR. Não haveria nenhuma razão para o NCPC fazer essa previsão se não fosse necessária a pendência de causa no tribunal*" (CAVALCANTI, Marcos de Araújo. *Incidente de resolução de demandas repetitivas (IRDR)*. São Paulo: Revista dos Tribunais, 2016, p. 225 – grifos nossos).

161. "(...) nossa concepção é a de que o legislador optou por um formato híbrido. Em regra, observando o art. 978, parágrafo único, o tribunal julgará a questão comum e o(s) caso(s) selecionados e afetados para instrução. Há unidade cognitiva e decisória, com posterior aplicação da *ratio decidendi* sobre a questão comum aos demais processos em que seja debatida. Evidentemente, a regra é tratar-se de causa-piloto, jurisdição exercida à luz de pretensões e alegações de direitos subjetivos em concreto. No entanto, quando houver desistência do processo afetado, o incidente pode mesmo assim prosseguir para a definição da questão comum (art. 976, § 1º). Nessa hipótese, segue-se o formato do processo-modelo, instituindo-se um procedimento de solução da questão comum a vários processos, mas com técnica diferente" (CABRAL, Antonio do Passo; CRAMER, Ronaldo. *Comentários ao novo Código de Processo Civil*. Rio de Janeiro: Forense, 2015, p. 1.418)

"Embora o sistema brasileiro de julgamento de casos repetitivos seja de *causa-piloto*, é preciso observar a hipótese de haver desistência da demanda ou do recurso voluntário afetado para julgamento. (...) Nessa hipótese de desistência ou abandono, o julgamento do IRDR ou do recurso repetitivo configura uma *causa-modelo*. Abstraída essa hipótese, o que se tem é uma *causa-piloto*, com julgamento do caso" (DIDIER JR., Fredie; CUNHA, Leonardo Carneiro da. Recursos contra decisão proferida em incidente de resolução de demandas repetitivas que apenas fixa a tese jurídica. In: DIDIER JR., Fredie; CUNHA, Leonardo Carneiro da. *Julgamentos de Casos Repetitivos*. Salvador: Juspodivm, 2017, p. 318-319)

"Cabe, então, concluir: a) não é possível instaurar o procedimento de julgamento de casos repetitivos sem que haja, no tribunal respectivo, uma causa pendente, de onde o incidente surgirá e que servirá como caso-piloto; b) por causa disso, no julgamento de casos repetitivos, o tribunal *fixa* a tese jurídica e *julga* o caso-piloto; c) é possível, porém, tendo havido desistência ou abandono do caso piloto, que o tribunal, no julgamento de casos repetitivos, apenas fixe a tese jurídica aplicável aos processos pendentes e futuros – hipótese em que se adota o sistema da causa-modelo" (DIDIER JR., Fredie; CUNHA, Leonardo Carneiro da. Recursos contra decisão proferida em incidente de resolução de demandas repetitivas que

vertente não deixa, porém, de registrar a estranheza da solução, pois "contraria a regra básica e secular de que o acessório segue o principal"[162], e "lembra a figura da alma sem corpo"[163].

4.2 Da desnecessidade de causa ou recurso pendente no tribunal

A corrente doutrinária[164] que entende ser dispensável a pendência de uma causa ou de um recurso no tribunal para julgar o IRDR é tão farta e respeitável quanto a primeira, e também apresenta variedade de argumentos[165].

---

apenas fixa a tese jurídica. In: DIDIER JR., Fredie; CUNHA, Leonardo Carneiro da. *Julgamentos de Casos Repetitivos*. Salvador: Juspodivm, 2017, p. 320).

162. "Independentemente de todos esses problemas de interpretação, e dos esforços hermenêuticos para otimizar sua aplicação no caso concreto, o *ratio* da norma é clara: a desistência ou abandono, do processo ou do recurso, não pode ser capaz de evitar que o tribunal fixe a tese jurídica. E mesmo sendo omisso o dispositivo legal, o mesmo ocorre com a transação, que será homologada resolvendo-se o processo no caso concreto, mas não impedirá o julgamento do IRDR. Afirma-se que o interesse público no bom funcionamento do instituto, capaz de gerar segurança jurídica, previsibilidade e isonomia, justifica o julgamento do incidente, com a fixação da tese, mesmo com o processo do qual se originou tal incidente já tendo sido extinto. Trata -se, entretanto, de situação bastante singular, que contraria a regra básica e secular de que o acessório segue o principal " (NEVES, Daniel Amorim Assumpção. *Manual de direito processual civil*. 8. ed. Salvador: Juspodivm, 2016, p. 1.418).

163. A sobrevivência de um incidente com o processo de onde ele se originou extinto, lembra a figura da alma sem corpo. Ainda que a regra se preste para evitar manobra de partes interessadas em evitar a fixação de tese jurídica contrária a seus interesses, com a consequente criação de um precedente com eficácia vinculante, não deixa de causar estranheza" (NEVES, Daniel Amorim Assumpção. *Manual de direito processual civil*. 8. ed. Salvador: Juspodivm, 2016, p. 1.418).

164. "Com efeito, o tribunal pode enfrentar o incidente de resolução de demandas repetitivas antes que o recurso tenha provocado a devolução de competência para rejulgamento da causa em segundo grau, como pode fazê-lo em relação a recurso ou causa de competência originária já em tramitação. No primeiro caso, o processo causador do incidente fica suspenso no juízo originário, no aguardo do pronunciamento do tribunal, que se restringirá à definição da tese de direito a ser posteriormente aplicada nos julgamentos de todas as demandas que versem sobre a mesma questão. O tribunal, portanto, não avança até a solução das causas ainda não resolvidas nos juízos de primeiro grau. Esse julgamento permanecerá sob a competência do juiz originário da causa (NCPC, art. 985). Quando, porém, o recurso, a remessa necessária ou o processo de competência originária já se encontrarem em andamento na instância superior, o tribunal ao decidir o incidente julgará também a causa que lhe deu origem (art. 978, parágrafo único). (...) "O pedido de instauração do incidente é endereçado ao Presidente do Tribunal sob cuja jurisdição corra o processo, seja de forma recursal ou originária. No caso de competência recursal, não é preciso que o processo já se ache transitando pelo tribunal, nem se exige que algum recurso já tenha sido interposto. O incidente é cabível mesmo que o processo se ache sob a direção do juiz de primeiro grau, durante deu trâmite normal" (THEODORO JR., Humberto. Regime das demandas repetitivas no novo Código de Processo Civil. In: DIDIER JR., Fredie (coord. Geral); MACÊDO, Lucas Buril de; PEIXOTO, Ravi; FREIRE, Alexandre (org.). *Processo nos tribunais e meios de impugnação das decisões judiciais*. Salvador: Juspodivm, 2016, p. 430-431). "O incidente de resolução de demandas repetitivas pode e, o que mais importa, deve ser instaurado diretamente no tribunal, ou seja, *per saltum*, existindo multiplicidade de processos em primeiro grau, controvertendo a 'mesma questão unicamente de direito (...)' (art. 976, I)" (ASSIS, Araken. *Manual dos Recursos*. 8. ed. São Paulo: Revista dos Tribunais, 2016, p. 458). "Segundo pensamos, não é necessário que haja processo pendente no tribunal, que verse sobre a questão (...). A existência de processo (ou processos) no tribunal que versem sobre a questão, no entanto, poderá ser sintoma de que os pressupostos referidos na lei para que se admita o incidente encontram-se presentes. (...) "O incidente emerge de processos que se repetem, mas não faz com que se desloque algum processo para o tribunal. De muitos processos, identifica-se controvérsia sobre a

O primeiro ponto destacado é, na verdade, um contra-argumento à primeira corrente, que baseia seu entendimento, entre outras coisas, na redação do parágrafo único do art. 978 do Código de Processo Civil[166]. Considerando, contudo, que a redação desse dispositivo resultou do acolhimento de uma emenda apresentada quando o projeto voltou ao Senado, e que o novo texto foi aprovado sem passar por revisão da Câmara dos Deputados, padeceria, então, de inconstitucionalidade formal, por violar o art. 65 da Constituição de 1988[167]. Os autores

---

mesma questão de direito, e é a resolução dessa questão de direito o objeto do incidente. Não há, pois, uma causa ou recurso selecionado para julgamento, a ser remetido ao tribunal, enquanto os demais ficam sobrestados (tal como ocorre com o recurso especial, no regime previsto no art. 1.036, § 1º, do CPC/2015)" (MEDINA, José Miguel Garcia. *Novo Código de Processo Civil Comentado*. 4. ed. São Paulo: Revista dos Tribunais, 2016, p. 1.415). "(...) parece-me correto afirmar que o incidente de resolução de demandas repetitivas, com a feição que lhe deu o CPC de 2015, acabou se conformando com o caráter preventivo que o Anteprojeto e o Projeto do Senado lhe davam. (...) No CPC de 2015, contudo – e esta é a razão que acima anunciei –, nada há de similar à exigência do Projeto da Câmara (o preceituado § 2º do art. 988 daquele Projeto) sobre o incidente somente poder ser suscitado na pendência de qualquer causa de competência do tribunal. Destarte, a conclusão a ser alcançada é a de que o incidente pode ser instaurado no âmbito do Tribunal independentemente de processos de sua competência originária ou recursos terem chegado a ele, sendo bastante, consequentemente, que 'a efetiva repetição de processos que contenham controvérsia sobre a mesma questão unicamente de direito" seja constatada na primeira instância" (BUENO, Cassio Scarpinella. *Curso sistematizado de direito processual civil*. 2. ed. São Paulo: Saraiva, 2016, p. 636). "Apontamos, em estudo anterior, argumentos favoráveis e contrários a ambas as posições, e, com o respeito às posições divergentes, pensamos que o melhor entendimento acerca da questão é o que permite a instauração do incidente sem que haja, necessariamente, causa pendente de julgamento no tribunal. (...) Ora, embora não sejamos adeptos da tendência de buscar a "vontade do legislador" para compreender o sentido da lei, parece incoerente continuar defendendo a existência de um requisito que foi clara e expressamente retirado da versão aprovada e sancionada" (TEMER, Sofia Orberg. *Incidente de resolução de demandas repetitivas*. 3. ed. Salvador: Juspodivm, 2018, p. 109).

165. "*Argumentos favoráveis a primeira posição: i) a literalidade do art. 977, I, permite a instauração do IRDR por provocação do juiz); ii) a possibilidade de instauração no primeiro grau seria uma característica importante do IRDR, para evitar a multiplicação de demandas, conforme constou no parecer 958 do Senado Federal; argumentos favoráveis à segunda posição: i) a criação de competência originária dos tribunais por lei infraconstitucional viola a CF e, ii) admitida a instauração em primeiro grau haverá risco de ausência de amadurecimento e debate da questão para se alcançar uma padronização decisória excelente*" (MENDES, Aluísio Gonçalves de Castro; TEMER, Sofia. O incidente de resolução de demandas repetitivas e o novo Código de Processo Civil. In: DIDIER JR., Fredie (coord. Geral); MACÊDO, Lucas Buril de; PEIXOTO, Ravi; FREIRE, Alexandre (org.). *Processo nos tribunais e meios de impugnação das decisões judiciais*. Salvador: Juspodivm, 2016, p. 325-326 – grifos nossos).

166. "Parte da doutrina funda a defesa da tese restritiva, no sentido de que o IRDR somente poderia ser suscitado se houvessem processos já tramitando no tribunal e apenas a partir destes, com fulcro na regra enunciada no parágrafo único do art. 978 do Código de Processo Civil. Como este dispositivo estabelece que o órgão colegiado incumbido de julgar o incidente e de fixar a tese jurídica julgará igualmente o recurso, a remessa necessária ou o processo de competência originária, de onde foi suscitado o IRDR, defende-se a indispensabilidade da presença destes no tribunal, não apenas no momento do julgamento, mas da sua provocação" (MENDES, Aluísio Gonçalves de Castro. *Incidente de Resolução de Demandas Repetitivas*: sistematização, análise e interpretação do instituto processual. Rio de Janeiro: Forense, 2017, p.120).

167. "O parágrafo único do art. 978 já foi objeto de comentário inicial, por ocasião da análise do processo legislativo, ressaltando-se que a sua redação, e sentido, não se faziam presentes em nenhuma das versões aprovadas inicialmente no Senado Federal ou na Câmara dos Deputados. Portanto, estaria formalmente contaminada pelo vício de inconstitucionalidade, em afronta ao disposto no art. 65 da Magna Carta, pois teria havido clara inovação no texto submetido unicamente à votação final e promulgação. Em acréscimo, a regra parece conter também vício material, por invadir a competência

alegam também que essa norma estabelece uma prevenção para o julgamento da causa, não um requisito para interposição do IRDR[168].

Outrossim, sendo o IRDR um procedimento novo e criado, especialmente, para solucionar, com segurança, grande quantidade de processos que contemplem uma mesma questão de direito, a competência dos tribunais de segunda instância torna o procedimento ainda mais dinâmico, aproximando-o de seus ob-

---

legislativa interna privativa dos tribunais, para dispor sobre a competência e o funcionamento dos respectivos órgãos jurisdicionais, nos termos do art. 96, inciso I, alínea *a*, da Constituição da República. Por último, ainda que a norma não estivesse contaminada pelos vícios supramencionados, restaria ainda a análise do seu conteúdo, sentido e alcance. Parece ser evidente que se trata de uma norma de prevenção, provavelmente motivada pelo desejo de que a aplicação da tese em concreto seja realizada com a devida fidelidade, o que seria garantido, ou mais provável, se o mesmo órgão judicial realizar também o julgamento, em sede de competência recursal ou originária, do(s) processo(s) de onde se originou o IRDR. (...) O importante, contudo, parece ser que a existência eventual de uma regra de prevenção, no caso, não teria o condão de levar à conclusão de que apenas os processos em tramitação no tribunal poderiam ensejar a instauração do IRDR. Mas, sim, que naqueles instaurados a partir de processos em tramitação no tribunal, o órgão competente julgaria a tese e a causa em concreto, estabelecendo-se, assim, *vis attractiva* para a prevenção. Os demais aspectos relacionados à competência, no sentido desta prevenção, serão apreciados no capítulo pertinente" (MENDES, Aluísio Gonçalves de Castro. *Incidente de Resolução de Demandas Repetitivas*: sistematização, análise e interpretação do instituto processual. Rio de Janeiro: Forense, 2017, p. 120-121).

168. "Verdade que o novo CPC não foi claro no tocante à questão de saber se um dado processo, no universo das demandas replicadas, já precisaria estar em trâmite no tribunal, para que operasse como *incubador* do IRDR, hipótese essa que pareceria respaldada pelo parágrafo único do art. 978, ao dizer que o "órgão colegiado incumbido de julgar o incidente e de fixar a tese jurídica julgará igualmente o recurso, a remessa necessária ou o processo de competência originária de onde se originou o incidente", sugerindo, *à primeira vista*, que uma causa, envolvendo uma dada *quaestio iuris* com aptidão para reproduzir-se em muitos processos, já precisaria estar em trâmite no tribunal. Todavia, a interpretação sistemática, em simetria com a racionalidade e a praticidade esperadas do citado incidente, induz exegese diversa: o parágrafo único do art. 978, em verdade, busca tornar *prevento* o órgão fracionário que julgou o IRDR, por modo a garantir que àquele órgão venham depois encaminhados o recurso, a remessa necessária ou a causa de competência originária derivados daquele processo-raiz, exegese que parece respaldada pela *ratio* contida no parágrafo único do art. 930 do CPC/2015: "O primeiro recurso protocolado no tribunal tornará prevento o relator para eventual recurso subsequente interposto no mesmo processo ou em processo conexo". Afinal, como acertadamente argumentam Luiz Guilherme Marinoni *et al.*, "seria um disparate imaginar que, só depois que a questão já estivesse submetida à análise do tribunal - e, portanto, que tivesse tramitado longamente em 1º grau - é que o incidente poderia ser instaurado". Esse, de resto, o entendimento alcançado no Seminário "O Poder Judiciário e o novo Código de Processo Civil", realizado em 2015 sob os auspícios da Escola Nacional de Formação e Aperfeiçoamento de Magistrados - Enfam, assentado no Enunciado nº 22: "A instauração do IRDR não pressupõe a existência de processo pendente no respectivo tribunal" (MANCUSO, Rodolfo de Camargo. *Incidente de resolução de demandas repetitivas*: a luta contra a dispersão jurisprudencial excessiva. São Paulo: Revista dos Tribunais, 2016, p.188-189). "Ademais, a atribuição de competência originária para julgamento integral em incidente (como causa-piloto e desprovido da cisão cognitiva), sem previsão constitucional, poderia gerar impugnações decorrentes da avocação pelo tribunal de processos, além da patente inconstitucionalidade, sem olvidar o problema da suspensão de processos em primeiro grau em fase na qual a cognição estaria incipiente. Poder-se-ia enxergar no parágrafo único do art. 9785 a alusão de se tratar de causa-piloto; no entanto, o que a norma dimensiona é uma regra de competência e de prevenção para julgamento de todos os casos afetados" (NUNES, Dierle. Incidente de resolução de demandas repetitivas. *Revista Brasileira de Direito Processual*, v. 24, n. 93, p. 51/62, jan./mar. 2016, p. 52).

jetivos[169]. Ao reconhecer o caráter de novidade do incidente[170], a doutrina afasta as normas típicas do julgamento dos recursos repetitivos[171] e alega que o tal requisito não foi listado nos incisos do art. 976 do Código de Processo Civil.

Assim, independente do reconhecimento da inconstitucionalidade formal do parágrafo único do art. 978 do Código de Processo Civil, não há como interpretá-lo como um requisito para interposição e processamento do incidente[172],

---

169. A doutrina já apontava a necessidade do estabelecimento de mecanismos que propiciassem maior economia e segurança jurídica no âmbito de todo o Poder Judiciário e não apenas na esfera dos tribunais superiores. Por isso, a adoção de um instrumento que somente pudesse ser acionado quando os processos já tivessem alcançado os tribunais de segundo grau seria limitado quanto ao seu alcance e resultado. O risco seria grande se houvesse a limitação pretendida na versão aprovada na Câmara dos Deputados. Isso porque haveria um requisito necessário, que poderia retardar a instauração do IRDR, a ponto de comprometer os seus objetivos. Ressalte-se que o novo procedimento se faz eficiente se for instaurado, processado e julgado dentro de um tempo razoável. Do contrário, poderá se prolongar uma situação patológica de quantidades imensas de processos suspensos indefinidamente, gerando instabilidade e descrédito em relação à prestação jurisdicional. (MENDES, Aluísio Gonçalves de Castro. *Incidente de Resolução de Demandas Repetitivas*: sistematização, análise e interpretação do instituto processual. Rio de Janeiro: Forense, 2017, p.123).

170. *Contudo, a versão final do Novo Código de Processo Civil não mais aludiu a tal requisito, de maneira expressa, e o fez, segundo se entende, de maneira adequada. Isso porque, repita-se, está-se diante de uma nova técnica de julgamento de causas repetitivas. Não se mostra necessário que já tenha sido encaminhado algum recurso ao Tribunal, que poderá conhecer, diretamente da matéria, desde que reconheça a presença concomitante dos requisitos a que alude o artigo 973, incisos I e II do Novo Código de Processo Civil (cfr. Item 3.1, infra). O novel diploma processual fixou a competência das Cortes de segundo grau para julgar o incidente e é isso o que basta. Até porque, trata-se de julgamento per saltum, única e exclusivamente para que seja fixada a tese a ser aplicada aos processos repetitivos, quer eles estejam em segunda instância, ou mesmo que ainda tramitem na origem, em primeiro grau"* (OLIVEIRA, Guilherme José Braz de. Nova técnica de julgamento de casos repetitivos à luz do novo Código de Processo Civil. Tese (Doutorado em Direito Processual). Faculdade de Direito da Universidade de São Paulo, São Paulo, 2015, p. 72 – grifos nossos).

171. *"Diferentemente dos recursos repetitivos, o modelo adotado pelo NCPC para IRDR é híbrido ou misto. Há um pouco de ambos os modelos mencionados. O IRDR aproxima-se do modelo de julgamento da causas--piloto quando o ordenamento jurídico brasileiro exige a pendência de causa no tribunal para sua instauração e julgamento. (...) Acontece que, de forma oposta àquela que ocorre com os recursos repetitivos, o NCPC estabeleceu um desmembramento no julgamento do IRDR e da causa pendente. Não se verifica uma unidade decisória, como acontece no regime jurídico dos recursos repetitivos. (...) o parágrafo único do art. 978 do NCPC em nenhum momento estabeleceu a necessidade de julgamento conjunto do IRDR com de causa pendente. O dispositivo mencionado apenas estabeleceu que o órgão colegiado encarregado do julgamento do incidente também tem competência para resolver a causa de onde se originou o incidente. O próprio dispositivo deixa claro que há um desmembramento de julgamento ao dizer que o órgão colegiado incumbido de julgar o incidente julgará igualmente a causa pendente. 'Julgar igualmente' não é o mesmo que 'julgar simultaneamente'"* (CAVALCANTI, Marcos de Araújo. *Incidente de resolução de demandas repetitivas (IRDR)*. São Paulo: Revista dos Tribunais, 2016, p. 227-228).

172. "O texto dos arts. 976 a 987, que correspondem ao Capítulo VIII do Título I do Livro III da Parte Especial, não encontra correspondência exata no Projeto do Senado nem no da Câmara. A redação de cada um daqueles dispositivos, com efeito, foi bastante alterada na derradeira etapa do processo legislativo. Nisto não decorre, contudo, automática violação ao art. 65, parágrafo único, da CF, na medida em que seja possível encontrar as regras correspondentes nos trabalhos legislativos. (...) O prezado leitor poderá afirmar que a nova redação do texto final (art. 976, I) e a supressão do referido § 2º do art. 988 do Projeto da Câmara acabou criando nova regra, que não encontra similar no Projeto do Senado nem no da Câmara. Por isso, é a voz do mesmo prezado leitor que ouço, a hipótese é de violação ao art. 65, parágrafo único, da CF e, portanto, de inconstitucionalidade formal. A conclusão é correta na perspectiva textual. Não necessariamente, e esta perspectiva é a que mais importa, naquilo que, fosse

mesmo porque o IRDR pode ser interposto pelo juiz que atua na primeira instância, como bem destacou Araken de Assis[173].

Lembram os doutrinadores que o duplo grau de jurisdição não é uma garantia fundamental do ordenamento jurídico brasileiro[174] e, mesmo que o fosse, ela não é violada pela ausência de um processo em segunda instância. No IRDR, não há julgamento de causa, mas apenas da tese, de modo que o mérito continuará na competência do magistrado de primeira instância[175], pois o processo fica suspenso até o resultado do julgamento do incidente[176].

---

convertido em lei o Projeto do Senado ou da Câmara, poderia ser extraído de cada um deles, isto é, de sua interpretação. Por esta razão, parece-me mais apropriado, ao menos por ora, negar a ocorrência de qualquer vício no processo legislativo nesse particular, entendendo que a instauração contenta-se com a efetiva existência de processos 'repetitivos' na primeira instância. Algo similar ao que se dá para as 'ações declaratórias de constitucionalidade', consoante exigência feita pelo inciso III do art. 14 da Lei n. 9.868/1999, e que, já era possível de ser extraído do Projeto do Senado" (BUENO, Cassio Scarpinella. *Curso sistematizado de direito processual civil.* 2. ed. São Paulo: Saraiva, 2016, p. 635-637).

173. "Ao legitimar o juiz, o art. 977, I, deixa claro que, por vezes, o incidente se originará da pendência de causas repetitivas no primeiro grau" (ASSIS, Araken. *Manual dos Recursos.* 8. ed., São Paulo: Revista dos Tribunais, 2016, p. 462).

174. "Outra crítica que poderia ser feita ao Projeto diz respeito ao fato da decisão ser tomada em primeiro lugar pelo tribunal, com supressão de instância, portanto, e em detrimento dos juízes de primeira instância, os quais possuem, naturalmente, maior proximidade com as partes e, por tal razão, detém melhores condições de avaliar as provas. Cabe lembrar, contudo, que o duplo grau em ações cíveis não consiste em garantia fundamental em nosso ordenamento. Demais disso, repise-se que ao tribunal somente e dado conhecer da questão de direito central subjacente a causa-piloto, sendo certo que, após a fixação da tese, os juízes de primeira instância terão poder decisório quanto a todos os demais aspectos das ações semelhantes que haviam sido suspensas" (MENDES, Aluísio Gonçalves de Castro; RODRIGUES, Roberto de Aragão Ribeiro. Reflexões sobre o incidente de resolução de demandas repetitivas previsto no projeto de novo Código de Processo Civil. *Revista de Processo,* v. 37, n. 211, p. 191-208, set./2012, p. 201).

175. Esta premissa pode ser relevante para afastar algumas das objeções quanto à constitucionalidade, notadamente em relação à perpetuação da jurisdição e ao juiz natural, porque não haverá propriamente deslocamento de competência para apreciação da *demanda.*Com efeito, sendo a perpetuação da jurisdição (que determina a inalterabilidade da competência - art. 43 do CPC/2015) um dos efeitos da litispendência (pendência da lide), ou seja, da propositura da demanda, seria possível afirmar que não haveria ofensa a tal princípio, porque a lide (ou a demanda) continuará pendente perante o juízo originário, não havendo propriamente alteração de competência para o julgamento. A *demanda* será julgada perante o juízo definido no momento de sua propositura" (TEMER, Sofia Orberg. *Incidente de resolução de demandas repetitivas.* 3. ed. Salvador: Juspodivm, 2018, p. 114).

176. "*De mais a mais, não há qualquer violação à promessa do duplo grau de jurisdição, por dois motivos básicos. A uma, porque o Tribunal irá se pronunciar apenas quanto à tese fixada, ou seja, está-se diante de um julgamento de natureza objetiva (cfr. Item 6.1, infra). A duas, porque após ter sido explicitada essa mesma tese, o processo suspenso – no qual foi solicitado ou suscitado o incidente, e todos os demais que guardem similitude – voltarão a ser julgados, normalmente, para aplicação do precedente. E esse verdadeiro julgamento poderá ter lugar tanto em primeira quanto em segunda instâncias. Entende-se, portanto, que a redação conferida ao artigo 973, fixando apenas dois requisitos de admissibilidade (cfr. Incisos I e II) para viabilizar a instauração do incidente de resolução de demandas repetitivas afigura-se a mais acertada, superando o quanto previa o Projeto do Novo Código de Processo Civil, na versão Câmara. Adorou-se, nesse ponto, a redação que já vinha do Anteprojeto e que fora, também, aprovada no Senado Federal*" (OLIVEIRA, Guilherme José Braz de. Nova técnica de julgamento de casos repetitivos à luz do novo Código de Processo Civil. Tese (Doutorado em Direito Processual). Faculdade de Direito da Universidade de São Paulo, São Paulo, 2015, p. 73-74 – grifos nossos).

O problema da (in)constitucionalidade da atribuição de competência aos tribunais de segunda instância para julgamento de uma ação originária, ou até mesmo de um incidente, consiste em uma das divergências mais polêmicas entre as duas correntes.

Os doutrinadores que não vislumbram a exigência de uma causa pendente entre os requisitos do incidente afirmam que não há inconstitucionalidade no julgamento da questão pelos tribunais estaduais e regionais federais, porque a competência deles não é matéria constitucional[177]. Tanto não é que há inúmeros exemplos de atribuição de competência aos tribunais por legislação ordinária que nunca foram considerados inconstitucionais, como o julgamento *per saltum* previsto no § 3º do art. 515 do Código de Processo Civil de 1973 e ampliado pelos §§ 3º e 4º do art. 1.013 do novo diploma processual[178]; os incidentes de suspeição e impedimento e de suspensão de segurança, e o desaforamento no processo penal; a reclamação para tribunais regionais[179] e a ampliação dos incidentes de uniformização de jurisprudência no âmbito dos juizados especiais[180].

177. "O primeiro argumento seria de que os tribunais de segundo grau teriam a sua competência fixada em normas constitucionais, ou seja, no art. 108 da Constituição da República, para os Tribunais Regionais Federais, e nas Constituições Estaduais, por força da determinação contida no § 1 ° do art. 125 da Magna Carta. Portanto, o Incidente de Resolução de Demandas Repetitivas, ou cláusula geral que pudesse abarcar esta possibilidade, deveria estar expressamente arrolado nos respectivos textos constitucionais. Invoca-se ainda que a natureza incidental não afastaria a necessidade de previsão constitucional expressa, pois mesmo nestas hipóteses a Carta Federal teve a preocupação de arrolar a competência dos tribunais, como nos conflitos de competência entre juízes, cuja competência para os TRFs foi fixada no art. 108, inciso I, alínea *e*. (...) Em primeiro lugar, o de que a competência dos tribunais de segundo grau não é matéria constitucional. Poderia ser considerada como matéria constitucional, no máximo, a organização e a competência do Supremo Tribunal Federal. No âmbito dos tribunais superiores, nem todos possuem a discriminação da sua competência na Constituição da República. No caso dos Tribunais Superiores do Trabalho, Eleitoral e Militar, a competência é fixada pelo legislador infraconstitucional. A competência do Superior Tribunal de Justiça, de fato, é fixada na Constituição da República" (MENDES, Aluísio Gonçalves de Castro. *Incidente de Resolução de Demandas Repetitivas*: sistematização, análise e interpretação do instituto processual. Rio de Janeiro: Forense, 2017, p. 117).

178. "O argumento formal que nega a competência dos tribunais para o IRDR parece também não atentar para a existência de outras hipóteses, além do incidente de impedimento ou de suspeição do juiz, nas quais, de longa data, os tribunais de segundo grau passaram a receber atribuições delimitadas pela legislação infraconstitucional, em especial pelo próprio Código de Processo Civil. É o que ocorre, por exemplo, no julgamento *per saltum,* introduzido inicialmente no § 3° do art. 515 do CPC-1973, a partir da Lei n° 10.352, de 26.12.2001, e ampliado no CPC-2015, nos termos do art. 1.013, §§ 3° e 4°. São hipóteses em que, a rigor, o tribunal estará julgando o mérito da causa, sem que tenha havido o arrolamento expresso deste procedimento na listada competência fixada constitucionalmente" (MENDES, Aluísio Gonçalves de Castro. *Incidente de Resolução de Demandas Repetitivas*: sistematização, análise e interpretação do instituto processual. Rio de Janeiro: Forense, 2017, p. 119).

179. "É que há, em nosso sistema, alguns outros institutos, previstos por legislação infraconstitucional e manejados sem muito alarde há bastante tempo, que não encontram fundamento (ao menos não claramente) nas atribuições constitucionais dos tribunais de segundo grau. Com efeito, parece não haver nas competências descritas na Constituição a autorização para que os tribunais julguem, por exemplo, o incidente de suspeição ou impedimento (art. 146 do CPC/2015). Também é o que parece ocorrer com o incidente de suspensão de segurança. Há, ainda, o instituto do desaforamento, próprio do processo penal (art. 427, CPP), julgado pelos tribunais, ainda que não haja na Constituição uma autorização clara quanto a esta competência. Mais a mais, a seguir este entendimento, também poder-se-ia cogitar

Defende-se, ainda, que há uma competência implícita dos tribunais estaduais e regionais para julgamento do incidente, uma vez que lhes cabe rever as decisões das instâncias inferiores, e a técnica de julgamento do IRDR apenas adianta essa atividade. Ou, de maneira mais simples: quem pode reformar, pode julgar[181], em analogia ao raciocínio de "quem pode o mais, pode o menos".

Um terceiro argumento decorre da proposta de uma visão menos formalista e mais prática do incidente, voltado para a promoção do acesso à justiça, da celeridade e da igualdade. Defende que o IRDR representa uma nova técnica de julgamento no ordenamento, por isso, não haveria como já estar previsto em outro diploma legal, mesmo de natureza constitucional[182].

---

a inconstitucionalidade da reclamação para os tribunais regionais, prevista clara e expressamente no CPC/2015 (art. 988, IV) e adotada como um dos institutos importantes para a efetividade do "sistema de precedentes" instituído no novo diploma processual, já que isso extrapolaria as competências previstas na CRFB" (TEMER, Sofia Orberg. *Incidente de resolução de demandas repetitivas*. 3. ed. Salvador: Juspodivm, 2018, p. 119-120).

180. "Entretanto, o legislador já estabeleceu, mediante norma ordinária, a ampliação desta competência, fixando o denominado Incidente de Uniformização da Jurisprudência dos Juizados Especiais Federais (JEFs), nos termos do art. 14, § 4º, da Lei nº 10.259, de 12.07.2001. De modo similar, também foi instituído o pedido de uniformização de interpretação de lei na esfera dos Juizados Especiais da Fazenda Pública, perante o Superior Tribunal de Justiça, na hipótese do art. 18, § 3º, da Lei nº 12.153, de 22.12.2009. Em ambas as hipóteses, os respectivos incidentes não estavam previstos expressamente no rol do art. 105 da Constituição da República e eram suscitados a partir do julgamento proferido por outros órgãos (Turma Nacional de Uniformização e Turmas Estaduais, respectivamente). Por sua vez, estes incidentes não foram declarados inconstitucionais, mas, pelo contrário, chancelados pelo Supremo Tribunal Federal, diante da necessidade de se preservar a segurança jurídica e da compatibilidade com as funções exercidas pelo Superior Tribunal de Justiça, justificando-se a utilização destes incidentes e da própria reclamação, em caráter excepcional, diante, na ocasião, da inexistência de procedimento semelhante no âmbito da Justiça Estadual" (MENDES, Aluísio Gonçalves de Castro. *Incidente de Resolução de Demandas Repetitivas*: sistematização, análise e interpretação do instituto processual. Rio de Janeiro: Forense, 2017, p. 117-118).

181. "Com efeito, parece pode ser possível extrair a competência para julgamento do IRDR de nosso sistema jurídico, como uma *competência implícita* dos tribunais, enquanto órgãos ordenados em nível superior aos juízos de primeiro grau, com o poder de revisão em relação às decisões inferiores (competência prevista, para os tribunais federais, no art. 108, II, da CRFB). Esta competência implícita estaria justificada constitucionalmente pela exigência de manter coerência e unidade na interpretação e aplicação do direito, e nos direitos fundamentais de isonomia e de segurança jurídica. Se os tribunais podem reformar as decisões dos juízos de primeiro grau, não poderiam definir, em antecipação, qual o entendimento sobre a questão de direito que será, ao final, adotado? Talvez seja possível extrair essa competência do desenho constitucional de nosso sistema judicial" (TEMER, Sofia Orberg. *Incidente de resolução de demandas repetitivas*. 3. ed. Salvador: Juspodivm, 2018, p. 119).

182. "Ressalte-se ainda que o Incidente de Resolução de Demandas Repetitivas é mecanismo processual completamente novo no ordenamento nacional. Portanto, as Constituições, Federal e Estaduais, não poderiam prever algo inexistente ao tempo das respectivas promulgações. Portanto, o Incidente de Resolução de Demandas Repetitivas deve ser visto sob uma ótica mais ampla e menos formalista, pois atende aos preceitos maiores da Constituição, especialmente o do acesso à justiça, da isonomia, da duração razoável dos processos, da economia processual e da segurança jurídica. As funções conferidas aos respectivos órgãos judiciais, no IRDR, por sua vez, estão em conformidade com a organização e com o sistema de competências estabelecidos na Carta Magna, dentro de uma concepção de uniformização regional ou estadual do Direito, encontrando o ápice nacional nos tribunais superiores. Longe de afrontar, o novel incidente encontra a sua fonte maior na Constituição de 1988, considerando que o acesso à justiça, previsto no

São esses, pois, os fundamentos em defesa da desnecessidade de tramitação de uma causa ou da existência de um recurso no tribunal para que o IRDR possa ser instaurado e julgado.

5. CONCLUSÃO E POSICIONAMENTO

Embora o IRDR seja uma proposta de solução oferecida pela nova legislação processual[183], no contexto de instabilidade das decisões e altos índices de demanda, esse novo instrumento processual apresenta inúmeros desafios para a comunidade jurídica.

Os esforços empreendidos neste estudo pretendiam identificar a complexidade dos debates em torno do IRDR e, dentro dos limites de conhecimento e experiência do articulista, firmar algumas conclusões sobre o incidente. De uma forma especial, procurou-se investigar: i) a qual classe pertence o instituto: procedimento-modelo ou causa-piloto; e ii) se a tramitação de um processo ou um recurso no tribunal é requisito para a instauração do IRDR.

A primeira conclusão importante que deve ser destacada nesta oportunidade é a independência entre essas questões, o que ainda não parece muito claro para a doutrina. Não é raro fundamentar a necessidade de um processo no tribunal na afirmação de que o IRDR é uma causa-piloto ou, vice-versa, que tal requisito é dispensável por se tratar de um procedimento-modelo.

Contudo, uma análise mais detida do problema, a partir da comparação entre o IRDR e o *musterverfahren*, leva a concluir que a classificação de um procedimento como "causa-piloto" ou "procedimento-modelo" decorre, fundamentalmente, da cisão da cognição, isto é, da abstração da questão repetitiva e de seu julgamento independente em relação as demais questões processuais. Nessa perspectiva, foi possível, também, esclarecer a diferença entre a cisão de cognição e a dicotomia entre "questão de fato e questão de direito", evidenciando que elas se baseiam em critérios diversos e, por isso, não devem ser

inciso XXV, deve guardar sintonia com os valores inscritos no *caput* do art. 5°, a começar pela igualdade, considerando que se trata de um direito não apenas individual, mas coletivamente considerado, como enunciado no seu Capítulo I, do Título II, dos direitos e das garantias fundamentais" (MENDES, Aluísio Gonçalves de Castro. *Incidente de Resolução de Demandas Repetitivas*: sistematização, análise e interpretação do instituto processual. Rio de Janeiro: Forense, 2017, p.120).

183. "É notório o interesse público em jogo no incidente de resolução de demandas repetitivas, como se deduz de seus objetivos, ligados intimamente à política de perseguição do aprimoramento e racionalização da uniformização da jurisprudência e do aceleramento da prestação jurisdicional, gerando maior previsibilidade e confiança na interpretação e aplicação da lei" (THEODORO JR., Humberto. Incidente de resolução de demandas repetitivas. In: THEODORO JR., Humberto; OLIVEIRA, Fernanda Alvim de. REZENDE, Ester Camila Gomes Norato (Coord.). *Primeiras linhas sobre o novo direito processual civil brasileiro* (de acordo com o novo Código de Processo Civil, Lei 13.105, de 16 de março de 2015). Rio de Janeiro: Forense, 2015, p. 740 – grifos nossos).

confundidas, bem como o grau e o sentido de aproximação entre o procedimento brasileiro e o alemão.

Com efeito, pode-se alcançar uma resposta para a primeira pergunta: o IRDR é um procedimento-modelo, pois, conforme descrito no Código de Processo Civil, se vale da técnica de cisão da cognição.

Porém, considerando a independência entre as questões colocadas, uma resposta ainda é devida: o IRDR exige ou não a tramitação de uma causa ou recurso no tribunal?

Permeiam essa dúvida muitas outras questões, como a interpretação do parágrafo único do art. 978; a constitucionalidade dele e do próprio IRDR; a intenção do legislador e as nuances na tramitação do PLS 166/2010 nas casas legislativas; as preocupações com o objetivo do incidente e com a realização de sua finalidade; a conveniência de confiar o seu julgamento às cortes de justiça (tribunais de segunda instância); entre outras.

Embora o estudo do trâmite legislativo para elaboração da regra seja muito esclarecedor, não se pode perder de vista que o intérprete e aplicador do direito, leia-se os juízes, desembargadores, advogados, promotores, procuradores, devem trabalhar com o resultado dos debates legislativos, que é a lei. É preciso ter em mente o resultado do conjunto, e não apenas considerar a intenção do parlamentar ao apresentar uma proposta. O legislador não é o deputado ou o senador, mas uma ficção jurídica, a personificação de um poder de Estado que se exerce pela atividade dos parlamentares. Por isso, essa intenção deve ser investigada a partir do resultado do processo legislativo como um todo.

Houve muitas mudanças das disposições sobre o IRDR ao longo da tramitação do projeto legislativo que resultou no Código de Processo Civil, as quais já foram indicadas neste artigo. Cumpre apenas recordar que, na redação final, sobressaiu a concepção do Senado, que prestigiava o julgamento da questão repetitiva, e não da causa de mérito[184].

184. "Durante o processo legislativo, pode-se dizer que houve, de certo modo, uma controvérsia sobre a concepção adotada respectivamente nas versões aprovadas no Senado Federal e na Câmara dos Deputados. Esta divergência foi marcada especialmente pela abrangência do juiz como legitimado e se haveria a necessidade de se instaurar o Incidente de Resolução de Demandas Repetitivas a partir de processos que pudessem estar tramitando na primeira instância ou se apenas quando estivessem no tribunal, em razão de competência recursal ou originária. Esta dualidade de concepções, por vezes, era apresentada como se fosse o próprio objeto do IRDR, ou seja, se deveria ser julgada apenas a questão jurídica, com a formulação da respectiva tese, ou se também a respectiva causa em concreto. Em síntese, defende-se que o objeto do incidente seja (a) o julgamento apenas da questão jurídica, com a formulação simplesmente da tese jurídica; ou (b) do caso piloto, portanto do respectivo pedido. Como se pode constatar na análise do processo legislativo, o Senado Federal, em segundo turno, optou expressamente pela primeira concepção, ao excluir todos os dispositivos inseridos na Câmara dos Deputados, que exigiam a presença prévia de processo em tramitação perante o tribunal. A redação final, por sua vez, foi muito clara ao indicar um procedimento voltado para a questão de direito controvertida, no qual o conteúdo do acórdão abrangerá a análise de todos os fundamentos suscitados concernentes à tese jurídica discu-

Não se desconhece a diversidade dos métodos de interpretação, nem se propõe filiação a um positivismo estritamente legalista. Mas, os diversos métodos interpretativos que estão à disposição do jurista devem ser empregados e escolhidos de maneira não aleatória. Eles são organizados de forma tal que o ponto de partida é a interpretação gramatical.

Partindo da constatação de que dos requisitos para cabimento do IRDR estão no art. 976 do Código de Processo Civil de 2015; ao passo que a atribuição ao mesmo órgão julgador do IRDR para conhecimento e julgamento do recurso ou da causa está disposta no parágrafo único do art. 978, que trata de competência, considera-se que o tal parágrafo contenha norma dessa mesma natureza. Se requisito fosse, estaria no art. 976.

Outrossim, infere-se que o objeto de julgamento do IRDR é a questão jurídica unicamente de direito, e não uma demanda, ou seja, questão de mérito. E não se pode tomar a expressão "igualmente" (parágrafo único do art. 978) por "simultaneamente" (*caput* do art. 976). A escolha de expressões diferentes no texto legal não é mera coincidência.

O método lógico-sistemático demanda a análise de outros dispositivos legais que se relacionam com o procedimento do IRDR. A propósito, o parágrafo primeiro do art. 976 admite que o mérito do incidente seja examinado, mesmo que ocorra desistência ou abandono da causa. Na sequência, o parágrafo segundo atribui a titularidade do IRDR ao Ministério Público, nas hipóteses descritas anteriormente. Apesar de não tratar diretamente dos requisitos para a instauração do IRDR, essas normas coadunam um sistema que dispensa a tramitação conjunta de causa e tese.

Em termos históricos, as comparações empreendidas nos levam a compreender o IRDR como um procedimento novo, embora semelhante, em alguns aspectos, ao *musterverfahren* ou ao julgamento de recursos repetitivos. De mais a mais, as diferenças entre o IRDR e o recurso repetitivo não obstam a formação de um sistema de resolução de demandas repetitivas no direito brasileiro, porque nada impede que o mesmo sistema disponha de ferramentas distintas para alcançar objetivos semelhantes, mas em situações diferentes. Se o legislador pretendesse aplicar ao IRDR o mesmo procedimento de julgamento dos recursos repetitivos, bastaria ampliar a competência para julgá-lo aos tribunais de segunda instância.

---

tida. Julgado o incidente, a tese jurídica será aplicada a todos os processos individuais ou coletivos que versem sobre idêntica questão de direito e que tramitem na área de jurisdição do respectivo tribunal (e não apenas no próprio tribunal), inclusive àqueles que tramitem nos juizados especiais do respectivo estado ou região, bem como aos casos futuros que versem idêntica questão de direito e que venham a tramitar no território de competência do tribunal" (MENDES, Aluísio Gonçalves de Castro. *Incidente de Resolução de Demandas Repetitivas*: sistematização, análise e interpretação do instituto processual. Rio de Janeiro: Forense, 2017, p. 105-106).

As inconstitucionalidades apontadas por ambas as correntes de pensamento devem ser afastadas, a princípio, pois, até que sejam reconhecidas pelo Supremo Tribunal Federal no exercício do controle abstrato de constitucionalidade, presume-se que a lei seja constitucional[185]. O controle concreto da constitucionalidade depende de provocação do juiz, pois ele não pode, ao seu alvedrio, afastar a aplicação de uma norma por inconstitucionalidade de ofício, sem provocação das partes, e o efeito será restrito tão somente àquela demanda (*inter partes*).

No aspecto teleológico, é importante ter cautela e não subestimar a importância do equilíbrio jurídico, lembrado nas primeiras linhas deste artigo. O IRDR foi elaborado em um contexto no qual o Poder Judiciário recebe, a cada dia, mais e mais processos, dificultando-lhe a entrega de uma prestação jurisdicional em tempo aceitável. Porém, a adoção dessa ferramenta de resolução de demandas não significa que a segurança jurídica e a qualidade da fundamentação das decisões devam ser preteridas.

Sob esse viés, a dispensa de causa ou recurso no tribunal representa um fator de eficiência para o procedimento, sem necessariamente implicar em prejuízo para a qualidade da aplicação do direito. Mesmo porque a interposição do IRDR depende da efetiva repetição de processos, ou seja, a controvérsia deve ser concreta, o que denota um grau apropriado de sofisticação dos argumentos envolvidos.

Concluímos, com essas razões, que para a instauração e julgamento do IRDR não se exige que haja uma causa ou um recurso tramitando no tribunal.

Por fim, é apropriado destacar a relevância de estudos, debates e decisões fundamentadas e coerentes, voltadas para o desenvolvimento e melhor aplicação do IRDR, sob o risco de transformar em letra morta todo o esforço até então empreendido e perder a oportunidade de aperfeiçoar o sistema processual brasileiro e a qualidade da atividade do Poder Judiciário.

Isso não implica depositar no incidente todas as esperanças de progresso ou solução dos problemas jurídicos de nosso tempo. Já foi ressaltada a importância do equilíbrio para o direito e, a essa altura de nosso desenvolvimento, não é mais admissível confundir liberdade de decisão com discricionariedade, ou segurança jurídica com uma camisa de força, como já afirmou José Carlos Barbosa Moreira[186].

---

185. MENDES, Gilmar. *Curso de Direito Constitucional*. 10. ed. São Paulo: Saraiva, 2015, p. 97.

186. "Não se trata, nem seria concebível que se tratasse, de impor aos órgãos judicantes uma camisa-de- força, que lhes tolhesse o movimento em direção a novas maneiras de entender as regras jurídicas, sempre que a anteriormente adotada já não corresponda às necessidades cambiantes do convívio social. Trata-se, pura e simplesmente, de evitar, na medida do possível, que a sorte dos litigantes e afinal a própria unidade do sistema jurídico vigente fiquem na dependência exclusiva da distribuição do feito ou do recurso a este ou àquele órgão" (BARBOSA MOREIRA, José Carlos. *Comentários ao Código de Processo Civil*. 14. ed. Rio de Janeiro: Forense, v. 5, 2008, p. 5).

E, nesta medida, concordamos com Rolf Stürner, no sentido de que a qualidade e a dedicação dos aplicadores do direito são imprescindíveis, pois "uma racionalidade pragmática dos magistrados pode conduzir a resultados superiores"[187].

6. REFERÊNCIAS BIBLIOGRÁFICAS

ABBOUD, Georges; CAVALCANTI, Marcos de Araújo. Inconstitucionalidades do Incidente de Resolução de Demandas Repetitivas (IRDR) e os riscos ao sistema decisório. *Revista de Processo*, v. 40, n. 240, p. 221-242, fev./2015.

ALMEIDA, Gustavo Milaré. O incidente de resolução de demandas repetitivas e o trato da litigiosidade coletiva. In: DIDIER JR., Fredie (coord. Geral); MACÊDO, Lucas Buril de; PEIXOTO, Ravi; FREIRE, Alexandre (org.). *Processo nos tribunais e meios de impugnação das decisões judiciais.* Salvador: Juspodivm, 2016.

ALMENDRA, Matheus Leite. Incidente de resolução de demandas repetitivas: desmistificando a sua influência e o tema da suspensão de processos em razão de sua admissibilidade. *Revista de Processo*, v. 281, ano 43, p. 337-365, jul./2018.

AMARAL, Guilherme Rizzo. Efetividade, segurança, massificação e a proposta de um "Incidente de Resolução de Demandas Repetitivas". *Revista de Processo*, v. 36, n. 196, p. 237-275, jun./2011.

ASSIS, Araken. *Manual dos Recursos*. 8. ed. São Paulo: Revista dos Tribunais, 2016.

BARBOSA MOREIRA, José Carlos. *Comentários ao Código de Processo Civil*. 14. ed. Rio de Janeiro: Forense, 2008. v. 5.

BASTOS, Antonio Adonias Aguiar. Dever de enfrentamento do precedente editado num Incidente de Resolução de Demandas Repetitivas (IRDR) para o julgamento de outro IRDR. *Revista Brasileira de Direito Processual*, ano 26, n. 103, p. 43-62, jul./set. 2018.

BRASIL. Congresso Nacional. Senado Federal. Comissão de Juristas responsável pela elaboração do Anteprojeto do Código de Processo Civil. Código de Processo Civil: anteprojeto. Brasília: Senado Federal, 2010.

BUENO, Cassio Scarpinella. *Curso sistematizado de direito processual civil*. 2. ed. São Paulo: Saraiva, 2016.

CABRAL, Antonio do Passo. A escolha da causa-piloto nos incidentes de resolução de processos repetitivos. *Revista de Processo,* v. 39, n. 231, p. 201-223, mai./2014.

CABRAL, Antonio do Passo. O novo procedimento-modelo (*musterverfahren*) alemão: uma alternativa às ações coletivas. *Revista de Processo*, ano 32, n. 147, p. 123-146, mai./2007.

CABRAL, Antonio do Passo; CRAMER, Ronaldo. *Comentários ao novo Código de Processo Civil*. Rio de Janeiro: Forense, 2015.

CAMBI, Eduardo; FOGAÇA, Mateus Vargas. Incidente de Resolução de Demandas Repetitivas no Novo Código de Processo Civil. In: DIDIER JR., Fredie (coord. Geral); MACÊDO, Lucas Buril de; PEIXOTO, Ravi; FREIRE, Alexandre (org.). *Processo nos tribunais e meios de impugnação das decisões judiciais.* Salvador: Juspodivm, 2016.

187. "Os acórdãos-modelo dos tribunais superiores para uma série de casos semelhantes é – como já indicado – uma instituição com uma expectativa de sucesso muito incerta. Em última análise, a observância dos acórdãos dos tribunais superiores depende sempre do conhecimento e do raciocínio dos juízes. Não se pode esconder certo ceticismo em relação às perspectivas de êxito. Processos-modelo têm um efeito muitas vezes retardante, e os casos individuais diferenciam-se frequentemente do modelo. Uma racionalidade pragmática dos magistrados pode conduzir a resultados superiores" (STÜRNER, Rolf. Sobre as reformas recentes no direito alemão e alguns pontos em comum com o projeto brasileiro para um novo código de processo civil. *Revista de Processo,* v. 36, n. 193, p. 355-372, mar./2011, p. 369).

CÂMARA, Alexandre Freitas. *O novo processo civil brasileiro*. 3. ed. São Paulo: Atlas, 2017.

CAPONI, Remo. Modelo europeu de tutela coletiva no processo civil: comparação entre a experiência alemã e italiana. *Revista de Processo*, v. 36, n. 200, p. 235-269, out./2011.

CAVALCANTI, Marcos de Araújo. *Incidente de resolução de demandas repetitivas (IRDR)*. São Paulo: Revista dos Tribunais, 2016.

CAVALCANTI, Marcos de Araújo. A falta de controle judicial da adequação da representatividade no incidente de resolução de demandas repetitivas (IRDR). In: DIDIER JR., Fredie (coord. Geral); MACÊDO, Lucas Buril de; PEIXOTO, Ravi; FREIRE, Alexandre (org.). *Processo nos tribunais e meios de impugnação das decisões judiciais.* Salvador: Juspodivm, 2016.

DIDIER JR., Fredie. *Curso de direito processual civil*: introdução ao direito processual civil, parte geral e processo de conhecimento. 18. ed. Salvador: Juspodivm, 2016.

DIDIER JR., Fredie. Sistema brasileiro de precedentes judiciais obrigatórios e deveres institucionais dos tribunais: uniformidade, estabilidade, integridade e coerência da jurisprudência. *Revista do Ministério Público do Rio de Janeiro*, n. 64, p. 135-147, abr./jun. 2017.

DIDIER JR., Fredie; CUNHA, Leonardo Carneiro da. *Curso de direito processual civil*: meios de impugnação às decisões judiciais e processo nos tribunais. 16. ed. Salvador: Juspodivm, 2019.

DIDIER JR., Fredie; CUNHA, Leonardo Carneiro da. Recursos contra decisão proferida em incidente de resolução de demandas repetitivas que apenas fixa a tese jurídica. In: DIDIER JR., Fredie; CUNHA, Leonardo Carneiro da. *Julgamentos de Casos Repetitivos*. Salvador: Juspodivm, 2017.

DIDIER JR., Fredie; TALAMINI, Eduardo; NUNES, Dierle; CREMASCO, Suzana; FRANÇA, Marina; JAYME, Fernando. *Carta de Belo Horizonte:* Enunciados do Fórum Permanente de Processualistas Civis. Salvador: Juspodivm, 2015.

DIDIER JR., Fredie; TEMER, Sofia. A decisão de organização do incidente de resolução de demandas repetitivas: importância, conteúdo e o papel do Regimento Interno do Tribunal. In: DIDIER JR., Fredie; CUNHA, Leonardo Carneiro da. *Julgamentos de Casos Repetitivos*. Salvador: Juspodivm, 2017.

DIDIER JR., Fredie; ZANETI JR., Hermes. Ações coletivas e o incidente de julgamento de casos repetitivos: espécies de processo coletivo no Direito brasileiro. In: DIDIER JR., Fredie; CUNHA, Leonardo Carneiro da. *Julgamentos de Casos Repetitivos*. Salvador: Juspodivm, 2017.

DONIZETTI, Elpídio. *Curso Didático de Direito Processual Civil*. 19. ed. São Paulo: Atlas, 2016.

GONÇALVES, Gláucio Maciel; DUTRA, Victor Barbosa. Apontamentos sobre o novo incidente de resolução de demandas repetitivas no Código de Processo Civil de 2015. *RIL*, ano 52, n. 208, p. 189-292, out./dez. 2015.

JOBIM, Marco Félix; PEREIRA, Rafael Caseli. O recurso especial representativo de controvérsia como solução para a falta de controle da representatividade adequada do advogado, constituído para atuar no incidente de resolução de demandas repetitivas (IRDR). *Revista de Processo*, v. 287, ano 44, p. 307-332, jan./2019.

MACHADO, Daniel Carneiro. *A (in)compatibilidade do incidente de resolução de demandas repetitivas com o modelo constitucional de processo*. Rio de Janeiro: Lumen Juris, 2017.

MACHADO, Daniel Carneiro. Uma visão crítica da inclusão do IRDR no sistema de precedentes do CPC 2015. In: FARIA, Juliana Cordeiro de; REZENDE, Ester Camila Gomes Norato; MARX NETO, Edgard Audomar (Orgs.). *Novas tendências, diálogos entre direito material e processo:* estudos em homenagem ao professor Humberto Theodoro Júnior. Belo Horizonte: D'Plácido, 2018.

MANCUSO, Rodolfo de Camargo. *A resolução de conflitos e a função judicial no Contemporâneo Estado de Direito*. São Paulo: Revista dos Tribunais, 2009.

MANCUSO, Rodolfo de Camargo. *Incidente de resolução de demandas repetitivas*: a luta contra a dispersão jurisprudencial excessiva. São Paulo: Revista dos Tribunais, 2016.

MARINONI, Luiz Guilherme. O "problema" do incidente de resolução de demandas repetitivas. *Revista TRF1*, v. 28, n. 5/6, p. 36-46, mai./jun. 2016.

MEDINA, José Miguel Garcia. *Novo Código de Processo Civil Comentado*. 4. ed. São Paulo: Revista dos Tribunais, 2016.

MENDES, Aluísio Gonçalves de Castro. *Incidente de Resolução de Demandas Repetitivas*: sistematização, análise e interpretação do instituto processual. Rio de Janeiro: Forense, 2017.

MENDES, Aluísio Gonçalves de Castro; RODRIGUES, Roberto de Aragão Ribeiro. Reflexões sobre o incidente de resolução de demandas repetitivas previsto no projeto de novo Código de Processo Civil. *Revista de Processo,* v. 37, n. 211, p. 191-208, set./2012.

MENDES, Aluísio Gonçalves de Castro; TEMER, Sofia. O incidente de resolução de demandas repetitivas e o novo Código de Processo Civil. In: DIDIER JR., Fredie (coord. Geral); MACÊDO, Lucas Buril de; PEIXOTO, Ravi; FREIRE, Alexandre (org.). *Processo nos tribunais e meios de impugnação das decisões judiciais.* Salvador: Juspodivm, 2016.

MENDES, Gilmar. *Curso de Direito Constitucional*. 10. ed. São Paulo: Saraiva, 2015.

MITIDIERO, Daniel. *Cortes superiores e cortes supremas*: do controle à interpretação, da jurisprudência ao precedente. 3. ed. São Paulo: Revista dos Tribunais, 2017.

NEVES, Antonio Castanheira. *Questão de facto-questão de direito ou o problema metodológico da juridicidade*. Coimbra: Livraria Almedina, 1967.

NEVES, Daniel Amorim Assumpção. *Manual de direito processual civil*. 8. ed. Salvador: Juspodivm, 2016.

NERY JR., Nelson; NERY, Rosa Maria de Andrade. *Comentários ao Código de Processo Civil*. São Paulo: Revista dos Tribunais, 2015.

NUNES, Dierle. Incidente de resolução de demandas repetitivas. *Revista Brasileira de Direito Processual*, v. 24, n. 93, p. 51-62, jan./mar. 2016.

OLIVEIRA, Guilherme José Braz de. Nova técnica de julgamento de casos repetitivos à luz do novo Código de Processo Civil. Tese (Doutorado em Direito Processual). Faculdade de Direito da Universidade de São Paulo, São Paulo, 2015.

ROSAS, Roberto; ARAGÃO, Paulo Cézar. *Comentários ao Código de Processo Civil*. 2. ed. São Paulo: Ed. RT, 1975. v. 5.

ROSSI, Júlio César. *Incidente de resolução de demandas repetitivas e o novo CPC*: das inadequações às inconstitucionalidades. Curitiba: Juruá, 2016.

ROSSI, Júlio César. O precedente à brasileira: súmula vinculante e o incidente de resolução de demandas repetitivas. *Revista de Processo*, v. 37, n. 208, p. 203-240, jun./2012.

STRECK, Lenio Luiz; ABBOUD, Georges. *O que é isto:* o precedente judicial e as súmulas vinculantes? 3. ed. Porto Alegre: Livraria do Advogado, 2015.

STÜRNER, Rolf. Sobre as reformas recentes no direito alemão e alguns pontos em comum com o projeto brasileiro para um novo Código de Processo Civil. *Revista de Processo,* v. 36, n. 193, p. 355-372, mar./2011.

TARUFFO, Michele. Precedente e giurisprudenza. *Rivista Trimestale di Diritto e Procedura Civile*, ano 61, n. 3, p. 709-725, set./2007.

THEODORO JR., Humberto. Regime das demandas repetitivas no novo Código de Processo Civil. In: DIDIER JR., Fredie (coord. Geral); MACÊDO, Lucas Buril de; PEIXOTO, Ravi; FREIRE, Alexandre (org.). *Processo nos tribunais e meios de impugnação das decisões judiciais.* Salvador: Juspodivm, 2016.

THEODORO JR., Humberto. Incidente de resolução de demandas repetitivas. In: THEODORO JR., Humberto; OLIVEIRA, Fernanda Alvim de; REZENDE, Ester Camila Gomes Norato (Coord.). *Primeiras linhas sobre o novo direito processual civil brasileiro* (de acordo com o novo Código de Processo Civil, Lei 13.105, de 16 de março de 2015). Rio de Janeiro: Forense, 2015.

THEODORO JR., Humberto; NUNES, Dierle; BAHIA, Alexandre. Litigiosidade em massa e repercussão geral no recurso extraordinário. *Revista de Processo*, v. 34, n. 177, p. 09-46, nov./2009.

TEMER, Sofia Orberg. *Incidente de resolução de demandas repetitivas*. 3. ed. Salvador: Juspodivm, 2018.

TESHEINER, José Maria Rosa; VIAFORE, Daniele. O incidente de resolução de demandas repetitivas no Código de Processo Civil. *Revista Brasileira de Direito Processual*, v. 23, n. 91, p. 171-224, jul./set. 2015.

TUCCI, Rogério Lauria. *Curso de Direito Processual Civil*. São Paulo: Saraiva, 1989. v. 3.

VELASCO, Ignácio M. Poveda. Direito, jurisprudência e justiça no pensamento clássico (grego-romano). *Revista da Faculdade de Direito da Universidade de São Paulo*, v. 101, p. 21-32, jan./dez. 2006.

VIAFORE, Daniele. As semelhanças e as diferenças entre o procedimento-modelo *musterverfahren* "Incidente de Resolução de Demandas Repetitivas". *Revista de Processo*, v. 38, n. 217, p. 257-308, mar. 2013.

WAMBIER, Teresa Arruda Alvim. Distinção entre questão de fato e questão de direito para fins de cabimento de recurso especial. *Revista de Processo*, ano 23, n. 92, p. 52-70, out./dez. 1998.

ZUFELATO, Camilo; OLIVEIRA, Fernando Antônio. Meios de impugnação da decisão do exame de admissibilidade do incidente de resolução de demandas repetitivas. *Revista de Processo*, v. 286, ano 43, p. 421-448, dez./2018.

3

INCIDENTE DE RESOLUÇÃO DE DEMANDAS REPETITIVAS

Min. Paulo Dias de Moura Ribeiro[1]

Sumário: 1 – Apresentação. 2 – Debates no STJ sobre as hipóteses de cabimento do IRDR. 3 – Conclusão. 4 – Referências bibliográficas.

1. APRESENTAÇÃO

Por nímia deferência do Desembargador Aluisio Gonçalves de Castro Mendes, do Egrégio Tribunal de Justiça do Estado do Rio de Janeiro, fui convidado a participar de obra sobre o Incidente de Resolução de Demandas Repetitivas, tema de extrema importância e muito sensível no Colendo Superior Tribunal de Justiça, por trazer no bojo do novo Código de Processo Civil uma inovação salutar e importante para a solução de conflitos com maior celeridade e segurança jurídica.

Por isso, desde o primeiro momento, não tive a mais mínima dúvida em aderir, com enorme bom grado, ao amável e gentil convite.

Há uma explicação, claro. O leitor a encontrará mais avante.

De qualquer forma, já adianto, que tive de me debruçar sobre a questão, em razão de voto de desempate que proferi no REsp nº 1.631.846/DF, Relator Ministro Paulo de Tarso Sanseverino, Relatora para o acórdão Ministra Nancy Andrighi, julgado pelo Terceira Turma aos 5/11/2019, que segue abaixo e que contou com a firme doutrina do Desembargador Aluisio Gonçalves de Castro Mendes, que tenho como uma das mais completas sobre o inovador tema.

2. DEBATES NO STJ SOBRE AS HIPÓTESES DE CABIMENTO DO IRDR

No julgamento do REsp nº 1.631.846/DF, o Relator, Ministro PAULO DE TARSO SANSEVERINO, negou provimento ao recurso especial sob os fundamentos de que (1) o legislador ordinário não poderia criar novas competências originárias

1. Ministro do Superior Tribunal de Justiça. Pós-Doutor em Direito pela Universidade de Lisboa. Doutor em Direito Civil pela PUC/SP. Coordenador Científico do Curso de Direito da UNISA. Professor Titular da FDSBC. Professor do Curso de Direito da UDF.

para os Tribunais, o que ocorreria se o IRDR fosse suscetível de instauração sem processo pendente no âmbito do Tribunal; e (2) a regra do art. 978, parágrafo único, do NCPC, que determina a competência do órgão colegiado incumbido de julgar o incidente e de fixar a tese jurídica para decidir igualmente o recurso, a remessa necessária ou o processo de competência originária de onde brotou o incidente, demonstra expressamente a necessidade de haver um processo pendente no Tribunal para que se possa instaurar o IRDR.

A Ministra Nancy Andrighi divergiu do Relator. Destacou, preliminarmente, que não é cabível recurso especial contra a decisão de inadmissibilidade do IRDR. Quanto a necessidade de haver um processo pendente no Tribunal para a instauração, a Ministra se debruçou sobre a natureza jurídica do incidente, visando identificar se o NCPC instituiu o IRDR como um procedimento-modelo (nos moldes do sistema alemão, em que apenas se fixa a tese jurídica) ou se é uma causa-piloto (nos moldes dos recursos especiais e extraordinários repetitivos, em que se arma a tese jurídica e se julgam causas). Concluiu que o NCPC adotou o procedimento-modelo, em que a existência de causa pendente não é condição *sine qua non* para a instauração do IRDR. O art. 978, parágrafo único, do NCPC, nesse contexto, constitui uma regra de prevenção.

Prosseguindo no julgamento, o Ministro Ricardo Villas Bôas Cueva acompanhou o Relator e o Ministro Marco Aurélio Bellizze acompanhou a divergência inaugurada pela Ministra Nancy Andrighi.

Ao proferir o voto de desempate, acompanhei a divergência para defender o não cabimento do recurso especial contra a decisão de inadmissibilidade do IRDR.

No mérito, posicionei-me no sentido da falta de necessidade de prévio processo em tramitação no Tribunal, elegendo como requisitos do IRDR apenas aqueles elencados no art. 976 do NCPC: (1) efetiva repetição de processos que contenham controvérsia sobre a mesma questão unicamente de direto; (2) risco de ofensa à isonomia e à segurança jurídica; e (3) inexistência de afetação do tema pelos Tribunais Superiores para o julgamento recurso repetitivo.

Confira-se o inteiro teor do voto-vista que proferi:

> A questão controvertida em debate visa definir o cabimento de recurso especial contra decisão que inadmitiu o incidente de resolução de demandas repetitivas (IRDR), bem como os requisitos para a sua instauração.
>
> Consta dos autos que a Defensoria Pública do Distrito Federal suscitou IRDR porque o Juízo da 4ª Vara de Família, Órfãos e Sucessões de Ceilândia/DF, em 7 processos, determinou a emenda da inicial para incluir no polo ativo de ações de divórcio consensual os filhos menores do casal, que são os beneficiários dos alimentos.
>
> O Tribunal de Justiça do Distrito Federal e Territórios não admitiu o incidente sob os fundamentos de que **(1)** não havia recurso pendente de julgamento, conforme exigido pelo

art. 978, parágrafo único, do NPC; e **(2)** ausência de competência para o conhecimento do incidente, nós termos do art. 302, caput, do Regimento Interno do Tribunal.

O Relator, Ministro PAULO DE TARSO SANSEVERINO, negou provimento ao recurso especial sob os fundamentos de que **(1)** o legislador ordinário não poderia criar novas competências originárias para os Tribunais, o que ocorreria se o IRDR fosse suscetível de instauração sem processo pendente no âmbito do Tribunal; e **(2)** a regra do art. 978, parágrafo único do NCPC, que determina a competência do órgão colegiado incumbido de julgar o incidente e de fixar a tese jurídica para decidir igualmente o recurso, a remessa necessária ou o processo de competência originária de onde brotou o incidente, demonstra expressamente a necessidade de haver um processo pendente no Tribunal para que se possa instaurar o IRDR.

Em voto-vista, a Ministra NANCY ANDRIGHI divergiu do Relator. Destacou, preliminarmente, que não é cabível recurso especial contra a decisão de inadmissibilidade do IRDR porque **(1)** ela não está sujeita a preclusão, por força do art. 976, § 3º, do NCPC; e **(2)** o art. 987 do NCPC prevê o cabimento de recurso especial apenas do acórdão que verse sobre o mérito do incidente.

Em tal campo, a Ministra divergiu do primeiro argumento adotado pelo Relator porque na hipótese dos autos não é possível examinar eventual compatibilidade do IRDR em relação aos arts. 108 e 125 da CF. A questão, de índole constitucional, não foi aventada no recurso extraordinário interposto pela recorrente, DEFENSORIA PÚBLICA, dirigido ao STF.

Quanto a necessidade de haver um processo pendente no Tribunal para a instauração, a Ministra se debruçou sobre a natureza jurídica do incidente, visando identificar se o NCPC instituiu o IRDR como um procedimento-modelo (nos moldes do sistema alemão, em que apenas se fixa a tese jurídica) ou se é uma causa-piloto (nos moldes dos recursos especiais e extraordinários repetitivos, em que se arma a tese jurídica e se julgam causas). Concluiu que o NCPC adotou o procedimento-modelo, em que a existência de causa pendente não é condição *sine qua non* para a instauração do IRDR. O art. 978, parágrafo único do NCPC, nesse contexto, constitui uma regra de prevenção.

Por fim, a Ministra votou no sentido de negar provimento ao recurso especial, caso superada a preliminar de não conhecimento, diante da ausência do requisito da efetiva repetição de processos contendo a mesma questão de direito (art. 976, I, do NCPC), uma vez que a determinação do juízo de primeira instância para a inclusão dos filhos menores do casal no polo ativo da ação de divórcio consensual ocorreu em apenas 7 (sete) processos, número este que não se revela significativo para justificar a instauração do IRDR.

Prosseguindo no julgamento o Ministro RICARDO VILLAS BÔAS CUEVA apresentou seu voto-vista no sentido de conhecer do recurso porque **(1)** a locução "causa decidida", prevista no art. 105, III, da CF, deve ser interpretada de forma ampla, como sinônimo de "questão"; e **(2)** é função desta Corte Superior apontar a diretriz interpretativa para uniformizar a aplicação da lei federal no território nacional, inclusive sobre o cabimento do IRDR.

No mérito, acompanhou o Relator no que se refere a essencialidade da pendência de uma causa no Tribunal de Justiça para admissão e processamento do IRDR. Também negou provimento ao recurso porque não houve a efetiva repetição de processos na hipótese.

Na sequência, o Ministro MARCO AURÉLIO BELLIZZE pediu vista dos autos diante da novidade do incidente e da importância da questão e, acrescentando doutrina e percucientes considerações sobre o tema, acompanhou a divergência inaugurada pela Ministra NANCY ANDRIGHI.

Na sessão de julgamento realizada aos 22/10/2019 o Ministro RICARDO VILLAS BÔAS CUEVA ratificou o voto vista anteriormente proferido para reforçar a necessidade de causa pendente no próprio Tribunal de Justiça para o processamento e a admissão do IRDR e, com isso, conhecer e negar provimento ao recurso especial.

Coube a mim a árdua tarefa de proferir o voto de desempate quanto a preliminar de cabimento do recurso já que, no mérito, todos os Ministros votaram no sentido de negar provimento ao recurso especial da Defensoria Pública do Distrito Federal, embora tenham adotado fundamentações divergentes.

(1) Do cabimento do recurso especial contra o acórdão do Tribunal estadual que não admite / admite o IRDR

Em que pese a louvável interpretação dada à norma legal nos votos que conheceram do recurso especial, penso que o julgado não deve desbordar da letra expressa do novo Código Processual.

Da análise do art. 976, § 3º, do NCPC, extrai-se que uma vez inadmitido o IRDR, caberá novo ajuizamento, mediante o preenchimento do requisito que não foi atendido anteriormente:

Art. 976. [...]

§ 3º A inadmissão do incidente de resolução de demandas repetitivas por ausência de qualquer de seus pressupostos de admissibilidade não impede que, uma vez satisfeito o requisito, seja o incidente novamente suscitado.

Portanto, a decisão de inadmissibilidade do IRDR não preclui, o que torna mais célere seu andamento com a possibilidade de nova propositura do incidente, desde que preenchidos os pressupostos faltantes.

Assim, diante do previsto no art. 976, § 3º, do NCPC, eventual recurso interposto contra a decisão que admite ou deixa de admitir o incidente padecerá da falta de interesse recursal.

Corrobora tal entendimento o fato de que o art. 987 do NCPC determina que do julgamento do mérito do incidente caberá recurso extraordinário ou especial, conforme o caso.

A opção legislativa visou priorizar a duração razoável do processo, a economia processual e a segurança jurídica com a rápida solução da questão de direito controvertida, visando a pacificação social.

Segundo ALUISIO GONÇALVES DE CASTRO MENDES, membro da Comissão de Juristas responsável pelo acompanhamento da redação final do Projeto do NCPC no Senado, o estatuto processual é claro no sentido de definir o cabimento do recurso extraordinário e do recurso especial apenas em relação ao julgamento do mérito do IRDR. Portanto, não serão cabíveis estes recursos diante de pronunciamento pela inadmissibilidade do incidente. (**Incidente de Resolução de Demandas Repetitivas.** Rio de Janeiro: Ed. Forense. 2017, pp. 209/210).

Embora o Ministro RICARDO VILLAS BÔAS CUEVA tenha alertado para o fato de que a lei federal não pode restringir o cabimento de recurso especial, notadamente a importante discussão sobre os requisitos para o cabimento do IRDR, anote-se que a análise de tais requisitos pode ser feita no recurso interposto contra a decisão de mérito.

A doutrina acima mencionada, após destacar a irrecorribilidade da decisão de admissibilidade do IRDR, analisou o tema sob a ótica do art. 105, III, da CF:

Como visto anteriormente, o Incidente de Resolução de Demandas Repetitivas aprecia uma questão de direito, com a formulação de uma tese jurídica a ser aplicada aos casos concretos. Sendo assim poder-se-ia questionar sobre a constitucionalidade da previsão contida no Código de Processo Civil de 2015, tendo em vista que, nos termos dos arts. 102, inciso III, e 105, inciso III, da Magna Carta, foi estabelecido o cabimento dos recursos extraordinário e especial, para as causas decididas, em única ou última instância.

A interpretação anteriormente firmada na doutrina e na jurisprudência precisa ser, quanto ao ponto supramencionado, profundamente revisitada, pois não pode e não deve ser mantida à luz dos princípios do acesso à justiça, do devido processo legal e da duração razoável do processo, que possuem base constitucional, bem como da nova configuração processual, de um novo conceito e jurisdição e do diálogo das fontes.

[...]

As interpretações predominantes e os precedentes em geral devem ser consentâneos com o seu tempo, acompanhando as mudanças sociais, políticas e sistêmicas que ocorrem. Do contrário, verdadeiro fosso existirá entre o entendimento firmado pelos tribunais e a modernidade líquida. (Op. cit., p. 210)

Como bem observou o Ministro MARCO AURÉLIO BELLIZZE, o recurso especial exige o caráter definitivo da decisão recorrida. Embasada nesse entendimento, a jurisprudência do STJ se firmou no sentido de que as decisões que concedem ou denegam antecipação de tutela, medidas cautelares ou provimentos liminares, passíveis de alteração no curso do processo principal, não configuram decisão de última instância a ensejar o cabimento do apelo nobre.

Em suma, no caso de inadmissão do IRDR, o legislador optou pelo cabimento do recurso especial apenas contra o julgamento do mérito do incidente. Além disso, permitiu nova instauração do incidente, uma vez preenchidos os pressupostos faltantes, diante da impossibilidade de preclusão do juízo de prelibação.

(2) Do requisito da (in)existência de causa pendente no Tribunal de segundo grau para a instauração do IRDR

A despeito do não conhecimento do recurso especial, faço aqui algumas considerações sobre os requisitos para a apresentação do IRDR diante do amplo debate desenvolvido pelos colegas que me antecederam, com louváveis posicionamentos embasados em extensa doutrina sobre o tema.

O Relator e o Ministro RICARDO VILLAS BÔAS CUEVA entendem que é necessário haver um processo pendente no Tribunal para que se possa instaurar o IRDR.

A Ministra NANCY ANDRIGHI concluiu que o NCPC adotou o procedimento-modelo, em que a existência de causa pendente não é condição *sine qua non* para a instauração do IRDR, no que foi acompanhada pelo Ministro MARCO AURÉLIO BELLIZZE.

Em que pese as observações adicionais trazidas pelo Ministro RICARDO VILLAS BÔAS CUEVA na sessão de 22/10/2019, nesse ponto também acompanho a divergência.

O IRDR não exige a existência de causa pendente no Tribunal estadual, prestando-se a resolver a questão repetitiva que se encontra em primeiro grau de jurisdição.

A controvérsia quanto a natureza jurídica do IRDR consiste em saber se o NCPC adotou o modelo alemão, denominado procedimento-modelo, em que apenas se fixa a tese jurídica, ou se manteve o procedimento dos recursos especiais e extraordinários repetitivos, em que se fixa a tese jurídica e se julgam causas.

Afilio-me a doutrina que defende a adoção do procedimento-modelo, em que a tese jurídica é formada no incidente, reproduzindo o "modelo" em dezenas ou milhares de pretensões.

Mais uma vez, me socorro da doutrina de ALUISIO GONÇALVES DE CASTRO MENDES, esclarecendo a controvérsia havida no Poder Legislativo durante as discussões envolvendo o NCPC e lançando luzes sobre a opção feita pelo legislador:

Durante o processo legislativo, pode-se dizer que houve, de certo modo, uma controvérsia sobre a concepção adotada respectivamente nas versões aprovadas no Senado Federal e na Câmara dos Deputados. Esta divergência foi marcada especialmente pela abrangência do juiz como legitimado e se haveria a necessidade de se instaurar o Incidente de Resolução de Demandas Repetitivas a partir de processos que pudessem estar tramitando na primeira instância ou se apenas quando estivessem no tribunal, em razão de competência recursal ou originária. Esta dualidade de concepções, por vezes, era apresentada como se fosse o próprio objeto do IRDR, ou seja, se deveria ser julgada apenas a questão jurídica, com a formulação da respectiva tese, ou se também a respectiva causa em concreto. **Em síntese, defende-se que o objeto do incidente seja (a) o julgamento apenas da questão jurídica, com a formulação simplesmente da tese jurídica;** ou (b) do caso piloto, portanto do respectivo pedido.

Como se pode constatar na análise do processo legislativo, o Senado Federal, em segundo turno, optou expressamente pela primeira concepção, ao excluir todos os dispositivos inseridos na Câmara dos deputados, que exigiam a presença prévia de processo em tramitação perante o tribunal.

A redação final, por sua vez, foi muito clara ao indicar um procedimento voltado para a questão de direito controvertida, no qual o conteúdo do acórdão abrangerá a análise de todos os fundamentos suscitados concernentes à tese jurídica discutida. Julgado o incidente, a tese jurídica será aplicada a todos os processos individuais ou coletivos que versem sobre idêntica questão de direito e que tramitem na área de jurisdição do respectivo tribunal (e não apenas do próprio tribunal), inclusive àqueles que tramitem nos juizados especiais do respectivo estado ou região, bem como aos casos futuros que versem idêntica questão de direito e que venham a tramitar no território de competência do tribunal. Não observada, naturalmente por outro órgão, a tese jurídica adotada no incidente, caberá reclamação. (Op.cit., pp. 105/106 – sem destaques no original)

Diante da opção legislativa, a existência de causa pendente no Tribunal não é condição *sine qua non* para a instauração do IRDR. Os requisitos do incidente são apenas aqueles elencados no art. 976 do NCPC: **(1)** efetiva repetição de processos que contenham controvérsia sobre a mesma questão unicamente de direto; **(2)** risco de ofensa à isonomia e à segurança jurídica; e **(3)** inexistência de afetação do tema pelos Tribunais Superiores para o julgamento recurso repetitivo.

Em suma, penso que o IRDR é uma técnica de cisão cognitiva que objetiva a definição de teses de direito, configurando-se em mais um instrumento posto à disposição dos julgadores para promover a pacificação social. Portanto, no mérito, também acompanho o voto divergente apenas para firmar meu posicionamento, entendendo que na hipótese dos autos era mesmo caso do Tribunal estadual não conhecer do IRDR apenas em virtude da falta de repetição de processos contendo a mesma questão de direito.

Nessas condições, com o devido respeito, acompanho a questão preliminar trazida pela Ministra NANCY ANDRIGHI e voto pelo **NÃO CONHECIMENTO** do recurso especial.

3. CONCLUSÃO

1. O IRDR é uma técnica de cisão cognitiva que objetiva a definição de teses de direito.

2. Trata-se de um novo instrumento processual colocado à disposição dos julgadores para promover a pacificação social.

3. Nos termos do art. 976 do novo CPC, para que o incidente possa ter caminho, é indispensável a efetiva repetição de processos que contenham controvérsia sobre a mesma questão unicamente de direito.

4. Não é cabível Recurso Especial contra decisão de inadmissibilidade do IRDR.

4. REFERÊNCIAS BIBLIOGRÁFICAS

MENDES, Aluisio Gonçalves de Castro. *Incidente de Resolução de Demandas Repetitivas*. Rio de Janeiro: Forense, 2017.

4

CABIMENTO DO INCIDENTE DE ASSUNÇÃO DE COMPETÊNCIA EM MATÉRIA PENAL

Min. Antonio Saldanha Palheiro[1]

Sumário: 1 – Voto proferido no IAC no Recurso em *Habeas Corpus* nº 75.768/RN (2016/0238625-5). Relatório e Voto.

1. VOTO PROFERIDO NO IAC NO RECURSO EM *HABEAS CORPUS* Nº 75.768/RN (2016/0238625-5)

INCIDENTE DE ASSUNÇÃO DE COMPETÊNCIA NO RECURSO EM HABEAS CORPUS. APLICAÇÃO (SUPLETIVA) DO PRECEITO INSERTO NO ART. 947 DO CÓDIGO DE PROCESSO CIVIL NO ÂMBITO DO RECURSO EM HABEAS CORPUS. POSSIBILIDADE. INTELIGÊNCIA DO ART. 3º DO CÓDIGO DE PROCESSO PENAL. MOMENTO PARA SUSCITAR O INCIDENTE. APÓS O JULGAMENTO DO RECURSO. IMPOSSIBILIDADE. PEDIDO INDEFERIDO.

1. Consoante o disposto no art. 3º do Código de Processo Penal, a norma constante do art. 947 do Código de Processo Civil tem aplicabilidade aos processos criminais. Nesse sentido é o recente enunciado n. 3 da I Jornada de Direito Processual Civil realizado pelo Conselho da Justiça Federal, cujo verbete dispõe que "As disposições do CPC aplicam-se supletiva e subsidiariamente ao Código de Processo Penal, no que não forem incompatíveis com esta Lei".

2. Sob pena de subverter a própria *ratio* do instituto - até mesmo para que não haja um rejulgamento da causa, a pretexto de uma uniformização do entendimento jurisprudencial, máxime em se tratando de processos de feição criminal, como no caso vertente -, o incidente deve ser suscitado antes do julgamento do recurso.

3. Na linha dos precedentes desta Corte, *mutatis mutandis*, "O incidente de uniformização de jurisprudência, previsto no artigo 476 do Código de Processo Civil e nos artigos 118 e seguintes do RISTJ, possui natureza preventiva de dissenso jurisprudencial, não sendo admitido como forma de irresignação recursal. Ademais, deve ser suscitado nas razões recursais ou em petição avulsa, em momento anterior ao julgamento do recurso, cujo processamento constitui faculdade do relator, não sendo possível a sua arguição em sede de agravo regimental" (AgRg no HC n. 275.416/SP, rel. Ministro Rogerio Schietti Cruz, Sexta Turma, julgado em 10/6/2014, DJe 1º/7/2014.) 4. Pedido indeferido. (IAC no RHC 75.768/RN, Rel. Ministro Antonio Saldanha Palheiro, Sexta Turma, julgado em 02/10/2018, DJe 15/10/2018)

1. Ministro do Superior Tribunal de Justiça. Mestre em Ciências Jurídicas (PUC/RJ).

Relatório e Voto

Trata-se de pedido de instauração de incidente de assunção de competência formulado pelo MINISTÉRIO PÚBLICO DO ESTADO DO RIO GRANDE DO NORTE.

Sustenta o *Parquet* estadual que a questão a ser submetida a julgamento perante o órgão de superposição cingir-se-á a *quaestio iuris* referente à "*possível a aplicação analógica das Leis n. 9.430/1996 e 9.249/1995, que preveem a extinção da punibilidade dos crimes tributários quando o agente efetua o pagamento dos valores sonegados ou devidos antes do recebimento da denúncia, aos crimes praticados contra a Administração Pública* [...]" (e-STJ fl. 482).

Alega que "*É preciso,* [...] *em razão do princípio da segurança jurídica, que esta Corte firme orientação definitiva sobre se é possível a aplicação analógica das Leis n. 9.430/1996 e 9.249/1995, que prevêem a extinção da punibilidade dos crimes tributários quando o agente efetua o pagamento dos valores sonegados ou devidos antes do recebimento da denúncia, aos crimes praticados contra a Administração Pública*" (e-STJ fl. 484).

Aduz que esta Corte Superior, em outro momento, sedimentou entendimento de que "*'o ressarcimento posterior não tem o condão de descaracterizar o crime já consumado' (RHC n. 12.506/MP, Rel. Ministro GILSON DIPP, QUINTA TURMA, DJe 17/09/2002) e, notadamente, de que 'diante da ausência de previsão legal, nos delitos de peculatos dolosos, [...], inviável o reconhecimento da extinção da punibilidade' (HC n. 88.959/RS, Rel. Ministra LAURITA VAZ, QUINTA TURMA, julgado em 16/09/2008, DJe 06/10/2008)*" (e-STJ fl. 485).

Arremata ao argumento de que "*espera-se que, considerando que o bem jurídico tutelado pelo crime de peculato não é só o patrimônio, mas também a probidade administrativa, e levando-se em conta a manifesta ausência de previsão legal que afaste a incidência do art. 312 às condutas de peculato doloso, esta Colenda Corte uniformize a jurisprudência no sentido de fazer prevalecer a ratio decidendi (rule of law) esposada nas decisões exaradas no HC 239.127/RS, no RHC n. 12.506/MP, no HC n. 88.959/RS, no HC 9773/RJ e no RHC 16.109/SP, as quais, permissa maxima venia, partem de bases fáticas similares à presente causa em sua essência, o que afasta a possibilidade de distinguishing*" (e-STJ fl. 486).

Postula, ao final, que seja determinada a instauração do incidente de assunção de competência para que esta Corte "***uniformize a jurisprudência no sentido de fazer prevalecer a ratio decidendi (rule of law) esposada nas decisões exaradas no HC 239.127/RS, no RHC n. 12.506/MP, no HC n. 88.959/RS, no HC 9773/RJ e no RHC 16.109/SP****, de modo que seja fixado precedente obrigatório (norma jurídica geral do caso concreto) que* ***<u>explicite a inviabilidade jurídica de aplicação analógica das Leis n. 9.430/1996 e 9.249/1995 aos crimes previstos no Código Penal, incluídos aqueles em que o funcionário público apropria-se de</u>***

valores de natureza tributária que tem posse em razão do cargo" (e-STJ fl. 487, grifo no original).

Apresentada impugnação às e-STJ fls. 504/512.

Instado, o Ministério Público Federal manifestou-se pelo deferimento da instauração do incidente (e-STJ fls. 538/545).

É o relatório.

Inicialmente, é mister tecer algumas considerações sobre a possibilidade de aplicação do instituto previsto no art. 947 do Código de Processo Civil ao processo penal.

Pois bem. Dispõe o art. 3º do Código de Processo Penal que "*A lei processual penal admitirá interpretação extensiva e aplicação analógica, bem como o suplemento dos princípios gerais de direito*".

É cediço, por força do disposto no art. 3º do Código de Processo Penal, que a norma constante do art. 947 do Código de Processo Civil possui aplicabilidade aos processos criminais. Isso porque, de fato, caracterizada está a existência total de lacuna normativa, o que demanda procedimento de integração do ordenamento por parte desta Corte Superior. Ressalte-se, aliás, que, para a utilização da analogia, não importa a natureza do diploma do qual se pretende extrair a norma reguladora. Dessarte, nada impede o uso, por analogia, de regra constante da Lei n. 13.105/2015, a ser aplicada de forma **supletiva**.

A doutrina caminha na mesma direção, ao asseverar que, "*Quando houver omissão absoluta (lacuna plena) na CLT, lei eleitoral, tributária ou* ***penal*** *acerca de determinado instituto regulado no CPC, deve ser colmatada com aplicação supletiva do CPC, vale dizer com a aplicação integral do regulamento do instituto existente no CPC*"[2].

Frise-se, outrossim, que recentemente houve a aprovação do enunciado n. 3 da I Jornada de Direito Processual Civil, realizado pelo Conselho da Justiça Federal, cujo verbete preceitua que "*As disposições do CPC aplicam-se supletiva e subsidiariamente ao Código de Processo Penal, no que não forem incompatíveis com esta Lei*".

Não é demais rememorar que não é de hoje que as cortes superiores se deparam com tal temática. É dizer, a questão sobre o diálogo entre os mecanismos processuais que visam à uniformização da jurisprudência pátria é questão que sempre se fez premente. À guisa de exemplificação, trago à colação o que ficou consignado na Questão de Ordem no AI n. 664.567/RS: "***O requisito***

2. NERY JUNIOR, Nelson; NERY, Rosa Maria de Andrade. *Código de Processo Civil comentado*. 17. ed. São Paulo: Ed. Revista dos Tribunais, 2018, p. 256 – grifei.

constitucional da repercussão geral *(CF, art. 102, § 3º, red. EC 45/2004), com a regulamentação da L. 11.418/06 e as normas regimentais necessárias à sua execução, aplica-se aos recursos extraordinários em geral, e, em conseqüência,* ***às causas criminais***" (STF, rel. Ministro SEPÚLVEDA PERTENCE, Tribunal Pleno, julgado em 18/6/2007, DJ 6//9//2007, grifei).

Superada a questão da possibilidade da aplicação supletiva do regramento processual civil ao processo penal, no particular, passa-se à análise da (im) possibilidade de instauração do incidente de assunção de competência ao caso vertente.

Preceitua o art. 947 do CPC, *in verbis*:

> Art. 947. É admissível a assunção de competência quando **o julgamento de recurso**, de remessa necessária ou de processo de competência originária envolver relevante questão de direito, com grande repercussão social, sem repetição em múltiplos processos.
>
> § 1º Ocorrendo a hipótese de assunção de competência, o relator proporá, de ofício ou a requerimento da parte, do Ministério Público ou da Defensoria Pública, que seja o recurso, a remessa necessária ou o processo de competência originária julgado pelo órgão colegiado que o regimento indicar.
>
> § 2º O órgão colegiado julgará o recurso, a remessa necessária ou o processo de competência originária se reconhecer interesse público na assunção de competência.
>
> § 3º O acórdão proferido em assunção de competência vinculará todos os juízes e órgãos fracionários, exceto se houver revisão de tese.
>
> § 4º Aplica-se o disposto neste artigo quando ocorrer relevante questão de direito a respeito da qual seja conveniente a prevenção ou a composição de divergência entre câmaras ou turmas do tribunal.

Com efeito, "*O incidente de assunção de competência pode ser instaurado em qualquer tribunal,* ***inclusive nos tribunais superiores. Enquanto não julgada a causa ou o recurso****, é possível haver a instauração do incidente de assunção de competência, cujo julgamento produz um precedente obrigatório a ser seguido pelo tribunal e pelos juízos a ele vinculados*"[3].

Ou seja, a exegese que pode se extrair do art. 947 do CPC, aplicável ao caso *ex vi* do art. 3º do CPP, é a da possibilidade da instauração do incidente inclusive no âmbito do recurso em *habeas corpus.*

No entanto, sob pena de subverter a própria *ratio* do instituto – até mesmo para que não haja um rejulgamento da causa, a pretexto de uma uniformização do entendimento jurisprudencial, máxime em se tratando de processos de feição criminal, como no caso vertente –, o incidente deve ser suscitado antes do julgamento do recurso, e não após, como na espécie.

---

3. DIDIER JR. Fredie, CUNHA; Leonardo Carneiro. Curso de direito processual civil. *Meios de Impugnação às Decisões Judiciais e Processo nos Tribunais.* 13. ed. Salvador: JusPodivm, 2016, p. 656 – grifei.

Portanto, "*Ainda que não seja expresso nesse sentido, tratando-se de incidente processual, a exemplo do que ocorre com outros incidentes já presentes no CPC/1973, como o de uniformização de jurisprudência e de inconstitucionalidade, **o incidente de assunção de competência deve ser suscitado antes do julgamento do recurso**, reexame necessário ou ação de competência originária pelo órgão originariamente competente*"[4].

Nesse sentido, trago à colação precedentes desta Corte, que, malgrado não tenham versado sobre idêntica temática – até mesmo em razão da novidade trazida com a novel codificação de 2015 –, não podem ser ignorados, mormente em razão da similitude finalística do IAC com outros incidentes correlatos – que também visavam a uniformização da jurisprudência –, porquanto não haveria razão ontológica para o discrímen. Eis os precedentes:

> *AGRAVO REGIMENTAL EM HABEAS CORPUS. ROUBO DUPLAMENTE MAJORADO. FRAÇÃO DAS MAJORANTES. CRITÉRIO MATEMÁTICO. IMPOSSIBILIDADE.*
>
> *1. Deve ser mantida por seus próprios fundamentos a decisão que concedeu habeas corpus, de ofício, a fim de diminuir para 1/3 o aumento procedido na terceira etapa da dosimetria do crime de roubo, uma vez que, no caso em análise, as instâncias ordinárias utilizaram apenas o critério matemático para fins de exasperação da reprimenda em patamar superior ao mínimo legalmente previsto, em inobservância ao enunciado na Súmula n. 443/STJ.*
>
> *2. O incidente de uniformização de jurisprudência, previsto no artigo 476 do Código de Processo Civil e nos artigos 118 e seguintes do RISTJ, **possui natureza preventiva de dissenso jurisprudencial, não sendo admitido como forma de irresignação recursal. Ademais, deve ser suscitado nas razões recursais ou em petição avulsa, em momento anterior ao julgamento do recurso, cujo processamento constitui faculdade do relator, não sendo possível a sua arguição em sede de agravo regimental.***
>
> *3. Agravo regimental não provido.* (AgRg no HC 275.416/SP, Rel. Ministro ROGERIO SCHIETTI CRUZ, SEXTA TURMA, julgado em 10/06/2014, DJe 01/07/2014, grifei.)
>
> *PROCESSUAL CIVIL. INCIDENTE DE UNIFORMIZAÇÃO DE JURISPRUDÊNCIA. EXTEMPORANEIDADE. FACULDADE DO ÓRGÃO JULGADOR.*
>
> *1. **O incidente de uniformização de jurisprudência, mercê de sua natureza preventiva, deve ser suscitado nas razões recursais ou em petição avulsa, evidentemente, antes do julgamento do recurso (art. 476 do CPC), cujo processamento se dá ao nuto do julgador.** Precedentes do STJ: PET nos EREsp 437.227/DF, PRIMEIRA SEÇÃO, DJ de 03/08/2009; PET no RMS 21527/RN, PRIMEIRA TURMA, DJ de 30/03/2009; EDcl no AgRg no Ag 1031834/RJ, QUINTA TURMA, DJ de 01/12/2008; EDcl no AgRg no Ag 968.141/SP, TERCEIRA TURMA, DJ de 05/08/2008; RMS 25.177/MG, QUARTA TURMA, DJ de 12/08/2008; AgRg nos EREsp 897.812/RS, PRIMEIRA SEÇÃO, DJ de 25/02/2008; EDcl no AgRg nos EDcl no Ag 644.834/PR, TERCEIRA TURMA, DJ de 04/04/2008 e AgRg no AgRg no Ag 789.582/MG, QUINTA TURMA, DJ 07/02/2008.*

---

4. NEVES, Daniel Amorim Assumpção. *Manual de Direito Processual Civil*. 8. ed. Salvador: JusPodivm, 2016, p. 1.345 – grifei.

2. In casu, trata-se de pedido de instauração de Incidente de Uniformização (art. 476, parágrafo único, do CPC) formulado em face de julgado proferido nos autos do AgRg nos EDcl nos EREsp 999662//GO, Rel. Ministro LUIZ FUX, CORTE ESPECIAL, publicado no DJ 04//08//2009. (PET nos EREsp 999.662/GO, Rel. Ministro LUIZ FUX, CORTE ESPECIAL, DJe 25/02/2010, grifei.)

AGRAVO REGIMENTAL - PEDIDO PARA INSTAURAÇÃO DE INCIDENTE DE UNIFORMIZAÇÃO DE JURISPRUDÊNCIA SUSCITADO APÓS O JULGAMENTO DO RECURSO ESPECIAL - DESCABIMENTO - INSCRIÇÃO EM CADASTRO DE EMITENTES DE CHEQUES SEM FUNDO (CCF) - AUSÊNCIA DE NOTIFICAÇÃO PRÉVIA - DANOS MORAIS - ILEGITIMIDADE DO BANCO DO BRASIL.

*1.- **O incidente de uniformização de jurisprudência, tendo em vista sua natureza preventiva de dissenso jurisprudencial, não constitui forma de irresignação recursal. Impõem-se, por isso, seja apresentado em momento anterior ao julgamento do recurso, cujo processamento constitui faculdade do relator**. Não se admite, portanto, sua arguição após o julgamento monocrático do recurso especial, como se fosse "embargos de divergência" contra a decisão unipessoal do Relator. Precedentes.*

[...]

3.- Agravo Regimental a que se nega provimento. (AgRg no REsp 1444304/RS, Rel. Ministro SIDNEI BENETI, TERCEIRA TURMA, julgado em 05/08/2014, DJe 01/09/2014, grifei.)

I - EMBARGOS DE DECLARAÇÃO RECEBIDOS COMO AGRAVO REGIMENTAL. ADMINISTRATIVO. POLICIAL MILITAR. GRATIFICAÇÃO DE ENCARGOS ESPECIAIS POR MÉRITO E ATO DE BRAVURA. PRESCRIÇÃO DO FUNDO DE DIREITO RECONHECIDA PELO ACÓRDÃO RECORRIDO. ALEGAÇÃO DE TRATAR-SE DE RELAÇÃO DE TRATO SUCESSIVO. ANÁLISE. IMPOSSIBILIDADE. SÚMULA 280/STF. AGRAVO REGIMENTAL A QUE SE NEGA PROVIMENTO. II - INCIDENTE DE UNIFORMIZAÇÃO DE JURISPRUDÊNCIA. UTILIZAÇÃO COMO RECURSO. INVIABILIDADE.

*1. **O incidente de uniformização de jurisprudência, em regra, de iniciativa dos órgãos julgadores, deve ser suscitado até o julgamento do recurso (art. 476, § único, do CPC), não podendo ser utilizado como nova via recursal.** Precedente da Corte Especial: PET nos EREsp 999.662/GO, Min. Luiz Fux, DJe 25/02/2010.* (EDcl no AREsp 31.747/RJ, Rel. Ministro TEORI ALBINO ZAVASCKI, PRIMEIRA TURMA, DJe 16/04/2012, grifei.)

Ante o exposto, **indefiro o pedido** de instauração do incidente de assunção de competência.

É como voto.

5

IMPACTOS TRANSNACIONAIS DA TUTELA COLETIVA NORTE-AMERICANA: COMO A CRISE DAS *CLASS ACTIONS* LEVOU O BRASIL A OPTAR PELA TUTELA PLURI-INDIVIDUAL

Min. Bruno Dantas[1]
Caio Victor Ribeiro dos Santos[2]

Sumário: 1 – Introdução. 2 – Uma análise acerca das razões de ser das class actions. 2.1 – Compensação das vítimas de atos ilícitos. 2.2 – Dissuasão das empresas de cometerem ilícitos. 2.3 – Promoção da celeridade e economia do processo judicial. 3 – A litigância coletiva empreendedora: os entusiastas vs. os "estrangeiros". 4 – O problema do amianto nos Estados Unidos e a crise das *class actions*. 5 – Brasil: por que o Incidente de Resolução de Demandas Repetitivas? 6 – Conclusão. 7 – Referências bibliográficas.

1. INTRODUÇÃO

Em artigo publicado em 2014[3], a professora da Faculdade de Direito da Universidade do Texas, Linda Mullenix, nos convida a imaginar o universo processual norte-americano sem a ferramenta da *class action for damages* (ações indenizatórias coletivas) introduzida em 1966 às *Federal Rules of Civil Procedure*.[4]

Ciente da resistência que sua sugestão enfrentaria, a catedrática propõe – não sem antes apontar minuciosamente as disfunções que essa espécie de ação

1. Ministro do TCU. Pós-Doutor (UERJ), Doutor e Mestre (PUC-SP) em Direito. *Visiting Researcher Fellow* na Benjamin N. Cardozo School of Law (Nova York, EUA) e no Max Planck Institute for Regulatory Procedural Law (Luxemburgo). Professor do Mestrado em Direito da UNINOVE e da FGV Direito-Rio.
2. Pós-graduado em Direito Processual Civil (IDP).
3. MULLENIX, Linda S. Ending Class Actions as We Know Them: Rethinking the American Class Action (June 21, 2014). 64 Emory Law Journal 399 (2014); U of Texas Law, Public Law Research Paper No. 565. Disponível em: <https://ssrn.com/abstract=2457429>. Acesso em: 26/07/2018. Esse artigo possui uma versão em português traduzida por um dos autores deste trabalho: O fim do processo coletivo tal como o conhecemos: repensando a *class action* norte-americana. Trad. Bruno Dantas. *Revista dos Tribunais*, v. 283, ano 43, set./ 2018.
4. As Federal Rules of Civil Procedure regem os processos da jurisdição cível dos tribunais distritais dos Estados Unidos. Ela é composta por 86 regras principais, além de 7 regras suplementares, foram adotadas pela primeira vez por despacho da Suprema Corte em dezembro de 1937 e, após transmitidas ao Congresso, entraram em vigor em setembro de 1938. Disponível em: <http://www.uscourts.gov/sites/default/files/civil-rules-procedure-dec2017_0.pdf>. Acesso em: 19 dez. 2018.

coletiva gerou no processo coletivo dos EUA – um âmbito de atuação mais limitado às *class actions*, um retorno ao modelo de tutela coletiva que tinha aquele país até o início da década de 1960, quando a sentença coletiva não produzia senão efeitos mandamentais.

Em outro artigo, intitulado *Aggregate Litigation and the Death of Democratic Dispute Resolution*, Linda Mullenix identifica, entre o período de 1966, com as decisões da Suprema Corte nos casos *Wal-Mart v. Duke, e AT&T v. Conception*[5], pelos menos seis "mortes" nas *class actions,* querendo, com essa expressão, designar os períodos do contencioso coletivo norte-americano que contribuíram para o estigma dessas ações.

De fato, desde a década de 1960, conhecido como o período áureo das *class actions,* até o momento atual, o processo coletivo norte-americano passou por inúmeras fases, apresentando altos e baixos que revelam picos de evolução, seguidos de momentos de declínio, e embora tenha servido – e ainda sirva – de uma fonte vasta e rica para estudiosos, é inegável que essas experiências acabaram favorecendo o recrudescimento de um ceticismo não apenas interno, mas internacional, em torno das *class actions*.

O que se pretende com este trabalho é explicitar quais foram as principais causas que concorreram para o descrédito de que hoje padecem as *class actions*, para demonstrar, ao final, como essas circunstâncias influenciaram o Brasil na opção que fez, com o Código de Processo Civil de 2015, pelo Incidente de Resolução de Demandas Repetitivas.

Para tanto, será preciso compreender por que motivo o contencioso coletivo norte-americano caiu em descrédito, o que se fará respondendo às seguintes perguntas: a Rule 23 (regra das *class actions*) atualmente concretiza a finalidade originária que justificou sua existência? A regra, tal como é hoje aplicada, incentiva a propositura de demandas individuais enfraquecendo a utilidade das *class actions*? Os benefícios decorrentes da sua aplicação superam os efeitos negativos que dela também decorrem?

5. Diversos acadêmicos e advogados caracterizaram essas decisões como negativas de acesso à justiça para pessoas que foram prejudicadas pelas empresas. No caso Wal-Mart v. Duke, um dos casos mais assistidos e divulgados da história das *class actions*, a Suprema Corte, em uma decisão por 5 a 4, entendeu que a certificação concedida em favor de uma classe de empregadas em uma *class action* envolvendo descriminação laboral feminina teria sido, na verdade, um abuso de discricionariedade e, portanto, ilegal. Depois dessa decisão, as empresas americanas que respondiam a processos envolvendo a mesma temática, deram um suspiro de alívio, pois nela a Suprema Corte articulou, de forma geral, um padrão mais rigoroso para a certificação das classes. Já no caso AT&T v. Conception, outra decisão por 5 a 4, de autoria do Juiz Scalia, a maioria entendeu que o Federal Arbitration Act de 1925 prevaleceria sobre leis estaduais que proibissem a realização de arbitragem envolvendo classes, permitindo, assim, que as partes tivessem a prerrogativa de renunciar às *class actions* ao celebrarem eventuais contratos de arbitragem. Isso levou muitos a acreditarem que as renúncias contratuais "matariam" as *class actions* mais uma vez.

E além disso, abordar-se-á a as peculiaridades da discussão travada nos célebres casos *Anchem Products, Inc. V. Windsor e Ortiz v. Fibreboard Corp*, para demonstrar como as disfunções das *class actions*, notabilizadas nesses julgados, foram indispensáveis para subsidiar a estrutura teórica que empurrou o Brasil para a tutela pluri-individual.

2. UMA ANÁLISE ACERCA DAS RAZÕES DE SER DAS *CLASS ACTIONS*

A Regra 1 das *Federal Rules of Civil Procedure*, como norma-princípio, busca assegurar a justa, célere e acessível das disputas cíveis.[6] De acordo com Linda Mullenix, em matéria de processo coletivo, a realização desses objetivos deve passar pela satisfação de outros três: 1) a compensação das vítimas de atos ilícitos; 2) a dissuasão das empresas de cometerem ilícitos; e 3) a promoção da celeridade e economia do processo judicial.[7]

2.1. Compensação das vítimas de atos ilícitos

Um dos objetivos primários da Regra 23 é viabilizar que grupos extensos de demandantes sejam compensados ou obtenham uma tutela mandamental em virtude de atos ilícitos de que foram vítimas. Esse objetivo consiste em uma das razões mais imediatas por que as *class actions* existem, pois visam permitir que as vítimas de prejuízos de baixo valor possam ter incentivos suficientes para pleitear reparação em juízo.

Nesses casos, conhecidos como *negative-value-suits*, os custos do processo individual são superiores ao valor do ressarcimento a que faria jus o litigante, o que muito provavelmente o levaria, na ausência do instrumento da *class action*, a desistir de mover um processo judicial contra o responsável pelo ilícito, deixando-o sair impune.

No entanto, como destaca Linda Mullenix, há muito o que se ignora acerca dessa compensação distribuída entre os membros das classes. Embora se saiba de diversos estudos que cuidem da totalidade das indenizações que resultam dos acordos celebrados em *class actions*, pouco se sabe acerca dos valores distribuídos individualmente a cada membro da classe, que, quando é feito, muitas vezes chegam a ser irrisórios.[8]

---

6. "Rule 1. Scope and Purpose These rules govern the procedure in all civil actions and proceedings in the United States district courts, except as stated in Rule 81. They should be construed, administered, and employed by the court and the parties to secure the *just, speedy*, and *inexpensive* determination of every action and proceeding." Cf. nota de rodapé n. 3.
7. MULLENIX, op. cit. p. 525.
8. MULLENIX, op. cit. p. 525.

No contencioso coletivo norte-americano, a maioria dos litígios são resolvidos por meio de acordos.[9] Em uma *class action*, após aprovada uma proposta de acordo coletivo pelo tribunal, passa-se à fase de postulação das indenizações individuais. Estudos sugerem, entretanto, que esses acordos têm sido marcados por uma participação inexpressiva dos membros da classe. Em uma *class action* ajuizada em 1988 contra a *Wells Fargo*, multinacional sediada nos Estados Unidos que presta serviços de financiamento, nem 5% dos titulares de contas qualificados para reclamar uma parte dos recursos provenientes do acordo coletivo manifestaram interesse pela quantia.[10]

Nesses casos, os fundos do acordo são destinados a entidades filantrópicas (acordos *cy pres*[11]), ou revertidos para o demandado, a depender dos termos avençados.

Como arremata a professora, os relatórios das pesquisas acerca do tema não revelam senão uma escassez de evidências capazes de comprovar se as *class actions* atualmente são capazes de concretizar ou não o objetivo de compensar efetivamente as vítimas pelos prejuízos sofridos. Pelo contrário, a análise desses estudos mais conduz à conclusão de que grande parcela dos membros não recebe qualquer compensação.

2.2 Dissuasão das empresas de cometerem ilícitos

Outro objetivo que justifica a existência das *class actions* é o suposto poder que teria a Regra 23 de desestimular os demandados – que geralmente são grandes empresas – de praticarem novos atos ilícitos. Acredita-se que o risco de serem condenadas a indenizar em processos que envolvam milhares, senão milhões, de pessoas, além de poderem ser condenadas em *punitive damages*, as induziria a evitar práticas ilícitas, tendo em vista o potencial que teriam essas demandas de levá-las à falência.[12]

O poder dissuasório é apontado por Mullenix como o escopo principal da Regra 23, responsável por potencializar o processo coletivo.[13] Contudo, embora se tenha notícia de empresas que foram a falência depois de condenações em

---

9. THE AMERICAN..., op. cit. p. 267.

10. HENSLER, Deborah [et al.]. *Class action dilemmas*: pursuing public goals for private gains. Arlington: RAND Institute for Civil Justice, 2000. p. 81.

11. Nos Estados Unidos, os acordos *cy pres* são utilizados quando as circunstâncias demonstram que seria pouco proveitoso, do ponto de vista econômico, indenizar, de forma individualizada, membros de uma determinada classe, tendo em vista a diminuta dimensão de suas pretensões. Nesse sentido, uma *class action* resolvida por meio de um acordo *cy pres* reúne as indenizações referentes à pretensão individual de cada membro da classe e as concede, como um todo, a entidades de caridade. Cf. DANTAS, op. cit. p. 273.

12. MULLENIX, op. cit. p. 528.

13. Ibid., p. 528.

class actions – como um estudo de Michelle J. White que identifica 85 processos de falência apenas em virtude de responsabilização por exposição a amianto[14] –, a teoria do efeito dissuasório dessas ações carece de evidências empíricas e, mesmo cinco décadas após a introdução da *class actions for damages*, faltam estudos demonstrando se essa dissuasão de fato existe, ou se é apenas outra ideia teórica sem comprovação prática.

O que nos mostra a professora Mullenix é que, com regular frequência, a expectativa de que as *class actions* criem desincentivos à prática de atos ilícitos acaba frustrada, tendo em vista que as empresas já se habituaram às vicissitudes do contencioso coletivo e preveem as despesas que terão de arcar em eventuais class actions, repassando os custos de transação para o consumidor. É o que chamam de *price of doing business.*[15]

Numa sociedade onde o consumo é de massa e as relações da vida cada vez mais complexas e múltiplas, não há quem que ignore a possibilidade de ser demandado em uma ação coletiva multitudinária em virtude da colocação no mercado de algum produto defeituoso, da má prestação de algum serviço ou da participação em algum acidente de massa.[16] No caso dos Estados Unidos, isso é ainda mais evidente, tendo em vista que desde a *Bill of Consumers Rights* de 1962 e, sobretudo após a eclosão da litigância de massa envolvendo o amianto, os norte-americanos vêm se adaptando a essa realidade.

Além disso, os demandados normalmente impugnam impetuosamente a certificação da classe. Quando não têm êxito, barganham até alcançar termos mais vantajosos, os quais, em regra, incluem o afastamento dos *punitive damages.* Em qualquer hipótese, jamais assumem a responsabilidade, e, muitas vezes, se beneficiam de cláusulas reversivas (que lhes devolvem os fundos do acordo coletivo não reclamado pelas partes) e cláusulas *cy pres*, que revertem o valor da condenação para entidades filantrópicas.[17]

Dessa forma, portanto, com acordos relativamente baratos, sem o risco dos danos punitivos, sem assunção de responsabilidade, além do benefício da inclusão de cláusulas reversivas ou de cláusulas *cy pres*, o poder dissuasório das *class actions* fica mitigado.

---

14. Em artigo publicado em 2004, Michelle J. White já apontava que, desde a explosão da "crise do amianto", 85 empresas haviam entrado em processo de falência. Cf. WHITE, Michelle. J. Asbestos and the Future of Mass Torts. *Jornal of Economic Perspectives.* vol. 18, n. 2, 2004, p. 183 -204. Disponível em: <https://econweb.ucsd.edu/~miwhite/asbestos-jep-final.pdf>. Acesso em: 19 dez. 2018.

15. MULLENIX, op. cit. p. 529.

16. COFFEE JR. John C. Class Wars: The Dilemma of the Mass Tort Class Action. vol. 95, n. 6, 1995, p. 1343-1465. Disponível em: <https://scholarship.law.columbia.edu/faculty_scholarship/29/>. Acesso em: 22 dez. 2018.

17. MULLENIX, op. cit., p. 529.

2.3 Promoção da celeridade e economia do processo judicial

Outra justificativa, com a qual melhor se familiariza o processo coletivo e pluri-individual brasileiro, especialmente após o advento da litigiosidade de massa, é que as *class actions* teriam o condão de otimizar a eficiência judicial e a economia processual.[18]

A ideia aqui seria a de que o manejo das *class actions* evita que o Poder Judiciário seja congestionado pela interposição de centenas ou milhares de demandas repetitivas, beneficiando não apenas as partes, com a celeridade na composição da lide, mas também o próprio sistema judicial, com a economia processual – razões semelhantes àquelas recentemente invocadas no Brasil para a introdução do Incidente de Resolução de Demandas Repetitivas no Código de Processo Civil de 2015.[19]

Argumenta-se que em situações em que haja um número expressivo de pessoas com pretensões semelhantes decorrentes do mesmo evento fático ou jurídico, seja mais eficiente buscar reparação pela via jurisdicional coletiva do que manejar diversos processos individuais. Isso porque, do ponto de vista do Estado, a agregação de pretensões aliviaria o congestionamento que as ações individuais podem causar no Poder Judiciário, e, do ponto de vista do litigante, ela diminuiria as despesas do litígio, bem como contribuiria para a celeridade de sua resolução, por se tratar de um único processo.

Entretanto, mesmo quanto ao fundamento da eficiência, Linda Mullenix demonstra que não há evidências empíricas suficientes para sustentá-la. Não se tem ideia, por exemplo, se na ausência da Regra 23, os tribunais norte-americanos estariam realmente congestionados de processos, tampouco se os processos coletivos levam menos tempo de serem resolvidos que os processos individuais, como se tem suposto.[20]

Nas demandas consumeristas de baixo valor, por exemplo, é mais provável que praticamente ninguém surja para reclamar reparação pelo dano sofrido. E mesmo em demandas mais substanciais, também não há evidências claras o suficiente que permitam concluir que na ausência da Regra 23 o Poder Judiciário estaria hoje congestionado.

A professora da Texas School chama atenção para aquilo que denominou de "crise de mentalidade" em que ficaram presos os tribunais norte-americanos após a década de 1980 com a crise do amianto: acreditar que, em razão das ações

---

18. Ibid., p. 529.

19. No âmbito das ações coletivas brasileiras, esse efeito fica eclipsado, em certa medida, pela impossibilidade de a tutela coletiva prejudicar a esfera individual (art. 103, § 3º, CDC).

20. Ibid., p. 530.

individuais, ficariam sobrecarregados de litígios que poderiam ser endereçados melhor pela via coletiva.[21]

Que diriam eles agora, em pleno século XXI, ao perceberem que mesmo diante da expansão da sociedade de massa os europeus ainda permanecem relutantes à adoção das ações coletivas? Ou do Brasil, que na esteira de países como a Inglaterra e a Alemanha, vem apostando na utilização de técnicas de tutela pluri-individual?

Ora, considerando que os litigantes com *high stakes* tendem a se preocupar mais com uma representação judicial adequada – motivo inclusive por que são sugeridos à representação da classe[22] –, é mais provável que aqueles que possuam pretensões vultosas busquem litigar individualmente, se excluindo do risco de litigar e perder em *class actions* que podem também abranger pretensões de baixo valor e de mérito duvidoso.

No que toca a eficiência, é verdade que as *class actions* contribuem para reduzir as despesas com o processo, porém, são escassas as evidências de que promovem uma célere resolução dos litígios.[23] As *class actions* dão oportunidade para diversas postulações e adiamentos do processo. A fase inicial do *Discovery*, quando são produzidas as provas preliminares da ação, pode levar anos, não sendo incomum emendas às petições iniciais antes da fase de certificação. Isso sem contar eventuais reformas nos tribunais *ad quem*, que somam mais um considerável tempo à resolução do litígio.[24]

São diversas as *class actions* que se arrastam por anos, não se podendo, portanto, considerar esse critério como decisivo para concluir pela superioridade das *class actions* em relação às ações individuais no que toca a celeridade na resolução dos litígios.

3. A LITIGÂNCIA COLETIVA EMPREENDEDORA: OS ENTUSIASTAS VS. OS "ESTRANGEIROS"

Atualmente, uma parte importante do sistema de regulação dos Estados Unidos é gerido pelos advogados da iniciativa privada. Sobretudo após a introdução da *class action for damages*, os advogados particulares têm, ao longo dos anos, desempenhado o papel de verdadeiros entusiastas do processo coletivo norte-americano, descobrindo potenciais violações legais, identificando indivíduos qualificados para atuar como representantes de classes, bem como ajuizando *class*

21. Ibid., p. 531.
22. THE AMERICAN..., op. cit., p. 67.
23. MULLENIX, op. cit., p. 531.
24. Ibid., p. 531.

actions em nome de grupos de pessoas que partilham dos danos decorrentes de uma mesma circunstância fática, entre outras funções.

Chamados de *private attorney general*, uma espécie de defensor público-privado, os advogados norte-americanos, no exercício de seus ministérios privados, colmatam as lacunas deixadas pelo setor regulatório, numa atividade em que se realiza metas públicas para ganhos privados (*pursuing public goals for private gains*).[25]

Ocorre, porém, como anota Debora Hensler, que "o incentivo desses advogados consiste nos honorários que eles receberão se forem exitosos na demanda e, talvez, o desejo de auxiliar os prejudicados e coibir futuros atos ilícitos". Muito embora se possa atribuir aos honorários a fonte de incentivo que leva os advogados a contribuírem positivamente para o sistema de regulação daquele país, são eles apontados como a causa que mais corroborou para o descrédito em que afundou o processo coletivo dos EUA.

Nos Estados Unidos, as cortes, tradicionalmente, dispõem de dois métodos para a remuneração de honorários advocatícios: o método POF, *percentage of fund*, mediante qual o juiz determina que uma porcentagem da indenização auferida com a condenação na demanda seja destinada para remunerar os advogados da classe vencedora; e o método *lodestar*, mediante o qual o juiz, avaliando as horas despendidas pelo advogado trabalhando sobre o caso, remunera o esforço razoavelmente necessário para fazê-lo.[26]

O método POF, era, desde 1966, a regra das *class actions*, sendo, porém, substituído pelo método *lodestar* na década de 1970. Isso se deu em resposta às críticas que se insurgiram contra o método POF, tendo em vista que este premiava os advogados com honorários excessivos, que não refletiam o verdadeiro esforço envidado na defesa da classe. Uma queixa regular era a de que, enquanto as partes recebiam valores irrisórios com a vitória na demanda, os advogados ficavam milionários da noite para o dia.[27]

Nesse sentido observava John Frank, citado por Débora Hensler:

> A desproporção entre o retorno para os membros da classe e o retorno para os advogados os que representam é, constantemente, grotesco. Em muitos casos, os membros individuais da classe são intitulados no direito de receber no máximo um dólar ou dois, enquanto o advogado que garantiu seu benefício pode tirar sua aposentadoria com a sua parte dessa vitória. (tradução livre)[28]

---

25. HENSLER, op. cit., p. 10.
26. Ibid., p. 77.
27. Ibid., p. 78.
28. FRANK, John. Response to the 1996 Circulation of Proposed Rule 23 on Class Actions: memorandum to my friends on the Civil Rules Committee, *apud*. HENSLER, op. cit. p. 83.

O método *lodestar*, por outro lado, exige um nível elevado de esforço do magistrado. Nele, a fim de se obter uma noção precisa dos esforços que foram despendidos ao longo da representação legal, o juiz tem de analisar calhamaços de registros dos advogados, ponderar os riscos que suportaram ao assumir a representação do caso, avaliar a qualidade do trabalho desempenhado e levar em consideração inúmeros outros fatores que possam influenciar a majoração dos honorários.[29] Por isso, o método *lodestar*, na década de 1990, começou a ser abandonado pelos juízes, e, em seu lugar, o método POF foi retomado, trazendo consigo todos os seus velhos problemas.[30]

O maior receio dos críticos, como destaca Linda Mullenix, é que esses advogados, não intimidados por seus próprios clientes, e atraídos pelos largos honorários advocatícios que as *class actions* oferecem, não deem o seu melhor na representação e aceitem celebrar acordos que satisfaçam mais seus próprios interesses – e os dos demandantes, que deveriam ser seus adversários – que os interesses dos membros da classe que representa.[31]

Sem mencionar o problema ético que essa atitude suscita, os membros da classe do processo coletivo norte-americano têm, nessas ocasiões, seu destino acertado à margem de seus interesses, à revelia de suas opiniões, sendo tratados como verdadeiros "estrangeiros", isto é, verdadeiros Mersaults do contencioso coletivo norte-americano, para utilizar o sentido da trama que envolve a personagem de Albert Camus.[32]

De fato, conforme aponta Linda Mullenix, desde 1966 "o carro-chefe de situações abusivas na prática das class actions se encontra na categoria prevista na Regra 23(b)(3): a *class actions for damages*". Isso porque à medida que as *class actions* deixaram de ter eficácia apenas mandamental para possuir também eficácia condenatória, o processo coletivo foi municiado com um instrumento de obtenção de indenizações milionárias.

Desde então, essa *class action* tem criado incentivos para que o contencioso coletivo se transforme em um verdadeiro negócio, tendo dado espaço ao nascimento de uma litigância empreendedora (*entrepreneurial litigation*) que, como aduz John Coffee Jr., se considerada do ponto de vista de massa, equivale a uma "extorsão legalizada".[33]

Nesse sentido, Linda Mullenix lista uma série de práticas abusivas que passaram a ser objeto de críticas do processo coletivo: empreendedorismo dos

29. HENSLER, op. cit., p. 77.
30. Ibid., p. 78.
31. MULLENIX, op. cit., p. 541.
32. CAMUS, op. cit., 103.
33. COFFEE JR., op. cit., p. 1349.

advogados (taxados de "caçadores de recompensas"), incentivos à litigiosidade coletiva, apresentação de demandas temerárias, "venda de membros da classe" por advogados (principais conflitos de agência), acordos ilegítimos chancelados por juízes acomodados (proteções de devido processo legal inadequadas, medidas reversivas, acordos de cupom, indenizações *cy pres*), e insuficiente ou insignificante compensação para os litigantes.[34]

Uma artimanha muito citada está no fato de que, se o advogado de uma eventual classe consegue realizar um acordo com o demandado sem que o processo passe por sérias investigações – como na fase *Discovery* –, nem exija muito esforço na condução da representação legal, é bem provável que a partir daí esses advogados tenham incentivos suficientes para proporem constantemente ações temerárias, sabendo que nada têm a perder, senão ganhar, com elas. O lucro é a bússola que move esses agentes.[35]

Suponha, por exemplo, que um escritório de advocacia, percebendo que pode lucrar muito sobre uma multinacional bilionária, proponha contra ela uma *class action* e já no início do processo – antes mesmo da fase de *Discovery* –, manifeste interesse em resolver o litígio por meio de acordo coletivo em um valor bastante atrativo à demandada. A multinacional, obviamente, iria preferir não ser processada, todavia, uma vez que já o está sendo, considera que é melhor negociar com esse escritório do que com outros, tendo em vista que são vários os que adotam uma política de investigar o delito mais a fundo e, comprovando a responsabilidade da empresa, conseguir provocar a celebração de acordos ainda mais vultosos. Nesses casos, mesmo uma empresa que acredite não ter praticado qualquer ilícito pelo qual ser responsabilizada, pode entender ser mais vantajoso celebrar um acordo coletivo no início do processo, a um preço que pode barganhar com os advogados, do que levá-la adiante e ter de arcar com as despesas indiretas que dela decorrem, além do tempo que isso exige, bem como com toda a publicidade negativa.

Nesse cenário, talvez a maior evidência de que a *class actions* se transformaram em um negócio esteja nas empresas que surgiram especializadas em financiar esse tipo de litígios, que esperam um retorno substancial a partir do montante que investiram.[36] Neste caso, essas empresas também aparecem como entusiastas ao lado dos advogados da classe, haja vista que, como bem destaca John Coffee Jr., quão mais expressivo for o caso que financiam, maior será a probabilidade de que tentem assumir o controle dele.[37]

34. MULLENIX, op. cit., p. 542.

35. Ibid., p. 550.

36. COFFEE JR. John C. The globalization of entrepreneurial litigation: law, culture and incentives. *University of Pennsylvania Law Review*. v. 165:1895, p. 1896-1926, 2017. p. 1920. Disponível em: <https://papers.ssrn.com/sol3/papers.cfm?abstract_id=2857258>. Acesso em: 19 dez. 2018.

37. Ibid., p. 1920.

Observa-se que os resultados de nenhuma dessas situações se dão em nome do melhor interesse da classe, mas de seus advogados, das financiadoras ou do demandado. As partes acabam como meros "estrangeiros" do processo que lhes diz respeito. Há casos, ainda mais drásticos, em que os próprios demandados se adiantam e subornam os advogados da classe.[38] E o que se pode esperar de uma estrutura que não só encoraja, mas remunera a litigância de má-fé, tendo os olhos sempre no lucro, ao invés da justiça? Naturalmente, o descrédito, eliminando-se todo o potencial dissuasivo das *class actions*.

É tendo em vista esse cenário que Linda Mullenix propõe a extinção da *class actions for damages* prevista na Regra 23 (b)(1)(3) das *Federal Rules of Civil Procedure*.

4. O PROBLEMA DO AMIANTO NOS ESTADOS UNIDOS E A CRISE DAS *CLASS ACTIONS*

Desde disputas decorrentes de implantes mamários até doenças provocadas pela exposição ao pó de sílica, as cortes americanas, sobretudo a partir da segunda metade do século passado, passaram a ser inundadas por demandas tão difíceis de serem geridas quanto para serem resolvidas. A jurisprudência daquele país passou a ser fonte valiosa de casos envolvendo litígios de massa, cujos acertos e desacertos ofereceram importantes perspectivas que, se bem trabalhadas, nortearão o futuro da tutela coletiva no mundo.

A mais significativa porção dessa litigiosidade de massa que acometeu os Estados Unidos, entretanto, encontra raízes nas demandas individuais que foram levadas aos milhares às cortes federais e estaduais estadunidenses entre os anos de 1970 e 1980 e envolve os casos de danos à saúde gerados pela exposição de trabalhadores ao mineral amianto, produto tóxico então amplamente utilizado pelas indústrias à época.[39]

O amianto é um material altamente cancerígeno, cuja eliminação foi recomendada pela Convenção 162 da OIT e que, inclusive, já foi objeto de decisão histórica do Supremo Tribunal nas ADIs 3406 e 3470, proibindo, em todo país, a

38. MULLENIX, op. cit. p. 531.

39. "[This] is a tale of danger known in the 1930s, exposure inflicted upon millions of Americans in the 1940s and 1950s, injuries that began to take their toll in the 1960s, *and a flood of lawsuits beginning in the 1970s*. On the basis of past and current filing data, and because of a latency period that may last as long as 40 years for some asbestos related diseases, a continuing stream of claims can be expected. The final toll of asbestos related injuries is unknown. Predictions have been made of 200,000 asbestos disease deaths before the year 2000 and as many as 265,000 by the year 2015" (ESTADOS UNIDOS. Supreme Court. Ortiz et. al. v. Fibreboard Corp. et. al. Certiorari to the United States Court of Appeals for the Fifth Circuit. No. 97-1704. Washington-DC, 23 jun. 1999. p. 821 e 866. Disponível em: <https://supreme.justia.com/cases/federal/us/527/815/case.pdf>. Acesso em: 22 set. 2018.

produção, a comercialização e o uso do amianto, usado, sobretudo, na fabricação de telhas e caixas d'água.

A partir da década de 1970, nos EUA, aqueles que haviam sido efetivamente afetados ou simplesmente expostos à produção do amianto durante a jornada de trabalho foram ao Judiciário buscar ressarcimento pelos danos sofridos, ou que certamente viriam a sofrer. Em audiência pública ocorrida na Suprema Corte em 1991, o *Ad Hoc Committee on Asbestos Litigation*[40], então encarregado de elaborar um relatório sobre a questão do amianto, constatou que entre 13 e 21 milhões de trabalhadores poderiam ter tido contato com o produto químico. Nunca, em toda a história dos Estados Unidos, as cortes americanas tiveram de enfrentar um número tão elevado de potenciais litigantes.

A busca pelo Judiciário, que não tardou em se transformar em um fluxo inesgotável de demandas, logo ocasionou o que se conhece, por lá, como *mass tort litigation crisis*. Estudos, fazendo amostras da época, revelam que, em uma única Corte, em 1982, os processos não passavam de 16.000, em 1990 esse número aumentou para 30.000[41] e, em 2003, já ultrapassava o contingente dos 100.000[42], para um único caso. Esses números, ínfimos perante os do Brasil, não eram comuns para as Cortes americanas.

Essa avalanche, somando as vias de acesso dispersas por todo país, chegou a proporções tão alarmantes que a Suprema Corte, em expressão que se tornou célebre, afirmou estar lidando com uma "*elephantine mass of abestos cases*" que desafiava os costumes tradicionais do sistema judicial americano.[43] Todo o sistema de justiça norte-americano não havia sido pensado para aquilo, tampouco as próprias *class actions*.

40. Justice Breyer: "First, I believe the majority understands the importance of settlement in this case. Between 13 and 21 million workers have been exposed to asbestos in the workplace - over the past 40 or 50 years - but the most severe instances of such exposure probably occurred three or four decades ago" (ESTADOS UNIDOS. Supreme Court. Anchem Products, Inc., et al. v. Windsor et al. Certiorari to the United States Court of Appeals for the Third Circuit. No. 96-970. Washington-DC, 18 feb. 1997. p. 631. Disponível em: <https://supreme.justia.com/cases/federal/us/527/815/case.pdf>. Acesso em: 22 set. 2018.

41. MULLENIX, Linda S. *Mass Tort Litigation: cases and materials*. West Pub. 2d. ed. 2008. p. 2.

42. "By the 1980s, what had once been a series of isolated cases turned into a steady flow. Claimants began regularly obtaining significant awards. In 1982, Johns-Manville Corporation -- the single largest supplier of asbestos-containing insulation products in the U.S. and the primary target of the early claims -- declared bankruptcy due to the burden of the asbestos litigation. At that point, it had approximately 16,000 pending claims. By comparison, today it is common for some defendants to have more than 100,000 cases pending." Íntegra do relatório em: <http://www.americanbar.org/content/dam/aba/migrated/leadership/full_report.authcheckdam.pdf.>Acessado em: 08/12/15.

43. Disse Justice Souter no julgamento do caso *Ortiz. V. Fibreboard*, 1999: "Like Amchem Products, Inc. v. Windsor, 521 U. S. 591 (1997), this case is a class action prompted by the *elephantine mass of asbestos cases*, and our discussion in Amchem will suffice to show how this litigation defies customary judicial administration and calls for national legislation." ESTADOS UNIDOS, op. cit. p. 821.

As *Federal Rules of Civil Procedure (FRCP)*[44], ao reconhecerem a necessidade de se instalar um procedimento jurisdicional coletivo, encorajaram os lesados a se agrupar em extensos litisconsórcios e litigar conjuntamente, por meio de *class actions*. O que não se esperava, entretanto, é que esse procedimento abrisse mais espaço para o agravamento da litigiosidade, fenômeno que, por sua vez, se assemelha àquele que gerou os problemas decorrentes da *ideologia coletivizante* no Brasil.[45]

Deve-se observar que a jurisprudência americana verificou que a premissa de resolução massificada de litígios não confere tratamento adequado para os direitos individuais homogêneos envolvidos. Esse entendimento apareceu de forma mais nítida nas decisões dos casos *Amchem Products, Inc. v. Windsor* e *Ortiz v. Fibreboard Corp.*

Nesses julgados, a Suprema Corte americana se pronunciou, em sede de tutela jurisdicional coletiva, sobre os casos de duas empresas que vinham sendo amplamente processadas, em diversos Estados, por terem exposto direta ou indiretamente trabalhadores ao amianto e, em razão disso, ter lhes causado diversos tipos de lesões.

Dada a amplitude dos danos causados pelo mineral, distintas categorias de lesados foram surgindo. Houve, por exemplo, quem tivesse efetivamente desenvolvido sintomas da doença em decorrência da exposição ao amianto, outros que desenvolveram apenas problemas respiratórios, outros que, de fato, contraíram câncer da exposição, bem como pessoas em que a doença não viria a se manifestar mesmo muitos anos depois.[46]

Diante desse cenário e, antes de tecer comentários sobre os casos referidos, considero importante demonstrar como o modelo jurisdicional coletivo americano apresenta uma relevante discrepância em relação ao brasileiro.

---

44. As *Federal Rules of Civil Procedure (FRCP)*, são o conjunto de regras que regem o procedimento de ações civis movidas nas Cortes federais dos Estados Unidos. Elas foram editadas pela Suprema Corte Americana, e, em seguida, aprovadas pelo Congresso Nacional. Surgiram em 1938 com o objetivo de abolir as diferentes regras processuais que cada Corte federal adotava para o trâmite de ações civis. Importante indicar que todos os Estados americanos têm competência para editar as regras de direito processual que pretendem aplicar nas suas Cortes estaduais. No entanto, a grande maioria adota e estrutura suas regras com base nas *FRCP*.

45. Por "ideologia coletivizante" tenho denominado a doutrina que apregoa uma difusão desenfreada da tutela coletiva, concebendo-a como a única via racional de proteção a direitos individuais homogêneos. Essa proposta, à pretexto de trazer eficiência e racionalidade para o Poder Judiciário, trata artificialmente como massa os conflitos e angústias individuais das pessoas, subtraindo do cidadão o direito a ter *his day on Court*, expressão da garantia fundamental de acesso à Justiça. DANTAS, Bruno. Jurisdição coletiva, ideologia coletivizante e direitos fundamentais. *Revista de Processo*, v. 251, p. 341-358, 2016. p. 346.

46. Assim sublinhou a Corte do Terceiro Circuito: "Class members were exposed to different asbestos containing products, for different amounts of time, in different ways, and over different periods. Some class members suffer no physical injury or have only asymptomatic pleural changes, while others suffer from lung cancer, disabling asbestosis, or from mesothelioma... Each has a different history of cigarette smoking, a factor that complicates the causation inquiry".

Essa diferença reside no fato de que o sistema processual dos Estados Unidos dispõe de um instrumento peculiar que, embora não previsto expressamente nas *Rules of Civil Procedure*, é frequentemente utilizado pelas vítimas de dano em massa para pleitearem seus direitos: a *settlement class action.*

Essa ação consiste em uma modalidade excepcional da *class action* tradicional criada a partir da interpretação teleológica da alínea "e" da *Rule 23* das *Rules of Civil Procedure,* a qual estabelece, por sua vez, a impossibilidade de uma *class action* ser admitida ou inadmita sem antes passar pelo crivo de uma Corte.[47]

Pode-se observar que o processamento da *settlement class action* obedece a um procedimento peculiar. Inicialmente, os interessados (empresas e milhares de lesados) estabelecem a realização de uma audiência específica (*Class Action Settlement Conference)* na qual poderão celebrar um acordo extrajudicial. Posteriormente, caso logre sucesso a negociação, as partes submetem o acordo ao Judiciário para certificação (*Certification*)[48]. A Corte, então, em juízo de admissibilidade, avalia se a demanda cumpre os requisitos da *Rule23* das *Federal Rules of Civil Procedure* e julga se ela é admissível ou não. Se admitida, a ação é finalmente certificada (*Certified*) e todos os lesados, então, são representados no bojo da *settlement class action.*

Nos casos *Amchem Products, Inc. v. Windsor* e *Ortiz v. Fibreboard Corp,* as empresas, com intuito de pôr fim ao fluxo inesgotável de demandas que eram então propostas contra si, tomaram a iniciativa de levar milhares de lesados para a mesa de negociações e entraram em um acordo total (*global settlement*) para que essas pessoas se organizassem em litisconsórcios multitudinários e juntos perseguissem seus direitos por meio do procedimento jurisdicional coletivo das *settlements class actions.*

Diferentemente do modelo de tutela coletiva brasileira, em que o controle da adequação da representação se restringe à verificação de ter sido a ação coletiva proposta por um legitimado coletivo previsto em lei, que deve cumprir com o requisito da pertinência temática, nos Estados Unidos foi adotado um modelo mais rigoroso de verificação da representação coletiva, em que o juiz, antes de conceder a certificação da classe, analisa se, de fato, estão presentes e sendo devidamente observados os requisitos de admissibilidade das *class actions*: *numerosity (*extensão da classe)*, commonality* (predominância das questões comuns sobre as individuais), *typicality (*afinidade do representante da classe com a pretensão dela) e *adequacy* (adequação da representação).

---

47. 23 (e) Settlement, Voluntary Dismissal, or Compromise. The claims, issues, or defenses of a certified class may be settled, voluntarily dismissed, or compromised only with the court's approval.

48. A certificação (*Certification*) de uma *settlement class action* no Judiciário norte-americano consiste no procedimento por meio do qual a Corte de primeiro grau formaliza os termos acordados entre as partes, convertendo-os em uma *settlement class action* se cumpridos os requisitos de adequação da *Rule 23.*

Essa rigorosidade se justifica pelo fato de que a *class action*, nos EUA, têm o condão de fazer coisa julgada *pro et contra*, isto é, a favor ou contra a classe – o que não ocorre no Brasil, pois optou-se, aqui, pelo modelo de coisa julgada *secundum eventum litis*, e os indivíduos da classe não podem, em uma ação coletiva, ser prejudicados em suas esferas individuais, o que justifica essa assimetria de rigorosidade no controle.

Dessa forma, assim como nas Cortes inferiores a análise dos casos *Anchem Products, Inc. v. Windsor* e *Ortiz v. Fibreboard Corp.* se restringiu exclusivamente ao debate de questões processuais envolvendo as regras de admissão da *class action*, na Suprema Corte a discussão se deteve em explorar apenas os requisitos de admissibilidade, uma vez que, dentre outros problemas, identificou-se uma inadequada representação dos membros das classes em ambos os casos, ambas calcadas, sobretudo, na constatação de que as questões individuais prevaleciam sobre as questões coletivas.[49-50]

À vista disso, e seguindo o entendimento que já vinha sendo dado por outros magistrados, a Suprema Corte constatou que o principal problema a impedir a admissibilidade das demandas em ambos os casos se referia à homogeneização artificial que as *class actions* operavam sobre as diferentes categorias de lesados. Ao pretender reunir em uma única demanda todos os que tinham direito à reparação de danos, as empresas falharam não apenas em representar adequadamente as eventuais vítimas que ainda não haviam se manifestado, mas também em propor soluções que levassem em consideração as peculiaridades de cada grupo dos atuais lesados.[51]

49. Inicialmente, no *Amchem Products, Inc. v. Windsor* a Corte Distrital certificou uma *Settlement Class Action* originária de um acordo firmado entre a empresa e as partes lesadas. Essa Corte considerou, apesar de inúmeros obstáculos criados pelos opositores, que o acordo era justo, a competência da Corte devidamente invocada e as informações e representação das classes adequadas. Em seguida, proibiu os membros das classes de ajuizar processos individuais em relação a exposição ao amianto em qualquer Corte Estadual ou Federal. A Corte de Apelações, apesar de concordar com a Corte Distrital que uma *class action* pode ser certificada para fins de acordo (*Settlement Class action*), houve por bem anular a decisão do primeiro grau, considerando que os requisitos de certificação encartados na *Rule* 23 deveriam ser cumpridos como se o caso fosse ser efetivamente julgado, sem levar o acordo em consideração. Além disso, explicou que a certificação era inapropriada porque a classe falhou em satisfazer, entre outras disposições, os requisitos da Rule 23 (b)(3) que dispõe sobre a necessidade de predominância das questões comuns à classe sobre as questões individuais, e os requisitos da *Rule* 23 (a)(4) de uma representação adequada. Sendo assim, ordenou que a Corte Distrital anulasse a certificação da demanda (*Decertify*). A corte Suprema manteve o entendimento da Corte de Apelações.

50. Já no caso *Ortiz v. Fibreboard Corp* a Corte Distrital, inicialmente, permitiu a intervenção das vítimas e dos acusados, realizou uma audiência de equidade nos termos da *Federal Rule of Civil Procedure* 23(e), decidiu que os requisitos da *Rule* 23(a) de *numerosity*, *commonality*, *typicality* e *adequacy* foram cumpridos, e certificou a demanda sob a *Rule* 23 (b)(1)(b). Em segundo grau, a Corte de Apelações manteve a decisão da Corte Distrital, entendendo correta a certificação da classe e adequação do acordo. Chegando à Suprema Corte, esta anulou a decisão do Corte inferior, lhes devolvendo a questão para nova apreciação, que agora deveria ser feita à luz da decisão tomada no caso *Amchem Products, Inc. v. Windsor.*

51. Criticando o entendimento da Corte Distrital que admitiu (*certified*) a *settlement class action* em primeiro grau e que, para o cumprimento do requisito do *compartilhamento* das questões em comuns (*Rule* 23 (a)

Em nenhum dos litígios ficou estabelecido de forma clara quais seriam os diferentes níveis de compensação que cada sub-grupo deveria receber ou por quantas reivindicações as empresas se responsabilizariam nos anos subsequentes. Além disso, no caso *Ortiz v. Fibreboard Corp.*, especificamente, os recursos financeiros disponibilizados pelas empresas para o pagamento das indenizações eram limitados e determinados, enquanto as pessoas que poderiam desenvolver problemas de saúde no futuro em decorrência da exposição ao amianto eram indeterminadas. Caso esse fundo fosse desde logo executado pelos lesados efetivamente identificados até aquele momento, nada restaria para aqueles que, embora também tivessem direito à reparação, não tivessem ainda visto manifestar-se quaisquer sintomas de danos à saúde gerados pela exposição.

Este foi o motivo principal pelo qual nenhum dos casos chegou a ter o mérito do processo analisado, perdendo, dessa maneira, a oportunidade de se debater o tema por completo e de orientar uma solução adequada para o problema da litigiosidade de massa então enfrentada. A experiência, contudo, não deixou de ser fértil em matéria de direito processual civil. Pelo contrário, o episódio relevou que a tutela coletiva, em sua configuração tradicional, já não é mais capaz de responder adequadamente aos desafios impostos pelos litígios de massa de ampla extensão, tão característicos do século XXI.

Os julgados tornaram evidente a falta de aderência da técnica processual americana aos direitos individuais homogêneos ora pleiteados. Por um lado, as demandas ajuizadas individualmente se mostraram perigosas dado o enorme e inesgotável volume de potenciais litigantes. Por outro, o manejo das *class actions* para a tutela dos lesados se mostrou inadequada dada a vastidão de peculiaridades da pretensão de cada um.[52]

5. BRASIL: POR QUE O INCIDENTE DE RESOLUÇÃO DE DEMANDAS REPETITIVAS?

Feitas essas considerações, ficam evidentes os motivos por que ultimamente parece ter se alastrado, e com razão, não só dentro dos Estados Unidos, como

(2)), se embasou tão somente no fato de todos os trabalhadores terem sido expostos ao amianto, a Suprema Corte chamou atenção para a necessidade de cumprimento do requisito da *predominância* das questões em comum, mais abrangente que aquele e de maior relevo na circunstância, estabelecendo que "Given the greater number of questions peculiar to the several categories of class members, and to individuals within each category, and the significance of those uncommon questions, any overarching dispute about the heal consequences of asbestos exposure *cannot satisfy the Rule 23(b)(3) predominance standard*".

52. Outra questão relevante que se apresentou na controvérsia levantada sobre o modelo tradicional de *class actions* foi o debate sobre se os juízes estariam excedendo sua autoridade ao exercer postura ativa naqueles litígios, quando quem deveria buscar uma solução para a crise das demandas de responsabilidade civil seria o Congresso e não a Suprema Corte. Em decorrência dessa situação, verifica-se que a inércia do legislativo tem aberto portas para o desenvolvimento do ativismo judicial na resolução da *mass tort crisis* americana.

vem mostrando Linda Mullenix, mas também pela Europa, como atesta Rachel Mulheron[53], uma espécie de ceticismo acerca da adequação do instrumento das *class actions* para fazer frente aos desafios que a litigiosidade de massa tem apresentado ao século XXI.

Com a *crise das class actions*, muitos estudiosos sugerem, se não a extinção da *class action for damages*, a elaboração e utilização de instrumentos adicionais de tutela pluri-individual. Autores americanos como Byron Stier reconhecem a crise do modelo de tutela coletiva vigente e a necessidade de se conceber modelos alternativos:

> as courts have increasingly held, multiple-incident, personal-injury class actions are not appropriate for class treatment because they envolve numerous individualized adjudication. Indeed, if a court attempts to adjudicate class action claims consonant with state substantive law and federal constitucional guarantees, the individualized issues can require hundreds of years of trial and attendant hearings.[54]

David Rosenberg, professor da Faculdade de Direito da Universidade de Harvard, ao analisar soluções para evitar casos repetitivos, compara a técnica das *class actions* com a do *colateral stoppel*[55], um modelo de preclusão temática que impediria a admissão de novas ações sobre a mesma questão de fato ou de direito após o julgamento final de uma ação que tenha discutido o mesmo tema, apresentando prós e contras em ambos.[56]

Essa nova postura dos estudiosos parte da percepção de que o modelo de tutela coletiva clássica cumpriu bem sua função no século passado, mas está defasado, e talvez, como sustenta Mullenix, funcione melhor para soluções que exijam provimentos mandamentais, cujo *decisium*, em regra, se limita a ordens de fazer e não fazer, e não condenações que exigem minuciosos juízos sobre as particularidades de cada pretensão.

---

53. MULHERON, Rachel. *The class action in common law legal systems*: a comparative perspective. Oxford-Porland: Hart Publishing, 2004. p. 68.

54. STIER, Byron G. *Resolving the class action crisis*: mass tort litigation as network. Utah Law Review 836. 2005. p. 865.

55. O dicionário *Black's Law* define a expressão *colateral stoppel*, em sua segunda acepção, como "a doctrine barring a party from relitigating na issue determined against that party in an earlier action, even if the second action differs significantly from the first one".

56. ROSENBERG, David. Avoiding duplicative litigation of similar claims: the superiority of class action vs. collateral stoppel vs. standard claims market. Discussion paper n. 394. 12/2002. Disponível em: [www.law.harvard.edu/programs/olin_center/papers/pdf394.pdf]. Acesso em: 11.09.2019. p. 4: "Collateral stoppel is the one regullatory device that could achieve global preclusive effects rivaling those of class action. Collateral stoppel embraces various rules that preclude litigating a claim ('claim preclusion') or issue ('issue preclusion') in any case subsequent to entry of final judgment in another case in which the same claim or issue had or could have been raised and determined. Generally, collateral stoppel applies when the party adversely affected by the preclusive effect was a party (or in privity with a party) to the case in which final judgment was entered".

Complex litigation, nos EUA, decisões estruturais, no Brasil, por exemplo, são temas recentes que revelam a ineficácia das técnicas processuais tradicionais perante a complexidade das lides atuais. O passado nos conduziu até aqui não para que os operadores do direito repousassem sobre ele, mas para que possam, com a experiência da tradição, costurar um futuro melhor. Afinal, "a inteligência organiza o mundo organizando a si mesma, o conhecimento torna-se *atualização dos possíveis* ou *criação de novos possíveis*", com acerto anotava o saudoso professor André-Jean Arnaud.[57]

O que se quer com isso demonstrar é que o estado atual da processualística não posiciona mais a tradicional tutela coletiva como o modelo mais adequado para lidar com os problemas da litigiosidade massiva, e que a opção do Brasil pela tutela pluri-individual é proposital, calcada nos avanços mais recentes sobre o tema, buscando impedir que prevaleça, aqui, o que em outra oportunidade denominei de *ideologia coletivizante*.[58]

De fato, muitos são os motivos que levaram ao afastamento do modelo de tutela coletiva no CPC 2015, com a conseguinte adoção da técnica pluri-individual, mas esse afastamento decorre, primordialmente, dos motivos narrados neste trabalho, que posicionamos em duas classes: motivos de *política*, e motivos de *técnica*.

Rachel Mulheron, ao anotar que as *class actions* também vêm sendo rejeitadas na Inglaterra, segue essa mesma linha e aponta que duas são as razões principais desse fenômeno, embora também as julgue insuficientes: (i) há percepção da falta de utilidade e de flexibilidade; e (ii) a experiência norte-americana é mal vista pelos ingleses.[59]

Os motivos de ordem *política* residem, sobretudo, no estigma que *as class actions for damages* atraíram para o contencioso coletivo nos Estados Unidos, cujas nuances foram estudadas exaustivamente pela professora Linda Mullenix. A sanha dos advogados pelos honorários milionários, e a litigância empreendedora que daí emergiu, lançou uma mensagem negativa e irreversível sobre as virtudes dessa técnica, que, como anota Mullheron, também foi determinante para fazer a Inglaterra se afastar dela.

Os motivos de ordem *técnica*, por sua vez, residem na inflexibilidade da ferramenta das *class actions* para lidar com as particularidades que dizem respeito

57. FACHIN, Edson; TEPEDINO, Gustavo (org.). *O direito e o tempo*: embates jurídicos e utopias contemporâneas – Estudos em homenagem ao Professor Ricardo Pereira Lira. Rio de Janeiro: Renovar, 2008. p. 43.

58. DANTAS, op. cit., p. 346.

59. MULHERON, op. cit. p. 68. Cf. "Two reans contributed to the implementation of group litigation order as the principal means by which to handle multi-party litigation in England, rather than the class action device. *First, class action regimes are perceived to lack utility and flexibility. Secondly, unfavarouble comments have repeatedly been made in respect of the US class action regime*" (grifos nossos).

aos direitos individuais homogêneos, fator que ficou evidente na discussão dos casos *Anchem Products, Inc. V. Windsor e Ortiz v. Fibreboard Corp.* O registro de Mulheron demonstra que também para os ingleses a técnica norte-americana aparenta assaz inflexível e incapaz de endereçar adequadamente as peculiaridades que as lides complexas apresentam.

Não por outro motivo a elaboração do IRDR teve em consideração a experiência inglesa, vez que rejeitaram expressamente o mecanismo da *class action* para elaborarem um mecanismo autêntico de tutela pluri-individual que pudesse alinhar a racionalidade do Poder Judiciário à observância do *day in court* das partes: *o Group Litigation Order*.

Além disso, e por último, é importante levar em consideração um outro fator.

Não é incomum que, ao realizar incursões no direito comparado, a doutrina incorra em certos anacronismos. Não raro são importados, para o nosso ordenamento, institutos e teorias, oriundas de determinado país, que mesmo neste país já foram superadas, e esta última consideração não é senão uma advertência contra equívocos desse jaez.

No Brasil, a concepção do direito processual coletivo teve início no final da década de 1970, quando a doutrina nacional iniciou absorção da produção acadêmica italiana, capitaneada por vultos como Michele Taruffo, Mauro Cappelletti, Vincenzo Vigoriti, Proto Pisani, dentre outros. Os estudiosos italianos, segundo anota Antônio Gidi, utilizaram-se da experiência norte-americana dos primeiros anos da *Rule 23*, reformada em 1966, e foi nessa bibliografia que os acadêmicos brasileiros buscaram inspiração teórica para conceber os institutos e os conceitos que permeiam a Lei da Ação Civil Pública (Lei 7.347/1985), discutida e promulgada na primeira metade da década de 1980.

Posteriormente, em 1990, quando da edição do Código de Defesa do Consumidor (Lei 8.078/1990), os novos dispositivos referentes à defesa do consumidor em juízo passaram a compor o que veio a se chamar de microssistema de processo coletivo, com princípios, regras e conceitos que regem essa seara do direito ainda nos dias de hoje.[60]

Segundo Antônio Gidi, também a Lei 8.078/1990 considerou como referencial teórico a bibliografia italiana da década de 1970, que interpretava a *Rule 23*, alterada em 1966, fato que mereceu desse autor críticas ácidas.[61] A crítica do

60. DANTAS, Bruno. *Teoria dos Recursos Repetitivos*: tutela pluri-individual nos recursos dirigidos ao STF e ao STJ (art. 543-B e 543-C do CPC). São Paulo: Revista dos Tribunais.

61. GIDI, Antonio. *Rumo a um Código de Processo Civil coletivo*: a codificação das ações coletivas do Brasil. Rio de Janeiro: Forense, 2008. p. 32-33: "É constrangedor saber que a fonte atual da legislação brasileira é a doutrina italiana, cujo direito não tem nem nunca teve tradição de processo coletivo, em sua fase mais imatura e hesitante. A situação ficou ainda mais visível com a promulgação do CDC na década de 90, cujas

autor é no sentido de que o microssistema de tutela coletivo concebido nas décadas de 1980 e 1990 no Brasil se baseou em uma bibliografia completamente desatualizada, que ignorava o desenvolvimento das técnicas processuais coletivas vanguardistas. No Brasil, no limiar do século XXI, a doutrina aprendia sobre o processo coletivo norte-americano através de estudos italianos da década de 1970, que, por sua vez, interpretavam a doutrina norte-americana que escrevia sobre a longínqua reforma de 1966 das *class actions*.

E é aqui que reside o ponto a que se busca dar relevo: como foi visto, é justamente na década de 1960 e 1970 que se inicia nos Estados Unidos a maior crise das *class actions* de sua história, com os litígios envolvendo o amianto. Naturalmente, ainda era cedo demais para os norte-americanos colherem as lições dessa crise, e a doutrina italiana da década de 1970, da qual bebeu a doutrina brasileira na década 1980 e 1990, não pôde senão ter acesso ao estado da técnica processual coletiva norte-americana de um período anterior ao apogeu da crise. Então, se é verdade que a inspiração teórica da LACP e o CDC são as *class actions*, é preciso admitir que existe nessa inspiração um hiato, um vazio, de cerca de vinte a trinta anos indispensáveis da experiência norte-americana.

Foi nesse hiato que vieram as lições da crise, com as inúmeras reformas legislativas, pesquisas acadêmicas e de campo, pelas estatísticas, e a respeito delas escrevem, atualmente, uma gama expressiva de doutrinadores norte-americanos, alguns deles citados neste trabalho. Por isso, sobretudo hoje, em que se prescinde da ponte italiana para acessar a doutrina coletivista norte-americana, não se admite seja cometido o mesmo anacronismo de se beber em fontes obsoletas para conceber novas técnicas. É por isso que se vem insistindo ser inadmissível incorrermos no equívoco de promover uma ideologia coletivizante, tendo em vista que essa doutrina finca raízes em uma compreensão do processo coletivo norte-americano que se encontra há muito superada.

Portanto, todos esses motivos, somados, concorrem para demonstrar por que motivo a Comissão de Juristas encarregada de elaborar o Código de Processo Civil de 2015 houve por bem se afastar da coletivização de demandas individuais para optar, prudentemente, pela técnica pluri-individual, eis que dentre as alternativas existentes, essa se mostrou a que melhor compatibilizaria racionalidade, eficiência e acesso à Justiça.

---

fontes pesquisadas eram as mesmas utilizadas na década anterior para conceber a interpretar a LACP: a doutrina italiana da década de 70, interpretando uma inovação norte-americana da década de 60. A razão é simples, os italianos haviam simplesmente perdido o interesse e pararam de publicar sobre o tema e os brasileiros perderam a principal fonte de informação atualizada sobre as class actions norte-americanas: a doutrina esquerdista e progressista italiana. Não somente pelas inúmeras reformas legislativas, mas também pelo amadurecimento da experiência prática dos advogados e tribunais, pelas pesquisas acadêmicas e de campo, pelas estatísticas e propostas legislativas de reforma, pelos precedentes e pela doutrina, o direito processual coletivo norte-americano havia evoluído e se tornado um sistema muito mais complexo e sofisticado. Mas os brasileiros não haviam dado conta disso, porque os italianos não mais escreviam sobre o tema".

6. CONCLUSÃO

Os Estados Unidos, com sua experiência secular em matéria de direito coletivo, é o referencial para onde, tradicionalmente, afluem os estudiosos que pretendem se aprofundar no tema. Por muito tempo essa procura se justificou pelos êxitos da experiência norte-americana. Entretanto, desde a década de 1960, o processo coletivo norte-americano passou por inúmeros e altos e baixos que, ao cabo do século passado, culminou transmitindo para o mundo um ceticismo acerca das *class actions*, e se os acertos daquele país foram essenciais para o desenvolvimento de técnicas de resolução de conflitos de massa em diversos países, não menos seriam seus desacertos.

Entre esses desacertos, foi visto que a experiência norte-americana do fim da segunda metade do século passado, quando se revelaram as funestas disfunções causadas pela litigância empreendedora (*entrepreneurial litigation*) em torno das *class actions*, bem como quando a Suprema Corte reconheceu a ineficácia daquela técnica processual coletiva para lidar com os direitos individuais homogêneos envolvidos nos casos *Amchem Products, Inc. v. Windsor* e *Ortiz v. Fibreboard Corp*, foram indispensáveis para levar o Brasil a se afastar da ideologia coletivizante e optar por um modelo que compatibilize a racionalidade da Justiça com o acesso à justiça: a técnica da tutela pluri-individual.

Esses são, portanto, entre tantos outros que poderiam ser explorados, os principais motivos que levaram a Comissão de Juristas encarregada de elaborar o CPC 2015 a conceber, com detida prudência, o Incidente de Resolução de Demandas Repetitivas.

7. REFERÊNCIAS BIBLIOGRÁFICAS

CAMUS, Albert. *O estrangeiro*. Trad. Valerie Rumjanek. 44. ed. Rio de Janeiro: Record, 2018.

COFFEE JR., John C. Class wars: the dilemma of the mass tort class action. vol. 95, n. 6, 1995, p. 1343-1465. Disponível em: <https://scholarship.law.columbia.edu/faculty_scholarship/29/>.

______. The globalization of entrepreneurial litigation: law, culture and incentives. *University of Pennsylvania Law Review*. v. 165:1895, p. 1896-1926, 2017. p. 1920. Disponível em: <https://papers.ssrn.com/sol3/papers.cfm?abstract_id=2857258>.

DANTAS, Bruno. *Teoria dos Recursos Repetitivos*: tutela pluri-individual nos recursos dirigidos ao STF e ao STJ (art. 543-B e 543-C do CPC). São Paulo: Revista dos Tribunais.

______. Jurisdição coletiva, ideologia coletivizante e direitos fundamentais. *Revista de Processo*, v. 251, p. 341-358, 2016.

ESTADOS UNIDOS. Supreme Court. Anchem Products, Inc., et al. v. Windsor et al. Certiorari to the United States Court of Appeals for the Third Circuit. No. 96-970. Washington-DC, 18 feb. 1997. Disponível em: <https://supreme.justia.com/cases/federal/us/527/815/case.pdf>. Acesso em: 22 set. 2018.

______. Ortiz et. al. v. Fibreboard Corp. et. al. Certiorari to the United States Court of Appeals for the Fifth Circuit. No. 97-1704. Washington-DC, 23 jun. 1999. p. 821 e 866. Disponível em: <https://supreme.justia.com/cases/federal/us/527/815/case.pdf>.

FACHIN, Edson; TEPEDINO, Gustavo (org.). *O direito e o tempo*: embates jurídicos e utopias contemporâneas – Estudos em homenagem ao Professor Ricardo Pereira Lira. Rio de Janeiro: Renovar, 2008.

FRANK, John. Response to the 1996 Circulation of Proposed Rule 23 on Class Actions: Memorandum to My Friends on the Civil Rules Committee, *apud*. HENSLER, *Class action dilemmas*: pursuing public goals for private gains. Arlington: RAND Institute for Civil Justice, 2000.

GIDI, Antonio. *Rumo a um Código de Processo Civil coletivo*: a codificação das ações coletivas do Brasil. Rio de Janeiro: Forense, 2008.

HENSLER, Deborah [et al.]. *Class action dilemmas*: pursuing public goals for private gains. Arlington: RAND Institute for Civil Justice, 2000.

______. Asbestos Litigation in the United States: Triumph and Failure of the Civil Justice System. 12 Conn. Ins. L.J. 255, 2005. p. 259. Disponível em: <https://heinonline.org/HOL/LandingPage?handle=hein.journals/conilj12&div=15&id=&page=>.

MULHERON, Rachel. *The class action in common law legal systems*: a comparative perspective. Oxford-Porland: Hart Publishing, 2004.

MULLENIX, Linda S. Ending Class Actions as We Know Them: Rethinking the American Class Action (June 21, 2014). 64 Emory Law Journal 399 (2014); U of Texas Law, Public Law Research Paper No. 565. Disponível em: <https://ssrn.com/abstract=2457429>.

______. O fim do processo coletivo tal como o conhecemos: repensando a *class action* norte-americana. Trad. Bruno Dantas. *Revista dos Tribunais*, v. 283, ano 43, set. 2018.

______. *Mass Tort Litigation*: cases and materials. West Pub. 2d. ed., 2008.

ROSENBERG, David. Avoiding duplicative litigation of similar claims: the superiority of class action vs. collateral stoppel vs. standard claims market. Discussion paper n. 394. 12/2002. Disponível em: <www.law.harvard.edu/programs/olin_center/papers/pdf394.pdf>. Acesso em: 11.09.2019.

STIER, Byron G. Resolving the class action crisis: mass tort litigation as network. *Utah Law Review* 836. p. 865. 2005.

THE AMERICAN LAW INSTITUTE. *Princípios do Direito*: processo agregado. Trad. Bruno Dantas. São Paulo: Editora Revista dos Tribunais, 2017.

WHITE, Michelle. J. Asbestos and the Future of Mass Torts. *Jornal of Economic Perspectives*. vol. 18, n. 2, 2004, p. 183-204. Disponível em: <https://econweb.ucsd.edu/~miwhite/asbestos-jep-final.pdf>.

CAPÍTULO II

IRDR E DIREITO PROCESSUAL COLETIVO

1

TUTELA COLETIVA PELA VIA PRINCIPAL E TUTELA COLETIVA PELA VIA INCIDENTAL

José Roberto Mello Porto[1]

Sumário: 1 – Tutela coletiva. 2 – Espécies de tutela coletiva. 2.1 – Tutela coletiva pela via principal. 2.1.1 – Conflitos coletivos em concreto ou materiais (tutela metaindividual ou transindividual). 2.1.1.1 – Resolução extrajudicial de conflitos coletivos. 2.1.1.2 – Resolução judicial de conflitos coletivos (processo coletivo comum). 2.1.1.2.1 – Conceito de processo coletivo. 2.1.2 – Conflitos coletivos em abstrato ou normativos (processo coletivo especial): controle concentrado de constitucionalidade. 2.2 – Tutela coletiva pela via incidental, pluri-individual ou de questões comuns. 2.2.1 – Tutela preventiva: incidente de assunção de competência. 2.2.2 – Tutela repressiva: incidentes de resolução de casos repetitivos. 2.2.3 – Tutela de constitucionalidade: incidente de arguição de inconstitucionalidade. 3 – Comparação entre as técnicas.

1. TUTELA COLETIVA

Ao exercer a função jurisdicional, o Estado busca garantir proteção a determinado bem jurídico, lesado ou ameaçado. Tal proteção, fruto dessa atividade eminentemente estatal, é a tutela jurisdicional, "última manifestação do Estado acerca da contenda", na lição de Luiz Fux[2].

Alguns preferem compreender a tutela como um elemento relacionado ao direito material protegido, em contraposição ao processo, instrumento para tanto.

Embora não se discorde dessa perspectiva, nos parece mais favorável, diante do leque apresentado pelo ordenamento jurídico para a garantia dos interesses de toda a coletividade, definir (no sentido platônico do verbo, ou seja, de limitação) a tutela, decididamente, como o produto do emprego de qualquer desses meios (preferencialmente do mais adequado), assegurando o gozo dos direitos agredidos ou ameaçados. A tutela é, portanto, o oportuno cuidado com determinada situação jurídica, seja pela via judicial, seja por alternativa eficiente.

---

1. Defensor Público do Estado do Rio de Janeiro. Doutorando em Direito Processual (UERJ). Mestre em Direito Processual (UERJ). Pós-graduado em Direito Privado (UCAM). Membro do Instituto Brasileiro de Direito Processual (IBDP). Presidente da Comissão de Estudos em Processo Civil da Ordem dos Advogados do Brasil – Seccional Rio de Janeiro (2019/2021).

2. FUX, Luiz. *Teoria geral do processo civil*. 2. ed. Rio de Janeiro: Forense, 2016.

A partir daí, afirma-se que a tutela será coletiva quando o direito protegido for coletivo, por essência (direitos metaindividuais – difusos e coletivos em sentido estrito) ou por opção legislativa (direitos individuais homogêneos).

Esse conceito, por sua vez, merece ser compreendido de maneira ampla, para também incluir o tratamento das questões jurídicas, em abstrato, objetivamente. Ou seja, para além da proteção efetiva de direitos materiais, de forma direta, é inegável que possui feição coletiva o debate, em abstrato, divorciado de um caso concreto, acerca da interpretação correta de uma norma ou de sua compatibilidade com a Constituição (Federal ou Estadual).

O raciocínio é de simples comprovação: quando um tribunal fixa tese jurídica, impõe vinculatividade a todos os julgadores a ele subordinados, de sorte que aquele entendimento, formado em um procedimento específico (incidentes de resolução de casos repetitivos – IRDR e recursos repetitivos – ou de assunção de competência – IAC), abarca, ao menos em tese, toda a coletividade. Todos os que tiverem uma relação jurídica que envolva a matéria devem seguir a compreensão dada pelo tribunal, nos limites de sua circunscrição territorial.

Da mesma forma, todos os que se submetem ao ordenamento jurídico brasileiro devem seguir o entendimento do Supremo Tribunal Federal firmado em controle concentrado de constitucionalidade, o qual, inclusive, invalida a norma jurídica impugnada, se concluir pela sua incompatibilidade com o texto constitucional.

A melhor maneira de conceituar tutela coletiva, portanto, passa por considerá-la uma moderna função jurisdicional que se caracteriza, principalmente, por sua especial abrangência, seja por possuir como objeto bens jurídicos propriamente transindividuais (ação coletiva que envolva direitos difusos ou coletivos), seja porque seus efeitos atingem uma coletividade, em uma discussão concreta (ação coletiva que envolva direitos individuais homogêneos), ou abstrata (incidentes de fixação de tese jurídica e controle de constitucionalidade).

2. ESPÉCIES DE TUTELA COLETIVA

2.1. Tutela coletiva pela via principal

O primeiro grupo de instrumentos de tutela coletiva diz respeito a ações autônomas, por meio de processos judiciais que possuam como objeto principal a resolução de conflitos coletivos, em concreto (materiais) ou em abstrato (normativos).

Nesses instrumentos, o direito de ação é exercido já com vistas à tutela coletiva, de maneira inaugural. O desfecho ordinário da provocação jurisdicional será a proteção, acaso acolhido o pedido, de bens jurídicos coletivos ou coletivamente considerados (hipótese dos direitos individuais homogêneos e indisponíveis).

2.1.1 *Conflitos coletivos em concreto ou materiais (tutela metaindividual ou transindividual)*

Dentro da tutela coletiva pela via principal, o primeiro objeto são os conflitos coletivos em concreto. Neles, há um problema de abrangência coletiva a demandas solução, que pode ser consensual (extrajudicial) ou impositiva (judicial).

Semelhantemente ao que sucede em um processo individual, o Estado-juiz é chamado a exercer jurisdição e resolver, em definitivo, a lide existente, que possui natureza coletiva.

Tal natureza, no ensinamento de José Carlos Barbosa Moreira[3], pode decorrer tanto da efetiva essência coletiva dos direitos tutelados (direitos difusos ou coletivos em sentido estrito), essencialmente coletivos, ou de uma opção de política legislativa, que autoriza a tutela coletiva de direitos autenticamente individuais (direitos individuais homogêneos ou individuais indisponíveis), acidentalmente coletivos.

Didática é também a lição de Teori Zavascki[4], ao divorciar a tutela de direitos coletivos – primeira espécie explicitada – da tutela coletiva de direitos – segundo tipo mencionado.

Fundamental para distinguir essa primeira via de tutela coletiva é compreender que, aqui, existe um direito material ameaçado ou lesionado, a demandar proteção jurisdicional, semelhantemente ao que ocorre na atuação ordinária e clássica da jurisdição. A diferença é, justamente, o fato de tal direito possuir natureza coletiva ou, embora sejam individuais, existe autorização estratégica do ordenamento para que haja solução uma e econômica de todos.

A esse respeito, é cabível uma pequena observação terminológica: comumente, se refere ao processo coletivo (e aos instrumentos extrajudiciais que o substituem) como tutela metaindividual ou transindividual.

Trata-se de uma espécie do gênero tutela coletiva pela via principal. Embora a nomenclatura permita um *link* direto com alguns tipos de direitos (difusos e coletivos em sentido estrito), que ostentam natureza transindividual, a adotamos também para abarcar o tratamento dos direitos individuais homogêneos, já que, embora tenham natureza individual, quando agrupados se revestem de relevância coletiva, sendo o produto da jurisdição, em casos tais, também metaindividual.

3. BARBOSA MOREIRA, José Carlos. Ações coletivas na Constituição Federal de 1988. *Revista de Processo*. v. 61, jan./mar. 1991.

4. ZAVASCKI, Teoria Albino. *Processo coletivo*: tutela de direitos coletivos e tutela coletiva de direitos. 7. ed. São Paulo: Revista dos Tribunais, 2017.

2.1.1.1 Resolução extrajudicial de conflitos coletivos

Tais conflitos e direitos não necessitam, no entanto, ser levados a juízo, obrigatoriamente. Seguindo a linha eleita pelo legislador de 2015, a consensualidade deve ser a via preferencial, inclusive por conta da celeridade que lhe é própria.

A porta jurisdicional está sempre aberta, pelo princípio da inafastabilidade estampado no art. 5º, XXXV, da Constituição Federal, e no art. 3º do Código de Processo Civil. Contudo, não é mais a única, tampouco a mais adequada para todos os casos.

Existem, então, diversos instrumentos extrajudiciais aptos, em tese, a resolver o problema que se apresenta. Um primeiro leque diz respeito aos procedimentos instrutórios, que se prestam, diretamente, a recolher elementos que elucidem a questão e possam, até mesmo, fundamentar a futura ação coletiva.

Por outro lado, outras ferramentas se voltam à imediata solução do conflito, apresentando proposta concreta que, se acolhida pelo potencial réu, esvaziam a utilidade da via judicial. Dentre elas, destacam-se a recomendação e o compromisso de ajustamento de conduta.

A terceira hipótese diz respeito a métodos alternativos à jurisdição, como a mediação e a arbitragem, as quais podem envolver direitos coletivos em sentido amplo.

2.1.1.2 Resolução judicial de conflitos coletivos (processo coletivo comum)

Caso os mecanismos extrajudiciais não se mostrem aptos a, efetivamente, solucionar o conflito, saída outra não haverá que não o ajuizamento da ação coletiva, por meio do processo coletivo, em uma de suas diversas espécies ou procedimentos (ação civil pública, ação popular, ação de improbidade administrativa, mandado de segurança coletivo, mandado de injunção coletivo).

No dizer de Gregório Assagra de Almeida[5], trata-se do processo coletivo comum, no qual o conflito objeto da relação jurídica processual é concreto, envolvendo direitos materiais.

2.1.1.2.1 Conceito de processo coletivo

Existe alguma disparidade entre os autores quanto à conceituação do processo coletivo.

5. ALMEIDA, Gregório Assagra de. *Direito Processual Coletivo Brasileiro*: um novo ramo do Direito Processual. São Paulo: Saraiva, 2003, p. 26.

Uma primeira linha, seguida por Aluisio Gonçalves de Castro Mendes e Antonio Gidi[6], adota um conceito a partir de elementos fundamentais, que o diferem do processo individual: legitimidade, objeto e coisa julgada.

A legitimidade, com efeito, é, como regra, extraordinária, uma vez que, quanto aos direitos transindividuais, a legitimidade ordinária funciona como um impeditivo para o acesso à justiça (já que a coletividade titular do direito jamais estaria em juízo), e, quanto aos direitos individuais homogêneos tutelados em conjunto, a lógica da economia processual e isonomia requerem a condução por

Pontualmente, porém, aponta-se a ação coletiva movida pela comunidade indígena como um excepcionalíssimo caso de legitimidade ordinária, em que o Ministério Público funcionará como assistente (art. 37 da Lei 6.001/73[7]).

O segundo elemento diferenciador é o objeto do processo coletivo, o seu pedido mediato, que deve ser um direito coletivo ou coletivamente considerado.

Por fim, o terceiro elemento peculiar consiste na especial feição da coisa julgada alcançada no processo coletivo, onde a imutabilidade do comando da sentença atinge toda a coletividade ou um grupo, categoria ou classe em especial, indo além da mera eficácia subjetiva *inter partes*, que seria insuficiente para a tutela dos interesses em questão.

A segunda linha conceitual, seguida por Fredie Didier e Hermes Zaneti[8], denomina processo coletivo a relação jurídica processual que verse sobre relação jurídica material litigiosa coletiva, o que demanda um grupo como sujeito ativo ou passivo e o envolvimento de uma situação jurídica coletiva (direito, dever ou estado de sujeição de um grupo). Como se percebe, esses autores focam no objeto do processo para considerá-lo coletivo ou não.

2.1.2 Conflitos coletivos em abstrato ou normativos (processo coletivo especial): controle concentrado de constitucionalidade

Em acréscimo, existe outra espécie de tutela coletiva pela via principal, ou seja, por meio de ação autônoma: os processos (objetivos) de controle de constitucionalidade.

---

6. GIDI, Antonio. *Coisa julgada e litispendência em ações coletivas.* São Paulo: Saraiva, 1995, p. 16.

7. Art. 37. Os grupos tribais ou comunidades indígenas são partes legítimas para a defesa dos seus direitos em juízo, cabendo-lhes, no caso, a assistência do Ministério Público Federal ou do órgão de proteção ao índio.

8. "Assim, processo coletivo é aquele em que se postula um direito coletivo lato sensu (situação jurídica coletiva ativa) ou se afirme a existência de uma situação jurídica coletiva passiva (deveres individuais homogêneos, p. ex.) de titularidade de um grupo de pessoas" (DIDIER JR., Fredie.; ZANETI JR., Hermes. *Curso de direito processual civil*: processo coletivo. 10. ed. Salvador: JusPodivm, 2016. v. 4, p. 30).

A feição coletiva da tutela decorre não tanto da natureza coletiva do direito material, já que sequer há direito material subjetivo discutido, mas do alcance coletivo da decisão, a atingir todos os que se submetem ao ordenamento jurídico.

É imperioso reconhecer que as ações de controle concentrado são instrumento de tutela coletiva, inclusive possuindo reflexo em direitos subjetivos individuais, que, no entanto, não se confunde com os outros dois modelos (processo coletivo e fixação de teses jurídicas).

Igualmente ao processo coletivo comum, inaugura-se relação jurídica processual para a tutela de questão com alcance coletivo. A diferença é que, no processo coletivo especial[9], o conflito é abstrato, teórico, em tese, consistindo na análise de compatibilidade entre um ato normativo e o texto constitucional. Afinal, existe um interesse coletivo objetivo legítimo em um sistema constitucional coeso.

Também há semelhança com a tutela pluri-individual, já que ambas possuem dupla função: a tutela direta da ordem jurídica e a tutela indireta de direitos subjetivos. Por outro lado, se diferenciam pelo objeto (compatibilidade da norma com a Constituição *versus* interpretação definitiva da norma) e pelo interesse de agir (que, no controle de constitucionalidade, geralmente depende da vigência da norma, enquanto, nos casos repetitivos, a faceta de gestão processual pode exigir o prosseguimento da técnica mesmo que já revogada a norma cujo sentido se controverte).

Cabe, ainda, uma última observação: pode haver tutela da constitucionalidade pela via incidental, no controle difuso. Em primeira instância, não se reveste de qualquer natureza coletiva, apenas servindo de fundamentação para a solução de um caso concreto. Já no âmbito de um tribunal, por conta da exigência constitucional da cláusula de reserva de plenário ou órgão especial (art. 97 da CF[10]), existe procedimento próprio, incidental: o incidente de arguição de inconstitucionalidade (arts. 948 a 950 do CPC).

2.2 Tutela coletiva pela via incidental, pluri-individual ou de questões comuns

O segundo grande grupo de instrumentos de tutela coletiva no ordenamento jurídico brasileiro é composto por incidentes, que dependem da prévia existência de ações, individuais e coletivas, que versem sobre determinada matéria.

A partir delas, os tribunais podem, de ofício ou mediante provocação, iniciar procedimento voltado à resolução de uma questão jurídica, pacificando um tema

9. ALMEIDA, Gregório Assagra de. *Direito Processual Coletivo Brasileiro*: um novo ramo do Direito Processual. São Paulo: Saraiva, 2003, p. 26.

10. Art. 97. Somente pelo voto da maioria absoluta de seus membros ou dos membros do respectivo órgão especial poderão os tribunais declarar a inconstitucionalidade de lei ou ato normativo do Poder Público.

teórico, firmando tese jurídica a ser adotada por todos os órgãos julgadores subordinados à corte que julgou o incidente.

A dinâmica, portanto, é a seguinte: a técnica está dividida em duas partes. Na primeira, instaura-se incidente de julgamento da questão controvertida, em um procedimento objetivado, sem partes, semelhante ao que sucede no controle concentrado de constitucionalidade. A exemplo deste, não se despreza o quadro fático, embora também não sejam consideradas eventuais minúcias de situações subjetivas específicas.

Uma vez fixada a tese, que, aliás, costuma ser sintetizada em texto conciso (a lembrar os enunciados de súmula), o órgão colegiado passa a julgar os casos afetados, aplicando-a. Trata-se de um momento diverso do primeiro, e dele dependente, sendo fundamental para o aperfeiçoamento da dinâmica, uma vez que os órgãos que posteriormente aplicarão o entendimento terão um parâmetro de incidência da fundamentação ao caso concreto. Deve o tribunal, portanto, elaborar acórdão didático, bastante analítico[11].

Por fim, havendo tese jurídica estatuída, e já fora da tutela pluri-individual propriamente dita, mas como um reflexo fundamental de sua eficácia que escancara sua natureza coletiva, os julgadores dos casos concretos posteriormente ajuizados e que versem sobre a mesma questão jurídica terão um leque de instrumentos para abreviar o curso do processo (eficácia prospectiva ou atemporal da fixação de teses).

A polêmica que motivará a instauração do incidente de tutela coletiva deve ter como objeto uma questão jurídica. Trata-se de opção feita pelo legislador brasileiro, que excluiu da técnica as questões fáticas, as quais, muitas vezes, poderiam ser coletivamente solucionadas. Nos parece que a escolha foi certeira, já que o ordenamento deixa outras saídas para a administração mais gerencial desses

---

11. A título de parâmetro, veja-se a ementa do julgamento do REsp 1389750, Rel. Min. Herman Benjamin, 1ª Seção, DJe 17.4.2017, em que se destaca a resolução da tese e a resolução do caso, em momentos distintos: Administrativo e processual civil. Recurso representativo de controvérsia. Art. 543-C do CPC/1973 (atual 1.036 do CPC/2015) e resolução STJ 8/2008. Ação de repetição de indébito. Tarifa de energia elétrica. Relação contratual. Consumidor e concessionária do serviço público. Interesse da ANEEL. Não ocorrência, em regra. Controvérsia submetida ao rito do art. 543-C do CPC/1973 (atual 1.036 do CPC/2015). 1. Sob o rito do art. 543-C do CPC (atualmente 1036 e seguintes do CPC/2015), foi admitida a seguinte tese controvertida: "questão atinente ao interesse jurídico da ANEEL (Agência Nacional de Energia Elétrica) para figurar no pólo passivo de ação revisional e de repetição de indébito relativa a contrato de fornecimento de energia elétrica celebrado entre usuário do serviço e concessionária do serviço público". *Resolução da tese controvertida*. 2. O Superior Tribunal de Justiça sedimentou a compreensão de que não há, em regra, interesse jurídico da Aneel (Agência Nacional de Energia Elétrica) para figurar como ré ou assistente simples de Ação de Repetição de Indébito relativa a valores cobrados por força de contrato de fornecimento de energia elétrica celebrado entre usuário do serviço e concessionária do serviço público. Nesse sentido: (...). *Resolução do caso concreto*. 3. Na hipótese dos autos, o Tribunal de origem observou o entendimento jurisprudencial do STJ que aqui se consolida, estabelecendo que, na situação específica dos autos, não vislumbrou interesse jurídico da Aneel. 4. Recurso Especial não provido. Acórdão submetido ao regime dos arts. 1.036 e seguintes do CPC/2015.

processos repetitivos: uma prova pode ser produzida em um deles e ser emprestada a outros, por exemplo.

Além disso, em uma classificação a respeito do tema, pode versar o procedimento incidental sobre a compatibilidade entre uma norma e a Constituição, no controle difuso realizado pelo plenário ou órgão especial do tribunal.

A divergência quanto a essa questão, que deverá ser sempre uma questão de direito, pode já estar presente em uma pluralidade de processos, quando a pacificação terá natureza repressiva, ou não, quando a tutela se operará preventivamente.

Não se ignora que esses mecanismos foram motivados, na origem, por sua função gerencial, otimizando o tempo do Judiciário, que, ao decidir certa questão após debate plural, enquanto os processos ficam, total ou parcialmente, suspensos, pode analisar outros litígios em nada repetitivos. No entanto, sob a ótica da função estatal de formação do direito judicado, muito mais importante é a segurança jurídica resultante da tese fixada.

Essa finalidade, ainda que não permitisse a automática aplicação atual e futura, já justificaria a imprescindibilidade da técnica, revelando-se tutela abstrata e, portanto, coletiva do direito, por mais que baseada em um quadro fático típico (uma situação de fato que seja relativamente comum a todos os envolvidos na questão jurídica).

Nesses instrumentos, o direito de ação não é exercido com vistas à tutela coletiva, de maneira inaugural, mas exsurge de um processo o interesse processual na inauguração de um procedimento autônomo, que discutirá a questão jurídica. O desfecho ordinário da provocação jurisdicional não é a tutela coletiva, necessariamente. Contudo, ao ser deflagrado o incidente, inicia-se procedimento cuja finalidade primordial é a fixação de tese jurídica, pacificando a questão.

2.2.1 Tutela preventiva: incidente de assunção de competência

Se a questão jurídica controvertida não estiver repetida em uma pluralidade de processos judiciais, ainda assim poderá (deverá) ser uniformizada pelo tribunal. Trata-se de incidente de tutela coletiva com natureza preventiva, pois evita que se estenda, pela sociedade, a indesejada insegurança jurídica gerada pelas várias interpretações da norma.

O Código de Processo desenhou, pela primeira vez, um instrumento para tanto: o Incidente de Assunção de Competência (art. 947). O regramento, contudo, é curto, apenas trazendo alguns elementos pontuais, sendo certo que todo o restante deverá seguir o tratamento dado aos incidentes repressivos, salvo quando não houver compatibilidade.

De acordo com o diploma processual, o incidente preventivo será cabível quando existir uma relevante questão de direito, a qual desperta uma das seguintes situações:

a) grande repercussão social;

b) divergência entre órgãos fracionários do tribunal;

c) conveniência na prevenção de decisões conflitantes.

Perceba-se que, na primeira hipótese, sequer se preocupa com a efetiva possibilidade de haver ações judiciais repetidas sobre a questão, focando-se na sua relevância extrajudicial. Certos temas, realmente, podem apenas raramente ser levados a juízo, mas demandar, pelos efeitos sociais, uma pronta pacificação, pela jurisprudência.

Por outro lado, o incidente também pode ser motivado por aspectos judiciários, prevenindo a divergência interna do tribunal, real (item b) ou potencial (item c).

2.2.2 *Tutela repressiva: incidentes de resolução de casos repetitivos*

Pode ser – e é bem comum no atual cenário do Judiciário brasileiro – que uma mesma questão jurídica se repita em diversos processos (ainda que com diferentes títulos: por vezes, questão principal, por vezes prejudicial etc.). Diante disso, o tribunal pode (deve) instaurar incidente próprio para pacificar a discussão e evitar divergência, definindo a correta interpretação daquela norma.

Se estará diante dos incidentes de tutela coletiva repressivos, os chamados de incidentes de resolução de casos repetitivos. O Código deixa claro que se trata de um gênero que possui duas espécies (art. 928[12]):

a) incidente de resolução de demandas repetitivas (arts. 976 a 987);

b) julgamento de recursos repetitivos (arts. 1.036 a 1.041).

A tutela, aqui, é repressiva porque já existe efetiva repetição de processos sobre a questão a ser debatida e definida. Para além de se formar precedente judicial vinculativo, a exemplo do que ocorre no incidente preventivo, existe forte feição de gestão processual macroscópica (gestão de estoque[13]), fazendo incidir regras específicas, próprias ao microssistema dos casos repetitivos (art. 928).

12. Art. 928. Para os fins deste Código, considera-se julgamento de casos repetitivos a decisão proferida em: I – incidente de resolução de demandas repetitivas; II – recursos especial e extraordinário repetitivos. Parágrafo único. O julgamento de casos repetitivos tem por objeto questão de direito material ou processual.

13. LEMOS, Vinicius Silva. *O Incidente de Assunção de Competência*: da conceituação à procedimentalidade. Salvador: Juspodivm, 2018, p. 31.

2.2.3 Tutela de constitucionalidade: incidente de arguição de inconstitucionalidade

Um terceiro incidente possível diz respeito ao debate sobre a constitucionalidade de determinada norma, em controle difuso.

No ordenamento brasileiro, qualquer juiz, em razão da supremacia constitucional, pode verificar se uma lei ou ato normativo é compatível com a Constituição Federal ou Estadual, o que será analisado na fundamentação da sentença, atingindo apenas as partes do caso concreto, a princípio. Esse é o controle difuso de constitucionalidade.

Contudo, o art. 97 da Carta Maior[14] exige que, quando tal verificação tiver de ser feita no âmbito de um tribunal, seja ao julgar recurso ou remessa necessária, seja em processos de sua competência originária, deverá haver um fracionamento da cognição: o caso concreto será decidido pelo órgão fracionário (câmara ou turma do tribunal), mas a discussão sobre a constitucionalidade da norma será remetida ao plenário (órgão que reúne todos os desembargadores ou ministros da corte) ou ao órgão especial (órgão com onze a vinte e cinco julgadores que recebe funções delegadas pelo pleno, em tribunais que possuam mais de vinte e cinco membros[15]).

O que for decidido pelo plenário ou órgão especial deverá ser, obrigatoriamente, seguido pelos órgãos fracionários do tribunal. Assim, é inegável que a decisão possui natureza de tutela coletiva, por vincular juízos futuros, sempre que houver alegação de inconstitucionalidade daquela mesma norma, muito semelhantemente ao que sucede nos demais incidentes mencionados.

3. COMPARAÇÃO ENTRE AS TÉCNICAS

A doutrina[16] tem comparado os instrumentos de julgamento de questão repetitiva (em especial, o IRDR, por ser uma maior novidade do CPC/15) com as ações coletivas. Nessa dinâmica, costuma-se apontar um conjunto de de-

---

14. Art. 97. Somente pelo voto da maioria absoluta de seus membros ou dos membros do respectivo órgão especial poderão os tribunais declarar a inconstitucionalidade de lei ou ato normativo do Poder Público.

15. Art. 93 da Constituição Federal: Lei complementar, de iniciativa do Supremo Tribunal Federal, disporá sobre o Estatuto da Magistratura, observados os seguintes princípios: (...) XI – nos tribunais com número superior a vinte e cinco julgadores, poderá ser constituído órgão especial, com o mínimo de onze e o máximo de vinte e cinco membros, para o exercício das atribuições administrativas e jurisdicionais delegadas da competência do tribunal pleno, provendo-se metade das vagas por antigüidade e a outra metade por eleição pelo tribunal pleno.

16. A respeito, confira-se: MENDES, Aluisio Gonçalves de Castro; SILVA, Larissa Clare Pochmann da. Ações coletivas e incidente de resolução de demandas repetitivas: algumas considerações sobre a solução coletiva de conflitos. In: ZANETI JR., Hermes (org.). *Processo coletivo.* Salvador: JusPodivm, 2016. Coleção Repercussões no Novo CPC, v. 8; DIDIER JR., Fredie; CUNHA, Leonardo Carneiro da. *Curso de direito processual civil.* 14. ed. Salvador: Juspodivm, 2017, v. 3, p. 667-670.

bilidades do processo coletivo pátrio, às quais não está subordinada a tutela pluri-individual.

Um primeiro grupo de limitações decorre de opções legislativas. É o que sucede em razão da restrição das ações coletivas a certas matérias (notadamente, as constantes do parágrafo único do artigo 1º da Lei da Ação Civil Pública[17], inserido pela Medida Provisória 2.180-35/01) e do sistema de formação da coisa julgada, supostamente a impedir a solução definitiva da matéria, além de se subordinar, ao menos *ex lege*[18], à abrangência territorial (artigo 16 da Lei 7.437/85[19] e artigo 2º-A da Lei 9.494/97[20]).

Segunda espécie de empecilho nasceu da prática. Aqui se insere, entre outros, o problema da insuficiente quantidade de ações coletivas propostas por associações[21], constando no polo ativo da maior parte dos processos o Ministério

---

17. Art. 1º. Parágrafo único. Não será cabível ação civil pública para veicular pretensões que envolvam tributos, contribuições previdenciárias, o Fundo de Garantia do Tempo de Serviço – FGTS ou outros fundos de natureza institucional cujos beneficiários podem ser individualmente determinados.

18. A Corte Especial do Superior Tribunal de Justiça ultrapassou a limitação territorial do artigo 16 da Lei da ACP, no julgamento do EREsp 1134957/SP, Rel. Min. Laurita Vaz, julgado em 24/10/2016. Anteriormente, o Min. Luis Felipe Salomão já havia assentado o desacerto do texto legal, em voto proferido no REsp 1243887/PR, julgado pela Corte Especial em 19/10/2011: "A bem da verdade, o art. 16 da LACP baralha conceitos heterogêneos – como coisa julgada e competência territorial – e induz a interpretação, para os mais apressados, no sentido de que os 'efeitos' ou a 'eficácia' da sentença podem ser limitados territorialmente, quando se sabe, a mais não poder, que coisa julgada – a despeito da atecnia do art. 467 do CPC – não é 'efeito' ou 'eficácia' da sentença, mas qualidade que a ela se agrega de modo a torná-la 'imutável e indiscutível'. É certo também que a competência territorial limita o exercício da jurisdição e não os efeitos ou a eficácia da sentença, os quais, como é de conhecimento comum, correlacionam-se com os 'limites da lide e das questões decididas' (art. 468, CPC) e com as que o poderiam ter sido (art. 474, CPC) – *tantum judicatum, quantum disputatum vel disputari debebat*. A apontada limitação territorial dos efeitos da sentença não ocorre nem no processo singular, e também, como mais razão, não pode ocorrer no processo coletivo, sob pena de desnaturação desse salutar mecanismo de solução plural das lides. A prosperar tese contrária, um contrato declarado nulo pela justiça estadual de São Paulo, por exemplo, poderia ser considerado válido no Paraná; a sentença que determina a reintegração de posse de um imóvel que se estende a território de mais de uma unidade federativa (art. 107, CPC) não teria eficácia em relação a parte dele; ou uma sentença de divórcio proferida em Brasília poderia não valer para o judiciário mineiro, de modo que ali as partes pudessem ser consideradas ainda casadas, soluções, todas elas, teratológicas. A questão principal, portanto, é de alcance objetivo ('o que' se decidiu) e subjetivo (em relação 'a quem' se decidiu), mas não de competência territorial".

19. Art. 16. A sentença civil fará coisa julgada erga omnes, nos limites da competência territorial do órgão prolator, exceto se o pedido for julgado improcedente por insuficiência de provas, hipótese em que qualquer legitimado poderá intentar outra ação com idêntico fundamento, valendo-se de nova prova.

20. Art. 2º-A. A sentença civil prolatada em ação de caráter coletivo proposta por entidade associativa, na defesa dos interesses e direitos dos seus associados, abrangerá apenas os substituídos que tenham, na data da propositura da ação, domicílio no âmbito da competência territorial do órgão prolator.

21. Também a jurisprudência restringiu, pontualmente, a eficácia da ação coletiva proposta por associação, exigindo autorização expressa do indivíduo para que se beneficie (STF, Pleno, RE 573232, Rel. Min. Ricardo Lewandowski, rel. p/ acórdão Min. Marco Aurélio, julgado em 14/05/2014).

Público e a Defensoria Pública – o que, por vezes, impede a representação mais próxima e autêntica dos interesses em disputa[22].

De todo modo, as ações coletivas, desde sua criação, representam forte mecanismo de acesso à justiça, economia processual e judicial, preservação da igualdade e da isonomia[23], equilíbrio entre as partes[24] e cumprimento do direito material[25], como reconhecido por Aluisio Gonçalves de Castro Mendes.

Por outro lado, como visto anteriormente, a massificação das relações jurídicas de direito material desaguou, naturalmente, em proporcional surgimento de relações processuais, o que estimulou o legislador a delinear soluções para os pleitos repetitivos. Nasceu, assim, a chamada tutela pluri-individual[26], centro deste estudo.

---

22. Buscando revisitar as questões da legitimidade e da representatividade adequada em casos tais, ver: VITORELLI, Edilson. *O devido processo legal coletivo*: dos direitos aos litígios coletivos. São Paulo: Revista dos Tribunais, 2016.

23. "Quanto à preservação da igualdade e da isonomia, é preciso afirmar, ainda, que essa multiplicação de causas idênticas pode gerar decisões contraditórias, e, às vezes, até mesmo antagônicas. Demandantes com situações idênticas do ponto de vista do direito material podem acabar recebendo respostas jurisdicionais diferenciadas, decorrente apenas da relação processual. O direito processual acaba por assumir, nessas situações, um papel determinante, e não meramente instrumental, o que gera desigualdade e grande insegurança jurídica. As ações coletivas podem contribuir para a atenuação desse problema, com a resolução da questão em um único processo" (MENDES, Aluisio Gonçalves de Castro; SILVA, Larissa Clare Pochmann da. Ações coletivas e incidente de resolução de demandas repetitivas: algumas considerações sobre a solução coletiva de conflitos. In: ZANETI JR., Hermes (org.). *Processo coletivo*. Salvador: JusPodivm, 2016. Coleção Repercussões no Novo CPC, v. 8. p. 547).

24. "Em relação ao equilíbrio entre as partes, o causador da lesão, em tese, possui mais recursos materiais e humanos, estará mais bem preparado para o embate do que os que buscam amparo no Poder Judiciário, ocasionando o desequilíbrio na relação processual. Esse desequilíbrio pode ser agravado pela falta de formação e informação jurídica. O legitimado coletivo terá uma posição mais equilibrada no litígio, e sua representatividade adequada será presumida por disposição legal ou aferida no caso concreto, dependendo do modelo adequado. O sistema também acabará por definir seu potencial econômico para atuação. Além disso, a ação coletiva poderá assegurar a importância política de algumas causas, como direitos das minorias, direitos civis e do meio ambiente" (MENDES, Aluisio Gonçalves de Castro; SILVA, Larissa Clare Pochmann da. Ações coletivas e incidente de resolução de demandas repetitivas: algumas considerações sobre a solução coletiva de conflitos. In: ZANETI JR., Hermes (org.). *Processo coletivo*. Salvador: Juspodivm, 2016. Coleção Repercussões no Novo CPC, v. 8. p. 547-548).

25. "Nessa perspectiva, se poucas pessoas buscam a satisfação do direito, as condenações impostas poderão ser insuficientes para coibir o ato ilícito. O papel das ações coletivas vai além de assegurar a reparação dos danos para todos os lesados, ou, pelo menos de uma quantidade significativa de vítimas, pretendendo fazer cessar o dano e alterar a postura nociva à sociedade. Permite, ainda, um ganho pela correção na postura das empresas, que, considerando os impactos de uma condenação em um processo coletivo em seu balanço, de terem de indenizar essa quantidade significativa de vítimas, acabarão compelidas a uma correção na sua atuação, de forma que passe a respeitar as normas de direito material" (MENDES, Aluisio Gonçalves de Castro; SILVA, Larissa Clare Pochmann da. Ações coletivas e incidente de resolução de demandas repetitivas: algumas considerações sobre a solução coletiva de conflitos. In: ZANETI JR., Hermes (org.). *Processo coletivo*. Salvador: Juspodivm, 2016. Coleção Repercussões no Novo CPC, v. 8. p. 548).

26. Nomenclatura utilizada por: PINHO, Humberto Dalla Bernardina de. *Jurisdição e pacificação:* limites e possibilidades do uso dos meios consensuais de resolução de conflitos na tutela dos direitos transindividuais e pluri-individuais. Curitiba: CRV, 2017; e DANTAS, Bruno. *Teoria dos Recursos Repetitivos*: tutela

Nela, tem-se uma oportunidade qualificada de fixação de entendimento por especial colegiado do tribunal competente. Em seguida, aplica-se a tese jurídica, a ser replicada, potencialmente aos milhares, pelos órgãos subordinados à corte. Por essa razão, antes de representar tutela de direitos materialmente transindividuais, trata de uma pluralidade de direitos individuais, dispersos por todas as relações processuais subjetivas postas à análise daquela parcela do Judiciário.

Existe, portanto, nesta espécie, uma primordial tutela do direito objetivo, foco primário dos incidentes em que se elege a tese pretensamente definitiva, bem como do direito subjetivo, no passo seguinte, por via reflexa. Há, então, inegável atividade jurisdicional[27] em ambas as etapas, de qual resultará tutela jurisdicional.

Essa tutela, produto pretendido pelo litigante que busca o Judiciário, em seu prisma central não é exclusivamente individual, subjetiva, "coisa das partes". A sentença, ato autoritativo estatal[28], não é, no dizer de Liebmann, um "negócio combinado em família"[29], que resulte somente *inter partes*. Também a jurisdição não pode se subordinar a limites irrazoáveis, sob pena de uma mesma questão ter de ser (falsamente) debatida em todos os processos em que surgir.

---

pluri-individual nos recursos dirigidos ao STF e ao STJ (arts. 543-B e 543-C do CPC). São Paulo: Revista dos Tribunais, 2015.

27. Conquanto haja, como dito, respeitáveis entendimentos apontando para a abertura do conceito de jurisdição, preferimos nos filiar à parcela doutrinária que reserva a função jurisdicional ao Estado, enquanto garantidor da paz social: "O Estado, como garantidor da paz social, avocou para si a solução monopolizada dos conflitos intersubjetivos pela transgressão à ordem jurídica, limitando o âmbito da autotutela. Em consequência, dotou um de seus Poderes, o Judiciário, da atribuição de solucionar os referidos conflitos mediante a aplicação do direito objetivo, abstratamente concebido, ao caso concreto. A supremacia dessa solução revelou-se pelo fato incontestável de a mesma provir da autoridade estatal, cuja palavra, além de coativa, torna-se a última manifestação do Estado soberano acerca da contenda, de tal sorte que os jurisdicionados devem-na respeito absoluto, porque haurida de um trabalho de reconstituição dos antecedentes do litígio, com a participação dos interessados, cercados, isonomicamente, das mais comezinhas garantias. Essa função denomina-se *jurisdicional* e tem o caráter tutelar da ordem e da pessoa, distinguindo-se das demais soluções do Estado pela sua imodificabilidade por qualquer outro poder, em face de adquirir o que se denomina em sede anglo-saxônica de '*final enforcing power*', consubstanciado na 'coisa julgada'. (...) A jurisdição encerra, em suma, a restauração da legalidade e da justiça como instrumento eficaz da paz social e da preservação da garantia dos direitos do homem" (FUX, Luiz. *Curso de direito processual civil*. 2. ed. Rio de Janeiro: Forense, 2004. p. 41-42).

28. "A sentença, como ato autoritativo ditado por um órgão do Estado, reivindica naturalmente, perante todos, seu ofício de formular qual seja o comando concreto da lei ou, mais genericamente, a vontade do Estado, para um caso determinado. As partes, como sujeitos da relação a que se refere a decisão, são certamente as primeiras que sofrem a sua eficácia, mas não há motivo que exima os terceiros de sofrê-la igualmente. Uma vez que o juiz é o órgão ao qual atribui o Estado o mister de fazer atuar a vontade da lei no caso concreto, apresenta-se a sua sentença como eficaz exercício dessa função perante todo o ordenamento jurídico e todos os sujeitos que nele operam" (LIEBMAN, Enrico Tullio. *Eficácia e autoridade da sentença e outros escritos sobre a coisa julgada*. Tradução de Alfredo Buzaid e Benvindo Aires, tradução dos textos posteriores à edição de 1945 com notas relativas ao direito brasileiro vigente de Ada Pellegrini Grinover. 4. ed. Rio de Janeiro: Forense, 2007, p. 123).

29. LIEBMAN, Enrico Tullio. *Eficácia e autoridade da sentença e outros escritos sobre a coisa julgada*. Tradução de Alfredo Buzaid e Benvindo Aires, tradução dos textos posteriores à edição de 1945 com notas relativas ao direito brasileiro vigente de Ada Pellegrini Grinover. 4. ed. Rio de Janeiro: Forense, 2007, p. 124.

A moderna feição dessa atividade estatal, portanto, não negocia a valorização da eficiência processual. Para homenagear os diversos princípios que a fundamentam, ganha protagonismo a técnica da fixação de teses, em que se prima pelo direito objetivo, sem, contudo, ignorar as garantias individuais dos litigantes em cada processo suspenso ou no qual posteriormente se vá aplicar o entendimento vinculativo. Se todo juiz, ao decidir, resguarda o direito posto[30], o colegiado que define tese jurídica o faz em perspectiva ainda mais destacada.

Tudo isso fundamenta a leitura de que a tutela pluri-individual, especialmente em sua primeira etapa de fixação da interpretação correta da norma legislada, é espécie do gênero tutela coletiva, sem, no entanto, ser ação coletiva[31-32].

---

30. "O juiz que, na plenitude de seus poderes e com todas as garantias outorgadas pela lei, cumpre sua função, declarando, resolvendo ou modificando uma relação jurídica, exerce essa atividade (e não é possível pensar diversamente) para um escopo que outra coisa não é senão a rigorosa e imparcial aplicação e atuação da lei; e não se compreenderia que esse resultado todo objetivo e de interesse geral pudesse ser válido e eficaz só para determinados destinatários e limitado a eles. Concepção assim restrita dos efeitos da sentença podia ser lógica quando tinha o processo caráter de atividade privada, e o fundamento da eficácia da sentença era um contrato ou quase-contrato pelo qual se submetiam as partes, mais ou menos voluntária e livremente, ao *iudicium* e à sentença que se devia prolatar. Mas, desde que recebe a sentença a sua eficácia do poder soberano da autoridade em cujo nome é pronunciada, da qualidade pública e estatal do órgão que a prolata (visto que já se logrou a plena consciência desta verdade), seria de todo em todo inexplicável que valesse ela só para um e não para todos como formulação da vontade do Estado no caso concreto. Por outro lado, não é o processo uma tutela do direito subjetivo, concedida pessoalmente ao seu titular, mas tutela, atuação e garantia do direito objetivo, exercida para satisfazer um interesse público e geral; e desenvolve-se nos modos e com as providências que mais se afigurem oportunas para assegurar o descobrimento da verdade e o triunfo da justiça" (LIEBMAN, Enrico Tullio. *Eficácia e autoridade da sentença e outros escritos sobre a coisa julgada*. Tradução de Alfredo Buzaid e Benvindo Aires, tradução dos textos posteriores à edição de 1945 com notas relativas ao direito brasileiro vigente de Ada Pellegrini Grinover. 4. ed. Rio de Janeiro: Forense, 2007, p. 123-124).

31. Essa compreensão já era, por sinal, a de respeitável parcela da doutrina, mesmo antes do advento do microssistema de julgamento de casos repetitivos: "O procedimento para a fixação da tese jurídica (arts. 543-B e 543-C do CPC), no julgamento dos recursos especiais ou extraordinários repetitivos, possui como objeto litigioso uma situação jurídica coletiva (situações jurídicas individuais homogêneas). É, assim, espécie de processo coletivo. Por isso, a ele devem ser aplicadas, subsidiariamente, as regras do processo coletivo. Exatamente em razão disso, a desistência do recurso pelo recorrente somente pode ser eficaz em relação ao processo para o julgamento do objeto litigioso do seu recurso, que é individual; em relação ao processo para a fixação da tese, a desistência é inócua, exatamente como é inócua, de regra, no direito brasileiro, a desistência em processos coletivos (art. 9º da Lei 4.717/1965; art. 5º, § 3º, da Lei 7.347/1985; arts. 5º e 16 da Lei 9.868/1999)" (DIDIER JR., Fredie; ZANETI JR., Hermes. Conceito de processo jurisdicional coletivo. *Revista de Processo*, v. 229, mar. 2014, p. 278). Na mesma linha, atentando para a disposição legal atinente à conversão da ação individual em coletiva: "Labora em prol da exegese exposta sub (ii), supra, a consideração de que, na (vetada) "conversão da ação individual em ação coletiva" (art. 333 e parágrafos), o § 2.º dispunha que tal providência não seria viável se a conversão implicasse a "formação de processo coletivo para a tutela de interesses individuais homogêneos", com isso pondo à calva a preocupação do legislador em não baralhar os instrumentos de tutela plurindividual - gênero a que pertence o IRDR - com os que compõem a jurisdição coletiva, na qual a legitimação é deferida, em modo concorrente-disjuntivo, a quem detenha representação adequada, tendo por objeto a tutela de interesses metaindividuais - difusos, coletivos em sentido estrito, individuais homogêneos - pretendendo-se com isso alcançar uma resposta unitária, capaz de coartar a pulverização da macro-lide em plúrimas demandas individuais, tudo ao final estabilizado por uma coisa julgada de eficácia expandida - erga omnes ou ultra partes, conforme o caso - (Lei 8.078/1990, arts. 81, parágrafo único e incisos; 95 e

Pode-se determinar o julgamento de questão repetitiva como tutela coletiva pela via incidental, enquanto as ações coletivas como tutela coletiva pela via principal.

A denominação "tutela coletiva pela via incidental" pressupõe a compreensão do termo "coletiva" em sentido amplo. A rigor, a tutela é tendencialmente difusa, uma vez que a integração do ordenamento se aplica a todos aqueles a ele sujeitos. Na etapa seguinte, com a aplicação da tese aos casos concretos, é possível que a prestação jurisdicional se assemelhe à tutela de uma coletividade em sentido estrito (pode ser o caso de uma matéria de direito de interesse restrito de certo grupo ou categoria, como uma gratificação específica).

Aluisio Mendes e Larissa Clare, em outros termos, consideram que a solução coletiva de conflitos, gênero, reúne as ações coletivas, os processos modelo e os meios de solução extrajudicial de conflitos[33].

Crucial é perceber que, nas ações coletivas, o foco é na tutela do direito material coletivo em sentido amplo (difuso, coletivo em sentido estrito ou individual homogêneo[34]): existe uma ilicitude a ser desfeita pelo Judiciário. Decidida a questão, haverá comando para que se declare, constitua ou execute algo, satisfazendo a pretensão resistida. A ação coletiva, então, replica o padrão do

---

103 e incisos; Lei 7.347/1985, arts. 5.º e 16)" (MANCUSO, Rodolfo de Camargo. *Incidente de Resolução de Demandas Repetitivas*: a luta contra a dispersão jurisprudencial excessiva. São Paulo: Revista dos Tribunais, 2016, p. 204).

32. Em sentido contrário, está o posicionamento de Sofia Temer, para quem o Incidente de Resolução de Demandas Repetitivas não seria técnica processual coletiva, já que a lógica seria de agregação, e não de coletivização. Apesar disso, a autora admite que há finalidade semelhante, com resultado semelhante a dimensão coletiva (TEMER, Sofia. *Incidente de Resolução de Demandas Repetitivas*. Salvador: Juspodivm, 2016, p. 91-93).

33. "A solução coletiva de conflitos não é uma preocupação recente na história do direito processual no cenário internacional e decorre de uma modificação no cenário das relações jurídicas, que não se restringem mais a relações estritamente individuais, entre Caio e Tício, ou entre Caio em face de Tício e de Mévio. O seu objeto inclui: (a) as ações coletivas, que se caracterizam pelas demandas nas quais um legitimado extraordinário poderia defender, em juízo, os interesses de toda uma coletividade, grupo ou pessoas, sem que todos os interessados tivessem de ingressar pessoalmente no Poder Judiciário; (b) os processos incidentes ou modelo, que seriam decididos a partir de casos individuais, mas com aplicação da decisão a todos os litigantes e (c) os meios de solução extrajudicial de conflitos coletivos" (MENDES, Aluisio Gonçalves de Castro; SILVA, Larissa Clare Pochmann da. Ações coletivas e incidente de resolução de demandas repetitivas: algumas considerações sobre a solução coletiva de conflitos. In: ZANETI JR., Hermes (org.). *Processo coletivo*. Salvador: Juspodivm, 2016. Coleção Repercussões no Novo CPC, v. 8. p. 536).

34. Não se desconhece a polêmica acerca da real natureza jurídica do direito individual homogêneo: se materialmente coletivo ou processualmente coletivo. Existe acerto na concepção de que se trata, em realidade, de tutela coletiva de direitos, acidentalmente coletivos (PINHO, Humberto Dalla Bernardina de. *A natureza jurídica do direito individual homogêneo e sua tutela pelo Ministério Público como forma de acesso à justiça*. Rio de Janeiro: Forense, 2002; MENDES, Aluisio Gonçalves de Castro. *Ações coletivas e meios de resolução coletiva de conflitos no direito comparado e nacional*. 4. ed. São Paulo: Revista dos Tribunais, 2014, p. 240; ZAVASCKI, Teori Albino. *Processo coletivo*: tutela de direitos coletivos e tutela coletiva de direitos. 7. ed. São Paulo: Revista dos Tribunais, 2017). No entanto, pelos limites deste trabalho, opta-se por não polemizar densamente neste aspecto.

processo individual, alterando, na essência, o direito objeto do litígio (e daí, evidentemente, aspectos processuais[35], por conseguinte).

No outro meio de resolução coletiva, o julgamento de casos repetitivos, a eficácia difusa da decisão decorre do incidente objetivo instaurado a partir de uma pluralidade de litígios subjetivos, sejam individuais ou coletivos. O incidente não tem vida própria, *ab initio*, capaz de, por si só, justificar o abandono da inércia jurisdicional[36].

Não se ignora que esses mecanismos foram motivados, na origem, por sua função gerencial, otimizando o tempo do Judiciário, que, ao decidir certa questão após debate plural, enquanto os processos ficam, total ou parcialmente, suspensos, pode analisar outros litígios em nada repetitivos. No entanto, sob a ótica da função estatal de formação do direito judicado, muito mais importante é a segurança jurídica resultante da tese fixada.

Essa finalidade, ainda que não permitisse a automática aplicação atual e futura[37], já justificaria a imprescindibilidade[38] da técnica, revelando-se tutela abstrata e, portanto, coletiva do direito, por mais que baseada em quadro fático típico. Vem, porém, aperfeiçoada pela imediata resolução de todos os casos suspensos, o que, a rigor, não seria tutela coletiva, visto que ocorre no âmbito de cada processo subjetivo sobrestado, pelo seu julgador natural. Esse segundo momento, de impacto em uma multiplicidade de demandas, é que leva à denominação da técnica como agregação ou condensação de litígios.

---

35. Uma consequência necessária é a legitimação extraordinária, sob pena de se comprometer a viabilidade da tutela. A relevância do aspecto processual é tamanha que Aluisio Mendes chega a inseri-la como elemento do conceito de ação coletiva: "A ação coletiva pode, portanto, ser definida, sob o prisma do direito brasileiro, como o direito apto a ser legítima e autonomamente exercido por pessoas naturais, jurídicas ou formais, conforme previsão legal, de modo extraordinário, a fim de exigir a prestação jurisdicional, com o objetivo de tutelar interesses coletivos, assim entendidos os difusos, os coletivos em sentido estrito e os individuais homogêneos" (MENDES, Aluisio Gonçalves de Castro. *Ações coletivas e meios de resolução coletiva de conflitos no direito comparado e nacional*. 4. ed. São Paulo: Revista dos tribunais, 2014. p. 32).

36. "Nesse contexto se enquadra o IRDR, regulado nos arts. 976-987 do CPC/2015, o qual não configura ação coletiva já que, como o próprio nome indica, não é ação autônoma, nem se preordena a resolver uma macrolide, mas um procedimento incidental, voltado a fixar entendimento paradigmático (tese jurídica) sobre a questão de direito replicada em muitos processos (CPC/2015, art. 985, *caput*). Tampouco por aí se instaura um típico incidente de coletivização - configuração cogitada ao início dos trabalhos da Comissão de Juristas incumbida de elaborar o novo CPC - notando-se na redação final a intenção do legislador em preservar uma natureza diferenciada para o IRDR, enquanto instrumento voltado à padronização decisória de uma dada quaestio iuris repercutida massivamente em múltiplas ações" (MANCUSO, Rodolfo de Camargo. *Incidente de Resolução de Demandas Repetitivas*: a luta contra a dispersão jurisprudencial excessiva. São Paulo: Revista dos Tribunais, 2016, p. 43).

37. Como ocorre no Incidente de Assunção de Competência, por exemplo.

38. "Ainda assim, à vista da pletora crescente de processos que assombra o Judiciário (...) é razoável intuir que a tendência à tutela plurindividual, por sua aptidão para promover o desate (ou o descarte) massivo de processos repetitivos, parece se afigurar irreversível, ao menos enquanto perdurar o exacerbado input de processos replicados, em proporção muito excedente à capacidade instalada dos órgãos judiciais" (MANCUSO, Rodolfo de Camargo. Da jurisdição coletiva à tutela judicial plurindividual. Evolução da experiência brasileira com as demandas seriais. *Revista de Processo*, v. 237, nov. 2014, p. 315).

Outro aspecto comparativo interessante reside no sistema de inclusão/exclusão. Enquanto, nas ações coletivas, o mecanismo de interação entre a demanda do indivíduo e o processo coletivo é de *opt out*, por expressa previsão legal (artigo 104 do CDC[39] e artigo 22, § 1º, da Lei do Mandado de Segurança[40]), nos casos repetitivos diz-se que seria de *opt in*, havendo necessidade de postura ativa do sujeito para que se obrigasse ao entendimento fixado, consistente na provocação do Judiciário, isto é, no ajuizamento de ação[41].

Último ponto diferenciador entre as duas técnicas[42] é a maneira de individualização da decisão. Na ação coletiva de tutela de direitos individuais homogêneos[43], se dá na fase de execução, onde serão contempladas as peculiaridades de cada indivíduo, ao passo que, na tutela pluri-individual, tais particularidades serão tomadas, se realmente existirem, apenas para fins de distinção ou, se fixada a tese sob circunstâncias já modificadas, de superação da mesma.

Em suma, é correto afirmar que, nas ações coletivas, há (i) tutela coletiva pela via principal, já que (ii) baseada em direito subjetivo coletivo[44], logo (iii) possuindo sempre matéria coletiva, (iv) interagindo com os litígios coletivos através de mecanismo de *opt out*, (v) havendo individualização, para os direitos individuais homogêneos, na fase de liquidação e execução, enquanto, na fixação de tese acerca de questão repetitiva, existe (i) tutela coletiva pela via incidental,

39. Art. 104. As ações coletivas, previstas nos incisos I e II e do parágrafo único do art. 81, não induzem litispendência para as ações individuais, mas os efeitos da coisa julgada erga omnes ou ultra partes a que aludem os incisos II e III do artigo anterior não beneficiarão os autores das ações individuais, se não for requerida sua suspensão no prazo de trinta dias, a contar da ciência nos autos do ajuizamento da ação coletiva.

40. Art. 22. § 1º O mandado de segurança coletivo não induz litispendência para as ações individuais, mas os efeitos da coisa julgada não beneficiarão o impetrante a título individual se não requerer a desistência de seu mandado de segurança no prazo de 30 (trinta) dias a contar da ciência comprovada da impetração da segurança coletiva.

41. ZANETI JR., Hermes. Comentário ao artigo 928. In: CABRAL, Antonio do Passo; CRAMER, Ronaldo (coords.). *Comentários ao novo Código de Processo Civil*. 2. ed. Rio de Janeiro: Forense, 2016, p. 1344. O raciocínio, conquanto interessante para fins comparativos, é questionável, pela eficácia normativa defendida adiante, nesta obra.

42. Para Hermes Zaneti Jr., são duas técnicas de processo coletivo (ZANETI JR., Hermes. Comentário ao artigo 928. In: CABRAL, Antonio do Passo; CRAMER, Ronaldo [coords.]. *Comentários ao novo Código de Processo Civil*. 2. ed. Rio de Janeiro: Forense, 2016, p. 1344.). Evita-se, por ora, considerar o julgamento de casos repetitivos como processo coletivo, para não o confundir com as ações coletivas. De todo modo, são duas técnicas de tutela coletiva (LEAL, Márcio Flávio Mafra. *Ações coletivas*. São Paulo: Revista dos Tribunais, 2014).

43. Quando o objeto for direito difuso ou coletivo em sentido estrito, sequer se coloca a questão, vez que a execução será coletiva, independendo de qualquer individualização.

44. Para Hermes Zaneti Jr. e Fredie Didier Jr., a ação coletiva tutela, mais do que direitos subjetivos coletivos, situações jurídicas coletivas, inserindo a possibilidade da ação coletiva passiva: "Assim, processo coletivo é aquele em que se postula um direito coletivo lato sensu (situação jurídica coletiva ativa) ou se afirme a existência de uma situação jurídica coletiva passiva (deveres individuais homogêneos, p. ex.) de titularidade de um grupo de pessoas" (DIDIER JR., Fredie; ZANETI JR., Hermes. *Curso de direito processual civil*: processo coletivo. 10. ed. Salvador: Juspodivm, 2016. v. 4, p. 30).

pois (ii) centrada no direito objetivo e, portanto, coletivo, (iii) versando sobre matéria coletiva ou não, (iv) funcionando em sistema de *opt in*, (v) cuja individualização só será relevante em caso de distinção ou superação da tese.

As duas técnicas, portanto, convivem perfeitamente, cada qual com espaço bem delineado. Cabe, no entanto, uma indagação: deve ser priorizada alguma delas? A doutrina tem debatido a respeito.

Para uma primeira linha de pensamento, os instrumentos de julgamento por agregação de causas repetitivas não são capazes de resolver o conflito de maneira tão satisfativa quanto as ações coletivas.

Fernando Gajardoni, por exemplo, aponta como um problema central da técnica de casos repetitivos a necessidade do ajuizamento de um processo individual para que se resolva a questão[45]. Hermes Zaneti Jr., por sua vez, elege uma série de vantagens das ações coletivas, como a coisa julgada *secundum eventum probationis* e *secundum eventum litis*, o controle da representatividade adequada *ope legis* e, para o autor, também *ope iudicis*, além da intervenção do Ministério Público também na fase pré-processual, no inquérito civil.

Já Marcelo Abelha traça interessante distinção entre as técnicas individuais de repercussão coletiva e as técnicas coletivas de repercussão individual[46]: enquanto as primeiras tratam de situações coletivas, garantindo tratamento coletivo de direitos subjetivos, as segundas estão inseridas na dinâmica da solução de demandas repetitivas.

Naquelas, há o requisito da legitimidade adequada, a coisa julgada se dá *secundum eventum litis in utilibus* e as demandas individuais, ao menos *ex lege*, não ficam suspensas, enquanto, nestas, os legitimados nem sempre seriam os mais aptos (a princípio, qualquer autor poderia ver sua ação afetada ao julgamento-amostra), o contraditório restaria prejudicado (tantos outros autores não poderiam participar na fixação da tese em abstrato, restando-lhes o posterior *distinguishing*) e o sobrestamento se dá por força da lei. Diante desse quadro comparativo, conclui pela preferência pelas técnicas coletivas de repercussão individual, as ações coletivas.

---

45. "Mesmo o NCPC (Lei 13.105/2015) não parece ser capaz de reverter esse quadro, posto que os institutos relativos ao tratamento das demandas repetidas (v.g. o IRDR do art. 976 e ss) não soluciona de modo coletivo o conflito, ainda dependente de uma decisão para cada um dos processos individuais, a fim de ser aplicado o entendimento do caso paradigma (art. 985)" (GAJARDONI, Fernando da Fonseca. O processo coletivo refém do individualismo. In: ZANETI JR, Hermes [coord.]. *Processo coletivo.* Coleção Repercussões do Novo CPC, v. 8. Salvador: JusPodivm, 2016, p. 156).

46. RODRIGUES, Marcelo Abelha. Técnicas individuais de repercussão coletiva X técnicas coletivas de repercussão individual. Por que estão extinguindo a ação civil pública para a defesa de direitos individuais homogêneos? In: DIDIER JUNIOR, Fredie; ZANETI JUNIOR, Hermes (coords.). *Repercussões do Novo CPC – Vol. 8 - Processo Coletivo.* Salvador: Juspodivm, 2015, p. 623-639.

A segunda maneira de enxergar a questão, mais acertada, consiste em compreender a complementariedade entre as duas técnicas, de modo que a estratégia processual do legitimado, à qual se chega após estudar o melhor meio de efetivar o direito material, poderá variar[47].

Algumas vantagens são apontadas pela doutrina em favor da instauração do incidente de julgamento de casos repetitivos, em comparação com as ações coletivas. Paulo Cezar Pinheiro Carneiro alerta que os incidentes objetivados de fixação de teses podem ser mais convenientes que uma ação civil pública, pela rapidez e pela abrangência que lhes caracteriza[48].

Além disso, aponta-se[49]: a sistemática das custas, que acaba por onerar em demasia os réus nos litígios transindividuais[50], enquanto, nos processos sobre matéria replicada, se dá no âmbito de cada relação processual subjetiva (pelas regras gerais[51]); a simplicidade na vinculação à decisão; o afastamento do "ente exponencial" a decorrer da legitimidade extraordinária; a orientação de acordo com a estrutura jurisdicional (sem concentrar a formação apenas no Supremo Tribunal Federal, como no caso da edição de súmula vinculante).

Em alguns casos, no entanto, a dupla via não estará aberta. Pode ser hipótese de carecer legitimidade para a deflagração de incidente para julgamento de questão repetitiva: uma associação, se não for parte em processo versando sobre

---

47. "De outro lado, a escolha da técnica a ser utilizada deverá observar o princípio da adequação. É também uma questão de estratégia processual do grupo. Há situações jurídicas coletivas insuscetíveis de solução pela técnica da ação coletiva – é inconcebível a instauração de uma ação coletiva cujo propósito seja definir se uma pessoa jurídica (em tese) pode ser beneficiária da gratuidade da justiça ou para definir se um determinado bem pode ser penhorado ou não. Do mesmo modo, há situações jurídicas coletivas insuscetíveis de solução por meio do julgamento de casos repetitivos. É inconcebível a instauração de um incidente de resolução de demandas repetitivas para definir se há o dever de uma indústria de colocar um filtro antipoluente em suas chaminés. Esse é um tipo de situação jurídica coletiva que somente pode ser veiculada por meio de ação coletiva. Pode haver, no entanto, coincidência entre os objetos de uma ação coletiva e um incidente de julgamento de casos repetitivos. Ou seja: uma mesma situação jurídica coletiva pode ser objeto de ação coletiva e de incidente de julgamento de casos repetitivos" (DIDIER JR., Fredie; ZANETI JR., Hermes. Ações coletivas e o incidente de julgamento de casos repetitivos: espécies de processo coletivo no direito brasileiro: aproximações e distinções. *Revista de Processo*, v. 256, jun. 2016, p. 214).

48. "Pelos motivos até então destacados pode-se afirmar que o incidente, em determinadas situações, poderá alcançar um resultado até mais eficaz do que a própria ação civil pública, seja em virtude de sua rapidez, seja em decorrência da abrangência de seus efeitos" (CARNEIRO, Paulo Cezar Pinheiro. Breves notas sobre o Incidente de Resolução de Demandas Repetitivas. *Revista Eletrônica de Direito Processual*. v. XIV, ano 8, jul.-dez. 2014, p. 486).

49. Essa lista foi elaborada por: CABRAL, Antonio do Passo. Comentário ao artigo 976. In: CABRAL, Antonio do Passo; CRAMER, Ronaldo (coords.). *Comentários ao novo Código de Processo Civil*. 2. ed. Rio de Janeiro: Forense, 2016, p. 1.435-1.436.

50. É o regramento do microssistema constante na Lei da Ação Civil Pública: Art. 18. Nas ações de que trata esta lei, não haverá adiantamento de custas, emolumentos, honorários periciais e quaisquer outras despesas, nem condenação da associação autora, salvo comprovada má-fé, em honorários de advogado, custas e despesas processuais.

51. Artigos 82 e seguintes do Código de Processo Civil.

a matéria, não poderá requerer a instauração de Incidente de Resolução de Demandas Repetitivas, por exemplo. O contrário também é verdade: um particular pode requerer a instauração do incidente, mas não é capaz de ajuizar demanda coletiva[52]. A propósito, conquanto tenha sido cogitado coincidir os legitimados para ambas as técnicas[53], a redação final do código preferiu róis distintos.

Portanto, a possibilidade de escolha entre as duas técnicas complementares[54] constitui um sistema pluralista de soluções através da tutela coletiva[55], havendo, como regra, faculdade de seleção, por estratégia processual ou conveniência, e, pontualmente, a existência de algum impedimento para uma das vias. Não se pode ignorar, de resto, que ambas se intercomunicam, sendo recomendável eleger como causa piloto uma ação coletiva[56].

Fica clara, portanto, a não coincidência do processo coletivo com o IRDR ou qualquer outro instituto de fixação de teses, os quais, de resto, possuem como objetivo precípuo a diminuição do número de processos, embora não

---

52. Sobre a legitimidade do indivíduo para a ação coletiva, ver: MENDES, Aluisio Gonçalves de Castro; SILVA, Larissa Clare Pochmann da. A legitimidade do indivíduo nas ações coletivas. In: GRINOVER, Ada Pellegrini et al. [coords.]. *Processo coletivo*: do surgimento à atualidade. São Paulo: Revista dos Tribunais, 2014, p. 1243-1254.

53. Há quem faça interpretação à luz do processo legislativo, visando a restringir a legitimidade da Defensoria Pública e do Ministério Público com base na necessidade de pertinência temática, com o que não se pode concordar, como será visto em tópico próprio: "No projeto de lei aprovado na Câmara havia a previsão de legitimidade ativa de pessoa jurídica de direito público ou da associação civil, cuja finalidade institucional inclua a defesa de interesse ou direito objeto do incidente. A legitimidade, portanto, exigia a pertinência temática, a exemplo do que ocorre na propositura da ação civil pública, e, embora omisso o texto legal, também a necessidade de existência jurídica da associação civil por ao menos um ano.

    Conforme observado pela melhor doutrina, essa legitimidade era inspirada na legitimidade para a propositura da ação civil pública, que a exemplo do incidente tem como objetivo a economia processual e a harmonização de julgados. A redação final do art. 977 do Novo CPC, entretanto, não conta com tal legitimidade, o que, apesar de limitar o rol de legitimados, não elimina a conclusão que justifica a legitimação para o Ministério Público e para a Defensoria Pública" (NEVES, Daniel Amorim Assumpção. *Novo Código de Processo Civil – Lei 13.105/2015*. 2. ed. Rio de Janeiro: Forense, 2015, p. 525-526.).

54. ROQUE, Andre Vasconselos. As ações coletivas após o novo Código de Processo Civil: para onde vamos? In: ZANETI JR., Hermes (org.). *Processo coletivo*. Salvador: JusPodivm, 2016. Coleção Repercussões no Novo CPC, v. 8, p. 180.

55. "Ter-se-á um, portanto, desejado sistema pluralista, porque, em primeiro lugar, nem sempre se está diante de uma ação coletiva, independente das razões para o seu não ajuizamento. Por outro lado, a realidade demonstra que nem sempre as ações coletivas ajuizadas foram capazes de conter uma grande quantidade de litígios, tendo em vista, por exemplo, a limitação do próprio pedido ou a legitimidade do autor. Do mesmo modo, a questão comum poderá advir não de direitos individuais homogêneos propriamente ditos, mas de pretensões variadas" (MENDES, Aluisio Gonçalves de Castro; SILVA, Larissa Clare Pochmann da. Ações coletivas e incidente de resolução de demandas repetitivas: algumas considerações sobre a solução coletiva de conflitos. In: ZANETI JR., Hermes (org.). *Processo coletivo*. Salvador: Juspodivm, 2016. Coleção Repercussões no Novo CPC, v. 8. p. 566).

56. ZANETI JR., Hermes. Comentário ao artigo 928. In: CABRAL, Antonio do Passo; CRAMER, Ronaldo (coords.). *Comentários ao novo Código de Processo Civil*. 2. ed. Rio de Janeiro: Forense, 2016, p. 1.345; CABRAL, Antonio do Passo. Comentário ao artigo 982. In: CABRAL, Antonio do Passo; CRAMER, Ronaldo (coords.). *Comentários ao novo Código de Processo Civil*. 2. ed. Rio de Janeiro: Forense, 2016, p. 1.457.

dispensem o ajuizamento de uma nova demanda para que se aplique o precedente criado. Pode até vir a existir uma interseção entre os dois gêneros, bastando imaginar uma tese fixada tendo como base uma ação coletiva. Não se trata de uma coletivização[57] no sentido tradicional, mas de julgamento dessubjetivado nomofilático.

57. GRINOVER, Ada Pellegrini. A coletivização de ações individuais após o veto. In: CIANCI, Mirna; DELFINO, Lúcio; DANTAS, Bruno; DIDIER JUNIOR, Fredie; CUNHA, Leonardo Carneiro da; CAMARGO, Luiz Henrique Volpe; REDONDO, Bruno Garcia (coords.). *Novo Código de Processo Civil:* impactos na legislação extravagante e interdisciplinar. São Paulo: Saraiva, 2016, v. 1. p. 15-23.

CAPÍTULO III

MICROSSISTEMA DE CASOS REPETITIVOS

1

IMPACTOS DO IRDR NAS AÇÕES DE PROPRIEDADE INDUSTRIAL E ALGUMAS CONSIDERAÇÕES ACERCA DO PROCESSAMENTO DO IRDR PELA SISTEMÁTICA DOS REPETITIVOS NO STJ

Marcelo Mazzola[1]

Sumário: 1 – Introdução. 2 – O sistema brasileiro de precedentes e seus reflexos na área da propriedade industrial. 3 – O impacto do IRDR nas ações de propriedade industrial. 4 – A possibilidade de julgamento parcial do mérito de ações repetitivas suspensas pelo IRDR. 5 – Processamento do IRDR pela sistemática dos Recursos Repetitivos: mais um filtro do STJ ou mera equalização procedimental? 6– Conclusão. 7 – Referências bibliográficas.

1. INTRODUÇÃO

As garantias e os direitos fundamentais previstos na Constituição Federal são verdadeiros cânones da relação entre o Estado e os indivíduos.

Nesse particular, destaca-se o artigo 5º, XXIX, da Carta Magna, que assegura aos autores de inventos industriais privilégio temporário para sua utilização, bem como proteção às criações industriais, à propriedade das marcas, aos nomes de empresas e a outros signos distintivos, tendo em vista o interesse social e o desenvolvimento tecnológico e econômico do País.

No plano infraconstitucional, a Lei da Propriedade Industrial (Lei nº 9.279/96) regula direitos e obrigações nesse complexo segmento mercadológico.

De uma maneira geral, a lei especial valoriza temas relacionados ao direito material (patentes de invenção e modelos de utilidade; desenho industrial; marcas; repressão às falsas indicações geográficas, à concorrência desleal etc.), mas não confere um tratamento mais detalhado em relação aos aspectos processuais.

Note-se que, embora a Lei nº 9.279/96 assim não mencione, aplicam-se, subsidiariamente, aos litígios de propriedade industrial os dispositivos do

1 Doutorando e Mestre em Direito Processual pela UERJ. Vice-Presidente de Propriedade Intelectual do CBMA. Coordenador de Processo Civil da ESA/RJ. Professor de Processo Civil da EMERJ. Membro do IBDP, da ABDPro e do ICPC. Advogado.

Código de Processo Civil, o que, aliás, se dessume da própria redação do artigo 207 da lei especial.

Em vigor desde 18 de março de 2016, o Código de Processo Civil de 2015 (CPC/15) trouxe profundas alterações e inovações que irão impactar diretamente as ações de propriedade industrial.

A proposta deste trabalho é explorar especificamente os impactos do IRDR nas ações de propriedade industrial.

2. O SISTEMA BRASILEIRO DE PRECEDENTES E SEUS REFLEXOS NA ÁREA DA PROPRIEDADE INDUSTRIAL

O CPC/15 consagrou um "sistema"[2] de precedentes inspirado na *common law* e adaptado para o *civil law*[3].

Contudo, essa perspectiva de valorização dos precedentes no CPC não é inédita e tampouco pode ser considerada uma novidade contemporânea.

Em nosso ordenamento jurídico, o primeiro marco relevante foi a criação da Súmula da Jurisprudência Predominante do Supremo Tribunal Federal em 1963[4]. Embora não tivesse qualquer efeito vinculante, passou a exercer grande influência nos julgamentos.

Em 1990, foi editada a Lei nº 8.038, que autorizava o desprovimento de recursos perante o STJ e STF quando "contrariar, nas questões predominantemente de direito, Súmula do respectivo Tribunal" (art. 38).

Posteriormente, a Emenda Constitucional nº 03/1993 passou a conferir efeito vinculante à decisão proferida pelo STF em Ação Declaratória de Constitucionalidade (art. 102, § 2º, da Carta Magna).

Em 2004, a Emenda Constitucional n º 45 incluiu os artigos 102, III, § 3º,[5] e 103-A[6] na Constituição Federal, instituindo a repercussão geral para o recurso extraordinário e a chamada súmula vinculante.

---

2 Não vamos abordar neste trabalho a discussão acerca da constitucionalidade do artigo 927 do CPC, as diferenças entre os sistemas da *commom law* e da *civil law*, e tampouco as diferentes correntes doutrinárias sobre os pronunciamentos que podem ser considerados verdadeiros "precedentes".

3 CÂMARA, Alexandre Freitas. *O novo processo civil brasileiro*. 2ª ed. São Paulo: Atlas, 2016, p. 427.

4 BARBOSA MOREIRA, José Carlos. Súmula, Jurisprudência, Precedente: uma escalada e seus riscos. *Revista Dialética de Direito Processual*, nº 27, 2005.

5 Art. 102, III, § 3º: No recurso extraordinário o recorrente deverá demonstrar a repercussão geral das questões constitucionais discutidas no caso, nos termos da lei, a fim de que o Tribunal examine a admissão do recurso, somente podendo recusá-lo pela manifestação de dois terços de seus membros.

6 Art. 103-A. O Supremo Tribunal Federal poderá, de ofício ou por provocação, mediante decisão de dois terços dos seus membros, após reiteradas decisões sobre matéria constitucional, aprovar súmula que, a partir de sua publicação na imprensa oficial, terá efeito vinculante em relação aos demais órgãos do

Em 2008, a Lei nº 11.672 acrescentou o artigo 543-C ao CPC/73 e estabeleceu o procedimento para o julgamento de recursos repetitivos no âmbito do Superior Tribunal de Justiça.

Ao longo do tempo, outras reformas legislativas modificaram o CPC/73, incentivando a valorização dos precedentes, com reflexos, por exemplo, na improcedência liminar do pedido (art. 285-A) e no julgamento monocrático (provimento/desprovimento) de recursos que envolvessem matéria sumulada ou objeto de jurisprudência dominante dos tribunais (art. 557).

Nessa toada, o legislador do CPC/15, dentro da ótica de eficácia horizontal dos direitos fundamentais, positivou consagrados princípios constitucionais, tais como a isonomia, a duração razoável do processo, a segurança jurídica, a efetividade, que são verdadeiros cânones do sistema de precedentes.

A ideia é racionalizar a entrega da prestação jurisdicional e impedir que casos semelhantes sejam julgados de forma distinta, evitando a odiosa "justiça lotérica".

Nesse sentido, o artigo 926 do CPC/15 dispõe que "os tribunais devem uniformizar sua jurisprudência e mantê-la estável, íntegra e coerente", observando ***a)*** as decisões do Supremo Tribunal Federal em controle concentrado de constitucionalidade; ***b)*** os enunciados de súmula vinculante; ***c)*** os acórdãos em incidente de assunção de competência ou de resolução de demandas repetitivas e em julgamento de recursos extraordinário e especial repetitivos; ***d)*** os enunciados das súmulas do Supremo Tribunal Federal em matéria constitucional e do Superior Tribunal de Justiça em matéria infraconstitucional; e ***e)*** a orientação do plenário ou do órgão especial aos quais estiverem vinculados (art. 927)

Na área da propriedade industrial, em que normalmente as discussões são técnicas, complexas e envolvem valores expressivos, a sistemática é interessante, pois a ausência de homogeneidade de entendimento causa flagrante insegurança segurança jurídica.

A propósito, vale registrar que, passados mais de 20 (vinte) anos da Lei nº 9.279/96, a única súmula (não vinculante) sobre a matéria versa sobre o prazo prescricional para a propositura de ação de perdas e danos decorrente de uso de marca.[7]

Aliás, somente no final de 2017, o STJ julgou o primeiro caso pela sistemática dos recursos repetitivos. No REsp 1.527.232/SP, a Segunda Seção decidiu que "as questões acerca do *trade dress* (conjunto-imagem) dos produtos, concorrência desleal e outras demandas afins, por não envolver registro no INPI e cuidando

Poder Judiciário e à administração pública direta e indireta, nas esferas federal, estadual e municipal, bem como proceder à sua revisão ou cancelamento, na forma estabelecida em lei.

7 Súmula 143 do STJ: Prescreve em cinco anos a ação de perdas e danos pelo uso de marca comercial.

de ação judicial entre particulares, é inequivocamente de competência da justiça estadual, já que não afeta interesse institucional da autarquia federal. No entanto, compete à Justiça Federal, em ação de nulidade de registro de marca, com a participação do INPI, impor ao titular a abstenção do uso, inclusive no tocante à tutela provisória".

Com efeito, não há dúvidas de que, nos conflitos entre o titular de uma marca registrada e um suposto infrator sem registro concedido pelo INPI, a justiça estadual é competente para decidir a questão. Da mesma forma, entendemos que a justiça estadual é competente para julgar as ações de concorrência desleal com base em *trade dress*, pois a discussão não pressupõe a análise de eventual nulidade dos signos distintivos, mas sim o exame da alegada prática desleal, materializada pela imitação ou reprodução indevida da identidade visual de determinado produto/serviço.

Porém, quando o conflito envolver duas empresas com registros concedidos pelo INPI, a justiça federal será a competente para dirimir a controvérsia. Caso contrário, a justiça estadual estaria, por via oblíqua, esvaziando os efeitos de um registro marcário e usurpando a competência exclusiva da justiça federal.

Muitas outras controvérsias na área da propriedade industrial também precisam ser pacificadas, clareando o horizonte dos litigantes.

Uma delas, por exemplo, versa sobre a regra de competência para as ações de infração de marca com pedido indenizatório. A discussão reside em saber se deve ser aplicada a regra geral do foro do domicílio do réu (art. 94 do CPC/73 - art. 46 do CPC/15) ou se pode ser invocado o local do ato ou do fato, ou mesmo o foro de domicílio do autor (art. 100, V, "a", e parágrafo único do CPC/73 - art. 53, IV, "a", e V, do CPC/15).

Depois de algumas decisões conflitantes no âmbito do STJ, o tema foi equalizado no julgamento dos Embargos de Divergência nº 783.280/RS,[8] prevalecendo a regra do foro especial. Porém, o julgamento não ocorreu sob a sistemática dos recursos repetitivos ou via IRDR/IAC, o que ainda pode abrir espaço para decisões contraditórias em casos análogos.

Na área das patentes, a discussão sobre o prazo de vigência das patentes *pipeline* foi equacionada pela Segunda Seção do STJ, no julgamento do REsp nº 731.101/RJ, consignando-se que "a Lei de Propriedade Industrial, em seu art. 230, § 4º, c/c o art. 40, estabelece que a proteção oferecida às patentes estrangeiras, chamadas patentes pipeline, vigora 'pelo prazo remanescente de proteção no país onde foi depositado o primeiro pedido', até o prazo máximo de proteção concedido no Brasil - 20 anos - a contar da data do primeiro depósito no exte-

---

8 Embargos de Divergência nº 783.280/RS, Rel. Min. NANCY ANDRIGHI, SEGUNDA SEÇÃO, julgado em 23/02/2011, DJe 19/04/2012.

rior, ainda que posteriormente abandonado". Porém, a matéria segue pendente de julgamento no Supremo Tribunal Federal.[9]

Outro tema recorrente nos tribunais que merece ser enfrentado envolve o chamado direito de precedência ao registro de marca (arts. 129, § 1º, e 158 da LPI). A jurisprudência é vacilante. Existem julgados reconhecendo que o direito de precedência pode ser manifestado judicialmente, após a concessão do registro (TRF2 – AC nº 2009.51.01.813202-0), e outros arestos defendendo que o direito de precedência deve ser necessariamente manifestado antes da concessão do registro de terceiro (TRF2 – AC nº 0029525-38.2012.4.02.5101).

Antes de encerrar, um último comentário: consideramos que a valorização dos precedentes não fomenta o chamado imobilismo jurisprudencial. Isso porque, existem técnicas – importadas da *common law* – de superação dos entendimentos (*overruling* e *overriding*) e de confronto do paradigma com caso concreto (*distinguishing*), que podem ser invocadas pelas partes e pelos julgadores, sempre de forma fundamentada.

Ou seja, nessa escalada histórica dos precedentes, o CPC/15 cria uma parametrização que pode racionalizar a entrega da prestação jurisdicional, garantindo a isonomia, a efetividade e a duração razoável do processo.

3. O IMPACTO DO IRDR NAS AÇÕES DE PROPRIEDADE INDUSTRIAL

Uma das maiores novidades do CPC/15 é o Incidente de Resolução de Demandas Repetitivas, previsto no artigo 976 e seguintes. Inspirado no *Musterverfahren* alemão, no *Pilot Judgement* da Corte Europeia de Direitos Humanos e no *Group Litigation Order* da Inglaterra, o IRDR surge para dar concretude ao sonho dos juristas de garantir uma decisão de mérito, em tempo razoável.

De fato, a preocupação com o tempo e a duração razoável do processo é uma tônica do novo código, o que, aliás, está evidenciado logo no capítulo inicial intitulado "Das Normas Fundamentais do Processo Civil", especialmente nos artigos 4º e 6º, e também em outros dispositivos do diploma processual (por exemplo, art. 139, II).

Em linhas gerais, o IRDR tem como objetivo garantir a isonomia das decisões judiciais e a segurança jurídica, toda vez que existir uma multiplicidade de causas versando sobre a mesma questão de direito.

O incidente pode ser instaurado de ofício pelo juiz ou pelo relator, ou por meio de petição, pelas partes, assim como pelo Ministério Público e pela Defensoria Pública.

9 STF, ADI nº 4.234/DF, Rel. Min. Cármen Lúcia. Mais notícias em http://www.stf.jus.br/portal/cms/verNoticiaDetalhe.asp?idConteudo=107628&caixaBusca=N. Acesso em: 09.07.2019.

Funciona assim: o pedido ou o ofício é endereçado ao tribunal com os documentos necessários à demonstração do preenchimento dos pressupostos legais. Em seguida, o presidente do tribunal encaminha o pleito ao órgão competente. Sorteado o relator, é feito o juízo de admissibilidade. Uma vez admitido o incidente, todos os processos que versam sobre a mesma questão de direito serão suspensos. Após ouvidas as partes e o Ministério Público, além de eventuais interessados (art. 983), o relator leva o feito a julgamento. Definida a questão de direito no prazo máximo de um ano (art. 980), a tese será aplicada a todos os processos individuais ou coletivos que versem sobre idêntica questão de direito e que tramitem na área de jurisdição do respectivo tribunal, inclusive àqueles que tramitem nos juizados especiais do respectivo estado ou região, bem como aos casos futuros que envolvam idêntica questão de direito e que venham a tramitar no território de competência do tribunal.

Contra a referida decisão é possível a interposição dos recursos especial e extraordinário, que, excepcionalmente, são dotados de efeito suspensivo, presumindo-se a repercussão geral da questão constitucional debatida. Esse pronunciamento das cortes superiores, embora não obrigatório, é importante para permitir a uniformização do tema em nível nacional, com efeitos *erga omnes*.

Na área da propriedade industrial, assim como em outros ramos do direito, existem temas que se repetem em múltiplas demandas. São matérias de densidade infraconstitucional e constitucional que ainda não foram pacificadas e causam grande insegurança jurídica à comunidade empresarial.

Ocorre que, como visto, só existe até hoje um caso julgado sob a sistemática dos recursos repetitivos.

Nessa toada, o IRDR será fundamental para o processo de consolidação da jurisprudência na área da propriedade industrial.

Aliás, recentemente, o Tribunal Regional Federal da 2ª Região julgou o primeiro IRDR no seguimento das patentes[10]. A discussão gira em torno do prazo de validade das chamadas patentes *mailbox*, que visam a proteger produtos farmacêuticos e produtos agroquímicos.

Por unanimidade de votos, a 1ª Seção Especializada do TRF/2 decidiu que às patentes *mailbox* somente se aplica o caput do art. 40 da Lei nº 9.279/96[11], diante da limitação do parágrafo único do art. 229 do mesmo diploma legal[12]. Ou

---

10 TRF/2, IRDR nº 014410-75.2017.4.02.0000, Des. Rel. Ivan Athié, 1ª Seção Especializada, julgamento em 27.06.2019.

11 Art. 40. A patente de invenção vigorará pelo prazo de 20 (vinte) anos e a de modelo de utilidade pelo prazo 15 (quinze) anos contados da data de depósito.

12 Art. 229. Aos pedidos em andamento serão aplicadas as disposições desta Lei, exceto quanto à patenteabilidade dos pedidos depositados até 31 de dezembro de 1994, cujo objeto de proteção sejam substâncias, matérias ou produtos obtidos por meios ou processos químicos ou substâncias, matérias, misturas

seja, restou assentado que o prazo máximo de uma patente *mailbox* será de 20 (vinte) anos contados do depósito.

Na área de marcas, por exemplo, são muitas as situações que comportariam a instauração de um IRDR.

Por exemplo, persiste a discussão se a indenização por dano material depende da comprovação dos prejuízos ou se é mera consequência do ato ilícito (REsp 1174098/MG x AgRg no AREsp 111842/SP).

Da mesma forma, como visto, persiste a indefinição acerca da possibilidade de se invocar o direito de precedência ao registro de marca (art. 129, § 1º, e 158 da LPI) judicialmente, mesmo após a concessão do registro (TRF2 – AC nº 2009.51.01.813202-0), ou somente antes da concessão do registro (TRF2 – AC nº 0029525-38.2012.4.02.5101).

Em suma, esses exemplos demonstram que relevantes questões de direito na área da propriedade industrial podem ser objeto do IRDR, acelerando a formação de precedentes e garantindo a isonomia das decisões e a segurança jurídica, e ainda contribuindo – torcemos – para a duração razoável do processo.

4. A POSSIBILIDADE DE JULGAMENTO PARCIAL DO MÉRITO DE AÇÕES REPETITIVAS SUSPENSAS PELO IRDR

Como visto, o IRDR poderá ser instaurado sempre que existir uma repetição de processos versando sobre a mesma questão de direito e houver risco de ofensa à isonomia e à segurança jurídica. Tais requisitos são cumulativos e devem estar demonstrados no pedido de instauração do incidente.

Mesmo após três anos de vigência do código, persistem muitas dúvidas e o CPC/15 não traz uma resposta precisa para todas elas. Por exemplo, quantos processos versando sobre a mesma questão de direito são suficientes para caracterizar a "efetiva repetição de processos"? Para que esteja configurado o "risco à isonomia e à segurança jurídica", é necessário que várias demandas já tenham sido julgadas em sentido conflitante ou basta a possibilidade de decisões contraditórias? É preciso que já exista um recurso pendente no tribunal para que seja admitido o IRDR? É recorrível a decisão do órgão colegiado que rejeitar a instau-

ou produtos alimentícios, químico-farmacêuticos e medicamentos de qualquer espécie, bem como os respectivos processos de obtenção ou modificação e cujos depositantes não tenham exercido a faculdade prevista nos arts. 230 e 231 desta Lei, os quais serão considerados indeferidos, para todos os efeitos, devendo o INPI publicar a comunicação dos aludidos indeferimentos.

Parágrafo único. Aos pedidos relativos a produtos farmacêuticos e produtos químicos para a agricultura, que tenham sido depositados entre 1o de janeiro de 1995 e 14 de maio de 1997, aplicam-se os critérios de patenteabilidade desta Lei, na data efetiva do depósito do pedido no Brasil ou da prioridade, se houver, assegurando-se a proteção a partir da data da concessão da patente, pelo prazo remanescente a contar do dia do depósito no Brasil, limitado ao prazo previsto no caput do art. 40.

ração do IRDR? Pode o juiz solicitar a instauração do IRDR em processo ainda não decidido ou somente quando da remessa do respectivo feito ao tribunal por força de recurso ou reexame necessário? Apenas os legitimados do art. 977, II e III (partes, MP e Defensoria) podem requerer ao STJ ou STF a suspensão de todos os processos individuais ou coletivos repetitivos (art. 982, § 3º) ou também os demais interessados, inclusive o *amicus curiae*?

Algumas dessas questões e outras controvérsias estão sendo debatidas pelos processualistas e posicionamentos já foram assentados.[13]

Poderíamos enfrentar cada um dos questionamentos acima, mas nos limitaremos a examinar uma situação muito relevante que diz respeito aos efeitos da suspensão das ações repetitivas por força da decisão de admissão do IRDR.

De acordo com CPC/15, os processos ficam suspensos pelo prazo de 1 (um) ano e, após esse prazo, voltam a correr normalmente, salvo decisão fundamentada do relator em sentido contrário (art. 980 e seu parágrafo único).

Surgem então novas indagações. O processo fica totalmente paralisado nesse prazo de 1 (um) ano? O que pode ser apreciado pelo juiz da causa suspensa? Ele pode julgar um dos pedidos não relacionados ou que não sejam prejudiciais à matéria objeto do IRDR?

Pois bem, inicialmente vale registrar que o próprio CPC/15 ressalva que, durante a suspensão, o pedido de tutela de urgência será dirigido ao juízo onde tramita o processo suspenso (art. 982, § 2º). Claro, não seria razoável permitir que uma situação de urgência capaz de causar dano ou lesão a direito não fosse tutelada pelo Estado (art. 5º, XXXV, da CF).

Entendemos que a decisão do relator que determina a suspensão das ações repetitivas não é um sopro górgono[14] capaz de petrificar o processo. Este não fica congelado e adormecido (Enunciado nº 205 do FPPC).[15-16]

---

13 Vide, por exemplo, os Enunciados nºs 87, 88, 89, 90, 91, 92, 93, 94, 95, 206, 342, 343, 345, 347, 349, 473, 481, 556, 605 e 606 do FPPC. Na doutrina, vale citar as obras de MENDES, Aluisio Gonçalves de Castro. *Incidente de Resolução de Demandas Repetitivas* – sistematização, análise e interpretação do novo instituto processual. Rio de Janeiro: Forense, 2017; e de TEMER, Sofia. *Incidente de resolução de demandas repetitivas.* 3. ed. Salvador: JusPodivm, 2018.

14 Górgona é uma criatura da mitologia grega que tinha o poder de transformar todos que olhassem para ela em pedra. Conta-se que existiam três górgonas: as três filhas de Fórcis e Ceto. Seus nomes eram Medusa, "a impetuosa", Esteno, "a que oprime" e Euríale, "a que está ao largo".

15 Enunciado 205 – Havendo cumulação de pedidos simples, a aplicação do art. 982, I e §3º, poderá provocar apenas a suspensão parcial do processo, não impedindo o prosseguimento em relação ao pedido não abrangido pela tese a ser firmada no incidente de resolução de demandas repetitivas.

16 "Nos processos em que há cumulação simples de pedidos, caracterizada quando cada pedido é independente (art. 327, CPC), a suspensão pode ser parcial, prosseguindo-se o processo quanto ao pedido que não tem relação com a questão de direito repetitiva a ser decidida no IRDR. A suspensão parcial do processo pode revelar-se problemática ou, até mesmo, inútil, quando, por exemplo, for necessária instrução probatória que repercuta em todos os pedidos. Nesse caso, para evitar pratica inútil de atos

Na verdade, além das tutelas de urgência, o juiz pode, por exemplo, homologar o pedido de desistência da ação, o que, porém, não impedirá o exame de mérito do incidente (art. 976, § 1º).

Nada obstante, o juiz pode dar andamento ao feito, determinando providências necessárias e avançando na instrução probatória em relação às demais matérias de direito e de fato que não tenham relação ou subordinação com o tema do IRDR.

Mais do que isso: entendemos que o juiz pode julgar parcialmente o mérito (art. 356), providência que tem cabimento quando um ou mais dos pedidos formulados, ou parcela deles, mostrar-se incontroverso ou estiver em condições de imediato julgamento (desnecessidade de novas provas ou o réu for revel e não houver protestado pela produção de prova).

Imaginemos a hipótese de o autor, que ainda não tem uma marca registrada no INPI, ajuizar uma demanda com base em dois fundamentos distintos: infração de marca e violação de direito autoral, formulando os respectivos pedidos indenizatórios. Pode ser que o tema marcário não possa ser julgado desde logo (por força de eventual IRDR em que se decidirá, por exemplo, se o depositante de um pedido de registro de marca pode compelir alguém a se abster de usar o sinal depositado; ou, ainda, se a indenização por dano material decorre da infração em si ou demanda a comprovação dos prejuízos).

Nesse exemplo ilustrativo, nada obsta que o juiz, verificando que o processo não demanda a produção de outras provas e se encontra em condições de imediato julgamento, enfrente e decida a alegada violação de direito autoral e o respectivo pedido indenizatório, não adentrando na questão marcária. Caberá agravo contra tal decisão (art. 356, § 5º).

---

processuais, e em atenção aos princípios da eficiência e da duração razoável do processo, que orientam a construção de regras que evitem desperdício processual, não se deve suspender o processo, determinando-se a realização da atividade instrutória, que servirá para o pedido não alcançado pelo IRDR" (DIDIER JR., Fredie; CUNHA, Leonardo Carneiro da. *Curso de direito processual civil*: o processo civil nos tribunais, recursos, ações de competência originaria de tribunal e *querela nullitatis,* incidentes de competência originária de tribunal. 14. ed. Salvador: Juspodivm, 2017, p. 730). No mesmo sentido: "Para muitos parecerá descabida a suspensão dos demais feitos especialmente quando nestes se debate outras questões ou haja pedidos independentes. É o que geralmente ocorre nas demandas trabalhistas, nas quais são formulados diversos pedidos, nem sempre um dependente do outro ou conexos entre si. Em tais casos, porém, cabe determinar apenas a suspensão parcial do feito, até porque o juiz pode julgar parcialmente os pedidos (art. 356, do CPC), regra esta plenamente aplicável ao processo do trabalho de forma supletiva. Aqui a suspensão funcionaria como espécie de ordem de 'desmembramento/divisão' do feito, esteja ele em tramite em qualquer que seja o juízo no Brasil" (MEIRELES, Edilton. Do incidente de resolução de demandas repetitivas no processo civil brasileiro. In: DIDIER JR., Fredie; CUNHA, Leonardo Carneiro da. (Coords.). *Julgamento de casos repetitivos:* coleção grandes temas do novo CPC. Salvador: Juspodivm, 2016, p. 112).

Sem dúvida que a flexibilização da regra de suspensão das ações repetitivas constitui um grande avanço,[17] prestigiando a celeridade e a duração razoável do processo (parte da causa será decidida desde logo), a economia processual (o autor optou por cumular os pedidos ao invés de propor duas demandas), efetividade (permitir a realização dos direitos em menor tempo) e a segurança jurídica (eliminação de incertezas), todos princípios norteadores do CPC/15.

Nesse contexto, à luz de uma interpretação sistemática, os efeitos da mencionada suspensão dos processos repetitivos devem se restringir às matérias relacionadas ou prejudiciais ao tema de direito objeto do IRDR, não impedindo, porém, o julgamento parcial do mérito em relação às questões não vinculadas ou afetadas pelo incidente.[18]

5. PROCESSAMENTO DO IRDR PELA SISTEMÁTICA DOS RECURSOS REPETITIVOS: MAIS UM FILTRO DO STJ OU MERA EQUALIZAÇÃO PROCEDIMENTAL?

Como visto, o IRDR pode ser instaurado toda vez que existir efetiva repetição de processos que contenham controvérsia sobre a mesma questão unicamente de direito e risco de ofensa à isonomia e à segurança jurídica (art. 976, I e II, do CPC). O incidente pode ser instaurado perante os tribunais locais – com previsão de REsp dotado de efeito suspensivo e RE com repercussão geral (art. 987 do CPC) –, ou diretamente no STJ.[19]

Por sua vez, como se sabe, a sistemática dos recursos repetitivos[20] será aplicada sempre que houver multiplicidade de recursos extraordinários ou es-

17 MENDES, Aluisio Gonçalves de Castro; TEMER, Sofia. O Incidente de Resolução de Demandas Repetitivas no novo Código de Processo Civil. *Revista de Processo*. São Paulo, nº 243, maio/2015, p. 283-331.

18 TJSP, Agravo de Instrumento nº 2055105-64.2019.8.26.0000, Des. Rel. Alexandre Marcondes, Terceira Câmara de Direito Privado, julgamento em 21/05/2019.

19 A questão não é pacífica, mas assim entendem Fredie Didier Jr. e Leonardo Carneiro da Cunha: "(...) não há nada que impeça a instauração de IRDR em tribunal superior. É bem verdade que, no STJ, há o recurso especial repetitivo e, no STF, há o recurso extraordinário repetitivo e o recurso extraordinário com repercussão geral reconhecida, mas é possível haver IRDR em causas originárias e em outros tipos de recursos no âmbito dos tribunais superiores. O IRDR é cabível em tribunal superior. Não há nada, absolutamente nada, no texto normativo, que impeça o IRDR em tribunal superior" (DIDIER JR., Fredie; CUNHA, Leonardo Carneiro da. *Curso de Direito Processual Civil*. v. 3. Salvador: Juspodivm, 2016, p. 630). No mesmo sentido YARSHELL, Flávio Luiz. Disponível em: http://ycadvogados.com.br/processo-civil/incidente-de-resolucao-de-demandas-repetitivas-nos-tribunais-superiores/. Acesso em: 09.07.19. No julgamento do AgInt no Conflito de Competência nº 148.519/MT, Primeira Seção, julgamento em 25.10.2017, o Ministro Mauro Campbell Marques, ainda que em *obiter dictum*, defendeu o cabimento do IRDR diretamente no STJ. A temática está sendo discutida na Pet nº 11.838/MS e até o fechamento deste artigo não havia decisão final. Sobre a divergência momentânea, ver a notícia em https://www.migalhas.com.br/Quentes/17,MI296726,71043-STJ+debate+se+IRDR+pode+ser+instaurado+no+ambito+do+Tribunal. Acesso em: 09.07.19.

20 Que, juntamente, com o IRDR formam um microssistema de julgamento de casos repetitivos (art. 928 do CPC).

peciais com fundamento em idêntica questão de direito (art. 1.036 do CPC), devendo ser observado o disposto no Regimento Interno do STF e do STJ.

Com esses mecanismos, busca-se evitar a chamada jurisprudência lotérica ou a "jurisimprudência", reforçando-se a obrigação dos tribunais de uniformizarem sua jurisprudência para mantê-la estável, íntegra e coerente (art. 926 do CPC/15). Vale lembrar que os juízes e tribunais devem observar as decisões indicadas no art. 927 do CPC/15, incluindo-se os acórdãos em IRDR e em julgamento de recursos repetitivos (inciso III).

Registre-se, ainda, que como forma de garantir a integridade do sistema de precedentes criado pelo CPC/15, o legislador positivou o cabimento de reclamação em algumas situações, quando, por exemplo, for necessário para garantir a observância de acórdão proferido em julgamento de IRDR (art. 988, inciso IV) e de recursos repetitivos (art. 988, § 5º, II), nesse último caso com uma peculiaridade.

É que, diferentemente da reclamação contra acórdão proferido em IRDR, que pode ser proposta diretamente junto ao tribunal local (e, a princípio, perante o STJ quando instaurado na corte especial) – sem prévio esgotamento de instância –, o legislador previu que, em relação aos julgamentos de casos repetitivos, a reclamação só pode ser oferecida depois de esgotadas as instâncias ordinárias (art. 988, § 5º, II).

Com isso, se o tribunal local – no julgamento de uma apelação, por exemplo –, violar a autoridade de uma decisão do STJ proferida em sede de repetitivo, a parte não pode propor a reclamação diretamente na corte especial. Terá que ajuizar seu recurso especial e manejar eventual agravo interno (art. 1.030, § 2º), para, só então, oferecer a reclamação.

Essa diferença de tratamento foi implementada pela Lei nº 13.256/16, que alterou o CPC antes mesmo de sua vigência, sobretudo por conta da pressão das cortes superiores que pretendiam filtrar a propositura de reclamações e impedir eventual sobrecarga de trabalho.

Meses depois da Lei nº 13.256/16, o STJ promoveu alterações em seu Regimento Interno e inseriu dispositivo específico, disciplinando que os recursos especiais interpostos em julgamento de mérito do IRDR "serão processados nos termos desta Seção" (Recurso Especial Repetitivo).[21]

Aqui cabe uma provocação: com a referida alteração (ou seria uma mutação?), o STJ está tentando apenas equalizar o processamento do REsp oriundo de IRDR com a sistemática dos repetitivos (identificação própria no sistema in-

21 Art. 256-H. Os recursos especiais interpostos em julgamento de mérito do incidente de resolução de demandas repetitivas serão processados nos termos desta Seção, não se aplicando a presunção prevista no art. 256-G deste Regimento.

formatizado, ofícios aos tribunais locais, indicação do caso na página da internet da corte especial, prazo máximo de conclusão, entre outros), ou a intenção é filtrar ainda mais o cabimento direto da reclamação?

Não se pode olvidar que, de acordo com o CPC/15, o Regimento Interno dos tribunais deve ser observado no processamento dos recursos repetitivos e do IRDR (arts. 978 e 1.036). Assim, considerando que as alterações do Regimento Interno do STJ foram promovidas meses após a vigência da Lei nº 13.256/16, quer nos parecer que a intenção foi, na verdade, "transformar" o REsp do IRDR em REsp repetitivo, a fim de que o respectivo acórdão não possa ser atacado diretamente por reclamação (art. 988, § 5º, II, do CPC), obrigando, com isso, o jurisdicionado a esgotar as instâncias ordinárias antes de manejá-la.

A prática já vem sendo adotada pelo STJ.[22]

Não pretendemos questionar aqui – e nem teríamos espaço para tanto – a legitimidade desse novo "filtro" regimental, mas apenas registrar a alteração, consignando nossa percepção de que o STJ não aceitará reclamação contra acórdão proferido em IRDR (processado pela sistemática do repetitivo) antes do esgotamento das instâncias ordinárias.

6. CONCLUSÃO

O CPC/15 trouxe importantes alterações capazes de impactar diretamente os litígios na área da propriedade industrial.

---

22 "PROPOSTA DE AFETAÇÃO. RECURSO ESPECIAL CONTRA ACÓRDÃO PROFERIDO EM INCIDENTE DE RESOLUÇÃO DE DEMANDAS REPETITIVAS - IRDR. ART. 256-H DO RISTJ C/C O ART. 1.037 DO CPC/2015. PROCESSAMENTO SOB O RITO DOS RECURSOS ESPECIAIS REPETITIVOS. COMPRA E VENDA DE IMÓVEL NA PLANTA. CONTROVÉRSIAS ENVOLVENDO OS EFEITOS DO ATRASO NA ENTREGA DO BEM. 1) As questões controvertidas consistem em definir se: 1.1) na aquisição de unidades autônomas futuras, financiadas na forma associativa, o contrato deverá estabelecer de forma expressa, clara e inteligível, o prazo certo para a formação do grupo de adquirentes e para a entrega do imóvel. 1.2) o atraso da entrega do imóvel objeto de compromisso de compra e venda gera, para o promitente vendedor, a obrigação de indenizar o adquirente pela privação injusta do uso do bem, na forma de valor locatício, que pode ser calculado em percentual sobre o valor atualizado do contrato ou de mercado, correspondente ao que este deixou de receber, ou teve de pagar para fazer uso de imóvel semelhante, com termo final na data da disponibilização da posse direta da unidade autônoma já regularizada. 1.3) é lícito o repasse dos "juros de obra", ou "juros de evolução da obra", ou "taxa de evolução da obra", ou outros encargos equivalentes, após o prazo ajustado no contrato para entrega das chaves da unidade autônoma, incluído o período de tolerância. 1.4) o descumprimento do prazo de entrega de imóvel objeto de compromisso de venda e compra, computado o período de tolerância, faz cessar a incidência de correção monetária sobre o saldo devedor com base em indexador setorial, que reflete o custo da construção civil, o qual deverá ser substituído por indexador geral, salvo quando este último for mais gravoso ao consumidor. 2. RECURSO ESPECIAL AFETADO AO RITO DO ART. 1.036 CPC/2015" (STJ, ProAfR no Recurso Especial nº 1.729.593/SP, Min. Rel. Marco Aurélio Bellizze, Segunda Seção, decisão de afetação em 11.09.2018).

Alguns dos novos instrumentos processuais, especialmente o IRDR, são bem-vindos e podem contribuir para um processo mais ético e célere, com respeito à isonomia e à segurança jurídica.

Esperamos que a bússola interpretativa de nossos tribunais esteja calibrada para equacionar as controvérsias, à luz dos princípios norteadores do novo processo civil, e consolidar, com brevidade, entendimentos jurisprudenciais, especialmente na área da propriedade industrial.

7. REFERÊNCIAS BIBLIOGRÁFICAS

BARBOSA MOREIRA, José Carlos. Súmula, jurisprudência, precedente: uma escalada e seus riscos. *Revista Dialética de Direito Processual*, nº 27, 2005.

CAMARA, Alexandre Freitas. *O novo processo civil brasileiro*. São Paulo: Atlas, 2015.

CÂMARA, Alexandre Freitas. *O novo processo civil brasileiro*. 2ª ed. São Paulo: Atlas, 2016.

DIDIER JR., Fredie; CUNHA, Leonardo Carneiro da. *Curso de direito processual civil*: o processo civil nos tribunais, recursos, ações de competência originária de tribunal e *querela nullitatis*, incidentes de competência originária de tribunal. 14. ed. Salvador: Juspodivm, 2017.

DIDIER JR., Fredie; CUNHA, Leonardo Carneiro da. *Curso de Direito Processual Civil*. Salvador: Juspodivm, 2016. v. 3.

MEIRELES, Edilton. Do incidente de resolução de demandas repetitivas no processo civil brasileiro. In: DIDIER JR., Fredie; CUNHA, Leonardo Carneiro da. (Coords.). *Julgamento de casos repetitivos:* coleção grandes temas do novo CPC. Salvador: JusPodivm, 2016.

MENDES, Aluisio Gonçalves de Castro. *Incidente de Resolução de Demandas Repetitivas*: sistematização, análise e interpretação do novo instituto processual. Rio de Janeiro: Forense, 2017.

MENDES, Aluisio Gonçalves de Castro; TEMER, Sofia. O incidente de resolução de demandas repetitivas no novo Código de Processo Civil. *Revista de Processo*. São Paulo, nº 243, maio 2015.

TEMER, Sofia. *Incidente de resolução de demandas repetitivas*. 3. ed. Salvador: Juspodivm, 2018.

YARSHELL, Flávio Luiz. Incidente de resolução de demandas repetitivas nos tribunais superiores? Disponível em: http://ycadvogados.com.br/processo-civil/incidente-de-resolucao-de-demandas-repetitivas-nos-tribunais-superiores/. Acesso em: 09.07.19.

2

MICROSSISTEMA DE CASOS REPETITIVOS – HÁ RAZÕES PARA DETERMINADAS DISTINÇÕES ENTRE RECURSOS REPETITIVOS E IRDRS?

Osmar Mendes Paixão Côrtes[1]

1. INTRODUÇÃO

O presente estudo tem como objetivo analisar o microssistema de casos repetitivos e explorar algumas distinções feitas pelo legislador entre os incidentes de resolução de demandas repetitivas (IRDRs) e os recursos repetitivos.

Para tanto, inicialmente, são analisadas a origem e a regulamentação atual da matéria. Em seguida, é contextualizada a questão do microssistema em si, bem como tratada da natureza das decisões e, demandas repetitivas.

E, ao final, após as premissas lançadas, responde-se ao questionamento – há razões para determinadas distinções entre repetitivos e IRDRs?

2. A ORIGEM DA SISTEMÁTICA DE DEMANDAS REPETITIVAS NA LEGISLAÇÃO NACIONAL

Os recursos repetitivos foram os primeiros a serem criados. Criação pátria, têm natureza atípica, que merece ser estudada[2].

---

1. Pós-Doutor em Processo Civil pela UERJ. Doutor em Direito pela PUC/SP. Mestre em Direito pela UnB. Diretor IBDP. Professor do doutorado/mestrado do IDP/DF. Advogado.

2. Não se trata de uma legitimação extraordinária, como em uma *class action*, ou de uma técnica aplicada a determinados casos, como ocorre na Alemanha – *Kapitalanleger-Musterverfahrensgesetz*. Trata-se, ao contrário, de uma previsão legislativa específica, que criou um procedimento próprio de julgamento de tese a partir de um caso-piloto, afetando um sem número de outros casos existentes. Sobre principalmente a origem da legislação brasileira sobre os repetitivos, cf. OLIVEIRA, André Macedo de. *Recursos especiais repetitivos*. Brasília: Gazeta Jurídica, 2015.

O atual Código de Processo Civil valoriza a observância e o respeito à jurisprudência e consolida uma mudança de paradigma (do subjetivo para o objetivo) no que toca à recorribilidade.

A sistemática dos recursos repetitivos é central na novel legislação e confirma a tendência de as Cortes assumirem papéis formadores e uniformizadores de teses que, uma vez fixadas, devem ser observadas e aplicadas.

Os repetitivos foram previstos pela primeira vez no artigo 543-B do Código de Processo Civil de 1973 (incluído pela Lei 11.418/2006). O legislador, além de regular a repercussão geral, no artigo 543-A, houve por bem prever também os recursos repetitivos.

E o trato conjunto da matéria (repetitivos-repercussão geral) autorizava o Supremo Tribunal Federal a apreciar originariamente a existência ou não de repercussão geral e posteriormente aplicar a decisão a uma multiplicidade de casos repetitivos.

A sistemática era simples e o objetivo semelhante ao da atual – recursos sobre a mesma matéria ficariam sobrestados aguardando a definição da tese no caso representativo da controvérsia pelo Supremo Tribunal Federal.

Tomada a decisão, ou os recursos seriam indeferidos (por falta de repercussão geral) ou a tese do paradigma seria aplicada aos demais processos.

Em 2008, pela Lei 11.672, foi incluído o artigo 543-C ao CPC, e estendida a previsão dos repetitivos para o recurso especial (sem, todavia, a repercussão geral).

Tratava-se, já à luz da legislação anterior, de modalidade de julgamento objetiva – a partir de dado caso de competência do Tribunal, julgava-se também e primordialmente a tese que passava a ser aplicada a outros casos. Teresa Arruda Alvim e Bruno Dantas bem anotam que a natureza do recurso-paradigma ou recurso-piloto é distinta:

> A partir da moldura procedimental desenhada pelos arts. 543-B e 543-C do CPC/1973 e 1.036 a 1041 do CPC/2015, é difícil sustentar que o *recurso representativo da controvérsia* (ou recurso-piloto) tem a mesma natureza de "continuação do procedimento deflagrado no primeiro grau", funcionando como modalidade do direito de ação exercido no tribunal, como ocorre com os recursos em geral.[3]

A decisão paradigma deveria ser aplicada à multiplicidade de recursos sobre a mesma questão, trazendo não apenas celeridade, mas, também, racionalidade e segurança. De nada adiantaria insistir em tese contrária à firmada no âmbito das Cortes Superiores.

3. WAMBIER, Teresa Arruda Alvim; DANTAS, Bruno. *Recurso especial, recurso extraordinário e a nova função dos Tribunais Superiores no direito brasileiro.* São Paulo: Revista dos Tribunais, 2016. p. 521.

Não se tratava de um aprimoramento da tutela coletiva, pois conforme anota Bruno Dantas, as técnicas de tutela coletiva e de tutela pluri-individual são distintas:

> Enquanto a tutela coletiva se justifica por razões de facilitação do acesso à justiça, economia processual, preservação da isonomia processual, segurança jurídica ou dificuldade na formação do litisconsórcio, a tutela pluri-individual visa imediatamente a dois objetivos principais: eficiência do Poder Judiciário e preservação da igualdade perante a lei[4].

3. A EVOLUÇÃO DA REGULAMENTAÇÃO DOS RECURSOS REPETITIVOS E A CRIAÇÃO DO IRDR

O atual CPC, além de dar uma nova e mais elaborada regulamentação nos artigos 1.036 e seguintes, aos recursos repetitivos, previu, ainda, o incidente de resolução de demandas repetitivas (IRDR), instrumento semelhante cabível no âmbito dos Tribunais de segunda instância.

No contexto da objetivação da recorribilidade, a intenção dos instrumentos é pacificar com eficácia *erga omnes* determinada tese, evitando a tramitação e a multiplicação de casos sobre a mesmo matéria.

Conforme a legislação, quando houver multiplicidade de recursos sobre o mesmo tema, identificada pelo Tribunal *a quo* ou pelo Supremo Tribunal Federal, pode haver a afetação de recursos representativos da controvérsia, ficando sobrestados os demais até a decisão no paradigma.

O presidente ou o vice-presidente de Tribunal de Justiça ou de Tribunal Regional Federal selecionará dois recursos que tratem da tese e encaminhará ao Supremo Tribunal Federal ou ao Superior Tribunal de Justiça para afetação, determinando a suspensão de todos os outros processos pendentes que tramitem no respectivo Estado ou região sobre aquela questão.

Sob a antiga regulamentação, o sobrestamento era apenas dos recursos extraordinários interpostos. A jurisprudência do STF começou, todavia, a autorizar a suspensão de processos sobre o assunto, ainda que não ainda em grau de recurso extraordinário, o que foi encampado pelo legislador do novo CPC.

A seleção dos dois recursos representativos da controvérsia deve recair sobre recursos que preencham as condições de admissibilidade e estejam bem fundamentados a respeito da questão a ser decidida. O relator no Tribunal Superior, todavia, pode, não obstante tenha havido a seleção de dois recursos pelo Tribunal *a quo*, selecionar outros recursos que entender mais pertinentes.

4. DANTAS, Bruno. *Teoria dos recursos repetitivos*: tutela pluri-individual nos recursos dirigidos ao STF e ao STJ (arts. 543-B e 543-C do CPC). São Paulo: Revista dos Tribunais. p. 76.

Isso porque, além do presidente ou vice-presidente dos Tribunais de jurisdição inferior poderem selecionar os recursos e encaminhar para o STF ou para o STJ, também os ministros podem selecionar recursos representativos de controvérsia que se repita em uma multiplicidade de processos.

Uma vez tomada decisão no recurso paradigma, todos os demais recursos sobre o mesmo tema sofrerão imediato efeito. Decisões contrárias serão revistas e as no mesmo sentido da decisão tomada no *leading case* serão automaticamente mantidas.

A sistemática representa uma revolução na forma tradicional de julgamento e de eficácia das decisões. Isso porque, no rito repetitivo, a decisão tomada no *leading case* afetará todos os recursos em trâmite no país, imediatamente.

Uma vez selecionados os recursos e decidido pela afetação, o relator no Tribunal proferirá decisão na qual, nos termos do artigo 1.037 do novo CPC, (i) identificará com precisão a questão a ser julgada, (ii) determinará a suspensão dos processos pendentes (individuais ou coletivos) que versem sobre a mesma questão em todo o país, e (iii) poderá requisitar aos presidentes ou aos vice-presidentes dos Tribunais de Justiça e Tribunais Regionais Federais a remessa de um recurso representativo da mesma controvérsia.

A decisão de afetação é de extrema importância na medida em que ela delimita e torna público o que deverá ser objeto de decisão pelo colegiado. O § 2º do artigo 1.037 do novo CPC, que previa que apenas a questão delimitada poderia ser objeto de julgamento repetitivo foi revogado pela Lei 13.256/16, devendo prevalecer, pois, a tese de que o Tribunal Superior é livre para apreciar qualquer matéria relacionada ao tema afetado. E se houver mais de uma afetação, será prevento, nos termos do § 3º do artigo 1.037, o relator que primeiro tiver proferido a decisão.

O Regimento Interno do STF prevê no artigo 328 que os autos de processos sobre o tema objeto da afetação que estiverem no Supremo Tribunal Federal serão devolvidos aos Tribunais de origem. A previsão parece estar de acordo com a nova sistemática do CPC que prevê no artigo 1.040, conforme a seguir será mais bem exposto, que a aplicação da tese do precedente deve ser feita pelo órgão que proferiu a decisão recorrida.

O Regimento Interno do STJ, por sua vez, no artigo 256-L, estabelece também que, decidido pela afetação, haverá a determinação de retorno dos autos aos Tribunais de segundo grau.

Após a afetação, o Tribunal tem o prazo de um ano, consoante o § 4º do artigo 1.037, para decidir a tese. Após o prazo, contado da publicação da decisão de afetação, pela redação original do novo CPC (§ 5º) os processos suspensos voltariam a tramitar normalmente. A Lei 13.256/16, todavia, revogou o dispositivo, passando, assim, o prazo de um ano a ser impróprio.

Como os recursos que envolvem teses repetitivas têm prioridade de tramitação, eventuais outras matérias objeto dos recursos serão apreciadas apenas após o julgamento das questões paradigmas.

Outra inovação muito positiva do atual CPC é a previsão de um procedimento para que se faça a distinção entre o caso paradigma e outros eventualmente sobrestados e para que a parte requeira o indeferimento imediato de recurso intempestivo.

Como as partes deverão ser intimadas da decisão de suspensão, após a afetação da tese no recurso paradigma, elas poderão requerer o prosseguimento do seu processo se demonstrarem que as hipóteses são distintas. O requerimento será dirigido ao juiz de primeiro grau, se o processo estiver em primeira instância; ao relator, se o processo sobrestado estiver no tribunal de origem; ou ao relator no STF/STJ, se o recurso for sobrestado pela Corte Superior.

Parece que a última hipótese destina-se aos casos em que o Supremo Tribunal Federal ainda não tenha determinado o retorno dos autos aos tribunais de origem, já que estes é que aplicarão a tese (devendo os autos retornarem às instâncias inferiores nos termos do Regimento Interno do STF e do STJ).

A parte contrária será ouvida sobre o requerimento de distinção em cinco dias e, uma vez reconhecida a distinção, o processo terá regular tramitação. Se a parte resolver se insurgir quanto à decisão, a novel legislação previu expressamente o cabimento de agravo interno se a decisão for de relator e de agravo de instrumento, se o processo estiver em primeiro grau (§ 13, artigo 1.037).

E no caso de a parte requerer o indeferimento de recurso sobrestado interposto que seja intempestivo, após a manifestação da parte contrária em 5 dias, será proferida decisão, contra a qual será cabível agravo interno (não para o Tribunal Superior).

Quanto ao Supremo Tribunal Federal, ao julgar o recurso extraordinário repetitivo paradigma, a Corte pode: (i) negar a existência de repercussão geral, (ii) reconhecer a existência de repercussão geral e dar provimento ao recurso extraordinário, (iii) reconhecer a existência de repercussão geral e negar provimento ao recurso extraordinário.

Na hipótese (i), todos os demais recursos sobrestados automaticamente são considerados inadmitidos, não sendo processados e enviados ao STF.

Na hipótese (ii), como houve a reforma da decisão recorrida, o STF comunicará aos Tribunais de origem o sentido da decisão e o próprio Tribunal de origem deve retratar-se e reformar as decisões recorridas (em desconformidade com a decisão tomada pelo STF). Se o processo ainda estiver em primeiro grau ou em segundo grau, retomará o seu curso para julgamento e aplicação da tese firmada.

Na hipótese (iii), como foi mantida a tese adotada pelo acórdão recorrido, o STF comunicará ao Tribunal de origem o sentido da decisão e o próprio Tribunal de origem se encarregará de indeferi-los.

Quanto ao Superior Tribunal de Justiça, ao julgar o recurso especial repetitivo paradigma, o Superior Tribunal de Justiça pode: (i) dar provimento ao recurso especial, ou (ii) negar provimento ao recurso especial.

Na hipótese (i), como houve a reforma da decisão recorrida, o STJ comunicará aos Tribunais de origem o sentido da decisão e o próprio Tribunal de origem deve retratar-se e reformar as decisões recorridas (em desconformidade com a decisão tomada pelo STJ). Se o processo ainda estiver em primeiro grau ou em segundo grau, retomará o seu curso para julgamento e aplicação da tese firmada.

Na hipótese (ii), como foi mantida a tese adotada pelo acórdão recorrido, o STJ comunicará ao Tribunal de origem o sentido da decisão e o próprio Tribunal de origem se encarregará de indeferi-los.

Interessante observar que, nos termos do inciso IV do artigo 1.040 do novo CPC, se a matéria decidida pelo STF/STJ estiver relacionada a prestação de serviço público objeto de concessão, permissão ou autorização, o resultado do julgamento será comunicado ao órgão, ao ente ou à agência reguladora competente para a fiscalização da efetiva aplicação, por parte dos entes sujeitos a regulação, da tese adotada.

O Tribunal Superior, assim, no rito repetitivo, limitar-se-á a apreciar o *leading case*. A operacionalização pós-decisão fica a cargo das Cortes de origem. Apenas no caso de o Tribunal de origem manter uma decisão contrária à tomada no caso paradigma é que os autos serão remetidos ao STF/STJ para reformar o acórdão contrário à orientação tomada. O *caput* do artigo 1.041 do novo CPC é claro nesse sentido, e os parágrafos regulam o procedimento para o julgamento de questões outras constantes dos recursos que não relacionadas com a tese afetada[5].

Note-se que a intenção é impor o respeito à tese firmada pelo Tribunal Superior, mas, ainda assim, com receio de algum Tribunal mal interpretar ou desrespeitar frontalmente a decisão da Corte Superior, o legislador preocupou-se em prever expressamente a possibilidade de reforma da decisão pelo STF/STJ.

5. Art. 1.041. Mantido o acórdão divergente pelo tribunal de origem, o recurso especial ou extraordinário será remetido ao respectivo tribunal superior, na forma do art. 1.036, § 1º. § 1º Realizado o juízo de retratação, com alteração do acórdão divergente, o tribunal de origem, se for o caso, decidirá as demais questões ainda não decididas cujo enfrentamento se tornou necessário em decorrência da alteração. § 2º Quando ocorrer a hipótese do inciso II do caput do art. 1.040 e o recurso versar sobre outras questões, caberá ao presidente ou ao vice-presidente do tribunal recorrido, depois do reexame pelo órgão de origem e independentemente de ratificação do recurso, sendo positivo o juízo de admissibilidade, determinar a remessa do recurso ao tribunal superior para julgamento das demais questões.

Não deve a parte no processo no qual desrespeitada a tese do repetitivo, insurgir-se diretamente por reclamação, mas, ao contrário, deve utilizar simples petição dirigida ao Presidente ou Vice-Presidente do Tribunal de origem e requerer o processamento do seu recurso. Apenas em não havendo a remessa é que deve a parte se utilizar da reclamação por desrespeito à decisão no *leading case*. Da mesma forma, em caso de rejulgamento, se houver a má-aplicação do precedente do STF/STJ, deve-se interpor novo recurso extraordinário ou requerer o processamento do recurso já interposto.

Aliás, no ponto, importante destacar que o atual CPC expressamente previa o cabimento de reclamação, no artigo 988, IV, para garantir a observância de precedente proferido em julgamento de casos repetitivos. Ou seja, se não respeitada a tese firmada em *leading case*, tanto em casos presentes (sobrestados) como em casos futuros, seria cabível a medida originária diretamente no Tribunal Superior. A redação dada pela Lei 13.256/16, todavia, alterou o inciso IV e retirou o cabimento para garantir a observância de precedente proferido em julgamento de recursos repetitivos. E o atual § 5º do artigo 988 apenas autoriza, no inciso II, o ajuizamento de reclamação quando forem esgotadas as instâncias ordinárias. Ou seja, para se acessar pela via da reclamação o STF/STJ, deve-se, antes, exaurir todas as tentativas perante o Tribunal *a quo* (na linha, assim, da jurisprudência firmada ainda à luz do CPC de 1973, pretende-se evitar o exame *per saltum* pelo STF/STJ).

E mais. A Lei 13.256/16, nessa mesma linha de evitar o ajuizamento direto de reclamação, expressamente acrescentou o § 5º ao artigo 966 do novo CPC autorizando inclusive o ajuizamento de ação rescisória contra decisão baseada em acórdão proferido em recurso repetitivo que não tenha considerado a existência de distinção entre a questão discutida no processo e o padrão decisório que lhe deu fundamento.

O procedimento do recurso repetitivo é simples. Complexa, repita-se, foi (e está sendo) a mudança de paradigma. Antes, sempre o recurso extraordinário seria julgado pelo STF/STJ. Com o rito repetitivo, o Tribunal inferior, prolator da decisão recorrida, é que pode vir, em juízo de retratação, a rejulgar a matéria objeto do recurso.

Também, importante notar que a decisão proferida no recurso paradigma (afetado ao rito repetitivo) afetará outros processos, ou seja, transcenderá o limite do individual, do subjetivo, ganhando nítido caráter objetivo.

Tanto o caráter é objetivo que terceiros podem participar do debate, desde que admitido o ingresso nos autos pelo Relator. E a previsão de ampla divulgação do resultado do julgamento é uma imposição regimental (arts. 329 do Regimento Interno do Supremo Tribunal Federal e 256-W do Superior Tribunal de Justiça).

Por fim, vale anotar que o Regimento Interno do Superior Tribunal de Justiça preocupou-se em trazer um detalhado procedimento de revisão de decisões em repetitivos (artigos 256-S e seguintes).

Em síntese, o rito repetitivo dos recursos ilustra o contexto atual da recorribilidade extraordinária – julgar menos volume com maior atenção à tese.

Nessa linha, consoante a seguir será mais bem detalhado, vale lembrar que as decisões em repetitivos não se confundem com os típicos precedentes da *common law.* Georges Abboud bem anota que a utilização de um precedente para solucionar um caso concreto "exige intensa interpretação e realização de contraditório entre as partes"[6]. Por outro lado, a utilização da técnica dos recursos repetitivos dispensaria nova argumentação das partes, até mesmo porque o processo em que elas atuam estaria sobrestado, aguardando a definição da Corte Superior, para sofrer diretamente e imediatamente os efeitos da decisão paradigma.

Por essa razão, inclusive, é que as decisões vinculantes, que espelham bem a objetivação, são mais drásticas que uma jurisprudência vinculante, como a sumulada, fruto de maiores debates e amadurecimento. As decisões vinculantes em repetitivos podem ser tomadas a partir do julgamento de um único caso e serem aplicadas a uma multiplicidade de processos imediatamente (e até a casos futuros, mediatamente).

Há, assim, sem dúvida, nessa objetivação da atividade dos Tribunais, o risco de um agir ativo por parte das Cortes que, em um único caso, podem firmar tese (cuja aplicação a outros casos dispensaria, repita-se, grande argumentação e debates).

George Abboud bem destaca que, ao contrário dos precedentes do *stare decisis*:

> Pelo contrário, a decisão dotada de efeito vinculante, nos termos dos arts. 543-B e 543-C do CPC, almeja constituir-se como a regra decisória do caso concreto, ou seja, como se viesse a norma pronta e acabada que pudesse substituir-se às alegações das partes, à fundamentação e a problematização decisional, de modo que se torna despiciendo que o magistrado ou os tribunais locais precisassem socorrer-se à interpretação da lei e da Constituição Federal, bem como ao exame das alegações das partes para solucionar as lides sobrestadas em razão da aplicação dos arts. 543-B e 543-C do CPC.[7]

6. ABBOUD, Georges. Precedente judicial *versus* jurisprudência dotada de efeito vinculante. In: WAMBIER, Teresa Arruda Alvim (coord). *Direito jurisprudencial.* São Paulo: Revista dos Tribunais, 2012. p. 540.
7. ABBOUD, Georges. Precedente judicial *versus* jurisprudência dotada de efeito vinculante. In: WAMBIER, Teresa Arruda Alvim (coord). *Direito jurisprudencial.* São Paulo: Revista dos Tribunais, 2012. p. 539.

E além dos recursos repetitivos, o atual CPC criou o incidente de resolução de demandas repetitivas. A intenção do instrumento é a mesma. A competência para julgamento é que é distinta – compete aos Tribunais de segundo grau, por regra[8]. Há detalhes procedimentais distintos e algumas diferenças impostas principalmente pela Lei 13.256/16, consoante ao final anotado, mas a intenção de ambas as medidas é a busca da racionalidade e otimizar a prestação jurisdicional.

Aluísio Gonçalves de Castro Mendes bem destaca que o instrumento está voltado para a "racionalização dos julgamentos, a partir da solução de questões jurídicas comuns que se repetem em inúmeros processos e que são apreciadas exaustivamente por inúmeros magistrados, que acabam chegando, muitas vezes, a conclusões diversas".[9]

A bem sucedida experiência com os recursos repetitivos serviu, sem dúvida, de inspiração para a implantação da sistemática em segundo grau.

4. O MICROSSISTEMA DE DEMANDAS REPETITIVAS

Os recursos repetitivos e os IRDRs inserem-se, no contexto da atual legislação, dentro de um microssistema de demandas repetitivas, que vinha se formando de modo gradual e foi consolidado no atual Código de Processo Civil.

A consagração desse microssistema guarda íntima relação com a mudança de paradigma iniciada já antes da atual legislação – do subjetivo para o objetivo[10].

Há muito se fala na mudança de paradigma – do subjetivo clássico para o objetivo. Os Tribunais, notadamente os Superiores, já sinalizam há um tempo que não pretendem continuar sendo Cortes de varejo, mas, ao contrário, querem apreciar teses, *leading cases*, exercendo sua função nomofilácica de forma talvez mais pura e eficaz[11].

Prioriza-se a função de os Tribunais firmarem teses e assim controlarem e preservarem a ordem jurídica, já que se viu que resolver todos os casos concretos com justiça é impossível.

---

8. O Superior Tribunal de Justiça entendeu que a medida é cabível no Tribunal Superior nos casos de competência recursal ordinária e de competência originária (STJ – AgInt na PET 11838/MS. Red. para acórdão Min. João Otávio de Noronha. Corte Especial. DJ de 10/09/2019)

9. MENDES, Aluisio Gonçalves de Castro. *Incidente de Resolução de Demandas Repetitivas: sistematização, análise e interpretação do novo instituto processual*. Rio de Janeiro: Forense, 2017. p. 10.

10. Em outra oportunidade, apreciamos o tema. Vide nosso A "objetivação" no processo civil: as características do processo objetivo no procedimento recursal in *RePro* 178, São Paulo, dez. 2009. p. 220-226.

11. Rodolfo de Camargo Mancuso anota que as Cortes Superiores têm o papel de preservar a ordem jurídica (nomofilácica), de fornecer parâmetros decisórios para os demais órgãos judiciais (paradigmática) e resolver com justiça o caso concreto (função dikelógica). MANCUSO, Rodolfo de Camargo. *Sistema brasileiro de precedentes*: natureza: eficácia: operacionalidade. 2. ed. São Paulo: Revista dos Tribunais, 2016. p. 542.

Aliás, no ponto, vale notar, sobre a função nomofilácica[12] dos Tribunais, que o atual CPC, no artigo 926, a estimula, na medida em que fala no dever de uniformizar a jurisprudência e mantê-la estável, íntegra e coerente[13]. Ou seja, a novel legislação determina, por racionalidade e por segurança, que as normas devem ser aplicadas de forma coerente e íntegra.

Pode-se analisar essa mudança de paradigma também sobre o enfoque da tutela pluri-individual. Visto que o mau funcionamento do modelo de tutela coletiva de direitos individuais homogêneos, somado à necessidade de dar mais racionalidade e agilidade à prestação jurisdicional, foi necessário se pensar em outro modelo, desenvolvendo-se técnicas de julgamento pluri-individual. É o que defende Bruno Dantas[14].

A tutela pluri-individual não é a coletiva e nem a individual. É a que excede os limites da jurisdição singular e envolve um número expressivo de sujeitos envolvidos e não chega a ser coletiva por não se respaldar na idéia de um tratamento molecular.

Os julgamentos de casos repetitivos bem ilustram essa modalidade de tutela, pois seleciona-se um caso representativo e aprecia-se a tese, que produz efeitos sobre inúmeros casos de jurisdição singular. Rodolfo de Camargo Mancuso é preciso ao concluir que "pode-se dizer que as ações replicadas e os recursos repetitivos encontram-se num patamar diferenciado, não havendo excesso em aí se reconhecer um *tertium genus*, a que se vem chamando *tutela judicial pluri-individual*".[15]

O atual Código de Processo Civil, como já assinalado, não só regulamentou melhor a sistemática dos recursos repetitivos como criou outros novos instrumentos, como a assunção de competência e os incidentes de resolução de demandas repetitivas. E, principalmente, infiltrou, em toda a novel legislação, o

---

12. Teori Zavascki, em voto proferido na RCL 4335/AC, anotou sobre o que seria a função nomofilácica – "entendida a nomofilaquia no sentido que lhe atribuiu Calamandrei, destinada a aclarar e integrar o sistema normativo, propiciando-lhe uma aplicação uniforme –, funções essas com finalidades 'que se entrelaçam e se iluminam reciprocamente' e que têm como pressuposto lógico inafastável a força expansiva *ultra partes* dos seus precedentes".

13. Vale anotar, no ponto, que a apreciação de teses pelos Tribunais (a partir do julgamento das causas) pode dar margem ao ativismo judicial. Não que uma coisa esteja ligada à outra necessariamente, mas a atribuição do poder de fixar teses de forma mais geral, aplicáveis a um grande número de processos, aumenta o risco do ativismo judicial, fenômeno observado em diversos países e estudado por importantes autores, como Ran Hirschl e Jeremy Waldron, que buscam tornar mais previsível o padrão de conduta dos intérpretes qualificados da lei. Para mais profundidade no assunto, ver nosso A objetivação do processo e o ativismo judicial no contexto do pós-positivismo, publicado na *RePro* 251, jan. 2016.

14. DANTAS, Bruno. *Teoria dos recursos repetitivos*: tutela pluri-individual nos recursos dirigidos ao STF e STF (art. 543-B e 543-C do CPC). São Paulo: Revista dos Tribunais, 2015.

15. MANCUSO, Rodolfo de Camargo. *Sistema brasileiro de precedentes*: natureza: eficácia: operacionalidade. 2. ed. São Paulo: Revista dos Tribunais, 2016. p. 542.

espírito de observância das teses firmadas pelos Tribunais e, por consequência, valorizou o papel uniformizador, pacificador e fixador de teses das Cortes.

A melhor regulamentação dos repetitivos fica clara quando se observa que o atual Código supriu lacunas existentes, especificando, por exemplo, detalhes sobre a decisão de afetação, desistência dos recursos, procedimento de distinção entre o paradigma e o caso concreto afetado etc.

A criação do incidente de resolução de demandas repetitivas imbuiu os Tribunais de segunda instância de poderes para também firmarem teses, inclusive para o futuro (pois a decisão, ao contrário da tomada nos recursos repetitivos) deve ser aplicada não apenas aos casos existentes, em curso.

E alguns dispositivos, como o artigo 332 que autoriza o julgamento pela improcedência liminar do pedido no caso de existir decisão do Tribunal Superior em repetitivo, e o 932, IV e V, sobre a possibilidade de os relatores dos processos nos Tribunais julgarem monocraticamente se houver decisão firmada pelo STJ ou pelo STF também em repetitivo, merecem destaque em particular, pois deixam claro que os julgamentos paradigma são objetivos, no sentido de desapegados de particularidades dos casos que lhes deram origem e de observância e conhecimento obrigatórios.

A assunção de competência é outro instrumento que reforça o poder de os Tribunais firmarem teses de uma forma mais objetiva. Podem afetar determinados casos, em razão da relevância da matéria e até para prevenirem divergência interna, e, desde logo, em um colegiado maior, fixarem o sentido do entendimento. Note-se se sequer precisa haver amadurecimento ou debate prévio sobre o assunto a ser apreciado em assunção.

O artigo 947 do novo CPC prevê o incidente "quando o julgamento de recurso, de remessa necessária ou de processo de competência originária envolver relevante questão de direito, com grande repercussão social, sem repetição em múltiplos processos".

Ou seja, a assunção não se confunde com as demandas ou recursos repetitivos e pode ser resumida como uma afetação com eficácia *erga omnes*.

A prática da afetação de determinado caso a um colegiado superior no âmbito interno de alguns Tribunais já existia. A intenção é decidir a questão em definitivo para que todos os demais órgãos da Corte sigam a tese firmada, evitando ou pacificando divergências internas.

O artigo 947 regulamentou a prática e expressamente atribuiu efeito vinculante e eficácia *erga omnes* à decisão. Nesse sentido, o § 3º dispõe que "o acórdão proferido em assunção de competência vinculará todos os juízes e órgãos fracionários, exceto se houver revisão de tese". E, ainda, o artigo 988, no inciso IV, tratou do cabimento de reclamação se descumprida a decisão.

Em outras palavras, definida a tese no caso afetado, todos os demais órgãos e juízes vinculados e hierarquicamente inferiores ao colegiado que decidiu deverão seguir a diretriz fixada, em casos presentes e futuros.

A inovação do CPC é positiva por dois motivos centrais. Em primeiro, porque a afetação para colegiados superiores no âmbito interno de Tribunais já é uma realidade; em segundo, porque a atribuição de efeitos vinculantes à decisão segue a diretriz adotada pelo novo CPC, de tentar impor cada vez mais a observância a decisões tomadas por órgãos de jurisdição superior (artigo 927).

Outro exemplo de consolidação da objetivação é a previsão da reclamação no atual Código. Remédio essencial, foi estendida a todo e qualquer tribunal além de ter sido aprimorada. No artigo 988, foram previstos, por exemplo, detalhes de procedimento e especificadas as hipóteses de cabimento[16]. E, com as alterações da Lei 13.256/2016, regulada a utilização contra as decisões em recursos repetitivos. Note-se que a medida continua expressamente, mesmo após as alterações da referida lei, cabível inclusive para os Tribunais Superiores contra decisões em repetitivos, desde que exauridas as tentativas de impugnação, nos termos do § 5 º, II, do artigo 988.

Além de instrumentos e remédios cabíveis, a nova legislação infiltrou em diversos pontos, consoante já anotado, a preocupação de que as teses, o que pacificado, a jurisprudência firme, sejam aplicadas e observadas, fortalecendo a tendência à objetivação.

O artigo 927 não é, assim, apenas uma norma genérica e principiológica ao pregar o respeito às decisões dos Tribunais, pois há instrumentos para fazer cumpri-lo.

Tudo isso demonstra a consolidação de um novo paradigma objetivo e a existência de um microssistema de demandas repetitivas.

Em conclusão do tópico, merece referência a constatação de Humberto Dalla e Roberto Rodrigues, de que o microssistema aqui tratado (chamado pelos autores de microssistema de formação de precedentes vinculantes) é composto "pelas normas gerais previstas nos arts. 926 a 928, bem como pelas disposições esparsas que regulamentam todos os mecanismos de julgamentos por amostragem"[17].

16. CÔRTES, Osmar Mendes Paixão. A reclamação para os Tribunais Superiores no novo CPC, com as alterações da Lei 13.256/2016. *RePro* 257, São Paulo, jul. 2016. p. 255-265.

17. PINHO, Humberto Dalla Bernardina de; RIBEIRO, Roberto de Aragão. *O microssistema de formação de precedentes judiciais vinculantes previsto no novo CPC. RePro* 259, São Paulo, 2016. p. 421.

5. NATUREZA DAS DECISÕES EM DEMANDAS REPETITIVAS

A sistemática das demandas repetitivas é peculiar, distinta da dos precedentes do direito norte-americano e do direito inglês e até da observância à jurisprudência consolidada ou sumulada.

As decisões em demandas repetitivas não são precedentes no sentido técnico, até por razões históricas. A própria regra de direito nos países de tradição de *common law* tem um papel distinto da dos países de tradição romano-germânica. Os juízes, no sistema de *common law*, tradicionalmente, resolviam disputas concretas sem referência necessária a regras escritas, mas fundamentados nos costumes, razoabilidade e noção de justiça. O papel das decisões então tomadas ganhava um outro destaque, pois poderia servir de paradigma para casos futuros.

E mesmo considerando o sistema de *stare decisis* americanizado (que parte também da interpretação de normas postas), não há como se ligar os nossos precedentes em repetitivos com os precedentes norte-americanos.

Os precedentes dos países de tradição de *common law* diferenciam-se, assim, das decisões em recursos repetitivos.

Da mesma forma, as súmulas vinculantes (que consolidam a jurisprudência firmada no âmbito do Supremo Tribunal Federal e tornam-se obrigatórias). A natureza do instituto, criado pela EC 45/2004, não se confunde com a dos repetitivos, até em razão dos pressupostos constitucionais para a criação de uma súmula com efeitos vinculantes.

As decisões em demandas repetitivas não são também simplesmente jurisprudência, pois têm, pela legislação, força vinculativa. A observância à jurisprudência, por racionalidade, política judiciária e segurança jurídica, antes de ser imposta, sempre foi perseguida e desejada, mas historicamente pouco imposta no direito brasileiro.

Considerando que não se tratam, as decisões em demandas repetitivas, de precedentes, de simples jurisprudência, e não se confundem com as súmulas, tampouco com as vinculantes, pergunta-se: qual a sua natureza?

Luiz Guilherme Marinoni entende serem "meios para a fixação de precedentes que atribuem sentido ao direito e, apenas por essa razão, devem regular os demais casos"[18]. O recurso repetitivo, por exemplo, constitui mecanismo voltado à criação de um precedente que alcança os casos pendentes. Já os precedentes, na visão do autor, destinam-se a casos futuros.

18. MARINONI, Luiz Guilherme. *Precedentes obrigatórios.* 4. ed. São Paulo: Revista dos Tribunais, 2016. p. 332.

Georges Abboud defende não serem as decisões em recursos repetitivos precedentes no sentido estrito do termo, "porquanto sua construção não é histórica, foi imposta mediante alteração legislativa motivada na redução da velocidade dos processos"[19].

O autor anota, ainda, que a utilização de um precedente para solucionar um caso concreto exige intensa interpretação e realização de contraditório entre as partes. Por outro lado, a utilização da técnica dos recursos repetitivos dispensaria nova argumentação das partes, até mesmo porque o processo em que atuam estaria sobrestado, aguardando a definição da Corte Superior, para sofrer diretamente e imediatamente os efeitos da decisão paradigma. As decisões nos repetitivos seriam mais regras decisórias dos casos concretos, ou seja, "como se viesse a norma pronta e acabada que pudesse substituir-se às alegações das partes, à fundamentação e a problematização decisional"[20].

Também Humberto Dalla Bernardina de Pinho e Roberto Rodrigues anotam que o modelo brasileiro de construção de precedentes afasta-se da lógica desenvolvida pelos ordenamentos filiados à *common law*, aproximando-se mais do modelo empregado na Itália:

> Com efeito, ao contrário do imprescindível cotejo entre o caso no qual restou formado o precedente e o caso concreto que tem que ser julgado, atentando-se às circunstâncias específicas de ambos, o 'precedente' emanado da Corte de Cassação italiana reveste-se da característica de uma *máxima* ou ementa de poucas linhas que enuncia uma regra em termos gerais e abstratos.[21]

E concluem que as decisões em repetitivos são decisões definidoras de teses jurídicas.

José Rogério Cruz e Tucci entende serem as decisões proferidas nos incidentes de processos repetitivos precedentes com eficácia vinculante, ao lado das súmulas do STF e das decisões proferidas pelo STF e pelos Tribunais de Justiça, no âmbito do controle concentrado de constitucionalidade[22]. Os precedentes com eficácia vinculante, na visão do autor, existem ao lado dos precedentes com relativa eficácia vinculante e dos precedentes com eficácia meramente persuasiva.

---

19. ABBOUD, Georges. Precedente judicial *versus* jurisprudência dotada de efeito vinculante. In: WAMBIER, Teresa Arruda Alvim (coord). *Direito jurisprudencial.* São Paulo: Revista dos Tribunais, 2012. p. 520.

20. ABBOUD, Georges. Precedente judicial *versus* jurisprudência dotada de efeito vinculante. In: WAMBIER, Teresa Arruda Alvim (coord). *Direito jurisprudencial.* São Paulo: Revista dos Tribunais, 2012. p. 539.

21. PINHO, Humberto Dalla Bernardina de; RODRIGUES, Roberto de Araújo Ribeiro. O microssistema de formação de precedentes judiciais vinculantes previsto no novo CPC. *RePro* 259, São Paulo, set. 2016. p. 413.

22. CRUZ E TUCCI, José Rogério. Parâmetros de eficácia e critérios de interpretação do precedente judicial. In: WAMBIER, Teresa Arruda Alvim (coord). *Direito jurisprudencial.* São Paulo: Revista dos Tribunais, 2012. p. 119.

Aluisio Gonçalves de Castro Mendes bem anota que a tese jurídica fruto da demanda repetitiva "não é um precedente, como concebido no sistema de *stare decisis*. Não houve o julgamento de um caso concreto, do qual se pode extrair a *ratio decidendi*, a partir do contexto fático existente, para que os casos futuros possam seguir o precedente".[23]

Fica clara a natureza atípica da decisão em recurso repetitivo – *decisão paradigma que fixa tese com efeito vinculante sobre os processos sobrestados* (não se aplicando a casos futuros imediatamente). *Por ela, fixa-se tese aplicável a casos outros (existentes e sobrestados), independentemente da análise pormenorizada das circunstâncias específicas do processo que deu origem à decisão.*

Tem-se a definição de uma tese, e da decisão emana um comando que, por força de lei, produz efeitos sobre outros casos (sobrestados). A nuance é que a definição da tese se dá a partir de um dado caso concreto, até porque a Constituição Federal é clara ao definir que o Supremo Tribunal Federal e o Superior Tribunal de Justiça julgarão em recursos extraordinário e especial "causas" decididas.

A preocupação primeira é com a definição de uma tese para ser aplicada a uma multiplicidade de casos. Muito embora a tese nasça de um caso concreto, há uma nítida dissociação dos casos concretos submetidos a julgamento sob a sistemática de recurso repetitivo. Tanto é assim que pode haver a desistência de recurso e mesmo assim a tese ser julgada (artigo 998, parágrafo único, do atual CPC).

Repita-se que as decisões não são precedentes no sentido histórico – *têm natureza atípica de decisões paradigmas fixadoras de teses a partir de casos concretos, mas dissociadas das particularidades destes.*

Dierle Nunes[24] bem destaca alguns requisitos para se falar tecnicamente em precedentes (padrões decisórios que devem ser seguidos), como: o esgotamento prévio da temática antes de sua utilização como padrão; a consideração acerca do histórico de aplicação da tese pelo Tribunal; a estabilidade decisória dentro da própria Corte uniformizadora; a aplicação discursiva do padrão decisório pelos juízes e Tribunais inferiores (não de modo mecânico); delineamento de técnicas de distinção e de superação do padrão decisória.

Também merece referência a constatação de José Rogério Cruz e Tucci de que a submissão a um precedente indica "o dever jurídico de conformar-se às *rationes* dos precedentes"[25], à *ratio decidendi*, à essência da tese jurídica sufi-

---

23. MENDES, Aluisio Gonçalves de Castro. *Incidente de Resolução de Demandas Repetitivas*: sistematização, análise e interpretação do novo instituto processual. Rio de Janeiro: Forense, 2017. p. 206-207.

24. NUNES, Dierle. Precedentes, padronização decisória preventiva e coletivização. In: WAMBIER, Teresa Arruda Alvim. *Direito Jurisprudencial*. São Paulo: Revista dos Tribunais, 2012. p. 263-266.

25. CRUZ E TUCCI, José Rogério. Parâmetros de eficácia e critérios de interpretação do precedente judicial. In: WAMBIER, Teresa Arruda Alvim (coord). *Direito jurisprudencial*. São Paulo: Revista dos Tribunais, 2012. p. 123.

ciente para decidir o caso concreto. E como três são os elementos que integram a *ratio* – indicação dos fatos relevantes (*statement of material facts*), raciocínio lógico-jurídico da decisão (*legal reasoning*) e juízo decisório (*judgment*), para a aplicação de um precedente (ainda que ele seja distinto e mais universal que a coisa julgada – disciplina do caso concreto), essencial que seja examinada a *ratio* como um todo (todos os três elementos) para aplicar o precedente, o que não ocorre com os repetitivos.

De qualquer sorte, mesmo não sendo precedentes no sentido técnico e histórico do termo, é fundamental que haja, também nos países de tradição de *civil law* como o Brasil, o respeito a decisões anteriores firmadas no âmbito dos Tribunais, notadamente as vinculativas. E isso busca-se obter com a técnica da vinculação a partir de demandas repetitivas.

O atual CPC, consoante já anotado, pautou-se na busca da racionalidade e da segurança através do estímulo e até imposição do respeito à jurisprudência em geral (artigos 926 e 927). Isso, além de construir um verdadeiro microssistema de demandas repetitivas e de decisões vinculativas. E é justificável a postura. Teresa Arruda Alvim destaca que estão "na base da necessidade de que se respeitem os precedentes de *civil law* o princípio da *legalidade* e o da *igualdade*, ambos conaturais à idéia de Estado de Direito cuja característica mais visível é a de que a sociedade precisa 'saber as regras do jogo, antes de começar a jogar'".[26]

A decisão em demanda repetitiva também não tem natureza de súmula ou de simples jurisprudência. Tem natureza de decisão atípica, da qual emana um comando que vincula os casos sobre a mesma tese, e a aplicação do comando (sintetizado independentemente de pormenores fáticos) ocorre por imposição legal e independe de análise detida de fundamentos ou argumentos outros.

Marinoni enfatiza que os recursos repetitivos serão examinados pelas Cortes não apenas por relacionarem-se a resoluções de casos de que derivam recursos em massa, mas eles devem estar enquadrados nas hipóteses de cabimento dos recursos. Isso porque as Cortes Superiores têm um papel constitucionalmente previsto que não pode ser desvirtuado. Pertinente a advertência, até porque a vinculação das decisões em repetitivos deriva de ter sido fixada tese a partir de um caso pelo Tribunal Superior. E para esse caso ser julgado ele deve, antes de qualquer coisa, atender ao permissivo constitucional (artigos 102, III e 105, III, da Constituição Federal)[27].

De se observar, ainda, que o que vincula tradicionalmente nos precedentes é a *ratio decidendi* (premissas necessárias à decisão) e não os *obter dicta* (argu-

---

26. WAMBIER, Teresa Arruda Alvim. Precedentes e evolução do direito. In: WAMBIER, Teresa Arruda Alvim (coord). *Direito Jurisprudencial*. São Paulo: Revista dos Tribunais, 2012. p. 31-32.

27. MARINONI, Luiz Guilherme. *Precedentes Obrigatórios*. 4. ed. São Paulo: Revista dos Tribunais, 2016. p. 332.

mentos que não se revelam vitais para a manutenção do julgado) e para se buscar a ratio deve-se analisar os fatos do caso precedente[28].

Marinoni também anota que não há precedente sem *ratio decidendi*, mas que o precedente é mais do que a *ratio*, pois ele abarca também "o relatório, descreve o contexto fático e contém todas as circunstâncias que importam para o caso"[29].

Nos repetitivos, há uma fuga da sistemática tradicional para a aplicação dos precedentes (até porque precedentes não são, como já observado), não apenas por serem adotados em país de tradição de *civil law*, mas porque da decisão paradigma emana um comando firmando uma tese, que deve simplesmente ser observada, sem maiores análises de fundamentos fáticos dos casos concretos.

Por fim, sem abordar com profundidade a questão, vale referir se a função nomofilácica das Cortes Superiores e a força dos precedentes pode desequilibrar a harmonia entre os Poderes. O trato da questão atinente à função nomofilácica foi introduzida por Piero Calamandrei na Itália em 1920, e era vista como a função das Cortes Superiores em garantirem a uniformidade na interpretação e aplicação das normas, proferindo decisões voltadas também para o futuro.

Hoje, enfatiza-se mais, quanto à função nomofilácica, a coerência das Cortes Superiores em decidirem e principalmente orientarem os demais órgãos julgadores, complementando até o papel do legislador, enquanto intérpretes qualificados.

E nos parece que a sistemática dos recursos repetitivos, sem dúvida, é bem contextualizada com a função nomofilácica – ao decidirem de forma a emanar um comando que por força de lei deve ser cumprido, as Cortes não apenas garantem a uniformidade na interpretação das normas, mas proferem decisões que afetam inúmeros outros casos e algumas vezes até para o futuro (no caso dos IRDRs e assunção de competência de forma expressa a legislação enfatiza que as decisões alcançam não apenas casos presentes, sobrestados, mas casos futuros).

Vale anotar que o exercício de uma função nomofilácica não importa necessariamente em ativismo judicial[30]. E também importante destacar que o próprio contexto mais objetivo em que se inserem as demandas repetitivas não induz o ativismo, apesar de ser um campo fértil para tanto, já que se definem teses.

---

28. PUGLIESE, William. *Precedentes e a* civil law *brasileira*: interpretação e aplicação do novo Código de Processo Civil. São Paulo: Revista dos Tribunais, 2016. p. 79-86.
29. MARINONI, Luiz Guilherme. Julgamento colegiado e precedente. *RePro* 264, São Paulo. p. 393.
30. Em outra oportunidade, anotamos que o ativismo judicial, no contexto do pós-positivismo, pode ser definido como o paradigma que impõe uma postura mais positiva e construtiva na interpretação, segundo a qual os magistrados, notadamente se valendo de princípios abertos, como a igualdade, a dignidade ou a liberdade, acabam por afirmar sua concepção política sobre o direito. A objetivação do processo e o ativismo judicial no contexto do pós-positivismo. *RePro* 251, São Paulo, jan. 2016. p. 321.

6. HÁ RAZÕES PARA DETERMINADAS DISTINÇÕES ENTRE REPETITIVOS E IRDRS?

O Código de Processo Civil, com a redação dada pela Lei 13.256/16, prevê o cabimento de reclamação diretamente para o Tribunal prolator da decisão paradigma, no caso de IRDR (artigo 988, IV).

Já quanto aos recursos repetitivos, no § 5º, II, do mesmo artigo 988, deve haver, em primeiro lugar, a tentativa de solucionar o problema do descumprimento/má aplicação da decisão paradigma nas instâncias ordinárias. Aliás, esse o entendimento consolidado, hoje, pelo Superior Tribunal de Justiça (Reclamação 37081/SP. Rel. Min. Gurgel de Faria. 1ª Seção. DJ de 23/04/2019).

Assim, havendo um paradigma em recurso especial ou extraordinário repetitivo, a parte que desejar alegar o descumprimento da decisão deve exaurir as instâncias inferiores, pedindo o processamento do recurso de natureza extraordinária (ou interpondo o recurso) e agravando internamente no âmbito do Tribunal inferior. Apenas após a negativa do agravo interposto contra a decisão de negativa de seguimento do RESP/RE) é que pode ser ajuizada a reclamação no Tribunal Superior.

Esse já era o entendimento das Cortes Superiores mesmo antes do atual Código, vindo a ser endossado pelo legislador da Lei 13.256/16.

Outra diferença que chama a atenção, ainda quanto à reclamação, é a possibilidade de utilização em casos futuros (casos ainda não existentes à época da prolação da decisão paradigma), na linha da previsão expressa do artigo 985, II, do CPC.

No que toca aos recursos repetitivos, além de não haver a previsão expressa de cabimento da medida originária, a condição de exaurimento das instâncias ordinárias acaba com a possibilidade de utilização da reclamação em casos futuros. Isso porque a parte que pretender reclamar deverá, antes, exaurir as instâncias ordinárias, recorrendo até o agravo interno contra o indeferimento do REsp/RE no Tribunal estadual ou regional.

O artigo 985 do CPC, quanto ao IRDR, prevê expressamente a possibilidade de revisão da tese pelo órgão julgador. No que toca aos recursos repetitivos, não há igual previsão, o que importa na conclusão de que os Regimentos Internos dos Tribunais Superiores têm maior liberdade para regularem o procedimento.

E, por fim, vale ressaltar uma outra distinção feita – quanto à legitimidade para a afetação. Nos termos do artigo 977 do CPC, o pedido de instauração do incidente pode ser feito pelo juiz ou relator, pelas partes, pelo Ministério Público ou pela Defensoria Pública. Já nos recursos repetitivos, apenas o relator no Tribunal Superior (artigo 1.036) pode decidir pela afetação. Os Presidentes/Vice-

-Presidentes dos Tribunais de segundo grau podem selecionar recursos apenas e enviá-los para a apreciação dos ministros do STJ ou STF.

Referidas essas distinções pontuais, cabe o questionamento – há razões para as tanto?

Parece-nos que não. Os instrumentos são semelhantes, estão dentro do mesmo contexto, na linha do que demonstrado. Os objetivos a serem alcançados pelo IRDR e pelos recursos repetitivos são os mesmos. A natureza das decisões são idênticas, havendo apenas a diferença natural da competência e abrangência das decisões em um ou outro remédio.

Não obstante, fez o legislador algumas diferenciações, que devem ser observadas, em respeito ao princípio da legalidade. De qualquer sorte, sempre que possível e não contrariar a lei ou o Regimento Interno das Cortes Superiores, o procedimento do IRDR pode servir de exemplo para a jurisprudência, ainda que em recursos repetitivos.

7. REFERÊNCIAS BIBLIOGRÁFICAS

BRENNER, Saul; SPAETH, Harold J. Stare Indecisis: the alteration of precedent on the Supreme Court, 1946-1992. Cambridge: Cambridge University Press, 2003.

CÔRTES, Osmar Mendes Paixão. A "objetivação" no processo civil: as características do processo objetivo no procedimento recursal. *RePro* 178, São Paulo, dez. 2009.

_______. A reclamação no novo CPC: fim das limitações impostas pelos Tribunais Superiores ao cabimento? *RePro* 244, São Paulo, jun. 2015.

_______. A reclamação para os Tribunais Superiores no Novo CPC, com as alterações da Lei 13.256/2016. *RePro* 257, São Paulo, jul. 2016.

_______. A objetivação do processo e o ativismo judicial no contexto do pós-positivismo. *RePro* 251, São Paulo, jan. 2016.

_______. Reclamação: a ampliação do cabimento no contexto da "objetivação" do processo nos Tribunais Superiores. *RePro* 197, São Paulo, jul. 2011.

_______. *Recursos repetitivos, súmula vinculante e coisa julgada*. Brasília: Gazeta Jurídica, 2018.

_______. Natureza e efeitos da decisão em recurso repetitivo: uma tentativa de sistematizar a observância à tese firmada na decisão paradigma. *RePro* 273, São Paulo, nov. 2017.

DARBYSHIRE, Penny. *Eddey & Darbyshire on The English Legal System*. 7ª ed. London: Sweet & Maxwell, 2001.

DANTAS, Bruno. *Repercussão geral*: perspectivas histórica, dogmática e de direito comparado – questões processuais. 3. ed. São Paulo: Revista dos Tribunais, 2012.

_______. *Teoria dos Recursos Repetitivos*: tutela pluri-individual nos recursos dirigidos ao STF e ao STJ (arts. 543-B e 543-C do CPC). São Paulo: Revista dos Tribunais, 2015.

FRIED, Charles. *Saying what the Law is*. Cambridge: Harvard University Press, 2004.

FRIEDMAN, Lawrence M. *A History of American Law*. 2. ed. New York: Simon & Schuster, Inc., 1985.

MANCUSO, Rodolfo de Camargo. *Sistema brasileiro de precedentes*: natureza: eficácia: operacionalidade. 2. ed. São Paulo: Revista dos Tribunais, 2016.

_______. *Divergência Jurisprudencial e Súmula Vinculante*. 2. ed. São Paulo: Revista dos Tribunais, 2001.

MARINONI, Luiz Guilherme. *Precedentes Obrigatórios*. 4. ed. São Paulo: Revista dos Tribunais, 2016.

________. Julgamento colegiado e precedente. *RePro* 264, São Paulo, fev. 2017.

________; ARENHART, Sérgio Cruz; MITIDIERO, Daniel. *Novo Código de Processo Civil comentado*. São Paulo: Revista dos Tribunais, 2015.

MENDES, Aluisio Gonçalves de Castro. *Incidente de Resolução de Demandas Repetitivas*: sistematização, análise e interpretação do novo instituto processual. Rio de Janeiro: Forense, 2017.

NEVES, Antonio Castanheira. *O Instituto dos "Assentos" e a Função Jurídica dos Supremos Tribunais*. Coimbra: Coimbra Editora, 1983.

OLIVEIRA, André Macedo de. *Recursos especiais repetitivos*. Brasília: Gazeta Jurídica, 2015.

PINHO, Humberto Dalla Bernardina de. *Direito Processual Civil Contemporâneo*. 6. ed. Rio de Janeiro: Saraiva, 2015. v. 1. Teoria Geral do Processo.

________; RODRIGUES, Roberto de Araújo Ribeiro. O microssistema de formação de precedentes judiciais vinculantes previsto no novo CPC. *RePro* 259, São Paulo, set. 2016.

PUGLIESE, William. *Precedentes e a* civil law *brasileira*: interpretação e aplicação do novo Código de Processo Civil. São Paulo: Revista dos Tribunais, 2016.

WAMBIER, Teresa Arruda Alvim (coord). *Direito jurisprudencial*. São Paulo: Revista dos Tribunais, 2012.

________; DIDIER JR., Fredie; TALAMINI, Eduardo; DANTAS, Bruno (coord.). *Breves comentários ao novo Código de Processo Civil*. São Paulo: Revista dos Tribunais, 2015.

________; DANTAS, Bruno. *Recurso especial, recurso extraordinário e a nova função dos tribunais superiores no direito brasileiro*. 3. ed. São Paulo: Revista dos Tribunais, 2016.

3

DEMANDAS REPETITIVAS E INCIDENTES PROCESSUAIS

Paulo Henrique dos Santos Lucon[1]

Sumário: 1 – Introdução. 2 – Incidente de resolução de demandas repetitivas e o tratamento molecular dos litígios. 3 – Incidente de assunção de competência e a atuação preventiva dos tribunais. 4 – Encerramento. 5 – Referências Bibliográficas.

1. INTRODUÇÃO

O impacto das relações de massa na sociedade atual enseja a multiplicação de processos visando à satisfação de interesses comuns. A potencialidade ou mesmo concretização de múltiplas demandas resulta em uma ameaça direta à segurança jurídica, porque a eclosão de inúmeros processos a respeito de um mesmo contexto litigioso pode dar ensejo a diversas interpretações para uma mesma questão, resultando, assim, em decisões distintas para casos análogos. Por conta disso, tem grande importância a análise macroscópica das demandas repetitivas, por meio do julgamento de casos paradigmas cuja decisão servirá como referência para todas as demandas em que a mesma questão jurídica se repetir. Com o tratamento molecular de processos repetitivos os tribunais promovem, portanto, a segurança jurídica e a igualdade ao assegurar a dispensa a todos eles de uma mesma disciplina a partir do julgamento de uma causa paradigma.

O princípio da segurança jurídica, cuja promoção incumbe a todos os sujeitos processuais, requer a adoção por parte do Estado-juiz de comportamentos que ajudem a criar um estado de confiabilidade e de calculabilidade jurídica, de maneira a garantir aos cidadãos a capacidade de se planejar. Nesses termos, se faz necessária, diante de demandas repetitivas, a fixação de uma tese única a partir do julgamento de uma causa paradigma a ser aplicada em todos os casos em que a mesma questão jurídica se repetir e a consequente preservação da estabilidade dessa interpretação. Com a modificação do entendimento por parte dos tribunais a qualquer tempo e de modo injustificado, cria-se uma jurisprudência

1. Professor Associado da Faculdade de Direito do Largo de São Francisco – USP. Livre-Docente, Doutor e Mestre em Direito Processual Civil pela mesma Instituição. Presidente do Instituto Brasileiro de Direito Processual – IBDP. Advogado.

inconsistente que não é capaz de servir como fonte segura de orientação ao jurisdicionado.

A fim de disciplinar as demandas de natureza repetitiva e assim tutelar a segurança jurídica, evitando decisões contraditórias ou conflitantes, o Código de Processo Civil de 2015 prevê um microssistema normativo composto por muitos institutos que estão, por assim dizer, entrelaçados: incidente de resolução de demandas repetitivas, incidente de assunção de competência, recurso extraordinário e especial repetitivos e a repercussão geral como requisito de admissibilidade do recurso extraordinário.

A força expansiva da jurisprudência no sentido de valorizar as decisões dos órgãos jurisdicionais se vê também em outras passagens do novo diploma: na improcedência liminar da demanda, na não concessão de efeito suspensivo aos recursos, na ampliação da colegialidade, também chamada de *julgamento estendido* ou *continuado*, nos poderes do relator em suas decisões monocráticas, na conexão etc. No tratamento jurídico dado a esses institutos, busca-se construir um modelo que seja levado em conta e aplicado a casos semelhantes e valorizar a jurisprudência existente, sempre observada a regra da motivação das decisões (CF, art. 93, inc. IX; CPC, art. 489, § 1º).

Com um microssistema para o processamento e julgamento de demandas repetitivas, constrói-se um processo justo com um procedimento adequado às exigências do direito material. Essas exigências podem ser de diversas ordens: podem se referir tanto a uma característica particular de um determinado direito quanto a um fenômeno que atinge todo o funcionamento do Poder Judiciário. Um processo célere e efetivo, portanto, não pode conter apenas institutos voltados à disciplina de demandas individuais, mas deve também ser apto a tutelar fenômenos macroscópicos que interessam tanto a uma pluralidade de sujeitos quanto ao próprio funcionamento da jurisdição. Para a tutela de direitos transindividuais o ordenamento jurídico brasileiro prevê um microssistema de ações coletivas que não se mostra, contudo, de todo apto a tutelar o fenômeno em que uma mesma questão jurídica é objeto de uma série de demandas, o que pode resultar em decisões contraditórias e conflitantes e consequente violação à isonomia e à segurança jurídica.[2] Por conta disso, o sistema processual prevê igualmente um microssistema voltado à fixação de uma tese jurídica a partir do julgamento de um caso paradigma a ser aplicada a todas as demandas em que a mesma questão jurídica se repetir.

Inicialmente, a função de realizar esses julgamentos por amostragem foi designada apenas às Cortes Superiores brasileiras, dada a função de Cortes de Precedentes que elas desempenham no ordenamento jurídico brasileiro, por

2. Ver: CASTRO MENDES, Aluisio Gonçalves; TEMER, Sofia. O incidente de resolução de demandas repetitivas do novo Código de Processo Civil. *Revista de Processo*, vol. 234/2015, p. 283-331.

meio do julgamento de recursos extraordinário e especial repetitivos. O dever de uniformização da jurisprudência e de promoção da segurança jurídica, no entanto, pertence a todos os órgãos da jurisdição, razão pela qual o Código de Processo Civil de 2015 prevê mecanismos para uniformização de jurisprudência também para as instâncias ordinárias, tais como o "incidente de resolução de demandas repetitivas" e o "incidente de assunção de competência", analisados neste estudo em função da mudança de paradigma que representam para os tribunais de segunda instância e para o funcionamento da jurisdição brasileira como um todo. Ambos os incidentes permitem que o Judiciário atue em todas as frentes diante do fenômeno de litigiosidade repetitiva, quer seja preventivamente, pela via do incidente de assunção de competência, quer seja *a posteriori*, pela via do incidente de resolução de demandas repetitivas, ou seja, quando já verificado o fenômeno da multiplicação de questões idênticas.

2. INCIDENTE DE RESOLUÇÃO DE DEMANDAS REPETITIVAS E O TRATAMENTO MOLECULAR DOS LITÍGIOS

Não existe nada mais frustrante para o jurisdicionado do que a inconstância e a instabilidade na interpretação do direito que contribuem sensivelmente para o desprestígio dos órgãos do Poder Judiciário. Com o firme propósito de debelar esse quadro, o incidente de resolução de demandas repetitivas previsto no Código de Processo Civil visa a permitir no âmbito dos tribunais locais a fixação de uma tese única a ser aplicada a todos os processos em que a mesma questão jurídica se repetir. O instituto em tela consagra também a economia processual, pois atividades idênticas e desnecessárias em repetidos processos serão evitadas com o processo piloto.

De acordo com o art. 976 do Código de Processo Civil, é admissível a instauração do incidente de resolução de demandas repetitivas quando houver simultaneamente efetiva repetição de processos que contenham controvérsia sobre a mesma questão unicamente de direito e risco de ofensa à isonomia e à segurança jurídica (incs. I e II). Depreende-se, portanto, que três são os requisitos estabelecidos pela lei que devem ser atendidos para a instauração do incidente: i) risco de ofensa à isonomia; ii) risco de ofensa à segurança jurídica e; iii) efetiva repetição de processos que versem sobre mesma questão unicamente de direito.

Com a expressão "efetiva repetição" o legislador quer indicar que apenas haverá interesse para a instauração do incidente de resolução de demandas repetitivas nos casos em que a questão repetitiva não puder ser resolvida por outra via. Ademais, em recentíssima decisão proferida pelo Superior Tribunal de Justiça, alguns Ministros entenderam que tal efetiva repetição de demandas só pode ser conhecida pelo Tribunal, quando houver ao menos um recurso pendente a respeito da causa.[3] Em outras palavras, a multiplicidade de demandas em primeiro grau não enseja a resolução de demanda repetitiva pela via do IRDR. Não obstante, cumpre pontuar que a referida questão ainda não resta pacificada nem na jurisprudência nem na doutrina, sendo necessário, portanto, que paulatinamente se realizem novas reflexões a respeito do tema, até que se chegue a um entendimento uno.

De todo modo, uma vez constatada a multiplicidade de demandas – havendo ou não recurso pendente sobre o tema no Tribunal –, tem-se que investigar as situações em que se configuraria o risco à isonomia de modo a justificar a instauração do incidente. Em sentido estrito, em realidade, não se há de falar em risco à isonomia após a efetiva repetição de demandas idênticas, mas sim em efetiva violação a esse princípio constitucional assim que pelo menos duas decisões antagônicas forem proferidas para demandas com o mesmo conteúdo. Poucas decisões contraditórias, contudo, podem não justificar a instauração do incidente, se essa patologia puder ser remediada por outras vias. Se isso não ocorrer, no entanto, a instauração do incidente passa a ser necessária e justificável. Para que se atenda ao requisito do art. 976, inc. II, do Código de Processo Civil, que estabelece como pressuposto de instauração do incidente o risco de ofensa à isonomia e à segurança jurídica, o que se está a fazer referência é à existência de decisões contraditórias ou conflitantes para questões idênticas.

Questões essas que, de acordo com o art. 976, inc. I, do Código de Processo Civil, deverão ser *unicamente* de direito, quer sejam questões de direito material ou de direito processual. A possibilidade de o incidente de resolução de demandas repetitivas servir à resolução de questões processuais repetitivas, aliás, é uma demonstração de seu maior campo de abrangência no complexo de instrumentos voltado a enfrentar a litigiosidade de massa. Nesse sentido, tem-se que em linha de máxima é possível distinguir as decisões sobre uma questão de fato das decisões que envolvem uma questão unicamente de direito. Enquanto as primeiras pressupõem uma atividade de caráter cognitivo, fundada sobre provas, que visa a acertar a verdade ou falsidade dos fatos da causa, as do segundo tipo pressupõem uma atividade hermenêutica, cujo escopo é individuar o significado de uma norma e as consequências jurídicas que dela derivam no caso concreto.[4] Uma interpretação literal e restritiva desse dispositivo do Código poderia levar à conclusão, portanto, de que apenas questões desta natureza poderiam ser objeto do incidente de resolução de demandas repetitivas. A prevalecer essa interpretação, contudo, o incidente perderá muito de sua capacidade para lidar com os processos repetitivos. Sob o ponto de vista teórico e prático não se vislumbram restrições à utilidade e conveniência de o incidente de demandas repetitivas se

3. REsp 1.631.846, Min. Relator Paulo de Tarso Sanseverino, j. em 5.11.2019, disponibilizado em 22.11.2019.
4. Ver: TARUFFO, Michele. *Giudizio (teoria generale)*. In: Enciclopedia Giuridica Treccani, vol. XV, Roma, 1988.

voltar também à resolução de questões fáticas, uma vez respeitadas as particularidades que envolvem julgamentos dessa natureza (*v.g.* condenação genérica). Questões fáticas com origem comum presentes em número substancial de processos, nos quais se constate *homogeneidade total* ou *parcial relevante*, merecem também o tratamento molecular propiciado pelo instituto de resolução de demandas repetitivas.[5] A *relevância* reside na utilidade para o exercício da jurisdição na resolução de tais pontos controvertidos comuns – utilidade essa ligada umbilicalmente, como é sabido, ao interesse processual.

De todo modo, é certo que esses são requisitos a serem levados em consideração para o julgamento de admissibilidade do incidente: a efetiva repetição de idênticas questões que possam gerar decisões contraditórias ou conflitantes e consequente violação à isonomia e à segurança jurídica. Não configura requisito de admissibilidade do incidente de resolução de demandas repetitivas, por outro lado, a pendência de uma causa em segunda instância – como inicialmente se chegou a prever durante a tramitação legislativa do Código. Tanto é assim que os juízes de primeira instância detêm legitimidade para instauração do incidente quando for por eles constatada a multiplicidade de idênticas questões em processos distintos. Possível, portanto, a instauração do incidente quando os processos com questões repetitivas estiverem todos em primeiro grau de jurisdição. A par, pois, de seu caráter repressivo, por excelência, possui o incidente de resolução de demandas repetitivas também uma função preventiva, já que possível sua instauração quando as questões repetitivas ainda estiverem em primeira instância. Essa é uma das grandes virtudes da versão do Código de 2015. Eventual restrição de pendência da causa em segunda instância para instauração do incidente é indevida, pois diminui em muito a potencialidade desse novo instituto gerar benefícios para o sistema. Enquanto se tiver de aguardar esse marco temporal para a instauração do incidente um estado latente de insegurança jurídica se propagará entre os interessados na sua resolução, o que é claramente indesejável.

---

5. Ver, em sentido semelhante: "Para isso, essas questões precisam decorrer de origem comum e ser homogêneas, isto é, os aspectos comuns devem prevalecer sobre os individuais, recomendando o processamento e o exame coletivo das questões comuns no lugar do julgamento individualizado no âmbito dos processos repetitivos. Hipotética decisão proferida em sede de IRDR que resolve questão comum de fato, assim como ocorre com as ações coletivas que tutelam os direitos individuais homogêneos, deve ser genérica, reconhecendo apenas o dever de o autor da conduta lesiva indenizar as vítimas pelos prejuízos causados (...) Imagine-se a hipótese de uma grande empresa nacional ocasionar um dano ambiental no rio de uma determinada cidade, trazendo enormes prejuízos às milhares de famílias ali residentes, que tiveram que sair de suas casas procurando um novo local para moradia. Havendo a efetiva repetição de processos, com pretensões indenizatórias em razão dessa situação fática (poluição do rio e prejuízos sofridos), ajuizados pelas milhares de famílias até então residentes às margens do rio poluído, seria possível admitir-se, de *lege ferenda*, a instauração do IRDR para definir a existência do dever de o autor da conduta lesiva indenizar as vítimas pelos prejuízos causados. Fixada a solução de fato, as vítimas demonstrariam individualmente a existência do dano individual, o nexo de causalidade da conduta do réu com o dano geral previsto na decisão genérica e a quantificação da indenização" (CAVALCANTI, Marcus de Araújo. *Incidente de resolução de demandas repetitivas*. São Paulo: Revista dos Tribunais, 2016, p. 220-221).

O incidente de resolução de demandas repetitivas poderá ser deflagrado pelo juiz ou relator, de ofício, ou ainda por petição, pelas partes, pelo Ministério Público e pela Defensoria Pública. Ao Ministério Público, aliás, em atenção à função constitucional que lhe é atribuída, é determinada inclusive a intervenção obrigatória nos casos em que ele não requerer a instauração do incidente, e caso haja um pedido de desistência do incidente, ou na hipótese de abandono, o Ministério Público assumirá a sua titularidade (legitimidade disjuntiva). Não bastasse isso, a fim de assegurar ampla participação no julgamento do incidente, de acordo com o art. 983 do Código, o relator responsável pelo julgamento do incidente ouvirá as partes e demais interessados na resolução da controvérsia que poderão em quinze dias requerer a juntada de documentos e a realização de diligências que considerarem úteis à solução do incidente.

Se formulado mais de um pedido de instauração de incidente de resolução de demandas repetitivas, os tribunais deverão dar preferência aquele que contenha abrangente argumentação a respeito da questão a ser decidida, ou seja, aquele que contenha o maior número de fatos e fundamentos jurídicos relativos à questão objeto de julgamento. Para garantia da almejada estabilidade jurisprudencial, torna-se necessária a seleção de demandas que tratem de maneira mais ampla possível a respeito da questão jurídica objeto de julgamento. Quanto maior o número de argumentos favoráveis e contrários a serem analisados em relação a uma determinada tese, maior o ônus argumentativo exigido do julgador a justificar eventual modificação jurisprudencial. De outro lado, quanto maior o número de fatos e fundamentos jurídicos analisados no julgamento do caso paradigma, maior será o alcance da decisão que o resolver. Com a manifestação a respeito de todos os fundamentos fáticos e jurídicos são diminuídas as expectativas normativas em torno deles e o raciocínio analógico que subjaz à aplicação de normas jurisprudenciais poderá se desenvolver, então, a partir de questões bem delineadas.

Os órgãos jurisdicionais competentes para processar e julgar o incidente de resolução de demandas repetitivas são os Tribunais de Justiça e os Tribunais Regionais Federais. Não é cabível, portanto, o incidente em primeiro grau de jurisdição, embora os magistrados que ocupam esses postos, como visto, detêm legitimidade para de ofício requerer sua instauração. O pedido de instauração do incidente, desse modo, deverá ser dirigido aos respectivos presidentes dos tribunais locais. Nesses tribunais, o processamento do incidente caberá ao órgão indicado no regimento interno de cada tribunal para tanto. Esse órgão, contudo, deve ter dentre suas atribuições a uniformização de jurisprudência do tribunal. Assegura-se, desse modo, não só um julgamento mais técnico e especializado, como também o respeito à jurisprudência da própria Corte, o que se justifica diante da natureza paradigmática da decisão que resolve o incidente. O que for decidido no incidente, portanto, será aplicado apenas ao âmbito de cada tribunal. O que for decidido, por exemplo, em sede de incidente de resolução de demandas repetitivas por um tribunal local apenas vinculará os juízes a ele subordinados. Para outros tribunais, tal decisão poderá servir apenas como precedente persuasivo.

Os tribunais locais, contudo, não têm competência para processar e julgar o incidente de resolução de demandas repetitivas cuja matéria já esteja afetada para julgamento pelos tribunais superiores. Deve-se nesses casos, por óbvio, respeitar a posição hierárquica desses tribunais e a sua função de orientar a interpretação praticada por todos os órgãos jurisdicionais a eles subordinados. A estrutura vertical do Poder Judiciário brasileiro foi organizada justamente a fim de destinar às cortes superiores uma função que lhes é própria: dar uniformidade à aplicação do direito federal independentemente da tutela do direito subjetivo das partes. Não consistem essas cortes, portanto, em terceira instância de revisão e tampouco as partes têm o direito subjetivo de obter a reapreciação da sua causa por elas.[6] É por isso que a afetação da matéria objeto do incidente para julgamento por um tribunal superior retira por completo a razão de ser do processamento do incidente de resolução de demandas repetitivas nos tribunais de segunda instância.

Após a distribuição do incidente de resolução de demandas repetitivas, o órgão colegiado competente procederá ao seu juízo de admissibilidade, hipótese em que serão avaliados os requisitos estabelecidos pelo art. 976 do Código de Processo Civil para o incidente (efetiva repetição de processos e risco de ofensa à isonomia e à segurança jurídica). Eventual desistência ou o abandono da causa não impede o exame do mérito do incidente. Nesses casos, como dito, ao Ministério Público será atribuída a titularidade da condução da causa. Isso se justifica por conta da relevância social que subjaz esse julgamento. O mesmo ocorre nos julgamentos de recurso extraordinário e especial repetitivos em que a desistência do recurso não impede o julgamento por amostragem; a desistência do processo é admitida, mas o julgamento da questão jurídica continua. Essa orientação

---

6. Na doutrina estrangeira, o autor que mais tem se dedicado ao estudo das funções das Cortes Superiores nos últimos anos é Michele Taruffo. Dentre seus inúmeros trabalhos, são de consulta obrigatória para aqueles que pretendem se aprofundar no tema os ensaios contidos na obra *Il vertice ambiguo. Saggi sulla Cassazione civile*, Il Mulino, 1991. O esforço primeiro, contudo, de sistematização das funções das cortes de sobreposição e dos impactos de suas decisões foi de Piero Calamandrei, em obra de consulta obrigatória para todos aqueles que pretendem investigar de maneira profunda esse tema. Nesse sentido, confira-se, especialmente os textos contidos em: *Opere Giuridiche*, Napoli: Morano, 1965, vv. VI e VII. Na doutrina brasileira, conferir, dentre outros, os trabalhos de Luiz Guilherme Marinoni (*O STJ enquanto corte de precedentes*, São Paulo: RT, 2013; *Precedentes obrigatórios*, São Paulo: RT, 2010); Daniel Mitidiero (*Cortes superiores e cortes supremas*, São Paulo: RT, 2013); Guilherme Recena Costa (*Superior Tribunal de Justiça e recurso especial: análise da função e reconstrução dogmática*, dissertação de mestrado apresentada na Faculdade de Direito da Universidade de São Paulo, 2011); Bruno Leandro Palhares Perez (Análise crítica do modelo brasileiro de acesso aos Tribunais Superiores – a admissibilidade dos recursos excepcionais no Direito Processual Civil brasileiro, dissertação de mestrado apresentada na Faculdade de Direito da Universidade de São Paulo, 2016).

inicialmente surgida no âmbito do Superior Tribunal de Justiça, consolidou-se no Código de Processo Civil de 2015.

A admissão do incidente de resolução de demandas repetitivas, se por um lado suspende os processos em que a questão jurídica objeto do incidente se repetir, por outro não suspende ou interrompe o prazo prescricional das pretensões individuais, o que pode acabar por estimular o ajuizamento de demandas individuais, contrariando, assim, a lógica que inspira o incidente. Com o julgamento do incidente, que deve ocorrer em até um ano e tem preferência sobre os demais feitos (CPC, art. 980), a tese jurídica então fixada será aplicada a todos os processos suspensos e a todos aqueles casos futuros que versarem sobre idêntica questão. A segurança jurídica que essa estabilidade de entendimento proporciona, por óbvio, não se confunde com uma indesejada imutabilidade do entendimento jurisprudencial.[7] Por isso, o Tribunal de ofício ou mesmo o Ministério Público ou a Defensoria Pública poderão pleitear a revisão da tese jurídica fixada desde que o façam a partir de uma fundamentação adequada e específica e que observem os princípios da segurança jurídica e da proteção da confiança.

Contra a decisão que julgar o incidente poderá ser interposto recurso especial ou recurso extraordinário, a depender dos dispositivos violados. Cabe mencionar, contudo, que o Superior Tribunal de Justiça chegou à recente conclusão, por maioria, no precedente supramencionado, de que tais recursos só podem ser interpostos contra a decisão de mérito. Ou seja, contra a decisão que não admite o incidente não cabe recurso aos Tribunais Superiores. Uma vez proferida a decisão de mérito, porém, e interpostos os recursos em questão, esses serão recebidos no efeito suspensivo e em função do natural alcance subjetivo da matéria discutida no incidente, presumir-se-á a repercussão geral da questão constitucional discutida. No ato de interposição desse recurso, visando à garantia da segurança jurídica, qualquer dos legitimados para instauração do incidente poderá requerer ao tribunal competente para conhecer do recurso extraordinário ou do recurso especial a suspensão de todos os processos em curso no território nacional que versem sobre a questão objeto do incidente já instaurado. Para acolher esse pedido, contudo, o Supremo Tribunal Federal e o Superior Tribunal de Justiça, a quem compete a realização do juízo de admissibilidade, deverão agir com muita cautela. É recomendável, inclusive, que eles requeiram informações aos tribunais locais a fim de apurar se realmente a multiplicação de demandas a justificar a suspensão dos processos ocorre de fato em mais de um Estado ou região.

7. Nesse sentido, confira-se a lição de Humberto Ávila: "não se sustenta a proibição de modificação do Direito quando se fala na importância da estabilidade como integrante do estado de confiabilidade que compõe o princípio da segurança jurídica. Defende-se, em vez disso, e apenas, que essa modificação, pressuposta e permitida seja feita de forma estável e calculável" (*Segurança jurídica*: entre permanência, mudança e realização no direito tributário. 2. ed. São Paulo: Malheiros, 2012, p. 72).

A decisão que resolve o incidente de demandas repetitivas produz ainda outros efeitos – ainda que secundários – de grande relevância prática. Como a resolução do incidente consiste em uma forma de manifestação de entendimento consolidado de um tribunal a respeito de uma determinada questão, se esta matéria for versada em outro processo, cujo objeto seja distinto daquele fixado no incidente, poderá ser concedida tutela de evidência, ou então decretada a improcedência liminar do pedido que contrariar tese fixada no julgamento do incidente. Embora a eficácia de um novo instituto dependa muitas vezes de fatores externos ao universo jurídico, e, portanto, insuscetíveis de serem previstos *a priori*, pode-se afirmar que o incidente de resolução de demandas repetitivas possui a aptidão de alterar a dinâmica do tão combalido Poder Judiciário brasileiro. A instauração do incidente evita a concretização de uma patologia para qualquer ordenamento jurídico: a emissão de decisões contraditórias para situações idênticas.

Além disso, o mencionado instituto, como visto, não descura dos interesses de cada jurisdicionado envolvido com o julgamento das demandas repetitivas. Atento para a necessidade de respeitar as particularidades de cada caso, o Código possibilita, por meio de técnica inspirada no *distinguishing*, que a parte cujo processo foi suspenso demonstre a divergência do seu caso com o julgamento paradigma do incidente, e se utilize da reclamação nos casos em que a tese fixada no incidente for indevidamente aplicada.

3. INCIDENTE DE ASSUNÇÃO DE COMPETÊNCIA E A ATUAÇÃO PREVENTIVA DOS TRIBUNAIS

O incidente de assunção de competência em conjunto com o incidente de resolução de demandas repetitivas e com a sistemática para julgamento de recursos especial e extraordinário repetitivos formam um microssistema normativo voltado à uniformização de jurisprudência no âmbito dos tribunais, tal como preconiza o art. 926 do Código do Código de Processo Civil. Cada um desses instrumentos contribui para a uniformização de jurisprudência de forma distinta. O incidente de assunção de competência, em particular, é instaurado, *a priori*, de maneira preventiva, sem que a questão de direito com grande repercussão social tenha ensejado a repetição de múltiplos processos. Esse o teor do art. 947, *caput,* do Código: "é admissível a assunção de competência quando o julgamento de recurso, de remessa necessária ou de processo de competência originária envolver relevante questão de direito, com grande repercussão social, sem repetição em múltiplos processos".

Por questão com grande repercussão social, deve-se entender, tal como ocorre com o reconhecimento da repercussão geral como requisito de admissibilidade do recurso extraordinário, as questões relevantes do ponto de vista econômico, político, social ou jurídico que ultrapassem os interesses subjetivos do processo. Trata-se de questão não ordinária, que, embora não repetida em inúmeros outros processos, traz impactos à sociedade, importando em mudanças de rumo, por exemplo, em políticas públicas, ou afetando grandes grupos de pessoas.[8]

Assim como ocorre no IRDR, o incidente de arguição de competência pode ser instaurado de ofício pelo relator do caso, a pedido das partes, do Ministério Público ou da Defensoria. Excluiu o legislador, porém, a possibilidade de que outros interessados no deslinde da controvérsia – que, repise-se, há de ser dotada de grande repercussão social – suscitem o incidente. Não se entende como correta, contudo, a referida exclusão. Quando se analisa o microssistema processual de formação de precedentes qualificados, verifica-se uma preocupação constante no que se refere à possibilidade de participação dos interessados na resolução do caso escolhido como piloto. Isso se justifica pela necessidade de que a decisão proferida como precedente tenha sido devidamente ventilada e amadurecida. No IAC, porém, a falta de legitimidade de eventuais interessados na demanda para a instauração do incidente evidentemente diminui a quantidade de indivíduos que podem identificar a repercussão social que eventualmente circunda a questão. Além disso, a ausência de previsão da oitiva dos demais interessados, no curso do incidente – como ocorre, por exemplo, no IRDR – também pode prejudicar a adequada maturação da decisão.

Ora, não se pode olvidar que a qualidade da decisão proferida em sede de IAC é fundamental para a aplicação correta do instituto. Isso porque, ao se instaurar o incidente de assunção de competência, quer-se evitar, também, mas não só, a dispersão jurisprudencial antes mesmo da proliferação de diversos processos com distintas decisões para casos semelhantes. Ao julgar esse incidente, o Poder Judiciário assume, pois, sua responsabilidade como agente limitador de expectativas normativas. Diante de questão de direito com potencial de gerar uma multiplicidade de processos o Poder Judiciário pode se manifestar desde logo a respeito a fim de orientar a conduta de todos os agentes sociais. O julgamento do incidente incumbe ao órgão do tribunal responsável pela uniformização de jurisprudência e a decisão vinculará todos os juízes e órgãos fracionários. Do descumprimento do posicionamento firmado em IAC cabe reclamação, tendo havido, portanto, claro alargamento das hipóteses de reclamação no CPC/15.[9]

Importante esclarecer, ainda, que, no Código de Processo Civil de 1973, já se previam instrumentos para a uniformização da jurisprudência dos tribunais locais. No § 1º do art. 555 do CPC/73, determinava-se que: "ocorrendo relevante questão de direito, que faça conveniente prevenir ou compor divergência entre câmaras ou turmas do tribunal, poderá o relator propor seja o

8. Ver: ALVIM, Teresa Arruda *et al* (coords.). *Breves comentários ao Novo Código de Processo Civil*. 3. ed. rev. e atual. São Paulo: Revista dos Tribunais, 2016, p. 2350.

9. ALVIM, Angélica Arruda *et al* (coords.). *Comentários ao Código de Processo Civil*. São Paulo: Saraiva, 2016, p. 1085.

recurso julgado pelo órgão colegiado que o regimento indicar: reconhecendo o interesse público na assunção de competência, esse órgão colegiado julgará o recurso". Inova o CPC/15, porém, ao prever justamente a afetação e a vinculação do decidido. Por afetação, entende-se a apreciação, pelo órgão fracionário superior do tribunal local, da questão arguida, o que tende a garantir a qualidade das decisões. A já mencionada vinculação, por sua vez, é fundamental para o bom funcionamento do instituto. Ademais, cabe ressaltar que existem mais legitimados para a propositura do atual IAC do que havia no CPC/73, fator extremamente positivo no que concerne à maturação do precedente vinculante a ser formado.

Da análise do IAC, se constata que deveria ter precedência em relação ao incidente de resolução de demandas repetitivas. Ou seja, a manifestação *a posteriori* do Poder Judiciário, limitada às hipóteses em que a patologia consistente na emissão de decisões antagônicas para casos idênticos já se materializou, deve ser sempre residual, ocorrendo apenas naqueles casos em que não era possível antever em absoluto a proliferação de demandas com o mesmo conteúdo. Esse juízo a respeito da proliferação ou não de demandas que versem a respeito de idêntica questão de direito consiste em uma porta para a aplicação do princípio da fungibilidade entre o incidente de resolução de demandas repetitivas e o incidente de assunção de competência. Após a instauração da assunção de competência, se houver a multiplicação de demandas sobre a questão nele contida, nada impede que seja ela processada como incidente de resolução de demandas repetitivas. Essa fungibilidade atende à ideia de não somente prevenir, como também remediar, situações fático-jurídicas que acabam por gerar demandas inseridas em um mesmo contexto litigioso.

Tal fungibilidade entre o caráter prevenção e de repressão que permeia os instrumentos previstos no CPC/15, pode também ser identificada com relação ao próprio IAC. Isso porque, conforme dispõe o próprio § 4º do art. 947: "aplica-se o disposto neste artigo quando ocorrer relevante questão de direito a respeito da qual seja conveniente a prevenção ou a composição de divergência entre câmaras ou turmas do tribunal". Do texto expresso em lei se depreende, portanto, que o próprio IAC também é dotado de caráter repressivo. É dizer, conquanto o referido instituto seja utilizado notoriamente em momento anterior à instauração de múltiplas demandas, este serve também para a composição de divergências já existentes entre as câmaras do próprio tribunal. Ou seja, havendo demandas que versem sobre questões similares e às quais os órgãos fracionários do tribunal local tenham dispendido tratamentos diversos, cabe a instauração de IAC para a pacificação da divergência. "Trata-se, neste sentido, de técnica disposta a evitar dispersão jurisprudencial – 'prevenção ou composição de divergência entre câmaras ou turmas do tribunal', como se lê do § 4º – e, por isso, não é considerada pelo novo CPC como uma das técnicas de julgamento de 'casos repetitivos', nos moldes do art. 928. (...) De qualquer sorte, é irrecusável que a instauração deste incidente pressupõe, ao menos em tese, a possibilidade de existirem decisões diferentes sobre uma mesma tese jurídica".[10]

Outro aspecto inovador e pouco destacado da assunção de competência é sua aptidão de resolver conflitos que normalmente não são jurisdicionalizados, mas nos quais se evidencia clara lesão a direitos. Exemplo do que se quer dizer é, *v.g.*, a institucionalização de multas ilegais pelo poder público ou mesmo violações claras ao direito do consumidor que podem ser apreciadas preventivamente pela assunção de competência, que tem a missão de não somente tutelar direitos individuais homogêneos, mas também difusos (p. ex., propaganda enganosa). Espera-se que os tribunais brasileiros não restrinjam a importante missão de dar concretude aos direitos que tem tal instituto.

Finalmente, vale mencionar que as normas específicas de tramitação do incidente de assunção de competência são definidas pelo tribunal local, de acordo com o seu regimento interno. O Código de Processo Civil de 2015 limitou-se a estabelecer regramento geral, permitindo que cada tribunal moldasse, de acordo com as suas peculiaridades, o procedimento específico do IAC. Portanto, o Código de 2015 determinou apenas que, na hipótese de assunção de competência, o relator deslocará a competência de julgamento pelo órgão colegiado fracionário indicado no regimento interno.

Sob uma análise superficial, a flexibilização do procedimento pareceria, de início, positiva, vez que permitiria que os tribunais adaptassem a condução do IAC às suas próprias rotinas, de forma a permitir a tramitação mais eficiente possível do instituto. Não obstante, apenas algumas questões poderiam ser disciplinadas por meio do regimento interno de cada tribunal, sendo possível que, mesmo diante da regulamentação interna, ainda restassem lacunas a serem preenchidas. Ademais, considerando a realidade do Poder Judiciário brasileiro, não resta de todo absurdo imaginar que, diante da pulverização referente à regulamentação procedimental, alguns tribunais sequer chegassem a alterar os respectivos regimentos, para disciplinar o procedimento do IAC. Finalmente, mesmo se supridas as lacunas normativas, é certo que a coexistência de diversos procedimentos em cada um dos tribunais tornaria mais complexa a instauração do incidente, o que poderia acarretar prejuízos para o jurisdicionado.[11] Todos os fatores ora mencionados contribuem para que o incidente sob estudo caia em desuso – o que prejudicaria o microssistema acima mencionado como um todo. Nesse sentido, vislumbra-se a possibilidade de que, com o tempo, e em prol dos princípios que regeram a formulação do Código de Processo Civil de 2015, o procedimento do incidente de assunção de competência seja repensado para que ele seja um instituto com grande aplicação, evitando não somente a excessiva e

10. BUENO, Cassio Scarpinella. *Novo Código de Processo Civil anotado*. São Paulo: Saraiva, 2015, p. 593.

11. Sobre o tema, ver: LEMOS, Vinicius Silva. *O incidente de assunção de competência*: da conceituação à procedimentalidade. Salvador: Juspodivm, 2018, p. 228.

repetitiva judicialização como também passando a disciplinar conflitos não jurisdicionalizados e que restam claramente deixados à margem do sistema, em prejuízo do cidadão.

4. ENCERRAMENTO

Como visto, o incidente de assunção de competência e o incidente de resolução de demandas repetitivas integram um microssistema normativo de uniformização de jurisprudência no âmbito dos tribunais, do qual também fazem parte os recursos extraordinário e especial repetitivos. A previsão de um microssistema para o processamento de demandas repetitivas a partir do julgamento de uma causa paradigma consiste em uma exigência de nosso tempo para o bom funcionamento do Poder Judiciário brasileiro, atolado com milhões de processos, muitos dos quais claramente relacionados com um contexto litigioso passível de ser analisado uma vez apenas. Ao enfrentar o desafio da litigiosidade de massa, o incidente de resolução de demandas repetitivas e o incidente de assunção de competência promovem os princípios da isonomia e da segurança jurídica e como decorrência, conferem maior legitimidade e confiança aos órgãos do Poder Judiciário.

Os principais desafios impostos aos intérpretes e aplicadores do direito para o bom funcionamento desses incidentes podem ser assim indicados: (i) seleção de causas paradigmas com abrangente argumentação; (ii) estímulo à divulgação e à participação no julgamento da causa paradigma; (iii) observância do dever analítico de fundamentação na fixação da tese que resultar do julgamento dos incidentes; (iv) preservação da estabilidade da tese fixada no julgamento da causa piloto; (v) fiscalização da correta aplicação da tese fixada para resolução das questões repetitivas, com a distinção naqueles casos em que referida tese não se aplica; (vi) admissibilidade para tratamento de questões relacionadas tanto com o direito material como com o direito processual; (vii) fungibilidade da assunção de competência com o incidente de resolução de demandas repetitivas e; (viii) cabimento da assunção de competência a conflitos macroscópicos que não são jurisdicionalizados por terem pequeno valor e para a tutela de direitos difusos e individuais homogêneos.

5. REFERÊNCIAS BIBLIOGRÁFICAS

ALVIM, Angélica Arruda *et al* (coords.). *Comentários ao Código de Processo Civil*. São Paulo: Saraiva, 2016, p. 1085.

ALVIM, Teresa Arruda *et al* (coords.). *Breves comentários ao Novo Código de Processo Civil*. 3. ed. rev. e atual. São Paulo: Revista dos Tribunais, 2016.

ÁVILA, Humberto. *Segurança jurídica*: entre permanência, mudança e realização no direito tributário. 2. ed. São Paulo: Malheiros, 2012.

BUENO, Cassio Scarpinella. *Novo Código de Processo Civil anotado*. São Paulo: Saraiva, 2015.

CASTRO MENDES, Aluisio Gonçalves; TEMER, Sofia. O incidente de resolução de demandas repetitivas do novo Código de Processo Civil. *Revista de Processo*, vol. 234, p. 283-331, 2015.

CAVALCANTI, Marcus de Araújo. *Incidente de resolução de demandas repetitivas*. São Paulo: Revista dos Tribunais, 2016.

LUCON, Paulo Henrique dos Santos. *Relação entre demandas*. Brasília: Gazeta Jurídica, 2016.

LEMOS, Vinicius Silva. *O incidente de assunção de competência*: da conceituação à procedimentalidade. Salvador: Juspodivm, 2018.

TARUFFO, Michele. *Giudizio (teoria generale)*. In: Enciclopedia Giuridica Treccani, vol. XV, Roma, 1988.

CAPÍTULO IV

MICROSSISTEMA DE PRECEDENTES VINCULATIVOS

1

ATUAÇÃO DO JULGADOR NA JURISDIÇÃO MODERNA

Antonio Aurelio Abi Ramia Duarte[1]

Andressa Mendes Cruz Feliz[2]

> Os juízes nazistas desprezam a democracia e adoravam o *Führer* porque consideravam esse demente ridículo como a pessoa mais apta para conduzir a Alemanha aos sonhados destinos de grandeza e império. Não eram positivistas, nem lhes preocupava de nenhum modo a teoria jurídica sobre a validade normativa; eram uns miseráveis pretensiosos com ambição e vocação de lacaios de um Estado-pai representado por um filho espúrio, Hitler. (Juan Antônio Garcia Amado)[3]

Testemunhamos, com o avanço da modernidade, que o juiz desempenha um papel evoluído na presente sociedade, abandonando a antiquada postura recomendada pelo Direito da França de uma simples *bouche de la loi*, não é o juiz um simples funcionário do Estado, um mero e pragmático executor das leis.[4] O Judiciário passou por transformações, exigindo um novo padrão comportamental do julgador.

Por outro lado, o atuar do magistrado não é absolutamente discricionário e arbitrário, sob pena de tornar-se um déspota na condução dos processos,[5] deve o juiz trabalhar dentro de um cenário legal estruturado e arrimado em preceitos constitucionais garantísticos mínimos.

---

1. Doutor pela Universidade de Salamanca – Espanha. Mestre em Processo pela UERJ. Possui duas pós-graduações pela Universidade de Salamanca. Juiz de Direito TJERJ. Juiz integrante da Corte TRE/RJ de 2º grau, biênio 2017/2019. Conferencista e Coordenador Editorial da Revista da EMERJ. Professor visitante da Universidade de Barcelona. Membro do Instituto Brasileiro de Direito Processual e do Instituto Carioca de Processo. Autor de livros e artigos publicados em revistas especializadas.
2. Graduanda em Direito pela Universidade Estácio de Sá. Auxiliar de pesquisa acadêmica.
3. GARCIA, Juan Antonio. É possível ser antikelseniano sem mentir sobre Kelsen?
4. PICARDI, Nicola. *Introduzione as Code Louis*. Tomo 01, ordonnance civile, 1667. Milano: 1996, p. 25-30.
5. Sobre o assunto, de acordo com as palavras do brilhantíssimo LUIS ROBERTO BARROSO: "Um juiz não é livre para escolher de acordo com seu estado de espírito, suas simpatias ou suas opções estratégicas na vida. Um juiz de verdade, sobretudo um juiz constitucional, tem deveres de integridade e de coerência" (BARROSO, Luís Roberto. *Controle de constitucionalidade no Direito brasileiro*. 8ª ed. São Paulo: Saraiva, 2019, p. 437).

Como leciona EDUARDO CAMBI,[6] o motor a impulsionar a postura do julgador deverá ser a busca pelo processo justo, resguardando as garantias fundamentais do processo, típicas de um cenário de Estado de Direito:

> Por isto, a alternativa ao passivismo judiciário não é o ativismo tosco, pelo qual o juiz está livre para julgar conforme o seu senso de justiça. Pregar que o juiz pode ignorar a Constituição ou as leis, os precedentes judiciais que buscaram interpretá-las e os ensinamentos doutrinários que os aclamaram, para impedir que o juiz impusesse seu próprio ponto de vista, abrirá um enorme espaço para a tirania.
>
> A intervenção judicial não é ampla e incondicionada.

Vivemos décadas, marcadas por movimentos corporativos e neocorporativos, tendo como reflexo uma necessidade desenfreada de codificar, com a consequente reverberação nas legislações civil e processual civil, ou seja, as condutas sociais nunca tiveram tanta tipificação como nos dias atuais.[7]

Tamanha diversidade de normas permite uma ação maior com um leque de soluções bastante amplo para atuação do julgador, sempre calçado na lei e na premissa máxima da realização dos valores pertinentes ao devido processo legal. Consequentemente, notamos um aumento do papel do magistrado, em especial, tendo um papel primordial no gerenciamento do processo, conduzindo-o para que a solução se revele o mais célere e justo possível. O juiz moderno mescla valores gerenciais ás suas funções mais típicas.

O juiz coloca-se como o descobridor/desbravador da norma a ser aplicada,[8] um verdadeiro arqueólogo com expressivo comprometimento hermenêutico, marcado pelo propósito de garimpar o que melhor se adéqua ao caso concreto, enquadrando-se na noção de *proceso giusto*[9] e atuando para resguardo da dignidade humana.

Em diversas legislações pelo mundo,[10] especialmente após a Carta de Roma de 1950, o homem torna-se o vetor primordial a impulsionar toda a lógica normativa, algo típico ao pós-positivismo, de igual forma, no âmbito processual não deve ser diferente. A dignidade humana deverá ser o norte a guiar a atuação do julgador.

---

6. CAMBI, Eduardo. *Neoconstitucionalismo e neoprocessualismo*: direitos fundamentais, políticas públicas e protagonismo judiciário. São Paulo: Ed. RT, 2010, p. 247.

7. FERRAJOLI, Luigi. Scienze giuridiche. In: STAJANO (org.). *La Cultura Italiana del Novembro*. Bari, 1996, p. 589 e seguintes.

8. Rechtsfindung. O juiz busca a melhor norma a ser aplicada. O juiz jamais cria a norma, função de outro poder – legislativo.

9. Aqui recordo o conceito basilar de Comoglio e toda sua obra e base garantística processual.

10. Podemos citar como exemplos o art. 24 da Constituição da Espanha, bem como as Emendas quinta e décima quarta da Constituição Americana.

Outrossim, devemos compreender que a performance do juiz não se limita apenas ao encontro da norma em si, mas a sua perene e constante reinterpretação[11], aplicando os anseios de evolução social ao que interpreta. Daí, com o exercício de sua discricionariedade, o magistrado coloca-se como um criador da decisão, sendo certo que toda decisão demanda atividade criativa e discricionária do indigitado.[12]

TARUFFO[13] nos faz recordar que o juiz assume um novo papel nos sistemas processuais mistos, ou seja, mesclando conceitos do *civil law* e do *common law*, repelindo a decrépita noção de processo inquisitivo:

> El término "inquisitorio" es, pues, confundente porque nunca ha existido, no existe tampoco en la actualidad en ningún ordenamiento um proceso civil que pueda considerarse verdaderamente como inquisitorio: esto es, em el que las partes no tengan derechos o garantías y todo el proceso sea llevado de oficio por el juez. Por otra parte, no es casual que la tradicional contraposición entre proceso *adversarial* y proceso *inquisitorial* se considere carente de validez en el plano de la comparación entre modelos procesales. Por estas razones parece particularmente útil una operación de terapia lingüística a fin de dejar de utilizar el término "inquisitorio", al menos para referirse al proceso civil. Conviene hablar, más bien, de *modelos mixtos* para referirse a aquellos ordenamientos procesales —que actualmente son bastante numerosos— en los que se prevén poderes de instrucción más o menos extensos del juez, junto con la plena posibilidad de las partes de aportar todas las pruebas admisibles y relevantes para la determinación de los hechos.

Por óbvio, quando tratamos desta atuação discricionária do julgador,[14] não se pode dar a conotação de um desempenho absolutamente ilimitado, sob pena

---

11. Barroso explicita seu entendimento sobre a interpretação devido a sociedade estar em constante mudança: "A nova interpretação constitucional surge para atender as demandas de uma sociedade que se tornou bem mais complexa e plural. Ela não derrota a interpretação tradicional, mas vem para atender necessidades deficientemente supridas pelas fórmulas clássicas. A nova interpretação incorpora um conjunto de novas categorias, destinadas a lidar com as situações mais complexas e plurais referidas anteriormente. Dentre elas, a normatividade dos princípios (como dignidade da pessoa humana, solidariedade e segurança jurídica), as colisões de normas constitucionais, a ponderação e a argumentação jurídica. Nesse novo ambiente, mudam o papel da norma, dos fatos e do intérprete. A norma, muitas vezes, traz apenas um início de solução, inscrito em um conceito indeterminado ou em um princípio. Os fatos, por sua vez, passam a fazer parte da normatividade, na medida em que só é possível construir a solução constitucionalmente adequada a partir dos elementos do caso concreto. E o intérprete, que se encontra na contingência de construir adequadamente a solução, torna-se coparticipante do processo de criação do Direito" (BARROSO, Luis Roberto. O constitucionalismo democrático no Brasil: crônica de um sucesso imprevisto. P. 12-13. Disponível em: http://www.luisrobertobarroso.com.br/wp-con-tent/uploads/2017/09/constitucionalismo_democratico_brasil_cronica_um_sucesso_imprevisto.pdf).

12. TARUFFO, Michele. Legalitá e giustificazione dela creazione giudiziaria del diritto. *Rivista Trimestrale di Diritto e Procedura Civile*, v. 11, 2001.

13. TARUFFO, Michele. Poderes probatorios de las partes y del juez en Europa. *DOXA, Cuadernos de Filosofía del Derecho*, 29 (2006), p. 249-271.

14. Brilhantemente, Barroso conceitua a discricionariedade sendo um poder limitado pelo Direito, pois a vontade que sempre deverá prevalecer é a da Constituição estando o juiz hierarquicamente subordinado a ela. "A ideia de discricionariedade, como é corrente, envolve o juízo de conveniência e oportunidade da prática de determinado ato pelo Poder Público, com razoável margem de liberdade quanto ao seu con-

de tornar-se um ditador. Não pode o juiz atuar como bem entende, sob pena de violar a si e aos valores que guarda, corrompendo o que defende.[15]

A atuação discricionária não condiz com o arbítrio, com o subjetivismo, tratando-se de um poder limitável e controlável.[16] Aqui temos primordiais mecanismos que limitam a atuação do julgador, itens absolutamente essenciais, como: (1) o resguardo as garantias fundamentais; (2) a publicidade; (3) ponderação de valores a serem resguardados; (4) a fundamentação; (5) os fatores ligados a definição de processo justo entre outros.[17]

O magistrado, ao buscar a efetivação dos direitos e garantias fundamentais do processo, nunca, jamais, deverá pautar seu comportamento pela violação aos princípios da harmonia, separação e independência dos poderes.

Primeiramente, devemos deixar de lado aquela visão antiquada do julgador como mero expectador inerte,[18] aquele que somente observa passivo a atuação das partes, consentindo que o processo prossiga sem qualquer compromisso com seu resultado, com a duração razoável e com as garantias fundamentais.

Seguramente, o magistrado moderno assume o processo, passa a guiá-lo tomando um papel bem mais gerencial, governando e zelando para que o mesmo chegue ao seu fim com a preservação da celeridade de suas garantias fundamentais.

O juiz adota um protagonismo essencial, assumindo uma postura epistêmica capital, qual seja: perseguir a verdade processual. Seu atuar deverá ser no senti-

---

teúdo e ao momento em que efetivado. Trata-se, todavia, como ensina toda a doutrina administrativa, de um poder limitado pelo Direito, vale dizer, pela Constituição e pelas leis. A discricionariedade consiste em uma autonomia limitada do administrador" (STF, 28 de dez. 2017. Relator: Min. Roberto Barroso. Indulto. Anotações para o voto oral, p. 11-12. https://luisrobertobarroso.com.br/wp-content/uploads/2018/12/Anotac%CC%A7o%CC%83es-para-o-voto-oral-ADI-5874-Indulto.pdf).

15. Não se trata de o intérprete substituir os critérios do administrador pelos seus próprios, mas sim de confrontar o ato praticado com os valores e princípios que informam a Constituição e o Estado de direito. Não é a vontade do juiz que deve prevalecer, mas a da Constituição (STF, 28 de dez. 2017. Relator: Min. Roberto Barroso. ADI 5874, indulto. Anotações para o voto oral, p. 14. https://luisrobertobarroso.com.br/wp-content/uploads/2018/12/Anotac%CC%A7o%CC%83es-para-o-voto-oral-ADI-5874-Indulto.pdf).

16. PICARDI, Nicola. *Jurisdição e processo*. Rio de Janeiro: Forense, 2008, p. 17-18.

17. Alerta-nos o Professor brasileiro Dalmo de Abreu Dallari, ressalvando que se trata de um compromisso a ser assumido pelo juiz para uma justiça melhor (p. 44-45): "Nas sociedades democráticas modernas, submetidas ao império do direito, a proteção dos direitos humanos no caso de grave ameaça, como também o castigo aos responsáveis por toda ofensa a esses direitos, é tarefa que incumbe ao Poder Judiciário de cada Estado" (DALLARI, Dalmo de Abreu. *O poder dos juízes*. 3ª edição. São Paulo: Saraiva, 2007, p. 38).

18. "O intérprete nunca conseguirá libertar-se completamente de suas próprias convicções e preconceitos. Sem embargo, deve fazer um esforço consciente em direção à racionalidade possível, que é fator de legitimidade de sua atuação" (BARROSO, Luís Roberto. *Interpretação e aplicação da Constituição*. São Paulo: Saraiva, 2004, p. 277-293).

do de jamais permitir dilações desnecessárias ou posturas temerárias dos personagens processuais.[19]

Tem surgido debates e críticas sobre a posição e performance do julgador, por vezes, apontando o juiz gestor como se imerso num quadro quase ditatorial, por conseguinte, cataloga-se como ativismo para provocar toda sorte de críticas.

A experiência prática nos indica que muito, reitero, muito mais vale a sociedade um juiz com iniciativa, criativo,[20] preocupado com a efetividade do processo do que um juiz apático, sem compromisso com a boa dinâmica processual. O juiz deverá "governar" o processo, garantindo sua correção epistêmica e garantindo que seu fluxo ocorra naturalmente.[21]

De fato, como salienta NICOLA PICARDI, a expansão do âmbito processual de atuação do julgador, ocorrida na jurisdição civil e processual civil, coloca o juiz

---

19. Um bom exemplo da atuação do julgador e de seu importante papel decorre da colheita das provas e de todo desenvolvimento probatório, com relação ao tema vale trazer a lição de BEDAQUE: "A maior participação do juiz na instrução da causa é uma das manifestações da 'postura instrumentalista que envolve a ciência processual'. Essa postura favorece, sem dúvida, a 'eliminação das diferenças de oportunidades em função da situação econômica dos sujeitos'. Contribui, enfim, para a 'efetividade do processo', possibilitando que o instrumento estatal de solução de controvérsias seja meio real de acesso à ordem jurídica justa. A tendência moderna de assegurar a todos a solução jurisdicional, mediante o devido processo constitucional, compreende a garantia de solução adequada, cuja obtenção pressupõe a ampla participação do juiz na construção do conjunto probatório" (BEDAQUE, José Roberto dos Santos. *Poderes instrutórios do juiz*. 6ª ed. São Paulo: Revista dos Tribunais, 2012, p. 169-170).

20. Seguindo o raciocínio de BARROSO quanto ao papel do intérprete no caso concreto, que diante do novo contexto social o mesmo deve atuar de uma forma mais criativa, pois a norma em si não mais abrange o quadro fático de forma absoluta, devendo o juiz não usufruir mais da técnica majoritariamente, mas sim da política, para que assim a disputa seja resolvida de forma justa e equitativa. "Juízes e tribunais também precisam desempenhar uma atividade mais criativa – isto é, menos técnica e mais política – nas inúmeras situações de colisões entre normas constitucionais. Tome-se como exemplo a disputa judicial envolvendo a construção de usinas hidrelétricas na Amazônia. O governo invocou, para legitimar sua decisão, a norma constitucional que consagra o desenvolvimento econômico como um dos objetivos fundamentais da República; do outro lado, ambientalistas e a população afetada fundamentavam sua oposição à medida na disposição constitucional que cuida da proteção ao meio-ambiente. Pois bem: o juiz não pode decidir que os dois lados têm razão e julgar a lide empatada. Ele terá que resolver a disputa, ponderando interesses e criando argumentativamente a norma que considera adequada para o caso concreto. Tal circunstância aumenta o seu poder individual e reduz a objetividade e previsibilidade do direito. Mas a culpa não é nem do juiz nem dos tribunais. A vida é que ficou mais complicada, impedindo o legislador de prever soluções abstratas para todas as situações" (BARROSO, Luís Roberto. O constitucionalismo democrático no Brasil: crônica de um sucesso imprevisto, p. 18. http://www.luisrobertobarroso.com.br/wp-con-tent/uploads/2017/09/constitucionalismo_democratico_brasil_cronica_um_sucesso_imprevisto.pdf).

21. Neste sentido: TARUFFO, Michele. *Uma simples verdade*: o juiz e a construção dos fatos. Madrid: Macial Pons. Filosofia e Direito, 2012. p. 200-201. De igual forma, esperar inerte a ação do administrador público no Brasil, nos faz lembrar os ensinamentos de EDUARDO CAMBI: "Confiar, unicamente, na concretização do interesse público, por parte dos administradores públicos, eleitos para isso, é fechar os olhos para uma realidade brasileira, marcada por inúmeros políticos despreparados, oportunistas, corruptos ou que fazem uso inadequado do dinheiro público" (CAMBI, Eduardo. *Neoconstitucionalismo e neoprocessualismo*: direitos fundamentais, políticas públicas e protagonismo judiciário. São Paulo: Ed. RT, 2010, p. 245).

no centro dos debates,[22] como um "desenvolvedor de funções" que ontem era restrita a outras instituições. Acrescenta o professor que o juiz ganha um acréscimo considerável de seus poderes, quer no confronto legislativo, quer quanto ao âmbito da administração.[23]

Em momentos históricos de omissões e inércias estatais, não é censurável uma atuação mais presente do judiciário, obrando como protagonista, a passividade estatal exige um posicionamento jurisprudencial criativo, lícito, ético, garantístico e positivo.[24] Se o Estado falha, a cidadania é violada, ao passo que o Judiciário é chamado a assumir um papel essencial.[25]

O direito e o mundo pós-moderno não mais têm espaço para a passividade jurisdicional, ao contrário, necessitam, carecem de uma atuação transformadora dos magistrados, marcada pela produção responsável de projetos sociais de justiça inclusiva. Por óbvio, no nosso horizonte, deve estar o foco de que o Judiciário não pode invadir e ocupar campos exclusivos de atuação de outros poderes, tornando-se um superpoder.

Neste ponto, valho-me dos ensinamentos de TARUFFO:[26]

> Considerações gerais desse gênero seriam provavelmente suficientes para demonstrar que a equação do tipo "poderes instrutórios do juiz: regime autoritário" e "juiz passivo: regime liberal são vagas e genéricas e reproduzem-se a slogans polêmicos privados de valor científico.

---

22. Devido a sociedade estar se tornando cada vez mais complexa, também se torna mais difícil abranger todas as situações fáticas e as solucionarem expressamente, BARROSO denomina o fenômeno como casos difíceis. Cito aqui seu entendimento sobre o assunto: "... casos difíceis são aqueles para os quais não há uma solução pré-pronta no ordenamento jurídico. Tal circunstância faz com que o intérprete se torne coparticipante do processo de criação do Direito, na medida em que caberá a ele, à luz dos elementos disponíveis, construir argumentativamente a solução que irá resolver a situação. A legitimidade de tal atuação dependerá da capacidade do juiz ou tribunal de convencer o auditório ao qual se dirige de que a decisão produzida é constitucionalmente adequada, por ser legítima, justa e compatível com o sistema normativo. O auditório típico de um juiz de primeiro grau é o seu tribunal. O auditório típico de um tribunal, nas questões constitucionais, é o Supremo Tribunal Federal" (BARROSO, Luís Roberto. O constitucionalismo democrático no Brasil: crônica de um sucesso imprevisto, p. 23-24. http://www.luisrobertobarroso.com.br/wp-con-tent/uploads/2017/09/constitucionalismo_democratico_brasil_cronica_um_sucesso_imprevisto.pdf).
23. PICARDI, Nicola. *Jurisdição e processo*. Rio de Janeiro: Forense, 2008, p. 4-5.
24. Neste sentido: CAMBI, Eduardo. *Neoconstitucionalismo e neoprocessualismo*: direitos fundamentais, políticas públicas e protagonismo judiciário. São Paulo: Ed. RT, 2010, p. 248.
25. Vale recordar a posição de TARUFFO com relação a estigma criado e dela decorrente: "Este tipo de consideraciones generales serían probablemente suficientes para demostrar que ecuaciones del tipo «poderes de instrucción del juez = régimen autoritário » y «juez pasivo = régimen liberal» son vagas y genéricas y se reducen a eslóganes polémicos carentes de valor científico. No obstante, dado que estas ecuaciones corresponden a actitudes bastante difundidas, vale la pena verificar si tienen algún fundamento desde un punto de vista comparado e histórico" (TARUFFO, Michele. Poderes probatorios de las partes y del juez en Europa. *DOXA, Cuadernos de Filosofía del Derecho*, 29 (2006), p. 249-271).
26. TARUFFO, Michele. *Processo Civil Comparado*: ensaios. São Paulo: Macial Pons, 2013, p. 63.

TARUFFO conclui que o juiz deverá caminhar com respeito rigoroso as garantias fundamentais das partes no curso da relação processual, contudo, não deverá abandonar a necessidade epicentral de buscar a verdade processual e mais, entende que a oposição a um papel ativo do julgador, além de não ter amparo histórico e político, configuram medidas antissistêmicas.[27]

Assim, não mais assiste o juiz inerte ao espetáculo processual, ao contrário, passa a ser um autêntico impulsionador da boa caminhada processual.[28] Dentro da visão de Estado Democrático de Direito, o juiz passa a ser um gestor, condutor, administrador dos melhores e mais promissores resultados do processo. Para o resguardo do bom andamento processual devemos destacar a capacidade de condução do processo,[29] ou, como preferem os alemães *prozessfurhungsbefugnis.*

Na quadra contemporânea que vivemos, a jurisdição não desempenha um papel entorpecido e absolutamente formal de análise dos textos judiciais, o Judiciário deverá atuar com base na nova realidade social, interpretando, justificando e fundamentando as normas postas em absoluta consonância com o Estado Democrático de Direito.

A legítima atuação do julgador tem por base dois elementos fundamentais, quais sejam, a fundamentação da decisão e a publicidade. Quando tratamos da figura da publicidade, permite-se que toda sociedade fiscalize e monitore a atuação do juiz,[30] decorrendo daqui a necessária transparência para preservar sua

---

27. "O problema dos poderes instrutórios do juiz pode, pois, ser sintetizado nestes termos: a atribuição desses poderes e seu efetivo exercício – naturalmente com respeito rigoroso aos direitos processuais das partes – correspondem a uma necessidade epistêmica, tratando-se de instrumentos que têm como fim atingir ao escopo de apuração da verdade. Vice-versa, a oposição a um papel ativo do juiz na produção das provas parece motivada exclusivamente por opções ideológicas: tais opções, além de histórica e politicamente infundadas, configuram-se em termos claramente antiepistêmicos" (TARUFFO, Michele. *Uma simples verdade*: o juiz e a construção dos fatos. Madrid: Macial Pons. Filosofia e Direito, 2012. p. 208).

28. "Se, conforme se disse mais de uma vez, sustentar-se que o processo é uma coisa privada das partes (e, portanto, que esse não tem de modo algum o fim de buscar a verdade), resulta que ao juiz será dado um papel passivo, não se lhe atribuindo um papel de apurar a verdade. É necessário ter-se em mente, todavia, que essa ideologia foi superada pela maior parte dos legisladores processuais modernos, justamente no momento em que esses se ocuparam do papel do juiz em relação à apuração dos fatos" (TARUFFO, Michele. *Uma simples verdade*: o juiz e a construção dos fatos. Madrid: Macial Pons. Filosofia e Direito, 2012. p. 201).

29. Também chamado de direito de condução processual.

30. "Embora deva ser transparente e prestar contas à sociedade, o Judiciário não pode ser escravo da opinião pública. Muitas vezes, a decisão correta e justa não é a mais popular. Nessas horas, juízes e tribunais não devem hesitar em desempenhar um papel contra majoritário. (...) A opinião pública é um fator extrajurídico relevante no processo de tomada de decisões por juízes e tribunais. Mas não é o único e, mais que isso, nem sempre é singela a tarefa de captá-la com fidelidade" (BARROSO, Luís Roberto. *Curso de Direito Constitucional contemporâneo*: os conceitos fundamentais e a construção de novo modelo. 4ª ed. São Paulo: Saraiva, 2013, p. 443-444.)

independência, autonomia[31] e isonomia no tratamento com as partes no processo. Enfim, permite a opinião pública acompanhe e acesse ao teor dos julgados, legitimando ainda mais a atuação do magistrado.

Por outro lado, a fundamentação das decisões judicial revela a linha técnico-científica seguida pelo julgador para sustentar sua linha de raciocínio e a decisão, permitindo a parte conhecer e enfrentar seus termos, sabedora de que o juiz seguiu aos ditames legais e se submeterá ao controle dos tribunais superiores para avaliar se tecnicamente sustentável ou não sua decisão.[32]

Por certo que as partes apresentam suas narrativas no cenário processual, cada qual apresentando seus fatos e versões para todo o ocorrido, explicam suas teses com o propósito central de convencer o julgador de suas verdades.

Já o julgador não opera para convencer qualquer das partes, age sem a necessidade de convencer as partes de suas posições, apesar disso, justifica analiticamente sua decisão, edificando uma narrativa verdadeira a partir das exposições feitas no processo.

O juiz age enquadrado pela fundamentação, este é o fator delimitador de sua atuação, quer no Brasil, quer na Espanha como vemos transcrito abaixo no comando normativo:

> Artículo 218. *Exhaustividad y congruencia de las sentencias. Motivación.*
>
> 1. Las sentencias deben ser claras, precisas y congruentes con las demandas y con las demás pretensiones de las partes, deducidas oportunamente en el pleito. Harán las declaraciones que aquéllas exijan, condenando o absolviendo al demandado y decidiendo todos los puntos litigiosos que hayan sido objeto del debate.
>
> El tribunal, sin apartarse de la causa de pedir acudiendo a fundamentos de hecho o de Derecho distintos de los que las partes hayan querido hacer valer, resolverá conforme a las normas aplicables al caso, aunque no hayan sido acertadamente citadas o alegadas por los litigantes.
>
> 2. Las sentencias se motivarán expresando los razonamientos fácticos y jurídicos que conducen a la apreciación y valoración de las pruebas, así como a la aplicación e interpretación del derecho. La motivación deberá incidir en los distintos elementos fácticos y

31. "O direito pode e deve ter uma vigorosa pretensão de autonomia em relação à política. Isso é essencial para a subsistência do conceito de Estado de direito e para a confiança da sociedade nas instituições judiciais. A realidade, contudo, revela que essa autonomia será sempre relativa. Existem razões institucionais, funcionais e humanas para que seja assim. Decisões judiciais, com frequência, refletirão fatores extrajurídicos. Dentre eles incluem-se os valores pessoais e ideológicos do juiz, assim como outros elementos de natureza política e institucional. Por longo tempo, a teoria do direito procurou negar esse fato, a despeito das muitas evidências. Pois bem, a energia despendida na construção de um muro de separação entre o direito e a política deve voltar-se agora para outra empreitada" (BARROSO, Luís Roberto. *Curso de Direito Constitucional contemporâneo*: os conceitos fundamentais e a construção de novo modelo. 4ª ed. São Paulo: Saraiva, 2013, p. 430).

32. JUNOY, Joan Picó I. *Las Garantías constitucionales del processo*, JB Bosch Editor, 2012, p. 80-81.

jurídicos del pleito, considerados individualmente y en conjunto, ajustándose siempre a las reglas de la lógica y de la razón.

3. Cuando los puntos objeto del litigio hayan sido varios, el tribunal hará con la debida separación el pronunciamiento correspondiente a cada uno de ellos.

Os elementos destacados denotam o que de mais preciso colhemos no processo democrático,[33] sem isso, o processo mergulhará na sombra do abuso e da opressão. Não parece aceitável acatar qualquer decisão que não amparada pela fundamentação e publicidade, a escuridão combina com os regimes opressores e minoritários, jamais com os caros valores democráticos.

Tratando objetivamente da "verdade", no Estado Democrático de Direito, não pode ser um objeto à mercê de toda sorte de manipulação, isso fere os valores humanos mais essenciais e civilizados.

Vale lembrar que a verdade, correção e a sinceridade, ainda que no enfoque otimista, colocam-se como verdadeiro *standard,* sendo um valor de referência a ser buscado e construído pelas partes e pelo julgador. Novamente, vale colhermos os ensinamentos de TARUFFO[34] tratando do tema *verdade e justiça*:

> ... no fundo poder-se-ia desejar que se vivesse em um contexto sociopolítico inspirado o máximo possível em valores de veracidade, sinceridade e correção, ao invés de um contexto orwelliano em que os Bush de plantão, e os *opinion makers* que lhe servem, governam com a mentira, o falseamento e a manipulação das consciências.

O fundamento constitucional para atuação do juiz na Espanha decorre do art. 24.1 da sua Carta Constitucional, que estabelece o direito aos cidadãos de obterem uma tutela efetiva por parte dos juízes e tribunais, sendo preservada a ampla defesa as partes que debatem no cenário processual.

De igual forma, o disposto no art. 24.2 da CE resguarda o princípio do juiz natural, qual seja, de que é garantia fundamental das partes terem seu julgamento efetuado por juiz previamente estabelecido, ou seja, não cabe a escolha do julga-

33. "O poder de juízes e tribunais, como todo poder político em um Estado democrático, é representativo. Vale dizer: é exercido em nome do povo e deve contas à sociedade. Embora tal assertiva seja razoavelmente óbvia, do ponto de vista da teoria democrática, a verdade é que a percepção concreta desse fenômeno é relativamente recente. O distanciamento em relação ao cidadão comum, à opinião pública e aos meios de comunicação fazia parte da auto compreensão do judiciário e era tido como virtude. O quadro, hoje, é totalmente diverso. De fato, a legitimidade democrática do Judiciário, sobretudo quando interpreta a Constituição, está associada à sua capacidade de corresponder ao sentimento social. Cortes constitucionais, como os tribunais em geral, não podem prescindir do respeito, da adesão e da aceitação da sociedade. A autoridade para fazer valer a Constituição, como qualquer autoridade que não repouse na força, depende da confiança dos cidadãos. Se os tribunais interpretarem a Constituição em termos que divirjam significativamente do sentimento social, a sociedade encontrará mecanismos de transmitir suas objeções e, no limite, resistirá ao cumprimento da decisão" (BARROSO, Luís Roberto. *Curso de Direito Constitucional contemporâneo*: os conceitos fundamentais e a construção de novo modelo. 4ª ed. São Paulo: Saraiva, 2013, p. 442-443).

34. TARUFFO, Michele. *Uma simples verdade*: o juiz e a construção dos fatos. Madrid: Macial Pons. Filosofia e Direito, 2012. p. 120.

dor (predeterminando) para preservar os valores democráticos mais elementares, ademais, não se aceita no processo espanhol dilações processuais indevidas.

Neste tema de resguardo ao juiz ordinário, predeterminado por lei, o Tribunal Constitucional da Espanha, como bem destaca PICÓ I JUNOY,[35] tem estabelecido algumas premissas, como:

a) Que el órgano judicial haya sido creado previamente, respetando la reserva de Ley en la matéria;

b) Que ésta le haya investido de jurisdicción y competencia con anterioridade al hecho motivador de proceso judicial;

c) Que sú régimen orgânico y procesal no permita calificarle de un Juez ad hoc o excepcional; y

d) Que la composición del órgano judicial venga determinada por ley, siguiéndose en cada caso concreto el procedimento legalmente establecido por la designación de sus membros.

Dentre um dos papeis mais destacados do julgador decorre o de coibir dilações indevidas, ou seja, deve o juiz zelar pela duração razoável do processo, respeitando o brocardo Italiano "giustizia ritardata, giustizia denegata".

Espera-se que o juiz assuma um papel gerencial no curso da demanda, não acatando condutas inúteis e desnecessárias, de tal modo, devemos recordar que a garantia de um julgamento num prazo razoável decorre do estabelecido no art. 6.1 da Convenção Européia de Direitos Humanos.[36]

Igualmente, podemos estabelecer como ponto de partida o julgamento num prazo razoável na Espanha, tendo como premissa a "duração razoável do procedimento" ao ponto exato de resolver a questão, colocando termo ao processo.[37]

Assim, o processo se desenvolverá no exato tempo necessário para que as partes tenham solvida a questão, sem que se permita um dia inutilmente desperdiçado.

---

35. JUNOY, Joan Picó I. *Las Garantías constitucionales del processo*, JB Bosch Editor, 2012, p. 115.

36. ARTIGO 6º Direito a um processo equitativo 1. Qualquer pessoa tem direito a que a sua causa seja examinada, equitativa e publicamente, num prazo razoável por um tribunal independente e imparcial, estabelecido pela lei, o qual decidirá, quer sobre a determinação dos seus direitos e obrigações de carácter civil, quer sobre o fundamento de qualquer acusação em matéria penal dirigida contra ela. O julgamento deve ser público, mas o acesso à sala de audiências pode ser proibido à imprensa ou ao público durante a totalidade ou parte do processo, quando a bem da moralidade, da ordem pública ou da segurança nacional numa sociedade democrática, quando os interesses de menores ou a protecção da vida privada das partes no processo o exigirem, ou, na medida julgada estritamente necessária pelo tribunal, quando, em circunstâncias especiais, a publicidade pudesse ser prejudicial para os interesses da justiça.

37. SSTC 28/1989 de 06 de junho (fj6º).

Por conseguinte, teremos um duplo viés decorrente desta presunção, qual seja: (1) o dever dos juízes solverem, pondo fim absoluto a demanda em tempo razoável, cumprindo a sua função pública com rapidez e dentro da regularidade normativa; (2) demanda uma via reativa aos juízes, ou seja, não podem assistir inertes dilações indevidas. Devem atuar de forma firme a impedir que elas ocorram.[38]

Finalizando este tema relativo ao papel do julgador, deve este atuar pautado pelo apego a prudência, orientando sua conduta processual e comportamental, sopesando o seu conhecimento, a valoração da realidade social, bem como o impacto social do que decide.[39] No momento de enquadrar o fato ao comando normativo a prudência recomenda que o juiz considere os fatores acima dispostos em sua inteireza.[40]

Estas razões nos parecem adequadas para projetarmos um futuro com um processo sensivelmente mais democrático e servil ao bem social, propósito de todos nós.

BIBLIOGRAFIA

BARROSO. Luís Roberto. *O controle de constitucionalidade no Direito brasileiro*. 8ª ed. São Paulo: Saraiva, 2019.

BARROSO, Luís Roberto. *Interpretação e aplicação da Constituição*. São Paulo: Saraiva, 2004.

---

38. "Evidentemente, os ordenamentos que atribuíram ao juiz um papel ativo na produção das provas entenderam que os respectivos poderes fossem conferidos a juízes capazes de desenvolver de modo correto e racional as suas respectivas funções de estímulo, de controle e de iniciativa probatória, sem que com isso se coloque em perigo os valores fundamentais do processo civil. Segundo aquilo que se pode compreender da experiência desses ordenamentos, não parece que essa hipótese tenha sido desmentida na prática. Isso deveria permitir a recondução do problema dos poderes instrutórios do juiz aos limites de uma discussão científica correta e de deixar de lado polêmicas ideológicas nebulosas e inúteis" (TARUFFO, Michele. *Processo Civil Comparado*: ensaios. São Paulo: Macial Pons, 2013, p. 84). Também neste sentido: "En cambio, en el proceso y, en concreto, en el civil, la necesaria búsqueda de la verdad no puede ser prolongada mucho tiempo (y menos aún indefinidamente), porque no constituye un fin en sí misma, sino que es sencialmente instrumental de una decisión sobre un pequeño trozo de historia humana, decisión que debe producirse dentro de un margen temporal no muy extenso e incluso, en algunos ordenamientos jurídicos, en un plazo determinado, porque la sentencia ha de dictarse, por ejemplo, en el plazo de 20 días después de la celebración del juicio (art. 434.1 LEC)" (DE LA OLIVA SANTOS, Andrés. *Prudencia versus Ideología*: de nuevo sobre el papel del juez en el Proceso Civil. Ius et Praxis, v. 18, n. 2, 2012, p. 243-294).
39. "O fato inafastável é que a interpretação jurídica, nos dias atuais, reserva para o juiz um papel muito mais proativo, que inclui a atribuição de sentido a princípios abstratos e conceitos jurídicos indeterminados, bem como a realização de ponderações. Para além de uma função puramente técnica de conhecimento, o intérprete judicial integra o ordenamento jurídico com suas próprias valorações, sempre acompanhadas do dever de justificação. Discricionariedade judicial, portanto, traduz o reconhecimento de que o juiz não é apenas a boca da lei, um mero exegeta que realiza operações formais. Existe uma dimensão subjetiva na sua atuação. Não a subjetividade da vontade política própria –que fique bem claro –, mas a que inequivocamente decorre da compreensão dos institutos jurídicos, da captação do sentimento social e do espírito de sua época" (BARROSO, Luís Roberto. *O controle de constitucionalidade no Direito brasileiro*. 8ª ed. São Paulo: Saraiva, 2019, p. 432-433).
40. Neste sentido: DE LA OLIVA SANTOS, Andrés. Prudencia versus Ideología: de nuevo sobre el papel del juez en el Proceso Civil. *Ius et Praxis*, v. 18, n. 2, 2012, p. 243-294.

BARROSO, Luís Roberto. *Curso de Direito Constitucional contemporâneo*: os conceitos fundamentais e a construção de novo modelo. 4ª ed. São Paulo: Saraiva, 2013.

BARROSO, Luís Roberto. *O constitucionalismo democrático no Brasil*: crônica de um sucesso imprevisto.

BARROSO, Luís Roberto. ADI 5874, indulto. Anotações para o voto oral. STF, 28 de dez. 2017. Relator: Min. Roberto Barroso.

BEDAQUE, José Roberto dos Santos. *Poderes instrutórios do juiz*. 6ª ed. São Paulo: Revista dos Tribunais, 2012.

CAMBI, Eduardo. *Neoconstitucionalismo e Neoprocessualismo*: direitos fundamentais, políticas públicas e protagonismo judiciário. São Paulo: Ed. RT, 2010.

DALLARI, Dalmo de Abreu. *O poder dos juízes*. 3ª ed. São Paulo: Saraiva, 2007.

DE LA OLIVA SANTOS, Andrés. Prudencia versus Ideología: de nuevo sobre el papel del juez en el Proceso Civil. *Ius et Praxis*, v. 18, n. 2.

FERRAJOLI, Luigi. Scienze giuridiche. In: STAJANO (org.). *La Cultura Italiana del Novembro*. Bari, 1996.

JUNOY, Joan Picó I. *Las Garantías constitucionales del processo*. JB Bosch Editor, 2012.

PICARDI, Nicola. *Introduzione as Code Louis*. Tomo 01, ordonnance civile, 1667. Milano, 1996.

PICARDI, Nicola. *Jurisdição e processo*. São Paulo: Forense, 2008.

TARUFFO, Michele. Legalitá e giustificazione dela creazione giudiziaria del diritto. *Rivista Trimestrale di Diritto e Procedura Civile*, v. 11, 2001.

TARUFFO, Michele. Poderes probatorios de las partes y del juez en Europa. *DOXA, Cuadernos de Filosofía del Derecho*, 29 (2006).

TARUFFO, Michele. *Uma simples verdade*: o juiz e a construção dos fatos. Madrid: Macial Pons. Filosofia e Direito, 2012.

TARUFFO, Michele. *Processo Civil Comparado*: ensaios. São Paulo: Macial Pons, 2013.

2

IRDR E CONTROLE DE CONSTITUCIONALIDADE: PONTOS DE CONTATO

Daniel de Oliveira Pontes[1]

1. INTRODUÇÃO E DELINEAMENTO DO TEMA

O presente artigo busca analisar dois temas dos que mais passaram por transformações no direito brasileiro nos últimos trinta anos, traçando pontos de contato entre eles.

Como primeiro ponto de destaque, tem-se o controle de constitucionalidade, que, a despeito de existir desde a proclamação da República, ganhou força normativa e importância político-jurídica posteriormente à Constituição de 1988, seja por meio das ações de controle concentrado, seja por meio da apreciação incidental da validade da norma perante a Carta Magna.

Como segundo lugar, aparece o tratamento da litigância de massa, um dos pontos altos dos trabalhos que culminaram no Código de Processo Civil de 2015.[2] Verifica-se, aqui, especialmente, essa atuação por meio do incidente de resolução de demandas repetitivas (IRDR).

Nesse contexto, inicialmente, serão investigados aspectos gerais dos institutos, como sua controvertida caracterização como processo coletivo, a natureza objetiva do julgamento. Após, haverá um cotejo mais específico das interações do

1. Mestre em Direito Processual pela Universidade do Estado do Rio de Janeiro (UERJ). Procurador do Estado de São Paulo.

2. BRASIL. Comissão de Juristas Responsável pela Elaboração do Anteprojeto do Novo Código de Processo Civil. *Anteprojeto do Novo Código de Processo Civil.* Brasília: Subsecretaria de edições técnicas do Senado Federal, 2010, p. 28.

incidente com as ações diretas que tramitam no Supremo Tribunal Federal. Por fim, volta-se ao controle incidental e sua compatibilização com o IRDR.

2. ASPECTOS GERAIS DOS INSTITUTOS

A explosão da litigiosidade traz consigo a necessidade de criação de mecanismos que possam resolver as questões, inclusive no plano de questionamentos envolvendo a Constituição, com isonomia e segurança jurídica.

No plano dos aspectos gerais, há, basicamente, dois pontos a serem enfrentados. Em primeiro lugar, a aferição se o controle de constitucionalidade e o IRDR configuram institutos ligados ao direito processual coletivo. Em segundo lugar, verificar se ambos podem ser vistos como processos de natureza objetiva.

Importante se ressaltar que se trabalhará, no curso do trabalho, com os dois modos de controle de constitucionalidade: o incidental, sendo a matéria constitucional questão prejudicial ao mérito, ou principal, quando tal questão é o próprio mérito do processo sob análise.[3]

Ademais, é importante ressaltar que, no Brasil, acaba se sobrepondo essa classificação com outra, que leva em conta o órgão judicial que exerce o controle, em um prisma subjetivo ou orgânico,[4] se a fiscalização pode ser exercido por instituição pré-determinada a esse fim (Corte Constitucional) ou por todos os juízes e todos os Tribunais. Por esse prisma, o controle pode ser concentrado ou difuso. Apesar de a concorrência entre esses fatos não ser obrigatória, como se disse, em nosso ordenamento, o controle concentrado se dá por meio de ação direta, enquanto a avaliação difusa ocorre pela via incidental.

2.1 O controle de constitucionalidade e o IRDR: vertentes do direito processual coletivo?

Em um cenário de aprimoramento dos mecanismos procedimentais, para garantir sua eficiência perante as questões coletivas ou comuns apresentadas ao Judiciário, o IRDR aparece como instrumento inserido no âmbito dos incidentes de direito processual coletivo.[5]

Sua instituição leva, então, à convivência de duas técnicas distintas para o tratamento dessas espécies de litígios, sendo as ações coletivas reguladas pela

3. BARROSO, Luís Roberto. *Controle de constitucionalidade no direito brasileiro.* 6ª ed. São Paulo: Saraiva, 2012, p. 72-73.
4. Ibidem, p. 71.
5. MENDES, Aluisio Gonçalves de Castro. *Incidente de resolução de demandas repetitivas*: sistematização, análise e interpretação do novo instituto processual. Rio de Janeiro: Forense, 2017, p. 3-4; CAVALCANTI, Marcos de Araújo. *Incidente de resolução de demandas repetitivas* (IRDR). São Paulo: Revista dos Tribunais, 2016, p. 179-180.

legislação especial e o julgamento dos casos repetitivos, como técnica de solução de demandas agregadas, prevista no CPC.[6]

Todavia, caso se adote uma perspectiva mais restrita do processo coletivo, não seria possível realizar tal enquadramento ao incidente. Nesse sentido, Sofia Temer afirma que, como o incidente não visa à proteção de situações jurídicas subjetivas voltadas à coletividade, ele não teria essa natureza coletiva.[7] De fato, tal exigência não é verificada, já que o IRDR pode, por exemplo, cuidar de questão de cunho processual controvertida em múltiplas demandas, afastando-se da análise de situações tradicionalmente entendidas como parte do direito processual coletivo.

Mesmo tal ponto de vista, contudo, concebe a existência, ao menos, de uma dimensão coletiva no IRDR. Isso porque haveria um problema manifestado em um agrupamento cuja solução também seria aplicável a um quantitativo considerável de sujeitos. Esse aspecto, entretanto, não seria bastante para o enquadramento da técnica como coletiva.[8]

Há, ainda, uma ideia intermediária, que coloca o IRDR como parte de medidas de terceira via, assim entendida como englobando instrumentos que não seriam nem propriamente singulares nem verdadeiramente coletivos, no que chama de conflito pluri-individual.[9]

Afora a discussão específica acerca do incidente, a doutrina amplamente assimila que há um microssistema de julgamento de casos repetitivos, que englobaria os recursos extraordinários repetitivos (ou julgados sob a sistemática da repercussão geral) e os incidentes de resolução de demandas repetitivas.[10] Partindo dessa ideia, parece ser possível emprestar a ambos a mesma natureza, por uma questão de coerência. Em outras palavras, se o IRDR for considerado instituto de direito coletivo, por identidade de razões, parece que os incidentes de recurso repetitivo ou de repercussão geral também assim deveriam ser considerados.

As ações de controle concentrado também trazem consigo dimensão de tutela coletiva. Trata-se, segundo Teori Zavascki, de um modo especial para proteção, ainda que indireta de direitos subjetivos, mormente pela eficácia vinculante das decisões nelas tomadas.[11]

---

6. ZANETI JR., Hermes. Comentários aos artigos 926 a 946. In: CABRAL, Antonio do Passo; CRAMER, Ronaldo (coord.). *Comentários ao novo Código de Processo Civil.* Rio de Janeiro: Forense, 2015, p. 1334.
7. TEMER, Sofia. *Incidente de resolução de demandas repetitivas.* 2ª ed. Salvador: Juspodivm, 2017, p. 93-95.
8. Ibidem, p. 96.
9. MANCUSO, Rodolfo de Camargo. *Incidente de resolução de demandas repetitivas*: a luta contra a dispersão jurisprudencial excessiva. São Paulo: Revista dos Tribunais, 2016, p. 42, 163-168.
10. Por todos, vide DIDIER JR., Fredie; CUNHA, Leonardo Carneiro da. *Curso de direito processual civil* 13ª ed. Salvador: Juspodivm, 2016, vol. 3, p. 590-591.
11. ZAVASCKI, Teori. *Processo Coletivo*: tutela de direitos coletivos e tutela coletiva de direitos. 6ª ed. São Paulo: Revista dos Tribunais, 2014.

Nesse contexto, caso admita-se a inserção do IRDR e das ações diretas no âmbito coletivo, já se vislumbraria um primeiro fator de aproximação dos institutos, qual seja, a sua classificação taxonômica, colocando-se ambos como espécies de procedimentos voltados a atender questões afetas à coletividade.

2.2. A natureza objetiva do controle de constitucionalidade e do IRDR: a posição de ambos como precedentes vinculantes

Tradicionalmente, a jurisdição é vista como atividade de adjudicação de direitos subjetivos em disputa perante um caso concreto. Todavia, com o tempo, foi-se notando que há, por vezes, efetivo exercício jurisdicional sem que haja um conflito subjetivo subjacente. Para essas atividades, fala-se em processo objetivo.[12]

O controle de constitucionalidade, mesmo o incidental, tem ganhado paulatinamente caráter objetivo, por uma série de fatores. O primeiro deles seria o reconhecimento de uma causa de pedir aberta ao recurso extraordinário,[13] ao se colocar que a admissibilidade da irresignação dependeria do prequestionamento, mas o julgamento de mérito poderia ser aferido a partir de fundamentos diversos do acórdão de origem e da petição recursal da parte.[14]

Esse aspecto tem sido realçado, também, com a gradual perda de importância da função institucional conferida ao Senado da República, de suspender a execução de ato declarado inconstitucional (CF, art. 52, X). Tradicionalmente, essa prerrogativa foi considerada um ato de natureza política para possibilitar a produção de efeito em relação a toda a coletividade de decisão proferida pelo STF em um caso concreto. Com a Constituição de 1988, verificou-se a ampliação do controle concentrado e de suas técnicas, como a interpretação conforme e a declaração de nulidade sem redução do texto. Além disso, reconheceu-se a possibilidade de as turmas do STF apreciarem a inconstitucionalidade quando já

12. CABRAL, Antonio do Passo. Comentários aos artigos 976 a 987. In: CABRAL, Antonio do Passo; CRAMER, Ronaldo (coord.). *Comentários ao novo Código de Processo Civil.* Rio de Janeiro: Forense, 2015, p. 1419.

13. MENDES, Gilmar; BRANCO, Paulo Gonet. *Curso de Direito Constitucional.* 10ª ed. São Paulo: Saraiva, 2015, p. 1.129.

14. EMENTA: I. Recurso extraordinário: letra a: possibilidade de confirmação da decisão recorrida por fundamento constitucional diverso daquele em que se alicerçou o acórdão recorrido e em cuja inaplicabilidade ao caso se baseia o recuso extraordinário: manutenção, lastreada na garantia da irredutibilidade de vencimentos, da conclusão do acórdão recorrido, não obstante fundamentado este na violação do direito adquirido. II. Recurso extraordinário: letra a: alteração da tradicional orientação jurisprudencial do STF, segundo a qual só se conhece do RE, a, se for para dar-lhe provimento: distinção necessária entre o juízo de admissibilidade do RE, a - para o qual é suficiente que o recorrente alegue adequadamente a contrariedade pelo acórdão recorrido de dispositivos da Constituição nele prequestionados - e o juízo de mérito, que envolve a verificação da compatibilidade ou não entre a decisão recorrida e a Constituição, ainda que sob prisma diverso daquele em que se hajam baseado o Tribunal a quo e o recurso extraordinário. (...) (STF, RE 298695, Rel. Min. Sepúlveda Pertence, Tribunal Pleno, julgado em 06/08/2003).

houvesse precedente do Plenário, equiparando efeitos de decisões de processos de controle abstrato e concreto.[15]

Dando ainda mais força a essa corrente, o atual Código de Processo Civil colocou ambos os institutos como julgados de observância obrigatória, no artigo 927, I e III. Ambos foram colocados, então, como precedentes obrigatórios, cuja inobservância enseja o cabimento de reclamação (CPC, art. 988, III e § 5º, *a contrario sensu*), ainda que, no que tange à tese fixada em RE haja a restrição da exigência de exaurimento das instâncias ordinárias.

De todo modo, considerando o contexto, segundo Gilmar Mendes, o instituto teria passado por um processo de mudança. Para adequá-lo à teoria da nulidade do ato inconstitucional e às transformações de nosso ordenamento jurídico, sustenta-se que, atualmente, a função do Senado estaria limitada a dar publicidade ao julgamento da Suprema Corte.[16]

Também em seara doutrinária, Luís Roberto Barroso afirma que não há lógica de se manter a mesma importância para o dispositivo atualmente em relação à CF 1934, quando ele foi originalmente instituído, já que, à época, inexistia o controle concentrado, razão de ser dessa competência da Casa Legislativa. Hoje, ela não se justificaria mais. Sustenta assim, igualmente, a equiparação de efeitos entre as decisões plenárias do Supremo em ambas as espécies de julgamento de inconstitucionalidade.[17]

No mesmo sentido, Sarlet, Marinoni e Mitidiero colocam que os acórdãos do STF representam precedentes constitucionais, cuja eficácia, em controle principal ou incidental, deve ser a mesma, para assegurar a autoridade da Suprema Corte na interpretação da Carta Magna. Dispõem da mesma maneira que a atuação do Senado teria perdido a razão de ser.[18]

No julgamento da ADIn 3406, noticiado no informativo 886 do Supremo Tribunal Federal, aplicou-se tal ideia.[19] A Corte afirmou a necessidade de releitura do artigo 52, X, da CF para evitar incoerências e fragmentação da unidade constitucional. A atuação legislativa apenas intensificaria a divulgação do que foi decidido.

15. MENDES, Gilmar; BRANCO, Paulo Gonet. *op. cit.*, p. 1.132-1.135.
16. MENDES, Gilmar; BRANCO, Paulo Gonet. *op. cit.*, p. 1.143.
17. BARROSO, Luís Roberto. *op. cit.*, p. 157.
18. SARLET, Ingo Wolfgang; MARINONI, Luiz Guilherme; MITIDIERO, Daniel. *Curso de direito constitucional.* São Paulo: Revista dos Tribunais, 2012, p. 883-884.
19. Disponível em: <http://www.stf.jus.br/arquivo/informativo/documento/informativo886.htm>. Acessado em: 20/08/2019.

Os Ministros falaram, à ocasião, de uma mutação constitucional, expandindo a atuação do STF no tema de jurisdição constitucional, com a eficácia vinculante resultando diretamente da decisão da Corte.

Registre-se, todavia, não ser unânime o entendimento de que o mencionado julgado da Suprema Corte representou, de forma definitiva, a abstrativização do controle difuso.[20] Isso porque é verdade que o STF julgou de forma incidental a inconstitucionalidade da lei, mas o fez, contudo, no bojo de uma ADIn, que já goza, por sua natureza, de eficácia *erga omnes* e vinculante. Tais atributos, então, teriam sido somente estendidos para a resolução de uma questão incidental.

Independentemente de tal controvérsia e do seu alcance atual, parece claro que os efeitos do julgamento do recurso extraordinário têm apresentado expansão e uma tendência à objetivização no momento.

Prosseguindo-se, tal como o controle de constitucionalidade, tem-se apontado que o incidente de resolução de demandas repetitivas possui caráter objetivo. É certo que sua instauração advém de casos concretos e deve trazer tais controvérsias a debate da forma mais ampla possível. Todavia, ainda prepondera a tutela do direito objetivo, mesmo porque a lide só será resolvida após a fixação da tese pelo órgão competente.[21] O julgamento é genérico, devendo ser aplicável aos demais casos em que se veicule a mesma questão jurídica.[22]

Nesse contexto, por não se voltar, imediatamente, à proteção do direito subjetivo, pode se lhe considerar um instrumento objetivo, ainda que se deva considerar os elementos fáticos subjacentes aos processos que originaram o IRDR.[23]

Sabe-se que há muitas controversas se o IRDR seria um procedimento modelo, isto é, instauração de incidente para fixar tese sem processo imediatamente conexo, ou uma causa piloto, ou seja, seleção de um caso para fixação de tese nos demais, existindo firmes posicionamentos para os dois lados.[24] A análise pormenorizada dessa discussão foge do escopo do presente trabalho. Todavia, ainda que se aponte que a conformação legislativa apontou para o formato de caso-piloto, fato é que, no mínimo, nos casos de desistência, o IRDR caminha para um procedimento-modelo e para sua objetivação. Isso porque, uma vez que haja

---

20. PORTO, José Roberto Mello; MARTINS, Danniel Adriano Araldi. O STF não adota (ainda) a abstrativização do controle difuso. *Consultor Jurídico*. Disponível em: <https://www.conjur.com.br/2019-mai-10/opiniao-stf-nao-adota-ainda-abstrativizacao-controle-difuso>. Acesso em: 24/09/2019.

21. TEMER, Sofia. *op. cit.*, p. 80-81.

22. CABRAL, Antonio do Passo. *op. cit.*, p. 1418.

23. TEMER, Sofia. *op. cit.*, p. 89-90.

24. Para a discussão acerca da controvérsia, vide DIDIER JR., Fredie; CUNHA, Leonardo Carneiro da. *op. cit.*, p. 593-595; CABRAL, Antonio do Passo. *op. cit.*, p. 1417-1419; MENDES, Aluisio Gonçalves de Castro. *op. cit.*, p. 105-108; TEMER, Sofia. *op. cit.*, p. 8-80.

desistência da parte originária, o incidente prossegue, julgando apenas a questão comum e formulando a tese (CPC, art. 976, § 1º).[25]

Além disso, deve-se ressaltar que, no momento de fixação da tese, não se olha para o caso concreto em específico, de modo que parece possível se considerar algum caráter objetivo ao incidente, de qualquer forma.

Ao fim, o IRDR também produz um julgado de observância obrigatória (CPC, art. 927), desempenhando relevante papel no sistema de precedentes formado em nosso direito.

3. O IRDR E O CONTROLE DE CONSTITUCIONALIDADE PELA VIA DA AÇÃO DIRETA

Saindo do plano mais geral, pretende-se discutir, agora, o IRDR à luz de cada uma das formas de controle de constitucionalidade. De início, o cotejo se dará com o controle pela via principal, que se desenvolverá em dois primas: a viabilidade, ou não, de se instaurar o IRDR quando pendente uma ação direta no Supremo e a reunião de ações de controle concentrado que, porventura, se apresentem de modo repetitivo.

3.1. A existência de ação direta como requisito negativo à instauração do IRDR

O Código de Processo Civil estabelece, no artigo 976 uma série de requisitos para permitir a instauração do IRDR, destacando-se a efetiva repetição de processos com questão comum de direito e o risco de ofensa à isonomia e à segurança jurídica. Aqui, pretende-se realçar, contudo, o dito requisito negativo, qual seja, a inexistência de "recurso para a definição de tese" sobre a matéria, pendente de apreciação pelo Tribunal de superposição competente (CPC, art. 976, § 4º).

Trata-se de pressuposto estabelecido em razão da desnecessidade do incidente nesses casos, uma vez que já haverá fixação da tese acerca do ponto debatido, em um grau superior e com eficácia vinculante em âmbito nacional.[26] Não há, assim, verdadeiramente, interesse processual que justifique a sua instauração.[27]

Registre-se que o recurso especial ou extraordinário repetitivo deve estar ainda pendente de apreciação. Isso porque, caso o recurso já tenha sido julgado, não haverá, ao menos em tese, mais risco de ofensa à isonomia e à segurança jurídica, já que a tese formada deve ser aplicada por força do art. 927, III, do CPC,

---

25. CABRAL, Antonio do Passo. *op. cit.*, p. 1418.
26. MENDES, Aluisio Gonçalves de Castro. *op. cit.*, p. 115.
27. CAVALCANTI, Marcos de Araújo. *op. cit.*, p. 232-233.

igualmente não se justificando o IRDR.[28] Importante ressaltar, ainda, que tal pendência deve ser compreendida como a espera pelo julgamento do mérito, com a admissibilidade positiva já realizada pelo órgão jurisdicional.[29]

Como há muito se desenvolve, a toda previsão legal corresponde um determinado escopo, devendo a regra ser interpretada de modo a atender tal objetivo, em uma interpretação teleológica.[30] No caso da previsão ora analisada, o ponto é evitar o dispêndio inútil de trabalho pelo órgão jurisdicional inferior já que a matéria, ao menos em tese, já está em vias de ser pacificada pela instância superior.

Além disso, por uma visão sistemática, qualquer dispositivo deve ser analisado a partir de todo o arcabouço jurídico potencialmente aplicável à temática, para que se verifique o conjunto normativo em vigor.[31] No caso ora analisado, há de se ter em conta que as ações diretas têm previsão e eficácia vinculante estabelecida pela própria Constituição (CF, art. 102, § 2º).

A partir, então, de uma perspectiva funcional do instituto, parece-nos possível afirmar que também não seria viável a instauração de IRDR perante o Tribunal local ou regional caso exista ação de controle concentrado em curso perante a Suprema Corte. Ora, se falta interesse para o IRDR pelo futuro julgamento de um recurso repetitivo, cuja eficácia irradiante advém do CPC, parece ainda mais razoável que, havendo ação de controle concentrado, com efeitos vinculantes advindos da própria CF, tenha-se um óbice à instauração do incidente.

3.2. A reunião de ações de controle concentrado por meio do IRDR

Outra questão que, em tese, pode ser posta no âmbito da interseção entre controle pela via da ação direta e IRDR é a possibilidade de instituição do incidente diretamente no próprio STF.

De forma geral, o próprio cabimento do IRDR em órgãos jurisdicionais de superposição já é, em si, controvertido. No bojo do processo legislativo, observa-se que o projeto de lei que adveio da revisão pela Câmara restringia, expressamente, a instauração perante tribunais de justiça ou regionais federais. Todavia, na versão promulgada, tal limitação, ao menos expressamente foi retirada, havendo, assim, polêmica se haveria ou não possibilidade de sua suscitação perante as Cortes de caráter nacional.[32]

Para um primeiro posicionamento, a despeito da ausência de proibição expressa, o incidente estaria limitado à esfera dos Tribunais de 2ª instância. Não se-

28. MENDES, Aluisio Gonçalves de Castro. *op. cit.*, p. 115.
29. TEMER, Sofia. *op. cit.*, p. 119.
30. MAXIMILIANO, Carlos. *Hermenêutica e aplicação do direito.* 20ª ed. Rio de Janeiro: Forense, 2011, p. 124.
31. Ibidem, p. 104-106.
32. TEMER, Sofia. *op. cit.*, p. 116.

ria possível sua aplicação direta pelos órgãos superiores, reputando-se que eles deveriam necessariamente se valer do regime dos recursos repetitivos.[33]

Por outro prisma, todavia, afirma-se que não haveria nenhum impeditivo para a instauração. Nota-se que, durante o processo legislativo que culminou no CPC, a limitação chegou a ser aventada, mas acabou-se por descartá-la. Destarte, seria possível se valer do IRDR para os processos de competência originárias e outras espécies recursais.[34]

No mesmo sentido, realçando que os órgãos de maior estatura também detêm casos de competência originária, nos quais podem surgir questões comuns repetitivas, o professor Aluísio Mendes também sustenta o cabimento do incidente. Até mesmo porque, nessas hipóteses, seria evidente o interesse, legítimo, de se valer de uma técnica de gestão e de julgamento compatível com as atribuições constitucionais impostas.[35]

Em *obiter dictum*, no julgamento da Pet. 11.838, a Corte Especial do STJ aderiu à ideia de que, em abstrato, seria possível a instauração do IRDR naquela instância para processos de competência recursal ordinária e competência originária, apresentando, grosso modo, os mesmos argumentos da linha doutrinária acima mencionada. No caso concreto, contudo, rejeitou o IRDR, porque a reclamação da qual se originaria o incidente não ultrapassou o juízo de admissibilidade.[36]

Parece, ao menos em tese, que as mesmas conclusões poderiam ser transplantadas pelo âmbito do Supremo Tribunal Federal. Em regra, as ações de controle concentrado não chegam em volume suficiente para justificar instauração de incidente. Se elas tratam da mesma questão jurídica, no geral, basta a reunião para julgamento conjunto para que seja resolvida de forma eficiente.

33. CAVALCANTI, Marcos de Araújo. *op. cit.*, p. 267.
34. DIDIER JR., Fredie; CUNHA, Leonardo Carneiro da. *op. cit.*, p. 630-631.
35. MENDES, Aluisio Gonçalves de Castro. *op. cit.*, p. 140.
36. AGRAVO INTERNO EM PETIÇÃO. RECLAMAÇÃO. INCIDENTE DE RESOLUÇÃO DE DEMANDAS REPETITIVAS (IRDR). INSTITUTO AFETO À COMPETÊNCIA JURISDICIONAL DE TRIBUNAIS DE SEGUNDA INSTÂNCIA (ESTADUAIS OU REGIONAIS FEDERAIS). INSTAURAÇÃO DIRETA NO SUPERIOR TRIBUNAL DE JUSTIÇA. POSSIBILIDADE RESTRITA. NECESSIDADE DE OBSERVÂNCIA DOS REQUISITOS (ART. 976 DO CPC). JUÍZO DE ADMISSIBILIDADE NÃO ULTRAPASSADO. NÃO CABIMENTO DA INSTAURAÇÃO DO INSTITUTO. 1. O novo Código de Processo Civil instituiu microssistema para o julgamento de demandas repetitivas - nele incluído o IRDR, instituto, em regra, afeto à competência dos tribunais estaduais ou regionais federal -, a fim de assegurar o tratamento isonômico das questões comuns e, assim, conferir maior estabilidade à jurisprudência e efetividade e celeridade à prestação jurisdicional. 2. A instauração de incidente de resolução de demandas repetitivas diretamente no Superior Tribunal de Justiça é cabível apenas nos casos de competência recursal ordinária e de competência originária e desde que preenchidos os requisitos do art. 976 do CPC. 3. Quando a reclamação não ultrapassa o juízo de admissibilidade, não cabe a instauração do incidente de demandas repetitivas no Superior Tribunal de Justiça. 4. Agravo interno desprovido (AgInt na Pet 11.838/MS, Rel. Ministro João Otávio de Noronha, Rel. p/ Acórdão Ministro João Otávio de Noronha, Corte Especial, julgado em 07/08/2019, DJe 10/09/2019).

Nada impede, todavia, que, em um quadro de anormalidade, o STF se valha da técnica de julgamento. O mesmo poderia ocorrer, também, no âmbito do Tribunal de Justiça apreciando múltiplas representações de inconstitucionalidade, sobre, por exemplo, leis de centenas de municípios que versassem sobre a mesma matéria.

Em síntese, em abstrato, nada impede que, sendo conveniente, o IRDR seja utilizado como técnica para gestão do julgamento de ações de controle concentrado de constitucionalidade.

4. O IRDR E O CONTROLE INCIDENTAL DE CONSTITUCIONALIDADE

As ligações entre o IRDR e o controle de constitucionalidade não se põem apenas no plano da fiscalização abstrata, também se colocando no âmbito do controle incidental, em casos concretos em que a validade da norma é discutida como matéria prejudicial ao julgamento do mérito.

A bem da verdade, aqui, o liame talvez seja ainda mais relevante. Isso porque há uma potencialidade de eclosão de múltiplas demandas versando sobre a mesma questão constitucional, com potencialidade danosa à segurança jurídica e, em última análise, até à própria força normativa da Constituição.

É certo que, anteriormente ao atual Código, já eram aplicadas as normativas do recurso extraordinário com repercussão geral reconhecida para discussões constitucionais múltiplas perante o STF. Todavia, faltavam instrumentos que conferissem aos Tribunais de 2º grau meios eficazes para tratar da problemática, especialmente nesse ponto de controle de constitucionalidade.

Verificaremos, então, as ligações entre esses dois temas. Identificamos, substancialmente, duas áreas de interesse. Em primeiro lugar, traremos a importância do IRDR para lidar com os processos tratando de matéria repetitiva atinente à constitucionalidade de ato normativo. Em segundo lugar, cuidaremos da compatibilização do instituto com o incidente de arguição de inconstitucionalidade, mecanismo necessário para que seja possível aos órgãos jurisdicionais de 2ª instância declararem a invalidade de norma legal.

4.1. A compatibilização com o incidente de arguição de inconstitucionalidade

Não se investigará aqui a problemática do recurso extraordinário. Ainda que seja o meio por excelência de controle difuso e incidental, ele possui mecanismos próprios para lidar com questões repetitivas, seja por meio da repercussão geral ou por meio dos recursos repetitivos (CPC, arts. 1.035 a 1.041).

Assim, a interseção, aqui trabalhada, por evidente, será do IRDR com outro incidente, o de arguição de constitucionalidade. Trata-se de instituto regrado pelos artigos 948 a 950 do CPC, que regulamentaram o artigo 97 da CF, o qual, por sua vez, determina que "somente pelo voto da maioria absoluta de seus membros ou dos membros do respectivo órgão especial poderão os tribunais declarar a inconstitucionalidade de lei ou ato normativo do Poder Público".

Trata-se de elemento estabelecido em deferência ao princípio da presunção de constitucionalidade dos atos do Poder Público. Apenas um quórum qualificado de um Tribunal pode afastar a aplicação de um enunciado normativo emanado dos demais Poderes constituídos.[37]

Percebe-se que as discussões constitucionais podem aparecer em matérias multitudinárias e, por isso, há utilidade em sua discussão no bojo do IRDR. Contudo, são necessários alguns cuidados para que o julgamento não represente violação de ditames constitucionais, com a combinação de ambos os procedimentos.

4.1.1. O respeito ao artigo 97 da Constituição

Em linhas gerais, a compatibilização de competência do IRDR com o incidente de arguição de inconstitucionalidade é relativamente simples: basta que respeite o preceito constitucional do artigo 97 da Carta Magna. Ou seja, o IRDR deverá ser julgado pelo Tribunal Pleno ou, onde existir, pelo Órgão Especial para que, apenas por maioria absoluta dos membros, a validade de lei ou ato normativo possa ser afastada.

Em pesquisa em todos os Tribunais Regionais Federais (TRFs) e Tribunais de Justiça (TJs), aparentemente, tal regra nem sempre tem sido observada. Observamos cada um dos regimentos internos para localizar a regra de competência para o IRDR. Importante se registrar, preliminarmente, que tal tema não poderia ser regrado exaustivamente pelo CPC,[38] já que a atribuição de divisão de tarefa de seus órgãos é constitucionalmente incumbida, de forma privativa, ao próprio Poder Judiciário (CF, art. 96, I, 'a').

Todavia, essa liberdade de conformação, no plano de declaração difusa de constitucionalidade, é restringida por força da própria Carta Magna. Assim, repise-se, versando o IRDR acerca de questão de validade de ato perante a Constituição, deve ser julgado pelo Plenário ou Órgão Especial.[39]

Na esfera federal, a 1ª, a 2ª e a 4ª Regiões[40] enfrentam adequadamente a questão, transferindo a competência do julgamento do IRDR para o órgão deter-

---

37. BARROSO, Luís Roberto. *op. cit.*, p. 120.
38. DANTAS, Bruno. Comentários aos artigos 976 a 987. In: WAMBIER, Teresa; DIDIER JR., Fredie; TALAMINI, Eduardo; DANTAS, Bruno (coord.). *Breves comentários ao novo Código de Processo Civil.* São Paulo: Revista dos Tribunais, 2015, p. 2185.
39. Em sentido similar: DIDIER JR., Fredie; CUNHA, Leonardo Carneiro da. *op. cit.*, p. 632.
40. TRF1, Regimento Interno, art. 357, I; TRF2, Regimento Interno, art. 112-A, I; TRF4, Regimento Interno 188, I.

minado pela CF quando é o caso de possível declaração de inconstitucionalidade. No TRF-5, também não há problemas, eis que não possui órgãos fracionários de competência ampliada, como Seções, então já concentra o julgamento do IRDR no Plenário.[41] Todavia, o TRF-3, por sua vez, apenas traz a competência expressa para o órgão especial quando o incidente for de atribuição comum a mais de uma seção, previsão insuficiente, ao menos em abstrato, para assegurar a cláusula de reserva constitucional.[42]

Nos estados, há grande variação. Há Tribunais que preveem corretamente a competência, afastando-a de Seções e fixando-a no Órgão Especial caso o incidente verse sobre a constitucionalidade de determinado ato. Assim estão os TJs da Bahia, do Paraná, do Rio de Janeiro e de Sergipe.[43]

Em outras unidades federativas, os Tribunais não possuem órgãos intermediários entre a Câmara e o Plenário, então submetem o IRDR ao julgamento da totalidade dos desembargadores. É o caso do Acre, do Amazonas, do Amapá e de Tocantins.[44] Determinados tribunais - especificamente, Espírito Santo, Goiás, Maranhão, Pará, Paraíba e Piauí - apesar de possuírem Seções ou Câmaras Reunidas, destinam o julgamento do incidente sempre[45] ao Pleno ou ao Órgão Especial. Em todos esses casos, o artigo 97 da CF é respeitado.

Todavia, o quadro não é o mesmo em outros estados-membros, que imputam a competência às suas Seções Cíveis, como ocorre em Alagoas, em Mato Grosso do Sul, em Minas Gerais e no Rio Grande do Norte.[46] Em caráter similar, está a divisão entre a Seção Cível e a de Direito Público, no Mato Grosso.[47] No DF, a atribuição é dada à Câmara de Uniformização.[48] Aqui, há aparente descumprimento do comando constitucional da reserva de plenário.

Por fim, há tribunais locais em que o cenário é um pouco mais nebuloso, eis que há a cisão de competência entre Órgão Especial e órgãos intermediários, mas essa divisão se baseia na competência originária ou recursal, sem se abordar expressamente a problemática da constitucionalidade. É o caso do Ceará, de

41. TRF5, Regimento Interno, art. 3º e art. 6º, I, 'k'.

42. TRF3, Regimento Interno, art. 11, par. un., 'k'.

43. TJBA, Regimento Interno, art. 83, XXII, 'j'; TJPR, Regimento Interno, art. 84, III, 'f'; TJRJ, Regimento Interno, art. 83, XXII, 'j'; TJSE, Regimento Interno, art. 400, I, 'q'.

44. TJAC, Regimento Interno, art. 49, XX; TJ-AM: não se encontrou previsão expressa no regimento interno, mas é possível de verificar em https://www.tjam.jus.br/index.php/consultas/irdr, que lista os incidentes sob julgamento; TJ-AP, Regimento Interno, art. 14, I, 'p'; TJ-TO, Regimento Interno, 7º, I, 'm'.

45. TJES, Regimento Interno, art. 50, 'u'; TJGO, art. 341-A; TJMA, art. 6º, Regimento Interno, XXIII; TJPA, Regimento Interno, art. 24, XII, 's'; TJPB, Regimento Interno, arts. 6º, XLI e 298; TJPI, art. 81, II, 's'.

46. TJAL, Regimento Interno, art. 46, I; TJMS, art. 130, I, 'c'; TJMG, art. 35, II; TJRN, art. 13-A, II.

47. TJMT, Regimento Interno, arts. 15-B, II e 15-D, II.

48. TJDF, Regimento Interno, art. 18, I.

Pernambuco, do Rio Grande do Sul, de Rondônia, de Roraima, de Santa Catarina e de São Paulo.[49]

É claro que, mesmo nos regimentos que não trazem a previsão de submissão da matéria ao órgão constitucionalmente competente, seria possível se cogitar da remessa casuística dos autos para ele com base direta na CF. Contudo, de modo a assegurar a segurança jurídica, tudo recomenda que a mudança seja feita regimentalmente de forma expressa.

4.1.2. A oitiva das pessoas previstas no incidente de arguição de inconstitucionalidade

Como já largamente desenvolvido, a atuação das Cortes em controle de constitucionalidade legitima-se democraticamente, dentre outros fatores, pela abertura à participação de atores com alguma representatividade para tratar da causa.[50]

Nesse contexto, abriu-se espaço à participação do chamado *amicus curiae*, inicialmente nas ações diretas de inconstitucionalidade, permitindo que órgãos ou entidades representativos possam contribuir ao aprimoramento da matéria sob discussão. Posteriormente, em especial após a instituição da repercussão geral, essa hipótese de intervenção passou a ser igualmente admitida no âmbito dos recursos extraordinários.

O cabimento restou ainda mais ampliado com a previsão genérica do artigo 138 do CPC atual, inclusive reservando poderes recursais especiais ao *amicus curiae* no âmbito do IRDR (vide artigo 138, § 3º) e expandindo a possibilidade de participação a pessoas naturais ou jurídicas. No plano do controle pela via incidental, também há previsão específica para essa forma de participação (CPC, art. 949, § 3º).

Nesse contexto, de oitiva dos *amici curiae*, portanto, ambos os incidentes guardam razoável compatibilidade, abrindo espaço suficiente para as pessoas envolvidas na controvérsia.

Todavia, afora a participação dos *amici curiae*, notam-se duas particularidades na arguição de inconstitucionalidade que devem ser verificadas no bojo de um IRDR em que se promova o controle de uma norma em face da Constituição. O artigo 950, § 1º, do CPC prevê a possibilidade de oitiva das pessoas jurídicas de direito público responsáveis pela edição do ato questionado, o que inclui, quando cabível,

49. TJCE, Regimento Interno, art. 150, I, II e III; TJPE, Regimento Interno, art. 29, par. un., V, 68, I, d, e 68-A, I, 'h'; TJRS, Regimento Interno, arts. 8º, VI, "g", 14, II, "e", 17, § 3º, e 24, II, "e"; TJRO, Regimento Interno, art. 109, I, 'p', 116, I, 'm' e 118, I, 'q'; TJRR, Regimento Interno, art. 8º, III, 'c', art. 13, II; TJSC, Regimento Interno, art. 58, III; art. 61, I; art. 64, I; TJSP, Regimento Interno, art. 13, I, 'm', art. 32, I.

50. BARROSO, Luís Roberto. *op. cit.*, p. 216; MENDES, Gilmar; GONET, Paulo. *op. cit.*, p. 1177.

a intimação das Procuradorias das Assembleias Legislativas ou das Câmaras de Vereadores para manifestação.

Além disso, pelo artigo 950, § 2º, também do Código de Processo, assegura-se que os legitimados constitucionais à propositura de ação de controle concentrado (CF, art. 103) possam apresentar suas razões no curso do procedimento.

O IRDR, por ter, em geral, objeto diverso e mais amplo, não traz regulamentação sobre essas temáticas. Convém, contudo, considerando a adaptabilidade do procedimento (CPC, art. 139, VI), que o Relator permita e, mais do que isso, estimule que tais pessoas se manifestem. Assim, há um ganho na legitimação do julgamento pelo órgão competente e promove-se a adequação procedimental entre os referidos incidentes.

5. CONCLUSÕES

No presente artigo, buscou-se traçar alguns pontos de convergência entre institutos diversos. De um lado, o incidente de resolução de demandas repetitivas, de outro, as diferentes formas de controle de constitucionalidade.

Em um plano mais genérico, viu-se que, ainda que não sem alguma polêmica, seria possível imputar a todos um caráter coletivista, bem como se atestar a natureza objetivo de seus julgamentos.

Partindo para campos mais específicos, registrou-se que a existência de ação direta pode ser requisito negativo a levar à inadmissão de IRDR, a partir de uma interpretação teleológica e sistemática. Ainda nesse prisma de controle abstrato, uma vez que se desenvolve em processo de competência originária, nada impede, ao menos em tese, que seja objeto do IRDR.

No campo do controle incidental, destacou-se principalmente o imperativo respeito ao artigo 97 da Constituição no IRDR que tenha como objeto a constitucionalidade de determinada norma. Por fim, desenvolveu-se a necessidade de se ampliar, ainda mais, a participação, por meio da intimação dos responsáveis pela edição do ato impugnado e, ainda, a abertura aos legitimados à propositura da ação direto, compatibilizando-se o rito com as previsões do incidente de arguição de inconstitucionalidade, regulamentado pelo CPC.

6. REFERÊNCIAS BIBLIOGRÁFICAS

BARROSO, Luís Roberto. *Controle de constitucionalidade no direito brasileiro.* 6ª ed. São Paulo: Saraiva, 2012.

BRASIL. Comissão de Juristas Responsável pela Elaboração do Anteprojeto do Novo Código de Processo Civil. *Anteprojeto do Novo Código de Processo Civil* – Brasília: Subsecretaria de edições técnicas do Senado Federal, 2010.

________. Superior Tribunal de Justiça. AgInt na Pet 11.838/MS, Rel. Ministro João Otávio de Noronha, Rel. p/ Acórdão Ministro João Otávio de Noronha, Corte Especial, julgado em 07/08/2019, DJe 10/09/2019.

________. Supremo Tribunal Federal. RE 298695, Rel. Min. Sepúlveda Pertence, Tribunal Pleno, julgado em 06/08/2003.

CABRAL, Antonio do Passo. Comentários aos artigos 976 a 987. In: CABRAL, Antonio do Passo; CRAMER, Ronaldo (coord.). *Comentários ao novo Código de Processo Civil.* Rio de Janeiro: Forense, 2015.

CAVALCANTI, Marcos de Araújo. *Incidente de resolução de demandas repetitivas* (IRDR). São Paulo: Revista dos Tribunais, 2016.

MANCUSO, Rodolfo de Camargo. *Incidente de resolução de demandas repetitivas*: a luta contra a dispersão jurisprudencial excessiva. São Paulo: Revista dos Tribunais, 2016.

MAXIMILIANO, Carlos. *Hermenêutica e aplicação do direito.* 20ª ed. Rio de Janeiro: Forense, 2011.

MENDES, Aluisio Gonçalves de Castro. *Incidente de resolução de demandas repetitivas*: sistematização, análise e interpretação do novo instituto processual. Rio de Janeiro: Forense, 2017.

MENDES, Gilmar; BRANCO, Paulo Gonet. *Curso de Direito Constitucional.* 10ª ed. São Paulo: Saraiva, 2015.

PORTO, José Roberto Mello; MARTINS, Danniel Adriano Araldi. O STF não adota (ainda) a abstrativização do controle difuso. *Consultor Jurídico.* Disponível em <https://www.conjur.com.br/2019-mai-10/opiniao-stf-nao-adota-ainda-abstrativizacao-controle-difuso>. Acesso em 24/09/2019.

SARLET, Ingo Wolfgang; MARINONI, Luiz Guilherme; MITIDIERO, Daniel. *Curso de direito constitucional.* São Paulo: Revista dos Tribunais, 2012.

TEMER, Sofia. *Incidente de resolução de demandas repetitivas.* 2ª ed. Salvador: Juspodivm, 2017.

ZANETI JR., Hermes. Comentários aos artigos 926 a 946. In: CABRAL, Antonio do Passo; CRAMER, Ronaldo (coord.). *Comentários ao novo Código de Processo Civil.* Rio de Janeiro: Forense, 2015.

ZAVASCKI, Teori. *Processo Coletivo*: tutela de direitos coletivos e tutela coletiva de direitos. 6ª ed. São Paulo: Revista dos Tribunais, 2014.

3

O MODELO CRIATIVO E FUNCIONAL DO SISTEMA DE PRECEDENTES BRASILEIRO: PROPOSTA PARA ATUAÇÃO UNIFICADA DA REPERCUSSÃO GERAL E DOS RECURSOS REPETITIVOS

Marcelo Ornellas Marchiori[1]

Sumário: 1 – Introdução. 2 – A prática repercussão geral no Supremo Tribunal Federal. 2.1 – Potencializando a prática dos recursos repetitivos no Superior Tribunal de Justiça. 2.1.1 – Recursos aptos sob o critério formal e do cabimento do recurso, cuja tese recursal não está submetida à sistemática dos repetitivos. 2.1.2 – Recursos aptos sob o critério formal e do cabimento do recurso, cuja tese recursal está submetida à sistemática da repercussão geral. 2.1.3 – Recursos aptos sob o critério formal de admissibilidade, mas inadmissíveis por demandarem reexame de matéria constitucional, da legislação local (Súmula 280/STF) e/ou do conjunto fático probatório (Súmula 7/STJ). 2.1.4 – Agravos internos interpostos contra decisão da presidência que não conheceu, negou, deu provimento ou determinou a devolução de recurso nas competências estabelecidas pelo art. 21-E do RISTJ. 3 – Conclusão. Referências bibliográficas.

1. INTRODUÇÃO

O Brasil, mesmo sendo um País cujo sistema jurídico foi desenvolvido sob fortes influências da tradição jurídica da *civil law*, se destaca pela valorização dos precedentes judiciais durante a sua história. O sistema judicial brasileiro, há tempos, almeja a instituição de um organograma institucional lastreado em precedentes judiciais de cunho estritamente prático, em que o principal objetivo é o combate efetivo à morosidade processual[2].

---

1. Analista Judiciário do Superior Tribunal de Justiça. Assessor Chefe do Núcleo de Gerenciamento de Precedentes (NUGEP). Ex-servidor do Supremo Tribunal Federal. Ex-servidor do Conselho Nacional de Justiça. Membro do Centro Nacional de Inteligência da Justiça Federal.

2. Conforme apresentado na exposição de motivos n. 204, de 15 de dezembro de 2004, que constitui a *Proposta de Formalização do "Pacto de Estado em favor de um Judiciário mais Rápido e Republicano"*, "**Poucos problemas nacionais possuem tanto consenso no tocante aos diagnósticos quanto à questão judiciária. A morosidade dos processos judiciais e a baixa eficácia de suas decisões retardam o desenvolvimento nacional, desestimulam investimentos, propiciam a inadimplência, geram impunidade e solapam a crença dos cidadãos no regime democrático.**" Disponível em: http://www.jf.jus.br/ojs2/index.php/mono/article/viewFile/2271/2157. Acesso em 4/3/2020.

A constatação da crescente valorização dos precedentes judiciais no Brasil é importante e possibilita realizar uma flexibilização na posição doutrinária de que, sendo o Brasil um país de tradição *civil law*, não possui ele a cultura de respeito aos precedentes judiciais. Ademais, essa posição doutrinária é tão relativizada que, já no século XVI, época do descobrimento do Brasil, Portugal trabalhava com um Poder Judiciário emitindo decisões vinculantes (denominados assentos), equiparadas à legislação, conforme estabelecido nas Ordenações Manuelinas de 1521[3].

Impossível não perceber a crescente evolução do direito brasileiro na valorização dos precedentes judiciais, com o foco na estabilidade do direito e na racionalização da atividade jurisdicional, sendo esses desafios constantes na nova onda processual iniciada muito antes da entrada em vigor do Código de Processo Civil de 2015.

Nova onda que possui como principais iniciativas a promulgação da Emenda Constitucional n. 45, de 8 de dezembro de 2004, apelidada de **Reforma do Judiciário**, e a aprovação das Leis n. 11.418/2006 e n. 11.672/2008 que regulamentaram, respectivamente, a repercussão geral para o **recurso extraordinário no STF** e os **recursos especiais repetitivos para o STJ**.

As sistemáticas de julgamento de recursos extraordinários e de recursos especiais repetitivos representaram importante medida de racionalização de julgamentos no Supremo Tribunal Federal e no Superior Tribunal de Justiça e serviram de inspiração para o legislador de 2015 replicar a metodologia de trabalho adotada pelas Cortes Superiores nos tribunais de justiça e tribunais regionais federais com a criação do incidente de resolução de demandas repetitivas[4] (IRDR).

A rigor, pode-se identificar uma sequência na criação de institutos nos tribunais brasileiros que possuem idêntica finalidade: julgamento por amostragem em que não necessariamente todos os processos necessitam tramitar em todas as instâncias. Iniciou-se com a repercussão geral no STF[5], passando pelos recursos repetitivos no STJ e finalizando três esferas hierárquicas do Poder Judiciário com o IRDR nas cortes de segunda instância.

Essas técnicas de julgamento possuem objetivo bem direto: nos casos em que identificada multiplicidade de processos, possibilitar o julgamento pelo STF,

3. Portugal. Ordenações Manuelinas de 1521. Título 58, § 1º, do Livro V. Disponível para consulta em: http://www1.ci.uc.pt/ihti/proj/manuelinas/l5p195.htm. Acesso em 4/3/2020.

4. Brasil. Lei n. 13.105, de 16 de março de 2015. *Código de Processo* Civil, arts. 976 ao 987, Brasília/DF.

5. A Emenda Constitucional n. 45/2004, ao criar a exigência do requisito da repercussão geral para o recurso extraordinário, em nenhum momento conferiu poderes ao Supremo Tribunal Federal para proferir julgamentos por amostragem. É certo, no entanto, que essa atividade pode ser extraída da própria função e razão dos tribunais superiores. Utilizaremos a nomenclatura adotada pelo Supremo Tribunal Federal que não realiza a diferenciação entre o instituto da repercussão geral e dos recursos extraordinários repetitivos.

STJ ou tribunal de segunda instância, a depender da competência, de processos paradigmas que representem uma ou mais controvérsias jurídicas, hipótese em que os demais feitos com idêntica matéria, em regra, devem ficar paralisados nos tribunais de segunda instância ou nos juízos de 1º grau até a definição da matéria pelas Cortes.

A identidade de institutos com finalidade idêntica (julgamento por amostragem), no entanto, não veio acompanhada de uniformidade de procedimentos, podendo ser identificadas ações jurisdicionais e administrativas diversas para a repercussão geral, para os recursos repetitivos e para o incidente de resolução de demandas repetitivas.

Dentre essas ações, destacam-se as adotadas pelo Supremo Tribunal Federal no julgamento e na gestão da repercussão geral que, não só no primeiro ano de vigência da Lei n. 11.418/2006, mas também durante os anos seguintes, identificou oportunidades de implementar ações complementares à lei para que a nova forma de julgamento obtivesse sucesso, haja vista a oportunidade apresentada pela inovação legislativa.

A esperança da Suprema Corte brasileira na melhoria de sua prestação jurisdicional com a utilização da repercussão geral é fruto da constante procura de adoção de medidas processuais que permitam ao STF exercer, com excelência, a atividade constitucionalmente atribuída a ele[6].

É certo que as competências constitucionais do Supremo Tribunal Federal são distintas dos demais tribunais do País, no entanto, como se buscará apresentar, a metodologia de trabalho adotada após a regulamentação da repercussão geral no tribunal é adaptável a qualquer tribunal, podendo servir de parâmetro para iniciativas a serem implantadas para uma maior eficiência dos recursos repetitivos no STJ.

Assim, de conteúdo controverso[7], apresenta-se neste ensaio a premissa de que a repercussão geral conseguiu atingir resultados nunca antes alcançados pelas iniciativas pretéritas para resolver a chamada "crise do Supremo", representando grande avanço para a incessante busca do STF pela melhoria em sua prestação jurisdicional. Defende-se assim que a completude do modelo de precedentes brasileiro, alicerçado em quase sua totalidade no julgamento por amostragem, depende da adoção de medidas uniformes complementares à legislação processual, demonstrando, dessa maneira, que existe um sistema de precedentes

6. Rodolfo de Camargo Mancuso, na obra *Recurso Extraordinário e Recurso Especial* (12. ed. São Paulo:Revista dos Tribunais, p. 68-96), apresenta as principais medidas executadas pelo STF durante a história, demonstrando as tentativas da Corte em combater o que o autor chama de "crise do Supremo".

7. Diversos autores afirmam que a sistemática da repercussão geral não representou melhoras significativas no sistema processual brasileiro. Dentre outros, destaca-se Luís Roberto Barroso e Frederico Montedonio Rego, Como salvar o sistema de repercussão geral. *Revista Brasileira de Políticas Públicas*, Brasília, vol. 7, n. 3, 2017.

brasileiro, baseado em procedimentos análogos entre os dois principais tribunais superiores.

Ademais, a adoção de medidas no Superior Tribunal de Justiça correlatas às adotadas no Supremo Tribunal Federal poderá complementar as atividades atualmente implementadas na Suprema Corte, potencializando os resultados na atividade jurisdicional e na tão almejada celeridade processual.

2. A PRÁTICA REPERCUSSÃO GERAL NO SUPREMO TRIBUNAL FEDERAL

Até fevereiro de 2007[8], a metodologia de trabalho adotada pelo Supremo Tribunal Federal era a de analisar todos os recursos extraordinários, bem como respectivos agravos que lá chegavam por iniciativas das partes[9].

Nessa época, em relação às decisões repetitivas nas classes recursais, era relativamente simples identificar dois padrões decisórios no STF: 1 - decisões de **não conhecimento** do apelante a ausência de pressupostos específicos ou simplesmente pelo não preenchimento dos requisitos autorizadores do recurso; 2 - decisões que **avançam no mérito recursal**, reportando-se a julgados dos colegiados, cujas teses são replicadas a diversos processos.

Para comprovar esses dois padrões, basta, em relação ao primeiro, apenas para uma amostragem exemplificativa, consultar a página de pesquisa de jurisprudência do STF com o critério "reflex$" ou "infraconstitucional" para se verificar a infinidade de decisões proferidas até o ano de 2007[10] em que o STF reconhece que a pretensão recursal da parte não possui status constitucional tendo em vista que eventual violação à Constituição Federal não decorreria de sua afronta direta, mas sim da legislação infraconstitucional, sendo, portanto, competentes os tribunais superiores e/ou os tribunais de segunda instância.

Para o segundo padrão decisório - decisões de mérito fixadas pelo colegiado em que as teses são replicadas em outros processos, além da possibilidade de realizar pesquisas de jurisprudência com a busca de matérias específicas em que se constatará a mera replicação, por meio de decisões monocráticas ou colegiadas, da tese definida pelo Plenário do STF, pode-se se valer da informação cola-

8. Em fevereiro de 2007, entrou em vigor a Lei n. 11.418, de 19 de dezembro de 2006, que regulamentou a repercussão geral para o recurso extraordinário no Supremo Tribunal Federal.

9. A Emenda Regimental n. 12/2003 incluiu o § 5º do art. 321 no RISTF estabelecendo uma metodologia de julgamento por amostragem do recurso extraordinário interposto no âmbito dos Juizados Especiais Federais. No entanto, não há registros na página do Supremo Tribunal Federal na internet ou em julgados da Corte sobre esse procedimento.

10. O resultado será mais de 9.500 decisões monocráticas e quase 8.000 acórdãos. Limitou-se a pesquisa até 2007 para ilustrar a quantidade de decisões de ministros em que consta a menção *ofensa reflexa à Constituição* ou *caráter infraconstitucional da matéria debatida no recurso extraordinário* antes da entrada em vigor da Lei n. 11.418, de 19 de dezembro de 2006.

cionada no Relatório de Atividades Gestão 2006-2008[11] do STF de que o aumento de 42% no número de decisões proferidas no ano de 2007 em relação ao ano de 2006 "pode ser explicado, entre outros fatores, pela gestão/racionalização das pautas de julgamento, com os julgamentos múltiplos dos temas: pensão por morte, juros de mora e depósito prévio". Ou seja, no citado relatório, confirma-se a premissa de que, ao decidir uma tese repetitiva, os demais processos que veiculam controvérsia idêntica são decididos com base em um padrão decisório[12].

Ademais, é possível recuperar notícia publicada no site do STF em que informa a metodologia de julgamento em lote da Corte que, nada mais, representa o julgamento por amostragem de um ou mais processos e a replicação da tese em outros que veiculam idêntica questão jurídica[13].

Evidencia-se, portanto, que a atribuição do STF, no exame dos processos repetitivos (na sua grande maioria recursos extraordinários e agravos contra decisão denegatória de recurso extraordinário) se limitava, na primeira hipótese, a analisar processo por processo para verificar os pressupostos de sua admissibilidade que, quando não preenchidos, eram decididos monocraticamente, um a um – repita-se, pelos relatores. No outro cenário – no da análise do mérito, identificou-se a presença de represamento de processos no âmbito do STF para aguardar a definição da tese pelos órgãos colegiados competentes em que esta futura tese seria, então, replicada nos demais processos que tratem da mesma questão jurídica[14].

Com isso, é possível observar que a excessiva carga de trabalho do STF estava circunscrita à análise de processos inadmissíveis pelo não preenchimento de pressupostos de admissibilidade do recurso excepcional e de processos que veiculassem idênticas matérias que seriam decididas a partir de um padrão decisório formulado no julgamento de um ou mais processos submetidos ao colegiado.

Nessa toada, surge inicialmente no ordenamento jurídico brasileiro, por meio da Emenda Constitucional n. 45/2004, a obrigatoriedade de o recorrente sustentar em suas razões de recurso extraordinário a presença da reper-

---

11. Relatório de atividades 2006 a 2008 disponível em: http://www.stf.jus.br/portal/cms/verTexto.asp?servico=sobreStfConhecaStfRelatorio (acessado em 4/3/2020).

12. O Supremo Tribunal Federal, inclusive, prevê o julgamento conjunto de processos no art. 127 do RISTF: "Podem ser julgados conjuntamente os processos que versarem a mesma questão jurídica, ainda que apresentem peculiaridades. **Parágrafo único.** Na hipótese deste artigo, os relatórios sucessivos reportar-se-ão ao anterior, indicando as peculiaridades do caso".

13. *STF julga e dá provimento a 4908 Recursos sobre 'pensão por morte'*. Fonte: http://www.stf.jus.br/portal/cms/verNoticiaDetalhe.asp?idConteudo=69040, acessado em 4/3/2020.

14. Luciano Felicio Fuck, então Chefe de Gabinete do Ministro do STF Gilmar Mendes, nominou de sistema "disfuncional e irracional" o imposto ao STF antes da repercussão geral, apresentando um exemplo de "casos relativos ao FGTS, em que o STF decidiu a mesma questão aproximadamente 60 mil vezes". Artigo intitulado de Repercussão Geral completa seis anos e produz resultados. *Consultor Jurídico*. Disponível em https://www.conjur.com.br/2013-jun-08/observatorio-constitucional-repercussao-geral-completa-seis-anos-produz-resultados. Acesso em 4/3/2020.

cussão geral como pressuposto de admissibilidade do recurso no Supremo Tribunal Federal.

A modificação constitucional imprimiu grande expectativa na comunidade jurídica, com a aposta de que o STF poderia focar o seu trabalho na análise de matérias de relevância para a sociedade, reduzindo drasticamente o elevado número de processos diariamente distribuídos na Suprema Corte brasileira. Buscava-se, com o novo filtro recursal, que o STF escolhesse as matérias que mereceriam sua análise em julgamento de recurso extraordinário.

Logo em seguida à entrada em vigor da Lei n. 11.418/2006, em fevereiro de 2007, o STF aprovou a Emenda Regimental n. 21, de 30 de abril de 2007, regulamentando a sistemática da repercussão geral, tendo como premissa principal o enfrentamento da excessiva litigiosidade recursal, estabelecendo ritos para o julgamento dos recursos extraordinários repetitivos.

Essa regulamentação interna era inevitável, pois a quantidade de recursos extraordinários e respectivos agravos que todos os dias eram distribuídos aos Ministros do STF[15] não permitia a análise de cada um deles para deliberar se há ou não repercussão geral da matéria veiculada no processo, não sendo factível a aplicação direta em cada um deles do juízo de admissibilidade previsto no § 3º do art. 102 da Constituição Federal[16].

Dentre os dispositivos regimentais alterados, destaca-se o artigo 323[17] do RISTF em que se buscou realizar a seguinte divisão entre os recursos extraordinários no STF: os recursos **inadmissíveis** não precisariam ser submetidos à sistemática da repercussão geral, pois poderiam ser decididos monocraticamente pelo relator, cabendo a obrigatoriedade de o ministro submeter o processo de sua relatoria aos demais ministros para análise da presença ou ausência de repercussão geral somente se o recurso ultrapassasse o juízo de admissibilidade recursal.

A finalidade da norma apresentada no artigo 323 pareceu eficiente e decorrente da própria lógica da repercussão geral: se o processo não seria sequer conhecido, o que justificaria submetê-lo à análise dos demais ministros?

15. Conforme dados divulgados no site do STF, em 2006 foram distribuídos 116.216 processos, enquanto que em 2007 foram distribuídos 112.938 processos (http://portal.stf.jus.br/textos/verTexto.asp?servico=estatistica&pagina=movimentoProcessual, acessado em 4/3/2020).

16. Brasil. Constituição Federal de 1988, art. 102 [...] § 3º No recurso extraordinário o recorrente deverá demonstrar a repercussão geral das questões constitucionais discutidas no caso, nos termos da lei, a fim de que o Tribunal **examine a admissão do recurso**, somente podendo recusá-lo pela manifestação de dois terços de seus membros.

17. Supremo Tribunal Federal. Regimento Interno, art. 323. Quando não for caso de inadmissibilidade do recurso por outra razão, o(a) Relator(a) submeterá, por meio eletrônico, aos demais ministros, cópia de sua manifestação sobre a existência, ou não, de repercussão geral.

Esqueceu-se, contudo, num primeiro momento, aqueles dois cenários mostrados no início deste texto. Havia no STF processos cujas decisões: 1) não analisam o mérito recursal ante a ausência de pressupostos específicos ou pelo não preenchimento dos requisitos autorizadores do recurso; e 2) de mérito fixadas pelo colegiado que eram replicadas nos demais processos. Atacou-se com o art. 323 do RISTF somente a segunda hipótese, priorizando a submissão de processos à sistemática da repercussão geral em que seria possível alcançar o julgamento do mérito do recurso.

Dessa forma, uma enxurrada de processos, invariavelmente, continuaria a aportar todos os dias no STF, exigindo a análise, um a um, a respeito da sua admissibilidade. Somente, então, aqueles processos que ultrapassassem a admissibilidade seriam submetidos à análise da repercussão geral das matérias veiculadas no recurso.

Em outra vertente, o § 1º do art. 323 do RISTF previu mais uma hipótese de não submissão do processo à sistemática da repercussão geral, replicando a regra do § 3º do art. 543-A do CPC/1973 em que se presume a repercussão geral quando o recurso "impugnar decisão contrária a súmula ou a jurisprudência dominante do Tribunal".

Assim, em relação à rotina do gabinete de ministro do STF, pode-se chegar à conclusão de que o trabalho no julgamento de recursos extraordinários e respectivos agravos, segundo o art. 323 do RISTF, poderia ser assim dividido: 1 – recursos inadmissíveis seriam julgados monocraticamente; 2 – recursos interpostos em face de decisões contrárias a súmula ou a jurisprudência dominante do STF seriam providos monocraticamente pelo relator; 3 – recursos não abrangidos nas duas primeiras hipóteses deveriam receber a análise do relator, que submeteria "por meio eletrônico, aos demais Ministros, cópia de sua manifestação sobre a existência, ou não, de repercussão geral"[18].

Em complemento ao art. 323, incluiu-se o art. 324, regulamentando que "recebida a manifestação do relator, os demais Ministros encaminhar-lhe-ão, também por meio eletrônico, no prazo comum de vinte dias, manifestação sobre a questão da repercussão geral"[19].

Essa sistemática de trabalho certamente não possuía os elementos suficientes para lograr êxito. E isso foi logo percebido – o STF continuaria a receber milhares e milhares de processos somente para o relator ter que analisar o cabimento do recurso, sendo obrigado a proferir decisões em cada um dos processos com uma aná-

18. Supremo Tribunal Federal. Regimento Interno, art. 323. Quando não for caso de inadmissibilidade do recurso por outra razão, o(a) Relator(a) submeterá, por meio eletrônico, aos demais ministros, cópia de sua manifestação sobre a existência, ou não, de repercussão geral.

19. Em decorrência do art. 324 do RISTF que se instituiu, no STF, o Plenário Virtual, atualmente de consulta pública no portal do tribunal na internet. Acesso por meio da página principal na opção *Repercussão Geral* item *Plenário Virtual*.

lise estritamente processual, decidindo pelo conhecimento ou não do recurso. Sob uma outra vertente, em número mais reduzido, mas ainda expressivo, os gabinetes de ministros continuariam a receber processos cuja questão analisada pela decisão impugnada contrariaria sua jurisprudência firmada em processos não submetidos à sistemática da repercussão geral (classes processuais originárias, por exemplo).

Some-se a isso a impossibilidade de se analisar, um a um, os processos que, mesmo admissíveis e que não contrariassem a jurisprudência dominante do STF, chegassem aos gabinetes dos ministros do STF.

Ou seja, mesmo com esse filtro inicial estabelecido pelo art. 323 do RISTF de atuação monocrática do relator em recursos inadmissíveis, poder-se-ia inviabilizar o trabalho dos gabinetes de ministros, direcionando a sistemática da repercussão geral para um grande fracasso, pois não seria possível reduzir a tramitação de recursos extraordinários e respectivos agravos no STF.

Nesse ponto, importante registrar o essencial trabalho executado pelas presidências e vice-presidências dos tribunais de justiça e tribunais regionais federais no juízo de admissibilidade dos recursos extraordinários para o STF. O volume processual no STF seria ampliado caso não houvesse no sistema brasileiro esse filtro recursal no âmbito dos tribunais de segunda instância[20].

No entanto, é preciso também registrar que esse juízo de admissibilidade pode ser impugnado pelas partes e aqueles recorrentes habituais que não se contentam com o trânsito em julgado da decisão em segunda instância, lançam mão, na quase totalidade das vezes, do agravo para destrancar o recurso extraordinário denegado na origem.

Com esse cenário, o STF adotou duas formas diferenciadas de trabalhar a repercussão geral com foco principal nos recursos extraordinários repetitivos[21], ciente de que, para a efetividade da sistemática da repercussão geral, seria necessário criar medidas administrativas e jurisdicionais complementares àquelas estabelecidas na Lei da Repercussão Geral.

A utilização da sistemática passou da simples análise, em processos que ultrapassavam o juízo de admissibilidade e que se identificasse relevância social, política e econômica, para uma análise de cunho extremamente prático de outras duas formas: 1 – submissão à sistemática da repercussão geral de processos

---

20. A versão original do Código de Processo Civil de 2015, sancionada pela Presidência da República em março de 2015, extinguia o juízo de admissibilidade nos tribunais de segunda instância. Segundo dados do Superior Tribunal de Justiça, essa providência faria aumentar em cerca de 45% o volume processual no primeiro ano de vigência do Código. https://www.conjur.com.br/2015-mai-31/entrevista-paulo-tarso-sanseverino-ministro-stj. Acesso em 4/3/2020. Por esse motivo, o juízo de admissibilidade foi restabelecido pela Lei n. 13.256, de 4 de fevereiro de 2016, pouco mais de um mês antes da entrada em vigor do CPC/2015.
21. O Supremo Tribunal Federal não realiza a diferenciação entre o instituto da repercussão geral e dos recursos extraordinários repetitivos.

em que a matéria debatida nos autos se limitava ao âmbito infraconstitucional, insuscetível de conhecimento por meio do recurso extraordinário[22]; e 2 – a reafirmação de jurisprudência pacífica do tribunal com a submissão de processos ao rito da repercussão geral em que se discutisse matéria já pacificada na jurisprudência do STF[23].

Assim, o STF, juntamente com a submissão de recursos admissíveis ao rito da repercussão geral, passou a atacar outras duas frentes que representavam um quantitativo elevado de processos: 1 – recursos inadmissíveis, porque a matéria veiculada no processo não era de índole constitucional, pois eventual ofensa à constituição, se houvesse, seria apenas reflexa e indireta, não autorizando a interposição do recurso extraordinário; 2 – recursos cuja questão jurídica se encontrava pacificada na jurisprudência da Corte.

Além disso, pode-se reparar que, mesmo o STF tentando evitar a distribuição desnecessária de um número muito grande de processos, ainda eram interpostos recursos extraordinários e agravos que demandavam a análise, um a um, pelos ministros do STF. Fora das duas hipóteses listadas no parágrafo anterior, ainda havia recursos intempestivos, desertos, com vício de representação processual, com deficiência em sua fundamentação (Súmulas 283 e 284), que não atacavam especificamente os fundamentos de inadmissão do recurso extraordinário e interpostos contra decisão monocrática (Súmula 281/STF).

São os recursos inadmissíveis por pressupostos específicos, cuja hipótese pode ocorrer em qualquer processo, independentemente da matéria discutida nos autos (até mesmo nos processos em que a matéria possui repercussão geral reconhecida[24]). Para esses casos, a decisão monocrática do relator parecia inevitável.

Parecia, porque foi estabelecido no regimento interno do STF a delegação decisória ao seu presidente e, caso interposto recurso, cabe ao Plenário a competência para apreciar esses processos em definitivo, evitando a distribuição a um

22. A Emenda Regimental n. 31, de 29 de maio de 2009, alterou o § 2º do art. 324 do RISTF para incluir exceção à presunção de presença de repercussão geral para os votos dos Ministros que deixarem de apresentar sua manifestação no Plenário Virtual no prazo de 20 dias na hipótese em que o relator indicar que a questão é de cunho infraconstitucional.

23. A possibilidade de se reafirmar a jurisprudência da Corte no Plenário Virtual com os efeitos da repercussão geral foi incluída no Regimento Interno do STF pela Emenda Regimental n. 42, de 2 de dezembro de 2010.

24. Questão ainda controversa no STF sobre a possibilidade de se relevar óbices processuais em processos cuja matéria veicula questão decidida sob a sistemática da repercussão geral (QO no ARE n. 663.637, relator Ministro Ayres Britto, Plenário, DJe de 6/5/2013). O § 3º do art. 1.029 do Código de Processo Civil de 2015 dispõe que o "Supremo Tribunal Federal ou o Superior Tribunal de Justiça poderá desconsiderar vício formal de recurso tempestivo ou determinar sua correção, desde que não o repute grave".

relator[25]. Mais: juntos com essa triagem processual realizada antes da distribuição para desvio de recursos para atuação jurisdicional delegada ao presidente do STF, observou-se que processos que veiculavam matérias idênticas àquelas já submetidas à sistemática da repercussão geral continuavam a chegar no STF, mesmo com a previsão do agravo interno perante o tribunal de origem na hipótese de negativa de seguimento do recurso extraordinário quando o acórdão recorrido estava no mesmo sentido de tese fixada sob o rito da repercussão geral[26].

Logo, incluiu-se dentre as competências do presidente do STF decidir também esses processos e não mais realizar a distribuição aos ministros da Corte[27].

Como é possível observar no quadro a seguir, o STF identificou uma grande oportunidade de utilizar a repercussão geral com eficiência, criando uma metodologia de trabalho que fez, efetivamente, reduzir e estabilizar o número de processos recebidos:

Números – processos recebidos no STF:

Ano	Processos Recebidos
2019	93.197
2018	101.497
2017	103.650
2016	90.331
2015	93.476
2014	79.943
2013	72.066
2012	73.464
2011	63.427

25. A Emenda Regimental n. 41, de 16 de setembro de 2010 alterou o art. 13 do RISTF para prever dentre as competências do Presidente a de despachar: "c) como Relator, nos termos do arts. 544, § 3º, e 557 do Código de Processo Civil, até eventual distribuição, os agravos de instrumento, recursos extraordinários e petições ineptos ou de outro modo manifestamente inadmissíveis, inclusive por incompetência, intempestividade, deserção, prejuízo ou ausência de preliminar formal e fundamentada de repercussão geral, bem como aqueles cuja matéria seja destituída de repercussão geral, conforme jurisprudência do Tribunal".

26. O Supremo Tribunal Federal decidiu ser da competência do tribunal de segunda instância a decisão final sobre o eventual recurso extraordinário interposto contra acórdão que discute matéria submetida ao rito da repercussão geral: Rcl n. 7.569, relatora Ministra Ellen Gracie.

27. Interposto agravo interno contra a decisão do presidente, cabe a este a relatoria do processo. Caso não haja reconsideração da decisão, o feito é submetido ao Plenário do STF por meio de julgamento virtual em lote. Acesso às pautas eletrônicas do Julgamento Virtual do STF: http://www.stf.jus.br/portal/pauta/pesquisarCalendario.asp.

Ano	Processos Recebidos
2010	71.670
2009	84.369
2008	100.781
2007*	119.324
2006	127.535

* entrada em vigor da Lei n. 11.418/2006 que regulamentou a repercussão geral para o recurso extraordinário.

O resultado positivo da repercussão geral para a diminuição e estabilização do recebimento de recursos no âmbito do STF é consequência do investimento em medidas administrativas e jurisdicionais complementares que primaram pela efetividade da metodologia de trabalho focada no ideal da Lei n. 11.418/2006, de julgamento por amostragem do recurso extraordinário. A repercussão geral, da forma como prevista na Constituição Federal e na Lei n. 11.418/2006, não teria logrado êxito caso o STF não tivesse investido em práticas efetivas e eficientes.

Pode-se verificar que o Supremo Tribunal Federal já possui a forma para implementar medidas eficientes de trabalho que racionalizam a sua atuação jurisdicional. É preciso, no entanto, potencializar essas medidas com sua alocação em maior escala, priorizando as medidas que evitem a tramitação desnecessária de recursos extraordinários e agravos em recursos extraordinários com a fixação de mais temas pela ausência de repercussão geral e daqueles em que se reafirma a jurisprudência dominante no Plenário Virtual da Corte, sem se esquecer, é claro, e esse é o ponto mais importante, de priorizar o julgamento dos recursos extraordinários com repercussão geral já reconhecida que aguardam a liberação para a pauta pelo relator ou pelo espaço nas sessões de julgamento do Pleno do Supremo Tribunal Federal.

A forma estruturada pelo STF de gestão da repercussão geral, como será apresentada nos próximos tópicos, pode ser replicada no Superior Tribunal de Justiça, com adaptações à sua realidade e posição no sistema processual brasileiro.

Como visto na introdução deste texto, a identidade de institutos com finalidades idênticas (julgamento por amostragem) não veio acompanhada de uniformidade de procedimentos, podendo ser identificadas ações jurisdicionais e administrativas diversas para a repercussão geral e para os recursos repetitivos.

É necessário, portanto, realizar a complementação de atribuições, potencializando não apenas a técnica de julgamento da repercussão geral, mas, em especial, os recursos repetitivos no STJ.

2.1 Potencializando a prática dos recursos repetitivos no Superior Tribunal de Justiça

Da mesma forma que o STF, o Superior Tribunal de Justiça apostou em medidas administrativas e jurisdicionais complementares ao Código de Processo Civil após a inclusão no cenário processual da sistemática dos recursos repetitivos pela Lei n. 11.672, de 8 de maio de 2008.

A identificação dos dois padrões nas decisões repetitivas no âmbito do STF também pode ser localizada na prática do STJ: 1 – decisões de **não conhecimento** dos recursos pela ausência de pressupostos específicos ou pelo não preenchimento dos requisitos autorizadores do apelo; 2 – decisões que se reportam a julgados dos colegiados, cujas teses são replicadas a diversos processos.

Frise-se que, de forma correlata à identificada pelo STF, as decisões pelo não conhecimento do recurso especial e do respectivo agravo no STJ se restringem à impossibilidade de reexame de matéria constitucional, da legislação local (Súmula 280/STF) e do conjunto fático probatório (Súmula 7/STJ), bem como recursos intempestivos, desertos, com vício de representação processual, com deficiência em sua fundamentação (Súmulas 283/STF e 284/STF), que não atacam especificamente os fundamentos de inadmissão do recurso especial (Súmula 182/STF) e interpostos contra decisão monocrática (Súmula 281/STF).

No entanto, diferente do STF, o STJ utilizou a sistemática dos recursos repetitivos apenas para atacar o padrão decisório n. 2, relacionado às decisões de mérito cujas teses fixadas pelos colegiados poderiam ser replicadas nos demais processos por meio de decisões monocráticas dos relatores, formando, assim, no âmbito da Corte Superior, uma jurisprudência dominante (mas não pacífica) de que somente o recurso especial **apto** ensejaria afetação ao rito qualificado dos recursos repetitivos[28].

Com isso, a sistemática dos recursos repetitivos, salvo pontuais exceções[29], não representou modificação na metodologia de trabalho do STJ de analisar pro-

28. O art. 257-A, § 1º, do RISTJ dispõe que, para a afetação do recurso ao rito dos repetitivos "os Ministros deverão observar, entre outros requisitos, se o processo veicula matéria de competência do STJ, se preenche os pressupostos recursais genéricos e específicos, se não possui vício grave que impeça o seu conhecimento [...]". No entanto, no despacho publicado no DJe de 8/2/2018 proferido pelo Presidente da Comissão Gestora de Precedentes no Recurso Especial n. 1.710.942/PA, Sua Excelência indica a possibilidade de afetar ao rito dos repetitivos recurso especial cuja discussão se limita a definir questão processual quanto ao cabimento do recurso, mencionando a previsão do parágrafo único do art. 928 do CPC/2015 que estabelece o julgamento de casos repetitivos para fixação também de matéria de direito processual, bem como recursos repetitivos julgados pela Corte Especial e pela Segunda Seção em que se decidiu matéria alusiva ao cabimento do recurso.

29. Temas repetitivos localizados no site do STJ em que se decidiu matéria alusiva ao cabimento do recurso especial e não o seu mérito: Tema n. 48 (REsp n. 1.070.297/PR, rel. Min. Luis Felipe Salomão); e Tema n. 306 (REsp n. 1.034.255/RS, rel. Min. Luis Felipe Salomão), julgados pela Segunda Seção, bem como o Tema n. 572 (REsp n. 1.124.552/RS, rel. Min. Luis Felipe Salomão) julgado pela Corte Especial do STJ.

cesso por processo para verificar os pressupostos de sua admissibilidade, deixando de subir ao STJ somente aqueles processos repetidos que veiculassem matéria já decidida sob o rito dos recursos repetitivos[30].

No gráfico a seguir, apresenta-se o número de processos recebidos no STJ, sendo possível verificar sensível redução a partir do ano de 2008, ano da entrada em vigor da Lei n. 11.672/2008, quantitativo que, no entanto, foi se elevando com o decorrer dos anos seguintes. Comprova-se, nesse sentido, que a redução e a estabilização no recebimento e distribuição de processos identificada no STF não foi mantida no STJ.

O STJ se viu obrigado, portanto, a investir na qualificação da sua distribuição processual e no trabalho de triagem processual, antes da distribuição, implementando, via resolução da presidência[31], a mesma delegação decisória adotada pelo STF em que caberia ao presidente do STJ decidir os recursos inadmissíveis, por critérios formais, bem como aqueles que veiculassem matéria já decidida sob o rito dos recursos repetitivos.

30. Como vimos quando analisamos a prática da repercussão geral, o Supremo Tribunal Federal decidiu ser da competência do tribunal de segunda instância a decisão final sobre o eventual recurso extraordinário interposto contra acórdão que discute matéria submetida ao rito da repercussão geral na Rcl n. 7.569, relatora Ministra Ellen Gracie. O STJ decidiu da mesma maneira em relação ao recurso especial manejado contra acórdão que aplicou tese firmada sob a sistemática dos recursos repetitivos: Questão de Ordem no Ag n. 1.154.599/SP, relator Ministro Cesar Asfor Rocha.

31. Resolução STJ/GP n. 17 de 4 de setembro de 2013. Disponível em https://bdjur.stj.jus.br/jspui/handle/2011/64864. Acesso em 4/3/2020.

Essa metodologia de trabalho, atualmente, está prevista nos incisos V ao VIII do art. 21-E do Regimento Interno do STJ que dispõem:

> Art. 21-E. São atribuições do Presidente antes da distribuição:
>
> V – não conhecer de recurso inadmissível, prejudicado ou que não tiver impugnado especificamente todos os fundamentos da decisão recorrida;
>
> VI – negar provimento a recurso que for contrário a súmula do Supremo Tribunal Federal ou do Superior Tribunal de Justiça, a acórdão proferido em julgamento de recursos repetitivos ou a entendimento firmado em incidente de assunção de competência;
>
> VII – dar provimento a recurso se a decisão recorrida for contrária a súmula do Supremo Tribunal Federal ou do Superior Tribunal de Justiça, a acórdão proferido em julgamento de recursos repetitivos ou a entendimento firmado em incidente de assunção de competência;
>
> VIII – determinar a devolução ao Tribunal de origem dos recursos fundados em controvérsia idêntica àquela já submetida ao rito de julgamento de casos repetitivos para adoção das medidas cabíveis;

Da análise das regras regimentais, é possível verificar a opção do STJ no estabelecimento de critérios objetivos para o desvio da distribuição processual, não sendo aplicável a processos cujo conhecimento do recurso especial ou do respectivo agravo seria inviabilizado por demandar reexame de matéria constitucional, da legislação local (Súmula 280/STF) e do conjunto fático probatório (Súmula 7/STJ), mas somente a recursos intempestivos, desertos, com vício de representação processual, com deficiência em sua fundamentação (Súmulas 283 e 284), que não atacam especificamente os fundamentos de inadmissão do recurso especial (Súmula 182/STJ) e interpostos contra decisão monocrática (Súmula 281/STF).

Os números dessa triagem de processos antes da distribuição são impressionantes. Por exemplo, em 2017, dos 327.129 processos recebidos no STJ, 99.843 foram registrados à Presidência. É certo, contudo, que não necessariamente todos os processos registrados com fundamento na norma regimental deixaram de ser distribuídos a um relator, pois, segundo o § 2º do art. 21-E do RISTJ "interposto agravo interno contra a decisão do Presidente proferida no exercício das competências previstas neste artigo, **os autos serão distribuídos** [...][32]". No entanto, conforme informações colhidas com a equipe da Secretaria Judiciária do STJ, a taxa de recorribilidade das decisões da presidência em sua atividade delegada é de 10%, sendo a taxa de reforma bem próxima a 0%, representando 0,01%.

Assim, em relação aos recursos especiais e respectivos agravos interpostos contra decisão denegatória do recurso especial com potencial de repetitividade, é possível identificar que continuam sendo distribuídos aos ministros do STJ:

32. Neste ponto, há diferença entre a prática regulamentada no RISTF, pois, conforme anotado anteriormente, cabe ao Plenário da Corte Suprema, por meio de julgamento virtual, apreciar os recursos interpostos contra a decisão da presidência.

1 – recursos aptos sob o critério formal e do cabimento do recurso, cuja tese recursal não está submetida à sistemática dos repetitivos; 2 – recursos aptos sob o critério formal e do cabimento do recurso, cuja tese recursal está submetida à sistemática da repercussão geral; 3 – recursos aptos sob o critério formal de admissibilidade, mas inadmissíveis por demandarem reexame de matéria constitucional, da legislação local (súmula 280/STF) e/ou do conjunto fático probatório (súmula 7/STJ); 4 – agravos internos interpostos contra decisão da presidência que não conheceu, negou, deu provimento ou determinou a devolução de recurso nas competências estabelecidas pelo art. 21-E do RISTJ.

Como visto, o STF, por meio da sistemática da repercussão geral, adotou metodologia de trabalho que buscou focar naquelas questões (processuais e materiais) que não deveriam mais ensejar a interposição de recurso extraordinário para o STF, seja porque as matérias veiculadas nos recursos não possuíam status constitucional (matérias infraconstitucionais ou que demandavam o reexame do conjunto fático-probatório dos autos), bem como porque sua jurisprudência já havia se firmado no mesmo sentido do acórdão recorrido ou apresentado nas razões do recurso.

Nesse ponto, é importante relembrar o que se discorreu no início deste ensaio que a proposta da repercussão geral quando incluída na Constituição Federal teve seu ideal potencializado pela Lei n. 11.418/2006 que, ao regulamentar o instituto, estabeleceu não somente um filtro recursal ou um requisito de admissibilidade do recurso extraordinário, mas o julgamento por amostragem no STF. Ademais, com a regulamentação do instituto pelo RISTF primou-se por sua maior efetividade e eficiência, podendo se constatar nas duas regulamentações (legal e infralegal), uma preocupação eminentemente prática do instituto em que o STF não precisaria mais julgar um a um os recursos que ali chegavam, proferindo uma decisão qualificada que valeria para todos os processos, independente de se analisar o mérito do recurso ou não.

Em comum nos dois tribunais, portanto, vemos a questão da triagem processual antes da distribuição e a delegação ao presidente do tribunal para decidir recursos inadmissíveis sob o aspecto formal ou que contenham tese já pacificada sob o rito da repercussão geral (no STF) e dos repetitivos (no STJ), com a ressalva de procedimentos diversos quando há interposição de recursos.

No entanto, constata-se divergência de procedimentos entre o STF e o STJ na forma e nas matérias submetidas à repercussão geral quando em comparação com os recursos repetitivos.

Em primeiro lugar, em regra[33], não há no Superior Tribunal de Justiça a figura da reafirmação da jurisprudência em ambiente eletrônico, tal como es-

33. De forma inédita no STJ, a Terceira Seção, na sessão eletrônica iniciada em 12/12/2018 e finalizada em 18/12/2018, adotou o procedimento de afetar e julgar os Recursos Especiais n. 1.753.512/PR e

tabelecido no STF. Por outro lado, é predominante a orientação no STJ de que o recurso especial repetitivo somente poderá abordar questões de mérito do recurso, não servindo para definir questões processuais relativas ao cabimento do recurso especial.

Dessa maneira, por se tratar de institutos correlatos, cuja finalidade precípua é o julgamento por amostragem, em que a tese fixada em um julgamento servirá como padrão decisório para outros processos, justifica-se a adoção de procedimentos correlatos nas duas cortes superiores.

Não se está aqui defendendo o estabelecimento de uma repercussão geral para o recurso especial sem previsão constitucional[34], mas somente que o STJ utilize metodologias de trabalho correlatas às adotadas para a repercussão geral no STF aos processos repetitivos que invariavelmente continuam a aportar todos os dias no STJ e que exigem a análise, um a um, seja para se concluir pela inadmissão do recurso, seja para a replicação de teses já decididas pelo STF ou pelos colegiados do STJ.

Como visto, o STJ, após o estabelecimento da sistemática dos recursos repetitivos e da delegação decisória ao presidente da Corte, trabalha com **quatro cenários** em relação aos recursos especiais e respectivos agravos interpostos contra decisão denegatória do recurso especial com potencial de repetitividade. Analisaremos cada um deles, propondo, a partir da experiência do STF com a repercussão geral, medidas que potencializem a atividade jurisdicional do STJ, garantidoras, mesmo sob um aspecto eminentemente prático, da função institucional da Corte Superior de uniformizadora da interpretação da lei federal em todo o território nacional.

1.753.509/PR, com a reafirmação da jurisprudência da Seção sob o rito dos repetitivos (Tema repetitivo n. 1.006 – acórdãos publicados no DJe de 11/3/2019).

34. Mesmo não sendo esta a defesa aqui apresentada, há renomados processualistas brasileiros que defendem a possibilidade de aplicação do regime da repercussão geral ao julgamento do recurso especial mesmo sem alteração constitucional. Renato Resende Beneduzi, professor de direito processual civil, na graduação e na pós-graduação, da Pontifícia Universidade Católica do Rio de Janeiro, em nota de rodapé de seu artigo Repercussão Geral no recurso especial por analogia, disponível em https://www.academia.edu/33061592/Repercuss%C3%A3o_Geral_no_Recurso_Especial_por_analogia, acesso em 4/3/2019, lista os seguintes doutrinadores defensores da ampliação da repercussão geral para o recurso especial: Dantas/Gallotti, Relevância da questão federal a e função constitucional do recurso especial, in: Repercussão geral da questão constitucional (2014), p. 129, Arruda Alvim /Dantas, Direito processual arbitral: natureza processual da relação jurídica arbitral e incidência do direito Constitucional Processual, in: RePro 234 (2014), p. 385, Wambier, Repercussão geral, in: Revista do Instituto dos Advogados de São Paulo 19 (2007), p. 368, Marinoni/Arenhart/Mitidiero, Curso de processo civil, vol. 2 (2015), p 548, Recena Costa. Superior Tribunal de Justiça e recurso especial: análise da função e reconstrução dogmática (dissertação de mestrado apresentada Faculdade de Direito da Universidade de São Paulo em 2011), p. 30 e Farina, Jurisprudência defensiva e a função dos tribunais superiores, in: RePro 209 (2012), p. 105.

2.1.1. Recursos aptos sob o critério formal e do cabimento do recurso, cuja tese recursal não está submetida à sistemática dos repetitivos

É neste primeiro cenário que se identifica o padrão de decisões proferidas pelos Ministros do STJ em que a fundamentação remete a julgados de colegiados. Ou seja, os processos distribuídos aos Ministros são decididos, invariavelmente, com base em um modelo decisório fundado em questões jurídicas já decididas pela Corte Especial, Seções e/ou Turmas do STJ em julgamentos **não** submetidos ao rito dos repetitivos.

Assim, o STJ é obrigado a analisar um a um os processos apenas para identificar que a matéria nele veiculada já foi decidida pela Corte por algum dos seus órgãos julgadores, ensejando a atuação monocrática do relator nos termos do enunciado da Súmula 568 do STJ, porque há "entendimento dominante acerca do tema". Não se trata aqui da análise de pedidos recursais relativos a distinção ou a superação de precedentes, mas sim insurgência recursal sobre matérias já julgadas pelo STJ por meio de um dos seus colegiados.

Os números expressivos dos julgamentos proferidos pelos órgãos colegiados do STJ[35] inviabilizam a identificação, com critérios objetivos, de qual é o *entendimento dominante* das matérias que são submetidas diariamente à Corte. Logo, a aplicabilidade do referido enunciado sumular enseja uma perigosa incursão em aspectos subjetivos sobre o que é dominante no STJ.

Dessa forma, a análise subjetiva da jurisprudência da Corte por parte dos Ministros reflete no jurisdicionado a expectativa de que, mesmo havendo julgados do STJ contra a sua pretensão recursal, há a possibilidade de seu caso ser julgado de forma diferente, como se fosse razoável que um tribunal superior proferisse decisões contraditórias sobre a mesma questão jurídica, infringindo a coerência do direito, atualmente positivada no art. 926 do CPC. O que existe, portanto, é a ausência de utilização de metodologia de trabalho no âmbito do STJ que permita a Corte demostrar à sociedade qual é a sua posição em relação a determinada matéria.

Neste ponto, o próprio STJ, no pedido de suspensão em incidente de resolução de demandas repetitivas n. 7/RS (DJe de 23/6/2017), ao discorrer sobre a finalidade do IRDR no sistema brasileiro, já se manifestou sobre os efeitos práticos da formação de precedentes qualificados, sendo eles capazes de refletir a decisão dos tribunais a processos suspensos, balizando "as atividades futuras da sociedade, das partes processuais, dos advogados, dos juízes e dos desembargadores". Nesta mesma decisão, o STJ alertou sobre o aspecto positivo de possibilitar o "desestímulo ao ajuizamento de novas ações, bem como a desistência daquelas em tramitação, tendo em vista ser fato notório que a ausência de critérios objetivos

35. Conforme dados divulgados no Portal do STJ na internet, em 2019 foram proferidos 424.038 julgamentos monocráticos e colegiados.

para a identificação de qual é a posição dos tribunais com relação a determinado tema incita a litigiosidade processual".

Quanto a este ponto, Luiz Guilherme Marinoni, analisando aspectos sobre a previsibilidade do direito e a cultura brasileira, ensina que[36]:

> A incerteza sobre a interpretação de um texto legal ou a respeito da solução de uma questão de direito dilui o sentimento de responsabilidade pessoal. Ninguém se sente responsável por uma conduta quando há dúvida acerca da sua ilicitude. Quando o próprio Estado, mediante os órgãos incumbidos de aplicar o direito, mostra-se inseguro e contraditório, ora afirmando uma coisa ora declarando outra, torna-se impossível desenvolver uma consciência social pautada no sentimento de responsabilidade ou no respeito ao direito.
>
> Uma vida pautada no direito, em que o sujeito se sente responsável por suas condutas, pressupõe um direito identificável, que não deixe margem para dúvidas e, portanto, a justificativas pessoais absolutórias. Decisões contraditórias destituem o direito de autoridade, ou seja, negam ao direito a sua força intrínseca de estimular e evitar condutas e, dessa forma, a sua capacidade de fazer com que os homens se sintam responsáveis. Não há dúvida de que eventual sanção, quando aplicada sem qualquer compromisso com a unidade do direito, soa mais como arbítrio do que como responsabilização, mas a circunstância mais grave, quando se tem em conta a responsabilidade enquanto ética de comportamento, é a de que ninguém pode orientar a sua vida com base num direito que não pode ser identificado ou é aplicado de modo contraditório pelos tribunais.

Nesse sentido, constata-se que existe no STJ uma infinidade de questões jurídicas pacificadas que, no entanto, ensejam ainda o ajuizamento de ações e a interposição de recursos simplesmente pela ausência de uma metodologia de trabalho que permita a identificação, com critérios objetivos, de qual é a posição da Corte sobre determinada questão jurídica.

Assim, identifica-se a primeira oportunidade de conciliar uma exitosa prática adotada no Supremo Tribunal Federal com a realidade constatada no Superior Tribunal de Justiça: a adoção da metodologia de reafirmação da jurisprudência sob o rito dos recursos repetitivos diretamente no Plenário Virtual do STJ no âmbito da Corte Especial e Seções.

Com isso, a Corte Superior passará a qualificar sua jurisprudência, deixando claro qual é a sua posição sobre determinada matéria, permitindo, ainda, que os presidentes e vice-presidentes dos tribunais de origem possam decidir, em última palavra, sobre matérias já submetidas ao rito dos repetitivos. Questionamentos a respeito da tese reafirmada no Plenário Virtual do STJ eventualmente continuarão a tramitar em recursos dirigidos ao STJ, mas sob a forma de possíveis distinções ou superações do precedente e não sobre a posição do tribunal sobre aquela matéria.

36. MARINONI, Luiz Guilherme. Cultura e previsibilidade do direito. *Revista de Processo* – RePro, v. 40, n. 239, p. 431-451, jan. 2015.

2.1.2. *Recursos aptos sob o critério formal e do cabimento do recurso, cuja tese recursal está submetida à sistemática da repercussão geral*

Nesta análise prática do sistema brasileiro de precedentes, é possível identificar certa dissintonia entre a ordem processual estabelecida pelos códigos de 1973 e de 2015 e a prática dos tribunais superiores.

No âmbito recursal extraordinário, o qual se inclui o recurso extraordinário e o recurso especial, há uma relativa confusão na prática de quando é cabível um ou outro e até mesmo os dois conjuntamente.

Essa circunstância se tornou tão comum sob a vigência do CPC/1973 que o código de 2015 estabeleceu nos arts. 1.032 e 1.033 o seguinte:

> Art. 1.032. Se o relator, no Superior Tribunal de Justiça, entender que o recurso especial versa sobre questão constitucional, deverá conceder prazo de 15 (quinze) dias para que o recorrente demonstre a existência de repercussão geral e se manifeste sobre a questão constitucional.
>
> Art. 1.033. Se o Supremo Tribunal Federal considerar como reflexa a ofensa à Constituição afirmada no recurso extraordinário, por pressupor a revisão da interpretação de lei federal ou de tratado, remetê-lo-á ao Superior Tribunal de Justiça para julgamento como recurso especial.

Criou-se, assim, uma espécie de fungibilidade recursal para os casos em que os tribunais superiores entendam que a competência para analisar o recurso é do outro tribunal superior e não dele em decorrência da eventual violação veiculada no acórdão proferido pelos tribunais de justiça ou tribunais regionais federais.

No entanto, na prática, mesmo após a entrada em vigor do CPC/2015 é possível identificar no STJ diversos recursos especiais interpostos contra acórdãos cuja questão jurídica está submetida ao rito da repercussão geral, sendo, portanto, matéria de índole constitucional. Para esses casos, consolidou-se no STJ a orientação de que é possível a aplicação ao recurso especial das disposições previstas no art. 1.040 do CPC, mesmo não havendo acórdão proferido sob a sistemática dos recursos repetitivos no STJ.

Na prática, os Ministros, em regra por decisão monocrática, determinam a baixa desses processos à origem para que, após o julgamento de mérito pelo STF do recurso extraordinário com repercussão geral reconhecida, realize o juízo de adequação previsto no referido art. 1.040 do CPC. Cite-se, como exemplo, o seguinte recorte do Agravo em Recurso Especial n. 1.344.658/PR, relator Ministro Sérgio Kukina, DJe de 31/8/2018:

> Assim, ultimada a resolução da controvérsia em repercussão geral, denotando a primazia do viés constitucional do tema em debate, caso não é de enfrentá-lo na seara do recurso especial ou do agravo dele decorrente (AREsp).

> Ante a solução adotada, tem-se que a análise do presente recurso especial deve aguardar, por ora, o exaurimento da instância ordinária e, caso haja resíduo não alcançado pela afetação, deverá o recurso ser encaminhado ao Superior Tribunal de Justiça.
>
> Forte em tais razões, determino o retorno dos autos, com a respectiva baixa, ao ilustrado Tribunal de origem, onde, nos termos dos arts. 1.040 e 1.041 do CPC/2015, deverá ser realizado o juízo de conformação ou manutenção do acórdão local frente ao que foi decidido pela Excelsa Corte.

Ou seja, havendo a interposição de recurso especial contra acórdão cuja questão jurídica esteja submetida à análise do STF sob a sistemática da repercussão geral, caberá ao tribunal local realizar as providências previstas no art. 1.040 do CPC: I – negar seguimento ao recurso especial, ensejando apenas o agravo interno no âmbito do próprio tribunal; ou II – reexaminar o acórdão, caso a posição adotada divirja da fixada pelo STF. Dessa forma, portanto, vê-se não ser necessária a intervenção do STJ nesses processos, salvo, conforme destacado pelo Ministro Sérgio Kukina na decisão citada acima "caso haja resíduo não alcançado pela afetação", hipótese em que o recurso deverá ser encaminhado ao Superior Tribunal de Justiça.

Como vimos, o STJ, em razão da crescente demanda processual, mesmo após a entrada em vigor da Lei dos Repetitivos, viu-se obrigado a investir na qualificação da sua distribuição processual e no trabalho de triagem processual, antes da distribuição com a delegação decisória, atualmente por meio de alteração regimental, em que cabe ao Presidente do STJ decidir recursos inadmissíveis, por critérios formais, bem como aqueles que veiculam matéria submetida ao rito dos repetitivos.

Para adotar uma solução mais eficiente para os recursos aptos sob o critério formal e de seu cabimento, cuja tese recursal está submetida ao rito da repercussão geral e que todos os dias chegam ao STJ, é recomendável o aumento das hipóteses de delegação decisória prevista no art. 21-E do RISTJ para abranger também estes casos. A alteração aqui recomendada seria no inciso VIII, que passaria para a seguinte redação:

> Art. 21-E. [...]
>
> VIII – determinar a devolução ao Tribunal de origem dos recursos fundados em controvérsia idêntica àquela já submetida ao rito de julgamento **da repercussão geral e** de casos repetitivos para adoção das medidas cabíveis;

2.1.3. Recursos aptos sob o critério formal de admissibilidade, mas inadmissíveis por demandarem reexame de matéria constitucional, da legislação local (Súmula 280/STF) e/ou do conjunto fático probatório (Súmula 7/STJ)

O presente cenário demanda um significativo esforço jurisdicional simplesmente para que o Superior Tribunal de Justiça diga que não cabe a ele o julgamento da questão de direito debatida no recurso, seja porque para se chegar ao seu mérito demandaria o revolvimento do conjunto fático-probatório dos autos, vedado pelo enunciado da Súmula 7/STJ, seja porque a matéria é de cunho constitucional ainda não submetida ao rito da repercussão geral, portanto da competência do STF, ou local, de competência dos tribunais de segunda instância. Esses recursos, total ou parcialmente, não ultrapassam, sequer, o juízo de admissibilidade para o seu conhecimento.

É certo, no entanto, que os presidentes e vice-presidentes dos tribunais de origem, na atuação do juízo de admissibilidade do recurso especial, poderão inadmitir esses processos com fundamento na matéria processual relacionada ao cabimento do recurso especial. Contudo, a parte pode se valer do agravo em recurso especial para levar a questão até o STJ, exigindo, como vimos, a análise um a um dos processos, tendo em vista que a figura do agravo interno perante as presidências e vice-presidências dos tribunais de origem somente é cabível quando a negativa de seguimento se dá com fundamento em tese definida sob o rito dos repetitivos.

Ademais, os processos não serão desviados na triagem realizada no STJ antes da distribuição, sendo, invariavelmente, distribuída a um relator, salvo, é claro, se for identificado, nos termos do art. 21-E do RISTJ, vícios formais, tais como tempestividade, deserção, defeito de representação processual, deficiência em sua fundamentação (Súmulas 283/STF e 284/STF), não impugnação aos fundamentos de inadmissão do recurso (Súmula 182/STJ) e interposição contra decisão monocrática (Súmula 281/STF). O importante a se registrar é que o recurso que ultrapassar os critérios formais será distribuído para receber do relator uma sumária decisão de não conhecimento, simplesmente porque a matéria é de cunho constitucional, local ou que demanda o reexame do conjunto fático-probatório dos autos.

Assim, a despeito da multiplicidade inerente a essas questões e da sua impertinência para a função institucional do Superior Tribunal de Justiça, a Corte não possui ferramenta processual apta ao enfrentamento destes casos.

Conforme ressaltado, diferente do STF, prevalece no âmbito da Corte Superior uma jurisprudência dominante (mas não pacífica) de que somente o recurso especial **apto** possibilita a afetação ao rito qualificado dos recursos repetitivos[37].

37. O art. 257-A, § 1º, do RISTJ dispõe que, para a afetação do recurso ao rito dos repetitivos "os Ministros deverão observar, entre outros requisitos, se o processo veicula matéria de competência do STJ, se preenche os pressupostos recursais genéricos e específicos, se não possui vício grave que impeça o seu conhecimento [...]". No entanto, no despacho publicado no DJe de 8/2/2018 proferido pelo Presidente da Comissão Gestora de Precedentes no Recurso Especial n. 1.710.942/PA, Sua Excelência indica a possibilidade de afetar ao rito dos repetitivos recurso especial cuja discussão se limita a definir questão processual quanto ao cabimento do recurso, mencionando a previsão do parágrafo único do art. 928 do CPC/2015 que estabelece o julgamento de casos repetitivos para fixação também de matéria de direito processual, bem como recursos repetitivos julgados pela Corte Especial e pela Segunda Seção em que se decidiu matéria alusiva ao cabimento do recurso.

Ou seja, segundo essa posição jurisprudencial, atualmente positivada no RISTJ, somente recursos admissíveis podem ser afetados ao rito dos repetitivos, perdendo, dessa maneira, a oportunidade de o STJ fixar, de uma vez só, a definição sobre o cabimento do recurso especial, exigindo que os ministros continuem a analisar, um a um, recursos inadmissíveis.

Nesse sentido, a atuação mais direta do Superior Tribunal de Justiça com a submissão ao rito dos repetitivos de recursos que veiculem matérias não passíveis de conhecimento, segundo as súmulas e a jurisprudência do tribunal, de forma correlata a adotada pelo STF, representará enorme ganho em racionalização de julgamentos.

Ademais, de forma complementar à solução apresentada para o primeiro cenário de litigiosidade, a submissão de processos representativos da controvérsia inaptos sob o aspecto de seu conhecimento pela incidência das Súmulas 7/STJ e 280/STF ou por demandar o reexame de matéria constitucional poderá ocorrer, inclusive, no âmbito do Plenário Virtual do STJ, sem a necessidade de apreciação em sessão presencial da Corte Especial ou das Seções.

Em pronunciamentos ainda isolados, o STJ já se manifestou sobre a possibilidade de submissão de matérias processuais relativas ao cabimento do recurso especial ao rito dos repetitivos. Por meio deles, é possível verificar a preocupação do relator com os reflexos práticos e eficientes que esta medida pode acarretar. Por oportuno, cite-se trecho do despacho proferido pelo Presidente da Comissão Gestora de Precedentes do STJ, Ministro Paulo de Tarso Sanseverino, no Recurso Especial n. 1.675.901/RJ, publicado no DJe de 22/9/2017, indicado pelo Tribunal de Justiça do Estado do Rio de Janeiro como representativo da controvérsia na forma do § 1º do art. 1.036[38] do CPC:

> Com relação à questão de direito objeto da presente indicação de recurso representativo da controvérsia, observo que, mesmo havendo a indicação do Ministério Público pelo não conhecimento do apelo nobre, tal fato, não impede, por si só, a afetação do recurso que, a critério do órgão julgador, **poderá definir questão processual quanto ao cabimento do recurso especial também sob a sistemática dos recursos repetitivos**. Essa estratégia, inclusive, já foi adotada em alguns processos afetados ao rito qualificado e **encontra-se positivada no parágrafo único do art. 928 do CPC/2015**, que assim dispõe: "O julgamento de casos repetitivos tem por objeto questão de direito material ou processual". A título ilustrativo, vejam-se os seguintes temas repetitivos: Tema n. 48 (REsp n. 1.070.297/PR, relator Ministro Luis Felipe Salomão); e Tema n. 306 (REsp n. 1.034.255/RS/RS, relator Ministro Luis Felipe Salomão), ambos afetados à Segunda Seção, bem como o Tema n. 572 (REsp n. 1.124.552/RS, relator Ministro Luis Felipe Salomão) afetado à Corte Especial do STJ.

38. Brasil. Código de Processo Civil. Art. 1.036 [...] § 1º O presidente ou o vice-presidente de tribunal de justiça ou de tribunal regional federal selecionará 2 (dois) ou mais recursos representativos da controvérsia, que serão encaminhados ao Supremo Tribunal Federal ou ao Superior Tribunal de Justiça para fins de afetação, determinando a suspensão do trâmite de todos os processos pendentes, individuais ou coletivos, que tramitem no Estado ou na região, conforme o caso.

> Dessa forma, este Tribunal Superior, **ao imprimir um procedimento prático de definição, sob o rito dos repetitivos, de quais hipóteses ensejam o cabimento do recurso especial, sinalizará de forma objetiva a sua posição aos presidentes e vice-presidentes dos tribunais de origem, responsáveis pelo juízo de admissibilidade, que poderão inadmitir recursos especiais que tratem da mesma matéria processual, ensejando o cabimento de agravo interno para o próprio tribunal e não mais o agravo em recurso especial, conforme estabelecido no § 2º do art. 1.030 do CPC/2015.** Com isso, evita-se o envio desnecessário de recursos especiais e/ou agravos em recursos especiais a esta Corte Superior que, eventualmente, possuam o mesmo óbice processual, o que representa maior celeridade à tramitação processual. (sem destaques no original).

Neste específico caso do Recurso Especial n. 1.675.901/RJ, a Ministra relatora, Regina Helena Costa, por meio da decisão publicada no DJe de 6/10/2017, rejeitou a indicação do processo como representativo da controvérsia, pois, no caso, além da incidência do enunciado n. 280 da súmula do STF, havia possível contestação entre lei local e lei federal, atraindo, assim, a competência do STF a teor da alínea *d* do inciso III do art. 102 da Constituição Federal.

Com isso, é possível até os dias de hoje localizar decisões pelo não conhecimento do recurso proferidas por Ministros do Superior Tribunal de Justiça em processos oriundos do Tribunal do Estado do Rio de Janeiro que veiculam **idêntica matéria** veiculadas no citado recurso indicado como representativo. Lista-se, por amostragem, os seguintes: REsp n. 1.853.662/RJ, relator Ministro Mauro Campbell Marques, DJe de 5/2/2020; REsp n. 1.761.795/RJ, relator Ministro Gurgel de Faria, DJe de 16/12/2019; REsp n. 1.844.549/RJ, relator Ministro Sérgio Kukina, DJe de 28/10/2019; e REsp n. 1.784.992/RJ, relator Ministro Francisco Falcão, DJe de 18/10/2019.

Assim, caso essa questão tivesse sido julgada sob o rito dos recursos repetitivos, conforme sugerido pelo Presidente da Comissão Gestora de Precedentes, em setembro de 2017, os Ministros do STJ não precisariam mais demandar seu tempo ou de sua equipe de gabinete em processos que não ensejam, sequer, o seu conhecimento no âmbito da Corte.

O que ocorrerá e ainda ocorre, tendo em vista ser possível localizar decisões publicadas em fevereiro de 2020, é que o STJ continuará a se manifestar em diversos processos, cuja discussão é a possibilidade ou não do benefício de pecúlio *post-mortem* simplesmente para não conhecer do recurso, proferindo decisões pelo não conhecimento.

Por esse motivo, torna-se urgente a alteração do entendimento no STJ de que somente o recurso apto enseja a afetação ao rito dos repetitivos, abrangendo, também, os recursos em que se identifique a inadmissibilidade por demandar reexame de matéria constitucional ainda não submetida ao rito da repercussão geral, da legislação local (Súmula 280/STF) e do conjunto fático-probatório (Súmula 7/STJ).

2.1.4. *Agravos internos interpostos contra decisão da presidência que não conheceu, negou, deu provimento ou determinou a devolução de recurso nas competências estabelecidas pelo art. 21-E do RISTJ*

Conforme já frisado, o STJ investiu na qualificação da sua distribuição processual e no trabalho de triagem processual, antes da distribuição, com o implemento da mesma delegação decisória adotada pelo STF em que cabe ao presidente do STJ decidir recursos intempestivos, desertos, com vício de representação processual, com deficiência em sua fundamentação (Súmulas 283/STF e 284/STF), que não atacam especificamente os fundamentos de inadmissão do recurso especial (Súmula 182/STF), interpostos contra decisão monocrática (Súmula 281/STF), bem como aqueles que veiculam matéria já decidida sob o rito dos recursos repetitivos.

No entanto, diversamente do STF, os agravos internos interpostos contra a decisão do presidente são distribuídos aos relatores que poderão reconsiderar a decisão ou submeter o processo às Turmas para julgamento do agravo.

Sugere-se aqui a adoção parcial da prática positivada no Regimento Interno do STF para se fazer uma cisão quanto à competência para julgamento do agravo interno:

- Competência da Corte Especial:agravos interpostos contra decisão do presidente que decidir pelo não conhecimento de recursos intempestivos, desertos, com vício de representação processual, com deficiência em sua fundamentação (Súmulas 283/STF e 284/STF), que não atacam especificamente os fundamentos de inadmissão do recurso especial (Súmula 182/STF), interpostos contra decisão monocrática (Súmula 281/STF);
- Competência do relator (órgão julgador): agravos interpostos contra decisão do presidente que negou, deu provimento ou determinou a devolução de recurso em virtude da afetação da matéria ao rito dos recursos repetitivos.

A justificativa para essa cisão decorre do art. 11 do RISTJ que estabelece a competência da Corte Especial para o julgamento de matérias comuns a mais de uma seção, tal como a processual, que é tratada nas três seções do STJ[39] e também pelo motivo de ser o único órgão julgador do STJ em que o Presidente do STJ figura como integrante. Para os demais casos, por se tratar de delegação de competência para julgamento de questões de direito, que não são da competência da Corte Especial, caberá a distribuição do processo com agravo interno interposto para julgamento pelos ministros e demais órgãos julgadores.

39. Brasil. Regimento Interno do Superior Tribunal de Justiça. Art. 11. Compete à Corte Especial processar e julgar: [...] VI – o incidente de assunção de competência quando a matéria for comum a mais de uma seção.

3. CONCLUSÃO

A análise detalhada da atividade jurisdicional e administrativa dos tribunais superiores demonstra a preocupação que essas Cortes têm com a celeridade na prestação jurisdicional com o principal foco no julgamento de processos, cujas matérias cumpram a função institucional de uniformizar a interpretação da legislação federal (constitucional e infraconstitucional) em todo o território nacional.

A notória valorização dos precedentes judiciais pelo ordenamento jurídico nos últimos anos certamente aproxima o Brasil da tradição jurídica da *common law,* mas isso não significa, contudo, que se deve esperar os mesmos cenários apresentados nos países desse sistema. Exemplo disso é a constante tentação de se realizar comparação do STF e do STJ com a Corte Suprema Americana em relação ao número de processos julgados anualmente. A comparação é desproporcional em razão das diversas peculiaridades de cada um dos sistemas de justiça e da forma de organização estatal adotada nos respectivos países.

A prática processual e administrativa nos tribunais superiores brasileiros comprova ser necessário o investimento em práticas domésticas que priorizem a efetividade da prestação jurisdicional, tendo por base a realidade dos juízos e tribunais, sendo possível constatar a necessidade de se adotar medidas que favoreçam a pacificação social e a estabilidade, integridade e a coerência da jurisprudência.

A nova onda processual focada no julgamento por amostragem de recursos extraordinários e recursos especiais é uma grande oportunidade para se efetivar importantes medidas que favoreçam a prestação jurisdicional, podendo, assim, se identificar que os tribunais superiores já possuem as ferramentas processuais para tanto, exigindo dos seus membros e servidores medidas que potencializem os resultados apresentados.

Nessa linha, a uniformização de procedimentos entre as Cortes Superiores é medida necessária para se permitir a ampliação da eficiência das suas atividades que não necessariamente necessitariam de alterações constitucionais ou legais. As sugestões apresentadas no presente texto são factíveis para a atual prática administrativa e jurisdicional dos tribunais superiores, havendo, inclusive, para algumas delas iniciativas ainda isoladas no âmbito do Superior Tribunal de Justiça.

O próximo passo dessa integração jurisdicional deverá ser com os tribunais de segunda instância que, com a entrada em vigor do CPC/2015, possui uma poderosa ferramenta processual capaz de pacificar questões de direito no âmbito local ou regional, ao mesmo tempo que é capaz de qualificar os julgamentos submetidos aos tribunais superiores: o Incidente de Resolução de Demandas Repetitivas.

REFERÊNCIAS BIBLIOGRÁFICAS

BARROSO, Luís Roberto Barroso; REGO, Frederico Montedonio. Como salvar o sistema de repercussão geral. *Revista Brasileira de Políticas Públicas*, Brasília, vol. 7, n. 3, 2017.

BENEDUZI, Renato Resende. *Repercussão Geral no recurso especial por analogia*, disponível em: https://www.academia.edu/33061592/Repercuss%C3%A3o_Geral_no_Recurso_Especial_por_analogia.

BRASIL. CÓDIGO DE PROCESSO CIVIL. Lei n. 13.105/2015. Disponível para consulta em: http://www.planalto.gov.br/ccivil_03/_ato2015-2018/2015/lei/l13105.htm.

BRASIL. EXPOSIÇÃO DE MOTIVOS n. 204, de 15 de dezembro de 2004 - *Proposta de Formalização do "Pacto de Estado em favor de um Judiciário mais Rápido e Republicano"*, disponível para consulta em: http://www.jf.jus.br/ojs2/index.php/mono/article/viewFile/2271/2157.

FUCK, Luciano Felicio. Repercussão Geral completa seis anos e produz resultados. *Consultor Jurídico*. Disponível em https://www.conjur.com.br/2013-jun-08/observatorio-constitucional-repercussao-geral-completa-seis-anos-produz-resultados.

MANCUSO, Rodolfo de Camargo. *Recurso Extraordinário e Recurso Especial.* 12. ed. São Paulo: Revista dos Tribunais.

MARINONI, Luiz Guilherme. Cultura e previsibilidade do direito. *Revista de Processo - RePro*, v. 40, n. 239, 2015.

PORTUGAL. ORDENAÇÕES MANUELINAS de 1521. Título 58, § 1º, do Livro V. Disponível para consulta em: http://www1.ci.uc.pt/ihti/proj/manuelinas/l5p195.htm.

4

O INCIDENTE DE RESOLUÇÃO DE DEMANDAS REPETITIVAS E SUA POSIÇÃO NA TEORIA DO PRECEDENTE

Raphael Jorge de Castilho Barilli[1]
e Daniel de Souza Lucas[2]

Sumário: 1 – Introdução. 2 – O Incidente de Resolução de Demandas Repetitivas. 2.1 – Fundamentos. 2.2 – Funcionamento. 2.3 – Principais críticas. 3 – O precedente quase-legislativo. 3.1 – Fundamento. 3.2 – Funcionamento. 3.3 – Principais críticas. 4 – Conclusão. 5 – Referências bibliográficas.

1. INTRODUÇÃO

O presente capítulo tem o objetivo de analisar o Incidente de Resolução de Demandas Repetitivas (IRDR) introduzido pelo Novo Código de Processo Civil de 2015 sob o ponto de vista teórico, buscando defender que as decisões emanadas em processos desse tipo produzem um efeito análogo ao que o procedente provoca quando encarado como uma regra.[3] A concepção do precedente como regra tem muita força no âmbito da tradição da *common law* porque as cortes superiores sempre gozaram de muito prestígio social e o sistema judiciário foi concebido para ser hierarquizado com uma única corte de vértice. Além dessas razões mais gerais, outras razões importam à concepção do precedente como regra, razões que serão expostas ao longo do presente estudo e que podem ajudar a compreender as vantagens e desvantagens do IRDR.

Para defender a abordagem do precedente como regra, e do IRDR como análogo ao precedente, será assumido como ponto de partida a capacidade que uma autoridade imaginária tem de desenhar um sistema jurídico. Ademais, assume-se também como pressuposto que, apesar de os participantes de um sistema jurídico compartilharem os mesmos objetivos gerais e valores morais, eles nem

1. Mestre em Direito pela UFRJ. Pós-graduado em Direito Público pela UCAM. Delegado de Polícia no Estado do Rio de Janeiro. Professor de cursos de graduação e pós-graduação. Pesquisador. Lattes disponível em: http://lattes.cnpq.br/0897287459205783. E-mail: raphaelbarilli@icloud.com.

2. Mestre em Teorias Jurídicas Contemporâneas pela Faculdade Nacional de Direito da UFRJ. Pesquisador. Lattes disponível em: http://lattes.cnpq.br/3612789113321010. E-mail: daniellucas@adv.oabrj.org.br.

3. ALEXANDER, Larry; SHERWIN, Emily. Judges as rule makers. In: EDLIN, Douglas E. *Common law theory*. Cambridge: Cambridge University Press, 2007.

sempre concordam sobre quais objetivos e valores são determinantes para a decisão dos diversos, porém análogos, casos. Essas duas assunções são particularmente importantes porque a finalidade de qualquer sistema jurídico e a razão pela qual os sujeitos alienam sua capacidade de autodeterminarem-se em prol dessa "autoridade imaginária" é a expectativa de terem realizados, da melhor maneira possível, os objetivos e valores compartilhados.

Inevitavelmente, e em função dessas ideias mais gerais, decisões judiciais anteriores tendem a produzir consequências no futuro, influenciando de alguma forma e em diferentes graus as decisões dos conflitos subsequentes. Via de regra, as duas principais concepções de precedente articulam-se a partir dos efeitos que certos tipos de decisão podem provocar. Para a concepção quase-legislativa do precedente[4] o efeito vinculante do formato canônico[5] diferencia um precedente de uma decisão judicial que é influente em razão das boas razões que apresenta. Para a concepção natural, o *status* de precedente decorre das boas razões que, ao longo do tempo e do escrutínio constante, permaneceram como as razões moralmente corretas para resolver os casos análogos[6].

A primeira concepção é, sem dúvida, a mais estudada e desenvolvida em função da sua utilidade prática. Enquanto uma decisão influente ou precedente natural tenta convencer o juiz, por meio de razões substantivas, de que repetir a postura adotada anteriormente é melhor do que adotar outra postura juridicamente aceita,[7] um precedente quase-legislativo determina que a postura tomada anteriormente[8] deve servir como regra e ser levada a sério. A "regra séria" do precedente, da maneira usada pelos autores que defendem essa concepção, é uma prescrição aplicável a uma série de casos no futuro por exercer autoridade sobre os juízes.[9] Uma concepção particularmente útil ao estudo do IRDR.

---

4. ALEXANDER, Larry. Constrained by precedent. *S. Cal. L. Rev.*, v. 63, p. 1, 1989, p. 17-19.

5. O argumento válido dedutivamente no sentido de que se "todos os homens são mortais e Sócrates é um homem, então, Sócrates é mortal" está em formato canônico.

6. ALEXANDER, Larry. Constrained by precedent. *S. Cal. L. Rev.*, v. 63, p. 1, 1989, p. 16-17.

7. Essa concepção chamada de natural por Larry Alexander e Emily Sherwin (Judges as rule makers. In: EDLIN, Douglas E. *Common law theory*. Cambridge: Cambridge University Press, 2007, p. 30) nos diz que os tribunais devem atribuir as decisões prévias seu devido valor moral. Como um pressuposto desta concepção está a crença de que juízes seriam decisores perfeitos a operar com a informação perfeita. Ou seja, quem adota essa concepção entende que o raciocínio moral particularista desenvolvido é obrigatório por ter considerado todas as circunstâncias em jogo e derivar de um princípio universal aplicável a todos os casos.

8. Importante destacar que na *common law* o termo opinião anterior tem um sentido específico, ele representa a decisão judicial tomada anteriormente e publicada pelo tribunal de acordo com um procedimento específico que confere efeito prospectivo ao seu conteúdo. Nem toda decisão judicial na *common law* é uma opinião e pode ser invocada como precedente, embora toda opinião invocada como precedente seja uma decisão judicial anterior.

9. ALEXANDER, Larry; SHERWIN, Emily. Judges as rule makers. In: EDLIN, Douglas E. *Common law theory*. Cambridge: Cambridge University Press, 2007, p. 31.

Compreender o fundamento de autoridade de um precedente quase-legislativo e de uma tese no IRDR, os efeitos que ambos provocam e as formas pelas quais ambos são instrumentalizados – em geral, uma forma ligada ao exercício do poder normativo pelas instâncias superiores – será determinante para defender a tese que norteia esse capítulo: A afirmação de que o IRDR tem lugar na teoria do precedente. Sob esse prisma, e com esse objetivo, chama a atenção como exemplo de concepção quase-legislativa a tese de Hermes Zanetti Jr.,[10] de acordo com a qual um "precedente" representaria uma decisão reconstrutiva do ordenamento jurídico, uma forma de "densificar" as normas legislativas que regem a resolução de casos concretos.

Todos esses argumentos iniciais tentaram demonstrar que a teoria do precedente quase-legislativo consegue explicar a forma como uma tese firmada em IRDR opera. Isso porque nesses incidentes, a tese firmada funciona como regra e atribui ao juiz subsequente o ônus argumentativo de justificar qualquer decisão que se desvie da regra. Assim, para sustentar a posição de que a realidade jurídica que o IRDR representa na prática dos tribunais é similar a operação dos precedentes nos tribunais de *common law*, apresenta-se na seção seguinte a doutrina desenvolvida para operacionaliza o IRDR. Ato contínuo, apresenta-se a concepção de precedente quase-legislativo anglo-americana, destacando-se os elementos que articulam uma teoria do precedente em que decisões judiciais, sob certas circunstâncias, produzem um efeito prospectivo pelos simples fatos de terem autoridade, independentemente do conteúdo que veiculam.

Por fim, busca-se articular essa teoria dos precedentes quase-legislativos com a doutrina desenvolvida para o IRDR, tudo para demonstrar que é válida a hipótese de que, tendo em vista que é a preocupação com a segurança jurídica que certos tipos de decisões judiciais podem alcançar em função de sua autoridade (autoridade que emana do *status* do decisor ou do procedimento decisório), o IRDR pode ser considerado uma forma análoga ao precedente quase-legislativo.

2. O INCIDENTE DE RESOLUÇÃO DE DEMANDAS REPETITIVAS

O Incidente de Resolução de Demandas Repetitivas (IRDR) e o sistema de recursos extraordinário e especial repetitivos são exemplos de razões de segunda ordem no sistema jurídico brasileiro.[11] Por meio deles busca-se otimizar a resolução de

10. ZANETI JR, Hermes. Precedentes normativos formalmente vinculantes. In: DIDIER JR, Fredie *et al.* (coords.). *Precedentes.* Salvador: Juspodivm, 2016, p. 408.

11. No dia a dia, decidimos como agir com base em razões. Alguém pode decidir não ir à praia porque está chovendo, pode decidir estudar porque tem uma prova próxima, pode decidir deixar de frequentar certo restaurante porque ele aumentou seus preços. Estas são razões para agir, razões de primeira ordem. O que torna uma razão para agir, razão de primeira ordem é o fato de que ela é uma razão para preferir certa ação em vez de outra e a possibilidade de ser posta em comparação com razões para preferir ação diversa. A ação por força de uma razão sempre considera as razões em contrário para verificar qual tem mais força. Essa atividade de comparação entre razões de primeira ordem com o objetivo de estabelecer qual

casos semelhantes, partindo da premissa de que suas teses firmadas dão origem a "precedentes".[12] Tratar casos semelhantes (obrigatoriamente) da mesma maneira é o fundamento primeiro a justificar a aplicação dos precedentes no direito.

2.1 Fundamentos

Um processo de tomada de decisão pode ser realizado individualmente ou através da interação entre duas ou mais pessoas. Quando é realizado por apenas um indivíduo, torna-se uma discussão interna ou intrínseca, muitas vezes estudada a partir de determinadas abordagens como a abordagem do "processo de pensamento crítico".[13] Segundo Rieke *et al.*, no desenvolvimento deste processo, tendemos a projetar em nossas mentes um argumentador e uma audiência, seja ele "real" (alguém que se conhece) ou imaginário para que possamos formular nossos argumentos em favor de uma alternativa, ou antecipar os argumentos que serão ofertados como reforço ou como refutação aos argumentos formulados. Em resumo, a tomada de decisão individual seria um tipo de diálogo interno.

Quando decisões são discutidas entre duas ou mais pessoas, elas são o resultado de um processamento de proposições dialeticamente embaralhadas como alternativas em um contexto específico. Esse contexto é fortemente influenciado por um sistema particular que considera estimativas e preferências pessoais dos decisores, bem como suas considerações contrastantes e diferentes pesos relativos atribuídos a cada consideração. A linearidade da tomada de decisão individual fica prejudicada frente à multilinearidade da tomada de decisão coletiva que, perceba, responde a um mesmo objetivo ou propósito comum. Tomadas de decisão coletivas têm essa característica intrínseca.[14]

---

delas tem mais força ou peso chama-se balanço de razões. No dia-a-dia decidimos como agir com base nos resultados de nossos balanços de razões. Mas há ainda uma outra modalidade de razões: as razões de segunda ordem. Essas razões têm um *status* superior, e o que faz de uma razão para agir uma razão de segunda ordem é o fato dela não poder ser posta junto com as razões de primeira ordem em um balanço de razões. Razões de segunda ordem suspendem o balanço de razões e indicam qual razão deve contar como determinante para preferir certa ação.

12. Ver MARINONI, Luiz Guilherme. O "problema" do incidente de resolução de demandas repetitivas. *Revista Argumentum*, v. 17, 2016, p. 45-46. Importante destacar que, apesar de Marinoni criticar os termos estabelecidos pelo CPC/2015 para a resolução do incidente de recursos repetitivos por violar o direito constitucional de participar em contraditório, ele reconhece que o incidente de resolução de demandas repetitivas se destina a regular casos que já surgiram ou podem surgir em face de determinado litígio. E, ao oferecer uma alternativa processual que permite a corrigir a inconstitucionalidade dando ampla participação no incidente aos interessados, Marinoni parece reforçar que não se pode ignorar a repercussão que esse tipo de incidente exerce sobre o raciocínio que dá origem à decisão judicial. Ou seja, enquanto razão suficiente para decidir novamente da maneira *A* em casos semelhantes o incidente pode ser considerado um precedente.

13. RIEKE, Richard D.; SILLARS, Malcolm Osgood; PETERSON, Tarla Rai. *Argumentation and critical decision making*. New York: Longman, 1997, p. 18.

14. VALENCIA MARTÍNEZ, S. The use of arguments a fortiori in decision making. 2016, p. 2. Disponível em: <https://scholar.uwindsor.ca/cgi/viewcontent.cgi?referer=https://scholar.google.com.br/&httpsredir=1&article=2447&context=ossaarchive>. Acesso em: 19 jul. 2019.

Assumindo como pressuposto que a maioria das decisões judiciais envolve a manipulação de uma variedade de formas de argumentos e assumindo também que, em geral, essa manipulação permite ao tomador de decisão adotar um entre dois diferentes critérios de decisão, ou decidir por aquilo que considera ser a melhor alternativa, ou decidir por aquilo que considera ser a decisão "menos pior" (aquela que provoca menos efeitos adversos), pode-se concluir que na tomada de decisão coletiva o compromisso com um outro critério é menor quando comparado com o compromisso que um tomador de decisão individual assume. Um indivíduo pode ser responsabilizado por mudar constantemente de orientação, sendo essa responsabilidade diluída em um colegiado.

Dentro da instituição judiciária, dado o peso que a coerência e a consistência detêm para a credibilidade do sistema jurídico, parece forçoso reconhecer que há mérito em tentar tornar o processo decisório inevitavelmente sujeito às contingências que a tomada de decisão coletiva impõe, mais linear, mais próximo da tomada de decisão individual. O direito processual positivo tem essa faculdade, é por meio dele que os ideais de coerência e consistência são perseguidos no direito. Coerência e consistência são os fins, o Incidente de Resolução de Demandas Repetitivas é um bom meio? Acredita-se que sim.

Do ponto de vista teórico, Rieke *et al.*[15] identificam que o processo de tomada de decisão coletiva ocorre em duas fases principais. A primeira, a *fase de preparação do caso*, subdividida em três estágios busca determinar claramente o problema a ser enfrentado e selecionar a proposição que será defendida. Dentre as tarefas dessa fase estão: (i) estabelecer a pergunta que representa o problema; (ii) identificar os objetivos e valores diretamente relacionados ao problema; (iii) procurar dentre as decisões alternativas, aquela que é a mais *atraente*.[16]

Na segunda fase, a fase de *construção do caso*, os dois estágio são: (iv) pesar os custos e os riscos de cada alternativa; (v) pesquisar e filtrar as informações disponíveis em relação ao problema. A importância desses passos se deve ao fato de que ao olhar os dois lados, descobre-se quais questões de fato ou de direito provavelmente serão as mais cruciais para a resolução. A segunda fase ainda envolve outros estágios que tornam explícitos os critérios usados pelo decisor para mensurar a força da proposição. Cabe ao tomador de decisão: (vi) examinar criticamente as alternativas, levando em consideração os estágios ii, iii e v; (vii) identificar os *pontos cegos,* como *vieses* ou *preconceitos ocultos* dentro de alternativas; para então (viii) resolver da forma mais razoável.

---

15. RIEKE, Richard D.; SILLARS, Malcolm Osgood; PETERSON, Tarla Rai. *Argumentation and critical decision making*. New York: Longman, 1997.

16. VALENCIA MARTÍNEZ, S. *The use of arguments a fortiori in decision making*. 2016, p. 3. Disponível em: <https://scholar.uwindsor.ca/cgi/viewcontent.cgi?referer=https://scholar.google.com.br/&httpsredir=1&article=2447&context=ossaarchive>. Acesso em: 19 jul. 2019.

É esse percurso em oito estágios que permite a interação entre elementos retóricos e dialéticos na tomada de decisão, estabelecendo um desenho de processo decisório que pode ser considerado transcendental.[17] Não é esse o desenho que o IRDR adota? Não é em razão da forma como se processa o IRDR que ele adquire força vinculante? Olhemos seu funcionamento e suas contribuições para o processo decisório.

2.2 Funcionamento

Conforme ensina Bruno Dantas, o IRDR, previsto na legislação processual brasileira no art. 976 e seguintes do CPC/15, pode ser conceituado como "(...) o incidente processual instaurado para, mediante julgamento único e vinculante, assegurar interpretação isonômica à questão jurídica controvertida em demandas repetitivas que busquem tutela jurisdicional a interesses individuais homogêneos".[18] Sendo assim, como um verdadeiro mecanismo para a solução de demandas repetitivas, o IRDR pode ter por objeto questões de direito material ou processual no qual se promoverá um julgamento único e vinculante, evitando-se, assim, a disparidade de entendimentos buscando promover a segurança jurídica.[19]

Possuindo natureza jurídica de incidente processual,[20] o IRDR guarda autonomia em relação ao processo do qual deriva, visto que tem como objetivo firmar uma tese jurídica que será aplicada incidentalmente a todos os casos semelhantes. Uma vez firmado o entendimento vinculante pelo órgão competente, este será aplicado ao processo de origem, voltando a com este se relacionar.[21]

A legitimidade para a instauração do IRDR encontra-se prevista no art. 977 do CPC/15, sendo do juiz ou relator, de ofício, e das partes, do Ministério Público e da Defensoria Pública mediante petição nos autos. A competência para apreciar o incidente e firmar o entendimento recai sobre o órgão definido segundo o regimento interno de cada tribunal, havendo certa divergência na doutrina e

17. VAN EEMEREN, Frans H. *Strategic maneuvering in argumentative discourse*: extending the pragma-dialectical theory of argumentation. Amsterdam: John Benjamins Publishing, 2010, p. 83.

18. DANTAS, Bruno. Comentários ao capítulo VIII do Título I do Livro III do CPC: do incidente de resolução de demandas repetitivas. In: ARRUDA ALVIM WAMBIER, Teresa; DIDIER JR., Fredie; TALAMINI, Eduardo; DANTAS, Bruno (Coord.). *Breves comentários ao novo Código de Processo Civil*. São Paulo: Revista dos Tribunais, 2015. p. 2179.

19. MENDES, Aluisio Gonçalves de Castro Mendes; PINHO, Humberto Dalla Bernardina de; VARGAS, Daniel Vianna; SILVA, Felipe Carvalho Gonçalves da. O incidente de resolução de demandas repetitivas (IRDR) no processo penal. Reflexões iniciais. *Revista de Processo*, vol. 279, p. 283-312, maio 2018, p. 3.

20. MENDES, Aluisio Gonçalves de Castro. *Incidente de resolução de demandas repetitivas:* sistematização, análise e interpretação do novo instituto processual. Rio de Janeiro: Forense, 2017, p. 104-105.

21. PORTO, José Roberto Sotero de Mello. *Teoria geral dos casos repetitivos*. Rio de Janeiro: LMJ Mundo Jurídico, 2018, p. 111.

na jurisprudência se o IRDR seria exclusivo dos tribunais de segundo grau (TJ e TRF) ou se também seria aplicável aos tribunais de superposição.[22]

Sendo assim, diante de um processo subjetivo em que se vislumbre a presença de alguma das hipóteses do artigo 976 do CPC/15 (efetiva repetição de processos com a mesma controvérsia sobre questão unicamente de direito ou risco de ofensa à isonomia e à segurança jurídica), um dos legitimados poderia suscitar a instauração do incidente que seria remetido ao órgão do tribunal competente, cabendo a este realizar o juízo de admissibilidade, suspendendo-se o processo subjetivo do qual derivou e outros que tramitem em sua competência territorial.

A instauração do incidente demanda ampla divulgação, permitindo-se a participação de eventuais interessados no julgamento. É possível dizer que há, portanto, dois procedimentos distintos: aquele do processo suspenso, de índole subjetiva, e aquele do incidente, voltado à criação e fixação de um precedente.[23] O procedente no caso do IRDR é a tese jurídica firmada pelo tribunal competente, órgão necessariamente colegiado, após a plena participação das partes e de outros representantes da sociedade civil no âmbito de um Judiciário "multiportas".[24] Para evitar a multiplicação de demandas semelhantes, o IRDR promove um procedimento de natureza administrativa e normatizadora.[25]

Sendo assim, uma vez identificado o funcionamento do IRDR, sobretudo a nítida distinção entre o processo relacionado ao incidente, de caráter normatizador, e os demais processos subjetivos dos quais se origina, vejamos as principais críticas do procedimento para, a partir disto, fixar a relação com o precedente quase-legislativo.

---

22. No sentido de admitir, vide: MENDES, Aluisio Gonçalves de Castro. *Incidente de resolução de demandas repetitivas*: sistematização, análise e interpretação do novo instituto processual. Rio de Janeiro: Forense, 2017, p. 140. No sentido contrário, vide: NEVES, Daniel Amorim Assumpção. *Manual de direito processual civil*. Salvador: Juspodivm, 2016, p. 1405.

23. PORTO, José Roberto Sotero de Mello. *Teoria geral dos casos repetitivos*. Rio de Janeiro: LMJ Mundo Jurídico, 2018, p. 113.

24. PINHO, Humberto Dalla Bernardino; PAUMGARTTEN, Michele Pedrosa. O papel da mediação no século de vocação da jurisdição e no (re)dimensionamento da democratização do processo civil. In: SPENGLER, Fabiana Marion; PINHO, Humbeto Dalla Bernardino (orgs.). *Acesso à justiça, jurisdição (in)eficaz e mediação*: a delimitação e a busca de outras estratégias na resolução de conflitos. Curitiba: Multideia, 2013. p. 172.

25. O procedimento do IRDR, apesar de ocorrer no interior dos tribunais, está claramente ligado à função normativa da administração pública e é aderente ao que está previsto no artigo 29 da Lei 13.655/2018 (Lei da Segurança para a Inovação Pública). Dentro do paradigma moderno de um Estado Administrativo, é producente que todos os Poderes tornem seus processos normativos permeáveis aos administrados potencialmente afetados pelos seus efeitos. A racionalidade da função administrativa normativa atual transcende as balizas *ex ante* do fundamento legal) para alcançar um olhar prospectivo que considera os diversos impactos, equilibra os interesses em jogo e compara as alternativas para escolher a mais adequada.

2.3 Principais críticas

Umas das primeiras críticas que se faz ao IRDR e sua regulamentação no direito brasileiro é em relação à expressão "questão unicamente de direito" utilizada no art. 976, I do CPC/15.[26] O direito surge para regulamentar a vida concreta, sendo impossível dissociar plenamente as discussões jurídicas das questões fáticas subjacentes. Sendo assim, teria sido melhor o legislador utilizar a expressão "causas predominantemente de direito", o que ainda assim traria problemas, haja vista o impacto que os chamados conceitos indeterminados tais como "segurança jurídica" e "isonomia", utilizados no mesmo dispositivo, causam no processo de interpretação e aplicação do direito.

Outra crítica realizada ao IRDR se dá em relação ao grau de representatividade dos interessados no procedimento na formação da tese jurídica, visto que a referida tese terá aplicação vinculante para os casos semelhantes.[27] Reputa-se essencial o fomento à participação dos diferentes segmentos sociais através de associações e outros entes representativos, na qualidade de interessados, viabilizando pluralização do debate, construindo-se, assim, uma tese jurídica efetiva tanto do ponto de vista jurídico quanto do ponto de vista social.

A limitação da legitimidade no IRDR afeta também a sua própria eficácia jurídica, visto que, ao depender das partes, do juiz e do Ministério Público e Defensoria Pública, o IRDR pode acabar sendo subutilizado. No Tribunal de Justiça do Estado do Rio de Janeiro, por exemplo, segundo tabela informativa disponibilizada, em 27.07.2018 o tribunal contava com apenas 15 incidentes instaurados, o que, mesmo não sendo o único instrumento disponível, é muito pouco perto da demanda de uniformização de jurisprudência.[28]

Portanto, em que pese as críticas acima assinaladas, o IRDR tem se mostrado uma importante ferramenta na linha da sedimentação da cultura do procedente no sistema jurídico brasileiro. Vejamos agora a sua correlação com a doutrina do precedente quase-legislativo para entender a sua correta posição.

3. O PRECEDENTE QUASE-LEGISLATIVO

3.1 Fundamento

A noção de que os tribunais normalmente devem seguir um precedente ao decidir os casos sob sua jurisdição é uma das principais características da função

26. CAVALCANTI, Marcos de Araújo. *Incidente de Resolução de Demandas Repetitivas (IRDR)*. São Paulo: Revista dos Tribunais, 2016, p. 200.

27. CAVALCANTI, Marcos de Araújo. *Incidente de Resolução de Demandas Repetitivas (IRDR)*. São Paulo: Revista dos Tribunais, 2016, p. 374.

28. Informação disponível em: www.tjrj.jus.br/documents/10136/3607547/irdr.pdf.Acesso em: 30.07.2019.

adjudicatória nos sistemas jurídicos de *common law*.[29] Uma definição de precedente que, em geral, soaria pouco polêmica é aquela de acordo com a qual um precedente funcionaria como um modelo para a tomada de decisão em casos subsequentes.[30] Essa é uma definição pouco polêmica porque utilizar lições do passado para resolver problemas presentes ou futuros é um artifício básico da razão prática humana.[31]

O problema dessa definição ampla de precedente é que ela parece não dar conta de explicar aquilo que é a principal característica de um precedente: sua capacidade de constranger, em determinadas condições, os juízes a seguir decisões anteriores com as quais eles pessoalmente não concordam.[32] A doutrina do precedente envolve mais do que a possibilidade de aprender com o passado. Sob a égide dessa doutrina, é legítimo esperar que um tribunal subsequente decida questões do mesmo modo que o tribunal precedente decidiu anteriormente, mesmo que a composição do tribunal tenha mudado ou que seus membros tenham mudado de opinião.[33]

Esse capítulo não pretende considerar tudo o que já foi escrito ou dito na *common law* em favor da doutrina do precedente, mas apenas destacar o que já foi escrito ou dito com a intenção de: (i) explicar o precedente como uma doutrina que articula um conjunto de princípios capazes de constranger autoridades, no exercício do seu mister, a respeitar uma moldura de normas públicas em detrimento de suas preferências pessoais ou ideológicas; e (ii) explicar o precedente como uma doutrina que estabelece as condições de um processo a partir do qual tribunais podem desenvolver o direito e evitar contradições ou obsolescências.[34]

A razão desse recorte é que ele pode resumir o sentimento geral de acordo com o qual o sistema jurídico brasileiro poderia se adaptar e assim aproveitar os pontos fortes de duas grandes tradições jurídicas: *civil* e *common law*. Assim, no sentido que interessa ao capítulo, a ideia de precedente representa o compromisso institucional de utilizar decisões anteriores tomadas sob certas circunstâncias como o ponto de partida obrigatório do raciocínio jurídico em casos subsequentes.

---

29. ALEXANDER, Larry. Constrained by precedent. *S. Cal. L. Rev.*, v. 63, 1989, p. 3.

30. BARILLI, Raphael Jorge de Castilho. Raciocinando com base em precedentes: uma visão crítica acerca de sua justificação e aplicação na teoria da argumentação jurídica. In: PORTO, José Roberto Sotero de Mello; RODRIGUES, Roberto de Aragão Ribeiro. *Direito processual contemporâneo*: estudos em homenagem a Humberto Dalla Bernardina de Pinho. Rio de Janeiro: Editora GZ, 2018, p. 495-509.

31. MACCORMICK, D. Neil; SUMMERS, Robert S.; GOODHART, Arthur L. (Ed.). *Interpreting precedents: a comparative study*. Routledge, 2016, p. 1.

32. SCHAUER, Frederick. *Thinking like a lawyer*. Cambridge: Harvard University Press, 2009, p. 40.

33. SCHAUER, Frederick. *Thinking like a lawyer*. Cambridge: Harvard University Press, 2009, p. 37.

34. LUCAS, Daniel de Souza. STARE DECISIS NO BRASIL?: um estudo sobre a experiência dos sistemas jurídicos mistos. Rio de Janeiro, 2019. Dissertação (Mestrado em Teorias Jurídicas Contemporâneas) – Faculdade Nacional de Direito, Universidade Federal do Rio de Janeiro, Rio de Janeiro, 2019.

Mas qual o fundamento desse compromisso? Como dito acima, o objetivo principal é apresentar a doutrina do precedente e uma vez que essa visão depende de quais pressupostos sobre o direito se assume, é preciso começar por eles para poder avançar na análise. De maneira mais geral, o Direito é uma instituição formal pela qual seres parcialmente racionais empregam regras quase-morais imponíveis pela força para governar parcialmente o comportamento social.[35]

Segundo Lon L. Fuller, essas regras jurídicas funcionariam de forma ideal tanto para facilitar a resolução justa das disputas, quanto para moldar a conduta humana da forma mais benéfica à sociedade.[36] E é por isso, e em função do contínuo processo de solução de litígios, que os tribunais tenderiam a generalizar as bases das suas decisões. Como subprodutos da contínua resolução de conflitos, as generalizações, por uma questão de imparcialidade e aparência de justiça, serviriam como regras no direito.[37]

Como de fato qualquer decisão judicial pretérita pode exercer algum grau de influência sobre um caso atual, principalmente por conta do princípio de acordo com o qual casos semelhantes devem ser decididos da mesma maneira,[38] compreender a doutrina do precedente envolve, necessariamente, saber distinguir entre a decisão anterior que *influencia* a forma como é decidida a questão atual e a decisão anterior que *prescreve* como uma questão semelhante deve ser decidida. A característica importante a distinguir o precedente das demais decisões judiciais anteriores é seu *status* de fonte obrigatória (*mandatory source*)[39] do direito.

Juristas da tradição da *common law* reconhecem que sistemas jurídicos não precisam adotar a doutrina do precedente para "funcionar" e que a simples adoção da doutrina não indica que um sistema jurídico funciona "bem",[40] mas defendem o acerto da política judiciária de ser deferente às decisões anteriores com *status* de precedente por ser oportuno aproveitar os atributos de imparcialidade e visão de justiça que as decisões judiciais gozam no âmbito do Estado de Direito para atribuir efeitos prospectivos às decisões judiciais importantes.[41] Os diver-

35. HARDISTY, James. Reflections on Stare Decisis. *Ind. LJ*, v. 55, 1979, p. 42-43.

36. FULLER, Lon L. *The morality of law*. New Haven: Yale University Press, 1969, p. 106-118.

37. HARDISTY, James. Reflections on Stare Decisis. *Ind. LJ*, v. 55, 1979, p. 43.

38. Ver ANDRADE, Mário Cesar da Silva; LUCAS, Daniel de Souza. Reconhecendo analogias e precedentes a partir de decisões da justiça do trabalho: dois esquemas de argumentação caso a caso. *Revista Opinião Jurídica*, Fortaleza, v. 17, n. 25, p. 57-80, 2019.

39. Como tipologia para a classificação das fontes do direito, utilizo a proposta de SHECAIRA, Fábio. Legal scholarship as a source of law. *Legal Scholarship as a Source of Law*. Springer, Heidelberg, 2013, p. 32.

40. NASH, Jonathan Remy; PARDO, Rafael I. An Empirical Investigation into Appellate Structure and the Perceived Quality of Appellate Review. *Vand. L. Rev.*, v. 61, 2008, p. 1745-1750.

41. LUCAS, Daniel de Souza. Stare decisis no Brasil?: um estudo sobre a experiência dos sistemas jurídicos mistos. Rio de Janeiro, 2019. Dissertação (Mestrado em Teorias Jurídicas Contemporâneas) – Faculdade Nacional de Direito, Universidade Federal do Rio de Janeiro, Rio de Janeiro, 2019, p. 10.

sos níveis hierárquicos dos tribunais aprenderam ao longo do tempo que é mais importante ter uma solução (precedente) aplicável a todos os casos do que estabelecer qual seria a solução *correta*[42] para cada caso.[43]

Em resumo, a doutrina do precedente quase-legislativo seria um meio de mitigar a reinterpretação das fontes do direito nos casos particulares sem, no entanto, fechar a abertura cognitiva do direito ao seu entorno. A existência de regras que estabelecem "quem pode" e/ou "quando se deve" "olhar para fora" do direito em busca de respostas que possam ser internalizadas permite a criatividade e unidade no direito evitando contradições e obsolescências. A doutrina do precedente quase-legislativo estabelece: (i) quem tem autoridade para, abrindo cognitivamente o direito, formar um precedente e densificar o direito, e (ii) quem deve, em função da posição hierárquica, se restringir a aplicar o direito posto.

Assim, por meio do precedente como "regra para decidir", conjuga-se as capacidades de: (i) promover a estabilidade no direito apelando à estrutura hierarquizada dos tribunais e ao exercício do poder administrativo disciplinar e (ii) permitir que certos tribunais, sob certas circunstâncias, exerçam, excepcionalmente, o poder de estabelecer normas de caráter geral que produzem efeitos para além das partes em litígio à semelhança do poder de legislar.[44]

Como essa concepção se manifesta no Brasil? Para Fredie Didier Jr., membro da comissão formada para reformar o novo Código de Processo Civil na Câmara dos Deputados, "um dos pilares do novo Código é a estruturação dogmática de um sistema de precedentes judiciais obrigatórios".[45] Por que estruturação dogmática? Porque o art. 926 do CPC/2015 incorpora dois termos muitos difundidos nos estudos contemporâneos sobre a teoria do Direito e inéditos no ordenamento brasileiro como conteúdo de um enunciado normativo: coerência e integridade. Para ele, como se está diante de um enunciado normativo e não de um enunciado doutrinário, seria preciso dar sentido normativo aos dois termos.[46]

---

42. Em relação ao efeito prospectivo das decisões, a ideia de solução correta está bastante associada à ideia de única solução possível. De maneira que a solução correta não deixa margem à interpretação e conduz a uma conclusão necessária, sendo qualquer conclusão alternativa uma contradição que deve ser excluída do sistema jurídico, ver RODRIGUEZ, José Rodrigo. Como decidem as cortes?: para uma crítica do direito (brasileiro). Rio de Janeiro: FGV Editora, 2013, p. 14-24.

43. MEAD, Joseph W. Stare Decisis in the Inferior Courts of the United States. *Nev. LJ*, v. 12, p. 787, 2011, p. 792.

44. LUCAS, Daniel de Souza. Stare decisis no Brasil?: um estudo sobre a experiência dos sistemas jurídicos mistos. Rio de Janeiro, 2019. Dissertação (Mestrado em Teorias Jurídicas Contemporâneas) – Faculdade Nacional de Direito, Universidade Federal do Rio de Janeiro, Rio de Janeiro, 2019, p. 10.

45. DIDIER JR, Fredie. Sistema brasileiro de precedentes judiciais obrigatórios e os deveres institucionais dos tribunais: uniformidade, estabilidade, integridade e coerência da jurisprudência. In: DIDIER JR, Fredie *et al.* (coords.). *Precedentes*. Salvador: Juspodivm, 2016, p. 383.

46. DIDIER JR, Fredie. Sistema brasileiro de precedentes judiciais obrigatórios e os deveres institucionais dos tribunais: uniformidade, estabilidade, integridade e coerência da jurisprudência. In: DIDIER JR, Fredie *et al.* (coords.). *Precedentes*. Salvador: Juspodivm, 2016, p. 386-387.

Assim, ele defende que a construção e manutenção de um sistema de enunciados que induzam a uniformização e repetição (estabilidade) dos resultados dos julgamentos judiciais deve ser considerada a forma de alcançar a coerência e a integridade que o legislador, por meio do art. 926, pretendeu.[47] O IRDR opera dessa forma e nesse contexto, a uniformização estaria ligada à ideia de que o tribunal não pode se omitir diante de uma divergência interna de seus órgãos, e de que a função do tribunal seria a de, por meio de enunciados vinculantes justificados pelas circunstâncias fáticas de um caso ou mais casos paradigmáticos, produzir normas gerais a partir de casos concretos.

Hermes Zaneti Jr., outro processualista a defender fortemente a concepção quase-legislativa de precedente, também entende que "o direito brasileiro adotou, com a edição do Novo Código de Processo Civil, um modelo normativo de precedentes formalmente vinculantes que passarão a constituir fonte primária no nosso ordenamento jurídico".[48] Para ele, ao instituir o dever de manter sua jurisprudência estável, coerente e íntegra, o art. 926 *caput* do CPC/2015 atribuiu também poder normativo aos tribunais. Além disso, ao determinar o dever de observância de uma série de decisões que, como normas e não como boas razões, devem ser levadas a sério na tomada de decisão judicial, o art. 927 e incisos atribuiu às decisões judiciais o *status* de fonte obrigatória do direito.[49]

Para ele, seria preciso abandonar o uso da expressão "direito jurisprudencial" em sentido análogo ao de *case law* porque essa expressão carregaria dois problemas de ordem teórica que a tornam incompatível com a teoria dos precedentes normativos vinculantes que o CPC/2015 instituiu.[50] O primeiro seria a "doutrina da jurisprudência" que o *case law* envolve: a técnica ultrapassada em benefício da decisão individualizada para o caso concreto e prejuízo da racionalidade que a norma-precedente propicia.[51] Ao defender o raciocínio pela exceção, a doutrina da jurisprudência estaria desincentivando a coerência e integridade do sistema. A jurisprudência não deveria poder negar a coerência/consistência de uma decisão, ou seja, em função da não-contradição não deveria ser permitido que um juiz negasse a produção de efeitos de uma norma.[52]

---

47. DIDIER JR, Fredie. Sistema brasileiro de precedentes judiciais obrigatórios e os deveres institucionais dos tribunais: uniformidade, estabilidade, integridade e coerência da jurisprudência. In: DIDIER JR, Fredie *et al.* (coords.). *Precedentes*. Salvador: Juspodivm, 2016, p. 384.

48. ZANETI JR, Hermes. Precedentes normativos formalmente vinculantes. In: DIDIER JR, Fredie *et al.* (coords.). *Precedentes*. Salvador: Juspodivm, 2016, p. 407.

49. ZANETI JR, Hermes. Precedentes normativos formalmente vinculantes. In: DIDIER JR, Fredie *et al.* (coords.). *Precedentes*. Salvador: Juspodivm, 2016, p. 408-409.

50. ZANETI JR, Hermes. Precedentes normativos formalmente vinculantes. In: DIDIER JR, Fredie *et al.* (coords.). *Precedentes*. Salvador: Juspodivm, 2016, p. 413.

51. ZANETI JR, Hermes. Precedentes normativos formalmente vinculantes. In: DIDIER JR, Fredie *et al.* (coords.). *Precedentes*. Salvador: Juspodivm, 2016, p. 414.

52. ZANETI JR, Hermes. Precedentes normativos formalmente vinculantes. In: DIDIER JR, Fredie *et al.* (coords.). *Precedentes*. Salvador: Juspodivm, 2016, p. 414-415.

E a mudança de paradigma com o CPC/2015 consistiria em abandonar o caráter meramente persuasivo da jurisprudência anterior, fonte secundária do direito, para assumir o caráter vinculante que certos tipos de decisões judiciais, enquanto fontes obrigatórias do direito, deveriam ter.[53] A compreensão do Código a partir da CRFB/88 levaria à constatação de que no quadro da teoria dos precedentes normativos vinculantes, os juízes e tribunais são menos livres e mais responsáveis pela interpretação do que no quadro da "mera legalidade".[54] Em resumo, teria havido:

> a passagem do direito jurisprudencial – vinculado apenas à lei e ao livre convencimento do juiz, na sua falta –, para o direito de precedentes, no qual os juízes e tribunais são responsáveis por suas escolhas, escolhas que irão vincular a si e aos seus pares no futuro.[55]

Para abordar a normatividade implícita que o art. 927 atribui aos precedentes, e ao IRDR por consequência, ou seja, para explicar o porquê de certas decisões judiciais receberem o *status* de fonte primária do direito, Zaneti Jr. aduz os seguintes exemplos: o brasileiro passou a usar cinto de segurança, parou de fumar em lugares públicos e começou a respeitar o gênero das pessoas graças às mudanças legislativas.[56] Ele reconhece a lei como poderoso indutor das mudanças culturais e defende a analogia entre as decisões judiciais elencadas no art. 927 do CPC/2015 e os atos normativos do Poder Legislativo: tribunais, em função da posição hierárquica que ocupam, teriam competência para legislar.

E nessa doutrina do precedente, o processo colegiado dos tribunais se aproximaria do processo legislativo das Assembleias. Maiorias importariam mais do que boas razões para decidir da mesma maneira no futuro[57] e tribunais "densificariam" o ordenamento jurídico em um movimento de codificação do direito que garantisse isonomia e segurança jurídica. Decisões passadas (casos-precedentes) que, por força da lei processual, têm eficácia normativa formalmente vinculante devem se sobrepor a outros tribunais ou juízes singulares por serem de aplicação obrigatória. Não devem valer como mero exemplo, obrigam.

O limite ao poder de legislar, nessa concepção de precedente, é dado pela interpretação operativa, um tipo de interpretação que, limitado pelo legislador e pela Constituição, acrescentaria "conteúdo reconstruído" ao ordenamento. São oferecidos como exemplos da densificação de normas: a delimitação de conceitos

53. ZANETI JR, Hermes. Precedentes normativos formalmente vinculantes. In: DIDIER JR, Fredie *et al.* (coords.). *Precedentes*. Salvador: Juspodivm, 2016, p. 409.

54. ZANETI JR, Hermes. Precedentes normativos formalmente vinculantes. In: DIDIER JR, Fredie *et al.* (coords.). *Precedentes*. Salvador: Juspodivm, 2016, p. 413.

55. ZANETI JR, Hermes. Precedentes normativos formalmente vinculantes. In: DIDIER JR, Fredie *et al.* (coords.). *Precedentes*. Salvador: Juspodivm, 2016, p. 410-411.

56. ZANETI JR, Hermes. Precedentes normativos formalmente vinculantes. In: DIDIER JR, Fredie *et al.* (coords.). *Precedentes*. Salvador: Juspodivm, 2016, p. 418.

57. ZANETI JR, Hermes. Precedentes normativos formalmente vinculantes. In: DIDIER JR, Fredie *et al.* (coords.). *Precedentes*. Salvador: Juspodivm, 2016, p. 419.

jurídicos indeterminados e a exegese de cláusulas-gerais. Casos em que o texto normativo permite a extração de, pelo menos, mais de uma norma.[58] Olhemos agora como funciona essa forma hierárquica e vertical de precedente para poder perceber suas contribuições ao processo decisório e as razões pelas quais tribunais da *common law* adotam a concepção de precedente quase-legislativo.

3.2 Funcionamento

Com relação à forma de precedente indicada na seção anterior, estar constrangido por um precedente parece ser uma versão um pouco mais forte do tipo de autoridade hierárquica que existe na maioria das instituições governamentais e não-governamentais.[59] Os tribunais inferiores devem, em geral, obedecer aos precedentes dos tribunais superiores aos quais estão vinculados. É a relação que se estabelece entre os tribunais ao longo de uma "cadeia de comando"que é relevante e entendida como vertical.[60] Sob esse ponto de vista, para os tribunais subsequentes, o precedente é um obstáculo na tarefa de atingir o melhor resultado no caso concreto. E essa a razão para perceber o precedente como vinculante em sentido forte. Quem está constrangido por um precedente vertical pode perder grande parte da sua liberdade de selecionar quais aspectos serão relevantes para a determinação do resultado.[61]

Ao exigir dos tribunais subsequentes, em geral, a obediência aos precedentes, o direito está comprometido com a visão de que é melhor, no agregado, que as decisões posteriores estejam de acordo com o precedente, do que estejam corretas. Ou seja, o direito se compromete com a visão de que é mais importante a consistência das decisões do que a possibilidade de alcançar a cada caso as melhores consequências.[62] Mas o fato de os precedentes verticais serem vinculantes em sentido forte não implica a impossibilidade de o tribunal subsequente fazer articulações capazes de evitar resultados juridicamente indesejáveis. Como isso acontece?

A natureza argumentativa do precedente permite que o tribunal subsequente, ao longo do processo de tomada de decisão, interprete os termos do precedente, defina suas partes vinculantes e não-vinculantes, e justifique os termos de sua decisão. E isso é possível, porque até mesmo a doutrina do precedente vertical foi tradicionalmente entendida como limitada ao que o tribunal no caso precedente efetivamente disse e não ao que o tribunal no caso precedente pretendia

58. ZANETI JR, Hermes. Precedentes normativos formalmente vinculantes. In: DIDIER JR, Fredie *et al.* (coords.). *Precedentes*. Salvador: Juspodivm, 2016, p. 421-422.

59. SCHAUER, Frederick. *Thinking like a lawyer*. Cambridge: Harvard University Press, 2009, p. 42.

60. SCHAUER, Frederick. *Thinking like a lawyer*. Cambridge: Harvard University Press, 2009, p. 36.

61. SCHAUER, Frederick. *Thinking like a lawyer*. Cambridge: Harvard University Press, 2009, p. 90.

62. SCHAUER, Frederick. *Thinking like a lawyer*. Cambridge: Harvard University Press, 2009, p. 36.

ter dito.[63] Essa é uma condição importante para o funcionamento da concepção quase-legislativa de precedente: normas implícitas não devem vincular.

Assim, embora possa ser dito que um precedente obriga o tribunal subsequente a segui-lo, parece mais preciso dizer que um precedente obriga um tribunal subsequente a segui-lo ou a superar o ônus de demonstrar que o caso sob análise é, na verdade, um caso fora do âmbito da regra que o precedente estabeleceu. Na prática, grande parte dos argumentos jurídicos envolve a tentativa de determinar qual precedente deve controlar o resultado. Um lado insiste no controle aduzindo o precedente supostamente aplicável, enquanto o outro insiste que há uma distinção que é suficiente para tirar o caso do controle ou oferece um segundo precedente que considera controlar o caso.[64]

Desta forma, é possível afirmar que o efeito vinculante que qualquer precedente provoca, assim como a tese em um IRDR, é apenas uma possibilidade a depender de confirmação a cada caso subsequente. Mesmo a vinculação em sentido forte exige mais do que o poder normativo de decidir como outro deve se comportar dentro de um espectro de ações possíveis, ela exige que o tribunal no caso precedente elabore um texto normativo que dá pouca ou nenhuma margem à interpretação. Há aqui uma semelhança entre um precedente e a lei em sentido estrito. Apesar de ambas serem fontes obrigatórias do direito, um juiz é capaz de evitar, eventualmente, o "rigor da lei" (seu resultado injusto) recorrendo à interpretação e à argumentação que supere o ônus de demonstrar que aquela regra não é a regra aplicável ao caso concreto. Ou seja, um precedente está sujeito ao mesmo tipo de "manobra" a que se sujeita a lei, porque, em verdade, toda fonte do direito está.[65]

Se a tese em um IRDR é vaga e dá margem à interpretação seu grau de vinculatividade é baixo, e estar "constrangido pelo precedente" não implica necessariamente a obrigação de alcançar o resultado alcançado no caso paradigma que deu origem à tese. Quando é esse o caso, estar "constrangido pelo precedente" significa apenas a obrigação de utilizar a tese como ponto de partida obrigatório do raciocínio jurídico que será desenvolvido. Ao final do processo, caberá ao tomador de decisão demonstrar que, ou a tese não é a premissa maior do silogismo jurídico, sendo necessária a busca pela premissa maior aplicável; ou a tese controla o caso concreto permitindo a subsunção do caso à norma.

A densificação através de normas judiciais estabeleceria assim como um precedente serviria de premissa maior no silogismo que resolve os casos-futu-

63. SCHAUER, Frederick. *Thinking like a lawyer*. Cambridge: Harvard University Press, 2009, p. 57.

64. SCHAUER, Frederick. *Thinking like a lawyer*. Cambridge: Harvard University Press, 2009, p. 58.

65. LUCAS, Daniel de Souza. Stare decisis no Brasil?: um estudo sobre a experiência dos sistemas jurídicos mistos. Rio de Janeiro, 2019. Dissertação (Mestrado em Teorias Jurídicas Contemporâneas) – Faculdade Nacional de Direito, Universidade Federal do Rio de Janeiro, Rio de Janeiro, 2019.

ros.[66] E a segurança jurídica seria incrementada a partir de um duplo efeito: o primeiro, orientador das expectativas e comportamentos futuros dos jurisdicionados à semelhança das regras emanadas pelo legislativo e executivo; e, o segundo, "otimizador" da eficiência cognitiva e decisória das instâncias inferiores vez que esses tribunais não teriam permissão para deixar todas as questões abertas a considerações, ou seja, deveriam aplicar os precedentes.[67] Em outras palavras, a presença de um precedente "forçaria" o desenvolvimento de um raciocínio subsuntivo por parte dos tribunais inferiores e juízes singulares, independentemente de suas preferências por outro tipo de raciocínio.

3.3 Principais críticas

Não são poucos aqueles que criticam a concepção dogmática do precedente quase-legislativo e a grande maioria das críticas está centrada na ideia de que há um perigoso equívoco na equiparação do precedente da *common law* à jurisprudência vinculante brasileira.[68] A crítica não ataca o fato de, a partir do art. 927 do CPC/2015, alguns provimentos terem força vinculante. A crítica, via de regra, direciona-se às três diferenças essenciais que esses provimentos apresentam quando comparados aos "genuínos precedentes".[69] Quais diferenças essenciais afastariam os precedentes brasileiros dos "genuínos precedentes"?

Primeira, o método de tomada de decisão judicial essencialmente casuístico. Juízes e tribunais de *common law* não estariam em busca da melhor resposta para todos os casos, mas da melhor resposta para o caso concreto dado o histórico de respostas dadas aos casos similares. E, independentemente da força que as decisões anteriores teriam nessa análise, seria a prática cotidiana do direito que serviria como base à *common law* e não a Ciência do Direito do ponto de vista professoral.[70]

A segunda diferença essencial estaria no fator hermenêutico. Não haveria nenhum tipo de ganho em se superar o juiz-boca-da-lei pelo juiz-boca-da-súmu-

66. Partindo dessa conceituação, ZANETI JR. (2016, p. 408) defende a aplicação vinculativa do precedente mesmo quando o julgador não concorda com seu conteúdo. SCHAUER (2009, p. 41) adota conceituação ligeiramente distinta, embora a ideia da aplicação vinculativa também integre o conceito básico desse autor.

67. SCHAUER, Frederick. *Thinking like a lawyer*. Cambridge: Harvard University Press, 2009, p. 43.

68. ABBOUD, Georges. Do genuíno precedente do *stare decisis* ao precedente brasileiro. In: DIDIER JR, Fredie *et al.* (coords.). *Precedentes*. Salvador: Juspodivm, 2016, p. 399.

69. LUCAS, Daniel de Souza. Stare decisis no Brasil?: um estudo sobre a experiência dos sistemas jurídicos mistos. Rio de Janeiro, 2019. Dissertação (Mestrado em Teorias Jurídicas Contemporâneas) – Faculdade Nacional de Direito, Universidade Federal do Rio de Janeiro, Rio de Janeiro, 2019.

70. ABBOUD, Georges. Do genuíno precedente do *stare decisis* ao precedente brasileiro. In: DIDIER JR, Fredie *et al.* (coords.). *Precedentes*. Salvador: Juspodivm, 2016, p. 401-402.

la-ou-de-qualquer-outro-provimento-vinculante.[71] Se, com a superação do positivismo, ou melhor, daquilo que ordinariamente se entende como positivismo, a norma não poderia mais ser reduzida ao seu texto, então um ordenamento jurídico positivo sem lacunas seria uma verdadeira ficção e não se poderia pretender solucionar os casos jurídicos por meio de silogismos. Assumindo que a norma em abstrato não é diretamente aplicável, uma vez que a decisão de cada caso – a norma concreta – deve ser estruturada e construída a partir dos dados linguísticos (programa da norma abstrata) e extralinguísticos (âmbito da norma abstrata), seria no mínimo ingênuo acreditar que uma "codificação" pelo Judiciário seria a forma mais racional de promover segurança jurídica.[72]

Para Abboud, quem aposta hodiernamente que as decisões vinculantes dos Tribunais podem ser a solução faz o mesmo tipo de aposta que os revolucionários franceses fizeram, com a única diferença de que a aposta francesa teria caráter democrático por dar ao povo, o Legislativo, o poder de solucionar todos os problemas concretos.[73] Seria possível acreditar em "superdecisões" capazes de trazerem soluções prontas para uma multiplicidade de casos?

Por fim, a terceira diferença seria a seguinte: o genuíno precedente não nasceria, nunca, com esse *status*.[74] Em função da compreensão hermenêutica do tema, o precedente deveria ser compreendido como um fenômeno que ocorre em dois momentos distintos:

> Em um primeiro momento, o precedente é uma decisão de um Tribunal com aptidão a ser reproduzida-seguida pelos tribunais inferiores, entretanto, sua condição de precedente dependerá dele [sic] ser efetivamente seguido [em um segundo momento] na resolução de casos análogos-similares.
>
> O mecanismo de decisão por precedentes é natural e funcionalmente de caráter hermenêutico (...) a decisão por precedentes não se articula com textos pré-definidos (...). Portanto, não há aplicação mecânica ou subsuntiva na solução dos casos mediante a utilização do precedente judicial.[75]

Em resumo e termos simples, para Abboud, um genuíno precedente nunca nasce "desde-sempre" precedente.[76] Coerência, integridade e racionalidade

---

71. ABBOUD, Georges. Do genuíno precedente do *stare decisis* ao precedente brasileiro. In: DIDIER JR, Fredie *et al.* (coords.). *Precedentes*. Salvador: Juspodivm, 2016, p. 402.
72. ABBOUD, Georges. Do genuíno precedente do *stare decisis* ao precedente brasileiro. In: DIDIER JR, Fredie *et al.* (coords.). *Precedentes*. Salvador: Juspodivm, 2016, p. 402-403.
73. ABBOUD, Georges. Do genuíno precedente do *stare decisis* ao precedente brasileiro. In: DIDIER JR, Fredie *et al.* (coords.). *Precedentes*. Salvador: Juspodivm, 2016, p. 403.
74. ABBOUD, Georges. Do genuíno precedente do *stare decisis* ao precedente brasileiro. In: DIDIER JR, Fredie *et al.* (coords.). *Precedentes*. Salvador: Juspodivm, 2016, p. 403.
75. ABBOUD, Georges. Do genuíno precedente do *stare decisis* ao precedente brasileiro. In: DIDIER JR, Fredie *et al.* (coords.). *Precedentes*. Salvador: Juspodivm, 2016, p. 403-404.
76. ABBOUD, Georges. Do genuíno precedente do *stare decisis* ao precedente brasileiro. In: DIDIER JR, Fredie *et al.* (coords.). *Precedentes*. Salvador: Juspodivm, 2016, p. 404-405.

naturalmente colocariam uma decisão anterior como ponto de partida para a discussão caso a caso de teses jurídicas até o ponto onde se formaria um padrão decisório. Seria o tempo de uso e a aceitação reiterada da decisão com esses atributos, pelas partes e pelas instâncias do Judiciário, que atribuiriam o *status* de precedente à decisão. Os tribunais superiores não precisariam impor seus julgados determinando seu uso como precedentes, o mecanismo de reforço seria mais sofisticado.

Em função do poder hierárquico, essas instâncias controlariam as decisões eventualmente desviantes reforçando a coerência, integridade e racionalidade dos seus julgados com bons argumentos a delinear o âmbito do precedente.[77] Seria paradigmático para essa concepção de precedente, o caso *Marbury vs Madison* de controle difuso de constitucionalidade. Esse "precedente" ficou "dormente" por quase três décadas antes de ser invocado pela Suprema Corte norte-americana. Seria a leitura "correta" por ser a constitucionalmente adequada é aquela de acordo com a qual, o CPC/2015 afirma apenas a obrigatoriedade dos juízes e tribunais observarem decisões vinculantes, sem nenhum tipo de vedação à interpretação dos enunciados que essas decisões estabelecem?[78].

Existem fortes razões para discordar disso. Ainda durante a tramitação do projeto de lei que resultou no CPC/2015, Rodriguez apontava que a maneira pela qual os tribunais exerceriam o poder de uniformizar a jurisprudência deveria estar no centro da discussão sobre a segurança jurídica e a previsibilidade dos tribunais.[79] Mais especificamente, o poder normativo dos tribunais superiores deveria estar no centro de uma discussão sobre o sistema político brasileiro. Teria ele razão? A compreensão do funcionamento da racionalidade jurisdicional brasileira deveria ser um pré-requisito importante para compreender a uniformização da jurisprudência ou empreender uma teoria dos precedentes judiciais?[80]

Ao partir do pressuposto de que Estado de Direito significa a imposição de limites ao poder soberano e ao poder privado é intuitivo no direito que se chegue à conclusão de que ninguém pode agir licitamente sem algum fundamento jurídico que autorize diretamente sua conduta ou, pelo menos, que crie um espaço

77. LUCAS, Daniel de Souza. Stare decisis no Brasil?: um estudo sobre a experiência dos sistemas jurídicos mistos. Rio de Janeiro, 2019. Dissertação (Mestrado em Teorias Jurídicas Contemporâneas) – Faculdade Nacional de Direito, Universidade Federal do Rio de Janeiro, Rio de Janeiro, 2019.

78. ABBOUD, Georges. Do genuíno precedente do *stare decisis* ao precedente brasileiro. In: DIDIER JR, Fredie *et al.* (coords.). *Precedentes*. Salvador: Juspodivm, 2016, p. 405.

79. RODRIGUEZ, José Rodrigo. *Como decidem as cortes?*: para uma crítica do direito (brasileiro). Rio de Janeiro: FGV Editora, 2013, p. 61.

80. LUCAS, Daniel de Souza. Stare decisis no Brasil?: um estudo sobre a experiência dos sistemas jurídicos mistos. Rio de Janeiro, 2019. Dissertação (Mestrado em Teorias Jurídicas Contemporâneas) – Faculdade Nacional de Direito, Universidade Federal do Rio de Janeiro, Rio de Janeiro, 2019.

de autonomia dentro de certos limites.[81] E o problema da racionalidade de um sistema jurídico relacionar-se-ia diretamente com a segunda parte dessa noção intuitiva. Quanto espaço institucional pode ser dado sem que se desnature a relação entre a decisão e o fundamento? Quão importante é um padrão decisório ou quão equivalente à decisão sem fundamentação é uma decisão sem um padrão?[82]

Como aponta Rodriguez, dificilmente aquele que detém o poder instituído afirmaria algo do tipo "decido assim porque eu quero" ou "decido desta forma porque é a melhor coisa a se fazer". Em geral, decisores em sentido amplo lançariam mão de falsas fundamentações com aparência de racionalidade para justificar escolhas arbitrárias. De maneira que o uso do termo "jurisprudência" tenderia a ser um bom indício daquilo que deveria ser considerado como o padrão de racionalidade brasileira.[83] Que racionalidade seria esta? A de que disputas jurídicas seriam "puramente" estratégicas. Menos uma atividade de convencimento pela força do argumento ou pela solidez de um raciocínio correto à luz do direito posto, e mais uma atividade de convencimento de um auditório, de conquista (persuasão) de uma maioria que dê peso à opinião pré-concebida do decisor.

Historicamente, a racionalidade jurídica brasileira sempre operou a partir da persuasão da maioria com argumentos de autoridade, havendo forte relação entre o peso desse argumento e o número de "autoridades" citadas em uma opinião (decisão), mesmo que o agregado dos diferentes modos de argumentação não fosse coerente.[84] Quanto mais autoridades, maior o peso da opinião (decisão).[85] Mas a racionalidade jurídica nos moldes propostos pelas teorias do direito, em especial aquelas que tratam da doutrina do precedente, não encara as disputas jurídicas como puramente estratégicas e não aceitam que todos os meios argumentativos sejam admitidos.

Mas isso é típico da *civil law*? Não. Na tradição romano-germânica, por exemplo, juristas estão sujeitos ao ônus argumentativo do raciocínio por meio de sistemas. Um argumento é considerado forte quando consegue instrumentalizar o sistema para lidar com a "anomalia" que o caso concreto representou e a produção doutrinária é bastante útil nesse sentido. Ao contrário, um argumento é considerado como fraco quando representa apenas a opinião pessoal de uma "auto-

81. RODRIGUEZ, José Rodrigo. *Como decidem as cortes?*: para uma crítica do direito (brasileiro). Rio de Janeiro: FGV Editora, 2013, p. 69.

82. LUCAS, Daniel de Souza. Stare decisis no Brasil?: um estudo sobre a experiência dos sistemas jurídicos mistos. Rio de Janeiro, 2019. Dissertação (Mestrado em Teorias Jurídicas Contemporâneas) – Faculdade Nacional de Direito, Universidade Federal do Rio de Janeiro, Rio de Janeiro, 2019.

83. RODRIGUEZ, José Rodrigo. *Como decidem as cortes?*: para uma crítica do direito (brasileiro). Rio de Janeiro: FGV Editora, 2013, p. 70.

84. RODRIGUEZ, José Rodrigo. *Como decidem as cortes?*: para uma crítica do direito (brasileiro). Rio de Janeiro: FGV Editora, 2013, p. 72.

85. RODRIGUEZ, José Rodrigo. *Como decidem as cortes?*: para uma crítica do direito (brasileiro). Rio de Janeiro: FGV Editora, 2013, p. 71.

ridade".[86] A racionalidade jurídica brasileira pré CPC/2015 claramente preferia o segundo tipo de argumento ao primeiro. Teria o CPC/2015 apenas alterado essa ordem de preferência entre os dois tipos de argumentos – o sistêmico e o de autoridade –, o que implicaria valorizar a argumentação que deu origem à tese em um IRDR, ou teria o CPC/2015 alterado o modelo de racionalidade decisória para o modelo de codificação judicial?

Esse trabalho não tem a pretensão de dar uma resposta definitiva a esse questionamento. Qualquer tese com essa pretensão envolveria uma pesquisa mais profunda e extensa. Não obstante, assumindo a existência desse importante (e ainda não respondido) questionamento parece honesto adotar como um pressuposto para o restante do trabalho, com impacto na conclusão sobre a característica geral do lugar do IRDR como um precedente, que a jurisdição brasileira contemporânea considera a fundamentação da decisão um aspecto menor do funcionamento da nossa jurisdição e, consequentemente, negligencia o padrão de argumentação necessário para a fundamentação. [87] Isso se aplica no caso da tese em um IRDR.

Nossa jurisdição seria um tipo de "jurisdição opinativa", com suas virtudes e defeitos que Rodriguez resume da seguinte forma:

> o modelo da justiça opinativa não é completamente transparente, mas pode admitir a participação direta de representantes da esfera pública no processo decisório. Além disso, ele deixa em aberto o espaço para o debate na esfera pública mesmo após a decisão, pois não gera decisões com fundamento substantivo. Ao mesmo tempo, trata-se de um modelo dependente da pessoa dos juízes.[88]

Além disso, a justiça opinativa procuraria formar padrões decisórios por meio de teses e súmulas que não incorporariam a fundamentação da decisão dos problemas jurídicos que tratam. E associaria a argumentação necessária ao tratamento sistêmico do direito aos registros dos debates havidos durante os julgamentos.[89] A consequência disso? Esse conjunto de variáveis institucionais resultariam em um padrão de argumentação baseada em argumentos de autoridade não necessariamente sistêmicos. Como aponta Rodriguez, haveria

> pouca incidência de argumentação sistemática, que procure reconstruir racionalmente o sistema para decidir o caso concreto à luz dessa reconstrução.
>
> (...)

86. RODRIGUEZ, José Rodrigo. *Como decidem as cortes?*: para uma crítica do direito (brasileiro). Rio de Janeiro: FGV Editora, 2013, p. 73.
87. RODRIGUEZ, José Rodrigo. *Como decidem as cortes?*: para uma crítica do direito (brasileiro). Rio de Janeiro: Editora, 2013, p. 107.
88. RODRIGUEZ, José Rodrigo. *Como decidem as cortes?*: para uma crítica do direito (brasileiro). Rio de Janeiro: FGV Editora, 2013, p. 110-111.
89. RODRIGUEZ, José Rodrigo. *Como decidem as cortes?*: para uma crítica do direito (brasileiro). Rio de Janeiro: FGV Editora, 2013, p. 107.

> Os casos são citados em forma de acúmulo para reforçar a autoridade de quem está proferindo a sentença. É muito difícil encontrar casos que sirvam de referência para todos os juízes no que diga respeito a um mesmo problema jurídico.
>
> Além disso, há citação constante de obras de doutrina, inclusive de autores estrangeiros, para fundamentar as decisões.
>
> (...)
>
> [A]s citações tendem a prescindir de análise. Consistem normalmente na transcrição sem comentário de uma série de opiniões que seriam relevantes para o caso, a despeito de não se fazer explicitamente tal demonstração. (RODRIGUEZ, 2013, p. 107-108)

Então, quais as características do precedente no Brasil? Essencialmente, o *status* das decisões elencadas no art. 927 do CPC/2015. Os tribunais continuariam autorizados a usar a jurisprudência para decidir. Poderiam fazer citações de casos anteriores para dar peso às suas decisões. Quanto mais decisões anteriores no mesmo sentido, mais "pacífico" seria o "entendimento" firmado e mais provável seria estabilidade da decisão. A mudança? O CPC/2015 teria introduzido "super-trunfos"[90]. E a parte que tivesse uma tese veiculada no corpo de qualquer das decisões judiciais previstas no art. 927 ganharia o "jogo" das fontes do direito, independentemente da quantidade de decisões que a outra parte tenha a seu favor ou do tempo que o tribunal tenha "entendido" que o direito estaria a seu favor.[91]

O efeito prático disso? O movimento de consolidação e corrosão natural da jurisprudência pelos tribunais perderia sentido em certas instâncias. O precedente brasileiro, a declaração expressa da primazia de uns tribunais sobre outros, teria tornado a função jurisdicional mais autoritária. Com o CPC/2015, o Brasil teria adotado uma teoria das fontes inspirada no *stare decisis*, mais precisamente inspirada na ideia de que decisões judiciais das instâncias superiores promovem a segurança jurídica quando seguidas pelas instâncias inferiores.

Não obstante, ao deixar em aberto o modelo de racionalidade jurídica que deveria ser adotado pelos tribunais para promover a segurança jurídica, a mudança de paradigma que o CPC/2015 promoveu – em razão do choque entre os modelos de racionalidade por precedentes e o modelo brasileiro de racionalidade jurídica opinativa – desnaturou a ideia que a expressão *stare decisis et non*

90. Super Trunfo era um jogo de cartas colecionáveis distribuído no Brasil pela Grow em que se sagraria vencedor aquele que conquistasse as cartas dos demais jogadores a partir do confronto, rodada a rodada, de atributos valorados que representavam as características de um objeto. Por exemplo, o baralho temático de carros indicava atributos como velocidade, aceleração, potência. O jogador "da vez" escolhia o melhor atributo da carta que tinha na mão e todos tinham que dizer seus valores no atributo, quem possuísse a carta de maior valor vencia a rodada. Todo baralho tinha um super trunfo, uma carta imbatível em determinado atributo.

91. LUCAS, Daniel de Souza. Stare decisis no Brasil?: um estudo sobre a experiência dos sistemas jurídicos mistos. Rio de Janeiro, 2019. Dissertação (Mestrado em Teorias Jurídicas Contemporâneas) – Faculdade Nacional de Direito, Universidade Federal do Rio de Janeiro, Rio de Janeiro, 2019.

quieta movere traz em si. Tribunais superiores com certa regularidade não respeitam as coisas decididas e mexem no que foi estabelecido. Não porque o que foi decidido estava errado, mas por que o arranjo de decisores mudou. Por isso a jurisdição está no centro do atual debate sobre o sistema político brasileiro, existe uma franca disputa tanto no campo teórico, quanto no prático.

4. CONCLUSÃO

Pelo exposto, o IRDR parece ser mais bem entendido como um procedimento de densificação da norma legislativa pelos tribunais, uma densificação que tem como fundamento a autoridade do procedimento em si (natureza administrativa normativa). Ele se aproxima muito da concepção de precedente quase-legislativo, a concepção de acordo com a qual, em determinadas condições, juízes estão constrangidos a seguir decisões anteriores com as quais eles pessoalmente não concordam e é legítimo esperar que um tribunal hoje decida questões do mesmo modo que o tribunal precedente decidiu no passado, mesmo que a composição do tribunal tenha mudado ou que seus membros tenham, pessoalmente, mudado de opinião.

O sistema jurídico brasileiro pode se adaptar e aproveitar os pontos fortes das duas grandes tradições jurídicas: *civil* e *common law*. E assim, a ideia de precedente que nos interessa é aquela que representa o compromisso institucional de utilizar decisões anteriores tomadas sob certas circunstâncias como ponto de partida obrigatório do raciocínio jurídico em casos subsequentes similares. Ou seja, para nós, talvez a característica mais importante a distinguir um precedente das demais decisões judiciais anteriores seja seu *status* de fonte obrigatória (*mandatory source*) do direito.

A consequência prática dessa concepção de precedente é a possibilidade de afirmar que o efeito vinculante que qualquer precedente provoca, e que a tese em um IRDR também provoca, é apenas potencial e dependente de confirmação caso a caso. Isso porque, mesmo a vinculação em sentido forte exige mais do que o poder normativo de decidir como outro deve se comportar dentro de um espectro de ações possíveis, exige que o tribunal no caso precedente elabore um texto normativo (tese) que dê pouca ou nenhuma margem à interpretação. Esta não é uma tarefa fácil de executar.

Há no IRDR, como há em qualquer precedente concebido para ser quase-legislativo, uma semelhança com a lei em sentido estrito. Enquanto fontes obrigatórias do direito, leis e precedentes servem como ponto de partida (e não de chegada) para o raciocínio jurídico de solução ao caso concreto. De maneira que um juiz é capaz de, eventualmente, evitar o "rigor da lei" (seu resultado injusto) recorrendo à interpretação e à argumentação que supere o ônus de demonstrar que uma regra não é aplicável ao caso concreto. Teses em IRDR assim como precedentes quase-legislativos estão potencialmente sujeitos ao mesmo tipo de "manobra" que a lei está, porque, em verdade, toda fonte do direito está.

A densificação das normas pelos tribunais parece ser a forma mais disseminada de incremento da segurança jurídica. Principalmente pelo duplo efeito que provoca, "normas judiciais" orientam expectativas e comportamentos futuros dos jurisdicionados à semelhança das regras emanadas pelo Legislativo e pelo Executivo. E "normas judiciais" também são um fator "otimizador" da eficiência cognitiva e decisória das instâncias inferiores vez que esses tribunais não teriam que deixar todas as questões abertas a considerações o tempo todo. O efeito seletivo que a hierarquia dos tribunais estabelece seria o filtro a determinar "quando" considerar e "quem" deve considerar.

Assim, o IRDR deve ter lugar na teoria do precedente a ser desenvolvida no Brasil, principalmente em razão da sua aptidão para promover a segurança jurídica e alcançar o *status* de autoridade na teoria das fontes do direito (o *status* de fonte primária ou obrigatória). O IRDR pode sim ser considerado uma forma de precedente, uma forma de densificação das normas.

5. REFERÊNCIAS BIBLIOGRÁFICAS

ABBOUD, Georges. Do genuíno precedente do *stare decisis* ao precedente brasileiro. In: DIDIER JR, Fredie *et al.* (coords.). *Precedentes.* Salvador: Juspodivm, 2016.

ALEXANDER, Larry. Constrained by precedent. *South California Law Review*, v. 63, p. 1-64, 1989.

ALEXANDER, Larry; SHERWIN, Emily. Judges as rule makers. In.: EDLIN, Douglas E. *Common law theory*. Cambridge: Cambridge University Press, 2007.

ANDRADE, Mário Cesar da Silva; LUCAS, Daniel de Souza. Reconhecendo analogias e precedentes a partir de decisões da justiça do trabalho: dois esquemas de argumentação caso a caso. *Revista Opinião Jurídica*, Fortaleza, v. 17, n. 25, p. 57-80, 2019.

ARRUDA ALVIM WAMBIER, Teresa; DIDIER JR., Fredie; TALAMINI, Eduardo; DANTAS, Bruno (Coord.). *Breves comentários ao novo Código de Processo Civil.* São Paulo: Revista dos Tribunais, 2015.

CAVALCANTI, Marcos de Araújo. *Incidente de Resolução de Demandas Repetitivas (IRDR)*. São Paulo: Revista dos Tribunais, 2016.

DIDIER JR., Fredie. Sistema brasileiro de precedentes judiciais obrigatórios e os deveres institucionais dos tribunais: uniformidade, estabilidade, integridade e coerência da jurisprudência. In: DIDIER JR, Fredie *et al.* (coords.). *Precedentes.* Salvador: Juspodivm, 2016.

FULLER, Lon L. *The morality of law*. New Haven: Yale University Press, 1969.

HARDISTY, James. Reflections on Stare Decisis. *Ind. LJ*, v. 55, 1979.

LUCAS, Daniel de Souza. Stare decisis no Brasil?: um estudo sobre a experiência dos sistemas jurídicos mistos. Rio de Janeiro, 2019. Dissertação (Mestrado em Teorias Jurídicas Contemporâneas) – Faculdade Nacional de Direito, Universidade Federal do Rio de Janeiro, Rio de Janeiro, 2019.

MACCORMICK, D. Neil; SUMMERS, Robert S.; GOODHART, Arthur L. (Ed.). *Interpreting precedents*: a comparative study. Routledge, 2016.

MARINONI, Luiz Guilherme. O "problema" do incidente de resolução de demandas repetitivas. *Revista Argumentum*, v. 17, 2016.

MEAD, Joseph W. Stare decisis in the Inferior Courts of the United States. *Nev. LJ*, v. 12, p. 787, 2011.

MENDES, Aluisio Gonçalves de Castro. Incidente de resolução de demandas repetitivas: sistematização, análise e interpretação do novo instituto processual. Rio de Janeiro: Forense, 2017.

______; PINHO, Humberto Dalla Bernardina de; VARGAS, Daniel Vianna; SILVA, Felipe Carvalho Gonçalves da. O incidente de resolução de demandas repetitivas (IRDR) no processo penal. Reflexões iniciais. *Revista de Processo*, vol. 279/2018, p. 283-312, maio 2018.

NASH, Jonathan Remy; PARDO, Rafael I. An Empirical Investigation into Appellate Structure and the Perceived Quality of Appellate Review. *Vand. L. Rev.*, v. 61, 2008.

NEVES, Daniel Amorim Assumpção. *Manual de direito processual civil*. Salvador: Juspodivm, 2016.

PORTO, José Roberto Sotero de Mello. *Teoria geral dos casos repetitivos*. Rio de Janeiro: LMJ Mundo Jurídico, 2018.

______. PORTO, José Roberto Sotero de Mello; RODRIGUES, Roberto de Aragão Ribeiro. *Direito processual contemporâneo*: estudos em homenagem a Humberto Dalla Bernardina de Pinho. Rio de Janeiro: Editora GZ, 2018.

PINHO, Humberto Dalla Bernardino (orgs.); SPENGLER, Fabiana Marion. *Acesso à justiça, jurisdição (in)eficaz e mediação*: a delimitação e a busca de outras estratégias na resolução de conflitos. Curitiba: Multideia, 2013.

RIEKE, Richard D.; SILLARS, Malcolm Osgood; PETERSON, Tarla Rai. *Argumentation and critical decision making*. New York: Longman, 1997.

RODRIGUEZ, José Rodrigo. *Como decidem as cortes?*: para uma crítica do direito (brasileiro). Rio de Janeiro: FGV Editora, 2013.

SCHAUER, Frederick. *Thinking like a lawyer*. Cambridge: Harvard University Press, 2009.

SHECAIRA, Fábio. Legal scholarship as a source of law. *Legal Scholarship as a Source of Law*. Springer, Heidelberg, 2013.

VALENCIA MARTÍNEZ, S. The use of arguments a fortiori in decision making. 2016. Disponível em: <https://scholar.uwindsor.ca/cgi/viewcontent.cgi?referer=https://scholar.google.com.br/&httpsredir=1&article=2447&context=ossaarchive>. Acesso em: 19 jul. 2019.

VAN EEMEREN, Frans H. *Strategic maneuvering in argumentative discourse*: Extending the pragma-dialectical theory of argumentation. Amsterdam: John Benjamins Publishing, 2010.

ZANETI JR, Hermes. Precedentes normativos formalmente vinculantes. In: DIDIER JR, Fredie *et al.* (coords.). *Precedentes*. Salvador: Juspodivm, 2016.

5

MICROSSISTEMA DE PRECEDENTES VINCULANTES

Rodrigo Fux[1]

Sumário: 1 – Introdução. 2 – Breve histórico das reformas processuais: de que ponto partimos? 3 – O que são os precedentes? 4 – O sistema de precedentes do CPC/2015. 4.1 – Uma introdução necessária. 4.2 – Os artigos 926 e 927 do CPC/2015. 4.3 – A superação do precedente. 4.4 – O artigo 928 do CPC/2015, os precedentes e o IRDR. 5 – *Obiter Dictum*: o sistema de precedentes e a arbitragem. 6 – Conclusão. 7 – Referências Bibliográficas.

1. INTRODUÇÃO

O presente ensaio, inserido em obra coletiva que trata especificamente sobre o incidente de resolução de demandas repetitivas, tem como objetivo traçar um singelo panorama do nosso atual microssistema de precedentes vinculantes, bem como o contexto no qual foi erguido no Código de Processo Civil de 2015 ("CPC/2015"). Para tal desiderato, será necessário abordar tanto algumas premissas históricas, quanto consequências inarredáveis – em sua maioria positivas – da busca por um verdadeiro sistema de precedentes.

Em primeiro lugar, será brevemente demonstrado que as numerosas reformas pelas quais passou o Código de Processo Civil de 1973 ("CPC/1973") não foram suficientes para conter a insatisfação generalizada entre os aplicadores do direito com a ausência de uniformidade dos posicionamentos jurisdicionais.

Além disso, serão analisados, a partir do sistema do CPC/2015, os diferentes efeitos dos precedentes, principalmente no que diz respeito à sua vinculação. É nesse contexto que serão vistos os precedentes obrigatórios – ou vinculantes – e os precedentes persuasivos, com especial atenção para o enquadramento teórico do incidente de resolução de demandas repetitivas.

Após o empreendimento de referida análise, passaremos a fazer ponderações sobre os novos rumos desse nosso sistema de precedentes, sobretudo no que diz respeito à compreensão da necessidade de respeito de tal mecanismo enquanto pressuposto de toda e qualquer tutela jurisdicional, inclusive, no procedimento arbitral.

1. Doutorando e Mestre em Direito Processual pela Universidade do Estado do Rio de Janeiro – UERJ. Advogado.

Com isso, ainda que desviando parcialmente a atenção do leitor sobre o tema principal desta obra, convém apontar, em breves linhas, todo o caminho percorrido pelo legislador pátrio no afã de construir um sistema processual efetivo, o que, nas palavras do saudoso Professor José Carlos Barbosa Moreira, significa traduzir o processo em um "instrumento eficiente de realização do direito material"[2].

2. BREVE HISTÓRICO DAS REFORMAS PROCESSUAIS: DE QUE PONTO PARTIMOS?

Desde a promulgação da Constituição Federal de 1988, o ordenamento processual brasileiro, ainda sob a égide do CPC/1973, sofreu uma série de reformas visando à sua adequação às finalidades do Estado e às novas demandas da sociedade[3]. Em que pese o notável avanço alcançado por tais reformas, a edição de sucessivas alterações legislativas no CPC/1973 acabou enfraquecendo a organicidade do sistema processual, tornando-o complexo e desorganizado, e comprometendo os próprios escopos que, inicialmente, as motivaram. Uma verdadeira "colcha de retalhos".

Com vistas a consolidar as alterações promovidas pelas reformas, incorporar outras reclamadas pela comunidade jurídica, bem como devolver organicidade ao ordenamento, o legislador viu-se impelido, de uma vez por todas, a aprovar novo diploma processual, o que culminou na promulgação do CPC/2015 (Lei n.º 13.105/2015).

O código vigente foi elaborado com a pretensão de prestar a tutela jurisdicional efetiva, tendo em vista a complexidade das relações sociais, a dinâmica

2. BARBOSA MOREIRA, José Carlos. Por um processo socialmente efetivo. *Revista de Processo*, vol. 27, 2002, p. 181.

3. Trata-se das denominadas "Reformas do Código de Processo Civil" – movimento inaugurado no Brasil no início da década de 1990 e liderado pelos juristas Athos Gusmão Carneiro e Sálvio de Figueiredo Teixeira, então Ministros do Superior Tribunal de Justiça – que instituíram consecutivas modificações na legislação processual do país, acentuadamente, na Lei n.º 5.869/1973. Dentre essas Reformas, destaque-se pela sua avultada relevância, as implementadas pela Lei n.º 8.952/1994, que instituiu a tutela antecipada, bem como as tutelas específicas; Lei n.º 10.352/2001, que trouxe modificações ao sistema recursal e ao tratamento da coisa julgada; Lei n.º 10.444/2002, que modificou regras atinentes às tutelas antecipadas e específicas e reforçando a execução provisória; Lei n.º 11.232/2005, a qual concedeu nova regulamentação à execução por quantia certa em sentença; Lei n.º 11.276/2006, que introduziu a figura da súmula impeditiva de recursos e trouxe alterações à apelação; Lei n.º 11.382/2006, que adaptou a execução fundada em títulos extrajudiciais; Lei n.º 11.419/2006, dispondo sobre a informatização do processo judicial; Lei n.º 11.441/2007, a qual simplificou os procedimentos de inventário, partilha, separação e divórcio consensuais; Lei n.º 12.008/2009, que estabeleceu a concessão de prioridade no trâmite processual às pessoas com mais de 60 anos, com deficiências física ou mental e pessoas acometidas de graves doenças; Lei n.º 12.016/2009, regulamentando os mandados de segurança individual e coletivo; Emenda Constitucional n.º 61/2009, a qual prescreveu mudanças no Conselho Nacional de Justiça; Emenda Constitucional n.º 62/2009, com novos dispositivos acerca do sistema de precatórios; Lei n.º 12.126/2009, que ampliou o rol de legitimados a ajuizar ações nos Juizados Especiais Cíveis; *etc.*

da vida contemporânea e o papel desempenhado pelo Estado em nossa sociedade[4]. Em sua elaboração, tomou-se em conta que o provimento jurisdicional tardio pode se tornar inútil ao detentor do direito e, por consequência, ineficaz à atuação da jurisdição[5].

Isso porque, apesar do emprego de esforços hercúleos do legislador para corrigir as deficiências do sistema processual e acelerar a prestação jurisdicional – como a Emenda Constitucional n.º 45 de 2004[6], que alçou o princípio da duração razoável do processo ao status de garantia fundamental e consagrou a chamada "súmula vinculante", atribuindo um grande peso aos precedentes, característica típica dos ordenamentos da *common law*[7] –, o Poder Judiciário se encontrava à beira de um colapso operando sob égide do CPC/1973[8-9].

---

4. "(...) novas funções se acrescentaram ao papel do Estado, que deixou de ser apenas um sancionador (aquele que edita as regras e pune comportamentos antinormativos), passando também a assumir a tarefa de ser um indutor de condutas, estimulando os comportamentos em sociedade" (CABRAL, Antônio do Passo. *Coisa julgada e preclusões dinâmicas*: entre continuidade, mudança e transição de posições processuais estáveis. 3ª ed. Salvador: Juspodivm, 2018. p. 359).

5. "A preocupação global em torno da duração intolerável dos feitos é patente, já que esta configura um enorme obstáculo para que o processo cumpra seus compromissos institucionais. O tempo pode causar o perecimento das pretensões, ocasionar danos econômicos e psicológicos às partes e profissionais aos operadores do direito, estimular composições desvantajosas, e consequentemente, gerar descrédito ao Poder Judiciário e ao Estado como um todo" (TUCCI, José Rogério Cruz e. *Tempo e processo*: uma análise empírica das repercussões do tempo na fenomenologia processual (civil e penal). São Paulo: Revista dos Tribunais, 1997, p. 89).

6. A EC n.º 45/2004 se notabilizou por criar e modificar vinte e cinco artigos da Carta Fundamental, todos atinentes ao Poder Judiciário. A Emenda em questão à Carta Cidadã foi fruto do Pacto Republicano, uma parceria firmada entre os três Poderes – representados pelo Supremo Tribunal Federal, Palácio do Planalto e o Congresso Nacional –, objetivando a melhoria e a modernização do Poder Judiciário.

7. Inobstante o Brasil ser, desde 1992, signatário da Convenção Interamericana de Direitos Humanos (o Pacto de San José da Costa Rica) –, que, por força do § 3º do artigo 5º da Constituição da República, foi recepcionada com *status* de emenda Constitucional –, e aquela já assegurasse expressamente o direito à duração razoável, a rigor, esse somente era concebido aos processos criminais e ao direito de oitiva dos presos.

8. Em entrevista publicada pouco antes da promulgação do Código de Processo Civil de 2015, o Ministro do Supremo Tribunal Federal Luiz Fux chegou a declarar que "A Emenda Constitucional 45 inseriu nas cláusulas pétreas o direito a que todo cidadão tem à prestação da justiça em tempo razoável. Assim o Código de Processo Civil brasileiro estava a caminho da inconstitucionalidade. Uma inconstitucionalidade progressiva. Porque não seria possível declará-la nula, pois não haveria outro código" Disponível em: http://www.conjur.com.br/2015-mar-02/fux-atual-cpc-corre-risco-declarado-inconstitucional. Acesso em: 15 de março de 2015.

9. A EC n.º 45/2004 representa verdadeiro Pacto Republicano, o qual concentrou seus esforços na viabilização de um Judiciário mais rápido e sensível às demandas social, tendo contribuído decisivamente para a regulamentação de institutos como súmula vinculante e a repercussão geral, por meio das Leis n.º 11.417/2006 e 11.418/2006, respectivamente. Os referidos institutos, além de constituírem importantes mecanismos de uniformização de jurisprudência, foram decisivos para "desafogar" os ministros do STF, uma vez que restringiram a interposição de inúmeros recursos à Corte. Segundo dados oficiais, a aplicação da sistemática da repercussão geral impactou, desde 2007, na redução de 41,2% do número de recursos que chegam ao Tribunal Constitucional. Supremo Tribunal Federal. *Pacto Republicano: parceria entre os três Poderes a serviço da democracia.* Disponível em: http://www2.stf.jus.br/portalStfInternacional/cms/verConteudo.php?sigla=portalStfDestaque_pt_br&idConteudo=173547. Acesso em 26 de julho de 2019.

Naturalmente, a busca por novos mecanismos para entrega da tutela jurisdicional passa pelo estudo da necessidade de reformas institucionais do Poder Judiciário. Foi nesse contexto que, na evolução histórica do sistema processual brasileiro, foi tão importante o estudo desenvolvido pelos juristas Mauro Cappelletti e Bryant Garth. O cunhado "Projeto de Florença" foi fundamental para que se pudesse compreender a situação do Poder Judiciário ao redor do mundo, identificando seus principais problemas e obstáculos, e propondo soluções baseadas nas alternativas encontradas.

Em síntese, o estudo, que representa máxima expressão mundial do Movimento de Acesso à Justiça[10], partiu do pressuposto de que o sistema jurídico – entendido como sistema pelo qual os indivíduos podem reivindicar seus direitos – deve ser igualmente acessível a todos (acesso à Justiça em sentido formal), assim como produzir resultados que sejam individual e socialmente justos (acesso à Justiça em sentido material)[11]. Tais trabalhos concluíram pela imprescindível atuação positiva do Estado, o seu papel indutivo, para garantir aos litigantes a mais completa "igualdade de armas"[12-13].

Inspirado pelos elevados axiomas da legalidade, da isonomia e da segurança jurídica – incluindo o viés do princípio da proteção da confiança –, e com vistas à otimização da boa administração da Justiça no Brasil[14] (também no afã de combater a chamada "jurisprudência lotérica")[15], o CPC/2015 reforçou a relevância

10. No Brasil, apenas parte do relatório foi publicado, tendo sido intitulado de "Acesso à Justiça". Para melhor compreensão, ver: CAPPELLETTI, Mauro; GARTH, Bryant. *Acesso à Justiça*. Tradução de Ellen Gracie Northfleet. Porto Alegre: Sergio Antonio Fabris Editor, 2002.

11. CAPPELLETTI, Mauro; GARTH, Bryant. *Acesso à Justiça*. Tradução de Ellen Gracie Northfleet. Porto Alegre: Sergio Antonio Fabris Editor, 2002, p. 8.

12. "Esta moderna preocupação marca o fim da neutralidade da ciência processual em relação ao direito material carente de prestação jurisdicional, sob forte inspiração do 'Princípio da Efetividade' cujo escopo maior é observar a experiência jurídico-processual a ótica da utilidade social do processo..." (FUX, Luiz. *Curso de Direito Processual Civil*. Rio de Janeiro: Forense, 2008, v. 1, p. 98).

13. Metodologicamente, o movimento é fracionado em três "ondas" – as Ondas Renovatórias do Direito Processual –, sendo a primeira responsável por soluções aos problemas de assistência judiciária; a segunda atinente à questão da representação jurídica para os interesses ditos difusos; e a terceira aquela que avança nos desafios anteriores de forma mais profunda, conhecida como "enfoque de acesso à Justiça". Sobre essa última, explicam seus criadores, "inclui os posicionamentos anteriores, mas vai muito além deles, representando, dessa forma, uma tentativa de atacar as barreiras de modo mais articulado e compreensivo" (CAPPELLETTI, Mauro; GARTH, Bryant. *Acesso à Justiça*. Tradução de Ellen Gracie Northfleet. Porto Alegre: Sergio Antonio Fabris Editor, 2002, p. 88).

14. A esse respeito, o Enunciado n.º 323 do Fórum Permanente de Processualistas Civis assim dispõe: "A formação dos precedentes observará os princípios da legalidade, da segurança jurídica, da proteção da confiança e da isonomia".

15. A esse respeito, o seguinte precedente, de relatoria do Ministro Luis Felipe Salomão: "A observância à iterativa jurisprudência do STJ, a par de prestigiar o próprio sentido de federação, garante tratamento isonômico aos jurisdicionados e vai ao encontro da famosa lição de Cândido Rangel Dinamarco, para quem os tribunais superiores têm por missão propiciar segurança jurídica, prevenindo a denominada "jurisprudência lotérica", que a par de ocasionar desprestígio ao Poder Judiciário e colocar em risco a autoridade de suas decisões, propicia insegurança social e ao setor produtivo, com inúmeros reflexos

dos precedentes judiciais no ordenamento jurídico brasileiro, levando a efeito uma verdadeira reforma estrutural com uma "fusão singular entre os institutos das famílias jurídicas do *civil law* e do *common law*"[16].

3. O QUE SÃO OS PRECEDENTES?

Embora sejam tratadas como sinônimas, as expressões "precedente judicial" e "jurisprudência" não guardam identidade, tendo, em verdade, conceituações distintas.

Ao passo que se faz menção a precedente como uma decisão judicial de um caso particular, cujos núcleo essencial, tese jurídica ou interpretação da norma[17] (*ratio decidendi* ou *holding*) podem destinar-se à parametrização de julgamentos posteriores de casos análogos, o conceito de jurisprudência é usualmente empregado para se fazer referência a uma pluralidade de decisões proferidas por Tribunais diversos concernentes a vários casos concretos sobre um (mesmo) determinado tema[18-19].

Valendo-se dos ensinamentos de Michele Taruffo[20], cabe assinalar que o precedente judicial – "em regra associado ao seu sentido mais estrito, qual seja, o vinculante"[21] – consubstancia na prática forense uma regra universal que pode ser aplicada como critério de decisão em casos futuros, tendo em vista a identidade ou a similitude entre os fatos do primeiro caso e os fatos do segundo caso e cuja finalidade precípua é a outorga de estabilidade e confiança da interpretação jurídica[22].

---

deletérios, inclusive o de ensejar que causas idênticas tenham soluções divergentes". BRASIL. Superior Tribunal de Justiça, REsp 1.412.667/RS, da 3ª Turma. Relator Ministro Luis Felipe Salomão. Brasília, 12 de novembro de 2013. Diário de Justiça Eletrônico, 3 de fevereiro de 2014.

16. FUX, Luiz (Coord.); NEVES, Daniel Amorim Assumpção (Org.). *Novo Código de Processo Civil comparado*: Lei 13.105/2015. Rio de Janeiro: Forense, São Paulo: Método, 2015, p. VII (Nota do Coordenador).
17. MARINONI, Luiz Guilherme. *Precedentes Obrigatórios*. 2ª ed. São Paulo: Revista dos Tribunais, 2011, p. 222.
18. TARUFFO, Michele. Dimensiones del Precedente Judicial. *Páginas sobre Justicia Civil – Proceso y Derecho*. Tradução por Maximiliano Aramburo Calle. Madrid: Marcial Pons, 2009, p. 559.
19. "Em suma, o vocabulário é o conjunto de múltiplas decisões contemporâneas, consoantes ou não, resultantes da atividade ou não, resultantes da atividade dos tribunais, sobre um mesmo determinado tema" (CIMARDI, Claudia Aparecida. *A jurisprudência uniforme e os precedentes no Novo Código de Processo Civil brasileiro*. São Paulo: Revista dos Tribunais, 2015, p. 90).
20. TARUFFO, Michele. Dimensiones del Precedente Judicial. *Páginas sobre Justicia Civil – Proceso y Derecho*. Tradução por Maximiliano Aramburo Calle. Madrid: Marcial Pons, 2009, p. 559.
21. CIMARDI, Claudia Aparecida. *A jurisprudência uniforme e os precedentes no Novo Código de Processo Civil brasileiro*. São Paulo: Revista dos Tribunais, 2015, p. 91.
22. MARINONI, Luiz Guilherme. *Precedentes obrigatórios*. 2ª ed. São Paulo: Revista dos Tribunais, 2011, p. 111.

O precedente funciona como verdadeiro preenchimento das lacunas presentes na legislação. Para Paulo Mendes de Oliveira, ele concretiza o direito, completando "uma moldura legislativa que dá ensejo a diversas interpretações"[23] e, na realidade do ordenamento jurídico pátrio, apenas poderá ser assim denominado "quando o STJ se manifestar sobre a interpretação da legislação federal e o STF sobre a Constituição"[24].

A jurisprudência, por sua vez, existe apenas a partir do momento em que o tribunal se manifesta em diversas oportunidades a respeito de uma mesma questão. A repetição dos casos é, portanto, fundamental para que adequadamente se possa extrair a *jurisprudência dominante* de determinado tribunal.

O precedente judicial, de forma diferente, possui quatro dimensões, quais sejam: (i) institucional, relacionada a fatores que gravitam em torno da organização judiciária e das relações de autoridade/de hierarquia dentro do sistema dos tribunais do país – ou seja, a organização hierárquica dos tribunais nos diversos ordenamentos; (ii) objetiva, concernente ao objeto a que se pretende atribuir eficácia vinculante *pro futuro* – invocando-se, com frequência, a distinção entre *ratio decidendi*[25] e *obiter dictum*[26-27] para explicá-la; (iii) estrutural, cuja função destina-se a identificar qual, dentre os diversos precedentes existentes sobre uma determinada questão, deve ser considerado o precedente que será utilizado como ponto de referência para decisões subsequentes; e (iv) da eficácia, ou seja, a natureza e a intensidade com as quais o precedente poderá exercer potencial influência sobre as decisões judiciais futuras.

Interessante perceber, ainda, que o precedente pode ser entendido em duas concepções distintas: uma mais ampla e outra restrita. Em sentido amplo, precedente seria qualquer decisão que vem anteriormente, ou seja, qualquer

---

23. OLIVEIRA, Paulo Mendes de. *Coisa julgada e precedente*: limites temporais e as relações de trato continuado. São Paulo: Revista dos Tribunais, 2015, p. 168.

24. OLIVEIRA, Paulo Mendes de. *Coisa julgada e precedente*: limites temporais e as relações de trato continuado. São Paulo: Revista dos Tribunais, 2015, p. 176. Sobre esse ponto específico, pede-se licença para divergir parcialmente, uma vez que parece desnecessário posicionamento de tribunais superiores para que de fato se tenha norma integrante do ordenamento jurídico.

25. A tese ou o princípio jurídico assentado na motivação do provimento decisório, ou, em termos mais simples, o que a corte afirme como correta interpretação da Lei. (MARINONI, Luiz Guilherme. *Precedentes obrigatórios*. 2ª ed. São Paulo: Revista dos Tribunais, 2011, p. 222-232).

26. Questões desnecessárias ao alcance da decisão, desconectadas com os fatos do caso concreto ou as que são dirigidas a um ponto que nenhuma das partes buscou arguir. Além disso, pode-se compreender como *obiter dictum* matérias decididas sem caráter vinculante, que nada têm a ver com o caso que está sendo enfrentado pela corte e matérias que, embora não demandem análise para que se solucione o caso, guardam pertinência com a questão *sub examen*.

27. Merece aplausos, pelo rigor e precisão técnicos, o Enunciado 318 do Fórum Permanente de Processualistas Civis, que – mesmo indiretamente – fornece valiosos subsídios para a compreensão do conceito de *obiter dictum*: "Enunciado n.º 318 – Os fundamentos prescindíveis para o alcance do resultado fixado no dispositivo da decisão (*obiter dicta*), ainda que nela presentes, não possuem efeito vinculante".

decisão anterior que deve – em algum grau – ser levada em consideração nas situações semelhantes julgadas posteriormente[28]. Em sentido restrito, também chamado de sentido normativo, precedente pode ser identificado com a *ratio decidendi*, ou seja, é norma.[29]

Para correta compreensão do sistema do CPC/2015, é ainda necessário ter em mente a diferença existente entre os precedentes obrigatórios – que são de fato relevantes para o desenvolvimento do presente trabalho e sobre o qual nos debruçaremos a seguir – e os precedentes persuasivos. Os precedentes obrigatórios (ou vinculantes) são aqueles que devem compulsoriamente ser observados pelos juízes e tribunais, que diante do seu conteúdo normativo funcionam como fonte formal de direito. Por outro lado, os precedentes persuasivos são aqueles construídos pelos tribunais em geral de forma colegiada que funcionam como argumentos de convencimento aos intérpretes e aplicadores do Direito, mas que não vinculam necessariamente o julgador.

De qualquer maneira, importante sublinhar que quando os precedentes persuasivos forem suscitados, a *ratio decidendi* subjacente àquela discussão deve ser levada em consideração no julgamento e até mesmo sua não aplicação deve ser exteriorizada na decisão, sobretudo em razão dos deveres de fundamentação[30-31]. Afinal, na estrutura piramidal e hierárquica do Poder Judiciário no Brasil, é "desejável que haja atitude respeitosa das instâncias inferiores com relação àquilo que decidem as cortes superiores"[32], sendo notório que as decisões proferidas pelas Cortes exercem influência sobre os magistrados em causas que venham a ser julgadas em seguida[33]. E, a exteriorização da aplicação ou não do precedente persuasivo e suas respectivas razões de decidir permitem a construção de um sistema processual coeso e qualificado pelos Tribunais Superiores.

---

28. Para Karl Larenz, precedentes são "resoluções em que a mesma questão jurídica, sobre a qual há que decidir novamente, já foi resolvida uma vez por um tribunal noutro caso" (LARENZ, Karl. Metodologia da ciência do direito, 5ª ed. Lisboa: Fundação Calouste Gulbenkian, 2009, p. 611).

29. A esse respeito, ver MACÊDO, Lucas Buril de. *Precedentes judiciais e o direito processual civil*. Salvador: Juspodivm, 2016, p. 70-73.

30. Ver MACÊDO, Lucas Buril de. *Precedentes judiciais e o direito processual civil*. Salvador: Juspodivm, 2016, p. 79-82.

31. Sobre a necessidade de os precedentes persuasivos serem levados em consideração pelo julgador, veja-se MARINONI, Luiz Guilherme. *Precedentes obrigatórios*. 2ª ed. São Paulo: Revista dos Tribunais, 2011, p. 117-118.

32. ALVIM, Teresa Arruda. *Precedentes*. In: ALVIM, Teresa Arruda (Coord.). *CPC em foco temas essenciais e sua receptividade*: dois anos de vigência do novo CPC. São Paulo: Revista dos Tribunais, 2018. p. 626.

33. CIMARDI, Claudia Aparecida. *A jurisprudência uniforme e os precedentes no Novo Código de Processo Civil brasileiro*. São Paulo: Revista dos Tribunais, 2015. p. 138.

4. O SISTEMA DE PRECEDENTES DO CPC/2015

4.1. Uma introdução necessária

No que tange a essa singular inovação do instituto dos precedentes judiciais no CPC/2015, uma advertência preliminar é imprescindível, principalmente para a correta compreensão das disposições dos artigos 926 a 928: o legislador pátrio não pretendeu de forma genérica e abstrata importar cegamente para o Brasil uma "teoria geral dos precedentes".

O CPC/2015 positivou aquilo que já era constantemente defendido pela doutrina, a ponto de Barbosa Moreira afirmar há mais de uma década que "ainda onde se repeliu, em teoria, a vinculação dos juízes aos precedentes, estes continuaram na prática a funcionar como pontos de referência, sobretudo quando emanados dos mais altos órgãos da Justiça"[34].

De igual modo, é natural que o CPC/2015, na linha do que já propunham o CPC/1973 e as reformas às quais foi submetido[35], tenha absorvido conceitos e institutos da teoria do *stare decisis* e da *doctrine of binding precedent*[36] dos países da *common law*.Afinal, (i) a experiência forense comprovou serem catalisadores da efetividade do processo, da isonomia e da boa administração da Justiça; e (ii) se mostraram compatíveis e adaptáveis ao ordenamento jurídico brasileiro, de família romano-germânica, ou seja, com características intrínsecas deveras distintas.

Historicamente, o sistema da *common law* não contava com um conceito definido daquilo que poderia ser compreendido por precedentes judiciais, tampouco contava com a premissa de que seriam os mesmos vinculantes para os órgãos judiciários. O que se buscava, em suas origens, era a certeza e a confiança do Direito (*certainty*)[37].

Nessa linha, entendemos que a interpretação dos artigos 926 a 928 do Código de Processo Civil de 2015, que representam verdadeiro microssistema de precedentes, deve-se dar em atenção à organicidade do sistema e à sintonia fina

34. MOREIRA, José Carlos Barbosa. *Súmula, Jurisprudência e Precedentes*: uma escalada e seus riscos. *Temas de Direitos Processual*, 9ª série. São Paulo: Saraiva, 2007, p. 300.

35. Sobre o tema, veja-se relevante estudo de José Carlos Barbosa Moreira: MOREIRA, José Carlos Barbosa. *Súmula, Jurisprudência e Precedentes*: uma escalada e seus riscos. *Temas de Direitos Processual*, 9ª série. São Paulo: Saraiva, 2007, p. 222.

36. A propósito, recomenda-se a leitura do primoroso trabalho de STRECK, Lenio Luiz. *Jurisdição Constitucional e Decisão Jurídica*. 4ª ed. São Paulo: Revista dos Tribunais, 2014, p. 358-359.

37. É oportuna, nesse ponto, a vetusta máxima transcrita pelo na Exposição de Motivos do Novo Código de Processo Civil no sentido de que "os jurisdicionados não podem ser tratados 'como cães, que só descobrem que algo é proibido quando o bastão toca seus focinhos' (...)" (In: NEVES, Daniel Amorim Assumpção (Org.); Luiz Fux (Coord.). *Novo Código de Processo Civil comparado: Lei 13.105/2015*. Rio de Janeiro: Forense, 2015, p. 308).

que se pretendeu estabelecer, expressa e implicitamente, entre o CPC/2015 e postulados extraídos diretamente da Constituição da República, justamente na esteira da Exposição de Motivos do Anteprojeto do CPC/2015.

É importante, então, que se atenha aos imperativos da harmonização de julgados[38] e da observância dos órgãos do Poder Judiciário às decisões paradigmáticas proferidas, em primeiro lugar, pelos Tribunais Superiores, e, sucessivamente, pelos demais Tribunais pátrios quando da análise dos dispositivos ora em exame.

Como leciona Luiz Guilherme Marinoni, "a força obrigatória dos precedentes é necessária para garantir a coerência da ordem jurídica, a igualdade, a estabilidade e a previsibilidade, além de favorecer a efetividade do sistema de decisões"[39].

No mesmo sentido caminha o entendimento de Aluisio Mendes, que sustenta que, como o Código de Processo Civil de 2015 é uma lei ordinária, "é, assim, também fonte primária e básica no direito brasileiro", razão pela qual "os juízes devem, nos termos do art. 35, inciso I, da Lei Complementar 35, cumprir e fazer cumprir as normas legalmente estabelecidas, dentre as quais a do art. 927 do novo CPC"[40].

Em síntese, o Código de Processo Civil de 2015 buscou prestigiar "a direção já abertamente seguida pelo Ordenamento Jurídico brasileiro, expressado na criação da Súmula Vinculante do Supremo Tribunal Federal e do regime de julgamento conjunto de recursos especiais e extraordinários repetitivos", com vistas a impulsionar a "tendência de criar estímulos para que a jurisprudência se uniformize, à luz do venham decidir tribunais superiores e até de segundo grau, e se estabilize"[41].

4.2. Os artigos 926 e 927 do CPC/2015

Ultrapassada essa exposição panorâmica, passamos, então, para uma análise mais acurada dos artigos 926 a 928 do Código de Processo Civil de 2015, que podem – e devem – ser compreendidos como um verdadeiro microssistema de precedentes no CPC/2015[42], alinhado com os ideários de segurança jurídica e duração razoável dos processos.

38. NEVES, Daniel Amorim Assumpção (Org.); Luiz Fux (Coord.). *Novo Código de Processo Civil comparado: Lei 13.105/2015*. Rio de Janeiro: Forense, 2015. p. 461.

39. MARINONI, Luiz Guilherme. *Precedentes obrigatórios*. 5ª ed. São Paulo: Revista dos Tribunais, 2017. p. 13.

40. MENDES, Aluisio Gonçalves de Castro. Breves considerações sobre o caráter vinculativo da jurisprudência e dos precedentes no artigo 927 do novo Código de Processo Civil. In: NUNES, Dierle. MENDES, Aluisio Gonçalves de Castro; JAYME, Fernando Gonzaga. *A nova aplicação da Jurisprudência e Precedentes no CPC/2015*. São Paulo: Revista dos Tribunais, 2017, p. 124.

41. NEVES, Daniel Amorim Assumpção (Org.); Luiz Fux (Coord.). *Novo Código de Processo Civil comparado: Lei 13.105/2015*. Rio de Janeiro: Forense, 2015. p. 308.

42. Larissa Pochman aponta, ainda, outros dispositivos que devem ser observados. A autora afirma o seguinte: "(...) o novo CPC traz a possibilidade de participação na formação dos julgamentos com potencial a serem vinculantes (a exemplo do artigo 983 e do artigo 1.038, I), através da figura do *amicus curiae*

No artigo 926 do CPC/2015, o legislador deixou claro que "[o]s tribunais devem uniformizar sua jurisprudência e mantê-la estável, íntegra e coerente", desde que observada a competência que a lei lhe outorga[43]. O objetivo é claro: racionalizar a prestação jurisdicional, gerar jurisprudência uniforme e obter dos órgãos do Poder Judiciário, sempre que possível, decisões semelhantes para casos que apresentem os mesmos pressupostos fáticos[44-45].

Em seguida, o § 1º do mesmo dispositivo preleciona algo que há muito se verificava na prática judiciária brasileira[46]: os tribunais (Supremo Tribunal Federal, Tribunais Superiores, Tribunais Regionais Federais e Tribunais dos

---

(previsto no artigo 138) e de referência à audiência pública em seu texto legislativo (a exemplo do art. 983, § 1º e 1.038, II). A previsão de vinculação também não afasta – e nem deveria – a necessidade de argumentação racional no processo de interpretação/ aplicação do direito. A decisão jurídica baseada em previsão de eficácia vinculante precisa de muito mais do que uma mera identificação, exige interpretação e compreensão. Não é dado ao julgador a faculdade de se eximir de interpretar (e, portanto, compreender)" (POCHMAN DA SILVA, Larissa Clare. A vinculação aos precedentes judiciais, o artigo 927 do novo Código de Processo Civil brasileiro e seus impactos. In: NUNES, Dierle; MENDES, Aluisio Gonçalves; JAYME, Fernando Gonzaga. *A nova aplicação da Jurisprudência e Precedentes no CPC/2015*. São Paulo: Revista dos Tribunais, 2017, p. 621-622.

43. "A princípio, seria lícito imaginar que à luz do art. 926, CPC, todos os 'tribunais' que compõem o Poder Judiciário brasileiro têm a mesma função diante da ordem jurídica. Essa suposição está equivocada. À luz do art. 926 do CPC, é preciso distinguir entre as funções da Cortes de Justiça – Tribunais de Justiça e Tribunais Regionais Federais – e as funções das Cortes de Precedentes – que ocupam o 'vértice' da organização judiciária, Supremo Tribunal Federal e Superior Tribunal de Justiça. Em outras palavras, importa perceber a necessidade de reconstrução do sistema judiciário. É preciso distinguir as funções das Cortes de Justiça – exercer controle retrospectivo sobre as causas decididas em primeira instância e uniformizar a jurisprudência – e as funções das Cortes de Precedentes – outorgar uma interpretação prospectiva e dar unidade ao direito. É imprescindível fazê-lo a fim que se dê uma adequada organização à administração judiciária" (MITIDIERO, Daniel. *Precedentes*: da persuasão à vinculação. 3ª ed. São Paulo: Revista dos Tribunais, 2018. p. 80-81).

44. WAMBIER, Teresa Arruda Alvim. Em direção ao *common law*? In: MENDES, Aluísio Gonçalves de Castro; WAMBIER, Teresa Arruda Alvim (Coords.). *O processo em perspectiva*: Jornadas brasileiras de Direito Processual – Homenagem a José Carlos Barbosa Moreira. São Paulo: Revista dos Tribunais, 2013, p. 371.

45. Vale destacar, no ponto, o teor do Enunciado n.º 316 do Fórum Permanente de Processualistas Civis, cujo teor é o seguinte: "A estabilidade da jurisprudência do Tribunal depende também da observância de seus próprios precedentes, inclusive por seus órgãos fracionários".

46. A título meramente exemplificativo, veja-se o que dispõe o Regimento Interno do Tribunal de Justiça do Estado do Rio de Janeiro – TJERJ:

"Art. 121 – Serão incluídas na Súmula de Jurisprudência Predominante do Tribunal, por ordem cronológica, as ementas dos acórdãos que, nos incidentes de uniformização de jurisprudência e de divergência, corresponderem a interpretações vencedoras pelo voto da maioria absoluta dos integrantes do Órgão Especial.

Parágrafo único – O Presidente do Tribunal, de ofício ou, se for o caso, mediante comunicação do Presidente da Seção Julgadora, mandará publicar no órgão oficial as proposições incluídas na Súmula, com os respectivos números.

Art. 122 – Poderá também ser incluída na Súmula, por iniciativa do Órgão Especial, da Seção Criminal e do Centro de Estudos e Debates, a tese uniformemente adotada, na interpretação de norma jurídica, por decisões reiteradas dos Órgãos do Tribunal; Resolução n.º 07/2011 do E. Órgão Especial de 31/01/2011:

§ 1º – O Desembargador que propuser a inclusão na Súmula justificá-la-á perante o órgão competente, tomando-se o voto de todos os membros presentes, na ordem decrescente de antiguidade, a partir do proponente.

Estados) editarão, na forma estabelecida e segundo os pressupostos fixados nos seus respectivos regimentos internos – o que, adianta-se, respeita a independência funcional e o funcionamento interno de cada tribunal –, enunciados de súmula, correspondentes à jurisprudência dominante no respectivo tribunal.

Por sua vez, o § 2° do artigo 926 da Lei 13.105/2015 teve a acuidade de tornar cogente o dever de os tribunais, quando da edição de enunciados de súmula, aterem-se às circunstâncias fáticas dos precedentes que motivaram a sua edição. O que se estabeleceu por meio desse enunciado normativo foi, de forma expressa, um dos pressupostos legais para edição de enunciados de súmula (*i.e.*, as circunstâncias de fato que embasaram a controvérsia[47]), em consonância com a forma como deve funcionar um sistema de precedentes.

Com relação ao *caput* do artigo 927 do CPC/2015, vê-se que o legislador fez questão de manter coerência e sistematicidade com o disposto no artigo 926 do mesmo diploma, impondo aos magistrados o dever (no sentido imperativo afirmativo) de observar as diferentes manifestações judiciais previstas nos seus incisos[48]. A redação não deixa dúvidas. Ao dispor que "[o]s juízes e os tribunais observarão", o dispositivo trouxe uma série de precedentes obrigatórios (os denominados "precedentes vinculantes"), cuja não observância poderá dar origem a *error in judicando* ou a *error in procedendo*[49].

---

§ 2º – Considerar-se-á aprovada a proposta que obtiver o voto da maioria absoluta dos integrantes do Órgão, procedendo-se em seguida na forma do artigo 121, parágrafo único.

§ 3º – As indicações de inclusão, revisão ou cancelamento em Súmula feitas pelo Centro de Estudos e Debates decorrerão de propostas aprovadas em encontros de Desembargadores com o patamar de 70% dos presentes e ratificadas pelo Órgão Especial. Resolução n.º 07/2011 do E. Órgão Especial de 31/01/2011.

Art. 123 – Ainda que reconhecida divergência, na interpretação do direito, entre Órgãos do Tribunal, se a respeito já houver proposição incluída na Súmula, o incidente poderá ser rejeitado de plano pelo Órgão perante o qual venha a ser suscitado."

47. TUCCI, José Rogério Cruz e. *Precedente judicial como fonte do direito.* São Paulo: Revista dos Tribunais, 2004, p. 12.

48. Acerca da exegese mais adequada do artigo 927 da novel codificação, é de bom alvitre a análise dos Enunciados n.ºs 169 e 170 do Fórum Permanente de Processualistas Civis:

"Enunciado n.º 169: Os órgãos do Poder Judiciário devem obrigatoriamente seguir os seus próprios precedentes, sem prejuízo do disposto nos §§ 7° e 11 do art. 521 [artigo 927, §§ 1° a 5°]".

Enunciado n.º 170: "As decisões e precedentes previstos nos incisos do *caput* do art. 521 [artigo 927] são vinculantes aos órgãos jurisdicionais a eles submetidos".

49. "(...) os arts. 926 e 927, CPC, apenas tornam mais visível a adoção da regra do stare decisis entre nós: o deslocamento de uma perspectiva cognitiva (do *juge* inânime, dos juízes como *oracles of the law*) para uma perspectiva adscritivista da interpretação (em que se reconhece que os juízes concorrem para definição do significado do direito e que em certa medida – e apenas em certa medida – há *judge-made-law*) exige a alteração do referencial da segurança jurídica: não mais apenas a estática declaração da lei ou dos precedentes, mas a dinâmica reconstrução da relação entre a lei, a doutrina e os precedentes a partir de parâmetros racionais de justificação" (MITIDIERO, Daniel. *Precedentes*: da persuasão à vinculação. 3ª ed. São Paulo: Revista dos Tribunais, 2018, p. 88).

Verdade seja dita, não se extraem grandes novidades dos incisos I e II do artigo 927 do CPC/2015, pois as decisões do Supremo Tribunal Federal em controle concentrado de constitucionalidade[50-51] e os enunciados de Súmulas Vinculantes[52] já eram conhecidos e disciplinados no Ordenamento Jurídico brasileiro, e há muito ostentavam efeitos irradiantes. Em outras palavras, de tais manifestações judiciais já se podiam extrair normas vinculantes para os demais órgãos do Poder Judiciário e para a Administração Pública.

O inciso III do dispositivo em comento inovou ao atribuir eficácia vinculante aos acórdãos proferidos em incidente de assunção de competência ("IAC")[53], em incidente de resolução de demandas repetitivas ("IRDR") e em julgamento de recursos extraordinário e especial repetitivos (técnica do "julgamento por amostragem", positivada nos artigos 1.036 a 1.041 do CPC/2015).

O artigo 927, inciso III, do Código de Processo Civil de 2015 deve ser interpretado em conjunto com o artigo 928, que, por sua vez, traz a definição de casos repetitivos. O efeito vinculante decorrente da tese fixada no julgamento do IRDR, assim como os julgamentos de recursos extraordinário e especial repeti-

---

50. Vide (i) o artigo 102, § 2º, da Constituição da República, acrescentado pela Emenda Constitucional n.º 3, de 17 de março de 1993; e (ii) o artigo 28, parágrafo único, da Lei 9.868/1999; e (iii) o artigo 10, § 3º, da Lei 9.882/1999.

51. Oportuna a transcrição do Enunciado n.º 168 do Fórum Permanente de Processualistas Civis:

"Enunciado n.º 168: Os fundamentos determinantes do julgamento de ação de controle concentrado de constitucionalidade realizado pelo STF caracterizam a *ratio decidendi* do precedente e possuem efeito vinculante para todos os órgãos jurisdicionais".

É importante, salientar, por coerência técnica, que o Supremo Tribunal Federal - STF há muito rechaçou a cognominada "teoria da transcendência dos motivos determinantes" (ou, simplesmente, o efeito transcendente dos motivos determinantes), de modo que os fundamentos determinantes das decisões tomadas em sede de controle concentrado de constitucionalidade não mais ostentariam de forma irrestrita caráter vinculante/irradiante. Nesse sentido: BRASIL. Supremo Tribunal Federal. Ag. Rg. na RCL 2.990/RN, do Tribunal Pleno. Relator Ministro Sepúlveda Pertence. Brasília: Diário de Justiça Eletrônico, 13 de setembro de 2007.

52. Nas palavras de Barbosa Moreira, a Emenda Constitucional 45/2004 "engendrou novo mecanismo vinculativo, por meio de acréscimo à Carta da República, da qual se tornou o art. 103-A. De acordo com o texto, poderá o Supremo Tribunal Federal, mediante decisão de dois terços de seus membros, 'após reiteradas decisões sobre matéria constitucional, aprovar súmula que, a partir de sua publicação na imprensa oficial, terá efeito vinculante em relação aos demais órgãos do Poder Judiciário e à administração pública direta e indireta, nas esferas federal, estadual e municipal' (...)". MOREIRA, José Carlos Barbosa. *Súmula, Jurisprudência e Precedentes*: uma escalada e seus riscos. *Temas de Direitos Processual*, 9ª série. São Paulo: Saraiva, 2007, p. 302-303.

53. O Incidente de Assunção de Competência - IAC verificar-se-á, na prática, quando o julgamento de recurso, de remessa necessária ou de processo de competência originária envolver relevante questão de Direito, com grande repercussão social, sem repetição de múltiplos processos (artigo 947 do Novo Código de Processo Civil). Nessas hipóteses, o Relator detém poderes para - de ofício ou a requerimento das partes, do Ministério Público e da Defensoria Pública - encaminhar o recurso, a remessa necessária ou o processo de competência originária para o órgão colegiado que o regimento interno do tribunal indicar para julgamento/sedimentação da tese jurídica. Por fim, a decisão que vier a ser proferida no Incidente de Assunção de Competência - IAC vinculará juízes e os órgãos fracionários do tribunal, tal como disposto no artigo 927, inciso III, do CPC/2015.

tivos – ocasiões em que se verificará o julgamento conjunto de demandas que possuam uma mesma questão de direito material e/ou processual – têm, como objetivos, (i) moldar o ordenamento jurídico brasileiro por meio de decisões paradigmáticas (evitando, portanto, a dispersão excessiva da jurisprudência e, por conseguinte, a denominada "jurisprudência lotérica") e (ii) reduzir o número de processos e recursos perante os tribunais pátrios, com vistas ao princípio da celeridade processual e à prestação jurisdicional efetiva.

Não obstante fosse prática comum entre os intérpretes do direito o uso dos enunciados das súmulas do Supremo Tribunal Federal e do Superior Tribunal de Justiça como espécie de precedentes de eficácia unicamente persuasiva[54], o inciso IV, do artigo 927 do CPC/2015 conferiu eficácia vinculativa aos enunciados da súmula do STF, em matéria constitucional, e do STJ, em matéria infraconstitucional[55].

A esse respeito, é importante que se tenha em mente a distinção entre as súmulas vinculantes, às quais se faz menção no inciso II do artigo 927 do CPC/2015, daquelas referidas no inciso IV, do mesmo dispositivo legal. Conquanto ambas sejam de aplicação obrigatória no caso concreto, apenas as súmulas vinculantes, tratadas no inciso II do artigo 927 CPC/2015 obrigam a Administração Pública e ensejam o cabimento de reclamação, em caso de desobediência[56-57].

Outra novidade significativa parece residir no inciso V do artigo 927 do CPC/2015, que, de forma harmoniosa com o artigo 926, § 1º, passou a reconhecer efeitos irradiantes às orientações do plenário ou do órgão especial aos quais os juízes e tribunais estiverem vinculados, atenuando o assoberbamento da carga de trabalho desses órgãos do Poder Judiciário, sem comprometer a qualidade da prestação jurisdicional[58]. O § 1º do mesmo dispositivo legal[59] ainda traz

---

54. TARUFFO, Michele. Dimensiones del Precedente Judicial. *Páginas sobre Justicia Civil – Proceso y Derecho*. Tradução por Maximiliano Aramburo Calle. Madrid: Marcial Pons, 2009, p. 542.

55. Embora os artigos 102 e 105, da Constituição da República, concedam ao STF e ao STJ a "palavra final" em matérias constitucionais e infraconstitucionais, respectivamente, nos parece que a melhor interpretação do artigo 927, inciso IV, do novel *codex*, perpasse pelo respeito mútuo e recíproco por esses tribunais às suas respectivas esferas de competência.

56. NEVES, Daniel Amorim Assumpção (Org.); Luiz Fux (Coord.). *Novo Código de Processo Civil comparado: Lei 13.105/2015*. Rio de Janeiro: Forense, 2015. p. 1.304-1.306.

57. CPC/2015: "Art. 988. Caberá reclamação da parte interessada ou do Ministério Público para:
(...) III – garantir a observância de enunciado de súmula vinculante e de decisão do Supremo Tribunal Federal em controle concentrado de constitucionalidade".

58. "O acórdão proferido no incidente é vinculante, é 'precedente de obrigatoriedade forte', ou seja, de aplicação obrigatória pelos órgãos jurisdicionais vinculados ao Tribunal prolator da decisão (art. 927, III). Caso o juiz ou relator de processo, que contenha a mesma questão jurídica debatida no IRDR, decida esta mesma questão de forma diversa daquele estabelecida pelo Tribunal, caberá reclamação (art. 988, IV)" (SPADONI, Joaquim Felipe. Incidente de Resolução de Demandas Repetitivas. In: ALVIM, Teresa Arruda (Coord.). *CPC em foco, temas essenciais e sua receptividade*: dois anos de vigência do novo CPC. São Paulo: Revista dos Tribunais, 2018. p. 651).

59. Adiante-se, por fidelidade teórica, que o texto do Código de Processo Civil de 2015 aprovado pelo Senado da República não contém um dispositivo específico que trate das hipóteses de distinção (*distin-*

importantíssima disposição segundo a qual os juízes e tribunais devem observar o disposto nos artigos 10 e 489, § 1º, ambos do CPC/2015, sempre que decidirem com base nos precedentes judiciais elencados em caráter taxativo nos incisos do próprio artigo 927 do CPC/2015.

Da mesma forma que a fixação de tese em precedente deve ser feita com zelo e máxima atenção diante dos seus imponentes efeitos no sistema jurídico, sua eventual superação também deve receber especialíssima atenção dos julgadores, por força do compromisso do sistema com a segurança jurídica. Foi com isso em mente que o § 2º do artigo 927 trouxe importante mecanismo de participação democrática nos casos de alteração da tese jurídica adotada em enunciado de súmula ou em julgamento de casos repetitivos.

Antes de o precedente ser superado, poderão ser designadas audiência públicas com a participação de pessoas, órgãos e entidades que possam colaborar com a rediscussão da tese – "palco adequado e pertinentíssimo"[60] da figura do *amicus curiae* –, o que decerto emprestará maior legitimidade democrática aos precedentes judiciais.

Por fim, dando concretude elogiável no plano processual ao princípio da publicidade (artigo 37, *caput* c/c artigo 93, inciso IX, ambos da Carta Republicana de 1988), o § 5º do artigo 927 do CPC/2015 determina que os tribunais são

---

guishing) – *i.e.*, não aplicação do precedente na hipótese *sub judice*, sem, contudo, verificar-se a sua revogação – entre um precedente judicial e o caso concreto. Nada obsta, porém, que juízes e tribunais, mediante a aplicação analógica do artigo 927, § 1° c/c artigo 1.037, §§ 8º, 9º, 10 e 11 e 12, ambos do Novo Código de Processo Civil, procedam, a requerimento das partes, do Ministério Público ou mesmo *ex officio*, à distinção entre a decisão paradigmática anterior e o novo processo judicial posto a julgamento, seja pela constatação de diferenças fáticas entre os casos, seja pelo fato de a corte vislumbrar um maior número de fatos materiais passíveis de edição de regras particulares. Sobre o *distinguishing*, Leonardo Greco lembra que "qualquer juízo ou tribunal inferior pode deixar de aplicá-lo se, cuidadosamente comparados o precedente e o novo caso, existir alguma circunstância fundamental que caracterize este último como um caso diverso do anterior (*distinguishing*), o que, evidentemente, exige um confronto minucioso de circunstâncias que somente o julgado na íntegra possibilita, e não um lacônico enunciado abstrato" (GRECO, Leonardo. Novas súmulas do STF e alguns reflexos sobre o mandado de segurança.*Revista Dialética de Direito Processual*, São Paulo: Dialética, 2004, n.º 10, p. 46). É de valiosa alusão o seguinte precedente do Supremo Tribunal Federal – STF: HC 85.185/SP, Relator Ministro Cezar Peluso, Tribunal Pleno, j. em 10/08/2005, DJe 01/09/2006. Por mais que essa Monografia não seja o foro apropriado para o exaurimento do tema, vale o registro de que a figura do *distinguishing* não se confunde com a (i) *technique of signaling* (ou sinalização), hipótese em que a corte não ignora que o conteúdo do precedente está equivocado ou não mais deve subsistir, mas, em nome da segurança jurídica e da isonomia, deixa de revogá-lo, sinalizando para a perda de consistência e futura revogação do precedente; (ii) *transformation* (em português, transformação), quando o tribunal não leva a efeito o *overruling* ou o *distinguishing*, mas nega o conteúdo do precedente, transformando/reconfigurando a *ratio decidendi* pretérita para o caso em julgamento; ou (iii) *overriding*, oportunidade em que a corte apenas limita ou restringe a incidência do precedente judicial, deixando de aplicar-lhe e liberando-se de sua incidência. (MARINONI, Luiz Guilherme. *Precedentes obrigatórios*. São Paulo: Revista dos Tribunais., 2011, p. 336-350).

60. BUENO, Cássio Scarpinella. *Amicus curiae no processo civil brasileiro*: um terceiro enigmático. 2ª ed. São Paulo: Saraiva, 2015. p. 573.

obrigados a dar publicidade aos seus precedentes, organizando-os por questão jurídica decidida e divulgando-os, preferencialmente, na rede mundial de computadores – prática observada por praticamente todos os tribunais pátrios, em especial o STF e o STJ. Tal determinação busca conferir, a um só tempo, maior divulgação aos precedentes judiciais à comunidade jurídica e não jurídica e melhor conhecimento do que vem sendo decidido com vistas à otimização de sua aplicação no futuro.

4.3. A superação do precedente

Os §§ 3º e 4º do art. 927 do CPC/2015 tratam das hipóteses de modificação, superação e revogação dos precedentes judiciais (*overruling*), seus efeitos e sua eficácia no plano concreto (*retrospective overruling* e *prospective overruling*).

A disposição veiculada no § 3º do artigo resguarda, em nome do interesse social e da segurança jurídica subjacentes ao caso concreto, a possibilidade de modulação de efeitos na hipótese de alteração da jurisprudência dominante do Supremo Tribunal Federal e dos tribunais superiores ou daquela oriunda do julgamento de casos repetitivos (*prospective overruling* e *retrospective overruling*).

Ocorrerá modulação sempre que um tribunal permitir a limitação da retroatividade ou diferir o momento da aplicação do novo precedente, atribuindo sobrevida ao precedente superado.[61] O uso de tal técnica decorre da "necessidade de resguardar as legítimas expectativas e a confiança justificada, tutelando as mais diversas condutas, atos e negócios jurídicos travados de boa-fé pelos cidadãos e empresas em conformidade com aquilo que era tido como o direito constitucional e federal ordinário posto pelo Estado, isto é, segundo proclamado pelo órgão constitucionalmente competente para dar a última palavra sobre verdadeiro sentido e alcance da Constituição e das leis federais"[62].

Além de ser máxima exceção à regra, a modulação obviamente ganha maior relevo nos casos de julgamento de casos repetitivos ou de abrangência nacional, pois o impacto da aplicação do precedente é de proporções geográficas e, portanto, a modulação dos efeitos transcende as meras barreiras jurídicas da contenda (em linha, inclusive, com os artigos 20 e 24 da LINDB). Mas isso não significa que

61. A modulação de efeitos, no direito brasileiro, passou a receber significativa atenção com a aprovação da Lei n.º 9.868/99, que, em seu artigo 27, regula tal mecanismo no que diz respeito ao controle concentrado de constitucionalidade.

62. GONÇALVES, Gláucio Maciel; ASSIS, Guilherme Bacelar Patrício. O *prospective overruling* nas supremas cortes brasileiras: a possibilidade de modulação temporal dos efeitos das decisões revogadoras de precedentes consolidados à luz da dogmática jurídica moderna e do Novo Código de Processo Civil – CPC/2015. *Revista de Processo*, vol. 258, 2016, versão eletrônica, item 1.

tal instituto não tenha a sua importância nos casos concretos envolvendo apenas uma parte.[63-64]

Mais um instrumento adaptado à nossa realidade a partir da experiência da *common law*, a técnica do *overruling* consiste em instrumento essencial para a atualização do direito em busca da garantia da justiça.

O mecanismo do *overruling*, ou a completa superação de precedente judicial, é técnica por meio da qual se busca a conformação dos precedentes com a natural evolução da sociedade e do direito. Constatando-se um desgaste do precedente, é possível que venha a Corte a superá-lo, firmando novo posicionamento jurisdicional, que passará a funcionar como novo paradigma, replicável e vinculante aos casos que serão analisados e julgados pelos demais órgãos julgadores.[65] Veja-se que, se o precedente está em descompasso com a realidade - social ou jurídica - deixam de estar presentes os fundamentos que justificariam sua vinculação[66]. Por isso, faz-se necessária sua superação.[67-68]

Embora o CPC/2015, em reiteradas vezes, ressalte a importância da estabilização e da uniformização da jurisprudência em atenção ao princípio da segurança jurídica, é certo que o direito deve ser constantemente atualizado a fim de se manter coerente com a realidade social, política e econômica do país[69].

---

63. *Ad exemplum*, uma empresa que se organiza tributariamente todo exercício à luz de precedentes judiciais há anos sedimentados e que, de uma hora para a outra, por força de uma nova orientação jurisprudencial, vê não só a sua carga tributária aumentar de forma exponencial, como também acompanha o surgimento de débitos fiscais dos últimos anos jamais esperados - impedindo, assim, sua própria sobrevivência. Nesse caso, a decisão judicial ultrapassa as barreiras processuais e atinge diretamente a vida social da empresa; a modulação de efeitos, então, servirá para impedir a cobrança dos tributos pretéritos que até então não eram devidos e auxiliará a reorganização tributária da empresa de modo a impedir o encerramento de suas atividades.

64. PEIXOTO, Ravi. *Superação do precedente e segurança jurídica*. Salvador: Juspodivm, 2017. p. 213-318.

65. A esse respeito, veja-se MITIDIERO, Daniel. *Precedentes*: da persuasão à vinculação. 3ª ed. São Paulo: Revista dos Tribunais, 2018. p. 115.

66. Aqui, genericamente pode-se fazer breve alusão à igualdade, à segurança jurídica e à legítima expectativa do jurisdicionado.

67. Importante destacar, ainda, que a alteração parcial de determinado precedente é frequentemente referida como *overturning*, que pode ser subdividida em *transformation* e *overriding*. Enquanto no primeiro são consideradas circunstâncias novas, sem que se questione frontalmente a autoridade do precedente; no segundo caso, o próprio âmbito de incidência do precedente é repensado. Ver, a esse respeito, MITIDIERO, Daniel. *Precedentes: da persuasão à vinculação*, 3ª edição. São Paulo: Editora Revista dos Tribunais, 2018. p. 116.

68. Ainda sobre esse ponto, ver VIANA, Antônio Aurélio de Souza; NUNES, Dierle. *Precedentes*: a mutação no ônus argumentativo. Rio de Janeiro: Forense, 2018, p. 386.

69. "On one hand, the common law, in accordance with the rule of law tradition, is expected to be consistent, predictable and certain. On the other hand, it should also be malleable so as to arrive at fair and just outcomes. This tension between certainty and fairness operates beneath the surface of all judicial reasoning but it surfaces most abruptly when a court is considering overturning a prior precedent. In order to ensure consistency and certainty one of the basic principles in the administration of justice is to treat like cases alike. Hence a prior precedent represents a statement of law that can be relied upon if a sufficiently analogous case were to arise. However, in order to achieve a just and fair result the court may

Para Leonardo Greco, "o próprio tribunal que firmou o precedente pode abandoná-lo em julgamento futuro (*overruling*)"[70], sendo certo que "a revogação de um precedente depende da adequada confrontação entre os requisitos básicos para o *overruling* – ou seja, a perda de congruência social e o surgimento de inconsistência sistêmica – e os critérios que ditam as razões para a estabilidade ou para a preservação do precedente – basicamente a confiança justificada e a prevenção contra a surpresa injusta"[71].

Naturalmente, merece atenção a situação na qual determinado tribunal tenha sido extinto, ou caso outro tenha-o sucedido em suas competências, ainda que parcialmente. Em tais circunstâncias, haverá clara modificação da competência para superação do precedente firmado. Isso aconteceu, por exemplo, com o STJ, cuja criação, pela Constituição de 1988[72], fez com que passasse a ter a competência para rever precedentes e posicionamentos firmados, até então, pelo STF, que anteriormente detinha competência para julgamento de matéria infraconstitucional.

O § 4º do art. 927 do CPC, inspirado pelos já apregoados postulados da segurança jurídica, da proteção da confiança e da isonomia, mantendo-se coerente ao disposto nos artigos 9º, 10 e 489, § 1º, todos do CPC/2015 e impregnado pelas técnicas já abordadas linhas acima, sedimentou a necessidade de que a modificação dos enunciados de súmula, de jurisprudência pacificada e de tese adotada em julgamento de casos repetitivos seja precedida de fundamentação adequada e específica[73].

4.4. O artigo 928 do CPC/2015, os precedentes e o IRDR

O artigo 928 do CPC/2015 definiu que se entenderia por "julgamento de casos repetitivos" apenas – rol taxativo – as decisões que versassem sobre direito material e/ou processual proferidas em sede (i) de incidente de resolução de demandas repetitivas; e (ii) de recurso especial e extraordinário repetitivos, na esteira da metodologia do "julgamento por amostragem", plasmada nos artigos

---

find it necessary to depart from the precedent case and replace it with a new statement of law. The aims of certainty and fairness may therefore conflict in a particular case" (WALL, Jesse. Prospective overruling: it's about time. *Otago Law Review*, Otago, v. 12, n. 1, 2009, p. 131-147. Disponível em: https://www.otago.ac.nz/law/research/journals/otago036272.pdf. Acesso em 13 de agosto de 2019).

70. GRECO, Leonardo. Novas súmulas do STF e alguns reflexos sobre o mandado de segurança. *Revista Dialética de Direito Processual*, São Paulo, n. 10, 2004, p. 46.

71. MARINONI, Luiz Guilherme. *Precedentes obrigatórios*. São Paulo: Revista dos Tribunais, 2011, p. 393.

72. A composição e as competências do STJ estão previstas nos artigos 104 e 105 da CF.

73. Conforme teor do Enunciado n.º 322, do Fórum Permanente de Processualistas Civis, "a modificação de precedente vinculante poderá fundar-se, entre outros motivos, na revogação ou modificação da lei em que ele se baseou, ou em alteração econômica, política, cultural ou social referente à matéria decidida". Trata-se, portanto, de rol meramente exemplificativo dos casos em que poderá ocorrer a modificação ou a superação do precedente vinculante.

1.036 a 1.041 do CPC/2015. A opção do legislador não foi outra senão rechaçar quaisquer dúvidas porventura existentes ou suscitáveis após a sua promulgação sobre a classificação dos julgamentos de casos repetitivos, bem como delimitar o seu alcance no ordenamento jurídico brasileiro enxergado sistemicamente e em sua completude.

Sobre o IRDR, é relevante destacar as lições de Aluisio Mendes, para quem o incidente é procedimento por meio do qual se busca a resolução de questão jurídica e a criação de uma tese jurídica aplicável a casos que contenham determinados pressupostos fáticos[74-75]. Por essa razão e com vistas ao princípio da isonomia, o artigo 982 do CPC/2015determina que, ao admitir o incidente, o relator suspenderá os processos pendentes, individuais ou coletivos, que tramitem no Estado ou na região, conforme o caso[76-77].

Após o trânsito em julgado da decisão do incidente, a tese fixada deverá ser aplicada a todos os processos individuais ou coletivos, inclusive aos casos futuros, cujos pedidos englobem a questão objeto daquele, desde que tramitem nos limites da competência jurisdicional do respectivo tribunal[78]. Com isso, além de ser uniformizar julgamentos, ainda parece claro que a solução de questões jurídicas por meio da fixação de teses possibilita julgamentos mais céleres[79].

---

74. "Entretanto, neste momento, por razões metodológicas, não se pretende o prolongamento desta discussão dentro deste tópico, ou seja, da sua natureza. Isso porque o debate pertinente ao julgamento da causa originária, ou das causas originárias, ou não pelo tribunal, ou melhor, pelo mesmo órgão, e concomitantemente com o incidente, na verdade não diz respeito à natureza, propriamente dita, do incidente. Isso porque, no ordenamento brasileiro, está muito nítido que o objeto do incidente é a questão jurídica, com a formulação de uma tese jurídica. A controvérsia, sim, parece residir em relação aos pressupostos para o cabimento do Incidente de Resolução de Demandas Repetitivas, ou seja, se deve haver, necessariamente, processo em tramitação no tribunal, para que esteja, digamos, firmada a competência para o julgamento do incidente (segundo a posição restritiva) ou que se poderia suscitar o julgamento a partir de processos em tramitação no primeiro ou no segundo grau (posição não restritiva). A discussão acima, sobre o pressuposto, tem sido aglutinada com o debate subsequente ao julgamento do IRDR, ou seja, quanto à constitucionalidade, formal e material, do parágrafo único do art. 978, no sentido de atribuir ao mesmo órgão, que efetua a apreciação do incidente, com fixação da tese jurídica, a competência para julgar igualmente o recurso, a remessa necessária ou o processo de competência originária de onde se originou o incidente."MENDES, Aluísio Gonçalves de Castro. *Incidente de Resolução de Demandas Repetitivas*. Rio de Janeiro, 2017, p. 107.

75. Ver ainda sobre o tema: TEMER, Sofia. *Incidente de Resolução de Demandas Repetitivas*. 2ª. Salvador: Juspodivm, 2017.

76. CPC/2015: "Art. 982. Admitido o incidente, o relator: I – suspenderá os processos pendentes, individuais ou coletivos, que tramitam no Estado ou na região, conforme o caso".

77. SPADONI, Joaquim Felipe. Incidente de Resolução de Demandas Repetitivas. In: ALVIM, Teresa Arruda (Coord.). *CPC em foco temas essenciais e sua receptividade*: dois anos de vigência do novo CPC. São Paulo: Revista dos Tribunais, 2018, p. 649-651.

78. Ver ainda sobre o tema: WAMBIER, Luiz Rodrigues. RODRIGUES, Dayane Venâncio de Oliveira. Incidente de Resolução de Demandas Repetitivas: aspectos gerais e a admissibilidade no TJDFT, TJSP, TJRJ, TJRS e TJPR. *Revista Eletrônica de Direito Processual - REDP*. Rio de Janeiro. ano 13, vol. 20, n. 1, jan.-abr 2019. p. 341-346. Disponível em: https://www.e-publicacoes.uerj.br/index.php/redp. Acesso em 11/08/2019.

79. "Há quase vinte anos o Direito brasileiro vem caminhando rumo a um sistema de precedentes. É inegável que no Brasil anuncia-se um novo Processo, que põe em destaque o caráter paradigmático

Quanto à segurança jurídica no processo, essa também pode ser desdobrada em duas ideias básicas, quais sejam, a estabilidade e a previsibilidade dos provimentos jurisdicionais. Pela primeira, entende-se que as decisões estatais, desde que legitimadas pela via legalmente exigida, só devem ser modificadas em razão de pressupostos materialmente relevantes e aplicando-se a razoabilidade ao caso. Já por previsibilidade, compreende-se que os cidadãos devem poder ter certeza e calculabilidade em relação aos efeitos jurídicos dos atos normativos emanados pelo Estado, permitindo-lhes organizarem suas vidas e relações a partir desse conhecimento[80].

A linha mestra do Incidente de Resolução de Demandas Repetitivas, portanto, é a preocupação com estabilidade das decisões judiciais tendente a propiciar maior previsibilidade aos jurisdicionados, lhes oportunizando a possibilidade de conformarem suas condutas e relações às normas (vocábulo aqui empregado no sentido de resultado da interpretação do dispositivo legal), bem como de elaborar suas estratégias, antecipando-se quanto a possíveis perdas e ganhos ao longo do processo, no momento do ajuizamento de suas ações[81].

---

das decisões dos Tribunais Superiores e se volta a solucionar com maior segurança jurídica, coerência, celeridade e isonomia as demandas de massa, as causas repetitivas, ou melhor, as causas cuja relevância ultrapassa os interesses subjetivos das partes. Não é por acaso que o efeito vinculante e a possibilidade eficácia prospectiva dos precedentes são considerados por muitos como duas das principais inovações do Projeto do Novo Código de Processo Civil" (ATAÍDE JR., Jaldemiro Rodrigues de. Uma proposta de sistematização da eficácia temporal dos precedentes diante do projeto de novo CPC. In: DIDIER JR., Fredie; BASTOS, Antonio Adonias Aguiar (Coords.). *Projeto do Novo Código de Processo Civil*, 2ª Série. Estudos em Homenagem a José Joaquim Calmon de Passos. Salvador: Juspodivm, 2012, p. 365).

80. "O homem necessita de segurança para conduzir, planificar e conformar autônoma e responsavelmente a sua vida. Por isso, desde cedo se consideravam os princípios da segurança jurídica e da proteção à confiança como elementos constitutivos do Estado de Direito. Esses dois princípios – segurança jurídica e proteção da confiança – andam estreitamente associados, a ponto de alguns autores considerarem o princípio da confiança como um subprincípio ou como uma dimensão específica da segurança jurídica. Em geral, considera-se que a segurança jurídica está conexionada com elementos objetivos da ordem jurídica – garantia de estabilidade jurídica, segurança de orientação e realização do direito – enquanto a proteção da confiança se prende mais com os componentes subjetivos da segurança, designadamente a calculabilidade e previsibilidade dos indivíduos em relação aos efeitos dos actos" (CANOTILHO, José Joaquim Gomes. *Direito Constitucional e Teoria da Constituição.* Coimbra: Almedina, 2000, p. 256).

81. "A segurança jurídica é essencial ao Estado Constitucional. É preciso que a ordem jurídica seja certa, estável, que os cidadãos possam a partir dela orientar suas condutas e contar, em sendo o caso, com a sua realização coativa. Não menos importante para o Estado Constitucional é a confiança legítima por parte dos cidadãos nos seus atos, A confiança legítima é a face subjetiva da segurança jurídica. Prende-se à calculabilidade e à previsibilidade dos atos dos poderes públicos. A segurança legítima e a confiança legítima apontam, em termos de processo civil, à necessidade de proteção à coisa julgada, à adoção de um sistema de precedentes vinculativos no direito brasileiro e à necessidade de adoção de forma para a realização dos atos processuais" (MARINONI, Luiz Guilherme; MITIDIERO, Daniel. *O Projeto do CPC: crítica e propostas.* São Paulo: Revista dos Tribunais, 2010, p. 16).

5. *OBITER DICTUM*: O SISTEMA DE PRECEDENTES E A ARBITRAGEM

É notório que o CPC/2015 trouxe diversos mecanismos aptos a otimizar a prestação da tutela jurisdicional[82-83]. Antes disso, entretanto, já vinha buscando o legislador brasileiro a introdução de outros métodos aptos a oferecer soluções adaptáveis a cada litígio. Isso é notado, por exemplo, com a afirmação, pela Lei n.º 9.307/1996, da arbitragem como uma forma de tutela jurisdicional aceita para alguns tipos de litígios.[84]

Nesse sentido, merece atenção o espaço adquirido pela arbitragem no CPC/2015, que, em atenção ao disposto no artigo 5º, inciso XXXV, da Constituição da República[85], referenda a possibilidade de as partes optarem por buscar a solução do conflito por meio da instauração de procedimento arbitral[86], regulada pela Lei n.º 9.307/1996.

Em 2015, o legislador brasileiro avançou ainda mais, editando a Lei n.º 13.129/2015 (em consonância com o CPC/2015) e ampliando, consequentemente, o âmbito da aplicação da arbitragem, deixando clara, por exemplo, a possibilidade de pessoas jurídicas de direito público participarem de procedimentos arbitrais.

No que interessa a este trabalho, entendemos relevante debater se o sistema de precedentes teria – ou deveria ter – alguma influência sobre a decisão dos ár-

---

82. O CPC/2015 apontou o mediador e o conciliador judicial como auxiliares da Justiça (art. 149, CPC/2015) e impôs não apenas ao juiz a tarefa de estimular a autocomposição entre as partes, mas também aos advogados, defensores públicos e membros do Ministério Público (artigo 3º, § 3º, do CPC/2015).

83. CPC/2015: "Art. 139. O juiz dirigirá o processo conforme as disposições deste Código, incumbindo-lhe: (...) V – promover, a qualquer tempo, a autocomposição, preferencialmente com auxílio de conciliadores e mediadores judiciais".

"Art. 334. (...) § 8º O não comparecimento injustificado do autor ou do réu à audiência de conciliação é considerado ato atentatório à dignidade da justiça e será sancionado com multa de até dois por cento da vantagem econômica pretendida ou do valor da causa, revertida em favor da União ou do Estado".

"Art. 694. Nas ações de família, todos os esforços serão empreendidos para a solução consensual da controvérsia, devendo o juiz dispor do auxílio de profissionais de outras áreas de conhecimento para a mediação e conciliação".

84. "Alternative dispute resolution (ADR) refers to a variety of processes that help parties resolve disputes without a trial. Typical ADR processes include mediation, arbitration, neutral evaluation, and collaborative law. These processes are generally confidential, less formal, and less stressful than traditional court proceedings" (NEW YORK STATE UNIFIED COURT SYSTEM. *Alternative Dispute Resolution – What is ADR?* Disponível em: https://www.nycourts.gov/ip/adr/What_Is_ADR.shtml. Acesso em 28 de abril de 2018).

85. CRFB: Art. 5º "XXXV – a lei não excluirá da apreciação do Poder Judiciário lesão ou ameaça a direito".

86. CPC/2015: "Art. 3 º Não se excluirá da apreciação jurisdicional ameaça ou lesão a direito. § 1º É permitida a arbitragem, na forma da lei".

"Art. 42. As causas cíveis serão processadas e decididas pelo juiz nos limites de sua competência, ressalvado às partes o direito de instituir juízo arbitral, na forma da lei".

bitros no bojo de um procedimento arbitral, cuja escolha das partes foi o direito brasileiro.

Isso naturalmente deve passar pela análise se a arbitragem é de direito ou por equidade e também pela existência ou não no caso concreto dos dois tipos de precedentes que foram anteriormente destacados, quais sejam: os vinculantes e os persuasivos.

Se a arbitragem for *por equidade*, linhas não precisam ser gastas para dizer que o árbitro tem liberdade total para julgar como melhor entender, independentemente de qualquer outro posicionamento. No entanto, se a arbitragem for de direito, o árbitro não pode julgar *com equidade*.

Em nosso sentir, e já antecipando a conclusão cujas premissas serão abaixo desenvolvidas, os árbitros, tal como todo e qualquer juiz togado que compõe o sistema jurisdicional, não podem deixar de aplicar os precedentes vinculantes (tendo à sua disposição apenas a técnica do *distinguishing*, se for o caso) e devem observar os precedentes persuasivos na elaboração de suas decisões, exteriorizando por dever de fundamentação as razões pela aplicação ou não do aludido precedente.

Essa questão da relação dos árbitros com os precedentes judiciais deve ser enfrentada com a necessária responsabilidade, em respeito com a opção do legislador originário quando outorgou ao árbitro o exercício da jurisdição, diante de toda a deferência que o Superior Tribunal de Justiça e os Tribunais do País vêm prestando ao instituto e às decisões dos árbitros (seja no início do procedimento, seja na homologação das sentenças arbitrais, seja pelo ínfimo número de sucesso de ações anulatórias), e até mesmo em observância ao histórico julgamento de 12 de dezembro de 2001, quando o Supremo Tribunal Federal entendeu no julgamento da Sentença Estrangeira o nº 5206 que a opção das partes pela via da arbitragem não feria de morte o Princípio da Inafastabilidade da Jurisdição.

Como vimos nas linhas acima, por força do direcionamento do nosso sistema de prestação jurisdicional ao ideário da uniformização das decisões, parece não haver alternativa que não a visão segundo a qual os precedentes funcionam como fonte de direito, já que detêm o que Daniel Mitidiero denominou de *força institucionalizante da interpretação jurisdicional*[87]. Noutras palavras, o Direito é aquilo que os Tribunais dizem que é.

87. "A compreensão da teoria da interpretação em uma perspectiva lógico-argumentativa retira o foco exclusivamente retira o foco exclusivamente da lei e coloca-o também no precedente, de modo que a liberdade e a igualdade a partir daí devem ser pensadas também diante do produto da interpretação e a segurança jurídica diante de um quadro que englobe tanto a atividade interpretativa como o seu resultado. Dessa forma, o precedente, sendo fruto da reconstrução do sentido da legislação, passa a ser o derradeiro garante da liberdade, da igualdade e da segurança jurídica do Estado Constitucional.

Nada obstante, a própria Lei de Arbitragem, em seu artigo 18, afirma que o árbitro é juiz de fato e de direito, ressaltando sua importância ao ordenamento dada a impossibilidade de revisão das suas decisões. Ora, ao admitir-se que "a função exercida pelos árbitros, no sentido de buscar resolver o conflito tendo como pano de o ordenamento jurídico existente, não se difere daquela exercida pelo juiz"[88], igualmente se deve entender que o pressuposto básico para correta operação do poder jurisdicional é o respeito às normas do ordenamento. Como o árbitro exerce função jurisdicional, deve, em grande medida, analisar como as normas do ordenamento jurídico estão sendo aplicadas[89].

O CPC/2015 alinhou-se com aquilo que já poderia simplesmente ser extraído dos deveres de coerência, uniformidade e estabilidade da prestação jurisdicional, valores inerentes da própria segurança jurídica prevista e protegida pela Constituição da República. Os precedentes dotados de eficácia vinculante, previstos no artigo 927 do CPC/2015, possuem força normativa[90], ou seja, são fontes relevantes do direito, razão pela qual devem ser respeitados e observados pelo árbitro ou tribunal arbitral, sempre que as partes tiverem optado pela aplicação do direito brasileiro ao procedimento arbitral[91].

Nessa linha, o precedente judicial constitui fonte primária do Direito, cuja eficácia vinculante não decorre nem do costume judicial e da doutrina, nem da bondade e da congruência social das razões invocadas e nem de uma norma constitucional ou legal que assim o determine, mas da força institucionalizante da interpretação jurisdicional, isto é, da força institucional da jurisdição como função como função básica do Estado" (MITIDIERO, Daniel. *Precedentes*: da persuasão à vinculação. 3ª ed. São Paulo: Revista dos Tribunais, 2018. p. 93).

88. CREMASCO, Suzana Santi; SILVA, Tiago Eler. O caráter jurisdicional da arbitragem e o precedente arbitral. *Revista da Faculdade de Direito da UFMG*, n.º 59, 2011, p. 376.

89. No mesmo sentido, veja-se o trecho a seguir transcrito: "Nesse contexto, adotada a concepção de que os precedentes brasileiros também são fonte de direito, inexorável a conclusão pelo dever dos árbitros de ponderá-los e aplicá-los quando do exercício de sua função jurisdicional. Tal entendimento se sustenta também em outros fundamentos, como a exigência de isonomia e segurança jurídica na atividade jurisdicional (estatal ou arbitral), a concepção dworkiana de direito como integridade, e o 'dever moral' de seguir precedentes, entre outros" (TEMER, Sofia. Precedentes judiciais e arbitragem: reflexões sobre a vinculação do árbitro e o cabimento de ação anulatória. *Revista de Processo*, vol. 278, 2018, versão eletrônica, item 2).

90. Considerada fonte primordial do direito romano-germânico.

91. Nesse sentido, ao tratar da eficácia vinculante atribuída às decisões judiciais pelo novo diploma processual brasileiro, José Roberto dos Santos Bedaque ponderou que "o fundamento da origem da orientação vinculante não justifica a suposta distinção entre essa norma e a lei. Embora ela seja criada a partir da decisão de situação concreta, ao tornar-se obrigatória, vinculará relações jurídicas futuras, tal como a lei. Além do mais, também a norma elaborada pelo Legislativo leva em conta situações concretas, cuja regulamentação revela-se necessária. Não importa, pois, a maneira como são criadas, mas o efeito vinculante abstrato, ou seja, produzido para todas as situações passíveis de subsunção àquela descrição" (BEDAQUE, José Roberto dos Santos. Precedente Vinculante ou Enunciado Vinculante? Constitucionalidade? In: MENDES, Aluísio Gonçalves de Castro Mendes; BEDAQUE, José Roberto dos Santos; CARNEIRO, Paulo Cezar Pinheiro; ALVIM, Teresa Arruda (Coord.). *O Novo Processo Civil Brasileiro – Temas relevantes – Estudos em homenagem ao Professor, Jurista e Ministro Luiz Fux*, v. I, Rio de Janeiro: GZ Editora, 2018, p. 17).

A vinculação do árbitro ou do tribunal arbitral aos precedentes judiciais obrigatórios decorre, em outras palavras, da inafastabilidade dos princípios da universalidade do direito, da segurança jurídica[92-93] e da isonomia, todos constitucionalmente assegurados (além de previstos no NCPC de 2015).

Apesar das respeitáveis vozes em sentido contrário, não enxergamos qualquer argumento capaz de suplantar tal ideia vinculação dos árbitros aos precedentes obrigatórios elencados no artigo 927 do NCPC.

Apenas para deixar bem claro aqui nosso ponto de vista, a não aplicação pelo tribunal arbitral do precedente vinculante abre a via da ação anulatória erigida no artigo 32 da Lei 13.129/15 por violação à convenção de arbitragem (inciso IV) cuja disposição das partes fora pela aplicação da Lei Brasileira[94]. E mais: entendemos que o desrespeito pelo tribunal arbitral do precedente vinculante inaugura perigosa violação à ordem pública nacional, na medida em que tal conduta afronta sobremaneira os valores expressamente previstos e garantidos na Constituição Federal da República[95].

Situação naturalmente diferente é aquela dos precedentes persuasivos. Esses, como não funcionam como norma em sentido estrito, não podem ser tidos como obrigatórios de aplicação pelo árbitro ou tribunal arbitral. Apesar de indicarem um caminho já trilhado e uma possível solução para o litígio, não necessariamente deve o árbitro – assim como o juiz – adotar a mesma solução. Isso, entretanto, não significa que possam essas duas figuras eximir-se de levar em consideração os precedentes persuasivos suscitados pelas partes.

Há de se concluir, portanto, que o árbitro deve agir em conformidade com os precedentes durante a elaboração de sua decisão, de modo que, ao aplicar o direito vigente, "deverá, necessariamente, levar em conta todo o desenvolvi-

92. "O CPC/2015 avançou no ponto, trazendo inúmeros dispositivos que versam sobre a segurança jurídica e revelando a preocupação com a segurança no processo (...). Sustenta-se que, para que o 'governo das leis' possa ser estruturado, tem que haver segurança, e seria uma exigência do Estado de Direito que haja regras gerais, claras, conhecidas por todos, constantes no tempo e não incoerentes entre si. Neste sentido, também o STF e o STJ já consideram como o 'princípio da segurança jurídica' como sendo derivado do Estado de Direito" (CABRAL, Antônio do Passo. *Coisa Julgada e Preclusões Dinâmicas*: entre continuidade, mudança e transição de posições processuais estáveis. 3ª ed. Salvador: Juspodivm, 2018, p. 357).

93. "Dessa forma, fica assegurada às partes a previsibilidade que se espera no contexto de um litígio. Queremos com isso dizer que qualquer indivíduo que decida pela instauração de um procedimento, judicial ou arbitral, antes identifica suas probabilidades de êxito e de insucesso" (BELLOCHI, Márcio. *Precedentes vinculantes e a aplicação do direito brasileiro na Convenção de Arbitragem*. São Paulo: Revista dos Tribunais, 2017, p. 164, 168-169).

94. Até aonde se tem notícias, tanto o NCPC, e mais ainda a Carta Magna, compõem o arcabouço normativo do que se pode compreender por "Lei Brasileira".

95. A própria Lei de Arbitragem, no artigo 39, veda ao STJ a homologação de sentença estrangeira que viole a ordem pública nacional. Nesse contexto, por mais que seja difícil definir o conceito exato de "ordem pública", certamente todos os valores encartados na nossa Carta Magna devem ser velados especialmente por todos aqueles que lidam com o Direito, máxime juízes e árbitros.

mento jurisprudencial referente à aplicação daquele direito, ou seja, o árbitro não pode ignorar todo o conjunto de princípios e de decisões acerca da matéria que ele irá decidir"[96].

A teoria dos precedentes instituída pelo CPC/2015 reiterou o papel dos precedentes judiciais como fonte do direito, conferindo força normativa aos precedentes previstos no artigo 927. Por outro lado, os precedentes persuasivos, apesar de não serem dotados de força normativa, devem ser levados em consideração pelo árbitro e pelo juiz no momento de proferir decisão.

6. CONCLUSÃO

O CPC/2015 nasceu para mitigar a divisão entre *civil law* e *common law*[97], buscando elementos adaptáveis do direito estrangeiro e promovendo a certeza e a previsibilidade do Direito e do entendimento dos tribunais. Isso, naturalmente, busca realizar a valiosa lição do saudoso Professor José Carlos Barbosa Moreira, para quem o processo deveria ser efetivamente democrático e célere, convivendo os poderes do juiz e a autonomia das partes, a partir da incidência das garantias fundamentais processuais, verdadeiro ideário processual que pode ser alcançado pela análise e adaptação de institutos provenientes do direito estrangeiro.

Após se fazer introdução a respeito do que se pode ter como sistema de precedentes no ordenamento brasileiro, tentou-se demonstrar, neste texto, a diferença existente entre os precedentes persuasivos e os precedentes obrigatórios. Tal diferenciação, longe de ser meramente teórica, é importantíssima para a correta compreensão do sistema trazido pelo CPC/2015, que, em seu artigo 927, enumera decisões e enunciados com caráter normativo e vinculante.

Veja-se que, com isso, também se intentou demonstrar em que contexto normativo insere-se o incidente de resolução de demandas repetitivas, mecanismo cujo tratamento será seguramente exaustivo na obra que o leitor tem agora em mãos. Não sem grande razão, o legislador brasileiro enxergou, no IRDR, uma ex-

96. ABBOUD, Georges. *Jurisdição constitucional vs. Arbitragem*: os reflexos do efeito vinculante na atividade do árbitro. São Paulo: Revista dos Tribunais, v. 214, 2012, p. 279.

97. "Costuma-se afirmar que o Brasil é o país cujo direito se estrutura de acordo com o paradigma do *civil law*, próprio da tradição jurídica romano-germânica, difundida na Europa continental. Não parece correta essa afirmação tão peremptória. O sistema jurídico brasileiro tem uma característica muito peculiar, que não deixa de ser curiosa: temos um direito constitucional de inspiração estadunidense (daí a consagração de uma série de garantias processuais, inclusive, expressamente, do devido processo legal) e um direito infraconstitucional (principalmente o direito privado) inspirado na família romano-germânica (França, Alemanha e Itália, basicamente). Há controle de constitucionalidade difuso (inspirado no *judicial review* estadunidense) e concentrado (modelo austríaco). Há inúmeras codificações legislativas (*civil law*) e, ao mesmo tempo, constrói-se um sistema de valorização dos precedentes judiciais extremamente complexo (súmula vinculante, súmula impeditiva, julgamento modelo para causas repetitivas, etc.), de óbvia inspiração no *common law*" (DIDIER JR., Fredie. *Curso de Direito Processual Civil, v. 1. Introdução ao Direito Processual Civil, Parte Geral e Processo de Conhecimento.* 18ª ed. Salvador: Juspodivm, 2016, p. 59).

celente oportunidade para uniformizar a aplicação da lei, vinculando juízes e tribunais, de modo a oferecer aplicação unívoca de determinado posicionamento fixado pelos tribunais.

Por fim, tendo em vista a grande importância que tem sido atribuída à arbitragem no que tange à prestação jurisdicional, tentou-se demonstrar em que medida o árbitro está vinculado aos precedentes. A estruturação do sistema parece não deixar outra opção àqueles que pretendam exercer poder jurisdicional: sempre que eleitas as regras do direito brasileiro para reger a arbitragem, as soluções adotadas em precedentes obrigatórios devem ser seguidas, enquanto aquelas dos precedentes persuasivos apenas devem ser levadas em conta em razão do dever de fundamentação.

Em nossa visão, o legislador fez o papel dele; o sistema de precedentes está normatizado e pronto para auxiliar o aplicador do direito a navegar por esse novo mar. Agora, o tempo e a jurisprudência vão dizer qual será o rumo desse barco. Em breve, saberemos se estamos na direção do porto ou do naufrágio[98].

7. REFERÊNCIAS BIBLIOGRÁFICAS

ABBOUD, Georges. *Jurisdição constitucional vs. Arbitragem*: os reflexos do efeito vinculante na atividade do árbitro. São Paulo: Revista dos Tribunais, v. 214, 2012.

ALVIM, Teresa Arruda. Precedentes. In: Teresa Arruda Alvim (Coord.). *CPC em foco temas essenciais e sua receptividade*: dois anos de vigência do novo CPC. São Paulo: Revista dos Tribunais, 2018.

ATAÍDE JR., Jaldemiro Rodrigues de. Uma proposta de sistematização da eficácia temporal dos precedentes diante do projeto de novo CPC. In: DIDIER JR., Fredie; BASTOS, Antonio Adonias Aguiar (Coords.). *Projeto do Novo Código de Processo Civil*, 2ª Série. Estudos em Homenagem a José Joaquim Calmon de Passos. Salvador: Juspodivm, 2012.

BARBOSA MOREIRA, José Carlos. Por um processo socialmente efetivo. *Revista de Processo*, vol. 27, 2002.

BARBOSA MOREIRA, José Carlos. Súmula, Jurisprudência e Precedentes: uma escalada e seus riscos. *Temas de Direito Processual*, 9ª série. São Paulo: Saraiva, 2007.

BEDAQUE, José Roberto dos Santos. Precedente Vinculante ou Enunciado Vinculante? Constitucionalidade? In: MENDES, Aluísio Gonçalves de Castro; BEDAQUE, José Roberto dos Santos; CARNEIRO, Paulo Cezar Pinheiro; ALVIM, Teresa Arruda (Coord.). *O Novo Processo Civil Brasileiro – Temas relevantes – Estudos em homenagem ao Professor, Jurista e Ministro Luiz Fux*, v. I, Rio de Janeiro: GZ Editora, 2018.

BELLOCHI, Márcio. *Precedentes vinculantes e a aplicação do direito brasileiro na Convenção de Arbitragem*. São Paulo: Revista dos Tribunais, 2017.

BUENO, Cássio Scarpinella. Amicus Curiae *no Processo Civil Brasileiro*: um terceiro enigmático. 2ª ed. São Paulo: Saraiva, 2015.

CABRAL, Antônio do Passo. *Coisa julgada e preclusões dinâmicas*: entre continuidade, mudança e transição de posições processuais estáveis. 3ª ed. Salvador: Juspodivm, 2018.

CANOTILHO, José Joaquim Gomes. *Direito Constitucional e Teoria da Constituição*. Coimbra: Almedina, 2000.

98. Parafraseando Luiz Fux, ao analisar os novos rumos do processo civil brasileiro.

CAPPELLETTI, Mauro; GARTH, Bryant. *Acesso à Justiça*. Tradução de Ellen Gracie Northfleet. Porto Alegre: Sergio Antonio Fabris Editor, 2002.

CIMARDI, Claudia Aparecida. *A jurisprudência uniforme e os precedentes no Novo Código de Processo Civil brasileiro*. São Paulo: Revista dos Tribunais, 2015.

CREMASCO, Suzana Santi; SILVA, Tiago Eler. O caráter jurisdicional da arbitragem e o precedente arbitral. *Revista da Faculdade de Direito da UFMG*, n.º 59, 2011.

DIDIER JR., Fredie. *Curso de Direito Processual Civil, v. 1. Introdução ao Direito Processual Civil, Parte Geral e Processo de Conhecimento*. 18ª ed. Salvador: Juspodivm, 2016.

FUX, Luiz (Coord.); NEVES, Daniel Amorim Assumpção (Org.). *Novo Código de Processo Civil comparado: Lei 13.105/2015*. Rio de Janeiro: Forense, São Paulo: Método, 2015.

FUX, Luiz. *Curso de Direito Processual Civil*, v. 1. Rio de Janeiro: Forense, 2008.

GONÇALVES, Gláucio Maciel; ASSIS, Guilherme Bacelar Patrício. O *prospective overruling* nas supremas cortes brasileiras: a possibilidade de modulação temporal dos efeitos das decisões revogadoras de precedentes consolidados à luz da dogmática jurídica moderna e do Novo Código de Processo Civil – CPC/2015. *Revista de Processo*, vol. 258, 2016, versão eletrônica, item 1.

GRECO, Leonardo. Novas súmulas do STF e alguns reflexos sobre o mandado de segurança. *Revista Dialética de Direito Processual*, São Paulo, n. 10, 2004.

LARENZ, Karl. *Metodologia da ciência do direito*. 5ª ed. Lisboa: Fundação Calouste Gulbenkian, 2009.

MACÊDO, Lucas Buril de. *Precedentes judiciais e o direito processual civil*. Salvador: Juspodivm, 2016.

MARINONI, Luiz Guilherme. *Precedentes obrigatórios*. 2ª ed. São Paulo: Revista dos Tribunais, 2011.

MARINONI, Luiz Guilherme; MITIDIERO, Daniel. *O Projeto do CPC: crítica e propostas*. São Paulo: Revista dos Tribunais, 2010.

MENDES, Aluisio Gonçalves de Castro. Breves considerações sobre o caráter vinculativo da jurisprudência e dos precedentes no artigo 927 do novo Código de Processo Civil. In: NUNES, Dierle; MENDES, Aluisio Gonçalves de Castro; JAYME, Fernando Gonzaga (coord.). *A nova aplicação da jurisprudência e precedentes no CPC/2015*. São Paulo: Revista dos Tribunais, 2017.

MENDES, Aluísio Gonçalves de Castro. *Incidente de Resolução de Demandas Repetitivas*. Rio de Janeiro, 2017.

MITIDIERO, Daniel. *Precedentes*: da persuasão à vinculação. 3ª ed. São Paulo: Revista dos Tribunais, 2018.

NASSER, Paulo Magalhães. *Vinculações arbitrais*. Rio de Janeiro: Lumen Juris, 2019.

OLIVEIRA, Paulo Mendes de. *Coisa julgada e precedente*: limites temporais e as relações de trato continuado. São Paulo: Revista dos Tribunais, 2015.

PEIXOTO, Ravi. *Superação do precedente e segurança jurídica*. Salvador: Juspodivm, 2017.

POCHMAN DA SILVA, Larissa Clare. A vinculação aos precedentes judiciais, o artigo 927 do novo Código de Processo Civil brasileiro e seus impactos. In: NUNES, Dierle; MENDES, Aluisio Gonçalves; JAYME, Fernando Gonzaga (coord.). *A nova aplicação da jurisprudência e precedentes no CPC/2015*. São Paulo: Revista dos Tribunais, 2017.

SPADONI, Joaquim Felipe. Incidente de Resolução de Demandas Repetitivas. In: ALVIM, Teresa Arruda (coord.). *CPC em foco temas essenciais e sua receptividade:* dois anos de vigência do novo CPC. São Paulo: Revista dos Tribunais, 2018.

STRECK, Lenio Luiz. *Jurisdição Constitucional e Decisão Jurídica*. 4ª. São Paulo: Revista dos Tribunais, 2014.

TARUFFO, Michele. Dimensiones del precedente judicial. *Páginas sobre Justicia Civil – Proceso y Derecho*. Tradução por Maximiliano Aramburo Calle. Madrid: Marcial Pons, 2009.

TEMER, Sofia. Precedentes judiciais e arbitragem: reflexões sobre a vinculação do árbitro e o cabimento de ação anulatória. *Revista de Processo*, vol. 278, 2018, versão eletrônica.

TUCCI, José Rogério Cruz e. *Precedente judicial como fonte do direito.* São Paulo: Revista dos Tribunais, 2004.

TUCCI, José Rogério Cruz e. *Tempo e processo*: uma análise empírica das repercussões do tempo na fenomenologia processual (civil e penal). São Paulo: Revista dos Tribunais, 1997.

VIANA, Antônio Aurélio de Souza; NUNES, Dierle. *Precedentes*: a mutação no ônus argumentativo. Rio de Janeiro: Forense, 2018.

WALL, Jesse. Prospective overruling: it's about time. *Otago Law Review*, Otago, v. 12, n.º 1, 2009.

WAMBIER, Luiz Rodrigues; RODRIGUES, Dayane Venâncio de Oliveira. Incidente de Resolução de Demandas Repetitivas: aspectos gerais e a admissibilidade no TJDFT, TJSP, TJRJ, TJRS e TJPR. *Revista Eletrônica de Direito Processual – REDP*. Rio de Janeiro, ano 13, vol. 20, n. 1, jan.-abr. 2019.

WAMBIER, Teresa Arruda Alvim. Em direção ao *common law*? In: MENDES, Aluísio Gonçalves de Castro; WAMBIER, Teresa Arruda Alvim (coords.). *O Processo em perspectiva*: Jornadas brasileiras de Direito Processual – Homenagem a José Carlos Barbosa Moreira. São Paulo: Revista dos Tribunais, 2013.

6

A FORÇA DA JURISPRUDÊNCIA NO CPC DE 2015 E A NECESSIDADE DE MODULAÇÃO

Teresa Arruda Alvim[1]

Sumário: 1 – A transformação operada pela modulação. 2 – Segurança jurídica. 3 – Ambientes de decisão. 4 – A proteção da confiança. 5 – A igualdade. 6 – Quando se deve modular.

1. A TRANSFORMAÇÃO OPERADA PELA MODULAÇÃO

O legislador de 2015 demonstrou de modo enfático a consciência que tem no sentido de que as decisões jurisdicionais ostentam, em diferentes intensidades, carga normativa. Isto significa que além de serem decisões para os casos concretos, também são invocadas como precedentes, para servirem de base para a decisão de outros casos iguais ou semelhantes.

Se, em alguma medida, decisões judiciais são normas jurídicas, gerando efeitos para além do caso concreto que decidem, devem-se *reconhecer* e *estudar* as consequências deste fenômeno. Entre elas estão a necessidade de, sob certas condições, *uniformizar*, *impor* (precedentes vinculantes) e, muitas vezes, *modular seus efeitos*.

O legislador processual civil de 2015 foi ousado, ao criar a regra do art. 927, § 3º: "Na hipótese de *alteração de jurisprudência dominante do Supremo Tribunal Federal* e dos *tribunais superiores* ou daquela oriunda de julgamento de *casos repetitivos*, pode haver modulação dos efeitos da alteração no interesse social e no da segurança jurídica". (g.n.)

---

1. Livre-Docente, Doutora e Mestre em Direito pela PUC-SP. Professora nos cursos de graduação, especialização, mestrado e doutorado da mesma instituição. Professora Visitante na Universidade de Cambridge – Inglaterra. Professora Visitante na Universidade de Lisboa. Diretora de Relações Internacionais do IBDP. Honorary Executive Secretary General da International Association of Procedural Law. Membro Honorário da Associazione italiana fra gli studiosi del processo civile e do Instituto Paranaense de Direito Processual. Membro do Instituto Ibero-americano de Direito Processual, do Instituto Panamericano de Derecho Procesal, do Instituto Português de Processo Civil, da Academia Paranaense de Letras Jurídicas, do IAPPR, do IASP, da AASP, do IBDFAM e da ABDConst. Membro do Conselho Consultivo da Câmara de Arbitragem e Mediação da Federação das Indústrias do Estado do Paraná – CAMFIEP. Membro do Conselho Consultivo da RT (Editora Revista dos Tribunais). Coordenadora da *Revista de Processo – RePro*, publicação mensal da Editora Revista dos Tribunais. Advogada.

Esta, no entanto, não foi a primeira vez que o legislador brasileiro tratou do tema. A ideia de modulação, no direito brasileiro, nasceu ligada ao controle *concentrado* de constitucionalidade.

Entretanto, mesmo antes da Lei 9.868/1999, o STF, em controle concentrado de constitucionalidade, apesar da ausência de lei expressa permitindo, já modulava algumas de suas decisões.[2] Depois disso, em vigor a Lei 9.868/1999, que textualmente só faz alusão ao *controle concentrado*, como adequado para produzir decisões cujos efeitos podem ser modulados, começou o STF a modular, em alguns casos, também os efeitos das decisões em controle difuso,[3] prestigiando, assim, o *princípio da confiança*.

Em 2016, entrou em vigor o CPC/2015, fazendo menção ao fenômeno da modulação no art. 927, § 3º, há pouco referido.

Embora a doutrina reconheça haver vários tipos de modulação, além da temporal, como, por exemplo, a subjetiva ou a territorial, o tema deste artigo dirá respeito exclusivamente à manipulação dos **efeitos** da **decisão judicial**, vista enquanto **precedente**, no tempo.

Neste sentido, a *modulação* é instituto concebido para concretizar, nos casos em que se entenda adequado prevalecer, o *princípio da proteção à confiança* (que se consubstancia na *dimensão subjetiva* da *segurança jurídica*), deixando salvo da incidência da nova regra, quando a jurisprudência muda de rumo, as situações anteriores à alteração, em que o jurisdicionado *confiou* na pauta de conduta antes existente, agindo em absoluta *conformidade* com ela.

A nosso ver, criar *pautas de conduta* para o jurisdicionado não é fruto apenas da atividade do *legislador*, mas também da do *Judiciário*. Pode haver algu-

---

2. Veja-se, nesse sentido, o interessante julgamento do RE 122.202/MG (10.08.1993), no qual, a fim de preservar o quinquênio progressivo já incorporado ao patrimônio dos juízes mineiros e, posteriormente, declarado inconstitucional, o rel. Min. Francisco Rezek decidiu que o benefício até então pago não deveria ser devolvido, de modo que a decisão tinha eficácia *ex nunc*. Percebe-se, nesse caso, que a modulação dos efeitos não ocorreu no próprio julgamento da Representação de Inconstitucionalidade 1.379/MG, j. em 12.08.1987, de relatoria do Min. Moreira Alves, mas, sim, no julgamento do referido Recurso Extraordinário. A nosso ver, como explicaremos mais adiante, embora este caso, de fato, reclamasse modulação, esta não deveria ter sido feita por outro órgão jurisdicional, diferente do que decidiu a representação e em momento posterior. Confira-se ainda o RE 78.594/SP, de relatoria do Min. Bilac Pinto, em que houve a modulação dos efeitos, para que os atos praticados pelo oficial de justiça, cuja investidura pela lei estadual foi julgada inconstitucional, fossem preservados, em nome da segurança jurídica.

3. Confira-se acórdão recente do STF, em que se modularam os efeitos em controle de constitucionalidade difuso: "Recurso extraordinário. Direito do Trabalho. Fundo de Garantia por Tempo de Serviço (FGTS). Cobrança de valores não pagos. Prazo prescricional. Prescrição quinquenal. Art. 7º, XXIX, da Constituição. Superação de entendimento anterior sobre prescrição trintenária. Inconstitucionalidade dos arts. 23, § 5º, da Lei 8.036/1990 e 55 do Regulamento do FGTS aprovado pelo Decreto 99.684/1990. Segurança jurídica. Necessidade de modulação dos efeitos da decisão. Art. 27 da Lei 9.868/1999. Declaração de inconstitucionalidade com efeitos *ex nunc*. Recurso extraordinário a que se nega provimento" (STF, RE 522.897, rel. Min. Gilmar Mendes, Tribunal Pleno, j. 16.03.2017, *DJe* 26.09.2017).

ma variação de país para país, de sistema para sistema, e esta cooperação pode ocorrer em diferentes medidas ou dimensões, mas existe *sempre* a participação do que *faz a lei* e do que a *interpreta*, na criação da *pauta de conduta*. Apesar das diferenças, que podem decorrer do fato de, em alguns países, existirem precedentes vinculantes (ou não), do grau de liberdade que têm os juízes para interpretar e mesmo de haver (ou não) leis escritas, certamente o fato de se imprimirem, em alguns casos, efeitos prospectivos a mudanças de orientação dos tribunais faz com que a posição do juiz chegue bem perto da do legislador. Esta é a principal razão em virtude da qual ainda existe resistência considerável à adoção deste instituto em alguns países e mesmo ao seu uso, nos países em que o instituto existe.

O estudo da modulação é necessário e urgente. Trata-se de se poderem atribuir à alteração de precedentes ou às conhecidas "viradas" de jurisprudência, tão comuns no Brasil, efeitos apenas prospectivos. Esta necessidade se impõe e decorre da constatação da evidência de que a *atividade jurisdicional é, em alguma medida, criativa*.

Isto não quer dizer que a irretroatividade das leis deva ser idêntica à irretroatividade da jurisprudência. A modulação é excepcional. Mas o instrumento existe e está à nossa disposição e precisa ser compreendido.

A recente Lei 13.655/2018, cuja redação acrescentou alguns artigos à LINDB, também dispõe sobre este tema e traduz, uma vez mais, a intensa preocupação do legislador com os efeitos nocivos da oscilação jurisprudencial, que eleva a insegurança jurídica e repercute mal no ambiente de negócios do País.[4]

A redação dos seus dispositivos é excessivamente permeada de conceitos vagos, podendo, assim, gerar profundas discrepâncias interpretativas.

Entretanto, nos arts. 23 e 24, a nova lei diz algo de extrema relevância quanto à alteração de posição da jurisprudência. O art. 23 estabelece que a decisão, a respeito do tema x, que adota orientação diferente daquela que vinha sendo adotada pelas decisões anteriores do mesmo órgão, deve conter, em si mesma, *regime de transição* quanto à incidência dos efeitos que dela decorrem, quando isso for indispensável para concretização do princípio da confiança e da segurança jurídica.

O art. 23,[5] cujo conteúdo foi resumido anteriormente, usa expressões ambíguas e, às vezes, vagas. Faz, também, uma distinção que seria dispensável: diz que

---

4. Da exposição de motivos da lei extrai-se que os novos artigos visam a gerar mais "segurança jurídica e eficiência na criação e na aplicação do direito público".

5. "Art. 23. A decisão administrativa, controladora ou judicial que estabelecer interpretação ou orientação nova sobre norma de conteúdo indeterminado, impondo novo dever ou novo condicionamento de direito, deverá prever regime de transição quando indispensável para que o novo dever ou condicionamento de direito seja cumprido de modo proporcional, equânime e eficiente e sem prejuízo aos interesses gerais".

a regra se aplica quando a nova interpretação recair sobre norma de "conteúdo indeterminado". Provavelmente, o que o legislador quis dizer, e disse mal, é que as normas que ensejam alterações interpretativas, cujos efeitos devem ser modulados, seriam *apenas* aquelas que contêm conceitos vagos. O legislador disse menos do que queria.

Sabe-se que a indeterminação dos conceitos envolve graus: quase todos os conceitos têm certa dose de *vaguedad* (vagueza). Basta se pensar na palavra "mãe", que pode abranger a *mãe natural*, a *mãe adotiva*, a *mãe biológica* etc., dependendo do contexto em que se encontre. A nova regra, óbvia e evidentemente, não se aplica "apenas" aos casos em que as normas, cuja interpretação foi alterada, contenham conceitos vagos. O legislador, portanto, expressou uma preocupação correta de modo inadequado, o que deve ser corrigido pela via interpretativa.

O art. 24,[6] por sua vez, tem o alcance que, a nosso ver, deve ser, efetivamente, atribuído ao instituto da modulação. Diz que quando o Judiciário revê certo ato, contrato, ajuste etc., que tenha se completado à luz de "orientações gerais da época", para verificar sua validade, devem-se levar em conta, como parâmetro, exatamente as *orientações vigentes à época da ocorrência do ato*, contrato etc., e não o posicionamento posterior.

Cabe aqui sublinhar que, se a regra é oportuna e deve ser bem vinda, porque autoriza a modulação, não se deve erradamente concluir que é ao próprio juiz da causa que cabe recusar a aplicação, por exemplo, do "novo" precedente vinculante, porque a conduta que está avaliando no processo teria ocorrido antes da virada. Não é assim. A competência para modular é da Corte que proferiu o precedente que passou a não mais prevalecer, por ter havido mudança de orientação.

2. SEGURANÇA JURÍDICA

A modulação é instituto umbilicalmente ligado à segurança jurídica.

À segurança tem-se atribuído muita relevância hoje em dia, justamente como reação à profunda insegurança em que vivemos.

As causas desta insegurança, são as mais variadas, e, dentre as principais, está, com certeza, o excesso de informações, somado ao "dever", que tem o homem contemporâneo, de planejar, racionalmente, e, de certa forma, *predeterminar* seu futuro. Não há como assimilar toda a informação que está à disposição, e, muito menos,

6. "Art. 24. A revisão, nas esferas administrativa, controladora ou judicial, quanto à validade de ato, contrato, ajuste, processo ou norma administrativa cuja produção já se houver completado levará em conta as orientações gerais da época, sendo vedado que, com base em mudança posterior de orientação geral, se declarem inválidas situações plenamente constituídas.

Parágrafo único. Consideram-se orientações gerais as interpretações e especificações contidas em atos públicos de caráter geral ou em jurisprudência judicial ou administrativa majoritária, e ainda as adotadas por prática administrativa reiterada e de amplo conhecimento público".

gerenciar e organizar os dados, para compreender adequadamente o presente e planejar o que há de vir, exercendo, assim, certa dose desejável de controle sobre o futuro. A sensação de impotência é fonte de tremenda insegurança.

Vivemos, por outro lado, em sociedades de grupos. Não há mais uma camada *dominante* e outra *dominada*. Há interesses, e grupos se formam à volta deles: as instituições financeiras, os consumidores, os industriais, e assim por diante. Interesses estes, muito frequentemente, contrapostos. Há muitas "verdades", muitas versões da realidade, muitas noções diferentes do que seja *certo* e *errado*.

Este quadro pode gerar excesso de regramento, leis, decretos, medidas provisórias, e, portanto, correlatamente, o perigo de não se saber *exatamente* "o que é o direito", por qual *pauta de conduta* deve o jurisdicionado orientar-se.

Esta situação se reflete na instabilidade da jurisprudência.

Ademais, as civilizações contemporâneas cada vez mais possibilitam que camadas sociais, antes excluídas, usufruam de benefícios como hospitais, consumo e, é claro, acesso à justiça.

Some-se a isto o movimento tentacular exercido pelo direito: *tudo* é disciplinado, regulado, normativizado. Indivíduos podem, de fato, ir à justiça em vários papéis: marido, consumidor, idoso, contribuinte etc.

Não é demais lembrar-se aqui da pressão típica da nossa época: tudo deve ser feito muito rapidamente. A necessidade de rapidez diz respeito tanto às leis quanto às decisões judiciais.

É exatamente este contexto que *revitaliza* o estudo da segurança jurídica. Como observa Humberto Ávila[7], "só se obtém plena consciência do significado de um bem quando se o perde".

Trata-se de tema vastíssimo, e, como é evidente, a própria expressão tem vários sentidos e dimensões, que, de certo modo, se interpenetram e se complementam.[8]

A dimensão do princípio da segurança jurídica que serve de pano de fundo para a modulação, é a *subjetiva*: liga-se à necessidade de que *pautas de conduta* sejam *conhecidas,* de molde a permitir o planejamento das ações, sem surpresas posteriores.

---

7. *Teoria da segurança jurídica*. 3. ed. São Paulo: Malheiros, 2014, p. 76.

8. A esse respeito, observa Alexandre Freire: "O princípio da segurança jurídica é, sem dúvida alguma, um dos pilares do Estado de Direito. Visa a garantir estabilidade e tranquilidade nas relações jurídicas, tendo como principal objetivo proteger e preservar as expectativas de comportamento das pessoas em relação ao que resulta de suas ações e no que diz respeito às ações esperadas de terceiros" (Precedentes judiciais: conceito, categorias e funcionalidade. In: NUNES, Dierle; MENDES, Aluísio Gonçalves de Castro; GONZAGA JAYME, Fernando. (Coords.). *A nova aplicação da jurisprudência e precedentes no CPC de 2015*. São Paulo: RT, 2017, p. 51-82, especialmente, p. 63).

A função da modulação é criar segurança jurídica, sob o prisma *subjetivo*, i. e., protegendo a *boa-fé* e a *confiança*. Trata-se, sem dúvida, de um instituto que dá *funcionalidade* a estes princípios.

Neste artigo, tentaremos identificar critérios que recomendam haja modulação em alguns casos. E outras em que devem prevalecer outros valores, sendo a modulação inconveniente.

Em primeiro lugar, deve-se reconhecer que mudanças frequentes e em curtos espaços de tempo, de pautas de conduta, sejam elas provenientes, originariamente, do Legislativo, dos Tribunais Superiores, de súmulas vinculantes ou não... etc., são indesejáveis e têm o condão de comprometer a segurança jurídica, no sentido da estabilidade. Por outro lado, mudanças são necessárias, muitas vezes.

Por outro lado, sabe-se, o direito muitas vezes evolui como obra do Poder Judiciário. A jurisprudência não raramente se adianta e acaba criando respostas às necessidades da sociedade, antes do legislador.

De fato, a lida com o direito envolve tratar do delicado equilíbrio que deve haver entre a necessidade de sua *adaptação* às alterações sociais e a de que haja *estabilidade*. Sem estabilidade não há previsibilidade (= calculabilidade, em grau considerável). Sem previsibilidade, neste sentido, não há direito: há caos.

É imprescindível notar que: "aquilo que os homens chamam de *estabilidade* não é o imobilismo, é o *movimento lento* e *uniforme* do conjunto que deixa subsistir uma certa forma geral das coisas às quais eles estão habituados".[9]

O que interessa mais diretamente ao tema central deste artigo é a alteração do direito ocorrida pela obra dos juízes, quando estes mudam súmulas, precedentes, jurisprudência dominante. Portanto, é imprescindível tratar da possibilidade de o juiz "inovar" (= exercer seu poder criativo), para além do que estava antes estabelecido no sistema, em sua configuração anterior, como pauta de conduta (=direito) para o jurisdicionado.

3. AMBIENTES DE DECISÃO

Quando o juiz pode inovar?

Os *ambientes de decisão* – regras e princípios de direito material à luz dos quais certos casos serão objeto de decisões jurisdicionais – é um conceito que pode ajudar a responder a esta pergunta.[10]

9. HAURIOU, Maurice. *Précis de Droit Constitutional*. Paris: Sirey, 1929, p. 6, *apud* ÁVILA, Humberto. *Teoria da Segurança Jurídica*. 3. ed. São Paulo: Malheiros, 2014. (g.n.)

10. Veja-se artigo em que se adotaram os conceitos de identidade essencial no âmbito dos Embargos de Divergência: CAMARGO, João Ricardo. O novo desenho estrutural dos Embargos de Divergência no STJ traçado pelo CPC/15. *RePro*, São Paulo, n. 272, p. 271-296, 2017, especialmente p. 288 e ss.

A sentença deve respeitar as características do *ramo*[11] *do direito* material que disciplina o caso posto sob sua apreciação. Se se tratar, por exemplo, de um caso a ser resolvido por normas de *direito tributário*, princípios de direito tributário hão de ser respeitados: o da *estrita legalidade tributária*, o da *anterioridade*, o da *capacidade contributiva* e tantos outros.[12] Portanto, nestes *ambientes decisionais* ***rígidos***, o sistema de precedentes vinculantes produz bons resultados.

Inovações neste ramo do direito não deveriam, como regra, fazer-se pela mão dos juízes, porque, como a jurisprudência tem efeito retroativo (i.e., colhe situações em que o contribuinte pautou sua conduta à luz da orientação anterior), princípios basilares de direito tributário seriam mortalmente ofendidos, como, por exemplo, o da anterioridade. Valores prestigiados pelo direito tributário, como, por exemplo, a previsibilidade, seriam desprezados, de molde a desfigurar a estrutura fundamental deste ramo do direito.

A evolução do direito deve ter lugar, a nosso ver, neste tema, por *obra da lei*. A lei, ao contrário, tem aplicação para o futuro. A possibilidade de que a alteração da jurisprudência tenha efeitos "moduláveis" suaviza o rigor desta regra de divisão de funções, entre Judiciário e Legislativo.

São outros, todavia, os princípios que regem, por exemplo, o direito de família. Neste *ambiente decisional*, que entendemos possível chamar-se de *frouxo*, tem sentido a afirmação de que a "jurisprudência é o termômetro mais sensível das alterações da sociedade e não deve ser engessada". É, em grande parte, por obra da construção dos juízes que o direito de família se modifica, se adapta.[13]

Os critérios de distinção destes dois tipos de ambientes são os *princípios basilares* de cada um dos ramos de direto material que servirão de base à decisão: este é o *ambiente* em que a decisão será tomada.

Este *ambiente decisional* é que fornecerá elementos para que se saiba: se o juiz pode levar em conta, na sua decisão, *alterações sociais* que o autorizam a divergir *suavemente* – ***nunca bruscamente*** – do que até então estava estabelecido.

11. Ou do conjunto de normas de direito material, que não correspondem, necessariamente, a um ramo do direito.

12. Conforme: CARRAZZA, Roque Antonio. *Curso de direito constitucional tributário*. 20. ed. São Paulo: Malheiros, 2004; AMARO, Luciano da Silva. *Direito tributário brasileiro*. 11. ed. São Paulo: Saraiva, 2005; ATALIBA, Geraldo. Limitações constitucionais ao poder de tributar. *Revista de Direito Tributário*, São Paulo, v. 51, p. 153, jan./1997; CARVALHO, Paulo de Barros. *Curso de direito tributário*. 17. ed. São Paulo: Saraiva, 2005; COÊLHO, Sacha Calmon Navarro. *Curso de direito tributário brasileiro*. 8. ed. Rio de Janeiro: Forense, 2005; MACHADO, Hugo de Brito. *Os princípios jurídicos da tributação na constituição de 1988*. São Paulo: RT, 1989.

13. Diz-se, no direito inglês, que os aspectos criativos da decisão judicial são visíveis também no *law of torts* (= responsabilidade extracontratual), que não são uma parte estática do direito (MARSH, Norman. Principle and Discretion in the Judicial Process, *Law Quarterly Review*, v. 68, 1952, p. 226).

Em campos mais *frouxos* é que, segundo nos parece, à jurisprudência pode caber, sim, (também) o passo, talvez o primeiro passo, na evolução do direito: *transformação das regras de direito material.*

4. A PROTEÇÃO DA CONFIANÇA

Roque Carrazza menciona, no contexto do princípio da segurança jurídica, certamente tendo em vista o direito tributário, a necessidade de que *o direito* tenha o timbre da irretroatividade, e não a lei,[14] o que faz integral sentido, já que o direito não se confunde com a lei, compreendida em sua literalidade.

Todavia, pensamos que a alteração da jurisprudência é *naturalmente retroativa*,[15] no sentido de atingir situações que ocorreram durante a prevalência da orientação anterior.[16] *Justamente por isso* é que existe a *modulação*, tema central deste artigo: para corrigir esta distorção, nos casos em que esta correção é necessária.[17]

---

14. CARRAZZA, Roque. Segurança jurídica e eficácia temporal das alterações jurisprudenciais – Competência dos Tribunais Superiores para fixá-la – Questões conexas. In: FEERAZ JR., Tercio Sampaio; CARRAZZA, Roque Antonio; NERY JR., Nelson. *Efeitos* ex nunc *e as decisões do STJ*. 2. ed. Barueri: Manole, 2009, p. 48.

15. Alteração da jurisprudência tem vocação retroativa. Como explica Daniel Mitidiero: "Em segundo lugar, a *alteração do precedente deve ter vocação retroativa*, isto é, o novo precedente tem de ter a pretensão de regular casos para os quais se aplicava o precedente anterior. Isso porque é justamente para evitar a aplicação de uma *norma inexistente* e, portanto, *desconhecida* no momento da conduta de determinada pessoa que a superação prospectiva do precedente e encontra justificação" (*Precedentes*: da persuasão à vinculação. 3. ed. São Paulo: Thomson Reuters Brasil, 2018, p. 134).

16. Criticando a situação anterior ao CPC/15, Estevão Mallet afirma que: "A irrestrita aplicação retroativa da jurisprudência suscita, como visto, graves problemas práticos, comprometendo a segurança jurídica. Por isso, a despeito do entendimento geralmente dominante nos tribunais, encontram-se, também no sistema jurídico brasileiro, restrições a esse resultado. Algumas estão expressas no próprio direito positivo. Outras são criadas pela doutrina e pelos tribunais, de modo casuístico, para evitar prejuízos sociais relevantes" (A jurisprudência sempre deve ser aplicada retroativamente? *RePro*, São Paulo, v. 31, n. 133, p. 67-84, mar./2006).

17. Neste sentido: "É relevante que se compreenda o porquê dessa diferença: a alteração da jurisprudência tem, sempre, salvo no caso de haver modulação, efeito retroativo. A mudança da pauta de conduta, quando ocorre por obra do juiz, acaba por servir de base para avaliar casos que ocorreram à luz da orientação superada, o que gera surpresa, indesejável e, de rigor, inadmissível, como regra, no âmbito do direito tributário ou penal.

    Veja-se que a própria modulação é sinal evidente de que o legislador reconhece que decisões judiciais geram pauta de conduta: orientação para os outros tribunais e para o próprio jurisdicionado. Trata-se da preocupação do legislador de criar normas de direito "intertemporal" também para a mudança da jurisprudência.

    Um rápido parêntesis acerca da importância e da coerência na aplicação da técnica de modulação dos efeitos das decisões, para o que citamos a lição de Marinoni: 'O emprego das técnicas de modulação dos efeitos temporais exige cautela. Obstaculizar a retroatividade de efeitos pode gerar resultados inconsistentes ou tratamento desigual para casos iguais'" (BELLOCCHI, Márcio. *Precedentes vinculantes e a aplicação do direito brasileiro na convenção de arbitragem*. São Paulo: RT, 2017, p. 140-141).

O direito é a *lei*, interpretada pelos *tribunais* à luz da *doutrina*: destes elementos emerge a *pauta de conduta*, que orienta a vida do jurisdicionado, indicando-lhe o que pode e o que não pode fazer.

O princípio da proteção da confiança vem-se tornando cada vez mais relevante para o direito, porque eleva o nível do potencial de atividades humanas, contribuindo para a racionalização das escolhas, que integram a conduta dos homens, permitindo progressos de antecipação dos comportamentos futuros do *alter*.[18]

Em última análise, a sociedade "funciona melhor" quando uns confiam nos outros e todos confiam no Estado. E, é evidente, quando esta confiança é prestigiada.

Indivíduos devem poder confiar no Estado. O Estado não pode frustrar e desorientar o jurisdicionado, tendo condutas contraditórias, e, portanto, surpreendentes. O princípio da confiança é, a nosso ver, ínsito ao Estado de Direito.

A exigência de que as autoridades em geral ajam de boa-fé é indispensável à segurança jurídica.[19] Aqui se está referindo obviamente à boa-fé objetiva, que nada tem que ver com o plano interno, das intenções: é a ausência de abuso, a coerência e a harmonia dos atos que compõem suas condutas.[20]

Tudo o que se disse se aplica indubitavelmente à conduta do Poder Judiciário.

Geram confiança, por exemplo, a lei, a jurisprudência firme e iterativa de um Tribunal, um precedente de um Tribunal de cúpula etc.[21]

---

18. CABRAL, Antonio do Passo, comentando pensamentos de Niklas Luhmann, *Coisa julgada e preclusão dinâmicas*. 3. ed. Salvador: Juspodivm, 2019, item 1.10.7.1, p. 156.

19. Nesse sentido, afirma Celso Antônio Bandeira de Mello: "A analogia é perfeita: o administrador *de boa-fé* que agiu na conformidade com ato administrativo tido por inválido, deve ser resguardado dos efeitos nocivos desta invalidação, pois os atos foram obra do próprio Poder Público. A Ação Pública deve invalidá-los, evitando que continuem a produzir efeitos, mas muitas vezes não se devem desconstituir o que se produziu 'sob o beneplácito' do próprio Poder Público" (MELO, Celso Antônio Bandeira de. *Curso de Direito Administrativo*. 26. ed. São Paulo: Malheiros, 2009, p. 473).

20. No mesmo sentido, Jaldemiro Rodrigues de Ataíde Jr.: "A proibição de *venire contra factum proprium* impõe-se à Administração, inclusive, ao Judiciário, pois decorre diretamente do texto constitucional, já que agindo contra seus próprios atos o poder público viola os princípios da segurança jurídica (arts. 1º, 5º, *caput* e XXXVI, CF), da solidariedade (art. 3º, I, CF), da legalidade e da moralidade administrativa (art. 37, *caput*, CF) (NERY JR., 2009, 86)" (Uma proposta de sistematização da eficácia temporal dos precedentes diante do projeto de novo CPC. In: ADONIAS, Antônio; DIDIER JR., Fredie. (Orgs.) *Projeto do novo Código de Processo Civil – 2.ª série: estudos em homenagem a José Joaquim Calmon de Passos*. Salvador: Juspodivm, 2012, p. 367).

21. O princípio da proteção da confiança é que dá paz e tranquilidade para que as pessoas planejem suas vidas: "Em resumo, a expectativa de comportamento é uma espécie de esperança ou aposta baseada em padrões e comportamentos anteriores já experimentados ou conhecidos. É a espera pela resposta que é possível *sensatamente* antecipar. Essas expectativas, como confirmam as experiências de vida, preparam os sujeitos para lidar com resultados decorrentes do que se espera ou se pode esperar. Elas programam os projetos existenciais das pessoas. Assim, uma vez que se pode antecipar um resultado possível, qualquer

A mudança da jurisprudência dominante ou pacificada de qualquer tribunal, bem como a alteração de tese adotada em precedentes vinculantes, no sentido forte (IRDR, recursos repetitivos, incidente de assunção de competência e recurso extraordinário), "revela comportamento contraditório do Estado que não pode prejudicar o jurisdicionado".[22] Ainda mais quando a mudança beneficia o Estado, pois, neste caso, prejudicar o particular para favorecer o Estado seria permitir que este se beneficiasse da própria torpeza.

A tutela da confiança, quando relacionada à mudança da posição dos Tribunais pode levar a (i) recomendar que esta *não ocorra*, pelo dever de coerência, se decorre de "mudanças caprichosas de critérios decisórios"[23] (ii) criação de regras de transição, em caso de haver mudança de regime jurídico de alguma situação (iii) a não incidência do novo entendimento em situações fáticas ocorridas antes da alteração.

A modulação consiste, como diz, com razão, Valter Shuenquener de Araújo, de *uma forma de tutela contra o Estado*,[24] com o objetivo de resguardar a confiança que teve o jurisdicionado na pauta de conduta por aquele criada.

5. A IGUALDADE

Diz-se que o princípio da igualdade consiste em se tratar igualmente os iguais e desigualmente os desiguais.[25] A igualdade, no entanto, deve ser compreendida em conjunto com outros princípios. Liga-se à ideia de equilíbrio. Não raras vezes, a aplicação do princípio "tem por pressuposto a existência de situações diferentes (não idênticas), às quais, no entanto, deve ser assegurado um tratamento equilibrado, não discriminatório".[26] É o caso de uma norma que disponha deverem empregos ou vagas em universidades ser assegurados a deficientes visuais.

---

surpresa frustra expectativas, causando decepção ou prejuízo de alguma ordem" (FREIRE, Alexandre. *Ob. cit.*, p. 60, g.n.).

22. RAMINA DE LUCCA, Rodrigo. Limites à mudança jurisprudencial. In: MENDES, Aluisio Gonçalves de Castro; MARINONI, Luiz Guilherme; ARRUDA ALVIM WAMBIER, Teresa. (Coords.). *Direito jurisprudencial: volume II*. São Paulo: RT, 2014, p. 1127.

23. BARROSO, Luís Roberto, no Prefácio à obra de ARAÚJO, Valter Shuenquener de. *O princípio da proteção da confiança*. 2. ed. Rio de Janeiro: Impetus, 2016.

24. ARAÚJO, Valter Shuenquener de. *O princípio da proteção da confiança*. 2. ed. Rio de Janeiro: Impetus, 2016, *passim*.

25. Observa, Luiz Alberto David Araújo, oportunamente, que o texto constitucional, que tem redação distinta do anterior no que pertine à igualdade, veio colocá-lo na cabeça do artigo, fixando-a como princípio constitucional, regra de aplicação para a integração, deixando de incluí-la como um dos direitos individuais, mas erigindo a igualdade como pressuposto do entendimento de todos os demais. A igualdade, portanto, teve alteração topográfica em relação ao texto anterior, tendo essa mudança significado de grande importância na interpretação do texto. Assim, deixou a igualdade de ser fixada apenas com um dispositivo, e passou a constar com regra matriz (*A proteção constitucional das pessoas portadoras de deficiência*. Brasília: Corde, 1994. p. 84).

26. GRECO, Marco Aurélio. *Contribuições: uma figura sui generis. São Paulo: Dialética, 2000.* p. 115.

Na verdade, a principal função do princípio da igualdade é a de evitar "previsões discriminatórias injustificadas".[27] Assim, discriminar o consumidor ou o trabalhador, para protegê-lo, não é desrespeitar regra que diz que ambos devem receber tratamento isonômico, já que estão sendo "favorecidos" porque são, presumivelmente, a parte "mais fraca".

Uma das consequências inafastáveis da incidência desse princípio é a de que, em face de casos *rigorosamente idênticos*, deve, o Judiciário, decidir conforme a lei, compreendida e aplicada da mesma forma.

A modulação, entretanto, cria uma situação em que a isonomia é afastada. Quando há a modulação, a nova regra se aplica a algumas situações, mas não a todas. Algumas serão resguardadas, em nome de outros valores, de outros princípios. O principal, sem dúvida, é a segurança jurídica, sob o ângulo subjetivo: a confiança.

Outro é o fundamento da Súmula 343, que resguarda situações da rescindibilidade porque a jurisprudência era controvertida à época da prolação da decisão!

De rigor, percebe-se que os efeitos práticos da aplicação da Súmula 343 do STF são semelhantes ou equivalentes aos da modulação, embora digam respeito, exclusivamente, ao descabimento da ação rescisória, resguarda-se a situação ocorrida antes.

Entretanto, é imprescindível observar-se que os fundamentos desta súmula são desprovidos de racionalidade jurídica: não justificam o afastamento da necessidade de respeito à isonomia.

Os fundamentos que justificam o afastamento da isonomia devem ser diferentes da mera circunstância de a jurisprudência ser desencontrada na época da prolação da decisão que se pretende rescindir.

Afirmar-se que não se podia falar em ofensa à *norma jurídica*, em momento em que os Tribunais ainda não estavam de acordo quanto a qual seria o "verdadeiro" sentido da lei é quase cínico. Ao Estado cabe criar normas em que o particular possa pautar sua conduta. Se não consegue fazer isso, nega proteção jurídica ao particular, porque não havia, à época, norma a ser ofendida.

6. QUANDO SE DEVE MODULAR

Se a jurisprudência tem, como observamos antes, naturalmente efeito retroativo, a modulação há de ser uma exceção, i.e., feita em alguns casos.

De fato, o normal é que atos do legislativo produzam efeitos para o presente (em certa dimensão) e para o futuro. Decisões judiciais operam efeitos para o passado.

---

27. Idem, destaques no original.

Como, então, saber em que casos deve haver modulação?

O **primeiro critério** que aparece como fundamental para identificar casos em que a modulação deve haver é o de que, com ela, se estará *protegendo a confiança que teve o jurisdicionado na orientação anterior.*[28]

Não se trata de um argumento preciso.[29] Mas, a nosso ver, este tema, que é extremamente resistente à sistematização e à disciplina baseada em critérios seguros e confortáveis, leva, necessariamente, à lida com parâmetros nublados, que, justamente porque carecem de precisão, devem ser considerados em conjunto.

A orientação anterior deve ter sido, como regra, *firme e duradoura*. Deve ter representado, para o jurisdicionado, *confiável pauta de conduta* (= direito).[30] Isso pode ocorrer entretanto, no direito brasileiro, também quando se trata de apenas *uma decisão do STF*, julgando recurso extraordinário avulso, ou seja, não repetitivo.

Um **segundo critério**, que nos parece capaz de auxiliar na identificação de casos em que deve haver modulação, é o de se tratar de situação em que o *ambiente decisional seja rígido*[31] e que, por isso, a nosso ver, em tese, não se teria recomendado que a alteração do direito (= da pauta de conduta) se desse por obra do Poder Judiciário.[32]

28. Por isso é que aludem Marinoni e Mitidiero à necessidade, para que haja modulação, de que em tese existam soluções distintas para o mesmo caso: circunstâncias fáticas idênticas e mais de uma solução possível (MARINONI, Luiz Guilherme; MITIDIERO, Daniel. *Recurso extraordinário e recurso especial: do jus litigatoris ao jus constitutionis*. São Paulo: Thomson Reuters Brasil, 2019. p. 281).

29. Essa crítica é feita inteligentemente por Alaor Leite. Proibição de retroatividade e alteração jurisprudencial: a irretroatividade da jurisprudência constitutiva do injusto penal. In: RENZIKOWSKI, Joachim; GODINHO, Inês Fernandes; LEITE, Alaor; MOURA, Bruno. *Actas do Colóquio o Direito Penal e o Tempo*. Coimbra: Instituto Jurídico da Faculdade de Direito da Universidade de Coimbra, 2016. p. 43-88, *passim*.

30. "A revogação de precedente, ao alterar o entendimento da Corte a respeito da interpretação da lei federal, tem grande impacto sobre as situações levadas a efeito sob o império do precedente revogado. De forma que exige do Tribunal, em primeiro lugar, a análise acerca da existência de "confiança justificada", uma vez que nem todo precedente gera confiança capaz de legitimar a conduta praticada. Depois, há que se verificar se o ato ou a conduta realmente deriva da confiança que se depositou no precedente" (MARINONI, Luiz Guilherme. Eficácia temporal da revogação da jurisprudência consolidada dos Tribunais Superiores. *Revista de Informação Legislativa*, Brasília, v. 48, n. 190, p. 15-34, abr.-jun. 2011; *Revista dos Tribunais*, São Paulo, v. 906, p. 255-284, abr. 2011).

31. Tratamos deste conceito no item 4 deste artigo. Exatamente nesse sentido, Eva Steiner: "As indicated above, a first attempt towards systematization consists in distinguishing between different fields of law. Three relevant areas have been generally identified in the foreign material under review: criminal law, civil law and tax law. They are now considered in turn" (STEINER, Eva. *Comparing the Prospective Effect of Judicial Rulings Across Jurisdicions*. Springer International Publishing Switzerland, 2015. [Ius Comparatum – Global Studies in Comparative Law 3]. p. 18).

32. Inegavelmente, no direito tributário: "Ora a mesma técnica, os mesmos critérios de segura aplicação do princípio da irretroatividade das leis devem reger a irretroatividade das modificações jurisprudenciais. É evidente que a confiança está pressuposta, como confiança sistêmica, difusa. Todos devem acreditar, crer, confiar honestamente nos comandos do legislador e dos tribunais superiores. E isso se protege. E se pro-

Quando se trata de hipótese que envolva direta ou indiretamente o Estado,[33] a nova orientação do Tribunal *prejudica o particular*,[34] deve haver modulação. Este é um **terceiro critério**. Não deve o particular arcar com os ônus decorrentes da incoerência da conduta dos representantes do Estado.

Conforme observamos antes, a modulação é um instrumento para que o particular possa defender-se contra o Estado. Quando a jurisprudência muda, o Estado (o Judiciário) está incorrendo em conduta encartável na *má-fé objetiva*:[35] é um *venire contra factum proprium*.

Alteram-se as regras segundo as quais deve pautar-se a conduta dos indivíduos, o que já é indesejável;[36] alteram-se, e, a nova regra, além de tudo, prejudica o particular!

Se não houvesse modulação quando a nova orientação do tribunal fosse *desvantajosa para o particular*,[37] *quando se tratasse de hipótese que envolva o Estado*,[38] o particular seria duplamente prejudicado.

---

tege de modo tão intenso, que a responsabilidade pela confiança não emerge, nem precisa ser percebida, está lá onde a segurança reina absoluta" (DERZI, Misabel Abreu Machado. *Modificações da jurisprudência no direito tributário: proteção da confiança, boa-fé objetiva e irretroatividade como limitações constitucionais ao Poder judicial de tributar*. São Paulo: Noeses, 2009. p. 595).

33. Inevitável a analogia com a anulação dos atos administrativos. Ensina Celso Antônio Bandeira de Mello: atos restritivos da esfera jurídica dos administradores, se eram inválidos, o ato que declara esta invalidade deve produzir efeitos retroativos. Ao contrário, efeitos apenas prospectivos devem ser dados à declaração de invalidade de ato administrativo ampliativo da esfera jurídica do administrado – efeito *ex nunc* (*Curso de direito administrativo*. 26. ed. São Paulo: Malheiros, 2009. p. 472).

34. Ravi Peixoto faz menção ao requisito genérico do *prejuízo* que adviria a parte pela adoção da nova regra, que veio com a alteração do entendimento adotado (A superação prospectiva de precedentes: em busca de fundamentos e dos requisitos materiais para a sua utilização na sistemática de precedentes adotada pelo CPC 2015. In: NUNES, Dierle; MENDES, Aluísio Gonçalves de Castro; GONZAGA JAYME, Fernando (Coord.). *A nova aplicação da jurisprudência e precedentes no CPC de 2015*. São Paulo: Ed. RT, 2017. p. 948).

35. Salvo quando estiver adaptando o direito às alterações da sociedade ou corrigindo erros.

36. Desde que, como dissemos na nota anterior, não se esteja adaptando o direito à realidade ou corrigindo erros.

37. No âmbito tributário, isso é comum. Jeferson Teodorovicz, em denso artigo, trata da indesejável instabilidade da jurisprudência brasileira no campo tributária, observando que, já que o legislador não pode impedir tais mudanças, devem-se fixar limites aos efeitos de tais mudanças, protegendo a segurança jurídica. Devem ter efeitos prospectivos as mudanças que prejudicam o contribuinte, sendo lícita a argumentação consequencialista, ao lado da jurídica em sentido estrito (Segurança jurídica no direito tributário e modulação de efeitos em decisões de inconstitucionalidade. *Revista Tributária e de Finanças Públicas*, São Paulo, v. 131, p. 65-126, nov.-dez. 2016).

38. Nesse sentido, Antonio Alves Pereira Netto: "Essas opiniões se alinham no sentido de que a modulação dos efeitos, além de ser instrumento de cunho excepcional, deve se dar somente em favor do contribuinte, aquele que é o protegido pelo primado da segurança jurídica" (*Modulação de efeitos em matéria tributária: análise quanto aos fundamentos constitucionais e às possibilidades de aplicação*. Rio de Janeiro: Lumen Juris, 2015. p. 140). Entretanto: "A prática do STF, todavia, tem apontado no sentido oposto, deixando de aplicar a modulação de efeitos quando tal providência se mostraria favorável aos contribuintes e utilizando essa ferramenta para impossibilitar a repetição de indébito decorrente da inconstitucionalidade de norma tributária, como pode ser visto a partir dos RE 556.664, 559.882, 560.626 e 559.943 (julgados conjuntamente), do RE 353.657 e dos RE 377.457 e 381.964 (...) Quando se trata da inconstitucionalidade

Pode-se dizer que se o particular fosse lesado, em casos como o que se descreveu supra, estaria pagando por um "erro" do próprio Estado (Judiciário) para favorecê-lo (ao Estado).[39]

Georges Abboud menciona tal critério, quando trata da modulação de decisão em controle de constitucionalidade, mas seu raciocínio se aplica à perfeição também à hipótese de alteração da jurisprudência firme ou de precedente vinculante. Afirma, a nosso ver corretamente, deverem prevalecer *direitos fundamentais*, ainda que em detrimento do interesse público. O dogma de que o interesse público sempre deve prevalecer deve ser afastado, pois se baseia na falsa concepção de que os *direitos fundamentais* seriam "direito privado" e nunca poderiam prevalecer sobre interesse público. Diz-se, habitualmente, que são oponíveis contra o Poder Público e contra outros particulares, não devendo "ceder" em nome de interesses públicos.

Direitos fundamentais têm apoio na Constituição. São conquista histórica e entendê-los como direitos "privados", que devem "ceder", quando postos lado a lado com o interesse público, consiste em verdadeiro retrocesso do próprio processo de civilização. São direitos "fortes", exercitáveis contra o Governo e se constituem em limitação ao agir do próprio Governo.[40]

O interesse público, por si só, não garante a preservação de direitos fundamentais, nem estes podem ser apequenados em nome daquele.

Apesar de ser comum a afirmação de que entre o interesse público e privado, deve prevalecer aquele, esta, como dissemos há pouco, deve ser compreendida com cuidado. Não se pode mais dizer isto sem se fazer a observação de que o *interesse público cede, diante da dignidade humana e dos direitos e garantias fundamentais* (arts. 1º, III e 5º da CF).[41] Trata-se, na verdade, de uma indevida sim-

---

de normas tributárias, é certo que as questões acima ganham maior complexidade. Por ser característico pela sua maior rigidez, o Direito Tributário traz nos dois polos de qualquer litígio interesses de peso para o sistema jurídico: de um lado, as razões do Estado; de outro, os direitos dos contribuintes, aos quais já foi reconhecido o *status* de direito fundamental, conforme exposto" (*ibidem*, p. 143).

39. A doutrina, além de escassa, não é uníssona. Diego Diniz Ribeiro sustenta que a modulação também deve haver a favor do Estado (Fisco). "Diante dessas considerações, torna-se inegável afirmar que uma decisão judicial proferida pela mais alta corte do País gera uma expectativa jurídica também para o Estado-administração, razão pela qual, em caso de mudança jurisprudencial, esta expectativa deve ser respeitada. Por tais razões, a nosso ver é perfeitamente admissível a modulação de efeitos em matéria tributária não só em prol do contribuinte, mas também em benefício do Erário, tudo em respeito aos princípios da segurança jurídica, boa-fé e confiança" (A modulação de efeitos no controle de constitucionalidade em matéria tributária e a jurisprudência do STF. *Revista Dialética de Direito Tributário*, São Paulo, n. 178, jul. 2010, p. 37).

40. ABBOUD, Georges. *Processo constitucional brasileiro*. São Paulo: Ed. RT, 2016, item 3.29.2.3, p. 367.

41. NERY JR., Nelson. Público *vs.* Privado?: a natureza constitucional dos direitos e garantias fundamentais. In: MARTINS, Ives Gandra; REZEK, Francisco (Org.). *Constituição Federal:* avanços, contribuições e modificações no processo democrático brasileiro. São Paulo: RT, 2008. p. 229-254, especialmente p. 245.

plificação, já que os direitos fundamentais constituem o fundamento funcional da democracia.

Pode-se enxergar, nos direitos fundamentais, verdadeira *garantia contra o abuso do Estado*. São direitos exercitáveis pelo particular para manter o Estado com seu poder *limitado* (na verdade, desenhado, em sua versão final).

Estes três critérios, em princípio, devem ser avaliados conjuntamente, para que estejam presentes as características de situação jurídica sobre a qual versará a decisão, que recomendam haja modulação.

Há, entretanto, uma situação especial que normalmente leva à necessidade de modulação: a das decisões jurisdicionais a respeito de *políticas públicas*. Este não é um quarto princípio, mas uma situação especial.

Está-se, aqui, em face de uma deformação, já que o Poder Judiciário acaba fazendo as vezes da Administração Pública e até do Legislativo, mais frequentemente do que seria desejável.[42]

A nosso ver, os três Poderes deveriam atuar *em conjunto* e harmonicamente para realizar princípios fundamentais constitucionais. Não é o que vem ocorrendo e o resultado disso é um Poder Judiciário extremamente sobrecarregado.[43]

---

42. "Toda esta deficiente atuação do Legislativo e do Executivo configura causa para a ascensão institucional do Poder Judiciário. O protagonismo do Judiciário em matéria de direito à saúde é também uma das facetas da crise do Estado Brasileiro. Ou seja, se o setor público não funciona adequadamente, o caminho natural é a judicialização" (SCHULZE, Clenio Jair; GEBRAN NETO, João Pedro. *Direito à saúde*. 2. ed. Porto Alegre: Verbo Jurídico, 2019. p. 39).

43. "A crise do Legislativo decorre dos vários óbices ao exercício da sua atuação. Em primeiro lugar, em razão de acentuada inércia e omissão na edição de leis que sejam desejadas pela sociedade e que seriam necessárias para a regulamentação da Constituição. Nos últimos anos, o legislador tem deixado de assumir o seu papel para evitar comprometimentos políticos e, principalmente, para não receber o controle da sociedade e do seu eleitor. Além disso, a divisão em múltiplos grupos de interesse dificulta a atuação unitária do Poder, razão pela qual grande parte da atuação do legislativo é dedicada à edição de leis simbólicas, pois elas não atingem e não prejudicam ninguém. Pontos importantes para a sociedade, como reformas constitucionais (política, previdência, tributária) são temas que desafiam o legislativo há duas décadas.

    Em segundo lugar, o Legislativo ainda é distante a legitimação democrática. O fisiologismo e o patrimonialismo ainda não marcas antigas e que estão presentes no universo do legislativo brasileiro.

    A crise do Poder Executivo também não destoa.

    Em primeiro lugar, a baixa governança impede a condução da administração pública brasileira. Em segundo lugar, há inércia e omissão na construção e execução de políticas públicas. Em terceiro lugar, a meritocracia ainda é considerada dogma no serviço público. O alto número de cargos comissionados, sem controle da capacidade técnica, influência na baixa qualidade do ato administrativo. Em quarto lugar, a eficiência ainda não se consagrou como princípio maior, a despeito da previsão no artigo 37 da Constituição.

    Por fim, outro ponto refere-se ao lamentável custo da corrupção, que já foi internalizado (infelizmente) na economia, na vida pública e nos atos estatais" (SCHULZE, Clenio Jair; GEBRAN NETO, João Pedro. *Direito à saúde*. 2. ed. Porto Alegre: Verbo Jurídico, 2019. p. 38-39).

Quando o juiz decide sobre políticas públicas, como ocorre com a Administração, tem certa dose de discricionariedade para manipular ou dispor sobre efeitos de sua decisão.

Parece-nos que estes processos, em que o juiz, como se disse, realiza concretamente valores constitucionais, mas não se cinge, a sua atividade, à aplicação da lei (= do direito) ao caso concreto, consistindo substancialmente em exercício de atividade de administração do Estado, se inserem numa categoria mais ampla que vem sendo chamada de *processos estruturantes*.

Nesses processos, o juiz decide casos em que dá operacionalização às organizações burocráticas. Participa, junto com Legislativo e com o Executivo, no processo de conceder significado a valores públicos. Estes valores estão, normalmente, envolvidos com os chamados processos estruturantes (*structural litigation*).[44] A concessão de significado a valores públicos há de fazer-se conforme a Constituição Federal.

A sociedade pode, efetivamente, exigir do Judiciário o controle de atos e condutas do Poder Público, e o faz por meio de Ações Populares, Ações Civis Públicas etc. Este fenômeno é hoje previsto no próprio ordenamento jurídico.[45] É inevitável, portanto, que o juiz, nestes casos, exerça certa dose de ativismo, já que a sua atividade é *menos* de aplicar o direito ao caso concreto e *mais* de se colocar no lugar da própria Administração Pública. O ativismo judicial nestes casos, entretanto, é parte da solução, e não do problema.

---

44. Sobre o tema, ver: JOBIM, Marco Felix. *Medidas estruturantes*: da Corte Suprema estadunidense ao Supremo Tribunal Federal. Porto Alegre: Livraria do Advogado, 2013, *passim*.

45. "O princípio da universalidade de Jurisdição estampado no artigo 5º, inciso XXXV, da Constituição, tornou-se fundamento para a judicialização ilimitada das questões sociais e políticas travadas no Estado Brasileiro. Significa dizer que inexiste atualmente limitador para o ajuizamento de ações judiciais.

Isso levou o próprio Judiciário a assumir para si a atribuição de regular e disciplinar tais questões, passando de coadjuvante do Estado a ator principal. É interessante observar a evolução do Poder Judiciário a partir do desenvolvimento do próprio Estado" (SCHULZE, Clenio Jair; GEBRAN NETO, João Pedro. *Direito à saúde*. 2. ed. Porto Alegre: Verbo Jurídico, 2019. p. 43).

CAPÍTULO V

DIREITO COMPARADO

1

INCIDENTE DE RESOLUÇÃO DE DEMANDAS REPETITIVAS (IRDR) E GROUP LITIGATION ORDER (GLO): CONSIDERAÇÕES HISTÓRICAS SOBRE A CRIAÇÃO E ANÁLISE SOBRE OS REQUISITOS DOS MECANISMOS DE SOLUÇÃO COLETIVA DE CONFLITOS

Larissa Clare Pochmann da Silva[1]

Sumário: 1 – Introdução. 2 – A solução coletiva de conflitos. 3 – A criação do Incidente de Resolução de Demandas Repetitivas (IRDR) no cenário brasileiro. 4 – Os pressupostos para a admissão do Incidente de Resolução de Demandas Repetitivas (IRDR). 5 – A implementação do *Group Litigation Order* (GLO) no cenário inglês. 6 – Os pressupostos para a admissão do *Group Litigation Order* (GLO). 7 – Conclusão. 8 – Referências bibliográficas.

1. INTRODUÇÃO

A solução coletiva de conflitos não é um tema recente no Direito Processual, mas tem adquirido, no direito internacional e comparado, cada vez mais relevância.

O presente trabalho analisa, no contexto da solução coletiva de conflitos, os mecanismos do incidente de resolução de demandas repetitivas (IRDR) no direito brasileiro e o *Group Litigation Order* (GLO) no cenário inglês. Devido à amplitude de questões que os dois mecanismos proporcionam, o foco será, através da pesquisa bibliográfica, com uma abordagem qualitativa, apenas o advento do mecanismo em cada contexto e o requisito para ser suscitado.

Sendo assim, inicia-se expondo a relevância e a abrangência da solução coletiva de conflitos, para, então, analisar o advento e os requisitos para a admissão do incidente de resolução de demandas repetitivas (IRDR) no cenário brasileiro, seguindo-se com a mesma análise para o *Group Litigation Order* (GLO).

1. Pós-Doutoranda em Direito Processual pela Universidade do Estado do Rio de Janeiro (UERJ). Doutora e Mestre em Direito pela Universidade Estácio de Sá (UNESA). Professora da Universidade Candido Mendes (UCAM) e da Universidade Estácio de Sá (UNESA). Advogada.

2. A SOLUÇÃO COLETIVA DE CONFLITOS

A solução coletiva de conflitos tem se revelado cada vez mais objeto de atenção no Direito Processual Contemporâneo. A manutenção de um sistema voltado única ou precipuamente para um processo estritamente individual revela-se insuficiente diante de um cenário em que, tanto na esfera pública como na privada, as relações de massa expandem-se continuamente, fruto da concentração urbana, da globalização, da produção e do consumo em escala de massa, da padronização de contratos, da elaboração desenfreada de normas pelo Estado, aliados às inovações tecnológicas e à rápida difusão da informação, com intenso fluxo de informações, mercadorias e pessoas, com a multiplicação de lesões decorrentes de circunstâncias de fato ou de relações jurídicas comuns[2], capazes de proporcionar danos de massa, que afetam um grande número de indivíduos[3].

O que se denomina de solução coletiva de conflitos abrange, nas precisas lições de Aluisio Gonçalves de Castro Mendes[4]:

> (a) as ações coletivas, que se caracterizariam as demandas nas quais um legitimado extraordinário poderia defender, em juízo, os interesses de toda uma coletividade, grupo ou pessoas, sem que todos os interessados tivessem que ingressar no Poder Judiciário; (b) os processos ou incidentes modelo, que seriam decididos a partir de casos individuais, mas com a aplicação da decisão sobre questões comuns a outros litigantes; (c) os meios de solução extrajudicial de conflitos coletivos.

Atualmente, diversos países implementaram ou aprimoraram uma legislação coletiva[5], que acabaram por combinar ou não com os *test claims* ou processos-modelo e formas de solução extrajudicial coletiva de conflitos.

Neste trabalho, o foco será o incidente de resolução de demandas repetitivas (IRDR) implementado pelo Código de Processo Civil e ao *Group Litigation Order* (GLO) do cenário inglês, já que, no contexto da solução coletiva de conflitos, ambos os instrumentos tiveram como finalidade precípua trazer maior celeridade e eficiência à justiça civil[6].

---

2. MENDES, Aluisio Gonçalves de Castro. *Ações coletivas e meios de resolução coletiva de conflitos no direito comparado e nacional.* 4. ed. São Paulo: Ed. RT, 2014, p. 35.

3. NAGAREDA, Richard. *Mass torts in a world of settlement.* Chicago: Oxford University, 2007, p. viii.

4. MENDES, Aluisio Gonçalves de Castro. Resolução coletiva de conflitos. In: MENDES, Aluisio Gonçalves de Castro; WAMBIER, Teresa Arruda Alvim. *O processo em perspectiva:* Jornadas Brasileiras de Direito Processual. São Paulo: RT, 2013, p. 48.

5. Os países que possuem legislação sobre ações coletivas podem ser consultados em GRINOVER, Ada Pellegrini; WATANABE, Kazuo; MULLENIX, Linda. *Os processos coletivos nos países de civil law e common law:* uma análise de direito comparado. São Paulo: RT, 2008; HENSLER, Deborah; HODGES, Christopher; TULIBACKA, Magdalena. *The Annals of the American Academy of Political and Social Science.* Filadélfia: SAGE, v. 622, March 2009 e KARLSGODT, Paul. *World Class Actions:* a Guide to Group and Representative Action around the World. Oxford: OUP, 2012.

6. HODGES, Christopher. *The Reform of Class and Representative Actions in European Legal Systems.* Oregon: Hart Publishing, 2008, p. 51.

3. A CRIAÇÃO DO INCIDENTE DE RESOLUÇÃO DE DEMANDAS REPETITIVAS (IRDR) NO CENÁRIO BRASILEIRO

O instituto do incidente de resolução de demandas repetitivas (IRDR) foi considerado uma das grandes apostas do Código de Processo Civil[7].

A origem do instituto ocorreu no seio da Comissão de Juristas designada pelo Senado Federal, através de proposição de Paulo Cezar Pinheiro Carneiro, com a denominação inicial de incidente de coletivização. Pretendia-se fortalecer o precedente, mas com um tratamento diferente do incidente de uniformização de jurisprudência previsto no Código de Processo Civil de 1973.

O documento público[8] que apresentou as proposições da Comissão tratou do mecanismo como capaz de evitar a multiplicação de demandas, na medida em que o seu reconhecimento em uma causa imporia a suspensão de todas, a fim de, respeitado o contraditório e a ampla defesa, trazer uma solução de mérito consagradora da isonomia constitucional. O delineamento do instituto indicava semelhanças com o *Musterverfahren*, procedimento-modelo adotado na Alemanha.

Em junho de 2010, o anteprojeto do Código de Processo Civil confirmou a inspiração do instituto no *Musterverfahren*, na versão do mercado de capitais, como instrumento com a missão de evitar a dispersão da jurisprudência e assegurar a isonomia. O mecanismo seria capaz de proporcionar segurança jurídica, oferecendo uma mesma solução a casos idênticos e zelando pela estabilização e uniformização de jurisprudência.

No texto da exposição de motivos do anteprojeto, foi expressamente consignado que:

> Com os mesmos objetivos, criou-se, com inspiração no direito alemão, o já referido incidente de Resolução de Demandas Repetitivas, que consiste na identificação de processos que contenham a mesma questão de direito, que estejam ainda no primeiro grau de jurisdição, para decisão conjunta.

Comentando o anteprojeto, Arruda Alvim[9] destacou que:

> O que fez o Projeto foi estabelecer, para as demandas repetitivas, uma disciplina análoga àquela referente aos procedimentos de repercussão geral nos recursos extraordinários e o julgamento dos recursos repetitivos no Superior Tribunal de Justiça. Solucionam-se, a um só tempo, as questões pertinentes ao afogamento do Poder Judiciário e à uniformização das decisões judiciais.

---

7. MENDES, Aluisio Gonçalves de Castro. *Incidente de resolução de demandas repetitivas*: sistematização, análise e interpretação do novo instituto processual. Rio de Janeiro: Gen/Forense, 2017, p. 1.

8. Disponível em: www.senado.gov.br/senado/novocpc/pdf/1a_e_2a_Reuniao_PARA_grafica.pdf. Acesso em: 6 jan. 2019.

9. ALVIM, Arruda. Notas sobre o projeto de novo código de processo. *Revista de Informação Legislativa,* ano 48, n. 190, abr.-jun./2011, p. 43.

O texto não fez referência expressa ao *Group Litigation Order* (GLO) do cenário inglês, mas ambos são exemplos de *test claims* ou processos-modelo, e que também influenciaram as reformas processuais.

4. OS PRESSUPOSTOS PARA A ADMISSÃO DO INCIDENTE DE RESOLUÇÃO DE DEMANDAS REPETITIVAS (IRDR)

O incidente de resolução de demandas repetitivas (IRDR) tem previsão no Capítulo VIII do Título I (Da Ordem dos Processos e dos Processos de Competência Originária dos Tribunais) no Livro III (Dos Processos nos Tribunais e dos Meios de Impugnação das Decisões Judiciais), da Parte Especial.

Antes de adentrar na sua previsão atual, cabe, porém, realizar uma breve digressão sobre sua previsão.

Pela previsão do anteprojeto, conforme disposição do artigo 895, o incidente seria cabível quando houvesse controvérsia capaz de: i) gerar relevante multiplicação de processos fundados em idêntica questão de direito; ii) causar grave insegurança jurídica, decorrente do risco de coexistência de decisões conflitantes.

O anteprojeto da Comissão de Juristas foi convertido no Projeto de Lei do Senado nº 166/2010, mas a figura do incidente, delineada pela Comissão de Juristas, apenas sofreu mudanças significativas na versão do substitutivo apresentada na Câmara dos Deputados, o Projeto de Lei nº 8.046/2010 (PL nº 8.046/2010). A primeira versão do Senado manteve o teor da redação do anteprojeto, que passou a constar no artigo 930 da primeira versão do PLS 166/2010.

Na Câmara, houve alterações relevantes em relação à admissibilidade, tanto no que concerne à alteração do teor do texto, como da realização de acréscimos.

A primeira consideração é que a controvérsia com potencial de gerar relevante multiplicação de processos foi substituída pela efetivação repetição de processos.

A versão do PLS 166/2010 tinha como redação o cabimento do incidente quando houvesse controvérsia com potencial de gerar relevante multiplicação de processos, o que acabou sendo substituído por efetiva repetição de processos pela redação da Câmara.

Na versão da Câmara, o juiz foi, ainda, excluído do rol de legitimados para suscitar o incidente e o incidente teve a previsão de somente poder ser suscitado quando houver processo pendente no Tribunal. O artigo 988 do PL 8.046/2010 passou a dispor sobre: i) risco de ofensa à isonomia e à segurança jurídica; ii) efetiva repetição de processos que contenham controvérsia sobre a mesma questão unicamente de direito.

O artigo 988 do projeto de lei da Câmara, em seu parágrafo primeiro, trouxe a previsão de que o incidente deveria ser instaurado em um Tribunal de Justiça ou Regional Federal. No parágrafo segundo, passou a exigir, ainda, que o incidente somente poderia ser provocado quando houvesse processo pendente no Tribunal, afastando-se a possibilidade de cabimento do incidente quando não houver processo pendente tramitando no tribunal.

O parágrafo oitavo do artigo 988 trouxe a previsão de um pressuposto negativo para a redação do incidente, que acabou não se mantendo na redação final, qual seja, que não tenha recurso afetado para definição de tese sobre questão de direito material ou processual repetitiva.

Já o parágrafo nono do mesmo dispositivo previu a isenção de custas para suscitar o incidente.

Caso não fossem preenchidos os pressupostos de admissibilidade, não haveria óbice que, uma vez presente o pressuposto antes considerado inexistente, seja o incidente novamente suscitado.

Foi acrescida, ainda, importante previsão, no artigo 990, § 5º, de que, admitido o incidente, durante a suspensão dos processos pendentes, haveria a suspensão da prescrição das pretensões nos casos em que se repete a questão de direito, sendo um grande estímulo para se evitar o ajuizamento de novas demandas durante a pendência do incidente.

Retornando o projeto de lei ao Senado, em relação à admissibilidade do incidente, foi eliminada a previsão de que o incidente deveria ser instaurado perante um Tribunal de Justiça ou em um Tribunal Regional Federal, bem como a disposição de que o incidente somente poderia ser suscitado na pendência de qualquer causa de competência do tribunal. Foi, também, suprimida a previsão de suspensão da prescrição.

Na versão sancionada, os pressupostos de admissibilidade do incidente ficaram concentrados no artigo 976 do Código de Processo Civil. Pela redação legal, a instauração do incidente, não sujeita a custas (art. 976, § 5º), está condicionada ao preenchimento de dois requisitos positivos e um negativo. São requisitos positivos: i) efetiva repetição de processos que contenham controvérsia sobre a mesma questão unicamente de direito; ii) risco de ofensa à isonomia e à segurança jurídica. O requisito negativo se refere à inexistência de recurso afetado para definição de tese sobre questão de direito material ou processual repetitiva (art. 976, § 4º).

Em relação à efetiva repetição de processos, exigência é, portanto, que já haja efetiva repetição de processos, e não mera potencialidade de que os processos se multipliquem[10]. Não se cogita na lei brasileira de um número míni-

10. WAMBIER, Teresa Arruda Alvim; CONCEIÇÃO, Maria Lúcia Lins; RIBEIRO, Leonardo Ferres da Silva; MELLO, Rogerio Licastro Torres de. *Primeiros comentários ao Novo Código de Processo Civil:* artigo por artigo. 2. ed. São Paulo: RT, 2016, p. 1397.

mo de processos repetitivos para se autorizar o uso do incidente mas isto não significa que um número irrisório de casos permita a sua instauração[11]. O importante é que haja um número suficiente a tornar conveniente a utilização do incidente. Essa repetição pode ocorrer, inclusive, na fase de execução[12].

Porém, em virtude das alterações ocorridas durante o processo legislativo, duas molduras acabaram surgindo após a sanção do diploma: i) o incidente poderia ser provocado quando houvesse processos pendentes em primeira instância ou no tribunal; ii) o incidente somente pode ser suscitado se já houver processos em tramitação no segundo grau.

O primeiro posicionamento é embasado nas seguintes premissas[13]: i) a competência dos tribunais seria fixada por normas constitucionais e a formação de incidente com origem em processo sem decisão de primeiro grau criaria hipótese de avocação de causa, deslocamento de competência ou criação de competência originária, sem respaldo constitucional; ii) a fixação de competência originária de tribunal para processamento e julgamento de qualquer ação, recurso ou incidente processual dependeria de previsão constitucional, não podendo ser realizada por lei ordinária; iii) o artigo 978, parágrafo único, do Código de Processo Civil exige que algum recurso, remessa necessária ou processo de competência originária do Tribunal tenha dado origem ao incidente; iv) admitida a instauração a partir do primeiro grau, haveria risco de ausência de amadurecimento e debate da questão.

Já o segundo posicionamento[14] é embasado nos seguintes argumentos: i) a competência dos tribunais de segundo grau não é matéria constitucional; ii) o incidente de resolução de demandas repetitivas (IRDR) é um mecanismo novo, que não poderia ser previsto pelas Constituições Estaduais e Federal à época de sua promulgação; iii) o artigo 978, parágrafo único, do Código de Processo Civil seria formalmente e materialmente inconstitucional, tanto por ter violado o devido processo legislativo, por ter sido incluído na segunda versão do Senado e submetido direto à votação final e sanção (formal) e pelo tema ser competência privativa dos tribunais, conforme artigo 96, inciso I, a da Constituição (material); iv) há um espaço mais amplo, profundo e democrático de discussão do que no caso individual; v) a literalidade do artigo 977, inciso I, que permite a instauração por provocação do juiz, a partir de um dos processos sob sua competência e a de

11. NUNES, Dierle. *O IRDR do Novo CPC:* este "estranho" que merece ser compreendido. Disponível em: http://justificando.com/2015/02/18/o-irdr-novo-cpc-este-estranho-que-merece-ser-compreendido/. Acesso em: 06 jan. 2020.

12. MARINONI, Luiz Guilherme. *Incidente de resolução de demandas repetitivas.* Decisão de questão idêntica x precedente. São Paulo: RT, 2016, p. 52.

13. Defendendo esse posicionamento: CAVALCANTI, Marcos de Araújo. *Incidente de Resolução de Demandas Repetitivas (IRDR).* São Paulo: RT, 2016, p. 223-231.

14. MENDES, Aluisio Gonçalves de Castro. *Incidente de resolução de demandas repetitivas*: sistematização, análise e interpretação do novo instituto processual. Rio de Janeiro: Gen/Forense, 2017, p. 116-124.

que a instauração a partir do primeiro grau evitaria a multiplicação de demandas por tempo indevido.

Não obstante a existência da divergência e considerarmos o segundo posicionamento mais adequado, a Segunda Turma do Superior Tribunal de Justiça já decidiu que "*O cabimento do IRDR, condiciona-se à pendência de julgamento, no tribunal, de uma causa recursal ou originária*". (STJ. AREsp 1470017/SP. Rel. Min. Francisco Falcão. Segunda Turma. DJ: 15/10/2019)

Em relação a esse Tribunal ser um Tribunal Superior, posicionamento que surgiu a partir da supressão da previsão do PL 8.046/2010, de que o incidente deveria ser instaurado perante um Tribunal de Justiça ou de um Tribunal Regional Federal, a Corte Especial do Superior Tribunal de Justiça, por maioria, já decidiu que "*A instauração de incidente de resolução de demandas repetitivas diretamente no Superior Tribunal de Justiça é cabível apenas nos casos de competência recursal ordinária e de competência originária e desde que preenchidos os requisitos do art. 976 do CPC*". (STJ. AgInt na Pet 11838/MS. Rel. para Acórdão Min. João Otávio de Noronha. Corte Especial. DJ: 07/08/2019)

Porém, no âmbito do Supremo Tribunal Federal, em decisão monocrática proferida em 10 de outubro de 2019, na Petição nº 8.245/AM, o Ministro Dias Toffoli concluiu que "*essa Suprema Corte não detém competência originária para processar e julgar Incidente de Resolução de Demandas Repetitivas*".

A questão repetitiva deve ser de direito, não importando se de direito material ou processual, não trazendo o ordenamento a previsão de questões fáticas, que também podem guardar identidade[15]. A previsão é criticável, já que, ontologicamente, não é possível se distinguir questões de fato e de direito[16], mas essa acabou por ser a opção do legislador.

O risco de ofensa à isonomia e à segurança jurídica deve ser concreto, e não meramente abstrato. É necessária a divergência atual no âmbito do Poder Judiciário, capaz de comprometer a segurança jurídica e a isonomia.

Por fim, o requisito negativo se refere à falta de interesse se a questão já estiver afetada a recurso repetitivo, pois, nesse caso, a questão será decidida por Tribunal Superior com efeito vinculativo nacional. A norma visa evitar a instauração desnecessária do incidente e decorre tanto da superioridade hierárquica das decisões dos tribunais de uniformização, como do reconhecimento de que o incidente faz parte de um microssistema processual de resolução de causas repetitivas (art. 928

---

15. MENDES, Aluisio Gonçalves de Castro. *Incidente de resolução de demandas repetitivas*: sistematização, análise e interpretação do novo instituto processual. Rio de Janeiro: Gen/Forense, 2017, p. 111.
16. WAMBIER, Teresa Arruda Alvim. Questões de fato e questões de direito. *Revista da Academia Paulista de Direito*, v. 2, n. 3, jan./jun. 2012, p. 235-236.

do CPC), devendo ser mantida a coerência desse sistema, primando-se também pela economia processual[17].

A inadmissão do incidente, nos termos do artigo 976, § 3º, não impede que, uma vez preenchidos os requisitos, o incidente seja novamente suscitado.

Em relação ao recurso contra a inadmissão do incidente, Aluisio Gonçalves de Castro Mendes[18] defende que:

> o estatuto processual é claro no sentido de definir o cabimento do recurso extraordinário e do recurso especial apenas em relação ao julgamento do mérito do IRDR. Portanto, não serão cabíveis estes recursos diante de pronunciamento pela inadmissibilidade do incidente.

No mesmo sentido, a Terceira Turma do Superior Tribunal de Justiça já decidiu, por maioria, que

> O acórdão que inadmite a instauração do IRDR não preenche o pressuposto constitucional da causa decidida apto a viabilizar o conhecimento de quaisquer recursos excepcionais, uma vez que ausente, na hipótese, o caráter de definitividade no exame da questão litigiosa, especialmente quando o próprio legislador previu expressamente a inexistência de preclusão e a possibilidade de o requerimento de instauração do IRDR ser novamente realizado quando satisfeitos os pressupostos inexistentes ao tempo do primeiro pedido.
>
> (STJ. REsp 1631846/DF. Rel. para Acórdão Min. Nancy Andrighi. Terceira Turma. DJ: 05/11/2019)

5. A IMPLEMENTAÇÃO DO *GROUP LITIGATION ORDER* (GLO) NO CENÁRIO INGLÊS

As *Rules of the Supreme Court* (RSC) e as *County Court Rules* não contemplavam a previsão do *Group Litigation Order* (GLO). Havia, nessa época, a previsão no ordenamento britânico das *representative actions* e da *consolidated litigation* ou *ordinary joinder of co-claimants*, correspondente à figura do litisconsórcio ativo.

Porém, nas décadas de 1960, 1970 e 1980, alguns casos ganharam destaque no Poder Judiciário por demonstrarem a insuficiência dos mecanismos até então

17. Neste sentido: "não é possível consentir com a coexistência de duas técnicas distintas de definição da questão jurídica, sob pena de possibilitar a formação de duas orientações antagônicas, o que seria um contrassenso. Faltará, na verdade, interesse de agir para a instauração do incidente posto que a insegurança jurídica, que é pressuposto do incidente, já estará na iminência de ser extirpada do sistema pela Corte superior" (CAMARGO, Luiz Henrique Volpe. O incidente de resolução de demandas repetitivas no projeto de novo CPC: a comparação entre a versão do Senado Federal e a da Câmara dos Deputados. In: FREIRE, Alexandre *et al* (Orgs). *Novas tendências do processo civil*. vol. III. Salvador: Juspodivm, 2014, p. 287).

18. MENDES, Aluisio Gonçalves de Castro. *Incidente de resolução de demandas repetitivas*: sistematização, análise e interpretação do novo instituto processual. Rio de Janeiro: Gen/Forense, 2017, p. 209-210.

existentes[19-20]. Destaca-se, no final da década de 1960 e início da década de 1970, os litígios do medicamento Talidomida, em que milhares de crianças nasceram com anomalias em virtude da utilização do medicamento por suas mães durante a gravidez. Em 1974, foi firmado um acordo conjunto sobre muitos dos casos que tramitavam sobre o tema, mas não tardou que, em junho do ano seguinte (1975), Primodos, um outro medicamento também utilizado durante a gravidez, causou danos aos bebês. Em junho de 1990, o Tribunal reuniu 5 (cinco) casos que tratavam dos danos causados para julgamento conjunto.

Ainda no final da década de 1970, que se estendeu até os anos 1990, outro caso de destaque foi o *Myodil*, que era injetado na medula e provocou sua inflamação em diversos pacientes. Não foi admitida uma ação coletiva no modelo norte-americano, tendo cada vítima ajuizado sua ação individual, mas os casos foram reunidos e os custos repartidos até o acordo ter sido celebrado no ano de 1995.

Em 1987, ganhou destaque no Judiciário caso *Daves (Joseph Owen) vs. Eli Lilly*, também conhecido como *Opren Litigation*. Nesse caso, 1.500 (um mil e quinhentos) consumidores litigavam em face da companhia pleiteando a reparação de danos sofridos em virtude do uso do medicamento. Foi feito uma grande reunião dos principais pontos do caso, que acabaram aplicados a cada uma das 1.500 (um mil e quinhentas) demandas individuais.

Em 1994, *Lord Chancellor* e *Lord Mackay of Clashfern* incumbiram o magistrado *Lord Woolf of Barnes* de elaborar uma pesquisa para aprimorar o sistema judicial, que culminaram no *Interim Report*, de Junho de 1995, e no *Final Report*, de julho de 1996. O capítulo 17 do *Final Report* tratou especificamente dos litígios coletivos, verificando que não havia regulamentação satisfatória, os procedimentos-modelo ou as já existentes, mas não satisfatórias, *representative actions*, trazendo 18 (dezoito) recomendações para incentivar a solução coletiva. A solução coletiva de conflitos deveria alcançar os seguintes objetivos: a) viabilizar o amplo acesso à justiça quando houvesse um grande número de pessoas afetadas; b) permitir a resolução ágil, eficaz e proporcional de casos em que a estrutura do processo individual seja insuficiente; c) assegurar o direito de litigar individualmente ou defender seus direitos coletivamente de forma eficaz.

Os casos de solução coletiva de litígios ou, de acordo com a expressão utilizada no relatório, de *multi-party situation* (MPS) deveria considerar a existência de questões de fato ou de direito comuns, mas não necessariamente idênticas. Deixou-se como observação que não deveria haver um número mínimo de vítimas,

19. Sobre o tema: HILL, Damien Byrne *et al. Class Actions in England and Wales.* Londres: Sweet & Maxwell, 2018, p. 18-23.

20. Outras críticas formuladas sobre o sistema até então vigente podem ser consultadas em TURNER, Robert. Actively: the World that Changed the Civil Courts. In: DWYER, Déirdre. *The Civil Procedure Rules Ten Years On.* Oxford: Oxford University Press, 2012, p. 78-79.

mas deveria se considerar como parâmetro a quantidade de 10 (dez)[21], com base na *Legal Aid Board's Arrengements*[22]. salvo nos casos de litígios locais, em que esse número seria de 5 (cinco). O Tribunal poderia conhecer de uma situação de conflito coletivo, considerando a superioridade da tutela coletiva sobre a individual, por requerimento das partes ou até mesmo de ofício, buscando gerenciá-lo de forma eficaz, com a aferição do juiz competente e a identificação da representatividade do grupo; a escolha de estratégias prioritárias para o gerenciamento das demandas, com a definição do grupo, criação do registro e fixação dos custos e a proteção do interesse dos litigantes, com a atuação de advogados.

Refletindo as preocupações do relatório de *Lord Woolf*, em 26 de abril de 1999, foram aprovadas as *Civil Procedure Rules*, unificando o procedimento previsto *na High Court* e nas *County Courts*. As regras sobre os mecanismos de solução coletiva de conflitos ficaram agrupadas na *Part 19* (*Parties and Group Litigation*), dividida nas Seções I (*Addition and Substitution of Parties*), II (*Representative Parties*) e III (*Group Litigation*). A ideia do mecanismo era agregar e unificar, para processamento e julgamento, casos que envolvam questões comuns ou relacionadas, de fato ou de direito[23], trazendo maior eficiência para os tribunais[24]. A previsão entrou em vigor em 2 de maio de 2000.

Nesse trabalho, passa-se a analisar a previsão do *Group Litigation Order* (GLO), que tem como base que todos os processos que versam sobre questões comuns ou relacionadas, de fato ou de direito, serão reunidos perante um mesmo juiz[25]. A reunião de processos individuais em um único procedimento[26] tanto incentiva a celebração de um acordo tanto permite ao juiz adotar um procedimento mais adequado às especificidades do caso, como, inclusive, observou *Lord Woolf* em 2004, apreciando o caso *Taylor v. Nugent Society*.

6. OS PRESSUPOSTOS PARA A ADMISSÃO DO *GROUP LITIGATION ORDER* (GLO)

A Regra 19:10 das *Civil Procedure Rules* tratam do *Group Litigation Order* (GLO) como uma ordem conferida nos termos da Regra 19:11, em que se estabelece um gerenciamento coletivo de demandas que versem sobre questões comuns ou relacionadas, de fato ou de direito. Não há a previsão legal de um núme-

21. HILL, Damien Byrne *et al. Class Actions in England and Wales.* Londres: Sweet & Maxwell, 2018, p. 124.
22. HODGES, Christopher. *Multi-Party Actions.* Oxford: Oxford University Press, 2001, p. 30.
23. HODGES, Christopher; VOET, Stefaan. *Delivering Collective Redress.* Oxford: Hart, 2018, p. 51.
24. HODGES, Christopher. *Multi-Party Actions.* Oxford: Oxford University Press, 2001, p. 29.
25. HODGES, Christopher; VOET, Stefaan. *Op. cit.*, p. 53.
26. FALLA, Élodie. *The role of the court in collective redress litigation.* Bruxelas: Larcier, 2014, p. 22.

ro mínimo de demandas[27], com a intenção de que se fizesse o controle tão logo as demandas começassem a se multiplicar.

Em relação ao primeiro requisito[28], o procedimento foi admitido, por exemplo, no caso *British Steel Coke Oven Workers Group*, em que trabalhadores de 26 (vinte e seis) usinas diferentes processaram a empresa em virtude de danos à saúde causados por exposição a ruído acima do tolerado. A ré alegou que cada um estaria no local e seria um caso distinto, mas admitiu-se o procedimento admitindo que haveria uma questão comum a de ruídos acima do normal.

Também no caso *Arif v. Berkley Burke,* também foi admitido o GLO como procedimento adequado para demandas em virtude de perdas individuais em planos de pensão, mesmo o valor das perdas oscilando individualmente.

Já em relação ao quantitativo de processos, ele não precisa ser atual, podendo ser consideradas demandas que ainda venham a ser ajuizadas[29], considerando o número de demandas em potencial, como, inclusive, consagrado no caso *Hobson*, em que o procedimento foi admitido no ano de 2006 com base em 65 a 156 demandas que eram estimadas como potenciais de ainda serem ajuizadas e no caso *Lloyds/HBOS Litigation*, em que não obstante houvesse apenas 9 demandas, ainda havia mais 7.500 casos que poderiam desaguar no Poder Judiciário.

A ordem para o processamento e o gerenciamento das ações individuais pode ser requerida pela parte ou concedida de ofício pelo Tribunal (Regra 19B, n.4). Antes de requerê-la, o advogado deve verificar no serviço de ações coletivas do *Law and Society's Multi Party Action Information Service* se há outros processos repetitivos. O requerimento deve vir acompanhando das seguintes informações: i) um resumo do litígio; ii) o número e a natureza das demandas já ajuizadas; iii) o número de interessados envolvidos; iv) questões de fato ou de direito envolvidas no litígio; v) existência de questões que distingam litigantes menores e maiores.

O requerimento na *High Court* de Londres é dirigido ao *Senior Master da Queen's Bench Division* ou ao *Chief Chancery Master da Chancery Division.* Fora de Londres, o requerimento deve ser feito ao *Presiding Judge* ou ao *Chancery Supervising Judge do District Registery*. Nas *County Courts* o requerimento deve ser apresentado ao *Designated Civil Judge*[30].

27. HODGES, Christopher. *Multi-Party Actions.* Oxford: Oxford University Press, 2001, p. 30.

28. Os casos podem ser localizados em HILL, Damien Byrne *et al. Class Actions in England and Wales.* Londres: Sweet & Maxwell, 2018, p. 121-123.

29. *Ibid.*, p. 124.

30. Sobre a competência de cada tribunal: *Ibid.,* p. 138-140.

Se houver mais de um interessado na ordem, seus advogados podem formar um grupo de advogados, que elegerá um advogado principal para atuar na fase de admissibilidade e de julgamento do procedimento coletivo.

O Tribunal poderá designar uma audiência para manifestação dos interessados na instauração do *Group Litigation Order*, para esclarecer qual a questão comum ou relacionada e se o mecanismo seria o mais adequado. Quando o Tribunal i) identificar a real ou a potencial multiplicidade de demandas e ii) verificar que o procedimento seria a forma mais adequada de solucionar o caso, inclusive em relação à proporcionalidade dos custos, deve conceder, por requerimento da parte ou de ofício uma ordem de litígio em grupo, determinando o processamento e o gerenciamento das ações individuais. Não há a previsão de um número mínimo de demandas, mas a orientação quantitativa do Relatório de Lord Woolf passou a ser considerada uma orientação.

Porém, o procedimento ainda precisara ser ratificado, devendo ser encaminhado ao *Lord Chief Justice*, que ratificará ou não a decisão do Tribunal. Quando o processo for encaminhado *à Chancery Division*, será ratificado pelo *Vice-Chancellor* e, no caso da *County Court*, ao *Head of Civil Justice*.

O procedimento é, portanto, bifásico: uma vez presentes os requisitos legais, concessão do requerimento e, depois, sua ratificação.

Ao contrário do incidente de resolução de demandas repetitivas no Brasil, o procedimento possui custos, sendo esse considerado o seu fundamental problema[31]. Prevalece a regra da sucumbência, embora haja algumas previsões específicas, inclusive com a possibilidade de obter um financiamento do próprio governo para os custos, mas relatam Christopher Hodges e Stefaan Voet que, na prática, os envolvidos acabam fazendo um acordo sobre os custos[32].

7. CONCLUSÃO

O presente trabalho buscou tratar do Incidente de Resolução de Demandas Repetitivas (IRDR), no cenário brasileiro, e do *Group Litigation Order* (GLO) enquanto mecanismos de solução de conflitos.

Não obstante tenha sido consignado na exposição de motivos do anteprojeto do Código de Processo Civil que a inspiração do instituto brasileiro seria o instrumento alemão do *Musterverfahren*, mostra-se importante a comparação do instituto pátrio com o mecanismo britânico, até para a compreensão e possível aprimoramento da solução coletiva de conflitos.

31. ANDREWS, Neil. Multi-Party Proceedings in England: Representative and Group Actions. *Duke Journal of Comparative & International Law*. Carolina do Norte: Duke Law School, 2001, v. 11, n. 2, p. 258.

32. HODGES, Christopher; VOET, Stefaan. *Delivering Collective Redress*. Oxford: Hart, 2018, p. 51.

Apesar de inserido nos ordenamentos jurídicos em épocas distintas, já que o *Group Litigation Order* (GLO) teve seu advento em 1999 e o Incidente de Resolução de Demandas Repetitivas (IRDR) começou a ser delineado no ano de 2009, ambos surgiram em um contexto de reformas processuais para aprimoramento do direito processual e de trazer maior eficiência à justiça civil.

Em relação aos requisitos, o Incidente de Resolução de Demandas Repetitivas (IRDR) pressupõe a efetiva repetição de processos, mesmo que sem um número definido. No *Group Litigation Order* (GLO) também não há um número definido de demandas, embora se recomende como parâmetro pelo menos 10 (dez), tal como o Relatório de *Lord Woolf*. Porém, no mecanismo britânico, essas demandas não precisam existir no momento em que é suscitado, bastando que se identifique o potencial de virem a ser ajuizadas.

Ademais, o direito brasileiro prevê como exigência que a controvérsia para a instauração do procedimento seja unicamente de direito, material ou processual, enquanto no mecanismo britânico a questão pode ser fática ou de direito, o que se revela ontologicamente mais adequado.

Destaca-se, assim, que a admissibilidade do Incidente de Resolução de Demandas Repetitivas (IRDR) será realizada em uma única fase, enquanto o *Group Litigation Order* (GLO) é um procedimento em que a admissibilidade é bifásica.

Porém, enquanto o Incidente de Resolução de Demandas Repetitivas (IRDR) não possui custas, no *Group Litigation Order* (GLO) o valor dos custos se revelam um problema para os litigantes.

É certo que, de fato, não há tantas proximidades entre os dois institutos, mas seu estudo pode auxiliar a aprimorar a solução coletiva de conflitos, que se apresenta com uma fundamental relevância para o direito processual na contemporaneidade.

8. REFERÊNCIAS BIBLIOGRÁFICAS

ALVIM, Arruda. Notas sobre o projeto de novo código de processo. *Revista de Informação Legislativa*, ano 48, n. 190 abr.-jun./2011.

ANDREWS, Neil. Multi-party proceedings in England: representative and group actions. *Duke Journal of Comparative & International Law*. Carolina do Norte: Duke Law School, v. 11, n. 2, p. 249-268, 2001.

CAVALCANTI, Marcos de Araújo. *Incidente de Resolução de Demandas Repetitivas (IRDR)*. São Paulo: RT, 2016.

DWYER, Déirdre. *The civil procedure rules ten years on*. Oxford: Oxford University Press, 2012.

FALLA, Élodie. *The role of the court in collective redress litigation*. Bruxelas: Larcier, 2014.

FREIRE, Alexandre et al (Orgs). *Novas tendências do processo civil*. vol. III. Salvador: Juspodivm, 2014.

GRINOVER, Ada Pellegrini; WATANABE, Kazuo; MULLENIX, Linda. *Os processos coletivos nos países de civil law e common law*: uma análise de direito comparado. São Paulo: RT, 2008.

HENSLER, Deborah; HODGES, Christopher; TULIBACKA, Magdalena. *The Annals of the American Academy of Political and Social Science*. Filadélfia: SAGE, v. 622, March 2009.

HILL, Damien Byrne et al. *Class actions in England and wales*. Londres: Sweet & Maxwell, 2018.

HODGES, Christopher. *Multi-party actions*. Oxford: Oxford University Press, 2001.

_____. *The reform of class and representative actions in European legal systems*. Oregon: Hart Publishing, 2008

_____; VOET, Stefaan. *Delivering collective redress*. Oxford: Hart, 2018.

KARLSGODT, Paul. *World Class Actions*: a guide to group and representative action around the world. Oxford: OUP, 2012.

MARINONI, Luiz Guilherme. *Incidente de resolução de demandas repetitivas:* Decisão de questão idêntica x precedente. São Paulo: RT, 2016.

MENDES, Aluisio Gonçalves de Castro. *Ações coletivas e meios de resolução coletiva de conflitos no direito comparado e nacional*. 4. ed. São Paulo: Ed. RT, 2014.

_____. Desafios e perspectivas da justiça no mundo contemporâneo. *Revista Eletrônica de Direito Processual*, v. 20, p. 20-32, 2019.

_____. *Incidente de resolução de demandas repetitivas: sistematização, análise e interpretação do novo instituto processual*. Rio de Janeiro: Gen/Forense, 2017.

_____. Resgatando a genealogia do incidente de resolução de demandas repetitivas (IRDR). In: MENDES, Aluisio Gonçalves de Castro; DINAMARCO, Cândido Rangel; PINHO, Humberto Dalla Bernardina de; FUX, Luiz. (Org.). *Estudos de direito processual em homenagem a Paulo Cezar Pinheiro Carneiro*. Rio de Janeiro: LMJ Mundo Jurídico, 2019. v. 1.

_____. Resolução coletiva de conflitos. In: MENDES, Aluisio Gonçalves de Castro; WAMBIER, Teresa Arruda Alvim. *O processo em perspectiva: Jornadas Brasileiras de Direito Processual*. São Paulo: RT, 2013.

_____; MENDES, Carolina Paes de Castro. Direito processual coletivo e o novo Código de Processo Civil. In: MENDES, Aluisio Gonçalves de Castro; BEDAQUE, José Roberto dos Santos; CARNEIRO, Paulo Cezar Pinheiro; ALVIM, Teresa Arruda (Org.). *O novo processo civil brasileiro*. Temas relevantes – Estudos em homenagem ao Professor, Jurista e Ministro Luiz Fux. Rio de Janeiro: GZ, 2018. v. 1.

_____; PINHO, Humberto Dalla Bernardina de; VARGAS, D. V.; SILVA, F. C. G. O Incidente de Resolução de Demandas Repetitivas (IRDR) no processo penal. Reflexões iniciais. *Revista de Processo*, v. 279, p. 283-312, 2018.

_____; SILVA, Acioli Viana; SILVA, L. C. P.; ALMEIDA, Marcelo Pereira de. Livro III - Título I - Capítulo VIII - Do Incidente de Resolução de Demandas Repetitivas. In: MENDES, Aluisio Gonçalves de Castro; SILVA, Larissa Clare Pochmann da; ALMEIDA, Marcelo Pereira de (Org.). Novo Código de Processo Civil comparado e anotado. 4. ed. Rio de Janeiro: GZ, 2017.

_____; SILVA, L. C. P. Ações coletivas e Incidente de Resolução de Demandas Repetitivas: algumas considerações sobre a solução coletiva de conflitos. *Revista Jurídica Luso Brasileira*, v. 1, p. 127-161, 2017.

_____; TEMER, Sofia. O Incidente de Resolução de Demandas Repetitivas do novo Código de Processo Civil. *Revista de Processo*, v. 243, p. 283-331, 2015.

NAGAREDA, Richard. *Mass torts in a world of settlement*. Chicago: Oxford University, 2007.

NUNES, Dierle. *O IRDR do Novo CPC*: este "estranho" que merece ser compreendido. Disponível em: http://justificando.com/2015/02/18/o-irdr-novo-cpc-este-estranho-que-merece-ser-compreendido/. Acesso em: 06 jan. 2020.

SILVA, Larissa Clare Pochmann da. *A legitimidade do indivíduo nas ações coletivas.* Rio de Janeiro: GZ, 2012.

TEMER, Sofia. *Incidente de Resolução de Demandas Repetitivas.* 3. ed. Salvador: Juspodivm, 2018.

WAMBIER, Teresa Arruda Alvim. Questões de fato e questões de direito. *Revista da Academia Paulista de Direito*, v. 2, n. 3, jan./jun. 2012.

WAMBIER, Teresa Arruda Alvim; CONCEIÇÃO, Maria Lúcia Lins; RIBEIRO, Leonardo Ferres da Silva; MELLO, Rogerio Licastro Torres de. *Primeiros comentários ao Novo Código de Processo Civil*: artigo por artigo. 2. ed. São Paulo: RT, 2016.

CAPÍTULO VI

NATUREZA JURÍDICA

1

INCIDENTE DE RESOLUÇÃO DE DEMANDAS REPETITIVAS: NATUREZA E FUNÇÃO

Humberto Theodoro Júnior[1]

Sumário: 1 – Introdução. 2 – Conceito. 3 – Natureza jurídica. 4 – IRDR, coisa julgada e força vinculante. 5 – Requisitos do IRDR. 6 – O velho problema da distinção entre questão de fato e questão de direito. 7 – A tese fixada através do IRDR. 8 – Processo principal pendente no tribunal: seria requisito de admissibilidade do IRDR? 9 – A função específica do IRDR. 10 – Formulação da tese a que chegou o julgamento do IRDR. 11 – Jurisprudência, súmula e precedente. 12 – Conclusões.

1. INTRODUÇÃO

A sociedade contemporânea sofreu profunda modificação no que toca aos conflitos jurídicos e aos meios de sua resolução em juízo. As crises de direito deixaram de se instalar apenas sobre as relações entre um e outro indivíduo e se expandiram para compreender outras numerosas relações plurilaterais, ensejadoras de conflitos que envolvam toda a coletividade ou um grande número de seus membros. Surgiram, assim, os conflitos coletivos, a par dos sempre existentes conflitos individuais.

É que o relacionamento social passou, cada vez mais, a girar em torno de interesses massificados, interesses homogêneos, cuja tutela não pode correr o risco de ser dispensada pela justiça de maneira individual e distinta, isto é, com a possibilidade de soluções não idênticas, caso a caso. Esse risco põe em xeque a garantia basilar da democracia, qual seja, a de que, perante a lei, todos são necessariamente iguais. Se assim é, no plano dos direitos materiais, também assim haverá de ser no plano do acesso à justiça e da tutela jurisdicional proporcionada a cada um e a todos que demandam. A igualdade em direitos seria quimérica, se na solução das crises fossem desiguais as sentenças e os provimentos judiciais.

1. Professor titular aposentado da Faculdade de Direito da UFMG. Desembargador aposentado do TJMG. Membro da Academia Mineira de Letras Jurídicas, do Instituto dos Advogados de Minas Gerais, do Instituto dos Advogados Brasileiros, do Instituto de Direito Comparado Luso-Brasileiro, do Instituto Brasileiro de Direito Processual, do Instituto Ibero-Americano de Direito Processual, da International Association of Procedural Law e da Association Henri Capitant des Amis de la Culture Juridique Française. Doutor em Direito. Advogado.

Os tribunais modernos, portanto, têm de se aparelhar de instrumentos processuais capazes de enfrentar e solucionar, com adequação e efetividade, os novos litígios coletivos, ou de massa. Dessa constatação da realidade, nasceram diversos tipos de tutela judicial coletiva, ora como modalidade de *ações coletivas* (em que num só processo se define solução uniforme e geral para um grupo de titulares de direitos individuais, semelhantes), ora como *incidente* aglutinador de ações originariamente singulares (por meio do qual uma decisão se estende às diversas causas individuais de objeto igual). Exemplo típico de *ação coletiva* é a ação civil pública manejada por um só autor, mas em defesa de um grupo de titulares de direitos subjetivos iguais, qualificado como *direitos individuais homogêneos.* Exemplo típico de *incidente* de potencial efeito expansivo a mais de uma causa é o de uniformização de jurisprudência do CPC/1973, assim como o do sistema instituído pelo CPC/2015 de julgamento de recursos repetitivos, no âmbito do STF e do STJ, e o de assunção de competência.

O atual Código de Processo Civil deu um grande passo no terreno da coletivização da prestação jurisdicional instituindo um novo incidente processual, a que atribuiu o nome de *incidente de resolução de demandas repetitivas* (arts. 976 a 987), e cuja aplicação é ampla, já que pode acontecer perante qualquer tribunal, seja da Justiça dos Estados, seja da Justiça Federal.

Lembra PAULO CEZAR PINHEIRO CARNEIRO, um dos membros destacados da Comissão de Juristas encarregada da elaboração do anteprojeto de que originou o CPC de 2015, que este "prestigiou fortemente a uniformização da jurisprudência", impondo aos tribunais o dever de mantê-la sempre "estável, íntegra e coerente (art. 926, *caput*)"[2]. Incidente de Resolução de Demandas Repetitivas faz parte, com realce, da política de valorização da jurisprudência, à qual o atual Código brasileiro atribuiu e reforçou a função criadora daquilo que a doutrina tem chamado de "direito judicial" ou "direito jurisprudencial"[3].

O mecanismo unificador ora implantado no ordenamento jurídico brasileiro encontra precedentes no direito comparado, como o *Musterverfahrem* alemão, a *Group Litigation* inglesa e o *Pilot-Judgment Procedure* da Corte Europeia de Direitos Humanos[4].

2. CARNEIRO, Paulo Cezar Pinheiro. Breves notas sobre as inovações do novo Código de Processo Civil. In: CARNEIRO, Paulo Cezar Pinheiro; GRECO, Leonardo; PINHO, Humberto Dalla Bernardina de (coords.). *Inovações do Código de Processo Civil de 2015.* Rio de Janeiro: Ed. GZ, 2016, p. 11.

3. ARRUDA ALVIM, José Manoel. *Novo contencioso civil no CPC/2015.* São Paulo: Ed. RT, 2016, p. 521-531; THEODORO JÚNIOR, Humberto. Demandas repetitivas. Direito jurisprudencial. Tutela pluri-individual, segundo o novo Código de Processo Civil: incidente de resolução de demandas repetitivas e incidente de assunção de competências. *Revista do Tribunal Regional Federal da 1ª Região*, v. 28, n. 9/10, p. 65-77, set.-out./ 2016.

4. BARBOSA, Andrea Carla; CANTOARIO, Diego Martinez Fervenza. O incidente da resolução de demandas repetitivas no Projeto de Código de Processo Civil: apontamentos iniciais. In: FUX, Luiz (coord.). *O novo processo civil brasileiro:* direito em expectativa. Rio de Janeiro: Forense, 2011, p. 471; CONSOLO, Cláudio; RIZZARDO, Dora. Due modi di mettere le azioni collettive alla prova: Inghilterra e Germania. *Rivista*

2. CONCEITO

O incidente de resolução de demandas repetitivas é aquele que se instaura, perante um tribunal, quando em sua jurisdição registra-se repetição de processos em torno de uma igual questão de direito, ensejando risco de soluções conflitantes que possa ofender a *isonomia* e a *segurança jurídica* (CPC, art. 976), risco esse que se coíbe mediante fixação, pelo tribunal, de *tese jurídica* aplicável, dentro de sua área de jurisdição, a todos os processos pendentes e futuros que versem sobre a mesma questão de direito resolvida no IRDR (CPC, art. 985).

Não se trata da criação de uma nova ação coletiva, mas de incidente de um processo em curso em primeiro grau de jurisdição ou perante tribunal. Provocado com base em processo pendente em juízo de primeiro grau, este ficará suspenso, para aguardar a fixação da tese de direito a ser posteriormente observada na solução da causa (art. 982, I). O processo, portanto, não sobe ao tribunal, se ainda não se submeteu ao julgamento do juiz da causa. A admissão do incidente no tribunal não elimina a competência do juiz natural, apenas paralisa temporariamente a marcha processual na instância de origem[5].

Se a instauração ocorre com base em processo em andamento no tribunal, "o órgão colegiado incumbido de julgar o incidente e de fixar a tese jurídica julgará igualmente o recurso, a remessa necessária ou o processo de competência originária de onde se originou o incidente" (CPC, art. 978, parágrafo único).

A sistemática do incidente, por outro lado, não tem como objetivo o julgamento da causa originária. O provimento visado, e que não pode faltar, é a *fixação da tese de direito,* cuja incerteza põe em risco a isonomia e a segurança jurídica. Tanto é assim que a eventual desistência ou o abandono do processo originário não impede o exame de mérito do incidente, como dispõe o art. 976, § 1º, do CPC.

O incidente processual, de tal sorte, envolve questão de interesse público, a ser perseguido e tutelado por meio de estabelecimento de tese de eficácia normativa *erga omnes.* Esse caráter eminente do IRDR se manifesta, entre outros detalhes, pela autorização da intervenção obrigatória do Ministério Público (CPC, art. 976, § 2º) e da participação de *amicus curiae*, com poderes ampliados para

---

Trimestrale di Diritto e Procedura Civile. Milano; Giuffrè, ano LX, 2006, p. 901; ANDREWS, Neil. *O moderno processo civil:* formas judiciais e alternativas de resolução de conflitos na Inglaterra. São Paulo: RT, 2012, p. 539 e ss.; CABRAL, Antônio do Passo. O novo procedimento modelo (*Musterverfahrem*) alemão: uma alternativa às ações coletivas. *Revista de Processo,* São Paulo, n. 147, maio 2007; LEVY, Daniel de Andrade. O incidente de resolução de demandas repetitivas no anteprojeto do Novo Código de Processo Civil: exame à luz da *Group Litigation order* britânica. *Revista de Processo,* São Paulo, n. 196, p. 165-203, jun. 2011.

5. Admitido o incidente, o relator, na forma do art. 982, I, do CPC, poderá ampliar a suspensão para todos os processos pendentes, individuais ou coletivos, que tramitem no Estado ou na região, conforme o caso.

recorrer da decisão que julgar o incidente (art. 138, § 3º). Lembra PAULO CEZAR PINHEIRO CARNEIRO que enquanto em regra se veda ao *amicus curiae,* nos processos em geral, a possibilidade de interpor recursos, no IRDR, ao contrário, o poder de recorrer é expressamente reconhecido[6].

3. NATUREZA JURÍDICA

A própria nomenclatura adotada pelo Código para nomear o novo instituto (o IRDR) revela sua natureza jurídico processual, que é a de *incidente processual,* concebido como instrumento voltado para a missão de buscar a consolidação de *teses de direito* e de promover a *uniformização da jurisprudência dos tribunais*[7].

O que vem a ser um *incidente processual?* Explica DINAMARCO: o incidente processual não tem a natureza de *ação*, devendo ser entendido como o "conjunto de atos formalmente coordenados a serem realizados no curso do processo", apresentando-se como "um *pequeno procedimento* inserido no contexto do procedimento maior"[8]. O remédio destina-se o resolver incidentalmente, questão relevante para o bom e profícuo andamento do processo em que se insere e para a correta e adequada solução da demanda. É o que, por exemplo, ocorre com o conflito de competência, com o atentado à dignidade da justiça, com a concessão ou cassação da assistência judiciária gratuita, com a arguição de suspeição ou impedimento do juiz, com a arguição de inconstitucionalidade, com a remoção do inventariante, com a exibição de documento ou a produção antecipada de prova, e tantos outros procedimentos incidentais similares.

Nesse enfoque, o IRDR ainda não pode ser qualificado como ação, uma vez que nem sempre é promovido pelo litigante e, quando o é, não é em proveito próprio e exclusivo de quem age, mas sob o pressuposto de haver diversas demandas, acerca da mesma questão de direito, em risco de serem solucionadas da maneira contraditória.

Além de tudo, não se pode pensar em ação, quando se sabe que a função principal do IRDR, aquela que justifica sua instituição no processo civil pátrio, é a de *fixar uma tese apenas de direito.* Ora, provimento de tal natureza, estranho ao objetivo de resolver um conflito subjetivo inconcreto, não pode gerar *coisa*

---

6. CARNEIRO, Paulo Cezar Pinheiro. *Inovações do Código de Processo Civil de 2015, cit.,* p. 4.

7. SANTIAGO, Alexandre Quintino; ROBORTELLA, Tatiana Rocha. O incidente de resolução de demandas repetitivas como instrumento de consolidação dos precedentes no Código de Processo Civil de 2015. In: LUCON, Paulo Henrique dos Santos *et al.* (orgs.). *Processo civil contemporâneo:* homenagem aos 80 anos do Professor Humberto Theodoro Júnior. Rio de Janeiro: Forense, 2018, p. 677).

8. DINAMARCO, Cândido Rangel; LOPES, Bruno Vasconcelos Carrilho. *Teoria geral do novo processo civil.* São Paulo: Malheiros, 2016, p. 242.

julgada, e sem essa aptidão não há condição para atribuir a qualidade de ação a qualquer remédio processual[9].

Por outro lado, não pode o IRDR ser considerado um *recurso,* entre outros motivos, por não se enquadrar na taxatividade desses expedientes impugnativos prevista no CPC. Na verdade, não se pode entrever sucumbência a justificar sua instauração, e tampouco pretensão de reforma ou invalidação de julgamento já ocorrido. Não se pode, outrossim, atribuir-lhe a qualidade de recurso, porquanto entre os legitimados a promovê-lo não figuram apenas as partes, o Ministério Público e os terceiros interessados[10]. Em suma, não se pode, evidentemente, ver no IRDR, um "meio de impugnação às decisões judiciais"[11].

Meu pensamento acerca da natureza jurídica do *incidente* de resolução de demandas repetitivas, já foi enunciado em sede de doutrina, nos termos que se seguem[12].

O incidente autorizado pelo art. 976 do CPC é um instrumento processual destinado a produzir eficácia pacificadora de múltiplos litígios mediante estabelecimento de tese aplicável a todas as causas em que se debata a mesma questão de direito. Com tal mecanismo se intenta implantar uniformidade de tratamento judicial a todos os possíveis litigantes colocados em situação igual àquela disputada no caso padrão. Cumpre-se por seu intermédio duplo objetivo: a par de racionalizar o tratamento judicial das causas repetitivas (arts. 976; 980 a 984), o incidente visa formar precedente de observância obrigatória (art. 985)[13].

Trata-se, portanto, de remédio processual de inconteste caráter coletivo. Não se confunde, entretanto, com as conhecidas ações coletivas, que reúnem num mesmo processo várias ações propostas por um único substituto processual em busca de um provimento de mérito único que tutele os direitos subjetivos individuais homogêneos de todos os interessados substituídos. O incidente de resolução de demandas repetitivas não reúne ações singulares já propostas ou por propor. Seu objetivo é apenas estabelecer a tese de direito a ser aplicada em outros processos, cuja existência não desaparece, visto que apenas se suspendem

9. WANDERLEY, João Flávio Vidal. O objeto e a natureza do incidente de resolução de demandas repetitivas: as situações jurídicas repetitivas e os direitos individuais homogêneos no cerne do debate. *Revista de Processo*, São Paulo, v. 285, p. 264-265, nov. 2018.

10. O juiz da causa e o relator em segunda instância podem, de ofício, promover a instauração do IRDR (CPC, art. 977, I).

11. SANTIAGO e ROBORTELLA. O incidente de resolução de demandas repetitivas, *cit.*, p. 677.

12. THEODORO JÚNIOR, Humberto. *Curso de direito processual civil.* 52. ed. Rio de Janeiro: Forense, 2019, v. III, n. 695, p. 982-983.

13. "O incidente de resolução de demandas repetitivas visa à prolação de uma decisão única que fixe tese jurídica sobre uma determinada controvérsia de direito que se repita em numerosos processos" (TEMER, Sofia. *Incidente de resolução de demandas repetitivas.* Salvador: Juspodivm, 2016, p. 39).

temporariamente e, após haverão de sujeitar-se a sentença, caso a caso, pelos diferentes juízes que detêm a competência para pronunciá-las. O que, momentaneamente, aproxima as diferentes ações é apenas a necessidade de aguardar o estabelecimento da tese de direito de aplicação comum e obrigatória a todas elas. A resolução individual de cada uma das demandas, porém continuará ocorrendo em sentenças próprias, que poderão ser de sentido final diverso, por imposição de quadro fático distinto. De forma alguma, entretanto, poderá ignorar a tese de direito uniformizada pelo tribunal do incidente, se o litígio de alguma forma, se situar na área de incidência da referida tese.

A distinção básica entre a ação coletiva e o incidente de resolução de demandas repetitivas consiste em que naquela os litígios cumulados são solucionados simultaneamente, enquanto no incidente apenas se delibera, em Tribunal, sobre idêntica questão do direito presente em várias ações, as quais continuam a se desenvolver com independência entre si.

Nesse sentido, é lícito afirmar que "o teor da decisão do Tribunal é [apenas] *ponto de partida* para que os juízos singulares decidam seus processos"[14]. Trata-se, por isso – na lição de DINAMARCO –, não de uma *ação*, mas realmente de um *incidente processual*, entendido este como o "conjunto de atos formalmente coordenados a serem realizados no curso do processo", apresentando-se como "um *pequeno procedimento* inserido no contexto do procedimento maior"[15].

4. IRDR, COISA JULGADA E FORÇA VINCULANTE

Ocorre a *coisa julgada material* quando a *decisão de mérito* se torna imutável e indiscutível por não se achar mais sujeita a recurso (CPC, art. 502).

O julgamento do IRDR não resolve o mérito da causa donde se originou, razão pela qual não se pode atribuir-lhe a autoridade da coisa julgada, nos moldes do CPC. O julgamento de mérito, às vezes se dará em sequência à fixação da tese de direito objetivada pelo incidente. Mas, isto somente acontecerá quando o processo de que se originou o IRDR já se encontrar no Tribunal (art. 978, parág. único). *In casu*, porém, haverá dois julgamentos distintos: o do IRDR e o do processo originário. A coisa julgada, então, formar-se-á apenas sobre o julgamento do processo contencioso (recurso ou processo de competência originária do tribunal) e não sobre a tese de direito fixada no incidente.

14. WAMBIER, Teresa Arruda Alvim *et al. Primeiros comentários ao novo Código de Processo Civil*: artigo por artigo. São Paulo: RT, 2015, p. 1.396.

15. DINAMARCO, Cândido Rangel; LOPES, Bruno Vasconcelos Carrilho. *Teoria geral do novo processo civil, cit.*, p. 242.

É bom lembrar, mais uma vez, que o julgamento do incidente pode acontecer, autonomamente, até depois que o demandante tenha desistido da demanda ou abandonado o processo (art. 976, parág. único). Sendo indiferente ao IRDR o destino do processo que lhe deu causa, não se pode ver *coisa julgada* numa simples definição de *tese de direito,* que por si só, não consistiu em solução da questão configuradora do mérito da causa. Terá o julgado, porém, força vinculativa *erga omnes*, fazendo com que a tese de direito assentada através do IRDR seja uniformemente aplicada a todo aquele que se envolver em litígio similar ao retratado no caso padrão.

De tal sorte, a tese de direito, sem embargo de observância obrigatória nos diversos processos individuais ou coletivos em torno de igual questão de direito, não se apresenta dotada de força executiva. É que no provimento judicial pronunciado no incidente não se procedeu à certificação da existência do direito ou da obrigação de ninguém. No incidente em causa, enfim, "o que vincula é o próprio precedente que dali se origina. A projeção *erga omnes* não é dos efeitos da coisa julgada, mas da *ratio decidendi*[16].

5. REQUISITOS DO IRDR

Na sistemática do CPC (art. 976), cabe a instauração do incidente de resolução de demandas repetitivas quando, cumulativamente, se verificarem os seguintes requisitos:

a) ocorrer "efetiva repetição de processos que contenham controvérsia sobre a mesma questão *unicamente de direito*"[17];

b) configurar-se "risco de ofensa à *isonomia* e à *segurança jurídica*"[18]; e

c) inexistir afetação da mesma questão em recursos especial e extraordinário repetitivos.

A questão de direito, na realidade, nunca se desliga de um pressuposto fático, de sorte que a lei quando cogita, para efeito do incidente em exame, de "questão unicamente de direito", quer que a controvérsia existente em juízo gire tão

16. BARBOSA, Andrea Carla; CANTOARIO, Diego Martinez Fervenza. O incidente de resolução de demandas repetitivas no Projeto de Código de Processo Civil: apontamentos iniciais. In: FUX, Luiz (coord.). *O novo processo civil brasileiro*: direito em expectativa. Rio de Janeiro: Forense, 2011, p. 503.

17. "O incidente de resolução de demandas repetitivas somente pode abranger questão unicamente de direito e o tema submetido no tribunal necessita que não exista controvérsia sobre questão de fato" (TJMG, 1ª Seção Cível, IRDR – Cv nº 1.0000.16.018615-1/001, Rel. Des. Alberto Vilas Boas, decisão publicada em 24.06.2016).

18. "O incidente de resolução de demandas repetitivas é instrumento criado pelo novo Código de Processo Civil que objetiva, no caso de efetiva repetição de processos sobre uma mesma questão jurídica, garantir um julgamento que propicie tratamento isonômico e segurança jurídica à coletividade" (TJMG, 1ª Seção Cível, IRDR – Cv nº 1.0000.16.032832-4/000, Rel. Des. Alberto Vilas Boas, decisão publicada em 24.06.2016).

somente sobre *norma,* uma vez que os fatos sobre os quais deva incidir não são objeto de questionamento algum[19]. Nesse sentido, deve-se considerar *questão de direito* aquela que diga respeito à *qualificação jurídica de fato*[20], desde que este não seja objeto de controvérsia.

Por outro lado, a mera discussão teórica sobre o sentido e alcance da norma não justifica a abertura do incidente. Tampouco é suficiente a perspectiva de multiplicidade futura de processos a respeito de sua aplicação. Exige o CPC que seja atual a efetiva pluralidade de processos, com decisões díspares acerca da interpretação da mesma norma jurídica. O incidente, em outros termos, não foi concebido para exercer uma função *preventiva,* mas *repressiva* de controvérsias jurisprudenciais preexistentes.

Correta a advertência de que a lei não exige o estabelecimento do caos interpretativo entre milhares de causas[21]. Basta que haja "repetição de processos" em número razoável para, diante da disparidade de entendimentos, ficar autorizado o juízo de "risco de ofensa à *isonomia* e à *segurança jurídica*". Naturalmente, para que semelhante juízo ocorra é mister a existência de vários processos e de decisões conflitantes, quanto à aplicação da mesma norma.

Pela própria natureza unificadora da medida, não haverá possibilidade da concomitância de vários incidentes de demandas repetitivas sobre a mesma tese de direito, num só tribunal[22]. Igual impedimento prevalecerá quando outro expediente procedimental já tiver sido acionado com o fito de gerar precedente unificador de jurisprudência, como o incidente de assunção de competência. Prevalece aqui o mesmo princípio que veda o *bis in idem,* nas hipóteses de litispendência.

Tampouco se admitirá a promoção do incidente de resolução de demandas repetitivas na esfera do tribunal local, quando um tribunal superior (STF ou STJ) já houver afetado recurso para definição da mesma tese, sob regime de recursos extraordinário e especial repetitivos (CPC, art. 976, § 4º). É que já estará em cur-

---

19. "Questão unicamente de direito", na dicção da lei, equivale a questão "*eminentemente* de direito", o que ocorre quando a compreensão da hipótese fática independe de dilação probatória e se extrai "exclusivamente da análise dos documentos indispensáveis à propositura da demanda" (FICHTNER, José Antônio; MONTEIRO, André Luis. Sentença de julgamento imediato do mérito: algumas considerações sobre o art. 285-A, do CPC. *Revista Dialética de Direito Processual,* São Paulo, n. 76, p. 52, jul. 2009). Não há, propriamente, *in casu,* uma questão "*unicamente* de direito", mas, sim, uma questão, no máximo, "*predominantemente* de direito", porque, na espécie, "a situação de fato não traz, em si, maiores questionamentos quanto à sua existência, seus contornos e seus limites" (BUENO, Cássio Scarpinella. *Curso sistematizado de direito processual civil.* São Paulo: Saraiva, 2007, v. 2, t. I, p. 127).

20. MEDINA, José Miguel Garcia. *Direito processual civil moderno.* 2. ed. São Paulo: RT, 2016, p. 1.481.

21. WAMBIER, Teresa Arruda Alvim *et al. Primeiros comentários ao novo Código de Processo Civil, cit.,* p. 1.397-1.398.

22. CAMARGO Luiz Henrique Volpe. O incidente de resolução de demandas repetitivas no projeto de novo CPC: a comparação entre a versão do Senado Federal e a da Câmara dos Deputados. In: FREIRE, Alexandre *et al.* (orgs.). *Novas tendências do processo civil.* Salvador: Juspodivm, 2014, v. 3, p. 287.

so remédio processual de função geradora de precedentes, a cuja eficácia todos os tribunais inferiores restarão vinculados (art. 927). Tem-se, portanto, *in casu*, um feito prejudicial externo[23].

O fato, porém, de ter sido denegada a formação do incidente por falta de seus pressupostos de admissibilidade, não impede seja ele novamente suscitado, desde que satisfeito o requisito inatendido na propositura anterior (CPC, art. 976, § 3º).

Por outro lado, não é preciso que a *repetição* se dê entre processos em curso no tribunal. Essa exigência chegou a ser cogitada durante a tramitação parlamentar do Projeto, mas foi excluída do texto que afinal se tornou o CPC. Assim é que o próprio juiz de uma das causas repetitivas está autorizado a provocar o incidente oficiando ao presidente do tribunal de segundo grau. Terá, contudo, de demonstrar a divergência de entendimento sobre a questão comum, divergência essa estabelecida não doutrinariamente, mas entre decisões judiciais já pronunciadas, as quais poderão ter acontecido na primeira ou na segunda instância. A lei, pois, não exige que o dissídio interpretativo se dê obrigatoriamente nos tribunais[24].

6. O VELHO PROBLEMA DA DISTINÇÃO ENTRE QUESTÃO DE FATO E QUESTÃO DE DIREITO

O art. 976 admite o IRDR a partir da comprovação da existência da repetição de processos envolvendo a mesma questão "unicamente de direito". Desse modo, o objetivo do incidente não é resolver o *objeto litigioso* do processo causador do IRDR, mas apenas *fixar a tese de direito* que possa ser aplicada a todos os processos repetitivos, em torno de igual questão (função nomofilática ou normativa). Definir, portanto, questões fáticas, como a ocorrência, ou não, do dano e sua autoria, é tarefa que não se inclui no objetivo do incidente em cogitação.

Mas não é fácil, e até mesmo se mostra, com frequência, impossível, isolar numa questão relevante, para o processo, limitando-a tão só ao aspecto jurídico, a ponto de qualificá-la como "exclusivamente de direito". É que, no processo, os juízes são sempre incumbidos de aplicar o direito positivo numa quadra em que as circunstâncias fáticas são inafastáveis, pela simples constatação de

23. Se não são idênticos os institutos do incidente de resolução de demandas repetitivas e dos recursos extraordinários e especial repetitivos, "têm, com certeza, a mesma razão de ser e a mesma correlata finalidade. Não faz, portanto, sentido que, por meio de ambos os institutos, possa-se estar resolvendo, *simultaneamente, a mesma questão de direito.* Até porque, além do desperdício da atividade jurisdicional, há o risco de decisões conflitantes" (WAMBIER, Teresa Arruda Alvim *et al. Primeiros comentários... cit.*, p. 977).

24. MENDES, Aluísio Gonçalves de Castro. *Incidente de resolução de demandas repetitivas:*sistematização, análise e interpretação do novo instituto processual. Rio de Janeiro: Forense, 2017, p. 116-124.

que a função essencial da jurisdição não é outra senão a de qualificar os fatos trazidos à sua análise para determinar-lhes a consequência jurídica. Em outros termos, quando se impõe, como nos recursos especial e extraordinário, que o acertamento seja de direito e não de fato, o que, na verdade, se deseja é a apuração da corretude, ou não, do modo com que se procedeu à subsunção dos fatos apurados à norma jurídica que lhe seja pertinente. Para tanto, a limitação imposta ao tribunal superior de apreciar tão somente as questões de direito, seja nos recursos especial e extraordinário, seja em qualquer incidente, será sempre *relativa,* e nunca *absoluta,* já que na quase totalidade dos casos será impossível examinar a *questão de direito* deduzida em juízo sem vinculá-la ao respectivo suporte fático.

O fenômeno da separação processual das questões de *fato* das de *direito* – diante da circunstância de que o fenômeno jurídico envolve necessariamente fato e direito –, conduz à conclusão de que o correto é falar em "questões que sejam *predominantemente* de fato e *predominantemente* de direito", como ensina TEREZA ARRUDA ALVIM[25] (g.n.). Vale dizer:

> ... o *fenômeno jurídico é de fato e de direito,* mas o problema (= a *questão*) pode estar girando em torno do aspecto fático ou em torno do aspecto jurídico. Queremos com isso dizer que, embora indubitavelmente o fenômeno não ocorra senão diante de fato e de norma, o aspecto problemático desse fenômeno pode estar lá ou cá[26]. (g.n.)

Donde ter-se como assente no direito processual brasileiro que a *questão de direito* corresponde às conclusões esposadas nos julgados no que diz com a aplicação das normas jurídicas; e que a *questão de fato* compreende tudo que envolve a apuração e certificação do quadro fático que permeia o litígio posto em análise.

Impende ter sempre presente que a própria estrutura da norma jurídica traz intrínseca a hipótese fática de sua incidência ("se é A, deve ser B"). Daí que o juízo de subsunção do fato à norma jurídica predisposta para regulá-lo configura *questão de direito,* na qual "a violação consiste em não aplicar a um fato claro, absolutamente de acordo com o suposto da norma, a lei ou a doutrina que deveria aplicar-se, o que equivale a desconhecê-las"[27].

Por sua vez, o Superior Tribunal de Justiça observa majoritariamente a tese de que a *questão é de direito,* e não *de fato,* quando se cuida da *valorização da matéria fático-probatória* (matéria essa não mais sujeita a debate ou controvér-

25. WAMBIER, Teresa Arruda Alvim. *Controle das decisões judiciais por meio de recursos de estrito direito e ação rescisória.* São Paulo: Ed. RT, 2001, p. 154.

26. *Idem.*

27. FONTOURA, Lúcia Helena Ferreira Palmério da. *Recurso especial:* Questão de fato/questão de direito. Porto Alegre: Sérgio Antônio Fabris, 1993, p. 43.

sia). Já então o que se visa é o *seu valor* e a *sua qualificação jurídica,* e não mais sua simples interpretação. Portanto, eventual erro na espécie não versa sobre o *fato* – que, no processo se apresenta como certo e bem definido –, mas sobre o seu *enquadramento jurídico.*

É nesse mesmo sentido a lição da JOSÉ MIGUEL GARCIA MEDINA, quando ressalta que se excluem "das questões de fato a *qualificação jurídica* dos fatos, pois quando se qualifica erroneamente um fato há em consequência aplicação incorreta da lei"[28]. Há na verdade violação da própria norma jurídica e, por isso, nítida *questão de direito.* "Sem dissentir dessa tese, CHIOVENDA afirma não constituir questão ou juízo de fato, mas de direito, a concernente à natureza jurídica de um fato, a saber, se um fato considerado como verdadeiro é ou não regulado por determinada norma"[29].

Preciosa é a lição de BARBOSA MOREIRA a respeito do tema:

> Dizer que ela [a lei] abrange ou não abrange certo acontecimento é, portanto, interpretá-la. *Admitir a abrangência quando o fato não se encaixa na moldura conceptual é aplicar erroneamente a norma, como seria aplicá-la erroneamente não admitir a abrangência quando o fato se encaixasse na moldura conceptual.* Em ambos os casos, viola-se a lei, tanto ao aplicá-la a hipótese não contida em seu âmbito de incidência, quanto ao deixar de aplicá-la a hipótese nela contida[30]. (g.n.)

Tratando especificamente dos requisitos de admissibilidade do incidente de resolução de demandas repetitivas, DIDIER e CUNHA ensinam:

> Não cabe IRDR para definição de questões de fato; apenas para questões de direito. Não cabe, por exemplo, o IRDR para definir se determinada construção foi vendida com vícios estruturais decorrentes de falha no projeto ou na execução da obra, *mas cabe para dizer se, ocorrendo esse fato, há ou não responsabilidade civil do construtor pela reparação do dano daí decorrente.* Exige-se a efetiva repetição de processos em que se discuta a *mesma questão de direito.*[31] (g.n.)

Esclarecem, com adequação, os mesmos autores:

> É muito difícil a distinção entre questão de fato e questão de direito. Toda questão de direito pressupõe a ocorrência de um fato. Pode-se, de todo modo, dizer que *questão de fato* é aquela relacionada com a *causa de pedir* ou com a *hipótese* prevista no texto

28. MEDINA, José Miguel Garcia. *O prequestionamento nos recursos extraordinário e especial.* 2. ed. São Paulo: Ed. RT, p. 306. Idêntico é, também, o ensinamento de DIDIER e CUNHA sobre a natureza da "qualificação jurídica da prova" (DIDIER JÚNIOR, Fredie; CUNHA, Leonardo José Carneiro da. *Curso de direito processual civil.* 4. ed. Salvador: Juspodivm, 2007, v. 3, p. 222).

29. FONTOURA, Lúcia Helena Ferreira Palmério da. *Recurso especial... cit.*, p. 50.

30. BARBOSA MOREIRA, José Carlos. *Temas de direito processual.* Segunda Série. São Paulo: Saraiva, 1980, p. 235.

31. DIDIER JÚNOR, Fredie; CUNHA, Leonardo Carneiro da. *Curso de direito processual civil.* 13. ed. Salvador: Juspodivm, 2016, v. 3 p. 626.

> normativo, enquanto a *questão de direito* é aquela relacionada com as *consequências jurídicas de determinado fato*, ou com a *aplicação da hipótese de incidência prevista no texto normativo*, com as tarefas de *subsunção do fato* (ou conjunto de fatos) à norma ou de *concretização do texto normativo*[32].

Em suma, a questão controvertida que, nos termos do art. 976, I, do CPC deve ser "unicamente de direito", não é só aquela que versa sobre a interpretação de norma jurídica, é também a que, diante de fato certo e incontroverso, versa sobre a correção, ou não, de seu enquadramento na norma que lhe diz respeito[33]. Assim, num acidente que tenha ocasionado a morte ou a incapacitação de dezenas ou centenas de vítimas, é questão de direito (e não de fato) o arbitramento da reparação do dano moral suportado de maneira uniforme pelos acidentados ou seus dependentes, se a base fática (dano e responsabilidade), não se achar em discussão no processo. Nada impede, então, que se lance mão do IRDR, para superar as divergências instaladas e chegar a critérios indenizatórios uniformizados[34].

7. A TESE FIXADA ATRAVÉS DO IRDR

O tribunal, ao julgar o IRDR, fixará uma *tese de direito* que será observada no julgamento da demanda que serviu de base para a instauração do incidente e todos os demais processos pendentes ou futuros, dentro da jurisdição do tribunal, que versem sobre a mesma *questão de direito.*

Naturalmente não haverá interesse que justifique o incidente se o inconformismo se referir a decisão que simplesmente ofende norma jurídica de sentido e alcance não controvertidos nos órgãos jurisdicionais. O regime recursal é

---

32. DIDIER JÚNIOR, Fredie. *Curso de direito processual civil.* 17. ed. Salvador: Juspodivm, 2015, v. 1, p. 439; DIDIER JÚNIOR, Fredie; CUNHA, Leonardo Carneiro da. *Curso de direito processual civil.* 13. ed. Salvador: Juspodivm, 2016, v. 3, p. 626-627.

33. "Não ofende o princípio da Súmula 7 emprestar-se, no julgamento do especial, significado diverso aos fatos estabelecidos pelo acórdão recorrido. Inviável é ter ocorrido fatos cuja existência o acórdão negou ou negar fatos que se tiveram como verificados" (STJ, Corte Especial, AgRg nos EREsp 134.108/DF, Rel. Min. Eduardo Ribeiro, ac. 02.06.1999, *DJU* 16.08.1998, p. 36). "As questões relativas ao exame da prova pericial e ao *quantum* fixado a título de indenização, *in casu,* não consistem em matéria puramente de fato. Em verdade, cuida-se a hipótese de qualificação jurídica dos fatos" (STJ, 2ª T. REsp 196.456/SP, Rel. Min. Franciulli Netto, ac. 07.08.2001, *DJU* 11.03.2002, p. 219). "Tanto a questão do cabimento de lucros cessantes quanto o pretendido pagamento pelo acréscimo de obras realizadas podem ser apreciados por esta Corte através da qualificação jurídica dos fatos, que difere da mera análise fático-probatória" (STJ, 2ª T., AgRg no Ag 680.476/SP, Rel. Min. Humberto Martins, ac. 26.06.2007, *DJU* 27.08.2007, p. 207).

34. Por se tratar de questão de direito, "o valor da indenização por dano moral sujeita-se ao controle do Superior Tribunal de Justiça quando a quantia arbitrada se mostrar ínfima, de um lado, ou visivelmente exagerada, de outro" (STJ, 4ª T., REsp 588.572/RS, Rel. Min. Barros Monteiro, ac. 20.10.2005, *DJU* 19.12.2005, p. 418). No mesmo sentido: STJ, 3ª T., AgRg no Ag 585.849/RS, Rel. Min. Castro Filho, ac. 15.02.2005, *DJU* 07.03.2005, p. 243).

suficiente para combater a incorreta aplicação da lei na prestação jurisdicional, se for o caso.

O que vai justificar o IRDR é justamente a constatação de que entre diversos processos a mesma norma tem sido interpretada e aplicada de maneira diferente para resolver questões evidentemente iguais.

A função do tribunal, na espécie, é, a um só tempo, uniformizar a jurisprudência e estabelecer precedente, com força vinculativa para os órgãos integrantes do próprio tribunal (vinculação horizontal) como para todos os juízes ou tribunais inferiores a ele subordinados (vinculação vertical).

A tese, em tais circunstâncias, não será uma simples reprodução do enunciado da norma em debate no incidente. Circunstâncias fáticas necessariamente haverão de ter ensejado a polêmica motivadora do recurso ao IRDR, em busca da tese pacificadora do conflito jurisprudencial estabelecido.

É importante, pois, que o quadro fático-jurídico seja, de alguma forma, retratado na *tese* afinal definida pelo tribunal. Isto porque, diante do caráter normativo que o decisório assumirá, para todos que enfrentam ou venham a enfrentar, a mesma questão de direito, torna-se indispensável a determinação da hipótese de incidência sobre a qual vigorará a *norma do direito jurisprudencial*[35].

Cabe, então, no IRDR, a regra geral dos enunciados de súmula da jurisprudência dominante dos tribunais (CPC, art. 926, § 1º), os quais devem ser editados com teor que se atenha às "circunstâncias fáticas dos precedentes que motivaram sua criação" (art. 926, § 2º).

8. PROCESSO PRINCIPAL PENDENTE NO TRIBUNAL: SERIA REQUISITO DE ADMISSIBILIDADE DO IRDR?

Durante a tramitação do Projeto do atual CPC, duas posições prevaleceram em diferentes momentos: no Projeto inicial e em sua redação final, o Senado estipulou que o IRDR poderia ser provocado tanto pelo juiz de primeiro grau como pelo relator no tribunal, e ainda pelo Ministério Público e pela Defensoria Pública.

Na Câmara dos Deputados foi aprovado um substantivo com dispositivos que expressamente mantinham a suscitação do IRDR, sem a exigência de basear-se em processos já em tramitação no tribunal.

35. As próprias leis sempre estatuem normas endereçadas a regular as situações fáticas que especificam como sendo a hipótese de sua incidência ou aplicação. Não haverá de ser diferente a edição de teses normativas criadas pelos tribunais, por meio dos diversos instrumentos processuais de uniformização da jurisprudência.

A última versão aprovada no Senado e que foi sancionada e publicada, transformando-se no CPC de 2015, não contém enunciado algum que exija a instauração do incidente com base apenas em processo existente no tribunal, e, quanto aos legitimados, o rol do art. 977 inclui tanto o juiz de primeiro grau como o relator no tribunal. A tentativa tardia e injurídica de emendar o texto, quando da segunda e última discussão do Projeto no Senado, para inserir a malsinada limitação, restou, portanto, completamente frustrada.

Diante desse histórico do problema, nosso entendimento externado em sede de doutrina é que na sistemática do CPC atual o IRDR não exige que a repetição de soluções diferentes para a mesma questão de direito se dê em face de processos já em curso no tribunal:

> Essa exigência chegou a ser cogitada durante a tramitação parlamentar do Projeto, mas foi excluída do texto que afinal se tornou o CPC. Assim é que o próprio juiz de uma das causas repetitivas está autorizado [pelo art. 977, I] a provocar o incidente oficiando ao presidente do tribunal de segundo grau. Terá, contudo, de demonstrar a divergência de entendimento sobre a questão comum, divergência essa estabelecida não doutrinariamente, mas entre decisões judiciais já pronunciadas, as quais poderão ter acontecido na primeira ou na segunda instância. A lei, pois, não exige que o dissídio interpretativo se dê obrigatoriamente nos tribunais[36].

Também para PAULO CEZAR PINHEIRO CARNEIRO, o IRDR pode ser suscitado "já no *primeiro grau* pelas partes, pelo juiz, de ofício, pelo Ministério Público ou pela Defensoria Pública e, se for o caso, pelo relator do recurso" (art. 977)[37].

A corrente dos que condicionam o cabimento do IRDR é liderada por FREDIE DIDIER JÚNIOR e LEONARDO CARNEIRO DA CUNHA. A tese é defendida com dois argumentos[38]:

a) se o IRDR é um incidente a ser julgado pelo tribunal, "é preciso que haja um processo no tribunal";

b) se não houver caso em trâmite no tribunal, ter-se-á um processo originário e não um incidente, o que seria impossível, por não caber ao legislador ordinário criar competências originárias, visto que as do STF, do STJ

36. THEODORO JÚNIOR, Humberto. *Curso de direito processual civil.* 51. ed. Rio de Janeiro: Forense, 2018, v. III, nº 697, p. 962. No mesmo sentido: MENDES, Aluísio Gonçalves de Castro. *Incidente de resolução de demandas repetitivas... cit.*, p. 116-124; MEDINA, José Miguel Garcia. *Direito processual civil moderno.* 2. ed. São Paulo: Ed. RT, 2016, p. 1.482; TEMER, Sofia Orberg. *Incidente de resolução de demandas repetitivas... cit.*, p. 83-87; BUENO, Cassio Scarpinella. *Novo Código de Processo Civil anotado.* São Paulo: Saraiva, 2015, p. 613; MARINONI, Luiz Guilherme; ARENHART, Sérgio Cruz; MITIDIERO, Daniel. *Novo curso de processo civil*: tutela dos direitos mediante procedimento comum. São Paulo: Ed. RT, 2015, v. 2, p. 580-581.umHm.

37. CARNEIRO, Paulo Cezar Pinheiro. *Inovações do Código de Processo Civil de 2015, cit.*, p. 13.

38. DIDIER JÚNIOR, Fredie; CUNHA, Leonardo Carneiro da. *Curso de direito processual civil cit.*, v. 3, p. 625.

e dos TRFs, estão estabelecidas na Constituição Federal, e as dos Tribunais de Justiça devem ser definidas pelas Constituições Estaduais. Assim, "o legislador ordinário pode – e foi isso que fez o CPC – criar incidentes processuais para causas originárias e recursais que tramitem nos tribunais, mas *não lhe cabe criar* competências originárias para os tribunais. É também por isso que *não se permite a instauração do IRDR sem que haja causa tramitando no tribunal*" (g.n.).

Há, ainda na doutrina, quem se baseie no texto do parág. único do art. 978 do CPC (que prevê a competência do tribunal para fixar a tese e também para julgar o recurso, a remessa necessária ou o processo de competência originária de onde se originou o incidente), para concluir que só existindo processo pendente no tribunal seria possível a instauração do IRDR[39].

ALUISIO GONÇALVES DE CASTRO MENDES, por todos, responde muito bem aos argumentos suscitados para condicionar o IRDR à pendência de processo no tribunal, da seguinte maneira:

I – Competência dos tribunais de segundo grau fixada constitucionalmente:

O fato de existir na Constituição algumas competências definidas para órgão de 2º grau não torna a competência dos tribunais *matéria constitucional,* ou seja, tema de que só a Constituição possa tratar. Demonstração disso é que mesmo no âmbito dos tribunais superiores nem todos eles possuem a discriminação da respectiva competência na Constituição Federal. Basta lembrar que a competência do TST, do TSE e do STM é fixada pelo legislador infraconstitucional. E para o STJ, cuja previsão de competência consta da Constituição – inclusive no tocante a alguns incidentes originados nas instâncias inferiores (CF, art. 105, I, "d" e "g") –, novas competências foram criadas por leis ordinárias em casos como o do Incidente de Uniformização da Jurisprudência dos Juizados Especiais Federais (Lei nº 10.259/2001, art. 14, § 4º); e também para o pedido de uniformização de interpretação de lei na esfera dos Juizados Especiais da Fazenda Pública (Lei nº 12.153/2009, arts. 18, § 3º e 19, *caput*).

Tais inovações, que se referem a incidentes não previstos no art. 105 da CF, não foram declarados inconstitucionais pelo STF, mas, pelo contrário, mereceram sua chancela, "diante da necessidade de se preservar a segurança jurídica e da compatibilidade com as funções exercidas pelo STJ"[40].

Quanto aos TRFs, a Constituição no rol dos casos de competência não relaciona, sabidamente, todos os incidentes que devem ser por eles decididos. Assim, também se passa com o relacionamento dos incidentes a cargo dos Tribunais de Justiça feitos pela Constituição dos Estados. Entretanto, não se lhes

39. CÂMARA, Alexandre Freitas. *O novo processo civil brasileiro.* 2. ed. São Paulo: Atlas, 2016, p. 481.

40. MENDES, Aluísio Gonçalves de Castro. *Incidente de resolução de demandas repetitivas cit.,* p. 118.

nega, por exemplo, a competência, sem previsão constitucional, para incidentes, como o de impedimento ou suspeição do juiz, bem como para instrumentos de criação ou fortalecimento recentes, a exemplo da *reclamação*[41].

Ressalte-se ainda – na linha de ALUISIO CASTRO MENDES – que "o Incidente de Resolução de Demandas Repetitivas é um mecanismo processual completamente novo no ordenamento nacional. Portanto, as Constituições, Federal e Estaduais, não poderiam prever algo inexistente ao tempo das respectivas promulgações". E por isso mesmo – e, principalmente, pelo importante papel que lhe cabe na preservação das garantias fundamentais, sobretudo a isonomia e a segurança jurídica – "deve ser visto sob uma ótica mais ampla e menos formalista pois atende aos preceitos maiores da Constituição", dentre eles e em particular o do acesso à justiça e o da duração razoável do processo, além da segurança e da igualdade de todos perante a lei.

Aos intérpretes e aplicadores da nova sistemática de valorização dos precedentes cabe simplificar e otimizar o uso de remédios dinamizadores do processo justo, como soi ser o IRDR, no plano das demandas repetitivas.

II – Por fim, o parágrafo único do art. 978 do CPC/2015

A previsão do parágrafo único do art. 978 do CPC de que o tribunal ao fixar a tese julgará, também, "o recurso, a remessa necessária ou o processo de competência originária de onde se originou o incidente", tem sido interpretada, por certa opinião doutrinária, como indicativo de que a lei somente admitisse o IRDR como incidente instaurado a partir de processo em curso no tribunal.

Tal limitação, todavia, como já explicitado, foi intentada tardiamente na fase final da discussão parlamentar do Projeto do atual CPC, quando os textos aprovados pelo Senado e pela Câmara já não eram mais passíveis de alteração de fundo. Por isso, foi rechaçada na votação final ocorrida no Senado. O CPC, de tal sorte foi votado e sancionado, com permissão a que tanto o juiz de primeiro grau como o relator, no tribunal, tivessem legitimidade para provocar a instauração do IRDR. Vale dizer: a sistemática do Código é a de que o incidente tanto pode ser instaurado a partir de processo em andamento no primeiro grau de jurisdição como no curso de recurso ou processo em tramitação perante o tribunal de segundo grau. É o que, também, entende PAULO CEZAR PINHEIRO CARNEIRO, na lição já antes arrolada[42].

Logo, o parágrafo único do art. 978, só pode, sistematicamente, ser interpretado como autorizador do julgamento conjunto do incidente e do processo principal, se e quando ao procedimento do IRDR tiverem sido afetadas causas já em curso no tribunal. Inexistindo, pois, processo principal em tais condições,

---

41. MENDES, *op. cit.*, p. 118-119.

42. CARNEIRO, Paulo Cezar Pinheiro. *Inovações do Código de Processo Civil de 2015, cit.*, p. 13.

o julgamento do tribunal se limitará à fixação da tese que os juízes de primeiro grau terão de aplicar nos processos suspensos em seu poder. De maneira alguma, se haverá de entender, portanto, que sem processo no tribunal o juiz de primeiro grau não pode suscitar o IRDR, e muito menos que o tribunal só possa admitir o incidente se baseado em processo em curso perante ele[43].

Incensurável, pois, a lição de ALUISIO DE CASTRO MENDES, a propósito do alcance do parágrafo único do art. 978, que conteria apenas uma regra eventual de prevenção. Não teria ela, todavia, o condão de levar à conclusão de que apenas os processos em tramitação no tribunal poderiam ensejar a instauração do IRDR. "Mas, sim, que naqueles instaurados a partir de processos em tramitação no tribunal, o órgão competente julgaria a tese e a causa em concreto, estabelecendo-se, assim, *vis atractiva* para a prevenção"[44].

9. A FUNÇÃO ESPECÍFICA DO IRDR

Na política de valorização da jurisprudência, com o fito de ampliar a função nomofilática das decisões judiciais, principalmente dos Tribunais Superiores, o art. 927 do CPC, inclui entre os casos de força vinculante o Incidente de Resolução de Demandas Repetitivas (inc. III).

Entre os processualistas brasileiros há alguns que, apegados à técnica do *common law*, criticam a orientação adotada por nosso CPC no relacionamento dos atos judiciais a que confere força normativa vinculante eventos jurídicos heterogêneos e que, de forma alguma, se enquadrariam no conceito de *precedente*, se tomado como paradigma o direito anglo-americano. Segundo tal censura, a situação teria se agravado porque nem o legislador, nem os intérpretes em sua maioria, se preocuparam com fazer a distinção entre jurisprudência, súmula e precedente, o que seria essencial para a boa adaptação do precedente da técnica do *common law* ao nosso regime de *civil law*.

Certo é que o sistema do *common law* construiu, de fato, uma concepção de precedente que é muito própria às suas tradições. Não se pode, entretanto, ignorar que o sistema uniformizador da jurisprudência adotado, de longa data, entre nós, se orienta por mecanismos *nomofiláticos* profundamente diversos daqueles historicamente observados pelos povos afeitos à cultura inglesa.

---

43. "É claro que o IRDR pode ter se originado de processo já em tramitação no tribunal. De modo algum, se pretendeu afastar esta possibilidade, que decorre expressamente do sistema instituído, na medida em que pode ser instaurado pelo juiz ou relator (inciso I do art. 977), ensejando clara interpretação de que tanto os processos em tramitação perante a primeira instância quanto no tribunal poderão ensejar o pedido de instauração, pelo próprio órgão judicial ou pelos demais legitimados (incisos II e III do art. 977)" (MENDES, Aluísio Gonçalves de Castro. *Incidente de Resolução de Demandas Repetitivas cit.*, p. 121).

44. *Op. cit., loc.cit.*

Com efeito, na tradição anglo-americana o confronto se dá entre casos, ou seja, o precedente se impõe quando o novo caso a ser resolvido seja igual a outro anteriormente julgado por tribunal, no respeitante a seus elementos essenciais. Assim, o precedente é descoberto *a posteriori* com vistas para o passado e só será, na verdade, qualificado como precedente quando no futuro surgir caso igual.

Para a lei brasileira, de maneira muito diversa, o precedente é considerado como tal desde o momento em que certas causas são decididas (ex.: ações de controle de constitucionalidade, julgamento de causas ou recursos repetitivos etc.), ou quando, independentemente de causa nova, os tribunais elaboram súmulas, para catalogar teses que se consolidaram em sua jurisprudência (*enunciados de súmula* que eventualmente serão úteis no processo geral de uniformização da jurisprudência).

É que aqui – repita-se – a lei já estipula com antecedência quais são as decisões judiciais e outros atos dos tribunais que terão futura eficácia de *precedentes vinculantes.*[45] Essa qualidade do chamado "direito judicial" brasileiro faz com que, à evidência, não se possa filiá-lo à sistemática do "precedente anglo-saxão", já que neste o julgamento nunca nasce com a predestinação de se tornar necessariamente uma norma vinculante[46].

Merece ser ressaltado que o IRDR, como os demais atos decisórios que participam do sistema brasileiro de *precedentes,* estruturado pelo CPC/2015, mantém a tradição do regime de súmulas (art. 926, § 1º), com o qual o direito positivo nacional, inclusive no plano constitucional, já se acha familiarizado, e que, evidentemente, não é o mesmo do direito anglo-americano.

Nesse sentido, está determinado por nosso novo CPC que, uma vez verificado o estabelecimento de jurisprudência qualificada como dominante, entre seus julgamentos, os tribunais brasileiros "editarão enunciados de súmula", com observância dos pressupostos fixados no regimento interno (art. 926, § 1º).

Esses enunciados procuram reproduzir a tese que serviu de fundamento ao entendimento dominante no tribunal acerca de determinado problema jurídico. Não é o *caso* em sua inteireza e complexidade que o enunciado sumulado reproduz, mas apenas a *ratio decidendi* em que os precedentes se fundamentaram.[47]

---

45. CÂMARA, Alexandre Freitas. *O novo processo civil brasileiro*. São Paulo: Atlas, 2015, p. 439.

46. O precedente no direito brasileiro é muito diverso daquele conhecido no *common law*, "já que no sistema instituído pelo Novo Código de Processo Civil, diferente do que ocorre com o precedente do direito anglo-saxão, o julgamento já nasce predestinado a se tornar um precedente vinculante" (NEVES, Daniel Amorim Assumpção. *Manual de direito processual civil*. 9. ed. Salvador: Juspodivm, 2017, p. 1.390).

47. Destaca Bustamante que atualmente tanto os magistrados do *common law* quanto os do *civil law* se preocupam com os precedentes jurisprudenciais. No entanto, a atitude de uns e outros varia. Enquanto juízes

Embora o regime de direito jurisprudencial em construção entre nós não seja o mesmo do *common law*, por razões intrínsecas da própria diversidade histórica dos dois sistemas de estabelecimento da ordem jurídica positiva, não há como negar a preocupação dos países de *civil law* de se aproximarem, na medida do possível, da técnica e experiência dos anglo-saxônicos no que toca aos precedentes. E na matéria é de se ter em conta que, na tradição do *common law*, "todo *precedente judicial* é composto por duas partes distintas:

a) as circunstâncias de fato que embasam a controvérsia; e

b) a tese ou o princípio jurídico assentado na motivação (*ratio decidendi*) do provimento decisório".[48]

Não obstante de maneira diferente, esses dois elementos figuram também no sistema de precedentes sumulados programado pelo novo Código brasileiro, como a seguir veremos. Da técnica anglo-americana deve-se valer a doutrina nacional principalmente das noções de *ratio decidendi*, *obiter dictum* e distinção, temas até o momento pouco tratados pela jurisprudência local.

O novo CPC dispensou grande atenção ao fenômeno jurisprudencial, por reconhecer a relevante influência político-institucional que a interpretação e aplicação do direito positivo pelos órgãos judiciais exercem sobre a garantia fundamental de **segurança jurídica**, em termos de **uniformização** e **previsibilidade** daquilo que vem a ser o efetivo ordenamento jurídico vigente no país[49].

Entretanto, para que essa função seja efetivamente desempenhada, a primeira condição exigível é que os tribunais velem pela **coerência interna** de seus pronunciamentos. Por isso, o novo CPC dedica tratamento especial ao problema da valorização da jurisprudência, dispondo, em primeiro lugar, que "os tribunais

---

do *common law* buscam estabelecer uma comparação entre o precedente e o caso a julgar a partir dos chamados "fatos materiais", os do *civil law* buscam extrair dos julgados anteriores um pronunciamento em forma de *regra*, tratando-o de forma *abstrata*, como *norma* (cf. BUSTAMANTE, Thomas da Rosa de. *Teoria do precedente judicial*: a justificação e a aplicação de regras jurisprudenciais. São Paulo: Noeses, 2012, *cit. in Revista de Processo*, v. 260, p. 31, out/2016).

48. TUCCI, José Rogério Cruz e. *Precedente judicial como fonte de direito.* São Paulo: RT, 2004. p. 12.

49. "Com[o] se pode perceber, há sério comprometimento do sistema de jurisprudência adotado no Brasil [antes do CPC/2015], porquanto a insegurança e a intranquilidade da interpretação do direito ficam patente[s] tanto *interna corporis* como em uma escala vertical, no âmbito do judiciário, deixando o jurisdicionado apreensivo diante de um direito que pode ter mais de uma interpretação" (SANTIAGO, Nestor Eduardo Araruna; MAGALHÃES, Átila de Alencar Araripe. Novo Código de Processo Civil e função qualitativa dos precedentes: um debate necessário. *Revista Magister de Direito Civil e Processual Civil*, v. 74, p. 81, set/2016). Registra ZANETI que no sistema seguido pelo CPC/1973, o que, em geral, se observava era que as decisões, com muita frequência, se caracterizavam como contraditórias, gerando instabilidade nos posicionamentos dos tribunais na interpretação e aplicação da lei (ZANETI JÚNIOR, Hermes. Precedentes [*treat like cases alike*] e o novo Código de Processo Civil. *Revista de Processo*, São Paulo, v. 235, p. 295, set/2014).

devem **uniformizar** sua jurisprudência e mantê-la **estável**[50], íntegra[51] e **coerente**"[52] (art. 926, *caput*).[53]

A **súmula**, nessa ordem de ideias, reproduz, abstrata e genericamente, a tese de direito que se tornou constante ou repetitiva numa sequência de julgamentos. O tribunal não legisla primariamente, mas ao aplicar, no processo, as normas do direito positivo, determina o sentido e alcance que lhes corresponde, segundo a experiência de sua atuação sobre os casos concretos.

Não corresponde, a súmula, a uma reprodução global do precedente (*i.e.*, do caso ou casos anteriores julgados). Nela se exprime o enunciado que uniforme e repetitivamente tem prevalecido na interpretação e aplicação pretoriana de determinada norma do ordenamento jurídico vigente. Uma vez, porém, que os tribunais não se pronunciam abstratamente, seus julgados sempre correspondem a apreciação de casos concretos, cujos elementos são fatores importantes na elaboração da norma afinal aplicada à solução do objeto litigioso. Assim, embora o sistema de súmulas não exija a identidade dos casos sucessivos, não pode deixar de levar em conta a **situação fático-jurídica** que conduziu à uniformização da tese que veio a ser sumulada[54].

---

50. O próprio tribunal que construiu o precedente deve manter-se fiel a ele, evitando, quanto possível, decisões posteriores discordantes.

51. A integralidade reclama do julgador que atente não só para as regras relacionadas diretamente com o caso, mas que tenha sempre uma visão da inteireza dos princípios estruturantes do ordenamento jurídico (FREIRE, Alexandre; FREIRE, Alonso. Elementos normativos para a compreensão do sistema de precedentes judiciais no processo civil brasileiro. *RT*, v. 950, p. 219-220, dez/2014). Ou seja, essa exigência explica "por que os juízes devem conceber o corpo do direito que administram como um todo, e não como uma série de decisões distintas que eles são livres para tomar ou emendar uma por uma, como nada além de um interesse estratégico pelo restante" (DWORKIN, Ronald. *Law's empire*. Cambridge: Harvard University Press, 1986, p. 167). A jurisprudência, enfim, deve ser construída como um todo sistemático.

52. "A coerência pressupõe que o juiz ou tribunal julgue conforme a orientação adotada em julgamentos anteriores envolvendo causas iguais ou semelhantes em seu conteúdo e teses. Traz, com isso, estabilidade e segurança jurídica, portanto" (THEODORO NETO, Humberto. A relevância da jurisprudência no novo CPC. In: THEODORO JÚNIOR, Humberto; OLIVEIRA, Fernanda Alvim Ribeiro de; REZENDE, Ester Camila Gomes Norato (coords). *Primeiras lições sobre o novo direito processual civil brasileiro*. Rio de Janeiro: Forense, 2015, p. 678).

53. Para implantar racionalmente a sistemática do CPC/2015, o STJ criou a Comissão Temporária Gestora de Precedentes (Portaria STJ/GP n. 475, de 11 de novembro de 2016). Hoje, vigora a Resolução n. 299, de 19 de julho de 2017, que não mais considera a NUGEP como temporária e que delega ao Ministro Presidente da referida Comissão, os seguintes poderes: I – despachar, antes da distribuição, em recursos indicados pelos Tribunais de origem como representativo da controvérsia; II – decidir, resolvendo os incidentes que suscitarem, os requerimentos de suspensão de todos os processos individuais ou coletivos em curso no território nacional que versem sobre a questão objeto de incidente de resolução de demandas repetitivas em tramitação; III – entender-se com outras autoridades ou instituições sobre assuntos pertinentes às atribuições previstas no art. 46-A do Regimento Interno (Resolução n. 299, de 19/07/2017, art. 2º).

54. "Não é exigível identidade absoluta entre casos para a aplicação de um precedente, seja ele vinculante ou não, bastando que ambos possam compartilhar os mesmos fundamentos determinantes" (CEJ/ I Jorn. Dir. Proc. Civ., Enunciado nº 59). Karl Larenz, ao tratar do "direito judicial", formado a partir dos "precedentes", fala em decisão que "representa um paradigma, um modelo para futuras resoluções que se refiram

É importante, pois, que ao editar enunciados de súmula, o tribunal procure ater-se às "circunstâncias fáticas" em que os casos paradigma foram resolvidos (art. 926, § 2º). Em outras palavras, a súmula, em regra, identificará a ***ratio decidendi***, que serviu de fundamento aos diversos casos que justificaram o enunciado representativo da jurisprudência sumulada. Como a causa de decidir envolve necessariamente questões de direito e de fato, também as súmulas haverão de retratar esses dois aspectos nos seus enunciados.[55]

Na sistemática de formação do "direito jurisprudencial" do CPC, a função específica do IRDR consiste em fixar, pelo tribunal, uma *tese de direito*, que se preste à aplicação em todos os processos atuais e futuros nos quais se debata a mesma *questão de direito*, que tanto pode ser de direito material como processual (CPC, art. 928, parág. único). O *modus operandi* é o mesmo da jurisprudência dominante do tribunal, qual seja, fixar um enunciado (*ratio decidendi*), representativo da norma concretizada para definir uma controvérsia jurídica, cuja observância obrigatória pelos juízes e tribunais alcança muito mais do que a resolução do processo que deu causa ao incidente, pois prevalecerá para o julgamento de qualquer processo que, doravante, gire em torno da mesma questão.

Assim, a elaboração da tese fixada pelo julgamento do IRDR há de observar os mesmos padrões preconizados pelos parágrafos do art. 926 do CPC, para a redação dos enunciados das súmulas da jurisprudência.

A tese, de tal sorte, não deve ser puramente abstrata, ou seja, divorciada do quadro fático que a justifica (art. 926, § 2º).

10. FORMULAÇÃO DA TESE A QUE CHEGOU O JULGAMENTO DO IRDR

São dados importantes que o tribunal não pode ignorar no julgamento do IRDR, no que diz com a redação da tese que se vai transformar em norma para posteriores julgamentos de processos que envolvam questão igual tratada no incidente, e que são igualmente relevantes para os juízes responsáveis por sua aplicação prática, nas demandas correlacionadas com situações jurídicas similares àquelas padronizadas pelo IRDR:

---

a casos semelhantes, nos quais tenha relevância a *mesma questão jurídica*" (*Metodologia da ciência do direito.* Lisboa: Fundação Calouste Gulbenkian, 1997, p. 610-611). Vale dizer, as causas não precisam ser exatamente iguais. A *questão jurídica* em jogo é que precisa ser a mesma.

55. O art. 926 do CPC/2015 é *a chave de leitura* do direito jurisprudencial brasileiro e visa estabelecer premissas mínimas para a aplicação dos precedentes em nosso direito. "Louvável ressaltar o § 2º do art. 926 do CPC/2015 que determina que qualquer enunciado jurisprudencial, precedente ou súmula *somente poderá ser aplicado e interpretado levando-se em consideração os julgados que o formaram*" (COTA, Samuel Paiva; BAHIA, Alexandre Gustavo Melo Franco de Moraes. Modelo constitucional de processo e suas benesses: a reconstrução da teoria dos precedentes no direito brasileiro vs. a compreensão equivocada do seu uso no Brasil. *Revista de Processo*, v. 260, p. 29, out/2016 – g.n.).

(a) *Identidade e diversidade do suporte fático das demandas*

Os precedentes são tão bons quanto mais assemelhados forem os casos a serem julgados tomando-os como base. "Perderão a sua eficácia, por outro lado, quando o contexto fático e jurídico dos casos se segmenta. Nessa situação, a controvérsia relativa à aplicação ou não do precedente reduzirá a quase zero a sua utilidade de agregar segurança jurídica"[56].

(b) *Abstração e concreção da tese*

Também é preciso perceber – como o faz VITORELLI – que o sistema de precedentes só é vantajoso se ele não for reduzido a teses sumuladas, a ementas ou resumos de julgados. "A riqueza desse sistema está em *produzir normas jurídicas a partir de contextos fáticos concretos*, que possam ser comparados a outros casos. Produzir apenas mais textos abstratos significa criar um problema novo, o de um Judiciário que, efetivamente, legisla sem resolver o problema anterior, que é a incerteza da interpretação da lei enquanto texto, dificuldade esta que não depende de quem as produzir"[57]. Nosso sistema de uniformização da jurisprudência é, em última análise, um sistema de teses ou enunciados de súmula, mas estes nunca deverão omitir-se quanto ao quadro fático ou circunstancial dos processos de que resultaram as teses ou os enunciados sumulares (CPC, art. 926, § 2º)[58].

11. JURISPRUDÊNCIA, SÚMULA E PRECEDENTE

Há aqueles que criticam, seriamente, o Código brasileiro por instituir um sistema de jurisprudência vinculante, tratando em promiscuidade os casos de jurisprudência dominante, súmula e precedente, como se vê dos arts. 926 e 927.

Mas, diante das características e peculiaridades do nosso sistema de vinculação ao "direito judicial" – que se manifesta, sobretudo, por meio de teses ou enunciados de súmula –, é, a nosso ver, de pequena ou nenhuma relevância para o CPC brasileiro a distinção acadêmica entre jurisprudência, súmula e precedente, embora pudesse ser interessante para a compreensão do sistema de precedentes do direito anglo-americano.

---

56. VITORELLI, Elisson. A prática do sistema de precedentes judiciais obrigatórios: entre fantasmas e potenciais. In: LUCON, Paulo Henrique dos Santos, *et al* (orgs). *Processo civil contemporâneo:* homenagem aos 80 anos do Professor Humberto Theodoro Júnior. Rio de Janeiro: Forense, 2018, p. 765.

57. Idem.

58. THEODORO JÚNIOR, Humberto. *Curso de direito processual civil.* 52ª ed. Rio de Janeiro: Forense, 2019, v. III, nº 611, p. 837/839.

Para TARTUFFO, é mesmo inadequada a elaboração de uma *teoria geral do precedente* que se restrinja a uma simples "versão adaptada do *common law*"[59], tendo em vista as notórias diferenças entre os regimes do *civil law* e do *common law*, no que toca à organização judiciária, à teoria das fontes do direito, à cultura dos juristas e à prática, "pois todas elas também concorrem para a impertinência da simples importação de uma teoria dos precedentes"[60]. Portanto, é evidente, para o jurista italiano, "a inadequação de uma teoria geral do precedente que seja apenas uma *versão adaptada* da teoria (ou de uma teoria) do precedente de *common law*"[61].

Nessa mesma linha de ideias é o pensamento de SABRINA NASSER DE CARVALHO, formulado em tono da sistemática do Código brasileiro sobre os precedentes judiciais vinculantes: "a integração dos precedentes judiciais nos países de cultura *civil law* deve ocorrer sem que os operadores do direito se descurem das diferenças que marcam a sua polarização com o *common law*"[62].

É de se notar que os arts. 926 e 927, ao elencar os casos formadores do "direito judicial" (entendido como tal, as normas geradas por atos do Poder Judiciário), nem sequer se valem da expressão "precedente". Reportam-se tão somente aos termos "jurisprudência dominante", "decisões", "acórdãos" e "enunciados de súmula"[63].

Além disso, o CPC, ao disciplinar as causas repetitivas como fontes de jurisprudência vinculante, prevê a "fixação de tese", para aplicação obrigatória em futuros julgamentos de questões iguais à do caso paradigma (arts. 978, parág. único; e 1.040, III). Não são os casos, portanto, que se confrontam para descobrir se há ou não precedente a observar. São teses ou enunciados de súmula que desempenham, aqui, o papel de precedentes, numa construção histórica própria e até mais antiga que a do *commom law*. Já em tempos reinois e coloniais funcionavam em nosso meio jurídico os *assentos dos tribunais de relação*, com papel assemelhado ao dos atuais enunciados de Súmula ou teses de uniformização de decisões judiciais vinculantes.

---

59. TARUFFO, Michele. *Páginas sobre justiça civil*. Barcelona: Marcial Pons, 2009, p. 542-543.

60. CARVALHO, Sabrina Nasser de. Decisões paradigmáticas e dever de fundamentação: técnica para a formação e aplicação dos precedentes judiciais. *Revista de Processo*, São Paulo, v. 249, p. 445, nov./2015.

61. TARUFFO, Michele. *Op. cit.*, p. 543.

62. CARVALHO Sabrina Nasser de. *Op. cit.*, p. 446. Adverte a autora que, "por esta razão, a aproximação entre eles deve ocorrer de forma gradual, respeitando-se a tradição histórica e cultural do sistema jurídico de cada país. Isso, no entanto, não impede que eles se influenciem mutuamente, formando-os permeáveis aos benefícios e às vantagens que cada um pode oferecer".

63. O termo "precedentes" só é utilizado uma única vez pelo art. 927, em seu § 5º, com o nítido propósito de indicar coletivamente todos os casos arrolados nos cinco incisos do respectivo *caput*. Portanto, na linguagem do nosso CPC, *precedente* não tem o significado especial que lhe confere o *common law*, mas o de um gênero a que se integram as diversas espécies de atos de tribunais reunidos pelo referido art. 927.

12. CONCLUSÕES

a) O incidente de resolução de demandas repetitivas é aquele que se instaura, perante um tribunal, quando em sua jurisdição registram-se repetição de processos em torno de uma igual questão de direito, ensejando risco de soluções conflitantes que possa ofender a *isonomia* e a *segurança jurídica* (CPC, art. 976), risco esse que se coíbe mediante fixação, pelo tribunal, de *tese jurídica,* aplicável, dentro de sua área jurisdição, a todos os processos pendentes e futuros que versem sobre a mesma questão de direito resolvida no IRDR (CPC, art. 985).

b) O IRDR se insere na nova sistemática adotada pelo CPC/2015 com vistas à valorização da jurisprudência, sob dupla perspectiva: (i) proporcionar uniformidade, previsibilidade e confiança na prestação jurisdicional, respeitando, efetivamente, as garantias de isonomia e segurança jurídica; e ao mesmo tempo, (ii) perseguir uma mudança de atitude dos juízes e tribunais, que vá além da obrigatoriedade de obediência ao precedente, e que atue, especialmente, "no sentido de se produzir *julgados modelares,* que sirvam de referência, que gerem confiança dos cidadãos. Esse é – para MEDINA – o ponto de partida: *decisões fundamentadas*"[64].

c) Sua natureza jurídico-processual é a de *incidente,* e não de recurso ou ação.

d) Não se destinando a resolver o mérito de uma demanda, não se pode reconhecer a autoridade de coisa julgada à tese fixada através do IRDR.

e) Os únicos requisitos de admissibilidade do IRDR são os arrolados pelo art. 976 do CPC, quais sejam: (i) ocorrer "efetiva repetição de processos que contenham controvérsia sobre a mesma questão unicamente de direito", e *(ii)* ocorrer "risco de ofensa à isonomia e à segurança jurídica".

f) Os direitos nascem sempre de fatos, de sorte que o reconhecimento deles envolve, necessariamente, análise fática e normativa.

g) A controvérsia (= questão) é que pode girar sobre o *suporte fático* (domínio da *prova*) ou sobre a *norma* que o qualifica na ordem jurídica (domínio do *direito*).

h) A *questão de fato* é, pois, a que envolve controvérsia sobre a apuração da veracidade dos fatos em que se apoiam as pretensões contrapostas pelas partes no processo.

---

64. MEDINA, José Miguel Garcia. *Direito processual civil moderno.* 2. ed. São Paulo: Ed. RT, 2016, p. 1.209. De fato, para o CPC/2015, a fundamentação das decisões judiciais é exigência de norma fundamental (art. 11). Não basta, porém, que um argumento qualquer seja utilizado como razão de decidir *ratio decidendi*). É indispensável que os fundamentos sejam lógicos, completos e adequados juridicamente, segundo a garantia do *processo justo* (arts. 6º, 9º, 10 e 489, II e §§ 1º e 2º).

i) A *questão de direito* ocorre quando não se controverte sobre o quadro fático probatório, mas apenas sobre seu enquadramento jurídico.

j) Entretanto, a tese fixada pelo tribunal, embora sendo de direito, não pode se afastar das circunstâncias fáticas em que a controvérsia jurídica se instalou.

k) A tese, *in casu,* é igualável ao enunciado de súmula jurisprudencial, de modo que o tribunal, no IRDR, ao enunciá-la deverá adotar teor que se atenha "às circunstâncias fáticas dos precedentes que motivaram sua criação" (art. 926, § 2º).

l) O IRDR inclui-se na competência dos tribunais, mas a legitimidade para provocar sua instauração cabe tanto a juiz no primeiro grau de jurisdição como ao relator no tribunal de segundo grau (art. 977, I).

m) O sistema do CPC, portanto, admite IRDR a partir tanto de processo em curso em primeira instância como de processo já em andamento no tribunal.

n) Não condiz com o sistema do CPC o condicionamento do IRDR à necessária pendência de processo no tribunal que irá julgá-lo.

CAPÍTULO VII

CABIMENTO

1

O INCIDENTE DE RESOLUÇÃO DE DEMANDAS REPETITIVAS (IRDR) E O REQUISITO DA EFETIVA REPETIÇÃO DE PROCESSOS (OU CAUSAS PENDENTES) QUE DEPENDAM DA SOLUÇÃO DA QUESTÃO COMUM DE DIREITO A SER DIRIMIDA

Aluisio Gonçalves de Castro Mendes[1]

Sumário: 1 – O processo histórico de surgimento do Incidente de Resolução de Demandas Repetitivas (IRDR) no direito nacional. 1.1 – A formulação da proposição na Comissão de Juristas, o (ante) projeto de novo Código de Processo Civil e o texto aprovado no Senado Federal. 1.2 – A versão do Incidente de Resolução de Demandas Repetitivas no texto aprovado na Câmara dos Deputados. 1.3 – O IRDR na redação final aprovada no Senado Federal e no texto sancionado. 2 – A controvérsia em torno da exigência de que o incidente tenha como base apenas processos já em tramitação no tribunal. 2.1 – A posição de que o incidente somente pode ser suscitado na pendência de causa no tribunal. 2.2 – O Incidente de Resolução de Demandas Repetitivas pode ser suscitado a partir de causas em tramitação perante juízes de primeiro grau ou tribunais.

1 O PROCESSO HISTÓRICO DE SURGIMENTO DO INCIDENTE DE RESOLUÇÃO DE DEMANDAS REPETITIVAS (IRDR) NO DIREITO NACIONAL

A exposição histórica em torno da elaboração do instituto do Incidente de Resolução de Demandas Repetitivas é importante, especialmente por dois motivos. O primeiro, naturalmente, diz respeito à documentação e perpetuação de todo o processo prévio e legislativo que resultou na criação do IRDR. O segundo, que decorre do primeiro, está relacionado ao fornecimento de elementos que propiciem a melhor compreensão do instituto, a partir de uma interpretação autêntica e sistemática.

---

1. Professor Titular de Direito Processual Civil na Faculdade de Direito da Universidade do Estado do Rio de Janeiro. Professor Titular de Direito Processual no Programa de Pós-Graduação em Direito da Universidade Estácio de Sá. Desembargador Federal no Tribunal Regional Federal da 2ª Região. Presidente da 3ª Seção Especializada do TRF-2. Especialista em Direito Processual Civil pela Universidade de Brasília (UnB). Mestre em Direito pela Universidade Federal do Paraná (UFPR). Mestre em Direito pela Johann Wolfgang Universität (Frankfurt am Main, Alemanha). Doutor em Direito pela Universidade Federal do Paraná (UFPR), em doutorado cooperativo com a Johann Wolfgang Universität (Frankfurt am Main, Alemanha). Pós-Doutor em Direito pela Universidade de Regensburg (Alemanha). Diretor do Instituto Brasileiro de Direito Processual (IBDP). Diretor do Instituto Ibero-americano de Direito Processual. Membro da International Association of Procedural Law e da Academia Brasileira de Letras Jurídicas (ABLJ).

1.1 A formulação da proposição na Comissão de Juristas, o (ante)projeto de novo Código de Processo Civil e o texto aprovado no Senado Federal

O Incidente de Resolução de Demandas Repetitivas, como mencionado anteriormente, surgiu na Comissão de Juristas designada pelo Senado Federal para a elaboração do Anteprojeto de novo Código de Processo Civil. Logo no início dos trabalhos, sob a presidência de Luiz Fux, estabeleceu-se que cada integrante formularia proposições para serem debatidas. A proposta do instituto foi apresentada na Comissão por Paulo Cezar Pinheiro Carneiro, tendo recebido, inicialmente, a denominação de Incidente de Coletivização. A ideia, acolhida pela Comissão, buscava estabelecer um mecanismo que pudesse ser utilizado a partir da primeira instância, sempre que identificada controvérsia com potencial de gerar relevante multiplicação de processos fundados em idêntica questão de direito e de causar grave insegurança jurídica. Pretendia-se o fortalecimento do precedente, sucedendo, mas diferenciando-se, contudo, do incidente de uniformização de jurisprudência, do Código de Processo Civil de 1973.

No primeiro documento público em que foram expostas as proposições formuladas pela Comissão, o novo instituto já assumia uma posição de destaque:

> Tendo como premissa esse objetivo, construiu-se a proposta de instituição de um incidente de coletivização dos denominados litígios de massa, o qual evitará a multiplicação das demandas, na medida em que o seu reconhecimento numa causa representativa de milhares de outras idênticas, imporá a suspensão de todas, habilitando o magistrado na ação primeira, dotada de amplíssima defesa, com todos os recursos previstos nas leis processuais, proferir uma decisão com largo espectro, definindo o direito controvertido de tantos quantos se encontram na mesma situação jurídica, trazendo uma solução de mérito consagradora do princípio da isonomia constitucional.[2]

O texto acima poderia sugerir que o novo instituto seria semelhante ao *Musterverfahren* (procedimento-modelo) adotado na Alemanha no âmbito do direito público (nos ramos da Administração Pública e da Previdência e Assistência Social), que é processado e julgado, inicialmente, pelo próprio órgão de primeiro grau.

Em junho de 2010, veio a lume o texto do Anteprojeto de novo CPC, confirmando a inspiração alemã, mas dentro de um regramento significativamente mais próximo do sistema adotado para o *Musterverfahren* do mercado de capitais, introduzido com a Lei sobre o Procedimento-Modelo nos conflitos jurídicos do mercado de capital (*Gesetz über Musterverfahren in kapitalmarktrechtlichen Streitigkeiten – Kapitalanleger-Musterverfahrensgesetz* – KapMuG), em 2005, como se pode observar na respectiva exposição de motivos:

---

2. O documento, subscrito pelo presidente da Comissão, Luiz Fux, e datado de janeiro de 2010, encontra-se no link: https://www.senado.gov.br/senado/novocpc/pdf/1a_e_2a_Reuniao_PARA_grafica.pdf (acessado em: 03.11.2016).

Proporcionar legislativamente melhores condições para operacionalizar formas de uniformização do entendimento dos Tribunais brasileiros acerca de teses jurídicas é concretizar, na vida da sociedade brasileira, o princípio constitucional da isonomia. Criaram-se figuras, no novo CPC, para evitar a dispersão[18] excessiva da jurisprudência. Com isso, haverá condições de se atenuar o assoberbamento de trabalho no Poder Judiciário, sem comprometer a qualidade da prestação jurisdicional. Dentre esses instrumentos, está a complementação e o reforço da eficiência do regime de julgamento de recursos repetitivos, que agora abrange a possibilidade de suspensão do procedimento das demais ações, tanto no juízo de primeiro grau, quanto dos demais recursos extraordinários ou especiais, que estejam tramitando nos tribunais superiores, aguardando julgamento, desatreladamente dos afetados. Com os mesmos objetivos, criou-se, com inspiração no direito alemão,[19] o já referido incidente de Resolução de Demandas Repetitivas, que consiste na identificação de processos que contenham a mesma questão de direito, que estejam ainda no primeiro grau de jurisdição, para decisão conjunta.[20] O incidente de resolução de demandas repetitivas é admissível quando identificada, em primeiro grau, controvérsia com potencial de gerar multiplicação expressiva de demandas e o correlato risco da coexistência de decisões conflitantes. É instaurado perante o Tribunal local, por iniciativa do juiz, do MP, das partes, da Defensoria Pública ou pelo próprio Relator. O juízo de admissibilidade e de mérito caberão ao tribunal pleno ou ao órgão especial, onde houver, e a extensão da eficácia da decisão acerca da tese jurídica limita-se à área de competência territorial do tribunal, salvo decisão em contrário do STF ou dos Tribunais superiores, pleiteada pelas partes, interessados, MP ou Defensoria Pública. Há a possibilidade de intervenção de *amici curiae*. O incidente deve ser julgado no prazo de seis meses, tendo preferência sobre os demais feitos, salvo os que envolvam réu preso ou pedido de habeas corpus. O recurso especial e o recurso extraordinário, eventualmente interpostos da decisão do incidente, têm efeito suspensivo e se considera presumida a repercussão geral, de questão constitucional eventualmente discutida. Enfim, não observada a tese firmada, caberá reclamação ao tribunal competente.[3]

3. Brasil. Congresso Nacional. Senado Federal. Comissão de Juristas, *Código de Processo Civil: anteprojeto*. Brasília: Senado Federal, 2010. Seguem as notas mencionadas na transcrição: "18 A preocupação com essa possibilidade não é recente. ALFREDO BUZAID já aludia a ela, advertindo que há uma grande diferença entre as decisões adaptadas ao contexto histórico em que proferidas e aquelas que prestigiam interpretações contraditórias da mesma disposição legal, apesar de iguais as situações concretas em que proferidas. Nesse sentido: "Na verdade, não repugna ao jurista que os tribunais, num louvável esforço de adaptação, sujeitem a mesma regra a entendimento diverso, desde que se alterem as condições econômicas, políticas e sociais; mas repugna-lhe que sobre a mesma regra jurídica dêem os tribunais interpretação diversa e até contraditória, quando as condições em que ela foi editada continuam as mesmas. O dissídio resultante de tal exegese debilita a autoridade do Poder Judiciário, ao mesmo passo que causa profunda decepção às partes que postulam perante os tribunais" (Uniformização de Jurisprudência. Revista da Associação dos Juízes do Rio Grande do Sul, 34/139, jul. 1985). 19 No direito alemão a figura se chama Musterverfahren e gera decisão que serve de modelo (= Muster) para a resolução de uma quantidade expressiva de processos em que as partes estejam na mesma situação, não se tratando necessariamente, do mesmo autor nem do mesmo réu. (RALF-THOMAS WITTMANN. Il "contenzioso di massa" in Germania, in GIORGETTI ALESSANDRO e VALERIO VALLEFUOCO, Il Contenzioso di massa in Italia, in Europa e nel mondo, Milão, Giuffrè, 2008, p. 178). 20 Tais medidas refletem, sem dúvida, a tendência de coletivização do processo, assim explicada por RODOLFO DE CAMARGO MANCUSO: "Desde o último quartel do século passado, foi tomando vulto o fenômeno da 'coletivização' dos conflitos, à medida que, paralelamente, se foi reconhecendo a inaptidão do processo civil clássico para instrumentalizar essas megacontrovérsias, próprias de uma conflitiva sociedade de massas. Isso explica a proliferação de ações de cunho coletivo, tanto na Constituição Federal (arts. 5.º, XXI; LXX, 'b'; LXXIII; 129, III) como na legislação processual extravagante, empolgando segmentos sociais de largo espectro: consumidores, infância e juventude; deficientes físicos; investidores no mercado de capitais; idosos; torcedores de modalidades

A configuração inicial do IRDR revela a criação de um instituto novo, que, embora tenha recebido a inspiração alemã, assumia características próprias, com a conjugação de instrumentos nacionais e a introdução de aspectos genuínos.

No ordenamento brasileiro, pode-se assinalar que o Incidente de Resolução de Demandas Repetitivas complementa o sistema de julgamento de litígios seriados que foi inaugurado, respectivamente em 2006 e 2008, com os recursos extraordinários e especiais repetitivos. Estes mecanismos careciam de solução que propiciasse economia mais efetiva para toda a estrutura jurisdicional, em especial para o primeiro e segundo graus de jurisdição, que continuavam tendo que julgar de modo atomizado e anti-isonômico as demandas de massa e as questões comuns. Nesse sentido, o art. 848 do anteprojeto, na essência reproduzido no texto final do art. 928 do CPC, já apontava para um sistema de julgamento de casos repetitivos, ainda que algumas peculiaridades fossem mantidas para cada uma das espécies (IRDR e recursos repetitivos).

Em segundo lugar, o antigo Incidente de Uniformização de Jurisprudência era, de certo modo, sucedido pelo IRDR, no anteprojeto, e depois também pelo Incidente de Assunção de Competência (IAC). Mas, o projetado Incidente de Resolução de Demandas Repetitivas incorporava ainda a sistemática de outro mecanismo já conhecido do ordenamento jurídico brasileiro: o Incidente de Declaração de Inconstitucionalidade, especialmente no que dizia respeito ao procedimento de fracionamento do julgamento em duas fases: a) o órgão judicial fracionário ou de primeiro grau suscitariam o incidente e, depois de apreciado o seu mérito, efetuariam o julgamento do caso concreto; b) o órgão mais amplo do tribunal, inicialmente o plenário ou o órgão especial (na redação final, o que fosse definido pelo regimento interno), apreciaria a admissibilidade e o mérito do incidente, que seria concentrado na resolução da "questão jurídica", com a fixação da "tese jurídica". Por fim, haveria semelhança quanto à suspensão do processo, que ficaria aguardando a apreciação do incidente, e no efeito vinculativo do julgamento proferido no incidente, pois o órgão originário ficaria adstrito ao posicionamento adotado na resolução do incidente.

A técnica do incidente de declaração de inconstitucionalidade, na versão do IRDR, seria, contudo, ampliada nas suas potencialidades, principalmente quanto a dois aspectos: a) seria adotada também diante de processos que estivessem tramitando no juízo de primeiro grau; b) contra a decisão proferida no IRDR, caberia diretamente a interposição dos recursos especial e extraordinário.

---

desportivas, etc. Logo se tornou evidente (e premente) a necessidade da oferta de novos instrumentos capazes de recepcionar esses conflitos assim potencializado, seja em função do número expressivo (ou mesmo indeterminado) dos sujeitos concernentes, seja em função da indivisibilidade do objeto litigioso, que o torna insuscetível de partição e fruição por um titular exclusivo" (*A resolução de conflitos e a função judicial no Contemporâneo Estado de Direito*. São Paulo: Revista dos Tribunais, 2009, p. 379-380).

O anteprojeto da Comissão de Juristas foi convertido no Projeto de Lei nº 166, de 2010, tendo sido o teor do texto referente ao Incidente de Resolução de Demandas Repetitivas, praticamente, mantido[4] na sua integralidade, na versão que foi aprovada, em primeiro turno, no Senado Federal.

1.2 A versão do Incidente de Resolução de Demandas Repetitivas no texto aprovado na Câmara dos Deputados[5]

No substitutivo aprovado na Câmara dos Deputados, houve modificações significativas em relação ao texto anteriormente aprovado no Senado Federal.

A primeira dela foi quanto ao afastamento do caráter, de certo modo, preventivo, que estava presente na versão anterior, pois o incidente seria cabível "sempre que identificada controvérsia com **potencial** de gerar relevante multiplicação de processos". No texto da Câmara, passou-se a exigir "**efetiva repetição de processos**". Esta primeira mudança no texto, por si só, não ensejou maiores resistências, tanto que foi posteriormente mantida, como se verá oportunamente, na redação final aprovada no Senado Federal.

Houve significativa redução no campo de cabimento e de aplicação do Incidente de Resolução de Demandas Repetitivas em razão (a) da exclusão do juiz do rol de legitimados para suscitar o incidente; (b) do incidente somente poder ser provocado na pendência de processo no tribunal, afastando-se o cabimento do incidente enquanto não houver processo, tramitando no tribunal, que contenha a controvérsia sobre a questão comum de direito.

No que diz respeito à legitimação, se, por um lado, houve a exclusão do juiz de primeiro grau, por outro, a redação da Câmara ampliou a relação, para incluir a pessoa jurídica de direito público e a associação civil cuja finalidade institucional inclua a defesa do interesse ou direito objetivo do incidente. Esta ampliação, entretanto, não subsistiu na redação final aprovada no Senado Federal.

Importante acréscimo realizado na Câmara, mas que não perdurou no texto que acabou sendo chancelado no Senado, foi o da suspensão da prescrição em relação às pretensões pertinentes à questão de direito submetida ao IRDR. A previsão, como se verá oportunamente, que se encontra presente, com peculiaridades, também no procedimento-modelo do mercado de capitais no ordenamento alemão, parece ser uma peça importante dentro do sistema de julgamento de causas repetitivas, para que o incidente de resolução da questão comum possa alcançar o seu objetivo pleno. Se devidamente divulgada a sua pendência e a desnecessi-

4. Houve modificações tão somente na ordem e numeração de alguns artigos. Vide os artigos 895 a 906 do Anteprojeto e artigos 930 a 941 do Projeto nº 166/2010, na versão aprovada no Senado.

5. Sobre as duas versões, ou seja, a do Senado em primeiro turno e a da Câmara dos Deputados, vide BUENO, Cassio Scarpinella. *Projetos de novo Código de Processo Civil comparados e anotados:* Senado Federal PLS n. 166/2010 e Câmara dos Deputados PL n. 8.046/2010. São Paulo: Saraiva, 2014.

dade do ajuizamento das demandas repetitivas, em razão da suspensão do lapso prescricional, parece ser indubitável que a medida seria um grande estímulo no sentido de se conter o ajuizamento em massa durante a pendência do IRDR.

Por outro lado, na Câmara foram incorporadas importantes regras que acabaram se mantendo no texto definitivo, como: a) a da possibilidade de ser novamente suscitado incidente anteriormente inadmitido por falta de pressuposto, desde que este esteja presente na reiteração; b) a do descabimento do incidente quando a questão de direito já estiver afetada para decisão em recurso extraordinário ou especial repetitivo; c) a isenção de custas no IRDR.

Quanto ao prazo para o julgamento do Incidente de Resolução de Demandas Repetitivas, o lapso de seis meses foi ampliado para um ano, que se manteve na redação final, sendo, de fato, mais consentâneo com a realidade dos tribunais no âmbito nacional.

Por fim, mas não menos importante foi a inclusão feita na Câmara dos Deputados, no sentido de se estabelecer que a tese jurídica fixada a partir do julgamento do incidente seria aplicada a todos os processos que tramitem na área do respectivo tribunal, **inclusive àqueles que tramitem nos juizados especiais** do respectivo Estado ou região. A sugestão de inclusão, que foi apresentada pela Comissão Permanente de Processo Civil da Associação dos Juízes Federais (AJUFE), possui grande alcance, considerando o excessivo volume de processos que tramitam no âmbito dos juizados especiais[6]. Entretanto, a proposta era mais ampla, pois atribuía aos próprios órgãos dos juizados especiais a competência para a apreciação do IRDR, compatibilizando-se, assim, com a respectiva estrutura e competência[7].

1.3 O IRDR na redação final aprovada no Senado Federal e no texto sancionado

Cabe assinalar que a modificação mais sensível efetuada por ocasião da aprovação final no Senado Federal foi quanto à concepção pretendida pela Câmara dos Deputados, no sentido de condicionar o cabimento do Incidente de Resolução de Demandas repetitivas à existência de processo em tramitação no tribunal de segundo grau. Como já apontado, esta visão já se contrapunha ao anteprojeto

6. Os números são elevados. Somente em 2015, foram 6.360.854 casos novos nos juizados especiais, representando 28,63% do montante protocolado em primeiro grau. Dos processos pendentes em primeiro grau (68.475.728), no final de 2015, 7.763.123 estavam nos juizados especiais, representando 11,33% do total de processos no primeiro grau de jurisdição. Os dados são do Justiça em Números 2016, conforme link: http://www.cnj.jus.br/programas-e-acoes/pj-justica-em-numeros, acessado em: 15.11.2016.

7. A proposta era de que os órgãos equivalentes nos juizados especiais, tais como as turmas reunidas, no âmbito regional ou estadual, de acordo com a estruturação pertinente, ficassem com a competência para os Incidentes de Resolução de Demandas Repetitivas que fossem suscitados pelos órgãos dos juizados especiais, sem prejuízo da vinculação às teses fixadas pelos Tribunais Regionais ou de Justiça, quando matéria comum fosse afetada a estes órgãos.

redigido pela Comissão de Juristas, bem como à versão aprovada em primeiro turno no Senado.

Ressalte-se que o objetivo do IRDR estava focado na economia processual, na isonomia, na segurança jurídica e na busca da duração razoável dos processos. Em princípio, para que estes objetivos já pudessem se sentir, de modo mais direto, em todo o Poder Judiciário, pretendia-se a sua utilização de modo mais amplo, o que seria atingido se o incidente pudesse ser acionado mais rapidamente, ou seja, a partir da multiplicação em primeiro grau, sem a necessidade de se aguardar que chegassem aos tribunais de segundo grau, seja por força de ação originária ou de recurso.

O tema foi enfrentado, com destaque, no parecer final apresentado pelo Relator no Senado Federal[8], concluindo no sentido de que:

> Os §§ 1º, 2º e 3º do art. 988 do SCD desfiguram o incidente de demandas repetitivas. Com efeito, é nociva a eliminação da possibilidade da sua instauração em primeira instância, o que prolonga situações de incerteza e estimula uma desnecessária multiplicação de demandas, além de torná-lo similar à hipótese de uniformização de jurisprudência.

Na verdade, os supramencionados[9] §§ 1º e 2º do art. 988 do Substitutivo da Câmara dos Deputados (SCD) foram, de fato, excluídos do texto, enquanto o § 3º teve a sua redação deslocada para outro artigo e alterada, para reincluir o juiz no rol dos que poderiam suscitar o incidente.

Registre-se que houve a supressão de parte dos legitimados arrolados no dispositivo do substitutivo da Câmara (pessoa jurídica de direito público e associação civil cuja finalidade institucional inclua a defesa do interesse ou direito objeto do incidente) sem que houvesse motivação explicitada no parecer final subscrito pelo relator.

Duas outras significativas modificações foram sentidas no texto final, em relação ao teor do projeto aprovado na Câmara dos Deputados.

A primeira foi a que introduziu o parágrafo único no art. 978 do novo Código de Processo Civil. Estabeleceu-se que o órgão colegiado incumbido de julgar o

---

8. Trata-se do parecer final nº 956, de 2014, da Comissão Temporária destinada a estudar o Substitutivo da Câmara ao Projeto de Lei do Senado nº 166, de 2010, que estabelece o Código de Processo Civil, cujo Relator era o então Senador Vital do Rêgo.

9. A redação dos dispositivos era a seguinte:

   "§ 1º O incidente pode ser suscitado perante tribunal de justiça ou tribunal regional federal.

   § 2º O incidente somente pode ser suscitado na pendência de qualquer causa de competência do tribunal.

   § 3º O pedido de instauração do incidente será dirigido ao presidente do tribunal:

   I – pelo relator ou órgão colegiado, por ofício;

   II – pelas partes, pelo Ministério Público, pela Defensoria Pública, pela pessoa jurídica de direito público ou por associação civil cuja finalidade institucional inclua a defesa do interesse ou direito objeto do incidente, por petição."

incidente e de fixar a tese jurídica julgará igualmente o recurso, a remessa necessária ou o processo de competência originária. Este dispositivo vem sendo objeto de grande controvérsia, a começar pela sua constitucionalidade formal e material. No âmbito formal do processo legislativo, porque a norma não constava em nenhum dos textos anteriormente aprovados, respectivamente no Senado Federal ou na Câmara dos Deputados, embora, no parecer final, se tenha afirmado que já estivesse implícita na redação do SCD. Sob o prisma material, a norma afrontaria o disposto no art. 96, I, *a*, da Constituição da República, na medida em que esta teria previsto que compete privativamente aos tribunais a elaboração dos seus regimentos internos, dispondo sobre a competência e o funcionamento dos respectivos órgãos jurisdicionais e administrativos. É de se notar que o próprio parecer final do Senado, em referência a outro dispositivo[10], foi enfático, ao afirmar que "desborda de seus limites quando invade, com muita intensidade, autonomia de organização interna do tribunal por meio do regimento interno". No plano material, porque a norma estaria em afronta ao art. 96, inciso I, da Constituição da República, que atribui privativamente aos tribunais a elaboração dos seus regimentos internos, dispondo sobre a competência e o funcionamento dos respectivos órgãos jurisdicionais. Portanto, não caberia ao CPC a fixação de competência interna dos tribunais.

A inconstitucionalidade do parágrafo único do art. 978 do CPC foi declarada, como preliminar, na apreciação do primeiro Incidente de Resolução de Demandas Repetitivas conhecido e julgado pelo Órgão Especial do Tribunal Regional Federal da 2ª Região[11]. Interessante notar que, como boa parte dos tribunais, o TRF-2 também havia incorporado no seu regimento interno as normas do CPC. Sendo assim, o texto do próprio parágrafo único do art. 978 havia sido incluído na norma interna. Por isso, o Colegiado, percebendo a incoerência, resolveu tomar a iniciativa de provocar a alteração do regimento interno, que acabou sendo modificado, extirpando a anomalia e estabelecendo que caberia ao respectivo juízo natural, ou seja, o órgão incumbido do julgamento do caso concreto, efetuar a aplicação da tese firmada no IRDR, apreciando o recurso, a remessa necessária ou o pedido formulado.

2. A CONTROVÉRSIA EM TORNO DA EXIGÊNCIA DE QUE O INCIDENTE TENHA COMO BASE APENAS PROCESSOS JÁ EM TRAMITAÇÃO NO TRIBUNAL

No decorrer do processo legislativo, ficaram caracterizadas duas nítidas concepções sobre a moldura de instituto que se pretendia construir, que correspondiam aos textos aprovados no Senado Federal e na Câmara dos Deputados. Em

10. No caso, o art. 991, §§ 1º a 3º, do Substitutivo da Câmara dos Deputados. Vide parecer final, p. 179.

11. Suscitado no proc. nº 0004491-96.2016.4.02.0000, no tema nº 1, com IRDR admitido em 24.10.2016, julgado em 10.11.2017, com acórdão publicado em 04.05.2018, Rel. Des. Fed. Poul Erik Dyrlund.

síntese, a concepção que predominou no Senado, tanto na versão aprovada em primeiro turno, quanto na redação final, foi no sentido de que o incidente poderia ser provocado quando houvesse processos em primeira instância ou no tribunal, razão pela qual o incidente poderia ser suscitado tanto pelo juiz de primeiro grau quanto pelo relator, assim como pelas partes, pelo Ministério Público e pela Defensoria Pública. No Substitutivo da Câmara dos Deputados, no entanto, constavam dispositivos que expressamente mencionavam a exigência de que, para ser suscitado, o incidente deveria tomar como base processos que já estivessem em tramitação no tribunal de segundo grau e, por isso, o IRDR não poderia ser provocado pelo juiz de primeiro grau. Não obstante a clara manifestação a respeito, no parecer final que norteou o texto aprovado em última versão no Senado Federal, que foi sancionado e publicado, a controvérsia ainda persiste. Por certo, as duas posições encontram-se embasadas em fundamentos jurídicos sólidos e serão a seguir expostas.

2.1 A posição de que o incidente somente pode ser suscitado na pendência de causa no tribunal

O entendimento, no sentido de que o Incidente de Resolução de Demandas Repetitivas somente poderá ser suscitado com lastro em processos que já estejam tramitando no tribunal, possui, em termos de fundamento, algumas nuances, que serão expostas a seguir, de modo separado, por razões metodológicas.

a) Competência dos tribunais de segundo grau fixada constitucionalmente

O primeiro argumento seria de que os tribunais de segundo grau teriam a sua competência fixada em normas constitucionais, ou seja, no art. 108 da Constituição da República, para os Tribunais Regionais Federais, e nas Constituições Estaduais, por força da determinação contida no § 1º do art. 125 da Magna Carta. Portanto, o Incidente de Resolução de Demandas Repetitivas, ou cláusula geral que pudesse abarcar esta possibilidade, deveria estar expressamente arrolado nos respectivos textos constitucionais.

Invoca-se ainda que a natureza incidental não afastaria a necessidade de previsão constitucional expressa, pois mesmo nestas hipóteses a Carta Federal teve a preocupação de arrolar a competência dos tribunais, como nos conflitos de competência entre juízes, cuja competência para os TRFs foi fixada no art. 108, inciso I, alínea *e*.

Na falta de previsão expressa, os tribunais somente poderiam conhecer dos incidentes pertinentes a processos que fossem da sua competência constitucional. A tese, de fato, é sedutora, tendo em vista o princípio consagrado do juiz natural. Entretanto, devem ser levados em consideração também outros aspectos.

Em primeiro lugar, o de que a competência dos tribunais de segundo grau não é matéria constitucional. Poderia ser considerada como matéria constitucional, no máximo, a organização e a competência do Supremo Tribunal Federal[12].

No âmbito dos tribunais superiores, nem todos possuem a discriminação da sua competência na Constituição da República. No caso dos Tribunais Superiores do Trabalho, Eleitoral e Militar, a competência é fixada pelo legislador infraconstitucional[13]. A competência do Superior Tribunal de Justiça, de fato, é fixada na Constituição da República. Entretanto, o legislador já estabeleceu, mediante norma ordinária, a ampliação desta competência, fixando o denominado Incidente de Uniformização da Jurisprudência dos Juizados Especiais Federais (JEFs), nos termos do art. 14, § 4º, da Lei nº 12.259, de 12.07.2001. De modo similar, também foi instituído o pedido de uniformização de interpretação de lei na esfera dos Juizados Especiais da Fazenda Pública, perante o Superior Tribunal de Justiça, na hipótese do art. 18, § 3º, da Lei nº 12.153, de 22.12.2009. Em ambas as hipóteses, os respectivos incidentes não estavam previstos expressamente no rol do art. 105 da Constituição da República e eram suscitados a partir do julgamento proferido por outros órgãos (Turma Nacional de Uniformização e Turmas Estaduais, respectivamente). Por sua vez, estes incidentes não foram declarados inconstitucionais, mas, pelo contrário, chancelados pelo Supremo Tribunal Federal, diante da necessidade de se preservar a segurança jurídica e da compatibilidade com as funções exercidas pelo Superior Tribunal de Justiça, justificando-se a utilização destes incidentes e da própria reclamação, em caráter excepcional, diante, na ocasião, da inexistência de procedimento semelhante no âmbito da Justiça Estadual[14].

Os Tribunais Regionais Federais possuem, de fato, a sua competência fixada na Constituição da República, nos termos do art. 108, bem como os Tribunais de

12. Mesmo assim, há ordenamentos constitucionais que permitem ao legislador ordinário o estabelecimento complementar das competências da Corte Suprema, como ocorre no art. 93 (2) da Lei Fundamental alemã.

13. Nos termos dos artigos 113, 121 e 124, parágrafo único, da Constituição da República, respectivamente.

14. Nesse sentido, RE 571572 ED, Relatora Min. Ellen Gracie, Tribunal Pleno, julgado em 26/08/2009, DJe-223, RTJ, vol. 216-01, pp. 540, valendo destacar na ementa: "2. Quanto ao pedido de aplicação da jurisprudência do Superior Tribunal de Justiça, observe-se que aquela egrégia Corte foi incumbida pela Carta Magna da missão de uniformizar a interpretação da legislação infraconstitucional, embora seja inadmissível a interposição de recurso especial contra as decisões proferidas pelas turmas recursais dos juizados especiais. 3. No âmbito federal, a Lei 10.259/2001 criou a Turma de Uniformização da Jurisprudência, que pode ser acionada quando a decisão da turma recursal contrariar a jurisprudência do STJ. É possível, ainda, a provocação dessa Corte Superior após o julgamento da matéria pela citada Turma de Uniformização. 4. Inexistência de órgão uniformizador no âmbito dos juizados estaduais, circunstância que inviabiliza a aplicação da jurisprudência do STJ. Risco de manutenção de decisões divergentes quanto à interpretação da legislação federal, gerando insegurança jurídica e uma prestação jurisdicional incompleta, em decorrência da inexistência de outro meio eficaz para resolvê-la. 5. Embargos declaratórios acolhidos apenas para declarar o cabimento, em caráter excepcional, da reclamação prevista no art. 105, I, f, da Constituição Federal, para fazer prevalecer, até a criação da turma de uniformização dos juizados especiais estaduais, a jurisprudência do Superior Tribunal de Justiça na interpretação da legislação infraconstitucional".

Justiça nas respectivas Constituições dos Estados, conforme determinação do art. 125, § 1º, da Carta Federal. Entretanto, o art. 108 da Constituição da República não especifica todos os incidentes cabíveis e apreciáveis pelos TRFs, concentrando-se principalmente nas causas originárias e nos respectivos recursos, modelo que, em regra, é adotado também nas Constituições Estaduais. Por isso, efetuou menção apenas ao conflito de competência entre juízes federais vinculados ao Tribunal, nos termos da alínea *e*, do inciso I, do art. 108 da Magna Carta.

No entanto, a Constituição Federal, assim como, em regra, as Estaduais, não previram, dentro da lista de competências dos TRFs ou dos TJs, outros incidentes, especialmente o de impedimento ou suspeição do juiz, ou mesmo de instrumentos criados ou fortalecidos mais recentemente, como a reclamação. No caso da recusa, pelo juiz, quanto à alegação de impedimento ou suspeição, o Código de Processo Civil de 1973 já previa a remessa ao tribunal da exceção, para julgamento, norma esta que nunca foi afastada, em razão dos fundamentos agora levantados em relação ao IRDR. No CPC-2015, o mecanismo deixou de ser chamado de exceção, sendo denominado expressamente de "incidente". Mas, em linhas gerais, seguindo-se o procedimento anterior, ou seja, não sendo o vício reconhecido pelo juiz, é remetido o incidente ao tribunal, nos termos do art. 146, § 1º, parte final, que terá a competência para processar e julgar o incidente.

O argumento formal que nega a competência dos tribunais para o IRDR parece também não atentar para a existência de outras hipóteses, além do incidente de impedimento ou de suspeição do juiz, nas quais, de longa data, os tribunais de segundo grau passaram a receber atribuições delimitadas pela legislação infraconstitucional, em especial pelo próprio Código de Processo Civil. É o que ocorre, por exemplo, no julgamento *per saltum*, introduzido inicialmente no § 3º do art. 515 do CPC-1973, a partir da Lei nº 10.352, de 26.12.2001, e ampliado no CPC-2015, nos termos do art. 1.013, §§ 3º e 4º. São hipóteses em que, a rigor, o tribunal estará julgando o mérito da causa, sem que tenha havido o arrolamento expresso deste procedimento na lista da competência fixada constitucionalmente.

Diga-se, de certo modo, o mesmo em relação à reclamação, com a agravante (que deveria ser levantada pelos defensores da tese ora em comento) de que esta se encontra literalmente inscrita na competência do Supremo Tribunal Federal (art. 102, inciso I, alínea *l*) e do Superior Tribunal de Justiça (art. 105, inciso I, alínea *f*). No art. 108, entretanto, a ausência de previsão literal para a competência dos Tribunais Regionais Federais não parece excluir este tribunal, bem como os Tribunais de Justiça que não encontrem também a indicação da reclamação na respectiva Constituição do Estado, do alcance amplo da reclamação disciplinada nos artigos 988 a 993 do Código de Processo Civil de 2015.

Há ainda que se mencionar que, assim como os seus respectivos tribunais superiores, os tribunais de segundo grau, no âmbito da Justiça do Trabalho, Eleitoral e Militar, também não possuem as suas respectivas competências fixadas por norma constitucional, o que tornaria o fundamento formal ventilado desprovido de abrangência mais ampla, na medida em que o Incidente de Resolução de Demandas Repetitivas também pode ser, em tese, desde que preenchidos os requisitos, suscitado no processo trabalhista, eleitoral e penal (incluindo-se o militar).

Ressalte-se ainda que o Incidente de Resolução de Demandas Repetitivas é um mecanismo processual completamente novo no ordenamento nacional. Portanto, as Constituições, Federal e Estaduais, não poderiam prever algo inexistente ao tempo das respectivas promulgações.

Portanto, o Incidente de Resolução de Demandas Repetitivas deve ser visto sob uma ótica mais ampla e menos formalista, pois atende aos preceitos maiores da Constituição, especialmente o do acesso à justiça, da isonomia, da duração razoável dos processos, da economia processual e da segurança jurídica. As funções conferidas aos respectivos órgãos judiciais, no IRDR, por sua vez, estão em conformidade com a organização e com o sistema de competências estabelecidos na Carta Magna, dentro de uma concepção de uniformização regional ou estadual do Direito, encontrando o ápice nacional nos tribunais superiores.

Longe de afrontar, o novel incidente encontra a sua fonte maior na Constituição de 1988, considerando que o acesso à justiça, previsto no inciso XXV, deve guardar sintonia com os valores inscritos no *caput* do art. 5º, a começar pela igualdade, considerando que se trata de um direito não apenas individual, mas coletivamente considerado, como enunciado no seu Capítulo I, do Título II, dos direitos e das garantias fundamentais.

b) O parágrafo único do art. 978 do Código de Processo Civil

Parte da doutrina[15] funda a defesa da tese restritiva, no sentido de que o IRDR somente poderia ser suscitado se houvessem processos já tramitando no tribunal e apenas a partir destes, com fulcro na regra enunciada no parágrafo único do art. 978 do Código de Processo Civil. Como este dispositivo estabelece que o órgão colegiado incumbido de julgar o incidente e de fixar a tese jurídica julgará igualmente o recurso, a remessa necessária ou o processo de competência originária, de onde foi suscitado o IRDR, defende-se a indispensabilidade da presença destes no tribunal, não apenas no momento do julgamento, mas da sua provocação.

A apreciação deste fundamento exige, contudo, uma análise da norma, contida no parágrafo único do art. 978, sob dois prismas: i) a sua constitucionalidade, formal e material; ii) o seu sentido e alcance.

15. Nesse sentido: CÂMARA, Alexandre Freitas. *O novo processo civil brasileiro*. 3ª ed. São Paulo: Atlas, 2017.

O parágrafo único do art. 978 já foi objeto de comentário inicial, por ocasião da análise do processo legislativo, ressaltando-se que a sua redação, e sentido, não se faziam presentes em nenhuma das versões aprovadas inicialmente no Senado Federal ou na Câmara dos Deputados. Portanto, estaria formalmente contaminada pelo vício de inconstitucionalidade, em afronta ao disposto no art. 65 da Magna Carta, pois teria havido clara inovação no texto submetido unicamente à votação final e promulgação.

Em acréscimo, a regra parece conter também vício material, por invadir a competência legislativa interna privativa dos tribunais, para dispor sobre a competência e o funcionamento dos respectivos órgãos jurisdicionais, nos termos do art. 96, inciso I, alínea *a*, da Constituição da República.

Por último, ainda que a norma não estivesse contaminada pelos vícios supramencionados, restaria ainda a análise do seu conteúdo, sentido e alcance. Parece ser evidente que se trata de uma norma de prevenção, provavelmente motivada pelo desejo de que a aplicação da tese em concreto seja realizada com a devida fidelidade, o que seria garantido, ou mais provável, se o mesmo órgão judicial realizar também o julgamento, em sede de competência recursal ou originária, do(s) processo(s) de onde se originou o IRDR. É claro que o IRDR pode ter se originado de processo já em tramitação no tribunal. De modo algum, se pretendeu afastar esta possibilidade, que decorre expressamente do sistema instituído, na medida em que pode ser instaurado pelo juiz ou relator (inciso I do art. 977), ensejando clara interpretação de que tanto os processos em tramitação perante a primeira instância quanto no tribunal poderão ensejar o pedido de instauração, pelo próprio órgão judicial ou pelos demais legitimados (incisos II e III do art. 977). O importante, contudo, parece ser que a existência eventual de uma regra de prevenção, no caso, não teria o condão de levar à conclusão de que apenas os processos em tramitação no tribunal poderiam ensejar a instauração do IRDR. Mas, sim, que naqueles instaurados a partir de processos em tramitação no tribunal, o órgão competente julgaria a tese e a causa em concreto, estabelecendo-se, assim, *vis attractiva* para a prevenção.

c) O raciocínio dialético no sentido de que as questões jurídicas precisam estar mais maduras para serem sedimentadas e uniformizadas

A escolha do modelo de procedimento padrão representa, por certo, mais uma discussão relacionada à política legislativa do que propriamente de interpretação. Registre-se, como já exposto no cotejo com o direito estrangeiro, que, na Alemanha, foram estabelecidos dois sistemas, que ainda convivem, de *Musterverfahren*. O procedimento modelo vigente nos órgãos judiciais que julgam a matéria administrativa e de previdência e assistência social é realizado perante a primeira instância, sendo admitido que haja a suspensão de todos os processos, para que apenas um tribunal (de primeira instância) possa processar e julgar o

Musterverfahren. No entanto, no sistema adotado para os litígios ocorridos no mercado de capitais, o órgão de primeiro grau, perante o qual houve o primeiro requerimento de instauração do procedimento-padrão, apenas realiza a admissibilidade, cabendo ao respectivo Tribunal de Justiça o julgamento dos *Musterverfahren*.

A versão aprovada na Câmara dos Deputados estabelecia, como anteriormente mencionado, que o IRDR somente poderia ser suscitado quando os processos relacionados com a questão jurídica controversa já estivessem tramitando no âmbito do tribunal. Por certo, haveria, com exceção dos processos que chegassem ao tribunal em razão da sua competência originária, um debate prévio no primeiro grau de jurisdição, fazendo com que as causas já estivessem mais amadurecidas para o julgamento em segunda instância. No texto aprovado, esta possibilidade não se encontra descartada. Pelo contrário, ao tribunal cabe um juízo de conveniência a partir dos requisitos estabelecidos (efetiva repetição de processos e risco de ofensa à isonomia e à segurança jurídica), que poderá levá-lo a certa dilação quanto à admissibilidade do incidente, quando considerar que ainda não há uma quantidade tão significativa de processos ou que não se estabeleceu um risco significativo de ofensa à isonomia e à segurança jurídica. Mas, a opção legislativa foi claramente definida, no sentido de se priorizar a duração razoável dos processos, a isonomia, a economia processual e a segurança jurídica, que serão agasalhadas com a possibilidade de definição mais rápida da questão jurídica e com a técnica de concentração em torno desta.

Ressalte-se ainda que houve o estabelecimento de um procedimento especial, no qual se alargaram os espaços destinados ao debate, permitindo-se a atuação paralela dos interessados[16] (pessoas, órgãos e entidades), a intervenção obrigatória do Ministério Público, a participação de *amici curiae*, a ampliação de prazos e a revisão da tese, além do cabimento eventual do recurso especial e extraordinário diretamente em relação ao IRDR. Tudo isso representa um espaço privilegiado de discussão em torno da questão jurídica, talvez muito mais amplo, profundo e democrático do que o de um simples caso individual, que poderia formar um precedente, até mesmo com caráter vinculativo, se incidente uma das demais hipóteses previstas no art. 927 do CPC.

2.2 O Incidente de Resolução de Demandas Repetitivas pode ser suscitado a partir de causas em tramitação perante juízes de primeiro grau ou tribunais

O novo Código de Processo Civil estabeleceu uma clara inovação, com a criação do Incidente de Resolução de Demandas Repetitivas, a partir de um sistema semelhante ao do *Musterverfahren* adotado na Alemanha para os litígios do mer-

16. Art. 983 do CPC.

cado de capitais. Contudo, no modelo brasileiro, o tribunal de segundo grau decide apenas em relação à questão jurídica, fixando a tese respectiva, para que haja a apreciação dos casos concretos pelo juiz natural, ou seja, o órgão competente perante o qual tramita o processo, seja ele de primeira instância ou o próprio tribunal.

A opção representa uma opção política no sentido de considerar a gravidade dos problemas existentes, destacando-se o número excessivo de demandas repetitivas, o congestionamento de processos no Poder Judiciário, a demora no julgamento dos processos, a diversidade de pronunciamentos em torno de questões comuns, a necessidade de fortalecimento da isonomia e da segurança jurídica. A doutrina já apontava a necessidade do estabelecimento de mecanismos que propiciassem maior economia e segurança jurídica no âmbito de todo o Poder Judiciário e não apenas na esfera dos tribunais superiores. Por isso, a adoção de um instrumento que somente pudesse ser acionado quando os processos já tivessem alcançado os tribunais de segundo grau seria limitado quanto ao seu alcance e resultado.

O risco seria grande se houvesse a limitação pretendida na versão aprovada na Câmara dos Deputados. Isso porque haveria um requisito necessário, que poderia retardar a instauração do IRDR, a ponto de comprometer os seus objetivos. Ressalte-se que o novo procedimento se faz eficiente se for instaurado, processado e julgado dentro de um tempo razoável. Do contrário, poderá se prolongar uma situação patológica de quantidades imensas de processos suspensos indefinidamente, gerando instabilidade e descrédito em relação à prestação jurisdicional.

O mecanismo do IRDR aposta em uma solução a médio prazo, ou seja, a partir de uma técnica de gestão, na qual a suspensão dos processos poderá gerar economia. Presume-se que os órgãos judiciais poderão se concentrar em outros processos. Em qualquer modelo eficiente de gestão, seria altamente questionável se todos os envolvidos se dedicassem concomitantemente às mesmas funções e atividades, sem que houvesse uma repartição mínima de trabalho. Embora a futura aplicação da tese jurídica firmada não represente uma aplicação mecânica, na medida em que se deverá analisar a adequação do caso fático à tese, a economia existirá se, de fato, os juízes não tiverem que se debruçar, todos, sobre as mesmas questões jurídicas. Se o IRDR, contudo, somente se torna admissível em momento posterior, quando os processos alcançaram os tribunais, a tendência é que os juízes já tenham despendido energias na análise das questões jurídicas controversas, com a elaboração de decisões e sentenças sobre a matéria, de modo que a economia será muito menor do que se poderia obter em um momento anterior.

Por outro lado, os efeitos de decisões proferidas em sede de tutela provisória, liminares ou de cumprimento de sentenças também poderão significar um risco muito maior de quebra da isonomia e da segurança jurídica, decorrente da maior demora na instauração e julgamento do Incidente de Resolução de Demandas Repetitivas.

A opção pelo julgamento concentrado não é peculiar apenas ao IRDR. Representa tendência, com as respectivas consequências, adotada pelo ordenamento brasileiro. Nesse sentido, podem ser apontados outros mecanismos, como o das ações diretas de inconstitucionalidade e de constitucionalidade, o mandado de injunção coletivo e individual, a arguição de descumprimento de preceito fundamental, os recursos repetitivos, o modelo de arguição de inconstitucionalidade nos tribunais e a criação da súmula vinculante do Supremo Tribunal Federal.

Por fim, há que se deixar claro que o IRDR deve ser suscitado e apreciado com lastro em causas que estejam pendentes, naturalmente, em razão do seu caráter incidental. Contudo, as causas poderão estar pendentes tanto no primeiro como no segundo grau de jurisdição, como ocorre, por exemplo, no incidente de impedimento ou suspeição de magistrados. O tema foi muito bem explorado em julgado[17] proferido pela Terceira Turma do Superior Tribunal de Justiça, nos memoráveis votos proferidos pelos Ministros Marco Aurélio Bellizze Oliveira e Paulo Dias de Moura Ribeiro, que acompanharam, no sentido aqui defendido, o voto condutor da Ministra Nancy Andrighi, em divergência ao entendimento dos Ministros Paulo de Tarso Sanseverino, relator, e Ricardo Villas Bôas Cueva, que sustentaram, com maestria, a posição inversa.

17. O substancioso acórdão foi proferido no Recurso Especial nº 1.631.846/DF (2016/0263354-4), julgado em 05.11.2019.

2

O INCIDENTE DE RESOLUÇÃO DE DEMANDAS REPETITIVAS E O SEU OBJETO – CABIMENTO NA SEARA PENAL E PROCESSUAL PENAL

Anderson de Paiva Gabriel[1]

Felipe Carvalho Gonçalves da Silva[2]

Sumário: 1 – Introdução. 2 – O Incidente de Resolução de Demandas Repetitivas. 3 – Do objeto do IRDR. 4 – Do IRDR na seara penal e processual penal e o necessário diálogo entre as fontes. 5 – Conclusão. 6 – Referências bibliográficas.

1. INTRODUÇÃO

O acesso à justiça tem sido ressignificado como um sistema multiportas que abarca ferramentas voltadas para uma maior efetividade[3]. Nesta senda, encampando a doutrina processual moderna, voltada à efetivação dos direitos fundamentais, o Código de Processo Civil de 2015 forjou um microssistema voltado à formação de teses jurídicas centrais aplicáveis a ações e recursos seria-

---

1. Doutorando e Mestre em Direito Processual pela Universidade do Estado do Rio de Janeiro (UERJ). Juiz de Direito do Tribunal de Justiça do Estado do Rio de Janeiro, aprovado em 1º lugar no XLVII Concurso. Anteriormente, atuou como Delegado de Polícia do Estado do Rio de Janeiro e como Delegado de Polícia do Estado de Santa Catarina. Possui graduação em Ciências Jurídicas e Sociais pela Universidade Federal do Rio de Janeiro, especialização em Direito Público e Privado pelo Instituto Superior do Ministério Público, especialização em Direito Constitucional pela Universidade Estácio de Sá e especialização em Gestão em Segurança Pública pela Universidade do Sul de Santa Catarina. Professor de Direito Processual Penal da Escola da Magistratura do Estado do Rio de Janeiro (EMERJ) e da Escola de Administração Judiciária (ESAJ). Membro do Instituto Brasileiro de Direito Processual (IBDP). Integrante do Fórum Nacional de Juízes Criminais (FONAJUC).
2. Doutorando e Mestre em Direito Processual pela Universidade do Estado do Rio de Janeiro (UERJ). Juiz de Direito do Tribunal de Justiça do Estado do Rio de Janeiro. Anteriormente, foi Defensor Público do Estado do Rio de Janeiro (2002-2006). Titular da 2ª Vara Criminal de Belford Roxo. Integrante do Fórum Nacional de Juízes Criminais (FONAJUC). Presidente Eleito da Associação dos Magistrados do Estado do Rio de Janeiro (AMAERJ) para o biênio 2020/2021.
3. PINHO, Humberto Dalla Bernardina de; STANCATI, Maria Martins Silva. A ressignificação do princípio do acesso à justiça à luz do art. 3º do Código de Processo Civil de 2015. *Revista de Processo*, vol. 254, abr. 2016, p. 18.

dos, a fim de maximizar a segurança jurídica[4], a isonomia[5] e a duração razoável do processo[6].

O Incidente de Resolução de Demandas Repetitivas é um desses instrumentos, criado para harmonizar as referidas garantias fundamentais com a necessidade de efetividade.

2. O INCIDENTE DE RESOLUÇÃO DE DEMANDAS REPETITIVAS

Cumpre ressaltar que o CPC/2015 revela um hibridismo vanguardista entre a *civil law*, derivado do sistema romano-germânico e no qual nosso direito possui raízes mais profundas[7], e a *common law*, oriunda do direito anglo-saxão e cuja influência se fez notar com mais força em nossa CRFB/88 e em nosso modelo de controle de constitucionalidade.

Nesse diapasão, o referido Código consubstancia a nossa maturidade jurídica, uma vez que não se trata de um diploma que simplesmente reproduz a legislação de outro país, seja da família da *civil law* ou da *common law*, mas que acolhe os ensinamentos e a experiência de cada uma delas, transmutando-os em institutos próprios, numa singularidade peculiar à nossa realidade, o que nos leva a adjetivá-lo como antropofágico, em alusão ao análogo movimento literário modernista de 1922[8].

---

4. FUX, Luiz. Segurança jurídica no novo Código de Processo Civil. In: RÊGO, Werson (Coord.). *Segurança jurídica e protagonismo judicial*: desafios em tempos de incertezas – estudos jurídicos em homenagem ao Ministro Carlos Mário da Silva Veloso. Rio de Janeiro: LMJ Mundo Jurídico, 2017. p. 541-542.

5. PINHO, Humberto Dalla Bernardina de. *Jurisdição e pacificação*: limites e possibilidades do uso dos meios consensuais de resolução de conflitos na tutela dos direitos transindividuais e pluri-individuais. Curitiba: Editora CRV, 2017. p. 167.

6. FUX, Luiz; SANTANA, Irapuã. A construção de um Código de Processo Civil cidadão. In: MORAES, Carlos Eduardo Guerra de; RIBEIRO, Ricardo Lodi (coords.); MIRZA, Flávio (org.). *Direito processual*. Rio de Janeiro: Freitas Bastos Editora, 2015. p. 21.

7. BARBOSA MOREIRA, José Carlos. O processo civil brasileiro entre dois mundos. *Revista Forense*, Rio de Janeiro, v. 359, 2002, p.124.

8. Podemos, aqui, traçar um paralelo com o movimento modernista que marcou nossa literatura, em especial, o "Manifesto Antropófago" ou "Antropofágico". Trata-se de um manifesto literário escrito por Oswald de Andrade, publicado em maio de 1928, que tinha por objetivo repensar a dependência cultural brasileira... Propunha, basicamente, a devoração da cultura estrangeira e das técnicas importadas e sua reelaboração com autonomia, transformando o produto importado em exportável... No Manifesto Antropofágico, Oswald de Andrade fez uso de teorias de diversos autores e pensadores mundiais, como Freud, Marx, Breton, Francis Picabia, Rousseau, Montaigne e Hermann Keyserling, retomando características dos primórdios da formação cultural brasileira, quais sejam: a combinação das culturas primitivas (indígena e africana) e da cultura latina, formada pela colonização europeia. Havia, ainda, a preocupação de que houvesse efetiva absorção cultural e não mera utilização de elementos importados, de modo que a cultura brasileira não se tornasse um amontoado de fragmentos de culturas exteriores. Nesse diapasão, o Manifesto Antropofágico foi um marco no Modernismo brasileiro, pois propôs a alteração da forma com que o brasileiro encarava o influxo de elementos culturais do mundo, ensejando a ascendência de uma identidade nacional e o orgulho da produção cultural própria. O novel Código, em verdade, também busca assimilar as melhores qualidades de cada uma das tradições, ex-

Aqui reside o traço único do CPC/2015, que não só concilia a jurisprudência com os diplomas legais, como funde a busca pela pacificação dos litigantes (*conflict-solving process*) com a implementação de políticas públicas (*policy-implementing process*) e uma maior efetividade, sem descurar da observância das garantias fundamentais processuais.

Assim, em busca de racionalização das decisões judiciais, o Código de Processo Civil, em seu artigo 926, determina a uniformização, estabilidade e coerência da jurisprudência. Pretende-se a promoção de julgamentos uniformes, seguros, isonômicos, capazes de contribuir para a resolução de conflitos em tempo razoável[9].

O julgamento de casos repetitivos tem papel de destaque neste intento. Com efeito, o artigo 928 do CPC estabelece como julgamento de casos repetitivos a decisão proferida em Incidente de Resolução de Demandas Repetitivas, Recursos Especial e Extraordinário Repetitivos, podendo ter por objeto questão de direito material ou processual.

A melhor doutrina aponta a existência de um microssistema construído para a formação de teses jurídicas centrais aplicáveis a ações e recursos seriados[10].

Observe-se que o IRDR tem, no artigo 928, idêntico tratamento jurídico ao dos Recursos Especial e Extraordinário Repetitivos, e tais instrumentos fazem parte de um mesmo título do Código, denominado "Dos processos nos tribunais e dos processos de competência originária dos tribunais".

Neste sentido, Antônio do Passo Cabral sustenta que:

> Essa afirmação não decorre apenas de uma orientação doutrinária. Em nosso sentir, trata-se de uma opção legislativa que deriva do modelo adotado pelo novo Código e de algumas regras que expressamente estabelecem uma interpenetração normativa entre os diversos procedimentos. Por exemplo, o *art. 928 do novo CPC afirma que se consideram 'julgamento de casos repetitivos' as decisões proferidas tanto nos recursos especial e extraordinário repetitivos quanto aquelas do incidente de resolução de demandas repetitivas. O art. 979, § 3º, ao estabelecer um cadastro abrangerá também o julgamento de recursos especiais e extraordinários repetitivos*[11].

---

surgindo em seu bojo institutos próprios e que almejam ser adequados a nossa realidade, tornando-se passível de verdadeira "exportação", ou seja, de se tornar um referencial para outros países acatarem ao criarem novos diplomas. Resgata-se, assim, como metáfora, a crença cultural tupinambá, que através da antropofagia ritualística buscava incorporar as qualidades dos inimigos das mais variadas etnias. Pois bem, também nós, com o CPC/2015, buscamos abarcar as virtudes do modelo europeu e do modelo americano, criando um diploma próprio e vanguardista, com espírito único. GABRIEL, Anderson de Paiva. *O contraditório participativo no processo penal*: uma análise da fase pré-processual à luz do contraditório participativo. Rio de Janeiro: Gramma, 2017. p. 21-30.

9. BUENO, Cassio Scarpinella. *Novo Código de Processo Civil anotado*. São Paulo: Saraiva, 2015. p. 614.
10. RODRIGUES, Roberto Aragão Ribeiro; PINHO, Humberto Dalla Bernardina de. O microssistema de formação de precedentes judiciais vinculantes previsto no novo CPC. *Revista de Processo*, Direito Jurisprudencial, v. 259, set. 2016. p. 1.
11. CABRAL, Antônio do Passo; CRAMMER, Ronaldo. *Comentários ao novo Código de Processo Civil*. Rio de Janeiro: Forense, 2015. p. 1415.

Esse microssistema[12] permite a aplicação analógica de diversas regras entre os institutos que o integram[13-14].

Timbrado no artigo 976 e seguintes do Código de Processo Civil, o IRDR tem aplicação, quando houver, simultaneamente: I – efetiva repetição de processos que contenham controvérsia sobre a mesma questão unicamente de direito; II – risco de ofensa à isonomia e à segurança jurídica.

Pretende-se com o IRDR, na esteira do artigo 926 do diploma processual civil, uniformizar a jurisprudência dos tribunais, bem como mantê-la estável, íntegra e coerente.

3. DO OBJETO DO IRDR

Segundo o escólio de Paulo Cezar Pinheiro Carneiro, o IRDR foi concebido para as demandas em que se discute exatamente a mesma questão de direito e a respeito da qual, muitas vezes, há decisões totalmente divergentes[15].

E é cada vez mais comum a existência de demandas em que centenas, milhares de ações, surgem em virtude de um mesmo evento. São as chamadas demandas de massa. Tais hipóteses, não raras vezes, dão azo a constituição de verdadeira jurisprudência lotérica[16].

A insegurança jurídica é entrave, inclusive, para o crescimento econômico do país, pois a confiança é elemento necessário para o planejamento de novos investimentos[17]. Nesse diapasão, é justamente a insegurança jurídica que se

---

12. Ratificando a posição de que os Recursos Repetitivos e o IRDR fazem parte de um mesmo microssistema, a assessoria de imprensa do STJ, ao noticiar a admissão do primeiro pedido de suspensão nacional em IRDR, publicou que "a admissão do primeiro requerimento de suspensão nacional o IRDR equivale ao recurso repetitivo apreciado pelo STJ, todavia em nível do TJ e TRF (Disponível em: <www.stj.jus.br/sites/STJ/default/pt_BR/Comunica%C3%A7%C3%A3o/noticias/Not%C3%ADcias/STJ-defere-primeiro-pedido-de-suspens%C3%A3o-nacional-de-processos-em-decorr%C3%AAncia-de-IRDR>. Acesso em: 11.08.2018).

13. CABRAL, Antônio do Passo; CRAMMER, Ronaldo. *Comentários ao novo Código de Processo Civil*. Rio de Janeiro: Forense, 2015. p. 1415.

14. Neste sentido, os enunciados nº 345, nº 346 e nº 347 do Fórum Permanente de Processualistas Civis.

15. CARNEIRO, Paulo Cezar Pinheiro. Breves notas sobre o incidente de resolução de demandas repetitivas. *Revista Eletrônica de Direito Processual* – REDP, vol. XIV, ano 8, jul./dez. de 2015, p. 485.

16. CAMBI, Eduardo. Jurisprudência lotérica. *Revista dos Tribunais*, São Paulo, v. 786, p. 108-126, abr. 2001.

17. ROMANO, Rogério Tadeu. *A insegurança jurídica e a economia de mercado*. Disponível em: https://jus.com.br/artigos/42319/a-inseguranca-juridica-e-a-economia-de-mercado. Acesso em 25.07.2018. A insegurança econômica não se confunde com a análise econômica do Direito. Sobre a análise econômica do Direito confiram-se: FUX, Luiz; BODART, Bruno. Notas sobre o princípio da motivação e a uniformização da jurisprudência no novo Código De Processo Civil à luz da análise econômica do direito. *Revista de Processo*, v. 269, jul. 2017, p. 421-432; WOLKART, Erik Navarro. Amendments to the new civil procedure code by bill 168/2015: what would John Rawls and Richard Posner think of it? *Revista de Processo Comparado*, vol. 4, jul./dez. 2016, p. 255-273.

pretende aniquilar com o novel instrumento, tornando os julgamentos mais coerentes, isonômicos e céleres.

Cumpre destacar que o IRDR foi inspirado principalmente no instituto alemão denominado *Musterverfahren*. Foi influenciado também pelas chamadas *test claims, pilot judgments, group litigation order*, e no *Pilotverfahren*, figuras desenvolvidas por ordenamentos jurídicos alienígenas com o intuito de possibilitar mecanismos para julgamentos de questões comuns ou por amostragem[18].

Aluisio Mendes, um dos maiores estudiosos do tema[19], destaca que o *Musterverfahren* (procedimento-padrão) surgiu na Alemanha, diante da dificuldade prática que o Tribunal Administrativo de Munique enfrentava para processar as 5.724 (cinco mil, setecentas e vinte e quatro) demandas ajuizadas para objeção à construção do aeroporto internacional daquela cidade. Com a constatação de que muitas daquelas demandas exibiam similitude quanto aos fatos alegados, o órgão judicial de primeiro grau inovou, pinçando 40 procedimentos para processamento, instrução e julgamento, enquanto os demais ficaram suspensos aguardando a resolução do procedimento-modelo. A medida foi questionada perante a Corte Constitucional da República Federativa da Alemanha, que a chancelou como forma de resolver o problema processual decorrente daqueles milhares de demandas com idêntica questão de fundo[20].

A despeito de suas fontes de inspiração serem estrangeiras, a nova ferramenta processual é genuinamente brasileira[21], não se tratando de simples importação, e dela deve ser extraído o máximo proveito, em homenagem ao Princípio da Operosidade.

Afinal, para que se assegure o efetivo acesso à justiça, é indispensável a "*utilização dos instrumentos e dos institutos de forma a obter a melhor produtividade possível, ou seja, utilização técnica a serviço dos fins idealizados*"[22].

O objeto do incidente de resolução de demandas repetitivas são os processos que contenham controvérsia sobre a mesma questão, unicamente de direito, no

---

18. Aluísio Mendes tem estudo aprofundado sobre estes institutos (MENDES, Aluisio Gonçalves de Castro. *Ações coletivas e meios de resolução coletiva de conflitos no direito comparado e nacional*. 4. ed. rev., atual. e ampl. São Paulo: Revista dos Tribunais, 2014). Sobre o *Musterverfaren*: (CABRAL, Antonio do Passo. Il procedimento-modelo (Musterverfahen) tedesco e gli istrumenti di risoluzione di processi ripetitivi. *Revista de Direito Comparado*, vol. 1, jan./jun. 2015, p. 45-67).

19. Aluisio Gonçalves de Castro Mendes obteve a sua cátedra de em Direito Processo Civil na Faculdade de Direito da Universidade do Estado do Rio de Janeiro com tese sobre o tema.

20. MENDES, Aluisio Gonçalves de Castro. *Incidente de demandas repetitivas*: sistematização, análise e interpretação do novo instituto processual. Rio de Janeiro: Forense, 2017. p. 30-31.

21. MENDES, Aluisio Gonçalves de Castro. *Incidente de demandas repetitivas*: sistematização, análise e interpretação do novo instituto processual. Rio de Janeiro: Forense, 2017. p. 2-3.

22. CARNEIRO, Paulo Cezar Pinheiro. *Acesso à justiça*: juizados especiais e a ação civil pública – uma nova sistematização da teoria geral do processo. 2. ed. Rio de Janeiro: Forense, 2000. p. 62.

que difere do procedimento-modelo alemão. Apontando as diferenças, preconiza Aluisio Mendes: "*No Musterverfahren, há julgamento completo do(s) pedido(s) formulado(s), havendo, portanto, cognição ampla e exauriente, com a apreciação das questões de fato e de direito. Por esta razão, a produção de prova é ampla*"[23].

Já no ordenamento jurídico inglês, existe o procedimento coletivo denominado *group litigation order* (GLO), que se presta à uniformização das decisões e será utilizado "*sempre que houver pretensões fundadas ou que contenham questão de fato ou de direito, comuns de direito coletivo*"[24].

A despeito do que sustenta parcela da doutrina, apesar de ser cabível somente quando a controvérsia residir em questões unicamente de Direito, o IRDR não é dirigível tão somente às pretensões isomórficas, ou seja, aquelas que possuem elementos de fato e de direito comuns[25].

Com efeito, o Código de Processo Civil estabelece no artigo 928: "*Para os fins deste Código, considera-se julgamento de casos repetitivos a decisão proferida em: I - incidente de resolução de demandas repetitivas; II - recursos especial e extraordinário repetitivos. Parágrafo único. O julgamento de casos repetitivos tem por objeto questão de direito material ou processual*".

Logo, se as questões comuns podem ser de natureza processual, não se pode exigir que o IRDR somente possa ser instaurado em ações isomórficas, pois as questões comuns não dependem exclusivamente da identidade ou semelhança das causas de pedir e pedido. Conforme pontua Antônio do Passo Cabral, "*é equivocado pensar que o IRDR esgota-se na análise de direitos individuais homogêneos. Nestes, ele também poderá ser útil, mas o espectro de abrangência do IRDR alcança um arco maior de situações que atraem sua aplicação.*"[26]

Cumpre mencionar a controvérsia em torno da norma estatuída no parágrafo único do artigo 978 do Código de Processo Civil[27]. Parte da academia sustenta que o Incidente de Resolução de Demandas Repetitivas acarreta o julgamento da demanda. Por outro lado, há abalizado posicionamento doutrinário

23. MENDES, Aluisio Gonçalves de Castro. *Incidente de demandas repetitivas*: sistematização, análise e interpretação do novo instituto processual. Rio de Janeiro: Forense, 2017. p. 39.

24. MENDES, Aluisio Gonçalves de Castro. *Incidente de demandas repetitivas*: sistematização, análise e interpretação do novo instituto processual. Rio de Janeiro: Forense, 2017. p. 58.

25. NUNES, Dierli. O IRDR do Novo CPC: este "estranho" que merece ser compreendido. Disponível em: http://www.justificando.com/2015/02/18/o-irdr-novo-cpc-este-estranho-que-merece-ser-compreendido/. Acesso em: 12 de outubro de 2019.

26. CABRAL, Antônio do Passo; CRAMMER, Ronaldo. *Comentários ao novo Código de Processo Civil*. Rio de Janeiro: Forense, 2015. p. 1420.

27. "Art. 978. O julgamento do incidente caberá ao órgão indicado pelo regimento interno dentre aqueles responsáveis pela uniformização de jurisprudência do tribunal. Parágrafo único. O órgão colegiado incumbido de julgar o incidente e de fixar a tese jurídica julgará igualmente o recurso, a remessa necessária ou o processo de competência originária de onde se originou o incidente."

defendendo que há cisão cognitiva, prestando-se o IRDR a fixar somente a tese comum a ser aplicada[28].

Sofia Temer, em obra sobre o tema, registra:

> Diverge-se sobre a circunstância de haver, em razão do incidente, uma cisão cognitiva e decisória, ou não. Discute-se se o IRDR leva ao julgamento da demanda (pretensão) ou se apenas fixa a tese jurídica, sem resolver a "lide". Permeia tal discussão a referência aos modelos da "causa-piloto" e do "procedimento-modelo", empregados para identificar a unidade cognitiva e decisória ou sua cisão, respectivamente.
>
> Apesar de a discussão em torno do IRDR apresentar peculiaridades em relação aos modelos citados no direito comparado, o que decorre de elementos próprios do nosso instituto e de nosso sistema processual, é possível agrupar os entendimentos doutrinários apresentados até o momento também em duas linhas principais, que se aproximam cada qual a um daqueles modelos.
>
> De outro lado, há autores afirmando que o incidente destina-se também ao julgamento do caso concreto a partir do qual foi instaurado. Segundo esta linha, além de dirimir a controvérsia quanto à questão de direito, haveria, no incidente, a resolução do conflito subjetivo, caracterizando-se uma unidade cognitiva e decisória. Esta parcela da doutrina emprega o termo "causa-piloto" para se referir ao incidente.
>
> De outro, afirma-se que o incidente de resolução de demandas repetitivas apenas fixa a tese sobre a questão de direito comum, não adentrando na análise do conflito subjetivo. Haveria, então, uma cisão cognitiva, com a fixação da tese em abstrato, sem aplicação direta ao caso concreto, assumindo o incidente uma feição objetiva[29].

Daniel Vianna Vargas[30] salienta que, no âmbito do Tribunal de Justiça do Estado do Rio de Janeiro, há julgado em que não houve cisão do julgamento (IRDR nº 0018608-85.2015.8.19.0044) e, em sentido diametralmente oposto, entendimento da Seção Cível Especializada sustentando a concepção de processo abstrato (IRDR nº 0032321-30.2016.8.19.0000), com análise tão somente da questão de direito debatida no incidente.

---

28. Antônio do Passo Cabral entende que, após a inserção pelo Senado do parágrafo único do artigo 978 do CPC, o instituto passou a ter unidade cognitiva e decisória. Critica o formato: "Pensamos que, como formato ideal, a opção do legislador foi muito ruim. Misturar questões comuns a milhares de causas com as peculiaridades fáticas de um ou poucos processos individuais, tudo unido num mesmo julgamento, pode levar a uma cognição confusa no âmbito do IRDR. E, de fato, ao analisar a questão comum, por vezes pode ser difícil para o órgão julgador desprender-se das idiossincrasias do caso concreto, o que será especialmente preocupante porque, de acordo com o novo CPC, o tribunal também deverá julgar a causa" (CABRAL, Antônio do Passo; CRAMMER, Ronaldo. *Comentários ao novo Código de Processo Civil*. Rio de Janeiro: Forense, 2015. p. 1418).

29. TEMER, Sofia. *Incidente de Resolução de Demandas Repetitivas*. 3. ed, rev., ampl., atual., Salvador: Juspodivm, 2018. p. 66-68.

30. VARGAS, Daniel Vianna. Estabilidade Objetiva do IRDR: escritos sobre congruência e eficácia vinculante. In: PORTO, José Roberto Sotero de Mello; RODRIGUES, Roberto de Aragão Ribeiro (Coords.). *Direito processual contemporâneo*: estudos em homenagem a Humberto Dalla Bernadina de Pinho. Rio de Janeiro: LMJ Mundo Cristão, 2018. p. 135-136).

Embora a redação do parágrafo único do artigo 978 do CPC permita a interpretação de que o IRDR também se prestaria a resolver a lide, acreditamos que o posicionamento mais técnico é o que preconiza que somente tem por objeto o julgamento da questão de direito controvertida, sem se imiscuir no caso concreto. E são muitos os argumentos: 1) o IRDR tem por escopo a resolução de questões de direito, o que limita a cognição e impede o prosseguimento da causa; 2) a desistência do processo no qual foi instaurado o incidente (causa-piloto), não obsta o seu prosseguimento, o que denuncia o seu caráter objetivo; 3) "a natureza objetiva parece ser mais adequada, em termos de sistemática processual, para que seja possível aplicar a tese às demandas fundadas na mesma questão, além de viabilizar a construção de outras categorias que permitam justificar a ampliação do debate e da participação dos sujeitos processuais"[31]; 4) inconstitucionalidade formal e material da regra de competência[32].

Estabelecido que o IRDR tem natureza objetiva, deve-se definir a extensão do seu objeto. Nesse diapasão, o texto legal é clarividente quando delimita o norte do IRDR, qual seja, a uniformização de questões de direito.

Segundo Silvânio Covas, "*questões são pontos sobre os quais as partes controvertem. E essa controvérsia poderá residir nos fatos ou no direto que informam a pretensão deduzida, devendo o juiz considerá-los como premissas para a declaração de vontade concreta da lei*"[33].

Para o julgador, decerto é impossível apartar a questão de fato da questão de direito, afinal, o juiz deve subsumir os fatos ao direito para motivar suas decisões.

Conforme o percuciente ensinamento de Paulo Cezar Pinheiro Carneiro:

> O requisito de tratar-se exclusivamente de questão de direito, deve ser entendido, com *grano salis*, pois, normalmente, a questão jurídica dificilmente vem dissociada de uma questão de fato, que lhe dá base. Assim, questão de fato, sempre que necessário, deverá ser examinada e contextualizada para a formação da tese jurídica. Daí por que, se exige que no cadastro de registro eletrônico das teses jurídicas tomadas a partir do IRDR contenham os fundamentos determinantes da decisão, que poderão abranger questões de fato, além dos dispositivos normativos a ela relacionados (artigo 979, § 2º).[34]

Embora seja inviável a efetiva separação das questões de fato das questões de direito, é possível determinar se a questão é predominantemente de fato ou de direito, como se depreende do escólio de Teresa Arruda Alvim:

---

31. TEMER, Sofia. *Incidente de Resolução de Demandas Repetitivas*. 3. ed, rev., ampl., atual., Salvador: Juspodivm, 2018. p. 70.

32. MENDES, Aluisio Gonçalves de Castro. *Incidente de demandas repetitivas*: sistematização, análise e interpretação do novo instituto processual. Rio de Janeiro: Forense, 2017. p. 71.

33. COVAS, Silvânio. Questões de fato e questões de direito – quantificação do dano moral. *Revista de Processo*. vol. 100, out./dez. 2000. p. 7 da versão on-line.

34. CARNEIRO, Paulo Cezar Pinheiro. *O novo processo civil brasileiro*. Rio de Janeiro: Forense, 2019. p. 125.

> Mas, no que diz respeito especificamente ao tema central dessas nossas breves considerações, tem-se dito, com acerto, que, rigorosamente, seria impossível fazer-se a distinção integral entre questão de direto e questão de fato, pelo menos no plano ontológico, já que o fenômeno direito ocorre, efetivamente, no momento de incidência da norma, no mundo real, no universo empírico. Assim, na verdade, o direito acontece quando se encontram o mundo dos fatos com o mundo das normas. As decisões jurídicas são proferidas depois do que se pode ver como um movimento "pendular", que se dá entre o mundo dos fatos e o das normas, até que o aplicador da lei consiga enxergar com clareza a subsunção, qualificando os fatos e determinando-lhes as conseqüências no plano normativo.[35]

Não que seja tarefa fácil, como sublinhou Barbosa Moreira[36]. De fato, deve-se ter em mente que sem o fato não se pode dizer o direito[37].

4. DO IRDR NA SEARA PENAL E PROCESSUAL PENAL E O NECESSÁRIO DIÁLOGO ENTRE AS FONTES

Delimitado o objeto do IRDR, cabe enfrentar a ainda incipiente discussão que envolve seu cabimento em questões criminais.

É cediço que o Direito Processual Civil tem avançado a passos largos, enquanto o Processo Penal tem caminhado timidamente.

Com efeito, o Código de Processo Penal é diploma vetusto, tendo entrado em vigor no ano de 1941. Foi redigido por Francisco Campos, mentor da Constituição de 1937 e do Ato Institucional nº 1 em 1964[38].

É bem verdade que ao longo dessas décadas sobrevieram ao Código de Processo Penal inúmeras modificações. Nesse passo, inclusive, há posição doutrinária adjetivando-o como quimérico[39], uma vez que as diversas leis alteradoras inseriram em seu corpo mudanças inspiradas pela ideologia vigente a seu

---

35. WAMBIER, Teresa Arruda Alvim. Distinção entre questão de fato e questão de direito para fins de cabimento de recurso especial. *Revista de Processo*, vol. 92, out./dez. 1998. p. 1-2 da versão on-line.

36. BARBOSA MOREIRA, José Carlos. *Comentários ao Código de Processo Civil*. Rio de Janeiro: Forense, 1998. Vol. 7, p. 581.

37. "Percebe-se, portanto, que os fatos relativos ao caso concreto são sempre relevantes, inclusive para o enfrentamento das questões predominantes de direito. Por isso, ao afirmar que o IRDR pode ser admitido tão somente em relação a questões de direito não se pretende sugerir, de modo algum, que os fatos concernentes ao caso repetitivo podem ser ignorados no procedimento de resolução do ponto controvertido. Ao revés, quer-se sublinhar que circunstâncias fáticas da causa devem ser consideradas *in statu assertionis* no julgamento do incidente, cujo resultado será aplicado aos casos pendentes e futuros na medida em que guardem correspondência com aquele que tiver sido objeto de afetação" (SILVA, Ricardo Menezes da. Breves considerações sobre os requisitos de admissibilidade do incidente de resolução de demandas repetitivas. *Revista de Processo Comparado*, vol. 6, jul./dez. 2017, p. 5 da versão on-line).

38. GABRIEL, Anderson de Paiva. *O contraditório participativo no processo penal*: uma análise da fase pré-processual à luz do contraditório participativo. Rio de Janeiro: Gramma, 2017. p. 17-20.

39. GABRIEL, Anderson de Paiva. *O contraditório participativo no processo penal*: uma análise da fase pré-processual à luz do contraditório participativo. Rio de Janeiro: Gramma, 2017. p. 15-20.

tempo, culminando em um diploma desprovido de um espírito único e repleto de contradições.

A despeito de tal fato, as alterações mais recentes dizem respeito especialmente ao exercício dos direitos ao contraditório e à ampla defesa, reflexos do neoconstitucionalismo[40]. É preciso avançar muito mais.

Apesar de alguma resistência[41], é robusta a corrente que advoga a existência de uma Teoria Geral do Processo[42]. Com efeito, há uma relevante interseção entre o Direito Processual Civil e o Direito Processo Penal, notadamente no que diz respeito aos conceitos estruturais, tais como: ação; processo; procedimento; jurisdição; nulidades, provas etc., o que evidentemente não infirma a importância das particularidades de cada um dos ramos.

Ademais, a partir das premissas dos modernos mestres italianos, como Ferri, Comoglio, Taruffo, Trocker e Varano, entre outros[43], o processo deve ser visto, necessariamente, sob o prisma constitucional. Assim, se o ordenamento jurídico fosse uma árvore, o direito constitucional seria o tronco e o Direito Processual seria um ramo ou galho dessa árvore.

---

40. SILVA, Felipe Carvalho Gonçalves da Silva. Do reconhecimento de garantias constitucionais processuais penais pelo ordenamento jurídico: uma década de evolução. In: BALDEZ, Paulo de Oliveira Lanzellotti; CARVALHO, Luis Gustavo Grandinetti de; CASARA, Rubens Roberto Rebello; NICOLITT, André Luiz. (Orgs.). *O novo regime jurídico das medidas cautelares no processo penal*. Rio de Janeiro: EMERJ, 2011. p. 150-160.

41. LOPES JR., Aury. *Direito processual penal*. 11. ed. São Paulo: Saraiva. p. 59. Afrânio Silva Jardim rebate os argumentos tecidos por Aury Lopes Júnior (JARDIM, Afrânio Silva. *Não creem na teoria geral do processo, mas ela existe*. Disponível em: <www.conjur.com.br/2014-jul-04/afranio-jardim-nao-creem-teoria-geral-processo-ela-existe>. Acesso em: 11.08.2018.

42. Fernando da Costa Tourinho Filho defende a existência de uma teoria geral do processo e assevera que pensam de igual maneira Frederico Marques, Carnelutti, Calamandrei, Alcalá-Zamora, Giovanni Leone, entre outros processualistas de renome. De fato, existem diversos institutos que são aplicados tanto ao Processo Civil quanto ao Processo Penal (TOURINHO FILHO, Fernando da Costa. *Processo penal*. 20. ed. rev., mod. e ampl. São Paulo: Saraiva, 1998. v. 1. p. 170-171). Filiam-se a essa corrente, dentre outros: Antônio do Passo Cabral (CABRAL, Antonio do Passo. *Nulidades no processo moderno*. Rio de Janeiro: Forense, 2009. p.350); José Frederico Marques (MARQUES, Frederico. *Manual de direito processual civil*. Campinas: Bookseller, 1997. vol. I. p. 48-51); Franklyn Roger Alves (SILVA, Franklyn Roger Alves. Os efeitos do novo Código de Processo Civil no direito processual penal. In: PORTO, José Roberto Sotero de Mello; RODRIGUES, Roberto de Aragão Ribeiro (Coords.). *Direito processual contemporâneo*: estudos em homenagem a Humberto Dalla Bernadina de Pinho. Rio de Janeiro: LMJ Mundo Cristão, 2018. p. 207-252); Afrânio da Silva Jardim (JARDIM, Afrânio da Silva. *Não creem na teoria geral do processo, mas ela existe*. Disponível em: <www.conjur.com.br/2014-jul-04/afranio-jardim-nao-creem-teoria-geral-processo-ela-existe>. Acesso em: 11.08.2018); Luiz Guilherme Marinoni (MARINONI, Luiz Guilherme. *Curso de processo civil*: teoria geral do processo. São Paulo: Revista dos Tribunais, 2006, vol. I.); Antônio Carlos de Araújo Cintra, Ada Pellegrini Grinover e Cândido Rangel Dinamarco (ARAÚJO CINTRA, Antônio Carlos de; GRINOVER, Ada Pellegrini; DINAMARCO, Cândido Rangel. *Teoria geral do processo*. 14. ed. São Paulo: Malheiros, 1998).

43. Ver, por todos, TROCKER, Nicolò. *Processo civile e costituzione*: problemi di diritto tedesco e italiano. Milano: Giuffrè, 1974.

Marcelo Cattoni adverte com propriedade:

> Assim, no Brasil e cada vez mais em toda parte, a Constituição estabelece um verdadeiro Modelo Constitucional do Processo, estruturante do Direito Processual, que não pode ser desconsiderado, sob pena de inconstitucionalidade e até mesmo de descaracterização do instituto do processo enquanto tal. Nosso controle de constitucionalidade pode dar-se como preliminar de mérito em qualquer processo, cível ou penal, de tal forma que todo cidadão tem o direito de se opor ou de arguir uma inconstitucionalidade e todo juiz ou tribunal, da primeira a última instância, não só pode, mas deve, como atividade típica e função intrínseca à jurisdição brasileira, apreciar a constitucionalidade da lei ou ato normativo de qualquer espécie, negando a aplicação de comando eivado de inconstitucionalidade[44].

Outra não é a lição de José Alfredo Oliveira Baracho:

> Existem diversas concepções sobre a Teoria ou doutrina geral do processo ou do Direito Processual que parte da sistematização dos princípios, conceitos e instituições comuns a todos os ramos do processo, estudados de maneira unitária, de conformidade com as instituições fundamentais de toda a disciplina processual. Em cada um dos segmentos pertencentes ao campo do Direito Processual, existem matizes e modalidades peculiares que não impedem a existência de direcionamentos gerais. A independência das diversas disciplinas processuais, a respeito do direito substantivo, é relativamente recente, sendo que a distinção se iniciou com o Direito Processual Civil e o Direito Processual Penal, sendo que apenas mais tarde surgiram outros segmentos, como o Direito Processual Administrativo, o Direito Processual do Trabalho, o Direito Processual Agrário e novos segmentos da processualística. Com o tempo apareceu a mais moderna orientação processualística, através do processo constitucional[45].

Evidencia-se, portanto, a notória integração entre os diversos ramos do processo, como resultado de sua origem comum, qual seja, o paradigma processual oriundo de nossa Carta Magna.

Assim, não sem razão foram estatuídos os comandos normativos do artigo 3º do Código de Processo Penal,[46] artigo 15 do Código de Processo Civil[47] e artigo 4º[48] da Lei de Introdução às Normas de Direito Brasileiro, Decreto-lei nº 4.657/42, revelando a necessidade de aplicação da Teoria do Diálogo entre as fontes.

Trata-se de uma teoria pós-moderna, idealizada pelo germânico Erik Jayme e aplicada, no Brasil, pela primeira vez, por Cláudia Lima Marques, a fim de preser-

---

44. CATTONI DE OLIVEIRA, Marcelo Andrade. Contribuições para uma teoria discursiva da constituição e do processo constitucional. In: DIDIER JR., Fredie (Org.). *Teoria do processo-panorama doutrinário mundial--segunda série*. Salvador: Juspodivm, 2010, v. 1, p. 615-644.
45. BARACHO, José Alfredo de Oliveira. *Direito processual constitucional:* aspectos contemporâneos. Belo Horizonte: Fórum, 2006, p. 320-322.
46. Art. 3º do CPP: "A lei processual penal admitirá interpretação extensiva e aplicação analógica, bem como o suplemento dos princípios gerais de direito".
47. Art. 15 do CPC/2015: "Na ausência de normas que regulem processos eleitorais, trabalhistas ou administrativos, as disposições deste Código lhes serão aplicadas supletiva e subsidiariamente".
48. Art. 4º da LINDB: "Quando a lei for omissa, o juiz decidirá o caso de acordo com a analogia, os costumes e os princípios gerais de direito".

var a coexistência entre o Código de Defesa do Consumidor e o novo Código Civil, permitindo que normas gerais mais benéficas supervenientes suplantassem a aplicação de norma especial (concebida para conferir tratamento privilegiado a determinada categoria), a fim de preservar a coerência do sistema normativo.

A referida autora, ao discorrer sobre a teoria, asseverou ser um método da nova teoria geral do direito muito útil e que pode ser usada na aplicação de todos os ramos do direito, privado e público, nacional e internacional, como instrumento útil ao aplicador da lei no tempo, em face do pluralismo pós-moderno de fontes, que não parece diminuir no século XXI[49].

A ideia não é nova. Santi Romano, desde 1918, defendia uma visão concreta do direito como um corpo vivo de normas, isto é, uma ordem jurídica seria um fenômeno da vida real[50]. Por sua vez, em 1935, Karl Larenz defendeu que a unidade do direito ensejava uma interpretação sistemática e coerente de normas[51].

Cláudia Lima Marques[52] destaca que:

> Ao valorar os princípios, normas e o sistema de valores imanentes nas Constituições na lista de direitos fundamentais de cada país, a teoria de Erik Jayme homenageia a lógica de aplicação das leis de Perelman, pois para este autor o direito tem uma função social a realizar, e, portanto, de uma forma realista, não pode ser concebido sem que se leve em conta a sociedade que deve reger[53].

Nessa linha de ideias, há de se destacar o art. 5º da Lei de Introdução às normas do Direito Brasileiro (LINDB)[54], que deve balizar a aplicação de todas as leis, e o art. 8º do CPC/2015[55], que segundo a nossa compreensão, é norma fundamental do processo, alcançando todos os ramos processuais.

Ambos impõem ao magistrado que, ao interpretar e aplicar as normas jurídicas, o faça buscando atender os fins sociais a que ela se dirige e às exigências do bem comum, sendo que a norma processual, por ter sido editada já sob a égide da CRFB/88, ainda determina que se procure resguardar e promover a dignidade da

---

49. MARQUES, Cláudia Lima. O "Diálogo das Fontes" como método da nova teoria geral do Direito: um tributo a Erik Jayme. In: MARQUES, Cláudia Lima. *Diálogo das fontes do conflito à coordenação de normas no direito brasileiro.* São Paulo: Revista dos Tribunais, 2012, p. 18-19.

50. ROMANO, Santi. *L'ordre juridique.* Reimp. Paris: Dalloz, 2002, p. 5.

51. KRAMER, Ernst A. *Juristiche Methodenlehre.* München: Beck, p. 65.

52. MARQUES, Cláudia Lima. O "Diálogo das Fontes" como método da nova teoria geral do direito: um tributo a Erik Jayme. In: MARQUES, Cláudia Lima. *Diálogo das fontes do conflito à coordenação de normas no direito brasileiro.* São Paulo: Revista dos Tribunais, 2012. p. 18-19.

53. PERELMAN, Charles. *Logique Juridique* (reimpressão histórica da 2ª edição de 1979). Paris: Dalloz, 1999. p. 175.

54. Art. 5º Na aplicação da lei, o juiz atenderá aos fins sociais a que ela se dirige e às exigências do bem comum.

55. Art. 8º Ao aplicar o ordenamento jurídico, o juiz atenderá aos fins sociais e às exigências do bem comum, resguardando e promovendo a dignidade da pessoa humana e observando a proporcionalidade, a razoabilidade, a legalidade, a publicidade e a eficiência.

pessoa humana, observando a proporcionalidade, a razoabilidade, a legalidade, a publicidade e a eficiência, isto é, valores constitucionais.

O diálogo das fontes deve ser norteado pelos valores constitucionais e pelos direitos humanos ou fundamentais, possibilitando influências recíprocas entre diplomas diversos (por exemplo o CPC/2015 e o CPP), bem como a aplicação conjunta de duas normas ao mesmo tempo e ao mesmo caso, seja complementarmente, seja subsidiariamente.

Trata-se, portanto, de uma expressão que simboliza um novo paradigma de coordenação e coerência, próprio para a interpretação de normas em tempos de fontes plúrimas. A aplicação do direito é, na pós-modernidade, um fenômeno complexo que dificilmente admite a simples subsunção do fato à norma, como ocorria no período napoleônico.

A teoria, portanto, pode ser usado em várias áreas jurídicas, pressupondo que os direitos fundamentais e os valores constitucionais norteiem a aplicação, seja simultânea, complementar ou subsidiária, de várias fontes.

Através de seu emprego, afastam-se eventuais lacunas e até evita-se a necessidade de um exame concreto da inconstitucionalidade de alguma das normas, permitindo a escolha das leis a aplicar, na sua ordem e na interpretação delas conforme a Constituição.

Cabe destacar elucidativo trecho sobre a teoria, proferido em acórdão da relatoria do ministro Napoleão Nunes Maia Filho[56]:

> O Direito deve ser compreendido, em metáfora às ciências da natureza, como um sistema de vasos comunicantes, ou de diálogo das fontes (Erik Jayme), que permita a sua interpretação de forma holística. Deve-se buscar, sempre, evitar antinomias, ofensivas que são aos princípios da isonomia e da segurança jurídica, bem como ao próprio ideal humano de Justiça.

Nesse sentido, há que se destacar que os Tribunais brasileiros acolheram plenamente a "teoria do diálogo das fontes"[57], reconhecendo, inclusive, sua aplicação de forma específica no âmbito processual[58].

---

56. AgRg no REsp 1483780, Relator: Ministro Napoleão Nunes Maia Filho, Órgão Julgador: Primeira Turma, data do julgamento: 23/06/2015, data da Publicação/Fonte DJe 05/08/2015.

57. REsp 1272827 (repetitivo), Relator: Ministro Mauro Campbell Marques DJe 31/05/2013, REsp 1184765 (repetitivo) Relator: Ministro Luiz Fux DJe 03/12/2010, RMS 49370, relator: Ministro Herman Benjamin, 20/05/2016, AgRg no REsp 1483780, Relator: Ministro Napoleão Nunes Maia Filho. DJe 05/08/2015, REsp 1321614, Relator: Ministro Paulo de Tarso Sanseverino DJe 03/03/2015, AgRg no AREsp 360490, Relator: Ministro Herman Benjamin DJe 07/03/2014, REsp 1216673, Relator: Ministro João Otávio de Noronha DJe 09/06/2011, REsp 1009591, Relatora: Ministra NANCY ANDRIGHI DJe 23/08/2010.

58. PROCESSUAL CIVIL. EMBARGOS À EXECUÇÃO FISCAL. EFEITO SUSPENSIVO. LEI 11.382/2006. REFORMAS PROCESSUAIS. INCLUSÃO DO ART. 739-A NO CPC. REFLEXOS NA LEI 6.830/1980. PRECEDENTES. 1. A defesa do executado, seja por meio de impugnação ao cumprimento da sentença (art. 475-M), ou pelos embargos ao título extrajudicial (art. 739-A), é desprovida de efeito suspensivo, podendo o juiz conceder tal efeito se o executado requerer e desde que preenchido os pressupostos do fumus boni iuris e pericu-

Como podemos observar, o diálogo se mostra não só possível, como necessário, para um processo penal efetivo e ao mesmo tempo garantista. Imperiosa a leitura do vetusto CPP à luz da Constituição Federal e do vanguardista CPC/2015, já que as normas fundamentais previstas neste propalam justamente os valores previstos na Carta Magna, permitindo uma redemocratização do processo penal.

Há que se ressaltar, em outro giro, que mesmo antes do advento do CPC/15 a jurisprudência já era pacífica quanto a aplicabilidade das disposições do CPC/73 ao CPP e vice-versa, havendo inúmeros precedentes de nossos Tribunais Superiores.

Exemplo emblemático de aplicação supletiva decorre do instituto da *perpetuatio jurisdictionis*, que era previsto no art. 87 do CPC/1973[59] e agora no art. 43[60] do CPC/2015. Trata-se da perpetuação da competência, cuja aplicação ao processo penal sempre foi reconhecida também pela doutrina.

No mesmo sentido, já havia se posicionado anteriormente o STJ[61], também reconhecendo que, por força do art. 3º do CPP, aplica-se o disposto no Código de

---

lum in mora e, como regra, garantido integralmente o juízo, consoante a nova sistemática do processo satisfativo, introduzida pelas Leis n.ºs 11.232/05 e 11.382/06. 2. A mesma ratio deve ser estendida às Execuções Fiscais (Lei 6.830/1980), posto receber aplicação subsidiária do CPC (art. 1º, da LEF) e não possuir regra específica acerca dos efeitos dos embargos à execução fiscal. 3. É cedido que: "No atual quadro normativo, a execução fiscal supõe prévia formação do título executivo, mediante procedimento administrativo em que se assegura o contraditório, no âmbito do qual se promove a constituição do crédito tributário e a inscrição em dívida ativa. Ademais, a própria execução fiscal comporta embargos do devedor com efeito suspensivo, se for o caso (CPC, art. 739-A, § 1º)" (AgRg na MC 13249/SP, Rel. Ministro Teori Albino Zavascki, DJ 25/10/2007). 4. Conforme decidiu a 2ª Turma desta E. Corte, no REsp. n.º 1.024.128/PR, Rel. Min. Herman Benjamin: "A novel legislação é mais uma etapa da denominada "reforma do CPC", conjunto de medidas que vêm modernizando o ordenamento jurídico para tornar mais célere e eficaz o processo como técnica de composição de lides. Sob esse enfoque, a atribuição de efeito suspensivo aos embargos do devedor deixou de ser decorrência automática de seu simples ajuizamento. Em homenagem aos princípios da boa-fé e da lealdade processual, exige-se que o executado demonstre efetiva vontade de colaborar para a rápida e justa solução do litígio e comprove que o seu direito é bom. Trata-se de nova concepção aplicada à teoria geral do processo de execução, que, por essa ratio, reflete-se na legislação processual esparsa que disciplina microssistemas de execução, desde que as normas do CPC possam ser subsidiariamente utilizadas para o preenchimento de lacunas. *Aplicação, no âmbito processual, da teoria do "diálogo das fontes"* (DJ. 19/12/2008). 5. Deveras, a aferição pelo Tribunal a quo acerca de serem "relevantes os fundamentos dos embargos, e podendo a execução causar ao executado grave dano de difícil reparação" (fl.88) é insindicável pelo E. STJ, ante o óbice da Súmula 07. 6. Recurso especial não conhecido. (REsp 1065668/SC, Relator: Ministro Luiz Fux, Primeira Turma do STJ, data do Julgamento: 25/08/2009, data da Publicação/Fonte: DJe 21/09/2009) (grifado).

59. Art. 87. Determina-se a competência no momento em que a ação é proposta. São irrelevantes as modificações do estado de fato ou de direito ocorridas posteriormente, salvo quando suprimirem o órgão judiciário ou alterarem a competência em razão da matéria ou da hierarquia.

60. Art. 43. Determina-se a competência no momento do registro ou da distribuição da petição inicial, sendo irrelevantes as modificações do estado de fato ou de direito ocorridas posteriormente, salvo quando suprimirem órgão judiciário ou alterarem a competência absoluta.

61. PENAL E PROCESSUAL PENAL. HABEAS CORPUS. ART. 121, § 1º, INCISOS I, IV E V, DO CÓDIGO PENAL. COMPETÊNCIA. REGRA GERAL. LUGAR DA INFRAÇÃO. ART. 70, CAPUT DO CÓDIGO DE PROCESSO PENAL. CRIAÇÃO DE NOVA VARA FEDERAL COM JURISDIÇÃO SOBRE O MUNICÍPIO ONDE SE DEU O CRIME, APÓS

Processo Civil, levando à perpetuação do foro em respeito ao princípio constitucional do juiz natural (Precedentes inclusive do Pleno do Pretório Excelso).

O STF também já havia reconhecido a possibilidade de aplicação analógica do art. 191 do CPC/1973[62] ao processo penal, oportunidade em que foi ressaltado que se no processo civil, em que se discutem direitos disponíveis, concede-se prazo em dobro, com mais razão no processo penal, em que está em jogo a liberdade do cidadão[63].

Por oportuno, cumpre esclarecer que o Supremo, durante análise de questão de ordem no Inquérito 3.980, redefiniu o entendimento para as ações penais onde todos os interessados têm acesso simultâneo ao inteiro teor dos autos, indeferindo em votação unânime o pleito de prazo em dobro. Tal alteração ocorreu em virtude da vigência do novo Código de Processo Civil, que possui regra específica para o processo eletrônico (art. 229, § 2º, do CPC/2015)[64].

Com efeito, conforme salientou o ministro Teori, em seu voto, a impossibilidade de acesso simultâneo ao inteiro teor dos autos – que eram exclusivamente físicos – é que justificava a norma anterior que dava prazo em dobro para as partes, o que não ocorre no processo eletrônico, razão pela qual deve ser aplicado

---

O RECEBIMENTO DA DENÚNCIA. FEITO EM ANDAMENTO. PERPETUATIO JURISDICTIONIS. APLICAÇÃO SUBSIDIÁRIA (ART. 3º DO CÓDIGO DE PROCESSO PENAL) DO ART. 87 DO CÓDIGO DE PROCESSO CIVIL. PRISÃO PREVENTIVA. APLICAÇÃO DA LEI PENAL E GARANTIA DA INSTRUÇÃO CRIMINAL. NECESSIDADE DA MEDIDA CONSTRITIVA DEVIDAMENTE DEMONSTRADA. I - A criação de nova vara federal com jurisdição sobre o município onde se deu a infração não implica em incompetência superveniente do juízo em que se iniciou a ação penal. II - Por força do art. 3º do Código de Processo Penal, aplica-se ao caso o disposto no art. 87 do Código de Processo Civil, levando à perpetuação do foro em respeito ao princípio constitucional do juiz natural (Precedentes do Pleno do Pretório Excelso e desta Corte). III - A prisão preventiva deve ser considerada exceção, já que, por meio desta medida, priva-se o réu de seu jus libertatis antes do pronunciamento condenatório definitivo, consubstanciado na sentença transitada em julgado. É por isso que tal medida constritiva só pode ser decretada se expressamente for justificada sua real indispensabilidade para assegurar a ordem pública, a instrução criminal ou a aplicação da lei penal, ex vi do artigo 312 do Código de Processo Penal IV - Na presente hipótese, restou devidamente evidenciada a necessidade de sua imposição, mediante a demonstração de elementos concretos, que o réu, solto, poderá causar risco à instrução do feito, ou mesmo frustrar a provável aplicação da lei penal, razão pela qual mesmo em sendo a liberdade a regra, esta se mostra devidamente excetuada pois efetivamente demonstrada, em relação ao paciente, a existência de periculum libertatis. Habeas corpus denegado. (HC 63720/DF, Relator Ministro Felix Fischer, Quinta Turma, data do Julgamento 05/10/2006, data da publicação/fonte DJ 13/11/2006 p. 285).

62. Art. 191. Quando os litisconsortes tiverem diferentes procuradores, ser-lhes-ão contados em dobro os prazos para contestar, para recorrer e, de modo geral, para falar nos autos.

63. STF. Plenário. Inq 3983/DF, rel. orig. Min. Teori Zavascki, red. p/ o acórdão Min. Luiz Fux, julgado em 3/9/2015 (Info 797). STF. Plenário. Inq 4112/DF, rel. orig. Min. Teori Zavascki, red. p/ o acórdão Min. Gilmar Mendes, julgado em 1º/9/2015 (Info 797).

64. Art. 229. Os litisconsortes que tiverem diferentes procuradores, de escritórios de advocacia distintos, terão prazos contados em dobro para todas as suas manifestações, em qualquer juízo ou tribunal, independentemente de requerimento.§ 1º Cessa a contagem do prazo em dobro se, havendo apenas 2 (dois) réus, é oferecida defesa por apenas um deles. § 2º Não se aplica o disposto no caput aos processos em autos eletrônicos.

subsidiariamente o artigo 229, § 2º, do CPC/2015, e não o *caput*[65]. Reiterou-se, portanto, a aplicação subsidiária do CPC ao processo penal.

Com o intuito de dissipar qualquer dúvida, há de se destacar precedente do STJ[66], em que foi pacificada a possibilidade de condenação em honorários advocatícios em caso de ação penal privada (AgRg no REsp 1.206.311-SP, Quinta Turma, DJe 11/6/2014), com base no princípio geral de sucumbência e na aplicação do Código de Processo Civil, invocando-se o disposto nos arts. 3º e 804 do CPP[67], em harmonia com o art. 20 do antigo CPC.

Como se não bastasse, a Quinta Turma do STJ assentou a aplicabilidade do princípio da cooperação, com base na aplicação subsidiária do CPC/2015,[68] admitindo que o juiz intime o membro do *Parquet* para complementar a denúncia apresentando o rol de testemunhas[69].

No mesmo sentido, isto é, reconhecendo o dever de cooperação à luz de um contraditório participativo, a Sexta Turma do STJ já entendeu que o juiz pode, mesmo antes da sentença, proceder à correta adequação típica dos fatos narrados na denúncia para viabilizar, desde logo, o reconhecimento de direitos do réu caracterizados como temas de ordem pública decorrentes da reclassificação do crime[70].

65. STF, INQ 3.980. Conforme notícia divulgada pelo STF no dia 07 de junho de 2016, disponível em: http://www.stf.jus.br/portal/cms/verNoticiaDetalhe.asp?idConteudo=318237&tip=UN, último acesso em 10 nov. 16.

66. DIREITO PROCESSUAL PENAL. HONORÁRIOS ADVOCATÍCIOS SUCUMBENCIAIS EM AÇÃO PENAL PRIVADA EXTINTA SEM JULGAMENTO DE MÉRITO. É possível condenar o querelante em honorários advocatícios sucumbenciais na hipótese de rejeição de queixa-crime por ausência de justa causa. É pacífica a orientação de possibilidade de condenação em honorários advocatícios em caso de ação penal privada (AgRg no REsp 1.206.311-SP, Quinta Turma, DJe 11/6/2014), com base no princípio geral de sucumbência e na aplicação do Código de Processo Civil. Nesse contexto, o antigo Código de Processo Civil – aplicado quando da condenação dos honorários advocatícios – previa a fixação da referida verba em razão da sucumbência da parte, independentemente da apreciação do mérito do feito, com suporte no princípio da causalidade. Assim, considerando que o regime de fixação de honorários advocatícios em sede de ação penal privada deve seguir a mesma lógica do processo civil, não há como aplicar de forma restritiva o CPC/1973, devendo responder por custas e honorários advocatícios a parte que deu causa ao ajuizamento da demanda, mesmo quando não enfrentado o mérito. Portanto, deve prevalecer o entendimento da Corte Especial sobre o tema (EDcl no AgRg na PET na APn 735-DF, DJe de 18/12/2015), a qual confirmou a possibilidade de fixação de honorários advocatícios em caso de rejeição de queixa-crime, fundamentando-se nos arts. 3º e 804 do CPP, em harmonia com o art. 20 do antigo CPC. (EREsp 1.218.726-RJ, Rel. Min. Felix Fischer, julgado em 22/6/2016, DJe 1/7/2016).

67. Art. 804. A sentença ou o acórdão, que julgar a ação, qualquer incidente ou recurso, condenará nas custas o vencido.

68. Art. 6º Todos os sujeitos do processo devem cooperar entre si para que se obtenha, em tempo razoável, decisão de mérito justa e efetiva.

69. RHC 37.587-SC, Rel. Min. Reynaldo Soares da Fonseca, julgado em 16/2/2016, DJe 23/2/2016 (Informativo n. 577).

70. Sexta Turma. DIREITO PROCESSUAL PENAL. *EMENDATIO LIBELLI* ANTES DA SENTENÇA. O juiz pode, mesmo antes da sentença, proceder à correta adequação típica dos fatos narrados na denúncia para viabilizar, desde logo, o reconhecimento de direitos do réu caracterizados como temas de ordem pública de-

Importante destacar que o próprio Código de Processo penal reconhece o diálogo com o Código de Processo Civil, tendo em vista a natureza processual de ambos, isto é, concernem a ramos de uma mesma árvore, à luz da doutrina de Nicolas Trocker, já citada.

É o caso da previsão insculpida no art. 362 do CPP[71], que acolhe o uso da citação por hora certa no processo penal, remetendo, contudo, a disciplina do procedimento para os artigos 227 a 229 do CPC/1973[72].

---

correntes da reclassificação do crime. Com efeito, é válida a concessão de direito processual ou material urgente, em tema de ordem pública, mesmo quando o fundamento para isso seja decorrência de readequação típica dos fatos acusatórios, em qualquer fase do processo de conhecimento. De fato, o limite do caso penal são os fatos indicados na peça acusatória. Irrelevante é a adequação típica indicada pelo agente ministerial, que em nada limita a persecução ou as partes do processo – o juiz e mesmo o acusador podem compreender até a sentença que os fatos descritos caracterizam crimes outros. Daí porque não cabe ao juiz corrigir defeito de enquadramento típico da denúncia – na sentença simplesmente enquadrará os fatos ao direito, na forma do art. 383 do CPP, como simples exercício de jurisdição. É a *emendatio libelli* reservada para o momento da prolação da sentença, ocasião em que o magistrado, após encerrada a instrução e debates, decidirá o direito aos fatos acusatórios – sem qualquer limitação de enquadramento típico. Ocorre que matérias de ordem pública, de enfrentamento necessário em qualquer fase processual – como competência, trancamento da ação, sursis processual ou prescrição –, podem exigir como fundamento inicial o adequado enquadramento típico dos fatos acusatórios, como descritos (assim independendo da instrução). Não se trata de alteração do limite do caso penal pela mudança do tipo penal denunciado – irrelevante aos limites do caso penal – e sim de decidir se há direito material ou processual de ordem pública, como, por exemplo, a definição do direito à transação penal, porque os fatos denunciados configuram em verdade crime diverso, de pequeno potencial ofensivo. Trate-se de simples condição do exercício da jurisdição, aplicando o direito aos fatos narrados na denúncia para a solução de temas urgentes de conhecimento necessário. Cuida-se de manifestação em tudo favorável à defesa, pois permite incidir desde logo direitos do acusado. Impedir o exame judicial em qualquer fase do processo como meio de aplicar direitos materiais e processuais urgentes, de conhecimento obrigatório ao juiz, faz com que se tenha não somente a mora no reconhecimento desses direitos, como até pode torná-los prejudicados. Prejuízo pleno também pode ocorrer, como no direito à transação penal ou sursis processual se realizado o correto enquadramento típico na sentença, ou acórdão de apelação. Ou no enquadramento da supressão de valores mediante fraude bancária como estelionato ou furto, pois diferentes os locais da consumação e, como incompetência relativa, sem renovação dos atos no foro adequado. Assim, há direito do acusado a ver reconhecida a incompetência, a prescrição, o direito à transação, a inexistência de justa causa, e, se isso pode reconhecer o magistrado sem dilação probatória, pela mera aplicação do direito aos fatos denunciados, pode e deve essa decisão dar-se durante a ação penal, como temas de ordem pública, mesmo antes da sentença. Se a solução do direito ao caso penal dá-se em regra pela sentença – daí os arts. 383 e 384 do CPP – temas de ordem pública podem ser previamente solvidos. HC 241.206-SP, Rel. Min. Nefi Cordeiro, julgado em 11/11/2014, DJe 11/12/2014 (Informativo 553).

71. Art. 362. Verificando que o réu se oculta para não ser citado, o oficial de justiça certificará a ocorrência e procederá à citação com hora certa, na forma estabelecida nos arts. 227 a 229 da Lei nº 5.869, de 11 de janeiro de 1973 – Código de Processo Civil. (Redação dada pela Lei nº 11.719, de 2008).

72. Art. 227. Quando, por três vezes, o oficial de justiça houver procurado o réu em seu domicílio ou residência, sem o encontrar, deverá, havendo suspeita de ocultação, intimar a qualquer pessoa da família, ou em sua falta a qualquer vizinho, que, no dia imediato, voltará, a fim de efetuar a citação, na hora que designar.

    O art. 1.046, § 4º, do novo Código preconiza expressamente que "as remissões a disposições do Código de Processo Civil revogado, existentes em outras leis, passam a referir-se às que lhes são correspondentes neste Código". Portanto, a citação por hora certa será regulada, a partir da vigência do CPC/2015, pelos artigos 252 ao 254.

Em outro giro, gize-se o disposto no artigo 28 do CPP, que é empregado por analogia ao rito das ações civis, quando integrante do Ministério Público declina da atuação em feito, mas o Juízo considera existir interesse público em discussão. Cite-se outro exemplo: o artigo 152 do Estatuto da Criança e do Adolescente prevê a aplicação subsidiária das normas gerais previstas na legislação processual pertinente. No rito para apuração dos atos infracionais, estabelecido a partir do artigo 103 do ECA, aplicam-se supletivamente as garantias processuais penais - não obstante o artigo 198 do Estatuto determinar a observância do sistema recursal do Código de Processo Civil, com adaptações dispostas na própria Lei nº 8.069/90. Assim, o adolescente é cientificado sobre o direito ao silêncio antes da sua oitiva, conforme sufraga o artigo 186, *caput* e parágrafo único do Código Penal. Ademais, muitos Magistrados permitem que a oitiva do adolescente representado seja realizada após a produção da prova testemunhal, tal qual ocorre nos modernos ritos do processo penal.

A doutrina tem procurado estudar a influência do Código de Processo Civil sobre o Código de Processo Penal e outra não é a conclusão apontada, como lecionam Flávio Mirza, Cândido Rangel Dinamarco e Anderson de Paiva Gabriel[73]. Malgrado o artigo 15 do Código de Processo Civil de 2015 faça referência expressa tão somente à aplicação de suas disposições de forma supletiva e subsidiária a processos eleitorais, trabalhistas ou administrativos, não há qualquer vedação pelo novel código à aplicação ao Processo Penal e, por certo, não se trata de silêncio eloquente, já que o próprio CPP, em diversas passagens reconhece a aplicação subsidiária do CPC. Como já destacamos, nossos tribunais superiores também possuem consolidada jurisprudência nesse sentido[74].

Sepultando qualquer dúvida, gize-se o enunciado 3 da I Jornada de Direito Processual Civil do CJF, decorrente de proposição nossa, inclusive[75].

73. "Na tramitação legislativa do projeto do Código de Processo Civil de 2015 o legislador suprimiu de seu art. 15 a referência aos processos penais, mas esses processos continuarão a se render à normas processuais civis graças ao disposto no art. 3º de seu próprio Código, onde se lê que "a lei processual penal admitirá interpretação extensiva e aplicação analógica" (DINARMARCO, Cândido Rangel. *Comentários ao Código de Processo Civil* - volume I (arts. 1º a 69): das normas processuais civis e da função jurisdicional; BONDIOLI, Luis Guilherme Aidar; FONSECA, João Francisco Naves da; GOUVÊA, José Roberto Ferreira (coords.). São Paulo: Saraiva Educação, 2018. p. 153). MIRZA, Flávio. Valoração da prova: reflexões sobre o sistema de apreciação. In: MORAES, Carlos Eduardo Guerra de; RIBEIRO, Ricardo Lodi (coords.); MIRZA, Flávio (org.). *Direito processual* - coleção Direito UERJ 80 anos. Rio de Janeiro: Freitas Bastos Editora, 2015. p. 138.

74. HC 63720/DF, Relator Ministro Felix Fischer, Quinta Turma, data do Julgamento 05/10/2006, data da publicação/fonte DJ 13/11/2006 p. 285.

75. GABRIEL, Anderson de Paiva. *A aplicação supletiva e subsidiária do CPC/15 ao CPP/41*: reflexões sobre a jurisdição contemporânea. https://www.jota.info/paywall?redirect_to=//www.jota.info/opiniao-e-analise/colunas/juiz-hermes/a-aplicacao-supletiva-e-subsidiaria-do-cpc15-ao-cpp41-09102017. Acesso em: 29 de novembro de 2019.

Posto isso, reitere-se que o Código de Processo Penal, em seu artigo 3º, admite expressamente a interpretação extensiva e aplicação analógica, bem como o suplemento dos princípios gerais de direito[76]. No tocante a estes, grassa alguma controvérsia na doutrina quanto a sua abrangência, mas podemos afirmar, com convicção, que abarcam os princípios constitucionais.

Assim, a dignidade da pessoa humana, enquanto fundamento de nossa república, bem como o devido processo legal, o contraditório, a segurança jurídica, a duração razoável dos processos, entre outros direitos fundamentais, devem não só nortear a interpretação de qualquer norma processual penal, como balizar o próprio processo penal.

E no ponto, o CPC/2015 reafirma uma série de princípios de lastro constitucional, tornando-lhes normas fundamentais do processo e conferindo-lhes uma dimensão ainda mais ampla, sendo, portanto, imperiosa a sua aplicação supletiva e subsidiária a todos as demais legislações processuais.

Nesse diapasão, por exemplo, os princípios da boa-fé processual (art. 5º), cooperação (art. 6º), fundamentação adequada (art. 489, § 1º) e respeito aos precedentes (arts. 489, § 1º, V e VI; 926 e 927) devem ser observados em todos os ramos.

Assim, a atuação dos juízes, enquanto garantidores dos direitos fundamentais no Estado Democrático de Direito, é imperiosa para consecução dos valores propalados pela Constituição também no processo penal.

O fenômeno aludido encontra paralelo no processo penal espanhol, conforme aponta Lorenz M. Bujosa Vadell (Catedrático de Derecho Procesal – Universidad de Salamanca):

> Ainda hoje naturalmente o problema da efetividade das garantias constitucionais de conteúdo processual é uma questão central em qualquer Estado de Direito. Não pode ser de outra maneira também no ordenamento espanhol. A complexa tarefa de constitucionalização não pôde ainda terminar. É uma missão permanente. Temos problemas

---

76. Cabe diferenciar interpretação extensiva, analogia e interpretação analógica. A interpretação extensiva é aplicada quando a lei disse menos do que queria. Assim, quando o artigo 61, inciso II, alínea c, do Código Penal refere-se à traição, emboscada, ou mediante dissimulação, ou outro recurso que dificultou ou tornou impossível a defesa do ofendido, quer apontar recursos semelhantes àqueles mencionados no texto legal. Analogia é um princípio segundo o qual a lei estabelecida para determinada hipótese fática aplica-se a outra, a despeito de inexistência de regulamentação expressa, em virtude da semelhança entre ambas. É técnica de integração aplicada aos vazios jurídicos. A título exemplificativo, mencione-se que os requisitos da carta precatória (art. 354 do CPP) são aplicados à carta rogatória (art. 368 do CPP), devido à inexistência de regulamentação expressa quanto a este ponto. Interpretação analógica é técnica utilizada para adaptação de disposição normativa imprecisa ou defeituosa. A lei possui disposição para o caso concreto, mas que precisa ser adaptada. À guisa de exemplo de interpretação analógica, quando se cuida das causas de suspeição do juiz (art. 254 do CPP), deve-se incluir também o jurado, que não deixa de ser um magistrado, embora leigo. TOURINHO FILHO, Fernando da Costa. *Processo penal*. 20. ed. rev., mod. e ampl. São Paulo: Saraiva, 1998. v. 1. p. 170-171. NUCCI, Guilherme de Souza. *Código de Processo Penal comentado*. 5. ed. rev., atual. e ampl. São Paulo: Revista dos Tribunais, 2006. p. 72.

> velhos que não tem ainda uma solução idônea na lei processual penal, e questões relativamente novas que precisam de normas concretas que não podiam ter sido previstas precisamente pela sua relativa novidade.[77]

As normas processuais constitucionais configuram o elemento nuclear de nosso sistema processual, no entorno da qual gravitam todas as demais normas de processo. Há, entretanto, profunda confluência entre as previsões constitucionais e as normas fundamentais do processo previstas no CPC/2015, que não só consolidam aquelas como conferem maior dimensão, razão pela qual devem se espraiar pelos demais ramos processuais.

Como salienta Hermes Zaneti Junior, "mesmo que o Código de Processo Penal, a legislação eleitoral e o microssistema de processo coletivo não contenham normas sobre precedentes, a regra geral estabelecida no art. 927, que prevê que todos os juízes e tribunais observarão os precedentes, é aplicável para todos estes sistemas".[78]

Assim, a doutrina vem se posicionando pelo cabimento do IRDR no Processo Penal, com arrimo no artigo 3º do Código de Processo Penal[79] e na aplicação supletiva e subsidiária do CPC/15 ao processo penal.

Neste particular, em obra que trata da teoria geral do instituto, Aluísio Mendes, de forma pioneira, já defendia a utilização desta ferramenta em diversos ramos do Direito, inclusive no Processo Penal[80].

---

77. VADELL, Lorenzo M. Bujoso. Direito Processual Penal: novas orientações. In: DIDIER Jr., Fredie (coord.). *Teoria Geral do Processo*: panorama mundial. Salvador: Juspodivm, 2010, v. 2. p. 501.

78. ZANETI JR., Hermes. Aplicação supletiva, subsidiária e residual do CPC ao CPP. Precedentes normativos formalmente vinculantes no processo penal e sua dupla função. *Pro futuro in malam partem* (matéria penal) e *tempus regit actum* (matéria processual penal). In: DIDIER JR., Fredie (Coord.); CABRAL, Antonio do Passo; PACELLI, Eugênio; CRUZ, Rogério Schietti (Org.). *Coleção Repercussões do Novo CPC*: Processo Penal. Salvador: Juspodivm, 2016.

79. MENDES, Aluisio Gonçalves de Castro; PINHO, Humberto Dalla Bernardina de; SILVA, Felipe Carvalho Gonçalves da; VARGAS, Daniel Vianna. O incidente de resolução (IRDR). Reflexões iniciais. *Revista de Processo*, vol. 279, maio de 2018, p. 283-312.

80. "Embora o IRDR esteja previsto no Código de Processo Civil, a sua aplicação não se encontra limitada ao âmbito do Processo Civil, tendo em vista que, em princípio, não se mostra incompatível com outros ramos específicos, como o Processo Penal, do Trabalho ou Eleitoral. O art. 15 do novo Código de Processo Civil estabelece que as suas disposições se aplicam, supletiva e subsidiariamente, na ausência de normas que regulem os processos eleitorais, trabalhistas ou administrativos. Por sua vez, o art. 4º da Lei de Introdução às normas do Direito Brasileiro já aponta, de longa data, que, quando a lei for omissa, o juiz decidirá com base na analogia, costumes e nos princípios gerais do direito. No âmbito do Direito Processual, há normas gerais previstas na Constituição da República, em tratados e em leis ordinárias, ao lado de regras específicas aplicáveis apenas ao processo civil, trabalhista, penal ou eleitoral. (...) Naturalmente, os instrumentos do Direito Processual Coletivo possuem uma aplicabilidade maior no âmbito do Direito Processual Civil, mas também são muito importantes na esfera do Direito Processual do Trabalho e podem ser aplicados eventualmente na seara do Direito Processual Penal e Eleitoral" (MENDES, Aluisio Gonçalves de Castro. *Incidente de demandas repetitivas*: sistematização, análise e interpretação do novo instituto processual. Rio de Janeiro: Forense, 2017. p. 5-7).

Franklyn Roger Alves, doutorando do programa de pós-graduação da Faculdade de Direito da UERJ, em recentíssima obra coletiva em homenagem ao professor Humberto Dalla, também pugnou pela necessidade de aplicação do instituto em matéria penal e processual penal[81].

Luís Felipe Schneider Kircher, mestre pelo programa de pós-graduação em Direito da Universidade Federal do Rio Grande do Sul em 2017, sob a orientação do Professor Danilo Knijinik, desenvolveu uma teoria dos precedentes vinculantes no Processo Penal. No trabalho, o referido autor também sustenta que o IRDR é aplicável às demandas criminais[82].

Na mesma linha de pensamento, a Desembargadora Katia Maria Amaral Jangutta alberga o entendimento de que o IRDR não é restrito às demandas de natureza cível[83].

---

81. "O art. 947 admite o Incidente de Assunção de Competência – IAC, sempre que envolver relevante questão de direito, com grande repercussão social, sem repetição em múltiplos processos, deixando claro o § 3º que o acórdão proferido vinculará todos os juízes e órgãos fracionários, exceto se houver revisão de tese. De igual modo, o Incidente de Resolução de Demandas Repetitivas – IRDR previsto no art. 976 caminha no sentido de buscar a uniformidade da jurisprudência, mediante a definição prévia de tese jurídica quando houver multiplicidade de demandas repetitivas. É plenamente possível utilizarmos estes institutos no processo penal, de modo a provocar o órgão colegiado para estabelecer precedente nas matérias de repercussão social que envolvam aspectos penais e processuais penais de caráter objetivo. O STF e o STJ, por meio da repercussão geral e pela sistemática de recursos repetitivos previstos da CRFB e no CPC/73 já os estendiam ao processo penal, diante de seu propósito uniformizador. Em matéria penal é gritante a divergência jurisprudencial acerca de temas que mereciam uma uniformização de entendimentos. Vejamos como exemplo a atual controvérsia processual, acerca do momento do interrogatório do acusado, nos versos procedimentos em que esta ordem é alterada. O Supremo Tribunal Federal e o Superior Tribunal de Justiça são vacilantes em definir se o interrogatório do acusado segue a especialidade da norma prevista na Lei nº 11.343/06 (interrogatório no início) ou se adota a regra geral do art. 400 do CPP (interrogatório ao final). Perceba-se que apesar de lidar muito com matérias de fato é inegável que o processo penal também lida com teses jurídicas aptas a vinculação, bastando a leitura do rol de súmulas vinculantes e persuasivas do STF e STJ para a confirmação desta assertiva" (SILVA, Franklyn Roger Alves. Os efeitos do novo Código de Processo Civil no direito processual penal. In: PORTO, José Roberto Sotero de Mello; RODRIGUES, Roberto de Aragão Ribeiro (Coords.). *Direito processual contemporâneo*: estudos em homenagem a Humberto Dalla Bernadina de Pinho. Rio de Janeiro: LMJ Mundo Cristão, 2018. p. 242).

82. "Apesar de ser uma discussão ainda incipiente, há quem defenda a aplicabilidade do incidente de resolução de demandas repetitivas no âmbito penal, com a ressalva para as peculiaridades dessa seara. Nesse ponto, quanto à suspensão dos processos (artigo 982 do CPC), aponta-se que esta regra deve ser afastada em casos penais quando houver riscos, seja de prescrição punitiva, seja de manutenção de réu preso de forma indevida (inclusive nos casos de excesso de prazo). Desse modo, respeitando-se as especificidades e considerando-se incidente como uma técnica limitada de redução da dispersão da atividade jurisdicional repetida das Cortes de Justiça (TJs e TRFs), a partir da definição da questão de direito comum repetitiva e fixação da tese jurídica, não haveria justificativa para não se aplicá-la no processo penal. Com isso, privilegia-se a isonomia, a coerência sistêmica e o fomento da razoável duração do processo" (KIRCHER, Luís Felipe Schneider. *Uma teoria dos precedentes vinculantes no processo penal*. Salvador: Juspodivm, 2018. p. 165-166).

83. "Nesse contexto, levando em conta que a questão dos precedentes que ora se examina é de natureza instrumental, não dizendo respeito àquelas normas de natureza incriminadora, é que se pode afirmar que podem perfeitamente ser aplicados no âmbito processual criminal, quando se tratar de matéria eminentemente de direito, haja vista que o caso oposto depende da análise de provas, o que deverá ser feito individualmente em cada processo. Assim, o processamento dos Incidentes de Resolução de De-

René Ariel Dotti também percebe a aplicação do instituto ao Processo Penal quando, ao comentar sobre os mecanismos de uniformização de jurisprudência do CPC/2015, registra que *"é evidente que tais avanços também irão projetar-se no sistema de processo penal, como já ocorre com o instituto do recurso repetitivo, no Projeto do Senado, 156/2009 (CPP)"*[84]. Entrementes, não existe ainda uma sistematização para se aplicar o instituto no Processo Penal.

Nota-se que parte da doutrina processual penal ainda é desconfiada e tímida quanto à aplicação subsidiária do CPC ao CPP. Natural, diante de uma mudança vanguardista para quem está acostumado a trabalhar com dispositivos de Processo Penal forjados quando nem sequer se falava em ondas renovatórias.

Recentemente, no Tribunal de Justiça do Estado de São Paulo, o primeiro IRDR em matéria criminal foi julgado (IRDR Nº 2103746-20.2018.8.26.0000), tendo sido fixada tese acerca do termo inicial para a progressão de regime prisional[85]. Admitiu-se, inclusive, a participação de *amicus curiae.*

---

manda Repetitiva e os Incidentes de Assunção de Competência devem seguir o mesmo trâmite previsto no novo Código de Processo Civil de 2015, naquilo que for pertinente ao processo penal, objetivando-se, com isso, dar uniformidade e segurança jurídica às decisões prolatadas em seara criminal. Mais em âmbito penal do que no civil, o réu tem direito a uma decisão igual à de seu semelhante, se em situação de igualdade estiverem, não se admitindo mais que, os órgãos jurisdicionais criminais adotem decisões díspares, quando se trata da vida humana, de réus presos muitas das vezes em verdadeira ofensa aos princípios constitucionais da igualdade e da dignidade da pessoa humana" (JANGUTTA, Katia Maria Amaral. A importância do dos precedentes judiciais no novo Código de Processo Civil. In: MENDES, Aluisio Gonçalves de Castro; BEDAQUE, José Roberto dos Santos; CARNEIRO, Paulo Cezar Pinheiro; ALVIM, Teresa Arruda. *O novo processo civil brasileiro*: Temas relevantes – Estudos em homenagem ao Professor, Jurista e Ministro Luiz Fux. Rio de Janeiro: LMJ Mundo Jurídico, 2018. vol. III. p. 174-175).

84. DOTTI, René Ariel. A jurisprudência penal no tempo: a ultratividade e a irretroatividade do julgado (HC 126.292/SP). *Revista Brasileira de Ciências Criminais.* 2016, p. 260.

85. Tema 28 - IRDR - Progressão - Regime - Termo – Inicial. Processo Paradigma: IRDR Nº 2103746-20.2018.8.26.0000. Assun**to**: DIREITO PROCESSUAL PENAL – Execução Penal. **Órgão Julgador**: Turma Especial – Criminal. **Relator(a)**: Desembargador PÉRICLES PIZA. **Data de Admissão**: 28/03/2019. **Data de Publicação do Acórdão de Admissibilidade**: 12/04/2019. **Data de Julgamento do Mérito:** 07/11/2019. **Data da Publicação do Acórdão de Mérito:** 12/11/2019. **Termo Final da Suspensão**: NÃO HÁ SUSPENSÃO. **Questão submetida a julgamento**: Incidente de Resolução de Demandas Repetitivas suscitado em razão de divergência jurisprudencial acerca da natureza da decisão que defere a progressão do regime de cumprimento de pena, para se definir o marco inicial a ser considerado como do implemento dos requisitos do artigo 112 da Lei de Execução Penal. Indicação da existência de posicionamentos divergentes entre Câmaras de Direito Criminal deste Tribunal. Risco de ofensa à isonomia e à segurança jurídica configurado. Presentes os pressupostos do art. 976 do CPC. Incidente admitido. **Tese firmada:** A decisão que defere a progressão de regime tem natureza meramente declaratória. O lapso temporal para aquisição de benefícios deve ser a data em que foi efetivamente alcançado o requisito objetivo para a concessão da benesse. Deferido o direito de progressão, o lapso inicial para contagem deve retroagir ao tempo que o reeducando alcançou o direito à progressão. Orientação do Supremo Tribunal Federal e Superior Tribunal de Justiça. **Dispositivos normativos relacionados**: Artigo 112 da Lei de Execução Penal. **Observação**: O Desembargador Relator determinou a não suspensão "(...) dos processos pendentes ou a serem ajuizados (pois a paralisação das demandas por tempo prolongado implicará em ônus desnecessário às partes, anotando que as decisões de um ou de outro juízo são válidas até que definida a questão) (...)".

Entretanto, ainda há quem sustente o não-cabimento do IRDR na seara criminal. No IRDR nº 0016124-77.2016.4.03.0000/SP, que tramitou perante o TRF da 3ª Região, relatoria do Des. Mauricio Kato, alegou-se que o instrumento não é compatível com processos criminais, pois importa em suspensão dos processos sem implicar suspensão dos prazos prescricionais.

A utilização dessa argumentação para o não-conhecimento de IRDR Criminal simplesmente não pode subsistir, uma vez que a suspensão dos feitos que tenham questões de direito afetadas em IRDR, tal qual ocorre nos Recursos Repetitivos, evidentemente não é obrigatória, conforme entendimento que expusemos em outro trabalho,[86] e que já foi adotado não só no IRDR Nº 2103746-20.2018.8.26.0000)[87] como em inúmeros precedentes dos Tribunais Superiores.

5. CONCLUSÃO

Ante o exposto, resta evidente que o incidente de resolução de demandas repetitivas (IRDR) é instrumento vocacionado a dar efetividade aos princípios da segurança jurídica, isonomia, duração razoável do processo, todos de matiz constitucional, e que, a despeito de ter sido introduzido no ordenamento jurídico pelo Código de Processo Civil/15, é imperiosa a sua aplicação aos processos criminais, com fulcro no diálogo das fontes, seja para resolução das questões de Direito material quanto para aquelas de Direito processual.

6. REFERÊNCIAS BIBLIOGRÁFICAS

ABBOUD, Georges; FERNANDES, Ricardo Yasmin. Requisitos legais para a instauração do incidente de assunção de competência. *Revista de Processo*. São Paulo, vol. 279, ano 43, maio de 2018.

ARAÚJO CINTRA, Antônio Carlos de; GRINOVER, Ada Pellegrini; DINAMARCO, Cândido Rangel. *Teoria geral do processo*. 14. ed., São Paulo: Malheiros, 1998.

BARACHO, José Alfredo de Oliveira. *Direito processual constitucional*: aspectos contemporâneos. Belo Horizonte: Fórum, 2006.

BARBOSA MOREIRA, José Carlos. *Comentários ao Código de Processo Civil*. Rio de Janeiro: Forense, 1998. vol. 7.

BARBOSA MOREIRA, José Carlos. O processo civil brasileiro entre dois mundos. *Revista Forense*, Rio de Janeiro, v. 359, p. 124, 2002.

BUENO, Cassio Scarpinella. *Novo Código de Processo Civil anotado*. São Paulo: Saraiva, 2015.

CABRAL, Antonio do Passo. Il procedimento-modelo (*Musterverfahen*) tedesco e gli istrumenti di risoluzione di processi ripetitivi. *Revista de Direito Comparado*, vol. 1, jan./jun. 2015.

CABRAL, Antonio do Passo. *Nulidades no processo moderno*. Rio de Janeiro: Forense, 2009.

86. MENDES, Aluisio Gonçalves de Castro; PINHO, Humberto Dalla Bernardina de; SILVA, Felipe Carvalho Gonçalves da; VARGAS, Daniel Vianna. O incidente de resolução de demandas repetitivas (IRDR). Reflexões iniciais. *Revista de Processo*, São Paulo, vol. 279, maio de 2018.

87. No RE 966.177 RG/RS, Rel. Min. Luiz Fux, julgado em 7/6/2017, noticiado no informativo nº 868, o Plenário do Supremo Tribunal Federal decidiu que a suspensão dos processos em cursos não é obrigatória.

CABRAL, Antônio do Passo; CRAMMER, Ronaldo. *Comentários ao novo Código de Processo Civil*. Rio de Janeiro: Forense, 2015.

CÂMARA, Alexandre Freitas. *O novo processo civil brasileiro*. São Paulo: Atlas, 2015.

CAMBI, Eduardo. Neoconstitucionalismo e neoprocessualismo. *Panóptica*, v. 2, n. 2, 2007.

CAMBI, Eduardo. Jurisprudência lotérica. *Revista dos Tribunais*, São Paulo, v. 786, abr. 2001.

CAPPELLETTI, Mauro. *Acesso à justiça*. Traduzido por Ellen Gracie Northfleet. Porto Alegre: Sérgio Antônio Fabris Editor, 2002.

CAPPELLETTI, Mauro. Fundamental guarantees of the parties in civil litigation: comparative constitutional, international, and social trends. *25 Stan. L. Rev*. 651, Stanford, maio 1973.

CARNEIRO, Paulo Cezar Pinheiro. Comentários ao capítulo I do Título Único do Livro I: Das normas fundamentais do processo civil. In: WAMBIER, Teresa Arruda Alvim; DIDIER JR., Fredie; TALAMINI, Eduardo; DANTAS, Bruno (Coords.). *Breves comentários ao novo Código de Processo Civil*. São Paulo: Revista dos Tribunais, 2015.

CARNEIRO, Paulo Cezar Pinheiro. Breves notas sobre o incidente de resolução de demandas repetitivas. *Revista Eletrônica de Direito Processual* – REDP, vol. XIV, ano 8, jul./dez. 2015.

CARNEIRO, Paulo Cezar Pinheiro. *Acesso à justiça*: juizados especiais e a ação civil pública – uma nova sistematização da teoria geral do processo. 2. ed. Rio de Janeiro: Forense, 2000.

CATTONI DE OLIVEIRA, Marcelo Andrade. Contribuições para uma teoria discursiva da constituição e do processo constitucional. In: DIDIER JR., Fredie (Org.). *Teoria do processo-panorama doutrinário mundial-segunda série*. Salvador: Juspodivm, 2010, v. 1.

COVAS, Silvânio. Questões de fato e questões de direito – quantificação do dano moral. *Revista de Processo*. São Paulo, vol. 100, p. 7 da versão on-line, out./dez. de 2000.

DINARMARCO, Cândido Rangel. *Comentários ao Código de Processo Civil – volume I (arts. 1º a 69)*: das normas processuais civis e da função jurisdicional; BONDIOLI, Luis Guilherme Aidar; FONSECA, João Francisco Naves da; GOUVÊA, José Roberto Ferreira (coords.). São Paulo: Saraiva Educação, 2018.

DOTTI, René Ariel. A jurisprudência penal no tempo: a ultratividade e a irretroatividade do julgado (HC 126.292/SP). *Revista Brasileira de Ciências Criminais*. São Paulo, 2016.

FUX, Luiz. Segurança jurídica no novo código de processo civil. In: RÊGO, Werson (Coord.). *Segurança jurídica e protagonismo judicial*: desafios em tempos de incertezas – estudos jurídicos em homenagem ao Ministro Carlos Mário da Silva Veloso. Rio de Janeiro: LMJ Mundo Jurídico, 2017.

FUX, Luiz; SANTANA, Irapuã. A construção de um Código de Processo Civil cidadão. In: MORAES, Carlos Eduardo Guerra de; RIBEIRO, Ricardo Lodi (coords.); MIRZA, Flávio (org.). *Direito processual*. Rio de Janeiro: Freitas Bastos Editora, 2015.

GABRIEL, Anderson de Paiva. *A aplicação supletiva e subsidiária do CPC/15 ao CPP/41*: Reflexões sobre a jurisdição contemporânea. https://www.jota.info/paywall?redirect_to=//www.jota.info/opiniao-e-analise/colunas/juiz-hermes/a-aplicacao-supletiva-e-subsidiaria-do-cpc-15-ao-cpp41-09102017. Acesso em 29 de novembro de 2019.

GABRIEL, Anderson de Paiva. O contraditório participativo no processo penal: uma análise da fase pré-processual à luz do contraditório participativo. Rio de Janeiro: Gramma, 2017.

JANGUTTA, Katia Maria Amaral. A importância do dos precedentes judiciais no novo Código de Processo Civil. In: MENDES, Aluisio Gonçalves de Castro; BEDAQUE, José Roberto dos Santos; CARNEIRO, Paulo Cezar Pinheiro; ALVIM, Teresa Arruda. *O novo processo civil brasileiro*: Temas relevantes – estudos em homenagem ao Professor, Jurista e Ministro Luiz Fux. Rio de Janeiro: LMJ Mundo Jurídico, 2018. vol. III.

JARDIM, Afrânio Silva. *Não creem na teoria geral do processo, mas ela existe*. Disponível em: <www.conjur.com.br/2014-jul-04/afranio-jardim-nao-creem-teoria-geral-processo-ela-existe>.

KIRCHER, Luís Felipe Schneider. *Uma teoria dos precedentes vinculantes no processo penal*. Salvador: Juspodivm, 2018.

KRAMER, Ernst A. *Juristiche Methodenlehre*. München: Beck.

LOPES JR., Aury. *Direito processual penal*. 11. ed. São Paulo: Saraiva.

MARINONI, Luiz Guilherme. *Curso de processo civil*: teoria geral do processo. São Paulo: Revista dos Tribunais, 2006. vol. I.

MARQUES, Cláudia Lima. O "Diálogo das Fontes" como método da nova teoria geral do Direito: um tributo a Erik Jayme. In: MARQUES, Cláudia Lima. *Diálogo das fontes do conflito à coordenação de normas no direito brasileiro*. São Paulo: Revista dos Tribunais, 2012.

MARQUES, Frederico. *Manual de direito processual civil*. Campinas: Bookseller, 1997. vol. I.

MENDES, Aluisio Gonçalves de Castro. *Ações coletivas e meios de resolução coletiva de conflitos no direito comparado e nacional*. 4. ed. rev., atual. e ampl. São Paulo: Revista dos Tribunais, 2014.

MENDES, Aluisio Gonçalves de Castro. *Incidente de demandas repetitivas*: sistematização, análise e interpretação do novo instituto processual. Rio de Janeiro: Forense, 2017.

MENDES, Aluisio Gonçalves de Castro; PINHO, Humberto Dalla Bernardina de; SILVA, Felipe Carvalho Gonçalves da; VARGAS, Daniel Vianna. O incidente de resolução de demandas repetitivas (IRDR). Reflexões iniciais. *Revista de Processo*, vol. 279, maio de 2018.

MIRZA, Flávio. Valoração da prova: reflexões sobre o sistema de apreciação. In: MORAES, Carlos Eduardo Guerra de; RIBEIRO, Ricardo Lodi (coords.); MIRZA, Flávio (org.). *Direito processual* – coleção Direito UERJ 80 anos. Rio de Janeiro: Freitas Bastos Editora, 2015.

NUCCI, Guilherme de Souza. *Código de Processo Penal comentado*. 5. ed. rev., atual. e ampl. São Paulo: Revista dos Tribunais, 2006.

NUNES, Dierli. O IRDR do Novo CPC: este "estranho" que merece ser compreendido. Disponível em: http://www.justificando.com/2015/02/18/o-irdr-novo-cpc-este-estranho-que-merece-ser-compreendido/. Acesso em: 12 de outubro de 2019.

PACELLI, Eugênio; FISCHER, Douglas. *Comentários ao Código de Processo Penal*. 2. ed. Rio de Janeiro: Lumen Juris, 2011.

PERELMAN, Charles. Logique Juridique (reimpressão histórica da 2ª edição de 1979). Paris: Dalloz, 1999.

PINHO, Humberto Dalla Bernardina de; STANCATI, Maria Martins Silva. A ressignificação do princípio do acesso à justiça à luz do art. 3º do Código de Processo Civil de 2015. *Revista de Processo*, vol. 254, abr. 2016.

PINHO, Humberto Dalla Bernardina de. *Jurisdição e pacificação*: limites e possibilidades do uso dos meios consensuais de resolução de conflitos na tutela dos direitos transindividuais e pluri-individuais. Curitiba: Editora CRV, 2017.

RODRIGUES, Roberto Aragão Ribeiro; PINHO, Humberto Dalla Bernardina de. O microssistema de formação de precedentes judiciais vinculantes previsto no novo CPC. *Revista de Processo*, Direito Jurisprudencial, v. 259, set. 2016.

ROMANO, Rogério Tadeu. *A insegurança jurídica e a economia de mercado*. <https://jus.com.br/artigos/42319/a-inseguranca-juridica-e-a-economia-de-mercado>.

ROMANO, Santi. *L'ordre juridique*. Reimp. Paris: Dalloz, 2002.

SILVA, Felipe Carvalho Gonçalves da Silva. Do reconhecimento de garantias constitucionais processuais penais pelo ordenamento jurídico: uma década de evolução. In: BALDEZ, Paulo de Oliveira Lanzellotti; CARVALHO, Luis Gustavo Grandinetti de; CASARA, Rubens Roberto Rebello; NICOLITT, André Luiz. (Orgs.). *O novo regime jurídico das medidas cautelares no processo penal*. Rio de Janeiro: EMERJ, 2011.

SILVA, Franklyn Roger Alves. Os efeitos do novo Código de Processo Civil no direito processual penal. In: PORTO, José Roberto Sotero de Mello; RODRIGUES, Roberto de Aragão Ribeiro (Coords.). *Direito processual contemporâneo*: estudos em homenagem a Humberto Dalla Bernadina de Pinho. Rio de Janeiro: LMJ Mundo Cristão, 2018.

SILVA, Ricardo Menezes da. Breves considerações sobre os requisitos de admissibilidade do incidente de resolução de demandas repetitivas. *Revista de Processo Comparado*, vol. 6, jul./dez. 2017, p. 135-165.

TOLEDO, Francisco de Assis. *Princípios básicos de direito penal*. 5. ed., 10. tir. São Paulo: Saraiva, 2002.

TOURINHO FILHO, Fernando da Costa. *Processo penal*. 20. ed. rev., mod. e ampl. São Paulo: Saraiva, 1998. v. 1.

TROCKER, Nicolò. *Processo civile e costituzione*: problemi di diritto tedesco e italiano. Milano: Giuffrè, 1974.

VARGAS, Daniel Vianna. Estabilidade objetiva do IRDR: escritos sobre congruência e eficácia vinculante. In: PORTO, José Roberto Sotero de Mello; RODRIGUES, Roberto de Aragão Ribeiro (coords.). *Direito processual contemporâneo*: estudos em homenagem a Humberto Dalla Bernardina de Pinho. Rio de Janeiro: LMJ Mundo Cristão, 2018.

WAMBIER, Teresa Arruda Alvim; DANTAS, Bruno. *Recurso especial, recurso extraordinário e a nova função dos tribunais superiores (de acordo com o CPC de 2015 e a Lei 13.256/2016)*. 3 ed., rev., atual e ampl. São Paulo: Editora Revista dos Tribunais.

WAMBIER, Teresa Arruda Alvim. Distinção entre questão de fato e questão de direito para fins de cabimento de recurso especial. *Revista de Processo*, vol. 92, p. 52-70, out./dez. 1998.

ZANETI JR., Hermes. Aplicação supletiva, subsidiária e residual do CPC ao CPP. Precedentes normativos formalmente vinculantes no processo penal e sua dupla função. *Pro futuro in malam partem* (matéria penal) e *tempus regit actum* (matéria processual penal). In: DIDIER JR., Fredie (Coord.); CABRAL, Antonio do Passo; PACELLI, Eugênio; CRUZ, Rogério Schietti (Org.). *Coleção Repercussões do Novo CPC: Processo Penal*. Salvador: Juspodivm, 2016.

3

INCIDENTE DE RESOLUÇÃO DE DEMANDAS REPETITIVAS: COMPREENSÕES E DINÂMICAS EM SUA APLICABILIDADE AOS JUIZADOS ESPECIAIS CÍVEIS

Antônio Pereira Gaio Júnior[1]

Sumário: 1 – Introdução. 2 – IRDR: breves e necessários apontamentos procedimentais. 2.1 – Cabimento. 2.2 – Legitimidade. 2.3 – Documentos e síntese dos requisitos essenciais. 2.4 – Procedimento. 3 – Aplicabilidade do Incidente de Resolução de Demandas Repetitivas nos Juizados Especiais Cíveis. 4 – Considerações finais. 5 – Referências bibliográficas.

1. INTRODUÇÃO

É fato que o volume da litigância judicial, seja individual ou coletiva, é fator que assola o serviço público da justiça no Brasil.

Em dados do Conselho Nacional de Justiça – CNJ encontram-se espalhados pelos foros brasileiros mais de 80,1 milhões de processos em andamento,[2] o que, de certo, desafia qualquer racionalidade para fins de melhora em um curto

1. Pós-Doutor em Direito (Universidade de Coimbra/PT). Pós-Doutor em Democracia e Direitos Humanos (*Ius Gentium Conimbrigae*/Faculdade de Direito da Universidade de Coimbra-PT). Doutor em Direito (UGF). Mestre em Direito (UGF). Pós-Graduado em Direito Processual (UGF). *Visiting Professor* do *Ius Gentium Conimbrigae* (CDH/Faculdade de Direito da Universidade de Coimbra). Professor Associado de Direito Processual Civil e Teoria Geral do Processo da Universidade Federal Rural do Rio de Janeiro – UFRRJ. Membro da International Association of Procedural Law (IAPL). Membro do Instituto Ibero-americano de Direito Processual (IIDP). Membro do Instituto Brasileiro de Direito Processual (IBDP). Membro da International Bar Association (IBA). Membro Efetivo da Comissão Permanente de Direito Processual Civil do IAB-Nacional. Membro da Comissão de Educação Jurídica da OAB/MG. Advogado, Consultor Jurídico e Parecerista. www.gaiojr.com.
2. Junto a tal número de processos em andamento é preciso compreender a dinâmica da pesquisa quantitativa em questão, onde se tem como processos tidos como "baixados" aqueles em que (i) foram remetidos para outros órgãos judiciais competentes, desde que vinculados a tribunais diferentes; (ii) foram remetidos para as instâncias superiores ou inferiores; (iii) foram arquivados definitivamente ou ainda (iv) aqueles em que ocorreram decisões que transitaram em julgado e iniciou-se a liquidação, cumprimento ou execução.

   Bem por isso, mesmo que intuitivamente, percebe-se que o número de processos em andamento são verdadeiramente maiores do que aqueles dispostos no texto em tela. Disponível em: http://www.cnj.jus.br/files/conteudo/arquivo/2018/09/8d9faee7812d35a58cee3d92d2df2f25.pdf. Acesso em 23.06.2019.

espaço de tempo, da prestação jurisdicional pátria em uma duração razoável e satisfatória.

Em verdade, boa parte de ditas demandas que assolam o Poder Judiciário se relacionam com conflitos que possuem, em seu particular âmago, similitude na causa de pedir, gerando, inegavelmente, lides envoltas em questões ora denominadas repetitivas.[3]

Em meio a tal contexto problemático, não foge à análise que a alusiva multiplicidade de demandas de semelhante teor (litigiosidade de massas)[4], desaguada em uma estrutura técnica procedimental edificada sob outro paradigma[5] e que, por isso, vem, ainda de pouco, buscando alternativas para o enfrentamento de numerário avassalador das supracitadas lides, em que pese a problemática envolta na questão possuir tentáculos para uma variedade de causas, sendo, a nosso ver, das mais graves, o incontestável déficit em políticas públicas voltadas ao arranjo estrutural qualitativo das atividades prestadas e/ou fiscalizadas pelo Estado, aí incluso o serviço público da justiça e a necessária qualidade da prestação jurisdicional.[6]

Por outro lado, somando-se à problemática quantitativa, tem-se a necessidade de melhor equalização das decisões judiciais aos casos concretos com nítida semelhança,[7] ou seja, nota-se, de muito, uma variedade de julgados com comandos discrepantes sobre uma mesma situação de direito, fortalecendo o sentimen-

3. Como bem pontua Ada Pellegrini, "a grande massa de processo que aflige aos tribunais, elevando sobremaneira o número de demandas e atravancando a administração da justiça, é constituída em grande parte por causas em que se discutem e se reavivam questões de direito repetitivas" (GRINOVER, Ada Pellegrini. O tratamento dos processo repetitivos. In: JAYME, Fernando Gonzaga; FARIA, Juliana Cordeiro de; LAUAR, Maira Terra. (Coords.) *Processo civil*: novas tendências. Estudos em homenagem ao Prof. Humberto Theodoro Júnior. Belo Horizonte: Del Rey, 2008, p. 1).

4. No mesmo sentido, THEODORO JÚNIOR, Humberto. Um novo Código de Processo Civil para o Brasil. *Revista Magister de Direito Civil e Processual Civil*. Porto Alegre: Magister, vol. 37, jul./ago. 2010, p. 89-90.

5. "Desde o último quartel do século passado, foi tomado vulto o fenômeno da 'coletivização' dos conflitos, à medida que, paralelamente, se foi reconhecendo a inaptidão do processo civil clássico para instrumentalizar essas megacontrovérsias, próprias de uma conflitiva sociedade de massas" (MANCUSO, Rodolfo de Camargo. *A resolução de conflitos e a função judicial no contemporâneo estado de direito*. São Paulo: RT, 2009, p. 379-380).

6. Cf. GAIO JÚNIOR, Antônio Pereira. (Coord.). *Direito e desenvolvimento II*: obstáculos e perspectivas ao acesso à justiça. Curitiba: CRV, 2017.

7. Interessante notar aqui que Tubelis, apoiado em pesquisa do Jornal Folha de São Paulo realizada em 29.3.1987, esta que objetivava apurar o "prestígio" e o "poder" dentre 22 instituições nacionais e dando conta da posição final do Poder Judiciário (16º lugar na ordem decrescente), expressou exatamente no somatório dos problemas "morosidade" mais "aleatoriedade" (discrepância) das decisões judiciais, como causas preponderantemente apontadas pelos cidadãos entrevistados, no que tange ao afastamento da população em relação à jurisdição estatal. *In verbis*: "O afastamento da população com relação ao Poder Judiciário e o princípio da participação são incompatíveis entre si. Convém, portanto, apreciar as duas causas apontadas em virtude das quais a população tende a se afastar do Poder Judiciário: a morosidade e a aleatoriedade das decisões judiciais" (TUBELIS, Vicente Paulo. Divergência jurisprudencial e participação. In: GRINOVER, Ada Pellegrini; DINAMARCO, Cândido Rangel; WATANABE, Kazuo (Coords.). *Participação e processo*. São Paulo: RT, 1988, p. 395-403).

to de insegurança jurídica, realçado em sua face subjetiva, ou seja, na confiança legítima dos cidadãos quanto à calculabilidade e previsibilidade dos atos dos poderes públicos[8], contrariando assim o próprio e verdadeiro escopo da visão democrática a que o processo, como instrumento de liberdade, deva encarnar e incansavelmente perquirir: o empenho à igualdade de todos perante o direito.

Tal escopo se mostra indissociável do próprio Estado de Direito, com o equilíbrio das relações sociais, ainda que, a partir da concepção abstrata da lei, mas que razoavelmente pondera o seu exercício prático à razoabilidade através de soluções comuns à mesma medida do conflito a ser dissolvido pelo Poder Judicante estatal.

Ilógico e, por isso, inaceitável que, diante da analogia em casos concretos, repousem decisões gravemente discrepantes.

De fato, não há sustentabilidade a um dito Estado Constitucional e mesmo não há qualquer possibilidade de qualificação de existência de um Direito no momento em que casos idênticos recebem diferentes decisões do Poder Judicante. Na mesma ideia está Marinoni e Mitidiero, para quem "insulta o bom senso que decisões judiciais possam tratar de forma desigual pessoas que se encontram na mesma situação".[9]

Ainda nesta toada e a título de exteriorizar a já antiga preocupação da doutrina pátria em tema de divergência jurisprudencial, João Mendes Júnior, ao tocar na temática, afirmava como causa final da atividade forense "a reparação do direito desconhecido, violado ou ameaçado" e sua "realização e segurança".[10] Indo ainda além no tema, Pontes de Miranda, na sua genialidade, lecionava que: "Se alguma sentença ou outra decisão, que se não haja considerar sentença, diverge de outra, em qualquer elemento contenutístico relativo à incidência ou à aplicação de regra jurídica, uma delas é injusta.(...). Tem-se de evitar isso e aí está a razão de algumas medidas constitucionais ou de Direito Processual que têm por fito corrigir ou evitar a contradição na jurisprudência".[11]

Assim, teve por bem o Código de Processo Civil de 2015, na esteira do que já vinha sendo operado pelo revogado CPC/1973 (*ex vi* das súmulas impeditivas de recursos ou repercussão geral em Recursos Extraordinários)[12] ampliar mais significativamente os modelos de contenções de demandas cujas razões de di-

---

8. MARINONI, Luiz Guilherme; MITIDIERO, Daniel. *O Projeto do CPC:* críticas e propostas. São Paulo: RT, 2010, p. 16.
9. *Ibidem*, p. 17-18.
10. MENDES JÚNIOR, João. *Programa de ensino de prática forense.* Rio de Janeiro: Freitas Bastos, 1958, p. 231.
11. PONTES DE MIRANDA, F. C. Comentários ao *Código de Processo Civil.* 3 ed. Rio de Janeiro: Forense, 1998, t. VI, p.3.
12. Vale ressaltar neste ínterim que, no ano de 2010, dados do próprio STJ davam conta de julgamento recorde em número de processo nesta corte.

reito já se encontrariam pacificadas ainda que, forçosamente, pela aplicação dos denominados "precedentes normativos" (art. 927), tudo realizado por meio de variados "filtros" dispostos no decorrer daquele diploma processual, tais como a improcedência liminar do pedido (art. 332), a sentença e sua fundamentação (art. 489, § 1º, V e VI), os embargos de declaração (art. 1.022, parágrafo único, I e II), a ação rescisória (art. 966, V e § 5º), a reclamação (art. 988 e seus incisos), além do próprio controle realizado pelos tribunais por meio de decisões monocráticas do relator (art. 932, IV e V) e do presidente ou vice-presidente (art. 1.030, I), depositando-se, então, a crença em minorar com o número de demandas e, em consonância com o que já fora dito alhures, abrandar as volumosas ações de caráter repetitivo, evitando-se, inclusive, discrepâncias nos julgados.

Em verdade, continuam-se os esforços no sentido de minorar cada vez mais a incidência das ações decorrentes de mesmas questões de direito, aprimorando-se métodos já no canal inicial, por onde as aludidas demandas, possivelmente de índole repetitiva, procedimentalmente, iniciam sua trajetória, ou seja, nas instâncias judiciais originárias, mais frequentemente diante do juízo monocrático.

Nestes termos é que encontra lugar a ideia de atuação do intitulado "Incidente de Resolução de Demandas Repetitivas (IRDR)" a favorecer como técnica não de filtro, mas procedimental, apta a gerar decisões de importante caráter uniformizador, capaz de possibilitar a que matérias unicamente de direito e de índole repetitiva, daí geradoras de potencial risco de ofensa à isonomia e à segurança jurídica, se prosperem desenfreadamente nos mais diferentes juízos brasileiros.[13]

Segundo o presidente do Superior Tribunal de Justiça naquela época, hoje ministro aposentado Ari Pargendler, o número de julgados em 2010 foi da ordem de 323.350 processos decididos, uma média de 10.509 julgados por ministro. O anúncio fora realizado na última sessão da Corte Especial daquele ano, nos seguintes termos: "Recebemos 214.437 processos novos e julgamos 323.350. Fechamos o ano com uma vantagem de 108.913 processos".

Pargendler ainda destacava naquela época que tal feito no número de julgamentos se deu em virtude do rito dos recursos repetitivos, previsto desde 2008 no artigo 543-C do Código de Processo Civil. Neste compasso, o STJ julgou 334 processos repetitivos. Disponível em: http://www.stj.gov.br/portal_stj/publicacao/engine.wsp?tmp.area=398&tmp.texto=100283. Acesso em: 18 de dezembro de 2010.

13. Como não poderia ser diferente, o IRDR não está imune a críticas, o que é natural, seja por se tratar de técnica de julgamento incipiente sem tradições e/ou experiências em nosso ordenamento como também se encontrar em período de adequações e balizas tanto da doutrina quanto dos tribunais a seu respeito.

Exemplo disso – e penso, com razão – são as importantes críticas de Marinoni acerca do déficit participativo nos procedimentos do Incidente em questão. Assim, atesta:

"O incidente de resolução de demandas repetitivas parte do pressuposto de que os interessados na decisão a ser proferida, e que, portanto, indiscutivelmente têm o direito constitucional de discutir a questão a ser decidida, não precisam ser representados. É absurdo, porém verdadeiro" (MARINONI, Luiz Guilherme. *Incidente de Resolução de Demandas Repetitivas:* decisão de questão idêntica x precedente. São Paulo: RT, 2016, p. 43).

Outros pontos que, igualmente, oportunizam diálogos e críticas importantes se dão no âmbito de aplicação ou não de técnicas de tutela coletiva aos casos repetitivos e o papel do IRDR nesta dinâmica. Sobre o assunto, ver PORTO, José Roberto Sotero de Mello. *Teoria geral dos casos repetitivos.* Rio de Janeiro: GZ, 2018, p. 95 e ss.

Aqui, como objeto central se dará acerca da aplicabilidade do IRDR no âmbito dos Juizados Especiais Cíveis.

Para tanto, necessário se faz uma síntese apertada da dinâmica procedimental do Incidente em tela, devidamente regulado pelo Código de Processo Civil de 2015.

2. IRDR: BREVES E NECESSÁRIOS APONTAMENTOS PROCEDIMENTAIS

Para fins estritamente pedagógicos, urge pontuar as principais questões processuais afeitas ao Incidente de Resolução de Demandas Repetitivas, mais precisamente ao cabimento, legitimidade, os documentos necessários e o procedimento, a fim de antecipar ao leitor quanto às dinâmicas enfrentadas *a posteriori*, i.e., já no âmbito dos Juizados Especiais, evitando-se reprisá-las.

2.1 Cabimento

Com previsão expressa no CPC/2015, mais precisamente nos arts. 976 a 987 encontra lugar o denominado "Incidente de Resolução de Demandas Repetitivas" (IRDR).[14]

Trata-se de instituto cabível em situações onde, decorrente de demandas em andamento, for detectada respectiva controvérsia que, na exata dicção do texto (*ex vi* do art. 976), possuam, simultaneamente, "*I - efetiva repetição de processos que contenham controvérsia sobre mesma questão unicamente de direito*" e daí, "*II - risco de ofensa à isonomia e à segurança jurídica*".

Notadamente e já em início de análise, é de se observar o não cabimento do incidente quando envolto apenas em questões tidas como de fato, portanto, necessário se faz repousar sobre questões de direito, como se depreende do supracitado art. 976, em seu inciso I.

Outrossim, não basta apenas a existência repetida de processos que contenham conflitos sobre uma mesma questão de direito.[15] É preciso notar que, diante de tal problemática, sempre se faz surgir o risco de possível ofensa ao tratamento equânime dado às decisões judiciais quanto ao seu comando ou tutela jurisdicional referente ao *casu in concreto*, gerando, variavelmente, multipli-

14. No direito germânico tal incidente se assemelha ao denominado *Musterverfahren*, instituto que gera decisão-modelo para a resolução de um volume expressivo de processos, esses aos quais as partes estão em uma mesma situação de direito, não necessariamente sendo o mesmo autor ou mesmo réu. Ver, neste sentido, WITTMAN, Ralf-Thomas. Il 'contenzioso di massa' in Germânia. In: ALESSANDRO, Giorgetti; VALLEFUOCO, Valério. *Il contenzioso di massa in Itália, in Europa e nel mondo.* Milão: Giuffrè, 2008, p. 178.

15. No mesmo sentido, enunciado n. 87 do FPPC: "A instauração do incidente de resolução de demandas repetitivas não pressupõe a existência de grande quantidade de processos versando sobre a mesma questão, mas preponderantemente o risco de quebra da isonomia e de ofensa à segurança jurídica".

cidades de julgados que controvertem mais do que convergem, configurando em situações verdadeiramente teratológicas.

Pelo dito nas linhas supracitadas, temos como fundamentais pressupostos para a incidência do novel IRDR os incisos I e II do art. 976.

Dito isso, vale anotar o que prescreve o § 3º do art. 976:

> § 3º A inadmissão do incidente de resolução de demandas repetitivas por ausência de qualquer de seus pressupostos de admissibilidade não impede que, uma vez satisfeito o requisito, seja o incidente novamente suscitado.

Uma vez, portanto, inadmitida a instauração do incidente pela inexistência de qualquer dos pressupostos acima aludidos – ainda que crermos serem ambos umbilicalmente ligados! – será possível nova propositura do mesmo, possibilitando o seu aceite caso o órgão competente para sua admissibilidade entenda pela presença dos pressupostos nesta novata provocação.

Por outro lado, não será cabível o IRDR quando um dos tribunais superiores, certamente, em sua esfera de competência, já tiver afetado recurso para definição de tese acerca de questão de direito material ou processual repetitiva, ou seja, antecipa eventual tribunal superior em recurso tido como paradigma para a definição da questão repetitiva, não justificando, assim, a instauração do respectivo incidente, já que se espera ser a tese definida por aquele competente órgão julgador (§ 4º do art. 976).

2.2 Legitimidade

Quanto à legitimidade para suscitar o presente Incidente, podem fazê-lo o juiz ou o relator, de ofício; ou, por petição, as partes, o Ministério Público e a Defensoria Pública, em sintonia com os incisos I, II e III do art. 977, cabendo pontuar a não incidência de custas processuais para a instauração do IRDR (§ 5º do art. 976).[16]

Vale ressaltar, em situação similar ao que já bem acontece em sede de Ação Civil Pública (Lei n. 7.347/85, art. 5º, § 3º), caso o Ministério Público não tenha sido o proponente do presente Incidente, intervirá obrigatoriamente e, em caso de abandono ou desistência pela parte, poderá assumir a titularidade do IRDR (§ 2º do art. 976).

Ainda no que toca às partes legítimas para provocação do Incidente, caso venha a ocorrer eventual desistência ou abandono da causa, isso não será su-

16. Enunciado n. 204 do FPPC: "Quando se deparar com diversas demandas individuais repetitivas, poderá o juiz oficiar o Ministério Público, a Defensoria Pública e os demais legitimados a que se refere o art. 988, § 3º, II, para que, querendo, ofereça o incidente de resolução de demandas repetitivas, desde que atendidos os seus respectivos requisitos".

ficiente para que o órgão julgador deixe de examinar o mérito do IRDR, justificando, assim, a importância de instituto para a própria qualidade da prestação jurisdicional, afinal, riscos de ofensa à isonomia bem como à segurança jurídica decorrentes de decisões díspares em demandas múltiplas sobre mesma questão de direito, atenta-se, sobretudo, ao Estado Constitucional de Direito.[17]

2.3 Documentos e síntese dos requisitos essenciais

Apontamento importante e de ordem formal é aquele constante do parágrafo único do art. 977, onde se atenta para a questão documental, daí instrutória, no que tange ao pedido de instauração do incidente, *in verbis*:

> Parágrafo único. O ofício ou a petição será instruído com os documentos necessários à demonstração do preenchimento dos pressupostos para a instauração do incidente.

Em verdade, a documentação deverá demonstrar a incidência dos pressupostos para a viabilização da instauração e conhecimento do IRDR, sendo a comprovação, *v.g.*, decorrente de certidões de demandas simultâneas que contenham nítidas controvérsias sobre a mesma questão de direito, ensejando verdadeiro risco de agressão à isonomia e ao bem da segurança jurídica.

Nota-se, portanto, mesmo que em síntese apertada, a presença dos requisitos essenciais para a admissibilidade e julgamento do Incidente de Resolução de Demandas Repetitivas:

- A efetiva repetição de processos fundados em idêntica questão de direito, capaz de causar grave insegurança jurídica decorrente do risco de coexistência de decisões conflitantes, ferindo aí o direito fundamental da isonomia.
- A legitimidade para o pedido de instauração do Incidente.
- A instrução com os documentos necessários à demonstração da necessidade de instauração do incidente, logicamente, fundamentado na circunstância comprobatória da existência de controvérsia com potencial de gerar relevante multiplicação de processos fundados em idêntica questão de direito e de causar grave insegurança jurídica, decorrente do risco de coexistência de decisões conflitantes.

Vale consignar, por conseguinte, da necessidade de se dirigir o pedido de instauração do Incidente junto ao Presidente do Tribunal hierarquicamente superior (*caput* do art. 977).

17. No mesmo sentido, bem acrescenta Marinoni que o "litigante habitual ou comum a todas as demandas repetitivas não pode desistir ou abandonar o processo de modo a inviabilizar o julgamento da questão de direito" (MARINONI, Luiz Guilherme. *Incidente de Resolução de Demandas Repetitivas:* decisão de questão idêntica x precedente. São Paulo: RT, 2016, p. 82).

2.4 Procedimento

Uma vez dirigido o pedido (ofício ou petição) de instauração do IRDR ao Presidente do Tribunal, será ele então distribuído ao órgão colegiado competente para o julgamento, porém, antes, dito órgão realizará o juízo de admissibilidade sobre o Incidente,[18] cabendo ao relator, uma vez admitido o IRDR, tomar as seguintes atitudes regidas dispostas pelo art. 982:

> I – suspenderá os processos pendentes, individuais ou coletivos, que tramitam no Estado ou na região, conforme o caso;
>
> II – poderá requisitar informações a órgãos em cujo juízo tramita processo no qual se discute o objeto do incidente, que as prestarão no prazo de 15 (quinze) dias;
>
> III – intimará o Ministério Público para, querendo, manifestar-se no prazo de 15 (quinze) dias.

O inciso I trata da suspensão de processos que venham possuir idêntica questão de direito,[19] capaz de causar grave insegurança jurídica decorrente do risco de coexistência de decisões conflitantes, isto no estado ou na região, dependendo da própria alegação e comprovação territorial da questão, o que será realizado, obviamente por qualquer das partes legitimas.[20]

Dita suspensão será diretamente comunicada aos órgãos jurisdicionais competentes (§ 1º do art. 982), o que se dará, certamente, mediante ofício.

Ainda neste compasso, mirando a desejada segurança jurídica, poderão as partes, Ministério Público ou Defensoria Pública requerer ao tribunal competente para conhecer do recurso extraordinário ou especial, que seja determinada a suspensão de todos os processos individuais ou coletivos em curso no país que versem sobre a mesma questão objeto do Incidente já instaurado, *ex vi* do § 3º do art. 982.

A despeito dos legitimados supracitados, a parte constante de processo em curso, no qual se discuta a mesma questão objeto do incidente, independentemente dos limites da competência territorial onde está a correr sua demanda, é igualmente legitimada a solicitar ao tribunal competente para conhecer do RE ou REsp, a suspensão dos demais processos em curso no território nacional.

---

18. Enunciado n. 91 do FPPC: "Cabe ao órgão colegiado realizar o juízo de admissibilidade do incidente de resolução de demandas repetitivas, sendo vedada a decisão monocrática".

19. Enunciado n. 142 **da II Jornada de Direito Processual Civil do Conselho da Justiça Federal (CJF):** "Determinada a suspensão decorrente da admissão do IRDR (art. 982, I), a alegação de distinção entre a questão jurídica versada em uma demanda em curso e aquela a ser julgada no incidente será veiculada por meio do requerimento previsto no art. 1.037, § 10".

20. **Enunciado n.140 da II Jornada de Direito Processual Civil do Conselho da Justiça Federal (CJF):** "A suspensão de processos pendentes, individuais ou coletivos, que tramitam no Estado ou na região prevista no art. 982, I, do CPC não é decorrência automática e necessária da admissão do IRDR, competindo ao relator ou ao colegiado decidir acerca da sua conveniência".

Cabe assinalar que, a despeito da aludida suspensão de ações pendentes, havendo necessidade de adoção de tutela de urgência no âmbito de tais demandas, autoriza o § 2º do art. 982 o pedido de dita tutela ao juízo do processo suspenso.

Poderá o relator ainda requisitar informações a órgãos em cujo juízo corre demanda em que se discute o objeto do Incidente, cabendo ao respectivo órgão prestá-las no lapso temporal de 15 dias (inciso II); e ainda, intimar o Ministério Público para, querendo, se manifestar também no prazo de 15 dias acerca do Incidente (inciso III).

Em suma, sendo rejeitado o Incidente, retoma-se ação originária, caso contrário, em regra, o relator suspenderá todas as ações pendentes conforme a dicção do inciso I do art. 982, fazendo valer também a incidência das hipóteses dos incisos II e III do referido dispositivo legal.

Ocorre que, para o devido processo legal referente ao próprio procedimento de julgamento do Incidente, notadamente, depois de o admitido, conforme apontado linhas atrás, serão ouvidas pelo relator as partes e todos os demais interessados, inclusive órgãos e entidades com interesse na controvérsia que, no prazo de 15 dias, poderão requerer juntada de documentos, além de necessárias diligências com o fito de elucidar a questão de direito controvertida, esta objeto do incidente; depois se ouve o Ministério Público pelo mesmo prazo de quinze dias, tudo em respeito ao *caput* do art. 983.

Vale destacar aqui que será possível a participação do *amicus curiae*, sobretudo quando se está a discutir conteúdos jurídicos de amplo interesse social e/ou econômico por exemplo, o que não raramente se vê necessário, a fim de dissipação de divergência no âmbito da própria sociedade e/ou de determinado segmento nela representado.[21]

Em havendo necessidade de maiores instruções para a condução do incidente, é facultado ao relator designar data para realização de audiência pública, objetivando com essa colher depoimentos de experts acerca da matéria suscitada no IRDR (§ 1º do art. 983).

Uma vez concluídas as diligências tidas como necessárias, caberá ao próprio relator solicitar dia para o efetivo julgamento (§ 2º do art. 983), este que será realizado pelo órgão colegiado (plenário ou órgão especial, dependendo do Regimento Interno do respectivo Tribunal) e seguirá a seguinte ordem, *ex vi* do art. 984 e seus incisos:

1º) o relator fará a exposição do objeto do incidente;

2º) poderão sustentar suas razões, sucessivamente:

21. MARINONI, Luiz Guilherme. *Incidente de Resolução de Demandas Repetitivas*: decisão de questão idêntica x precedente... p. 91.

- o autor e o réu do processo originário e o Ministério Público, pelo prazo de 30 (trinta) minutos;
- os demais interessados, no prazo de 30 (trinta) minutos, divididos entre todos, sendo exigida inscrição com 2 (dois) dias de antecedência.

Importante sublinhar que, em virtude do número de inscritos, poderá o referido prazo ser ampliado (§ 1º do art. 984).

Sendo julgado o Incidente, a tese jurídica será aplicada a todos os processos, quer individuais ou coletivos que versem sobre idêntica questão de direito, mas que "tramitem na área de jurisdição do respectivo tribunal, inclusive àqueles que tramitem nos juizados especiais do respectivo Estado ou região" (art. 982, I), o que, diga-se de passagem e conforme já frisado, poderá se exteriorizar a demais estados e regiões, desde que partes, Ministério Público ou Defensoria Pública (legitimados do inciso II e III do art. 977) ou mesmo qualquer interessado que seja parte de processo em curso em que se discuta a mesma questão objeto do Incidente, provoquem o STF ou STJ, solicitando a suspensão de todos os processo individuais e coletivos em curso no território nacional, em cuja questão do incidente seja o objeto controvertido, como se nota da inteligência dos §§ 3º e 4º do art. 982, tudo em nome da desejada garantia da segurança jurídica e, notoriamente, isonomia das decisões judiciais.[22]

Vale destacar ainda neste ínterim que a suspensão de processos pendentes, quer individuais ou coletivos que tramitem no Estado ou região será cessada, caso não seja interposto recurso especial ou recurso extraordinário, desafiando a decisão proferida no próprio IRDR, conforme dicção do § 5º do art. 982.

A tese jurídica reconhecida e julgada em sede de IRDR, igualmente, será aplicada aos processos futuros, desde que versem estes sobre idêntica questão de direito e que, no caso em tela, esteja a tramitar na delimitação territorial de competência do órgão julgador (art. 985, II), o que se aplica, *mutatis mutandis*, na mesma racionalidade em nível nacional, em se tratando de órgão julgador qualquer dos Tribunais Superiores retro referidos.[23]

Insta ressaltar que, favorável ou não, o conteúdo do acórdão em julgamento do IRDR deverá, notoriamente, abranger a análise de todos os fundamentos suscitados relativos à tese jurídica objeto da discussão que se coloca no plano da controvérsia (§ 2º do art. 984), não somente por razões legais e éticas, mas para

---

22. Enunciado n. 93 do FPPC: "Admitido o incidente de resolução de demandas repetitivas, também devem ficar suspensos os processos que versem sobre a mesma questão objeto do incidente e que tramitem perante os juizados especiais no mesmo estado ou região".

23. Em sede recursal para o STF e STJ, ter-se-á o mesmo desiderato, *ex vi* do § 2º do art. 987.

fins de facilitação da divulgação futura de conteúdos voltados ao próprio contexto de tese repetitiva ou não.[24]

Em sede forense, rotineiras são as ações repetitivas que versam sobre questões idênticas de direito, de cujo conteúdo envolvem as mais primárias relações de consumo (telefonia, bancos etc.), passando pelos serviços públicos básicos de uso frequente de qualquer cidadão comum (energia, água, esgoto, dentre muitos).

Neste sentido, bem sustenta o § 2º do art. 985 que, caso o IRDR tenha como objeto

> questão relativa a prestação de serviço concedido, permitido ou autorizado, o resultado do julgamento será comunicado ao órgão, ao ente ou à agência reguladora competente para fiscalização da efetiva aplicação, por parte dos entes sujeitos a regulação, da tese adotada.

Deverá o Incidente ser julgado no prazo de 1 (um) ano, tendo ele preferência sobre os demais processos, exceto aqueles relativos ao réu preso bem como os pedido de *habeas Corpus*. Daí que, uma vez superado o lapso temporal supracitado, cessará a suspensão dos processos a que fora determinado por ato do relator, salvo se este, em decisão fundamentada, decidir pelo contrário, tudo conforme regra o art. 980.

Caberá ainda ao órgão julgador do IRDR, devidamente indicado pelo regimento interno dentre aqueles responsáveis pela uniformização de jurisprudência do tribunal, julgar também o recurso, a remessa necessária ou ainda a causa de competência originária de onde se originou o digitado Incidente (art. 978 e seu parágrafo único), logicamente, em se tratando de recursos cabíveis à respectiva instância daquele órgão.

Por outro lado, em sede recursal a tribunal superior, qualquer das partes, o Ministério Público bem como eventual terceiro interessado poderão interpor recurso especial ou extraordinário (art. 987, *caput*), estes que, diferentemente da regra geral, serão dotados de efeito suspensivo, "presumindo-se a repercussão geral da questão constitucional eventualmente discutida" (§ 1º do art. 987).

Conforme já exteriorizado alhures, em sendo interpostos os respectivos recursos para o STF ou STJ e uma vez apreciado o mérito, a tese jurídica ali reconhecida será aplicada em todo território nacional e a todos os processos individuais e coletivos que, verdadeiramente, versarem sobre a idêntica questão de direito enfrentada no IRDR em compasso com o § 2º do art. 987.

---

24. Enunciado n. 143 **II Jornada de Direito Processual Civil do Conselho da Justiça Federal (CJF):** "O pedido de revisão da tese jurídica firmada no incidente de resolução de demandas repetitivas pode ser feita pelas partes, nos termos do art. 977, II, do CPC/2015".

Não sendo interposto qualquer recurso especial ou extraordinário contra a decisão proferida no Incidente de Resolução de Demandas Repetitivas, determina o § 5º do art. 982 que a suspensão dos processos individuais ou coletivos determinada pelo relator quando da admissão de tal Incidente (vide inciso I do art. 982) cessará.

Lado outro, uma vez julgado o Incidente, há de se ressaltar que não sendo observada a tese adotada na decisão paradigmática (proferida no IRDR), estabelece o § 1º do art. 985 o cabimento a "Ação de Reclamação"[25] para o tribunal competente, esse que irá analisar e decidir se ocorreu desrespeito à autoridade de sua decisão, já que o próprio é responsável pelo firmamento da tese jurídica em sede de IRDR bem como por sua revisão, podendo, neste último caso, se dar por ofício ou mesmo mediante requerimento dos legitimados dispostos no inciso III do art. 988 para a instauração do Incidente (art. 986), i. e., Ministério Público ou Defensoria Pública.

Por derradeiro, no tocante à publicidade da existência de Incidentes por parte de qualquer interessado – aí incluindo os próprios tribunais – a fim de evitar, inclusive, que haja demandas atinentes a uma mesma questão de direito já tipificada como Incidente e que ainda estejam correndo isoladamente em seu itinerário procedimental[26], reza o art. 979 que o Incidente deverá ser submetido à ampla e específica divulgação, especialmente por meio de registro eletrônico

---

25. Trata-se a Reclamação de instituto com previsão constitucional, tendo sua regulamentação disciplinada hoje pela Lei n. 8.038, de 28.05.1990, e agora também com previsão nos arts. 988 e 993 do CPC.

    Aliás, insta ressaltar que o art. 1.069, IV, do CPC pode prever a revogação dos arts. 13 a 18, 26 a 29 e 38 da supracitada Lei nº 8.038/90.

    Tem a Reclamação por objetivo preservar, de forma efetiva, (i) as competências tanto do Supremo Tribunal Federal e Superior Tribunal de Justiça, bem como (ii) garantir o exercício da autoridade das decisões emanadas de ditas Cortes.

    Especificamente sobre o novel instituto, ver, dentre muitos, o nossos *Direito processual civil*. 4 ed. Belo Horizonte: Del Rey, 2010, vol. I, p. 387-412 e *Instituições de Direito Processual Civil*. 2 ed. Belo Horizonte: Del Rey, 2013, Cap. XII.

26. Foi com este espírito, certamente, que as palavras de Luiz Fux, Ministro do Supremo Tribunal Federal e Presidente da Comissão encarregada de levar a cabo a edificação de um novo estatuto processual civil para o Brasil, foram carregadas, em importante passagem no texto preambular de um primeiro relatório apresentado ao Presidente do Senado Federal José Sarney. *In verbis*:

    "A Comissão, atenta à sólida lição da doutrina de que sempre há bons materiais a serem aproveitados da legislação anterior, bem como firme na crença de que a tarefa não se realiza através do mimetismo que se compraz em apenas repetir erros de outrora, empenhou-se na criação de um novo código erigindo instrumentos capazes de reduzir o número de demandas e recursos que tramitam pelo Poder Judiciário.

    Esse desígnio restou perseguido, resultando do mesmo a instituição de um incidente de coletivização dos denominados litígios de massa, o qual evitará a multiplicação das demandas, na medida em que suscitado o mesmo pelo juiz diante, numa causa representativa de milhares de outras idênticas quanto à pretensão nelas encartada, imporá a suspensão de todas, habilitando o magistrado na ação coletiva, dotada de amplíssima defesa, com todos os recursos previstos nas leis processuais, proferir uma decisão com amplo espectro, definindo o direito controvertido de tantos quantos se encontram na mesma situação jurídica, plasmando uma decisão consagradora do princípio da isonomia constitucional".

no Conselho Nacional de Justiça (CNJ) que incluirá em cadastro devidamente alimentado por dados fornecidos pelos tribunais, já que manterão este banco eletrônico de dados atualizados com específicas informações acerca das questões de direito submetidas ao Incidente (§ 1º do art. 979).

Com o intuito de facilitar a identificação das causas abrangidas pela decisão do IRDR, o registro eletrônico no CNJ, referente a teses jurídicas que ficarão cadastradas, deverá conter, no mínimo, "fundamentos da decisão e os dispositivos normativos a ela relacionados" (§ 2º do art. 979), o que, inegavelmente, será de utilidade não somente para as demandas em andamento como, em muito, para possíveis avenças que poderiam congestionar o serviço público da justiça, tão assolapado nos últimos quartéis.

3. APLICABILIDADE DO INCIDENTE DE RESOLUÇÃO DE DEMANDAS REPETITIVAS NOS JUIZADOS ESPECIAIS CÍVEIS

O CPC/2015, objetivando racionalizar o processamento de julgamento de demandas tidas como repetitivas que se apresentam no âmbito do Judiciário pátrio, regulou o denominado Incidente de Resolução de Demandas Repetitivas - IRDR (arts. 976-987), estendendo o resultado e respeito no que se refere ao seu julgamento também aos Juizados Especiais, senão vejamos:

> Art. 985. Julgado o incidente, a tese jurídica será aplicada:
>
> I – a todos os processos individuais ou coletivos que versem sobre idêntica questão de direito e que tramitem na área de jurisdição do respectivo tribunal, inclusive àqueles que tramitem nos juizados especiais do respectivo Estado ou região;
>
> (...).

Como enfrentaremos mais adiante, a instauração do IRDR se dará nas esferas dos Tribunais de Justiça Estaduais e nos Tribunais Regionais Federais, e isso é fator de relevância na análise de seu cabimento em sede dos Juizados Especiais, pois que cediço é que os juízes que o compõem não se submetem em hierarquia jurisdicional aos TJs e/ou TRFs, mas à sua própria Turma Recursal. Aliás, tal entendimento se faz lastro na Súmula n. 376 do Superior Tribunal de Justiça: "Compete a turma recursal processar e julgar o mandado de segurança contra ato de juizado especial".

Não obstante isso, o mesmo STJ possui entendimento de que cabe ao Tribunal Estadual ou ao Tribunal Regional Federal processar e julgar Mandado de Segurança contra ato praticado pelo Juizado Especial com vistas a controlar sua competência.[27]

27. RECURSO ORDINÁRIO EM MANDADO DE SEGURANÇA. CONTROLE DE COMPETÊNCIA PELO TRIBUNAL DE JUSTIÇA. JUIZADOS ESPECIAIS CÍVEIS. MANDADO DE SEGURANÇA. CABIMENTO. COMPETÊNCIA DOS JUIZADOS PARA EXECUTAR SEUS PRÓPRIOS JULGADOS. 1. É possível a impetração de mandado

Em verdade, ainda que haja conteúdos vacilantes quanto à submissão hierárquica dos juízes dos Juizados ao Tribunal de Justiça Estadual ou Regional Federal respectivo, dúvidas não há quanto ao necessário respeito à racionalidade de decisões tidas em âmbito de matéria de direito repetitivas. Soam a própria lógica de um sistema que busca a segurança jurídica e previsibilidade das decisões, o que, de certo, estabiliza o próprio ordenamento jurídico vinculado à sua interpretação normativa.

Nestes termos, entendemos a vinculação do Microssistema dos Juizados Especiais às decisões em sede de IRDR julgadas pelos Tribunais de Justiça Estaduais (Juizados Especiais Estaduais e da Fazenda Pública) e Regionais Federais (Juizados Especiais Federais).

As grandes questões surgem quando encontramos (i) decisões díspares entre os próprios órgãos dos Juizados bem como (ii) entre estes e as decisões dos Tribunais Estaduais e/ou Regionais Federais e aí, em sede de IRDR.

Quanto à primeira problemática, cediço é que no âmbito dos Juizados Especiais Federais, o conflito de decisões neste ambiente se dá por meio do pedido de uniformização de jurisprudência, *ex vi* da Lei n.10.259/2001:

> Art. 14. Caberá pedido de uniformização de interpretação de lei federal quando houver divergência entre decisões sobre questões de direito material proferidas por Turmas Recursais na interpretação da lei.
>
> § 1º O pedido fundado em divergência entre Turmas da mesma Região será julgado em reunião conjunta das Turmas em conflito, sob a presidência do Juiz Coordenador.
>
> § 2º O pedido fundado em divergência entre decisões de turmas de diferentes regiões ou da proferida em contrariedade a súmula ou jurisprudência dominante do STJ será julgado por Turma de Uniformização, integrada por juízes de Turmas Recursais, sob a presidência do Coordenador da Justiça Federal.

Ainda assim, o Enunciado n. 181 admite a própria instauração do Incidente de Resolução de Demandas Repetitivas – IRDR[28] em sede de Juizados Especiais Federais, sendo este julgado por órgão colegiado de uniformização, *ex vi*: "Admite-se o IRDR nos juizados especiais federais, que deverá ser julgado por órgão colegiado de uniformização do próprio sistema (Aprovado no XIV FONAJEF)".

---

de segurança com a finalidade de promover o controle de competência nos processos em trâmite nos juizados especiais. 2. Compete ao próprio juizado especial cível a execução de suas sentenças independentemente do valor acrescido à condenação. 3. Recurso ordinário desprovido. (STJ. 3ª T. RMS: 41964/GO 2013/0104769-0, Rel. Min. João Otávio de Noronha, Data de Julgamento: 06.02.2014, T3 - TERCEIRA TURMA, Data de Publicação: DJe 13.02.2014).

28. Sobre toda a sistemática processual e procedimental do Incidente de Resolução de Demandas Repetitivas, ver, dentre outros, o nosso *Instituições de Direito Processual Civil*. 3 ed. Salvador: Juspodivm, 2017, p. 649-659; MARINONI, Luiz Guilherme. *Incidente de Resolução de Demandas Repetitivas:* decisão de questão idêntica x precedente. São Paulo: RT, 2016; TEMER, Sofia. *Incidente de Resolução de Demandas Repetitivas*. 2 ed. Salvador: Juspodivm, 2017.

Já com relação aos Juizados Especiais Estaduais e à Fazenda Pública no âmbito dos Estados, do Distrito Federal, dos Territórios e dos Municípios, também em consonância com o Enunciado do Fonaje supracitado, a Escola Nacional de Formação e Aperfeiçoamento de Magistrados (ENFAM) aprovou o Enunciado 44, justificado pelo entendimento dos arts. 17 e 19 da Lei Especial n. 12.153/2009 e a fim de evitar que julgados do sistema dos Juizados Especiais inundem o Superior Tribunal de Justiça por meio de Recursos Especiais contra acórdãos proferidos por Tribunais em IRDR (art. 987 do CPC).[29]

Neste sentido, estabelece o aludido Enunciado: "Admite-se o IRDR nos juizados especiais, que deverá ser julgado por órgão colegiado de uniformização do próprio sistema".

Nestes termos, em se tratando dos Juizados Especiais da Fazenda Pública no âmbito dos Estados, do Distrito Federal, dos Territórios e dos Municípios, a questão do conflito entre seus julgados quanto às questões de direito material, foi prevista pela Lei n. 12.153/2009 nos seguintes termos:

> Art. 18. Caberá pedido de uniformização de interpretação de lei quando houver divergência entre decisões proferidas por Turmas Recursais sobre questões de direito material.
>
> § 1º O pedido fundado em divergência entre Turmas do mesmo Estado será julgado em reunião conjunta das Turmas em conflito, sob a presidência de desembargador indicado pelo Tribunal de Justiça.
>
> § 2º No caso do § 1º, a reunião de juízes domiciliados em cidades diversas poderá ser feita por meio eletrônico.
>
> § 3º Quando as Turmas de diferentes Estados derem a lei federal interpretações divergentes, ou quando a decisão proferida estiver em contrariedade com súmula do Superior Tribunal de Justiça, o pedido será por este julgado.
>
> Art. 19. Quando a orientação acolhida pelas Turmas de Uniformização de que trata o § 1º do art. 18 contrariar súmula do Superior Tribunal de Justiça, a parte interessada poderá provocar a manifestação deste, que dirimirá a divergência.

Nota-se que, quanto aos Juizados Especiais Estaduais, a Lei n. 9.099/95 não disciplinou qualquer previsão acerca do pedido de uniformização de jurisprudência decorrente desta justiça especial, o que se faria entender a aplicação por analogia do modelo previsto na Lei n. 12.153/2009 retro referido, tudo em nome do reconhecimento de um microssistema dos Juizados Especiais, conforme dita o art. 1º, parágrafo único, desta Lei.[30]

---

29. Aliás, vale lembrar aqui a Súmula n. 203 do STJ: "Não cabe recurso especial contra decisão proferida por órgão de segundo grau dos Juizados Especiais".

30. "Art. 1º Os Juizados Especiais da Fazenda Pública, órgãos da justiça comum e integrantes do Sistema dos Juizados Especiais, serão criados pela União, no Distrito Federal e nos Territórios, e pelos Estados, para conciliação, processo, julgamento e execução, nas causas de sua competência.

    Parágrafo único. O sistema dos Juizados Especiais dos Estados e do Distrito Federal é formado pelos Juizados Especiais Cíveis, Juizados Especiais Criminais e Juizados Especiais da Fazenda Pública."

No entanto não é isso que se observa, em geral, na vida forense, seja pelo não reconhecimento pragmático estimulador de dito procedimento ou mesmo pela ausência de regramento legal.[31]

Alguns tribunais têm levado em seus regimentos internos – e o que pensamos, acertadamente – a disciplina quanto à composição de uniformização de jurisprudência em sede de Juizados Especiais Estaduais, como, por exemplo, o Tribunal de Justiça de Minas Gerais, ao prever em seu RI o seguinte:

> Art. 11. Os órgãos do Tribunal de Justiça funcionam com o seguinte quórum mínimo e periodicidade:
>
> (...)
>
> VII – **a Turma de Uniformização de Jurisprudência dos Juizados Especiai**s, sempre que convocada por seu presidente, com quatro quintos de sua composição.
>
> Parágrafo único. Salvo disposição em contrário, de lei ou deste regimento, as decisões serão tomadas:
>
> I – por maioria absoluta:
>
> (...)
>
> c) **o pedido de uniformização de jurisprudência dos juizados especiais**; (Redação dada pela Emenda Regimental n° 6, de 2016). (grifo nosso)

Outra questão tida como relevante é aquela da eventual discrepância entre as decisões dos Juizados Especiais, quer Estaduais, Federais ou da Fazenda Pública com decisões dos Tribunais Estaduais e/ou Regionais Federais em sede de acórdão proferido em IRDR. Neste caso, a solução seria outra.

Nisso, não sendo seguido pelos Juizados o acórdão proferido em IRDR pelo TJ ou TRF, caberá certeiramente a Ação de Reclamação para o respectivo tribunal, conforme bem disciplina o art. 988, II, do CPC/2015, favorecendo assim o respeito e a uniformidade das decisões, fortalecendo a previsibilidade racional e integridade do próprio sistema normativo.

---

31. Convém destacar que há um Projeto de Lei n. 7.483-A/2017, de autoria da Deputada Federal Tereza Cristina (PSB/MS) ao qual delimita que a instauração do Incidente de Resolução de Demandas Repetitivas no âmbito dos Juizados Especiais Estaduais seja dirigida ao Presidente da Turma Recursal do próprio JEC.

Nestes termos, regra o Projeto de Lei em tela em seu art. 3º:

"Art. 3º A Lei nº 9.099, de 26 de setembro de 1995, passa a vigorar acrescida do seguinte art. 4º-A: 'Art. 4º-A. Aplicam-se as normas relativas à conexão, à continência e ao incidente de resolução de demandas repetitivas previstas no Código de Processo Civil aos processos no âmbito dos juizados especiais cíveis. Parágrafo único. O pedido de instauração de incidente de resolução de demandas repetitivas formulado em razão de demanda proposta perante juizado especial cível será dirigido ao Presidente da Turma Recursal, aplicando-se, no que couber, o art. 976 e seguintes do Código de Processo Civil'". Disponível em: <https://www.camara.leg.br/proposicoesWeb/prop_mostrarintegra;jsessionid=F0B2FF-65D4F1586067E3D0AC0C81AA71.proposicoesWebExterno2?codteor=1743271&filename=Parecer--Aprovacao-CCJC-07-05-201.> Acesso em: 19 de agosto de 2019.

Lado outro, diferentemente pensa a Associação dos Magistrados Brasileiros (AMB) onde, por meio de sua Diretoria de Juizados Especiais, emitiu Nota Técnica n. 01/2019, na qual entendeu que, em se tratando de divergência entre súmulas ou enunciados da Turma de Uniformização dos Juizados Especiais e súmulas, enunciados ou jurisprudência dominante das Seções do Tribunal de Justiça, incluso aí então o acórdão em Incidente de Resolução de Demandas Repetitivas, o Órgão Especial deste Tribunal deliberará sobre ela, dirimindo a controvérsia após ser provocado pelo Presidente do Tribunal de Justiça, pelo Presidente da Turma de Uniformização ou por qualquer dos Presidentes de Seção, em clara sintonia com o que já disciplina o Tribunal de Justiça de São Paulo em redação do Assento Regimental n. 552/2016.[32]

4. CONSIDERAÇÕES FINAIS

A unidade do Direito merece ser o ponto característico de qualquer sistema jurídico, devendo a previsibilidade e segurança jurídica das decisões judiciais receber o exato prestígio pelo próprio predicado qualitativo que representam diante da salvaguarda a um cotidiano estável.

Bem por isso, objetiva o Incidente de Resolução de Demandas Repetitivas evitar efetiva repetição de processos que contenham controvérsia sobre a mesma questão unicamente de direito e ainda que haja riscos de ofensa à isonomia e à segurança jurídica, portanto, decisões judiciais conflitantes que façam pairar sobre o direito posto uma aura desconforme com o seu desiderato.

Nestes termos é que a aplicação do IRDR em sede de Juizados Especiais deve ser vetorizada, não sendo razoável que deixe de ser levado a cabo a sua efetiva implementação pragmática acompanhada de reflexões críticas sob seu modelo em consonância com o que expressamente estipula do Código de Processo Civil de 2015, mas que, notadamente e como fora demonstrado, seja certeira e inequivocamente balizada a forma procedimental adequada para o seu estabelecimento, tudo em respeito às peculiaridades que, de certo, possuem aqueles Juizados de forma especialíssima.

5. REFERÊNCIAS BIBLIOGRÁFICAS

GAIO JÚNIOR, Antônio Pereira. *Instituições de direito processual civil.* 3 ed. Salvador: Juspodivm, 2017.

GAIO JÚNIOR, Antônio Pereira. *Instituições de direito processual civil.* 2 ed. Belo Horizonte: Del Rey, 2013.

32. "Em caso de divergência entre súmulas ou enunciados da Turma de Uniformização dos Juizados Especiais e súmulas, enunciados ou jurisprudência dominante das Seções do Tribunal de Justiça, o Órgão Especial deliberará sobre ela, dirimindo a controvérsia após ser provocado pelo Presidente do Tribunal de Justiça, pelo Presidente da Turma de Uniformização ou por qualquer dos Presidentes de Seção".

GAIO JÚNIOR, Antônio Pereira. *Direito processual civil*. 4 ed. Belo Horizonte: Del Rey, 2010. v. I.

GAIO JÚNIOR, Antônio Pereira. (Coord.). *Direito e desenvolvimento II:* obstáculos e perspectivas ao acesso à justiça. Curitiba: CRV, 2017.

GRINOVER, Ada Pellegrini. O tratamento dos processo repetitivos. In: JAYME, Fernando Gonzaga; FARIA, Juliana Cordeiro de; LAUAR, Maira Terra. (Coords.). *Processo civil*: novas tendências. Estudos em homenagem ao Prof. Humberto Theodoro Júnior. Belo Horizonte: Del Rey, 2008.

MANCUSO, Rodolfo de Camargo. *A resolução de conflitos e a função judicial no contemporâneo estado de direito*. São Paulo: RT, 2009.

MARINONI, Luiz Guilherme. *Incidente de Resolução de Demandas Repetitivas:* decisão de questão idêntica x precedente. São Paulo: RT, 2016.

MARINONI, Luiz Guilherme; MITIDIERO, Daniel. *O Projeto do CPC:* críticas e propostas. São Paulo: RT, 2010.

MENDES JÚNIOR, João. *Programa de ensino de prática forense*. Rio de Janeiro: Freitas Bastos, 1958.

PONTES DE MIRANDA, F. C. *Comentários ao Código de Processo Civil*. 3 ed. Rio de Janeiro: Forense, 1998. t. VI.

PORTO, José Roberto Sotero de Mello. *Teoria geral dos casos repetitivos*. Rio de Janeiro: GZ, 2018.

TEMER, Sofia. *Incidente de Resolução de Demandas Repetitivas*. 2 ed. Salvador: Juspodivm, 2017.

THEODORO JÚNIOR, Humberto. Um novo Código de Processo Civil para o Brasil. *Revista Magister de Direito Civil e Processual Civil*, Porto Alegre, vol. 37, p. 89-98, jul./ago. 2010.

TUBELIS, Vicente Paulo. Divergência Jurisprudencial e participação. In: GRINOVER, Ada Pellegrini; DINAMARCO, Cândido Rangel; WATANABE, Kazuo (Coords.). *Participação e processo*. São Paulo: RT, 1988.

WITTMAN, Ralf-Thomas. Il 'contenzioso di massa' in Germânia. In: ALESSANDRO, Giorgetti; VALLEFUOCO, Valério. *Il contenzioso di massa in Itália, in Europa e nel mondo*. Milão: Giuffrè, 2008.

4

O USO DO INCIDENTE DE RESOLUÇÃO DE DEMANDAS REPETITIVAS NA JUSTIÇA DO TRABALHO NOS POUCO MAIS DE QUATRO ANOS DE VIGÊNCIA DO NOVO CÓDIGO DE PROCESSO CIVIL

Bruno Provençano do Outeiro Souza[1]

Sumário: 1 – Introdução. 2 – Promessa de uniformização e desejo de solução ao demasiado volume de processos trabalhistas. 3 – Soluções por meio do IRDR e o seu funcionamento na justiça do trabalho depois de quatro anos de vigência do novo Código de Processo Civil segundo dados do CNJ. 4 – Conclusão. 5 – Referências bibliográficas.

1. INTRODUÇÃO

O anseio social por uma justiça mais ágil e célere fez com que se estendesse ao processo do trabalho o IRDR – Incidente de Resolução de Demandas Repetitivas.

Na ideia do legislador, inspirado no processo civil, a novidade trazida pela edição da Lei n. 13.015/2014 seria capaz de criar um mecanismo de solução massiva para demandas repetitivas, pela fixação de teses jurídicas prevalecentes nos tribunais[2].

Neste diapasão, o novo Código de Processo Civil brasileiro, promulgado no ano de 2015, no intuito de resolver o problema da litigiosidade de massa produzida pelo grande volume de ações cuja questão jurídica controvertida repetia-se nos tribunais do país, criou um microssistema de solução de casos repetitivos.

---

1. Mestrando em Direito Processual na UERJ – Universidade do Rio de Janeiro. Pós-graduado em Direito e Processo do Trabalho pela UCAM – Universidade Cândido Mendes. Pós-graduado em Direito Processual Civil e Direito Processual do Trabalho pela UVA – Universidade Veiga de Almeida. Advogado e sócio da Pinaud Freire & Provençano Sociedade de Advogados.

2. Interessante doutrina para aprofundamento sobre a Lei n. 13.015/2014, ver: BELMONTE, Alexandre Agra. As alterações da Lei n. 13.015/2014 no sistema dos recursos trabalhistas e a jurisprudência como fonte criativa de direito: a teoria dos precedentes e a nova Lei de recursos trabalhistas como técnica de flexibilização do sistema do *civil law*. In: BELMONTE, Alexandre Agra (Coord.). *A nova lei de recursos trabalhistas*: Lei n. 13.015/2014. São Paulo: LTr, 2015. p. 9-23.

Esse microssistema é formado pelo Incidente de Resolução de Demandas Repetitivas (IRDR) e pelos recursos extraordinário e especial repetitivos, através dos quais se produz teses jurídicas que devem ser observadas pelos tribunais e juízes do país, de acordo com o que estabelece o art. 927, III, do Novo Código Processual Civil.

Com o advento da nova lei processual comum, que possui aplicabilidade subsidiária e supletiva ao processo do trabalho (CPC, art. 15)[3] e considerando a necessidade de o Tribunal Superior do Trabalho posicionar-se sobre as normas do Código de Processo Civil de 2015 aplicáveis e inaplicáveis ao Processo do Trabalho,[4] foi editada, através da Resolução n. 203/2016, a Instrução Normativa n. 39/2016, que dispõe sobre as normas do Código de Processo Civil de 2015 aplicáveis e inaplicáveis ao Processo do Trabalho.

Na intenção do legislador, uma vez suscitado o incidente pelas partes, juiz ou Ministério Público do Trabalho, ter-se-iam pacificadas e unificadas eventuais divergências de interpretações sobre uma determinada questão jurídica, e vinculá-la, de modo obrigatório, ao Tribunal pacificador e suas Varas do Trabalho.

Pela uniformização dos entendimentos dos Tribunais, o legislador mirou numa maior segurança jurídica e isonomia, especialmente para o empresariado, com manifesta estabilidade, dado o poder de vinculação dos precedentes fixados.

Uma vez sendo o IRDR abraçado pelos Tribunais, tal como uma obrigação capaz de alcançar os objetivos vislumbrados pelo legislador, por certo alcançar-se-ia, por via reflexa, uma justiça mais previsível e um ambiente mais propício à autocomposição das partes.

O desafio do IRDR na Justiça do Trabalho, contudo, reside no alcance e estabelecimento de coerentes repetitivos a suscitar e uma perfeita pertinência da questão jurídica controvertida para vincular.

Ao contrário da Justiça Comum, em que toda a sociedade brasileira é submetida à lei civil, na Justiça do Trabalho temos variados microcosmos dentro do universo de empresas e atividades profissionais.

Dentro deste diverso universo de atividades, administração, de normas coletivas sazonais, modernização do trabalho e de leis dos idos de 1940, há muito os Tribunais do Trabalho vêm se ocupando de preencher lacunas e adaptar a aplicação da lei por meio de suas Súmulas de Jurisprudência[5].

---

3. Art. 15. Na ausência de normas que regulem processos eleitorais, trabalhistas ou administrativos, as disposições deste Código lhes serão aplicadas supletiva e subsidiariamente.

4. Resolução n. 203, de 15 de março de 2016, da Presidência do Tribunal Superior do Trabalho disponível na página da web: https://juslaboris.tst.jus.br/bitstream/handle/20.500.12178/81692/2016_res0203_in0039_compilado.pdf?sequence=4&isAllowed=y.

5. "Como advertido inicialmente, de fato, a massificação e homogeneização dos vínculos sociais e dos conflitos tem sido uma marca da sociedade contemporânea, particularmente das relações de trabalho. A

2. PROMESSA DE UNIFORMIZAÇÃO E DESEJO DE SOLUÇÃO AO DEMASIADO VOLUME DE PROCESSOS TRABALHISTAS

Com o especial fito de desafogar o gargalo judiciário, dado o demasiado volume de processos, o legislador introduziu novos instrumentos processuais, entre os quais o Incidente de Resolução de Demandas Repetitivas – IRDR, que aqui nos interessa[6].

Assim, para solução de demandas de controvérsia sobre a mesma questão jurídica de direito, o IRDR surgiu como importante ferramenta a ser manejada pelas partes, pelos juízes de primeiro grau, pelos desembargadores relatores ou pelo Ministério Público e, como tal, deve ser amplamente utilizado por todas as esferas do judiciário trabalhista, a fim de que se busque solucionar o problema da multiplicidade de processos e da dispersão jurisprudencial que atormentam o poder judiciário de maneira geral.

O procedimento adotado para o julgamento do incidente está disciplinado nos arts. 976 e seguintes do CPC, sendo competente para o seu processamento, nos termos do art. 978 do CPC[7], o Tribunal Pleno, o Órgão Especial ou outro órgão criado pelo Tribunal com esta finalidade.

Depois de Julgado o IRDR, o Tribunal competente estabelecerá a tese jurídica prevalecente, ou seja, a solução da questão de fundo, isto no prazo de 1 (um) ano contado da sua instauração, sob pena de permitir a retomada dos julgamentos dos processos a ele sobrestados. Tal prazo, contudo, pode ser prorrogado por decisão fundamentada do relator competente.

A tese jurídica fixada no IRDR deve ser aplicada a todos os processos individuais ou coletivos que versem sobre idêntica questão de direito e que tramitem na área de jurisdição do respectivo tribunal e aos casos futuros que versem idêntica questão de direito e que venham a tramitar no território de competência do tribunal, nos termos do art. 985 do CPC. Se não observada a tese adotada no incidente, caberá reclamação[8].

---

economia informal, a terceirização, os altos encargos previdenciários e fiscais derivados da relação de emprego, as novas tecnologias, a precarização de mão de obra, as demissões em massa, dentre inúmeros outros fatores, vem gerando crescimento e repetição dos formatos e dramas inerentes aos vínculos jurídicos e, por consequência, dos conflitos levados ao Judiciário Trabalhista" (TUPINAMBÁ, Carolina. O incidente de resolução de demandas repetitivas na Justiça do Trabalho. *Revista de Processo*. vol. 270, ago. 2017, p. 251-276).

6. "Uma das mais importantes inovações do Código é o incidente de resolução de demandas repetitivas, que tem como escopo promover uma superior concretização dos princípios da isonomia e da segurança jurídica" (CARNEIRO, Paulo Cezar Pinheiro; PINHO, Humberto Dalla Bernardino de (Coord.). *Novo Código de Processo Civil*: anotado e comparado. Rio de Janeiro: Forense, 2015. p. 569).

7. Art. 978. O julgamento do incidente caberá ao órgão indicado pelo regimento interno dentre aqueles responsáveis pela uniformização de jurisprudência do tribunal.

8. Art. 985. Julgado o incidente, a tese jurídica será aplicada: I – a todos os processos individuais ou coletivos que versem sobre idêntica questão de direito e que tramitem na área de jurisdição do respectivo tribu-

Além da intenção de trazer maior agilidade aos processos e maior segurança jurídica e isonomia, o instituto, consequentemente, tem o potencial de contribuir sobremaneira para estimular a tão estimulada autocomposição das partes[9].

Marcelo Mazzola, escrevendo sobre o tema, abordou, com singular brilhantismo, a relação do precedente judicial como importante ferramenta para o alcance da conciliação[10].

3. SOLUÇÕES POR MEIO DO IRDR E O SEU FUNCIONAMENTO NA JUSTIÇA DO TRABALHO DEPOIS DE QUATRO ANOS DE VIGÊNCIA DO NOVO CÓDIGO DE PROCESSO CIVIL SEGUNDO DADOS DO CNJ

Por se tratar de um julgamento que pretende resolver uma gama, por vezes expressiva, de controvérsias em torno de uma mesma questão de direito, os julgamentos dos IRDRs devem buscar esgotar todas as variáveis questões, além de antever todas as implicações que podem ser produzidas pelo julgamento[11].

Por se revestir de um julgamento de observância compulsória, observado o alcance do tribunal prolator, o julgado deve ser o mais generalizado possível, porém com um cuidado delimitativo sem igual quanto aos aspectos fático-jurídicos envolvidos na questão jurídica, a fim de permitir sua clara e precisa interpretação como norma cogente[12].

---

nal, inclusive àqueles que tramitem nos juizados especiais do respectivo Estado ou região; II – aos casos futuros que versem idêntica questão de direito e que venham a tramitar no território de competência do tribunal, salvo revisão na forma do art. 986. § 1º Não observada a tese adotada no incidente, caberá reclamação.

9. "Com isso, advém efeitos até mesmo exoprocessuais: é notável que, em existindo uma quase-certeza acerca da decisão que se obteria no Judiciário em um caso tal, a conciliação e a mediação poderiam se mostrar caminhos realmente mais concretos e palatáveis. Enquanto, porém, um processo judicial representar uma loteria, com possibilidades para todos os lados, não raro será mais interessante arriscar" (PORTO, José Roberto Sotero de Mello. *Limitação do poder judiciário na elaboração de súmulas e enunciados jurisprudenciais.* 2019, no prelo).

10. "Quanto mais entendimentos forem consolidados pelos tribunais, maior é a probabilidade de que as próprias partes busquem a mediação extrajudicial. Um horizonte menos nebuloso alarga o canal do diálogo. Até porque, sabendo da posição jurisprudencial favorável, o autor, de um lado, evitará a judicialização automática, especialmente diante dos altos custos e da demora do processo, e, de outro, o réu, ciente de sua posição desconfortável, se engajará para solucionar o impasse, ampliando o espaço para soluções criativas" (MAZZOLA, Marcelo. Qual a relação entre mediação extrajudicial, precedentes e negócios jurídicos processuais? Disponível em: <http://www.migalhas.com.br/dePeso/16,MI239654,31047-Qual+a+relacao+entre+mediacao+extrajudicial+precedentes+e+negócios>. Acesso em: 30 jun. de 2016).

11. "Ao julgar o IRDR, deliberando uma tese, o Tribunal deve ter uma posição amadurecida, sob pena de, em assim não o sendo, a decisão gerar efeito inverso ao pretendido pelo instituto, ampliando-se a insegurança jurídica e propiciando-se uma instabilidade que vai de encontro ao espírito do CPC/2015" (DUARTE, Bento Herculano. Incidente de resolução de demandas repetitivas (IRDR): natureza, finalidade, pressupostos, pontos controvertidos e aplicação na justiça do trabalho. *Rev. TST,* Brasília, vol. 83, n. 1, jan/mar 2017).

12. "Uma vez julgado, o conteúdo do acórdão deve ser o mais abrangente possível, quanto às teses discutidas, argumentos contrários e favoráveis (§ 2º), para que se possa aquilatar a *ratio decidendi*, diante do

Assim, uma vez firmada a questão jurídica, todos os processos sobrestados e os ajuizados a *posteriori* deverão ter a mesma solução, cabendo às partes a demonstração ao julgador de não aplicação do precedente, pela técnica do *distinguishing*, em virtude de se distinguir dos elementos fáticos e jurídicos que consolidaram a solução do precedente.

O *distinguishing* deve ser fundamentado, tanto pelo suscitante quanto pelo magistrado.

Segundo Marinoni, "O instituto do *distinguishing* significa distinção entre o caso concreto, em julgamento, e o paradigma, seja por inexistir coincidência entre os fatos essenciais discutidos e aqueles determinantes para a *ratio decidendi*, seja porque, apesar de alguma aproximação, determinada(s) peculiaridade(s) no caso em apreciação afasta a incidência do precedente"[13].

Os precedentes podem ser revisados, na forma do art. 986 do CPC, por iniciativa, na Justiça do Trabalho, das partes ou do Ministério Público do Trabalho, ou de ofício. Tal procedimento é intitulado *overruling* e tem previsão no § 17 do art. 896-C da CLT. O *overruling* pode se dar pela substituição do precedente por outro, pela sua simples exclusão ou pela sua superação por outra norma cogente.

O IRDR pode ainda ser impugnado por recurso, na forma do art. 987 do CPC.

Estabelecido o procedimento, resta evidenciado que o objetivo do instituto é alcançar decisões uniformes, com vistas à segurança jurídica e à isonomia.

Especialmente na Justiça do Trabalho, é comum termos questões de direito solucionadas de forma não uniforme entre os seus Tribunais Regionais e pelas próprias Turmas dos seus Regionais. No Tribunal Superior do Trabalho, essa falta de uniformização também se repete.

Em que pesem os riscos de ter a isonomia e a segurança jurídica, especialmente como pretexto para desafogar o gargalo judiciário, o IRDR parece não ter caído suficientemente nas graças dos Tribunais Trabalhistas.

De outro lado, considerando os vários segmentos, realidades e especificidades das variadas atividades econômicas envolvidas nas relações de trabalho, o IRDR corre o risco de se tornar um atraso para a entrega da prestação jurisdicional, com sobrestamentos prolongados por prorrogações, decisões sobre

---

seu caráter de observância compulsória no âmbito de alcance da decisão (regional ou nacional, conforme o caso). Quanto mais ampla for a decisão e mais detalhados forem os aspectos fático-jurídicos que nortearam a questão jurídica, melhor será para todos aqueles a quem se destina.

Não se deve esquecer de que o precedente é norma jurídica expressa em texto e, por isso mesmo – tal como ocorre com qualquer diploma normativo – é sujeito a interpretação, a qual deve ser facilitada" (BRANDÃO, Claudio. Incidente de resolução de demandas repetitivas no processo do trabalho. *Rev. Trib. Reg. Trab. 3ª Reg.*, Belo Horizonte, v. 63, n. 95, p. 121-139, jan./jun. 2017).

13. MARINONI, Luiz Guilherme. *Precedentes obrigatórios.* 4. ed. São Paulo: RT, 2016.

distinguishing, sobrevinda de negociados sobre o legislado, entre outros entraves e inovações.

Assim, parece-nos que os operadores do direito têm sido cautelosos no manejo do IRDR, de forma que evitar o mal de decisões antagônicas fica num plano de importância menor do que o da entrega da prestação jurisdicional, ainda que o resultado possa ser uma verdadeira loteria.

Para os Tribunais, o cuidado por estabelecer um precedente obrigatório exigirá, na prática, a análise de um conglomerado expressivo de processos, sob pena de criar mais embaraço do que solução.

Dessa forma, passados mais de quatro anos de vigência do novo Código de Processo Civil e, consequentemente, da utilização do microssistema de solução de casos repetitivos introduzido pelo novo estatuto, já é possível fazer uma análise sobre o desempenho do IRDR na Justiça do Trabalho, por meio dos números fornecidos pelo CNJ (Justiça em Números).

Nesses pouco mais de quatro anos da entrada em vigor do novo Código de Processo Civil, e até o final de 2019, quando a última consulta foi feita, haviam sido instaurados e **admitidos** na Justiça do Trabalho o total de apenas 59 (cinquenta e três) Incidentes de Resolução de Demandas Repetitivas (IRDR) nos Tribunais Regionais componentes da Justiça do Trabalho.

No ano de 2015, primeiro ano de existência do IRDR, apenas um incidente foi instaurado e admitido pela Justiça Trabalhista, no âmbito do TRT da 13ª Região (Paraíba), e cujo tema era *"DANO MORAL. EXIGÊNCIA DE CERTIDÃO NEGATIVA DE ANTECEDENTES CRIMINAIS"*.

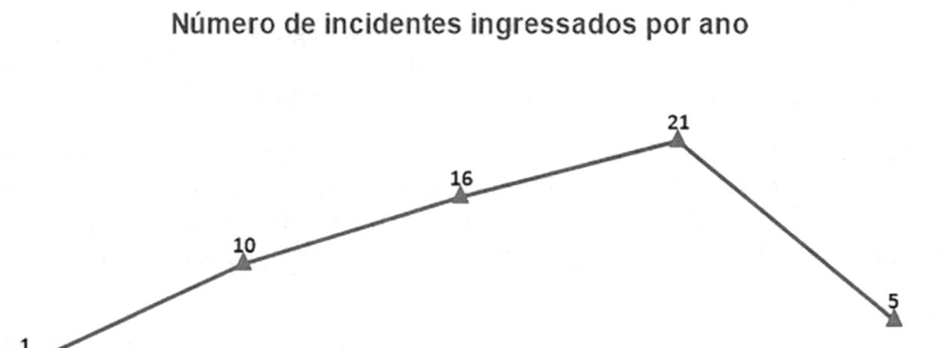

Já no segundo ano de vigência do novo CPC, naturalmente, o número de Incidentes de Resolução de Demandas Repetitivas instaurados e admitidos na Justiça do Trabalho aumentou em dez vezes, chegando a dez incidentes. No ano seguinte,

2017, o número continuou aumentando, tendo alcançado o total de 16 IRDRs instaurados e admitidos, revelando um aumento de 60% em relação ao ano anterior.

O ápice de Incidentes de Resolução de Demandas Repetitivas ocorreu no ano de 2018, quando 21 incidentes foram instaurados e admitidos nos tribunais trabalhistas do país, demonstrando um crescimento de mais de 30% em relação a 2017. Era sinal de que o instituto vinha crescendo e ganhando força na Justiça do Trabalho.

Por sua vez, 2019 apresentou uma queda bastante significativa no número de incidentes instaurados e admitidos, somente haviam sido computados cinco IRDRs nos tribunais trabalhistas neste ano.

De acordo com o que se vê dos gráficos abaixo, há uma similitude entre o comparativo numérico da Justiça do Trabalho com a Justiça Estadual e Federal. Nota-se que o ano de 2017 foi marcado pelo grande número de incidentes instaurados nos tribunais do país, mas que a partir do ano de 2018, exceto pelos Tribunais Trabalhistas, em que o número aumentou, a quantidade vem diminuindo.

Comparado o IRDR no âmbito das Justiças Estadual e Federal, obtemos os seguintes e respectivos gráficos:

Na Justiça do Trabalho, os Regionais que mais se valeram do instituto foram o TRT-22 (Piauí), nove vezes, seguido dos TRT-4 (Rio Grande do Sul), TRT-8 (Pará) e TRT-18 (Goiás), com seis instaurações cada. Em terceiro lugar, com cinco IRDR perpetrados, estão o TRT-3 (Minas Gerais) e TRT-13 (Paraíba). Em sequência, o TRT-7 (Ceará) e o TRT-9 (Paraná), com quatro; e TRT-1 (Rio de Janeiro), TRT-11 (Amazonas) e TRT-17 (Espírito Santo), com dois.

Por fim, os Tribunais do Trabalho que menos instauraram, apenas uma vez cada, foram o TRT-2 e TRT-12, do Estado de São Paulo e de Santa Catarina, respectivamente. É importante lembrar que os números do CNJ contemplam apenas os IRDRs admitidos nos tribunais regionais do trabalho – aqueles instaurados e não admitidos não foram incluídos nos dados apresentados pelo Conselho.

Em acréscimo, o número total de processos sobrestados foi de 3.948 e o IRDR que provocou o maior número de sobrestamentos foi, curiosamente, o único instaurado pelo TRT-12 (SC), com 1.032 processos suspensos, cuja questão submetida a julgamento era: responsabilidade subsidiária do ente público na concessão de serviço público. No referido IRDR, foi fixada a seguinte tese jurídica:

> ***TESE JURÍDICA N.º 01 EM IRDR - "CONCESSÃO DE SERVIÇOS DE TRANSPORTE COLETIVO DE PASSAGEIROS. MUNICÍPIO DE BLUMENAU. EMPRESAS QUE CONSTITUEM O CONSÓRCIO SIGA. INEXISTÊNCIA DE RESPONSABILIDADE SUBSIDIÁRIA DO ENTE PÚBLICO. INAPLICABILIDADE DA SÚMULA Nº 331 DO TST.*** *A concessão de serviço público de transporte coletivo de passageiros, pelo Município de Blumenau, às empresas que constituem o Consórcio Siga (Viação Verde Vale Ltda., Empresa Nossa Senhora da Glória Ltda. e Coletivos Rodovel Ltda.) não se confunde com terceirização de que trata a Súmula nº 331 do TST, porque o ente público não é tomador dos serviços, não se beneficia diretamente da mão de obra do trabalhador, razão pela qual inexiste responsabilidade subsidiária do ente público concedente pelas verbas trabalhistas porventura inadimplidas pelas empresas concessionárias.*

Entre os assuntos dos IRDRs, o mais recorrente é o do direito do trabalho, com 39 ocasiões. Destes, 12 tratam de remuneração, verbas indenizatórias e benefício. O segundo assunto mais recorrente está ligado ao direito processual, abordado 11 vezes, tendo jurisdição e competência como temas mais recorrentes. Já o direito administrativo foi contemplado em dois IRDRs, e o Direito Civil com apenas um IRDR.

Da análise dos três maiores TRTs (quantidade de unidades judiciárias, estoque de processos e população), quais sejam, São Paulo, Rio de Janeiro e Minas Gerais, obtemos os seguintes dados para análise.

O maior Tribunal Regional do Trabalho do País, o de São Paulo, foi, curiosamente, o que menos instaurou IRDR. Ao lado do Tribunal de Santa Catarina, o TRT da 2ª Região instaurou apenas um IRDR, que foi suscitado pelo desembargador relator da ação rescisória eleita como caso piloto, tendo sido fixada a seguinte tese jurídica:

> ***INCIDENTE DE RESOLUÇÃO DE DEMANDAS REPETITIVAS. AÇÃO RESCISÓRIA. INCONSTITUCIONALIDADE DO ARTIGO 97 DA LEI ORGÂNICA DO MUNICÍPIO DE GUARULHOS. FIXAÇÃO DE TESES.*** *1. As decisões proferidas em reclamações trabalhistas que reconheceram direito à percepção de quinquênios e sexta-parte de vencimentos, com fulcro no artigo 97 da Lei Orgânica do Município de Guarulhos, transitadas em julgado sob a égide do Código de Processo Civil de 1973 não se mostram passíveis de corte rescisório por afronta à Súmula 25 deste Regional. 2. As decisões proferidas em reclamações trabalhistas que reconheceram direito à percepção de quinquênios e sexta-parte de vencimentos, com fulcro no artigo 97 da Lei Orgânica do Município de Guarulhos - declarado inconstitucional pelo TJ/SP, sem modulação de efeitos, por força da Ação Direta de Inconstitucionalidade nº 2083718-70.2014.5.8.26.0000 - passadas em julgado antes de 5 de fevereiro de 2015 (data de publicação da decisão da ADI no DJE) - não são passíveis de corte rescisório, com base no artigo 966, V, do CPC/2015 (artigo 485, V do CPC/1973), pois ainda não transitada em julgado a decisão proferida na ADI, pendente de análise perante o Supremo Tribunal Federal.*

Contra a decisão que fixou a tese supracitada, houve interposição de recurso de revista em 10/07/2018, com recebimento denegado em 01/08/2018. Interposto agravo de instrumento em recurso de revista em 29/08/2018, os autos foram enviados ao C. TST em grau de recurso em 16/10/2018. Portanto, ainda não houve trânsito em julgado.

Verifica-se, pois, que o número de IRDRs não se vincula ao tamanho dos tribunais ou mesmo ao tamanho do seu acervo de processos.

Nem o CNJ nem o Tribunal Regional de SP informaram quantos processos foram suspensos em decorrência da instauração do IRDR.

Como já visto, o TRT da 1ª Região teve dois IRDRs admitidos e ambos dizem respeito à empresa concessionária de fornecimento de água e tratamento de esgoto, a CEDAE – Companhia Estadual de Águas e Esgotos.

O primeiro IRDR admitido foi instaurado em 13/06/2017 pelo juiz da 41ª Vara do Trabalho da Capital, cujo tema foi o de número 7 do TRT e tratava da seguinte questão:

> ***CEDAE. GRATIFICAÇÃO DE FÉRIAS PREVISTA EM NORMA DA EMPRESA. TERÇO CONSTITUCIONAL DE FÉRIAS.*** *A gratificação de férias concedida pela CEDAE, prevista em regulamento interno, no patamar de 100% da remuneração, (A) pode substituir o terço constitucional de férias, por mais benéfica, ou (B) tais parcelas, por terem fonte distinta, não se confundem ou se equivalem, razão pela qual não se poderia cogitar de substituição, suplantação, equivalência ou mesmo compensação dos respectivos valores de tais parcelas?*

O referido IRDR teve o seu mérito apreciado e julgado em 06/06/2019 pela Corte Regional e resultou na fixação da seguinte tese jurídica:

> ***CEDAE. GRATIFICAÇÃO DE FÉRIAS PREVISTA EM NORMA DA EMPRESA. TERÇO CONSTITUCIONAL DE FÉRIAS.*** *A gratificação de férias concedida pela CEDAE, prevista em regulamento interno, no patamar de 100% da remuneração substitui o terço constitucional de férias, por mais benéfica, sendo indevida a cumulação da "gratificação" e do terço constitucional.*

Assim, foram sobrestados 306 processos que diziam respeito à mesma matéria, e do acórdão que fixou a tese foram opostos embargos declaratórios que ainda pendem de julgamento. É de se observar que o prazo de um ano previsto no art. 980 do Código de Processo Civil não foi respeitado, já que o incidente foi julgado quase *dois anos após a sua instauração.*

Já o segundo IRDR foi instaurado no dia 29/08/2017, tema 10 no tribunal, suscitado pelo juiz da 1ª Vara do Trabalho de Maricá e tratava da seguinte questão:

> ***CEDAE. DIVISOR DE HORAS EXTRAS. MÓDULO SEMANAL DE 40 HORAS. ACORDO COLETIVO DE TRABALHO. SÚMULA 431 DO E. TST.*** *Aos empregados da CEDAE que se submetem a 40 horas semanais de trabalho aplica-se o divisor 220 fixado em norma coletiva ou o divisor 200 previsto na Súmula 431 do E. TST.*

Foram suspensos 152 processos em razão da instauração do incidente, que teve o seu mérito apreciado e julgado também no dia 06/06/2019 e fixou a seguinte tese jurídica:

> *São válidas as cláusulas dos acordos coletivos celebrados pela CEDAE, com vigência entre 2004 e 2016, que fixaram o divisor 220 para a apuração das horas extras dos empregados que se submetem a 40 horas semanais de trabalho.*

O acórdão que fixou a tese ainda não transitou em julgado porque pendem ainda embargos declaratórios a serem julgados.

Vale ressaltar que o TRT da 1ª Região instaurou 19 IRDRs, teve dois admitidos e três deles ainda não tiveram a sua admissibilidade apreciada, de modo que, até o momento, 14 IRDRs não foram admitidos pelo Tribunal. Ademais, é notável que, dos 19 IRDRs, nove foram suscitados por magistrados, juízes ou desembargadores; um pelo Ministério Público e nove pelas partes. *O baixo número de IRDRs suscitados pelo MP é uma tendência que vem se revelando em todas as esferas judiciais, seja estadual ou federal.*

O TRT da 3ª Região admitiu cinco IRDRs dos 12 instaurados, dos quais um está pendente de admissibilidade e seis foram inadmitidos.

O tema 1 foi suscitado pelo desembargador relator e tratou da possibilidade de renúncia do direito relativamente a um dos litisconsortes passivos. Foram suspensos 21 processos que tratavam da mesma questão de direito. A justificativa apresentada pelo magistrado que suscitou o incidente foi a seguinte:

> *Considerando a reiterada interposição de agravos regimentais em que se discute a possibilidade de renúncia do direito relativamente a um dos litisconsortes passivos, matéria essa exclusivamente de direito, bem como o risco de ofensa a isonomia e a segurança jurídica, no intuito de possibilitar a resolução uniforme de tais demandas, inclusive de forma monocrática.*

Foi definida a seguinte tese jurídica neste incidente:

> *INCIDENTE DE RESOLUÇÃO DE DEMANDAS REPETITIVAS (IRDR). TEMA N. 1. POSSIBILIDADE DE RENÚNCIA DO DIREITO RELATIVAMENTE A UM DOS LITISCONSORTES PASSIVOS. É lícita a renúncia ao direito em que se funda a ação relativamente a um dos litisconsortes passivos. Trata-se de ato unilateral, que pode ser exercido em qualquer tempo ou grau de jurisdição, independentemente de anuência da parte contrária.*

O trânsito em julgado do acórdão que fixou a tese se deu em 14/11/2018.

O segundo tema de IRDR no TRT da 3ª Região foi formulado pela 6ª Turma do Tribunal e versa sobre a seguinte questão jurídica: *"RELAÇÃO DE EMPREGO DOMÉSTICO. MULTAS DOS ARTIGOS 467 E 477 DA CLT. APLICABILIDADE"*. De acordo com o CNJ, apenas quatro processos foram sobrestados pela instauração do incidente.

A tese jurídica fixada por ocasião da instauração desse incidente foi a seguinte:

> *Relação de emprego doméstico. Multas dos artigos 467 e 477 da CLT. Aplicabilidade. Consoante expressa previsão do art. 19 da Lei Complementar nº 150/2015, acerca da aplicação subsidiária das disposições contidas na CLT, incidem ao contrato de trabalho doméstico, extinto a partir de 01/06/2015, as multas previstas nos arts. 467 e 477 da CLT.*

Contra o acórdão fixador da tese não foi interposto recurso, razão pela qual já ocorreu o seu trânsito em julgado.

Já o terceiro tema foi suscitado pela parte reclamante do caso piloto e discutia a seguinte questão de direito:

> *É possível conceder prazo para a parte recorrente recolher ou comprovar o preparo das custas processuais e/ou depósito recursal não quitados ou não comprovados no prazo do recurso para fins de sua admissibilidade?*

Quanto aos dados a respeito do número de processos sobrestados no âmbito do TRT-3, não foram informados nem pelo CNJ nem pelo Tribunal.

A tese fixada no incidente foi:

> ***INCIDENTE DE RESOLUÇÃO DE DEMANDAS REPETITIVAS. POSSIBILIDADE DE CONCESSÃO DE PRAZO PARA RECOLHER OU COMPROVAR O PREPARO QUANTO ÀS CUSTAS PROCESSUAIS E/OU DEPÓSITO RECURSAL NÃO RECOLHIDOS OU NÃO COMPROVADOS NO PRAZO DO RECURSO.*** *Admitido o Incidente de Resolução de Demandas Repetitivas e apreciado seu mérito, impõe-se a sua procedência e edição de Tese Jurídica com a seguinte redação: INCIDENTE DE RESOLUÇÃO DE DEMANDAS REPETITIVAS. TEMA N. 3. RECURSO. CONCESSÃO DE PRAZO PARA COMPROVAÇÃO OU REALIZAÇÃO DO PREPARO. O preparo tanto em relação às custas quanto ao depósito recursal deve ser realizado e comprovado no prazo alusivo ao recurso, não tendo aplicação o disposto no § 4º do artigo 1.007 do CPC tendo em vista a existência de norma processual trabalhista regulando a matéria (§ 1º do art. 789 da CLT e art. 7º da Lei n. 5.584/70). Somente a insuficiência do preparo realizado e/ou o equívoco no preenchimento das guias correspondentes ao recolhimento das custas e do depósito recursal autorizam a intimação da parte para sanar o vício no prazo improrrogável de 5 (cinco) dias (§§ 2º e 7º do art. 1.007 do CPC).*

A publicação do acórdão que fixou a tese se deu no dia 02/08/2019, de modo que ainda está no prazo para a apresentação de recursos dos interessados.

Em sequência, o quarto tema de IRDR do TRT-3 foi suscitado pelo desembargador relator do recurso piloto e aborda a seguinte questão de direito: "*Auxílio refeição. Banco do Brasil. Empregados admitidos antes de set/1987. Natureza jurídica. Salarial x indenizatória*".

Por enquanto, não há informação de quantos processos foram sobrestados em virtude da instauração do incidente, que ainda tem o seu mérito pendente de julgamento.

Por fim, o quinto tema de IRDR do Tribunal em análise foi suscitado também pelo desembargador relator da 6ª Turma, com julgamento de mérito pendente de julgamento. A questão de direito discutida no incidente é a seguinte:

> *IMBEL – Indústria de Material Bélico do Brasil – Alteração de cláusulas de plano de saúde. Elevação dos percentuais de contribuição dos empregados. Alteração contratual lesiva.*

De acordo com o *website* do Tribunal Regional da 3ª Região, o julgamento do incidente está marcado para o dia 10/10/2019.

No julgamento, foi fixada a seguinte tese:

> *Incidente de Resolução de Demandas Repetitivas (IRDR). Tema n. 5. Indústria de Material Bélico do Brasil - IMBEL. Plano de saúde. Alteração contratual lesiva. Não configuração. A modificação promovida pela IMBEL na forma de custeio de plano de saúde ofertado aos seus empregados não configura alteração contratual lesiva. Trata-se de uma empresa pública federal dependente, sujeita ao cumprimento de regramentos específicos e que não está obrigada por lei ou normativo à concessão do benefício ou definição de critérios de coparticipação.*

Encerra-se, assim, a análise dos IRDRs suscitados no Tribunal Regional do Trabalho de Minas Gerais, terceiro maior do país, e que fez o melhor uso desse instrumento entre os maiores Tribunais Regionais do Trabalho do país, muito embora não seja o maior tribunal ou mesmo aquele com o maior número de ações repetidas.

4. CONCLUSÃO

O IRDR, apesar de ser uma inovação que promete sensível desafogo da justiça, não vem sendo utilizado em escala capaz de entregar o que se esperava nos gabinetes legislativos. Há, hoje, poucos processos sobrestados aguardando decisões em IRDRs.

Restou claro nas pesquisas realizadas que os temas repetitivos são mais comuns em questões processuais do que em questões diretamente ligadas ao direito material.

De outra feita, ainda que os Tribunais do Trabalho estejam timidamente suscitando o instituto, muitas vezes não dão conta de solucioná-los no prazo legal, o que gera um novo problema social reflexo, dado o inevitável sobrestamento.

Ressalte-se, neste aspecto, que o sobrestamento, por vezes, faz refrear soluções que demandam urgência ou agilidade para que se possa entregar um julgamento justo ao cidadão.

Uma questão afeta à Justiça do Trabalho é a singularidade da cumulação objetiva de pedidos nas suas iniciais. Nesta esteira, há que se cuidar de forma muito cautelosa quando somente poucos pedidos se relacionarem com a questão jurídica afetada. Há que se garantir a suspensão apenas parcial.

Para Bruno Freire e Silva e Manoella Rossi Keunecke: "A suspensão total do processo ensejaria indevida demora na resolução de questões que não se referem à matéria afetada, como, por exemplo, na instrução probatória do processo, em que serão esclarecidas questões fáticas. Nestas situações de suspensão parcial do processo, teria espaço, inclusive, o julgamento parcial de mérito"[14].

Em caso de grandes litigantes, notórios procrastinadores das demandas judiciais, o sobrestamento de seus processos é visto com bons olhos e muitas são as suscitações.

Interessante notar que o número de IRDRs nem de longe pode ser associado ao tamanho dos tribunais ou mesmo aos seus respectivos centros urbanos, pois, apesar de, como visto, inegavelmente nos maiores tribunais se concentrarem a maior repetição de processos e um risco de ofensa à isonomia e à segurança jurídica, seus números não se afiguram expressivos.

Os magistrados estão levando o IRDR a efeito em demandas de larga escala, enquanto é possível verificar repetições de demandas às dezenas ou centenas, contra administrações indiretas estaduais, em inegável risco de ofensa à isonomia e à segurança jurídica.

Se o acesso à justiça e a um julgamento justo são bases do Estado Democrático de Direito, urge que os tribunais pátrios se valham do instituto em maior escala e, com uma resposta rápida, possam refrear o destemor dos grandes e contumazes litigantes pela entrega de uma prestação jurisdicional ágil e isonômica.

De outro lado, inegável que os grandes litigantes, os verdadeiros protagonistas de demandas repetitivas, valem-se da falta de isonomia e da longa marcha processual para desestimular a litigiosidade judicial. Com o IRDR sendo utilizado com efetivo saneamento da falta de isonomia, por certo mais processos judiciais serão movidos, ao menos enquanto os referidos protagonistas não corrigirem suas práticas.

---

14. SILVA, Bruno Freire e; KEUNECKE, Manoella Rossi. O incidente de resolução de demandas repetitivas e sua aplicação no processo do trabalho. In: DALLEGRAVE NETO, Afonso; GOULART, Rodrigo Fortunato (Coord.). *Novo CPC e o processo do trabalho*. São Paulo: LTr, 2016, p. 220.

Levada a efeito uma política de prestígio ao instituto tratado, será possível colher frutos a curto prazo, pois as novas ações já serão ajuizadas dentro de uma segurança jurídica e agilidade ímpares.

Contudo, até o momento parece haver um certo desprestígio ao instituto, uma vez que não se encontra no CNJ ou mesmo em grandes tribunais informações precisas afetas ao número de processos suspensos em decorrência da instauração do IRDR.

O CNJ ou mesmo os Tribunais, dada a facilidade do processo eletrônico, deveriam fixar os parâmetros desejados para a abertura de IRDR.

A cautela aconselha, contudo, que, ao julgar o IRDR, a posição do Tribunal seja bem pensada, dirigida, amadurecida e deliberada, pois o risco de trazer instabilidade à segurança jurídica não pode ser desprezado.

O Fórum Permanente de Processualistas Civis FPPC, através de seu Enunciado nº 344, deliberou que "a instauração do incidente pressupõe a existência de processo pendente no respectivo tribunal", e que "IRDR aplica-se a recurso, remessa necessária ou a processo de competência originária".

Em posição diametralmente oposta, a Escola Nacional de Formação e Aperfeiçoamento de Magistrados – ENFAM concluiu, na esteira da melhor doutrina processualista nacional[15], por seu Enunciado nº 22, que "A instauração do IRDR não pressupõe a existência de processo pendente no respectivo tribunal".

A doutrina terá papel fundamental para nortear as correntes, a permitir que o instituto ganhe sua força nos tribunais, inclusive no que diz respeito à sua má utilização com vistas à suspensão de processos individuais, competência, demonstração do *distinguishing*, questões urgentes, recursos e aspectos processuais não regulados.

É notório para os operadores do direito, em um mesmo tribunal, que questões idênticas e de direito tenham entendimentos divergentes, cabendo também aos causídicos a suscitação do incidente, pois o direito, muitas vezes, para o litigante, se resume em uma questão simples de sorte, qual seja, ter o seu recurso julgado por uma ou outra turma com entendimentos divergentes.

Nesta mesma linha, o Ministério Público do Trabalho, como fiscal e testemunha da aplicação da lei e da Constituição, tem legitimidade para promover a instauração do incidente, mas, assim como as partes e a Defensoria Pública, o Parquet não tem se valido dessa promissora ferramenta de maneira satisfatória.

---

15. Para melhor análise da discussão em torno do assunto, ver: MENDES, Aluisio Gonçalves de Castro Mendes. *Incidente de Resolução de Demandas Repetitivas*: sistematização, análise e interpretação do novo instituto processual. Rio de Janeiro: Forense, 2017, p. 116.

Constatada a existência de decisões conflitantes e contemporâneas no âmbito do mesmo Tribunal, haver-se-á, ao bem da isonomia, que se proceder à uniformização da jurisprudência

O legislador, ao conferir ampla legitimidade para a instauração do IRDR, não pretendeu dar freios ao alcance da isonomia.

Importante advertir, contudo, para os riscos na aplicação do instituto, especialmente pelo seu uso com extensividade indevida, alcançando processos não correlatos, ou pela sua restritiva ou mecânica aplicação, ou seja, pelo estabelecimento de precedentes sem a devida objetividade e profundidade, de forma a permitir a aplicação de seus preceitos a casos estranhos à discussão originária.

Assim, tomadas as devidas cautelas e procedido o bom uso a elevar a isonomia e a celeridade processual como um bem jurídico social, há que se aperfeiçoar o IRDR na Justiça do Trabalho, pois já será uma grande conquista a mera aproximação da expectativa legislativa em torno de sua eficácia.

5. REFERÊNCIAS BIBLIOGRÁFICAS

BELMONTE, Alexandre Agra. As alterações da Lei n. 13.015/2014 no sistema dos recursos trabalhistas e a jurisprudência como fonte criativa de direito: a teoria dos precedentes e a nova lei de recursos trabalhistas como técnica de flexibilização do sistema do *civil law*. In: BELMONTE, Alexandre Agra (Coord.). *A nova lei de recursos trabalhistas*: Lei n. 13.015/2014. São Paulo: LTr, 2015.

BRANDÃO, Claudio. Incidente de resolução de demandas repetitivas no processo do trabalho. *Rev. Trib. Reg. Trab. 3ª Reg.*, Belo Horizonte, v. 63, n. 95, p. 121-139, jan./jun. 2017.

BRASIL. Conselho Nacional de Justiça. Relatório Justiça em Números – 2017. Disponível em: <ftp://ftp.cnj.jus.br/Justica_em_Numeros/ relatorio_jn2017.pdf>. Acesso em: 19/08/2019.

CASTELO, Jorge Pinheiro. O regime de precedentes no novo CPC e reflexos no processo do trabalho. *Revista LTr: Legislação do Trabalho*, São Paulo, v. 80, n. 2, p. 140-154, fev. 2016.

DUARTE, Bento Herculano. Incidente de resolução de demandas repetitivas (IRDR): natureza, finalidade, pressupostos, pontos controvertidos e aplicação na justiça do trabalho. *Rev. TST*, Brasília, vol. 83, n. 1, jan/mar 2017.

MARINONI, Luiz Guilherme. *Precedentes obrigatórios*. 4. ed. São Paulo: RT, 2016.

MAZZOLA, Marcelo. Qual a relação entre mediação extrajudicial, precedentes e negócios jurídicos processuais? Disponível em: <http://www.migalhas.com.br/dePeso/16,MI239654,31047-Qual+a+relacao+entre+mediacao+extrajudicial+precedentes+e+negócios>. Acesso em: 30 jun. de 2016.

MENDES, Aluisio Gonçalves de Castro. *Incidente de Resolução de Demandas Repetitivas*: sistematização, análise e interpretação do novo instituto processual. Rio de Janeiro: Forense, 2017.

MENDES, Aluísio Gonçalves de Castro; TEMER, Sofia. O incidente de resolução de demandas repetitivas. *Revista de Processo*. São Paulo, v. 243, ano 40, p. 283-332, maio 2015.

PIMENTA, José Roberto Freire. O sistema dos precedentes judiciais obrigatórios e o microssistema de litigiosidade repetitiva no processo do trabalho. *Revista do Tribunal Superior do Trabalho*, São Paulo, v. 82, n. 2, p. 176-235, abr./jun. 2016.

PORTO, José Roberto Sotero de Mello. Limitação do poder judiciário na elaboração de súmulas e enunciados jurisprudenciais. 2020, no prelo.

SILVA, Bruno Freire e; KEUNECKE, Manoella Rossi. O incidente de resolução de demandas repetitivas e sua aplicação no processo do trabalho. In: DALLEGRAVE NETO, Afonso; GOULART, Rodrigo Fortunato (Coord.). *Novo CPC e o processo do trabalho*. São Paulo: LTr, 2016.

TUPINAMBÁ, Carolina. O incidente de resolução de demandas repetitivas na Justiça do Trabalho. *Revista de Processo*. vol. 270, p. 251-276, ago. 2017.

5

CABIMENTO DO INCIDENTE DE RESOLUÇÃO DE DEMANDAS REPETITIVAS

Fábio Costa Soares[1]

Sumário: 1 – Introdução. 2. Cabimento do IRDR. 2.1 – Efetiva repetição de processos. 2.2 – Mesma questão unicamente de direito. 2.3 – Risco de ofensa à isonomia e à segurança jurídica. 2.4 – Inexistência de decisão de afetação de recurso extraordinário ou especial repetitivo. 2.5 – Instauração de IRDR em mais de um tribunal estadual, ou regional. 2.6 – A controvérsia sobre a necessidade de causa pendente no tribunal. 2.7 – Instauração do IRDR nos Tribunais Superiores. 2.8 – Instauração de IRDR a partir de processos em curso nos juizados especiais. 3 – Considerações finais. 4 – Referências bibliográficas.

1. INTRODUÇÃO

O acesso efetivo à justiça em uma sociedade complexa, com produção, consumo e conflitos de massa depende, dentre outros fatores, de um sistema processual que disponha de instrumentos que possibilitem a solução adequada, eficiente e tempestiva dos litígios de massa. A interpretação e aplicação das normas jurídicas em ordenamentos onde se reconhece a força normativa dos princípios[2] e utilizam cláusulas gerais e conceitos jurídicos indeterminados, diante da incapacidade de previsão legal em rol fechado das situações da vida em uma sociedade complexa e dinâmica[3], propiciam ambiente para decisões judiciais divergentes sobre a mesma questão de direito veiculada naqueles pro-

1. Doutorando em Direito Processual (UERJ). Mestre em Direito Processual (UERJ). Especialista em Direito do Consumidor (UERJ/CEPED). Graduado em Direito pela Universidade Federal Fluminense (UFF). Juiz de Direito (TJRJ).
2. Sobre a distinção entre princípios e regras, consulte-se a obra de Dworkin *Taking rights seriously* (1977), na sua versão traduzida para o Português: DWORKIN, Ronald. *Levando os direitos a sério*. Tradução e notas Nelson Boeira. São Paulo: Martins Fontes, 2002, capítulo 2, p. 23-72. Como destacou Barroso, "na trajetória que os conduziu ao centro do sistema jurídico, os princípios tiveram que conquistar o *status* de norma jurídica, superando a crença de que teriam uma dimensão puramente axiológica, ética, sem eficácia jurídica ou aplicabilidade direta e imediata. A dogmática moderna avaliza o entendimento de que as normas em geral, e as normas constitucionais em particular, enquadram-se em duas grandes categorias diversas: os princípios e as regras" (BARROSO, Luís Roberto. *Interpretação e aplicação da Constituição:* fundamentos de uma dogmática constitucional transformadora. 5ª ed., rev., atual. e ampl. São Paulo: Saraiva, 2003, p. 328).
3. Como escreveu Barbosa Moreira, "a vida é mais rica e mais complexa que qualquer representação conceptual" (BARBOSA MOREIRA, José Carlos. Miradas sobre o processo civil contemporâneo. *Temas de Direito Processual*. Sexta série. São Paulo: Saraiva, 1997, p. 57).

cessos e indicam a necessidade de criação de mecanismos que possibilitem a uniformização da jurisprudência.

O incidente de resolução de demandas repetitivas – IRDR é instrumento previsto no Código de Processo Civil de 2015 para gerenciar e enfrentar os problemas decorrentes dos litígios de massa[4] e outros numerosos com fundamento na mesma questão de direito, propiciando segurança jurídica, tratamento isonômico às partes, duração razoável do processo e maior legitimação do Poder Judiciário com a redução da instabilidade jurisprudencial. O sistema de administração da justiça torna-se mais racional e eficiente pelo menor número de atos praticados e pela redução do número de demandas ajuizadas em razão da maior estabilidade e certeza da interpretação de determinada norma jurídica[5] a ser aplicada conforme a tese vinculativa fixada.

O direito estrangeiro dispõe de alguns procedimentos para o tratamento das demandas repetitivas, entre eles as demandas-teste (*Test Claims*) da Inglaterra e dos Estados Unidos, os julgamentos-piloto (*Pilot-Judgement Procedure*) da Corte Europeia de Direitos Humanos, a decisão sobre litígios de grupo (*Group Litigation Order*) da Inglaterra e País de Gales e o procedimento-padrão (*Musterverfahren*) da Alemanha[6]. A fonte de inspiração mais próxima do incidente de resolução de demandas repetitivas incluído no CPC brasileiro de 2015 é o direito alemão e seus dois sistemas de *Musterverfahren* (procedimento-padrão), um destinado à jurisdição administrativa e da previdência e da assistência social[7] e outro destinado aos litígios relacionados ao mercado de capitais (KapMuG)[8]. A exposição

4. "A realidade do século XXI vem apontando, como mencionado nos primeiros tópicos deste artigo, para a conjugação de elementos que confluem para o incremento progressivo dos conflitos de massa e da procura de mecanismos de solução dos litígios em escala. (...) Busca-se, assim a racionalização e a eficiência dos meios processuais, que precisam se reinventar para fazer frente às novas demandas" (MENDES, Aluisio Gonçalves de Castro. Resolução coletiva de conflitos. In: MENDES, Aluisio Gonçalves de Castro; WAMBIER, Teresa Arruda Alvim. *O processo em perspectiva*: jornadas brasileiras de direito processual: homenagem a José Carlos Barbosa Moreira. São Paulo: Revista dos tribunais, 2013, p. 66-67).

5. Barbosa Moreira destacou que, "a rigor, não há processo que interesse exclusivamente às partes e não ecoe na paisagem da sociedade. A afirmação que acabo de fazer é equivalente a esta outra: em todo e qualquer feito existe uma dimensão de *interesse público*, no sentido de interesse que toca ao público, à população em geral. Nem poderia ser de outro modo, se considerarmos que o processo é instrumento da jurisdição, e portanto exercício do poder estatal" (BARBOSA MOREIRA, José Carlos. O processo, as partes e a sociedade. *Temas de direito processual*: oitava série. São Paulo: Saraiva, 2004, p. 32).

6. Cf. MENDES, Aluisio Gonçalves de Castro. *Incidente de Resolução de Demandas Repetitivas*: sistematização, análise, e interpretação do novo instituto processual. Rio de Janeiro: Forense, 2017, p. 27-72. Ainda: MENDES, Aluisio Gonçalves de Castro. Resgatando a genealogia Incidente de Resolução de Demandas Repetitivas (IRDR). In: DINAMARCO, Cândido Rangel; FUX, Luiz; MENDES, Aluisio Gonçalves de Castro; PINHO, Humberto Dalla Bernardina de. *Estudos de Direito Processual*: homenagem a Paulo Cezar Pinheiro Carneiro. Rio de Janeiro: LMJ Mundo Jurídico 2019, p. 1-13.

7. Cf. MENDES, Aluisio Gonçalves de Castro. *Incidente...*, cit., p. 37-44.

8. Cf. MENDES, Aluisio Gonçalves de Castro. *Incidente...*, cit., p. 45-53.

de motivos do Código de Processo Civil de 2015[9] revelou a influência do direito alemão na criação do novo instituto.

No direito brasileiro, o artigo 926 do Código de Processo Civil de 2015 dispõe que os tribunais devem uniformizar sua jurisprudência e mantê-la estável, íntegra e coerente[10], existindo diferenças entre os conceitos *jurisprudência*[11] e *precedente* nos aspectos quantitativo e qualitativo. No primeiro caso, o precedente se extrai da decisão relativa a um determinando caso particular, enquanto a jurisprudência se refere a decisões relativas a vários e diversos casos concretos[12]. Como destaca Taruffo, a diferença entre precedente e jurisprudência também é qualitativa, na medida em que o precedente fornece uma regra de direito universalizável para aplicação a casos futuros, quando identificada uma analogia entre o fato do primeiro caso e o fato do segundo caso. Se a análise entre os fatos justifica a aplicação no segundo caso da *ratio decidendi* do primeiro caso, o precedente é eficaz e pode determinar a decisão segundo caso[13].

Portanto, o precedente não é encontrado no dispositivo da decisão do caso concreto, ou no enunciado da tese jurídica, mas nos seus fundamentos determinantes, que na doutrina do *stare decisis*[14] é a *ratio decidendi* ou *holding*. Apesar

9. "Criaram-se figuras, no novo CPC, para evitar a dispersão excessiva da jurisprudência. Com isso, haverá condições de se atenuar o assoberbamento de trabalho no Poder Judiciário, sem comprometer a qualidade da prestação jurisdicional. (...) Com os mesmos objetivos, criou-se, com inspiração no direito alemão, o já referido incidente de Resolução de Demandas Repetitivas, que consiste na identificação de processos que contenham a mesma questão de direito, que estejam ainda no primeiro grau de jurisdição, para decisão conjunta". Exposição de motivos do CPC de 2015. Disponível em: https://www2.senado.leg.br/bdsf/bitstream/handle/id/517855/CPC_9ed_2016.pdf?sequence=3. Acesso em: 12/07/2019.

10. "A integridade e a coerência exigidas pelo art.926 do CPC/2015 são essenciais ao *stare decisis*. Apenas dessa forma é que as pessoas atingidas pelas decisões poderão fazer previsões com base nos precedentes" (PEIXOTO, Ravi. *Superação do precedente e segurança jurídica*. 4ª ed. ver., ampl. e atual. Salvador: Juspodivm, 2019, p. 145).

11. Mitidiero faz distinção conceitual entre a *jurisprudência* e a *jurisprudência uniformizadora*, que por sua vez diferem dos *precedentes*: "a jurisprudência uniformizadora é *formal* (sua formação depende de uma forma específica), *independe da reiteração de julgamentos* (basta um único julgamento) e é *obrigatória*. Em contraste, a jurisprudência *não depende de uma forma específica, depende da reiteração de julgamentos e não é obrigatória*" (MITIDIERO, Daniel. *Precedentes*: da persuasão à vinculação. 2ª ed. São Paulo: Revista dos Tribunais, 2017, p. 94).

12. "Quando si parla del precedente si fa solitamente riferimento ad una decisione relativa ad un caso particolare, mentre quando si parla della giurisprudenza si fa solitamente riferimento ad una pluralità, spesso assai ampia, di decisioni relative a vari e diversi casi concreti" (TARUFFO, Michele. Precedente e giurisprudenza. *Civilistica.com*. Rio de Janeiro, ano 3, n. 2, jul.-dez./2014).

13. "Il precedente fornisce una regola (universalizzabile, come già si è detto) che può essere applicata come criterio di decisione nel caso successivo in funzione della identità o – come accade di regola – dell'analogia tra i fatti del primo caso e i fatti del secondo caso.(...) Se questa analisi giustifica l'applicazione nel secondo caso della ratio decidendi applicata nel primo, il precedente è efficace e può determinare la decisione del secondo caso. Va notato che, quando si verificano queste condizioni, un solo precedente è sufficiente a fondare la decisione del caso sucessivo" (TARUFFO, Michele. *Precedente*... cit, p. 4-5).

14. "O funcionamento do *stare decisis* se baseia na ideia de segurança jurídica, previsibilidade e de isonomia, com a sociedade podendo se nortear a partir dos valores e das normas estabelecidas com base nos costumes reconhecidos ou estabelecidos nos precedentes judiciais. Portanto, as delimitações das razões de

da vocação do incidente de resolução de demandas repetitivas para gerenciar os litígios de massa tratados como casos repetitivos[15], não se afasta a possibilidade de formação de precedente através daquele incidente, a partir da *ratio decidendi* que definirá a tese jurídica com efeito vinculativo. Apesar de o enunciado da tese jurídica, por si só, não constituir precedente, é possível que se identifiquem os fundamentos determinantes da tese, ou a sua *ratio decidendi*[16], quando então o incidente poderá produzir não apenas uma tese jurídica com efeito vinculativo, mas também um precedente que orientará a decisão de casos futuros a partir dos seus fundamentos.

A estabilidade[17], a integridade[18] e a coerência[19] devem orientar não apenas a formação da jurisprudência, mas também dos precedentes, possibilitando o

---

decidir e das circunstâncias essenciais do caso julgado é fundamental para caracterização do que está abarcado, ou não nos limites do entendimento firmado pela corte. Esta operação costuma distinguir, portanto, a essência da tese jurídica assumida (a *ratio decidendi*) de elementos acidentais ou pronunciados *a latere* (*obter dicta*) no julgamento" (MENDES, Aluisio Gonçalves de Castro. *Incidente*..., cit., p. 82).

15. "O objetivo do IRDR e dos recursos repetitivos é conferir tratamento prioritário, adequado e racional às questões repetitivas. Tais instrumentos destinam-se, em outras palavras, a *gerir e decidir os casos repetitivos*" (DIDIER JR., Fredie; CUNHA, Leonardo Carneiro da. Recursos contra decisão proferida em incidente de resolução de demandas repetitivas que apenas fixa a tese jurídica. In: NUNES, Dierle; MENDES, Aluisio; JAYME, Fernando. *A nova aplicação da jurisprudência e precedentes no CPC/2015*. São Paulo: Revista dos Tribunais, 2017, p. 448).

16. "Quando se pensa na definição do sentido do direito importam os fundamentos determinantes da solução do caso concreto. São as razões de decidir ou, mais precisamente, as razões determinantes da solução do caso que assumem relevo quando se tem em conta uma decisão que, além de dizer de respeito aos litigantes, projeta-se sobre todos e passa a servir de critério para a solução dos casos futuros" (MARINONI, Luiz Guilherme. *Julgamento nas cortes supremas*: precedentes e decisão do recurso diante do novo CPC. 2ª ed. rev., atual. e ampl. São Paulo: Revista dos Tribunais, 2017, p. 20).

17. O enunciado 453 do Fórum Permanente de Processualistas Civis (FPPC) dispõe que "a estabilidade a que se refere o caput do art. 926 consiste no dever de os tribunais observarem os próprios precedentes", entendidos os tribunais como todos os seus órgãos, destacando o enunciado 316 do FPPC que "a estabilidade da jurisprudência do tribunal depende também da observância de seus próprios precedentes, inclusive por seus órgãos fracionários".

18. Após diferenciar o direito como integridade do convencionalismo e do pragmatismo, DWORKIN afirma: "O programa que apresenta aos juízes que decidem casos difíceis é essencialmente, não apenas contingentemente, interpretativo; o direito como integridade pede-lhes que continuem interpretando o mesmo material que ele próprio afirma ter interpretado com sucesso. Oferece-se como a continuidade – e como origem – das interpretações mais detalhadas que recomenda" (DWORKIN, Ronald. *O império do direito*. Tradução Jeferson Luiz Camargo; revisão técnica Gildo Sá Leitão Rios. 3ª ed. São Paulo: Martins Fontes – selo Martins, 2014, p. 273). O enunciado 456 do FPPC dispõe que "uma das dimensões do dever de integridade consiste em os tribunais decidirem em conformidade com a unidade do ordenamento jurídico" e o enunciado 457 do mesmo Fórum é no sentido de que "uma das dimensões do dever de integridade previsto no caput do art. 926 consiste na observância das técnicas de distinção e superação dos precedentes, sempre que necessário para adequar esse entendimento à interpretação contemporânea do ordenamento jurídico".

19. O enunciado 169 do FPPC, dispõe que "os órgãos do Poder Judiciário devem obrigatoriamente seguir os seus próprios precedentes, sem prejuízo do disposto nos § 9º do art. 1.037 e §4º do art. 927". Na mesma linha, o enunciado 454 daquele Fórum dispõe que "uma das dimensões da coerência a que se refere o caput do art. 926 consiste em os tribunais não ignorarem seus próprios precedentes (dever de autorreferência)" e o enunciado 455 é no sentido de que "uma das dimensões do dever de coerência significa o

acesso à ordem jurídica justa[20], através do processo substancialmente instrumental[21] e com participação ampla e efetiva das partes em consonância com o modelo constitucional de processo[22], na qual está inserido o contraditório dinâmico e participativo e a própria ampliação do contraditório para possibilitar que outras pessoas e instituições participem ativa e efetivamente da formação do convencimento do órgão que irá firmar a tese vinculativa. Ao eliminar as divergências, a uniformização da jurisprudência, com estabilidade, integridade e coerência[23], cria ambiente de segurança jurídica e assegura às partes igualdade de tratamento pelo Poder Judiciário, combatendo a jurisprudência lotérica[24], fonte de injustiças, de desigualdades e de aumento do custo das demandas para o Estado e para as partes.

2. CABIMENTO DO IRDR

O artigo 976 do CPC de 2015[25] estabelece nos incisos I e II requisitos para admissibilidade do incidente de resolução de demandas repetitivas, que devem estar preenchidos ao mesmo tempo. A prova do preenchimento simultâneo dos requisitos deve instruir o ofício, ou a petição dirigida ao Presidente do Tribunal,

---

dever de não contradição, ou seja, o dever de os tribunais não decidirem casos análogos contrariamente às decisões anteriores, salvo distinção ou superação".

20. Cf. WATANABE, Kazuo. Acesso à justiça e sociedade moderna. In: GRINOVER, Ada Pellegrini; DINAMARCO, Cândido Rangel; WATANABE, Kazuo (coords.). *Participação e processo*. São Paulo: Revista dos Tribunais, 1988. Humberto Dalla, destacando a necessidade de ressignificação da tutela jurisdicional contemporânea e que o acesso hoje é direcionado ao sistema jurisdicional multiportas para ser qualificado, sustenta que se trata de "atribuir eficácia horizontal ao direito fundamental à tutela jurisdicional, que agora deve ser compreendida a partir de cinco predicados: acessível, instrumental, efetiva, adequada e pacificadora" (PINHO, Humberto Dalla Bernardina de. *Jurisdição e pacificação*: limites e possibilidades do uso dos meios consensuais de resolução de conflitos na tutela dos direitos transindividuais e pluri-individuais. Curitiba: CRV, 2017, p. 265).

21. Cf. DINAMARCO, Cândido Rangel. *A instrumentalidade do processo*. 9ª ed. São Paulo: Malheiros Editores, 2001.

22. Cf. CÂMARA, Alexandre Freitas. *Levando os padrões decisórios a sério*. São Paulo: Atlas, 2018, p. 63-111.

23. "(...) a integridade e a coerência no Direito exercem uma importante e imprescindível função contrafática e de limitação da atividade judicial, legitimando-se mediante o desenvolvimento do processo, na perspectiva do contraditório dinâmico e da comparticipação" (NUNES, Dierle; PEDRON, Flávio Quinaud; HORTA, André Frederico de Sena. Art. 926 do CPC e suas propostas de fundamentação: um diálogo com concepções contrastantes. In: NUNES, Dierle; MENDES, Aluisio; JAYME, Fernando (coords.). *A nova aplicação da jurisprudência e precedentes no CPC/2015*. São Paulo: Revista dos Tribunais, 2017, p. 359).

24. A jurisprudência lotérica se instaura quando a mesma questão jurídica é julgada de maneiras diferentes. "Assim, se a parte tiver a sorte de a causa ser distribuída a determinado Juiz, que tenha entendimento favorável da matéria jurídica envolvida, obtém a tutela jurisdicional; caso contrário, a decisão não lhe reconhece o direito pleiteado" (CAMBI, Eduardo. Jurisprudência lotérica. *Revista dos Tribunais*. São Paulo, vol. 786, abril 2001, p. 111).

25. Art. 976. É cabível a instauração do incidente de resolução de demandas repetitivas quando houver, simultaneamente: I - efetiva repetição de processos que contenham controvérsia sobre a mesma questão unicamente de direito; II - risco de ofensa à isonomia e à segurança jurídica.

requerendo a sua instauração[26]. O § 4º do artigo 976 do CPC estabelece um requisito *negativo* para instauração do IRDR, haja vista que aponta ser incabível a instauração do incidente quando um dos tribunais superiores, no âmbito de sua respectiva competência, já tiver afetado recurso para definição de tese sobre questão de direito material ou processual repetitiva[27]. Estes requisitos legais serão examinados nos tópicos seguintes, além de outros que parte da doutrina e da jurisprudência têm apontado como requisitos para cabimento, ou admissibilidade do incidente de resolução de demandas repetitivas.

2.1. Efetiva repetição de processos

O artigo 976, I, do CPC dispõe sobre a necessidade de *efetiva repetição de processos* que contenham controvérsia sobre a mesma questão unicamente de direito. Repetição efetiva de processos é aquela que é real, verificada no presente e não objeto de previsões[28], devendo, portanto, ser comprovada no momento do requerimento de instauração do incidente[29].

A lei processual não fixou número mínimo para que se conclua pela existência da efetiva repetição de processos, cabendo ao Judiciário verificar se a quantidade de processos é significativa, definindo a multiplicidade pela quantidade de processos já identificados e pela potencialidade de multiplicação de processos com a mesma questão de direito[30]. Assim, apesar da potencialidade de repetição

26. CPC, artigo 977. (...) Parágrafo único. O ofício ou a petição será instruído com os documentos necessários à demonstração do preenchimento dos pressupostos para a instauração do incidente.

27. Art. 976. (...) § 4º É incabível o incidente de resolução de demandas repetitivas quando um dos tribunais superiores, no âmbito de sua respectiva competência, já tiver afetado recurso para definição de tese sobre questão de direito material ou processual repetitiva.

28. "Na versão aprovada pelo Senado, havia a previsão de que o incidente poderia ser instaurado quando houvesse *controvérsia com potencial de gerar multiplicação de processos* (art. 930 do PLS 166/2010), o que, apesar de defendido por alguns doutrinadores como um meio de evitar a indevida proliferação de demandas, foi alvo de muitas críticas, que consideravam que o incidente preventivo não seria o modelo ideal, por obstar a prévia e necessária discussão sobre o tema" (TEMER, Sofia. *Incidente de Resolução de Demandas Repetitivas*. 3ª ed., rev. ampl. e atual. Salvador: Juspodivm, 2018. p. 106).

29. "A questão de direito controvertida deve ser alvo, no momento da instauração, de variados processos. Caso contrário, por mais relevante que seja, justificando, inclusive, que se fixe tese a respeito, o instrumento adequado será outro: eventualmente, o Incidente de Assunção de Competência. Percebe-se, então, que a efetiva repetição de processos é critério para aferição do interesse de agir na instauração do incidente (...). Só será necessária e fundamentada a instauração do incidente se houver repetição efetiva, existente, contemporânea, atual, de processos" (PORTO, José Roberto Sotero de Mello. *Teoria Geral dos Casos Repetitivos*. Rio de Janeiro: LMJ Mundo Jurídico, 2018, p. 137-138).

30. "No direito brasileiro, não se exigiu um número mínimo de requerimentos. Pelo contrário, se permitiu que houvesse a provocação até mesmo de ofício, pelo juiz ou pelo relator. Portanto, o importante é que haja um número suficiente para tornar conveniente a utilização do incidente. (...). Portanto, se a efetiva repetição de processos, que dependam da resolução da questão controversa, não for efetivamente significativa em termos numéricos, o resultado obtido poderá não ser tão relevante, a ponto de compensar as mudanças processuais decorrentes, especialmente a suspensão dos processos e o procedimento especial estabelecido nos tribunais. Nesse sentido, deve-se levar em conta não apenas o número existente de processos em um determinado órgão jurisdicional, mas também em outros e até mesmo quanto à potencial

de processos não ser critério único para instauração do incidente de resolução de demandas repetitivas, pode ser considerada como critério complementar para avaliação sobre a repetição dos processos já existentes. O potencial multiplicador de processos é insuficiente como critério único para instauração do incidente, quando não verificada a multiplicidade de processos, mas pode e deve ser considerado quando já existirem vários processos, não sendo necessário que se aguarde volume expressivo de ações.

Apesar de inexistir quantidade mínima de processos fixada na lei processual para que se seja configurada a efetiva repetição de processos sobre a mesma questão de direito, não se pode exigir número elevado[31] para a instauração do IRDR, o que postergaria indevidamente a sua utilização, com isso propiciando a dispersão da jurisprudência, geradora da insegurança jurídica e da desigualdade. A efetiva repetição de processos pode ser aferida em qualquer procedimento utilizado para obtenção da tutela jurisdicional: ações individuais, ações coletivas, ações de improbidade administrativa, ações populares, mandados de segurança, ações penais etc.

A natureza da questão jurídica veiculada nos processos repetitivos também poderá influenciar na aferição da sua quantidade para preenchimento do critério da multiplicidade de processos. Assim, questões de abrangência nacional poderão estar presentes em número maior de processos, enquanto questões relativas a normas destinadas a determinados grupos de pessoas poderá contar com número reduzido de ações e, ainda assim, configurar quantidade que indique a necessidade e adequação da instauração do incidente. É preciso considerar que, quanto maior o âmbito de aplicação da norma jurídica, maior poderá ser a quantidade de processos onde se postule a sua interpretação e aplicação, sendo crível presumir que normas jurídicas nacionais, emanadas do Poder Legislativo federal, terão âmbito de incidência maior do que as normas de âmbito municipal e, portanto, o número de processos questionando aquelas normas será maior.

Por outro lado, não se pode desconsiderar que, existem normas destinadas a certas categorias, ou grupo de pessoas e a aferição da quantidade de processos em curso, para definir o requisito da efetiva repetição, deve ser feita considerado o universo, muitas vezes reduzido, dos destinatários daquelas normas.

O CPC não limitou aos processos individuais a possibilidade de instauração do incidente de resolução de demandas repetitivas, sendo possível existir efetiva repetição de processos de natureza coletiva, individual, entre ações coletivas e individuais ou de ações penais sobre o mesmo tema. Assim, apenas diante do

---

multiplicação de novos casos futuros, embora seja necessária, no momento da provocação, uma efetiva repetição de processos" (MENDES, Aluisio Gonçalves de Castro. *Incidente*..., cit., p. 111).

31. FPPC, enunciado 87. A instauração do incidente de resolução de demandas repetitivas não pressupõe a existência de grande quantidade de processos versando sobre a mesma questão, mas preponderantemente o risco de quebra da isonomia e de ofensa à segurança jurídica.

caso concreto será possível constatar a presença do requisito da efetiva repetição de processos, que não deve ser barreira para a utilização de instrumento que tem a relevantíssima função de gerenciar os litígios de massa e propiciar a uniformização da jurisprudência, criando segurança jurídica e preservando a igualdade material através da função jurisdicional.

2.2. Mesma questão unicamente de direito

O CPC estabelece como requisito de admissibilidade do IRDR a mesma *questão unicamente de direito*. É possível separar os fatos que integram a causa de pedir e devam ser comprovados para o julgamento do caso concreto, da questão de direito veiculada nos processos efetivamente repetitivos e sobre a qual será firmada a tese jurídica a ser aplicada àqueles fatos no momento posterior da decisão do caso concreto. Apesar de não ser possível a produção de provas dos fatos relatados e que integram a causa de pedir dos processos repetitivos, nem o julgamento do caso concreto no momento da fixação da tese, a *questão de direito*, em regra, guardará correlação com a situação de fato[32] considerada na elaboração da norma jurídica e com os fatos sustentados pelas partes, que buscam a aplicação da norma jurídica. Assim, ocorrerá a cisão do julgamento, para que a tese jurídica a ser aplicada seja firmada pelo órgão com a competência para uniformizar a jurisprudência na área de abrangência territorial do tribunal ao qual os demais órgãos onde tramitam os processos estejam vinculados.

Nesta linha, existirá uma cisão entre os momentos de interpretação e de aplicação da norma jurídica, A decisão no incidente de resolução de demandas repetitivas fixará uma tese vinculativa, que interpretará a norma jurídica, definindo o seu sentido e alcance e que não será aplicada no mesmo momento processual aos casos concretos, mas apenas posteriormente. A possibilidade de *cisão* entre os momentos de interpretação da norma jurídica referente à *questão de direito* existente nos processos repetitivos e da sua *aplicação* aos casos concretos classifica o incidente como *procedimento-modelo*[33]no plano da sua natureza jurídica. No incidente, não será julgado o processo que motivou a sua instauração, mas fixada a tese jurídica sobre a questão de direito objeto dos processos repetitivos, que terá efeito vinculativo[34] e será aplicada a todos os processos em curso na

32. Como expressa a doutrina, "a vida do direito, antes de tudo, é a vida dos fatos" (COUTURE, Eduardo Juan. *Introdução ao estudo do processo civil*. Trad. de Mozart Victor Russomano. 3ª ed. Rio de Janeiro: Forense, 1995, p. 11) e "como sabemos todos, raríssimos são os pleitos que se julgam à luz da solução de puras questões de direito: na imensa maioria dos casos, a sorte das partes depende do que se prove nos autos acerca dos fatos relevantes" (BARBOSA MOREIRA, José Carlos. Por um processo socialmente efetivo. *Temas de Direito Processual*. Oitava Série. São Paulo: Saraiva, 2004, p. 22).

33. No sentido da natureza jurídica do IRDR como procedimento-modelo: TEMER, Sofia. O *Incidente*... cit., p. 69-70.

34. "Com a edição do novo Código de Processo Civil, pode-se dizer que há um sistema de jurisprudência e de precedentes definido legalmente e que, nestes termos, não pode ser considerado como um regime típico de *stare decisis*, ou seja, que os precedentes em geral passam a ter um caráter vinculativo no sen-

área da competência territorial do órgão que fixar a tese, inclusive aos processos em curso nos juizados especiais (CPC, artigo 985, I).

A lei processual não permite a instauração do incidente com base na repetição em processos apenas das mesmas questões de fato[35], devendo os fatos serem examinados e, eventualmente, desenvolvida atividade probatória no juízo onde estejam tramitando os processos, para aplicação da tese jurídica firmada no incidente. A previsão legal de cabimento do incidente apenas quando os processos efetivamente repetitivos versarem sobre a mesma questão unicamente de direito significa a impossibilidade de desenvolvimento de instrução probatória no âmbito do incidente. Assim, no IRDR não se desenvolve atividade probatória, ficando a atividade do órgão julgador restrita à definição da tese jurídica aplicável aos fatos relatados[36] e não controvertidos[37].

Para instauração do incidente é necessário constatar nos processos repetitivos a *questão unicamente de direito*, pois será fixada tese jurídica sobre aquela questão, sendo possível que o incidente seja instaurado para fixar tese relativa a mais de uma questão jurídica, a partir da sua identificação nos processos em curso[38]. Ainda, nada impede que uma mesma questão de direito seja debatida com

---

tido vertical e horizontal. Mas, por outro lado, não existe apenas um mero efeito persuasivo nas hipóteses indicadas nos cinco incisos do art. 927. Embora, como já mencionado, as duas primeiras situações não constituem inovação, porque já se encontravam anteriormente previstas na própria Constituição da República" (MENDES, Aluisio Gonçalves de Castro. Breves considerações sobre o caráter vinculativo da jurisprudência e dos precedentes no artigo 927 do novo Código de Processo Civil. In: NUNES, Dierle; MENDES, Aluisio; JAYME, Fernando. *A nova aplicação da jurisprudência e precedentes no CPC/2015*. São Paulo: Revista dos Tribunais, 2017, p. 128).

35. "As questões de fato, que poderão ou não guardar também identidade, embora possam ser admitidas como passíveis de apreciação concentrada em outros ordenamentos, como no *Musterverfahren* alemão, não foram concebidas dentro do objeto de apreciação no Incidente de Resolução de Demandas Repetitivas, segundo a previsão expressa do Código de Processo Civil. Isso não significa, contudo, que para a resolução dos casos concretos, não haja a necessidade de aferição, e eventual produção de prova, em relação às questões fáticas. Mas, esta análise, segundo o sistema brasileiro concebido, deverá ser feita em momento posterior e de modo individualizado em cada processo" (MENDES, Aluisio Gonçalves de Castro. *Incidente*..., cit., p. 111-112).

36. "A questão de direito, na realidade, nunca se desliga de um pressuposto fático, de sorte que a lei, quando cogita, para efeito do incidente em exame, de 'questão unicamente de direito', quer que a controvérsia em juízo gire tão somente sobre norma, uma vez que os fatos sobre os quais deva incidir não são objeto de questionamento algum" (THEODORO JUNIOR, Humberto. Incidente de Resolução de Demandas Repetitivas: natureza e função. In: DINAMARCO, Cândido Rangel; FUX, Luiz; MENDES, Aluisio Gonçalves de Castro; PINHO, Humberto Dalla Bernardina de. *Estudos de direito processual em Homenagem a Paulo Cezar Pinheiro Carneiro*. Rio de Janeiro: LMJ Mundo Jurídico, 2019, p. 509).

37. Assim, "quando algumas demandas, além da questão de direito idêntica, reclamam a produção de prova para solução de outra questão de direito, jamais será possível agrupá-las enquanto uma classe de demandas repetitivas. Aliás, não é possível pedir o julgamento de questão de direito que depende de prova mediante o incidente de resolução" (MARINONI, Luiz Guilherme. *Incidente de Resolução de Demandas Repetitivas*: decisão de questão idêntica x precedente. São Paulo: Revista dos Tribunais: 2016, p. 85).

38. "Registre-se ainda que, embora a norma mencione a singularidade da questão jurídica, o incidente pode, e deve, dependendo do contexto, reunir mais de uma questão jurídica, quando se fizer necessário para a elucidação dos processos pendentes. Esta foi uma preocupação que norteou, praticamente desde

fundamentos diferentes em cada processo[39], que deverão todos ser considerados na forma do § 2º do artigo 984 do CPC, que dispõe que o conteúdo do acórdão abrangerá a análise de *todos os fundamentos* suscitados concernentes à tese jurídica discutida, sejam favoráveis ou contrários. O objetivo do IRDR, diante da repetitividade de demandas aferidas *in concreto*, é evitar julgamentos díspares sobre a mesma questão de direito repetida em vários processos e uniformizar a jurisprudência através da fixação da tese jurídica sobre aquela questão, que deve ser idêntica nos processos efetivamente repetitivos, porque a divergência a ser uniformizada é aquela relativa à interpretação e aplicação da norma jurídica, através da fixação da tese com eficácia vinculante *erga omnes* a ser aplicada em momento posterior na decisão dos casos concretos[40].

Nada obstante, será necessário o exame dos fatos relatados, mas sem qualquer atividade probatória daqueles fatos nos processos repetitivos, haja vista que somente se poderá identificar a repetição daquelas questões quando versarem sobre a aplicação da norma jurídica de direito material, ou processual a situações de fato por ela reguladas. O órgão uniformizador da jurisprudência não realizará produção de prova relativa aos fatos alegados pelas partes e ficará concentrado na fixação da tese jurídica, definindo o sentido e o alcance da norma, através da atividade de interpretação, que produzirá tese vinculativa a ser aplicada na decisão dos casos concretos repetitivos e que versem sobre a mesma questão de direito aplicável aos fatos alegados pelas partes.

A lei processual não exige que as ações, ou que os processos efetivamente repetitivos sejam idênticos, mas que as questões de direito veiculadas naqueles processos sejam as mesmas. O que se buscará identificar para admissibilidade do incidente de resolução de demandas repetitivas é a identidade das questões de direito dos processos efetivamente repetitivos[41]. Assim, se o consumidor propõe ação sustentando ilegalidade da cobrança de determinada tarifa pela prestação de

---

o início, o *Musterverfahren* alemão, no sentido de que os casos escolhidos como modelo reunissem as questões e argumentos de modo representativo, de modo a possibilitar, em seguida e a partir destes julgamentos paradigmáticos, a solução de todos os casos pendentes, ainda que as alegações e questões não estejam integralmente postas em todos os processos. É o que vem se buscando também nos recursos representativos, mediante o comando estabelecido especialmente nos §§1º, 4º, 5º e 6º do art. 1.036, complementado pelo inciso III do art. 1.037, do Código de Processo Civil" (MENDES, Aluisio Gonçalves de Castro. *Incidente*..., cit., p. 112-113).

39. Cf. MARINONI, Luiz Guilherme. *Incidente*... cit., p. 85.

40. "Desse modo, o objetivo do incidente não é resolver o *objeto* litigioso do processo causador do IRDR, mas apenas *fixar a tese de* direito que possa ser aplicada a todos os processos repetitivos, em torno de igual questão (função nomofilática, ou normativa). Definir, portanto, questões fáticas, como a ocorrência, ou não, do dano e sua autoria, é tarefa que não se inclui no objeto do incidente em cogitação" (THEODORO JUNIOR, Humberto. *Incidente*... cit., p. 511).

41. "Em conclusão: as demandas repetitivas, para o nosso direito positivo, são processos que contém *questões jurídicas homogêneas*. Não há a exigência de uma relação substancial padrão e tampouco de uniformidade em relação às causas de pedir e pedidos. O relevante, neste contexto, é a presença de controvérsia sobre ponto de direito que se repita em vários processos" (TEMER, Sofia. *Incidente*... cit., p. 63).

serviço público, por violação a norma jurídica e se constata a existência de efetiva repetição de processos com a mesma situação de *fato* e reclamando a aplicação mesma *norma jurídica* (questão de direito), a atividade do órgão competente para julgar o incidente se desenvolverá não sobre a comprovação, ou ausência de prova daquele fato consistente na cobrança da tarifa, mas apenas sobre a legalidade, ou ilegalidade da sua cobrança, interpretando o direito material aplicável, em tese, àquela situação de fato. E os processos considerados efetivamente repetitivos poderão conter pedidos diferentes[42], como alguns requerendo a abstenção de cobrança da tarifa e outros pedindo a restituição dos valores pagos, mas todos com a mesma questão comum de direito consistente na ilegalidade da cobrança da tarifa. Após definida a tese, em momento posterior ocorrerá a sua aplicação ao caso concreto pelo órgão competente, quando então será possível aferir a produção de provas dos fatos relatados pelas partes. Ainda naquele exemplo, mesmo que o órgão que julgar o IRDR fixe a tese da ilegalidade da cobrança da tarifa, o pedido poderá ser julgado improcedente se o autor da ação não comprovar que a cobrança lhe foi feita, por exemplo, ou poderá ser pronunciada a prescrição nas ações em que sejam formulados pedidos de restituição dos valores pagos.

A identidade da questão de direito nos processos repetitivos pode ser relativa ao direito material, ou ao direito processual, conforme previsão expressa no parágrafo único do artigo 928 do CPC[43], podendo existir em tramitação processos repetitivos, que contenham questão de direito processual, como naqueles envolvendo normas de competência dos órgãos jurisdicionais. O legislador processual não estabeleceu qualquer restrição sobre a natureza das normas veiculadas nos processos efetivamente repetitivos, podendo ter natureza processual, civil, tributária, penal, ambiental, etc.[44] Em matéria penal, o incidente poderá ser instaurado quando constatada a efetiva repetição de processos, com divergência

42. "Tais questões podem estar distribuídas de diversas maneiras entre as ações repetitivas. Pode ser caso de pretensões isomórficas, isto é, análogas, mas com elementos peculiares (a própria mudança de partes processuais já é uma particularidade), ou de pretensões diversas, mas que, em algum momento, versam sobre a mesma questão (...). Processualmente, ao analisar os elementos da ação, fica fácil perceber que o pedido de duas demandas não precisa ser o mesmo para que ambas sejam suspensas em razão do incidente" (PORTO, José Roberto Sotero de Mello. Teoria... cit., p. 145).

43. CPC, artigo Art. 928. Para os fins deste Código, considera-se julgamento de casos repetitivos a decisão proferida em: I - incidente de resolução de demandas repetitivas; II - recursos especial e extraordinário repetitivos. Parágrafo único. O julgamento de casos repetitivos tem por objeto questão de direito material ou processual.

44. A amplitude do cabimento do IRDR em razão da matéria está no enunciado 88 do FPPC, que dispõe que "não existe limitação de matérias de direito passíveis de gerar a instauração do incidente de resolução de demandas repetitivas e, por isso, não é admissível qualquer interpretação que, por tal fundamento, restrinja seu cabimento". O enunciado 347 do FPPC também destaca a possibilidade de instauração do IRDR no âmbito da Justiça do Trabalho: "Aplica-se ao processo do trabalho o incidente de resolução de demandas repetitivas, devendo ser instaurado quando houver efetiva repetição de processos que contenham controvérsia sobre a mesma questão de direito". Aluisio Mendes destaca que "o incidente poderá ser suscitado em relação às questões de direito material ou processual. Do mesmo modo, poderão ser questões preliminares, prejudiciais e posteriores ao mérito" (MENDES, Aluisio Gonçalves de Castro. *Incidente...*, cit., p. 112).

de decisões, *exempli gratia*, sobre determinada causa de aumento de pena, ou circunstância qualificadora de algum crime, colocando em risco não apenas a segurança jurídica, mas o tratamento isonômico que deve ser dado às partes sujeitas à aplicação da mesma norma jurídica e que poderá resultar na privação da sua liberdade com base em divergência de decisões sobre o mesmo tipo penal, por exemplo. No âmbito penal[45], a instauração do IRDR apresenta destacado relevo, na medida em que, além de propiciar a segurança jurídica e a isonomia entre as partes, a uniformização da jurisprudência através de teses vinculantes minimiza o risco da prescrição em muitos casos, propicia a tutela adequada do direito de liberdade e define hipóteses da sua privação, orientando o comportamento das pessoas e inibindo o cometimento de delitos pelo conhecimento da jurisprudência sobre determinado elemento integrante do tipo penal.

2.3. Risco de ofensa à isonomia e à segurança jurídica

O inciso II do artigo 976 do CPC estabelece o risco de ofensa à isonomia e à segurança jurídica[46] como requisito para instauração do IRDR. A segurança jurídica decorre do Estado de Direito e está implícita em todo o sistema jurídico fundado na Constituição. A isonomia é garantia fundamental consagrada no artigo 5º da Constituição de 1988. O tratamento isonômico às partes que estejam na mesma situação de fato e que sejam destinatárias da mesma norma jurídica, pelo Estado no exercício da função jurisdicional, é projeção do direito fundamental à igualdade. As partes têm direito ao tratamento igualitário pelo Judiciário, considerando que os direitos fundamentais são oponíveis também ao Estado, que tem o dever de garanti-los, protegê-los e respeitá-los[47].

O risco de ofensa à isonomia e à segurança jurídica é requisito necessário e simultâneo à efetiva repetição de processos, porque podem existir demandas repetitivas sem que delas se afira aquele risco, como nos casos em que a jurisprudência já esteja pacificada num determinado sentido e, assim, nenhuma pro-

45. "Embora o IRDR esteja previsto no Código de Processo Civil, a sua aplicação não se encontra limitada ao âmbito do Processo Civil, tendo em vista que, em princípio, não se mostra incompatível com outros ramos específicos, como o Processo Penal, do Trabalho ou Eleitoral" (MENDES, Aluisio Gonçalves de Castro. *Incidente*... cit., p. 5). Na mesma linha: "A despeito de ter sido introduzido no ordenamento jurídico pelo Código de Processo Civil, o IRDR é aplicável por analogia aos processos criminais, podendo ser utilizado tanto para resolução das questões de direito material quanto para aquelas de direito processual" (GONÇALVES DA SILVA, Felipe Carvalho. Incidente de Resolução de Demandas Repetitivas, precedente e garantias fundamentais. In: DINAMARCO, Cândido Rangel; FUX, Luiz; MENDES, Aluisio Gonçalves de Castro; PINHO, Humberto Dalla Bernardina de. *Estudos de direito processual em Homenagem a Paulo Cezar Pinheiro Carneiro*. Rio de Janeiro: LMJ Mundo Jurídico, 2019, p. 351).

46. FPPC, enunciado 87. A instauração do incidente de resolução de demandas repetitivas não pressupõe a existência de grande quantidade de processos versando sobre a mesma questão, mas preponderantemente o risco de quebra da isonomia e de ofensa à segurança jurídica.

47. "O governo deve não somente tratar as pessoas com consideração e respeito, mas com igual consideração e igual respeito", devendo ser entendido por *governo* todo e qualquer órgão da estrutura e das funções do Estado (DWORKIN, Ronald. *Levando*... cit., p. 419).

babilidade de dano estará presente. O risco de ofensa à isonomia e à segurança jurídica estará presente quando existirem decisões conflitantes sobre a mesma questão de direito no âmbito da competência territorial do Tribunal, ainda que proferidas apenas em primeira instância.

Inexistindo dispersão da jurisprudência sobre a questão jurídica objeto dos processos repetidos, não estará presente a necessidade e a utilidade de instauração do incidente. O interesse processual para instauração do IRDR somente ocorrerá quando a efetiva repetição de processos revelar interpretações e aplicações divergentes da mesma norma jurídica, gerando insegurança jurídica e desigualdade entre as partes.

O risco de ofensa à segurança jurídica decorre da dispersão da jurisprudência sobre a mesma questão de direito, no contexto da efetiva repetição dos processos, quando decisões díspares interpretando a mesma norma jurídica têm potencial para gerar instabilidade no sistema de administração da Justiça[48], sendo o IRDR importante instrumento de estabilidade da atuação do Judiciário.

2.4. Inexistência de decisão de afetação de recurso extraordinário ou especial repetitivo

O § 4º do artigo 976 do CPC estabelece um requisito *negativo* para instauração do incidente de resolução de demandas repetitivas, ao dispor que é incabível o incidente de resolução de demandas repetitivas quando um dos tribunais superiores, no âmbito de sua respectiva competência, já tiver afetado recurso para definição de tese sobre questão de direito material ou processual repetitiva. O IRDR não é único instrumento para uniformização da jurisprudência, integrando com os recursos extraordinário e especial repetitivos o microssistema dos casos repetitivos[49]. No incidente, será estabelecida tese jurídica, com efeito vinculativo[50], o mesmo ocorrendo no recurso extraordinário e no

48. "Em conjunto, as inovações trazidas pelo novel Código, quanto à duração razoável do processo e, também, no que concerne à solução de demandas repetitivas, correspondem a passos complementares de realização do princípio da segurança jurídica. Tal legislação processual reforçou, portanto, a ideia de que as normas jurídicas devem conferir maior efetividade às garantias constitucionais, tornando "segura" a vida dos jurisdicionados, de modo a que estes sejam poupados de "surpresas", podendo visualizar, em certo grau de previsibilidade, as possíveis consequências jurídicas de sua conduta" (FUX, Luiz. Segurança Jurídica no novo Código de Processo Civil. In: RÊGO, Werson (coord.). *Segurança jurídica e protagonismo judicial*: desafios em tempos de incertezas estudos jurídicos em homenagem ao Ministro Carlos Mário da Silva Velloso. Rio de Janeiro: LMJ Mundo Jurídico, 2017, p. 559).

49. FPPC, enunciado 345. O incidente de resolução de demandas repetitivas e o julgamento dos recursos extraordinários e especiais repetitivos formam um microssistema de solução de casos repetitivos, cujas normas de regência se complementam reciprocamente e devem ser interpretadas conjuntamente.

50. Art. 985. Julgado o incidente, a tese jurídica será aplicada: I - a todos os processos individuais ou coletivos que versem sobre idêntica questão de direito e que tramitem na área de jurisdição do respectivo tribunal, inclusive àqueles que tramitem nos juizados especiais do respectivo Estado ou região; II - aos casos futuros que versem idêntica questão de direito e que venham a tramitar no território de compe-

recurso especial repetitivos[51]. As teses firmadas naqueles recursos têm abrangência nacional, o que revela a sua prevalência sobre o IRDR instaurado pelos demais tribunais. Os Tribunais Superiores têm a função de uniformizar a interpretação e aplicação da norma jurídica, conforme as suas competências definidas na Constituição, em todo o território nacional[52]. Portanto, existindo decisão de afetação de recursos repetitivos pelo Supremo Tribunal Federal, ou pelo Superior Tribunal de Justiça sobre a questão de direito objeto de processos repetitivos, para fixação da tese com efeito vinculante, não será possível instaurar nos demais tribunais IRDR para definição de tese sobre a mesma questão jurídica, haja vista que a tese firmada pelo Tribunal Superior é a que deverá ser aplicada, pela impossibilidade dos demais tribunais fixarem teses jurídicas em sentido diverso daquele fixado pelas Cortes Superiores. A instauração de IRDR pelos tribunais locais para fixar tese sobre a mesma questão de direito objeto dos recursos repetitivos afetados pelos Tribunais Superiores subverteria a lógica do sistema e propiciaria a insegurança jurídica que se pretende afastar com o microssistema dos casos repetitivos.

A afetação os recursos para julgamento pelo rito dos repetitivos provoca a suspensão dos processos em tramitação em território nacional e apresenta potencialidade de fixação de tese sobre a questão de direito, que deverá ser seguida pelas demais instâncias do Judiciário, o que é suficiente para impedir a instauração do IRDR e evitar desperdício de tempo e de recursos dos demais tribunais, no desempenho de atividade que não produzirá efeito prático algum. No caso de decisão de afetação de recurso extraordinário, ou especial repetitivo sobre a mesma questão jurídica, inexiste interesse processual[53] para instauração do IRDR, diante da sua desnecessidade, haja vista que a tese firmada no âmbito daqueles recursos terá abrangência nacional e terá efeito vinculativo a todos os processos em tramitação e que veiculem aquela questão jurídica. A impossibilidade de instauração do IRDR surge com a decisão de afetação do recurso ao rito dos repetitivos e perdura até o

---

tência do tribunal, salvo revisão na forma do art. 986. § 1º Não observada a tese adotada no incidente, caberá reclamação. § 2º Se o incidente tiver por objeto questão relativa a prestação de serviço concedido, permitido ou autorizado, o resultado do julgamento será comunicado ao órgão, ao ente ou à agência reguladora competente para fiscalização da efetiva aplicação, por parte dos entes sujeitos a regulação, da tese adotada.

51. Art. 927. Os juízes e os tribunais observarão: (...) III - os acórdãos em incidente de assunção de competência ou de resolução de demandas repetitivas e em julgamento de recursos extraordinário e especial repetitivos.

52. Assim, "é fundamental consolidar a ideia segundo a qual os tribunais locais, em menor grau, e os Tribunais Superiores, com mais ênfase, passam a ter como principais funções a uniformização da interpretação normativa e a busca da unidade e estabilidade do sistema de precedentes" (PINHO, Humberto Dalla Bernardina de. *Jurisdição...* cit., p. 201).

53. "A razão é a falta de interesse, pois a questão de direito, nesta hipótese, já será resolvida em grau superior e com efeito vinculativo em âmbito nacional. Portanto, não faz sentido que concorram em paralelo, o instrumento regional, ou estadual com o mecanismo nacional, que deveria, naturalmente, prevalecer" (MENDES, Aluisio Gonçalves de Castro. *Incidente...* cit., p. 115).

seu julgamento. Firmada a tese, deverá ser aplicada pelas demais instâncias (CPC, artigo 927, III). Mas, ocorrendo a desafetação e, consequentemente, inexistindo tese firmada pelo Tribunal Superior, poderá qualquer tribunal instaurar o incidente de resolução de demandas repetitivas[54].

2.5. Instauração de IRDR em mais de um tribunal estadual, ou regional

A existência de IRDR instaurado por tribunal de determinado Estado, ou Região não impede que outro tribunal estadual, ou regional instaure o incidente sobre a mesma questão de direito, quando existir efetiva repetição de processos em suas áreas de competência, que gerem risco de ofensa à isonomia e à segurança jurídica. Pelo contrário, deve cada Tribunal, na sua esfera de competência, uniformizar a sua jurisprudência, tratando com isonomia as partes sujeitas à sua jurisdição e propiciando segurança jurídica. O enunciado 90 do FPPC dispõe que "é admissível a instauração de mais de um incidente de resolução de demandas repetitivas versando sobre a mesma questão de direito perante tribunais de 2º grau diferentes". Ademais, contra qualquer das teses jurídicas fixadas pelos Tribunais caberá interposição de recurso extraordinário ou recurso especial, com fundamento no artigo 987 do CPC[55] c/c os artigos 102, III e 105, III da Constituição da República Federativa do Brasil de 1988.

A possibilidade de instauração do IRDR por determinado tribunal estadual, ou regional, quando já tiver sido instaurado IRDR sobre a mesma questão de direito por tribunais de outros estados, ou regiões perdura até que seja determinado pelo Supremo Tribunal Federal (STF), ou pelo Superior Tribunal de Justiça (STJ), diante da natureza da questão de direito objeto do incidente, a suspensão de todos os processos individuais ou coletivos em curso no território nacional que versem sobre a questão objeto do incidente já instaurado[56]. Assim, deferida

54. Nada obstante a relevância da função dos Tribunais Superiores na uniformização do direito, esta atividade deve ser exercida com observância da integridade do ordenamento jurídico, respeitando-se o contraditório participativo e dinâmico na formação da tese, ou do precedente. Assim, "para que as Cortes de sobreposição possam atuar como verdadeiras Cortes de Precedentes, é preciso analisar como os nossos Tribunais constroem, aplicam e interpretam adequadamente os precedentes ou se apenas são formados padrões decisórios empobrecidos para se resolver um problema numérico. A verdadeira função das Cortes de sobreposição, dentro de um sistema de precedentes, é a de possibilitar a superação de entendimentos ultrapassados e resolver as (naturais) divergências havidas entre os Tribunais, sempre mediante prévio dissenso argumentativo e um contraditório dinâmico, com o consequente esgotamento momentâneo dos argumentos pertinentes ao tema" (NUNES, Dierle; PEDRON, Flávio Quinaud; HORTA, André Frederico de Sena. Art. 926... cit, p. 358).

55. Art. 987. Do julgamento do mérito do incidente caberá recurso extraordinário ou especial, conforme o caso. § 1º O recurso tem efeito suspensivo, presumindo-se a repercussão geral de questão constitucional eventualmente discutida. § 2º Apreciado o mérito do recurso, a tese jurídica adotada pelo Supremo Tribunal Federal ou pelo Superior Tribunal de Justiça será aplicada no território nacional a todos os processos individuais ou coletivos que versem sobre idêntica questão de direito.

56. Art. 982. Admitido o incidente, o relator: (...) § 3º Visando à garantia da segurança jurídica, qualquer legitimado mencionado no art. 977, incisos II e III, poderá requerer, ao tribunal competente para conhecer do

pelo Supremo Tribunal Federal, ou pelo Superior Tribunal de Justiça a ampliação da decisão que determinou a suspensão dos processos que tramitem na área de jurisdição do respectivo tribunal, para abranger todos os processos tramitando em território nacional com a mesma questão jurídica constitucional, ou legal federal, cessa a possibilidade de instauração do incidente de resolução de demandas repetitivas pelos demais tribunais regionais, ou estaduais.

A determinação da suspensão dos processos em curso nos demais tribunais significa a impossibilidade daqueles tribunais decidirem matéria, ou questões de direito, objeto do IRDR instaurado em determinado tribunal da federação, ressalvada a possibilidade do juiz ou Relator dos processos suspensos decidir sobre os pedidos de tutela de urgência (CPC, artigo 982, § 2º), o que revela o descabimento da instauração do incidente na pendência da determinação de suspensão de todos os processos em trâmite no território nacional, evitando-se decisões conflitantes geradoras de insegurança jurídica[57].

2.6. A controvérsia sobre a necessidade de causa pendente no tribunal

A redação do § 2º do artigo 988 do substitutivo do Projeto do novo CPC aprovado na Câmara dos Deputados era no sentido de que "o incidente somente pode ser suscitado na pendência de qualquer causa de competência do tribunal". Entretanto, aquela redação não foi mantida no texto do Projeto aprovado no Senado Federal. Assim, nenhum artigo do texto aprovado do CPC estabelece expressamente como requisito para instauração do incidente a existência de causa pendente no tribunal. O Fórum Permanente de Processualistas Civis (FPPC) aprovou o enunciado 344, no sentido da necessidade de causa pendente nos tribunais para a instauração do IRDR: "A instauração do incidente pressupõe a existência de processo pendente no respectivo tribunal". Mas, a Escola Nacional de Formação e Aperfeiçoamento de Magistrados (ENFAM) aprovou o enunciado 22: "A instauração do IRDR não pressupõe a existência de processo pendente no respectivo tribunal". A contradição entre os enunciados referidos revela a divergência doutrinária entre a necessidade de processo em curso no tribunal[58] para

recurso extraordinário ou especial, a suspensão de todos os processos individuais ou coletivos em curso no território nacional que versem sobre a questão objeto do incidente já instaurado.

57. Nesta linha, afirma Aluisio Mendes que a provocação de novos IRDRs perante outro tribunal estadual, ou federal "será possível apenas se e enquanto não houver a determinação de suspensão de todos os processos individuais e coletivos em curso no território nacional que versem sobre a questão objeto do incidente, nos termos do § 3º do artigo 982 do CPC" (MENDES, Aluisio Gonçalves de Castro. Incidente... cit., p. 115-116).

58. Câmara afirma que "o incidente de resolução de demandas repetitivas é sempre instaurado em um processo que esteja em curso perante o tribunal" (CÂMARA, Alexandre Freitas. *Levando os padrões decisórios a sério*. São Paulo: Atlas, 2018, p. 240). Na mesma linha, "a pendência de causa no tribunal (recurso, remessa necessária ou processo de competência originária) é pressuposto de instauração e de julgamento do IRDR" (CAVALCANTI, Marcos de Araújo. *Incidente de Resolução de Demandas Repetitivas (IRDR)*. São Paulo: Revista dos Tribunais, 2016, p. 225).

instauração do IRDR e a desnecessidade de causa pendente no tribunal para instauração daquele incidente[59].

O Código de Processo Civil não estabeleceu expressamente a existência de causa pendente do tribunal para cabimento do incidente de resolução de demandas repetitivas[60], dispondo o parágrafo único do artigo 977 do CPC que o ofício ou a petição será instruído com os documentos necessários à demonstração do preenchimento dos pressupostos para a instauração do incidente. O parágrafo único do artigo 988 do CPC dispõe que o órgão colegiado incumbido de julgar o incidente e de fixar a tese jurídica julgará igualmente o recurso, a remessa necessária ou o processo de competência originária de onde se originou o incidente. O incidente será instaurado em autos próprios, constituindo procedimento-modelo, com cisão das fases de definição da tese jurídica e posterior julgamento do caso concreto.

A previsão na Constituição de algumas competências dos tribunais de segundo grau não significa que apenas o Texto Constitucional poderia prever a competência daqueles tribunais para conhecer dos incidentes relativos aos processos com matérias, ou *questões de direito*, da sua competência, porque a definição da competência dos tribunais não é matéria exclusivamente constitucional, existindo vários exemplos de competências atribuídas aos tribunais por leis federais, além de outras competências definidas no Regimento Interno dos tribunais[61]. Assim, configura ampliação da competência do Superior Tribunal de Justiça por lei federal a previsão de instauração do incidente de uniformização da jurisprudência em questões de direito material no âmbito dos Juizados Especiais Federais (artigo 14, § 4º, da Lei nº 10.259, de 12.07.2001) e no âmbito dos Juizados Especiais da Fazenda Pública na Justiça dos Estados (artigo 18, § 3º, da Lei nº 12.153, de 22.12.2009). Também são exemplos de ampliação da competência dos tribunais por lei o julgamento *per saltum* (artigo 515, § 3º, do CPC/73 conforme Lei 10.352, de 26.12.2001 e, atualmente, artigo 1.013, §§ 3º e 4º, do CPC/15) e a Reclamação prevista nos artigos 988 a 993 do CPC[62].

É possível considerar que não se trata de criação de nova competência, mas de criação pela legislação processual de *novo instrumento processual*, mais ade-

59. "Por outro lado, não é preciso que a repetição se dê entre processos em curso no tribunal. Essa exigência chegou a ser cogitada durante a tramitação parlamentar do Projeto, mas foi excluído do texto que afinal se tornou o CPC. Assim é que o próprio juiz de uma das causas repetitivas está autorizado a provocar o incidente oficiando ao presidente do tribunal de segundo grau" (THEODORO JUNIOR, Humberto. *Incidente*... cit., p. 510-511).

60. "O IRDR possui a vantagem, face aos demais mecanismos, de permitir a formação do precedente logo na fase inicial do processo, a partir do primeiro grau de jurisdição – sem que haja necessidade, sequer, da existência de tramitação do processo em segundo grau(...)" (CARNEIRO, Paulo Cesar Pinheiro. *O novo processo civil brasileiro*. Rio de Janeiro: Forense, 2019, p. 124).

61. Cf. MENDES, Aluisio Gonçalves de Castro. *Incidente*... cit., p. 117-120.

62. Cf. MENDES, Aluisio Gonçalves de Castro. *Incidente*... cit., p. 118-120.

quado e efetivo para exercício da competência do tribunal, que passa a contar com um novo tipo de procedimento para tratamento das demandas de massa no desempenho da sua função conforme a sua competência jurisdicional, uniformizando a sua jurisprudência e atuando com menor dispêndio de tempo e de recursos financeiros, o que possibilitará atingir o patamar de segurança jurídica e tratamento isonômico às partes dos processos repetitivos que estejam sujeitas à aplicação da mesma norma jurídica em decorrência das pretensões fundadas na mesma questão de direito[63].

Os tribunais continuarão exercendo a jurisdição conforme as suas competências definidas em lei e na Constituição, acrescentando a lei processual mais um instrumento para ser utilizado para prestação da tutela jurisdicional mais adequada, eficiente, com isonomia e no menor tempo possível, mesmo com a cisão das fases de definição da tese jurídica e da aplicação da tese ao caso concreto. A definição da tese jurídica aplicável aos casos concretos e submetidos à apreciação do Judiciário, objeto de processos efetivamente repetitivos, é forma de exercer a jurisdição[64]. Assim, é possível e compatível com a Constituição de 1988 que a lei ordinária crie instrumento que possibilite aos tribunais o exercício mais racional da competência jurisdicional do órgão[65].

---

63. "Com efeito, parece poder ser possível extrair a competência para julgamento do IRDR de nosso sistema jurídico, como uma *competência implícita* dos tribunais, enquanto órgãos ordenados em nível superior aos juízos de primeiro grau, com o poder de revisão em relação às decisões inferiores (competência prevista para os tribunais federais, no art. 108, II da CRFB). Esta competência implícita estaria justificada constitucionalmente pela exigência de manter coerência e unidade na interpretação e aplicação do direito, e nos direitos fundamentais de isonomia e segurança jurídica" (TEMER, Sofia. *Incidente*... cit., p. 119).

64. A adoção do procedimento-modelo alemão (*Musterverfahren*) nos anos de 1979-1980 para atender a demanda de milhares de demandas propostas em razão da construção do aeroporto internacional de Munique foi feita quando inexistia na legislação alemã a previsão daquele procedimento, tendo a Corte Constitucional da Alemanha, diante do questionamento apresentado, decidido pela constitucionalidade da medida (Cf. MENDES, Aluisio Gonçalves de Castro. *Incidente*... cit., p. 30-31).

65. O STF, no julgamento monocrático dos embargos de declaração no RE 571.572, em 26/08/2009, a Rel. Min Ellen Gracie destacou a missão constitucional do STJ uniformizar a interpretação da legislação infraconstitucional, para coerência da ordem jurídica, diante das decisões divergentes geradoras de insegurança jurídica, reconhecendo a constitucionalidade da competência do STJ prevista na lei 10.259/2001 (Juizados Federais) e o cabimento da Reclamação constitucional para o STJ (CRFB/88, artigo 105, I, f), contra decisão de Turma Recursal Estadual, até a criação da Turma de Uniformização dos Juizados Estaduais, diante da ausência de previsão na lei 9099/95. Como destacou Aluisio Mendes sobre a previsão legal do incidente de uniformização da jurisprudência das decisões dos Juizados Especiais federais, "a competência do Superior Tribunal de Justiça, de fato, é fixada na Constituição da República. Entretanto, o legislador já estabeleceu, mediante norma ordinária, ampliação desta competência, fixando o denominado Incidente de Uniformização da Jurisprudência dos Juizados Especiais Federais (JEFs), nos termos do artigo 14, § 4º da Lei nº 10.259, de 12.07.2001. De modo similar, também foi instituído o pedido de uniformização de interpretação de lei na esfera dos Juizados Especiais da Fazenda Pública, perante o Superior Tribunal de Justiça, na hipótese do artigo 18, § 3º da Lei nº 12.153, de 22.12.2009. Em ambas as hipóteses, os respectivos incidentes não estavam previstos expressamente no rol do artigo 105 da Constituição da República e eram suscitados a partir do julgamento proferido por outros órgãos (Turma Nacional de Uniformização e Turmas Estaduais, respectivamente)" (MENDES, Aluisio Gonçalves de Castro. *Incidente*... cit., p. 117-118).

A controvérsia relativa à necessidade de causa pendente no tribunal para instauração do IRDR pode ser, em parte, explicada pelo fato do parágrafo único do artigo 978 do CPC enunciar norma que parece indicar a necessidade de causa pendente no tribunal para admissibilidade do IRDR, ao dispor que "o órgão colegiado incumbido de julgar o incidente e de fixar a tese jurídica julgará igualmente o recurso, a remessa necessária ou o processo de competência originária de onde se originou o incidente". Entretanto, ao invés de criar requisito de admissibilidade do IRDR consistente na existência de causa pendente no tribunal, o dispositivo estabelece nada mais do que uma regra de *prevenção*[66] da competência para julgamento do recurso interposto contra a decisão de primeiro grau que aplicar a tese fixada no IRDR, quando instaurado a partir de processo em curso na primeira instância. Considerando que a tese será firmada pelo órgão com a atribuição definida pelo regimento interno do tribunal para julgamento do IRDR, optou o legislador processual por atribuir competência recursal ao órgão que fixou a tese no IRDR, em caso de interposição de recurso contra a decisão da instância inferior que aplicar a tese fixada.

Por outro lado, tratando-se de IRDR instaurado a partir de processo em trâmite no segundo grau, a regra do parágrafo único do artigo 978 do CPC desloca no plano horizontal a competência do órgão fracionário onde tramita o processo a partir do qual foi instaurado o incidente, para o órgão com a competência de fixar a tese jurídica e, em seguida, julgar o recurso, a remessa necessária ou o processo de competência originária. Assim, quando instaurado o IRDR a partir de processo em curso no tribunal, a regra do parágrafo único do artigo 978 do CPC prevê hipótese de *modificação da competência* no plano horizontal, com deslocamento da competência no mesmo grau de jurisdição.

Em suma, instaurado o IRDR a partir de processo em trâmite no primeiro grau, independentemente da existência de causa pendente no tribunal, o órgão do segundo grau que fixar a tese estará *prevento* para o julgamento do recurso interposto contra a decisão proferida naquele processo. Mas, instaurado o IRDR a partir de recurso interposto e admitido no segundo grau, de remessa necessária, ou em processos de competência originária, o que ocorre é a *modificação da competência* para julgamento daquele recurso, ou do processo de competência originária, que passa a ser do órgão que fixou a tese no IRDR.

Portanto, a regra do parágrafo único do artigo 978 do CPC apenas enuncia regras de competência jurisdicional para o julgamento do processo, ou recurso do qual se originou o incidente de resolução de demandas repetitivas, após a

66. "Parece ser evidente que se trata de uma norma de prevenção, provavelmente motivada pelo desejo de que a aplicação da regra em concreto seja realizada com a devida fidelidade, o que seria garantido, ou mais provável, se o mesmo órgão judicial realizar também o julgamento, em sede de competência recursal ou originária do(s) processo(s) de onde se originou o IRDR" (MENDES, Aluisio Gonçalves de Castro. *Incidente*... cit., p. 121). No mesmo sentido da regra de prevenção: TEMER, Sofia. *Incidente*... cit., p. 112.

fixação da tese, fixando regra de *prevenção* e de *modificação da competência*, a depender do grau de jurisdição em que esteja tramitando o processo a partir do qual o incidente foi instaurado. Assim, aquela regra não cria outro requisito de admissibilidade do IRDR, consistente na existência de causa no Tribunal, exigência retirada do texto do Projeto pelo Senado Federal e que constava no § 2º do artigo 988 do substitutivo do Projeto do novo CPC aprovado na Câmara dos Deputados.

A existência de causa pendente no tribunal para cabimento do IRDR também é desnecessária para que a questão de direito seja apreciada e a tese jurídica seja adequadamente fixada. O CPC prevê ampla possibilidade de participação das partes, interessados e instituições, inclusive com a possibilidade de designação de audiência pública, no procedimento de definição da tese jurídica[67], com alargamento dos espaços destinados ao debate[68].

É preciso que o novo instituto seja interpretado considerando a sua importância como instrumento para enfrentar a litigância de massa e obter a segurança jurídica, o tratamento igualitário das partes na prestação da tutela jurisdicional e a duração razoável do processo, valores constitucionais que devem ser preservados[69]. O IRDR configura, nos moldes da legislação processual brasileira, procedimento-modelo, com a cisão do julgamento para fixação da tese jurídica e posterior julgamento da causa, com aplicação vinculativa da referida tese. O órgão que fixa a tese jurídica não a aplica no mesmo momento processual ao caso concreto que deu origem à instauração do incidente, haja vista que é o órgão onde o feito está tramitando que julga a causa e aplica a tese, ressalvada a hipótese de modificação da competência com base na regra do parágrafo único do artigo 978 do CPC, quando o órgão que fixar a tese julgará o recurso, a remessa necessária ou o processo de competência originária, quando o incidente tiver origem em algum deles. Assim, o IRDR é instaurado em autos próprios e o processo que originou a instauração permanecerá no órgão de origem, inexistindo previsão legal de avocação do processo paradigma, o que configuraria verdadeira supressão

67. Art. 983. O relator ouvirá as partes e os demais interessados, inclusive pessoas, órgãos e entidades com interesse na controvérsia, que, no prazo comum de 15 (quinze) dias, poderão requerer a juntada de documentos, bem como as diligências necessárias para a elucidação da questão de direito controvertida, e, em seguida, manifestar-se-á o Ministério Público, no mesmo prazo. § 1º Para instruir o incidente, o relator poderá designar data para, em audiência pública, ouvir depoimentos de pessoas com experiência e conhecimento na matéria. § 2º Concluídas as diligências, o relator solicitará dia para o julgamento do incidente.

68. Cf. MENDES, Aluisio Gonçalves de Castro. *Incidente*... cit., p. 122.

69. "Portanto, o Incidente de Resolução de Demandas Repetitivas deve ser visto sob uma ótica mais ampla e menos formalista, pois atende aos preceitos maiores da Constituição, especialmente o do acesso à justiça, da isonomia, da duração razoável dos processos, da economia processual e da segurança jurídica. As funções conferidas aos respectivos órgãos judiciais, no IRDR, por sua vez, estão em conformidade com a organização e com o sistema de competências estabelecido na Carta Magna, dentro de uma concepção de uniformização regional ou estadual do Direito, encontrando o ápice nacional nos tribunais superiores" (MENDES, Aluisio Gonçalves de Castro. *Incidente*... cit., p. 120).

de instância. Os §§ 1º, 2º e 5º do artigo 976 do CPC dispõem, respectivamente, que "a desistência ou o abandono do processo não impede o exame de mérito do incidente", "se não for o requerente, o Ministério Público intervirá obrigatoriamente no incidente e deverá assumir sua titularidade em caso de desistência ou de abandono" e que "não serão exigidas custas processuais no incidente de resolução de demandas repetitivas".

Todas aquelas regras evidenciam que o incidente de resolução de demandas repetitivas é um procedimento-modelo de natureza objetiva e com a finalidade de fixar tese jurídica a ser aplicada no julgamento dos processos repetitivos sobre a mesma questão de direito. O julgamento dos processos, com aplicação da tese jurídica, é feito em momento posterior e pelo órgão com a competência jurisdicional preservada, após a retomada do curso do procedimento. Ademais, o artigo 985 do CPC[70] não dispõe sobre a aplicação da tese jurídica pelo próprio órgão que a fixou, disciplinando apenas que a tese será aplicada a todos os processos que versem sobre idêntica questão de direito e que tramitem na área de jurisdição do respectivo tribunal, inclusive juizados especiais, além da sua aplicação aos casos futuros. Portanto, ao dispor sobre a aplicação da tese fixada no IRDR, o CPC não indicou que a tese seria aplicada diretamente pelo órgão que julgou o incidente, suprimindo a jurisdição do órgão de instância inferior. Tratando-se de incidente instaurado a partir de processo em curso no primeiro grau de jurisdição, a competência do órgão que fixou a tese tem natureza recursal com relação àquele processo de onde se originou o IRDR e, assim, a regra do parágrafo único do artigo 978 do CPC institui regra de prevenção de competência recursal e não de requisito de admissibilidade do IRDR.

Ademais, a existência de diversos processos tramitando em órgãos jurisdicionais diversos, com competência paralela e com decisões díspares é suficiente para se inferir o risco à isonomia e à segurança jurídica, não havendo qualquer razão de ordem prática para consentir que os órgãos continuem decidindo aquela mesma questão de direito de maneira divergente, até que algum recurso seja interposto e admitido no tribunal. O olhar para o sistema judicial tem demonstrado a excessiva e nociva dispersão da jurisprudência, motivando o legislador processual a criar instrumentos para propiciar a uniformização da jurisprudência e, consequentemente, a segurança jurídica e o tratamento igualitário às partes dos processos efetivamente repetitivos.

70. Art. 985. Julgado o incidente, a tese jurídica será aplicada: I - a todos os processos individuais ou coletivos que versem sobre idêntica questão de direito e que tramitem na área de jurisdição do respectivo tribunal, inclusive àqueles que tramitem nos juizados especiais do respectivo Estado ou região; II - aos casos futuros que versem idêntica questão de direito e que venham a tramitar no território de competência do tribunal, salvo revisão na forma do art. 986.

Neste contexto, negar a possibilidade de instauração do IRDR a partir de demandas efetivamente repetitivas em curso no primeiro grau de jurisdição e antes de existir causa pendente no tribunal, diante da inexistência de norma legal expressa fixando a necessidade de causa pendente nos tribunais, impossibilita que se enfrente com a maior brevidade, assim que identificadas, a dispersão da jurisprudência, a insegurança jurídica e o tratamento desigual às partes destinatárias da mesma norma jurídica, também titulares do direito fundamental à razoável duração do processo, postergando o tratamento adequado dos litígios de massa até que seja admitido o primeiro recurso no tribunal.

2.7 Instauração do IRDR nos Tribunais Superiores

A possibilidade de instauração do IRDR nos Tribunais Superiores não é questão pacífica. O enunciado 343 do FPPC dispõe que "o incidente de resolução de demandas repetitivas compete a tribunal de justiça ou tribunal regional". Nada obstante, os Tribunais Superiores têm competência recursal e originária e, no exercício de qualquer daquelas competências, pode ser necessária a uniformização da jurisprudência[71].

O CPC não especificou quais tribunais poderiam instaurar o IRDR, apenas dispondo o *caput* do artigo 978 daquele Código que "o julgamento do incidente caberá ao órgão indicado pelo regimento interno dentre aqueles responsáveis pela uniformização de jurisprudência do tribunal". A norma do artigo 978, *caput*, do CPC, ao mencionar a instauração do IRDR pelo órgão competente para uniformizar a jurisprudência do tribunal, permite a interpretação no sentido de que qualquer tribunal poderá utilizar aquele instrumento para desempenhar função de uniformização da sua jurisprudência e da jurisprudência dos demais órgãos de instâncias inferiores, que podem ter as suas decisões impugnadas em recursos endereçados ao tribunal que fixar a tese.

O IRDR é importante instrumento para propiciar segurança jurídica, tratamento isonômico às partes e duração razoável do processo. É possível verificar, por exemplo, a efetiva repetição de processos no âmbito da Justiça do Trabalho de primeiro e de segundo graus sobre a mesma questão unicamente de direito, com decisões díspares nas duas instâncias, gerando risco efetivo à isonomia e à segurança jurídica, sem que tenha sido requerida a instauração do incidente de resolução de demandas repetitivas no âmbito de algum Tribunal Regional do Trabalho e inexistindo interposição de recurso de revista repetitivo e recuso especial e extraordinário repetitivos. Neste contexto, inexiste

71. Aluisio Mendes sustenta que a matéria do IRDR poderá chegar ao conhecimento dos Tribunais Superiores através da interposição de recursos de revista repetitivos, especial e extraordinário repetitivos, tratando-se de competência recursal dos Tribunais Superiores, além da possibilidade de instauração do IRDR pelos Tribunais Superiores nas causas originárias (Cf. MENDES, Aluisio Gonçalves de Castro. *Incidente*... cit., p. 140-141).

impedimento constitucional, ou legal para que seja instaurado, no âmbito do Superior Tribunal do Trabalho, o incidente de resolução de demandas repetitivas, com a fixação da tese jurídica a ser aplicada a todos os juízos trabalhistas em território nacional.

O Superior Tribunal de Justiça, conforme sua competência constitucional, tem a missão de interpretar e aplicar em última instância a legislação federal. É órgão de cúpula da estrutura do Poder Judiciário brasileiro no que tange à definição da interpretação das normas jurídicas federais, com jurisdição em todo o território nacional[72]. O Superior Tribunal de Justiça desempenha as funções de cassação e de uniformização da jurisprudência[73]. A primeira, é exercida através dos julgamentos dos recursos ordinário[74] e especial[75], interpostos contra decisões proferidas pelos tribunais situados nos demais níveis da estrutura judiciária nacional. A função de uniformização da jurisprudência é exercida no julgamento daqueles recursos e através dos procedimentos para julgamento das causas de competência originária daquele Tribunal.

Com relação à instauração do incidente de resolução de demandas repetitivas pelo Superior Tribunal de Justiça, a questão foi decidida recentemente pela Corte Especial no julgamento do Agravo Interno na Petição 11.838. A eminente Min. Relatora votou pelo não conhecimento do incidente suscitado, por entender que o IRDR somente seria cabível no âmbito dos Tribunais de Justiça e dos

---

72. " No sistema brasileiro o Superior tribunal de Justiça é uma Corte de vértice, nada existindo acima dela no que diz respeito ao direito federal. Assim, sua posição no sistema lhe confere a última palavra no que pertine à atribuição judicial de sentido ao direito federal" (MARINONI, Luiz Guilherme. *O STJ enquanto corte de precedentes*: recompreensão do sistema processual enquanto corte suprema. 3ª ed. rev. atual. e ampl. São Paulo: Revista dos Tribunais, 2017, p. 153).

73. "La realizzazione della finalità rappresentata dall'uniformità della interpretazione e applicazione del diritto viene di solito affidata, soprattutto, alle corti supreme. Si tratta anzi di un aspetto importante -forse il più importante- di quello che chiamerei il mito delle corti supreme: esse si collocano al centro del sistema giuridico e all'apice della struttura giudiziaria, e si tende a pensare che in esse si concentri l'aspetto più rilevante dell'amministrazione della giustizia. Da qui la conseguenza che spetti a queste corti la funzione fondamentale di assicurare il valore rappresentato dall'uniformità della giurisprudenza" (TARUFFO, Michele. Le funzioni delle corte supremi tra uniformità e giustizia. *Revista Eletrônica de Direito Processual,* ano 8, vol. 14, Jul.-dez. 2014, p. 439).

74. Constituição de 1988. Art. 105. Compete ao Superior Tribunal de Justiça: (...) II - julgar, em recurso ordinário: a) os habeas corpus decididos em única ou última instância pelos Tribunais Regionais Federais ou pelos tribunais dos Estados, do Distrito Federal e Territórios, quando a decisão for denegatória; b) os mandados de segurança decididos em única instância pelos Tribunais Regionais Federais ou pelos tribunais dos Estados, do Distrito Federal e Territórios, quando denegatória a decisão; c) as causas em que forem partes Estado estrangeiro ou organismo internacional, de um lado, e, do outro, Município ou pessoa residente ou domiciliada no País.

75. Constituição de 1988. Art. 105. Compete ao Superior Tribunal de Justiça: (...) III - julgar, em recurso especial, as causas decididas, em única ou última instância, pelos Tribunais Regionais Federais ou pelos tribunais dos Estados, do Distrito Federal e Territórios, quando a decisão recorrida: a) contrariar tratado ou lei federal, ou negar-lhes vigência; b) julgar válido ato de governo local contestado em face de lei federal (redação dada pela Emenda Constitucional nº 45, de 2004); c) der a lei federal interpretação divergente da que lhe haja atribuído outro tribunal.

Tribunais Regionais Federais[76]. Contra esta decisão, que não conheceu do IRDR instaurado diretamente no Superior Tribunal de Justiça, foi interposto Agravo Interno para a Corte Especial daquele Tribunal. Na sessão do dia 17.05.2017, a Min. Relatora manteve o voto proferido e o Min. Napoleão Nunes Maia Filho abriu a divergência e deu provimento ao recurso, entendendo ser cabível a instauração do IRDR, desde que inexista prévia afetação de recurso repetitivo[77]. Em 03.10.2018, o Min. João Otávio de Noronha, divergiu parcialmente da Min. Relatora[78] e na sessão do dia 20.02.2019, foram proferidos votos dos Ministros Luiz Felipe Salomão, Nancy Andrighi, Og Fernandes, Herman Benjamin e Jorge Mussi[79]. Na sessão do dia 07 de agosto de 2019, a Corte Especial do Superior Tribunal de Justiça decidiu, por maioria de votos, que é cabível a instauração de incidente de resolução de demandas repetitivas naquele Tribunal, mas apenas nos casos de competência recursal ordinária e de competência originária, desde que preenchidos os requisitos do artigo 976 do CPC. Também foi decidido que, apresentada reclamação e não ultrapassado o seu juízo de admissibilidade, não cabe instauração de IRDR no STJ[80].

76. "Conforme disciplina dos arts. 976 a 987 do Novo Código de Processo Civil, o IRDR é instrumento processual com o inequívoco objetivo de imprimir celeridade e uniformização na solução de demandas de massa. Infere-se da sistemática adotada que o IRDR somente é cabível no âmbito dos Tribunais de Justiça e Tribunais Regionais Federais, quando houver repetição de processos sobre a mesma questão de direito ou nas situações de risco à isonomia ou à segurança jurídica. Ante o exposto, NÃO CONHEÇO do incidente suscitado" (STJ. Decisão monocrática na Petição nº 11.838/MS (2016/0330305-6). Rel. Min. Laurita Vaz. Julg. 01.02.2017).

77. "Proclamação Parcial de Julgamento: Após o voto da Sra. Ministra Relatora negando provimento ao agravo e o voto antecipado do Sr. Ministro Napoleão Nunes Maia Filho dando-lhe provimento, pediu vista antecipada o Sr. Ministro João Otávio de Noronha. Petição Nº 43618/2017 - AgInt na Pet 11838". Disponível em: https://ww2.stj.jus.br/processo/pesquisa/. Consulta processual. Acesso em 12.07.2019.

78. Corte Especial do STJ retoma análise sobre IRDR no tribunal. Disponível em: https://www.conjur.com.br/2018-out-03/corte-especial-stj-retoma-analise-irdr-tribunal. Acesso em 12.07.2019.

79. "Proclamação Parcial de Julgamento: Prosseguindo no julgamento, após o voto-vista do Sr. Ministro Luis Felipe Salomão acompanhando o voto do Sr. Ministro João Otávio de Noronha, os votos dos Srs. Ministros Herman Benjamin e Jorge Mussi, no mesmo sentido, e os votos da Sra. Ministra Nancy Andrighi e do Sr. Ministro Og Fernandes negando provimento ao agravo, mas por fundamento distinto dos proferidos anteriormente, pediu vista o Sr. Ministro Mauro Campbell Marques. Petição Nº 43618/2017 - AgInt na Pet 11838". STJ. Disponível em: https://ww2.stj.jus.br/processo/pesquisa/. Consulta processual. Acesso em: 12.07.2019.

80. AGRAVO INTERNO EM PETIÇÃO. RECLAMAÇÃO. INCIDENTE DE RESOLUÇÃO DE DEMANDAS REPETITIVAS (IRDR). INSTITUTO AFETO À COMPETÊNCIA JURISDICIONAL DE TRIBUNAIS DE SEGUNDA INSTÂNCIA (ESTADUAIS OU REGIONAIS FEDERAIS). INSTAURAÇÃO DIRETA NO SUPERIOR TRIBUNAL DE JUSTIÇA. POSSIBILIDADE RESTRITA. NECESSIDADE DE OBSERVÂNCIA DOS REQUISITOS (ART. 976 DO CPC). JUÍZO DE ADMISSIBILIDADE NÃO ULTRAPASSADO. NÃO CABIMENTO DA INSTAURAÇÃO DO INSTITUTO. 1. O novo Código de Processo Civil instituiu microssistema para o julgamento de demandas repetitivas - nele incluído o IRDR, instituto, em regra, afeto à competência dos tribunais estaduais ou regionais federal -, a fim de assegurar o tratamento isonômico das questões comuns e, assim, conferir maior estabilidade à jurisprudência e efetividade e celeridade à prestação jurisdicional. 2. A instauração de incidente de resolução de demandas repetitivas diretamente no Superior Tribunal de Justiça é cabível apenas nos casos de competência recursal ordinária e de competência originária e desde que preenchidos os requisitos do art. 976 do CPC. 3. Quando a reclamação não ultrapassa o juízo de admissibilidade, não cabe a instauração do incidente de demandas repetitivas no Superior Tribunal de Justiça. 4. Agravo interno desprovido"

A afetação do recurso especial repetitivo configura requisito negativo, que impede a instauração de IRDR por qualquer tribunal (CPC, artigo 976, § 4º), inclusive pelo Superior Tribunal de Justiça, tendo aquele recurso prioridade de processamento com relação ao IRDR, considerando que o recurso especial tem previsão direta na Constituição de 1988, no artigo 105, inciso III. Entretanto, a previsão legal de interposição do recurso especial para o Superior Tribunal de Justiça, que pode ser afetado ao rito dos recursos repetitivos, não constitui óbice a que se reconheça a possibilidade de instauração do IRDR, quando preenchidos os requisitos fixados no CPC, não apenas porque o recurso especial repetitivo tem requisitos de admissibilidade próprios, mas porque o IRDR tem procedimento diferenciado e que possibilita atuação de outras pessoas e instituições na formação da tese jurídica com efeito vinculativo, como os *amici curiae*, o Ministério Público e a Defensoria Pública[81]. Por outro lado, da mesma forma em que não se restringiu na lei processual o cabimento do IRDR apenas nos processos de competência originária dos tribunais estaduais e regionais, não há necessidade de adoção de interpretação neste ponto restritiva ao cabimento do IRDR no Superior Tribunal de Justiça apenas nos casos de competência originária. Admitir, em tese, a possibilidade de instauração do incidente de resolução de demandas repetitivas no STJ não significa que vários incidentes daquela natureza serão instaurados, nada impedindo que aquele Tribunal faça a filtragem necessária e defira a instauração do IRDR quando efetivamente necessária a utilização daquele instrumento.

O Superior Tribunal Militar foi o primeiro Tribunal Superior do País a instaurar o incidente de resolução de demandas repetitivas, requerido pelo Ministério Público Militar, através do Procurador-Geral de Justiça Militar. Em sessão do dia 22.08.2019, o STM decidiu sobre o cabimento do IRDR naquele Tribunal Superior, com fundamento na segurança jurídica, na isonomia e na duração razoável do processo[82].

(AgInt na Pet 11.838/MS, Rel. Ministro João Otávio de Noronha, Rel. p/ Acórdão Ministro João Otávio de Noronha, Corte Especial, julgado em 07/08/2019, DJe 10/09/2019).

81. Art. 983. O relator ouvirá as partes e os demais interessados, inclusive pessoas, órgãos e entidades com interesse na controvérsia, que, no prazo comum de 15 (quinze) dias, poderão requerer a juntada de documentos, bem como as diligências necessárias para a elucidação da questão de direito controvertida, e, em seguida, manifestar-se-á o Ministério Público, no mesmo prazo. § 1º Para instruir o incidente, o relator poderá designar data para, em audiência pública, ouvir depoimentos de pessoas com experiência e conhecimento na matéria. § 2º Concluídas as diligências, o relator solicitará dia para o julgamento do incidente.

82. Superior Tribunal Militar, sessão de 22.08.2019, IRDR nº7000425-51.2019.7.00.000: "I - Preliminar de Inconstitucionalidade do IRDR: diante do aparente conflito entre a legalidade e a segurança jurídica, deve prevalecer a primazia da segurança jurídica, aliada à isonomia e à duração razoável dos processos. Preliminar rejeitada por unanimidade. II - Preliminar de Inadmissibilidade do IRDR: os requisitos previstos no inciso I do art. 976 do CPC foram analisados por ocasião da admissibilidade do Incidente nesta Corte. Presença de efetiva repetição de processos e de controvérsia sobre questão unicamente de direito. Preliminar rejeitada por unanimidade. III - O IRDR é instituto com inspiração no Musterverfahren alemão e no Group Litigation Order britânico. O procedimento está descrito no art. 976 e seguintes

Assim, por ser importante instrumento que permite a uniformização da jurisprudência, a segurança jurídica, o tratamento isonômico das partes e a duração razoável do processo, deve ser admitida, em tese, a instauração do IRDR pelos Tribunais Superiores e pelo Superior Tribunal de Justiça, extraindo do ordenamento processual o máximo de efetividade das suas normas.

2.8 Instauração de IRDR a partir de processos em curso nos juizados especiais

O CPC prevê expressamente a aplicação da tese firmada IRDR aos processos em curso nos juizados especiais (artigo 985, I), com possibilidade de reclamação em caso de inobservância daquela tese (artigo 985, § 1º). A aplicação da tese aos processos em curso também nos juizados especiais é indispensável para que seja possível a uniformização da jurisprudência no âmbito da competência territorial do tribunal, sendo necessário que os processos em trâmite naquela justiça especializada sejam alcançados pela tese firmada com efeito vinculativo, diante da competência concorrente com a justiça comum para o processo e julgamento de ações onde são interpretadas e aplicadas as mesmas normas jurídicas. Instaurado o IRDR a partir de processos em curso na justiça comum, por órgão não integrante dos juizados especiais cíveis, federais e da fazenda pública, a tese firmada terá feito vinculativo e deverá ser aplicada por todos os órgãos que tenham competência jurisdicional na abrangência territorial do tribunal ao qual está vinculado o órgão que julgou o incidente.

A questão que se coloca é a possibilidade do órgão com a competência para uniformizar a jurisprudência em determinado tribunal instaurar o IRDR a partir de processos em curso nos juizados especiais. O enunciado 21 da ENFAM dispõe que "o IRDR pode ser suscitado com base em demandas repetitivas em curso nos juizados especiais". Entretanto, é preciso identificar duas situações. A primeira é quando a efetiva repetição de processos sobre a mesma questão de direito e com risco à isonomia e à segurança jurídica se constata pelas decisões proferidas em

do Código de Processo Civil. No caso concreto, os requisitos foram analisados por ocasião do Juízo de Admissibilidade do Incidente, no qual foi constatado o efetivo cumprimento dos dispositivos do CPC. Na mesma oportunidade, decidiu-se pela suspensão apenas do caso paradigma, diante da necessidade do cumprimento dos princípios inerentes ao processo penal. Definiu-se, também, a viabilidade do Incidente na seara processual penal. Ressalte-se que, cientificados os Comandos das Forças Armadas, o Ministério da Defesa, a Advocacia-Geral da União, a Defensoria Pública da União, o Conselho Federal da Ordem dos Advogados do Brasil e os Juízos das 19 Auditorias das 12 Circunscrições Judiciárias Militares para prestar as informações entendidas cabíveis, requereram habilitação como Amici Curiae a AGU e o Conselho Seccional do Distrito Federal da OAB, pedidos deferidos pelo Ministro-Relator. (...). XVII - Incidente de Resolução de Demandas Repetitivas procedente. Adoção da tese jurídica: "Compete aos Conselhos Especial e Permanente de Justiça o julgamento de civis que praticaram crimes militares na condição de militares das Forças Armadas". O inteiro teor do Acórdão pode ser acessado: https://eproc2g.stm.jus.br/eproc_2g_prod/externo_controlador.php?acao=processo_seleciona_publica&acao_origem=processo_consulta_publica&acao_retorno=processo_consulta_publica&num_processo=70004255120197000000&num_chave=&num_chave_documento=&hash=fda34b099504b209219b845e087d2d87.

processos em curso nos juizados especiais e *também* nas varas da justiça comum, no âmbito da mesma área de abrangência territorial do tribunal ao qual integrem aqueles órgãos de primeira, ou de segunda instância. A segunda hipótese é aquela onde a divergência entre decisões seja constatada em processos efetivamente repetitivos em curso *apenas* nos juizados especiais.

Com relação à primeira hipótese, no caso da efetiva repetição de processos sobre a mesma questão de direito em curso nos juizados especiais e nas varas da justiça comum, por força de competência concorrente, com decisões díspares e que coloquem em risco a isonomia e a segurança jurídica na área da competência territorial do tribunal, inexiste impedimento legal para a instauração do IRDR pelo órgão competente para uniformizar a jurisprudência do tribunal, através de requerimento formulado a partir dos processos em curso nos juizados especiais. O juiz, ou qualquer das partes do processo em curso no juizado especial poderá requerer a instauração do incidente pelo órgão competente do tribunal respectivo, demonstrando o preenchimento dos requisitos legais, notadamente a divergência de decisões sobre a mesma questão de direito proferidas por juízos diversos, dos juizados especiais e da justiça comum.

Existem fundamentos constitucionais decorrentes da segurança jurídica, da isonomia e da razoável duração dos processos[83] para permitir a instauração do IRDR pelo tribunal a partir de processos em curso nos juizados especiais, quando também existir processos com a mesma questão de direito tramitando na justiça comum, porque o instrumento propiciará a uniformização da jurisprudência no âmbito da competência territorial e, assim, segurança jurídica e tratamento isonômico às partes na mesma situação de fato e sujeitas à aplicação da mesma norma jurídica.

Ainda na hipótese da competência concorrente, inexistindo incidente de resolução de demandas repetitivas instaurado pelo órgão competente do tribunal, é possível que o incidente seja instaurado pelo órgão do juizado especial cível competente para uniformizar a jurisprudência naquele sistema especializado[84],

83. "Havendo competência concorrente, a consecução da efetivação do princípio da isonomia e da segurança jurídica, com a realização da uniformização da jurisprudência, deve ser perseguida já no âmbito estadual e regional, para que se logre, também, a desejada economia processual e, consequentemente, a prestação jurisdicional em tempo razoável e de modo mais efetivo" (MENDES, Aluisio Gonçalves de Castro. *Incidente*... cit., p. 164).

84. Inexistindo previsão, ou proibição expressa no CPC, no sentido da instauração de IRDR pelo órgão competente para uniformização da jurisprudência nos juizados especiais, a possibilidade de instauração de IRDR por órgão do sistema dos juizados especiais é objeto dos enunciados 21 (O IRDR pode ser suscitado com base em demandas repetitivas em curso nos juizados especiais) e 44 (Admite-se o IRDR nos juizados especiais, que deverá ser julgado por órgão colegiado de uniformização do próprio sistema), aprovados no seminário "o Poder Judiciário e o Novo Código de Processo Civil realizado pela Escola Nacional de Formação e Aperfeiçoamento de Magistrados – ENFAM, no período de 26 a 28 de agosto de 2015. Em sede doutrinária, existem entendimentos favoráveis à instauração do IRDR nos juizados especiais: MENDES, Aluisio Gonçalves de Castro. *Incidente*... cit., p. 159-167; PORTO, José Roberto Sotero de Mello. Teoria... cit., p. 124-126.

que fixará a tese com efeito vinculativo apenas aos juizados especiais[85]. E, em caso de superveniência de tese fixada pelo tribunal sobre a mesma questão de direito, objeto dos processos em curso nos órgãos da justiça comum, esta prevalecerá sobre a tese firmada pelo órgão uniformizador da jurisprudência dos juizados especiais[86], o mesmo ocorrendo com a tese posteriormente fixada em recurso repetitivo, que terá prevalência sobre a tese fixada no IRDR.

Considerando a cisão entre o julgamento do IRDR e o julgamento posterior do processo a partir do qual foi requerida a instauração do incidente, instaurado o incidente de resolução de demandas repetitivas pelo tribunal a partir de processo em curso no juizado especial em caso onde a efetiva repetição de processos sobre a mesma questão unicamente de direito esteja presente também em processos que tramitem na justiça comum, o órgão que julgar o IRDR apenas fixará a tese no procedimento-modelo, não sendo permitido ao tribunal julgar o recurso interposto contra a decisão do juizado especial naquele processo paradigma, por expressa indicação na Constituição do órgão competente para julgar os recursos interpostos nos processos dos juizados especiais. Portanto, não terá aplicação aos processos do juizado especial a norma do parágrafo único do artigo 978 do CPC[87], que deve ser interpretada conforme a norma do artigo 98, inciso I da Constituição da República[88], que fixa a competência da turma composta por juízes de primeiro grau de jurisdição para julgamento dos recursos nos juizados especiais. Após a fixação da tese, mesmo em IRDR instaurado a partir de processo dos juizados especiais, nesse processo paradigma o recurso será julgado pela turma composta por juízes de primeiro grau competente para julgamento dos recursos no sistema dos juizados especiais e, em caso de não aplicação da tese, o tribunal julgará a reclamação contra o acórdão daquela turma que não seguir a tese com efeito vinculativo fixada pelo órgão do tribunal, na forma do § 1º do artigo 985 c/c o artigo 988 do CPC.

---

85. "Cabe a advertência no sentido de que, nas hipóteses de competência concorrente, em sendo suscitado o incidente de resolução de demandas repetitivas no âmbito dos Juizados Especiais, ante a omissão de instauração do incidente nos tribunais estaduais ou federais, a decisão nele proferida não projetará efeitos em relação aos processos em tramitação nas Varas e Tribunais de Justiça ou Tribunais Regionais Federais" (MENDES, Aluisio Gonçalves de Castro. *Incidente*... cit., p. 164).

86. No caso do IRDR instaurado por órgão do sistema dos juizados especiais, "a tese jurídica firmada se manterá se, e enquanto, não julgado o IRDR na esfera estadual ou regional, respectivamente" (MENDES, Aluisio Gonçalves de Castro. *Incidente*... cit., p. 166).

87. Art. 978. O julgamento do incidente caberá ao órgão indicado pelo regimento interno dentre aqueles responsáveis pela uniformização de jurisprudência do tribunal. Parágrafo único. O órgão colegiado incumbido de julgar o incidente e de fixar a tese jurídica julgará igualmente o recurso, a remessa necessária ou o processo de competência originária de onde se originou o incidente.

88. Art. 98. A União, no Distrito Federal e nos Territórios, e os Estados criarão: I - juizados especiais, providos por juízes togados, ou togados e leigos, competentes para a conciliação, o julgamento e a execução de causas cíveis de menor complexidade e infrações penais de menor potencial ofensivo, mediante os procedimentos oral e sumaríssimo, permitidos, nas hipóteses previstas em lei, a transação e o julgamento de recursos por turmas de juízes de primeiro grau.

No que tange à segunda hipótese, consistente na instauração de incidente de resolução de demandas repetitivas pelo tribunal a partir de processos efetivamente repetitivos em curso apenas nos juizados especiais, inexiste fundamento constitucional para possibilitar a instauração do incidente pelo órgão do tribunal que não integrar o sistema dos juizados especiais. Inexistindo processo em curso nas varas da justiça comum sobre a mesma questão de direito, a instauração do incidente de resolução de demandas repetitivas e a posterior fixação da tese jurídica por órgão do tribunal não integrante do sistema dos juizados especiais configuraria afastamento da competência definida no artigo 98, inciso I, da Constituição da República.

Apenas a existência de decisões divergentes entre órgãos da justiça comum e dos juizados especiais justifica a instauração do IRDR no tribunal a partir de processo em curso no juizado especial e a aplicação da tese firmada naquele incidente aos processos dos juizados especiais, para uniformizar a jurisprudência, propiciar segurança jurídica e tratamento isonômico às partes na área de abrangência territorial da jurisdição. Mas, quando a questão unicamente de direito for objeto de vários processos em curso apenas nos juizados especiais, a instauração do IRDR pelo tribunal a partir daqueles processos, com suspensão de tramitação daqueles processos, configuraria expressa violação à regra de competência estabelecida no inciso I do artigo 98 da Constituição da República.

Portanto, existindo divergência no âmbito das turmas recursais sobre questão de direito referente à interpretação e aplicação de normas jurídicas que não se verificam em processos das varas da justiça comum, a uniformização deve ser buscada pelo órgão do próprio sistema especializado. Para o tratamento da litigiosidade de massa nestes casos, com multiplicidade de processos versando sobre a mesma questão unicamente de direito e diante do risco de ofensa à segurança jurídica e ao tratamento isonômico das partes, o incidente de resolução de demandas repetitivas deverá ser instaurado perante o órgão do sistema dos juizados especiais incumbido de uniformizar a jurisprudência naquela justiça especializada, não apenas nos casos de matéria de competência exclusiva[89] do juizado especial, como por exemplo a definição de causa cível de menor complexidade diante de determinada situação de fato, mas também nos casos de competência concorrente[90] com os demais órgãos da justiça comum.

---

89. "Assim, embora o novo Código de Processo Civil não tenha expressamente previsto a possibilidade de que o incidente de resolução de demandas repetitivas seja suscitado no âmbito interno dos Juizados Especiais, para fins de processamento e julgamento por parte de seus órgãos de uniformização legalmente previstos, nas matérias que lhe são de competência exclusiva, não há razão para privar os Juizados Especiais dos benefícios que podem ser alcançados por esta técnica, em termos de uniformidade de tratamento aos jurisdicionados que neles demandam" (MENDES, Aluisio Gonçalves de Castro. *Incidente*... cit., p. 165).

90. Como destaca Aluisio Mendes, "diante da hipótese de competência material exclusiva dos juizados especiais, ou ainda na hipótese de inexistência de IRDR nos tribunais estaduais e federais, quando concorrente a competência, o IRDR pode ser suscitado, instaurado e apreciado no âmbito do próprio Juizado Especial,

3. CONSIDERAÇÕES FINAIS

O incidente de resolução de demandas repetitivas é instrumento previsto no CPC de 2015 e integrante do microssistema de processos repetitivos, para tratamento adequado dos litígios de massa, possibilitando estabelecer segurança jurídica, tratamento isonômico das partes na aplicação da mesma norma jurídica a situações de fato idênticas, ou semelhantes e a duração razoável do processo, com observância dos deveres de estabilidade, integridade e coerência da jurisprudência e do modelo constitucional de processo, notadamente a ampla participação das partes e interessados na formação da tese jurídica vinculativa. Tratando-se de instrumento novo no sistema processual brasileiro, muitas questões ainda estão sendo debatidas pela doutrina e serão consolidadas na jurisprudência, afinal a feição do incidente não será resultado apenas das luzes lançadas dos ordenamentos estrangeiros inspiradores e das razões declaradas na exposição de motivos do código, mas da sua fusão com as visões da doutrina da atuação dos tribunais na atividade interpretativa das normas enunciadas no novo código[91].

4. REFERÊNCIAS BIBLIOGRÁFICAS

BARBOSA MOREIRA, José Carlos. Miradas sobre o processo civil contemporâneo. *Temas de Direito Processual*. Sexta série. São Paulo: Saraiva, 1997.

________________. Por um processo socialmente efetivo. *Temas de Direito Processual*. Oitava Série. São Paulo: Saraiva, 2004.

________________. O processo, as partes e a sociedade. *Temas de Direito Processual*. Oitava série. São Paulo: Saraiva, 2004.

BARROSO, Luís Roberto. *Interpretação e aplicação da Constituição*: fundamentos de uma dogmática constitucional transformadora. 5ª ed. rev., atual. e ampl. São Paulo: Saraiva, 2003.

CÂMARA, Alexandre Freitas. *Levando os padrões decisórios a sério*. São Paulo: Atlas, 2018.

CAVALCANTI, Marcos de Araújo. *Incidente de Resolução de Demandas Repetitivas (IRDR)*. São Paulo: Revista dos Tribunais, 2016.

CAMBI, Eduardo. Jurisprudência lotérica. *Revista dos Tribunais*, São Paulo, vol. 786, p. 108-128, abril 2001.

CARNEIRO, Paulo Cesar Pinheiro. *O novo processo civil brasileiro*. Rio de Janeiro: Forense, 2019.

COUTURE, Eduardo Juan. *Introdução ao estudo do processo civil*. Trad. de Mozart Victor Russomano. 3ª ed. Rio de Janeiro: Forense, 1995.

---

cabendo a sua admissibilidade e julgamento a um dos órgãos responsáveis pela uniformização da jurisprudência, no âmbito estadual ou regional, conforme o caso, observado o procedimento estabelecido pelo novo Código de Processo Civil, enquanto não regulado de maneira própria por eventual previsão legal específica para os Juizados Especiais" (MENDES, Aluisio Gonçalves de Castro. *Incidente*... cit., p. 164).

91. "A regra jurídica nasce para uma certa sociedade e para uma determinada época histórica, mas estende seu diâmetro temporal de validade a todo o porvir, até o dia de sua derrogação. O tempo da lei e o seu sentido não são, apenas, o tempo e o sentido de sua sanção, mas também o tempo e o sentido de sua vigência" (COUTURE, Eduardo Juan. *Interpretação das leis processuais*. Trad. de Gilda Maciel Corrêa Meyer Russomano. 4ª ed. Rio de Janeiro: Forense, 1994, p. 11).

_______________. *Interpretação das leis processuais*. Trad. de Gilda Maciel Corrêa Meyer Russomano. 4ª ed. Rio de Janeiro: Forense, 1994.

DIDIER JR., Fredie; CUNHA, Leonardo Carneiro da. Recursos contra decisão proferida em incidente de resolução de demandas repetitivas que apenas fixa a tese jurídica. In: NUNES, Dierle; MENDES, Aluisio; JAYME, Fernando (coords). *A nova aplicação da jurisprudência e precedentes no CPC/2015*. São Paulo: Revista dos Tribunais, 2017.

DINAMARCO, Cândido Rangel. *A instrumentalidade do processo*. 9ª ed. São Paulo: Malheiros Editores, 2001.

DWORKIN, Ronald. *Levando os direitos a sério*. Tradução e notas de Nelson Boeira. São Paulo: Martins Fontes, 2002.

_______________. *O império do direito*. Tradução Jeferson Luiz Camargo; revisão técnica Gildo Sá Leitão Rios. 3ª ed. São Paulo: Martins Fontes – selo Martins, 2014.

FUX, Luiz. Segurança jurídica no novo Código de Processo Civil. In: RÊGO, Werson (coord.). *Segurança jurídica e protagonismo judicial*: desafios em tempos de incertezas estudos jurídicos em homenagem ao Ministro Carlos Mário da Silva Velloso. Rio de Janeiro: LMJ Mundo Jurídico, 2017.

GONÇALVES DA SILVA, Felipe Carvalho. Incidente de Resolução de Demandas Repetitivas, precedente e garantias fundamentais. In: DINAMARCO, Cândido Rangel; FUX, Luiz; MENDES, Aluisio Gonçalves de Castro; PINHO, Humberto Dalla Bernardina de. *Estudos de direito processual em homenagem a Paulo Cezar Pinheiro Carneiro*. Rio de Janeiro: LMJ Mundo Jurídico, 2019.

MARINONI, Luiz Guilherme. *Incidente de Resolução de Demandas Repetitivas*: decisão de questão idêntica x precedente. São Paulo: Revista dos Tribunais, 2016.

_______________. Julgamento nas cortes supremas: precedentes e decisão do recurso diante do novo CPC. 2ª ed. rev., atual. e ampl. São Paulo: Revista dos Tribunais, 2017.

_______________. *O STJ enquanto corte de precedentes*: recompreensão do sistema processual enquanto corte suprema. 3ª ed. rev. atual. e ampl. São Paulo: Revista dos Tribunais, 2017.

MENDES, Aluisio Gonçalves de Castro. *Incidente de Resolução de Demandas Repetitivas*: sistematização, análise, e interpretação do novo instituto processual. Rio de Janeiro: Forense, 2017.

_______________. Resgatando a genealogia Incidente de Resolução de Demandas Repetitivas (IRDR). In: DINAMARCO, Cândido Rangel; FUX, Luiz; MENDES, Aluisio Gonçalves de Castro; PINHO, Humberto Dalla Bernardina de. *Estudos de direito processual em Homenagem a Paulo Cezar Pinheiro Carneiro*. Rio de Janeiro: LMJ Mundo Jurídico, 2019.

_______________. Resolução coletiva de conflitos. In: MENDES, Aluisio Gonçalves de Castro; WAMBIER, Teresa Arruda Alvim. *O processo em perspectiva*: jornadas brasileiras de direito processual: homenagem a José Carlos Barbosa Moreira. São Paulo: Revista dos tribunais, 2013.

_______________. Breves considerações sobre o caráter vinculativo da jurisprudência e dos precedentes no artigo 927 do novo Código de Processo Civil. In: NUNES, Dierle; MENDES, Aluisio; JAYME, Fernando (coords.).*A nova aplicação da jurisprudência e precedentes no CPC/2015*. São Paulo: Revista dos Tribunais, 2017.

MITIDIERO, Daniel. *Precedentes*: da persuasão à vinculação. 2ª ed. São Paulo: Revista dos Tribunais, 2017.

NUNES, Dierle; PEDRON, Flávio Quinaud; HORTA, André Frederico de Sena. Art. 926 do CPC e suas propostas de fundamentação: um diálogo com concepções contrastantes. In: NUNES, Dierle; MENDES, Aluisio; JAYME, Fernando (coords.). *A nova aplicação da jurisprudência e precedentes no CPC/2015*. São Paulo: Revista dos Tribunais, 2017.

PEIXOTO, Ravi. *Superação do precedente e segurança jurídica*. 4ª ed. rev., ampl. e atual. Salvador: Juspodivm, 2019.

PINHO, Humberto Dalla Bernardina de. *Jurisdição e pacificação*: limites e possibilidades do uso dos meios consensuais de resolução de conflitos na tutela dos direitos transindividuais e pluri-individuais. Curitiba: CRV, 2017.

PORTO, José Roberto Sotero de Mello. *Teoria geral dos casos repetitivos*. Rio de Janeiro: LMJ Mundo Jurídico, 2018.

TARUFFO, Michele. Precedente e giurisprudenza. *Civilistica.com*. Rio de Janeiro, ano 3, n. 2, jul.-dez./2014. Acesso em: 2 de jul. 2019.

TARUFFO, Michele. Le funzioni delle corte supremi tra uniformità e giustizia. *Revista Eletrônica de Direito Processual*, ano 8, vol. 14, jul.-dez. 2014.

TEMER, Sofia. *Incidente de Resolução de Demandas Repetitivas*. 3ª ed. rev., ampl. e atual. Salvador: Juspodivm, 2018.

THEODORO JUNIOR, Humberto. Incidente de Resolução de Demandas Repetitivas: natureza e função. In: DINAMARCO, Cândido Rangel; FUX, Luiz; MENDES, Aluisio Gonçalves de Castro; PINHO, Humberto Dalla Bernardina de. *Estudos de direito processual em homenagem a Paulo Cezar Pinheiro Carneiro*. Rio de Janeiro: LMJ Mundo Jurídico, 2019.

WATANABE, Kazuo. Acesso à justiça e sociedade moderna. In: GRINOVER, Ada Pellegrini; DINAMARCO, Cândido Rangel; WATANABE, Kazuo. *Participação e processo*. São Paulo: Revista dos Tribunais, 1988.

6

INCIDENTE DE RESOLUÇÃO DE DEMANDAS REPETITIVAS E JUIZADOS ESPECIAIS CÍVEIS ESTADUAIS: UMA UNIÃO FELIZ?

Felippe Borring Rocha[1]

Sumário: 1 – Introdução. 2 – A instauração do IRDR no âmbito dos Juizados Especiais. 3 – A aplicação da tese jurídica fixada no IRDR no âmbito dos Juizados Especiais. 4 – Conclusões. 5 – Referências bibliográficas.

1. INTRODUÇÃO

Apesar de, desde 2009, representar mais da metade do número total de ações cíveis ajuizadas nos tribunais estaduais brasileiros,[2] os Juizados Especiais, previstos na Lei nº 9.099/1995, praticamente não foram mencionados no texto do Código de Processo Civil de 2015 (CPC). Para ser mais preciso, foram feitas apenas cinco citações (arts. 985, I, 1.062, 1.063, 1.064 e 1.065), além de uma referência aos Juizados Especiais Criminais (art. 1.066). Dentre as menções feitas, a única posta fora do livro das disposições finais e transitórias traz um inusitado comando para que a tese jurídica consagrada no incidente de resolução de demandas repetitivas (IRDR), regulado nos arts. 976 a 987 do CPC, sejam aplicadas também nos Juizados Especiais.[3] *In verbis*:

1. Doutor em Sociologia e Direito pela Universidade Federal Fluminense – UFF. Mestre em Direito pela Universidade Estácio de Sá – UNESA. Professor de Direito Processual Civil. Defensor Público do Estado do Rio de Janeiro. E-mail: fborring@gmail.com. Facebook: Professor Felippe Borring. Instagram: @felippe_borring. Twitter: @felippeborring.
2. SILVA, Jeovan Assis; FERREIRA, Guilherme Viana; PRATA, Ana Carolina Aires Cerqueira. Desempenho em juizados especiais no Brasil: uma análise do período 2009-2016. In: *Encontro de administração da justiça: anais EnAJUS*. Brasília, 2018, p. 3.
3. Como bem sublinhado por KOEHLER, Frederico Augusto Leopoldino. O incidente de resolução de demandas repetitivas e os juizados especiais. In: DIDIER JR., Fredie (coord.). *Coleção Grandes Temas do novo CPC*: precedentes. Salvador: Juspodivm, 2015, v. 3, p. 661, ao analisar o comando contido na parte final do art. 985, I, do CPC, *"não houve uma reflexão adequada sobre o tema, partindo-se diretamente – sem tempo de namoro ou noivado – para um casamento cujas consequências ainda são imprevisíveis, tendo em vista a falta de detalhamento do NCPC sobre o ponto em estudo, limitando-se a determinar a aplicação do IRDR no âmbito dos juizados especiais"*.

> Art. 985. Julgado o incidente, a tese jurídica será aplicada:
>
> I - a todos os processos individuais ou coletivos que versem sobre idêntica questão de direito e que tramitem na área de jurisdição do respectivo tribunal, inclusive àqueles que tramitem nos juizados especiais do respectivo Estado ou região;

Importante frisar que a referência aos Juizados Especiais não existia no dispositivo correspondente ao tema contido no anteprojeto de lei apresentado ao Senado pela Comissão de Juristas.[4] Ela somente foi incluída na fase final de tramitação do projeto aprovado pela Câmara dos Deputados.[5] Foi essa redação, com pequenas alterações, que foi aprovada em definitivo no Senado e, sancionada pela Presidente da República, se tornou o art. 985, I, do CPC.

Aparentemente, a referência aos Juizados Especiais foi incluída no art. 985, I, do CPC diante do receio do legislador que alguém pudesse sustentar, com base na chamada teoria do microssistema,[6] que as teses jurídicas fixadas no IRDR não poderiam ser aplicadas aos Juizados Especiais, pois estes órgãos não estariam sob a *"jurisdição do respectivo tribunal"*.[7] Na verdade, embora os Tribunais de Justiça não tenham ordinariamente competência para rever as decisões proferidas pelos Juizados Especiais, é evidente que estes órgãos estão sob a sua jurisdição. Isso porque os Juizados Especiais são varas especializadas, inseridas na primeira instância do Poder Judiciário. Tanto é verdade que o STJ sumulou o entendimento de que os conflitos de competência entre juizados e varas de uma mesma

---

4. Dizia o art. 903 do Anteprojeto que *"julgado o incidente, a tese jurídica será aplicada a todos os processos que versem idêntica questão de direito"*. Essa mesma redação foi mantida pelo Senado, quando da primeira passagem do texto pelo Senado (art. 938 do PLS nº 166/2010).

5. Na Câmara dos Deputados, o projeto do CPC recebeu um novo número (PLC nº 8.046/2010) e o art. 995 do texto aprovado dizia: *"Julgado o incidente, a tese jurídica será aplicada a todos os processos individuais ou coletivos que versem sobre idêntica questão de direito e que tramitem na área de jurisdição do respectivo tribunal, inclusive àqueles que tramitem nos juizados especiais do respectivo estado ou região"*. No Senado, o Senador Vital do Rego apresentou um destaque para retirar esse trecho do dispositivo, sustentando ser a aplicação da tese jurídica consagrada no IRDR uma violação à "autonomia" que a Constituição Federal atribuiu aos tribunais.

6. Embora não exista uniformidade em torna da nomenclatura, a chamada teoria do microssistema sintetiza a visão daqueles que entendem que os Juizados Especiais não estão inseridos no sistema judiciário comum, mas representam um sistema judiciário próprio e com elevado grau de autonomia, inclusive entre as diferentes unidades da federação. Neste sentido, veja-se NERY JR., Nelson; NERY, Rosa Maria de Andrade. *Código de Processo Civil comentado e legislação extravagante*. p. 1866-1867. Um exemplo prático dessa corrente de pensamento seria a postura de afirmar que as decisões proferidas pelos Juizados Especiais não estariam sujeitas a controle por outros órgãos judiciais, nem mesmo pelo STF (postura essa rechaçada pela edição da Súmula 640 do STF). Sobre o tema, veja-se ROCHA, Felippe Borring. *Manual dos juizados especiais cíveis estaduais*: teoria e prática. 10ª ed. São Paulo: Atlas, 2019, p. 19; TOURINHO NETO, Fernando da Costa, FIGUEIRA JÚNIOR, Joel Dias. *Juizados especiais estaduais cíveis e criminais*. 8ª ed. São Paulo: Saraiva, 2017, p. 87; CÂMARA, Alexandre Freitas. *Juizados especiais cíveis estaduais, federais e da Fazenda* **Pública**: uma abordagem crítica. 7ª ed. Rio de Janeiro: Lumen Juris, 2012. p. 3.

7. Exatamente por isso, parte da doutrina chega a afirmar que a regra contida no art. 985, I, do CPC seria inconstitucional. Nesse sentido vejam-se ABBOUD, Georges; CAVALCANTI, Marcos de Araújo. Inconstitucionalidades do incidente de resolução de demandas repetitivas e riscos ao sistema decisório. In: *Revista de Processo*. São Paulo, vol. 240, fev. 2015, p. 232, e SCARPINELLA BUENO, Cassio. *Manual de direito processual civil*. 3ª ed. São Paulo: Saraiva, 2017, vol. único, p. 590.

circunscrição devem ser dirimidos pelo respectivo tribunal (Súmula 428),[8] assim como o mandado de segurança discutindo a competência dos Juizados Especiais para processar determinada causa.[9]

Não obstante, qualquer que tenha sido o propósito do legislador, entendemos ser necessário analisar, por um lado, se a referência contida no art. 985, I, do CPC permitiria concluir que o IRDR pode ser instaurado no âmbito dos Juizados Especiais, como já vem sendo observado em algumas unidades da federação, e, de outro, de que forma ocorreria a aplicação da tese jurídica fixada no IRDR nos Juizados Especiais, em razão das peculiaridades deste modelo judicial.

2. A INSTAURAÇÃO DO IRDR NO ÂMBITO DOS JUIZADOS ESPECIAIS

De plano, importante reconhecer que parte dos estudiosos que defende a instauração do IRDR nos Juizados Especiais tem colocado em evidência algumas premissas fáticas, tais como o crescente número de causas que são ajuizadas, a taxa de congestionamento processual, a presença de diversas questões repetitivas, a existência de significativas divergências jurisprudenciais, dentre outras. Mesmo sabendo da importância e da veracidade de tais afirmações, na nossa avaliação a instauração de um incidente processual da envergadura do IRDR deve estar atrelada, em primeiro lugar, a uma análise eminentemente técnico-normativa. Em outras palavras, a definição acerca da possibilidade de instauração do IRDR no âmbito dos Juizados Especiais não deve ser feita a partir dos impactos positivos que a medida poderia produzir, mas, primordialmente, da verificação sobre a compatibilidade entre os institutos, por meio das regras que os regem.

Nesse sentido, perquirindo o texto do CPC, verifica-se que todas as referências relacionadas ao *locus* da instauração do IRDR são dirigidas ao "tribunal". Assim, por exemplo, o art. 977 do CPC diz que o *"pedido de instauração do incidente será dirigido ao presidente do tribunal"*. Da mesma forma, o art. 978 do CPC assinala que:

> Art. 978. O julgamento do incidente caberá ao órgão indicado pelo regimento interno dentre aqueles responsáveis pela uniformização de jurisprudência do tribunal.

---

8. Sobre o tema, veja-se ROCHA, Felippe Borring. *Manual dos juizados especiais cíveis estaduais*: teoria e prática. 10ª ed. São Paulo: Atlas, 2019, p. 12, e CHIMENTI, Ricardo Cunha. *Teoria e prática dos juizados especiais cíveis estaduais e federais*. 13ª ed. São Paulo: Saraiva, 2012, p. 32.

9. Nesse sentido, veja-se o seguinte julgado: "*Como exceção à regra geral que veda o manejo de mandado de segurança contra decisão judicial com trânsito em julgado (artigo 5º, inciso III, da Lei 12.016/2009 e Súmula 268/STF), sobressai a orientação jurisprudencial desta Corte, segundo a qual se admite a impetração do writ frente aos Tribunais de Justiça dos Estados, para o exercício do controle da competência dos Juizados Especiais, ainda que não mais caiba recurso em face do provimento jurisdicional a ser anulado sob pena de se inviabilizar ou, ao menos, limitar, esse controle, que, nos processos não submetidos ao Juizado Especial, se faz possível por intermédio da ação rescisória*" (STJ – 3ª Turma – RMS 30.170/SC – Rel. Min. Fatima Nancy Andrighi, j. em 05/10/2010).

Parágrafo único. O órgão colegiado incumbido de julgar o incidente e de fixar a tese jurídica julgará igualmente o recurso, a remessa necessária ou o processo de competência originária de onde se originou o incidente.

Além disso, o art. 980 do CPC afirma que a admissibilidade do IRDR será apreciada pelo *"órgão colegiado competente para julgar o incidente"*, o art. 982 do CPC assinala que o relator *"suspenderá os processos pendentes, individuais ou coletivos, que tramitam no Estado ou na região"*, o art. 985 do CPC determina a aplicação da tese jurídica fixada no IRDR *"aos casos futuros que versem idêntica questão de direito e que venham a tramitar no território de competência do tribunal"* e o art. 986 do CPC estabelece que a *"revisão da tese jurídica firmada no incidente far-se-á pelo mesmo tribunal"*.

Nem poderia ser diferente, pois, conforme assinala Luiz Henrique Volpe Camargo,[10] o IRDR foi originalmente concebido para ser julgado por tribunais de 2º grau. Com efeito, essa diretriz estava estampada no texto do § 1º do art. 988 da versão do projeto do novo código aprovada na Câmara dos Deputados (PLC nº 8.046/2010).[11] Esse dispositivo, no entanto, foi suprimido na última etapa da tramitação legislativa, no Senado. Ainda assim, diz Camargo que:

> *(...) a competência dos tribunais de 2° grau pode ser, de forma indireta, claramente identificada a partir dos dispositivos que se referem ao âmbito original de suspensão dos processos, que é o Estado ou a Região (CPC, inciso I do art. 982), assim como ao âmbito de vinculação do padrão-decisório inicial definido no IRDR, que em princípio também é o estado ou a região (CPC, inciso I, do art. 985). Acresça-se, ainda, que o art. 985 se refere ao cabimento de recurso de estrito direito (recurso especial e/ou extraordinário) contra acórdão que julgar o IRDR, dispositivos que interpretados à luz dos arts. 102, inc. III, e 105, inc. III, da Constituição Federal indicam que tal julgamento é realizado por tribunal de 2º grau.*

Corroborando essa visão, cabe destacar o seguinte trecho da decisão do Presidente do Supremo Tribunal Federal (STF), Ministro Dias Toffoli, que no dia 14 de outubro de 2019 rejeitou liminarmente o pedido de instauração de um IRDR naquela Corte (Pet 8.245/AM):

> *Esse importante incidente de realização da isonomia processual e formação de pauta de conduta é da competência originária do tribunal estadual ou federal a que o juiz da causa estiver vinculado.*

No mesmo sentido, a questão foi enfrentada no âmbito da decisão proferida no dia 26 de setembro de 2017 pelo ministro Paulo de Tarso Sanseverino, Presidente da Comissão Gestora de Precedentes do STJ, nos autos do pedido de

---

10. CAMARGO, Luiz Henrique Volpe. *A centralização de processo como etapa necessária do incidente de resolução de demandas repetitivas*. Tese (Doutorado em Direito) – Faculdade de Direito, Pontifícia Universidade Católica de São Paulo, 2017. p. 123. Perfilando esse entendimento, veja-se o Enunciado 343 do Fórum Permanente de Processualistas Civis (FPPC): *"O incidente de resolução de demandas repetitivas compete a tribunal de justiça ou tribunal regional"*.

11. Dizia o § 1º do art. 988 do PLC nº 8.046/2010: *"O incidente pode ser suscitado perante Tribunal de Justiça ou Tribunal Regional Federal"*.

suspensão de processos e recursos (SIRDR 9/SC), referente ao IRDR 5033207-91.2016.4.04.0000/SC, admitido pela Corte Especial do Tribunal Regional Federal da 4ª Região.[12] Analisando os desdobramentos do SIRDR 9/SC, aduziram Marco Aurélio Peixoto e Rodrigo Becker[13] que:

> *considerando que a legislação processual fixou a competência dos Tribunais de Justiça e dos Tribunais Regionais Federais para julgamento de IRDR, restou vedada a possibilidade de instauração do incidente junto às Turmas ou Colégios Recursais dos Juizados. Dessa forma, não cabendo a sua instauração nesses órgãos, que são competentes para uniformizar entendimentos no âmbito dos juizados, mas sendo obrigatória a adoção das teses também pelos referidos órgãos jurisdicionais, restou subentendido que os juizados deveriam se curvar às teses que eventualmente vierem a ser consolidar nos TJ´s ou TRF´s respectivos.*

Por outro lado, ainda que o tribunal formalizasse alguma modalidade de delegação da competência para o Juizados Especiais instaurarem e julgarem o IRDR, com previsão no seu regimento interno, ainda assim existiriam diferentes obstáculos a serem enfrentados. Por exemplo, o art. 987 do CPC afirma que do *"julgamento do mérito do incidente caberá recurso extraordinário ou especial"*. Ocorre que o entendimento pacificado é que não cabe recurso especial das decisões proferidas pelos Juizados Especiais (Súmula 203 do STJ).[14] Com isso, seria preciso ou abrir uma exceção à Súmula 203 do STJ, para permitir o cabimento do recurso especial apenas no julgamento do IRDR, ou criar uma exceção no art. 987 do CPC, para sustentar que o IRDR nos Juizados Especiais estaria sujeito a controle apenas do STF. Em ambos os casos haveria grave quebra da isonomia.

É preciso sublinhar também que embora exerçam algumas atribuições típicas de tribunais, as Turmas Recursais dos Juizados Especiais não podem ser a eles equiparados.[15] De fato, a divisão do Poder Judiciário em instâncias segue um padrão administrativo, sendo a primeira instância formada por juízes de direito e a segunda, por tribunais (art. 92 da CF). Assim, como são formadas na sua totalidade por juízes de direito (art. 41, § 1º), as Turmas Recursais são órgãos judiciais de primeira instância (varas cíveis especializadas), embora tenham a atribuição de realizar o segundo grau de jurisdição (revisão da decisão proferida sobre a

---

12. Nesse julgado, ficou assentado que como *"o IRDR n. 5033207-91.2016.4.04.0000/SC, incidente ensejador do presente pedido, foi admitido a partir de processo em trâmite no juizado especial federal, a União pontua a posição da Corte Especial do TRF da 4ª Região, que, ao se debruçar preliminarmente sobre essa prejudicial processual, entendeu cabível o seu processamento"*.

13. PEIXOTO, Marco Aurélio; BECKER, Rodrigo. IRDR originado de processo em curso no âmbito dos juizados especiais: polêmica reacendida no STJ. *Jota* de 13 de setembro de 2018. Disponível em: https://www.jota.info/opiniao-e-analise/colunas/coluna-cpc-nos-tribunais/irdr-originado-de-processo-em--curso-no-ambito-dos-juizados-especiais-13092018. Acessado em 15 de agosto de 2019.

14. Súmula 203 do STJ: *"Não cabe recurso especial contra decisão proferida por órgão de segundo grau dos Juizados Especiais"*.

15. Nesse sentido, veja-se ROCHA, Felippe Borring. *Manual dos juizados especiais cíveis estaduais: teoria e prática.* 10ª ed. São Paulo: Atlas, 2019, p. 22.

causa).[16] Ademais, se a Turma Recursal fosse um tribunal, a Lei nº 9.099/1995 seria formalmente inconstitucional, por vício de iniciativa, uma vez que o art. 96, II, *c*, da CF atribui privativamente ao STF e aos Tribunais Superiores a iniciativa de projeto de lei para a criação de tribunais inferiores. No caso, o projeto de lei que deu origem à Lei nº 9.099/1995 foi encaminhado ao Congresso Nacional pelo Poder Executivo.[17]

Nesse passo, importante frisar que o fato de o texto legal definir que a competência para instauração do IRDR pertence a um órgão colegiado do tribunal, por si só, não se configura num obstáculo hermenêutico intransponível para a utilização do incidente nos Juizados Especiais. Apenas para ilustrar essa afirmação, em nossos estudos defendemos o cabimento do recurso de agravo de instrumento nos Juizados Especiais, muito embora o art. 1.016 do CPC afirme que a competência para o seu julgamento seja do "tribunal".[18] Neste caso, no entanto, a lógica que permitiu a transposição da regra se baseia na constatação de que a revisão das decisões interlocutórias proferidas em primeiro grau já era uma atribuição das Turmas Recursais, por meio do efeito devolutivo amplo do recurso inominado (art. 41 da Lei nº 9.099/1995). Em outras palavras, no que tange às decisões interlocutórias, a própria Lei nº 9.099/1995 já trata a Turma Recursal como um "tribunal revisor".

No caso em análise, no entanto, é preciso reconhecer que a Turma Recursal dos Juizados Especiais não tem atribuição de uniformização da jurisprudência. Sua função é, tão somente, julgar os recursos das decisões proferidas em primeiro grau de jurisdição e os recursos das suas próprias decisões. De modo que as Turmas Recursais não têm condições normativas para processar e julgar incidentes como o IRDR. Exatamente por isso, nos Estados onde o IRDR tem sido aplicado, os tribunais criaram órgãos colegiados dentro da estrutura dos Juizados Especiais Estaduais, aos moldes das Turmas de Uniformização dos Juizados da Fazenda Pública (art. 18 da Lei nº 12.153/2009).[19] São essas Turmas de Uniformização que têm recebido os IRDR referentes às causas em tramitação perante os Juizados Especiais Estaduais.[20]

---

16. Esse é, por sinal, a base argumentativa que serviu para a edição da citada Súmula 203 do STJ.

17. Nesse mesmo sentido, veja-se SALOMÃO, Luis Felipe. *Roteiro dos juizados especiais cíveis*. Rio de Janeiro: Destaque, 1997, p. 29.

18. Nesse sentido, veja-se ROCHA, Felippe Borring. *Manual dos juizados especiais cíveis estaduais*: teoria e prática. 10ª ed. São Paulo: Atlas, 2019, p. 269; TOURINHO NETO, Fernando da Costa; FIGUEIRA JÚNIOR, Joel Dias. *Juizados especiais estaduais cíveis e criminais*. 8ª ed. São Paulo: Saraiva, 2017, p. 356; e REDONDO, Bruno Garcia; CÂMARA, Alexandre Freitas. Da possibilidade de impugnação imediata de decisão interlocutória em juizado estadual: críticas ao posicionamento adotado no RE 576.847/BA. *Revista de Processo*, São Paulo, vol. 176, 2009, p. 130.

19. Foi isso que ocorreu nos tribunais de Minas Gerais e do Espírito Santo, por exemplo.

20. Nesse sentido, o Enunciado 44 do Encontro Nacional de Formação e Aperfeiçoamento de Magistrados (ENFAM) afirma que *"admite-se o IRDR nos juizados especiais, que deverá ser julgado por órgão colegiado de uniformização do próprio sistema"*.

Note-se que, ao contrário dos Juizados Especiais da Fazenda Pública, os Juizados Especiais Estaduais não têm na Lei nº 9.099/1995 previsão expressa de criação de turmas de uniformização. De modo que a criação das turmas de uniformização no âmbito dos Juizados Especiais Estaduais tem sido feita com base numa interpretação analógica e sistemática, sob o fundamento de que ambos os modelos de Juizados fazem parte de um mesmo sistema (art. 1º, parágrafo único, da Lei nº 12.153/2009).[21]

Ocorre que tais turmas, na nossa opinião, para poderem assumir funções de uniformização dos entendimentos nos Juizados Especiais Estaduais, deveriam ser criadas através de lei estadual, de iniciativa do Tribunal de Justiça.[22]No caso do Estado do Rio de Janeiro, por exemplo, essa posição está estampada na Constituição Estadual, que em seu art. 74, X, diz que compete ao Estado, concorrentemente com a União, legislar sobre a *"criação, funcionamento e processo do juizado de pequenas causas"*. Mesmo assim, no Estado do Rio de Janeiro, as Turmas de Uniformização dos Juizados Especiais Estaduais foram criadas por meio de uma resolução do Conselho da Magistratura (Resolução nº 14/2012).

Essa situação também pode ser encontrada no Tribunal de Justiça de Minas Gerais, onde as Turmas de Uniformização dos Juizados Especiais foram inseridas no regimento interno do tribunal através da Emenda Regimental nº 6/2016. No Estado do Espírito Santo, embora as Turmas de Uniformização tenham sido criadas por resolução do tribunal (Resolução nº 23/2016),[23] logo em seguida a Lei Complementar Estadual nº 900/2018 as inseriu no Código de Organização Judiciária capixaba.

Por outro lado, é inegável reconhecer que existe nos trechos destacados do CPC um componente claro de hierarquia judiciária, que é fundamental para o funcionamento do IRDR. Com efeito, a lógica presente nas regras que regem o IRDR pressupõe que a sua instauração e julgamento seja feita num órgão de sobreposição, cujas determinações possam produzir efeitos aos órgãos a ele subordinados. No caso de se admitir a instauração do IRDR nas Turmas de Uniformização dos Juizados Especiais, seria preciso lidar com a limitação hierárquica desse órgão. Por certo, a tese jurídica fixada nesta circunstância somente teria efeito vinculativo em relação aos próprios componentes dos

---

21. Art. 1º da Lei nº 12.153/2009: *"Os Juizados Especiais da Fazenda Pública, órgãos da justiça comum e integrantes do Sistema dos Juizados Especiais, serão criados pela União, no Distrito Federal e nos Territórios, e pelos Estados, para conciliação, processo, julgamento e execução, nas causas de sua competência"*. Parágrafo único: *"O sistema dos Juizados Especiais dos Estados e do Distrito Federal é formado pelos Juizados Especiais Cíveis, Juizados Especiais Criminais e Juizados Especiais da Fazenda Pública"*.

22. Exatamente por isso, parte da doutrina que defende a aplicação do IRDR nos Juizados Especiais dependeria de uma alteração no texto do CPC. Nesse sentido veja-se ABBOUD, Georges; CAVALCANTI, Marcos de Araújo. Inconstitucionalidades do incidente de resolução de demandas repetitivas e riscos ao sistema decisório. *Revista de Processo*, São Paulo, vol. 240, fev. 2015, p. 231.

23. Atualmente, a questão é regulada pela Resolução nº 31/2018.

Juizados Especiais. Em outras palavras, o IRDR seria aplicável apenas aos Juizados Especiais e não às varas e aos órgãos do tribunal onde eles se situam. Seria uma espécie de "mini-incidente". Esta situação poderia ser considerada atentatória ao comando de uniformização da jurisprudência (art. 926 do CPC), na medida em que na Justiça Estadual estes órgãos têm competência concorrente com as varas.

No Estado de São Paulo, o caminho escolhido para lidar com esse tema foi inserir o próprio Tribunal de Justiça na equação, permitindo a sua intervenção no caso de decisões divergentes entre as Turma de Uniformização e a jurisprudência daquela Corte.[24] O problema é que o Tribunal de Justiça não tem funções revisoras das decisões proferidas pelos Juizados Especiais. Ademais, se a ideia é que a palavra do tribunal prevaleça sobre o IRDR instaurado nos Juizados Especiais, melhor deixar que ele julgue logo o incidente.

Ocorre que existe ainda um outro aspecto relevante a ser considerado. De fato, por expressa disposição constitucional os Juizados Especiais foram criados para processar e julgar *"causas cíveis de menor complexidade"* (art. 98). *In verbis*:

> Art. 98. A União, no Distrito Federal e nos Territórios, e os Estados criarão:
>
> I - juizados especiais, providos por juízes togados, ou togados e leigos, competentes para a conciliação, o julgamento e a execução de causas cíveis de menor complexidade e infrações penais de menor potencial ofensivo, mediante os procedimentos oral e sumariíssimo, permitidos, nas hipóteses previstas em lei, a transação e o julgamento de recursos por turmas de juízes de primeiro grau;

Não por outro motivo, parcela da doutrina afirma que nem mesmo os incidentes processuais endoprocessuais devem ser admitidos nos Juizados Especiais, na medida em que a sua apresentação pode trazer complexidade à causa, implicando numa violação do art. 98 da Constituição Federal.[25] Da mesma forma, é inegável reconhecer que as características dos Juizados Especiais também não se coadunam com a complexidade do IRDR e seus desdobramentos procedimentais.[26]

---

24. Nesse sentido, diz o art. 190, § 6º, do Regimento Interno do Tribunal de Justiça de São Paulo, com a redação dada pelo Assento Regimental nº 552/2016: *"Em caso de divergência entre súmulas ou enunciados da Turma de Uniformização dos Juizados Especiais e súmulas, enunciados ou jurisprudência dominante das Seções do Tribunal de Justiça, o Órgão Especial deliberará sobre ela, dirimindo a controvérsia após ser provocado pelo Presidente do Tribunal de Justiça, pelo Presidente da Turma de Uniformização ou por qualquer dos Presidentes de Seção"*.

25. Nesse sentido, veja-se GONÇALVES, Marcus Vinicius Rios. *Curso de direito processual civil esquematizado.* 6ª ed. São Paulo: Saraiva, 2016, p. 661, e BOLLMANN, Vilian. Os embargos de declaração nos Juizados Especiais e novo CPC. Disponível em: <http://www.conjur.com.br/2015-jun-21/vilian-bollmann-embargos-declaracao-juizados- especiais-luz-cpc>. Acessado em 13 de agosto de 2019.

26. Nesse sentido, veja-se GAIO JÚNIOR, Antonio Pereira. Breves notas sobre aplicabilidade do IRDR nos juizados especiais. *Revista Consultor Jurídico* de 26 de fevereiro de 2017. Disponível em: https://www.conjur.com.br/2017-fev-26/breves-notas-aplicabilidade-irdr-juizados-especiais. Acessado em 15 de agosto de 2019.

Por tais motivos, reiteramos nossa posição de que o IRDR não pode ser instaurado no âmbito dos Juizados Especiais.[27] Corroborando essa linha de pensamento, encontra-se em fase final de tramitação no Congresso Nacional um projeto de lei (PLC nº 7.483/2017), voltado para incluir um novo artigo na Lei nº 9.099/1995, estabelecendo que o IRDR seja instaurado nos tribunais, ainda que a questão repetitiva tenha origem de processos e recursos oriundos dos Juizados Especiais. *In verbis*:

> *Art. 3º. A Lei nº 9.099, de 26 de setembro de 1995, passa a vigorar acrescida do seguinte art. 4º-A:*
>
> *'Art. 4º-A. Aplicam-se, a demandas e processos no âmbito dos juizados especiais cíveis, as normas relativas a conexão e continência de ações e ao incidente de resolução de demandas repetitivas previstas na Lei nº 13.105, de 16 de março de 2015 – Código de Processo Civil, ressalvado o disposto no art. 18 desta Lei.*
>
> *Parágrafo único. O pedido de instauração de incidente de resolução de demandas repetitivas formulado em razão de demanda proposta perante juizado especial cível também será dirigido ao presidente de tribunal e apreciado e resolvido nos termos das regras previstas no art. 976 e seguintes da Lei nº 13.105, de 16 de março de 2015 – Código de Processo Civil.*

Embora possa parecer contraditório que um incidente instaurado no Tribunal, que não tem competência recursal sobre os Juizados Especiais, possa produzir teses a serem aplicadas neles, é preciso compreender que esses mecanismos visam conferir coesão e coerência ao sistema jurisprudencial (art. 926 do CPC). Além disso, não há propriamente um julgamento da causa fora do Sistema dos Juizados Especiais,[28] mas a aplicação de um padrão decisório vinculativo (art. 927 do CPC) pelos juízes e Turmas Recursais.[29] Isso é muito importante, pois reforça a ideia de que os Juizados Especiais integram a estrutura do Poder Judiciário e suas decisões devem estar em sintonia com as posições consagradas pelo seu tribunal, sob pena de vulneração ao princípio constitucional da isonomia.[30]

---

27. ROCHA, Felippe Borring. *Manual dos juizados especiais cíveis estaduais*: teoria e prática. 10ª ed. São Paulo: Atlas, 2019, p. 292.

28. Por certo, ainda que o IRDR tenha por base um processo ou recurso oriundo dos Juizados Especiais, inaplicável a regra contida no parágrafo único do art. 978 do CPC. Diz este dispositivo que o *"órgão colegiado incumbido de julgar o incidente e de fixar a tese jurídica julgará igualmente o recurso, a remessa necessária ou o processo de competência originária de onde se originou o incidente"*. Os feitos em tramitação nos Juizados Especiais não poderão ser afetados para embasar a instauração do IRDR no Tribunal de Justiça e a aplicação da tese jurídica fixada estará a cargo, sempre, dos magistrados em atuação nos Juizados Especiais.

29. Nesse sentido, veja-se DIDIER JR., Fredie; CUNHA, Leonardo Carneiro da. *Curso de direito processual civil*. 13ª ed. Salvador: Juspodivm, v. 3, 2016, p. 643, e GAIO JÚNIOR, Antonio Pereira. Breves notas sobre aplicabilidade do IRDR nos juizados especiais. *Revista Consultor Jurídico* de 26 de fevereiro de 2017. Disponível em: https://www.conjur.com.br/2017-fev-26/breves-notas-aplicabilidade-irdr-juizados-especiais. Acessado em 15 de agosto de 2019.

30. No mesmo sentido, veja-se ANDRADE, Ana Karenina Silva Ramalho. O IRDR e o juizado especial: são conciliáveis? In: WAMBIER, Luiz Rodrigues (coord.). *Código de Processo Civil no STF e no STJ*: estudos sobre os

3. A APLICAÇÃO DA TESE JURÍDICA FIXADA NO IRDR NO ÂMBITO DOS JUIZADOS ESPECIAIS

Como visto, o art. 985, I, do CPC prevê que a tese jurídica fixada no IRDR é aplicável aos Juizados Especiais. O problema é que, ao fazer esta referência de forma isolada no texto do CPC, ainda que involuntariamente, o legislador abriu caminho para que o intérprete, através da técnica hermenêutica conhecida como silêncio eloquente, pudesse concluir que apenas este padrão decisório dotado de eficácia vinculativa seria aplicável aos Juizados Especiais.

Na verdade, entendemos que o dispositivo contido no art. 985, I, do CPC deve ser lido à luz do art. 927 do mesmo diploma, que apregoa que os juízes e os tribunais devem observar não apenas as teses fixadas no IRDR, mas também aquelas estabelecidas no incidente de assunção de competência e no julgamento de recursos excepcionais repetitivos, além das decisões do STF em controle concentrado de constitucionalidade, das súmulas vinculantes, das súmulas do STF e do STJ e a orientação do plenário ou do órgão especial aos quais estiverem vinculados. Nesse sentido, o comando expresso no art. 985, I, do CPC deve ser interpretado como uma regra de reforço do sistema jurisprudencial e não de limitação. Mesmo porque o raciocínio contrário permitiria a criação de um nicho dentro do Poder Judiciário capaz de ficar alheio e imune aos padrões decisórios dotados de eficácia vinculativa.

Nesse caso, em nossa opinião, melhor seria se o legislador tivesse feito uma remição genérica, nas disposições finais do CPC, determinando a observância pelos Juizados Especiais dos padrões decisórios dotados de eficácia vinculativa previstos no art. 927 do CPC. Com isso, evitaria a discussão sobre a incidência nos Juizados Especiais de outros padrões decisórios, especialmente aqueles formados por tribunais que não têm sobre eles competência recursal, como os tribunais estaduais e o STJ.

Pois bem. Conforme dito no item anterior, sustentamos que o IRDR deve ser sempre instaurado no órgão colegiado competente do Tribunal de Justiça e não na Turma Recursal ou na Turma de Uniformização dos Juizados Especiais. Os processos e recursos em tramitação nos Juizados Especiais, no entanto, não poderão ser afetados para julgamento pelo IRDR (art. 978, parágrafo único, do CPC), na medida em que o Tribunal de Justiça não tem competência sobre os feitos oriundos dos Juizados Especiais. Portanto, os feitos oriundos dos Juizados Especiais que tratarem da mesma controvérsia submetida ao IRDR serão apenas a sua tramitação suspensa, sem modificação da competência.[31]

---

impactos e interpretações. Salvador: Juspodivm, 2018, p. 63.

31. Nesse sentido, veja-se GAIO JÚNIOR, Antonio Pereira. Breves notas sobre aplicabilidade do IRDR nos juizados especiais. *Revista Consultor Jurídico* de 26 de fevereiro de 2017. Disponível em: https://www.conjur.com.br/2017-fev-26/breves-notas-aplicabilidade-irdr-juizados-especiais. Acessado em 15 de agosto de 2019, e o Enunciado 93 do FPPC: *"Admitido o incidente de resolução de demandas repetitivas,*

Nesse passo, importante registrar que, na nossa percepção, uma vez admitido o pedido de instauração do IRDR e determinada a suspensão dos recursos e processos pelo relator no Tribunal de Justiça, a Turma Recursal deverá apreciar a impugnação apresentada por quem se sentir prejudicado pela paralisação do seu feito em curso nos Juizados Especiais. Assim, se a suspensão for determinada pelo juiz do Juizado Especiais, caberá agravo de instrumento para a Turma Recursal; se a suspensão for determinada pelo relator, no âmbito do Conselho Recursal, será a Turma Recursal correspondente que julgará o agravo interno interposto desta decisão.

Importante frisar que a mencionada suspensão deve ser vista como um efeito automático da admissão do IRDR ou da solicitação feita nesse sentido (art. 982, § 3º, do CPC) e que apenas os processos e recursos que forem formalmente suspensos é que ficarão submetidos à tese jurídica fixada no julgamento do IRDR. Portanto, o requisito para a aplicação da tese jurídica em um determinado feito, nos moldes do que prevê o art. 985, I, do CPC, é que ele tenha sido suspenso, atendendo à determinação do relator do IRDR no Tribunal.

Além disso, é preciso considerar que o art. 9º da Lei nº 9.099/1995 permite que as partes nos Juizados Especiais exerçam sua capacidade postulatória direta, ainda que não tenham formação jurídica. Nesses casos, se a parte estiver atuando sem advogado e seu processo ou recurso for afetado para julgamento pelo IRDR, ou mesmo suspenso para aguardar o julgamento do IRDR, entendemos que ela deve ser orientada a constituir advogado ou, não tendo condições para tanto, procurar a assistência jurídica gratuita vinculada ao órgão onde o feito tramita. Esse comando se baseia na própria lógica da Lei nº 9.099/1995, que prevê no art. 56 a instauração de órgãos junto aos juizados Especiais para prestar a assistência jurídica[32] e no art. 9º, § 2º, que determina ao juiz que recomende a assistência jurídica se a causa apresentar algum nível de complexidade.[33]

Por fim, o processo ou recurso tramitando nos Juizados Especiais, que for suspenso pela determinação do relator do IRDR, ficará vinculado à tese jurídica sufragada pelo Tribunal. Assim, caso o julgador não aplique adequadamente a tese jurídica, será cabível a utilização da reclamação jurisprudencial prevista no art. 988, IV, do CPC, dirigida para o órgão que julgou o incidente (art. 988, § 3º,

---

também devem ficar suspensos os processos que versem sobre a mesma questão objeto do incidente e que tramitem perante os juizados especiais no mesmo estado ou região".

32. Eis o texto do art. 56 da Lei nº 9.099/1995: *"Art. 56. Instituído o Juizado Especial, serão implantadas as curadorias necessárias e o serviço de assistência judiciária".*

33. Eis o texto do art. 9º da Lei nº 9.099/1995: *"Art. 9º Nas causas de valor até vinte salários mínimos, as partes comparecerão pessoalmente, podendo ser assistidas por advogado; nas de valor superior, a assistência é obrigatória. § 1º Sendo facultativa a assistência, se uma das partes comparecer assistida por advogado, ou se o réu for pessoa jurídica ou firma individual, terá a outra parte, se quiser, assistência judiciária prestada por órgão instituído junto ao Juizado Especial, na forma da lei local. § 2º O Juiz alertará as partes da conveniência do patrocínio por advogado, quando a causa o recomendar".*

do CPC).[34] De fato, não haveria razão para prever a aplicação do julgamento do IRDR nos Juizados Especiais, se essa aplicação não tivesse a força vinculativa capaz de ensejar o cabimento da reclamação.[35] Nesse particular, importante lembrar que, se uma Turma Recursal proferir um julgamento contrário ao entendimento sufragada numa súmula vinculante, a reclamação jurisprudencial dirigida para o STF deverá observar as regras previstas nos art. 103-A, § 3º, da CF e art. 7º da Lei 11.417/2006. Em qualquer caso, a reclamação jurisprudencial deverá ser feita por meio de advogado, independentemente do valor da causa, em razão da sua complexidade. Além disso, sua tramitação ocorrerá fora do Sistema dos Juizados Especiais.

4. CONCLUSÕES

Como foi visto ao longo do texto, sustentamos que:

a) A definição acerca da possibilidade de instauração do IRDR no âmbito dos Juizados Especiais não deve ser feita a partir dos impactos positivos que a medida poderia produzir, mas, primordialmente, da verificação sobre a compatibilidade entre os institutos, por meio das regras que os regem;

b) O CPC deixa assentado em seu texto que a instauração do IRDR deve ser feita no tribunal (arts. 977, 978, 980, 982, 985, 987 e 986 do CPC);

c) A atribuição para julgamento do IRDR no Tribunal de Justiça tem fundamento hierárquico;

d) Os Juizados Especiais foram criados para processar e julgar *"causas cíveis de menor complexidade"* (art. 98 da CF);

e) As características dos Juizados Especiais não se coadunam com a complexidade da instauração do IRDR e seus desdobramentos procedimentais;

f) O processamento do IRDR depende do cabimento do recurso especial (art. 987 do CPC), o que não é admitido nos Juizados Especiais (Súmula 203 do STJ);

g) As Turmas Recursais dos Juizados Especiais não são tribunais e não tem atribuição de uniformização da jurisprudência;

---

34. GAIO JÚNIOR, Antonio Pereira. Breves notas sobre aplicabilidade do IRDR nos juizados especiais. *Revista Consultor Jurídico* de 26 de fevereiro de 2017. Disponível em: https://www.conjur.com.br/2017-fev-26/breves-notas-aplicabilidade-irdr-juizados-especiais. Acessado em 15 de agosto de 2019.

35. CHINI, Alexandre; ROCHA, Felippe Borring. A competência para julgamento da reclamação em face das decisões proferidas pelas turmas recursais dos juizados especiais cíveis. *Revista Luso-Brasileira de Direito do Consumidor*, v. 7, nº 28, Curitiba: Bonijuris, dez. 2017, p. 172.

h) Nem mesmo as Turmas de Uniformização, criadas por aplicação sistemática dos arts. 1º, parágrafo único, e 18 da Lei nº 12.153/2009 (Lei dos Juizados Especiais da Fazenda Pública) podem instaurar e julgar o IRDR;

i) As Turmas de Uniformização dos Juizados Especiais Estaduais, que têm recebido os IRDR, somente poderiam ter sido criadas por lei estadual, de iniciativa dos Tribunais de Justiça, e não por meio de resoluções ou atos análogos;

j) A tese jurídica produzida por um IRDR instaurado nos Juizados Especiais seria aplicável apenas aos Juizados Especiais, comprometendo a uniformidade da jurisprudência e a segurança jurídica dentro de um mesmo segmento judiciário;

k) A tese jurídica produzida por um IRDR instaurado nos Juizados Especiais acabaria ficando submetida a algum tipo de controle pelo Tribunal de Justiça, caso houvesse dissídio entre eles;

l) O IRDR não pode ser instaurado no âmbito dos Juizados Especiais, sejam nas Turmas Recursais ou nas Turmas de Uniformização;

m) Os Juizados Especiais integram a estrutura do Poder Judiciário e suas decisões devem estar em sintonia com as posições consagradas pelo seu Tribunal de Justiça, sob pena de vulneração do princípio constitucional da isonomia;

n) O dispositivo contido no art. 985, I, do CPC, deve ser lido à luz do art. 927 do mesmo diploma, que apregoa que os juízes e os tribunais devem observar não apenas as teses fixadas no IRDR, mas também aquelas estabelecidas no incidente de assunção de competência e no julgamento de recursos excepcionais repetitivos, além das decisões do STF em controle concentrado de constitucionalidade, das súmulas vinculantes, das súmulas do STF e do STJ e a orientação do plenário ou do órgão especial aos quais estiverem vinculados;

o) Melhor seria se o legislador tivesse feito uma remição genérica, nas disposições finais do CPC, determinando a observância pelos Juizados Especiais dos padrões decisórios dotados de eficácia vinculativa previstos no art. 927 do CPC;

p) o requisito para a aplicação da tese jurídica fixada no IRDR em um determinado feito, nos moldes do que prevê o art. 985, I, do CPC, é que ele tenha sido suspenso, atendendo à determinação do relator do IRDR no Tribunal.

q) o processo ou recurso tramitando nos Juizados Especiais, que for suspenso pela determinação do relator do IRDR, ficará vinculado à tese jurídica sufragada pelo Tribunal;

r) Uma vez admitido o pedido de instauração do IRDR e determinada a suspensão dos recursos e processos pelo relator no Tribunal, a Turma Recursal deverá apreciar a impugnação apresentada por quem se sentir prejudicado pela paralisação do seu feito;

s) Se a parte estiver atuando sem advogado e seu processo ou recurso for afetado para julgamento pelo IRDR, ou mesmo suspenso para aguardar o julgamento do IRDR, ela deve ser orientada a constituir advogado ou, não tendo condições para tanto, procurar a assistência jurídica gratuita (arts. 9º, § 2º, e 56 da Lei nº 9.099/1995);

t) Caso o julgador não aplique adequadamente a tese jurídica, será cabível a utilização da reclamação jurisprudencial (art. 988, IV, do CPC, art. 103-A, § 3º, da CF e art. 7º da Lei 11.417/2006), dirigida para o órgão que julgou o incidente (art. 988, § 3º, do CPC);

u) A reclamação jurisprudencial deverá ser feita sempre por meio de advogado.

5. REFERÊNCIAS BIBLIOGRÁFICAS

ABBOUD, Georges; CAVALCANTI, Marcos de Araújo. Inconstitucionalidades do incidente de resolução de demandas repetitivas e riscos ao sistema decisório. *Revista de Processo*, São Paulo, vol. 240, p. 221-242, fev. 2015.

ANDRADE, Ana Karenina Silva Ramalho. O IRDR e o juizado especial: são conciliáveis? In: WAMBIER, Luiz Rodrigues (coord.). *Código de Processo Civil no STF e no STJ*: estudos sobre os impactos e interpretações. Salvador: Juspodivm, 2018.

BOLLMANN, Vilian. Os embargos de declaração nos Juizados Especiais e novo CPC. *Revista Consultor Jurídico* de 21 de junho de 2015. Disponível em: <http://www.conjur.com.br/2015-jun-21/vilian-bollmann-embargos-declaracao-juizados- especiais-luz-cpc>. Acessado em 13 de agosto de 2019.

BOLLMANN, Vilian. Os embargos de declaração nos Juizados Especiais e novo CPC. Disponível em: <http://www.conjur.com.br/2015-jun-21/vilian-bollmann-embargos-declaracao-juizados-especiais-luz-cpc>. Acessado em 13 de agosto de 2019.

CÂMARA, Alexandre Freitas. *Juizados especiais cíveis estaduais, federais e da fazenda pública:* uma abordagem crítica. 7ª ed. Rio de Janeiro: Lumen Juris, 2012.

CAMARGO, Luiz Henrique Volpe. *A centralização de processo como etapa necessária do incidente de resolução de demandas repetitivas.* Tese (Doutorado em Direito) – Faculdade de Direito, Pontifícia Universidade Católica de São Paulo, 2017.

CHIMENTI, Ricardo Cunha. *Teoria e prática dos juizados especiais cíveis estaduais e federais.* 13ª ed. São Paulo: Saraiva, 2012.

CHINI, Alexandre; ROCHA, Felippe Borring. A competência para julgamento da reclamação em face das decisões proferidas pelas turmas recursais dos juizados especiais cíveis. *Revista Luso-Brasileira de Direito do Consumidor*, v. 7, nº 28, Curitiba: Bonijuris, p. 161-176, dez. 2017.

DIDIER JR., Fredie; CUNHA, Leonardo Carneiro da. *Curso de direito processual civil.* 13ª ed. Salvador: Juspodivm, 2016. v. 3.

GAIO JÚNIOR, Antonio Pereira. Breves notas sobre aplicabilidade do IRDR nos juizados especiais. *Revista Consultor Jurídico* de 26 de fevereiro de 2017. Disponível em: https://www.conjur.com.br/2017-fev-26/breves-notas-aplicabilidade-irdr-juizados-especiais. Acessado em 15 de agosto de 2019.

GONÇALVES, Marcus Vinicius Rios. *Curso de direito processual civil esquematizado*. 6ª ed. São Paulo: Saraiva, 2016.

KOEHLER, Frederico Augusto Leopoldino. O incidente de resolução de demandas repetitivas e os juizados especiais. In: DIDIER JR., Fredie (coord.). *Coleção Grandes Temas do novo CPC*. Salvador: Juspodivm, 2015. v. 3 – Precedentes.

PEIXOTO, Marco Aurélio; BECKER, Rodrigo. IRDR originado de processo em curso no âmbito dos juizados especiais: polêmica reacendida no STJ. *Jota* de 13 de setembro de 2018. Disponível em: https://www.jota.info/opiniao-e-analise/colunas/coluna-cpc-nos-tribunais/irdr-originado-de-processo-em-curso-no-ambito-dos-juizados-especiais-13092018. Acessado em 15 de agosto de 2019.

REDONDO, Bruno Garcia; CÂMARA, Alexandre Freitas. Da possibilidade de impugnação imediata de decisão interlocutória em juizado estadual: críticas ao posicionamento adotado no RE 576.847/BA. *Revista de Processo*, São Paulo, vol. 176, p. 124-141, out. 2009.

ROCHA, Felippe Borring. *Manual dos juizados especiais cíveis estaduais*: teoria e prática. 10ª ed. São Paulo: Atlas, 2019.

SALOMÃO, Luis Felipe. *Roteiro dos juizados especiais cíveis*. Rio de Janeiro: Destaque, 1997.

SCARPINELLA BUENO, Cassio. *Manual de direito processual civil*. 3ª ed., São Paulo: Saraiva, 2017. v. único.

SILVA, Jeovan Assis; FERREIRA, Guilherme Viana; PRATA, Ana Carolina Aires Cerqueira. Desempenho em juizados especiais no Brasil: uma análise do período 2009-2016. *Encontro de administração da justiça: anais EnAJUS*. Brasília, 2018.

TOURINHO NETO, Fernando da Costa; FIGUEIRA JÚNIOR, Joel Dias. *Juizados especiais estaduais cíveis e criminais*. 8ª ed. São Paulo: Saraiva, 2017.

7

O INCIDENTE DE RESOLUÇÃO DE DEMANDAS REPETITIVAS E A IMPOSSIBILIDADE DE SEU JULGAMENTO PELOS JUIZADOS ESPECIAIS

Humberto Santarosa de Oliveira[1]

Sumário: 1 – Contextualização. 2 – Juizados Especiais e o incidente de resolução de demandas repetitivas. 2.1 – Os pontos e contrapontos sobre o julgamento do incidente de resolução de demandas repetitivas pelos juizados especiais. 2.2 – Mais um argumento a se considerar: o incidente como técnica de processo coletivo e a incompetência dos juizados especiais para julgamento de referidas demandas. 3 – Conclusão. 4 – Referências bibliográficas.

1. CONTEXTUALIZAÇÃO

Antes mesmo de o novo CPC entrar em vigor, vozes doutrinárias adiantavam-se para propagar as benesses que adviriam com o incidente de resolução de demandas repetitivas previsto na novel legislação. Estar-se-ia mais próximo das almejadas promessas constitucionais de duração razoável do processo, isonomia e segurança jurídica no enfrentamento das questões idênticas[2] (*like cases should be decided alike*[3]) – tudo em linha de princípio com a exposição de motivos do anteprojeto do Código[4].

Notoriamente que a aplicação efetiva dos desígnios constitucionais referidos não poderia desconsiderar outras previsões relevantes do ordenamento jurídico, como o contraditório na sua acepção moderna[5].

---

1. Mestre e Doutorando em Direito Processual pela Universidade do Estado do Rio de Janeiro – UERJ. Pós-Graduado em Direito Processual pela Universidade Federal de Juiz de Fora – UFJF. Advogado e professor.
2. Exemplificativamente, YOSHIKAWA, Eduardo Henrique de Oliveira. O incidente de resolução de demandas repetitivas no novo Código de Processo Civil: comentários aos arts. 930 a 941 do PL 8.046/2010. *Revista de Processo*. São Paulo, vol. 206, p. 243-270, 2012, versão eletrônica. E ainda CUNHA, Leonardo Carneiro da. Anotações sobre o incidente de resolução de demandas repetitivas previsto no projeto do novo Código de Processo Civil. *Revista de Processo,* São Paulo, vol. 193, p. 255-280, 2011, versão eletrônica.
3. CROSS, Rupert e HARRIS, J. W. *Precedent in English law*. Oxford: Clarendon Press, 2004, p.3.
4. A exposição de motivos do novo CPC pode ser acessada através do link https://www.senado.gov.br/senado/novocpc/pdf/Anteprojeto.pdf.
5. Por todos, GRECO, Leonardo. O princípio do contraditório. *Revista Dialética de Direito Processual,* Rio de Janeiro, n. 24, mar. 2005.

A solução encontrada para equilibrar o déficit participativo das partes entre os processos dos quais o incidente se originou e aqueles afetados pela tese a ser fixada, foi a ampliação da discussão para fora das raias da subjetividade do litígio, possibilitando que "*pessoas, órgãos e entidades com interesse na controvérsia*" (art. 983, *caput*, CPC) apresentem manifestação, além de permitir a realização de audiências públicas para "*ouvir depoimentos de pessoas com experiência e conhecimento na matéria*" (art. 983, § 1º, CPC).

O aumento do número de partícipes, inclusive com a obrigação de intimar o Ministério Público para atuar no feito como *fiscal da ordem jurídica* (art. 176 c/c art. 982, III, CPC), isso quando não for o suscitante do incidente (art. 977, III, CPC), é fator justificativo da transcendência dos efeitos *extra muro* do julgamento do incidente (art. 985, CPC).

Desta breve explanação decorre, aliás, a razão pela qual a melhor doutrina classifica o IRDR como uma técnica de coletivização de teses jurídicas, afinal "*o objeto litigioso do incidente consiste na definição de uma tese jurídica aplicável a causas homogêneas*".[6-7]

A breve contextualização sobre o novo incidente é suficiente para revelar o propósito do presente escrito: a (im)possibilidade de julgamento do incidente de resolução de demandas repetitivas no microssistema dos juizados especiais (estaduais, federais e de fazenda pública). E diz-se julgamento de forma propositada, pois não se tem dúvidas que a suscitação do incidente pode partir de causas oriundas dos juizados; a incerteza está em saber se o seu julgamento ocorreria na própria estrutura dos juizados ou se seria necessária sua remessa para o Tribunal Estadual ou Federal respectivo.[8]

---

6. DIDIER, Fredie. *Curso de direito processual civil*. 17. ed. Salvador: Juspodivm, 2015, v. I, p. 725.

7. Para Hermes Zaneti Júnior, o IRDR é uma técnica de processo coletivo, pois a tese firmada no julgamento do incidente "*irá construir a situação jurídica coletiva deduzida em juízo*", vide Comentários aos arts. 926 a 928. In: CABRAL, Antonio do Passo e CRAMER, Ronaldo. *Comentários ao Novo Código de Processo Civil*. Rio de Janeiro: Forense, 2015, p. 1.334. Ainda sobre o tema, ver DIDIER JR. Fredie, ZANETI JR. Hermes. Ações coletivas e o incidente de julgamento de casos repetitivos: espécies de processo coletivo no direito brasileiro: aproximações e distinções. *Revista de Processo*, São Paulo, vol. 256, p. 209-218, 2016, versão eletrônica. Em acréscimo, e demonstrando o espectro coletivo que o uso do incidente pode atingir, inclusive com mais abrangência que as demandas coletivas que veiculam direitos individuais homogêneos, TALAMINI, Eduardo. Direitos individuais homogêneos e seu substrato coletivo: ação coletiva e os mecanismos previstos no Código de Processo Civil de 2015. *Revista de Processo*. São Paulo, vol. 241, p. 337-358, 2015, versão eletrônica. Entendendo que o IRDR não se trata de técnica de processo coletivo, TEMER, Sofia. *Incidente de Resolução de Demandas Repetitivas*. Salvador: Juspodivm, 2016. p. 91-99.

8. Certamente que a premissa utilizada no presente artigo considera a possibilidade de suscitação do incidente com causas ainda em primeira instância, mesmo porque, a considerar a interpretação que vem sendo dada por parcela da doutrina, em razão da previsão do art. 978, parágrafo único, do CPC (necessidade de existir causa pendente no Tribunal para suscitação do incidente – por todos, ver DIDIER, Fredie e CUNHA, Leonardo Carneiro da. *Curso de Direito Processual Civil:* meios de impugnação às decisões judiciais e processo nos tribunais. 13ª ed. Salvador: Juspodivm, 2015, v. III, p. 594-595), restaria impossível suscitar incidente a partir de causas em trâmite nos juizados especiais, a não ser que o tema também fosse objeto de debates no Tribunal respectivo – fato este que poderia não ocorrer nas hipóteses de com-

A primeira e rápida leitura dos objetivos que motivaram a previsão do incidente – garantir a isonomia e a segurança, bem como assegurar uma duração razoável do processo – não deixaria margens para imprecisões quanto ao cabimento e julgamento do IRDR na própria estrutura dos juizados. Todavia, uma leitura teleológico-sistemática, aliada aos próprios efeitos do seu duplo julgamento colegiado (admissibilidade e mérito – art. 981, CPC), além das limitações inerentes aos juizados especiais, colocam em xeque eventual resposta positiva ofertada.

É sobre referidas questões que este artigo se debruçará, trazendo não apenas o contraponto aos argumentos principiológicos utilizados para justificar o julgamento do incidente de resolução de demandas repetitivas pelos juizados especiais, mas também a demonstração de um fundamento pouco explorado, cujo cerne representa forte óbice ao enfrentamento do IRDR pelos juizados.

2. JUIZADOS ESPECIAIS E O INCIDENTE DE RESOLUÇÃO DE DEMANDAS REPETITIVAS

A suscitação do incidente de resolução de demandas repetitivas a partir de causas em tramitação nos juizados especiais parece não ser alvo de dúvidas. A lei processual, quando faz menção à possibilidade de o juiz pedir a instauração do incidente, não restringe qual magistrado teria esse poder. Referida constatação também se corrobora em razão da superação de uma controvérsia existente quando da tramitação do projeto do novo Código de Processo Civil, qual seja, a vinculação das decisões proferidas em sede de IRDR para os juizados especiais.

A discussão (e controvérsia) da vinculação ou não dos juizados especiais aos entendimentos exarados pelos tribunais de segundo grau e tribunais superiores deita suas raízes em interpretações aleatórias derivadas da estrutura e sistema dos juizados quando da edição da Lei 7.244/84. Esta polêmica (submissão dos juizados às decisões dos tribunais de segundo grau), ainda que não totalmente superada, acabou tornando-se mais fácil de ser ultrapassada com a edição da Constituição de 1988 e a previsão expressa de criação dos juizados especiais (e não mais juizados de pequenas causas) pela União e pelos Estados (art. 98, I, CRFB/88)[9], dentro, portanto, da estrutura de organização judiciária do Ordenamento Jurídico brasileiro.

---

petência exclusiva dos juizados federais e fazenda pública. Lado outro, comungando com o entendimento que reconhece a suscitação do incidente em causas que tramitam na primeira instância, e por todos, MENDES, Aluisio Gonçalves de Castro. *Incidente de Resolução de Demandas Repetitivas*: sistematização, análise e interpretação do novo instituto processual. Rio de Janeiro: Forense, 2017, p. 116-124.

9. A questão será abordada com mais detalhes no próximo tópico.

Todavia, e com o objetivo de evitar eventuais questionamentos sobre a aplicação do IRDR nos juizados – em razão do retrógrado entendimento de que estas cortes de casos menos complexos não se encontrariam dentro da estrutura recursal dos Tribunais –, a AJUFE (Associação de Juízes Federais do Brasil) destacou, ainda na época da tramitação do projeto do novo Código de Processo Civil, a necessidade de se fazer expressa menção quanto à aplicação das teses julgadas por meio do IRDR aos juizados especiais. A redação foi, assim, inserida e mantida no texto aprovado.[10]

Assim, reitera-se, as decisões provenientes do julgamento de incidente de resolução de demandas repetitivas, por expressa dicção do art. 985, I, CPC, aplicam-se aos juizados especiais. Não há dúvidas sobre o ponto.

Mais complicado, todavia, é a compreensão do funcionamento dos juizados especiais e a sua atual realidade. No estado de beligerância instalada no país, é indene de dúvidas que estas cortes vivenciam uma desenfreada litigância repetitiva, na qual o tratamento destas causas é pouco ou nada adequado.

É em decorrência deste panorama de insuficiente prestação da tutela jurisdicional que se parou para repensar sobre a discussão do cabimento e do julgamento do IRDR dentro do sistema dos juizados especiais. Seria prudente "importar" a previsão do novo CPC e estipular o julgamento do IRDR na estrutura atual dos juizados especiais? A complexidade inerente ao processamento do IRDR, que, conforme visto, se revela como uma técnica de coletivização, seriam coaduna com os objetivos de criação dos juizados? Eis o que se pensa a respeito.

2.1. Os pontos e contrapontos sobre o julgamento do incidente de resolução de demandas repetitivas pelos juizados especiais

Aluisio Gonçalves de Castro Mendes, em livro originado de seu concurso para professor titular na Universidade do Estado do Rio de Janeiro, entende pela admissão e julgamento do incidente de resolução de demandas repetitivas nos juizados especiais. Em sua visão, *"a extensão do incidente (...) aos juizados especiais, em conformidade com o disposto no art. 985, I, do novo CPC, vem de certa forma suprir as deficiências atualmente existentes no sistema de uniformização dos Juizados Especiais (...)"*.[11]

---

10. O assunto é apresentado com mais detalhes por MENDES, Aluisio Gonçalves de Castro; ROMANO NETO, Odilon. Análise da relação entre o novo incidente de resolução de demandas repetitivas e o microssistema dos juizados especiais. *Revista de Processo*. São Paulo, vol. 245, p. 275-309, 2015, versão eletrônica.

11. MENDES, Aluisio Gonçalves de Castro. *Incidente de Resolução de Demandas Repetitivas*: sistematização, análise e interpretação do novo instituto processual. Rio de Janeiro: Forense. 2017, p. 152-167 (a citação respectiva encontra-se em p. 166-167). É preciso registrar, todavia, que antes do livro, havia enunciado da ENFAM permitindo-se o julgamento do IRDR nos juizados especiais, o qual seria de competência dos órgãos responsáveis pela unificação de sua jurisprudência (enunciados 21 e 44). Ademais, referidos pon-

As suscitadas deficiências seriam três: (a) a ausência de um sistema de uniformização de jurisprudência nos juizados especiais cíveis estaduais; (b) a limitação da matéria nos atualmente previstos sistemas de uniformização de entendimento dos juizados especiais federais e de fazenda pública, que não albergariam matéria processual; e (c) ausência de instrumentos para uniformizar a jurisprudência dos tribunais de segundo grau e dos juizados especiais.[12]

Em relação à primeira das deficiências (letra "a", *supra*), o entendimento seria de que o incidente teria o justo condão de fazer as vezes do mecanismo de uniformização de jurisprudência não previsto nos juizados especiais estaduais, suprindo, assim, a omissão da Lei 9.099/95. O contraponto ao argumento está no fato de não se compreender qual a razão de o IRDR ser o mecanismo adequado ao referido desiderato ao invés, e por exemplo, dos próprios meios já existentes nas Leis 10.259/01[13] e 12.153/09[14], que possibilitam a veiculação de pedidos de uniformização no âmbito dos juizados especiais federais e de fazenda pública.

Ora, se o microssistema dos juizados já possui solução interna – e o próprio artigo 1º da Lei 12.153/09 faz menção à existência de um "sistema dos juizados especiais" –, ininteligível a razão pela qual não se tenta suprir referida deficiência dentro do próprio arcabouço legal pertinente. Não se ignora que a especialidade das leis dos juizados federais e de fazenda pública é o argumento que bloqueia a "importação" dos institutos,[15] entretanto, também há sérias e intransponíveis justificativas a impedir o cabimento e julgamento do incidente nos juizados. A amplitude do IRDR e as finalidades que o novel instituto possui não são elementos hábeis a chancelar o seu uso indiscriminado pelos juizados.

Não há, pois, que se prender à cega aplicação subsidiária da lei processual como solução viável para o ponto, mesmo porque, e a despeito de o CPC ser a

tos já haviam sido levantados em artigo anterior, escrito em coautoria por Aluisio Gonçalves de Castro Mendes e Odilon Romano Neto (Análise da relação entre o novo incidente de resolução de demandas repetitivas e o microssistema dos juizados especiais. *Revista de Processo*, São Paulo, vol. 245, p. 275-309, 2015, versão eletrônica).

12. MENDES, Aluisio Gonçalves de Castro. *Incidente de Resolução de Demandas Repetitivas...* cit., p. 153. É preciso lembrar que o texto do professor Aluisio traz uma gama de importantíssimos argumentos sobre como se superar as três deficiências apontadas, cujas minúcias, infelizmente, não serão enfrentadas analiticamente neste trabalho. Preferiu-se pinçar o cerne de cada uma das deficiências e contrapô-las com os argumentos que parecem relevantes para amadurecimento e esclarecimento do debate.

13. Art. 14, § 4º, da Lei 10.259/01.

14. Art. 19, *caput* da Lei 12.153/09. Lembre-se, pois, que há quem considere referido entendimento inconstitucional, pois estaria criando competência para Tribunal Superior sem ser pela via adequada, qual seja, a Constituição. Neste sentido, CUNHA, Leonardo José Carneiro da. *Jurisdição e competência*. São Paulo: Ed. RT, 2008. p. 47.

15. É justamente por isso que existem projetos de lei visando a alteração tanto da Lei 9.099/95 (PL 4723/2004), como a Lei 12.153/09 (PL 5741/2013), para que se crie uma Turma de Uniformização no âmbito dos Juizados Especiais Estaduais, na forma como já existe na Lei 10.259/01.

norma geral de procedimentos do ordenamento jurídico brasileiro, é imperioso que se analise as disposições expressas do novel instituto para verificar sua compatibilidade com ritos diferentes. E aqui, o impedimento da transposição do IRDR para os juizados encontra óbice na previsão do art. 977[16] do Código, que determina o direcionamento do pleito de instauração do incidente para o *"presidente de tribunal"*.

A impossibilidade decorre do necessário paralelismo a ser realizado quanto ao cabimento do recurso especial contra decisões de turmas recursais de juizados especiais. A posição consolidada que se tem hoje está estampada na súmula de nº 203 do Superior Tribunal de Justiça, que não admite o cabimento do recurso em razão da previsão constitucional que restringe sua admissibilidade às decisões oriundas de tribunais, e turma recursal não se enquadraria no conceito.

Neste sentido, a mesma lógica deve ser aplicada para o IRDR. Se a lei processual reserva ao referido órgão a competência para julgar o incidente, não se pode admitir o seu julgamento pelos juizados[17], mesmo porque, repita-se, não se admite cabimento de recurso especial derivado de decisões de turma recursal.

Em prosseguimento, a segunda deficiência propalada pelo professor Aluisio (letra "b", *supra*) refere-se à limitação material existente nos mecanismos de uniformização previstos nas legislações pertinentes. Neste sentido, como o IRDR não possui qualquer restrição de matéria quanto ao seu cabimento, entende-se que sua aplicabilidade seria útil ao microssistema dos juizados, permitindo, outrossim, que controvérsias processuais (as quais são muitas e variadas, ainda mais nos juizados que possuem procedimento diferenciado) possam ser resolvidas por este novo meio de unificação de entendimentos.

Definitivamente, a proposta é encantadora e não se visualiza qualquer objeção. Aliás, a restrição material dos mecanismos de uniformização de jurisprudência é ininteligível; não há razões plausíveis para obstar a possível solução de controvérsia processual por meio de decisões uniformizadoras. Repita-se, não é pelo fato de existir limitações ou impedimentos quanto à uniformização de

16. "Art. 977. O pedido de instauração do incidente será dirigido ao presidente de tribunal: I - pelo juiz ou relator, por ofício; II - pelas partes, por petição; III - pelo Ministério Público ou pela Defensoria Pública, por petição.", Como se observa, a dicção do artigo é clara ao dispor que é o presidente do Tribunal quem receberá o pedido de instauração do incidente, independentemente de quem o suscite.

17. Essa incompatibilidade também é anotada por KOEHLER, Frederico Augusto Leopoldino. Os problemas e os desafios decorrentes da aplicação do incidente de resolução de demandas repetitivas nos juizados especiais. In: DIDIER JR., Fredie *et al.* (coord.). *Juizados especiais.* Coleção Repercussões do novo CPC. Salvador: Juspodivm, 2015, p. 573-584, notadamente quando afirma em p. 577: "De fato, a dificuldade maior que surge é como compatibilizar tal previsão com a existência de um sistema recursal diverso nos juizados, com TRs, TRUs e TNU. Uma solução possível seria prever-se que, no caso dos juizados, o IRDR deveria ser interposto perante algum órgão que componha o microssistema, como a TRU ou a TNU. Tal hipótese, entretanto, como visto acima, é vedada pela expressa disposição do art. 977".

entendimentos, os quais não existiriam no incidente previsto no novo CPC, que simplesmente se ignoraria todo o sistema e a procedimentalização do IRDR para permitir o seu processamento e julgamento pelos juizados especiais.

Assim, o foco de nossa argumentação é outro. Trata-se do já propalado impedimento de interposição de recursos especiais nos juizados especiais, fato que decorre de interpretação de dispositivo constitucional que impossibilita equiparar julgamento de turmas recursais com os julgados dos tribunais. E se assim o é para a Constituição, também deverá sê-lo para o CPC, cuja menção expressa a "presidente de tribunal" impõe a adoção do mesmo entendimento quanto ao julgamento do IRDR pelos juizados.

Conclui-se, portanto, que permitir o julgamento do incidente pelos juizados especiais estaduais, por exemplo, estar-se-ia abrindo a porta para decisões anti-isonômicas, notadamente para matérias atinentes à legislação federal, afinal o meio processual existente para atacar e uniformizar referidos entendimentos – recurso especial –, não é admissível na esfera de julgamento dos juizados especiais estaduais.

Caminhando para a última das deficiências assinaladas (letra "c", *supra*), o que se verificaria seria a ausência de instrumentos de unificação de entendimento entre as decisões emanadas pelos juizados especiais e pelos tribunais (estaduais e federais). Este ponto, inclusive, possui sensibilidade ímpar, não pela resolução da deficiência em si, mas pelas consequências invencíveis que advêm da questão, as quais têm mais risco de ofender as garantias constitucionais que adornam o IRDR, do que concretizá-las.

É inegável que não existe um instrumento exclusivo de unificação de entendimentos entre as decisões dos juizados e dos tribunais, ou seja, não há um mecanismo próprio para este fim específico. Entretanto, o que se extrai do ordenamento jurídico é que não se visualiza uma necessidade imperiosa deste instituto, mesmo porque, se os juizados especiais são criados, segundo a Constituição, pela União e os Estados (art. 98, I), certamente que eles se submetem à jurisdição das cortes que "os criaram". Soa ilógico imaginar que a aplicação do Direito (material ou processual) seja diferente em razão do caso estar sendo enfrentado pelo procedimento expedito ou ordinário.

Neste sentido, parece muito mais fácil e natural combater o vetusto e retrógrado entendimento de que os juizados não se encontrariam na estrutura dos tribunais, o que se faz com arrimo na previsão constitucional e na organização judiciária presente no seu texto, do que tentar uma interpretação extensiva sobre um novo instituto, determinando sua aplicação para um microssistema cuja organização é simplificada.

Ademais, a jurisdição sendo una, e o Direito tendo a sua interpretação definida pelas cortes competentes (podendo ser estadual ou federal), não é isonômico, quiçá juridicamente seguro, permitir diferenças de entendimentos sobre um mesmo ponto.[18] Em suma, o Direito deve ser o mesmo para qualquer cidadão.

Não há dúvidas de que a estruturação e o conteúdo das decisões proferidas pelas cortes precisam ser observados pelos juizados especiais. Esse entendimento, resta corroborado com a previsão dos artigos 926 e 927 do novo CPC. Assim, não é necessário um mecanismo próprio de unificação entre os entendimentos dos juizados e dos Tribunais, ou mesmo não é necessário transpor o cabimento e julgamento de um novo instituto na seara dos juizados, basta, tão somente, bom senso e coerência na interpretação do ordenamento jurídico e aplicar os entendimentos dos Tribunais (e seus precedentes) para os juizados especiais.

Todas as observações acima mostram-se corroboradas com a notória sobreposição de competências entre juizados e tribunais, argumento este exponencializado nos juizados especiais estaduais em razão da inexistência de competência exclusiva.

É a competência concorrente, aliás, o maior impedimento à suscitação do incidente nos juizados especiais estaduais, mesmo porque seria um desperdício de tempo e atividade, além de desarrazoado, admitir a suscitação do IRDR, cuja viabilidade e alcance restringir-se-ia, única e exclusivamente, ao próprio juizado que prolatasse a decisão – lembre-se que nos juizados especiais estaduais não há turma nacional de uniformização. Mais nefasto, todavia, seria a possível existência de entendimentos divergentes sobre a mesma matéria em diferentes juizados especiais de diferentes Estados, sem a possibilidade de unificação a nível nacional das matérias, afinal, também não seria cabível o recurso especial contra a decisão do órgão dos juizados especiais que julgaria o IRDR.[19]

Admitir o IRDR nos juizados revelar-se-ia, também, como um verdadeiro desperdício da prestação jurisdicional, ainda mais em razão da hipótese de sobreposição de teses advindas da competência concorrente. A exemplificar, imagine-se que seja possível suscitar e julgar o incidente nos juizados, no qual acabou

18. Por todos, MARINONI, Luiz Guilherme. *Precedentes obrigatórios.* São Paulo: Revista dos Tribunais, 2010 e ainda *A ética dos precedentes:* justificativa do novo CPC. São Paulo: Revista dos Tribunais, 2014.

19. Não se desconhece o cabimento da reclamação, na esteira de entendimento jurisprudencial do STF (Tribunal Pleno, RE 571.572, Rel. Min. Ellen Gracie, DJe 27/11/2009) que acabou por impor a edição da Resolução 12/2009, direcionadas à hipóteses específicas. Todavia, até mesmo referida possibilidade acabou desaparecendo, isto em razão de nova resolução editada pelo STJ, que "deslocou" a competência da reclamação para os próprios Tribunais de Justiça (Res. STJ nº 03/16). A matéria (julgamento da reclamação pelos tribunais e não pelo Superior Tribunal de Justiça) vem sendo alvo de candentes debates, já tendo batido na porta do Supremo Tribunal Federal por meio de Conflitos de Competência suscitados pelos Tribunais de Justiça (ex.: CC 7.983/MG e CC 7.663 /ES), mas o STF nega o cabimento do instrumento processual utilizado com base em jurisprudência firmada no sentido de que "(...) a regra que incumbe o STF de julgar conflitos de competência entre Tribunal Superior e qualquer outro Tribunal não desmente a verdade curial de que, onde haja hierarquia jurisdicional, não há conflito de jurisdição (CC 7094 QO, Tribunal Pleno, DJ 04-05-2001)".

sendo fixada uma tese determinada; posteriormente, o Tribunal do respectivo Estado ou Região[20] afeta a mesma tese para julgamento[21], mesmo porque, ele não se filia ao entendimento do incidente hipoteticamente julgado pelo juizado[22]. Agora, imagine que o Tribunal fixe uma tese oposta àquela firmada no juizado. Veja-se a total falta de sentido nesta situação, na qual todas as garantias processuais que se visa a resguardar com o IRDR restarão comprometidas.

Pior do que isso, fixado o entendimento pelo juizado e a tese não sendo aplicável – por óbvio – ao tribunal, há ainda a possibilidade de o tribunal recusar a admissão e o julgamento do mesmo incidente. Nesta hipótese, o que se observaria seria uma possível dualidade de entendimentos sobre o mesmo fato, pois os casos isolados julgados pelo tribunal poderiam divergir da tese fixada pelo IRDR oriundo do juizado. Conclusão: a admissão do incidente pelos juizados especiais pode criar duas categorias de jurisdicionados, revelando uma quebra de isonomia sem precedentes.

Como se vê, por mais que o julgamento do incidente possa resultar em um almejado avanço que todos esperam, não se pode admitir uma interpretação extensiva de sua aplicabilidade para os juizados especiais em razão das ponderações destacadas. Os riscos destacados são muito mais nefastos do que seguir a lógica da previsão legislativa e permitir a suscitação do incidente pelos juízes (dicção que não exclui aqueles casos oriundos de juizados), e aguardar que, no fim das contas, o tribunal (como diz a lei), e apenas ele, resolva a questão.[23]

Por fim, um último ponto merece ser considerado. Conforme aventado por Frederico Koehler, há determinadas causas cuja matéria e, consequentemente, sua alçada, não seriam possíveis de alcançar o julgamento pelo respectivo Tribunal Regional, fato este que impediria suscitação do IRDR na hipótese de não se admitir o julgamento do incidente pelos juizados.[24] Para estas causas, a resposta

---

20. A competência exclusiva em razão do valor da causa limita apenas a alçada do direito discutido, motivo pelo qual um mesmo direito pode ser debatido por juizado especial federal e Tribunal Regional Federal, tudo a depender do valor envolvido. Certamente que o valor da causa não pode sobrepor-se à resolução do direito em si.

21. Essa hipótese de afetação, concomitante ou não, de IRDR por juizado e tribunal é aventada pelo professor Aluisio, para quem prevaleceria a tese fixada pelo Tribunal. Cfr. MENDES, Aluisio Gonçalves de Castro. *Incidente de Resolução de Demandas Repetitivas...* cit., p. 164-165.

22. Idem.

23. Apenas para registro, esta também parece ser a conclusão de TEMER, Sofia. *Incidente de Resolução de Demandas Repetitivas*. Salvador: Juspodivm, 2016. p. 116-119.

24. KOEHLER, Frederico Augusto Leopoldino. Os problemas e os desafios decorrentes da aplicação do incidente de resolução de demandas repetitivas nos juizados especiais. Op. cit., que assim destaca em p. 579: "O problema central aqui é que algumas matérias são tipicamente de competência dos juizados especiais e não chegam aos TRFs e TJs. A título exemplificativo, podemos citar as demandas de: 1) segurados especiais pleiteando aposentadoria ou salário-maternidade rural que costumeiramente são em valor inferior ao teto dos juizados; 2) pescadores artesanais pleiteando o seguro durante o período de

possível é o próprio método de unificação da jurisprudência previsto na lei de regência (Lei 10.259/01), com todas as suas mazelas e restrições. Infelizmente, sem previsão legislativa, não se pode correr o risco de aceitar o IRDR com relação a referidos pontos, até mesmo porque eventual questão processual pode ser suscitada nestas demandas, fato este que criaria o risco de entendimento divergente por parte tribunal.[25]

2.2 Mais um argumento a se considerar: o incidente como técnica de processo coletivo e a incompetência dos juizados especiais para julgamento de referidas demandas

Os argumentos apontados acima representam contraposições à tentativa de utilizar uma interpretação extensiva para a admissão e o julgamento do IRDR pelos juizados especiais. Entretanto, conforme se observou, há bons fundamentos para ambos os lados. A análise de riscos é inerente ao sistema, assim como o é a necessidade de avanço nas interpretações dos institutos processuais.

O que se afigura interessante no atual momento é observar um argumento que tem tido pouca atenção por parte da doutrina: trata-se da restrição contida no art. 3º, § 1º, da Lei 10.259/01, segundo a qual os juizados especiais federais não possuem competência para julgar as causas que versem "*sobre direitos ou interesses difusos, coletivos ou individuais homogêneos*". A mesma redação é verificada no art. 2º, § 1º, I, da Lei 12.153/09, ao dispor que "*não se incluem na competência do Juizado Especial da Fazenda Pública (...) as demandas sobre direitos ou interesses difusos e coletivos*".

---

defeso. Não custa lembrar que a competência dos JEFs, onde existirem, é absoluta, segundo prescreve o art. 3.º da Lei 10.259/2001. A propósito, se tais causas ainda chegam aos TRFs hoje em dia, isso se deve às apelações nos casos de competência delegada aos juízes de direito que atuam em comarcas onde não há vara federal (art. 109, § 4.º, da CF)".

25. Não se desconhece que houve "pedido de providências" no CNJ que vinha discutindo a legalidade das resoluções editadas por alguns Tribunais (em especial o TJES – estado de onde se origina o processo no referido órgão – autos nº 0002624-56.2017.2.00.0000) para permitir o julgamento de IRDR pelos juizados especiais. No referido caso deferiu-se liminar para suspender os efeitos das resoluções de todos os tribunais do país que continham autorização para instauração e julgamento do IRDR nos juizados (a liminar, deferida em 19/04/2017 pelo Conselheiro Henrique Ávila, contém alguns dos argumentos ora debatidos). Todavia, logo em sequência, quando da sessão para ratificação da liminar, datada de 16/05/2017 (disponível em https://www.youtube.com/watch?v=JPa7gkU_rR8), o relator acatou sugestão de cancelamento do pregão do processo e revogação da liminar para maior amadurecimento do ponto, haja vista que os Tribunais Superiores ainda estavam estudando o tema (segundo os debates na sessão, o fato de STJ e STF estarem se debruçando sobre a matéria poderia ser indicativo de não cabimento da solicitação, por se tratar de questão jurídica, e não administrativa). A discussão, entretanto, acabou se encerrando com a prolação de decisão que não conheceu do pedido no ponto referente ao cabimento de IRDR pelos juizados, por entender tratar-se de matéria que não se encontrava no espectro de competências do CNJ. A decisão, proferida em julho de 2018 pela conselheira Maria Tereza Uille Gomes, pode ser acessada através dos autos do processo, disponível no link http://www.cnj.jus.br/tecnologia-da-informacao/processo-judicial-eletronico-pje.

Na mesma linha de entendimento, o Fonaje (Fórum Nacional dos Juizados Especiais) discutiu e aprovou o enunciado de número 139[26], quando restou assentado que *"a exclusão da competência (...) quanto às demandas sobre direitos ou interesses difusos ou coletivos, dentre eles os individuais homogêneos, aplica-se tanto para as demandas individuais de natureza multitudinária quanto para as ações coletivas. (...)"*.

Veja-se, assim, que o intento da doutrina, e do próprio legislador, foi o de não permitir que os juizados especiais, justamente pela ideologia de sua formação (simplicidade e informalidade[27]), se debruçassem no julgamento de casos cuja relevância e abrangência pudessem ultrapassar as barreiras da lide subjetiva posta sob sua apreciação.

Ato contínuo, aponta-se que o enunciado do Fonaje é expresso ao destacar que dentre as demandas coletivas impassíveis de enfrentamento e julgamento pelos juizados estariam, também, *"as demandas individuais de natureza multitudinária"*, ou seja, o leque de demandas fora da competência dos juizados foi ampliado para abarcar aqueles litígios de massa, cuja quantidade de processos tinha o intuito de inundar o Judiciário com milhares de processos sobre o mesmo tema – este argumento, rememore-se, foi o cerne da criação do IRDR, conforme exposição de motivos[28].

Mas não é só. Esse entendimento também já restou expresso, por diversas oportunidades, pelo Superior Tribunal de Justiça[29] – que apesar de não julgar recursos advindos das turmas recursais dos juizados especiais, sua jurisprudência incide e os vincula, nos termos das resoluções editadas pelo referido tribunal[30] –, o que se infere de decisões exaradas em diversos conflitos de competência julgados pelo referido Tribunal Superior, com destaque para aquele relatado pelo Ministro Castro Meira, segundo quem, *"toda e qualquer causa que possa gerar resultados que gerem precedentes erga omnes devem ser evitados*

---

26. Os enunciados podem ser acessados em http://www.cnj.jus.br/corregedoriacnj/redescobrindo-os-juizados-especiais/enunciados-fonaje/enunciados-civeis.

27. Sobre os princípios informadores dos Juizados Especiais, ver PELEJA JÚNIOR, Antonio Veloso; OLIVEIRA, Humberto Santarosa de. O procedimento dos juizados especiais na perspectiva principiológica do Novo Código de Processo Civil: contraditório e motivação das decisões como alicerces do devido processo legal. In: REDONDO, Bruno Garcia *et al.* (coord.). *Juizados Especiais* – Coleção Repercussões do novo CPC. Salvador: Juspodivm, 2015. p. 65-81.

28. "Com os mesmos objetivos, criou-se, com inspiração no direito alemão, o já referido incidente de Resolução de Demandas Repetitivas, que consiste na identificação de processos que contenham a mesma questão de direito, que estejam ainda no primeiro grau de jurisdição, para decisão conjunta.". A exposição de motivos do novo CPC pode ser encontrada em http://www.osconstitucionalistas.com.br/novo-codigo-de-processo-civil.

29. Exemplificativamente, CC 47.107/SC, Rel. Ministro Luiz Fux, Primeira Seção, julgado em 08/06/2005, DJ 01/08/2005, p. 303, e ainda CC 50.231/SC, Rel. Ministro Luiz Fux, Primeira Seção, julgado em 10.05.2006, DJ 29.05.2006 p. 144.

30. Vide nota 18, *supra*.

nos juizados, haja vista a natureza difusa da decisão, a merecer delongado processo de maturação de resultado judicial (...)[31]".

Pois bem, partindo desse pressuposto, de que litígios coletivos ou multitudinários não podem ser julgados no âmbito dos juizados especiais, e resgatando a ideia destacada no primeiro capítulo deste artigo, de que o incidente de demandas repetitivas é técnica de processo coletivo, ou melhor, "*de que o novo Incidente de Resolução de Demandas Repetitivas está inserido no âmbito do Direito Processual Coletivo*",[32] é indene de dúvidas que não se pode admitir o julgamento de IRDR no âmbito dos juizados especiais.

Em sendo assim, e ratificando o que se disse, os princípios informadores dos juizados especiais deporiam contra, por exemplo, a ampliação do espectro participativo no incidente, além de existir óbices à bifurcação do julgamento em admissibilidade e mérito, entre outros. Mais do que isso, a despeito dos riscos denunciados no item anterior, um IRDR perante os juizados acabaria por tolher a própria seleção dos casos paradigmas para análise, impedindo a escolha daqueles com o maior leque de argumentos pró e contra, pois não poderia levar em consideração os casos discutidos nos tribunais, além de não ser possível eleger, como soa óbvio, as ações coletivas como as demandas paradigmas.[33]

Ante o exposto, não são apenas os riscos às garantias constitucionais que se busca proteger com o impedimento do julgamento do IRDR nos juizados especiais, é a própria lei dos juizados especiais federal e de fazenda pública que veda referida possibilidade, além do entendimento consolidado pela doutrina (enunciado do Fonaje) e pela jurisprudência dos Tribunais Superiores, que negam competência aos juizados para o julgamento de litígios coletivos ou multitudinários, de que é exemplo o incidente de resolução de demandas repetitivas.

3. CONCLUSÃO

Pelo que se observou acima, o objetivo do artigo era apresentar alguns contrapontos à interpretação utilizada por parcela da doutrina para admitir o julgamento do incidente de resolução de demandas repetitivas na estrutura dos juizados especiais. Para isso, buscou-se sintonizar os objetivos do legislador com a previsão do IRDR, além de sua incidência para as causas em trâmite nos juizados,

31. CC 52.195/PR, Rel. Ministro Castro Meira, Primeira Seção, julgado em 14/02/2007, DJ 12/03/2007.

32. MENDES, Aluisio Gonçalves de Castro. *Incidente de Resolução de Demandas Repetitivas...* cit., p. 4, bem como nota 6, *supra*.

33. Sobre o ponto, destaque-se o Enunciado n. 615, do Fórum Permanente de Processualistas Civis (FPPC), que assim assenta: "Na escolha dos casos paradigmas, devem ser preferidas, como representativas da controvérsia, demandas coletivas às individuais, observados os requisitos do art. 1.036, especialmente do respectivo § 6º. (Grupo: IRDR, Recursos Repetitivos e Assunção de competência)".

o que foi expressamente inserido no momento dos debates sobre o projeto do Código de Processo em vigor.

Estabelecidas as diretrizes, principalmente o fato de o novo incidente estar inserido no espectro de abrangência do Direito Processual Coletivo – também segundo parcela da doutrina –, o que se procurou demonstrar foi que, a despeito das deficiências enunciadas pelo Professor Aluisio Gonçalves de Castro Mendes quanto ao regime de unificação de entendimentos nos juizados especiais, e apesar de entender que a admissão e o julgamento do IRDR no microssistema seria a solução dos problemas, observou-se que os riscos e os problemas advindos desta aceitação seriam verdadeiros ataques às próprias garantias que o incidente objetivou proteger e concretizar.

Indo além, e finalizando, verificou-se que, em razão da coletivização inerente ao incidente, cuja tese seria aplicável a todas as questões jurídicas idênticas, e tendo em vista que o microssistema dos juizados especiais, por zelar pela simplicidade e informalidade, não tem aptidão para julgar processos coletivos, conclui-se pela não adequação e pela falta de competência dos juizados especiais estaduais, federais e de fazenda pública para o julgamento, dentro de sua estrutura, do incidente de resolução de demandas repetitivas.

4. REFERÊNCIAS BIBLIOGRÁFICAS

CROSS, Rupert e HARRIS, J. W. *Precedent in English law*. Oxford: Clarendon Press, 2004.

CUNHA, Leonardo Carneiro da. Anotações sobre o incidente de resolução de demandas repetitivas previsto no projeto do novo código de processo civil. *Revista de Processo,* São Paulo, vol. 193, p. 255-280, 2011, versão eletrônica.

________. *Jurisdição e competência*. São Paulo: Ed. RT, 2008.

DIDIER, Fredie; CUNHA, Leonardo Carneiro da. *Curso de direito processual civil:* meios de impugnação às decisões judiciais e processo nos tribunais. 13ª ed. Salvador: Juspodivm, 2015. v. III.

DIDIER JR., Fredie; ZANETI JR., Hermes. Ações coletivas e o incidente de julgamento de casos repetitivos: espécies de processo coletivo no direito brasileiro: aproximações e distinções. *Revista de Processo,* São Paulo, vol. 256, p. 209-218, 2016, versão eletrônica.

GRECO, Leonardo. O princípio do contraditório. *Revista Dialética de Direito Processual,* Rio de Janeiro, n. 24, mar. 2005.

KOEHLER, Frederico Augusto Leopoldino. Os problemas e os desafios decorrentes da aplicação do incidente de resolução de demandas repetitivas nos juizados especiais. In: DIDIER JR., Fredie *et al.* (coord.). *Juizados Especiais.* Coleção Repercussões do Novo CPC. Salvador: Juspodivm, 2015.

MARINONI, Luiz Guilherme. *Precedentes obrigatórios.* São Paulo: Revista dos Tribunais, 2010.

________. *A ética dos precedentes:* justificativa do novo CPC. São Paulo: Revista dos Tribunais, 2014.

MENDES, Aluisio Gonçalves de Castro. *Incidente de Resolução de Demandas Repetitivas*: sistematização, análise e interpretação do novo instituto processual. Rio de Janeiro: Forense, 2017.

MENDES, Aluisio Gonçalves de Castro; ROMANO NETO, Odilon. Análise da relação entre o novo incidente de resolução de demandas repetitivas e o microssistema dos juizados especiais. *Revista de Processo,* São Paulo, vol. 245, p. 275-309, 2015, versão eletrônica.

PELEJA JR., Antonio Veloso; OLIVEIRA, Humberto Santarosa de. O procedimento dos juizados especiais na perspectiva principiológica do Novo Código de Processo Civil: contraditório e motivação das decisões como alicerces do devido processo legal. In: REDONDO, Bruno Garcia *et al.* (coords.). *Juizados Especiais* – Coleção Repercussões do novo CPC. Salvador: Juspodivm, 2015.

TALAMINI, Eduardo. Direitos individuais homogêneos e seu substrato coletivo: ação coletiva e os mecanismos previstos no Código de Processo Civil de 2015. *Revista de Processo,* São Paulo, vol. 241, p. 337-358, 2015, versão eletrônica.

TEMER, Sofia. *Incidente de Resolução de Demandas Repetitivas.* Salvador: Juspodivm, 2016.

YOSHIKAWA, Eduardo Henrique de Oliveira. O incidente de resolução de demandas repetitivas no novo Código de Processo Civil: comentários aos arts. 930 a 941 do PL 8.046/2010. *Revista de Processo,* São Paulo, vol. 206, p. 243-270, 2012, versão eletrônica.

ZANETI JR., Hermes. Comentários aos arts. 926 a 928. In: CABRAL, Antonio do Passo e CRAMER, Ronaldo. *Comentários ao Novo Código de Processo Civil.* Rio de Janeiro: Forense, 2015.

CAPÍTULO VIII

LEGITIMIDADE

1

OS SUJEITOS DO PROCESSO NO INCIDENTE DE RESOLUÇÃO DE DEMANDAS REPETITIVAS (IRDR): DA LEGITIMIDADE À INTERVENÇÃO

Fernanda Costa Vogt[1]

1. INTRODUÇÃO

Este trabalho pretende tecer algumas considerações a respeito do papel dos sujeitos do processo no âmbito do Incidente de Resolução de Demandas Repetitivas (IRDR), examinando as peculiaridades que lhe são inerentes em um contexto de prestígio crescente às decisões exaradas pelos tribunais.

À medida que a instauração do incidente suspende processos tanto individuais como coletivos que têm em seu bojo a questão de direito a ser discutida no incidente, há como consequência inevitável a afetação da esfera jurídica de uma infinidade de sujeitos.

Questões como a legitimidade e o interesse para a deflagração do incidente, bem como o impacto à esfera jurídica individual – e, em alguns cenários, coletiva – desses sujeitos pretendem ser debatidas. Para tanto, relevante a *interface* com teorias próprias do processo coletivo, nada obstante as idiossincrasias inevitavelmente guardadas pelo IRDR, instituto singular quando em contraste com o direito comparado. A título de premissa, será considerada a sua inserção no

1. Mestranda em Direito Processual pela UERJ.

sistema de precedentes obrigatórios trazido pelo novo diploma processual civil brasileiro.

Por esta razão, a noção de sistema processual – e, assim, do ordenamento como um sistema que se almeja preservar em sua integralidade – é, a todo tempo, uma diretriz para este estudo, além da necessidade de ter em perspectiva os novos contornos assumidos pela jurisdição, afastando-se, cada vez mais, do formato meramente declaratório de direitos *inter partes*.[2]

2. Breves considerações sobre a inserção do IRDR no microssistema de formação de precedentes vinculativos

A tônica das discussões em torno do Incidente de Resolução de Demandas Repetitivas coloca-se na sua alocação no chamado *microssistema de formação de precedentes*, dada a vinculatividade da qual foi dotada a decisão resultante do incidente, tanto para os processos por ele sobrestados como para as decisões judiciais futuras, o que lhe imprime especial eficácia prospectiva.

Nesse passo, esta dissociação em relação às questões de fundo faz com que se torne perceptível a distinção entre as decisões vinculativas resultantes do incidente e os precedentes típicos do *stare decisis* do *common law*, o que, por consequência, tinge de novos matizes a discussão acerca da legitimidade e da participação dos sujeitos no IRDR.

Tal premissa é essencial para a compreensão do estudo de qualquer questão referente aos precedentes e ao IRDR em si próprio, embora se possa, como se pretende demonstrar, às influências germânicas do procedimento-modelo (*Musterverfahren*),[3] e austríacas e inglesas, no que se refere às causas-piloto (*Pilotverfahren* e *Group Litigation Order*,[4]respectivamente). De todo modo, o instituto encontra-se na fratura entre essas diversas águas, ao passo que, nos encontros – e, talvez, desencontros – entre os seus afluentes, manifesta-se em sentido um tanto particular, "à brasileira".[5]

---

2. CABRAL, Antonio do Passo. Per um novo concetto di giurisdizione. *Revista da Faculdade Mineira de Direito*, v. 18, 2015. WAMBIER, Teresa Arruda Alvim. Estabilidade e adaptabilidade como objetivos do direito: *civil law* e *common law*. *Revista de Processo*, vol. 172, jun/2009, v. eletrônica, p. 9. Tradicionalmente, CHIOVENDA, Giuseppe. *Principii di Diritto Processuale Civile*. 3ª ed. Napoli: Jovene, 1923, p. 62-71.

3. Amplamente, MENDES, Aluisio Gonçalves de Castro. *Incidente de Resolução de Demandas Repetitivas*. Rio de Janeiro: Forense, 2017, p. 33 ss. CABRAL, Antonio do Passo. O novo procedimento-modelo (*Musterverfahren*) alemão: uma alternativa às ações coletivas. *Revista de Processo*, n. 147, maio/2007. MENDES, Aluisio Gonçalves de Castro; SILVA, Larissa Clare Pochmann da. Ações coletivas e Incidente de Resolução de Demandas Repetitivas: algumas considerações sobre a solução coletiva de conflitos. *Revista Jurídica Direito e Paz*, ano XVIII, n. 35, p. 260.

4. Sobre o tema: MENDES, Aluisio Gonçalves de Castro. *Incidente de Resolução de Demandas Repetitivas* cit., p. 55 ss. *Idem, Ações coletivas e meios de resolução de conflitos no direito comparado e nacional*. 4ª ed. São Paulo: Revista dos Tribunais, 2014, p. 54-64.

5. Ressaltando as afinidades, além de tudo, com institutos pátrios, como os recursos excepcionais repetitivos, os quais seriam, no sistema, "complementados" pelo IRDR, além dos antigos Incidente de Uniformi-

Impossível ignorar a tensão sinérgica entre os ordenamentos de *common law* e *civil law* e as recíprocas influências sofridas, que têm encaminhado os sistemas para uma série de "matizes e entretons", não mais enquadráveis ao preto e branco tradicionalmente vinculado às características estanques das duas famílias jurídicas.[6] As questões que se colocam a respeito do Incidente de Resolução de Demandas Repetitivas tocam, de alguma forma, a sua categorização nesse ponto de sinergia entre as famílias jurídicas tradicionais, e, sobretudo, a alocação do próprio ordenamento brasileiro, que, embora adepto do sistema romano-germânico, passa a dotar de vinculatividade as decisões exaradas pelos tribunais nos termos dos artigos 926 e 927 do CPC.

Também são vinculativas as decisões proferidas em sede do Incidente de Assunção de Competência (art. 947 do CPC), figura jurídica que se afasta do IRDR na medida em que prescinde de multiplicidade e, à sua vez, opera expressão de relativa e especial vagueza semântica: "grande repercussão social" – o que, de fato, empodera as cortes de segunda instância.

No que tange ao estudo dos precedentes, Aluisio de Castro Mendes salienta, por outro lado, a preservação de diferenças estruturais entre os ordenamentos jurídicos, como o contraste entre o método de raciocínio indutivo do *common law* e o raciocínio dedutivo de sistemas como o nosso,[7] que partem da lei para a interpretação do precedente e para sua formação, compreendido como norma.[8]

Nesse cenário, fica clara a necessidade de investigar quais os sujeitos legitimados para suscitar o IRDR e, assim, as principais implicações dessa legitimidade no sistema. A compreensão quanto à natureza da decisão produto-final do incidente traz, como se verá, impactos diretos na representatividade dos sujeitos cujos processos foram sobrestados, embora, em uma primeira análise, pareçam questões independentes.

---

zação de Jurisprudência e o Incidente de Declaração de Inconstitucionalidade, ao qual remonta o procedimento que se divide em dois momentos: MENDES, Aluisio Gonçalves de Castro. *Incidente de Resolução de Demandas Repetitivas cit.* p. 66.

6. Sobre o "hibridismo" na tradição brasileira, BARBOSA MOREIRA, José Carlos. O processo civil brasileiro entre dois mundos. *Revista da EMERJ*, v. 4, n. 16, 2001, p. 17. ZANETI JR., Hermes. *O valor vinculante dos precedentes.* Salvador: Juspodivm, 2015, p. 39, 315.

7. MENDES, Aluisio Gonçalves de Castro. *Incidente de Resolução de Demandas Repetitivas cit.*, p. 77.

8. Para Fredie Didier Jr, Paula Sarno Braga e Rafael Alexandria, uma norma-regra, a ser aplicada pelo método subsuntivo. DIDIER JR., Fredie; BRAGA, Paula Sarno; OLIVEIRA, Rafael Alexandria de. *Curso de Direito Processual Civil.* 11ª ed. Salvador: JusPodivm, 2016, v. 2, p. 465. Para Lucas Buril de Macêdo, embora seja necessário sempre extrair uma regra do precedente, não se exclui a possibilidade de conviverem princípios no bojo do mesmo precedente, como *ratione decidendis* diversas; vale dizer: há a possibilidade de ser extraída mais de uma norma, de natureza distinta, do precedente. Parece a posição mais adequada: há uma *ratio* que constitui regra, mas adicionalmente poderá ser constituído também um princípio. MACÊDO, Lucas Buril. *Precedentes judiciais e o direito processual civil.* Salvador: Juspodivm, 2015, p. 236-237.

3. OS LEGITIMADOS PARA A INSTAURAÇÃO DO IRDR E SUA CONFIGURAÇÃO SISTÊMICA

3.1 A legitimidade do juiz, do relator e do colegiado para a deflagração do incidente à luz da compreensão gerencial sobre os poderes do juiz

A lei processual prevê, nos termos do art. 977 do CPC, que o IRDR pode ser suscitado de ofício pelo juiz de primeiro grau ou pelo relator, o que, em princípio, pode se revelar uma relativização tanto do princípio da demanda como da inércia judicial, normalmente prestigiada pelo privatismo.[9] Nada obstante, a possibilidade apresenta-se compatível com os poderes gerenciais dos magistrados, corroborados pelo art. 139, X do CPC.

Muito embora trate o dispositivo expressamente da prerrogativa do magistrado de oficiar legitimados como o Ministério Público e a Defensoria para o ajuizamento de ação coletiva, é possível, em sentido ampliativo, atender às demais hipóteses de julgamento por amostragem, por ser dispositivo que trata, a rigor, de *direitos individuais homogêneos*.[10]

A ênfase, portanto, não deve estar nas ações coletivas em si, mas nos direitos a serem tutelados através de um poder-dever do juiz consagrado no art. 139, X, já que o Incidente de Resolução de Demandas Repetitivas passa a atuar, na tutela desses direitos, de forma complementar às ações coletivas.[11] Há parcela doutrinária que chega a compreender que o IRDR poderia, em certos termos, ser concebido como "processo coletivo", na medida em que tem como objeto de solução uma "situação jurídica coletiva", ou seja, de titularidade de um grupo (coletividade) – ainda que seu escopo não seja a formação de coisa julgada, elemento que, no entendimento desses autores, não seria ínsito ao conceito de processo coletivo.[12]

Não fosse apenas por esta razão, pode-se extrair a conclusão também de uma leitura sistemática do art.139, que, ao tratar dos poderes e deveres do juiz,

---

9. "Eu relativizo a definição do espaço de inércia ou de iniciativa do juiz e penso que as lições da doutrina estrangeira devem ser recebidas nessa matéria com cautela, porque as realidades não são iguais. Parece-me claro que a liberdade humana exige um juiz inicialmente inerte (...)". GRECO, Leonardo. Publicismo e privatismo no processo civil. *Revista de Processo*, vol. 164, 2008, v. eletrônica, p. 11.

10. O dever do art.139, X seria, na verdade, compatível com a legitimidade do art. 977, I. DIDIER JR., Fredie; ZANETI JR., Hermes. Ações coletivas e o Incidente de Julgamento de Casos Repetitivos. In: DIDIER JR., Fredie; CUNHA, Leonardo Carneiro da (Coord.). *Julgamento de casos repetitivos*. Coleção Grandes Temas do Novo CPC. Salvador: Juspodivm, 2017, v. 10, p. 189, nota 16.

11. MENDES, Aluisio Gonçalves de Castro; SILVA, Larissa Clare Pochmann da. Ações coletivas e Incidente de Resolução de Demandas Repetitivas: algumas considerações sobre a solução coletiva de conflitos. *Revista Jurídica Direito e Paz*, ano XVIII, n. 35, p. 257-258.

12. DIDIER JR., Fredie; ZANETI JR., Hermes. Ações coletivas e o Incidente de Julgamento de Casos Repetitivos *cit.*, p. 182-185.

consagra, no inciso VI, a flexibilização procedimental judicial,[13] a refletir um crescente papel gerencial do magistrado no curso do procedimento.[14]

Indo além, questão de importante relevo quanto à legitimidade do magistrado é a existência de processos no âmbito do próprio tribunal e, sobretudo, a obrigatoriedade de que haja processo sob a atuação em concreto do juiz de primeira instância que discuta a questão de direito a ser suscitada no incidente quando este vier a deflagrá-lo. Se assim não fosse, faria realmente sentido vislumbrar certa mácula à inércia jurisdicional[15] – ainda que houvesse outros processos afins naquele mesmo tribunal.[16]

Muito embora o art. 977, I, mencione apenas o juiz ou o relator como legitimados, convém a extensão de sua leitura para o órgão colegiado, ainda que assim não tenha sido expresso o legislador. Se o juiz natural do recurso é o colegiado, trata-se de decorrência normativa lógica que por razões ainda maiores esse órgão possa suscitar o incidente. Na dinâmica dos votos do colegiado, se o relator restasse vencido frente aos demais componentes do órgão, a literalidade do dispositivo do art. 977, I, não poderia impedir a instauração do incidente.[17]

Nessa linha de raciocínio, o autor rememora institutos de matriz semelhante que comportam a mesma *ratio*, como o incidente de arguição de inconstitucionalidade, no qual a arguição, após submetida ao órgão fracionário, é encaminhada ao plenário do órgão especial do tribunal. Individualmente, é possível que integrante da turma ou câmara levantar inconstitucionalidade a ser declarada,

13. GAJARDONI, Fernando da Fonseca. Comentário ao art. 139. In: CABRAL, Antonio do Passo; CRAMER, Ronaldo. *Comentários ao Novo Código de Processo Civil.* 2ª ed. Rio de Janeiro: Forense, 2016, p. 253. Fernando Gajardoni já entendia pela existência de um sistema de flexibilização procedimental judicial ainda que não houvesse previsão legal a respeito, ainda que a regra prevalecente fosse a legalidade das formas: *Idem,* Adequação e adaptabilidade procedimental. In: ZUFELATO, Camilo; YARSHELL, Flávio Luiz (Org.). *40 anos da Teoria Geral do Processo no Brasil*: passado, presente e futuro. São Paulo: Malheiros, 2013, p. 315-316.

14. O que, como salienta Judith Resnik, favorece, sobretudo, a eficiência nos mais variados momentos procedimentais, levando à implementação de técnicas cada vez mais elaboradas de gestão. RESNIK, Judith. Managerial Judges. *Harvard Law Review,* n. 96, 1982/1983, p. 395 ss. No entanto, como salientam Angelo Dondi, Vicenzo Ansanelli e Paolo Comoglio, pensar o juiz como organizador-gestor do procedimento não se trata, por outro lado, de exclusividade das culturas processuais anglo-saxãs, apontando a experiência de ordenamentos como o espanhol e o francês: DONDI, Angelo; ANSANELLI, Vincenzo; COMOGLIO, Paolo. *Processo civil comparado*: uma perspectiva evolutiva. Coord. e revisão da tradução Luiz Guilherme Marinoni, Sérgio Cruz Arenhart, Daniel Mitidiero. São Paulo: Revista dos Tribunais, 2017, p. 58.

15. Para Sofia Temer, a grande questão em torno da legitimidade do juiz para suscitar o incidente não seria a outorga de poderes de ofício para tanto, porque consoante com a natureza de "processo objetivo" do incidente, mas sim perquirir a partir de quais processos seria possível instaurá-lo. TEMER, Sofia. *Incidente de Resolução de Demandas Repetitivas.* Salvador: Juspodivm, 2016, p. 103.

16. MENDES, Aluisio Gonçalves de Castro. *Incidente de Resolução de Demandas Repetitivas cit.*, p.131.

17. MENDES, Aluisio Gonçalves de Castro. *Incidente de Resolução de Demandas Repetitivas cit.*, p. 130.

dependendo, no entanto, para a instauração do incidente, da maioria ou da unanimidade dos votos do colegiado.[18]

A tônica por trás da previsão restritiva foi imprimir celeridade, em consonância com o que pretende, afinal, o IRDR ele mesmo, ao sobrestar múltiplas demandas e resolver de forma concentrada a questão de direito comum. Por outro lado, a vontade do legislador, ou seja, a intenção do legislador histórico "de carne e osso"[19] – importante elemento da interpretação – traz significativas pistas quanto à razão de ser da previsão, já que o referido viés de celeridade, de abreviação do procedimento e de prestígio a decisões monocráticas fez-se, em determinada medida, presente.[20]

Por outro lado, a própria intenção do legislador permite a atribuição de significados diversos da literalidade do texto normativo.[21] Daí se depreende sua intenção de prestígio à celeridade sem ofuscar a obviedade da suscitação do incidente pelo colegiado como nas decisões monocráticas de modo geral, que, é verdade, não obstam uma decisão conclusiva do colegiado – ainda que na presente discussão não se trate de decisão propriamente.

Assim, o argumento parece ganhar relevo na medida em que os poderes do relator justificam-se na celeridade e na eficiência dos provimentos, investindo-o de poder para o julgamento monocrático das questões fundadas em precedentes, como faz o art. 932, IV e V do CPC. Mais uma vez, está presente a diretriz de gerenciamento processo, além da eficiência e da simplificação do processo decisório[22] – ou na filtragem de inadmissibilidades. Um juiz que se porta como organizador-gestor do procedimento assim o faz durante todo o seu percurso,[23] de tal modo que semelhante diretriz transcende a figura do magistrado de primeira instância e se estende também para o papel desempenhado pelos tribunais em segunda instância.

No caso do IRDR, exigiu-se ainda menos, com o mesmo objetivo em que se apoiam as decisões monocráticas: a economicidade e o fim de alcançar um resul-

---

18. MENDES, Aluisio Gonçalves de Castro. *Incidente de Resolução de Demandas Repetitivas cit.*, p. 130.

19. GUASTINI, Ricardo. *Interpretare e argomentare.* Milano: Giuffrè Editore, 2011, p. 273.

20. "A justificação para tais disposições está justamente na tentativa de obstaculização da litigiosidade pela vinculação às decisões (e enunciados de súmula) proferidas pelos tribunais superiores (vinculação vertical) e pelos próprios órgãos jurisdicionais (vinculação horizontal), de modo a racionalizar o julgamento de demandas repetitivas". ABREU, Rafael Sirangelo de. *Igualdade e processo*: posições processuais equilibradas e unidade do direito. São Paulo: Revista dos Tribunais, 2015, p. 232.

21. GUASTINI, Ricardo. *Interpretare e argomentare cit.*, p. 272.

22. ABREU, Rafael Sirangelo de. *Igualdade e processo*: posições processuais equilibradas e unidade do direito *cit.*, p. 235.

23. SOUSA, Miguel Teixeira de. *Apontamento sobre o princípio da gestão processual no novo Código de Processo Civil.* Mimeografado, p. 5, 7.

tado mais célere diante da multiplicidade de processos. E, quando exigido menos, nada obsta que seja possível também mais.[24]

3.2 A legitimidade do Ministério Público e da Defensoria Pública

Nos termos do art. 977, III do CPC, pode também o IRDR ser requerido pelo Ministério Público ou pela Defensoria Pública, para além da natural possibilidade de provocação pelas partes, prevista no art. 977, II. A norma legal encontra justificativa no interesse público afetado ao incidente, o qual não o restringe ao requerimento das partes – que pode ser unilateral ou por convenção.[25]

Encontra-se no espectro de discricionariedade do juiz que deflagre ele mesmo o incidente ou oficie outros legitimados atuantes em benefício do interesse público, o que, como visto, poderia ser depreendido extensivamente do art. 139, X do CPC como um poder-dever do juiz.[26]

Flagrante, portanto, a semelhança entre os legitimados para a propositura do incidente e os legitimados para as ações coletivas, o que permite supor que a legitimidade para a instauração do IRDR teria a natureza de legitimidade extraordinária,[27] na compreensão desta como modelo normativo abstrato (*situação legitimante*), que não estaria justificada em posição assumida numa relação substancial.[28]

Inevitável, ao falar em legitimidade para o IRDR, estudá-la acoplada ao interesse, na medida em que a tese jurídica resultante do incidente transcende o conflito individualístico entre A e B, e guarda, na qualidade de precedente, *ratio decidendi* própria, podendo assumir múltiplos formatos, que explicam a amplitude do rol de legitimados, para além das partes. Explica, até mesmo, o aspecto aparentemente polêmico da instauração de ofício pelo juiz.[29]

---

24. MENDES, Aluisio Gonçalves de Castro. *Incidente de Resolução de Demandas Repetitivas cit.*, p. 130.
25. *Ibidem*, p. 131.
26. Opta-se pela referência a "poder-dever" já que a investidura (poder) precederia logicamente a situação jurídica passiva.
27. TEMER, Sofia. *Incidente de Resolução de Demandas Repetitivas cit.*, p. 103.
28. BARBOSA MOREIRA, José Carlos. Apontamentos para um estudo sistemático da legitimação extraordinária. *Direito processual civil:* ensaio e pareceres. Rio de Janeiro: Forense, 1971, p. 58-59.
29. No ponto, Sofia Temer adota essa premissa, mas a desenvolve como se exclusiva ao IRDR e, por isso, distintiva: "Enquanto no processo tradicional a situação substancial submetida a juízo é que dita, via de regra, a legitimação dos sujeitos para a prática de todos os atos encadeados e coordenados que levam ao ápice da pacificação do conflito, no IRDR a lógica é distinta. Não havendo essa fonte (relação jurídica substancial) de presunção de legitimidade) para todos os atos processuais, é necessário perquirir a legitimação para cada ato (ou conjunto de atos) que o sujeito deseje praticar" (TEMER, Sofia. *Incidente de Resolução de Demandas Repetitivas cit.*, p. 144). No entanto, esta perspectiva também pode ser observada no processo individual comum, basta analisar a falta de identidade muitas vezes entre os legitimados para recorrer e os legitimados para agir, o que se verifica no recurso de terceiro prejudicado, p.ex. Não se trata de *quid* específico ao IRDR que o abstrativize e o afaste por completo da lide.

Veja-se que, assim, o Ministério Público seria um legitimado extraordinário que, além de deflagrar o incidente, teria poderes para conduzi-lo, justificados no seu papel de fiscal da ordem jurídica, como preveem os art. 127, *caput* e 129, IX da Constituição da República. Mesmo porque, se o escopo de sua atuação é a tutela da ordem jurídica, a uniformização, como consequência do precedente resultante do IRDR, confluiria com o objetivo de tutelar a inteireza do ordenamento, ou seja, com o caráter uniformizador do direito, em consonância com os princípios de isonomia e segurança jurídica.[30]

De fato, desvincula-se, nesse movimento, da noção tradicional de parte processual e passa à peculiaridade de ser uma "parte pública",[31] o que corrobora a legitimidade que lhe foi outorgada para a deflagração do incidente.

No que tange à Defensoria Pública, sua legitimidade também encontra afinidade com a legitimidade extraordinária para as ações coletivas, na esteira do que prevê o art. 134 da Constituição, dando prosseguimento à nova feição que assumiu a instituição ao tomar para si a atuação em juízo de questões com repercussão sobre a esfera jurídica de massas, que transcendem, portanto, um só conflito intersubjetivo.

Também nesse sentido, acredita-se que a legitimidade da Defensoria Pública para a instauração e subsequente condução do incidente estaria fortemente atrelada aos seus objetivos institucionais – vale dizer, quando a questão comum a ser discutida no incidente guardasse relação com a tutela dos hipossuficientes.[32]

Subjacente a isso está justamente a noção de legitimidade extraordinária conglobante, teoria encampada por José Manuel de Arruda Alvim e reforçada por Hermes Zaneti Jr. quando do exame das diversas teses desenvolvidas para a justificação da legitimidade extraordinária, muitas delas culminando em redundâncias e em leituras equivocadas. Chegou-se a defender o emprego da teoria do direito de condução do processo (*Prozessführungsrecht*), de Konrad Hellwig, numa compreensão, advogada por Nelson Nery Jr., de "legitimidade extraordinária para a condução do processo", que, no direito brasileiro, nada faria além de convergir com uma das subespécies de legitimidade extraordinária.[33]

---

30. MENDES, Aluisio Gonçalves de Castro. *Incidente de resolução de demandas repetitivas:* sistematização, análise e interpretação do novo instituto processual *cit.*, p. 132.

31. ZANETI JR., Hermes. *O Ministério Público e o novo processo civil.* Salvador: Juspodivm, 2018, p. 209-212.

32. MENDES, Aluisio Gonçalves de Castro. *Incidente de resolução de demandas repetitivas:* sistematização, análise e interpretação do novo instituto processual *cit.*, p. 133.

33. "Portanto, por sua vez, também inadequado demonstra-se o instituto do direito de conduzir o processo (*Prozessführungsrecht*). A legitimação autônoma (direito de conduzir o processo) é uma busca alternativa ao intrincado – e muitas vezes fugidio à lógica formal – instituto da substituição processual. Resguardadas as diferenças entre os sistemas, é compreensível *dentro da chamada legitimação extraordinária por substituição autônoma exclusiva*, já tradicionalmente aceita em nosso ordenamento. Assim, o autor é substituto processual, agindo sem necessidade de autorização e em nome do direito subjetivo de outrem, de modo que os próprios titulares individuais não poderiam fazer valer diretamente seus

Na verdade, a legitimidade extraordinária conglobante tocaria justamente a legitimidade observada no Incidente de Resolução de Demandas Repetitivas, principalmente quanto à legitimidade do Ministério Público e da Defensoria Pública. Trata-se do exame comparativo *(i)* entre o legitimado extraordinário, *(ii)* a natureza da questão a ser levada a juízo e *(iii)* o sistema de decisões vinculantes.

Pela teoria da legitimidade extraordinária conglobante, a legitimação poderia e deveria ser extraída do sistema e dos valores a ele caros,[34] por isso o prestígio aos objetivos institucionais dos legitimados e à importância de seu atuar para a unidade do sistema processual.

Por essa precisa razão, a legitimidade do Ministério Público estaria claramente justificada em sua orientação institucional, sempre que se fizesse necessária a preservação da inteireza do ordenamento. Nesse caso, o exame comparativo próprio à legitimidade extraordinária conglobante seria sempre exitoso, uma vez que os interesses institucionais do Ministério Público comportariam a formação de um precedente pelos tribunais de segunda instância ("Cortes de Justiça"), a gerar, por consequência, segurança jurídica e unidade para o sistema.[35]

Afinal, é o próprio Ministério Público que tem para si, constitucionalmente, a função de garantir a integridade, a coerência e, portanto, a unidade do ordenamento jurídico, confluindo com o objetivo último do incidente.[36] Não acreditamos que tenha sido à toa que o legislador dispôs que, em caso de desistência da demanda pela parte do processo-piloto, venha o Ministério Público a sucedê-la na condução do IRDR, nos termos do art. 976, § 1º do CPC.[37]

No caso da Defensoria Pública, o caráter conglobante é observado em função da referida afinidade entre a questão jurídica a ser solucionada pelo incidente e o impacto sobre grupos hipossuficientes, vindo a despertar o interesse e, por conseguinte, a legitimação da instituição para a deflagração do IRDR. Estaria, portanto, justificada a previsão legislativa do art. 977, III do CPC, mas, assim como nas ações coletivas, haveria a necessidade de algo mais, um controle judicial da legitimidade (*ope judicis*).

---

direitos subjetivos coletivos" (ZANETI JR., Hermes. A legitimação conglobante nas ações coletivas: a substituição processual decorrente do ordenamento jurídico. *Revista Videre*, Dourados, ano 2, n. 3, jan./jun. 2010, p. 112).

34. ZANETI JR., Hermes. A legitimação conglobante nas ações coletivas: a substituição processual decorrente do ordenamento jurídico *cit.*, p.105.

35. Adotando a visão de que as chamadas "Cortes de Justiça" imprimiriam "um mínimo de segurança" ao sistema enquanto os tribunais superiores, "Cortes de Precedentes" não resolvessem em definitivo a questão. Ainda assim, as Cortes de Justiça deveriam uniformizar suas respectivas jurisprudências, sendo este o escopo do IRDR e do IAC: MITIDIERO, Daniel. *Precedentes*: da persuasão à vinculação. 2ª ed. São Paulo: Revista dos Tribunais, 2017, p. 78.

36. Zaneti encontra justificativa também no enorme impacto e relevância social desses procedimentos na vida das pessoas. ZANETI JR., Hermes. *O Ministério Púbico e novo processo civil cit.*, p. 38.

37. Ibidem, p. 38.

É o que Hermes Zaneti Jr. atribui a uma perspectiva evolutiva,[38] na adequação entre meios e fins: avaliar se efetivamente existe uma razão de ser para a legitimação. O exame do efetivo interesse da Defensoria na instauração incidente recorre à análise das questões de fato do processo-piloto – se há, de fato, questões de direito pertinentes aos sujeitos hipossuficientes. Além de tudo, evidenciam-se limites mais fluidos entre as questões de fato e as questões de direito.[39]

3.2.1 A legitimidade (conglobante) e o interesse do juiz na propositura do IRDR: novos contornos para institutos clássicos

Note-se que raciocínio similar observou-se, até mesmo, no exame da deflagração do incidente pelo magistrado, uma vez que, ainda que haja a previsão pura e sem pormenores, do art. 977, I do CPC, se não houver processos sob a jurisdição daquele juiz que envolvam a questão jurídica a ser afetada, não há que se admitir a instauração de ofício do incidente, uma vez que não haveria razão de ser para aquela legitimidade. Convém, sobretudo, indagar *que tipo de interesse seria este*, acoplado à legitimação do juiz, que passaria, então, neste cenário, a ser submetido aos mesmos filtros de admissibilidade para a consecução de seus atos.[40]

Reestruturam-se, assim, as funções dos sujeitos e, até mesmo, dos pressupostos processuais tradicionalmente conhecidos,[41] o que só é possível, note-se, em razão do escopo a que se pretende o incidente: a formação da tese jurídica. Esse exame de afinidade entre legitimados e o escopo prospectivo de promover a unidade do ordenamento (e não apenas solucionar um conflito pretérito) ressignifica o estudo dos sujeitos do processo.

---

38. ZANETI JR., Hermes. A legitimação conglobante nas ações coletivas: a substituição processual decorrente do ordenamento jurídico *cit.*, p.112.

39. Não há espaço aqui para profundas divagações sobre o tema, embora de enorme relevância. Em sentido pioneiro no Brasil, por tradução de Arruda Alvim: BAUR, Fritz. Da importância da dicção *"iura novit curia". Revista de Processo*, ano 1, n.3, jul/set 1976, p. 169-177. Em estudo recente: LANES, Júlio Cesar Goulart. *Fato e direito no processo civil cooperativo.* São Paulo: Revista dos Tribunais, 2014. Na Alemanha, por todos: SEITER, Hugo. Beweisrechtliche Probleme der Tatsachenfeststellung bei richterlicher Rechtsfortbildung *in* GRUNSKY, Wolfgang; STURNER, WALTER, Gerhard; WOLF, Manfred. *Festschrift fur Fitz Baur.* Tubingen: J. C. B. Mohr (Paul Siebeck), 1981, p. 573-579. RÜSSMANN, Helmut. Zur Abgrenzung von Rechts- und Tatfrage *in* KOCH, H. J. (Hrsg.). *Juristische Methodenlehre und analytische Philosophie*, 1976, p. 242-271. Também disponível em http://ruessmann.jura.uni-sb.de/rw20/people/ruessmann/Rechtsfrage/frame.htm, acessado em 19/05/2019.

40. Por isso o acerto de James Goldschmidt ao diferenciar os atos processuais estimulantes (*Erwirkungshandlungen)*, aqueles que necessitam da interpelação de outro sujeito para produzirem efeitos, e determinantes *(Bewirkungshandlungen)*, que não dependem dessa mediação, substituindo a antiga classificação que os repartia em postulativos e causativos, expressões que, na etimologia, remeteriam a posições estanques dos sujeitos do processo (partes e juiz, respectivamente). GOLDSCHMIDT, James. *Der Prozess als Rechtslage*: eine Kritik des Prozessualen Denkens. Berlin/Heidelberg: Springer, 1925, p. 465 ss.

41. CABRAL, Antonio do Passo. Despolarização do processo, legitimidade *ad actum e* zonas de interesse: sobre a migração entre polos da demanda.In: ZUFELATO, Camilo; YARSHELL, Flávio Luiz (Org.). *40 anos da Teoria Geral do Processo no Brasil*: passado, presente e futuro. São Paulo: Malheiros, 2013, p. 55-63. DINAMARCO, Cândido Rangel. *Litisconsórcio.* 8ª ed. São Paulo: Malheiros, 2009, p. 127-128.

Indo além, uma legitimidade como a que se vislumbra – extraída do sistema – é importante, talvez mais do que se prendesse ao isolamento a um só texto, a um só dispositivo legal. Se o sistema preocupa-se com unidade e coerência, busca-se uma racionalidade que passa a permitir padrões interpretativos, vale dizer, a "replicabilidade da justificação", o que se coaduna com perfeição com os mecanismos de julgamento por amostragem e, principalmente, com a segurança jurídica pretendida por um sistema de precedentes.[42]

Por isso, ressuscitam-se as considerações iniciais sobre a importância do fortalecimento institucional para que os novos mecanismos de julgamento por amostragem, uma vez implantados garantam estabilidade ao sistema processual.

3.3 Legitimidade extraordinária no IRDR: controle da representatividade adequada? Uma comparação com o procedimento-modelo alemão e com as ações coletivas brasileiras

Vale lembrar a importante tomada de posição do legislador de 2015, na medida em que adotou o modelo dos processos-teste ou piloto, e não dos processos-modelo,[43] como prevê o art. 978, parágrafo único do CPC. Optou-se por um modelo de unidade cognitiva e decisória, que não se afasta por completo do caso concreto, na medida em que o órgão colegiado, além de julgar o incidente e fixar a tese jurídica, julga também o processo afetado.[44]

No ponto, o IRDR se diferencia das ações coletivas, que contam com representantes adequados designados pela lei ou pelo próprio juiz. No IRDR, os processos paralelos são resolvidos de maneira individualizada, embora unidos pela questão comum.

No *Musterverfahren* alemão, a escolha dos sujeitos atuantes no procedimento apresenta variáveis em suas duas espécies. No âmbito administrativo e social, a escolha é feita pelo órgão judicial, que, ao selecionar os casos-modelo, leva em conta o grau de interesse das partes representativas. Já nos processos-modelo no

---

42. MITIDIERO, Daniel. *Precedentes*: da persuasão à vinculação *cit.*, p. 64-65.

43. Nada obstante as importantes influências sofridas pelo procedimento-modelo alemão, no qual, todavia, o que existe é cisão cognitiva e decisória para a resolução da questão comum, cabendo ao juízo de origem julgar a questão principal. Antonio do Passo Cabral observa que mais técnica teria sido a escolha pelo formato do procedimento-modelo, com cisão cognitiva entre dois órgãos, ou seja, restando ao tribunal a cognição apenas sobre a questão comum. CABRAL, Antonio do Passo. Do Incidente de Resolução de Demandas Repetitivas: comentários aos art. 975 a 987. In:CABRAL, Antonio do Passo; CRAMER, Ronado. *Comentários ao Novo Código de Processo Civil.* 2ª ed. Rio de Janeiro: Forense, 2016.

44. Apesar disso, é importante notar que, se houver desistência do processo afetado, nos termos do art. 976, § 1º, o julgamento do IRDR ou do recurso repetitivo passa a ter natureza de causa-modelo, e não mais de causa-piloto, porque já não ocorrerá o julgamento do caso concreto. DIDIER JR., Fredie; CUNHA, Leonardo Carneiro da. Recurso contra decisão proferida em incidente de resolução de demandas repetitivas que apenas fixa tese jurídica. In: DIDIER JR., Fredie; CUNHA, Leonardo Carneiro da (Coord.). *Julgamento de casos repetitivos.* Coleção Grandes Temas do Novo CPC. Salvador: Juspodivm, 2017, v. 10, p. 316. CÂMARA, Alexandre Freitas. *O novo processo civil brasileiro.* São Paulo: Atlas, 2015, p. 479.

âmbito do mercado de capitais, a lei determinou algumas balizas, como a aptidão do autor para conduzir o procedimento em consonância com os interesses das partes, os acordos entre os autores dos processos individuais (em sua maioria, sobre quem será o *Musterkläger*), bem como a dimensão da pretensão que está sendo deduzida em cada um dos processos. Dessa forma, a doutrina propõe o emprego desses parâmetros *de lege ferenda* para a experiência brasileira.[45]

No Brasil, diante da multiplicidade de interesses paralelos nos processos de origem, a lei garante que os sujeitos que figurem como partes dos processos suspensos, mas não sejam partes do incidente em si, possam intervir voluntariamente para fiscalizar e complementar a atuação das partes do incidente, porque, afinal, a questão jurídica ali discutida lhes interessa diretamente.[46]

A questão mais polêmica coloca-se, como visto, quando o incidente é suscitado de ofício pelo órgão jurisdicional, seja de primeira ou segunda instância, pois então os interessados não serão partes no incidente, tampouco terão uma intervenção provocada em seu bojo. Nota-se assim significativa mudança não só procedimental, mas cultural: o IRDR poderá ser instaurado e julgado sem que haja interferência direta da maioria das partes interessadas – ou de qualquer delas – na solução da questão jurídica.

Disso decorre a crítica quanto a um suposto déficit de contraditório do qual padeceria o incidente, que, por isso, caminharia em abstrato como processo objetivo de discussão exclusiva de tese se não fosse ofertada a possibilidade de os sujeitos dos processos paralelos intervirem no incidente, quem no sentido trazido por Luiz Guilherme Marinoni, em clara aproximação à tutela coletiva dos direitos, atuariam na qualidade de *representantes adequados*.[47]

Ocorre que, como pondera Aluisio Mendes, para a admissão de outros institutos que produzem decisões dotadas de vinculatividade, jamais se exigiu semelhante requisito, como no sistema de precedentes adotado no *common law*,[48] mesmo porque às razões de decidir extraídas do caso-paradigma pouco importa o caráter coletivo ou individual da demanda subjacente.

Outro ponto que reforça essa visão decorre da possibilidade de prosseguimento do incidente para definição da questão comum mesmo no caso de desis-

45. MENDES, Aluisio Gonçalves de Castro. *Incidente de resolução de demandas repetitivas:* sistematização, análise e interpretação do novo instituto processual *cit.*, p. 126.

46. MENDES, Aluisio Gonçalves de Castro. *Incidente de resolução de demandas repetitivas:* sistematização, análise e interpretação do novo instituto processual *cit.*, p. 132.

47. MARINONI, Luiz Guilherme. *Incidente de resolução de demandas repetitivas*: decisão de questão idêntica x precedente. São Paulo: Revista dos Tribunais, 2016, p. 80-81.

48. E, como salienta o autor, sem existir qualquer mecanismo de controle da legitimidade ou da coisa julgada, o que está longe de ser o caso do sistema implementado no ordenamento brasileiro. MENDES, Aluisio Gonçalves de Castro. *Incidente de resolução de demandas repetitivas*: sistematização, análise e interpretação do novo instituto processual *cit.*, p. 199.

tência do processo afetado, nos termos do art. 976, § 1º do CPC. São, na verdade, novos contornos para o exercício da tutela jurisdicional. Na esteira do que já ocorria em sede de controle de constitucionalidade, aponta-se para uma via de *objetivização* da jurisdição, que se desprende de qualquer conflito subjetivo concreto.[49] Isso se reflete na ressignificação de seu conceito tradicional.[50]

No caso de desistência do incidente, a lei impõe que o Ministério Público substitua o então líder (art. 976, § 2º), o que novamente afasta a legitimidade para a condução do incidente de qualquer processo subjetivo – e de qualquer relação jurídica substancial-base, o que reforça o caráter extraordinário da legitimidade e demonstra que não há necessária estabilização subjetiva do incidente na perspectiva das posições ocupadas pelos líderes.

Cogita-se, assim, até mesmo, da possibilidade de alternância entre os condutores para o manejo mais adequado de argumentos no IRDR, ainda que alterações sucessivas, quando de maneira desenfreada e indiscriminada, não se façam, por óbvio, ideais.[51] Chega-se a pensar então em condutores *por ato,* condutores específicos para a sustentação oral por exemplo,[52] com base na melhor aptidão dos sujeitos. Valoriza-se aquilo que cada um poderia fazer melhor.[53]

3.4 A legitimidade das pessoas jurídicas de direito público e das associações civis: pertinência temática?

Fato interessante é que, durante a tramitação do Projeto de Novo CPC no Congresso, a Câmara chegou a incluir no rol de legitimados pessoas jurídicas de direito público e associações que tivessem como finalidade institucional a defesa do interesse ou direito objeto do incidente, o que claramente se aproxima do pressuposto da representatividade adequada próprio às ações coletivas.

Se assim fosse, a plena abstrativização do IRDR, nos olhos de quem assim entende, restaria claramente comprometida porque também seria transposta a discussão quanto à exigência de pertinência temática,[54] própria à legitimidade das as-

49. Nesse sentido, interessante julgado do STJ: SUSPENSÃO EM INCIDENTE DE RESOLUÇÃO DE DEMANDAS REPETITIVAS Nº 9 - SC (2017/0080392-8), j. 10.08.18.

50. Talvez o fenômeno seja parte de um pensar prospectivo para a jurisdição, que, então, funcionaliza-se para a formação da tese jurídica vinculativa para os casos futuros e não mais se exaure na noção retrospectiva de resolução de um conflito pretérito. CABRAL, Antonio. Per un nuovo concetto di giurisdizione *cit.*, p. 30.

51. TEMER, Sofia. *Incidente de resolução de demandas repetitivas cit.*, p. 156.

52. Ibidem, p.156.

53. À semelhança ao que se tem pensado sobre a competência adequada, mas aqui no âmbito subjetivo, da legitimidade. O raciocínio empregado, porém, é o mesmo. Cf. BRAGA, Paula Sarno. Competência adequada. *Revista de Processo*, São Paulo, n. 219, 2013.

54. Rodolfo de Camargo Mancuso traz exemplos em que não haveria pertinência temática, como a atuação de uma associação cujos fins institucionais estivessem dirigidos para a defesa do meio ambiente enquanto a causa discutida em juízo fosse atinente a relações de consumo, ou, no caso de órgão público, remete à FUNAI atuando em juízo para finalidade alheia ao interesse de comunidades indígenas. No caso do IRDR,

sociações e órgãos públicos para o ajuizamento das ações coletivas, o que minaria quaisquer chances de abstrativização do incidente.

Todavia, uma interpretação histórica revela a intenção reducionista do legislador,[55] traduzida na versão final do diploma normativo processual. Nada obsta, porém, que, quando forem partes em algum dos processos de origem, as pessoas jurídicas de direito público e as associações civis se habilitem para deflagrar o incidente.

Por outro lado, a atuação desses interessados como intervenientes seria favorável à eficiência processual, pois, como legitimados coletivos que são, aglutinam uma série de interesses, evitando a habilitação multitudinária de interessados na condição de assistentes, o que seria também positivo para o andamento do incidente e o atingimento de seu escopo – repita-se, a formação da tese jurídica.[56]

4. OS TERCEIROS INTERVENIENTES NA CONDIÇÃO DE INTERESSADOS: A CRÍTICA DE LUIZ GUILHERME MARINONI À INTERVENÇÃO DO *AMICUS CURIAE* E O REQUISITO DA "REPRESENTATIVIDADE ADEQUADA"

Para além das figuras dos legitimados propriamente ditos, quais as implicações da atuação dos sujeitos interessados na qualidade de intervenientes? Em determinada medida, poderá haver impactos sobre os custos do procedimento, a serem repartidos *pro rata*, especialmente se os sujeitos forem em maioria privados – e não o MP ou as referidas associações e entidades de direito público –, o que pode levar a ponderações de ordem econômica acerca do interesse na instauração do incidente quando em flagrante desproporção com o objeto do processo individual sobrestado.[57]

Nesse preciso sentido, quando do estudo do sistema de precedentes sob as luzes da análise econômica do Direito Processual, Luiz Fux e Bruno Bodart observam como a questão das custas é redimensionada em um contexto em que os precedentes passam a simbolizar verdadeiro estoque de capital[58] para o judiciário, e se reposicionam como um novo elemento na equação.[59]

---

pode-se pensar a pertinência temática entre a entidade, na qualidade de legitimada, e a tese jurídica discutida. MANCUSO, Rodolfo Camargo. *Jurisdição coletiva e coisa julgada*: teoria geral das ações coletivas. 2ª ed. São Paulo: Revista dos Tribunais, 2007, p. 429.

55. Como assinalam Daniel Sarmento e Cláudio Pereira de Souza Neto, o trabalho do intérprete quando do manejo deste elemento assemelha-se ao do historiador: SARMENTO, Daniel; NETO, Cláudio Pereira de Souza. *Direito constitucional*: teoria, história e métodos de trabalho. Belo Horizonte: Fórum, 2013, p. 413.

56. MENDES, Aluisio Gonçalves de Castro. *Incidente de resolução de demandas repetitivas:* sistematização, análise e interpretação do novo instituto processual *cit.*, p. 129.

57. Ibidem, p. 134.

58. POSNER, Richard A. *Economic Analysis of Law.* 9th ed. New York: Wolters Kluwers, 2014, p. 759.

59. FUX, Luiz; BODART, Bruno Vinicius Da Rós. Notas sobre o princípio da motivação e a uniformização da jurisprudência no novo Código de Processo Civil à luz da análise econômica do Direito, disponível em:

Sempre se observará o ganho sistêmico que a estabilidade gerada pela tese jurídica trará futuramente, até mesmo, e talvez principalmente, em termos de abreviação procedimental para os casos futuros que restarão vinculados.[60]

Ademais, o procedimento do IRDR é prenhe de cuidados para que não haja defasagem na participação das partes dos processos paralelos, através da ampla divulgação e publicidade em registro eletrônico no CNJ, da intimação das partes assim que suspensos os processos, além da possibilidade de intervenção de *amicus curiae*, que, até mesmo, possui prerrogativa recursal em face da decisão resultante do incidente, nos termos do art. 138, § 3º do CPC. Conta-se, além disso, com a possibilidade de convocação de audiências públicas, nos termos do art.983, § 1º, com o fim específico da oitiva de pessoas com expertise na matéria, se técnica.

Note-se, portanto, que os mecanismos participativos e de efetiva influência são irrestritamente oferecidos aos sujeitos, havendo, sobretudo, a possibilidade de as partes dos processos paralelos originários manifestarem-se diretamente. Nada poderia atender de maneira mais efetiva ao princípio do contraditório do que a defesa diretamente exercida pelo próprio sujeito, com possibilidade de sustentar oralmente.

De outro lado, Luiz Guilherme Marinoni tece ferrenha crítica ao suposto déficit de representatividade adequada do qual padeceria o instituto e à contradição em que incorreria na medida em que seria possível, até mesmo, que o *amicus curiae* interviesse, mas sem que fosse prevista a figura de um representante adequado para instaurar o incidente.

Existe posição doutrinária, à qual não aderimos, no sentido de que a intervenção do *amicus curiae* teria por escopo justamente representar os sujeitos dos processos sobrestados, sendo essa a natureza de sua atuação, tal como um legitimado extraordinário, um substituto processual da coletividade.[61] Por tal razão, o art. 138 do CPC, em sua literalidade, teria previsto o requisito da "representatividade adequada" para o *amicus curiae* na qualidade de terceiro interveniente.[62]

---

https://papers.ssrn.com/sol3/papers.cfm?abstract_id=2982136, acessado em 17/08/2018, p.2.

60. Sobre tal abreviação: ZANETI JR., Hermes. *O valor vinculante dos precedentes cit.*, p. 325. CRAMER, Ronaldo. *Precedentes judiciais*: teoria e dinâmica. Rio de Janeiro: Forense, 2016, p. 61. DIDIER JR., Fredie; BRAGA, Paula Sarno; OLIVEIRA, Rafael Alexandria de. *Curso de Direito Processual Civil*. 11ª ed. Salvador: Juspodivm, 2016, p. 460. ABREU, Rafael Sirangelo de. *Igualdade e processo*: posições processuais equilibradas e unidade do direito. São Paulo: Revista dos Tribunais, 2015, p. 235.

61. FONTE, Felipe de Melo; CASTRO, Natália Goulart. *Amicus curiae,* repercussão geral e o projeto de novo CPC. In: FREIRE, Alexandre; DANTAS, Bruno; DIDIER JR., Fredie (Org.). *Novas tendências do processo civil*: estudos sobre o projeto do novo CPC. Salvador: Juspodivm, 2013, v. 1. p. 879.

62. Nas palavras de Cassio Scarpinella Bueno, "terá 'representatividade adequada' toda aquela pessoa, grupo de pessoas ou entidade, de direito público ou de direito privado, que conseguir demonstrar que tem um específico interesse institucional na causa e, justamente em função disso, tem condições de contribuir para o debate da matéria, fornecendo elementos ou informações úteis e necessárias para o proferimento da melhor decisão jurisdicional". BUENO, Cassio Scarpinella. Amicus curiae *no processo civil brasileiro*: um terceiro enigmático. São Paulo: Saraiva, 2008. p. 147.

Dessa forma, o autor parece aliar o potencial de influência no debate ao interesse institucional, próprio à função desempenhada por um substituto processual que atua em nome próprio na tutela dos interesses de outrem - interesses esses que, pelo requisito da pertinência temática, lhe são caros.

Não parece que a literalidade da norma, ao prever o requisito de "representatividade adequada", atenda à função almejada por ela mesma ao trazer a intervenção do *amicus curiae* como uma das modalidades de intervenção de terceiros. De início, parece atender a um objetivo de potencialização do debate, e não de representar qualquer coletividade que fosse, já que a própria decisão legislativa ao prever sua alocação no "Título III - Da Intervenção de Terceiros" possui generalidade. Não se restringe ao IRDR, sendo aplicável a qualquer procedimento, como as demais modalidades de intervenção ali previstas. Esta leitura sistêmica é a chave para a compreensão para além da letra escrita.[63]

Cabe ainda dar um passo atrás e rememorar que a intervenção do *amicus curiae*, até então admitida nas ações de controle concentrado de constitucionalidade, passou a ser também encampada na qualidade de terceiro *sui generis*,[64] enigmático ou desinteressado, como uma modalidade típica de intervenção de terceiros, que, em princípio, converge com a ampliação de debate necessária ao incidente.[65]

Não parece que o *amicus curiae* atue em juízo, em qualquer hipótese, como representante de quem quer que seja. A remissão seria pura imprecisão terminológica do legislador de 2015, ali inserindo, de maneira inapropriada, requisito típico dos legitimados extraordinários coletivos.

Mais preciso seria pensar critérios como um *potencial de influência para o debate*. Isso porque o *amicus curiae* não está em juízo defendendo em nome próprio direito alheio como enuncia o art.18 do CPC. Sua função é eminentemente técnica, e, por isso, tão afinada com a discussão em torno da tese jurídica e das questões que demandam *expertise* que por vezes carece aos agentes do judiciário.[66]

---

63. "Thus the same logic that requires the formulation of a rule to be defeasible in the servie of its purpose would also require that purpose to be defeasible in the servisse of the purpose behind *it*. As the example reveals, the potencial tension between the general goal and its concretized instantiation exists at every level. At one level, the tension is between language and purpose; at the next, it is between that purpose and the deep purpose lying behind it; at the next, between the deep purpose and an even deeper purpose, and so on." SCHAUER, Frederick. Formalism. *The Yale Law Journal*, vol. 97, n. 4, mar/1988, p. 534.

64. CABRAL, Antonio do Passo. Pelas asas de Hermes: a intervenção do *amicus curiae*, um terceiro especial. Uma análise dos institutos interventivos similares - O *amicus* e o *Vertreter des öffentlichen Interresses*. *Revista de Processo*, ano 29, n. 117, set/out 2004, p. 17-20.

65. MENDES, Aluisio Gonçalves de Castro. *Incidente de resolução de demandas repetitivas:* sistematização, análise e interpretação do novo instituto processual *cit.*, p. 201.

66. Assim já defendido por CABRAL, Antonio do Passo. Pelas asas de Hermes: a intervenção do *amicus curiae*, um terceiro especial. Uma análise dos institutos interventivos similares - O *amicus* e o *Vertreter des öffentlichen Interresses cit.*, p. 21.

Não desconsideramos a reflexão de Luiz Guilherme Marinoni ao questionar a pertinência da intervenção do *amicus curiae* para os fins a que se propõe o Incidente de Resolução de Demandas Repetitivas, de ampliação do debate. Argumenta que nem sempre a questão de direito, que se repete nas demandas múltiplas, envolve disputas sociais ou detém complexidade. Sustenta que as questões idênticas que se repetem em demandas de massa costumam ser de simples resolução, por vezes envolvendo apenas aspectos técnico-jurídicos ou dogmáticos. A participação do *amicus* não sempre indispensável às demandas repetitivas, ao contrário, a seu ver da participação de um representante adequado.[67]

É nesse sentido que Marinoni entende ser uma contradição nos próprios termos a admissão da intervenção do *amicus* e de interessados de modo geral, mas, ainda assim, faltar o que lhe parece essencial, o representante adequado: *quid* representativo que não seria satisfeito pelo *amicus*. Assim, haveria sujeito falando em favor de uma posição social em abstrato, mas nenhuma voz em nome de quem possui o direito concretamente em litígio.

Na verdade, a crítica parece fruto da premissa fundamental que norteia a sua compreensão sobre o IRDR. Para Marinoni, não haveria formação de precedente, mas de *coisa julgada sobre questão,* um fenômeno preclusivo semelhante ao *collateral estoppel* norte-americano.[68]

Nessa perspectiva, sustenta que o *amicus* é "muito mais importante" nos procedimentos em que formado precedente, enquanto o representante adequado, por outro lado, seria "indispensável" à discussão de um direito que repercutirá na esfera jurídica de sujeitos que não participaram do processo.[69] O fundamento da intervenção do *amicus* relaciona-se ao contraditório-influência, ou seja, ao potencial de influência do sujeito.

É claro que as figuras do *amicus* e do representante adequado não se excluem, porque a finalidade de suas atuações é diversa. Enquanto o representante atua em prol da tutela dos direitos das partes, o *amicus* contribui para a formação do precedente. Mas, como vimos, quaisquer sujeitos, partes dos

---

67. MARINONI, Luiz Guilherme. *Incidente de resolução de demandas repetitivas*: decisão de questão idêntica x precedente *cit.*, p. 91.

68. "Como é possível chamar a decisão que, ditada no processo de um para os casos de muitos, impede-os de relitigar a questão resolvida, submetendo-os? Percebe-se que a decisão tomada no referido incidente constitui uma nítida proibição de relitigar a questão já decidida que, nos casos de decisão negativa àqueles que não puderam participar, assemelha-se a um *inusitado* e *ilegítimo 'collateral estoppel'*". MARINONI, Luiz Guilherme. *Incidente de resolução de demandas repetitivas*: decisão de questão idêntica x precedente *cit.*, p. 19-20. Na verdade, a compreensão da colateralidade nada mais é do que o efeito subjetivo da coisa julgada sobre terceiros intervenientes, que, por tal razão, Jordi Nieva-Fenoll denominou colaterais, porque estes terceiros sofrem efeitos indiretos, secundários, "colaterais". NIEVA-FENOLL, Jordi. *Coisa julgada.* Trad. Antonio do Passo Cabral. São Paulo: Revista dos Tribunais, 2016, p. 245.

69. MARINONI, Luiz Guilherme. *Incidente de resolução de demandas repetitivas*: decisão de questão idêntica x precedente *cit.*, p. 91.

processos paralelos repetitivos, podem se habilitar no incidente, e discutir diretamente a formação da tese jurídica sem a necessidade do escudo de um representante adequado.

A doutrina diverge se a habilitação das partes seria como assistentes simples ou somente caracterizaria uma espécie intervenção de terceiros atípica, como consequência do referido descolamento da relação jurídica substancial.[70]

4.1 A participação como convencimento: a importância do contraditório para a formação de tese jurídica vinculativa

As largas prerrogativas de ampliação do contraditório partem da ideia de que os sujeitos intervenientes estarão vinculados à tese jurídica ali formada.[71] Isso porque, como leciona Alexandra Lahav, o outro lado da moeda da vinculação é a participação.[72]

Alexandra Lahav entende a participação como construção argumentativa que, em processo plurissubjetivos ou envolvendo interesse público, esteja pautada em *razões públicas.* No IRDR e em incidentes de tal porte, mais importa pensar a participação como *convencimento* do que como *consentimento.* O consentimento estaria restrito a conflitos subjetivos e restrita às partes individualizadas,[73] ao tradicional binômio informação-reação.

A necessidade de um contraditório que privilegie atuações plasmadas em razões públicas, como se dá no próprio autorizativo da intervenção do *amicus curiae*, diz muito sobre os novos contornos da jurisdição contemporânea, o que, na verdade, já podia ser vislumbrado no conceito de jurisdição proposto por Owen Fiss, pelo qual jurisdição seria atividade que outorga significado a valores públicos.[74]

Mas cabe o adendo: a habilitação excessiva de interessados poderia vir a abarrotar a tramitação do incidente, diante da magnitude de interessados que

---

70. Rejeitando a qualificação como assistência tanto litisconsorcial como simples: "O assistente litisconsorcial, como cediço, é sujeito da *própria relação jurídica* substancial que se discute no processo. Pois não é este o caso de quem tenha instaurado demanda isomórfica àquela que tenha levado à instauração do processo no qual se tenha suscitado o incidente de resolução de demandas repetitivas. (...) Nem de assistência simples se poderia aí cogitar, já que nesta modalidade de intervenção de terceiro o assistente é sujeito de relação jurídica distinta, mas vinculada à que se discute no processo em que intervém". CÂMARA, Alexandre Freitas. *Levando os padrões decisórios a sério*: formação e aplicação de precedentes e enunciados de súmulas. São Paulo: Atlas, 2018, p. 241.

71. CÂMARA, Alexandre Freitas. *Levando os padrões decisórios a sério*: formação e aplicação de precedentes e enunciados de súmulas *cit.*, p. 242.

72. LAHAV, Alexandra D. Participation and procedure. *Depaul Law Review*, v. 64, 2016, p. 515.

73. LAHAV, Alexandra D. Participation and procedure *cit.*, p. 515, 521-525.

74. FISS, Owen M. The Forms of Justice. *Harvard Law Review*, vol. 93, n. 1, 1979, p. 2.

porventura viessem a se habilitar, formando, eventualmente, um litisconsórcio multitudinário.

Sem embargo, poderiam ser pensados critérios para a admissão dessa intervenção e para a escolha dos líderes (sujeitos-condutores do incidente): como se viu, associações civis e pessoas jurídicas de direito público,[75] porque conjugam interesses de ampla gama de sujeitos, trariam consigo um alargamento do espectro subjetivo.

Ainda, sujeitos cujo processo sobrestado fosse coletivo ou cujo processo de origem, por qualquer razão, contasse com amplas possibilidades de participação, expandindo, por consequência, o espectro subjetivo. Esses atores teriam maiores chances de gerir e conduzir o IRDR de maneira mais eficiente.[76]

5. CONCLUSÃO

Buscou-se aqui traçar algumas considerações acerca do papel dos sujeitos no Incidente de Resolução de Demandas Repetitivas. Adotou-se como base a compreensão majoritária sobre a alocação do incidente no ordenamento brasileiro: situado no âmbito dos tribunais de segunda instância, é procedimento-piloto destinado à formação de precedente - tese jurídica vinculativa.

Essa conceituação é, por si só, suficiente para gerar preocupações quanto ao grau de participação dos sujeitos impactados pela formação do precedente, com ênfase na legitimação para a propositura do incidente – o que, como vimos, deve ser pensado *(i)* à luz da compreensão de legitimidade extraordinária conglobante, *(ii)* no que se refere à legitimação do magistrado, na perspectiva dos poderes gerenciais do juiz –, e também na condução, não só pelos sujeitos que o suscitaram, mas por eventuais interessados – na normalidade das vezes, partes dos processos sobrestados – que pretendam se habilitar e igualmente interferir no seu desenvolvimento.

Assim, também foi visto que a compreensão acerca da natureza do IRDR e da decisão dele resultante é fundamental para melhor compreender as críticas e as vantagens do papel de sujeitos como o *amicus curiae* e das prerrogativas que a intervenção direta das partes das demandas isomórficas pode gerar para o contraditório em sua dimensão de efetiva, porque direta, influência.

---

75. MENDES, Aluisio Gonçalves de Castro. *Incidente de resolução de demandas repetitivas:* sistematização, análise e interpretação do novo instituto processual *cit.*, p. 129.

76. Sofia Temer propõe, por extensão, a adoção dos critérios empregados por Antonio do Passo Cabral para a escolha das causas-piloto, porém aqui para a escolha dos líderes a atuar. Assim, ser sujeito parte de processo coletivo, ter maiores oportunidades participativas, portando um *quid* maior de contraditório, amplamente exercido no processo de origem, seriam fatores que contariam nesse equacionamento. É certo, porém, que normalmente a admissão da intervenção de associações e pessoas jurídicas de direito público automaticamente reconduzirá e preencherá esses requisitos. TEMER, Sofia. *Incidente de resolução de demandas repetitivas cit.*, p. 160-161.

Os sujeitos atuam, enfim, em um sistema aberto, seja porque legitimados em sentido conglobante, seja por terem, também eles, interesse *pro futuro* na formação de uma tese jurídica vinculativa e, portanto, na unidade e na coerência do ordenamento.

6. REFERÊNCIAS BIBLIOGRÁFICAS

ABREU, Rafael Sirangelo de. *Igualdade e processo*: posições processuais equilibradas e unidade do direito. São Paulo: Revista dos Tribunais, 2015.

BARBOSA MOREIRA, José Carlos. Apontamentos para um estudo sistemático da legitimação extraordinária. *Direito processual civil:* ensaio e pareceres. Rio de Janeiro: Forense, 1971.

BARBOSA MOREIRA, José Carlos. O processo civil brasileiro entre dois mundos. *Revista da EMERJ*, v. 4, n. 16, 2001.

BAUR, Fritz. Da importância da dicção *"iura novit curia". Revista de Processo*, ano 1, n. 3, jul/set 1976.

BRAGA, Paula Sarno. Competência adequada. *Revista de Processo*, n. 219, 2013.

BUENO, Cassio Scarpinella. Amicus curiae *no processo civil brasileiro*: um terceiro enigmático. São Paulo: Saraiva, 2008.

CABRAL, Antonio do Passo. Despolarização do processo, legitimidade *ad actum* e zonas de interesse: sobre a migração entre polos da demanda. In: ZUFELATO, Camilo; YARSHELL, Flávio Luiz (Org.). *40 anos da Teoria Geral do Processo no Brasil*: passado, presente e futuro. São Paulo: Malheiros, 2013.

CABRAL, Antonio do Passo. Do Incidente de Resolução de Demandas Repetitivas: comentários aos art.975 a 987. In: CABRAL, Antonio do Passo; CRAMER, Ronaldo. *Comentários ao Novo Código de Processo Civil.* 2ª ed. Rio de Janeiro: Forense, 2016.

CABRAL, Antonio do Passo. O novo procedimento-modelo (*Musterverfahren*) alemão: uma alternativa às ações coletivas. *Revista de Processo*, n. 147, maio/2007.

CABRAL, Antonio do Passo. Pelas asas de Hermes: a intervenção do *amicus curiae*, um terceiro especial. Uma análise dos institutos interventivos similares – O *amicus* e o *Vertreter des öffentlichen Interresses*. *Revista de Processo*, ano 29, n. 117, set/out 2004.

CABRAL, Antonio do Passo. Per un novo concetto di giurisdizione. *Revista da Faculdade Mineira de Direito*, v. 18, 2015. Disponível em http://www.judicium.it/wp-content/uploads/2017/02/3-Per-un-nuovo-concetto-di-giurisdizione.pdf, acessado em 12/08/2018.

CÂMARA, Alexandre Freitas. *Levando os padrões decisórios a sério*: formação e aplicação de precedentes e enunciados de súmulas. São Paulo: Atlas, 2018.

CÂMARA, Alexandre Freitas. *O novo processo civil brasileiro.* São Paulo: Atlas, 2015.

CRAMER, Ronaldo. *Precedentes judiciais*: teoria e dinâmica. Rio de Janeiro: Forense, 2016.

DIDIER JR., Fredie; BRAGA, Paula Sarno; OLIVEIRA, Rafael Alexandria de. *Curso de Direito Processual Civil.* 11ª ed. Salvador: JusPodivm, 2016. v. 2.

DIDIER JR., Fredie; CUNHA, Leonardo Carneiro da. Recurso contra decisão proferida em incidente de resolução de demandas repetitivas que apenas fixa tese jurídica. In: DIDIER JR., Fredie; CUNHA, Leonardo Carneiro da (Coord.). *Julgamento de casos repetitivos.* Coleção Grandes Temas do Novo CPC. Salvador: JusPodivm, 2017. v. 10.

DIDIER JR., Fredie; ZANETI JR., Hermes. Ações coletivas e o Incidente de Julgamento de Casos Repetitivos. In: DIDIER JR., Fredie; CUNHA, Leonardo Carneiro da (Coord.). *Julgamento de casos repetitivos.* Coleção Grandes Temas do Novo CPC. Salvador: JusPodivm, 2017. v. 10.

DINAMARCO, Cândido Rangel. *Litisconsórcio.* 8ª ed. São Paulo: Malheiros, 2009.

DONDI, Angelo; ANSANELLI, Vincenzo; COMOGLIO, Paolo. *Processo civil comparado*: uma perspectiva evolutiva. Coord. e revisão da tradução Luiz Guilherme Marinoni, Sérgio Cruz Arenhart, Daniel Mitidiero. São Paulo: Revista dos Tribunais, 2017.

FISS, Owen M. The Forms of Justice. *Harvard Law Review*, vol. 93, n. 1, 1979.

FONTE, Felipe de Melo; CASTRO, Natália Goulart. *Amicus curiae*, repercussão geral e o projeto de novo CPC. In: FREIRE, Alexandre; DANTAS, Bruno; DIDIER JR., Fredie (Org.). *Novas tendências do processo civil*: estudos sobre o projeto do novo CPC. Salvador: Juspodivm, 2013. v. 1.

FUX, Luiz; BODART, Bruno Vinicius Da Rós. Notas sobre o princípio da motivação e a uniformização da jurisprudência no novo Código de Processo Civil à luz da análise econômica do Direito, disponível em: https://papers.ssrn.com/sol3/papers.cfm?abstract_id=2982136, acessado em 17/08/2018.

GAJARDONI, Fernando da Fonseca. Adequação e adaptabilidade procedimental. In: ZUFELATO, Camilo; YARSHELL, Flávio Luiz (Org.). *40 anos da Teoria Geral do Processo no Brasil*: passado, presente e futuro. São Paulo: Malheiros, 2013.

GAJARDONI, Fernando da Fonseca. Comentário ao art. 139. In: CABRAL, Antonio do Passo; CRAMER, Ronaldo. *Comentários ao Novo Código de Processo Civil*. 2ª ed. Rio de Janeiro: Forense, 2016.

GRECO, Leonardo. Publicismo e privatismo no processo civil. *Revista de Processo*, vol. 164, 2008, v. eletrônica.

GOLDSCHMIDT, James. *Der Prozess als Rechtslage*: eine Kritik des Prozessualen Denkens. Berlin/Heidelberg: Springer, 1925.

GUASTINI, Ricardo. *Interpretare e argomentare*. Milano: Giuffrè Editore, 2011.

LAHAV, Alexandra D. Participation and procedure. *Depaul Law Review*, v. 64, 2016.

LANES, Júlio Cesar Goulart. *Fato e direito no processo civil cooperativo*. São Paulo: Revista dos Tribunais, 2014.

MACÊDO, Lucas Buril. *Precedentes judiciais e o direito processual civil*. Salvador: Juspodivm, 2015.

MANCUSO, Rodolfo Camargo. *Jurisdição coletiva e coisa julgada*: teoria geral das ações coletivas. 2ª ed. São Paulo: Revista dos Tribunais, 2007.

MARINONI, Luiz Guilherme. *Incidente de resolução de demandas repetitivas*: decisão de questão idêntica x precedente. São Paulo: Revista dos Tribunais, 2016.

MENDES, Aluisio Gonçalves de Castro. *Ações coletivas e meios de resolução de conflitos no direito comparado e nacional*. 4ª ed. São Paulo: Revista dos Tribunais, 2014.

MENDES, Aluisio Gonçalves de Castro. *Incidente de Resolução de Demandas Repetitivas*. Rio de Janeiro: Forense, 2017.

MENDES, Aluisio Gonçalves de Castro; SILVA, Larissa Clare Pochmann da. Ações coletivas e Incidente de Resolução de Demandas Repetitivas: algumas considerações sobre a solução coletiva de conflitos. *Revista Jurídica Direito e Paz*, ano XVIII, n. 35.

MITIDIERO, Daniel. *Precedentes*: da persuasão à vinculação. 2ª ed. São Paulo: Revista dos Tribunais, 2017.

NIEVA-FENOLL, Jordi. *Coisa Julgada*. Trad. Antonio do Passo Cabral. São Paulo: Revista dos Tribunais, 2016.

POSNER, Richard A. *Economic Analysis of Law*. 9th ed. New York: Wolters Kluwers, 2014.

RESNIK, Judith. Managerial Judges. *Harvard Law Review*, n. 96, 1982/1983.

RÜSSMANN, Helmut. Zur Abgrenzung von Rechts- und Tatfrage. In: KOCH, H. J. (Hrsg.). *Juristische Methodenlehre und analytische Philosophie*, 1976.

SARMENTO, Daniel; NETO, Cláudio Pereira de Souza. *Direito constitucional:* teoria, história e métodos de trabalho. Belo Horizonte: Fórum, 2013.

SCHAUER, Frederick. Formalism. *The Yale Law Journal,* vol. 97, n. 4, mar/1988.

SEITER, Hugo. Beweisrechtliche Probleme der Tatsachenfeststellung bei richterlicher Rechtsfortbildung. In: GRUNSKY, Wolfgang; STURNER, WALTER, Gerhard; WOLF, Manfred. *Festschrift fur Fitz Baur.* Tubingen: J. C. B. Mohr (Paul Siebeck), 1981.

SOUSA, Miguel Teixeira de. Apontamento sobre o princípio da gestão processual no novo Código de Processo Civil. Mimeografado.

TEMER, Sofia. *Incidente de Resolução de Demandas Repetitivas.* Salvador: Juspodivm, 2016.

WAMBIER, Teresa Arruda Alvim. Estabilidade e adaptabilidade como objetivos do direito: *civil law* e *common law*. *Revista de Processo*, vol. 172, jun/2009, v. eletrônica.

ZANETI JR., Hermes. A legitimação conglobante nas ações coletivas: a substituição processual decorrente do ordenamento jurídico. *Revista Videre*, Dourados, MS, ano 2, n. 3, jan./jun. 2010.

ZANETI JR., Hermes. *O Ministério Público e o novo processo civil.* Salvador: Juspodivm, 2018.

ZANETI JR., Hermes. *O valor vinculante dos precedentes.* Salvador: Juspodivm, 2015.

2

O INCIDENTE DE RESOLUÇÃO DE DEMANDAS REPETITIVAS E O PAPEL UNIFORMIZADOR DA JURISPRUDÊNCIA ATRIBUÍDO À DEFENSORIA PÚBLICA

Franklyn Roger Alves Silva[1]
Diogo Esteves[2]

Sumário: 1 – Introdução. 2 – As funções institucionais trazidas pelo novo CPC à Defensoria Pública. 3 – A atuação da Defensoria Pública no IRDR. 4 – Conclusão. 5 – Referências bibliográficas.

1. INTRODUÇÃO

A opção pelo modelo de assistência jurídica baseado em um corpo de profissionais integrantes do serviço público (*salaried staff model*), remunerados pelo tesouro público e com atribuições exclusivas para a tutela de necessitados exige uma engenharia institucional apta a permitir que a atividade seja desempenhada de modo eficiente.

Nossa Constituição, atenta para essa demanda estrutural, foi a que mais deu atenção ao serviço estatal de assistência jurídica integral, corporificando o que hoje conhecemos como Defensoria Pública.

Ao instituir um organismo autônomo, capaz de tutelar os interesses dos necessitados e, ao mesmo tempo, defender valores jurídicos relevantes, a exemplo dos direitos humanos, a Constituição da República teve a preocupação de assegurar que a Defensoria Pública fosse autossuficiente e capaz de exercer sua atividade sem qualquer interferência dos demais poderes.

Foi, talvez, o principal passo em matéria de assistência jurídica no Brasil, ao se desvincular a Defensoria Pública do Poder Executivo, através das autonomias concedidas pelas Emendas Constitucionais n. 45/04, 69/12, 74/13 e 80/14.

---

1 Doutor e Mestre em Direito Processual pela UERJ. Professor da UCAM e da FESUDEPERJ. Defensor Público do Estado do Rio de Janeiro.

2 Doutorando e Mestre em Sociologia e Direito pela UFF. Professor da FESUDEPERJ. Defensor Público do Estado do Rio de Janeiro

Além das reformas constitucionais, o Código de Processo Civil trouxe modificação radical no papel da Defensoria Pública no ordenamento jurídico processual brasileiro.

Posso exemplificar a figura dos acordos processuais, da legitimidade extraordinária na jurisdição voluntária e ação possessória multitudinária, a ampliação das hipóteses de atuação do *amicus curiae* e os instrumentos de uniformização da jurisprudência conferidos a Defensoria Pública cuja abordagem pretendemos esgotar neste estudo.

As novidades do CPC/15 são inúmeras e sua grande maioria reafirma o papel da Defensoria Pública como metagarantia do ordenamento jurídico, cabendo a ela a tutela da vulnerabilidade da parcela hipossuficiente da sociedade.

No entanto, essa metamorfose institucional é muito aplaudida no plano ideológico, mas pouco digerida no campo científico, apesar da necessidade de se instalar uma profunda reflexão interna, com o fito de reforçar o caráter uno - do ponto de vista funcional - de todas as Defensorias Públicas e compreender o modo adequado do exercício destes instrumentos, sempre em vistas a potencialização das funções institucionais.

2. AS FUNÇÕES INSTITUCIONAIS TRAZIDAS PELO NOVO CPC À DEFENSORIA PÚBLICA

O prestígio do novo Código de Processo Civil à Defensoria Pública é evidente. O legislador reforça a vocação institucional para a tutela coletiva e para a uniformização da jurisprudência através de dois novos institutos, um deles sem anterior equivalente no direito brasileiro.

Estas novas vertentes se escoram na possibilidade de instauração do incidente de resolução de demandas repetitivas (art. 977, III do CPC/15) e do incidente de assunção de competência (art. 947, § 1º do CPC/15).

Em breve síntese, o propósito destes dois mecanismos é o de racionalização e uniformização da jurisprudência, através do efeito vinculante da tese jurídica neles fixada. A concepção de um sistema de prestígio da uniformização de entendimentos, através da função nomofilácica dos tribunais é ainda mais latente no diploma adjetivo civil, especialmente se analisada a redação do art. 926.

Desde 2004 o ordenamento jurídico brasileiro seguiu pela via do prestígio à estabilidade das decisões judiciais, adotando caracteres da *common law*. Os instrumentos previstos no CPC/2015 deixam claro que o papel do Supremo Tribunal Federal e do Superior Tribunal de Justiça é o de construir uma jurisprudência sólida a ser seguida pelos demais órgãos do Poder Judiciário, cujo estopim foi a Súmula Vinculante.

Isto significa que, a par do papel de assistência jurídica individual, a Defensoria Pública tem a missão de velar pela uniformização da jurisprudência em temas correlatos às suas funções institucionais.

Querer negar esta tendência é "pretender ser mais realista que o rei". O art. 926 e 927 do novo Código de Processo Civil são os pilares estruturantes do sistema de uniformidade jurisprudencial brasileira, cujas vantagens são muito maiores do que o tão propalado engessamento do ordenamento jurídico.

O art. 947 admite o incidente de assunção de competência, sempre que presente relevante questão de direito, com grande repercussão social, sem repetição em múltiplos processos, deixando claro o seu § 3º que o acórdão proferido vinculará todos os juízes e órgãos fracionários, exceto se houver revisão de tese.

Não há dúvidas de que a Defensoria Pública deverá utilizar o instituto com o fim de buscar a uniformização da jurisprudência, especialmente nas questões de grande repercussão social, diuturnas no seu cotidiano institucional.

Há teses jurídicas desenvolvidas pela Defensoria Pública que necessitam percorrer todas as instâncias ordinárias e extraordinárias para serem reconhecidas e ainda assim, enfrentam o autoritarismo da magistratura, que insiste em negar a necessidade de busca pela estabilidade do ordenamento jurídico.

A diferença entre o incidente de assunção de competência e o de resolução de demandas repetitivas se pauta exatamente na inexistência de reprodução de processos, requisito necessário para utilização do primeiro e obstáculo do segundo.

Em paralelo a esta função objetiva, veremos que a Defensoria Pública também desempenhará nas demandas individuais (aspecto subjetivo) o encargo de buscar a flexibilização da jurisprudência, mediante parâmetros bem delineados, retirados do sistema de Common Law.

Fechar os olhos para o fato de que a sociedade brasileira tem adotado as regras constantes dos precedentes dos tribunais como guia de conduta para realização de atos e negócios jurídicos é completa ingenuidade do observador do sistema.

Neste ponto, a questão ganha mais relevo quando o precedente goza de certa uniformidade no ordenamento jurídico, conferindo uma maior certeza de que aquela regra jurisprudencial permitirá ao interessado recorrer ao Judiciário caso haja seu descumprimento.

Apesar da estabilidade que a jurisprudência escorada no CPC/15 pretende alcançar, o *common law* já aperfeiçoou suas bases teóricas, compreendendo que um precedente não é eterno, podendo ocorrer sua superação total (*overruling*), parcial (*overriding*) ou até mesmo a sua inadequação ao caso concreto (*distinguishing*).

Há institutos da teoria dos precedentes que explicam também a modulação temporal da jurisprudência como o *prospective overruling*. Pela referida técnica operada uma mudança no precedente com a conseqüente adoção de uma nova regra, o tribunal pode estabelecer que aquela alteração terá aplicabilidade apenas em casos futuros, a partir de um determinado marco temporal - na grande maioria das vezes, a data da decisão - deixando-se, até mesmo, de ser aplicada no caso paradigma, onde ainda impera a regra do precedente superado.

As mudanças sociais que acarretam a obsolescência de um precedente merecem uma especial atenção do Judiciário, uma vez que a edição de uma nova regra pode ocasionar verdadeira insegurança jurídica. O objetivo da modulação prospectiva é, exatamente, prestigiar a confiança do jurisdicionado e a segurança jurídica na sociedade.

Há quem argumente que a modulação acarretaria verdadeira injustiça a parte recorrente, pois, inobstante ver o sucesso da reviravolta jurisprudencial, a nova tese não é aplicada ao seu caso concreto. Em verdade, contrapõe-se o interesse individual da parte processual, com as consequências advindas da repentina mudança da jurisprudência, derrubando toda a confiança que o jurisdicionado mantinha com relação àquela regra[3].

Tal argumento, entretanto, não é de todo absoluto, visto que há técnicas de modulação temporal que permitem a aplicação no caso concreto em que se operou a superação da regra antiga, como forma de prestígio ao esforço da parte, assim como nos casos futuros, conservando os efeitos pretéritos do precedente superado nos demais casos concretos cujo fato origine-se em data anterior ao marco inicial estabelecido pela Corte.

O ordenamento jurídico norte-americano, em matéria de modulação temporal de efeitos de precedentes, já caminha a passos largos, a ponto de não só prestigiar a técnica de *prospective overruling*, mas também a reconhecer outras técnicas, como a sinalização (*signaling*). Por meio da técnica de aviso, o tribunal continua a aplicar a sua jurisprudência consolidada, mas sinaliza, nas decisões que aquele precedente pode ser alterado. É plenamente possível encontrar nos

3 Patricia Perrone, ao enumerar os diversos critérios orientadores da superação do precedente destaca: *"Há, ainda, um terceiro critério geral orientador da revogação de julgados, que, em verdade, se subsume no segundo princípio, mas ao qual o common law reconhece especial importância e que, talvez por isso, trata com autonomia. Ele se refere à necessidade de proteção da confiança do jurisdicionado, e estabelece que uma regra profundamente consolidada não deve ser subitamente revogada, se disso decorrerem resultados injustos ou desiguais para aqueles que confiaram nela"* (MELLO, Patrícia Perrone Campos. *Precedentes*: o desenvolvimento judicial do direito no constitucionalismo contemporâneo. Rio de Janeiro: Renovar, 2008. p. 252).

votos[4] dos membros dos tribunais opiniões no sentido de que aquela regra necessita de revisão, de sorte que as partes e o jurisdicionado são avisados de que aquele precedente pode vir a sofrer modificação.

A partir do sinal, não é dado às partes invocar o precedente superado a título de proteção a confiança[5], considerando que o Judiciário já havia se manifestado no sentido de não ser aquele precedente confiável e que sua revisão seria iminente.

O interesse social e a segurança jurídica passam a ser balizas fundamentais à modulação temporal da jurisprudência dominante dos tribunais superiores ou de hipóteses de processos repetitivos.

Se pelo aspecto objetivo tratado no capítulo antecedente, a Defensoria Pública teria legitimidade extraordinária para participar do processo de construção da jurisprudência estável, do ponto de vista subjetivo, esta mesma instituição velará pela superação total ou parcial da jurisprudência, inclusive propondo a modulação temporal quando pertinente, nos casos individuais postos a sua apreciação.

A amplitude de sua atuação individual permitirá identificar situações em que o precedente não seja mais adequado, cabendo a instituição buscar a rediscussão da tese jurisprudencial desde a peça inaugural (petição inicial ou contestação), prequestionando aquela nova circunstância ou tese jurídica a fim de que o tribunal competente possa reavaliar a subsistência da jurisprudência até então aplicada, evitando-se a incidência dos mecanismos de filtragem de demandas.

Do mesmo modo, quando o Defensor Público verificar que a situação da parte não corresponder exatamente a *ratio decidendi* estabelecida no julgamento, deverá, desde logo, indicar as circunstâncias particulares que distinguem aquele caso da regra posta pela jurisprudência, evitando também que os freios às demandas estabelecidos pelo CPC/2015 possam ser aplicados.

Através destas premissas percebemos o papel dúplice da instituição. Sem estar totalmente amarrada à vertente objetiva de sugestão de teses jurídicas a serem uniformizadas pelos tribunais, a Defensoria Pública também terá a missão de propor a revisão de teses jurídicas.

---

4 O aviso (*signaling*) constitui verdadeiro *obiter dictum* da decisão na medida em que não se presta à solução do caso concreto, mas constitui argumentação direcionada à comunidade jurídica dando notícia da possibilidade de futura alteração daquela regra.

5 "*Após o aviso, porém, nenhuma confiança, ao menos justificada, pode ser utilizada como argumento para manutenção da doutrina, tanto que, muitas vezes, quando a antiga regra é invalidada, não é incomum que as cortes façam retroagir sua decisão até a data em que houve a sinalização, pois a partir daí, não se justificaria mais a confiança na regra*" (SILVA, Celso de Albuquerque. *Do efeito vinculante*: sua legitimação e aplicação. Rio de Janeiro: Lumen Juris, 2005. p. 296).

Inclusive, não haverá qualquer incompatibilidade em a Defensoria Pública propor a superação de jurisprudência estabilizada por iniciativa dela própria. A rigidez do processo legislativo não possui a mesma aplicabilidade na revisão da tese jurisprudencial, já que o tribunal não está vinculado a seus próprios precedentes.

A exegese do novo Código de Processo Civil é clara. O papel da Defensoria Pública é o de auxiliar na construção de uma jurisprudência estável e segura. Intrinsicamente, se extrai a margem de distinção e superação da teoria dos precedentes, papel plenamente aplicável a ela.

Cremos que fora dos casos de superação ou distinção, deva o Defensor Público, pautado em sua independência funcional, se valer da prerrogativa prevista nos arts. 44, I; 89, I ou 128, I da LC n. 80/94 e deixar de patrocinar a ação ou recurso em virtude do seu manifesto descabimento, já que, em última análise, a jurisprudência pacificada e não contestada deve ser observada.

3. A ATUAÇÃO DA DEFENSORIA PÚBLICA NO IRDR

O Incidente de Resolução de Demandas Repetitivas se assemelha ao *Kapitalanleger-Musterverfahrengesetz* do direito alemão, também conhecido como procedimento-modelo[6], cujo objetivo é o de fixação de uma tese apta a evitar a repetição de processos que contenham controvérsia sobre a mesma questão unicamente de direito e também impedir ofensa à isonomia e à segurança jurídica.

Enxergadas estas linhas normativas, o primeiro passo consiste em se definir o espaço de aplicação do IRDR (apelido do Incidente de Resolução de Demandas Repetitivas). Não se trata de um mecanismo substitutivo da ação coletiva. Em verdade, o instituto tem caráter complementar e se presta, justamente, a preencher os espaços lacunosos, a exemplo das ações tributárias e de contribuições previdenciárias que, por força do art. 1º da Lei n. 7.347/85 não poder sem objeto de ação civil pública, bem como de outras situações que gerem repetição de demandas perante o Judiciário.

Leve-se em consideração que as questões repetitivas, do ponto de vista do direito, nem sempre versam sobre direitos individuais homogêneos, como bem advertem Leonardo Cunha[7] e Aluisio Mendes[8].

---

6 Leonardo Carneiro Cunha também aponta a existência de institutos semelhantes, a exemplo do regime processual experimental do direito português (CUNHA, Leonardo Carneiro. O regime processual das causas repetitivas. *Revista de Processo*, São Paulo, vol. 179, jan. 2010, p. 146).

7 CUNHA, Leonardo Carneiro. Anotações sobre o incidente de resolução de demandas repetitivas no novo Código de Processo Civil. *Revista de Processo*, São Paulo, vol. 193, mar. 2011, p. 1.

8 MENDES, Aluisio Gonçalves de Castro; RODRIGUES, Roberto de Aragão Ribeiro. Reflexões sobre o incidente de resolução de demandas repetitivas previsto no projeto do novo código de processo civil. *Revista de Processo*, São Paulo, vol. 211, set. 2012, p. 193.

De que adiantaria obrigar as partes a se submeter ao curso de um processo longo para apenas a nível recursal ver aplicada uma tese submetida a julgamento repetitivo. O propósito do legislador é o de antecipar a apreciação de temas que envolvam multiplicidades de demandas, racionalizando a prestação jurisdicional.

A Defensoria Pública ganha espaço no IRDR sendo, ao lado do Ministério Público, instituição legitimada para requerer a instauração, na forma do art. 977, III do novo CPC, em mais um autêntico exercício de legitimação extraordinária já que, em seu próprio nome, veiculará pretensão que alcance direito alheio.

Note-se que o juiz[9] e o relator do recurso, assim como as partes, também podem suscitar o incidente. Isto significa que a Defensoria Pública poderá participar do IRDR mediante dois caminhos, como legitimada extraordinária e como representante processual de uma parte em algum caso concreto.

Desde já é possível antever que a grande controvérsia a respeito do requerimento de instauração do IRDR situar-se-á na extensão da legitimação da Defensoria Pública. Por versar sobre tema que envolve multiplicidade de demandas, certamente estaremos diante de argumentos limitadores já utilizados no enfrentamento da atuação da instituição na tutela coletiva[10].

Os freios visíveis e invisíveis da expansão da Defensoria Pública tornam-se frequentes e ainda mais intensos ao longo dos últimos anos, especialmente pelo incômodo causado por sua atuação eficaz.

Aluisio Mendes[11] à época da discussão do anteprojeto do novo CPC já advertia que haveria a necessidade de se exigir a pertinência temática da Defensoria Pública para fins de instalação do IRDR. É dizer, a questão de direito deveria estar relacionada à tutela de hipossuficientes, de modo a justificar a atuação

9 Não nos parece haver nenhum impeditivo que o juiz ou relator possam se valer do art. 139, X do novo CPC e oficiar ao MP e Defensoria Pública sugerindo a possibilidade de instauração do incidente, apesar de na prática não haver muito sentido, já que o magistrado também pode suscitar o incidente.

10 O raciocínio utilizado por Daniel Assumpção parte da solução da controvérsia acerca da extensão da legitimação, como vemos: *"Para a Defensoria Pública a legitimidade deve seguir o que for estabelecido quanto a sua atuação no polo ativo da ação civil pública. Caso se entenda que a propositura da ação civil pública é função atípica da Defensoria Pública, na defesa dos hipossuficientes organizacionais, também será essa sua atuação na instauração do incidente ora analisado. Por outro lado, caso se entenda que a propositura da ação civil pública faz parte da função típica da Defensoria, na defesa dos hipossuficientes econômicos, nesse sentido estará limitada a sua atuação na instauração do incidente de resolução de demandas repetitivas"* (NEVES, Daniel Amorim Assumpção. *Novo Código de Processo Civil*. São Paulo: Método, 2015. p. 504).

11 *"Quanto à legitimidade do Ministério Público e da Defensoria Pública, esta deve encontrar fundamento nas atribuições fixadas pela Constituição da República, ou seja, o Ministério Público a possuirá quando houver relevante interesse social em jogo, ao passo que a Defensoria Pública somente poderá solicitar a instauração do incidente quando a questão jurídica for afeta aos interesses dos hipossuficientes"* (MENDES, Aluisio Gonçalves de Castro; RODRIGUES, Roberto de Aragão Ribeiro. Reflexões sobre o incidente de resolução de demandas repetitivas previsto no projeto do novo código de processo civil. *Revista de Processo*, São Paulo, vol. 211, set. 2012, p. 194).

da instituição, entendimento este também comungado por Leonardo Carneiro da Cunha[12].

Com o respeito à posição destes estudiosos, parece-nos, especialmente, diante da decisão do STF na ADI n. 3.943, da Emenda Constitucional n. 80/14 e das modificações legislativas operadas pela LC n. 132/09 que a Defensoria Pública assume um novo papel no ordenamento jurídico não podendo limitar-se apenas a assistência jurídica de hipossuficientes no plano individual.

Em primeiro lugar, o novo Código de Processo Civil reconhece a nova conformação constitucional da Defensoria Pública, tanto que em seu art. 185 reproduz as funções institucionais de assegurar a orientação jurídica, a defesa dos direitos coletivos e a de promover os direitos humanos.

A reafirmação da legitimidade ampla da Defensoria Pública também se extrai do código, especialmente diante da redação do art. 139, X que estabelece como encargo do juiz, quando se deparar com diversas demandas individuais repetitivas, oficiar o Ministério Público, a Defensoria Pública e, na medida do possível, outros legitimados elencados no CDC e na Lei da Ação Civil Pública para, se for o caso, promover a propositura da ação coletiva respectiva.

A ausência de limitação material e o tratamento equivalente entre a Defensoria Pública e o Ministério Público comprovam que o sistema processual cami-

---

12 *"Nesse momento, impõe-se breve referência à legitimidade da Defensoria Pública para suscitar o mencionado incidente. Sabe-se que os defensores públicos são os advogados oferecidos pelo Estado a pessoas carentes. Eles integram esse importante órgão estatal: a Defensoria Pública. A Defensoria Pública é, então, instituição essencial à Justiça, com a mesma dignidade e importância que o Ministério Público, a Advocacia Pública e a Advocacia. A atuação em favor dos necessitados é determinação constitucional, sendo que a LC 80, de 12.01.1994, é a norma regente das Defensorias Públicas da União, do Distrito Federal e dos Territórios, prescrevendo normas gerais para a organização das defensorias dos estados. Sua função é a orientação jurídica e a defesa, em todos os graus, dos necessitados, na forma do art. 5.°, LXXIV, da CF/1988 (acesso formal à Justiça).*

A Defensoria Pública tem a função típica de prestar assistência jurídica aos necessitados, representando-os em processos judiciais e administrativos. O que se questiona é se o incidente de resolução de demandas repetitivas suscitado pela Defensoria Pública deve, necessariamente, estar relacionado com alguma causa que tenha pessoa carente de recursos financeiros como parte ou que diga respeito à questão jurídica que interesse aos necessitados. Em outras palavras, o que se questiona é se a Defensoria Pública pode suscitar o referido incidente em qualquer caso ou se é preciso haver vinculação com interesse de necessitados ou com tema que lhes diga respeito.

Tudo leva a crer que a possibilidade conferida à Defensoria Pública de suscitar o incidente de resolução de causas repetitivas constitui mais uma hipótese de função típica que lhe é atribuída pelo ordenamento jurídico, havendo necessidade de o caso envolver interesses de necessitados ou versar sobre tema que a eles esteja relacionado. É preciso, em resumo, que haja a chamada legitimidade adequada ou representação adequada. A legitimidade da Defensoria Pública, para suscitar o aludido incidente, deve relacionar-se com sua função típica, definida constitucionalmente. Se, concretamente, o suscitante não ostentar legitimidade, por lhe faltar pertinência temática ou legitimidade adequada, não deve o tribunal rejeitar, desde logo, o incidente, devendo, isto sim, proporcionar prazo e oportunidade para que o requerente inadequado seja substituído por outro, adequado" (CUNHA, Leonardo Carneiro. Anotações sobre o incidente de resolução de demandas repetitivas no novo Código De Processo Civil. *Revista de Processo*, São Paulo, vol. 193, mar. 2011, p. 260-261).

nha no sentido da maior abrangência da legitimação. A orientação jurídica a ser prestada pela Defensoria Pública por força de mandamento constitucional e legal merece maior amplitude não podendo ser interpretada como simples atividade de consultoria em favor dos usuários do serviço da instituição.

O papel da Defensoria Pública é muito maior, cujo percurso transita desde a educação em direitos, assim entendida como um substrato da orientação jurídica e destinada a conscientização da sociedade, de modo que todos compreendam os seus direitos sejam capazes de exercê-los e solucioná-los de forma pacífica, muitas vezes sem a intervenção do Poder Judiciário, como bem aponta Patrícia Kettermann[13], até o exercício das diversas legitimações extraordinárias conferidas pelo ordenamento jurídico.

Há um grande obstáculo a ser superado. Como bem destaca Daniel Lévy[14], a intenção do legislador em restringir a legitimação ampla do IRDR é a de evitar o desvirtuamento do instituto, o que significa reconhecer apenas às instituições voltadas *à* observância do interesse público a legitimação para sua instauração.

Os direitos fundamentais, a base da República Federativa do Brasil calcada na dignidade da pessoa humana e o objetivo de construir uma sociedade livre, justa e solidária, baseada na promoção do bem de todos, sem preconceitos de origem, raça, sexo, cor, idade e quaisquer outras formas de discriminação constituem o interesse público primário a ser tutelado pelo Estado.

A Defensoria Pública não pretende ocupar o espaço do Ministério Público, pelo contrário, o seu papel é de coexistência, diante das funções destinadas pela Constituição e pela legislação que, indiretamente versam sobre interesse público primário, principalmente diante da sua função institucional de promoção dos direitos humanos, ocupando espaços negligenciados ou não tutelados de forma adequada pelos demais personagens do sistema jurídico.

---

13 KETTERMANN, Patricia. *Defensoria Pública.* São Paulo: Estúdio Editores, 2015. p. 30.

14 *"O § 1.º do art. 930 aponta os legitimados para propor o incidente de coletivização: o próprio juiz ou relator, por ofício, as partes, o Ministério Público ou a Defensoria Pública. O Anteprojeto, talvez por uma preocupação em não associar o incidente à ação coletiva, afasta sugestões surgidas durante as reuniões da Comissão, de dotar de legitimidade para o incidente, além das partes, os mesmos legitimados para a ação civil pública. Além de eliminar qualquer comparação, a vedação aos legitimados para a ação civil pública evita a profissionalização desses incidentes, a partir de associações que, cada vez mais, veem a sua razão de ser na propositura de demandas que, em certos casos, sequer beneficiam os seus membros. Assim, restringe-se o incidente, para que seja um instrumento restrito às partes da demanda ou aos órgãos representativos do amplo interesse público.*

Note-se a legitimidade da Defensoria Pública, iniciativa salutar do Anteprojeto em busca da ampliação das funções desse órgão na sociedade brasileira, tendência que já vem sendo consagrada, inclusive com a sua inclusão entre os legitimados para a propositura de ações civis públicas" (LÉVY, Daniel de Andrade. O incidente de resolução de demandas repetitivas no anteprojeto do novo Código de Processo Civil: exame à luz da *group litigation order* britânica. *Revista de Processo*, São Paulo, vol. 196, jun. 2011, p. 171).

No caso da Defensoria Pública, o interesse a justificar sua participação decorrerá da interpretação de suas funções institucionais previstas na Constituição Federal, na LC n. 80/94 e na legislação estadual da respectiva instituição.

Diante destas premissas, no modelo objetivo de construção de uma jurisprudência estável, íntegra e coerente, parece-me urgente que a Defensoria Pública se organize internamente para definir os órgãos que deterão atribuição para utilização deste expediente e, principalmente, tenham aptidão para identificar teses correlatas às funções institucionais que mereçam tratamento uniforme.

4. CONCLUSÃO

A nova morfologia constitucional da Defensoria Pública constrói uma nova forma de atuar, tanto sob o aspecto objetivo, a partir da legitimidade para o IRDR, como do aspecto subjetivo, buscando a superação ou distinção de precedentes a partir da atuação em casos concretos.

Com a legitimidade da Defensoria Pública para o IRDR, conclui-se que sua atuação deve ser a mais ampla possível, sem qualquer limitação que não decorra de seu próprio regime jurídico, a partir da leitura de suas funções institucionais.

5. REFERÊNCIAS BIBLIOGRÁFICAS

CUNHA, Leonardo Carneiro. Anotações sobre o incidente de resolução de demandas repetitivas no novo Código de Processo Civil. *Revista de Processo*, São Paulo, vol. 193, mar. 2011.

KETTERMANN, Patricia. *Defensoria Pública.* São Paulo: Estúdio Editores, 2015.

LÉVY, Daniel de Andrade. O incidente de resolução de demandas repetitivas no anteprojeto do novo Código de Processo Civil: exame à luz da *group litigation order* britânica. *Revista de Processo*, São Paulo, vol. 196, jun. 2011.

MELLO, Patrícia Perrone Campos. *Precedentes*: o desenvolvimento judicial do direito no constitucionalismo contemporâneo. Rio de Janeiro: Renovar, 2008.

MENDES, Aluisio Gonçalves de Castro; RODRIGUES, Roberto de Aragão Ribeiro. Reflexões sobre o incidente de resolução de demandas repetitivas previsto no projeto do novo Código de Processo Civil. *Revista de Processo*, São Paulo, vol. 211, set. 2012.

SILVA, Celso de Albuquerque. *Do efeito vinculante*: sua legitimação e aplicação. Rio de Janeiro: Lumen Juris, 2005.

SILVA, Franklyn Roger Alves. A mudança da jurisprudência e a modulação de seus efeitos temporais. In: FUX, Luiz. *Processo constitucional.* Rio de Janeiro: Forense, 2013.

3

O MINISTÉRIO PÚBLICO E A DEFENSORIA PÚBLICA COMO INTERVENIENTES CONSTITUCIONAIS AUTÔNOMOS NO IRDR: SOBRE AS LEGITIMIDADES INSTITUCIONAIS DE *CUSTOS IURIS*, DE *CUSTOS VULNERABILIS* E DE *AMICUS COMMUNITATIS*

Maurilio Casas Maia[1]

Sumário: 1 – Introdução. 2 – O IRDR e sua regulamentação no CPC/2015: breve exposição. 3 – A legitimidade do Ministério Público (MP) e da Defensoria Pública (DP) para o IRDR. 3.1 – MP e DP: Origem em comum? 3.2 – A legitimidade do Ministério Público para o IRDR. 3.3 – A legitimidade da Defensoria Pública para o IRDR. 3.3.1 – Defensoria Pública enquanto interveniente institucional no IRDR (*Custos Vulnerabilis*). 3.3.2 – Defensoria Pública e conflito de interesses, na formação de precedentes, entre grupos desorganizados vulneráveis (*Amicus Communitatis* e o art. 4º-A, V, da LC n. 80/1994). 3.3.3 – A insuficiência constitucional da Defensoria Pública enquanto Amicus Curiae no IRDR: sobre a possível quebra de isonomia entre segmentos vulneráveis e desrespeito ao inc. V do art. 4º-A da LC n. 80/1994. 3.4 – Ministério Público e Defensoria Pública no IRDR: aproximações e distinções. 4 – Notas conclusivas. 5 – Referências.

1. INTRODUÇÃO[2]

Em 27/9/2019, a Segunda Seção[3] do Superior Tribunal de Justiça (STJ) admitiu a Defensoria Pública da União (DPU) na posição processual de terceiro inter-

1. Doutorando em Direito Constitucional (UNIFOR) e Mestre em Ciências Jurídicas (UFPB). Pós-graduado em Direitos Civil e Processual Civil e em Direito Público: Constitucional e Administrativo (CIESA). Professor de Direito (UFAM) e Defensor Público (DPE-AM).

2. Trata-se de versão atualizada e ampliada do artigo citado pelo Superior Tribunal de Justiça (STJ) no EDcl no REsp 1712163/SP: CASAS MAIA, Maurilio. Legitimidades institucionais no Incidente de Resolução de Demandas Repetitivas (IRDR) no Direito do Consumidor: Ministério Público e Defensoria Pública: similitudes e distinções, ordem e progresso. *Revista dos Tribunais*, São Paulo, vol. 986, p. 27-61, dez-2017.

3. "(...) 2. Na espécie, após análise acurada dos autos, verificou-se que o acórdão embargado deixou de analisar a possibilidade de admissão da Defensoria Pública da União como *custos vulnerabilis*. 3. Em virtude de esta Corte buscar a essência da discussão, tendo em conta que a tese proposta neste recurso especial repetitivo irá, possivelmente, afetar outros recorrentes que não participaram diretamente da discussão da questão de direito, bem como *em razão da vulnerabilidade do grupo de consumidores* potencialmente lesado e da necessidade da defesa do direito fundamental à saúde, a DPU está legitimada para atuar como quer no feito. (...) 7. Embargos de declaração acolhidos, em parte, apenas para admitir a DPU como *custos vulnerabilis*." (STJ, EDcl no REsp 1712163/SP, Rel. Min. Moura Ribeiro, S2, j. 25/9/2019, DJe 27/9/2019).

veniente constitucional denominada *custos vulnerabilis*, em prol de coletividade consumidora interessada no debate acerca da possibilidade de acessar, via plano de saúde, medicamentos não registrados na ANVISA. Com efeito, os debates sobre a intervenção defensorial denominada *custos vulnerabilis* – cujo início se deu timidamente em 2014[4] –, devem ser reforçados a partir da referida decisão do STJ, bem como de novos precedentes[5] enfrentando a questão somados às mais recentes publicações[6-7-8-9] sobre o tema. Desse modo, a discussão sobre tal intervenção constitucional de terceiro – bem como suas semelhanças e distinções da clássica intervenção de terceiro ministerial, de *custos legis* ou *custos iuris* –, é uma tendência. Em tal cenário, discutir-se-á as similitudes e aproximações das supracitadas *intervenções constitucionais de terceiro* do Ministério Público e da Defensoria Pública, com enfoque no Incidente de Resolução de Demandas Repetitivas (IRDR) e na proteção de coletividades consumidoras.

O Incidente de Resolução de Demandas Repetitivas, doravante denominado IRDR, é instrumento de uniformização jurisprudencial em caso de demandas

---

4. CASAS MAIA, Maurilio. *Custos vulnerabilis* constitucional: o Estado Defensor entre o REsp nº 1.192.577-RS e a PEC nº 4/14. *Revista Jurídica Consulex*, Brasília, ano XVIII, nº 417, jun. 2014, p. 55-57; _____. Luigi Ferrajoli e o Estado Defensor enquanto magistratura postulante e *custos vulnerabilis*. *Revista Jurídica Consulex*, Brasília, ano XVIII, vol. 425, out. 2014, p. 56-58.

5. "DIREITO PROCESSUAL PENAL. EMBARGOS DE DECLARAÇÃO EM AGRAVO EM REVISÃO CRIMINAL. TENTATIVA ABUSIVA DE REDISCUSSÃO DA MATÉRIA. ESCLARECIMENTOS. *DEFENSORIA PÚBLICA COMO "TERCEIRO INTERVENIENTE" PRÓ-DEFESA (TEORIA FERRAJOLIANA E "CUSTOS VULNERABILIS"). ÓRGÃO DE SUPORTE DEFENSIVO. AUSÊNCIA DE PREJUÍZO À ADVOCACIA COMO REPRESENTANTE POSTULATÓRIA E AO MINISTÉRIO PÚBLICO, COMO CUSTOS LEGIS.* EMBARGOS REJEITADOS. 1. AUSÊNCIA DE PREJUÍZO ÀS MISSÕES DO MINISTÉRIO PÚBLICO E DA REPRESENTAÇÃO POSTULATÓRIA ADVOCATÍCIA. A DEFENSORIA PÚBLICA COMO CUSTOS VULNERABILIS É "ÓRGÃO DE SUPORTE DEFENSIVO" – COM APOIO NO PRINCÍPIO DA FRATERNIDADE APLICADO AO DIREITO PROCESSUAL PENAL (MIN. REYNALDO DA FONSECA - STJ) PARA DIMINUIR O RISCO DE ERROS FRENTE À FALIBILIDADE HUMANA; CUSTOS VULNERABILIS NÃO É REPRESENTANTE POSTULATÓRIO E MUITO MENOS É CUSTOS LEGIS. 2. MINISTÉRIO PÚBLICO. CUSTOS LEGIS ET DOMINUS LITIS. POSSIBILIDADE DE HUMANO E INCONCIENTE VIÉS DE CONFIRMAÇÃO (CONFIRMATION BIAS) PARA MANUTENÇÃO DO ÊXITO MINISTERIAL NA DECISÃO TRANSITADA EM JULGADO. RISCO. ABRANDAMENTO DEMOCRÁTICO. CUSTOS VULNERABILIS. A DIVERGÊNCIA DE MÉRITO ENTRE ÓRGÃOS AUTÔNOMOS CONFIRMA A NECESSIDADE *DA PARTICIPAÇÃO DOS ÓRGÃOS PÚBLICOS AUTÔNOMOS DO SISTEMA DE JUSTIÇA PENAL.* CONFLITO DE MÉRITO ENTRE AS POSIÇÕES DEFENSORIAIS E MINISTERIAIS. *PERSONALIDADE JUDICIÁRIA PENAL. IMPORTÂNCIA E UTILIDADE AO DEBATE DEMOCRÁTICO, BEM COMO À FORMAÇÃO DE PRECEDENTES, SEM PREJUÍZO ÀS MISSÕES CONSTITUCIONAIS DE CADA ÓRGÃO.* 3. EMBARGOS REJEITADOS." (TJAM, ED em Agr. Reg. em Rev. Criminal n. 0006382-60.2019.8.04.0000, Rel. Anselmo Chíxaro; Câmaras Reunidas; j. 18/12/2019; Data de registro: 19/12/2019, DJ 20.1.2020).

6. CASAS MAIA, Maurilio. A facilitação da defesa do consumidor em juízo na formação de precedentes e um novo interveniente processual em favor do vulnerável: a Defensoria Pública enquanto *custos vulnerabilis*. *Revista de Direito do Consumidor*, São Paulo, v. 127, p. 407-435, jan.-fev. 2020.

7. GONÇALVES FILHO, Edilson Santana. ROCHA, Jorge Bheron. CASAS MAIA, Maurilio. *Custos vulnerabilis*: a Defensoria Público e o equilíbrio nas relações político-jurídicas dos vulneráveis. Belo Horizonte: CEI, 2020.

8. NEVES, Daniel Amorim Assumpção. *Manual de Processo Coletivo*. 4ª ed. Salvador: Juspodivm, 2020, p. 227-229.

9. MAZZUOLI, Valerio de Oliveira. *Curso de Direitos Humanos*. 7ª ed. São Paulo: Método, 2020, p. 411-414.

em massa e reiteradas, inaugurado pela Lei Federal n. 13.105/2015 – o novo Código de Processo Civil (CPC/2015).

Dentre as inovações do IRDR, encontra-se a fixação da *legitimidade concorrente* de dois órgãos públicos do Sistema de Justiça constitucional para sua propositura (art. 977, CPC/2015): o Ministério Público e a Defensoria Pública.

Por outro lado, na sociedade de massas e de risco, o consumidor é uma das figuras mais presentes nos litígios repetitivos em trâmite no Poder Judiciário brasileiro. Desse modo, provavelmente muitos IRDRs versarão sobre direitos do consumidor.

Com efeito, é exatamente no referido cenário que se pretende perquirir *quais as proximidades e as distinções* entre o papel do Ministério Público e da Defensoria Pública nos IRDRs envolvendo direitos do consumidor.

Para solucionar o questionamento do parágrafo anterior, o presente estudo abordará brevemente a normatização do CPC/2015 para o IRDR. Em seguida, será exposta a proximidade da origem da Defensoria Pública com o órgão de procuradoria de justiça, para somente então expor a legitimidade ministerial no IRDR e, assim também, da Defensoria Pública – sendo que em relação a esta, buscar-se-á apresentar a o problema dos conflitos de interesses entre comunidades hipossuficientes na formação dos precedentes e suas possibilidades de manifestações institucionais do Estado Defensor (*Custos Vulnerabilis* e *Amicus Communitatis*).

Apesar de o esgotamento da temática aqui proposta não ser objetivo do presente texto, pretende-se estimular os estudos e debates acerca da questão a partir deste trabalho.

2. O IRDR E SUA REGULAMENTAÇÃO NO CPC/2015: BREVE EXPOSIÇÃO

O incidente de Resolução de Demandas Repetitivas (IRDR) é uma das espécies de *julgamento de casos repetitivos*,[10] nos termos do Código de Processo Civil de 2015 (CPC/2015, art. 928, I[11]), servindo de paradigma para casos análogos e seu procedimento é regulado entre os artigos 976 e 987 do CPC/2015[12].

---

10. Sobre o tema "casos repetitivos", vide em especial: PORTO, José Roberto Sotero de Mello. *Teoria Geral dos casos repetitivos*. Rio de Janeiro: GZ, 2018.

11. CPC/2015, Art. 928. Para os fins deste Código, considera-se julgamento de casos repetitivos a decisão proferida em: I - incidente de resolução de demandas repetitivas; II - recursos especial e extraordinário repetitivos. Parágrafo único. O julgamento de casos repetitivos tem por objeto questão de direito material ou processual.

12. Para não desvirtuamento do objetivo central do presente artigo, recomenda-se para maiores detalhes e polêmica sobre o IRDR, vale conferir as seguintes obras: CAVALCANTI, Marcos de Araújo. *Incidente de Resolução de Demandas Repetitivas*. São Paulo: RT, 2016; JEREISSATI, Régis Gurgel do Amaral. O Incidente de Resolução de Demandas Repetitivas e o Incidente de Assunção de Competência como mecanismos de uniformização da jurisprudência nos Tribunais e a participação da Defensoria Pública na formação dos precedentes. In: SILVA, Franklyn Roger Alves. *CPC/2015*: perspectiva da Defensoria Pública. Salvador:

São *requisitos* legais *cumulativos* do IRDR (art. 976[13]): (1) repetição processual em controvérsia unicamente jurídica; (2) risco à ofensa à isonomia e à segurança jurídica. Noutro passo, para fins de *regularidade formal* é imprescindível que a petição (das partes, Ministério Público ou Defensoria Pública) ou o ofício judicial (quando o órgão judicante instaurar o IRDR oficiosamente) esteja acompanhado da documentação probante dos respectivos pressupostos (parágrafo único do art. 977[14], CPC/2015).

Trata-se de incidente processual com predominância do *interesse público* em sua resolução em prol da *uniformização* da aplicação do direito em casos repetitivos, de modo que inexistirá cobrança de custas para sua instauração (§ 5º[15] do art. 976) e a desistência (ou seu abandono) não impedirá sua análise de mérito (art. 976, § 1º[16]). Assim sendo, o Ministério Público, quando não for o requerente, atuará como interveniente em favor da ordem jurídica (*custos legis et iuris*) e será, em princípio, o ente responsável por assumir a titularidade do IRDR em caso de desistência ou abandono por seu requerente (§ 2º do art. 976[17]). No mesmo contexto do *interesse público* na uniformização das demandas repetitivas, o CPC/2015 ressalta que a inadmissão do IRDR em razão da ausência de seus pressupostos legais, não impedirá nova suscitação quando preenchidos os pressupostos (§ 3º do art. 476[18]). Por outro lado, a preocupação com resolução uniforme de demandas repetitivas *impedirá* a admissão do IRDR quando a mesma matéria estiver vinculada a recurso repetitivo em Tribunal Superior (§ 4º[19], art. 976).

Juspodivm, 2017, p. 405-538; MACHADO, Daniel Carneiro. *A (in)compatibilidade do Incidente de Resolução de Demandas Repetitivas com o modelo constitucional de processo*. Rio de Janeiro: Lumen Juris, 2017; MANCUSO, Rodolfo de Camargo. *Incidente de Resolução de Demandas Repetitivas*: a luta contra a dispersão jurisprudencial excessiva. São Paulo: RT, 2016; MARINONI, Luiz Guilherme. *Incidente de Resolução de Demandas Repetitivas*: decisão de questão idêntica x precedente. São Paulo: RT, 2016; MENDES, Aluisio Gonçalves de Castro. *Incidente de Resolução de Demandas Repetitivas*: sistematização, análise e interpretação do novo instituto processual. Rio de Janeiro: Forense, 2017; TEMER, Sofia. *Incidente de Resolução de Demandas Repetitivas*. 2ª ed. Salvador: Juspodivm, 2017.

13. CPC/2015, Art. 976. É cabível a instauração do incidente de resolução de demandas repetitivas quando houver, simultaneamente: I - efetiva repetição de processos que contenham controvérsia sobre a mesma questão unicamente de direito; II - risco de ofensa à isonomia e à segurança jurídica.

14. CPC/2015, "Art. 977. (...) Parágrafo único. O ofício ou a petição será instruído com os documentos necessários à demonstração do preenchimento dos pressupostos para a instauração do incidente".

15. CPC/2015, "Art. 976. (...) § 5º Não serão exigidas custas processuais no incidente de resolução de demandas repetitivas."

16. CPC/2015, "Art. 976. § 1º A desistência ou o abandono do processo não impede o exame de mérito do incidente".

17. CPC/2015, "Art. 976. (...) § 2º Se não for o requerente, o Ministério Público intervirá obrigatoriamente no incidente e deverá assumir sua titularidade em caso de desistência ou de abandono".

18. CPC/2015, "Art. 976. (...) § 3º A inadmissão do incidente de resolução de demandas repetitivas por ausência de qualquer de seus pressupostos de admissibilidade não impede que, uma vez satisfeito o requisito, seja o incidente novamente suscitado."

19. CPC/2015, "Art. 976. (...) § 4º É incabível o incidente de resolução de demandas repetitivas quando um dos tribunais superiores, no âmbito de sua respectiva competência, já tiver afetado recurso para definição de tese sobre questão de direito material ou processual repetitiva."

Quanto à *legitimidade* para suscitar o IRDR, o CPC/2015 (art. 977[20]) confere legitimação não somente às partes (por petição), como também – em razão do *interesse público* existente na resolução uniforme da demanda repetitiva –, ao juiz ou relator (mediante ofício) e ainda ao Ministério Público e à Defensoria Pública, sendo estas duas últimas legitimidades analisadas detidamente mais à frente.

Nos termos do art. 978[21] do CPC/2015, a *competência* para processamento do IRDR no Tribunal será do órgão colegiado indicado pelo respectivo *regimento interno*, sendo relevante observar o respeito àqueles responsáveis pela uniformização no respectivo Tribunal. Ademais, o parágrafo único[22] do art. 978 do CPC/2015 destina ao órgão competente para o processamento do IRDR também a competência para julgamento do respectivo recurso, da remessa necessária ou do processo de competência originária do órgão do qual se originou a demanda na qual foi iniciado o incidente.

O princípio da *publicidade* sofre incidência *reforçada* no caso dos IRDR. Nesse sentido, o artigo 979[23] dispõe de diversas regras, entre as quais são destacadas: (a) a instauração e julgamento sucedido da "mais ampla e específica divulgação e publicidade", por registro no Conselho Nacional de Justiça (CNJ); (b) a manutenção, pelos tribunais, de *banco de dados eletrônicos e atualizados* sobre as questões de direito submetidas ao órgão, com imediata remessa da informação respectiva ao CNJ, para inclusão no cadastro deste; (c) o registro eletrônico sobre as teses e os casos de IRDR devem conter as seguintes informações mínimas: fundamentos determinantes e dispositivos normativos relacionados – a fim de possibilitar a identificação dos casos. A curiosidade do art. 979 se refere ao seu § 3º[24], estendendo a regra da publicidade reforçada desse dispositivo legal aos recursos repetitivos (STJ) e repercussões gerais (STF).

---

20. CPC/2015, "Art. 977. O pedido de instauração do incidente será dirigido ao presidente de tribunal: I - pelo juiz ou relator, por ofício; II - pelas partes, por petição; III - pelo Ministério Público ou pela Defensoria Pública, por petição."

21. CPC/2015, "Art. 978. O julgamento do incidente caberá ao órgão indicado pelo regimento interno dentre aqueles responsáveis pela uniformização de jurisprudência do tribunal. Parágrafo único. O órgão colegiado incumbido de julgar o incidente e de fixar a tese jurídica julgará igualmente o recurso, a remessa necessária ou o processo de competência originária de onde se originou o incidente."

22. CPC/2015, "Art. 978. (...) Parágrafo único. O órgão colegiado incumbido de julgar o incidente e de fixar a tese jurídica julgará igualmente o recurso, a remessa necessária ou o processo de competência originária de onde se originou o incidente."

23. CPC/2015, "Art. 979. A instauração e o julgamento do incidente serão sucedidos da mais ampla e específica divulgação e publicidade, por meio de registro eletrônico no Conselho Nacional de Justiça. § 1º Os tribunais manterão banco eletrônico de dados atualizados com informações específicas sobre questões de direito submetidas ao incidente, comunicando-o imediatamente ao Conselho Nacional de Justiça para inclusão no cadastro. § 2º Para possibilitar a identificação dos processos abrangidos pela decisão do incidente, o registro eletrônico das teses jurídicas constantes do cadastro conterá, no mínimo, os fundamentos determinantes da decisão e os dispositivos normativos a ela relacionados. § 3º Aplica-se o disposto neste artigo ao julgamento de recursos repetitivos e da repercussão geral em recurso extraordinário."

24. CPC/2015, "Art. 979. (...) § 3º Aplica-se o disposto neste artigo ao julgamento de recursos repetitivos e da repercussão geral em recurso extraordinário."

Um dos efeitos do IRDR é a consequente suspensão *ex lege* (CPC/2015, art. 313, IV[25], art. 982, I[26]) das demandas com repetição do objeto do incidente. O referido efeito suspensivo possui prazo pré-determinado em Lei: 1 (um) ano (art. 980[27]) – que é também o prazo legal de julgamento, sendo ainda o IRDR excluído da regra geral de julgamento por ordem cronológica (CPC/2015, § 2º[28], art. 12). Entretanto, superado tal prazo, ainda é possível a manutenção da suspensão *ope judicis* (p.u., *in fine*, do art. 980, CPC/2015), ou seja, por fundamentada decisão judicial do relator do IRDR. O CPC/2015 também ressalta que a *não* interposição de recurso especial e extraordinário impugnando a decisão do IRDR cessa[29] o efeito suspensivo natural ao multicitado incidente. Em respeito ao direito fundamental à razoável duração do processo (inc. LXXVIII, art. 5º, CRFB/88) e em razão da grande *amplitude* do efeito suspensivo do IRDR – podendo atingir diversas demandas de igual teor –, o incidente possuirá *preferência* na sua tramitação, salvo processos de réu preso e *Habeas Corpus*.

Ainda sobre o efeito suspensivo decorrente da *admissão* do IRDR, deve-se comunicá-la aos órgãos competentes (art. 982, § 1º[30]) e eventuais pedidos de *tutela de urgência* poderão ser destinadas ao juízo da causa suspensa em razão do IRDR (art. 982, § 2º[31]), a fim de preservar a garantia de acesso material à Justiça – até mesmo porque atos urgentes podem ser praticados durante a suspensão processual (CPC/2015, art. 314[32]).

Quanto ao *processamento*, o CPC/2015 impõe a análise de sua admissibilidade logo após a distribuição (art. 981) e admissão (art. 982[33]), lançando os se-

---

25. CPC/2015, "Art. 313. Suspende-se o processo: (...) IV - pela admissão de incidente de resolução de demandas repetitivas;"

26. CPC/2015, "Art. 982. Admitido o incidente, o relator: I - *suspenderá* os processos pendentes, individuais ou coletivos, que tramitam no Estado ou na região, conforme o caso;"

27. CPC/2015, "Art. 980. O incidente será julgado no prazo de 1 (um) ano e terá preferência sobre os demais feitos, ressalvados os que envolvam réu preso e os pedidos de habeas corpus. Parágrafo único. Superado o prazo previsto no caput, cessa a *suspensão* dos processos prevista no art. 982, salvo decisão fundamentada do relator em sentido contrário. (...)"

28. CPC/2015, "Art. 12. Os juízes e os tribunais atenderão, preferencialmente, à ordem cronológica de conclusão para proferir sentença ou acórdão. (...) § 2º Estão excluídos da regra do caput: (...) III - o julgamento de recursos repetitivos ou de *incidente de resolução de demandas repetitivas*;" (g.n.)

29. CPC/2015, "Art. 982 (...) § 5º Cessa a suspensão a que se refere o inciso I do caput deste artigo se não for interposto recurso especial ou recurso extraordinário contra a decisão proferida no incidente".

30. CPC/2015, "Art. 982. (...) § 1º A suspensão será comunicada aos órgãos jurisdicionais competentes."

31. CPC/2015, "Art. 982. (...) § 2º Durante a suspensão, o pedido de tutela de urgência deverá ser dirigido ao juízo onde tramita o processo suspenso."

32. CPC/2015, "Art. 314. Durante a suspensão é vedado praticar qualquer ato processual, podendo o juiz, todavia, determinar a realização de atos urgentes a fim de evitar dano irreparável, salvo no caso de arguição de impedimento e de suspeição."

33. CPC/2015, "Art. 982. Admitido o incidente, o relator: I - suspenderá os processos pendentes, individuais ou coletivos, que tramitam no Estado ou na região, conforme o caso; II - poderá requisitar informações a órgãos em cujo juízo tramita processo no qual se discute o objeto do incidente, que as prestarão no prazo

guintes poderes ao relator: (1) suspensão dos processos pendentes na respectiva jurisdição; (2) requisição de informações, com prazo de 15 (quinze) dias, para órgãos em cujo juízo tramita processo no qual se discuta o objeto do incidente; (3) intimação do Ministério Público para eventual manifestação em 15 (quinze) dias; (4) determinar, necessariamente, a intimação para oitiva em 15 (quinze) dias das partes e interessados, sendo ouvido após o Ministério Público no mesmo prazo – sendo franqueados aos interessados juntar documentos e requerer diligências necessárias (art. 983[34]); (5) pautar audiência pública para oitiva dos *experts* na matéria (§ 1º[35] do art. 983); (6) requerer data para julgamento após o cumprimento das diligências (§ 2º[36] do art. 983).

Além da abertura democrática do IRDR às audiências públicas, deve-se destacar a possibilidade de participação do interveniente *Amicus Curiae* e de sua ampla legitimidade recursal (§ 3º, art. 138[37]), diferente das demais participações do *Amicus Curiae* cuja atribuição recursal é limitada aos Embargos de Declaração (§ 1º[38] do art. 138, CPC/2015).

O IRDR também pode ter impacto sobre os Recursos Especiais e Extraordinários, sendo possível à parte (§ 4º[39], art. 982), ao Ministério Público e à Defensoria Pública requerer ao STJ ou ao STF, respectivamente, a suspensão de todos os processos em território nacional que versem sobre a matéria de incidente já instaurado, nos termos do § 3º[40] do art. 982 c/c § 4º do art. 1.029[41] do CPC/2015.

---

de 15 (quinze) dias; III - intimará o Ministério Público para, querendo, manifestar-se no prazo de 15 (quinze) dias."

34. CPC/2015, "Art. 983. O relator ouvirá as partes e os demais interessados, inclusive pessoas, órgãos e entidades com interesse na controvérsia, que, no prazo comum de 15 (quinze) dias, poderão requerer a juntada de documentos, bem como as diligências necessárias para a elucidação da questão de direito controvertida, e, em seguida, manifestar-se-á o Ministério Público, no mesmo prazo".

35. CPC/2015, "Art. 983. (...) § 1º Para instruir o incidente, o relator poderá designar data para, em audiência pública, ouvir depoimentos de pessoas com experiência e conhecimento na matéria. § 2º Concluídas as diligências, o relator solicitará dia para o julgamento do incidente."

36. CPC/2015, "Art. 983. (...) § 2º Concluídas as diligências, o relator solicitará dia para o julgamento do incidente."

37. CPC/2015, "Art. 138. (...) § 3º O amicus curiae pode recorrer da decisão que julgar o incidente de resolução de demandas repetitivas."

38. CPC/2015, "Art. 138. (...) § 1º A intervenção de que trata o caput não implica alteração de competência nem autoriza a interposição de recursos, ressalvadas a oposição de embargos de declaração e a hipótese do § 3º."

39. CPC/2015, "Art. 982. (...) § 4º *Independentemente dos limites da competência territorial*, a parte no processo em curso no qual se discuta a mesma questão objeto do incidente é legitimada para requerer a providência prevista no § 3º deste artigo."

40. CPC/2015, "Art. 982. (...) § 3º Visando à garantia da segurança jurídica, qualquer legitimado mencionado no art. 977, incisos II e III, poderá requerer, ao tribunal competente para conhecer do recurso extraordinário ou especial, a suspensão de todos os processos individuais ou coletivos em curso no território nacional que versem sobre a questão objeto do incidente já instaurado."

41. CPC/2015, "Art. 1.029. (...) § 4º Quando, por ocasião do processamento do incidente de resolução de demandas repetitivas, o presidente do Supremo Tribunal Federal ou do Superior Tribunal de Justiça receber

Ao remate, é necessário registrar a ampla utilidade decisória do IRDR no novo Direito Processual Civil, porquanto sirva à fundamentação das decisões judiciais e, em especial, às técnicas de aceleração processual - tais como o julgamento de improcedência liminar do pedido[42], às decisões monocráticas do relator[43] e ao afastamento da remessa necessária[44]. Por tais razões, implementar mecanismos de participação e legitimação democrática no procedimento do IRDR é imprescindível à observância do modelo constitucional de processo.

3. A LEGITIMIDADE DO MINISTÉRIO PÚBLICO (MP) E DA DEFENSORIA PÚBLICA (DP) PARA O IRDR

O objeto central do presente estudo é a apresentação das peculiaridades e proximidades entre a legitimidade ministerial e a legitimação defensorial para o IRDR em especial nas causas sobre direito do consumidor - isso tanto na propositura do incidente, como na atividade interventiva. Para cumprir tal mister, a partir de agora serão abordadas as proximidades entre as duas instituições, a legitimidade específica de cada uma delas e, por fim, os pontos de contato e de distanciamento principais entre as legitimidades analisadas.

3.1 MP e DP: Origem em comum?

Antes de 1988, o Brasil possuía basicamente três modelos de assistência jurídica pública aos necessitados: (1) *Defensoria Pública*: modelo iniciado no Rio de Janeiro no âmbito da Procuradoria de Justiça, órgão no qual os defensores públicos dividiam o palco institucional com os acusadores públicos; (2) *Advocacia Pública*[45]: como ocorria em São Paulo, estado no qual a Procuradoria

requerimento de suspensão de processos em que se discuta questão federal constitucional ou infraconstitucional, poderá, considerando razões de segurança jurídica ou de excepcional interesse social, estender a suspensão a todo o território nacional, até ulterior decisão do recurso extraordinário ou do recurso especial a ser interposto."

42. CPC/2015, "Art. 332. Nas causas que dispensem a fase instrutória, o juiz, independentemente da citação do réu, julgará liminarmente improcedente o pedido que contrariar: (...) III - entendimento firmado em incidente de resolução de demandas repetitivas ou de assunção de competência;"

43. CPC/2015, "Art. 932. Incumbe ao relator: (...) IV - negar provimento a recurso que for contrário a: (...) c) entendimento firmado em incidente de resolução de demandas repetitivas ou de assunção de competência; V - depois de facultada a apresentação de contrarrazões, dar provimento ao recurso se a decisão recorrida for contrária a: (...) c) entendimento firmado em incidente de resolução de demandas repetitivas ou de assunção de competência;"

44. CPC/2015, "Art. 496. Está sujeita ao duplo grau de jurisdição, não produzindo efeito senão depois de confirmada pelo tribunal (...) § 4º Também não se aplica o disposto neste artigo quando a sentença estiver fundada em: (...) III - entendimento firmado em incidente de resolução de demandas repetitivas ou de assunção de competência;"

45. Ressalte-se que, constitucionalmente, a Advocacia Pública (CRFB/88, art. 131-132) é carreira voltada à defesa do Estado, carreira inconfundível com a Defensoria Pública (CRFB/88, art. 134), voltada à defesa dos direitos humanos e dos necessitados.

do Estado realizava também a defesa dos necessitados; (3) *Advocacia de ofício*: como ocorria no Amazonas[46-47], nos quais advogados privados eram submetidos a concurso para prestarem assistência jurídica aos necessitados, sem qualquer impedimento de postularem fora da carreira – impedimento esse imposto constitucionalmente aos defensores públicos[48].

A eleição do constituinte para o *modelo constitucional de assistência jurídica* foi o modelo do Rio de Janeiro – a Defensoria Pública e seus defensores públicos. Tal escolha possui impacto direto nos poderes e funções exercidos atualmente pela Defensoria Pública. Isso porque os *defensores públicos* nasceram no Rio de Janeiro enquanto órgão de *procuratura de Justiça*, na mesma instituição dos acusadores públicos (promotores) – vide em especial a Lei Estadual do Rio de Janeiro n. 2.188, de 21/7/1954[49].

Desse modo, são naturais as *aproximações* entre a carreira ministerial e defensorial (tais como legitimidade coletiva, interventiva etc.) e também o *distanciamento* decorrente das respectivas missões – o órgão de persecução devendo primar pela *ordem* jurídico-democrática e o órgão de defesa pública atuar em prol do *progresso* e da oitiva democrática dos necessitados e seus direitos humanos, existindo em muitas ocasiões tensão entre a manutenção da *ordem* jurídica e o *progresso* dos necessitados – significando, de certo modo, um indicativo singelo e simbólico da presença ministerial e defensorial na bandeira brasileira[50] ("ordem e progresso").

Com efeito, mormente com vistas à *interpretação histórica,* a origem da Defensoria Pública não deve ser ignorada pelo intérprete das prerrogativas e mis-

---

46. ALENCAR, Miguel Henrique Tinoco de. *A Defensoria Pública do Estado do Amazonas e a promoção de direitos fundamentais*. João Pessoa: UFPB, 2011. [Dissertação de Mestrado].

47. O Amazonas, por meio da Lei Complementar Estadual n. 1/1990, criou a segunda Defensoria Pública do país.

48. CRFB/88, "Art. 134. (...) § 1º Lei complementar organizará a Defensoria Pública da União e do Distrito Federal e dos Territórios e prescreverá normas gerais para sua organização nos Estados, em cargos de carreira, providos, na classe inicial, mediante concurso público de provas e títulos, assegurada a seus integrantes a garantia da inamovibilidade e *vedado o exercício da advocacia fora das atribuições institucionais.*"

49. Antes dessa data, a Lei n. 216/1948 do antigo Distrito Federal, o termo *defensor público* era utilizada para designar membros do *Ministério Público* na fase inicial da carreira, quando atuavam na defesa em *assistência judiciária* aos necessitados. Ou seja, o modelo constitucional de Assistência Judiciária (Defensoria Pública) é, em seu nascedouro, vocacionado à *promoção de justiça via defesa pública*. Para maiores estudos sobre o histórico dos defensores públicos no Brasil vale conferir: ESTEVES, Diogo. SILVA, Franklin Roger Alves. *Princípios institucionais da Defensoria Pública*. 2ª ed. Rio de Janeiro: Forense, 2017, p. 58-63.

50. Analogia realizada por Maurilio Casas Maia em palestra proferida em 13/5/2015, durante o "II Encontro dos Defensores Públicos", contando como debatedor o professor Daniel Gerhard da Faculdade de Direito da Universidade Federal do Amazonas (FD/UFAM). (CASAS MAIA, Maurilio. Estado Defensor: Custos Vulnerabilis e Amicus Communitas. *Escola Superior da Defensoria Pública do Estado do Amazonas – Defensoria Pública do Amazonas*, Manaus-Amazonas, 13 de maio de 2015. Palestra no evento II Encontro dos Defensores Públicos). [informação verbal].

sões da referida função essencial à Justiça, tanto assim para aproximar quanto para distanciar da missão do Ministério Público – intuito do presente estudo.

3.2 A legitimidade do Ministério Público para o IRDR

O Ministério Público é apresentado, didaticamente, enquanto *Custos Legis* ("fiscal da lei") ou, mais recentemente (CPC/2015, art. 178[51]), como *Custos Iuris* ("fiscal da ordem jurídica") – e tal lição pode ser extraída da Constituição (art. 127[52]), na missão ministerial de tutelar a "ordem jurídica" e consequentemente o "regime democrático e dos interesses sociais e individuais indisponíveis".

No referido contexto constitucional, o órgão ministerial terá seu compromisso primeiro com a ordem jurídica e não com interesses subjetivos envolvidos nos processos em geral, incluindo aí os IRDRs. Portanto, frente ao papel exercido pelo Ministério Público de fiscal da ordem jurídico-democrática, a legislação *não* poderá fixar a posição processual a ser exercida pelo órgão do *parquet* após 1988 e muito menos o agente ministerial poderá representar interesses para além do seu interesse institucional – conforme pode ser aferido na lição de Emerson Garcia[53].

Assim sendo, no IRDR, o Ministério Público estará presente para, antes de tudo, velar pela integridade da ordem jurídico-democrática. Com efeito, o *Parquet* não atuará no feito para, a todo custo, fazer prevalecer o interesse do incapaz[54], do vulnerável ou do consumidor, por exemplo – na linha da lição de raciocínio da lição de Hugo Nigro Mazzilli[55].

---

51. CPC/2015, "Art. 178. O Ministério Público será intimado para, no prazo de 30 (trinta) dias, intervir como *fiscal da ordem jurídica* nas hipóteses previstas em lei ou na Constituição Federal e nos processos que envolvam: I - interesse público ou social; II - interesse de incapaz; III - litígios coletivos pela posse de terra rural ou urbana. Parágrafo único. A participação da Fazenda Pública não configura, por si só, hipótese de intervenção do Ministério Público." (g.n.)

52. CRFB/88, "Art. 127. O Ministério Público é instituição permanente, essencial à função jurisdicional do Estado, incumbindo-lhe a defesa da ordem jurídica, do regime democrático e dos interesses sociais e individuais indisponíveis."

53. GARCIA, Emerson. *Ministério Público*: organização, atribuições e regime jurídico. 5ª ed. São Paulo: Saraiva, 2015, p. 402-403.

54. No sentido de resguardar o interesse ministerial na tutela da ordem jurídica e não de interesses subjetivos, segue trecho de recente notícia divulgada no sítio eletrônico do STJ em 20/10/2017: "A relatora do processo, ministra Nancy Andrighi, salientou que o curador deve *sempre* buscar a promoção dos interesses do interditando, podendo existir conflito de interesse se o Ministério Público acumular as funções de fiscal da lei e curador. 'A função de *custos legis* é a de *fiscalizar a estrita aplicação da lei*, o que não necessariamente se compatibiliza com o interesse pessoal do interditando. Consequentemente, a cumulação de funções pelo Ministério Público pode levar à prevalência de uma das funções em detrimento da outra', explicou a magistrada." (BRASIL. Superior Tribunal de Justiça. Notícia publicada em 20 de outubro de 2017: Não compete ao Ministério Público a função de curadoria especial de interditando. Disponível em: < http://www.stj.jus.br/sites/STJ/default/pt_BR/Comunica%C3%A7%C3%A3o/noticias/Not%C3%ADcias/N%C3%A3o-compete-ao-Minist%C3%A9rio-P%C3%BAblico-a-fun%C3%A7%C3%A3o-de-curadoria-especial-de-interditando>. Acesso em: 20 Out. 2017, processo em segredo de justiça, g.n.).

55. MAZZILLI, Hugo Nigro. *Regime jurídico do Ministério Público*. 7ª ed. São Paulo: Saraiva, 2013, p. 339.

Após 1988, individual ou coletivamente, a busca pela efetivação do contraditório efetivo e equilibrado é, na esfera pública, missão da Defensoria Pública (art. 134, CRFB/88), *não*[56] sendo possível ao Ministério Público patrocinar interesses particulares em face da sua responsabilidade enquanto fiscal da lei – embora, mediatamente, ao fiscalizar a ordem jurídica, o *parquet* não deixe de velar pelo devido processo legal.

É preciso registrar, ao fim, que a independência ministerial quanto aos interesses apresentados no processo foi reconhecida pelo Superior Tribunal de Justiça (STJ) no passado, em posição perfeitamente amoldável ao papel do Ministério Público no IRDR: "Resolução de Contrato. Interesses de incapazes. Parecer do representante do Ministério Público pela improcedência da ação. Possibilidade. Art. 82, I, do CPC. – *Não está obrigado* o representante do Ministério Público a manifestar-se, sempre, em favor do litigante incapaz. Estando convencido de que a postulação do menor não apresenta nenhum fomento de juridicidade, *é-lhe possível opinar pela sua improcedência*. Recurso especial não conhecido." (STJ, REsp 135.744/SP, Rel. Min. Barros Monteiro, 4ª T., j. 24/6/2003, DJ 22/9/2003, p. 327).

Quanto ao disposto no § 2º[57] do art. 976 do CPC/2015 – no sentido de intervenção obrigatória do Ministério Público e da determinação de assunção de titularidade do IRDR abandonado –, pontua-se que o órgão ministerial não pode ser compelido a atuar em favor do polo ativo do IRDR, prevalecendo a constitucional autonomia funcional sobre o CPC/2015.[58]

Em síntese, no IRDR, a função precípua do Ministério Público é de fiscalizar o respeito à ordem jurídico-democrática e não de representar ou vincular-se a determinado interesse de determinado segmento social – interesse esse que pode ser incompatível[59], aparentemente, com a ordem jurídica positivada.

---

56. LIMA, Fernando Antônio Negreiros. *A intervenção do Ministério Público no processo civil brasileiro como custos legis*. São Paulo: Método, 2007, p. 133.

57. CPC/2015, "Art. 976. (...) § 2º Se não for o requerente, o Ministério Público intervirá obrigatoriamente no incidente e deverá assumir sua titularidade em caso de desistência ou de abandono".

58. "(...) o MP, ante o princípio da independência funcional (art. 127, § 1º, CF/1998), que se apresenta como corolário da separação dos poderes não está obrigado a atuar no polo ativo do IRDR caso não se convença dos seus pressupostos. A norma constitucional sobrepõe-se a regra contida no CPC/2015, pelo que o representante ministerial precisa estar convencido da presença dos requisitos aptos para manejá-lo" (JEREISSATI, Régis Gurgel do Amaral. O Incidente de Resolução de Demandas Repetitivas e o Incidente de Assunção de Competência como mecanismos de uniformização da jurisprudência nos Tribunais e a participação da Defensoria Pública na formação dos precedentes. In: SILVA, Franklyn Roger Alves. *CPC/2015*: perspectiva da Defensoria Pública. Salvador: Juspodivm, 2017, p. 442-443).

59. "(...) A relatora do processo, ministra Nancy Andrighi, salientou que o curador deve sempre buscar a promoção dos interesses do interditando, *podendo existir conflito* de interesse se o Ministério Público acumular as funções de fiscal da lei e curador. 'A função de *custos legis* é a de fiscalizar a estrita aplicação da lei, o que não necessariamente se compatibiliza com o interesse pessoal do interditando. Consequentemente, a cumulação de funções pelo Ministério Público pode levar à prevalência de uma das funções em detrimento da outra', explicou a magistrada. (...)". (BRASIL. Superior Tribunal

3.3 A legitimidade da Defensoria Pública para o IRDR

A legitimidade institucional da Defensoria Pública é vinculada à promoção do *acesso à Justiça* na defesa dos vulneráveis necessitados (*dimensão subjetiva*) e dos direitos humanos (*dimensão objetiva*), em conformidade com o art. 134 da Constituição, conforme redação dada pela EC n. 80/2014.

Na *dimensão subjetiva* da legitimidade institucional da Defensoria, tanto o STF (ADI n. 3943[60-61] e RE n. 733433-RG[62]), quanto o STJ (EREsp n. 1192577[63]),

---

de Justiça. Notícia publicada em 20 de outubro de 2017: Não compete ao Ministério Público a função de curadoria especial de interditando. Disponível em: < http://www.stj.jus.br/sites/STJ/default/pt_BR/Comunica%C3%A7%C3%A3o/noticias/Not%C3%ADcias/N%C3%A3o-compete-ao-Minist%C3%A9rio-P%C3%BAblico-a-fun%C3%A7%C3%A3o-de-curadoria-especial-de-interditando>. Acesso em: 20 Out. 2017, processo em segredo de justiça, g.n.).

60. "Ementa: Ação Direta de Inconstitucionalidade. Legitimidade ativa da Defensoria Pública para ajuizar Ação Civil Pública (Art. 5º, Inc. II, da Lei n. 7.347/1985, alterado pelo Art. 2º da Lei n. 11.448/2007). Tutela de Interesses Transindividuais (Coletivos Strito Sensu e Difusos) e Individuais Homogêneos. Defensoria Pública: Instituição Essencial à Função Jurisdicional. Acesso À Justiça. Necessitado: Definição segundo Princípios Hermenêuticos Garantidores da força normativa da Constituição e da máxima efetividade das normas constitucionais: Art. 5º, Incs. XXXV, LXXIV, LXXVIII, da Constituição da República. Inexistência de norma de exclusividade do Ministério Público para ajuizamento de Ação Civil Pública. Ausência de prejuízo Institucional do Ministério Público pelo reconhecimento da legitimidade da Defensoria Pública. Ação Julgada Improcedente." (STF, ADI 3943, Rel. Min. Cármen Lúcia, Tribunal Pleno, j. 7/5/2015, Acórdão Eletrônico DJe-154, divulg. 5-8-2015, p. 6-8-2015).

61. Na data de finalização do presente artigo, 15/10/2017, a ADI n. 3943 aguardava julgamento de Embargos de Declaração da CONAMP.

62. "Direito Processual Civil e Constitucional. Ação civil pública. *Legitimidade da Defensoria Pública para ajuizar ação civil pública em defesa de interesses difusos.* Interpretação do art. 134 da Constituição Federal. Discussão acerca da constitucionalidade do art. 5º, inciso II, da Lei nº 7.347/1985, com a redação dada pela Lei nº 11.448/07, e do art. 4º, incisos VII e VIII, da Lei Complementar nº 80/1994, com as modificações instituídas pela Lei Complementar nº 132/09. *Repercussão geral reconhecida.* Mantida a decisão objurgada, visto que comprovados os requisitos exigidos para a caracterização da legitimidade ativa. Negado provimento ao recurso extraordinário. Assentada a tese de que a Defensoria Pública tem legitimidade para a propositura de ação civil pública que vise a promover a tutela judicial de direitos difusos e coletivos de que sejam *titulares*, em tese, pessoas *necessitadas*." (STF, RE 733433, Rel. Min. Dias Toffoli, Tribunal Pleno, j. 4/11/2015, g.n.).

63. "Embargos de Divergência no Recurso Especial nos Embargos Infringentes. Processual Civil. Legitimidade da Defensoria Pública para a propositura de Ação Civil Pública em favor de idosos. Plano de saúde. Reajuste em razão da idade tido por abusivo. Tutela de interesses individuais homogêneos. *Defesa de necessitados, não só os carentes de recursos econômicos, mas também os hipossuficientes jurídicos.* Embargos de Divergência acolhidos.

   1. Controvérsia acerca da legitimidade da Defensoria Pública para propor ação civil pública em defesa de direitos individuais homogêneos de consumidores idosos, que tiveram seu plano de saúde reajustado, com arguida abusividade, em razão da faixa etária.

   2. A atuação primordial da Defensoria Pública, sem dúvida, é a assistência jurídica e a defesa dos necessitados econômicos, entretanto, também exerce suas atividades em auxílio a necessitados jurídicos, não necessariamente carentes de recursos econômicos, como é o caso, por exemplo, quando exerce a função do curador especial, previsto no art. 9.º, inciso II, do Código de Processo Civil, e do defensor dativo no processo penal, conforme consta no art. 265 do Código de Processo Penal.

   3. No caso, o direito fundamental tutelado está entre os mais importantes, qual seja, o direito à saúde. Ademais, o grupo de consumidores potencialmente lesado é formado por idosos, cuja condição de vulne-

reconhecem a amplitude da legitimidade do conceito de *necessitados* para abrangência dos *necessitados organizacionais e vulneráveis* a fim de garantir maior justiça transindividual na *segunda onda renovatória* do acesso à justiça[64].

A Defensoria Pública – instituição ainda demasiadamente desconhecida[65] nos bancos de graduação em Direito –, desafiando o "senso comum" jurídico, possui legitimidade ampla para fins de instauração e participação no IRDR, porquanto sua labuta a partir da ótica das *necessidades humanas* e da efetivação dos *direitos humanos* (enquanto compromisso e necessidade internacional) legitima-a para um *amplo* debate jurídico-social sobre a satisfação das necessidades humanas através do direito.

Por outro lado, *diferentemente* da missão ministerial, a Defensoria Pública possui um liame subjetivo com os segmentos sociais vulneráveis de modo que seus posicionamentos devem buscar *amplificar* o contraditório na formação de precedentes em favor dos vulneráveis.

---

rabilidade já é reconhecida na própria Constituição Federal, que dispõe no seu art. 230, sob o Capítulo VII do Título VIII ("Da Família, da Criança, do Adolescente, do Jovem e do Idoso"): "A família, a sociedade e o Estado têm o dever de amparar as pessoas idosas, assegurando sua participação na comunidade, defendendo sua dignidade e bem-estar e garantindo-lhes o direito à vida." 4. "A expressão 'necessitados' (art. 134, caput, da Constituição), que qualifica, orienta e enobrece a atuação da Defensoria Pública, deve ser entendida, no campo da Ação Civil Pública, em sentido amplo, de modo a incluir, ao lado dos estritamente carentes de recursos financeiros - os miseráveis e pobres -, os hipervulneráveis (isto é, os socialmente estigmatizados ou excluídos, as crianças, os idosos, as gerações futuras), enfim todos aqueles que, como indivíduo ou classe, por conta de sua real debilidade perante abusos ou arbítrio dos detentores de poder econômico ou político, 'necessitem' da mão benevolente e solidarista do Estado para sua proteção, mesmo que contra o próprio Estado. Vê-se, então, que a partir da ideia tradicional da instituição forma-se, no Welfare State, um novo e mais abrangente círculo de sujeitos salvaguardados processualmente, isto é, adota-se uma compreensão de *minus habentes* impregnada de significado social, organizacional e de dignificação da pessoa humana" (REsp 1.264.116/RS, Rel. Ministro Herman Benjamin, Segunda Turma, julgado em 18/10/2011, DJe 13/04/2012).

5. O Supremo Tribunal Federal, a propósito, recentemente, ao julgar a ADI 3943/DF, em acórdão ainda pendente de publicação, concluiu que a Defensoria Pública tem legitimidade para propor ação civil pública, na defesa de interesses difusos, coletivos ou individuais homogêneos, julgando improcedente o pedido de declaração de inconstitucionalidade formulado contra o art. 5.º, inciso II, da Lei n.º 7.347/1985, alterada pela Lei n.º 11.448/2007 ("Art. 5.º Têm legitimidade para propor a ação principal e a ação cautelar: ... II - a Defensoria Pública"). 6. Embargos de divergência acolhidos para, reformando o acórdão embargado, restabelecer o julgamento dos embargos infringentes prolatado pelo Terceiro Grupo Cível do Tribunal de Justiça do Estado do Rio Grande do Sul, que reconhecera a legitimidade da Defensoria Pública para ajuizar a ação civil pública em questão." (STJ, EREsp 1192577/RS, Rel. Min. Laurita Vaz, Corte Especial, j. 21/10/2015, DJe 13/11/2015)

64. CAPPELLETTI, Mauro. GARTH, Bryant. *Acesso à Justiça*. Tradução Ellen Gracie Northfleet. Porto Alegre: Sergio Antônio Fabris Editor, 1988, p. 49 e ss.

65. Para maiores detalhes, vide: TASSIGNY, Mônica. SILVIO, Solange Holanda Almeida. CASAS MAIA, Maurilio. O direito à educação e a Defensoria Pública: legitimidade coletiva, educação em direitos e educação jurídica. *Revista dos Tribunais*, São Paulo, p. 319-342, out. 2017.

Nesse cenário, a teoria jurídica[66] tem asseverado que a Defensoria Pública poderá propor um IRDR enquanto parte ou terceiro, além de participar do incidente como *Amicus Curiae* ou como representante postulatório (da parte ou do *Amicus Curiae*). Noutro passo, convém ao presente estudo trazer a lume e esclarecer as atuações defensoriais enquanto órgão constitucionalmente interveniente – atuações essas que vem recebendo o nome de *Custos Vulnerabilis* ou *Amicus Communitatis*.

3.3.1 Defensoria Pública enquanto interveniente institucional no IRDR (Custos Vulnerabilis)

Tem-se defendido que a Defensoria Pública pode assumir o papel de órgão interveniente constitucional[67] do Sistema de Justiça, assim como o Ministério Público o faz classicamente. Tal atuação defensorial é *constitucionalmente* decorrente da *integralidade* da assistência jurídica estatal (art. 5º, LXXIV e art. 134, CRFB/88) e do interesse institucional da Defensoria positivado na Constituição e nas Leis.

O papel da Defensoria Pública enquanto órgão interveniente[68] processual em razão de seu *interesse constitucional e legal* (em especial o inciso XI[69] do art. 4º da LC n. 80/1994) é tema ainda incipiente. Na atuação interventiva, a instituição de defesa pública tem recebido, didaticamente, a alcunha de *Custos Vulnerabi-*

66. Para um estudo mais detalhado, conectado com a legislação institucional da Defensoria Pública (LC n. 80/1994), sobre as formas de atuação defensorial no IRDR, vide: JEREISSATI, Régis Gurgel do Amaral. O Incidente de Resolução de Demandas Repetitivas e o Incidente de Assunção de Competência como mecanismos de uniformização da jurisprudência nos Tribunais e a participação da Defensoria Pública na formação dos precedentes. In: SILVA, Franklyn Roger Alves. *CPC/2015*: perspectiva da Defensoria Pública. Salvador: Juspodivm, 2017, p. 516.

67. CASAS MAIA, Maurilio. Litisconsórcio e Intervenção de Terceiro no novo CPC de 2015: uma visão geral. In: SILVA, Franklyn Roger Alves (Org.). *O novo Código de Processo Civil e a perspectiva da Defensoria Pública*. Salvador: Juspodivm, 2017, p. 185-206.

68. O tema da intervenção, com maior ou menor atenção, foi abordado em diversas obras – a exemplificar: RÉ, Aluísio Iunes Ruggeri. *Manual do Defensor Público*: teoria e prática. 3ª ed. Salvador: Juspodivm, 2016, p. 631; RÉ, Aluísio Iunes Ruggeri. GOMES, Marcos Vinícius Manso Lopes. *Direito processual civil*: teoria geral do processo. São Paulo: Saraiva, 2016, p. 89; FRANÇA, Bruna Simões. NASCIMENTO, José Moacyr Doretto. *Direitos difusos e coletivos*. São Paulo: Saraiva, 2017, p. 74; ESTEVES, Diogo. SILVA, Franklyn Roger Alves. *Princípios institucionais da Defensoria Pública*. 2ª ed. Rio de Janeiro: Forense, 2017; FENSTERSEIFER, Tiago. *Defensoria Pública na Constituição Federal*. Rio de Janeiro: Forense, 2017; GONÇALVES FILHO, Edilson Santana. *Defensoria pública e a tutela coletiva de direitos*: teoria e prática. Salvador: Juspodivm, 2016; ALVES, Cleber Francisco. GONZÁLEZ, Pedro. *Defensoria Pública no século XXI*: novos horizontes e desafios. Rio de Janeiro: Lumen Juris, 2017; ARRUDA, Igor Araújo de. *Defensor Público Estadual*. Salvador: Juspodivm, 2017; CASAS MAIA, Maurilio. *Custos Vulnerabilis* constitucional: o Estado defensor entre o REsp 1.192.577-RS e a PEC 4/14. Revista Jurídica Consulex, Brasília, p. 55-57, 1º jun. 2014; Casas Maia, Maurilio. Luigi Ferrajoli e o Estado Defensor enquanto magistratura postulante e Custos Vulnerabilis. *Revista Jurídica Consulex*, Brasília, ano XVIII, vol. 425, out. 2014, p. 57.

69. LC n. 80/1994, "Art.4º São funções institucionais da Defensoria Pública, dentre outras: (...) XI – exercer a defesa dos interesses individuais e coletivos da criança e do adolescente, do idoso, da pessoa portadora de necessidades especiais, da mulher vítima de violência doméstica e familiar e de outros *grupos sociais vulneráveis* que mereçam proteção especial do Estado;"

lis[70], considerando os destinatários de sua atuação: os socialmente vulneráveis[71], carentes de alguma forma de tutela defensorial, intervenção essa inclusive reconhecida em nível de Tribunal de Justiça, tanto na esfera cível[72], quanto criminal[73].

Com efeito, a intervenção defensorial de "*custos vulnerabilis*" surge em prol do interesse constitucional da carreira e com especial força voltada à formação de precedentes em favor dos vulneráveis e dos direitos humanos, amplificando o contraditório nesse sentido. Por esse motivo, a Defensoria Pública foi admitida como órgão interveniente em favor dos consumidores[74-75] e em Revisão Criminal em prol dos acusados[76] em geral[77], sendo que neste último caso o defensor público geral atuou enquanto *Custos Vulnerabilis* após (em razão do direito defensivo de *last word clause*) a oitiva do Procurador Geral de Justiça na condição de *Custos Legis*.

70. Primeira referência ao termo *Custos Vulnerabilis*: CASAS MAIA, Maurilio. *Custos Vulnerabilis* constitucional: o Estado Defensor entre o REsp 1.192.577-RS e a PEC 4/14. *Revista Jurídica Consulex*, Brasília, p. 55-57, 1º jun. 2014.

71. "A Lei menciona ainda como função institucional a defesa de certas classes de pessoas específicas consideradas vulneráveis e que, por isso, segundo se tem entendido, seus interesses podem ser defendidos pela Defensoria Pública *sem que haja maiores preocupações estritas de aferição da carência de ordem econômica e financeira*". (ALVES, Cleber Francisco. *Justiça para todos!* Assistência Jurídica Gratuita nos Estados Unidos, na França e no Brasil. Rio de Janeiro: Lumen Juris, 2006, p. 319, g.n.).

72. TJAM, Apelação Cível nº 0002061-84.2016.8.04.0000, Rel. Des. Ari Jorge Moutinho da Costa.

73. "(...) a Defensoria Pública guarda papel constitucional de defesa dos segmentos sociais vulneráveis (Constituição, art. 134), daí a nomenclatura '*Custos Vulnerabilis*', para sua intervenção constitucional, de cunho subjetivo à luz das necessidades humanas. (...) intime-se pessoalmente o Defensor Público-Geral do Amazonas (DPG-AM), na condição de '*Custos Vulnerabilis*' (e não de representante processual-postulatório), para fins de apresentação de sua posição institucional de defesa dos *direitos humanos* dos vulneráveis (art. 134, CF e art. 4º, XI, LC n. 80/1994)". (TJAM, Revisão Criminal n. 4002158-79.2017.8.04.0000, decisão monocrática do relator desembargador Ernesto Anselmo Queiroz Chíxaro, j. 15/8/2017).

74. "(...) entendo que o requerimento de atividade interventiva da Defensoria Pública em autos processuais envolvendo possível formação de precedente a favor ou contrário do consumidor – no tema autonomia do dano temporal –, encontra-se afinado com sua renovada missão constitucional. (...)". (Juízo da 2ª Vara da Comarca de Maués-AM – TJAM, Autos da Ação Indenizatória n. 0001622-07.2014.8.04.5800, Juiz de Direito Jean Carlos Pimentel, j. 11/4/2016).

75. Para maior análise da decisão, vide: CASAS MAIA, Maurilio. A legitimidade interventiva da Defensoria Pública nos processos individuais em um marco na defesa processual do consumidor: comentários à decisão nos Autos 0001622-07.2014.8.04.5800 (Maués/AM). *Revista de Direito do Consumidor*, São Paulo, v. 108, p. 627-644, nov.-dez. 2016.

76. "*O acusado está sempre numa posição de vulnerabilidade frente à acusação*". (Ada Pellegrini Grinover. Parecer na ADI n. 3943 - STF).

77. "(...) Com efeito, para garantir *paridade* na formação de precedentes entre acusação pública e a defesa pública, cada uma em seu papel constitucional respectivo, entendo por bem, por *simetria*, em deferir o requerimento de oitiva do Defensor Público-Geral do Estado do Amazonas (...). Diante de todo o exposto, intime-se pessoalmente o Defensor Público-Geral do Amazonas (DPG-AM), na condição de '*Custos Vulnerabilis*' (e não de representante processual-postulatório), para fins de apresentação de sua posição institucional de defesa dos *direitos humanos* dos vulneráveis (art. 134, CF e art. 4º, XI, LC n. 80/1994)". (TJAM, Revisão Criminal n. 4002158-79.2017.8.04.0000, decisão monocrática do relator desembargador Ernesto Anselmo Queiroz Chíxaro, j. 15/8/2017).

Tradicionalmente, a defensoria pública atuará no IRDR através de sua legitimidade institucional ou de eventual representante postulatório da parte – conforme salientam Franklyn Roger e Diogo Esteves[78]. Entretanto, para além das referidas posições processuais mais tradicionais, a Defensoria Pública poderá atuar ainda institucionalmente na condição de órgão interveniente[79], no IRDR suscitado por outrem, a fim de defender seu *interesse institucional* na condição de *Custos Vulnerabilis*.

Em suma, *custos vulnerabilis* representa uma forma interventiva da Defensoria Pública em nome próprio e em prol de seu interesse institucional (constitucional e legal) – atuação essa *subjetivamente* vinculada aos interesses dos vulneráveis e *objetivamente* aos direitos humanos – representando a busca democrática do progresso jurídico-social das categorias mais vulneráveis no curso processual e no cenário jurídico-político.

Entretanto, há questão a ser respondida: No IRDR, qual será a postura da Defensoria Pública, enquanto requerente do incidente ou *Custos Vulnerabilis*, "quando se deparar com duas partes em polos antagônicos que apresentem flagrante condição de vulnerabilidade"? A indagação é adaptada a partir do trabalho de Franklyn Roger e Diogo Esteves[80].

*3.3.2 Defensoria Pública e conflito de interesses, na formação de precedentes, entre grupos desorganizados vulneráveis (*Amicus Communitatis *e o art. 4º-A, V, da LC n. 80/1994)*

A Defensoria Pública – ao contrário do Ministério Público no seu mister de proteger a *ordem jurídico-democrática* –, deve ser *expressão e instrumento do regime democrático*, nos termos do art. 134[81] da CRFB/88. Assim sendo, para além

78. ESTEVES, Diogo. SILVA, Franklyn Roger Alves. *Princípios institucionais da Defensoria Pública*. Rio de Janeiro: Forense, 2017, p. 421.

79. Defende-se tal posição desde 2014, com lastro também em Luigi Ferrajoli. Para maiores detalhes: "(...) Para além do atuar como assistente jurídico da parte no processo, hoje se reflete sobre novas atribuições defensoriais implicitamente previstas na Constituição. Nesse contexto, *verbi gratia*, o defensor público poderá ser instado a atuar enquanto *custos vulnerabilis*, não sendo aí defensor da parte, mas, sim, um **interveniente processual**, um tutor, um guardião da interpretação do ordenamento jurídico *pro homine*, pró-vulneráveis necessitados, tudo em busca contra-hegemônica do *favor debilis* para os necessitados e minorias excluídas. (...) Insta consignar que nada de novo existe na *Defensoria-interveniente*, ao lado da parte e seu advogado privado – talvez seja apenas algo pouco percebido, esquecido e muito sutil. O Ministério Público, por exemplo, tradicionalmente apresenta seus pareceres no processo civil, independente de as partes serem auxiliadas por excelentes advogados privados, mas tudo é feito com lastro na respectiva atribuição constitucional. Do mesmo modo, por certo, deve ocorrer com o *custos vulnerabilis*. Mais uma vez se busca amparo em Ferrajoli (2014, p. 537), ao tratar da Magistratura postulante defensiva" (CASAS MAIA, Maurilio. Luigi Ferrajoli e o Estado Defensor enquanto magistratura postulante e Custos Vulnerabilis. *Revista Jurídica Consulex*, Brasília, ano XVIII, vol. 425, out. 2014, p. 57).

80. ESTEVES, Diogo. SILVA, Franklyn Roger Alves. *Princípios institucionais da Defensoria Pública*. Rio de Janeiro: Forense, 2017, p. 429.

81. CRFB/88, "Art. 134. A Defensoria Pública é instituição permanente, essencial à função jurisdicional do Estado, incumbindo-lhe, como *expressão e instrumento do regime democrático*, fundamentalmente, a orien-

dos expressos princípios da unidade, indivisibilidade e independência funcional, a Defensoria Pública deve ser considerada regida pelo princípio implícito do *pluralismo democrático*, a fim de garantir *igualitariamente* o maior acesso à Justiça e à participação político-jurídica a todos os interesses necessitados de tutela, sub-representados e vulneráveis.

No contexto acima mencionado, de natural (e democrático) antagonismo de teses[82] (necessidades e interesses), a Defensoria Pública deve conferir vazão e voz à multiplicidade de interesses carentes de tutela jurídica. A fim de evitar conflito ético, a LC n. 80/1994 (art. 4º-A, V[83-84]) positivou o direito do usuário (individual ou coletivo) de ser assistido por defensor público distinto em caso de conflito de teses. Tal dispositivo, por imperativo isonômico e democrático, deve ter incidência na esfera coletiva e de uniformização jurisprudencial.

Assim sendo, nenhum interesse de indivíduo ou grupo vulnerável, por mais minoritário que seja, pode ficar de fora da tutela *igualitária* do modelo constitucional de Assistência Jurídica, tudo em nome do princípio do pluralismo democrático e do papel defensorial de ser expressão e instrumento do regime democrático, razão pela qual devem ser desenvolvidos instrumentos de *igualitária* tutela plural a partir do arcabouço normativo existente – em especial o inc. V do art. 4º-A da LC n. 80/1994, conforme será reforçado à frente.

Noutro passo, as *comunidades* de interesses caracterizadas em grupos desorganizados (*hipossuficiência organizacional*) – e com interesses nem sempre heterogêneos –, podem surgir como interessadas na formação do precedente. Em face da *pluralidade* democrática de interesses, é possível a existência de eventual *conflito* de interesses entre os diversos subgrupos (comunidades) e até mesmo com a manifestação institucional da Defensoria Pública (enquanto *Custos Vulnerabilis*) – pois por mais abrangente que seja esta última manifestação na tutela dos mais vulneráveis, nem sempre a harmonização de interesses proposta pela Defensoria Pública se apresentará como satisfatória para certas comunidades,

---

tação jurídica, a promoção dos direitos humanos e a defesa, em todos os graus, judicial e extrajudicial, dos direitos individuais e coletivos, de forma integral e gratuita, aos necessitados, na forma do inciso LXXIV do art. 5º desta Constituição Federal." (g.n.)

82. ESTEVES, Diogo. SILVA, Franklyn Roger Alves. *Princípios institucionais da Defensoria Pública*. Rio de Janeiro: Forense, 2017, p. 423.

83. LC n. 80/1994, "Art. 4º-A. São direitos dos assistidos da Defensoria Pública, além daqueles previstos na legislação estadual ou em atos normativos internos: (...) V – a atuação de Defensores Públicos distintos, quando verificada a existência de interesses antagônicos ou colidentes entre destinatários de suas funções."

84. Sobre a aplicação do inc. V do art. 4º-A da LC n. 80/1994 nas ações possessórias multitudinárias, vide: CASAS MAIA, Maurilio. A intervenção de terceiro da Defensoria Pública nas ações possessórias multitudinárias do NCPC: colisão de interesses (Art. 4º-A, V, LC n. 80/1994) e posições processuais dinâmicas. In: DIDIER JR., Fredie; MACÊDO, Lucas Buril de; PEIXOTO, Ravi; FREIRE, Alexandre. (Org.). Coleção Novo CPC – Doutrina Selecionada – V.1 – Parte Geral. 2ª ed. Salvador: Juspodivm, 2016, v. I, p. 1253-1292.

mas ainda assim será imprescindível garantir o mesmo nível de proteção democrática ao interesses e necessidades *sub judice*.

Em tais situações (pluralidade de interesses antagônicos entre grupos vulneráveis), é necessário aplicar, no âmbito do processo coletivo e nos procedimentos de uniformização dos precedentes (tais como o IRDR), o inciso V[85] do art. 4º-A da LC n. 80/1994, designando-se defensor público para atuação como "*amigo da comunidade*" ("*amicus communitas*"[86-87] ou "*amicus communitatis*") – tratando-se de legitimidade institucional da Defensoria Pública vinculada a interesse de grupos específicos não abrangidos pela atuação institucional e em conflito com a manifestação institucional como parte, proponente do IRDR ou de interveniente *Custos Vulnerabilis*.

Desse modo, denomina-se intervenção defensorial de *amicus communitas ou amicus communitatis* a atuação da Defensoria Pública vinculada à comunidade de interesses específica quando existente *colisão de vulnerabilidades*[88] entre *segmentos sociais vulneráveis desorganizados*, sendo o instrumento necessário a garantir a expressão e fala institucionalizada via Defensoria Pública *em nível paritário* com a intervenção em prol da ordem jurídica majoritária (*Custos Legis*) e quando em conflito com a tentativa harmonizadora das vulnerabilidades envolvidas no processo (ou incidente), realizada através da intervenção de *Custos Vulnerabilis*.

---

85. LC n. 80/1994, "Art. 4º-A. São direitos dos assistidos da Defensoria Pública, além daqueles previstos na legislação estadual ou em atos normativos internos: (...) V – a atuação de Defensores Públicos distintos, quando verificada a existência de interesses antagônicos ou colidentes entre destinatários de suas funções."

86. GERHARD, Daniel. CASAS MAIA, Maurilio. O defensor-hermes, o *amicus communitas*: a representação democrática dos necessitados de inclusão discursiva. *Informativo Jurídico In Consulex*, Brasília, v. 22, p. 11-12, 1 Jun. 2015.

87. "A expressão *amicus communitas* foi cunhada pelo jusfilósofo e professor da Faculdade de Direito da Universidade Federal do Amazonas (FD/UFAM), Daniel Gerhard. O tema foi ainda publicado em textos em parceria com Edilson Santana (DPU) e Maurilio Maia (DPE/AM) em 2015. O conceito de comunidade surge aqui com perspectiva sociopolítica e filosófica. Assim, falar-se em 'amigo da comunidade' é uma clara opção político-jurídica: a Defensoria Pública não veio para ser (só) amiga da Corte (*amicus curiae*). A vocação defensorial é de 'amiga das comunidades', em uma visão de proximidade e representação de interesses. A ideia é reavivar o conceito de comunidade e seu pluralismo democrático no âmbito da sociedade, sendo a missão defensorial de reforço do referido pluralismo de ideias e de efetivação da *democracia inclusiva*, judicialmente ou não." (CASAS MAIA, Maurilio. Expressão e instrumento da democracia: sobre o Estado Defensor e a EC 80/2014. *ADV*, n. 46, nov. 2015, p. 620). A expressão *amicus commnunitas* também já foi utilizada por membros da carreira defensorial, conforme se percebe a partir da leitura de artigo publicado no Livro de Teses do XII Congresso Nacional de Defensores Públicos (2015): GONZÁLEZ, Pedro. LÖWENKRON, Marina. In: ANADEP. *Livro de teses e práticas exitosas*: defensoria como metagarantia: transformando promessas constitucionais em efetividade. XII Congresso Nacional dos Defensores Públicos. Curitiba: ANADEP, 2015, p. 193-200.

88. ROSENWALD, Nelson. *O Direito Civil em movimento*: desafios contemporâneos. Salvador: Juspodivm, 2017, p. 98.

Portanto, a *colisão de vulnerabilidades* entre *comunidades vulneráveis desorganizadas* é o primeiro *pressuposto* para deflagrar nova atuação interventiva da Defensoria Pública (nos termos do inc. V do art. 4º-A da LC n. 80/1994), denominada de *amicus communitatis*.[89] Desse modo, a Defensoria Pública deverá prover tantos defensores públicos "amigos da comunidade" quantos forem as comunidades vulneráveis com interesses divergentes, garantindo-se a *igualitária* representatividade institucional aos interesses conflituosos.

Ponto interessante surge: existindo múltiplas comunidades vulneráveis, cada qual contando com seu respectivo *amicus communitatis*, qual seria o papel reservado à intervenção em favor do interesse constitucional da Defensoria Pública (*Custos Vulnerabilis*)?

O ponto de distinção entre as duas formas de atuação da Defensoria Pública seria o grau de vinculação ao interesse de determinadas comunidades. Assim, enquanto o *Custos Vulnerabilis* atuará buscando a harmonização e máxima eficácia do direito das comunidades vulneráveis envolvidas (interesse institucional *direto* da Defensoria Pública), o *Amicus Communitatis* atuará quando houver colisão de interesses (ou de vulnerabilidades), garantindo fala democrática específica para cada comunidade vulnerável em conflito, por meio de quantos defensores "amigos da comunidade" forem necessários (art. 4º-A, V, LC n. 80/1994) para garantia de locução processual *independente* – mormente considerando-se o *inamovibilidade* defensorial como garantia constitucional originária.

Quanto ao momento das intervenções, seria interessante que a manifestação institucional *harmonizadora* dos interesses dos vulneráveis e efetivadora dos direitos humanos (*Custos Vulnerabilis*) ocorresse *após* as manifestações dos *amigos das comunidades vulneráveis* em divergência. Desse modo, após efetivar-se contraditório comunitário-coletivo por via institucional (*Amicus Communitatis*), o chefe institucional da Defensoria junto aos Tribunais (os Defensores Gerais – como ocorre com os chefes do Ministério Público juntos aos Tribunais[90]), bus-

89. No mesmo sentido, aplicando o art. 4º-A, V, da LC n. 80/1994, às colisões de interesses nos processos coletivos e multitudinários: (1) CASAS MAIA, Maurilio. A intervenção de terceiro da Defensoria Pública nas ações possessórias multitudinárias do NCPC: colisão de interesses (Art. 4º-A, V, LC n. 80/1994) e posições processuais dinâmicas. In: DIDIER JR., Fredie; MACÊDO, Lucas Buril de; PEIXOTO, Ravi; FREIRE, Alexandre. (Org.). *Coleção Novo CPC* – Doutrina Selecionada – V.1 – Parte Geral. 2ª ed. Salvador: Juspodivm, 2016, v. I, p. 1253-1292; (2) CASAS MAIA, Maurilio. Legitimidades institucionais no Incidente de Resolução de Demandas Repetitivas (IRDR) no Direito do Consumidor: Ministério Público e Defensoria Pública: similitudes e distinções, ordem e progresso. *Revista dos Tribunais*, São Paulo, vol. 986, p. 27-61, dez-2017; (3) GONÇALVES FILHO, Edilson Santana. ROCHA, Jorge Bheron. CASAS MAIA, Maurilio. Custos vulnerabilis: a Defensoria Pública e o equilíbrio nas relações político-jurídicas dos vulneráveis. Belo Horizonte: CEI, 2020; (4) MAZZUOLI, Valerio de Oliveira. *Curso de Direitos Humanos*. 7ª ed. São Paulo: Método, 2020, p. 411-414.

90. Embora o tema esteja envolvido em controvérsias, há tendência no sentido de considerar que a função de *custos legis* é exclusiva do PGR nas ações em trâmite no STF: "(...) atuação (...) de custos legis, reservada, no âmbito do Supremo Tribunal, ao Procurador-Geral da República. Agravo regimental não provido." (STF, MS 31902 AgR, Rel. Min. Dias Toffoli, T2, j. 12/05/2015, DJe-101, d. 28-5-2015, p. 29-5-2015).

cariam ponderar e harmonizar os interesses vulneráveis na sua manifestação, buscando *otimizar* os direitos dos segmentos vulneráveis envolvidos por meio da intervenção *Custos Vulnerabilis*.

Obviamente, a colisão de vulnerabilidades poderá ser detectada eventualmente somente após a manifestação do *Custos Vulnerabilis*. Nesse caso, após as *supervenientes* manifestações comunitárias, seria importante considerar o fato posterior como *justa causa* e fator de exclusão da preclusão consumativa para nova oitiva do *Custos Legis* e do *Custos Vulnerabilis*.

Por fim, mas não menos importante, há ainda questão a ser respondida: qual a razão da não utilização da figura do *Amicus Curiae* e pela indicação do instituto do *Amicus Communitatis*? É o tópico do item seguinte.

3.3.3 A insuficiência constitucional da Defensoria Pública enquanto Amicus Curiae *no IRDR: sobre a possível quebra de isonomia entre segmentos vulneráveis e desrespeito ao inc. V do art. 4º-A da LC n. 80/1994*

Além de, constitucionalmente, a Defensoria Pública ter missão mais compatível com a ideia de "*amiga da comunidade vulnerável*" do que uma "*amiga da corte*"[91], há muito mais a argumentar em nível constitucional e processualmente.

Ao assumir o papel constitucional de pugnar pelo reconhecimento jurídico das necessidades humanas dos vulneráveis e seus direitos humanos, a Defensoria Pública deve ser *instrumento e expressão* do regime democrático aos que dela *necessitarem* garantindo o mesmo nível de proteção a quem se encontrar em igual nível de vulnerabilidade.

A partir do momento em que a Constituição conferiu à Defensoria Pública o papel de vocalizar expressões democráticas, faz-se necessário garantir *o mesmo nível de tutela protetiva* coletiva e de debate nos procedimentos de uniformização dos precedentes – além de proteger tais segmentos sociais vulneráveis *desorganizados* de retaliações políticas, pois não estão demandando diretamente.

No cenário dos *grupos desorganizados*[92], a partir do momento que o Estado Defensor assume o papel de *Custos Vulnerabilis* e este papel for insuficiente, por mais harmonizador dos vulneráveis que seja, para tutelar todos os interesses de hipossuficientes envolvidos em razão do *antagonismo* de interesses coletivamente considerados (*inclusive na formação dos precedentes*), é imprescindível garantir o mesmo padrão de tutela protetiva, sem expor *politicamente*

91. GERHARD, Daniel. CASAS MAIA, Maurilio. O defensor-hermes, o *amicus communitas*: a representação democrática dos necessitados de inclusão discursiva. *Informativo Jurídico In Consulex*, Brasília, v. 22, p. 11-12, 1 jun. 2015.

92. GONÇALVES FILHO, Edilson Santana. *Defensoria Pública e a tutela coletiva de direitos*: teoria e prática. Salvador: Juspodivm, 2016, p. 93.

o grupo e permitindo a fala institucional do segmento social através de defensor público distinto (LC n. 80/1994, art. 4º-A, V).

Tratando-se de *grupos hipossuficientes desorganizados*, a possibilidade de representação postulatória por advogado ou defensor público é dificultosa. Nesse ponto, a Defensoria Pública deve assumir seu papel constitucional de "*expressão e instrumento do regime democrático*" e garantir a manifestação de cada grupo não abrangido pela manifestação institucional (*custos vulnerabilis*) apaziguadora dos vulneráveis. Cada novo grupo desorganizado distinto terá defensor público distinto sendo indicado como "Defensoria Pública – *Amicus Communitatis* do grupo X" e assim por diante.

Desse modo, enquanto a intervenção de *Custos Vulnerabilis* representa uma busca harmonizadora dos vulneráveis em uma manifestação institucional do interesse da Defensoria Pública em prol dos necessitados e dos direitos humanos, a possibilidade de conflito de interesses poderá ensejar novas intervenções em favor de interesses de outras comunidades que, em razão do pluralismo democrático, não foram alcançadas pela sobredita manifestação institucional da Defensoria Pública – a esta última intervenção denomina-se *amicus communitas* ou *communitatis*.

Portanto, todos os interesses dos grupos vulneráveis, mesmo quando antagônicos, receberão paritário padrão defensivo do Estado Defensor perante o Poder Judiciário e mesmo fora dele (atuação extrajudicial).

Por outro lado, *grupos organizados* – porém *hipossuficientes* econômicos –, poderão atuar por meio de defensor público enquanto *representante postulatório*, do mesmo modo que os grupos *autossuficientes* financeiramente poderão atuar por meio de *representante postulatório* (advogado). Em tais casos, a figura do *Amicus Curiae* parece mais adequada e isonômica em face da *menor vulnerabilidade* em relação aos grupos socialmente desorganizados – mas em tais situações o defensor público atuaria como representante postulatório e não em legitimidade institucional.

Não se desconhece que, tradicionalmente, a Defensoria Pública vem sendo admitida enquanto *Amicus Curiae* pelo STF[93] e STJ[94]. Todavia, além de o tema demandar estudo específico, ressalta-se que a função de *Amicus Curiae* possui limitações *incompatíveis* com a *integralidade* da assistência jurídica (LXXIV, art. 5º, CRFB) preconizada constitucionalmente, tais como a *limitação de recorribilidade*[95]. Oportunamente, saliente-se que no caso do IRDR, embora inexista

93. STF, ADI 3720, Rel. Min. Marco Aurélio, Pleno, j. 31/10/2007, DJe-055, d. 27-3-2008, p. 28-3-2008.

94. STJ, REsp 1381315/RJ, Rel. Min. Rogerio Schietti Cruz, 3ª Seção, j. 13/5/2015, DJe 19/5/2015.

95. CPC/2015, "Art. 138. (...) § 1º A intervenção de que trata o caput não implica alteração de competência nem autoriza a interposição de recursos, ressalvadas a oposição de embargos de declaração e a hipótese do § 3º."

a referida limitação recursal[96], a quantidade de interesses comunitários divergentes e o intuito harmonizador dos vulneráveis em colisão pelo *Custos vulnerabilis* não cabem em uma *manifestação defensorial* única de *Amicus Curiae*, havendo *insuficiência constitucional* na figura de *amigo da corte* diante da eventual pluralidade de interesses destinados à proteção defensorial, a qual deve ser superada pelo inc. V do art. 4º-A da LC n. 80/1994, caso ocorra em um IRDR suscitado em um tribunal.

Portanto, posiciona-se no sentido de que a Defensoria Pública, no IRDR, deverá assumir o papel de *Custos Vulnerabilis* – em prol de sua *essencialidade* ao Sistema de Justiça –, e, em caso de conflitos de interesse com outros grupos hipossuficientes desorganizados, deve existir outra manifestação em favor da comunidade divergente (*Amicus Communitatis*), aplicando-se o inc. V do art. 4º-A da LC n. 80/1994. Por outro lado, grupos organizados e hipossuficientes, *de menor vulnerabilidade social*, poderão falar por si enquanto *Amicus Curiae* e através de um defensor público na condição de *representante postulatório*, caso não tenham condições de constituir um advogado.

3.4 Ministério Público e Defensoria Pública no IRDR: aproximações e distinções

As legitimidades constitucionais de Ministério Público e Defensoria Pública devem ser vistas em *complementaridade sistêmica*[97], sem sobreposição ou exclusão nos grupos de procedimentos voltados à formação de precedentes, principalmente nos casos de precedentes formalmente vinculantes – incluindo o IRDR.

No cenário dos precedentes vinculantes brasileiros, o papel do Ministério Público é integrador da ordem jurídico-democrática (*fiscal da lei e da ordem jurídica*). Por outro lado, a Defensoria Pública deve permear seu papel sempre em prol de *necessidades humanas* e dos *direitos humanos* a fim de garantir o contraditório e a ampla defesa de todos necessitados[98] frente à ordem jurídica. Tais perspectivas possuem consequências.

Portanto, o Ministério Público, enquanto *fiscal da ordem jurídica* possui compromisso primeiro com a integridade desta e a Defensoria Pública, guardiã dos vulneráveis e dos direitos humanos, é compromissada com a solução hermenêutica mais favorável a estes. Por isso, Ministério Público e Defensoria Públi-

96. CPC/2015, "Art. 138 (...) § 3º O amicus curiae pode recorrer da decisão que julgar o incidente de resolução de demandas repetitivas."

97. ROCHA, Amélia Soares da. *Defensoria Pública*: fundamentos, organização e funcionamento. São Paulo: Atlas, 2013, p. 70 e 72.

98. JEREISSATI, Régis Gurgel do Amaral. O Incidente de Resolução de Demandas Repetitivas e o Incidente de Assunção de Competência como mecanismos de uniformização da jurisprudência nos Tribunais e a participação da Defensoria Pública na formação dos precedentes. In: SILVA, Franklyn Roger Alves. *CPC/2015*: perspectiva da Defensoria Pública. Salvador: Juspodivm, 2017, 509-511.

ca guardam *finalidades distintas* em sua intervenção processual, sendo o papel ministerial de cunho mais *objetivo* (pautada na integridade de ordem jurídica) e a função defensorial mais *subjetiva* (vinculada ao progresso dos interesses dos vulneráveis), nos termos de decisório reconhecedores da possibilidade da intervenção defensorial[99-100].

Todavia, em algumas ocasiões, as instituições poderão convergir quando o ordenamento conferir tutela protetiva a determinados segmentos vulneráveis – caso do consumidor, constitucionalmente protegido (CRFB/88, art. 5º, XXXII, art. 170, V) e reconhecidamente vulnerável (art. 4º, I, CDC).

No referido contexto, convém esmiuçar os papéis das duas instituições quando atuantes em processos de interesse do consumidor, em especial no IRDR.

Em tais situações, será muito comum que Ministério Público e Defensoria Pública possam apresentar posições semelhantes em prol da "coletividade consumidora"[101] (art. 2º, p.u., CDC). Entretanto, nem sempre será assim. Isso em razão de a Defensoria Pública ser *subjetivamente* comprometida com o interesse dos vulneráveis e o Ministério Público, *objetivamente*, com a ordem jurídico-democrática. Desse modo, as conclusões dos órgãos também poderão apresentar visões diversas.

Exemplificativamente[102], há caso do REsp 1333977/MT (26/2/2014), recurso repetitivo sobre a pactuação mensal de juros: O Ministério Público Federal

---

99. "(...) se o Ministério Público é '*Custos Legis*' (Constituição, art. 127-129) – papel de cunho *objetivo*, pautado pela ordem jurídica –, a Defensoria Pública guarda papel constitucional de defesa dos segmentos sociais vulneráveis (Constituição, art. 134), daí a nomenclatura '*Custos Vulnerabilis*', para sua intervenção constitucional, de cunho *subjetivo* à luz das necessidades humanas." (TJ-AM, Revisão Criminal n. 4002158-79.2017.8.04.0000, decisão monocrática do relator desembargador Ernesto Anselmo Queiroz Chíxaro, j. 15/8/2017, g.n.).

100. Na percepção do Juiz de Direito Jean Carlos Pimentel: "(...) o requerimento de atividade interventiva da Defensoria Pública em autos processuais envolvendo possível formação de precedente a favor ou contrário do consumidor (...), encontra-se afinado com sua renovada missão constitucional. Por outro lado, é preciso ressaltar que a *subjetividade* do interesse *defensorial* – voltado a reforçar o interesse do vulnerável –, distingue sua atuação da função do *Ministério Público*, cujo atuar é, realmente, de ordem *objetiva* a fim de manter íntegra a ordem jurídica. Daí porque já se encontram referência tratando a Defensoria Pública como '*amicus communitas*', ou seja, amiga das comunidades vulneráveis, necessitadas e excluídas. Tal função, por certo, somente deve ser reforçada com o advento do Novo Código de Processo Civil (NCPC) que atribui à Defensoria Pública a missão de laborar em prol da estabilização da jurisprudência e dos precedentes, dentro de sua finalidade institucional – e esta inclui a tutela dos interesses de segmentos sociais vulneráveis (LC n. 80/1994, art. 4º, XI)." (Juízo da 2ª Vara da Comarca de Maués-AM – TJAM, Autos da Ação Indenizatória n. 0001622-07.2014.8.04.5800, Juiz de Direito Jean Carlos Pimentel, j. 11/4/2016, g.n.).

101. Sobre o conceito de coletividade consumidora, vide: BARLETTA, Fabiana Rodrigues. MAIA, Maurilio Casas. Idosos e planos de saúde: os necessitados constitucionais e a tutela coletiva via Defensoria Pública – Reflexões sobre o conceito de coletividade consumidora após ADI 3943 e o EREsp 1192577. *Revista de Direito do Consumidor*, São Paulo, v. 106, p. 201-227, jul.-ago. 2016.

102. Vale citar ainda o caso dos executados enquanto categoria vulnerável (em face de autarquia federal exequente) e interessada na formação de precedente, no qual foi negada à DPU a atuação como *amicus curiae*

opinou[103] pelo não conhecimento do recurso bancário, porém, afirmava ser possível a capitalização mensal de juros caso o recurso adentrasse ao mérito. Caso a Defensoria Pública houvesse sido aceita, à época, enquanto interveniente (em requerimento de *Amicus Curiae*), sua manifestação jamais poderia ser contrária ao consumidor.

Com efeito, a eventual diferença de resultado interventivo decorre dos papéis constitucionais de cada órgão: um vinculado à ordem jurídica (MP), e outro à tutela dos vulneráveis e implementação dos direitos humanos (DP) - ou seja, a Defensoria Pública, em suas manifestações, *sempre* estará comprometida com a melhoria da situação jurídica dos vulneráveis.

No IRDR envolvendo *direitos do consumidor*, cabe ao Ministério Público impedir a violação da ordem jurídica em detrimento do consumidor, ou, dito de outra forma, atuará "*com*" a ordem jurídica em prol do consumidor. À Defensoria Pública, porém, caberá a tutela dos interesses e necessidades do consumidor e isso, algumas vezes, deverá ocorrer "*apesar*" da ordem jurídica - situação essa a exigir criatividade jurídica do órgão defensorial para bem fundamentar suas manifestações em busca do progresso jurídico do consumidor enquanto vulnerável.

Por esse fato supranarrado, o compromisso da Defensoria Pública com os vulneráveis encerra a preocupação do atuar ministerial[104] quando a proteção do vulnerável for contraditória à ordem jurídica. Assim, o Ministério Público poderá exercer plenamente seu papel de *custos iuris*, inexistindo abandono constitucional do vulnerável, em razão do papel constitucional da Defensoria Pública.

Com isso, quer-se afirmar que o papel do Ministério Público no IRDR guarda vínculo *objetivo* com a ordem jurídica e a Defensoria Pública, ao contrário do movimento ministerial, vínculo de índole *subjetiva* com o progresso jurídico dos necessitados e seus direitos humanos. Trata-se de papéis distintos, porém complementares na ordem democrática. Ambas são instituições essenciais à Justiça e *intervenientes constitucionais* do Sistema de Justiça Constitu-

em 2014. No caso, o Ministério Público opinou em favor do recurso autárquico e em desfavor do segmento apontado como vulnerável REsp 1.371.128 (repetitivo): "Parecer do Ministério Público Federal pelo provimento do recurso (e-STJ fls. 140/142)" (trecho de relatório). Trata-se de decisão de 10/9/2014, na qual não foi garantida a amplificação do contraditório, via Defensoria Pública em seu papel constitucional (*custos vulnerabilis*), em prol do segmento em situação de vulnerabilidade na execução frente ao poder público.

103. "O Ministério Público Federal opinou às fls. 588/592, no sentido do não provimento do recurso, pois a verificação do intervalo temporal para incidência da capitalização viola a Súmula 7 da Corte, *apesar de ser possível em periodicidade mensal*." (trecho de relatório do REsp 1333977/MT, g.n.).

104. No período pré-88, o Ministério Público abraçava algumas causas de tutela direta de interesses subjetivos e tal situação causava tensão com a pureza de seu papel de guardião da ordem jurídica - a tensão era tamanha a ponto de a doutrina expor o *Parquet* como "advogado" da parte e caracterizar como falta funcional contrariar seu interesse. Nesse sentido: DINAMARCO, Cândido Rangel. *Fundamentos do processo civil moderno*. São Paulo: RT, 1986, p. 329-332.

cional, com origem próxima (Procuradoria de Justiça do Rio de Janeiro, década de 1950), sendo relevante a oitiva de cada uma, em sua respectiva missão, na formação dos precedentes.

4. NOTAS CONCLUSIVAS

Para além das notas brevemente expositivas do procedimento do Incidente de Resolução de Demandas Repetitivas (IRDR), concluiu-se que:

(1) O Ministério Público (MP) é órgão essencial do Sistema de Justiça Constitucional cuja missão precípua é ser fiscal da ordem jurídico-democrática, bem como dos direitos indisponíveis e sociais aí existentes – tratando-se de *Custos legis et iuris*;

(1.1) A vinculação constitucional do MP à ordem jurídico-democrática impede que o legislador dite de antemão qual será a posição do Ministério Público nos processos. Desse modo, mesmo no IRDR envolvendo, por exemplo, interesses de incapazes ou consumidores, não se pode impor ao órgão ministerial a atuação necessariamente favorável a tais segmentos sociais em razão do compromisso primeiro do *Parquet* com a ordem jurídica e de não lhe ser constitucional impor ao agente ministerial a defesa que este entenda contrária à ordem jurídico-democrática em vigor;

(2) A Defensoria Pública é, por outro lado, também órgão *essencial* do Sistema de Justiça Constitucional, o qual tem a missão de guardar as necessidades dos vulneráveis e os direitos humanos, sendo a instituição pública guardiã constitucional dos vulneráveis (*Custos Vulnerabilis*). Assim, a manifestação institucional da Defensoria Pública em prol da maximização dos interesses dos vulneráveis e dos direitos humanos confere-se o nome de *Custos Vulnerabilis*, sendo um atuar decorrente da *essencialidade* da instituição e da *integralidade* da assistência jurídica devida pelo Estado;

(2.1) Porém, sendo expressão e instrumento do regime democrático (art. 134, CRFB/88), a instituição defensorial deve ser vetor de voz jurídico-política a todos os interesses de segmentos sociais envolvidos e potencialmente afetados por determinado ato decisório. Nessa senda, é premente que os interesses de grupos socialmente desorganizados em *colisão de vulnerabilidades* tenham a mesma *paridade protetiva* pelo Estado Defensor, devendo-se garantir a manifestação defensorial em prol dos interesses eventualmente em conflito e não abarcados pela vocalização institucional harmonizadora de *Custos Vulnerabilis*. Assim, à luz do inc. V do art. 4º-A da LC n. 80/1994, para cada comunidade de interesse de grupos sociais hipossuficientes *desorganizados* em "colisão de vulnerabilidades" deve ser designado um defensor público para a atuação como *amigo da comunidade* (*Amicus Communitas* ou *Amicus Communitatis*);

(3) Ministério Público e Defensoria Pública possuem papéis constitucionais distintos. Porém, são papéis complementares na ordem democrática constitucional. O Ministério Público guardará a ordem democrática e a Defensoria Pública amplificará o contraditório dos vulneráveis necessitados, muitas vezes contramajoritariamente.

(4) No procedimento do IRDR, deve-se reservar ao Ministério Público o papel de manutenção da *ordem* jurídica, enquanto que à Defensoria Pública a missão de buscar o *progresso* jurídico dos necessitados através da formação de precedente permissivo do avanço jurídico social.

(4.1) No caso dos *consumidores*, em razão da proteção jurídica de tal segmento social, será comum a existência de manifestações convergentes entre os agentes ministeriais e defensoriais. Entretanto, o vínculo ministerial *objetivo* para com a ordem jurídica positivada e o vínculo defensorial *subjetivado* pela tutela dos interesses do vulnerável poderá conduzir as conclusões de cada órgão constitucional a posições diametralmente opostas, conforme precedentes expostos. É missão defensorial manter a posição em prol do vulnerável - enquanto a missão ministerial é manutenção da ordem jurídico-democrática.

Ao fim e ao cabo, o presente artigo buscou, longe de esgotar o tema, lançar proposta de visão *constitucional* acerca do papel ministerial e defensorial nos IRDRs - em especial quando envolvendo interesse do *consumidor* -, considerando a essencialidade à Justiça e a respectiva missão de cada órgão. Que os debates acadêmicos e científicos possam emergir e prosseguir.

5. REFERÊNCIAS

ALENCAR, Miguel Henrique Tinoco de. *A Defensoria Pública do Estado do Amazonas e a promoção de direitos fundamentais.* João Pessoa: UFPB, 2011. [Dissertação de Mestrado].

ALMEIDA FILHO, Carlos Alberto Souza; CASAS MAIA, Maurílio. O Estado-defensor e sua legitimidade para os pedidos de suspensão de liminar, segurança e tutela antecipada. *Revista de Processo.* São Paulo, v. 239, p. 247-261, jan. 2015.

ALVES, Cleber Francisco. GONZÁLEZ, Pedro. *Defensoria Pública no século XXI*: novos horizontes e desafios. Rio de Janeiro: Lumen Juris, 2017.

ALVES, Cleber Francisco. *Justiça para todos!* Assistência jurídica gratuita nos Estados Unidos, na França e no Brasil. Rio de Janeiro: Lumen Juris, 2006.

ARENHART, Sérgio Cruz. JOBIM, Marco Felix. (Org.). *Processos estruturais.* Salvador: Juspodivm, 2017.

ARRUDA, Igor Araújo de. *Defensoria Pública Estadual.* Salvador: Juspodivm, 2017.

BARLETTA, Fabiana Rodrigues. MAIA, Maurilio Casas. Idosos e planos de saúde: os necessitados constitucionais e a tutela coletiva via Defensoria Pública – Reflexões sobre o conceito de coletividade consumidora após ADI 3943 e o EREsp 1192577. *Revista de Direito do Consumidor,* São Paulo, v. 106, p. 201-227, jul.-ago. 2016.

BRAUNER JR., Arcênio. *Princípios institucionais da Defensoria Pública da União.* Porto Alegre: Verbo Jurídico, 2014.

BUENO, Cássio Scarpinella. *Curso sistematizado de Direito Processual*. São Paulo: Saraiva, 2013. v. 2. t. III.

CAPPELLETTI, Mauro. GARTH, Bryant. *Acesso à Justiça*. Tradução Ellen Gracie Northfleet. Porto Alegre: Sergio Antônio Fabris Editor, 1988.

CASAS MAIA, Maurilio. A facilitação da defesa do consumidor em juízo na formação de precedentes e um novo interveniente processual em favor do vulnerável: a Defensoria Pública enquanto *custos vulnerabilis*. *Revista de Direito do Consumidor*, São Paulo, v. 127, p. 407-435, jan.-fev. 2020.

_____. A intervenção de terceiro da Defensoria Pública nas ações possessórias multitudinárias do NCPC: colisão de interesses (Art. 4º-A, V, LC n. 80/1994) e posições processuais dinâmicas. In: DIDIER JR., Fredie; MACÊDO, Lucas Buril de; PEIXOTO, Ravi; FREIRE, Alexandre. (Org.). Coleção Novo CPC – Doutrina Selecionada – V.1 – Parte Geral. 2ª ed. Salvador: Juspodivm, 2016. v. I.

_____. A legitimidade interventiva da Defensoria Pública nos processos individuais em um marco na defesa processual do consumidor: comentários à decisão nos Autos 0001622-07.2014.8.04.5800 (Maués/AM). *Revista de Direito do Consumidor*, v. 108, São Paulo, p. 627-644, nov.-dez. 2016.

_____. Expressão e instrumento da democracia: sobre o Estado Defensor e a EC 80/2014. *ADV*, n. 46, p. 620-621, nov. 2015.

_____. Litisconsórcio e intervenção de terceiro no novo CPC de 2015: uma visão Geral. In: SILVA, Franklyn Roger Alves (Org.). *O novo Código de Processo Civil e a perspectiva da Defensoria Pública*. Salvador: Juspodivm, 2017.

_____. A legitimidade coletiva da Defensoria Pública para a tutela de segmentos sociais vulneráveis. In: MARQUES, Cláudia Lima. GSELL, Beate. (Org.). *Novas tendências de Direito do Consumidor*: rede Alemanha-Brasil de pesquisas em Direito do Consumidor. São Paulo: RT, 2015.

_____. *Custos Vulnerabilis* constitucional: o Estado Defensor entre o REsp nº 1.192.577-RS e a PEC nº 4/14. *Revista Jurídica Consulex,* Brasília, ano XVIII, nº 417, p. 55-57, jun. 2014.

_____. Legitimidades institucionais no Incidente de Resolução de Demandas Repetitivas (IRDR) no Direito do Consumidor: Ministério Público e Defensoria Pública: similitudes e distinções, ordem e progresso. *Revista dos Tribunais*, São Paulo, vol. 986, p. 27-61, dez-2017.

_____. Luigi Ferrajoli e o Estado Defensor enquanto magistratura postulante e *custos vulnerabilis*. *Revista Jurídica Consulex*, Brasília, ano XVIII, vol. 425, p. 56-58, out. 2014.

_____. O Estado Defensor e o ciclo social das vulnerabilidades sociais. *Revista Visão Jurídica*, São Paulo, v. 110, p. 36-47, jul. 2015.

_____. Os necessitados de Carnelutti e o mito de Sísifo: a (i)legitimidade coletiva da Defensoria Pública para a tutela dos encarcerados. *Revista Jurídica Consulex*, Brasília (DF), v. 436, p. 42-45, 15 mar. 2015.

CAVALCANTI, Marcos de Araújo. *Incidente de Resolução de Demandas Repetitivas*. São Paulo: RT, 2016.

DANTAS, Bruno. BUENO, Cássio Scarpinella. CAHALI, Cláudia Elisabete Schwerz. NOLASCO, Rita Dias. *Questões relevantes sobre recursos, ações de impugnação e mecanismos de uniformização da jurisprudência após o primeiro ano de vigência do novo CPC*. Em homenagem à professora Teresa Arruda Alvim. São Paulo: RT, 2017.

DIDIER JR., Fredie. ZANETI Jr., Hermes. *Curso de Direito Processual Civil*. 9ª ed. Salvador: Juspodivm, 2014. v. 4.

DINAMARCO, Cândido Rangel. *Fundamentos do processo civil moderno*. São Paulo: RT, 1986.

ESTEVES, Diogo. SILVA, Franklyn Roger Alves. *Princípios institucionais da Defensoria Pública*. Rio de Janeiro: Forense, 2017.

FENSTERSEIFER, Tiago. *Defensoria Pública na Constituição Federal*. Rio de Janeiro: Forense, 2017.

FERRAZ, Taís Schilling. O precedente na jurisdição constitucional: construção e eficácia do julgamento da questão com repercussão geral. São Paulo: Saraiva, 2017.

FRANÇA, Bruna Simões. NASCIMENTO, José Moacyr Doretto. *Direitos Difusos e Coletivos*. São Paulo: Saraiva, 2017.

GARCIA, Emerson. *Ministério Público*: organização, atribuições e regime jurídico. 5ª ed. São Paulo: Saraiva, 2015.

GERHARD, Daniel. CASAS MAIA, Maurilio. O defensor-hermes, o *amicus communitas*: a representação democrática dos necessitados de inclusão discursiva. *Informativo Jurídico Consulex*, Brasília, v. 22, p. 11-12, 1 jun. 2015.

GIORGI JÚNIOR, Romulo Ponticelli. *Jurisdição constitucional e Código de Processo Civil*: sincronia, racionalidade, interpretação e segurança jurídica. São Paulo: RT, 2017.

GONÇALVES FILHO, Edilson Santana. ROCHA, Jorge Bheron. CASAS MAIA, Maurilio. *Custos vulnerabilis*: a Defensoria Público e o equilíbrio nas relações político-jurídicas dos vulneráveis. Belo Horizonte: CEI, 2020.

______. Defensoria Pública: *amicus communitas*. In: ANADEP. *Livro de teses e práticas exitosas*: Defensoria como metagarantia: transformando promessas constitucionais em efetividade. XII Congresso Nacional dos Defensores Públicos. Curitiba: ANADEP, 2015.

______. *Defensoria Pública e a tutela coletiva de direitos*: teoria e prática. Salvador: Juspodivm, 2016.

GONZÁLEZ, Pedro. LÖWENKRON, Marina. In: ANADEP. *Livro de teses e práticas exitosas*: Defensoria como metagarantia: transformando promessas constitucionais em efetividade. XII Congresso Nacional dos Defensores Públicos. Curitiba: ANADEP, 2015, p. 193-200.

GRINOVER, Ada Pellegrini. WATANABE, Kazuo. COSTA, Susana Henriques da. (Coord.). *O processo para solução de conflitos de interesse público*. Salvador: Juspodivm, 2017.

JEREISSATI, Régis Gurgel do Amaral. O incidente de Resolução de Demandas Repetitivas e o Incidente de Assunção de Competência como mecanismos de uniformização da jurisprudência nos Tribunais e a participação da Defensoria Pública na formação dos precedentes. In: SILVA, Franklyn Roger Alves. *CPC/2015*: PERSPECTIVA da Defensoria Pública. Salvador: Juspodivm, 2017.

LIMA, Fernando Antônio Negreiros. *A intervenção do Ministério Público no processo civil brasileiro como custos legis*. São Paulo: Método, 2007.

MACHADO, Antônio Cláudio da Costa. *A intervenção do Ministério Público no processo civil brasileiro*. 2ª ed. São Paulo: Saraiva, 1998.

MACHADO, Daniel Carneiro. *A (in)compatibilidade do Incidente de Resolução de Demandas Repetitivas com o modelo constitucional de processo*. Rio de Janeiro: Lumen Juris, 2017.

MANCUSO, Rodolfo de Camargo. *Incidente de Resolução de Demandas Repetitivas*: a luta contra a dispersão jurisprudencial excessiva. São Paulo: RT, 2016.

MARINONI, Luiz Guilherme. *Incidente de Resolução de Demandas Repetitivas*: decisão de questão idêntica x precedente. São Paulo: RT, 2016.

MAZZILLI, Hugo Nigro. *Regime jurídico do Ministério Público*. 7ª ed. São Paulo: Saraiva, 2013.

MAZZUOLI, Valerio de Oliveira. *Curso de direitos humanos*. 7ª ed. São Paulo: Método, 2020.

MELLOTO, Amanda Oliari. *A Defensoria Pública e a proteção de direitos metaindividuais por meio de ação civil pública*. Florianópolis: Empório do Direito, 2015.

MENDES, Aluisio Gonçalves de Castro. *Incidente de Resolução de Demandas Repetitivas*: sistematização, análise e interpretação do novo instituto processual. Rio de Janeiro: Forense, 2017.

NERY JÚNIOR, Nelson. ALVIM, Teresa Arruda. *Aspectos polêmicos dos recursos cíveis e assuntos afins*. São Paulo: RT, 2017. v. 13.

NEVES, Daniel Amorim Assumpção. *Manual de processo coletivo*. 4ª ed. Salvador: Juspodivm, 2020.

NUNES, Dierle. MENDES, Aluisio. JAYME, Fernando Gonzaga. *A nova aplicação da jurisprudência e precedentes no CPC/2015*: estudos em homenagem à professora Teresa Arruda Alvim. São Paulo: RT, 2017.

OMMATI, José Emílio Medauar. *Uma teoria dos direitos fundamentais*. 4ª ed. Rio de Janeiro: Lumen Juris, 2017.

PORTO, José Roberto Sotero de Mello. *Teoria geral dos casos repetitivos*. Rio de Janeiro: GZ, 2018.

RAGAZZI, José Luiz. SILVA, Renato Tavares da. A Defensoria Pública como instrumento de promoção dos direitos humanos. *Revista de Direito Constitucional e Internacional*, São Paulo, vol. 88, p. 197-206, jul.-set. 2014.

RÉ, Aluísio Iunes Ruggeri. *Manual do Defensor Público*: teoria e prática. 3ª ed. Salvador: Juspodivm, 2016.

_____. GOMES, Marcos Vinícius Manso Lopes. *Direito processual civil*: teoria geral do processo. São Paulo: Saraiva, 2016.

ROCHA, Amélia Soares da. *Defensoria Pública*: fundamentos, organização e funcionamento. São Paulo: Atlas, 2013.

ROCHA, Jorge Bheron. O histórico do arcabouço normativo da Defensoria Pública: da Assistência Judiciária à Assistência Defensorial Internacional. In: INSTITUTO DE DIREITO PENAL ECONÔMICO EUROPEU. *Os novos atores da justiça penal*. Coimbra: Almedina, 2016. v. 1.

ROCHA, Jorge Luís. *A história da Defensoria Pública e da Associação dos Defensores Públicos do Estado do Rio de Janeiro*. Rio de Janeiro: Lumen Juris, 2004.

ROSENWALD, Nelson. *O direito civil em movimento*: desafios contemporâneos. Salvador: Juspodivm, 2017.

SANTOS, Boaventura de Sousa. *Para uma revolução democrática da Justiça*. 3ª ed. Rio de Janeiro: Cortez Editora, 2011.

SANTOS, Denise Cândido Lima e Silva. *Defensoria Pública e tutela coletiva*: a atuação da Defensoria Pública na defesa de direitos coletivos no cenário pós-Emenda Constitucional n. 80/2014 – uma nova perspectiva. Itaúna: 2014. (Dissertação de Mestrado em proteção de Direitos Fundamentais da Universidade de Itaúna).

SANTOS NETO, Arlindo Gonçalves dos. Defensoria Pública de Anitta. *Revista Visão Jurídica*, São Paulo, v. 101, p. 70-71, out. 2014.

TARTUCE, Fernanda. *Igualdade e vulnerabilidade no processo civil*. Rio de Janeiro: Forense, 2012.

TASSIGNY, Mônica. SILVIO, Solange Holanda Almeida. CASAS MAIA, Maurilio. O direito à educação e a defensoria pública: legitimidade coletiva, educação em direitos e educação jurídica. *Revista dos Tribunais*, São Paulo, p. 319-342, out. 2017.

TEMER, Sofia. *Incidente de Resolução de Demandas Repetitivas*. 2ª ed. Salvador: Juspodivm, 2017.

CAPÍTULO IX

ADMISSIBILIDADE E AFETAÇÃO

1

O PROCEDIMENTO E A DECISÃO DE AFETAÇÃO NO IRDR: SISTEMATIZAÇÃO E DESDOBRAMENTOS

Vinicius Silva Lemos[1]

Sumário: 1 – Introdução. 2 – O IRDR: Incidente de Resolução de Demandas Repetitivas. 3 – O processamento do IRDR. 3.1 – O pedido suscitante do IRDR. 3.2 – A possibilidade de nova suscitação do IRDR. 3.3 – A impossibilidade de instauração quando a matéria está afetada por Tribunal Superior. 3.4 – A recepção, distribuição e o juízo de admissibilidade. 3.5 – O efeito no processo originário do protocolo do pedido do IRDR: necessidade de petição de informação e impossibilidade de julgamento. 4 – A decisão de afetação do IRDR. 4.1 – A avocação pelo colegiado competente do processo base para o julgamento do IRDR. 4.2 – A suspensão dos processos com identidade material naquele Tribunal. 4.3 – A possibilidade de ampliação dos processos representativos da controvérsia. 4.4 – O processamento do IRDR com a definição do contraditório ampliado. 4.5 – A audiência pública no IRDR. 4.6 – Existe uma falta de representatividade de ausentes no IRDR? 4.7 – A comunicação da suspensão aos órgãos julgadores e ao CNJ. 4.8 – A possibilidade de ampliação ou prorrogação da suspensão. 4.9 – A desistência e a inserção do Ministério Público. 4.10 – O prazo para o processamento do IRDR, a maturação analítica e a remessa para julgamento. 5 – Aspectos conclusivos. 6 – Referências bibliográficas.

1. INTRODUÇÃO

Diante da notória opção pelo combate à dispersão da jurisprudência, o CPC/2015 criou o incidente de resolução de demandas repetitivas com o intuito de aplacar a alta litigiosidade e repetitividade de questões idênticas, seja em direitos individuais homogêneos ou em questões com identidade em ações heterogêneas.

O intuito passa por conceder aos Tribunais de segundo grau a possibilidade de, desde logo, fixar tese jurídica vinculante a estas questões repetitivas, com valorização dos precedentes via julgamento por amostragem, um verdadeiro com-

1 Advogado. Doutorando em Processo Civil pela UNICAP/PE. Mestre em Sociologia e Direito pela UFF/RJ. Especialista em Processo Civil pela FARO. Professor de Processo Civil da FARO e da UNIRON. Coordenador da Pós-Graduação em Processo Civil da Uninter/FAP. Diretor-Geral da ESA/RO. Vice-Presidente do Instituto de Direito Processual de Rondônia – IDPR. Membro da Associação Norte-Nordeste de Professores de Processo – ANNEP. Membro do Instituto Brasileiro de Direito Processual – IBDP. Membro do Centro de Estudos Avançados em Processo – CEAPRO. Membro da Academia Brasileira de Direito Processual Civil – ABDPC. Membro da Associação Brasileira de Direito Processual – ABDPRO. Email: viniciuslemos@lemosadvocacia.adv.br.

bate à imensa quantidade de processos que abarrotam o judiciário brasileiro em todos os níveis.

Diante da aposta neste novo instituto processual, há uma decisão de mérito que fixa a tese jurídica sobre a qual o art. 987 prevê o cabimento de recurso excepcional, especial quando a matéria for de lei infraconstitucional ou extraordinário quando atingir questão constitucional. Para se chegar nessa definição decisória, um incidente é instaurado, num colegiado com uma composição maior e, com uma procedimentalidade ampliada, com a inserção de manifestação de diversos atores processuais, com o intuito de ampliar os intérpretes para uma melhor fixação da tese jurídica pacificadora das questões repetitivas.

O recorte desse estudo está na identificação desse procedimento, com a sistematização de seu andamento e desdobramento, desde a decisão de afetação, aquela logo após a admissibilidade positiva pelo colegiado ampliado, até o processo incidental estar apto para o julgamento. Ou seja, o intuito aqui é delinear o molde necessário dessa decisão de afetação, a organização realizada por tal momento decisório e as consequências procedimentais, com os detalhes e desdobramentos que entendemos, mediante a pesquisa realizada, como necessários e importantes para se alcançar a melhor discussão jurídica, com uma instrução completa, deixando pronto o incidente para um julgamento racional e completo.

Diante de tais entendimentos iniciais, delinearemos as sistematizações e desdobramentos dessa procedimentalidade e afetação.

2. O IRDR: INCIDENTE DE RESOLUÇÃO DE DEMANDAS REPETITIVAS

O CPC/2015 trouxe a novidade do incidente de resolução de demandas repetitivas ou, simplesmente, IRDR, como a aposta em como lidar com a multiplicidade de demandas desde o segundo grau de jurisdição, antecipando a discussão macro das demandas em massa. A competência é dos tribunais estaduais ou regionais – TJs ou TRFs – os quais terão a novidade de apreciar matérias com o intuito de fixar teses jurídicas vinculantes. Um instituto novo, com inspiração notadamente alemã[2], apesar de também ter influências de outras experiências[3], soando como uma real criação jurídica brasileira, com peculiaridades próprias, numa tentativa de aproximar-se da realidade brasileira.

2 O instituto teve como inspiração um paralelo estrangeiro, o procedimento denominado de *musterverfahren*, oriundo do direito germânico, um procedimento de julgamento de processo-modelo, no "qual se elege uma "causa piloto" onde serão decididos determinados aspectos gerais e comuns a diversos casos já existentes, sendo que a solução encontrada será adotada por todas as ações pendentes sobre o mesmo tema" (AMARAL, Guilherme Rizzo. Efetividade, segurança, massificação e a proposta de um "incidente de resolução de demandas repetitivas". *Revista do Processo*. ano 36, vol. 196, junho/2011. p. 255-256).

3 O *Group Litigation Order – GLO* do direito inglês e o agrupamento de ações do direito português.

O conceito, nos dizeres de Abboud e Cavalcanti, passa por um "mecanismo processual coletivo proposto para uniformização e fixação de tese jurídica repetitiva" que detém o objetivo de "conferir um julgamento coletivo e abstrato sobre as questões unicamente de direito abordadas nas demandas repetitivas, viabilizando a aplicação vinculada da tese jurídica aos respectivos casos concretos[4]".

Mesmo com a existência de didática processual dos recursos repetitivos e da repercussão geral, no âmbito dos tribunais superiores, a novel legislação processual, primou, sobre o IRDR, por ampliar horizontes, incluindo os tribunais de segundo grau – chamados de apelação/revisão[5] – na sistemática de pensar e contribuir para a resolução de demandas repetitivas, aumentando o leque de órgãos com a finalidade de alcançar processualmente soluções para os litígios que se repetem no âmbito territorial, atribuindo uma eficácia processual até então inexistente, primando pela efetividade de diversos princípios processuais constitucionais, dentre eles, o da duração razoável do processo[6].

O intuito, mediante essa nova espécie de julgamento por amostragem e formação de precedentes[7] vinculantes, é proteger os princípios da isonomia e da segurança jurídica[8], estancando, desde logo, decisões conflitantes em matérias

---

4 ABBOUD, Georges; CAVALCANTI, Marcos de Araújo. Inconstitucionalidades do incidente de resolução de demandas repetitivas (IRDR) e os riscos ao sistema decisório. *Revista de Processo*, vol. 240, fev. 2015. p. 222.

5 Mudando de certa maneira, a própria função destas cortes, retirando a mera verificação da revisão, para passar a formar precedentes, o que necessita uma outra visão, uma outra amplitude judicante.

6 "O incidente de resolução de demandas repetitivas, técnica processual destinada a contingenciar litígios seriados, assenta-se em três pilares principais, quais sejam: o princípio constitucional da isonomia, que exige tratamento uniforme dos litígios isomórficos, a segurança jurídica, estampada na previsibilidade e uniformidade das decisões judiciais e, por fim, a prestação jurisdicional em tempo razoável. Tais princípios, além de nortearem todo o ordenamento jurídico processual (como se infere, dentre outros, dos artigos 1º a 12 do CPC), são a base constitucional do incidente ora analisado" (MENDES, Aluisio Gonçalves de Castro; TEMER, Sofia. O Incidente de Resolução de Demandas Repetitivas do novo Código de Processo Civil. In: DIDIER JR., Fredie; FREIRE, Alexandre; MACEDO, Lucas Buril de; PEIXOTO, Ravi (Orgs.). *Coleção Novo CPC - Doutrina Selecionada - v.6 - Processo nos Tribunais e Meios de Impugnação às Decisões Judiciais.* Salvador: Juspodivm, 2015. p. 230).

7 Será que é mesmo um precedente? Marinoni defende que é uma tese vinculante. Mas, há diferenças? Marinoni ao discorrer sobre o IRDR tece críticas sobre a sua formação e tenta, dentro da possibilidade jurídica existente do incidente, sistematizá-lo somente como maneira de formar teses jurídicas, nunca precedentes, por, não aceitar que os tribunais de segundo grau tenha essa incumbência. "O incidente de resolução é uma técnica processual destinada a criar uma solução para a questão replicada nas múltiplas ações pendentes. Bem por isso, como é obvio, a decisão proferida no incidente de resolução de demandas repetitivas apenas resolve casos idênticos. Essa é a distinção básica entre o sistema de precedentes das Cortes Supremas e o incidente destinado a dar solução a uma questão litigiosa de que podem provir múltiplos casos" (MARINONI, Luiz Guilherme. O "problema" do incidente de resolução de demandas repetitivas e dos recursos extraordinário e especial repetitivos. *Revista de Processo*. São Paulo, vol. 249, ano 40, p. 399-419, nov. 2015. p. 401).

8 "Com isso, procura-se, de uma só vez, atender aos princípios da segurança jurídica, da isonomia e da economia processual" (ABBOUD, Georges; CAVALCANTI, Marcos de Araújo. Inconstitucionalidades do Incidente de Resolução de Demandas Repetitivas (IRDR) e os riscos ao sistema decisório. *Revista de Processo*, São Paulo, vol. 240, fev. 2015. p. 222).

que a multiplicidade já se tornou latente, debatendo, no próprio segundo grau, a fixação de teses jurídicas, incutindo a estes, tal responsabilidade. Uma notória preocupação em trazer a preparação cognitiva e decisória, com um contraditório ampliado desde o segundo grau, para uma antecipação da resolução destes casos.

Mas, será que o termo correto seria mesmo de demandas repetitivas? O intuito é julgar a demanda, como uma causa para servir de paradigma para as demais ou resolver uma questão? Parece que essa segunda visão seria a correta, com o nome equivocado de demanda, o que ensejaria, na visão de Temer, de entender como questões repetitivas[9].

O art. 976 dispõe sobre o cabimento do incidente, com a sua possibilidade para suscitação dos legitimados, quando identificarem uma matéria/questão de direito, que contenha efetiva repetição de processos que versem sobre aquela mencionada controvérsia, causando um possível risco de ofensa à isonomia e à segurança jurídica, já que quanto mais processos, maior a possibilidade de decisões conflitantes e não uniformes. Dessa maneira, o referido artigo já dimensiona os requisitos para a instauração do incidente, com a conjunção dos seguintes: a multiplicidade, decisões divergentes e identidade de questão de direito.

A base do instituto é a multiplicidade, a existência de vários – milhares – processos com questão de direito idêntica oportuniza o IRDR. Não se pode pensar em potencialidade[10] sobre a questão a ser discutida, efetivamente devem existir causas em quantidade para tal. Ou seja, não há a possibilidade de um IRDR preventivo, o qual, entendemos que se pensarmos em potencialidade, há a viabilidade da assunção de competência[11] para tal desiderato.

---

9 O que se julgará no incidente é uma questão específica, não a causa em si, mesmo que posteriormente o órgão colegiado apropriado também julgue o recurso. Ou seja, primeiro a definição da tese jurídica, com um julgamento próprio para tanto e, somente após, um julgamento da demanda. Por isso, as questões, materiais ou processuais são repetitivas, não a própria demanda, que pode ser ou não. Corroboramos, então, com a posição afirmada por Temer sobre esse ponto: "Adotamos a posição segundo a qual o incidente de resolução de demandas repetitivas apenas resolve a questão de direito, fixando a tese jurídica, que será posteriormente aplicada tanto nos casos que serviram como substrato para a formação do incidente, como nos demais casos pendentes e futuros" (TEMER, Sofia Orberg. *Incidente de resolução de demandas repetitivas.* Salvador: Juspodivm, 2016. p. 68).

10 "Não basta um risco *potencial*. Essa exigência legal derivou de candente debate durante a tramitação do novo CPC, confrontando autores que imaginavam possível a instauração de um incidente "preventivo", isto é, antes de proferidas decisões conflitantes e passível de ser deflagrado diante da potencial ocorrência de soluções contraditórias entre si (CAMARGO, 2014, p. 284), e outros autores que defendiam a necessidade de existência de sentenças já prolatadas na primeira instância, e portanto o incidente só poderia ser manejado quando já posta uma efetiva divergência pretoriana, com sentenças antagônicas já proferidas (CUNHA, 2011b, p. 334)" (CABRAL, Antonio Passo. Comentário ao artigo 976. In: CABRAL, Antonio Passo, CRAMER, Ronaldo (orgs.). *Comentários ao Novo Código de Processo Civil. 2ª ed.* São Paulo: Método, 06/2016. Versão Digital: [Minha Biblioteca]. Retirado de https://integrada.minhabiblioteca.com.br/#/books/9788530971441/).

11 O incidente de assunção de competência pode ser assim conceituado: "Instrumento de uniformização de jurisprudência que (...) busca prevenir a divergência jurisprudencial interna (de qualquer tribunal), mediante transferência da competência, a um órgão de maior composição, com a finalidade de julgar o

A multiplicidade, por mais que seja antagônico, é um conceito complexo de se trabalhar, uma vez que não se tem uma definição do que seria essa quantidade para delimitar a existência ou não dela, impondo um requisito com ares de objetividade, mas com possibilidade de análise subjetiva por qualquer dos tribunais ou aquele órgão colegiado competente por tal admissibilidade.

Todavia, a mera existência de multiplicidade já permite a instauração de IRDR? Outro ponto pertinente está no risco à segurança jurídica e à isonomia, o que permite essa pergunta, uma é importante descobrir se a simples multiplicidade enseja a instauração de tal incidente. Neste caso, deve configurar-se uma real possibilidade de divergência ou de entendimentos conflitos. Se já houver divergência nas decisões de primeiro grau e, principalmente, do tribunal, a visão fica, naturalmente, mais fácil de visualizar e possibilitar a instauração do incidente, contudo se a matéria for controversa, com multiplicidade, mas ainda sem divergência[12], não visualizado como impossibilitador do IRDR.

A opção de ater-se somente nas questões de direito foi do próprio legislador que, durante a tramitação do CPC/2015, tinha a possibilidade de permitir a discussão sobre questões de fato múltiplas[13], porém foi rechaçada essa

---

recurso, a remessa necessária ou a ação originária no tribunal, cujas respectivas decisões terão efeito vinculante" (MADRUGA, Eduardo; MOUZALAS, Rinaldo; TERCEIRO NETO, João Otávio. *Processo Civil*. 8ª. ed. revisada, ampliada e atualizada. Salvador: Juspodivm, v. único, 2016. p. 929) "destina-se a permitir que determinado órgão do tribunal assuma a competência para julgar caso que contém questão relevante, ou melhor, questão de grande repercussão social; (...) Questão de direito com grande repercussão social é aquela que, além de não ter relevo apenas para a solução do caso sob julgamento, tem valor para a sociedade" (MARINONI, Luiz Guilherme; MITIDIERO, Daniel. *Comentários ao novo Código de Processo Civil*: artigos 926 a 975. Coord: MARINONI, Luiz Guilherme; ARENHART, Sérgio Cruz; MITIDIERO, Daniel. São Paulo: Ed. RT, 2016. p. 248-249).

12 Talamini entende de modo diverso, ao entender que se a multiplicidade estiver em um caminho de pacificação não necessitaria do IRDR, entretanto, vejo que não seja um limitador, ou requisito a divergência. "É preciso ainda que exista o risco de violação da isonomia ou da segurança jurídica (art. 976, II) – o que se terá quando a mesma questão jurídica, nos inúmeros processos, estiver recebendo soluções distintas. Se, apesar da reiteração da questão em muitos processos, não se estiver havendo divergência jurisprudencial, com a questão sendo resolvida de modo uniforme na generalidade dos casos, não se justifica o IRDR" (TALAMINI, Eduardo. *Incidente de resolução de demandas repetitivas (IRDR): pressupostos*. http://www.migalhas.com.br/dePeso/16,MI236580,31047-Incidente+de+resolucao+de+demandas+repetitivas+IRDR+pressupostos).

13 Sobre a tentativa da possibilidade das questões fáticas, ainda na fase da tramitação na Câmara, a inserção, apesar de bem-intencionada, era equivocada. A questão interessante para que coubesse sobre fatos era o ponto de que um mesmo fato pudesse atingir uma coletividade, como um dano ambiental para uma determinada cidade, um fato para uma determinada classe trabalhadora, ou seja, uma questão fática controvertida, mas não geral, ampliada para dois ou mais fatos parecidos. Desse modo, para evitar a interpretação equivocada do instituto, melhor foi a retirada. Cavalcanti demonstra bem essa situação e como se sucedeu, além de explicar a importância que seria o cabimento sobre a questão com influência em múltiplas ações: "Acontece que, durante a fase revisora da Câmara dos Deputados, chegou-se a prever o cabimento do IRDR também para a resolução de questão de fato controvertida. (...) A redação do texto que previa esse cabimento não era apropriada e possibilitava a interpretação de que a solução da questão fática fixada pelo tribunal seria aplicada vinculativamente a todos os casos semelhantes, independentemente da origem da questão fática e

possibilidade[14]. Obviamente que há certa dificuldade de separar as questões fáticas de questões meramente jurídicas[15], mas não se deve versar sobre o conteúdo das provas ou a discussão que verse sobre os fatos, somente os direitos ali questionados[16] e, ainda, com a conjunção em relação a multiplicidade desta mesma questão em outras demandas.

Dessa maneira, logicamente, o suscitante do incidente deve, de igual maneira, ater-se somente a questionar matérias jurídicas que ensejam uma fixação de uma tese jurídica. Essa questão pode ser tanto do mérito da causa, o que pode acabar por ser mais comum, mas, também, de ponto iminentemente incidental, ainda versando sobre direito material ou processual. Outro requisito importante é a conjunção entre a existência da multiplicidade de demandas, ou questões em demandas, e a identidade material do que se suscitará como base do IRDR. A questão material deve ser idêntica diante dessa multiplicidade.

Diante dessa constatação, os legitimados para suscitar tal instauração, de acordo com o art. 977, são: pelo juiz, pelo relator, pelas partes, pelo Ministério Público e Defensoria Pública. O instituto possibilitou, em sua criação, uma amplitude da legitimidade, permitindo tanto de ofício, pelo juiz de primeiro grau ou o relator em segundo grau, ou por requerimento, pelas partes, Ministério

da verificação das peculiaridades relativas a cada caso individual" (CAVALCANTI, Marcos de Araújo. *Incidente de resolução de demandas repetitivas.* São Paulo: Revista dos Tribunais, 2016. p. 220-221).

14 Mesmo com a impossibilidade legal para tanto, Antônio do Passo Cabral defende que há possibilidade de se pleitear a instauração do incidente para tal ponto, como uma mutação dentro do próprio instituto, posição que é interessante, mas que esbarrará na inaplicabilidade legal: "Dentro da lógica do novo CPC, que reforça a força vinculativa dos precedentes e amplia a necessidade de isonomia e coerência sistêmica, e que intenta apresentar aos jurisdicionados mecanismos complementares às ações coletivas, entendemos que o incidente de resolução de demandas repetitivas poderá ter seu objeto ampliado jurisprudencialmente também para as questões de fato comuns. Talvez para isso necessitemos desenvolver uma teorização e técnicas para a aplicação de precedentes em matéria de fato, até porque a *ratio decidendi* orienta-se para a reprodução de entendimento jurídico" (CABRAL, Antonio Passo. Comentário ao artigo 976. In: CABRAL, Antonio Passo, CRAMER, Ronaldo (orgs.). *Comentários ao Novo Código de Processo Civil. 2ª ed.* São Paulo: Método, 06/2016. Versão Digital: [Minha Biblioteca]. Retirado de https://integrada.minhabiblioteca.com.br/#/books/9788530971441/).

15 Arruda Alvim menciona que existem questões predominantemente de fato e questões de igual maneira jurídica, o que corrobora a dificuldade da separação para tanto. Todavia, não é novel tal separação, ainda que os fatos e direito estão imbricados no cotidiano, há de entender que são diversos pontos, considerando, portanto, a predominância (ALVIM, Teresa Arruda. Distinção entre questão de fato e questão de direito para fins de cabimento de recurso especial. *Revista de Processo.* vol. 92, p. 52-70, out./dez. 1998, p. 53).

16 Temer sistematiza isso como a utilização dos fatos insertos da ação que será a base ou das ações que serão a base do próprio IRDR como pressupostos fáticos, ou seja, o julgamento basear-se-á naquela delimitação fática, mas sem decidir o fato em si. "No IRDR, a resolução da questão de direito não será realizada a partir de uma completa abstração da realidade, até porque "não há teses sem fatos." Os fatos, porque essenciais para análise da questão de direito, estarão presentes na resolução da controvérsia, mas não como fatos efetivamente ocorridos em uma situação concreta (até porque o tribunal não julgará nenhuma "causa"), e sim como fatos pressupostos, projetados, generalizados" (TEMER, Sofia Orberg. *Incidente de resolução de demandas repetitivas.* Salvador: Juspodivm, 2016. p. 73).

Público e Defensoria Pública[17], não restringindo nenhum dos atores processuais possíveis[18].

O incidente tem o intuito de minorar as dificuldades que o judiciário tem em resolver as demandas em plano pluri-individual, com a possibilidade de resolução de um processo modelo para, após, servir de base para toda a multiplicidade existente. Didier Jr. e Zaneti Jr.[19] entendem que o incidente é uma técnica de processo coletivo, para aplacar direitos homogêneos, o que Temer discorda[20], acentuando que o IRDR tem uma matriz diversa em sua base, o que não o transforma

---

17 A pergunta seria se o Ministério Público e a Defensoria Pública devem ser partes processuais para requererem a instauração do IRDR? Bueno explica que não há essa necessidade, podendo suscitar mediante a visão de que atua como fiscal da ordem jurídica o primeiro. Já no tocante ao segundo seria em representação aos hipossuficientes, mas, discordo dessa visão sem ter demandas sob égide do próprio órgão: "Sobre a legitimidade do Ministério Público e da Defensoria Pública, cabe frisar, fazendo eco ao que dispõe o art. 977, III, a propósito do incidente de resolução de demandas repetitivas, que a regra merece ser interpretada amplamente para admitir que a legitimidade daqueles órgãos dê-se tanto quando atuam como parte (em processos coletivos, portanto) como também quando o Ministério Público atuar na qualidade de fiscal da ordem jurídica e a Defensoria estiver na representação de hipossuficiente ou, de forma mais ampla, desempenhando seu papel institucional em processos individuais, como *amicus curiae*" (BUENO, Cassio Scarpinella. *Novo Código de Processo Civil anotado.* 2ª ed. São Paulo: Saraiva, 2016. p. 594).

18 No entanto, Marinoni defende que deveria haver uma ampliação dos legitimados para aqueles que também o são nas ações civis públicas e na defesa dos direitos homogêneos individuais. No entanto, creio que a participação destes possa ser por meio do contraditório ampliado, na forma de *amicus curiae* ou nas audiências públicas. "Por isso, a melhor alternativa é tornar presentes no incidente de resolução de demandas repetitivas os legitimados à tutela dos direitos individuais homogêneos – conforme Lei da Ação Civil Pública e Código de Defesa do Consumidor. Na verdade, os legitimados à tutela dos direitos dos grupos nunca deveriam ter sido afastados do incidente de resolução de demandas. Isso porque esse incidente não pode ser pensado como artifício indiferente à participação e ao direito de defesa. O modo como o incidente foi desenhado pelo legislador, frio e neutro em relação aos direitos discutidos e, especialmente, ao direito de discutir, torna-o um instrumento ilegítimo, destinado a viabilizar os interesses de um Estado que não tem compromisso com a adequada tutela dos direitos, fim básico de todo e qualquer Estado constitucional" (MARINONI, Luiz Guilherme. O "problema" do incidente de resolução de demandas repetitivas e dos recursos extraordinário e especial repetitivos. *Revista de Processo.* São Paulo, vol. 249, ano 40, p. 399-419, nov. 2015. p. 410).

19 Didier Jr. e Zaneti Jr. entendem como premissa que o IRDR é uma técnica de processo coletivo, destacando que: "O CPC/2015 estruturou um complexo sistema de julgamento de casos repetitivos. A relação entre esse sistema e o sistema das ações coletivas é um dos desafios que o novo Código impõe à doutrina e aos tribunais brasileiros. Partimos da premissa de que ambos são instrumentos de tutela coletiva de direitos, são, portanto, processo coletivo. As relações, aproximações e distinções entre eles devem começar a ser identificadas e sistematizadas" (DIDIER JR, Fredie; ZANETI JR, Hermes. Ações coletivas e o incidente de julgamento de casos repetitivos – espécies de processo coletivo no direito brasileiro: aproximações e distinções. *Revista de Processo*, São Paulo, vol. 256, jun/2016. p. 210).

20 Há evidente diferença sobre o IRDR e o processo coletivo como um todo, ou, ao menos, apesar das convergências, as divergências são mais notórias e impedem de ser técnicas idênticas. O IRDR pode, por exemplo, versar sobre matéria processual, o que, por si só, já traria mais próxima a uma objetivação do que uma tutela eminentemente coletiva. "Embora seja inegável que há uma dimensão coletiva no incidente, que decorre da repetição das mesmas questões em diversos casos (o que fundamenta o instituto) e que se observa na abrangência do âmbito de aplicação da tese fixada, há elementos importantes que demonstram que este não é um meio processual propriamente coletivo (...) O processo coletivo se distancia do IRDR (que, para nós, é técnica processual objetiva) porque, ao contrário deste, não se preocupa diretamente com a tutela da ordem jurídica objetiva" (TEMER, Sofia Orberg. *Incidente de resolução de demandas repetitivas.* Salvador: Juspodivm, 2016. p. 92).

em um processo coletivo, mas uma base para uma resolução de uma demanda ou então, uma questão repetitiva, para a fixação de tese para ser multiplicada em processos idênticos ou com questões idênticas.

3. O PROCESSAMENTO DO IRDR

Existem características próprias do IRDR, com inovações processuais intensas, como a instauração independente de um processo, formando um incidente autônomo, em paralelo ao andamento do próprio processo/recurso[21], o que já difere dos demais institutos, inclusive dos repetitivos em graus superiores.

O processamento do IRDR tem diversas fases, desde o pedido de instauração até o julgamento que fixa a tese jurídica do incidente e, a seguir, analisaremos esses pontos.

3.1 O pedido suscitante do IRDR

O protocolo é realizado fora do processo originário, aquele que será usado como base fática para tal análise, ou seja, é um incidente que detém procedimento próprio e desvinculado do seu processo base, ainda que a ele se interligado, com evidentes reflexos processuais.

O IRDR, portanto, é um procedimento autônomo, com uma instrumentalidade própria.

A petição de requerimento é quase que uma petição inicial, com a menção das partes, o endereçamento ao presidente do Tribunal, para a devida distribuição, a fundamentação jurídica com o preenchimento dos requisitos pertinentes ao próprio incidente e o pedido da resolução da questão repetitiva. Mesmo que seja realizado de maneira oficiosa, pelo relator, pelo colegiado ou pelo juízo de primeiro grau, deve haver um documento que inicie o incidente em paralelo, nem que seja um ofício organizacional da questão e da presença de todos os requisitos.

Tanto na forma oficiosa pelo juízo ou em requerimento, há a necessidade de instrução com documentos necessários à demonstração do preenchimento dos pressupostos para a instauração do incidente, para uma maior e melhor verificação pelo órgão julgador do cumprimento dos requisitos. A necessidade de melhor instrução do pedido tem como intuito uma comprovação dos requisitos para uma análise com base nestes documentos pelo órgão julgador[22].

---

21 Tanto na Repercussão Geral, nos Recursos Repetitivos, na Arguição de Inconstitucionalidade e no IAC, a decisão é inerente aquele processo, com o incidente processual ali instaurado, o que muda sobre o IRDR, que tem uma independência, em termos pragmáticos processuais, do incidente, correndo de maneira autônoma, em processo próprio, em competência própria.

22 Enunciado n.º 202 do FPPC: O órgão colegiado a que se refere o § 1º do art. 947 deve atender aos mesmos requisitos previstos pelo art. 978.

Independe do pagamento de custas processuais.

O momento do pedido ou de ofício da instauração do incidente deve ser prévio ao julgamento do recurso[23], pelo seu fator incidental. Não há como suscitar um incidente recursal em momento posterior ao julgamento do recurso, pela própria desnecessidade de resolver a questão repetitiva, caso tal julgamento já tenha ocorrido.

A suscitação tem um ponto temporal limite em segundo grau, dada a necessidade de ser anterior ao julgamento recursal, mas, se for suscitado quando o processo estiver em primeiro grau, pode ser a qualquer momento.

Um ponto relevante sobre do instituto é, justamente, essa possibilidade do pedido ser realizado quando o processo ainda está em primeiro grau, fase em que todos os legitimados, salvo o relator, podem requerer a instauração do incidente, ampliando o cabimento para uma divergência maior do que somente entre decisões internas do Tribunal e, dessa forma, possibilitando por existências de decisões ou sentenças conflitantes de juízos em primeiro grau.

Diante de tal possibilidade, criou-se um incidente em que um processo do primeiro grau pode suscitar a manifestação de Tribunal, sobre questão de direito, antecipando a jurisdição do Tribunal, para, desde logo, fixar uma tese jurídica, via IRDR. Evidentemente que a possibilidade do pedido, quando a demanda ainda está em primeiro grau, necessita de questões somente de direito, sem a necessidade de instrução probatória. Por outro lado, se a demanda de primeiro grau ainda carece de produção de prova, não cumpre o requisito da questão somente de direito, impossibilitando de instauração do incidente.

3.2 A possibilidade de nova suscitação do IRDR

A necessidade do preenchimento dos requisitos para a instauração do incidente de demandas repetitivas é fundamental para o juízo de admissibilidade do próprio incidente. Quando o pedido da instauração for carente de algum dos requisitos estipulados pelo art. 976, I e II, e, em juízo de admissibilidade, não for admitido, com a impossibilidade de instaurar o incidente, *não formará coisa julgada.* Ou seja, não há preclusão, tampouco estabilização da decisão que rejeita a instauração do incidente por falta de cumprimento dos requisitos.

Sem preclusão ou coisa julgada, quando qualquer dos legitimados suscitar um IRDR e, for inadmitido, por não preencher os requisitos, em outro momento processo, até o julgamento recursal, podem suscitar novamente o incidente e sua devida instauração. De acordo com o art. 976, § 3º, somente basta que esse novo

---

23 Enunciado n.º 89 do FPPC: Havendo apresentação de mais de um pedido de instauração do incidente de resolução de demandas repetitivas perante o mesmo tribunal todos deverão ser apensados e processados conjuntamente; os que forem oferecidos posteriormente à decisão de admissão serão apensados e sobrestados, cabendo ao órgão julgador considerar as razões neles apresentadas.

pedido de instauração do incidente traga novos subsídios sobre o preenchimento de todos os requisitos, com a sua devida comprovação, principalmente daquele que o Tribunal firmou entendimento como *ausente* na suscitação anterior.

Um exemplo seria um pedido em que o Tribunal rejeitou a instauração por ausência de efetiva repetição e, com o passar do tempo, com uma quantidade maior de demandas sobre a mesma questão de direito, o requisito carente, no momento anterior, preenchido estaria, cabendo um novo pedido, com total possibilidade de admissibilidade pelo Tribunal.

E, ainda, um outro motivo sobre tal possibilidade está na impossibilidade de um determinado pedido de instauração, por vezes mal realizado por uma parte, impeça que outras partes, em demandas com a mesma questão de direito, com um zelo maior, possam suscitar o IRDR, com uma qualidade melhor de comprovação da presença dos requisitos.

3.3 A impossibilidade de instauração quando a matéria está afetada por Tribunal Superior

Apesar da possibilidade de suscitar a qualquer momento processo até o julgamento do recurso, há um impedimento objetivo para a instauração do IRDR: a hipótese daquela mesma matéria suscitada, num Tribunal Superior – STJ ou STF, ter uma decisão de afetação idêntica, *seja em rito repetitivo ou em repercussão geral*, tornando incabível o incidente, nos moldes do art. 976, § 4º.

Nessa hipótese, a instauração do incidente não teria efeito prático, tornando-se inócuo, uma desnecessidade processual[24]. Com a afetação da mesma questão de direito pelo Tribunal Superior, em outro nível, num rito também de julgamento por amostragem, repetitivo ou em repercussão geral, não há motivos para o Tribunal de segundo grau afetar uma matéria já afetada.

Todavia, é importante salientar que a matéria deve ser afetada em repetitivo ou em repercussão geral para que seja um impeditivo de instauração do IRDR, se somente existirem decisões no âmbito dos Tribunais Superiores, sem a presença de uma decisão de afetação, em rito específico, o Tribunal de segundo grau pode aceitar o incidente, sem nenhum impedimento.

24 "Considerando o grau de vinculação/transcendência da matéria discutida (local ou nacional), o § 4º, do art. 976 do NCPC deixa claro que o incidente apenas poderá ser provocado se a matéria discutida não tiver sido afetada por um dos Tribunais Superiores, no âmbito de sua respectiva competência. Este dispositivo evita divergência entre o posicionamento do tribunal local e do Órgão Superior" (ARAÚJO, José Henrique Mouta. O incidente de resolução das causas repetitivas no novo CPC e o devido processo legal. In: DIDIER JR., Fredie; FREIRE, Alexandre; MACEDO, Lucas Buril de; PEIXOTO, Ravi (Orgs.). *Coleção Novo CPC - Doutrina Selecionada - v.6 - Processo nos Tribunais e Meios de Impugnação às Decisões Judiciais*. Salvador: Juspodivm, 2015. p. 329).

O intuito da impossibilidade é a própria desnecessidade, pelo fato de que o instituto do grau superior resolverá a questão e vinculará, via decisão futura, o sistema como um todo, tornando, portanto, desnecessário, naquele momento, a instauração do IRDR.

3.4 A recepção, distribuição e o juízo de admissibilidade

Com o recebimento o pedido de instauração do IRDR, o presidente do Tribunal deve remeter ao órgão competente para a matéria. Mas, qual seria esse órgão? Dependerá do regimento de cada Tribunal, com a definição de tal atribuição, determinando um órgão para a pacificação e uniformização da jurisprudência naquele Tribunal[25].

E, nos Tribunais maiores, com divisões materiais, é importante que o regimento tenha o cuidado de dividir tais órgãos por matérias também, sem concentrar em uma só órgão a competência para todo e qualquer IRDR. Quando um Tribunal tiver, por exemplo, uma divisão entre Câmaras Cíveis e Especial (Fazenda Pública) e afins, seria mais interessante ter órgãos competentes para o incidente, atinentes a cada matéria. No entanto, é importante frisar que a competência, na existência de diversos órgãos dependerá da suscitação, se a matéria for processual, muitas vezes deve ser uma junção maior de órgãos, pelo fato de que tal situação pode ocorrer em diversas matérias, ao mesmo tempo.

Distribuído para o órgão competente, realizar-se o sorteio de um relator dentre os membros desse colegiado, sem nenhuma relação com o relator do processo originário. A função do relator, a princípio, será da análise sobre os pontos de admissibilidade, para a inserção na pauta de julgamento.

O juízo de admissibilidade do IRDR nunca deve ser realizado de modo monocrático, somente pelo relator, pelo teor do art. 981, o correto é a submissão para

25 "A legislação infraconstitucional pode indicar o tribunal competente, seguindo as regras já traçadas pela Constituição Federal. O legislador deve apontar qual o tribunal competente, não estabelecendo qual o órgão interno do tribunal que deva realizar determinado julgamento. Se o órgão julgador, num determinado tribunal, é uma câmara cível, um grupo de câmaras, a corte especial ou o plenário, isso há de ser definido pelo seu respectivo regimento interno. O que importa é que o tribunal seja aquele previsto na Constituição Federal" (CUNHA, Leonardo José Carneiro da. O regime processual das causas repetitivas. *Revista de Processo*. São Paulo, v. 179, jan. 2010, p. 139-174). "O órgão competente para julgar o IRDR é uma grande dúvida desde a sua aplicabilidade no cotidiano, com a necessária mudança dos regimentos internos dos tribunais. O CPC não teve como dispor sobre matéria que é afeta à particularidade de cada tribunal, no entanto, conseguiu-se delimitar quais os pontos uníssonos sobre o órgão, como Cabral descreve: "O art. 978 confere ao regimento interno dos tribunais a possibilidade de indicar qual órgão julgará o incidente, mas estabelece uma diretriz sobre as características que esse órgão deve possuir para que possa ver a si atribuída essa competência. Não haveria como o CPC decretar qual seria esse órgão, sob pena de interferir na autonomia organizacional dos tribunais (art. 96 da CR/1988; nesse sentido, CUNHA, 2011a, p. 271). A lei exige que órgão tenha competência para uniformizar a jurisprudência do tribunal" (CABRAL, Antonio Passo. Comentário ao artigo 978. In: CABRAL, Antonio Passo; CRAMER, Ronaldo (orgs.). Comentários ao novo Código de Processo Civil. 2ª edição. São Paulo: Método, 06/2016. [Minha Biblioteca]. Retirado de https://integrada.minhabiblioteca.com.br/#/books/9788530971441/).

o colegiado analisar tal feito, colocando em pauta para o julgamento da admissibilidade, baseando nos requisitos do art. 976, I e II[26].

Importante salientar que o órgão originário daquela demanda, não realiza nenhuma análise sobre a admissibilidade ou a possibilidade de instauração do incidente, sendo a prerrogativa exclusiva do órgão competente para o julgamento meritório do próprio IRDR, até pelo caráter autônomo do próprio incidente, com o protocolo e o pedido em procedimento em separado, com novo número e sem a ciência do órgão originário.

Essa análise colegiada sobre a admissibilidade tem duas possibilidades de resultado: *a negativa do incidente; ou a admissão.*

Se o colegiado entender que falta algum dos requisitos para a instauração do IRDR, pertinente será a inadmissibilidade do incidente, culminando numa decisão negativa sobre o pedido ali realizado. No entanto, tem total pertinência de que, na decisão, especifique-se, claramente, qual o requisito não foi devidamente comprovado.

Rejeitado o incidente, o mesmo será arquivado.

Por outro lado, se a resposta da admissibilidade for positiva, com o aceite em relação a instauração do incidente, a tramitação inicia-se, permeando a necessidade da decisão de afetação pelo relator, determinando qual a questão de direito específica do IRDR, denominada tese jurídica, bem como a busca e o início de um contraditório ampliado e democrático, permitindo um grande número de manifestações, almejando, como toda técnica de julgamento por amostragem e formação de precedente vinculante, o exaurimento cognitivo material da questão de direito ali suscitada.

Ou seja, a decisão do colegiado é somente pela admissibilidade e, partir daí, autorizando a procedimentalidade do próprio incidente e ao relator de proferir a decisão de afetação.

3.5 O efeito no processo originário do protocolo do pedido do IRDR: necessidade de petição de informação e impossibilidade de julgamento

O pedido de instauração do IRDR tem endereçamento ao presidente do Tribunal de segundo grau, de modo autônomo ao processo-base para o próprio incidente. Inaugura-se, portanto, um procedimento incidental com total autonomia e, em um colegiado totalmente diverso daquele que em que o processo – recurso, remessa necessária ou competência originária – tramita.

26 Enunciado n.º 91 do FPPC: Cabe ao órgão colegiado realizar o juízo de admissibilidade do incidente de resolução de demandas repetitivas, sendo vedada a decisão monocrática.

Desse modo, o requerente do IRDR pleiteia tal instauração em órgão diverso, como o próprio ordenamento prevê. A preocupação necessária passa pela impossibilidade, dado o pleiteio pela instauração do incidente, do prosseguimento do julgamento do processo originário, base do IRDR. Mas, como impedir que o colegiado originário julgue o recurso, remessa necessária ou ação de competência originária, se, num primeiro momento, nem tem ciência da existência de tal requerimento protocolado em órgão diverso – o colegiado maior? Esse ponto é importante para o requerente, afinal, o IRDR deve ser proposto em momento anterior ao julgamento da demanda principal em segundo grau e, partir de tal pedido, consequentemente, não pode ocorrer tal julgamento, pelo fato do protocolo realizado estar em tramitação, com a necessidade de distribuição para o relator e análise colegiada de admissibilidade.

Há uma ausência de procedimentalidade nesse ponto, após a admissibilidade positiva, seja pela ampla divulgação, preconizada no art. 979, ou, especificadamente ao processo originário, a avocação do feito, com a transferência de competência para esse colegiado maior. Contudo, tais providências somente ocorrem em momento posterior à admissibilidade positiva e, naturalmente, impedem o órgão originário de julgar a demanda principal, uma vez que, agora, o julgamento será pelo órgão também competente para o IRDR.

O problema procedimental está no período de tempo entre o pedido de instauração e o julgamento da admissibilidade pelo colegiado, com duas consequências necessárias: *a ciência do órgão originário sobre a existência do IRDR; e a impossibilidade do julgamento da demanda principal.*

Com o protocolo do IRDR, direcionado ao presidente do Tribunal, e, posteriormente, remetido ao colegiado competente para a formação de precedente, o órgão originário deve ser cientificado de tal ato e, para isso, seriam possíveis duas hipóteses: *protocolo de uma petição de informação pelo requerente; ou expedição de ofício pela Presidência do Tribunal.*

Qualquer dos atos processuais sugeridos satisfaria a ciência do órgão originário e, consequentemente, impediria o julgamento da demanda principal. O ideal seria cada Tribunal adotar, regimentalmente, a necessidade de expedição de ofício ao órgão em que tramita a tal demanda, com o intuito de cientificar da existência do IRDR, impossibilitando qualquer julgamento meritório nesse intermédio temporal até a admissibilidade do incidente.

Entretanto, sem previsão legal, tampouco regimental, pertinente que o requerente realize o protocolo de petição de informação – tal qual no agravo de instrumento, mas sem as sanções dali existentes – do IRDR, com o claro intuito de cientificar o colegiado e impedir qualquer julgamento meritório em sua demanda. Tal ato é uma obrigação do requerente? Evidentemente que não. Afinal, por tratar-se de uma construção procedimental, não há como entender que haja uma obrigatoriedade, porém, sem tal informação, o requerente correrá o risco de sua demanda ser pautada para o julgamento do recurso, remessa necessária ou competência originária, o que se imputará, a partir desse momento, a necessidade de tal comunicação.

E, ainda, caso haja o julgamento dessa demanda principal, tal ato judicante, pela existência do IRDR, é nulo, contudo para se chegar nessa conclusão de nulidade, o interessado deverá interpor embargos de declaração, com a explicação da existência de pedido de instauração do incidente. Toda essa sucessão de atos – julgamento, recurso, decisão anulatória – na demanda principal são desnecessários e, plenamente, evitáveis, via uma petição de informação.

Uma pergunta é pertinente para tal questão: esse possível julgamento é realmente nulo? O IRDR é um incidente processual no Tribunal e, comparando-o com outros incidentes recursais, como o incidente de assunção de competência – IAC – e o incidente de arguição de inconstitucionalidade, uma vez suscitados, o mérito daquela demanda principal não pode ser julgado, com a necessidade de suspensão do julgamento principal para o enfrentamento da questão incidental.

No entanto, o IRDR é, procedimentalmente, diferente dos demais, pelo fato que os outros incidentes são suscitados no mesmo órgão competente para o julgamento meritório. Como o IRDR é protocolado diretamente para o presidente do Tribunal, o órgão originário não tem a ciência, mas a lógica processual da existência de um incidente processual impõe a mesma necessidade a esse incidente, que a simples suscitação impede o julgamento meritório, como entendemos.

Desse modo, o requerente, ao protocolar o pedido de instauração do IRDR, deve peticionar ao órgão originário de sua demanda, com a informação da existência de tal pedido, funcionando esse ato como uma cooperação dessa parte para o processo, seja para seu próprio benefício – não ver a existência de um julgamento desnecessário e nulo, quanto para a procedimentalidade como um todo, pelo fato de impedir a realização de atos desnecessários.

Não há forma para tal petição, tampouco prazo, dada a sua inexistência no ordenamento, contudo pertinente que o requerente realize tão logo protocole o IRDR, pelo risco de uma tramitação desnecessária da demanda principal. E, por outro lado, ao receber tal petição, o relator, no órgão originário, deve suspender a tramitação, sem incluir em julgamento e, se pautado, retirar da pauta da sessão.

4. A DECISÃO DE AFETAÇÃO DO IRDR

A decisão de afetação no IRDR tem uma notória diferença na comparação com as demais de outros institutos, uma vez que a atuação do relator não será de delimitação livre de tal matéria, mas de uma resposta ao pedido realizado no pleito do IRDR. Afinal, o requerente – qual dos legitimados, ainda que de maneira oficiosa – realizou um pedido de instauração com a especificação e delimitação, nesse ato postulatório, da questão jurídica que entende como possível de controvérsia propícia para a suscitação de um IRDR.

De modo inicial, a delimitação material está a cargo de quem pleitear a instauração do IRDR, contudo na resposta concedida ao requerimento de instauração, já na admissibilidade, o colegiado já analisa a questão de direito ali suscitada como repetitiva, com o pleito do julgamento via esse procedimento. Por consequência, não pode o colegiado delimitar de maneira diversa as questões ali colocadas, ampliando-as, por guardar, de igual modo, o princípio da congruência com o pedido de instauração do IRDR.

No entanto, pertinente entender que o colegiado pode delimitar de modo menor a questão ali invocada, deferindo o incidente em parte do que se propôs, o que leva a possibilidade de delimitação da questão jurídica, mas não seria pelo relator e, sim, pelo colegiado, no momento da verificação analítica dos requisitos do art. 976.

A decisão de afetação no IRDR não guarda a delimitação da questão jurídica em seu bojo, apesar da pequena margem do colegiado em poder diminuir a questão suscitada, deferindo a instauração em questão menor do que aquela suscitada.

Ao relator, sobre a questão de direito controversa admitida pelo colegiado, cabe somente, na decisão de afetação, sistematizar e publicizar, contudo sem defini-la. Até por isso, Temer e Didier Jr. chamam de decisão de organização[27], o que não é uma visão errada, pelo fato de que a questão jurídica já virá determinada pelo colegiado, sem uma liberdade do relator, cabendo-lhe, realmente, mais a organização procedimental do IRDR. No entanto, continuamos a entender que a nomenclatura mais acertada seria de decisão de afetação, pelo fato de que o relator tem a incumbência de definir a suspensão e a afetação dessa questão de direito aos demais processos com identidade material, naquele Tribunal.

---

27 Temer e Didier Jr. chamam de decisão de organização, o que chamamos de decisão de afetação, as quais delimitam com as seguintes necessidades: "A decisão de organização do incidente deverá identificar, de modo claro e preciso, a questão que será submetida a julgamento, ou seja, a controvérsia de direito material ou processual cuja resolução se buscará uniformizar. Trata-se, portanto, de identificar qual a questão jurídica em análise, respeitando-se o que foi decidido pelo órgão colegiado no momento da admissão. Essa precisa identificação, embora não conste expressamente da disciplina relativa ao IRDR, está clara no art. 1.037, I, do CPC, aplicável ao incidente por força da interpretação conjunta das normas relativas ao microssistema de julgamento de casos repetitivos.19 Não bastará, contudo, identificar a questão jurídica, sem delimitar a situação fática que lhe está subjacente, ou seja, as circunstâncias fáticas que ensejam a controvérsia,20 ou, ainda, a categoria fática para a qual a tese será aplicada" (DIDIER JR. Fredie; TEMER, Sofia Orberg. A decisão de organização do incidente de resolução de demandas repetitivas: importância, conteúdo e o papel do regimento interno do tribunal. *Revista de Processo*, São Paulo, vol. 258, p. 257–278, ago. 2016. p. 263).

4.1 A avocação pelo colegiado competente do processo base para o julgamento do IRDR

Com a admissibilidade positiva realizada pelo colegiado competente ao IRDR, o relator, na decisão de afetação, apesar de não disposto no art. 982, avocará o processo-base do incidente, determinando a expedição de ofício para o órgão fracionário, com a comunicação de tal ordem de transferência de competência daquela demanda principal para o colegiado competente de formação de precedente.

Independentemente da discussão se o IRDR é causa-piloto ou procedimento modelo, o art. 978, parágrafo único, dispõe que esse colegiado será o responsável pelo julgamento, também, da questão principal, ou seja, do recurso, remessa necessária ou competência originária. Com a admissibilidade positiva, essa decisão já impõe a necessidade de transferência de competência, com a consequência, portanto, dessa alteração de colegiados, remetendo, após o recebimento do ofício, confirmando o resultado da admissibilidade, para o colegiado maior.

O cerne dessa necessidade está na competência determinada pelo art. 978, parágrafo único, apesar de tal dispositivo não descrever qual o momento correto para a ocorrência dessa transferência de competência. O momento correto, no nosso entendimento, é aquele imediatamente posterior à admissibilidade positiva.

No entanto, há a ressalva ao processo-base que ainda estiver em primeira instância, em alguma vara, com a impossibilidade de tal avocação ou de transferência, contudo quando houver eventual recurso, naquela demanda, a competência para julgamento será do colegiado que julga o IRDR.

4.2 A suspensão dos processos com identidade material naquele Tribunal

No IRDR, a suspensão é realizada logo após a decisão pela admissibilidade, sob a responsabilidade do relator, justamente inserta na decisão de afetação, aquela em que se delimita trâmite do incidente.

Com a definição da matéria pelo colegiado, o ato da suspensão é posterior, realizado somente pelo relator, com a necessidade de que todos os processos naquele Tribunal sejam imediatamente suspensos, respeitando, portanto, a limitação territorial do próprio instituto, pelo fato da competência ser de Tribunal de segundo grau – Estadual ou Regional Federal – para o julgamento da tese jurídica ali invocada.

Dessa feita, a suspensão somente atingirá os processos afetados daquela região pelo prazo de um ano[28] para julgamento do incidente.

---

28 Há sempre uma dicotomia em torno do tempo de julgamento de um instituto do microssistema: nem tão rápido e nem tão demorado. O prazo de um ano para o IRDR tem esse sentido, o qual deve ser seguido pelos outros institutos que não tem prazo definido. No entanto, não quer dizer que tenha que demorar um ano, mas, como um prazo razoável, dependendo da questão jurídica: "A definição da tese jurídica a partir de um ou alguns procedimentos-modelo tem como um dos objetivos reduzir o tempo de tramitação dos

A suspensão deve ser de todos os processos pendentes, individuais ou coletivos[29].

O ato do relator deve ser oficiado a todos os órgãos daquele Tribunal, internamente, e aos juízos de primeiro grau, com a decisão de afetação e a delimitação material condizente para tal suspensão, justamente para que esses juízos possam realizar a identidade fático-jurídica da afetação e da causa a ser suspensa.

4.3 A possibilidade de ampliação dos processos representativos da controvérsia

Uma das maiores dúvidas sobre a decisão de afetação do IRDR é a possibilidade, ou não, de ampliação dos processos representativos da controvérsia. E, ainda, há quem defenda que o processo que serviu de base para suscitar não será, necessariamente, aquele que será afetado, podendo ser descartado se o colegiado entender que não seria completo ou pertinente para tanto.

Sobre esse ponto de descarte do processo suscitante, não entendo com plausível tal posição, seja pela falta previsão para isso e, ainda, a posição de requerente deve ser mantida por aquele que assim o suscitou, pelo fato de ser um procedimento a parte, com um pedido e com o interesse de que seja aquele processo suscitante, contudo não vejo como problema, tampouco óbice que se agregue mais demandas como repetitivas daquelas questões, mas não vislumbre o descarte da demanda requerente[30].

---

diversos processos pulverizados e, por consequência, desafogar a pauta para julgamento de outras ações. Considerando esse objetivo, o dispositivo legal prevê o prazo máximo para julgamento do incidente, que não poderá ultrapassar um ano, tendo preferência na tramitação, exceto quanto aos habeas corpus e processos com réu preso. A resolução de processos coletivos e de meios coletivos de solução de conflitos, de modo célere, é fundamental para a higidez do sistema judiciário. Do contrário, esses instrumentos caem em descrédito e não propiciam a economia necessária, causando a multiplicação de processos individuais, que entopem as veias de circulação do Poder Judiciário, causando demora e ineficiência generalizada. Por outro lado, apesar da fixação *a priori* do prazo de um ano, haverá a possibilidade de prorrogação, desde que mediante decisão motivada (parágrafo único), o que poderá ocorrer quando houver a manifestação de muitos interessados e necessidade de amadurecimento do debate para fixação da tese" (MENDES, Aluisio Gonçalves de Castro; TEMER, Sofia. Comentário ao art. 980. In: STRECK, Lenio. *Comentários ao Código de Processo Civil.* 11ª ed. São Paulo: Saraiva, 3/2016. [Minha Biblioteca]. [Minha Biblioteca]. Retirado de https://integrada.minhabiblioteca.com.br/#/books/9788502635609/).

29 Enunciado nº. 93 do FPPC: Admitido o incidente de resolução de demandas repetitivas, também devem ficar suspensos os processos que versem sobre a mesma questão objeto do incidente e que tramitem perante os juizados especiais no mesmo estado ou região.

Enunciado nº. 95 do FPPC: A suspensão de processos na forma deste dispositivo depende apenas da demonstração da existência de múltiplos processos versando sobre a mesma questão de direito em tramitação em mais de um estado ou região.

30 No sentido de entender que possa descartar o processo que suscitou o IRDR: DIDIER Jr. Fredie; TEMER, Sofia Orberg. A decisão de organização do incidente de resolução de demandas repetitivas: importância, conteúdo e o papel do regimento interno do tribunal. *Revista de Processo*, São Paulo, vol. 258, p. 257–278, ago. 2016. p. 263.

Ultrapassado esse ponto, com a evidente necessidade pela manutenção do processo suscitante como representativo da controvérsia, pode-se afetar outros processos, incluindo-os como representativos da controvérsia, de igual maneira, ampliando, para tal fim, a possibilidade das partes desses processos também aderirem como requerentes ou parte do próprio incidente.

De outra forma seria impossível se prever, pelo fato de que seria imputar uma responsabilidade imensa ao processo afetado, que, talvez, nem queria ser o alvo da discussão.

Pode, então, uma parte de outro processo, com a mesma questão de direito, requerer a sua entrada como representativo da controvérsia? Não vejo óbice para tanto, contudo não deve ser vinculado ao relator a tal pedido.

4.4 O processamento do IRDR com a definição do contraditório ampliado

Na decisão de afetação do IRDR, pelo relator, deve-se cumprir o determinado pelo art. 982[31], após a determinação da suspensão dos processos pendentes e a delimitação dos processos representativos da controvérsia, como já vimos, ainda realizar-se-á a definição da procedimentalidade do próprio incidente, com a ampliação do contraditório: *poderá requisitar informações a órgãos em cujo juízo tramita processo no qual se discute o objeto do incidente, que as prestarão no prazo de 15 (quinze) dias; intimará o Ministério Público para, querendo, manifestar-se no prazo de 15 (quinze) dias.*

Uma vez instaurado o incidente, com a decisão positiva de admissibilidade e a posterior afetação, de igual maneira aos demais institutos, transforma-se em um procedimento de objetivação, apesar da concretude de basear-se em situações fático-jurídicas ali determinadas, há uma abstração, com a necessidade de ampliação do contraditório, como o próprio 982, III dispõe ao falar da intimação do Ministério Público para manifestação e, ainda, requerer informações de órgãos em que tramitem demandas com aquela determinada questão de direito.

O Ministério Público pode manifestar-se sobre tal questão, proferindo um parecer no prazo de 15 dias, contudo sem a necessidade de fazê-lo, adequando ao interesse público sobre tal matéria.

---

31 "Admitido o incidente, o relator poderá requisitar informações ao juízo em que tramitar(em) o(s)processo(s) de onde se originou o procedimento-modelo (art. 982, II), bem como deverá intimar o Ministério Público para que o órgão se manifeste acerca da matéria jurídica controvertida (art. 982, III).Ainda, a decisão que admite o incidente gera outras consequências importantes, dentre as quais as mais relevantes são: (i) a ampla divulgação e publicidade acerca da afetação da matéria para julgamento mediante este instrumento processual diferenciado (art. 979); (ii) a suspensão dos processos repetitivos que veiculem a mesma matéria (art. 982, I)" (MENDES, Aluisio Gonçalves de Castro; TEMER, Sofia. O incidente de resolução de demandas repetitivas do novo Código de Processo Civil. *Revista de Processo*, São Paulo, vol. 243, p. 283–331, mai. 2015. p. 293).

Os órgãos que têm demandas sobre a questão de direito do IRDR, devem manifestar-se no prazo de 15 dias. Não existe uma faculdade, mas um dever desse juízo em colaborar com a instrução do incidente. O relator deve analisar a matéria atinente à questão de direito para delimitar quais serão os órgãos que serão oficiados e terão tal incumbência.

O art. 983 complementa essa visão de contraditório ampliado do processamento do IRDR, quando preconiza que *"os demais interessados, inclusive pessoas, órgãos e entidades com interesse na controvérsia"*, além do próprio *amicus curiae*, já que na visão de Nery Jr. e Nery[32], esses seriam outros entes que não inseridos nas possibilidades de *amicus curiae*, que também são possíveis, uma vez que o art. 138 preconiza essa viabilidade, inclusive com a permissão para a interposição do recurso perante o resultado desse julgamento.

4.5 A audiência pública no IRDR

Outro ponto importante da decisão de afetação, no IRDR, passa pela possibilidade de realização de audiência pública sobre a questão de direito ali controvertida, para que se tenha a participação efetiva da sociedade sobre a matéria posta como afetada, com a previsão expressa do art. 983, § 1º.

Dessa feita, o relator pode, após a afetação, se entender pertinente, determinar a realização de audiência pública[33], ou de várias, com data fixada e com ampla divulgação, para, nesse momento, ouvir pessoas sobre a matéria, principalmente aquelas com experiência e conhecimento sobre a questão de direito controversa.

---

32 O IRDR não tem redação clara sobre a visão do contraditório ampliado, em seu bojo de legitimados para a instauração, há as partes, o juízo de ofício, o Ministério Público e a Defensoria Pública, há também a possibilidade do *amicus curiae* e uma gama de outros interessados, os quais podemos entender que sejam terceiros interessados afetados no incidente, bem como entidades que tenha interesse coletivo na resolução daquele incidente e fixação do precedente vinculante. Sobre as pessoas interessadas, há concordância com a visão de que não seriam mesmo amicus curiae propriamente dito, mas as entidades se confundem com a intervenção do amicus curiae: "A participação de tais pessoas e órgãos não se confunde com a participação do amicus curiae: neste caso, a pessoa, órgão ou entidade deve auxiliar o juízo no esclarecimento da matéria que é posta em questão. No caso do incidente de demandas repetitivas, o CPC 982 dá a entender que essas pessoas e órgãos funcionariam como espécie de terceiros intervenientes, com interesse na solução do incidente e que poderiam agir de forma direcionada a determinado objetivo" (NERY JR, Nelson; NERY, Rosa Maria de Andrade. *Código de Processo Civil comentado*. 16ª. ed. São Paulo: Ed. RT, 2016. p. 2.120).

33 Bueno coloca, acertadamente, as audiências públicas com o mesmo rol de importância que o próprio *amicus curiae*. Isso seria muito importante, apesar de não ser na prática desse modo, tampouco ser tão influenciante quanto a figura do amigo da corte. No entanto, há de se imaginar que assim deva ser: "Importante evidenciar, contudo, que tais audiências públicas e a oitiva do *amicus curiae* merecem ser tratadas como as duas faces de uma mesma moeda, isto é, como técnicas que permitem a democratização (e, consequentemente, a legitimação) das decisões jurisdicionais tomadas em casos que, por definição, tendem a atingir uma infinidade de pessoas que não necessariamente far-se-ão representar pessoal e diretamente no processo em que será fixada a interpretação da "questão jurídica" (BUENO, Cassio Scarpinella. *Novo Código de Processo Civil anotado*. 2ª ed. São Paulo: Saraiva, 2016. p. 807).

A possibilidade de uma audiência pública demonstra uma abertura à sociedade, com um procedimento com fácil acesso, com ampla discussão, concedendo a palavra a pessoas com expertise na matéria, mas que não teriam como atuar perante o processo, atuando, via audiência pública, como uma ampliação do próprio *amicus curiae,* alcançando indivíduos que não têm condições de participar como aquele interveniente, mas que detém sapiência suficiente para tal desiderato.

Esses debates visam ampliar visões das mais variadas possibilidades dos afetados, dos possíveis autores ou réus, peritos, estudiosos, especialistas, pessoas comuns, dentre outros. Um procedimento, organizando pelo relator, menos formal diante do processamento do microssistema. Uma abertura processual para ampliar os debates, para uma decisão mais próxima de realidade da causa, com uma pluralidade de conhecimentos. Quando o julgamento for proferido, se realmente houver a influência do que ali for discutido, haverá, de certo modo, uma participação efetiva da sociedade, certamente estão mais preparados para embasar juridicamente suas decisões, com uma visão dos impactos sociais nas partes daquela decisão.

A própria realização de uma audiência pública demonstra uma abertura à sociedade, com um procedimento com fácil acesso, com ampla discussão, concedendo a palavra a pessoas com expertise na matéria, mas que não teriam como atuar perante o processo.

4.6 Existe uma falta de representatividade de ausentes no IRDR?

Mesmo diante de toda essa abertura para as devidas manifestações de terceiros, há quem entenda, como Marinoni[34], que o IRDR carece de um controle de representatividade, pelo fato de que a fixação da tese jurídica vinculará terceiros ausentes no incidente – talvez até aqueles que ainda nem intentaram a demanda – podendo configurar uma decisão vinculativa que cause prejuízo a quem não participou do incidente, o que violaria o próprio disposto no art. 506, quando dispõe que há a impossibilidade de uma decisão prejudicar terceiros. Marinoni ressalta essa problemática no IRDR, ao dispor que esta técnica não forma precedente e não teria correlação com o *stare decisis*[35], por não julgar casos e, sim, julgar questões, o que faria que não se poderia decidir uma prejudicial, um incidente de modo a afetar a matéria com prejuízos a terceiros que nem tiveram a oportunidade de comparecer em juízo e influenciar no julgamento.

34 MARINONI, Luiz Guilherme. O "problema" do incidente de resolução de demandas repetitivas e dos recursos extraordinário e especial repetitivos. *Revista de Processo.* São Paulo, vol. 249, ano 40, p. 399-419, nov. 2015. p. 410).

35 MARINONI, Luiz Guilherme. O "problema" do incidente de resolução de demandas repetitivas e dos recursos extraordinário e especial repetitivos. *Revista de Processo.* São Paulo, vol. 249, ano 40, p. 399-419, nov. 2015. p. 411).

A solução seria, na visão de Marinoni, a legitimidade para a propositura e participação do contraditório a permissão dos legitimados da Ação Civil Pública e do CDC, essa seria uma forma de aplacar o problema da representatividade[36]. O próprio art. 983 já permite a manifestação, sobre tal fato, Marinoni propõe que esses também seriam legitimados para a instauração do incidente, em tal ampliação não vejo grandes problemas, o que, de igual maneira, não enxergo a solução apresentada como algo que seja tão diferente do que a lei já dispõe, somente uma estipulação objetiva do que o mencionado artigo, uma vez que este tem viés aberto e subjetivo.

Cavalcanti tem a mesma preocupação que Marinoni e, até acentua esta nesse ponto[37], uma vez que demonstra ceticismo sobre a aplicabilidade da tese jurídica formada no incidente como maneira atingir terceiros que serão prejudicados e, isso invariavelmente, uma vez que o julgamento implicará em fundamentos vencidos e vencedores na formação daquele precedente – ou tese jurídica.

Mas, como dirimir esse ceticismo? Vitorelli preconiza que o direito coletivo deve viver um diferente devido processo legal[38], como uma real adaptação do que se entende como contraditório individual para outra espécie coletiva[39], num viés de representatividade como existência de uma participação, ainda

36 MARINONI, Luiz Guilherme. O "problema" do incidente de resolução de demandas repetitivas e dos recursos extraordinário e especial repetitivos. *Revista de Processo*. São Paulo: vol. 249, ano 40, p. 399-419, nov. 2015. p. 411).

37 O IRDR é uma técnica de julgamento coletivo ou de formação de precedente. Esse ponto é crucial para entendermos os direitos ali dispostos. Se for um julgamento coletivo, há a coisa julgada e com esta, somente os participantes ou representados devidamente que participarão do impacto da decisão. Cavalcanti vai neste viés para dizer que há um equívoco no instituto. Porém, entendemos que como técnico de formação de precedente, não deve ser visto como coisa julgada, até por ensejar superação e não ação rescisória, dentre outros motivos: "Pior: a ideia de julgamento abstrato do IRDR permite aplicar a tese jurídica às causas futuras, referentes a litigantes que não tiveram qualquer possibilidade de participação e influência no julgamento coletivo" (CAVALCANTI, Marcos de Araújo. A falta de controle judicial da adequação da representatividade no incidente de resolução de demandas repetitivas (IRDR). *Revista Pensamento Jurídico. v. 7, n. 1, 2015.* p. 44).

38 Mancuso concorda com essa ideia quando estipula que o processo civil baseado na jurisdição singular não conseguirá abarcar as diretrizes condizentes com o instituto eminentemente coletivo, ainda que como técnica de formar tese jurídica – ou precedente para alguns. Desse modo, há uma necessidade de adaptação e visão de que o IRDR será regido por outra ótica, o que, de certa maneira, rebate o que Marinoni coloca como problema de representatividade adequada a terceiros. "Sucede que o IRDR, conquanto regulado no âmbito do CPC, não se afeiçoa exatamente aos moldes da jurisdição singular, já que sua instauração responde a razões de interesse público e social" (MANCUSO, Rodolfo de Camargo. *Incidente de resolução de demandas repetitivas*: a luta contra a dispersão jurisprudencial excessiva. São Paulo: Ed. RT. 2016. p. 257).

39 É preciso imaginar uma representatividade diante de um novo devido processo legal com impactos coletivos, como preconiza acertadamente Vitorelli: "como o processo coletivo que atualmente vigora não conseguiu construir mecanismo para a participação efetiva da comunidade lesada, "é de se aceitar" que ela participa por ser representada. Não se trata de uma nova compreensão do devido processo legal, mas de sua redução, pura e simplesmente" (VITORELLI, Edilson. *O devido processo legal coletivo*: dos direitos aos litígios coletivos. São Paulo: Revista dos Tribunais, 2016. p. 32).

que efetivamente não tenha ocorrido, possibilitando até a vinculatividade de uma decisão prejudicial, como Gidi já preconizava[40].

Temer apresenta outra solução no caminho de Vitorelli, destrinchando que há, no IRDR, a impossibilidade de participação de cada indivíduo[41], o que ocasionaria uma inviabilidade do próprio instituto, o que perfaz a diferenciação de visão processual com a transposição, para aqueles terceiros não participantes, de um direito de consentimento para um direito de convencimento[42], ou seja, o contraditório ali disposto pelos participantes representantes é exercido com o intuito de influenciar o debate na formação da decisão que formará a tese jurídica do próprio incidente e, ainda, que para se entender que há um convencimento desse resultado pelos não participantes, há um exercício *"independentemente do envolvimento pessoal"*[43] dos indivíduos.

Diante desse ínterim, o IRDR deve caminhar, procedimentalmente, com todo um cuidado amplo pelo órgão formador do precedente, para que todo o procedimento seja permeado com o máximo de manifestações possíveis daqueles interessados, para a devida legitimação da decisão dali oriunda, justamente para que a influência dessas manifestações no julgamento exerçam, posteriormente,

---

40 GIDI, Antonio. *Coisa julgada e litispendência em ações coletivas.* São Paulo: Saraiva. 1995. p. 127.

41 Bueno entende diferente, com a visão de que a menção as partes deve ser entendida como "qualquer parte individualmente considerada que tenha processo seu suspenso a mercê da instauração do incidente (art. 982, I), possa se manifestar diretamente no Tribunal para expor suas razões sobre a resolução da questão de direito" (BUENO, Cassio Scarpinella. *Novo Código de Processo Civil anotado.* 2ª ed. São Paulo: Saraiva, 2016. p. 585). Essa visão seria interessante se houve o pedido de manifestação ou, ainda, a manifestação de escolha de alguns líderes para a representatividade adequada, como nas *class actions*, o que não é o caso. Permitir deliberadamente que todos que tenham processo sobre a questão possam se manifestar, ainda mais pelo polo que detém mais heterogeneidade é inviabilizar o próprio instituto, o que deve ser visto com parcimônia essa viabilidade da manifestação de qualquer parte.

42 O que fazer com o IRDR, o impacto aos demandantes ausentes e a falha de representatividade? Temer entende que o correto seria repensar que esses devem ser representados somente via consentimento, o que ensejaria uma técnica de *opt-in*, mas, de convencimento de que daquele instituto e procedimento deliberou-se uma decisão paradigmática. Altera-se o consentimento para o convencimento: "Em vez de exigir a participação pessoal e direta de todos os sujeitos que serão afetados pela definição da tese jurídica, reconhecendo-lhe seu "dia na corte" - o que está ligado a uma ideia de participação como consentimento, adota-se uma concepção diferenciada do direito à participação para o IRDR, que se funda no contraditório como direito de influência. Afinal, a participação como consentimento está vinculada ao contexto do processo como resolução de conflitos subjetivos, o qual exige a atuação direta do sujeito na resolução de sua lide. (...) A participação aqui é vista, então, como a possibilidade de convencimento, através da apresentação (direta ou indireta) de razões para a resolução da controvérsia jurídica. É dispensável, no incidente, perquirir o que o sujeito quer propor a demanda em que se discuta a questão jurídica. (...) Muito mais do que o consentimento de quem quer que seja, o que é relevante para legitimar a decisão é a demonstração de que houve possibilidade de convencimento através do exercício do direito de influência, ainda que por sujeitos "não-representantes" ou mesmo "não-interessados"" (TEMER, Sofia Orberg. *Incidente de resolução de demandas repetitivas.* Salvador: Juspodivm, 2016. p. 136-138 e 141).

43 Complementando a citação anterior: "Neste ponto, como não há técnica de *opt-in* no IRDR, a afetação nos terceiros deve ser pelo convencimento de que houve um contraditório com influência no resultado do precedente, sem a necessidade de que aceite a representação" (TEMER, Sofia Orberg. *Incidente de resolução de demandas repetitivas.* Salvador: Juspodivm, 2016. p. 137).

o convencimento naqueles que não participaram e, tampouco, influenciaram o julgamento.

4.7 A comunicação da suspensão aos órgãos julgadores e ao CNJ

Com a suspensão decretada pelo relator do incidente, este comunica, primeiramente, os órgãos competentes ao julgamento em primeiro e segundo grau nos processos normais, com ampla divulgação, cadastrando o incidente no Conselho Nacional de Justiça – CNJ, para as partes e demais interessados terem acesso às matérias afetadas, bem como o acompanhamento do incidente[44].

São importantes tais medidas para garantir a publicidade[45] da instauração do instituto, dado o caráter coletivo e transcendental. A primeira providência é pertinente para que os órgãos vinculados à matéria, naquele Tribunal, realizem tal suspensão das demandas. E, a comunicação e cadastro no CNJ tem a serventia de ampliar a publicidade sobre a existência dos IRDRs, até pelo fato de que determinadas matérias podem gerar diversos incidentes em Tribunais diferentes, tendo a função, portanto, de credenciar e sistematizar as informações para os interessados.

4.8 A possibilidade de ampliação ou prorrogação da suspensão

Além disso, há a possibilidade de algum dos legitimados para a instauração do IRDR, em demanda idêntica de qualquer outro foro[46] do Brasil, requerer ao Tribunal Superior competente – STJ ou STF – para o julgamento daquela tese jurídica delimitada pelo incidente, para que *amplie os efeitos da suspensão para*

---

44 Art. 979. A instauração e o julgamento do incidente serão sucedidos da mais ampla e específica divulgação e publicidade, por meio de registro eletrônico no Conselho Nacional de Justiça. § 1º Os tribunais manterão banco eletrônico de dados atualizados com informações específicas sobre questões de direito submetidas ao incidente, comunicando-o imediatamente ao Conselho Nacional de Justiça para inclusão no cadastro. § 2º Para possibilitar a identificação dos processos abrangidos pela decisão do incidente, o registro eletrônico das teses jurídicas constantes do cadastro conterá, no mínimo, os fundamentos determinantes da decisão e os dispositivos normativos a ela relacionados.

45 Enunciado nº. 591 do FPPC: O tribunal dará ampla publicidade ao acórdão que decidiu pela instauração do incidente de arguição de inconstitucionalidade, incidente de assunção de competência ou incidente de resolução de demandas repetitivas, cabendo, entre outras medidas, sua publicação em seção específica no órgão oficial e indicação clara na página do tribunal na rede mundial de computadores.

46 Mancuso verifica que essa suspensão federal pelo STJ ou STF é salutar para que não gere IRDRs ou demandas com dispersão jurisprudencial. Não menciona, no entanto, que, desse modo, o IRDR seria um autêntico preparatório para um repetitivo federal: "Essa tríplice possibilidade de suspensão, ao nível nacional, dos processos concernentes à *vexata quaestio* objeto de um IRDR em curso, justifica-se pelo fato de que as demandas seriais devieram de uma macrolide, que pode até mesmo concernir aos brasileiros em geral (...) de sorte que se a tese jurídica, firmada ao final daquele incidente (art. 985, caput), ficasse limitada aos limites de um Estado (no caso de um TJ) ou de uma Região (no caso de um TRF), haveria o risco de tratamento desigual entre jurisdicionados afetados a uma mesma questão de direito, em detrimento da isonomia e segurança jurídica" (MANCUSO, Rodolfo de Camargo. *Incidente de resolução de demandas repetitivas*: a luta contra a dispersão jurisprudencial excessiva. São Paulo: Ed. RT. 2016. p. 254).

todo o território nacional, com impactos em todos os processos individuais ou coletivos da questão de direito afetada.

Sobre tal hipótese há toda uma complexidade, pelo fato de que o IRDR tramita no Tribunal de segundo grau e, tal pleito será realizada para um Tribunal Superior, ser ter, ainda, um rito repetitivo ou um recurso excepcional sobre a questão, somente baseado na existência de um IRDR tramitando em algum Tribunal de segundo grau. Apesar de complexa a ideia, plenamente possível e pertinente.

No entanto, não somente os legitimados para a suscitação do IRDR podem realizar tal requerimento ao Tribunal Superior. O art. 982, § 4º permite a qualquer parte, em todo o território nacional, independente da limitação daquele Tribunal do incidente, que tenha um processo com a mesma questão objeto do incidente, requerer a ampliação da suspensão para todo o Brasil, direcionando esse pedido para o STJ ou o STF, de acordo com a tese jurídica definida no incidente, devendo também fundamentar o pedido e a comprovação da necessidade e requisitos.

Esses novos processos afetados, agora pelos Tribunais Superiores, de igual maneira aos afetados do Tribunal competente para julgar o IRDR, ficam sobrestados pelo prazo de um ano para julgamento do incidente. Um tempo razoável para que o IRDR seja processado, instruído e esteja apto para julgamento. Obviamente que uma demanda com suspensão por um ano, causa impacto nas partes de processos afetados, mas diante da possibilidade de solução para as demandas repetitivas, está dentro da razoabilidade.

Ultrapassado esse prazo, mesmo sem o julgamento do IRDR, os processos saem do sobrestamento com o devido prosseguimento do feito na mesma fase em que foi suspenso. Porém, o relator, caso entenda pertinente, pode, fundamentadamente, prorrogar a suspensão por mais tempo.

4.9 A desistência e a inserção do Ministério Público

A partir do momento da instauração do IRDR mesmo se for por requerimento de uma parte, o interesse público tem prioridade, não cabendo para essa situação processual, a desistência como meio de encerrar o incidente. A parte tem total direito de requerer a desistência, de não mais continuar com a demanda e, consequentemente, deixando de ser o processo-base daquele procedimento, conforme preconiza o conteúdo do art. 976, §§ 1º e 2º.

Ainda que a parte suscitante do IRDR desista de sua demanda, pelo caráter transcendental do procedimento, seja social ou juridicamente, o prosseguimento da instrução procedimental do incidente terá o Ministério Público, pela determinação legal, como o novo requerente[47].

47 "Com efeito, no incidente de fixação de tese para causas repetitivas no tribunal local, há a intervenção obrigatória do Ministério Público, tendo em vista que, uma vez provocado o órgão para a formação do

Esse entendimento segue a tendência dos julgamentos por amostragem, numa amplitude que acata o pedido de desistência da parte, pelo fato de que tal deliberação cabe somente a própria parte, mas impossibilita a desistência do procedimento, seja pelo interesse público ou pela própria transcendência da matéria. Desse modo, ainda que a parte daquela demanda base para o IRDR desista da demanda, o incidente tem prosseguimento.

4.10 O prazo para o processamento do IRDR, a maturação analítica e a remessa para julgamento

Uma vez oportunizada a manifestação por todos os legitimados, interessados e *amicus curiae,* outrora admitidos, sendo possível também a realização de audiências públicas sobre a matéria, o incidente estará pronto, procedimentalmente, para o julgamento.

O prazo de procedimentalização do IRDR não é fixado pela norma, somente há a estipulação de um ano para a suspensão dos processos de igual questão de direito. Esse prazo nos dá a medida comparativa do que o legislador entendeu como um prazo razoável para o processamento e devido julgamento do incidente.

O fato de existência de muitas demandas, uma efetiva repetitividade, não significa um afã do Judiciário para que se apresse a tramitação do IRDR, em busca de uma solução rápida para a questão. O processamento deve ser gradual e ampliado, respeitando todas as manifestações, com a ampla divulgação, com o intuito de que todos os interessados sejam alcançados e cientificados, com a possibilidade de participação de todos os legitimados para manifestação, justamente para possibilitar um incidente que respeita o contraditório, totalmente democrático.

Desse modo, a cognição do colegiado competente deve ocorrer somente quando houver o exaurimento da matéria, com uma ampla discussão e possibilidade de manifestações, numa busca pelo meio termo sobre a dicotomia entre a necessidade de ouvir todos os interessados e a duração razoável do processo.

Realizadas tais manifestações, com um contraditório totalmente democrático, o incidente deve ser remetido para julgamento, com a devida inclusão na pauta da sessão do colegiado competente.

---

precedente, o direito material ou processual que está sendo discutido não será mais individual, mas coletivizado, e "a tese jurídica firmada será aplicada a todos os processos que versem idêntica questão de direito"" (ARAÚJO, José Henrique Mouta. Incidentes de causa repetitivas no projeto do NCPC: aspectos importantes. *Revista Síntese.* nº 5, set-out/ 2013. p. 73).

5. ASPECTOS CONCLUSIVOS

O intuito deste estudo foi delinear como entendemos que a procedimentalidade do IRDR deve ser, com a necessidade de que a decisão de afetação, além de delimitar materialmente o incidente, organize toda essa alteração, desde a necessidade de avocação dos autos do colegiado menor para o maior, com a consequência de não se julgar o recurso, remessa necessário ou ação em competência originária, enquanto não for resolvido o próprio incidente.

O pedido de suscitação do IRDR deve ser realizado diretamente ao Presidente do Tribunal, com a remessa para o colegiado que o regimento interno indicar, com a escolha de um novo relator, sem guardar correspondência com aquele do processo originário ou base do incidente.

A partir de tal ponto, com a análise colegiada pela admissibilidade, o relator terá o encargo de proferir a decisão de afetação, com a delimitação jurídica do incidente e a organização de todos os próximos passos procedimentais, com a suspensão – ou não – dos processos, a manifestação de todos os atores de um contraditório ampliado, a instrução como um todo do próprio IRDR, com o intuito de esgotar materialmente as teses jurídicas possíveis, num debate ampliado.

Mediante tal diferença de procedimentalidade, com a manifestação de todos os atores possíveis – partes, Ministério Público, Defensoria Pública, *amicus curiae*, audiências públicas etc. – o incidente estará pronto para o devido julgamento, com o respeito a uma ampliação de contraditório, com uma cognição ainda maior, para ser possível contemplar todas as teses jurídicas.

Desse modo, a partir do recorte proposto pelo estudo, delineamentos a procedimentalidade necessária para o andamento do IRDR, bem como as consequências que entendemos como lógicas do próprio incidente, suscitação, admissibilidade, afetação, manifestações, com o processo pronto para o julgamento.

6. REFERÊNCIAS BIBLIOGRÁFICAS

ABBOUD, Georges; CAVALCANTI, Marcos de Araújo. Inconstitucionalidades do incidente de resolução de demandas repetitivas (IRDR) e os riscos ao sistema decisório. *Revista de Processo*, São Paulo, vol. 240, fev. 2015.

AMARAL, Guilherme Rizzo. Efetividade, segurança, massificação e a proposta de um "incidente de resolução de demandas repetitivas". *Revista do Processo.* São Paulo, ano 36, vol. 196, jun. 2011.

ARAÚJO, José Henrique Mouta. Incidentes de causa repetitivas no projeto do NCPC: aspectos importantes. *Revista Síntese.* nº 5 set-out/ 2013.

______. O incidente de resolução das causas repetitivas no novo CPC e o devido processo legal. In: DIDIER JR., Fredie; FREIRE, Alexandre; MACEDO, Lucas Buril de; PEIXOTO, Ravi (orgs.). *Coleção Novo CPC - Doutrina Selecionada - v.6 - Processo nos Tribunais e Meios de Impugnação às Decisões Judiciais.* Salvador: Juspodivm, 2015.

BUENO, Cassio Scarpinella. *Novo Código de Processo Civil anotado.* 2ª ed. São Paulo: Saraiva, 2016.

CABRAL, Antonio Passo. Comentário ao artigo 976. In: CABRAL, Antonio Passo, CRAMER, Ronaldo (orgs.). *Comentários ao Novo Código de Processo Civil. 2ª ed.* São Paulo: Método, 06/2016. Versão Digital: [Minha Biblioteca]. Retirado de https://integrada.minhabiblioteca.com.br/#/books/9788530971441/

CAVALCANTI, Marcos de Araújo. A falta de controle judicial da adequação da representatividade no incidente de resolução de demandas repetitivas (IRDR). *Revista Pensamento Jurídico.* v. 7, n. 1, 2015.

______. *Incidente de resolução de demandas repetitivas.* São Paulo: Revista dos Tribunais. 2016.

DIDIER JR, Fredie; ZANETI JR, Hermes. Ações coletivas e o incidente de julgamento de casos repetitivos: espécies de processo coletivo no direito brasileiro: aproximações e distinções. *Revista de Processo*, São Paulo, vol. 256, jun/ 2016.

DIDIER JR. Fredie; TEMER, Sofia Orberg. A decisão de organização do incidente de resolução de demandas repetitivas: importância, conteúdo e o papel do regimento interno do tribunal. *Revista de Processo*, São Paulo, vol. 258, p. 257–278, ago. 2016.

GIDI, Antonio. *Coisa julgada e litispendência em ações coletivas.* São Paulo: Saraiva, 1995.

MADRUGA, Eduardo; MOUZALAS, Rinaldo; TERCEIRO NETO, João Otávio. *Processo civil.* 8ª. ed. revisada, ampliada e atualizada. Salvador: Juspodivm, 2016. v. único.

MANCUSO, Rodolfo de Camargo. *Incidente de resolução de demandas repetitivas:* a luta contra a dispersão jurisprudencial excessiva. São Paulo: Ed. RT, 2016.

MARINONI, Luiz Guilherme. O "problema" do incidente de resolução de demandas repetitivas e dos recursos extraordinário e especial repetitivos. *Revista de Processo.* São Paulo, vol. 249, ano 40, p. 399-419, nov. 2015.

MARINONI, Luiz Guilherme; MITIDIERO, Daniel. Artigos 926 a 975. In: MARINONI, Luiz Guilherme; ARENHART, Sérgio Cruz; MITIDIERO, Daniel (coords.). *Comentários ao novo Código de Processo Civil.* São Paulo: Ed. RT, 2016.

MENDES, Aluisio Gonçalves de Castro; TEMER, Sofia. O incidente de resolução de demandas repetitivas do novo código de processo civil. In: DIDIER JR., Fredie; FREIRE, Alexandre; MACEDO, Lucas Buril de; PEIXOTO, Ravi (Orgs.). *Coleção Novo CPC - Doutrina Selecionada - v.6 - Processo nos Tribunais e Meios de Impugnação às Decisões Judiciais.* Salvador: Juspodivm, 2015.

______. O incidente de resolução de demandas repetitivas do novo Código de Processo Civil. *Revista de Processo*, São Paulo, vol. 243, p. 283–331, mai. 2015.

______. Comentário ao art. 980. In: STRECK, Lenio. *Comentários ao Código de Processo Civil.* 11ª ed. São Paulo: Saraiva, 3/2016. [Minha Biblioteca]. [Minha Biblioteca]. Retirado de https://integrada.minhabiblioteca.com.br/#/books/9788502635609/.

NERY JR, Nelson; NERY, Rosa Maria de Andrade. *Código de Processo Civil comentado.* 16ª. ed. São Paulo: RT, 2016.

TALAMINI, Eduardo. *Incidente de resolução de demandas repetitivas (IRDR): pressupostos.* http://www.migalhas.com.br/dePeso/16,MI236580,31047-Incidente+de+resolucao+de+demandas+repetitivas+IRDR+pressupostos.

TEMER, Sofia Orberg. *Incidente de resolução de demandas repetitivas.* Salvador: Juspodivm, 2016.

2

OS MODOS DE SUSCITAÇÃO E A ESCOLHA DOS REPRESENTATIVOS DA CONTROVÉRSIA NO MICROSSISTEMA DE FORMAÇÃO DE PRECEDENTES VINCULANTES

Vinicius Silva Lemos[1]
Rennan Thamay[2]

1. Advogado. Doutor em Direito Processual Civil pela UNICAP/PE. Mestre em Sociologia e Direito pela UFF/RJ. Especialista em Processo Civil pela FARO. Professor de Processo Civil na FARO e na UNIRON. Coordenador da Pós-Graduação em Processo Civil da Uninter/FAP. Presidente do Instituto de Direito Processual de Rondônia – IDPR. Membro da Associação Norte-Nordeste de Professores de Processo – ANNEP. Membro do Centro de Estudos Avançados em Processo – CEAPRO. Membro da Academia Brasileira de Direito Processual Civil – ABDPC. Membro da Associação Brasileira de Direito Processual – ABDPRO. Membro do Instituto Brasileiro de Direito Processual – IBDP.

2. Pós-Doutor pela Universidade de Lisboa. Doutor em Direito pela PUC/RS e Università degli Studi di Pavia. Mestre em Direito pela UNISINOS e pela PUC Minas. Especialista em Direito pela UFRGS. Professor Titular do programa de graduação e pós-graduação (doutorado, mestrado e especialização) da FADISP. Professor da pós-graduação (*lato sensu*) da PUC/SP, do Mackenzie e da EPD – Escola Paulista de Direito. Professor Titular do Estratégia Concursos e do UNASP. Foi Professor assistente (visitante) do programa de graduação da USP e Professor do programa de graduação e pós-graduação (*lato sensu*) da PUC/RS. Presidente da Comissão de Processo Constitucional do IASP (Instituto dos Advogados de São Paulo). Membro do IAPL (International Association of Procedural Law), do IIDP (Instituto Iberoamericano de Derecho Procesal), do IBDP (Instituto Brasileiro de Direito Processual), IASP (Instituto dos Advogados de São Paulo), da ABDPC (Academia Brasileira de Direito Processual Civil), do CEBEPEJ (Centro Brasileiro de Estudos e Pesquisas Judiciais), da ABDPro (Associação Brasileira de Direito Processual) e do CEAPRO (Centro de Estudos Avançados de Processo). Advogado, árbitro, consultor jurídico e parecerista. www.rennanthamay.com.br.

1. INTRODUÇÃO

O CPC/2015 trouxe uma nova realidade processual para todo o cotidiano jurídico, com novos dogmas e delineando realidades propositivas, como um microssistema de decisões vinculantes, os chamados precedentes judiciais vinculantes.

Todos esses precedentes que detêm vinculação passam por ritos incidentais para uma tramitação diferenciada e a devida formação de um precedente, utilizando uma técnica de julgamento por amostragem, com o julgamento de uma ou algumas demandas e impacto nos demais processos que guardam identidade fático-jurídica.

Se esses precedentes são formados a partir de processos base, com a análise específica destes para a formação de uma norma jurídica abstrata de aplicabilidade em demandas existentes ou vindouras, estes processos tidos como base devem ser escolhidos para representarem a controvérsia que será sanada e formado o precedente judicial vinculante.

O processo de suscitação de cada instituto e seu modus operandi, bem como os meios de escolha dos processos ou recursos representativos da controvérsia é o objeto desse estudo, com o intuito de através dessa pesquisa, delinear os critérios de fixação de escolha destes processos ou recursos e o devido entendimento e importância dessa escolha.

2. O MICROSSISTEMA DE FORMAÇÃO DE PRECEDENTES VINCULANTES

A norma processual, nos últimos anos[3], busca soluções tanto para o excesso de demandas existentes no Judiciário, principalmente em direitos individuais homogêneos, quanto para a instabilidade jurídica e, consequentemente, isso resulta em inovações criativas de institutos que visam analisar menos casos, com uma ênfase e impacto nos demais, seja para julgar em massa ou conceder repercussão geral ou para dar efetividade a isonomia jurídica, utilizando como base o brocardo *treat like cases alike*[4], utilizado por Cross e Harris para designar que a resolução dos conflitos deve ser igual para casos isonômicos.

3. "Essa fase da reforma constitui uma tentativa de solucionar os problemas gerados pela "abertura das portas do Judiciário", que ocasionou um considerável aumento do número de demandas, possuindo, desta forma, o objeto primordial de diminuir o número destes processos em trâmite nos Tribunais brasileiros, efetivando o princípio da celeridade de forma raciona e, consequentemente, reduzir substancialmente com a famigerada morosidade da Justiça Brasileira em concretizar uma resposta final aos anseios dos litigantes processuais" (RIBEIRO, Cristiana Hamdar. A lei dos recursos repetitivos e os princípios do direito processual civil brasileiro. *Revista Eletrônica de Direito Processual*, vol. V, n. 5. 2010. p. 622).

4. Livre tradução de: CROSS, Rupert; HARRIS, J. W. *Precedent in English Law*. 4. ed. Oxford: Oxford University Press, 2004. p. 3.

O intuito a longo prazo será proporcionar aos Tribunais, principalmente os superiores, a julgar menos processos, com a utilização destes como base para as outras demandas idênticas. Para tanto, no CPC/2015, foram concedidas a algumas espécies de decisões, um caráter vinculante, geralmente após passar por um procedimento diversificado dos demais.

Não há como entender que num passe de mágica que o ordenamento brasileiro passou para uma adoção de uma teoria de precedentes, contudo foi um importante passo para a mudança cultural judicante para pensar numa teoria da estabilização das decisões judiciais[5].

Com isso, houve a restauração e oxigenação de institutos como a repercussão geral, o rito repetitivo e a arguição de inconstitucionalidade, somados com a criação do incidente de resolução de demandas repetitivas e a positivação adequado do incidente de assunção de competência, os quais juntos formam um microssistema de formação de precedentes vinculantes, muito maior do que um microssistema de casos repetitivos – que também foi impulsionado legislativamente, mas muito maior, com a preocupação de pensar uma lógica vinculante para os julgamentos dos Tribunais.

Em todos esses institutos buscarem a repercussão do julgamento em demais casos, com vinculações legislativas, com mudança de procedimento, com um rito diversificado e qualificado, no intuito de formar um precedente, ainda que não seja uma construção da forma com que outros países se atem a precedentes.

Diferentemente da forma com que culturalmente nasce um precedente, com a construção em camadas argumentativas até chegar-se na vinculação, já no Brasil, mediante diversos institutos, os quais separamos os cinco que entendemos que formam um microssistema de formação de precedentes vinculantes pela convergência de institutos internos. Para chegarmos a essa construção[6], levamos

---

5. Para Ataíde Jr, ao defender que os sistemas jurídicos devem se adequar à nova realidade de julgamento destas demandas não aplacáveis ao julgamento meramente individual, devem guardar a relação de um rito próprio e diverso com as seguintes características: "(i) a rápida fixação da tese jurídica, a reger o julgamento de todas as causas semelhantes (ii) maior previsibilidade na aplicação do direito; (iii) um julgamento isonômico – para que casos análogos sejam solucionados da mesma maneira (*treat like case alike*); (iv) criação de filtros processuais, que possibilitem a diminuição do número de recursos nos tribunais superiores e, com isso, a eliminação da divergência jurisprudencial interna, bem como possibilitem a reprodução de maior qualidade e, sobretudo, (v) uma cultura de respeito aos precedentes" (ATAÍDE JR, Jaldemiro Rodrigues de. As demandas de massa e o projeto de novo Código de Processo Civil. In: FREIRE, Alexandre at. *Novas tendências do processo civil.* Salvador: Juspodivm, 2014. p. 48).

6. Existem outros institutos que o art. 927 considera como vinculantes no novel ordenamento processual, no entanto, consideramos que não fazem parte deste rol do microssistema como as súmulas – vinculantes ou não – ou as decisões em controle concentrado de constitucionalidade. O motivo da não inserção nesse rol são as características abstratas e diversas do que esses institutos, o que não gera a opinião de que não são importantes ou não vinculem, somente não há como conceber que as súmulas sejam precedentes, uma vez que não há um caso em concreto sobre o qual se debruça analiticamente para chegar ao precedente e, sim, a comunhão de vários casos que tendem a um mesmo lado, com aspectos parecidos. "Na verdade, Didier anuncia uma crítica à redação de uma súmula como sendo dirigida à "redação do precedente ju-

em consideração alguns aspectos para delimitar que seria o microssistema de formação de precedentes vinculantes: a decisão de afetação, a possibilidade de sobrestamento das demais demandas idênticas, a necessidade de um contraditório ampliado e a vinculação posterior do posicionamento adotado neste julgamento realizado.

Essas espécies de precedentes vinculantes, cada qual a seu modo peculiar, passam por técnicas para que se julgue uma só demanda – ou um grupo de demandas, com o intuito de que o resultado analítico dessa decisão seja paradigmático ao demais processos que tenham identidade fática material.

Dada a existência de um grande fluxo de demandas no Brasil, gerando um esgotamento da capacidade judicante, não há mais como encarar os litígios individuais no mesmo *modus operandi* anterior do processo civil brasileiro, como pensado nos CPCs de 1939 e 1973[7]. Há, portanto, a necessidade de uma mudança na forma de enquadramento processual à realidade dos Tribunais, uma adaptação sistêmica[8], como preconiza a própria existência de uma vinculação de decisões para outras demandas, como proposto nesse microssistema delineado no CPC/2015.

---

dicial". Porém, súmula não é "precedente". Um precedente é um caso anteriormente apreciado e julgado por um juiz ou Tribunal. Por ser caso, tem nome, sobrenome e individualidade. Efetivamente, as súmulas, sejam "comuns" ou vinculantes, não podem ser consideradas precedentes strico sensu, por várias razões" (STRECK, Lenio Luiz. Súmulas, vaguezas e ambiguidades: necessitamos de uma "teoria geral dos precedentes"? *Direitos Fundamentais & Justiça* nº 5, out./dez. 2008. p. 164). "Por sua vez, a súmula tem por objetivo veicular o resumo editado, numerado e sintético das teses vencedoras componentes da jurisprudência predominante de um Tribunal sobre uma matéria específica, sobre o qual existiu considerável discussão em algum período histórico, esclarecendo a interpretação vencedora do debate" (CAMBI, Eduardo. FOGAÇA, Mateus Vargas. Sistema dos precedentes judiciais obrigatórios no novo código de processo civil. In: DIDIER JR., Fredie; CUNHA, Leonardo Carneiro da; MACEDO, Lucas Buril de; ATAIDE JR, Jaldemiro Rodrigues de (Org.). *Precedentes.* Salvador: Juspodivm, 2015. p. 343). Lima explica bem ao dizer que "o elemento sumular, vinculante ou não, não importa de qual tribunal, não é verdadeiramente um precedente judicial" (LIMA, Tiago Asfor Rocha. *Precedentes judiciais civis no Brasil.* São Paulo: Saraiva. 2013. p. 197). O motivo pelo qual não inserimos o controle concentrado de controle de constitucionalidade persiste em não ser um processo de caso concreto e, apesar do seu evidente caráter vinculante, existe pelo próprio rito de verificação – seja na ADIn, ADCon ou ADPF – para a análise via este rito, o que não proporciona convergência com os outros institutos, como vimos nas hipóteses de proximidades entre estes.

7. "Como parte do problema impõe-se reconhecer que o Código vigente (Lei 5.869/73) fora idealizado sob matizes individualistas. Não fora concebido para solucionar e pacificar litígios coletivos, indivisíveis e transindividuais14, tampouco demandas repetitivas sobre direitos individuais homogêneos" (TEIXEIRA, Guilherme Puchalski. Incidente de resolução de demandas repetitivas: projeções em torno de sua eficiência. *Revista eletrônica de direito processual* – REDP. vol. 16, jul.-dez. 2015. p. 215).

8. "Não há dúvidas de que as demandas de massa têm características próprias, que as diferem das demandas individuais e coletivas, exigindo dos diversos países a adaptação de seus sistemas jurídicos, a fim de tratá-las mais adequadamente, tendo em vista a insuficiência do regime processual das demandas individuais e coletivas para com as mesmas" (ATAÍDE JR, Jaldemiro Rodrigues de. As demandas de massa e o projeto de novo Código de Processo Civil. In: FREIRE, Alexandre at. *Novas tendências do processo civil.* Salvador: Juspodivm, 2014. p. 48).

2.1 O processo representativo da controvérsia e a sua importância para a formação do precedente vinculante

Para a adoção de qualquer dos institutos insertos ao microssistema de formação de precedente, se faz necessária a existência de um ou mais processos para servirem de base para o julgamento que formará o precedente e, consequentemente, firmar a norma jurídica abstrata que terá serventia para casos análogos já existentes ou futuros.

Esses processos – ou recursos – podem ser vários – como nos recursos excepcionais repetitivos – ou se somente um, dependendo da qualidade do debate inserto naquele processo. Esses serão os chamados *recursos representativos da controvérsia*.

O processo que servirá de base para a discussão sobre a formação do precedente judicial vindouro deve conter todos os requisitos que aquele instituto necessita, variando a incidência destes para precedente a ser criado.

Se o julgamento é por uma amostra mínima para a aplicabilidade em um todo, posteriormente, pertinente que nessa escolha dos recursos – ou processos – contemple-se o máximo de fundamentos possíveis ou a maior amplitude sobre a matéria. Cada recurso ou processo, mesmo diante de somente um assunto, argumenta-se de diferentes modos, com teorias diversas sobre aqueles fatos ou matéria, com uma gama de fundamentos almejando, por vezes, o mesmo resultado.

Ao relacionar essas alternativas de fundamentação com a atribuição a qualquer instituto de formação de precedente, deve-se selecionar os processos que serão base para esse julgamento com a necessidade de contemplação de todas as teses jurídicas possíveis e visualizáveis daquela questão de direito.

O intuito da representação da controvérsia é ampliar os fundamentos recursais, para esgotar todas as possibilidades jurídicas da questão a ser julgada, de modo a possibilitar ao Tribunal um exaurimento da matéria colocada em questão, para facilitar a adequação posterior dessa decisão para a maior quantidade dos recursos/processos idênticos que estão à espera da definição do julgamento por amostragem.

Se houver um processo que seja coletivo sobre aquela questão, talvez seja melhor que este seja o escolhido para ser julgado, em preferência aos demais individuais, contudo não há previsão legal de que assim seja, somente uma melhor visão cognitiva sobre aquela matéria.

A importância da escolha do representativo da controvérsia é enorme para o debate a ser realizado na formação do precedente, justamente por representar a qualidade das argumentações e conseguir contemplar todas as visões fundamentais sobre aquela matéria. Um precedente formado por um processo com déficit de argumentação ou que não corresponda integralmente à matéria afetada pode gerar um precedente ruim ou sem autoridade argumentativa, o que geraria em pouco tempo a necessidade de revisão de tese.

Quanto melhor o – ou os – processo representativo da controvérsia, melhor a formação do próprio precedente firmado dentro do microssistema de formação de precedente.

3. O REQUERIMENTO PARA A INSTAURAÇÃO DOS INSTITUTOS DO MICROSSISTEMA E O SEU DEVIDO JUÍZO DE ADMISSIBILIDADE

Qualquer processo tem um procedimento predeterminado pelo próprio ordenamento processual, com uma série de atos ordenados para a melhor condução processual. Se for na esfera recursal, de igual maneira, com uma tramitação delineada pela ordem dos processos nos Tribunais, quase sempre com distribuição, remessa ao relator, análise deste, preparação do voto, comunicação ao presidente para inclusão na pauta e sessão de julgamento.

No entanto, quando determinado recurso – ou demanda em algumas hipóteses – está com a possibilidade da inserção de uma das técnicas insertas do microssistema mencionado, há ter a modificação do rito, com a possibilidade de julgamento para a formação de um precedente vinculante, com um procedimento diverso dos demais processos que não formarão precedentes.

Para a alteração do seguimento normal da demanda para a transferência procedimental para o rito do microssistema, cada instituto tem o seu próprio método, a sua própria tipificação de requerimento ou de início, com a estipulação legal dos legitimados e o trâmite devido para proceder tal alteração, dando início, para aquela demanda, do rito para a formação do precedente vinculante.

3.1 Repercussão geral

Na repercussão geral, o início depende do requerimento do recorrente, uma vez que o próprio instituto é um requisito de admissibilidade, sobre o qual parte, quando for interpor o recurso extraordinário, deve realizar a demonstração[9] de

9. "Não há mais a necessidade de que a repercussão geral seja inserida em tópico específico diante do novo ordenamento, apesar de haver jurisprudência do STF em sentido contrário. Entretanto, não quer dizer que o recorrente possa interpor o extraordinário sem a devida comprovação, somente não há necessidade de que esteja em um tópico em separado, mera formalidade: "No regime original do CPC/73, era necessário que o recorrente demonstrasse a existência de repercussão geral em preliminar destacada. Agora, ao contrário, o § 2.o apenas exige que fique clara e fundamentada a existência de repercussão, não sendo mais necessário o destaque em tópico/preliminar específico. Isso não quer dizer, no entanto, que esse destaque não possa ser feito" (NUNES, Dierle; BAHIA, Alexandre; PEDRON, Flávio Quinaud. Comentários ao art. 1.030. In: STRECK, Lenio. *Comentários ao Código de Processo Civil.* 11ª ed. São Paulo: Saraiva, 3/2016. [Minha Biblioteca]. Retirado de https://integrada.minhabiblioteca.com.br/#/books/9788502635609.

que a sua causa tem questão transcendental, ensejando, portanto, a análise deste recurso pelo STF.

Não há como um recurso extraordinário ser analisado sem o cumprimento desse ponto recursal, o que impõe que a demonstração da repercussão geral é ato da parte, inerente à própria existência da repercussão geral e, consequentemente, do recurso extraordinário.

A consequência dessa imposição da inserção no bojo do próprio recurso extraordinário da demonstração da repercussão geral atinge também a análise do próprio instituto pelo juízo ao receber o recurso, devendo analisar a sua admissibilidade – outros requisitos[10] – e, se ultrapassar essa fase de maneira positiva, já passa à verificação da própria repercussão geral, inicialmente pelo relator, com a inserção de seu voto no plenário virtual, com início do prazo para que os demais também o façam, no prazo de 20 dias. Evidente que somente se analisará a repercussão geral se a matéria for inédita ou o pedido de revisão de tese sobre a repercussão geral antes negada. A legitimidade, então, é do recorrente sobre a demonstração, sem poder o juízo recursal analisar uma repercussão geral oficiosamente, se houver ausência desta no recurso.

No entanto, não será qualquer recurso que servirá de base para o julgamento de um caso em repercussão geral, apesar de todos os recursos terem a menção sobre a repercussão geral, tal desiderato de escolha fica a critério do próprio relator.

Desse modo, o relator do recurso sobre o qual se analisa a repercussão geral insere o seu voto sobre a concessão ou não neste plenário virtual[11] do STF, nesse momento, abre-se o prazo de 20 dias para cada ministro votar sobre a repercussão geral.

Na hipótese da abstenção de um ministro nos 20 dias, é computado como um voto pela repercussão. Normalmente, se a matéria for de turma, primeiro estes

10. Apesar de a repercussão geral ser um requisito de admissibilidade, deve somente ser analisada se presente os outros requisitos: Regimento Interno – STF – Artigo. 323. Quando não for caso de inadmissibilidade do recurso por outra razão, o(a) Relator(a) submeterá, por meio eletrônico, aos demais ministros, cópia de sua manifestação sobre a existência, ou não, de repercussão geral. § 1º Tal procedimento não terá lugar, quando o recurso versar questão cuja repercussão já houver sido reconhecida pelo Tribunal, ou quando impugnar decisão contrária a súmula ou a jurisprudência dominante, casos em que se presume a existência de repercussão geral. § 2º Mediante decisão irrecorrível, poderá o(a) Relator(a) admitir de ofício ou a requerimento, em prazo que fixar, a manifestação de terceiros, subscrita por procurador habilitado, sobre a questão da repercussão geral.

11. "Há um sistema eletrônico que substitui o julgamento no plenário ou na turma, sem a necessidade de reunião física dos ministros do Tribunal. "Criado em 2007, o Plenário Virtual é um sistema que permite aos ministros do Supremo Tribunal Federal deliberarem se determinada matéria apresenta ou não repercussão geral, pré-requisito introduzido pela Emenda Constitucional 45/2004 para admissão de Recurso Extraordinário. Um dos objetivos da reforma foi o de reduzir a quantidade de causas remetidas à última instância do Judiciário, permitindo ao STF se dedicar a questões mais relevantes." http://www.conjur.com.br/2014-jul-27/750-temas-passaram-plenario-virtual-stf.

votam, já que para a concessão da repercussão geral, há a necessidade de somente quatro votos, o que já se pode alcançar internamente dentro da turma. Quando não se consegue a repercussão dentro da votação da turma, os outros ministros alheios àquela turma também proferem o voto.

Para a recusa da repercussão geral são necessários, no mínimo, oito votos. Na repercussão geral, a admissibilidade desta se confunde com a admissibilidade do próprio recurso extraordinário.

É pertinente entender que apesar de todo recurso extraordinário conter uma defesa de incidência de repercussão geral, para o julgamento de recurso extraordinário sob o rito da repercussão geral, influenciando como uma tese jurídica afetada, não há a influência de qualquer recorrente na escolha de qual será o recurso base para tal análise.

3.2 Recursos excepcionais repetitivos

No caso dos recursos repetitivos, não há requerimento do requerente para que o rito seja alterado do julgamento comum para o repetitivo, a legitimidade é oficiosa, ocorrendo de duas maneiras: pelo presidente ou vice-presidente do Tribunal recorrido ou pelo relator no Tribunal Superior.

Desse modo, a atribuição de um rito repetitivo ao recurso excepcional independe de requerimento, estando a cargo somente da análise judicial. O interesse sobre a alteração do rito acaba por ser do próprio Judiciário, dependendo de sua verificação e dentro do seu controle de gestão judicial, sem a interlocução com qualquer das partes, seja para afetar uma matéria como repetitiva, seja para não vislumbrar uma matéria evidentemente repetitiva como necessária de um rito específico para formar um precedente vinculante.

A análise dos critérios da multiplicidade, do impacto processual e da necessidade da transformação daqueles recursos excepcionais em um rito repetitivo continua sem um diálogo processual, somente com a menção do próprio Judiciário, o que acaba por parecer ser um instituto mais de conveniência à atividade jurisdicional do que para a formação adequada de um precedente vinculante.

Dentro das competências e hipóteses delineadas no CPC/2015, dificilmente um presidente ou vice-presidente de um Tribunal recorrido realiza essa análise, interferindo diretamente no trabalho do STJ ou STF, apesar de ser, pelo próprio texto legal, a primeira e maior aposta das formas, com o recurso chegando ao Tribunal Superior já imbuído de uma visão repetitiva, para somente a confirmação pelo relator.

O normal, dentro do cotidiano, da utilização do instituto recai na análise do próprio Tribunal sobre a iniciativa de tal atribuição, com o encargo ao relator. No entanto, no STJ, recentemente, houve a alteração regimental para que o relator somente proponha a análise e que não mais a própria competência para a mudança procedimental, apesar de a lei permitir expressamente. De fato, um acerto do regimento, com uma cautela maior e, ainda, com uma análise minuciosa e sem a corrida dos relatores para ser o protagonista do precedente.

Mesmo sem a previsão legal, creio ser pertinente a possibilidade do recorrente, seja no bojo da peça recursal ou em petição avulsa, requerer que seja analisada a possibilidade do mesmo ser encarado como repetitivo, elencando os motivos de tal desiderato, afinal, o que o juízo pode realizar oficiosamente, as partes podem requerer a fazê-lo.

Todavia, não haveria necessidade de resposta ou análise pelo relator sobre a questão.

3.3 Incidente de arguição de inconstitucionalidade

No incidente de arguição de inconstitucionalidade a legitimidade é ampla[12], com a possibilidade pelas partes, pelo Ministério Público e de maneira oficiosa, no entanto, essa alegação da inconstitucionalidade em determinada lei que fundamenta o objeto recursal deve ser sempre de maneira incidental na demanda.

Em todos os casos, o momento para o pedido ou a manifestação – no caso do juízo – deve ater-se a ser até o julgamento do recurso ou processo[13]. Se a arguição for pelas partes, pode ser no próprio bojo recursal ou, ainda, em petição avulsa ou durante a sustentação oral. No caso do Ministério Público é apropriado ser no momento do seu parecer ministerial, contudo não há nenhum óbice que seja em apartado ou, ainda, na própria manifestação oral durante a sessão de julgamento. Se for de ofício, o relator insere em seu voto tal proposição, se for por qualquer outro membro do colegiado, será durante os debates de julgamento daquele recurso.

Realizada a arguição de inconstitucionalidade – por qualquer dos legitimados – o órgão fracionário suspenderá o julgamento da demanda ou nem iniciará, passando à análise do incidente, em juízo prévio, com a visualização preliminar

12. A legitimidade para a arguição de inconstitucionalidade deve ser vista neste prisma: "Logo, se o ato normativo que sustenta determinado direito no bojo de uma causa for inconstitucional, as partes ou o Ministério Público poderão argui-la perante o juiz ou o órgão fracionário (Turma ou Câmara, respectiva). Até mesmo o juízo da causa, seja ele singular ou colegiado, poderá, de ofício, pronunciar-se sobre a inconstitucionalidade que esteja a inquinar disposição normativa que tenha reflexo sobre a demanda" (FREIRE, Alexandre; SCHMITZ, Leonard Ziesemer; STRECK, Lenio Luiz. Comentários ao art. 948. In: STRECK, Lenio. *Comentários ao Código de Processo Civil.* 11ª ed. São Paulo: Saraiva, 3/2016. [Minha Biblioteca]. Retirado de https://integrada.minhabiblioteca.com.br/#/books/9788502635609.

13. Não há momento correto para que se possa arguir determinada inconstitucionalidade, somente há o momento limite, que será o próprio julgamento do recurso: "A parte pode arguir a inconstitucionalidade em qualquer peça do processo, inclusive petição avulsa que junte aos autos durante a tramitação perante o órgão fracionário, ou até, se for o caso, em sustentação oral, na sessão de julgamento. Não há preclusão em se tratando de *quaestio iuris*" (MOREIRA, José Carlos Barbosa. *O novo processo civil brasileiro*: exposição sistemática do procedimento. 27. Ed. Rio de Janeiro: Forense, 2008. p. 183).

sobre a possível inconstitucionalidade, o que podemos enquadrar como um juízo de admissibilidade daquela suscitação. Marinoni e Mitidiero dispõem que não seria uma admissibilidade e, sim, que os membros desse colegiado menor devem proferir o seu voto sobre a inconstitucionalidade, contudo não podem declarar pela reserva de plenário[14].

De todo modo, há essa análise, a qual definirá sobre a instauração do incidente.

Se o resultado for pela constitucionalidade, o incidente é rejeitado, com o afastamento da questão e o prosseguimento do julgamento daquele recurso ou processo originário. Por outro lado, se resultar pela incidência da inconstitucionalidade[15], ocorrerá a suspensão daquele julgamento, com a remessa do feito para o pleno ou órgão especial.

Nesse órgão, não há mais necessidade de admissibilidade, uma vez que neste momento, todos os membros deste colegiado competente para a análise sobre a declaração de inconstitucionalidade votará sobre a sua posição sobre esse ponto.

3.4 Incidente de resolução de demandas repetitivas

No IRDR, a legitimidade para o pedido de instauração, nos moldes do art. 977, está delineada da seguinte maneira: pelo juiz, pelo relator, pelas partes, pelo Ministério Público e Defensoria Pública.

O IRDR possibilitou uma amplitude da legitimidade, permitindo tanto de ofício, pelo juiz de primeiro grau[16] ou o relator, ou por requerimento, pelas partes, Ministério Público e Defensoria Pública. No entanto, há uma diferença sobre a forma do pedido quanto aos demais institutos[17], pelo fato de ser em um

14. Conceituando a regra do *Full Bench* ou cláusula de reserva de plenário: "Trata-se de regra que estabelece um quorum qualificado para o reconhecimento da inconstitucionalidade no âmbito dos tribunais – regra da reserva de plenário ou regra do '*full bench*'. Estabelece-se uma regra de competência funcional (cujo desrespeito implica incompetência absoluta) para o reconhecimento da inconstitucionalidade de lei" (CUNHA, Leonardo José Carneiro da; DIDIER JR., Fredie. *Curso de direito processual civil:* meios de impugnação às decisões judiciais e processo nos tribunais. 13ª ed. Salvador: Juspodivm, 2016. p. 671).

15. Neste mesmo sentido: "Se acolher o incidente, o órgão fracionário lavrará o acórdão, onde reconhecerá, mesmo que em juízo prévio, a inconstitucionalidade da lei ou do ato do Poder Público, a fim de que a questão relacionada seja submetida ao Plenário ou ao Órgão Especial, onde houver" (MADRUGA, Eduardo; MOUZALAS, Rinaldo; TERCEIRO NETO, João Otávio. *Processo Civil.* 8ª ed. revisada, ampliada e atualizada. Salvador: Juspodivm, 2016. v. único, p. 945).

16. O juiz é figura importante para a suscitação do IRDR, podendo este identificar que há uma multiplicidade. Entretanto, há necessidade de uma causa existente no tribunal? Não vejo essa necessidade, mas a maioria da doutrina, sim. "A referência ao juiz sinaliza o caso em que o IRDR se inicia em primeiro grau – conquanto seja dirigido ao tribunal" (MANCUSO, Rodolfo de Camargo. *Incidente de resolução de demandas repetitivas*: a luta contra a dispersão jurisprudencial excessiva. São Paulo: Ed. RT. 2016. p. 219).

17. Ponto relevante levantado por Nery Jr. e Nery passa pela necessidade de que os legitimados comprovem a existência dos requisitos pertinentes ao próprio IRDR, mas, sobretudo, deve comprovar a vinculação com a causa: "São o relator ou o órgão colegiado para o qual o processo foi distribuído, mediante ofício,

procedimento autônomo, com a distribuição como se fosse uma inicial, ensejando a necessidade de instrução com documentos necessários à demonstração do preenchimento dos pressupostos para a instauração do incidente, bem como daqueles para a melhor exposição fática para a delimitação do que seria *ratio decidendi*, possibilitando uma melhor verificação pelo órgão julgador do cumprimento dos requisitos.

O pedido tem endereçamento ao presidente do Tribunal de segundo grau, que remete ao órgão[18] responsável pela pacificação da jurisprudência naquele Tribunal, ou seja, o órgão anterior – câmara ou turma – não influenciará na admissibilidade, tampouco realiza alguma ingerência sobre o instituto.

Por essa visão, o IRDR nasce já autônomo[19] em relação ao processo que enseja a sua própria existência, transcorrendo de maneira apartada, com uma petição ou ofício inaugurando o procedimento próprio, apesar de basear-se em um processo existente, não está interligado a este, sendo realmente um incidente autônomo.

No entanto, é possível que o relator, caso entenda pertinente, paute no seu órgão originário a possibilidade de suscitar o IRDR, ou seja, a transformação da decisão de realizar o ato oficioso de maneira unipessoal pelo relator, para uma decisão colegiada, visualizando que possam decidir se mandarão ofício ou não, ainda que, posteriormente, este ficará a cargo do relator para o pedido e sua distribuição.

Uma vez distribuído o IRDR para este órgão, com o sorteio de um relator dentre os membros deste colegiado, o pedido de instauração deve ser colocado

bem como as partes, o MP e a Defensoria Pública, mediante petição fundamentada. Em qualquer caso, o ofício ou a petição não podem deixar de conter a documentação que demonstre ser necessário e útil o incidente" (NERY JR, Nelson; NERY, Rosa Maria de Andrade. *Código de Processo Civil comentado*. 16ª ed. São Paulo: RT. 2016. p. 2.115).

18. A nova codificação processual não determinou os órgãos internos dos tribunais, justamente pela composição de cada instituição, uma vez que são díspares em suas quantidades de membros: "A legislação infraconstitucional pode indicar o tribunal competente, seguindo as regras já traçadas pela Constituição Federal. O legislador deve apontar qual o tribunal competente, não estabelecendo qual o órgão interno do tribunal que deva realizar determinado julgamento. Se o órgão julgador, num determinado tribunal, é uma câmara cível, um grupo de câmaras, a corte especial ou o plenário, isso há de ser definido pelo seu respectivo regimento interno. O que importa é que o tribunal seja aquele previsto na Constituição Federal" (CUNHA, Leonardo José Carneiro da. Anotações sobre o incidente de resolução de demandas repetitivas previsto no projeto do novo Código de Processo Civil. *Revista de Processo*. São Paulo, março 2011. p. 271-272).

19. O IRDR não é um incidente que acompanha o processo, mas, autônomo, com protocolo e distribuição apartada daquele originário, inclusive com novo relator para o feito. Há, ainda, quem entenda que nem precisa ser vinculado a um processo, podendo ser uma conjunção de vários processos: "De outra parte, o endereçamento do IRDR ao "presidente do tribunal" deve ser entendido no sentido de caber a essa autoridade recepcionar o procedimento e, ato contínuo, distribuí-lo ao órgão a quem cabe proceder o juízo de admissibilidade" (MANCUSO, Rodolfo de Camargo. *Incidente de resolução de demandas repetitivas*: a luta contra a dispersão jurisprudencial excessiva. São Paulo: Ed. RT. 2016. p. 217).

em pauta para o julgamento da admissibilidade – sempre de maneira colegiada, baseando na presença ou não dos requisitos do art. 976, I e II. Sem a verificação da presença dos requisitos do instituto – multiplicidade, risco à segurança jurídica e isonomia, questão de direito – deve haver a rejeição, sem a possibilidade recursal de tal ato. Por outro lado, com o cumprimento destes requisitos, o incidente é instaurado, permitindo ao relator proferir, posteriormente, a decisão de afetação.

O pedido independe do pagamento de custas processuais e o momento para tal feito – via pedido ou ofício – deve ser antes do julgamento do recurso ou da sentença se for por juiz de primeiro grau[20], pelo seu fator incidental. Pode ser a qualquer momento em primeiro grau e, em segundo grau, tem a limitação do julgamento do recurso, que torna desnecessária a instauração do incidente.

3.5 Incidente de assunção de competência

No IAC[21], o instituto deve ser suscitado pelos seus legitimados – do juízo, da parte, do Ministério Público ou da Defensoria Pública, até o julgamento do recurso, remessa necessária ou competência originária, perante a turma ou colegiado competente para este julgamento. O pedido pode ser na própria peça – recursal ou inicial, em petição avulsa ou na sustentação oral pelas partes, no caso do Ministério Público na sua manifestação oral durante a sessão.

Com o requerimento do IAC, há a suspensão do julgamento principal, para realizar-se a análise da admissibilidade, pelo próprio colegiado menor[22]. Nessa

---

20. O juiz de primeiro grau pode suscitar o IRDR, por ter legitimidade para tanto. Uma dúvida surge, então: um juiz de juizado pode propor o IRDR? A meu ver, sim. Não pode ter um IRDR no âmbito dos juizados, mas eles são subordinados ao que se decidiu no incidente, o que leva aos juízes de sua competência poderem propor, ainda que não possam julgar. Em sentido contrário, inadmitindo a aplicabilidade de vinculação ao juizado, Scheleder pontua: "É por esse, e por todos os demais argumentos apresentados, que o novo incidente, em relação aos juizados especiais, revela-se inconstitucional e incompatível. No entanto, longe de desmerecer a finalidade e o progresso do direito conquistado com o novo Código de Processo Civil, tecido com o ânimo de um processo democrático. Ao contrário. O que se quer demonstrar é apenas a inconstitucionalidade da previsão de vinculatividade da tese construída a partir do incidente de resolução de demandas repetitivas, como previsto no CPC/2015, ao sistema dos juizados e, portanto, a aplicação deste instrumento aos juizados especiais deve ser cautelosa e remediada" (SCHELEDER, Adriana Fasolo Pilati. *A inconstitucionalidade da aplicação do incidente de resolução de demandas repetitivas nos juizados especiais.* Florianópolis, SC, 2015. 410 p. Tese (doutorado). Universidade Federal de Santa Catarina, Centro de Ciências Jurídicas. Programa de Pós-Graduação em Direito. p. 371).

21. Mais detalhado sobre o tema: LEMOS, Vinicius Silva. *Incidente de assunção de competência*: da conceituação à procedimentalidade. Salvador: Juspodivm. 2018.

22. A admissibilidade deve ser realizada pelo órgão menor e, posteriormente, pelo órgão maior. No entanto, Theodoro Jr. entende que seria somente pelo relator do primeiro órgão, o qual já remeteria ou negaria a matéria, discordamos dessa visão: "O incidente se desdobra em duas fases, cabendo ao relator, na primeira, deliberar, de ofício ou a requerimento, sobre o cabimento e a conveniência da submissão da causa ao julgamento do órgão regimentalmente encarregado da uniformização da jurisprudência do tribunal (art. 947, § 1º)" (THEODORO JR., Humberto. Regime das demandas repetitivas no novo Código de Processo Civil. In: DIDIER JR., Fredie; FREIRE, Alexandre; MACEDO, Lucas Buril de; PEIXOTO, Ravi (Org.). *Coleção*

análise preliminar, há a verificação do preenchimento dos requisitos impostos pelo art. 947, com duas possibilidades decisórias incidentais: rejeitar o incidente, ultrapassando a questão, voltando ao julgamento do recurso em si ou admitir o incidente, não julgar o recurso e remeter ao colegiado competente para o julgamento da assunção de competência.

No caso da análise preliminar positiva[23], o processo, com o recurso/remessa/competência originária e o incidente, deve ser remetido ao órgão competente – mais amplo – para o julgamento, tanto da parte principal do processo, bem como do incidente, o qual deve analisar, de maneira definitiva, o juízo de admissibilidade da instauração do incidente, com a verificação dos requisitos diante dos argumentos apresentados, seja de ofício ou por requerimento dos legitimados.

O resultado desta análise pode ser a rejeição da instauração do incidente ou a admissibilidade positiva, com a instauração do incidente. No caso de inadmissibilidade, há a devolução para o colegiado originário, para que este julgue o pedido principal, sem mencionar o incidente, já que restou inadmitido.

4. A ESCOLHA DO RECURSO OU PROCESSO REPRESENTATIVO DA CONTROVÉRSIA

O processo ou recurso base de qualquer dos institutos insertos ao microssistema de formação de precedentes vinculantes deve conter algumas especificações para que esteja nesse posto, dada a importância inerente ao impacto que qualquer julgamento por amostragem fará aos demais processos existentes ou àqueles futuros que tratarão sobre a mesma matéria.

Dessa maneira, pertinente que o recurso – ou os recursos – representativo da controvérsia seja capaz de trazer em seu arcabouço jurídico uma densidade material e argumentativa acima da média, uma vez que, ao ser escolhido para representar a controvérsia, representará toda a controvérsia ali instaurada, como salienta Marinoni, em casos pendentes no próprio Tribunal[24].

Novo CPC – Doutrina Selecionada - v.6 – Processo nos Tribunais e Meios de Impugnação às Decisões Judiciais. 2ª. ed. Salvador: Juspodivm, 2016. p. 443).

23. E, apesar da omissão do ordenamento sobre o procedimento do IAC, a sua admissibilidade é realizada de maneira bifásica, pelo órgão competente originariamente para o recurso e, posteriormente, pelo órgão para onde se remeteu o IAC: "Vale ressaltar, que essa decisão é tomada em duas instâncias sucessivamente: em primeiro lugar, pelo órgão que seria naturalmente competente para julgar o recurso e em seguida pelo órgão designado pelo regimento interno como responsável pelo exame do julgamento por assunção de competência. Apenas quando for obtida decisão positiva em ambos os órgãos é que o deslocamento poderá ocorrer, outorgando-se ao novo colegiado competência para julgar o recurso" (MARINONI, Luiz Guilherme; ARENHART, Sérgio Cruz; MITIDIERO, Daniel. *Novo Curso de Processo Civil*: tutela dos direitos mediante procedimento comum. São Paulo: Revista dos Tribunais, 2015. v. 2. p. 56).

24. Marinoni prevê que o tribunal que for realizar a seleção dos representativos da controvérsia, seja no Recurso Especial, sobre o qual escreve, mas todos os outros que irão escolher, para afetar ou depois da afetação, como no IRDR, devem preocupar-se não somente com a controvérsia, mas como o impacto

Essa escolha[25] não é bem delineada pelo ordenamento[26], ainda mais nos institutos em que a legitimidade seja do próprio Judiciário, sem qualquer fixação de critérios específicos e objetos para tal procedimento. Por isso, totalmente pertinente que se estude e proponha essa fixação de critérios mínimos[27] para que haja uma clareza maior nas escolhas dos representativos da controvérsia.

Como vimos nos meios de suscitação, teremos institutos em que o próprio Judiciário que escolhe, bem como outros as partes podem suscitar, o que tornam, de certa maneira, o seu processo ou recurso como representativo da controvérsia, ao menos inicialmente.

4.1 A escolha realizada de ofício pelo relator ou colegiado e a necessidade de critérios

Em todos os institutos do microssistema é possível a suscitação oficiosa de que determinado processo está apto a ser julgado de modo diverso do comum, criando um rito específico, dentre os possíveis para aquela situação, para o julgamento, alterando a tramitação normal daquela demanda.

Com essa oficiosidade permitida, o Judiciário fica com o poder de determinar que uma matéria será julgada de modo ao seu resultado vincular para outras demandas existentes ou futuras, o que é totalmente pertinente, mas que necessita de transparência de critérios para tal alteração.

---

nos casos pendentes, afinal, a amostragem pertinente à formação do precedente é importante para visualizarmos de que o julgamento como um todo é diferente do rito norma do julgamento de um recurso. "Contudo, em caso de recurso repetitivo, em que se elabora precedente considerando-se casos pendentes, a necessidade de a Corte buscar a essência da discussão a partir da seleção de casos realmente representativos da controvérsia pode ter outra conotação. Aqui não importaria apenas a circunstância de que a Corte não está decidindo para as partes, porém o fato de que a Corte está a decidir um caso pendente em vários recursos" (MARINONI, Luiz Guilherme. O "problema" do incidente de resolução de demandas repetitivas e dos recursos extraordinário e especial repetitivos. *Revista de Processo.* São Paulo, vol. 249. ano 40. p. 399-419. nov. 2015. p. 415).

25. Câmara já demonstra a preocupação e a importância dessa escolha: "Questão importante é a de saber que recursos devem ser selecionados para aplicação dessa técnica especial de julgamento por amostragem" (CÂMARA, Freitas, A. (01/2017). *O novo processo civil brasileiro,* 3ª edição. [Minha Biblioteca]. Retirado de https://integrada.minhabiblioteca.com.br/#/books/9788597009941/).

26. Não só a escolha dos representativos da controvérsia não é delineada em termos criteriosos no ordenamento, bem como não há na doutrina tanto arcabouço de estudo sobre o tema, com a necessidade de fixação de melhores critérios e menos discricionariedade. Sobre o tema, há um grande artigo específico e alguns estudos gerais sobre precedentes. O artigo: CABRAL, Antônio do Passo. A escolha da causa-piloto no incidente de resolução de demandas repetitivas. *Revista de Processo.* v. 231, maio/2014.

27. "A lei processual estabelece expressamente a exigência de que sejam selecionados "recursos admissíveis que contenham abrangente argumentação e discussão a respeito da questão a ser decidida" (art. 1.036, § 6º). Vê-se, assim, que só recursos admissíveis podem ser selecionados, o que é essencial para que se possa promover o exame do mérito, sob pena de frustrarem-se os objetivos a alcançar com o emprego desta especial técnica processual" (CÂMARA, Freitas, A. (01/2017). *O novo processo civil brasileiro,* 3ª edição. [Minha Biblioteca]. Retirado de https://integrada.minhabiblioteca.com.br/#/books/9788597009941/).

Tem institutos em que somente o Judiciário poderá fazer tal escolha, sem a interferência de nenhum outro ator processual, na repercussão geral e nos recursos excepcionais repetitivos. Não há, em nenhum desses institutos, uma suscitação pela parte – ou outro legitimado – de que determinado processo seja o representativo da controvérsia.

Naqueles em que outros legitimados podem suscitar, qual assim procedem, há a naturalidade do processo suscitante ser a base inicial para a representação da controvérsia, contudo em qualquer instituto do microssistema quando a suscitação é oficiosa, não há critério algum para a escolha dos representativos da controvérsia.

Dada essa ausência de critérios, é importante a fixação de pontos pertinentes para que o relator ou o colegiado possam legitimar tal processo para representar a controvérsia. Se for um instituto que somente um processo é julgado, que seja escolhido um que contenha a melhor delimitação fática, uma argumentação jurídica das partes com um arcabouço suficiente para delinear a afetação, a existência de contraditório na demanda e o julgamento e a preferência por processo coletivo[28] sobre a matéria.

Se o instituto permitir um julgamento de mais demandas como representativos da controvérsia que se amplie para processos que detenham resultados decisórios diversos e com recursos – se for o caso – com pleitos diversos. Ou seja, mesmo diante da mesma matéria, um processo que a sentença foi procedente e a apelação seria pela improcedência e outro processo de modo inverso, sentença improcedente e a apelação pela procedência.

Essa pluralidade de finalidades das partes nos processos possíveis como representativos da controvérsia ajudam a permear uma diversidade argumentativa própria dos recursos serem em caminhos e requerimentos distintos.

Toda essa visão de fixação de critérios[29] é pertinente para que o relator ou o colegiado como um todo possa fundamentar para a sociedade, de modo endo

28. Em outra visão, Didier Jr. e Zaneti Jr. entendem que se houver um processo coletivo a ser julgado, este seria impeditivo para o julgamento repetitivo, no caso utilizam o IRDR como comparativo. Pensamos diferente, pela inclusão das duas técnicas quando couber, sendo o coletivo o representativo da controvérsia: "É possível, inclusive, criar uma diretriz para o incidente de resolução de demandas repetitivas em Tribunal de Justiça ou Tribunal Regional Federal: a existência de ação coletiva, pendente no Estado ou na Região, enquanto não estiver no Tribunal, seria fato impeditivo da instauração do incidente; a pendência da ação coletiva deveria levar à suspensão, até mesmo de ofício, dos processos individuais, tal como defendido em outro lugar e sufragado pelo STJ" (DIDIER JR., Fredie; ZANETI JR., Hermes. Ações coletivas e o incidente de julgamento de casos repetitivos – espécies de processo coletivo no Direito brasileiro: aproximações e distinções. *Revista de Processo*, vol. 256, p. 209–218, jun. 2016. p. 216).

29. Existem delimitações mínimas que o recurso representativo da controvérsia deve conter nos recursos repetitivos, mas não vislumbro como requisitos determinantes para essa escolha, continuando a existência de discricionariedade para tanto. "Importante observação ainda se faz em relação ao §6º, que indica os requisitos para a escolha dos recursos representativos da controvérsia: i) recursos admissíveis, ou

e extraprocessual, os motivos que aquele determinado processo – ou processos – foi escolhido como representativo da controvérsia, concedendo um processo mais democrático à própria formação do precedente vinculante.

Se o julgamento é por uma amostra mínima para a aplicabilidade em um todo, pertinente que, nessa escolha dos recursos, haja uma contemplação de todos os fundamentos possíveis[30]ou a maior amplitude sobre a matéria. Cada recurso, mesmo diante de somente um assunto, argumenta de forma diversa, com teorias diversas sobre aqueles fatos ou matéria, com uma gama de fundamentos diferentes almejando, por vezes, o mesmo resultado.

4.1.1 Repercussão geral

Na repercussão geral, todos os recursos extraordinários devem suscitar tal requisito de admissibilidade, demonstrando a referida transcendência, o que possibilita uma discricionariedade do juízo, no caso os ministros, para que o recurso que se será colocado na pauta para a verificação da repercussão geral seja o melhor possível diante da complexidade da controvérsia, o mais completo materialmente possível.

Na visão de Marinoni e Mitidiero, esse momento é de suma importância, com a necessidade de reflexão profunda entre os ministros, como dito antes, e, assim, ser a "mais dialogada possível a fim de que se selecione um ou mais recursos que representem adequadamente a controvérsia[31]".

Entretanto, se o relator que realizar a análise da repercussão geral, anteriormente aos demais, escolher um recurso que não represente bem a controvérsia ali suscitada, não há como, nos dizeres de Talamini, a parte suscitar que seja escolhido o seu recurso extraordinário para servir de amostra à repercussão

---

seja, aqueles cujos requisitos de admissibilidade estão devidamente preenchidos; ii) abrangente argumentação; e iii) abrangente discussão" (PITTA, Fernanda. Comentário ao art. 1.036. In: RIBEIRO, Sergio Luiz Almeida; GOUVEIA FILHO, Roberto Pinheiro Campos; PANTALEÃO, Izabel Cristina; GOUVEIA, Lucio Grassi de (Orgs.). *Novo Código de Processo Civil comentado – Tomo III (art. 771 ao art. 1.072).* São Paulo: Lualri, 2017. p. 406).

30. Concordamos que a busca pelo representativo da controvérsia seja a busca pelo processo ou recurso ideal, contudo este estudo tem o intuito de tentar entender os critérios existentes e objetivá-los, retirando do ideário do juízo tal premissa ou condão. "Com relação à abrangente argumentação e discussão, percebe-se que o Código pretenda que seja selecionado como representativo da controvérsia aquele cuja argumentação tenha extensão e também profundidade, ou seja, quantitativamente e qualitativamente. Seria o "recurso ideal" aquele com maior número de argumentação (na tentativa de esgotar as fundamentações relacionadas à matérias) e que essas argumentações estejam bem desenvolvidas" (PITTA, Fernanda. Comentário ao art. 1.036. In: RIBEIRO, Sergio Luiz Almeida; GOUVEIA FILHO, Roberto Pinheiro Campos; PANTALEÃO, Izabel Cristina; GOUVEIA, Lucio Grassi de (Orgs.). *Novo Código de Processo Civil comentado – Tomo III (art. 771 ao art. 1.072).* São Paulo: Ed. Lualri, São Paulo, 2017. p. 406).

31. MARINONI, Luiz Guilherme; MITIDIERO, Daniel. *Repercussão geral no recurso extraordinário.* 2. ed. São Paulo: Ed. RT, 2008. p. 70).

geral[32], contudo, outros ministros podem sugerir a junção do julgamento com recursos que igualmente representem a controvérsia, com argumentos novéis e diversificados.

4.1.2 Recursos excepcionais repetitivos

Nos recursos excepcionais repetitivos, a questão é mais complexa[33], uma vez que iniciativa é totalmente oficiosa, com a escolha partindo do relator – ou o presidente/vice-presidente do Tribunal recorrido – para que haja a afetação da matéria, com a devida escolha aleatória e subjetiva daqueles dois ou mais recursos que serão os representativos da controvérsia.

O intuito da representação da controvérsia é ampliar os fundamentos recursais, para esgotar todas as possibilidades jurídicas da questão repetitiva, de modo a possibilitar ao tribunal superior, um exaurimento da matéria colocada em questão, para facilitar a adequação posterior desta decisão, para a maior quantidade dos recursos idênticos que estão à espera da definição do julgamento que culminará em um precedente vinculante.

Contudo, apesar de se ter a noção do que deve ser feito, qual o resultado que se espera, não há uma regra para a escolha desses recursos que serão transformados em repetitivos, somente a regulamentação, pelo art. 1.036, §§ 1º e 5º, da possibilidade do presidente/vice-presidente ou depois o relator selecionar, diante da multiplicidade, dois ou mais recursos para representarem a controvérsia, sem nenhuma delimitação objetiva de critérios para tal desiderato. Lamy e Sofia Temer, acertadamente, criticam essa subjetividade, evidenciando *"a ausência de elementos objetivos para possibilitar a escolha do recurso que irá representar todos os demais (...) nenhum dos instrumentos processuais prevê mecanismos idô-*

32. A atribuição, como vimos, da análise da repercussão geral nasce pela iniciativa do relator, ao colocá-lo em plenário virtual, não abrindo possibilidade de parte escolher se o seu recurso será o representativo, uma vez que todos os recursos devem constar a alegação da citada repercussão: "Contudo, a parte não tem o direito de exigir que o seu recurso sirva como amostra, sob o argumento de que ele está melhor formulado ou fundamentado" (TALAMINI, Eduardo. *Novos aspectos da jurisdição constitucional brasileira*: repercussão geral, força vinculante, modulação dos efeitos do controle de constitucionalidade e alargamento do objeto do controle direto, São Paulo, Tese de Livre-Docência, USP, 2008. p. 69).

33. Se há uma multiplicidade, o responsável pela escolha deve entender que o melhor processo ou os melhores, devem ser escolhidos como representativos da controvérsia. Cabral dispôs sobre isso ainda na antiga codificação, porém, o novel ordenamento não primou por estabelecer critérios: "Pois bem, quaisquer destes juízos, diante de uma multiplicidade de casos, devem selecionar um deles para provocar a instauração do incidente. Ora, portanto, também quando se trata de órgãos judiciários, algumas situações podem refletir hipóteses em que existe uma verdadeira "seleção", estratégica ou não, do processo que será a base para o procedimento dos incidentes. Em suma, para muitos sujeitos envolvidos, pode-se identificar uma verdadeira "escolha"" (CABRAL, Antônio do Passo. A escolha da causa-piloto no incidente de resolução de demandas repetitivas. *Revista de Processo*. v. 231, maio/2014. p. 206).

neos a garantir a adequada atuação do representante e, por via de consequência, a própria participação dos interessados no processo[34]*".*

É um equívoco essa total discricionariedade dos ministros nos recursos excepcionais repetitivos – ou dos presidentes/vice-presidentes – para a escolha do recurso representativo da controvérsia, ainda mais pelo fato de que a afetação é o início do próprio procedimento, com a importância tamanha para a abertura do contraditório ampliado, a manifestação de toda a sociedade para a discussão daquela matéria.

Quanto mais transparente os critérios de escolha do recurso representativo da controvérsia, de igual forma, o procedimento como um todo estará transparente. Não há de ficar, da maneira como funciona, a total critério do ministro, sem maiores coerências. Uma crítica pertinente se faz necessária pela ausência de critérios[35]*.*

4.2 O meio mais democrático de escolha por outros legitimados

Nos outros institutos que delineamos, fora a repercussão geral e os recursos excepcionais repetitivos já esclarecidos, a suscitação pode ser por um outro legitimado que não seja o próprio juízo, oficiosamente e, mediante tal aspecto, há um fator diverso do que os ulteriores, já que enseja um ar mais democrático na própria escolha do representativo da controvérsia.

No IRDR, IAC e incidente de arguição de inconstitucionalidade, tirando o fato de que o juízo possa realizar a escolha de ofício, as partes – ou o Ministério Público e a Defensoria Pública[36]– podem suscitar o incidente naquela demanda,

34. LAMY, Eduardo de Avelar; TEMER, Sofia Orberg. A representatividade adequada na tutela de direitos individuais homogêneos. In: GRINOVER, Ada Pellegrini *et al.* (Coord.) *Processo coletivo:* do surgimento à atualidade. São Paulo: Revista dos Tribunais, 2014. p. 921-922.

35. "É de grande relevo o exame de qual causa-piloto deve ser aquela escolhida ou admitida e afetada para o julgamento como processo repetitivo" (CABRAL, Antônio do Passo. A escolha da causa-piloto no incidente de resolução de demandas repetitivas. *Revista de Processo.* v. 231, maio/2014. p. 207).

36. Bueno coloca que o Ministério Público e a Defensoria Pública teriam função diversa como legitimados para suscitar o IRDR e podemos pensar de mesmo modo no IAC. Quando o legislador insere essa legitimidade para o Ministério Público e a Defensoria Público, o faz não nos processos em que esses atuam, justamente por serem representantes ali das partes – ou parte como o Ministério Público em determinadas demandas – e, assim, o legitimado seria a parte, representado por estes entes. Não é o que a lei dispõe. A legitimidade dos entes aqui descrita é para suscitar em processos que não atuem, com ampla legitimidade para tanto, atuando como um terceiro que antevê naquela situação a necessidade da suscitação de um incidente. "Sobre a legitimidade do Ministério Público e da Defensoria Pública, cabe frisar, fazendo eco ao que dispõe o art. 977, III, a propósito do incidente de resolução de demandas repetitivas, que a regra merece ser interpretada amplamente para admitir que a legitimidade daqueles órgãos dê-se tanto quando atuam como parte (em processos coletivos, portanto) como também quando o Ministério Público atuar na qualidade de fiscal da ordem judicial e a Defensoria estiver na representação de hipossuficiente ou, de forma mais ampla, desempenhando seu papel institucional em processos individuais, como *amicus curiae*" (BUENO, Cassio Scarpinella. *Novo Código de Processo Civil anotado.* 2ª. ed. São Paulo: Saraiva, 2016. p. 594). Se for por um litigante habitual, Ministério Público ou pela Defensoria Pública, o pedido de

o que ensejaria uma necessária resposta ao requerimento. Desse modo, não há uma escolha pelo Judiciário do representativo da controvérsia, justamente pela possibilidade dessa matéria de suscitação estar presente em pleito de legitimado e com a necessidade de enfrentamento pelo órgão julgador, com a obrigatoriedade de concessão de resposta ao requerimento formulado, ainda que esse processo suscitante não seja da melhor qualidade processual material sobre a controvérsia.

Não há, portanto, uma escolha pelo juízo sobre o processo representativo da controvérsia quando os outros legitimados suscitam a instauração dos incidentes, justamente pelos legitimados suscitarem em determinados processos e estes servirem, então, como base para a análise da admissibilidade dos incidentes. A concretude necessária para a instauração, ou não, de cada incidente será a partir daquele que teve a iniciativa de servir de base para ser representativo da controvérsia.

Nessas hipóteses há um aspecto mais dialógico e democrático sobre a instauração, possibilitando as partes e outros legitimados a poderem influenciar na transformação de uma matéria específica em um precedente vinculante. Não ficará somente à escolha do Judiciário, como uma maneira simples de controle de estoque e sua conveniência, mas possibilita que os demais legitimados influenciem na iniciativa de formar um precedente vinculante.

Desse modo, no IRDR, IAC e na arguição de inconstitucionalidade, a formação do precedente vinculante vindouro resta mais democrático, diante de um procedimento que pode ter como ator processual inicial outro que não seja o próprio Judiciário, não sendo um precedente para atender aos critérios finalísticos eventuais de gestão judicial, mas realmente conceder voz processual à percepção dos demais legitimados a intenção de transformar determinada matéria em precedente vinculante.

Evidentemente que a escolha do processo representativo da controvérsia não será nos mesmos moldes do incidente de repercussão geral ou dos recursos excepcionais repetitivos, uma vez que os legitimados suscitarão em um determinado processo específico, concedendo àquela demanda o condão de ser a base da própria controvérsia.

instauração pode ser de diversos processos ao mesmo tempo, sem guardar identidade com somente um. No caso do Ministério Público, por ser fiscal da ordem jurídica, nem precisaria de ter atuação em um caso, mas, na Defensoria, sim, contudo, pode escolher vários processos para tanto, já indicando uma melhor visão da controvérsia. Outra ampliação que visualizo são para aquelas partes que são litigantes habituais, como telefonias, bancos, dentre outros, que podem suscitar com vários casos ao mesmo tempo: "O tão só fato de ter apartado estes das "partes" indica que o Ministério Público e a Defensoria Pública poderão fazê-lo a partir de processos que não estejam atuando naquela condição" (TEMER, Sofia Orberg. *Incidente de resolução de demandas repetitivas.* Salvador: Juspodivm, 2016. p. 190).

4.3 A ampliação dos processos representativos da controvérsia

Uma vez escolhido o recurso ou processo que provocará o procedimento, caberia a ampliação para mais processos que representem melhor a controvérsia? Ou, ainda, o representativo da controvérsia deve ser estático e ficar somente naquele já escolhido? A primeira resposta geral é no sentido de possibilidade de ampliação, principalmente nos recursos excepcionais repetitivos, cuja prática[37] já ocorre com a ampliação dos representativos da controvérsia para demais demandas, escolhidas posteriormente.

Primeiro tratando daqueles institutos em que somente ocorre oficiosamente: recursos excepcionais repetitivos e a repercussão geral.

No tocante aos *recursos excepcionais repetitivos*, ao selecionar aqueles que serão base para o julgamento repetitivo, é necessário a contemplação de todas as teses jurídicas possíveis e visualizáveis daquela questão de direito, como já vimos. Se, para conseguir contemplar a complexidade da matéria, for necessário cinco ou dez recursos selecionados[38], não há nenhum problema que a afetação seja nessa quantidade de recursos, quanto maior a diversidade de argumentos possíveis, maior alcance da própria decisão, enfrentando, de maneira pormenorizada, a questão jurídica que ensejou a atribuição do rito repetitivo. Até é aconselhável que tenham recursos com pleitos diversos, um com o pedido de provimento e outro com o pleito pelo improvimento, ambos sobre a matéria a ser afetada.

Para que se alcance a amplitude da discussão material que se almeja, o relator ou colegiado, no Tribunal Superior, pode, independentemente de outros recursos selecionados escolher mais recursos para representar melhor a controvérsia[39]. Essa maior amplitude da controvérsia é salutar para o esgotamento material e das

37. Esse é um exemplo atual sobre a ampliação da escolha dos representativos da controvérsia feita no STJ: "Novo recurso sobre dano moral por falhas na prestação de serviços de telefonia fixa é afetado como repetitivo. A ministra do Superior Tribunal de Justiça (STJ) Assusete Magalhães determinou, mediante autorização prévia da Primeira Seção, a afetação do REsp 1.525.131 para julgamento sob o rito dos recursos repetitivos. Cadastrado sob o tema 954 em conjunto com o REsp 1.525.174 – afetado em dezembro de 2016 –, o recurso possibilitará a definição de tese sobre a existência de dano moral no caso da cobrança de valores referentes à alteração de planos de franquia ou de serviços nos contratos de telefonia fixa, quando as alterações não tenham sido solicitadas ou autorizadas pelo usuário. Definida a existência do dano, a seção também analisará se deve ser adotado o reconhecimento presumido (in re ipsa) ou se é necessária a comprovação do prejuízo no processo" (Matéria no link: http://www.stj.jus.br/sites/STJ/default/pt_BR/Comunicação/noticias/Notícias/Novo-recurso-sobre-dano-moral-por-falhas-na-prestação-de-serviços-de-telefonia-fixa-é-afetado-como-repetitivo).

38. "Embora formalmente a ampliação da amostragem dos recursos selecionados represente inovação, os tribunais de origem, em regra, selecionam mais de dois recursos como representativos da controvérsia" (FREIRE, Alexandre. Comentário ao art. 1.036. In: CABRAL, Passo, A. D., CRAMER, (orgs.), R. (06/2016). *Comentários ao Novo Código de Processo Civil*, 2ª ed. [Minha Biblioteca]. Retirado de https://integrada.minhabiblioteca.com.br/#/books/9788530971441/).

39. Nesse sentido: CABRAL, Antônio do Passo. A escolha da causa-piloto no incidente de resolução de demandas repetitivas. *Revista de Processo*. v. 231, maio/2014. p. 206. DIDIER Jr. Fredie; TEMER, Sofia Orberg. A

teses, para uma melhor decisão jurídica, ainda mais diante da alteração regimental do STJ sobre a própria decisão de afetação.

Sobre a *repercussão geral,* não há a necessidade de que sejam múltiplos processos como representativos da controvérsia, como nos repetitivos, podendo, para tanto, ser somente em um recurso. No entanto, não há nenhum óbice que haja julgamento conjunto daquela matéria com outros recursos que contenham a mesma matéria, com uma amplitude material e argumentativa que contemple uma melhor discussão sobre a matéria a ser julgada em regime de repercussão geral.

No *IRDR*, não há disposição legal que permita que haja uma suscitação de novos recursos ou processos pra incluir-se como representativos da controvérsia, utilizando como base aquele suscitante para o representativo da controvérsia, o que levaria a não diminuir a influência oficiosa sobre tal escolha.

O fato dessa lacuna é a própria definição do instituto como um julgamento incidental, com a instauração alheia ao processo, com o protocolo e distribuição própria. Dessa maneira, há um procedimento próprio do IRDR, com um trâmite todo delineado pelo art. 976 e seguintes. Apesar de incidental, com um rito procedimental próprio, o IRDR é baseado em um processo existente, não com a definição daquele processo em si, mas com a fixação de uma tese jurídica para ser aplicado, ao mesmo tempo, naquela demanda que propiciou o requerimento do incidente, bem como em outras que, porventura, serão impactadas. Não há, por aquele colegiado, naquele momento, o julgamento da demanda, até pelo fato de poder ser suscitado em processos que estão no primeiro grau, ainda.

Entretanto, o IRDR faz parte do microssistema, levando em consideração a existência de lacunas legislativas no novel ordenamento, considerar-se-á as regras de todas as espécies como uma regra comum, interseccionando quando for possível, criando um conglomerado de normas para o microssistema de formação de precedentes vinculantes.

Seguinte nessa linha, há a possibilidade, após a admissibilidade positiva, na decisão de afetação, com o pedido de informações para as varas de 1º grau ou órgãos colegiados que já julgaram a matéria, que outros processos sejam afetados conjuntamente àquele que instaurou o incidente. Didier Jr. e Temer entendem que esses novos processos possam substituir[40] o processo que suscitou o inci-

decisão de organização do incidente de resolução de demandas repetitivas: importância, conteúdo e o papel do regimento interno do tribunal. *Revista de Processo,* vol. 258, p. 257–278, ago/2016. p. 266).

40. Apesar de discordar de tal posição, é interessante analisar que Didier Jr. e Temer entendem que o IRDR proposto por um legitimado não é vinculado àquele processo, podendo o relator escolher outro processo depois da admissibilidade positiva. "Primeiramente, é preciso destacar que o relator não fica vinculado (i) ao processo de onde surja o pedido ou ofício para instauração do IRDR; (ii) à escolha realizada pela presidência do tribunal (em se admitindo que haverá tal escolha), 29 o que decorre também da aplicação do art. 1.036, § 4.º do CPC/2015 ao IRDR, havendo, portanto, ampla margem de atuação do relator, que

dente e serviu de base para a instauração, posição um tanto inadequada, pelo entendimento de o requerente continua durante todo o incidente – ou enquanto tiver interesse – como parte deste, somente podendo o colegiado incluir mais processos[41], mas não substituí-lo. No IAC e no incidente de arguição de inconstitucionalidade, há uma certa dificuldade na possibilidade de ampliação do recurso que representa a controvérsia para outros processos, apesar de não ser totalmente impossível.

No *IAC*, o cerne é a transferência da competência daquele processo – recurso, remessa necessária ou competência originária – para um órgão colegiado de composição maior, com o julgamento daquela questão controvertida juntamente à definição material daquele processo. Apesar de o resultado judicante gerar uma vinculação aos demais juízos, seja horizontalmente ou verticalmente, o julgamento é feito de maneira una, analisando no mesmo ato decisório, a questão suscitada para admissibilidade do incidente e, logo após a definição desta matéria, o julgamento do recurso ou outra espécie processual possível do incidente.

Dessa maneira, o próprio IAC está relacionado com o julgamento de um processo, com a análise da determinada demanda de maneira definitiva, apesar da possibilidade da mesma amplitude do contraditório de outras espécies do microssistema, com a manifestação de terceiros e da sociedade em geral, não há a pluralidade de julgamento, mesmo com o IAC fazendo parte do microssistema, há uma transferência de competência deste processo em específico, o que seria somente possível caso houvesse concomitantemente outro pedido de IAC sobre a mesma questão jurídica. Todavia, o correto e mais prudente seria a suspensão[42] desse outro processo, com o posterior impacto e aplicabilidade da decisão definitiva do IAC primário. Ou, se o rito procedimental comportar e a abrangência do outro recurso for maior, julgá-los conjuntamente, apesar da dificuldade de tal hipótese.

---

poderá selecionar os processos representativos" (DIDIER Jr. Fredie; TEMER, Sofia Orberg. A decisão de organização do incidente de resolução de demandas repetitivas: importância, conteúdo e o papel do regimento interno do tribunal. *Revista de Processo,* vol. 258, p. 257–278, ago/2016. p. 266).

41. Essa possibilidade de inclusão de outros processos, apesar de não prevista legalmente, é interessante pela possibilidade de não se permitir, ao menos culturalmente, uma corrida por ser o autor do IRDR, como acontece nas *class actions* americanas, com o intuito de que o autor teria um privilégio sobre os demais processos e atuaria em favor da classe, contudo com uma gerência muito maior do que se discute.

42. Há quem julgue não ser cabível a suspensão de IAC, contudo seria, no mínimo, incongruente dentro do microssistema. Madruga, Mouzalas e Terceiro Neto concordam com a possibilidade de suspensão: "julgado o incidente, será vinculante o precedente, inclusive para os processos que ficaram sobrestados e também para os futuros, que venham a ser formados" (MADRUGA, Eduardo; MOUZALAS, Rinaldo; TERCEIRO NETO, João Otávio. *Processo civil.* 8ª ed. revisada, ampliada e atualizada. Salvador: Juspodivm, 2016. v. único, p. 935).

No *incidente de arguição de inconstitucionalidade*, aquela questão jurídica somente recai sobre a possível inconstitucionalidade suscitada no processo, sem a possibilidade ou necessidade de ampliar-se, para outras demandas. Há uma definição determinada sobre o que se discute – a dúvida sobre a inconstitucionalidade de dispositivo de lei – o que já determina a delimitação da discussão. Difícil entender a possibilidade de utilizar-se, no incidente de arguição de inconstitucionalidade, a suscitação de demais processos que contenham a mesma questão de direito, uma vez que a discussão é bem delineada pela própria relação do dispositivo de lei e a sua compatibilidade com a Constituição Federal.

De certo modo, há uma conjuntura material mais específica neste instituto, necessitando que outro processo passasse pelo mesmo crivo da turma, com o mesmo trâmite, quase que simultaneamente.

5. ASPECTOS CONCLUSIVOS

Não há no ordenamento processual vigente qualquer menção sobre aspectos objetivos e criteriosos para a escolha do processo representativo da controvérsia, com a competência, em todos os institutos, podendo ser exercida de modo discricionário pelo Poder Judiciário.

Nos institutos que outros legitimados podem ser suscitante, a escolha passa também pelas partes e pela sociedade, o que de certa maneira possibilita um procedimento mais democrático e dialógico. Todavia, há a necessidade de fixação de critérios e devidos entendimentos nas decisões de afetação de determinados recursos, com a consequência de menor discricionariedade judicante para tal escolha.

Os processos ou recursos base para o julgamento por amostragem em qualquer dos institutos formadores de precedentes vinculantes tem uma importância abismal, com o cuidado para que a escolha seja dentro de critérios cada vez mais específico, ainda que as partes e demais legitimados sejam também legitimados para a suscitação, o que importa em entendermos como ausente de escolha pelo Judiciário dos processos representativos da controvérsia, contudo há, ainda, a possibilidade de ampliação dos processos para outros que possam melhorar e contribuir com a argumentação jurídica, com a devida abrangência que o próprio CPC/2015 insere como necessária.

6. REFERÊNCIAS BIBLIOGRÁFICAS

ATAÍDE JR, Jaldemiro Rodrigues de. As demandas de massa e o projeto de novo Código de Processo Civil. In: FREIRE, Alexandre at. *Novas tendências do processo civil.* Salvador: Juspodivm, 2014.

BUENO, Cassio Scarpinella. *Novo Código de Processo Civil anotado.* 2ª ed. São Paulo: Saraiva, 2016.

CABRAL, Antônio do Passo. A escolha da causa-piloto no incidente de resolução de demandas repetitivas. *Revista de Processo.* v. 231, maio/2014.

CÂMARA, Freitas, A. (01/2017). *O novo processo civil brasileiro*, 3ª edição. [Minha Biblioteca]. Retirado de https://integrada.minhabiblioteca.com.br/#/books/9788597009941.

CAMBI, Eduardo. FOGAÇA, Mateus Vargas. Sistema dos precedentes judiciais obrigatórios no novo Código de Processo Civil. In: DIDIER JR., Fredie; CUNHA, Leonardo Carneiro da; MACEDO, Lucas Buril de; ATAIDE JR, Jaldemiro Rodrigues de (orgs.). *Precedentes.* Salvador: Juspodivm, 2015.

CROSS, Rupert; HARRIS, J. W. *Precedent in English Law.* 4. ed. Oxford: Oxford University Press, 2004.

CUNHA, Leonardo José Carneiro da. Anotações sobre o incidente de resolução de demandas repetitivas previsto no projeto do novo Código de Processo Civil. *Revista de Processo.* São Paulo, março 2011.

CUNHA, Leonardo José Carneiro da; DIDIER JR., Fredie. *Curso de direito processual civil*: meios de impugnação às decisões judiciais e processo nos tribunais. 13ª ed. Salvador: Juspodivm, 2016.

DIDIER JR., Fredie; ZANETI JR., Hermes. Ações coletivas e o incidente de julgamento de casos repetitivos – espécies de processo coletivo no Direito brasileiro: aproximações e distinções. *Revista de Processo,* vol. 256, p. 209–218, jun./2016.

DIDIER JR., Fredie; TEMER, Sofia Orberg. A decisão de organização do incidente de resolução de demandas repetitivas: importância, conteúdo e o papel do regimento interno do tribunal. *Revista de Processo,* vol. 258, p. 257–278, ago./2016.

FREIRE, Alexandre; SCHMITZ, Leonard Ziesemer; STRECK, Lenio Luiz. Comentários ao art. 948. In: STRECK, Lenio. *Comentários ao Código de Processo Civil.* 11ª ed. São Paulo: Saraiva, 3/2016. [Minha Biblioteca]. Retirado de https://integrada.minhabiblioteca.com.br/#/books/9788502635609.

FREIRE, Alexandre. Comentário ao art. 1.036. In: CABRAL, Passo, A. D., CRAMER, (orgs.), R. (06/2016). *Comentários ao novo Código de Processo Civil. 2ª ed.* [Minha Biblioteca]. Retirado de https://integrada.minhabiblioteca.com.br/#/books/9788530971441.

LAMY, Eduardo de Avelar; TEMER, Sofia Orberg. A representatividade adequada na tutela de direitos individuais homogêneos. In: GRINOVER, Ada Pellegrini *et al.* (Coord.) *Processo coletivo*: do surgimento à atualidade. São Paulo: Revista dos Tribunais, 2014.

LEMOS, Vinicius Silva. Incidente de assunção de competência: da conceituação à procedimentalidade. Salvador: Juspodivm.

LIMA, Tiago Asfor Rocha. *Precedentes judiciais civis no Brasil.* São Paulo: Saraiva, 2013.

MADRUGA, Eduardo; MOUZALAS, Rinaldo; TERCEIRO NETO, João Otávio. *Processo civil.* 8ª ed. revisada, ampliada e atualizada. Salvador: Juspodivm, 2016. v. único.

MANCUSO, Rodolfo de Camargo. *Incidente de resolução de demandas repetitivas*: a luta contra a dispersão jurisprudencial excessiva. São Paulo: Ed. RT, 2016.

MARINONI, Luiz Guilherme. O "problema" do incidente de resolução de demandas repetitivas e dos recursos extraordinário e especial repetitivos. *Revista de Processo.* São Paulo, vol. 249. ano 40. p. 399-419. nov. 2015.

MARINONI, Luiz Guilherme; MITIDIERO, Daniel. *Repercussão geral no recurso extraordinário.* 2. ed. São Paulo: Editora RT, 2008.

MARINONI, Luiz Guilherme; ARENHART, Sérgio cruz; MITIDIERO, Daniel. *Novo curso de processo civil*: tutela dos direitos mediante procedimento comum. São Paulo: Revista dos Tribunais, 2015. v. 2.

MOREIRA, José Carlos Barbosa. *O novo processo civil brasileiro*: exposição sistemática do procedimento. 27. Ed. Rio de Janeiro: Forense, 2008.

NERY JR, Nelson; NERY, Rosa Maria de Andrade. *Código de Processo Civil comentado.* 16ª ed. São Paulo: Ed. RT, 2016.

NUNES, Dierle; BAHIA, Alexandre; PEDRON, Flávio Quinaud. Comentários ao art. 1.030. In: STRECK, Lenio. *Comentários ao Código de Processo Civil,* 11ª ed. São Paulo: Saraiva, 3/2016. [Minha Biblioteca]. Retirado de https://integrada.minhabiblioteca.com.br/#/books/9788502635609.

PITTA, Fernanda. Comentário ao art. 1.036. Novo Código de Processo Civil comentado – Tomo III (art. 771 ao art. 1.072). Orgs: RIBEIRO, Sergio Luiz Almeida; GOUVEIA FILHO, Roberto Pinheiro Campos; PANTALEÃO, Izabel Cristina; GOUVEIA, Lucio Grassi de. São Paulo: Lualri, 2017.

RIBEIRO, Cristiana Hamdar. A lei dos recursos repetitivos e os princípios do direito processual civil brasileiro. *Revista Eletrônica de Direito Processual* – volume V, n. 5. 2010.

SCHELEDER, Adriana Fasolo Pilati. *A inconstitucionalidade da aplicação do incidente de resolução de demandas repetitivas nos juizados especiais.* Florianópolis, SC, 2015. 410 p. Tese (doutorado). Universidade Federal de Santa Catarina, Centro de Ciências Jurídicas. Programa de Pós-Graduação em Direito.

STRECK, Lenio Luiz. Súmulas, vaguezas e ambiguidades: necessitamos de uma "teoria geral dos precedentes"? *Direitos Fundamentais & Justiça* nº 5 – out./dez. 2008.

TALAMINI, Eduardo. *Novos aspectos da jurisdição constitucional brasileira*: repercussão geral, força vinculante, modulação dos efeitos do controle de constitucionalidade e alargamento do objeto do controle direto, São Paulo, Tese de Livre-Docência, USP, 2008.

TEIXEIRA, Guilherme Puchalski. Incidente de resolução de demandas repetitivas: projeções em torno de sua eficiência. *Revista Eletrônica de Direito Processual* – REDP. vol. 16. Jul.-dez. 2015.

TEMER, Sofia Orberg. *Incidente de resolução de demandas repetitivas.* Salvador: Juspodivm, 2016.

CAPÍTULO X

SUSPENSÃO DE PROCESSOS

1

A SUSPENSÃO DOS PROCESSOS NO ÂMBITO DO INCIDENTE DE RESOLUÇÃO DE DEMANDAS REPETITIVAS

Bernardo da Silveira Latgé[1]

Sumário: 1 – Introdução. 2 – Breves notas sobre o procedimento do Incidente de Resolução de Demandas Repetitivas. 3 – A suspensão dos processos pendentes. 4 – Conclusão. 5 – Referências bibliográficas.

1. INTRODUÇÃO

O Código de Processo Civil de 2015 trouxe consigo um importante mecanismo de resolução de conflitos em massa[2], que permite o julgamento de tese jurídica comum para aplicação em diversos processos que tenham por objeto mesma questão de direito. Trata-se do chamado Incidente de Resolução de Demandas Repetitivas, ou, simplesmente, "IRDR", ferramenta que se insere dentro de um sistema macro de procedimentos para resolução de causas repetitivas[3], necessário à adequada tutela de direitos nos dias atuais[4].

---

1. Mestre em Direito Processual pela Universidade do Estado do Rio de Janeiro. Professor convidado dos programas de pós-graduação da Universidade do Estado do Rio de Janeiro, Fundação Getúlio Vargas e Escola Superior da Advocacia Pública. Advogado.
2. Sobre a expansão dos conflitos em massa, confira-se: MENDES, Aluisio Gonçalves de Castro. *Ações coletivas e meios de resolução de conflitos no direito comparado e nacional.* São Paulo: Revista dos Tribunais, 2014. p. 14.
3. CABRAL, Antonio do Passo. *Comentários ao novo Código de Processo Civil.* CABRAL, Antonio do Passo; CRAMER, Ronaldo (coord.). Rio de Janeiro: 2015. p. 976.
4. Como se sabe, a principal função outorgada ao Poder Judiciário é a resolução de conflitos entre indivíduos que vivem em sociedade. Com efeito, o processo formador de cultura e civilizações impôs a organização entre os diferentes indivíduos em sociedade, criando-se uma estrutura de Poder responsável por solucionar as lides existentes. Essa tarefa de resolução de conflitos, contudo, cada vez mais tem se mostrado um desafio, tendo em vista o complexo paradoxo verificado na sociedade hodierna, de aumento expressivo de demandas contrastado com a limitação de recursos humanos e materiais disponíveis para consecução da tarefa judicante. De fato, as relações sociais foram substancialmente alteradas. O contingente populacional cresceu, os meios de comunicação e transporte evoluíram e serviços se universalizaram. Enfim, adveio o fenômeno da globalização, que proporcionou a massificação das relações sociais e, consequentemente,

Através desse instituto, com efeito, afeta-se um processo em trâmite perante um juízo de primeiro grau ou um órgão colegiado de segundo grau, suspendendo-se as demais ações cuja questão jurídica debatida verse sobre a mesma matéria de direito, para que o respectivo Tribunal de Justiça ou Tribunal Regional Federal defina a tese jurídica controvertida, a qual, posteriormente, deverá ser aplicada em todas ações sobrestadas.

Inspirado no modelo do *Musterverfahren* do direito alemão[5] e nas prévias experiências nacionais dos recursos excepcionais repetitivos[6], assim, o Incidente de Resolução de Demandas Repetitivas tem o potencial de consistir em importante ferramenta de economia para o Poder Judiciário, na medida em que permite a solução de questão controvertida em diversos casos a partir de um único julgamento.

Pela sua relevância, o referido instituto tem sido objeto grande de atenção por parte da doutrina nacional, que vem dedicando estudos aprofundados acerca do tema, como é o caso das obras "*Incidente de Resolução de Demandas Repetitivas*: *sistematização, análise e interpretação do novo instituto processual*", de autoria de Aluisio Gonçalves de Castro Mendes[7], e "*Incidente de resolução de demandas repetitivas*", da autoria de Sofia Temer[8].

O presente ensaio constitui em uma contribuição para a análise do instituo, especificamente no que diz respeito ao procedimento definido no Incidente de Resolução de Demandas Repetitivas de suspensão dos processos que versam sobre a mesma questão jurídica objeto do processo afetado.

---

um grande aumento do número de conflitos entre indivíduos, que não mais possuem singularidades próprias. O processo civil tradicional, calcado no arquétipo indivíduo-indivíduo, não se mostrou adequado a solucionar essa multiplicação de causas idênticas. Era preciso o desenvolvimento de mecanismos destinados a enfrentar uma nova realidade, de modo a tornar materialmente possível a solução de todas essas causas comuns, conferindo-lhes o mesmo tratamento jurídico. Foi nesse contexto que, nos últimos anos, introduziu-se na legislação processual mecanismos de resolução de conflitos em massa, como é o caso das ações coletivas, que permitem a reunião de demandas múltiplas em uma única ação judicial. Mencionem-se, também, os institutos da repercussão geral e dos recursos especiais repetitivos, consagrados no arts. 543-B e 543-C do Código de Processo Civil de 1973, destinados aos Tribunais Superiores. O Incidente de Resolução de Demandas Repetitivas ("IRDR"), assim, é mais um desses institutos que se propõe a lidar com o fenômeno das demandas em massa, o que é feito a partir da definição de uma tese jurídica comum para aplicação em diversos processos similares.

5. Sobre o Musterverfahren, remete-se o leitor para: CABRAL, Antonio do Passo. O novo procedimento-modelo (Musterverfahren) alemão: uma alternativa às ações coletivas. *Revista de Processo*, v. 147, 2007. p. 123-146.

6. Sobre os recursos repetitivos, remete-se o leitor para: PORTO, José Roberto Sotero de Mello. *Teoria geral dos casos repetitivos.* Rio de Janeiro: LMJ Mundo Jurídico, 2018.

7. MENDES, Aluisio Gonçalves de Castro. *Incidente de Resolução de Demandas Repetitivas:* sistematização, análise e interpretação do novo instituto processual. Rio de Janeiro: Forense, 2017.

8. TEMER, Sofia. *Incidente de resolução de demandas repetitivas.* 2ª ed. Salvador: Juspodivm, 2017.

2. BREVES NOTAS SOBRE O PROCEDIMENTO DO INCIDENTE DE RESOLUÇÃO DE DEMANDAS REPETITIVAS

O Incidente de Resolução de Demandas Repetitivas se encontra regulamentado nos arts. 976 a 987 do Código de Processo Civil, os quais dispõem requisitos para a deflagração do instituto: a existência, cumulativamente[9], de (i) *efetiva repetição de processos que contenham controvérsia sobre a mesma questão unicamente de direito* e de (ii) *risco de ofensa à isonomia e à segurança jurídica*.

Ou seja, verificando-se a existência de diversos processos cuja questão em debate envolva mesma matéria jurídica, bem como risco de ofensa à isonomia e à segurança jurídica, poderão os legitimados previstos no art. 977 do Código de Processo Civil – isto é, o juiz da causa ou relator do recurso, a parte, o Ministério Público ou a Defensoria Pública[10] – formular requerimento de instauração de IRDR ao presidente do respectivo tribunal, que o remeterá para um dos órgãos indicados no regimento interno dentre aqueles responsáveis pela uniformização de jurisprudência do respectivo tribunal[11].

Tal órgão, com efeito, terá a incumbência não só de julgar o Incidente de Resolução de Demandas Repetitivas e de fixar a tese jurídica comum, mas também de apreciar o mérito do recurso ou do processo de competência originária de que se originou o incidente.

Seja como for, uma vez recebido o requerimento de instauração do IRDR, o órgão responsável pelo seu processamento deverá conferir publicidade acerca da instauração do incidente. Isso porque, como o julgamento do incidente terá a aptidão de produzir efeitos em outros processos, faz-se necessário garantir à sociedade conhecimento a respeito de que a tese jurídica será apreciada, com caráter de definitividade, no âmbito daquela esfera.

Nesse sentido, a divulgação da instauração do incidente deve ser a mais ampla possível, não se limitando ao mero registro eletrônico no Conselho Nacional de Justiça, como determina o art. 979 do Código de Processo Civil. Conforme anota Aluisio Gonçalves de Castro Mendes, "é de suma importância que todos os interessados tenham ciência da instauração do Incidente de Resolução de Demandas

---

9. De acordo com Antonio do Passo Cabral, "os pressupostos para a instauração do incidente são a efetiva repetição de processos e o risco de ofensa à isonomia e à segurança jurídica. Trata-se de pressupostos cumulativos, pois o *caput* do art. 976 preconiza que devem estar presentes 'simultaneamente'" (CABRAL, Antonio do Passo. *Comentários ao novo Código de Processo Civil*. CABRAL, Antonio do Passo; CRAMER, Ronaldo (coord.). Rio de Janeiro: 2015. p. 1421).

10. Como observa Bruno Dantas, "a legitimação para formular o requerimento de instauração do IRDR é limitada. São legitimados, além das partes do processo originário, o próprio juiz da causa ou o relator do recurso, o Ministério Público e a Defensoria Pública" (DANTAS, Bruno. *Breves comentários ao novo Código de Processo Civil*. WAMBIER, Teresa Arruda Alvim; DIDIER JR, Fredie; TALAMINI, Eduardo; DANTAS, Bruno (coord.). São Paulo: Editora Revista dos Tribunais, 2015. p. 2184).

11. Nos termos do *caput* do art. 978, "o julgamento do incidente caberá ao órgão indicado pelo regimento interno dentre aqueles responsáveis pela uniformização de jurisprudência do tribunal".

Repetitivas". Assim, prossegue o mencionado autor, "a divulgação deve ser a mais ampla possível, devendo o tribunal se utilizar dos meios de comunicação, como página na rede mundial de computadores, redes sociais, divulgação junto à imprensa e oficiando, naturalmente, aos órgãos jurisdicionais competentes para a matéria afeta ao IRDR"[12].

Uma vez conferida ampla publicidade à instauração do incidente e garantido o contraditório[13] às partes do processo, o órgão colegiado deverá proceder ao exame de admissibilidade do Incidente de Resolução de Demandas Repetitivas, verificando se estão presentes os requisitos necessários para sua instauração, sendo certo que, no caso de admissão do incidente, o órgão deverá proferir decisão delimitando precisamente a questão de direito que será decidida.[14]

A delimitação da questão jurídica se afigura de primordial importância para que os demais juízos vinculados ao tribunal possam verificar quais casos a ele submetidos têm por objeto a mesma controvérsia jurídica e que, por conseguinte, deverão ser sobrestados, na forma do art. 982 do Código de Processo Civil.

Com efeito, como se verá em detalhes do tópico a seguir, o referido dispositivo impõe que, uma vez admitido o Incidente de Resolução de Demandas Repetitivas, deverão ser suspensos todos os processos que tratem da mesma questão jurídica objeto do processo que originou o incidente. Essa suspensão, assim, é importante para evitar que haja decisões conflitantes nos casos repetitivos.

---

12. MENDES, Aluisio Gonçalves de Castro. *Incidente de Resolução de Demandas Repetitivas:* sistematização, análise e interpretação do novo instituto processual. Rio de Janeiro: Forense, 2017. p. 192.

13. Conquanto o Código de Processo Civil não estabeleça tal exigência, entendemos que, em nome do contraditório, a parte adversária deve ter a oportunidade de se manifestar sobre o cabimento do Incidente de Resolução de Demandas Repetitivas.

14. Nessa linha: "Embora o Código não trate dessa questão na disciplina legal do IRDR, algumas regras referentes a esta problemática devem ser extraídas das disposições relativas aos recursos repetitivos. Apesar de não estar claro na lei a existência dessas três 'fases' (instauração e admissão; afetação e instrução; e julgamento), pensamos que também não há óbice legal para essa construção, que pode significar aprimoramento do regime deste novo instituto. Assim, entende-se que após o pedido ou ofício para instauração do IRDR, o tribunal proferirá decisão de admissão, que, se positiva, conterá a delimitação *provisória* do objeto do incidente. A partir dessa decisão, o órgão julgador se debruçará na análise da questão, tomará conhecimento da controvérsia e analisará a fundo os argumentos aventados na petição ou ofício que provocou o incidente, bem como demais documentos que o instruíram. Também após esta decisão, tornar-se-á público (através dos cadastros nos sites dos tribunais e do Conselho Nacional de Justiça) que o tribunal fará a definição da melhor tese jurídica sobre a questão, serão comunicados os juízos inferiores para que haja suspensão das demandas e, ainda, serão intimadas as partes dos processos em trâmite acerca da instauração do IRDR. Espera-se que tais atos iniciais provoquem a participação de tais sujeitos e de órgãos e cidadãos em geral para se manifestar no incidente. Desse modo, após essa etapa inicial de *preparação*, o órgão julgador, que terá recebido mais subsídios sobre a controvérsia, poderá modificar a delimitação anterior fixando definitivamente o objeto do incidente" (TEMER, Sofia. *Incidente de resolução de demandas repetitivas.* 2ª ed. Salvador: Juspodivm, 2017. p. 128).

Na sequência, tendo em vista a importância que assume o contraditório nos dias atuais[15], deve o relator do IRDR facultar às partes e demais interessados o prazo de 15 (quinze) dias para que se manifestem sobre o mérito do incidente, inclusive juntando documentos e requerendo a realização de diligências, se for caso, após o que deverá o relator determinar a inclusão do feito em pauta para julgamento.

Conforme determina o art. 984 do Código de Processo Civil, no julgamento, o relator deverá, em primeiro momento, fazer a exposição do objeto do incidente, conferindo, em um segundo momento, tempo para que o autor e o réu do processo originário, assim como o Ministério Público e demais interessados possam sustentar suas razões de forma oral. Somente após tais diligências é que estará habilitado o órgão colegiado a decidir o caso e a definir a questão jurídica comum, proferido o respectivo acórdão, que estará sujeito a ser desafiado por recurso especial ou extraordinário[16], a depender do caso.

Sem prejuízo, julgado o Incidente de Resolução de Demandas Repetitivas e não sendo o acórdão alvejado por meio de recurso especial ou extraordinário[17], os juízos dos processos pendentes, que se encontravam sobrestados, deverão aplicar a tese jurídica definida no incidente aos respectivos casos, bem como àqueles futuros que versem sobre idêntica questão de direito e que venham a tramitar no território de competência do tribunal.

Afinal, não sendo revista a tese jurídica na forma do art. 986 do Código de Processo Civil[18], a decisão proferida no âmbito vincula todos os órgãos jurisdicionais que integram o tribunal.

---

15. Sobre a importância do contraditório nos dias atuais: ROQUE, André Vasconcelos. Contraditório participativo: evolução, impactos no processo civil e restrições. *Revista de Processo*, vol. 279, 2018, p. 19-40.

16. Nesse sentido, confira-se a redação do *caput* do art. 987: "Do julgamento do mérito do incidente caberá recurso extraordinário ou especial, conforme o caso". Comentando o referido dispositivo, José Miguel Garcia Medina assevera que "o recurso poderá ser interposto por parte em processo referido no pedido de instauração do incidente e também por parte em processo que tenha ficado suspenso (que, no mínimo, poderiam ser qualificados como terceiros prejudicados, no sentido a que se refere o art. 996 do CPC/2015)" (MEDINA, José Miguel Garcia. *Novo Código de Processo Civil comentado:* com remissões e notas comparativas ao CPC/1973. São Paulo: Editora Revista dos Tribunais, 2015. p. 1330-1331).

17. Note-se que o recurso especial ou extraordinário interposto contra o acórdão do IRDR possui efeito suspensivo *ope legis*, por força do art. 987, § 1º, do Código de Processo Civil, o que impede a aplicação automática da tese aos processos pendentes enquanto tramitar eventual apelo. Confira-se, a propósito, a lição de Aluisio Gonçalves de Castro Mendes e Sofia Temer: "Considerando a repercussão da decisão, já que o tribunal fixará a tese jurídica a ser adotada em todos os processos homogêneos pendentes e futuros, o legislador optou por facilitar o acesso aos tribunais superiores, dispondo sobre a concessão de efeito suspensivo aos recursos especial e extraordinário, impedindo que haja imediata aplicação da tese, gerando efeitos imediatos nas causas em que esta for aplicável, enquanto estiver sob análise dos tribunais superiores de uniformização" (MENDES, Aluisio Gonçalves de Castro; TEMER, Sofia. *Comentários ao Código de Processo Civil* – vol. 4. BUENO, Cassio Scarpinella (coord.). São Paulo: Saraiva, 2017. p. 234).

18. Sobre a revisão da tese jurídica firmada no Incidente de Resolução de Demandas Repetitivas: "O art. 986 do CPC/2015, partindo da premissa de que a decisão de questão idêntica é um precedente que vincula a resolução de casos pendentes e futuros, afirma que a tese firmada no incidente pode ser revista

3. A SUSPENSÃO DOS PROCESSOS PENDENTES

Viu-se acima o procedimento delineado pela legislação processual para a tramitação do Incidente de Resolução de Demandas Repetitivas, no âmbito do qual se inclui, especificamente, a suspensão de todos os processos que tramitam no respectivo tribunal que versam sobre a mesma matéria da causa afetada ao julgamento do incidente.

Com efeito, embora possa parecer simples a mera previsão de suspensão dos processos, há diversos aspectos que devem ser considerados pelo órgão responsável pelo processamento do IRDR e pelos juízos em que tramitam as causas pendentes.

Já de início, é interessante notar que, conquanto o art. 982, *caput* e inciso I, do Código de Processo Civil atribua ao relator a competência para determinar a suspensão dos processos que tratem da mesma matéria afetada ao IRDR, a doutrina especializada anota que essa suspensão também poderá ser realizada pelo colegiado do órgão competente para a admissibilidade e o julgamento do IRDR.

É que, se é verdade que a competência para determinar a suspensão dos processos em curso é do relator, não menos verdade também é que tal decisão está sujeita à agravo interno, nos termos do art. 1.021 do Código de Processo Civil. Assim, nada impede que a deliberação sobre a suspensão possa ser tomada pelo órgão colegiado responsável pelo julgamento do Incidente de Resolução de Demandas Repetitivas, seja por já se considerar em condições de fazê-lo ao apreciar a admissibilidade do incidente, seja por opção do próprio relator em submeter a questão ao colegiado.

Note-se, a propósito, que, segundo consigna Aluisio Gonçalves de Castro Mendes, a decisão colegiada propiciará até mesmo maior segurança jurídica à suspensão determinada, na medida em que não estará sujeita à interposição de agravo interno e, consequentemente, à modificação posterior[19].

Outra questão que se coloca em torno do tema é a indagação sobre se suspensão dos processos pendentes seria de natureza facultativa ou obrigatória. Isso porque, segundo o art. 982, I, do Código de Processo Civil, uma vez admitido

---

de ofício ou mediante requerimento do Ministério Público ou da Defensoria Pública. Um precedente, como é óbvio, é ditado para ter vida longa, para ter estabilidade e não surpreender a confiança nele depositada pelos jurisdicionados. É absurdo imaginar um precedente que está em condições de revogação logo após ter sido editado. Mas a tese firmada no incidente, diz o art. 985, II, do CPC/2015, pode ser revogada diante dos casos futuros, ou seja, pode ser revogada em face das demandas repetitivas que podem ser propostas logo depois do trânsito em julgado da decisão proferida no incidente. [...]" (MARINONI, Luiz Guilherme; MITIDIERO, Daniel. *Comentários ao Código de Processo Civil*: artigos 976 ao 1.044. MARINONI, Luiz Guilherme; MITIDIERO, Daniel. ARENHART, Sérgio Cruz (coord.). São Paulo: Editora Revista dos Tribunais, 2016. p. 115).

19. MENDES, Aluisio Gonçalves de Castro. *Incidente de Resolução de Demandas Repetitivas:* sistematização, análise e interpretação do novo instituto processual. Rio de Janeiro: Forense, 2017. p. 184.

o IRDR, o relator *deverá* suspender todos os processos pendentes, individuais e coletivos, que tramitem no Estado ou Região, a depender do caso.

José Roberto Sotero de Melo Porto, calcado na redação do referido dispositivo legal, esclarece, nesse sentido, que, como regra, "a suspensão deverá se impor, valorizando a racionalização do Judiciário e sendo condição intrínseca ao funcionamento da técnica de gestão de precedentes"[20-21].

Não obstante, mesmo o mencionado autor reconhece que há casos excepcionais em que a suspensão se mostrará desnecessária ou mesmo desaconselhada, como seria o caso de um IRDR sobre determinada questão processual. A título ilustrativo, basta mencionar os recursos especiais n°s 1.704.520[22] e 1.696.396[23], nos quais o Superior Tribunal de Justiça decidiu se o rol do art. 1.015 do Código de Processo Civil admitia ou não interpretação extensiva. Embora tenham sido julgados sob a sistemática dos recursos repetitivos – e não do IRDR –, o fato é que a Corte Especial decidiu por não sobrestar os processos pendentes, tendo em vista que a suspensão de todos os processos que versavam sobre a mesma questão significaria comprometer o próprio funcionamento do Poder Judiciário.

De fato, a despeito da conotação de obrigatoriedade da norma, esta não deve ser inflexível, a ponto de tornar inadequado o mecanismo processual. Mesmo porque pode ser que a suspensão não atenda às necessidades do caso concreto ou se revele medida extremamente gravosa.

Do mesmo modo, se admite-se o afastamento integral da suspensão, ainda com mais razão deve-se defender a possibilidade de suspensão parcial dos processos pendentes, considerando-se que vários podem contar com cumulação, objetiva e subjetiva, de demandas. O IRDR, por exemplo, pode se voltar a dirimir uma questão jurídica que seja determinante para a apreciação apenas de um dos pedidos ou causa de pedir, sem interferência nos demais pedidos, que poderão exigir, por sua vez, produção probatória.

---

20. PORTO, José Roberto Sotero de Mello. *Teoria geral dos casos repetitivos.* Rio de Janeiro: LMJ Mundo Jurídico, 2018. p. 170. No mesmo sentido, Ravi Peixoto entende que a suspensão dos processos pendentes é uma consequência automática da admissão do IRDR, não existindo a opção entre suspender ou não suspender (PEIXOTO, Ravi. *O IRDR e a suspensão de processos.* Disponível em: <http://emporiododireito.com.br/leitura/o-irdr-e-a-suspensao-de-processos-por-ravi-peixoto> Acesso em 18.07.2018).

21. Tal suspensão obrigatória é objeto de alguns questionamentos por parte de parcela da doutrina: NUNES, Dierle; VIANA, e Antônio Aurélio de Souza. *Suspensão integral de processos em recursos repetitivos preocupa.* Disponível em: <http://www.conjur.com.br/2017-mai-31/opiniao-suspensao-integral-processos-repetitivos-preocupa>. Acesso em: 18.07.2018; CAVALCANTI, Marcos de Araújo. *Incidente de resolução de demandas repetitivas.* São Paulo: RT, 2016. p. 385-390).

22. STJ, REsp 1704520/MT, Rel. Ministra Nancy Andrighi, Corte Especial, j. em 05.12.2018, DJe 19.12.2018.

23. STJ, REsp 1696396/MT, Rel. Ministra Nancy Andrighi, Corte Especial, j. em 05.12.2018, DJe 19.12.2018.

A própria possibilidade de fracionamento do mérito da controvérsia prevista no art. 356 Código de Processo Civil[24] corrobora com o que se está a expor. Com efeito, havendo pedido formulado no processo pendente que não dependa do julgamento da tese jurídica objeto do Incidente de Resolução de Demandas Repetitivas, poderá ele ser resolvido desde logo, caso a suspensão não lhe alcance, o que parece de todo razoável.

Ainda no que diz respeito à suspensão dos processos pendentes, deve se pontuar que tal se dá, como regra, apenas no estado ou na região relativa ao tribunal onde instaurado o incidente. Ou seja, instaurado um IRDR pelo Tribunal de Justiça do Estado do Rio de Janeiro, apenas as causas que tramitem no referido Estado serão suspensas. Quaisquer causas que tramitem em outros estados, mesmo que tenham por objeto mesma tese jurídica discutida no IRDR, a princípio, não seriam afetadas.

Sem embargo, considerando o caráter regional ou estadual dos tribunais de segunda instância e a possibilidade de a questão a ser dirimida no IRDR poder extrapolar os limites da respectiva corte recursal, o Código de Processo Civil, nos §§ 3º a 5º do art. 982, previu que qualquer um dos legitimados mencionados no art. 977, II e III, pode requerer, ao Supremo Tribunal Federal ou ao pertinente Tribunal Superior, a suspensão de todos os processos individuais ou coletivos em curso no território nacional que versem sobre a questão objeto do incidente já instaurado.[25]

É que pode acarretar insegurança jurídica a paralisação de demandas apenas em um mesmo Estado ou Região, se a questão, de repercussão nacional, continua

24. "Art. 356. O juiz decidirá parcialmente o mérito quando um ou mais dos pedidos formulados ou parcela deles:

I - mostrar-se incontroverso;

II - estiver em condições de imediato julgamento, nos termos do art. 355.

§ 1º A decisão que julgar parcialmente o mérito poderá reconhecer a existência de obrigação líquida ou ilíquida.

§ 2º A parte poderá liquidar ou executar, desde logo, a obrigação reconhecida na decisão que julgar parcialmente o mérito, independentemente de caução, ainda que haja recurso contra essa interposto.

§ 3º Na hipótese do § 2º, se houver trânsito em julgado da decisão, a execução será definitiva.

§ 4º A liquidação e o cumprimento da decisão que julgar parcialmente o mérito poderão ser processados em autos suplementares, a requerimento da parte ou a critério do juiz.

§ 5º A decisão proferida com base neste artigo é impugnável por agravo de instrumento."

25. Sobre o tema: "Admitido o incidente, serão suspensos os 'processos pendentes, individuais ou coletivos, que tramitam no Estado ou na região, conforme o caso' (art. 982, I). A princípio, a suspensão será limitada ao âmbito de jurisdição do tribunal em que se instaurar o IRDR, como se observa da redação do dispositivo legal. Não obstante, a suspensão pode tornar-se nacional, caso requerida aos tribunais superiores (art. 982, § 3º), o que cessará após o julgamento do tribunal, caso não seja interposto recurso especial ou extraordinário (art. 982, § 5º); ou, ainda, após o julgamento no tribunal superior, caso interpostos tais recursos" (TEMER, Sofia. *Incidente de resolução de demandas repetitivas*, 2ª ed. Salvador: Juspodivm, 2017. p. 121).

sendo decidida em outros Estados ou Regiões. Assim, justificável se apresenta a norma do art. 982, §§ 3º a 5º, do diploma processual, que autoriza a extensão da suspensão dos processos para todo território nacional.

Para que seja autorizado o pedido de extensão da suspensão em tela, no entanto, a doutrina afirma que "o incidente já deve ter sido admitido, como entendeu o Ministro Paulo de Tarso Sanseverino, presidente da Comissão Gestora de Precedentes do Superior Tribunal de Justiça. Por mais que tenha natureza preventiva, servindo de remédio contra a lentidão por vezes verificada nos tribunais superiores para a fixação da tese, não pode se revelar medida precoce"[26].

Com efeito, como anotou Aluisio Gonçalves de Castro Mendes[27]:

> Para que se possa requerer esse efeito, o IRDR precisa já ter sido admitido pelo tribunal regional ou estadual. Não basta apenas a sua provocação, distribuição ou mesmo inclusão em pauta para a deliberação sobre o juízo de admissibilidade. Embora seja uma medida preventiva, não pode ser precoce, pois não haveria sentido em se suspender os processos, no âmbito local, estadual e muito menos nacional, sem que houvesse a mínima verificação quanto à presença dos requisitos para a admissibilidade do Incidente de Resolução de Demandas Repetitivas.
>
> Se a própria suspensão local somente deve ocorrer após o incidente ter sido admitido, não faria qualquer sentido em se ampliar algo inexistente, ou seja, a própria suspensão local. Portanto, apenas após a decisão proferida pelo colegiado do tribunal local sobre a admissibilidade, é que se torna possível o pleito de ampliação da suspensão para todo o território nacional. Do contrário, haveria uma verdadeira aberração: a determinação de uma suspensão nacional, quando ainda não admitido o IRDR e não suspensos os processos no âmbito estadual ou regional.

Seja como for, havendo ou não extensão para todo território nacional, o período de suspensão está limitado, a princípio, a 1 (um) ano, contado a partir da publicação da decisão que determinou o sobrestamento dos processos, por força do disposto no art. 980, *caput*, do Código de Processo Civil[28]. Assim, superado o referido prazo cessa a suspensão dos processos, salvo decisão fundamentada do relator do Incidente de Resolução de Demandas Repetitivas, que poderá prorrogar o prazo de suspensão, caso verifique conveniência e necessidade[29].

---

26. PORTO, José Roberto Sotero de Mello. *Teoria geral dos casos repetitivos.* Rio de Janeiro: LMJ Mundo Jurídico, 2018. p. 177.
27. MENDES, Aluisio Gonçalves de Castro. *Incidente de Resolução de Demandas Repetitivas:* sistematização, análise e interpretação do novo instituto processual. Rio de Janeiro: Forense, 2017. p. 189-190.
28. "Art. 980. O incidente será julgado no prazo de 1 (um) ano e terá preferência sobre os demais feitos, ressalvados os que envolvam réu preso e os pedidos de habeas corpus."
29. Entendemos, como Aluisio Gonçalves de Castro Mendes, que, "diante da ausência de limitação expressa e da fórmula relativamente aberta, a exigir apenas devida decisão fundamentada, não há restrição quanto à possibilidade de uma ou mais prorrogações, diante de decisão fundamentada a justificar as prorrogações, desde que este lapso temporal não acabe representando violação ao acesso à justiça e à duração razoável dos processos" (MENDES, Aluisio Gonçalves de Castro. *Incidente de Resolução de Demandas Repetitivas:* sistematização, análise e interpretação do novo instituto processual. Rio de Janeiro: Forense, 2017. p. 191).

Na forma do art. 982, § 1º, do Código de Processo Civil, o relator do IRDR também deverá comunicar da suspensão aos órgãos jurisdicionais que se encontram no respectivo estado ou região para que possam verificar as causas semelhantes e fazer valer o sobrestamento determinado. É que, conforme anotou Aluisio Gonçalves de Castro Mendes[30]:

> Pode-se dizer mesmo que não há, a rigor, uma suspensão automática de todos os processos. Há, sim, um ato complexo, que se inicia com a deliberação tomada pelo tribunal (colegiado ou relator), determinando a suspensão dos processos. Entretanto, precisa se completar com a análise, por cada órgão judicial vinculado ao respectivo tribunal, da subsunção das questões ventiladas nos processos ao objeto do IRDR, para, em concreto, decidir pela aplicabilidade da suspensão ao processo em tramitação.

De fato, "a identificação das hipóteses de subsunção não é uma atividade mecânica, mas, sim, cognitiva"[31], pois órgão judicial responsável pelo processamento da ação pendente terá que verificar se a matéria nela versada se coaduna ou não com a questão submetida ao IRDR. Assim, nada mais natural que o órgão intime as partes sobre a decisão de suspensão, até para que possam questioná-la mediante requerimento ou recurso, demonstrando a distinção entre a questão a ser decidida no processo e aquela a ser julgada no IRDR.

Vale registrar que, uma vez intimadas da suspensão, as partes dos processos sobrestados poderão apresentar manifestação ao respectivo juízo, demonstrando a ausência de semelhança entre a tese jurídica afetada ao IRDR e a matéria objeto de seu processo. Afinal, é preciso assegurar à parte uma forma de exercer um controle e, eventualmente, impugnar a decisão do juízo determinou a suspensão de processo pendente que não verse sobre a mesma matéria objeto do incidente.

Nesse sentido, a doutrina especializada[32] vem defendendo a aplicação, por analogia, do art. 1.037, § 9º, do Código de Processo Civil, que determina que, no regime dos recursos excepcionais repetitivos, "demonstrando distinção entre a questão a ser decidida no processo e aquela a ser julgada no recurso especial ou extraordinário afetado, a parte poderá requerer o prosseguimento do seu processo".

Segundo Aluisio Gonçalves de Castro Mendes, "plenamente aplicável também é a previsão contida no § 13 do art. 1.037 do CPC, no sentido de que, contra a decisão proferida, no sentido de resolver o requerimento de suspensão,

---

30. MENDES, Aluisio Gonçalves de Castro. *Incidente de Resolução de Demandas Repetitivas:* sistematização, análise e interpretação do novo instituto processual. Rio de Janeiro: Forense, 2017. p. 192.
31. MENDES, Aluisio Gonçalves de Castro. *Incidente de Resolução de Demandas Repetitivas:* sistematização, análise e interpretação do novo instituto processual. Rio de Janeiro: Forense, 2017. p. 192.
32. PORTO, José Roberto Sotero de Mello. *Teoria geral dos casos repetitivos.* Rio de Janeiro: LMJ Mundo Jurídico, 2018. p. 137.

caberá, conforme o caso: (a) agravo de instrumento, se o processo estiver em primeiro grau; (b) agravo interno, se a decisão for do relator"[33].

Sem prejuízo, é preciso anotar que a manutenção da suspensão do processo pendente (ou seja, o indeferimento do requerimento cessação do sobrestamento por distinção do caso) não impede que a parte formule eventual pedido de tutela de urgência[34], desde que demonstre a verossimilhança de suas alegações e o perigo de demora na espera da solução definitiva de seu pedido.

Isso porque, como já se viu, a suspensão dos processos pendentes vigorará por 1 (um) ano, podendo esse prazo ser prorrogado pelo relator do Incidente de Demandas Repetitivas através de decisão fundamentada. Assim, considerando o lapso temporal da suspensão, violaria as garantias fundamentais do processo (sobretudo o acesso à justiça) impedir a parte de levar pedido de tutela de urgência ao respectivo juízo, unicamente pelo fato de seu processo estar aguardando a definição da tese jurídica no âmbito do IRDR.

Por esse motivo é que se deve ser assegurado à parte o direito de formular tal pretensão; mesmo porque a decisão a ser proferida, ainda que verse sobre a matéria objeto do IRDR, terá natureza provisória, podendo ser modificada posteriormente, quando da aplicação da tese definida no incidente.

Por fim, cabe uma última observação crítica. O Código de Processo Civil não regulou o tema da prescrição durante o período no qual vigora a suspensão das ações que versam sobre a mesma matéria do IRDR. Tal circunstância gera insegurança jurídica, praticamente obrigando o ajuizamento de ações sobre a matéria afetada ao IRDR, que, tão logo recebidas, serão suspensas (medida incompatível com a eficiência processual).

4. CONCLUSÃO

O novo Código de Processo Civil previu um inovador mecanismo de resolução de questão de direito comum a processos, a ser utilizado nas vias ordinárias, designado como Incidente de Resolução de Demandas Repetitivas. Trata-se, com efeito, da necessidade de se adequar a prestação jurisdicional à nova realidade de relações massificadas que hoje verificamos no seio da sociedade. É preciso, no entanto, analisar o instituto em detalhes, considerando que este possui o potencial de afetar inúmeros jurisdicionados, a partir da suspensão dos processos que versem sobre a mesma questão jurídica afetada no âmbito

33. MENDES, Aluisio Gonçalves de Castro. *Incidente de Resolução de Demandas Repetitivas:* sistematização, análise e interpretação do novo instituto processual. Rio de Janeiro: Forense, 2017. p. 193.

34. De acordo com o § 2º do art. 982 do Código de Processo Civil, "durante a suspensão, o pedido de tutela de urgência deverá ser dirigido ao juízo onde tramita o processo suspenso".

do incidente. O presente trabalho, assim, se propôs a analisar o sistema previsto no Código de Processo Civil para o sobrestamento de tais processos, à luz dos ensinamentos da doutrina mais abalizada.

5. REFERÊNCIAS BIBLIOGRÁFICAS

BUENO, Cassio Scarpinella (coord.). *Comentários ao Código de Processo Civil* – vol. 4. São Paulo: Saraiva, 2017.

CABRAL, Antonio do Passo. O novo procedimento-modelo (*Musterverfahren*) alemão: uma alternativa às ações coletivas. *Revista de Processo*, v. 147, p. 123-146, 2007.

__________________; CRAMER, Ronaldo (coord.). *Comentários ao novo Código de Processo Civil*. Rio de Janeiro, 2015.

NUNES, Dierle; VIANA; Antônio Aurélio de Souza. *Suspensão integral de processos em recursos repetitivos preocupa*. Disponível em: <http://www.conjur.com.br/2017-mai-31/opiniao-suspensao-integral-processos-repetitivos-preocupa>. Acesso em: 18.07.2018.

CAVALCANTI, Marcos de Araújo. *Incidente de resolução de demandas repetitivas*. São Paulo: RT, 2016.

MARINONI, Luiz Guilherme; MITIDIERO, Daniel. ARENHART, Sérgio Cruz (coord.). *Comentários ao Código de Processo Civil*: artigos 976 ao 1.044. São Paulo: Editora Revista dos Tribunais, 2016.

MEDINA, José Miguel Garcia. *Novo Código de Processo Civil comentado:* com remissões e notas comparativas ao CPC/1973. São Paulo: Editora Revista dos Tribunais, 2015.

MENDES, Aluisio Gonçalves de Castro. *Ações coletivas e meios de resolução de conflitos no direito comparado e nacional*. São Paulo: Revista dos Tribunais: 2014.

____________________________. *Incidente de Resolução de Demandas Repetitivas:* sistematização, análise e interpretação do novo instituto processual. Rio de Janeiro: Forense, 2017.

PEIXOTO, Ravi. *O IRDR e a suspensão de processos*. Disponível em: <http://emporiododireito.com.br/leitura/o-irdr-e-a-suspensao-de-processos-por-ravi-peixoto> Acesso em 18.07.2018.

PORTO, José Roberto Sotero de Mello. *Teoria geral dos casos repetitivos*. Rio de Janeiro: LMJ Mundo Jurídico, 2018.

ROQUE, André Vasconcelos. Contraditório participativo: evolução, impactos no processo civil e restrições. *Revista de Processo*, vol. 279, p. 19-40, 2018.

WAMBIER, Teresa Arruda Alvim; DIDIER JR, Fredie; TALAMINI, Eduardo; DANTAS, Bruno (coord.). *Breves comentários ao novo Código de Processo Civil*. São Paulo: Editora Revista dos Tribunais, 2015.

TEMER, Sofia. *Incidente de resolução de demandas repetitivas*. 2ª ed. Salvador: Juspodivm, 2017.

2

A NÃO OBRIGATORIEDADE DA SUSPENSÃO DOS PROCESSOS COM O MESMO OBJETO DOS INCIDENTES DE RESOLUÇÃO DE DEMANDAS REPETITIVAS

Everton Ferreira Jordão[1]

Sumário: 1 – Introdução. 2 – A competência para a suspensão de processos na pendência de julgamento de IRDR. 3 – A competência para a decisão de suspensão do processo originário do IRDR. 4 – A competência para a verificação de processos vinculados e determinação de suspensão nos casos dependentes. 5 – A suspensão em incidentes de resolução de demandas repetitivas é obrigatória ou facultativa? 6 – Possibilidade de suspensão parcial. 7 – Quando não deve ocorrer a suspensão dos processos nos julgamentos do IRDR. 8 – Quando o IRDR versar sobre questão de direito penal, material ou processual. 9 – Quando houver uma das hipóteses que ensejam a extinção do processo sem resolução do mérito e quando ocorrer decadência ou prescrição. 10 – Quando for requerida a homologação de reconhecimento da procedência do pedido, de transação ou de renúncia à pretensão formulada na ação ou na reconvenção. 11 – Quando houver divergência de mínima parcela dos órgãos julgadores. 12 – Quando houver o trânsito em julgado e o processo se encontrar em fase de liquidação ou de cumprimento de sentença. 13 – Quando houver sido proferida sentença e o processo estiver no prazo para a interposição de recurso, oferecimento de contrarrazões ou envio ao órgão revisor. 14 – Conclusão. 15 – Referências bibliográficas.

1. INTRODUÇÃO

O atual Código de Processo Civil veio a lume em 2015 trazendo festejado instituto para contribuir para o fortalecimento das decisões dos tribunais, o incidente de resolução de demandas repetitivas, com poder de pacificar decisões controvertidas e firmar teses com efeito vinculativo desde a origem, antes que se multipliquem recursos nas altas cortes.

Além do julgamento coletivizado de demandas e do efeito vinculante das teses firmadas, a ultrapassar os limites subjetivos dos processos de onde se originaram, o procedimento do IRDR prevê a suspensão dos processos dependentes da aplicação da tese a ser firmada.

1. Doutorando e Mestre em Direito Processual pela Universidade do Estado do Rio de Janeiro – UERJ. Especialista em Direito Processual Civil pela Escola de Magistratura do Estado do Rio de Janeiro – EMERJ e em Direito Empresarial pela Fundação Getulio Vargas – FGV.

A suspensão tem sido objeto de divergência não só na doutrina como também na jurisprudência, sobretudo no que diz respeito à obrigatoriedade ou não. Os próprios órgãos competentes para os julgamentos repetitivos e também os tribunais superiores competentes para a análise dos pedidos de suspensão nacional têm reconsiderado as suas próprias decisões, o que demonstra a instabilidade do entendimento.

Nestas breves linhas serão expostos alguns pensamentos acerca da vinculação dos órgãos de piso ou de segunda instância às determinações de suspensão proferidas nos incidentes de resolução de demandas repetitivas considerada apenas a identidade dos objetos.

2. A COMPETÊNCIA PARA A SUSPENSÃO DE PROCESSOS NA PENDÊNCIA DE JULGAMENTO DE IRDR

Prevê o art. 982, I do CPC que admitido o IRDR o relator suspenderá os processos pendentes, individuais ou coletivos, que tramitam no Estado ou na região, conforme o caso.

Da decisão do relator que determinar ou não a suspensão dos processos caberá agravo interno para o respectivo órgão colegiado, na forma do art. 1.021 do Código de Processo Civil. Por esta razão, e a despeito dos dispositivos mencionados atribuírem a competência ao relator, não haverá prejuízo algum que a suspensão de processos seja decidida pelo órgão colegiado[2] competente para o julgamento do IRDR. Ao contrário, o órgão colegiado tem o condão de empregar maior qualidade à decisão, posto que tomada após deliberação colegiada, além de maior segurança e estabilidade.

Por se tratar de exceção à regra, é altamente recomendável que a decisão pela não suspensão, parcial ou integral dos processos, seja submetida ao colegiado, providência que inclusive obstaculiza a interposição de agravo interno para levar o conhecimento da matéria (não suspensão) ao órgão superior, conferindo celeridade e economia processual ao procedimento.[3]

---

2. "Não há razão para impedir que o órgão colegiado possa deliberar sobre a suspensão dos processos pendentes. Em primeiro lugar porque, sendo decisão do relator, estaria, nos termos do art. 1.021 do CPC, sujeita ao recurso do agravo interno. Portanto, submetida ao respectivo colegiado. Sendo assim, se o próprio relator, ou integrante do colegiado, suscitar a discussão sobre a suspensão, nos vários aspectos pertinentes (conveniência, extensão, duração etc.), a deliberação poderá ser tomada coletivamente pelo próprio órgão, se este se considerar em condições de fazê-lo, por ocasião do julgamento sobre a admissibilidade. A decisão colegiada propiciará, em princípio, até mesmo maior segurança jurídica, na medida em que não estará sujeita à interposição do agravo interno e, consequentemente, de modificação posterior. Mas, estar-se-á, aqui, diante de um juízo de conveniência que caberá ao colegiado do órgão competente do Tribunal, que poderá manter esta decisão, como previsto na regra, sob a competência do relator" (MENDES, Aluisio Gonçalves de Castro. *Incidente de resolução de demandas repetitivas*. Rio de Janeiro: Forense, 2017. p. 184).

3. "[...] se afigura que a regra, extraída claramente do inciso I do art. 982, aponta para a suspensão dos processos ou, pelo menos, da tramitação dos processos no que diz respeito ao pedido ou desdobramento

A providência poderá ser delegada aos órgãos de julgamento originários ou em que se encontram os processos dependentes que versem sobre a mesma questão de direito afetada no IRDR, estabelecendo-se critérios a serem observados por esses juízos,[4] que por estarem mais próximos aos processos, podem analisá-los individualmente e assim decidirem acerca da conveniência da suspensão em cada caso concreto.

No julgamento do pedido de suspensão nacional SIRDR 7/PR, o STJ, ao deferir o pedido, autorizou a tramitação dos processos nos órgãos inferiores até a fase de conclusão para a sentença, bem como o ajuizamento de novas ações, além da apreciação da tutela de urgência e do julgamento antecipado parcial do mérito de outras eventuais questões em discussão no processo. Também foi autorizada a autocomposição, situação que implica na homologação por sentença.

3. A COMPETÊNCIA PARA A DECISÃO DE SUSPENSÃO DO PROCESSO ORIGINÁRIO DO IRDR

O art. 313, IV do CPC define que o processo será suspenso pela admissão do incidente de resolução de demandas repetitivas, porém, é conveniente que o processo originário do qual surgiu o pedido ou ofício de suscitação do IRDR seja suspenso desde este evento (suscitação do IRDR), antes mesmo da admissão do incidente, se ocorrido de ofício pelo juiz, posto que não faria sentido o magistrado alegar o risco de ofensa à isonomia e à segurança jurídica, mas proferir sentença de apreciação do mérito analisando a questão de direito objeto do incidente antes da resolução deste pelo órgão competente.

O mesmo deve ocorrer quando o IRDR for suscitado a partir de processo que se encontre em tramitação nos Tribunais, ocasião em que a suspensão deve ser determinada pelo relator ou pelo órgão colegiado (turma ou câmara). A simetria deve ser empregada em relação aos Juizados Especiais, Turmas Recursais, Turma de Uniformização de Interpretação de Lei e Turma Nacional de Uniformização, para aqueles que entendem cabível o IRDR a partir de processos em tramitação nessa justiça especializada.

---

que dependa da fixação da tese do Incidente de Resolução de Demandas Repetitivas. Portanto, se outro for o pretendido encaminhamento a ser dado pelo relator, recomendável, *a contrario sensu* do art. 982, inciso I, que a proposta de não se atribuir efeito suspensivo, ou de limitação deste, deva ser submetida ao órgão colegiado. Do mesmo modo, se qualquer integrante do colegiado, o Ministério Público, a Defensoria Pública ou qualquer parte ou interessado pretender suspender suscitar a questão perante o colegiado, poderá fazê-lo por ocasião do juízo de admissibilidade" (MENDES, Aluisio Gonçalves de Castro. *Incidente de resolução de demandas repetitivas*. Rio de Janeiro: Forense, 2017. p. 184).

4. "[...] outra hipótese que poderá ser considerada é a de se conferir a possibilidade de análise, em concreto, da suspensão integral ou não do processo ao órgão judicial competente para o julgamento dos processos dependentes, especialmente quando houver a cumulação com outros pedidos ou causas de pedir. Isso porque o Tribunal terá diante de si apenas o IRDR, não tendo, em princípio, conhecimento das diversas situações em concreto nos diversos processos que dependam da resolução do objeto do incidente." (Idem)

A suspensão na hipótese em comento é fundamentada no art. 313, V, "a" do CPC, posto que ainda não há IRDR admitido, mas a sentença de mérito dependerá do julgamento de outra causa.

Nada obsta, mas até recomenda-se, que sejam praticados todos os atos processuais até a fase de conclusão para a sentença, além da apreciação da tutela de urgência e do julgamento antecipado parcial do mérito de outras eventuais questões em discussão no processo que não constituam objeto da questão posta no IRDR.

A autocomposição, situação que implica a homologação por sentença, não prejudicará o exame do mérito do incidente, por interpretação analógica do art. 976, § 1º do CPC, podendo, neste caso, ser homologada por sentença.

Após a admissão, no entanto, a suspensão do processo originário deverá observar o que for decidido pelo relator do IRDR, em obediência à hierarquia dos tribunais e dos órgãos da justiça.

4. A COMPETÊNCIA PARA A VERIFICAÇÃO DE PROCESSOS VINCULADOS E DETERMINAÇÃO DE SUSPENSÃO NOS CASOS DEPENDENTES

A competência originária para a determinação de suspensão dos processos dependentes nos julgamentos de casos repetitivos cabe ao relator, mas defende-se na doutrina que a decisão pode também ser proferida pelo órgão colegiado ou até mesmo delegada aos juízos em que se encontrem em tramitação os processos dependentes.

Todavia, a identificação dos processos que contenham controvérsia sobre a mesma questão unicamente de direito deverá ser apurada nos órgãos onde se encontrem em tramitação, situação em que deverão aplicar a solução de suspensão determinada pelo órgão competente para o julgamento do caso repetitivo.

A obediência às decisões que determinarem a suspensão dos processos, observadas as premissas estabelecidas em cada procedimento de julgamento repetitivo, é importante para possibilitar a boa gestão.

Em uma rápida análise, pode-se vislumbrar que há contradição em sustentar a possibilidade de praticar determinados atos na pendência dos julgamentos dos casos repetitivos e ao mesmo tempo defender a necessária observação das ordens de suspensão. Não há, a posição é de que podem (e devem) ser praticados todos os atos processuais que não corram o risco de serem considerados incompatíveis com a tese a ser firmada no julgamento dos casos repetitivos, como por exemplo a produção de provas.

Embora o art. 982, I não tenha incluído os juizados no rol dos órgãos que terão os processos suspensos por decisão do relator no julgamento do incidente de resolução de demandas repetitivas, a suspensão dos processos nos juizados estaduais e federais e nas respectivas turmas recursais decorre da necessidade de aplicação da futura tese a ser firmada sobre questão de direito, ou seja, se os processos em tramitação nesses órgãos não forem suspensos, não haverá como aplicar a tese futuramente.

5. A SUSPENSÃO EM INCIDENTES DE RESOLUÇÃO DE DEMANDAS REPETITIVAS É OBRIGATÓRIA OU FACULTATIVA?

De acordo com o art. 982, admitido o incidente, o relator suspenderá os processos pendentes, individuais ou coletivos, que tramitam no estado ou na região. O comando parece não deixar alternativa senão obedecê-lo, mas essa não é a melhor interpretação.[5]

Ainda que se tenha em vista que a parte possa se socorrer da tutela de urgência enquanto durar a suspensão, como lhe assegura § 2º do dispositivo em comento, há situações que por suas peculiaridades desautorizam a suspensão de centenas ou milhares de processos, principalmente sem o conhecimento da situação concreta de cada um.

A doutrina ainda não é pacífica acerca da obrigatoriedade ou não da suspensão. Alguns autores defendem a suspensão obrigatória como decorrência da admissibilidade do IRDR, outros entendem que a suspensão deve ser analisada caso a caso.[6]

---

5. "A redação do art. 982, I, do CPC/2015 sugere que a suspensão dos processos é integral e inexorável. Não nos parece, contudo, que seja assim. Pode-se, por exemplo, estar diante de questão de direito processual que não impeça a tramitação do processo, para que se realizem atos que não serão atingidos pela decisão que julgar o incidente" (MEDINA. José Miguel Garcia. *Novo Código de Processo Civil comentado*. São Paulo: Revista dos Tribunais, 2017. p. 1.445).

6. Defendendo que a suspensão é obrigatória:

"A admissão do incidente pelo colegiado gera ao relator o dever de determinar a suspensão dos processos pendentes, sejam individuais ou coletivos. Assim, o relator ordenará a comunicação dos órgãos jurisdicionais de que os seus processos, em que se discute a mesma questão de direito, foram suspensos em virtude da admissão do incidente de resolução do incidente, deverá ser endereçado ao juízo em que tramita o processo suspenso" (MARINONI, Luiz Guilherme. *Incidente de resolução de demandas repetitivas*: decisão de questão idêntica x precedente. São Paulo: Revista dos Tribunais, 2016. p. 87).

"Com relação ao IRDR, a decisão de admissibilidade, proferida pelo órgão competente do Tribunal, é a causa suspensiva de todos os processos repetitivos pendentes que tramitavam no Estado ou na região, conforme o caso. Essa eficácia suspensiva é *obrigatória* e não admite, na literalidade do NCPC, o requerimento de auto-exclusão *(opt-out)*" (CAVALCANTI. Marcos de Araújo. *Incidente de resolução de demandas repetitivas (IRDR)*. São Paulo: Revista dos Tribunais, 2016. p. 279).

Pela discricionariedade da suspensão:

"Portanto, uma reflexão mais profunda sobre o caráter cogente ou não da suspensão deve se coadunar com a necessidade da análise concreta, em termos da adequação e eventuais limites para a s suspensão dos processos dependentes da resolução da questão comum submetida ao Incidente de Resolução de Demandas Repetitivas, ainda que, em regra o legislador tenha previsto a suspensão, nos termos do art.

O tema nº 07 do IRDR suscitado e admitido pela Segunda Turma Cível – Primeiro Grupo Cível do Tribunal de Justiça do Estado do Rio Grande do Sul é um exemplo de questão em que não se deve suspender a tramitação dos processos, por se tratar de saúde pública, o que geraria grave risco àqueles que necessitam dos medicamentos.

O tema em comento versa sobre a competência dos Juizados Especiais da Fazenda Pública para julgamento das ações envolvendo a concessão de medicamentos por prazo indeterminado, cujo custo anual não exceda a 60 salários mínimos (autos nº 0035044-46.2018.8.21.7000). Segundo informação do NUGEP daquele Tribunal, o incidente de resolução de demandas repetitivas foi admitido, *"mas SEM suspensão dos processos pendentes".*

As multiplicações de conflitos de competência, assim como as decisões divergentes exaradas pelos órgãos de segundo grau do TJRS, demandavam o emprego do IRDR para pacificar o entendimento, garantir a isonomia e estabelecer a segurança jurídica. Porém, suspender processos em que se demanda a concessão de medicamentos pelos órgãos públicos seria temerário.

O Fórum Permanente de Processualistas Civis aprovou o enunciado 205, no sentido de que havendo cumulação de pedidos simples, a aplicação do art. 982, I e § 3º poderá provocar apenas a suspensão parcial do processo, não impedindo o prosseguimento em relação ao pedido não abrangido pela tese a ser firmada no incidente de resolução de demandas repetitivas.

Se a suspensão dos processos fosse cogente e automática, não seria necessário o comando previsto no art. 982, II do CPC, posto que a suspensão decorreria pela mera admissão do IRDR, na forma do inciso II do art. 313.

A suspensão dos processos deve ser operada quando compatível com o primado da celeridade processual, ou seja, que suspenda os feitos momentaneamente, evitando atos desnecessários, porém com a perspectiva de em

---

982, inciso I, do Código de Processo Civil" (MENDES, Aluisio Gonçalves de Castro. *Incidente de resolução de demandas repetitivas.* Rio de Janeiro: Forense, 2017. p. 185).

"Nessa instigante questão a virtude do meio-termo implica em que se dê o devido peso à prevalência do interesse público e social que permeia o IRDR, a saber: a emissão de tese jurídica idônea a prevenir ou superar a divergência instalada acerca de certa questão de direito replicada em muitos processos, capaz de pôr em risco a isonomia e a segurança jurídica (art. 976 e incisos); tais sobrevalores, por certo, transcendem o interesse individual das partes envolvidas nos processos seriais, tanto assim que a tese jurídica alcançada ao final do IRDR a eles se estenderá impositivamente (art. 985 e incisos, c/c art. 927, III). Desse modo, pensamos que cabe ao relator, no desempenho de sua missão de "dirigir e ordenar o processo no Tribunal" (art. 932, I) ponderar, cumpridamente, sobre os valores incidentes na espécie, por modo que, em constando que o prosseguimento das demandas individuais, em paralelo ao trâmite do IRDR, poderia pôr em risco a boa ordem judiciária, gerando situações de insegurança e perplexidade, deverá, fundamentadamente (CF, art. 93, IX; CPC/2015, § 1º do art. 489), determinar a suspensão das ações individuais concernentes ao *thema decidendum*" (MANCUSO, Rodolfo de Camargo. *Incidente de resolução de demandas repetitivas.* São Paulo: Revista dos Tribunais, 2016. p. 242-243).

curto prazo ser proporcionada a rápida solução aos processos. Talvez seja essa a motivação do art. 980, parágrafo único, ao determinar que superado o prazo de um ano cessa a suspensão, salvo fundamentada decisão em contrário proferida pelo relator.[7]

Poderá ocorrer a extensão do prazo de suspensão, mas deve ser fundamentada com motivo relevante, que escape ao domínio do órgão julgador, principalmente do relator, não podendo ser alegado, por exemplo, excesso de demandas.

A suspensão deve ocorrer quando a segurança jurídica assim demandar, a fim de que se evite a instabilidade que as decisões conflitantes ou em diversos sentidos díspares, ainda que não se choquem, podem causar na sociedade, afetando a economia, a política e as relações jurídicas.[8]

A norma deve ser interpretada sob a ótica de que a suspensão é a regra e deve ser determinada sempre que se coadunar com os objetivos do IRDR, principalmente proporcionar a segurança jurídica, o tratamento anti-isonômico, a economia processual e a celeridade. O comando, entretanto, deve ser mitigado quando a sua aplicação acabar por inviabilizar a instauração do incidente, como nos casos de fornecimento de medicamentos e quando for desnecessário, visto que é possível a prática de atos processuais sobre os quais a tese a ser firmada não teria nenhuma possibilidade de surtir efeitos e que, no sentido inverso, não prejudiquem a aplicação futura da tese.

6. POSSIBILIDADE DE SUSPENSÃO PARCIAL

O incidente de resolução de demandas repetitivas é cabível quando houver, simultaneamente, efetiva repetição de processos que contenham controvérsia sobre a mesma questão unicamente de direito (art. 976, I do CPC). Outrossim, todas as questões de direito são aplicadas a uma questão de fato (*da mihi factum, dabo tibi jus*). Há situações em que as provas do fato são pré-constituídas,

---

7. "[...] a Justiça não deve ser administrada com retardos suscetíveis de comprometer sua eficácia e credibilidade. Essa ideia, extraída das reiteradas decisões da Corte, consagra o princípio geral da boa administração da Justiça. [...] A tarefa passa, necessariamente, pela delimitação dos contornos do direito a um processo em prazo razoável, sobretudo para evitar que a arbitrariedade se instale no espaço deixado pela imprecisão terminológica natural aos conceitos jurídicos indeterminados, com suas variações no tempo e no espaço" (SCHENK, Leonardo Faria. Notas sobre o *modus operandi* das cortes europeia e interamericana para a aferição das violações do direito à razoável duração dos processos. *Revista Eletrônica de Direito Processual*. v. 11, n. 11, p. 292-308, jan./jun. 2013).

8. "A similitude dos textos que, tanto no manejo dos Res e REsps repetitivos como no IRDR, dispõem sobre a suspensão dos processos nos Tribunais de origem, se deve à afinidade de objetivos buscados em ambas as categorias, quais sejam: combater a dispersão jurisprudencial excessiva, propiciar tratamento isonômico às causas nas quais se discute a mesma questão de direito, preservar a segurança jurídica, otimizar o trabalho forense e potencializar a eficácia da resposta jurisdicional no caso das demandas seriais" (MANCUSO, Rodolfo de Camargo. *Incidente de resolução de demandas repetitivas*. São Paulo: Revista dos Tribunais, 2016. p. 242-243).

noutras dependem da produção na instrução dos processos, como as provas testemunhais, periciais e depoimentos pessoais.

A solução dada pelo órgão competente para o julgamento do repetitivo sempre irá depender da comprovação de uma questão de fato, de sorte que a garantia constitucional que assegura à parte os meios que garantam a celeridade da tramitação do processo (art. 5º, LXXVIII da CRFB) importa na "preparação" do processo até a fase em que deve ser aplicada a tese firmada no julgamento repetitivo.

O raciocínio é o mesmo a ser utilizado quando a questão de direito posta no processo não esteja pendente de julgamento repetitivo, a instrução do processo deverá ocorrer naturalmente até o momento da prolação da sentença, situação em que será aplicada a tese a qual o juiz entende mais correta segundo as normas abstratas existentes no direito. A diferença é que quando o processo chegar a tal ponto (prolação da sentença), o juiz deverá aguardar a tese a ser firmada no repetitivo (suspendendo o processo dependente) e posteriormente aplicá-la, tornando a norma abstrata, proferida no âmbito do repetitivo, em norma concreta.[9]

A questão de direito, porém, pode ser de natureza material ou processual, neste caso (processual), pode ser que o tema afetado verse, por exemplo, sobre a constitucionalidade da citação mediante entrega do mandado ao porteiro do condomínio com controle de acesso (art. 248, § 4º do CPC), sendo determinada a suspensão dos processos em que houve o mesmo fundamento.

Imagine que após ter sido decretada a revelia, o réu se manifeste nos autos impugnando a citação, alegando que apesar de residir no endereço, viajou um dia antes da diligência, saindo de madrugada, no horário em que não havia porteiro e só retornou sessenta dias após, tendo-lhe sido entregue o mandado. Em sua defesa argúi a inconstitucionalidade do dispositivo, alegando incompatibilidade com o devido processo legal (art. 5º, LIV) e com o direito ao contraditório e à ampla defesa (art. 5º, LV).

Na situação hipotética, é prudente que não se prossiga com o processo, eis que a questão posta é conexa e depende da aplicação da tese a ser firmada no repetitivo, seja pela constitucionalidade ou não do art. 248, § 4º do CPC.

9. "O segundo formato é aquele dos "processos-modelo": neste, no incidente são apreciadas somente questões comuns a todos os casos similares, deixando a decisão de cada caso concreto para o juízo do processo originário. Ou seja, o que se observa neste segundo formato é cisão cognitiva e decisória (existe uma divisão de competências entre o órgão que julga a questão comum objeto do incidente, e outro órgão que decide o processo originário em todas as questões que lhe são próprias) e incorporação da tese definida do incidente aos processos repetitivos (a decisão do incidente é tomada como questão prévia pelo órgão que julgará o caso, e deverá ser adotada como premissa às considerações sobre as demais questões de cada processo). Neste caso, temos uma decisão objetiva e subjetivamente complexa: o que será executado posteriormente é uma combinação do que foi decidido pelos dois órgãos judiciários" (CABRAL, Antonio do Passo. A escolha da causa-piloto nos incidentes de resolução de processos repetitivos. *Revista de Processo*. v. 231, p. 201-223, maio 2014).

Ressalvada a hipótese ilustrada no item anterior é aconselhável que seja determinada e realizada a citação, bem como que o processo siga o seu rumo até a fase em que depender da aplicação da tese de direito que se encontre pendente de julgamento no repetitivo.

Assim, há situações em que o processo poderá tramitar até a fase imediatamente anterior à prolação de sentença[10], bem como situações em que o processo deve ser suspenso imediatamente e, por fim, em alguns casos a instrução só poderá ser realizada parcialmente. A fase até a qual o processo poderá tramitar deverá ser verificada no caso concreto. Em qualquer situação, sendo a suspensão determinada pelo relator ou pelo órgão julgador do repetitivo, não poderá ser proferida sentença, realizado julgamento monocrático em segundo grau, ou prolatado acórdão em processo dependente versando sobre a mesma questão de direito afetada no repetitivo, sob pena de configurar-se desrespeito à decisão prolatada pelo órgão superior. Ressalva-se o julgamento parcial de mérito (art. 356 do CPC).

É corriqueiro que os processos contenham mais de um pedido, conexo a outro por um objeto comum, mas que a despeito dessa situação, possam ser julgados separadamente, sem que o julgamento de um obste o conhecimento do outro.[11]

Pense por exemplo em um processo cujo objeto é a compra de um imóvel, em que se discute a legalidade (ou ilegalidade) da imposição ao comprador da obrigação de pagamento da taxa de corretagem[12], assim como a aplicação de taxa de juros em desacordo com o contrato. Embora os dois pedidos tenham

---

10. Sob o ponto de vista dos processos subjetivos, é razoável ponderar se a suspensão não deve se operar, idealmente, somente após a fase instrutória, isto é, imediatamente antes da fase decisória. Afinal, se o julgador terá que aplicar a tese a ser fixada, revela-se medida de eficiência processual o prosseguimento da ação, preparando-a para o julgamento nos moldes definidos ao cabo do incidente (PORTO, José Roberto Sotero de Mello. *Teoria Geral dos casos repetitivos*. Rio de Janeiro: GZ, 2018. p. 171).

11. "Se possível o afastamento integral da suspensão, mais defensável ainda a possibilidade de suspensão parcial do processo, considerando-se as inúmeras possibilidades de cumulação, objetiva e subjetiva, de demandas. Por conseguinte, o Incidente de Resolução de Demandas Repetitivas poderá ter como objeto, por exemplo, uma questão que seja determinante para apreciação de um dos pedidos ou da causa de pedir, ou da respectiva defesa, sem interferência direta nos demais pedidos ou causas de pedir, que poderão exigir, por sua vez e ao contrário do objeto do IRDR, produção probatória" (MENDES, Aluisio Gonçalves de Castro. *Incidente de resolução de demandas repetitivas*. Rio de Janeiro: Forense, 2017. p. 185-186).

12. O caso hipotético foi utilizado apenas para fim exemplificativo posto que a questão de direito pertinente à possibilidade de transferência ao comprador da obrigação de pagamento da comissão de corretagem foi julgada pelo STJ no REsp nº 1.599.511/SP. No repetitivo foram firmadas duas teses: "1.1. Validade da cláusula contratual que transfere ao promitente-comprador a obrigação de pagar a comissão de corretagem nos contratos de promessa de compra e venda de unidade autônoma em regime de incorporação imobiliária, desde que previamente informado o preço total da aquisição da unidade autônoma, com o destaque do valor da comissão de corretagem; 1.2. Abusividade da cobrança pelo promitente-vendedor do serviço de assessoria técnico-imobiliária (SATI), ou atividade congênere, vinculado à celebração de promessa de compra e venda de imóvel." (Rel. Min. PAULO DE TARSO SANSEVERINO, publicado no DJE em 06/09/2016).

como fundamento o negócio jurídico realizado (compra e venda), não há interdependência, podendo cada um ser julgado individualmente.

No caso, qualquer que seja o resultado do julgamento proferido pelo juízo originário, referente aos juros, o resultado do julgamento no IRDR referente à devolução da comissão de corretagem imposta ao comprador não terá absolutamente nenhum efeito sobre aquela questão (juros).

Não há prejuízo, portanto, que se antecipe a produção de prova referente ao pedido de revisão da taxa de juros aplicada ao financiamento, na verdade até se aconselha que seja realizada a antecipação, pois a análise do pedido (revisão da taxa de juros) demanda a realização de perícia contábil atuarial, ao passo que a análise da legalidade da transmissão da obrigação do pagamento da comissão de corretagem não demanda nenhuma prova além do contrato e do comprovante de pagamento, de sorte que, ao ser firmada a tese no repetitivo, a causa dependente já estará madura para julgamento, integralizando-se a análise dos pedidos realizados na petição inicial. Caso não se tivesse antecipado a produção da prova pericial contábil, a tese firmada no repetitivo não poderia ser imediatamente aplicada e o processo ainda estaria na fase inicial de instrução.

Neste sentido, o Fórum Permanente de Processualistas Civil aprovou o enunciado nº 205.[13]

O Tribunal Superior do Trabalho inseriu em seu regimento interno o § 3º do art. 305, no sentido de que admitido o incidente, o relator poderá suspender o julgamento dos processos pendentes, individuais ou coletivos, no tocante ao tema objeto de incidente de resolução de demandas repetitivas, sem prejuízo da instrução integral das causas e do julgamento dos eventuais pedidos distintos e cumulativos igualmente deduzidos em tais processos, inclusive, se for o caso, do julgamento antecipado parcial do mérito.

Neste sentido também o Tribunal Regional do Trabalho da 2ª Região estabeleceu em seu Regimento Interno, no art. 126-A, que a instauração do incidente não prejudicará a instrução dos processos em primeiro grau de jurisdição (incluído pela Resolução Administrativa nº 01/2018 – DeJT 04/06/2018).

7. QUANDO NÃO DEVE OCORRER A SUSPENSÃO DOS PROCESSOS NOS JULGAMENTOS DO IRDR

As normas que determinam a suspensão em razão de julgamentos repetitivos devem ser interpretadas sob a ótica de que a regra deve ser observada sempre que se coadunar com os objetivos principais do IRDR, principalmente

13. Havendo cumulação de pedidos simples, a aplicação do art. 982, I e § 3º, poderá provocar apenas a suspensão parcial do processo, não impedindo o prosseguimento em relação ao pedido não abrangido pela tese a ser firmada no incidente de resolução de demandas repetitivas.

proporcionar a segurança jurídica, o tratamento isonômico, a economia processual e a celeridade. O comando, entretanto, deve ser mitigado quando a sua aplicação acabar por inviabilizar a instauração do incidente, como nos casos de fornecimento de medicamentos, por exemplo.

A seguir, serão tratadas algumas hipóteses que justificam a mitigação do comando contido no art. 982, I do CPC.

8. QUANDO O IRDR VERSAR SOBRE QUESTÃO DE DIREITO PENAL, MATERIAL OU PROCESSUAL

O art. 116, I do Código Penal, com a redação que lhe foi dada pela Lei nº 7.209 de 1984, estipula que antes de passar em julgado a sentença final, a prescrição não corre enquanto não resolvida, em outro processo, questão de que dependa o reconhecimento da existência do crime.

A leitura do dispositivo, a princípio, pode levar ao pensamento de que a inconveniência quanto à suspensão dos processos criminais ante a pendência de julgamento de casos repetitivos estaria solucionada. Discorda-se, a prescrição é a extinção da pretensão[14] punitiva do Estado acarretada pelo decurso do tempo.[15] Justifica-se o instituto pelo desaparecimento do interesse estatal na repressão do crime, em razão do tempo decorrido, que leva ao esquecimento do delito e à superação do alarme social causado pela infração penal. Além disso, a sanção perde a sua finalidade quando o infrator não reincide e se readapta à vida social.

Ocorrido o crime, nasce para o Estado a pretensão de punir o autor do fato criminoso. Essa pretensão deve, no entanto, ser exercida dentro de determinado lapso temporal, que varia de acordo com a figura criminosa composta pelo legislador e segundo o critério do máximo cominado em abstrato da pena privativa de liberdade – hipótese de cálculo do prazo de prescrição antes do trânsito em julgado da sentença condenatória –, escoado esse prazo, ocorre a prescrição da pretensão punitiva e o acusado não pode sofrer nenhuma sanção, tal como se o crime não tivesse sido praticado.[16]

---

14. "No momento em que um crime é praticado, esse direito abstrato e impessoal se concretiza e se volta especificamente contra a pessoa do delinquente. Nesse instante, de direito passa a pretensão. Pretensão é a disposição de submeter um interesse alheio a um interesse próprio. O Estado passa a ter o interesse de submeter o direito de liberdade daquele criminoso ao seu direito de punição" (CAPEZ, Fernando. *Curso de direito penal* – parte geral. v. 1. 6. ed. rev. e atual. São Paulo: Saraiva, 2003. p. 519).
15. "O decurso do tempo possui efeitos relevantes no ordenamento jurídico, operando nascimento, alteração, transmissão ou perda de direitos. No campo penal o transcurso do tempo incide sobre a conveniência política de ser mantida a persecução criminal contra o autor de infração ou de ser executada a sanção em face de lapso temporal minuciosamente determinado pela norma. Com a prescrição o Estado limita *jus puniendi* concreto e o *jus punitionis* a lapsos temporais, cujo decurso faz com que considere inoperante manter a situação criada pela violação da norma de proibição violada pelo sujeito" (JESUS, Damásio Evangelista de. *Direito Penal* – parte geral. v. 1. 23. ed. rev. e atual. São Paulo: Saraiva, 1999. p. 721).
16. MIRABETE, Julio Fabbrini. *Manual de Direito Penal*. v. 1. 16. ed. São Paulo: Atlas, 2000. p. 401.

Transitada em julgado a sentença condenatória para ambas as partes, surge o título penal a ser executado no prazo computado de acordo com a pena em concreto da condenação prevista na sentença. O título perde a sua força executória se não for exercida pelo Estado antes de operar-se a prescrição da pretensão executória. Nesta hipótese extinguem-se somente as penas, os demais efeitos da condenação, como pressuposto de reincidência, inscrição do nome do réu no rol dos culpados, pagamento de custas, efeitos da condenação etc., permanecem hígidos enquanto não ocorrer causa que os extinga, como o decurso do prazo para efeito de reincidência e reabilitação.[17]

Como leciona Guilherme de Souza Nucci, há várias teses fundamentando a existência da prescrição em diversos ordenamentos jurídicos, inclusive no nosso, o autor enumera as seguintes: teoria do esquecimento, baseia-se no fato de que, após o decurso de certo tempo, que varia conforme a gravidade do delito, a lembrança do crime apaga-se da mente da sociedade, não mais existindo o temor causado pela sua prática, deixando, pois, de haver motivo para a punição; teoria da expiração moral, funda-se na ideia de que, com o decurso do tempo, o criminoso sofre a expectativa de ser, a qualquer tempo, descoberto, processado e punido, o que já lhe serve de aflição, sendo desnecessária a aplicação da pena; teoria da emenda do delinquente, tem por base o fato de que o decurso do tempo traz, por si só, mudança de comportamento, presumindo-se a sua regeneração e demonstrando a desnecessidade da pena; teoria da dispersão das provas, lastreia-se na ideia de que o decurso do tempo provoca a perda das provas, tornando-se quase impossível realizar um julgamento justo muito tempo depois da consumação do delito; teoria psicológica, funda-se na ideia de que com o decurso do tempo o criminoso altera o seu modo de ser e de pensar, tornando-se pessoa diversa daquela que cometeu a infração penal, motivando a não aplicação da pena.

Todas as teorias, em conjunto, explicam a razão de existências da prescrição, que não deixa de ser medida benéfica e positiva, diante da inércia do Estado, em sua tarefa de investigação e apuração do crime.[18]

As teorias acima informadas demonstram que se de um lado a prescrição serve como critério limitador de exercício do direito de punir do Estado, de outro, é também um direito do réu, que a despeito de ter cometido crime, não pode ser punido com o temor eterno de ser descoberto, processado, condenado e apenado, como se uma afiada e pesada espada de Dâmocles[19], pendurada por um único fio de rabo de cavalo, pairasse sobre a sua cabeça.

---

17. Ibid. p. 401-402.

18. NUCCI, Guilherme de Souza. *Manual de direito penal*. 7. ed. São Paulo: Revista dos Tribunais, 2011. p. 607-608.

19. BITENCOURT, Cezar Roberto. *Manual de direito penal*: parte geral. v. 1. 6. ed. rev. e atual. São Paulo: Saraiva, 2000. p. 671.

A incerteza é em si mesma uma punição, tanto que o prazo de prescrição é contabilizado de acordo com a pena abstrata máxima aplicável ao fato típico ou de acordo com a pena concreta arbitrada na sentença, variando conforme a gravidade do crime.

Por esta razão o Tribunal de Justiça de Alagoas publicou a Resolução nº 27, de 17 de maio de 2016, que prevê em seu artigo 12: *"Não deverá ser suspenso processo em que haja risco de prescrição no âmbito penal, devendo manter seu curso normal para julgamento, constando essa circunstância em qualquer ato processual".* A despeito da norma contida no art. 116, I do CP, a Resolução que regulamenta os procedimentos de recursos repetitivos é compatível com o direito do réu de não se ver eternamente nessa condição no processo penal.

Importante decisão proferida pelo Supremo Tribunal Federal em sede de Recurso Extraordinário, que pode ser perfeitamente aplicada aos incidentes de resolução de demandas repetitivas, em função do microssistema de julgamentos de casos repetitivos, ocorreu em análise de questão de ordem, no RE 966.177, tendo sido assentado que: a) a suspensão de processamento prevista no § 5º do art. 1.035 do CPC não consiste em consequência automática e necessária do reconhecimento da repercussão geral realizada com fulcro no caput do mesmo dispositivo, sendo da discricionariedade do relator do recurso extraordinário paradigma determiná-la ou modulá-la; b) de qualquer modo, consoante o sobredito juízo discricionário do relator, a possibilidade de sobrestamento se aplica aos processos de natureza penal; c) neste contexto, em sendo determinado o sobrestamento de processos de natureza penal, opera-se, automaticamente, a suspensão da prescrição da pretensão punitiva relativa aos crimes que forem objeto das ações penais sobrestadas, a partir de interpretação conforme a Constituição do art. 116, I, do CP; d) em nenhuma hipótese, o sobrestamento de processos penais determinado com fundamento no art. 1.035, § 5º, do CPC abrangerá inquéritos policiais ou procedimentos investigatórios conduzidos pelo Ministério Público; e) em nenhuma hipótese, o sobrestamento de processos penais determinado com fundamento no art. 1.035, § 5º, do CPC abrangerá ações penais em que haja réu preso provisoriamente; f) em qualquer caso de sobrestamento de ação penal determinado com fundamento no art. 1.035, § 5º, do CPC, poderá o juízo de piso, no curso da suspensão, proceder, conforme a necessidade, à produção de provas de natureza urgente. (STF. Tribunal Pleno. Questão de Ordem em Recurso Extraordinário 966.177. Relator Min. Luiz Fux. Julgado em 07/06/2017, publicado no DJE em 08/06/2017).

No recurso extraordinário em tela, que versa sobre a constitucionalidade do art. 50 do Decreto-Lei nº 3.688/41 (*Estabelecer ou explorar jogo de azar em lugar público ou acessível ao público, mediante o pagamento de entrada ou sem ele),* não foi determinada a suspensão, conforme decisão proferida pelo relator, publicada no DJE em 09/03/2018.

Nos casos de crimes imprescritíveis (art. 5º, incisos XLII e XLIV da CRFB) a suspensão do processo ordenada no repetitivo acarretaria menos efeitos negativos nos processos dependentes. Assim, nos feitos não acolhidos como paradigmas, em que se esteja processando o réu por supostamente ter cometido algum dos fatos que tipifiquem os crimes de racismo, definidos na Lei nº 7.716/89, ou ações de grupos armados, civis ou militares, contra a ordem constitucional e o Estado Democrático, definidas como crimes na Lei nº 7.170/83 (Lei de Segurança Nacional)[20], seria mais aconselhável que se aguardasse o julgamento no repetitivo, se não houver nenhum ato que seja absolutamente desconexo da tese a ser analisada. Exceção deve ser feita se a suspensão do processo dependente puder acarretar a perda ou dificuldade de produção de alguma prova, evasão do réu, causar risco às testemunhas, possibilitar a prática de novos crimes etc., devendo prosseguir o processo criminal inclusive para verificação da conveniência de ser decretada e efetuada a prisão provisória.

Poderia ser levantada questão quanto ao prejuízo que adviria ao réu no caso de o julgamento repetitivo importar em precedente vinculante que lhe seja mais vantajoso e que seria aplicado ao seu processo caso tivesse sido determinada a suspensão. Porém, a prescrição é em parte um direito do réu quando o Estado é omisso e não age a fim de exercer o *jus puniendi* ou o *jus punitionis,* mas se o Estado for diligente com a persecução penal e o processo estiver tramitando na sua marcha normal, garantidos todos os meios para o devido processo legal, incluindo a razoável duração, não há que se falar em direito do réu à prescrição ou em suspender o processo para aguardar precedente que possa eventualmente ser mais benéfico, assim como o réu não tem direito que o processo seja suspenso na esperança de aguardar lei que lhe favoreça, tudo em decorrência do princípio *tempus regit actum.*

É válido ressaltar que a regra de retroatividade da lei penal mais benéfica não se aplica aos precedentes, de sorte que não há direito garantido ao réu de aplicação do precedente mais benéfico que venha a reconhecer o direito de redução ou abrandamento da pena.[21]

---

20. CAPEZ, Fernando. *Curso de direito penal* – parte geral. v. 1. 6. ed. rev. e atual. São Paulo: Saraiva, 2003. p. 521.

21. PENAL E PROCESSO PENAL. ROUBO CIRCUNSTANCIADO. REVISÃO CRIMINAL. DOSIMETRIA. DUAS MAJORANTES. TERCEIRA FASE ACIMA DO MÍNIMO LEGAL. AUSÊNCIA DE FUNDAMENTAÇÃO. SENTENÇA PROFERIDA EM 2007. PLEITO DE APLICAÇÃO RETROATIVA DA SÚMULA 443/STJ. EXIGÊNCIA DE FUNDAMENTAÇÃO CONCRETA. ENTENDIMENTO JURISPRUDENCIAL CONSOLIDADO ANTES DA PROLAÇÃO DO ÉDITO CONDENATÓRIO. HABEAS CORPUS CONCEDIDO. 1. Não é devido, em sede de revisão criminal, a aplicação retroativa de entendimento jurisprudencial, ainda que sumulado, com o objetivo de preservar a segurança jurídica e por ausência de previsão legal. 2. Contudo, na época da prolação da sentença (2007), o entendimento jurisprudencial já era no sentido de exigir fundamentação concreta para o aumento acima do mínimo legal, na terceira fase de aplicação da pena no crime de roubo circunstanciado, não obstante a Súmula 443/STJ tenha sido editada somente em 13/5/2010. 3. Habeas corpus concedido a fim de reduzir a pena do primeiro crime de roubo - art. 157, § 2º, I e II, do CP -, para 5 anos e 4 meses de

Pelas razões acima, o processo penal não deve ser suspenso em razão de julgamento repetitivo, seja IRDR, recurso especial repetitivo ou recurso extraordinário com repercussão geral reconhecida, aplicando-se a regra aos processos em que o réu esteja preso ou solto, mas, excepcionalmente nos casos em que o relator ou órgão competente para o julgamento repetitivo assim determinar a conveniência processual da suspensão, esta deverá ser verificada caso a caso, pelo órgão competente para o julgamento do processo dependente, no grau de jurisdição em que se encontre.

9. QUANDO HOUVER UMA DAS HIPÓTESES QUE ENSEJAM A EXTINÇÃO DO PROCESSO SEM RESOLUÇÃO DO MÉRITO E QUANDO OCORRER DECADÊNCIA OU PRESCRIÇÃO

Determina o art. 354 do CPC que ocorrendo qualquer das hipóteses previstas nos arts. 485 e 487, incisos II e III, o juiz proferirá sentença. O art. 485 prevê dez hipóteses de extinção do processo sem resolução do mérito, os incisos II e III do art. 487 tratam de duas hipóteses de extinção com resolução do mérito. Com exceção da hipótese prevista no inciso III do art. 487 – que será tratada à parte –, a todas as outras será dedicado este item.

Nas hipóteses de extinção do processo sem resolução do mérito previstas no art. 485, incisos I a IX, não haverá necessidade de se aguardar o julgamento do repetitivo pois a tese abstrata a ser fixada não poderá ser aplicada ao processo a ser extinto eis que há um fato impeditivo de que o processo chegue à fase da prolação de sentença que resolva o mérito.

Desta feita, quando o juiz indeferir a petição inicial; quando o processo ficar parado durante mais de um ano por negligência das partes; quando por não promover os atos e as diligências que lhe incumbir, o autor abandonar a causa por mais de trinta dias; quando o juiz verificar a ausência de pressupostos de constituição e de desenvolvimento válido e regular do processo; quando reconhecer a existência de perempção, de litispendência ou de coisa julgada; quando for verificada a ausência de legitimidade ou de interesse processual; quando for acolhida a alegação de existência de convenção de arbitragem ou quando o juízo arbitral reconhecer sua competência; quando o juiz homologar a desistência da ação; e em caso de morte da parte, a ação for considerada intransmissível por disposição legal, não haverá utilidade em se aguardar a fixação da tese no repetitivo, salvo se o tema afetado corresponder especificamente a uma das causas de extinção acima elencadas.

---

reclusão e 13 dias-multa. (STJ. HC 446.133/SC, Rel. Ministro NEFI CORDEIRO, SEXTA TURMA, julgado em 12/06/2018, DJe 19/06/2018.

Pertinente à desistência e ao abandono da ação, aperfeiçoando-se alguma destas hipóteses, não haverá impedimento para o exame do mérito do incidente de resolução de demandas repetitivas, conforme previsão específica no art. 976, § 1º do CPC.

No que tange à extinção do processo com resolução do mérito por ser reconhecida a decadência ou decretada a prescrição da pretensão autoral (art. 487, I do CPC), o processo também não deve seguir o seu curso ordinário.

Verificando a possibilidade de existência de uma dessas razões de extinção, o juiz determinará que se pronuncie o autor (arts. 10 e 487, parágrafo único do CPC) e também o réu, salvo se ainda não houver sido citado (art. 487, parágrafo único do CPC), não sendo comprovada nenhuma das causas de interrupção da prescrição ou motivo que afaste a decadência será proferida sentença com resolução do mérito, independente do julgamento do repetitivo, salvo se o tema afetado disser respeito diretamente à prescrição ou decadência da pretensão. O mesmo raciocínio deve ser aplicado, com as devidas adaptações, se o processo se encontrar em segundo grau de jurisdição, ou mesmo nas instâncias superiores, em órgãos distintos daquele em que tramita o repetitivo.

10. QUANDO FOR REQUERIDA A HOMOLOGAÇÃO DE RECONHECIMENTO DA PROCEDÊNCIA DO PEDIDO, DE TRANSAÇÃO OU DE RENÚNCIA À PRETENSÃO FORMULADA NA AÇÃO OU NA RECONVENÇÃO

A homologação de reconhecimento da procedência do pedido, de transação ou de renúncia à pretensão formulada na ação ou na reconvenção será tratada neste item e não o foi no item anterior em razão do diferente fundamento para a não suspensão do processo.

Aqui não se trata de uma questão que importe na extinção do processo sem resolução do mérito ou de extinção com resolução de mérito por conta de uma questão reconhecida logo no início do processo, mas de um ato jurídico configurado pela sujeição espontânea de uma parte ao direito da outra (reconhecimento ou renúncia) ou de sujeição recíproca (transação) que pode se dar no início do processo ou um pouco mais a frente.

Essas espécies, previstas no art. 487, III, "a", "b" e "c" do Código de Processo Civil, ausente qualquer elemento que evidencie vício de vontade que macule a espontaneidade da parte, não estando presente direito de incapaz e não importando em nenhuma cláusula ou ato imoral ou antijurídico, importará na homologação obrigatória pelo juiz, pondo fim ao processo.

Outrossim, a transação, por se tratar do que a doutrina e a jurisprudência chamam de sentença das partes, não depende da aplicação da tese a ser firmada no julgamento repetitivo, razão pela qual não há utilidade em aguardar a resolução do repetitivo para resolver o processo antes dependente.

Na mesma esteira correm o reconhecimento da procedência do pedido e a renúncia à pretensão, trata-se de iniciativas das partes que, ressalvadas as hipóteses acima, importarão na necessária homologação por sentença (ou acórdão) e consequente extinção.

É certo que o tempo é importante senão o mais relevante fator que leva as partes a transacionarem, este elemento é corrosivo, causa prejuízos financeiros e emocionais, entre outros, tornando mais interessante para as partes a transação, que a busca pela satisfação integral do bem da vida, abdicando de parte dos direitos que têm (ou que acreditam ter). O mesmo pode ser dito do reconhecimento da procedência do pedido e da renúncia à pretensão deduzida, que muitas, inúmeras vezes é consequência de uma transação realizada fora do processo em que foi concretizada, às vezes em outro processo ou de forma extrajudicial.

Destarte, se as partes, diante da falta de expectativa de resolução dos seus processos, em curto prazo, resolvem pôr fim ao litígio, abdicando inclusive dos seus direitos, e a pacificação das relações sociais é a finalidade maior do processo, cujo código atual prima pelos meios consensuais de resolução dos conflitos[22], não há como negar-lhes a homologação e a extinção do processo, impondo-lhes a tese jurídica a ser firmada no repetitivo, que ambas recusaram em comum acordo, inclusive antes mesmo de ter sido firmada.

A extinção do processo pelos fundamentos acima, contudo, não impedirá o exame do mérito do repetitivo – por interpretação analógica dos arts. 976, § 1º e 998, parágrafo único do CPC –, cuja tese a ser firmada terá efeito centrífugo sobre todas as outras causas que versem sobre a mesma questão de direito, em trâmite nos órgãos sob a mesma área de jurisdição do órgão prolator da decisão vinculante (art. 985 do CPC).

11. QUANDO HOUVER DIVERGÊNCIA DE MÍNIMA PARCELA DOS ÓRGÃOS JULGADORES

Os julgamentos de casos repetitivos têm como principal objetivo garantir a segurança jurídica, uniformizando a aplicação das normas abstratas a demandas jurídicas similares, evitando que iguais pretensões sofram diferentes soluções a depender do juízo ao qual o processo seja distribuído.

22. "Luiz Fux, Presidente da Comissão de Juristas nomeada pelo Senado Federal para a redação do Anteprojeto do Código de Processo Civil atual registrou: "A Comissão privilegiou a conciliação a critério do juízo e das partes, incluindo-a como primeiro ato de convocação do réu a juízo, porquanto nesse momento o desgaste pessoal e patrimonial dos interessados é diminuto e encoraja as concessões, mercê de otimizar o relacionamento social com larga margem de eficiência em relação à prestação jurisdicional" (FUX, Luiz. Senado Federal: os 50 anos de Brasília. Por uma justiça ágil. *Revista de Informação Legislativa*. Brasília a. 47, n. 187. p. 161-171. jul./set. 2010).

A controvérsia sobre determinada questão jurídica, por vezes, ocorre em uma mesma serventia de justiça, na qual o juiz titular e o juiz substituto mantêm posicionamentos diferentes, de forma que a sorte de jurisdicionados com pretensões absolutamente idênticas, pode mudar, por exemplo, a depender do último dígito do número de autuação dos seus processos, se for par a competência será do juiz titular e se for ímpar a competência será do juiz substituto.

No contexto do poder judiciário estadual, regional ou até nacional, a controvérsia pode ser mais ampla, representativa e significativa, mas há situações, no entanto, que embora configurada a controvérsia, a contrariedade se estabelece em parte ínfima dos órgãos jurisdicionais, por vezes nem se aperfeiçoando os efeitos concretos das decisões por si proferidas, *v.g.* quando proferidas decisões monocráticas recorríveis por agravo interno ou proferidas em julgamento por colegiado e o voto é vencido.

As decisões que determinam a suspensão dos processos dependentes devem pautar-se no critério de ponderação dos princípios da segurança jurídica (art. 5º, XXXVI da CRFB) e da isonomia (art. 5º, *caput* da CRFB) frente aos princípios da inafastabilidade da prestação jurisdicional (art. 5º, XXXV da CRFB), da razoável duração do processo e aos meios que garantam a celeridade de sua tramitação (art. 5º, LXXVIII da CRFB).

A determinação de suspensão de milhares de processos, portanto, quando a divergência entre os órgãos for mínima, pode acarretar mais prejuízos que resultados úteis às partes e aos processos. Este raciocínio foi demonstrado no âmbito do Superior Tribunal de Justiça ao decidir sobre a suspensão dos processos dependentes, em decorrência de afetação para julgamento pelo procedimento dos recursos especiais repetitivos, de matéria que versava sobre os efeitos do atraso na entrega de unidades autônomas, em contratos de promessas de compra e venda de imóvel.[23]

---

23. Todavia, embora, em princípio, a suspensão do processamento de todos os processos pendentes, individuais ou coletivos, que versem sobre idênticas questões e que tramitem no Território nacional, seja um dos efeitos da decisão de afetação do recurso como repetitivo (CPC, art. 1.037, II), no caso, excepcionalmente, entendo desnecessária e imprópria a adoção dessa medida, pelas razoes a seguir expostas: a) Indubitavelmente, existem milhares de processos em andamento perante os Tribunais do país, bem como no âmbito desta Corte, versando sobre os efeitos do atraso na entrega de unidades autônomas, em contratos de promessas de compra e venda de imóvel; b) Parte dos temas objeto da presente afetação tem jurisprudência consolidada per este Superior Tribunal de Justiça, assim como pelos próprios Tribunais Estaduais, de modo que os julgamentos pelas instâncias ordinárias que contrariam esses precedentes, embora existam, certamente são minoritários; c) A paralisação de todos as processos no país, por até 1 (um) ano, poderia acarretar efeito diverso a celeridade e segurança jurídica que o julgamento sob o rito dos recursos repetitivos anseia. Desse modo, seria temerário, a fim de evitar a instabilidade jurisprudencial de franca minoria de decisões dissonantes, sobrestar a maioria dos julgamentos que se filiam a entendimento já consolidado; d) Pela natureza da relação contratual em discussão, que envolve acesso a moradia, e, portanto, direitos disponíveis, a possibilidade de acordo entre as partes se faz sempre presente. Ocorre que essa iniciativa, salutar, visando pôr fim aos litígios, poderia ser obstada com a suspensão indiscriminada dos processos por todo o Território nacional; e) Também deve ser considerado o risco potencial do encerramento das atividades de parte

O Professor Aluisio Gonçalves de Castro Mendes, na sua obra intitulada "Incidente de Resolução de Demandas Repetitivas", frequentemente referida em razão da sua completude no decorrer deste artigo, posiciona-se no mesmo sentido exposto na decisão acima mencionada.[24]

Portanto, conforme estas abalizadas posições, quando a controvérsia representar-se por parcela mínima de órgãos jurisdicionais, os princípios da segurança jurídica e da isonomia não devem preponderar frente aos princípios da inafastabilidade da prestação jurisdicional, da razoável duração do processo e aos meios que garantam a celeridade de sua tramitação, devendo ser procedida à tramitação e ao julgamento do repetitivo sem a determinação de suspensão dos processos dependentes.

12. QUANDO HOUVER O TRÂNSITO EM JULGADO E O PROCESSO SE ENCONTRAR EM FASE DE LIQUIDAÇÃO OU DE CUMPRIMENTO DE SENTENÇA

O princípio da segurança jurídica importa também na estabilidade das decisões transitadas em julgado. Trata-se de decorrência do primado estabelecido no art. 5º, XXXVI da Constituição da República Federativa do Brasil segundo o qual a lei não prejudicará o direito adquirido, o ato jurídico perfeito e a coisa julgada.

Dessa forma, ainda que seja reconhecida identidade entre as questões de direito desafiadas no julgamento repetitivo e aquelas que já foram enfrentadas por julgamento transitado em julgado, não há que se falar em dependência ou vinculação do precedente firmado no repetitivo, isso porque a decisão proferida fora do repetitivo se tornou estável, imutável (art. 502 do CPC), salvo por ação rescisória, se ainda houver prazo para tanto.

Nenhum juiz decidirá novamente as questões já decididas relativas à mesma lide, salvo se tratando-se de relação jurídica de trato continuado sobrevier modificação no estado de fato ou de direito, caso em que poderá a parte pedir a revisão do que foi estatuído na sentença (art. 505, I do CPC).

---

das empresas demandadas, devido ao atual desaquecimento do setor imobiliário, a que poderia acarretar prejuízos financeiros irreparáveis para grande parte das famílias. (STJ. ProAfR no REsp 1729593/SP, Rel. Ministro Marco Aurélio Bellizze, Segunda Seção, julgado em 11/09/2018, DJe 18/09/2018).

24. "Razões podem existir, contudo, para a não adoção do da suspensão para a situação concreta. Pode-se conceber, por exemplo, que, dentro do âmbito da jurisdição do Tribunal, a esmagadora maioria dos órgãos já adote uma posição em conformidade com a jurisprudência da Corte ou com o seu entendimento predominante, havendo divergência mínima, localizada em apenas um órgão judicial, sob o qual sequer tramita um número significativo de processos. Embora o IRDR possa ser útil para o estabelecimento da isonomia e da segurança jurídica, de modo integral, na área de jurisdição do Tribunal, a suspensão acabaria por retardar, sem justificativa plausível, o andamento de grande quantidade de processos" (MENDES, Aluisio Gonçalves de Castro. *Incidente de resolução de demandas repetitivas*. Rio de Janeiro: Forense, 2017. p. 185).

É vedado à parte discutir no curso do processo as questões já decididas a cujo respeito se operou a preclusão (art. 507 do CPC). Transitada em julgado a decisão de mérito considerar-se-ão deduzidas e repelidas todas as alegações e as defesas que a parte poderia opor tanto ao acolhimento quanto à rejeição do pedido (art. 508 do CPC).

Julgado o incidente, a tese jurídica será aplicada a todos os processos individuais ou coletivos que versem sobre idêntica questão de direito e que tramitem na área de jurisdição do respectivo tribunal, inclusive àqueles que tramitem nos juizados especiais do respectivo estado ou região (art. 985, I do CPC).

Estabelecida a coisa julgada o processo não versa mais sobre a questão de direito posta na fase de conhecimento, mas sim do cumprimento do título formado pela decisão.

Publicado o acórdão paradigma, os processos suspensos em primeiro e segundo graus de jurisdição retomarão o curso para julgamento e aplicação da tese firmada pelo tribunal superior (art. 1.040, III do CPC), mas se o processo já atingiu o final do curso, nenhum efeito a tese firmada pelo tribunal superior terá sobre o processo que já atingiu a linha final da sua trajetória.

Portanto, os processos que estejam em fase de liquidação ou cumprimento de sentença não devem retroagir para a revisão da tese jurídica concretizada na sentença, tendo em vista a estabilidade ser efeito da coisa julgada e esta deve prevalecer ainda quando há erro no julgamento, sob pena de se eternizarem os conflitos, com as ressalvas já feitas aos casos que comportem a rescisão através da ação própria.

13. QUANDO HOUVER SIDO PROFERIDA SENTENÇA E O PROCESSO ESTIVER NO PRAZO PARA A INTERPOSIÇÃO DE RECURSO, OFERECIMENTO DE CONTRARRAZÕES OU ENVIO AO ÓRGÃO REVISOR

A ordem que determina a suspensão de processos dependentes no repetitivo pode ser determinada quando estes se encontrarem na fase posterior à sentença, mas antes do envio ao órgão revisor para o processamento do recurso.

A problemática repousa no fato de que publicada a sentença, o juiz só poderá alterá-la para corrigir-lhe, de ofício ou a requerimento da parte, inexatidões materiais ou erros de cálculo ou por meio de embargos de declaração (art. 494, I e II do CPC), de sorte que não se aperfeiçoando uma das duas hipóteses não haverá como o juiz aplicar a tese ao caso dependente. A suspensão do processo, nesta fase, portanto, não teria o condão de produzir absolutamente nenhum resultado útil advindo da tese firmada no repetitivo.

Ainda que a sentença seja eivada de qualquer erro material, obscuridade, omissão ou contradição, não haveria possibilidade de aplicar-se a tese firmada no repetitivo, pois não se enquadraria em nenhuma das hipóteses de correção previstas pela lei a permitir a intervenção.

Não se pode dizer que o julgado que não observou o precedente vinculante tenha sido proferido em mero erro material. O mesmo não pode ser alegado do julgado obscuro, omisso ou contraditório, pois estes vícios não se caracterizam pela contrariedade ao precedente, salvo se este tiver sido citado pelas partes, mas não houver sido enfrentado na decisão.

De qualquer sorte, o remédio jurídico disponibilizado para reformar sentença proferida em primeiro grau de jurisdição, em sentido contrário a precedente vinculante, firmado previamente à prolação da sentença, não é o pedido de correção de erro material ou os embargos de declaração, mas sim a apelação.

A melhor solução, portanto, é processar o recurso e enviá-lo ao órgão com competência para o julgamento.

O órgão competente para o julgamento do recurso, ao receber os autos, deverá proceder à suspensão em cumprimento à determinação proferida no repetitivo, pois não há que se falar em instrução nessa fase processual.

Firmada a tese, esta será aplicada ao caso concreto por oportunidade do julgamento do recurso.

Pode ser, entretanto, que a suspensão dos processos dependentes venha a ser determinada no momento posterior ao julgamento do recurso (apelação, agravo de instrumento, recurso inominado, recurso ordinário etc.) ou de ações com efeitos análogos aos de recursos (mandado de segurança, *habeas corpus* etc.), mas que ainda caibam outros recursos, ou seja, não ocorreu o trânsito em julgado.

Para tais situações, a Lei antecipou solução prevendo que publicado acórdão no repetitivo, o órgão que proferiu o acórdão recorrido no dependente, reexaminará o processo de competência originária, a remessa necessária ou o recurso anteriormente julgado, se o acórdão recorrido contrariar a orientação do tribunal superior (art. 1.040, II do CPC).

Mantido o acórdão divergente pelo tribunal de origem, o recurso especial ou extraordinário será remetido ao respectivo Tribunal Superior, na forma do art. 1.036, § 1º (art. 1.041).

Foi além, estabelecendo que o presidente ou o vice-presidente do tribunal de origem negará seguimento aos recursos especiais ou extraordinários sobrestados na origem, se o acórdão recorrido coincidir com a orientação do tribunal superior (art. 1.040, I).

Em resumo, a ordem de suspensão emanada no repetitivo não deve atingir os processos, quando determinada após a sentença proferida pelo juiz de piso, mas ainda não remetidos os autos ao segundo grau, pela única razão de falta de previsão legal para a aplicação da tese firmada nessa fase processual, vedada a revisão da sentença, salvo pelas exceções em números enclausurados previstas no art. 494, I e II do CPC. Remetidos os autos, o processo deve ser suspenso na fase em que se encontrar nos tribunais, não havendo que se falar em instrução nessa instância, salvos os casos de competência originária.

14. CONCLUSÃO

Pelos fundamentos expostos ao longo destas linhas, analisados os movimentos que a jurisprudência fez até aqui, comparados aos posicionamentos da doutrina, a clássica e a mais moderna, e às nossas próprias percepções, passados quatro anos desde a entrada em vigor do incidente de resolução de demandas repetitivas, chegamos a algumas conclusões.

A suspensão dos processos dependentes do julgamento do incidente de resolução de demandas repetitivas não é obrigatória.

O conflito de normas constitucionais aparentemente existente em decorrência dos princípios da segurança jurídica e da isonomia frente aos princípios da inafastabilidade da apreciação pelo poder judiciário de lesão ou ameaça a direito, da razoável duração do processo e da aplicação dos meios que garantam a celeridade de sua tramitação devem ser resolvidos em favor daqueles, com o prejuízo na exata e mínima parcela necessária destes. Importa dizer que os processos deverão ter os seus cursos garantidos até a fase que se tornar necessária a aplicação da tese a ser firmada no repetitivo.

A suspensão deve ser parcial, sempre que possível, quando puderem ser praticados atos desconexos da tese a ser firmada no repetitivo estes deverão ser praticados.

De igual sorte, sempre que puder ser realizado o julgamento parcial do mérito, este deverá ser proferido.

A suspensão dos processos é vital para o efetivo resultado dos julgamentos repetitivos. Porém, há situações que a sua aplicação acabaria por inviabilizar o procedimento dos repetitivos, nestes casos, o julgamento pelo procedimento de repetitivos deverá ser realizado ainda que não se determine a suspensão dos processos dependentes e a tese firmada seja aplicada aos casos futuros ou ainda não decididos. A inviabilidade da suspensão dos demais processos não esvazia por completo o resultado útil dos julgamentos repetitivos.

Os princípios da segurança jurídica e da isonomia não são prevalecentes quando opostos ao direito à liberdade, à saúde e à vida.

Os Juizados Especiais se submetem à tese firmada pelos Tribunais.

Proferida a sentença é inconstitucional a sua alteração para a aplicação de tese firmada no julgamento repetitivo.

Os acórdãos não transitados em julgado, proferidos em segundo grau de jurisdição ou em processos de competência originária do tribunal, podem e devem ser modificados, para se amoldarem à tese sobrevinda de julgamento repetitivo proferido pelos tribunais superiores.

15. REFERÊNCIAS BIBLIOGRÁFICAS

BITENCOURT, Cezar Roberto. *Manual de direito penal*: parte geral. v. 1. 6. ed. rev. e atual. São Paulo: Saraiva, 2000.

CABRAL, Antonio do Passo. A escolha da causa-piloto nos incidentes de resolução de processos repetitivos nos incidentes de resolução de processos repetitivos. *Revista de Processo*. vol. 231, p. 201-223, maio 2014.

CAPEZ, Fernando. *Curso de direito penal* – parte geral. v. 1. 6. ed. rev. e atual. São Paulo: Saraiva, 2003.

CAVALCANTI. Marcos de Araújo. *Incidente de resolução de demandas repetitivas (IRDR)*. São Paulo: Revista dos Tribunais, 2016.

DANTAS, Bruno. Comentários aos arts. 976 a 987. In: WAMBIER, Teresa Arruda Alvim et alli. *Breves comentários ao novo Código de Processo Civil*. 3. ed. rev. e atual. São Paulo: Revista dos Tribunais, 2016.

FUX. Luiz. *O novo processo civil brasileiro*: direito em expectativa: reflexões acerca do projeto do novo código de processo civil. Rio de Janeiro: Forense, 2011.

GODINHO, Robson Renault. Comentários aos arts. 294 a 311. In: CABRAL, Antonio do Passo; CRAMER, Ronaldo. *Comentários ao Novo Código de Processo Civil*. Rio de Janeiro: Forense, 2015. E-book.

GONZALES, Gabriel Araujo. *A recorribilidade das decisões interlocutórias no Código de Processo Civil de 2015*. Salvador: Juspodivm, 2016.

JESUS, Damásio Evangelista de. *Direito penal* – parte geral. v. 1. 23. ed. rev. e atual. São Paulo: Saraiva, 1999.

MANCUSO, Rodolfo de Camargo. *Incidente de resolução de demandas repetitivas*. São Paulo: Revista dos Tribunais, 2016.

MARINONI, Luiz Guilherme. *A antecipação da tutela*. 6. ed. São Paulo: Malheiros, 2000.

_____. O custo e o tempo do processo civil brasileiro. *Revista da Faculdade de Direito da Universidade Federal do Paraná*. v. 37, 2002.

_____. *A ética dos precedentes*: justificativa do novo CPC. 2. ed. São Paulo: Revista dos Tribunais, 2016.

_____. *Incidente de resolução de demandas repetitivas*: decisão de questão idêntica x precedente. São Paulo: Revista dos Tribunais, 2016.

MEDINA, José Miguel Garcia. *Novo Código de Processo Civil comentado*. São Paulo: Revista dos Tribunais, 2017.

MENDES, Aluisio Gonçalves de Castro. *Ações coletivas no direito comparado e nacional*. 2. ed. São Paulo: Revista dos Tribunais, 2010.

_____. *Incidente de resolução de demandas repetitivas*. Rio de Janeiro: Forense, 2017.

_____; ROMANO NETO, Odilon. Análise da relação entre o novo incidente de resolução de demandas repetitivas e o microssistema dos juizados especiais. *Revista de Processo*. São Paulo, v. 245. 2015.

_____; RODRIGUES, Roberto de Aragão Ribeiro. Reflexões sobre o incidente de resolução de demandas previsto no projeto de novo Código de Processo Civil. *Revista de Processo*. São Paulo, v. 211. 2012.

_____; SILVA, Larissa Clara Pochmann. Precedente e IRDR: algumas considerações. In: DIDIER JR, Fredie [et. al]. *Precedentes*. Coleção Grandes Temas do novo CPC. v. 3. Salvador: Juspodivm, 2017.

_____; TEMER, Sofia. O incidente de resolução de demandas repetitivas do novo Código de Processo Civil. *Revista de Processo*. São Paulo, v. 243. 2015.

MIRABETE, Julio Fabbrini. *Código de Processo Penal interpretado*. 8. ed. São Paulo: Atlas, 2001.

_____. *Código Penal interpretado*. São Paulo: Atlas, 1999.

_____. *Manual de Direito Penal*. v. 1. 16. ed. São Paulo: Atlas, 2000.

MITIDIERO, Daniel. Comentários aos arts. 294 a 311. In: WAMBIER, Teresa Arruda Alvim [et. al]. *Breves comentários ao novo Código de Processo Civil*. 3. ed. rev. e atual. São Paulo: Revista dos Tribunais, 2016.

_____. *Precedentes*: da persuasão à vinculação. 2. ed. São Paulo: Editora Revista dos Tribunais, 2017.

NUCCI, Guilherme de Souza. *Manual de direito penal*. 7. ed. rev., atual. e ampl. São Paulo: Revista dos Tribunais, 2011.

_____. *Prática forense penal*. 9. ed. rev., atual. e ampl. Rio de Janeiro: Forense, 2017.

PORTO, José Roberto Sotero de Mello. *Teoria geral dos casos repetitivos*. Rio de Janeiro: GZ, 2018.

SCHENK, Leonardo Faria. Notas sobre o *modus operandi* das cortes europeia e interamericana para a aferição das violações do direito à razoável duração dos processos. *Revista Eletrônica de Direito Processual*. v. 11, n. 11, p. 292-308, jan./jun. 2013.

3

A POSSIBILIDADE DE SUSPENSÃO DA EFICÁCIA DE DECISÕES EM SEDE DE INCIDENTE DE RESOLUÇÃO DE DEMANDAS REPETITIVAS

Francisco Emilio de Carvalho Posada[1]

1. INTRODUÇÃO

Dentre as principais inovações trazidas pelo Código de Processo Civil de 2015 está, sem dúvida, o Incidente de Resolução de Demandas Repetitivas (IRDR), instrumento processual criado pelo legislador para, a um só tempo, conferir racionalidade ao sistema de Justiça e garantir isonomia aos jurisdicionados perante não apenas o texto legal, mas, principalmente, a decisão judicial, promovendo, por fim, segurança jurídica no meio social.

Em seus art. 976 a 987, o Código disciplinou o processamento e julgamento do IRDR e instituiu diversas previsões para que seus objetivos fossem alcançados. Dentre eles está a determinação da suspensão dos processos em trâmite (CPC, art. 982, I), o que se dá após a admissão do incidente pelo órgão colegiado competente. A suspensão dos processos está intimamente ligada à previsão constante do art. 985, I, do Código de Processo Civil, referente à aplicação, a todos os processos em trâmite, da tese jurídica fixada no incidente.

Ocorre que há situações em que a simples suspensão de tramitação dos processos após a admissão do incidente não terá o condão, por si só, de concretizar a isonomia entre os indivíduos e a segurança jurídica no meio social, fazendo-se

1. Mestrando em Direito Processual pela Universidade do Estado do Rio de Janeiro (UERJ). Pós-graduado em Direito Público e Privado pela Escola da Magistratura do Estado do Rio de Janeiro (EMERJ). Juiz de Direito do Tribunal de Justiça do Estado do Rio de Janeiro. Professor da Escola da Magistratura do Estado do Rio de Janeiro (EMERJ). *E-mail*: francisco_ecp@hotmail.com

necessário que outras medidas – já previstas pelo ordenamento jurídico – sejam tomadas pelo tribunal a fim de que os objetivos do novel instrumento processual criado pelo legislador sejam integralmente satisfeitos.

Este breve trabalho tem, assim, o objetivo de discorrer sucintamente sobre tais temas e, ao final, contribuir com uma sugestão que, a nosso ver, pode ensejar um reforço à consecução dos objetivos do IRDR.

2. A RELEVÂNCIA DO MICROSSISTEMA DE JULGAMENTO DE CASOS REPETITIVOS

É inegável a existência de uma confluência de fatores que apontam para um aumento cada vez maior do número de litígios de massa na sociedade contemporânea. O aumento da população, a melhoria gradativa na educação[2], a difusão dos meios de comunicação, o maior acesso à informação, o surgimento e incremento da consciência jurídica dos cidadãos e o desenvolvimento tecnológico são fatores que contribuem para o crescimento da litigiosidade[3].

Verificou-se, ainda, que tal litigiosidade crescente possui, em grande parte, a característica da identidade dos vínculos jurídicos, o que pode ser explicado pela concentração demográfica nas cidades, produção e distribuição em série de produtos e universalização de serviços. A padronização das relações jurídicas fez – e faz – espelhar no Poder Judiciário a efetiva repetição de demandas com questões jurídicas comuns[4]. Além da repetição das questões jurídicas em razão da identidade da relação jurídica, há a possibilidade de multiplicação de questões jurídicas idênticas em casos heterogêneos[5-6-7] (*v.g.* requisito de admissibilidade do recurso de apelação; termo inicial da contagem de determinado prazo processual).

Pontue-se, ainda, que as ações coletivas não conseguiram, por diversas razões, evitar a litigância massiva no país. Dentre os principais motivos expostos pela doutrina para que as ações coletivas não tenham logrado reduzir a litigiosidade estão, dentre outros, o regime jurídico da coisa julgada coletiva, a res-

2. MENDES, Aluisio Gonçalves de Castro. *Incidente de resolução de demandas repetitivas:* sistematização, análise e interpretação do novo instituto processual. Rio de Janeiro: Forense, 2017. p. 3.
3. DIDIER JR., Fredie; CUNHA, Leonardo Carneiro da. *Curso de Direito Processual Civil:* meios de impugnação às decisões judiciais e processos nos tribunais. 13. ed. Salvador: Juspodivm. 2016. p. 584.
4. TEMER, Sofia. Op. cit., p. 31.
5. TEMER, Sofia. Op. cit., p. 32.
6. DIDIER JR., Fredie; CUNHA, Leonardo Carneiro da. *Curso de Direito Processual Civil:* meios de impugnação às decisões judiciais e processos nos tribunais. 13. ed. Salvador: Juspodivm. 2016. p. 587.
7. MENDES, Aluisio Gonçalves de Castro. *Incidente de resolução de demandas repetitivas:* sistematização, análise e interpretação do novo instituto processual. Rio de Janeiro: Forense, 2017. p. 25.

trição da eficácia subjetiva da coisa julgada em ação coletiva e a restrição legal acerca de temas que podem ser objeto de ações coletivas[8-9].

Dentro desse panorama e atento ao notório grau de congestionamento da máquina judiciária brasileira, o legislador criou um microssistema de causas repetitivas (CPC, art. 928)[10], que contemplou tanto o aperfeiçoamento de institutos já existentes no ordenamento jurídico quanto o surgimento de novas técnicas processuais. Assim, o microssistema de causas repetitivas abrange não apenas o novo IRDR (CPC, art. 976 e seguintes), mas também o julgamento de recursos extraordinários e especiais repetitivos (CPC, art. 1.036 e seguintes), aos quais se soma o procedimento de julgamento dos recursos de revista repetitivos (CLT, arts. 896-B e 896-C)[11-12].

A adoção de procedimentos voltados à solução de questões comuns repetitivas enseja diversos benefícios ao sistema de Justiça como um todo, afetando positivamente tanto o jurisdicionado como o aparato estatal destinado à manutenção do Poder Judiciário. De um lado, a aplicação de uma só solução a casos idênticos confere isonomia aos jurisdicionados, assegura consistência sistêmica e impede – ou, ao menos, reduz – a ocorrência de contradições internas no Poder Judiciário. Aliado a isso tem-se considerável incremento da eficiência do sistema de Justiça, com redução de custos aos cofres públicos e aos litigantes e de tempo para solução da questão judicializada[13].

Justamente nessa toada, o legislador inovou ao introduzir no cenário jurídico nacional o IRDR, uma técnica processual com o objetivo de conferir racionalidade à gestão e julgamento de questões jurídicas – de direito material ou pro-

8. DIDIER JR., Fredie; CUNHA, Leonardo Carneiro da. *Curso de Direito Processual Civil:* meios de impugnação às decisões judiciais e processos nos tribunais. 15. ed. Salvador: Juspodivm. 2018. p. 683-685.

9. CABRAL, Antônio do Passo; CRAMER, Ronaldo (Coord.). *Comentários ao novo Código de Processo Civil.* Rio de Janeiro: Forense. 2015. p. 1.416.

10. Art. 928. Para os fins deste Código, considera-se julgamento de casos repetitivos a decisão proferida em: I - incidente de resolução de demandas repetitivas; II - recursos especial e extraordinário repetitivos. Parágrafo único. O julgamento de casos repetitivos tem por objeto questão de direito material ou processual.

11. CABRAL, Antônio do Passo; CRAMER, Ronaldo (Coord.). Op. cit., p. 1.415.

12. Nesse sentido, os enunciados n°s 345, 346 e 347 do Fórum Permanente de Processualistas Civis: 345: "O incidente de resolução de demandas repetitivas e o julgamento dos recursos extraordinários e especiais repetitivos formam um microssistema de solução de casos repetitivos, cujas normas de regência se complementam reciprocamente e devem ser interpretadas conjuntamente"; 346: "A Lei nº 13.015, de 21 de julho de 2014, compõe o microssistema de solução de casos repetitivos"; 347: "Aplica-se ao processo do trabalho o incidente de resolução de demandas repetitivas, devendo ser instaurado quando houver efetiva repetição de processos que contenham controvérsia sobre a mesma questão de direito".

13. CABRAL, Antônio do Passo; CRAMER, Ronaldo (Coord.). Op. cit., p. 1.416.

cessual – que se mostrem comuns em diversos processos[14], buscando aumentar, sensivelmente, a eficiência do sistema processual[15].

Veja-se que, de acordo com o regramento que o IRDR recebeu do Código de Processo Civil, ultimado o julgamento do incidente, aplica-se a tese firmada a todos os processos, individuais ou coletivos já em trâmite – que tiveram sua tramitação suspensa desde a admissão do incidente (CPC, art. 982, I) –, bem como aos casos futuros que venham a tramitar, que versem sobre idêntica questão de direito decidida, respeitada a competência territorial do tribunal estadual ou regional que houver realizado o julgamento (CPC, art. 985).

O IRDR, consequentemente, ao conferir eficiência ao sistema processual e racionalidade à gestão e julgamento de questões jurídicas comuns, buscou concretizar valores constitucionais hoje entendidos como basilares do processo: a isonomia (CRFB, art. 5º, *caput*), a segurança jurídica (CRFB, art. 5º, XXXVI) e a celeridade na entrega da prestação jurisdicional (CRFB, art. 5º, LXXVIII)[16], que, de acordo com o legislador infraconstitucional, deve abranger, com razão, a resolução do mérito da questão, bem como a atividade satisfativa (CPC, art. 4º).

O instituto concretiza a isonomia na medida em que trata uniformemente a questão jurídica comum, fazendo com que a norma aplicada a todos os jurisdicionados seja a mesma[17], evitando-se que a repetição das questões em múltiplos processos enseje a sua análise por diversos magistrados, que, por conseguinte, podem chegar a conclusões distintas[18].

O fortalecimento da segurança jurídica pela implementação do IRDR decorre do fato de que, com a fixação da tese jurídica pelo órgão julgador, haverá um precedente com força vinculante formal, nos termos do art. 927 do Código de Processo Civil. Isso porque, o IRDR, além de integrar o microssistema de casos repetitivos (CPC, art. 928, I), também tem por escopo a formação de precedente de observância obrigatória, nos limites da competência territorial do órgão julgador (CPC, art. 927, III)[19].

---

14. DIDIER JR., Fredie; CUNHA, Leonardo Carneiro da. *Curso de Direito Processual Civil:* meios de impugnação às decisões judiciais e processos nos tribunais. 13. ed. Salvador: Juspodivm, 2016. p. 587.

15. MENDES, Aluisio Gonçalves de Castro. *Incidente de resolução de demandas repetitivas:* sistematização, análise e interpretação do novo instituto processual. Rio de Janeiro: Forense, 2017. p. 3.

16. TEMER, Sofia. *Incidente de resolução de demandas repetitivas.* Salvador: Juspodivm, 2016. p. 39.

17. TEMER, Sofia. Op. cit., p. 39.

18. MENDES, Aluisio Gonçalves de Castro. *Incidente de resolução de demandas repetitivas:* sistematização, análise e interpretação do novo instituto processual. Rio de Janeiro: Forense, 2017. p. 10.

19. DIDIER JR., Fredie; CUNHA, Leonardo Carneiro da. *Curso de Direito Processual Civil:* meios de impugnação às decisões judiciais e processos nos tribunais. 13. ed. Salvador: Juspodivm. 2016. p. 590.

Por fim, o IRDR também efetiva a garantia constitucional de duração razoável do processo, pois reduz o tempo de tramitação de processos que tenham questões comuns já decidida, evitando que cada julgador, isoladamente, ao apreciar centenas ou milhares de demandas, tenha de se debruçar sobre os argumentos lançados pelas partes e enfrentá-los novamente[20].

3. DA INSUFICIÊNCIA DA PREVISÃO DE SUSPENSÃO DOS PROCESSOS PENDENTES PARA EFETIVAÇÃO DA ISONOMIA NO ÂMBITO DO IRDR

Após a admissão do IRDR pelo órgão colegiado[21], o relator do incidente, nos termos do art. 982, I, do Código de Processo Civil, determinará a suspensão dos processos individuais ou coletivos em trâmite na respectiva região ou Estado circunscrito à área de competência territorial do Tribunal perante o qual tramita o incidente.

A despeito da previsão de que incumbe ao relator determinar a suspensão dos processos, nada impede que o órgão colegiado, quando da admissão do incidente – fase que, portanto, precede à determinação de suspensão – decida acerca da matéria. Tal possibilidade, de acordo com abalizada doutrina[22], está calcada no fato de que a decisão unipessoal do relator estaria sujeita à interposição de agravo interno, de modo que, *a fortiori*, o órgão colegiado seria chamado a se pronunciar sobre o tema. Ademais, a decisão do colegiado emprestaria ainda maior segurança jurídica à determinação de suspensão, justamente por não estar mais sujeita à revisão por recurso dentro do próprio Tribunal.

A suspensão dos processos – cuja ocorrência se debate na doutrina se é cogente ou facultativa[23] – pode ter efeito parcial ou total, pois podem haver atos processuais cuja prática não esteja afetada pelo deslinde do julgamento

---

20. TEMER, Sofia. Op. cit., p. 40.
21. Art. 981. Após a distribuição, o órgão colegiado competente para julgar o incidente procederá ao seu juízo de admissibilidade, considerando a presença dos pressupostos do art. 976. <http://www.planalto.gov.br/ccivil_03/_Ato2015-2018/2015/Lei/L13105.htm>.
22. MENDES, Aluisio Gonçalves de Castro. *Incidente de resolução de demandas repetitivas:* sistematização, análise e interpretação do novo instituto processual. Rio de Janeiro: Forense, 2017. p. 184.
23. Pela facultatividade da suspensão, ver: MENDES, Aluisio Gonçalves de Castro. *Incidente de resolução de demandas repetitivas:* sistematização, análise e interpretação do novo instituto processual. Rio de Janeiro: Forense, 2017. p. 185. Para Fredie Didier Jr., a suspensão dos processos é consequência natural da admissão do incidente: DIDIER JR., Fredie; CUNHA, Leonardo Carneiro da. *Curso de Direito Processual Civil*: meios de impugnação às decisões judiciais e processos nos tribunais. 15. ed. Salvador: Juspodivm, 2018. p. 746. Para Antônio do Passo Cabral, a suspensão dos processos também é um efeito obrigatório da admissão do incidente: CABRAL, Antônio do Passo; CRAMER, Ronaldo (Coord.). *Comentários ao novo Código de Processo Civil*. Rio de Janeiro: Forense, 2015. p. 1.433. Nesse mesmo sentido, o enunciado nº 92 do Fórum Permanente de Processualistas Civis: "A suspensão de processos prevista neste dispositivo é consequência da admissão do incidente de resolução de demandas repetitivas e não depende da demonstração dos requisitos para a tutela de urgência".

da questão comum, o que pode se dar, por exemplo, com a produção de uma prova pericial. Além disso, diante da possibilidade de cumulação subjetiva ou objetiva de ações, é possível ter-se situações em que a delimitação da questão comum abranja apenas parte dos pedidos formulados, inexistindo óbice para o prosseguimento do processo em relação aos demais, até mesmo com a prolação de decisão parcial de mérito, nos termos do art. 356 do Código de Processo Civil[24-25-26-27-28].

Tal suspensão – a princípio adstrita aos processos em trâmite no território do Estado ou Região de competência do tribunal de Justiça ou Regional Federal perante o qual se processa o incidente – pode ser ampliada, a requerimento de qualquer das partes, do Ministério Público ou da Defensoria Pública, independentemente de limites territoriais (CPC, art. 982, § 4º), de modo a atingir todo o território nacional. A previsão legal da medida está prevista no art. 982, § 3º, do Código de Processo Civil e, de acordo com o próprio texto da lei, visa garantir a segurança jurídica[29].

Além da segurança jurídica, referida pelo próprio texto legal, a possibilidade de suspensão nacional dos processos busca também resguardar a isonomia entre os jurisdicionados em todo o território nacional, de modo a impedir soluções distintas para situações jurídicas iguais[30], conferindo coerência ao sistema, de modo que a providência prevista pelo legislador está em pleno alinhamento com os objetivos do microssistema de julgamento de casos repetitivos[31].

Não há dúvidas, no entanto, em relação ao fato de que admitido o incidente e ultimada a suspensão – nacional, regional ou estadual – dos processos, à parte é permitido formular requerimento de tutela de urgência dirigido ao juízo perante

24. TEMER, Sofia. *Incidente de resolução de demandas repetitivas*. Salvador: Juspodivm, 2016. p. 123-124.

25. MENDES, Aluisio Gonçalves de Castro. *Incidente de resolução de demandas repetitivas:* sistematização, análise e interpretação do novo instituto processual. Rio de Janeiro: Forense, 2017. p. 185-186.

26. DIDIER JR., Fredie; CUNHA, Leonardo Carneiro da. *Curso de Direito Processual Civil:* meios de impugnação às decisões judiciais e processos nos tribunais. 15. ed. Salvador: Juspodivm, 2018. p. 747.

27. CABRAL, Antônio do Passo; CRAMER, Ronaldo (Coord.). *Comentários ao novo Código de Processo Civil*. Rio de Janeiro: Forense, 2015. p. 1.433.

28. Nesse sentido, o enunciado nº 205 do Fórum Permanente de Processualistas Civis: "Havendo cumulação de pedidos simples, a aplicação do art. 982, I e § 3º, poderá provocar apenas a suspensão parcial do processo, não impedindo o prosseguimento em relação ao pedido não abrangido pela tese a ser firmada no incidente de resolução de demandas repetitivas".

29. § 3º Visando à garantia da segurança jurídica, qualquer legitimado mencionado no art. 977, incisos II e III, poderá requerer, ao tribunal competente para conhecer do recurso extraordinário ou especial, a suspensão de todos os processos individuais ou coletivos em curso no território nacional que versem sobre a questão objeto do incidente já instaurado.

30. DIDIER JR., Fredie; CUNHA, Leonardo Carneiro da. Op. cit., p. 748.

31. CABRAL, Antônio do Passo; CRAMER, Ronaldo (Coord.). Op. cit., p. 1.434.

o qual tramita o processo suspenso[32-33] (CPC, art. 982, § 2º)[34]. A previsão legal decorre do princípio da inafastabilidade da jurisdição[35] (CRFB, art. 5º, XXXV)[36] e, por certo, da própria natureza do requerimento de tutela de urgência, lastreado no perigo de dano ou no risco ao resultado útil do processo.

Se a providência requerida pela parte não pode alegadamente aguardar o deslinde do feito para que seja implementada, por consequência, também não pode ter sua apreciação obstada pelo implemento da suspensão dos processos, o que pode se dar por um ano, sem prejuízo de superveniência de uma postergação (CPC, art. 980).

Em razão da previsão – natural, salutar e necessária – de que a suspensão dos processos em razão da admissão do IRDR não obsta o requerimento, a análise e a concessão de tutelas de urgência, é possível ter-se presente que um dos objetivos da referida previsão legal poderá não ser alcançado em uma gama de hipóteses.

Basta imaginar uma discussão remuneratória do servidor público atinente ao pagamento ou não de determinada rubrica. Admitido o IRDR para decidir a questão repetitiva, não serão obstados os requerimentos e as concessões de tutelas de urgências relativas ao pagamento da verba alimentar pleiteada. Não é impossível que, em meio a centenas de demandas, certo número de servidores logre receber, de forma antecipada, a rubrica pleiteada, enquanto outros aguardarão o deslinde do incidente. Se o incidente for resolvido de modo contrário aos interesses dos servidores, haverá, ainda, discussão acerca da repetição ou não da verba alimentar daqueles que, por meses – ou anos – a receberam durante a suspensão decorrente do incidente. Assim, em que pese o implemento da suspensão, que tem por objetivo a consecução da isonomia entre os indivíduos, haverá verdadeira dicotomia entre posições jurídicas titularizadas por servidores que tiveram e que não tiveram o requerimento de tutela de urgência deferido.

Do mesmo modo, pode-se pensar em uma questão tributária submetida ao rito de julgamento do IRDR. Contribuintes sustentam que determinado fato jurídico não constitui fato gerador de um imposto. Implementada a suspensão dos processos após admitido o incidente, parte dos litigantes consegue provimento de urgência para afastar a cobrança do tributo, enquanto os demais continuam a

32. CABRAL, Antônio do Passo; CRAMER, Ronaldo (Coord.). Op. cit., p. 1.433.
33. TEMER, Sofia. *Incidente de resolução de demandas repetitivas*. Salvador: Juspodivm, 2016. p. 124.
34. § 2º Durante a suspensão, o pedido de tutela de urgência deverá ser dirigido ao juízo onde tramita o processo suspenso.
35. MENDES, Aluisio Gonçalves de Castro. *Incidente de resolução de demandas repetitivas:* sistematização, análise e interpretação do novo instituto processual. Rio de Janeiro: Forense, 2017. p. 195.
36. XXXV – a lei não excluirá da apreciação do Poder Judiciário lesão ou ameaça a direito.

efetuar o pagamento dos débitos lançados. Decidido o incidente de forma favorável aos contribuintes, todos aqueles que, durante o período de suspensão, continuaram a recolher os valores do tributo terão de ajuizar demandas de repetição de indébito para, então, recobrar a quantia indevidamente recolhida aos cofres públicos. Não há como negar a disparidade de posições jurídicas titularizadas pelos contribuintes, ainda que todos estivessem submetidos à suspensão dos processos e aguardando o deslinde do julgamento do incidente.

Ainda no sentido de que a suspensão dos processos nem sempre é a medida ideal ou a única a atingir os objetivos do incidente, Fredie Didier Jr. sustenta a possibilidade de concessão de *"uma espécie de tutela provisória, conferindo uma 'interpretação provisória da questão de direito processual', que valerá enquanto não resolvido definitivamente o incidente"*[37]. O autor registra, ainda, que, em certas hipóteses, poderia determinar-se aos órgãos julgadores a adoção desta ou daquela conclusão acerca da questão jurídica objeto do incidente, enquanto não houvesse seu julgamento final[38].

4. OS MÉTODOS DE CONTRACAUTELA COMO PARTE DOS MEIOS DE SOLUÇÃO DE CASOS REPETITIVOS

A doutrina especializada[39] registra a existência de outros mecanismos para a solução de casos repetitivos para além do IRDR e dos recursos extraordinário, especial e de revista repetitivos. Dentre esses mecanismos estão as denominadas contracautelas do Poder Público, cujo regime geral tem previsão na Lei nº 8.437/1992, em especial em seu art. 4º, acrescido de nove parágrafos[40]. Além do

37. DIDIER JR., Fredie; CUNHA, Leonardo Carneiro da. *Curso de Direito Processual Civil:* meios de impugnação às decisões judiciais e processos nos tribunais. 15. ed. Salvador: Juspodivm, 2018. p. 751.

38. DIDIER JR., Fredie; CUNHA, Leonardo Carneiro da. Op. cit., p. 751.

39. DIDIER JR., Fredie; CUNHA, Leonardo Carneiro da. Op. cit., p. 588.

40. Art. 4º Compete ao presidente do tribunal, ao qual couber o conhecimento do respectivo recurso, suspender, em despacho fundamentado, a execução da liminar nas ações movidas contra o Poder Público ou seus agentes, a requerimento do Ministério Público ou da pessoa jurídica de direito público interessada, em caso de manifesto interesse público ou de flagrante ilegitimidade, e para evitar grave lesão à ordem, à saúde, à segurança e à economia públicas.

§ 1º Aplica-se o disposto neste artigo à sentença proferida em processo de ação cautelar inominada, no processo de ação popular e na ação civil pública, enquanto não transitada em julgado.

§ 2º O Presidente do Tribunal poderá ouvir o autor e o Ministério Público, em setenta e duas horas.

§ 3º Do despacho que conceder ou negar a suspensão, caberá agravo, no prazo de cinco dias, que será levado a julgamento na sessão seguinte a sua interposição.

§ 4º Se do julgamento do agravo de que trata o § 3º resultar a manutenção ou o restabelecimento da decisão que se pretende suspender, caberá novo pedido de suspensão ao Presidente do Tribunal competente para conhecer de eventual recurso especial ou extraordinário.

§ 5º É cabível também o pedido de suspensão a que se refere o § 4º, quando negado provimento a agravo de instrumento interposto contra a liminar a que se refere este artigo.

regramento geral da contracautela, há previsão legal de medidas símiles no (i) art. 12, § 1º, da Lei nº 7.347/1985; (ii) art. 1º da Lei nº 9.494/1997; (iii) art. 16 da Lei nº 9.507/1997; e (iv) art. 15 da Lei nº 12.016/2009.

Verifica-se que o § 8º do art. 4º da Lei nº 8.437/1992 – cuja redação fora replicada pelo § 5º do art. 15 da Lei nº 12.016/2009 – regula o tratamento de demandas com questões jurídicas repetitivas, ao dispor que *[a]s liminares cujo objeto seja idêntico poderão ser suspensas em uma única decisão, podendo o Presidente do Tribunal estender os efeitos da suspensão a liminares supervenientes, mediante simples aditamento do pedido original.* Ou seja, a legislação permite que o presidente do tribunal – Regional Federal, de Justiça, do Superior Tribunal de Justiça ou do Supremo Tribunal Federal – suspenda liminares que tenham objeto semelhante ou homogêneo, podendo fazê-lo, inclusive, em relação a outras que venham a ser concedidas posteriormente[41].

Não há dúvidas de que tal previsão legal importa em genuína hipótese de economia processual[42], prevendo uma via direta, um atalho, para que o interessado alcance o resultado pretendido, eximindo-o de manejar, por várias e várias vezes o mesmo instrumento processual a fim de que obter resultado idêntico ao já vigente.

A economia processual, contudo, não é o único benefício a legitimar a referida previsão legal. Talvez o mais importante escopo da previsão legal de extensão dos efeitos da suspensão de liminar para casos idênticos, que faz com que as medidas de contracautela sejam tratadas como mecanismos de solução de questões jurídicas comuns, seja a pretensão de evitar a divergência jurisprudencial com o consequente tratamento anti-isonômico entre os indivíduos[43].

Não são poucas as situações em que, dada a repetição de processos, jurisdicionados em idêntica hipótese fática acabam por titularizar, ainda que temporariamente, posições jurídicas distintas, dada a divergência interpretativa do texto legal por parte dos diversos julgadores aos quais a multiplicidade de pro-

§ 6º A interposição do agravo de instrumento contra liminar concedida nas ações movidas contra o Poder Público e seus agentes não prejudica nem condiciona o julgamento do pedido de suspensão a que se refere este artigo.

§ 7º O Presidente do Tribunal poderá conferir ao pedido efeito suspensivo liminar, se constatar, em juízo prévio, a plausibilidade do direito invocado e a urgência na concessão da medida.

§ 8º As liminares cujo objeto seja idêntico poderão ser suspensas em uma única decisão, podendo o Presidente do Tribunal estender os efeitos da suspensão a liminares supervenientes, mediante simples aditamento do pedido original.

§ 9º A suspensão deferida pelo Presidente do Tribunal vigorará até o trânsito em julgado da decisão de mérito na ação principal.

41. DIDIER JR., Fredie; CUNHA, Leonardo Carneiro da. Op. cit., p. 588.
42. DIDIER JR., Fredie; CUNHA, Leonardo Carneiro da. Op. cit., p. 693.
43. DIDIER JR., Fredie; CUNHA, Leonardo Carneiro da. Op. cit., p. 693.

cessos fora submetida. Justamente o efeito multiplicador de liminares – cujo objeto, certas vezes, isoladamente considerado em relação a um só litigante não ensejaria qualquer lesão ao interesse, à ordem ou à economia pública – é argumento para a formulação do requerimento de suspensão e fundamento para seu deferimento[44].

Vale referir que os requerimentos de contracautela não têm natureza jurídica de recurso, de modo que as decisões proferidas não reformam nem invalidam a decisão judicial atacada, mas, apenas, suspendem-lhe a eficácia. Não há, assim, o efeito substitutivo previsto no art. 1.008 do Código de Processo Civil, mantendo-se incólume a decisão judicial impugnada no que tange a sua existência e validade, retirando-se, apenas, repise-se, sua eficácia para produzir efeitos[45].

O requerimento pode ser formulado por pessoas jurídicas de direito público (*v.g.* União, Estados, autarquias), por entes despersonalizados (*v.g.* Câmara de Vereadores, Tribunal de Justiça), pelo Ministério Público e por concessionárias de serviço público[46]. Sem que haja qualquer formalidade prevista em lei, a petição contendo o requerimento será apreciada pelo presidente do Tribunal que for competente para a apreciação do recurso a ser interposto contra a decisão cuja eficácia se pretende suspender.

Uma vez concedida a suspensão da eficácia da decisão, tal efeito obstativo permanecerá hígido até o trânsito em julgado da decisão de mérito da causa principal. Ademais, o emprego da contracautela não impede a interposição

44. DIDIER JR., Fredie; CUNHA, Leonardo Carneiro da. Op. cit., p. 694.

45. DIDIER JR., Fredie; CUNHA, Leonardo Carneiro da. Op. cit., p. 684.

46. Ousamos discordar de Fredie Didier Jr. e de Leonardo Carneiro da Cunha, que registram "*As concessionárias de serviço público, **que se revistam da condição de empresas públicas ou sociedades de economia mista**, são pessoas jurídicas de direito privado, não se encartando, portanto, no conceito de Fazenda Pública. Por essa razão, não estariam legitimadas, em princípio, a intentar o pedido de suspensão junto ao presidente do tribunal competente. Conquanto não se encaixem no conceito de Fazenda Pública nem desfrutem da condição de pessoas jurídicas de direito público, **as concessionárias de serviço público integram a Administração Pública indireta**, exercendo atividade pública. Se, no exercício dessa atividade pública, houver algum provimento de urgência ou de cumprimento imediato que cause lesão à ordem, à economia, à saúde ou à ordem pública, cabe o pedido de suspensão pela concessionária de serviço público*" (DIDIER JR., Fredie; CUNHA, Leonardo Carneiro da. *Curso de Direito Processual Civil*: meios de impugnação às decisões judiciais e processos nos tribunais. 13. ed. Salvador: Juspodivm, 2016. p. 686). O trecho afirma que, apenas quando as concessionárias de serviço público se revestirem da condição de empresas públicas ou sociedades de economia mista, serão legitimadas a requerer medidas de contracautela. Tal restrição é reforçada no trecho que qualifica as concessionárias como integrantes da Administração Pública indireta, o que ocorre, notadamente, apenas com as empresas públicas e com as sociedades de economia mista. No entanto, a nosso sentir, não há motivos para que se trace tal distinção, o que, inclusive, não fora feito pela jurisprudência. Veja-se que há exemplos de contracautelas requeridas por concessionárias ou autorizatárias de serviços públicos que não ostentam qualidade de empresas públicas ou sociedades de economia mista e que foram analisadas e deferidas pelo Supremo Tribunal Federal (STA 778 – requerente Oi Móvel S/A; SL 890 – requerente Telefônica Brasil S/A; SL 964 – requerente Tim Celular S/A). Cabe referir, ainda, que, nem mesmo o fato de as autorizatárias explorarem o serviço de telecomunicações em regime privado – ao contrário das concessionárias, que o fazem em regime público – impediu a análise dos requerimentos formulados.

simultânea de recurso de agravo por instrumento contra a decisão judicial que tenha deferido a tutela de urgência ou de evidência contestada pelo Poder Público.

5. DA POSSIBILIDADE DE SUSPENSÃO DA EFICÁCIA DE DECISÕES JUDICIAIS EM SEDE DE IRDR

Evidenciado que a previsão legal de suspensão de todos os processos, coletivos ou individuais, que versem a questão jurídica comum não tem o condão de, em toda e qualquer hipótese, efetivar a garantia da isonomia entre os jurisdicionados, impõe-se buscar, mediante articulação dos diversos instrumentos jurídicos existentes no ordenamento jurídico, uma solução para tal problema.

Como já visto, o IRDR tem como um de seus objetivos primordiais a efetivação da segurança jurídica e do tratamento isonômico entre os jurisdicionados. Isso se dá não apenas em razão de sua própria conformação e natureza – pois é um incidente destinado à resolução uniforme de questões jurídicas comuns – como também por ter seus acórdãos inseridos no rol de precedentes vinculantes do art. 927 do Código de Processo Civil.

A segurança jurídica e a isonomia no tratamento dispensado aos indivíduos pelo Poder Público são, talvez, os valores cujas violações restam mais evidentes diante da divergência de pronunciamentos judiciais acerca da mesma questão jurídica, sejam eles de caráter liminar, sejam eles de caráter definitivo. Além disso, a profusão de decisões judiciais em sentidos antagônicos acarreta o descrédito na própria função judicante[47]. Não se deve perder de vista que a isonomia não deve ser apenas formal, perante o texto legal, mas substancial, perante as decisões judiciais que fazem do texto, norma.

A nosso sentir, dados os claros objetivos do IRDR, de concretização da segurança jurídica e da isonomia, é possível realizar-se uma simbiose parcial do regramento legal do incidente com alguns dos dispositivos que regulam as medidas de contracautela previstas para salvaguardar o Poder Público – admitidas, por extensão, às concessionárias de serviços públicos –, bem como com a previsão da Lei nº 9.882/1999.

Assim, a reflexão – e proposição – que se pretende trazer neste breve ensaio cinge-se à possibilidade de que, no âmbito do IRDR, reconheça-se a possibilidade de que o relator, após a admissão do incidente, possa suspender a eficácia de decisões concessivas de tutela de urgência proferidas em processos cuja suspensão tenha sido determinada e que tenham por objeto a questão delimitada no incidente.

---

47. MENDES, Aluisio Gonçalves de Castro. *Incidente de resolução de demandas repetitivas:* sistematização, análise e interpretação do novo instituto processual. Rio de Janeiro: Forense, 2017. p. 22.

A suspensão de eficácia de decisões encontra amparo em alguns dispositivos legais, dentre os quais aqueles já referidos quando da análise das medidas de contracautela engendradas para uso do Poder Público, bem como a previsão constante do art. 5º, § 3º, da Lei nº 9.882/1999[48], que regulamenta o processamento e julgamento da arguição de descumprimento de preceito fundamental. Ademais, em sede de reclamação, é comum que, quando da decisão liminar, os relatores suspendam a eficácia de decisões que, no mérito, se pretende ver cassadas (*v.g.* STF – Reclamação nº 27.262 MC/RJ).

O ordenamento jurídico prevê, portanto, de forma expressa, a possibilidade de suspensão da eficácia de decisões tanto em sede de processo objetivo – consoante previsão da Lei nº 9.882/1999 – como de processos subjetivos, o que se dá no âmbito dos instrumentos de contracautela criados para uso pelo Poder Público.

Na prática, após a admissão do incidente pelo órgão colegiado, com a delimitação de seu objeto e a determinação de suspensão dos processos pendentes, o relator teria o poder de suspender a eficácia de decisões judiciais concessivas de tutelas de urgência, que tivessem por objeto a questão jurídica afetada para julgamento no IRDR. Tal requerimento seria formulado, por mera petição, ao relator, que, sem prejuízo da interposição do agravo por instrumento, poderia suspender a eficácia da decisão combatida. Contra a decisão do relator, caberia agravo interno (CPC, art. 1.021) ao órgão colegiado competente para o julgamento do incidente.

A suspensão da eficácia de decisões judiciais de cunho liminar pode ser necessária à consecução da segurança jurídica e da isonomia, cujo risco de ofensa, aliás, configura requisito de instauração do próprio incidente (CPC, art. 976, II).

Veja-se, por exemplo, uma questão atinente ao reajuste de contribuição de previdência privada complementar submetida ao rito de julgamento do IRDR. Participantes sustentam a ilegalidade de aumento da contribuição exigida pela entidade fechada de previdência complementar. Implementada a suspensão dos processos após admitido o incidente, parte dos litigantes consegue provimento de urgência para afastar o aumento da contribuição, enquanto os demais continuam a efetuar seu pagamento com o implemento do aumento. Ou seja, mesmo com a admissão do incidente e com a determinação de suspensão dos processos em trâmite, o risco de ofensa à segurança jurídica e à isonomia permanecem presentes, o que não se pode admitir, uma vez que o objetivo do incidente é justamente evitar que tais efeitos ocorram.

---

48. § 3º A liminar poderá consistir na determinação de que juízes e tribunais suspendam o andamento de processo ou os efeitos de decisões judiciais, ou de qualquer outra medida que apresente relação com a matéria objeto da argüição de descumprimento de preceito fundamental, salvo se decorrentes da coisa julgada.

Tanto a entidade de previdência complementar terá insegurança quanto à sua receita, que dependerá de quantas decisões judiciais favoráveis e quantas contrárias aos seus interesses serão proferidas. Tal fato pode, a depender da situação financeira da entidade, comprometer a sua saúde financeira a curto prazo. Por outro lado, os contribuintes do fundo de pensão não serão tratados de forma isonômica por meses – e até anos –, pois uns pagarão mais que outros por lapso temporal relevante.

Admitir-se que, no caso narrado, a entidade de previdência complementar fechada pudesse, após admitido o incidente, postular ao relator a suspensão da eficácia de decisões concessivas de tutela urgência que afastaram o aumento da contribuição é permitir a consecução, a um só tempo, tanto da segurança jurídica como da isonomia.

6. CONCLUSÃO

A necessidade de racionalização do sistema de Justiça e a preocupação com a efetiva posição isonômica entre os jurisdicionados e com a segurança jurídica, notadamente em razão das inovações do Código de 2015, estão ainda mais em voga. É patente a conscientização da comunidade jurídica quanto à necessidade de se empregar eficiência e racionalidade na prestação jurisdicional, como forma de conferir isonomia e segurança jurídica ao cidadão.

Dessa forma, os instrumentos processuais integrantes do microssistema de julgamento de casos repetitivos e, em especial, o IRDR, foram criados pelo legislador justamente para que tais objetivos sejam alcançados quando da distribuição de Justiça.

A nosso sentir, a possibilidade de que o relator possa, após a admissão do incidente e a consequente determinação de suspensão dos processos em trâmite, suspender a eficácia de decisões concessivas de tutela de urgência que tenham por objeto o tema afetado para julgamento no IRDR é medida que auxiliará na concretização da proteção à isonomia e à segurança jurídica. Tal possibilidade surge aproveitando-se as previsões legais já existentes e realizando-se uma simbiose parcial com o regime de contracautela criado para uso do Poder Público, bem como com a previsão constante do art. 5º, § 3º, da Lei nº 9.882/1999.

A proposta que ora se defende, alia-se àquela trazida por Fredie Didier Jr., no sentido de ser possível a concessão de tutela provisória no bojo do IRDR[49]. Admitidas ambas as possibilidades, haveria um completo rol de instrumentos à disposição do relator – e, por consequência, do órgão colegiado – a fim de inte-

49. DIDIER JR., Fredie; CUNHA, Leonardo Carneiro da. *Curso de Direito Processual Civil:* meios de s decisões judiciais e processos nos tribunais. 15. ed. Salvador: Juspodivm. 2018. p. 751.

gralmente resguardar-se a isonomia e a segurança jurídica, tanto após a fixação da tese jurídica quanto durante o período de tramitação do incidente e, portanto, de suspensão dos demais processos.

7. REFERÊNCIAS BIBLIOGRÁFICAS

CABRAL, Antônio do Passo; CRAMER, Ronaldo (Coord.). *Comentários ao novo Código de Processo Civil*. 2. ed. Rio de Janeiro: Forense, 2016.

DIDIER JR., Fredie; CUNHA, Leonardo Carneiro da. *Curso de Direito Processual Civil*: meios de impugnação às decisões judiciais e processos nos tribunais. 15. ed. Salvador: Juspodivm, 2018.

______________. *Curso de Direito Processual Civil*: meios de impugnação às decisões judiciais e processos nos tribunais. 13. ed. Salvador: Juspodivm, 2016.

______________. *Curso de Direito Processual Civil*: introdução ao direito processual civil, parte geral e processo de conhecimento. 18. ed. Salvador: Juspodivm, 2016.

MENDES, Aluisio Gonçalves de Castro. *Incidente de resolução de demandas repetitivas:* sistematização, análise e interpretação do novo instituto processual. Rio de Janeiro: Forense, 2017.

TEMER, Sofia. *Incidente de resolução de demandas repetitivas*. Salvador: Juspodivm, 2016.

4

SUSPENSÃO DE PROCESSOS NO ÂMBITO DO INCIDENTE DE RESOLUÇÃO DE DEMANDAS REPETITIVAS

Pedro Losa Loureiro Valim[1]

Sumário: 1 – Introdução. 2 – Delineamento normativo da suspensão dos processos pendentes no âmbito do incidente de resolução de demandas repetitivas. 3 – Prazo normativo da suspensão processual. 4 – Âmbito territorial da suspensão processual. 5 – Da comunicação aos órgãos jurisdicionais competentes. 6 – Suspensão do prazo prescricional. 7 – Considerações finais. 8 – Referências bibliográficas.

1. INTRODUÇÃO

O Direito Processual Coletivo possui três ramos[2]: (i) ações representativas/ações coletivas (como, exemplificativamente, a ação civil pública, as *class actions*, as ações associativas, como *Verbandsklagen* do direito germânico); (ii) os meios de resolução amigável de litígios coletivos, como o termo de ajustamento de conduta (TAC), previsto no bojo do § 6º do artigo 5º da Lei nº 7.347/85 e (iii) os incidentes de fixação de tese jurídica mediante resolução de questões comuns a inúmeros processos individuais (como o *Musterverfahren* germânico[3], o Inci-

1. Juiz Federal na 2ª Região. Ex-Promotor de Justiça do Ministério Público do Rio de Janeiro e ex-Defensor Público em São Paulo. Doutorando em Direito Processual (UERJ). Mestre em Direito Processual (PUC/SP).

2. Aluisio Gonçalves de Castro Mendes divide o Direito Processual Coletivo em três subáreas: "a) as ações coletivas ou representativas propriamente ditas, incluindo as suas várias subespécies, como as *class actions*, as ações associativas (*Verbandsklagen*), ação civil pública, ação popular, ações de grupo, etc.; b) os meios consensuais de resolução de conflitos coletivos, como os termos de ajustamento de conduta; c) os instrumentos de solução de questões comuns ou de julgamentos a partir de procedimentos ou casos-modelo, como as *test-claims* (ações ou demandas teste), o *Musterverfahren* (procedimento-modelo), o *Group Litigation Order* (GLO) (Decisão sobre o litígio de grupo), os recursos repetitivos e o Incidente de Resolução de Demandas Repetitivas (IRDR)" (MENDES, Aluisio Gonçalves de Castro. *Incidente de Resolução de Demandas Repetitivas*: sistematização, análise e interpretação do novo instituto processual. Rio de Janeiro: Forense, 2017, p. 4).

3. Sobre o instituto alemão: MENDES, Aluisio Gonçalves de Castro. *Ações coletivas e meios de resolução coletiva de conflitos no direito comparado e nacional.* 4ª ed. São Paulo: Revista dos Tribunais, 2014, p. 122-131; CABRAL, Antônio do Passo. O novo procedimento modelo (*Musterverfahren*) alemão: uma alternativa às ações coletivas. *Revista de Processo.* São Paulo, v. 147, maio 2007, p. 123-146.

dente de Resolução de Recursos Repetitivos[4], o *Group Litigation Order* britânico, entre outros).

Em que pese a complementariedade[5] entre os diversos ramos do microssistema da tutela coletiva[6], é importante ressaltar o prestígio concebido pelo Código de Processo Civil de 2015 aos mecanismos de fixação de teses jurídicas de questões comuns afetas a inúmeros processos individuais – dentre os quais, releva de importância o Incidente de Resolução de Demandas Repetitivas, objeto de estudo da presente obra.

O capítulo ora em análise tem como enfoque a análise acerca da suspensão dos processos pendentes, quando da admissão do Incidente de Resolução de Demandas Repetitivas.

Em um contexto de intensa litigiosidade repetitiva e seriada, o ordenamento jurídico deve buscar alternativas para uma prestação jurisdicional adequada, célere e efetiva, com base no devido processo legal, em sua vertente substancial. Os instrumentos de fixação de teses jurídicas acerca de questões comuns a inúmeros processos individuais ganharam importância no atual cenário normativo, com a introdução do Incidente de Resolução de Demandas Repetitivas.

2. DELINEAMENTO NORMATIVO DA SUSPENSÃO DOS PROCESSOS PENDENTES NO ÂMBITO DO INCIDENTE DE RESOLUÇÃO DE DEMANDAS REPETITIVAS

Em linhas gerais, uma vez admitido o incidente, o legislador prevê a suspensão dos processos pendentes, no aguardo da tese jurídica a ser fixada quando do julgamento do IRDR. Posteriormente, os processos outrora suspensos têm seu curso processual retomado, com a superveniente aplicação, mediante subsunção, da tese jurídica ao caso em concreto. Privilegia-se a isonomia pro-

4. MENDES, Aluisio Gonçalves de Castro. *Incidente de Resolução de Demandas Repetitivas*: sistematização, análise e interpretação do novo instituto processual. Rio de Janeiro: Forense, 2017.

5. "Na Alemanha, a adoção do procedimento-modelo (*Musterverfahren*) ocorreu sem o abandono das tradicionais ações coletivas propostas por associações (*Verbandsklagen*). Da mesma forma, na Inglaterra, as decisões de litígios de grupo (*Group Litigation order*), que representam uma técnica de julgamento de casos-piloto, foram previstas sem que fossem abolidas as ações representativas" (ROQUE, Andre Vasconcelos. As ações coletivas no direito brasileiro contemporâneo: de onde viemos, onde estamos e para onde vamos? *Revista Eletrônica de Direito Processual*, v. XII, jul. a dez 2013, p. 59).

6. "Havia e há, pelo contrário, o fortalecimento das ações coletivas (*class actions, representative actions, Verbandsklagen*, ações populares, ações de grupo, amparo coletivo, etc.), ao lado do surgimento de outros novos instrumentos complementares (*test claims, Musterverfahren, Multidistrict Litigation* (MDL), *Group Litigation order* (GLO), casos piloto, etc.) e da ampliação e consolidação de soluções consensuais em conflitos coletivos no âmbito judicial e extrajudicial. No Brasil, como mencionado anteriormente, os novos mecanismos poderiam claramente cumprir várias funções de complementação e até fortalecimento das ações coletivas, ressaltando que o próprio estatuto processual estabeleceu o poder-dever de provocação dos legitimados para a proposição de demanda coletiva, nos termos do art. 139, inciso X, do Código de Processo Civil" (MENDES, Aluisio Gonçalves de Castro. Op. cit., p. 235).

cessual, porquanto se conferirá aos jurisdicionados a mesma solução jurídica, evitando, por conseguinte, a disparidade de decisões judiciais, em um mesmo contexto fático. Além disso, prioriza-se também a segurança jurídica, mediante a formação de um precedente qualificado pela previsibilidade, coerência, integridade e uniformidade das decisões judiciais, nos moldes do artigo 926 do Código de Processo Civil.

É importante pontuar que a mera instauração do Incidente de Resolução de Demandas Repetitivas, por si só, não é suficiente para a suspensão dos processos pendentes. Há a necessidade de prévio juízo positivo de admissibilidade. Somente com a admissão do incidente é que se viabiliza a suspensão dos processos pendentes.

O inciso I do artigo 982 do Código de Processo Civil dá a entender, em uma primeira interpretação, que apenas o relator poderia, em caso de admissão do Incidente de Resolução de Demandas Repetitivas, determinar a suspensão dos processos pendentes (individuais e coletivos), em trâmite junto ao Tribunal de Justiça do Estado ou ao Tribunal Regional.

Entretanto, tal exegese literal deve ser afastada. A decisão acerca do sobrestamento dos processos pendentes pode ser realizada monocrática ou colegiadamente. Caso exercida monocraticamente, há a possibilidade de interposição, por um dos legitimados, de agravo interno. Ora, se, mediante a interposição recursal, a questão relacionada à suspensão dos processos pendentes pode ser analisada pelo órgão colegiado, com maior razão, portanto, deve-se facultar ao relator a possibilidade de submeter a apreciação da questão, já de antemão, ao colegiado, prestigiando, inclusive, a própria segurança jurídica[7]. Não há, portanto, empecilho legal a que o relator, de forma espontânea, opte, *ab initio*, por submeter a questão ao colegiado, ao invés de decidir de forma monocrática.

A redação adotada pelo inciso I do artigo 982 do Código de Processo Civil, no que tange ao verbo escolhido, bem como a própria conjugação verbal adotada, é impositiva, ao estabelecer que o relator *suspenderá* (e não *poderá suspender*) os processos pendentes, individuais ou coletivos, que tramitam no Estado ou na re-

7. "Não há razão para se impedir que o órgão colegiado possa deliberar sobre a suspensão dos processos pendentes. Em primeiro lugar porque, sendo decisão do relator, estaria, nos termos do art. 1.021 do CPC, sujeita ao recurso do agravo interno. Portanto, submetida ao respectivo colegiado. Sendo assim, se o próprio relator, ou integrante do colegiado, suscitar a discussão sobre a suspensão, nos vários aspectos pertinentes (conveniência, extensão, duração, etc.), a deliberação poderá ser tomada coletivamente pelo próprio órgão, se este se considerar em condições de fazê-lo, por ocasião do julgamento sobre a admissibilidade. A decisão colegiada propiciará, em princípio, até mesmo maior segurança jurídica, na medida em que não estará sujeita à interposição do agravo interno e, consequentemente, de modificação posterior. Mas, estar-se-á, aqui, diante de um juízo de conveniência que caberá ao colegiado do órgão competente do tribunal, que poderá manter esta decisão, como previsto na regra, sob a competência do relator" (MENDES, Aluisio Gonçalves de Castro. Op. cit., p. 184).

gião. A princípio, a leitura estabelece uma suspensão dos processos pendentes de maneira impositiva, cogente e não facultativa.

Primeiramente, é importante pontuar que a própria suspensão dos processos pendentes é uma opção normativa feito pelo legislador nacional em alinhamento com os outros instrumentos jurídicos alienígenas de fixação de tese jurídica acerca de questões comuns a inúmeros processos individuais. O *Musterverfahren* germânico, por exemplo, também adota a suspensão dos processos pendentes, enquanto não fixada a decisão-padrão junto ao procedimento-modelo.

Trata-se de uma arquitetura organizacional que confere organicidade e coesão ao sistema jurídico, uma vez que, enquanto não fixada a tese jurídica a ser aplicada às questões comuns afetas aos inúmeros processos pendentes, evita-se a prolação de decisões contraditórias. Prioriza-se a sistematicidade do ordenamento jurídico, em prol do tratamento isonômico dos jurisdicionados e da própria segurança jurídica. É esta a função social do sobrestamento dos processos pendentes[8]. Afinal, de nada adiantaria a fixação da tese jurídica comum, se se permitisse a continuidade das relações jurídico-processuais pendentes, com o risco de proferimento de decisões díspares.

Entretanto, nem sempre a opção pelo sobrestamento dos processos pendentes é a mais adequada ao caso concreto[9], razão pela qual se defende a possibilidade de mitigação da concepção da suspensão processual como medida cogente e impositiva. Imagine-se, por exemplo, um Incidente de Resolução de Demandas Repetitivas instaurado e admitido para a fixação de tese jurídica acerca da distribuição do ônus da prova em demandas consumeristas. Trata-se de questão unicamente de direito cuja controvérsia é objeto de efetiva repetição de processos, nos

8. "O referido incidente é pensado como uma ferramenta com pretensão de ofertar solução eficiente para demandas que apresentem conteúdo padronizado, impedindo que a existência de um sem-número de provocações endereçadas ao Poder Judiciário a respeito de uma determinada questão jurídica redunde na oferta de soluções discrepantes por diversos julgadores responsáveis pelo enfrentamento de casos considerados análogos. Parte desta perspectiva a orientação do legislador ao prever, no art. 982 do CPC, que uma vez admitido o incidente de resolução de demandas repetitivas, o relator suspenderá os processos pendentes, individuais ou coletivos, que tramitam no Estado ou na região em que se dá a atuação do tribunal responsável pelo julgamento. A lógica, em tal caso, é a de impedir que os diversos juízes que se deparem com tais causas análogas acabem por proferir decisões com conteúdos distintos no que se refere ao entendimento jurídico a ser respeitado, rompendo com as exigências de segurança jurídica e de oferta de tratamento isonômico aos jurisdicionados. Tem-se, aqui, um dos instrumentos forjados em função dos compromissos impostos aos tribunais pelo art. 926 do CPC no que tange aos deveres de uniformização da jurisprudência e de manutenção de sua estabilidade, integridade e coerência" (REICHELT, Luis Alberto. O Incidente de Resolução de Demandas Repetitivas no Código de Processo Civil brasileiro e o redimensionamento do papel constitucionalmente associado aos Tribunais de Justiça e aos Tribunais Regionais Federais. *Revista de Processo*, v. 248, p. 273-285).

9. "Há casos em que a paralisação de todos os processos em tramite no tribunal provocaria o efeito inverso à celeridade e à segurança jurídica pretendidos com o incidente. Há casos, por exemplo, em que embora haja milhares de processos sobre o tema, exista uma jurisprudência consolidada do tribunal e apenas um pequeno número de casos em sentido contrário a essa jurisprudência dominante" (TEMER, Sofia. *Incidente de Resolução de Demandas Repetitivas*. 3ª ed. Salvador: Juspodivm, 2018, p. 141-142).

moldes do inciso I do artigo 976 do Código de Processo Civil. O alcance quantitativo de processos sobrestados, todavia, é incomensurável e exponencial. Em tais casos, por exemplo, poderia ser admitida a flexibilização da regra de sobrestamento dos processos pendentes, a fim de que a própria inafastabilidade jurisdicional e o devido processo legal, em sua vertente material, não fossem prejudicados. Seria possível vislumbrar, em tais cenários, a possibilidade de continuidade do trâmite processual, com a citação do réu e apresentação de contestação, sobrestando-se o processo apenas na fase de saneamento probatório.

O Superior Tribunal de Justiça, no julgamento da Suspensão em Incidente de Resolução de Demandas Repetitivas nº 07/PR, decidiu que o sobrestamento dos processos pendentes pode ser realizado de maneira mitigada. Tratava-se originariamente de IRDR instaurado e admitido junto ao Tribunal Regional Federal da 4ª Região, acerca da análise da legalidade da Resolução nº 543/2015 do Conselho Nacional de Trânsito (CONTRAN), quanto à obrigatoriedade da inclusão de aulas em Simulador de Direção Veicular para os candidatos à obtenção da Carteira Nacional de Habilitação (CNH).

O Superior Tribunal de Justiça fixou o entendimento, no caso em concreto, de que a ordem de suspensão dos processos pendentes não impediria (i) o ajuizamento de novas ações, as quais deverão seguir a marcha processual até a fase de conclusão para a sentença, ocasião em que ficará suspensa; (ii) a apreciação de tutela de urgência, devendo as decisões concessivas da medida serem devidamente justificadas, em especial quanto ao perigo concreto de dano em cada caso[10]; (iii) a autocomposição e (iv) o julgamento antecipado parcial do mérito de outras eventuais questões em discussão no processo[11][12].

---

10. O § 2º do artigo 982 do Código de Processo Civil estabelece que, durante a suspensão dos processos pendentes, o pedido de tutela de urgência deverá ser dirigido ao juízo onde tramita o processo sobrestado.

11. Trata-se da possibilidade de suspensão parcial, quando haja, por exemplo, cumulação de pedidos, sendo que apenas um deles é afetado pelo julgamento do Incidente de Resolução de Demandas Repetitivas. "Se possível o afastamento integral da suspensão, mais defensável ainda a possibilidade de suspensão parcial do processo, considerando-se as inúmeras possibilidades de cumulação, objetiva e subjetiva, de demandas. Por conseguinte, o Incidente de Resolução de Demandas Repetitivas poderá ter como objeto, por exemplo, uma questão que seja determinante para a apreciação de um dos pedidos ou da causa de pedir, ou da respectiva defesa, sem interferência direta nos demais pedidos ou causas de pedir, que poderão exigir, por sua vez e ao contrário do objeto do IRDR, produção probatória. Sendo assim, diante da independência entre os pedidos ou causas de pedir, bem como eventualmente de outras questões processuais (pode-se pensar em um IRDR para sanar controvérsia sobre norma processual pertinente a uma modalidade de prova), sem interferir, contudo, na produção de outras provas, é perfeitamente factível que haja tão somente a suspensão do processo em relação aos atos conexos ao incidente" (MENDES, Aluisio Gonçalves de Castro. Op. cit., p. 186).

12. O enunciado nº 205 do Fórum Permanente de Processualistas Civis positiva o mesmo entendimento: "havendo cumulação de pedidos simples, a aplicação do artigo 982, I e § 3º, poderá provocar apenas a suspensão parcial do processo, não impedindo o prosseguimento em relação ao pedido não abrangido pela tese a ser firmada no incidente de resolução de demandas repetitivas".

Constata-se, portanto, que a ordem de sobrestamento pode ser realizada em diferentes graus e extensões, à luz das particularidades do caso levado à apreciação do Tribunal, quando da admissão do incidente.

3. PRAZO NORMATIVO DA SUSPENSÃO PROCESSUAL

Independentemente da **natureza cogente ou facultativa do sobrestamento**, é importante analisar o prazo normativo de duração da suspensão dos processos. Em regra, o *caput* do artigo 980 do Código de Processo Civil estabelece que o incidente deverá ser julgado no prazo de um ano. É justamente durante tal interregno temporal que durará o efeito de sobrestamento dos processos pendentes. O parágrafo único estabelece, por conseguinte, que, superado tal prazo, cessa a suspensão dos processos, resguardada, todavia, a possibilidade de decisão fundamentada do relator em sentido contrário[13]. Assim, ainda que ultrapassado o prazo de um ano, é facultado ao relator, mediante decisão fundamentada, a possibilidade de estender a suspensão dos processos pendentes, além do prazo normativo previamente fixado[14].

4. ÂMBITO TERRITORIAL DA SUSPENSÃO PROCESSUAL

O **âmbito territorial da suspensão dos processos pendentes**, originariamente, é do Estado ou da Região onde está localizado o Tribunal de Justiça ou Tribunal Regional, respectivamente. É possível, todavia, a extensão territorial do

---

13. É mister ressaltar que a mesma sistemática seria aplicada aos recursos especial e extraordinário repetitivos. O § 4º do artigo 1.037 do CPC estabelece a necessidade de os recursos afetados, na sistemática repetitiva, serem julgados no prazo de um ano. O §5º, por sua vez, previa que, esgotado tal prazo, cessaria automaticamente, em todo o território nacional, a afetação e a suspensão dos demais processos pendentes, que retomariam seu curso natural. Todavia, tal dispositivo normativo foi revogado, com o advento da Lei nº 13.256/16, antes mesmo da entrada em vigor do Código de Processo Civil. Assim, constata-se uma distinção, junto ao microssistema do julgamento de casos repetitivos, entre o Incidente de Resolução de Demandas Repetitivas e o julgamento dos recursos especial e extraordinário repetitivos. Enquanto que, no primeiro, o decurso do prazo de um ano acarreta a cessação da suspensão dos processos pendentes, ressalvada a possibilidade de prorrogação do sobrestamento por decisão fundamentada do relator, nos recursos repetitivos, tal dinâmica é diversa, porquanto, esgotado o prazo anual, a suspensão não é interrompida.

14. Em relação à prorrogação do prazo de suspensão dos processos pendentes, o legislador nacional foi lacônico, não estabelecendo, *a priori*, qual seria o novo prazo a ser adotado pelo relator. Pela sistematicidade, deve-se adotar a exegese de que o relator pode adotar nova prorrogação pelo mesmo lapso temporal, qual seja, um ano. Não há, todavia, limitação quanto ao número de prorrogações possíveis. É o entendimento de Aluisio Gonçalves de Castro Mendes. "A prorrogação da suspensão foi expressamente prevista no parágrafo único do artigo 980, embora não tenha mencionado, de modo literal, limitação temporal para a manutenção da suspensão. Lógica e sistematicamente, parece haver razões para que a prorrogação possa ser feita por novo lapso de um ano, tempo este que foi considerado, em princípio, como limite razoável para o julgamento do IRDR. Entretanto, diante da ausência de limitação expressa e da fórmula relativamente aberta, a exigir apenas a devida decisão fundamentada, não há restrição quanto à possibilidade de uma ou mais prorrogações, diante de decisão fundamentada a justificar a(s) prorrogação(ões), desde que este lapso temporal não acabe representando afronta ao acesso à justiça e à duração razoável dos processos" (MENDES, Aluisio Gonçalves de Castro. Op. cit., p. 191).

sobrestamento dos processos para nível nacional, nos moldes do § 3º do artigo 982 e §4º do artigo 1.029, ambos do Código de Processo Civil, por decisão do Superior Tribunal de Justiça ou do Supremo Tribunal Federal, em se tratando, respectivamente, de questão federal infraconstitucional e constitucional.

Inicialmente, deve-se ressaltar que somente é possível a ampliação territorial da suspensão a todo o território nacional apenas nos casos em que o Incidente de Resolução de Demandas Repetitivas já foi objeto de prévia admissão pelo Tribunal local, não sendo suficiente, por conseguinte, a mera instauração, sem o prévio juízo positivo de admissibilidade.

A redação do § 3º do artigo 982 prevê a possibilidade de suspensão de todos os processos individuais ou coletivos em curso no território nacional que versem sobre a questão objeto do incidente já *instaurado*[15], dando a entender, em uma exegese literal, que a mera instauração (ainda que sem a superveniente admissão do incidente) já seria o pressuposto suficiente e necessário para o requerimento da extensão territorial.

Entretanto, não faria sentido permitir a formulação de requerimento junto aos Tribunais Superiores para a ampliação da suspensão dos processos pendentes, se o próprio incidente ainda não foi objeto de prévia admissão pelo Tribunal local. Afinal, não há lógica em se requerer a ampliação de um efeito que sequer foi deflagrado em âmbito local. Sem a admissão do IRDR junto ao Tribunal local, não há ainda o sobrestamento dos processos pendentes. Qual seria o sentido, portanto, em se requerer a ampliação para âmbito nacional, se a suspensão dos processos pendentes, em sede local, sequer foi determinada? É este o mesmo entendimento do Superior Tribunal de Justiça, que condiciona a análise do requerimento de suspensão em nível nacional à prévia instauração e admissão do incidente em nível local[16].

---

15. Em uma exegese topológica dos dispositivos normativos, o Superior Tribunal de Justiça adota o mesmo entendimento. "Note-se que a expressão *instaurada*, contida na parte final do §3º do art. 982 deve ser interpretada em consonância com o *caput* do dispositivo que qualifica o incidente como *admitido*. Dessa forma, o parágrafo, como subdivisão do artigo, não pode dispor de forma contraditória à previsão do *caput*; logo, os incisos e parágrafos do art. 982 disciplinam questões que se aplicam apenas ao IRDR que já possui decisão colegiada (art. 981) de admissão do incidente" (Suspensão em Incidente de Resolução de Demandas Repetitivas nº 2/SE, rel. Ministro Paulo de Tarso Sanseverino, DJ 12/12/16).

16. "Para que se possa requerer este efeito, o IRDR precisa já ter sido admitido pelo tribunal regional ou estadual. Não basta apenas a sua provocação, distribuição ou mesmo a inclusão em pauta para a deliberação sobre o juízo de admissibilidade. Embora seja uma medida preventiva, não pode ser precoce, pois não haveria sentido em se suspender os processos, no âmbito local, estadual e muito menos nacional, sem que houvesse a mínima verificação quanto à presença dos requisitos para a admissibilidade do Incidente de Resolução de Demandas Repetitivas. Se a própria suspensão local somente deve ocorrer após o incidente ter sido admitido, não faria qualquer sentido em se ampliar algo inexistente, ou seja, a própria suspensão local. Portanto, apenas após a decisão proferida pelo colegiado do tribunal local sobre a admissibilidade, é que se torna possível o pleito de ampliação da suspensão para todo o território nacional. Do contrário, haveria uma verdadeira aberração: a determinação de uma suspensão nacional, quando ainda não admitido o IRDR e não suspensos os processos no âmbito estadual ou regional. Há que se ter aqui certa cautela. Do contrário, poderia ser determinada inutilmente a suspensão nacional, seguida de uma decisão de inad-

O § 3º do artigo 982 do CPC confere legitimidade às partes do processo originário de onde foi instaurado o Incidente de Resolução de Demandas Repetitivas, ao Ministério Público e à Defensoria Pública para requererem, junto aos Tribunais Superiores (Superior Tribunal de Justiça, em se tratando de matéria infraconstitucional, e Supremo Tribunal Federal, em se tratando de matéria constitucional), a suspensão de todos os processos individuais ou coletivos em curso no território nacional que versem sobre a questão objeto do incidente.

A legitimidade também é concedida para qualquer parte de processo individual no curso do qual se discuta a mesma questão objeto do incidente, independentemente dos limites da competência territorial. Assim, é facultada às partes de um processo em trâmite em São Paulo, por exemplo, requerer, junto aos Tribunais Superiores, a extensão dos efeitos de sobrestamento de um Incidente de Resolução de Demandas Repetitivas instaurado e admitido junto ao Tribunal Regional Federal da 2ª Região ou ao Tribunal de Justiça do Estado do Rio de Janeiro. É o que preconiza o § 4º do artigo 982 do Código de Processo Civil.

Ao permitir que qualquer parte de processo que verse sobre questão comum afeta ao julgamento no IRDR requeira a extensão dos efeitos do sobrestamento para nível nacional, o legislador ampliou consideravelmente o leque de legitimados, priorizando justamente a segurança jurídica e a isonomia processual. Não apenas os afetados diretamente com a decisão de sobrestamento no Estado ou na Região podem requerer a extensão dos efeitos da suspensão para nível nacional. Qualquer parte de processo em curso no qual se discuta a mesma questão objeto do incidente, independentemente da competência territorial, é legítima para efetuar o requerimento de extensão dos efeitos territoriais da decisão de suspensão dos processos[17].

Em se tratando de uma questão com repercussão não apenas no Estado ou na Região onde instaurado e admitido o IRDR, mas sim em âmbito nacional, é altamente provável que, posteriormente à fixação, em âmbito local, da tese jurídica com o julgamento do incidente, haja a superveniente interposição de recurso especial e/ou extraordinário. Assim, levando em consideração a alta probabilidade de posterior análise da questão pelos Tribunais Superiores, o legislador previu um mecanismo preventivo de ampliação territorial dos efeitos do sobrestamento

---

missibilidade, ensejando demora e insegurança na prestação jurisdicional" (MENDES, Aluisio Gonçalves de Castro. Op. cit., p. 190).

17. "A suspensão ocorrerá, a princípio, apenas para os processos que tramitem sob a jurisdição do tribunal. Contudo, o novo Código prevê a possibilidade de suspensão nacional, a ser determinada pelo tribunal competente para conhecer de eventual recurso extraordinário ou especial (artigo 982, §3º). O requerimento de suspensão nacional poderá ser formulado pelas partes do processo originário, pelo Ministério Público e pela Defensoria Pública (artigo 982, §3º), mas também pelas partes de outros processos em que se discuta a mesma questão controvertida, independentemente dos limites territoriais (artigo 982, §4º)." (MENDES, Aluisio Gonçalves de Castro Mendes; TEMER, Sofia. O Incidente de Resolução de Demandas Repetitivas do novo Código de Processo Civil. *Revista de Processo*. v. 243, p. 283/331).

dos processos pendentes[18]. Prioriza-se a isonomia processual e a segurança jurídica. Além disso, outra vantagem da suspensão nacional é obstar a tramitação de mais de um Incidente de Resolução de Demandas Repetitivas sobre o mesmo tema, perante órgãos jurisdicionais diferentes[19].

O requerimento de suspensão nacional deve ser endereçado ao Presidente do respectivo Tribunal Superior (artigo 1.029, § 4º, do CPC). É o que se infere também do *caput* do artigo 271-A do RISTJ, acrescido pela Emenda Regimental nº 22/16[20]. É importante pontuar, todavia, que tal competência, no âmbito do Superior Tribunal de Justiça, foi delegada para o presidente da Comissão Gestora de Precedentes do Tribunal, consoante o disposto na Portaria nº 475/16[21].

O § 3º do artigo 271-A do RISTJ estabelece que, uma vez deferida a suspensão em nível nacional, com o acolhimento do requerimento formulado, o sobrestamento vigorará até o trânsito em julgado da decisão proferida no incidente de

18. "O objetivo é garantir segurança jurídica e, de resto, isonomia. Julgado o IRDR, provavelmente será interposto recurso extraordinário ou recurso especial, cuja solução será estendida a todo o território nacional. Assim, o STF ou o STJ já suspende, preventivamente, todos os processos em curso no território nacional que versem sobre aquele tema, a fim de que, futuramente, possam receber a aplicação da tese a ser por ele firmada. A simples demonstração de que há múltiplos processos versando sobre a mesma questão de direito em tramitação em mais de um Estado ou região já é suficiente para que haja a suspensão nacional, a ser determinada pelo STF ou pelo STJ" (CUNHA, Leonardo Carneiro da; DIDIER JR., Fredie. *Curso de direito processual civil.* 15ª ed. Salvador: Juspodivm, 2018, v. 3, p. 748).

19. Entretanto, é possível que, antes da suspensão nacional determinada em sede de Tribunal Superior, haja a instauração e admissão de mais de um IRDR com o mesmo objeto. Com base no microssistema da tutela coletiva, defende-se a concepção de que os demais incidentes devem ser apensados ao primeiro instaurado, com base na prevenção, como ocorre nas ações coletivas. Edilton Meireles, por sua vez, defende que incumbe ao Tribunal Superior, quando da análise do requerimento de suspensão nacional, avaliar qual IRDR deve ser o representativo da controvérsia posta à apreciação, não necessariamente correspondendo ao primeiro incidente instaurado. "Em havendo dois ou mais IRDR em processamento na instância estadual/regional, debatendo a mesma questão jurídica, havendo pedido de suspensão de todos os processos em curso no território nacional que versem sobre a questão objeto dos incidentes já instaurados (§ 3º do artigo 982 do CPC), qual deles deve permanecer em processamento? A resposta não é tão simples. Poder-se-ia pensar que caberia ao tribunal superior, ao apreciar o pedido de suspensão, decidir a respeito. Assim, tanto poderia decidir em favor do primeiro instaurado, como poderia optar por aquele mais representativo da controvérsia, etc. A motivação será do tribunal superior" (MEIRELES, Edilton. Do incidente de resolução de demandas repetitivas no processo civil brasileiro e suas repercussões no processo do trabalho. In: BEZERRA LEITE, Carlos Henrique (org.). *Novo CPC*: repercussões no processo do trabalho. São Paulo: Saraiva, 2015, p. 205).

20. "Poderá o Presidente do Tribunal, a requerimento do Ministério Público, da Defensoria Pública ou das partes de incidente de resolução de demandas repetitivas em tramitação, considerando razões de segurança jurídica ou de excepcional interesse social, suspender, em decisão fundamentada, todos os processos individuais ou coletivos em curso no território nacional que versem sobre a questão objeto do incidente".

21. "Art. 4º Ficam delegadas ao presidente da comissão as seguintes competências: (...) II - decidir, resolvendo os incidentes que suscitarem, os requerimentos de suspensão de todos os processos individuais ou coletivos em curso no território nacional que versem sobre a questão objeto de incidente de resolução de demandas repetitivas em tramitação".

resolução de demanda repetitiva[22]. A partir de uma leitura em conjunto com o disposto no §5º do artigo 982 do CPC, constata-se que a suspensão dos processos pendentes, em tais casos, cessará, apenas caso não seja interposto recurso especial ou extraordinário contra a decisão final local proferida no âmbito do IRDR. É a mesma exegese que se extrai da parte final do §4º do artigo 1.029, ao prever que a suspensão dos processos, em âmbito nacional, permanecerá "até ulterior decisão do recurso extraordinário ou do recurso especial a ser interposto".

Em relação aos fundamentos que justificam o pedido de suspensão nacional no Incidente de Resolução de Demandas Repetitivas, o § 4º do artigo 1.029 do CPC prevê duas hipóteses: a **tutela da segurança jurídica** e/ou a **preservação do excepcional interesse social**, denotando, por conseguinte, a singularidade do instrumento jurídico em questão.

Analisando os fundamentos acima, o Superior Tribunal de Justiça, no julgamento da Suspensão em Incidente de Resolução de Demandas Repetitivas nº 07, estabeleceu que "o fundamento de tutela da segurança jurídica exigido pelos mencionados dispositivos legal e regimental referentes ao pedido de suspensão nacional de processos em IRDR estará presente na hipótese em que o incidente admitido pelo tribunal de segunda instância: a) demandar a interpretação da legislação infraconstitucional federal; b) abranger matéria que se repete em processos em tramitação em outros estados ou regiões e c) ensejar divergência de entendimento entre pelo menos dois tribunais".

Afinal, a intenção do IRDR é concretizar os princípios constitucionais da segurança jurídica e da isonomia, ao evitar a prolação de decisões judiciais díspares, mediante a fixação de tese jurídica acerca de questão comum afeta a inúmeros processos pendentes, em um verdadeiro contencioso de massa. Caso a questão de direito comum envolva a interpretação da legislação infraconstitucional federal ou constitucional, haverá a necessidade de a uniformização também ocorrer no âmbito do Superior Tribunal de Justiça e do Supremo Tribunal Federal, respectivamente. Assim, a suspensão dos processos em âmbito nacional deve ser oportunizada. Por isso, vantajosa a previsão normativa de extensão, em âmbito territorial, dos efeitos do sobrestamento dos processos pendentes, até que haja uma decisão dirimindo a controvérsia em sede de Tribunal Superior, o que ocor-

22. "Tendo sido determinada a extensão da suspensão a todo o território nacional, é de se indagar quando cessariam seus efeitos. Como dito no início do tópico, a suspensão só faz sentido até a decisão final sobre a questão comum, seja pelo tribunal regional ou local, seja pelo tribunal superior. Julgado definitivamente o incidente, termina a suspensão. No entanto, se o tribunal superior estender a suspensão para todo o território nacional, e o tribunal local ou regional julgar o IRDR, como fica a suspensão determinada pelo tribunal superior, se o término do incidente deveria levar ao fim da suspensão com a retomada dos processos? Bom, no caso, de acordo com o §5º do art. 982, cessará a suspensão se, após a decisão final no incidente, transcorrer *in albis* o prazo para interposição de recurso especial ou recurso extraordinário contra a decisão proferida no incidente" (CABRAL, Antonio do Passo. Comentários ao art. 982. In: CABRAL, Antonio do Passo; CRAMER, Ronaldo (Coord.). *Comentários ao novo Código de Processo Civil*. Rio de Janeiro: Forense, 2015).

rerá quando do julgamento do recurso especial e/ou extraordinário, interposto após o julgamento do IRDR pelo Tribunal local.

O fundamento de tutela da segurança jurídica também restará presente na hipótese em que a matéria repetitiva não se circunscrever apenas ao âmbito territorial do Estado ou da Região. Em tais cenários, é possível a existência, inclusive, de divergência de entendimento entre tribunais com competência territorial distinta, a ensejar, mais uma vez, a necessidade de uniformização em âmbito nacional. Até que isso ocorra, com o julgamento do recurso especial *lato sensu* pelos Tribunais Superiores, deve-se facultar a possibilidade de suspensão em âmbito nacional dos processos pendentes, a fim de evitar a prolação de decisões judiciais díspares.

Em relação ao outro fundamento da suspensão nacional – a presença de excepcional interesse público, "devem ser analisados aspectos voltados ao impacto que a decisão do Superior Tribunal de Justiça, seja pelo deferimento ou indeferimento do pedido, representará para a sociedade"[23]. Trata-se de um conceito jurídico indeterminado, também empregado em outros instrumentos processuais, como a suspensão da segurança[24].

No caso específico do SIRDR nº 07, o STJ, além de entender presente a tutela da segurança jurídica, também fixou como fundamento do deferimento da suspensão em nível nacional a existência de manifesto interesse social[25], ante a relevância da questão a ser pacificada.

23. Suspensão em Incidente de Resolução de Demandas Repetitivas nº 7/PR, rel. Ministro Paulo de Tarso Sanseverino, DJ 23/06/17.

24. O artigo 4º da Lei nº 8.437/92, a título exemplificativo, menciona que compete ao presidente do tribunal suspender, em decisão fundamentada, a execução da liminar nas ações movidas contra o Poder Público ou seus agentes, *em caso de manifesto interesse público* ou de flagrante ilegitimidade, e para evitar grave lesão à ordem, à saúde, à segurança e à economia públicas.

25. Utilizando-se, inclusive, de dados estatísticos referentes aos números de centros de habilitação de condutores, bem como da própria importância da tutela da segurança viária, o Superior Tribunal de Justiça também acolheu a presença do manifesto interesse público. "Sem adentrar ao mérito da questão, é possível identificar que a solução definitiva da controvérsia de direito impactará, certamente, os centros de formação de condutores no país, mas vejo, com maior destaque, o reflexo que se dará nos milhares de candidatos que se submetem anualmente aos treinamentos obrigatórios para a habilitação como motoristas de veículos automotores. Esse reflexo se dissipa amplamente, pois é sabido que as políticas de trânsito interferem intensamente na vida social e, a depender da definição estatal, pode representar redução de acidentes nas vias urbanas e rurais do Brasil. Por outra vertente, caso a definição final do Judiciário se dê pela ilegalidade da Resolução Contran n. 543/2015, percebo outro impacto na sociedade, que é o relacionado à integridade do sistema legislativo. A eventual proibição de o Contran exigir aulas em simulador de direção veicular para candidatos à obtenção da carteira nacional de habilitação ante o excesso em seu poder regulamentar poderá sinalizar ao legislador federal a importância de se debater essa questão para possível alteração legislativa. Concluo, assim, que a questão relacionada à legalidade ou não da Resolução Contran n. 235/2015 é de excepcional interesse público." (Suspensão em Incidente de Resolução de Demandas Repetitivas nº 7/PR, rel. Ministro Paulo de Tarso Sanseverino, DJ 23/06/17).

5. DA COMUNICAÇÃO AOS ÓRGÃOS JURISDICIONAIS COMPETENTES

Admitido o incidente e suspensos os processos pendentes, deve-se proceder à **comunicação aos órgãos jurisdicionais competentes**, nos moldes do § 1º do artigo 982 do Código de Processo Civil. Em uma das redações originárias do Código de Processo Civil, previa-se que tal comunicação ocorreria mediante a expedição de ofício aos juízes diretores dos fóruns de cada comarca ou seção judiciária. A omissão normativa na versão final do Código não obsta que tal mecanismo de comunicação seja adotada, a fim de viabilizar uma maior capilaridade na comunicação da decisão de sobrestamento aos diversos órgãos jurisdicionais do Poder Judiciário.

A determinação de suspensão dos processos pendentes é realizada quando da admissão do incidente. Entretanto, é necessária a concretização de tal comando, com o efetivo sobrestamento de cada um dos processos pendentes. Isso ocorrerá individualmente, por cada magistrado, ao analisar, dentro do acervo existente em cada um dos órgãos jurisdicionais, quais aqueles afetados pela decisão de suspensão, exarada quando da admissão do Incidente de Resolução de Demandas Repetitivas. Trata-se, portanto, de uma atividade de subsunção a ser realizada em cada um dos processos afetados.

Com base **no microssistema de julgamento dos casos repetitivos**, estabelece-se uma interconexão entre os regramentos normativos do incidente de resolução de demandas repetitivas e do julgamento dos recursos especial e extraordinário repetitivos. O microssistema do julgamento dos casos repetitivos foi, inclusive, positivado, consoante se infere da redação do artigo 928 do Código de Processo Civil. Assim, perfeitamente aplicável ao IRDR o disposto no § 8º do artigo 1.037, que prevê a **necessidade de as partes serem devidamente intimadas da decisão de suspensão de seu processo**.

O Tribunal, uma vez admitido o IRDR e exarada a decisão de sobrestamento dos processos pendentes, deverá comunicar aos demais órgãos jurisdicionais competentes. Estes, por sua vez, deverão proceder, portanto, com a intimação individual das partes afetadas com a suspensão processual. Trata-se, portanto, de **comunicações encadeadas e seriadas**, a fim de alcançar o maior número possível de indivíduos.

Mediante uma rede capilarizada, o Tribunal comunica seus órgãos jurisdicionais acerca da decisão de admissão do incidente e consequente suspensão dos processos pendentes afetados. Os magistrados, por sua vez, ao sobrestarem os processos em trâmite junto aos órgãos jurisdicionais de sua respectiva competência, deverão proceder à intimação das partes, a fim de cientificá-las da decisão de suspensão processual.

A instauração e o julgamento do IRDR deve ser precedida da mais ampla divulgação e publicidade, consoante se extrai do comando previsto no artigo 979 do Código de Processo Civil. Deve-se, com base em um contraditório participativo e democrático, viabilizar a publicação mediante meios céleres e com maior alcance, como a rede mundial de computadores.

A intimação processual de cada uma das partes dos processos sobrestados é de extrema importância para viabilizar a devida oportunidade à parte interessada de intervir junto ao Incidente de Resolução de Demandas Repetitivas como interessada, contribuindo com argumentos, a fim de conferir a devida legitimidade democrática à tese jurídica a ser fixada no bojo do incidente.

Pode-se vislumbrar um cenário em que, em um universo de processos quantitativamente consideráveis a serem sobrestados, um ou mais não tenham seu curso processual suspenso por determinação judicial, em que pese sejam afetados futuramente pela decisão no IRDR[26]. Trata-se de vício processual grave, porquanto obsta a devida comunicação às partes da existência do incidente, inviabilizando, portanto, que as mesmas tenham ciência da possibilidade de intervenção junto ao IRDR, ainda mais quando se constata que a tese jurídica lá fixada terá consequências jurídicas palpáveis, quando de sua aplicação nos processos pendentes.

A não suspensão do processo, em tais casos, acarretará nulidade processual? Poderá obstar a aplicação da tese jurídica fixada no IRDR, afastando-se, por conseguinte, seus efeitos vinculantes? Os questionamentos postos à apreciação já foram enfrentados no ordenamento jurídico norte-americano, no âmbito das *class actions*. Quando da certificação da ação coletiva, deve-se proceder à notificação de todos os membros da classe envolvida, a fim de oportunizar o exercício do direito de auto-exclusão (*right to opt out*), de forma a afastar o *binding effect* da sentença exarada no âmbito da *class action* em relação àquele que exerceu o direito de se auto-excluir do efeito vinculante da sentença a ser prolatada no âmbito da ação coletiva.

Eventualmente, caso um dos membros da classe não tenha sido devidamente comunicado (e, portanto, não tenha lhe sido oportunizada a possibilidade de exercício do *right to opt out*), somente conseguirá afastar o *binding effect*, caso comprove que os argumentos jurídicos deduzidos e apreciados na *class action* não foram efetivamente, de forma direta ou indireta, deduzidos e apreciados. O

26. "O correto enquadramento das demandas repetitivas no âmbito de suspensão é fator essencial para que o IRDR seja legítimo. Suspender indevidamente um processo é muito grave, assim como não suspender um processo que será afetado pela decisão no IRDR. Esta hipótese, como já tivemos a oportunidade de afirmar anteriormente, pode ser uma das falhas mais gravosas para esse sistema processual, porque pode significar o alijamento do debate e a consequente deslegitimação da eficácia da decisão sobre a esfera de direitos daquele que era parte em processo que deveria ter sido suspenso, mas não o foi, caso isso resulte no cerceamento de sua participação no incidente" (TEMER, Sofia. *Incidente de Resolução de Demandas Repetitivas*. 3ª ed. Salvador: Juspodivm, 2018, p. 136-137).

mesmo raciocínio poderia ser aplicado ao IRDR.[27] Assim, a eventual omissão judicial ao não determinar o sobrestamento de um processo individual, que deveria ter sido suspenso em decorrência da admissão do IRDR, não acarretará necessária e obrigatoriamente a inaplicabilidade da tese jurídica fixada no incidente para o processo em específico. Incumbirá à parte o ônus de demonstrar que o vício processual originou efetivo prejuízo no julgamento do incidente, porquanto, ao não ter sido intimada, os argumentos jurídicos postos à apreciação no seu processo não foram efetivamente, de modo direto ou indireto, apreciados no incidente. Em caso contrário, restará incólume o efeito vinculativo da tese jurídica fixada no âmbito do IRDR.

A intimação prevista no § 8º do artigo 1.037 é de extrema importância, porquanto também oportuniza às partes a possibilidade de demonstrarem o *distinguishing* existente entre a questão a ser decidida no seu processo específico e aquela a ser julgada no Incidente de Resolução de Demandas Repetitivas[28]. Afinal, a determinação individual de suspensão de cada um dos processos pendentes em virtude da admissão do IRDR é pautada por uma subsunção a ser realizada pelo magistrado, em cada caso[29]. Deve-se avaliar se aquele processo em

27. "A inexistência de intimação, preconizada no §8º do art. 1.037 do CPC, não deve, no entanto, por si só, conduzir à ineficácia do efeito vinculativo em relação à parte não comunicada e, muito menos, a qualquer problema quanto à validade do Incidente de Resolução de Demandas Repetitivas. Parece que a inobservância da regra aplicável ao IRDR, embora prevista para os recursos repetitivos, guarda certa semelhança com a situação decorrente da ausência de notificação ao membro da classe, nas *class actions* norte-americanas, sobre a existência da ação de classe e a possibilidade do exercício do direito de exclusão (*opt-out right*). Em ambas as hipóteses, a parte prejudicada deverá comprovar não apenas a ausência de intimação, mas também, cumulativamente, que não tomou conhecimento do IRDR, e que os argumentos jurídicos levantados no seu processo não foram efetivamente, de modo direto ou indireto, deduzidos e apreciados no incidente, para que possa se afastar do efeito vinculativo previsto nos arts. 927, inciso III, e 985, inciso I, do Código de Processo Civil. Neste caso, parece que os princípios do acesso à justiça, do devido processo legal e do contraditório serviriam de óbice para a subsunção obrigatório do caso concreto à tese jurídica firmada. Como os argumentos não foram analisados, não ficariam cobertos pelo efeito vinculativo do IRDR e poderiam, assim, ser acatados ou não pelo julgador no caso concreto. Situação, portanto, semelhante à do membro da classe, que, nas *class actions*, não é notificado e consegue comprovar que acabou sendo prejudicado pela impossibilidade de ter exercido o direito de exclusão, porque teria fundamentos capazes de ensejar um julgamento diverso para o seu caso" (MENDES, Aluisio Gonçalves de Castro. Op. cit., p. 128-129).

28. "Com efeito, a intimação permite que a parte exerça o direito de demonstrar que o objeto do IRDR não se refere ao seu caso concreto. A distinção poderá ser requerida por entender a parte que sua situação fática não se assemelha ao fato-tipo descrito pelo tribunal, bem como poderá demonstrar que a questão jurídica problemática em seu processo não é a que está sendo julgada no incidente. Comprovada a distinção, deve ser revogada a suspensão do processo" (TEMER, Sofia. *Incidente de Resolução de Demandas Repetitivas*. 3ª ed. Salvador: Juspodivm, 2018, p. 135-136).

29. "Pode-se dizer, mesmo, que não há, a rigor, uma suspensão automática de todos os processos. Há, sim, um ato complexo, que se inicia com a deliberação tomada pelo tribunal (colegiado ou relator), determinando a suspensão dos processos. Entretanto, precisa se completar com a análise, por cada órgão judicial vinculado ao respeito tribunal, da subsunção das questões ventiladas nos processos ao objeto do IRDR, para, em concreto, decidir pela aplicabilidade da suspensão ao processo em tramitação. Não se trata, em princípio e ressalvando a autorização concedida pelo próprio tribunal, de se aferir sobre a conveniência ou não da suspensão. Mas, sim, a aferição da existência ou não de identidade entre as questões suscitadas no IRDR e no processo em tramitação perante o juízo, para que se possa consignar a subsunção na de-

específico se enquadra ao caso afetado ao IRDR, por possuir questão comum a ser pacificada quando da fixação da tese jurídica pelo Tribunal. Em se tratando de questão distinta, é plenamente possível, após o devido contraditório (§ 11 do artigo 1.037), a reconsideração da determinação anterior de sobrestamento, com a consequente retomada do curso do trâmite processual (artigo 1.037, § 12, I).

O requerimento de reconsideração da determinação de sobrestamento, ante a distinção entre a questão a ser decidida no processo em específico e aquela a ser julgada no IRDR, deve ser endereçado ao juiz, se o processo sobrestado estiver em primeiro grau. Caso o processo esteja em sede recursal, deverá ser dirigido ao relator, nos moldes dos incisos do § 10 do artigo 1.037.

Da decisão que resolver o requerimento (seja pela manutenção da suspensão, seja pela retomada do prosseguimento do curso processual, ante a conclusão da existência de *distinguishing* entre a questão a ser decidida especificamente no processo e aquela a ser julgada no IRDR), cabe agravo de instrumento, se o processo estiver em primeiro grau, ou agravo interno, se a decisão for de relator (§ 13 do artigo 1.037).

A versão aprovada na Câmara dos Deputado previa expressa e textualmente a possibilidade recursal em tais hipóteses[30], o que, todavia, não foi mantido na versão final do Código de Processo Civil. Tal fato, entretanto, não obsta a aplicação do § 13 do artigo 1.037 (inserido na Subseção II relativa ao julgamento dos recursos extraordinário e especial repetitivos) ao Incidente de Resolução de Demandas Repetitivas, justamente em decorrência do microssistema do julgamento de casos repetitivos[31]. Afinal, não há distinção ontológica significativa entre o Incidente de Resolução de Demandas Repetitivas e os recursos especial e extraordinários repetitivos a ponto de justificar a possibilidade recursal, em tais casos, apenas no segundo instrumento. A decisão de sobrestamento do processo,

---

pendência em concreto da solução a ser dada pelo incidente para a indagação jurídica" (MENDES, Aluisio Gonçalves de Castro. Op. cit., p. 192/193).

30. "A versão aprovada pela Câmara dos Deputados em 2014 (SCD ao PLS 166/2010) previa o cabimento de agravo de instrumento contra a decisão que indevidamente negasse a suspensão de processo similar ou suspendesse processo que versasse sobre questão distinta da do incidente (art. 990, § 4º, SCD ao PLS 166/2010). A disposição, contudo, não foi mantida na versão aprovada e promulgada do Código. Não obstante a ausência de previsão legal expressa, opinamos pela recorribilidade da decisão nestes casos, haja vista as graves consequências que a incorreta suspensão (ou não) pode acarretar para os processos individuais ou coletivos em trâmite. Embora se reconheça que, ao admitir o cabimento do recurso, os tribunais poderão receber inúmeras pretensões indevidas, intensificando o assoberbamento já existente, vedar a interposição de recurso não nos parece a melhor alternativa. Também não nos parece viável admitir ou incentivar o manejo de mandado de segurança em tais casos, como, aliás, constou do relatório apresentado ao Plenário do Senado por ocasião da votação final" (MENDES, Aluisio Gonçalves de Castro Mendes; TEMER, Sofia. O Incidente de Resolução de Demandas Repetitivas do Novo Código de Processo Civil. *Revista de Processo*. v. 243, p. 283/331).

31. É o mesmo entendimento do enunciado nº 481 do Fórum Permanente de Processualistas Civis: "o disposto nos §§ 9º a 13 do art. 1.037 aplica-se, no que couber, ao incidente de resolução de demandas repetitivas".

em decorrência da afetação de um recurso especial e/ou extraordinário repetitivo, tem o mesmo impacto da suspensão processual decorrente da admissão de um Incidente de Resolução de Demandas Repetitivas. Não há sentido lógico em se cercear o recurso (agravo de instrumento e agravo interno) para apenas um dos instrumentos, ao passo que a possibilidade de reforma, mediante interposição recursal, é facultada para o outro instrumento, ambos inseridos no mesmo microssistema de julgamento dos casos repetitivos.

A manutenção ou revogação da decisão de sobrestamento em um determinado processo em específico tem um impacto significativo na tramitação processual. Cercear a possibilidade de, através do manejo do recurso, buscar a reforma da decisão junto aos órgãos jurisdicionais competentes, a fim de justamente demonstrar o *distinguishing* entre a questão a ser decidida naquele processo em específico e aquela a ser julgada no IRDR (e, por conseguinte, viabilizar a retomada do prosseguimento do curso regular do processo outrora sobrestado), violaria o devido processo legal, em sua vertente substancial/material (*due process of law substantial*).

E quanto ao órgão jurisdicional competente para o julgamento do agravo de instrumento ou do agravo interno, em tais casos? Em regra, os regimentos internos dos Tribunais de Justiça e dos Tribunais Regionais preveem a competência para julgamento do Incidente de Resolução de Demandas Repetitivas para colegiados mais amplos, como Seções compostas por Desembargadores de Câmaras ou Turmas com a mesma competência *rationae materiae*.

A não ser que o regimento interno estabeleça de maneira diversa, a princípio, não há prevenção do órgão colegiado competente para a apreciação do IRDR para o julgamento do agravo de instrumento ou agravo interno. Estes devem ser julgados pelos órgãos fracionários ordinariamente competentes (Turmas ou Câmaras). Entendimento diverso acarretaria uma inviabilização prática de julgamento do IRDR, ante o excessivo número de agravos de instrumento e agravos internos a serem encaminhados ao órgão colegiado competente para a apreciação do incidente[32].

32. "Em princípio, com a ressalva de previsão expressa no respectivo regimento interno, não há prevenção para a apreciação do agravo de instrumento ou do agravo interno, em relação ao órgão competente para a apreciação do Incidente de Resolução de Demandas Repetitivas. Isso porque a competência para o julgamento do IRDR é atribuída a órgão responsável pela uniformização da jurisprudência, normalmente mais amplo. Por sua vez, os recursos nos processos em geral, que tenham uma relação de dependência com a questão apreciada no IRDR, devem ser julgados pelos órfãos fracionários ordinariamente competentes. Do contrário, haveria uma verdadeira concentração de uma enorme quantidade de recursos nos órgãos mais amplos dos tribunais (Plenários, Órgão Especial ou Seções Especializadas) para o julgamento de todos os recursos pertinentes ao caso concreto, tanto na discussão sobre a suspensão quanto posteriormente para a aplicação da tese aos casos concretos. Isso causaria um enorme transtorno para os tribunais, colocando por terra toda a pretendida economia processual decorrente do IRDR" (MENDES, Aluisio Gonçalves de Castro. Op. cit., p. 193/194).

É o mesmo raciocínio adotado pelo Superior Tribunal de Justiça e pelo Supremo Tribunal Federal em relação aos recursos especial e extraordinário repetitivos. Quando da fixação da tese jurídica em sistemática de recurso repetitivo, não é possível a interposição de agravo da decisão de inadmissão do recurso especial ou extraordinário para o Tribunal Superior (artigo 1.042), sob pena de se distorcer a própria sistematicidade dos recursos repetitivos. O Supremo Tribunal Federal fixou o entendimento segundo o qual "não cabe recurso ou outro instrumento processual na Corte [Tribunal Superior] contra decisão do juízo de origem em que se aplique a sistemática da repercussão geral", orientação "consolidada no Código de Processo Civil de 2015 que prevê, como instrumento processual adequado para se insurgir contra a aplicação do instituto da repercussão geral, a interposição de agravo interno perante o próprio Tribunal de origem (art. 1.030, § 2º, do CPC)"[33]. Seria, portanto, contraproducente concentrar em um órgão de colegialidade mais amplo a competência para o julgamento dos agravos de instrumento e interno interpostos contra as decisões individuais acerca da suspensão dos processos pendentes.

Há, todavia, entendimento doutrinário favorável à prevenção do órgão julgador do IRDR para a apreciação do agravo de instrumento e do agravo interno[34-35].

33. "Agravo regimental no recurso extraordinário com agravo. Processual Civil. Aplicação da sistemática da repercussão geral na origem. Recurso cabível. Agravo interno (art. 1.030, § 2º, CPC). Agravo ao tribunal superior (art. 1.042, CPC). Recurso manifestamente incabível. Precedentes. 1. Segundo a firme jurisprudência do Supremo Tribunal Federal, não cabe recurso ou outro instrumento processual na Corte contra decisão do juízo de origem em que se aplique a sistemática da repercussão geral. 2. Essa orientação está consolidada no Código de Processo Civil de 2015 que prevê, como instrumento processual adequado para se insurgir contra a aplicação do instituto da repercussão geral, a interposição de agravo interno perante o próprio Tribunal de origem (art. 1.030, § 2º, CPC). 3. Agravo regimental não provido, com imposição de multa de 1% (um por cento) do valor atualizado da causa (art. 1.021, § 4º, do CPC). 4. Havendo prévia fixação de honorários advocatícios pelas instâncias de origem, seu valor monetário será majorado em 10% (dez por cento) em desfavor da parte recorrente, nos termos do art. 85, § 11, do Código de Processo Civil, observados os limites dos §§ 2º e 3º do referido artigo e a eventual concessão de justiça gratuita. (ARE 1.152.708 AgR, Relator Ministro Dias Toffoli (Presidente), Tribunal Pleno, publicação em DJe-267 de 13/12/2018.)

34. "O novo Código não traz expressamente tal disciplina para o IRDR, mas as regras dispostas para os recursos repetitivos são facilmente aplicáveis nesta sede. Sendo assim, invocando-se a aplicação do art. 1.037, §§ 8º a 13, tem-se que será cabível agravo de instrumento ou agravo interno, conforme a decisão seja prolatada pelo juiz de primeiro grau ou pelo relator, no Tribunal. Conforme já defendemos anteriormente, parece ser recomendável a prevenção do órgão julgador do incidente para apreciar tais recursos" (TEMER, Sofia. *Incidente de Resolução de Demandas Repetitivas.* 3ª ed. Salvador: Juspodivm, 2018, p. 136).

35. "Pensamos ser conveniente que o órgão que julgue esse agravo de instrumento seja o colegiado ao qual atribuída competência para julgar o IRDR, não só por prevenção, mas porque este tem melhores condições de apreciar a matéria" (CABRAL, Antonio do Passo. Comentários ao art. 982. In: CABRAL, Antonio do Passo; CRAMER, Ronaldo (Coord.). *Comentários ao novo Código de Processo Civil.* Rio de Janeiro: Forense, 2015).

6. SUSPENSÃO DO PRAZO PRESCRICIONAL

Um dos pontos que deve ser objeto de maiores aprofundamentos refere-se ao **prazo prescricional das pretensões deduzidas nos processos individuais sobrestados pela admissão do Incidente de Resolução de Demandas Repetitivas** junto ao Tribunal de Justiça ou ao Tribunal Regional.

Levando em consideração a teoria da *actio nata*, não é possível penalizar a parte autora do processo sobrestado por eventual inércia que não lhe pode ser imputada. Afinal, se a relação jurídico-processual foi instaurada dentro do prazo prescricional, o sobrestamento processual, em decorrência da admissão do Incidente de Resolução de Demandas Repetitivas, não pode prejudicar sua situação jurídico-processual, uma vez que a parte adotou todas as posturas a seu alcance para a não consumação do prazo prescricional, quando do ajuizamento da demanda. É este o entendimento esposado no enunciado nº 452 do Fórum Permanente de Processualistas Civis[36].

No âmbito do *Musterverfahren* dos litígios relacionados ao mercado de capitais, há ainda previsão normativa expressa, estabelecendo que o prazo prescricional não flui, inclusive para os jurisdicionados que ainda sequer ajuizaram o processo individual. Em tais casos, em prol de um sistema processual mais coeso, sistêmico e orgânico, o ordenamento jurídico estimula que os jurisdicionados optem por aguardar a definição da tese jurídica a ser fixada no âmbito do *Musterverfahren*, antes de ajuizarem suas ações individuais.

Assim, ao invés de ajuizar, *ab initio*, a demanda individual que posteriormente, por sua vez, seria sobrestada no aguardo da fixação da tese jurídica por parte do procedimento-modelo, o ordenamento jurídico germânico incentiva uma postura preventiva, ao estimular que as partes optem por aguardar o desfecho da decisão-padrão e, posteriormente, em caso de fixação de fixação de tese jurídica favorável a seus interesses, proponham a ação individual.

A fim de que não haja prejuízo com a adoção de tal postura, o legislador expressamente previu que, enquanto não fixada a tese jurídica com a prolação da decisão-padrão junto ao procedimento-modelo, o prazo prescricional não fluirá, a fim de que os indivíduos que optarem por aguardar o desfecho do procedimento-modelo não tenham sua esfera jurídico-material prejudicada pela prescrição.

Entretanto, o legislador germânico estabeleceu a necessidade de preenchimento de dois requisitos: (i) a prévia notificação (*Zustellung*) do indivíduo junto ao registro do *Musterverfahren* (*Klageregister*) e (ii) a necessidade de ajuizamento da ação individual dentro do lapso temporal de até três meses após o trânsito

36. "Durante a suspensão do processo prevista no artigo 982 não corre o prazo de prescrição intercorrente".

em julgado da decisão-padrão que fixou a tese jurídica no âmbito do procedimento-modelo[37].

É importante pontuar que a versão do projeto do Código de Processo Civil nacional aprovada pela Câmara dos Deputados estabelecia a suspensão do prazo prescricional, quando da admissão do Incidente de Resolução de Demandas Repetitivas. Era o § 5º do artigo 990 do Substitutivo da Câmara dos Deputados, que estabelecia que "admitido o incidente, suspender-se-á a prescrição das pretensões nos casos em que se repete a questão de direito".

A suspensão do prazo prescricional estimularia o jurisdicionado a aguardar o desfecho do incidente, com a fixação da tese jurídica sobre a questão comum, ao invés de, de antemão, ajuizar a demanda, uma vez que não haveria qualquer prejuízo material à sua situação jurídica, ante a suspensão do prazo da prescrição de sua pretensão. Com isso, diminuir-se-ia o número de ações ajuizadas em massa[38]. Além do mais, desestimular-se-ia o ajuizamento, após a fixação da tese jurídica pelo Tribunal, de ações com pedidos em desconformidade com o entendimento jurisprudencial qualificadamente fixado quando do julgamento do incidente[39].

---

37. "O legislador alemão introduziu importante inovação, quanto à prescrição, na versão vigente (2012/2013), em razão das modificações introduzidas na Lei do Procedimento-Padrão no Mercado Mobiliário KapMuG (§10 Abs. 2) e no Código Civil (*Bürgerliches Gesetzbuch* – BGB - § 204 Abs. 1 n. 6a). Pelas novas regras, os titulares de pretensões, as quais dependam do julgamento do procedimento-padrão, mas que ainda não tenham ajuizado as suas respectivas demandas, poderão inibir o prazo prescricional mediante a notificação (*Zustellung*) do seu requerimento de inscrição no registro do *Musterverfahren*, desde que proponham a sua ação dentro do prazo de até três meses após o trânsito em julgado da decisão-padrão (*Musterentscheid*)" (MENDES, Aluisio Gonçalves de Castro. *Ações coletivas e meios de resolução coletiva de conflitos no direito comparado e nacional*. 4ª ed. São Paulo: Revista dos Tribunais, 2014, p. 127).

38. "A suspensão prescricional poderia contribuir bastante para a diminuição do ajuizamento de processos repetitivos. Os interessados poderiam simplesmente aguardar o resultado do IRDR para decidirem sobre a viabilidade da tese jurídica que eventualmente seria discutida no seu caso concreto (CAVALCANTI, Marcos. *Incidente de resolução de demandas repetitivas e ações coletivas*. Salvador: Juspodivm, 2015, p. 447).

39. "Lamentamos a supressão de tal previsão, já que a suspensão da prescrição, sobretudo das pretensões não judicializadas até a data de admissão do incidente, poderia acarretar efeitos muito positivos para o instituto, para os jurisdicionados e para o próprio Poder Judiciário, evitando a propositura de ações enquanto não definida a tese jurídica, já que o jurisdicionado teria a segurança de que o decorrer do tempo não fulminaria seu direito (alegado). A suspensão da prescrição das pretensões pela admissão do incidente poderia ocasionar duas consequências importantes: (a) enquanto estivesse tramitando o incidente, não haveria propositura de novas ações fundada na mesma questão de direito; (b) após o julgamento, apenas seriam propostas ações que se alinhassem com a tese jurídica uniformizada, evitando o assoberbamento do Judiciário com demandas que seriam protocoladas e imediatamente suspensas. Tal medida possibilitaria que apenas fossem propostas as demandas cujos pedidos fossem procedentes, em vez de se acumularem milhares de processos (suspensos) aguardando decisão (porventura desfavorável), evitando, ainda os custos direto e indiretos do processo judicial" (MENDES, Aluisio Gonçalves de Castro Mendes; TEMER, Sofia. O Incidente de Resolução de Demandas Repetitivas do Novo Código de Processo Civil. *Revista de Processo*. v. 243, p. 283/331).

7. CONSIDERAÇÕES FINAIS

O Código de Processo Civil de 2015 configurou um grande avanço na concretização do comando constitucional de acesso à justiça, mediante uma jurisdição célere, adequada e efetiva. Dentre as novidades normativas, o Incidente de Resolução de Demandas Repetitivas figura como um dos mais importantes instrumentos jurídicos, em um contexto histórico-social de intensa litigiosidade repetitiva e seriada.

A suspensão processual em decorrência da admissão do Incidente de Resolução de Demandas Repetitivas, por sua vez, vai ao encontro da arquitetura normativa organizacional dos demais instrumentos jurídicos estrangeiros de fixação de teses jurídicas mediante resolução de questões comuns a inúmeros processos individuais e/ou coletivos. Privilegia-se a isonomia processual, ao evitar, enquanto não fixada a tese jurídica a ser aplicada às questões comuns afetas aos inúmeros processos sobrestados, o proferimento de decisões contraditórios. Prioriza-se a sistematicidade do ordenamento jurídico, mediante um tratamento isonômico dos jurisdicionados, à luz do princípio da segurança jurídica.

8. REFERÊNCIAS BIBLIOGRÁFICAS

ALMEIDA, Cleber Lúcio de. O incidente de resolução de demandas repetitivas no processo do trabalho. *Revista LTr: Legislação do Trabalho*, v. 80, dez. 2016.

BEDAQUE, José Roberto dos Santos. *Efetividade do processo e técnica processual*. São Paulo: Malheiros, 2016.

BUENO, Cássio Scarpinella. *Projetos de novo Código de Processo Civil comparados e anotados*. São Paulo: Saraiva, 2014.

CABRAL, Antônio do Passo. O novo procedimento modelo (Musterverfahren) alemão: uma alternativa às ações coletivas. *Revista de Processo*. São Paulo, v. 147. maio 2007.

CAMBI, Eduardo. Incidente de resolução de demandas repetitivas no novo Código de Processo Civil. *Revista de Processo*. São Paulo, v. 40. maio 2015.

CARNEIRO, Paulo Cezar Pinheiro. *Acesso à justiça*: Juizados Especiais Cíveis e ação civil pública. Rio de Janeiro: Forense, 1999.

______. Breves notas sobre o Incidente de Resolução de Demandas Repetitivas. *Revista Eletrônica de Direito Processual*, v. XIV, ano 8, jul./dez. 2014.

DINAMARCO, Cândido Rangel. *A instrumentalidade do processo*. 10. ed. São Paulo: Malheiros, 2002.

FUX, Luiz (coord). *O novo processo civil brasileiro*: direito em expectativa (reflexões acerca do projeto do novo Código de Processo Civil). Rio de Janeiro: Forense, 2011.

______. *Teoria geral do processo civil*. 2. ed., revista e atualizada. Rio de Janeiro: Forense, 2016.

______; BODART, Bruno. Notas sobre o princípio da motivação e a uniformização da jurisprudência no novo Código de Processo Civil à luz da análise econômica do Direito. *Revista de Processo*. v. 269, jul./2017.

MARINONI, Luiz Guilherme. *A ética dos precedentes*: justificativa do novo CPC. 2. ed. rev., atual e ampl. São Paulo: Editora Revista dos Tribunais, 2016.

______. *Incidente de Resolução de Demandas Repetitivas:* decisão de questão idêntica x precedente. São Paulo: Revista dos Tribunais, 2016.

MEIRELES, Edilton. Do incidente de resolução de demandas repetitivas no processo civil brasileiro e suas repercussões no processo do trabalho. In: BEZERRA LEITE, Carlos Henrique (org.). *Novo CPC*: repercussões no processo do trabalho. São Paulo: Saraiva, 2015.

MENDES, Aluisio Gonçalves de Castro. *Incidente de Resolução de Demandas Repetitivas:* sistematização, análise e interpretação do novo instituto processual. Rio de Janeiro: Forense, 2017.

_______. *Ações coletivas e meios de resolução coletiva de conflitos no direito comparado e nacional.* 4ª ed. São Paulo: Revista dos Tribunais, 2014.

_______; TEMER, Sofia. O Incidente de Resolução de Demandas Repetitivas do novo Código de Processo Civil. *Revista de Processo*. v. 243.

PINHO, Humberto Dalla Bernardina de Pinho. *Direito processual civil contemporâneo*. v. 2. São Paulo, Saraiva, 2017.

_______. *A natureza jurídica do direito individual homogêneo e sua tutela pelo Ministério Público como forma de acesso à justiça*. Rio de Janeiro: Forense, 2001.

_______. A dimensão da garantia do acesso à justiça na jurisdição coletiva. In: PINHO, Humberto Dalla Bernardina de (org.). *Temas contemporâneos de direito processual*. Rio de Janeiro: Lumen Juris, 2004.

REICHELT, Luis Alberto. O Incidente de Resolução de Demandas Repetitivas no Código de Processo Civil brasileiro e o redimensionamento do papel constitucionalmente associado aos Tribunais de Justiça e aos Tribunais Regionais Federais. *Revista de Processo*, v. 248.

ROQUE, Andre Vasconcelos. As ações coletivas no direito brasileiro contemporâneo: de onde viemos, onde estamos e para onde vamos? *Revista Eletrônica de Direito Processual*, v. XII, jul. a dez 2013.

_______. *Class action*: ações coletivas nos Estados Unidos: o que podemos aprender com eles? Salvador: Juspodivm, 2013.

TEMER, Sofia. *Incidente de Resolução de Demandas Repetitivas*. 3ª ed. Salvador: Juspodivm, 2018.

ZAVASCKI, Teori Albino. *Processo coletivo*: tutela de direitos coletivos e tutela coletiva de direitos. 6ª ed. São Paulo: Revista dos Tribunais, 2014.

ZANETI JR., Hermes. *Processo coletivo*. Salvador: Juspodivm, 2006.

5

A SUSPENSÃO NACIONAL DO INCIDENTE DE RESOLUÇÃO DE DEMANDAS REPETITIVAS PELOS TRIBUNAIS SUPERIORES

Rafael Gaia Edais Pepe[1]

Sumário: 1 – Introdução. 2 – Natureza jurídica, objetivos e razões que justificam a suspensão nacional. 3 – Legitimação, territorialidade e competência. 4 – Procedimento, decisão e recorribilidade. 5 – Conclusão. 6 – Bibliografia.

1. INTRODUÇÃO[2]

Passados mais de quatro anos desde a entrada em vigor do Código de Processo Civil de 2015, até as paredes já sabem que a valorização dos precedentes é uma das pedras de toque do novo diploma processual. Para tanto, o CPC não mediu esforços: estabeleceu padrões decisórios que funcionam como precedentes vinculantes para os órgãos do Poder Judiciário (art. 927); exigiu fundamentação suficiente para a superação de um precedente ou para demonstrar a sua distinção em um caso concreto (art. 489, § 1º, VI); e sistematizou os mecanismos de formação desses precedentes, especialmente no que concerne aos denominados "casos repetitivos" (art. 928)[3]. É nesse contexto que surgiu o Incidente de Resolução de Demandas Repetitivas, disciplinado nos arts. 976 a 987 do CPC.

O IRDR veio integrar a sistemática dos casos repetitivos, iniciada ainda sob a égide do CPC/1973, suprindo uma lacuna até então existente: a falta de um mecanismo próprio para lidar com questões de direito repetidas em uma multiplicidade de ações que não alcançavam os Tribunais Superiores – seja porque não envolviam a legislação federal ou a Constituição, seja porque ausente a famigerada repercussão geral, indispensável para a admissibilidade do recurso extraor-

1. Mestre em Direito Processual pela UERJ. *Master of Laws* pela Columbia University (EUA). Procurador do Estado do Rio de Janeiro e advogado. Ex-assessor de Ministro no Supremo Tribunal Federal e ex-Procurador da Fazenda Nacional.

2. Fica aqui o registro do especial agradecimento a Marcelo Pepe, pelas críticas e sugestões instigantes a respeito do tema.

3. Sobre o tema, é obrigatória a leitura de PORTO, José Roberto Mello. *Teoria Geral dos Casos Repetitivos*. Rio de Janeiro: GZ Editora, 2018.

dinário[4]. Imagine-se assim, por exemplo, uma mesma questão de direito previdenciário estadual, atingindo uma quantidade colossal de servidores públicos de determinado ente federativo, mas cujos recursos extraordinários esbarram no Enunciado n. 280 da Súmula do STF[5].

Como qualquer novidade, o IRDR desperta não apenas resistência[6], mas também certas dúvidas. Parte desses questionamentos envolve aquilo que o §3° do art. 982 do CPC chamou de "suspensão de todos os processos individuais ou coletivos em curso no território nacional", e que neste ensaio, para fins didáticos, será chamado de "suspensão nacional" ou, simplesmente, de SIRDR. Esse dispositivo, aliado ao § 4º do mesmo art. 982 e ao art. 1.029, § 4º, do CPC, essencialmente estabelece a possibilidade de o Presidente de um Tribunal Superior suspender processos, em todo o país, que cuidem da mesma questão objeto de um IRDR já instaurado. O STJ, inclusive, aproveitando-se de tais previsões legais, inseriu o art. 271-A no seu Regimento Interno para cuidar especificamente da SIRDR.

Sendo assim, o presente trabalho propõe-se a analisar os principais pontos ligados à natureza jurídica, aos objetivos, às razões justificadoras, à legitimação, aos limites territoriais, à competência, ao procedimento, à decisão e à recorribilidade na SIRDR. Para isso, serão utilizados tanto os aportes doutrinários sobre o tema, como também – na verdade, notadamente – algumas decisões pioneiras do STF e do STJ em SIRDR. Ao final, serão elencadas, de maneira breve e sintética, as conclusões alcançadas. Mãos à obra.

2. NATUREZA JURÍDICA, OBJETIVOS E RAZÕES QUE JUSTIFICAM A SUSPENSÃO NACIONAL

No que diz respeito à sua natureza jurídica, o IRDR é, como o próprio nome já indica, um incidente processual, mas que não se confunde com um recurso[7]. Ele é especificamente vocacionado para a formação de um precedente[8], que será

4. Isso não significa, porém, que tal sistemática encontra-se perfeita e acabada. Observe-se que o IRDR serve unicamente a questões de direito (art. 976, I, do CPC), não alcançando questões de fato. Essa é, inclusive, uma das razões pelas quais o IRDR não suplantará as ações coletivas voltadas para a tutela de direitos individuais homogêneos. Cf., nesse sentido, um interessante quadro comparativo em BARBOSA, Andrea Carla; CANTOARIO, Diego Martinez Fervenza. O incidente de resolução de demandas repetitivas no projeto de Código de Processo Civil: apontamentos iniciais. In: FUX, Luiz (coord.). *O novo processo civil brasileiro*: direito em expectativa. Rio de Janeiro: Forense, 2011. p. 503.

5. Súmula 280: Por ofensa a direito local não cabe recurso extraordinário.

6. Houve, inclusive, quem já tenha visto algumas inconstitucionalidades no instituto. Cf., exemplificativamente, ABBOUD, Georges; CAVALCANTI, Marcos de Araújo. Inconstitucionalidades do incidente de resolução de demandas repetitivas (IRDR) e o risco ao sistema decisório. *Revista de Processo*, v. 240, p. 221-242, fev./2015.

7. MENDES, Aluisio Gonçalves de Castro. *Incidente de resolução de demandas repetitivas*: sistematização, análise e interpretação do novo instituto processual. Rio de Janeiro: Forense, 2017. p. 104.

8. Aluisio Mendes explica que a tese jurídica produto do julgamento do IRDR não é um precedente tal como concebido no sistema de *common law*, pois não houve julgamento de um caso concreto do qual se possa

aplicado ao caso concreto de onde ele se originou, bem como aos demais processos que versem sobre a mesma questão de direito sob jurisdição do Tribunal julgador (art. 985, I, do CPC). Além disso, o IRDR cria uma regra de prevenção dirigida ao órgão que firmou o precedente (art. 978, parágrafo único, do CPC)[9].

De igual modo, a SIRDR é um incidente processual que não possui características recursais. Com efeito, a par de não estar prevista como um recurso (não atendendo, portanto, ao princípio da taxatividade[10]), a SIRDR não tem como objetivo a reforma, a anulação ou o esclarecimento de outra decisão, mas sim a suspensão de um conjunto de processos[11]. Não se busca, sequer, a formação de um precedente, o que ocorrerá no IRDR. Nessa linha, guardadas as devidas diferenças, a SIRDR aproxima-se da suspensão de decisão judicial proferida contra o Poder Público, disciplinada, dentre outros diplomas legais, no art. 4º da Lei n. 8.437/1992[12], cuja natureza também é de incidente processual sem natureza recursal[13].

A SIRDR deve ser analisada sob uma ótica funcional, sendo ela um incidente processual instrumental aos recursos especial e extraordinário futuros[14]. Sendo assim, a SIRDR somente terá lugar quando forem admissíveis, em tese, tais recursos. Nessa mesma linha seguiu o STJ ao julgar a SIRDR 7[15], na qual se discutia a legalidade de regulamento do CONTRAN que determinava a inclusão de aulas em simulador de direção como requisito para se obter a Carteira Nacional de Ha-

---

extrair a *ratio decidendi*. A partir disso, o autor faz interessantes provocações a respeito da definição de precedente e de jurisprudência no Direito brasileiro, bem como sobre a posição da tese jurídica resultante do IRDR nesse cenário (Ibid., p. 206-207).

9. Ibid., p. 120-121.

10. Sobre o princípio da taxatividade, Cássio Scarpinella Bueno ensina que ele "deve ser entendido no sentido de que somente a Lei pode criar recursos no sistema processual civil brasileiro. E mais, não se trata de qualquer lei, mas de lei federal, por força do que dispõe o inciso I do art. 22 da CF" (BUENO, Cassio Scarpinella. *Manual de direito processual civil*: inteiramente estruturado à luz do novo CPC, de acordo com a Lei n. 13.256, de 4-2-2016. 2. ed. rev., atual. e ampl. São Paulo: Saraiva, 2016. p. 669-670).

11. Assim também para Bruno Dantas, cf. WAMBIER, Teresa Arruda Alvim et al. *Breves comentários ao novo Código de Processo Civil*. 2. ed. rev. e atual. São Paulo: Revista dos Tribunais, 2016. p. 2.290-p.2.291.

12. O Supremo Tribunal Federal possui firme entendimento no sentido de que a Lei n. 8.437/1992 é o diploma central de um microssistema de suspensão de decisões contrárias ao Poder Público (SS 1.945 AgR-AgR-AgR-QO/AL, Tribunal Pleno, Rel. p/ o acórdão Min. Gilmar Mendes, j. em 19 fev. 2002, DJ 1º ago. 2003).

13. RODRIGUES, Marcelo Abelha. *Suspensão de segurança*: sustação da eficácia de decisão judicial proferida contra o Poder Público. 3. ed. rev. e atual. São Paulo: Revista dos Tribunais, 2010. p. 87.

14. Em sentido análogo, o entendimento de Fredie Didier Jr. e Leonardo José Carneiro da Cunha: "O objetivo é garantir segurança jurídica e, de resto, isonomia. Julgado o IRDR, provavelmente será interposto recurso extraordinário ou recurso especial, cuja solução será estendida a todo o território nacional. Assim, o STF ou o STJ já suspende, preventivamente, todos os processos em curso no território nacional que versem sobre aquele tema, a fim de que, futuramente, possam receber a aplicação da tese a ser por ele firmada" (DIDIER JR., Fredie; CUNHA, Leonardo Carneiro da. *Curso de direito processual civil*: meios de impugnação às decisões judiciais e processo nos tribunais. 13. ed. Salvador: JusPodivm, 2016. v. 3. p. 637).

15. SIRDR 7/PR, Comissão Gestora de Precedentes do STJ, Rel. Min. Paulo de Tarso Sanseverino, j. em 21 jun. 2017, DJe 23 jun. 2017.

bilitação. Segundo a União Federal, requerente da SIRDR, houvera a admissão de IRDR no Tribunal Regional Federal da 4ª Região sobre o tema, apresentando-se potencial violação à segurança jurídica em virtude da existência de "pelo menos 490 ações em tramitação na primeira e segunda instâncias da Justiça Federal", com decisões conflitantes entre si.

Na sua rica análise acerca da SIRDR (que percorreu praticamente todos os pormenores do instituto), o Min. Paulo de Tarso Sanseverino, Presidente da Comissão Gestora de Precedentes (a quem foi delegada a competência para decidir os pedidos de SIRDR pelo art. 4º da Portaria STJ/GP n. 475/2016), ressaltou que "a figura processual do incidente de resolução de demandas repetitivas se completa, a depender da matéria discutida, com a definição da questão jurídica pelos tribunais superiores", bem como que "a ausência de interposição de recurso especial, quando cabível, fragiliza o sistema e amplia a possibilidade de divergências de entendimentos entre os tribunais do país". Note-se, portanto, que a SIRDR já antecipa uma provável interposição de recurso extraordinário ou especial mais à frente, contra a decisão que julgar o IRDR, a qual finalmente formará o precedente para todos os processos em trâmite no território nacional (art. 987, § 2º, do CPC).

Todavia, a instrumentalidade da SIRDR não pode exigir uma avaliação, ainda que perfunctória, a respeito da pertinência dos argumentos do requerente. Isso porque não importa se o requerente tem ou não razão: não se pretende, aqui, suspender uma decisão, mas sim uma série de processos, permitindo a aplicação uniforme e *erga omnes* do entendimento posteriormente firmado sobre aquela matéria, seja ele qual for. Isto é, a instrumentalidade da SIRDR é voltada, exclusivamente, para a preservação da aplicação igualitária do ordenamento jurídico (e, em última análise, da higidez do sistema de precedentes), e não para resguardar um direito provável do requerente.

O escopo da SIRDR resume-se à suspensão de determinados processos, mais especificamente daqueles que tratem de uma mesma questão jurídica. Trata-se, portanto, do mesmo efeito que se busca com a suspensão "estadual" ou "regional" indicada no art. 982, I, do CPC, porém, dessa vez, com abrangência nacional. Por conseguinte, eventual suspensão dos mesmos processos, com a mesma amplitude territorial, provoca o prejuízo da SIRDR, ainda que lhe seja posterior. Na SIRDR 1[16], *v.g.*, após o pedido de suspensão nacional decorrente de um IRDR instaurado no Tribunal de Justiça do Distrito Federal, o STJ admitiu os Recursos Especiais repetitivos 1.635.428 e 1.498.484 (Temas n. 970 e 971), que cuidavam da mesma questão, e determinou a suspensão dos respectivos processos, nos termos do art. 1.037, II, do CPC.

16. SIRDR 1/DF, Comissão Gestora de Precedentes do STJ, Rel. Min. Paulo de Tarso Sanseverino, j. em 24 mai. 2017, DJe 08 jun. 2017. Cf., no mesmo sentido, a SIRDR 4/PR, Comissão Gestora de Precedentes do STJ, Rel. Min. Paulo de Tarso Sanseverino, j. em 26 jun. 2017, DJe 29 jun. 2017, em relação ao REsp repetitivo 1.671.086 (Tema n. 974).

Diante desse cenário, o Min. Paulo de Tarso Sanseverino, com a concordância das partes, extinguiu a SIRDR em virtude da perda superveniente do seu objeto. Embora a decisão não os tenha mencionado, essa compreensão acerca da matéria é corroborada pelo § 4º do art. 976, que veda o cabimento do IRDR quando já afetado recurso especial ou extraordinário repetitivo, e 982, § 5º, do CPC, que faz cessar a suspensão estadual ou regional se não houver a interposição de recurso especial ou extraordinário. Esses dispositivos endossam a já afirmada instrumentalidade da SIRDR frente aos recursos especial e extraordinário.

No que diz respeito às razões que legitimam o pedido, o § 3º do art. 982 refere-se, apenas, à "segurança jurídica". O § 4º do art. 1.029 do CPC, por sua vez, adiciona, como fundamento para a suspensão nacional, "razões (...) de excepcional interesse social". Ambas constam do art. 271-A do RISTJ. O art. 976, II, do CPC, coloca como um dos pressupostos para a instauração do IRDR o risco de ofensa não apenas à segurança jurídica, como também à "isonomia". "Segurança jurídica" e "isonomia" são princípios de hierarquia constitucional, ao passo que "excepcional interesse social" representa um conceito jurídico indeterminado, semelhante ao "manifesto interesse público" previsto no citado art. 4º da Lei n. 8.437/1992.

O Superior Tribunal de Justiça firmou alguns critérios interpretativos a respeito desses elementos. Na já mencionada SIRDR 7, o Min. Paulo de Tarso Sanseverino incorporou à segurança jurídica percepções relacionadas à isonomia, realçando ser necessária a presença de três requisitos: "a) demandar a interpretação da legislação infraconstitucional federal; b) abranger matéria que se repete em processos em tramitação em outros estados e regiões; e c) ensejar divergência de entendimentos entre pelo menos dois tribunais". Naquele caso concreto, deixou-se claro que a matéria estava abrangida no espectro da legislação infraconstitucional federal (mais precisamente, no art. 12 da Lei n. 9.503/1997) e, por consequência, daria ensejo à interposição de recurso especial. Em seguida, constatou-se a repetição da questão em outros processos, colacionando-se alguns julgados de Tribunais de Justiça e Tribunais Regionais Federais com entendimentos em sentidos diametralmente opostos.

Já no que diz respeito ao excepcional interesse social, a SIRDR 7 fixou como parâmetro a análise de "aspectos voltados ao impacto que a decisão do Superior Tribunal de Justiça, seja pelo deferimento ou indeferimento do pedido, representará para a sociedade". Na hipótese, ressaltou o Min. Relator que a questão da legalidade da regulamentação editada pelo CONTRAN afetaria milhares de candidatos a motorista, assim como as políticas de trânsito voltadas para a prevenção de acidentes. A r. decisão também remarcou a necessidade de preservação da integridade do sistema legislativo, compreendidas a eventual ilegalidade do ato normativo editado pelo CONTRAN e as discussões que daí poderiam resultar no âmbito do próprio Poder Legislativo.

Note-se que o § 3º do art. 982 prevê que a suspensão será dirigida aos processos "que versem sobre a questão objeto do incidente já instaurado". O termo "instauração" é utilizado no art. 976, ao tratar dos pressupostos do IRDR; no art. 977, ao disciplinar o pedido; e no art. 979, que cuida da divulgação e publicidade do incidente. A instauração poderia compreender, portanto, tão somente a distribuição, ou esta última somada à admissibilidade do IRDR, seguida da consequente prolação da decisão de suspensão prevista no inciso I do art. 982 do CPC. Em outras palavras, a expressão usada pelo Código poderia dar margem a dúvidas acerca da imprescindibilidade (ou não) da prévia suspensão estadual ou regional dos processos, para que fosse aberta a via da suspensão nacional.

O Superior Tribunal de Justiça, ao analisar este ponto, decidiu que a SIRDR é, na verdade, uma ampliação da suspensão estadual ou regional, e, desta forma, depende da admissão do IRDR e da prévia suspensão na Corte de origem[17]. Naquele caso concreto, o Ministro Paulo de Tarso Sanseverino deparou-se com requerimento de suspensão nacional de processos cujo objeto seria questão já decidida anteriormente pelo próprio STJ em sede de Recurso Especial repetitivo. De acordo com a requerente, o Tribunal de Justiça do Estado de Sergipe estaria descumprindo o precedente contido no Recurso Especial repetitivo n. 973.827 (Temas n. 246 e 247), bem como os enunciados n. 539 e 541 da Súmula do STJ, que decorreram daquele julgamento.

O Ministro Relator, ao rejeitar o pedido, entendeu que a SIRDR "não pode ocorrer, de forma inaugural, por decisão desta Corte Superior de Justiça, sendo ela decorrente de uma prévia decisão de suspensão no âmbito do tribunal de justiça ou do tribunal regional federal". Essa compreensão decorreu tanto da posição topográfica dos §§ 3º e 4º do art. 982 – já que o *caput* do artigo trata das consequências da admissibilidade do IRDR –, quanto da dinâmica de funcionamento da SIRDR, a qual permite a suspensão nacional "antevendo a possível interposição de recurso especial contra o julgamento de mérito do IRDR". A SIRDR é, portanto, uma extensão da suspensão regional, como, aliás, consta expressamente no art. 1.029, § 4º, do CPC.

Em suma, é absolutamente inviável o pedido de SIRDR *per saltum*. Permitir-se o prosseguimento da SIRDR sem ter certeza da admissibilidade do próprio IRDR pode significar, inclusive, um risco de desperdício da função jurisdicional. Essa circunstância foi acertadamente percebida por Aluisio Mendes, que pontuou que "se a própria suspensão local somente deve ocorrer após o incidente ter sido instaurado, não faria qualquer sentido em se ampliar algo inexistente, ou seja, a própria suspensão local"[18]. Veja-se que foi justamente isso o que ocorreu na SIR-

17. SIRDR 2/SE, Comissão Gestora de Precedentes do STJ, Rel. Min. Paulo de Tarso Sanseverino, j. em 12 dez. 2016, DJe 01 fev. 2017.

18. MENDES, Aluisio Gonçalves de Castro. *Incidente de resolução de demandas repetitivas*: sistematização, análise e interpretação do novo instituto processual. Rio de Janeiro: Forense, 2017. p. 189-190.

DR 2, acima mencionada: considerando que a questão já havia sido apreciada em sede de Recurso Especial repetitivo, assinalou o Min. Paulo de Tarso Sanseverino que, "em juízo preliminar, o IRDR ajuizado pela ora requerente perante o TJSE parece encontrar óbice no §4º do art. 976 do Código de Processo Civil".

3. LEGITIMAÇÃO, TERRITORIALIDADE E COMPETÊNCIA

O art. 982, § 3º, do CPC, atribui a legitimidade para requerer a SIRDR às partes do processo de onde se originou o IRDR, ao Ministério Público e à Defensoria Pública (incisos II e III do art. 976). Ficam de fora, portanto, o juiz e o relator do feito originário, cuja legitimação para o IRDR encontra-se no inciso I do art. 976. A razão para essa exclusão, aparentemente, foi a percepção de que as preocupações do magistrado a respeito do impacto na prestação jurisdicional estariam limitadas pela competência territorial do juízo ou do Tribunal onde ele oficia. Se foi esse realmente o motivo, é evidente o equívoco nele implícito, diante da influência determinante que um sistema de precedentes dos Tribunais Superiores exerce sobre os juízos de primeira e de segunda instâncias, assoberbados com processos praticamente idênticos e encurralados por severas metas de produtividade.

Por outro lado, o § 4º do art. 982 permitiu que a parte de um processo que discuta a mesma questão, "independentemente dos limites da competência territorial", possa também formular o pedido de suspensão nacional. Considerando que os processos compreendidos dentro dos limites territoriais do Tribunal onde o IRDR foi instaurado já se encontrarão suspensos pela própria admissão do incidente (art. 982, I), esse artigo dirige-se às partes dos processos que estão para além dessas fronteiras. Como bem exemplificado por Cássio Scarpinella Bueno: "um jurisdicionado de Vitória pode requerer, perante o STJ, a suspensão de todos os processos em trâmite em território nacional, mesmo que o incidente tenha sido instaurado perante o TJSP, porque a 'tese jurídica' de seu caso particular é coincidente com aquela que justificou a formação do incidente perante o Tribunal paulista"[19].

Diante da norma contida no § 3º do art. 982, é praticamente impossível não se lembrar dos limites territoriais da coisa julgada nas ações coletivas, estipulado no art. 16 da Lei n. 7.347/1985, que restringe a formação da coisa julgada à competência territorial do órgão prolator da decisão. Não são poucas as (justíssimas) críticas dirigidas a esse artigo[20]: o exemplo da sentença de divórcio que poderia valer em um Estado da federação, e não em outro, é suficientemente ilustrativo

19. BUENO, Cassio Scarpinella. *Manual de direito processual civil*: inteiramente estruturado à luz do novo CPC, de acordo com a Lei n. 13.256, de 4-2-2016. 2. ed. rev., atual. e ampl. São Paulo: Saraiva, 2016. p. 642.

20. Consoante destacado por Aluisio Mendes, "a jurisdição, como já visto, não se confunde com a competência. (...) As regras de competência fixarão, sim, quem deva ser responsável pelo processo, não se prestando, portanto, para tolher a eficácia da decisão, principalmente sob o prisma territorial". (MENDES, Aluisio

da espécie de angústia que essa lógica pode causar até mesmo nos corações mais insensíveis. Talvez essas inconsistências expliquem a batalha implacável que o STJ vem travando contra o citado art. 16, preservando a sua incidência apenas nos casos em que o pedido e as pessoas atingidas efetivamente estejam dentro do território coberto pelo órgão prolator[21].

De todo modo, a SIRDR não se presta a substituir determinada decisão, ou mesmo subtrair os seus efeitos. O objetivo aqui é, apenas, suspender os processos em que se discute uma mesma questão. Deste modo, observando-se a estrutura judiciária nacional, faz algum sentido que exclusivamente aqueles processos submetidos ao juízo revisor ou à competência originária do Tribunal fiquem suspensos pela admissão do IRDR. Seguindo essa linha de raciocínio, nada mais natural do que atribuir aos Tribunais Superiores a competência para promover uma suspensão em todo o território nacional.

A essa altura, é desnecessário dizer que a competência dos Tribunais Superiores não é intercambiável. Ou seja, a competência do STF vincula-se às SIRDRs envolvendo processos que tratem de questão constitucional, ao passo que a competência do STJ está adstrita às suspensões nacionais sobre questões de legislação infraconstitucional federal. O art. 1.029, § 4º, do CPC, fala em "questão federal constitucional ou infraconstitucional", na mesma ordem em que se refere ao STF e ao STJ. Além disso, a instrumentalidade da SIRDR em relação aos recursos excepcionais, já ressaltada, induz à mesma conclusão acerca das competências estanques de cada um dos Tribunais Superiores[22].

Esse ponto não é inédito. O julgar a SIRDR 1 no Supremo Tribunal Federal (autuada, naquela época, como Pet. 7001), a Min. Cármen Lúcia deparou-se com pedido de suspensão nacional apresentado pela União Federal, originado do IRDR n. 5008835-44.2017.4.04.0000, em tramitação no TRF da 4ª Região[23]. O incidente foi motivado pela interpretação do art. 158, I, da Constituição, levada a efeito pela administração tributária federal na Solução de Consulta COSIT n. 166 e na Instrução Normativa RFB n. 1.599/2015, no sentido de que aos Municípios caberia apenas o Imposto de Renda Retido na Fonte dos seus servidores ou empregados públicos (e, portanto, o IRRF deveria ser revertido aos cofres da União

Gonçalves de Castro. *Incidente de resolução de demandas repetitivas*: sistematização, análise e interpretação do novo instituto processual. Rio de Janeiro: Forense, 2017. p. 187).

21. REsp 1684955/ES, Segunda Turma, Rel. Min. Herman Benjamin, j. em 26 set. 2017, DJe 10 out. 2017.

22. Embora não haja referência, nos dispositivos que tratam da SIRDR, ao Tribunal Superior do Trabalho ou ao Tribunal Superior Eleitoral, não parece haver óbice à sua admissibilidade também nesses outros dois Tribunais Superiores. Com efeito, o Código de Processo Civil aplica-se subsidiariamente ao processo trabalhista e ao processo eleitoral, nos termos do art. 15 do CPC. Além disso, tanto o TST quanto o TSE são fontes de precedentes para os órgãos jurisdicionais situados abaixo da sua pirâmide hierárquica. Cf. MENDES, Aluisio Gonçalves de Castro. *Incidente de resolução de demandas repetitivas*: sistematização, análise e interpretação do novo instituto processual. Rio de Janeiro: Forense, 2017. p. 5.

23. Pet. 7001, Presidência, Rel. Min. Cármen Lúcia, j. em 15 dez. 2017, DJe 1º fev. 2018.

nas demais hipóteses). A óbvia insatisfação dos Municípios desaguou no Poder Judiciário Federal, culminando na instauração do IRDR.

Diante da argumentação da União, no sentido de que a solução da questão de direito dependeria da exegese do art. 158, I, da Constituição – e resvalaria no art. 157, I, da Constituição, que contém norma semelhante, porém direcionada aos Estados –, a Min. Relatora deferiu a SIRDR. Para tanto, a então Ministra Presidente reconheceu a competência do STF invocando a "evidente natureza constitucional da discussão jurídica" no IRDR. Ressaltou a Min. Cármen Lúcia, naquela oportunidade, que os atos administrativos "apenas exprimem uma das possíveis interpretações sobre o dispositivo constitucional objeto da controvérsia instaurada no incidente de resolução de demandas repetitivas, sendo certo que não se interpreta a Constituição a partir da legislação ordinária". Assim, estaria afastada "a consideração do óbice da inconstitucionalidade por via reflexa", deixando clara, mais uma vez, a instrumentalidade da SIRDR frente ao recurso extraordinário.

Precisamente porque o sistema de precedentes converge para uma decisão dos Tribunais Superiores, quando competentes para tanto, é que a SIRDR não pode ser utilizada para tentar suspender os recursos extraordinários ou especiais, sob o argumento de ter sido admitido um IRDR no Tribunal de origem. Essa hipótese, inclusive, já foi submetida ao STF na Pet 7329 (posteriormente reautuada como SIRDR 2)[24], na qual o Estado de Santa Catarina pedia a suspensão dos recursos em trâmite no Supremo envolvendo o direito de os servidores daquela unidade federativa receberem em pecúnia o valor referente às suas licenças-prêmio não gozadas e não solicitadas. Segundo o requerente, tal suspensão decorreria da instauração do IRDR n. 0022064-08.2013.8.24.0033 no Tribunal de Justiça estadual, no qual estaria em discussão a "constitucionalidade da norma que impõe a perda da licença-prêmio a quem não requereu o gozo do benefício antes do pedido de passagem à inatividade".

A Min. Cármen Lúcia deixou de conhecer da SIRDR, eis que a pretensão do Estado de Santa Catarina era suspensão dos agravos em recurso extraordinário pendentes de julgamento no STF, como "medida preventiva (...), porquanto garante a aplicação da tese firmada no IRDR a todos os casos que versem sobre matéria". Nesse contexto, a Ministra destacou que "compete à Presidência deste Supremo decidir sobre a extensão a todo o território nacional da suspensão deferida em incidente de resolução de demandas repetitivas", e não a suspensão dos recursos extraordinários já em trâmite no STF previamente à admissão do IRDR na origem. Entender em sentido contrário, em última análise, impediria a decisão final do próprio Tribunal Superior e subverteria toda a sistemática de precedentes edificada pelo Código de Processo Civil.

24. Pet. 7329, Presidência, Rel. Min. Cármen Lúcia, j. em 15 dez. 2017, DJe 1º fev. 2018.

4. PROCEDIMENTO, DECISÃO E RECORRIBILIDADE

O CPC não contém maiores detalhes sobre o procedimento da SIRDR. O art. 271-A, § 2º, do RISTJ, por sua vez, prevê que podem ser ouvidos, no prazo de cinco dias, o Relator do IRDR e o membro do Ministério Público. Considerando que a SIRDR não possui "partes", no sentido estrito do termo, as informações do Relator do IRDR no Tribunal de origem servem para confirmar ou infirmar os argumentos apresentados pelo requerente. Já a manifestação do Ministério Público encontra explicação no seu papel de curador do interesse público, dadas as razões que fundamentam a suspensão nacional, sobre as quais se falou anteriormente. Embora seja uma faculdade do Relator, tem-se observado, na prática, a oitiva desses órgãos antes da decisão de suspensão nacional, considerando-se o impacto por ela produzido[25].

Não há, para a SIRDR, uma previsão semelhante à do § 1º do art. 983 do CPC, que permite a convocação de audiência pública, com a presença de *amici curiae*, para a colheita de opiniões gabaritadas a respeito da questão discutida. Essa anomia, provavelmente, decorre da estreita cognição da SIRDR, limitada, lembre-se, à suspensão ou não dos processos em todo o território nacional. Todavia, nada impede que o Relator admita tal participação com base no art. 138 do CPC, desde que adstrita ao objeto da SIRDR, fornecendo, por exemplo, elementos quantitativos em torno do número e espécie de feitos em trâmite, ou eventuais decisões divergentes a respeito do tema no território nacional. Tratar-se-ia, portanto, de *amici curiae* voltados para matéria essencialmente processual[26]. O que não se poderá admitir, por outro lado, até mesmo por um obstáculo pragmático, é a participação multitudinária das partes de todos os processos que ficarão suspensos, simplesmente para opinar sobre tal suspensão.

No que diz respeito à decisão em si, o seu conteúdo já foi suficientemente debatido anteriormente. O ponto que merece maior atenção, agora, é a existência de discricionariedade por parte do Tribunal Superior em suspender ou não os processos. O STF ou o STJ poderiam considerar, *e.g.*, que eventual suspensão

---

25. Como exemplos, no STJ, cf. SIRDR 1/DF, Comissão Gestora de Precedentes do STJ, Rel. Min. Paulo de Tarso Sanseverino, j. em 24 mai. 2017, DJe 08 jun. 2017; SIRDR 4/PR, Comissão Gestora de Precedentes do STJ, Rel. Min. Paulo de Tarso Sanseverino, j. em 26 jun. 2017, DJe 29 jun. 2017; SIRDR 7/PR, Comissão Gestora de Precedentes do STJ, Rel. Min. Paulo de Tarso Sanseverino, j. em 21 jun. 2017, DJe 23 jun. 2017; SIRDR 8/ES, Comissão Gestora de Precedentes do STJ, Rel. Min. Paulo de Tarso Sanseverino, j. em 11 dez. 2017, DJe 13 dez. 2017; SIRDR 9/SC, Comissão Gestora de Precedentes do STJ, Rel. Min. Paulo de Tarso Sanseverino, j. em 26 set. 2017, DJe 02 out. 2017; e SIRDR 13/RS, Comissão Gestora de Precedentes do STJ, Rel. Min. Paulo de Tarso Sanseverino, j. em 15 fev. 2018, DJe 22 fev. 2018.

26. Não há uma restrição acerca da matéria sobre a qual o *amicus curiae* pode opinar, sendo perfeitamente possível o seu auxílio em questão exclusivamente processual. Veja-se, como exemplo, a convocação de *amici curiae* em um Incidente de Assunção de Competência no Tribunal de Justiça do Estado do Rio de Janeiro que cuidava de questões processuais envolvendo a inclusão de particulares no polo passivo de ações em trâmite nos Juizados Especiais da Fazenda Pública (IAC 0039361-29.2017.8.19.0000, Seção Cível, Rel. Des. Alexandre Freitas Câmara, j. em 28 nov. 2018, DJe 04 dez. 2018).

impediria o amadurecimento da questão em outros Estados ou Regiões, com a discussão de argumentos eventualmente não contemplados no IRDR originário. Ou podem crer, simplesmente, que a suspensão provocará uma lentidão tão grande na prestação jurisdicional que transmitirá, para as partes, a sensação de que o seu problema não tem importância aos olhos do Judiciário. Nesses casos, pode o Tribunal recusar-se a efetivar a suspensão nacional, ao argumento de que ela não seria conveniente ou oportuna?

No plano textual, a redação do inciso I do art. 982 indica a obrigatoriedade da suspensão estadual ou regional, ao prever imperativamente que o Relator "suspenderá" os processos em trâmite no Estado ou Região quando admitido o IRDR[27]. Em se tratando da SIRDR, porém, o §4º do art. 1.029 diz que o Presidente do STF ou do STJ "poderá (...) estender a suspensão a todo o território nacional". No mesmo sentido é o *caput* do art. 271-A do RISTJ. Para Rodolfo de Camargo Mancuso, isso significa que, "diversamente do que se passa na suspensão dos processos seriais no âmbito do *Estado* ou *região* – providência a ser *determinada* pelo relator, a teor do inc. I do art. 982 – já no caso da extensão dessa suspensão a todo o território nacional, pleiteável junto ao STF ou do STJ nos termos do §3º do art. 982, não nos parece que a Excelsa Corte deva, *necessariamente*, ordenar dita extensão, cabendo-lhe antes ponderar, prudentemente, se tal medida se afigura útil, oportuna e eficiente"[28].

Essa parece ser, de fato, a tendência no Supremo Tribunal Federal. Na Questão de Ordem no RE 966.177, de Relatoria do Min. Luiz Fux, o Supremo apreciou, dentre outros pontos, a obrigatoriedade da suspensão de processos que tratem da mesma questão, quando houver o reconhecimento de repercussão geral a uma determinada questão em recurso extraordinário[29]. O STF, naquele caso, foi provocado a decidir o alcance da norma contida no art. 1.035, § 5º, do CPC, diante do risco de prescrição da pretensão punitiva decorrente da paralisação dos processos que tratam da constitucionalidade da contravenção penal prevista no art. 50 do Decreto-Lei n. 3.688/1941 (Tema n. 924 da Repercussão Geral).

Firmou-se, ali, o entendimento de que "a suspensão de processamento prevista no § 5º do art. 1.035 do CPC não consiste em consequência automática e necessária do reconhecimento da repercussão geral realizada com fulcro no *caput* do mesmo dispositivo, sendo da discricionariedade do relator do recurso extraordinário paradigma determiná-la ou modulá-la". Em seu voto, o Min. Luiz

---

27. Não se pode deixar de registrar, contudo, a opinião de Aluisio Mendes, para quem "o caráter cogente ou não da suspensão deve se coadunar com a necessidade da análise concreta" (MENDES, Aluisio Gonçalves de Castro. *Incidente de resolução de demandas repetitivas*: sistematização, análise e interpretação do novo instituto processual. Rio de Janeiro: Forense, 2017. p. 185).

28. MANCUSO, Rodolfo de Camargo. *Incidente de resolução de demandas repetitivas*: a luta contra a dispersão jurisprudencial excessiva. São Paulo: Revista dos Tribunais, 2016. p. 253. Grifos no original.

29. RE 966177 RG-QO/RS, Tribunal Pleno, Rel. Min. Luiz Fux, j. em 07 jun. 2017, DJe 1º fev. 2019.

Fux destacou que a suspensão dos processos busca preservar "a organicidade do direito", mas esta não poderia "sobrepor a aplicação do instituto a valores outros que também possuem fundamento constitucional", como a preservação da segurança jurídica (e, na hipótese específica dos autos, da efetividade da persecução penal). As mesmas razões induzem à conclusão pela discricionariedade no deferimento da SIRDR, que deve ser sopesada a partir das circunstâncias envolvidas no caso concreto.

Concedida a SIRDR, porém, não se deve ignorar que, durante o período de suspensão, é possível que "a situação do litígio se agrave em alguma demanda específica ou mesmo ocorra um fato que exija expedita atuação estatal assecuratória ou satisfativa, a fim de evitar que o réu cause lesão grave ao direito ainda em discussão pleiteado pelo autor"[30]. Em relação à suspensão causada pela admissão do IRDR no Tribunal de origem, há uma previsão expressa no art. 982, § 2º, do CPC, para lidar com essa situação, permitindo a apreciação de eventual pedido de tutela de urgência. Ou seja, a suspensão do processo causada pela admissão do IRDR não pode servir de escudo para se deixar concretizar o perigo de dano ou o risco ao resultado útil do processo.

A mesma lógica deve ser aplicada à SIRDR. Embora não haja, para a suspensão nacional, previsão legal semelhante ao § 2º do art. 982, o *periculum in mora* deve permitir a apreciação da tutela de urgência, sob pena de se provocar o esvaziamento da efetividade da jurisdição e do acesso à justiça (arts. 5º, XXXV, da CF, e 3º e 4º, *in fine*, do CPC). Foi nesse exato sentido que decidiu o STJ na mencionada SIRDR 7, em que o Min. Paulo de Tarso Sanseverino chamou a atenção para a necessidade de, na hipótese de apreciação de pedido de tutela de urgência, "as decisões concessivas da medida serem devidamente justificadas, em especial quanto ao perigo concreto de dano em cada caso"[31]. E assim como previsto no referido art. 982, § 2º, os pedidos de tutela de urgência devem ser dirigidos ao juízo em que tramita o processo suspenso, órgão que reúne melhores condições de verificar a presença ou não dos requisitos que autorizam a concessão da medida (e não ao Tribunal que deferiu a suspensão)[32].

Seguindo essa mesma linha, especialmente preocupada com a duração razoável do processo (arts. 5º, LXXVIII, da CF, e 4º, 1ª parte, do CPC), a suspensão nacional pode ser apenas parcial[33], para não prejudicar o desenvolvimento dos

30. Esse é o entendimento de Bruno Dantas, cf. WAMBIER, Teresa Arruda Alvim et al. *Breves comentários ao novo código de processo civil*. 2. ed. rev. e atual. São Paulo: Revista dos Tribunais, 2016. p. 2.290.

31. SIRDR 7/PR, Comissão Gestora de Precedentes do STJ, Rel. Min. Paulo de Tarso Sanseverino, j. em 21 jun. 2017, DJe 23 jun. 2017.

32. WAMBIER, Teresa Arruda Alvim et al. *Breves comentários ao novo código de processo civil*. 2. ed. rev. e atual. São Paulo: Revista dos Tribunais, 2016. p. 2.290.

33. Aluisio Mendes admite, inclusive, a possibilidade de suspensão parcial em sede de IRDR, cf. MENDES, Aluisio Gonçalves de Castro. *Incidente de resolução de demandas repetitivas*: sistematização, análise e interpretação do novo instituto processual. Rio de Janeiro: Forense, 2017. p. 185-186.

atos processuais que não comprometam a aplicação da tese jurídica, ou até mesmo para preparar o processo para a sua correta incidência. Esse parece ter sido o entendimento da Min. Cármen Lúcia ao deferir, na citada Pet. 7001, o requerimento de suspensão nacional, ressalvando, todavia, "a possibilidade jurídica de adoção dos atos e das providências necessárias à instrução das causas instauradas ou que vierem a ser ajuizadas e do julgamento dos eventuais pedidos distintos e cumulativos deduzidos"[34].

Acerca do exaurimento dos efeitos da SIRDR, o art. 271-A, § 3º, do RISTJ, prevê que a suspensão vigorará "até o trânsito em julgado da decisão proferida no incidente de resolução de demanda repetitiva". O dispositivo faz lembrar o § 9º do art. 4º da Lei n. 8.437/1992, que trata da suspensão de decisão contrária ao Poder Público (guardadas, como sempre, as devidas distinções entre os institutos). De todo modo, o trânsito em julgado pode acontecer no STJ, no STF ou até mesmo no próprio Tribunal de origem, caso não haja a interposição do recurso especial ou extraordinário, antevisto na parte final do art. 1.029, § 4º, do CPC. Nada impede, entretanto, que antes disso haja a reanálise da suspensão, conforme ressalvado pelo STJ na SIRDR 7[35], ou quiçá a modulação dos seus efeitos, para submetê-los a outro termo ou a condição resolutiva.

Uma vez deferida a SIRDR, cabe aos Tribunais locais e aos juízes singulares, tão só e unicamente, cumprir tal decisão[36]. Em caso de recalcitrância, poderá a parte interessada valer-se de reclamação para "garantir a autoridade das decisões do tribunal" que concedeu a suspensão nacional, nos termos do art. 988, II, do CPC[37]. Esse foi o entendimento adotado pela Min. Cármen Lúcia ao analisar petição da União Federal, na qual se pedia o desarquivamento da SIRDR 1 e a anulação de sentença proferida em ação ordinária pela 2ª Vara Federal de Florianópolis/SC, por violação à suspensão nacional concedida pelo STF[38]. A então Presidente da Corte determinou o desentranhamento dessa petição e a sua autuação como reclamação, instrumento adequado para garantir "a manutenção do vigor jurídico da prestação jurisdicional" do Supremo[39].

---

34. Pet. 7001, Presidência, Rel. Min. Cármen Lúcia, j. em 15 dez. 2017, DJe 1º fev. 2018.

35. SIRDR 7/PR, Comissão Gestora de Precedentes do STJ, Rel. Min. Paulo de Tarso Sanseverino, j. em 21 jun. 2017, DJe 23 jun. 2017.

36. Essa é a lição de Pedro Miranda de Oliveira, cf. WAMBIER, Teresa Arruda Alvim et al. *Breves comentários ao novo Código de Processo Civil*. 2. ed. rev. e atual. São Paulo: Revista dos Tribunais, 2016. p. 2.405.

37. Em relação ao STF, ao STJ e ao TST, esse instrumento também encontra previsão nos art. 102, I, *l*; 105, I, *f*; e 111-A, § 3º, da CF, respectivamente.

38. SIRDR 1/RS, Presidência, Rel. Min. Cármen Lúcia, j. em 08 ago. 2018, DJe 14 ago. 2018.

39. A propósito do equívoco na formalização do pedido, a Min. Cármen Lúcia sublinhou que "o ineditismo da situação apresentada, pela novidade do instituto processual da suspensão nacional do incidente de resolução de demandas repetitivas, afasta a configuração de erro grosseiro na apresentação deste pedido nos autos da SIRDR n. 1, tendo-se por justificada a incidência do princípio da fungibilidade na espécie vertente".

Por fim, é perfeitamente possível que a decisão em sede de SIRDR provoque alguma espécie de irresignação. Nesse caso, sendo uma decisão monocrática da Presidência ou de quem receber tal delegação, contra ela caberá a interposição de agravo interno, no prazo de 15 dias, nos termos dos arts. 1.021 e 1.070 do CPC[40]. O cabimento de agravo interno, na espécie, foi chancelado pelo STF no julgamento do recurso interposto contra decisão monocrática da Min. Cármen Lúcia na SIRDR 2. Nesse acórdão, relatado pelo Min. Dias Toffoli – que sucedeu a Min. Cármen Lúcia na Presidência do Supremo –, o Plenário da Corte admitiu o recurso de agravo interno interposto pelo Estado de Santa Catarina e analisou o seu mérito, para lhe negar provimento[41].

5. CONCLUSÃO

O objetivo deste pequeno artigo era, como adiantado ao início, abordar as principais questões envolvendo a SIRDR, prevista nos arts. 982, §§ 3º e 4º, e 1.029, § 4º, do CPC; e 271-A, do RISTJ. Esse novo incidente processual, dirigido aos Tribunais Superiores, distingue-se de um recurso por não possuir a pretensão de reformar, anular ou esclarecer outra decisão, mas sim, exclusivamente, de suspender um conjunto de processos que tratem da mesma questão de direito objeto de IRDR já instaurado. A sua função é instrumental aos recursos especial e extraordinário futuros, sem, no entanto, exigir uma avaliação do acerto dos argumentos do requerente, já que o seu objetivo final é, apenas, assegurar a aplicação igualitária da tese jurídica (seja ela em que sentido for).

A legislação processual impõe, como fundamentos suficientes para o deferimento da SIRDR, razões de segurança jurídica e de excepcional interesse social, às quais podem ser adicionadas consternações dirigidas à aplicação isonômica do ordenamento jurídico. Além disso, considerando que a SIRDR nada mais é do que a extensão de uma suspensão estadual ou regional, é imprescindível que o IRDR já tenha sido admitido no Tribunal de origem, sob pena de eventual desperdício da função jurisdicional. É impertinente, portanto, a tentativa de se promover uma suspensão nacional *per saltum*, sem antes submeter-se à etapa da suspensão local.

A legitimidade para o requerimento de SIRDR fica jungida (i) às partes do processo de onde se originou o IRDR, (ii) ao Ministério Público e, ainda, (iii) às partes de outro processo que discuta a mesma questão, mas localizado para além

40. Como ensina Daniel Amorim Assumpção Neves, "a previsão de recurso contra tais decisões unipessoais do relator representa o meio adequado para a impugnação de uma decisão – buscando a sua integração – que não pode ser afastada da parte, sob pena de ilegal e inconstitucional quebra do sistema de delegação de poderes do órgão colegiado para o relator" (NEVES, Daniel Amorim Assumpção. *Manual de direito processual civil* – volume único. 11. ed. Salvador: Juspodivm, 2019. p. 1.689). Naturalmente, não se exclui a possibilidade de oposição de embargos de declaração, nas hipóteses previstas no art. 1.022 do CPC.

41. SIRDR 2 AgR/SC, Tribunal Pleno, Rel. Min. Dias Toffoli, j. em 1º mar. 2019, DJe 25 mar. 2019.

das fronteiras territoriais do Tribunal de origem. A competência do Tribunal Superior para decidir a SIRDR é definida, como não poderia deixar de ser, pela questão que está sendo discutida nos processos que se busca suspender. É a partir disso que será possível identificar a qual Tribunal Superior deve ser dirigida a SIRDR, valendo destacar, no entanto, que a sua natureza servil impede que a suspensão nacional seja utilizada para retardar a apreciação dos recursos especiais ou extraordinários já passíveis de decisão pelo próprio Tribunal Superior.

No que diz respeito ao procedimento, ganham especial relevância as informações do Relator do IRDR no Tribunal de origem, a participação do Ministério Público e a manifestação dos *amici curiae*, cuja admissibilidade não enfrenta qualquer óbice. Colhidos esses elementos, ao que parece, a tendência é a de que a decisão de suspensão em si seja encarada como discricionária, seguindo o juízo de conveniência do Tribunal Superior, a exemplo do que ocorre com a decisão prevista no art. 1.035, 5º, do CPC. A decisão de suspensão, que pode até mesmo ser parcial, vigorará, como regra, até o trânsito em julgado do IRDR, mas isso não impede que o juízo onde tramita o processo suspenso aprecie eventual pedido de tutela de urgência. Por fim, em se tratando de decisão monocrática, insatisfações contra a suspensão nacional deverão ser veiculadas por agravo interno, e eventual descumprimento da determinação contida na SIRDR poderá ser objeto de reclamação.

A título de fechamento, em relação às perspectivas futuras, provavelmente a SIRDR servirá especialmente àquelas pessoas que possuem litígio em diversos Tribunais locais. Ao vislumbrarem um IRDR com boa chance de êxito nos Tribunais Superiores, tais pessoas têm, estrategicamente, todos os incentivos para requerer a suspensão nacional: elas evitarão, com isso, a pulverização e o risco de perderem no varejo o que têm boas chances de vencer no atacado. Essa circunstância leva à conclusão de que o deferimento da SIRDR provavelmente terá lugar, majoritariamente, em litígios de massa envolvendo pessoas jurídicas de direito público ou grandes conglomerados empresariais. A conferir.

6. BIBLIOGRAFIA

ABBOUD, Georges; CAVALCANTI, Marcos de Araújo. Inconstitucionalidades do incidente de resolução de demandas repetitivas (IRDR) e o risco ao sistema decisório. *Revista de Processo*, v. 240, fev/2015.

BARBOSA, Andrea Carla; CANTOARIO, Diego Martinez Fervenza. O incidente de resolução de demandas repetitivas no projeto de Código de Processo Civil: apontamentos iniciais. In: FUX, Luiz (coord.). *O novo processo civil brasileiro*: direito em expectativa. Rio de Janeiro: Forense, 2011.

BRASIL. Superior Tribunal de Justiça. REsp 1684955/ES, Segunda Turma, Rel. Min. Herman Benjamin, j. em 26 set. 2017, DJe 10 out. 2017.

BRASIL. Superior Tribunal de Justiça. SIRDR 1/DF, Comissão Gestora de Precedentes do STJ, Rel. Min. Paulo de Tarso Sanseverino, j. em 24 mai. 2017, DJe 08 jun. 2017.

BRASIL. Superior Tribunal de Justiça. SIRDR 2/SE, Comissão Gestora de Precedentes do STJ, Rel. Min. Paulo de Tarso Sanseverino, j. em 12 dez. 2016, DJe 01 fev. 2017.

BRASIL. Superior Tribunal de Justiça. SIRDR 4/PR, Comissão Gestora de Precedentes do STJ, Rel. Min. Paulo de Tarso Sanseverino, j. em 26 jun. 2017, DJe 29 jun. 2017.

BRASIL. Superior Tribunal de Justiça. SIRDR 7/PR, Comissão Gestora de Precedentes do STJ, Rel. Min. Paulo de Tarso Sanseverino, j. em 21 jun. 2017, DJe 23 jun. 2017.

BRASIL. Superior Tribunal de Justiça. SIRDR 8/ES, Comissão Gestora de Precedentes do STJ, Rel. Min. Paulo de Tarso Sanseverino, j. em 11 dez. 2017, DJe 13 dez. 2017.

BRASIL. Superior Tribunal de Justiça. SIRDR 9/SC, Comissão Gestora de Precedentes do STJ, Rel. Min. Paulo de Tarso Sanseverino, j. em 26 set. 2017, DJe 02 out. 2017.

BRASIL. Superior Tribunal de Justiça. SIRDR 13/RS, Comissão Gestora de Precedentes do STJ, Rel. Min. Paulo de Tarso Sanseverino, j. em 15 fev. 2018, DJe 22 fev. 2018.

BRASIL. Supremo Tribunal Federal. Pet. 7001, Presidência, Rel. Min. Cármen Lúcia, j. em 15 dez. 2017, DJe 1º fev. 2018.

BRASIL. Supremo Tribunal Federal. Pet. 7329, Presidência, Rel. Min. Cármen Lúcia, j. em 15 dez. 2017, DJe 1º fev. 2018.

BRASIL. Supremo Tribunal Federal. RE 966177 RG-QO/RS, Tribunal Pleno, Rel. Luiz Fux, j. em 07 jun. 2017, DJe 1º fev. 2019.

BRASIL. Supremo Tribunal Federal. SIRDR 1/RS, Presidência, Rel. Min. Cármen Lúcia, j. em 08 ago. 2018, DJe 15 ago. 2018.

BRASIL. Supremo Tribunal Federal. SIRDR 2 AgR/SC, Tribunal Pleno, Rel. Min. Dias Toffoli, j. em 1º mar. 2019, DJe 25 mar. 2019.

BRASIL. Supremo Tribunal Federal. SS 1945 AgR-AgR-AgR-QO/AL, Tribunal Pleno, Rel. p/ o acórdão Min. Gilmar Mendes, j. em 19 fev. 2002, DJ 1º ago. 2003.

BRASIL. Tribunal de Justiça do Estado do Rio de Janeiro. IAC 0039361-29.2017.8.19.0000, Seção Cível, Rel. Des. Alexandre Freitas Câmara, j. em 28 nov. 2018, DJe 04 dez. 2018.

BUENO, Cassio Scarpinella. *Manual de direito processual civil*: inteiramente estruturado à luz do novo CPC, de acordo com a Lei n. 13.256, de 4-2-2016. 2. ed. rev., atual. e ampl. São Paulo: Saraiva, 2016.

DIDIER JR., Fredie; CUNHA, Leonardo José Carneiro da. *Curso de direito processual civil*: meios de impugnação às decisões judiciais e processo nos tribunais. 13. ed. Salvador: Juspodivm, 2016. v. 3.

MANCUSO, Rodolfo de Camargo. *Incidente de resolução de demandas repetitivas*: a luta contra a dispersão jurisprudencial excessiva. São Paulo: Revista dos Tribunais, 2016.

MENDES, Aluisio Gonçalves de Castro. *Incidente de resolução de demandas repetitivas*: sistematização, análise e interpretação do novo instituto processual. Rio de Janeiro: Forense, 2017.

NEVES, Daniel Amorim Assumpção. *Manual de direito processual civil* – volume único. 11. ed. Salvador: Juspodivm, 2019.

PORTO, José Roberto Mello. *Teoria Geral dos Casos Repetitivos*. Rio de Janeiro: GZ Editora, 2018.

RODRIGUES, Marcelo Abelha. *Suspensão de segurança*: sustação da eficácia de decisão judicial proferida contra o Poder Público. 3. ed. rev. e atual. São Paulo: Revista dos Tribunais, 2010.

WAMBIER, Teresa Arruda Alvim et al. *Breves comentários ao novo código de processo civil*. 2. ed. rev. e atual. São Paulo: Revista dos Tribunais, 2016.

6

O INCIDENTE DE RESOLUÇÃO DE DEMANDAS REPETITIVAS E A SUSPENSÃO DE PROCESSOS: LIMITES E POSSIBILIDADES

Ravi Peixoto[1]

Sumário: 1 – Introdução. 2 – A suspensão de processos e o IRDR. 2.1 – Aspectos gerais – o problema da obrigatoriedade ou não da suspensão. 2.2 – A expansão da suspensão local. 2.2.1 – A competência para a análise da suspensão nacional. 2.3 – O procedimento da suspensão de processos perante os processos atingidos pela instauração do IRDR – a questão da limitação da suspensão. 2.3.1 – A omissão no tratamento da alegação de distinção. 2.4 – Os limites da suspensão. 3 – Conclusão. 4 – Referências bibliográficas.

1. INTRODUÇÃO

O incidente de resolução de demandas repetitivas foi criado pelo CPC de 2015 como uma forma de desenvolver uma sistemática adequada de tratamento das causas repetitivas. No CPC/1973, já existia o tratamento dos processos repetitivos, mas eles eram limitados aos tribunais superiores. Na elaboração da nova legislação, foram desenvolvidos novos institutos para lidar com esse problema (IRDR) e os que já existiam, que eram o recurso especial e extraordinário repetitivos, foram aprimorados, com uma normatização muito mais cuidadosa

Especificamente no caso do IRDR, tal incidente atua mediante a utilização de casos representativos da controvérsia repetitiva, em que a solução para a referida questão de direito será replicada nos demais casos. Existem diversas particularidades, dentre elas a possibilidade da suspensão nacional, já utilizada e acolhida pelo STJ.

O objetivo deste texto é o de organizar o funcionamento da suspensão de processos gerada pela admissão do IRDR, a suspensão nacional e o procedimento cabível para que se alegue tratar-se de situação jurídica diversa da que foi escolhida para ser dirimida no incidente em questão.

1. Doutorando em Direito Processual pela UERJ. Mestre em Direito pela UFPE. Membro da Associação Norte-Nordeste de Professores de Processo (ANNEP), do Centro de Estudos Avançados de Processo (CEAPRO), da Associação Brasileira de Direito Processual (ABDPRO) e do Instituto Brasileiro de Direito Processual (IBDP). Procurador do Município do Recife. Advogado. Endereço eletrônico: ravipeixoto@gmail.com.

2. A SUSPENSÃO DE PROCESSOS E O IRDR

2.1. Aspectos gerais – o problema da obrigatoriedade ou não da suspensão

De acordo com o art. 982, I, do CPC, uma vez admitido o IRDR, o relator *deverá* suspender *todos* os processos pendentes, individuais e coletivos, que tramitem no Estado ou Região, a depender do caso. Note-se que essa suspensão tem, pelo texto normativo, uma conotação de obrigatoriedade, não havendo possibilidade de instauração de IRDR sem que haja a suspensão de *todos* os processos.[2]

Não há óbices a que as decisões sobre a suspensão sejam tomadas pelo colegiado, até porque é possível a interposição do agravo interno das decisões do relator. Veja-se que, para além da decisão de suspensão, é possível ainda que haja necessidade de análise da eventual manutenção ou não da suspensão, caso demore mais de um ano para o julgamento do IRDR.[3]

É necessário ressaltar que não há opção entre suspender ou não os processos após a instauração do IRDR. O papel do relator é apenas o de, admitido o IRDR, declarar a suspensão dos processos. Não se trata de alguma espécie de tutela de urgência, mas de uma consequência automática da instauração do incidente.[4]

Há quem defenda a ausência de obrigatoriedade dessa suspensão, que dependerá da situação concreta, a exemplo de casos que envolvam apenas questão processual, que acabaria por atravancar o andamento de um número excessivo de processos, dentre outros exemplos.[5]Por mais que se possa afirmar ser essa uma solução *melhor*, não foi esta a escolha do legislador, ou seja, dependeria de uma reforma legislativa. A única forma de adoção de tal posicionamento parecer ser por meio da declaração de inconstitucionalidade circunstancial do art. 982,

---

2. Essa suspensão geral e obrigatória vem sendo questionada por parcela da doutrina: NUNES, Dierle; VIANA, e Antônio Aurélio de Souza. *Suspensão integral de processos em recursos repetitivos preocupa.* http://www.conjur.com.br/2017-mai-31/opiniao-suspensao-integral-processos-repetitivos-preocupa. Acesso às 13h, do dia 06 de setembro de 2019; CAVALCANTI, Marcos de Araújo. *Incidente de resolução de demandas repetitivas.* São Paulo: RT, 2016, p. 385-390.

3. MENDES, Aluisio Gonçalves de Castro. *Incidente de resolução de demandas repetitivas.* Rio de Janeiro: Forense, 2017, p. 184.

4. Nesse sentido, v. enunciado n. 92 do FPPC: E. 92: A suspensão de processos prevista neste dispositivo é consequência da admissão do incidente de resolução de demandas repetitivas e não depende da demonstração dos requisitos para a tutela de urgência.

   Também no mesmo sentido: CUNHA, Leonardo Carneiro da. *A Fazenda Pública em juízo.* 15. ed. Rio de Janeiro: Forense, 2018, p. 280.

5. MENDES, Aluisio Gonçalves de Castro. *Incidente de resolução de demandas repetitivas...* cit., p. 185. Essa foi também a posição que prevaleceu no enunciado n. 140 do CJF, segundo o qual "A suspensão de processos pendentes, individuais ou coletivos, que tramitam no Estado ou na região prevista no art. 982, I, do CPC não é decorrência automática e necessária da admissão do IRDR, competindo ao relator ou ao colegiado decidir acerca da sua conveniência".

I, do CPC, não se afigurando viável que, por um mero juízo de conveniência, tal prática seja adotada.[6]

Há previsão da suspensão automática também no regime do recurso extraordinário com repercussão geral (art. 1.035, § 5º, CPC), em que também há a discussão acerca da obrigatoriedade ou não da mencionada suspensão. Em recente julgamento, o STF voltou a discutir o tema, no entanto, o julgamento ainda não foi concluído, uma vez que o ministro Alexandre de Moraes pediu vista. Já constam os votos do ministro Edson Fachin, acolhendo a tese da obrigatoriedade da suspensão e do ministro Marco Aurélio, que entende que o dispositivo legal carece de razoabilidade e proporcionalidade, estando em conflito com a garantia constitucional do cidadão do livre acesso ao Poder Judiciário, violando o art. 5º, XXXV, da CF.[7] Trata-se de importante julgado, que, face sua *ratio decidendi*, refletirá na análise da suspensão do IRDR.

Um aspecto que não foi regulado pelo CPC é o da suspensão da prescrição, o que significa que esta não é afetada pela instauração do IRDR. Por outro lado, é possível admitir-se que a prescrição intercorrente seja afetada por sua instauração, uma vez que esta possui relação com uma omissão na atuação da parte e, no caso, o processo estará sobrestado por uma questão alheia à sua vontade, entendimento que foi adotado pelo enunciado n. 452 do FPPC.[8]

De qualquer forma, deve se perceber que a suspensão é automática apenas no estado ou na região relativa ao tribunal onde instaurado o incidente. Ou seja, instaurado um IRDR pelo TJPE, apenas as causas que tramitem no estado de Pernambuco serão suspensas. Quaisquer causas, mesmo que iguais, que tramitem em outros estados, não serão afetadas pelo IRDR instaurado em Pernambuco.

2.2. A expansão da suspensão local

É possível, no entanto, de acordo com os arts. 982, § 3º e 1.029, § 4º do CPC, que, visando à tutela da segurança jurídica e do excepcional interesse social, que as partes, o Ministério Público ou a Defensoria Pública, requeiram a suspensão nacional de processos. Quaisquer partes de qualquer processo em que esteja

6. Para Matheus Leite Almendra, haveria obrigatoriedade da suspensão, no entanto, em situações emergenciais, a exemplo de hipótese em que a questão objeto do IRDR seja relativa à concessão de tutela de urgência, poderia o tribunal, sopesando os valores da urgência e segurança, em entendendo pertinente, dispensar a suspensão dos demais processos (ALMENDRA, Matheus Leite. Incidente de resolução de demandas repetitivas: desmistificando a sua influência e o tema da suspensão de processos em razão da sua admissibilidade. *Revista de Processo*. São Paulo, n. 281, jul.-2018, p. 350). Por mais que se concorde com a conclusão do autor, os fundamentos não podem ser aceitos. Não pode o tribunal, por entender pertinente a dispensa da suspensão o fazer. Impõe-se o controle de constitucionalidade circunstancial do texto normativo.
7. STF, Tribunal Pleno, RE 1141156 AgR/RJ, rel. Min. Edson Fachin, julgamento em 11.9.2019, info. n. 951.
8. E. 452: Durante a suspensão do processo prevista no art. 982 não corre o prazo de prescrição intercorrente.

sendo discutida a questão jurídica do IRDR, independentemente da competência territorial poderão fazer tal requerimento (art. 982, § 4º, CPC). A permissão dessa amplitude ocorre especialmente porque, no geral, esses serão os únicos interessados em obter tal medida. Portanto, caso instaurado um IRDR em Pernambuco, é possível a uma parte de um processo em que a mesma questão esteja sendo discutida em São Paulo venha a requerer ao STJ ou ao STF a suspensão do seu processo.[9]

Esse requerimento deve ser dirigido ao presidente do respectivo tribunal superior (art. 1.029, § 4º, CPC e art. 271-A, *caput*, RISTJ).[10] No entanto, o próprio STJ, por meio da Portaria 475/2016, delegou tal competência ao presidente da Comissão Gestora de Precedentes do tribunal.

Feito tal requerimento, no caso do STJ, há menção de que o presidente "*poderá* ouvir, no prazo de cinco dias, o relator do incidente no Tribunal de origem e o Ministério Público Federal" (art. 271, § 2º, RISTJ). Perceba-se que, no caso, a abertura de contraditório deve ser ampla, eis que tal suspensão pode gerar diversos prejuízos às partes com processos semelhantes e que não estejam no âmbito da competência de tribunais que já tenham instaurado o IRDR.

Ainda em relação ao requerimento de suspensão do processo no âmbito nacional, caberá a quem vier a requerer a demonstração o ônus de comprovar que tal medida tem aptidão de concretizar a *segurança jurídica* ou o *excepcional interesse social*.

Na suspensão em incidente de resolução de demandas repetitivas nº 7, o STJ afirmou que, para a comprovação de que haveria a tutela da segurança jurídica, haveria a necessidade da demonstração da presença dos seguintes requisitos: "a) demandar a interpretação da legislação infraconstitucional federal; b) abranger matéria que se repete em processos em tramitação em outros estados ou regiões; e c) ensejar divergência de entendimentos entre pelo menos dois tribunais".[11] Por analogia, caso o requerimento de suspensão fosse dirigido ao STF, seria possível apenas trocar a interpretação de legislação infraconstitucional federal por

---

9. Em outros termos, basta que a parte demonstre a existência de algum processo relativo ao tema objeto do IRDR para que tenha legitimidade para requerer a suspensão nacional. Nesse sentido, o enunciado n. 95 do FPPC, segundo o qual "A suspensão de processos na forma deste dispositivo depende apenas da demonstração da existência de múltiplos processos versando sobre a mesma questão de direito em tramitação em mais de um estado ou região".

10. Art. 271-A. Poderá o Presidente do Tribunal, a requerimento do Ministério Público, da Defensoria Pública ou das partes de incidente de resolução de demandas repetitivas em tramitação, considerando razões de segurança jurídica ou de excepcional interesse social, suspender, em decisão fundamentada, todos os processos individuais ou coletivos em curso no território nacional que versem sobre a questão objeto do incidente.

11. Para Sofia Temer, bastaria a existência de multiplicidade de processos em outros Estados ou Regiões. (TEMER, Sofia. Comentários ao enunciado n. 95. In: PEIXOTO, Ravi (coord). *Enunciados FPPC comentados*. Salvador: Juspodivm, 2019, p. 800).

interpretação da Constituição Federal. O posicionamento do STJ, ao definir os argumentos necessários é interessante por densificar o significado do conceito de segurança jurídica para efeitos da suspensão nacional, facilitando a argumentação das partes que a desejem e permitindo maior calculabilidade do eventual resultado de tais pedidos.

Destaque-se ainda que, na mencionada decisão, o STJ admitiu que a divergência ocorresse em decisões de tutela provisória, que são tomadas em cognição sumária, não havendo necessidade de decisões com cognição exauriente.

Acerca do excepcional interesse social, o STJ afirmou que deveriam "ser analisados aspectos voltados ao impacto que a decisão do Superior Tribunal de Justiça, seja pelo deferimento ou indeferimento do pedido, representará para a sociedade". Veja-se que aqui a preocupação é com a futura e incerta decisão do STJ acerca do tema, eis que, embora bastante provável, não há obrigatoriedade na interposição de recurso especial. Ao que parece, quanto ao referido impacto, há a preocupação com o que o resultado da decisão gerará na sociedade.

O STJ criou um requisito de admissibilidade a esse pedido ao inserir, no art. 271-A, § 1º, do seu regimento interno, que a parte do processo que vier a requerer a suspensão nacional "deverá comprovar a inadmissão do incidente no Tribunal com jurisdição sobre o estado ou região em que tramite a sua demanda".[12] Portanto, não seria admissível tal pedido se não tiver havido ainda pedido para instauração de IRDR no tribunal que tiver competência territorial na sua respectiva região ou estado.

Uma questão interessante é o que pode vir a ocorrer caso existam diversos IRDRs em diversos tribunais. O objetivo da suspensão nacional é justamente o de concentrar a discussão em apenas um IRDR que, após decidido, iria servir como base para a interposição de recurso especial ou extraordinário. O que deverá ocorrer é o processamento do primeiro IRDR, seguindo a regra das ações coletivas, sobrestando-se os demais.[13]

2.2.1. A competência para a análise da suspensão nacional

Um último ponto é a competência para a análise de tal questão, que pode ser do STF ou do STJ. O raciocínio aqui é semelhante ao utilizado para o pedido de suspensão de segurança: dependerá da matéria em discussão, se ela possui natureza constitucional, caso em que caberá ao STF, ou natureza infraconstitucional, caso em que caberá ao STJ. Caso haja matéria infraconstitucional e constitucio-

12. Art. 271-A. (...)§ 1º A parte de processo em curso em localidade de competência territorial diversa daquela em que tramita o incidente de resolução de demandas repetitivas deverá comprovar a inadmissão do incidente no Tribunal com jurisdição sobre o estado ou região em que tramite a sua demanda.
13. CUNHA, Leonardo Carneiro da; DIDIER JR., Fredie. *Curso de direito processual civil.* 14ª ed. Salvador: Juspodivm, 2017, v. 3, p. 732.

nal, parece ser mais adequado que o pedido seja dirigido ao STF, por este ser o órgão situado no ápice da estrutura do Poder Judiciário.

2.3. O procedimento da suspensão de processos perante os processos atingidos pela instauração do IRDR – a questão da limitação da suspensão

Passando ao procedimento que decorre da suspensão dos processos, uma vez declarada pelo relator, deve haver a comunicação aos órgãos jurisdicionais competentes, de forma que seja possível a suspensão individual de cada um dos processos em que a questão jurídica esteja sendo discutida. Como destacado pela doutrina, não há, em rigor, uma suspensão automática de todos os processos, mas a existência de um ato complexo que é iniciado com a deliberação tomada pelo tribunal, mas que ainda dependerá da análise por cada órgão judicial e em cada processo, sobre a aplicabilidade da suspensão ao processo em tramitação.[14]

Ocorre que o IRDR é omisso no tratamento do tema das suspensões individuais, o que acaba por gerar a necessidade de aplicação do disposto no art. 1.037, § 8º, do CPC, decorrente da existência do microssistema de gestão e julgamento de casos repetitivos.[15] Por meio desse texto normativo, tem-se a obrigatoriedade da intimação das partes em que o processo seja suspenso por meio de decisão do respectivo juiz ou relator, cuja função é a de permitir que a parte atue no sentido de alegar eventual distinção e também de permitir que ela tenha conhecimento acerca da instauração do IRDR, sendo a ela possível participar de tal julgamento.[16]

Por outro lado, pode ocorrer de algum processo que deveria ter sido suspenso não o ser. Em tais casos, quaisquer das partes poderá requerer a suspensão mediante a comprovação de que uma das questões jurídicas a serem discutidas em seu processo está sendo decidida em algum IRDR. Em tal hipótese, naturalmente, impõe-se a devida observação do contraditório (art. 9º, CPC).

Destaque-se tratar de caso de suspensão, não havendo qualquer vedação a que sejam iniciados outros processos, como forma de impedir que transcorra o prazo prescricional, que não é afetado pela instauração do IRDR.

A suspensão pode ainda ser apenas parcial no caso de cumulação de pedidos que sejam independentes entre si. Havendo, por exemplo, uma cumulação simples de danos morais e materiais, e a questão jurídica do IRDR se refira aos danos

14. MENDES, Aluisio Gonçalves de Castro. *Incidente de resolução de demandas repetitivas*... cit., p. 192.

15. CUNHA, Leonardo Carneiro da; DIDIER JR., Fredie. *Curso de direito processual civil*... cit., p. 730; TEMER, Sofia. *Incidente de resolução de demandas repetitivas*. Salvador: Juspodivm, 2016, p. 121.

16. TEMER, Sofia. *Incidente de resolução de demandas repetitivas*... cit., p. 122.

morais. Em tal situação, a suspensão deve ser apenas parcial, tendo o processo andamento em relação ao pedido independente.[17]

Essa solução pode ainda ocorrer no caso da cumulação sucessiva de pedidos, em relação ao pedido condicionado. Um exemplo seria um processo em que fossem cumulados pedidos de reconhecimento de paternidade e de pagamento de pensão alimentícia. Caso a questão jurídica fosse relativa apenas ao pedido de pagamento de pensão, por exemplo, se deve haver pagamento ao suposto filho, caso tenha mais de 18 anos e esteja matriculado em curso de ensino superior, o processo poderia continuar a andar em relação ao pedido de reconhecimento de paternidade. Afinal, não há uma relação de prejudicialidade entre o pedido condicionante e o condicionado, que poderia ter andamento independentemente do resultado do pedido condicionado. No entanto, a situação oposta não deve ser admitida, ou seja, se a suspensão fosse relativa ao pedido de reconhecimento de paternidade, não seria possível que fosse dado andamento ao processo no que toca ao pedido de pagamento de pensão. Nesse caso, embora apenas um dos pedidos tenha tido uma questão sido submetida ao julgamento por meio do IRDR, a suspensão deverá ser total.

Portanto, o raciocínio mais adequado acerca da admissão da suspensão parcial deve ser relativo ao caso em que o pedido que envolva questão jurídica não submetida ao IRDR seja independente do que foi submetido.[18] Naturalmente, caberá ao juízo de origem analisar os limites da suspensão, por meio da análise específica do caso.[19] Por outro lado, isso não impede que o STJ delimite linhas gerais – como já o fez – acerca dos limites da suspensão.[20]

Um problema relacionado com a suspensão dos processos ocorre na hipótese da suspensão parcial, mas em que haja a necessidade de dilação probatória que repercuta em todos os pedidos. Basta utilizar o exemplo de ação em que haja cumulação de danos morais e materiais, em que tema relativo ao pedido de danos morais tenha sido afetado para julgamento em IRDR, mas a questão probatória afeta todos os pedidos. Nessa hipótese, face a incidência dos princípios da eficiência e da duração razoável do processo, não deve ocorrer a suspensão do

17. Essa foi também a conclusão enunciado n. 205 do FPPC: E. 205: Havendo cumulação de pedidos simples, a aplicação do art. 982, I e § 3º, poderá provocar apenas a suspensão parcial do processo, não impedindo o prosseguimento em relação ao pedido não abrangido pela tese a ser firmada no incidente de resolução de demandas repetitivas.

18. Solução semelhante já foi acolhida pelo STJ, mas no âmbito do recurso especial repetitivo, em que a discussão envolvia a questão dos juros compensatórios na desapropriação. Embora determinada a suspensão nacional dos processos, o STJ acolheu embargos de declaração para permitir que o juiz analise os demais pedidos, com exceção dos juros compensatórios. (STJ, QO no RECURSO ESPECIAL Nº 1.328.993/CE, Rel. Min. Og Fernandes, j. 08/08/2018, DJe 04/09/2018).

19. ALMENDRA, Matheus Leite. Incidente de resolução de demandas repetitivas: desmistificando a sua influência e o tema da suspensão de processos em razão da sua admissibilidade... cit., p. 351.

20. STJ, QO no Recurso Especial nº 1.328.993 – CE, Rel. Min. Og Fernandes, j. 08/08/2018, DJe 04/09/2018.

processo,[21] ao menos para efeitos da dilação probatória. Uma vez ultrapassada essa fase, deve retornar à suspensão o processo no que diz respeito ao capítulo relacionado à questão objeto do IRDR.

Outra limitação está relacionada ao momento do processo no qual haja questão relativa ao incidente de resolução de demandas repetitivas já instaurado, afinal, ele não possui aptidão para afetar causas em que já houve o trânsito em julgado. Por exemplo, se houve instauração de IRDR para discutir se uma determinada gratificação deve ou não ser aplicada a uma categoria de servidores, caso um desses processos já tenha transitado em julgado e esteja na fase de cumprimento de sentença, não haverá suspensão do processo.[22]

Essa conclusão decorre da proteção da coisa julgada material, eis após o trânsito em julgado, a sentença se torna imutável e indiscutível, não tendo o IRDR aptidão para rescindir automaticamente os processos. Resta à parte eventualmente a utilização da ação rescisória, nas hipóteses do art. 966 do CPC.[23]

2.3.1. A omissão no tratamento da alegação de distinção

Uma questão omissa no tratamento do IRDR é relativa ao procedimento para a alegação de distinção, caso um processo seja suspenso indevidamente. Esse tratamento detalhado existe na regulação dos recursos especial e extraordinário (art. 1.037, §§ 9º a 13, do CPC), que deve ser aplicado por analogia ao IRDR.[24] Como mencionando anteriormente, as partes deverão ser intimadas da decisão de suspensão individual. Feita tal intimação, as partes poderão alegar a distinção entre a questão jurídica a ser decidida no processo e aquela a ser julgada no IRDR (art. 1.037, § 6º, do CPC).

O requerimento de distinção deverá ser dirigido ao juiz, nos casos em que o processo esteja sobrestado no primeiro grau (art. 1.037, § 10, I, CPC) ou ao relator, se o processo estiver em tribunal (art. 1.037, § 10, II, CPC). Destaque-se que não há prazo para que seja feito tal requerimento, podendo ser realizado até a

21. CUNHA, Leonardo Carneiro da. *A Fazenda Pública em juízo...* cit., p. 281.

22. Trata-se do exato raciocínio do enunciado n. 107 do CJF: Não se aplica a suspensão do art. 982, I, do CPC ao cumprimento de sentença anteriormente transitada em julgado e que tenha decidido questão objeto de posterior incidente de resolução de demandas repetitivas.

23. RODRIGUES, Marco Antonio. Comentários ao enunciado n. 107. KOEHLER, Frederico Augusto Leopoldino; PEIXOTO, Marco Aurélio Ventura; FLUMIGNAN, Silvano José Gomes (coords). *Enunciados CJF comentados*. Salvador: Juspodivm, 2019, p. 358-359.

24. No mesmo sentido: CAVALCANTI, Marcos de Araújo. *Incidente de resolução de demandas repetitivas....* cit., p. 286. Esse posicionamento também foi adotado pelo enunciado n. 142 da CJF, segundo o qual "Determinada a suspensão decorrente da admissão do IRDR (art. 982, I), a alegação de distinção entre a questão jurídica versada em uma demanda em curso e aquela a ser julgada no incidente será veiculada por meio do requerimento previsto no art. 1.037, § 10".

efetiva aplicação da tese jurídica do IRDR ao seu caso concreto.[25] Após realizado, a outra parte deve ser ouvida no prazo de cinco dias (art. 1.037, § 11, CPC). A suspensão dos processos não pode impedir eventual produção probatória para a comprovação da distinção.[26]

Acolhido o pedido de distinção, o processo terá seguimento; não acolhida, por óbvio, será mantida a suspensão. Da decisão que resolver o requerimento de distinção, seja ela de acolhimento ou de denegação, o recurso dependerá de onde esteja o processo suspenso: a) caso esteja no primeiro grau, será cabível o recurso de agravo de instrumento (art. 1.037, § 13, I, CPC);[27] b) estando no tribunal, se a decisão for de relator, será cabível o agravo interno (art. 1.037, § 13, II, CPC). Há posicionamento doutrinário defendendo a prevenção do órgão julgador do IRDR para apreciar tais recursos[28] e ainda porque este órgão teria melhores condições de apreciar a matéria.[29]

2.4. Os limites da suspensão

A suspensão dos processos possui, de acordo com o caput do art. 980 do CPC, o prazo limite de um ano, que é o prazo para o julgamento do incidente. Esse prazo deve ser iniciado da publicação da decisão do relator que declara a suspensão dos processos.[30] No entanto, mesmo após ultrapassado esse prazo ou antes do seu fim, é possível que o relator, mediante decisão fundamentada a mantenha (art. 980, parágrafo único, CPC). Não há, em princípio, limites à renovação dessa suspensão, que pode ser realizada mais de uma vez pelo tribunal. Por outro lado, caso não haja qualquer decisão a respeito do tema, os processos devem voltar a tramitar.

Há uma previsão curiosa no regimento interno do STJ, segundo o qual "A suspensão vigorará até o trânsito em julgado da decisão proferida no incidente de resolução de demanda repetitiva" (art. 271-A, § 3º). Note-se que há aqui a criação de uma suspensão muito mais aberta do que a do CPC/2015, eis que aqui não se

---

25. CUNHA, Leonardo Carneiro da; DIDIER JR., Fredie. *Curso de direito processual civil*... cit., p. 685.

26. E. 364 do FPPC: E. 364: O sobrestamento da causa em primeira instância não ocorrerá caso se mostre necessária a produção de provas para efeito de distinção de precedentes.

27. Mesmo raciocínio do enunciado n. 557 do FPPC: E. 557: O agravo de instrumento previsto no art. 1.037, §13, I, também é cabível contra a decisão prevista no art. 982, inc. I.

28. TEMER, Sofia. *Incidente de resolução de demandas repetitivas*... cit., p. 123. Em outro texto, é feita menção ao *relator* dos recursos: TEMER, Sofia; MENDES, Aluisio Gonçalves Castro. Comentários ao art. 982. In: STRECK, Lenio; CUNHA, Leonardo Carneiro da; FREIRE, Alexandre; NUNES, Dierle (coords). *Comentários ao Código de Processo Civil*. São Paulo: Saraiva, 2016, p. 1.285.

29. CABRAL, Antonio do Passo. Comentários ao art. 982. In: CABRAL, Antonio do Passo; CRAMER, Ronaldo (coords). *Comentários ao novo Código de Processo Civil*. Rio de Janeiro: Forense, 2015, versão digital, tópico 1.1.1.

30. No mesmo sentido: MENDES, Aluisio Gonçalves de Castro. *Incidente de resolução de demandas repetitivas*... cit., p. 191.

tem qualquer limite temporal. Note-se que, pelo CPC, a suspensão pode findar, mas ainda assim haver a continuação do IRDR, o que parece não ser admitido pelo regimento interno do STJ, que vincula o fim da suspensão ao trânsito em julgado da decisão. Além disso, o prazo de um ano deveria ser iniciado novamente,[31] nos termos do *caput* do art. 980 do CPC, o que é negado pelo regimento interno do STJ, que retira qualquer limite temporal para tal suspensão.

Outra consequência da regulação proposta pelo RISTJ é a de que ele deixa mais evidente uma situação não esclarecida pelo CPC: caso haja oposição dos embargos de declaração ao invés da interposição do recurso extraordinário ou especial. O CPC aponta que a suspensão findará se, da decisão proferida no incidente, não for interposto o recurso especial ou extraordinário, não fazendo menção aos embargos de declaração. Muito embora seja possível interpretar que essa decisão seja a final acerca do IRDR, levando em conta os embargos de declaração, a disposição do RISTJ torna a situação bem mais simples, eis que o limite deixa de ser a interposição de recurso especial ou extraordinário e passa a ser o trânsito em julgado da decisão. E, por óbvio, como os embargos de declaração impedem o trânsito em julgado, gerariam a manutenção da suspensão dos processos.

A suspensão, além de um limite temporal, possui uma outra espécie de limitação, eis que cessará caso da decisão que julgar o IRDR não seja interposto o recurso especial ou extraordinário (art. 982, § 5º, CPC).

Um último ponto é o de que a suspensão não tem aptidão de impedir a formulação e a concessão de pedidos de tutela provisória de *urgência*, que deverão ser realizados perante o juiz em que esteja tramitando o processo (art. 982, § 2º, CPC).

3. CONCLUSÃO

Como se percebe, a suspensão de processos gerada pela admissão do incidente de resolução de demandas repetitivas possui diversos aspectos polêmicos e que precisam ser enfrentados pela doutrina e pela jurisprudência. Apenas por meio de uma visão geral, já se percebe que há omissões em sua regulação e possíveis problemas gerados por essa suspensão.

A suspensão nacional, por exemplo, começa a ser avaliada pelo STJ, sendo notável o cuidado do tribunal em iniciar padrões argumentativos a serem utilizados. A mencionada decisão já atua como um padrão a ser utilizado nos futuros pedidos de suspensão nacional.

31. CABRAL, Antonio do Passo. Comentários ao art. 982.. cit., tópico 1.1.3.

Destaca-se ainda que, por se tratar de uma medida bastante enérgica no tratamento da litigiosidade repetitiva, deve haver uma gestão cuidadosa das demandas individuais em que seja aplicada, de forma a evitar suspensões indevidas, que apenas atrasariam certos processos, que, no fim, não deveriam ser abrangidos pela decisão do IRDR.

4. REFERÊNCIAS BIBLIOGRÁFICAS

ALMENDRA, Matheus Leite. Incidente de resolução de demandas repetitivas: desmistificando a sua influência e o tema da suspensão de processos em razão da sua admissibilidade. *Revista de Processo*. São Paulo, n. 281, jul.-2018.

CABRAL, Antonio do Passo. Comentários ao art. 982. In: CABRAL, Antonio do Passo; CRAMER, Ronaldo (coords). *Comentários ao novo Código de Processo Civil*. Rio de Janeiro: Forense, 2015, versão digital.

CAVALCANTI, Marcos de Araújo. *Incidente de resolução de demandas repetitivas*. São Paulo: RT, 2016.

CUNHA, Leonardo Carneiro da. *A Fazenda Pública em juízo*. 15. ed. Rio de Janeiro: Forense, 2018.

CUNHA, Leonardo Carneiro da; DIDIER JR., Fredie. *Curso de direito processual civil*. 14ª ed. Salvador: Juspodivm, 2017, v. 3.

MENDES, Aluisio Gonçalves de Castro. *Incidente de resolução de demandas repetitivas*. Rio de Janeiro: Forense, 2017.

NUNES, Dierle; VIANA, Antônio Aurélio de Souza. *Suspensão integral de processos em recursos repetitivos preocupa*. http://www.conjur.com.br/2017-mai-31/opiniao-suspensao-integral-processos-repetitivos-preocupa. Acesso às 13h, do dia 06 de setembro de 2017.

RODRIGUES, Marco Antonio. Comentários ao enunciado n. 107. In: KOEHLER, Frederico Augusto Leopoldino; PEIXOTO, Marco Aurélio Ventura; FLUMIGNAN, Silvano José Gomes (coords). *Enunciados CJF comentados*. Salvador: Juspodivm, 2019.

TEMER, Sofia. Comentários ao enunciado n. 95. In: PEIXOTO, Ravi (coord). *Enunciados FPPC comentados*. Salvador: Juspodivm, 2019

_____. *Incidente de resolução de demandas repetitivas*. Salvador: Juspodivm, 2016.

TEMER, Sofia; MENDES, Aluisio Gonçalves Castro. Comentários ao art. 982. In: STRECK, Lenio; CUNHA, Leonardo Carneiro da; FREIRE, Alexandre; NUNES, Dierle (coords). *Comentários ao Código de Processo Civil*. São Paulo: Saraiva, 2016.

CAPÍTULO XI

INSTRUÇÃO E CONTRADITÓRIO

1

O INCIDENTE DE RESOLUÇÃO DE DEMANDAS REPETITIVAS: COMO GARANTIR O CONTRADITÓRIO AOS TERCEIROS QUE SERÃO AFETADOS PELA TESE JURÍDICA?

Cintia Regina Guedes[1]

Sumário: 1 – Introdução. 2 – Visão crítica do IRDR – agravamento das desigualdades processuais. 3 – O IRDR e falta de previsão legal de um instrumento processual para assegurar o contraditório aos terceiros que serão atingidos pela decisão. 4 – Posições da doutrina. 5 – Sugestões e critérios para permitir a participação dos terceiros na instrução e julgamento do IRDR. 6 – Conclusão. 7 – Referências bibliográficas.

1. INTRODUÇÃO

A entrada em vigor do novo Código de Processo Civil, em março de 2016, consolidou uma tendência que vinha sendo introduzida no ordenamento nacional há algum tempo,[2] de busca por instrumentos processuais destinados a solucionar, com maior celeridade, eficiência e racionalidade, as demandas repetitivas, principalmente através de técnicas voltadas à construção de decisões dotadas de efeito vinculante sobre os demais processos. Nesta linha de princípio, uma das maiores apostas do novo CPC é a criação do incidente de resolução de demandas repetitivas (doravante denominado apenas IRDR), incidente inspirado principalmente em técnicas desenvolvidas nos sistemas alemão e inglês, e que visa à solução de demandas ou questões jurídicas repetitivas, através de um procedimento único, no qual é objetivamente definida, pelo tribunal competente, uma tese jurídica, que será posteriormente aplicada aos demais processos que tratem da mesma questão.

Trata-se, sem dúvidas, de grande inovação no ordenamento jurídico, sendo um instrumento extremamente valioso e de inegável utilidade, em termos de ce-

1. Defensora Pública do Estado do Rio de Janeiro. Mestre em Direito Processual pela UERJ. Doutoranda em Direito Processual pela UERJ.
2. Principalmente desde 2006, com a criação do julgamento da repercussão geral no STF por meio de recursos representativos da controvérsia (art. 543-B do CPC revogado, incluído pela Lei 11.418/2006) e da técnica de julgamento dos recursos repetitivos no âmbito do STJ (art. 543-C do CPC revogado, incluído pela Lei 11.672/2008).

leridade, por possibilitar a rápida uniformização da jurisprudência e a obtenção da pacificação das controvérsias decisórias em questões repetitivas, o que poderá implicar em grande ganho de tempo nas demandas individuais.

Para o que nos interessa neste artigo, releva considerar que o julgamento do IRDR pode afetar profundamente o direito de centenas e até milhares de jurisdicionados, cujos processos contenham questão idêntica à que venha a ser decidida no incidente, e em cujos processos a tese jurídica, depois de estabelecida, poderá ser pura e simplesmente "aplicada" (art. 985 do CPC), ou seja, incorporada como uma premissa jurídica no julgamento da lide individual, sendo cabível reclamação ao tribunal que firmou a tese em caso de sua não observância (art. 985, § 1º do CPC).

O presente estudo procura demonstrar que o mecanismo processual de instauração e julgamento do IRDR pode ser extremamente prejudicial aos litigantes que sejam parte em ações que tratam da questão jurídica discutida no incidente, em especial em razão da falta de garantia de seu direito de participação no julgamento do incidente, assim como da sua pretensa vinculação à tese jurídica definida. Busca, então, propor uma leitura do IRDR que garanta aos jurisdicionados que serão atingidas pela decisão do incidente seu direito de influenciar na definição da tese jurídica, criando condições de assegurar a toda uma massa de jurisdicionados "sem voz" o direito de levarem seus argumentos e seus pontos de vista ao órgão judicial competente para o julgamento do IRDR. O escopo final do artigo, portanto, é conciliar a celeridade e a concentração decisória do IRDR com a garantia do contraditório, que permita que a construção concentrada da tese jurídica leve em consideração a visão de todos os que serão por ela atingidos.

2. VISÃO CRÍTICA DO IRDR – AGRAVAMENTO DAS DESIGUALDADES PROCESSUAIS

Como é de conhecimento público, o IRDR é um incidente que se destina à uniformização do entendimento de um tribunal de segundo grau acerca de uma questão jurídica controvertida.[3] Pode ser instaurado a partir de pedido formulado por uma ampla gama de legitimados, que requererem ao tribunal competente que instaure o incidente a fim de debater e definir a melhor interpretação e solução a ser dada a uma questão controvertida. Tem como pressuposto a existência de uma multiplicidade de processos que contenham uma questão comum, que pode ser relacionada ao mérito das demandas repetitivas ou apenas uma questão processual que se repete em processos com lides materialmente diversas.

3. O objetivo do IRDR é a uniformização da jurisprudência no âmbito dos tribunais de segundo grau de jurisdição, embora, excepcionalmente, seja possível a sua instauração no Superior Tribunal de Justiça, conforme já decidido pelo próprio STJ (Agravo Interno na Petição n.º 11838/MS, Corte Especial, relator João Otávio de Noronha, julgado em 07/08/2019).

A instauração do incidente leva à suspensão dos processos individuais em que haja discussão acerca da questão a ser definida, de molde a evitar decisões contraditórias e a prática de atos processuais inúteis. Essa suspensão deve ser comunicada às partes dos processos individuais, e somente termina quando houver o julgamento do incidente e a definição jurídica da *vexata quaestio*.

Um dos principais objetivos perseguidos pelo legislador, ao concentrar a definição da tese jurídica sobre uma questão repetitiva em um único julgamento é, sem dúvidas, obter a uniformização das decisões, evitando a chamada "jurisprudência lotérica" e assegurando a isonomia decisória entre aqueles que se encontram na mesma situação jurídica. O segundo objetivo a ser alcançado pelo IRDR é a diminuição do número de processos e de recursos, que seria consequência da uniformização da interpretação da questão jurídica, que desestimula a propositura de novas ações e a interposição de recursos. São objetivos, portanto, que levam em conta a necessidade de racionalização da atividade jurisdicional e de busca pela economia processual, e que o fazem através da concentração do poder decisório nas mãos de poucos julgadores.

Como o IRDR destina-se, primordialmente, à uniformização do entendimento jurídico dos tribunais em questões repetitivas que afetem uma multiplicidade de processos, ele tem como destinatário principal as demandas de massa, que se repetem nos tribunais brasileiros.[4] As demandas de massa são aquelas que habitualmente têm em um dos polos um mesmo litigante (o Poder Público, as instituições financeiras, as concessionárias de serviços públicos etc.) e de outro o cidadão/consumidor/contribuinte individual, e cujas postulações são semelhantes, ou envolvem a mesma tese juridica. Essas demandas já contêm, estruturalmente, um grande desequilíbrio entre as partes em conflito, pois tem-se de um lado um litigante habitual, que, além de ser grande organização, possui uma enorme base de processos repetidos, e de outro o litigante eventual, não habituado a demandas judiciais e sem grande estrutura para conduzi-las.[5] Nesse contexto, o litigante habitual possui uma série de vantagens processuais decorrentes de sua posição.[6]

4. Em que pese a possibilidade de instauração de IRDR para solução de questões processuais repetitivas, que podem não se referir a demandas de massa, esse não é o foco principal do instituto, que foi pensado primordialmente para a solução dos litígios repetitivos, assim considerados aqueles que possuem a mesma questão de mérito controvertida.

5. Nas conhecida expressão de Marc Galanter, nessas demandas tem-se de um lado os *repeat player* (ou seja, os litigantes repetitivos, constituídos por pessoas jurídicas que são partes em um grande número de demandas semelhantes, e que, por isso mesmo, se tornam grandes litigantes) e do outro os *one-shotters* (os litigantes eventuais, aqueles que são partes não frequentes em processos judiciais). GALANTER, Marc. *Why the "haves" come out ahead*: speculations on the limits of legal change. Publicação original: Volume 9:1 Law and Society Review, 1974. Disponível em: https://lawforlife.org.uk/wp-content/uploads/2013/05/whythehavescomeoutahead-33.pdf, acesso em 27/05/2019.

6. "Tal qual apontado, a respeito das figuras subjetivas dos processos repetitivos, Marc Galanter esclarece que: (i) o grande litigante tem melhores condições para jogar o jogo do Judiciário do que o litigante eventual; e (ii) o grande litigante tem uma série de vantagens no processo litigioso em comparação aos litigantes ocasionais, as quais, segundo Maria Cecília Asperti[38], podem ser delineadas da seguinte maneira[39]:

Sob a perspectiva do indivíduo que é parte em uma demanda de massa, a solução adotada pelo legislador brasileiro para formação de jurisprudência vinculante (qual seja, o incremento do sistema de formação concentrada de teses jurídicas,[7] julgadas a partir de causas-piloto, como ocorre na maior parte dos casos de julgamentos de recursos repetitivos e de IRDR),[8] constitui mais uma forma de beneficiar o litigante habitual em prejuízo do litigante eventual. Com efeito, a concentração dos debates para fixação da tese em um único julgamento permite que o litigante habitual (que já é parte no processo escolhido) tenha ampla possibilidade de se manifestar e atuar estrategicamente na discussão da tese,[9] ao passo que os litigantes eventuais terão seus processos suspensos na instância de origem e dificilmente terão possibilidade real de se manifestarem no julgamento paradigma. Toda a esperança de defesa dos argumentos dos litigantes eventuais fica depositada naquele cujo processo for escolhido como causa-piloto ou em eventuais *amici curiae* ou terceiros intervenientes que representem seus interesses.

---

acúmulo de inteligência e *expertise* para atuar preventivamente, estruturando melhor suas operações e contratos; facilidade de acesso a especialistas e possibilidade de realizar economias em larga escala; maior chance de engajamento em relações informais que podem auxiliar na desburocratização de procedimentos altamente burocráticos; objetivo de manter uma boa reputação como maneira de reafirmar sua posição no processo de negociação; maior possibilidade em assumir riscos e possibilidade de assumir riscos pensados. Quanto maior for o risco do litigante eventual, mais fragilizado esse tende a estar mais enfraquecido; possibilidade de abdicar de ganhos imediatos em favor de uma estratégica macro; e possibilidade de atuar massivamente para mudar os precedentes judiciais buscando um resultado mais vantajoso em casos futuros." (RAVAGNANI, Giovani dos Santos e RODRIGUES, Marcely Ferreira. Seleção do caso piloto nos recursos repetitivos, litigância repetitiva e o grande litigante. *Revista de Processo*, vol. 291, maio de 2019. Versão eletrônica. p. 6/7).

7. Evitamos utilizar o termo "precedente", que vem sendo usado por boa parte da doutrina processual, por considerar que esse remete ao sistema de precedentes do *comon law*, que pouco tem a ver com o sistema brasileiro, em que as decisões vinculantes são proferidas em julgamentos concentrados com esse fim, ao passo que o verdadeiro precedente do sistema do *comon law* nasce de decisões de casos concretos cuja *ratiodecidendi* passa a ser seguida por outros juízes em função de seu acerto, e não da hierarquia do órgão que a proferiu.

8. A maior parte da doutrina sustenta que tanto os julgamentos de recursos repetitivos perante os tribunais superiores quanto o julgamento do IRDR constituem exemplos de aplicação da técnica de causa-piloto (pois o tribunal julga não apenas a tese jurídica em abstrato, mas também o caso concreto do qual se originou o recurso ou o incidente), e não da técnica de causa modelo, que somente poderia ocorrer nas hipóteses de desistência do processo afetado, quando, então, seria julgada apenas a tese jurídica, sem nenhum caso concreto a ser definido no mesmo julgamento.

9. "Em adição, o grande litigante, munido de sua base de dados, poderá escolher os casos que mais lhe favorecem e apresentá-los aos magistrados competentes para selecionar os recursos que serão julgados em sede de repetitivos. Na maior parte das vezes, o advogado escolhido para representar o grande litigante é um advogado renomado, respeitado e com bom trânsito nas instâncias superiores, o que pode favorecer no acolhimento das pretensões do grande litigante. Ademais, os grandes litigantes, nas instâncias superiores, fazem um trabalho corpo a corpo com os Ministros responsáveis por (i) selecionar os casos pilotos; e (ii) julgar os recursos repetitivos, entregando memoriais pessoalmente, despachando com todos os julgadores em seus respectivos gabinetes, fazendo sustentações orais, contratando pareceres técnicos, trazendo dados técnicos específicos etc." (RAVAGNANI, Giovani dos Santos e RODRIGUES, Marcely Ferreira. Seleção do caso piloto nos recursos repetitivos, litigância repetitiva e o grande litigante. *Revista de Processo*, vol. 291, maio de 2019. Versão eletrônica. p. 13).

Há que se considerar, contudo, que embora a seleção da causa piloto seja essencial ao correto funcionamento do sistema de formação concentrada de teses jurídicas,[10] isso nem sempre acontece. Muitas vezes, a parte do processo piloto, enquanto litigante individual, sequer tem interesse ou condições de apresentar uma boa manifestação no julgamento paradigma ou de comparecer até a capital para despacho com os julgadores ou para a sustentação oral na sessão de julgamento.

Esse desequilíbrio influencia a decisão final e a fixação da tese jurídica, em prejuízo dos interesses individuais não representados dos litigantes eventuais, deixando clara a discrepância existente entre a dogmática jurídica (que busca maximizar as garantias processuais, em especial da isonomia e do contraditório) e a realidade dos julgamentos nos tribunais, em que decisões de caráter vinculante são tomadas, muitas vezes, com a apreciação dos argumentos de apenas um dos interessados no resultado do julgamento.[11] Essa situação restou muito evidente, por exemplo, no julgamento do REsp 911.802-RS, que tratava da pos-

10. Como se sabe, o legislador processual não definiu critério legal ou parâmetros para a escolha do processo piloto, deixando tal tarefa ao bom senso do julgador, em cada caso concreto. A escolha do processo a partir do qual será instaurado o incidente, contudo, é essencial à correta fixação da tese, e deve refletir ao menos duas preocupações: contemplar processos que contenham o maior leque de argumentos favoráveis e desfavoráveis a todos os interesses em conflito, para permitir a análise de todas as teses jurídicas envolvidas; e buscar compreender todos os aspectos jurídicos e práticos que se espraiam pelo conflito de interesses, de molde a que a solução jurídica definida seja a mais completa possível, evitando-se que sub-questões relevantes sejam deixadas de fora da discussão, criando-se um contingente tão grande de exceções à aplicação da tese que essa torne-se inócua. Discussão interessante foi travada no julgamento do REsp 1.667.842/SC, no qual a afetação foi decidida por cinco votos a quatro, tendo a ministra Nancy Andrighi proferido voto pela não afetação do processo escolhido ao rito dos repetitivos justamente porque ele não abrangia os "diferentes e complexos aspectos necessários ao adequado desate da questão aqui submetida a apreciação", o que a levava a "não vislumbrar a presença do requisito da abrangente argumentação e discussão a respeito da questão a ser decidida." (ProAfR no REsp 1667842/SC, relator ministro Luis Felipe Salomão, decisão de 05/12/2017). Sobre o tema na doutrina, vide: CABRAL, Antonio do Passo. A escolha da causa-piloto nos incidentes de resolução de processos repetitivos. *Revista de Processo*, vol. 231, maio de 2014, p. 201/223, versão eletrônica.

11. Essa também foi a conclusão a que chegou Medina Damares, ao pesquisar o resultado dos processos em que houve intervenção feitas por *amici curiae* em apoio a uma das partes e não houve nenhuma intervenção ou manifestação em favor da outra parte: "Contudo, ao ingressar em apoio a apenas um polo do processo, o amicus curiae pode provocar um desequilíbrio informacional que repercutirá diretamente no processo de tomada de decisão, aumentando a vantagem informacional do lado apoiado, bem como as suas chances de êxito. (...) Os elementos atinentes a personalidade jurídica do amicus curiae e a qualidade das informações apresentadas são igualmente importantes na reconfiguração das relações informacionais no processo. (p. 176). Conclui-se que o ingresso do amicus curiae contribui positivamente para o aumento das alternativas interpretativas do processo de tomada de decisões, promovendo a abertura procedimental e a pluralização da jurisdição constitucional. Contudo, o ingresso polarizado do amicus curiae pode contribuir negativamente para o desequilíbrio do jogo informacional, aumentando a distribuição assimétrica de informações entre todas as partes envolvidas no processo de tomada de decisão. Mecanismos de *disclosure*, que induzam a um maior equilíbrio informacional no processo podem contribuir para a minimização de eventual déficit informacional causado pelo ingresso do terceiro. (MEDINA, Damares. Amigo da corte ou amigo da parte? O *amicus curiae* no Supremo Tribunal Federal. Dissertação de mestrado apresentada no PPG do Instituto Brasiliense De Direito Público – IDP. p. 181. Versão comercial: MEDINA, Damares. *Amicus curiae*: amigo da corte ou amigo da parte? São Paulo: Saraiva, 2010).

sibilidade da cobrança de assinatura básica de telefonia, e que levou à posterior fixação da tese no julgamento repetitivo,[12] entre outros que se poderia citar.

Há que se considerar, ainda, que a vinculação das decisões a serem proferidas nos processos individuais à tese definida nos julgamentos de IRDR é muito mais danosa aos jurisdicionados individuais (especialmente do ponto de vista da violação do seu direito ao contraditório e demais garantias constitucionais) do que outras soluções existentes no sistema processual civil brasileiro para a litigiosidade repetitiva.

A título de comparação, vale destacar que o IRDR tem uma área de abrangência em comum com as ações coletivas, representada pela decisão acerca das questões jurídicas repetitivas que são comuns aos titulares de direitos individuais homogêneos levados a juízo. Essas questões jurídicas podem ser definidas no âmbito de uma única ação coletiva, seguindo as regras processuais das ações coletivas, ou através da multiplicação de processos individuais que levem à instauração de um IRDR.[13] Contudo, se um direito individual homogêneo for postu-

---

12. A desigualdade processual que gerou o resultado final foi explicitada no conhecido voto crítico do ministro Herman Benjamim, cujo trecho vale a pena ser destacado: "Escolheu-se exatamente uma ação individual, de uma contratante do Rio Grande do Sul, triplamente vulnerável na acepção do modelo constitucional welfarista de 1988 - consumidora, pobre e negra -, para se fixar o precedente uniformizador, mesmo sabendo-se da existência de várias ações civis públicas, sobre a mesma matéria, que tramitam pelo País afora. Ou seja, inverteu-se a lógica do processo civil coletivo: em vez da ação civil pública fazer coisa julgada erga omnes, é a ação individual que, por um expediente interno do Tribunal, de natureza pragmática, de fato transforma-se, em conseqüência da eficácia uniformizadora da decisão colegiada, em instrumento de solução de conflitos coletivos e massificados. Não se resiste aqui à tentação de apontar o paradoxo. Enquanto o ordenamento jurídico nacional nega ao consumidor-indivíduo, sujeito vulnerável, legitimação para a propositura de ação civil pública (Lei 7.347/1985 e CDC), o STJ, pela porta dos fundos, aceita que uma demanda individual - ambiente jurídico-processual mais favorável à prevalência dos interesses do sujeito hiperpoderoso (in casu o fornecedor de serviço de telefonia) - venha a cumprir o papel de ação civil pública às avessas, pois o provimento em favor da empresa servirá para matar na origem milhares de demandas assemelhadas - individuais e coletivas. (...) elegeu-se exatamente a demanda de uma consumidora pobre e negra (como dissemos acima, *triplamente vulnerável*), destituída de recursos financeiros para se fazer presente *fisicamente* no STJ, por meio de apresentação de memoriais, audiências com os Ministros e sustentação oral. Como juiz, mas também como cidadão, não posso deixar de lamentar que, na argumentação (?) oral perante a Seção e também em visitas aos Gabinetes, verdadeiro monólogo dos maiores e melhores escritórios de advocacia do País, a voz dos consumidores não se tenha feito ouvir. Não lastimo somente o silêncio de D. Camila Mendes Soares, mas sobretudo a ausência, em sustentação oral, de representantes dos interesses dos *litigantes-sombra*, todos aqueles que serão diretamente afetados pela decisão desta demanda, uma gigantesca multidão de brasileiros (mais de 30 milhões de assinantes) que, por bem ou por mal, pagam a conta bilionária da assinatura-básica (...)". "Em síntese, a vitória das empresas de telefonia, que hoje se prenuncia, não é exclusivamente de mérito; é, antes de tudo, o sucesso de uma estratégia judicial, legal na forma, mas que, na substância, arranha o precioso princípio do acesso à justiça, uma vez que, intencionalmente ou não, inviabiliza o debate judicial e o efetivo contraditório, rasgando a *ratio essendi* do sistema de processo civil coletivo em vigor (Lei 7.347/85 e CDC)". REsp 911.802, rel. Min. José Delgado, Primeira Seção, julgamento por maioria em 24/10/07.

13. Não se olvide que o IRDR tem também um campo de atuação exclusivo em relação às ações coletivas, constituído pelo julgamento de questões previdenciárias e tributárias (que não podem ser demandadas por meio de ações coletivas, por força do disposto no art. 1° da Lei 7.347/85), assim como de questões processuais que se repetem em demandas que não envolvam direitos individuais homogêneos. Por outro

lado através de uma ação coletiva, ele terá maiores chances de ser defendido por um legitimado ativo mais organizado e estruturado, ou seja, com alguma condição de efetivamente realizar a sua defesa processual em igualdade de condições com a outra parte, diminuindo a assimetria de forças no processo. Além disso, a legislação relativa à tutela coletiva possui regras que protegem processualmente o titular do direito individual, assegurando seu direito de prosseguir na sua ação individual mesmo após a propositura de uma ação coletiva, sem suspensão do processo, cabendo a cada litigante, dentro de sua autonomia individual, avaliar a melhor estratégia a ser seguida para a defesa dos seus interesses. E, caso a decisão final da ação coletiva seja de improcedência, ela não terá eficácia vinculante em relação aos titulares de direito individual, que poderão propor sua ação e obter desfecho favorável à sua pretensão (art. 103, inciso III, da Lei 8.078/90).[14] Nada disso ocorre no julgamento de um IRDR, em que as ações individuais são suspensas independentemente da vontade do titular do direito, podem permanecer suspensas por vários anos sem perspectiva de solução,[15] a decisão da questão é tomada sem que lhe seja assegurado, de fato, qualquer direito de participação no julgamento do incidente, e, ao final, a tese jurídica lhe será imposta pelo julgador da sua demanda individual, ainda que contrária a seus interesses.

Há, ainda, outras soluções possíveis para o gerenciamento das demandas repetitivas e a garantia da isonomia decisória em causas repetitivas apontadas pela doutrina que, ao contrário do que ocorre com o IRDR e os julgamentos por amostragem, favorecem o litigante eventual e não o habitual, como aexpansão subje-

lado, as ações coletivas se destinam à tutela de direitos difusos e coletivos, assim como à solução de questões de fato, que não podem ser submetidas a um IRDR.

14. "Em tal quadro, parece-nos que as técnicas coletivas para a defesa dos direitos individuais homogêneos são o único caminho capaz de reverter essa lógica: além de contribuir para a diminuição do número de processos – justamente pelo tratamento molecular que dão aos direitos singulares – permitem que a coletividade seja devidamente representada, por meio de entidades capazes de disputar, em condições de igualdade, com os litigantes habituais. E isso, com o devido respeito aos que pensam em sentido contrário, as técnicas individuais de repercussão coletiva não conseguem oferecer. Se, é certo, podem contribuir para a diminuição dos processos, não permitem uma adequada representação dos inúmeros indivíduos interessados. Mais uma vez, saem ganhando os litigantes habituais, que têm a possibilidade de, de uma só vez, fazer prevalecer as teses que lhe são favoráveis, em discussões travadas com quem não tem a mínima condição de enfrentá-los" (RODRIGUES, Marcelo Abelha. Técnicas individuais de repercussão coletiva X técnicas coletivas de repercussão individual. Por que estão extinguindo a ação civil pública para a defesa de direitos individuais homogêneos? In: ZANETI JR, Hermes (coord.) *Processo coletivo*. Salvador: Juspodivm, 2016. p. 635).

15. Não se ignora que o dispositivo contido no parágrafo único do art. 980 do CPC limita a suspensão dos processos individuais ao período de um ano, findo o qual devem ser retomados, ainda que o IRDR não tenha sido julgado. Entretanto, não faltam mecanismos para, infelizmente, prorrogar essa suspensão por prazo indeterminado, que vão desde as decisões dos juízes individuais de manterem os processos suspensos, até o deferimento de liminares pelo relator do IRDR mantendo a suspensão de todos os processos. A título de exemplo, o IRDR n. 0023205-97.2016.8.19.0000, instaurado em maio de 2016 no Tribunal de Justiça do Rio de Janeiro, até a data em que se escreve (agosto de 2019) ainda não foi julgado, tendo sido proferida decisão liminar pelo presidente do tribunal de Justiça em julho de 2017, em sede de reclamação (reclamação n.º 0041392-22.2017.8.19.0000), mantendo todos os processos suspensos mesmo após o prazo de um ano, já estando suspensos há mais de três anos.

tiva da coisa julgada sobre questões processuais e/ou questões de fato para as demais ações que tratem do mesmo tema contra a mesma parte. Quando se trata de demandas de massa e direitos individuais homogêneos, a extensão subjetiva da coisa julgada favorece o litigante individual (porque ele pode se beneficiar da coisa julgada), mas jamais o prejudica, pois a coisa julgada não pode ser invocada contra terceiros que não participaram do processo em que ela foi formada.[16]

3. O IRDR E FALTA DE PREVISÃO LEGAL DE UM INSTRUMENTO PROCESSUAL PARA ASSEGURAR O CONTRADITÓRIO AOS TERCEIROS QUE SERÃO ATINGIDOS PELA DECISÃO

O principal problema relacionado à regulamentação legal do IRDR é o fato de que, embora a tese jurídica a ser definida após seu julgamento tenha aptidão para afetar as relações jurídicas de uma enorme gama de pessoas (pois a existência de uma "efetiva repetição de processos" é um dos seus pressupostos de admissibilidade – art. 976, inciso I, do CPC), o procedimento do IRDR não contém previsão de um instrumento processual efetivo de participação, em contraditório, dos titulares de direitos que serão atingidos pela decisão. Em outras palavras, todos aqueles que estejam discutindo, em processos individuais, questão "idêntica" a que é objeto do IRDR, não têm assegurado um meio de apresentar seus argumentos no julgamento do incidente pelo tribunal, de molde a influenciar o debate acerca do conteúdo da tese jurídica a ser adotada neste julgamento.

A violação do contraditório no procedimento do IRDR não passou despercebida à doutrina, sendo certo que Luiz Guilherme Marinoni, em leitura crítica do

16. Marinoni defende que, em demandas repetitivas que tenham a mesma parte (*repeat player*) litigando em cada processo contra um oponente individual, uma vez ocorrendo a formação da coisa julgada sobre a existência ou não do direito ou sobre determinada questão jurídica, ela pode ser usada pelos demais litigantes, em suas ações contra aquele mesmo litigante habitual que participou do processo em que ela foi formada, pois a coisa julgada pode ser invocada por terceiros em seu benefício (art. 506 do CPC). O autor afirma que, como a coisa julgada é um valor relacionado à segurança jurídica, à isonomia entre todos os jurisdicionados, e também à eficiência e economia de recursos na administração da justiça, ela, enquanto valor, não opera efeitos apenas *entre* as partes do processo em que foi produzida: ela produz efeitos *para* as partes do processo em que foi produzida, seja quando essas partes estão juntas em outro processo ou quando elas litigam a mesma questão contra terceiros. Conclui, portanto, que a coisa julgada não pode permitir que uma parte, vencida em uma demanda, possa continuar demandando outras pessoas pela mesma questão, a seu bel prazer, e obrigando o judiciário a apreciar a mesma lide por quantas vezes o vencido assim o desejar, além de sujeitar os seus adversários a sucessivas demandas sobre a mesma lide, sem que eles possam invocar, a seu favor, a decisão anterior já coberta pela coisa julgada. Para o autor, duas mudanças importantes no CPC/2015 permitem a constatação de que o legislador quis estender a coisa julgada a terceiros: o CPC admite a coisa julgada sobre questão (sendo os requisitos do art. 503, §1º claramente inspirados no direito norte-americano) e permite sua invocação para beneficiar um terceiro (ao retirar essa proibição do art. 506). MARINONI, Luiz Guilherme. A dificuldade em ver que a coisa julgada pode ser invocada por terceiros. In: LUCON, Paulo Henrique dos Santos e outros (org.). *Processo civil contemporâneo*: homenagem aos 80 anos do professor Humberto Theodoro Junior. Rio de Janeiro: Forense, 2018. p. 461. Vide também a tese de Roberto Rodrigues: RODRIGUES, Roberto de Aragão Ribeiro. *Precedente formado em casos repetitivos*: eficácia, *issue preclusion* e as teses jurídicas prejudiciais. Curitiba: Juruá, 2017.

incidente, conclui que a única forma de salvar institutos como o IRDR da inconstitucionalidade por violação ao contraditório e ao direito de ação é garantir a representação das pessoas que serão atingidas por uma decisão no julgamento do IRDR, por ele chamadas de sujeitos processuais "sem rosto e sem voz", de molde a que possam ter seus interesses tutelados no julgamento que fixa a tese jurídica.[17] Leonardo Greco também vem tecendo críticas ao autoritarismo do IRDR em razão da violação do direito ao contraditório dos litigantes dos processos individuais, defendendo a impossibilidade de aplicação automática da tese jurídica definida nos processos suspensos, sem que haja oportunidade de os destinatários dessa tese influenciarem o seu julgamento.[18] Da mesma forma, Georges Abboud e Marcos Cavalcanti enumeram algumas potenciais inconstitucionalidades do procedimento do IRDR, destacando-se entre elas a violação da cláusula do devido processo legal, em razão da falta de garantia de contraditório aos litigantes que serão atingidos pela decisão proferida no IRDR.[19]

A única previsão legal acerca do assunto é aquela contida no art. 983 do CPC, a qual permite uma abertura no procedimento de julgamento do IRDR aos terceiros interessados, ao prever a participação obrigatória do órgão do Ministério Público, assim como de "pessoas, órgãos e entidades com interesse na controvérsia".

A participação do *parquet* se dá a título de fiscal da ordem jurídica, ou seja, como uma presença imparcial, cuja função constitucional não é de defen-

17. Em suas palavras: "uma técnica de resolução de casos múltiplos não pode considerar situações jurídicas de massa para privilegiar o encontro de uma decisão sem a participação dos membros do grupo afetado. Isso constituiria uma ilegítima priorização da otimização da prestação jurisdicional sobre o direito fundamental de participar do processo" (MARINONI, Luiz Guilherme. *Incidente de Resolução de Demandas Repetitivas*: decisão de questão idêntica X precedente. São Paulo: Revista dos Tribunais, 2016. p. 32).

18. "Pessoalmente faço muitas restrições a esses incidentes de coletivização, que considero gravemente restritivos da eficácia concreta das garantias constitucionais do contraditório e da ampla defesa, e que somente podem encontrar justificativa na absoluta impossibilidade a que esteja relegado o Judiciário de solucionar adequadamente, com amplitude de formas e de prazos, uma a uma, todas as demandas individuais em prazo razoável. (...) Como já observei, este incidente se reveste de acentuado *déficit* relativo à possibilidade de efetiva participação dos interessados, ao exercício do seu direito de defesa, do seu direito de postular, de propor e eventualmente produzir provas, de apresentar alegações inclusive em sustentação oral e de manifestar-se sobre todos os atos do processo, que o tribunal de 2º grau deverá procurar remediar, dando ampla divulgação à sua proposição e instauração e incitando as partes em todos os processos e recursos atingidos à mais ampla colaboração e participação na sua instrução e decisão" (GRECO, Leonardo. O Incidente de Resolução de Demandas Repetitivas no processo do trabalho. Palestra proferida em 2 de junho de 2016 na Escola Judicial do Tribunal Regional do Trabalho da 1ª Região no Rio de Janeiro. Disponível em: www.academia.edu., acesso em 21/08/2019).

19. "Para que a decisão de mérito desfavorável proveniente do IRDR seja aplicada vinculativamente aos processos repetitivos, é preciso que o sistema processual brasileiro assegure o devido processo legal e, por consequência, o princípio do contraditório aos litigantes abrangidos pelo incidente processual coletivo. (...) O NCPC, ao admitir que uma decisão desfavorável tenha eficácia vinculante sobre todos os processos repetitivos, sem qualquer controle acerca da adequação da representatividade, viola o direito ao contraditório de todos os litigantes abrangidos pelo IRDR" (ABBOUD, Georges e CAVALCANTI, Marcos de Araújo. Inconstitucionalidades do incidente de resolução de demandas repetitivas (IRDR) e os riscos ao sistema decisório. *Revista de Processo*, vol. 240, fev. 2015, p. 221/242, versão eletrônica).

der nenhum dos interesses em jogo, mas de velar pela pluralidade do debate, em razão da relevância social da questão e de sua repercussão sobre os demais processos individuais.

Em relação às demais "pessoas, órgãos e entidades com interesse na controvérsia" mencionadas no artigo 983, há que se distinguir duas situações diversas: a primeira é daquelas pessoas, órgãos e entidades que participam do julgamento em razão de seu conhecimento especializado no tema, com o escopo de fornecer informações, dados e argumentos que auxiliem o tribunal na tomada de decisão, buscando pluralizar o debate, e que possuem interesse apenas institucional na questão controvertida. São geralmente os *amici curiae*, no sentido tradicional do termo, de sujeito imparcial que busca apenas contribuir com o tribunal, e que vêm sendo comumente admitidos a participar dos julgamentos, por decisão individual do relator, não sujeita a recurso ao colegiado.[20] A segunda situação diz respeito às demais pessoas que tenham algum interesse próprio na solução da controvérsia. A norma legal, ao usar como fundamento para a admissão de terceiros no IRDR a existência de "interesse na controvérsia", afasta-se do tradicional conceito de "interesse jurídico" que justifica as demais espécies de intervenção de terceiros, abrindo caminho para a participação dos titulares de processos sobrestados que serão atingidos pela decisão do IRDR, sendo evidente que esses possuem interesse na controvérsia, como adiante se verá.

Há que se considerar, contudo, que apesar da previsão legal contida no art. 983 do CPC, outros fatores processuais dificultam, de fato, a participação individual das partes dos processos suspensos no julgamento do IRDR. O primeiro deles é justamente a potencialidade de que uma enorme massa de pessoas postule sua intervenção no julgamento, o que, na prática, inviabiliza a efetiva participação de todas estas pessoas de forma individualizada, haja vista o tumulto processual que poderia ocorrer com a apresentação de petições por todos os interessados no julgamento.

O segundo ponto que dificulta a participação é a exiguidade do prazo legal para intervenção dos interessados, e a falta de intimação acerca do início desse prazo a todos os potenciais interessados. Com efeito, a norma do art. 983 do CPC que permite a manifestação dos interessados no julgamento do IRDR determina que essa manifestação deve se dar no prazo comum de 15 dias depois da decisão de admissibilidade do IRDR. Entretanto, é certo que os litigantes individuais não serão intimados do acórdão de admissibilidade do incidente, provavelmente só passando a ter conhecimento dela após a decisão do juízo singular ou do relator

20. Consoante jurisprudência do E. STF (Recurso Extraordinário n.º 602584, julgado em 17/10/2018, relator originário Min. Marco Aurélio Mello, relator para o acórdão Min. Luiz Fux, acórdão ainda não publicado na data desse artigo).

do recurso suspendendo seus processos, quando já se terá encerrado o prazo para manifestação.[21]

A terceira dificuldade decorre da norma do art. 984, inciso II, do CPC, que estabelece o prazo de "30 minutos, dividido entre todos" para a sustentação oral de todos os (muitos) interessados, o que claramente inviabiliza o direito de as pessoas, individualmente consideradas, exporem seus argumentos perante o tribunal no dia do julgamento. Ainda que seja sempre possível a expansão desse prazo (com fundamento no § 1º do art. 984 do CPC), se o número de interessados em usar da palavra na sessão de julgamento for muito grande, o exercício desse direito pode inviabilizar o próprio julgamento.

Em razão de todas essas dificuldades, e de uma interpretação ainda muito acanhada, tanto da doutrina quanto da jurisprudência, acerca do conteúdo do "interesse na controvérsia" que justifica a participação de terceiros (como consta do art. 983 do CPC), a realidade vem demonstrando que os tribunais raramente admitem a participação dos titulares de processos sobrestados na instrução e julgamento dos incidentes, bem como que essa não vem sendo a preocupação central nem dos estudiosos nem dos aplicadores do direito.

Em outras palavras, o direito ao contraditório, tão caro aos processualistas e ao próprio estado democrático de direito,[22] vem sendo claramente diminuído (e

21. Nota-se aqui uma das muitas dificuldade dos litigantes individuais em comparação aos litigantes habituais. Enquanto os litigantes habituais e os grandes escritórios tendem a ter conhecimento da instauração do incidente imediatamente, e até mesmo antes do seu juízo de admissibilidade (por serem parte única do(s) processo(s) que foi(foram) selecionados(s) como representantes da controvérsia, ou por manterem estrutura permanente de captura de informações sobre estas causas (vez que o art. 979 do CPC determina que a elas se deve dar publicidade, especialmente pelo sítio eletrônico do CNJ), o litigante individual não possui estrutura jurídica permanentemente preparada para acompanhar este tipo de informação, e, por isso, raramente terá conhecimento imediato da instauração do IRDR, e do conteúdo das teses e argumentos em jogo (favoráveis e contrários aos seus), diminuindo muito sua possibilidade de participação no mesmo.

22. No atual estágio evolutivo do processo civil e das garantias constitucionais, o contraditório não pode mais ser visto como uma garantia estática ou formal, a ser oportunizado apenas no momento inicial do processo, com a chamada do réu para se defender. Hoje o conteúdo do contraditório participativo implica na exigência de se garantir às partes meios adequados de participação e de colaboração no curso de todo o processo, assim como "a possibilidade de influir, com a sua atividade defensiva, na formação do convencimento do juiz (e, até mesmo, sobre o iter formativo) na decisão jurisdicional." (COMOGLIO, Luigi Paolo; FERRI, Conrado, e TARUFFO, Michele. Lezioni sul processo civile. vol. I. 5ª edição. Bologna: Il Mulino, 2011. p. 75). Tradução livre. Trata-se de encarar o processo como instrumento de concretização das garantias constitucionais, o que somente pode se efetivar se a solução da causa passar a ser efetivamente discutida e construída, através de um diálogo humano, entre as partes e o órgão judicial. Como afirma Leonardo Greco em relação ao contraditório: "Esse é o grande salto do nosso tempo: de princípio a garantia fundamental. Para isso, o contraditório não pode mais apenas reger as relações entre as partes e o equilíbrio que a elas deve ser assegurado no processo, mas se transforma numa ponte de comunicação de dupla via entre as partes e o juiz. Isto é, o juiz passa a integrar o contraditório, porque, como meio assecuratório do princípio político da participação democrática, o contraditório deve assegurar às partes todas as possibilidades de influenciar eficazmente as decisões judiciais. Ora, de nenhuma valia para a concretização desse objetivo terá toda a atividade dialética das partes se o juiz não revelar de que modo as alegações e provas que lhe são trazidas pelos litigantes estão sendo avaliadas pelo seu entendimento"

por vezes quiçá suprimido) no julgamento do IRDR, pois justamente os destinatários da decisão e da tese jurídica definida não têm oportunidade real de exercer influência sobre a convicção dos julgadores, sendo, na realidade, excluídos do processo de tomada de decisão.

Necessário buscar, portanto, mecanismos que possam viabilizar a participação de toda esta massa de sujeitos processuais, materializando seu interesse na construção da tese.

4. POSIÇÕES DA DOUTRINA

Diante da constatação da necessidade de viabilizar a participação dos titulares de ações individuais na discussão e formação da tese jurídica resultante do IRDR, a doutrina vem buscando, de alguma forma, um mecanismo que viabilize essa participação. Alguns autores tentam enquadrar a participação desses terceiros nos tradicionais institutos de intervenção de terceiros previstos na legislação processual, especialmente a assistência simples[23] ou até mesmo litisconsorcial,[24] tal como previstas nos arts. 121 e 124 do CPC, defendendo que o titular de processo sobrestado atuaria, no julgamento do IRDR, como assistente da parte cujo processo originou o incidente.

Essa, contudo, não nos parece ser a solução mais adequada, haja vista que a assistência é um instituto criado e pensado para demandas que envolvem relações jurídicas individualizadas, baseada na existência de um interesse do assistente em auxiliar a parte principal porque existe uma relação jurídica (decorrente de uma relação de direito material) entre o assistente e o assistido, e que tem como consequência a sujeição do assistente aos efeitos da coisa julgada resultante do processo. Já no IRDR, o interesse do terceiro em intervir não é de auxi-

---

(GRECO, Leonardo. O princípio do contraditório. *Estudos de direito processual*. Campos dos Goytacazes: Ed. Faculdade de Direito de Campos, 2005. p. 541/556).

23. Nesse sentido, a opinião de Bruno Dantas: "Deve-se realçar que a parte que se depara com a suspensão do seu processo por força da instauração do IRDR detém, *tout court*, interesse jurídico suficiente para viabilizar sua intervenção na qualidade de assistente simples daquela parte processual do processo-piloto que sustenta tese jurídica idêntica à sua" (DANTAS, Bruno Ribeiro. Comentário ao artigo 983. In: WAMBIER, Teresa Arruda Alvim e outros (coord.). *Breves comentários ao novo CPC*. 3. ed. São Paulo: Revista dos Tribunais, 2016. p. 2438).

24. "Quanto aos terceiros, que são partes em processos suspensos em razão da admissão do incidente de resolução de demandas repetitivas, entendo que a intervenção se dará por meio da assistência litisconsorcial porque, apesar de os terceiros não serem titulares do direito discutido no processo, no qual foi suscitado o incidente, são titulares da relação jurídica que estará sendo discutida no tribunal" (NEVES, Daniel Amorim Assumpção. *Novo Código de Processo Civil comentado*. Salvador: Juspodivm, 2016. p. 1610). Com o mesmo pensamento: "As partes das causas repetitivas que intervirem no incidente o farão na condição de assistentes litisconsorciais, pois a questão em debate também lhes dirá respeito. Não serão tratadas, como amicus curiae" (CAMBI, Eduardo; FOGAÇA, Mateus Vargas. Incidente de resolução de demandas repetitivas no novo Código de Processo Civil. *Revista de Processo*, v. 243, maio de 2015, versão eletrônica, p. 8-9). Ainda: CAVALCANTI, Marcos de Araújo. *Incidente de resolução de demandas repetitivas (IRDR)*. São Paulo: Revista dos Tribunais, 2016, p. 253-254.

liar a parte no processo piloto, pois não há relação jurídica entre ambos, e nem sujeição à coisa julgada.O interesse que motiva o interveniente é um interesse próprio, decorrente do fato de que a tese jurídica a ser definida pelo Tribunal irá afetar diretamente a decisão judicial a ser tomada nos seus processos.

Na ausência de um instrumento próprio, no quadro geral de intervenção de terceiros contido no CPC, para viabilizar a atuação das partes dos processos suspensos, alguns autores vêm defendendo uma modalidade genérica ou inominada de intervenção. Nessa linha de raciocínio, Aluísio Mendes e Sofia Temer, em artigo sobre o tema, defenderam entendimento de que, em razão do contraditório, as partes nos processos que serão afetados pela definição da tese precisam ter resguardado seu direito de intervir no julgamento do incidente, como intervenientes, ainda que não se enquadrem em nenhuma das figuras de intervenção conhecidas.[25] Esta última autora, em seu livro, afirma que todos os sujeitos que serão afetados pela tese vinculativa são potencialmente intervenientes, sendo esta intervenção delimitada, contudo, pela possibilidade de apresentação de novos argumentos que possam contribuir para a ampliação do debate, o que traduziria a utilidade da intervenção, e sem o que não teria sentido sua participação.[26] Ticiano Alves e Silva, tratando da intervenção daqueles que são partes em processos sobrestados em razão da afetação de um recurso especial repetitivo ou de um recurso extraordinário em que será analisada a repercussão geral, conclui que nenhum dos institutos de intervenção de terceiros é adequado para viabilizar esta manifestação, defendendo que a mesma se dê através de uma "intervenção do sobrestado", que constituiria "modalidade sui generis de intervenção de terceiros".[27]

Fredie Didier e Leonardo Carneiro da Cunha, tratando do IRDR, sustentam que as partes dos processos suspensos teriam interesse jurídico no julgamento do incidente, razão pela qual entendiam que elas poderiam intervir no julgamento da tese jurídica, defendendo sua atuação como assistentes de uma das partes no julgamento do caso concreto (causa-piloto).[28] Em texto mais recente, o primeiro autor, em co-autoria com Hermes Zaneti Jr., afirma, contudo, que não há mais necessidade de se enquadrar essa intervenção como assistência,[29]

25. MENDES, Aluísio Gonçalves de Castro, e TEMER, Sofia. O incidente de resolução de demandas repetitivas no novo código de processo civil. *Revista de Processo*, vol. 243, 2015, p. 282/331.

26. TEMER, Sofia. *Incidente de resolução de demandas repetitivas.* 2ª ed. Salvador: Juspodivm, 2017. p. 184/186.

27. SILVA, Ticiano Alves e. Intervenção do sobrestado no julgamento por amostragem. *Revista de Processo*, vol. 182, 2010, p. 234/257.

28. DIDIER JR., Fredie e CUNHA, Leonardo Carneiro da. *Curso de Direito Processual Civil.* vol. 3. 13ª ed.. Salvador: Juspodivm, 2016, p. 607/608.

29. "Não há que se falar em participação por assistência dos indivíduos que tiveram os processos suspensos ou daqueles que ainda nem ajuizaram suas demandas, porque, com raríssimas exceções, eles não possuem relação jurídica conexa ou dependente àquelas discutidas nas causas-piloto. Não há mais necessidade de forçar o encaixe dessa intervenção num modelo que não foi pensado para ela" (DIDIER JR.,

pois o CPC prevê uma espécie própria de intervenção nos artigos 983 e 1.038, I, que é a intervenção em razão do interesse na controvérsia. Para eles, portanto, "a intervenção desses interessados ocorre por uma modalidade especial de intervenção, denominada *intervenção dos membros de grupo no julgamento de casos repetitivos*, em que o interveniente auxiliará na formação da decisão das causas-piloto, munindo-a com novos argumentos que possam levar à formação de uma tese jurídica ou precedente judicial que lhe seja favorável" (grifos do original).[30]

Outros doutrinadores entendem que a participação direta dos interessados não seria viável em razão da multiplicidade de pessoas potencialmente atingidas, o que iria causar tumulto processual, e defendem, por conseguinte, que a participação dos interessados deve se dar por meio de representantes dos interesses jurídicos em disputa. Sérgio Arenhart, por exemplo, também aponta a necessidade de participação dos terceiros que serão atingidos pelas consequências da tese jurídica fixada, contudo, sustenta que a intervenção de todas as pessoas iria tumultuar o julgamento, razão pela qual a representação não deveria ser de todas as *pessoas* interessadas, mas sim dos *interesses* que serão discutidos e atingidos, cabendo ao magistrado decidir "quem será admitido a intervir e, aos moldes do que ocorre no direito norte-americano, se a tutela do interesse destes é (ou pode ser) adequadamente feita pela parte do processo ou por outro sujeito que já represente aquele ponto de vista no mecanismo vinculante. Também é de se outorgar ao magistrado poderes de limitar a extensão desta intervenção, permitindo a alguns terceiros que atuem em certas fases do processo (mas não em outras) ou que, aos que intervêm, sejam oferecidos apenas alguns poderes processuais". [31]

Fredie, ZANETI JR., Hermes e ALVES, Gustavo Silva. Intervenção dos membros do grupo no julgamento de casos repetitivos. *Civil Procedure Review*, vol. 10, n. 01. jan-abril 2019. p. 61. Disponível em: http://www.civilprocedurereview.com/?option=com_content&view=article&id=809, acesso em 21/08/2019.

30. DIDIER JR., Fredie; ZANETI JR., Hermes e ALVES, Gustavo Silva. Intervenção dos membros do grupo no julgamento de casos repetitivos. *Civil Procedure Review*, vol. 10, n. 01. jan-abril 2019. p. 65. Disponível em: http://www.civilprocedurereview.com/?option=com_content&view=article&id=809, acesso em 21/08/2019.

31. ARENHART, Sergio Cruz. Os terceiros e as decisões vinculantes no novo CPC. *Revista do Tribunal Superior do Trabalho*, vol. 82, n. 2. Brasília, abr/jun 2016, p. 314. Eis a sua conclusão: "Logicamente, seria desejável a previsão legal desta intervenção – com o delineamento de sua estrutura básica. Na ausência desta, todavia, não se pode aceitar sua proibição, sob o argumento simplista de que não há previsão legal para tanto ou de que esses terceiros não se amoldam à clássica definição de interesse de intervenção ou de interesse recursal. Assim, no modelo instituído pelo Código de Processo Civil de 2015, parece certo que das decisões tomadas em incidentes de assunção de competência, em incidentes de resolução de demandas repetitivas ou em outros instrumentos dos quais possam resultar decisões vinculantes devem poder participar – e, evidentemente, quando cabível, também recorrer – não apenas as partes e os terceiros interessados, mas também esses terceiros que eventualmente sofrerão as consequências da tese jurídica fixada. É certo que essa participação não necessariamente será feita de forma pessoal, autorizando que cada um dos sujeitos que possa ser atingido pela tese jurídica deva intervir no feito ou, ao menos, ser convocado para tanto. Porque isso seria impossível – sobretudo diante da eficácia prospectiva da decisão vinculante –, deve-se criar mecanismos que sejam capazes de avaliar se os diversos pontos de vista, os inúmeros argumentos e os vários interesses envolvidos sejam efetiva e adequadamente apresentados,

Adotando linha de raciocínio semelhante, Georges Abboud e Marcos Cavalcanti também sustentam que a participação dos interesses dos litigantes individuais deve se dar através de órgãos ou pessoas que os representem, devendo a adequação dessa capacidade de representação ser exigida pelo julgador como condição para suprir o déficit de contraditório que, se não sanado, eivaria de inconstitucionalidade a adoção da tese jurídica aos processos sobrestados sem a participação das partes individuais.[32] Essa também é a posição de Clayton Maranhão e Frederico Gomes, em artigo específico sobre o tema.[33]

5. SUGESTÕES E CRITÉRIOS PARA PERMITIR A PARTICIPAÇÃO DOS TERCEIROS NA INSTRUÇÃO E JULGAMENTO DO IRDR

A partir da síntese apresentada no item anterior, percebe-se que os estudiosos que se preocupam com o tema em questão vêm procurando apontar alguma solução para a falta de previsão de contraditório no julgamento do incidente de resolução de demandas repetitivas. As soluções são variadas, desde a admissão ampla da participação das partes dos processos suspensos no julgamento do IRDR até a admissão apenas de representantes adequados, a serem definidos pelo julgador durante o período de tramitação do incidente. A dificuldade e as divergências apresentadas pela doutrina demonstram a necessidade de se repensar de forma ampla o sistema de intervenção de terceiros, construindo novos mecanismos voltados ao modelo de criação concentrada de

---

discutidos e examinados. Com isso, parece ser possível equilibrar a exigência de participação – necessária à preservação do contraditório – e os objetivos de aglutinação da decisão de questão de direito uniforme" (ARENHART, Sergio Cruz. Os terceiros e as decisões vinculantes no novo CPC. *Revista do Tribunal Superior do Trabalho*, vol. 82, n. 2. Brasília, abr/jun 2016, p. 315).

32. "E a única forma de garantir a observância desses princípios constitucionais é permitir o controle judicial da adequação da representatividade dos interesses do grupo. A adoção dessa técnica processual nada mais é do que um método de adaptação do princípio constitucional do contraditório ao devido processo legal social ou coletivo. (...) Conclui-se, então, como faz Antonio Gidi para as ações coletivas, que o magistrado brasileiro, de *lege lata*, tem o dever de realizar o controle judicial da representação adequada no âmbito do IRDR, em observância à cláusula do devido processo legal. Cabe a ele verificar se os advogados e as partes representativas têm condições técnicas, morais, financeiras etc. de agir em juízo na defesa das posições jurídicas relacionadas às questões jurídicas discutidas nas demandas repetitivas. Deve verificar, também, se a causa pendente no tribunal abrange adequadamente a controvérsia repetitiva" (ABBOUD, Georges e CAVALCANTI, Marcos de Araújo. Inconstitucionalidades do incidente de resolução de demandas repetitivas (IRDR) e os riscos ao sistema decisório. *Revista de Processo*, vol. 240, p. 221/242, fevereiro de 2015.

33. "Portanto, a falta de previsão de representatividade adequado litigante que discutirá a questão macula de inconstitucionalidade o instituto, razão pela qual a única forma de salvá-lo é exigindo a representatividade adequada do litigante que estará presente no caso-piloto. Satisfeito esse requisito, em linha de princípio, os terceiros afetados carecerão de interesse para participarem do debate processual travado no incidente de demandas repetitivas. Contudo, vislumbram-se duas possibilidades de admissão dessa intervenção do terceiro afetado, quais sejam, o questionamento da representatividade adequada e a apresentação de fundamentos ainda não considerados pelas partes ou pelo magistrado" (MARANHÃO, Clayton e GOMES, Frederico Augusto. O terceiro afetado e o devido processo legal na resolução de demandas repetitivas. *Revista Iberoamericana de Derecho Procesal*. São Paulo, vol. 7, ano 4. janeiro a junho de 2018. p. 218/219.

teses jurídicas adotado pelo CPC, e que permitam a intervenção daqueles que serão afetados pelas decisões vinculantes proferidas não só nos incidentes de resolução de demandas repetitivas, mas também nos julgamentos por amostragem dos tribunais superiores.

Sem qualquer pretensão de esgotamento do tema, procuramos apresentar nesse texto algumas sugestões para contribuir com o debate.

Como premissa, entendemos que não se faz possível assegurar, sempre e livremente, a participação direta e individual de todos os terceiros cujos processos foram sobrestados, pois isso inviabilizaria o próprio procedimento de julgamento do incidente, em razão da quantidade de pessoas que poderiam ser admitidas a apresentar manifestação escrita e sustentação oral. A dificuldade imposta pelo grande número de pessoas interessadas torna necessário estabelecer alguns critérios para disciplinar e organizar a participação desses interessados, conciliando o resguardo do contraditório com a duração razoável da instrução e julgamento do incidente.[34]

Como primeiro critério, entendemos que a participação direta e esparsa de todos os interessados no debate processual (forma típica de exercício do contraditório nos processos individuais) pode vir a ser substituída pela participação concentrada desses interessados, reunidos em um representante processual, o qual deve ser preferencialmente escolhido pelos próprios interessados e gozar de duas características essenciais: legitimidade perante os representados, e capacidade efetiva de atuação processual no incidente.

A concentração da manifestação dos titulares de processos suspensos em um representante se justifica pela natureza do incidente. Se o IRDR centraliza a discussão e a decisão sobre a questão controvertida em um único julgamento, deve-se buscar um instrumento de participação que também concentre os vários argumentos, informações e dados relativos à questão jurídica, levando aos julgadores o ponto de vista daqueles que serão efetivamente atingidos pela decisão.

Tratando das ações coletivas, a doutrina já assentou o entendimento de que o direito ao exercício do contraditório (entendido como a efetiva possibilidade de influenciar na decisão a ser tomada) por parte daqueles que serão afetados por uma decisão não pressupõe apenas a participação direta no processo, mas pode se dar através da representação adequada, por aquele escolhido como o porta-voz dos interesses do grupo ou classe que será afetado. O mesmo entendimento pode ser aplicado aos julgamentos concentrados, como

34. Além do contraditório, também é essencial buscar contribuir para a duração razoável do procedimento do julgamento do IRDR, desde a sua admissão até o efetivo julgamento, evitando, assim, que o eventual ganho com a uniformização da jurisprudência seja ofuscado pelo prejuízo sofrido pelas partes com a suspensão prolongada dos seus processos e a postergação exagerada da solução de todos os conflitos de interesses.

ocorre com o IRDR. Destarte, nos parece que, se o tema é de grande repercussão jurídica, e afeta realmente uma multiplicidade de pessoas, a melhor forma de conciliar o direito ao contraditório dos litigantes sobrestados com a duração razoável do julgamento do IRDR é a escolha de um ou mais representantes que possam levar ao julgamento os interesses e argumentos dos indivíduos. Essa representação pode ser feita, por exemplo, pelos sindicatos, associações privadas ou por quaisquer organizações destinadas à defesa dos direitos envolvidos, que sejam escolhidas pelos titulares dos direitos atingidos como seu representante processual. Na ausência dessa representação privada, e por opção dos interessados, a representação por ser feita por órgãos públicos como a Defensoria Pública, dentro dos parâmetros de sua atuação, traçados pela moldura constitucional.

Quanto maior a repercussão do tema, mais pessoas serão atingidas pela decisão, e, portanto, maior deve ser a representatividade dos que vão falar em juízo, representando os interesses dos litigantes. Pode haver, entre os titulares de direitos a serem atingidos pela decisão do IRDR, grupos de partes interessadas que tenham interesses conflitantes, ou seja, que defendam conclusões diferentes sobre a tese jurídica a ser definida. Pode haver, ainda, dentro do mesmo grupo ou classe de pessoas que defendam a mesma conclusão acerca da tese jurídica, alguns cuja situação jurídica tenha uma peculiaridade em relação aos demais, e que, portanto, devem ter assegurado o seu direito de apresentar suas diferenças e características próprias na discussão jurídica, através de outra organização que represente os interesses desses subgrupos.[35] Indo além, mesmo quando os interesses de um grupo ou subgrupo já estejam representados no IRDR, se ficar evidenciado que a manifestação do representante desse grupo não contempla todos os argumentos ou informações sobre a *vexata quaestio*, deve-se admitir a participação complementar de outro representante que possa contribuir com novos argumentos e agregar informações relevantes ao julgamento. Em suma, a garantia da participação de representantes de todos os interessados, abordando todos os aspectos possíveis da controvérsia, deve ser a mais ampla possível, por ser condição de validade e de aplicabilidade da decisão a ser tomada no julgamento do IRDR.

Para que as partes dos processos suspensos possam ter considerado respeitado seu direito de influenciar a decisão do IRDR, é essencial que seja examinada

35. "Assim como, em razão da multipolaridade dos procedimentos de julgamento de casos repetitivos, ainda é possível se identificar a existência de subgrupos dentro de cada um dos grupos. Nunca haverá uma unidade completa acerca da interpretação que deverá ser conferida para a questão de direito, o que faz com que surjam diferentes subgrupos. Por exemplo, dentro do grupo das partes dos processos sobrestados, poderão existir um subgrupo que defende a interpretação x, um subgrupo que defende a interpretação y e ainda um outro que compreende que a interpretação z é mais adequada" (DIDIER JR., Fredie; ZANETI JR., Hermes e ALVES, Gustavo Silva. Intervenção dos membros do grupo no julgamento de casos repetitivos. *Civil Procedure Review*, vol. 10, n. 01. jan-abril 2019. p. 5. Disponível em: http://www.civilprocedurereview.com/?option=com_content&view=article&id=809, acesso em 21/08/2019).

e assegurada a representatividade adequada de quem se apresenta em nome do grupo, especialmente se esse representante vai excluir a participação individual dos litigantes

Essencial para que a representação possa ser considerada adequada é que o representante tenha legitimidade para manifestar-se em nome dos representados, legitimidade essa decorrente não só da escolha dos representados, mas também do efetivo conhecimento acerca do tema em discussão e das consequências da decisão sobre a realidade dos que serão atingidos. Somente um representante que de fato conheça a realidade dos atingidos será capaz de apresentar uma manifestação adequada em nome dos representados, abordando todos os aspectos da controvérsia jurídica, com possibilidade de influenciar realmente a tomada de decisão e a fixação da tese jurídica.

Além da legitimidade, para que o representante seja considerado adequado ele deve possuir efetiva capacidade técnica e financeira para realizar a representação processual dos litigantes no processo de julgamento do incidente, o que inclui, por exemplo, a capacidade de coleta e levantamento dos dados e das informações importantes ao julgamento e a contratação de um advogado que possa apresentar as manifestações processuais adequadas, realizar o despacho de memoriais, comparecer ao julgamento para realizar a sustentação oral, interpor os recursos que se fizerem necessários etc.

A escolha, pelos litigantes interessados no julgamento, de um representante processual com capacidade técnica e financeira para concentrar seus argumentos e participar ativamente da formação da tese também contribui para diminuir a desigualdade processual estruturalmente existente entre as grandes organizações (litigantes habituais) e os indivíduos que litigam eventualmente, aproximando as posições das partes da necessária paridade de armas que deve existir no processo civil.

Como segundo critério para orientar a participação dos interessados, naqueles casos em que nenhuma organização ou instituição possa intervir como representante dos interesses dos litigantes sobrestados, ou se aquelas que assim postularem não forem consideradas como representantes adequadas dos interesses (ou não realizarem de forma adequada esse papel), devem ser admitidas intervenções individuais, das partes dos processos sobrestados. Se vários litigantes postularem individualmente sua participação, e houver risco de tumulto processual em razão da quantidade, devem ser admitidos aqueles que demonstrem maior capacidade de acrescentar argumentos e dados em favor da tese jurídica por ele defendida, e que tenham capacidade técnica, jurídica e financeira de acompanhar a instrução e julgamento do IRDR. Na ausência de uma organização escolhida pelos litigantes sobrestados para representá-los, e na impossibilidade prática de todos se manifestarem individualmente, alguns litigantes individuais podem atuar como um representante processual (informal) dos interesses jurídicos dos demais, efetivando o contraditório através da apresentação dos argumentos dos demais no processo de julgamento do IRDR.[36]

A favor da intervenção individual, há que se lembrar que, no regime do IRDR, o CPC confere alguns poderes processuais aos titulares de processos sobrestados. Eles podem, por exemplo, realizar o pedido de suspensão nacional dos processos perante o STJ ou STF (art. 982, § 4º), o que lhes confere a possibilidade de, a partir de uma atuação individual, gerar efeitos que vão atingir todos os demais titulares de processos semelhantes. Além disso, os titulares de processos suspensos podem interpor recurso especial e extraordinário contra a decisão que julga o IRDR, na qualidade de terceiros prejudicados pela decisão (art. 996 do CPC), sendo certo que a doutrina vem entendendo que qualquer um que seja parte em processo afetado pela decisão detêm legitimidade recursal em face da decisão de julgamento do IRDR.[37] Destarte, se eles têm legitimidade para recorrer da decisão e para postular a suspensão nacional de todos os processos, não se pode negar a sua legitimidade para intervir no julgamento do IRDR, havendo necessidade apenas de compatibilizar as intervenções individuais com a razoabilidade da duração do julgamento do incidente.

A participação dos interessados que sejam partes em processos sobrestados tem como fundamento legal a previsão do art. 983 do CPC, que permite que sejam ouvidas, na instrução e debate do IRDR, "pessoas (...) com interesse

---

36. São bastante comuns casos em que a parte do processo originário, mesmo intimada, não apresenta nenhuma manifestação no incidente de resolução de demandas repetitivas, e sequer comparece ao julgamento. Além disso, não são raros os casos em que, além de não haver a representação da parte do processo-piloto, também não há nenhuma organização ou indivíduo representando os interesses desse grupo, ou sequer apresentando argumentos em prol da tese jurídica que deveria ter sido sustentada por essa parte. A título de exemplo, pode-se citar o julgamento do IRDR 0062689-85.20178.19.0000, no Tribunal de Justiça do Estado do Rio de Janeiro, que versava sobre ações de revisão de contratos de alienação fiduciária de bens móveis, em que a parte do processo original (consumidora) não se manifestou, tendo o incidente sido julgado apenas com a manifestação da parte contrária do processo original (instituição financeira) e da organização que representa as instituições financeiras (Febraban), admitida como *amicus curiae*, além do Ministério Público.

37. "Não obstante a ausência de previsão legal expressa no incidente, entendemos pelo cabimento da interposição de recursos por todos os afetados pela força vinculante da decisão, e não apenas autor e réu do processo originário de onde se originou o incidente, ou mesmo das partes condutoras do incidente, por diversos motivos. Primeiramente, porque a conclusão decorre de interpretação da própria lei, que admite a interposição de recurso pelo terceiro prejudicado (art. 996 do CPC), desde que demonstre que a decisão afetará direito de que se afirme titular (art. 996, parágrafo único, do CPC). A posição do sujeito das demandas repetitivas é justamente esta, uma vez que sofrerá diretamente os efeitos do precedente vinculante, por força de imposição legal (art. 985). Ainda, porque mesmo que faltasse previsão legal, a interposição de recurso em casos tais encontraria fundamento nos princípios mais basilares do processo civil, notadamente do contraditório participativo. A parte que sofre os efeitos da decisão vinculante na sua esfera jurídica pode participar na formação da tese (art. 983), como também pode recorrer da decisão" (MENDES, Aluísio Gonçalves de Castro e TEMER, Sofia Orberg. In: STRECK, Lenio Luiz e outros (org.). *Comentários ao Código de Processo Civil*. 2ª ed. São Paulo: Saraiva, 2017. p. 1332). No mesmo sentido, o enunciado 94 do FPPC: "A parte que tiver o seu processo suspenso nos termos do incido I do § 1º do art. 990 poderá interpor recurso especial ou extraordinário contra o acórdão que julgar o incidente de resolução de demandas repetitivas".

na controvérsia", sendo certo que o interesse dos terceiros mencionados não está no julgamento do processo-piloto, mas sim no debate e fixação da tese jurídica, pois essa afetará a decisão do seu processo.

Para viabilizar a tempestividade dessa participação, há que se realizar uma interpretação adequada da norma contida no art. 983 do CPC, computando-se o prazo para requerer a intervenção no julgamento do incidente a partir do momento em que cada litigante é intimado, em sua ação, acerca da instauração do IRDR e da suspensão do seu processo. Com a intimação da suspensão de seu processo em razão da admissão do IRDR, surge para a parte o interesse de intervir no julgamento do incidente, computando-se, a partir de então, o prazo para postulação de seu ingresso no incidente e a apresentação de sua manifestação processual, que deverá ser analisada a partir da conjugação dos dois critérios antes propostos.

Por outro lado, considerando que em todo processo há ao menos dois interesses em conflito (quando não há mais), faz-se necessário que haja equilíbrio também na admissão e atuação dos representantes dos interessados nesses julgamentos. Com efeito, se se trata de um julgamento que irá definir uma tese jurídica para ser observada pelos demais órgãos judiciais, é necessário que os tribunais, ao debater o tema e os argumentos que serão considerados, busquem o equilíbrio entre os interesses em conflito também através do equilíbrio na admissão dos representantes que irão defender os diversos pontos de vista. Desta forma, a própria seleção daqueles que irão atuar como representantes dos interesses conflituosos deve ter por escopo a diminuição da assimetria de forças no processo e a equalização do contraditório. Nesse sentido, incumbe aos tribunais, ao decidir os pedidos de intervenção formulados pelos que pretendem participar do julgamento do IRDR, contemplar de modo paritário todos os grupos com interesses contrapostos, de molde que todos os múltiplos interesses conflituosos estejam representados no julgamento, e com representatividade e capacidade de manifestação equivalentes.[38]

Visando garantir essa isonomia, sempre que identificar que somente se habilitaram a apresentar manifestações no IRDR representantes de um dos interesses contrapostos, ou que algum subgrupo não tem nenhuma representação de seus argumentos no incidente, cabe ao relator provocar a intervenção de organiza-

38. A título de exemplo, no julgamento do IRDR n. 0032321-30.2016.8.19.0000 pela seção do consumidor do Tribunal de Justiça do Rio de Janeiro, em que se discutia acerca da legitimidade passiva nas ações em que se busca a limitação do desconto das parcelas de empréstimos consignados a 30% dos rendimentos ou proventos do mutuário, foi admitida a intervenção de 10 instituições financeiras no julgamento, além da FEBRABAN (Federação Brasileira de Bancos) e entidades patronais (Estado, Petrobrás e Fundação Petros), todos apresentando argumentos contrários à limitação do desconto em folha, ao passo que a apresentação de argumentos favoráveis aos consumidores foi realizada unicamente pela Defensoria Pública do Rio de Janeiro, responsável pela propositura da maior parte das ações judiciais com esse objeto, não tendo havido pedido de intervenção de nenhuma organização ou associação de defesa dos direitos dos consumidores de serviços bancários.

ções, entidades ou associações que possam representar os interesses desses grupos de pessoas interessadas, de modo a equilibrar as argumentações, resguardar o contraditório e garantir a própria legitimidade da decisão a ser tomada. Essa decisão de provocar a atuação dos interessados para equalizar as forças argumentativas no julgamento encontra fundamento tanto na norma constitucional que assegura o contraditório e a ampla defesa quanto no art. 7º do CPC, o qual, após enunciar a garantia de paridade de tratamento às partes em relação ao exercício de direitos e faculdades processuais, impõe ao juiz o dever de "zelar pelo efetivo contraditório", dever esse que deve ser cumprido através de providências tanto de natureza negativa (impedindo situações de desigualdade) quanto através de atitudes positivas, que efetivamente concretizem, em cada processo, a garantia da isonomia.

Por fim, importante destacar que a garantia de participação das partes dos processos sobrestados não exclui a participação de entidades que não sejam representantes diretos desses interesses, mas que também possam trazer novos argumentos para o debate processual, em especial aqueles que postulam sua intervenção na qualidade de *amicus curiae*.

6. CONCLUSÃO

No presente artigo procurou-se apontar o grande déficit de contraditório existente no julgamento dos incidentes de resolução de demandas repetitivas, decorrente da ausência de previsão legal de um instrumento processual efetivo que permita aos titulares de processos suspensos, que sofrerão os efeitos da decisão proferida, influenciar no julgamento do incidente e na formação da tese. Após o exame das posições da doutrina que já tratou do tema, buscou-se lançar algumas ideias e apontar possíveis soluções para viabilizar essa participação, através do estabelecimento de critérios que permitam que os terceiros possam ter seus interesses representados no julgamento do IRDR sem causar prejuízo à duração razoável do seu julgamento.

A aplicação das soluções ora apresentadas (assim como da utilização de outros mecanismos apontados pela doutrina para viabilizar a efetivação do contraditório), contudo, necessita da conscientização dos operadores do direito, e em especial daqueles responsáveis pelo julgamento dos incidentes, acerca da necessidade de efetivamente assegurar a estes jurisdicionados a efetivação do seu direito ao contraditório, entendido como direito a que seus argumentos possam ser apresentados e levados em consideração no debate e julgamento da tese. O resguardo do direito ao contraditório, além de garantir legitimidade à decisão e buscar a isonomia entre os interesses em disputa, apresenta-se como condição necessária para que a tese jurídica possa ser aplicada aos processos sobrestados sem mácula de autoritarismo e inconstitucionalidade.

7. REFERÊNCIAS BIBLIOGRÁFICAS

ABBOUD, Georges e CAVALCANTI, Marcos de Araújo. Inconstitucionalidades do incidente de resolução de demandas repetitivas (IRDR) e os riscos ao sistema decisório. *Revista de Processo*, vol. 240, p. 221/242, fev. 2015, versão eletrônica.

ARENHART, Sergio Cruz. Os terceiros e as decisões vinculantes no novo CPC. *Revista do Tribunal Superior do Trabalho*, Brasília, vol. 82, n. 2. abr/jun 2016.

CABRAL, Antonio do Passo. A escolha da causa-piloto nos incidentes de resolu**ção de processos repetitivos.** *Revista de Processo*, vol. 231, p. 201/223, maio 2014, versão eletrônica.

CAMBI, Eduardo; FOGAÇA, Mateus Vargas. Incidente de resolução de demandas repetitivas no novo Código de Processo Civil. *Revista de Processo*, v. 243, maio 2015, versão eletrônica.

CAVALCANTI, Marcos de Araújo. *Incidente de resolução de demandas repetitivas (IRDR)*. São Paulo: Revista dos Tribunais, 2016.

DIDIER JR., Fredie e CUNHA, Leonardo Carneiro da. *Curso de Direito Processual Civil*. vol. 3. 13ª ed. Salvador: JusPodivm, 2016.

DIDIER JR., Fredie e ZANETI JR., Hermes. Intervenção dos membros do grupo no julgamento de casos repetitivos. *Civil Procedure Review*, vol. 10, n. 01. jan-abril 2019. p. 51/73. Disponível em: http://www.civilprocedurereview.com/?option=com_content&view=article&id=809, acesso em 21/08/2019.

GALANTER, Marc. Why the "haves" come out ahead: speculations on the limits of legal change. Publicação original: Volume 9:1 *Law and Society Review*, 1974. Disponível em: https://lawforlife.org.uk/wp-content/uploads/2013/05/whythehavescomeoutahead-33.pdf, acesso em 27/05/2019.

GRECO, Leonardo. O Incidente de Resolução de Demandas Repetitivas no processo do trabalho. Palestra proferida em 2 de junho de 2016 na Escola Judicial do Tribunal Regional do Trabalho da 1ª Região no Rio de Janeiro. Disponível em: www.academia.edu., acesso em 21/08/2019.

GRECO, Leonardo. *Estudos de direito processual*. Campos dos Goytacazes: Ed. Faculdade de Direito de Campos, 2005.

LUCON, Paulo Henrique dos Santos e outros (org.). *Processo Civil Contemporâneo*: homenagem aos 80 anos do professor Humberto Theodoro Junior. Rio de Janeiro: Forense, 2018.

MARANHÃO, Clayton e GOMES, Frederico Augusto. O terceiro afetado e o devido processo legal na resolução de demandas repetitivas. *Revista Iberoamericana de Derecho Procesal*. São Paulo, vol. 7, ano 4. Revista dos Tribunais, jan. a jun. 2018.

MARINONI, Luiz Guilherme. *Incidente de Resolução de Demandas Repetitivas*: decisão de questão idêntica X precedente. São Paulo: Revista dos Tribunais, 2016.

MEDINA, Damares. Amigo da corte ou amigo da parte? O *amicus curiae* no Supremo Tribunal Federal. Dissertação de mestrado apresentada no PPG do Instituto Brasiliense de Direito Público – IDP. p. 181. Versão comercial: MEDINA, Damares. *Amicus curiae*: amigo da corte ou amigo da parte? São Paulo: Saraiva, 2010.

MENDES, Aluísio Gonçalves de Castro, e TEMER, Sofia. O incidente de resolução de demandas repetitivas no novo código de processo civil. *Revista de Processo*, vol. 243, p. 282/331, 2015.

NEVES, Daniel Amorim Assumpção. *Novo Código de Processo Civil Comentado*. Salvador: Juspodivm, 2016.

RAVAGNANI, Giovani dos Santos e RODRIGUES, Marcely Ferreira. Sele**ção do caso piloto nos recursos repetitivos, litigância repetitiva e o grande litigante**. *Revista de Processo*, vol. 291, maio 2019. Versão eletrônica.

RODRIGUES, Roberto de Aragão Ribeiro. *Precedente formado em casos repetitivos*: eficácia, *issue preclusion* e as teses jurídicas prejudiciais. Curitiba: Juruá, 2017.

SILVA, Ticiano Alves e. Intervenção do sobrestado no julgamento por amostragem. *Revista de Processo*, vol. 182, p. 234/257, 2010.

STRECK, Lenio Luiz e outros (org.). *Comentários ao Código de Processo Civil*. 2ª ed.. São Paulo: Saraiva, 2017.

TEMER, Sofia. *Incidente de resolução de demandas repetitivas*. 2ª ed. Salvador: Juspodivm, 2017.

WAMBIER, Teresa Arruda Alvim e outros (coord.). *Breves Comentários ao novo CPC*. 3ª ed. São Paulo: Revista dos Tribunais, 2016.

ZANETI JR, Hermes (coord.). *Processo Coletivo*. Salvador: Juspodivm, 2016.

2

INTERVENÇÃO DOS MEMBROS DE GRUPO NO JULGAMENTO DE CASOS REPETITIVOS[1]

Fredie Didier Jr.[2]
Hermes Zaneti Jr.[3]
Gustavo Silva Alves[4]

Sumário: 1 – Introdução. 2 – Fundamento e previsão legal. 3 – Natureza jurídica. 3.1 – Generalidades. 3.2 – Membro de grupo v. amicus curiae. 3.3 – Membro de grupo v. assistente. 3.4 – A intervenção dos membros de grupo no julgamento de casos repetitivos como nova espécie de intervenção de terceiro. 4 – A atuação dos membros de grupo: legitimidade *ad actum*, contribuição argumentativa e grau de interesse. 5 – Variedade e complexidade das participações durante o procedimento de julgamento de casos repetitivos. 6 – Notas conclusivas. 7 – Referências bibliográficas.

---

1. Este artigo é também resultado do grupo de pesquisa "Transformações nas teorias sobre o processo e o Direito processual", vinculado à Universidade Federal da Bahia, e do grupo de pesquisa "Fundamentos do Processo Civil Contemporâneo", vinculado à Universidade Federal do Espírito Santo, ambos cadastrados no Diretório Nacional de Grupos de Pesquisa do CNPq, respectivamente, nos endereços dgp.cnpq.br/dgp/espelhogrupo/7958378616800053 e dgp.cnpq.br/dgp/espelhogrupo/0258496297445429. O Grupo de Pesquisa Fundamentos do Processo Civil Contemporâneo (FPCC) é financiado pela FAPES – Fundação de Amparo à Pesquisa e Inovação do Estado do Espírito Santo, sendo esta obra um veículo de divulgação das informações e pesquisas feitas pelo Grupo em relação ao Caso Samarco (Desastre do Rio Doce). Ambos os grupos são membros fundadores da "ProcNet – Rede Internacional de Pesquisa sobre Justiça Civil e Processo Contemporâneo" (http://laprocon.ufes.br/rede-de-pesquisa).
2. Pós-doutor (Universidade de Lisboa). Livre-docente (USP). Doutor (PUC-SP). Mestre (UFBA). Professor-associado na Faculdade de Direito da Universidade Federal da Bahia (graduação, mestrado e doutorado). Diretor Acadêmico da Faculdade Baiana de Direito. Membro da Associação Internacional de Direito Processual (IAPL), do Instituto Ibero-americano de Direito Processual, do Instituto Brasileiro de Direito Processual, da Associação Norte-Nordeste de Professores de Processo e da Associação Brasileira de Direito Processual. Advogado. fredie@terra.com.br.
3. Pós-doutor em Processos Coletivos pela Università degli Studi di Torino (Unito). Doutor em Teoria e Filosofia do Direito pela Università degli Studi di Roma Ter (Uniroma3). Doutor e Mestre (UFRGS). Professor na Faculdade de Direito da Universidade Federal do Espírito Santo. Promotor de Justiça no Estado do Espírito Santo. Membro do Instituto Brasileiro de Direito Processual (IBDP). Membro do Instituto Ibero-americano de Direito Processual (IIDP). Membro da Associação Brasileira do Ministério Público de Meio Ambiente e do MPCon (Associação Nacional do Ministério Público do Consumidor – Abrampa). hermeszanetijr@gmail.com.
4. Mestre em Direito Processual pela Universidade Federal do Espírito Santo – UFES. Graduado em Direito pela Universidade Federal do Espírito Santo – UFES. Membro do Instituto Brasileiro de Direito Processual – IBDP. Participante do Grupo de Pesquisa "Fundamentos do Processo Civil Contemporâneo" (UFES). Professor em cursos de pós-graduação. Assessor Jurídico no Ministério Público do Espírito Santo. gugalves2003@gmail.com.

1. INTRODUÇÃO

O processo coletivo é identificado a partir da existência de uma relação jurídica litigiosa coletiva. Uma relação jurídica é coletiva se em um de seus termos, como sujeito ativo ou passivo, encontra-se um grupo de pessoas, isto é, está-se diante de um processo coletivo se a relação jurídica litigiosa envolver direito (situação jurídica ativa) ou dever/estado de sujeição (situações jurídicas passivas) de um determinado grupo[5].

Uma das espécies identificadas em razão do conceito apresentado acima, o julgamento de casos repetitivos (art. 928, CPC) é classificado como processo coletivo, pois, a partir da instauração de um incidente de resolução de demandas repetitivas (IRDR) ou de um dos procedimentos de recursos extraordinário e especial repetitivos (REER), formam-se diversos grupos cujos membros possuem interesse na interpretação que será dada à questão de direito objeto desses incidentes.

A partir da formação desses grupos surge a situação jurídica coletiva consistente no direito à certificação da questão de direito, por meio da fixação de uma tese jurídica que será aplicada a todos os processos suspensos que discutem essa questão de direito (arts. 985, I e 1.040, CPC) e por meio da possível formação de precedente judicial a ser aplicado às causas futuras (arts. 927, III e 985, II, CPC).

Partindo dessa premissa, este artigo pretende analisar um dos muitos temas que vêm sendo discutidos em âmbito doutrinário, a partir da inserção do modelo de julgamento de casos repetitivos no direito brasileiro: *a participação dos membros de grupo nos procedimentos do IRDR/REER*.

Em que pese possuir dispositivos expressos quanto a essa matéria (arts. 983 e 1.038, I, CPC), o Código de Processo Civil não disciplinou essa participação de forma exaustiva, deixando em aberto questões como: qual é o fundamento dessa participação? Qual é a sua natureza? Assemelha-se a alguma forma de intervenção de terceiros já existente? Todos os indivíduos que possuem interesse na controvérsia poderão intervir no procedimento de julgamento de casos repetitivos? Se sim, com a mesma intensidade? Quais são os atos que estes indivíduos poderão praticar?

É sobre essas questões que recairá a abordagem deste estudo, com o objetivo de defender que a participação dos membros de grupo no julgamento de casos repetitivos não se assemelha a outras clássicas formas de intervenção de terceiros, sendo uma intervenção singular, que se fundamenta no interesse jurídico

5. DIDIER JR., Fredie; ZANETI JR., Hermes. Conceito de Processo Jurisdicional Coletivo. *Revista de Processo*, v. 229, mar./2014, p. 273-280; DIDIER JR., Fredie. *Código Modelo de Procesos Colectivos un diálogo iberoamericano comentarios artículo por artículo* (org.: Antonio Gidi y Eduardo Ferrer Mac-Gregor). México: Porrúa, 2008; DIDIER JR., Fredie; ZANETI JR., Hermes. Processo coletivo passivo. *Revista de Processo*, v. 165, nov./2008, p. 29-43.

que estes indivíduos possuem na certificação da questão de direito, a partir da fixação de uma tese jurídica que irá afetar suas respectivas esferas jurídicas ou de um precedente judicial que poderá afetá-los no futuro.

2. FUNDAMENTO E PREVISÃO LEGAL

Para mais bem compreender a intervenção dos membros de grupo, é preciso ter em mente que um dos fins primordiais do julgamento de casos repetitivos é uniformizar a interpretação de uma ou mais questões de direito que vêm gerando decisões conflitantes, o que é feito: (i) por meio da fixação de uma tese jurídica, considerada como a externalização do entendimento que foi firmado acerca da interpretação conferida à questão de direito e (ii) por meio da formação de um potencial precedente judicial, a partir da unidade fático-jurídica das causas-piloto e da interpretação dada à questão de direito pelo tribunal.

Uma vez fixada, a tese jurídica será aplicada a todos os processos que foram suspensos a partir da instauração de um IRDR/REER, vinculando todos os sujeitos que figuram nos polos ativos e passivos das demandas suspensas. O grupo formado pelas partes dos processos sobrestados sempre será afetado diretamente pelo julgamento do IRDR ou de um dos REER, pois "a aplicação da tese definida no incidente dar-se-á pela simples incorporação da conclusão do tribunal julgador como premissa no processo originário"[6]. Sendo assim, seja qual for a interpretação dada à questão jurídica, os órgãos jurisdicionais deverão aplicar a tese jurídica como premissa de julgamento nas ações ajuizadas e sobrestadas (arts. 985, I e 1.040, CPC).

A tese jurídica poderá tanto beneficiar quanto prejudicar as partes dos processos sobrestados, sem que lhes seja garantido o direito amplo ao contraditório, ao menos não em seu modelo tradicional. O contraditório, nesse momento, se limitará à discussão sobre se o caso sobrestado tem ou não alguma distinção; a correção ou incorreção da tese é debatida no procedimento de julgamento de casos repetitivos.

Por outro lado, uma vez formado precedente judicial a partir do julgamento de casos repetitivos, a *ratio decidendi* desse precedente será aplicada a todos os processos futuros que discutam a mesma questão de direito que foi objeto de IRDR ou de um dos REER (arts. 927, III e 985, II, CPC), vinculando os órgãos jurisdicionais que devem respeito ao precedente e também os indivíduos que poderão ter suas esferas jurídicas afetadas pelas repercussões causadas pelo precedente judicial formado.

---

6. CABRAL, Antonio do Passo. Comentários aos arts. 976 a 987 do CPC. In: CABRAL, Antonio do Passo; CRAMER, Ronaldo (coord.). *Comentários ao novo Código de Processo Civil.* 2ª ed. revista, atualizada e ampliada. Rio de Janeiro: Forense, 2016, p. 1465.

Exatamente por esse motivo, é crucial reduzir o déficit de contraditório durante o procedimento de fixação da tese jurídica e de formação do precedente judicial, garantindo participação democrática no trâmite do IRDR/REER, por meio da criação de instrumentos e canais de comunicação, que possibilitem a participação das partes dos processos sobrestados que estarão sujeitas à eficácia vinculativa *pro et contra* da tese jurídica. Da mesma forma que possibilitar a presença de indivíduos, que poderão ser afetados pela eficácia vinculante do precedente judicial durante um procedimento que estabilizará/modificará, prospectivamente, a interpretação de uma determinada questão de direito, significa também garantir participação em contraditório e legitimar ainda mais o modelo brasileiro de precedentes normativos formalmente vinculantes[7].

Dessa forma, em que pese possuírem efeitos e justificativas distintas, as intervenções das partes dos processos sobrestados e dos indivíduos potencialmente atingidos pela formação do precedente se fundamentam na necessidade de observância do direito fundamental ao contraditório e à ampla defesa (art. 5º, LV da CF/88) no decorrer do trâmite dos procedimentos de julgamento de casos repetitivos.

Atento a essa questão, estabeleceu-se, nos arts. 983 e 1.038, I do CPC, uma espécie nova de intervenção de terceiros: os indivíduos possuidores de *interesse na controvérsia* que está sendo discutida no IRDR/REER poderão neles intervir.

Inserem-se, nessa hipótese de intervenção, membros de dois grupos formados por sujeitos que possuem interesse na controvérsia: (i) *as partes dos processos sobrestados*; (ii) e *aqueles indivíduos interessados na formação do precedente.*

Há, contudo, uma diferença a ser apontada entre a intervenção das partes nos processos tramitando, afetados pelo IRDR ou REER como técnica de julgamento de casos repetitivos, e daquelas que poderão ser afetadas futuramente pelo precedente. Um grupo é formado pelos interessados que têm processos tramitando e outro por aqueles sobre os quais os eventuais impactos do precedente formado poderão surtir efeito. As duas hipóteses implicam diferentes graus de interesse jurídico a justificar a intervenção de forma mais ou menos intensa dos membros do grupo respectivo.

---

7. Como pontua Antonio do Passo Cabral: "Ao pensarmos nestes incidentes, que tendem a multiplicar a vários processos uma conclusão sobre uma questão comum a todos eles, devemos refletir sobre formas de fomentar a participação no incidente e reduzir os déficits de contraditório. Com isso, pensamos em neutralizar ou diminuir as objeções acerca dos efeitos do julgamento do incidente, e sua extensão subjetiva aos não participantes" (CABRAL, Antonio do Passo. A escolha da causa-piloto nos incidentes de resolução de processos repetitivos. In: DIDIER JR., Fredie; CUNHA, Leonardo Carneiro da (Coord.). *Julgamento de casos repetitivos (Grandes Temas do NCPC)*. v. 10. Salvador: Juspodivm, 2017, p. 57). Sobre o tema, vale cf.: ALVES, Gustavo Silva. *Ações coletivas e casos repetitivos*: a vinculação das decisões no processo coletivo. Salvador: Juspodivm, 2018, p. 183-235.

Assim como, em razão da multipolaridade dos procedimentos de julgamento de casos repetitivos, ainda é possível se identificar a *existência de subgrupos* dentro de cada um dos grupos. Nunca haverá uma unidade completa acerca da interpretação que deverá ser conferida para a questão de direito, o que faz com que surjam diferentes subgrupos. Por exemplo, dentro do grupo das partes dos processos sobrestados, poderão existir um subgrupo que defende a interpretação *x*, um subgrupo que defende a interpretação *y* e ainda um outro que compreende que a interpretação *z* é mais adequada. A identificação desses subgrupos é crucial para uma adequada resolução da questão, tendo em vista que, quanto maior for a participação dos respectivos representantes dos subgrupos, maiores serão as chances de que todos os fundamentos que cercam a questão sejam analisados e, consequentemente, menor será o espaço para rediscussão da interpretação conferida por falta de um debate abrangente e exaustivo dos fundamentos que cercam a questão.

Assim, além das típicas formas de intervenção do Ministério Público (arts. 976, § 2º, e 1.038, III, CPC), dos possíveis terceiros intervenientes nas causas-piloto, de *experts* durante a audiência pública (art. 983, § 1º, CPC) e do *amicus curiae* (art. 138, CPC), previu-se uma hipótese expressa de intervenção dos membros dos grupos formados a partir da instauração de um procedimento de julgamento de casos repetitivos, que, como se verá a seguir, não se identifica às outras formas de intervenção de terceiros do direito brasileiro.

3. NATUREZA JURÍDICA

3.1. Generalidades

Não obstante estabelecer, de forma genérica, a possibilidade de intervenção dos membros de grupo no modelo brasileiro de julgamento de casos repetitivos, o legislador não tratou de forma satisfatória qual a natureza dessa intervenção.

Como já foi destacado acima, permite-se às partes dos processos sobrestados e às pessoas interessadas participarem dos procedimentos do incidente de resolução de demandas repetitivas e dos recursos extraordinário e especial repetitivos (arts. 983 e 1.038, I, CPC).

Essa forma de participação é um dos mecanismos que buscam diminuir o déficit de contraditório no julgamento de casos repetitivos ante a vinculação *pro et contra* da tese jurídica e da vinculação horizontal e vertical do precedente judicial formado. Decorre, assim, da noção contemporânea de contraditório, que aponta para o direito que o indivíduo possui de influenciar na formação da convicção do magistrado em relação a uma decisão que poderá lhe afetar negativamente. No caso, decorre da garantia que os sujeitos devem ter de apresentar seus argumentos e razões acerca da questão de direito, que será certificada pelo órgão jurisdicional do tribunal, por meio de pronunciamento judicial que poderá negativamente atingir sua esfera jurídica, seja por meio da aplicação da tese jurídica ou do precedente[8].

Não obstante ser indiscutível a importância da participação dos membros de grupo, a natureza dessa intervenção é uma questão que tem levado a diferentes proposições e conclusões. O texto legal não ajuda muito. Os arts. 983 e 1.038, I do CPC, dispositivos que tratam da questão, apontam apenas que a intervenção seria garantida a todos os sujeitos com *"interesse na controvérsia"*.

3.2. Membro de grupo v. amicus curiae

Em um primeiro momento, deve ser afastada qualquer tentativa de aproximação da intervenção dos membros de grupo com a figura do *amicus curiae*, que também está autorizado a participar nos procedimentos de julgamento de casos repetitivos (art. 138, CPC).

O *amicus curiae* é um terceiro que intervém no processo de forma pretensamente altruísta, com os fins de garantir uma adequada tutela dos direitos e representar os interesses de um determinado grupo ou segmento social que não possui o poder de intervir no processo, mas tem interesse na correta resolução da demanda[9].

O interesse que fundamenta a intervenção dos *amici curiae* não é o clássico *interesse jurídico* – consubstanciado na relação que se estabelece com a relação jurídica discutida em juízo, mas é o que a doutrina convencionou chamar de *interesse institucional*[10], isto é, um interesse que transcende o plano individual para

---

8. Ainda durante a vigência do CPC/1973, na perspectiva dos recursos extraordinário e especial repetitivos (arts. 543-B e 543-C, CPC/1973), Ticiano Alves e Silva também já destacava a importância da participação das partes como imperativo do contraditório, cf., SILVA, Ticiano Alves e. Intervenção de sobrestado no julgamento por amostragem. *Revista de Processo*, v. 182, abr./2010, versão digital, p. 6.

9. De forma geral, a doutrina tem classificado o *amicus curiae* como uma parte *sui generis* ou especial, tendo em vista não ser necessário à existência de interesse jurídico decorrente da relação de direito material para possibilitar sua intervenção. Inclusive, essa parece ter sido a posição adotada pelo legislador ao incluir a previsão do *amicus curiae* (art. 138, CPC) no Título referente às modalidades de intervenção de terceiros. Nesse sentido: CABRAL, Antonio do Passo. Pelas asas de Hermes: a intervenção do *amicus curiae*, um terceiro especial. Uma análise dos institutos interventivos similares – o *amicus* e o *vertreter des offentlichen* interesses. *Revista de Processo*, v. 117, set./out. 2004, p. 16-17; BUENO, Cássio Scarpinella. *Amicus curiae no processo civil brasileiro*: um terceiro enigmático. São Paulo: Saraiva, 2006, p. 499-501; DIDIER JR., Fredie. *Curso de Direito Processual Civil*. Introdução ao direito processual civil, parte geral e processo de conhecimento. v. 1. 17ª ed. revista, atualizada e ampliada. Salvador: Juspodivm, 2015, p. 522.

10. Cassio Scarpinella Bueno destaca que: "O interesse institucional é conceituado como um interesse jurídico, especialmente qualificado, porque transcende o interesse individual das partes. E é jurídico no sentido de estar previsto no sistema, a ele pertencer, e merecedor, por isso mesmo, de especial proteção ou salvaguarda (...) O interesse institucional também é interesse público. E o é justamente porque transcende o interesse individual de cada uma das partes litigantes e, o que para nós é mais saliente, porque transcende o próprio 'interesse' eventualmente titularizado pelo próprio *amicus curiae*. O interesse institucional é público no sentido de que deve valer em juízo pelo que ele diz respeito às instituições, aos interesses corporificados no *amicus*, externos a eles e não pelo interesse que próprio *amicus* pode, eventualmente, possuir e os possuirá, não há como negar isso, legitimamente" (BUENO, Cássio Scarpinella. *Amicus curiae*

atingir uma perspectiva social e coletiva. Busca-se, primordialmente, por meio da intervenção do "amigo da corte", a defesa de um interesse que não é apenas seu – em que pese inegavelmente este possa existir, mas de um interesse de parte da sociedade em ver seu direito de participação/influência representado por meio de um ente, que ingressa na demanda visando à formação de uma decisão judicial adequada, a partir da relevância social do caso concreto.

Como visto acima, não é isto que os membros de grupo buscam quando pretendem intervir durante o trâmite do IRDR/REER. Estes indivíduos visam participar do procedimento para influenciar na fixação da tese jurídica que repercutirá em suas respectivas esferas jurídicas e na formação do precedente judicial que poderá os atingir no futuro, apresentando argumentos ou razões que reflitam suas respectivas compreensões acerca da questão de direito que será certificada. Em que pese existir, o interesse que possuem na controvérsia não se assemelha ao interesse institucional que legitima a participação do *amicus curiae*.

Não há como, portanto, afirmar que os membros de grupo intervêm como *amicus curiae* nos procedimentos de julgamento de casos repetitivos.

3.3. Membro de grupo v. assistente

Sendo assim, levando em consideração a necessidade do preenchimento do requisito do *interesse na controvérsia*, parte da doutrina defende que as partes dos processos suspensos atuam como assistentes simples[11] ou litisconsorciais[12] das partes das demandas escolhidas como representativas da controvérsia[13].

---

no processo civil brasileiro: um terceiro enigmático, cit., p. 502-504). Vale destacar ainda que, antes dessa construção teórica, Robson Renault Godinho já havia trabalhado e defendido a existência de um interesse institucional como interesse jurídico, que justificaria a intervenção do Ministério Público como assistente simples em demandas ajuizadas contra membros da instituição, em que a causa de pedir ou o pedido envolvesse discussões acerca de suas atribuições funcionais. Sobre o tema, vale cf., GODINHO, Robson Renault. Ministério Público e assistência: o interesse institucional como expressão do interesse jurídico. In: DIDIER JR., Fredie; WAMBIER, Teresa Arruda Alvim (coord.). *Aspectos polêmicos e atuais sobre os terceiros no processo civil e assuntos afins*. São Paulo: Revista dos Tribunais, 2004, p. 817-859.

11. Nesse sentido, Bruno Dantas defende que: "Deve-se realçar que a parte que se depara com a suspensão de seu processo por força da instauração do IRDR detém, *tout court*, interesse jurídico suficiente para viabilizar sua intervenção na qualidade de assistente simples daquela parte processual do processo piloto que sustenta tese jurídica idêntica à sua" (DANTAS, Bruno. Comentários aos arts. 976 a 987 do CPC. In: WAMBIER, Teresa Arruda Alvim; DIDIER JR., Fredie; TALAMINI, Eduardo; DANTAS, Bruno (coord.). *Breves comentários ao novo Código de Processo Civil*. 3ª ed. São Paulo: Revista dos Tribunais, 2016, p. 2.438).

12. Eduardo Cambi e Matheus Fogaça apontam que as partes dos processos sobrestados atuarão como assistentes litisconsorciais: "As partes das causas repetitivas que intervirem no incidente o farão na condição de assistentes litisconsorciais, pois a questão em debate também lhes dirá respeito. Não serão tratadas, como *amicus curiae*" (CAMBI, Eduardo; FOGAÇA, Mateus Vargas. Incidente de resolução de demandas repetitivas no novo Código de Processo Civil. *Revista de Processo*, v. 243, mai./2015, versão digital, p. 8-9). No mesmo sentido: CAVALCANTI, Marcos de Araújo. *Incidente de resolução de demandas repetitivas (IRDR)*. São Paulo: Revista dos Tribunais, 2016, p. 253-254. Antes da entrada em vigor do CPC/2015, Antonio Adonias defendeu que tais indivíduos seriam litisconsortes facultativos, cf., BASTOS, Antônio Adonias Aguiar. *O devido processo legal nas demandas repetitivas*. 2012. 266 f. (Doutorado em Direito) – Programa de Pós-Graduação – Universidade Federal da Bahia, Salvador, 2012, p. 171-186.

Como se sabe, a assistência é uma modalidade de intervenção voluntária que decorre da existência de *interesse jurídico* do interveniente, isto é, para que o indivíduo possa intervir no feito, deverá possuir interesse jurídico na demanda[14]. Conforme noção clássica do direito processual brasileiro, o interesse jurídico é aferido a partir da análise do direito material discutido em juízo. Somente poderá intervir no processo aquele indivíduo que possua relação jurídica conexa ou dependente à relação que constitui objeto do processo em que pretende intervir. Dessa forma, existem duas espécies de assistência no direito processual civil brasileiro: a *assistência simples* (arts. 121 a 123, CPC) e a *assistência litisconsorcial* (art. 124, CPC). E o que diferencia essas duas formas de intervenção é exatamente o interesse jurídico que o terceiro possui na situação jurídica discutida.

A *assistência simples* caracteriza-se pela existência de um interesse jurídico reflexo ou indireto do terceiro. Nessas situações, o interveniente possui apenas relação jurídica conexa à discutida em juízo. Não sofre a eficácia direta da sentença e da coisa julgada, mas pode sim experimentar os efeitos negativos decorrentes da eficácia reflexa que a sentença poderá causar em sua esfera jurídica. Exatamente por esse motivo, permite-se a esse terceiro ingressar na demanda, auxiliando a parte nas alegações, na produção de provas e também fiscalizando ambas das partes com o fito de evitar possível conluio[15].

Por outro lado, o *assistente litisconsorcial* possui interesse jurídico direto na demanda em decorrência de duas situações: por ser titular do direito discutido ou por se afirmar colegitimado extraordinário para defesa do direito objeto litigioso[16]. Nessa forma de intervenção, há interesse jurídico imediato, tendo em vista a posição do terceiro diante da demanda. Atuando como assistente litisconsorcial, o interveniente recebe o processo no estado em que se encontra e acaba por ser considerado como parte na demanda, litisconsorte unitário, possuindo os

13. Edilton Meireles defende ainda que essa modalidade de intervenção pode acontecer tanto por assistência simples como litisconsorcial: "Vejam que aqui, esses 'demais interessados', inclusive outras pessoas, órgãos ou entidades, devem ser 'interessados na controvérsia'. Logo, elas devem ser admitidas no feito ou como assistentes simples (art. 121 do CPC) ou como assistente litisconsorcial (art. 124) (...) O interesse aqui há que ser entendido como o da pessoa que pode intervir no feito como assistente simples ou litisconsorcial" (MEIRELES, Edilton. Do incidente de resolução de demandas repetitivas no processo civil brasileiro. In: DIDIER JR., Fredie; CUNHA, Leonardo Carneiro da (coord.). *Julgamento de casos repetitivos (Grandes Temas do NCPC)*. Salvador: Juspodivm, 2017, p. 120).

14. CARNEIRO, Athos Gusmão. *Intervenção de Terceiros*. 13ª ed. São Paulo: Saraiva, 2001, p. 140-141.

15. BAPTISTA DA SILVA, Ovídio Araújo. *Comentários ao Código de Processo Civil*. v. I. São Paulo: Revista dos Tribunais, 2000, p. 256-259. No mesmo sentido, Luiz Guilherme Marinoni, Daniel Mitidiero e Sérgio Arenhart também destacam essa dupla função (auxílio/fiscalização) da assistência simples, cf., MARINONI, Luiz Guilherme; ARENHART, Sérgio Cruz; MITIDIERO, Daniel. *Novo curso de processo civil*: tutela dos direitos mediante procedimento comum. v. II. 2ª ed. revista, atualizada e ampliada. São Paulo: Revista dos Tribunais, 2016, p. 100.

16. DIDIER JR., Fredie. *Curso de Direito Processual Civil*. Introdução ao direito processual, parte geral e processo de conhecimento, v. 1., cit., p. 488.

mesmos poderes que essa, motivo pelo qual o indivíduo acaba, quando participa nessa modalidade de intervenção, por se tornar verdadeira parte na demanda, sendo inclusive atingido pela coisa julgada formada[17].

Pensamos que classificar a intervenção dos membros de grupo como uma modalidade de assistência simples ou litisconsorcial não parece ser a opção mais adequada. Isso porque, com exceção do julgamento das causas-piloto, o IRDR e os REER não decidem as várias relações jurídicas decorrentes dos processos sobrestados, muito menos têm o condão de resolver controvérsias que ainda nem foram levadas ao Poder Judiciário. Há apenas a fixação de uma tese jurídica e a possível formação de um precedente judicial em relação à questão repetitiva de direito, não existindo, nos moldes tradicionais, o interesse jurídico que possibilite a intervenção por assistência[18].

Em um dado momento, antes da assistência simples estar disciplinada no próprio Código de Processo Civil e antes da previsão expressa possibilitando essa participação no próprio CPC (arts. 983 e 1.038, I), até era possível discutir, a partir de uma reconstrução do conceito de interesse jurídico, a intervenção por assistência simples a indivíduos que teriam interesse na fixação de uma tese ou na formação de um precedente que lhes dissesse respeito. Esses foram os casos:

(i) da alteração legislativa realizada na CLT, em 2014, que previa a intervenção, por *assistência simples*, de terceiros interessados na controvérsia discutida no procedimento de recursos de revista repetitivos (art. 896-C, § 8º, CLT)[19];

---

17. Segue-se aqui o entendimento de Ovídio Baptista: "o assistente litisconsorcial confundir-se-ia com um litisconsorte, uma vez que sendo atingido pela coisa julgada em processo de que participara, sua condição seria equivalente à da parte e haveria de ter-se por decidida com a sentença também a relação jurídica de que ele participasse" (BAPTISTA DA SILVA, Ovídio Araújo. *Curso de processo civil.* 2ª ed. revista. Porto Alegre: SAFe, 1991, p. 225 e ss.). No mesmo sentido em relação ao CPC/2015, vale cf., MARINONI, Luiz Guilherme; MITIDIERO, Daniel; ARENHART, Sérgio Cruz. *Novo curso de processo civil*: tutela dos direitos mediante procedimento comum, cit., p. 103. Em sentido contrário, não considerando o assistente litisconsorcial como parte, CARNEIRO, Athos Gusmão. *Intervenção de Terceiros*, cit., p. 149.

18. Tratando do incidente de resolução de demandas repetitivas, Lucas Buril destaca que: "Os recursos ou processos de primeiro grau que são suspensos não têm situações jurídicas diretamente solucionadas pelo incidente de resolução demandas repetitivas. O incidente de resolução de demandas repetitivas certamente é importantíssimo para a solução dos processos suspensos, mas ele, o incidente, não resolve as várias situações jurídicas constantes destes processos, apenas define a questão jurídica nele versadas, o que é analiticamente muito diferente. Não havendo qualquer relação jurídica, portanto, entre as partes dos processos em que se desenrola o incidente e as partes dos processos suspensos não há que se falar em possibilidade de intervenção na qualidade de assistente" (MACÊDO, Lucas Buril de. *Precedentes judiciais e o direito processual civil.* 2ª ed. revista, atualizada e ampliada. Salvador: Juspodivm, 2017, p. 453). No mesmo sentido: TEMER, Sofia. *Incidente de resolução de demandas repetitivas.* 2ª ed. revista, atualizada e ampliada. Salvador: Juspodivm, 2017, p. 180.

19. Art. 986-C. § 8º da CLT. O relator poderá admitir manifestação de pessoa, órgão ou entidade com interesse na controvérsia, inclusive como assistente simples, na forma da Lei nº 5.869, de 11 de janeiro de 1973 (Código de Processo Civil).

(ii) julgamento da questão de ordem no RE 550.769/RJ, em que o Supremo Tribunal Federal deferiu, por unanimidade, o pedido de intervenção do Sindicato da Indústria do Fumo do Estado de São Paulo - Sindifumo/SP no recurso extraordinário que discutia a interdição de estabelecimento como forma de coagir alguém ao pagamento de tributo, sob o fundamento de que: "o interesse jurídico do Sindifumo/SP encontra amparo na manifesta necessidade de pluralização do debate, concorrendo com os elementos que julgar úteis à melhor compreensão do quadro em exame e forem processualmente admissíveis neste estágio do processo. Ademais, a decisão que vier a ser tomada pela Corte durante o julgamento do recurso poderá influir na ponderação e na calibração de uma linha histórica de precedentes que versam sobre sanções políticas, e é inequívoco que a norma submetida ao crivo do Supremo Tribunal Federal se aplica especificamente às empresas produtoras de cigarro, cujo mercado aparenta ser limitado a poucos produtores. Por outro lado, como se lê nas manifestações oferecidas pela União e pelo Instituto Etco, as empresas que compõe o sindicato-postulante se encontram em situação muito semelhante àquela em que se encontra a recorrente. O interesse da postulante, portanto, extrapola a mera conveniência e interesse econômico de participação em processo que irá definir orientação jurisprudencial aplicável a um número indefinido de jurisdicionados"[20].

À época do julgamento, principalmente por ainda não existir regulação da assistência simples e da possibilidade dessa intervenção no CPC/1973, um dos autores do presente texto enxergou com bons olhos a intervenção do Sindifumo/SP como assistente simples, diante do interesse jurídico do sindicato, decorrente da possibilidade de fixação de uma decisão prospectivamente vinculante que poderia repercutir perante seus sindicalizados[21].

Todavia, ainda que se possa concordar com os fundamentos utilizados à época, sobretudo porque se via a necessidade de garantir-se o reforço do contraditório nessas situações, a partir *a)* das disposições do CPC/2015 sobre assistência simples (art. 121 a 123, CPC), *b) d*a disciplina normativa expressa e nova da intervenção do *amicus curiae* e *c)* do desenvolvimento dogmático e teórico do modelo de casos repetitivos e precedentes obrigatórios, muito incipiente em 2008, é inadequado tratar, agora, essa espécie de intervenção de terceiro como assistência simples.

Não há que se falar em participação por assistência dos indivíduos que tiveram os processos suspensos ou daqueles que ainda nem ajuizaram suas demandas, porque, com raríssimas exceções, eles não possuem relação jurí-

---

20. STF, Tribunal Pleno, RE 550.769-QO/RJ, Rel. Ministro Joaquim Barbosa, j. 28.02.2008, publicada no Informativo do STF 496.

21. DIDER JR., Fredie. Revisão do conceito de interesse jurídico que autoriza a assistência simples: intervenção para colaborar com a criação de precedente judicial. Análise de recente decisão do STF. *Revista de Processo*, v. 158, abr./2008, p. 279-281.

dica conexa ou dependente àquelas discutidas nas causas-piloto. Não há mais necessidade de forçar o encaixe dessa intervenção num modelo que não foi pensado para ela.

Como foi visto acima, para que se efetive a assistência simples ou litisconsorcial, o interveniente deve possuir algum vínculo com a relação jurídica que está sendo discutida. Esse cenário nem sempre será constatado no modelo brasileiro de julgamento de casos repetitivos, pois as demandas que discutem a mesma questão de direito não serão necessariamente decorrentes do mesmo fato ou ajuizadas contra um único indivíduo. Muitas vezes, estar-se-á diante de demandas totalmente dessemelhantes quanto às partes, causa de pedir e pedido, como em IRDR ou REER instaurado para discutir questões de direito processual. Nesses casos e em muitos outros, a única semelhança entre as demandas será a existência da questão repetitiva de direito, não existindo nenhum vinculo decorrente do direito material que dê suporte as pretensões das partes.

Por exemplo, imagine-se um recurso especial repetitivo instaurado para tratar do termo inicial para contagem do prazo recursal, quando a intimação/citação é realizada por oficial de justiça ou por carta de ordem, rogatória ou precatória. As demandas que discutem essa mesma questão de direito processual serão totalmente díspares, e, com raríssimas exceções, não haverá nenhuma semelhança ou vínculo decorrente de direito material que possibilite aos sujeitos dos processos sobrestados intervirem nos recursos escolhidos como representativos da controvérsia.

Cenário parecido será visualizado em relação àqueles indivíduos que poderão ter, potencialmente, suas respectivas esferas jurídicas atingidas pela formação do precedente judicial. Em regra, excepcionando-se alguns casos extraordinários, suas situações jurídicas não os legitimarão a intervir como assistentes litisconsorciais ou simples das partes das causas-piloto. O único fato que os liga às causas escolhidas como representativas da controvérsia é o interesse que possuem na adequada resolução da questão repetitiva de direito.

Diante disso, não há como falar em assistência, seja simples, seja litisconsorcial, dos membros de grupo. Exigir que o indivíduo que pretende intervir tenha relação jurídica conexa ou dependente das relações que compõem os objetos das causas-piloto, é contraproducente e inadequado diante da realidade visualizada nos procedimentos de julgamento de casos repetitivos. Isso não quer dizer que as partes dos processos suspensos ou os indivíduos que poderão ser atingidos pela formação do precedente judicial não possuam nenhum interesse jurídico no julgamento do incidente de resolução de demandas repetitivas ou dos recursos extraordinário e especial repetitivos. O que se pretendeu demonstrar é que, como a assistência decorre da noção de interesse jurídico ligada à relação jurídica de direito material, não parece acertada para descrever essas modalidades de intervenção.

3.4. A intervenção dos membros de grupo no julgamento de casos repetitivos como nova espécie de intervenção de terceiro

Uma vez diferenciada de outras formas de intervenção de terceiros que poderiam se identificar com a intervenção dos membros de grupo, é possível concluir que a expressão "*interesse na controvérsia*" (arts. 983 e 1.038, I, CPC) não pode ser assimilada como o interesse jurídico que sempre justificou a intervenção de indivíduos no processo civil brasileiro.

Há certo tempo, a doutrina vem apontando que essa concepção clássica de interesse jurídico é insuficiente e inadequada para descrever outras formas de intervenção, em que a participação não se justifica por vínculo decorrente do direito material.

Nesse sentido, antes mesmo da entrada em vigor do CPC/2015, Sérgio Cruz Arenhart já apontava para a necessidade de repensar o conceito de interesse jurídico diante das novas formas de vinculação que estavam sendo incorporadas ao direito brasileiro, como as súmulas vinculantes (art. 103-A, CF/88), expressamente citadas pelo autor: "De pronto, pode-se observar que tais decisões vinculantes tendem, evidentemente, a ampliar os efeitos de uma decisão judicial. Fazendo repercutir suas consequências sobre a esfera jurídica de terceiros – não intervenientes no processo – tolhendo, ao menos por vezes, o direito de estes apresentarem suas razões em eventual demanda futura de que venham participar. Assim é porque tais decisões, ao impedirem a discussão de questões de direito em eventuais demandas propostas por estes terceiros, restringem-lhes o poder de influir na resolução do litígio e de apresentar adequadamente suas teses em juízo. Isso, por certo, deve impor a necessidade de repensar o conceito de 'interesse jurídico', que se exige para a intervenção e a participação de terceiros em processo – seja em primeiro grau, seja no plano recursal –, até mesmo para permitir que estes terceiros não sejam apanhados por decisões judiciais sem que tenham tido antes a oportunidade de apresentar seus argumentos à apreciação do Poder Judiciário"[22-23].

---

22. ARENHART, Sérgio Cruz. O recurso de terceiro prejudicado e as decisões vinculantes. In: NERY JR., Nelson; WAMBIER, Teresa Arruda Alvim. *Aspectos polêmicos e atuais dos recursos cíveis e assuntos afins*. São Paulo: Revista dos Tribunais, 2007, p. 424-425. Igualmente, Antonio do Passo Cabral também se posiciona pela construção de um novo conceito de interesse jurídico que justifique a intervenção no processo civil: "Modernamente, contudo, a atuação de muitos entes, seja na condução de parte ou de terceiro interveniente, vem desmistificando a conceituação tradicional do interesse jurídico (...) E deve haver nova concepção do interesse de agir para os terceiros intervenientes, não mais presa à relação jurídica material como no formato do interesse jurídico, vinculado ao privatista modelo do direito subjetivo oitocentista" (CABRAL, Antonio do Passo. Despolarização do processo e zonas de interesse: sobre a migração entre os polos da demanda. *Revista Forense*, v. 104, ano 105. Rio de Janeiro: Forense, jul./ago. 2009, p. 23 e 25).

23. Alguns ordenamentos jurídicos trabalham com modalidades de intervenção mais adequadas à contemporaneidade. Por exemplo, no direito norte-americano, a *Federal Rule 24 of Civil Procedure* prevê a *intervention*, mecanismo que possibilita a qualquer indivíduo intervir no procedimento, desde que se amolde a alguma das duas modalidades previstas nas alíneas (a) e (b) da *Rule 24*: a *intervention of law* e a *permissive intervention*. Diferentemente do direito brasileiro, para que o indivíduo intervenha, não há a necessidade

A partir disso, pode-se afirmar que a possibilidade de intervenção dos indivíduos no julgamento de casos repetitivos não decorre das relações jurídicas de direito material discutidas nas causas-piloto, mas da situação jurídica coletiva instalada a partir da instauração, ou seja, o direito à certificação da questão repetitiva de direito. No IRDR/REER, os membros de grupo possuem interesse jurídico na resolução dessa controvérsia, pois fazem parte de algum dos grupos de sujeitos que pretendem ver a questão de direito certificada, com a fixação de uma tese jurídica ou de um precedente judicial que lhes seja favorável.

Como a tese jurídica será aplicada a cada um dos processos em que a questão se repete, as partes dessas demandas poderão participar do IRDR/REER. Por outro lado, como alguns indivíduos poderão, potencialmente, ficar vinculados pelo precedente judicial formado, também deve ser garantida a sua participação nos procedimentos, mesmo que não possuam uma demanda individual em tramitação.

Isso ocorre em razão de, atualmente, as diversas formas de vinculação que decorrem do direito não se amoldarem às formas de intervenção clássicas previstas no processo civil.

No caso específico do modelo de julgamento de casos repetitivos, o interesse jurídico que possibilita a intervenção não decorre das relações jurídicas de direito material existentes nas causas-piloto, mas exatamente da situação jurídica coletiva já constatada e das vinculações que advém da tese jurídica e do eventual precedente judicial firmados acerca da questão de direito. Assim, há que ser garantido a esses membros dos grupos atingidos o direito de influenciar a formação do convencimento do órgão jurisdicional sobre a questão controversa de direito, objeto do IRDR/REER[24].

---

de existência de relação jurídica conexa ou dependente da discutida em juízo. As hipóteses que possibilitam a *intervention* são mais amplas e cobrem uma gama maior de situações, *v.g.*, conforme a alínea (a)(2) da *Rule 24*, o indivíduo poderá intervir sempre que possua um interesse relacionado à propriedade ou transação que é objeto da ação e o resultado do feito possa vir a prejudicar ou restringir sua capacidade de proteger seu interesse, com exceção para aquelas situações em que esse interesse esteja sendo adequadamente representado por alguma das partes. Assim como, por exemplo, consoante a alínea (b)(1)(B) da *Rule 24*, também poderá ser permitida a *intervention* quando o indivíduo possuir uma pretensão ou exceção que compartilhe com a demanda principal alguma questão comum de fato ou de direito. Inclusive, vale destacar que esse mecanismo tem repercutido para além dos interesses individuais. Como destacam Richard L. Marcus e Edward F. Sherman, a *intervention* tem sido um importante meio para possibilitar a participação de organizações e grupos que possuem interesse em certas demandas, cf., MARCUS, Richard L.; SHERMAN, Edward F. *Complex litigation*: cases and materials on advanced civil procedure. 4th ed. St. Paul: West Group, 2004, p. 62-64.

24. Quando da vigência de mecanismos "vinculantes" como a súmula vinculante (art. 103-A, CF/88), o julgamento liminar de improcedência (art. 285-A, CPC/1973) e as súmulas do STF/STJ impeditivas de recurso (art. 518, § 1º, CPC/1973), Sérgio Cruz Arenhart já destacava que: "De fato, estando evidenciada a tendência do direito processual civil em criar mecanismos vinculantes, tornando obrigatória a adoção de conclusões de algumas decisões judiciais e havendo clara repercussão dessa imposição sobre a esfera jurídica de terceiros – que seriam segundo os critérios tradicionais, indiferentes ou desinteressados e, portanto, proibidos de intervir no processo *inter alias* –, é preciso repensar o requisito que se exige para

Portanto, a intervenção desses interessados ocorre por uma modalidade especial de intervenção, denominada *intervenção dos membros de grupo no julgamento de casos repetitivos*, em que o interveniente auxiliará na formação da decisão das causas-piloto, munindo-a com novos argumentos que possam levar à formação de uma tese jurídica ou precedente judicial que lhe seja favorável.

4. A ATUAÇÃO DOS MEMBROS DE GRUPO: LEGITIMIDADE *AD ACTUM*, CONTRIBUIÇÃO ARGUMENTATIVA E GRAU DE INTERESSE

A oportunidade de intervenção dos membros dos grupos atingidos é ampla, aplicando-se a todas as partes dos processos sobrestados e também a todos os sujeitos que potencialmente poderão ser afetados pela formação do precedente judicial.

Há neste caso, pelo menos, dois graus distintos de interesse: *a)* o interesse dos membros do grupo que possuem processos tramitando e que serão imediatamente afetados com a fixação da tese; *b)* o interesse dos membros do grupo dos afetados pela formação do precedente judicial.

Em relação aos atos que esses indivíduos poderão realizar durante os procedimentos de julgamento de casos repetitivos, os artigos 983, 984, II, "b" e 1.038, I do CPC estabelecem, de forma genérica, quatro poderes: *manifestação escrita*; *juntada de documentos*; *requisição de diligências para elucidação da questão de direito*; *realização de sustentação oral*.

Entretanto, em que pese os membros de grupo possuírem, abstratamente em lei, o direito de intervir e o poder de realizar certos atos durante o trâmite do IRDR/REER, para evitar uma confusão procedimental causada por uma intervenção multitudinária e preservar a tutela adequada, efetiva e tempestiva dos direitos, a legitimidade para a intervenção não deve ser verificada uma única vez,

admitir a participação destes no feito (...) parece ser indispensável garantir, diante da nova disciplina legal, um mínimo de participação para os afetados, que legitime a imposição de tais decisões – proferidas em outros feitos entre outras partes – ao caso do terceiro" (ARENHART, Sérgio Cruz. O recurso de terceiro prejudicado e as decisões vinculantes, cit., p. 432-433). Em que pese o autor analisar a possibilidade de que os terceiros interponham recurso contra a decisão vinculante que possa atingir sua esfera jurídica, sua conclusão é também aplicável no atual contexto do modelo de julgamento de casos repetitivos: "Cabe, enfim, ampliar os horizontes para esta participação de terceiros em processos, especialmente porque, na nova feição do processo civil, as decisões não estão mais vinculadas apenas ao caso concreto, mas aportam sensíveis consequências para outros interesses. Enquanto o direito processual civil brasileiro - e especialmente a práxis nacional - não conseguir domar a tutela coletiva, abandonando velhos preconceitos, e até que se consiga abandonar a incrustada mania pelas ações individuais (exigindo a adoção de figuras como as decisões vinculantes), é preciso, para não deslegitimar o processo, alargar o palco judicial de discussões, permitindo que todos os 'interessados' (juridicamente ou não, nos termos acima vistos) possam fazer-se ouvir" (ARENHART, Sérgio Cruz. O recurso de terceiro prejudicado e as decisões vinculantes, cit., p. 437). No mesmo sentido, BASTOS, Antônio Adonias Aguiar. *O devido processo legal nas demandas repetitivas*, cit., p. 161-162.

permitindo que todos os membros de grupo intervenham e realizem todos atos previstos em lei.

É mais adequado que o relator do procedimento realize um controle da legitimidade para cada ato que o membro de grupo pretenda realizar, a partir da noção de *legitimidade ad actum*[25]. Assim, entre os poderes que são conferidos ao relator do IRDR/REER está aquele relativo ao controle da legitimidade para intervenção dos membros de grupo, que não deverá ser aferida de forma única, mas, sim, para cada ato que o membro pretenda praticar durante o trâmite do procedimento de julgamento de casos repetitivos.

Como a situação legitimante da intervenção do membro de grupo consiste no interesse que este possui na discussão, apresentando suas razões acerca da controvérsia que envolve a questão de direito, já que ao final poderá ser afetado pela tese jurídica fixada ou pelo precedente judicial formado, o ideal é averiguar, em concreto, se, no momento em que pretenda intervir, o membro de grupo ultrapassa os filtros necessários para realização do ato processual.

Dessa forma, a legitimidade para a intervenção será verificada pelo relator, a partir de dois principais filtros: *(i) contribuição argumentativa*; *(ii) grau de interesse na controvérsia*.

Em um primeiro momento, apenas poderão ser legitimados para a realização de determinado ato processual, aqueles membros de grupo que contribuírem de alguma forma com as partes das causas-piloto ou com a própria formação da tese ou precedente. Neste caso a intervenção se dá visando à formação de uma tese jurídica mais sólida ou de um precedente judicial mais adequado, que sejam benéficos aos intervenientes; ou seja, a intervenção só será possível mediante uma *contribuição argumentativa* para o debate em torno da controvérsia. Ele intervém para a defesa de um interesse pessoal, mas a admissão da intervenção depende de quanto o interveniente poderá contribuir argumentativamente para a tese jurídica a ser firmada.

Como a sua participação fica adstrita apenas à matéria relativa à questão de direito, o interveniente tem de demonstrar a importância de sua participação no ato que pretende realizar e apresentar argumentos que ainda não foram levantados. Se não fosse assim, e uma vez se limitando a apresentar manifestação em que aborda argumentos já trazidos ao debate, o indivíduo estaria sendo devidamente representado, não podendo se falar, nesse caso, em violação ao contraditório ou ao seu direito de participação[26]. Queremos dizer: caso os argumentos trazidos já

25. CABRAL, Antonio do Passo. Despolarização do processo e zonas de interesse: sobre a migração entre os polos da demanda, cit., p. 6-10.

26. MACÊDO, Lucas Buril de. *Precedentes judiciais e o direito processual civil*, cit., p. 453-454; TEMER, Sofia. *Incidente de resolução de demandas repetitivas*, cit., p. 182-183; SILVA, Ticiano Alves e. Intervenção de sobrestado no julgamento por amostragem, cit., versão digital, p. 6.

sejam discutidos no processo não se coloca o interesse-utilidade na intervenção, visto que o requerente já estará adequadamente representado e não contribuirá para a melhoria da solidez e adequação da tese a ser firmada.

Perceba-se que aqui se torna novamente importante a constatação de que existem, dentro do grupo das partes dos processos sobrestados e do grupo dos interessados no precedente judicial, diversos subgrupos, identificados a partir das diferentes compreensões que cada um possui acerca de como a questão de direito deve ser interpretada. Há que ser garantido direito de participação a, ao menos, um representante de cada um dos subgrupos identificados, o que deverá ser realizado por meio do filtro da contribuição argumentativa, isto é: se o membro apresentar argumentos já trazidos ao debate, sua intervenção será desnecessária, pois já estará sendo devidamente representado por um outro membro pertencente ao seu mesmo subgrupo; pelo contrário, caso a manifestação represente uma compreensão da questão que ainda não foi trazida ao debate, deverá ser garantida sua intervenção, pois este membro representará um subgrupo que ainda não possuía representatividade.

Isso é crucial para que seja realizada uma análise plural e completa dos fundamentos que envolvem a questão de direito. Durante o trâmite do IRDR/REER, o órgão julgador deverá levar em consideração todo o conteúdo argumentativo que cerca o objeto central da discussão (art. 984, § 2º, CPC)[27]. Trata-se do critério da *representação argumentativa*[28], que confere ainda mais legitimidade à tese jurídica e ao precedente judicial formados ao final do procedimento. E, em relação à intervenção dos membros de grupo, a representação argumentativa é garantida por meio da participação de diferentes subgrupos, pois cada um possui uma compreensão distinta acerca de como a questão de direito deve ser resolvida.

Assim, caberá ao relator do IRDR/REER garantir a representatividade do maior número de propostas de solução da questão de direito que cerquem a controvérsia, pois isso significa garantir a participação dos subgrupos e, por consequência, uma análise mais abrangente dos argumentos[29]. Por exemplo, note-se que não será lícito ao relator aceitar apenas a intervenção da parte de um processo sobrestado que defenda a solução *x* para a tese jurídica, não aceitando a

---

27. Sobre a importância da análise de todos os argumentos que cercam a questão de direito, vale cf., CABRAL, Antonio do Passo. A escolha da causa-piloto nos incidentes de resolução de processos repetitivos, cit., p. 48-54; ALVES, Gustavo Silva. *Ações coletivas e casos repetitivos*: a vinculação das decisões no processo coletivo, cit., p. 201-206.

28. O termo *representação argumentativa* é empregado por Luiz Guilherme Marinoni, que o considera como um critério extremamente importante para a preservação do exercício do contraditório no modelo de julgamento de casos repetitivos, cf., MARINONI, Luiz Guilherme. Comentários aos arts. 926 a 928 do CPC. In: WAMBIER, Teresa Arruda Alvim; DIDIER JR., Fredie; TALAMINI, Eduardo; DANTAS, Bruno (coord.). *Breves comentários ao novo Código de Processo Civil.* 3ª ed. São Paulo: Revista dos Tribunais, 2016, p. 2317.

29. Em sentido similiar, DIDIER JR., Fredie; TEMER, Sofia. A decisão de organização do incidente de resolução de demandas repetitivas: importância, conteúdo e o papel do regimento interno do tribunal. *Revista de Processo*, v. 258, ago./2016, p. 257-278.

intervenção de uma outra que defenda a solução *y*. Ambas das partes poderão participar, por representarem subgrupos diversos.

A potencialidade de contribuição ainda poderá ser considerada pela *expertise* do advogado que atua em nome do membro de grupo. Um exemplo pode ser o caso de muitas partes representadas por um mesmo advogado ou ainda de um advogado que tenha comprovada especialização e experiência na controvérsia que está sendo discutida – nesses casos, a legitimidade interventiva poderá existir.

Resumindo-se, deverão ser admitidos como intervenientes para a realização de ato processual específico no IRDR/REER somente aqueles sujeitos que demonstrem a utilidade de sua intervenção, utilidade essa que deve ser aferida a partir da noção de *contribuição argumentativa*, que se consubstancia pela: *a)* apresentação de novos argumentos, que efetivamente contribuirão para o debate acerca da questão de direito; *b)* representação de compreensão da questão de direito pertencente a um subgrupo que ainda não estava sendo representado; *c)* *expertise* do advogado do membro de grupo.

Por exemplo, imaginemos um incidente de resolução de demandas repetitivas que discuta a obrigatoriedade de um determinado Município fornecer auxílio-alimentação aos seus servidores, em decorrência da interpretação dos artigos *x*, *y* e *z* do Estatuto dos Servidores. Caso um servidor público municipal, que claramente possui interesse nessa controvérsia, queira intervir no IRDR para apresentar manifestação escrita em que se repitam os argumentos já lançados nas causas-piloto, o relator do incidente no tribunal deverá indeferir o pedido de intervenção por falta de legitimidade para realização deste ato, em razão do filtro da contribuição argumentativa. Em contrapartida, caso outro servidor público municipal faça pedido de intervenção para apresentar manifestação escrita em que desenvolve uma nova interpretação a partir do artigo *w* do Estatuto dos Servidores, ele ultrapassará o filtro da contribuição argumentativa e, via de regra, poderá ser considerado como legitimado para realização deste ato processual.

O outro importante filtro é o *grau de interesse na controvérsia*. Como expressamente preveem os arts. 983 e 1.038, I do CPC, poderão participar do procedimento de julgamento de casos repetitivos apenas aqueles sujeitos que possuam interesse na controvérsia, o que faz com que surjam círculos concêntricos que orbitam em torno do núcleo de interesse. Inevitavelmente, os membros de grupo poderão ter maior ou menor grau de interesse, localizando-se mais próximos ou mais distantes deste núcleo de interesse a depender de sua posição diante da controvérsia.

Não obstante ser necessária a análise em concreto para aferição da legitimidade, é possível estabelecer uma diretriz geral para verificar o grau de interesse do membro de grupo. Isso porque, os membros do grupo formado pelas partes dos processos sobrestados possuem um grau de proximidade maior com o núcleo de interesse do que os membros do grupo formado por aqueles que poderão ser atingidos pela formação do precedente judicial.

Vejam que as partes dos processos sobrestados serão afetadas diretamente pelo julgamento, sujeitando-se *pro et contra* à tese jurídica que, a depender da natureza da questão de direito certificada, poderá, inclusive, levar ao julgamento de procedência ou improcedência da demanda em que o membro é parte[30]. Isso faz com que estes indivíduos tenham maior interesse na controvérsia, e, consequentemente, também garante maior grau de participação durante o trâmite do IRDR/REER[31].

Já os sujeitos que estão interessados na formação do precedente judicial possuem um menor grau de proximidade com o núcleo de interesse, pois não serão imediatamente afetados pelo julgamento. Apenas prospectivamente, tais indivíduos poderão estar sujeitos à eficácia vinculante do precedente judicial. Como não possuem processos em trâmite nos quais são partes, interessa-lhes apenas que seja conferida, por meio da *ratio decidendi* do precedente, uma interpretação da questão de direito que lhes seja benéfica, vislumbrando-se uma eventual e futura judicialização de suas respectivas situações. Nestes casos o ônus argumentativo, para fim de demonstração da legitimidade interventiva, é maior, até por ser necessário mostrar em que medida o precedente irá afetar futuramente a sua esfera jurídica, além de qual a contribuição será dada para a fixação da tese.

Todo esse panorama exposto acerca da atuação dos membros de grupo durante o trâmite do IRDR/REER impõe ao relator destes procedimentos desempenhar um importante papel no controle e gerenciamento dessas intervenções.

Dentro de seus poderes de gestão, e a partir dos filtros analisados acima, caberá ao relator controlar a admissão dos membros de grupo que pretendam intervir para realizar determinado ato. Por exemplo, isso impõe ao relator verificar qual o grau de proximidade do membro com o núcleo de interesse, sempre que um membro requisite sua intervenção para realização de um determinado ato.

Assim como, o relator poderá estabelecer, de forma genérica, em sua decisão de organização do procedimento[32], quais os poderes dentre aqueles previstos em lei poderão ou não ser exercidos pelos membros dos grupos apontados (*partes*

30. Um dos autores deste texto já trabalhou a influência que a questão de direito certificada pela tese jurídica poderá ter no julgamento do mérito das demandas sobrestadas, vale cf., ALVES, Gustavo Silva. *Ações coletivas e casos repetitivos*: a vinculação das decisões no processo coletivo, cit., p. 250-256.

31. Inclusive, um exemplo de que as partes dos processos sobrestados estão mais próximas do núcleo de interesse é a legitimidade que possuem para requisitar o pedido de suspensão nacional dos processos que discutem a questão de direito durante o trâmite de um IRDR (art. 982, CPC).

32. Sobre a importância da decisão de organização no incidente de resolução de demandas repetitivas, mas que as conclusões também se aplicam aos recursos extraordinário e especial repetitivos, cf., DIDIER

dos processos sobrestados e *interessados na formação do precedente judicial*). Diferentemente do que acontece com a intervenção do *amicus curiae* (art. 138, § 2º, CPC), perceba que aqui o relator não tem o poder de criar novos poderes aos membros de grupo que pretendam intervir, cabendo, ao máximo, distribuir, de forma genérica, os respectivos poderes legais das partes dos processos sobrestados e dos interessados na formação do precedente judicial.

O controle desempenhado pelo relator permitirá, entretanto, que ele reduza os poderes abstratamente previstos em lei aos membros de grupo. Tendo em vista que, na sua decisão de organização, deverá conferir, genericamente, mais poderes às partes dos processos sobrestados, que estão mais próximas do núcleo de interesse, do que aos interessados na formação do precedente.

Inclusive, deve-se ter em mente que, em que pese o controle da intervenção também dever ser realizado em concreto para realização de todos os atos, quanto mais próximo do núcleo, maior será a gama de atos que poderão ser realizados pelo membro de grupo. E o contrário também é verdadeiro: quanto menor o interesse, menor também será o número de seus poderes processuais.

5. VARIEDADE E COMPLEXIDADE DAS PARTICIPAÇÕES DURANTE O PROCEDIMENTO DE JULGAMENTO DE CASOS REPETITIVOS

Neste ensaio, foi apresentada e analisada a intervenção dos membros de grupo no procedimento de julgamento de casos repetitivos. Todavia, como já se destacou, essa forma de participação não é a única que acontece durante o trâmite de um IRDR/REER. Como são procedimentos multipolarizados, tanto o incidente de resolução de demandas repetitivas como os recursos extraordinário e especial repetitivos possuem uma *gama variada e complexa de participações*.

Por um lado, as participações são variadas, pois envolvem diversos sujeitos que atuam de formas distintas. Trata-se de participações que são plúrimas e possuem naturezas completamente diferentes.

Em síntese, pode-se enumerar as seguintes espécies: (i) *partes das causas-piloto*, que atuam durante todo o procedimento; (ii) *terceiros intervenientes nas demandas escolhidas como causas-piloto*; (iii) *intervenção do Ministério Público*, que fiscaliza a regularidade do procedimento e contribui para uma adequada certificação da questão de direito; (iv) *participação de experts* durante audiência pública; (v) *intervenção dos amici curiae*; (vi) e, finalmente, a *intervenção dos membros de grupo (partes dos processos sobrestados* e *interessados na formação do precedente judicial)*.

JR., Fredie; TEMER, Sofia. A decisão de organização do incidente de resolução de demandas repetitivas: importância, conteúdo e o papel do regimento interno do tribunal, cit., p. 257-278.

De outro lado, a complexidade surge como consequência dessa variedade. Todos esses sujeitos atuam de um modo diferente, possuindo uma gama de poderes também diferentes, que variarão conforme o sujeito participante e a modalidade de participação.

Por exemplo, o *amicus curiae* poderá recorrer da decisão que fixa a tese jurídica no incidente de resolução de demandas repetitivas, o que, em princípio, não é permitido aos *experts* que participam da audiência pública; já as partes dos processos sobrestados poderão requisitar a suspensão nacional dos processos que discutem a questão repetitiva de direito, o que não é permitido ao *amicus curiae*.

Esse complexo cenário envolvendo a participação de vários sujeitos durante o procedimento de julgamento de casos repetitivos exige muita atenção e cautela para que se respeite o direito de participação sem que isso atente contra o adequado andamento do IRDR/REER. Como já destacado, o papel de controle e gerenciamento será desempenhado, principalmente, pelo relator dos procedimentos no tribunal, que, dentro dos poderes diretivos que lhe são conferidos, controlará as participações de todos os sujeitos no que diz respeito, *v.g.*: à admissão de intervenientes; ao controle dos poderes desempenhados por cada um dos sujeitos; ao estabelecimento de prazo para realização de determinados atos; à prevenção de atos protelatórios e atentatórios contra a justiça.

6. NOTAS CONCLUSIVAS

A intervenção dos membros de grupo no IRDR/REER é fundamental para um bom funcionamento do modelo de julgamento de casos repetitivos previsto no direito brasileiro (art. 928, CPC), pois se trata de um mecanismo que garante participação democrática a indivíduos que terão suas esferas jurídicas atingidas e, via de consequência, legitima a tese jurídica e o possível precedente judicial formados ao final do julgamento.

Este estudo apontou que a natureza jurídica dessa espécie de intervenção não se assemelha com outras formas de intervenção do direito brasileiro. Defendeu-se que se trata de uma intervenção singular, denominada *intervenção dos membros de grupo no julgamento de casos repetitivos*, e que se funda no interesse jurídico ("*interesse na controvérsia*") destes sujeitos na certificação da questão de direito, a partir da fixação da tese jurídica e da formação de precedente judicial.

Essa intervenção poderá ocorrer durante o trâmite de um incidente de resolução de demandas repetitivas ou de um dos recursos extraordinários e especiais repetitivos, mas não poderá comprometer a tutela efetiva e tempestiva dos direitos e o adequado andamento do procedimento. Por esse motivo, demonstrou-se que a legitimidade para intervenção deverá ser aferida para cada ato que o membro de grupo pretenda realizar, a partir da concepção de *legitimidade ad actum*.

Além disso, existem dois grandes filtros que deverão ser ultrapassados para que intervenção do membro de grupo seja admitida e devidamente controlada: *a contribuição argumentativa* e o *grau de interesse na controvérsia.*

Tomando como parâmetro esses filtros, o relator do IRDR/REER desempenhará importante papel na gestão da intervenção do membro de grupo, pois, de um lado, deverá estabelecer, de forma genérica, em sua decisão de organização do procedimento, os respectivos poderes legais que poderão ser realizados pelas partes dos processos sobrestados e pelos indivíduos interessados na formação precedente e, de outro, será responsável por controlar a admissão da intervenção, em concreto, dos membros de grupo que pretendam realizar determinado ato.

Por fim, demonstrou-se que o grau de interesse do membro de grupo na controvérsia influencia diretamente nos poderes que este poderá desempenhar durante o trâmite do procedimento de julgamento de casos repetitivos. O que faz com que as partes dos processos sobrestados, que estão mais próximas do núcleo de interesse, devam possuir uma gama maior de poderes que os sujeitos interessados na formação do precedente judicial.

7. REFERÊNCIAS BIBLIOGRÁFICAS

ALVES, Gustavo Silva. *Ações coletivas e casos repetitivos*: a vinculação das decisões no processo coletivo. Salvador: Juspodivm, 2018.

ARENHART, Sérgio Cruz. O recurso de terceiro prejudicado e as decisões vinculantes. In: NERY JR., Nelson; WAMBIER, Teresa Arruda Alvim. *Aspectos polêmicos e atuais dos recursos cíveis e assuntos afins*. São Paulo: Revista dos Tribunais, 2007.

BAPTISTA DA SILVA, Ovídio Araújo. *Comentários ao Código de Processo Civil*. São Paulo: Revista dos Tribunais, 2000. v. I.

____. *Curso de processo civil.* 2ª ed. revista. Porto Alegre: SAFe, 1991.

BASTOS, Antônio Adonias Aguiar. *O devido processo legal nas demandas repetitivas*. 2012. 266 f. (Doutorado em Direito) – Programa de Pós-Graduação – Universidade Federal da Bahia, Salvador, 2012.

BUENO, Cássio Scarpinella. Amicus curiae *no processo civil brasileiro*: um terceiro enigmático. São Paulo: Saraiva, 2006.

CABRAL, Antonio do Passo. Pelas asas de Hermes: a intervenção do *amicus curiae*, um terceiro especial. Uma análise dos institutos interventivos similares – o amicus e o *vertreter des offentlichen* interesses. *Revista de Processo*, v. 117, set./out. 2004.

____. Despolarização do processo e zonas de interesse: sobre a migração entre os polos da demanda. *Revista Forense*, v. 104, ano 105. Rio de Janeiro: Forense, jul./ago. 2009.

____. Comentários aos arts. 976 a 987 do CPC. In: CABRAL, Antonio do Passo; CRAMER, Ronaldo (coord.). *Comentários ao novo Código de Processo Civil.* 2ª ed. revista, atualizada e ampliada. Rio de Janeiro: Forense, 2016.

____. A escolha da causa-piloto nos incidentes de resolução de processos repetitivos. In: DIDIER JR., Fredie; CUNHA, Leonardo Carneiro da (Coord.). *Julgamento de casos repetitivos (Grandes Temas do NCPC)*. v. 10. Salvador: Juspodivm, 2017.

CAMBI, Eduardo; FOGAÇA, Mateus Vargas. Incidente de resolução de demandas repetitivas no novo Código de Processo Civil. *Revista de Processo*, v. 243, mai./2015, versão digital.

CARNEIRO, Athos Gusmão. *Intervenção de terceiros*. 13ª ed. São Paulo: Saraiva, 2001.

CAVALCANTI, Marcos de Araújo. *Incidente de resolução de demandas repetitivas (IRDR)*. São Paulo: Revista dos Tribunais, 2016.

DANTAS, Bruno. Comentários aos arts. 976 a 987 do CPC. In: WAMBIER, Teresa Arruda Alvim; DIDIER JR., Fredie; TALAMINI, Eduardo; DANTAS, Bruno (coord.). *Breves comentários ao novo Código de Processo Civil*. 3ª ed. São Paulo: Revista dos Tribunais, 2016.

DIDIER JR., Fredie. Revisão do conceito de interesse jurídico que autoriza a assistência simples: intervenção para colaborar com a criação de precedente judicial. Análise de recente decisão do STF. *Revista de Processo*, v. 158, abr./2008.

_______. *Código Modelo de Procesos Colectivos un diálogo iberoamericano comentarios artículo por artículo* (org.: Antonio Gidi y Eduardo Ferrer Mac-Gregor). México: Porrúa, 2008.

_______. *Curso de Direito Processual Civil*. Introdução ao direito processual civil, parte geral e processo de conhecimento. 17ª ed. revista, atualizada e ampliada. Salvador: Juspodivm, 2015. v. 1.

DIDIER JR., Fredie; ZANETI JR., Hermes. Processo coletivo passivo. *Revista de Processo*, v. 165, nov./2008.

DIDIER JR., Fredie; ZANETI JR., Hermes. Conceito de Processo Jurisdicional Coletivo. *Revista de Processo*, v. 229, mar./2014.

DIDIER JR., Fredie; TEMER, Sofia. A decisão de organização do incidente de resolução de demandas repetitivas: importância, conteúdo e o papel do regimento interno do tribunal. *Revista de Processo*, v. 258, ago./2016.

GODINHO, Robson Renault. Ministério Público e assistência: o interesse institucional como expressão do interesse jurídico. In: DIDIER JR., Fredie; WAMBIER, Teresa Arruda Alvim (coord.). *Aspectos polêmicos e atuais sobre os terceiros no processo civil e assuntos afins*. São Paulo: Revista dos Tribunais, 2004.

MACÊDO, Lucas Buril de. *Precedentes judiciais e o direito processual civil*. 2ª ed. revista, atualizada e ampliada. Salvador: Juspodivm, 2017.

MARINONI, Luiz Guilherme; ARENHART, Sérgio Cruz; MITIDIERO, Daniel. *Novo curso de processo civil*: tutela dos direitos mediante procedimento comum. 2ª ed. revista, atualizada e ampliada. São Paulo: Revista dos Tribunais, 2016. v. II.

MARCUS, Richard L.; SHERMAN, Edward F. *Complex litigation*: cases and materials on advanced civil procedure. 4th ed. St. Paul: West Group, 2004.

MEIRELES, Edilton. Do incidente de resolução de demandas repetitivas no processo civil brasileiro. In: DIDIER JR., Fredie; CUNHA, Leonardo Carneiro da (coord.). *Julgamento de casos repetitivos (Grandes Temas do NCPC)*. Salvador: Juspodivm, 2017.

SILVA, Ticiano Alves e. Intervenção de sobrestado no julgamento por amostragem. *Revista de Processo*, v. 182, abr./2010.

TEMER, Sofia. *Incidente de resolução de demandas repetitivas*. 2ª ed. revista, atualizada e ampliada. Salvador: Juspodivm, 2017.

3

INSTRUÇÃO E CONTRADITÓRIO NO INCIDENTE DE RESOLUÇÃO DE DEMANDAS REPETITIVAS (IRDR)

Jean Carlos de Albuquerque Gomes[1]

1. INTRODUÇÃO

No presente artigo serão analisadas, sem nenhuma pretensão de esgotar o tema, questões relacionadas à instrução e contraditório no Incidente de Resolução de Demandas Repetitivas (IRDR) que, conforme já abordado nesta obra, é um novo instituto processual previsto pelo legislador brasileiro no Código de Processo Civil de 2015, mais precisamente nos artigos 976 a 987, e que tem como objetivo resguardar, de forma coletiva, os direitos dos cidadãos, para que sejam respeitados, dentre outros, os princípios constitucionais da isonomia[2], segurança jurídica e duração razoável do processo.

O Processo Civil vem, ao longo do tempo, passando por mudanças. Em um primeiro momento, a preocupação foi com o acesso à justiça[3]. Passados alguns

1. Mestrando em Direito Processual pela Universidade do Estado do Rio de Janeiro (UERJ). Advogado. Membro do Instituto Brasileiro de Direito Processual (IBDP).

2. Vivemos, na realidade judiciária brasileira, uma verdadeira jurisprudência lotérica. Questões jurídicas idênticas são usualmente julgadas de maneira diferente. O jurisdicionado muitas vezes tem de contar com a "sorte" de que seu processo seja distribuído para um juiz que tenha entendimento favorável a seu pedido, independente da fundamentação jurídica. Nessa perspectiva, o direito torna-se um verdadeiro jogo de azar. CARNEIRO, Wálber Araújo. *Hermenêutica jurídica heterorreflexiva*: uma teoria dialógica do direito. Porto Alegre: Livraria do Advogado, 2010. p. 220.

3. O acesso à justiça aqui referido está descrito nos estudos dos Professores Mauro Cappelletti e Bryant Garth (Florença) que, como forma de resposta à realidade do pós-segunda guerra mundial, estabelecia amplo e irrestrito acesso ao Poder Judiciário. Atualmente, não há dúvidas que tal princípio constitucional está passando por uma releitura, conforme se pode observar dos ensinamentos da Professora Ada Pellegrini Grinover: "O efetivo acesso à justiça é aquele que gera acesso à ordem jurídica justa, por intermédio de uma tutela adequada que solucione os conflitos e leve à pacificação social. Isso vai além do acesso ao Judiciário, não podendo o tema ser estudado nos acanhados limites de acesso aos órgãos judiciários exis-

anos, buscou-se o caráter instrumental da jurisdição[4], e, atualmente, a preocupação está adstrita à efetividade, com a utilização de meios adequados de resolução de controvérsias, já que a sociedade moderna é marcada pelo consumo em massa, que teve uma explosão da litigiosidade[5], gerando consequências para o sistema judiciário.

É nesse cenário que o Incidente de Resolução de Demandas Repetitivas (IRDR) se apresenta como meio apto e adequado[6] para a tutela dos direitos dos cidadãos, assegurando a observância dos princípios constitucionais retro mencionados.

Não há dúvidas que o incidente atende à busca do cidadão por um acesso à justiça mais isonômico, célere e previsível[7], entre outros valores processuais de grande relevância para toda a sociedade.

Passa-se, então, após tal introdução e diante da delimitação do presente artigo, a abordar apenas a instrução e o contraditório no IRDR que compõem

---

tentes no país" (GRINOVER, Ada Pellegrini. *Ensaio sobre a processualidade*: fundamentos para uma nova teoria geral do processo. São Paulo: Gazeta Jurídica, 2016. p. 75).

4. "(...) Conceitos forjados à época do positivismo, como jurisdição, acesso à justiça, condições para o exercício do direito de ação precisam ser inteiramente reformulados para que se mostrem afinados aos complexos conflitos típicos da contemporaneidade" (PINHO, Humberto Dalla Bernardina de. *Jurisdição e pacificação*: limites e possibilidades do uso dos meios consensuais de resolução de conflitos na tutela dos direitos transindividuais e pluri-individuais. Curitiba: CRV, 2017. p. 268).

5. Segundo os dados do anuário do Justiça em Números do ano de 2019, o Poder Judiciário finalizou o ano de 2018 com 78,7 milhões de processos em tramitação. Apesar de tal número ter reduzido em relação ao ano anterior, tal quantitativo ainda é alarmante, e, certamente, necessita de meios adequados para resolução das controvérsias, tais como o IRDR. BRASIL. Conselho Nacional de Justiça. *Justiça em Números 2019* (ano-base 2018). Brasília, DR: CNJ, 2019. Disponível em https://www.cnj.jus.br/pesquisas-judiciarias/justicaemnumeros/2016-10-21-13-13-04/pj-justica-em-numeros. Acesso em: 20 set. 2019.

6. Segundo Rodolfo de Camargo Mancuso, "Desde o último quartel do século passado, foi tomando vulto o fenômeno da 'coletivização' dos conflitos, à medida que, paralelamente, se foi reconhecendo a inaptidão do processo civil clássico para instrumentalizar essas megacontrovérsias, próprias de uma conflitiva sociedade de massas. Isso explica a proliferação de ações de cunho coletivo, tanto na Constituição Federal (art. 5º. XXI; LXX, 'b'; LXXIII; 129, III) como na legislação processual extravagante, empolgando seguimentos sociais de largo espectro: consumidores, infância e juventude; deficientes físicos; investidores no mercado de capitais; idosos; torcedores de modalidades desportivas, etc. Logo se tornou evidente (e premente) a necessidade da oferta de novos instrumentos capazes de recepcionar esses conflitos assim potencializados, seja em função do número expressivo (ou mesmo indeterminado) dos sujeitos concernentes, seja em função da indivisibilidade do objeto litigioso, que o torna insuscetível de partição e fruição por um titular exclusivo" (MANCUSO, Rodolfo de Camargo. *A resolução de conflitos e a função judicial no Contemporâneo Estado de Direito*. São Paulo: Revista dos Tribunais, 2009. p. 379-380.

7. "A padronização decisória almejada pelo instituto tem alguns pressupostos fundamentais, que podem ser resumidos em: publicidade, pluralidade, contraditório e motivação. Desde que o incidente seja aplicado em respeito a tais primados, poderá ser um instrumento eficaz para consagrar a isonomia na prestação da tutela jurisdicional, que tem potencial para ser mais célere, mais previsível e mais coesa" (MENDES, Aluisio Gonçalves de Castro; TEMER, Sofia. O incidente de resolução de demandas repetitivas do novo Código de Processo Civil. *Revista de Processo*, v. 243, maio 2015. p. 302).

uma das fases do procedimento, a saber: afetação e instrução – dentre as três existentes.

2. INSTRUÇÃO E CONTRADITÓRIO NO PROCEDIMENTO DO IRDR[8]

É na fase de afetação e instrução que se delimita o objeto, a estrutura subjetiva e onde se produzem os atos instrutórios[9]. Após a admissão e suspensão de todos os processos individuais e coletivos em trâmite[10], segundo se extrai do art. 983 do CPC[11], o relator ouvirá as partes e os demais interessados na questão de direito controvertida, que poderão, no prazo comum de 15 dias, requerer a juntada de documentos e as diligências necessárias, de modo a respeitar o contraditório participativo e contribuir para que seja fixada a melhor tese jurídica.

Já o § 1º do mesmo artigo estabelece que há a possibilidade de o relator designar data para, em audiência pública, ouvir depoimentos de pessoas com experiência e conhecimento da matéria, para uma melhor qualidade da decisão, já que através do debate, obter-se-á a legitimidade democrática da decisão, especialmente considerando que a tese firmada será aplicada para todos os processos

---

8. "Os artigos 982 e 983 do Código de Processo Civil contêm as principais normas relacionadas às providências decorrentes da admissibilidade do Incidente de Resolução de Demandas Repetitivas, bem como as que se voltam à preparação do julgamento propriamente dito. Estão incluídas nesta etapa as medidas de divulgação e publicidade, que, como visto, devem estar presentes desde a distribuição do incidente, com reforço após a admissibilidade e prosseguindo antes e depois do julgamento" (MENDES, Aluisio G. de Castro. *Incidente de Resolução de Demandas Repetitivas*: sistematização, análise e interpretação do novo instituto processual. Rio de Janeiro: Forense, 2017. p. 197).

9. "A segunda fase do incidente, após a sua admissão, é a fase que denominamos de afetação. Nesta fase procedimental ocorrem: a) a delimitação definitiva do objeto(ou seja, da questão de direito a ser solucionada); b) identificação inicial dos sujeitos processuais do incidente e a delimitação de suas possibilidades de atuação; c) os atos instrutórios, necessários para a pluralizar o debate sobre o tema" (TEMER, Sofia. *Incidente de Resolução de Demandas Repetitivas*. Salvador: JusPodivm, 2016. p. 127).

10. Na seara penal, entende-se que a suspensão do IRDR não é obrigatória, mas sim facultativa, aplicando-se o mesmo procedimento dos recursos repetitivos. Nesse sentido, "A suspensão dos processos criminais poderia ser alegada como impedimento à utilização do IRDR no Processo Penal. Entretanto, assim como nos recursos repetitivos, a suspensão dos processos no incidente é facultativa" (MENDES, Aluisio G. de Castro; PINHO, Humberto Dalla Bernardina de; VARGAS, Daniel Vianna; SILVA, Felipe C. Gonçalves da. O incidente de resolução de demandas repetitivas (IRDR) no processo penal. Reflexões iniciais. *Revista de Processo*. São Paulo, vol. 279. ano 43. p. 283-312, maio 2018). O Supremo Tribunal Federal, julgando questão de ordem no RE 966.177 RG/RS em 07.06.2017, cujo relator foi o Min. Luiz Fux, decidiu que a suspensão dos processos em curso, quando reconhecida a repercussão geral, não é obrigatória.

11. Art. 983, CPC: O relator ouvirá as partes e os demais interessados, inclusive pessoas, órgãos e entidades com interesse na controvérsia, que, no prazo comum de 15 (quinze) dias, poderão requerer a juntada de documentos, bem como as diligências necessárias para a elucidação da questão de direito controvertida, e, em seguida, manifestar-se-á o Ministério Público, no mesmo prazo.

    § 1º. Para instruir o incidente, o relator poderá designar data para, em audiência pública, ouvir depoimentos de pessoas com experiência e conhecimento na matéria.

em curso e naqueles ajuizados posteriormente, de modo a garantir a segurança jurídica, previsibilidade[12] e isonomia para todos os jurisdicionados.

Trata-se, então, de etapa concentrada onde serão realizados todos os requerimentos e juntados documentos, em absoluta observância ao contraditório.

2.1. A ampliação do debate por meio da juntada de documentos e informações

Uma vez admitido o incidente, inicia-se a fase de provas, conforme lição de Paulo Cezar Pinheiro Carneiro[13]. Como só são julgadas questões de direito (art. 976, I, do CPC), faz-se necessária uma ampla e adequada instrução do procedimento[14], não só com a intimação das partes do processo pendente e dos interessados, mas também dos *amici curiae* e Ministério Público, de forma que possam se manifestar, ampliando e qualificando os debates sobre a questão posta em jul-

12. "(...) Sob a perspectiva da análise econômica do Direito, o respeito aos precedente é extremamente valioso, seja porque elabora um arcabouço informativo destinado a diminuir a possibilidade de erros judiciários, reduzindo ônus ligados a limitações de tempo e de expertise dos aplicadores do direito, seja porque os agentes econômicos valorizam a segurança jurídica decorrente de um sistema de precedentes vinculantes. Ao passo que esses agentes são estimulados a se dedicarem a atividades mais produtivas quando seus direitos estão bem delineados e seguros, tem-se ainda o efeito desejável de redução no número de litígios. (SPIER, Kathyn E. Litigation. In: Handbook of Law and Economics. Steven Shavell e Mitchell Polinsky (org.). v. 1. Amsterdam: Elsevier, 2007. p. 298). Tudo isso apenas é possível à medida que as decisões judiciais sejam motivadas em conformidade com o ordenamento jurídico, conferida primazia de incidência à jurisprudência já firmada em detrimento das impressões pessoais dos julgadores em casos subsequentes" (FUX, Luiz; BODART, Bruno. Notas sobre o princípio da motivação e a uniformização da jurisprudência no novo Código de Processo Civil à luz da análise econômica do Direito. *Revista de Processo*, v. 269, jun. 2017. p. 421-432).

13. "Na sua tramitação, uma vez admitido o incidente, abre-se a fase da juntada de documentos, uma fase probatória. O relator designado vai ouvir as partes e o Ministério Público, além de terceiros interessados. Há a possibilidade da mais ampla participação da sociedade, inclusive por meio da designação de audiências públicas, como previsto no artigo 955. No momento do julgamento ainda se assegura a participação com a sustentação oral, com o prazo de trinta minutos para as partes do processo originário e para o Ministério Público. E o novo Código também assegura a sustentação oral para terceiros que participaram do incidente, afinal, e conforme destacado, o que se quer é uma ampla participação, de tal maneira que essa decisão possa realmente retratar aquilo que a Justiça pode dar de melhor" (CARNEIRO, Paulo Cezar Pinheiro. Breves notas sobre o Incidente de Resolução de Demandas Repetitivas. *Revista Eletrônica de Direito Processual*, v. XIV, ano 8, jul-dez./2014. p. 485-486).

14. "A requisição, prevista no art. 982, inciso II, do CPC, poderá ter como objeto, por exemplo, a obtenção de dados quanto ao número de processos em tramitação que tenham relação com o objeto do IRDR, bem como a sua repercussão social; o levantamento de informações para a fixação, em definitivo, da questão ou questões a serem elucidadas no incidente; a remessa de peças pertinentes aos processos relacionados ao objeto do incidente, por analogia ao estabelecido no art. 1.037, inciso III, do CPC. Esta última providência se justifica especialmente quando o IRDR tiver sido instaurado com base em um único ou poucos processos, bem como diante de uma diversidade diminuta ou mesmo de certa fragilidade nas petições juntadas, a indicar deficiência na defesa técnica apresentada" (MENDES, Aluisio G. de Castro. *Incidente de Resolução de Demandas Repetitivas*: sistematização, análise e interpretação do novo instituto processual. Rio de Janeiro: Forense, 2017. p. 200-201).

gamento, bem como aprofundando àquelas que são comuns e que estão ligadas ao objeto do incidente[15].

E, nesse ponto, não há dúvidas que o legislador brasileiro teve grande preocupação, na medida em que previu, de forma expressa[16], a possibilidade de o relator requisitar informações a órgãos cujo juízo tramita o processo, sendo importante destacar que tal previsão se trata de mera faculdade, não podendo ser distorcida no sentido de transferir para o órgão julgador a responsabilidade primária em relação às pretensões formuladas. Sobre o assunto, assim se posiciona Aluisio Mendes[17]:

> (...) o legislador brasileiro parece também ter atribuído certo papel de controle ao próprio Poder Judiciário, no sentido de zelar pelo devido processo legal do Incidente de Resolução de Demandas Repetitivas. Em especial, a preocupação no sentido da correta definição da questão a ser elucidada e que os fundamentos contrapostos estejam bem representados quanto à amplitude e profundidade. Por isso, a previsão expressa do poder-dever de requisitar informações a órgãos em cujo juízo tramita o processo no qual se discute o objeto do incidente, nos termos do inciso II do art. 982 do Código de Processo Civil. Esta possibilidade não pode ser superdimensionada, pois não se pretende transferir ao órgão julgador a responsabilidade primária em relação aos direitos, deveres, ônus e faculdades pertinentes às pretensões formuladas perante o Poder Judiciário. Por certo, aos titulares dos respectivos direitos caberá o pleno exercício da atividade postulatória, com a formulação dos fundamentos e argumentos jurídicos pertinentes.

A referida medida de instrução do procedimento "é um mecanismo de ampliação objetiva do debate, a permitir o diálogo institucional entre os tribunais superiores e inferiores, bem como entre juízos das instâncias ordinárias (...)"[18], de modo a fundamentar, com base nas informações recepcionadas, a questão a ser elucidada.

---

15. "(...) nesta etapa de preparação do julgamento do IRDR, dois objetivos são centrais: a) a correta identificação e formulação da questão ou das questões a serem elucidadas no incidente; b) o aprofundamento do contraditório em torno do objeto do incidente, para que este esteja devidamente instruído, em termos de extensão e profundidade, quanto aos fundamentos e argumentos expendidos sobre a questão a ser resolvida" (MENDES, Aluisio G. de Castro. *Incidente de Resolução de Demandas Repetitivas*: sistematização, análise e interpretação do novo instituto processual. Rio de Janeiro: Forense, 2017. p. 200).

16. Art. 982. Admitido o incidente, o relator: (...)

    II - poderá requisitar informações a órgãos em cujo juízo tramita processo no qual se discute o objeto do incidente, que as prestarão no prazo de 15 (quinze) dias.

    Aqui também pode ser aplicado, por analogia, o art. 1.037 do CPC que regula os recursos repetitivos: "Selecionados os recursos, o relator, no tribunal superior, constatando a presença do pressuposto do caput do art. 1.036, proferirá decisão de afetação, na qual: (...) III - poderá requisitar aos presidentes ou aos vice-presidentes dos tribunais de justiça ou dos tribunais regionais federais a remessa de um recurso representativo da controvérsia".

17. MENDES, Aluisio G. de Castro. *Incidente de Resolução de Demandas Repetitivas*: sistematização, análise e interpretação do novo instituto processual. Rio de Janeiro: Forense, 2017. p. 199-200.

18. PORTO, José Roberto Sotero de Mello. *Teoria geral dos casos repetitivos*. Rio de Janeiro: LMJ Mundo Jurídico, 2018. p. 181.

Ultrapassados tais pontos, passa-se, então, à análise da instrução do procedimento do IRDR sob o ângulo do princípio do contraditório.

2.2 Ampliação do debate pelo viés subjetivo e o efetivo contraditório como direito de influência[19] e de legitimação das decisões proferidas no IRDR

Como já demonstrado neste estudo, ao instituir mecanismos como o IRDR – que uniformizam e estabilizam a jurisprudência –, o legislador brasileiro ratificou a importância e necessidade de observância dos princípios da ampla defesa e devido processo legal, assim como os da isonomia e segurança jurídica[20], buscando dar tratamento igual a todos aqueles que estejam com a mesma demanda no Judiciário.

Quando o art. 983, *caput*, do CPC menciona que "o relator ouvirá as partes e os demais interessados, inclusive pessoas, órgãos e entidades com interesse na controvérsia", estão incluídas: i) as partes do processo originário no qual foi suscitado o IRDR; ii) os terceiros que estão com seus processos suspensos e que serão afetados pelo precedente obrigatório fixado (art. 927, III do CPC); e iii) os órgãos e entidades que poderão intervir na qualidade de *amici curiae;* buscando legitimar a tese vinculante que será fixada[21].

Segundo Habermas,[22] *"a força do melhor argumento surgirá através de um debate público, em que cada argumento é submetido a contra-argumentos, influenciando e legitimando a decisão do julgador final".*

Não há dúvida, portanto, da necessidade e importância de "dar voz" não só para as partes do processo no qual o incidente foi suscitado, mas também aos

19. "(...) Outro aspecto imprescindível é a constatação de que o contraditório não pode ser exercido nos mesmos moldes do processo civil individual tradicional, mas adaptado às peculiaridades do IRDR. Diante da impossibilidade fática de participação direta e pessoal de todos os interessados, já que a estrutura do IRDR é multipolarizada, o contraditório se exerce pelo direito à influência, é dizer, pela possibilidade de apresentar argumentos racionais para influir na decisão judicial e nos demais sujeitos do debate argumentativo" (REIS, Clóvis Mendes Leite Reimão dos. A vinculação da Administração Pública ao precedente judicial do IRDR: uma imposição da juridicidade em prol do interesse público qualitativo. *Revista de Processo*. São Paulo, v. 282. ano 43, ago. 2018. p. 353-380).

20. Enunciado 323 do FPPC: "A formação dos precedentes observará os princípios da legalidade, da segurança jurídica, da proteção da confiança e da isonomia".

21. "A admissão tão somente de *amici curiae* restaria condicionada à relevância da matéria, a qual deve se entender presumida, pois, tal como ocorre no incidente de resolução de demandas repetitivas, o julgamento dos recursos excepcionais representativos de uma controvérsia jurídica repercutirá na vida de centenas, milhares ou até milhões de jurisdicionados. Além disso, a definição da tese jurídica realizada no julgamento do recurso paradigma reveste-se claramente da natureza de processo objetivo, que transcende o interesse das partes originalmente envolvidas (recorrente e recorrido), vindo a alcançar todos aqueles que recorram ao Poder Judiciário em virtude daquela mesma questão jurídica controvertida" (PINHO, Humberto Dalla Bernardina de. *Direito Processual Civil Contemporâneo*. v. 2. São Paulo: Saraiva, 2017. p. 973).

22. HABERMAS, Jürgen. *Verdade e justificação*: ensaios filosóficos. São Paulo: Loyola, 2004. p. 254.

representantes adequados[23] e aos interessados[24-25], tudo visando um debate amplo para que se obtenha o melhor resultado, com verdadeira possibilidade de influência[26].

Entretanto, é importante consignar que essa participação deve ser organizada e fiscalizada pelo relator para que só seja admitido o ingresso daqueles que venham enriquecer o debate com novos argumentos, sob pena de não ficar configurada a utilidade na sua intervenção[27]. Esse também é o entendimento de Sofia Temer[28]:

> A participação aqui é vista, então, como a possibilidade de convencimento, através da apresentação (direta ou indireta) de razões para resolução da controvérsia jurídica. Por isso, como veremos em seguida, uma das condições para intervir no incidente deve ser, a nosso ver, a apresentação de novos dados, informações ou argumentos, de modo que a participação seja relevante.

Aqui é possível encaixar a participação do *amicus curiae*, que, segundo o art. 138 do CPC, será possível quando o juiz ou relator, considerando a relevância da

23. Representantes adequados são os legitimados à tutela dos direitos dos litigantes excluídos.
24. Segundo Luiz Guilherme Marinoni: "o interessado é terceiro sem interesse jurídico, vale dizer, o terceiro que não pode ser atingido pelos efeitos reflexos da coisa julgada. Trata-se do terceiro que tem sempre interesse em que prevaleça a posição de uma das partes. O terceiro, assim, intervém como *amicus curiae*" (MARINONI, Luiz Guilherme. *Incidente de Resolução de Demandas Repetitivas*: decisão de questão idêntica x precedente. São Paulo: Revista dos Tribunais, 2016. p. 91).
25. Enunciado 305 do FPPC: "No julgamento de casos repetitivos, o tribunal deverá enfrentar todos os argumentos contrários e favoráveis à tese jurídica discutida, inclusive os suscitados pelos interessados.".
26. "(...) a doutrina percebeu que o contraditório não pode mais ser analisado tão-somente como mera garantia formal de bilateralidade da audiência, mas sim como uma possibilidade de influência (Einwirkungsmöglichkeit) sobre o desenvolvimento do processo e sobre a formação de decisões racionais, com inexistentes ou reduzidas possibilidades de surpresa. O contraditório não se circunscreve mais ao dizer e contradizer de forma formal entre as partes, sem que isso gere uma efetiva ressonância (contribuição) para a fundamentação do pronunciamento, ou seja, afastando a ideia de que a participação das partes no processo possa ser meramente fictícia, ou apenas aparente, e mesmo desnecessária no plano substancial – ou que a atuação delas apenas se dê para a "exposição dos fatos", sendo sua qualificação jurídica atribuição exclusiva e de "livre convencimento" do juiz (entendido este como discricionariedade do magistrado em decidir sem levar em conta as teses trazidas pelas partes sobre os fatos/direito ou então que ele possa decidir com base em apenas uma das teses, se, com isso, puder decidir toda a causa) – combatida pelo art. 489, §1º, IV" (NUNES, Dierle; BAHIA, Alexandre Melo Franco; HORTA, André Frederico; SILVA, Natanael Lud Santos. *Normas fundamentais*: Contraditório como garantia de influência e não surpresa no CPC-2015. v. 8, Cap. 9. Salvador: Juspodivm, 2016. p. 221). No mesmo sentido, Sofia Temer afirma que "(...) no incidente, o contraditório foge à sua concepção tradicional e não pode ser concebido como embate de teses antagônicas, nem como mero direito de informação e reação, voltado à proteção de um direito subjetivo. No incidente, a participação não é facultada apenas aos sujeitos que sofram "prejuízos" com a aplicação da tese. Assume a condição de direito de influência, que, aqui, expressa-se pela possibilidade de, através da apresentação de informações e argumentos racionais, influir na convicção do órgão julgador e dos demais sujeitos no debate relativo à resolução da questão de direito" (TEMER, Sofia. *Incidente de resolução de demandas repetitivas*. Salvador: Juspodivm, 2016. p. 139).
27. REIS, Clóvis Mendes Leite Reimão dos. A vinculação da Administração Pública ao precedente judicial do IRDR: uma imposição da juridicidade em prol do interesse público qualitativo. *Revista de Processo*. São Paulo, v. 282. ano 43, ago. 2018. p. 353-380.
28. TEMER, Sofia. *Incidente de resolução de demandas repetitivas*. Salvador: Juspodivm, 2016. p. 138.

matéria, a especificidade do tema ou a repercussão social da controvérsia, admitirá a participação de pessoa natural e jurídica, órgão ou entidade especializada com representatividade adequada.

Para Luiz Guilherme Marinoni[29]:

> A participação do *amicus* é importante quando se está a discutir questões de direito de amplo interesse, para cuja solução não raramente é preciso dissipar divergências presentes na sociedade, de conteúdo moral, religioso, econômico ou que afetam direitos fundamentais. É por isso que a figura do amicus tem relevância em face das discussões travadas no Supremo Tribunal Federal, dada a amplitude de significado das normas constitucionais e a complexidade e a disputa entre valores que marcam os casos em que se busca a delimitação do sentido dos direitos fundamentais. Isso não quer dizer, porém, que a definição do sentido da lei federal também não possa exigir a intervenção do amicus em face de questões complexas e relevantes para a vida em sociedade.

A audiência pública é outro momento no qual o *amicus curiae* e todos os demais sujeitos já referidos neste trabalho poderão se manifestar, trazendo informações e dados relevantes para a fixação da tese. O legislador, ao estabelecer de forma expressa a possibilidade de o relator designar audiência pública, reforçou, ainda mais, a necessidade de pluralidade no debate, ampliando e concretizando o contraditório. A norma do § 1º do art. 983 do CPC, é reforçada pelo art. 1.038, II[30] e, também, disciplinada para a revisão da tese no art. 927, § 2º, todos do CPC.

E tal instrumento, sem dúvida, contribui para que os julgadores possam entender melhor as questões que irão decidir e vem sendo adotado por nossos tribunais, o que demonstra a preocupação com um amplo debate antes da fixação da tese, fortalecendo a legitimidade democrática do incidente[31].

---

29. MARINONI, Luiz Guilherme. *Incidente de Resolução de Demandas Repetitivas*: decisão de questão idêntica x precedente. São Paulo: Revista dos Tribunais, 2016. p. 91.

30. Art. 1.038. O relator poderá: (...)

    II - fixar data para, em audiência pública, ouvir depoimentos de pessoas com experiência e conhecimento na matéria, com a finalidade de instruir o procedimento.

31. Audiência pública realizada no IRDR 10000.16.032797-9/000 – Relator Desembargador Afrânio Vilela do TJMG – na qual se debateu se candidatos que estão respondendo a processo administrativo ou judicial poderiam ou não se matricular em cursos especiais de formação, tanto para praças quanto para o oficialato. Segundo o desembargador Wilson Benevides *"as explanações mostraram que a questão em julgamento não é tão simples como poderia parecer à primeira vista, expondo diversas questões relativas aos princípios constitucionais, legais e também aqueles relativos à própria especialidade da carreira militar"*. Já o desembargador Relator afirmou que *"já julgou inúmeras causas envolvendo a carreira militar e lamenta que a audiência pública não fosse prevista antes. Cada um dos expositores trouxe um elemento importantíssimo para o nosso raciocínio jurídico. Todos aqui participaram com um contributo que, mais do que limitar-se ao aspecto jurídico, concretiza o exercício de cidadania"*.

    Disponível em: *http://www.imprensaoficial.mg.gov.br/index.php?/justica/justica/Tribunal-de-Justica-realiza-primeira-audiencia-publica-em-IRDR-do-Pais.html*. Acesso em: 20.09.2019.

    Audiência pública realizada no IRDR 1.0000.17.016565-5/001 – Relator Desembargador Wilson Benevides do TJMG – na qual se debateu à competência dos Juizados Especiais da Fazenda Pública para processar e julgar demandas nas quais seja necessária a produção de prova pericial complexa. Segun-

Nessas audiências, serão ouvidos depoimentos de pessoas com conhecimento da questão debatida sobre pontos importantes para a resolução da questão de direito[32], para que tragam informações técnicas e/ou experiência profissional na área, fortalecendo o contraditório[33].

Após, ultimando a fase de instrução e contraditório e antes do início do julgamento do IRDR, o relator determinará a intimação do Ministério Público, que funcionará na forma de fiscal da ordem jurídica e

> o tão só fato de tratar-se de incidente destinado a fixar a solução jurídica de uma parcela da cognição que atingirá inúmeras causas repetitivas, pelo impacto de massa, já indica estarmos diante de um procedimento que transcende o mero interesse individual.[34]

---

do o desembargador relator *"(...) reputo imprescindível a realização de audiência, com a participação de magistrados que atuam nos Juizados Especiais da Fazenda Pública e na Vara da Fazenda Pública, até mesmo para se avaliar aspectos práticos da medida, como, por exemplo, a sua viabilidade e as possíveis repercussões da produção desse tipo de prova no trâmite processual"*. Disponível em: https://www.tjmg.jus.br/portal-tjmg/jurisprudencia/recurso-repetitivo-e-repercussao-geral/o-tjmg-realizara-audiencia-publica-que-discutira-se-prova-pericial-complexa-constitui-um-requisito-para-fins-de-definicao-de-competencia-do-juizado-especial-da-fazenda-publica-ao-lado-do-valor-da-causa-e-da-materia.htm#! Acesso em: 22.09.2019.

Audiência pública realizada no IRDR 5026813-68.2016.4.04.0000 – Relator Desembargador Rogério Favreto do TRF4 — na qual se debateu a possibilidade de extensão do adicional de 25% para beneficiários que necessitam de cuidador intermitente para outros tipos de benefícios.Foram convidados a participar do encontro a Ordem dos Advogados do Brasil das seccionais dos três estados da 4ª Região, o Conselho Nacional do Idoso, a direção do Asilo Padre Cacique, o Instituto Brasileiro de Direito Previdenciário, a Sociedade Brasileira de Geriatria e Gerontologia, a Associação Nacional dos Médicos Peritos da Previdência Social, a Associação Médica Brasileira, a Associação Nacional dos Aposentados e Pensionistas da Previdência Social, o Conselho Federal de Serviço Social, a Faculdade de Medicina da UFRGS e o Conselho Federal de Enfermagem.Disponível em: https://www.trf4.jus.br/trf4/controlador.php?acao=noticia_visualizar&id_noticia=12877 Acesso em: 22.09.2019.

32. "(...) os esclarecimentos que devem ser feitos em audiência pública não são os que dizem respeito à elucidação sobre a ocorrência de fato de que depende o julgamento da questão de direito. Realmente, quando se fala em ouvir "depoimentos de pessoas com experiência e conhecimento na matéria" não se está pensando em buscar esclarecimentos sobre como os fatos se passaram, mas em abrir debate entre as posições divergentes mediante o auxílio de depoimentos de especialistas sobre circunstâncias que dizem respeito à inteligência da norma ou da questão jurídica, os quais devem ser confrontados e rigorosamente checados pelo juiz em todos os seus aspectos, inclusive o da idoneidade daquele que o produziu" (MARINONI, Luiz Guilherme. *Incidente de Resolução de Demandas Repetitivas*: decisão de questão idêntica x precedente. São Paulo: Revista dos Tribunais, 2016. p. 94).

33. Enunciado 659 do FPPC: "O relator do julgamento de casos repetitivos e do incidente de assunção de competência tem o dever de zelar pelo equilíbrio do contraditório, por exemplo solicitando a participação, na condição de amicus curiae, de pessoas, órgãos ou entidades capazes de sustentar diferentes pontos de vista".

    Enunciado 2 do FPPC: "Para a formação do precedente, somente podem ser usados argumentos submetidos ao contraditório".

    Enunciado 175 do FPPC: "O relator deverá fundamentar a decisão que inadmitir a participação de pessoas, órgãos ou entidades e deverá justificar a não realização de audiências públicas".

34. CABRAL, Antonio do Passo; CRAMER, Ronaldo. *Comentários ao novo Código de Processo Civil*. Rio de Janeiro: Forense, 2015. p. 1440.

Observa-se que há um procedimento adequado, bem delineado, com todas as orientações necessárias e moldado ao escopo, à natureza e às particularidades do seu objeto, tal como assentado por Antonio Adonias[35]:

> Além da qualificação subjetiva, decorrente da competência específica do órgão julgador, das regras de legitimidade para a propositura e da possibilidade de intensa atuação de todos os partícipes acima indicados, o IRDR ainda conta com um rito especializado (arts. 982 a 984), inclusive com a realização de audiência pública (art. 983, § 1º) e com a possibilidade de sustentação pelas partes, pelo Ministério Público e pelos demais interessados (art. 984, II).
>
> Ao delinear um rito próprio para o Incidente, o legislador atendeu a um dos importantes aspectos que integram o devido processo legal: o da existência de um procedimento adequado, moldado ao escopo, à natureza e às particularidades do seu objeto, prezando pelo direito fundamental à efetividade do processo e à inafastabilidade da jurisdição, que envolve uma tutela adequada. Cuida-se de um dos meios eficazes de garantir um contraditório qualificado.

Cumpridas todas essas questões, o procedimento estará pronto para seguir para a fase de julgamento, momento no qual o relator deverá requerer a inclusão em pauta, disponibilizando o relatório do caso.

3. SÍNTESE CONCLUSIVA

O Poder Judiciário finalizou o ano de 2018 com 78,7 milhões de processos em tramitação[36]. Grande parte desse quantitativo são de demandas massificadas[37] que trazem diversos problemas já conhecidos, dentre eles, a dispersão da jurisprudência, que, muitas vezes, faz com que questões idênticas sejam julgadas de maneira diferente.

Por isso, é preciso aplaudir a iniciativa do legislador de buscar no direito comparado institutos como o IRDR, para que se possa tentar solucionar os problemas prementes de nossa sociedade, para os quais o nosso sistema jurídico tradicional não se mostrou suficiente e satisfatório.

---

35. BASTOS, Antonio Adonias Aguiar. Dever de enfrentamento do precedente editado num Incidente de Resolução de Demandas Repetitivas (IRDR) para o julgamento de outro IRDR. *Revista Brasileira de Direito Processual.* Belo Horizonte, ano 15. n. 59 (jun./set. 2007), 2007. p. 43-62.

36. BRASIL. Conselho Nacional de Justiça. *Justiça em Números 2019* (ano-base 2018). Brasília, DR: CNJ, 2019. Disponível em: https://www.cnj.jus.br/pesquisas-judiciarias/justicaemnumeros/2016-10-21-13-13-04/pj-justica-em-numeros. Acesso em: 11 set. 2019.

37. "As características da vida contemporânea produzem a emersão de uma série de situações em que, longe de achar-se em jogo direito ou o interesse de uma única pessoa, ou de algumas pessoas individualmente consideradas, o que sobreleva, o que assume proporções mais imponentes, é precisamente o fato de que se formam conflitos nos quais grandes massas estão envolvidas, e um dos aspectos pelos quais o processo recebe o impacto desta propensão do mundo contemporâneo para os fenômenos de massa: produção de massa, distribuição de massa, cultura de massa, comunicação de massa, e porque não, processo de massa?" (MOREIRA, José Carlos Barbosa. Ações coletivas na Constituição Federal de 1988. *Revista de Processo.* v. 61, jan. 1991. p. 187).

Apesar das críticas doutrinárias existentes, o presente estudo demonstrou que a fase de instrução e julgamento do procedimento respeita e ressalta o princípio constitucional do contraditório, assegurando a participação de todas as partes e interessados, através de representantes adequados e do *amicus curiae.*

E é exatamente a participação de sujeitos capazes, com possibilidade de influência, que fazem com que o debate seja pluralizado, trazendo legitimidade democrática à tese fixada.

4. REFERÊNCIAS BIBLIOGRÁFICAS

BRASIL. Conselho Nacional de Justiça. Justiça em Números 2019 (ano-base 2018). Brasília, DR: CNJ, 2019. Disponível em: https://www.cnj.jus.br/pesquisas-judiciarias/justicaemnumeros/2016-10-21-13-13-04/pj-justica-em-numeros. Acesso em: 16 set. 2019.

BASTOS, Antonio Adonias Aguiar. Dever de enfrentamento do precedente editado num Incidente de Resolução de Demandas Repetitivas (IRDR) para o julgamento de outro IRDR. *Revista Brasileira de Direito Processual.* Belo Horizonte, ano 15. n. 59, jun./set. 2007.

CABRAL, Antônio do Passo; CRAMER, Ronaldo. *Comentários ao Novo Código de Processo Civil.* Rio de Janeiro: Forense, 2016.

CARNEIRO, Paulo Cezar Pinheiro. Breves notas sobre o Incidente de Resolução de Demandas Repetitivas. *Revista Eletrônica de Direito Processual*, v. XIV, ano 8, jul-dez./2014.

CARNEIRO, Wálber Araújo. *Hermenêutica jurídica heterorreflexiva*: uma teoria dialógica do direito. Porto Alegre: Livraria do Advogado, 2010.

FUX, Luiz; BODART, Bruno. Notas sobre o princípio da motivação e a uniformização da jurisprudência no novo Código de Processo Civil à luz da análise econômica do Direito. *Revista de Processo*, v. 269, jun. 2017.

GRINOVER, Ada Pellegrini. *Ensaio sobre a processualidade*: fundamentos para uma nova teoria geral do processo. São Paulo: Gazeta Jurídica, 2016.

HABERMAS, Jürgen. *Verdade e justificação*: ensaios filosóficos. São Paulo: Loyola, 2004.

MANCUSO, Rodolfo de Camargo. *A resolução de conflitos e a função judicial no Contemporâneo Estado de Direito.* São Paulo: Revista dos Tribunais, 2009.

MARINONI, Luiz Guilherme. *Incidente de Resolução de Demandas Repetitivas*: decisão de questão idêntica x precedente. São Paulo: Revista dos Tribunais, 2016.

MENDES, Aluisio Gonçalves de Castro; TEMER, Sofia. O incidente de resolução de demandas repetitivas do novo Código de Processo Civil. *Revista de Processo*, v. 243, maio 2015.

MENDES, Aluisio G. de Castro. *Incidente de Resolução de Demandas Repetitivas*: sistematização, análise e interpretação do novo instituto processual. Rio de Janeiro: Forense, 2017.

MENDES, Aluisio G. de Castro; PINHO, Humberto Dalla Bernardina de; VARGAS, Daniel Vianna; SILVA, Felipe C. Gonçalves da. O incidente de resolução de demandas repetitivas (IRDR) no processo penal. Reflexões iniciais. *Revista de Processo.* v. 279. ano 43.

MOREIRA, José Carlos Barbosa. Ações coletivas na Constituição Federal de 1988. *Revista de Processo.* v. 61, jan. 1991.

PINHO, Humberto Dalla Bernardina de. *Jurisdição e pacificação*: limites e possibilidades do uso dos meios consensuais de resolução de conflitos na tutela dos direitos transindividuais e pluri-individuais. Curitiba: CRV, 2017.

PINHO, Humberto Dalla Bernardina de. *Direito processual civil contemporâneo.* v. 2. São Paulo: Saraiva, 2017.

PORTO, José Roberto Sotero de Mello. *Teoria geral dos casos repetitivos*. Rio de Janeiro: LMJ Mundo Jurídico, 2018.

REIS, Clóvis Mendes Leite Reimão dos. A vinculação da Administração Pública ao precedente judicial do IRDR: uma imposição da juridicidade em prol do interesse público qualitativo. *Revista de Processo*. São Paulo, v. 282, ano 43, ago. 2018.

TEMER, Sofia. *Incidente de Resolução de Demandas Repetitivas*. Salvador: JusPodivm, 2016.

TJMG. Publicado em: 11.05.2017. Disponível em: http://www.imprensaoficial.mg.gov.br/index.php?/justica/justica/Tribunal-de-Justica-realiza-primeira-audiencia-publica-em-IRDR-do-Pais.html. Acesso em: 20.09.2019.

TJMG. Publicado em: 22.08.2018. Disponível em: https://www.tjmg.jus.br/portal-tjmg/jurisprudencia/recurso-repetitivo-e-repercussao-geral/o-tjmg-realizara-audiencia-publica-que-discutira-se-prova-pericial-complexa-constitui-um-requisito-para-fins-de-definicao-de-competencia-do-juizado-especial-da-fazenda-publica-ao-lado-do-valor-da-causa-e-da-materia.htm#! Acesso em: 22.09.2019.

TRF4. Publicado em: 31.05.2017. Disponível em: https://www.trf4.jus.br/trf4/controlador.php?acao=noticia_visualizar&id_noticia=12877 Acesso em: 22.09.2019.

4

O ESQUECIMENTO DA REPRESENTAÇÃO DOS EXCLUÍDOS NO IRDR

Luiz Guilherme Marinoni[1]

Sumário: 1 – O objetivo do incidente de resolução de demandas repetitivas. 2 – A justificativa da exclusão dos litigantes das demandas individuais. 3 – Coisa julgada sobre questão. 4 – A possibilidade de o terceiro alegar a proibição de rediscutir a questão já decidida: *non-mutual collateral estoppel*. 5 – O desenvolvimento do *collateral estoppel*: das questões de fato às questões de direito e a sua colocação em face da *class action*. 6 – A aproximação entre o *collateral estoppel* e o *stare decisis*. 7 – O equivocado uso da ideia de "precedente" para justificar a decisão de questão prejudicial de muitos em incidente destituído de possibilidade de participação em contraditório. 8 – Distinção entre resolver "questão" de terceiros e firmar precedente. 9 – O direito fundamental de ação enquanto direito de discutir a questão e influenciar o convencimento do juiz. 10 – A questão da afetação de terceiro pela decisão de questão (*non-mutual collateral estoppel*) nos Estados Unidos. 11 – Participação e representação adequada: a falta de preocupação com "representação adequada" no incidente de resolução de demandas repetitivas. 12 – Incidente de resolução de demandas enquanto justiça dos demandantes "sem rosto e sem fala". 13 – Ilegítima e inconstitucional opção por quem viola direitos em massa. 14 – O descaso em relação à ação coletiva e a preferência pelo incidente de resolução de demandas repetitivas. 15 – Correção da inconstitucionalidade. 16 – A ressurreição da força da representatividade adequada.

1. O OBJETIVO DO INCIDENTE DE RESOLUÇÃO DE DEMANDAS REPETITIVAS

O incidente de resolução de demandas repetitivas surgiu como meio para facilitar e acelerar a resolução de demandas múltiplas, que dependem da análise e decisão de uma "mesma" questão de direito (art. 976, I, CPC). Pretendeu-se igualmente evitar decisões diferentes para uma mesma questão, frisando-se que a instauração do incidente depende de "risco de ofensa à isonomia e à segurança jurídica" (art. 976, II, CPC).

Na verdade, a isonomia e a segurança jurídica não constituem propriamente requisitos para a instauração do incidente, mas a justificativa do legislador para a sua previsão no Código de Processo Civil. É que, havendo centenas ou milhares de demandas que dependem da solução de uma mesma questão de direito, sempre há possibilidade de decisões diferentes para casos iguais.

---

1. Professor Titular da Universidade Federal do Paraná. Presidente da Associação Brasileira de Direito Processual Constitucional. Conselheiro da International Association of Procedural Law.

Parte-se da premissa de que, como há apenas uma única questão a atingir todos os demandantes, cabe resolvê-la em separado, outorgando-se à decisão eficácia perante todos os litigantes das diversas ações individuais. Como é fácil perceber, o incidente, ao excluir a participação de todos em nome da otimização da resolução das demandas, exige grande esforço interpretativo.

2. A JUSTIFICATIVA DA EXCLUSÃO DOS LITIGANTES DAS DEMANDAS INDIVIDUAIS

O legislador, para justificar a instituição de um procedimento que exclui a participação dos titulares da questão a ser resolvida, apegou-se à ideia de decisão que deve ser obrigatoriamente observada pelos juízes. Afirma o art. 927, III, do Código de Processo Civil, que "os juízes e os tribunais observarão" (...) "os acórdãos em incidente de assunção de incompetência ou de resolução de demandas repetitivas e em julgamento de recursos extraordinário e especial repetitivos".

Trata-se de clara suposição de que a decisão proferida em incidente que julga questão de direito de titularidade de muitos pode a eles ser naturalmente estendida, como se fosse um precedente obrigatório. O incidente de resolução de demandas repetitivas, ao afastar os litigantes das ações individuais da discussão da *mesma* questão de direito (art. 976, I, CPC), supõe que a decisão dessa questão nada mais é do que um precedente que se aplica aos casos pendentes.

Note-se, aliás, que o art. 985 traz confissão neste sentido, afirmando não só que a decisão – chamada de "tese jurídica" – "*será aplicada*" a "todos os processos individuais ou coletivos que versem sobre *idêntica questão de direito* e que tramitem na área de jurisdição do respectivo tribunal, inclusive aqueles que tramitem nos juizados especiais do respectivo Estado ou região" e "aos *casos futuros* que versem *idêntica questão de direito* e que venham a tramitar no território de competência do tribunal, salvo revisão na forma do art. 986" (art. 985, I e II, CPC), mas também que, "*não observada* a tese adotada no incidente, *caberá reclamação*" (art. 985, § 1º, CPC).

Um precedente fixa o sentido do direito e, por isso, *naturalmente* diz respeito a todos, enquanto uma decisão que resolve questão de direito que constitui prejudicial à tutela jurisdicional do direito de muitos, além de ter valor enquanto resolução de uma específica questão de direito, tem eficácia de coisa julgada em relação aqueles que têm os seus direitos discutidos. Torna-se necessário, assim, distinguir precedente de coisa julgada que recai sobre questão e pode atingir terceiro (artigos 503, § 1º e 506, CPC).

3. COISA JULGADA SOBRE QUESTÃO

A decisão do incidente aplica-se em todos os processos pendentes que versem sobre idêntica questão de direito (art. 985, I, CPC), vale dizer, impede que os litigantes destes processos voltem a discutir a questão resolvida. De modo que a única dificuldade está em esclarecer o que significa proibir rediscutir questão já decidida.

Como é possível chamar a decisão que, ditada no processo de um para os casos de muitos, impede-os de relitigar a questão resolvida, submetendo-os? Perceba-se que a decisão tomada no referido incidente constitui uma nítida proibição de relitigar a questão já decidida, que, nos casos de decisão negativa àqueles que não puderam participar e discutir, assemelha-se a um *inusitado e ilegítimo "collateral estoppel"*.

Assim, na hipótese de decisão tomada em incidente de resolução de demandas repetitivas, há, embora não dito, coisa julgada sobre a questão presente nos vários casos repetitivos. A coisa julgada está a tornar indiscutível uma questão imprescindível para se chegar ao alcance da resolução dos vários casos pendentes.

Note-se que o novo código não limita a coisa julgada à parte dispositiva, mas admite a sua incidência sobre a questão, afirmando em seu art. 503, § 1º que a coisa julgada *"aplica-se à resolução de questão prejudicial*, decidida expressa e incidentemente no processo, se: (i) dessa resolução depender o julgamento do mérito; (ii) a seu respeito tiver havido contraditório prévio e efetivo, não se aplicando no caso de revelia; (iii) o juízo tiver competência em razão da matéria e da pessoa para resolvê-la como questão principal". Enquanto isso, diz o art. 506 que "a sentença faz coisa julgada às partes entre as quais é dada, não *prejudicando* terceiros".

No caso de resolução de demandas repetitivas, a questão é pinçada dos casos pendentes e submetida a decisão do órgão julgador incumbido do incidente. Significa que se está diante de coisa julgada que afeta terceiros. Para que isso seja legítimo, na medida em que uma decisão não pode prejudicar a quem não pode participar, é indispensável viabilizar a participação do representante adequado dos litigantes excluídos.

Na verdade, o incidente de resolução, se bem visto – admitindo a participação do representante adequado –, é uma técnica processual absolutamente atrelada à coisa julgada em benefício de terceiros. Veja-se que tanto aquele que pode ser beneficiado pela coisa julgada, quanto aquele que pode ser excessivamente exposto à necessidade de se defender para não ser prejudicado por decisão que possa produzir coisa julgada em benefício de todos os seus adversários, pode requerer a instauração do incidente: (i) para que a questão de todos seja discutida em processo conduzido por representante adequado que efetiva e vigorosamente defenda os direitos e (ii) para que a questão de direito não venha a ser discutida e decidida inúmeras vezes, sempre com a possibilidade de produzir coisa julgada em benefício de terceiros. *De modo que o incidente tem importância para evitar que a coisa julgada em benefício de terceiros possa gerar abusos*[2].

4. A POSSIBILIDADE DE O TERCEIRO ALEGAR A PROIBIÇÃO DE REDISCUTIR A QUESTÃO JÁ DECIDIDA: *NON-MUTUAL COLLATERAL ESTOPPEL*

Interessa lembrar que a proibição de relitigar questão já decidida surgiu no direito inglês e, posteriormente, foi bastante desenvolvida no direito estadunidense. Apenas mais tarde foi vista como útil por alguns doutrinadores da Europa continental[3]. O que se chama de *collateral estoppel* no *common law* é, em substância, o que se denomina de coisa julgada sobre questão no *civil law*. Mas a lembrança da origem do instituto é importante para demonstrar que o *collateral estoppel* é um instituto que, antes de mais nada, está preocupado em preservar a autoridade da decisão. Poder rediscutir a questão que está à base do dispositivo da decisão implica poder obscurecer a sua essência, fragilizando-se significativamente a sua autoridade.

Contudo, se a proibição de voltar a discutir questão determinante do resultado faz parte de orientação presente há muito no *common law*, só mais recentemente, em meados do século XX, surgiu no Estados Unidos a discussão a respeito da possibilidade de o terceiro – que não participou do processo – poder invocar a proibição da relitigação da questão já decidida. Antes disso, o *collateral estoppel* só podia ser alegado em ação posterior *entre as mesmas partes* – por qualquer das partes que discutiu a questão decidida – e, nesse sentido, falava-se em mutualidade do *estoppel*. O debate acerca da possibilidade de proibir a parte de relitigar decisão diante de *outro adversário* foi iniciado no célebre caso *Bernhard v. Bank of America National Trust and Savings Association*[4], decidido pela Suprema Corte da Califórnia no início dos anos 1940[5].

---

2. Reconhece-se no direito estadunidense que quando um sujeito pode ser responsabilizado diante de muitos em virtude de apenas um julgamento desfavorável, mas nenhuma vantagem possui – em face dos outros – ao receber uma decisão favorável, este fica gravado com um gravíssimo e quase insuportável ônus de se defender. V. NONKES, Steven P. Reducing the unfair effects of non-mutual issue preclusion through damages limits, *Cornell Law Review*, vol. 94, 2009; RICHARDSON, Eli J. Taking issue with preclusion: reinventing Collateral Estoppel, *Mississipi Law Journal*, vol. 65, 1995.

3. Assim, por exemplo, TARUFFO, Michele. "Collateral estoppel" e giudicato sulle questioni, *Rivista di diritto processuale*, 1972, p. 290 e ss. Mais recentemente, ver VOLPINO, Diego. *L'oggetto del giudicato nell'esperienza americana*, Padova: Cedam, 2007.

4. Nesse caso, concluiu-se que a regra de que (apenas) as partes podem invocar a proibição de relitigar questão já decidida poderia ser excepcionada com base na justificativa de que também seria injusto permitir que uma parte possa rediscutir a mesma questão já decidida apenas por estar diante de outro adversário. Ou seja, admitiu-se que o adversário, estranho ao caso em que decidida a questão, também pode invocar proibição de relitigar questão já decidida contra aquele que já a discutiu em processo anterior. "The case justify this exception on the ground that it would be unjust to permit one who has had his day in court to reopen identical issues by merely switching adversaries" (Bernhard v. Bank of America Nat. Trust & Saving Association, Supreme Court of California, 19 Cal2d 807, 122 P2d 892, 1942).

5. SCOTT, Austin. Collateral Estoppel by judgment. *Harvard Law Review*. vol. 56. 1942; CURRIE, Brainerd. Mutuality of Collateral Estoppel: Limits of the Bernherd doctrine. *Stanford Law Review*. vol. 9. 1957.

A Suprema Corte estadunidense tratou pela primeira vez do assunto apenas em 1971, em *Blonder-Tongue Laboratories Inc. v. University of Illinois Foundation*[6]. Em *Blonder-Tongue,* a Universidade de Illinois alegou violação da sua patente. Porém, a Universidade já havia alegado, em ação anterior em que litigou *com outra parte*, que a sua patente teria sido infringida, quando então se declarou a invalidade da patente. Diante disso, discutiu-se na Suprema Corte se a Universidade poderia ser impedida de rediscutir a decisão que anteriormente declarara a invalidade da sua patente. A Suprema Corte fez importantes considerações quanto às consequências econômicas da abertura à relitigação da validade da patente e, com base nelas, revogou parcialmente o precedente firmado em *Triplett v. Lowell*, alegando que a mutualidade do *estoppel* estava *"out of place"*.[7] Entretanto, para deixar de lado o princípio da mutualidade firmado em *Triplett*, lembrou a Suprema Corte que a proibição de a parte voltar a litigar uma questão já decidida dependeria da verificação de se ela teve *"full and fair opportunity"* para litigar no processo anterior. Diante deste ponto, disse a Suprema Corte que se as questões em ambas as ações devem ser idênticas torna-se fácil decidir se a parte teve oportunidade de litigar de modo completo e adequado a questão[8].

Tanto em *Bernhard* quanto em *Blonder-Tongue* firmaram-se os seguintes requisitos para a admissão da proibição de rediscussão: i) a questão que se pretende discutir deve ser idêntica (*the issue is identical*) àquela que já foi discutida; ii) deve ter ocorrido julgamento final de mérito (*a final judgments on the merits*) na ação anterior; iii) o litigante que se pretende proibir de discutir a questão deve não só ter sido parte na ação anterior, mas nela deve ter tido ampla e justa oportunidade de participar[9]. Nessas condições, o *collateral estoppel* passou a ser designado de *non-mutual collateral estoppel* exatamente para evidenciar a possibilidade de terceiro poder invocar a proibição de rediscussão contra aquele que participou.

6. *Blonder-Tongue v. University of Illinois Foundation*, 402 U.S. 313 (1971).

7. "An examination of the *economic consequences* of continued adherence to Triplett has two branches. Both, however, begin with the acknowledged fact that patent litigation is a very costly process". (...) "*Economic consequences* like these, to the extent that they can be avoided, weigh in *favor of modification of the Triplett mutuality principle*" (...) "the *economic consequences* of continued adherence to Triplett are serious and any reduction of litigation in this context is by comparison an incidental matter in considering whether to abrogate the mutuality requirement" (...) "it is apparent that the uncritical acceptance of the principle of *mutuality of estoppel* expressed in Triplett v. Lowell *is today out of place*. Thus, we conclude that *Triplett should be overruled* to the extent it forecloses a plea of estoppel by one facing a charge of infringement of a patent that has once been declared invalid" (Blonder-Tongue v. University of Illinois Foundation, 402 U.S. 313, 1971).

8. Blonder-Tongue v. University of Illinois Foundation, 402 U.S. 313, 1971.

9. "The Supreme Court, Mr. Justice White, held that in patent infringement suit, patentee is estopped to assert validity of patent that has been declared invalid in prior suit in federal court against a different defendant, unless patentee demonstrates that he did not have full and fair opportunity, procedurally, substantively, and evidentially, to litigate the validity of his patent in the prior suit" (Blonder-Tongue v. University of Illinois Foundation, 402 U.S. 313, 1971).

O *non-mutual collateral estoppel* foi pensado inicialmente em perspectiva defensiva e, apenas posteriormente, enquanto *offensive collateral estoppel*[10]. *Blonder-Tongue* é um caso típico de *defensive collateral estoppel*, já que *Blonder-Tongue* se defende mediante a alegação de proibição de relitigação da questão da validade da patente.

Mas existem vários casos em que terceiro invoca a proibição de rediscussão para obter condenação daquele que, num primeiro processo, foi responsabilizado e condenado a pagar indenização em virtude do acidente que também o vitimou. Fala-se, nesse caso, de *offensive collateral estoppel*[11]. A Suprema Corte dos Estados Unidos decidiu em favor do uso ofensivo do *collateral estoppel* em 1979, ao julgar *Parklane v. Shore*[12]. É interessante que, nesta ocasião, a Suprema Corte teve oportunidade de distinguir *Parklane* em face de *Blonder-Tongue* não só para demonstrar a distinção conceitual entre o *offensive* e o *defensive collateral estoppel*[13], mas sobretudo para evidenciar a diferença de consequências concretas e práticas entre o uso de um e de outro[14]. De qualquer forma, a Corte concluiu que nenhum dos argumentos que poderiam justificar a rejeição do uso do *offensive collateral estoppel* estariam presentes no caso sob julgamento e, assim, decidiu que as partes estavam *collaterally estopped* de relitigar a questão.

Do problema e da discussão levada a efeito no direito estadunidense[15] retiram-se consequências muito importantes para o direito brasileiro, especialmente para a sobrevivência do incidente de resolução de demandas repetitivas: i) o *collateral estoppel* proíbe a rediscussão de questão já decidida; ii) o *non-mutual collateral estoppel* permite que terceiro invoque a proibição de discussão de questão já decidida desde que a questão posta no novo processo seja idêntica, tenha sido julgada mediante sentença final de mérito, e que aquele que se pretende proibir de voltar a discutir tenha adequadamente participado do primeiro processo; iii) os terceiros, quando a decisão não os beneficia, sempre conservam o direito de propor as suas ações sem qualquer limitação de discussão. Claramente significa que a proibição

---

10. "Offensive use of collateral estoppel occurs when plaintiff seeks to foreclose defendant from litigating an issue the defendant previously litigated unsuccessfully in an action with another party, whereas defensive use occurs when defendant seeks to prevent plaintiff from asserting a claim plaintiff previously litigated and lost against another defendant" (Parklane v. Shore, 439 U.S. 322, 1979)

11. GLOW, Lisa L. Offensive Collateral Estoppel in Arizona: Fair Litigation v. Judicial Economy. *Arizona Law Review*. vol. 30. 1988; PEREA, Ashley C. Broad discretion: a choise in applying offensive non-mutual collateral estoppel, *Arizona State Law Journal*, vol. 40. 2008; SEGAL, Joshua M. D. Rebalancing fairness and efficiency: The offensive use of collateral estoppel in § 1983 actions. *Boston University Law Review*. vol. 89. 2009; RICHARDSON, Eli J. Taking issue with preclusion: reinventing Collateral Estoppel. *Mississipi Law Journal*. vol. 65. 1995; NONKES, Steven P. Reducing the unfair effects of non-mutual issue preclusion through damages limits. *Cornell Law Review*. vol. 94. 2009.

12. Parklane v. Shore, 439 U.S. 322, 1979.

13. Parklane v. Shore, 439 U.S. 322, 1979.

14. Parklane v. Shore, 439 U.S. 322, 1979.

15. FREEDMAN, Warren *Res Judicata and Collateral Estoppel*, Westport: Quorum, 1988.

de relitigar questão já decidida jamais pode prejudicar aquele que não teve oportunidade de discuti-la. Isso porque, como foi assentado em *Parklane v. Shore*, não há como atingir quem não participou do processo e, portanto, não teve oportunidade de ser ouvido, sem violar o *due process*[16].

5. O DESENVOLVIMENTO DO *COLLATERAL ESTOPPEL*: DAS QUESTÕES DE FATO ÀS QUESTÕES DE DIREITO E A SUA COLOCAÇÃO EM FACE DA *CLASS ACTION*

A proibição de relitigar questão, surgida no ancestral direito inglês, limitou-se num primeiro momento aos fatos. É interessante recordar que a tradição da cultura inglesa foi particularmente marcada pelos valores do calvinismo e do protestantismo acético[17]. Esses valores não só apontaram para um modo de vida que impunha a previsibilidade do direito[18] e, por consequência, colaboraram para o surgimento do mecanismo do *stare decisis*[19], como também tiveram influência nas bases daquilo que mais tarde veio a ser concebido como *collateral estoppel*. É possível dizer que no direito inglês, as preclusões, compreendidas como formas de proibição de retorno a algo já afirmado ou decidido, têm como fundamento a ideia de que o homem não pode negar as situações para as quais contribuiu com a sua própria conduta[20].

Esse princípio de ordem religiosa e moral tomou forma jurídica e teve grande repercussão sobre o desenvolvimento do direito processual. Importa aqui ter em conta que a ideia de *estoppel* constituía uma vedação de a parte, depois de proferida a decisão, negar ou colocar em dúvida os fatos por ela alegados e discutidos. Essa ideia foi relacionada ao sistema de registro ou gravação por escrito das atividades desenvolvidas pelas partes no processo. Da transcrição por escrito (*recorded*) das alegações realizadas pela parte no curso do processo decorria

---

16. "It is a violation of due process for a judgment to be binding on a litigant who was not a party nor privy and therefore has never had an opportunity to be heard" (Parklane v. Shore, 439 U.S. 322, 1979).
17. WEBER, Max. *A ética protestante e o "espírito" do capitalismo* (edição de Antônio Flávio Pierucci), São Paulo: Companhia das Letras, 2004.
18. "A ideia de dever profissional, a que se associou um forte acento sobre a responsabilidade – resultante da necessidade de comprovação da eleição –, consiste em um modo de viver dotado de racionalidade. A busca da comprovação da eleição nos atos da vida intramundana, especificamente no exercício da profissão, não podia ocorrer sem um método capaz de permitir o controle racional sobre a ação humana. Para que essa pudesse gerar os melhores resultados era imprescindível a previsibilidade, sem a qual o sujeito jamais poderia saber se os seus atos produziriam efeitos positivos" (MARINONI, Luiz Guilherme. *A Ética dos precedentes*, São Paulo: Revista dos Tribunais, 2014, p. 25-26).
19. MARINONI, Luiz Guilherme. *A Ética dos precedentes*, esp. cap. 1.
20. "... o cumprimento das obrigações como *dever religioso* geram ao calvinista um extremo rigor consigo mesmo, isto é, uma rigorosa e contínua inspeção da sua conduta profissional e pessoal. A comprovação da eleição, como nada tem a ver com a realização de obras meritórias isoladas, exigia uma auto-inspeção contínua e sistemática, capaz de propiciar ao homem a certeza de que fora eleito" (MARINONI, Luiz Guilherme. *A Ética dos precedentes*, cit., p. 24-25). V. WEBER, Max. *A ética protestante e o "espírito" do capitalismo* (edição de Antônio Flávio Pierucci), cit., p. 106 e ss.

uma presunção de verdade, chancelada por meio do que se designou *estoppel by record*[21]. Tratava-se de uma técnica que impedia a parte de pôr em dúvida as alegações e as conclusões que deram origem à decisão de resolução do litígio, mas que era vista como regra de prova. Assim, não é de espantar que o mais célebre sinal histórico-jurídico de *collateral estoppel* em favor de terceiro esteja num parágrafo de Bentham escrito em *Rationale of Judicial Evidence*. Disse Bentham, na célebre obra publicada em 1827, que há razão para dizer que um homem não deve perder a sua causa em consequência de uma decisão proferida em processo de que não foi parte; *mas não há qualquer razão para dizer que ele não deve perder a sua causa em consequência de uma decisão proferida em um processo em que foi parte, simplesmente porque o seu adversário não foi*[22].

A introdução do conceito romano de *res judicata* no direito inglês fez com que o *estoppel*, concebido como exigência de presumir verdadeiras as alegações de fato deduzidas e declaradas no processo, aproximasse-se da ideia de coisa julgada, de modo que a preclusão sobre os fatos passou a ser aceita como uma consequência da coisa julgada. Basicamente, entendeu-se que, se a coisa julgada faz recair efeitos preclusivos sobre o resultado final do processo ou sobre a parte dispositiva da decisão, o *estoppel* acobertava as passagens ou as questões de fato solucionadas pelo juiz para chegar ao desenlace do litígio[23]. Daí o motivo pelo qual se passou a falar em *estoppel by judgment*.

Porém, ainda que concebido como *estoppel by judgment*, o instituto prosseguiu relacionado apenas com os fatos e, inclusive, influenciou a inserção da coisa julgada no espaço teórico da "prova dos fatos"[24]. Deixando-se de lado as diversas teorizações que demonstraram que a coisa julgada situa-se em lugar diferente, em que a definição dos fatos não tem qualquer importância teórica[25], interessa desde logo lembrar que o problema da preclusão da rediscussão das questões

21. MILLAR, Robert. The historical relation of estoppel by record to res judicata, *Ill L. Review*, 1940-1941.

22. BENTHAM, Jeremy. *Rationale of judicial evidence*, cit., p. 579. Lembre-se que a opinion do Justice White, em Parklane, afirma que a admissão da discussão da mesma questão, apenas em razão de o adversário ser outro, traz péssimas consequências em termos econômicos. Porém, é interessante observar que o Justice White, para justificar a sua posição, alude à contrariedade de Bentham diante da regra da mutualidade do *collateral estoppel*: "the cases and authorities discussed above connect erosion of the mutuality requirement to the goal of limiting the relitigation of issues where that can be achieved without compromising fairness in particular cases (...). The broader questions is whether it is any longer tenable to afford a litigant more than one full and fair opportunity for judicial resolution of the same issue (...). It encompasses the concern exemplified by *Bentham's reference to the gaming table in his attack on the principle of mutuality of estoppel*. In any lawsuit where a defendant, because if the mutuality principle, is forced to present a complete defense on the merits to a claim which the plaintiff has fully litigated and lost in a prior action, there is and arguable *misallocation of resources*" (Parklane v. Shore, 439 U.S. 322, 1979).

23. TARUFFO, Michele. "Collateral estoppel" e giudicato sulle questioni, *Rivista di diritto processuale*, 1972, p. 275 e ss; VOLPINO, Diego. *L'oggetto del giudicato nell'esperienza americana*, cit., p. 291 e ss.

24. VOLPINO, Diego. *L'oggetto del giudicato nell'esperienza americana*, cit., p. 292 e ss.

25. CHIOVENDA, Giuseppe. *Saggi di diritto processuale civile* (reeimpressão), v. 2, Milão: Giuffrè, [1931] 1993.

de direito era encoberto pelo *stare decisis*, suficiente para impedir uma Corte a retornar a uma questão de direito que já decidira.

Não obstante, devido à percepção de que na grande maioria dos casos concretos a distinção entre questão de fato e questão de direito era artificial[26], tanto a doutrina quanto as Cortes estadunidenses, inclusive a Suprema Corte, passaram a entender que o *collateral estoppel* também se aplica às "*issues of law*"[27], evidenciando-se que os efeitos preclusivos derivados de uma decisão desfavorável sobre questão de direito não se confundem com a autoridade dos precedentes[28].

Sobre o tema do *collateral estoppel* diante de questão de direito é interessante considerar a decisão da Suprema Corte estadunidense em *Montana v. U.S.*, proferida em fevereiro de 1979[29]. Nesse caso, o governo dos Estados Unidos, enquanto responsável por exigência fiscal imposta pelo estado de Montana, recebeu decisão desfavorável da Suprema Corte deste estado. Num segundo processo, o governo dos Estados Unidos voltou a questionar a constitucionalidade da imposição fiscal perante Corte do Distrito de Montana, que, após declarar que o governo não estava proibido de voltar a discutir a questão de constitucionalidade em virtude da primeira decisão da Suprema Corte do estado, reconheceu que a exigência fiscal feria a Constituição. Porém, em razão de *appeal* do estado de Montana, a Suprema Corte dos Estados Unidos declarou que a primeira decisão da Suprema Corte de Montana proibia a rediscussão da constitucionalidade da exigência fiscal, declarando a legitimidade do *collateral estoppel* em face de uma questão de direito[30].

Frise-se que a Suprema Corte dos Estados Unidos, nesse caso, claramente considerou que estava diante de uma proibição de relitigar questão de direito em virtude de anterior decisão, ou seja, não supôs que havia impossibilidade de rediscussão da questão por existir um precedente. Tanto é que analisou se o governo dos Estados Unidos teve "*full and fair opportunity*" no primeiro processo e, por conta disso, decidiu que o governo estava *estopped* de buscar uma decisão contrária à questão num segundo processo[31]. Como é evidente, esta análise seria completamente desnecessária caso a Suprema Corte tivesse admitido que estava

---

26. V. ALLEN, Ronald J. e PARDO, Michael S. The myth of the law-fact distinction, *Northwestern University Law Review*, 2003.
27. "The doctrine of collateral estoppel is applicable not merely to questions of fact but also to questions of law" (SCOTT, Austin. Collateral estoppel by judgment, *Harvard Law Review*, 1942, p. 3 e ss); V. HAZARD JR., Geoffrey. Preclusion as to issues of law: the legal system's interest, *Iowa Law Review*, 1984, p. 81 e ss.
28. JAMES JR., Fleming. Geoffrey Hazard Jr. e John Leubsdorf, *Civil Procedure*, cit., p. 585, 614.
29. Montana v. U.S, 440 U.S. 147, 1979.
30. Montana v. U.S, 440 U.S. 147, 1979.
31. "Finally, the Government has not alleged unfairness or inadequacy in the state procedures to which it voluntarily submitted. We must conclude therefore that it had a full and fair opportunity to press its constitutional challenges in *Kiewit I*. Accordingly, the Government is estopped from seeking a contrary resolution of those issues here" (Montana v. U.S, 440 U.S. 147, 1979 – Opinion Mr. Justice Marshall).

diante de um precedente, quando obviamente não importaria quem teve *"full and fair opportunity"* de participar.

Em 1996, a Suprema Corte estadunidense não só voltou a afirmar o *collateral estoppel* diante de questão de direito, como declarou que o *collateral estoppel* não poderia obstaculizar a participação de quem não foi adequadamente representado na primeira ação. Em *Richards v. Jefferson County*,[32] após três contribuintes terem arguido a inconstitucionalidade de uma taxa de ocupação estabelecida pelo condado - Jefferson County -, reconhecida constitucional pela Corte estadual, outro grupo de contribuintes, mediante *class action*, voltou-se contra a constitucionalidade da mesma taxa. A Suprema Corte estadual decidiu que o segundo grupo de contribuintes estava proibido de discutir a questão em virtude do *collateral estoppel*, ou seja, dos efeitos preclusivos da decisão proferida na primeira ação – que ficou conhecida como "*Bedingfield action*". Mas a Suprema Corte dos Estados Unidos, ao julgar o caso, declarou que a decisão da Corte estadual, ao proibir os contribuintes que não participaram do processo de discutir a mesma questão de constitucionalidade, negou o precedente firmado em Hansberry v. Lee – célebre por ter firmado a necessidade da "representação adequada" para compatibilizar a *class action* com a garantia constitucional de participação no processo[33] –, além de ter violado o *due process*[34].

Ao decidir a partir da *opinion* do Justice Stevens, a Suprema Corte dos Estados Unidos lembrou ser pacífica a ideia de que ninguém pode ser prejudicado por uma decisão proferida em processo de que não foi parte, advertindo que esta ideia faz parte de uma tradição histórica profundamente enraizada nos Estados Unidos, de que todos têm direito a um dia perante a Corte. Ao adentrar no argumento de que a Suprema Corte estadual, para aceitar o *collateral estoppel* em face do grupo de contribuintes presente no segundo processo, admitiu que os contribuintes presentes no primeiro processo teriam representado adequadamente os contribuintes do segundo processo[35], a Suprema Corte estadunidense passou a tratar da inexistência de "representação adequada" na "*Bedingfield action*"[36].

A Suprema Corte lembrou que em *Hansberry v. Lee* declarou que subordinar litigantes a uma decisão proferida num processo em que não foram partes e em que não foram "*adequately represented*" viola a cláusula do *due process*, prevista

32. Richards v. Jefferson County, 517 U.S. 793, (1996).

33. Hansberry v. Lee, 311 U.S. 32, 61 S.Ct. 115, 1940.

34. Richards v. Jefferson County, 517 U.S. 793, 1996.

35. "The Alabama Supreme Court concluded that res judicata applied because petitioners were adequately represented in the Bedingfield action" (Richards v. Jefferson County, 517 U.S. 793, 1996).

36. "Because petitioners received neither notice of, nor sufficient representation in, the Bedingfield litigation, that adjudication, as a matter of federal due process, may not bind them and thus cannot bar them from challenging and allegedly unconstitutional deprivation of their property. (Richards v. Jefferson County, 517 U.S. 793, 1996).

na 14a. Emenda. Advertiu, então, que a decisão da Corte do Alabama estava a apresentar a mesma questão num diferente contexto. Observou que os contribuintes que participaram do primeiro processo não falaram em nome da classe de contribuintes presente no segundo processo. A *opinion* do Justice Stevens afirma que, como os autores da segunda e da primeira ação são melhor descritos como "*strangers*" uns aos outros, não há como pensar em representação adequada, de modo a tornar o alcance dos contribuintes do segundo processo de acordo com o *due process*[37]. Como os contribuintes da primeira demanda atuaram em nome próprio, *negou-se ter ocorrido cuidado em tutelar os interesses dos membros da classe na forma determinada em Hansberry v. Lee.* Assim, a Suprema Corte dos Estados Unidos concluiu que a decisão que estava sob análise, ao declarar que as partes estavam subordinadas à decisão tomada em "*Bedingfield*", violou a garantia do *due process of law*[38], *demonstrando que a circunstância de alguns poderem discutir uma questão de direito que também diz respeito ao direito de outros jamais pode excluir o direito dos últimos de falar direta ou indiretamente – mediante representação adequada - perante a Corte.*

6. A APROXIMAÇÃO ENTRE O *COLLATERAL ESTOPPEL* E O *STARE DECISIS*

Quando o *collateral estoppel* é relacionado às questões de direito, como, por exemplo, à questão de se saber se uma determinada imposição fiscal é constitucional, também resta preclusa à parte que plenamente participou do processo a possibilidade de voltar a discutir a questão em outra demanda, ainda que diante de litigante diverso. Vale aqui a já lembrada advertência de Bentham, no sentido de que *não há razão para sustentar que alguém não deve perder a sua causa em consequência de uma decisão que proferida em processo em que foi parte, simplesmente porque o seu adversário não foi*[39]. Frise-se que a ideia do *non-mutual collateral estoppel* é exatamente a de que, se alguém já teve o devido espaço para discutir uma questão, não há motivo para ter outra oportunidade para discuti-la, pouco importando se diante da mesma parte com quem anteriormente litigou ou diante de um novo litigante.

Mas o *stare decisis* também impõe uma decisão (*rectius*: *ratio decidendi*) que resolve questão de direito. Assim, é possível ver uma superposição parcial entres os efeitos do *stare decisis* e do *non-mutual collateral estoppel*. Em razão do *stare decisis*, todos restam vinculados ao precedente, enquanto que, em razão do *collateral estoppel*, a decisão da questão de direito vincula as partes que puderam discuti-la em pleno contraditório.

37. Richards v. Jefferson County, 517 U.S. 793, (1996).

38. "The State Supreme Court's holding that the petitioners are bound by (...) Bedingfield *deprived them of the due process of law guaranteed by the Fourteenth Amendment*" (Richards v. Jefferson County, 517 U.S. 793, 1996).

39. BENTHAM, Jeremy. *Rationale of judicial evidence*, p. 579.

Isso sucede em razão de o *stare decisis* e de o *collateral estoppel* terem objetivos semelhantes. Ora, se o *stare decisis* objetiva resguardar a coerência do direito, a igualdade e a segurança jurídica, é certo que impedir a busca de uma decisão diferente acerca de uma mesma questão diante de outro litigante tutela os mesmo valores, embora, como é óbvio, com uma intensidade distinta. Lembre-se, aliás, que o primeiro artigo do Capítulo "Do incidente de resolução de demandas repetitivas" – o art. 976 do CPC –, afirma que o incidente de resolução pode ser instaurado quando houver, simultaneamente, "*efetiva repetição* de processos" em que se controverta "*a mesma questão*" de direito e "*risco de ofensa à isonomia e à segurança jurídica*".

Porém, o *collateral estoppel* tem grande particularidade em relação ao *stare decisis*. O *collateral estoppel* apenas pode prejudicar os litigantes que participaram do processo em que a decisão foi proferida, ao passo que o *stare decisis* vincula todos os juízes e tribunais, afetando todos os jurisdicionados.

7. O EQUIVOCADO USO DA IDEIA DE "PRECEDENTE" PARA JUSTIFICAR A DECISÃO DE QUESTÃO PREJUDICIAL DE MUITOS EM INCIDENTE DESTITUÍDO DE POSSIBILIDADE DE PARTICIPAÇÃO EM CONTRADITÓRIO

O legislador brasileiro tentou legitimar a não participação no incidente de resolução de demandas mediante uma norma confusa e contraditória, que, ao elencar decisões de diferentes espécies como se fossem "precedentes", afirma que "os juízes e tribunais observarão" o acórdão em incidente de resolução de demandas repetitivas (art. 927, III, CPC).

Obrigar a observar uma decisão proferida em local em que o litigante do caso sob julgamento não participou só tem sentido quando se pensa em sistema de precedentes ou *stare decisis*. De fato, o legislador equivocamente pensou que poderia suspender o exercício do direito de ação para fomentar a criação de um precedente aplicável a todos. Raciocinou como se precedente fosse um nome mágico, capaz de legitimar a imposição de uma decisão a quem não teve oportunidade de participar. Tanto é verdade que disse, no art. 985, que julgado o incidente a tese jurídica *também* será aplicada "aos *casos futuros*" (art. 985, II, CPC).

Deixando-se de lado – por enquanto – a diferença entre as preclusões relativas a um precedente e à coisa julgada sobre questão, importa sobretudo perceber que não há como paralisar o direito de influir sobre a Corte para formar um precedente, dando-lhe efeito retroativo.

Um precedente surge naturalmente do exercício do direito de ação e dos casos que são submetidos à Corte. Suspender o exercício do direito de participar para formar um precedente retroativo é, sem qualquer dúvida, não só ignorar que o jurisdicionado tem direito a um dia perante a Corte, mas também não perceber que o objetivo do sistema de precedentes é regular o modo de ser do direito e não resolver casos de massa.

Uma técnica de resolução de casos múltiplos não pode considerar situações jurídicas de massa para privilegiar o encontro de uma decisão sem a participação dos membros do grupo afetado. Isso constituiria uma ilegítima priorização da otimização da prestação jurisdicional sobre o direito fundamental de participar do processo.

8. DISTINÇÃO ENTRE RESOLVER "QUESTÃO" DE TERCEIROS E FIRMAR PRECEDENTE

As Cortes Supremas, nos termos da Constituição Federal, têm a incumbência de outorgar sentido ao Direito, propiciar o seu desenvolvimento e garantir a unidade da sua aplicação. Portanto, o sistema de precedentes tem o objetivo de outorgar autoridade às *rationes decidendi* firmadas pelas Cortes Supremas. Diversos casos, marcados por diferenças razoáveis, podem ser resolvidos por um precedente que define o sentido do direito. Porém, as decisões firmadas nos incidentes de resolução de demandas repetitivas não têm qualquer preocupação em orientar a sociedade ou a regular o modo de ser do direito, mas objetivam resolver uma *mesma* questão litigiosa prejudicial à solução de inúmeros casos pendentes. O incidente de resolução é uma técnica processual destinada ao encontro de uma decisão para a questão replicada nas múltiplas ações pendentes. Bem por isso, como é óbvio, a decisão proferida no incidente de resolução de demandas repetitivas apenas resolve questões idênticas. Essa é a distinção básica entre o sistema de precedentes das Cortes Supremas e o incidente destinado a dar solução a uma questão prejudicial a múltiplos casos.

A circunstância de o incidente de resolução tratar de "idêntica questão" (art. 985, I e II, CPC) tem clara repercussão sobre o raciocínio que dá origem à decisão judicial. Essa decisão obviamente não é elaborada a partir da regra da *universabilidade*, ou seja, da regra que determina que um precedente deve ser aplicável ao *maior número de casos possíveis*[40]. A decisão de resolução de demandas repeti-

40. A universabilidade, ou seja, a necessidade de que um argumento de validez de uma conclusão seja capaz de sustentar igual resultado diante de narrativas análogas, constitui regra de racionalidade do discurso prático, de que o discurso jurídico é apenas um caso especial. Ninguém deve invocar um motivo para justificar uma ação sabendo que não poderá utilizá-lo para justificar ações similares, assim como ninguém pode invocar razão diversa para deixar de praticar ação com o mesmo conteúdo. Diante da impossibilidade de se ter uma *interpretação* ou uma decisão *substancialmente* correta e da consciência de que a tarefa das Cortes Supremas é outorgar sentido ao direito mediante as "razões apropriadas" ou as "melhores razões", a universabilidade constitui critério de correção da *racionalidade* da decisão, pois permite ver que as razões que justificaram a decisão não são "apropriadas" nem as "melhores", na medida em que inaplicáveis a casos similares, isto é, a casos que deveriam ser solucionados mediante as mesmas razões. V. MACCORMICK, Neil. *Rhetoric and the Rule of Law*. Oxford: Oxford University Press, 1995. p. 131 e ss.; PEREIRA, Paula Pessoa. *Legitimidade dos precedentes*, São Paulo: Ed. RT, 2015.

tivas objetiva regular *uma "mesma questão"* (art. 976, I, CPC) infiltrada em casos que se repetem ou se multiplicam.

Assim, a técnica da distinção não tem a mesma relevância em se tratando de resolução de demandas repetitivas. Nesses casos, caberá a distinção apenas para demonstrar que determinada questão é diferente daquela que foi já resolvida ou submetida ao incidente. Mas aí jamais se utilizará a técnica da distinção para limitar ou ampliar o alcance do precedente em razão de circunstância não considerada no momento da sua elaboração. Isso só pode ocorrer quando o precedente revela o direito que é racionalmente aplicável a determinada situação concreta, o qual, assim, pode não ser aplicável em face de certa situação ou ser racionalmente aplicável diante de outra.

Ademais, um precedente pode ser revogado, daí importando as situações que surgiram com base na confiança nele depositada. No entanto, a decisão proferida no incidente produz coisa julgada *erga omnes*, podendo ser "revista" para os casos futuros apenas por legitimado adequado que não litigou a questão ou por litigante que foi representado mas não havia proposto demanda individual, sempre com base em fundamento que não foi decidido, ou seja, com base em fundamento que poderia ter sido deduzido – mas não foi – para a discussão da questão decidida e objeto de revisão. Frise-se que a questão decidida não é apenas de titularidade dos litigantes dos casos pendentes, mas também daqueles que podem litigar no futuro. Para os últimos, há atenuação do efeito preclusivo da coisa julgada que recaiu sobre a questão decidida.

Os litigantes afetados pela decisão tomada no incidente têm uma possibilidade de argumentar em face da aplicação da decisão muito mais restrita do que a do litigante diante do precedente. E isso pela razão de que a questão decidida no incidente é idêntica, é a mesma. Se a questão é a mesma, a decisão será *inapelavelmente* aplicada em todos os casos pendentes. Como já dito, a lógica da aplicação do precedente, por ser outra, não impede o litigante do caso sob julgamento de demonstrar que a questão sob julgamento, apesar de formalmente parecer igual, tem particularidades que a diferenciam, impedindo a aplicação do precedente.

Como também já lembrado, há sempre possibilidade de a parte argumentar no sentido do desgaste ou da necessidade da superação do precedente, sendo isto impossível no caso de decisão de questão tomada para casos *pendentes*. Aliás, no caso de precedentes são admitidas técnicas de operação que consistem em distinções inconsistentes ou que se destinam à manutenção formal do precedente para a adequada resolução do caso ou para a não violação da confiança justificada[41]. Bem vistas as coisas, o litigante não tem seus direitos processuais preclusos

41. Os princípios institucionais do *overruling* justificam resultados diferentes em épocas distintas. Da mesma forma, princípios institucionais podem justificar resultados conflitantes diante de uma distinção incon-

em virtude de um precedente; esse vincula o juiz. Preclusão propriamente dita ocorre no caso de decisão de questão, pois esta proíbe que a parte afetada – *mas que participou do processo* – volte a relitigá-la.

Note-se que não há como tomar em conta uma situação conflitiva, de que podem surgir inúmeras pretensões à tutela de direitos individuais, e instaurar processo para firmar precedente destinado a vincular a todos. O precedente é consequência da tarefa jurisdicional de atribuir sentido ao direito e regular casos futuros; não pode ser visto como técnica de resolução de demandas que derivam de um específico caso conflitivo concreto.

Para que fique mais claro, convém um exemplo: a decisão do Superior Tribunal de Justiça que declarou a responsabilidade objetiva da LATAM diante de um acidente aéreo, ao observar determinados critérios, constitui precedente capaz de regular caso relativo a acidente da GOL. Porém, a decisão desfavorável – que declarou não existir responsabilidade – diante de familiares de passageiro envolvido no acidente da GOL não pode ser invocada por esta companhia aérea *para proibir* os familiares de outro passageiro envolvido no mesmo acidente de discutir a responsabilidade. Todos os familiares dos mortos em acidente aéreo têm direito de reivindicar seus direitos e, assim, de discutir perante o Tribunal as questões que lhes dizem respeito. A menos que prefiram ter à frente representante adequado, capaz de efetivamente discutir e postular os seus direitos mediante ação coletiva.

Se o precedente firmado no caso LATAM pode orientar o julgamento do caso GOL, isso não quer dizer que os familiares das vítimas estejam proibidos de discutir questões ou tenham seus direitos constitucionais de ação limitados. Têm eles o direito de argumentar mediante a técnica da distinção e de apontar para a necessidade de revogação do precedente, embora possam ter que se render ao sentido do direito delineado pela Corte Suprema, na medida em que, como é óbvio, todos estão subordinados à ordem jurídica.

Tudo isso significa, de modo inquestionável, que a decisão do incidente não pode ser compreendida como um precedente, mas como inusitada decisão de questão de muitos em local que veda a participação em contraditório. Exatamente por isso, é preciso resgatar a constitucionalidade do incidente resolução (a seguir, itens 15 e 16), abrindo-se oportunidade para a participação dos representantes adequados dos litigantes excluídos.

---

sistente. Como demonstra Melvin A. Einsenberg (*The nature of the common law*, Cambridge: Harvard University Press, 1978), existem fortes razões a justificar a prática da distinção inconsistente. Quando o tribunal ainda não está plenamente convencido de que o entendimento anterior deve ser revogado ou deixado de lado, ele pode realizar distinção inconsistente como passo provisório para a revogação total. Em outra hipótese, o tribunal pode formular exceção num nível de generalidade abaixo do necessário para restar totalmente de acordo com os princípios, como passo provisório à generalização completa. Ver MARINONI, Luiz Guilherme. *Precedentes obrigatórios.* 4. ed. São Paulo: Revista dos Tribunais, 2015, Capítulo III, item 4.3.4.

9. O DIREITO FUNDAMENTAL DE AÇÃO ENQUANTO DIREITO DE DISCUTIR A QUESTÃO E INFLUENCIAR O CONVENCIMENTO DO JUIZ

O direito fundamental de ação, garantido pelo art. 5°, XXXV, da Constituição Federal, tem como corolário o direito de efetivamente participar em contraditório do processo para influir sobre o convencimento do juiz. Não fosse assim, de nada valeria afirmar que ninguém pode ser lesado ou privado do seus bens sem o devido processo legal, ou melhor, sem poder ser ouvido pela Corte.

Não é por outro motivo que nos Estados Unidos não se admite que alguém possa ser prejudicado por uma decisão relativa a questão prejudicial que não teve oportunidade de discutir em contraditório. Ora, o contrário estaria ferindo o direito de todo e qualquer cidadão a um dia perante a Corte ou o direito ao devido processo, que também pode ser visto como direito de influenciar a Corte, corolário do nosso direito fundamental de ação.

Como é óbvio, não é apenas nos Estados Unidos que todos têm "the right to a day in Court". Portanto, não há como ter como legítima, no direito brasileiro, a afetação da esfera jurídica de alguém que não teve oportunidade de discutir uma questão de direito que é prejudicial à solução do seu caso. Retenha-se o ponto: se o Código de Processo Civil de 2015 admite falar em coisa julgada sobre questão (art. 503, CPC) e, igualmente, em coisa julgada em benefício de terceiro (art. 506, CPC), assemelhando o sistema brasileiro ao estadunidense, isto certamente não quer dizer que alguém possa ser prejudicado por uma decisão de questão proferida em processo em que não foi chamado a participar. Na verdade, isto negaria a própria mensagem do art. 506, no sentido de que "a sentença faz coisa julgada às partes entre as quais é dada, não *prejudicando* terceiros".

Por identidade de razões, não há como suspender processos pendentes, em que jurisdicionados estão exercendo o seu direito fundamental de ação, para vinculá-los a uma decisão proferida em "incidente" que não lhes confere o direito de falar e de influenciar a Corte.

10. A QUESTÃO DA AFETAÇÃO DE TERCEIRO PELA DECISÃO DE QUESTÃO (*NON-MUTUAL COLLATERAL ESTOPPEL*) NOS ESTADOS UNIDOS

Nos Estados Unidos é obviamente pacífica a ideia de que ninguém pode ser afetado por decisão tomada em processo de que não participou[42]. Exige-se para

42. A Suprema Corte dos Estados Unidos assim declarou em *Blonder-Tongue v. University of Illinois Foundation*: "due process prohibits applying collateral estoppel to one who has never appeared in prior action". Em *Parklane v. Shore*: "it is a violation of due process for a judgment to be binding on a litigant who was not a party nor privy and therefore has never had an opportunity to be heard". E em *Baldwin v. Iowa*: "doctrine of due process under Constitution does not involve right to litigate same question twice".

a admissão do alcance da parte não apenas a sua citação para poder participar do processo, mas também que tenha tido *"full and fair opportunity"* para litigar[43].

Assim, por exemplo, se um procedimento não deu à parte oportunidade de discutir plenamente a questão não há racionalidade em proibi-la de discuti-la em nova ação. Até porque a lógica do *collateral estoppel* obviamente desejar negar não só a possibilidade de discutir "questão decidida", mas antes de tudo questão *efetivamente discutida*. Em *Parklane*, a Suprema Corte analisou se existiam outros meios processuais que, não tendo sido oportunizados no procedimento do primeiro caso, poderiam ter gerado um resultado diverso. A partir desta e de outras considerações, declarou a propriedade da invocação do *collateral estoppel* por ter a parte tido *"full and fair opportunity do be heard"*[44].

Porém, é preciso também observar que a busca de otimização da prestação jurisdicional obrigou a distinções teóricas e levou à elaboração de teses destinadas a justificar o alcance de pessoas que, a princípio, não estariam na posição de partes. Uma conhecida limitação à impossibilidade de a decisão afetar "não partes" está na chamada "rule of privity". Admite-se que "não partes" possam ser afetadas por uma decisão quando têm uma relação especial com as partes, ou seja, quando têm com as partes uma relação de "privity"[45]. Assim, por exemplo, um beneficiário da herança poderia ser afetado pela decisão tomada numa ação em que apenas o seu administrador foi parte.

Também se pretendeu, no direito estadunidense, justificar o atingimento de "nonparties" com base na ideia de "virtual representation". Bastaria, em uma perspectiva larga da aplicação desta ideia, que parte e "não partes" estivessem diante de um mesmo quadro de fato e com interesse num mesmo resultado. Contudo, a tese da representatividade virtual, neste termos, foi forte e amplamente rejeitada pelas Cortes estadunidenses[46]. A Suprema Corte dos Estados Unidos teve oportunidade de declarar, em *Martin v. Wilks*, que "nonparties" não podem ser alcançadas por uma decisão simplesmente porque os seus interesses são *"essentially identical"* aos daqueles que participaram do processo[47].

43. "The doctrine of Collateral Estoppel will not be applied unless it appears that the party against whom the estoppel is asserted had a full and fair opportunity to litigate the issue in the prior proceeding, and that the application of the doctrine will not result in an injustice to the party against whom it is asserted under the particular circumstances of the case" (Rachal v. Hill, 435 F2d 59, 5th Cir., 1970).

44. Parklane v. Shore, 439 U.S. 322, 1979.

45. O Segundo "Restatement of Judgments" assim afirma: "*privity* refers to a cluster of relationships under which the preclusive effects of a judgment extend beyond a party to the original action and apply to persons *having specified relationships to that party*".

46. Richards v. Jefferson County, 517 U.S. 793, (1996); Becherer v. Merrill Lynch, Pierce, Fenner & Smith, Inc., 193 F3d 415, 428-429 (6th Cir, 1999).

47. Martin v. Wilks, 490 U.S. 755, 1989.

11. PARTICIPAÇÃO E REPRESENTAÇÃO ADEQUADA: A FALTA DE PREOCUPAÇÃO COM "REPRESENTAÇÃO ADEQUADA" NO INCIDENTE DE RESOLUÇÃO DE DEMANDAS REPETITIVAS

A decisão proferida em *Martin v. Wilks*, é certo, poderia ser vista de outra forma. Este caso envolve uma decisão estrutural, voltada à eliminação de discriminação racial contra negros no corpo de bombeiros de Birmingham. Em *Martin v. Wilks*, um grupo de bombeiros brancos, que não participara do processo, postulou a invalidade da decisão estrutural sob o argumento de que esta impunha à municipalidade a prática de ações inconstitucionais. Alegou-se que a decisão estrutural, ao afirmar e impor um sistema de preferência por negros, teria criado uma discriminação inversa. A decisão da Suprema Corte não tratou da questão da discriminação contra os negros ou mesmo do argumento da segunda ação, no sentido de que decisão estrutural estava a impor condutas inconstitucionais à municipalidade. Decidiu-se que os bombeiros brancos, por não terem participado do processo, tinham direito a uma decisão sobre a sua demanda, ou seja, tinham direito de saber se a decisão estrutural estava a impor ações inconstitucionais.

A pretensão exercida em *Martin v. Wilks* colocou em jogo a efetividade de uma *injunction* estrutural, ou seja, da mais importante forma de tutela de direitos civis nos Estados Unidos, mediante a qual se pode buscar reestruturar uma organização burocrática para torná-la de acordo com a Constituição. Decisão desta natureza, além de carregada de relevante impacto social, atinge grande número de indivíduos e mesmo diferentes grupos de sujeitos.

Nessa dimensão, é possível questionar se a ideia de direito de participação dos bombeiros brancos, prejudicados pela decisão estrutural, poderia inviabilizá-la. Perceba-se, em outras palavras, que se poderia até dizer que a decisão proferida em *Martin v. Wilks* contém um fundamento que, quando visto em face da natureza da decisão estrutural destinada a remover um estado de discriminação racial, tem um caráter individualista que o deslegitima[48].

Porém, ainda que se possa distinguir participação de representação para efeito de legitimar a decisão proferida em face de quem não participou, há que se ter em conta que a representação, para poder suprir o direito de participar, deve ser necessariamente adequada. Nessa altura dos estudos sobre a tutela coletiva, não se pode negar que o direito fundamental de ser ouvido pela Corte é totalmente compatível com a representação adequada. Nesse caso, a participação, indispensável para a legitimação do exercício do poder, é indireta, e, por isso mesmo, exige a aferição da qualidade da representação, que certamente não pode ser qualquer uma.

48. FISS, Owen. The political theory of the class action, *Washington and Lee Law Review*, v. 53, 1996.

Lembre-se que a *class action* do direito estadunidense, embora possa ser proposta por qualquer um do grupo, depende de representação adequada[49]. Tem legitimidade para a *class action* aquele que, ao propor a ação, é declarado representante adequado. A adequação da representação é aferida e declarada no caso concreto[50]. A representação é adequada não só quando o representante tem motivo e razão para tutelar os direitos dos membros do grupo, mas também quando o seu advogado e assistentes técnicos têm capacidade técnica para exercer a defesa dos direitos.

Ademais, se o representante é autonomeado, os membros da classe têm que ter oportunidade para impugnar a adequação da representação. É por isso que se faz a notificação dos membros, comunicando-se-lhes o que está para ocorrer perante o juiz e a respeito das qualidades do representante. Desta forma, abre-se oportunidade para a impugnação da representação e à Corte melhor espaço para o cumprimento do seu dever de zelar pelo devido processo legal, analisando rigorosamente a capacidade do representante para encabeçar a ação e defender os direitos da classe. A notificação pretende assegurar que o autonomeado representante seja um defensor efetivo e vigoroso para todos os membros do grupo. Afinal, o *due process*, ao deixar de depender da participação direta, requer adequação da representação para que o exercício do poder jurisdicional não se constitua em arbítrio[51].

No direito brasileiro, a representação adequada também é imprescindível nas ações voltadas à tutela de direitos transindividuais e individuais homogêneos. Na verdade, a representação adequada é indispensável em qualquer sistema que tutele direitos sem a participação direta dos seus titulares. Tratando-se

---

49. A Suprema Corte dos Estados Unidos, em Hansberry v. Lee, anunciou que o elemento que legitima a *class action* perante o *due process* é a representação adequada (Hansberry v. Lee, 311 U.S. 32, 61 S.Ct. 115, 1940).

50. Edilson Vitorelli demonstra, a partir da análise do direito estadunidense, que não existe representante abstratamente adequado (*O devido processo legal coletivo.* São Paulo: Revista dos Tribunais, 2016, p. 249).

51. Ver HODGES, Christopher. *Multi-party actions.* Oxford: Oxford University Press. 2001; HODGES, Christopher. *The reform of class and representative actions in european legal system – a new framework for collective redress in Europe.* Oxford: Hart, 2008; DOBBS, Dan. *Law of remedies – damages – equity – restitution.* 2ª ed., St. Paul: West. 1993; SHAPIRO, David. Class actions: the class as party and client. *Notre Dame Law Review.* University of Notre Dame, 1998; HENSLER, Deborah *et al. Class action dilemmas– pursuing public goals for private gain.* Santa Monica: RAND Institute for Civil Justice, 2000; HENSLER, Deborah *et alli. Preliminary results of the RAND study of class action litigation.* Santa Monica: RAND, 1997; RENDLEMAN, Doug. *Complex litigation, injunctions, structural remedies, and contempt.* New York: Foundation Press, 2010; BILICH, Edward e MALVEAUX, Suzette. *Class actions and other multi-party litigation – cases and materials.* 2ª ed., St. Paul: Thomson-West, 2006; BRONSTEE, John e FISS, Owen. The class action rule. *Notre Dame Law Review.* Vol. 78, 2003; MULHERON, Rachael. *The class action in common law legal systems – a comparative perspective.* Portland: Hart, 2004; MARCUS, Richard e SHERMAN, Edward. *Complex litigation – cases and materials on advanced civil procedure.* 3ª ed., St. Paul: West Group, 1998; NAGAREDA, Richard. *The law of class actions and other aggregate litigation.* New York: Foundation Press, 2009; KLONOFF, Robert; BILICH, Edward e MALVEAUX, Suzette. *Class actions and other multi-party litigation – cases and materials.* 2ª ed., St. Paul: Thomson-West, 2006.

de compensação da participação direta e, portanto, de mecanismo destinado a permitir a participação em local em que o poder estatal é exercido, a representação adequada é elemento integrante da estrutura do processo civil democrático.

O que pode variar, assim, é apenas a forma para alcançá-la. No direito estadunidense, qualquer membro do grupo, efetivamente compromissado com os direitos da classe e apto a defendê-los com vigor, pode autonomear-se representante. Porém, além de notificação dever ser feita aos membros do grupo de modo a informá-los sobre o que ocorrerá perante o juiz e a respeito das funções e qualidades do representante, há oportunidade para impugnação da representação, bem como para requerimento de exclusão do grupo (*right to opt out*). No Brasil, como é sabido, a lei é quem define o legitimado coletivo ou, em outros termos, o representante adequado, conforme especialmente a Lei da Ação Civil Pública e o Código de Defesa do Consumidor, bem como o Estatuto da criança e do adolescente, a Lei de proteção da mulher contra a violência doméstica (Lei n. 11.340/2006), a Lei de tutela do idoso (Lei 10.741/2003), a Lei de tutela das pessoas portadoras de deficiência (Lei n. 7.853/89), a Lei de tutela dos negros contra a discriminação racial (Lei 12.288/2010) e a Lei de tutela dos investidores do mercado de valores mobiliários (Lei 7.913/89).

No direito brasileiro, quando em jogo direitos individuais homogêneos, é impossível pensar em excluir o representante adequado, sob pena de violação ao devido processo legal. Portanto, o incidente de resolução de demandas deveria ter previsto, nos moldes da tradição do direito brasileiro, a participação dos legitimados adequados à tutela dos direitos dos litigantes excluídos. Contudo, o incidente nada previu em termos de representação adequada. Como já dito, o legislador partiu da premissa de que o incidente não estaria a resolver questão da titularidade dos litigantes das demandas repetitivas, mas simplesmente a abrir oportunidade à elaboração de precedente obrigatório (art. 927, III, CPC) sobre questão de direito – curiosamente do interesse dos litigantes excluídos.

Olhando-se o incidente à luz da representação adequada, seria possível dizer que qualquer litigante das demandas que se repetem pode se autonomear representante ou imputar a outro litigante este encargo, nos moldes do sistema estadunidense. Ocorre que, nos Estados Unidos, confere-se aos membros da classe oportunidade para impugnar a representação adequada – que, frise-se, também se estende à possibilidade de impugnação da capacidade técnica do advogado –, além de sair do grupo. Mais do que isso: no direito estadunidense o juiz tem dever de rigorosamente controlar a adequação da representação no caso concreto, evitando não só exercer poder em face de pessoas ou grupos destituídos de voz, mas também afetar sujeitos ou classes que não têm condição de influenciar o seu convencimento.

Em contrapartida, no incidente pouco importa se o litigante que se coloca como autor, ou a quem é imposta a condição de réu pelo seu adversário, tem vontade e capacidade técnica para estar à frente dos litigantes excluídos. Esta é uma questão ignorada pela lei processual. Assim, certamente não se verifica, por exemplo, se o autor ou o réu que se coloca no lugar dos excluídos sustentou suas razões no julgamento do incidente, nos termos do art. 984, II, "a" do Código de Processo Civil, que confere ao autor e ao réu do processo originário o prazo de trinta minutos para tanto. Também se ignora se o advogado da parte que faz as vezes dos excluídos é habituado a sustentações orais no tribunal ou se a parte tem condições financeiras para sustentar a viagem do seu advogado à sede de Tribunal Regional Federal, quando o processo originário é oriundo de comarca sediada em outro estado. Estes são apenas exemplos para evidenciar o completo descaso em relação à representação adequada da parte do processo originário, o qual pode se tornar ainda mais dramático quando se tem em conta que o processo originário, que deu origem ao incidente, pode ser estrategicamente identificado pelo litigante que é parte em todas as demandas repetitivas para ter a oportunidade de se defrontar perante o tribunal com parte cujo advogado não vem se esforçando na defesa do seu constituinte, ou já apresentou peças processuais com argumentação insuficiente[52].

No incidente também não importa a vontade dos litigantes excluídos, que não podem deixar de se submeter à decisão, estando, aliás, numa posição muito mais difícil do que a dos titulares de direitos individuais homogêneos representados na ação coletiva pelos legitimados *ope legis* à propositura da ação coletiva. É que na ação coletiva para tutela de direitos individuais homogêneos a coisa julgada não prejudica os representados em caso de improcedência do pedido (art. 103, III, CDC). Anote-se que o art. 103, § 2º do CDC afirma que, "na hipótese prevista no inciso III, em caso de improcedência do pedido, os interessados que não tiverem intervindo no processo como litisconsortes poderão propor ação de indenização a título individual".

Por fim, sequer se imagina a possibilidade de os excluídos não concordarem ou impugnarem a presença de determinado litigante como representante adequado no incidente. Na verdade, todo o raciocínio antes desenvolvido foi realizado apenas para demonstrar que o legislador obviamente não viu a parte presente no incidente como um representante adequado.

Se a participação é imprescindível para a legitimação do exercício do poder jurisdicional, nos processos em que direitos são reivindicados à distância da presença dos seus titulares a representação adequada é a fórmula que dá corpo ao devido processo legal. No incidente de resolução de demandas repetitivas sequer se pensou na necessidade de representação adequada, seja na representação adequada *ope legis*, prevista especialmente na Lei da Ação Civil Pública e no CDC, seja numa eventual – e em desacordo com a tradição do direito brasileiro

52. V. ROSENBERG, David. Mass Tort Class Actions: What Defendants Have and Plaintiffs Don't. *Harvard Journal on Legislation*, 2000, p. 393 e ss.

– representação adequada *ope judicis*. Isso fica absolutamente claro em face do modo como o incidente trata da participação das partes do processo originário no incidente, que não podem ter a sua condição de representante adequado sequer aferida pelo tribunal ou impugnada pelos litigantes não partes do incidente. Assim, não obstante se possa deixar de lado a ideia de que o devido processo legal depende necessariamente de participação direta, admitindo-se a suficiência da representação adequada em caso de processo coletivo, não há qualquer possibilidade de sustentar que o incidente de resolução de demandas repetitivas, nos termos em que estruturado pelo Código de Processo Civil de 2015, está de acordo com o *due process*.

12. INCIDENTE DE RESOLUÇÃO DE DEMANDAS ENQUANTO JUSTIÇA DOS DEMANDANTES "SEM ROSTO E SEM FALA"

O incidente de resolução de demandas repetitivas parte do pressuposto de que os interessados na decisão a ser proferida, e que, portanto, indiscutivelmente têm o direito constitucional de discutir a questão a ser decidida, não precisam ser representados. É absurdo, porém verdadeiro. O Código de Processo Civil alude apenas àqueles que podem requerer a instauração do procedimento (art. 977, CPC) e à possibilidade de manifestação de "pessoas, órgãos e entidades com interesse na controvérsia" (art. 983, CPC). Nada diz sobre aqueles que estariam representando os interessados, num bizarro esquecimento do significado de processo civil democrático e de tutela coletiva dos direitos.

O incidente de resolução de demandas, nos termos em que está posto pelo Código de Processo Civil, constitui uma técnica que nega o direito fundamental de ação, ou seja, o direito a um dia perante a Corte, dando origem a uma espécie de "justiça dos cidadãos sem rosto e fala", para a qual pouco importa saber se há participação ou, ao menos, "representação adequada".

13. ILEGÍTIMA E INCONSTITUCIONAL OPÇÃO POR QUEM VIOLA DIREITOS EM MASSA

Mas a situação é ainda pior. O incidente não apenas cala os interessados, que na verdade são as pessoas que tiveram os seus direitos violados em massa e, assim, necessitam propor ações individuais que contêm questões prejudiciais idênticas. Bem vistas as coisas, o incidente privilegia aqueles que violam direitos ou produzem danos em massa.

É interessante retornar ao direito estadunidense para demonstrar a que ponto de ilegitimidade constitucional chegou o procedimento do incidente. Nos Estados Unidos, utiliza-se o *collateral estoppel* em casos de acidentes que dão origem a múltiplos danos. Assim, por exemplo, em casos de acidentes aéreos e ferroviários. Num acidente deste tipo, se existem centenas de prejudicados, a derrota da empresa dita responsável na primeira ação pode torná-la responsável perante os demais prejudicados – obviamente que considerada, entre outros pontos, a devida oportunidade de participação da empresa no processo em que a decisão foi tomada.

Contudo, como a decisão não pode prejudicar aquele que não participou do processo, uma decisão em favor da empresa, que negue a sua responsabilidade no acidente, não se estende aos demais acidentados, impedindo-os de relitigar a questão da responsabilidade. Essa circunstância, que obviamente não poderia ser pensada de outro modo sob pena de violação do "right to a day in Court", levou a doutrina estadunidense a afirmar que o *offensive collateral estoppel*, nos casos de danos múltiplos, estaria a impor um excessivo ônus de defesa àquele a quem a responsabilidade é atribuída. O dito responsável, para se livrar do dever de indenizar, teria que se defender em todas as ações individuais.

Quando alguém pode ser responsabilizado diante de muitos em razão de uma decisão desfavorável, mas nenhuma vantagem tem em face dos demais ao obter uma decisão positiva, surge aos membros do grupo inúmeras chances – a dar origem a diversas estratégias – para a obtenção de decisão favorável, ao passo que aquele que pode ser responsabilizado assume uma pesada posição, considerando-se a necessidade de o procedimento e a técnica processual tratar as partes de modo equilibrado.

Para resolver o problema, foram apresentadas várias alternativas[53]. Entre elas, argumentou-se que a parte que pode ser afrontada por muitos pode requerer a chamada de todos para participar da primeira ação proposta. Mas, se não há chamamento por desídia do sujeito dito responsável, esse continua sujeito a tantas demandas quantos forem os prejudicados, sempre se sujeitando aos efeitos da questão preclusa ou da proibição de relitigar.

Lembre-se que, como o terceiro prejudicado não pode ser proibido de discutir a questão decidida, o *non-mutual collateral estoppel* apenas pode ser invocado em face da parte que adequadamente participou em contraditório. Porém, quando um conflito envolve centenas de lesados em face de uma empresa dita responsável, advertiu-se, para evitar um pesado ônus ao afirmado infrator, que esse pode requerer o chamamento de todos aqueles que podem demandá-lo (*mandatory joinder*[54]). A convocação dos terceiros ocorre para que o dito infrator não seja excessivamente exposto à necessidade de se defender e, assim, para que os seus direitos processuais não sejam tratados de forma desequilibrada diante dos direitos dos seus adversários. Perceba-se que o direito estadunidense transforma a ação individual

---

53. RICHARDSON, Eli J. Taking issue with preclusion: reinventing Collateral Estoppel. *Mississipi Law Journal*, vol. 65, 1995; NONKES, Steven P. Reducing the unfair effects of non-mutual issue preclusion through damages limits, *Cornell Law Review*, vol. 94, 2009.

54. HERSHKOFF, Helen. Aggregation of parties, claims, and actions. *Civil litigation in comparative context.* New York: Thomson/West, 2007, p. 369 e ss.

numa ação coletiva, em que todos os lesados participam, para preservar o grande benefício da proibição de relitigação de uma mesma questão[55].

No Brasil o raciocínio é *exatamente oposto, capaz de estimular os interesses dos violadores de plantão.* Opta-se por uma estratégia em que se nega participação aos lesados e se confere ao infrator oportunidade incondicional de estar presente no único local em que a questão será resolvida. O incidente simplesmente prefere ignorar os lesados, dando oportunidade para o afirmado violador ou responsável participar sem ter qualquer adversário capaz de representar aqueles que entendem que os seus direitos foram violados. Diante do incidente, ao invés de se privilegiar o direito constitucional de participar dos lesados, consagra-se a oportunidade de o infrator sempre estar presente, concentrando esforços num único local.

14. O DESCASO EM RELAÇÃO À AÇÃO COLETIVA E A PREFERÊNCIA PELO INCIDENTE DE RESOLUÇÃO DE DEMANDAS REPETITIVAS

A sociedade contemporânea é uma sociedade de massa - de produção em massa. Os conflitos de massa nada mais são do que uma particularidade deste modelo de sociedade. Nestes conflitos, um dos polos é sempre ocupado pelo produtor ou fornecedor e o outro pelos vários usuários, consumidores ou simplesmente lesados. Essa relação fez surgir o que foi designado pelo legislador de "direitos individuais homogêneos", para os quais foi estabelecido um modelo procedimental diferenciado, caracterizado por uma nova ideia de legitimidade para a causa - dos legalmente definidos como representantes adequados (art. 5°, Lei da Ação Civil Pública, e art. 82 do CDC) - e de coisa julgada material - *erga omnes* (art. 103, III, CDC).

A coisa julgada *erga omnes* é sustentada pela outorga de legitimidade a entes vistos pelo legislador como capazes de efetivamente representar e tutelar os direitos das pessoas que não participam diretamente do processo. Embora a outorga de legitimidade *ad causam* a entes capazes constitua o ponto chave da aprovação do procedimento legal em face do *due process*, o sistema faz questão de afastar a coisa julgada *erga omnes* quando o pedido é julgado improcedente. Em caso de improcedência, como diz o art. 103, § 2º, do CDC, os interessados que não tiverem intervindo no processo como litisconsortes poderão propor as suas ações individuais.

Este sistema, além de preservar e garantir os direitos processuais constitucionais dos litigantes - que têm a garantia de serem adequadamente representados e, portanto, têm preservado o direito de participar e ser ouvido -, ainda

55. Isso significa que a coletivização da demanda individual nada mais é do que uma garantia do litigante único e não algo que pode ser utilizado para abreviar de forma indevida a tutela dos direitos dos membros dos grupos.

representa um mecanismo que favorece uma posição ativa da sociedade diante do Estado[56].

É difícil entender o motivo pelo qual o legislador tem sido indiferente à ação coletiva, como recentemente aconteceu quando deixou de considerar o projeto de reforma da Lei da Ação Civil Pública e, após, quando desprezou a importância da regulação de um adequado sistema coletivo de tutela de direitos no Código de Processo Civil de 2015.

O legislador tem o dever de criar canais de comunicação entre a sociedade e o Judiciário, ou melhor, canais que viabilizem a participação do povo na reivindicação da tutela judicial dos seus direitos, sob pena de violar o seu dever normativo de tutelar os direitos fundamentais, especialmente o direito fundamental de participação do cidadão no poder, ou seja, no processo em que os seus direitos são definidos.

Note-se que isto apenas pode ser feito mediante um canal ou procedimento que abra oportunidade à participação, vale dizer, ao exercício do direito de falar e de influir sobre a Corte, para o que, tratando-se de direitos de membros de grupos ou de direitos individuais homogêneos, é obviamente imprescindível pensar em representação adequada ou na outorga de legitimação a entes capazes de representar os titulares dos direitos que deixam de *diretamente* participar.

Tudo evidencia, portanto, que o legislador de modo ilegítimo e inconstitucional preferiu instituir um incidente para a definição de direitos múltiplos sem que os seus titulares tivessem qualquer possibilidade de participação, ainda que indiretamente mediante a representação dos entes capazes de representá-lo, como os já definidos na Lei da Ação Civil Pública e no CDC. Mas a pretensão do legislador torna-se ainda mais reprovável quando se vê que ele "facilitou as coisas" exatamente àqueles que não podem ser privilegiados em face dos direitos fundamentais, ou seja, àqueles que frequentemente se colocam na posição de violadores dos direitos em massa.

15. CORREÇÃO DA INCONSTITUCIONALIDADE

A doutrina tem sério e inafastável compromisso com os direitos fundamentais. Assim, obviamente não pode dizer "amém" a um procedimento que, sob o pretexto de dar otimização à resolução das demandas, viola claramente o direito fundamental de ser ouvido e de influenciar o juiz.

Não há como negar a realidade: no incidente de resolução de demandas repetitivas julga-se questão de muitos em processo de alguns. Como é óbvio, se no

56. Como escreve Denti, "sembra indubbio che l'utilizzazione delle azioni giudiziali a tutela di interessi collettivi vada inquadrata nell'ampio contesto della participazione pubblica ...." (DENTI, Vittorio. *Un progetto per la giustizia civile*, Bologna: Il Mulino, 1982, p. 192).

Estado Democrático de Direito a participação é indispensável requisito de legitimação do exercício do poder, não há como imaginar que uma decisão – ato de positivação do poder estatal – possa gerar efeitos em face de pessoas que não tiveram oportunidade de participar ou não foram adequadamente representadas.

Contudo, a invalidade constitucional de um procedimento é resultado extremo, que deve ser evitado quando se pode corrigi-lo de modo a dar-lhe legitimidade constitucional. Admitindo-se que o legislador cometeu um equívoco, ou seja, que não quis excluir a possibilidade de participação indireta do litigante, porém apenas se esqueceu de regulá-la, há como aceitar a possibilidade de a doutrina e os tribunais, mediante interpretação, corrigirem o desvio do legislador, evitando-se, assim, a simples proclamação da invalidade ou da inconstitucionalidade do incidente, cuja repercussão sobre o novo sistema processual civil certamente não seria boa.

16. A RESSURREIÇÃO DA FORÇA DA REPRESENTATIVIDADE ADEQUADA

Como já dito, o legislador limitou-se a definir aqueles que podem requerer a instituição do incidente de resolução: o juiz ou o relator, de ofício, as partes, o Ministério Público e a Defensoria Pública (art. 977, CPC). A norma mistura juiz e relator com partes de um caso repetitivo e com o Ministério Público e a Defensoria Pública. Evidentemente, os últimos, mas jamais os primeiros, podem ser vistos como representantes adequados dos litigantes excluídos de participação direta. Porém, o que faz a norma falar em Ministério Público e em Defensoria evidentemente não é o dever de tutela dos direitos dos membros do grupo, mas um mero interesse "público" de otimizar a administração da prestação jurisdicional.

Por outro lado, a ideia de ouvir "interessados" na solução da controvérsia, posta no *caput* do art. 983 do Código de Processo Civil, nada tem a ver com a necessidade de dar voz aos excluídos, ou seja, com "representatividade adequada. Tem, isto sim, relação com a amplificação do debate em torno de questões de "interesse geral". Note-se que o § 1º do mesmo art. 983 diz que, "para instruir o incidente, o relator poderá designar data para, em audiência pública, ouvir depoimentos de pessoas com experiência e conhecimento na matéria". Há aí nítida alusão à função exercida pelos *amici curiae* em Cortes vocacionadas à definição de questões jurídicas de interesse da sociedade. A instituição da técnica que abre oportunidade à intervenção de *amici* num incidente destinado à resolução de questão repetitiva – na maioria das vezes de simples solução e unicamente do interesse dos litigantes excluídos – é surpreendente, pois pretende *incentivar o diálogo* sobre questão que está *proibida de ser discutida* pelas próprias partes que têm o *direito constitucional de litigá-la*.

De qualquer forma, o art. 984 deixa ainda mais claro que as únicas partes que participam do incidente são o autor e o réu do processo originário. O art. 984, II, afirma que poderão sustentar suas razões, sucessivamente: a) *o autor e o réu do pro-*

cesso originário e o Ministério Público, pelo prazo de trinta minutos, bem como b) os demais interessados, no prazo de trinta minutos, divididos entre todos. De acordo com o art. 976 do código, o Ministério Público tem obrigação de intervir como fiscal da lei. De modo que a norma claramente supôs que a participação do autor ou do réu seria suficiente. Porém, como já demonstrado, o código não vê a parte como "representante adequado".

Quer dizer que, realmente, é preciso elaborar um raciocínio interpretativo sofisticado para salvar a constitucionalidade do procedimento. É necessário resgatar a força da representatividade adequada, considerando-se as normas da Lei da Ação Civil Pública e do Código de Defesa do Consumidor, que conferem legitimidade para a representação dos membros dos grupos perante as ações coletivas ou, mais especificamente, para a tutela dos direitos individuais homogêneos mediante a via coletiva.

Lembre-se que, de acordo com o art. 5º da Lei da Ação Civil Pública, têm legitimidade para a ação civil pública: i) o Ministério Público; ii) a Defensoria Pública; iii) a União, os Estados, o Distrito Federal e os Municípios; iv) a autarquia, empresa pública, fundação ou sociedade de economia mista; v) a associação que, concomitantemente: a) esteja constituída há pelo menos um ano nos termos da lei civil; e b) inclua, entre suas finalidades institucionais, a proteção ao patrimônio público e social, ao meio ambiente, ao consumidor, à ordem econômica, à livre concorrência, aos direitos de grupos raciais, étnicos ou religiosos ou ao patrimônio artístico, estético, histórico, turístico e paisagístico. Com o mesmo objetivo, o art. 82 do CDC define como legitimados à tutela dos direitos difusos, coletivos e individuais homogêneos: i) o Ministério Público; ii) a União, os Estados, os Municípios e o Distrito Federal; iii) as entidades e órgãos da Administração Pública, direta ou indireta, ainda que sem personalidade jurídica, especificamente destinados à defesa dos interesses e direitos protegidos por este código; e iv) as associações legalmente constituídas há pelo menos um ano e que incluam entre seus fins institucionais a defesa dos interesses e direitos protegidos por este código, dispensada a autorização assemblear.

Dentre os entes legitimados, merecem destaque o Ministério Público, a Defensoria Pública e as associações. Esses têm poder, estabelecido tanto na Lei da Ação Civil Pública quanto no CDC, para defender os grupos cujos direitos são violados em massa, ou seja, os "decorrentes de origem comum". Vale dizer: os direitos que dependem da análise de se há responsabilidade pelos danos, responsabilidade em virtude dos inadimplementos ou dever decorrente dos ilícitos. Lembre-se, aliás, que o art. 95 do CDC afirma que, "em caso de procedência do pedido, a condenação será *genérica*, fixando *a responsabilidade* do réu pelos danos causados".

Tanto a responsabilidade pelos danos ou pelos inadimplementos, quanto o dever legal em face dos ilícitos, devem constituir uma "questão comum" a todos os danos, inadimplementos ou ilícitos, ou seja, uma "mesma questão" ou uma "questão idêntica" em relação a todas as pretensões individuais. Significa dizer que a questão idêntica, objeto do incidente de resolução de demandas, nada mais é do que a questão prejudicial que dá corpo aos direitos individuais homogêneos, abrindo oportunidade à tutela dos direitos individuais na forma coletiva.

O fato de o incidente limitar as "questões idênticas" às questões de direito obviamente não repercute sobre a legitimidade dos entes habilitados a tutelar os direitos individuais homogêneos. Os definidos como legitimados à tutela dos direitos individuais homogêneos pela Lei da Ação Civil Pública e pelo CDC devem ser vistos como aqueles que podem representar os excluídos no incidente e, assim, resgatar a sua legitimidade constitucional.

Na verdade, as limitações que muitas vezes são feitas à legitimidade do Ministério Público e da Defensoria Pública para proteger determinadas espécies de direitos individuais homogêneos necessariamente devem ser deixadas de lado diante do incidente. Embora o ideal, em termos de amadurecimento da sociedade civil, seja a participação cada vez maior das associações, certos tipos de direitos podem não contar com associações organizadas voltadas à sua tutela. Não fosse isso, o fato é que, diante do incidente, o problema não está propriamente na busca de alguém que tenha relação com o direito discutido, mas na participação de alguém que tenha legitimidade para suprir a não participação dos excluídos ou dos litigantes que ficam à espera da decisão a ser tomada.

Daí a razão pela qual a Defensoria Pública deve ter grande espaço para atuar em favor dos litigantes que não podem ser ouvidos, desconsiderando-se se estes *economicamente* necessitam ou não da tutela de um Defensor Público. Por identidade de razões, na falta de participação de associação legitimada ou da Defensoria Pública, o Ministério Público *necessariamente* deve assumir a posição de *parte*, ou seja, de defensor dos direitos individuais dos litigantes que não podem falar perante a Corte, de nada importando se os direitos têm natureza tributária etc.

Perceba-se que a força da representação adequada, no incidente, tem que ser mais vigorosa do que a presente na ação coletiva destinada à tutela de direitos individuais homogêneos, regulada pela Lei da Ação Civil Pública e pelo CDC. É que a sentença de improcedência, nesta ação coletiva, não prejudica os representados que não ingressaram no processo coletivo na qualidade de litisconsortes (art. 103, § 2º, CDC). Ao contrário, no incidente os litigantes excluídos podem ser prejudicados, uma vez que a coisa julgada sobre a questão é *pro et contra.* Ora, quando os representados apenas podem ser beneficiados, sobrando-lhes sempre a ação individual em caso de improcedência, a adequação da representação acaba tendo importância muito menor.

Outra alternativa para a correção da constitucionalidade estaria no controle da representação adequada no caso concreto, nos moldes da *class action* do direito estadunidense. Admitir-se-ia que a parte do processo originário pode autonomear-se ou ser nomeada pelo seu adversário representante dos litigantes das demandas repetitivas. Nesse caso os litigantes excluídos teriam a possibilidade de impugnar a parte enquanto representante adequado e o tribunal possuiria a grave incumbência de controlar a representação, considerando atentamente as circunstâncias do caso e a capacidade da parte – e de seu advogado – para sustentar de maneira vigorosa e adequada as razões também pertencentes aos demais litigantes[57].

O art. 979 do Código de Processo Civil, ao advertir que a "instauração e o julgamento do incidente serão sucedidos da mais ampla e específica divulgação e publicidade, por meio de registro eletrônico no Conselho Nacional de Justiça", deve ser invocado para abrir oportunidade para a participação dos entes legitimados ou, na outra opção para a correção da inconstitucionalidade, para que os litigantes excluídos possam impugnar a parte enquanto representante adequado e, eventualmente, requerer o ingresso no incidente.

Essa "ampla e específica divulgação e publicidade" deve dar aos vários legitimados à tutela dos direitos em disputa, nos termos da Lei da Ação Civil Pública e do Código de Defesa do Consumidor, a possibilidade de ingressar no incidente para a efetiva defesa dos direitos. Cabe-lhes, afinal, a tutela dos direitos dos membros dos grupos, ou seja, dos direitos daqueles que têm casos pendentes que reclamam a solução de "questão idêntica"[58].

A falta de intervenção na qualidade de parte de qualquer associação ou da Defensoria Pública, que igualmente deverá ser intimada com base no art. 979, impõe, inevitavelmente, a intervenção do Ministério Público na qualidade de legitimado à tutela dos direitos dos litigantes. Aliás, se não for assim o incidente estará retirando não só do Ministério Público, mas também da Defensoria Pública e dos demais legitimados à tutela dos direitos individuais homogêneos o poder-dever de tutelá-los.

57. É interessante que, desta forma, estaria superado o equívoco – presente no sistema formado pela Lei da Ação Civil Pública e pelo CDC – em não se prejudicar os representados em caso de sentença de improcedência. Na verdade, se o processo coletivo depende de representação adequada, os representados têm que ser beneficiados ou prejudicados, conforme a sentença seja de procedência ou de improcedência.

58. Ver ARENHART, Sérgio. *A tutela coletiva de interesses individuais*. São Paulo: Revista dos Tribunais, 2015.

5

INCIDENTE DE RESOLUÇÃO DE DEMANDAS REPETITIVAS: INSTRUÇÃO E CONTRADITÓRIO

Maria Eduarda Moog[1]

Sumário: 1 – O novo conceito de jurisdição. 2 – O Incidente de Resolução de Demandas Repetitivas. 3 – Instrução e contraditório do IRDR. 3.1 – Seleção da demanda repetitiva. 3.2 – Participação das partes e demais interessados. 3.2.1 – Partes. 3.2.2 – *Amicus Curiae.* 3.2.3 – Ministério Público. 3.3 – Audiência pública. 3.4 – Dilatação da sustentação oral e a importância para o contraditório. 3.5 – Análise da integralidade dos fundamentos postos. 4 – Conclusão. 5 – Referências Bibliográficas.

1. O NOVO CONCEITO DE JURISDIÇÃO

O conceito de tutela jurisdicional clássica no Brasil, que muito se inspirou na doutrina italiana, apresenta-se, tradicionalmente, sob a característica substitutiva e estatal da jurisdição. Neste sentido, a definição de jurisdição para Chiovenda *"é a função do estado que tem por escopo a atuação da vontade concreta da lei por meio da substituição, pela atividade de órgãos públicos, da atividade de particulares ou de outros órgãos públicos, já no afirmar a existência da vontade da lei, já no torná-la praticamente efetiva"*.[2]

Análogo é o entendimento de Calamandrei, que define a jurisdição como *"la función mediante la cual um órgano del Estado sustituye la própria actividad a la actividad ajena al actuar concretas coluntades de ley já nacidas antes del processo, las cuales – no se dirigen a esse órgano sino a los sujetos de la ralación jurídica sometida a decisón".*[3]

Em resumo, a jurisdição seria, no conceito clássico, o poder-dever que cabe ao Estado de, substituindo-se as partes, resolver o conflito de interesses retrospectivo e predeterminado que lhe é apresentado. Seria, portanto, o poder de jul-

---

1. Mestranda em Direito Processual Civil pela UERJ. Mestre em Direito e Negócios pela Bucerius Law School, Alemanha, especializada em Resolução de Conflitos pela New York University. Especialista em Direito Processual Civil pela Pontifícia Universidade Católica do Rio de Janeiro. Advogada.

2. CHIOVENDA, Giuseppe. *Instituições de Direito Processual Civil.* São Paulo, Saraiva, 1969, *apud*, JARDIM, Afrânio Silva. Notas sobre a teoria da jurisdição. *Direito Processual Penal.* 11ª ed. Rio de Janeiro: Forense, p. 86.

3. CALAMANDREI, Pietro. citado por Ibañez Frocham, *apud* JARDIM, Afrânio Silva. Notas sobre a teoria da jurisdição. *Direito Processual Penal.* 11ª ed. Rio de Janeiro: Forense, p. 86.

gar com base nas normas postas no ordenamento jurídico. O juiz como a boca da lei (*bouche de la loi*).

Este entendimento, contudo, não se mostra mais condizente com a função jurisdicional atual. Hoje, a função do juiz não se limita a substituir a atividade das partes ao afirmar a vontade da lei. Hoje, o juiz é chamado a desenvolver funções que, ontem, pareciam reservadas a outras instituições. Registra-se, de fato, um considerável aumento dos poderes do juiz, tanto no confronto da legislação quanto da administração e isto se deu, em grande medida, com a passagem do estado liberal clássico ao estado social de direito.

Há, atualmente, um incremento dos poderes do juiz não apenas na condução do processo, com crescente poderes de iniciativa,[4] mas também com a ampliação do escopo da jurisprudência que, hodiernamente, assume tarefas consideradas próprias da legislação, que variam desde a determinação dos efeitos da lei no tempo (ab-rogativos e retroativos), até a própria organização das fontes do direito.

Nas palavras de Nicola Picardi[5],

> Atualmente, uma primeira atribuição do juiz é a função de descobrir as regras, escavando no magma do direito, estendendo ou restringindo, integrando ou corrigindo o dado normativo, o juiz desenvolve uma série de operações hermenêuticas. Em definitivo, segundo tal orientação o juiz, encontrada a regra, declara; o legislador, por sua vez, dita a regra. (...). Hoje, é precisado que, no iter de formação da sentença, o juiz dispõe de amplos poderes discricionários e, exatamente por meio desses poderes é que ele cria a decisão.

Atualmente, portanto, a atividade do juiz se distancia da simples "substitutividade" da atividade das partes, para efetivamente contribuir com estas em busca do melhor e mais justo caminho para a pacificação social.

Tal atividade pode ser relacionada a duas principais questões. A primeira decorre do fato de a concepção tradicional clássica não englobar as hipóteses em que vácuos normativos podem ocorrer, como é o caso dos fatos novos não previstos expressamente no ordenamento ou quando ocorre controvérsia em relação ao sentido da norma ou da sua aplicação.[6]

---

4. Com relação a este ponto, Nicola Picardi ressalta *"as funções 'non adjucatory' no processo, tendo este progressivamente se tornado um lugar importante da justiça distributiva, econômica e social. Antes de tudo, não se revela sem significado o papel crescente dos magistrados dotados de poderes de iniciativa: ontem os pretores; hoje o Ministério Público e os tribunais falimentares. A experiência, tanto do processo civil quanto penal, mostra, de outra parte, um juiz que hoje decide sempre menos, media e contrata sempre mais, assume por si um papel promocional e chega a desenvolver uma função política em sentido lato"* (*Jurisdição e processo*. Trad. Carlos Alberto Alvaro de Oliveira. Rio de Janeiro: Forense, 2008).

5. PICARDI, Nicolas. *Jurisdição e processo*. Trad. Carlos Alberto Alvaro de Oliveira. Rio de Janeiro: Forense, 2008.

6. Para tais incongruências, a Constituição Federal prevê a possibilidade da atuação normativa, abstrata e geral do Poder Judiciário. Nesse sentido, podem ser indicados, por exemplo, o mandado de injunção coletivo (art. 5º, inciso LXXI da Constituição da República) e o poder normativo da Justiça do Trabalho.

A segunda, pode ser relaciona a uma resposta para o assoberbamento e o gradual descrédito da população com o Poder Judiciário, que foi buscando mecanismos alternativos de resolução de conflitos, além de uma maior preocupação da sociedade com os princípios constitucionais do acesso à justiça, da segurança jurídica, da isonomia, da efetividade e da duração razoável do processo. A jurisdição, portanto, não fica mais adstrita apenas aos conflitos individuais, para passar a pensar e a se nortear, cada vez mais, por uma visão geral de sociedade.[7]

E foi justamente neste cenário, em que novas técnicas de gestão da prestação jurisdicional passaram a ser pensadas, é que o Incidente de Resolução de Demandas Repetitivas ("IRDR") surgiu no âmbito no novo Código de Processo Civil.

O franco aumento populacional, a ampliação do acesso à informação, o crescimento e padronização das relações jurídicas, com a distribuição em massa de produtos e serviços, tornou exponencial e uniforme o crescimento dos litígios, que, por sua vez, clama por práticas de gestão rápidas e eficientes. A democratização dos regimes políticos e do fortalecimento dos órgãos jurisdicionais, permitiu que os operadores do direito buscassem soluções de conflitos mais eficientes pelo Poder Judiciário e que melhor atendam ao jurisdicionado.

Nesse sentido, Aluísio Mendes[8] afirma que

> a realidade do século XXI vem apontando para a conjugação de elementos que confluem para o incremento progressivo de conflitos em massa e da procura de mecanismos de solução dos litígios em escala. O aumento da população, especialmente sentido em países continentais, como o Brasil, é um dos fatores. Por outro lado, a melhoria gradativa das condições de vida, do acesso às informações e à educação impulsiona o esclarecimento, propiciando o que Norberto Bobbio denominou de "era dos direitos", com efeitos multiplicadores nos Estados Democráticos de Direito.

A verdade é que o direito à prestação jurisdicional em prazo razoável é uma exigência da tutela jurisdicional efetiva. A demora no julgamento cria uma instabilidade na situação jurídica das partes, incompatível com a noção de segurança jurídica exigível em toda sociedade democrática.[9]

A jurisdição deve assegurar a quem tem razão o pleno gozo do seu direito durante o máximo tempo possível. O ideal seria que esse gozo fosse assegurado durante todo o tempo de duração do próprio direito, desde o seu nascimento até

---

7. MENDES, Aluísio Gonçalves de Castro. *Incidente de Resolução de Demandas Repetitivas*: sistematização, análise e interpretação do novo instituto processual. Rio de Janeiro: Forense, 2017, p. 103/104.

8. MENDES, Aluísio Gonçalves de Castro. *Incidente de Resolução de Demandas Repetitivas*: sistematização, análise e interpretação do novo instituto processual. Rio de Janeiro: Forense, 2017, p. 126.

9. Serge Guinchard afirma que, dentro as alegações de violação da garantia da tutela jurisdicional efetiva perante a Corte Europeia de Direitos Humanos é a delonga para se proferir decisões judiciais a mais comum. Em casos em que o país se vê condenado, este deve indenizar o reclamante pela demora na prestação da tutela jurisdicional (*Droit Processuel* – Droit commun du procès. Paris: Dalloz, 2001).

o seu desaparecimento.[10] Mas, se já ocorreu a lesão e essa garantia absoluta é materialmente inexequível, ao menos deve ser assegurado à parte a menor demora possível para que o seu direito seja tutelado. Neste sentido, Leonardo Greco[11] afirma que:

> A curta demora que a tutela efetiva pode tolerar é apenas aquela que resulta da necessidade de assegurar ao adversário o pleno exercício de sua defesa, ainda assim na medida em que não se ultrapasse o limite em que seja lícito exigir o sacrifício do interesse cuja tutela se afigura urgente, e da necessidade de assegurar ao próprio juiz uma cognição adequada. O tempo perdido nas longas esperas de distribuição, julgamento, publicações, redação de acórdãos etc. é absolutamente iníquo.

Em linha semelhante, Luigi Paolo Comoglio[12] afirma que a efetividade

> consagra o direito de pedir e de obter do próprio juiz um resultado de efetividade contenutística e executiva, ou seja, o reconhecimento de uma forma de tutela, que seja adequada às características substanciais do direito a tutelar e, onde ocorra, seja suscetível de uma eficaz execução mesmo em via coativa ou forçada, com os instrumentos para tal fim predispostos pelo ordenamento jurídico.

Assim, sendo verdadeira a máxima que dispõe que a morosidade do processo favorece aquele que não está com a razão,[13] e que, nas palavras de Aluísio Mendes,[14] "*o cometimento de atos ilícitos por representar, pelo menos sob a ótima limitada e imediatista, um proveito para o autor da conduta contrária ao ordenamento*", fez-se necessário repensar os mecanismos a fim de viabilizar a resolução mais célere dos conflitos.

Para tanto, o novo CPC inovou e positivou determinados institutos com vistas a permitir que o direito seja tutelado de forma mais célere e eficaz. Do ponto de vista do julgamento final do mérito, o Código autorizou a prolação de decisões parciais, ao passo que, em sede antecipatória e fundamentada em juízo de probabilidade, o CPC passou a prever a tutela de evidência e simplificou os pedidos

10. GRECO, Leonardo. Garantias fundamentais do processo: o processo justo. *Revista Jurídica*, ano 51. N. 305, mar. 2003.

11. Garantias fundamentais do processo: o processo justo. *Revista Jurídica*, ano 51. n. 305, mar. 2003, versão digital.

12. COMOGLIO, Luigi Paolo. Valori etici e ideologie del "giusto processo" (modelli a confronto), *Rivista Trimestrale di Diritto e Procedura Civile*, Milano, ano LII, 1998, p. 922.

13. Leonardo Greco chama atenção ao fato de que "*o processo somente constituirá garantia da tutela efetiva dos direitos se for capaz de dar a quem tem direito tudo aquilo a que ele faz jus de acordo com o ordenamento jurídico. Por isso, a moderna concepção da efetividade do processo impõe o adequado cumprimento das sentenças judiciais, inclusive contra a Administração Pública, a oportuna proteção das situações jurídicas suficientemente fundamentadas contra os riscos da demora na prestação jurisdicional (tutela da urgência ou tutela cautelar) e a tutela específica do direito material, especialmente no âmbito das obrigações de dar coisa certa, de fazer e não fazer*" (Garantias fundamentais do processo: o processo justo. *Revista Jurídica*, ano 51. n. 305, mar. 2003, versão digital).

14. MENDES, Aluísio Gonçalves de Castro. *Incidente de Resolução de Demandas Repetitivas*: sistematização, análise e interpretação do novo instituto processual. Rio de Janeiro: Forense, 2017, p. 22.

liminares e cautelares. Tais soluções, embora louváveis, não dão conta de resolver os conflitos de massa, as questões repetitivas que açodam o Poder Judiciário.

Por conseguinte, foi necessário que se pensasse os conflitos de massa através de uma prestação jurisdicional que, conquanto célere, também resguardasse a segurança jurídica das decisões. Em outras palavras, foi necessário pensar a prestação jurisdicional por meio de decisões que sejam, além de rápidas, congruentes com o sistema de normas jurídicas, evitando-se decisões conflitantes que façam do Judiciário verdadeira loteria jurídica.

Neste contexto, decisões sistematicamente coesas e integradas são fundamentais para que a sociedade tenha segurança ao pautar seus atos, estabelecer relações e traçar condutas, eis que terão maior previsibilidade das consequências destes.

E foi nesse contexto que o CPC foi pensado. Nas palavras de Luiz Fux,[15] "*o novo CPC é um ordenamento lavrado à luz da novel axiologia constitucional que prevê como direito fundamental a 'segurança jurídica' que se subdivide em segurança judicial e segurança legal*".

O atual CPC prestigia a jurisprudência e a função nomofilácica do Poder Judiciário ao dispor, *in verbis: "Art. 926. Os tribunais devem uniformizar sua jurisprudência e mantê-la estável, íntegra e coerente"*.

Contudo, a espera até que os processos alcancem os tribunais para só então se assegurar a segurança jurídica oriunda do julgamento uniforme de questões juridicamente idênticas, pode gerar, não raras as vezes, grande desperdício de energia dos juízes e partes na análise das questões controversas. Sendo possível pacificar a questão tão logo se identifique controvérsias comuns a inúmeros julgados, prestigia-se não apenas a segurança jurídica e a celeridade, mas também a economia processual.

É justamente isso que o IRDR busca fazer.

2. O INCIDENTE DE RESOLUÇÃO DE DEMANDAS REPETITIVAS[16]

O IRDR foi consagrado no novo Código de Processo Civil como um instituto processual destinado a contingenciar a litigiosidade repetitiva, assegurar a segurança jurídica e a rápida resolução de questões comuns. Sem correspondente na lei revogada, o IRDR encontra-se disciplinado nos arts. 976 a 987 do Códi-

15. FUX, Luiz. O novo Código de Processo Civil e a segurança jurídica normativa, disponível em https://www.conjur.com.br/2016-mar-22/ministro-luiz-fux-cpc-seguranca-juridica-normativa acessado em 26.09.2018.

16. Para uma leitura aprofundada sobre o instituto ver MENDES, Aluísio Gonçalves de Castro. *Incidente de Resolução de Demandas Repetitivas*: sistematização, análise e interpretação do novo instituto processual. Rio de Janeiro: Forense, 2017.

go. Inspirado no *musterverfahren* alemão,[17] o incidente tem por premissa firmar uma tese jurídica única aplicável a todos os casos repetitivos, a partir de um procedimento incidental em que se forme um modelo da controvérsia, conferindo prestação jurisdicional isonômica e previsível aos jurisdicionados e reduzindo o assoberbamento do Poder Judiciário com demandas seriadas.[18]

O IRDR se enquadra em uma categoria relativamente nova de procedimentos, que têm como base processos individuais paralelos e vinculados por questões comuns. Diferencia-se, em princípio, das ações coletivas, porque estas se fundam em representantes adequados, segundo a lei ou o juiz.[19] No âmbito do IRDR, o julgamento dos casos continua sendo feito de modo individualizado, embora calcado em um pronunciamento concentrado focado em questões comuns.

Atento aos princípios constitucionais que devem ser observados, conforme acima aduzidos, o IRDR surgiu, precipuamente, para a racionalização dos julgamentos, a partir da solução de questões jurídicas comuns repetidas em inúmeros processos. Na concepção tradicional de jurisdição, os processos, inobstante a existência de questões idênticas ou não, deviam ser apreciadas exaustivamente por inúmeros magistrados, os quais, não raras as vezes, acabavam chegando a conclusões diversas. Ocorre que a demanda de massa supera a capacidade de oferta de uma prestação jurisdicional qualitativa e tempestivamente satisfatória. Ainda, a falta de uniformidade nos julgamentos propicia, por outro lado, a sensação de incerteza e de insegurança.

Como se percebe, as vantagens que traz o instituto não são poucas. Contudo, como alerta Aluísio Mendes, "*para que o Incidente de Demandas Repetitivas funcione e produza os resultados esperados, há que se encontrar tribunais e magistrados para a nova sistemática. Os juízes terão que se desprender de uma cultura que acabou se consolidando de automatização na função de julgar as questões e causas seriais*".[20]

Em outras palavras, o mecanismo terá que ceder a lógica da gestão, no qual o julgamento reiterado e desenfreado terá que dar lugar à lógica da racionalização.

---

17. Consta da exposição de motivos: "*criou-se, com inspiração no direito alemão, o já referido incidente de resolução de demandas repetitivas, que consiste na identificação de processos que contenham a mesma questão de direito, que estejam ainda no primeiro grau de jurisdição, para decisão conjunta*" e, em nota de rodapé: "*no direito alemão, a figura chama-se musterverfahren e gera decisão que serve de modelo (=muster) para a resolução de uma quantidade expressiva de processos em que as partes estejam na mesma situação, não se tratando, necessariamente, do mesmo autor ou do mesmo réu*" (Exposição de Motivos da Comissão de Juristas).

18. MENDES, Aluísio Gonçalves de Castro; TEMER, Sofia. O incidente de resolução de demandas repetitivas no novo Código de Processo Civil. *Revista de Processo*, vol. 243, mai/2015, versão digital.

19. Para aprofundamento do tema ver MENDES, Aluísio Gonçalves de Castro. *Ações coletivas e meios de resolução coletiva de conflitos no direito comparado e nacional*. 4. ed. São Paulo: Ed. RT, 2014.

20. MENDES, Aluísio Gonçalves de Castro. *Incidente de Resolução de Demandas Repetitivas*: sistematização, análise e interpretação do novo instituto processual. Rio de Janeiro: Forense, 2017, p. 10.

Ou seja, o juiz ou o tribunal, ao invés de julgar inúmeras demandas de idêntico objeto, deverá buscar a discussão concentrada sobre a questão jurídica comum, através do IRDR.

O incidente poderá ser suscitado pelo próprio órgão julgador, as partes, o Ministério Público ou a Defensoria Pública,[21] sempre que se deparar com uma questão jurídica comum relevante para inúmeros processos em tramitação.[22]

3. INSTRUÇÃO E CONTRADITÓRIO DO IRDR

Historicamente, o princípio do contraditório transitava em torno do binômio "informação-reação", tendo sua *ratio* na permissão de que a parte reaja ou evite posições jurídicas desfavoráveis.[23]

Assim, no âmbito deste binômio, é possível afirmar que o direito de "*informação*" está ligado à necessária ciência do gravame real ou potencial, a fim de que os sujeitos possam pautar suas relações jurídicas de forma consciente e sem surpresas. Por outro lado, no direito de "*reação*" é a garantia de se manifestar no processo, o que abrange as faculdades de contra argumentar, examinar os autos do processo, dirigir requerimentos ao Estado-juiz, formular perguntas e quesitos e sustentar oralmente suas razões.[24]

Assim, sob a ótica de que a parte tem o direito de reagir à uma decisão que lhe é desfavorável e apresentar seus argumentos de defesa e as razões de sua reforma, pode surpreender alguns a ideia de uma tese jurídica firmada a partir de um único procedimento incidental, formar um modelo da controvérsia único e aplicável a todos os casos repetitivos.

Contudo, nos dias atuais, o contraditório não é mais visto somente sob a ótica individualista – o direito de contradizer para reagir à decisão – mas também sob a ótica de que o Processo é um meio de fomentar a democracia deliberativa e legitimar o Judiciário.[25] Afinal, como visto acima, o conceito de tutela jurisdicio-

---

21. Conforme art. 977 do CPC.

22. Aluísio Mendes adverte que "*o resultado estatístico inicial e aparente pode ser até inverso, pois a tendência imediata será o aumento dos acervos em razão da suspensão dos processos. Porém, em uma perspectiva mais prolongada e duradoura, a economia e a racionalização poderão apresentar resultados profícuos em termos de qualidade e quantidade*" (*Incidente de Resolução de Demandas Repetitivas*: sistematização, análise e interpretação do novo instituto processual. Rio de Janeiro: Forense, 2017, p. 10).

23. OLIVEIRA, Carlos Alberto Álvaro de. Garantia do contraditório. In: CRUZ E TUCCI, José Rogério (coord.). *Garantias constitucionais do processo civil*, p. 135.

24. CABRAL, Antonio do Passo. *Nulidades no processo moderno*: contraditório, influência e validade *prima facie* dos atos processuais. 2. ed. Rio de Janeiro: Forense, 2010, p. 104.

25. Luiz Fux e Bruno Bonart ressaltam que "*a legitimidade democrática do Judiciário reside no fato de que em juízo, a solução justa é encontrada pelo Estado-juiz em conjunto com as partes*". Notas sobre o princípio da motivação e a uniformização da jurisprudência no novo Código de Processo Civil à luz da análise Econô-

nal clássica, apresentado sob o prisma da substitutividade da vontade de Caio e Tício pela decisão do Estado-Juiz, não se mostra mais suficiente.

Passou-se a compreender que, num ambiente democrático, os cidadãos comuns não são apenas destinatários das normas jurídicas, mas também seus autores. As decisões judiciais só podem ser impostas se legitimadas através da participação e discussão de toda a sociedade. Nas palavras de Antonio do Passo Cabral, *"as regras do discurso devem possibilitar a higidez destes debates, assegurando a racionalidade e controlabilidade (testability) da decisão final"*.[26]

Desta forma, é possível ter a maior tranquilidade e segurança de que os cidadãos, além de poderem *reagir* às decisões, poderão efetivamente *contribuir* para a decisão. Tudo isso sob um procedimento decisório racional, fundamentado e controlável.

Em outras palavras, como afirma Antonio do Passo Cabral, *"a democracia deliberativa se favorece do fato de ter sido a decisão objeto de uma discussão argumentativa pluralista, retirando o indivíduo da condição de súdito (que se submete) para o status de ativo coautor da elaboração da norma, verdadeiramente cidadão e partícipe desse processo"*.[27]

A atuação mais ativa do cidadão e a ampliação das arenas de discussão acaba por possibilitar e viabilizar a influência das partes e interessados na formação de normas jurídicas vinculantes. É fundamental, portanto, que haja um debate público dos temas postos à decisão do Estado e que esse debate seja defendido pelas partes respeitando as regras postas nas normas processuais.[28]

É nesse contexto, portanto, que se insere o IRDR. Isto porque, embora o contraditório bilateral seja mitigado em primeira instância para os casos em que se aplica a tese jurídica firmada, no julgamento do IRDR, o contraditório deve ser ampliado. Esta ampliação, no entanto, deve ser observada sob diversos aspectos.

---

mica do Direito. Disponível em: https://papers.ssrn.com/sol3/papers.cfm?abstract_id=2982136 Acessado em 15.09.2018.

26. CABRAL, Antonio do Passo. *Nulidades no processo moderno*: contraditório, influência e validade *prima facie* dos atos processuais. 2. ed. Rio de Janeiro: Forense, 2010, p. 108/109.

27. CABRAL, Antonio do Passo. *Nulidades no processo moderno*: contraditório, influência e validade *prima facie* dos atos processuais. 2. ed. Rio de Janeiro: Forense, 2010, p. 113.

28. Ressalte-se que o próprio CPC registra a importância da sustentação oral para o debate público das questões. Veja que, no âmbito dos Incidentes de Resolução de Demandas Repetitivas, em que deve haver um maior debate em vista da sua função propedêutica do incidente e da abrangência da tese fixada, o art. 984 do Código prevê que o autor e o réu do processo originário, bem como o Ministério Público, sustentem oralmente suas razões pelo prazo de 30 (trinta) minutos, tempo superior, portanto, ao prazo previsto no art. 937 para sustentações orais, de 15 minutos. Além disso, a sustentação oral é estendida também aos "demais interessados".

3.1. Seleção da demanda repetitiva

Uma vez admitido o IRDR, cabe ao relator instruí-lo. Ocorre que, especificamente com relação à instrução, os dispositivos do CPC pouco ou nada falam a respeito. No entanto, é importante ter em que mente que, conforme já editado nos Enunciados 345,[29] 346,[30] 347[31] e 363[32] do Fórum Permanente de Processualistas Civis, o IRDR, assim como os recursos repetitivos (arts. 1.036 e seguintes do CPC) e os recursos repetitivos de revista, formam um *microssistema dos processos repetitivos* no processo civil brasileiro, cujas regras, embora diferentes, podem ser utilizadas mutuamente.

Neste sentido, conforme adverte Antonio do Passo Cabral, *"um exame superficial da legislação mostra que a analogia é indispensável, até porque a mais importante tarefa na instrução do IRDR é a seleção dos processos repetitivos que servirão de referência para o procedimento do incidente"*.[33]

De fato, a seleção do caso que será julgado impacta diretamente o desfecho que será alcançado pelo tribunal julgador relativo à questão comum decidida. Afinal, estando as alegações e teses antagônicas mal postas ou argumentativamente mal estruturadas, as chances de uma cognição de menor qualidade pelo órgão julgado são maiores, o que, consequentemente, acabará por levar a uma pior decisão e o prejuízo a toda uma coletividade de pessoas afetada pela decisão tomada no incidente.

Neste sentido, é importante ter em mente que, tal qual nos recursos repetitivos, também no IRDR é necessário haver uma decisão de afetação dos processos para a tramitação do incidente prévio à sua instauração. Não é obrigatório, no entanto, que o processo afetado seja aquele da onde partiu o requerimento de instauração do incidente. Afinal, levando-se em consideração a análise sistemática do microssistema dos processos repetitivos, não se pode perder de vista que, no âmbito dos recursos repetitivos, o próprio CPC (art. 1.036, § 4º) afirma que a escolha pelo tribunal local dos recursos encaminhados ao Supremo Tribunal

---

29. "O incidente de resolução de demandas repetitivas e o julgamento dos recursos extraordinários e especiais repetitivos formam um microssistema de solução de casos repetitivos, cujas normas de regência se complementam reciprocamente e devem ser interpretadas conjuntamente." (Grupo: Precedentes; redação revista no V FPPC-Vitória).

30. "A Lei nº 13.015, de 21 de julho de 2014, compõe o microssistema de solução de casos repetitivos." (Grupo: Precedentes).

31. "Aplica-se ao processo do trabalho o incidente de resolução de demandas repetitivas, devendo ser instaurado quando houver efetiva repetição de processos que contenham controvérsia sobre a mesma questão de direito." (Grupo: Impacto do CPC no processo do trabalho).

32. "O procedimento dos recursos extraordinários e especiais repetitivos aplica-se por analogia às causas repetitivas de competência originária dos tribunais superiores, como a reclamação e o conflito de competência." (Grupo: Precedentes).

33. CABRAL, Antonio do Passo. Comentários ao novo Código de Processo Civil. coordenação Antônio do Passo Cabral, Ronaldo Cramer. Rio de Janeiro: Forense, 2015, p. 1.436.

Federal e Superior Tribunal de Justiça para julgamento não vincula o tribunal superior, que poderá selecionar outros casos para afetação.[34]

De fato, conforme disposto pelo Código no âmbito do julgamento de recursos repetitivos, aplicáveis, portanto, ao IRDR, a seleção do processo para afetação do incidente impõe que os recursos sejam "*admissíveis*" e "*que contenham abrangente argumentação e discussão a respeito da questão a ser decidida*" (art. 1.036, § 6º).

Por "*admissíveis*", é importante ter em mente que não se pode selecionar para afetação ao IRDR recurso pendente de juízo de admissibilidade no tribunal, ou seja, um recurso intempestivo ou carente de impugnação especificada dos fundamentos da decisão recorrida. Esta condição, portanto, mostra-se *sine qua non* para que o recurso possa ser afetado pelo tribunal.

Já o segundo requisito – "*abrangente argumentação e discussão a respeito da questão a ser decida*" – maior interpretação se impõe para a definição. Para tanto, Antonio do Passo Cabral sugere serem duas as diretrizes interpretativas: "*de um lado (a) a amplitude do contraditório (no processo originário e no próprio incidente), e, de outro lado, (b) a pluralidade e (c) a representatividade dos sujeitos do processo originário*".[35] Comungamos do entendimento.

Neste sentido, com relação à amplitude do contraditório, deve-se verificar aquele que possui maior completude, diversidade e qualidade dos argumentos, além de efetiva existência de contraditório no processo de origem. Afinal, quanto mais plural o debate, maior subsídio terá o órgão julgador para a apreciar a questão.

Já com relação à pluralidade de sujeitos no processo originário, deve-se preferir processos em que haja litisconsortes nos polos da demanda, bem como processos em que tenha ocorrido intervenção de terceiros e audiência pública. No que tange à representatividade, devem ser preferidas para a seleção do processo as demandas coletivas às individuais, em especial aqueles ajuizados por órgãos independentes que atuem com base no interesse público e sem hierarquia.

Por fim, é importante ter em mente o parâmetro quantitativo da seleção do processo. No âmbito dos recursos repetitivos, o CPC (art. 1.036, §§ 1º e 5º), estabeleceu a escolha de no mínimo dois recursos representativos da controvérsia

34. No entanto, nos recursos repetitivos do novo CPC, assim como nos recursos de revista repetitivos, a lei divide a responsabilidade na seleção do processo entre o tribunal de origem e o tribunal superior (art. 1.035, §§ 1º e 5º, do novo CPC e art. 896-C, § 4º da CLT). Muito embora a escolha do tribunal de origem não seja vinculante, é natural que, havendo uma multiplicidade de casos repetitivos que tramitam ou tramitaram na instancia inferior, tais juízos estejam maior familiarizados com a controvérsia, podendo indicar quais dos processos a discussão esteja mais bem estruturada.

35. CABRAL, Antonio do Passo. Comentários ao novo Código de Processo Civil. coordenação Antônio do Passo Cabral, Ronaldo Cramer. Rio de Janeiro: Forense, 2015, p. 1.457.

para fins de afetação. Recomenda-se o mesmo no âmbito do IRDR, permitindo, assim, visão mais global das discussões a serem enfrentadas e evita cognição pautada em pontos de vista limitados a uma só controvérsia.

3.2. Participação das partes e demais interessados

Conforme disposto no art. 983 do CPC, "*o relator ouvirá as partes e os demais interessados, inclusive pessoas, órgãos e entidades com interesse na controvérsia, que, no prazo comum de 15 (quinze) dias, poderão requerer a juntada de documentos, bem como as diligências necessárias para a elucidação da questão de direito controvertida, e, em seguida, manifestar-se-á o Ministério Público, no mesmo prazo*".

3.2.1. Partes

Como visto, na seleção das demandas que serão escolhidas para afetação, o órgão julgador deve priorizar aquelas que tenham pluralidade de sujeitos a fim de que, com isso, mais pessoas sejam ouvidas.

No entanto, deve-se ter em mente que o termo "partes" não deve se limitar às partes bilaterais do processo afetado, mas ser compreendido de forma ampla. Neste sentido, conforme afirma Cássio Scarpinella Bueno[36], "*qualquer parte individualmente considerada que tenha processo seu suspenso a mercê da instauração do incidente (art. 982, I) pode se manifestar diretamente no Tribunal para expor suas razões sobre a resolução da questão de direito*".

A participação das partes para apresentação de razões e documentos, no entanto, deve ser feita no prazo comum de quinze dias previsto no art. 983 do CPC.

Por se tratar de julgamento cujo efeito da decisão ultrapassará o interesse das partes que figuram no processo que deu origem à suscitação do incidente, o relator deve ouvir outras pessoas que possam influenciar no julgamento da causa além do simples contraditório bilateral.

além do autor e réu ouvirá, além das partes, outros interessados na controvérsia (art. 983), inclusive pessoas, órgãos e entidades com interesse na controvérsia (amicus curiae).

3.2.2. Amicus Curiae

Além das partes, o art. 983 permite a oitiva de outros interessados para se manifestarem acerca da questão de direito controvertida que justificou a instauração do incidente. O referido dispositivo menciona que os "*outros interessados*"

---

36. BUENO, Cassio Scarpinella, *Manual de direito processual civil*. 4. ed. São Paulo: Saraiva Educação, 2018, v. único, p. 1054-1056.

podem ser "*pessoas, órgãos e entidades com interesse na controvérsia*", o que traz à tona a figura do *amicus curiae* (art. 138).

Em tais casos, o interesse na manifestação é institucional e, portanto, inconfundível com o usual "interesse jurídico", que caracteriza as demais modalidades de intervenção de terceiro.[37]

Os *amici curiae* fazem o papel de verdadeiros representantes ou substitutos das próprias teses que serão discutidas, na perspectiva da apresentação e na defesa de seus argumentos, favoráveis e contrários, e de seus impactos nos mais variados campos. A paridade na sua oitiva, destarte, é irrecusável para preservar o equilíbrio do contraditório no âmbito do processo de índole cooperativa decorrente do modelo constitucional e do art. 6º do CPC de 2015.

Diferentemente do que se passa nos demais procedimentos regulados no CPC, para os quais a intimação ou a admissão de *amicus curiae* é facultativa (art. 138), no IRDR, havendo pessoas, órgãos ou entidades que possam ostentar esse *status*, a provocação ou admissão é obrigatória.

Neste sentido, Elpídio Donizetti afirma que a participação do *amicus curiae* no âmbito do IRDR "*não se trata, portanto, de uma faculdade, mas de um dever que tem por fim legitimar a decisão do incidente*".[38] No mesmo sentido, Cássio Scarpinella Bueno defende que, considerando a gravidade das consequências derivadas da tese a ser fixada, a oitiva de *amici curiae*, dentro ou fora de audiências públicas, é medida impositiva para o hígido desenvolvimento do IRDR e cuja inobservância tem tudo para insinuar a existência de nulidade na decisão respectiva, ao menos no que tange à sua aptidão de servir de indexador jurisprudencial nos moldes do art. 985, a afastar, consequentemente, a sua necessária "observância" nos moldes do art. 927.

Assim, em vista da importância da participação do *amicus curiae* na formação do precedente formado pelo IRDR, ao lado da representatividade adequada, a existência de pertinência temática entre os fins institucionais da entidade e o conteúdo da decisão de afetação é imprescindível[39], até mesmo para que se

---

37. As manifestações admitidas pelo caput do art. 983 devem ser efetuadas no prazo comum de quinze dias e não se confundem com outras informações que, a propósito do inciso II do art. 982, tenham sido requeridas pelo relator. Nesse sentido, Cássio Scarpinella aponta que é correto entender que esse prazo pode ser dilargado com base no inciso VI do art. 139.

38. DONIZETTI, Elpídio. *Novo Código de Processo Civil comentado*. 3. ed. rev., atual. e ampl. São Paulo: Atlas, 2018, p. 1122.

39. Ao enfrentar o tema da legitimidade dos *amici*, no âmbito das ações diretas de controle de constitucionalidade, a jurisprudência há muito definiu, como requisito para a sua intervenção, ao lado da representatividade adequada, a existência de pertinência temática entre os fins institucionais da entidade e o conteúdo do ato normativo impugnado. Neste sentido, afirma-se que "O requisito da pertinência temática (...) se traduz na relação de congruência que necessariamente deve existir entre os objetivos estatutários ou as finalidades institucionais da entidade autora e o conteúdo material da norma questionada em sede de controle abstrato" (ADI nº 1.157/DF, Rel. Min. Celso de Mello, DJ 17.11.2006); "(...) a relação de perti-

verifique as consequências práticas da formação do precedente, a fim de evitar o do grave risco de se definirem teses cujos efeitos não sejam previamente conjecturados.[40]

3.2.3. Ministério Público

Como visto, o julgamento do IRDR é atividade jurisdicional que envolve interesse público. Assim, obrigatória a intervenção do Ministério Público como *custus legis* (art. 976, § 2º). A atuação do Ministério Público no IRDR, por sua vez, transcende a mera fiscalização da lei, eis que possui legitimidade também para instaurar o incidente (art. 977, III), assumir a condução do IRDR caso o legitimado que o provocou desista de persegui-lo e, caso queira, se manifestar em 15 dias após a admissão do incidente (art. 982, III).

Além disso, o art. 983 determina que, após ouvir as partes e os demais interessados para elucidação de questões de direito controvertidas, juntar documentos e requerer diligencias, o Ministério Público também deverá se manifestar no mesmo prazo.

Trata-se, portanto, de providencia obrigatória para o relator, mas a manifestação do Ministério Público só deve ser aplicada se houver interesse público na matéria de direito discutida no incidente (art. 178 do CPC). Evidentemente, diante da independência funcional, cabe ao próprio Ministério Público verificar se é o caso ou de não de atuar como *custus legis*. No entanto, diante do requisito essencial do IRDR – que é justamente a existência de demandas repetitivas – e, portanto, o desfecho interfere na vida de inúmeras pessoas, é difícil pensar a ausência de interesse público.[41] Assim, o Ministério Público deverá, via de regra, participar e contribuir para a instrução do IRDR e fomentar o contraditório.

---

nência temática entre as finalidades da associação autora e as normas questionadas" (ADI nº 1.115/DF, Rel. Min. Néri da Silveira, DJ 22.09.95); "(...) o elo entre os objetivos sociais da confederação e o alcance da norma que se pretende ver fulminada" (ADI nº 1.151/MG, Rel. Min. Marco Aurélio, DJ 19.05.95).

40. Neste sentido, Fernanda Medina Pantoja, em interessante artigo, afirma ser "preciso que o juízo de verificação da pertinência temática seja amplo e flexível, contemplando também a noção de 'pertinência temática subjacente', sob pena de depauperamento do *amicus curiae* como instrumento de participação democrática da sociedade civil e do grave risco de se definirem teses cujos efeitos não sejam previamente conjecturados." Para tanto, apresenta exemplo do setor de seguros, em que "a imposição de multa cominatória introduz um custo que não está contemplado na operação e que pode levar ao grave desequilíbrio das carteiras. Com efeito, a não exibição, pelo segurador, de um laudo técnico ou de algum subsídio ou elemento obtido no bojo do procedimento de regulação de sinistro pode vir a gerar enorme contingência em desfavor do fundo mutual, não precificada quando subscrita e aceita a proposta de seguro. Não há dúvidas de que o impacto da decisão nesse mercado específico deve ser levado em consideração na formação da tese e que, portanto, a intervenção de entidade representativa do setor poderia fornecer elementos bastante úteis ao julgamento" (PANTOJA, Fernanda Medina. *Pertinência temática subjacente*: um parâmetro mais acessível para a legitimação de *amici curiae* na formação de teses processuais. Disponível em: https://processualistas.jusbrasil.com.br/artigos/724099960/pertinencia-tematica-subjacente. Consultado em 22.11.2019.

41. CABRAL, Antonio do Passo. Comentários ao novo Código de Processo Civil. coordenação Antônio do Passo Cabral, Ronaldo Cramer. Rio de Janeiro: Forense, 2015, p. 1459.

3.3. Audiência pública

O § 1º do art. 983 permite a realização de audiências públicas para *"ouvir depoimentos de pessoas com experiência e conhecimento na matéria"*, com a finalidade de *"instruir o incidente"*. A regra traz para o incidente de resolução de demandas repetitivas a mesma prática que se consolidou no âmbito do exercício do controle concentrado de constitucionalidade no STF e, mais recentemente, também no STJ, ao ensejo do julgamento de recursos especiais repetitivos.

A audiência pública nada mais é do que uma reunião pública, transparente e de ampla discussão em que se vislumbra a comunicação entres os vários setores da sociedade e as autoridades públicas; no caso do IRDR, o órgão julgador.

A audiência pública é uma forma de promover a participação popular no processo de decisão sobre questões relevantes para a coletividade e um meio de ampliar o contraditório dos setores da sociedade civil que podem vir a ser impactos com a decisão.

Assim, a audiência pública e a oitiva do *amicus curiae* merecem ser tratadas como as duas faces de uma mesma moeda, isto é, como técnicas que permitem a democratização das decisões jurisdicionais tomadas em casos que, por definição, tendem a atingir uma infinidade de pessoas que não necessariamente serão representadas pessoal e diretamente no processo em que será fixada a interpretação da "questão jurídica". Nesse mister, a audiência pública é local apropriado para que a participação do *amicus curiae* seja efetivada.[42]

3.4. Dilatação da sustentação oral e a importância para o contraditório

Conforme afirma Leonardo Greco,[43] *"a oralidade, ao lado da publicidade, é uma das mais importantes garantias vinculadas ao contraditório participativo e um dos meios mais eficazes de assegurar a instauração no processo de um efetivo diálogo entre o juiz e as partes"*.

Tal prerrogativa se faz necessária sob a ótica de que o processo é um meio de fomentar a democracia deliberativa e legitimar o Judiciário.[44] Neste contexto, é certo afirmar que, como visto, o conceito atual de contraditório restou ampliado, perpassando não apenas pelo direito da parte de ser cientificada dos efeitos prejudiciais de decisões vinculativas e lhe ser franqueada a faculdade de reagir

---

42. BUENO, Cassio Scarpinella. *Manual de direito processual civil*. 4. ed. São Paulo: Saraiva Educação, 2018.

43. GRECO, Leonardo. Publicismo e privatismo no processo civil. *Revista de Processo (RePro)*. v. 164, 2008, p. 48.

44. Luiz Fux e Bruno Bonart ressaltam que *"a legitimidade democrática do Judiciário reside no fato de que em juízo, a solução justa é encontrada pelo Estado-juiz em conjunto com as partes"*. Notas sobre o princípio da motivação e a uniformização da jurisprudência no novo Código de Processo Civil à luz da análise Econômica do Direito. Disponível em: https://papers.ssrn.com/sol3/papers.cfm?abstract_id=2982136 Acessado em 15.09.2018.

contra estas, mas também que possa influir e colaborar com a tomada de decisão do poder estatal através do procedimento.[45]

E, dentre as normas processuais, Leonardo Greco[46] adverte sobre a importância da oralidade no diálogo participativo:

> Lamentavelmente, hoje se assiste ao abandono da oralidade como instrumento autoritário de aceleração do processo, mas, ao mesmo tempo, de distanciamento do juiz em relação às partes e ao drama humano que as aflige, de supressão do diálogo participativo e da possibilidade de exercício do direito da parte à sua autodefesa.

Ciente da importância da exposição oral das razões de decidir para o exercício do contraditório e considerando a importância do julgamento do IRDR, cujo resultado pode produzir efeito expansivo em todos os processos que contenham controvérsia sobre a mesma questão de direito, o legislador criou regra específica, que concede aos interessados o prazo de 30 (trinta) minutos para que sustentem as razões pelas quais defendem a adoção ou não de determinada tese jurídica (art. 984, II). Afasta-se, assim, a aplicação do art. 937 do CPC, entendido como norma geral, que prevê a concessão do prazo de 15 (quinze) minutos para sustentação oral nos processos e nos recursos relacionados.[47]

Neste sentido, é importante destacar que o CPC autorizou a sustenta oral pelo prazo dilatado não apenas do autor e réu do processo originário, como do Ministério Público pelo prazo de trinta minutos cada, como também confere aos demais interessados, prazo de 30 minutos para sustentar razões. Neste caso, o Código determina que os interessados que desejem expor suas razões inscre-

---

45. Sobre o conceito de contraditório, Leonardo Greco afirma o seguinte: "*Ninguém pode ser atingido por uma decisão judicial na sua esfera de interesses sem ter tido ampla possibilidade de influir eficazmente na sua formação. O contraditório é consequência do princípio político da participação democrática e pressupõe: a) audiência bilateral: adequada e tempestiva notificação do ajuizamento da causa e de todos os atos processuais através de comunicações preferencialmente reais, bem como ampla possibilidade de impugnar e contrariar os atos dos demais sujeitos, de modo que nenhuma questão seja decidida sem essa prévia audiência das partes; b) direito de apresentar alegações, propor e produzir provas, participar da produção das provas requeridas pelo adversário ou determinadas de ofício pelo juiz e exigir a adoção de todas as providências que possam ter utilidade na defesa dos seus interesses, de acordo com as circunstâncias da causa e as imposições do direito material; c) congruidade dos prazos: os prazos para a prática dos atos processuais, apesar da brevidade, devem ser suficientes, de acordo com as circunstâncias do caso concreto, para a prática de cada ato da parte com efetivo proveito para a sua defesa; d) contraditório eficaz é sempre prévio, anterior a qualquer decisão, devendo a sua postergação ser excepcional e fundamentada na convicção firme da existência do direito do requerente e na cuidadosa ponderação dos interesses em jogo e dos riscos da antecipação ou da postergação da decisão; e) o contraditório participativo pressupõe que todos os contra-interessados tenham o direito de intervir no processo e exercer amplamente as prerrogativas inerentes ao direito de defesa e que preservem o direito de discutir os efeitos da sentença que tenha sido produzida sem a sua plena participação*" (Garantias fundamentais do processo: o processo justo. *Revista Jurídica*, ano 51, n. 305, mar. 2003, p. 11, versão digital).
46. GRECO, Leonardo. Publicismo e privatismo no processo civil. *Revista de Processo (RePro)*. v. 164, 2008, p. 48.
47. MONTENEGRO FILHO, Misael. *Novo Código de Processo Civil comentado*. 3. ed. rev. e atual. São Paulo: Atlas, 2018, versão digital, p. 740.

vam-se com antecedência mínima de dois dias, ressalvando, portanto, que a depender do número de inscritos, o prazo para sustentação oral poderá ser ampliado (art. 984, § 1º).

3.5. Análise da integralidade dos fundamentos postos

A especial importância do contraditório no âmbito do IRDR é verificada também na imposição de que o acórdão que decide a tese jurídica repetitiva analise, de forma profunda e detida, todos os fundamentos suscitados pelas partes e pelos interessados (art. 984, § 2º).[48]

Além da imposição do Código de que o magistrado fundamente as decisões de forma profunda sob pena de nulidade (art. 489, IV), a análise de todos os argumentos – favoráveis ou contrários à tese – no julgamento do IRDR alcança maior relevância em razão da mais acentuada observância da *integridade* da tese jurídica firmada com o sistema jurídico como um todo. Ou seja, os provimentos-modelo hão de harmonizar-se com o ordenamento e com a tradição jurídica na sua inteireza.[49]

De fato, a coerência e a integridade do sistema ligam-se entre si, formando um núcleo que impõe um dever de formação de precedentes bem fundamentados, decorrente do enfrentamento de tantos argumentos quantos sejam possíveis para suportar a tese jurídica firmada, o que, consequentemente, acabará por reforçar a sua consistência e validade.[50]

Além disso, quanto mais qualificada, precisa e profunda for a fundamentação do acórdão, mas fácil será a sua aplicação aos processos suspensos, evitando que se aplique a tese jurídica firmada em casos materialmente idênticos, mas que novos argumentos jurídicos não foram decididos no provimento-modelo.[51]

---

48. Nesse sentido, o Enunciado 457 do Fórum Permanente de Processualistas Civis estabelece: "No julgamento de casos repetitivos, o tribunal deverá enfrentar todos os argumentos contrários e favoráveis à tese jurídica discutida, inclusive os suscitados pelos interessados".

49. A esse respeito, Hermes Zaneti Junior explica que a integridade "*é mais que uma simples não contradição, revela a harmonia do precedente com os princípios mais gerais do direito em determinado ordenamento jurídico, extraídos dos precedentes anteriores, da unidade do ordenamento jurídico, da unidade da Constituição, no que poderíamos chamar de uma normatividade conglobante*". O doutrinador prossegue, ensinando que a integridade "*volta-se à validade da norma estabelecida pelo tribunal diante da unidade da Constituição, dos princípios jurídicos, da tradição, na normatividade conglobante do ordenamento jurídico*". Isso porque os precedentes também integram a tradição jurídica e, num sistema que lhes empresta relevo, hão de ser considerados como fontes do Direito (CABRAL, Antonio do Passo; CRAMER, Ronaldo (coords.). *Comentários ao Novo Código de Processo Civil*. 2. ed. Rio de Janeiro: Forense, 2016, p. 1323).

50. DIDIER JR, Fredie, BRAGA, Paula Sarno; OLIVEIRA, Rafael Alexandria de. *Curso de Direito Processual Civil*: teoria da prova, direito probatório, decisão, precedente, coisa julgada e tutela provisória. 12. ed. Salvador: Juspodivm, 2017, p. 545).

51. Neste sentido, Luiz Norton Batista Mattos afirma que "*incumbe ao órgão competente evitar o julgamento superficial, incompleto, que possibilita aos órgãos jurisdicionais subordinados deixar de aplicar o precedente em vários casos concretos pelo fato de apresentarem argumentos não decididos*" (O incidente de

Conferindo maior amplitude ao debate, Antônio Adonias Aguiar Bastos[52] acrescenta que há, inclusive, um dever concreto de enfrentamento do precedente oriundo de um IRDR em tribunal de 2ª instância, quando de um julgamento de outro IRDR, por outro tribunal também de 2ª instância, em caso análogo:

> Muito embora a decisão oriunda de um Incidente apreciado por um tribunal de 2º grau seja meramente persuasiva em relação aos magistrados que atuam perante outras cortes, parece-nos que dela irradia um dever de enfrentamento para os demais tribunais que venham a processar futuros IRDRs sobre o mesmo objeto.
>
> Em outras palavras: já existindo precedente oriundo de um Incidente, suas razões de decidir haverão de ser levadas em consideração pelas demais cortes quando elas tiverem que julgar futuros IRDRs sobre assunto idêntico, seja para acompanhar ou para divergir da tese sedimentada anteriormente.
>
> Este dever, concreto, emana de duas fontes: (a) dos atributos que caracterizam a decisão do IRDR, qualificando-a (...); e (b) do dever geral de uniformização da jurisprudência preconizado pelo art. 926 do CPC/2015.

O referido autor defende que os atributos que o *caput* do art. 926 confere ao dever de uniformização da jurisprudência expandem-no para além da verticalidade da hierarquia jurisdicional e da horizontalidade interna, quando se está diante de um precedente fixado por meio de uma das técnicas moldadas pelo CPC/2015 especialmente para tal fim.

4. CONCLUSÃO

Ao longo dessas breves linhas, foi possível expor a ampliação do conceito de jurisdição. Atualmente, não se mostra mais suficiente uma jurisdição fundida tão somente na "substitutividade" da atividade das partes, sendo necessária uma ampliação das funções do juiz e de uma atuação prospectiva do Poder Judiciário.

Buscando uma maior observância dos princípios da efetividade e da segurança jurídica, surgiu, no novo CPC, o IRDR que, sem correspondente com o diploma revogado, busca, em síntese, firmar uma tese jurídica única aplicável a todos os casos repetitivos, a partir de um procedimento incidental em que se forme um modelo da controvérsia, conferindo prestação jurisdicional isonômica e previsível aos jurisdicionados e reduzindo o assoberbamento do Poder Judiciário com demandas seriadas.

Considerando a formação do precedente e a aplicação a outras inúmeras causas, o contraditório exercido no âmbito do julgamento da tese é significati-

---

resolução de demandas repetitivas no novo CPC. In: GAJORDONI, Fernando da Fonseca (coord.). *Coleção Repercussões do Novo CPC*: magistratura. Salvador: Juspodivm, 2015, v. 1, p. 193).

52. BASTOS, Antônio Adonias Aguiar. Dever de enfrentamento do precedente editado num incidente de resolução de demandas repetitivas (IRDR) para o julgamento de outro IRDR. Disponível em: <<https://www.impetus.com.br/artigo/1064/dever-de-enfrentamento-do-precedente-editado-num-incidente-de-resolucao-de-demandas-repetitivas>>.Acesso em 23.11.2019.

vamente ampliado. Tal ampliação perpassa por toda a instrução do precedente – desde a seleção das demandas repetitivas que serão julgadas, à participação de partes e interessados, realização de audiência pública, maior tempo de sustentação oral – a vai até a julgamento, quando na impositiva análise da integralidade dos argumentos suscitados.

5. REFERÊNCIAS BIBLIOGRÁFICAS

BASTOS, Antônio Adonias Aguiar. Dever de enfrentamento do precedente editado num incidente de resolução de demandas repetitivas (IRDR) para o julgamento de outro IRDR. Disponível em: <<https://www.impetus.com.br/artigo/1064/dever-de-enfrentamento-do-precedente-editado-num-incidente-de-resolucao-de-demandas-repetitivas>>. Acesso em 23.11.2019.

BUENO, Cassio Scarpinella. *Manual de direito processual civil.* 4. ed. São Paulo: Saraiva Educação, 2018. v. único.

CABRAL, Antonio do Passo. *Comentários ao novo Código de Processo Civil.* Rio de Janeiro: Forense, 2015.

CALAMANDREI, Pietro citado por Ibañez Frocham, apud JARDIM, Afrânio Silva. Notas sobre a teoria da jurisdição. *Direito Processual Penal.* 11ª ed. Rio de Janeiro: Forense.

CHIOVENDA, Giuseppe. *Instituições de Direito Processual Civil.* São Paulo: Saraiva, 1969, *apud* JARDIM, Afrânio Silva. Notas sobre a teoria da jurisdição. *Direito Processual Penal.* 11ª ed. Rio de Janeiro: Forense.

COMOGLIO, Luigi Paolo. Valori etici e ideologie del "giusto processo" (modelli a confronto). *Rivista Trimestrale di Diritto e Procedura Civile*, Milano, ano LII, 1998.

COSTA, Eduardo Jose da Fonseca. As noções jurídicas processuais de eficácia, efetividade e eficiência. *Revista de Processo*, vol. 121, mar. 2005.

DIDIER JR, Fredie. Apontamentos para a concretização do princípio da eficiência do Processo. *Revista Magister de Direito Civil e Processual Civil*, n. 52, 2008.

______, BRAGA, Paula Sarno; OLIVEIRA, Rafael Alexandria de. *Curso de Direito Processual Civil*: teoria da prova, direito probatório, decisão, precedente, coisa julgada e tutela provisória. 12. ed. Salvador: Juspodivm, 2017.

DONIZETTI, Elpídio. *Novo Código de Processo Civil Comentado.* 3. ed. rev., atual. e ampl. São Paulo: Atlas, 2018.

FUX, Luiz. O novo Código de Processo Civil e a segurança jurídica normativa. Disponível em: https://www.conjur.com.br/2016-mar-22/ministro-luiz-fux-cpc-seguranca-juridica-normativa. Acessado em: 26.09.2018.

______ e BONART, Bruno. Notas sobre o princípio da motivação e a uniformização da jurisprudência no novo Código de Processo Civil à luz da análise econômica do direito. Disponível em: https://papers.ssrn.com/sol3/papers.cfm?abstract_id=2982136. Acessado em: 15.09.2018.

GRECO, Leonardo. Garantias fundamentais do processo: o processo justo. *Revista Jurídica*, ano 51, n. 305, mar. 2003.

______. Publicismo e privatismo no processo civil. *Revista de Processo (RePro)*. v. 164, 2008.

GUINCHARD, Serge. *Droit Processuel* – Droit commun du procès. Paris: Dalloz, 2001.

MATTOS, Luiz Norton Batista. O incidente de resolução de demandas repetitivas no novo CPC In: GAJORDONI, Fernando da Fonseca (coord.). *Coleção Repercussões do Novo CPC*: magistratura. Salvador: Juspodivm, 2015. v. 1.

MENDES, Aluísio Gonçalves de Castro. *Incidente* de Resolução de Demandas Repetitivas: sistematização, análise e interpretação do novo instituto processual. Rio de Janeiro: Forense, 2017.

______; TEMER, Sofia. O incidente de resolução de demandas repetitivas no novo Código de Processo Civil. *Revista de Processo*, vol. 243, mai/2015, versão digital.

______. Ações coletivas e meios de resolução coletiva de conflitos no direito comparado e nacional. 4. ed. São Paulo: Ed. RT, 2014.

MONTENEGRO FILHO, Misael. *Novo Código de Processo Civil comentado*. 3. ed. rev. e atual. São Paulo: Atlas, 2018.

OLIVEIRA, Carlos Alberto Álvaro de. Garantia do contraditório. In: CRUZ E TUCCI, José Rogério (coord.). *Garantias constitucionais do processo civil.*

PANTOJA, Fernanda Medina. Pertinência temática subjacente: um parâmetro mais acessível para a legitimação de *amici curiae* na formação de teses processuais. Disponível em: https://processualistas.jusbrasil.com.br/artigos/724099960/pertinencia-tematica-subjacente. Consultado em 22.11.2019.

PICARDI, Nicola. *Jurisdição e processo*. Trad. Carlos Alberto Álvaro de Oliveira. Rio de Janeiro: Forense, 2008.

6

O PRINCÍPIO DO CONTRADITÓRIO NO ÂMBITO DA TUTELA PLURI-INDIVIDUAL

Rodrigo Cunha Mello Salomão[1]

Sumário: 1 – Introdução. 2 – Os direitos coletivos e a mudança de paradigma no direito processual: da tutela individual à tutela coletiva. 3 – Os direitos individuais homogêneos e a tutela pluri-individual. 4 – A tutela pluri-individual no ordenamento jurídico brasileiro. 5 – A racionalização da jurisdição e o princípio do contraditório. 6 – Conclusão. 7 – Referências bibliográficas.

1. INTRODUÇÃO

Não é nova a percepção de que o Poder Judiciário brasileiro vem sendo cada vez mais exigido. E isso não se deu ao acaso. Em um primeiro momento, com o reconhecimento dos novos direitos e a impactante ampliação do princípio do acesso à justiça, o ordenamento jurídico brasileiro se viu diante da necessidade de desenvolver uma espécie de tutela jurisdicional coletiva.

Seria preciso enfrentar, naquela oportunidade, a falta de estrutura do Poder Judiciário e a ausência de flexibilidade do direito processual, voltado estritamente para os litígios individuais.

Apesar da criação de novas leis e formas de tratamento dos direitos da coletividade, estas não se mostraram integralmente insuficientes. Ainda mais com o surgimento dos direitos individuais homogêneos e a eclosão de outros fenômenos que ampliaram o acesso à informação e encurtaram as distâncias, gerando uma verdadeira massificação das relações sociais.

Tal massificação, por sua vez, repercutiu diretamente no Poder Judiciário, pois ocasionou o aparecimento de milhares de demandas idênticas. Essa situação fez com que o ordenamento se deparasse com um novo desafio, o qual passou a ser enfrentado por meio da chamada tutela pluri-individual, uma vez que a tradicional dicotomia de tutela individual e tutela coletiva já não se mostrava mais suficiente.

E o objeto do presente estudo são, justamente, as técnicas de julgamento inseridas nesse novo tipo de tutela pluri-individual. Após essa contextualização

1 Mestre em Direito Processual (UERJ). Advogado. Vice-Presidente da Comissão de Estudos em Processo Civil da OAB/RJ e Secretário-Geral da Comissão de Arbitragem da OAB Federal.

com as ações coletivas e as espécies de direitos coletivos a serem tutelados, o presente artigo abordará, em breves linhas, as principais nuances do sistema dos recursos repetitivos e do incidente de resolução de demandas repetitivos, à luz do novo Código de Processo Civil, bem como do Regimento Interno do Superior Tribunal de Justiça.

Com a análise dos objetivos buscados e dos princípios norteadores desses novos mecanismos, tentaremos enfrentar uma das questões mais tormentosas nessa matéria: o respeito às garantias processuais individuais, sobretudo o princípio do contraditório, no âmbito desses incidentes de coletivização.

Nesse ponto, buscaremos apontar algumas alternativas e institutos que mitigam eventual déficit participativo encontrado no julgamento dos recursos repetitivos e do IRDR, como a importante escolha dos casos que irão representar a controvérsia e a participação de terceiros interessados no conflito.

Por fim, chamaremos a atenção para a necessidade de ponderação com outros princípios igualmente fundamentais e que buscam ser tutelados com a tutela pluri-individual, como a isonomia, segurança jurídica e duração razoável do processo.

2. OS DIREITOS COLETIVOS E A MUDANÇA DE PARADIGMA NO DIREITO PROCESSUAL: DA TUTELA INDIVIDUAL À TUTELA COLETIVA

A ascensão do Estado Social propiciou o reconhecimento dos chamados "novos direitos" e dos direitos transindividuais, sendo este último um gênero do qual são espécies os direitos difusos e os direitos coletivos *stricto sensu*. Nesse momento, o princípio do acesso à justiça experimentou seu maior alcance e a judicialização de direitos pertencentes à coletividade como um todo afetou diretamente os cânones da forma de prestação jurisdicional.

No entanto, a tutela dos direitos coletivos no Brasil encontrou, em um primeiro momento, óbices de natureza estrutural, material e pessoal. Dito de outro modo, a estrutura do Poder Judiciário não estava preparada para encarar essa nova realidade.

Some-se a isso o fato de que a legislação processual então em vigor se mostrava claramente inadequada ao novo cenário, uma vez que suas normas estavam fincadas no paradigma tradicional do processo individual[2]. Nos dizeres de Leo-

2 O paradigma individual do processo brasileiro encontra suas raízes históricas no direito europeu construído a partir do domínio burguês. Nesse ponto, Bruno Dantas anota que *"a estrutura essencialmente individualista do direito burguês emergente da Revolução Francesa atraiu um modelo individualista de direito processual civil"* (DANTAS, Bruno. *Teoria dos recursos repetitivos*: tutela pluri-individual nos recursos dirigidos ao STF e STJ. São Paulo: Revista dos Tribunais, 2015, p. 33).

nardo Carneiro da Cunha[3], "*as normas que disciplinam o processo civil brasileiro foram inspiradas no paradigma liberal da litigiosidade, estruturadas de forma a considerar única cada ação, retratando um litígio específico entre duas pessoas. Em outras palavras, o processo civil é, tradicionalmente, individual, caracterizando-se pela rigidez formalista*".

Desde 1977, Barbosa Moreira já chamava a atenção para esse caráter essencialmente individual do processo civil brasileiro, ao afirmar que "*tem sabor de lugar-comum a observação de que a estrutura clássica do processo civil, tal como subsiste na generalidade dos ordenamentos de nossos dias, corresponde ao modelo concebido e realizado para acudir fundamentalmente a situações de conflito entre interesses individuais*"[4].

Nesse cenário, a legislação processual brasileira precisaria, então, quebrar o paradigma da individualidade e se amoldar às novas exigências de tutela dos direitos coletivos. Até porque, o direito processual, em razão de seu caráter essencialmente instrumental, deve estar sempre se adequando à regulação das relações jurídicas substanciais, de forma a conferir a máxima efetividade ao direito material tutelado em cada caso.

O estudo do tema e a necessidade de mudança originou o chamado "direito processual coletivo", apresentando diferenças em aspectos essenciais da estrutura do processo, com princípios e institutos próprios. Importantes conceitos do direito processual, como legitimidade ativa, limites da coisa julgada, litispendência e competência, foram revisitados e passaram a produzir regras próprias no âmbito da tutela coletiva[5].

Além da pré-existente Lei da Ação Popular (Lei 4.717/1965), a tutela dos direitos coletivos contou com a edição da Lei de Ação Civil Pública (Lei 8.429/1992) e do Código de Defesa do Consumidor (Lei 8.078/1990), as quais possuem relevantes normas destinadas à regulação da matéria. Viu-se, então, a formação de um "microssistema de ações coletivas".

Apesar de notável amadurecimento do legislador ao contemplar importantes questões relacionadas à tutela dos direitos coletivos, as normas então ela-

3 CUNHA, Leonardo Carneiro da. O regime processual das causas repetitivas. *Revista de Processo*. vol. 179, jan/2010, versão digital.

4 BARBOSA MOREIRA, José Carlos. A ação popular do direito brasileiro como instrumento da tutela jurisdicional dos chamados "interesses difusos". *Temas de direito processual civil*. São Paulo: Saraiva, 1977. p. 110.

5 "*A inadequação de alguns institutos e princípios do processo individual, principalmente os que dizem respeito à litispendência, conexão e continência, fortaleceram a ideia de que estaria surgindo no Brasil um verdadeiro Direito Processual Coletivo*" (ROQUE, André Vasconcelos. As ações coletivas no direito brasileiro contemporâneo: de onde viemos, onde estamos e para onde vamos? *Revista Eletrônica de Direito Processual – REDP*, vol. XII, p. 50).

boradas não foram suficientes para a resolução de litígios em massa no Brasil[6]. Isso porque, além de não alcançar todas os tipos de demandas repetidas, o "microssistema de ações coletivas" apresentou alguns problemas consideráveis. Embora as ações coletivas não sejam o objeto principal deste estudo, entendo pertinente abordar, ainda que de forma breve, as principais deficiências apontadas pela doutrina.

As mais importantes críticas doutrinárias dizem respeito à extensão dos efeitos da coisa julgada[7] e à restrição da legitimidade ativa para ajuizar as demandas coletivas, sobretudo em relação à pessoa natural e às associações[8].

É de se destacar, também, o ineficiente sistema de comunicação dos cidadãos acerca da propositura de demandas coletivas. Prevê o art. 94 do CDC que *"proposta a ação, será publicado edital no órgão oficial, a fim de que os interessados possam intervir no processo como litisconsortes, sem prejuízo de ampla divulgação pelos meios de comunicação social por parte dos órgãos de defesa do consumidor"*. O dispositivo legal em referência parte da premissa de que a sociedade, de maneira geral, acompanha as publicações do Diário Oficial, o que, contudo, não condiz com a realidade.

Nesse ponto, não é demais ressaltar a imprescindibilidade da comunicação para que as ações coletivas alcancem a maior aderência possível e, por conseguinte, atinjam maior eficiência possível. De acordo com Paulo Cezar Pinheiro Carneiro, a informação é ponto de partida no campo individual, pois, sem ela, vários direitos não seriam reclamados em ações individuais; e ao mesmo tempo, é ponto de chegada no campo coletivo, porque eventuais direitos reclamados nas

---

6 *"De forma geral, os processos coletivos no Brasil falharam em sua promessa de proporcionar uniformidade de decisões, celeridade e economia processual. Apesar do ajuizamento de várias ações coletivas, nenhuma foi capaz de conter a verdadeira enxurrada de demandas individuais envolvendo as mais diversas questões"* (ROQUE, André Vasconcelos. Op. cit., p. 48).

7 "Ao instituir a coisa julgada *erga omnes secundum eventum probationis* para os demais legitimados (art. 16 da LACP, art. 103, I e II, do CDC) ou mesmo *secundum eventum litis* para os indivíduos substituídos (art. 103, III e § 1º, do CDC), permitiu o legislador que convivessem com ações coletivas centenas de milhares de ações individuais tratando de questões comuns a todos os interessados, em grave prejuízo do funcionamento da máquina judiciária" (AMARAL, Guilherme Rizzo. Efetividade, segurança, massificação e a proposta de um incidente de resolução de demandas repetitivas. *Revista de Processo*. São Paulo, vol. 196, jun/2011).

8 No julgamento do RE 573.232/SC, em 2014, o Supremo Tribunal Federal firmou o entendimento de que as associações somente podem ajuizar ações coletivas em nome de seus associados caso tenha autorização expressa destes, pois se trata de representação processual e não substituição. Esse mesmo entendimento foi externado pelo STJ ao apreciar o REsp 1.325.278. Posteriormente, em maio deste ano de 2017, o STF firmou a seguinte tese, no âmbito do RE 612.043: "a eficácia subjetiva da coisa julgada formada a partir de ação coletiva, de rito ordinário, ajuizada por associação civil na defesa de interesses dos associados, somente alcança os filiados, residentes no âmbito da jurisdição do órgão julgador, que o sejam em momento anterior ou até a data da propositura da demanda, constantes de relação juntada à inicial do processo de conhecimento". Com isso, afirmou-se a constitucionalidade do artigo 2-A da Lei 9.494/1997, que estabelece o alcance dos efeitos de ações coletivas propostas por entidade associativa contra a Fazenda Pública.

ações coletivas precisam ser conhecidos pelos interessados, para que eles possam usufruir da tutela jurisdicional[9].

Mencione-se, também, a ausência de formas de flexibilização do procedimento e adequação ao conflito. Apesar da criação de normas próprias para a tutela coletiva, as regras do Código de Processo Civil, salvo pontuais ajustes, permaneceram voltadas à resolução dos litígios individuais[10].

Tais questões, aliadas à falta de uma cultura de associatividade[11], fez com que o sistema de tutela de direitos coletivos não fosse suficiente para evitar a propositura de milhares de demandas individuais em concomitância com as próprias ações coletivas, todas versando sobre o mesmo assunto. Por conseguinte, embora tenha representado importante avanço na matéria, o "microssistema de tutela coletiva" não se mostrou integralmente suficiente para o fim colimado.

3. OS DIREITOS INDIVIDUAIS HOMOGÊNEOS E A TUTELA PLURI-INDIVIDUAL

O quadro acima narrado foi ainda agravado com o surgimento, em paralelo, dos direitos individuais homogêneos[12]. De acordo com o professor Humberto Dalla[13], *"os direitos individuais homogêneos seriam os que advêm de uma mesma circunstância fática, de titularidade determinada ou ao menos determinável, sendo esse o seu ponto de diferenciação em relação aos direitos difusos, cuja*

9 CARNEIRO, Paulo Cezar Pinheiro. Acesso à justiça: Juizados Especiais Cíveis e Ação Civil Pública. 2ª ed. Rio de Janeiro: Forense, 2003, p. 54/55.

10 *"O Código de Processo Civil brasileiro, não obstante exemplo de aprimoramento técnico, constitui diploma distante das necessidades da sociedade moderna, voltada precipuamente para uma categoria de interesses, cujas características e peculiaridades foram praticamente ignoradas pelas regras instrumentais. As normas codificadas têm em vista tão somente os conflitos envolvendo direitos individuais. Não são adequadas, pois, à regulamentação de processos cujo objeto sejam interesses coletivos ou difusos"* (*Direito e processo*: influência do direito material sobre o processo. 5ª ed. São Paulo: Malheiros, 2009, p. 16).

11 TEMER, Sofia. *Incidente de Resolução de Demandas Repetitivas.* 2ª ed. Salvador: Juspodivm, 2017, p. 35/36.

12 O Código de Defesa do Consumidor, em seu art. 81, definiu bem as três espécies de direitos coletivos, o que, de certa forma, acabou evitando alongadas discussões doutrinárias acerca desses conceitos. Confira-se: *"Art. 81. A defesa dos interesses e direitos dos consumidores e das vítimas poderá ser exercida em juízo individualmente, ou a título coletivo. Parágrafo único. A defesa coletiva será exercida quando se tratar de: I - interesses ou direitos difusos, assim entendidos, para efeitos deste código, os transindividuais, de natureza indivisível, de que sejam titulares pessoas indeterminadas e ligadas por circunstâncias de fato; II - interesses ou direitos coletivos, assim entendidos, para efeitos deste código, os transindividuais, de natureza indivisível de que seja titular grupo, categoria ou classe de pessoas ligadas entre si ou com a parte contrária por uma relação jurídica base; III - interesses ou direitos individuais homogêneos, assim entendidos os decorrentes de origem comum"*.

13 Os limites e as possibilidades do uso dos meios consensuais de resolução de conflitos na tutela dos direitos transindividuais e pluri-individuais, tese apresentada, em 2017, na defesa da promoção à categoria de Professor Titular de Direito Processual Civil na Faculdade de Direito da Universidade do Estado do Rio de Janeiro, p. 159.

origem também é uma mesma circunstância fática, todavia os seus titulares são indeterminados".

Sem pretender ignorar a discussão doutrinária acerca de sua natureza, é possível afirmar que se tratam de direitos individuais, com sujeito limitado e objeto divisível, mas que possuem uma origem comum - um núcleo de homogeneidade -, que permite à esses direitos, em tese individuais, serem tratados de forma coletiva.

A possibilidade de serem tutelados coletivamente, vale dizer, é o que aproxima os direitos individuais homogêneos dos direitos difusos e dos direitos coletivos *stricto sensu*. No entanto, a ação coletiva é apenas uma forma possível de tratamento desses direitos, sendo certo que a divisibilidade a eles inerente permite a tutela jurisdicional individual.

É importante esclarecer, aqui, que os direitos individuais homogêneos têm origem diversa dos direitos difusos e coletivos *stricto sensu*. Enquanto estes últimos decorreram, como dito antes, da ascensão do Estado Social e do reconhecimento dos novos direitos, aqueles primeiros são fruto de outros fenômenos, como os avanços tecnológicos, a industrialização, a facilidade de acesso à informação e o encurtamento das distâncias.

Não precisaria ser dito que os referidos avanços proporcionaram uma massificação das relações sociais e, por consequência, das relações jurídicas, criando uma litigiosidade de massa. A sociedade moderna se deparou, então, com uma nova categoria de ações, além da heterogênea individual e das "tradicionais" ações coletivas: as chamadas demandas isomórficas, caracterizadas pela identidade em tese e não em concreto da causa de pedir e pedido, com repetição em larga escala[14].

A insuficiência das ações coletivas e o surgimento das demandas seriadas, resultou na necessidade de criação de novos mecanismos de resolução de litígios de massa, sem prejuízo das ações coletivas[15]. Nas palavras de Bruno Dantas,

---

14 *"As demandas levadas à apreciação do Poder Judiciário passaram a ser isomórficas, criando-se uma terceira categoria de causas, ao lado das demandas puramente individuais heterogêneas e das demandas coletivas propriamente ditas. Tais casos repetitivos caracterizam-se pela "identidade em tese, e não em concreto, da causa de pedir e do pedido, associada à repetição em larga escala", constituindo um cenário próprio de litigiosidade de massa"* (MENDES, Aluisio Gonçalves de Castro; TEMER, Sofia. O incidente de resolução de demandas repetitivas do novo Código de Processo Civil. *Revista de Processo*, vol. 243, p. 283-331, mai/2015, p. 2.

15 André Roque observa que a criação do Incidente de Resolução de Demandas Repetitivas não afasta a necessidade de adequada tutela coletiva no Brasil. Segundo o autor, *"os objetivos perseguidos pelas ações coletivas são mais amplos que os almejados pela resolução de casos-piloto ou casos-teste. Como se viu, o incidente previsto no novo CPC tem por finalidade evitar a multiplicação de processos, proporcionando isonomia e segurança jurídica. Não está entre suas finalidades, todavia, promover o acesso à justiça, nem assegurar a tutela de direitos ontologicamente coletivos*[direitos difusos e coletivos stricto sensu]. *(...) Além disso, muitas vezes os titulares dos direitos em discussão não possuem informação ou incentivos suficientes para litigar em juízo. Assim, as ações coletivas mostram-se capazes de romper com*

> *a realidade mostrou que a dicotomia tutela individual x tutela coletiva não consegue viabilizar, de um lado, a efetividade dos direitos substanciais e, de outro, a atuação eficiente do Poder Judiciário. Com isso, vêm ganhando espaço as técnicas de julgamento de casos e recursos repetitivos, hipótese típica de tutela pluri-individual*[16].

Esse novo tipo de tutela pluri-individual se volta, precipuamente, à tutela dos direitos individuais homogêneos e sua aplicação exige, além da origem comum dos direitos (requisito necessário, também, para a tutela coletiva), a caracterização da multiplicidade de casos em que a mesma tese jurídica esteja sendo discutida[17].

Abordando a necessidade de se recorrer à outros mecanismos de resolução das chamadas macro-lides, demandas repetidas ou seriadas, bem como os motivos por trás dessa novo tipo de tutela, Humberto Dalla[18] assim assevera:

> *Em resposta à repetição das demandas, que desagrada tanto os jurisdicionados, que sofrem com a morosidade da justiça e com o sentimento de insegurança jurídica, proveniente da sempre presente possibilidade de decisões antagônicas acerca da mesma situação, quanto o próprio Poder Judiciário, que não consegue se desincumbir de modo satisfatório de suas atribuições, surgiu a necessidade premente de criação de um regime processual próprio para tratar dessas ações repetitivas, criando uma sistemática diversa das ações coletivas, a ser utilizada de acordo com as especificidades e peculiaridades de cada situação.*

4. A TUTELA PLURI-INDIVIDUAL NO ORDENAMENTO JURÍDICO BRASILEIRO

Sem prejuízo das diversas outras medidas adotadas ao longo dos anos com o intuito de resolver o problema do excesso de demandas[19], passou-se a desenvol-

---

a força inercial dos litigantes individuais, algo que o incidentes de resolução de demandas repetitivas não seria capaz, sequer em tese, de alcançar, eis que pressupõe a existência, ou pelo menos a potencialidade, de ações individuais que possam ser qualificadas como repetitivas. Citando os exemplos da Alemanha e da Inglaterra, o autor conclui afirmando que *"não é por acaso, aliás, que o fortalecimento de institutos análogos no direito comparado se verificou sem prejuízo das ações coletivas"* (Op. cit., p. 58).

16 DANTAS, Bruno. Op. cit., p. 72.

17 Daí porque se falar que a aplicação da tutela coletiva e da tutela pluri-individual possuem fundamentos distintos: enquanto a primeira busca, de um lado, facilitar o acesso à justiça, segurança jurídica, economia processual e resolver eventuais dificuldades na formação de litisconsórcio; a segunda, por outro lado, visa conferir máxima eficiência ao Poder Judiciário e preservar o princípio da isonomia por meio da uniformização das decisões que serão aplicadas aos casos repetidos.

18 PINHO, Humberto Dalla Bernardina de. Op. cit., p. 249.

19 Não é de hoje a convivência da sociedade brasileira com o excesso da judicialização. A criação do Superior Tribunal de Justiça com a Constituição Federal de 1988, vale lembrar, buscava resolver a então chamada "crise do STF", por meio de uma repartição de competências. Mas essa medida, como se sabe, não surtiu o efeito esperado e não foi suficiente para resolver o problema. Posteriormente, foram inseridos outros mecanismos com a mesma finalidade, dentre os quais podemos citar a Súmula Vinculante (Emenda Constitucional nº 45/2004), a repercussão geral como requisito de admissibilidade dos recursos extraordinários (Lei nº 11.418/2006), as súmulas de jurisprudência dominante, a improcedência liminar do pedido, o incidente de uniformização, etc.

ver no Brasil, como dito, mecanismos de tutela pluri-individual[20], que funcionam, basicamente, da seguinte maneira: dentre as diversas causas repetidas, escolhe-se uma ou algumas poucas para serem julgadas, enquanto as outras demandas idênticas (isto é, que discutem a mesma tese jurídica) ficam sobrestadas; após o julgamento do(s) processo(s) paradigma (ou representativos da controvérsia), as decisões tomadas pelo órgão jurisdicional responsável são estendidas para os demais casos.

A primeira normatização efetiva desse tipo de mecanismo veio com as Leis 11.418/2006 e 11.672/2008, que regulamentaram o julgamento dos recursos repetitivos, respectivamente, no STF e no STJ, inserindo os artigos 543-B e 543-C do Código de Processo Civil de 1973. Mais recentemente, as regras de procedimento e julgamento dos recursos repetitivos foram aperfeiçoadas com o novo código de processo civil.

Dispõe o artigo 1.036, do CPC/15, que *"sempre que houver multiplicidade de recursos extraordinários ou especiais com fundamento em idêntica questão de direito, haverá afetação para julgamento de acordo com as disposições desta Subseção, observado o disposto no Regimento Interno do Supremo Tribunal Federal e no do Superior Tribunal de Justiça"*.

Constatada essa multiplicidade, o Presidente ou Vice-Presidente do Tribunal de Justiça ou Tribunal Regional Federal deverá escolher dois ou mais recursos-piloto a serem remetidos ao STJ ou STF para fins de afetação (§ 1º do art. 1.036). A escolha efetuado pelo Tribunal *a quo*, no entanto, não vincula a instância superior, sendo certo que o ministro relator do recurso poderá escolher outros recursos representativos da controvérsia, na forma dos §§ 4º e 5º do mesmo dispositivo legal.

Após a seleção dos recursos que servirão como paradigma para os demais casos, o ministro relator irá proferir a decisão de afetação, por meio da qual *"identificará com precisão a questão a ser submetida a julgamento"* e *"determinará a suspensão do processamento de todos os processos pendentes, individuais ou coletivos, que versem sobre a questão e tramitem no território nacional"* (artigo 1.037). Como se verá melhor adiante, a expressa determinação de identificação do tema se mostrou um importantíssimo avanço na matéria e foi muito bem acompanhada pelo regimento interno do Superior Tribunal de Justiça.

20 Em uma análise histórica da legislação brasileira, Bruno Dantas aponta que a primeira previsão no ordenamento jurídico sobre litigância repetitiva se deu na Lei 10.259/2001, ao prever o pedido de uniformização de interpretação de lei federal nos Juizados Especiais Federais. Observa o autor que o § 6º do art. 14 da referida lei, previu que *"eventuais pedidos de uniformização idênticos, recebidos subsequentemente em quaisquer Turmas Recursais, ficarão retidos nos autos, aguardando-se pronunciamento do Superior Tribunal de Justiça"* (Op. cit., p. 55).

Com o julgamento de mérito do recurso representativo, o entendimento adotado pelo STF ou STJ será aplicado aos demais casos em trâmite no próprio Tribunal Superior (artigo 1.039) ou nas instâncias hierarquicamente inferiores (art. 1.040). Registre-se, aqui, a interessante previsão do inciso IV do art. 1.040, que exige da Administração Pública a fiscalização do efetivo cumprimento da tese firmada nos casos que versem sobre prestação de serviço público objeto de concessão, permissão ou autorização[21].

Perceba-se que estamos diante de uma espécie de "julgamento por amostragem", já que o órgão responsável por decidir a questão jurídica comum aos casos repetidos também procederá ao julgamento recurso individual em si mesmo.

Essa técnica de julgamento, que encontra semelhança com o "recurso en el interés de la ley" e "pleito-testigo" do direito espanhol[22], vêm apresentando resultados satisfatórios no âmbito do STF e do STJ. E isso tende a evoluir ainda mais com o novo CPC, tanto em razão do aprimoramento das normas procedimentais dos recursos repetitivos como também pelo efeito vinculante trazido com o novo sistema de precedentes, expressamente previsto no art. 927, III.

Em relação aos tribunais de segundo grau e juízos de primeira instância, todavia, a situação permaneceu idêntica[23]. Diante desse cenário, o novo Código de Processo Civil introduziu o Incidente de Resolução de Demandas Repetitivas, objetivando enfrentar o problema da litigiosidade de massa no âmbito dos Tribunais de Justiça e Tribunais Regionais Federais. Trata-se de um incidente de coletivização inspirado no procedimento-modelo alemão (*Musterverfahren*) e no *Group Litigation Order* britânico.

Ao analisarem a natureza jurídica do IRDR, Aluisio Gonçalves de Castro Mendes e Sofia Temer afirmam *"tratar-se de procedimento incidental autônomo, de julgamento abstrato – ou objetivo – das questões de direito controvertidas, comuns*

---

21 "Art. 1.040. Publicado o acórdão paradigma: (...) IV - se os recursos versarem sobre questão relativa a prestação de serviço público objeto de concessão, permissão ou autorização, o resultado do julgamento será comunicado ao órgão, ao ente ou à agência reguladora competente para fiscalização da efetiva aplicação, por parte dos entes sujeitos a regulação, da tese adotada".

22 *"O tribunal poderá eleger o julgamento de apenas um recurso ou parte deles, consoante critério próprio apto a cumular todas as questões suscitadas nos recursos parecidos, suspendendo recursos semelhantes. Por sua vez, este mecanismo presente no sistema administrativo espanhol permite que ao proferir a sentença no recurso selecionado, os recorrentes cujos recursos restaram suspensos serão notificados, podendo, todavia, optar pela desistência, pela extensão da decisão proferida, ou ainda, pela continuação de seu processo individual, conforme assevera o art. 111 da Ley 29/1998".* O autor aponta, contudo, uma importante diferença entre a técnica espanhola e o recurso repetitivo brasileiro: no caso do "pleito-testigo", o recorrente possui a faculdade de sujeitar-se ou não a decisão proferida no julgamento no âmbito administrativo espanhol; no Brasil, não há tal faculdade, já que a decisão do recurso repetitivo possui eficácia vinculante aos demais casos. CASTRO, Daniel Penteado de. Questões polêmicas sobre o julgamento por amostragem do recurso especial repetitivo. *Revista de Processo*, vol. 206, p. 79–122, abr/2012.

23 Essa afirmação foi feita por Bruno Dantas, escorado em relatório do Núcleo de Estatística – Assessoria de Gestão Estratégica da Secretaria-Geral do STF. Op. cit., p. 20.

às demandas seriadas, a partir da criação de um procedimento-modelo". Nesse sentido, os especialistas no assunto observam que há, aqui, uma cisão cognitiva, pois o objeto do incidente será apenas a questão jurídica controvertida e não o julgamento das causas propriamente ditas[24].

É nessa cisão cognitiva que reside a diferença entre o IRDR e os recursos repetitivos, o que, contudo, não impede que ambos os institutos sejam analisados conjuntamente no âmbito da tutela pluri-individual.

Esclarecida rapidamente a natureza desse novo mecanismo, registre-se que o art. 976 do CPC, exige a presença simultânea de dois requisitos para sua instauração: *"efetiva repetição de processos que contenham controvérsia sobre a mesma questão unicamente de direito"* e *"risco de ofensa à isonomia e à segurança jurídica"*.

Demonstrando o preenchimento desses requisitos, quaisquer dos legitimados do art. 977 do CPC, poderá solicitar a instauração do incidente ao presidente do Tribunal local e, caso admitido, seu julgamento caberá ao órgão colegiado indicado pelo respectivo regimento interno, na forma do art. 978. Ao final do procedimento, a tese jurídica firmada pelo órgão competente será aplicada a todos os processos individuais e coletivos em trâmite e que vierem a tramitar na região do respectivo tribunal, e que versem sobre idêntica questão de direito (art. 985 do CPC).

Esses são, em breves linhas, os aspectos gerais do recurso repetitivo e do incidente de resolução de demandas repetitivas, mecanismos estes de extrema importância para a tutela jurisdicional e que formam um microssistema de tutela pluri-individual inserido no novo código de processo civil.

5. A RACIONALIZAÇÃO DA JURISDIÇÃO E O PRINCÍPIO DO CONTRADITÓRIO

De toda a contextualização apresentada acima, é possível extrair que o legislador brasileiro tem apostado nos mecanismos de tutela pluri-individual com o nítido intuito de racionalizar e conferir eficiência à tutela jurisdicional, sobretudo diante desse cenário de massificação e repetição de demandas[25].

---

24 *"Não haverá, no espaço de resolução coletiva do incidente, o julgamento da(s) causa(s) propriamente dita(s), mas apenas a definição jurídica da questão jurídica controvertida, que será posteriormente adotada para o julgamento da(s) causa(s) de onde este se originar, bem como nas demais demandas repetitivas fundadas em igual questão. Há, portanto, uma cisão cognitiva – ainda que virtual e não física –, firmando-se a tese jurídica no procedimento incidental em que haverá se reproduzido o "modelo" que melhor represente a controvérsia jurídica que se repete em dezenas ou milhares de pretensões. A tese jurídica será aplicada em seguida às demandas repetitivas, por ocasião do julgamento propriamente dito da causa perante o juízo em que tramitar o processo, momento este em que será feita também a análise e julgamento das questões fáticas e das questões jurídicas não comuns pelo juízo competente, esgotando-se a análise da pretensão ou demanda propriamente dita"* (MENDES, Aluisio Gonçalves de Castro; TEMER, Sofia. Op. cit., p. 4).

25 Em sua tese de titularidade, Humberto Dalla afirma que "a partir da leitura dos requisitos para instauração do IRDR, podemos visualizar, de forma clara, as intenções do instituto: evitar a multiplicação de

No entanto, essa busca pela efetividade não pode ocorrer de forma desenfreada. Isto é, a necessidade de conferir funcionalidade ao sistema não poderá ignorar ou se sobrepor às garantias processuais individuais, devendo haver um equilíbrio entre os objetivos do processo e os princípios fundamentais a ele inerentes.

Nesse sentido, as principais preocupações externadas pela doutrina se referem ao princípio do contraditório e os limites subjetivos da coisa julgada. Em interessante análise do tema, Luiz Guilherme Marinoni importa para o IRDR a relevante discussão norte-americana acerca da proibição do jurisdicionado relitigar uma questão já decidida (*collateral estoppel*) e questiona a aplicação da tese jurídica firmada no incidente àqueles que não participaram do julgamento:

> *A decisão do incidente aplica-se em todos os processos pendentes que versem sobre idêntica questão de direito (art. 985, I, do CPC/2015), vale dizer, impede que os litigantes destes processos voltem a discutir a questão resolvida. De modo que a única dificuldade está em esclarecer o que significa proibir rediscutir questão já decidida. Como é possível chamar a decisão que, ditada no processo de um para os casos de muitos, impede-os de relitigar a questão resolvida, submetendo-os? Perceba-se que a decisão tomada no referido incidente constitui uma nítida proibição de litigar a questão já decidida, que, nos casos de decisão negativa aqueles que não puderam participar e discutir, assemelha-se a um inusitado e ilegítimo collateral estoppel. (...) a decisão proferida no caso de um, assim como a decisão proferida no incidente de resolução, não pode retirar o direito de discutir a questão daquele que não participou. O contrário constituiria grosseira violação do direito fundamental de participar do processo e de influenciar o juiz. Lembre-se que a mesma advertência feita pela Suprema Corte estadunidense para legitimar o non-mutual collateral estoppel se impõe em face do incidente de resolução de demandas repetitivas. Isso porque uma decisão só pode prejudicar alguém que pôde participar do processo. Afinal, todos têm o direito de falar ao juiz (arts. 7º, 9º, 10 e 489, §1º, IV, do CPC/2015)*[26].

Sem desconsiderar as relevantes observações do ilustre processualista, é preciso destacar, por outro lado, a existência de alternativas que mitigam a aludida falta de participação dos litigantes individuais que serão atingidos pela tese jurídica formada no âmbito do julgamento por amostragem.

Aponte-se, por exemplo, a importância da escolha dos casos/recursos que irão representar a controvérsia, a possibilidade das partes demonstrarem a ausência de semelhança entre seu caso individual e o julgado modelo, a intervenção de terceiros no julgamento do caso-piloto (notadamente a figura do *amicus curiae*).

---

demandas sobre uma mesma questão de direito, além de garantir a previsibilidade da atuação dos juízes e a igualdade entre os jurisdicionados" (op. cit., p. 188).

26 MARINONI, Luiz Guilherme. "O 'problema' do incidente de resolução de demandas repetitivas e dos recursos extraordinário e especial repetitivos". http://www.marinoni.adv.br/wpcontent/uploads/2016/10/O_PROBLEMA_DO_INCIDENTE_DE_RESOLUCAO_DE-3.pdf

Em importante análise do primeiro ponto mencionado acima, Antonio do Passo Cabral[27] assim afirma:

> *a escolha da causa interfere na extensão das prerrogativas dos sujeitos do processo no próprio incidente. Assim, parece claro que a seleção do processo-teste, se mal realizada, pode gerar críticas no que se refere ao respeito das garantias processuais dos litigantes, especialmente daqueles ausentes, já chamados de "litigantes-sombra", cuja participação fica reduzida no incidente apesar de poderem vir a sofrer os efeitos daquele debate judicial.*

Nessa linha, buscando mitigar esse déficit participativo, o autor propõe dois vetores básicos para a escolha do casos representativos de controvérsia: o primeiro seria a amplitude do contraditório e o segundo a pluralidade e representatividade.

A amplitude do contraditório seria um vetor objetivo, composto pelos seguintes fatores: completude da discussão, isto é, maior quantidade de argumentos debatidos na demanda; qualidade e diversidade da argumentação; contraditório efetivo (contra-argumentação e completude da decisão); e inexistência de restrição à cognição e à prova.

Nesse ponto, convém destacar que a escolha de casos que contenham maior amplitude de fundamentos nos dois sentidos da discussão repercute diretamente no dever de fundamentação do órgão responsável pelo julgamento. Com efeito, o acórdão que julgará o incidente de resolução de demandas repetitivas e o recurso especial no sistema dos repetitivos deverá apreciar todos argumentos e teses que envolvam a questão jurídica controvertida, de forma a evitar que surjam novos conflitos decorrentes dos fundamentos que não foram analisados[28].

Pluralidade e representatividade, de outro lado, seria um vetor subjetivo que aponta para a escolha de causas *"em que tenha havido uma ampla participação, com audiências públicas, intervenção de amicus curiae, vários sujeitos debatendo e controvertendo as argumentações uns dos outros"*. Nessa toada, a seleção de uma ação coletiva para figurar como representativa de determinada controvérsia se mostraria de extrema valia para a formação da tese a ser aplicada aos demais casos.

---

27 CABRAL, Antonio do Passo. A escolha da causa-piloto nos incidentes de resolução de processos repetitivos. *Revista de Processo,* vol. 231, p. 201–223, Mai/2014.

28 "Definir uma tese em decisão paradigmática sem tomar em consideração um grupo mais completo dos fundamentos da pretensão e da defesa que comumente são encontrados nos processos repetitivos traz um duplo risco. Por um lado, a solução do incidente pode revelar-se equivocada porque justamente um daqueles argumentos não compreendidos no processo-teste poderia conduzir o Tribunal a uma conclusão diversa. E a decisão do incidente pode também ser menos eficiente, seja porque não vislumbrou uma possibilidade decisória, seja porque, ao omitir-se sobre certos argumentos, deixa espaço para novos dissensos, podendo surgir, posteriormente, questionamentos no sentido de evitar a aplicação da decisão do incidente a processos pendentes" (CABRAL, Antonio do Passo. Op. cit.).

Partindo para o campo prático, percebemos que o legislador não estabeleceu parâmetro rígidos e objetivos para a seleção dos casos-pilotos. Em relação aos recursos repetitivos, há apenas a previsão do art. 1036, § 6º, segundo o qual *"somente podem ser selecionados recursos admissíveis que contenham abrangente argumentação e discussão a respeito da questão a ser decidida"*.

Atento à importância dessa fase de seleção dos paradigmas, o Superior Tribunal de Justiça adaptou seu regimento interno para conferir maior efetividade ao mecanismo dos recursos repetitivos. De acordo com o art. 256, § 1º, do RISTJ, os tribunais locais, ao efetuaram a escolha dos recursos especiais representativos de controvérsia deverão considerar: *"I - a maior diversidade de fundamentos constantes do acórdão e dos argumentos no recurso especial; II - a questão de mérito que puder tornar prejudicadas outras questões suscitadas no recurso; III - a divergência, se existente, entre órgãos julgadores do Tribunal de origem, caso em que deverá ser observada a representação de todas as teses em confronto"*.

Note-se, aqui, a importância conferida à tais condições, na medida em que o ministro relator poderá rejeitar, de forma fundamentada, a indicação do recurso especial como representativo da controvérsia devido ao não cumprimento dos requisitos regimentais, devendo, em seguida, solicitar o envio de novos recursos que se enquadrem nesses parâmetros (artigos 256-E e 256-F do RISTJ).

Quanto ao Incidente de Resolução de Demandas Repetitivas, não foi previsto qualquer parâmetro de escolha dos casos. Em razão disso, deve-se utilizar as regras aplicáveis aos recursos repetitivos, já que estamos diante de um microssistema de tutela pluri-individual.

Indo além, o Regimento Interno do Tribunal Superior também teve a preocupação de estabelecer expressamente o amplo dever de motivação dos acórdãos proferidos no julgamento de recursos especiais repetitivos. que, nos termos do art. 104-A, deverão conter: *"I - os fundamentos relevantes da questão jurídica discutida, favoráveis ou contrários, entendidos esses como a conclusão dos argumentos deduzidos no processo capazes de, em tese, respectivamente, confirmar ou infirmar a conclusão adotada pelo órgão julgador; II - a definição dos fundamentos determinantes do julgado; III - a tese jurídica firmada pelo órgão julgador, em destaque; IV - a solução dada ao caso concreto pelo órgão julgador"*.

Destaque-se também a existência de previsão legal semelhante relacionada ao IRDR, já que, de acordo com o art. 984, § 2º, do CPC, *"o conteúdo do acórdão abrangerá a análise de todos os fundamentos suscitados concernentes à tese jurídica discutida, sejam favoráveis ou contrários"*.

Os parâmetros de seleção dos casos-piloto e a ampla fundamentação do acórdão fazem com que a questão jurídica controvertida seja analisada sob todos os aspectos e considerando o maior número de argumentos em ambos os sentidos. E isso certamente confere maior abrangência ao julgamento do IRDR e dos recursos repetitivos, evitando a inobservância de relevantes argumentos e, por conseguinte, mitigando a necessidade imperativa de participação de todos aqueles que possuem demandas individuais envolvendo a mesma questão de direito.

Um segundo fator importante para esse equacionamento entre a racionalização da jurisdição e o contraditório, seria a ampla participação de terceiros durante o julgamento do caso-piloto. De fato, a intervenção de terceiros interessados, sobretudo de órgãos e entidades atuantes na área objeto da controvérsia, contribui largamente com o enriquecimento do debate e, por conseguinte, atribui maior legitimidade ao procedimento e à decisão final.

De certa forma, os argumentos e as importantes informações que serão trazidas pelas entidades que possuem contato direto com a matéria controvertida irão suprir, ou ao menos mitigar, os fundamentos que seriam veiculados por cada um dos indivíduos envolvidos nas milhares de demandas repetidas.

Nesse contexto, o novo Código de Processo Civil deixou expressa a possibilidade de manifestação de pessoas, órgãos e entidades com interesse na controvérsia, tanto no âmbito do IRDR (art. 983[29] e art. 984, II, 'b') quanto nos recursos repetitivos (art. 1.038[30]). Neste último caso, há ainda a previsão dos artigos 256-J[31] e 256-K[32] do Regimento Interno do STJ.

Podemos destacar, ainda, um terceiro fator que, em certa medida, previne que esses mecanismos de tutela pluri-individual atinjam os litigantes que não deveriam ser atingidos. Ou, em outras palavras, evita que a decisão de determinada questão jurídica controvertida se aplique, indevidamente, aos casos que possuem suas peculiaridades.

---

29 Art. 983. O relator ouvirá as partes e os demais interessados, inclusive pessoas, órgãos e entidades com interesse na controvérsia, que, no prazo comum de 15 (quinze) dias, poderão requerer a juntada de documentos, bem como as diligências necessárias para a elucidação da questão de direito controvertida, e, em seguida, manifestar-se-á o Ministério Público, no mesmo prazo. § 1º Para instruir o incidente, o relator poderá designar data para, em audiência pública, ouvir depoimentos de pessoas com experiência e conhecimento na matéria.

30 Art. 1.038. O relator poderá: I - solicitar ou admitir manifestação de pessoas, órgãos ou entidades com interesse na controvérsia, considerando a relevância da matéria e consoante dispuser o regimento interno; II - fixar data para, em audiência pública, ouvir depoimentos de pessoas com experiência e conhecimento na matéria, com a finalidade de instruir o procedimento; III - requisitar informações aos tribunais inferiores a respeito da controvérsia e, cumprida a diligência, intimará o Ministério Público para manifestar-se.

31 Art. 256-J. O relator poderá solicitar informações aos Tribunais de origem a respeito da questão afetada e autorizar, em decisão irrecorrível, ante a relevância da matéria, a manifestação escrita de pessoas naturais ou jurídicas, órgãos ou entidades especializadas, com representatividade adequada, a serem prestadas no prazo improrrogável de quinze dias.

32 Art. 256-K.A fim de instruir o procedimento, pode o relator, nos termos dos arts. 185 e 186 deste Regimento, fixar data para ouvir pessoas ou entidades com experiência e conhecimento na matéria em audiência pública.

Estamos falando da possibilidade de cada parte se manifestar e até mesmo recorrer da decisão que determina o sobrestamento de seu processo individual em razão da afetação de determinado recurso especial (art. 1037, §§ 9º a 13, do CPC). Tal previsão, diga-se desde já, deve ser estendida também aos casos de suspensão decorrentes da instauração de IRDR.

A oportunidade de externar a inaplicabilidade da tese jurídica que será apreciada pelo Tribunal, embora não represente o exercício do contraditório diretamente no julgamento do incidente de coletivização, se afigura um importante expediente de proteção de cada litigante individual, que poderá demonstrar as razões pelas quais a solução do seu caso concreto não deve ser a mesma do caso-paradigma que ensejou o sobrestamento de sua demanda. Busca-se preservar, com isso, a zona de heterogeneidade dos direitos individuais homogêneos, a qual, evidentemente, não pode ser objeto de julgamento único a ser estendido aos demais casos.

Nesse contexto, a decisão de afetação do recurso repetitivo ou de instauração do IRDR adquire especial importância[33], na medida em que deverá delimitar, de forma clara e específica, qual tese jurídica será ali apreciada, permitindo que todos os demandantes afetados possam exercer plenamente o direito de se insurgir contra a decisão de suspensão do processo. Por óbvio, somente será possível demonstrar eventuais distinções entre o caso individual e o caso-piloto, caso a tese jurídica afetada esteja precisamente delineada.

Todos esses fatores elencados acima devem ser ainda conjugados com os igualmente fundamentais princípios que norteiam os mecanismos de tutela pluri-individual e se encontram inseridos nessa busca pela racionalização da jurisdição. Com efeito, o IRDR e o sistema dos recursos repetitivos se fundam nas garantias da segurança jurídica, isonomia e duração razoável do processo, ao tentarem coibir a existência de decisões contrárias em casos iguais e proporcionarem um julgamento muito mais rápido da questão jurídica comum aos inúmeros casos repetidos.

Nesse sentido, não é demais conferir, mais uma vez, as precisas lições do professor Humberto Dalla[34]:

> *A lógica, como já ressaltado ao longo destas paginas, baseia-se no papel, assumido pelo novo Código, de buscar uma uniformização jurisprudencial cada vez mais intensificada. Dessa forma, inclusive, busca-se dar maior concretude a princípios constitucionais basilares, tais como a isonomia entre jurisdicionados que se encontrem em situação jurídica semelhante, a segurança jurídica e a duração razoável dos processos cujos recursos excepcionais versem sobre a mesma questão de direito.*

33 Não por outra razão, o novo código de processo civil exige expressamente a clara delimitação da tese jurídica objeto de afetação para julgamento em incidente de coletivização (art. 979, § 2º e art. 1.037, I).

34 Op. cit., p. 250/251.

Ressalte-se, aliás, que esses mesmos princípios da uniformidade das decisões, segurança jurídica e duração razoável do processo buscam ser reforçados com a inovadora instituição de um sistema de precedentes no novo código de processo civil, o que também deve ser levando em consideração.

Diante disso, além das alternativas abordadas nesse capítulo, o princípio do contraditório e os limites subjetivos da coisa julgada devem ser ponderados com outras garantias constitucionais que se busca proteger por meio dessas ferramentas de solução de processos repetidos.

6. CONCLUSÃO

De tudo que se expôs até aqui, é possível constatar que a tutela pluri-individual surgiu, no Brasil, diante da necessidade de enfrentar as milhares de causas repetidas. Os mecanismos de tutela coletiva até então desenvolvidos, além de insuficientes, não se mostravam adequados ao tratamento dos direitos individuais homogêneos, que, embora individuais, possuem um ponto de origem comum.

O excesso de demandas individuais versando sobre o mesmo ponto controvertido exigiu, então, a racionalização da tutela jurisdicional. Afinal, além de ocasionar o entupimento e morosidade do Poder Judiciário, o tratamento estritamente individual das demandas repetidas permitia a existência de decisões conflitantes sobre questão idêntica.

Daí porque, o novo Código de Processo Civil aperfeiçoou o procedimento dos recursos repetitivos já existentes no âmbito do STJ e do STF, bem como instituiu o incidente de resolução de demandas repetitivas a serem instaurados nos tribunais locais.

Nesse sentido, pode-se asseverar que o novo código trouxe importante normatização acerca da tutela pluri-individual, na medida em que previu, expressamente, a ampla participação de órgãos e entidades interessados na matéria objeto de julgamento, e a possibilidade de cada demandante individual apontar eventuais diferenças entre o seu processo e o caso paradigma.

Ademais, o art. 1.036, § 6º, do CPC, combinado com o art. 256, § 1º, do RISTJ, formulou regras objetivas de seleção dos recursos-piloto, de forma a ampliar e conferir maior legitimidade ao julgamento por amostragem.

Essas previsões, ao inserirem maior pluralidade e representatividade, afastam, ao meu ver, eventual alegação de violação ao contraditório. Até porque, tal princípio deve ainda ser ponderando com as garantias da segurança jurídica, isonomia e duração razoável do processo, fortemente tuteladas no âmbito desses mecanismos, que buscam claramente a racionalização e efetividade da tutela jurisdicional.

7. REFERÊNCIAS BIBLIOGRÁFICAS

AMARAL, Guilherme Rizzo. Efetividade, segurança, massificação e a proposta de um incidente de resolução de demandas repetitivas. *Revista de Processo*. São Paulo, vol. 196, jun/2011.

BARBOSA MOREIRA, José Carlos. A ação popular do direito brasileiro como instrumento da tutela jurisdicional dos chamados "interesses difusos". *Temas de direito processual civil*. São Paulo: Saraiva, 1977.

BEDAQUE, José Roberto dos Santos. *Direito e processo*: influência do direito material sobre o processo. 5ª ed. São Paulo: Malheiros, 2009.

CABRAL, Antonio do Passo. A escolha da causa-piloto nos incidentes de resolução de processos repetitivos. *Revista de Processo*, vol. 231, p. 201–223, mai/2014.

CARNEIRO, Paulo Cezar Pinheiro. *Acesso à justiça*: Juizados Especiais Cíveis e ação civil pública. 2ª ed. Rio de Janeiro: Forense, 2003.

CASTRO, Daniel Penteado de. Questões polêmicas sobre o julgamento por amostragem do recurso especial repetitivo. *Revista de Processo*, vol. 206, p. 79–122, abr/2012.

CUNHA, Leonardo Carneiro da. O regime processual das causas repetitivas. *Revista de Processo*. vol. 179, jan/2010, versão digital.

DANTAS, Bruno. *Teoria dos recursos repetitivos*: tutela pluri-individual nos recursos dirigidos ao STF e STJ. São Paulo: Revista dos Tribunais, 2015.

MARINONI, Luiz Guilherme. O "problema" do incidente de resolução de demandas repetitivas e dos recursos extraordinário e especial repetitivos. http://www.marinoni.adv.br/wpcontent/uploads/2016/10/O_PROBLEMA_DO_INCIDENTE_DE_RESOLUCAO_DE-3.pdf

MENDES, Aluisio Gonçalves de Castro; TEMER, Sofia. O incidente de resolução de demandas repetitivas do novo código de processo civil. *Revista de Processo*, vol. 243, p. 283–331, Mai/2015.

PINHO, Humberto Dalla Bernardina de. Os limites e as possibilidades do uso dos meios consensuais de resolução de conflitos na tutela dos direitos transindividuais e pluri-individuais. Tese apresentada, em 2017, na defesa da promoção à categoria de Professor Titular de Direito Processual Civil na Faculdade de Direito da Universidade do Estado do Rio de Janeiro.

ROQUE, André Vasconcelos. As ações coletivas no direito brasileiro contemporâneo: de onde viemos, onde estamos e para onde vamos? *Revista Eletrônica de Direito Processual – REDP*, vol. XII.

TEMER, Sofia. *Incidente de Resolução de Demandas Repetitivas*. 2ª ed. Salvador: JusPodivm, 2017.

CAPÍTULO XII

JULGAMENTO E FIXAÇÃO DE TESE

1

INCIDENTE DE RESOLUÇÃO DE DEMANDAS REPETITIVAS E SUA PERMEABILIDADE À AUTOCOMPOSIÇÃO

Humberto Dalla Bernardina de Pinho[1]
Ludmilla Camacho Duarte Vidal[2]

1. INTRODUÇÃO

O desafio que nos move no presente estudo é remover as barreiras que separam a autocomposição e o Incidente de Resolução de Demandas Repetitivas (IRDR). Em uma primeira mirada, poderia soar estranha a tentativa de se acomodar "acordo" e "julgamento de casos repetitivos" num mesmo estudo.

Isso porque o principal objetivo do IRDR reside na formação da tese jurídica a ser aplicada aos processos judiciais pendentes e, ato contínuo, na produção de um precedente judicial obrigatório, o qual vinculará a solução dos casos futuros. A formação da tese no IRDR oferece segurança jurídica e previsibilidade para as relações, pois se torna possível antever a postura do judiciário nos casos que versarem sobre a mesma questão comum. Além disso, a fixação da tese imprime isonomia na interpretação e aplicação do direito, tendo em vista que a atuação do Poder Judiciário é conduzida pelas razões de decidir do processo anterior que comporte os mesmos motivos determinantes.

Nesse sentido, a incompatibilidade inicial estaria na compreensão equivocada de que, ao se conceber espaços à consensualidade no âmbito de uma causa-pi-

1. Professor Titular de Direito Processual Civil (UERJ, Estácio e Ibmec). Martin-Flynn Global Law Professor (University of Connecticut School of Law). Professor Emérito e Diretor Acadêmico da FEMPERJ. Membro do Ministério Público do Estado do Rio de Janeiro.
2. Mestre e Doutoranda em Direito Processual (UERJ). Pesquisadora visitante da Universidade Paris 1 Panthéon-Sorbonne. Pesquisadora da CAPES. Advogada.

loto,[3] por exemplo, estaria sendo evitada a formação de um precedente judicial e as respostas por ele buscadas, como a atribuição de maior segurança jurídica no desempenho da função jurisdicional e o respeito à igualdade enquanto unidade do Direito.

No ponto, se faz oportuno lançar a seguinte indagação: seria a consensualidade, vis-à-vis, ideia contrária ao espírito do Incidente de Resolução de Demandas Repetitivas? Ou melhor dizendo: existiria espaço, no IRDR, para manifestações da autonomia privada, desde que respeitados certos "limites do consenso"[4]? Caso positivo, seria possível pensar em um modelo de negociação na perspectiva do IRDR,[5] de maneira a equilibrar a ingerência de ambos institutos tão promissores ao aprimoramento do sistema jurisdicional e de promoção dos Direitos Fundamentais?

Antes de entrarmos na temática propriamente dita, parece necessário tecer algumas considerações.

Compreender o Incidente de Resolução de Demandas Repetitivas da forma com a qual nos impõe ser mais adequada é situá-lo dentro de três importantes sistemas, a saber: (i) julgamento de casos repetitivos; (ii) formação de precedentes vinculantes e; (iii) coletivização de demandas, a partir da fixação da tese jurídica no processo-piloto. Assim, as demandas sujeitas ao processamento do IRDR podem versar tanto sobre direitos individuais heterogêneos quanto direitos individuais homogêneos[6]. Nesse último caso, por serem direitos materiais acidentalmente coletivos, como preconizou José Carlos Barbosa Moreira[7], a sua relevância social clamaria por uma maior rede de proteção.

Portanto, a síntese da problemática que se descortina corresponde aos seguintes questionamentos: o acordo judicial firmado em sede de IRDR, quando realizado no processo paradigma, ou seja, no processo representativo da controvérsia, obstaria a formação do precedente judicial?

---

3. Conforme mencionado adiante, iremos analisar a possibilidade de acordo no bojo de uma causa-piloto. Pretendemos examinar as demais possibilidades de acordo dentro da sistemática do IRDR posteriormente, em outra oportunidade.

4. PINHO, Humberto Dalla Bernardina de. *Jurisdição e pacificação*: limites e possibilidades do uso dos meios consensuais de resolução de conflitos na tutela dos direitos transindividuais e pluri-individuais. Curitiba: CRV, 2017, p. 280.

5. MENDES, Aluísio Gonçalves de Castro. *Incidente de Resolução de Demandas Repetitivas:* sistematização, análise e interpretação do novo instituto processual. Rio de Janeiro: Forense, 2018, p. 251-252.

6. Acerca da conceituação e distinção entre essas modalidades de direito, veja-se: PINHO, Humberto Dalla Bernardina de Pinho. Direito individual homogêneo: uma leitura e releitura do tema. *Revista Juris Poiesis*, Rio de Janeiro, v. 6, 2004, p. 216.

7. BARBOSA MOREIRA, José Carlos. Tutela jurisdicional dos interesses coletivos ou difusos. *Temas de Direitos Processual Civil – 3. série.* São Paulo: Saraiva, 1984, p. 195-197; BARBOSA MOREIRA, José Carlos. A ação popular no direito brasileiro, como instrumento de tutela jurisdicional dos chamados interesses difusos. *Revista de Processo*, São Paulo, n. 28, p. 7-19, out./dez. 1982, p. 9.

Além disso, se a causa-piloto versar sobre direitos individuais homogêneos, a consensualidade poderá atingir o próprio direito material questionado? Diante desse panorama, qual deve ser a postura mais adequada do Poder Judiciário nessa negociação?

Ao adotarmos a possibilidade de autocomposição no IRDR como possível e inclusive estimulável, ainda devemos questionar, por consequência, se haveria ou não a vinculação daqueles interessados na formação da tese em relação aos termos da negociação firmada e, ademais, como essa vinculação se efetivaria na prática.

Com efeito, o presente estudo objetiva enfrentar esses questionamentos colocados, de modo a se constatar que o Incidente de Resolução de Demandas Repetitivas é perfeitamente permeável às instâncias do consenso. Negar essa importante premissa seria manifestar completa incompreensão dos influxos trazidos pelo Direito Processual Civil contemporâneo, deveras influenciado pela reconhecida política pública de fomento às práticas autocompositivas e de pacificação social, sob a égide do CPC de 2015.

2. PANORAMA ATUAL E PREMISSAS ESSENCIAIS: A CONFLUÊNCIA DE INSTITUTOS PROMISSORES DO CÓDIGO DE PROCESSO CIVIL

O Código de Processo Civil de 2015 adveio para autenticar uma nova mentalidade de como pensar e operacionalizar o Processo Civil brasileiro. Consoante referido nas linhas anteriores, o fomento à autocomposição é alçando na qualidade de verdadeira política pública.

O legislador impõe aos operadores do direito o comprometimento com a priorização da consensualidade em detrimento da imposição da decisão final pelo Estado-juiz. Podemos afirmar que a busca pelo consenso se revela uma tendência não só no Brasil como no mundo[8] em virtude do elevado grau de legitimidade do desfecho alcançado pelos acordantes, da eficiência propiciada ao sistema judicial como um todo, porquanto mais desafogado e, principalmente, pela retomada do empoderamento daqueles que são os maiores interessados da demanda: as partes.

Atualmente, percebe-se que o alcance das práticas negociais atingiram a própria produção da norma processual, não mais restrita ao direito vigente de base

8. *"En conclusion, le système des modes alternatifs de règlement des conflits est donc pluriel, comme l'est le système plus général de justice dans lequel ces modes s'inscrivent aux côtés de techniques traditionnelles de solution judiciaire des litiges"* (CADIET, Loïc. L'arbitrage et l'evolution contemporaine des modes de reglement des conflits. *Revista Eletrônica de Direito Processual*, vol. 12, n. 12, p. 446-462, 2013, p. 462; PICARDI, Nicola. La giurisdizione all'alba del terzo millennio. *Dialettica, Diritto e Processo.* A cura di Alessandro Guiliani e Nicola Picardi, v. 3. Milano: Giuffrè Editore, 2007, p. 174 *et seq.*; GUINCHARD, Serge et al. *Droit processuel*: droits fondamentaux du procès. 8. ed. Paris: Dalloz, 2015, Section 1; Section 2 et Section 3, p. 1.312 *et seq.*

unicamente legislada.[9] Com efeito, além da norma jurídica processual de matriz legislativa, é admissível a produção da norma processual convencionada,[10] mediante a negociação das partes, desde que observados os critérios elencados no artigo 190 do Código de Processo Civil e outros limites colocados pelo ordenamento jurídico vigente.[11]

Os sopros inovadores desses novos tempos convergem com a ideia de abrangente negociabilidade, seja quanto ao próprio fundo de direito (acordos materiais) versado na causa, ou a respeito da formatação e da disposição das situações jurídicas processuais (acordos processuais). De fato, o importante é percebermos, dentro desse cenário, toda a potencialidade da tendência de se fomentar a abertura das esferas de consenso,[12] cenário incrementado com a Lei de Mediação Brasileira (Lei 13.140/2015), que consolida o entendimento de que há espaços de negociação ampliada inclusive em sede de litígios que digam respeito a direitos individuais indisponíveis, no entanto, transacionáveis.[13]

A impossibilidade de transação de direitos gravados com o signo da indisponibilidade nos parece que deve ser considerada em caráter de exceção. Para nós,

---

9. CADIET, Loïc. Le spectre de la société contentieuse. *Droit civil, procédure, linguistique juridique.* Écrits en Hommage a Gérard Cornu. Textes réunis et publiés par Jean Beauchard et Pierre Couvrat. Paris: P.U.F, 1994, p. 50; Les conventions relatives au procès en droit français. Sur la contractualisation du règlement des litiges. *Rivista Trimestrale di Diritto e Procedura Civile.* Numero speciale: accordi di parte e processo. Milano: Giuffrè, 2008, p. 9.

10. As atuais luzes lançadas nos negócios jurídicos processuais, instrumento que imprime outra dimensão às fronteiras negociais no Processo Civil, resultam da necessidade novos espaços de liberdade na condução do processo cooperativo. Reconhece-se que o ordenamento brasileiro demonstra ser compatível com a convencionalidade mesmo em espaços penetráveis por interesses públicos. GRECO, Leonardo. Os atos de disposição processual: primeiras reflexões. *Os poderes do juiz e o controle das decisões judiciais*: estudos em Homenagem à Professora Teresa Arruda Alvim Wambier. São Paulo: Revista dos Tribunais, 2008; VIDAL, Ludmilla Camacho Duarte. Convenções processuais no paradigma do processo civil contemporâneo. Rio de Janeiro: Gramma Editora, 2017. CABRAL, Antonio do Passo. *Convenções Processuais.* Salvador: Juspodivm, 2016; CADIET, Loïc. Propos introductif; "faire lien". *La contractualisation de la production normative.* Sous la direction de Sandrine Chassagnard-Pinet, David Hiez. Paris: Dalloz, 2008; CAPONI, Remo. Autonomia privata e processo civile: gli accordi processuali. *Rivista Trimestrale di Diritto e Procedura Civile.* Numero speciale: accordi di parti e processo. Milano: Giuffrè, 2008; CARPI, Federico. Introduzione. *Rivista Trimestrale di Diritto e Procedura Civile.* Numero speciale: accordi di parti e processo. Milano: Giuffrè, 2008; MULLER, Ivone. *Le contrat judiciaire en droit privé.* These pour le Doctorat en Droit. Paris: Université de Paris I Panthéon-Sorbonne, 1995; GODINHO, Robson Renault. Negócios processuais sobre o ônus da prova no novo Código de Processo Civil. In: WAMBIER, Teresa Arruda Alvim; TALAMINI, Eduardo (coord.). *Coleção Liebman.* São Paulo: Revista dos Tribunais, 2015.

11. GRECO, Leonardo. *Instituições de processo civil*: introdução ao direito processual civil. 5. ed. Rio de Janeiro: Forense, 2015, vol. 1, p. 58 et seq.

12. DIDIER JR., Fredie; ZANETI JR., Hermes. Justiça multiportas e tutela constitucional adequada: autocomposição em direitos coletivos. In: ZANETI JR., Hermes; CABRAL, Trícia Xavier Navarro (Coord.). *Justiça multiportas*: mediação, conciliação, arbitragem e outros meios de solução adequada para conflitos. Coleção grandes temas do novo CPC. Coordenação geral: Fredie Didier Jr. Salvador: Juspodivm, 2017.

13. GAVRONSKI, Alexandre Amaral. Autocomposição no novo CPC e nas ações coletivas. In: ZANETI JR., Hermes (Coord.) *Processo coletivo.* Coleção repercussões do novo CPC. Coordenador geral: Fredie Didier Jr. Salvador: Juspodivm, 2016.

em estudo já publicado, estes seriam os direitos da personalidade *stricto sensu* e os difusos sobre os quais não se consegue identificar sua titularidade com uma precisão mínima.[14]

De modo geral, a transação em direitos indisponíveis, aplicada aos direitos individuais e aos direitos coletivos – sejam essencial ou acidentalmente coletivos – exige prévia participação do Ministério Público e posterior análise pelo Poder Judiciário em decisão homologatória. Percebe-se que o controle judicial será imperioso para se aferir a legitimidade e validade da proposta.

Resgatando a análise do CPC/2015 no tocante à confluência de institutos promissores, cumpre destacar que este se voltou para três palavras de ordem: adequação, flexibilização e eficiência.[15]

A adequação seria um patamar mais elevado em relação ao degrau da efetividade, pois indica a escolha do caminho disponível que corresponda, satisfatoriamente, aos interesses envolvidos na demanda.[16] Várias ferramentas são possíveis de utilização, já que potencialmente efetivas, porém uma delas será mais adequada.[17] A flexibilização é buscada pelo legislador em vários momentos, o qual, no intento de galgar maior sintonia com os preceitos constitucionais, prioriza a simplificação do procedimento, criando condições para desfechos mais eficientes e ajustados à realidade da causa.

A eficiência perfaz, outrossim, um dos desígnios da ordem processual constitucional, que busca o máximo de aproveitamento do processo sob uma perspectiva sistêmico-racional para que o direito, construído e aplicado, assim como

14. O estudo é: PINHO, Humberto Dalla Bernardina de; VIDAL, Ludmilla Camacho Duarte. Primeiras reflexões sobre os impactos do novo CPC e da Lei de Mediação no Compromisso de Ajustamento de Conduta. *Revista de Processo*, São Paulo, vol. 256, 2016.

15. Sobre os atuais motes do direito processual civil brasileiro, na Exposição de Motivos do Anteprojeto do CPC/2015 foi concedido destaque à celeridade e à simplificação procedimental, perseguindo-se cinco principais orientações: i) alcançar a sintonia expressa e implícita com a Constituição Federal; ii) buscar a simplificação do procedimento; iii) criar melhores condições para que sejam proferidas decisões mais eficientes e compatíveis com a realidade fática subjacente à causa; iv) extrair de cada processo o melhor rendimento possível e; v) imprimir maior grau organizacional do sistema jurisdicional, atribuindo-lhe maior coesão.

16. Por exemplo, nos termos do artigo 1º, parágrafo único, da Resolução n. 118 do Conselho Nacional do Ministério Público, consiste em dever do membro do Ministério Público a orientação ao cidadão sobre os mecanismos disponíveis. A íntegra da Resolução n. 118, editada em 27 de janeiro de 2015, a qual estabelece a política nacional de incentivo à autocomposição no âmbito da instituição ministerial, poderá ser consultada em: http://www.cnmp.gov.br/portal/resolucoes/6871-resolucao-118.

17. "Não obstante servir inadvertidamente como a pretensa cura para a tormentosa incapacidade jurisdicional numérica de solucionar os conflitos que lhe são submetidos (viés quantitativo, mas que macula a qualidade do resultado), estes mecanismos devem ser vistos na verdade, a partir de suas bases constitutivas e valorativas, o que assume expressiva importância quando é observado um caminhar na cena contemporânea em direção a institucionalização generalizada da mediação (como já faz com a conciliação) e sua agregação ao Poder Judiciário" (PAUMGARTTEN, Michele. Os desafios para a integração das práticas conciliatórias no novo processo civil. *Revista de Processo*, São Paulo, n. 247, p. 479).

é escrito um romance em cadeia, apresente coerência e integridade em si mesmo. Nesse panorama, a sistematização dos precedentes judiciais pelo Código de Processo Civil cumpre papel salutar e promissor ao aprimoramento da atividade jurisdicional.

Um dos relevantes instrumentos que propicia esse avanço é o Incidente de Resolução de Demandas Repetitivas. Por corresponder a um mecanismo de julgamento de questões comuns de direito, o objetivo que se cumpre é promover a consolidação de uma tese jurídica sobre a matéria controvertida nos processos em tramitação, dando origem à formação de um precedente judicial vinculante,[18] que será aplicado aos casos futuros.[19]

Na verdade, a *ratio essendi* do IRDR é produzir uma conclusão para além da tese a ser replicada nas outras demandas que versarem sobre a mesma questão jurídica. Sobre a submissão à questão comum (seja o *opt out* - exclusão - ou *opt in* - inclusão), a formação do precedente obrigatório independe de qualquer conduta das partes do processo originário ou dos interessados que se encontram com seus processos pendentes.

Desse modo, em razão da própria natureza do precedente judicial tão importante para a estabilização das relações e para a promoção da isonomia - igualdade para além do processo: *"treat like cases alike"*[20] -, não se concede aos interessados a opção de escolha sobre a submissão ou não à tese firmada. Essa situação, no entanto, se opera de modo distinto dentro da sistemática dos acordos firmados em IRDR, conforme será visto adiante.

O precedente judicial firmado possui efeitos não só em assegurar a aplicação da mesma *ratio decidendi*, como também influencia nas próprias técnicas de julgamentos, de modo a otimizar a atividade jurisdicional. Vejamos.

A definição da tese no IRDR autoriza, *v.g.*, o julgamento liminar de improcedência do pedido (artigo 332, III do CPC), o julgamento monocrático de mérito dos recursos e de conflito de competência (artigo 932, IV "c" do CPC), a inaplicabilidade da remessa necessária quando respaldar a sentença (v. artigo 496, § 4º, III do CPC), a presunção de repercussão geral em recurso extraordinário quando a decisão recorrida proferida pelos tribunais lhe for contrária (artigo 1.035, § 3º, II do CPC), a presunção de omissão para fins de cabimento dos embargos de

18. Conceitualmente, o precedente consiste no pronunciamento judicial, proferido em um processo anterior, aplicado em decisão judicial prolatada em processo anterior, a qual comporta os mesmos motivos fáticos e jurídicos determinantes, em que se utiliza, portanto, a mesma razão de decidir (*ratio decidendi*). CÂMARA, Alexandre. *O novo processo civil brasileiro.* 2. ed. Rio de Janeiro: Forense, 2017, p. 427.

19. Percebe-se que isso fica muito claro no art. 985, incisos I e II sobre a decisão do IRDR.

20. No Brasil, a expressão é utilizada por Hermes Zaneti Jr. em: Precedentes (treat like cases alike) e o novo Código de Processo Civil: universalização e vinculação horizontal como critérios de racionalidade e a negação da jurisprudência persuasiva como base para uma teoria dogmática dos precedentes no Brasil. *Revista de Processo*, vol. 235/2014.

declaração ao se considerar omissão a decisão que ignore o resultado do IRDR (artigo 1.022 do CPC).

Perceba-se que a formação da tese, por ser um precedente judicial de propósito, interfere no sistema de técnica processual como um todo, autorizando condutas específicas contempladas pela lei em reforço à força dos precedentes judiciais. Importante ressaltar ainda, que o impacto da tese do IRDR será tanto processual quanto extraprocessual, já que a previsibilidade propiciada evita o ajuizamento de demandas, além de representar um desestímulo ao prosseguimento daquelas já deduzidas.

O próprio legislador inseriu no artigo 1.040, § 2º, do CPC regra especialíssima de desistência da ação antes da prolação da sentença e após a notícia da decisão sobre a questão comum versada no IRDR. Diversamente da disciplina processual geral, a desistência da ação pelo autor nesses casos não só é permitida como estimulada ao dispensar o consentimento do réu e isentar o demandante de custas e honorários.

Por tudo que foi registrado, os precedentes judiciais são uma das principais promessas da nova ordem jurídica. Contudo, não com menos força emerge o sentimento de autorregramento dos cidadãos e o incentivo institucional a uma justiça mais pacificadora.

Conforme será demonstrado no próximo tópico, o acordo em IRDR, notadamente na causa-piloto, ainda que possa obstar a formação do precedente judicial para aqueles que aderirem à negociação a qual, eventualmente, venha a abarcar a totalidade da questão comum de direito, reforça, por outro lado, a autodeterminação dos indivíduos, que se encontram inseridos em um espaço de justiça coexistencial.

3. AUTOCOMPOSIÇÃO NO INCIDENTE DE RESOLUÇÃO DE DEMANDAS REPETITIVAS

Após a demonstração do pano de fundo do presente estudo, cumpre analisar, de modo mais específico, a viabilidade do acordo no bojo da causa eleita como representativa da controvérsia (causa-piloto).

Não se enxerga maiores problemas na celebração de um ajuste de vontades quando o processo não tiver sido afetado, mas apenas sujeito à aplicação da tese, uma vez que esse processo não será instrumento para a formação de precedente. Essa possibilidade de acordo na sede de processo que não seja causa-piloto, mas que esteja submetido ao resultado do IRDR, encontra-se adstrita à esfera da autonomia privada dos celebrantes. Tratando-se de uma demanda individual não eleita como paradigma do incidente, o acordo guardaria, a princípio, eficácia inter partes.

Em contrapartida, se o processo não afetado for uma ação coletiva cuja pretensão se relacione à reparação a direitos individuais homogêneos, a questão já seria um pouco mais complexa.

Embora não seja nosso objeto de análise para o momento, compreendemos que tal questão exige certa revisitação dos limites objetivos dos acordos coletivos, assim como a consideração sobre a eficácia produzida para os indivíduos que não participaram da negociação.

Nesse quadro, a discussão tangencia o estudo sobre os limites do acordo coletivo, isto é, se a negociação sobre o fundo de direito material estaria restrita ou não ao que hoje se concebe como a margem negociável em sede dos termos de ajustamento de conduta.

Além disso, seria necessário averiguar a eficácia para aqueles que não participam do processo e, por conseguinte, indagar se realmente haveria a possibilidade da proposta de negociação se estender a todos os interessados na resolução da questão comum.

Independentemente desse instigante debate, o fato é que se essa demanda coletiva não for o processo paradigma do IRDR, o incidente continuaria sendo processado, não obstando a formação da tese jurídica e, automaticamente, do precedente judicial.

Portanto, até aqui podemos considerar duas possibilidades de acordo em IRDR. Ele poderá ocorrer no bojo de uma causa-piloto ou ainda nos processos que guardam a formação da tese jurídica, mas que não foram escolhidos como representativos da controvérsia.

A tendência é que a celebração do acordo sobre a questão jurídica comum ocorra na primeira situação, isto é, nos processos afetados, principalmente em virtude da ampla publicidade observada no IRDR, bem como do significativo espaço de debate e de participação social que este comporta.

Nessa linha, os limites do consenso e o modo de concretização do acordo na prática deve guardar, preferencialmente, correspondência com a atuação dos órgãos competentes para a resolução do incidente. Ademais, acordos em demandas não afetadas podem gerar discussões infindáveis sobre a extensão subjetiva da negociação e, por consequência, questões a respeito da vinculação da proposta.

Tendo isso em vista, o Poder Judiciário e o legislador deverão criar estímulos para que as negociações sejam realizadas nos processos pilotos, podendo ser aderidas por todos os interessados. As propostas tendem a ser mais atrativas para ambas as partes, podendo acarretar ampla vinculação. Tal situação abre espaço para um formato processual mais estratégico, com base na perspectiva dos riscos envolvidos.

Por essas considerações, compreendemos que o acordo poderá ser uma adequada possibilidade, que se mais vantajosa sob a ótica dos seus celebrantes, afastaria a aplicação da tese para aqueles que aderirem à proposta, caso esta abarque a totalidade da questão jurídica comum.

Nesse aspecto, é preciso esclarecer: embora as partes da causa-piloto celebrem o acordo, o precedente será formado, aplicando-se analogamente a regra do artigo 976, § 1º, do CPC sobre a desistência no IRDR. Dessa forma, o interesse coletivo justificaria o prosseguimento do incidente para a fixação da tese, com a formação do precedente. O fato é que, quanto maior for a adesão dos interessados ao acordo, possivelmente maior será a margem de negociação a respeito da questão discutida, já que os celebrantes não irão se submeter ao pronunciamento judicial vinculante.

Sistematicamente, o acordo poderá versar sobre direitos individuais homogêneos ou heterogêneos. Se forem objeto de análise os direitos individuais homogêneos, a causa-piloto poderá ser individual ou coletiva.

O ideal é que o acordo em IRDR seja realizado, em primeiro lugar e pelas razões já apresentadas, em uma causa-piloto, e em segundo lugar, que essa causa-piloto, por sua vez, seja uma ação coletiva, no caso de estar em jogo a discussão sobre direitos individuais homogêneos.

Isso porque, em razão da publicidade e das diferentes técnicas de processamento que possuem, a proposta oferecida na causa-piloto será levada ao amplo conhecimento, a fim de que os interessados na resolução da controvérsia comum se manifestem a respeito da escolha da autovinculação (*opt in*) ou da autoexclusão (*opt out*).

Outro aspecto positivo é que o controle desses ajustes seria mais apurado, tanto pelo judiciário, em razão dos interesses pluri-individuais envolvidos, quanto pelos representantes adequados das classes envolvidas e, inclusive das próprias partes diretamente afetadas.

A prioridade de afetação de uma demanda coletiva como representativa da controvérsia no IRDR coaduna com o caminho trilhado pela jurisprudência atual dos tribunais superiores.

Nesse sentido, no julgamento do REsp 1.525.327[21], afetado ao regime dos recursos repetitivos, o Ministro Luis Felipe Salomão, relator e autor da tese ven-

21. No caso em análise, a 2ª Seção do STJ, ao julgar o REsp 1.525.327 fixou a tese de que as demandas individuais de dano moral pela suposta exposição à contaminação ambiental, em virtude da exploração de jazida de chumbo no município de Adrianópolis no Estado do Paraná, deveriam ser suspensas até o trânsito em julgado das ações civis públicas em tramitação na Vara Federal Ambiental, Agrária e Residual de Curitiba. O julgamento foi noticiado pela Assessoria de Imprensa do STJ. Nesse sentido: https://www.conjur.com.br/2018-dez-26/stj-suspende-acoes-individuais-contaminacao-ambiental, acesso em 15 jan/2019.

cedora, reconheceu que as ações coletivas guardam prevalência de julgamento em relação a todas as ações individuais que versarem sobre a mesma matéria de direito. Uma das razões de sustento dessa tese seria a de que o fato gerador comum proporciona uma defesa mais ampla dos prejudicados.

A orientação jurisprudencial indicada abre um caminho bastante promissor para as esferas de consenso no IRDR, já que traz os benefícios da negociação realizada em uma causa-piloto correspondente a uma ação coletiva. O acordo adequado será o mais atrativo ao maior número de interessados, sob a perspectiva das partes e da própria eficiência do sistema judicial.

Quanto às partes, o réu temerá uma condenação macroestrutural e por isso poderá propor concessões vantajosas aos demandantes, os quais, por sua vez, não tem qualquer garantia de que a tese final lhes seja favorável.

Quanto à eficiência do Poder Judiciário, ao mesmo tempo em que um bom acordo sobre a controvérsia jurídica repetitiva inibe a formação do precedente para os seus celebrantes, pacífica para esses a questão comum com alto índice de aceitabilidade, já que proveniente da solução ajustada pelas próprias partes em um processo de tomada de decisão democrática e participativa.

Por conseguinte, ao identificar a ampla proporção que a negociação poderá alcançar, o réu tenderá, em linha de princípio, a se comportar de maneira mais aberta, de modo a propor concessões atrativas a fim de atingir o maior número possível de interessados. Os interessados, por outro lado, sem o conhecimento do que será decidido, poderão se valer de uma análise mais estratégica, de acordo com as contingências envolvidas na situação.

Parece ter sido esse o caminho escolhido no direito comparado.

Como mencionado nas linhas introdutórias, o nosso objetivo é aproximar consensualidade e julgamento de casos repetitivos. Visualizamos a possibilidade de encontro dos institutos mencionados, inclusive com relação ao Direito Processual Coletivo - quando se tratar de direitos individuais homogêneos -, sendo imperiosa certa delimitação das balizas pela observância de parâmetros de controle do consenso no âmbito do IRDR. Ressaltamos que tais critérios devem ser aferidos pelo Poder Judiciário no momento da homologação da negociação, quando examinar a viabilidade da proposta.

4. FONTES DE INSPIRAÇÃO NO DIREITO ESTRANGEIRO: A POSSIBILIDADE DE ACORDO NO *MUSTERVERFAHREN (KAPITALANLEGER-MUSTERVERFAHRENSGESETZ)* E O *SETTLEMENT* (RULE 23(E) F.R.C.P.)

No presente tópico serão observados dois institutos alienígenas. Destacamos que o objetivo no momento reside tão somente em destacar alguns traços comparativos com o modelo brasileiro, o qual começa a se delinear.

O primeiro deles será o *settlement* norte-americano da Regra 23 das *Federal Rules of Civil Procedure*, que sofreu alterações importantes em dezembro de 2018. Essas alterações, e em especial uma delas, nos parece relevantíssima para se traçar um formato adequado de consenso na esfera coletiva em geral, aplicada aos acordos realizados em IRDR.

O outro instrumento de direito comparado se refere ao acordo no *Musterverfahren* alemão, cuja previsão veio expressa na *KapMuG – Kapitalanleger-Musterverfahrensgesetz* após o advento da reforma de 2012.

O objetivo ao trazer esses dois institutos do direito estrangeiro, como já ressaltado, consiste em lançar luzes a um possível formato ainda inexistente no Brasil, mas que pode ser viabilizado num futuro próximo.

Pois bem. É cediço que o acordo consiste no resultado mais propenso de ser obtido nos Estados Unidos.[22] Estudos revelam que 90% dos processos americanos são extintos por negociações entre as partes, isso sem cogitar as contendas solucionadas pela via extrajudicial, independentemente da propositura de ação.[23]

O fomento à consensualidade também consiste em prática recorrente nas ações coletivas, mas com uma distinção: para que um acordo coletivo vincule os indivíduos que não tiveram o seu *day in court*,[24] o Poder Judiciário deverá aprová-lo, de modo que só surtirá efeitos após a homologação judicial.[25]

O acordo deverá ser justo, adequado e razoável. Conquanto sejam conceitos jurídicos indeterminados, o *Manual for Complex Litigation*, correspondente a uma compilação de orientações jurisprudenciais às Cortes Federais, estabelece algumas balizas de aplicação.[26] Em resumo, a adequação, a justiça ou a razoabilidade do *settlement* consiste na ponderação entre os benefícios do acordo com as vantagens obtidas em eventual demanda coletiva, exame a ser realizado casuisticamente pelo juiz.

Sobre a notificação dos membros ausentes, que se encontra prevista na subdivisão (e) (1) da regra 23, esta se refere a um instrumento imprescindível para a vinculação da classe aos termos do acordo.

22. HENSLER, Deborah R. A Glass half full, a glass half empty: the use of alternative dispute resolution in mass personal injury litigation. 73 *Texas Law Review* 1587, June 1995, p. 9.

23. GIDI, Antonio. *A* class action *como instrumento de tutela coletiva de direitos* cit., p. 306/330.

24. NAGAREDA, Richard A. *Mass Tort Litigation in a World of Settlement.* Oxford: Oxford University, 2007.

25. O procedimento de aprovação da negociação atende quatro importantes etapas: i) apreciação preliminar dos termos da proposta; ii) notificação dos membros ausentes de acordo com as regras de notificação do tipo de *class action* que se pretende extinguir; iii) notificação de órgãos públicos dos planos estadual e federal; iv) designação de audiência pública para aprovação final da proposta (*settlement hearing*) V. GIDI, Antonio. *A* class action *como instrumento de tutela coletiva de direitos* cit., p. 362.

26. Manual for Complex Litigation, 2004, p. 351, disponível em https://www.cand.uscourts.gov/complexlitmanual, acesso em 20 de março de 2019.

Uma das alterações com a reforma de dezembro de 2018 corresponde justamente às formas de notificação, que a partir de então se atribuirá ênfase aos meios eletrônicos. O intuito é, além de levar ao conhecimento da classe afetada por aquela violação a direito de origem comum, convidar as partes interessadas para participarem da audiência pública (*fairness hearing*) de aprovação da proposta de natureza coletiva, de forma a auxiliar a análise de sua adequação e viabilidade.

Assim a regra 23 (e)(1) traz a previsão do que se denomina de notificação razoável (*fair notice*), e antes da reforma de 2018 atribuía ao magistrado, de modo bastante vago, amplas prerrogativas para decidir o modo de notificação que reputar como o mais adequado. O fato é que, historicamente, a imprecisão da norma levava as partes a usarem o correio tradicional para fornecer avisos aos membros. Era um método lento, ineficiente e mais caro. Com as novas alterações, a regra 23 se voltou para métodos mais modernos de notificação como, "os meios eletrônicos ou outros meios apropriados", conforme dispõe sua atual redação.

Após a notificação dos interessados, a proposta é analisada em audiência pública, onde são aferidos os critérios ditos acima – justiça, adequação e razoabilidade. Outra importante novidade trazida pela reforma é que a própria lei previu alguns parâmetros para analisar a presença desses critérios.[27]

Nas demandas sobredireitos individuais homogêneos, é pela notificação que os membros ausentes poderão exercer o seu direito de autoexclusão (*right opt out*), não se submetendo aos efeitos da coisa julgada coletiva. O mesmo deverá ser feito, mediante uma proposta de *lege ferenda*, dentro da sistemática dos acordos a serem celebrados em IRDR.

Nessa perspectiva, se a causa-piloto corresponder a uma ação coletiva – observando na afetação, a preferência desta em detrimento da demanda individual –, deverá ocorrer a notificação de todos os interessados na questão de direito comum, para que assim possam exercer o seu direito de autoexclusão. Dessa maneira, aqueles que exercerem o *opt out* não serão abarcados pelo resultado da negociação celebrada.

Prosseguindo na análise do direito comparado, no sistema alemão a possibilidade de acordo em esfera coletiva consta na *Kapitalanleger-Musterverfah-*

27. Vejamos alguns deles: (i) analisar se os representantes da classe são representantes adequados, sem a existência de objetivos individuais e dissonantes com aqueles interesses defendidos; (ii) observar se a proposta apresentada trata os membros da classe de forma equitativa em relação um ao outro; (iii) avaliar os custos, os riscos e a demora para o julgamento da demanda, (iv) averiguar se há interesses particulares dos advogados, como por exemplo a distribuição e o momento de pagamento dos honorários advocatícios etc. Cf. John M. Barkett, Shook, Hardy & Bacon L.L.P. *The 2018 Amendments to the Federal Class Action Rule*. Disponível em: <https://www.americanbar.org/content/dam/aba/administrative/litigation/materials/2017-2018/2018-sac/written-materials/miami-class-actions-amendments-to--the-federal-class.pdf>, acesso em 24 dez./2018.

rensgesetz (*KapMuG*), que adveio em 2005 para conflitos relacionados a área de mercado de capitais. Em 28 de junho de 2012, o diploma em destaque sofreu alterações significativas, como, por exemplo, a previsão de uma plataforma eletrônica para a gestão da ferramenta, bem como a possibilidade de celebração do o acordo coletivo, o qual não estava previsto na versão originária da *KapMuG*.

Em linhas gerais, o novo estatuto preceitua que o juiz homologará o acordo quando um número mínimo de interessados aderir à proposta após a oportunidade de se manifestarem individualmente. Após a aprovação em juízo, o acordo celebrado vinculará todos os interessados, a exceção daqueles que exercerem a autoexclusão (*opt out*) no prazo de 30 dias a contar de necessária notificação formal individualizada.[28]

A propósito, se 30% ou mais dos interessados realizarem o *opt out*, o acordo não será homologado judicialmente, sendo certo que se isso não ocorrer, a negociação coletiva abrangerá todos os processos pendentes naquele momento. Contudo, a negociação não irá produzir eficácia *erga omnes*, isto é, não produzirá eficácia para os casos futuros ou para aqueles interessados que não tiveram suas demandas envolvidas no processamento do procedimento modelo.[29]

Em virtude dessa recente alteração, não se conhece de estudos estatísticos que possam demonstrar o grau de êxito da novel reforma. Certamente, a norma não é o ponto de chegada, mas o estágio de partida para a mudança jurídica e cultural almejada.

No ordenamento brasileiro não há previsão a esse respeito, o que não deve inviabilizar a sua prática. Partindo da premissa de que o IRDR compõe relevante técnica de coletivização de demandas, podemos nos valer de alguns critérios aplicados no direito estrangeiro.

O modelo alemão, assim como o norte-americano, podem servir como fontes de inspiração sobre a necessidade de ampla participação dos interessados, necessariamente com audiências públicas prévias à homologação da proposta em juízo. Nesse contexto, a notificação ampla e individualizada é imperiosa para que seja oportunizada a escolha de se vincular ou não ao acordo.

Perceba-se que se for processado normalmente, o IRDR não permite essa escolha aos interessados na formação da tese jurídica; contudo o acordo assim o permitirá. A faculdade de autovinculação à negociação partirá, portanto, de cada interessado.

28. Apontamento esclarecedor: Michael Weigel; Arnold Porter, disponível em: https://www.expertguides.com/articles/collective-redress-in-germany/collec14, acesso em 04 jun 2018.

29. v. Kapitalanleger-Musterverfahrensgesetz – KapMuG – (versão em inglês): http://www.processoscoletivos.com.br/images/PDFs/Brazilian_Class_Actions/Kapitalanleger-Musterverfahrensgesetz-KapMuG_English_version.pdf

Parece-nos que o embrião do tema no Brasil foi introduzido pela Lei de Mediação (Lei 13.140/2015), no artigo 35. Ao se verificar a redação normativa, que autoriza a transação por adesão nas controvérsias jurídicas envolvendo a administração pública federal direta e suas autarquias e fundações, podemos enxergar que o legislador adotou a necessidade de autovinculação expressa, isto é: se o interessado optar pela submissão à eficácia do acordo, deverá se manifestar de modo inequívoco.

Ao trazer a matéria ao âmbito do IRDR, seria razoável observar a técnica do *opt in* para os interessados que não possuam demandas pendentes de aplicação da tese jurídica e o *opt out* aos que estejam no aguardo da decisão da questão comum.

Dessa forma, realizada a intimação individual de cada demandante atual, a omissão em prazo razoável falaria pela submissão aos termos do acordo, desde que um número razoável de litigantes não se manifeste contra os termos da proposta, como, por exemplo, ocorre no direito alemão, que leva em consideração índice de 30% de rejeição máxima.

Portanto, a aceitação mínima aos termos da proposta é de 70%. Se não for respeitada, o acordo sinalizará a sua inviabilidade, sendo certo que a homologação judicial nesse caso se faz necessária e ali será avaliada a legitimidade da proposta. Já para aqueles que ainda não ajuizaram as suas demandas, a vinculação requer expressa manifestação, assim como prevê o artigo 35 da Lei de Mediação e seus parágrafos. Inclusive, pensamos ser possível a aplicação da inteligência do §4º, no sentido de que a adesão expressa implicará renúncia do interessado ao direito sobre o qual se fundamenta a ação no que tange aos pontos compreendidos, segundo a lei na resolução administrativa, e aqui, nos termos da proposta.

Por fim, podemos destacar que a possibilidade de acordo em demandas sobre direitos individuais homogêneos foi corroborada, por exemplo, pela resolução da questão versada na ADPF 165 sobre os planos econômicos. Nos termos do entendimento firmado pelo STF, a homologação do acordo não pressupõe a chancela de teses defendidas pelas partes, mas apenas os exames de legitimidade, validade e legalidade das transações de natureza patrimonial.[30]

5. NOTAS DE CONCLUSÃO: UMA NOVA MIRADA PARA O FUTURO

O estudo objetivou romper com o falso dogma de que as instâncias de consenso seriam diametralmente opostas à *ratio essendi* do Incidente de Resolução de Demandas Repetitivas (IRDR).

30. V. Decisão na íntegra: http://www.stf.jus.br/arquivo/cms/noticiaNoticiaStf/anexo/Relatorio_ADPF_165.pdf, acesso em 15 de fevereiro de 2019.

Vimos que, a princípio, quando houver negociação na causa-piloto a respeito da questão comum de direito, parece que não haverá submissão ao precedente judicial obrigatório em relação àqueles que aderiram à proposta. Na verdade, reconhecer a inaplicabilidade da tese para os interessados e aderentes do acordo judicial, nessas situações, não significa desconsiderar a importância da vinculatividade obrigatória dos precedentes judiciais, mas encontrar um ponto de equilíbrio entre essa relevante conquista, alinhada à efetivação de outros Direitos Fundamentais, como o autorregramento dos cidadãos, enquanto corolário da dignidade humana.

É importante esclarecer que os acordos em IRDR poderão ocorrer de diversas formas. As consequências sobre a possibilidade de vinculação dos interessados quanto aos termos da negociação e suscetibilidade ou não dos celebrantes ao precedente judicial formado irão depender do tipo de acordo celebrado. Quando nos referimos ao acordo sobre a questão comum de direito, sustentamos que o ideal é que sua celebração seja firmada no processo paradigma, pelas razões expostas ao longo do texto.

No entanto, vimos que há possibilidade de que negociações também sejam realizadas nos processos que aguardam a formação e a aplicação da tese, já que aqueles acordos podem versar sobre apenas parte da questão comum de direito, sobre matéria não abarcada pelo incidente e, inclusive, corresponder a ajustes de natureza unicamente processual. Tendo em vista essas possíveis derivações de negociações em IRDR, focalizamos atenção principal em demonstrar a real possibilidade do consenso nesta sede, o que não representa incompatibilidade com o instituto.

De fato, o legislador deixou passar boa oportunidade para positivar a matéria no CPC. Todavia, o certo é que a inexistência de previsão normativa a esse respeito não encerra um impeditivo de sua prática, pelo contrário.

A leitura sistemática do Direito Processual Civil contemporâneo aponta para o estímulo de soluções autocompositivas e retomada do grau satisfatório de autonomia pelos indivíduos. Além do reconhecimento da possibilidade de negociação no Incidente de Resolução de Demandas Repetitivas, a urgência do tema se impõe em como estruturar e efetivar essa prática.

Uma mirada para o futuro indica que a adesão significativa à negociação no IRDR resultará da proposta mais vantajosa para autor e réu, a depender do tipo de acordo intentado. Caso não haja atrativo em se acordar, menor será o grau de adesão e, consequentemente, mais tênue será o estímulo a fim de que o réu ofereça maiores vantagens.

Assim, o magistrado poderá compreender que a proposta não será suficientemente legítima, porquanto poucos interessados a ela anuíram. Os caminhos, nesse caso, serão de duas ordens: ou a não homologação, ou os limitados efeitos produzidos pelo ajuste, de sorte que pouco ou nada contribuirá ao aprimoramento do sistema jurisdicional.

Nesse passo, parece ser fundamental examinar as consequências de uma decisão judicial possivelmente alcançada em cotejo com a proposta de negociação em sede de Incidente de Resolução de Demandas Repetitivas, caso o acordo seja sobre a matéria alvo do incidente ou ao menos de parte dela.[31]

Essa é uma conclusão que podemos extrair do próprio *settlement* norte-americano, no qual a regularidade da proposta é averiguada pelo Poder Judiciário ao ser conjugada com os possíveis resultados de uma decisão proferida. Trata-se de uma importante premissa a ser aproveitada desse modelo comparado exposto no texto.

Assim, o melhor acordo será aquele que contiver o máximo de aproveitamento (benefício) para ambas as partes pelo menor custo possível.[32] Isso depende da confluência de diversos fatores (não apenas jurídicos) e que devem ser examinados e ponderados pela comunidade de pessoas atingidas pelos efeitos do que vier a ser avençado, observadas as circunstâncias específicas do caso concreto. Em qualquer cenário, é certo que não podemos nos esquecer dos impactos econômicos e sociais, para cada indivíduo e também para toda a coletividade.[33]

6. REFERÊNCIAS BIBLIOGRÁFICAS

CADIET, Loïc. *Le spectre de la société contentieuse.* Droit civil, procédure, linguistique juridique. Écrits en Hommage a Gérard Cornu. Textes réunis et publiés par Jean Beauchard et Pierre Couvrat. Paris: P.U.F, 1994.

CARPI, Federico. Introduzione. *Rivista Trimestrale di Diritto e Procedura Civile.* Numero speciale: accordi di parti e processo. Milano: Giuffrè, 2008.

DIDIER JR., Fredie; ZANETI JR., Hermes. Justiça multiportas e tutela constitucional adequada: autocomposição em direitos coletivos. In: ZANETI JR., Hermes; CABRAL, Trícia Xavier Navarro (Coord.). *Justiça multipor-*

31. BABCOCK, Linda; LOEWENSTEIN, George. Explaining Bargaining Impasse: The Role of Self-Serving Biases. *Journal of Economic Perspectives,* vol. 11, n. 1, 1997.

32. KAPLOW, Louis. Information and the Aim of Adjudication: Truth or Consequences? *Stanford Law Review,* v. 67, n. 6, 2015.

33. O formato processual mais estratégico, conforme foi mencionado no presente estudo, encontra-se alinhado com as bases de aplicação da Análise Econômica do Direito. Em razão da densidade que o tema exige, este será exposto com maiores detalhes em um próximo trabalho. Para o presente momento, registramos que a análise dos acordos pode observada em: SHAVELL, Steven. *Foundations of Economic Analysis of Law.* Cambridge: Harvard University Press, 2004; BAR-GILL, Oren, The Evolution and Persistence of Optimism in Litigation, Oct., 2006. *The Journal of Law, Economics, and Organization,* Vol. 22, Issue 2, pp. 490-507, 2006; FRIEDMAN, Ezra; WICKELGREN, Abraham L. "No Free Lunch: How Settlement Can Reduce the Legal System's Ability to Induce Efficient Behavior". In: 61 *SMU Law Review* 1.355, 2008. CALABRESI, Guido. *The Future of Law and Economics.* New Heaven, CT: Yale University, 2016; COASE, Ronald. The Problem of Social Costs. *Journal of Law and Economics,* v. 3, out. 1960; KAPLOW, Louis; SHAVELL, Steven. Fairness Versus Welfare. *Harvard Law Review,* v. 114, n. 4, fev. 2001; POSNER, Richard. *Divergent Paths: The Academy and Judiciary.* Cambridge, MA: Harvard University, 2016; POSNER, Richard. *Economic Analysis of Law.* 8. ed. New York: Aspen, 2011.

tas: mediação, conciliação, arbitragem e outros meios de solução adequada para conflitos. *Coleção grandes temas do novo CPC*. Coordenação geral: Fredie Didier Jr. Salvador: Juspodivm, 2017.

FRIEDENTHAL, Jack H.; KANE, Mary Kay; MILLER, Arthur R. *Civil Procedure*. Fourth Edition, Hornbook Series, St. Paul: Thomson West.

GAVRONSKI, Alexandre Amaral. Autocomposição no novo CPC e nas ações coletivas. In: ZANETI JR., Hermes (Coord.) *Processo Coletivo. Coleção repercussões do novo CPC*. Coordenador geral: Fredie Didier Jr. Salvador: Juspodivm, 2016.

GIANNINI, Leandro J. Transacción y mediación en los procesos colectivos. *Revista de Processo*, São Paulo, vol. 201, p. 149-199, nov/2011.

GIDI, Antonio. *A* class action *como instrumento de tutela coletiva de direitos*. São Paulo: Revista dos Tribunais, 2007.

GRECO, Leonardo. *Instituições de processo civil*: introdução ao direito processual civil. 5. ed. Rio de Janeiro: Forense, 2015. v. 1.

GUINCHARD, Serge et al. *Droit processuel*: droits fondamentaux du procès. 8. ed. Paris: Dalloz, 2015, Section 1; Section 2 et Section 3.

HENSLER, Deborah R. A Glass half full, a glass half empty: the use of alternative dispute resolution in mass personal injury litigation. *73 Texas Law Review* 1587, Jun./1995.

MANUAL for Complex Litigation, 2004. Disponível em: https://public.resource.org/scribd/8763868.pdf, acesso em 17 jun 2018.

MCGOVERN, Francis E. Settlement of Mass Torts in a Federal System. *Wake Forest Law Review*, v. 36, 2001.

MENDES, Aluisio Gonçalves de Castro. *Incidente de Resolução de Demandas Repetitivas*: sistematização, análise e interpretação do novo instituto processual. Rio de Janeiro: Forense, 2018.

MOREIRA, José Carlos Barbosa. Tutela jurisdicional dos interesses coletivos ou difusos. *Temas de Direitos Processual Civil – 3. série*. São Paulo: Saraiva, 1984.

MOREIRA, José Carlos Barbosa. A ação popular no direito brasileiro, como instrumento de tutela jurisdicional dos chamados interesses difusos. *Revista de Processo*, São Paulo, n. 28, p. 7-19, out./dez. 1982.

MULLER, Ivone. *Le contrat judiciaire en droit privé*. These pour le Doctorat en Droit. Paris: Université de Paris I Panthéon-Sorbonne, 1995.

PAUMGARTTEN, Michele. Os desafios para a integração das práticas conciliatórias no novo processo civil. *Revista de Processo*, São Paulo, n. 247, 2015.

PICARDI, Nicola. La giurisdizione all'alba del terzo millennio. *Dialettica, Diritto e Processo*. A cura di Alessandro Guiliani e Nicola Picardi, v. 3. Milano: Giuffrè Editore, 2007.

PINHO, Humberto Dalla Bernardina de; VIDAL, Ludmilla Camacho Duarte. Primeiras reflexões sobre os impactos do novo CPC e da Lei de Mediação no compromisso de ajustamento de conduta. *Revista de Processo*, São Paulo, vol. 256, 2016.

PINHO, Humberto Dalla Bernardina de; VIDAL, Ludmilla Camacho Duarte. La nouvelle configuration des accords collectifs du droit brésilien. *International Journal of Procedural Law*, v. 08/01, p.125-132, 2018.

RODRIGUES, Roberto de Aragão Ribeiro. Os limites do compromisso de ajustamento de conduta extrajudicial na tutela dos direitos transindividuais. *Revista Eletrônica de Direito Processual*, vol. IX, p. 697-733. Disponível em http://www.redp.com.br

VIDAL, Ludmilla Camacho Duarte. *Convenções processuais no paradigma do processo civil contemporâneo*. Rio de Janeiro: Gramma Editora, 2017.

WEBER, Mark C. A Consent-Based Approach to Class Action Settlement: Improving Amchem Products, Inc. v. Windsor. *Ohio State Law Journa*l, v. 59. n. 4, 1998.

2

PRIMEIRAS REFLEXÕES SOBRE O JULGAMENTO E FIXAÇÃO DA TESE NO IRDR

Lydia de Freitas Vianna[1]

Sumário: 1 – Introdução. 2 – O procedimento do IRDR. 3 – A controvérsia sobre o parágrafo único do artigo 978 do CPC. 4 – A fixação da tese jurídica no IRDR. 5 – Conclusão. 6 – Referências bibliográficas.

1. INTRODUÇÃO

O incidente de resolução de demandas repetitivas é uma das grandes inovações trazidas pelo Código de Processo Civil de 2015, cuja essência reside nas promessas trazidas pela novel legislação: uniformização da jurisprudência e celeridade processual que, combinadas, podem ser fatores de suma relevância para lidar com a crise que assola o Poder Judiciário Brasileiro. Trata-se de verdadeiro mecanismo de gestão, conforme lição de Aluisio Mendes[2]:

> Esta nova feição da jurisdição está relacionada com os princípios constitucionais do acesso à justiça, da segurança jurídica, da isonomia e da duração razoável dos processos. E conjuga a atuação coletiva, prévia e instrumental do Poder Judiciário. A jurisdição não fica mais adstrita apenas aos conflitos de Caio e Tício, para passar a pensar e a se nortear, cada vez mais, por uma visão geral da sociedade. Outro elemento fundamental é que o Poder Judiciário passa a se preocupar mais e a atuar, como visto na gênese do *Musterverfahren* alemão, também a partir de técnicas de gestão, levando-o inevitavelmente a soluções mais inteligentes, eficazes e eficientes em termos de prestação jurisdicional. Dentro deste novo contexto é que surge, e deve ser interpretado, o novo Incidente de Resolução de Demandas Repetitivas (IRDR).

A morosidade nos processos de jurisdição estatal não é novidade, nem sequer um fenômeno de poucas décadas. A bem da verdade, esse quadro acompanha o processo há séculos, tendo motivado as mais diversas reformas processuais[3].

---

1. Mestranda em Direito Processual pela UERJ. Advogada.
2. MENDES, Aluisio Gonçalves de Castro. *Incidente de Resolução de Demandas Repetitivas*: sistematização, análise e interpretação do novo instituto processual. Rio de Janeiro: Forense, 2017. p. 103-104.
3. Ao elencar os equívocos no tratamento da duração razoável do processo, Barbosa Moreira já havia alertado para o "Primeiro equívoco: o problema da excessiva duração dos processos é peculiar do nosso tempo. Na verdade, ele é multissecular" (BARBOSA MOREIRA, José Carlos. O problema da duração dos processos:

A massificação das relações sociais, que acaba por desaguar no Poder Judiciário, é um dos fatores que influenciam na razoável duração do processo, tal como alertado por Aluisio Mendes e Roberto de Aragão[4]:

> A sociedade contemporânea, com suas relações massificadas, acaba por produzir litígios de massa, os quais, não raras vezes, dão ensejo a uma multiplicidade de ações que têm por objeto circunstâncias fáticas ou fundamentos jurídicos idênticos, e que, por tais razões, podem ser consideradas como ações individuais homogêneas quanto à causa de pedir e o pedido Nesse contexto, passou-se a constatar, cada vez com maior frequência, a prolação de decisões judiciais discrepantes acerca de situações jurídicas idênticas, fator que afronta, de forma direta, os princípios da isonomia e da segurança jurídica. Os instrumentos processuais típicos para a tutela de pretensões individuais, que a princípio seriam adequados para tratar destes direitos individuais homogêneos, passaram a se revelar insuficientes, devido ao enorme número de ações repetitivas propostas em curtos períodos

Como a tese jurídica fixada no julgamento do IRDR afetará um sem número de pessoas, parte da doutrina vê o instituto com receio, em especial em razão do déficit no contraditório[5] e no direito que a parte tem de ter sua demanda julgada de forma individualizada.

O procedimento do julgamento do IRDR deve ser respeitado, permitindo-se um amplo debate em torno da questão jurídica, com a maior quantidade possível de argumentos, que permitirão a concretização do chamado "contraditório institucional"[6], pois a tese jurídica alcançará grande número de indivíduos que não terão tido a oportunidade de participar diretamente do debate.

Caso se pretenda que o IRDR cumpra com sua promessa de maior coerência às decisões judiciais, celeridade, e redução do fluxo de demandas, a tese jurídica precisa ser muito bem estruturada.

---

premissas para uma discussão séria. *Temas de direito processual,* nona série. São Paulo: Saraiva, 2007. p. 367-377).

4. MENDES, Aluisio Gonçalves de Castro.; RODRIGUES, Roberto de Aragão Ribeiro. Reflexões sobre o incidente de resolução de demandas repetitivas previsto no projeto de novo Código de Processo Civil. *Revista de Processo*, vol. 211, p. 191, Set/2012.

5. Ao tratar do instituto, Leonardo Greco faz dura crítica, afirmando que apenas um tribunal abarrotado por demandas que versem sobre a mesma questão jurídica são justificativas suficientes para a admissibilidade de um incidente que reduza as garantias fundamentais do processo: "(...) tendo em vista a redução da eficácia das garantias fundamentais do processo, em especial do contraditório e da ampla defesa, em relação a cada um dos litigantes nos diversos processos atingidos pela coletivização do julgamento, somente um número elevado de processos ou recursos sobre a mesma questão, que possa abarrotar as pautas de julgamento de juízos e do tribunal de segundo grau, a tal ponto que possa prejudicar a qualidade das suas decisões ou retardá-las de modo intolerável, justifica a instauração do incidente" (GRECO, Leonardo. *Instituições de Processo Civil*: recursos e processos de competência originária dos tribunais. Rio de Janeiro: Forense, 2015, v. III, p. 407.

6. ARRUDA ALVIM, Teresa Arruda et al. *Primeiros comentários ao Novo Código de Processo Civil.* São Paulo: Revista dos Tribunais, 2015, p. 1405.

O presente trabalho tem como proposta analisar o rito do julgamento do IRDR e o momento de fixação da tese jurídica. Para tanto, desenvolve-se um primeiro capítulo disposto a explicar o procedimento de julgamento do IRDR, em especial dos meios que permitem a ampliação do debate da questão jurídica submetida a julgamento. Em seguida, se analisará o momento do julgamento do IRDR, em especial a controvérsia em torno do parágrafo único do artigo 978 do CPC. Por fim, irá se analisar o momento de fixação da tese jurídica.

2. O PROCEDIMENTO DO IRDR

Para a instauração do IRDR, é necessário fazerem-se presentes os requisitos cumulativos da multiplicidade de demandas sobre a mesma questão de direito, com decisões contraditórias que coloquem em risco a isonomia e segurança jurídica, bem como que a questão não tenha sido afetada para julgamento pelos tribunais superiores[7].

Os legitimados para suscitar a instauração do IRDR são as partes do processo de origem que tenha como objeto a questão jurídica controvertida, o juiz, o relator, a Defensoria Pública e o Ministério Público, nos termos do artigo 977 do CPC[8].

O Ministério Público, caso não tenha suscitado a instauração do IRDR, deverá ser intimado para manifestação e, em caso de desistência de uma das partes do processo originário afetado para julgamento, deverá assumir a titularidade do incidente, nos termos do artigo 976, § 2º, do CPC[9].

O colegiado do tribunal, então, realizará o exame de admissibilidade do incidente e, no caso de este exame ser positivo, os processos em trâmite no respectivo tribunal, que versem sobre a mesma questão de direito, deverão ser suspensos até a resolução do incidente[10]. Por outro lado, a inadmissibilidade do incidente não enseja o cabimento de recurso. De todo modo, nada impede de o IRDR ser

7. GRECO, Leonardo. *Instituições de Processo Civil*: recursos e processos de competência originária dos tribunais. Rio de Janeiro: Forense, 2015, v. III, p. 409.

8. Art. 977. O pedido de instauração do incidente será dirigido ao presidente de tribunal:

I - pelo juiz ou relator, por ofício;

II - pelas partes, por petição;

III - pelo Ministério Público ou pela Defensoria Pública, por petição.

9. Art. 976. É cabível a instauração do incidente de resolução de demandas repetitivas quando houver, simultaneamente:

§ 2º Se não for o requerente, o Ministério Público intervirá obrigatoriamente no incidente e deverá assumir sua titularidade em caso de desistência ou de abandono.

10. Art. 982. Admitido o incidente, o relator:

I - suspenderá os processos pendentes, individuais ou coletivos, que tramitam no Estado ou na região, conforme o caso;

suscitado novamente em momento posterior, quando presentes os requisitos de sua instauração[11].

O legislador previu uma série de procedimentos com vias a garantir que os sujeitos interessados possam influenciar na formação da tese jurídica que virá a ser adotada, aprofundando o debate e garantindo o contraditório. Esses mecanismos atribuirão à tese fixada legitimidade democrática.

A fim de permitir a ampliação do debate em torno da questão jurídica submetida a julgamento, o legislador previu, no art. 979, que deve ser dada a mais ampla publicidade, com registro no CNJ, acerca da instauração e julgamento:

> Para viabilizar a ampla cognição sobre a tese jurídica debatida, o artigo 979 estabelece como primeiro efeito da instauração do incidente a "mais ampla e específica divulgação e publicidade, por meio de registro eletrônico no Conselho Nacional de Justiça". (...) Parece-me que a ampla divulgação, necessária para que o tribunal tome conhecimento de todos os fundamentos da tese suscitada, exigirá que os juízos e órgãos fracionários do tribunal, tomando conhecimento da instauração do incidente, remetam ao órgão competente para o seu julgamento cópias das peças dos autos nas quais as partes ou o próprio juízo tenha exposto fundamentos favoráveis ou contrários à tese discutida.[12]

Em atenção à disposição legal, o CNJ já implementou o cadastro eletrônico, intitulado "Banco Nacional de Dados de Demandas Repetitivas e Precedentes Obrigatórios"[13]. Dos 27 tribunais de justiça do país, foi possível verificar que em 23 desses tribunais contam com um espaço destinado unicamente a tratar dos incidentes de resolução de demandas repetitivas. O Tribunal de Justiça do Estado do Piauí disponibiliza um link para consulta[14], todavia, a página encontra-se vazia. Por sua vez, não foi possível verificar no Tribunal de Justiça do Estado do Rio Grande do Norte, pois sua página principal permaneceu fora do ar durante o período em que foi realizado o levantamento de tais dados. Por fim, não foi possível encontrar um espaço nos sites dos Tribunais de Justiça dos estados do Tocantins e Acre. Caso tais estados contem com tal serviço, sugere-se que a informação conste de forma mais clara e visível no site, sob pena de se tornar um instrumento inócuo.

A disponibilização de um espaço nos sites dos respectivos tribunais a tratar dos precedentes firmados facilita o acesso do jurisdicionado à informação acerca de tais mecanismos e, com isso, permite um fluxo mais racionalizado de novas demandas nos tribunais, pois já se saberá, de antemão, se sua pretensão

---

11. DANTAS, Bruno. Comentários aos arts. 976 a 987. In: ALVIM, Teresa Arruda et al (Coords.). *Breves Comentários ao novo Código de Processo Civil*. São Paulo: Revista dos Tribunais: 2015, p. 2121.
12. GRECO, Leonardo. *Instituições de Processo Civil*. Rio de Janeiro: Forense, 2015, v. III, p. 410.
13. Conselho Nacional de Justiça. Banco Nacional de Dados de Demandas Repetitivas e Precedentes Obrigatórios. Disponível em <https://www.cnj.jus.br/bnpr-web/>. Acesso em: 02 ago 2019.
14. Disponível em < http://www.tjpi.jus.br/portaltjpi/nugep/irdr/ >. Acesso em 29 set. 2019.

jurídica será ou não acolhida, uma vez que a tese jurídica fixada possui efeito vinculativo[15].

Deve-se ter em mente que o acesso à informação é a pedra de toque para se garantir o acesso à justiça ao cidadão[16], ainda mais para o cidadão que de fato possui o direito. Ao se fixar uma tese jurídica, deve-se procurar a mais ampla publicidade possível a fim de se garantir que o jurisdicionado que detém o direito tenha ciência de tal posição de vantagem, seja para que resolva a questão administrativamente por meio da demonstração de que sua pretensão será acolhida pelo Judiciário, pois foi reconhecida em tese jurídica com efeito vinculante, seja para que ingresse em juízo, sem receios, a fim de obter o bem da vida ao qual faz jus.

Todavia, apesar de ser importante a mais ampla publicidade do julgamento do IRDR por meio do CNJ, deve-se ter em mente que, como o julgamento do IRDR afetará um sem número de pessoas, em processos pendentes e futuros, é fundamental que a divulgação atinja a sociedade, inclusive aqueles que não estão inseridos na comunidade jurídica, pois, apenas a efetiva ciência acerca da instauração, admissão e julgamento do IRDR possibilitará que o indivíduo possa intervir no processo. Por exemplo, caso seja uma questão jurídica relativa a determinada categoria de servi-

15. Ao comentar o art. 979, Aluisio Mendes e Sofia Temer reassaltaram que "A expressiva numerosidade dos processos que contenham questões repetitivas, mais do que requisito de cabimento do incidente, é a razão que fundamenta a aplicação dos princípios da publicidade e da transparência, essenciais para o bom manejo do instituto. O CPC estabelece que a instauração e o julgamento do incidente serão sucedidos da mais ampla e específica divulgação e publicidade, por meio de registro eletrônico no Conselho Nacional de Justiça, bem como que os tribunais promoverão a formação e atualização de banco eletrônico de dados sobre questões de direito submetidas ao incidente, comunicando, imediatamente, ao CNJ, para inclusão no cadastro. A ampla publicidade do incidente deve compreender tanto o momento de sua admissão, com a identificação precisa da questão de direito controvertida que será objeto de análise pelo tribunal, formando-se uma espécie de ementa prévia do tema sob julgamento, com a identificação dos argumentos jurídicos sob apreciação, como o momento posterior ao julgamento, com a divulgação da tese jurídica adotada. Assim, atingem-se importantes escopos: a informação à sociedade sobre os temas em análise pelo judiciário, concedendo-se a possibilidade de acompanhar seu julgamento e participar democraticamente da definição da tese jurídica através dos meios apropriados, bem como a divulgação da tese jurídica firmada como precedente, que servirá como padrão de conduta para casos futuros, judicializados ou não" (MENDES, Aluisio Gonçalves de Castro; TEMER, Sofia. Comentários ao artigo 979. In: SCARPINELLA BUENO, Cassio. (Org.). *Comentários Código de Processo Civil*. Volume 4 (arts. 926 a 1.072). São Paulo: Saraiva, 2017. p. 215-216).

16. Ao tratar sobre o acesso à justiça, Paulo Cezar Pinheiro Carneiro destacou que "O primeiro componente para tornar realidade referida garantia e o direito de cada um de ter acesso a informação dos seus próprios direitos e como realizá-los na prática. No Brasil, assim como em outros países em desenvolvimento, existem milhões de pessoas que não têm sequer condições de serem partes, e isto por absoluto desconhecimento dos seus próprios direitos. Nem mesmo a defesa coletiva de alguns direitos individuais, por intermédio da legitimação extraordinária concedida aos órgãos públicos e as associações, consegue minimizar tais problemas. Até porque, a falta de informação afeta não só o direito de participação (ponto de partida), como também o direito de usufruir do resultado conseguido (ponto de chegada)" (CARNEIRO, Paulo Cezar Pinheiro. Comentários ao art. 3º. In: ALVIM, Teresa Arruda et alli. *Breves Comentários ao novo Código de Processo Civil*. 3ª ed. rev. e atual. São Paulo: RT, 2016).

dores públicos, é importante que haja a expedição de ofícios para o referido órgão, a fim de que tais servidores estejam cientes da questão jurídica a ser julgada[17].

Também é crucial que os tribunais divulguem em seus sites, não só na parte destinada a reunir os casos repetitivos, mas de forma mais visível, preferencialmente na página principal do site – tal como é feito com as principais notícias relativas aos tribunais.

A divulgação da instauração e julgamento do IRDR são determinantes para atribuir legitimidade democrática à tese fixada no julgamento. Mais ainda, a efetiva participação – ou ao menos possibilidade – no debate permitirá que o jurisdicionado se conforme com a tese jurídica firmada. Afinal, se não foi dada ao jurisdicionado alguma possibilidade de se manifestar, por que ele haveria de concordar com a tese, sem tentar desafiá-la? A vertente da possibilidade de influência do princípio do contraditório[18] deve ser considerada também no julgamento do IRDR, em especial para garantir a estabilidade daquela tese jurídica, sem que o *overruling* ocorra de forma prematura ou incorreta[19].

17. Ao comentar o art. 979, do CPC, Andre Vasconcelos Roque asseverou, com razão, que "O dispositivo em tela regula apenas uma das formas de divulgação de publicidade da instauração e julgamento do IRDR, não impedindo que outros meios sejam utilizados. Nada impede, e se mostra até aconselhável, que os tribunais enviem comunicações internas aos órgãos jurisdicionais inferiores, seja mediante expedição de ofícios, seja por outros canais de divulgação de informações, como portarias, avisos ou comunicados. A utilização de outros meios de divulgação pode, ainda, ser determinada pelo próprio relator do IRDR ou a posteriori, como o envio de correspondências às pessoas interessadas no resultado do incidente ou a publicação de editais no Diário Oficial ou mesmo a utilização de meios de comunicação em massa, tudo a depender das circunstâncias do caso concreto. Claro que, nesta hipótese, restará o desafio de saber quem arcará com tais despesas, até porque o IRDR conta com isenção de despesas processuais (art. 976, § 5º). Semelhante dificuldade é, ainda hoje vivenciada nas ações coletivas, o que talvez permita uma solução comum para este dilema" (ROQUE, Andre Vasconcelos; GAJARDONI, Fernando da Fonseca; DELLORE, Luiz; OLIVEIRA JUNIOR, Zulmar Duarte de. *Execução e recursos.* Comentários ao CPC de 2015. São Paulo: Método, 2017. v. 1. p. 857).

18. Ao tratar sobre o tema, Sofia Temer asseverou que "A abertura à participação no incidente, então, é uma manifestação de democracia deliberativa, que legitima a decisão judicial, por conseguinte, a atuação do próprio Poder Judiciário. O processo é mais um dos espaços de exercício da democracia na formação de atos estatais, o que é bastante ilustrativo no IRDR. A justificação da decisão, nesse contexto, assume especial importância, pois demonstrará que a possibilidade de convencimento foi exercida, pela interação discursiva e pela pluralidade argumentativa, ainda que não tenha havido consentimento através da participação pessoal ou mesmo de teorias de consentimento ficto" (TEMER, Sofia. *Incidente de Resolução de Demandas Repetitivas.* 3. ed. Rio de Janeiro: Juspodivm, 2017. p. 144-145).

19. Sobre o tema, vale conferir a crítica de Dierle Nunes, Rafaela Lacerda e Newton Rodrigues Miranda "Quanto aos mecanismos de *overruling*, trata-se de uma das maiores deficiências do Poder Judiciário brasileiro, visto que apenas raramente as partes trazem de maneira contundente as decisões anteriores que terão de ser superadas, ou então em quase nenhuma oportunidade o julgador considera, em sua decisão, as razões que levam-no a superar o entendimento anteriormente tecido. Geralmente, a superação do precedente é feita aleatória e tacitamente pelos próprios Tribunais que, ao invés de debaterem a questão da superação de um julgado com a finalidade de estabelecer outro entendimento, simplesmente julgam de modo diverso, desrespeitando de modo infundado o precedente anteriormente adotado" (NUNES, Dierle José Coelho; LACERDA, Rafaela; MIRANDA, Newton Rodrigues. O uso do precedente judicial na prática judiciária brasileira: uma perspectiva crítica. *Revista da Faculdade de Direito da Universidade Federal de Minas Gerais (Impresso)*, v. 62, p. 179-208, 2013. Disponível em <https://www.academia.edu/6992010/

Após a instauração do IRDR, o relator deverá suspender os processos em curso que versem sobre a mesma questão jurídica, poderá expedir ofícios requisitando informações para juízos ou órgãos fracionários do respectivo tribunal e intimará o Ministério Público para, querendo, intervir no feito.

A suspensão dos processos em curso é importante para se garantir a isonomia, pois o IRDR é suscitado em um contexto de insegurança jurídica, no qual casos iguais ou semelhantes recebem tratamento distinto. Apesar da previsão legal, cabe ao relator verificar a conveniência da suspensão dos demais processos, considerando outras garantias processuais relevantes, tal como a duração razoável do processo.

O envio de informações dos próprios julgadores é medida relevante exatamente em razão do motivo que levou à instauração do IRDR: a existência de decisões conflitantes. Entendimentos em sentido contrário dos próprios julgadores – que provavelmente lidaram com diversos casos e suas peculiaridades – permitirão a ampliação do debate em torno da questão jurídica controvertida e possibilitarão a verificação da divergência de entendimento dos julgadores em sua origem: os próprios julgadores.

O legislador atribuiu ao Ministério Público a faculdade de se manifestar ou não nos autos do IRDR. Todavia, trata-se de procedimento que visa tutelar o direito objetivo[20], mais especificamente, de questão com "efetiva repetição de processos" e "risco de ofensa à isonomia e segurança jurídica", nos termos do artigo 976 e seus incisos do CPC. Por isso, poucos serão os casos em que o Ministério Público não deverá intervir no processo.

O julgamento do IRDR deverá ocorrer no prazo de um ano, tendo preferência no julgamento sobre os demais processos, com exceção dos processos que envolvam réu preso e pedido de *habeas corpus*, conforme estabelecido pelo artigo 980, *caput21*. Transcorrido tal prazo sem que tenha havido o julgamento e a fixação da tese jurídica, deverá cessar a suspensão dos demais processos em curso que

---

Dierle_Nunes_Rafaela_Lacerda_Newton_Miranda_-_O_USO_DO_PRECEDENTE_JUDICIAL_NA_PR%C3%81TICA_JUDICI%C3%81RIA_BRASILEIRA_UMA_PERSPECTIVA_CR%C3%8DTICAversida>. Acesso em: 05 ago. 2019.

20. Este é o entendimento de Aluisio Mendes, para quem "A atuação do Ministério Público no Incidente de Resolução de Demandas Repetitivas encontra fundamento, em primeiro lugar, na incumbência de defesa da ordem jurídica, nos termos do art. 127, caput, combinado com o art. 129, inciso IX, ambos da Constituição Federal. No caso, a função que lhe foi conferida pelo Código de Processo Civil, nos arts. 976, § 2º, e 977, inciso III, é compatível com a defesa da ordem jurídica, considerando o caráter uniformizados do direito a ser aplicado, em prol do princípio da isonomia e da segurança jurídica, bem como do acesso à justiça, da duração razoável dos processos e da economia processual. Por isso, ainda quando não for parte, deverá zelar para que o IRDR busque a consecução destes valores, mediante o devido processo legal" (MENDES, Aluisio Gonçalves de Castro. *Incidente de Resolução de Demandas Repetitivas:* sistematização, análise e interpretação do novo instituto processual. Rio de Janeiro: Forense, 2017. p. 132).

21. Art. 980. O incidente será julgado no prazo de 1 (um) ano e terá preferência sobre os demais feitos, ressalvados os que envolvam réu preso e os pedidos de habeas corpus.

versem sobre a mesma questão de direito, salvo decisão fundamentada do relator do incidente[22]. Se por um lado é importante que a questão jurídica seja pacificada o quanto antes, por outro lado, o julgamento deve ser permeado pelo mais amplo debate, o que fará com que o trâmite do IRDR não possa ser tão rápido. Todo processo precisa de tempo para que seu desenvolvimento se dê de forma correta, mais ainda os procedimentos que visam a fixação de tese jurídica com efeito vinculante.

Como se trata de processo que afeta – e afetará – um importe considerável de pessoas, o legislador previu que, caso haja desistência ou abandono do autor da ação originária afetada para julgamento, o Ministério Público deverá ser intimado para assumir a titularidade do IRDR. Tal previsão demonstra a importância que o legislador deu para o instituto processual em questão.

Julgado o incidente, a tese fixada será de observância obrigatória pelos magistrados de primeiro e segundo grau da região do respectivo tribunal e deverá ser aplicada aos casos pendentes de julgamento e aos casos futuros que versem sobre a mesma questão jurídica. Caberá, ainda, recurso especial e recurso extraordinário contra a decisão que fixar a tese jurídica do incidente e, em caso de inobservância da tese jurídica fixada, caberá reclamação ao tribunal.

A relevância da correta fixação da tese jurídica é evidenciada pelo número de processos que sofrerão sua influência, ainda que as partes não tenham participado de seu julgamento. Sem dúvidas, o debate havido durante o julgamento do incidente terá importância imensurável quanto à adequação ou não da tese jurídica firmada e o bom desenvolvimento do IRDR.

3. A CONTROVÉRSIA SOBRE O PARÁGRAFO ÚNICO DO ARTIGO 978 DO CPC

O instituto do IRDR é uma das novidades trazidas pelo Código de Processo Civil de 2015, sem correspondente na legislação processual anterior. Como toda inovação, o IRDR vem suscitando dúvidas quanto a sua utilização, em especial porque a experiência brasileira não está acostumada a lidar com procedimentos cuja decisão terá aplicação em casos posteriores.

O IRDR encontra sua inspiração no *Musterverfahren* do direito alemão[23], conforme ensina Aluisio Mendes[24]:

---

22. Parágrafo único. Superado o prazo previsto no caput , cessa a suspensão dos processos prevista no art. 982 , salvo decisão fundamentada do relator em sentido contrário.

23. Conforme exposição de motivos do Código de Processo Civil de 2015: "Com os mesmos objetivos, criou-se, com inspiração no direito alemão, 19 o já referido incidente de Resolução de Demandas Repetitivas, que consiste na identificação de processos que contenham a mesma questão de direito, que estejam ainda no primeiro grau de jurisdição, para decisão conjunta" (Disponível em <https://www2.senado.leg.br/bdsf/bitstream/handle/id/512422/001041135.pdf>. Acesso em 01 set. 2019).

24. MENDES, Aluisio Gonçalves de Castro. *Incidente de Resolução de Demandas Repetitivas*: sistematização, análise e interpretação do novo instituto processual. Rio de Janeiro: Forense, 2017. p. 64.

> Em junho de 2010, veio a lume o texto do Anteprojeto do novo CPC, confirmando a inspiração alemã, mas dentro de um regramento significativamente mais próximo do sistema adotado para o Musterverfahren do mercado de capitais, introduzido com a KapMug, em 2005, como se pode observar na respectiva exposição de motivos (...)

Apesar da forte inspiração, o IRDR não possui total correspondência com o procedimento do *Musterverfhren*.

O artigo 978 do CPC determina que a competência para julgamento do IRDR é do órgão responsável pela uniformização da jurisprudência no respectivo tribunal, conforme estipulado no regimento interno. O parágrafo único do referido dispositivo legal, introduzido após a versão aprovada pela Câmara dos Deputados, tem gerado grande controvérsia na doutrina, inclusive quanto a natureza do incidente de resolução de demandas repetitivas, se se trata de causa-piloto ou de procedimento-modelo, tal qual o instituto de sua inspiração, além da crítica à inconstitucionalidade de tal dispositivo. Vale conferir a análise de Aluisio Mendes[25]:

> O parágrafo único já foi objeto de comentário inicial, por ocasião da análise do processo legislativo, ressaltando-se que a sua redação, e sentido, não se faziam presentes em nenhuma das versões aprovadas inicialmente no Senado Federal ou na Câmara dos Deputados. Portanto, estaria formalmente contaminada pelo vício de inconstitucionalidade, em afronta ao disposto no art. 65 da Magna Carta, pois teria havido clara inovação no texto submetido unicamente à votação final e promulgação.
>
> Em acréscimo, a regra parece conter também vício material, por invadir a competência legislativa interna privativa dos tribunais, para dispor sobre a competência e o funcionamento dos respectivos órgãos jurisdicionais, nos termos do art. 96, inciso I, alínea a, da Constituição da República.

O parágrafo único do artigo 978 dispõe que "*O órgão colegiado incumbido de julgar o incidente e de fixar a tese jurídica julgará igualmente o recurso, a remessa necessária ou o processo de competência originária de onde se originou o incidente*". As principais dúvidas geradas por esse dispositivo são se haverá ou não cisão cognitiva e se há necessidade de existir processo pendente de julgamento no tribunal para que o IRDR possa ser instaurado.

O Enunciado nº 22 da ENFAM afirma não ser necessária a existência de processo pendente de julgamento no tribunal[26]. Por outro lado, o enunciado nº 344 do Fórum Permanente de Processualistas Civis afirma o contrário[27].

---

25. MENDES, Aluisio Gonçalves de Castro. *Incidente de Resolução de Demandas Repetitivas*: sistematização, análise e interpretação do novo instituto processual. Rio de Janeiro: Forense, 2017. p. 121.
26. Enunciado nº 22 da ENFAM: "A instauração do IRDR não pressupõe a existência de processo pendente no respectivo tribunal".
27. Enunciado nº 344 do Fórum Permanente de Processualistas Civis: "A instauração do incidente pressupõe a existência de processo pendente no respectivo tribunal".

Alexandre de Freitas Câmara[28] entende ser necessária a existência de causa pendente no tribunal para que o IRDR possa ser instaurado e, com base em tal entendimento, entende se tratar o instituto de uma causa-piloto:

> O processo em que tal instauração ocorra será afetado para julgamento por órgão a que se tenha especificamente atribuído a competência para conhecer do incidente, o qual julgará o caso concreto como uma verdadeira causa-piloto, devendo o julgamento desse caso concreto ser, além da decisão do caso efetivamente julgado, um precedente que funcionará como padrão decisório para outros casos, pendentes ou futuros (...) Esse órgão colegiado, competente para fixar o padrão decisório através do IRDR, não se limitará a estabelecer a tese. A ele competirá, também, julgar o caso concreto (recurso, remessa necessária ou processo de competência originária do tribunal), nos termos do art. 978, parágrafo único. Daí a razão pela qual se tem, aqui, falado que o processo em que se instaura o incidente funciona como verdadeira causa-piloto.

Em sentido contrário, o entendimento de Aluisio Mendes:

> A ideia, acolhida pela Comissão, buscava estabelecer um mecanismo que pudesse ser utilizado a partir da primeira instância, sempre que identificada controvérsia com potencial de gerar relevante multiplicação de processos fundados em idêntica questão de direito e de causar grave insegurança jurídica. Pretendia-se o fortalecimento do precedente, sucedendo, mas diferenciando-se, contudo, do incidente de uniformização de jurisprudência, do Código de Processo Civil de 1973.[29]

Sofia Temer[30] acompanha o entendimento de Aluisio Mendes:

> Apontamos, em estudo anterior, argumentos favoráveis e contrários a ambas as posições, e, com o respeito às posições divergentes, pensamos que o melhor entendimento acerca da questão é o que permite a instauração do incidente sem que haja, necessariamente, causa pendente de julgamento no tribunal.

Bruno Dantas afirma que, a despeito de haver cisão cognitiva, o tribunal deverá, após fixar a tese jurídica, julgar o caso concreto[31]:

> Em termos práticos, o IRDR funciona como fracionamento na cognição e no julgamento da causa. Ao tribunal compete a fixação da tese em abstrato, e ao juízo originário a sua aplicação ao caso concreto. É importante observar que a fixação da tese contém não apenas cognição da quaestio iuris, mas também decisão, o que todavia não significa julgamento da lide subjacente.
>
> (...) O parágrafo único do art. 978 atribui ao órgão que decidiu o IRDR a competência para também julgar o recurso, remessa necessária ou processo de competência originaria a partir do qual o incidente foi suscitado.

---

28. CÂMARA, Alexandre Freitas. *O novo processo civil brasileiro*. São Paulo: Atlas, 2015, p. 479.

29. MENDES, Aluisio Gonçalves de Castro. *Incidente de Resolução de Demandas Repetitivas*: sistematização, análise e interpretação do novo instituto processual. Rio de Janeiro: Forense, 2017. p. 63.

30. TEMER, Sofia. *Incidente de Resolução de Demandas Repetitivas*. 3. ed. Rio de Janeiro: Juspodivm, 2017. p. 106.

31. DANTAS, Bruno. Comentários aos arts. 976 a 987. In: ALVIM, Teresa Arruda et al (Coords.). *Breves Comentários ao novo Código de Processo Civil*. São Paulo: Revista dos Tribunais: 2015, p. 2179 e 2185.

> Essa regra e indicativa de que o legislador pretendeu que o mesmo órgão jurisdicional que definiu a tese jurídica em abstrato seja responsável também pela sua aplicação ao caso concreto para fins de fixação do padrão decisório a ser obedecido em todos os casos idênticos presentes e futuros.

Com as devidas vênias aos entendimentos em sentido contrário, parece que a opinião de Aluisio Mendes e Sofia Temer são as acertadas. Nesse contexto, o parágrafo único do artigo 978 estabelece tão somente regra de prevenção do órgão do tribunal que julgou o IRDR:

> Parece ser evidente que se trata de norma de prevenção, provavelmente motivada pelo desejo de que a aplicação da tese em concreto seja realizada com a devida fidelidade, o que seria garantido, ou mais provável, se o mesmo órgão judicial realizar também o julgamento, em sede de competência recursal ou originária, do(s) processo(s) de onde se originou o IRDR. É claro que o IRDR pode ter se originado de processo já em tramitação no tribunal. De modo algum, se pretendeu afastar esta possibilidade, que decorre expressamente do sistema instruído, na medida em que pode ser instaurado pelo juiz ou relator (inciso I do art. 977), ensejando clara interpretação de que tanto os processos em tramitação perante a primeira instância quanto no tribunal poderão ensejar o pedido de instauração, pelo próprio órgão judicial ou pelos demais legitimados (incisos II e III do art. 977). O importante, contudo, parece ser que a existência eventual de uma regra de prevenção, no caso, não teria o condão de levar à conclusão de que apenas os processos em tramitação no tribunal poderiam ensejar a instauração do IRDR. Mas, sim, que naqueles instaurados a partir de processos em tramitação no tribunal, o órgão competente julgaria a tese e a causa em concreto, estabelecendo-se, assim, *vis atractiva* para a prevenção.[32]

No mesmo sentido, entende Andre Vasconcelos Roque[33], que afirma tratar-se de procedimento modelo, havendo apenas e tão somente regra de prevenção no parágrafo único do artigo 978. O autor ainda acrescenta ao debate que se trata de incidente destinado a pacificar questão de direito e que, por isso, não discute os fatos ou provas constantes do processo originário, além de haver presunção de repercussão geral dos recursos interpostos contra a decisão que julga o IRDR:

> Avaliando a disciplina do IRDR no CPC/15, parece mais adequado tratá-lo como procedimento-modelo. Afirma-se isto não por conta da possibilidade de prosseguimento do incidente mesmo após a desistência ou abandono da causa a partir da qual foi instaurado (art. 976, § 1º), pois regra semelhante vigora para os recursos especial ou extraordinário repetitivos (art. 988, parágrafo único) e não se duvida que estes sejam exemplo de causa-piloto. No entanto, não se pode ignorar que (i) o IRDR resolve apenas questões de direito (art. 976, I), ficando a análise dos fatos e provas sob a competência do juízo de aplicação (art. 985, I) (ii) o recurso contra a decisão que julga o IRDR tem repercussão geral presumida e efeito suspensivo sem qualquer ressalva (art. 987, § 1º), o que só parece fazer sentido se o acórdão se limitar à definição da tese jurídica geral, sem apreciação das questões específicas envolvidas no caso representativo que foi selecionado; (iii) a

32. MENDES, Aluisio Gonçalves de Castro. *Incidente de Resolução de Demandas Repetitivas*: sistematização, análise e interpretação do novo instituto processual. Rio de Janeiro: Forense, 2017. p. 121.

33. ROQUE, Andre Vasconcelos. In: GAJARDONI. Fernando da Fonseca; et. al. *Execução e recursos*. Comentários ao CPC de 2015. São Paulo: Método, 2017.

> matéria suscetível de julgamento no IRDR pode consistir em simples questão incidental nos processos repetitivos – como, por exemplo, se o prazo previsto no art. 523, caput (para pagamento espontâneo da condenação) deve ser contado em dias úteis ou corridos, caso em que pode ser inviável o julgamento do caso concreto; e (iv) a legitimidade da Defensoria Pública e do Ministério Público para requerer a instauração do incidente (art. 977, III) parece reforçar que se trata de um "procedimento-modelo", pois tais entes não necessariamente serão partes nas causas que originaram o IRDR. Nessa perspectiva, o art. 978, parágrafo único, consiste apenas em regra de prevenção do órgão que apreciou o IRDR para o julgamento do recurso, remessa necessária ou procedimento do qual se originou o incidente (se este já estiver em curso no tribunal por ocasião da deflagração do IRDR), sem unidade de cognição e julgamento do incidente com a causa a partir da qual foi instaurado.

De acordo com a norma, então, haverá cisão cognitiva e decisória no julgamento,[34] tratando-se de procedimento-modelo. E assim deve ser, pois, se trata de mero incidente, não de processo, que visa a fixação de tese jurídica para aplicação em casos posteriores.

Ademais, não parece ser necessária a existência de causa pendente no tribunal para a instauração do IRDR. A bem da verdade, tal requisito iria de encontro ao escopo do IRDR de conferir celeridade processual ao julgamento das causas repetitivas[35]. Pense-se no número de demandas que podem ser solucionadas em espaço de tempo mais curto em não havendo tal requisito. Não se pode esquecer que se trata de instituto de gestão judicial[36] e, como tal, deve ser utilizado da melhor forma que lhe aproveite e atenda a seus escopos. A exposição de motivos do Código de Processo Civil de 2015 parece corroborar o entendimento:

> Criou-se o incidente de julgamento conjunto de demandas repetitivas, a que adiante se fará referência. Por enquanto, é oportuno ressaltar que levam a um processo mais célere as medidas cujo objetivo seja o julgamento conjunto de demandas que gravitam em torno da mesma questão de direito, por dois ângulos: a) o relativo àqueles processos, em si mesmos considerados, que, serão decididos conjuntamente; b) no que concerne à atenuação do excesso de carga de trabalho do Poder Judiciário – já que o tempo usado para decidir aqueles processos poderá ser mais eficazmente aproveitado em todos os outros, em cujo trâmite serão evidentemente menores os ditos "tempos mortos" (períodos em que nada acontece no processo).[37]

Mais ainda, a ausência de necessidade de existência de causa pendente no tribunal não necessariamente influenciará no amadurecimento do debate[38]. Os

34. PINHO, Humberto Dalla Bernardina de. *Jurisdição e pacificação*. Curitiba: CRV, 2017. p. 225.

35. MENDES, Aluisio Gonçalves de Castro; TEMER, Sofia. Comentários ao artigo 977. In: SCARPINELLA BUENO, Cassio. (Org.). *Comentários Código de Processo Civil*. vol. 4 (arts. 926 a 1.072). São Paulo: Saraiva, 2017.

36. MENDES, Aluisio Gonçalves de Castro. *Incidente de Resolução de Demandas Repetitivas*: sistematização, análise e interpretação do novo instituto processual. Rio de Janeiro: Forense, 2017. p. 103-104.

37. Exposição de motivos. Disponível em <https://www2.senado.leg.br/bdsf/bitstream/handle/id/512422/001041135.pdf>. Acesso em: 21 ago. 2019.

38. TEMER, Sofia. *Incidente de Resolução de Demandas Repetitivas*. 3. ed. Rio de Janeiro: Juspodivm, 2017, p. 108.

mecanismos instituídos pelo legislador, como a convocação de audiência pública, a requisição de informações aos juízes, a atuação de *amicus curiae* e do Ministério Público, são mecanismos que permitem a ampliação do debate em torno da questão jurídica controvertida e seu amadurecimento.

Desse modo, o parágrafo único do artigo expressa apenas regra de prevenção do órgão responsável pelo julgamento do IRDR. Assim sendo, é plenamente possível a instauração de IRDR a partir de processo em trâmite em primeiro grau, sem que haja causa pendente no tribunal, para que este julgue o incidente, fixe a tese jurídica e devolva o caso para o juízo de primeiro grau aplicar a tese jurídica, considerando as peculiaridades do caso concreto.

A competência para julgamento do IRDR é estabelecida pelo próprio regimento do respectivo tribunal, sendo aquele responsável pela uniformização da jurisprudência. Note-se que a questão jurídica controvertida pode afetar diversos tribunais, mas, para a aferição da competência, o importante é que a multiplicidade de demandas e o risco de ofensa à isonomia e à segurança jurídica ocorram na área de abrangência do respectivo tribunal. Desse modo, caberá a instauração de um IRDR em cada um dos tribunais de abrangência[39].

Concluídas todas as medidas necessárias à instrução do incidente de resolução de demandas repetitivas, tal como a requisição de informações a órgãos em cujo juízo tramita processo no qual se discute a questão jurídica controvertida, a intimação do Ministério Público para manifestação, oitiva dos interessados e eventuais diligências e audiência pública, o relator deverá solicitar dia para julgamento.

É importante que a data da sessão de julgamento do incidente seja amplamente divulgada, pois é a publicidade que permitirá aos grupos possivelmente afetados pela fixação da tese jurídica participarem do julgamento, conforme ressaltado linhas acima. Nesse sentido, ensina Leonardo Greco[40]:

> Para viabilizar a ampla cognição sobre a tese jurídica debatida, o artigo 979 estabelece como primeiro efeito da instauração do incidente a "mais ampla e específica divulgação e publicidade, por meio de registro eletrônico no Conselho Nacional de Justiça". (...) Parece-me que a ampla divulgação, necessária para que o tribunal tome conhecimento de

---

39. Andre Vasconcelos Roque adota o entendimento: "nada impede, em tese, que sejam apresentados diferentes pedidos de instauração de IRDR sobre a mesma matéria. Se formulados perante tribunais diferentes, normalmente não haverá maiores dificuldades, uma vez que a abrangência de cada IRDR será distinta (art. 985), limitada ao estado ou à região do respectivo tribunal. Nesse sentido, prevê o Enunciado 90 do FPPC: "É admissível a instauração de mais de um incidente de resolução de demandas repetitivas versando sobre a mesma questão de direito perante tribunais de 2º grau diferentes". Não é impossível, inclusive, que os tribunais cheguem a soluções diversas sobre a mesma questão de direito no julgamento do IRDR, caso em que a uniformização deverá ser buscada por meio da interposição de recursos para os tribunais superiores (art. 987), cuja decisão, se conhecidos tais recursos, terá abrangência nacional" (ROQUE, Andre Vasconcelos. In: GAJARDONI. Fernando da Fonseca; et. al. *Execução e recursos.* Comentários ao CPC de 2015. São Paulo: Método, 2017. v. 1. p. 850-851).

40. GRECO, Leonardo. *Instituições de Processo Civil*: recursos e processos de competência originária dos tribunais. Rio de Janeiro: Forense, 2015, v. III, p. 410.

> todos os fundamentos da tese suscitada, exigirá que os juízos e órgãos fracionários do tribunal, tomando conhecimento da instauração do incidente, remetam ao órgão competente para o seu julgamento cópias das peças dos autos nas quais as partes ou o próprio juízo tenha exposto fundamentos favoráveis ou contrários à tese discutida.

Na sessão de julgamento, o relator deverá fazer a exposição do objeto do incidente, ou seja, da questão jurídica controvertida, e, em seguida, terão início as sustentações orais. Sucessivamente, poderão realizar sustentação oral o autor e o réu do processo originário e o Ministério Público, pelo prazo de trinta minutos. Em seguida, será dada a palavra aos demais interessados, que deverão partilhar o prazo de 30 minutos para sustentar suas razões, desde que tenham submetido inscrição para a sustentação oral com dois dias de antecedência. Tal prazo poderá ser ampliado caso seja necessário.

Como se trata de procedimento de tutela do direito objetivo, com questão jurídica que afetará um número considerável de pessoas que não terão participado efetivamente da discussão, é importante permitir que o debate seja permeado pelo maior número possível de argumentos, a fim de que a tese jurídica seja fixada de forma adequada.

4. A FIXAÇÃO DA TESE JURÍDICA NO IRDR

O momento de fixação da tese jurídica talvez seja o mais importante para que o IRDR seja um instituto processual com ampla utilização, sem cair no esquecimento, tal como institutos processuais anteriores e semelhantes, por exemplo, o incidente de uniformização[41].

O Brasil não é um país do sistema jurídico da *common law* e, apesar de estar vivenciando o fortalecimento da jurisprudência e dos precedentes, não há uma teoria apta a permitir a correta compreensão de como deve se dar a formação de uma tese jurídica. A doutrina diverge se o rol do artigo 927 pode ser, tecnicamente, caracterizado como um rol de precedentes[42]. Não se está diante do sistema jurídico de *common law* e, por consequência, não se está diante de um precedente tal qual sua acepção clássica, todavia, não é objeto do presente trabalho

---

41. MENDES, Aluisio Gonçalves de Castro. *Incidente de Resolução de Demandas Repetitivas*: sistematização, análise e interpretação do novo instituto processual. Rio de Janeiro: Forense, 2017. p. 66.

42. Para José Roberto Sotero de Mello Porto, por exemplo, "(...) existe uma enorme promiscuidade na utilização dos termos jurisprudência, decisão, precedente e sumula. Sem bem estabelecer os contornos de cada uma dessas figuras, restará impreciso seu uso. (...) Já o precedente, em sentido estrito, conforme entendido na common law, é uma decisão ao qual se soma um elemento específico: ganha valor paramétrico para futuras decisões, do mesmo órgão ou não. Por essa razão, diz-se que um precedente não nasce como tal, mas apenas é elevado a esse nível a posteriori" (MELLO PORTO, José Roberto Sotero de. A fixação de teses jurídicas à luz do acesso à justiça e da análise econômica do direito. In: MENDES, Aluisio Gonçalves de Castro; DINAMARCO, Cândido Rangel; PINHO, Humberto Dalla Bernardina de; FUX, Luiz (Coord.). *Estudos de direito processual em homenagem a Paulo Cezar Pinheiro Carneiro*. Rio de Janeiro: LMJ Mundo Jurídico, 2019, p. 577-598.

verificar se se está ou não diante de um precedente em sentido estrito e, assim, opta-se por adotar tal denominação para tratar das teses jurídicas firmadas no julgamento do rol do artigo 927 do CPC. De todo modo, alguns pontos são cruciais para a correta distinção – e correta aplicação – das teses jurídicas fixadas no microssistema de casos repetitivos e no sistema de precedentes vinculantes estabelecido no artigo 927 do CPC. Não há como se importar acriticamente o sistema de precedentes da *common law* para o sistema jurídico brasileiro, pois a origem e os institutos em si são diferentes.

Em linhas rasas, sem qualquer pretensão de aprofundamento do tema, até porque não se trata do objeto de estudo do presente trabalho, lista-se pontos de distanciamento entre os precedentes da *common law* e as decisões referidas no artigo 927 do CPC. Um precedente judicial da doutrina do *stare decisis* não é julgado para ser um precedente, ele se torna um precedente após seu julgamento, além de ser formado por meio da análise de um caso concreto. Trata-se de aspecto completamente diferente das decisões com efeito vinculante do artigo 927 do CPC, pois, nestas, a afetação do caso e seu julgamento são feitos com vias a se fixar entendimento a ser aplicado a casos posteriores; o intuito volta-se mais à tutela do direito objetivo do que à tutela do direito subjetivo do jurisdicionado. No precedente da *common law*, a razão que será aplicada aos casos posteriores é extraída após o julgamento do caso que deu origem ao precedente, por meio da verificação dos aspectos relevantes do precedente, ou seja, sua *ratio decidendi*. Não há, então, uma tese jurídica ou um enunciado vinculativo a dizer a solução que deve ser dada a cada caso. A lição de Humberto Dalla[43] acerca dos pontos de distinção entre os precedentes do *common law* e das decisões vinculantes do artigo 927 do CPC merece atenção:

> O caráter vinculante dos precedentes decorre da necessidade de tratamento isonômico entre os jurisdicionados, a qual é atingida por intermédio da seleção de aspectos relevantes de um caso submetido a julgamento (ratio decidendi), com a posterior aplicação deste entendimento a casos semelhantes.
>
> Importante consignar que, em sua acepção clássica, a conexão entre a elaboração de tal regra e as circunstâncias fáticas do caso concreto que serviu de base para a sua criação consiste em pressuposto inafastável à caracterização de uma decisão como precedente judicial.
>
> O precedente consiste, portanto, no "resultado da densificação de normas estabelecidas a partir da compreensão de um caso e suas circunstâncias fáticas e jurídicas". (...)
>
> Ocorre que no Brasil o método de elaboração de um "precedente judicial" é completamente diverso, não podendo fazer jus a tal definição, ao menos em sua acepção clássica. (...)

43. PINHO, Humberto Dalla Bernardina de; RODRIQUES, Roberto de Aragão Ribeiro. O microssistema de formação de precedentes judiciais vinculantes previstos no novo CPC. *Revista de Processo*, São Paulo, vol. 41, set./2016, p. 406-436.

> Os julgamentos desta espécie possuem natureza praticamente objetiva, uma vez que o interesse público de definição da tese jurídica central comum à multiplicidade de recursos idênticos se sobrepõe à disputa entre autor e réu quanto à titularidade de direitos subjetivos. (...)
>
> Conclui-se, portanto, que não se revela adequado enquadrar as decisões judiciais proferidas nos mecanismos de julgamentos por amostragem previstos no sistema processual pátrio como autênticos "precedentes judiciais", ao menos se se considerar a acepção clássica do instituto.

Há quem sustente que as decisões elencadas no rol do artigo 927 do CPC são precedentes, há quem sustente que se trata de "*decisões definidoras de teses jurídicas*", mas, independentemente da denominação adotada, deve-se ter em mente que, em razão de tais diferenças, não há como se aplicar a doutrina da *stare decisis* sem ressalvas ao sistema jurídico brasileiro. Deve-se pensar, pois, o que é necessário para a fixação da tese jurídica de forma adequada, o que pode ser extraído do julgamento, se a tese jurídica fixada pode ir além da questão jurídica afetada para julgamento e, em caso positivo, sob que circunstâncias etc. As questões são muitas e deverão ser objeto de análise dos processualistas brasileiros pelos próximos anos, a fim de que se construa uma teoria destinada a tratar da fixação das teses jurídicas das decisões com efeito vinculante.

Feitas as ressalvas necessárias, passa-se a expor alguns aspectos importantes para a fixação da tese jurídica. O momento de definição da questão jurídica que será objeto do IRDR é de suma importância para a posterior fixação da tese jurídica. É a questão jurídica que possibilitará a delimitação do debate no julgamento e, portanto, balizará o contraditório em torno da questão jurídica, conforme ensina Aluisio Mendes[44]:

> Deve ser feita a identificação com precisão da questão a ser pacificada. Do contrário, a controvérsia e a confusão perdurarão, tanto para se saber quais são os processos pendentes, e que devem ser suspensos, quanto, depois, para a aplicação eventual da tese que reproduza a falta de definição ou mesmo obscuridade.

Como já ressaltado, trata-se de procedimento que afetará um sem número de jurisdicionados, que não terão tido a oportunidade de participação direta na fixação da tese jurídica. Por isso, o respeito ao contraditório em torno da questão jurídica afetada para julgamento é relevante, pois guiará o tribunal e todos os participantes no debate do incidente.

A atuação do Ministério Público terá grande relevância para o exercício do contraditório no IRDR, tal como aponta Teresa Arruda Alvim, Maria Lúcia Lins Conceição, Leonardo Ferres da Silva Ribeiro e Rogerio Licastro Torres de Mello[45]:

44. MENDES, Aluisio Gonçalves de Castro. *Incidente de Resolução de Demandas Repetitivas*: sistematização, análise e interpretação do novo instituto processual. Rio de Janeiro: Forense, 2017. p. 181.

45. Alvim, Teresa Arruda et al. *Primeiros comentários ao Novo Código de Processo Civil*. São Paulo: Revista dos Tribunais, 2015, p. 1405.

> O Ministério Público será necessariamente intimado, cabendo-lhe o juízo quanto à necessidade de intervenção. É o que se depreende da expressão "querendo". Este cuidado, assim como todos que a lei tomou em torno da decisão do incidente, têm como razão de ser o fato de que a decisão, neste contexto gerada, tem efeitos que extrapolam o processo em que o incidente for gerado e vinculantes. A intimação do Ministério Público proporciona o que a doutrina tem chamado de "contraditório institucional", que é, no fundo, contraditório com a própria sociedade.

De todo modo, pode ser que, no curso do julgamento, verifique-se a existência de outra questão jurídica controvertida e nada impede que a tese jurídica aborde tal questão, ainda que não tenha sido afetada para julgamento. Deverá, contudo, haver amplo debate em torno de tal questão, possibilitando-se aos requerentes do IRDR e a todos os que participarem do julgamento a manifestação sobre tal questão, a fim de amadurecê-la e pacificar a questão jurídica. Como se trata de instituto processual voltado a dar maior eficiência ao funcionamento do tribunal, maior coerência às decisões judiciais, um verdadeiro mecanismo de gestão, pode-se ampliar o debate para que outra questão jurídica seja apreciada, além da questão jurídica inicialmente afetada, tal como ensina Aluisio Mendes[46]:

> A redefinição da questão ou das questões jurídica(s) poderá ser feita a requerimento de um dos intervenientes (Ministério Público, Defensoria Pública ou partes), bem como de ofício pelo órgão julgador do IRDR, conforme proposta formulada pelo relator ou por qualquer integrante do colegiado. Naturalmente, caberá ao relator, ao apresentar seu voto, se manifestar sobre a identificação precisa da questão que será o objeto de discussão e julgamento no Incidente de Resolução de Demandas Repetitivas.

Não se está a dizer que se pode desvirtuar o julgamento e afastá-lo completamente da questão jurídica afetada, mas que, com vias a maior eficiência e economia processual – por exemplo, evitar a instauração de outro IRDR que demandará outro julgamento –, poderá o tribunal ampliar a questão jurídica, desde que tal ampliação esteja diretamente relacionada à questão jurídica afetada e que haja amplo contraditório durante a sessão de julgamento:

> Embora a questão, como já mencionado, ainda possa sofrer modificações por ocasião do julgamento final, ou seja, do mérito do IRDR, não se pode menosprezar a importância quanto à definição desde o momento da admissibilidade do incidente em razão de alguns motivos. O primeiro é que a fixação da questão, por ocasião da admissibilidade, norteará as discussões e contraditório pertinentes, devendo-se, assim, guardar a efetiva correlação entre o objeto, debate e decisão. Em segundo lugar, a definição da questão de direito será fundamental para a verificação da relação entre o objeto do IRDR e os processos em tramitação, de modo a se aferir se estes versam ou dependem da respectiva elucidação, ou seja, se estarão submetidos aos efeitos do julgamento do incidente e se enquadrar nas hipóteses de eventual suspensão.[47]

---

46. MENDES, Aluisio Gonçalves de Castro. *Incidente de Resolução de Demandas Repetitivas*: sistematização, análise e interpretação do novo instituto processual. Rio de Janeiro: Forense, 2017. p. 181.
47. MENDES, Aluisio Gonçalves de Castro. *Incidente de Resolução de Demandas Repetitivas*: sistematização, análise e interpretação do novo instituto processual. Rio de Janeiro: Forense, 2017. p. 181.

Ao fixar a tese jurídica, o tribunal deve observar que se trata de mecanismo de gestão do judiciário, cujo julgamento afetará número considerável de pessoas e, por tais motivos, o esgotamento e amadurecimento do debate quanto à questão jurídica é imprescindível. A tese fixada deve ser forte, no sentido de que possa ser aplicada pelo maior tempo possível, afinal, o *overruling* é uma exceção, não a regra[48]. Mais ainda, a tese jurídica fixada deve ser clara, a fim de permitir que se identifique quais casos pendentes e futuros devem ser submetidos a ela e em quais casos deverá haver o *distinguishing* para a não aplicação da tese jurídica.

Uma tese jurídica vaga, com conceitos abertos, apenas gerará mais insegurança jurídica, além de representar verdadeiro desperdício de atividade do Poder Judiciário, que terá gasto seus recursos com um julgamento que demanda mais tempo que os conflitos tradicionais do processo, além da suspensão de inúmeros outros processos que versam sobre a mesma questão jurídica controvertida, sem que se tenha atingido o objetivo principal. A tese jurídica, assim, não pode gerar o mesmo problema que vem afetando as legislações atuais: a multiplicidade de interpretações acerca de seu significado. Nesse contexto, vale conferir a lição de Luiz Guilherme Marinoni[49] acerca do problema das múltiplas interpretações normativas que um enunciado – ou tese jurídica – pode ter:

> Com efeito, embora este item se proponha a demonstrar o impacto da técnica das cláusulas gerais e do neoconstitucionalismo sobre a idéia de mera aplicação da lei, não há como admitir – nem mesmo em nível teórico – a possibilidade de limitar a função judicial à simples aplicação da lei. Na verdade, é uma grande ingenuidade supor que o texto legal somente possa ter um significado ou uma interpretação. Essa ingenuidade pode ser escusável apenas quando atrelada às angústias da tradição do *civil law*. Ora, por mais perfeita que a sua construção lingüística possa parecer, a norma – compreendida como texto legal – tem, em menor ou maior latitude, significado equívoco e indeterminado, e, assim, abre oportunidade a uma ampla variedade de interpretações – o que, por si só, já fundamenta um sistema de precedentes.

48. Ao tratar sobre o tema, Aluisio Mendes alertou que "como se pode ver e retomando a indicação das qualidades desejáveis em relação aos precedentes e à jurisprudência, pode-se apontar que, em termos de mutabilidade, o compromisso deve ser, em primeiro lugar, no sentido da segurança jurídica, ou seja, os precedentes devem vincular os próprios órgãos prolatores e os submetidos à sua jurisdição. No entanto, isso não significa imutabilidade absoluta. Por conseguinte, os precedentes podem ser superados pela alteração das condições em que foram proferidos, como, por exemplo, pela mutação constitucional ou legal superveniente, tal como supramencionado no caso Regina v. Shivpuri; bem como pelo reconhecimento de erro anteriormente cometido, para que serve também o exemplo anterior britânico; ou ainda por não se enquadrar mais dentro dos valores supervenientemente assumidos pela sociedade. neste último contexto, a história aponta inúmeros exemplos, como as alterações de paradigmas em relação à escravidão, no Poder Judiciário norte-americano, ou mesmo dos casos de segregação, como Brown v. Board of Education, ou, ainda, na própria experiência brasileira, diante da aceitação da relação de casamento e união estável entre pessoas do mesmo sexo, nas mais variadas esferas" (MENDES, Aluisio Gonçalves de Castro. *Incidente de Resolução de Demandas Repetitivas*: sistematização, análise e interpretação do novo instituto processual. Rio de Janeiro: Forense, 2017. p. 86-87).

49. MARINONI, Luiz Guilherme. *O precedente na dimensão da igualdade*. Jun. 2012. Disponível em: <http://www.marinoni.adv.br/artigos.php#>. Acesso em: 13 jan. 2016.

A precisão da tese jurídica firmada é importante para garantir, em última análise, a isonomia entre os jurisdicionados, a fim de que todos os casos iguais recebam o mesmo tratamento e os casos diferentes sejam analisados caso a caso. Desse modo, uma tese jurídica bem delineada é relevante para que o IRDR atinja seu escopo de economia processual para os casos futuros e maior coerência nas decisões judiciais.

O legislador teceu poucas palavras acerca da fixação da tese jurídica, não dispensando um dispositivo específico para tratar de seus requisitos. De todo modo, parece que os nortes para a fixação da tese jurídica estão no parágrafo segundo do artigo 979 e no parágrafo segundo do artigo 984:

> Art. 979, § 2º Para possibilitar a identificação dos processos abrangidos pela decisão do incidente, o registro eletrônico das teses jurídicas constantes do cadastro conterá, no mínimo, os fundamentos determinantes da decisão e os dispositivos normativos a ela relacionados.
>
> Art. 984, § 2º O conteúdo do acórdão abrangerá a análise de todos os fundamentos suscitados concernentes à tese jurídica discutida, sejam favoráveis ou contrários.

O parágrafo segundo do artigo 979 determina que deverá constar, no registro eletrônico das teses jurídicas, os fundamentos determinantes da decisão que fixou a tese jurídica e os dispositivos normativos a ela relacionados, no mínimo. Com efeito, os fundamentos determinantes da decisão que fixou a tese jurídica deverão constar, ainda que de forma sucinta, na tese jurídica firmada, a fim de garantir a clareza necessária para a identificação dos casos aos quais tal tese jurídica será aplicável, pois serão a *ratio decidendi* extraída do julgamento[50]:

> Nosso sistema de uniformização de jurisprudência é, em última análise, um sistema de teses ou enunciados de súmulas, mas estes nunca deverão omitir-se quanto ao quadro fático ou circunstancial dos processos de que resultam as teses ou os enunciados sumulares.[51]

Os fundamentos determinantes da decisão também darão concretude à tese jurídica. Sim, se trata de uma tese jurídica para pacificar questão de direito, mas a tese jurídica não pode ser dotada de abstração tal como uma lei, conforme lição de Humberto Theodoro Júnior[52]:

50. THEODORO JÚNIOR, Humberto. Incidente de resolução de demandas repetitivas: natureza e função. In: MENDES, Aluisio Gonçalves de Castro; DINAMARCO, Cândido Rangel; PINHO, Humberto Dalla Bernardina de; FUX, Luiz (Coord.). *Estudos de direito processual em homenagem a Paulo Cezar Pinheiro Carneiro*. Rio de Janeiro: LMJ Mundo Jurídico, 2019, p. 503-526.
51. THEODORO JÚNIOR, Humberto. Incidente de resolução de demandas repetitivas: natureza e função. In: MENDES, Aluisio Gonçalves de Castro; DINAMARCO, Cândido Rangel; PINHO, Humberto Dalla Bernardina de; FUX, Luiz (Coord.). *Estudos de direito processual em homenagem a Paulo Cezar Pinheiro Carneiro*. Rio de Janeiro: LMJ Mundo Jurídico, 2019, p. 523.
52. THEODORO JÚNIOR, Humberto. Incidente de resolução de demandas repetitivas: natureza e função. In: MENDES, Aluisio Gonçalves de Castro; DINAMARCO, Cândido Rangel; PINHO, Humberto Dalla Bernardina

> Também é preciso perceber – como o faz VITORELLI – que o sistema de precedente só é vantajoso se ele não for reduzido a teses sumuladas, a ementas ou resumos de julgados. "A riqueza desse sistema está em produzir normas jurídicas a partir de contextos fáticos concretos, que possam ser comparados a outros casos. Produzir apenas mais textos abstratos significa criar um problema novo, o de um Judiciário que, efetivamente, legisla sem resolver o problema anterior, que é a incerteza da interpretação da lei enquanto texto, dificuldade esta que não depende de quem as produzir". Nosso sistema de uniformização da jurisprudência é, em última análise, um sistema de teses ou enunciados de súmula, mas estes nunca deverão omitir-se quanto ao quadro fático ou circunstancial dos processos de que resultaram as teses ou os enunciados sumulares (CPC, art. 926, § 2º).

Ao tratar sobre a fixação de tese jurídica no rito dos recursos repetitivos, Teresa Arruda Alvim destacou a necessidade de que a *ratio* da decisão conste da tese[53], ressaltando, ainda, que *"a edição de teses, quando se trata de precedente vinculante emanado de recurso extraordinário, deve ser abrangente para permitir que a vinculação se dê de modo a não limitar o potencial de construção do Direito pela via dos precedentes"*. Apesar de se tratar de instituto processual diferente, e um verdadeiro modelo de causa-piloto, entende-se que o entendimento de Teresa Arruda Alvim sobre a fixação da tese no julgamento dos recursos repetitivos aplica-se ao julgamento do IRDR.

Além disso, não foi à toa que o legislador previu que o conteúdo do acórdão deverá abranger a análise de todos os fundamentos suscitados,[54] conforme disposto no parágrafo segundo do artigo 984. Ao que parece, o intuito do legislador foi chamar a atenção dos julgadores ao fato de que o debate em torno da questão jurídica está intimamente ligado à fixação da tese jurídica e seu sucesso enquanto mecanismo apto a lidar com a litigiosidade repetitiva e a incoerência das decisões judiciais[55]. A tese jurídica firmada, portanto, não pode estar alheia à discussão jurídica que permeou o julgamento do IRDR.

---

de; FUX, Luiz (Coord.). *Estudos de direito processual em homenagem a Paulo Cezar Pinheiro Carneiro*. Rio de Janeiro: LMJ Mundo Jurídico, 2019, p. 503-526.

53. ARRUDA ALVIM, Teresa. STJ acerta ao fixar tese antes de julgar recurso repetitivo. *Conjur*, 2019 (Artigo). Disponível em: <https://www.conjur.com.br/2019-jun-05/teresa-arruda-alvim-stj-acerta-fixar-tese-antes-julgar-repetitivo>. Acesso em: 10 ago. 2019.

54. PINHO, Humberto Dalla Bernardina de. *Jurisdição e pacificação*. Curitiba: CRV, 2017. p. 230.

55. Aluisio Mendes e Sofia Temer atentaram ao que se aponta: "O legislador demonstrou preocupação com esta questão, positivando no § 2º a regra de que o registro das teses deverá conter os fundamentos determinantes da decisão e os dispositivos normativos relacionados. O objetivo da norma é possibilitar a identificação da questão jurídica apreciada no incidente, o que estabeleceria de forma mais clara o seu objeto e, por consequência, os processos sujeitos à decisão lá proferida. Como mencionado, a prévia identificação viabilizará o enquadramento das causas afins e possibilitará a distinção dos demais casos" (MENDES, Aluisio Gonçalves de Castro; TEMER, Sofia. Comentários ao artigo 979. In: SCARPINELLA BUENO, Cassio. (Org.). *Comentários Código de Processo Civil*. vol. 4 (arts. 926 a 1.072). São Paulo: Saraiva, 2017. p. 216).

O objetivo do IRDR é pacificar questão jurídica que pode ser controvertida em razão das possibilidades de interpretação de um dispositivo legal e, por mais esse motivo, a concretude da tese jurídica é importante, sob pena de se gerar mais controvérsia em torno da questão jurídica, e, por consequência, insegurança jurídica na aplicação da tese jurídica a casos futuros, subvertendo por completo a lógica e escopo do IRDR. A tese jurídica não deverá abrir espaço para interpretação, portanto.

Como o parágrafo segundo do artigo 984 determina, o acórdão deve apontar todos os argumentos contra e a favor de uma determinada tese jurídica. Em caso de dúvidas quanto a aplicação ou não de uma tese jurídica a um determinado caso, será possível verificar, no acórdão se o elemento do caso sob exame que está a gerar a dúvida sobre a aplicação da tese foi objeto de análise. Desse modo, o dispositivo contribui para o correto *distinguishing* caso a tese jurídica não seja clara o suficiente para a identificação de sua aplicação.

5. CONCLUSÃO

Não há dúvidas de que o incidente de resolução de demandas repetitivas é uma das inovações mais notáveis do Código de Processo Civil de 2015, alinhado com o comprometimento do legislador em garantir maior racionalidade, segurança jurídica e celeridade aos processos judiciais.

A ausência de previsão legal expressa dos requisitos necessários à correta fixação de tese jurídica e o fato de não se estar em um sistema jurídico da *common law*, com um sistema de precedentes fortemente estruturado, podem vir a representar um desafio no bom desenvolvimento do IRDR.

É importante ter em mente que tal instituto processual afetará inúmeros processos, pendentes e futuros, sem que as partes de tais processos tenham participado diretamente do julgamento em que se fixou a tese jurídica com efeito vinculante.

Em razão de sua função de tutela do direito objetivo e especialmente por se tratar de um mecanismo de gestão, o julgamento do IRDR deve ser permeado pelo mais amplo contraditório, permitindo aos julgadores que tenham acesso a todos os argumentos contra e a favor de determinada posição, com vias a amadurecer o debate e fazer com que o jurisdicionado aceite aquela tese jurídica, verificando que os argumentos que ele próprio teria para suscitar contra a aplicação de determinada tese foram amplamente discutidos e rebatidos.

Uma vez que o julgamento possibilite a ampla participação dos interessados e analise todos os argumentos suscitados, pensa-se que o incidente de resolução de demandas repetitivas terá importante papel na diminuição do número de demandas que afogam o Poder Judiciário, garantindo maior segurança jurídica, coerência e celeridade e, com isso, um processo justo e efetivo.

6. REFERÊNCIAS BIBLIOGRÁFICAS

ARRUDA ALVIM, Teresa et al. *Primeiros comentários ao Novo Código de Processo Civil*. São Paulo: Revista dos Tribunais, 2015.

ARRUDA ALVIM, Teresa. STJ acerta ao fixar tese antes de julgar recurso repetitivo. *Conjur*, 2019 (Artigo). Disponível em: < https://www.conjur.com.br/2019-jun-05/teresa-arruda-alvim-stj-acerta-fixar-tese-antes-julgar-repetitivo>. Acesso em: 10 ago. 2019.

BARBOSA MOREIRA, José Carlos. O problema da duração dos processos: premissas para uma discussão séria. *Temas de direito processual*, nona série. São Paulo: Saraiva, 2007.

CÂMARA, Alexandre Freitas. *O novo processo civil brasileiro*. São Paulo: Atlas, 2015.

CONSELHO Nacional de Justiça. Banco Nacional de Dados de Demandas Repetitivas e Precedentes Obrigatórios. Disponível em: <https://www.cnj.jus.br/bnpr-web/>. Acesso em: 02 ago 2019.

DANTAS, Bruno. Comentários aos arts. 976 a 987. In: ALVIM, Teresa Arruda et al (Coords.). *Breves Comentários ao novo Código de Processo Civil*. São Paulo: Revista dos Tribunais, 2015.

GRECO, Leonardo. *Instituições de Processo Civil*: recursos e processos de competência originária dos tribunais. Rio de Janeiro: Forense, 2015. v. III.

MELLO PORTO, José Roberto Sotero de. A fixação de teses jurídicas à luz do acesso à justiça e da análise econômica do direito. In: MENDES, Aluisio Gonçalves de Castro; DINAMARCO, Cândido Rangel; PINHO, Humberto Dalla Bernardina de; FUX, Luiz (Coord.). *Estudos de direito processual em homenagem a Paulo Cezar Pinheiro Carneiro*. Rio de Janeiro: LMJ Mundo Jurídico, 2019.

MARINONI, Luiz Guilherme. *O precedente na dimensão da igualdade*. Jun. 2012. Disponível em: <http://www.marinoni.adv.br/artigos.php#>. Acesso em: 13 jan. 2016.

MENDES, Aluisio Gonçalves de Castro. *Incidente de Resolução de Demandas Repetitivas*: sistematização, análise e interpretação do novo instituto processual. Rio de Janeiro: Forense, 2017.

MENDES, Aluisio Gonçalves de Castro; RODRIGUES, Roberto de Aragão Ribeiro. Reflexões sobre o incidente de resolução de demandas repetitivas previsto no projeto de novo Código de Processo Civil. *Revista de Processo*, São Paulo, vol. 211, p. 191, Set/2012.

MENDES, Aluisio Gonçalves de Castro; TEMER, Sofia. Comentários ao artigo 979. In: SCARPINELLA BUENO, Cassio. (Org.). *Comentários Código de Processo Civil*. vol. 4 (arts. 926 a 1.072). São Paulo: Saraiva, 2017.

NUNES, Dierle José Coelho; LACERDA, Rafaela; MIRANDA, Newton Rodrigues. O uso do precedente judicial na prática judiciária brasileira: uma perspectiva crítica. *Revista da Faculdade de Direito da Universidade Federal de Minas Gerais (Impresso)*, v. 62, p. 179-208, 2013. Disponível em <https://www.academia.edu/6992010/Dierle_Nunes_Rafaela_Lacerda_Newton_Miranda_-_O_USO_DO_PRECEDENTE_JUDICIAL_NA_PR%C3%81TICA_JUDICI%C3%81RIA_BRASILEIRA_UMA_PERSPECTIVA_CR%C3%8DTICAversida>. Acesso em: 05 ago. 2019.

PINHO, Humberto Dalla Bernardina de. *Jurisdição e pacificação*. Curitiba: CRV, 2017.

PINHO, Humberto Dalla Bernardina de; RODRIQUES, Roberto de Aragão Ribeiro. O microssistema de formação de precedentes judiciais vinculantes previstos no novo CPC. *Revista de Processo*, São Paulo, vol. 41, p. 406-436, set./2016.

ROQUE, Andre Vasconcelos. In: GAJARDONI. Fernando da Fonseca et. al. *Execução e recursos.* Comentários ao CPC de 2015. São Paulo: Método, 2017.

TEMER, Sofia. *Incidente de Resolução de Demandas Repetitivas*. 3. ed. Rio de Janeiro: Juspodivm, 2017.

THEODORO JÚNIOR, Humberto. Incidente de resolução de demandas repetitivas: natureza e função. In: MENDES, Aluisio Gonçalves de Castro; DINAMARCO, Cândido Rangel; PINHO, Humberto Dalla Bernardina de; FUX, Luiz (Coord.). *Estudos de direito processual em homenagem a Paulo Cezar Pinheiro Carneiro*. Rio de Janeiro: LMJ Mundo Jurídico, 2019.

CAPÍTULO XIII

RECURSOS

1

RECURSOS EXTRAORDINÁRIO E ESPECIAL CONTRA ACÓRDÃO EM IRDR: É CONSTITUCIONAL QUE O INTERESSE RECURSAL SEJA APENAS O DE ESTENDER OU MANTER A SUSPENSÃO NACIONAL DOS PROCESSOS ABRANGIDOS POR IDÊNTICA QUESTÃO JURÍDICA, NA FORMA DO ART. 982, §§ 3º E 4º, DO CPC?

Murilo Strätz[1]

Roberto de Aragão Ribeiro Rodrigues[2]

Sumário: 1 – Introdução. 2 – Pedidos de suspensão extensiva de processos em IRDR, em âmbito nacional. 3 – Manutenção da suspensão e interposição de Recurso Especial ou Extraordinário. 4 – Nova modalidade de cabimento dos Recursos Extraordinário e Especial? 5 – Pode o interesse recursal resumir-se ao de estender ou manter a suspensão nacional dos processos abrangidos por idêntica questão jurídica? 6 – Casos idênticos versus casos semelhantes ou análogos. 7 – Conclusão. 8 – Referências bibliográficas.

1. INTRODUÇÃO

A construção que se pretende desenvolver passa necessariamente pelo enquadramento do incidente de resolução de demandas repetitivas como "procedimento-modelo"[3], e não como "procedimento-piloto", em que pese a sofisticação dos argumentos utilizados por abalizada doutrina em sentido contrário[4].

---

1. Advogado da União lotado na Procuradoria Regional da União – 2ª Região. Mestre em Teorias Jurídicas Contemporâneas pela UFRJ. Doutorando em Ciências Jurídicas pela Universidade do Minho (Portugal). Instrutor da Escola da Advocacia Geral da União no Rio de Janeiro. Professor convidado dos cursos de pós-graduação *lato sensu* da UERJ em Direito Processual Civil e em Advocacia Pública, bem como da pós-graduação da AVM-UCAM em Licitações e Contratos.

2. Doutor em Direito Processual pela UERJ. Professor Titular de Direito Processual Civil do IMBEC/RJ. Advogado da União, atualmente no cargo de Subprocurador Regional da União da 2ª Região.

3. Nesse sentido, entendendo tratar-se de "causa-modelo", devem ser citados CAMARGO, Luiz Henrique Volpe. O incidente de resolução de demandas repetitivas no projeto de novo CPC: a comparação entre a versão do Senado Federal e a da Câmara dos Deputados. In: FREIRE, Alexandre; DANTAS, Bruno; NUNES, Dierle; DIDIER JR., Fredie; MEDINA, José Miguel Garcia; FUX, Luiz; CAMARGO, Luiz Henrique Volpe; OLIVEIRA, Pedro Miranda de (orgs.). *Novas tendências do processo civil*. Salvador: Juspodivm, 2014, v. 3, p. 283; CAMBI, Eduardo; FOGAÇA, Mateus. Incidente de resolução de demandas repetitivas no novo Código de Processo Civil. *Revista de Processo*. São Paulo, v. 243, maio-2015, p. 333-362; NUNES, Dierle. Do julga-

Com efeito, o IRDR tem por escopo precípuo a fixação de tese acerca de questão jurídica repetitiva,[5] afastando-se por completo da lógica que rege as ações individuais, as quais têm, via de regra,[6] a finalidade exclusiva de definição da titularidade do direito material em disputa.

Advém exatamente desse escopo jurídico do incidente o principal fundamento para justificar a tese, ora sustentada, de que o interesse dos recursos extraordinários e especiais em face de acórdão proferido em IRDR possa ser apenas o de estender ou manter a suspensão nacional.

Trata-se de excepcional prevalência do caráter publicista do processo,[7] que no IRDR se manifesta com clareza logo no artigo 976, inciso II, do CPC, ao expressamente declarar seus objetivos de preservação dos princípios constitucionais da isonomia e da segurança jurídica. Este último é reforçado pelo § 3º do art. 982, ao tratar especificamente da possibilidade de aplicação em âmbito nacional da tese jurídica firmada por tribunal de segunda instância.[8]

---

mento dos recursos extraordinário e especial repetitivos. In: ALVIM, Teresa Arruda; DIDIER JR., Fredie; TALAMINI, Eduardo; DANTAS, Bruno (coords.). *Breves comentários ao novo Código de Processo Civil.* São Paulo: RT, 2015, p. 2320; OLIVEIRA, Guilherme Peres de. Incidente de resolução de demandas repetitivas: uma proposta de interpretação de seu procedimento. In: FREIRE, Alexandre; DANTAS, Bruno; NUNES, Dierle; DIDIER JR., Fredie; MEDINA, José Miguel Garcia; FUX, Luiz; CAMARGO, Luiz Henrique Volpe; OLIVEIRA, Pedro Miranda de (orgs.). *Novas tendências do processo civil.* Salvador: Juspodivm, 2014, v. 2, p. 670; TEMER, Sofia. *Incidente de resolução de demandas repetitivas.* Salvador: Juspodivm, 2016, p. 69-81.

4. Entendendo tratar-se de "causa-piloto", destacam-se: CABRAL, Antonio do Passo. Do incidente de resolução de demandas repetitivas. In: CABRAL, Antonio do Passo; CRAMER, Ronaldo (coords.). *Comentários ao novo Código de Processo Civil.* Rio de Janeiro: Forense, 2015, p. 1417-1419; CÂMARA, Alexandre Freitas. *O novo processo civil brasileiro.* São Paulo: Atlas, 2016, p. 489; DANTAS, Bruno. Comentários ao art. 978. In: ALVIM, Teresa Arruda; DIDIER JR., Fredie; TALAMINI, Eduardo; DANTAS, Bruno (coords.). *Breves comentários ao novo Código de Processo Civil.* São Paulo: RT, 2015, p. 2185; DIDIER Jr., Fredie; CUNHA, Leonardo José Carneiro da. *Meios de impugnação às decisões judiciais e processo nos tribunais.* 16ª ed. Salvador: JusPodivm, 2019, vol. 3, p. 718-719.

5. "A redação final do incidente, interpretada à luz do sistema processual adotado pelo Código, com a valorização dos precedentes, permite concluir que o instituto dispõe sobre a fixação de tese jurídica generalizável e abstrata, com força vinculante" (MENDES, Aluisio Gonçalves de Castro. TEMER, Sofia. O incidente de resolução de demandas repetitivas do novo Código de Processo Civil. *Revista de Processo.* São Paulo, 2015, v. 243, p. 18).

6. Ressalvam-se as hipóteses de jurisdição voluntária, cujas disposições gerais e procedimentos específicos estão previstos nos artigos 719 a 770 do CPC, e que têm como principal característica a ausência de pretensão resistida.

7. Sobre o tema, remetemos o leitor às emblemáticas lições de Leonardo Greco em: GRECO, Leonardo. Publicismo e privatismo no processo civil. *Revista de Processo.* São Paulo, 2008, v. 164.

8. Como já sustentado anteriormente: "O julgamento do incidente tem por objetivo e por limite a definição de uma *tese jurídica* de observância obrigatória para a mesma questão que se repete em várias ações; o processo originário escolhido como representativo da controvérsia, inicialmente instaurado apenas entre autor e réu, passa a servir como instrumento público imprescindível à elaboração daquela tese jurídica" (RODRIGUES, Roberto de Aragão Ribeiro. *Precedente formado em casos repetitivos*: eficácia, *issue preclusion* e as teses jurídicas prejudiciais. Curitiba: Juruá, 2017, p. 182). Também neste sentido, a importante obra de Sofia Temer: TEMER, Sofia. *Incidente de resolução de demandas repetitivas.* Salvador: Juspodivm, 2016.

Serão enfrentadas, também, as dificuldades decorrentes da taxatividade da competência do STF/STJ para processar e julgar recursos extraordinário e especial. Sob tal perspectiva, verificar-se-á se o mero interesse do recorrente em estender o julgamento para todo o território nacional constituiria nova hipótese de cabimento de RE/REsp, independentemente da demonstração, no recurso, de ofensa a determinado dispositivo legal ou constitucional devidamente prequestionado, e até mesmo independentemente do fato de o julgamento de mérito ter sido favorável aos interesses do recorrente.

2. PEDIDOS DE SUSPENSÃO EXTENSIVA DE PROCESSOS EM IRDR, EM ÂMBITO NACIONAL

O art. 982, § 3º, do CPC prevê que os legitimados[9] para a propositura do Incidente de Resolução de Demandas Repetitivas (IRDR) poderão requerer, ao Supremo Tribunal Federal (STF)[10] ou ao Superior Tribunal de Justiça (STJ)[11], a suspensão de todos os processos em curso no território nacional que versem sobre a questão objeto do incidente já "instaurado"[12].

Trata-se de pedido de suspensão cautelar, a fim de estender, para todos os feitos brasileiros que discutam questão idêntica, a suspensão de processos operada inicialmente apenas no âmbito do tribunal em que tramita o IRDR. Tal suspensão, em nível nacional, dá-se em homenagem aos princípios da segurança jurídica e da isonomia.[13]

---

9. Quais sejam: as partes dos processos que tratam da mesma questão jurídica, o Ministério Público e a Defensoria Pública (art. 977, II e III).

10. O art. 1º, I, da Resolução nº 604/STF, de 11/12/2017, instituiu, para o Supremo, a nova classe processual denominada "Suspensão Nacional do Incidente de Resolução de Demandas Repetitivas (SIRDR), nos termos do art. 976 c/c art. 982, § 3º, c/c art. 1029, § 4º, do Código de Processo Civil" (disponível em: http://stf.jus.br/ARQUIVO/NORMA/RESOLUCAO604-2017.PDF. Acesso em 30/06/2019).

11. No STJ, a atribuição para apreciar o pedido de suspensão cabe ao seu Presidente (art. 271-A do Regimento Interno), que delega, por meio do art. 2ª, II, da Portaria nº 299/GP/STJ, de 19/07/2017, tal competência ao Presidente da Comissão Gestora de Precedentes (disponível em: https://bdjur.stj.jus.br/jspui/bitstream/2011/112021/Prt_299_2017_PRE.pdf. Acesso em 30/06/2019).

12. Em verdade, não basta que o IRDR estadual ou regional tenha sido apenas "instaurado", mas sim "admitido" e, além disso, que nele já tenha sido determinada a "suspensão" dos processos idênticos. Nesse sentido decidiu o STJ, ao destacar que "a expressão 'instaurado', contida na parte final do § 3º do art. 982, deve ser interpretada em consonância com o *caput* do dispositivo, que qualifica o incidente como 'admitido'. Dessa forma, o parágrafo, como subdivisão do artigo, não pode dispor de forma contraditória à previsão do *caput*; logo, os incisos e parágrafos do art. 982 disciplinam questões que se aplicam apenas ao IRDR que já possui decisão colegiada (art. 981) de admissão do incidente" (parte da decisão proferida pelo Ministro Presidente da Comissão Gestora de Precedentes do STJ em 12/12/2016, na Suspensão em Incidente de Resolução de Demandas Repetitivas nº 2/SE).

13. "O objetivo é garantir segurança jurídica e, de resto, isonomia. Julgado o IRDR, provavelmente será interposto recurso extraordinário ou recurso especial, cuja solução será estendida a todo o território nacional. Assim, o STF ou o STJ já suspende, preventivamente, todos os processos em curso no território nacional que versem sobre aquele tema, a fim de que, futuramente, possam receber a aplicação da tese a ser por ele

Já o § 4º do mesmo art. 982 faculta tal prerrogativa também às partes cujos processos tramitem fora da circunscrição territorial do Tribunal em que o IRDR tenha sido instaurado. Assim, ainda que não tenha sido instaurado IRDR no tribunal a que seus processos estejam vinculados, tais partes podem beneficiar-se da suspensão determinada por outro tribunal, desde que a postulem cautelarmente junto ao STF ou ao STJ – e ali obviamente obtenham a medida cautelar de suspensão – a extensão *erga omnes* daquela suspensão, que inicialmente se restringia ao território[14] de um Estado ou de uma região.

O problema surge com o § 5º do art. 982, segundo o qual cessa a suspensão dos processos se não for interposto recurso especial ou extraordinário contra o acórdão proferido no incidente. Em rigor, a suspensão vigorará até o trânsito em julgado da decisão proferida no IRDR, de acordo com o que estabelece o art. 271-A, § 3º, do Regimento Interno do STJ[15].

O problema será tratado nos próximos tópicos.

3. MANUTENÇÃO DA SUSPENSÃO E INTERPOSIÇÃO DE RECURSO ESPECIAL OU EXTRAORDINÁRIO

Não havendo interposição de recurso especial ou extraordinário contra o acórdão proferido no incidente, voltam a correr os processos que estavam suspensos, na forma do que estabelece o art. 982, § 5º, do CPC.

A primeira indagação que surge é sobre se a suspensão ficaria cessada (ou seja, os processos voltariam a tramitar) apenas para os processos que tramitam dentro dos limites da competência territorial do tribunal em que instaurado o

---

firmada" (DIDIER Jr., Fredie; CUNHA, Leonardo José Carneiro da. *Meios de impugnação às decisões judiciais e processo nos tribunais*. 16ª ed. Salvador: Juspodivm, 2019, vol. 3, p. 774).

14. Aluisio Gonçalves de Castro Mendes ensina que o ideal seria que a decisão do tribunal estadual ou regional já tivesse alcance nacional por si só, sem interveniência das Cortes Superiores, desde que a matéria controvertida tratasse de interpretação da legislação federal, o que, todavia, não prevaleceu na redação final do CPC, por cautela do legislador (MENDES, Aluisio Gonçalves de Castro. *Incidente de Resolução de Demandas Repetitivas*: sistematização, análise e interpretação do novo instituto processual. Rio de Janeiro: Forense, 2017, p. 186-189).

15. "Art. 271-A. Poderá o Presidente do Tribunal, a requerimento do Ministério Público, da Defensoria Pública ou das partes de incidente de resolução de demandas repetitivas em tramitação, considerando razões de segurança jurídica ou de excepcional interesse social, suspender, em decisão fundamentada, todos os processos individuais ou coletivos em curso no território nacional que versem sobre a questão objeto do incidente. § 1º A parte de processo em curso em localidade de competência territorial diversa daquela em que tramita o incidente de resolução de demandas repetitivas deverá comprovar a inadmissão do incidente no Tribunal com jurisdição sobre o estado ou região em que tramite a sua demanda. § 2º O Presidente poderá ouvir, no prazo de cinco dias, o relator do incidente no Tribunal de origem e o Ministério Público Federal. § 3º A suspensão vigorará até o trânsito em julgado da decisão proferida no incidente de resolução de demanda repetitiva. (Incluído pela Emenda Regimental n. 22, de 2016)" (Disponível em: https://ww2.stj.jus.br/publicacaoinstitucional/index.php/Regimento/article/view/3311/3974. Acesso em 30/06/2019).

IRDR, ou se tal cessação atingiria também os demais processos suspensos em território nacional, na forma dos §§ 3º e 4º do art. 982.

Ora, ao referir-se ao inciso I do art. 982 (que trata da suspensão dos processos que tramitam "no Estado ou na região"), tem-se a impressão de que a cessação prevista no § 5º do art. 982 não poderia ir além dos limites territoriais do Estado ou da região. Ademais, como sustentar que a suspensão determinada pelo Supremo ou pelo STJ possa ser afastada em julgamento feito por um tribunal estadual ou regional?

Porém, de outro lado, restaria anódina a redação do § 5º do art. 982, caso o término da suspensão ali previsto não se operasse quando do julgamento de mérito do IRDR, não desafiado por recurso extraordinário nem especial. É que a suspensão cautelar determinada pelo Supremo ou STJ subsistiria indefinidamente, a despeito do trânsito em julgado do acórdão proferido em IRDR, o que soa absurdo, dada a natureza instrumental e assecuratória da medida cautelar preparatória de suspensão, que não existe por si só, mas sim em virtude de um instrumento principal (no caso, o vindouro RE e/ou REsp, que desafiará o julgamento de mérito do IRDR).

Tamanha é a importância que o CPC atribui ao RE/REsp contra o acórdão proferido em IRDR, que o art. 987, § 1º, confere-lhes efeito suspensivo *ope legis* e presume a existência de repercussão geral da questão constitucional eventualmente discutida. E até mesmo a desistência ou abandono da causa que deu origem ao incidente é incapaz de impedir a interposição e o julgamento do RE/REsp interposto contra o acórdão em IRDR (Enunciado 604 do FPPC)[16], o que, mais uma vez, demonstra a importância[17] do pronunciamento definitivo das Cortes de Cúpula sobre a matéria federal objeto do incidente.

Por aí se vê que o legislador pretendeu facilitar o reexame do IRDR pelas Cortes de Cúpula (de Vértice, ou Supremas, em contraposição às Cortes de Justiça)[18].

---

16. Enunciado 604 do FPPC: "É cabível recurso especial ou extraordinário ainda que tenha ocorrido a desistência ou abandono da causa que deu origem ao incidente".

17. A propósito, Marcelo Mazzola afirma, *verbis*: "Esse pronunciamento das cortes superiores, embora não obrigatório, é importante para permitir a uniformização do tema em nível nacional, com efeitos *erga omnes*" (MAZZOLA, Marcelo. O impacto do IRDR nas ações de propriedade industrial. Disponível em: https://www.conjur.com.br/2015-set-30/marcelo-mazzola-impacto-irdr-acoes-propriedade-industrial. Acesso em 02/07/2019).

18. O Novo Código acelerou a caminhada rumo ao fortalecimento institucional das "Cortes Supremas" (Supremo Tribunal Federal e Superior Tribunal de Justiça), voltadas a conferir *unidade* ao Direito), em contraposição às "Cortes de Justiça" (Tribunais Regionais e de Justiça), vocacionadas a fornecer *justiça* ao caso concreto (MITIDIERO, Daniel. *Cortes Superiores e Cortes Supremas*: do Controle à Interpretação, da Jurisprudência ao Precedente. São Paulo: Revista dos Tribunais, 2013). Também denominadas Cortes de Vértice, as *Cortes Supremas* valem-se do caso concreto apenas como um *meio* para chegarem à unidade de interpretação do direito, esta sim considerada o seu primordial escopo ou *fim*, diante das controvérsias interpretativas que surgem da aplicação da lei no caso concreto pelas *Cortes de Justiça*. Estas, ao revés, valem-se da interpretação do direito apenas como um *meio* para chegarem à justiça do caso concreto, sua

Tal se dá com o desiderato de prestigiar a segurança jurídica, a previsibilidade, a estabilidade, o desestímulo à litigância excessiva, a confiança, a igualdade perante a jurisdição, a coerência, o respeito à hierarquia, a imparcialidade, o favorecimento de acordos, a economia processual (de processos e de despesas), a maior eficiência e, no dizer de Marinoni, Arenhart e Mitidiero, a "racionalidade de um sistema de distribuição de justiça hierarquizado, em que as Cortes Supremas decidem para viabilizar a igualdade perante o direito"[19]. Ronaldo Cramer[20], no mesmo sentido, enaltece a importância de se prestigiarem não só os fundamentos deontológicos (segurança jurídica e isonomia), mas também os fundamentos pragmáticos (duração razoável do processo, desestímulo à litigância e solução para as causas repetitivas) que legitimam a adoção de um sistema de pronunciamentos vinculantes.

Portanto, para que os processos continuem suspensos em âmbito nacional, conforme determinado pelo STF ou STJ ao deferir pedido de extensão formulado nos termos dos §§ 3º e 4º do art. 982, mister que seja interposto RE ou REsp do acórdão que julgou o mérito do IRDR.

A questão que se põe – e que consiste no problema do presente ensaio – é a de saber se o interesse a animar eventual RE/REsp pode restringir-se a colimar a manutenção da suspensão determinada pelo STF/STJ, independentemente do fato de o julgamento de mérito ter sido favorável aos interesses do recorrente.

É que, por mais que a tese fixada no IRDR seja favorável às partes cujos processos tramitem em outro tribunal, elas não poderão beneficiar-se, a menos que aquela tese seja estendida para todos os demais processos brasileiros; e tal extensão só será possível após pronunciamento do STF ou do STJ, mediante RE e/ou REsp.

É o que se verá nos próximos itens.

4. NOVA MODALIDADE DE CABIMENTO DOS RECURSOS EXTRAORDINÁRIO E ESPECIAL?

Como visto acima, se ninguém recorrer ao STF ou ao STJ do julgamento de mérito do IRDR, cairá por terra a suspensão que havia sido determinada cautelarmente pelas Cortes de Vértice para todos os processos do país, de modo que os efeitos advindos da tese formulada naquele IRDR ficarão restritos ao âmbito estadual ou regional, comprometendo a segurança jurídica e a isonomia.

---

verdadeira finalidade (MARINONI, Luiz Guilherme; ARENHART, Sérgio Cruz; MITIDIERO, Daniel. *O novo processo*. 2ª ed. rev., atual. e ampl. São Paulo: Revista dos Tribunais, 2016, p. 103-105; MITIDIERO, Daniel. Precedentes, jurisprudência e súmulas no Novo Código de Processo Civil brasileiro. *Revista de Processo*. vol. 245, julho/2015, p. 336-337).

19. MARINONI, Luiz Guilherme; ARENHART, Sérgio Cruz; MITIDIERO, Daniel. *O novo processo civil*. 2ª ed. rev., atual. e ampl. São Paulo: Revista dos Tribunais, 2016, p. 109.

20. CRAMER, Ronaldo. *Precedentes judiciais*: teoria e dinâmica. Rio de Janeiro: Forense, 2016, p. 54-64.

Haveria, aqui, por parte do legislador infraconstitucional, um alargamento legal (e, portanto, indevido) da competência taxativa que a Constituição reservou ao STF/STJ em matéria de recursos de natureza extraordinária, ao incluir no CPC nova modalidade de cabimento não prevista nos artigos 102, III, e 105, III, da Carta de 1988?

Pensamos que não se trata propriamente de um alargamento de competências constitucionais por via legal (o que seria ilegítimo), mas sim de mera explicitação, pelo CPC, dos requisitos estabelecidos pela Carta Magna para a devida provocação recursal das Cortes Superiores com vistas à uniformização, pelo STF/STJ, do Direito posto.

A tese ora sustentada não pretende criar nova modalidade de interposição de recurso aos Tribunais de Cúpula, senão apenas desvelar a reconhecida competência dessas Cortes de Vértice, tornando-a explícita no caso do IRDR, para conferir a interpretação preponderante aos dispositivos constitucionais e legais objeto de discussão hermenêutica no âmbito das Cortes de Justiça.

Com efeito, não será por mero equívoco processual do recorrente, quando da formulação atécnica do recurso especial ou extraordinário interposto contra acórdão em IRDR, que o Supremo e o STJ estarão impedidos de pronunciar-se, em âmbito nacional, sobre a tese fixada pelo tribunal regional ou estadual, até porque a repercussão do tema e a sua dimensão "panprocessual"[21] transcendem o interesse particular do recorrente.

É que a interpretação conferida à legislação federal pelos Tribunais Superiores goza de "aptidão expansiva" e "eficácia *ultra partes*"[22], de modo que deve ser facilitado o conhecimento, pelo STF e pelo STJ, dos recursos interpostos contra acórdão

---

21. Já antes do Novo Código, Rodolfo Mancuso alertava para os "efeitos pan-processuais" de que se revestiam os pronunciamentos do STF, ainda que emitidos fora da sistemática do controle concentrado, *verbis*: "É crescente a tendência à valorização do perfil objetivo do acórdão do STF em recurso extraordinário, a saber, sua aptidão para ir além da resolução do caso *sub judice*, por modo que, tomado como paradigma, passe a projetar efeitos pan-processuais em face de casos análogos, dado que uma querela constitucional, uma vez resolvida pelo Tribunal máximo do país, deve ter seu aproveitamento otimizado, não se justificando que sua eficácia se confine no estreito horizonte endoprocessual. Por essa vertente, o pronunciamento sobre questão constitucional, embora feito incidentemente no bojo de recurso extraordinário, projeta efeito extra-autos, ou ao menos *ultrapartes*, dispensando, a um tempo, a observância da reserva de Plenário (CF, art. 97) e a intervenção ulterior do Senado Federal (CF, art. 52, X)" (MANCUSO, Rodolfo de Camargo. *Divergência jurisprudencial e súmula vinculante*. 4ª. ed. rev., atual. e ampl. São Paulo: Revista dos Tribunais, 2010, p. 559).

22. "Na conclusão do julgamento da Recl. 4.335/AC, o Plenário do Supremo, por maioria, pontuou que o direito pátrio estaria em evolução, com gradativa valorização dos precedentes emanados dos Tribunais Superiores, aos quais se atribuiria uma "aptidão expansiva" e uma "eficácia *ultra partes*", dado o papel de sobrelevo desempenhado pelo Supremo Tribunal Federal na interpretação constitucional, e dada a função harmonizadora da jurisprudência do Superior Tribunal de Justiça na uniformização da aplicação do direito infraconstitucional" (STRÄTZ, Murilo. *Teoria dos pronunciamentos judiciais vinculantes*: dos fundamentos jusfilosóficos ao utilitarismo consequencialista no regime instituído pelo novo Código de Processo Civil. Rio de Janeiro: Gramma Livraria e Editora, 2017, p. 113).

que fixe tese jurídica (acórdão-paradigma) em âmbito de IRDR, ainda que o recorrente não os tenha formulado do modo processualmente mais correto.

Em outras palavras, deve haver a cognição pelo STF/STJ do recurso interposto em face da interpretação jurídica fixada, com contornos gerais, pelos tribunais de segunda instância, a fim de que se estenda, para todo o território nacional, a interpretação de dispositivo federal que estava restrita à circunscrição de uma região ou estado-membro.

Nada se faz além de prestigiar o conhecimento do mérito recursal. A esse respeito, o art. 1.029, § 3º,[23] e o art. 932, parágrafo único,[24] ambos do CPC, ao possibilitarem que os tribunais desconsiderem vício formal de recurso tempestivo, estão a concretizar a opção do novo diploma processual por conferir primazia à decisão de mérito, na esteira do caminho já trilhado pelos artigos 4º, 6º, 282, § 2º, e 488 do Código. Nesse sentido, a solução ora sustentada vai ao encontro das diretrizes traçadas pelo Novo Código.

A assunção dessa fundamental competência pelo STF/STJ merece ser celebrada, e não vista como manifestação autoritária de concentração das funções jurisdicionais em Brasília, pois, para ser *materialmente* legítima (pois *formalmente* já o é), a função nomofilática exercida pelos Tribunais Superiores não pode deixar de observar o contraditório substancial e pluralização da participação democrática. Para tanto, o STF e o STJ deverão prestigiar, no grave exercício do seu múnus, as vertentes comparticipativa, cooperativa e policêntrica traçadas pelo Código de 2015.[25]

Humberto Dalla Bernardina de Pinho[26] ensina que o juízo de admissibilidade recursal compreende o exame dos requisitos *intrínsecos* (concernentes à existência do direito de recorrer) e *extrínsecos* (concernentes ao exercício do direito de recorrer). São requisitos recursais intrínsecos o cabimento, a legitimação para recorrer, o interesse em recorrer e a inexistência de fato impeditivo ou extintivo

---

23. "O Supremo Tribunal Federal ou o Superior Tribunal de Justiça poderá desconsiderar vício formal de recurso tempestivo ou determinar sua correção, desde que não o repute grave."

24. "Antes de considerar inadmissível o recurso, o relator concederá prazo de 5 dias ao recorrente para que seja sanado vício ou complementada a documentação exigível."

25. "É que a vinculação atribuída pelo Novo Código a determinados pronunciamentos judiciais não significa que o Judiciário deverá encerrar-se em si mesmo, autopoieticamente, como o ponto de chegada do fenômeno jurídico. Ao contrário disso, o Novo Código propõe uma vertente comparticipativa/cooperativa, a estimular o policentrismo e a interdependência de todos os sujeitos processuais, em um verdadeiro contraditório substancial, de modo que um pronunciamento vinculante não seja visto como um ponto de chegada, senão de partida, sempre aberto aos argumentos que poderão ser lançados quanto à sua correta aplicabilidade ao caso concreto, rumo ao seu aprimoramento" (STRÄTZ, Murilo. Aportes à desmistificação do art. 927 do novo Código de Processo Civil. *Revista de Processo*. São Paulo, vol. 269, ano 42, julho/2017, p. 453).

26. PINHO, Humberto Dalla Bernardina de. *Manual de direito processual civil contemporâneo*. São Paulo: Saraiva Educação, 2019, p. 1333-1334.

do poder de recorrer. São extrínsecos os requisitos atinentes à tempestividade, à regularidade formal e ao preparo.

Qualquer questão jurídica que diga respeito à interpretação da lei federal e/ou da Constituição reconduzirá, necessariamente, às competências previstas para o julgamento de recurso especial pelo STJ (CF, art. 105, III), ou para o julgamento de recurso extraordinário pelo STF (CF, art. 102, III), o que evidencia o cabimento desses recursos excepcionais, diretamente em face do acórdão que fixa a tese na técnica de ***cisão*** de julgamento, e não em face das posteriores decisões que aplicarem a tese[27]. E, se a tese do IRDR disser respeito somente à legislação estadual ou municipal, sem contraste com a legislação federal, o tema não terá transcendência nacional, o que afasta a necessidade de que o julgamento produza efeitos em todo o território brasileiro.

Humberto Theodoro Júnior[28], ao prefaciar a magna obra de Aluisio Mendes sobre IRDR (exaustivo manual que de pronto se tornou referência nacional para o tema), acrescenta que o manejo de RE e/ou REsp, com o objetivo exclusivo de ampliar os efeitos do julgamento do IRDR para todo o território nacional, estaria embasado nos princípios constitucionais da isonomia e da segurança jurídica, ainda que sua fundamentação não trouxesse outra matéria constitucional ou legal no bojo do recurso.

A razão para tal entendimento é simples: o Judiciário não pode aceitar que casos idênticos sejam resolvidos com base na mesma lei e de modo diferente.[29]

Porém, será mesmo que a fundamentação legal/constitucional estaria assim tão presumida no RE/REsp interposto nesse caso, a ponto de dispensar o recorrente de veicular, em seu recurso excepcional, as alegações de ofensa que tradicionalmente devem se fazer presentes em tais apelos nobres para que

---

27. Aluisio Mendes demonstra a inaplicabilidade do Enunciado nº 513 da Súmula do Supremo Tribunal Federal ao RE interposto em face do acórdão que fixa a tese do IRDR (MENDES, Aluisio Gonçalves de Castro. *Incidente de Resolução de Demandas Repetitivas*: sistematização, análise e interpretação do novo instituto processual. Rio de Janeiro: Forense, 2017, p. 231).

28. Afirma Humberto Theodoro Júnior no referido prefácio, *verbis*: "Se se tem em mira a garantia de obter-se a solução da questão federal com eficácia nacional, a persistência do efeito do IRDR apenas na área de jurisdição do tribunal, em detrimento daqueles que obtiveram a medida cautelar do art. 982, §§ 3º e 4º, estaria, sem dúvida, acarretando-lhes violação da garantia constitucional da isonomia e segurança jurídica, ou de ter a lei federal aplicada a todos de maneira uniforme" (MENDES, Aluisio Gonçalves de Castro. *Incidente de Resolução de Demandas Repetitivas*: sistematização, análise e interpretação do novo instituto processual. Rio de Janeiro: Forense, 2017, p. XIV).

29. *"It is a basic principle of the administration of justice that like cases should be decided alike. This is enough to account for the fact that, in almost every jurisdiction, a judge tends to decide a case in the same way as that in which a similar case has been decided by another judge. The strength of this tendency varies greatly. It may be little more than an inclination to do as others have done before, or it may be the outcome of a positive obligation to follow a previous decision in the absence of justification for departing from it. Judicial precedent has some persuasive effect almost everywhere because stare decisis (keep to what has been decided previously) is a maxim of practically universal application"* (CROSS, Rupert; HARRIS, Jim W. *Precedent in English Law*. 4th edition. Oxford: Clarendon Press, 2004, p. 3).

sejam admitidos? Ao atribuir efeito suspensivo ao RE/REsp interposto contra o julgamento de IRDR, teria o CPC, de modo implícito, flexibilizado os demais requisitos constitucionais e jurisprudenciais que formam o juízo de admissibilidade dos recursos de natureza extraordinária?

A resposta a esses questionamentos se dará nos tópicos a seguir.

5. PODE O INTERESSE RECURSAL RESUMIR-SE AO DE ESTENDER OU MANTER A SUSPENSÃO NACIONAL DOS PROCESSOS ABRANGIDOS POR IDÊNTICA QUESTÃO JURÍDICA?

O interesse a animar eventual RE/REsp pode restringir-se a colimar a extensão ou manutenção da suspensão determinada pelo STF/STJ, independentemente do fato de o julgamento de mérito ter sido favorável aos interesses do recorrente?

Caso o resultado do julgamento de IRDR proferido por determinado tribunal coincidir com a tese defendida por certos interessados perante outro tribunal, mas neste não acolhida, tais interessados só se beneficiarão se a tese for estendida para todos os demais processos brasileiros pelo STF ou STJ, mediante adequada provocação.

Mas, e se nenhum desses interessados provocar, a tempo e modo, o pronunciamento do STF ou do STJ? E se todos perderem o prazo para RE/REsp ou tiverem seus recursos inadmitidos em razão de qualquer outra causa que impeça o conhecimento do objeto recursal?

Poderia, nessa hipótese, algum legitimado vencedor (que teve sua tese acolhida pelo tribunal em IRDR) recorrer para o STF/STJ contra acórdão que lhe fora favorável? Haveria interesse processual nesse caso?

De acordo com a dogmática tradicional sobre interesse recursal, talvez nem mesmo a atuação do Ministério Público ou da Defensoria suprisse o preenchimento do binômio necessidade-utilidade que compõe o interesse de recorrer, haja vista que não teria havido sucumbência, nem mesmo em tese, diante do acórdão que acolhera seus pedidos.

Entrementes, se se considerar que o CPC atribui ampla legitimação ao Ministério Público e à Defensoria no âmbito do IRDR (art. 977, III e art. 982, § 3º) e que o art. 926 exorta o Judiciário a uniformizar sua jurisprudência, não causaria espanto a admissão de RE ou REsp interposto nessas circunstâncias, seja pelo Ministério Público, enquanto fiscal da ordem jurídica (CF, art. 127, *caput*; CPC, art. 178, I, c/c art. 179, II), seja pela Defensoria, sempre que a causa despertar o interesse dos necessitados (CF, art. 134, *caput*; CPC, art. 185).

Por conseguinte, nossa posição é a de que o Ministério Público e a Defensoria ostentam interesse e legitimidade para recorrer, para o STF/STJ, de acórdão que acolha a tese por eles defendida em sede de IRDR, com o único objetivo de estender o teor e a aplicabilidade daquela tese para o âmbito nacional, na forma do art. 982, § 3º.

Além do interesse recursal e da legitimidade para recorrer, outro ponto que chama a atenção é o do cabimento do RE/REsp em face do acórdão que fixa a tese do IRDR.

O art. 102, III, e o art. 105, III, da Constituição Federal pressupõem, respectivamente para o cabimento dos recursos extraordinário e especial, a existência de "causas decididas em única ou última instância".

O IRDR implica um procedimento bivalente, cuja dinâmica cinde-se em duas etapas: a fase *cognitiva*, realizada num primeiro momento pelo órgão do Tribunal vocacionado a uniformizar sua jurisprudência; e a fase *decisória*, realizada num segundo momento, a cargo de órgão jurisdicional diverso. Este é o formato dos "processos-modelo"[30], o qual foi adotado pelo legislador brasileiro ao instituir o Novo Código de Processo Civil.

A pergunta que sucede é a seguinte: o julgamento que resolve a fase *cognitiva* do IRDR, fixando a tese que será futuramente aplicada na fase *decisória*, pode ser considerado "causa decidida em única ou última instância"?

A resposta a tal questionamento exige, primeiro, que se compreenda o que os artigos 102, III, e 105, III, da Constituição Federal querem dizer com a expressão "causa decidida".

Segundo o escólio doutrinário de Fredie Didier Jr. e Leonardo Carneiro da Cunha, a jurisprudência superior – tanto do Supremo Tribunal Federal quanto do Superior Tribunal de Justiça – compreende o termo "causa" como qualquer questão federal, ainda que não seja o mérito da demanda ou o julgamento final.[31] Nesse sentido é o Enunciado nº 86 da Súmula do STJ ("Cabe recurso especial con-

30. "O segundo formato é aquele dos "processos-modelo": neste, no incidente são apreciadas somente questões comuns a todos os casos similares, deixando a decisão de cada caso concreto para o juízo do processo originário. Ou seja, o que se observa neste segundo formato é cisão cognitiva e decisória (existe uma divisão de competências entre o órgão que julga a questão comum objeto do incidente, e outro órgão que decide o processo originário em todas as questões que lhe são próprias) e incorporação da tese definida no incidente aos processos repetitivos (a decisão do incidente é tomada como questão prévia pelo órgão que julgará o caso e deverá ser adotada como premissa às considerações sobre as demais questões de cada processo). Neste caso, temos uma decisão objetiva e subjetivamente complexa: o que será executado posteriormente é uma combinação do que foi decidido pelos dois órgãos judiciários" (CABRAL, Antonio do Passo. A escolha da causa-piloto nos incidentes de resolução de processos repetitivos. *Revista de Processo*. São Paulo, v. 231, ano 39, maio 2014, p. 201).

31. "Enfim, assentou-se o entendimento segundo o qual o termo causa constante do texto constitucional abrange não somente o julgamento final da demanda, como também a resolução de qualquer incidente no processo, de sorte que se afigura cabível o recurso extraordinário ou o recurso especial contra qualquer acórdão" (DIDIER Jr., Fredie; CUNHA, Leonardo José Carneiro da. *Meios de impugnação às decisões judiciais e processo nos tribunais.* 16ª ed. Salvador: JusPodivm, 2019, vol. 3, p. 382-383).

tra acórdão proferido no julgamento de agravo de instrumento"), com a exceção contida no Enunciado nº 735 da Súmula do STF ("Não cabe recurso extraordinário contra acórdão que defere medida liminar")[32].

Assim, compreende-se genericamente como "causa", para fins de cabimento de RE/REsp, a resolução de qualquer incidente processual ou questão em única ou última instância, ainda que a solução da questão se dê mediante decisão interlocutória e não resolve o mérito da controvérsia.

Em relação a ter sido decidida em "única ou última instância", também não há maiores problemas, dada a proibição de que se utilizem, *per saltum*, os recursos excepcionais (ou de superposição). Trata-se da exigência jurisprudencial de prévio esgotamento das instâncias ordinárias, tal como se colhe do Enunciado nº 281 da Súmula do STF ("É inadmissível o recurso extraordinário, quando couber, na Justiça de origem, recurso ordinário da decisão impugnada").

Certa discussão surge, entretanto, quando se tenta comparar o procedimento do novel IRDR com o do já tradicional Incidente de Arguição de Inconstitucionalidade (IAI), ou até mesmo com o do Incidente de Uniformização de Jurisprudência (IUJ)[33].

É que, em relação ao Incidente de Arguição de Inconstitucionalidade, o Supremo pacificou seu entendimento no sentido de que "[A] decisão que enseja a interposição de recurso ordinário ou extraordinário não é a do plenário, que resolve o incidente de inconstitucionalidade, mas a do órgão (câmaras, grupos ou turmas) que completa o julgamento do feito" (Enunciado nº 513 da Súmula do STF).

Se tal entendimento fosse estendido ao procedimento do IRDR, o acórdão ali proferido por ocasião da primeira fase (fixação da tese) não desafiaria recurso extraordinário. Este somente poderia ser interposto posteriormente, contra a ulterior decisão que aplicasse aquela tese, completando, assim, o julgamento (cujo procedimento, lembre-se, é cindido em duas fases).

A seguir-se tal raciocínio, chegar-se-ia ao absurdo de cogitar-se de interposição de RE em face de decisão de juiz de primeiro grau que aplicasse, no caso concreto em trâmite na primeira instância, a tese firmada pelo tribunal no IRDR.

---

32. Tal exceção sumular justifica-se pelo fato de o acórdão concessivo de liminar não ser exauriente quanto à matéria objeto da cognição sumária ali empreendida, e não pelo simples fato de tratar-se de decisão interlocutória. Até mesmo a sentença do juiz da causa – decisão de primeira instância, portanto – pode tornar sem efeito o acórdão que deferiu a liminar, razão pela qual não seria razoável permitir que a jurisdição extraordinária fosse provocada e, após a decisão do STF, o juiz sentenciasse o feito, tornando sem efeito o pronunciamento da instância máxima do Judiciário, como se as decisões do STF importassem menos que as de um juiz de primeira instância.

33. A propósito do IUJ, o Professor Aluísio Mendes adverte que "o denominado Incidente de Uniformização de Jurisprudência, previsto expressamente no CPC-1973, não se encontra mais disciplinado no novo estatuto, suscitando certa dúvida quanto à sua subsistência" (MENDES, Aluisio Gonçalves de Castro. *Incidente de Resolução de Demandas Repetitivas*: sistematização, análise e interpretação do novo instituto processual. Rio de Janeiro: Forense, 2017, p. 140).

Não é tal caminho que se deve trilhar, obviamente.

O julgamento do IRDR, ao encerrar a fase cognitiva, já desafia, por si só, a instância extraordinária, não devendo, portanto, aguardar-se a conclusão da segunda fase de julgamento (fase decisória, a cargo tanto do tribunal quanto dos juízes de primeiro grau, a depender do órgão onde tramita o processo que aguarda a aplicação da tese)[34].

É que, como afirmam Didier Jr. e Cunha, *"o interesse recursal passa por um processo de ressignificação, podendo ser visualizado também quando se pretende apenas discutir a formação do precedente judicial"*.[35]

Por essa razão, mesmo tendo havido desistência ou abandono da causa que deu origem ao incidente, a formação da tese pura e simples, sem o julgamento do caso concreto, já desafia, por si só, os recursos excepcionais, na forma do que propõe o Enunciado 604 do FPPC[36].

O problema é que o respectivo REsp, ainda que suba sem uma causa concreta a ele subjacente (dada a desistência da parte cujo processo estava sob exame em IRDR), tramitará sob a sistemática dos repetitivos, de acordo com a alteração promovida no Regimento Interno do Superior Tribunal de Justiça por meio da Emenda Regimental n. 24/2016.

O art. 256-H do Regimento Interno do Superior Tribunal de Justiça (incluído pela Emenda Regimental n. 24/2016)[37], ao afastar a possibilidade de que se rejeite a **indicação** como representativo de recurso especial interposto em face de

---

34. Ressalte-se que o Órgão Especial do Tribunal Regional Federal da 2ª Região declarou inconstitucional o parágrafo único do art. 978 do CPC (TRF2, Órgão Especial, QO 0004214-80.2016.4.02.0000, j. em 31/07/2018). Para maiores subsídios doutrinários acerca de tal inconstitucionalidade, remete-se o leitor à obra de referência nacional sobre o tema: MENDES, Aluisio Gonçalves de Castro. *Incidente de Resolução de Demandas Repetitivas*: sistematização, análise e interpretação do novo instituto processual. Rio de Janeiro: Forense, 2017, p. 204.

35. DIDIER Jr., Fredie; CUNHA, Leonardo José Carneiro da. *Meios de impugnação às decisões judiciais e processo nos tribunais.* 16ª ed. Salvador: JusPodivm, 2019, vol. 3, p. 723.

36. Enunciado 604 do FPPC: "É cabível recurso especial ou extraordinário ainda que tenha ocorrido a desistência ou abandono da causa que deu origem ao incidente".

37. "Art. 256-H. Os recursos especiais interpostos em julgamento de mérito do incidente de resolução de demandas repetitivas serão processados nos termos desta Seção, não se aplicando a presunção prevista no art. 256-G deste Regimento."

"Art. 256-G. Não adotadas as providências previstas nos incisos I e II do art. 256-E deste Regimento no prazo estabelecido no seu *caput*, presumir-se-á que o recurso especial representativo da controvérsia teve sua indicação rejeitada pelo relator."

"Art. 256-E. Compete ao relator do recurso especial representativo da controvérsia, no prazo máximo de sessenta dias úteis a contar da data de conclusão do processo, reexaminar a admissibilidade do recurso representativo da controvérsia a fim de: (Incluído pela Emenda Regimental n. 24, de 2016) I - rejeitar, de forma fundamentada, a indicação do recurso especial como representativo da controvérsia devido à ausência dos pressupostos recursais genéricos ou específicos e ao não cumprimento dos requisitos regimentais, observado o disposto no art. 256-F deste Regimento; (Incluído pela Emenda Regimental n. 24, de 2016) II - propor à Corte Especial ou à Seção a afetação do recurso especial representativo da

acórdão que julga IRDR, torna presumida a sua representatividade em relação às demandas de natureza repetitiva ali discutidas.

Porém, isso também significa que, após o julgamento do recurso especial pelo STJ, os beneficiados pelo julgado – que precisarem manejar reclamação – deverão, antes de se dirigirem ao STJ, esgotar as instâncias ordinárias, na forma do art. 988, § 5º, II, do CPC. Ao comentar a alteração regimental, Marcelo Mazzola sugere que "a intenção (do STJ) foi, na prática, 'transformar' o REsp do IRDR em REsp repetitivo, a fim de que o respectivo acórdão não possa ser atacado diretamente por reclamação"[38].

6. CASOS IDÊNTICOS *VERSUS* CASOS SEMELHANTES OU ANÁLOGOS

A *tese* lançada em IRDR presta-se a resolver casos *idênticos*, **não** meramente *semelhantes* ou *análogos*, estejam ou não judicializados no momento de seu lançamento (dada a expressa previsão de sua aplicação "aos casos futuros"), *ex vi* do disposto nos incisos I e II do art. 985, que utilizam a expressão "idêntica questão de direito".

Há que se fazer, portanto, distinção entre casos **idênticos** (relativos à mesma situação fática), submetidos à mesma "tese", e casos **semelhantes** (relativos a leis estaduais com conteúdo semelhante, por exemplo), submetidos à mesma *ratio decidendi*[39], que não são objeto do IRDR. Este, ao lado dos recursos especial

---

controvérsia para julgamento sob o rito dos recursos repetitivos, nos termos do Código de Processo Civil e da Seção II deste Capítulo. (Incluído pela Emenda Regimental n. 24, de 2016)".

38. "Considerando que as alterações do Regimento Interno do STJ foram promovidas meses após a vigência da Lei 13.256/16, quer nos parecer que a intenção foi, na prática, "transformar" o REsp do IRDR em REsp repetitivo, a fim de que o respectivo acórdão não possa ser atacado diretamente por reclamação (art. 988, § 5º, II, do CPC), obrigando, com isso, o jurisdicionado a esgotar as instâncias ordinárias antes de manejá-la.

Não pretendemos questionar aqui – e nem teríamos espaço para tanto – a legitimidade desse novo "filtro" regimental, mas apenas registrar a alteração, consignando nossa opinião no sentido de que o STJ não aceitará reclamação contra acórdão proferido em IRDR (processado pela sistemática do repetitivo) antes do esgotamento das instâncias ordinárias" (MAZZOLA, Marcelo. O processamento do IRDR pela sistemática do repetitivo no STJ: mais um filtro ou mera equalização procedimental? Disponível em: https://www.migalhas.com.br/dePeso/16,MI263792,101048-O+processamento+do+IRDR+pela+sistematica+do+repetitivo+no+STJ+mais+um. Acesso em 03/07/2019).

39. "Conforme ensina a melhor doutrina, a *ratio decidendi* (chamada de *holding* no direito americano) é o núcleo do precedente, seus fundamentos determinantes, sendo exatamente o que vincula. Distingue-se da fundamentação *obiter dicta*, que são prescindíveis ao resultado do julgamento, ou seja, fundamentos que, mesmo se fossem em sentido invertido, não alterariam o resultado do julgamento" (NEVES, Daniel Amorim Assumpção. *Novo Código de Processo Civil*. 3ª ed. rev., atual. e ampl. Rio de Janeiro: Forense; São Paulo: MÉTODO, 2016, p. 503-504). "Uma *ratio decidendi* é uma justificação formal explícita ou implicitamente formulada por um juiz, e suficiente para decidir uma questão jurídica suscitada pelos argumentos das partes, questão sobre a qual uma resolução era necessária para a justificação da decisão no caso" (MAcCORMICK, Donald Neil. *Retórica e o Estado de Direito*. Tradução de Conrado Hübner. Rio de Janeiro: Elsevier, 2008, p. 275). Já Alexandre Freitas Câmara chama, jocosamente, de "precedente doloso" o tipo de precedente vinculante criado pelo Novo Código, uma vez que este já nasceria precedente e obrigatório,

e extraordinário repetitivos, ao compor o microssistema de julgamento de casos repetitivos, deve derramar efeitos apenas sobre situações **idênticas** (submetidas à mesma *tese*), e não sobre as **assemelhadas** (submetidas à mesma *ratio*)[40]. Taís Schilling Ferraz define *tese* como um "preceito genérico e abstrato, semelhante à lei, que proclama o resultado de um julgamento, com a expectativa de ampla aplicabilidade a casos onde a mesma questão tenha sido suscitada"[41].

Mas como extrair o trecho relevante que formará a "tese" do julgado? No controle concentrado de constitucionalidade, a **eficácia contra todos** (*erga omnes*), que atinge a toda a coletividade brasileira, sem exceção, encontra-se no *dispositivo* do acórdão proferido pelo Plenário do Supremo, que declara que determinada lei é constitucional ou não; isso vale para toda e qualquer pessoa. Já o **efeito vinculante** dessa mesma decisão (que não se confunde com a **eficácia contra todos**), por sua vez, é extraído da *fundamentação* do julgado. O próprio Código de 2015, implicitamente, distingue "tese" de "fundamentação" nos artigos 979, §

---

diversamente do que se verifica no *judge made law*, em que não se denomina de precedente um julgado que ainda não foi utilizado como fundamento de decidir outra controvérsia e, pior, que ainda nem existe (CÂMARA, Alexandre Freitas. *O novo processo civil brasileiro*. 2ª ed. Rio de Janeiro: Atlas, 2016, p. 437). No mesmo sentido se posiciona Lenio Streck, ao afirmar criticamente que: "Argumentar com precedentes é mais complexo do que a utilização de provimentos judiciais vinculantes tal qual estabelece o artigo 927. Dentre diversas razões, podemos destacar o fato de que a *ratio decidendi*, ou seja, aquilo que efetivamente vincula em um precedente, é determinado pelos tribunais inferiores e não pelo próprio Tribunal que decidiu a questão. Na realidade, 'é importante perceber que são os juízes em casos posteriores que de fato determinam a *ratio decidendi* em casos pretéritos' - Cf. Gary Slapper e David Kelly. O Sistema Jurídico Inglês, RJ: Forense, 2011, n. 3.6.5, p. 112" (STRECK, Lenio Luiz. *O que é isto? O sistema (sic) de precedentes no CPC*. Disponível em http://www.conjur.com.br/2016-ago-18/senso-incomum-isto-sistema-sic-precedentes-cpc#_ftnref2. Acesso em: 10.01.2019).

40. Teresa Arruda Alvim, diferenciando "tese" e "*ratio*", esclarece que a *tese* deve ser aplicada para resolver apenas "questões fáticas idênticas", ao passo que a *ratio* tem espectro maior de incidência, a ponto de esta última também servir para solução de situações assemelhadas ou análogas, não meramente idênticas. Assim, enquanto a *tese* deve ser aplicada aos RE's e REsp's *repetitivos*, assim como ao IRDR, a *ratio* (que deve constar da tese jurídica enunciada) deveria ser aplicada a partir de RE's *avulsos* - sob o regime da Repercussão Geral (ALVIM, Teresa Arruda. STJ acerta ao fixar tese antes de julgar recurso repetitivo. Publicado no site *Consultor Jurídico* em 05.06.2019. Disponível em: https://www.conjur.com.br/2019-jun-05/teresa-arruda-alvim-stj-acerta-fixar-tese-antes-julgar-repetitivo. Acesso em 25.06.2019). Não obstante, para Luís Roberto Barros e Patrícia Perrone Campos Mello, os conceitos de tese e *ratio* se baralham, uma vez que, *verbis*: "O CPC/2015 acolheu categorias muito semelhantes àquelas do direito comparado. Determinou, assim, que o teor vinculante do precedente corresponderá à tese firmada no julgamento (art. 988, III, IV e § 4º c/c art. 987, § 2º). Previu, também, que a tese não se confunde com os fundamentos da decisão, embora reconheça a importância destes para determinar o teor e o alcance daquela. O exame sistemático dos vários dispositivos que tratam do assunto permite a definição da tese como um conceito assemelhado ao conceito de *ratio decidendi* do *common law*, ou seja, como uma descrição do entendimento jurídico firmado pela corte como premissa necessária para a decisão do caso" (BARROSO, Luís Roberto. MELLO, Patrícia Perrone Campos. Trabalhando com uma nova lógica: a ascensão dos precedentes no direito brasileiro. Disponível em <http://s.conjur.com.br/dl/artigo-trabalhando-logica-ascensao.pdf> Acesso em 24.02.2019, p. 46).

41. FERRAZ, Taís Schilling. *Ratio decidendi* x tese jurídica. A busca pelo elemento vinculante do precedente brasileiro. *RePro*. São Paulo, v. 265, p. 419-441, mar. 2017.

2º; 988, § 4º; e 1.039[42]. Por isso, no mais das vezes, os fundamentos da decisão são mais abrangentes que a tese a partir deles formada. Nos Estados Unidos, o método colegiado de decisão no julgamento pela Suprema Corte é *reservado* e *deliberativo*, pois a decisão final é formada a portas fechadas e levando-se em conta a posição da maioria em determinado sentido; no Brasil, ao contrário, o método é *público* e *agregativo*, de modo que aqui o resultado é alcançado aritmeticamente, sem que, porém, a tese formada decorra necessariamente dos mesmos fundamentos utilizados pela maioria dos julgadores, o que torna maior a dificuldade de sabermos se a tese final foi de fato adotada pela maior parte do colegiado, porquanto cada um dos magistrados que compôs a maioria pode ter adotado um fundamento distinto para tanto.[43]

Há, no *Common Law*, dois métodos clássicos para se definir a *ratio decidendi* e o seu alcance. Se utilizado o método "**fático-concreto**", a extensão do precedente será mais restrita, já que este somente poderá ser utilizado para casos realmente muito semelhantes. De outro lado, de acordo com o método "**abstrato-normativo**"[44], a *ratio decidendi* terá em conta a norma mais adequada para solucionar todas

---

42. "Art. 979. A instauração e o julgamento do incidente serão sucedidos da mais ampla e específica divulgação e publicidade, por meio de registro eletrônico no Conselho Nacional de Justiça.

    [...]

    § 2º Para possibilitar a identificação dos processos abrangidos pela decisão do incidente, o registro eletrônico das **teses** jurídicas constantes do cadastro conterá, no mínimo, os fundamentos determinantes da decisão e os dispositivos normativos a ela relacionados."

    "Art. 988. Caberá reclamação da parte interessada ou do Ministério Público para:

    (...)

    III – garantir a observância de enunciado de súmula vinculante e de decisão do Supremo Tribunal Federal em controle concentrado de constitucionalidade;

    IV – garantir a observância de acórdão proferido em julgamento de incidente de resolução de demandas repetitivas ou de incidente de assunção de competência;

    (...)

    § 4º As hipóteses dos incisos III e IV compreendem a aplicação indevida da **tese** jurídica e sua não aplicação aos casos que a ela correspondam".

    "Art. 1.039. Decididos os recursos afetados, os órgãos colegiados declararão prejudicados os demais recursos versando sobre idêntica controvérsia ou os decidirão aplicando a **tese** firmada".

43. "A *ratio decidendi* ou o *holding* não é o próprio fundamento aprovado pela maioria para decidir. A *ratio decidendi* ou a tese é uma descrição do entendimento jurídico que serviu de base à decisão. Essa diferença sutil foi objeto dos debates travados durante o julgamento da ADI 4697, quando parte do pleno do Supremo Tribunal Federal inclinou-se a aprovar, como tese afirmada no julgamento, a proposição segundo a qual é constitucional a lei que delega a fixação da anuidade aos Conselhos Profissionais, desde que determine o seu limite máximo e defina parâmetros para a sua gradação. No caso, o fundamento da decisão era a compatibilidade da delegação da competência para definir tal anuidade com o princípio da legalidade, na medida em que a lei delimitava ao menos seu teto e critérios mínimos de escalonamento" (BARROSO, Luís Roberto. MELLO, Patrícia Perrone Campos. Trabalhando com uma nova lógica: a ascensão dos precedentes no direito brasileiro. Disponível em <http://s.conjur.com.br/dl/artigo-trabalhando-logica-ascensao.pdf> Acesso em 24.02.2019, p. 22).

44. É neste método que a doutrina brasileira se escuda para afirmar que um julgado vinculante, além de criar a norma individual para resolver o caso concreto, "também cria outra norma, de caráter geral, que servirá

as demandas que se encontrem dentro de uma apropriada categoria de similitude, o que poderá gerar um precedente muito assemelhado a uma norma geral e abstrata. Uma tese muito restrita às particularidades do caso concreto que lhe deu origem pode tornar-se pouco aplicável, ao passo que a sua excessiva generalização pode acabar usurpando a função legislativa.[45] Mister, portanto, que se conjuguem os dois métodos, a fim de não se limitar excessivamente a aplicação de um precedente, de um lado, nem se alargar em demasia sua incidência, de outro.[46]

A partir dessa distinção entre ***tese*** (a incidir sobre casos *idênticos*), ***fundamentação*** (a ser extraída do Direito posto) e ***ratio*** (a incidir sobre situações *semelhantes* ou *análogas*), Teresa Arruda Alvim e Bruno Dantas[47] traçam dura crítica à redação que prevaleceu no CPC, relativamente ao tratamento equivalente dado pelo legislador ao recurso extraordinário avulso e aos repetitivos. Para os críticos, as teses firmadas em RE deveriam ser aplicadas somente a casos repetitivos[48], ao passo que a *ratio*, extraída de qualquer julgamento, ainda que não decorrente da litigância de massa, deveria nortear a resolução de todo e qualquer processo cujo substrato fático não seja idêntico, mas ao menos semelhante. Nessa hipótese, embora a *ratio* esteja contida na *tese*, ela não se confundiria com esta, na medida em que é menos específica e, por isso, mais maleável que a tese.

---

de baliza decisória para os casos idênticos" (CRAMER, Ronaldo. *Precedentes judiciais*: teoria e dinâmica. Rio de Janeiro: Forense, 2016, p. 89). Ao aplicar esse método, o órgão colegiado deve ter o cuidado, porém, de não criar uma norma cuja formulação não era necessária e suficiente à resolução do caso concreto, pois, nesse caso, o Judiciário estaria usurpando a função primordial do Legislativo.

45. "O exemplo clássico utilizado pela doutrina para ilustrar a situação acima corresponde ao precedente proferido em *Donoghue v. Stevenson* (1932). A demanda neste caso teve por pano de fundo o fato de que a autora entrou em um bar e ali comprou e consumiu o conteúdo de uma garrafa opaca de *ginger beer*, até verificar que havia uma lesma morta dentro dela. Na sequência, a autora contraiu gastroenterite severa e sofreu danos em virtude do incidente. Por isso, postulou uma indenização em face do produtor. A corte condenou o produtor a indenizar a autora porque entendeu que ele tinha o dever de controlar a qualidade do seu produto e que era previsível que a omissão no cumprimento deste dever poderia gerar danos a seus consumidores. A partir destes fatos, o *holding* da decisão poderia ser formulado, de forma bem restritiva, nos seguintes termos: "sempre que bebidas contaminadas, acondicionadas em garrafas opacas, gerarem danos a quem consumi-las, seu produtor estará obrigado a indenizar os prejudicados". O *holding* poderia, ainda, ser formulado em diferentes níveis de generalidade, para estabelecer que: sempre que o produtor de alimentos gerar danos ao consumidor, por falha no dever de controlar a sua qualidade, estará obrigado a indenizá-lo; ou sempre que um produtor de qualquer bem ou o fornecedor de qualquer serviço gerar danos ao consumidor, deverá indenizá-lo; ou sempre que o produtor de bens ou o fornecedor de serviços, inclusive de bens imóveis, gerar danos ao consumidor, deverá indenizá-lo; ou, por fim, qualquer um que gere dano a outrem está obrigado a indenizar" (BARROSO, Luís Roberto. MELLO, Patrícia Perrone Campos. Trabalhando com uma nova lógica: a ascensão dos precedentes no direito brasileiro. Disponível em <http://s.conjur.com.br/dl/artigo-trabalhando-logica-ascensao.pdf> Acesso em 24.02.2019, p. 21).

46. Idem.

47. ALVIM, Teresa Arruda; DANTAS, Bruno. *Recurso Extraordinário e Recurso Especial e a nova função dos Tribunais Superiores no Direito brasileiro*. 4ª ed. São Paulo: Revista dos Tribunais, 2017, pp. 409/412.

48. O CPC define no art. 928 o que deve ser considerado como julgamento de casos repetitivos, *verbis*: "Art. 928. Para os fins deste Código, considera-se julgamento de casos repetitivos a decisão proferida em: I - incidente de resolução de demandas repetitivas; II - recursos especial e extraordinário repetitivos. Parágrafo único. O julgamento de casos repetitivos tem por objeto questão de direito material ou processual."

Por ser mais genérica, a *ratio* aplica-se sempre que houver caso assemelhado, não demandando, todavia, a identidade exigida pela *tese*.

Um exemplo prático de aplicação, dado pela própria Teresa Arruda Alvim, pode ilustrar a distinção entre *ratio* e *tese*, além de demonstrar que um mesmo julgamento pode oferecer ambos os institutos para futura aplicação (seja da *ratio*, seja da *tese*), *verbis*:

> O STF fixou, recentemente, *tese* de repercussão geral, no RE 855.178, em que se discutia a responsabilidade solidária dos entes federados pela prestação dos serviços públicos relativos à saúde, bem como o devido ressarcimento financeiro àquele que prestou o serviço.
>
> Extraindo-se a *ratio*, poder-se-ia sustentar a aplicação da tese, também para os casos em que envolvam prestação do serviço público na área da educação, para os quais o precedente seria vinculante.[49]

Como se vê no exemplo acima, o mesmo julgamento proferido pelo Supremo passa, de um lado, a regular casos idênticos (por mera aplicação chapada da *tese* ali contida aos processos que versem sobre serviços públicos de saúde) e, de outro lado, a nortear a resolução de casos assemelhados ou análogos, mediante a aplicação, também vinculante, da sua *ratio* a processos que tratem de serviços públicos de educação, v.g.

7. CONCLUSÃO

Concluímos que atende aos requisitos dos artigos 102, III, e 105, III, da Carta de 1988 o recurso extraordinário ou especial interposto em face de acórdão proferido em IRDR, por meio do qual o recorrente, ao dirigir-se ao STF ou STJ, objetive apenas estender a todo o território brasileiro a tese ali fixada ou manter a suspensão nacional dos processos abrangidos por idêntica questão jurídica, na forma do art. 982, §§ 3º e 4º.

O interesse a animar tais recursos excepcionais é presumido pelo próprio CPC[50] e independe de o recorrente demonstrar, em seu recurso excepcional, que o acórdão regional ou estadual tenha realmente violado norma de lei federal ou da Constituição da República, desde que ao menos demonstre o cabimento formal do recurso e o prequestionamento da matéria, vale dizer: que o eventual REsp verse sobre tratado ou interpretação legal e o RE, de tema constitucional.

---

49. ALVIM, Teresa Arruda. STJ acerta ao fixar tese antes de julgar recurso repetitivo. Publicado no site *Consultor Jurídico* em 05.06.2019. Disponível em: https://www.conjur.com.br/2019-jun-05/teresa-arruda-alvim-stj-acerta-fixar-tese-antes-julgar-repetitivo. Acesso em 25.06.2019.

50. Essa presunção legal, embora não seja absoluta e nem textualmente explícita, pode ser haurida do art. 987 do CPC, cujas normas presumem a repercussão geral do RE, dotam de efeito suspensivo tanto o RE quanto o REsp e preveem a aplicabilidade nacional do que for decidido nesses recursos.

O recorrente nem mesmo precisaria ser sucumbente para ter acesso à via extraordinária ou especial.

Sob esse prisma, pense-se no Ministério Público, na Defensoria Pública ou até mesmo na parte vencedora que, objetivando que a tese fixada regionalmente se torne nacional, recorra ao STF ou STJ apenas para que a discussão se estabilize nacionalmente. A União, por exemplo, possui interesse em que temas sensíveis à Administração Pública sejam decididos com efeitos para todo o território nacional, de modo que a interpretação favorável à Fazenda não fique restrita aos limites espaciais do Tribunal Regional onde tramitou o IRDR. O interesse recursal aqui se daria em nome da isonomia e da segurança jurídica, vetores axiológicos essenciais do Novo Código e, em especial, do IRDR.

Sendo escopo do IRDR a uniformização da interpretação das normas jurídicas, presume-se que a interpretação de um dispositivo constitucional ou de uma lei federal não interesse a apenas um tribunal regional ou estadual, mas sim a todo o Poder Judiciário, a cujos tribunais de superposição a Constituição atribui, por meio dos recursos de direito estrito, a precípua missão de harmonizar a hermenêutica do Direito posto.

Portanto, procuramos defender, ao longo do presente ensaio, que não deve haver rigorismo exacerbado no juízo de admissibilidade dos recursos excepcionais interpostos em face de tese fixada em IRDR, dada a premente necessidade de ressignificação dos requisitos necessários à provocação das instâncias superiores no que tange à interpretação das leis federais e da Constituição, sobretudo diante do novel microssistema de solução de questões repetitivas inaugurado pelo Código de 2015.

Diversamente do que motivou o legislador a optar, por exemplo, pela extensão apenas *in utilibus* da tutela coletiva – em que se prestigiou o direito individual em detrimento da solução coletiva desfavorável[51] –, o questionamento objeto deste artigo não passa pelo tradicional dilema entre privilegiar-se a proteção às garantias fundamentais do devido processo legal, de um lado, ou a busca pela máxima efetividade processual, de outro.

Tal dilema costuma colocar em polos opostos a proteção ortodoxa de direitos individuais específicos e o pragmatismo das soluções padronizadas, revelando-se a tensão normalmente existente entre a segurança jurídica em sua dimensão subjetiva (intangibilidade de situações individuais e atomizadas) e a estabilidade do sistema normativo (segurança jurídica em sua dimensão objetiva).

51. No regime de extensão dos efeitos da coisa julgada nas ações coletivas, a dar-se *secundum eventum litis*, o legislador infraconstitucional optou por laborar em prol da preservação das garantias processuais fundamentais, mitigando consideravelmente a efetividade da tutela coletiva, visto que, nos casos de improcedência da demanda, resta assegurada a possibilidade de ajuizamento de ações individuais pelos membros substituídos, os quais não podem ser prejudicados pela derrota do substituto processual.

Admitir que o interesse recursal na via excepcional seja apenas o de estender ao âmbito nacional uma tese regional ou estadual firmada em IRDR, independentemente de quaisquer outros interesses ou direitos subjetivos específicos, não implica grandes concessões em favor de nenhum dos pilares centrais do processo acima referidos.

A única mitigação que se deve registrar diz respeito à garantia fundamental da duração razoável do processo, erigida à condição de norma processual fundamental pela Constituição da República (desde a Emenda nº 45/2004) e pelo art. 3º do CPC.

Com efeito, ao evitar a formação de coisa julgada em âmbito regional ou estadual, a admissibilidade presumida do recurso especial interposto por qualquer interessado também terá o condão de manter a suspensão de processos com temas comuns em todo o território nacional, de tal sorte que essa suspensão vigorará até o trânsito em julgado da decisão a ser proferida pelo STJ no IRDR, de acordo com o que estabelece o art. 271-A, § 3º, do Regimento Interno do STJ. Isso certamente prejudicará a celeridade.

Todavia, trata-se de mera flexibilização da razoável duração do processo, que não poderá exceder o limite máximo de tempo de suspensão previsto no art. 1037, § 4º, do CPC, haja vista que o sobrestamento das causas contendo a mesma questão jurídica não deveria superar o interregno de um ano, prazo dentro do qual caberá ao STJ julgar definitivamente a controvérsia jurídica.

Como sustentado desde a Introdução, parte-se da premissa segundo a qual o IRDR tem por escopo precípuo a fixação de tese jurídica central, dada a sua natureza jurídica de procedimento-modelo, o que o afasta, por via de consequência, da lógica que rege as ações individuais por excelência, que têm como finalidade exclusiva a definição da titularidade do direito material em disputa.

Por fim, esperamos que a conclusão ora sustentada convirja com as diretrizes centrais do CPC de primazia do mérito e de fortalecimento dos pronunciamentos jurisdicionais qualificados, visando-se com isso a potencializar as virtudes do IRDR, especialmente no que concerne às questões jurídicas repetitivas de âmbito nacional.

8. REFERÊNCIAS BIBLIOGRÁFICAS

ALVIM, Teresa Arruda. STJ acerta ao fixar tese antes de julgar recurso repetitivo. Publicado no site *Consultor Jurídico* em 05.06.2019. Disponível em: https://www.conjur.com.br/2019-jun-05/teresa-arruda-alvim-stj-acerta-fixar-tese-antes-julgar-repetitivo. Acesso em 25.06.2019.

ALVIM, Teresa Arruda; DANTAS, Bruno. *Recurso Extraordinário e Recurso Especial e a nova função dos Tribunais Superiores no Direito brasileiro.* 4ª ed. São Paulo: Revista dos Tribunais, 2017.

BARROSO, Luís Roberto. MELLO, Patrícia Perrone Campos. Trabalhando com uma nova lógica: a ascensão dos precedentes no direito brasileiro. Disponível em <http://s.conjur.com.br/dl/artigo-trabalhando-logica-ascensao.pdf> Acesso em 24.02.2019.

CABRAL, Antonio do Passo. Do incidente de resolução de demandas repetitivas. In: CABRAL, Antonio do Passo; CRAMER, Ronaldo (coords.). *Comentários ao novo Código de Processo Civil*. Rio de Janeiro: Forense, 2015.

________. A escolha da causa-piloto nos incidentes de resolução de processos repetitivos. *Revista de Processo*. São Paulo, v. 231, ano 39, maio 2014.

CÂMARA, Alexandre Freitas. *O novo processo civil brasileiro*. 2ª ed. Rio de Janeiro: Atlas, 2016.

CAMARGO, Luiz Henrique Volpe. O incidente de resolução de demandas repetitivas no projeto de novo CPC: a comparação entre a versão do Senado Federal e a da Câmara dos Deputados. In: FREIRE, Alexandre; DANTAS, Bruno; NUNES, Dierle; DIDIER JR., Fredie; MEDINA, José Miguel Garcia; FUX, Luiz; CAMARGO, Luiz Henrique Volpe; OLIVEIRA, Pedro Miranda de (orgs.). *Novas tendências do processo civil*. Salvador: Juspodivm, 2014, v. 3.

CAMBI, Eduardo; FOGAÇA, Mateus. Incidente de resolução de demandas repetitivas no novo Código de Processo Civil. *Revista de Processo*. São Paulo, v. 243, p. 333-362, maio-2015.

CRAMER, Ronaldo. *Precedentes judiciais*: teoria e dinâmica. Rio de Janeiro: Forense, 2016.

CROSS, Rupert; HARRIS, Jim W. *Precedent in English Law*. 4th edition. Oxford: Clarendon Press, 2004.

DANTAS, Bruno. Comentários ao art. 978. In: ALVIM, Teresa Arruda; DIDIER JR., Fredie; TALAMINI, Eduardo; DANTAS, Bruno (coords.). *Breves comentários ao novo Código de Processo Civil*. São Paulo: RT, 2015.

DIDIER Jr., Fredie; CUNHA, Leonardo José Carneiro da. *Meios de impugnação às decisões judiciais e processo nos tribunais*. 16ª ed. Salvador: Juspodivm, 2019. vol. 3.

FERRAZ, Taís Schilling. *Ratio decidendi* x tese jurídica. A busca pelo elemento vinculante do precedente brasileiro. *RePro*. São Paulo, v. 265, p. 419-441, mar. 2017.

GRECO, Leonardo. Publicismo e privatismo no processo civil. *Revista de Processo*. São Paulo, v. 164, 2008.

MAcCORMICK, Donald Neil. *Retórica e o Estado de Direito*. Tradução de Conrado Hübner. Rio de Janeiro: Elsevier, 2008.

MANCUSO, Rodolfo de Camargo. *Divergência jurisprudencial e súmula vinculante*. 4ª. ed. rev., atual. e ampl. São Paulo: Revista dos Tribunais, 2010.

MARINONI, Luiz Guilherme; ARENHART, Sérgio Cruz; MITIDIERO, Daniel. *O novo processo civil*. 2ª ed. rev., atual. e ampl. São Paulo: Revista dos Tribunais, 2016.

________. *Precedentes obrigatórios*. São Paulo: Revista dos Tribunais, 2010.

MAZZOLA, Marcelo. O processamento do IRDR pela sistemática do repetitivo no STJ: mais um filtro ou mera equalização procedimental? Disponível em: https://www.migalhas.com.br/dePeso/16,MI263792,-101048-O+processamento+do+IRDR+pela+sistematica+do+repetitivo+no+STJ+mais+um. Acesso em 03/07/2019.

________. O impacto do IRDR nas ações de propriedade industrial. Disponível em: https://www.conjur.com.br/2015-set-30/marcelo-mazzola-impacto-irdr-acoes-propriedade-industrial. Acesso em 02/07/2019.

MELLO, Patrícia Perrone Campos. *Precedentes*: o desenvolvimento judicial do direito no constitucionalismo contemporâneo. Rio de Janeiro: Renovar, 2008.

MENDES, Aluisio Gonçalves de Castro. *Incidente de Resolução de Demandas Repetitivas*: sistematização, análise e interpretação do novo instituto processual. Rio de Janeiro: Forense, 2017.

________. RODRIGUES, Roberto de Aragão Ribeiro. Reflexões sobre o incidente de resolução de demandas repetitivas previsto no Projeto de novo Código de Processo Civil. ***Revista de Processo***. São Paulo, v. 211, p. 191-207, 2012.

MENDES, Aluisio Gonçalves de Castro. TEMER, Sofia. O incidente de resolução de demandas repetitivas do novo Código de Processo Civil. *Revista de Processo*. São Paulo: Revista dos Tribunais, 2015, v. 243.

MITIDIERO, Daniel. Precedentes, jurisprudência e súmulas no Novo Código de Processo Civil Brasileiro. *Revista de Processo*. São Paulo, vol. 245, p. 333-349, julho/2015.

NEVES, Daniel Amorim Assumpção. *Novo Código de Processo Civil*. 3ª ed. rev., atual. e ampl. Rio de Janeiro: Forense; São Paulo: MÉTODO, 2016.

NUNES, Dierle. Do julgamento dos recursos extraordinário e especial repetitivos. In: ALVIM, Teresa Arruda; DIDIER JR., Fredie; TALAMINI, Eduardo; DANTAS, Bruno (coords.). *Breves comentários ao novo Código de Processo Civil*. São Paulo: RT, 2015.

OLIVEIRA, Guilherme Peres de. Incidente de resolução de demandas repetitivas – uma proposta de interpretação de seu procedimento. In: FREIRE, Alexandre; DANTAS, Bruno; NUNES, Dierle; DIDIER JR., Fredie; MEDINA, José Miguel Garcia; FUX, Luiz; CAMARGO, Luiz Henrique Volpe; OLIVEIRA, Pedro Miranda de (orgs.). *Novas tendências do processo civil*. Salvador: Juspodivm, 2014, v. 2.

PINHO, Humberto Dalla Bernardina de. *Manual de direito processual civil contemporâneo*. São Paulo: Saraiva Educação, 2019.

PINHO, Humberto Dalla Bernardina de. RODRIGUES, Roberto de Aragão Ribeiro. O microssistema de formação de precedentes judiciais vinculantes previsto no Novo CPC. *Revista de Processo*. São Paulo, vol. 259, p. 405-435, set. 2016.

RODRIGUES, Roberto de Aragão Ribeiro. *Precedente formado em casos repetitivos*: eficácia, *issue preclusion* e as teses jurídicas prejudiciais. Curitiba: Juruá, 2017.

RODRIGUES JUNIOR, Otávio Luiz. As relações entre a doutrina e a jurisprudência. Consultor Jurídico. <http://www.conjur.com.br/2012-out-24/direito-comparado-relacoes-entre-doutrina-jurisprudencia>. Acesso em 12/09/2017.

STRÄTZ, Murilo. *Teoria dos pronunciamentos judiciais vinculantes*: dos fundamentos jusfilosóficos ao utilitarismo consequencialista no regime instituído pelo novo Código de Processo Civil. Rio de Janeiro: Gramma Livraria e Editora, 2017.

___________. Aportes à desmistificação do art. 927 do novo Código de Processo Civil. *Revista de Processo*. São Paulo, vol. 269, ano 42, p. 433-466, julho/2017.

STRECK, Lenio Luiz. *O que é isto?* O sistema (sic) de precedentes no CPC. Disponível em http://www.conjur.com.br/2016-ago-18/senso-incomum-isto-sistema-sic-precedentes-cpc#_ftnref2. Acesso em 10.01.2019.

TEMER, Sofia. *Incidente de resolução de demandas repetitivas*. Salvador: Juspodivm, 2016.

2

A IMPUGNAÇÃO DA DECISÃO QUE JULGA O IRDR: QUESTÕES CONTROVERTIDAS

Nathalia Ribeiro[1]

Sumário: 1 – Introdução. 2 – Breves considerações sobre o microssistema de precedentes: necessária contextualização. 3 – Recursos cabíveis para impugnar decisões proferidas em sede de IRDR. 4 – Os principais entraves ao cabimento de recursos para as Cortes Superiores: *"causas decididas em única ou última instância"* e a incidência do enunciado nº 513 do STF. 5 – O cabimento dos recursos à luz dos princípios que norteiam o microssistema de precedentes. 6 – Cabimento dos recursos na prática: posicionamento dos Tribunais Superiores com três anos de vigência do CPC/15. 7 – Interesse e legitimidade. 8 – Conclusão. 9 – Referências bibliográficas.

1. INTRODUÇÃO

Após quase meio século de vigência do CPC/73, observou-se a necessidade de redação de um novo código que atendesse aos anseios da sociedade civil contemporânea e à evolução do direito processual.

Foi nesse contexto de transformação social que foi editado o CPC/15, materializando importantes inovações e quebrando alguns paradigmas. Entre as principais mudanças destaca-se a criação do microssistema de formação de precedentes vinculativos, no qual está inserido o Incidente de Resolução de Demandas Repetitivas (IRDR).

Importante ter em mente que esse microssistema foi idealizado como forma de solucionar a litigância massificada que abarrota o judiciário e, ao mesmo tempo, garantir a observância dos princípios constitucionais da isonomia e da segurança jurídica, colocando, assim, um ponto final na malfadada justiça lotérica.

Especificamente em relação ao IRDR, louvável a preocupação do legislador com a construção de um procedimento plural, com contraditório ampliado, como forma de legitimar a vinculação de suas decisões às ações em curso e aos casos futuros que versem sobre idêntica questão jurídica.

---

1. Mestranda em Direito Processual Civil pela Universidade do Estado do Rio de Janeiro (UERJ). Pós-Graduada em Direito Processual Civil pela Escola da Magistratura do Estado do Rio de Janeiro (EMERJ). Graduada em Direito pela Universidade Federal do Estado do Rio de Janeiro. Coordenadora Adjunta de Processo Civil da Escola Superior de Advocacia/RJ. Advogada.

Da mesma forma, o estabelecimento de um sistema recursal consistente em sede de IRDR reforça a sua legitimidade vinculativa. O presente estudo será dedicado à análise de questões controvertidas relativas ao cabimento dos recursos contra a decisão que julga o IRDR e a relevância da sistemática recursal para o microssistema de precedentes vinculativos.

2. BREVES CONSIDERAÇÕES SOBRE O MICROSSISTEMA DE PRECEDENTES: NECESSÁRIA CONTEXTUALIZAÇÃO

Antes de avançar ao tema objeto do presente estudo (cabimento de recursos em IRDR propriamente dito), afigura-se necessário fazer uma brevíssima contextualização sobre o microssistema de precedentes,[2] que foi inserido em nosso ordenamento jurídico pelo CPC/15.

Como visto, uma das mais profundas e significativas inovações introduzidas pelo CPC/15 foi justamente a adoção de um microssistema de precedentes judiciais obrigatórios (art. 927), garantindo-se integridade, estabilidade e coerência à jurisprudência de nossos tribunais (art. 926).

Importante registrar que essa novidade do CPC/15 é a coroação de uma tendência que vem se fortalecendo desde a década de 1990, já na vigência da Constituição Federal de 1988.[3]

Sob a ótica constitucional, a Emenda Constitucional nº 3 de 1993 incluiu no texto da Carta Magna a ação declaratória de constitucionalidade, ratificou a previsão da arguição de descumprimento de preceito fundamental, bem como estabeleceu que as decisões de mérito dessas ações têm eficácia vinculante.

Na década seguinte, mais precisamente em 2004, a Emenda Constitucional nº 45 estabeleceu a eficácia vinculante de todas as decisões proferidas em con-

---

2. Enunciado nº 459 do Fórum Permanente de Processualistas Civis (FPPC): As normas sobre fundamentação adequada quanto à distinção e superação e sobre a observância somente dos argumentos submetidos ao contraditório são aplicáveis a todo o microssistema de formação dos precedentes.

   Enunciado nº 460 do Fórum Permanente de Processualistas Civis (FPPC): O microssistema de aplicação e formação dos precedentes deverá respeitar as técnicas de ampliação do contraditório para amadurecimento da tese, como a realização de audiências públicas prévias e participação de *amicus curiae*.

3. "Constata-se, por outro lado, uma nítida tendência evolutiva no sentido de se emprestar cada vez mais importância à jurisprudência e aos precedentes judiciais, na esteira do que já ocorre em muitos ordenamentos filiados ao sistema continental-europeu. O fenômeno da concessão de maior eficácia às decisões judiciais pode ser identificado nas numerosas reformas havidas na legislação processual brasileira nas últimas décadas. Em decorrência dessas consecutivas modificações, encontram-se, em nosso sistema atual, precedentes com eficácia de níveis distintos, quais seja, persuasivos, impeditivos de recursos e, em grau máximo, vinculantes. A atribuição de força vinculante aos precedentes judiciais é sobremaneira conveniente para a racionalidade da jurisdição em um país de dimensões continentais como o nosso, no qual o grande número de tribunais estaduais e federais inspira, necessariamente, uma superior preocupação com a uniformidade do direito" (PINHO, Humberto Dalla Bernardina de; RODRIGUES, Roberto de Aragão Ribeiro. O microssistema de formação de precedentes judiciais vinculantes previsto no novo CPC. In: DIDIER JUNIOR, Fredie; CUNHA, Leonardo Carneiro da (Org.). *Julgamento de casos repetitivos*. Salvador: Juspodivm, 2017. p. 281-310).

trole concentrado de constitucionalidade (Judiciário e Administração Pública Direta e Indireta) e instituiu a súmula vinculante do Supremo Tribunal Federal.

Na esfera infraconstitucional, as reformas sofridas pelo Código de Processo Civil de 1973, sobretudo a partir da década de 1990, passaram a conferir efeito uniformizador e vinculante à jurisprudência, desenvolvendo mecanismos de aceleração do procedimento quando se verificasse a existência de súmula ou posicionamento reiterado do tribunal. Seguindo essa tendência, ainda na vigência do CPC/73, o legislador criou a sistemática de julgamento de recursos especiais e extraordinários repetitivos, atribuindo a eles eficácia vinculante.[4]

Foi justamente nesse contexto de valorização dos precedentes e de busca pela segurança jurídica, pela isonomia e pela eficiência processual que nasceu o CPC/15.

A própria exposição de motivos do código em vigor[5] revela a preocupação do legislador com a uniformidade e a estabilidade da jurisprudência, além da necessidade de redução do número de recursos perante os tribunais.

Nesse contexto, o CPC/15 ratificou os dispositivos constitucionais que conferem efeito vinculativo às decisões de mérito proferidas pelo STF em controle concentrado de constitucionalidade e às súmulas vinculantes, bem como atribuiu o mesmo efeito às súmulas do STF e do STJ (dentro de suas respectivas competências), às decisões proferidas nos novos incidentes de uniformização (inci-

---

4. "O legislador brasileiro inequivocamente já havia importado, portanto, mesmo antes da promulgação do Novo CPC, a técnica do precedente vinculante ou obrigatório. Não trouxe com isso, porém, o mais importante, que é a técnica cuidadosa de se tomar em conta todas as circunstâncias do caso, ouvir atentamente os argumentos por analogia e diferenciação, justificar sua decisão em argumentos de princípio e argumentos consequencialistas e assegurar a igualdade das partes e a integridade de suas decisões" (ZANETI JR., Hermes. *O valor vinculante dos precedentes*. Salvador: Juspodivm, 2015).

5. "O novo Código prestigia o princípio da segurança jurídica, obviamente de índole constitucional, pois que se hospeda nas dobras do Estado Democrático de Direito e visa a proteger e a preservar as justas expectativas das pessoas. Todas as normas jurídicas devem tender a dar efetividade às garantias constitucionais, tornando 'segura' a vida dos jurisdicionados, de modo a que estes sejam poupados de 'surpresas', podendo sempre prever, em alto grau, as consequências jurídicas de sua conduta. Se, por um lado, o princípio do livre convencimento motivado é garantia de julgamentos independentes e justos, e neste sentido mereceu ser prestigiado pelo novo Código, por outro, compreendido em seu mais estendido alcance, acaba por conduzir a distorções do princípio da legalidade e à própria ideia, antes mencionada, de Estado Democrático de Direito. A dispersão excessiva da jurisprudência produz intranquilidade social e descrédito do Poder Judiciário. Se todos têm que agir em conformidade com a lei, ter-se-ia, ipso facto, respeitada a isonomia. Essa relação de causalidade, todavia, fica comprometida como decorrência do desvirtuamento da liberdade que tem o juiz de decidir com base em seu entendimento sobre o sentido real da norma. A tendência à diminuição16 do número17 de recursos que devem ser apreciados pelos Tribunais de segundo grau e superiores é resultado inexorável da jurisprudência mais uniforme e estável. Proporcionar legislativamente melhores condições para operacionalizar formas de uniformização do entendimento dos Tribunais brasileiros acerca de teses jurídicas é concretizar, na vida da sociedade brasileira, o princípio constitucional da isonomia. Criaram-se figuras, no novo CPC, para evitar a dispersão18 excessiva da jurisprudência. Com isso, haverá condições de se atenuar o assoberbamento de trabalho no Poder Judiciário, sem comprometer a qualidade da prestação jurisdicional." Disponível em https://www2.senado.leg.br/bdsf/bitstream/handle/id/512422/001041135.pdf. Acesso em 24.08.2019.

dentes de assunção de competência e de resolução de demandas repetitivas), aos julgamentos de recursos especiais e extraordinários repetitivos e à orientação do órgão mais qualificado de cada tribunal (art. 927).

Dentro dessa sistemática destaca-se o microssistema de solução de casos repetitivos (art. 928), formado pelo Incidente de Resolução de Demandas Repetitivas (IRDR) e pelos recursos especiais e extraordinários repetitivos.[6][7]

Especificamente em relação ao IRDR, este foi criado com inspiração no *Musterverfahen* do direito alemão[8] e pode ser definido como mecanismo de julgamento por amostragem que produz decisões definidoras de teses jurídicas.[9]

Trata-se, portanto, de "*procedimento voltado para a questão de direto controvertida, no qual o conteúdo do acórdão abrangerá a análise de todos os fundamentos suscitados concernentes à tese jurídica discutida. Julgado o incidente, a tese jurídica será aplicada a todos os processos individuais ou coletivos que versem sobre idêntica questão de direito e que tramitem na área de jurisdição do respectivo tribunal (e não apenas no próprio tribunal), inclusive àqueles que tramitem nos juizados especiais do respectivo estado ou região, bem como aos casos futuros que versem idêntica questão de direito e que venham a tramitar em território de competência do tribunal*".[10]

6. Enunciado 345 do Fórum Permanente de Processualistas Civis (FPPC): "O incidente de resolução de demandas repetitivas e o julgamento dos recursos extraordinários e especiais repetitivos formam um microssistema de solução de casos repetitivos, cujas normas de regência se complementam reciprocamente e devem ser interpretadas conjuntamente"

7. Para Fredie Didier Junior e Leonardo Carneiro da Cunha, o IRDR e os recursos repetitivos compõem dois microssistemas correlatos na legislação processual brasileira: "O objetivo do IRDR e dos recursos repetitivos é conferir tratamento prioritário, adequado e racional às questões repetitivas. Tais instrumentos destinam-se, em outras palavras, a gerir e decidir os casos repetitivos. Além de gerir os casos repetitivos, o IRDR e os recursos repetitivos também se destinam a formar precedentes obrigatórios, que vinculam o próprio tribunal, seus órgãos e os juízos a ele subordinados. O IRDR e os recursos especial e extraordinário repetitivos, compõem, por isso, dois microssistemas, cada um deles relacionados a uma de suas funções. Eles integram o microssistema de gestão e julgamento de casos repetitivos (art. 928, CPC) e pertencem ao microssistema de formação concentrada de precedentes obrigatórios" (DIDIER JUNIOR, Fredie; CUNHA, Leonardo Carneiro da. *Curso de Direito Processual Civil*: meios de impugnação às decisões judiciais e processo nos tribunais. 13. ed. Salvador: Juspodivm, 2016, p. 590).

8. Embora a exposição de motivos do CPC/15 trate apenas da inspiração no *Musterverfahen* do direito alemão, Aluisio Mendes, em sua obra de referência sobre o tema, traz outros institutos equivalentes existentes no direito comparado, como, por exemplo, as *Test Claims*, a *Group Litigation Order*, o *Pilot Judgement*, entre outros (MENDES, Aluisio Gonçalves de Castro. *Incidente de Resolução de Demandas Repetitivas*. Rio de Janeiro: Forense. 2017, p. 27).

9. PINHO, Humberto Dalla Bernardina de; RODRIGUES, Roberto de Aragão Ribeiro. O microssistema de formação de precedentes judiciais vinculantes previsto no CPC. *Revista de Processo*, São Paulo, v. 259, set/2016, p. 405-435.

10. MENDES, Aluisio Gonçalves de Castro. *Incidente de Resolução de Demandas Repetitivas*. Rio de Janeiro: Forense, 2017, p. 106.

O IRDR pode ser instaurado a partir de processos em curso em primeira ou segunda instâncias[11][12] e até perante os tribunais superiores[13], sendo necessário o preenchimento de três requisitos, sendo dois positivos e um negativo: (i) efetiva repetição de processos que versem sobre a mesma questão unicamente de direito; (ii) risco de ofensa à isonomia e à segurança jurídica; e (iii) a matéria repetitiva unicamente de direito não pode ter sido afetada para julgamento de recursos repetitivos (especial, extraordinário ou de revista).[14]

Uma vez admitido o IRDR, o incidente será julgado com contraditório ampliado, permitindo-se, inclusive, a participação de *amici curiae* e dos interessados na solução da controvérsia[15][16].

---

11. Enunciado nº 22 da Escola Nacional de Formação e Aperfeiçoamento de Magistrados (ENFAM): "A instauração do IRDR não pressupõe a existência de processo pendente no respectivo tribunal."

12. No mesmo sentido é o entendimento de Aluisio Gonçalves de Castro Mendes e Sofia Temer. Em sentido contrário posicionam-se Alexandre Freitas Câmara e Fredie Didier Jr.

13. "Portanto, parece ser perfeitamente cabível o Incidente de Resolução de Demandas Repetitivas nos tribunais superiores, diante de causas originárias, quando presentes os pressupostos do instituto, ainda que com modificações e adaptações que possam ser feitas nos respectivos regimentos internos" (MENDES, Aluisio Gonçalves de Castro. *Incidente de Resolução de Demandas Repetitivas*. Rio de Janeiro: Forense. 2017, p. 141). No mesmo sentido, Sofia Temer traz caso concreto em que o STJ reconheceu o cabimento de IRDR extraído de conflito de competência que versava sobre matéria repetitiva (TEMER, Sofia. *Incidente de resolução de demandas repetitivas*. 3. ed. Salvador: Juspodivm, 2018. p. 121). Em recente julgamento no STJ (AgInt na Pet 11.838), por maioria, prevaleceu o entendimento de que é cabível o IRDR no âmbito do STJ, já que não há proibição nos dispositivos legais destinados a regular o instrumento. No caso concreto, porém, a turma julgadora negou provimento ao agravo pois a demanda sobre a qual deveria incidir – a reclamação – foi inadmitida. (AgInt na Pet 11.838/MS, Rel. Ministro João Otávio de Noronha, Corte Especial, julgado em 07/08/2019, DJe 10/09/2019). Em sentido contrário, a Segunda Seção do STJ, no julgamento do IUJur no CC 144.433/GO, entendeu que a interpretação dos dispositivos do CPC/15 tem tudo a evidenciar que o STJ não tem competência originária para instaurar IRDR, mas sim competência recursal."(IUJur no CC 144.433/GO, Rel. Ministro Marco Aurélio Bellizze, Segunda Seção, julgado em 14/03/2018, DJe 22/03/2018). Em sentido contrário, a Quinta Turma do STJ entendeu que "não merece acolhida o pedido de instauração do Incidente de Resolução de Demandas Repetitivas – IRDR, formulado pelo agravante, uma vez que o referido instituto é direcionado aos Tribunais locais (Tribunal de Justiça e Tribunal Regional Federal), revelando-se inaplicável nesta Corte Superior, que apenas detém competência recursal, nos termos do art. 987 do NCPC" (AgRg no AREsp 1508273/SC, Rel. Ministro Reynaldo Soares da Fonseca, Quinta Turma, julgado em 03/09/2019, DJe 12/09/2019).

14. Art. 976, I, II e § 4º do CPC.

15. Art. 983 do CPC.

16. "É claro o sentido da disposição legal: qualquer interessado será ouvido, inclusive aqueles que estão legitimados – na forma do art. 138 do CPC/2015 – a intervir na qualidade de *amicus curiae*. Inclusive eles, mas não só eles. É que também poderão ser ouvidos, na forma do era. 983, todos aqueles que sejam partes (ou estejam na iminência de o ser) em demandas isomórficas, ou seja, em demandas integrantes da mesma série daquela que originou o processo em que instaurado o incidente de resolução de demandas repetitivas (...) A sujeitabilidade daquele terceiro à eficácia vinculante da decisão que será produzida por meio do procedimento do incidente de resolução de demandas repetitivas, portanto, é suficiente para legitimar sua intervenção naquele procedimento, como resultado do modelo constitucional de processo, de modo a ampliar subjetivamente o contraditório, que, como sabido, é característica essencial do processo. É que se não for assim, ter-se-á de considerar que a decisão proferida no incidente de resolução de demandas repetitivas produz efeitos vinculantes sobre a esfera jurídica de pessoas que não foram, e nem puderam ser, atores do procedimento de construção do padrão decisório paradigma" (CÂMARA, Alexandre de Freitas. *Levando os padrões decisórios a sério*. São Paulo: Atlas, 2018, p. 240-242).

Ao final, o tribunal fixará a tese jurídica que será aplicada a todos os processos (atuais ou futuros) de sua competência que versem (ou venham a versar) sobre idêntica questão de direito[17].

Feitos esses brevíssimos esclarecimentos sobre o sistema brasileiro de precedentes vinculativos e sobre o Incidente de Resolução de Demandas Repetitivas, passa-se a explorar detalhadamente o objeto do presente trabalho, qual seja, os recursos cabíveis contra as decisões proferidas em IRDR.

3. RECURSOS CABÍVEIS PARA IMPUGNAR DECISÕES PROFERIDAS EM SEDE DE IRDR

Ao longo da tramitação do Incidente de Resolução de Demandas Repetitivas são proferidas algumas decisões interlocutórias, inclusive de inadmissão do incidente, além do acórdão de julgamento que aprecia o mérito do IRDR e fixa a tese jurídica, que terá efeitos vinculativos perante a jurisdição daquele tribunal.

Cumpre destacar que são cabíveis embargos de declaração contra todas as decisões monocráticas ou colegiadas proferidas em sede de IRDR, desde que preenchidos os requisitos legais do artigo 1.022.[18]

Especificamente em relação às decisões monocráticas interlocutórias, Daniel Assumpção[19] defende que estas são recorríveis via agravo interno (art. 1.021), com exceção da decisão de suspensão dos processos individuais, que é uma obrigação legal do relator[20] (art. 982, I).

Aqui cabe rápido parêntese: a decisão que determina o sobrestamento das ações individuais será recorrível individualmente em cada uma das demandas, via agravo de instrumento ou agravo interno, dependendo da fase do processo

17. Art. 985 do CPC.

18. "A decisão do mérito dos incidentes será recorrível, em qualquer uma das espécies, por embargos de declaração. Nessa insurreição de fundamentação vinculada, o objetivo é melhorar a resposta jurisdicional, quando diante de erro material, omissão, obscuridades e contradições. Fica patente a relevância que ganha esse instrumento no julgamento dos casos repetitivos, em que a motivação deve obedecer a parâmetros rígidos, devendo ser apresentada de maneira particularmente clara e isenta de dúvidas. Desse modo, inquestionável o cabimento dos aclaratórios" (PORTO, José Roberto Sotero de Mello. *Teoria geral dos casos repetitivos*. Rio de Janeiro: GZ, 2018, p. 212/213).

19. NEVES, Daniel Amorim Assumpção. *Manual de Direito Processual Civil*. 11. ed. Salvador: Juspodivm, 2019, v. único, p. 1.512.

20. "Ainda que a suspensão decorra automaticamente da admissão do incidente, entendemos que não se dispensa a prolação de decisão nos processos pendentes, ainda que em bloco, com a respectiva intimação das partes acerca do sobrestamento" (TEMER, Sofia. *Incidente de resolução de demandas repetitivas*. 3. ed. Salvador: Juspodivm, 2018. p. 135).

(se o sobrestamento tiver sido determinado por juiz de primeiro grau ou relator, aplicando-se, subsidiariamente, a regra do artigo 1.037, §§ 8º a 13[21-22]).

Por sua vez, a decisão colegiada que declara a inadmissão ou o não cabimento do IRDR, não comporta a interposição de recursos especial e extraordinário.[23][24]

Primeiro, porque não se verifica a existência de pressuposto constitucional de cabimento, consistente em "causa decidida" (arts. 102, III e 105, III, da Constituição Federal). Trata-se, na verdade, de decisão interlocutória, que não aprecia o mérito do incidente e se limita a examinar seus pressupostos de cabimento.

Segundo, porque o recorrente careceria de interesse recursal, na medida em que o artigo 976, § 3º autoriza que o incidente seja novamente suscitado se restar comprovado o preenchimento do requisito que obstou sua admissibilidade.[25]

Terceiro, porque a análise do preenchimento dos requisitos legais de admissão do IRDR, ensejaria, muitas vezes, o reexame de fatos e provas, atraindo a incidência dos Enunciados das Súmulas 7 e 279 do STJ e STF, respectivamente.

Quarto, e último, porque o artigo 987 dispõe que caberá recursos especial e extraordinário da decisão que julgar o mérito do IRDR. Tal disposição legal, se compreendida a *contrario sensu*, revela o não cabimento de recursos para as cortes superiores contra decisão que inadmite o IRDR.

Da mesma forma, a decisão que admite o IRDR não comporta a interposição de recursos especial e extraordinário pelos mesmos fundamentos (mais precisamente o primeiro, o terceiro e o quarto listados acima).

Como se vê, a recorribilidade das decisões em IRDR que não enfrentam o mérito do incidente não geram grandes debates e inquietação na doutrina. Porém, o

---

21. Enunciado 345 do Fórum Permanente de Processualistas Civis (FPPC): "O disposto nos §§ 9º a 13º do art. 1.037 aplica-se, no que couber, ao incidente de resolução de demandas repetitivas".

22. O novo Código não traz expressamente tal disciplina para o IRDR, mas as regras dispostas para recursos repetitivos são facilmente aplicáveis nesta sede. Sendo assim, invocando-se a aplicação do art. 1.037, §§ 8º a 13º, tem-se que será cabível agravo de instrumento ou agravo interno, conforme a decisão seja prolatada pelo juiz de primeiro grau ou pelo relator, no Tribunal (TEMER, Sofia. *Incidente de resolução de demandas repetitivas*. 3. ed. Salvador: Juspodivm, 2018, p. 136).

23. Sobre o tema, confira-se o enunciado 556 do Fórum Permanente de Processualistas Civis (FPPC): "É irrecorrível a decisão do órgão colegiado que, em sede de juízo de admissibilidade, rejeita a instauração do incidente de resolução de demandas repetitivas, salvo o cabimento de embargos de declaração."

24. "A decisão de admissão será necessariamente colegiada (art. 981 do CPC/2015 e enunciado nº 91 do FPPC) e deverá avaliar a presença dos requisitos de cabimento do incidente. Caso decida que não estão presentes tais requisitos, o juízo de admissibilidade será negativo, em decisão irrecorrível, mas não há óbice para que o IRDR venha a ser novamente intentado, caso haja mudança em relação aos pressupostos antes ausentes (art. 976, § 3º)" (TEMER, Sofia. *Incidente de resolução de demandas repetitivas*. 3. ed. Salvador: Juspodivm, 2018. p. 129).

25. DIDIER JR, Fredie; CUNHA, Leonardo Carneiro da. Recursos contra decisão proferida em incidente de resolução de demandas repetitivas que apenas fixa tese jurídica. In: DIDIER JR., Fredie; CUNHA, Leonardo Carneiro da (coords.). *Julgamento de casos repetitivos*. Coleção Grandes Temas do novo CPC. v. 10. Salvador: Juspodivm, 2017, p. 321.

mesmo não se pode dizer da decisão que examina o mérito do IRDR e fixa a tese jurídica que deverá ser aplicada nos casos presentes e futuros.

Pois bem, conforme se verifica do artigo 987 do CPC, o legislador dispõe expressamente que caberá recursos especial e extraordinário da decisão que julga o mérito do IRDR, conferindo efeito suspensivo aos recursos e presunção de repercussão geral da questão constitucional discutida[26] – o que, em nosso sentir, deverá ser expandido para o recurso especial, em caso de aprovação da PEC 10/2017, atualmente em tramitação perante o Senado Federal, que cria o filtro de relevância para os recursos especiais ao STJ.

Quanto ao alcance da presunção de repercussão geral do Recurso Extraordinário, existe alguma divergência doutrinária. De um lado, há quem defenda que se trata de presunção legal absoluta (que não admite prova em contrário), bastando que o recorrente alegue que se trata de recurso extraordinário em IRDR para preencher o requisito da repercussão geral.[27]

De outro, algumas vozes sustentam que o melhor caminho para conciliar a revogação do artigo 1.035, § 3º, II – que assegurava a presença da repercussão geral no caso analisado (Lei 13.256/2016) –, com o artigo 987, § 1º (que permanece vigente), seria considerar como relativa a presunção de repercussão geral, demandando esforço argumentativo da Suprema Corte para afastar a presença desse pressuposto de admissibilidade no caso concreto.[28]

Após a apreciação do mérito dos recursos pelo Supremo tribunal Federal e/ou pelo Superior Tribunal de Justiça, a tese fixada terá aplicação em todo território nacional.[29]

Em reforço ao dispositivo legal acima, o artigo 138, § 3º autoriza o *amicus curiae* a recorrer da decisão que julgar o incidente de resolução de demandas repetitivas[30] e o artigo 982, §§ 3º e 4º permite a formulação de um requerimento

26. "Na realidade, é questionável que um acórdão proferido com tamanho potencial de eficácia possa deixar de ostentar repercussão geral, ante a sua vocação coletiva, a prestigiar a isonomia e a segurança jurídica" (PORTO, José Roberto Sotero de Mello. *Teoria geral dos casos repetitivos*. Rio de Janeiro: GZ, 2018, p. 216).

27. DIDIER JR., Fredie; CUNHA, Leonardo Carneiro da. *Curso de direito processual civil*: meios de impugnação às decisões judiciais e processo nos tribunais. 13. ed. reform. Salvador: Juspodivm, 2016. v. 3, p. 641.

28. PORTO, José Roberto Sotero de Mello. *Teoria geral dos casos repetitivos*. Rio de Janeiro: GZ, 2018, p. 215-216.

29. Art. 987. Do julgamento do mérito do incidente caberá recurso extraordinário ou especial, conforme o caso.

§ 1º Do julgamento do mérito do incidente caberá recurso extraordinário ou especial, conforme o caso.

§ 2º Apreciado o mérito do recurso, a tese jurídica adotada pelo Supremo Tribunal Federal ou pelo Superior Tribunal de Justiça será aplicada no território nacional a todos os processos individuais ou coletivos que versem sobre idêntica questão de direito

30. Art. 138. (...)

§ 3º O *amicus curiae* pode recorrer da decisão que julgar o incidente de resolução de demandas repetitivas.

de suspensão nacional dos processos, a partir da instauração de IRDR em determinado tribunal[31].

Na mesma linha, o artigo 1.029, § 4º estabelece que *"quando, por ocasião do processamento do incidente de resolução de demandas repetitivas, o presidente do Supremo Tribunal Federal ou do Superior Tribunal de Justiça receber requerimento de suspensão de processos em que se discuta questão federal constitucional ou infraconstitucional, poderá, considerando razões de segurança jurídica ou de excepcional interesse social, estender a suspensão a todo o território nacional, até ulterior decisão do recurso extraordinário ou do recurso especial a ser interposto"*.

Como se vê, o mosaico normativo revela que o legislador quis escancarar o cabimento de recursos especial e extraordinário contra a decisão que julgar o mérito do IRDR, além de incentivar a sua interposição.

E não poderia ser diferente, pois a apreciação pelos tribunais superiores das teses fixadas pelos tribunais locais afigura-se fundamental para viabilizar a fixação de tese em esfera nacional e, assim, garantir os propósitos da criação do incidente, quais sejam, a isonomia, a segurança jurídica e a redução do número de recursos.

Nesse particular, a Ministra Carmen Lucia já consignou que o *"sobrestamento dos 'processos pendentes, individuais ou coletivos, que tramitam no Estado ou na região' onde admitido o IRDR (inc. I do art. 982) e a possibilidade de estender-se esse sobrestamento ao território nacional favorecem a racionalidade e a eficiência processuais, contribuindo, assim, para a distribuição equânime da jurisdição sobre idêntica controvérsia posta em ações judiciais diversas"*[32].

Ora, se assim não fosse, estar-se-ia permitindo uma multiplicidade de decisões em sentidos diversos pelos tribunais locais em IRDR, além da interposição de milhares de recursos especiais nas ações individuais para discutir o a legalidade e a constitucionalidade das teses fixadas.

Importante registrar que o regimento interno do STJ se adaptou ao código em vigor e procurou trazer ainda mais força ao julgamento dos recursos especiais interpostos contra decisões que julgam o mérito do IRDR e fixam tese jurídica.

---

31. Art. 982. Admitido o incidente, o relator:

§ 3º Visando à garantia da segurança jurídica, qualquer legitimado mencionado no art. 977, incisos II e III , poderá requerer, ao tribunal competente para conhecer do recurso extraordinário ou especial, a suspensão de todos os processos individuais ou coletivos em curso no território nacional que versem sobre a questão objeto do incidente já instaurado.

§ 4º Independentemente dos limites da competência territorial, a parte no processo em curso no qual se discuta a mesma questão objeto do incidente é legitimada para requerer a providência prevista no § 3º deste artigo.

32. Decisão monocrática proferida na PET 7.0001/RS, publicada no Diário Oficial em 31.01.18.

Entre os dispositivos do RISTJ, destaca-se o art. 256-H, que prevê a tramitação diferenciada para o recurso especial interposto contra o julgamento de mérito do incidente de resolução de demandas repetitivas, conferindo a ele o mesmo tratamento dos recursos especiais repetitivos[33], que contempla, inclusive, uma fase formal de afetação.

Essa determinação regimental se justifica pela abrangência dos efeitos da decisão a ser proferida e pela necessidade de bem definir a questão jurídica submetida a julgamento com a identificação objetiva de suas etapas: afetação, sobrestamento de processos, julgamento e aplicação da tese nos demais feitos em tramitação.[34]

Porém, apesar da previsão legal expressa e da preocupação do STJ em editar normas regimentais que maximizem os efeitos dos recursos interpostos contra a decisão de mérito que julga o IRDR e fixa a tese jurídica, existem alguns entraves de ordem constitucional que precisam ser superados para chancelar o cabimento desses recursos e garantir a constitucionalidade dos dispositivos do CPC/15 sobre o tema (especialmente os arts. 987 e 1.029, § 4º).

4. OS PRINCIPAIS ENTRAVES AO CABIMENTO DE RECURSOS PARA AS CORTES SUPERIORES: "*CAUSAS DECIDIDAS EM ÚNICA OU ÚLTIMA INSTÂNCIA*" E A INCIDÊNCIA DO ENUNCIADO Nº 513 DO STF

Como se sabe, os recursos para os tribunais superiores têm hipóteses de cabimento bem delimitadas pela Constituição Federal nos artigos 102, III[35] e 105,

33. No mesmo sentido, confira-se o Enunciado nº 660 do Fórum Permanente de Processualistas Civis (FPPC): O recurso especial ou extraordinário interposto contra o julgamento do mérito do incidente de resolução de demandas repetitivas, ainda que único, submete-se ao regime dos recursos repetitivos.

34. Aqui cabe mencionar a reflexão de Marcelo Mazzola sobre a alteração no RISTJ: "não se sabe ao certo se, com a referida alteração (ou seria uma mutação?), o STJ está tentando equalizar o processamento do REsp oriundo de IRDR com a sistemática dos recursos especiais repetitivos (identificação própria no sistema informatizado, ofícios aos tribunais locais, indicação do caso na página da internet da corte especial, prazo máximo de conclusão, entre outros) ou se, na realidade, a ideia é filtrar ainda mais o cabimento direto da reclamação. Não se pode olvidar que, de acordo com o CPC/15, o Regimento Interno dos tribunais deve ser observado no processamento dos recursos repetitivos e do IRDR (arts. 978 e 1.036). Considerando que as alterações do Regimento Interno do STJ foram promovidas meses após a vigência da lei 13.256/16, quer nos parecer que a intenção foi, na prática, 'transformar' o REsp do IRDR em REsp repetitivo, a fim de que o respectivo acórdão não possa ser atacado diretamente por reclamação (art. 988, § 5º, II, do CPC), obrigando, com isso, o jurisdicionado a esgotar as instâncias ordinárias antes de manejá-la." Disponível em https://www.migalhas.com.br/dePeso/16,MI263792,101048-O+processamento+-do+IRDR+pela+sistematica+do+repetitivo+no+STJ+mais+um. Acesso em 27.08.19.

35. Art. 102. Compete ao Supremo Tribunal Federal, precipuamente, a guarda da Constituição, cabendo-lhe III - julgar, mediante recurso extraordinário, as causas decididas em única ou última instância, quando a decisão recorrida

a) contrariar dispositivo desta Constituição;

b) declarar a inconstitucionalidade de tratado ou lei federal;

c) julgar válida lei ou ato de governo local contestado em face desta Constituição;

d) julgar válida lei local contestada em face de lei federal.

III[36]. Isso porque, a própria literalidade dos referidos dispositivos da Carta Magna já traz o primeiro desafio ao cabimento dos recursos especiais e extraordinários contra a decisão que julga o mérito do IRDR, que é a necessidade de "causas decididas em única ou última instância".

Não se nega a relevância e pertinência da previsão constitucional – que vem se repetindo desde a Constituição Federal de 1891[37] –, sob pena de se permitir que cada julgamento de segunda instancia abrisse as portas para as Cortes Superiores, tornando-as uma terceira instância revisora de julgados.

Porém, a questão levantada por aqueles que defendem a inconstitucionalidade do artigo 987 do CPC e, por conseguinte, a inviabilidade de interposição de recursos especial e extraordinário contra o acórdão que julga o mérito do IRDR, é que a "mera" fixação de tese jurídica pelo IRDR – isto é, sem a apreciação do caso concreto – não preenche o requisito de "causa decidida", pois não haverá efetivamente um caso concreto submetido a julgamento.

Pois bem, a questão em torno da "*causa decidida em única ou última instância*" como requisito autorizador para interposição de recursos para as Cortes Superiores vem sendo examinada pelo STJ e STF ao longo das últimas décadas.

Na prática, o que se verifica é a invocação desse fundamento ("*causa decidida em única ou última instância*") para inviabilizar a interposição dos recursos excepcionais com fundamento na ausência de prequestionamento[38], no descabimento de recursos excepcionais contra decisões de natureza provisória[39] e na necessidade de exaurimento das instâncias ordinárias[40].

36. Art. 105. Compete ao Superior Tribunal de Justiça:

III - julgar, em recurso especial, as causas decididas, em única ou última instância, pelos Tribunais Regionais Federais ou pelos tribunais dos Estados, do Distrito Federal e Territórios, quando a decisão recorrida:

a) contrariar tratado ou lei federal, ou negar-lhes vigência;

b) julgar válido ato de governo local contestado em face de lei federal;

c) der a lei federal interpretação divergente da que lhe haja atribuído outro tribunal.

37. MENDES, Aluisio Gonçalves de Castro. *Incidente de Resolução de Demandas Repetitivas*. Rio de Janeiro: Forense. 2017, p. 214.

38. "Nos termos do art. 105, III, da CF/1988, incumbe ao Superior Tribunal de Justiça, em recurso especial, o exame das causas decididas pelos Tribunais Regionais Federais e Tribunais de Justiça. Esse dispositivo assenta a necessidade do prequestionamento, que se configura com o prévio exame da tese recursal na instância de origem. (REsp 1760419/SC, Rel. Ministro Og Fernandes, Segunda Turma, DJe 21/02/2019). No mesmo sentido, confira-se: AgInt no AREsp 1470459/SP, Rel. Ministro Sérgio Kukina, Primeira Turma, DJe 15/08/2019; AgInt no AREsp 1363191/SC, Rel. Ministro Luis Felipe Salomão, Quarta Turma, DJe 04/06/2019; AgRg no REsp 1494512/ES, Rel. Ministro Sérgio Kukina, Primeira Turma, DJe 08/06/2018.

39. STF: "Compete ao STF julgar, mediante recurso extraordinário, somente as causas decididas em ÚNICA ou ÚLTIMA INSTÂNCIA, diversamente do que ocorre na presente hipótese, em que há possibilidade de a decisão impugnada sofrer alterações durante o processo principal. Aplicação da Súmula 735/STF." (RE 1205551 AgR, Min. Alexandre De Moraes, Primeira Turma, DJe 05-08-2019)

STJ: "A natureza precária e provisória do juízo de mérito desenvolvido em sede liminar, fundado na mera verificação da ocorrência do periculum in mora e da relevância jurídica da pretensão deduzida pela parte

Nada obstante, a análise da jurisprudência dos tribunais superiores também revela a mitigação desses óbices em casos específicos[41], permitindo o exame de questões constitucionais e infraconstitucionais envolvendo causas não decididas em única ou última instância.

Nesse contexto, a mitigação das regras inseridas no texto constitucional pelas Cortes Superiores permite pensar que o IRDR pode ser considerando um caso excepcional (inexistente à época da Constituição Federal de 1988), justificando a ponderação de princípios constitucionais para autorizar o exame da tese fixada nos incidentes pelo STJ e pelo STJ.

---

interessada, não enseja o requisito constitucional do esgotamento das instâncias ordinárias, indispensável ao cabimento dos recursos extraordinário e especial, conforme exigido expressamente na Constituição Federal - causas decididas em única ou última instância". (AgInt no AREsp 1047253/PR, Rel. Ministro Gurgel De Faria, Primeira Turma, DJe 20/08/19). No mesmo sentido: AgRg no REsp 1159745/DF, Min. Humberto Martins, Segunda Turma, DJe 21/05/2010; AgRg no REsp 1159745/DF, Min. Humberto Martins, Segunda Turma, DJe 21/05/10; AgInt no AREsp 1034741/PI, Rel. Ministra Assusete Magalhães, Segunda Turma, DJe 25/09/2018.

40. STF: "A jurisprudência desta Corte é no sentido de que a competência do Supremo Tribunal Federal restringe-se às causas decididas em única ou última instância. Súmula 281/STF. 2. Inaplicável o art. 85, § 11, do CPC/2015, uma vez que não houve fixação de honorários advocatícios. 3. Agravo interno a que se nega provimento, com aplicação da multa prevista no art. 1.021, § 4º, do CPC/2015" (ARE 1164056 AgR, Min. Roberto Barroso, Primeira Turma, DJe 07-12-2018). No mesmo sentido: ARE 1080106 AgR, Relator(a): Min. Alexandre De Moraes, Primeira Turma, DJe 01-08-2018; ARE 930632 ED, Min. Ricardo Lewandowski, Tribunal Pleno, DJe 28-10-2016; ARE 680718 ED, Min. Luiz Fux, Primeira Turma, DJ 10-06-2013.

STJ: "Compete ao STJ, nos termos do art. 105, III, da Constituição Federal, julgar, em recurso especial, as causas decididas em única ou última instância pelos Tribunais Regionais Federais e Tribunais de Justiça. Nesse contexto, não cabe recurso especial interposto contra decisão monocrática, na medida em que um dos pressupostos para sua admissibilidade é o exaurimento das instâncias ordinárias" (AgInt no AREsp 1270310/RS, Rel. Ministro Lázaro Guimarães, Quarta Turma, DJe 29/08/2018). No mesmo sentido: EDcl no AREsp 710.842/SP, Rel. Ministro NAPOLEÃO NUNES MAIA FILHO, PRIMEIRA TURMA, DJe 29/08/18; AgInt no AREsp 880.480/RN, Rel. Ministro João Otávio De Noronha, Terceira Turma, DJe 16/06/2016; AgRg no AREsp 243.599/RJ, Rel. Ministro Sidnei Beneti, Terceira Turma, DJe 18/12/2012; AgRg no Ag 1344574/RJ, Rel. Ministro Gilson Dipp, Quinta Turma, DJe 06/12/2010.

41. "O Superior Tribunal de Justiça, em sintonia com o disposto na Súmula 735 do STF, firmou o entendimento de que, VIA DE REGRA, 'não é cabível recurso especial para reexaminar decisão que defere ou indefere liminar ou antecipação de tutela, em razão da natureza precária da decisão, sujeita à modificação a qualquer tempo, devendo ser confirmada ou revogada pela sentença de mérito' (STJ, AgRg no AREsp n. 438.485/SP, Rel. Ministro Humberto Martins, Segunda Turma, DJe de 17/02/2014). Isso porque, a natureza precária e provisória do juízo de mérito desenvolvido em sede liminar, fundado na mera verificação da ocorrência do periculum in mora e da relevância jurídica da pretensão deduzida pela parte interessada, não enseja o requisito constitucional do esgotamento das instâncias ordinárias, indispensável ao cabimento dos recursos extraordinário e especial, conforme exigido expressamente na Constituição Federal – 'causas decididas em única ou última instância'. (...) Registre-se, por oportuno, que esta Corte de Justiça admite a MITIGAÇÃO do Enunciado 735 do STF, especificamente nas hipóteses em que a própria medida importe em ofensa direta à lei federal que disciplina a tutela provisória (art. 300 do CPC/2015, correspondente ao art. 273 do CPC/1973)" (AgInt no AREsp 743.894/SP, Rel. Ministro Gurgel De Faria, Primeira Turma, DJe 04/10/2017). No mesmo sentido: AgInt no REsp 1179223/RJ, Relatora Ministra Maria Isabel Gallotti, Quarta Turma, DJe 15/03/2017; AgRg no REsp 1494314/RJ, Rel. Ministro Paulo De Tarso Sanseverino, Terceira Turma, DJe 29/03/2016; AgRg no Ag 1324975/RJ, Rel. Ministro Benedito Gonçalves, Primeira Turma, DJe 27/10/2010.

Porém, a interpretação acima sugerida não é agasalhada pelos defensores da inconstitucionalidade do artigo 987, em razão do enunciado da Súmula nº 513 do STF, que dispõe que "*a decisão que enseja a interposição de recurso ordinário ou extraordinário não é a do plenário, que resolve o incidente de inconstitucionalidade, mas a do órgão (câmaras, grupos ou turmas) que completa o julgamento do feito*", editado em 03.12.1969, tornando incabível recurso extraordinário de acórdão do plenário que resolve o incidente de inconstitucionalidade.

Assim, afigura-se necessário o exame do enunciado da súmula nº 513 do STF[42] para verificar se este representa (ou não) óbice intransponível para a admissibilidade de recursos especial e extraordinário contra acórdão de julgamento de IRDR, quando não houver o exame de caso concreto, mas tão somente o estabelecimento de tese jurídica em abstrato, para fins de uniformização de entendimento de temas repetitivos.

Pois bem, de acordo com as informações contidas no site do STF[43], a edição do enunciado da Súmula nº 513/STF está escorada em três julgados da corte constitucional, quais sejam: RE 59.250/BA, RMS 14.710 e RMS 15.212.

Faz-se necessária, portanto, a análise de cada um desses julgados para verificar a pertinência da aplicação do enunciado da Súmula nº 513/STF para inviabilizar a interposição de recursos para as cortes superiores em sede de IRDR, sem a apreciação da "causa-piloto".

Com relação ao primeiro julgado (RE 59.250/BA), verifica-se que o recurso não foi conhecido com fundamento no enunciado da Súmula nº 285 do STF, que dispõe que "*não sendo razoável a arguição de inconstitucionalidade, não se conhece do recurso extraordinário fundado na letra "c" do art. 101, III, da Constituição Federal*".

Especificamente em relação à questão em torno da "causa decidida", o relator do recurso, Ministro Thompson Flores, se limitou a ressalvar seu entendimento pessoal no sentido de que "*o recurso cabível é do veredito que apreciou*

42. "O enunciado de Súmula acima destacado foi editado em 1969, época em que não vigia a Constituição Federal de 1988 e, tampouco, o Código de 1973, partindo, portanto, de outro desenho institucional e normativo, mormente quanto à função dos tribunais superiores, quanto à litigiosidade repetitiva e quanto à força das decisões judiciais. É clara a vocação do nosso tempo para a jurisdição, 64 o que não pode ser lido com lentes de mais de 40 anos. Do mesmo modo, é notória a contemporânea objetivação dos recursos excepcionais, que passaram a figurar como verdadeiros instrumentos de controle abstrato de normas, 65 características que estão arraigadas no incidente ora analisado. Ora, se vem se admitindo o julgamento de tais recursos dissociados de uma causa específica, em reconhecimento à sua função de proteção da ordem jurídica considerada de modo objetivo, muito mais devem ser admitidos a partir de uma decisão que é em si, de natureza abstrata" (MENDES, Aluisio Gonçalves de Castro; TEMER, Sofia. O incidente de resolução de demandas repetitivas do novo Código de Processo Civil. *Revista de Processo*, vol. 243, maio/2015, p. 323-324).

43. Disponível em: http://www.stf.jus.br/portal/jurisprudencia/listarJurisprudencia.asp?s1=513.NUME.%20NAO%20S.FLSV.&base=baseSumulas. Acesso em 25.08.19.

os recursos interpostos, não daquele que apreciou o incidente, limitado à tese de inconstitucionalidade, por infração constitucional", consignando, na sequência, que "*sou, entanto, vencido, razão pela qual registro apenas a questão, sem suscitar prefacial de não conhecimento com esse embasamento*", para, ao final, concluir pelo não conhecimento do recurso, com fundamento em outra questão – frise-se, absolutamente distinta daquela que ora se analisa –, consistente no enunciado da Súmula nº 285 do STF.

Nesse contexto, considerando que (i) o recurso não foi conhecido e, portanto, não permitiu o debate da questão; (ii) o não conhecimento do recurso se deu por outro fundamento distinto daquele que embasa o enunciado da Súmula nº 513 do STF; (iii) o relator se limitou a consignar seu entendimento pessoal de que não seria cabível recurso extraordinário com base em inconstitucionalidade examinada em abstrato; (iv) o relator destacou que seu entendimento era minoritário (vencido) acerca do tema, forçoso reconhecer a total inaplicabilidade desse julgado para justificar o descabimento de recursos especial e extraordinário em sede de IRDR.

Quanto ao segundo aresto (RMS 14.710/SP), o STF decidiu que, em caso de incidente de inconstitucionalidade, somente seria cabível o recurso extraordinário contra o acórdão da câmara que julga o mérito da causa, e não contra a decisão do plenário do tribunal local que julga a questão constitucional objeto do incidente.

Isso porque, no entendimento da Suprema Corte à época, a decisão do plenário do tribunal local em matéria constitucional seria uma decisão parcial, que careceria de complementação, consistente no julgamento do mérito pelo tribunal local.

Porém, com a devida vênia, entendemos que esse posicionamento não é aplicável ao IRDR. Diferentemente do incidente de inconstitucionalidade, a tese jurídica objeto do IRDR não vai ser aplicada em um único caso concreto, mas sim em dezenas, centenas ou milhares de processos que versem sobre a mesma questão jurídica.

Sob outro prisma, não parece razoável considerar o acórdão que julga o IRDR como uma decisão parcial, assim como restou considerado no incidente de inconstitucionalidade. No julgamento do IRDR há o esgotamento da questão de direito, inclusive com contraditório ampliado (participação do Ministério Público, *amici curiae*, etc. – arts. 976, § 2º, 983 e 984), examinando todos os argumentos (ou, ao menos, a grande maioria) veiculados sobre o tema.

Por fim, quanto ao RMS 15.212, o Ministro Adaucto Cardoso manifestou entendimento segundo o qual o recurso extraordinário interposto somente após o julgamento da causa seria intempestivo. No caso concreto, a discussão gravitou em torno do destaque da matéria constitucional: ou seja, uma vez decidida a questão pelo plenário do tribunal local, caberia ao interessado interpor recurso extraordinário ao STF no prazo correspondente, e não aguardar o julgamento da causa para futuramente se valer do recurso ordinário constitucional.

Apesar da discussão, o STF acabou por conhecer o recurso ordinário, sob o fundamento de que o recurso extraordinário contra a decisão do pleno (que apreciou a constitucionalidade), de forma incidental, era exceção, incapaz de obstar o conhecimento do recurso ordinário.

Assim como os julgados anteriores, entendemos que esse caso concreto não tem o condão de afastar o cabimento de recurso especial contra acórdão que julga IRDR, pois parte de uma premissa distinta, qual seja, a resolução da questão constitucional de forma incidental à ação principal nos autos do incidente de incompetência.

Ou seja, não se discute aqui o enfrentamento ou não do mérito da causa, mas sim o exame da matéria de forma meramente incidental, que, à época, não fazia coisa julgada (vale lembrar que o artigo 508[44] é uma inovação do CPC/15), afastando o cabimento de recursos para as cortes superiores.

Em suma, tais esclarecimentos revelam que o enunciado da súmula nº 513/STF vem sendo reproduzido sistematicamente para inadmitir recursos e, principalmente, escorar o argumento de inconstitucionalidade do artigo 987, sem uma análise pormenorizada das razões que levaram à edição do referido enunciado.[45]

Portanto, forçoso reconhecer que nenhum dos fundamentos daqueles que pregam o descabimento de recursos para as cortes superiores em IRDR e, consequentemente, a inconstitucionalidade do referido dispositivo legal, constituem óbices para o cabimento de recursos especial e extraordinário contra o acórdão de julgamento do IRDR.

5. O CABIMENTO DOS RECURSOS À LUZ DOS PRINCÍPIOS QUE NORTEIAM O MICROSSISTEMA DE PRECEDENTES

Fixadas as premissas acima, cumpre destacar que os princípios que norteiam a sistemática de precedentes obrigatórios instituída pelo CPC/15 reforçam o coro pelo cabimento de recursos especiais e extraordinários contra a decisão que julga o IRDR.

44. Art. 508. Transitada em julgado a decisão de mérito, considerar-se-ão deduzidas e repelidas todas as alegações e as defesas que a parte poderia opor tanto ao acolhimento quanto à rejeição do pedido.

45. No mesmo sentido: "É verdade que há decisões recentes do STF que continuam aplicando a súmula analisada como forma de vedar o recurso extraordinário. Pensamos, contudo, que isso decorre de mais uma equivocada aplicação das súmulas, do que verdadeiramente concordância com os fundamentos determinantes para essa tomada de decisão. Por isso, a reiteração recente da súmula não é, pensamos, justificativa forte o suficiente para validá-la, em termos substanciais" (TEMER, Sofia. *Incidente de resolução de demandas repetitivas.* 3. ed. Salvador: Juspodivm, 2018. p. 1270).

Conforme se verifica do artigo 987, § 2º, a apreciação do mérito do IRDR pelas Cortes Superiores confere abrangência nacional à tese jurídica adotada. Significa dizer que a tese jurídica estabelecida pelo STJ ou STF será aplicável a todos os processos individuais ou coletivos (atuais e futuros) que versem sobre a mesma questão de direito.

Como já destacamos linhas acima, esse dispositivo não apenas autoriza o manejo de recursos às Cortes Superiores, como também incentiva os legitimados (tema que será explorado adiante) a interpor recursos especial e extraordinário.

Dentro desse cenário, temos que o cabimento de recursos especial e extraordinário em sede de IRDR maximiza a segurança jurídica, a isonomia, a economia processual e a eficiência.

Como se sabe, a segurança jurídica pressupõe a observância aos precedentes, tanto sob a ótica da previsibilidade quanto da estabilidade[46]. Nesse contexto, a previsibilidade e a estabilidade somente serão verdadeiramente alcançadas com a eficácia nacional das teses jurídicas.

Até porque a fixação de teses divergentes por diferentes tribunais da federação – o que é plenamente factível diante do atual sistema de precedentes obrigatórios – fere de morte não apenas a segurança jurídica na aplicação e na interpretação do direito, mas, principalmente a isonomia, que pressupõe soluções uniformes para situações fáticas idênticas[47].

Sob o prisma da economia processual e eficiência – sendo esta última compreendida como um vetor interpretativo da economia processual, que exige a produção do máximo resultado com o mínimo e esforço[48-49] apenas a pacificação da questão jurídica pelas Cortes Superiores poderá estancar a multiplicidade de demandas sobre o mesmo tema, permitindo que a matéria seja novamente examinada apenas em casos de superação.

Isso porque, a fixação de uma tese jurídica por um tribunal não impede o ajuizamento de ações sobre o mesmo tema perante os outros tribunais do país. Da mesma forma, a suspensão de ações decorrente do processamento do IRDR

46. CRAMER, Ronaldo. *Precedentes judiciais*: teoria e dinâmica. Rio de Janeiro: Forense, 2016. p. 124.

47. MENDES, Aluisio Gonçalves de Castro. *Incidente de Resolução de Demandas Repetitivas*. Rio de Janeiro: Forense. 2017, p. 21.

48. CÂMARA, Alexandre Freitas. *O novo processo civil brasileiro*. São Paulo: Atlas, 2015, p. 16.

49. "A chamada duração eficiência quantitativa confunde-se, na realidade com o princípio da duração razoável do processo e com o princípio da economia processual. Talvez por isso, Fredie Didier Jr. defenda que o princípio da eficiência seria um novo nome dado ao princípio da economia processual. Numa perspectiva quantitativa, a eficiência confunde-se realmente com a economia processual e com a duração razoável do processo" (CUNHA, Leonardo Carneiro da. A previsão do princípio da eficiência no projeto do novo código de processo civil brasileiro. *Revista de Processo*. São Paulo, nº 233, jul./2014, p. 71).

também está limitada à competência do respectivo tribunal, reduzindo sobremaneira a eficiência e a economia processual que o IRDR pode garantir.

Portanto, tais esclarecimentos servem para demonstrar que o não cabimento de recursos para as cortes superiores caracterizaria manifesta incompatibilidade com o microssistema de precedentes.

6. CABIMENTO DOS RECURSOS NA PRÁTICA: POSICIONAMENTO DOS TRIBUNAIS SUPERIORES COM TRÊS ANOS DE VIGÊNCIA DO CPC/15

Feitas essas considerações sobre o cabimento dos recursos especial e extraordinário contra a decisão que julga o mérito do IRDR, importante analisar o entendimento do STJ e do STF na prática, considerando os recursos já interpostos e apreciados durante a vigência do CPC/15.

Com efeito, embora o STF ainda não tenha se manifestado expressamente sobre o tema (ainda não há recurso extraordinário extraído de IRDR julgado pela Corte constitucional), convém destacar a já mencionada decisão da Ministra Carmen Lucia, nos autos da PET 7.001/RS[50], reconhecendo a relevância da pacificação de questões jurídicas a nível nacional.

Especificamente em relação ao entendimento do STJ sobre o tema, verifica-se que os recursos especiais têm sido submetidos à apreciação da Segunda Seção, concluindo-se pela necessidade de julgamento dos mesmos observando o rito dos recursos repetitivos, delimitando-se a tese jurídica que será apreciada.[51]

Pois bem, até o momento[52], a Segunda Seção julgou apenas dois recursos especiais interpostos contra decisão que julga o mérito do IRDR.

Em relação ao primeiro recurso especial julgado (REsp nº 1.740.911/DF[53]), importante registrar que não houve qualquer debate sobre o cabimento (ou não) do recurso. No julgamento do REsp, além do STJ definir a tese jurídica aplicável (no caso a discussão envolvia o termo inicial dos juros de mora incidentes sobre o valor a ser restituído pelo promitente vendedor de imóvel na hipótese de extinção do contrato por iniciativa do promitente comprador), apreciou as peculiaridades do caso concreto.

---

50. "[o] sobrestamento dos 'processos pendentes, individuais ou coletivos, que tramitam no Estado ou na região' onde admitido o IRDR (inc. I do art. 982) e a possibilidade de estender-se esse sobrestamento ao território nacional favorecem a racionalidade e a eficiência processuais, contribuindo, assim, para a distribuição equânime da jurisdição sobre idêntica controvérsia posta em ações judiciais diversas".

51. Foram dezenas de recursos especiais em IRDR afetados para julgamento sob o rito dos recursos repetitivos.

52. O presente artigo foi entregue em 30.09.19, tendo sido analisadas as decisões publicadas até esta data.

53. REsp 1740911/DF, Rel. Ministro Moura Ribeiro, Rel. p/ Acórdão Ministra Maria Isabel Gallotti, Segunda Seção, julgado em 14/08/2019, DJe 22/08/2019.

Mais recentemente, a Segunda Seção, em recurso especial de relatoria do Ministro Marco Aurélio Bellizze (REsp nº 1.729.593), enfrentou a questão do cabimento, concluindo, ao final, que a interposição de recursos para as cortes superiores legitima o efeito vinculante das decisões proferidas em IRDR, permitindo a efetiva uniformização de questões de direito em âmbito nacional.[54]

Na hipótese em exame, a discussão envolvia regras do programa minha casa minha vida, tendo sido apreciadas apenas as questões de direito, sem exame do caso concreto. O resultado final foi o desprovimento dos recursos especiais, por unanimidade, mantendo-se hígido o acórdão de julgamento do TJSP.

Por fim, em pesquisa realizada por amostragem, verificamos que as presidências dos tribunais locais, ao examinar a admissibilidade dos recursos especiais e extraordinários[55], não suscitaram questões em torno do cabimento (ou não) dos mesmos[56]. A bem da verdade, muitos recursos foram admitidos, sendo certo que os casos de inadmissão ocorreram com base em outros fundamentos, que não guardam relação com o objeto deste trabalho.

Portanto, ao que tudo indica, a discussão em torno do cabimento dos recursos para as Cortes Superiores em sede de IRDR, ao menos nesses primeiros anos de vigência do CPC/15, está mais presente nos debates doutrinários, mas, em

---

54. "Conquanto a natureza jurídica do IRDR não esteja em discussão neste julgamento, é oportuno registrar que não há impedimento para o conhecimento destes recursos especiais, pois a decisão do mérito das questões suscitadas em IRDR admite recurso para o STJ e para o STF, conforme letra expressa do art. 987 do NCPC. A despeito, ainda, das controvérsias sobre os requisitos para instauração do incidente perante os tribunais competentes, o § 1º do art. 976 do CPC/2015 afasta quaisquer dúvidas quanto à apreciação do mérito das teses, independentemente da causa, ao dispor que, "a desistência ou o abandono do processo não impede o exame de mérito do incidente". Registre-se, inclusive, que o referido dispositivo legal atenua a divergência doutrinária quanto à natureza do IRDR, pois as mais respeitáveis vozes que defendem a necessidade de uma causa pendente de julgamento como requisito para instauração do incidente, como Fredie Didier Jr., Leonardo Carneiro da Cunha e Daniel Amorim Assunção Neves, reconhecem a recorribilidade da decisão de mérito do IRDR nas hipóteses de desistência ou abandono do processo. Sendo esta Corte Superior a responsável pela segurança e interpretação do direito infraconstitucional, por meio da apreciação de recurso especial interposto contra acórdão de tribunais estaduais ou tribunais regionais federais, há de ter em mente que as teses firmadas no acórdão recorrido têm caráter vinculante restrito aos processos em tramitação e futuramente ajuizados na área de jurisdição do TJSP. Logo, apenas com a apreciação dos presentes recursos especiais por esta Corte, e sua deliberação ampla em relação às teses controvertidas, será possível uniformizar em âmbito nacional a interpretação sobre as matérias e, com isso, atribuir-lhes o efeito vinculante conferido aos precedentes qualificados, conforme previsto no § 2º do art. 987 do NCPC" (REsp 1729593/SP, Rel. Ministro Marco Aurélio Bellizze, Segunda Seção, julgado em 25/09/2019, DJe 27/09/2019)

55. Em um número considerável de tribunais ainda não existe recursos especiais e extraordinários interpostos contra acórdão de julgamento de IRDR.

56. TJ/RJ: Processos nº 0065694-18.2017.8.19.0000 e 0018608-85.2016.8.19.0000; TJ/SP: Processos nº 2059683-75.2016.8.26.0000, 0023203-35.2016.8.26.0000, 0034345-02.2017.8.26.0000, 0025690-41.2017.8.26.0000, 0026150-28.2017.8.26.0000, 2052404-67.2018.8.26.0000; TJ/MG: Processos nº 0328324-31.2016.8.13.0000 e 0378360-77.2016.8.13.0000; TJ/DFT: Processos nº 0014857-26.2016.807.0000, 0037189-84.2016.807.0000, 0051570-97.2016.807.0000, 0051558-83.2016.807.0000, 0012825-14.2017.807.0000; TRF-5: Processo nº 0804985-07.2015.4.05.8300.

breve, teremos o posicionamento dos tribunais sobre o tema, especialmente a palavra final de nossa Suprema Corte.

7. INTERESSE E LEGITIMIDADE

De acordo com a teoria geral dos recursos, o recorrente deve ostentar interesse e legitimidade. A regra geral do artigo 966, dispõe que "o recurso pode ser interposto pela parte vencida, pelo terceiro prejudicado e pelo Ministério Público". Quanto ao interesse[57], a rigor, o recorrente deve demonstrar a utilidade (possibilidade de obtenção de situação mais vantajosa) e a necessidade do recurso (inexistência de outros meios para a obtenção do resultado prático almejado).

Porém, em se tratando de IRDR, em que há a formação de precedente vinculativo, a regra geral pode (e deve) ser relativizada, alargando não apenas o rol de legitimados, como também as hipóteses de interesse recursal. Tudo isso para permitir um debate mais ampliado, com o enfrentamento de todos os argumentos pertinentes, bem como o alcance nacional do precedente, após o exame do tema pelas cortes superiores.

Com relação à legitimidade, embora o legislador só tenha autorizado expressamente a interposição de recursos para as cortes superiores por parte do *amicus curiae* (art. 138, § 3º), parece claro que os legitimados para instaurar o incidente (art. 977, II e III) – quais sejam: as partes dos processos que originaram o IRDR, o Ministério Público e a Defensoria Pública (caso envolva hipossuficientes) – também gozam de legitimidade recursal. Trata-se de questão tranquila e que não gera grandes debates doutrinários.

A questão mais sensível no que diz respeito à legitimidade é justamente o cabimento de recursos manejados pelas partes dos processos suspensos que envolvam a mesma questão de direito objeto do IRDR e por terceiros que possam depender da resolução dessa questão jurídica para exercer seus direitos e obrigações.

Com relação às partes dos processos suspensos por força do IRDR, o Fórum Permanente de Processualistas Civis já editou enunciado sobre o tema[58], reconhecendo sua legitimidade, o que, em nosso sentir, se justifica, seja porque eles

---

57. "Para que o recurso seja admissível, é preciso que haja utilidade – o recorrente deve esperar, em tese, do julgamento do recurso, situação mais vantajosa, do ponto de vista prático, do que aquela em que o haja posto a decisão impugnada – e necessidade – que lhe seja preciso usar as vias recursais para alcançar esse objetivo. A noção de interesse de recorrer é mais prospectiva do que retrospectiva: 'a ênfase incidirá mais sobre o que é possível o recorrente esperar que se decida, no novo julgamento, do que sobre o teor daquilo que se decidiu, no julgamento impugnado'" (DIDIER JR., Fredie; CUNHA, Leonardo Carneiro da. *Curso de direito processual civil*: meios de impugnação às decisões judiciais e processo nos tribunais. 13. ed. reform. Salvador: JusPodivm, 2016, v. 3, p. 115-116).

58. Enunciado nº 94 do FPPC: A parte que tiver o seu processo suspenso nos termos do inciso I do art. 982 poderá interpor recurso especial ou extraordinário contra o acórdão que julgar o incidente de resolução de demandas repetitivas.

serão diretamente impactados pela decisão do IRDR, seja porque a ampliação do debate com maior abrangência de argumentos legitimam ainda mais o efeito vinculativo da decisão.

O mesmo racional se justifica para permitir a interposição de recursos para as cortes superiores por parte de "todos os titulares de direitos, deveres ou obrigações que possam depender da resolução da questão posta a ser elucidada no incidente"[59], como forma e permitir o exame da matéria sob "tantas perspectivas argumentativas quantas forem possíveis"[60].

Como bem destacam Aluisio Mendes e Sofia Temer, para que o julgamento desses recursos especiais e extraordinários manejados pelos legitimados tenha viabilidade prática, nada impede que haja novo procedimento de escolha dos recursos que melhore representam a controvérsia jurídica, com maior diversidade de fundamentos.[61]

Nesse particular, cumpre ressalvar o posicionamento de Fredie Didier Jr., que considera a legitimidade para interpor recursos contra a decisão que julga o IRDR concorrente e disjuntiva – assim como ocorre no processo coletivo –, inviabilizando a interposição de mais de um recurso especial ou extraordinário, sob pena de litispendência.[62]

Sob o prisma do interesse recursal, em se tratando de recurso contra a decisão que julga o IRDR, consideramos necessária a releitura dos pressupostos utilidade-necessidade.

---

59. MENDES, Aluisio Gonçalves de Castro. *Incidente de Resolução de Demandas Repetitivas*. Rio de Janeiro: Forense. 2017, p. 232.

60. TEMER, Sofia. *Incidente de resolução de demandas repetitivas*. 3.ed. Salvador: Juspodivm, 2018. p. 275.

61. "Nada impede, contudo, que, havendo inúmeros recursos de interessados contra a decisão que julgar o incidente, que seja feito novo procedimento de escolha do(s) recurso(s) que melhor representar(em) a controvérsia jurídica. Podem ser mantidas as partes do procedimento incidental como os principais recorrentes ou podem ser selecionados outros recursos que contenham maior diversidade de fundamentos, formando o melhor procedimento recursal, à semelhança do que foi defendido no item 4.2.2 deste trabalho e nos termos previstos nos arts. 1.036 e ss. do novo Código, que tratam do procedimento de seleção e julgamento dos recursos especial e extraordinário repetitivos" (MENDES, Aluisio Gonçalves de Castro; TEMER, Sofia. O incidente de resolução de demandas repetitivas do novo Código de Processo Civil. *Revista de Processo*, vol. 243, maio/2015, p. 323-324).

62. Para Fredie Didier Jr., "é razoável considerar que a legitimidade para interpor o recurso especial ou extraordinário, tal como sói ocorrer no ambiente do processo coletivo, é concorrente e disjuntiva. Quer isso dizer que todos os legitimados são considerados como sendo a mesma pessoa. Assim, interposto um recurso especial ou extraordinário, não é possível mais haver a interposição de outro, sob pena de caracterizar-se uma litispendência. Todos os interessados podem atuar e participar da discussão travada no recurso especial ou extraordinário, mas não será possível haver a confluência ou concorrência de mais de um recurso especial ou extraordinário contra o mesmo acórdão para que o tribunal superior revise a interpretação definida pelo tribunal que julgou o IRDR" (DIDIER JR., Fredie; CUNHA, Leonardo Carneiro da. *Curso de direito processual civil*: meios de impugnação às decisões judiciais e processo nos tribunais. 13. ed. reform. Salvador: Juspodivm, 2016, v. 3, p. 641).

Diferentemente dos recursos manejados em ações individuais, os recursos especiais e extraordinários em sede de IRDR podem ser interpostos "apenas" para conferir efeitos nacionais ao debate jurídico objeto do incidente.[63]

Significa dizer que a parte que o obteve decisão favorável aos seus interesses no julgamento do IRDR pelo tribunal local tem interesse recursal para manejar recursos especial e/ou extraordinário, conforme o caso, para que a questão jurídica seja apreciada pelas cortes superiores, garantindo eficácia nacional à matéria.

Portanto, o que se defende aqui é o alargamento da compreensão de interesse e legitimidade para os recursos em sede de IRDR, como forma de alcançar o objetivo precípuo do incidente, que é justamente uniformizar a jurisprudência, garantindo a isonomia e a segurança jurídica aos jurisdicionados.

8. CONCLUSÃO

Como já destacado, uma das mais profundas e significativas inovações introduzidas pelo CPC/15 foi justamente a adoção de um microssistema de precedentes judiciais obrigatórios (art. 927), como resultado de uma tendência que já vinha ganhando espaço desde a década de 1990.

Uma das ferramentas desse microssistema é justamente o Incidente de Resolução de Demandas Repetitivas, que foi idealizado como forma de solucionar a litigância massificada que abarrota o judiciário e, ao mesmo tempo, garantir a observância dos princípios constitucionais da isonomia e da segurança jurídica na aplicação e na interpretação das normas jurídicas.

Com efeito, uma das etapas do procedimento do IRDR é a fase recursal, tema explorado neste estudo. A rigor, são cabíveis embargos de declaração contra todas as decisões proferidas em sede de IRDR e agravo interno para os pronunciamentos monocráticos, reservando-se os recursos especial e extraordinário apenas para atacar ou confirmar a decisão que julga o mérito do incidente.

Diz-se atacar ou confirmar em razão da necessária releitura da legitimidade e do interesse recursal, que, na prática, alarga o rol de legitimados para recorrer e, ao mesmo tempo, autoriza a interposição de recursos pela parte que obteve um pronunciamento favorável, permitindo que ela leve as questões constitucionais ou infraconstitucionais objeto da tese jurídica para validação das Cortes Superiores visando o espraiamento do entendimento em âmbito nacional.

---

63. "ainda que a tese tenha sido fixada em sentido que seja totalmente 'favorável' à parte, ela terá interesse e legitimidade para 'recorrer', com o único objetivo de que o STJ ou STF confirmem a decisão e que seja possível assim, aplicar a tese por ocasião do julgamento de sua demanda. (...) O 'recurso', nesta hipótese, tem o único objetivo de acarretar no espraiamento da tese para âmbito nacional" (TEMER, Sofia. *Incidente de resolução de demandas repetitivas*. 3. ed. Salvador: Juspodivm, 2018, p. 277).

Sob outro prisma, há que defenda a inconstitucionalidade do dispositivo que autoriza o manejo de recursos especial e extraordinário em sede de IRDR, seja porque não se trataria tecnicamente de causa decidida em única ou última instância, seja porque violaria o enunciado da Súmula nº 513 do STJ.

No entanto, uma análise contextualizada e pormenorizada dos argumentos revela não apenas a constitucionalidade, como também a necessidade do exame das teses jurídicas pelas Cortes Superiores, o que é ratificado pelo mosaico principiológico que norteia o microssistema de precedentes obrigatórios.

9. REFERÊNCIAS BIBLIOGRÁFICAS

CÂMARA, Alexandre de Freitas. *Levando os padrões decisórios a sério*. São Paulo: Atlas, 2018.

CÂMARA, Alexandre Freitas. *O novo processo civil brasileiro*. São Paulo: Atlas, 2015.

CRAMER, Ronaldo. *Precedentes judiciais*: teoria e dinâmica. Rio de Janeiro: Forense, 2016.

CUNHA, Leonardo Carneiro da. A previsão do princípio da eficiência no projeto do novo código de processo civil brasileiro. *Revista de Processo*. São Paulo, nº 233, jul./2014.

DIDIER JUNIOR, Fredie; CUNHA, Leonardo Carneiro da. *Curso de Direito Processual Civil*: meios de impugnação às decisões judiciais e processo nos tribunais. 13. ed. Salvador: Juspodivm, 2016.

DIDIER JR, Fredie; CUNHA, Leonardo Carneiro da. Recursos contra decisão proferida em incidente de resolução de demandas repetitivas que apenas fixa tese jurídica. In: DIDIER JR., Fredie; CUNHA, Leonardo Carneiro da (coords.). *Julgamento de casos repetitivos*. Coleção Grandes Temas do novo CPC. v. 10. Salvador: Juspodivm, 2017.

MAZZOLA, Marcelo. O processamento do IRDR pela sistemática do repetitivo no STJ: mais um filtro ou mera equalização procedimental? Disponível em https://www.migalhas.com.br/dePeso/16,MI263792,101048-O+processamento+do+IRDR+pela+sistematica+do+repetitivo+no+STJ+mais+um. Acesso em 27.08.19.

MENDES, Aluisio Gonçalves de Castro. *Incidente de Resolução de Demandas Repetitivas*. Rio de Janeiro: Forense, 2017.

MENDES, Aluisio Gonçalves de Castro; TEMER, Sofia. O incidente de resolução de demandas repetitivas do novo Código de Processo Civil. *Revista de Processo*, vol. 243, maio/2015.

NEVES, Daniel Amorim Assumpção. *Manual de Direito Processual Civi*l. 11. ed. Salvador: JusPodivm, 2019. v. único.

PINHO, Humberto Dalla Bernardina de; RODRIGUES, Roberto de Aragão Ribeiro. O microssistema de formação de precedentes judiciais vinculantes previsto no novo CPC. In: DIDIER JR., Fredie; CUNHA, Leonardo Carneiro da (Org.). *Julgamento de casos repetitivos*. Salvador: Juspodivm, 2017.

PORTO, José Roberto Sotero de Mello. *Teoria geral dos casos repetitivos*. Rio de Janeiro: GZ, 2018.

TEMER, Sofia. *Incidente de resolução de demandas repetitivas*. 3. ed. Salvador: Juspodivm, 2018.

ZANETI JR., Hermes. *O valor vinculante dos precedentes*. Salvador: Juspodivm, 2015.

CAPÍTULO XIV

EFEITOS DA TESE

1

O IRDR E AS AGÊNCIAS REGULADORAS

Alexandre Magno da Conceição Bittencourt[1]

Sumário: 1 – Introdução. 2 – A constitucionalidade dos dispositivos. 3 – IRDR: posição no sistema de precedentes brasileiro. 4 – Posições doutrinárias. 5 – O papel das agências reguladoras. 6 – Os conflitos na seara regulatória. 7 – *Amicus curiae* ou *intervenção iussu iudicis*? 8 – Conclusão. 9 – Referências bibliográficas.

1. INTRODUÇÃO

O objetivo deste estudo é analisar o impacto de uma decisão proferida em sede de IRDR (incidente de resolução de demandas repetitivas) para as agências reguladoras.[2]

Há na doutrina notória discordância sobre a eficácia e a constitucionalidade dos arts. 985, § 2º e 1.040, IV, ambos do CPC, os quais determinam que, em sendo o objeto do incidente uma questão relativa à prestação de serviço concedido, permitido ou autorizado, o resultado do julgamento (a tese jurídica fixada no incidente) deverá ser comunicada ao órgão, ente ou agência reguladora competente para que estes possam, então, fiscalizar a efetiva aplicação da tese fixada.

A relevância da questão é nítida, já que envolve a Administração Pública, um litigante frequente, bem como serviços públicos que atraem enorme litigiosidade, haja vista a sua importância para parcela relevante da população.

O estudo será divido em seis seções além desta introdução. Assim, a segunda analisará a posição do IRDR no sistema de precedentes brasileiro, enquanto a terceira revisa o entendimento da doutrina com relação ao alcance dos arts. 985, § 2º e 1.040, IV do CPC. A seção seguinte examina o papel das agências reguladoras e a quinta tipifica os conflitos possíveis na seara regulatória. A sexta seção confronta duas das soluções para que se compreenda os dispositivos mencionados a contento, a intervenção do *amicus curiae* e a intervenção por ordem judicial ou *iussu iudicis*. Finalmente, a sétima seção resume os principais pontos.

---

1. Mestrando em Processo Civil pelo PPGD-UERJ.
2. O artigo tratará do IRDR, mas é naturalmente extensível aos recursos repetitivos, por força do art. 1.040, IV do CPC.

2. A CONSTITUCIONALIDADE DOS DISPOSITIVOS

O Estado do Rio de Janeiro ajuizou ação direta de inconstitucionalidade (ADI 5492) questionando a constitucionalidade dos dispositivos acima mencionados. Os argumentos usados são que a Constituição Federal não autoriza o estabelecimento de um mecanismo que ocasione decisões judiciais vinculantes sem a expressa previsão no texto magno, além do atentado contra o contraditório e devido processo legal realizado ao impor a quem não participou do processo o cumprimento de uma determinada decisão.

O Estado do Rio de Janeiro argumenta que é inconstitucional assumir a produção de efeitos além da eficácia natural da sentença, como a coisa julgada material, obrigando quem não participou do debate judicial a seguir cegamente o que restou ali decidido, sobretudo quando há questões técnicas sendo apreciadas.

O Instituto Brasileiro de Direito Processual (IBDP), atuando como *amicus curiae*, se manifestou pela constitucionalidade dos dispositivos, alegando que o art. 102, § 2º da CF não impõe a necessidade de previsão expressa para a atribuição de efeitos vinculantes aos precedentes judiciais e que a Administração Pública está adstrita ao princípio da legalidade. Logo, como a própria lei determina a obediência ao que restou decidido em sede de IRDR, não há outra alternativa às agências reguladoras senão obedecer ao comando legal.

Também no sentido da constitucionalidade dos dispositivos manifestou-se a ANNEP (Associação Norte-Nordeste de Professores de Processo), na posição de *amicus curiae*, argumentando que é imprescindível respeitar os precedentes fixados, a fim de assegurar a isonomia e a segurança jurídica a todos, refutando cabalmente qualquer alegação de violação à separação de poderes, que deve ser entendida sob uma perspectiva atual, sendo patente que o juiz ao interpretar a lei, está também criando o direito. Desta forma, a Administração Pública não pode simplesmente desconsiderar uma decisão judicial, sob pena de arruinar todo o sistema jurisdicional, gerando um estado de coisas inconstitucionais.

O Ministério Público Federal, em sua manifestação no processo, também argumentou pela constitucionalidade dos arts. 985, § 2º e 1.040, IV do CPC, descartando qualquer afronta aos princípios do contraditório e do devido processo legal. Ao contrário, o *Parquet* Federal endossa a visão de que os dispositivos buscam tão somente conceder maior eficiência à atividade estatal, ao mesmo tempo em que são uma técnica para enfrentar a litigiosidade crescente.

Analisemos, então, a técnica do IRDR e sua posição no sistema de precedentes.

3. IRDR: POSIÇÃO NO SISTEMA DE PRECEDENTES BRASILEIRO

O passo inicial para a correta interpretação destes dispositivos passa por entender o que significa o IRDR e o motivo de sua concepção. O IRDR é um instrumento do direito processual coletivo[3] cuja principal finalidade é permitir que, a partir da fixação de uma tese jurídica sobre uma questão comum a vários processos, estes possam ser solucionados, de forma total ou parcial, com mais celeridade e eficiência, tendo em mente a promessa de acesso à justiça e a consequente obtenção de uma tutela jurisdicional adequada, efetiva, tempestiva e econômica, feita pela Constituição Federal.[4]

Sendo assim, assumindo o objetivo de combater categoricamente a litigiosidade repetitiva, aumentando o acesso à justiça, ao passo em que também incrementa a adequação, efetividade, tempestividade e eficiência da tutela jurisdicional, o legislador ordinário imaginou um sistema de precedentes, articulado em torno de institutos jurídicos capazes de promover uma otimização da prestação jurisdicional. Assim sendo concebeu padrões decisórios com força vinculante, entre os quais o IRDR.

Mais precisamente, no art. 928 do CPC, concebeu um verdadeiro microssistema de casos repetitivos, formado pelo IRDR e pelos recursos extraordinários e especiais repetitivos, os quais devem obedecer a uma mesma sistemática, sendo técnicas pensadas com o claro propósito de expandir a tese jurídica firmada em um julgamento para outros inúmeros processos onde a questão objeto da decisão também se apresente.[5]

Ademais, em outros dispositivos, o legislador evidenciou a sua real intenção, qual seja, fornecer mecanismos que pudessem combater de forma efetiva e célere um problema crônico do processo civil brasileiro, a litigância excessiva em torno de uma mesma matéria. Desta forma, o art. 927, III do CPC diz que os juízes e tribunais deverão observar os acórdãos que julgam os IRDR e os recursos extraordinários e especiais repetitivos (sistema de casos repetitivos) e o IAC (incidente de assunção de competência). Além disso, o art. 332, II e III do CPC permite ao juiz determinar a improcedência liminar do pedido do autor, independentemente da citação do réu, se contrário a acórdão proferido em sede recursos extraordinários ou especiais repetitivos, bem como em IRDR e IAC.[6]

---

3. MENDES, Aluisio Gonçalves de Castro. *Incidente de Resolução de Demandas Repetitivas*: sistematização, análise e interpretação do novo instituto processual. Rio de Janeiro: Forense, 2017, p. 6.

4. Humberto Dalla diz que o art. 5º, XXXV impõe um comando dual. O primeiro, direcionado ao legislador, garante que a lei não restrinja o acesso à ordem jurídica, ao passo que o segundo, imposto ao juiz, impõe a garantia da tutela efetiva a quem tenha uma posição jurídica de vantagem (PINHO, Humberto Dalla Bernardina de. *Teoria Geral do Processo Civil Contemporâneo*. Rio de Janeiro: Lumen Juris, 2007, p. 30).

5. CABRAL, Antonio do Passo. Comentários aos arts.976 a 987. In: CABRAL, Antonio do Passo; CRAMER, Ronaldo. *Comentários ao Novo Código de Processo Civil*. Rio de Janeiro: Forense, 2015, p. 1415. No mesmo sentido, o Enunciado 345 do Fórum Permanente de Processualistas Civis: "O incidente de resolução de demandas repetitivas e o julgamento dos recursos extraordinários e especiais repetitivos formam um microssistema de solução de casos repetitivos, cujas normas de regência se complementam reciprocamente e devem ser interpretadas conjuntamente."

6. O IAC não faz parte do microssistema de casos repetitivos. CABRAL, Antonio do Passo. Comentários aos arts. 976 a 987. In: CABRAL, Antonio do Passo; CRAMER, Ronaldo. *Comentários ao Novo Código de Pro-*

A intenção do legislador é claríssima. Ele desejou produzir efeitos vinculantes para as decisões que resolvem os recursos repetitivos e que fixam as teses jurídicas do IRDR. A necessidade de combater a excessiva litigiosidade sobre assuntos idênticos, emprestando operacionalidade aos abarrotados tribunais, estimulou a concepção de um "precedente à brasileira" ou um padrão decisório obrigatório ou vinculante. Assim, seria possível conferir o mesmo tratamento a questões idênticas, reforçando a isonomia, a segurança jurídica e a eficiência do sistema processual.[7]

---

cesso Civil. Rio de Janeiro: Forense, 2015, p. 1416. Igualmente, o Enunciado 334 do Fórum Permanente de Processualistas Civis: "Por força da expressão "sem repetição em múltiplos processos", não cabe o incidente de assunção de competência quando couber julgamento de casos repetitivos".

7. Com acerto, Humberto Dalla e Roberto de Aragão Ribeiro Rodrigues afirmam que o método de elaboração de um precedente, tal como articulado pelo código processual brasileiro, difere completamente do que prevalece nos sistemas de *common law*. Explicam os autores que a lógica operacional é diversa, posto que aqui há um sistema de julgamentos por amostragem que repercutem sobre outros processos em que a questão é também discutida (PINHO, Humberto Dalla Bernardina de; RODRIGUES, Roberto de Aragão Ribeiro. O microssistema de formação de precedentes judiciais vinculantes previsto no novo CPC. *Revista de Processo*, vol. 259, ano 41, set. 2016, p. 411 e ss.). Já havia defendido a mesma ideia, em tom crítico à ideia de IRDR como precedente: ROSSI, Júlio Cesar. O precedente à brasileira: súmula vinculante e o incidente de resolução de demandas repetitivas. *Revista de Processo*, vol. 208, 2012, p. 2. Defendendo o instituto: Rodolfo de Camargo Mancuso refuta as críticas à constitucionalidade do IRDR enquanto precedente ou padrão decisório. O autor postula que o princípio da legalidade, expresso no art. 5º, II da Constituição Federal, deve ter uma leitura mais ampla, envolvendo não apenas a norma legislada mas também a norma judicada, já que aquela tem caráter abstrato, necessitando em muitos aspectos de uma complementação. Operar-se-ia as decisões em sede de IRDR como já se operam os pronunciamentos oriundos de súmula vinculante, presente no art. 103-A da Constituição Federal (MANCUSO, Rodolfo de Camargo. *Incidente de resolução de demandas repetitivas*: a luta contra a dispersão jurisprudencial excessiva. São Paulo: Revista dos Tribunais, 2016, p. 31-33). Sofia Temer também pensa neste sentido. A autora nota a diferença substancial entre os sistemas de common law e civil law, a proporcionar soluções diversas, para então aduzir que o objetivo do IRDR é verdadeiramente atuar como precedente, visto que seu objetivo é fixar uma tese jurídica sobre questão repetitiva, ainda que ela seja produzida sem consideração fática tão detalhada quanto a que ocorre nos sistemas de common law, o que se explica pelo fato de a questão repetitiva ser de direito (TEMER, Sofia. *Incidente de resolução de demandas repetitivas*. 3ª ed., rev., ampl., atual. Salvador: Juspodivm, 2018, p. 216-224). Antonio do Passo Cabral também entende que o IRDR se destina à formação de precedente, sem deixar de notar o significativo interesse público do IRDR (CABRAL, Antonio do Passo. Do Incidente de Resolução de Demandas Repetitivas – comentários aos arts. 976 a 987. In: CABRAL, Antonio do Passo; CRAMER, Ronaldo. *Comentários ao novo Código de Processo Civil*. São Paulo: Forense, 2015, p. 1423). Fredie Didier Jr., Paula Sarno Braga e Rafael Alexandria de Oliveira, a partir do reconhecimento da natureza jurídica do precedente enquanto ato-fato jurídico, também percebem a peculiaridade brasileira na formação de precedente a partir do IRDR (DIDIER JR., Fredie; BRAGA, Paula Sarno e OLIVEIRA, Rafael Alexandria de. *Curso de Direito Processual Civil*. 11ª ed. Salvador: Juspodivm, 2016, vol. II, p. 466-479). Alexandre Freitas Câmara entende pela possibilidade de o sistema brasileiro criar precedentes vinculantes a partir da lei, como no IRDR (CÂMARA, Alexandre Freitas. *O novo processo civil brasileiro*. 3ª ed. São Paulo: Atlas, 2017, p. 441-442). Também enxergando o IRDR como um mecanismo constitucional e democrático, idôneo a contribuir para uma prestação jurisdicional de mais qualidade: RODRIGUES, Marco Antonio dos Santos. O incidente de resolução de demandas repetitivas e sua legitimidade. In: ROSSI, Fernando; RAMOS, Glauco Gumerato; GUEDES, Jefferson Carús; DELFINO, Lúcio; MOURÃO, Luiz Eduardo Ribeiro. (Org.) *O futuro do processo civil no Brasil*: uma análise crítica do projeto do novo CPC. Belo Horizonte: Fórum, 2011, p. 433-443.

Há críticas severas à concepção de tais mecanismos formuladas na doutrina.[8] Contudo, neste estudo, sendo impossível pelo curto espaço esmiuçar o debate, bem como por entender que tais críticas não merecem prosperar ou não ferem de morte tais mecanismos, entre os quais o IRDR, tomamos como pressuposto a constitucionalidade de todo o sistema de precedentes ou padrões decisórios imaginado pelo legislador processual brasileiro. A questão agora é verificar se é possível estender a eficácia vinculante das decisões em sede de IRDR às agências reguladoras.

Como já dito acima, o respeito às decisões que fixam teses jurídicas em sede de IRDR foi verdadeiramente o intuito do legislador ordinário. Em não havendo inconstitucionalidade na concepção do instituto, é possível defender que as agências reguladoras devem observar rigorosamente as decisões proferidas em sede de IRDR e que digam respeito aos serviços concedidos, permitidos ou autorizados, quando a matéria discutida não for de cunho técnico. Em outras palavras, a Administração Pública está vinculada às decisões que fixam teses jurídicas em sede de IRDR. Entretanto, quando a matéria for de cunho técnico, específico e pertencente ao núcleo das funções institucionais imaginado pelo legislador na lei que institui o órgão regulador, uma outra solução deverá ser articulada.

4. POSIÇÕES DOUTRINÁRIAS

A doutrina não é unânime quanto a este ponto.

Sofia Temer defende que a eficácia é meramente persuasiva. Para a autora, a vinculação apenas ocorre nos casos em que a Administração Pública for parte, quando então estará submetida aos efeitos da coisa julgada. Além disso, considera que o comando do art. 985, § 2º do CPC não tem o mesmo teor ao veiculado pelo art. 927, III, este sim verdadeiramente determinando a eficácia vinculante.[9]

Luiz Guilherme Marinoni também aponta não ser possível submeter os entes e agências reguladoras à decisão em sede de IRDR que fixa a tese jurídica sobre questão comum, caso não haja participação direta ou indireta daquelas

8. GONÇALVES, Marcelo Barbi. O incidente de resolução de demandas repetitivas e a magistratura deitada. *Revista de Processo*, vol. 222, ago. 2013. MARINONI, Luiz Guilherme. *Incidente de resolução de demandas repetitivas*: decisão de questão idêntica x precedente. São Paulo: Revista dos Tribunais, 2016. Também criticando a ideia do IRDR enquanto precedente: NERY JR., Nelson; ABBOUD, Georges. Stare decisis vs. direito jurisprudencial. In: FREIRE, Alexandre et al. *Novas tendências do processo civil*. Salvador: Juspodivm, 2013, vol. I, p. 485-514; ABBOUD, Georges. Precedente judicial vs. jurisprudência dotada de efeito vinculante. In: WAMBIER, Teresa Arruda Alvim (coord.). *Direito jurisprudencial*. São Paulo: Revista dos Tribunais, 2011, p. 526-527. NERY JR., Nelson. *Comentários ao Código de Processo Civil* – Novo CPC – Lei 13.105/2015. São Paulo: Revista dos Tribunais, 2016, p. 1975.

9. TEMER, Sofia. *Incidente de resolução de demandas repetitivas*. 3ª ed. rev., ampl. e atual. Salvador: Juspodivm, 2018, p. 238-239.

no processo. Somente assim o autor entende ser possível que elas se submetam à coisa julgada.[10]

Aluisio Gonçalves de Castro Mendes alega que o efeito é meramente persuasivo. O autor explica que a decisão firmada em sede de IRDR não é capaz de vincular a Administração Pública, já que se trata de mera comunicação. É possível entender que se trata de verdadeiro convite para que o órgão ou agência reguladora observe a interpretação da lei firmada no julgamento do incidente e proceda com a fiscalização nos devidos termos. Para o autor, a vinculação de órgãos externos ao Poder Judiciário exigiria previsão constitucional.[11]

Antonio do Passo Cabral argumenta que a comunicação da decisão do IRDR às agências reguladoras é importante por permitir uma implementação mais rápida do que ficou decidido na esfera judicial bem como por permitir que as agências reflitam e possam alterar suas rotinas de fiscalização ou mesmo as próprias normas reguladoras.[12]

Rodolfo Camargo Mancuso festeja o art. 985, § 2º do CPC. O autor comenta que a previsão de comunicação às agências reguladoras da decisão fixada em sede de IRDR é auspiciosa haja vista a enorme litigiosidade envolvendo serviços públicos e outras prestações estatais, sendo evidente a utilidade de que as instâncias administrativas conheçam o teor das teses jurídicas fixadas pelo Poder Judiciário a respeito de tão importantes questões. Além de reconhecer a evidente consonância do dispositivo supracitado com o art. 1.040, IV do CPC, o autor entende que ainda sob a égide do CPC/73, semelhantes previsões já faziam parte do ordenamento jurídico brasileiro, exemplificando com o art. 19 da Lei 10.522/2002.[13-14]

Alexandre Freitas Câmara afirma que a tese fixada no acórdão que julga o IRDR possui eficácia vinculante, incluindo casos futuros, pelo menos até que venha a ser revista, na forma de um contraditório amplo e efetivo, com a participação de *amici curiae* e audiências públicas, conforme preconizam os arts. 985, II,

10. MARINONI, Luiz Guilherme. *Incidente de resolução de demandas repetitivas*: decisão de questão idêntica x precedente. São Paulo: Revista dos Tribunais, 2016, p. 108.

11. MENDES, Aluisio Gonçalves de Castro. *Incidente de resolução de demandas repetitivas*: sistematização, análise e interpretação do novo instituto processual. Rio de Janeiro: Forense, 2017, p. 239.

12. CABRAL, Antonio do Passo. Comentários aos arts.976 a 987. In: CABRAL, Antonio do Passo; CRAMER, Ronaldo. *Comentários ao Novo Código de Processo Civil*. Rio de Janeiro: Forense, 2015, p. 1447.

13. O art.19 da Lei 10.522/2002, mais precisamente em seus incs. II, IV e V, todos com redação alterada pela Lei 12.844/2013, autorizava a Procuradoria Geral da Fazenda nacional a não contestar, recorrer ou desistir de recurso interposto, inexistindo outro fundamento relevante, caso a decisão envolver matérias pacíficas no âmbito do STF, STJ e tribunais superiores ou decididas de forma desfavorável à Fazenda Nacional em sede de recursos extraordinários ou especiais repetitivos, conforme a sistemática dos arts. 543-B e 543-C do CPC/73. Sendo assim, a previsão do art. 985, § 2º do CPC não é exatamente uma novidade.

14. MANCUSO, Rodolfo de Camargo. *Incidente de resolução de demandas repetitivas*: a luta contra a dispersão jurisprudencial excessiva. São Paulo: Revista dos Tribunais, 2016, p. 281-282.

parte final e 986, ambos do CPC. Ademais, o autor faz coro à importância do art. 985, § 2º do CPC para o desafogo do Poder Judiciário, visto que a comunicação da decisão e a fiscalização efetiva por parte das agências pode contribuir vigorosamente para a redução do número de processos.[15]

Cassio Scarpinella Bueno argumenta que as previsões dos arts. 985, § 2º e 1.040, IV, ambos do CPC, permitem uma indispensável cooperação entre o órgão jurisdicional e os órgãos reguladores, aumentando a efetividade do que restou decidido, ao passo que também concretiza os arts. 3º e 4º do CPC, ambos normas fundamentais, pelo fato de a fiscalização viabilizar que as decisões alcancem um grau de satisfação adequado, reduzindo o risco de judicialização de conflitos futuros sobre a matéria, ao mesmo tempo em que também aponta para uma solução negociada de conflitos. Segundo o autor, as regras conferem instrumentos idôneos a fortalecer o papel regulador do Estado no âmbito administrativo, contribuindo para a diminuição da judicialização.[16]

Fredie Didier Jr. e Leonardo Carneiro da Cunha entendem que as regras são importantes pelo fato de parte expressiva da litigiosidade concentrar-se em demandas que envolvem a prestação de serviços públicos. Sendo assim, tais regras possuiriam duas funções: permitir mudanças nas rotinas de fiscalização ou nas normas administrativas editadas pelo regulador, bem como promover um salutar diálogo institucional entre os poderes constituídos e agentes responsáveis pela fiscalização dos cumprimentos de direitos.[17]

Ticiano Alves e Silva preconiza que a tese jurídica fixada na decisão do IRDR possui uma eficácia persuasiva, não vinculando a Administração Pública, sob pena de violação da separação de poderes, que é cláusula pétrea (art. 60, § 4º, III, CF).[18] Sendo assim, as agências apenas ficam vinculadas caso participem do incidente. Desta forma, a eficácia desta decisão é diferente daquela ocasionada pelas decisões em controle concentrado de constitucionalidade e pelas súmulas vinculantes, que obrigam a Administração Pública em qualquer circunstância. Entretanto, o autor afirma que as agências, por serem entes técnicos responsáveis pela regulação e fiscalização de importantes setores, deveriam participar do julgamento dos incidentes. Há, segundo ele, possibilidade de inúmeras interpretações para as regras e princípios de direito por parte dos participantes dos mercados regulados e por serem entes técnicos, as agências reguladoras devem

15. CÂMARA, Alexandre Freitas. *O novo processo civil brasileiro*. 3ª ed. São Paulo: Atlas, 2017, p. 490-491.

16. BUENO, Cassio Scarpinella. *Novo Código de Processo Civil anotado*. São Paulo: Saraiva, 2015, p. 629 e 683.

17. DIDIER JR, Fredie; CUNHA, Leonardo Carneiro da. *Curso de direito processual civil*: o processo civil nos tribunais, recursos, ações de competência originária de tribunal e *querela nullitatis*, incidentes de competência originária de tribunal. 13ª ed. reform. Salvador: Juspodivm, 2016, p. 602-603.

18. SILVA, Ticiano Alves e. O incidente de resolução de demandas repetitivas e as agências reguladoras: o conteúdo jurídico do § 2º do art. 985 do CPC. In: ARAÚJO, José Henrique Mouta; CUNHA, Leonardo Carneiro da; RODRIGUES, Marco Antonio (coords.). *Fazenda Pública*. 2ª ed. Salvador: Juspodivm, 2016, p. 753-774.

participar do julgamento, possibilitando um verdadeiro diálogo institucional entre o Poder Judiciário e a Administração Pública.[19] A publicidade, o contraditório e a argumentação originada nestes julgamentos legitimariam a decisão alcançada, contribuindo para que as interpretações do direito sejam uniformizadas. Por isso, o autor vê no art. 985, § 2º do CPC uma "norma atributiva do dever institucional de intervenção como *amicus curiae* das agências reguladoras e entes fiscalizadores no IRDR". Em outras palavras, o dispositivo, para o autor, embute uma ordem destinada às agências reguladoras no sentido de que elas participem dos julgamentos dos IRDRs sobre as matérias que interessam à atividade regulada, sendo a tese jurídica fixada nesta sede um componente necessário do arcabouço normativo da atividade regulatória. A tese jurídica pode, inclusive, ser discutida e servir como objeto de recurso por parte do órgão regulador, conforme prevê o art. 138, § 3º do CPC. O resultado, portanto, não é uma vinculação, mas um dever de a agência reguladora utilizar a tese jurídica firmada, já que lhe foi permitido participar e ter o direito de argumentar e influenciar a decisão.[20]

A ideia que o presente artigo pretende defender é que quando envolver matérias técnicas e por haver um órgão especializado dotado de autonomia política, técnica, normativa, gerencial, orçamentária e financeira, que se dedica a regular e fiscalizar determinado setor de atuação, o juiz deve se valer da intervenção *iussu iudicis,* de forma que a agência reguladora participe do processo, aumentando a legitimidade da decisão, aprimorando o diálogo institucional e proporcionando a superação de qualquer déficit de capacidade institucional. Quando, ao contrário, a questão for de cunho contratual e não envolver questões técnicas, a decisão jurisdicional será vinculante.[21]

5. O PAPEL DAS AGÊNCIAS REGULADORAS

As agências reguladoras são instituídas por meio de lei específica como autarquias especiais, haja vista a existência de características que as diferenciam das demais autarquias previstas no Decreto-Lei 200/1967, tais como ampla au-

19. Também neste sentido, Gustavo Binenbojm diz que em um Estado democrático de direito, como nem toda atividade desenvolvida pela agência é técnica, torna-se salutar a existência de um canal de comunicação entre os agentes políticos eleitos democraticamente e as agências, cujos diretores são escolha do Chefe do Poder Executivo, sujeito à aprovação do Senado (BINENBOJM, Gustavo. *Uma teoria do direito administrativo*: direitos fundamentais, democracia e constitucionalização. 3ª ed. rev. e atual. Rio de Janeiro: Renovar, 2014, p. 306).

20. SILVA, Ticiano Alves e. O incidente de resolução de demandas repetitivas e as agências reguladoras: o conteúdo jurídico do § 2º do art.985 do CPC. In: ARAÚJO, José Henrique Mouta; CUNHA, Leonardo Carneiro da; RODRIGUES, Marco Antonio (coords.). *Fazenda Pública.* 2ª ed. Salvador: Juspodivm, 2016, p. 767-772.

21. A título de exemplo de questão contratual que envolve, por vezes, acentuada dificuldade técnica, a situação pensada por Luiz Eduardo Diniz Araujo: as revisões tarifárias dos contratos de distribuição de energia elétrica, que envolvem conceitos operacionais e financeiros estritamente técnicos, de difícil compreensão para um leigo (ARAUJO, Luiz Eduardo Diniz. O poder normativo das agências reguladoras e o indivíduo como sujeito de direito. *Direito Público,* Porto Alegre, v. 5, n. 27, maio/set. 2009, p. 116-117).

tonomia gerencial, orçamentária e financeira. Seus dirigentes estão isolados do ciclo político, sendo nomeados por indicação do chefe do Poder Executivo, após necessária aprovação do Poder Legislativo, para um mandato temporariamente estável a termo fixo. Possuem independência para decidir as questões concernentes à regulação e fiscalização de forma estritamente técnica, além de competência para editar atos normativos necessários e relacionados a tais atividades.[22]

Sendo assim, às agências reguladoras é normalmente atribuído o papel de conceber a normatização do setor regulado. Na doutrina administrativista esta é uma questão polêmica.

Há quem ateste, em virtude do princípio da legalidade, a possibilidade de que as agências exerçam o seu poder normativo no tocante às questões de cunho técnico, por meio de regulamentos de execução, previsto no art. 84, IV da CF, desde que pautados pela moldura legal, afastando qualquer possibilidade de delegação.[23]

Já outra corrente defende a ideia da deslegalização, segundo a qual, por meio da própria lei instituidora da agência, ocorre a simples transferência de uma determinada matéria para outra sede normativa[24], ou ainda, a "retirada pelo próprio legislador, de certas matérias, do domínio da lei (domaine de la loi), passando-as ao domínio do regulamento (domaine de lórdennance)"[25], de forma que o instituto "será sempre possível no ordenamento constitucional vigente desde que a Constituição não a proíba expressamente".[26]

Finalmente, uma outra corrente defende que o instituto da deslegalização é incompatível com o desenho constitucional das competências normativas, visto que suplantar a lei por um ato regulamentar significaria submeter a vontade manifestada pelos representantes do povo à burocracia administrativa, sendo que a Constituição Federal apenas autoriza a ação normativa do Executivo em situações específicas: a medida provisória (art. 62), a lei delegada (art. 68), os regulamentos

---

22. Unânime com relação a estes pontos é o magistério de: BINENBOJM, Gustavo. *Uma teoria do direito administrativo*: direitos fundamentais, democracia e constitucionalização. 3ª ed. rev. e atual. Rio de Janeiro: Renovar, 2014, p. 269-280. CARVALHO FILHO, José dos Santos. *Manual de direito administrativo.* 31ª ed. rev., atual. e ampl. São Paulo: Atlas, 2017, p. 516-518. ARAGÃO, Alexandre Santos de. *Curso de direito administrativo.* 2ª ed. rev., atual. e ampl. Rio de Janeiro: Forense, 2013, p. 213-227. JUSTEN FILHO, Marçal. *O direito das agências reguladoras independentes.* São Paulo: Dialéctica, 2002, p. 344. MADEIRA, José Maria Pinheiro. *Administração pública.* 12ª ed. Rio de Janeiro: Freitas Bastos, 2014, t. I, p. 912-918.
23. MELLO, Celso Antonio Bandeira de. *Curso de direito administrativo.* 33ª ed. rev. e atual. até a Emenda Constitucional 92, de 12.07.2016. São Paulo: Malheiros, 2016, p. 176-177.
24. ARAGÃO, Alexandre Santos de. *Agências reguladoras e a evolução do direito administrativo econômico.* Rio de Janeiro: Forense, 2002, p. 422-423.
25. MOREIRA NETO, Diogo Figueiredo. *Mutações do direito administrativo.* 2ª ed. Rio de Janeiro: Renovar, 2001, p. 166.
26. MADEIRA, José Maria Pinheiro. *Administração pública.* 12ª ed. Rio de Janeiro: Freitas Bastos, 2014, t. I, p. 919.

de execução (art. 84, IV) e os regulamentos autônomos (art. 84, VI), os quais podem ser aplicados à matérias situadas fora da reserva legal em casos de vazio normativo conjugado à necessidade de cumprir dever imediatamente constitucional. Sendo assim, estabelece-se a atividade normativa das agências como de natureza infralegal, já que devem obediência à lei e aos "intelligible principles" nela dispostos.[27]

A posição mais harmônica com a Constituição Federal é a de Gustavo Binenbojm.[28] Claro está que o legislador constitucional não pretendia conferir um poder normativo amplo ao Poder Executivo e à burocracia administrativa, senão em situações específicas, já predefinidas na própria Constituição Federal. A flexibilização do princípio da separação de poderes não é um tópico estranho para a melhor doutrina, porém, flexibilizar não quer dizer ampliar completamente. Ao contrário, significa permitir que em condições especiais seja possível a edição de atos normativos de caráter abstrato, geral e impessoal por parte de outros órgãos que não o Parlamento. Este é precisamente o caso das agências reguladoras, haja vista a tecnicidade, o dinamismo, as peculiaridades que envolvem os diversos setores econômicos, de tal sorte que resulta impossível o acompanhamento e o conhecimento de todas as nuances envolvidas pelos parlamentares. Daí se justifica que, configurada uma moldura pela lei instituidora, a agência disponha de poder para detalhar as normas afeitas à regulação e fiscalização, de cunho estritamente técnico. Pensar de outra forma seria pressupor que a delegabilidade é a regra do ordenamento jurídico brasileiro, o que não corresponde à verdade.[29]

Inobstante a divergência doutrinária sobre o fundamento de sua atuação, fato é que as agências reguladoras são responsáveis pela elaboração das normas técnicas que regulam o setor nos moldes definidos pelo legislador ordinário na lei que as institui. Tal fato deve-se à impossibilidade de o legislador ordinário dominar as especificidades técnicas de todas as matérias concernentes à regulação dos diversos setores da economia. Por essa razão, nada mais consentâneo com o princípio da eficiência que a previsão de que o arcabouço normativo a orientar a regulação

---

27. BINENBOJM, Gustavo. *Uma teoria do direito administrativo*: direitos fundamentais, democracia e constitucionalização. 3ª ed. rev. e atual. Rio de Janeiro: Renovar, 2014, p. 296-300. Os "intelligible principles" são critérios fixados na lei para orientar a expedição de atos normativos pelas agências reguladoras, tal como referidos pela doutrina americana, a partir de julgados da Suprema Corte.

28. A posição e Celso Antonio Bandeira de Mello também é defensável e compatível com o sistema constitucional brasileiro. A diferença para a posição de Gustavo Binenbojm é que ela á mais rígida, pregando o respeito tão somente aos ditames legais, já que não menciona os "intelligible principles".

29. O próprio Gustavo Binenbojm fala dos casos em que a atuação normativa do Poder Executivo é permitida de forma expressa na Constituição, lembrando que o art.49, V da CF só pode ter uma leitura efetiva na existência de parâmetros claros de limitação estabelecidos na lei (BINENBOJM, Gustavo. *Uma teoria do direito administrativo:* direitos fundamentais, democracia e constitucionalização. 3ª ed. rev. e atual. Rio de Janeiro: Renovar, 2014, p. 296-300). É possível comentar que a Lei 9.784/1999, que trata do processo administrativo federal, dispõe em seus arts.13 e 14 de situações e critérios nos quais a delegação é admitida. Sendo assim, a restrição imposta e a preocupação do legislador ordinário ilustram que a delegabilidade é antes exceção do que regra no direito brasileiro.

e a fiscalização das diversas prestações de serviços públicos e a própria relação entre regulados seja concebido por um órgão técnico especializado e dotado de autonomia.[30]

Neste esquema organizacional, revela-se importante perceber a autonomia funcional das agências reguladoras. Elas atuam como órgão normatizador e como última instância administrativa, dada a inexistência nas leis instituidoras das agências de qualquer previsão sobre recurso hierárquico.[31]

Não obstante a inexistência de recurso hierárquico, o art. 5º, XXXV da Constituição Federal sempre garante a qualquer indivíduo o acesso á justiça, posto que determina que a lei não excluirá da apreciação do Poder Judiciário qualquer lesão ou ameaça de lesão. Desta forma, é possível aos regulados ajuizar demandas questionando aspectos normativos ou comportamentos no ambiente regulatório.[32]

6. OS CONFLITOS NA SEARA REGULATÓRIA

Basicamente, na seara regulatória estabelecem-se três tipos de conflitos: aqueles que surgem pela relação entre regulados, envolvendo, por exemplo, consumidores e concessionários; os que ocorrem entre regulados (consumidores ou concessionários) e a própria agência reguladora; bem como os existentes entre as próprias agências. O objeto do processo no primeiro tipo de litígio são direitos subjetivos que uma das partes julga ter, ao passo que no segundo, o objeto do processo são as normas contratuais ou técnicas concebidas pelo órgão regulador. Já no terceiro, a questão, normalmente, envolve conflitos de competência.

Nos processos que envolvem a agência reguladora, claro está que, por ser parte, a decisão em sede de IRDR que fixa uma tese jurídica para a questão

30. Há evidente supervisão do Poder Executivo, por meio do Ministério que atua na área da agência reguladora, já que cabe a ele fixar as orientações e diretrizes de governo. Apesar da multipolaridade embutida nesta nova forma de organização do Estado, o controle e supervisão não são esquecidos. O que inexiste, porém, é subordinação hierárquica, de cunho vinculante. BINENBOJM, Gustavo. *Uma teoria do direito administrativo:* direitos fundamentais, democracia e constitucionalização. 3ª ed. rev. e atual. Rio de Janeiro: Renovar, 2014, p. 307.

31. Alexandre Santos de Aragão relata que nenhuma lei prevê a existência de recursos administrativos hierárquicos impróprios contra decisões de agências reguladoras, adicionando que sequer o Decreto-Lei 200/1967 os previu entre os mecanismos de supervisão ministerial disciplinados nos arts. 19 a 29 (ARAGÃO, Alexandre Santos de. *Agências reguladoras e a evolução do direito administrativo econômico.* Rio de Janeiro: Forense, 2002, p. 422-423). As leis federais instituidoras das agências reguladoras federais são: Lei 9.427/1996 (Aneel), Lei 9.472/1997 (Anatel), Lei 9.478/1997 (ANP), Lei 9.782/1999 (Anvisa), Lei 9.961/2000 (ANS), Lei 9.984/2000 (ANA) e Lei 10.233/2001 (ANT e ANTAq).

32. José Maria Pinheiro Madeira é de opinião que as leis instituidoras das agências deveriam trazer previsão idêntica à já prevista na lei de arbitragem 9.307/1996, de forma que a decisão da agência reguladora deveria ser final, salvo na presença de vícios formais ou na presença de direitos indisponíveis do Estado (MADEIRA, José Maria Pinheiro. *Administração pública.* 12ª ed. Rio de Janeiro: Freitas Bastos, 2014, t. I, p. 912).

repetitiva presente em processo no qual participa a própria agência deverá ser vinculante a princípio[33], visto que ela efetivamente participou do processo, tendo o direito de argumentar e influenciar o teor da decisão, exercendo o contraditório.

Nos processos em que a agência reguladora não é parte, a questão merece um detalhamento. Nestes casos, se a questão envolver tão somente matéria contratual ou de ordem cível, sem que esteja presente qualquer especificidade técnica, a decisão que fixa a tese jurídica no IRDR vincula efetivamente a agência reguladora, visto que esta não tem poder normativo que abranja a matéria.[34] É importante perceber que, nestes casos, o Poder Judiciário tão somente exerce o seu papel, interpretando a lei e aplicando-a ao caso concreto. O magistrado examina a questão, decidindo-a, cabendo às agências administrativas verificar o cumprimento da decisão e a fiscalização da efetiva aplicação, já que elas são o órgão da Administração Pública ao qual tal papel foi atribuído. Em havendo dúvida ou a possibilidade de diferentes interpretações da lei, suscitando conflitos, ao Poder Judiciário cabe dirimir e apontar a solução final e às agências cabe zelar pelo cumprimento das regras que orientam a atividade no setor. Sendo assim, a previsão do art. 985, § 2º do CPC está em completo acordo com as atribuições do Poder Judiciário e das agências reguladoras, sendo descabidas as críticas feitas à inconstitucionalidade do dispositivo.

Quando, porém, a questão for de natureza técnica, ainda que envolva cláusula contratual ou matéria cível, a abordagem deve ser diferente.[35] Em tais situações a participação da agência é de vital importância. Já foi visto que as leis instituidoras concedem poder normativo às agências para decidir e normatizar as peculiaridades e tecnicidades de cada setor. Ademais, tais agências possuem o poder de revogar as suas próprias determinações técnicas a qualquer momento, desde que verifiquem a conveniência e a oportunidade de fazê-lo.[36] Por isso, não

33. Aqui, refere-se a uma vinculação a princípio porque os efeitos vinculativos dependerão da matéria discutida, como será visto a seguir.

34. O art. 22, I confere à União a competência privativa para legislar sobre direito civil, comercial, penal, processual, do trabalho, entre outros. Se não há questão de cunho técnico-regulatório, não há de se falar em poder normativo das agências.

35. Em tais situações, a agência poderá usar seu poder normativo, desde que dentro da moldura legal fixada na lei instituidora. Uma eventual decisão judicial abrange a esfera jurídica da agência, mas não a vincula. Ela pode usar seu poder normativo sobre a questão técnica e dispor diferentemente para os casos futuros.

36. Gustavo Binenbojm explica que, ainda que tenham autonomia, as agências não são completamente livres. Elas devem, além de seguir a moldura fixada pela lei instituidora, estar inseridas no contexto da política governamental traçada para o setor. Em outras palavras, não é lógico que a agência reguladora aja de forma isolada e dissonante das metas propostas pelo governo para o setor. A relação, no entanto, é de subordinação não hierárquica, haja vista a autonomia das agências. Desta forma, o Poder Executivo possui mecanismos de controle da atuação das agências. Também o Poder Legislativo poder exercer controle sobre as agências, o que é feito por meio de relatórios, oitivas e questionamentos das políticas e das opções técnicas fixadas. A Constituição Federal autoriza a ação legislativa neste sentido por meio dos arts. 49, V e X. Assim, "a autonomia das agências deve sofrer mitigações parciais por via de controles ancilares

faz sentido o Poder Judiciário decidir uma questão de cunho específico, técnico, para o qual não está devidamente preparado muitas das vezes, sem que as agências reguladoras participem. Nestes casos, é evidente o déficit de capacidade institucional dos tribunais para resolver a questão.

7. *AMICUS CURIAE* OU INTERVENÇÃO *IUSSU IUDICIS*?

Fixada a necessidade de participação das agências reguladoras, é necessário entender a forma pela qual ela se dará.

A primeira opção é a convocação da agência como *amicus curiae,* conforme prevê o art. 138 do CPC. O dispositivo estabelece que o juiz pode, inclusive, atuar de ofício, sendo permitido o requerimento da parte. Na situação aqui aventada é evidente o cumprimento dos requisitos do *caput* tais como especificidade do tema, relevância da matéria e repercussão social, pelo fato de envolver serviços públicos e inúmeros consumidores, atraindo intensa litigiosidade, bem como é clara a representatividade da agência.

Na doutrina, Ticiano Alves e Silva, como já visto, diz que o art. 985, § 2º do CPC embute um dever legal para a agência, que deve requerer sua participação como *amicus curiae,* nos processos que envolvam questões regulatórias ínsitas ao papel institucional das agências, visto que passam a compor o arcabouço normativo.[37]

A solução aponta um caminho, mas deixa dúvidas. Como as agências saberiam dos processos a ponto de, tempestivamente, reclamar sua participação? O controle seria delas, das partes ou do juiz? E o que fazer caso uma decisão ocorra sem a participação das agências? Ademais, seria papel do diploma processual impor um dever legal a uma agência instituída por lei específica, se esta não faz tal previsão? Além disso, como *amicus curiae,* as agências não poderiam ampliar ou delimitar o objeto da demanda, justamente em matéria na qual têm muito a contribuir, assim como estariam impedidas de apresentar pedidos ou requerimentos, de contestar e de solicitar intervenção de terceiros.[38] As restrições são significativas para quem é, certamente, protagonista na solução da questão.

---

exercidos pelo Executivo e pelo Legislativo" (BINENBOJM, Gustavo. *Uma teoria do direito administrativo:* direitos fundamentais, democracia e constitucionalização. 3ª ed. rev. e atual. Rio de Janeiro: Renovar, 2014, p. 306-308).

37. SILVA, Ticiano Alves e. O incidente de resolução de demandas repetitivas e as agências reguladoras: o conteúdo jurídico do § 2º do art.985 do CPC. In: ARAÚJO, José Henrique Mouta; CUNHA, Leonardo Carneiro da; RODRIGUES, Marco Antonio (coords.). *Fazenda Pública*. 2ª ed. Salvador: Juspodivm, 2016, p. 753-774.

38. CABRAL, Antonio do Passo. O *amicus curiae* no novo Código de Processo Civil. In: MENDES, Aluisio Gonçalves de Castro; BEDAQUE, José Roberto dos Santos; CARNEIRO, Paulo Cezar Pinheiro; ALVIM, Tereza Arruda (coords.). *O novo processo civil brasileiro:* estudos em homenagem ao Professor, Jurista e Ministro Luiz Fux. Rio de Janeiro: GZ, 2018, vol. 1, p. 97-98.

A interpretação do art. 985, § 2º do CPC passa pela consideração do princípio da eficiência, presente no caput do art. 37 da CF, pelos princípios da segurança jurídica, do acesso à justiça, contraditório e da celeridade processual, estampados no art. 5º, *caput*, incs. XXXV, LV e LXXVIII da CF, assim como pelo impulso ao consensualismo (art. 3º do CPC), pelo princípio da primazia do mérito (art. 4º do CPC) e pela necessidade de aplicar a lei em atenção aos fins sociais e exigências do bem comum, observando a proporcionalidade, a razoabilidade, a legalidade, a publicidade e a eficiência (art. 8º do CPC).

O operador do direito deve oferecer solução que contemple todos estes princípios e diretrizes, que ostentam estatura constitucional ou são normas fundamentais do processo civil.

Sendo assim, a intervenção *iussu iudicis* se revela como o tratamento mais adequado à questão. Ainda que não prevista no diploma processual, tal qual acontece na Itália[39], Lia Carolina Batista Cintra esclarece que esta forma de intervenção de terceiros é plenamente compatível com o ordenamento jurídico brasileiro. A autora explica que a razão de ser deste instituto é garantir a harmonia dos julgados e a economia processual. Ademais, mostra que a intervenção *iussu iudicis* é plenamente compatível com os princípios processuais constitucionais da adequação, eficiência, proporcionalidade, inafastabilidade da jurisdição e contraditório. Ademais, a autora conclui pela utilidade do instituto em 2 situações, os casos de litisconsórcio facultativo unitário e os casos em que terceiros podem ser afetados pela eficácia da sentença.[40]

É claro que em processos que têm por objeto questão relacionada a serviços públicos, mormente aqueles em que a questão é técnica, torna-se imprescindível a participação da agência reguladora. Não basta, assim, a simples comunicação ao órgão regulador da decisão a fim de que ela seja cumprida e fiscalizada. A agência deve ter a oportunidade de apresentar os seus argumentos e de influir na decisão, ou seja, a ela deva ser oportunizado o contraditório efetivo.[41]

Isso ocorre por vários motivos. O primeiro é o fato de que a função das agências é tratar da regulação e fiscalização dos serviços públicos concedidos, possuindo autonomia para decidir tecnicamente as questões da área. Sendo assim, não faz sentido que tais órgãos não estejam presentes em processos para os quais têm muito a contribuir.

---

39. Assim dispõe o CPC italiano: Art.107: "Il giudice, quando ritiene opportuno che il processo si svolga in confronto di un terzo al quale la causa é comune, ne ordina l'intervento."

40. CINTRA, Lia Carolina Batista. *Intervenção de terceiro por ordem do juiz:* a intervenção *iussu iudicis* no processo civil. São Paulo: Revista dos Tribunais, 2017, p. 221-230.

41. CABRAL, Antonio do Passo. Il principio del contraddittorio come diritto d'influenza e dovere di dibattito. *Rivista di Diritto Processuale*, ano LX, n. 2, abril-junho 2005.

O segundo motivo é que em questões essencialmente técnicas, muitas vezes falta ao Poder Judiciário a *expertise* necessária para enfrentar a questão apresentada. Tal fato, aliado à forma pela qual os juízes são nomeados, sem a participação popular, pode dar a impressão de falta de legitimidade para decidir certas questões, o que requer uma consideração especial dos juízes sobre o ponto.[42]

Como a Constituição garante a inafastabilidade da jurisdição (art. 5º, XXXV) e o diploma processual veda a possibilidade de o juiz se eximir de decidir (art. 140), o juiz, ao perceber que suas capacidades institucionais não são as ideais, deve procurar formas de reduzir ou eliminar esta deficiência.[43]

A forma sugerida para a situação abordada neste estudo é a intervenção *iussu iudicis,* ordenada pelo juiz, com o intuito de otimizar a atividade processual, visto que a agência reguladora é afetada pelo acórdão que fixa a tese jurídica em sede de IRDR. Ademais, tal ação por parte do juiz está de acordo com as melhores técnicas de gestão processual, afastando qualquer crítica sobre possível imparcialidade. A convocação da agência ocorre de forma pertinente e amparada nos objetivos institucionais dessas entidades.

Numa primeira leitura, em a decisão versando sobre matéria técnica, a agência seria atingida pela eficácia do acórdão que fixa a tese jurídica, sendo obrigada, nos termos do art. 985, § 2º do CPC, a fiscalizar a efetiva aplicação da tese adotada. Ou seja, ela seria obrigada a fiscalizar o cumprimento de uma decisão sobre matéria de sua competência e da qual ela não participou. No entanto, se o princípio da eficiência é norma basilar da Administração Pública como consta do art. 37, *caput* e se todos os princípios e normas fundamentais do processo elencados acima devem ser contemplados, essa interpretação não faz sentido, caso se trate de matéria técnica, sobretudo se considerarmos o custo social do processo.[44]

Em tal situação, sendo a matéria discutida de cunho técnico, a intervenção da agência reguladora a partir de ordem do juiz é a forma correta e adequada de

---

42. Gustavo Binenbojm diz que quando a tecnicidade da matéria é elevada, menos intenso deve ser o grau de controle judicial (BINENBOJM, Gustavo. *Uma teoria do direito administrativo:* direitos fundamentais, democracia e constitucionalização. 3ª ed. rev. e atual. Rio de Janeiro: Renovar, 2014, p. 241). Daniel Sarmento e Claudio Pereira de Souza Neto recomendam a autocontenção judicial quando a matéria seja técnica e fora do Direito (SOUZA NETO, Claudio Pereira de; SARMENTO, Daniel. *Direito constitucional:* teoria, história e métodos de trabalho. Belo Horizonte: Fórum, 2012, p. 462-463).

43. CABRAL, Antonio do Passo. *Juiz natural e eficiência processual:* flexibilização, delegação e coordenação de competências no processo civil. Universidade do Estado do Rio de Janeiro: Tese apresentada ao concurso de Professor Titular de Processo Civil, 2017, p.568.

44. Steven Shavell realça o fato de que, na verdade, a diferença entre os custos privados e sociais do processo é brutal, posto que o autor (demandante) não leva em consideração os custos do réu e muito menos os custos do Estado (SHAVELL, Steven. *Economic Analysis of Law*, 2004, p. 83). Neste cenário, faz sentido pensar em mecanismos processuais que otimizem a prestação jurisdicional, propiciando maior eficiência, isonomia, segurança jurídica e celeridade, diminuindo a litigiosidade. Assim, a participação das agências reguladoras na discussão de matérias técnicas é passo importante para pacificar a questão e evitar um volume grande de processos.

permitir a sua participação, exercendo todas as garantias processuais cabíveis e assegurando que a solução congregue todos os atores envolvidos na questão.

A argumentação de que tal ação estaria infringindo o princípio dispositivo não convence. O processo deve ser pensado como um instituto de natureza instrumental, a partir do qual direitos possam ser tutelados de forma adequada, efetiva, tempestiva e econômica. No caso em tela, o princípio dispositivo, mediante o qual as partes devem delimitar o objeto do processo, dispondo de seus direitos, deve ser mitigado. A necessidade de concretização de vários princípios de estatura relevante já citados acima, a atribuição feita por lei específica às agências reguladoras e o objetivo de que a solução respeite o ordenamento jurídico permitem que o princípio dispositivo ceda. Não há ponderação, contudo, neste caso. O resultado é definido *a priori*. Se a matéria for técnica, a agência deve ter a oportunidade de participar do processo, com todas as prerrogativas de parte. Quando a matéria for tipicamente de direito e não envolver questão técnica da alçada específica dos órgãos reguladores, não há porque a agência não se vincular ao pronunciamento.[45]

É útil dizer que, convocada para o processo, a agência pode optar pelo polo em que deseja atuar. Se arrolada como ré, a agência deve ter a faculdade de migrar de polo e vice-versa. O interesse da agência reguladora em tais processos é relacionado ao seu dever institucional tal como descrito na lei instituidora e à boa gestão da coisa pública, não havendo um vínculo pré-definido com qualquer interesse material.[46] À agência deve ser dada, portanto, a faculdade de escolha. A "intervenção móvel" é também justificada pelo interesse público envolvido, qual seja, a regulação técnica de um setor da atividade econômica e ligado a prestação de serviços públicos.[47]

O passo seguinte é estabelecer a forma pela qual ocorreria a intervenção provocada pelo juiz. Por tudo que foi dito até aqui, entende-se que o juiz de 1º grau, ao perceber a presença de questão técnica de responsabilidade de órgão regulador, já deveria provocar a intervenção. Desta feita, já integrada como par-

45. Ressaltando o interesse público que deve prevalecer no caso e defendendo a mitigação do poder dispositivo: CINTRA, Lia Carolina Batista. *Intervenção de terceiro por ordem do juiz:* a intervenção *iussu iudicis* no processo civil. São Paulo: Revista dos Tribunais, 2017, p. 231-234; SICA, Heitor Vitor Mendonça. Notas críticas ao sistema de pluralidade de partes no processo civil brasileiro. *Revista de Processo*, ano 36, v. 200, outubro 2011, p. 52-53. Em tom também publicista, defendendo que o juiz possa desenvolver qualquer atividade a fim de que os escopos do processo sejam realizados: BEDAQUE, José Roberto dos Santos. Poderes instrutórios do juiz. 7ª ed. São Paulo: Revista dos Tribunais, 2013, p. 103.

46. CABRAL, Antonio do Passo. Despolarização do processo e zonas de interesse: sobre a migração entre polos da demanda. *Revista Forense*, v. 404, 2009, p. 22-25.

47. A expressão é usada por Rodrigo Mazzei para qualificar a intervenção coata das pessoas jurídicas de direito público nas ações populares tal como previsto no art. 6º, § 3º da LAP, ante à impossibilidade de se configurar um litisconsórcio necessário (MAZZEI, Rodrigo. A intervenção móvel da pessoa jurídica de direito público na ação popular e ação de improbidade (art. 6º, § 3º da LAP e art. 17, § 3º da LIA). *Revista Forense*, ano 104, vol. 400, nov.-dez. 2008, p. 36-37).

te, a agência poderia, inclusive, requerer o IRDR, caso a questão atendesse aos pressupostos do instituto, definidos no art. 976, I, II e § 4º do CPC, a saber: efetiva repetição de processos, risco de ofensa à isonomia e segurança jurídica e ausência, nos tribunais superiores, de recurso afetado para definição de tese sobre determinada questão.

Entretanto, caso tal não ocorra, a responsabilidade passa a ser do tribunal ao se deparar com questão de cunho técnico e referente às agências reguladoras. Deve o tribunal, já no início da instrução do incidente, determinar a intervenção forçada do órgão regulador, que passaria a atuar como parte do incidente.[48]A atuação da agência reguladora não inibe a presença de outras pessoas, órgãos e entidades com interesse na controvérsia e nem a realização de audiências públicas. Ao contrário, tais mecanismos aumentam ainda mais a legitimidade da decisão.

Ao final, tomada a decisão, a agência, por ser parte, estaria vinculada à tese jurídica fixada no acórdão para os casos baseados no arcabouço normativo até então vigente, sejam eles já ocorridos ou futuros, tal como determinam o art. 985, I e II do CPC. Há, porém, uma diferença. Como o órgão regulador é responsável pela elaboração de normas técnicas, nos termos fixados na lei instituidora, ele poderá alterar o arcabouço normativo no futuro, autonomamente. A vinculação existe, mas não é permanente. As agências possuem poder para alterar o arcabouço técnico-regulatório autonomamente, sem que seja obrigatória a realização do contraditório efetivo e amplo nos termos dos arts. 985, II e 986, ambos do CPC.[49] Para todos os outros atores que participam do IRDR a tese fixada é a palavra final, salvo eventual revisão nos termos dos dispositivos citados.

O efeito, para as agências, é parecido com o que experimentam o Poder Legislativo e o próprio STF nas ações de controle concentrado de constitucionalidade e nas súmulas vinculantes (art. 102, § 2º e art. 103-A, *caput*, ambos da CF; art. 28 da Lei 9.868/1999).[50] O julgamento feito com base ou a partir destes

---

48. Cabe dizer que, por ser o princípio da cooperação, estatuído no art.6º do CPC, uma norma fundamental, a intervenção por ordem do juiz deve ser objeto de diálogo com as partes. O juiz, agindo como ator do contraditório, deveria oportunizar o debate, tendo em conta que as partes são interessadas e podem ter argumentos que sejam suficientes para afastar a intervenção. A análise é feita caso a caso, portanto.

49. Gustavo Binenbojm ressalta a importância da participação da sociedade nas decisões firmadas pelas agências como mecanismo de legitimação e combate a possível déficit democrático (BINENBOJM, Gustavo. *Uma teoria do direito administrativo:* direitos fundamentais, democracia e constitucionalização. 3ª ed. rev. e atual. Rio de Janeiro: Renovar, 2014, p. 310-317).

50. Luís Roberto Barroso, considerando a eficácia das súmulas vinculantes, explica que "a vinculação do próprio STF deve ser entendida de forma limitada, estando a Corte impedida de afastar casuisticamente enunciado sumular existente, mas admitindo-se a possibilidade de que seja superado por decisão expressa da maioria absoluta de seus membros". Com relação à decisão em sede de ADI e ADC, o autor explica que há distinção entre os efeitos de uma decisão de constitucionalidade e inconstitucionalidade. Esta última é dotada de vinculação *erga omnes*, incluindo o próprio STF, ainda que seja possível ao Parlamento apresentar outra lei que incorra em vício semelhante, quando então não será cabível a reclamação, mas sim nova ação direta. Ao contrário, em decisões de constitucionalidade da lei, o STF poderá, posterior-

institutos os vincula, porém até o momento em que decidam mudar a legislação ou a orientação anteriormente firmada.

Por último, tal como qualquer parte do IRDR, as agências poderiam usar do recurso especial ou extraordinário, bem como ajuizar reclamação caso a tese fosse descumprida.

8. CONCLUSÃO

O IRDR é um instituto do direito processual coletivo, sendo uma grande aposta do novo código enquanto mecanismo apto a fortalecer o acesso à justiça, a isonomia e a segurança jurídica pelo aumento da efetividade, eficiência, celeridade das decisões jurisdicionais.

Um aspecto relevante no desenho do instituto no CPC é a questão dos julgamentos que envolvem questões relacionadas às agências reguladoras. A importância do assunto é evidente, tendo por base o modelo de organização estatal, de natureza multipolar, bem como pela intensa e persistente litigiosidade que permeia a prestação de serviços públicos.

Sendo assim, a melhor interpretação para a regra veiculada no art. 985, § 2º do CPC depende da matéria que for objeto da contenda judicial. Em sendo uma matéria de natureza contratual, pertinente à esfera cível, sem envolver tecnicalidade fora do Direito, a agência está realmente vinculada à decisão tomada em sede de IRDR. Entretanto, caso o objeto do IRDR seja uma questão de natureza técnica, ínsita à atividade de regulação e fiscalização das agências, torna-se imprescindível a participação dessas no processo, sob pena de se vulnerar o princípio da eficiência e outros importantes princípios e normas fundamentais do processo. É neste sentido que se defende a intervenção dos órgãos reguladores por ordem do juiz, a intervenção *iussu iudicis*, quando a matéria for técnica.

Ocorrendo a intervenção por ordem do juiz, a agência encontra-se vinculada à tese do IRDR, desde que mantida a base normativa vigente e examinada no julgamento. Não obstante, por determinação legal, ela está autorizada a propor um novo arcabouço técnico-normativo, o que implica uma vinculação não permanente.

9. REFERÊNCIAS BIBLIOGRÁFICAS

ABBOUD, Georges. Precedente judicial vs. jurisprudência dotada de efeito vinculante. In: WAMBIER, Teresa Arruda Alvim (coord.). *Direito jurisprudencial*. São Paulo: Revista dos Tribunais, 2011.

---

mente, se provocado, alterar seu entendimento e julgá-la inconstitucional (BARROSO, Luís Roberto. *O controle de constitucionalidade no direito brasileiro*: exposição sistemática da doutrina e análise crítica da jurisprudência. 7ª ed. rev. e atual. São Paulo: Saraiva, 2016, p. 111 e 244-246).

ARAGÃO, Alexandre Santos de. *Agências reguladoras e a evolução do direito administrativo econômico.* Rio de Janeiro: Forense, 2002.

ARAGÃO, Alexandre Santos de. *Curso de direito administrativo.* 2ª ed. rev., atual. e ampl. Rio de Janeiro: Forense, 2013.

ARAUJO, Luiz Eduardo Diniz. O poder normativo das agências reguladoras e o indivíduo como sujeito de direito. *Direito Público*, Porto Alegre, v. 5, n. 27, maio/set. 2009.

BARROSO, Luís Roberto. *O controle de constitucionalidade no direito brasileiro*: exposição sistemática da doutrina e análise crítica da jurisprudência. 7ª ed. rev. e atual. São Paulo: Saraiva, 2016.

BEDAQUE, José Roberto dos Santos. *Poderes instrutórios do juiz.* 7ª ed. São Paulo: Revista dos Tribunais, 2013.

BINENBOJM, Gustavo. *Uma teoria do direito administrativo*: direitos fundamentais, democracia e constitucionalização. 3ª ed. rev. e atual. Rio de Janeiro: Renovar, 2014.

BUENO, Cassio Scarpinella. *Novo Código de Processo Civil anotado.* São Paulo: Saraiva, 2015.

CABRAL, Antonio do Passo. Il principio del contraddittorio come diritto d´influenza e dovere di dibattito. *Rivista di Diritto Processuale*, ano LX, n. 2, abril-junho 2005.

CABRAL, Antonio do Passo. Despolarização do processo e zonas de interesse: sobre a migração entre polos da demanda. *Revista Forense*, v. 404, 2009.

CABRAL, Antonio do Passo. Comentários aos arts. 976 a 987. In: CABRAL, Antonio do Passo; CRAMER, Ronaldo. *Comentários ao Novo Código de Processo Civil.* Rio de Janeiro: Forense, 2015.

CABRAL, Antonio do Passo. *Juiz natural e eficiência processual*: flexibilização, delegação e coordenação de competências no processo civil. Universidade do Estado do Rio de Janeiro. Tese apresentada ao concurso de Professor Titular de Processo Civil, 2017.

CABRAL, Antonio do Passo. O *amicus curiae* no novo Código de Processo Civil. In: MENDES, Aluisio Gonçalves de Castro; BEDAQUE, José Roberto dos Santos; CARNEIRO, Paulo Cezar Pinheiro; ALVIM, Tereza Arruda (coords.). *O Novo Processo Civil brasileiro*: estudos em homenagem ao Professor, Jurista e Ministro Luiz Fux. Rio de Janeiro: GZ, 2018. vol. 1.

CÂMARA, Alexandre Freitas. *O novo processo civil brasileiro.* 3ª ed. São Paulo: Atlas, 2017.

CARVALHO FILHO, José dos Santos. *Manual de direito administrativo.* 31ª ed. rev., atual. e ampl. São Paulo: Atlas, 2017.

CINTRA, Lia Carolina Batista. *Intervenção de terceiro por ordem do juiz*: a intervenção *iussu iudicis* no processo civil. São Paulo: Revista dos Tribunais, 2017.

DIDIER JR., Fredie; BRAGA, Paula Sarno; OLIVEIRA, Rafael Alexandria de. *Curso de Direito Processual Civil.* 11ª ed. Salvador: Juspodivm, 2016. vol. 2.

DIDIER JR., Fredie; CUNHA, Leonardo Carneiro da. *Curso de direito processual civil*: o processo civil nos tribunais, recursos, ações de competência originária de tribunal e *querela nullitatis*, incidentes de competência originária de tribunal. 13ª ed. reform. Salvador: Juspodivm, 2016. vol. 3.

GONÇALVES, Marcelo Barbi. O incidente de resolução de demandas repetitivas e a magistratura deitada. *Revista de Processo*, vol. 222, ago. 2013.

JUSTEN FILHO, Marçal. *O direito das agências reguladoras independentes.* São Paulo: Dialéctica, 2002.

MADEIRA, José Maria Pinheiro. *Administração pública.* 12ª ed. Rio de Janeiro: Freitas Bastos. t. I.

MANCUSO, Rodolfo de Camargo. *Incidente de resolução de demandas repetitivas*: a luta contra a dispersão jurisprudencial excessiva. São Paulo: Revista dos Tribunais, 2016.

MARINONI, Luiz Guilherme. *Incidente de resolução de demandas repetitivas*: decisão de questão idêntica x precedente. São Paulo: Revista dos Tribunais, 2016.

MAZZEI, Rodrigo. A intervenção móvel da pessoa jurídica de direito público na ação popular e ação de improbidade (art. 6º, § 3º da LAP e art. 17, § 3º da LIA). *Revista Forense*, ano 104, vol. 400, nov.-dez. 2008.

MELLO, Celso Antonio Bandeira de. *Curso de direito administrativo*. 33ª ed. rev. e atual. até a Emenda Constitucional 92, de 12.07.2016. São Paulo: Malheiros, 2016.

MENDES, Aluisio Gonçalves de Castro. *Incidente de Resolução de Demandas Repetitivas*: sistematização, análise e interpretação do novo instituto processual. Rio de Janeiro: Forense, 2017.

MOREIRA NETO, Diogo Figueiredo. *Mutações do direito administrativo*. 2ª ed. Rio de Janeiro: Renovar, 2001.

NERY JR., Nelson; ABBOUD, Georges. *Stare decisis* vs. direito jurisprudencial. In: FREIRE, Alexandre et al. *Novas tendências do processo civil*. Salvador: Juspodivm, 2013. vol. I.

NERY JR., Nelson. *Comentários ao Código de Processo Civil*. Novo CPC – Lei 13.105/2015. São Paulo: Revista dos Tribunais, 2016.

PINHO, Humberto Dalla Bernardina de. *Teoria Geral do Processo Civil Contemporâneo*. Rio de Janeiro: Lumen Juris, 2007.

PINHO, Humberto Dalla Bernardina de; RODRIGUES, Roberto de Aragão Ribeiro. O microssistema de formação de precedentes judiciais vinculantes previsto no novo CPC. *Revista de Processo*, vol. 259, ano 41, set. 2016.

RODRIGUES, Marco Antonio dos Santos. O incidente de resolução de demandas repetitivas e sua legitimidade. In: ROSSI, Fernando; RAMOS, Glauco Gumerato; GUEDES, Jefferson Carús; DELFINO, Lúcio; MOURÃO, Luiz Eduardo Ribeiro. (Org.) *O futuro do processo civil no Brasil*: uma análise crítica do projeto do novo CPC. Belo Horizonte: Fórum, 2011.

ROSSI, Júlio Cesar. O precedente à brasileira: súmula vinculante e o incidente de resolução de demandas repetitivas. *Revista de Processo*, vol. 208, 2012.

SHAVELL, Steven. *Economic Analysis of Law*, 2004.

SICA, Heitor Vitor Mendonça. Notas críticas ao sistema de pluralidade de partes no processo civil brasileiro. *Revista de Processo*, ano 36, v. 200, out. 2011.

SILVA, Ticiano Alves e. O incidente de resolução de demandas repetitivas e as agências reguladoras: o conteúdo jurídico do § 2º do art. 985 do CPC. In: ARAÚJO, José Henrique Mouta; CUNHA, Leonardo Carneiro da; RODRIGUES, Marco Antonio (coords.). *Fazenda Pública*. 2ª ed. Salvador: Juspodivm, 2016.

SOUZA NETO, Claudio Pereira de; SARMENTO, Daniel. *Direito constitucional:* teoria, história e métodos de trabalho. Belo Horizonte: Fórum, 2012.

TEMER, Sofia. *Incidente de resolução de demandas repetitivas*. 3ª ed. rev., ampl. e atual. Salvador: Juspodivm, 2018.

2

OS EFEITOS DA TESE FIXADA NOS JULGAMENTOS DOS INCIDENTES DE QUESTÕES REPETITIVAS

Cesar Felipe Cury[1]

Amanda de Lima Vieira[2]

1. INTRODUÇÃO

O presente artigo tem como objetivo realizar uma abordagem analítica dos efeitos da tese fixada nos julgamentos de questões repetitivas e seus impactos no cenário jurídico brasileiro.

Uma das grandes contribuições do Código de Processo Civil de 2015 para o ordenamento brasileiro foi a positivação da necessária observância da integridade e coerência pelos aplicadores do Direito (art. 926 do CPC/2015). A atenção da comissão de juristas ao tema reflete-se desde a exposição de motivos[3] e ressoa

---

1. Mestre e Doutorando em Direito – UNESA. Membro efetivo do Instituto Brasileiro de Direito Processual – IBDP. Desembargador do TJRJ. Contato: cesarcury@tjrj.jus.br.

2. Mestre em Direito – UNESA. Doutoranda em Direito Processual – UERJ. Membro efetivo do Instituto Brasileiro de Direito Processual – IBDP. Advogada. Contato: amandalimavieira@uol.com.br.

3. "[...] haver, indefinidamente, posicionamentos diferentes e incompatíveis, nos Tribunais, a respeito da mesma norma jurídica leva a que jurisdicionados que estejam em situações idênticas tenham de submeter-se a regras de conduta diferentes, ditadas por decisões judiciais emanadas de tribunais diversos. Esse fenômeno fragmenta o sistema, gera intranquilidade e, por vezes, verdadeira perplexidade na sociedade. Prestigiou-se, seguindo-se direção já abertamente seguida pelo ordenamento jurídico brasileiro, expressado na criação da Súmula Vinculante do Supremo Tribunal Federal (STF) e do regime de julgamento conjunto de recursos especiais e extraordinários repetitivos (que foi mantido e aperfeiçoado), tendência a criar estímulos para que a jurisprudência se uniformize, à luz do que venham a decidir tribunais superiores e até de segundo grau, e se estabilize. Essa é a função e a razão de ser dos tribunais superiores: proferir decisões que moldem o ordenamento jurídico, objetivamente considerado. A função paradigmática que devem desempenhar é inerente ao sistema. Por isso é que esses princípios foram expressamente formulados. Veja-se, por exemplo, o que diz o novo Código, no Livro IV: "A jurisprudência do STF e dos Tribunais Superiores deve nortear as decisões de todos os Tribunais e Juízos singulares do país, de modo

ao longo do Código Processual por meio dos artigos 926; 927; 947; 976, II; 988, III e IV; 1.036, 1.037, II, dentre outros. A segurança jurídica, causa e consequência do Estado Democrático de Direito, tem por objetivo proteger e preservar a expectativa dos cidadãos, sendo, portanto, inadmissível a observância de tratamentos distintos endereçados às mesmas questões de direito.

Outro grande acerto da lei processual foi trazer para o texto infraconstitucional a garantia de obtenção de respostas jurisdicionais em um prazo razoável, bem como o emprego dos meios que garantam a celeridade de sua tramitação. Até então, o comando constitucional previsto no artigo 5º, inciso LXXVIII,[4] carecia de regra correspondente. Acertadamente, o novel texto conferiu densidade ao princípio constitucional ao atribuir caráter fundamental à norma processual artigo 4º, retrato da constitucionalização do processo decorrente da evolução do Estado Democrático de Direito.

Nesse sentido, um das grandes apostas do Código Processual de 2015 foi a instituição do incidente de resolução de demandas repetitivas, que consiste na técnica processual diferenciada destinada às questões repetitivas e consagra as três importantes vertentes do Estado Democrático acima destacadas, como a isonomia, a segurança jurídica e a prestação jurisdicional em prazo razoável, sem a necessidade de remessa de quaisquer recursos aos tribunais superiores a fim de que desses emanasse o padrão decisório a ser observado sobre determinada questão.

Durante a vigência do Código de Processo Civil de 1973, a solução possível em relação a decisões contraditórias era a uniformização de julgados e a edição de súmula pelo Supremo Tribunal Federal ou decisão pelo rito dos recursos repetitivos pelo Superior Tribunal de Justiça. No entanto, apesar de possibilitarem a isonomia, referidos mecanismos exigem largo período e o esgotamento da tramitação dos processos até que uma posição do STF ou do STJ possa vincular outros julgadores.[5]

---

a concretizar plenamente os princípios da legalidade e da isonomia". Evidentemente, porém, para que tenha eficácia a recomendação no sentido de que seja a jurisprudência do STF e dos Tribunais superiores, efetivamente, norte para os demais órgãos integrantes do Poder Judiciário, é necessário que aqueles Tribunais mantenham jurisprudência razoavelmente estável. A segurança jurídica fica comprometida com a brusca e integral alteração do entendimento dos tribunais sobre questões de direito". Disponível em: <https://www2.senado.leg.br/bdsf/bitstream/handle/id/512422/001041135.pdf>. Acesso em: 02.07.2019.

4. LXXVIII - a todos, no âmbito judicial e administrativo, são assegurados a razoável duração do processo e os meios que garantam a celeridade de sua tramitação. (Incluído pela Emenda Constitucional nº 45, de 2004). Disponível em: http://www.planalto.gov.br/ccivil_03/constituicao/constituicaocompilado.htm. Acesso em: 03.07.2019.

5. CARNEIRO, Paulo Cezar Pinheiro. Notas sobre o incidente de resolução de demandas repetitivas. In: *Revista Eletrônica de Direito Processual – REDP*. v. XIV. p. 485-488. Disponível em: <https://www.e-publicacoes.uerj.br/index.php/redp/article/view/14551/15871>. Acesso em: 04.07.2019.

Previsto nos artigos 976 a 987 do CPC/2015, o incidente possui inspiração nas antigas ações de ensaio (*test claims*) norte-americanas e inglesas; nos dois sistemas de *Musterverfahren* na Alemanha; nas previsões da legislação de fundos de investimento da Suíça; na extensão de efeitos na jurisdição contenciosa administrativa da Espanha; na Group Litigation Order (GLO) da Inglaterra e País de Gales; e, nos *Pilot-judgement procedure* da Corte Europeia de Direitos Humanos.[6]

Após esta breve contextualização, passa-se à análise do objeto central deste artigo.

2. EFEITOS DA TESE NOS PROCESSOS PENDENTES

O julgamento do incidente de resolução de demandas repetitivas e a correspondente fixação da tese produzem efeitos internos e externos ao procedimento respectivo, como ora será exposto.

Como efeito interno, a decisão no incidente, antes que se torne definitiva, submete-se à recorribilidade conforme o previsto no artigo 987 do CPC/2015. Com isso, os sujeitos referidos no artigo 977 do CPC/2015 estão legitimados para a interposição dos recursos especial e extraordinário, dependendo da natureza infraconstitucional ou constitucional da questão controvertida.

É preciso lembrar que a questão repetitiva objeto do incidente pode ser tanto de natureza material como de direito processual, de modo que os referidos recursos, além da análise dos aspectos procedimentais eventualmente ofensivos a normas constitucionais ou infraconstitucionais, se prestam a revisar o conteúdo decisório da tese fixada frente à lei federal e à constituição, caso em que a edição de novo enunciado de caráter geral substitui o alcançado na instância anterior.

Como ambos recursos têm efeito suspensivo, a tese fixada não produzirá qualquer consequência antes de sua definição pelo tribunal superior (art. 985, incs. I e II e § 2º, do CPC/2015).

Também não se desconhece a possibilidade de esclarecimento da decisão por meio dos embargos de que tratam os artigos 1.022 a 1.026 do mesmo diploma processual.

A integração de qualquer instituto jurídico a um corpo normativo não deve ser realizada sem a necessária e prévia análise de adequação sistêmica e à realidade sobre a qual pretende incidir.

Esse processo de adaptação costuma ser longo, submetendo-se a testagens progressivas a fim de se permitir a avaliação de pertinência e efetividade. Deter-

6. MENDES. Aluisio Gonçalves de Castro. *Incidente de resolução de demandas repetitivas*: sistematização, análise e interpretação do novo instituto processual. 2. reimp. Rio de Janeiro: Forense, 2017. p. 27.

minados institutos jurídicos, incorporados em ordenamentos distintos daqueles em que concebidos, não raro se submetem a estágios de avaliação temporal até que se integrem definitivamente, quase sempre após ajustes propostos pela doutrina e pela própria jurisprudência.

A introdução do IRDR no direito processual brasileiro não se submeteu a qualquer estágio de convivência no ordenamento pátrio, tendo iniciado sua vigência junto com o próprio Código de Processo Civil.

Desde o processo de elaboração legislativa, contudo, o instituto apresentado já se mostrava objeto de discussões doutrinárias acerca tanto de sua validade e constitucionalidade quanto da sua efetividade para o controle da litigiosidade repetitiva. Basicamente, são duas as questões mais relevantes tratadas pela doutrina: a legitimidade do conteúdo decisório e seus efeitos a terceiros que não tenham participado do seu processo de formação e a extensão dos efeitos ao sistema dos juizados especiais de teses fixadas por órgãos fracionários dos tribunais estaduais e federais. Essas questões serão abordadas adiante com a observância dos limites do presente estudo.

Por expressa disposição legal (arts. 927, inc. III, 985 e 489, § 1º, inc. VI, do CPC/2015), a resolução da questão submetida a julgamento no incidente torna definitiva a tese fixada, o que implica na sua obrigatória observância pelos órgãos jurisdicionais da esfera de competência do tribunal estadual ou regional respectivo, ou por todos os juízos e tribunais, caso o incidente tenha chegado ao conhecimento e provimento, pela via recursal, ao STF ou ao STJ.

Em síntese, trata-se de instituto que visa recobrir a questão decidida com os efeitos da coisa julgada, tornando-a impassível de rediscussão, salvo pelas excepcionalidades da distinção (*distinguish*) ou da superação (*overruling*), conforme artigo 489, § 1º, inc. VI, do CPC/2015.

A formação da coisa julgada pelo julgamento de questão incidental tem sua origem nos *collateral stoppel* do direito inglês antigo, e, mais recentemente, no direito norte-americano, como leciona Marinoni.[7] Com efeito, naqueles sistemas da tradição do *common law*, a questão amplamente discutida em processo precedente torna-se indiscutível em processo futuro, ainda que uma das partes não seja a mesma, desde que tenham sido assegurados o contraditório efetivo no devido processo legal.

Assim como no *collateral stoppel*, o principal efeito da fixação da tese em IRDR é tornar a questão indiscutível, buscando-se atender aos preceitos de estabilidade do direito e de autoridade das decisões dos tribunais.

7. MARINONI, Luiz Guilherme. O problema do incidente de resolução de demandas repetitivas e dos recursos extraordinário e especial repetitivos. *Revista de Processo*, vol. 249, p. 399-419, nov/2015.

Nesse aspecto, o IRDR brasileiro assemelha-se mais ao instituto do *collateral stoppel*, também do direito anglo-saxão. Ambos se destinam a resolver questão prejudicial à solução de casos pendentes, e não ao litígio propriamente dito.

Há, todavia, algumas diferenças que devem ser destacadas.

No *collateral stoppel* assegura-se à parte no processo futuro a quem aproveita a decisão arguir a proibição de rediscussão de questão idêntica. Para tanto, exige-se apenas que no processo anterior o mérito tenha sido julgado e a parte a quem se pretenda proibir tenha efetivamente participado e tido assegurado o devido processo legal substantivo (*non-mutual collateral stoppel*).

No IRDR, admite-se a formação de coisa julgada e produção dos seus efeitos em relação a quem não tenha tomado parte, direta ou indiretamente, no processo ou incidente respectivo, o que acusa grave déficit de constitucionalidade ao subtrair o direito de acesso ao judiciário e ao processo.

Com efeito, a decisão tomada em processo não pode afetar o terceiro não dele não tenha sido parte.

Nesses termos, parece que o IRDR, do modo como institucionalizado, desafia certas garantias processuais, previstas no art. 506 do CPC/2015, e constitucionais, previstas no art. 5º, incs. LIII, LIV e LV, da Constituição Federal, que consubstanciam o direito fundamental ao devido processo legal em seus aspectos formal e substancial, ao prescindir da efetiva participação dos interessados nos processos decisórios que produzam efeitos sobre sua esfera de direitos.

Além disso, o IRDR pode ser instaurado independentemente de decisão definitiva prévia sobre a questão repetitiva, cuja tese fixada terá efeitos *erga omnes*, do que resulta uma decisão prospectiva, e não na formação de um precedente, ademais inexistente.

Ainda sobre os efeitos da tese, a impossibilidade de rediscussão da questão representa um ponto de contato entre o IRDR e o sistema de precedentes introduzido pelo legislador de 2015 no direito processual brasileiro.

Com efeito, em ambos os institutos, a definição de determinada questão torna-se referência para os casos idênticos, o que por um lado impede a rediscussão do tema em processo contemporâneo ou posterior e, por outro, exige um acréscimo argumentativo para eventual refutação da incidência ou distinção.

Todavia, no sistema de precedentes originário do direito anglo-saxão, a *ratio decidendi* de decisão anterior é sempre encontrada em processos futuros na análise de casos passados (*precedentes*, permita-se o óbvio), os quais servem de orientação pela identidade entre as questões. Ou seja, a razão de decidir de caso passado pode ser invocada como precedente desde que se identifique com o tema atual em discussão. Nesse sentido, o precedente do direito anglo-saxão pressupõe certa sedimentação de entendimento, cuja *ratio* servirá a julgamento posterior na esteira dos princípios da integridade e coerência do sistema normativo. O precedente se mostra, então, como norma de conduta pela interpretação dos tribunais, como é típico nos sistemas inglês e norte-americano.

No direito brasileiro, o precedente (*rectius*: padrão decisório) é formado pelas Cortes em suas funções de controle da legislação e de uniformização da jurisprudência, cujos efeitos são prospectivos, e não decorrentes da tradição ou da sedimentação de decisões anteriores.

Compreende-se que a iniciativa do legislador teve como objetivo o controle da litigiosidade repetitiva por meio de sistemas de parametrização e vinculação de decisões, mas o custo de garantias principiológicas e institucionais poderia ter sido substituído pela estrita aplicação dos critérios de integridade e coerência norteadores das decisões judiciais, com a necessária observância de uma teoria da decisão que preservasse a tradição e a consequente estabilidade jurídica.

Além dos efeitos internos, a fixação da tese no incidente de resolução de demandas repetitivas também acarreta consequências externas ao procedimento respectivo.

Nos termos do artigo 985, incisos I e II, do CPC/2015, uma vez fixada definitivamente, a tese de direito será aplicada a todos os processos em curso, individuais e coletivos – assim entendidos aqueles previstos, por exemplo, nas Leis nº 7.437/1985, 4.717/1965 e 8.078/1990 –, que versem sobre idêntica questão de direito.

A regra é que os processos pendentes, durante a tramitação do incidente, estejam suspensos – conforme o disposto nos artigos 982, inciso I, e 313, inciso IV, do CPC/2015 – cujo curso será retomado imediatamente após a superação do prazo de interposição de recurso contra a decisão do tribunal estadual ou regional que fixa a tese, ou, em caso de recurso especial ou extraordinário, pela decisão do tribunal superior.

A repercussão dos efeitos da decisão está restrita aos limites da jurisdição do tribunal que fixa a tese. Essa disposição, aparentemente supérflua, tem relevância ante os termos do artigo 982, §§ 3º e 4º, do CPC/2015.

Isso porque, uma vez instaurado o incidente, os legitimados pelo artigo 977, incisos II e III, da lei processual pátria, mesmo em processos em curso fora dos limites territoriais do tribunal competente, poderão requerer ao tribunal superior a suspensão de todos os processos individuais e coletivos em curso no território nacional que versem sobre questão idêntica.

É preciso observar que a medida do artigo 982, § 3º, limita o requerimento de suspensão aos legitimados no artigo 977 (inc. II e III), o que exclui a possibilidade de sua suscitação pelo juiz ou relator (inc. I).

Da mesma forma, o artigo 982, § 4º, assegura à parte em processo no qual se discuta questão repetitiva idêntica à do incidente, independentemente dos limites da competência territorial do tribunal respectivo, a possibilidade de suscitar ao tribunal superior a suspensão, em todo o território nacional, dos processos em curso em que se discuta a mesma questão (art. 1.029, § 4º, do CPC/2015).

Também nesse dispositivo o legislador limitou a provocação da medida de suspensão às partes do processo (art. 982, § 4º), o que exclui o juiz ou relator, assim como o ministério público e a defensoria pública, desde que não atuem como sujeitos parciais.

É preciso anotar que essas medidas têm por objetivo evitar o prosseguimento dos processos ante a possibilidade de proferimento de decisões conflitantes enquanto se discute, em sede incidental específica, a resolução de idêntica questão repetitiva (art. 1.029, § 4º, do CPC/2015).

Com isso, pretende-se conferir densidade aos critérios de integridade e coerência dos pronunciamentos decisórios, uniformizando-se a jurisprudência, de modo a preservar a estabilidade e a segurança jurídica, tal como exigido pelo artigo 926 do CPC/2015.

De qualquer modo, uma vez fixada a tese, seus efeitos somente serão produzidos nos limites da jurisdição do tribunal estadual ou regional, conforme art. 985, ressalvado o disposto no artigo 982, § 3º, ou a hipótese recursal do art. 987, § 2º, todos do CPC/2015.

Pode ocorrer que o julgamento do incidente, com a consequente fixação da tese, não seja objeto de recurso, o que resulta na ausência de generalização dos efeitos que seriam produzidos com o pronunciamento por tribunal superior. Nesse caso, compreende-se a ausência de vinculatividade da tese para além da esfera de competência do tribunal, reconhecendo-se, contudo, a *ratio decidendi* como subsidio argumentativo.

2.1 Processos de conhecimento

Pelo disposto no artigo 985 do CPC/2015, os efeitos da tese incidem sobre os processos existentes na área de competência do tribunal, o inclui desde aqueles em que ainda não tenha havido a integração da relação jurídica processual até os que se encontrem em cumprimento de sentença ou execução e em fase recursal.

Nesses termos, deve-se considerar o protocolo da petição inicial (art. 312 do CPC/2015) como o momento a partir do qual incide a *ratio decidendi* da decisão em IRDR.

2.1.1 Tutela de evidência (art. 311, II)

Observados os mesmos parâmetros, a tese fixada necessariamente atinge os procedimentos relativos à tutela provisória, nomeadamente a tutela de evidência.

Com efeito, de acordo com o artigo 311, II e parágrafo único, do CPC/2015, a *ratio* encontrada no julgamento do incidente é requisito para a concessão da medida de evidência, constituindo-se em elemento apto a suprir a exigência de plausibilidade do direito invocado, tornando possível inclusive a concessão de tutela liminar (art. 311, parágrafo único).

A contrário senso, desde que a inicial do pedido de tutela de evidência esteja fundada em elemento que contrarie a tese firmada no incidente de resolução de demandas repetitivas, a incidência imediata da *ratio* importará na denegação e na extinção do processo, o que deve ser precedido da garantia prescrita no artigo 10 do CPC/2015.

Este ponto se remete ao antes exposto acerca da constitucionalidade do procedimento de formação do enunciado decisório, na medida em que sua fixação atinge a esfera de direitos de quem não tomou parte do processo respectivo.

2.1.2 Improcedência liminar do pedido (art. 332, III)

Os efeitos imediatos da decisão em IRDR também incidem na avaliação da aptidão da petição inicial.

Na medida em que se considera o protocolo da inicial (art. 312) como o momento a que se reporta o artigo 982, inciso I, do CPC/15, o processo que se encontre nessa fase também deverá ter a retomada do curso e a decisão de admissibilidade submetidos à incidência da *ratio* definida no julgamento do incidente.

Nessas hipóteses, o juízo competente está autorizado a proferir decisão liminar de improcedência da inicial (art. 322 do CPC/2015) sempre que se verifique a contrariedade entre os fundamentos do pedido e o entendimento formado em julgamento de IRDR. Em que pesem as controvérsias acerca da inconstitucionalidade do referido dispositivo, o fato é que o legislador, acolhendo a proposta da Comissão de Juristas responsável pela elaboração do projeto do Código, incluiu no microssistema de precedentes a decisão liminar de improcedência com a finalidade de preservar o critério de racionalidade que privilegia a vinculatividade obrigatória das decisões dos tribunais e das cortes superiores a todo o sistema de justiça. Pretende-se, com isso, além da integridade e estabilidade jurídica, evitar o transcurso inócuo de processo e a rediscussão de questão já fixada em instância superior.

A decisão liminar de improcedência, ao contrário do dispositivo semelhante que a precedia no CPC/1973 (art. 285-A), não contém margem de discricionariedade ao dispor que "o juiz, independentemente da citação do réu, julgará liminarmente improcedente o pedido".

Com isso, tem-se que a improcedência, não afastada por déficit de constitucionalidade, é mandatória.

2.1.2.1 Distinção (art. 332, § 4º)

Há, contudo, na hipótese de decisão liminar de improcedência, a possibilidade de a parte autora apresentar apelação, caso em que poderá o juiz, verificando a tempestividade do recurso e o equívoco da decisão, retratar-se e determinar o prosseguimento do processo com a citação e determinação de audiência de autocomposição (art. 334 do CPC/2015).

Embora no novo sistema não seja dado o exercício do juízo de admissibilidade ao prolator da decisão impugnada, a exceção se justifica pela peculiaridade da decisão *prima facie*. Caso não reveja a decisão, o recurso deverá ser encaminhado ao Tribunal, a quem compete o julgamento da apelação.

É importante que se diga que a improcedência liminar não se confunde com a providência dos artigos 330 e 331 do CPC/2015, motivo pelo qual a apelação somente pode se fundar no que se tem como uma modalidade de distinção. Com efeito, uma vez que a decisão de improcedência, na hipótese do inc. III do artigo 332 do CPC/2015, está restrita à constatação de contrariedade entre as razões de pedir e o enunciado decisório encontrado em IRDR, a apelação deverá ser baseada na demonstração do equívoco do julgador na avaliação dos fundamentos jurídico-substanciais do pedido inicial ou na má interpretação da *ratio decidendi* do IRDR, permitindo-se, assim, uma espécie de distinção, tal como previsto no artigo 489, inciso II e § 1º, inciso IV, do CPC/2015.

É bem verdade que as teses firmadas em IRDR devem ser aplicadas a todos os casos presentes e futuros em que questões idênticas sejam o fundamento do pedido. Todavia, há que se considerar a individualidade de cada caso e de cada processo, razão pela qual se impõe ao julgador o acréscimo de justificativa estabelecida pelo artigo 489 do CPC/2015.

A *ratio decidendi* dos incidentes repetitivos também pode implicar na improcedência parcial do pedido inicial, caso em que, não havendo retratação ou apelação, o processo deverá prosseguir com o pedido remanescente.

2.1.3 Julgamento antecipado do mérito (art. 355, I)

De acordo com o artigo 355 do CPC/2015, juiz julgará antecipadamente o pedido quando não houver necessidade de produção de prova.

Isso tanto pode significar que a prova tenha sido anteriormente produzida – como na hipótese do artigo 381 do CPC/2015 – ou de que se trata de aspecto fático que prescinda de demonstração.

Essa pode ser, por exemplo, a hipótese de questão repetitiva que tenha sido objeto de julgamento em IRDR e que condiciona a decisão sobre o mérito.

Com efeito, ainda que se considere a divergência de entendimento sobre a dicotomia entre fato e direito, desde que a questão decidida em sede de IRDR represente o aspecto central da controvérsia do processo de conhecimento, o artigo 355, inciso I, do CPC/2015 autoriza, não havendo necessidade de produção de prova, a prolação de decisão antecipada sobre o pedido, seja para julgá-lo procedente, seja para o seu improvimento.

A justificativa para essa regra é a mesma que orienta todo o sistema de precedentes e que privilegia o aspecto temporal da tramitação do processo quando o que se discute já tenha sido objeto de deliberação vinculativa pelos tribunais locais e superiores.

2.1.4 Julgamento parcial do mérito (art. 356, I)

Da mesma forma que o artigo 355 do CPC/2015 admite o julgamento antecipado do pedido, o artigo 356, inciso I, prevê o julgamento parcial do mérito quando um ou mais dos pedidos formulados mostrar-se incontroverso e não houver necessidade de dilação probatória (inc. II).

A exigência de que o pedido ou parte dele se mostre incontroverso implica no reconhecimento de sua verossimilhança, seja pela ausência de divergência fundada decorrente da admissão pela parte adversa, por exemplo, seja pela evidência extraída do material probatório, ou ainda pela resolução em incidente de demandas repetitiva que resolva de modo vinculativo a controvérsia objeto do litígio.

Nessa última hipótese, é legítimo ao juiz proferir decisão antecipada parcialmente sobre o mérito, de modo a resolver, desde logo, questão que não se mostre objeto de dissenso.

É preciso enfatizar que, em ambos os temas acima tratados, ao considerar desnecessária a produção de prova, o juiz não pode decidir pela improcedência por ausência de prova, ainda que afirme tratar-se de questão incontroversa.

Isso não impede, todavia, que em decorrência do tema fixado em IRDR, tornando a questão explícita e incontroversa e sendo ela o aspecto fundamental para o conhecimento do mérito, a improcedência em julgamento antecipado parcial do mérito.

2.1.5 Mediação

A decisão em IRDR, fixando a tese a ser aplicada no âmbito da jurisdição do tribunal respectivo ou nacional, constitui importante fator de indução à solução consensual.

Essa medida, ao mesmo tempo em que impõe obrigatória vinculação aos juízes e tribunais, também institui condições jurídico-substanciais e processuais que tornam possível as soluções por acordo, notadamente nas questões decorrentes de relações interpessoais simples e daquelas mantidas entre usuários de serviços públicos e suas prestadoras.

Na medida em que a questão seja resolvida em IRDR, esvaziando o conteúdo controversial do processo adversarial, as partes, reconhecendo a inocuidade do prosseguimento do processo, podem se valer dos expedientes típicos da autocomposição, como a etapa prevista no artigo 334 do CPC/2015, sem embargo de a qualquer momento resolverem consensualmente o litígio.

Da mesma forma, como a definição de questão repetitiva também implica na necessária observância da decisão por órgãos, entes ou agências reguladoras responsáveis pelos serviços concedidos, permitidos ou autorizados (art. 985, § 2º), podem as empresas prestadoras de serviços públicos se valer do permissivo do artigo 190 do CPC/2015 para adequação do procedimento de modo a permitir a verificação de aspectos relevantes ao reconhecimento do direito postulado e à solução consensual.

Para tanto, as empresas podem optar pela instituição de ambiente extraprocessual de solução consensual, por meio de Câmaras Privadas, com parâmetros definidos para a realização dos procedimentos negociais e conciliatórios ou por meio de sistemas que permitem a adesão a propostas previamente definidas.

De igual forma, admite-se que por meio de protocolos interinstitucionais, firmado com tribunais, os casos reflexos às questões decididas em IRDR sejam tratados em procedimento especialmente customizado para finalidade específica, pela permissão do artigo 190 do CPC/15.

2.2 Execução ou cumprimento de sentença

A regra definida em IRDR incide nos processos pendentes imediatamente após tornar-se definitiva, independentemente da fase em que se encontrem – conhecimento, cumprimento ou execução de sentença ou recurso.

Assim como a fixação da tese resulta na possibilidade de solução consensual durante o conhecimento, também nas etapas subsequentes de cumprimento ou execução, ou recurso, será viável o encaminhamento do caso à autocomposição, valendo aqui os mesmos argumentos antes expendidos em relação à mediação, que tornam possível a abreviação da efetiva solução.

3. EFEITOS PROCESSUAIS NOS CASOS FUTUROS

O inciso II do artigo 985 normatiza a aplicação da tese fixada a casos futuros que versem sobre idêntica questão de direito que venham a tramitar no território de competência do tribunal julgador do incidente.

Tal regra possui como objetivo a concretização de importantes facetas da jurisdição moderna – isonomia, celeridade e pacificação.

3.1 Produção antecipada de prova (avaliação de pertinência objetiva)

Em nosso ordenamento, as provas são um elemento de caráter instrumental, tendo em vista seu importante papel na reconstrução de fatos, indispensável para o exercício de direitos no processo jurisdicional.

No entanto, em determinadas situações, a prova assume status fundamental no processo, ainda que sem perder seu caráter de instrumentalidade, e passa a exercer o papel de orientar o comportamento das partes.[8]

Neste sentido, além das hipóteses relativas à urgência (impossibilidade ou excessiva dificuldade de produção futura de determinada prova), a lei processual admite a produção antecipada de provas quando houver a possibilidade de viabilizar a autocomposição (art. 381, II) e quando for possível justificar ou evitar o litígio processual (art. 381, III).

Assim, nas hipóteses em que o cidadão reconhece pretenso direito em uma tese fixada por IRDR, pode valer-se do instituto da produção antecipada de prova para, com base na *ratio decidendi* da tese, requerer determinada evidência a ser utilizada como elemento facilitador de possível solução extrajudicial, ou para a avaliação da viabilidade do ingresso de uma ação judicial.

Desta forma, a aplicação combinada dos institutos do IRDR e da produção antecipada de prova representa exponencial possibilidade para a efetivação dos efeitos pretendidos com a abreviação ou mesmo a dispensa do processo controversial.

3.2 Convenções processuais

É notória a tendência do direito processual contemporâneo de busca pela adaptação do processo às necessidades jurídico-substanciais, de modo a torná-lo mais próximo à realidade social. Desta maneira, a lei processual outorga ao juiz, com a participação dos demais sujeitos, a possibilidade de alargamento de prazos e de modificação de produção de provas (art. 139, VI).

E é nesta lógica que prevê a lei, no artigo 190 do CPC/2019, que as partes, desde que capazes e de comum acordo, podem celebrar negócios jurídicos processuais sobre direito que admita autocomposição, com o objetivo de ajustar o

8. WAMBIER, Luiz Rodrigues. TALAMINI, Eduardo. *Curso avançado de processo civil*: cognição jurisdicional (processo comum de conhecimento e tutela provisória). vol. 2. 16. ed. ref. e ampl., de acordo com o nono CPC. São Paulo: Revista do Tribunais, 2016. p. 368-369.

procedimento aos seus interesses e às particularidades do conflito e observadas as finalidades da jurisdição e as garantias constitucionais processuais.[9]

À vista disso, cientes do conteúdo da tese sobre determinada questão direta ou indiretamente ligada ao seu processo, podem as partes convencionar em limitar ou mesmo suprimir determinados atos processuais, como o emprego de recursos, tendo em vista um entendimento já fixado, ou deixar de empregar algum meio de prova, posto que certa questão já foi superada pela tese.

Com isso, é possível que essas técnicas processuais sejam aplicadas de forma a flexibilizar o procedimento, resultando na adoção de medidas mais efetivas ou na obtenção da resposta jurisdicional em tempo mais adequado.

4. EXTENSÃO DOS EFEITOS DA TESE NO SISTEMA DOS JUIZADOS ESPECIAIS

A previsão normativa do artigo 985, inciso I do CPC/2015, determina a aplicação da tese jurídica decorrente de julgamento de incidente de questões repetitivas aos processos de competência dos juizados especiais do respectivo Estado ou Região.

Durante a tramitação do projeto que resultou no CPC/2015, a extensão dos efeitos da tese fixada em IRDR foi objeto de inúmeras discussões, uma das quais sobre a possibilidade de instituição de um sistema próprio de decisão em questões repetitivas no sistema dos juizados especiais.

A opção do legislador, ao dispor acerca da extensão dos efeitos da instauração e vinculatividade da decisão em IRDR aos sistemas dos juizados especiais, estaduais e federais, resultou em questionamentos acerca da eventual inconstitucionalidade. Isso porque o sistema de juizados, que encontra previsão expressa no artigo 98, inciso I, da CRFB/1988, conta com estrutura de competência específica que inclui as Turmas Recursais e de Uniformização como instâncias revisoras infraconstitucionais e o STF para as questões de natureza constitucional.

Em que pesem as divergências persistentes sobre a definição pelo codificador sobre a repercussão dos efeitos da tese no sistema de juizados especiais, o certo é que a instauração do IRDR não obedece propriamente a lógica da competência recursal.

Se assim fosse, ter-se-ia que admitir a possibilidade de instauração de incidente de resolução de demandas repetitivas nas Turmas Recursais e de Uniformização, obedecidos os mesmos critérios de competência estabelecidos pelo

9. MARINONI, Luiz Guilherme. ARENHART, Sérgio Cruz. MITIDIERO, Daniel. *Curso de processo civil*: tutela dos direitos mediante procedimento comum, vol. 2. 4. ed. atual. e ampl. São Paulo: Thomson Reuters Brasil, 2018. p. 153.

CPC/2015. Na medida em que as cortes estaduais e regionais não se encontram na estrutura de competência recursal dos juizados, o processamento e definição de questões repetitivas caberiam aos órgãos recursais do próprio sistema, sem derivação entre os segmentos comum e especial da justiça.

Todavia, como referido, o legislador do CPC/2015 fez uma opção segundo os critérios de estabilidade e segurança jurídica, e não segundo a ordem de competência recursal.

Com isso, as questões repetitivas identificadas no âmbito da justiça estadual, seja no sistema de juizados, seja nos juízos comuns, serão tratadas por meio do IRDR instaurado e processado apenas na estrutura burocrática da justiça ordinária, cujos reflexos, por expressa opção legislativa, serão, contudo, estendidos aos juizados especiais.

A extensão dos efeitos da tese se justifica em razão da concentração neste microssistema da quase totalidade dos casos repetitivos decorrentes das relações de consumo, um dos principais fatores contributivos para o excedente de judicialização que se verifica no país desde a última década do século passado.

Embora a realidade prática seja sempre exigência informativa do processo legislativo, e nesse sentido se justifique a opção pela centralização do IRDR no sistema convencional, não se pode excluir a possibilidade de determinada questão repetitiva ocorrer apenas no sistema de juizados.

Essa hipótese, todavia, não prescinde de previsão legislativa, havendo impedimento à instauração de IRDR nas Turmas Recursais.

Por outro lado, a institucionalização do IRDR no âmbito dos juizados contribuiria para ampliar ainda mais a distorção a que esse sistema tem sido submetido desde a integração do país no sistema internacional de produção, comercialização e consumo de produtos e serviços massificados.

Com efeito, concebido na onda *cappellettiana* de acesso à justiça para tratar e resolver preferencialmente por consenso as questões interpessoais simples, assim entendidas aquelas eventuais e de reduzida ou nenhuma complexidade, o sistema de juizados foi deformado para passar a receber todo e qualquer conflito decorrente das relações de consumo, inclusive sem a necessidade de prévia tentativa de solução negocial. Em razão disso, os processos consumeristas desde então ocupam a quase totalidade dos casos em tramitação nos juizados, como aponta a sequência histórica das estatísticas do CNJ.[10]

A consequência verificada em curto prazo foi a rápida transformação dos juizados em um órgão de justiça de massa, a que se impôs a padronização dos

---

10. CNJ, Justiça em Números. Disponível em: <https://www.cnj.jus.br/pesquisa-judiciarias/cnj-em-numeros/> Acesso em: 15.set.2019.

documentos – petições, decisões –, de rotinas administrativas e cartorárias, com inspiração no modelo industrial, resultando na progressiva diminuição, hoje praticamente extintas, da pessoalidade e informalidade na apresentação do pedido (art. 14 do CPC/2015), flexibilidade na documentação dos atos (art. 13 do CPC/2015)[11], solução preferencialmente por consenso e arbitragem leiga ou decisão por meio da equidade (arts. 6º, 24 e 25 do CPC/2015).

Praticamente não se encontra essas características, atualmente, no sistema de juizados, transformados, como se disse, em unidades judiciárias absolutamente idênticas às ordinárias, salvo em relação às restrições recursais, admitido, se o caso, apenas o controle da constitucionalidade pelo STF.

Assim, a despeito de continuar a receber questões de reduzida complexidade – caracterizada pelos valores admitidos no sistema ou pela superveniente necessidade de produção de prova específica, como a pericial – os juizados atuam como juízos comuns, sendo ainda sintomático dessa distorção a competência superposta entre os dois sistemas de justiça.

O problema é ainda maior quando se utiliza, nos juizados, os mesmos conjuntos de leis processuais dos processos em curso nos juízos comuns – incluindo-se, recentemente, a contagem de prazo em dias úteis, introduzido pela Lei 13.728/18 –, o que dificulta, quando não impede, a capacidade de produção de decisões na mesma proporção dos conflitos que continuamente ressurgem das relações de massa e que são encaminhados aos juizados. É que o modelo de processo civil brasileiro, de tradição romano-germânica e fundamentalmente baseado no *civil law*, de regras estritas, é formalistamente sequenciado, em cadência apta a permitir a reflexão de partes e juiz sobre os temas objeto do processo, e cujas etapas devem ser necessariamente observadas – exceção feita às convenções processuais – para a validade do procedimento e do próprio enunciado decisório.

Por isso é que, mais do que atribuir vinculatividade das decisões em IRDR ao sistema de juizados especiais, dever-se-ia privilegiar outros institutos disponíveis no conjunto normativo brasileiro e que têm sido sistematicamente negligenciados, quando não diretamente refutados, sobretudo pelo próprio poder público e pelas empresas públicas e concessionárias.

---

11. Art. 13. Os atos processuais serão válidos sempre que preencherem as finalidades para as quais forem realizados, atendidos os critérios indicados no art. 2º desta Lei.

§ 1º Não se pronunciará qualquer nulidade sem que tenha havido prejuízo.

§ 2º A prática de atos processuais em outras comarcas poderá ser solicitada por qualquer meio idôneo de comunicação.

§ 3º Apenas os atos considerados essenciais serão registrados resumidamente, em notas manuscritas, datilografadas, taquigrafadas ou estenotipadas. Os demais atos poderão ser gravados em fita magnética ou equivalente, que será inutilizada após o trânsito em julgado da decisão. Disponível em: <http://www.planalto.gov.br/ccivil_03/_ato2015-2018/2015/lei/l13105.htm>. Acesso em: 29.09.2019.

A instituição, por esses entes públicos e privados, de serviços próprios de tratamento e solução de conflitos ainda em fase incipiente poderia evitar o direcionamento das reclamações aos sistemas ordinário e especial de justiça. A legislação processual, em seus artigos 3º, § 3º, e 165 a 175, além das convenções preliminares ao processo, reúne mecanismos cuja eficiência, comprovada no direito comparado, tem ampla possibilidade de ser culturalmente internalizada e assimilada pelo usuário dos serviços judiciários.

Com a edição do CPC/2015 e da Lei nº 13.140/2015, somadas à Resolução nº. 125/2010 do CNJ à Lei nº 9.099/1995, instituiu-se um microssistema da consensualidade, contemplando todas as condições para a adoção de um conjunto de medidas adequadas ao tratamento e solução dos conflitos em ambiente extrajudiciário que torna prescindível o ajuizamento de ações, não havendo outra justificativa para o limitado emprego das técnicas disponíveis senão a cultura predominantemente dependente do judiciário como órgão exclusivo de solução de conflitos.

Sistemas informatizados baseados em autoexecução algorítmica, câmaras públicas e privadas e infraestruturas com propósito específico para a solução de conflitos – baseadas nas *claim resolution facilities* da tradição norte-americana –, aliados à atuação efetiva das agências reguladoras, podem colocar em prática uma modalidade de autorregulação regulada com capacidade para transformar o cenário de litigiosidade brasileiro.

Do modo como se encontra no CPC/2015, a repercussão dos efeitos da fixação da tese em IRDR no sistema de juizados especiais tende mais a aprofundar o modelo desgastado desse segmento da justiça, na medida em que não impede o ajuizamento de novas ações desde que não se estimule a instituição de estruturas extrajudiciárias próprias para prevenção das demandas judiciais.

Feitas essas considerações, de volta aos efeitos da tese, sua *ratio* deve ser observada pelos juízes e turmas recursais ante a obrigatória vinculatividade que exsurge da opção do legislador estampada no artigo 985, inciso I, do CPC/2015.

5. Conclusão

A integração de qualquer instituto jurídico a um corpo normativo não deve ser realizada sem a necessária e prévia análise de adequação sistêmica e à realidade sobre a qual pretende incidir.

Conforme anteriormente apresentado, questionamentos acerca da validade e constitucionalidade do IRDR, quanto da sua efetividade para o controle da litigiosidade repetitiva, tiveram origem ainda no processo legislativo, com destaque para dois pontos fundamentais, relacionados à legitimidade do conteúdo decisório e seus efeitos a terceiros que não tenham participado do seu processo de formação e extensão ao sistema dos juizados especiais das teses fixadas por órgãos fracionários dos tribunais estaduais e federais.

Assim sendo, diante das complexidades inerentes ao incidente de resolução de questões repetitivas, caberá à doutrina o papel de acomodação deste novel instituto à estrutura processual pátria, conferindo subsídios de orientação à prática judiciária a fim de contribuir para o aperfeiçoamento da atividade jurisdicional e para um ambiente de pacificação social.

6. REFERÊNCIAS BIBLIOGRÁFICAS

BRASIL. Exposição de motivos do Código de Processo Civil de 2015. Disponível em: <https://www2.senado.leg.br/bdsf/bitstream/handle/id/512422/001041135.pdf>. Acesso em: 02.07.2019.

_____. Código de Processo Civil de 2015. Disponível em: <http://www.planalto.gov.br/ccivil_03/_ato2015-2018/2015/lei/l13105.htm>. Acesso em: 29.09.2019.

_____. Constituição da República Federativa do Brasil de 1988. Disponível em: http://www.planalto.gov.br/ccivil_03/constituicao/constituicaocompilado.htm. Acesso em: 03.07.2019.

CARNEIRO, Paulo Cezar Pinheiro. Notas sobre o incidente de resolução de demandas repetitivas. In: *Revista Eletrônica de Direito Processual – REDP*. v. XIV. p. 485-488. Disponível em: <https://www.e-publicacoes.uerj.br/index.php/redp/article/view/14551/15871>. Acesso em: 04.07.2019.

MARINONI, Luiz Guilherme. O problema do incidente de resolução de demandas repetitivas e dos recursos extraordinário e especial repetitivos. *Revista de Processo*, vol. 249, p. 399-419, nov/2015. Disponível em: <http://www.marinoni.adv.br/wp-content/uploads/2016/10/PROF-MARINONI-O_PROBLEMA_DO_INCIDENTE_DE_RESOLUCAO_DE-3.pdf>. Acesso em: 29.09.2019.

_____. ARENHART, Sérgio Cruz. MITIDIERO, Daniel. *Curso de processo civil*: tutela dos direitos mediante procedimento comum, vol. 2. 4. ed. atual. e ampl. São Paulo: Thomson Reuters Brasil: 2018.

MENDES, Aluisio Gonçalves de Castro. *Incidente de resolução de demandas repetitivas*: sistematização, análise e interpretação do novo instituto processual. 2. reimp. Rio de Janeiro: Forense, 2017.

WAMBIER, Luiz Rodrigues; TALAMINI, Eduardo. *Curso avançado de processo civil*: cognição jurisdicional (processo comum de conhecimento e tutela provisória). vol. 2. 16. ed. ref. e ampl., de acordo com o novo CPC. São Paulo: Editora Revista do Tribunais, 2016.

3

EFEITOS DO IRDR NA EXECUÇÃO CIVIL

Daniel Vianna Vargas[1]

Sumário: 1 – Introdução. 2 – IRDR. 3 – Execução civil. Delimitação do objeto do trabalho. 4 – Suspensão dos processos individuais em fase executiva. 5 – A fixação e aplicação da tese jurídica e seus efeitos sobre a execução. 6 – Coisa julgada e eficácia vinculante no IRDR. 7 – Conclusão. 8. Referências bibliográficas.

1. INTRODUÇÃO

A mensagem da Comissão de Juristas enviada ao Senado Federal – que ficou conhecida como a exposição de motivos do CPC de 2015 – contém afirmação no sentido de que com vistas à diminuição do número de recursos, busca-se uma jurisprudência mais uniforme e estável[2]. Sustenta ainda que a uniformização de entendimento dos tribunais acerca de teses jurídicas concretiza o princípio constitucional da isonomia[3], sendo que o principal instrumento previsto para tal desiderato é o IRDR cuja técnica de julgamento *"consiste na identificação de processos que contenham a mesma questão de direito, que estejam ainda no primeiro grau de jurisdição, para decisão conjunta"*[4].

Aluisio Mendes, em obra de referência sobre o instituto, afirma que "a decorrência lógica do julgamento, no IRDR, da questão de direito, com a fixação da tese

---

1. Doutorando e Mestre em Direito Processual pela UERJ. Mestre em Direito (mestrado próprio) pela Universidade de Barcelona e Universidade Pompeu Fabra (Espanha). Juiz de Direito do TJRJ. Professor da EMERJ.

2. *"A constante modificação da jurisprudência, sem motivos efetivos que a sustentem, é fator de violação direta à segurança jurídica, pois impede a adoção de comportamentos padronizados por parte dos jurisdicionados. O mesmo se diga em relação à isonomia, afinal decisões conflitantes ferem a igualdade das partes no espectro do resultado do processo"* (CARNEIRO, Paulo Cezar Pinheiro. Comentários ao capítulo I do Título Único do Livro I – Das normas fundamentais do processo civil. In: WAMBIER, Teresa Arruda Alvim; DIDIER JR., Fredie; TALAMINI, Eduardo; DANTAS, Bruno (coord.). *Breves comentários ao novo Código de Processo Civil.* São Paulo: Revista dos Tribunais, 2015. p. 57).

3. Humberto Dalla Bernardina de Pinho acrescenta: *"A nova Lei Processual tem como um dos seus motes a uniformização, estabilidade, integridade e coerência da jurisprudência dos Tribunais, consoante disposto no caput de seu art. 926"* (PINHO, Humberto Dalla Bernardina de. *Direito processual civil contemporâneo*: processo de conhecimento, procedimentos especiais, processo de execução, processos nos tribunais e disposições finais e transitórias. 4. ed. São Paulo: Saraiva, 2017, vol. 2, p. 763).

4. MENDES, Aluisio Gonçalves de Castro. *Incidente de Resolução de Demandas Repetitivas.* Rio de Janeiro: Forense, 2017, p. 243.

jurídica e a vinculação prevista no art. 927, inciso III, do Código de Processo Civil, é a aplicação aos casos concretos, nos termos do art. 958".

No presente texto, nos interessa discutir os efeitos do IRDR nos casos concretos em fase satisfativa – englobado o cumprimento de sentença e o processo de execução por título extrajudicial, considerando que este é o principal componente do atual acervo processual do Judiciário nacional e merece preocupação destacada da doutrina na busca por propostas e caminhos que possam equacionar o panorama atual.

Discutir-se-á, portanto, as repercussões da instauração do IRDR para os processos de execução e em fase de cumprimento de sentença em curso e quais as implicações da tese fixada nesses casos, inclusive nas hipóteses em que a questão de direito firmada for contrária ao direito de crédito reconhecido no título executivo.

2. IRDR

O Incidente de Resolução de Demandas Repetitivas, previsto nos arts. 976-987, inserido na Parte Especial, Livro III, Título I, Capítulo VIII é provavelmente a principal inovação do atual Código de Processo Civil (CPC) nacional, lei 13.105 de 16.03.2015.

Segundo Bruno Dantas, "o escopo do IRDR é a tutela isonômica e efetiva dos *direitos individuais homogêneos* e seu advento traduz o reconhecimento do legislador de que a chamada 'litigiosidade de massa' atingiu patamares insuportáveis em razão da insuficiência do modelo até então adotado, centrado basicamente na dicotomia *tutela individual x tutela coletiva*"[5].

Nas palavras de Mello Porto, "a massificação das relações jurídicas de direito material desaguou, naturalmente, em proporcional surgimento de relações processuais, o que estimulou o legislador a delinear soluções para os pleitos repetitivos"[6], surgindo aquilo que o autor – com base em doutrina nacional – conceitua como tutela pluri-individual.

Aluisio Mendes traz um catálogo de institutos que são equivalentes históricos ao IRDR no direito comparado, dentre eles: as *test claims* norte-americanas e inglesas, a previsão contida na legislação de fundos de investimento da Suíça, a extensão de efeitos na jurisdição contenciosa administrativa da Espanha, a *Group Litigation Order* (GLO) da Inglaterra e do País de Gales, o *Pilot-judgement proce-*

5. DANTAS, Bruno. Comentário ao art. 976. In: WAMBIER, Teresa Arruda Alvim; DIDIER JR., Fredie; TALAMINI, Eduardo; DANTAS, Bruno (org.). *Breves comentários ao Novo Código de Processo Civil.* São Paulo: RT.

6. PORTO, José Roberto Sotero de Mello. *Teoria geral dos casos repetitivos.* Rio de Janeiro: GZ Editora, 2018.

dure da Corte Europeia de Direito Humanos, além dos dois sistemas do *Musterverfahren* na Alemanha[7].

Não se desconhecem os riscos de importação de mecanismos sem o devido filtro integrativo imposto pelas especificidades do sistema jurídico que se propõe a absorver soluções estrangeiras[8].

Para destacar a imperiosa distinção, exemplificativamente, pode-se apontar que no sistema anglo-saxônico os juízes possuem maior liberdade de atuação nos casos concretos, sem maior vinculação à legalidade, cabendo ao próprio Judiciário colmatar a aplicação do Direito[9].

Nesse sentido, necessária a correta compreensão do instituto como mais um dos instrumentos à disposição do direito processual para enfrentar os desafios da realidade nacional. Conforme Aluisio Mendes, o IRDR está voltado, precipuamente, "para a racionalização dos julgamentos, a partir da solução de questões jurídicas comuns que se repetem em inúmeros processos e que são apreciadas exaustivamente por inúmeros magistrados, que acabam chegando, muitas vezes, a conclusões diversas"[10].

Almeja-se alcançar a isonomia, igualmente, pelo prestígio outorgado pelo novel diploma à jurisprudência consolidada dos tribunais, "cristalizando a integridade da

---

7. MENDES, Aluisio Gonçalves de Castro. *Incidente de Resolução de Demandas Repetitivas.* Rio de Janeiro: Forense, 2017, p. 27.

8. José Carlos Barbosa Moreira aponta alguns desses riscos, pontuando algumas situações, tais como: Técnicas de proteção coletiva dos Direitos e interesses supraindividuais, afastando-se, entretanto, no que diz respeito á legitimação. As denominadas *small claims courts.* Súmula impeditiva de recurso, com base no mecanismo norte-americano do *certiorari.* Precedente vinculativos. Súmula vinculante, versão mitigada dos *binding precedents.*

   Ainda assim, os sistemas são completamente distintos. O núcleo característico reside na relação entre os papéis atribuídos ao juiz e às partes, em si mesmas ou enquanto representadas por seus advogados. Coleta do material probatório que será utilizado como base do juízo sobre os fatos. Tarefa reservada com exclusividade pelas partes? Ou então, ao contrário, incumbir o juiz de proceder ele mesmo à apuração dos fatos? Adversarial X inquisitorial. Trial conduzido por advogados, limitando-se o juiz a fiscalizar a observância das regras. Poder de aplicar sanções aos responsáveis por comportamentos havidos como irregulares – *contempt power.* No *civil contempt*, ou se trata de compelir alguém ao cumprimento de ordem do tribunal, mediante a cominação de multa ou prisão, ou então de compensar o litigante prejudicado pelo descumprimento. Nos EUA pode ser exercitado inclusive contra os advogados. Utilização dos *alternative dispute resolution.* (BARBOSA MOREIRA, José Carlos. O processo civil brasileiro entre dois mundos. *Revista da EMERJ*, Rio de Janeiro, v. 4, n. 16, p. 11-22, 2001).

9. "Antonin Scalia, Juiz da Suprema Corte dos Estados Unidos da América desde 1986, adverte que a *common law* não é sinônimo de Direito costumeiro, ou o reflexo da prática das pessoas, mas sim um Direito desenvolvido pelos juízes. Talvez, diz ele, no tempo dos saxões as Cortes pudessem refletir em suas decisões os costumes da época, porém, com o tempo as questões levadas aos Tribunais foram ficando cada vez mais complexas, e não encontravam respostas nos costumes" (NOGUEIRA, Gustavo Santana. *Stare decisis et non quieta movere*: a vinculação aos precedentes no Direito comparado e brasileiro. Rio de Janeiro: Lumen Juris, 2011, p. 25). O juiz Antonin Gregory Scalia faleceu em 13/02/2016.

10. MENDES, Aluisio Gonçalves de Castro. *Incidente de Resolução de Demandas Repetitivas.* Rio de Janeiro: Forense. 2017, p.10.

ordem jurídica"[11], buscando-se, igualmente, a duração razoável dos processos, o que não significa uma visão utilitarista da celeridade.

Tucci adverte que a celeridade deve servir às partes e não ao Estado, aos Tribunais, que em várias situações passam a legislar em detrimento do direito material dos jurisdicionados, extrapolando as garantias processuais.[12]

Para o que efetivamente importa no presente trabalho, serão analisados os efeitos da instauração e do julgamento do incidente sobre os processos individuais em fase satisfativa, especialmente quanto à interpretação a ser dada aos artigos 982 e 985 do CPC – quando dispõem acerca da "suspensão dos processos pendentes" e da aplicação da tese jurídicas "a todos os processos individuais ou coletivos que versem sobre idêntica questão de direito".

3. EXECUÇÃO CIVIL. DELIMITAÇÃO DO OBJETO DO TRABALHO

Liebman define a execução como sendo a atividade que tem "por finalidade conseguir por meio do processo, e sem o concurso da vontade do obrigado, o resultado prático a que tendia a regra jurídica que não foi obedecida"[13].

O art. 4º do CPC/2015 é categórico ao replicar o mandamento constitucional da duração razoável do processo inserindo nesse contexto a atividade satisfativa.

Nesse sentido, alhures, Lebre de Freitas aponta que a busca por uma satisfação em tempo razoável do direito do credor através da ação executiva é uma derivação do *direito à jurisdição ou de acesso à Justiça*, consagrado no art. 6 da Convenção Europeia dos Direitos do Homem e no art. 10 da Declaração Universal dos Direitos do Homem[14].

Leonardo Greco, em projeto de pesquisa em programa de Pós-Graduação, há mais de vinte anos, enumerou as principais razões para a ineficácia do processo executivo, naquilo que denominou de "crise da execução", apontando "o excesso de processos, o seu custo elevado e a sua exagerada morosidade, bem como a inadequação dos procedimentos à satisfação dos créditos correspondentes".[15]

---

11. CARNEIRO, Paulo Cezar Pinheiro. Comentário ao art. 7º do CPC. In: WAMBIER, Teresa Arruda Alvim; DIDIER JR., Fredie; TALAMINI, Eduardo; DANTAS, Bruno (coords.). *Breves comentários ao novo Código de Processo Civil.* São Paulo: RT, 2015, p. 73.
12. TUCCI, José Rogério Cruz e. Contra o processo autoritário. *Revista de Processo.* vol. 242, p. 49-67, abr./2015.
13. LIEBMAN, Enrico Tulio. *Processo de execução.* 5ª ed. São Paulo: Saraiva, 1986.
14. FREITAS, José Lebre. Os paradigmas da ação executiva na Europa. *RePro* vol. 201/2011.
15. GRECO, Leonardo. A execução e a efetividade do processo. *Doutrinas Essenciais de Processo Civil.* vol. 8, p. 315-364, out. 2011.

No final de 2018, existia um acervo de processos pendentes de baixa no Poder Judiciário nacional de 79 milhões de processos, sendo que 54,2% desses processos se referia à fase de execução[16].

Extrai-se do mesmo relatório que as execuções que ingressam no Judiciário representam metade dos processos de conhecimento. Entretanto, as execuções se mantêm no acervo por muito mais tempo, o que significa que não chegam ao seu resultado esperado, qual seja: a satisfação do crédito e o reconhecimento da extinção da obrigação pelo pagamento. Cuida-se de denominada taxa de congestionamento do Poder Judiciário, representando grande parte dos processos pendentes. Se existe um aumento gradual da produtividade dos juízes em relação aos processos de conhecimento, com sua solução em tempo razoável, esse viés não é replicado na fase executiva, notadamente pela recorrente ausência de patrimônio expropriável. Cuida-se de um problema de cunho social, com claras e imediatas repercussões no processo.

Percebe-se, portanto, de forma cristalina, a necessidade de controle e gestão do imenso acervo processual concernente à execução. Cuida-se de imperativo de ordem constitucional.

Deve-se discutir, inclusive, os custos sociais decorrentes dessa realidade e a opção política na alocação racional de recursos pelo Poder Judiciário no tratamento do problema da execução civil[17].

Prefacialmente, poder-se-ia pensar na inservibilidade do IRDR para esse desiderato. Procurar-se-á demonstrar, todavia, que além de desejável para os escopos apontados, a capacidade de produção de efeitos da tese jurídica fixada no incidente sobre a execução é uma conclusão inarredável por coerência lógica e compreensão sistêmica do ordenamento processual.

O presente trabalho tem por objeto, portanto, fomentar a discussão acerca dos efeitos da admissibilidade do IRDR e da tese jurídica fixada em seu julgamento na atividade processual satisfativa, nos cumprimentos de sentença e nos processos de execução por título extrajudicial.

4. SUSPENSÃO DOS PROCESSOS INDIVIDUAIS EM FASE EXECUTIVA

De entrada, importa esclarecer que o IRDR tem por objeto a resolução unificada de questão jurídica comum. Não há óbice de que a questão jurídica tenha

16. Conselho Nacional de Justiça, Relatório CNJ em números, disponível em: https://www.cnj.jus.br/files/conteudo/arquivo/2019/08/4668014df24cf825e7187383564e71a3.pdf, acesso em 01/09/2019.

17. Respeitadas as garantias mínimas do processo justo, sem as quais não se pode crer na efetividade dessa tutela, nem em processo de qualidade, o exercício da função jurisdicional deve ser célere e econômico, evitando-se o retardamento ou a frustração da sua efetivação em razão de obstáculos que em nada servem aos próprios jurisdicionados ou à própria efetividade daquela tutela (GRECO, Leonardo. Novas perspectivas da efetividade e do garantismo processual. *Processo Civil:* estudos em homenagem ao Professor Doutor Carlos Alberto Alvaro de Oliveira. São Paulo: Atlas, 2012, p. 273- 308).

conteúdo processual, sendo a restrição legislativa circunscrita à impossibilidade das questões exclusivamente fáticas.

Como assinalado, pretendeu o legislador, com o incidente, a resolução conjunta de questão comum de direito, objetivando uniformização da jurisprudência e segurança jurídica. No ofício ou na petição inicial pelos quais se pede a instauração, deverá o requerente identificar claramente a controvérsia sobre questão comum unicamente de direito.

Delimita-se, nesse momento – ao menos inicialmente – o mérito ou o objeto do incidente. Se o IRDR se presta a uniformizar a jurisprudência através da decisão conjunta sobre uma mesma questão de direito que vem gerando controvérsia em sua interpretação e aplicação, vale concluir que é essa controvérsia que delimita o âmbito de cognição e julgamento do incidente.

Normalmente, o objeto do processo delimita a atividade jurisdicional, constituindo o ato inicial um projeto de provimento.[18]

Noutro aspecto, Liebman sustentava que "*para identificar o objeto (sentido técnico) do processo e, em consequência, da coisa julgada, é necessário considerar que a sentença representa a resposta do juiz aos pedidos das partes e que por isso (prescindindo da hipótese excepcional de decisão extra petita) tem ela os mesmos limites desses pedidos, que ministram, assim, o mais seguro critério para estabelecer os limites da coisa julgada.* (...)"[19].

O CPC de 2015 trata do mérito do incidente expressamente nos artigos 976, § 1º e 987, *caput*, sem maiores observações.

Conforme ensina Aluisio Mendes, "O incidente poderá ser suscitado em relação às questões de direito material ou processual. Do mesmo modo, poderão ser questões preliminares, prejudiciais ou posteriores ao mérito"[20].

No mesmo sentido, Mello Porto afirma que: "A temática jurídica pode ser de qualquer espécie: de direito material ou processual (art. 928, parágrafo único), não sendo cabível interpretação que restrinja qualquer matéria de direito, como

18. DINAMARCO, Cândido Rangel. O conceito de mérito no processo civil. *RePro* 34/1984, onde se lê: *"é na demanda inicial que havemos de procurar os elementos que determinam o conteúdo e traçam os limites do provimento a ser proferido pela autoridade jurisdicional. Propondo a demanda, a pessoa descreve uma situação de vida em sociedade e pede a solução que alvitra".*

19. LIEBMAN, Enrico Tullio. Eficácia e autoridade da sentença, p. 53.

20. "O Código de Processo Civil não exigiu, portanto, ser uma questão prejudicial ao mérito (constitucionalidade ou legalidade de um tributo criado ou majorado, por exemplo) ou mesmo decorrente dele (como a divergência estabelecida sobre uma regra pertinente à fixação de honorários advocatícios de sucumbência), mas também uma questão processual preliminar ao mérito ou posterior a ele, como, por exemplo, a controvérsia relacionada à competência para o julgamento ou pertinente ao cumprimento da sentença, respectivamente" (MENDES, Aluisio Gonçalves de Castro. *Incidente de Resolução de Demandas Repetitivas.* Rio de Janeiro: Forense. 2017, p. 112).

matéria penal ou constitucional, podendo o incidente objetivar temas outrora inimagináveis"[21].

Não parece haver dúvida, portanto, que a questão unicamente de direito possa cuidar de tema relacionado à fase satisfativa, ao cumprimento de sentença ou ao processo de execução, sendo possível imaginar inúmeras hipóteses pertinentes, tais como: forma de contagem de prazos para pagamento no cumprimento de sentença ou processo de execução, dias úteis ou corridos; possibilidade de intimação através de advogado para o cumprimento de obrigação personalíssima; competência para o cumprimento de sentença; forma de evolução de dívidas, incidência de correção monetária e juros; impenhorabilidade absoluta ou relativa de determinados bens; possibilidade de indisponibilidade de ativos financeiros antes da citação; possibilidade de penhora de parcela de proventos, salários, subsídios para dívidas que não possuam caráter alimentar; conflito de interesses entre advogado e parte quando os valores penhorados não forem suficientes para satisfazes ambos os créditos; efeitos no processo de execução extinto quando houver a desistência da arrematação após citação na ação autônoma prevista no art. 903, § 5º, III do CPC; possibilidade de inclusão de parcelas vincendas no pedido inicial do processo de execução; configuração de crime de abuso de autoridade quando houver penhora de ativos financeiros acima do valor do título executivo, dentre outras. O cenário é amplo.

Consoante a melhor doutrina: "O juízo de admissibilidade do IRDR será realizado, unicamente, pelo órgão competente para o julgamento, devendo o relator determinar a inclusão do processo em pauta para tal fim"[22].

Perscrutando o texto legislativo, o dispositivo legal que trata da suspensão dos processos individuais dispõe que: *"Art. 982. Admitido o incidente, o relator: I - suspenderá os processos pendentes, individuais ou coletivos, que tramitam no Estado ou na região, conforme o caso; (...)".*

Didier e Temer defendem a sistematização de uma decisão de organização do incidente logo após o juízo de admissibilidade, na qual se fará a formalização daquele juízo preambular, especialmente no que diz respeito à admissibilidade e aos limites objetivos do incidente, com a definição da questão jurídica e identificação das circunstâncias fáticas que ensejaram a controvérsia. Dizem os autores que: *"é neste ato que o relator irá adotar as medidas para viabilizar que a definição da tese jurídica seja legítima, sob a perspectiva de oportunizar a efetiva divulgação de sua instauração e o engajamento dos sujeitos envolvidos no debate"*[23].

21. PORTO, José Roberto Sotero de Mello. *Teoria geral dos casos repetitivos.* Rio de Janeiro: GZ Editora, 2018. p. 141.
22. CARNEIRO, Paulo Cezar Pinheiro. *O novo processo civil brasileiro.* Rio de Janeiro: Forense, 2019. p. 126.
23. DIDIER Jr., Fredie. TEMER, Sofia. A decisão de organização do incidente de resolução de demandas repetitivas: importância, conteúdo e o papel do regimento interno do Tribunal. *RePro* vol. 258/2016.

Portanto, se na decisão de admissibilidade há delimitação do objeto do IRDR, com a identificação de questão de direito material ou processual que possa alcançar processos individuais ou coletivos em fase de execução (cumprimento de sentença ou processos de execução), o relator deverá expressamente determinar a suspensão desses processos.

Esse ponto tem passado despercebido, tendo as decisões que determinam a suspensão dos processos simplesmente replicado o texto legal do art. 982, I do CPC.

O fato é que para cumprir a previsão do art. 979 do CPC de ampla divulgação e publicidade da instauração, medida também adotada com a finalidade de mitigar eventual ofensa ao contraditório, o relator deve expressamente delimitar as fases - conhecimento ou satisfativa - ou os processos suspensos - ações de rito comum, procedimentos especiais, monitórias, processos de execução.

Obviamente que, caso não haja essa delimitação, as partes e o próprio juiz dos processos em curso poderão identificar nessas relações processuais a questão comum de direito e entender que a determinação de suspensão se aplica. Todavia, reputamos que uma decisão de admissibilidade analítica e uma detalhada determinação de suspensão atende aos ditames principiológicos do incidente, notadamente a segurança jurídica e isonomia.

Para fins de ilustração, percuciente a lembrança do que ocorreu em situação formalmente distinta, mas cujas consequências se amoldam à hipótese ora debatida. No RE 632.212, onde se discute questão constitucional no processo-paradigma corresponde ao Tema 285 da Sistemática da Repercussão Geral: diferenças de correção monetária de depósitos em caderneta de poupança por alegados expurgos inflacionários decorrentes do Plano Collor II, o Ministro Gilmar Mendes, após a homologação de acordo coletivo, determinou a suspensão do processo paradigma por 24 meses, possibilitando a adesão ao acordo. Contudo, após tomar conhecimento de que os processos em fase de execução prosseguiam, prolatou decisão em 31/10/2018 determinando a suspensão nacional de liquidações, cumprimentos de sentença e execuções em trâmite no Judiciário relativamente a expurgos inflacionários decorrentes do Plano Econômico Collor II.

Meses depois, com a interposição de diversas petições e embargos de declaração, o Ministro entendeu que houve uma paralisia injusta dos processos em fase de execução, na medida em que os peticionantes alegaram manifesta desproporção entre o que os poupadores teriam direito em razão de sentenças judiciais transitadas em julgado e o que lhes era proposto para formalização de acordo, além de processos já com mandados de pagamento expedidos estarem suspensos e, com base nesses fundamentos, reconsiderou a decisão monocrática de suspensão em relação à determinação de suspensão dos processos em fase de execução, liquidação e/ou cumprimento de sentença e no que diz respeito aos expurgos inflacionários referentes ao Plano Econômico Collor II.

Embora no âmbito de recurso extraordinário, mas cuja orientação principiológica e normativa aqui se aplica[24], em razão do microssistema de julgamentos de casos repetitivos e das teses fixadas nos julgamentos onde se reconhece a repercussão geral, o exemplo demonstra a necessidade de esclarecimento na decisão suspensiva dos processos individuais e coletivos em curso.

Reitere-se, portanto, que a decisão de admissibilidade – e por consequência a determinação de suspensão – devem ser expressas no sentido da delimitação da suspensão, sob pena de ofensa à publicidade, ao contraditório e à racionalidade norteadora da instauração do incidente. Ressalte-se que a suspensão acarreta inúmeros transtornos imediatos nos processos individuais e coletivos e a análise de pertinência para a admissibilidade deve ser realizada em termos pragmáticos[25], devendo a escolha ser feita em favor da instauração do incidente sempre que o instrumento de coletivização for o mais adequado em termos de prestação jurisdicional.

Noutro aspecto, admite-se doutrinariamente a análise de conveniência e oportunidade para a suspensão dos processos pendentes, levando-se em conta, notadamente, o princípio da duração razoável dos processos. Dessa forma, entende-se que a suspensão não é um comando inflexível, podendo haver no caso específico, razões de ordem jurídica ou prática que orientem a não suspensão dos processos pendentes[26].

---

24. "Particularmente quanto ao tratamento dos casos repetitivos, deve ser sustentada a aplicabilidade sempre do comando que mais valorize os fundamentos da sistemática (isonomia, segurança jurídica, economia, eficiência, duração razoável, motivação das decisões, ampla participação, entre outros). Essa será a linha mestra de leitura do regramento, seja quanto aos comandos supostamente inerentes ao Incidente de Resolução de Demandas Repetitivas (artigos 976 a 987), seja àqueles incidentes nos Recursos Repetitivos (artigos 1.036 a 1.041)" (PORTO, José Roberto Sotero de Mello. *Teoria geral dos casos repetitivos.* Rio de Janeiro: GZ Editora, 2018. p. 89-90).

25. MENDES, Aluisio Gonçalves de Castro. *Incidente de Resolução de Demandas Repetitivas.* Rio de Janeiro: Forense, 2017, p.111.

26. "Razões podem existir, contudo, para a não adoção da suspensão para a situação concreta. Pode-se conceber, por exemplo, que, dentro do âmbito da jurisdição do tribunal, a esmagadora maioria dos órgãos já adote uma posição em conformidade com a jurisprudência da Corte ou com o seu entendimento predominante, havendo divergência mínima, localizada em apenas um órgão judicial, sob o qual sequer tramita um número significativo de processos. Embora o IRDR possa ser útil para o estabelecimento da isonomia e da segurança jurídica, de modo integral, na área da jurisdição do tribunal, a suspensão acabaria por retardar, sem justificativa plausível, o andamento de grande quantidade de processos. Do mesmo modo, podem ser aduzidas ou encontradas outras hipóteses em que não haja conveniência, jurídica ou prática, para a suspensão. Pode-se pensar, por exemplo, em questão processual, que possa acabar atravancando a marcha de um contingente expressivo de processos. Por outro lado, podem ser controvertidas questões comuns que digam respeito a verbas condenatórias, que apenas seriam adimplidas ou exigidas após o trânsito em julgado, de modo que a pacificação posterior, sem a suspensão, especialmente se dentro do prazo de um ano, poderia ser feita, sem a interrupção normal do processo, com a eventual correção na fase final do julgamento dos processos dependentes da tese jurídica a ser firmada" (MENDES, Aluisio Gonçalves de Castro. *Incidente de Resolução de Demandas Repetitivas.* Rio de Janeiro: Forense, 2017, p. 185).

Mesmo na hipótese de suspensão, o artigo 982, § 2º do CPC prevê a possibilidade de formulação de pedidos com base em tutela de urgência ao juiz da causa pendente. Lembre-se que as tutelas de urgência são espécies do gênero tutela provisória (art. 294-311, CPC), podendo ter caráter satisfativo ou cautelar. A tutela provisória de natureza cautelar tem pleno cabimento na fase de cumprimento de sentença ou no processo de execução, satisfeitos seus requisitos, principalmente nas modalidades de efetivação arresto e sequestro, quando necessárias para garantir o resultado útil do processo, conforme previsão do art. 799, VIII c/c art. 301 do CPC[27].

Por outro lado, reputa-se possível o prosseguimento parcial de parcela do cumprimento de sentença ou da execução que não estejam cobertos pelo efeito suspensivo, o que poderia ocorrer, v.g., nas hipóteses em que haja cumulação de créditos (obrigação principal e honorários advocatícios), nas hipóteses de pagamento voluntário parcial, no reconhecimento de qualquer causa extintiva de parte da obrigação.

Nessa linha de raciocínio, em se tratando de questão de direito que possa afetar a fase executiva, propõe-se que as decisões de admissibilidade e de suspensão sejam expressas e analíticas nesse sentido, com precisa delimitação objetiva, seja pela suspensão ou pelo prosseguimento dos processos em curso em fase de liquidação, cumprimento de sentença ou processos de execução por título extrajudicial.

5. A FIXAÇÃO E APLICAÇÃO DA TESE JURÍDICA E SEUS EFEITOS SOBRE A EXECUÇÃO

A tese extraída dos julgamentos de casos repetitivos, possuindo eficácia vinculativa imediata e prospectiva, deverá ser aplicada aos processos individuais que versem sobre a mesma questão de direito, assim como aos casos futuros. Dessa forma, atinge-se larga escala de efetividade cognitiva – consequências endoprocessuais – previstas no ordenamento em sede de ordem prioritária de julgamento, possibilidade de improcedência liminar do pedido, dispensa de remessa necessária, julgamento monocrático em segundo grau, dentre outras.

---

27. "É possível que o tempo de espera da satisfação sacrifique também o resultado a ser obtido no próprio resultado da execução. Por isso, pensamos que também é possível a utilização da técnica de antecipação da tutela no processo autônomo de execução, sendo relevante observar que o título executivo é atestado mais do que suficiente da "prova inequívoca do direito alegado", cabendo ao exequente demonstrar a existência da situação de urgência (*periculum in mora*) que justifica a medida antecipada. Por isso, onde se lê no art. 799, VIII, que compete ao credor requerer na petição inicial da execução, se for o caso, "as medidas urgentes", não se deve fazer uma interpretação restritiva do dispositivo imaginando que aí estariam contempladas apenas as medidas cautelares genuínas de prevenção do processo, senão, antes, também as medidas urgentes satisfativas, pois, caso contrário, seria estimular, v.g., que o titular de um título extrajudicial (eficácia executiva abstrata) busque a tutela jurisdicional cognitiva porque esta lhe ofertaria técnicas de obtenção de resultado mais eficazes que o próprio processo de execução (ABELHA, Marcelo. *Manual de execução civil*).

É possível visualizar inclusive eficácia exoprocessual das questões jurídicas[28] resolvidas com a fixação da tese, um efeito pedagógico-dissuasório[29], fomentando a introdução de noções da análise econômica do Direito como forma de mitigação do demandismo no Judiciário nacional[30], possibilitando a avaliação de custo-benefício, principalmente nas hipóteses em que a solução da questão jurídica for no sentido do não reconhecimento do direito material.

A noção de sincretismo – com a fusão das fases cognitiva e satisfativa – teve grande relevância na busca pela efetividade no Processo Civil geral ou individual, possibilitando medidas executivas *lato sensu* ao longo da relação processual, objetivando a realização do direito material. Essa mesma linha de entendimento induz à conclusão pela busca de possível eficácia da tese jurídica fixada à fase satisfativa da relação processual.

A função nomofilática dos Tribunais, conferindo maior efetividade aos julgamentos dotados de força vinculativa[31], orienta na busca por técnicas que possibilitem os resultados necessários. Cuida-se de buscar a efetividade não só como escopo jurídico, na realização do direito material, mas como meio de se alcançar os escopos sociais da jurisdição, objetivando a coerência e integridade do ordenamento.

As questões comuns e selecionadas para julgamento no IRDR (e também nos recursos repetitivos) possuem características próprias, notadamente no sentido

---

28. MENDES, Aluisio Gonçalves de Castro. *Incidente de resolução de demandas repetitivas*: sistematização, análise e interpretação do novo instituto processual. Rio de Janeiro, Forense, 2017, p. 105-107.

29. OSNA, Gustavo. *Direitos individuais homogêneos*: pressupostos, fundamentos e aplicação no processo civil. São Paulo: Revista dos Tribunais, 2014, p. 115.

30. "Repise-se que a segurança jurídica quanto ao entendimento dos Tribunais pauta não apenas a atuação dos órgãos hierarquicamente inferiores, mas também o comportamento extraprocessual de pessoas envolvidas em controvérsias cuja solução já foi pacificada pela jurisprudência. A disposição das partes a resolver suas disputas por um acordo, à luz da teoria dos atores racionais, resulta da multiplicação da probabilidade de vitória pelo proveito (ou prejuízo, no caso do potencial réu) esperado com o valor fixado em condenação por eventual sentença judicial, subtraindo-se disso o custo de litigar em juízo. Nos Estados Unidos, onde a higidez dos precedentes é valorizada, apenas 2% (dois por cento) das causas de acidentes automotivos, 4% (quatro por cento) de todas as causas cíveis nas Cortes estaduais e menos de 2% (dois por cento) das causas cíveis federais são resolvidas por ato jurisdicional de mérito" (FUX, Luiz; BODART, Bruno. Notas sobre o princípio da motivação e a uniformização da jurisprudência no novo Código de Processo Civil à luz da análise econômica do Direito. *Revista de Processo*. v. 269, jul./2017. Acesso eletrônico).

31. "Essa tendência de estender o resultado de decisões a outras pessoas que não participaram do processo e que estejam em situação idêntica parece ser uma tendência que se desenrola, inclusive, com roupagens diversas. A propósito, estão na ordem do dia as chamadas súmulas vinculantes, que têm como consequência, ao final do processo, a vinculação do julgado-paradigma a todas aquelas hipóteses que estejam compreendidas na mesma situação da já julgada e que foi objeto da súmula. Sem entrar no mérito de ser adequada ou não a adoção desse instrumento, o fato concreto é que, no futuro, nada impedirá que, do ponto de vista prático, os limites objetivos de uma decisão da qual resulte uma súmula vinculante possam permitir, desde logo, a quem esteja na mesma situação, proceder à instauração do processo de execução, após a competente liquidação para demonstrar a relação de causalidade" (CARNEIRO, Paulo Cezar Pinheiro. *Acesso à Justiça*: juizados especiais cíveis e ação civil pública: uma nova sistematização da teoria geral do processo. Rio de Janeiro: Forense, 2007, p. 100-101).

de que sua resolução importa no afastamento do risco à isonomia e à segurança jurídica. Por outro lado, a estrutura democrática e ao mesmo tempo objetiva desses julgamentos, conforme previsão no ordenamento processual vigente, qualifica as decisões exaradas, inclusive diante de seu caráter vinculativo.

Consectário lógico, portanto, é a necessidade de se construir um arcabouço teórico da eficácia desses julgamentos na atividade executiva. Cuida-se de consequência inafastável do efeito vinculativo da tese fixada, aproximando-se o exercício da Jurisdição aos escopos constitucionais de isonomia e segurança jurídica.

Aduza-se a preocupação corrente da aplicação exegética das decisões paradigmáticas aos processos individuais. Como bem explicitado por Nunes e Bahia, geralmente, no Brasil, repete-se mecanicamente ementas, enunciados ou teses de forma descontextualizada dos seus fundamentos determinantes, utilizando-as como fechamento de raciocínio, num exercício silogístico, como se tais decisões paradigmas fossem comandos gerais e abstratos[32].

Ao tratarmos da execução civil, contudo, a margem para aplicação subjetivista de entendimentos é restrita, havendo menos riscos de vícios de fundamentação, considerando sua natureza eminentemente administrativa/executiva.

Com a fixação da tese jurídica que tenha influência determinante na execução, deve-se trabalhar com a ideia de tutela executiva de evidência[33], conferindo otimização em termos de adaptação procedimental aos processos individuais suspensos pelo IRDR, sendo possível pensar na abreviação do momento de satisfação do direito e, inclusive, perquirindo-se sobre a possibilidade de utilização de medidas estruturantes[34], organizativas[35], de performance específica, voltadas para a adequação da medida executiva às especificidades e necessidades práticas de efetivação[36], além de medidas executivas extrajudiciais.

Providências necessárias em realidades complexas e fluidas da sociedade atual, sendo necessária adaptação de conceitos e estruturas processuais diante novel mecanismo de padronização de decisões judiciais.

---

32. NUNES, Dierle; BAHIA, Alexandre Melo Franco. Precedentes no CPC-2015: por uma compreensão constitucionalmente adequada do seu uso no Brasil. *Revista do Ministério Público do Rio de Janeiro* nº 57, jul./set. 2015.

33. Expressão defendida por este autor em outros trabalhos.

34. "Assim, são tomadas decisões mais flexíveis e provisórias, com inclusão dos envolvidos na supervisão das medidas adotadas, com a possibilidade de contínuas revisões para adequação dessas medidas aos problemas surgidos ao longo de sua implementação, iniciando-se por decisões estruturantes (organizativas) que estabeleçam metas, objetivos e parâmetros de controle do cumprimento e da efetividade das medidas judiciais adotadas" (DIDIER Jr., Fredie; ZANETI Jr., Hermes. *Curso de direito processual civil.* Processo Coletivo, vol. 4, 11ª ed. Salvador: Juspodivm, 2017, p. 38).

35. NUNES, Dierle; TEIXEIRA, Ludmila. *Acesso à Justiça democrático.* Brasília: Gazeta Jurídica, 2013, p. 94-96.

36. Cuida-se de noção experimentalista próprio do modelo de execução do *common law,* conforme: TARUFFO, Michele. A atuação executiva dos direitos: perfis comparados. In: MITIDIERO, Daniel (org. e trad.). *Processo civil comparado*: ensaios. São Paulo: Marcial Pons, 2013, p. 85-116.

Quando a tese jurídica fixada se mostrar em dissonância com a questão de direito reconhecida pelo julgador para a formação do título executivo judicial, outras considerações surgem, como a possibilidade de discussão via impugnação ao cumprimento da sentença da inexigibilidade da obrigação ou mesmo como causa modificativa ou extintiva superveniente à sentença.

A dúvida que se levanta é se o título executivo judicial pode ter por fundamento questão de direito interpretada em determinado sentido pelo julgador da fase cognitiva e, posteriormente, interpretada em sentido oposto através de tese fixada em IRDR, com efeito vinculativo.

O tema é delicado e pode passar inclusive pela análise do disposto no art. 966, V do CPC que trata do cabimento da ação rescisória quando houver violação de norma jurídica. O conceito é aberto, admitindo-se entendimento tanto no sentido de que norma jurídica é o texto legal, quanto o resultado de sua interpretação.

Havendo título executivo judicial lastreado em resolução de determinada questão de direito, dando origem à eficácia executiva da obrigação, poderia ser discutida sua inexigibilidade quando o sentido atribuído à questão de direito for modificado por meio de tese jurídica fixada em IRDR.

Em se tratando de execução provisória, através da impugnação ao cumprimento de sentença. Tendo havido o trânsito em julgado, pode-se pensar no cabimento de ação rescisória para esse desiderato.

Noutro aspecto, talvez menos complexo, a questão de direito decidida no IRDR pode dizer respeito à forma de evolução e/ou atualização do débito, sendo o caso tratado no âmbito cognitivo defensivo do excesso de execução.

O trânsito em julgado da sentença que embasaria o título judicial conferiria uma espécie de intangibilidade quanto aos efeitos da tese jurídica fixada em IRDR? Situações jurídicas idênticas seriam tratadas de forma distinta simplesmente em razão de uma sentença ter sido prolatada antes da fixação da tese jurídica vinculativa. Pode-se pensar em ofensa à isonomia, uma das justificativas para o sistema de decisões vinculativas. O sincretismo processual deve ser aplicado no sentido da eficácia das decisões vinculativas?

As dúvidas são muitas e uma forma de equacionar ou prevenir a ocorrência desses problemas talvez seja estender o alcance da suspensão aos processos pendentes em fase cognitiva, ainda quando a questão de direito disser respeito a aspectos da fase executiva.

6. COISA JULGADA E EFICÁCIA VINCULANTE NO IRDR

Para Barbosa Moreira, a coisa julgada (material) constitui situação jurídica dotada de eficácia preclusiva, ou seja, situação jurídica que, caracterizada, torna irrelevante o passado, de forma que não há mais espaço para discutir as questões por ela acobertadas, salvo situações excepcionais que o ordenamento contemplou por via da ação rescisória.[37]

Dalla afirma que "A coisa julgada tem como fundamento evitar a perpetuação de conflitos e a insegurança jurídica, sendo inerente ao Estado Democrático de Direito. A coisa julgada não é apenas uma garantia individual, mas também coletiva, no sentido de viabilizar a estabilidade das decisões"[38].

No que tange ao IRDR, julgado o incidente, a tese jurídica será aplicada aos processos pendentes e aos casos futuros que versem sobre idêntica questão de direito, sendo que, não observada a tese adotada, caberá reclamação.

Nessa linha de raciocínio, uma conclusão mais direta poderia levar ao entendimento de que, tendo a questão de direito sido utilizada como fundamento determinante para a prolação da sentença transitada em julgado, o julgamento posterior do IRDR, com a fixação de tese jurídica em sentido diverso, não poderia atingir a questão coberta de eficácia preclusiva própria da coisa julgada material.

Não tendo ocorrido a coisa julgada, Dantas afirma que "(...) nos processos já sentenciados, com decisão impugnada, o tribunal julga o recurso como prejudicado, se a decisão impugnada estiver de acordo com a tese firmada, ou devolverá os autos ao juiz, para adequar sua decisão ao entendimento fixado, nos casos em que a decisão encontrar-se em desacordo"[39]. O mesmo autor afirma que os processos transitados em julgado ficam de fora da regra da vinculatividade, restando a propositura de ação rescisória, não obstante o entendimento do Supremo Tribunal Federal acerca da matéria[40].

A hipótese comporta ainda uma subdivisão, podendo a desarmonia entre a decisão executada e o precedente ser anterior ou posterior ao trânsito em julgado.

Caso a decisão exequenda tenha sido prolatada já em contraste com o precedente vinculativo – seria admissível a simples alegação de inexigibilidade por

---

37. BARBOSA MOREIRA, José Carlos. *Considerações sobre a chamada "relativização" da coisa julgada material.* Temas de direito processual: nona série. São Paulo: Saraiva, 2007. p. 242.

38. PINHO, Humberto Dalla Bernardina de. *Direito processual contemporâneo.* vol. 2. 4ª ed. São Paulo: Saraiva, p. 273.

39. DANTAS, Bruno. Comentário ao art. 976. In: WAMBIER, Teresa Arruda Alvim *et al.* [coords.]. *Breves comentários ao novo Código de Processo Civil.* São Paulo: Revista dos Tribunais, 2015.

40. EMENTA Agravo regimental em ação rescisória. Entendimento adotado na ação originária em consonância com a jurisprudência da Corte à época. Aplicação da Súmula nº 343/STF. Inexistência de violação da norma jurídica. Agravo regimental não provido. 1. Conforme tese fixada no julgamento do Tema 136 da Gestão por Temas da Repercussão Geral (RE nº 590.809/RS), "não cabe ação rescisória quando o julgado estiver em harmonia com o entendimento firmado pelo Plenário do Supremo à época da formalização do acórdão rescindendo, ainda que ocorra posterior superação do precedente". 2. Cabível a negativa de seguimento à ação rescisória por incidência do óbice contido na Súmula nº 343/STF. 3. Agravo regimental não provido. (AR 2280 AgR, Relator(a): Min. DIAS TOFFOLI, Tribunal Pleno, julgado em 18/12/2017, PROCESSO ELETRÔNICO DJe-043 DIVULG 06-03-2018 PUBLIC 07-03-2018).

meio de impugnação ao cumprimento de sentença, em ampliação extensiva do disposto no art. 525, §§ 12-14 do CPC. A impugnação não tem por objeto a rescisão da sentença, mas simplesmente obstar seu cumprimento[41]. Se a pretensão, contudo, é do desfazimento ou rescisão da coisa julgada, aí haveria necessidade do ajuizamento de ação rescisória – cujo cabimento nessa hipótese é discutido doutrinariamente, com base no art. 966, V e § 5º do CPC, não podendo ser desconsiderada a previsão da Reclamação, com base no art. 988, IV do CPC[42], assim como o recurso previsto no art. 1.041 do CPC, todos com suas hipóteses específicas, cuja análise demanda trabalho de maior fôlego.

Noutro sentido reside a discussão quanto à prolação da decisão exequenda e seu trânsito em julgado antes da fixação da tese jurídica com caráter vinculativo. Segundo Côrtes, embora o legislador não tenha elevado a decisão em julgamentos repetitivos ao status de norma jurídica, houve equiparação para fins de cabimento da rescisória, com o objetivo de resolver a antinomia surgida da coexistência de uma coisa julgada com uma decisão vinculativa. Sustenta o autor que "a hipótese é de cabimento quando não for corretamente aplicada a decisão paradigma do repetitivo (padrão decisório) a dado caso, desde que o padrão decisório (decisão paradigma) já existisse à época da decisão rescindenda (que não o acolheu ou aplicou indevidamente)"[43].

Para o autor, portanto, se a decisão é anterior ao paradigma e já transitou em julgado, não poderá ser objeto de ação rescisória por esse fundamento, sendo possível o ajuizamento, em tese, por ofensa de norma jurídica, baseado na interpretação dada pelo tribunal ao proferir a decisão paradigma, com a ressalva do enunciado 343/STF[44].

Para Talamini, havendo desconformidade entre a decisão exequenda e um posterior pronunciamento do STF, o remédio cabível será a ação rescisória. Já quando a decisão do STF for anterior ao trânsito em julgado do título executivo, também cabe, além da impugnação ao cumprimento, ação rescisória por manifesta violação da norma constitucional ignorada ou mal aplicada e das normas

41. SILVA, Blecaute Oliveira. Coisa julgada baseada em lei inconstitucional (?): considerações à luz da teoria pontiana. In: DIDIER JR, Fredie e EHRHARDT JR., Marcos (Org.). *Revisitando a teoria do fato jurídico.* São Paulo: Saraiva, 2009, p. 100.

42. "De forma objetiva, pode-se afirmar que a reclamação do novo CPC com as alterações da Lei 13.256/2016 será cabível na seguinte hipótese relativa aos recursos repetitivos, como forma de garantir o cumprimento das decisões – após esgotadas as instâncias ordinárias. Ou seja, a reclamação, para ser cabível para o STJ ou para o STF contra o descumprimento de decisão tomada em recurso repetitivo, depende do exaurimento das tentativas nas instâncias ordinárias" (CÔRTES, Osmar Mendes Paixão. O cabimento da ação rescisória para fazer cumprir decisão em recurso repetitivo: observância ao padrão decisório. *Revista de Processo*. vol. 284, 2018.

43. Idem.

44. Registre-se que embora o autor citado tenha tratado especificamente dos julgamentos repetitivos, entendemos percuciente a aplicação ao IRDR, pelas razões já expostas no texto.

que atribuem força vinculante à decisão do STF[45]. Mais uma vez vale a ressalva: embora o autor trate especificamente da hipótese de decisão proferida em sede de controle direto de constitucionalidade, com eficácia *erga omnes*, entendemos que o art. 927 do CPC estende-se a todas as hipóteses elencadas, sendo que eventual dissonância da decisão judicial com os padrões decisórios ali descritos acarretará em ofensa literal à norma jurídica extraída do próprio art. 927 do CPC.

Todas essas situações, ao nosso sentir, justificam o debate acerca da influência do IRDR na fase executiva e nos processos de execução, sendo que a tema da coisa julgada merece maior detalhamento em ambiente próprio.

Coisa julgada[46] e padrões decisórios com eficácia vinculativa tutelam a segurança jurídica, operando a primeira na imutabilidade do caso concreto e o segundo através da fixação de norma universalizável, com aplicação isonômica a todos os jurisdicionados em situação semelhante. Almejam alcançar, portanto, a segurança jurídica, por caminhos distintos.

A controvérsia gravita em torno de eventual conflito entre os institutos, tendo o trabalho circunscrito às hipóteses de impugnação ao cumprimento de sentença e ação rescisória como instrumentos para a discussão.

7. CONCLUSÃO

O texto buscou levantar o debate acerca das influências do IRDR na execução civil no ordenamento processual contemporâneo.

Fixou-se – tendo em vista os limites do trabalho – o âmbito de preocupação com a admissibilidade do IRDR e a fixação e aplicação da tese jurídica aos processos pendentes em fase de execução.

Pontuou-se as dificuldades diante do caráter genérico das decisões de admissibilidade e de suspensão dos processos em curso, enaltecendo a necessidade de detalhamento quanto aos efeitos da suspensão sobre a fase executiva e aos processos de execução por título judicial.

Trabalhou-se com hipóteses em que a fixação da tese jurídica possa vir a ter efeitos imediatos sobre a atividade satisfativa, assim como com o delicado tema do confronto entre decisões de primeiro grau e o padrão vinculativo.

Nesse ponto, detalhou-se as hipóteses em que a decisão exequenda é prolatada em oportunidade anterior, concomitante ou após a fixação da tese jurídica, com as consequências acerca da possibilidade de impugnação ao cumprimento

45. TALAMINI, Eduardo. Os pronunciamentos do STF sobre questões constitucionais e sua repercussão sobre a coisa julgada. In: DIDIER JR., Fredie; CABRAL, Antônio do Passo (Org.). *Coisa julgada e outras estabilidades processuais*. Salvador: Juspodivm, 2018, p. 374.

46. "A coisa julgada vincula partes e órgãos judiciais à regra jurídica concreta formulada na sentença" (ASSIS, Araken de. *Processo civil brasileiro*. São Paulo: Revista dos Tribunais, 2015, v. III, p. 1477).

de sentença (embargos à execução), reclamação, recurso e ação rescisória, com base na doutrina recente sobre o tema.

Breves considerações que têm por objetivo a teorização de situações práticas, com o intuito de fomentar o debate e a construção de um arcabouço teórico que possa compreender todos os aspectos do instituto e suas implicações nas diversas fases da relação processual.

8. REFERÊNCIAS BIBLIOGRÁFICAS

ABELHA, Marcelo. *Manual de execução civil.* Rio de Janeiro: Forense.

ASSIS, Araken de. *Processo civil brasileiro*. São Paulo: Revista dos Tribunais, 2015, v. III

BARBOSA MOREIRA, José Carlos. *Considerações sobre a chamada "relativização" da coisa julgada material.* Temas de direito processual: nona série. São Paulo: Saraiva, 2007.

BARBOSA MOREIRA, José Carlos. O processo civil brasileiro entre dois mundos. *Revista da EMERJ*, Rio de Janeiro, v. 4, n. 16, p. 11-22, 2001.

CALAMANDREI, Piero. *La relatividad del concepto de accion*: estudios sobre el processo civil. Buenos Aires: Bibliografica Argentina, 1961.

CARNEIRO, Paulo Cezar Pinheiro. *Acesso à justiça*: juizados especiais cíveis e ação civil pública: uma nova sistematização da teoria geral do processo. Rio de Janeiro: Forense, 2007.

CARNEIRO, Paulo Cezar Pinheiro. Comentários ao capítulo I do Título Único do Livro I – Das normas fundamentais do processo civil. In: WAMBIER, Teresa Arruda Alvim; DIDIER JR., Fredie; TALAMINI, Eduardo; DANTAS, Bruno (coord.). *Breves comentários ao novo Código de Processo Civil.* São Paulo: Revista dos Tribunais, 2015.

CARNEIRO, Paulo Cezar Pinheiro. *O novo processo civil brasileiro.* Rio de Janeiro: Forense. 2019.

CARPI, Federico. La metamorfosi del monopolio statale sulla giurisdizione. *RePro* 257/2016.

CÔRTES, Osmar Mendes Paixão. O cabimento da ação rescisória para fazer cumprir decisão em recurso repetitivo: observância ao padrão decisório. *RePro* 284/2018.

DANTAS, Bruno. Comentário ao art. 976. In: WAMBIER, Teresa Arruda Alvim; DIDIER JR., Fredie; TALAMINI, Eduardo; DANTAS, Bruno (orgs.). *Breves comentários ao Novo Código de Processo Civil.* São Paulo: RT.

DIDIER JR., Fredie; ZANETI JR., Hermes. *Curso de Direito Processual Civil.* Processo Coletivo, vol. 4. 11ª ed. Salvador: Juspodivm, 2017.

DIDIER JR., Fredie; TEMER, Sofia. A decisão de organização do incidente de resolução de demandas repetitivas: importância, conteúdo e o papel do regimento interno do Tribunal. *RePro* 258/2016.

DINAMARCO, Cândido Rangel; LOPES, Bruno Vasconcelos Carrilho. *Teoria geral do novo processo civil.* São Paulo: Malheiros, 2016.

DINAMARCO, Cândido Rangel. O conceito de mérito no processo civil. *RePro* 34/1984.

DWORKIN, Ronald. *O império do direito*. São Paulo: Martins Fontes, 1999.

FREITAS, José Lebre. *Os paradigmas da ação executiva na Europa. RePro* 201/2011.

FUX, Luiz; BODART, Bruno. Notas sobre o princípio da motivação e a uniformização da jurisprudência no novo Código de Processo Civil à luz da análise econômica do Direito. *RePro* 269/2017.

GRECO, Leonardo. A execução e a efetividade do processo. *Doutrinas Essenciais de Processo Civil.* vol. 8, p. 315-364, out. 2011.

GRECO, Leonardo. Novas perspectivas da efetividade e do garantismo processual. *Processo Civil:* estudos em homenagem ao Professor Doutor Carlos Alberto Alvaro de Oliveira. São Paulo: Atlas, 2012.

LIEBMAN, Enrico Tullio. Eficácia e autoridade da sentença.

LIEBMAN, Enrico Tulio. *Processo de execução.* 5ª ed. São Paulo: Saraiva, 1986.

MARINONI, Luiz Guilherme. O "problema" do incidente de resolução de demandas repetitivas e dos recursos Extraordinário e especial repetitivos. *Revista de Processo.* São Paulo, vol. 249, ano 40, p. 399-419, nov. 2015.

MARINONI, Luiz Guilherme. Incidente de resolução de demandas repetitivas e recursos repetitivos: entre precedente, coisa julgada sobre questão, direito subjetivo ao recurso especial e direito fundamental de participar. *Revista dos Tribunais* 962/2015.

MENDES, Aluisio Gonçalves de Castro. *Incidente de Resolução de Demandas Repetitivas.* Rio de Janeiro: Forense, 2017.

MENDES, Aluisio Gonçalves de Castro; RODRIGUES, Roberto de Aragão Ribeiro. Reflexões sobre o Incidente de Resolução de Demandas Repetitivas previsto no Projeto de Novo Código de Processo Civil. *RePro* 211/2012.

NOGUEIRA, Gustavo Santana. *Stare decisis et non quieta movere*: a vinculação aos precedentes no direito comparado e brasileiro. Rio de Janeiro: Lumen Juris, 2011.

NUNES, Dierle; BAHIA, Alexandre Melo Franco. Precedentes no CPC-2015: por uma compreensão constitucionalmente adequada do seu uso no Brasil. *Revista do Ministério Público do Rio de Jan*eiro nº 57, jul./set. 2015.

NUNES, Dierle; TEIXEIRA, Ludmila. *Acesso à Justiça democrático.* Brasília: Gazeta Jurídica, 2013.

OSNA, Gustavo. *Direitos individuais homogêneos*: pressupostos, fundamentos e aplicação no processo civil. São Paulo: Revista dos Tribunais, 2014.

PINHO, Humberto Dalla Bernardina de; RODRIGUES, Roberto de Aragão Ribeiro. O microssistema de formação de precedentes judiciais vinculantes previsto no novo CPC. *RePro* 259/2016.

PINHO, Humberto Dalla Bernardina de. *Direito processual contemporâneo.* vol. 2. 4ª edição. São Paulo: Saraiva.

PORTO, José Roberto Sotero de Mello. *Teoria geral dos casos repetitivos.* Rio de Janeiro: GZ Editora, 2018.

SILVA, Blecaute Oliveira. Coisa julgada baseada em lei inconstitucional (?): considerações à luz da teoria pontiana. In: DIDIER JR., Fredie; EHRHARDT JR., Marcos (Org.). *Revisitando a teoria do fato jurídico.* São Paulo: Saraiva, 2009.

TALAMINI, Eduardo. Os pronunciamentos do STF sobre questões constitucionais e sua repercussão sobre a coisa julgada. In: DIDIER JR., Fredie; CABRAL, Antônio do Passo (Org.). *Coisa julgada e outras estabilidades processuais.* Salvador: Juspodivm, 2018.

TARUFFO, Michele. Precedente e jurisprudência. *Civilistica.com,* ano 3, n. 2, 2014.

TARUFFO, Michele. A atuação executiva dos direitos: perfis comparados. In: MITIDIERO, Daniel (org. e trad.). *Processo civil comparado*: ensaios. São Paulo: Marcial Pons, 2013.

THEODORO JÚNIOR, Humberto. Breves considerações sobre a politização do judiciário e sobre o panorama de aplicação no direito brasileiro: análise da convergência entre o *civil law* e o *common law* e dos problemas da padronização decisória. *Revista de Processo* 189/2010.

TUCCI, José Rogério Cruz e. Contra o processo autoritário. *Revista de Processo.* 242/2015.

4

A FUNDAMENTAÇÃO DAS DECISÕES QUE APLICAM OS PRECEDENTES FORMADOS SOB A SISTEMÁTICA DOS INCIDENTES DE RESOLUÇÃO DE DEMANDAS REPETITIVAS

Jacques Rubens[1]

1. INTRODUÇÃO

O sistema jurídico no qual é fundado o direito brasileiro é o de *civil law*, em que o ponto de referência normativo são os códigos e as leis escritas. No entanto, o novo Código de Processo Civil transformou o papel desempenhado pelos precedentes no ordenamento jurídico brasileiro, atribuindo verdadeira força vinculante, na forma do seu art. 927. Dentre os precedentes, tidos como vinculantes, estão aqueles formados sob a sistemática do incidente de resolução de demandas repetitivas. Assim como ocorre nos países cujo sistema é fundado do *common law*, exige-se um nível elevado de fundamentação para aplicação dos precedentes.

Esse trabalho se propõe a analisar os parâmetros para reputar uma decisão suficientemente fundamentada, quando aplicam os precedentes formados sob a sistemática do incidente de resolução de demandas repetitivas, em atenção ao princípio da obrigatoriedade de fundamentação das decisões judiciais.

2. A TEORIA DOS PRECEDENTES

Segundo Frederick Schauer, a ideia central vinculada ao precedente é a obrigação imposta ao julgador de tomar a mesma decisão adotada em um caso que versava sobre a mesma matéria.[2]

---

1. Mestrando em Direito pela Universidade do Estado do Rio de Janeiro (UERJ). Advogado.
2. Schauer, Frederick, Precedent (May 9, 2011). Disponível em: https://ssrn.com/abstract=1836384 or http://dx.doi.org/10.2139/ssrn.1836384. Acesso em: 22.09.2019.

Existem duas dimensões, segundo Schauer, atreladas aos precedentes. A primeira é a dimensão vertical, assim considerada como a obrigação de o julgador seguir as decisões tomadas pelos órgãos jurisdicionais hierarquicamente superiores a respeito das mesmas questões jurídicas. Assim, é esperado que os julgadores, quanto à mesma matéria de direito, obedeçam às decisões tomadas pelas cortes que, na hierarquia judiciária, são acima deles.[3-4]

Diferentemente da dimensão vertical, a dimensão horizontal dos precedentes não está relacionada à obrigação de seguir decisões tomadas pelas cortes que se situam em posições acima na estrutura da hierarquia judiciária. De outro lado, está relacionada à obrigação de seguir as decisões de um mesmo órgão jurisdicional em um caso anterior, ainda que não se trate dos mesmos julgadores. O critério, então, para gerar a obrigação de obedecer aos precedentes está vinculado ao simples fato de ser uma decisão mais antiga.[5]

Segundo Schauer, tanto os precedentes verticais e horizontais gozam de eficácia vinculante. A autoridade dos precedentes dispensa qualquer juízo de valor sobre o mérito do precedente, dado que não é dado ao julgador a faculdade de questioná-lo. A simples existência de um precedente já resulta na sua eficácia vinculante, independentemente do seu conteúdo.

A força vinculante do precedente, segundo Schauer, somente fica aparente, quando o julgador discorda com as suas razões ou com o seu resultado. Quando o julgador aceita a fundamentação do precedente, é desnecessário justificar a sua força vinculante.

A autoridade do precedente fica, assim, visível, quando o julgador não concorda com os fundamentos do precedente. Nesse momento, observa-se que o julgador está diante de uma obrigação de seguir o precedente, mesmo que ele fielmente acredite que a decisão está equivocada.

Apesar da distinção sobre as dimensões do precedente, Schauer prossegue levantando, assim, o que seria propriamente um precedente. Schauer começa identificando que nenhuma decisão é exatamente idêntica ao caso que se está decidindo. Provavelmente, as partes serão diferentes e o momento da tomada da

---

3. Idem.

4. Frederick Schauer propõe uma analogia com o comando militar para exemplificar a autoridade vertical do precedente, conforme se lê do seu artigo: "When trial courts make decisions on questions of law (as opposed to determining the facts in the particular matter before them), they are expected to follow – to obey – the decisions of the appellate courts that sit above them in what can be analogized to the military chain of command, just as the first-stage appellate courts must, in turn, follow the decisions made by courts above them." (Schauer, Frederick, Precedent (May 9, 2011). Disponível em: https://ssrn.com/abstract=1836384 or http://dx.doi.org/10.2139/ssrn.1836384. Acesso em: 22.09.2019)

5. Idem.

decisão também. No entanto, estas diferenças não são suficientes para afastar a aplicação de um precedente.[6]

A resposta tradicional para identificar as semelhanças e diferenças se transforma em determinar o que é a sua *ratio decidendi*. Ou, em outras palavras, por que a decisão foi tomada dessa maneira, e não de outra?

A *ratio decidendi* consiste na "tese jurídica suficiente para decidir o caso concreto"[7]. A *ratio decidendi* se estrutura pelos seguintes componentes (i) pelos fatos jurídicos relevantes, (ii) pelo raciocínio jurídico e (iii) pelo juízo decisório.[8]

A *ratio decidendi* nem sempre é facilmente identificável, como destaca Schauer. Ele exemplifica a dificuldade de se identificá-la no caso Donoghue v. Stevenson. O caso foi decidido pela House of Lords, em 1932, que era o órgão jurisdicional máximo na Inglaterra, e tratou da responsabilidade civil do produtor que, embora tenha o manufaturado, não realizou a venda do produto e, portanto, não possuía nenhum vínculo direto com o adquirente. O consumidor havia ingerido uma cerveja de gengibre (*ginger beer*) com restos mortais de uma lesma descomposta. O recipiente dificultou a identificação do animal morto e a ingestão do produto lhe causou problemas físicos e estresse mental.

A discussão girava em torno da mitigação da teoria da relatividade dos contratos, mais precisamente se o produtor, que não tinha nenhuma relação jurídica prévia com o consumidor, poderia responder por danos gerados por seus produtos. Definiu-se que o produtor deveria indenizar o consumidor, mesmo sem vínculo contratual.

Nesse contexto, Schauer indagou, assim, se os casos de aplicação do mencionado precedente se limitam a defeitos em produtos relacionados simplesmente

---

6. Frederick Schauer se vale de um exemplo esclarecedor. No caso MacPherson v. Buick Motor Company, a Corte de Apelação de Nova York decidiu que o vendedor autônomo teria responsabilidade por um defeito do produto da marca Buick. No ano posterior, um caso similar aconteceu, todavia, com Ms. Caminetti e com a marca Oldsmobile. Tanto a diferença de partes como de marcas de carros, para diferenciar as consequências jurídicas, foram consideradas frívolas, conforme trecho do artigo: "In MacPherson v. Buick Motor Company ((1916) 111 NE 1050), for example, the New York Court of Appeals, with then-Judge (he was later to become a justice of the United States Supreme Court) Benjamin Cardozo writing the opinion in 1916, held that a purchaser of an automobile could sue the manufacturer of a defective product even though the consumer had bought the product, in this case a Buick automobile, not from the manufacturer but from an independent dealer. Had a subsequent case involving the same question then arisen a year later involving an injury not to Mr. MacPherson but instead to a Ms. Caminetti, and had Ms. Caminetti been injured by a defective Oldsmobile rather than a defective Buick, any attempt to claim that those differences were consequential would ordinarily (we can of course construct unusual hypotheticals challenging this generalization) have been frivolous" (Schauer, Frederick, Precedent (May 9, 2011). Disponível em: https://ssrn.com/abstract=1836384 or http://dx.doi.org/10.2139/ssrn.1836384. Acesso em: 22.09.2019).
7. TUCCI, José Rogério Cruz e. *Precedente como fonte do direito*. São Paulo: Revistas dos Tribunais, 2004, p. 175.
8. Idem.

a comida ou se abrangeria qualquer produto? E se o produto fosse totalmente opaco, o consumidor poderia prevenir os danos? As perguntas exemplificam a pouca visibilidade de se identificar imediatamente a *ratio decidendi*.

Conforme aponta Tucci, a *ratio decidendi* não é aferida no momento da confecção e elaboração do precedente. Tal tarefa é atribuída ao julgador que se depara com a necessidade de decidir se determinado caso justifica ou não a aplicação de um precedente.

Tucci, assim, explica o método para a inferência da *ratio decidendi*:

> Denominada de holding na linguagem dos operadores americanos, a ratio decidendi, para potenciar força obrigatória pamprocessual, deve, pois, possui um grau de generalização em relação ao próprio caso julgado. Para a correta inferência da ratio decidendi, propõe-se uma operação mental, mediante a qual, invertendo-se o teor do núcleo decisório, se indaga se a conclusão permaneceria a mesma, se o juiz tivesse acolhido a regra invertida. Se a decisão ficar mantida, então a tese originária não pode ser considerada *ratio decidendi*; caso contrário, a resposta será positiva.[9]

Ao lado da *ratio decidendi*, cujo conteúdo tem força vinculante aos órgãos jurisdicionais, também há o *obter dictum* que nada mais é que uma passagem secundária que não resolve a lide. O *obter dictum* não obriga os órgãos jurisdicionais a segui-lo, mas pode servir como um argumento meramente persuasivo e de reforço.[10]

3. O *OVERRULING:* OS PRECEDENTES E A FLEXIBILIDADE DAS REGRAS JURÍDICAS

Para proporcionar uma maior flexibilidade às regras jurídicas e, propriamente, a evolução do direito, existem exceções à oponibilidade vinculante dos precedentes.

São situações em que o precedente perde a sua força vinculante, sendo revogado e assim substituído por um novo entendimento. Esta revogação pode ser expressa (quando temos o *express overruling*) ou implícita (quando temos o *implied overruling*). A primeira ocorre quando o tribunal considera o precedente equivocado ou ultrapassado e expressamente declara a perda da sua eficácia. No segundo caso, a revogação não é expressa, mas implícita.[11]

Existem, assim, três modalidades de *overruling*, segundo Tucci. O primeiro é o *retrospective overruling*, quando o tribunal promove uma superação do precedente com a eficácia retroativa, atingindo, assim, situações jurídicas pretéritas

---

9. TUCCI, José Rogério Cruz e. *Precedente como fonte do direito*.São Paulo: Revistas dos Tribunais, 2004. p. 177.

10. Ibidem.

11. TUCCI, José Rogério Cruz e. *Precedente como fonte do direito*. São Paulo: Revistas dos Tribunais, 2004. p. 180.

à sua edição. O segundo é o *prospective overruling*, assim considerado quando o tribunal restringe a eficácia do novo precedente aos casos posteriores à sua edição, impedindo, dessa forma, a eficácia retroativa.[12]

No direito brasileiro, tal fato seria similar aos tribunais modularem os efeitos temporais de uma decisão.

Por fim, existe a figura do *antecipatory overruling* que consiste em uma antecipação da revogação do precedente, porque os próprios tribunais, hierarquicamente superiores, já manifestaram que o precedente não constitui o chamado *good law*.[13]

4. O *DISTINGUINSING:* A INTERPRETAÇÃO DO PRECEDENTE E A MARGEM DE MANOBRA DOS JUÍZES

A observância do precedente no sistema do common law não dispensa ou atenua a necessidade de interpretação do precedente judicial. Como destacamos, existem diversas dúvidas que podem ser suscitadas para aplicar o precedente ao caso sob julgamento.

Tucci, da mesma forma, ressalta a relevância de interpretação do precedente:

> Infere-se daí a relevância que ostenta, no sistema do *case law*, a interpretação do precedente judicial no cotejo com o caso concreto. A lógica jurídica, nesse particular, tem como pressuposto o método de "reasoning from case to case".[14]

O julgador deve identificar as similaridades e diferenças entre o precedente e o caso concreto para verificar se se trata de uma situação jurídica, de tal sorte a atrair a sua aplicação. E, em seguida, deve ele extrair a sua *ratio decidendi*, ou seja, a tese jurídica aplicável. Como ressalta Tucci, o precedente pode "ser interpretado de modo restritivo (*restrictive distinguishing*) ou ampliativo (*ampliative distinguishing*)".[15] Dependendo do resultado que a interpretação do precedente possa gerar, o julgador pode restringir a aplicação do precedente ou ampliá-la.

Confere-se, assim, uma ampla margem de manobra para flexibilidade e maleabilidade aos juízes[16].

---

12. TUCCI, José Rogério Cruz e. *Precedente como fonte do direito*. São Paulo: Revistas dos Tribunais, 2004. p. 180-181.
13. Idem.
14. TUCCI, José Rogério Cruz e. *Precedente como fonte do direito*. São Paulo: Revistas dos Tribunais, 2004. p. 171.
15. Idem.
16. TUCCI, José Rogério Cruz e. *Precedente como fonte do direito*. São Paulo: Revistas dos Tribunais, 2004. p. 172-173.

A teoria do stare decisis, portanto, não engessa ou busca, a qualquer custo, uma estabilidade e uniformidade do direito. Há espaços para os juízes aplicarem os precedentes, de acordo com as circunstâncias do caso concreto.

O método por meio do qual se promove a comparação entre as circunstâncias e peculiaridades do caso concreto e do precedente é chamado de *distinguishing*. Nesse método, afere-se se o caso justifica ou não a aplicação do precedente.[17]

Essa tarefa de interpretar o precedente e apresentar as razões de sua incidência é complexa e similar à que um juiz, em um sistema de *civil law*, deve fazer para afastar ou rejeitar a aplicabilidade o texto legal no caso concreto.[18]

Não basta, assim, a mera citação ou transcrição do precedente. Deve ser identificado em que medida ele é aplicável ao caso concreto, identificando as semelhanças e diferenças.

Por isso, o nível exigível de fundamentação para as decisões, que se valem dos precedentes, é extremamente elevado. Além de compreender a *ratio decidendi*, o julgador deve apresentar as razões que justificam a sua incidência no caso concreto. Uma decisão judicial, no sistema brasileiro que não se paute por estes critérios, deve ser considerada como destituída de fundamentação.

5. A IMPORTÂNCIA DO PRECEDENTE NO *CIVIL LAW* E NO DIREITO BRASILEIRO

A teoria acima descrita é fruto da experiência do *common law*, cenário no qual o ponto de referência normativo é o precedente judicial, diferentemente do que ocorre no *civil law* em que o precedente é subsidiário em detrimento da lei escrita.[19]

No entanto, conforme ressalta Michele Taruffo, o uso do precedente não é uma característica exclusiva do *common law*, assim como a lei escrita não uma peculiaridade do *civil law*. Chega Taruffo a afirmar que a contraposição entre leis escritas e o recurso ao precedente não possui sequer valor descritivo para diferenciar os dois sistemas.[20]

---

17. TUCCI, José Rogério Cruz e. *Precedente como fonte do direito*. São Paulo: Revistas dos Tribunais, 2004. p. 174.
18. TUCCI, José Rogério Cruz e. *Precedente como fonte do direito*. São Paulo: Revistas dos Tribunais, 2004. p. 173.
19. TUCCI, José Rogério Cruz e. *Precedente como fonte do direito*. São Paulo: Revistas dos Tribunais, 2004. p. 186-187.
20. Nesse sentido, Michele Taruffo afirma que "[a] distinção tradicional segundo a qual os primeiros seriam fundados no precedente, enquanto os segundos seriam fundados na lei escrita não tem mais valor algum descritivo – admitindo-se que se considere que realmente tenha tido no passado. De um lado, de fato, nos sistemas de Civil Law faz-se amplo uso da referência à jurisprudência, enquanto nos sistemas de Common Law faz-se amplo uso da lei escrita e áreas inteiras desses ordenamentos — do direito comercial ao direito processual – são na realidade "codificadas" (Taruffo, Michele. Precedente e juris-

Taruffo aponta que a importância dos precedentes é verificada sob duas dimensões diferentes, uma teórica e outra prática. A prática resulta do que fato de que o recurso ao precedente compõe a estrutura da argumentação jurídica. Os precedentes são fundamentais para a interpretação e aplicação do direito. A dimensão prática, de outro lado, deriva do fato de que a pesquisa e o uso dos precedentes e da jurisprudência são recursos indispensáveis ao quotidiano do jurista.[21]

Mesmo sem reconhecer, assim, o caráter vinculante dos precedentes[22], Taruffo reconhece a relevância dos precedentes no sistema de *civil law*.

Hoje em dia, pela previsão do art. 927 do Código de Processo Civil, é possível afirmar que o papel do precedente foi complementado reconstruído, dado que, em determinadas ocasiões, os juízes e tribunais deverão observar certas precedentes, como, por exemplo, aqueles formados pelos sistema de casos repetitivos (incidente de resolução de demandas repetitivas e recursos especiais e extraordinários repetitivos).

Se o papel do precedente já era bem relevante, segundo Taruffo, nos sistemas de *civil law*, hoje, com a nova configuração dos precedentes, ele é foi evidentemente acentuado.

6. A APLICAÇÃO DO PRECEDENTE NO *COMMON LAW* E *CIVIL LAW*

Com a mudança do papel atribuído aos precedentes, surge a necessidade também de se valer da teoria dos precedentes para aplicá-la de forma correta.

Taruffo destaca que a aplicação dos precedentes nos sistemas de *common law* e civil são bem diversas. Para explicar esta diferença, Taruffo diferencia os termos jurisprudência e precedente que, apesar de utilizados correntemente como se sinônimos fossem, assumem significados bem distintos.

---

prudência. Trad. Chiara de Teffé. *Civilistica.com*. Rio de Janeiro, ano 3, n. 2, jul.-dez./2014. Disponível em: http://civilistica.com/wp-content/uploads/2015/02/Taruffo-trad.-civilistica.com-a.3.n.2.2014.pdf. Acesso em: 22.09.2019, p. 1).

21. Taruffo, Michele. Precedente e jurisprudência. Trad. Chiara de Teffé. *Civilistica.com*. Rio de Janeiro, ano 3, n. 2, jul.-dez./2014. Disponível em: http://civilistica.com/wp-content/uploads/2015/02/Taruffo-trad.-civilistica.com-a.3.n.2.2014.pdf. Acesso em: 22.09.2019. p. 1-2.

22. Michele Taruffo reconhece o menor grau de intensidade da força dos precedentes para influenciar as decisões posteriores. Nesse sentido, "Nos ordenamentos de civil law, o grau de força que vem atribuído ao precedente é, provavelmente, menor do que aquele atribuído ao precedente da common law, mas nada exclui que existam precedentes tão influentes e persuasivos a ponto de serem impostos aos juízes sucessivos" (TARUFFO, Michele. Precedente e jurisprudência. Trad. Chiara de Teffé. *Civilistica.com*. Rio de Janeiro, ano 3, n. 2, jul.-dez./2014. Disponível em: http://civilistica.com/wp-content/uploads/2015/02/Taruffo-trad.-civilistica.com-a.3.n.2.2014.pdf. Acesso em: 22.09.2019. p. 8).

O primeiro critério para diferenciar precedente e jurisprudência é o quantitativo. Ao passo que o termo precedente se refere a uma decisão singular, o termo jurisprudência se refere a uma pluralidade de decisões judiciais.[23]

Nos sistemas de *common law*, evoca-se o precedente e, nos de *civil law*, a jurisprudência.

Há uma diferença, além disso, qualitativa entre precedente e jurisprudência.

Os modos de aplicação dos precedentes são estritamente baseados na análise dos fatos. Para inferir se a regra criada por um precedente é aplicável ao caso concreto, compara-se os seus elementos fáticos com o do caso que está sendo decidido. Se há identidade de fatos suficientes entre o precedente e o caso concreto, extrai-se a ratio decidendi para ser aplicada no caso concreto. Basta, portanto, a existência de uma única decisão judicial para que ela seja considerada um precedente e a estrutura do raciocínio jurídico para aplicá-lo é, fundamentalmente, calcada no cotejo dos fatos entre o caso paradigma e o caso concreto.[24]

De outro lado, os modos de aplicação da jurisprudência são significativamente diversos da utilização dos precedentes. Como a jurisprudência consiste em uma multiplicidade de decisões judiciais, não há a mesma preocupação com a comparação e exame dos fatos, como ocorre no uso dos precedentes. Segundo Taruffo, a jurisprudência produz enunciados, mais detalhados do que os códigos, que têm por objeto regras jurídicas.[25]

Taruffo, então, conclui a primeira diferença relevante entre os termos jurisprudência e precedentes:

> Aqui, portanto, visualiza-se uma primeira diferença muito relevante: em regra, os textos que constituem a nossa jurisprudência não incluem os fatos que foram objeto de decisão, de modo que a aplicação da regra formulada em uma decisão anterior não é baseada na analogia dos fatos, mas na subsunção da *fattispecie* sucessiva em uma regra geral.[26]

Taruffo cita o exemplo da Corte de Cassação italiana que é instada a enunciar princípios de direitos e regular abstratamente o caso concreto.

---

23. TARUFFO, Michele. Precedente e jurisprudência. Trad. Chiara de Teffé. *Civilistica.com*. Rio de Janeiro, ano 3, n. 2, jul.-dez./2014. Disponível em: http://civilistica.com/wp-content/uploads/2015/02/Taruffo-trad.-civilistica.com-a.3.n.2.2014.pdf. Acesso em: 22.09.2019. p. 3.

24. TARUFFO, Michele. Precedente e jurisprudência. Trad. Chiara de Teffé. *Civilistica.com*. Rio de Janeiro, ano 3, n. 2, jul.-dez./2014. Disponível em: http://civilistica.com/wp-content/uploads/2015/02/Taruffo-trad.-civilistica.com-a.3.n.2.2014.pdf. Acesso em: 22.09.2019. p. 4.

25. Idem.

26. TARUFFO, Michele. Precedente e jurisprudência. Trad. Chiara de Teffé. *Civilistica.com*. Rio de Janeiro, ano 3, n. 2, jul.-dez./2014. Disponível em: http://civilistica.com/wp-content/uploads/2015/02/Taruffo-trad.-civilistica.com-a.3.n.2.2014.pdf. Acesso em: 22.09.2019. p. 5.

Se o direito brasileiro adotou um modelo que valorização dos precedentes, inclusive, com as técnicas do *overrruling* e *distinguishing*, deve haver uma correspondente preocupação com a comparação dos fatos da causa.

No caso específico do incidente de resolução de demandas repetitivas, o art. 985 do Código de Processo Civil que o que será adotado nos casos será a "tese jurídica".

7. AS TÉCNICAS DE PADRONIZAÇÃO DECISÓRIA E A FUNDAMENTAÇÃO DAS DECISÕES JUDICIAIS

As técnicas de padronização decisória, como, por exemplo, o incidente de resolução de demandas repetitivas (cujo pressuposto de admissibilidade é a efetiva repetição de processos), segundo Maria Cecília de Araújo Asperti, acentua o problema relacionado à pouca preocupação com o exame dos fatos e aplicação dos enunciados normativos.

Asperti identifica que, devido à crescente demanda por tutela jurisdicional e à consequente incapacidade de estrutura do poder judiciário atendê-la, inclui-se na agenda as reformas processuais instrumentos ligados à resolução de conflitos de litigância seriada.[27]

A busca por eficiência do poder judiciário, enquanto prestador da tutela jurisdicional, resultou na criação de mecanismos de padronização decisória, a exemplo do incidente de resolução de demandas repetitivas.[28]

Todavia, ao mesmo tempo que se propõe a corrigir um problema de eficiência do Poder Judiciário, as técnicas de julgamentos de litigância seriada não privilegiam uma análise individualizada das circunstâncias fáticas do caso concreto.[29]

O uso destes mecanismos, conclui Asperti, restringe a noção de acesso à justiça, na medida em que o jurisdicionado terá uma resposta idêntica proveniente de outro caso, reproduzindo-se decisões com pouca preocupação com o arcabouço fático.[30]

---

27. ASPERTI, Maria Cecília de Araujo. Litigiosidade repetitiva e a padronização decisória: entre o acesso à justiça e a eficiência do Judiciário. *Revista de Processo*, São Paulo, vol. 263, ano 42, jan. 2017, p. 234-241.
28. Idem.
29. Maria Cecília de Araujo Asperti coloca o problema da seguinte forma: "É nesse ponto que se constata que a sistemática por amostragem pode conduzir a uma ressignificação restritiva da noção de acesso à justiça, à medida que legitima práticas gerenciais de reprodução de julgados e de aplicação de entendimentos consolidados em uma caso paradigma sem que os argumentos fáticos do caso sejam analisados e que a estes seja dada uma resposta individualizada" (ASPERTI, Maria Cecília de Araujo. Litigiosidade repetitiva e a padronização decisória: entre o acesso à justiça e a eficiência do Judiciário. *Revista de Processo*, São Paulo, vol. 263, ano 42, jan. 2017, p. 245).
30. Maria Cecília de Araujo Asperti destaca que: "Essa lógica processual acarreta a necessidade de se repensar o significado do direito de acesso à justiça individual, na medida em que o litigante do caso repetitivo

As técnicas de resolução de litígios seriados acentuam as vantagens dos litigantes repetitivos (*repeated players*), em detrimento dos litigantes eventuais (*one-shotters players*). Os litigantes repetitivos, normalmente, têm mais recursos e vantagens estratégicas para se favorecer das técnicas de resolução da litigância seriada.

Asperti, por fim, afirma que as técnicas de padronização decisória comprometem aspectos do devido processo legal, tais como o exercício do contraditório e ampla defesa que limita a arguição do jurisdicionado a distinção com o caso concreto e o dever de motivação das decisões judiciais.[31]

Como se percebe, os problemas apontados por Taruffo, em relação ao uso da jurisprudência nos países cujo sistema jurídico é fundado no *civil law*, e por Asperti, em relação às técnicas de padronização decisória, são similares: a deficiência da fundamentação das decisões judiciais em comparar os fatos da causa e dos precedentes que justificam a sua aplicação.

A aplicação do precedente, nos sistemas de *common law*, não dispensa uma análise dos fatos da causa, nem a interpretação da *ratio decidendi* do precedente.

No entanto, entendemos que a correta fundamentação das decisões judiciais corrige os problemas apontados por Taruffo e Asperti, relativos a uma possível ressignificação restritiva do acesso à justiça. Assim, devemos enfrentar quais parâmetros para a aplicação correta dos precedentes originários do incidente de resolução de demandas repetitivas.

8. A FUNDAMENTAÇÃO DAS DECISÕES JUDICIAIS

A Constituição Federal (art. 93, IX), assim como o novo Código de Processo Civil (art. 11), consagraram o princípio da motivação das decisões judiciais.

Antes de qualquer previsão expressa e específica na Constituição Federal, tal como existe hoje em dia, José Carlos Barbosa Moreira já sinalizava que o ordenamento jurídico já adotava o princípio da obrigatoriedade da motivação, extraído a partir da leitura sistemática de diversos dispositivos do Código de Processo Civil 1973[32].

---

afetado não terá seus argumentos apreciados, a menos que consiga demonstrar uma peculiaridade que convença o julgador da necessidade de processar individualmente o seu caso. Caso contrário, terá uma resposta jurisdicional proveniente de outro caso, a qual poderá, ao menos em tese, ser simplesmente reproduzida no seu processo" (ASPERTI, Maria Cecília de Araujo. Litigiosidade repetitiva e a padronização decisória: entre o acesso à justiça e a eficiência do Judiciário. *Revista de Processo*, São Paulo, vol. 263, ano 42, jan. 2017, p. 246).

31. ASPERTI, Maria Cecília de Araujo. Litigiosidade repetitiva e a padronização decisória: entre o acesso à justiça e a eficiência do Judiciário. *Revista de Processo*, São Paulo, vol. 263, ano 42, jan. 2017. p. 249-251.

32. Nesse mesmo sentido, é a opinião de José Carlos Barbosa Moreira: "Hoje, têm no diploma de 1973 ('o juiz apreciará livremente a prova, atendendo aos fatos e circunstâncias constantes dos autos,

Barbosa Moreira expõe que diversas são as razões que justificam o mencionado princípio. Sob o aspecto técnico, objetiva-se fornecer elementos e balizas para a interpretação do julgado, o valor persuasivo para desincentivar a interposição de recursos contra decisões bem fundamentadas, possibilitar que os interessados recorram da decisão ao conhecer o seu conteúdo e permitir o controle pelas instâncias revisoras da legalidade das decisões judiciais.[33]

Barbosa Moreira também afirma que a justificativa para a instituição do princípio da obrigatoriedade de motivação das decisões judiciais também pode ser analisada sob outro enfoque. A partir da fundamentação, permitir-se aferir a imparcialidade dos juízes e se eles não sofreram nenhum tipo de ingerência, controlar a legalidade da decisão e em que medida os argumentos suscitados pelas partes influíram na tomada de decisão.[34]

Barbosa Moreira explica que a controlabilidade das decisões judiciais ocorre em duas dimensões. A primeira forma de controle é o endoprocessual, assim considerado como a função de instâncias judiciais superiores revisarem e reverem as decisões. A segunda, e mais importante para Barbosa Moreira, é o controle extraprocessual, exercido pela opinião pública, e não pelas partes integrantes da relação jurídica processual. Esta forma de controle, segundo Barbosa Moreira seria essencial aos pilares do Estado Democrático de Direito.[35]

Para Taruffo, a motivação das decisões judiciais não se confunde com a descrição do procedimento que o juiz faz para demonstrar como chegou a determinada conclusão. Além da impossibilidade de se explicar tal procedimento, Taruffo explica que tal providência não teria nenhuma utilidade prática. A fundamentação deve ser compreendida como a exposição de boas razões que conferirão suporte à decisão judicial.[36]

---

ainda que não alegados pelas partes; mas deverá indicar na sentença, os motivos que formaram o seu convencimento'); o art. 458, que arrola, entre 'os requisitos essenciais da sentença', no inciso II, 'os fundamentos, em que o juiz analisará as questões de fato e de direito'; e, ainda, o art. 165, que estende aos acórdãos a incidência do art. 458, acrescentando que 'as demais decisões' (isto é, as interlocutórias) também serão fundamentadas, ainda que de modo conciso'. A conjugação desses dispositivos não deixa margem a qualquer dúvida sobre a adoção categórica e irrestrita do princípio da obrigatoriedade da motivação" (BARBOSA MOREIRA, José Carlos. A motivação das decisões judiciais como garantia inerente ao Estado Democrático de Direito. *Temas de Direito Processual*: segunda série. 2. ed. São Paulo: Saraiva, 1988, p. 86).

33. BARBOSA MOREIRA, José Carlos. A motivação das decisões judiciais como garantia inerente ao Estado Democrático de Direito. *Temas de Direito Processual*: segunda série. 2 ed. São Paulo: Saraiva, 1988, p. 86-87.

34. BARBOSA MOREIRA, José Carlos. A motivação das decisões judiciais como garantia inerente ao Estado Democrático de Direito. *Temas de Direito Processual*: segunda série. 2 ed. São Paulo: Saraiva, 1988, p. 88.

35. BARBOSA MOREIRA, José Carlos. A motivação das decisões judiciais como garantia inerente ao Estado Democrático de Direito. *Temas de Direito Processual*: segunda série. 2 ed. São Paulo: Saraiva, 1988, p. 90-91.

36. TARUFFO, Michele. Apuntes sobre las funciones de la motivación. *Revista Iberoamericana de Derecho Procesal*, vol. 4/2016, p. 237-249.

O conteúdo do dever de motivação, segundo Taruffo, consiste no fato de a fundamentação deve ser completa, considerando todos os elementos relevantes para o julgamento da causa. Por exemplo, para examinar os fatos, o juiz deve sopesar todos os meios de provas apresentados para confirmar a veracidade nas narrativas deduzidas pelas partes. Não menos importante é análise dos aspectos jurídicos da decisão. Taruffo indica que a motivação quanto aos pontos de direito não tem recebido atenção da doutrina, dado que se trata de um problema de escolha e interpretação das normas aplicáveis. No entanto, sem entrar nessa discussão, Taruffo reputa que a fundamentação deve contemplar todas as opções de interpretação das normas[37].

O que se busca, portanto, é uma motivação completa, em que o julgador analise os aspectos fáticos e jurídicos relevantes da causa.

O novo Código de Processo Civil consagrou, além do dever geral de motivação e publicização das decisões judiciais (art. 11), parâmetros para o que não se considera uma decisão fundamentada, na forma do seu art. 489.

Para fins deste trabalho, o legislador indicou que não é motivada a decisão que "*se limitar a invocar precedente ou enunciado de súmula, sem identificar seus fundamentos determinantes nem demonstrar que o caso sob julgamento se ajusta àqueles fundamentos*" (inciso V do art. 489) e "*deixar de seguir enunciado de súmula, jurisprudência ou precedente invocado pela parte, sem demonstrar a existência de distinção no caso em julgamento ou a superação do entendimento*" (inciso VI do art. 489).

O dispositivo, claramente, se vale de conceitos jurídicos indeterminados, mas já elenca relevantes critérios para se aferir o que não é uma decisão fundamentada. No entanto, segundo Taruffo, a fundamentação deve ser completa e para considerar uma decisão fundamentada há níveis bem elevados.

O próximo tópico será encarregado se explicar quais são critérios no âmbito das decisões proferidas no incidente de demandas repetitivas.

9. A FUNDAMENTAÇÃO DAS DECISÕES JUDICIAIS QUE APLICAM OS PRECEDENTES EM INCIDENTE DE DEMANDAS DE RESOLUÇÃO DE DEMANDAS REPETITIVAS

O incidente de resolução de demandas repetitivas foi uma inovação trazida para solucionar o problema de litigiosidade seriada[38]. Trata-se de uma nova

---

37. Idem.

38. Nesse mesmo sentido, é a opinião de Sofia Temer: "Assim, a existência de tais fragilidades e, por vezes, o próprio descabimento da tutela coletiva para os litígios seriados demonstram a necessidade de redirecionar o desenvolvimento das técnicas processuais, com a criação e a adaptação de novas técnicas. Desse modo, foram criados os mecanismos processuais diferenciados que, de algum modo, pretendem contingenciar estas demandas marcadas pela repetitividade, dentre os quais o incidente de resolução de

concepção da função tradicional conferida à jurisdição originalmente desenhada para resolver os conflitos entre dualidade de partes.[39]

No incidente de resolução de demandas repetitivas, o que fixa é uma tese jurídica, a partir da homogeneidade entre questões jurídicas repetidas em diversas causas. Um dos pressupostos, assim, para a admissibilidade e a consequente instauração do incidente de resolução de demandas repetitivas, além da efetiva repetição de demandas, consiste na identidade da questão jurídica, não sendo autorizada, pela simples identidade fática, a instauração do incidente.[40]

Assim, o objetivo do incidente de resolução de demandas repetitivas é a fixação de uma tese jurídica, genérica e em abstrato, a ser aplicada ao caso concreto.

Embora o procedimento do incidente tenha sido desenhado dessa forma, Sofia Temer argumenta que o incidente de resolução de demandas repetitivas trabalha concomitantemente com abstração e concretude. Dessa forma, o substrato fático não é inteiramente dispensável, mas a função do órgão julgador é, o que ela chama, delimitar os fatos-tipos, que são modelos fáticos a partir dos quais será definida a tese jurídica. Esses fatos-tipos serão as balizas para a futura aplicação do incidente de resolução de demandas repetitivas.[41]

---

demandas repetitivas, previsto no CPC/15" (TEMER, Sofia. *Incidente de resolução de demandas repetitivas*. Salvador: Juspodivm, 2016, p. 37).

39. Nesse mesmo sentido, é a posição de Aluísio Goncalves de Castro Mendes: "Esta nova feição da jurisdição está relacionada com os princípios constitucionais do acesso à justiça, da segurança jurídica, da isonomia e da duração razoável dos processos. E conjuga a atuação coletiva, prévia e instrumental do Poder Judiciário. A jurisdição não fica mais adstrita apenas aos conflitos de Caio e Tício, para passar a pensar e a se nortear, cada vez mais, por uma visão geral da sociedade" (MENDES, Aluisio Gonçalves de Castro. *Incidente de Resolução de Demandas Repetitivas*: sistematização, análise e interpretação do novo instituto processual. Rio de Janeiro: Forense, 2017, p. 103-104).

40. Nesse mesmo sentido, é a posição de Aluisio Gonçalves de Castro Mendes: "A redação final, por sua vez, foi muito clara ao indicar um procedimento voltado para a questão de direito controvertida, no qual o conteúdo do acórdão abrangerá a análise de todos os fundamentos suscitados concernentes à tese jurídica discutida" (MENDES, Aluisio Gonçalves de Castro. *Incidente de Resolução de Demandas Repetitivas*: sistematização, análise e interpretação do novo instituto processual. Rio de Janeiro: Forense, 2017, p. 106).

41. Nesse mesmo sentido, é a posição de Sofia Temer: "Desse modo, para a resolução da questão jurídica comum deverá ocorrer a abstração em relação aos casos concretos, e será formada no incidente, uma situação fática padrão. Para tanto, parece ser possível defender que o tribunal deverá identificar um fato-tipo (ou um conjunto de fatos-tipo) para resolver a questão de direito repetitiva. Com efeito, o tipo pode ser identificado como um 'modelo resultante da ordenação de dados da realidade concreta segundo os padrões de semelhança', cuja aferição depende necessariamente de um determinado contexto. Falar em tipo, neste cenário, significa extrair um modelo de repetição de padrões nas situações fáticas concretas descritas nas demandas repetitivas. Esse modelo será utilizado para fixação da tese. O fato-tipo será descrito pelo tribunal a partir dos processos que tenham servido como substrato para a instauração do incidente e, também por isso, é importante que haja a seleção dos melhores processos para que, a partir deles, seja instaurado o IRDR. É uma atividade que envolve, ao mesmo tempo, a abstração de concretude, porque o tribunal partirá de situações fáticas concretas, que se apresentam nos casos repetitivos e que são observadas, em geral na realidade, abstraindo delas os elementos que lhes sejam homogêneos e importantes para a questão analisada, e descreverá, então, uma situação fática-tipo, que será vislumbrada

Apesar de o incidente de resolução de demandas repetitivas ter sido estruturado como um processo mais objetivado[42], tal fato não dispensa um raciocínio similar para a fundamentação das decisões que aplicam os precedentes na tradição do *common law*.

Nos sistemas de *common law*, os julgadores devem primeiro comparar as circunstâncias fáticas do precedente com as do caso concreto para, a partir daí, extrai a sua *ratio decidendi*, aplicando-a ao caso concreto.

O órgão, assim, que avaliará a tese jurídica, deve promover o cotejo entre o substrato fático do precedente formado sob a sistemática de casos repetitivos e verificar se é possível aplicá-lo ao caso concreto.

É claro que essa tarefa é diferente da que ocorre nos sistemas de *common law*, em que o valor atribuído às peculiaridades fáticas maior para fins de incidência dos precedentes.[43]

Justificada a incidência do precedente pelas semelhanças entre os fatos relevantes, deverá o órgão aplicar a tese jurídica formulada no precedente (que será equiparada à *ratio decidendi*), demonstrando como ela influencia a solução para o caso concreto. Nesse caso, compete ao órgão julgador interpretar a tese jurídica para determinar a sua abrangência e os seus limites[44].

Como visto, no sistema de *common law*, não existe uma inflexibilidade dos precedentes, de modo que não há espaço para a interpretação dos juízes. Compete aos juízes restringir ou ampliar a abrangência dos precedentes, conforme o resultado negativo ou positivo para o caso concreto. Sem mencionar que o precedente ser obsoleto, permitindo, assim, a sua superação. Nesse caso, o precedente ultrapassado será substituído por um novo.

---

como modelo fático para a posterior aplicação da tese" (TEMER, Sofia. *Incidente de resolução de demandas repetitivas*. Salvador: Juspodivm, 2016, p. 73-74).

42. Nesse mesmo sentido, é a opinião de Antônio do Passo Cabral: "Historicamente, sempre se pensou jurisdição como tendo referência um caso concreto para a resolução dos direitos subjetivos. Aqui, o que se vê é uma objetivização da jurisdição, para usarmos o termo popularizado no controle abstrato da constitucionalidade, i.e., exercício de jurisdição fora de qualquer conflito subjetivo concreto, mais uma comprovação de que o conceito tradicional de jurisdição não atende aos reclamos do direito processual contemporâneo" (CABRAL, Antonio do Passo. Comentário aos arts.976 a 987. In: CABRAL, Antonio do Passo; CRAMER, Ronaldo (Coord.). 2 ed. *Comentários ao novo Código de Processo Civil*. Rio de Janeiro: Forense, 2016, p.1439).

43. Nesse mesmo sentido, é a posição de Sofia Temer: "Como visto, a cognição relevante no IRDR é predominantemente de direito, porque o objeto do IRDR será uma questão jurídica repetida. Como a atividade cognitiva e decisória do tribunal dar-se-á em torno da questão jurídica, as circunstâncias e peculiaridades fáticas concretas não terão o mesmo significado (para o julgamento) das decisões consideradas nos precedentes no common law" (TEMER, Sofia. *Incidente de resolução de demandas repetitivas*. Salvador: Juspodivm, 2016, p. 203).

44. Nesse mesmo sentido, é a opinião de Sofia Temer: "A decisão judicial deverá sofrer um processo de interpretação e aplicação consciente e problematizado. A má interpretação e aplicação de precedentes deve ser encarada como uma patologia, um desvio que deve ser combatido e não uma justificativa que leve ao abandono do instituto" (TEMER, Sofia. *Incidente de resolução de demandas repetitivas*. Salvador: Juspodivm, 2016, p. 218).

Não havendo semelhanças fáticas suficientes, o órgão julgador deve afastar a aplicação da tese jurídica, promovendo, assim, a distinção entre o caso concreto e o substrato fático do precedente.[45] Ou mesmo explicar que o precedente já foi superado que, portanto, não é o entendimento que incide no caso concreto.

Não basta, portanto, a reprodução da tese jurídica fixada no âmbito do incidente de resolução de demandas repetitivas, o que caracterizará vícios na fundamentação do órgão julgador. Tanta na aplicação, quando no afastamento do precedente, o órgão julgador deve justificar as suas opções.

Esse é o sentido do art. 489, § 1º, IV e V, do Código de Processo Civil, não basta a repetição do precedente ou afastar, sem analisar no caso a caso, as suas peculiaridades.

Portanto, o órgão julgador deve: (i) identificar as semelhanças e diferenças em relação aos fatos principais; (ii) justificar a incidência do precedente no caso concreto; (iii) interpretação a tese jurídica e demais argumentos do precedente formado sob a sistemática do incidente de resolução de demandas repetitivas; e (iv) dar a solução ao caso concreto.

Somente, assim, teremos uma decisão cuja fundamentação é completa e expõe boas razões para se sustentar, conforme destaca Taruffo.

Assim, o sistema de precedentes não alivia ou atenua a responsabilidade dos juízes com a fundamentação das decisões judiciais. A ressignificação restritiva do acesso à justiça, identificada por Asperti, poderá ser solucionada se haver uma preocupação com o princípio da motivação das decisões judiciais.

É dever do julgador olhar para as peculiaridades fáticas do caso concreto e justificar a incidência da tese jurídica que são editadas em caráter mais abstrato e mais genérico.

10. CONCLUSÃO

A decisões que aplicam as teses jurídicas fixadas no âmbito do incidente de resolução de demandas repetitivas não eliminam ou atenuam o princípio da obrigatoriedade de motivação das decisões judiciais.

Embora o incidente de resolução de demandas repetitivas seja voltado para a definição da tese jurídica, em caráter abstrato e genérico, o órgão julgador deve

45. Nesse mesmo sentido, é a opinião de Leonard Ziesemer Schmitz: "O inciso VI se apresenta como uma complementação do inciso V, ambos do art. 489, § 1º. O juiz segue um julgado precedente quando demonstra discursivamente sua aplicabilidade ao caso, e deixa de segui-lo quando, também de forma discursiva, deixa claro tratar-se de caso diferente (portanto, não aplicável), ou quando consegue manifestar um raciocínio que supere o entendimento firmado pelo tribunal que editou o precedente" (SCHMITZ, Leonadr Zesemer. *Fundamentação das decisões judiciais*: a crise na construção das respostas no processo civil. São Paulo: Revista dos Tribunais, 2015. Coleção Liebman. p. 342).

promover a comparação entre os fatos-tipo do incidente, decidir pela aplicação da tese ou não ao caso concreto, interpretar a tese jurídica e extrair a conclusão para resolução da demanda.

Dessa forma, a correta fundamentação das decisões judiciais elimina o problema apontado por Asperti de ressignificação restritiva do acesso à justiça, com pouca preocupação com as circunstâncias fáticas do caso concreto.

11. REFERÊNCIAS BIBLIOGRÁFICAS

ASPERTI, Maria Cecília de Araujo. Litigiosidade repetitiva e a padronização decisória: entre o acesso à justiça e a eficiência do Judiciário. *Revista de Processo*, São Paulo, vol. 263, ano 42, jan. 2017.

BARBOSA MOREIRA, José Carlos. A motivação das decisões judiciais como garantia inerente ao Estado Democrático de Direito. *Temas de Direito Processual*: segunda série. 2. ed. São Paulo: Saraiva, 1988.

CABRAL, Antonio do Passo. Comentário aos arts.976 a 987. In: CABRAL, Antonio do Passo; CRAMER, Ronaldo (Coord.). *Comentários ao novo Código de Processo Civil*. 2. ed. Rio de Janeiro: Forense, 2016.

MENDES, Aluisio Gonçalves de Castro. *Incidente de Resolução de Demandas Repetitivas*: sistematização, análise e interpretação do novo instituto processual. Rio de Janeiro: Forense, 2017.

SCHAUER, Frederick, Precedent (May 9, 2011). Disponível em: https://ssrn.com/abstract=1836384 or http://dx.doi.org/10.2139/ssrn.1836384. Acesso em: 22.09.2019.

SCHMITZ, Leonard Zesemer. *Fundamentação das decisões judiciais*: a crise na construção das respostas no processo civil. São Paulo: Revista dos Tribunais. 2015. Coleção Liebman.

TARUFFO, Michele. Apuntes sobre las funciones de la motivación. *Revista Iberoamericana de Derecho Procesal*, vol. 4/2016.

TARUFFO, Michele. Precedente e jurisprudência. Trad. Chiara de Teffé. *Civilistica.com*. Rio de Janeiro, ano 3, n. 2, jul.-dez./2014. Disponível em: http://civilistica.com/wp-content/uploads/2015/02/Taruffo-trad.-civilistica.com-a.3.n.2.2014.pdf. Acesso em: 22.09.2019

TEMER, Sofia. *Incidente de resolução de demandas repetitivas*. Salvador: Juspodivm, 2016.

TUCCI, José Rogério Cruz e. *Precedente como fonte do direito*.São Paulo: Revistas dos Tribunais, 2004.

5

EFEITOS DO IRDR E TUTELA DA EVIDÊNCIA: TEMPO DO PROCESSO, CELERIDADE E ISONOMIA

Rogéria Dotti[1]

L'apparence tend alors à s'installer 'comme une autorisation d'anticiper sur le jugement'... (Yves Strickler)[2].

Sumário: 1 – Introdução: os valores comuns à tutela da evidência e ao incidente de resolução de demandas repetitivas. 2 – A isonomia. 3 – A duração razoável do processo. 4 – A conjugação das duas técnicas: a tutela da evidência baseada em tese firmada em IRDR (CPC, art. 311, II). 5 – A tutela da evidência com base em teses fixadas em IRDR na prática dos tribunais. 6 – Conclusões. 7 – Referências bibliográficas.

1. INTRODUÇÃO: OS VALORES COMUNS À TUTELA DA EVIDÊNCIA E AO INCIDENTE DE RESOLUÇÃO DE DEMANDAS REPETITIVAS

A tutela da evidência consiste em uma técnica processual que permite a antecipação dos efeitos da tutela final, independentemente de *periculum in mora* e sempre que houver probabilidade do direito do autor, aliada à fragilidade da defesa do réu.

Inserida no Código de Processo Civil de 1973 por força das alterações da Lei nº 8.952/1994 (art. 273, II), essa forma de antecipação foi significativamente ampliada pelo legislador de 2015. Agora, prevista no art. 311 do atual Código de Processo Civil, ela contempla não mais apenas o abuso da defesa, mas também outras situações de preponderante probabilidade do direito do autor. Dentre elas, quando se verificar a prova documental das alegações de fato, conjugada com a existência de tese firmada em julgamento de casos repetitivos ou súmula vinculante (art. 311, II do CPC).

---

1. Doutora e Mestre pela Universidade Federal do Paraná. Professora universitária. Coordenadora da pós-graduação em Direito Civil e Processo Civil do Unicuritiba. Secretária-geral do Instituto Brasileiro de Direito Processual – IBDP. Advogada.
2. STRICKLER, Yves. *Le juge des référés, juge du provisoire*. Saarrebrücken: Éditions Universitaires Européennes, 2010, p. 101.

Observe-se que tal técnica tem, em sua essência, a ideia da distribuição razoável do tempo no processo[3]. Ela está profundamente vinculada ao valor celeridade, visto sob o prisma da exigência de um período de tempo dentro do limite necessário para o convencimento judicial. Nada além disso.

Por outro lado, baseia-se também na isonomia, ou melhor, no seu corolário lógico, que impõe tratar de forma desigual os desiguais. Com efeito, os direitos já evidenciados não podem ser tratados da mesma forma que aqueles direitos que ainda dependem de comprovação. A propósito, desde os anos 1990, já se defendia no Brasil que o procedimento ordinário deveria se limitar àquelas situações em que houvesse equivalência na probabilidade das alegações das partes[4]. Assim, sempre que um dos litigantes ostentasse um direito mais provável que o outro, tal direito deveria ser desde logo antecipado.

Essa busca por celeridade também ocorre em relação ao incidente de resolução de demandas repetitivas. Nele se verifica uma técnica processual que permite maior agilidade no julgamento, na medida em que a questão de direito, que se repete em vários processos, será decidida uma única vez e aplicada a todos eles, dentro da mesma área de jurisdição do respectivo tribunal. Ganha-se tempo, pois se evita que o Poder Judiciário analise por inúmeras vezes uma mesma e única questão controvertida.

Na verdade, o IRDR atua com o *fracionamento na cognição e no julgamento da causa*[5]. Enquanto o tribunal analisa e fixa a tese jurídica em abstrato, o juízo

---

3. A distribuição do ônus do tempo no processo vem sendo defendida no Brasil há muitos anos por Luiz Guilherme Marinoni. Cite-se, apenas a título de exemplo, a seguinte passagem da obra A Antecipação da Tutela, cuja primeira edição foi lançada em 1995: "A tutela antecipatória fundada em abuso de direito de defesa somente é possível, em princípio, quando a defesa ou o recurso do réu deixam entrever a grande probabilidade de o autor resultar vitorioso e, consequentemente, a injusta espera para a realização do direito" (MARINONI, Luiz Guilherme. *A antecipação da tutela*. 3. ed., rev. e ampl. São Paulo: Malheiros Editores, 1997, p. 138). Antes mesmo disso, em obra de 1992, Luiz Guilherme Marinoni já se valia da doutrina de Ovídio Baptista da Silva para sustentar que o procedimento ordinário deveria ser utilizado apenas para os casos em que o índice de probabilidade da existência ou não existência do direito de cada parte fosse equivalente. (MARINONI, Luiz Guilherme. *Tutela cautelar e tutela antecipatória*. São Paulo: Revista dos Tribunais, 1994, p. 116). E, em obra de 1997, voltava a destacar a importância dessa repartição do tempo no curso do procedimento de acordo com o índice de probabilidade do autor em relação ao bem disputado em juízo. Tal probabilidade era ligada à evidência do direito do autor e à fragilidade da defesa do réu. (MARINONI, Luiz Guilherme. *Tutela antecipatória, julgamento antecipado e execução imediata da sentença*. São Paulo: Revista dos Tribunais, 1997, p. 29-30).

4. "Uma construção racional dos procedimentos deveria reservar a ordinariedade apenas para aqueles casos em que o índice de probabilidade da existência ou não existência do direito que cada uma das partes alega possuir, seja praticamente equivalente, de modo que o juiz somente depois da instrução ultimada poderia decidir-se" (BAPTISTA DA SILVA, Ovídio. *Curso de Processo Civil*. 2. ed. Corrigida. Porto Alegre: Sergio Antonio Fabris Editor, 1993, vol. II, p. 194).

5. ARRUDA ALVIM, Teresa; DANTAS, Bruno. *Recurso especial, recurso extraordinário e a nova função dos tribunais superiores*: precedentes no direito brasileiro. 5 ed. rev. atual. e ampl. São Paulo: Thomson Reuters, 2018, p. 562.

de origem promove a sua aplicação ao caso concreto. Trata-se de dois momentos distintos e complementares.

Mas, além de visar celeridade processual, o IRDR decorre verdadeiramente de uma preocupação com a isonomia no tratamento jurisdicional. Constitui ele uma parte relevante do ideário do Código de Processo Civil de 2015, refletindo a pretensão da igualdade na aplicação da lei. O incidente não visa apenas julgar rapidamente, mas, principalmente, julgar de forma isonômica, ou seja, dar tratamento igual às situações iguais. Tal igualdade, como é natural, não se limita à previsão abstrata da lei. Ela deve ser demonstrada na vida concreta, no direito vivo, na aplicação da norma à realidade dos fatos. Seu objetivo consiste, portanto, em assegurar tratamento igual tanto *perante a norma legislada, como em face da norma judicada*[6].

Percebe-se, então, que ambas as técnicas possuem essa mesma base de valores e, mesmo de forma isolada, conseguem lhes dar aplicação prática. A tutela da evidência, por exemplo, não precisa necessariamente de teses fixadas em IRDR. Essa é apenas uma de suas hipóteses. Nem o IRDR, tampouco, depende da existência de probabilidade do direito e fragilidade de defesa. Ainda que individualmente consideradas, elas traduzem a implementação de celeridade e isonomia.

Contudo, o propósito desse artigo é demonstrar que, juntas, tais técnicas podem desempenhar um importante papel no que concerne uma prestação jurisdicional ainda mais efetiva e com menor dispêndio de recursos. Isso porque geram inegável eficiência no serviço desempenhado pelo Poder Judiciário.

2. A ISONOMIA

A Constituição Federal, ao prever a isonomia como direito fundamental (art. 5º, *caput*), assegura tratamento igualitário, inclusive no âmbito dos processos judiciais. Isso significa que só pode haver tratamento diferenciado se existir algum fator legítimo de *discrímen*, isto é, alguma circunstância ou fator que torne justa a distinção.

---

6. A expressão é de Rodolfo de Camargo Mancuso, o qual explica muito bem em que consiste a verdadeira igualdade: "Para que as premissas da *preponderância da lei* e da *igualdade de todos* perante ela, operem de modo consistente, harmônico e efetivo (e não apenas retórico ou principiológico) impende que tal impositividade e isonomia não se restrinjam à norma enquanto posta *abstratamente* no ordenamento, mas *também* remanesça quando de sua *passagem judiciária*, porque, do contrário, se ao ser aplicada num processo judicial ela vem consentir as mais diversas inteligências – até mesmo antagônicas – sem alcançar um estágio de *unidade exegética*, então o que se tem é a formação de ambiente paradoxal, propício a situações de injustiça, que induzem perplexidade e desorientação aos jurisdicionados, a par de desacreditar a função judicial do Estado, implicando em desprestígio aos seus agentes. Numa palavra, o tratamento isonômico deve ser assegurado assim perante a norma *legislada* como em face da norma *judicada*" (MANCUSO, Rodolfo de Camargo. *Incidente de resolução de demandas repetitivas*: a luta contra a dispersão jurisprudencial excessiva. São Paulo: Revista dos Tribunais, 2016, p. 180-181).

Por sua vez, as normas fundamentais do Código de Processo Civil de 2015 (arts. 1º a 12) procuram ressaltar a importância da aplicação das regras processuais, sob a luz das garantias constitucionais. Não foi à toa que o legislador deu início ao texto afirmando que o processo civil será ordenado, disciplinado e interpretado conforme os valores da Constituição Federal. Há aqui um intuito *didático e educacional*[7].

O reflexo dessa importante garantia no âmbito processual faz com que se exija um tratamento paritário não apenas entre as partes (CPC, art. 139, I), mas também em relação aos direitos que são objeto da disputa judicial. Como exposto, um direito já evidenciado merece um tratamento processual diferenciado.

Nesse sentido, a igualdade no processo pressupõe uma distribuição isonômica do tempo entre os litigantes. Isso deve levar em consideração o índice de probabilidade de que o autor tenha direito ao bem disputado, o que está associado à evidência do direito alegado pelo requerente e à fragilidade da defesa do réu[8].

Tratando da denominada *defesa inconsistente*, a doutrina no Código de 1973 já destacava que a tutela antecipatória fundada no art. 273, II e *despregada da condição da urgência* visava *promover a igualdade substancial entre as partes*, pois tinha como objetivo distribuir o peso do tempo no processo *de acordo com a maior ou menor probabilidade de a posição jurídica afirmada pela parte ser fundada ou não9*.

A mesma forma de pensar resultou no Anteprojeto de modificação do Código de Processo Civil de 1985, de autoria de Luís Antônio de Andrade, José Joaquim Calmon de Passos, Kazuo Watanabe, Joaquim Correia de Carvalho Junior e Sérgio Bermudes. Ali se propunha, no art. 889, II que fosse concedida a antecipação da tutela quando *a contestação oferecida pelo réu careça de consistência nos pontos fundamentais do litígio, evidenciando-se como injusto prejuízo para o autor a dilação, para final, da tutela pretendida*[10].

De fato, a razão que autoriza a imediata realização de direitos, antes do trânsito em julgado ou antes mesmo da cognição exauriente, reside no princípio da igualdade e na sua consequência imediata: a exigência de tratamento desigual

---

7. Cássio Scarpinella Bueno afirma que apesar de ser desnecessária a previsão do art. 1º, trata-se de "iniciativa importante para fins didáticos, quiçá educacionais e que, por isso mesmo, deve ser muito bem recebida pela comunidade de direito processual civil como um todo" (SCARPINELLA BUENO, Cássio. *Novo Código de Processo Civil anotado*. 3. ed. São Paulo: Saraiva, 2017, p. 61).

8. MARINONI, Luiz Guilherme. *Tutela de urgência e tutela da evidência*. São Paulo: Revista dos Tribunais, 2017, p. 278-279.

9. MITIDIERO, Daniel. Tutela antecipatória e defesa inconsistente. In: ARMELIN, Donaldo (coord). *Tutelas de urgência e cautelares*: estudos em homenagem a Ovídio A. Baptista da Silva. São Paulo: Saraiva, 2010, p. 337.

10. MARINONI, Luiz Guilherme. *Novas linhas do processo civil*: o acesso à justiça e os institutos fundamentais do direito processual civil. São Paulo: Revista dos Tribunais, 1993, p. 87.

para situações desiguais. Isso porque *o princípio da igualdade leva não mais em direção à uniformidade, mas em direção à diferenciação*[11].

Obviamente, isso não afasta a necessidade de uma aplicação coerente e harmônica da lei em todas as situações iguais. A norma aplicada ao caso concreto deve ser sempre a mesma, independentemente da convicção pessoal da autoridade judiciária e da conduta das partes litigantes. Em outras palavras, uma mesma regra legal, em um mesmo momento, deve gerar os mesmos efeitos jurídicos[12].

Justamente por isso, o Código de Processo Civil assegura a instauração do incidente de resolução de demandas repetitivas sempre que houver, além da efetiva repetição de processos sobre a mesma questão de direito (art. 976, I), o risco de ofensa à isonomia e à segurança jurídica (art. 976, II).

Esse ideal em preservar a igualdade na aplicação de regras jurídicas faz com que o incidente seja *vocacionado a desempenhar, na tutela daqueles princípios, da isonomia e da segurança jurídica, papel próximo (e complementar) a dos recursos extraordinários e especiais repetitivos (art. 928, II)*[13].

O mais interessante é que o IRDR permite uma coerência nas decisões judiciais, antes mesmo da atuação dos tribunais superiores. O cerne desse instituto consiste justamente em sua capacidade de criar estabilidade, confiança e padrões que influenciem comportamentos futuros no âmbito dos próprios tribunais estaduais e regionais federais. Isto é, perante os tribunais locais. Tais cortes também devem dizer o direito e pautar condutas futuras.

Ainda que não se possa equiparar os tribunais estaduais ou regionais com as Cortes Superiores, no que tange a uniformização da interpretação legal e constitucional, *é possível extrair do desenho em 'níveis' um papel de uniformização e coesão também para aqueles tribunais*[14].

Como já bem destacado, a *questão, portanto, parece estar mais relacionada com a aplicação constante e consolidada de um entendimento do que a posição do tribunal na estrutura judiciária*[15].

---

11. IRTI, Natalino. *L'Età della decodificazione*. 4ª edizione. Milano: Dott. A. Giuffrè Editore, 1999, p. 95.
12. Como bem esclarecem Teresa Arruda Alvim e Bruno Dantas: "A concretização da isonomia no processo de realização do direito no caso concreto importa assumir como verdadeiro que a mesma regra jurídica, incidente sobre suportes fáticos suficientemente idênticos, no mesmo momento histórico, devem ensejar a produção dos mesmos efeitos jurídicos" (ARRUDA ALVIM, Teresa; DANTAS, Bruno. *Recurso especial, recurso extraordinário e a nova função dos tribunais superiores*: precedentes no direito brasileiro. 5 ed. rev. atual. e ampl. São Paulo: Thomson Reuters, 2018, p. 564.
13. SCARPINELLA BUENO, Cássio. *Manual de direito processual civil*. 5. ed. São Paulo: Saraiva Educação, 2019, v. único, p. 766.
14. TEMER, Sofia. *Incidente de resolução de demandas repetitivas*. Salvador: Juspodivm, 2016, p. 108.
15. CABRAL, Antônio do Passo. A técnica do julgamento-alerta na mudança da jurisprudência consolidada. *Revista de Processo*, vol. 221, julho 2013, p. 13-48.

3. A DURAÇÃO RAZOÁVEL DO PROCESSO

A razoável duração do processo foi uma preocupação constante nos trabalhos de elaboração do Código de 2015. Ainda que o legislador não tenha conseguido superar o problema da lentidão da justiça, procurou inovar, criando novas técnicas e rompendo com antigas tradições. São exemplos disso: a significativa ampliação da tutela da evidência e a criação da possibilidade de decisão parcial de mérito, quebrando o princípio da unicidade da sentença final. Não há como negar, portanto, uma nova forma de ver e de enfrentar o problema do ônus do tempo no processo[16].

Em relação ao incidente de resolução de demandas repetitivas, essa busca por celeridade foi confessada na própria Exposição de Motivos. Ali ficou registrado que a criação do instituto teve o propósito de gerar um melhor aproveitamento de tempo em relação aos processos considerados individualmente, bem como atenuar a carga de trabalho do Judiciário como um todo. O raciocínio foi o de que *levam a um processo mais célere as medidas cujo objetivo seja o julgamento conjunto de demandas que gravitam em torno da mesma questão de direito, por dois ângulos: a) o relativo àqueles processos, em si mesmos considerados, que, serão decididos conjuntamente; b) no que concerne à atenuação do excesso de carga de trabalho do Poder Judiciário – já que o tempo usado para decidir aqueles processos poderá ser mais eficazmente aproveitado em todos os outros, em cujo trâmite serão evidentemente menores os ditos "tempos mortos" (= períodos em que nada acontece no processo)"*[17].

Observe-se, por outro lado, que a garantia fundamental à prestação jurisdicional efetiva, assegurada no art. 5º, XXXV da Constituição Federal, estabelece que a lei não excluirá da apreciação do Poder Judiciário lesão ou ameaça a direito. Isso pressupõe tanto o acesso à prestação jurisdicional, como a exigência de uma duração razoável do processo. Com efeito, de nada valeria garantir uma atuação judicial se ela não fosse adequada, em termos de efetividade e tempestividade.

Muito mais do que uma norma fundamental com relevância processual, a duração razoável constitui um dos pressupostos do devido processo legal. Não se

---

16. No Brasil, há muitos anos, Luiz Guilherme Marinoni trata da distribuição do ônus do tempo no processo. Nesse sentido, "A técnica antecipatória, é bom que se diga, é uma técnica de distribuição do ônus do tempo do processo. A antecipação certamente eliminará uma das vantagens adicionais do réu contra o autor que não pode suportar, sem grave prejuízo, a lentidão da Justiça" (MARINONI, Luiz Guilherme. *Antecipação da tutela*. 9. ed., rev. atual. e ampl. São Paulo: Revista dos Tribunais, 2006, p. 23). De igual forma: MARINONI, Luiz Guilherme. *Tutela antecipatória, julgamento antecipado e execução imediata da sentença*. São Paulo: Revista dos Tribunais, 1997, p. 58. Antes disso, em obra de 1992, Luiz Guilherme Marinoni já se valia da doutrina de Ovídio Baptista da Silva para sustentar que o procedimento ordinário deveria ser utilizado apenas para os casos em que o índice de probabilidade da existência ou não existência do direito de cada parte fosse equivalente. (MARINONI, Luiz Guilherme. *Tutela cautelar e tutela antecipatória*. São Paulo: Revista dos Tribunais, 1994, p. 116).

17. Exposição de Motivos da Lei nº 13.105, de 16 de março de 2015.

pode conceber um processo legal justo e adequado (CF, art. 5º, LIV), sem a correlata exigência de um breve espaço temporal. Tanto é assim que José Rogério Cruz e Tucci, ao se referir ao devido processo previsto na Constituição Federal, inclui o requisito desse *lapso temporal razoável*[18].

Essa ligação entre tempestividade da prestação jurisdicional e devido processo legal é reforçada por inúmeras disposições legais e tratados internacionais. O Pacto de San José da Costa Rica, do qual o Brasil é um dos signatários, já assegurava esse direito fundamental antes da própria Emenda Constitucional nº 45, a qual alterou o art. 5º da nossa Carta Magna. O tratado adquiriu vigência internacional em 18 de julho de 1978 e teve seu texto aprovado no direito brasileiro pelo Decreto nº 27, de 26 de maio de 1992, com a respectiva carta de adesão em 25 de setembro do mesmo ano. Posteriormente, com a publicação do Decreto nº 678, de 09 de novembro de 1992, o Pacto de San José foi promulgado e incorporado ao sistema jurídico nacional[19]. No art. 8º, 1 da referida convenção se estabeleceu que toda pessoa tem direito de ser ouvida com as devidas garantias e dentro de um prazo razoável.

É significativo ainda que a nossa primeira constituição, ou seja, a Constituição do Império de 1824 já reconhecesse a necessidade de observância de um prazo razoável para a duração dos processos[20].

Mais recentemente, graças à Emenda Constitucional de 2004, a Constituição de 1988, seguindo uma orientação mundial, passou a prever expressamente a garantia de um processo judicial e administrativo sem dilações indevidas[21].

O Código de Processo Civil de 2015, por sua vez, fez prever no art. 4º que as partes têm o direito de obter em prazo razoável a solução integral do mérito, incluída a atividade satisfativa. Ou seja, não basta que o processo tenha sua conclusão dentro desse espaço de tempo considerado adequado, é preciso que a satisfação do direito, mediante o cumprimento da sentença, ocorra igualmente

---

18. TUCCI, José Rogério Cruz e. As garantias constitucionais do processo civil no aniversário dos 30 anos da Constituição Federal. *Revista do Advogado*, São Paulo, ano XXXVIII, n. 140, nov/2018. p. 84.

19. TUCCI, José Rogério Cruz e. *Tempo e processo*: uma análise empírica das repercussões do tempo na fenomenologia processual (civil e penal). São Paulo: Revista dos Tribunais, 1997, p. 86.

20. Constituição Imperial de 1824, Art. 179. A inviolabilidade dos Direitos Civis, e Políticos dos Cidadãos Brasileiros, que tem por base a liberdade, a segurança individual e a propriedade, é garantida pela Constituição do Império, pela maneira seguinte. (...) VIII. Ninguém poderá ser preso sem culpa formada, exceto nos casos declarados na Lei; e nestes, dentro de vinte e quatro horas, contadas da entrada na prisão, sendo em cidades, vilas ou outras povoações próximas aos lugares da residência do juiz e nos lugares remotos, dentro de um prazo razoável, que a lei marcará, atenta a extensão do território, o juiz, por uma nota por ele assinada, fará constar ao réu o motivo da prisão, o nome do seu acusador, e os das testemunhas, havendo-as.

21. TUCCI, José Rogério Cruz e. As garantias constitucionais do processo civil no aniversário dos 30 anos da Constituição Federal. *Revista do Advogado*. São Paulo, ano XXXVIII, n. 140, nov/2018. p. 89.

dentro de um breve período. Isso demonstra existir um claro compromisso da lei não apenas com a celeridade, mas igualmente com a efetividade do processo.

Neste cenário de busca por isonomia, efetividade, celeridade e até mesmo eficiência na prestação jurisdicional, o incidente de resolução de demandas repetitivas, desde que utilizado com os cuidados da preservação do contraditório e da representatividade adequada, pode muito contribuir. Afinal, é necessário otimizar a prestação jurisdicional e gerar confiança na coerência e estabilidade das suas decisões.

A tramitação isolada de inúmeros casos com a mesma questão jurídica, a dispersão e a repetição de julgamentos constituem *fatores perversos de contrariedade à promessa constitucional de tutela jurisdicional em tempo razoável (Const. Art. 5º, inc. LXXVIII), além de atentarem contra o desiderato de harmonia entre julgados*[22].

Entretanto, como bem destacado pela doutrina, só haverá eficiência plena se o incidente respeitar os padrões de qualidade exigidos das decisões judiciais, o que abrange a amplitude dos argumentos, a participação efetiva e a fundamentação adequada[23].

4. A CONJUGAÇÃO DAS DUAS TÉCNICAS: A TUTELA DA EVIDÊNCIA BASEADA EM TESE FIRMADA EM IRDR (CPC, ART. 311, II)

Ainda que tenham existência e utilidades autônomas, as técnicas da tutela da evidência e do incidente de resolução de demandas repetitivas podem atuar em conjunto para propiciar isonomia e agilidade processual. É o que vem disposto no art. 311, II do Código, o qual autoriza a concessão da tutela da evidência quando as alegações de fato puderem ser comprovadas apenas documentalmente e houver tese firmada em julgamento de casos repetitivos ou em súmula vinculante.

Contudo, é preciso analisar essa conjugação de técnicas com cuidado, sob pena de se desvirtuar a própria essência de *evidência*. Luiz Guilherme Marinoni faz uma crítica muito pertinente ao afirmar que a *norma misturou alegações de fato com questão jurídica24.* Em outras palavras, enquanto a tutela da evidência

---

22. DINAMARCO, Cândido Rangel; LOPES, Bruno Vasconcelos Carrilho. *Teoria geral do novo processo civil.* São Paulo: Malheiros, 2016, p. 216.

23. É o que afirma José Roberto Sotero de Mello Porto: "Por essa razão, as decisões definidoras de teses em questões repetitivas, embora de *per si* prestigiem a eficiência quantitativa, apenas serão plenamente eficientes, sob o ponto de vista do sistema, se respeitarem os padrões de qualidade exigidos (especificamente, a amplitude dos argumentos, da participação social e dos fundamentos decisórios). Uma decisão, qualquer que seja, para ser eficiente, deve ser adequada, justa, correta e motivada – quanto mais quando ostentar tamanho potencial de alcance" (PORTO, José Roberto Sotero de Mello. *Teoria geral dos casos repetitivos.* Rio de Janeiro: LMJ Mundo Jurídico, 2018, p. 60).

24. MARINONI, Luiz Guilherme. *Tutela de urgência e tutela da evidência.* 2. ed. rev. São Paulo: Thomson Reuters Brasil, 2018, p. 334.

volta-se para a demonstração suficiente dos fatos que dão origem ao direito, o incidente de resolução preocupa-se apenas com a questão jurídica, isto é, com a aplicação do direito. Isso significa que, em tese, as técnicas têm naturezas completamente distintas.

Como já exposto, a tutela da evidência consiste em uma técnica de antecipação da tutela final, diante da existência da probabilidade do direito do autor, da fragilidade da defesa do réu e da necessidade de continuidade da instrução. Isso significa que a evidência do alegado direito incide obviamente sobre os fatos, ou seja, sobre a base fática que constitui o pressuposto para a incidência da regra legal.

Logo, para a aplicação do art. 311 do Código de Processo Civil, o essencial é o convencimento judicial acerca dos fatos constitutivos do direito do autor e não a demonstração da regra de direito aplicável. Ou seja, basta a comprovação do fato e a fragilidade da defesa para se aplicar a lei. Por outro lado, as decisões vinculantes incidem sobre questões de direito[25]. Para elas, pouco importam os fatos.

Dessa forma, se a tutela da evidência diz respeito à comprovação dos fatos, não haveria qualquer sentido em concedê-la, baseada em tese firmada em julgamento de casos repetitivos ou em súmula vinculante, como diz textualmente o art. 311, inciso II do Código de Processo Civil.

Essa afirmação está correta, mas somente até certo ponto.

É bem verdade que o que importa, para o juízo da evidência (juízo da probabilidade preponderante) é a demonstração dos fatos. Afinal, o precedente em nada interfere na convicção do juiz acerca das alegações de fato[26].

Todavia, também é certo que a previsão do legislador de 2015 pode ser justificada caso se perceba que a primeira parte do dispositivo se refere à prova documental dos fatos e a segunda preocupa-se com a coerência do direito. Com efeito, no sistema atual existe uma gama muito ampla de regras legais de tessitura aberta, com conceitos jurídicos indeterminados e cláusulas gerais. Isso faz com que a lei seja apenas um dos elementos para a construção judicial do direito[27].

O que acaba ocorrendo é uma reconstrução do sentido da norma diante do caso concreto. Essa *obra de acomodação do geral ao concreto* requer *incessante*

---

25. A distinção entre questões de fato e questões de direito nunca foi simples. A propósito: "Do encontro de ambos os universos, normativo e empírico, é que nasce o direito. Desta circunstância decorre a conhecida dificuldade de se distinguirem questões de fato de questões de direito" (ARRUDA ALVIM, Teresa. *Embargos de Declaração.* 3 ed., rev. atual. e ampl. São Paulo: Revista dos Tribunais, 2017, p. 119).

26. AMARAL, Guilherme Rizzo. *Comentários às alterações do novo CPC.* 2.ed. rev. atual. e ampl. São Paulo: Revista dos Tribunais, 2016, p. 413.

27. MARINONI, Luiz Guilherme. *Precedentes obrigatórios.* 4. ed., rev. atual. e ampl. São Paulo: Revista dos Tribunais, 2016, p. 117.

trabalho de adaptação e até de criação, mesmo porque o legislador não é onipotente na previsão de todas e inumeráveis possibilidades oferecidas pela inesgotável riqueza da vida[28].

Logo, diante de uma certa indefinição do direito e tendo havido a fixação de teses jurídicas pelos tribunais regionais e estaduais (IRDR) ou pelos tribunais superiores (Recursos Repetitivos), estas podem constituir um elemento a mais para a aplicação da tutela da evidência. Ou seja, uma vez comprovados os fatos alegados pelo autor, havendo necessidade de continuidade da instrução em virtude de requerimento do réu e estando claro também o entendimento judicial a respeito da lei, a tutela deverá ser antecipada.

Isso não significa que a tutela da evidência incida sobre a questão jurídica. Como mencionado, sua essência reside no convencimento judicial sobre os fatos, mas ela pode e deve ser aplicada quando, além da comprovação fática e da fragilidade da defesa, houver decisão vinculante sobre a aplicação da regra jurídica. Em outros termos, a tutela da evidência aplica-se com base apenas na lei ou no entendimento dos tribunais a respeito de uma questão controvertida juridicamente. O que se verifica, então, é um reforço de cabimento da antecipação da tutela, justamente em virtude de uma tese jurídica que se tornou impositiva.

O cabimento da tutela da evidência com base em decisões vinculantes (CPC, art. 311, II) não significa que eles, individualmente, autorizem a antecipação. Essa seria uma incoerência diante da concepção de que a probabilidade do direito incide sobre a alegação dos fatos e não sobre o direito propriamente dito.

Na verdade, tal dispositivo legal também diz respeito à prova dos fatos[29]. Tanto é assim que a primeira parte do dispositivo se refere às alegações de fato que possam vir a ser comprovadas documentalmente. Consequentemente, a evidência, prevista nesse dispositivo legal, também é aquela decorrente da realização de prova suficiente para o convencimento a respeito da procedência do pedido. Observe-se que prova documental, nesse contexto, deve ser entendida em seu sentido amplo, ou seja, qualquer prova pré-constituída, abrangendo também a prova documentada[30]. Não apenas o documento *stricto sensu.*

---

28. ALVARO DE OLIVEIRA, Carlos Alberto. O processo civil na perspectiva dos direitos fundamentais. In: ALVARO DE OLIVEIRA, Carlos Alberto (Org). *Processo e Constituição.* Rio de Janeiro: Forense, 2004, p. 7.

29. Nesse sentido, Fredie Didier Jr, Paula Sarno Braga e Rafael Alexandria de Oliveira afirmam haver aqui dois pressupostos: um de fato e outro de direito. Vide DIDIER JR., Fredie; BRAGA, Paula Sarno; OLIVEIRA, Rafael Alexandria de. *Curso de direito processual civil*: teoria da prova, direito probatório, ações probatórias, decisão, precedente, coisa julgada e antecipação dos efeitos da tutela. 11. ed. Salvador: Juspodivm, 2016, v. 2, p. 637.

30. BUENO, Cássio Scarpinella. *Curso sistematizado de direito processual civil.* vol. 1: teoria geral do direito processual civil: parte geral do Código de Processo Civil. 9. ed. São Paulo: Saraiva Educação, 2018, p. 723. No mesmo sentido, vide WAMBIER, Luiz Rodrigues; TALAMINI, Eduardo. *Curso avançado de processo civil*: cognição jurisdicional (processo comum de conhecimento e tutela provisória), v. 2, 16. ed. reformulada e ampliada de acordo com o novo CPC. São Paulo: Revista dos Tribunais, 2016, p. 899.

Mas há um importante elemento nessa forma de tutela da evidência. A existência de *tese firmada em julgamento de casos repetitivos ou em súmula vinculante* significa que não existe mais controvérsia judicial a respeito da intepretação legal. Ou seja, a tutela antecipada se justifica nesse caso não apenas porque as provas já são suficientes, mas, igualmente, porque a interpretação a respeito da lei é clara, não estando mais sob o risco de decisões controvertidas.

O que o legislador pretendeu, ao prever a hipótese do art. 311, II do Código de Processo Civil de 2015, foi estabelecer um elemento a mais para favorecer a aplicação da tutela da evidência: a inexistência de controvérsia a respeito da interpretação da lei. Isso não significa que uma lei que admita variadas interpretações (como aliás ocorre com praticamente todos os dispositivos legais) não possa servir de substrato legal para a tutela da evidência. Como muito bem reconhece parte da doutrina francesa[31], o juiz da tutela provisória está tão vinculado à aplicação da lei como qualquer outro juiz. Significa, isso sim, que não havendo controvérsia sobre a aplicação de determinada regra legal, há um outro motivo para a antecipação da satisfação dos direitos já comprovados documentalmente.

Com efeito, sendo possível perceber qual será a decisão final, em virtude da existência de decisões vinculantes sobre o tema, tal orientação deverá servir como baliza para as condutas futuras[32]. Da mesma maneira, esse conhecimento prévio a respeito da interpretação da lei constitui um elemento complementar para autorizar a tutela da evidência.

Em suma, o inciso II do art. 311 do Código de Processo Civil traduz a possibilidade da antecipação da tutela quando existir um certo consenso a respeito da interpretação da lei. Mas, isso não afasta a regra geral, no sentido de que a tutela da evidência favorece aquele que já se desincumbiu de seu ônus probatório, tendo se deparado com uma defesa frágil e inconsistente.

Uma observação faz-se necessária. Para a concessão da tutela da evidência, a partir de qualquer um dos incisos do art. 311 do Código, é preciso que exista requerimento de provas por parte do réu[33]. Caso contrário, deverá ser aplicado o julgamento antecipado do mérito. Esse é sempre preferível em relação à concessão da tutela provisória, pois permite uma decisão baseada em cognição

31. Nesse sentido, afirma Jacques Normand que como todo magistrado integrante da jurisdição, o juiz dos *référés* tem a vocação para interpretar a lei, por mais obscura e incompleta que seja ela. (NORMAND, J acques. Action en justice; juridiction; organisation judiciaire et compétence. *Revue Trimestrielle de Droit Civil*, année 1979, Paris: Editions Sirey, p. 656).

32. SILVA, Ricardo Alexandre da. *A nova dimensão da coisa julgada*. São Paulo: Thomson Reuters Brasil, 2019, p. 52.

33. Nesse sentido, Marinoni e Arenhart lembram muito bem que, se não houver outras provas, o caso será de julgamento antecipado do mérito e não de tutela da evidência. (MARINONI, Luiz Guilherme; ARENHART, Sérgio Cruz. *Comentários ao Código de Processo Civil*: artigos 294 ao 333. São Paulo: Revista dos Tribunais, 2016, p. 271).

exauriente e apta a produzir coisa julgada material. A tutela da evidência se limita, portanto, aos casos em que ainda existe a exigência de instrução probatória.

Considerando-se que a tutela da evidência incide sobre os fatos e que o IRDR tem como foco a questão jurídica, cabe indagar se existe uma completa autonomia entre eles. Melhor dizendo, deve-se analisar se a questão de direito pode ser verdadeiramente dissociada do substrato fático. A resposta é claramente negativa. Não parece ser possível fazer uma completa dissociação entre fatos e questão de direito, na medida em que o direito incide sobre os fatos. Pelo menos no plano ontológico, não é viável fazer essa distinção, pois o fenômeno do direito se dá no momento de incidência da norma no mundo empírico[34].

De qualquer forma, a questão de direito pode ser compreendida como *o fundamento da ação ou da contestação sobre o qual se instalou uma controvérsia, e que tem em sua essência a análise de um princípio ou de uma regra jurídica35.* Isso que dizer que ainda que não existam questões puramente de fato ou de direito, haverá sempre uma característica que predomine para um lado ou para o outro. Há nessa noção, portanto, a ideia de uma questão *predominantemente de fato* ou *predominantemente de direito*[36].

Importante destacar que o incidente de resolução de demandas repetitivas teve confessada inspiração no procedimento-modelo alemão (*Musterverfahren*), o qual analisa e decide não apenas as questões de direito, mas também as questões de fato. O legislador brasileiro, contudo, restringiu a aplicação do instituto às questões de direito. Como destaca Aluisio Mendes, essa foi uma escolha segura da lei a fim de não adentrar em um "terreno ainda não conhecido e sedimentado"[37].

Conforme prevê o art. 985 do Código de Processo Civil, uma vez esclarecida a questão jurídica pelo julgamento do IRDR, a tese ali fixada será aplicada a: (I) todos os processos individuais ou coletivos que versem sobre idêntica questão de direito e tramitem na área de jurisdição do respectivo tribunal; (II) aos casos

34. Como ensinam Teresa Arruda Alvim e Bruno Dantas: "Rigorosamente, é impossível fazer essa distinção, pelo menos no plano ontológico, já que o fenômeno *direito* ocorre, efetivamente, no momento de incidência da norma, no mundo real, no universo empírico" (ARRUDA ALVIM, Teresa; DANTAS, Bruno. *Recurso especial, recurso extraordinário e a nova função dos tribunais superiores*: precedentes no direito brasileiro. 5 ed. rev. atual. e ampl. São Paulo: Thomson Reuters, 2018, p. 363).

35. ARRUDA ALVIM, Teresa; DANTAS, Bruno. *Recurso especial, recurso extraordinário e a nova função dos tribunais superiores*: precedentes no direito brasileiro. 5 ed. rev. atual. e ampl. São Paulo: Thomson Reuters, 2018, p. 562.

36. ARRUDA ALVIM, Teresa; DANTAS, Bruno. *Recurso especial, recurso extraordinário e a nova função dos tribunais superiores*: precedentes no direito brasileiro. 5 ed. rev. atual. e ampl. São Paulo: Thomson Reuters, 2018, p. 562.

37. MENDES, Aluisio Gonçalves de Castro. *Incidente de resolução de demandas repetitivas*: sistematização, análise e interpretação do novo instituto processual. Rio de Janeiro: Forense, 2017, p. 112.

futuros que versem idêntica questão de direito e que venham a tramitar no território de competência daquele tribunal.

Com bem esclarece Rodolfo de Camargo Mancuso, a eficácia impositiva da tese terá então várias dimensões: a) *vertical*, vinculando juízes hierarquicamente submetidos ao tribunal; b) *horizontal*, por se aplicar a outros órgãos daquele mesmo tribunal; c) *panprocessual* por atingir todos os processos na mesma área de jurisdição; e d) *atemporal* por se aplicar aos processos futuros[38].

Saliente-se que, no aspecto de projeção futura, o incidente de resolução de demandas repetitivas é inclusive mais amplo que o próprio procedimento-modelo alemão (que lhe serviu de inspiração), pois a decisão proferida no *Musterverfahren* se aplica apenas e tão somente às demandas judiciais que já tenham sido propostas até a data de sua prolação[39].

A característica principal, portanto, é a impositividade da tese jurídica. Essa é a principal função do incidente. Apesar do nome, ele não se presta a solucionar qualquer demanda. Muito pelo contrário. A atuação judicial se limita a fixar a interpretação sobre determinada questão jurídica e a determinar sua aplicação em todos os processos em que exista a mesma discussão, dentro daquele âmbito de jurisdição.

Vale destacar que a vinculação é de *obrigatoriedade forte*[40], pois eventual desrespeito gera a possibilidade de reclamação (CPC, arts. 985, § 1º e 988, IV). A vinculação à tese fixada é *automática e inegociável*[41], sendo aplicável a todos os casos que versem sobre o tema.

O grande risco do IRDR, todavia, reside justamente nessa sua característica central: a obrigatoriedade da aplicação da tese àqueles que não puderam se fazer representar adequadamente na decisão. Daí a necessidade de um cuidado especial no que diz respeito ao contraditório e à representatividade adequada. Nas palavras de Luiz Guilherme Marinoni, *não há como negar a realidade: no incidente de demandas repetitivas julga-se questão de muitos em processo de alguns*[42].

Lembre-se ainda que a aplicação da decisão que fixa a tese jurídica ocorre de forma *pro et contra*, isto é, independentemente do resultado obtido. Isso diverge

---

38. MANCUSO, Rodolfo de Camargo. *Incidente de resolução de demandas repetitivas*: a luta contra a dispersão jurisprudencial excessiva. São Paulo: Revista dos Tribunais, 2016, p. 193.
39. CAMBI, Eduardo; FOGAÇA, Mateus Vargas. Incidente de resolução de demandas repetitivas no novo Código de Processo Civil. *Revista de Processo*, vol. 243, maio 2015, p. 333-362.
40. ARRUDA ALVIM, Teresa. *Primeiros comentários ao novo Código de Processo Civil*: artigo por artigo. São Paulo: Revista dos Tribunais, 2015, p. 1315.
41. PORTO, José Roberto Sotero de Mello. *Teoria geral dos casos repetitivos*. Rio de Janeiro: LMJ Mundo Jurídico, 2018, p. 191.
42. MARINONI, Luiz Guilherme. *Incidente de resolução de demandas repetitivas*: decisão de questão idêntica x precedente. São Paulo: Revista dos Tribunais, 2016, p. 46.

do sistema de coisa julgada nas ações coletivas, quando a decisão só produz efeitos *erga omnes* se for favorável.

Essa é precisamente a razão pela qual se exige um procedimento com efetiva representação daqueles que serão atingidos pela tese jurídica. Para que este efeito vinculante não viole o devido processo legal (CF, art. 5º, LIV) é imprescindível a realização de prévio debate, com representatividade adequada de ambos os pólos[43]. Esse parece ser um consenso na doutrina e uma preocupação do próprio legislador. Prova disso é a previsão dos arts. 983 e 984, com a possibilidade de participação dos interessados e a designação de audiências públicas.

A atuação de *amicus curiae* também é de grande relevância, eis que este poderá trazer novos argumentos e informações técnicas que contribuirão para um debate mais efetivo. Ressalte-se ainda a possibilidade do amigo da Corte recorrer da decisão que julgar o IRDR (CPC, art. 138, § 3º).

Por outro lado, essa forma de intervenção de terceiros não pode inviabilizar o julgamento, nem tampouco causar transtornos processuais ou atrasos. Assim, havendo um volume muito grande de pessoas ou entidades que queiram atuar como *amicus curiae*, deverá o Poder Judiciário fazer uma seleção dentre aqueles que melhor representem os grupos de interesses atingidos.

A propósito, o Conselho da Justiça Federal emitiu o Enunciado nº 82: *Quando houver pluralidade de pedidos de admissão de amicus curiae, o relator deve observar, como critério para definição daqueles que serão admitidos, o equilíbrio na representatividade dos diversos interesses jurídicos contrapostos no litígio, velando, assim, pelo respeito à amplitude do contraditório, paridade de tratamento e isonomia entre todos os potencialmente atingidos pela decisão.*

5. A TUTELA DA EVIDÊNCIA COM BASE EM TESES FIXADAS EM IRDR NA PRÁTICA DOS TRIBUNAIS

São inúmeras as situações em que as teses jurídicas fixadas em incidentes de resolução de demandas repetitivas poderão autorizar a concessão da tutela da evidência. Existem muitas questões de direito que se repetem diariamente perante o Poder Judiciário, nas inúmeras comarcas submetidas a um mesmo tribunal.

O problema é que ainda há, lamentavelmente, uma restrição muito grande à concessão da tutela provisória nas hipóteses dissociadas da urgência. Nota-se um certo receio e, até mesmo, má vontade de órgãos do Judiciário na análise dos pedidos de tutela da evidência. Daí porque, passados mais de três anos do

43. ARENHART, Sérgio Cruz; OSNA, Gustavo. *Curso de processo civil coletivo*. São Paulo: Thomson Reuters Brasil, 2019, p. 379.

início de vigência do Código, a concessão desses provimentos ainda se mostra bastante escassa.

De qualquer forma, em diversas áreas, é possível perceber que as questões de direito são exatamente as mesmas, independentemente do substrato fático que as envolvem. Nesses casos, tendo havido a fixação da tese jurídica pelo tribunal, não mais se justifica a demora gerada pela continuidade da instrução. Nesse período de tempo, o autor que já demonstrou a alta probabilidade de seu direito não deve ser privado da antecipação da tutela.

Há um exemplo interessante no que diz respeito à cobrança de taxas condominiais em relação a compromissos de compra e venda. O Tribunal de Justiça do Distrito Federal e dos Territórios, aplicando uma tese de IRDR, concedeu a tutela da evidência para o fim de determinar que determinada construtora arcasse com o pagamento das taxas condominiais de um conjunto comercial até que houvesse a efetiva transferência da posse para o adquirente[44].

Com efeito, o IRDR sob nº 20160020349044 havia firmado a seguinte tese jurídica: *Expedida a carta de habite-se, a responsabilidade pelo pagamento das obrigações condominiais geradas por imóvel objeto de promessa de compra e venda é da promitente vendedora até a entrega e imissão do adquirente na posse direta da unidade imobiliária, mesmo que haja demora na transmissão da posse provocada por atraso na obtenção de financiamento imobiliário pelo comprador.*

Todavia, em determinada situação, o promitente comprador da unidade imobiliária estava sofrendo a cobranças das taxas condominiais sem que tivesse sequer assumido a posse do imóvel. Note-se que ele pretendia, inclusive, a rescisão do referido contrato. A indevida exigência baseava-se única e exclusivamente no compromisso de compra e venda e na concessão do certificado de vistoria e conclusão da obra (CVCO ou o denominado "habite-se"). Inconformado, o adquirente ajuizou a ação de rescisão contratual e requereu a concessão da tutela da evidência para compelir a própria construtora a arcar com esses valores, bem como a não promover a inclusão de seu nome no cadastro de inadimplentes. Asseverou que, inobstante já tivesse sido emitido o "habite-se", ele jamais assumira a posse, fato esse que restara incontroverso.

O juiz de primeiro grau indeferiu a tutela da evidência, razão pela qual foi interposto o recurso de agravo de instrumento para o TJDFT. O tribunal, então, concluiu que, independentemente da continuidade da instrução quanto aos pedidos de rescisão e devolução dos valores pagos, já estava evidenciado nos autos o direito do agravante em não arcar com as taxas condominiais. Isso porque, não tendo assumido a posse do bem, incidia na espécie a tese jurídica fixada no mencionado IRDR. Deu-se assim provimento ao referido recurso, em decisão unânime.

44. TJDFT, 2ª Turma Cível, Acórdão n. 1100645, Relator Des. Sandoval Oliveira, j. 01.06.2018, DJe 08.06.2018.

Note-se que, nessa situação específica, compelir o promitente comprador a arcar com todas as taxas condominiais até o final da demanda seria demasiadamente injusto, sob o ponto de vista da distribuição do ônus do tempo no processo. Isso porque ele já comprovara que não havia assumido a posse do imóvel e existia entendimento pacificado pelo tribunal quanto à inexistência de débito condominial nessas situações. Por que então teria ele que aguardar até o final da demanda, suportando injustamente o pagamento de tais cobranças indevidas? Obviamente, a concessão da tutela da evidência era medida que se impunha em virtude dos valores constitucionais da efetividade e da duração razoável do processo.

Por outro lado, todos aqueles adquirentes que não tivessem assumido ainda a posse dos imóveis, no âmbito de jurisdição daquele tribunal, também não poderiam sofrer a cobrança de taxas condominiais. Não haveria necessidade, nessas situações, nem mesmo de novas análises e decisões judiciais.

A tutela da evidência, nesse caso, atende inclusive ao princípio da eficiência na prestação jurisdicional. A razão é clara: com muito menos esforço e menos custos do ponto de vista humano e material, obtém-se a satisfação antecipada dos direitos.

6. CONCLUSÕES

As técnicas do IRDR e da tutela da evidência, quando conjugadas, podem servir de base para uma prestação jurisdicional ainda mais célere, isonômica e eficiente. A conclusão decorre de um raciocínio bastante simples: mediante a aplicação de uma decisão já pacificada, permite-se a realização antecipada de direitos, em inúmeros processos que tenham por objeto uma mesma situação jurídica.

O mais interessante é que a incidência da tese jurídica ao caso concreto reduz a margem de discussão judicial, gerando não apenas uma maior agilidade naquele processo específico, mas também permitindo mais tempo ao Judiciário para atuar em outras demandas.

Contudo, como já alertado, para não se correr o risco de violação ao devido processo legal, as técnicas devem respeitar o contraditório efetivo, a ampliação do debate e a representação adequada dos interesses envolvidos.

Soraya Amrani-Mekki defende que o processo deve se adequar ao *tempo do litígio* e não o contrário, ou seja, o *litígio se adequar ao tempo do processo*[45]. A tutela da evidência, baseada em teses jurídicas decorrentes de IRDR, parece se amoldar como uma luva a esse postulado.

45. AMRANI-MEKKI, Soraya. *Le temps et le procès civil*. Paris: Dalloz, 2002, p. 21-22.

7. REFERÊNCIAS BIBLIOGRÁFICAS

ALVARO DE OLIVEIRA, Carlos Alberto. O processo civil na perspectiva dos direitos fundamentais. In: ALVARO DE OLIVEIRA, Carlos Alberto (Org). *Processo e Constituição*. Rio de Janeiro: Forense, 2004.

AMARAL, Guilherme Rizzo. *Comentários às alterações do novo CPC*. 2.ed. rev. atual. e ampl., São Paulo: Revista dos Tribunais, 2016.

ARENHART, Sérgio Cruz; OSNA, Gustavo. *Curso de processo civil coletivo*. São Paulo: Thomson Reuters Brasil, 2019.

ARRUDA ALVIM, Teresa; DANTAS, Bruno. *Recurso especial, recurso extraordinário e a nova função dos tribunais superiores*: precedentes no direito brasileiro. 5. ed. rev. atual. e ampl. São Paulo: Thomson Reuters, 2018.

____________. *Embargos de Declaração*. 3 ed., rev. atual. e ampl. São Paulo: Revista dos Tribunais, 2017.

____________. *Primeiros comentários ao novo Código de Processo Civil*: artigo por artigo/coordenação. São Paulo: Revista dos Tribunais, 2015.

BAPTISTA DA SILVA, Ovídio. *Curso de Processo Civil*. 2. ed. Corrigida. Porto Alegre: Sergio Antonio Fabris Editor, 1993. vol. II.

CABRAL, Antônio do Passo. A técnica do julgamento-alerta na mudança da jurisprudência consolidada. *Revista de Processo*, vol. 221, jul. 2013.

CAMBI, Eduardo; FOGAÇA, Mateus Vargas. Incidente de resolução de demandas repetitivas no novo Código de Processo Civil. *Revista de Processo*, vol. 243, maio 2015.

DIDIER JR, Fredie; BRAGA, Paula Sarno; OLIVEIRA, Rafael Alexandria de. *Curso de direito processual civil*: teoria da prova, direito probatório, ações probatórias, decisão, precedente, coisa julgada e antecipação dos efeitos da tutela. 11. ed. Salvador: Juspodivm, 2016.

DINAMARCO, Cândido Rangel; LOPES, Bruno Vasconcelos Carrilho. *Teoria geral do novo processo civil*. São Paulo: Malheiros, 2016.

IRTI, Natalino. *L'Età della decodificazione*. 4ª edizione, Milano: Dott. A. Giuffrè Editore, 1999.

MANCUSO, Rodolfo de Camargo. *Incidente de resolução de demandas repetitivas*: a luta contra a dispersão jurisprudencial excessiva. São Paulo: Revista dos Tribunais, 2016.

MARINONI, Luiz Guilherme. *Tutela cautelar e tutela antecipatória*. São Paulo: Revista dos Tribunais, 1994.

__________. *Novas linhas do processo civil*: o acesso à justiça e os institutos fundamentais do direito processual civil. São Paulo: Revista dos Tribunais, 1993.

__________. *A antecipação da tutela*. 3. ed., rev. e ampl. São Paulo: Malheiros Editores, 1997.

__________. *Tutela antecipatória, julgamento antecipado e execução imediata da sentença*. São Paulo: Revista dos Tribunais, 1997.

__________. *Tutela de urgência e tutela da evidência*. São Paulo: Revista dos Tribunais, 2017.

__________. *Precedentes obrigatórios*. 4. ed., rev. atual. e ampl. São Paulo: Revista dos Tribunais, 2016.

__________. *Incidente de resolução de demandas repetitivas*: decisão de questão idêntica x precedente. São Paulo: Revista dos Tribunais, 2016.

MARINONI, Luiz Guilherme; ARENHART, Sérgio Cruz. *Comentários ao Código de Processo Civil*: artigos 294 ao 333. São Paulo: Revista dos Tribunais, 2016.

MENDES, Aluisio Gonçalves de Castro. *Incidente de resolução de demandas repetitivas*: sistematização, análise e interpretação do novo instituto processual. Rio de Janeiro: Forense, 2017.

MITIDIERO, Daniel. Tutela antecipatória e defesa inconsistente. In: ARMELIN, Donaldo (coord). *Tutelas de urgência e cautelares*: estudos em homenagem a Ovídio A. Baptista da Silva. São Paulo: Saraiva, 2010.

NORMAND, Jacques. Action en justice; juridiction; organisation judiciaire et compétence. *Revue Trimestrielle de Droit Civil*, année 1979, Paris: Editions Sirey.

PORTO, José Roberto Sotero de Mello. *Teoria geral dos casos repetitivos*. Rio de Janeiro: LMJ Mundo Jurídico, 2018.

SCARPINELLA BUENO, Cássio. *Novo Código de Processo Civil anotado*. 3. ed. São Paulo: Saraiva, 2017.

____________. *Manual de direito processual civil*: volume único. 5. ed. São Paulo: Saraiva Educação, 2019.

____________. *Curso sistematizado de direito processual civil*. vol. 1: teoria geral do direito processual civil: parte geral do Código de Processo Civil. 9. ed. São Paulo: Saraiva Educação, 2018.

SILVA, Ricardo Alexandre da. *A nova dimensão da coisa julgada*. São Paulo: Thomson Reuters Brasil, 2019.

STRICKLER, Yves. *Le juge des référés, juge du provisoire*. Saarrebrücken: Éditions universitaires européennes, 2010.

TEMER, Sofia. *Incidente de resolução de demandas repetitivas*. Salvador: Juspodivm, 2016.

TUCCI, José Rogério Cruz e. As garantias constitucionais do processo civil no aniversário dos 30 anos da Constituição Federal. *Revista do Advogado*, São Paulo, ano XXXVIII, n. 140, nov/2018.

____________. *Tempo e processo*: uma análise empírica das repercussões do tempo na fenomenologia processual (civil e penal). São Paulo: Revista dos Tribunais, 1997.

WAMBIER, Luiz Rodrigues; TALAMINI, Eduardo. *Curso avançado de processo civil*: cognição jurisdicional (processo comum de conhecimento e tutela provisória), v. 2, 16. ed. reformulada e ampliada de acordo com o novo CPC. São Paulo: Revista dos Tribunais, 2016.

6

A FALÁCIA NA APLICAÇÃO DA TESE JURÍDICA FIXADA EM IRDR: A FUNÇÃO MERAMENTE PREPARATÓRIA DO INCIDENTE

Vinicius Silva Lemos[1]

Sumário: 1 – Introdução. 2 – O incidente de resolução de demandas repetitivas – IRDR. 3 – A aposta no IRDR como instituto para aplacar a repetitividade. 3.1 – A responsabilidade judicante alterada na atividade judicante do Tribunal de segundo grau. 4 – A recorribilidade aos Tribunais Superiores da decisão que fixa tese jurídica no IRDR. 4.1 – As peculiaridades dos recursos excepcionais sobre a decisão que fixa a tese jurídica no IRDR: efeito suspensivo automático e repercussão geral presumida. 4.2 – A recepção e tramitação do recurso excepcional sobre a decisão que fixa tese jurídica como um recurso repetitivo. 4.3 – O efeito substitutivo do recurso excepcional. 4.4 – A vinculação da decisão do Tribunal Superior sobre recurso impugnativo da tese jurídica fixada em IRDR. 4.5 – A existência de IRDRs em Tribunais diversos, o recurso e o efeito substitutivo erga omnes. 5 – A falácia na aplicação da tese jurídica fixada em IRDR. 5.1 – O caráter meramente preparatório do IRDR. 5.2 – A visão inócua e falaciosa do art. 985. 5.3 – A desnecessidade de uma discussão sobre formação de precedente em IRDR. 5.4 – A exceção do IRDR formado sobre direito local. 6 – Aspectos conclusivos. 7 – Referências bibliográficas.

1. INTRODUÇÃO

Dada a existência de uma latente dispersão de entendimentos jurisprudenciais e com a valorização à uniformização da jurisprudência pela inserção do art. 926 em seu bojo, o CPC/2015 criou o incidente de resolução de demandas repetitivas como meio de aplacar a alta litigiosidade e repetitividade de questões idênticas, seja em direitos individuais homogêneos ou em questões com identidade em ações heterogêneas.

O intuito passa por conceder aos Tribunais de segundo grau a possibilidade de, desde logo, fixar tese jurídica vinculante a questões repetitivas, com valorização dos precedentes via julgamento por amostragem, um verdadeiro

1. Advogado. Doutorando em Processo Civil pela UNICAP/PE. Mestre em Sociologia e Direito pela UFF/RJ. Especialista em Processo Civil pela FARO. Professor de Processo Civil da FARO e da UNIRON. Coordenador da Pós-Graduação em Processo Civil da Uninter/FAP. Diretor-Geral da ESA/RO. Vice-Presidente do Instituto de Direito Processual de Rondônia – IDPR. Membro da Associação Norte-Nordeste de Professores de Processo – ANNEP. Membro do Instituto Brasileiro de Direito Processual – IBDP. Membro do Centro de Estudos Avançados em Processo – CEAPRO. Membro da Academia Brasileira de Direito Processual Civil – ABDPC. Membro da Associação Brasileira de Direito Processual – ABDPRO. E-mail: viniciuslemos@lemosadvocacia.adv.br

combate à imensa quantidade de processos que abarrotam o judiciário brasileiro em todos os níveis.

Diante da aposta neste novo instituto processual, há uma decisão de mérito que fixa a tese jurídica sobre a qual o art. 985 delimita uma vinculação para os processos existentes com a mesma questão fático-jurídica – inclusive os de juizados especiais – e até as demandas futuras. Todavia, há a possibilidade recursal dessa decisão, o que, a princípio, gera uma continuidade da litispendência do próprio IRDR, com a transferência, na existência de interposição recursal, ao Tribunal Superior.

Desse modo, o recorte deste estudo está na relação entre a vinculação do art. 985 e a própria recorribilidade da decisão em que for aplicada a tese jurídica estabilizada. Com tal recorribilidade, pode-se entender que a decisão do IRDR tem vinculação? Esse é o cerne da pesquisa. Diante de tais entendimentos iniciais, delinearemos essa relação e, ainda, sobre os reflexos da inaplicabilidade imediata do próprio IRDR.

2. O INCIDENTE DE RESOLUÇÃO DE DEMANDAS REPETITIVAS – IRDR

O CPC/2015 trouxe a novidade do incidente de resolução de demandas repetitivas ou, simplesmente – IRDR como a aposta em como lidar com a multiplicidade de demandas desde o segundo grau de jurisdição, antecipando a discussão macro das demandas em massa para essa instância. A competência do incidente é dos Tribunais Estaduais ou Regionais – TJs ou TRFs, os quais terão a novidade de apreciar matérias com o intuito de fixar teses jurídicas vinculantes[2] em recursos, remessa necessária ou competência originária.

2. O IRDR foi criado para os Tribunais de segundo grau, o que denomino como um precedente antecipatório de uma discussão nacional, o que Cavalcanti confirma: "O IRDR somente pode ser suscitado perante Tribunal de Justiça ou Tribunal Regional Federal. Não há, por exemplo, a possibilidade de instaurá-lo diretamente no STJ" (CAVALCANTI, Marcos de Araújo. Incidente de resolução de demandas repetitivas. São Paulo: Revista dos Tribunais. 2016. p. 303). No entanto, Cunha e Didier Jr. entendem que cabe IRDR em Tribunal Superior para as ações de competência originária, as quais não são atingidas pelo sistema de recursos repetitivos (CUNHA, Leonardo José Carneiro da; DIDIER JR., Fredie. *Curso de direito processual civil*: meios de impugnação às decisões judiciais e processo nos tribunais. 13ª ed. Salvador: Juspodivm, 2016. p. 595). Marinoni entende que a competência é mesmo para os Tribunais de segundo grau, contudo entende que não seria um precedente, dada a visão de que o IRDR não serve para produzir precedentes, uma vez que estes devem ser construídos pelos Tribunais Superiores. De certa forma, há razão nesse posicionamento macro de Marinoni, contudo, precedentes existem em diferentes níveis e vinculados a diferentes hierarquias, o que não impede de ser um precedente. Evidentemente que um precedente judicial, na maior instância de sua acepção, é aquele definido pela Corte Suprema para balizar toda a sociedade daquele país, mas existem outras formas de precedentes, o que nos faz discordar de tal assertiva: "O incidente de resolução de demandas repetitivas se destina a regular casos que já surgiram ou podem surgir em face de determinado litígio. O sistema de precedentes, de outro lado, tem o objetivo de outorgar autoridade às *rationes decidendi* firmadas pelas Cortes Supremas. Diversos casos, marcados por diferenças razoáveis, podem ser resolvidos por um precedente que resolve uma questão de direito. Mas as decisões firmadas nos incidentes de resolução de demandas repetitivas não têm qualquer preocupação em orientar a sociedade ou a solução de casos futuros, porém objetivam regular uma questão litigiosa

O conceito do incidente, nos dizeres de Abboud e Cavalcanti, passa por um "mecanismo processual coletivo proposto para uniformização e fixação de tese jurídica repetitiva" que detém o objetivo de "conferir um julgamento coletivo e abstrato sobre as questões unicamente de direito abordadas nas demandas repetitivas, viabilizando a aplicação vinculada da tese jurídica aos respectivos casos concretos[3]".

Um instituto novo, com inspiração notadamente alemã[4], contendo como base o *Musterverfahen*[5], apesar de também ter influências de outras experiências[6], soando como uma real criação jurídica brasileira, com peculiaridades próprias, numa tentativa de aproximar-se da realidade brasileira.

---

que está presente em vários casos pendentes. (...) Essa a distinção básica entre o sistema de precedentes das Cortes Supremas e o incidente destinado a dar solução a uma questão litigiosa de que podem provir múltiplos casos" (MARINONI, Luiz Guilherme. O "problema" do incidente de resolução de demandas repetitivas e dos recursos extraordinário e especial repetitivos. *Revista de Processo*. São Paulo, vol. 249, ano 40, p. 399-419, nov. 2015. p. 401).

3. ABBOUD, Georges; CAVALCANTI, Marcos de Araújo. Inconstitucionalidades do incidente de resolução de demandas repetitivas (IRDR) e os riscos ao sistema decisório. *Revista de Processo*, São Paulo, vol. 240, fev. 2015, p. 222.

4. O instituto teve como inspiração um paralelo estrangeiro, o procedimento denominado de *musterverfahren*, oriundo do direito germânico, um procedimento de julgamento de processo-modelo, no "qual se elege uma "causa piloto" onde serão decididos determinados aspectos gerais e comuns a diversos casos já existentes, sendo que a solução encontrada será adotada por todas as ações pendentes sobre o mesmo tema" (AMARAL, Guilherme Rizzo. Efetividade, segurança, massificação e a proposta de um "incidente de resolução de demandas repetitivas". *Revista do Processo*, São Paulo, ano 36, vol. 196, jun. 2011. p. 255-256).

5. A utilização no direito alemão serviu como base para a criação desta novidade legislativa do Código de 2015. Foi instituída, na Alemanha, no ano de 2005, para a resolução de demandas específicas para o mercado de capitais, com um intuito bem delimitado e com aplicabilidade experimental: "Foi concebida, de início, como um instrumento restrito aos litígios no campo do mercado de capitais, sendo proposta como lei experimental, destinada a perder sua eficácia com o exaurimento do prazo de cinco anos (em novembro de 2010, portanto). Antes disso, porém, a técnica foi incorporada ao ZPO (*Zivilprozessordnung*). Técnica similar foi ampliada em 2008 na Alemanha quando da ocorrência de mais de 20 casos idênticos envolvendo a assistência e previdência social (*Sozialgerichtsgesetz*)." "1) eleição da causa representante; 2) processamento da demanda perante o tribunal, com realização de audiências, produção de provas, e decisão resolvendo as questões de fato e de direito envolvidas na controvérsia; 3) julgamento posterior de todas as outras causas, sobrestadas em primeira instância, que serão decididas com base na decisão modelo prolatada pelo tribunal estadual" (NUNES, Dierle. O IRDR do Novo CPC: este "estranho" que merece ser compreendido. http://justificando.com/2015/02/18/o-irdr-novo-cpc-este-estranho-que-merece-sercompreendido). Sobre o *Musterverfahren* no direito alemão: "Inicialmente, para melhor compreender a evolução histórica do procedimento-modelo (*Musterverfahren*) do direito alemão, é preciso esclarecer que, de acordo com o art. 95 da Lei Fundamental (*Grundgesetz*), o Poder Judiciário na Alemanha é dividido, em razão da matéria, nas seguintes justiças: (a) Justiça comum ou ordinária (*ordentliche Gerinchtsbarkeit*); (b) Justiça do trabalho (*Arbeitsgerichtsbarkeit*); (c) Justiça de finanças (*Finanzgerichtbarkeit*), Justiça administrativa (*Verwaltungsgerichtsbarkeit*); e (d) Justiça previdenciária ou social (Sozialgerichtsbarkeit)" (CAVALCANTI, Marcos de Araújo. Mecanismos de resolução de demandas repetitivas no direito estrangeiro: um estudo sobre o procedimento-modelo alemão e as ordens de litígios em grupo inglesas. *Revista de Processo*, São Paulo, vol. 238, dez. 2014, p. 338).

6. O *Group Litigation Order – GLO* do direito inglês e o agrupamento de ações do direito português.

Mesmo com a existência de didática processual dos recursos repetitivos e da repercussão geral, no âmbito dos Tribunais Superiores, a novel legislação processual, primou, sobre o IRDR, por ampliar horizontes, incluindo os Tribunais de segundo grau – chamados de apelação/revisão[7] – na sistemática de pensar e contribuir para a resolução de demandas repetitivas, aumentando o leque de órgãos com a finalidade de alcançar processualmente soluções para os litígios que se repetem no âmbito territorial, atribuindo uma eficácia processual até então inexistente, primando pela efetividade de diversos princípios processuais constitucionais, dentre eles, o da duração razoável do processo[8].

O instituto correlato, no direito alemão, foi criado com a existência de quantidade de processos bem menor e atrelado a pontos materiais específicos – num primeiro momento, somente o mercado financeiro, com determinada questão repetitiva. Já no Brasil, com a existência de milhares ou milhões de demandas com a mesma questão de direito – incidente ou meritória – e, com um Judiciário com uma jurisprudência claudicante, quase lotérica[9], o resultado é uma insegurança jurídica, com a necessidade de utilização de um incidente em caráter mais amplo, diferente do seu instituto inspirador, limitado a uma questão específica.

Nesse viés, o CPC/2015, ao criar o IRDR, teve o intuito de desde a segunda instância ter um mecanismo de controle de questões repetitivas, com uma ampliação das técnicas de resolução em julgamento por amostragem. Qualquer matéria pode ser suscitada como repetitiva e originar um IRDR, ainda em segundo grau. Portanto, houve uma inovação ao criar uma alternativa de se pensar em resolução massificada de questões idênticas em segundo grau, imbuindo mais Tribunais nessa tarefa primordial, incluindo os de segundo grau.

---

7. Mudando de certa maneira, a própria função destas cortes, retirando a mera verificação da revisão, para passar a formar precedentes, o que necessita outra visão, uma outra amplitude judicante. "É preciso entender que o CPC/2015 optou por imbuir esses tribunais de competência para criar precedentes vinculantes, mas, evidentemente, que o conteúdo que possa ser extraído como norma jurídica dali somente deve ser aplicável no âmbito dos tribunais que o firmaram, com um alcance territorial limitado" (LEMOS, Vinicius Silva. O procedimento do microssistema de formação de precedentes vinculantes: desafios, deficiências e ponderações. Dissertação de Mestrado em Sociologia e Direito, UFF, 2017. p. 253).

8. "O incidente de resolução de demandas repetitivas, técnica processual destinada a contingenciar litígios seriados, assenta-se em três pilares principais, quais sejam: o princípio constitucional da isonomia, que exige tratamento uniforme dos litígios isomórficos, a segurança jurídica, estampada na previsibilidade e uniformidade das decisões judiciais e, por fim, a prestação jurisdicional em tempo razoável. Tais princípios, além de nortearem todo o ordenamento jurídico processual (como se infere, dentre outros, dos artigos 1° a 12 do CPC), são a base constitucional do incidente ora analisado" (MENDES, Aluisio Gonçalves de Castro; TEMER, Sofia. O incidente de resolução de demandas repetitivas do novo Código de Processo Civil. In: DIDIER JR., Fredie; FREIRE, Alexandre; MACEDO, Lucas Buril de; PEIXOTO, Ravi (org.). *Coleção Novo CPC – Doutrina Selecionada – v.6 – Processo nos Tribunais e Meios de Impugnação às Decisões Judiciais.* Salvador: Juspodivm, 2015. p. 230).

9. "A ideia da *jurisprudência lotérica* se insere justamente nesse contexto; isto é, quando a mesma questão jurídica é julgada por duas ou mais maneiras diferentes. Assim, se a parte tiver a sorte de a causa ser distribuída a determinado Juiz, que tenha entendimento favorável da matéria jurídica envolvida, obtém a tutela jurisdicional; caso contrário, a decisão não lhe reconhece o direito pleiteado" (CAMBI, Eduardo. Jurisprudência Lotérica. Revista dos Tribunais. São Paulo, ano 90, v. 786, abr. 2001. p. 111).

Para a instauração do IRDR nos Tribunais Estaduais ou Regionais, os requisitos existentes para tanto devem ser preenchidos no recurso em questão. O art. 976 dispõe sobre o cabimento do incidente, com a sua possibilidade para suscitação dos legitimados, quando identificarem uma matéria/questão de direito que contenha efetiva repetição de processos que versem sobre aquela mencionada controvérsia, causando um possível risco de ofensa à isonomia e à segurança jurídica, já que quanto mais processos, maior a possibilidade de decisões conflitantes e não uniformes.

Dessa maneira, o referido artigo já dimensiona os requisitos para a instauração do incidente, com a conjunção dos seguintes: questão somente de direito; multiplicidade efetiva; risco de ofensa à isonomia ou à segurança.

A legitimidade para o pedido de instauração do incidente de resolução de demandas repetitivas, de acordo com o art. 977, tem algumas possibilidades: pelo juiz; pelo relator; pelas partes; pelo Ministério Público; e Defensoria Pública.

O instituto possibilitou, em sua criação, uma amplitude da legitimidade, permitindo o pedido de suscitação do IRDR tanto de ofício, pelo juiz de primeiro grau ou o relator – o colegiado também – em segundo grau ou, por requerimento, pelas partes, Ministério Público e Defensoria Pública, não restringindo nenhum dos atores processuais possíveis[10].

O protocolo do incidente é realizado fora do processo originário, aquele que será usado como base fática para tal análise, ou seja, é um incidente que detém procedimento próprio e desvinculado do seu processo base, ainda que a ele se interligado, com evidentes reflexos processuais.

O IRDR, portanto, é um procedimento autônomo, com uma instrumentalidade própria.

A petição de requerimento é quase que uma petição inicial, com a menção das partes, endereçamento ao presidente do Tribunal para a devida distribuição, a fundamentação jurídica com o preenchimento dos requisitos pertinentes ao próprio incidente e o pedido da resolução da questão repetitiva. Mesmo que seja realizado de maneira oficiosa, pelo relator, pelo colegiado ou pelo juízo de primeiro grau, deve haver um documento que inicie o incidente em paralelo, nem que seja um ofício organizacional da questão e da presença de todos os requisitos.

Tanto na forma oficiosa pelo juízo ou em requerimento, há a necessidade de instrução com documentos necessários à demonstração do preenchimento dos pressupostos para a instauração do incidente, para uma maior e melhor ve-

10. Enunciado n.º 204 do FPPC: Quando se deparar com diversas demandas individuais repetitivas, poderá o juiz oficiar o Ministério Público, a Defensoria Pública e os demais legitimados a que se refere o art. 977, inc. III, para que, querendo, ofereça o incidente de resolução de demandas repetitivas, desde que atendidos os seus respectivos requisitos.

rificação pelo órgão julgador do cumprimento dos requisitos. A necessidade de melhor instrução do pedido tem como intuito uma comprovação dos requisitos para uma análise com base nestes documentos pelo órgão julgador[11].

Independe do pagamento de custas processuais.

O momento do pedido ou de ofício da instauração do incidente deve ser prévio ao julgamento do recurso[12], pelo seu fator incidental. Não há como suscitar um incidente recursal em momento posterior ao julgamento do recurso, pela própria desnecessidade de resolver a questão repetitiva, caso tal julgamento já tenha ocorrido.

A suscitação tem um ponto temporal limite em segundo grau, dada a necessidade de ser anterior ao julgamento recursal, mas, se for suscitado quando o processo estiver em primeiro grau, pode ser a qualquer momento.

Um ponto relevante sobre do instituto é, justamente, essa possibilidade do pedido ser realizado quando o processo ainda está em primeiro grau, fase em que todos os legitimados, salvo o relator, podem requerer a instauração do incidente, ampliando o cabimento para uma divergência maior do que somente entre decisões internas do Tribunal e, dessa forma, possibilitando por existências de decisões ou sentenças conflitantes de juízos em primeiro grau.

O pedido de instauração do IRDR tem endereçamento ao presidente do Tribunal de segundo grau, de modo autônomo ao processo-base para o próprio incidente. Inaugura-se, portanto, um procedimento incidental com total autonomia e, em um colegiado totalmente diverso daquele que em que o processo – recurso, remessa necessária ou competência originária – tramita.

Apesar da possibilidade de suscitar a qualquer momento processo até o julgamento do recurso, há um impedimento objetivo para a instauração do IRDR: a hipótese daquela mesma matéria suscitada, num Tribunal Superior – STJ ou STF, ter uma decisão de afetação idêntica, seja em rito repetitivo ou em repercussão geral, tornando incabível o incidente, nos moldes do art. 976, § 4º.

Nessa hipótese, a instauração do incidente não teria efeito prático, tornando-se inócuo, uma desnecessidade processual[13]. Com a afetação da mesma questão

---

11. Enunciado n.º 202 do FPPC: O órgão colegiado a que se refere o § 1º do art. 947 deve atender aos mesmos requisitos previstos pelo art. 978.

12. Enunciado n.º 89 do FPPC: Havendo apresentação de mais de um pedido de instauração do incidente de resolução de demandas repetitivas perante o mesmo tribunal todos deverão ser apensados e processados conjuntamente; os que forem oferecidos posteriormente à decisão de admissão serão apensados e sobrestados, cabendo ao órgão julgador considerar as razões neles apresentadas.

13. "Considerando o grau de vinculação/transcendência da matéria discutida (local ou nacional), o § 4º, do art. 976 do NCPC deixa claro que o incidente apenas poderá ser provocado se a matéria discutida não tiver sido afetada por um dos Tribunais Superiores, no âmbito de sua respectiva competência. Este dispositivo evita divergência entre o posicionamento do tribunal local e do Órgão Superior" (ARAUJO, José

de direito pelo Tribunal Superior, em outro nível, num rito também de julgamento por amostragem, repetitivo ou em repercussão geral, não há motivos para o Tribunal de segundo grau afetar uma matéria já afetada.

Todavia, é importante salientar que a matéria deve ser afetada em repetitivo ou em repercussão geral para que seja um impeditivo de instauração do IRDR, se somente existirem decisões no âmbito dos Tribunais Superiores, sem a presença de uma decisão de afetação, em rito específico, o Tribunal de segundo grau pode aceitar o incidente, sem nenhum impedimento.

O intuito da impossibilidade é a própria desnecessidade, pelo fato de que o instituto do grau superior resolverá a questão e vinculará, via decisão futura, o sistema como um todo, tornando, portanto, desnecessário, naquele momento, a instauração do IRDR.

3. A APOSTA NO IRDR COMO INSTITUTO PARA APLACAR A REPETITIVIDADE

3.1 A responsabilidade judicante alterada na atividade judicante do Tribunal de segundo grau

O CPC/2015, diante da inserção dos arts. 926 e 927, deu ênfase à estabilização das decisões dos Tribunais, imbuindo-os de uma responsabilidade maior, com a manutenção dos seus entendimentos, diante de uma lógica de coerência e integridade. Diversos institutos já existiam, mesmo no ordenamento anterior, para formar precedentes judiciais e estabilizar entendimentos. O incidente de resolução de demandas repetitivas – o IRDR – foi, como já vimos, a maior aposta e novidade nessa seara.

O intuito desse instituto é antecipar a sistemática repetitiva como alternativa e competência aos Tribunais de segunda instância, ou seja, incute-se uma nova obrigação e função aos Tribunais de revisão: formar precedentes judiciais com limitação territorial[14].

Essa função, apesar da precariedade de uma cultura de precedentes judiciais no Brasil, está muito mais afeta aos Tribunais Superiores, até pela possibilidade de alcance vinculante – normativo ou formal – de todos os Tribunais a eles hie-

---

Henrique Mouta. O incidente de resolução das causas repetitivas no novo CPC e o devido processo legal. In: DIDIER JR., Fredie; FREIRE, Alexandre; MACEDO, Lucas Buril de; PEIXOTO, Ravi (Org.). *Coleção Novo CPC – Doutrina Selecionada – v.6 - Processo nos Tribunais e Meios de Impugnação às Decisões Judiciais.* Salvador: Juspodivm, 2015. p. 329).

14. Marinoni entende que não é um precedente a ser criado, mas como reflexo do estudo aqui defendido, entenderemos que há um precedente na concepção que entendemos como precedente e a sua eficácia vinculativa proposta pelo art. 927 e outros (MARINONI, Luiz Guilherme. O "problema" do incidente de resolução de demandas repetitivas e dos recursos extraordinário e especial repetitivos. *Revista de Processo*, São Paulo, vol. 249, ano 40, p. 399-419, nov. 2015. p. 401).

rarquizados. No entanto, o CPC/2015, principalmente por causa do IRDR, muda essa visão, dada a decisão legislativa de atribuir-se essa nova função aos Tribunais de segundo grau, com evidente vinculatividade, seja na criação do IRDR, o qual a doutrina tem se preocupado mais em estudar-se, seja pela existência de outros institutos vinculantes como assunção de competência e arguição de inconstitucionalidade.

Dessa maneira, o novel ordenamento processual atribui aos Tribunais de segundo grau uma função maior de julgar com o pensamento de definir questões para utilização futura, ou traduzindo: formar precedente judicial. Uma nova função, dada a novidade da vinculatividade sobre tais julgamentos, o que demonstra a importância legislativa concedida ao IRDR, bem como a outros institutos de competência desses Tribunais. Consequentemente, atribui-se igual importância aos Tribunais dessa categoria – 27 Tribunais de Justiça e 5 Tribunais Regionais Federais.

É preciso entender que o CPC/2015 optou por imbuir esses Tribunais de competência para criar precedentes judiciais vinculantes, porém deve-se ressaltar que o conteúdo firmado e extraível como norma jurídica abstrata desses julgamentos somente deve ser aplicável no âmbito dos Tribunais que o firmaram, com um alcance territorial limitado.

Marinoni antagoniza essa visão de que os tribunais de segundo grau têm capacidade para criar precedentes, demonstrando-o quando critica o IRDR, por ser função das Cortes Supremas a criação das normas jurídicas pela autoridade de sua definição. A ideia construída seria de que esses Tribunais continuam a ser somente de revisão, mesmo com a competência para criar precedentes judiciais, estas decisões seriam, no máximo, teses jurídicas.

Os Tribunais de segundo grau estão prontos para tal desiderato? Esse é o cerne dessa nova atribuição dado a essas cúpulas judicantes, justamente por necessitar de novos entendimentos, por mais que entendamos que já havia o incidente de uniformização de jurisprudência, já na nova roupagem dada pelo CPC/2015, com a mudança de forma judicante desses julgadores para entenderem que criarão precedentes, via IRDR[15] e outros institutos.

15. O IRDR foi criado para os Tribunais de segundo grau, o que denomino como um precedente antecipatório de uma discussão nacional, o que Cavalcanti confirma: "O IRDR somente pode ser suscitado perante Tribunal de Justiça ou Tribunal Regional Federal. Não há, por exemplo, a possibilidade de instaurá-lo diretamente no STJ" (CAVALCANTI, Marcos de Araújo. Incidente de resolução de demandas repetitivas. São Paulo: Revista dos Tribunais. 2016. p. 303). No entanto, Cunha e Didier Jr. entendem que cabe IRDR em Tribunal Superior, pela visão de que seria tudo um microssistema de resolução de demandas repetitivas, ou seja, não existiria diferença, o que discordamos, por uma série de motivos, mas, o principal deles, pelos repetitivos serem casos de julgamento de causa-piloto e o IRDR, de procedimento-modelo, imbuindo-os de diferenças pertinentes, apesar de, serem insertas ao mesmo microssistema e terem diversas normas que podem ser preenchidas um a outro (CUNHA, Leonardo José Carneiro da; DIDIER JR., Fredie. *Curso*

O modo judicante é diverso quando tem a competência para julgar com efeito vinculante, há a mudança procedimental, com o necessário cuidado de pensar-se de modo amplificado, seja no cuidado de priorizar o contraditório expandido[16] e deter-se a analisar todas as argumentações jurídicas trazidas pelos atores legítimos de cada instituto e, no momento decisório, fundamentar sobre toda a construção da decisão, como um autêntico precedente.

É uma nova função a ser entendida.

Há uma outra preocupação sobre a competência dada a esses Tribunais de segundo grau, justamente por criarem, de certo modo, cada qual seu próprio precedente, o que levaria, mediante existência de 32 Tribunais aptos para fazê-lo, a terem dispersão de entendimentos sobre a matéria, concomitantemente[17]. Um exemplo seria existir um IRDR em dois Tribunais de segundo grau sobre a mesma matéria e chegar-se a resultados diferentes[18]. Há quem analise como um problema do próprio instituto, mas, no caso, seria de todos os institutos afetos a esses Tribunais, contudo não há que se imaginar que isto inviabilizaria pelo pró-

---

de direito processual civil: meios de impugnação às decisões judiciais e processo nos tribunais. 13ª ed. Salvador: Juspodivm, 2016. p. 595).

16. Comentário do autor: a participação da sociedade deve ser de maneira influenciante, com isso os tribunais e seus colegiados devem entender cada participante como um representante social necessário para a própria formação de um precedente e não como mais um ente a demorar a formação desta decisão.

17. Entendemos que o IRDR tem técnicas próprias para cada Tribunal, ou seja, pode ser realizado perante dois Tribunais ao mesmo tempo, mesmo diante da mesma matéria. Em sentido contrário, Camargo entende que se um Tribunal suscitou a matéria, nenhum outro poderia fazê-lo. Afinal, como obstar outros Tribunais de instaurar IRDR, sem a permissão para aplicá-los aquele paradigma? "se a reprodução de causas com a mesma questão jurídica transcender a competência do tribunal de 2º grau onde o incidente for instaurado em primeiro lugar, não poderão ser instalados outros incidentes em outros tribunais, sob pena de permitir que se concretize o oposto da razão de existir do incidente: o tratamento desigual" (CAMARGO, Luiz Henrique Volpe. O incidente de resolução de demandas repetitivas no projeto de Novo CPC: a comparação da versão do Senado Federal e da Câmara dos Deputados. In: FREIRE, Alexandre et al. *Novas tendências do processo civil*. Salvador: Juspodivm, 2014. vol. III. p. 295).

18. Os Tribunais de segundo grau estarão imbuídos de prolatar decisões de caráter vinculante, o que é um modo de adiantar a discussão da própria matéria. A pergunta relevante: dois IRDRs com resultados diferentes em estados ou Tribunais diferentes causam insegurança jurídica? De certo modo, sim, porém, o intuito passa por já determinar um ponto material comum e dispor sobre a matéria, a dispersão nesse caso, seria menor do que internamente se decidir de duas maneiras e, de todo modo, o STJ ou STF serão, em algum momento, suscitados a manifestar-se, seja em recurso do próprio IRDR ou de casos individuais sobre a matéria: "Julgado o incidente, a tese jurídica será aplicada a todos os processos individuais ou coletivos que versem sobre idêntica questão de direito e que tramitem na área de competência do respectivo tribunal. Por exemplo, a decisão proferida no julgamento de mérito de IRDR instaurado no TRF da 1.ª-Reg. terá eficácia vinculante sobre todas as causas repetitivas que tramitam na justiça federal dos entes federativos englobados pela referida região, quais sejam: o Distrito Federal e os Estados do Acre, Amapá, Amazonas, Bahia, Goiás, Maranhão, Mato Grosso, Minas Gerais, Pará, Piauí, Rondônia, Roraima e Tocantins. Do mesmo modo, o efeito vinculante de decisão de mérito proferida por um Tribunal de Justiça ficará restrito à sua área de competência. Exemplificando: os efeitos da decisão vinculativa proferida pelo TJDFT alcançam apenas as demandas repetitivas em tramitação na justiça do Distrito Federal. Por outro lado, as decisões do TJSP abrangerão somente as causas pendentes na justiça do Estado de São Paulo. E assim por diante" (CAVALCANTI, Marcos de Araújo. *Incidente de resolução de demandas repetitivas*. São Paulo: Revista dos Tribunais. 2016. p. 303).

prio caráter preparatório desses precedentes judiciais, principalmente se houver um recurso a Tribunal Superior[19].

O momento e a competência atribuída para os Tribunais de segundo grau demonstram uma nova realidade judicante, como já vimos e, ainda, permeiam uma novel preocupação desses colegiados, com a necessidade da definição dos órgãos internos competentes para julgar tal instituto – e outros que também servem para formar precedentes. Muitos Tribunais de segundo grau, mesmo com as novas competências ainda não alteraram o seu próprio regimento interno sobre quais os órgãos competentes[20] para julgar tal instituto, demonstrando, de certa maneira, descaso, despreocupação ou inaptidão para tais competências.

4. A RECORRIBILIDADE AOS TRIBUNAIS SUPERIORES DA DECISÃO QUE FIXA TESE JURÍDICA NO IRDR

Quando o IRDR é julgado, essa decisão valerá, num outro momento, para o processo em si, mas também para aplicabilidade nas demandas afetadas pela suspensão e nas futuras a serem interpostas. Mesmo diante desse modelo, há possibilidade recursal da decisão que julga o IRDR. De acordo com o art. 987, cabem recursos excepcionais, dependendo do enquadramento material sobre o acórdão do incidente, encaminhado para o STJ, em recurso especial, em caso de questão federal, ou encaminhado ao STF, em recurso extraordinário, em caso de questão constitucional.

Diante de tal possibilidade recursal, o IRDR, como entendemos ser um procedimento modelo, deve enfrentar alguns pontos materiais para delinear o devido cabimento de recursos excepcionais, dado o julgamento somente para a fixação da tese jurídica, sem a necessidade de julgamento, nesse momento, de nenhum processo principal.

Desse modo, delinearemos a construção pela qual entendemos que, mesmo sendo um procedimento modelo, comporta o cabimento dos recursos excepcionais.

---

19. Falando sobre a suspensão possível dos processos em nível federal pelo STJ ou STF, mesmo enquanto um IRDR é instaurado em Tribunal de segundo grau, Temer demonstra o caráter preparatório do próprio incidente, dissipando, momentaneamente, a dispersão e, posteriormente, provocando as instâncias superiores a fazê-lo, ainda que não seja via recurso de um IRDR, mas outro recurso excepcional que lá esteja. Defendemos, ainda, que os tribunais superiores, ao serem informados da instauração do IRDR, podem, desde já, afetar um recurso excepcional da mesma matéria e prejudicar o próprio IRDR: "Objetiva-se, com isso, evitar atividade jurisdicional inútil nos outros Estados e região, bem como decisões conflitantes, já que, se levada a matéria para apreciação do STF ou STJ, a tese (que foi inicialmente fixada com abrangência restrita ao tribunal originário) passa a ter abrangência para todo o território nacional" (TEMER, Sofia Orberg. *Incidente de resolução de demandas repetitivas*. Salvador: Juspodivm, 2016. p. 249).

20. O enunciado 44 do ENFAM estipula que o IRDR "deverá ser julgado por órgão colegiado de uniformização do próprio sistema." Ou seja, cada tribunal deve imputar qual o órgão competente em seu regimento interno.

O teor do art. 987, ao dispor especificadamente do cabimento de recurso excepcional sobre a decisão do mérito do IRDR, corrobora com dois pontos aqui defendidos. Primeiro, com a visão de que o incidente é um procedimento-modelo, pelo fato de que se o julgamento fosse conjunto – fixação da tese e julgamento da causa-piloto – não haveria a necessidade de existência de tal dispositivo, uma vez que do julgamento da causa pelo Tribunal, sempre cabe recurso excepcional, se houver o devido enquadramento material.

Ou seja, por qual motivo o legislador criaria o art. 987 se fosse julgamento de causa-piloto? Só há necessidade de existência de tal dispositivo, pelo fato de não ser uma causa-piloto e, sim, um procedimento-modelo, com a necessidade de previsibilidade legal e ênfase ao cabimento recursal excepcional para impugnar a decisão do mérito do incidente.

O segundo ponto, pelo teor do mencionado dispositivo, está na visão de que o recurso será autônomo ao recurso da aplicabilidade da tese jurídica ao caso/processo em concreto, o que se diferencia da Súmula 513 do STF, ponto já enfrentado, reposicionando os recursos excepcionais com nova visão, ressignificando[21] a concepção de causa decidida[22], para que se entenda a possibilidade de impug-

---

21. Há uma problemática nesses recursos, sobre necessitarem de uma nova concepção de causa decidida, uma vez que versarão sobre o resultado do IRDR, o que importaria em impugnar uma tese jurídica, mesmo que realizada diante de uma abstração baseada em concretude. Isso divide a doutrina. Bueno entende como inconstitucional essa visão de que caberia recurso sem uma causa decidida. Medina entende que caberia recurso nos mesmos moldes do incidente de arguição de inconstitucionalidade, com o recurso sendo possível somente quando julgar a demanda principal base para a instauração do instituto. Temer entende como possível, mas que necessita de uma nova visão processual para os institutos que cerca o instituto. BUENO, Cassio Scarpinella. *Novo Código de Processo Civil anotado*. 2ª ed. São Paulo: Saraiva, 2016. p. 811. MEDINA, José Miguel Garcia. *Novo Código de Processo Civil comentado*. 2ª ed. São Paulo: RT, 2015. p. 1.331. TEMER, Sofia Orberg. *Incidente de resolução de demandas repetitivas*. Salvador: Juspodivm, 2016. p. 250.

22. Cavalcanti defende que o IRDR é um procedimento-modelo, contudo entende que há inconstitucionalidade no artigo justamente por não obedecer à visão de causa decidida: "Contudo, o cabimento de recurso especial ou extraordinário contra julgamento em abstrato, fixação da tese jurídica no IRDR, é inconstitucional. Conforme estabelecem os arts. 102, III, e 105, III, da Constituição da República, competem ao STF e ao STJ julgar em recurso extraordinário e especial, respectivamente, as causas decididas, em única ou última instância, pelos Tribunais Regionais Federais ou pelos tribunais dos Estados, do Distrito Federal e Territórios. Ou seja, os recursos especial e extraordinário somente são cabíveis quando houver causas decididas pelos tribunais de justiça e regionais federais. No IRDR, como já se demonstrou, inexiste julgamento de qualquer lide. Não há que se falar em causa decidida, pois o julgamento somente fixa a tese jurídica abstrata que será aplicada aos processos repetitivos. Somente existirá causa decidida após a aplicação concreta da tese jurídica estabelecida no julgamento do IRDR" (CAVALCANTI, Marcos de Araújo. *Incidente de resolução de demandas repetitivas*. São Paulo: Revista dos Tribunais. 2016. p. 397). No mesmo sentindo sobre a inconstitucionalidade, mas com a ideia de que o IRDR é causa-piloto, Cabral: "Qualquer outra interpretação, em nosso sentir, poderia levar à inconstitucionalidade do art. 987, pois estaria ampliando, em lei ordinária, as hipóteses de cabimento dos recursos extraordinário e especial, que devem ser previstas na Constituição da República. O tema ainda merece reflexão, sobretudo à luz do impacto que o IRDR terá no conceito de jurisdição (e também na definição do que é "causa" para esses fins)" (CABRAL, Antonio Passo. Comentário ao art. 987. In: CABRAL, Antonio Passo; CRAMER, Ronaldo (orgs.). *Comentários ao novo Código de Processo Civil*. 2ª ed. São Paulo: Método, 06/2016. [Minha Biblioteca]. Retirado de: https://integrada.minhabiblioteca.com.br/#/books/9788530971441/).

nação da tese jurídica fixada diante de uma concretude de fatos, retirados os processos representativos da controvérsia.

Desse modo, haverá, para as partes, duas possibilidades recursais distintas quando houver o IRDR, o recurso excepcional sobre a tese jurídica e a definição da matéria no incidente e o recurso excepcional no julgamento da causa – ou causas – em que o incidente se baseou.

Os outros legitimados que podem recorrer – Ministério Público, Defensoria Pública e os *amicus curiae*, contudo somente poderão fazê-lo no primeiro momento, com eventual recurso do acórdão do próprio IRDR, com a duplicidade de momentos somente para as partes – suscitante e suscitada. E, ainda, não vemos preclusão sobre a possibilidade para a parte que não recorreu do resultado do IRDR em recorrer posteriormente, quando for aplicada a tese jurídica, justamente pela autonomia recursal entre os momentos existentes, uma vez que nesse recurso pode impugnar a demanda como um todo, dentro dos limites recursais devolutivos materialmente.

4.1 As peculiaridades dos recursos excepcionais sobre a decisão que fixa a tese jurídica no IRDR: efeito suspensivo automático e repercussão geral presumida

A recorribilidade da decisão do IRDR para os Tribunais Superiores traz consigo uma série de peculiaridades não existentes nos recursos excepcionais de uma demanda normal, justamente por se tratar de um incidente que forma uma decisão – tese jurídica – que impacta uma gama de outros processos.

Com isso, o art. 987, ao definir, claramente, a recorribilidade dessa decisão, especifica, de igual modo, essas peculiaridades.

Nessa possibilidade de impugnação recursal excepcional, o eventual recurso – especial ou extraordinário – terá efeito suspensivo automático[23], o que é ato contínuo à suspensão existente sobre os outros processos afetados. Com a interposição do recurso, a matéria decidida pelo incidente não estará, portanto, totalmente resolvida, com a remessa do conteúdo da decisão do Tribunal de segundo grau para aquele Tribunal Superior, tornando-se pertinente que todos os processos afetados continuem suspensos.

Importante salientar que não há discricionariedade do relator, no Tribunal Superior, sobre tal suspensão, não cabendo a este, portanto, a concessão, ou não,

23. "Excepcionalmente nesse caso, o recurso extraordinário e o recurso especial têm efeito suspensivo e, no caso específico do recurso extraordinário, há presunção absoluta de existência da repercussão geral da questão constitucional (art. 987, § 1º)" (CÂMARA, Alexandre Freitas. *O novo processo civil brasileiro*. 2ª ed. São Paulo: Atlas, 03/2016. Retirado de: https://integrada.minhabiblioteca.com.br/#/books/9788597005967/).

do efeito suspensivo. O recurso excepcional já detém, por sua própria existência e interposição, tal efeito.

No tocante somente ao recurso extraordinário, o art. 987, §1º estipulada que questão decidida em IRDR, se interposto tal recurso, há a presunção da existência de repercussão geral[24]. Ou seja, o dispositivo acima criou uma hipótese objetiva de repercussão geral[25], sem a decisão do STF sobre o impacto e repercussão da matéria, sendo um recurso extraordinário impugnativo de uma decisão proveniente do IRDR, a repercussão geral estará legalmente presente.

Indagações nascem de tal presunção: o recorrente deve mencionar e fundamentar sobre a repercussão geral, existente em sua demanda, no recurso interposto? A necessidade formal da preliminar de repercussão geral persiste na peça desse recurso extraordinário? Como a presunção é *ex lege*, entendo pela desnecessidade da fundamentação, somente com a menção no recurso extraordinário do enquadramento nessa determinada situação, sem grandes comprovações ou fundamentações. O recurso deve deixar claro que se trata de uma impugnação a uma decisão de IRDR, o que já satisfaz a presunção disposta no art. 987, § 1º.

E, uma dúvida pertinente paira nesse momento: com o cabimento preconizado no art. 987 dos recursos excepcionais, há discricionariedade do presidente ou vice-presidente do Tribunal de segundo grau, em inadmitir o recurso por falta de enquadramento em questão elencada no art. 102, III e 105, III da CF? O art. 987, ao instituir explicitamente o cabimento, além do reforço existente para tal desiderato, impõe que a questão incidental decidida, se for pertinente a direito federal ou matéria de cunho constitucional, ao ser impugnada, deve ser levada os Tribunais Superiores – entendendo-se que não há precedente vinculante nessas instâncias – para que seja julgado com mesmos moldes de formação de um precedente vinculante.

---

24. "Também instituiu a presunção de repercussão geral da questão debatida, quando constitucional" (MENDES, Aluisio Gonçalves de Castro; TEMER, Sofia. Comentários ao art. 987. In: STRECK, Lenio. (3/2016). *Comentários ao Código de Processo Civil*. 11ª ed. [Minha Biblioteca]. Retirado de: https://integrada.minhabiblioteca.com.br/#/books/9788502635609/). "Além disso, sobre os recursos extraordinário e especial, presumindo-se a repercussão geral de questão constitucional eventualmente discutida, incidirá também efeito suspensivo (artigo 987)" (SCHELEDER, Adriana Fasolo Pilati. *A inconstitucionalidade da aplicação do incidente de resolução de demandas repetitivas nos juizados especiais*. Tese de Doutorado – UFSC. 410 p. Florianópolis, 2015. p. 187).

25. Sobre a repercussão geral presumida: "O intuito é conceder ao recurso extraordinário impugnativo ao IRDR, na sua tramitação no STF, uma presunção de importância da matéria a ser discutida, contudo não se pode confundir a presunção de repercussão geral com a presunção de questão constitucional, podendo o recurso ser inadmitido por ausência de questão constitucional autorizante de interposição do recurso extraordinário" (LEMOS, Vinicius Silva. Recursos e processos nos tribunais no novo CPC. 2ª Ed. São Paulo: Lexia, 2016. p. 570). Ainda sobre a matéria, Mancuso, explica, também: "No caso do RE ou REsp tirado de acórdão em IRDR, o efeito suspensivo é previsto *ex lege*, nos expressos termos do § 1º do art. 987, em comento, o qual ainda dispõe que fica presumida a repercussão geral da questão constitucional" (MANCUSO, Rodolfo de Camargo. *Incidente de resolução de demandas repetitivas*: a luta contra a dispersão jurisprudencial excessiva. São Paulo: Ed. RT. 2016. p. 293).

Desse modo, pertinente será a visualização, pelo recorrente, do devido enquadramento sobre a questão federal ou constitucional, o que, posteriormente, esta questão já será suficiente para a admissibilidade, uma vez que é oriunda do próprio IRDR. Ou seja, o art. 987 cria uma anomalia necessária ao objetivar o cabimento do recurso excepcional, impondo, de certa maneira, que da decisão do IRDR, salvo questão meramente de direito local, caberá algum recurso excepcional, com a impossibilidade de inadmissibilidade do recurso excepcional pela falta de enquadramento na questão constitucional ou federal.

Essa visão é importante pelo fato de que se um Tribunal Estadual ou Regional Federal criou uma decisão vinculante sobre uma determinada matéria, ainda que o STJ, por exemplo, tenha entendimento idêntico, contudo em jurisprudência pacificada, sem vinculatividade, há de se entender que o cabimento é existente e pertinente, para que o Tribunal Superior julgue a matéria para conceder o caráter vinculante aos demais Estados e regiões ou revogá-lo, estabilizando a matéria de modo diverso.

Dessa maneira, o simples fato de ser uma impugnação a uma decisão oriunda do IRDR já lhe coloca como passível de uma recorribilidade excepcional, somente com a devida adequação a qual Tribunal e recurso utilizar, com os devidos enquadramentos formais aos artigos constitucionais pertinentes.

4.2 A recepção e tramitação do recurso excepcional sobre a decisão que fixa tese jurídica como um recurso repetitivo

Um ponto pertinente sobre o recurso excepcional que impugna a decisão do IRDR é o seu processamento perante o Tribunal Superior, uma vez que a norma não estabeleceu um rito a ser considerado. Vejamos que a decisão é oriunda de instituto que forma um precedente vinculante, justamente pela visão de existência de repetitividade sobre a questão de direito julgada, um dos requisitos de instauração do próprio instituto.

A dúvida nasce: esse recurso excepcional que impugna o IRDR terá processamento de um recurso normal ou repetitivo[26]? Como a norma é silente, bem como não há enfrentamento dessa matéria pela doutrina[27], pertinente se entender que o processamento deve ser diferente, dada a circunstância da matéria e da impugnabilidade de tal instituto, perfazendo o recebimento do mesmo como um recurso excepcional repetitivo.

26. Sobre esse ponto do recurso excepcional ser recebido como repetitivo em âmbito superior: LEMOS, Vinicius Silva. O recurso da decisão de mérito do incidente de resolução de demandas repetitivas e a sua tramitação no tribunal superior. In: NERY JR., N.; ALVIM, T. R. (Org.). *Aspectos polêmicos dos recursos cíveis e assuntos afins*. 13. ed. Revista dos Tribunais, 2017.

27. Enunciado nº 660 do FPPC: O recurso especial ou extraordinário interposto contra o julgamento do mérito do incidente de resolução de demandas repetitivas, ainda que único, submete-se ao regime dos recursos repetitivos.

Diante desse ínterim, o relator do recurso excepcional – no STJ ou STF – deve, ao recebê-lo, com a devida admissibilidade sobre os requisitos gerais, afetá-lo em rito repetitivo, procedendo com a ampliação daquela afetação estadual ou regional proveniente do próprio IRDR, pra transformá-la em uma em âmbito federal, com a necessidade de seguir o mesmo procedimento, com a delimitação material da questão a ser analisada como repetitiva e a consequente suspensão das demandas de idêntica questão e teor material em todo território nacional.

Um dos argumentos pertinentes para tal pensamento, de que há a necessidade da recepção do recurso como repetitivo, está na disposição no art. 982, §§ 3º e 4º, na hipótese de existência de um IRDR em um Tribunal de segundo grau – Estadual ou Regional Federal – e um dos legitimados ou uma parte de demandas com questão idêntica, naquele Tribunal ou não, poderem requerer ao Tribunal Superior competente a suspensão da questão e processos correlatos no Brasil inteiro, ainda que o IRDR seja somente para a territorialidade daquele Tribunal onde foi instaurado. Um exemplo seria um IRDR no Tribunal de Justiça de Rondônia e, um legitimado ou parte com demanda no Acre poder suscitar, perante o Tribunal Superior que entender plausível, a ampliação da suspensão dos processos para o Brasil inteiro.

Ou seja, o legislador inseriu duas possibilidades – pelos legitimados ou pelas partes de outras demandas, ambos em outros Estados ou Regiões – em que, ainda durante o trâmite do incidente, para que o Tribunal Superior, desde logo, se, devidamente provocado, manifeste pela necessidade de cautela sobre a questão e ampliação da suspensão para demandas além do território de competência daquele Tribunal que julgará o IRDR.

Se o legislador possibilitou essas interferências transversas do Tribunal Superior para suspender os processos fora do alcance daquele IRDR, ainda durante a sua tramitação, significa que o recurso que o impugnará deve conter as mesmas características procedimentais repetitivas, o que importa na necessidade de uma afetação, o que, nesse caso, seria em alcance federal.

Esse é um ponto em que teremos que excepcionalizar o próprio requisito do recurso excepcional repetitivo, uma vez que o art. 1.036, § 1º preconiza a necessidade de dois ou mais recursos excepcionais sobre determinada matéria para que se possa afetar em repetitivo. Não existe um só recurso excepcional repetitivo, mas recursos representativos da controvérsia determinada como repetitiva, almejando, mediante um conglomerado de demandas de questão repetitiva, a abrangência do maior número possível de visões e teses jurídicas sobre a matéria a ser discutida.

No entanto, nesse recurso excepcional impugnativo da decisão do IRDR, há de se excepcionalizar essa previsão de dois ou mais recursos para a afetação, com a possibilidade de recepção somente desse recurso, transformando sua tramitação em repetitiva, uma vez que já representa a repetitividade inserta ao incidente julgado e impugnado.

Evidentemente que se houver outro recurso de igual questão de direito tramitando no Tribunal Superior, pode-se afetá-lo conjuntamente àquele que impugnou a decisão do incidente, contudo, não há como limitar a afetação pela regra de mínimo de dois recursos.

Os processos afetados pelo IRDR, na limitação daquele anterior Tribunal, devem permanecer suspensos? Como o próprio recurso interposto detém efeito suspensivo automático, aquela decisão oriunda do IRDR decidido, ainda não tem eficácia para aplicabilidade nos processos afetados, com a necessidade de manutenção, pelo relator – ou do colegiado no STJ – quando proferir a decisão de afetação, com a visualização sobre a necessidade da suspensão dos processos, seja daqueles que já estavam sobrestados pelo incidente no âmbito estadual ou regional, quanto os demais processos do Brasil inteiro, nos outros Tribunais que não discutiram a matéria ali afetada.

Com a afetação desse recurso como repetitivo, o processamento deste deve ser precedido de um necessário contraditório ampliado e substancial, com a possibilidade de manifestação de *amicus curiae* e a realização das audiências públicas, com a facilidade, até certo ponto, de publicidade e chamamento para a manifestação desses, uma vez que se pode aproveitar a participação de alguns do julgamento do incidente em âmbito estadual ou regional, seja para as intimações, quanto para que se manifestem sobre a matéria, bem como se deve admitir a inserção de novos participantes, principalmente daqueles que não tiveram a oportunidade de manifestação dentro do IRDR.

Após a manifestação de todos, o Ministério Público deve ser ouvido, para a apresentação de seu parecer sobre a matéria afetada como repetitiva. Transcorrido o prazo ministerial, com a apresentação de seu devido parecer, o relator requer a pauta para o julgamento, restando ao presidente daquele colegiado colocá-lo para o devido julgamento.

Esse julgamento recursal será um pouco diferente do repetitivo normal, pelo fato de ser um recurso que impugna a fixação da tese jurídica na decisão do IRDR, ou seja, não impugna a decisão principal, uma vez que não faz parte do incidente, devendo ser aplicada em momento posterior, como já vimos anteriormente. Se o recurso, ao ser recebido como repetitivo, não tiver nenhum outro recurso já existente no Tribunal Superior para ser representativo da controvérsia conjuntamente, deve ser julgado somente na impugnabilidade da tese jurídica fixada no IRDR, pela própria inexistência de outros pontos materiais.

Evidentemente que se outros recursos – tramitando no STJ ou STF – forem escolhidos como representativos da controvérsia em conjunto com aquele que impugnou o IRDR, estes devem participar da decisão repetitiva e, posteriormente, devem ser julgados em seu mérito.

4.3 O efeito substitutivo do recurso excepcional

O art. 1.008 tem a seguinte disposição: "julgamento proferido pelo tribunal substituirá a sentença ou a decisão recorrida no que tiver sido objeto de recurso". Pela simples leitura literal do artigo acima, verifica-se que o julgamento de um recurso interposto causa a substituição da decisão recorrida, pela manifestação sobre a matéria que o juízo recursal fará.

Uma vez julgado o recurso, a decisão recorrida perderá a eficácia, concedendo-a para a decisão proveniente do julgamento do recurso[28], causando um efeito recursal de a decisão anterior ser substituída pela oriunda do julgamento do recurso. Consequencialmente, a decisão recorrida fica substituída pela nova decisão existente dentro do processo, sendo a última aquela que conterá valor e eficácia. A última decisão existente no processo sobre aquela matéria é a que detém a definição final do direito ali exposto.

Theodoro Jr. explica sobre o efeito substitutivo, da seguinte maneira, como aquele que detém o intuito de que "na força do julgamento de qualquer recurso substituir, para todos os efeitos, a decisão recorrida, nos limites da impugnação"[29].

Desse modo, com a interposição de recurso excepcional sobre a decisão que fixa a tese jurídica no IRDR e o posterior julgamento deste, essa eventual decisão substituirá o acórdão anterior, com a eficácia justamente do que for decidido pelo recurso no STJ ou STF. O efeito substitutivo ocorre nessa situação, com a não validade e eficácia da decisão do IRDR, mas do que for decidido em Tribunal Superior, ainda que seja por manter o teor do que se decidiu no incidente.

Diante da relação do efeito substitutivo do recurso excepcional com o próprio IRDR e a sua decisão resolutiva, não há como entender, de modo macro, que a decisão do incidente – estadual ou regional – seja realmente autônoma, devendo, portanto, ser vista como uma decisão de passagem, preparatória para a formação do precedente no Tribunal Superior, nascendo dali o precedente judicial.

O art. 985 preconiza que com o julgamento do IRDR realizado, o conteúdo do acórdão serve de base de aplicabilidade aos outros processos afetados pela ma-

---

28. "Conhecido o recurso, pelo juízo de admissibilidade positivo, passando-se ao exame do mérito recursal, haverá efeito substitutivo do recurso quando: a) em qualquer hipótese (*error in iudicando* ou *in procedendo*) for negado provimento ao recurso; b) em caso de *error in iudicando*, for dado provimento ao recurso" (NERY JR., Nelson. Princípios fundamentais: teoria geral dos recursos. 6ª. ed. São Paulo: Revista dos Tribunais, 2004. p. 488).

29. THEODORO JR., Humberto. *Curso de direito processual civil*: teoria geral do direito processual civil e processo de conhecimento. 47ª ed. Rio de Janeiro: Forense, 2007. v. 1. p. 646.

téria delimitada, no entanto, na existência de um recurso excepcional sobre essa decisão, não será mais esse ato decisório que terá validade e eficácia no processo e, sim, o acórdão do Tribunal Superior, justamente pela consequência do efeito substitutivo.

4.4 A vinculação da decisão do Tribunal Superior sobre recurso impugnativo da tese jurídica fixada em IRDR

O IRDR ao ser decidido fixa uma tese jurídica com caráter vinculante, seja para os processos existentes e sobrestados ou àqueles futuros que versarem sobre a mesma matéria, é o que o art. 985, I e II preconiza, logo, se essa decisão é imbuída de vinculatividade, com a sua impugnação via recurso excepcional, a decisão oriunda deste também terá o mesmo caráter? Esse é o entendimento que podemos retirar do art. 987, § 2º ao dispor que apreciado esse recurso, será aplicada no território nacional a todos os processos individuais ou coletivos que versem sobre idêntica questão de direito[30].

Dessa maneira, não há dúvida, se houver um recurso excepcional, a decisão dali proveniente é vinculante. Logo, se interposto esse recurso excepcional, no momento em que é julgado, substitui a decisão do incidente, com a mesma aplicabilidade para aqueles processos suspensos. Decidido o recurso em Tribunal Superior, a matéria forma precedente, com aplicabilidade vinculada aos órgãos daquele Tribunal, bem como de todos os outros Tribunais, com ampliação territorial da matéria.

Nesse ínterim, com o recurso excepcional interposto, a decisão oriunda do IRDR será um precedente – mediante a fixação daquela tese jurídica – provisório, como um repetitivo preparatório para a definição pelo Tribunal Superior, uma vez que o precedente válido para todo o território e com ares de definitividade será aquele do julgamento desse recurso excepcional, pelo STJ ou STF**31**.

---

30. A tese aplicada será do IRDR ou do Tribunal Superior em recurso excepcional? Essa segunda possibilidade é a preconizada pelo art. 987. "Apreciada a questão, em seu mérito, pelo STF e/ou pelo STJ, a tese jurídica firmada será aplicada a todos os processos repetitivos (individuais ou coletivos) que versem sobre idêntica questão de direito e que tramitem em todo o território nacional (art. 987, § 2º, do CPC), inclusive àqueles que têm andamento nos juizados especiais (art. 985, I, do CPC)" (CAVALCANTI, Marco de Araújo. Comentário ao art. 987. In: RIBEIRO, Sergio Luiz Almeida; GOUVEIA FILHO, Roberto Pinheiro Campos; PANTALEÃO, Izabel Cristina; GOUVEIA, Lucio Grassi de (orgs.). *Novo Código de Processo Civil comentado.* São Paulo: Lualri, 2017, t. III, p. 321).

31. "A melhor interpretação do dispositivo ora em comento é de que a resolução da questão comum será aplicada a todos os processos em que o tema seja discutido em todo o território nacional, independentemente do âmbito territorial do tribunal de origem (um Estado ou região), quando, apreciando o mérito do recurso especial ou extraordinário (isto é, vencido o juízo de admissibilidade), o STJ e STF conheçam do mérito do incidente" (CABRAL, Antonio Passo. Comentário ao art. 987. In: CABRAL, Antonio Passo; CRAMER, Ronaldo (orgs.). *Comentários ao novo Código de Processo Civil.* 2ª ed. São Paulo: Método, 06/2016. [Minha Biblioteca]. Retirado de: https://integrada.minhabiblioteca.com.br/#/books/9788530971441/).

Com a existência de uma recorribilidade a Tribunal Superior, o precedente adotado pelo IRDR aguardará a definição nessa instância superior, para a sua devida estabilização, revisando o decidido pelo Tribunal de segundo grau que fixou a tese jurídica. A decisão que conterá o valor vinculante será evidentemente a do Tribunal Superior, revogando a decisão adotada anteriormente no IRDR para aquela competência territorial e ampliando o alcance para todo o território brasileiro, fato que a decisão do incidente não alcançava.

Se o recurso impugnativo da decisão do IRDR confirmar o posicionamento adotado pelo Tribunal de segundo grau, o precedente, provisoriamente formado, será confirmado em seu teor. Por outro lado, se for decidido de maneira diversa – total ou parcialmente – àquela tese jurídica anteriormente formada, esta será revogada, sem aplicabilidade nenhuma, mesmo diante do alcance territorial daquele Tribunal de segundo grau, que deverá adotar o precedente definido pelo STJ ou STF, uma vez que a decisão do incidente, agora revista e estabilizada pelo Tribunal Superior, passa a ter vinculação em todos os processos com identidade material no Brasil.

Esse ponto – a ampliação do precedente pelo recurso excepcional – é importante para o enfrentamento doutrinário, pela omissão do legislador sobre a característica desse recurso excepcional impugnativo a decisão do IRDR, como a visualização de que, na prática, a grande maioria das decisões dos incidentes deve ser impugnada via esses recursos, o que, certamente, levará aos Tribunais Superiores o poder de estabilizar a tese jurídica, transformando-a de um precedente com limitações territoriais, para um com amplitude e alcance maior – todo o território brasileiro.

Por mais que se discuta sobre a inovação da competência dos Tribunais de segundo grau decidirem em caráter de formação de precedente vinculante, a estabilização da decisão ocorrerá – como sempre – no âmbito dos Tribunais Superiores, alterando-se somente a desnecessidade da discussão por anos sobre a matéria até chegar a estes Tribunais, bem como não necessitando de diversos recursos excepcionais chegarem para tanto, culminando um ganho de economia processual e capacidade judicante.

4.5 A existência de IRDRs em Tribunais diversos, o recurso e o efeito substitutivo erga omnes

Um outro ponto sobre o IRDR é a possibilidade, diante das peculiaridades do próprio instituto de uma mesma matéria estar com incidentes tramitando em Tribunal de segundo grau diversos. Um exemplo seria uma determinada matéria suscitada como repetitiva, via IRDR, no Tribunal de Justiça de Rondônia e, ao mesmo tempo, no Tribunal de Justiça do Amazonas, ter a mesma matéria tramitação em IRDR.

O que for decidido em cada qual, pelo teor do art. 985, tem vinculação para o seu limite territorial[32], ou seja, o resultado do IRDR de Rondônia tem vigência e vinculação aos juízos desse Estado e, igualmente, o que for definido como tese jurídica pelo Tribunal de Justiça do Amazonas, ainda que em caminho decisório diverso, vinculará somente as demandas e juízos desse respectivo Estado.

Essa é a delimitação territorial[33] de vigência que o próprio IRDR detém – estadual ou regional.

O modo com que o IRDR foi pensado, legislativamente, e positivado permite essa possibilidade de multiplicidade de IRDRs em Tribunais distintos sobre a mesma matéria. No entanto, em ambos caberá o recurso excepcional, como já vimos detalhadamente, para impugnar a tese jurídica fixada, com a transferência da discussão judicante para os Tribunais Superiores.

É importante construir que a decisão do Tribunal Superior afetará e superará ambos os IRDRs – nesse caso, de Rondônia e Amazonas – e, consequentemente, inviabilizará a existência de novos incidentes em todos os Tribunais, chamando para si a competência de eventual e posterior superação da tese jurídica firmada.

Dessa maneira, mesmo que os legitimados e partícipes de um IRDR em Estado não recorram aos Tribunais Superiores, se existir um IRDR de outro Estado – como no exemplo dado, esse recurso servirá para pacificar o entendimento, tanto no Tribunal recorrido, como em qualquer outro Tribunal. A sobreposição existente dessa decisão, em grau superior, abrange e impacta todo e qualquer IRDR sobre aquela matéria.

Diante de tal "superação" da decisão do IRDR, mesmo que de modo transverso, pelo recurso excepcional impugnativo de um outro IRDR, dificilmente uma tese jurídica será estabilizada pelo julgamento do próprio Tribunal de Justiça. O normal será essa matéria ser remetida, de um modo ou de outro, para a discussão em grau superior e, a partir daí, ter a vinculatividade de um precedente judicial.

---

32. Nesse sentido: "Assim, julgado o mérito do IRDR, o inciso I do art. 985 do CPC determina que a tese jurídica sobre a questão de direito será aplicada obrigatoriamente a todos os processos repetitivos (individuais ou coletivos) que versem sobre idêntica questão de direito e que tramitem na área de jurisdição do respectivo tribunal, inclusive àqueles que têm andamento nos juizados especiais do respectivo Estado ou região" (CAVALCANTI, Marco de Araújo. Comentário ao art. 987. In: RIBEIRO, Sergio Luiz Almeida; GOUVEIA FILHO, Roberto Pinheiro Campos; PANTALEÃO, Izabel Cristina; GOUVEIA, Lucio Grassi de (orgs.). *Novo Código de Processo Civil comentado*. São Paulo: Lualri, 2017. p. 317).

33. "Em outras palavras: já existindo precedente oriundo de um incidente, suas razões de decidir haverão de ser levadas em consideração pelas demais cortes quando elas tiverem que julgar futuros IRDRs sobre assunto idêntico, seja para acompanhar ou para divergir da tese sedimentada anteriormente" (BASTOS, Antonio Adonias Aguiar. Dever de enfrentamento do precedente editado num IRDR para o julgamento de outro IRDR. *Revista Brasileira de Direito Processual*, v. 15, p. 43-62, 2018. p. 54). Bastos delineia que não há base legal específica para tal observância, porém o próprio art. 926 seria a diretriz da necessidade de referência e enfrentamento da decisão de um IRDR quando houver o julgamento de outro de igual matéria (BASTOS, Antonio Adonias Aguiar. Dever de enfrentamento do precedente editado num IRDR para o julgamento de outro IRDR. *Revista Brasileira de Direito Processual*, v. 15, p. 43-62, 2018. p. 55).

5. A FALÁCIA NA APLICAÇÃO DA TESE JURÍDICA FIXADA EM IRDR

5.1 O caráter meramente preparatório do IRDR

A motivação para a criação de um instituto como o IRDR está na necessidade de assegurar uma aplicabilidade idêntica e coerente das decisões, em um mesmo Tribunal de segundo grau, em situações isonômicas, pacificando, consequentemente, a jurisprudência.

No âmbito recursal, tanto o CPC/73, ao delimitar a repercussão geral e ao criar o recurso repetitivo, quanto o CPC/2015, ao manter estes institutos, confiam aos Tribunais Superiores o caminho para a estabilização da jurisprudência e, assim, a sistematização de precedentes judiciais. Já no IRDR, há a diferença de agregar a temática repetitiva aos Tribunais de segundo grau – Estaduais e Regionais. Ao conceder a competência do instituto a esses Tribunais, diferenciou dos julgamentos por amostragem dos Tribunais Superiores, ampliando as possibilidades de resolução em massa de demandas.

O intuito é o alcance maior e mais cedo, processualmente, da pacificação das decisões e a aplicabilidade da justiça de modo coerente.

A novidade implementada pelo IRDR será testada nos primeiros anos do CPC/2015 para a devida análise de sua utilização, viabilidade e melhoria. E, ainda, se os Tribunais de segundo grau estão prontos para uma nova atribuição de fixação de precedentes vinculantes. Afinal, seria pertinente incluir essa nova atribuição – definir teses jurídicas em repetitivos – aos Tribunais de segundo grau? Essa dúvida é pertinente, contudo somente no cotidiano forense para colhermos tais resultados.

No entanto, uma ponderação deve ser feita, muito se discute sobre a decisão que fixa a tese jurídica do IRDR, se seria precedente ou não, ou, ainda, se esse Tribunal estaria pronto para formar o precedente, como acima disposto. Essa discussão, de certa maneira, acaba por ser um pouco falaciosa, pelo fato de que dificilmente a decisão do incidente será aplicada nos processos afetados antes da resolução pelo Tribunal Superior competente.

A decisão válida da questão de direito delimitada pelo IRDR e, posteriormente, aplicável aos processos afetados e futuros, quase sempre será de um Tribunal Superior, aquele que recepcionou o recurso excepcional sobre a decisão do incidente, procedimentalizando-o como um repetitivo excepcional.

Dessa maneira, a decisão a ser aplicada nos processos afetados, conforme preconizado no art. 985, não será, então, realmente do IRDR, mas uma decisão consequencial da existência de um recurso impugnativo do próprio incidente. Ou seja, o Tribunal de segundo grau, apesar de competente para o julgamento do IRDR, não terá a sua decisão aplicada e, sim, a do Tribunal Superior, pelo fato dessa ser a realmente definitiva sobre a questão de direito delimitada no incidente.

O IRDR, de certa forma, funciona como um instituto repetitivo preparatório e célere para o Tribunal Superior fixar a tese jurídica de uma questão de direito e não para ser um instituto que define, por si só, a tese a ser aplicada. O IRDR, na prática, é um instituto meio e não um realmente formador de precedente. Com o devido cabimento de recurso excepcional da decisão final do IRDR, não será esse ato decisório que será aplicado, mas a decisão do recurso repetitivo oriundo dessa recorribilidade do incidente.

Nesse viés, a discussão do IRDR e sua visão de formação de precedente, com o cuidado, ou não, de os Tribunais de segundo grau estarem aptos a tal função, apesar de pertinente, é falaciosa, pelo fato de que o incidente somente adiantará a formação de um recurso repetitivo, como um caminho mais curto para o STJ ou STF conhecerem aquela matéria como repetitiva.

Instaurado o IRDR, com a suspensão dos processos afetados e a discussão no Tribunal de segundo grau, possibilita-se, desde já, nesse grau de jurisdição, a discussão jurídica pormenorizada sobre o tema, com um contraditório ampliado, sobrestamento das demandas e, consequencialmente, uma definição de uma tese jurídica. No entanto, essa discussão somente tem a serventia de encurtar um caminho para a existência de um recurso excepcional repetitivo, reduzindo o lapso temporal de uma afetação repetitiva por um Tribunal Superior.

A existência do IRDR não significa a formação de um precedente pelo Tribunal de segundo grau, mas um caminho reduzido, processualmente, para a definição da matéria em rito repetitivo em nível federal, nos Tribunais Superiores.

O IRDR é conectado com os recursos excepcionais repetitivos e, não um incidente autônomo de formação de precedente vinculante. Se qualquer dos participantes do IRDR pode recorrer para levar aquela decisão a ser revista pelo Tribunal Superior pertinente, essa será a decisão que formará o precedente, tornando o incidente no Tribunal de segundo grau somente um meio de suscitação e discussão dessa matéria, nessa instância, com o intuito de definir a matéria em Tribunal Superior, para, a partir daí, ser aplicável como um precedente.

E, ainda, a limitação territorial existente no instituto do IRDR é, portanto, momentânea, da suscitação, instauração, discussão e decisão no Tribunal de segundo grau, contudo, a partir da existência de um recurso excepcional, a decisão dali resultante terá validade e aplicabilidade como precedente para todos os Tribunais e juízos, em todo o território nacional, como ocorre em um recurso excepcional repetitivo, até pelo fato de que será um recurso excepcional repetitivo.

Desse modo, dificilmente a decisão do IRDR será aplicada, como preconiza o art. 985 e, sim a decisão do recurso excepcional que impugna a tese jurídica fixada no IRDR, o que já vimos que deve ser recepcionado como repetitivo. Logo, o IRDR é um meio de aceleração de formação de precedente vinculante pelo Tribunal Superior, sem a autonomia que o ordenamento aparentemente lhe concede.

5.2 A visão inócua e falaciosa do art. 985

A própria existência do IRDR ressalta a importância da segurança jurídica e a estabilidade das decisões. Pelo teor do art. 985, I e II[34], verifica-se a vinculação dos órgãos julgadores dentro da jurisdição do Tribunal sobre a questão de direito afetada e decidida no incidente[35]. Com a decisão prolatada e estabilizada, necessário se faz o cumprimento do precedente tanto pelos juízes de primeiro grau daquela territorialidade, quanto dos órgãos fracionários daquele Tribunal.

Essa é a vinculação perante os juízos.

O art. 985 dispõe dois efeitos vinculantes: um para os processos em tramitação, aqueles que estão à espera da decisão do IRDR, dentro dos limites daquele Tribunal; e, para aqueles futuros que versem idêntica questão de direito e que venham a tramitar no território de competência do Tribunal.

No primeiro efeito, a decisão do IRDR deve ser aplicada aos processos sobrestados na jurisdição daquele Tribunal, utilizando o mesmo conteúdo da decisão. Já no segundo efeito, a decisão do IRDR será aplicável, de igual maneira, aos processos futuros que sobrevierem versando sobre aquela matéria, devendo, portanto, a decisão ser aplicada da mesma forma.

Entretanto, a aplicabilidade do precedente depende da cessação da suspensão dos processos afetados. Qual será o momento em que a decisão do IRDR será aplicável? Não há disposição sobre isso, pelo fato de que o art. 985, somente dispõe que, após o julgamento, a tese será aplicada, sem mencionar recursos, estabilização ou trânsito em julgado.

---

34. "Além disso, a eficácia da tese jurídica ao final alcançada (art. 985, caput) espraia eficácia expandida, em face de todos os processos individuais e coletivos, presentes e futuros, que envolvam a mesma questão de direito, assim nos limites da competência territorial do tribunal local (TJ) ou regional (TRF)" (MANCUSO, Rodolfo de Camargo. *Incidente de resolução de demandas repetitivas:* a luta contra a dispersão jurisprudencial excessiva. São Paulo: Ed. RT, 2016. p. 258).

35. "Já é possível ser mais preciso. O incidente de resolução de demandas repetitivas tem o objetivo de solucionar uma questão que é prejudicial à solução dos casos pendentes. Essa questão deve ser, por imposição do próprio Código de Processo Civil, uma questão idêntica. De modo que não há como pensar que a decisão proferida no incidente não resolve a mesma questão que prejudica a solução de todo os casos pendentes. Ora, se a decisão que resolve o incidente de resolução de demandas repetitivas resolve uma questão que interessa a muitos, tal decisão não tem qualquer diferença daquela que, em ação individual, resolve questão que posteriormente não pode ser rediscutida. Essa última decisão também resolve questão que pode constituir prejudicial ao julgamento dos casos de muitos. Sucede que, como não poderia ser de outra forma, a decisão proferida no caso de um apenas pode beneficiar terceiros, nunca prejudicá-los (art. 506 do CPC/2015). Ou melhor, a decisão proferida no caso de um, assim como a decisão proferida no incidente de resolução, não pode retirar o direito de discutir a questão daquele que não participou. O contrário constituiria grosseira violação do direito fundamental de participar do processo e de influenciar o juiz" (MARINONI, Luiz Guilherme. O "problema" do incidente de resolução de demandas repetitivas e dos recursos extraordinário e especial repetitivos. *Revista de Processo*. São Paulo, vol. 249, ano 40, p. 399-419, nov. 2015. p. 407).

Um primeiro ponto passa pela possibilidade, como qualquer decisão da interposição dos embargos de declaração, o que impedem, pela possibilidade de modificação e revisão da decisão, da própria aplicabilidade e efeito cascata. Não deve, portanto, ser julgado em determinada data o IRDR e aplicável no dia seguinte, deve aguardar-se o transcurso do prazo dos embargos e, se for interposto, eventual julgamento e estabilização do que foi realmente decidido.

Com ou sem embargos, aquela decisão que fixa a tese jurídica do IRDR, como já vimos, é recorrível, na dicção do art. 987, via recursos excepcionais, o que, também, podem afetar tal vinculação e seu momento de aplicabilidade. Se houver um recurso excepcional da decisão do incidente, mesmo com a tese jurídica fixada, a matéria foi remetida a Tribunal Superior, impedindo, nesse momento, a aplicação da decisão para os casos sobrestados, pelo fato destes continuarem suspensos, não mais pelo incidente em segundo grau, porém pelo recurso excepcional interposto[36].

Se houver um recurso excepcional sobre a decisão que fixa a tese jurídica no IRDR, a vinculação continuará a ser pelo art. 985? Essa questão é pertinente, uma vez que tal recurso deve ser recebido, como já repassamos, como repetitivo e, assim, a vinculação existente será pelo art. 985 ou pela própria sistemática dos recursos excepcionais repetitivos? Ou, ainda, pelo teor dos arts. 1.039 e 1.040, pertinentes aos repetitivos nos Tribunais Superiores? Esse ponto é a questão da própria visão de que o art. 985 passa a impressão – totalmente equivocada – de que o IRDR se resolve em torno de si, que aquela decisão será uma decisão não impugnada e, consequentemente, estabiliza-se com a aplicabilidade para os processos afetados e futuros.

No entanto, a realidade processual, mesmo com a inovação do IRDR, é diversa, com a alta recorribilidade dessa decisão, seja pelos legitimados do próprio incidente, dos terceiros que participaram do mesmo, transferindo a discussão jurídica ao Tribunal Superior. E, ainda, caso nenhum desses recorra, quando o Tribunal de segundo grau aplicar tal tese jurídica, as partes daquela demanda podem recorrer também, remetendo a discussão igualmente ao Tribunal Superior.

---

36. "O incidente de resolução de demandas repetitivas se destina a regular casos que já surgiram ou podem surgir em face de determinado litígio. O sistema de precedentes, de outro lado, tem o objetivo de outorgar autoridade às *rationes decidendi* firmadas pelas Cortes Supremas. Diversos casos, marcados por diferenças razoáveis, podem ser resolvidos por um precedente que resolve uma questão de direito. Mas as decisões firmadas nos incidentes de resolução de demandas repetitivas não têm qualquer preocupação em orientar a sociedade ou a solução de casos futuros, porém objetivam regular uma questão litigiosa que está presente em vários casos pendentes. O incidente de resolução é uma técnica processual destinada a criar uma solução para a questão replicada nas múltiplas ações pendentes. Bem por isso, como é obvio, a decisão proferida no incidente de resolução de demandas repetitivas apenas resolve casos idênticos. Essa a distinção básica entre o sistema de precedentes das Cortes Supremas e o incidente destinado a dar solução a uma questão litigiosa de que podem provir múltiplos casos" (MARINONI, Luiz Guilherme. O "problema" do incidente de resolução de demandas repetitivas e dos recursos extraordinário e especial repetitivos. Revista de Processo. São Paulo, vol. 249, ano 40, p. 399-419, nov. 2015. p. 401).

Dessa maneira, o próprio art. 985 é um dispositivo meramente informativo e inócuo, sem nenhuma aplicabilidade prática, uma vez que o IRDR é um mero preparatório para um repetitivo federal.

5.3 A desnecessidade de uma discussão sobre formação de precedente em IRDR

O IRDR, quando julgado e definida a tese jurídica, forma um precedente? Essa questão tornou-se pertinente e realizada pela doutrina com diferentes posicionamentos. Marinoni ressalta essa problemática no IRDR, ao dispor que esta técnica não forma precedente e não teria correlação com o *stare decisis*, por não julgar casos e, sim, julgar questões. Nessa visão, entende que o IRDR não tem a serventia para produzir precedentes, uma vez que estes devem ser construídos pelos Tribunais Superiores, dentre outros aspectos.

De certa maneira, há razão nesse posicionamento macro de Marinoni, contudo precedentes existem em diferentes níveis e vinculados a diferentes hierarquias, o que não impede de ser um precedente, no entanto, como concluiremos, somente de caráter provisório. Por outro lado, Cunha e Didier Jr., ao se manifestarem sobre essa pontuação de Marinoni, o fazem em caminho inverso, com a defesa de que o IRDR forma precedente judicial, justamente pela visão de que o instituto optou por construir-se como uma causa-piloto, julgando, conjuntamente, a questão repetitiva e o caso em concreto[37], o que Marinoni coloca como essencial para ser um precedente judicial[38]. Ressaltam, ainda, que todas as técnicas

37. "Luiz Guilherme Marinoni entende que, no IRDR, não há formação de precedente, pois apenas resolve casos idênticos, criando uma solução para a questão replicada nas múltiplas ações pendentes. Já nos recursos repetitivos há formação de precedentes, pois são julgados por cortes supremas, que são as cortes de precedentes. Para ele, enquanto o IRDR pertence ao discurso do caso concreto, os precedentes dizem respeito ao discurso da ordem jurídica. Não concordamos com essa distinção. Tanto no IRDR como nos recursos repetitivos, o tribunal julga a causa e fixa o entendimento a ser seguido: da ratio decidendi do julgado surge o precedente a orientar os casos pendentes que ficaram sobrestados e, igualmente, os casos futuros que se enquadrem na mesma situação ou que se assemelhem à hipótese decidida. Para este Curso, inclusive, cabe IRDR em tribunais superiores. Ademais, as técnicas de aplicação de precedentes devem ser utilizadas, entre as quais sobressai a distinção, podendo, nos casos pendentes e nos casos sucessivos, haver distinção restritiva e distinção ampliativa" (CUNHA, Leonardo José Carneiro da; DIDIER JR., Fredie. *Curso de direito processual civil*: meios de impugnação às decisões judiciais e processo nos tribunais. 13ª ed. Salvador: Juspodivm, 2016. p. 591).

38. "O incidente de resolução de demandas repetitivas se destina a regular casos que já surgiram ou podem surgir em face de determinado litígio. O sistema de precedentes, de outro lado, tem o objetivo de outorgar autoridade às *rationes decidendi* firmadas pelas Cortes Supremas. Diversos casos, marcados por diferenças razoáveis, podem ser resolvidos por um precedente que resolve uma questão de direito. Mas as decisões firmadas nos incidentes de resolução de demandas repetitivas não têm qualquer preocupação em orientar a sociedade ou a solução de casos futuros, porém objetivam regular uma questão litigiosa que está presente em vários casos pendentes. (...) Essa a distinção básica entre o sistema de precedentes das Cortes Supremas e o incidente destinado a dar solução a uma questão litigiosa de que podem provir múltiplos casos" (MARINONI, Luiz Guilherme. O "problema" do incidente de resolução de demandas repetitivas e dos recursos extraordinário e especial repetitivos. *Revista de Processo*. São Paulo, vol. 249, ano 40, p. 399-419, nov. 2015. p. 401).

de formação de precedentes judiciais estão presentes e, de modo posterior, será aplicada a possibilidade de superação e distinção, todos aspectos pertinentes aos precedentes.

O art. 985, como já expusemos, nos traz uma conotação de um resultado vinculante e, ainda, com a formação de um precedente judicial, optando por um efeito cascata de resolver um estoque de demandas sobre as questões repetitivas e, posteriormente, conter um valor de vincular os casos futuros que sobrevierem com a mesma questão fático-jurídica, o que, num conjunto interpretativo, seria realmente a visão de um precedente judicial formado em segundo grau. Cavalcanti discorda dessa aplicação para os casos futuros[39], ou seja, discorda da visão geral da decisão do IRDR ser um precedente judicial, uma vez que teria somente a serventia para a resolução de uma questão repetitiva existente, com um impacto já previsto nos processos que tramitam naquela territorialidade. É uma visão mais fechada do próprio IRDR.

Tal discussão é pertinente? Depende do prisma adotado. Se o estudo for realizado somente diante do próprio instituto, para o entendimento do IRDR, talvez a questão sobre a sua decisão e a formação de um precedente seja pertinente e essencial. Todavia, o IRDR será um precedente judicial que se estabilizará pelo julgamento e fixação da tese já no Tribunal de segundo grau – TJs ou TRFs? Inserindo o instituto no ordenamento, com o intuito de sistematizá-lo com o processo como um todo, a sua função, ao fixar a tese jurídica, não será extinta com o seu próprio julgamento, com a possibilidade de impugnação para os Tribunais Superiores – um deles ou em ambos – mediante os recursos excepcionais pertinentes.

Os recursos podem ser interpostos, como já explanado, pelos legitimados e partícipes do IRDR e, caso assim não procedam, todas as partes afetadas, com a utilização do IRDR, podem recorrer aos mesmos Tribunais Superiores. Dessa maneira, a decisão firmada no incidente – precedente ou não – será objeto de revisão pelos Tribunais Superiores, sem a visão de aplicabilidade anterior da tese jurídica fixada pelo próprio incidente.

Para que tal discussão fosse pertinente, tal decisão deveria estabilizar-se em torno do próprio instituto, com uma impossibilidade ou baixa possibilidade de

39. O IRDR é uma técnica de julgamento coletivo ou de formação de precedente. Esse ponto é crucial para entendermos os direitos ali dispostos. Se for um julgamento coletivo, há a coisa julgada e com esta, somente os participantes ou representados devidamente que participarão do impacto da decisão. Cavalcanti vai neste viés para dizer que há um equívoco no instituto. Porém, entendemos que como técnico de formação de precedente, não deve ser visto como coisa julgada, até por ensejar superação e não ação rescisória, dentre outros motivos: "Pior: a ideia de julgamento abstrato do IRDR permite aplicar a tese jurídica às causas futuras, referentes a litigantes que não tiveram qualquer possibilidade de participação e influência no julgamento coletivo" (CAVALCANTI, Marcos de Araújo. A falta de controle judicial da adequação da representatividade no incidente de resolução de demandas repetitivas (IRDR). *Revista Pensamento Jurídico*. v. 7, n. 1, 2015. p. 44).

impugnação, o que levaria a ser cumprido, integralmente o art. 985, vinculando aquele teor pelo próprio IRDR. A questão – formar precedente ou não – perde-se na realidade, na prática e no estudo de que a recorribilidade de tal decisão é imensa, seja pelos legitimados ou pelos partícipes do próprio IRDR ou, na falta destes, das partes dos processos afetados e, anteriormente, sobrestados.

A matéria decidida no IRDR chegará ao Tribunal Superior, por uma via ou por outra, diferentemente do que imagina a própria norma ou ao que se pressupõe quando se discute tal questão de formação de precedente judicial. Pertinente lembrar que o recurso extraordinário nessa hipótese tem repercussão geral garantida objetivamente e, ainda, qualquer dos recursos terá o efeito suspensivo.

O nosso posicionamento, apesar de entender que o texto legal nos leva a crer e construir uma visão de que os Tribunais de segundo grau estarão imbuídos do dever de forma precedente judicial, a realidade é diversa, contudo não será uma visão diferente somente pelos argumentos apresentados, mas pela própria desnecessidade da discussão sobre tal decisão e sua natureza jurídica ou, ainda, se forma ou não um precedente judicial.

Desse modo, a discussão sobre a formação ou não do precedente judicial via IRDR é inócua[40], justamente pela não estabilização da decisão em segundo grau, com a recorribilidade ampla para o Tribunal Superior e tramitação repetitiva de tal tese, com a definição de um precedente judicial, por uma Corte Superior[41].

---

40. Tribunal de segundo grau forma precedente? Nas diretrizes do imaginado pela legislação, a resposta seria positiva, contudo a questão se esvazia com a visualização de que o precedente judicial ali formado terá alto grau de impugnabilidade, esvaziando a própria discussão prática sobre tais pontos. Como discorremos, Marinoni e Mitidiero dizem que não, pelo fato de uma destinação do precedente ter função de unidade da federal em termos da interpretação do direito, não discordamos que precedente seja isso também, porém o IRDR dificilmente se estabilizará em torno de si: "Com isso, insinua que essas cortes poderiam ter também uma função diversa daquela ligada à prolação de decisões justas e de fomento ao debate interpretativo, notadamente uma função ligada à formação de precedentes. Trata-se de um equívoco, porém. Um precedente constitui o resultado por uma generalização de razões empreendidas a partir de um julgamento realizado por uma corte encarregada de dar a última palavra a respeito do significado da questão de direito debatida. (...) é preciso perceber que essa jurisprudência vinculante serve apenas de uniformização da jurisprudência dessas próprias cortes e das decisões dos juízes a elas vinculados. Não servem, por exemplo, para formar a confiança legítima capaz de levar à superação apenas para frente de determinado precedente" (MARINONI, Luiz Guilherme; MITIDIERO, Daniel; ARENHART, Sérgio Cruz (coords.). *Comentários ao novo Código de Processo Civil*: artigos 926 a 975. São Paulo: RT, 2016. p. 43-47).

41. Entendemos que o IRDR, de certo modo, é instituto preparatório para a fixação de uma tese repetitiva federal, uma vez que cabe recurso. A dúvida existente, no entanto, passa a ser outra. Quando há um recurso e, consequentemente, o julgamento em Tribunal Superior, o IRDR será transferido, nos ditames do art. 987 e seus parágrafos para o Tribunal Superior, ou esse recurso será repetitivo? Sobre esse ponto, entendemos que o recurso excepcional deve ser encarado como repetitivo. Por outro lado, Temer entende que o recurso seria a ampliação do alcance do próprio IRDR: "O Código prevê que a tese jurídica deverá ser observada, a princípio, pelo tribunal (estadual ou regional) que a fixou, além dos juízos inferiores a ele vinculados. Não obstante, uma vez interposto recurso contra a decisão e analisada a questão pelo STF ou STJ, a tese ganha abrangência nacional, passando a ser obrigatória para todos os juízes e tribunais" (TEMER, Sofia Orberg. *Incidente de resolução de demandas repetitivas*. Salvador: Juspodivm, 2016 p. 249).

O IRDR é um instituto de preparação para a formação de um repetitivo federal.

5.4 A exceção do IRDR formado sobre direito local

Sobre a questão da decisão do IRDR estabilizar-se em segundo grau, com a fixação da tese jurídica ali realizada, tem uma hipótese excepcional, na qual claramente é pertinente imaginar que essa tese não seja revisada em Tribunal Superior: quando o direito suscitado for somente local – lei municipal ou estadual.

Diante dessa hipótese – discussão sobre direito local – dificilmente caberá um recurso excepcional, o que importa na não recorribilidade da tese jurídica fixada na decisão do IRDR, o que realmente seria uma exceção a recorribilidade, bem como ao eventual efeito suspensivo que existiria no possível recurso excepcional repetitivo.

Sem a existência de uma recorribilidade, o IRDR, ao fixar a tese jurídica, tem uma decisão que cumprirá exatamente o disposto no art. 985, com aplicabilidade desta aos processos existentes e afetados e, ainda, aos processos vindouros. Contudo, essa é a hipótese excepcional, aquela em que realiza o que o artigo supramencionado se propõe, mas não deve ser vista como uma exceção que confirma a eficácia do artigo, deve analisar-se ao inverso, como uma exceção que demonstra a própria ineficácia e o modo inócuo do próprio art. 985.

6. ASPECTOS CONCLUSIVOS

Diante do desenvolvimento e explanação realizada, o IRDR foi inserido no ordenamento processual com o intuito de antecipar as discussões repetitivas, concedendo uma competência de julgamento por amostragem aos Tribunais de segundo grau e, portanto, de, desde logo, fixar tese jurídica vinculante a questões repetitivas que se enquadrem aos requisitos do art. 976.

A ideia de resolver questões idênticas e repetitivas de processos com direitos individuais homogêneos ou em questões com identidade em ações heterogêneas, para possibilitar uma mais célere estabilização de entendimento e resolução daquela questão. Com a utilização do IRDR e o seu julgamento, o art. 985 preconiza que a tese jurídica ali firmada vinculará os processos existentes e futuros.

Mas, será que esse artigo tem essa pertinência toda na realidade? Com a existência recursal excepcional para impugnar a decisão do próprio incidente, a questão será remetida ao Tribunal Superior e, assim, tramitada como um recurso excepcional repetitivo, formando, portanto, um precedente judicial por uma Corte Superior, ultrapassando toda a discussão sobre a natureza jurídica da própria decisão do IRDR, sem interessar, de modo geral, se forma ou não um precedente judicial, dado o caráter meramente preparatório do incidente.

7. REFERÊNCIAS BIBLIOGRÁFICAS

ABBOUD, Georges; CAVALCANTI, Marcos de Araújo. Inconstitucionalidades do incidente de resolução de demandas repetitivas (IRDR) e os riscos ao sistema decisório. *Revista de Processo*, São Paulo, vol. 240, fev. 2015.

AMARAL, Guilherme Rizzo. Efetividade, segurança, massificação e a proposta de um "incidente de resolução de demandas repetitivas". *Revista do Processo.* São Paulo, ano 36, vol. 196, jun. 2011.

ARAUJO, José Henrique Mouta. O incidente de resolução das causas repetitivas no novo CPC e o devido processo legal. In: DIDIER JR., Fredie; FREIRE, Alexandre; MACEDO, Lucas Buril de; PEIXOTO, Ravi (orgs.). *Coleção Novo CPC* – Doutrina Selecionada – v.6 – Processo nos Tribunais e meios de impugnação às decisões judiciais. Salvador: Juspodivm, 2015.

BASTOS, Antonio Adonias Aguiar. Dever de enfrentamento do precedente editado num IRDR para o julgamento de outro IRDR. *Revista Brasileira de Direito Processual*, v. 15, p. 43-62, 2018.

BUENO, Cassio Scarpinella. *Novo Código de Processo Civil anotado.* 2ª ed. São Paulo: Saraiva, 2016.

CABRAL, Antonio Passo. Comentário ao art. 987. In: CABRAL, Antonio Passo; CRAMER, Ronaldo (orgs.). *Comentários ao novo Código de Processo Civil.* 2ª ed. São Paulo: Método, 06/2016. [Minha Biblioteca]. Retirado de: https://integrada.minhabiblioteca.com.br/#/books/9788530971441/

CÂMARA, Alexandre Freitas. *O novo processo civil brasileiro.* 2ª ed. São Paulo: Atlas, 03/2016. Retirado de: https://integrada.minhabiblioteca.com.br/#/books/9788597005967/

CAMARGO, Luiz Henrique Volpe. O incidente de resolução de demandas repetitivas no projeto de Novo CPC: a comparação da versão do Senado Federal e da Câmara dos Deputados. In: FREIRE, Alexandre et al. *Novas tendências do processo civil.* Salvador: Juspodivm, 2014. vol. III.

CAMBI, Eduardo. Jurisprudência lotérica. *Revista dos Tribunais.* São Paulo, ano 90, v. 786, abr. 2001.

CAVALCANTI, Marcos de Araújo. Mecanismos de resolução de demandas repetitivas no direito estrangeiro: um estudo sobre o procedimento-modelo alemão e as ordens de litígios em grupo inglesas. *Revista de Processo*, São Paulo, vol. 238, dez. 2014.

_______. A falta de controle judicial da adequação da representatividade no incidente de resolução de demandas repetitivas (IRDR). *Revista Pensamento Jurídico.* v. 7, n. 1, 2015.

_______. *Incidente de resolução de demandas repetitivas.* São Paulo: Revista dos Tribunais. 2016.

_______. Comentário ao art. 987. In: RIBEIRO, Sergio Luiz Almeida; GOUVEIA FILHO, Roberto Pinheiro Campos; PANTALEÃO, Izabel Cristina; GOUVEIA, Lucio Grassi de (orgs.). *Novo Código de Processo Civil comentado.* São Paulo: Lualri, 2017. t. III.

CUNHA, Leonardo José Carneiro da; DIDIER JR., Fredie. *Curso de direito processual civil*: meios de impugnação às decisões judiciais e processo nos tribunais. 13ª ed. Salvador: Juspodivm, 2016.

LEMOS, Vinicius Silva. *Recursos e processos nos tribunais no novo CPC.* 2ª. ed. São Paulo: Lexia, 2016.

_______. O procedimento do microssistema de formação de precedentes vinculantes: desafios, deficiências e ponderações. Dissertação de Mestrado em Sociologia e Direito, UFF, 2017.

_______. O recurso da decisão de mérito do incidente de resolução de demandas repetitivas e a sua tramitação no tribunal superior. In: NERY JR., N.; ALVIM, T. R. (Org.). *Aspectos polêmicos dos recursos cíveis e assuntos afins.* 13. ed. São Paulo: Revista dos Tribunais, 2017.

MANCUSO, Rodolfo de Camargo. *Incidente de resolução de demandas repetitivas*: a luta contra a dispersão jurisprudencial excessiva. São Paulo: Ed. RT, 2016.

MARINONI, Luiz Guilherme. O "problema" do incidente de resolução de demandas repetitivas e dos recursos extraordinário e especial repetitivos. *Revista de Processo.* São Paulo, vol. 249, ano 40, p. 399-419, nov. 2015.

MARINONI, Luiz Guilherme; MITIDIERO, Daniel; ARENHART, Sérgio Cruz (coords.). *Comentários ao novo Código de Processo Civil*: artigos 926 a 975. São Paulo: RT, 2016.

MEDINA, José Miguel Garcia. *Novo Código de Processo Civil comentado*. 2ª ed. São Paulo: RT, 2015.

MENDES, Aluisio Gonçalves de Castro; TEMER, Sofia. O Incidente de resolução de demandas repetitivas do novo código de processo civil. In: DIDIER JR., Fredie; FREIRE, Alexandre; MACEDO, Lucas Buril de; PEIXOTO, Ravi (orgs.). *Coleção Novo CPC – Doutrina Selecionada* – v.6 – Processo nos Tribunais e Meios de Impugnação às Decisões Judiciais. Salvador: Juspodivm, 2015.

_______. Comentários ao art. 987. In: STRECK, Lenio. *Comentários ao Código de Processo Civil*. 11ª ed. (3/2016). [Minha Biblioteca]. Retirado de: https://integrada.minhabiblioteca.com.br/#/books/9788502635609/

NERY JR., Nelson. *Princípios fundamentais*: teoria geral dos recursos. 6ª ed. São Paulo: Revista dos Tribunais, 2004.

NUNES, Dierle. O IRDR do Novo CPC: este "estranho" que merece ser compreendido. http://justificando.com/2015/02/18/o-irdr-novo-cpc-este-estranho-que-merecesercompreendido.

SCHELEDER, Adriana Fasolo Pilati. *A inconstitucionalidade da aplicação do incidente de resolução de demandas repetitivas nos juizados especiais*. Tese de Doutorado – UFSC. 410 p. Florianópolis, 2015.

TEMER, Sofia Orberg. *Incidente de resolução de demandas repetitivas*. Salvador: Juspodivm, 2016.

CAPÍTULO XV

REVISÃO, SUPERAÇÃO E DISTINÇÃO

1

A REVISÃO DA TESE JURÍDICA FIRMADA EM INCIDENTE DE RESOLUÇÃO DE DEMANDAS REPETITIVAS

Jorge Luis da Costa Silva[1]

Sumário: 1 – Notas introdutórias. 1.1 – Do contexto sociojurídico da pesquisa. 1.2 – da identificação do problema. 2 – Quando pode ocorrer a revisão? 2.1 – Alteração legislativa. 2.2 – Mudança jurisprudencial. 2.3 – Erros evidentes. 2.4 – Transformações sociais, políticas ou econômicas. 2.5 – Representação argumentativa deficiente. 2.6 – Circunstância que não autoriza a revisão da tese jurídica fixada: alteração na composição do tribunal. 3 – Quem pode apresentar o pedido de revisão? 4 – Como ocorre a revisão? 4.1 – Órgão competente. 4.2 – Procedimento. 4.2.1 – IRDR revisional ou incidente revisor. 4.2.2 – Regimentos Internos dos Tribunais da Justiça Comum. 5 – Quais os resultados da revisão? 6 – Considerações finais. 7 – Referências.

1. NOTAS INTRODUTÓRIAS

1.1 Do contexto sociojurídico da pesquisa

Na virada deste século, José Carlos Barbosa Moreira ministrou uma palestra intitulada "*O processo civil brasileiro entre dois mundos*", oportunidade em que abordou as influências exercidas pelo sistema jurídico de *common law* sobre o direito processual civil brasileiro. A exposição – cujo conteúdo fora publicado pela Revista da Escola da Magistratura do Estado do Rio de Janeiro[2] e, mais tarde, selecionado para integrar a Oitava Série de "*Temas de Direito Processual*"[3] – aborda as dessemelhanças entre o processo civil brasileiro e o norte-americano, mas não deixa de observar que "o peso do universo anglo-saxônico tem aumentado no direito brasileiro"[4].

Para o autor, um dos sinais desta mudança consiste na introdução do art. 103-A na Constituição da República Federativa do Brasil de 1988 ("CRFB/1988"), que criou a súmula com efeito vinculante, evidenciando, de certo modo, a fonte de

---

1. Mestrando em Direito Processual pela Universidade do Estado do Rio de Janeiro (UERJ). Graduado em Direito pela Universidade do Estado do Rio de Janeiro (UERJ). Advogado.
2. BARBOSA MOREIRA, José Carlos. O processo civil brasileiro entre dois mundos. *Revista da EMERJ*, Rio de Janeiro, v. 4, n. 16, p. 11-22, 2001.
3. BARBOSA MOREIRA, José Carlos. *Temas de direito processual*: oitava série. São Paulo: Saraiva, 2004.
4. BARBOSA MOREIRA, José Carlos. *Temas de direito processual*: oitava série. São Paulo: Saraiva, 2004, p. 54.

inspiração no mecanismo dos *binding precedents* norte-americanos. Quase duas décadas depois destas constatações, é possível questionar se o peso do universo anglo-saxônico continua aumentando no direito brasileiro, sobretudo em relação ao sistema de precedentes. A análise das recentes alterações legislativas promovidas pelo Código de Processo Civil de 2015 ("CPC/2015") revela que a resposta é, a toda evidência, positiva.

Além da eficácia *erga omnes* já atribuída às decisões do Supremo Tribunal Federal ("STF") em controle concentrado de constitucionalidade (art. 28, parágrafo único, da Lei nº 9.868/1999) e às súmulas vinculantes (art. 103-A da CRFB/1988), o legislador de 2015 ampliou o rol dos pronunciamentos judiciais dotados de eficácia vinculante. De acordo com o art. 927 do CPC/0215, somam-se a estas decisões (i) os acórdãos em incidente de assunção de competência ou de resolução de demandas repetitivas e em julgamento de recursos extraordinário e especial repetitivos; (ii) os enunciados das súmulas do STF em matéria constitucional e do Superior Tribunal de Justiça ("STJ") em matéria infraconstitucional; e (iii) a orientação do plenário ou do órgão especial aos quais estiverem vinculados.

A criação de um sistema de precedentes vinculantes, também chamados precedentes qualificados, coaduna-se à necessidade de garantir a uniformização da jurisprudência, mantendo-a estável, íntegra e coerente, conforme estabelece o art. 926 do CPC/2015. Não se discorda, por evidente, que os fins perseguidos pelo legislador são merecedores de elogios, ocorre que a persecução desses propósitos mediante a importação de modelos estrangeiros exige cautelas específicas.

Enfrentando o mito de que "*a galinha da vizinha é sempre mais gorda que a minha*", Barbosa Moreira chamava a atenção para os riscos associados à supervalorização de modelos estrangeiros, alertando especificamente quanto à incompatibilidade entre um sistema de precedentes judiciais com eficácia vinculativa e a tradição romano-germânica em que se apoia o direito brasileiro[5].

Nesse contexto, há vozes em doutrina que manifestam preocupações diversas quanto aos novos institutos relacionados ao sistema de precedentes instituí-

5. Confira-se: "No caso de nosso país, o máximo de cuidado há de ser posto justamente na abertura das portas jurídicas aos produtos vindos dos Estados Unidos, dada a notória diferença estrutural dos dois sistemas - o brasileiro, de linhagem europeia continental, com predomínio das fontes escritas, e o norte-americano, muito mais afeiçoado à formação jurisprudencial do direito. Devo declarar com absoluta sinceridade, por exemplo, acerca da atribuição de eficácia vinculativa a precedentes judiciais, que a julgo conatural a este último sistema, enquanto me parece duvidoso, para dizer o menor, que se harmonize com aquele" (BARBOSA MOREIRA, José Carlos. *Temas de direito processual*: oitava série. São Paulo: Saraiva, 2004, p. 9-10).

do pelo CPC/2015[6], cuja principal novidade é a criação do incidente de resolução de demandas repetitivas (IRDR).

O novel incidente consiste em "técnica processual destinada a contingenciar litígios seriados"[7]. Com efeito, o IRDR é mais um dos instrumentos pensados pelo legislador para responder à crise da litigiosidade que deságua milhares de processos nos tribunais diariamente. A partir dele, busca-se a racionalização e eficiência dos meios processuais para realizar a árdua tarefa de julgar os litígios envolvendo direito individuais homogêneos de centenas, milhares ou milhões de pessoas[8].

Em artigo dedicado ao tema, Aluisio Gonçalves de Castro Mendes e Sofia Temer sintetizam o *modus operandi* do incidente:

> Em síntese, havendo uma questão comum de direito, repetida em diversos processos – individuais ou coletivos –, poderá ser instaurado o incidente, para que, a partir de um ou mais processo(s), seja formado um "modelo" do conflito repetitivo, para que a questão jurídica controvertida seja levada à apreciação do tribunal. O tribunal, por ocasião do julgamento e da definição da tese jurídica aplicável aos casos homogêneos, deverá ouvir amplamente todos os interessados, para que profira decisão completa, que sirva como padrão decisório para os casos repetitivos. Por outro lado, enquanto tramitar o incidente, todos os processos que versem sobre igual matéria deverão permanecer sobrestados, aguardando a definição da tese jurídica. Após o julgamento, compreendidos os eventuais recursos, a tese jurídica firmada no incidente será aplicável aos processos em curso e aos seguintes, até que haja superação ou revisão.

O mecanismo do IRDR consiste, portanto, em afetar para um julgamento qualificado uma questão unicamente de direito comum a múltiplos processos individuais, fixar a tese jurídica relacionada à controvérsia e aplicá-la aos casos pendentes e futuros com fundamento na eficácia vinculante do pronunciamento jurisdicional. Contudo, esse *iter* que vai da instauração do incidente até a fixação da tese jurídica comporta inúmeras divergências.

Questiona-se, por exemplo, se é necessário que o processo originário esteja pendente perante o Tribunal ou se o incidente pode ser instaurado mesmo nos casos que tramitam em primeira instância. Também constitui objeto de questionamentos os critérios que deverão ser utilizados para a seleção do chamado "caso piloto". Não menos importante é definir se, ao julgar o incidente, o órgão

6. Nesse sentido: (i) ABBOUD, Georges; CAVALCANTI, Marcos de Araújo. Inconstitucionalidades no incidente de resolução de demandas repetitivas (IRDR) e os riscos ao sistema decisório, *Revista de Processo*, São Paulo, v. 240, p. 221-242, fev./2015; (ii) GONÇALVES, Marcelo Barbi. O incidente de resolução de demandas repetitivas e a magistratura deitada, *Revista de Processo*, São Paulo, v. 222, p. 221-247, ago./2013.

7. MENDES, Aluisio Gonçalves de Castro; TEMER, Sofia. O incidente de resolução de demandas repetitivas do novo Código de Processo Civil, *Revista de Processo*, São Paulo, v. 243, p. 283-331, mai./2015.

8. MENDES, Aluisio Gonçalves de Castro. *Incidente de resolução de demandas repetitivas*. Rio de Janeiro: Forense, 2017, p. 3.

colegiado do tribunal apenas fixa a tese ou também deve julgar o caso concreto subjacente.

A despeito da relevância e pertinência de todos esses questionamentos, não é sobre estes temas que pretendemos nos debruçar. A pergunta central deste artigo é a seguinte: uma vez julgado o incidente, como é possível promover a revisão da tese jurídica fixada? A relevância desse questionamento se justifica, porque a tese fixada no incidente pode ser fundamento para julgar liminarmente improcedente uma demanda, na forma do art. 332, III do CPC/2015, ou para o relator negar provimento ao recurso por meio de decisão monocrática, segundo previsão do art. 932, IV, alínea "c", CPC/2015.

Há, portanto, um grupo de pessoas – potencialmente grande, se considerarmos que o pressuposto do incidente é o caráter repetitivo da demanda – que veem sua garantia de acesso à justiça limitada pela existência de uma tese jurídica firmada em sede de julgamento de IRDR, do qual sequer participaram. Não somente isto: há quem sustente que litigar contra precedentes – seria o caso da propositura de demanda que contrarie tese firmada em IRDR – constitui hipótese de litigância de má-fé, a ensejar a condenação ao pagamento de multa[9].

Este é, pois, o estado da arte: os indivíduos que têm pretensões contrárias ao entendimento firmado em sede de IRDR encontram duas barreiras de acesso à justiça. A primeira consiste na possibilidade de a demanda ser julgada liminarmente improcedente ou o recurso ser desprovido por decisão monocrática do relator; a segunda consiste na aplicação de multa por litigância de má-fé por formular pretensão contrária à tese firmada no incidente.

A imposição de tamanha restrição ao acesso à justiça exige, para equilibrar a balança, que sejam oferecidas alternativas para estes indivíduos – e é exatamente sobre uma destas alternativas que pretendemos nos aprofundar. Assim, seria possível, por exemplo, que este indivíduo propusesse sua demanda com pedido incidental de revisão do entendimento firmado em sede de IRDR. Ocorre que esse procedimento não está estabelecido pelo legislador, motivo pelo

9. Nesse sentido falou Fernando da Fonseca Gajardoni, ao interpretar "litigar contra texto de lei" (art. 80, I, CPC/2015) como a litigância contra norma jurídica, que é o precedente (GAJARDONI, Fernando da Fonseca. *No novo CPC, demandar contra precedente é litigância de má-fé?* Disponível em: <https://jota.info/colunas/novo-cpc/no-novo-cpc-demandar-contra-precedente-e-litigancia-de-ma-fe-15022016>. Acesso em: jul./2018). A seu turno, Bianca Mendes Pereira Richter entende que litigar contra precedente configura má-fé porque caracteriza a hipótese descrita no inciso V do art. 80 do CPC/2015: proceder de modo temerário (RICHTER, Bianca Mendes Pereira. Repercussões da litigância contra precedente no atual ordenamento jurídico brasileiro e a litigância de má-fé, *Revista de Processo*, São Paulo, v. 277, p. 489-505, mar./2018). Ainda, Bruno Freire e Silva e Marcelo Mazzola entendem que litigar contra precedente em grau de recurso pode configurar "inequívoca má fé", em razão do intuito manifestamente protelatório (SILVA, Bruno Freire e; MAZZOLA, Marcelo. Litigância de má-fé no novo CPC. Penalidades e questões controvertidas. Responsabilidade do advogado, *Revista de Processo*, São Paulo, v. 264, p. 51-81, fev./2017).

qual é necessária a formulação de respostas para alguns questionamentos relacionados ao tema.

Isto posto, é necessário tecer algumas notas a respeito da delimitação do tema e da identificação do problema, isto é, do recorte temático do objeto de estudo.

1.2 da identificação do problema

Apesar das diversas referências à possibilidade de superação do entendimento jurisprudencial[10], o diploma processual não regula os procedimentos de revisão da tese do IRDR. Dos 1.072 artigos do Código de Processo Civil de 2015, apenas um foi reservado para ocupar-se do tema. Trata-se do art. 986 do CPC/2015, que estabelece a competência para revisão da tese (mesmo tribunal que a fixou) e os sujeitos legitimados a suscitar o procedimento de revisão (magistrado agindo de ofício ou mediante requerimentos dos sujeitos mencionados no art. 977, inciso III). Ocorre que, conforme alerta Joaquim Felipe Spadoni, *"aqui se disse menos do que deveria, e perigosamente"*[11]. Primeiro, porque conserva um silêncio eloquente acerca de uma série de elementos importantes para o procedimento de revisão da tese; segundo, porque é omisso mesmo na matéria que regulamenta expressamente, deixando de incluir importantes sujeitos processuais no rol de legitimados para suscitar a revisão do incidente.

Nesse contexto, o presente trabalho pretende preencher essa lacuna legislativa, analisando a revisão da tese jurídica firmada em IRDR. De acordo com o Dicionário Brasileiro da Língua Portuguesa Michaelis, revisão é o "ato ou efeito de rever ou de revisar"; rever, a seu turno, significa "voltar a ver" ou "ver novamente". Partindo destas singelas definições, é possível concluir que a proposta deste trabalho não é discutir a superação do entendimento firmado. Com efeito, a superação pode até ser um resultado do ato de revisão, mas são fenômenos que não podem ser tratados como equivalentes. A revisão quer dizer apenas e tão somente a rediscussão da tese. Ficamos, aqui, com a precisa definição de Rodolfo de Camargo Mancuso:

> O pedido de revisão da tese jurídica assentada no IRDR (art. 986, em comento) não configura recurso (cujo rol consta em *numerus clausus* no art. 994 do novo CPC), nem tampouco alguma impugnação (à semelhança do que se passa no pedido de revisão de súmula vinculante: Lei 11.417/2006, art. 6º; RISTF, art. 354-A a G, cf. ER 46/2011), mas em verdade, tal provocação prende-se ao caráter objetivo desse incidente e ao interesse

---

10. Para se referir ao fenômeno da superação, o legislador fala ora em *"superação do entendimento"* (art. 489, § 1º, VI), ora em *"alteração da tese jurídica"* (art. 927, § 2º), ora em *"alteração de jurisprudência dominante"* (art. 927, § 3º), ora em *"modificação de enunciado de súmula, de jurisprudência pacificada ou de tese adotada"* (art. 927, § 4º).

11. SPADONI, Joaquim Felipe. Incidente de resolução de demandas repetitivas. In: WAMBIER, Luiz Rodrigues; WAMBIER, Teresa Arruda Alvim (Coord.). *Temas essenciais do novo CPC*: análise das principais alterações do sistema processual civil brasileiro [livro eletrônico]. São Paulo: Revista dos Tribunais, 2016.

> público e social que o permeia. No dizer de Nery & Nery, cuida-se de "reinterpretação dos argumentos apresentados, ou em função de mudança da conjuntura econômica, política ou social que permita uma nova análise da questão. A revisão pode ocorrer a qualquer tempo, desde que demonstrada e esclarecida a sua necessidade".[12]

Significa dizer que o objeto do presente estudo se limita à *rediscussão da tese firmada em IRDR após o trânsito em julgado da decisão.* Isto, porque é perfeitamente possível rediscutir a tese firmada pelo Tribunal de Justiça perante os Tribunais Superiores em grau recursal, mas não é sobre isso que pretendemos tratar. A questão que será analisada é, portanto, a seguinte: uma vez suscitado, admitido e julgado o incidente, será fixada uma tese jurídica; após o trânsito em julgado dessa decisão, existe alguma alternativa para rediscutir o conteúdo da tese? Em caso afirmativo, que caminhos são esses?

Nessa linha, o presente artigo pretende estabelecer parâmetros para orientar o "passo a passo da revisão do IRDR", a partir da interpretação analógica de outros dispositivos e da construção doutrinária e jurisprudencial que se desenvolveu sobre o tema. Assim, este estudo analisa (i) quando a revisão pode ocorrer, isto é, as hipóteses de cabimento; (ii) quem pode suscitar a revisão, ou seja, os sujeitos legitimados; (iii) de que forma a tese jurídica pode ser revisada, o que demanda uma análise de procedimento; e, finalmente, (iv) quais são os impactos decorrentes da revisão, é dizer, os efeitos jurídicos decorrentes da revisão da tese.

É sobre cada um destes tópicos que passamos a tratar.

2. QUANDO PODE OCORRER A REVISÃO?

No projeto do CPC/2015 que tramitou perante a Câmara dos Deputados, havia regulamentação detalhada acerca da superação de entendimento jurisprudencial consolidado, prevendo-se que "a modificação de entendimento sedimentado poderá fundar-se, entre outras alegações, na revogação ou modificação de norma em que se fundou a tese ou em alteração econômica, política ou social referente à matéria decidida" (art. 521, § 2º).

Em que pese a supressão dessa redação na versão final aprovada do Código, Daniel Amorim Assumpção Neves afirma que "parece incontestável que tais circunstâncias autorizam a superação do entendimento fixado em súmula ou precedente"[13]. Neste sentido, o Fórum Permanente de Processualistas Civis editou o

12. MANCUSO, Rodolfo de Camargo. *Incidente de resolução de demandas repetitivas* [livro eletrônico]. São Paulo: Revista dos Tribunais, 2016.

13. NEVES, Daniel Amorim Assumpção. *Novo Código de Processo Civil comentado.* 2 ed. Salvador: Juspodivm, 2017, p. 1537. Confira-se, no mesmo sentido: "Insista-se nesse ponto: a superação do precedente pode se dar em virtude de alteração da lei, mudança de entendimento da comunidade jurídica, modificação econômica, política, cultural ou social, ou porque o precedente a ser modificado encontra-se errado" (CRAMER, Ronaldo. *Precedentes judiciais*: teoria e dinâmica. Rio de Janeiro: Forense, 2016, p. 150).

Enunciado nº 322, segundo o qual "a modificação de precedente vinculante poderá fundar-se, entre outros motivos, na revogação ou modificação da lei em que ele se baseou, ou em alteração econômica, política, cultural ou social referente à matéria decidida".

Era o que já havia afirmado o Supremo Tribunal Federal ("STF"), em acórdão de relatoria do Min. Menezes Direito, no julgamento do Agravo Regimental na Ação Direta de Inconstitucionalidade nº 4071/DF. De acordo com a Corte "a alteração da jurisprudência pressupõe a ocorrência de significativas modificações de ordem jurídica, social ou econômica, ou, quando muito, a superveniência de argumentos nitidamente mais relevantes do que aqueles antes prevalecentes"[14].

Nessa quadra, a Lei nº 13.015/2014, que reformou a Consolidação das Leis do Trabalho, inseriu o art. 896-C, cujo § 17 prevê que "caberá revisão da decisão firmada em julgamento de recursos repetitivos quando se alterar a situação econômica, social ou jurídica, caso em que será respeitada a segurança jurídica das relações firmadas sob a égide da decisão anterior, podendo o Tribunal Superior do Trabalho modular os efeitos da decisão que a tenha alterado".

Como se vê, há um esforço para se definir quais são os cenários que autorizam a revisão de um precedente no direito brasileiro. Há um entendimento, de certo modo pacificado, no sentido de que a alteração legislativa, a modificação econômica, política, cultural ou social[15], e a constatação de erros evidentes autorizam a revisão – e possivelmente a superação – de precedentes no direito brasileiro. Parece-nos, contudo, que o rol destas situações pode ser alargado, sendo certo que outras circunstâncias também autorizam a rediscussão do precedente. Nesse sentido, passamos a tratar das hipóteses de cabimento da revisão do IRDR, é dizer, as circunstâncias que autorizam a rediscussão da tese fixada.

2.1 Alteração legislativa

Na célebre obra "O direito, a lei e a jurisprudência", Rubens Limongi França destacou cinco funções da jurisprudência, a saber: interpretar a lei; vivificar a lei; humanizar a lei; suplementar a lei; e rejuvenescer a lei[16]. Embora não se esteja aqui falando de jurisprudência, e sim de precedentes[17], especificamente daqueles

---

14. BRASIL, Supremo Tribunal Federal, Agravo Regimental em Ação Direta de Inconstitucionalidade nº 4.071/DF, Pleno, Rel. Ministro Menezes Direito, julgado em 22/04/2009.

15. Assim: "Se admite la posibilidad de que la jurisprudencia varíe, pero solo cuando existen razones particularmente relevantes, que suelen caracterizarse en términos más bien vagos por referencia a transformaciones morales, sociales o económicas" (TARUFFO, Michele, La jurisprudencia entre casuística y uniformidad, *Revista de Derecho*, Valdivia, v. 27, nº 2, dic./2014, p. 10).

16. FRANÇA, Rubens Limongi. *O direito, a lei e a jurisprudência*. São Paulo: Revista dos Tribunais, 1974, p. 198.

17. Para adequada distinção entre os institutos, remetemos o leitor para a seguinte obra: ZANETI JUNIOR, Hermes. *O valor vinculante dos precedentes*: teoria dos precedentes normativos formalmente vinculantes. 3. ed. Salvador: Juspodivm, 2017, p. 328-335.

decorrentes de IRDR, o raciocínio desenvolvido por Limongi França demonstra que toda atividade jurisdicional tem por objeto o produto da atividade legislativa. É nesse sentido que Gustavo Santana Nogueira afirma que "os precedentes não se situam acima da lei, mas são apenas interpretações dessa lei"[18].

Na linha desse raciocínio, a Lei nº 11.417/2006, que regulamenta o art. 103-A da CRFB/1988 e altera a Lei nº 9.784/1999, disciplinando a edição, a revisão e o cancelamento de enunciado de súmula vinculante pelo Supremo Tribunal Federal, estabelece, em seu art. 5º, que "revogada ou modificada a lei em que se fundou a edição de enunciado de súmula vinculante, o Supremo Tribunal Federal, de ofício ou por provocação, procederá à sua revisão ou cancelamento, conforme o caso".

Nesse contexto, Alexandre Freitas Câmara traz à baila o caso do enunciado 453 da súmula de jurisprudência predominante do Superior Tribunal de Justiça ("STJ") ("[o]s honorários sucumbenciais, quando omitidos em decisão transitada em julgado, não podem ser cobrados em execução ou em ação própria") como um exemplo de enunciado de súmula que fica superado por força de modificação da base normativa, já que tal enunciado foi aprovado com apoio no CPC/1973, e há expressa previsão no CPC/2015 em sentido contrário (art. 85, § 18: "[c]aso a decisão transitada em julgado seja omissa quanto ao direito aos honorários ou ao seu valor, é cabível ação autônoma para sua definição e cobrança")[19].

Sendo assim, entendemos que revogada ou modificada a lei em que se fundou a edição de tese de incidente de resolução de demandas repetitivas, o Tribunal que a fixou procederá, de ofício ou por provocação, à sua revisão.

2.2 Mudança jurisprudencial

Assim como as alterações legislativas, as modificações da jurisprudência podem ensejar a revisão e a modificação de um precedente. De fato, não poderia ser diferente, haja vista que o que está por detrás de ambas as circunstâncias é a mutação do ordenamento jurídico, seja ela produto da atividade legislativa ou da atividade jurisdicional.

Na linha desse raciocínio, a 3ª Seção do STJ acolheu, em duas oportunidades, questão de ordem suscitado por Ministro, a fim de proceder à revisão das teses jurídicas fixadas por ocasião do julgamento dos Recursos Especiais nºs 1.329.088/RS e 1.097.042/DF, tendo como fundamento a modificação da jurisprudência do STF.

---

18. NOGUEIRA, Gustavo Santana. *Stare decisis et non quieta movere*: a vinculação aos precedentes no direito comparado e brasileiro. Rio de Janeiro: Lumen Juris, 2011, p. 187.

19. CÂMARA, Alexandre Freitas. Superação da jurisprudência sumulada e modulação de efeitos no novo código de processo civil. In: NUNES, Dierle; MENDES, Aluisio Gonçalves de Castro; JAYME, Fernando Gonzaga. *A nova aplicação da jurisprudência e precedentes no CPC/2015*: estudos em homenagem à professora Teresa Arruda Alvim [livro eletrônico]. São Paulo: Revista dos Tribunais, 2017.

No primeiro caso, a Ministra Maria Thereza de Assis Moura suscitou, de ofício, questão de ordem a fim de propor a revisão do entendimento firmado no Recurso Especial nº 1.329.088/RS, segundo o qual "a aplicação da causa de diminuição de pena prevista no art. 33, § 4º, da Lei n. 11.343/2006 não afasta a hediondez do crime de tráfico de drogas, uma vez que a sua incidência não decorre do reconhecimento de uma menor gravidade da conduta praticada e tampouco da existência de uma figura privilegiada do crime" (Tema 600)[20].

Ocorre que, em sessão realizada em 23 de junho de 2016, o STF considerou que o denominado tráfico privilegiado de drogas (art. 33, § 4º, da Lei nº 11.343/2006) não tem natureza hedionda[21]. Com o realinhamento da posição jurisprudencial do STF, a 3ª Seção do STJ decidiu cancelar a Súmula 512, editada em 2014, e revisar o entendimento firmando quando do julgamento do Recurso Especial nº 1.329.088/RS sob o rito dos recursos repetitivos[22]. Note-se que, pelo fato de o Recurso Especial ter transitado em julgado em 29 de junho de 2013, a revisão foi objeto de questão de ordem suscitada de ofício e autuada como processo autônomo.

No segundo caso mencionado, o Ministro Rogerio Schietti Cruz suscitou, de ofício, questão de ordem para iniciar o procedimento de revisão da tese jurídica fixada no julgamento do REsp nº 1.097.042/DF, no sentido de que "a ação penal nos crimes de lesão corporal leve cometidos em detrimento da mulher, no âmbito doméstico e familiar, é pública condicionada à representação da vítima"[23].

Assim como no primeiro caso, a proposição de revisão da tese se justificou em razão do julgamento do STF em sentido oposto à tese firmada pelo STJ acerca da natureza da ação penal nos crimes de lesão corporal cometidos contra a mulher no âmbito doméstico e familiar. Diante disto, a 3ª Seção aprovou a revisão de tese firmada em recurso repetitivo para esclarecer que a ação penal nos crimes

---

20. BRASIL, Superior Tribunal de Justiça, Recurso Especial nº 1.329.088/RS, Terceira Seção, Rel. Ministro Sebastião Reis Júnior, julgado em 13/03/2013.

21. BRASIL, Supremo Tribunal Federal, Habeas Corpus nº 118.533/MS, Pleno, Rel. Ministra Carmén Lúcia, julgado em 23/06/2016.

22. Confira-se: "Dessarte, determino a revisão do entendimento consolidado por esta Terceira Seção no julgamento do Recurso Especial Representativo da Controvérsia nº 1.329.088/RS – Tema 600 (Rel. Min. Sebastião Reis Júnior, Terceira Seção, julgado em 13/03/2013, DJe 26/04/2013), a fim de acolher a tese segundo a qual o tráfico ilícito de drogas na sua forma privilegiada (art. 33, § 4º, da Lei n. 11.343/2006) não é crime equiparado a hediondo. Proponho, como consequência do presente julgamento, o cancelamento do enunciado 512 da Súmula deste Superior Tribunal de Justiça. Encaminhe-se cópia do inteiro teor deste acórdão, após a publicação, à Presidência deste Superior Tribunal, aos Presidentes dos Tribunais de Justiça dos Estados e do Distrito Federal e dos Territórios, bem como aos Presidentes dos Tribunais Regionais Federais" (BRASIL, Superior Tribunal de Justiça, Petição nº 11.796/DF, Terceira Seção, Rel. Ministra Maria Thereza de Assis Moura, julgado em 23/11/2016).

23. BRASIL, Superior Tribunal de Justiça, Recurso Especial nº 1.097.042/DF, Terceira Seção, Rel. Ministro Napoleão Nunes Maia Filho, Rel. para acórdão Ministro Jorge Mussi, julgado em 24/02/2010.

de lesão corporal cometidos contra a mulher, no âmbito doméstico e familiar, é incondicionada[24].

Neste caso, o Recurso Especial nº 1.097.042/DF também havia transitado em julgado, de tal modo que o procedimento de revisão foi objeto de questão de ordem, suscitada em processo autônomo e autuada como petição, na forma do art. 256-S, § 1º, Regimento Interno do Superior Tribunal de Justiça ("RISTJ").

Em ambos os casos mencionados, a alteração da jurisprudência do STF levou à revisão das teses jurídicas fixadas pelo STJ por ocasião do julgamento de recursos repetitivos. A diferença entre os dois casos, vale ressaltar, está no resultado do procedimento de revisão: enquanto no primeiro exemplo o STJ concluiu pelo cancelamento do enunciado de uma súmula e da tese jurídica fixada no Recurso Especial nº 1.329.088/RS, no segundo exemplo a Corte apenas alterou a redação da tese para ajustá-la ao entendimento do STF. Contudo, em ambos os casos, a mudança jurisprudencial abriu as portas da revisão do precedente.

Note-se, contudo, que não é qualquer alteração jurisprudencial que pode ensejar uma modificação no precedente. É necessário que a jurisprudência que se alterou tenha eficácia vinculante sobre o tribunal que editou a tese e sobre a matéria objeto da tese[25]. Partindo dessas considerações, entendemos que a modificação da jurisprudência será considerada juridicamente relevante para fins de revisão de precedentes, apenas quando possuir eficácia vinculante vertical em relação ao tribunal que editou o precedente.

2.3 Erros evidentes

Outra circunstância que autoriza a revisão da tese jurídica fixada é a constatação da existência de erros evidentes. Uma espécie de erro evidente, identificada por Ravi Peixoto, diz respeito à situação em que o tribunal, ao interpretar a

---

24. Veja-se: "Dessarte, considerando os princípios da segurança jurídica, da proteção da confiança e da isonomia, nos termos dos arts. 927, § 4º, do Código de Processo Civil e 256-S do Regimento Interno do Superior Tribunal de Justiça (Emenda Regimental n.º 24/2016), proponho a revisão da tese fixada no REsp Representativo da Controvérsia n. 1.097.042/DF – Tema 177 (Rel. Min. Napoleão Nunes Maia Filho, Rel. p/ acórdão Min. Jorge Mussi, DJe 21/5/2010), a fim de adequá-lo ao entendimento externado pela Suprema Corte. Assim, voto para proceder à revisão do entendimento consolidado por ocasião do julgamento do REsp n. 1.097.042/DF – Tema 177, a fim de que a TESE passe a ter a seguinte redação: a ação penal nos crimes de lesão corporal leve cometidos em detrimento da mulher, no âmbito doméstico e familiar, é pública incondicionada." (BRASIL, Superior Tribunal de Justiça, Petição nº 11.805/DF, Terceira Seção, Rel. Ministro Rogerio Schietti Cruz, julgado em 10/05/2017).

25. Para ilustrar este raciocínio, vejamos o seguinte exemplo: no julgamento de um IRDR, o Tribunal de Justiça do Estado Alfa fixa uma tese jurídica, que coincide com o entendimento jurisprudencial do Tribunal de Justiça do Estado Beta. Posteriormente, caso a jurisprudência do Tribunal de Justiça do Estado Beta venha a sofrer alterações, não se poderia cogitar de esta circunstância, por si só, ensejar a revisão da tese jurídica firmada pelo Tribunal de Justiça do Estado Alfa. Isto, porque a jurisprudência do Tribunal de Justiça do Estado Beta não possui eficácia vinculante em relação ao Tribunal de Justiça do Estado Alfa.

norma, confere um sentido que não está no âmbito de possibilidades exegéticas do texto normativo[26].

Note-se, contudo, que pelo fato de o IRDR exigir amplo debate entre os envolvidos, são remotas as chances de que os erros evidentes resistam à discussão travadas pelos interessados na questão de direito submetida a julgamento e às fases recursais. Entendemos, pois, que os casos de erros evidentes serão corrigidos, predominantemente, durante o julgamento do incidente, ou pela via dos embargos declaratórios. Nesse sentido, colhe-se da jurisprudência dois casos interessantes que, embora tenham sido registrados com o *status* de "revisado" no banco de dados do Conselho Nacional de Justiça ("CNJ"), tiveram apenas um aprimoramento redacional de suas teses, em sede de embargos de declaração.

Primeiro caso. No âmbito do Tribunal Regional Federal da 4ª Região ("TRF-4"), há um exemplo desta hipótese de "revisão" da tese jurídica firmada em IRDR. A Terceira Seção do TRF-4 admitiu o IRDR nº 14 (processo nº 5023872-14.2017.4.04.0000/RS) com o objetivo de pacificação do tema relacionado ao "procedimento no desconto de valores recebidos a título de benefícios inacumuláveis quando o direito à percepção de um deles transita em julgado após o auferimento do outro, gerando crédito de proventos em atraso".

Ao julgar o mérito do incidente, a Terceira Seção, por unanimidade, decidiu solver o IRDR estabelecendo a seguinte tese jurídica:

> O procedimento no desconto de valores recebidos a título de benefícios inacumuláveis quando o direito à percepção de um deles transita em julgado após o auferimento do outro, gerando crédito de proventos em atraso, deve ser realizado por competência e no limite do valor da mensalidade resultante da aplicação do julgado, evitando-se, desta forma, a execução invertida ou a restituição indevida de valores, haja vista o caráter alimentar do benefício previdenciário e a boa-fé do segurado.

Após a publicação do acórdão, houve a oposição de embargos de declaração, alegando omissão na tese a respeito de um dos argumentos aventados pelas partes. O Relator do IRDR, Desembargador Federal Jorge Antonio Maurique, acolheu os aclaratórios para aprimorar a redação da tese, sem, contudo, alterar seu conteúdo.

26. "Há também a situação da superação quando não houver propriamente nenhuma grande mudança no direito, mas a discussão refere-se às possibilidades interpretativas do texto normativo. Já é comum a percepção de que a interpretação de um texto pode gerar diversos resultados diferentes e que vários deles são possíveis. Não há como afirmar que um dos resultados está fora do campo de possibilidades do texto. Nesses casos, o precedente da corte competente reduz a complexidade normativa ao estabelecer determinado entendimento sobre a questão jurídica em discussão, não devendo ser superado, exceto se houver demonstração de incongruência social ou sistêmica. Em outra hipótese, o resultado fornecido pela corte não está dentro do âmbito de possibilidade do texto normativo. Tem-se uma hipótese de erro evidente na interpretação, e não uma evolução na interpretação do tema; trata-se de um erro da decisão originária" (PEIXOTO, Ravi. A superação de precedentes (*overruling*) no Código de Processo Civil de 2015, *Revista de Processo Comparado*, v. 3, p. 121-157, jan.-jun./2016).

Nesse caso, houve um aprimoramento redacional da tese jurídica, que passou a vigorar nos seguintes termos:

> O procedimento no desconto de valores recebidos a título de benefícios inacumuláveis quando o direito à percepção de um deles transita em julgado após o auferimento do outro, gerando crédito de proventos em atraso, deve ser realizado por competência e no limite do valor da mensalidade resultante da aplicação do julgado, evitando-se, desta forma, a execução invertida ou a restituição indevida de valores, haja vista o caráter alimentar do benefício previdenciário e a boa-fé do segurado, *não se ferindo a coisa julgada, sem existência de "refomatio in pejus", eis que há expressa determinação legal para tanto.* (grifo nosso)

Segundo caso. O incidente de assunção de competência ("IAC") nº 1 (processo nº 0002958-59.2014.8.24.0022) do Tribunal de Justiça de Santa Catarina ("TJSC") tinha por objeto a definição da necessidade de realização de estudo socioambiental como premissa para efetivar o registro imobiliário para a obtenção da propriedade de imóvel de baixo custo, no contexto do "Projeto Lar Legal", cujo objetivo é regularizar a situação de posse e propriedade de terrenos em áreas onde estão situadas comunidades carentes.

Nesse sentido, o Tribunal Catarinense assentou que a questão de direito a ser sindicada reside, então, em aferir qual o alcance da prova necessária para a efetivação do desejado registro imobiliário, analisando-se, no caso, se são suficientes os documentos expedidos pela Municipalidade, que contêm presunção de veracidade e indicam o atendimento das exigências de rigor, ou se é imprescindível o estudo ambiental defendido pelo Ministério Público.

Julgado o incidente, o Grupo de Câmaras de Direito Público do TJSC decidiu, por maioria de votos, conhecer do recurso, e, por unanimidade, negar provimento, bem como fixar tese jurídica nos seguintes termos:

> O estudo socioambiental soa despiciendo quando as provas existentes nos autos, fornecidas pelo Poder Público, desvelam-se bastantes para evidenciar que a pretensão exordial de registro do bem em matrícula imobiliária própria, no contexto do Projeto 'Lar Legal', criado pelo Provimento n. 37/99, da Corregedoria-Geral da Justiça de Santa Catarina, atendeu os requisitos normativos e legais de estilo.

Sobreveio, então, petição do Ministério Público, pugnando pela alteração da redação da tese jurídica fixada, inclusive com sugestão de texto. Exercendo juízo crítico sobre a redação da tese jurídica firmada por ocasião do julgamento do IAC, o Tribunal reconheceu que ela não individualizava a característica, nem a autoria da prova necessária para a regularização do imóvel. Sendo assim, o Grupo de Câmaras de Direito Público decidiu, por unanimidade de votos, alterar a redação da tese jurídica estabelecida no IAC, acolhendo a proposta suscitada pelo Ministério Público em sede de embargos de declaração[27].

---

27. Confira-se a ementa do acórdão relatado pelo Desembargador João Henrique Blasi: "Assunção de competência. Revisão de tese jurídica. Possibilidade (art. 947, § 3º, do CPC). Projeto 'Lar Legal'. Regulari-

O que há de em comum entre os dois casos mencionados é que a alteração da redação da tese jurídica firmada pelo tribunal, seja em julgamento de IRDR ou de IAC, se deu em razão da necessidade de aprimoramento redacional, decorrente de omissão, como no primeiro caso, ou obscuridade, como no segundo caso. Em virtude da natureza desses vícios, a via processual mais adequada para permitir a revisão da tese é a oposição de embargos de declaração. Entendemos que o mesmo ocorreria nas hipóteses em que fossem constatados erros evidentes, cuja correção ocorreria por meio dos aclaratórios.

Ressalte-se, todavia, que essas hipóteses não constituem objeto análise do presente estudo, porque o tema deste estudo se limita à análise da rediscussão da tese firmada em IRDR *após o trânsito em julgado da decisão*, o que não ocorreu nos casos mencionados.

Nessa toada, não se ignora, por evidente, que a constatação de erros evidentes relacionadas à tese jurídica firmada em IRDR autoriza sua posterior revisão, todavia, tudo leva a crer que essas circunstâncias não conduziriam a abertura de um procedimento específico de revisão, dado que sua correção poderia ocorrer em sede de recurso, principalmente em embargos de declaração.

2.4 Transformações sociais, políticas ou econômicas

As alterações externas geram impactos sobre o funcionamento do sistema de precedentes. Assim, a relevante alteração econômica, política ou social referente à matéria decidida pode justificar a revisão dos precedentes. A história aponta inúmeros exemplos de casos em que houve alteração de precedentes por não se enquadrarem mais dentro dos valores supervenientemente assumidos pela sociedade.

Nesse sentido, Aluisio Gonçalves de Castro Mendes aponta as alterações de paradigmas em relação à escravidão, mencionando os casos de segregação, como *Brown v. Board of Education*, no Poder Judiciário norte-americano, e, ainda, na própria experiência brasileira, as alterações na jurisprudência diante da aceitação da relação de casamento e união estável entre pessoas do mesmo sexo[28].

Naturalmente, a revisão de teses jurídicas firmadas em IRDR com fundamento em transformações sociais, políticas ou econômicas exigirá mais tempo para

zação de imóveis. Elementos de aprimoramento do texto originário presentes. Nova redação da tese jurídica assim definida: "A apresentação de provas fornecidas pelo poder público, desde que elaboradas por profissional técnico com anotação de responsabilidade, e capazes de demonstrar a real situação do imóvel objeto da regularização registrária, revela-se suficiente para evidenciar que a pretensão exordial de registro do bem em matrícula imobiliária própria, no contexto do projeto 'Lar Legal', criado pelo provimento n. 37/99, da Corregedoria-Geral da Justiça de Santa Catarina, atendeu aos requisitos normativos e legais de estilo".

28. MENDES, Aluisio Gonçalves de Castro. *Incidente de resolução de demandas repetitivas*. Rio de Janeiro: Forense, 2017, p. 86-87.

ocorrer, porque, ao contrário das demais hipóteses, depende de circunstâncias que, normalmente, são mais lentas e graduais. Ainda assim, não se pode perder de vista que essas alterações são suficiente para reabrir a discussão da tese, desde que se demonstre que tais transformações possuem aptidão para alterar o entendimento fixado.

2.5 Representação argumentativa deficiente

No já mencionado Agravo Regimental na Ação Direta de Inconstitucionalidade nº 4071/DF, o STF asseverou que a alteração da jurisprudência pode se dar em função da "superveniência de argumentos nitidamente mais relevantes do que aqueles antes prevalecentes"[29]. Da mesma maneira, Guilherme Rizzo Amaral afirma a possibilidade de revisão do IRDR em razão da existência de novo fundamento não explorado na decisão que fixou a tese[30].

De fato, é possível que a seleção da causa-piloto não observe os vetores da *amplitude do contraditório* e da *pluralidade e representatividade* dos sujeitos do processo originário[31]. Não se trata de afirmar a ausência de legitimação adequada para a defesa dos interesses coletivos, tampouco ofensa aos princípios do acesso à justiça e ao contraditório, na medida em que pessoas que não tiveram participação no processo, ou seja, o seu dia na Corte, estariam sendo atingidas no seu direito[32].

A questão que se coloca aqui é outra: é possível que as partes da causa-piloto não tenham aduzidos todos os argumentos, tornando superficiais as conclusões do órgão julgador e, por conseguinte, frágil a tese jurídica fixada.

Partindo dessa ideia, Luiz Guilherme Marinoni e Daniel Mitidiero sustentam a possibilidade de revisão da tese jurídica com base em fundamento não discutido e decidido, capaz de ser invocado pelos excluídos ou por outro representante adequado atuando em seus nomes. Vejamos:

> Enquanto no processo individual, diante do problema da coisa julgada sobre questão, evita-se prejudicar quem não teve oportunidade de efetivamente discuti-la, em face do incidente não é possível, a partir de uma suposição de que a parte não quis discutir o

---

29. BRASIL, Supremo Tribunal Federal, Agravo Regimental em Ação Direta de Inconstitucionalidade nº 4.071/DF, Pleno, Rel. Ministro Menezes Direito, julgado em 22/04/2009.

30. "Não há prazo para o pedido de revisão, que pode ser feito a qualquer tempo. Exige-se, contudo, que o requerente ou o próprio tribunal, este quando da revisão de ofício, fundamentem a iniciativa de revisão com a demonstração efetiva seja da mudança relevante das circunstâncias jurídicas, sociais, políticas ou econômicas que apoiaram a decisão anterior, seja da existência de novo fundamento não explorado na decisão" (AMARAL, Guilherme Rizzo. *Comentários às alterações do novo CPC* [livro eletrônico]. 2. ed. São Paulo: Revista dos Tribunais, 2016).

31. CABRAL, Antonio do Passo. A escolha da causa-piloto nos incidentes de resolução de processos repetitivos, *Revista de Processo*, São Paulo, v. 231, p. 201-223, mai./2014.

32. Essa questão já foi refutada por Aluisio Mendes. Confira-se: MENDES, Aluisio Gonçalves de Castro. *Incidente de resolução de demandas repetitivas*. Rio de Janeiro: Forense, 2017, p. 239-241.

> fundamento, eliminar a possibilidade de rediscussão da questão por quem participou apenas indiretamente do processo.
>
> A ficção de que a parte abriu mão da discussão do fundamento ao não alegá-lo não vale no incidente, na medida em que os titulares dos direitos estão apenas representados e o representante deve deduzir todos os fundamentos válidos e importantes para a discussão da questão. Tendo em vista que a participação adequada do representante é indispensável para a preservação de direitos fundamentais processuais, a falta de discussão, e decisão, sobre fundamento capaz de propiciar decisão favorável aos representados é um déficit que, necessariamente, deve poder ser superado. Em outras palavras, a não apresentação de fundamento pelo representante não pode prejudicar os litigantes excluídos.
>
> [...] a "revisão da tese jurídica", de que fala o art. 986 do CPC/2015, só pode ser a revisão da tese com base em fundamento não discutido e decidido, capaz de ser invocado pelos excluídos ou por outro representante adequado atuando em seus nomes.[33]

Amparada na experiência da doutrina norte-americana, Gresieli Taise Ficanha aponta que a representatividade nos processos representativos deve ser entendida a partir da noção de *virtual reprentation*, segundo a qual as partes serão regularmente representadas, se as partes da causa-piloto litigarem vigorosamente no julgamento de fixação da tese[34].

Sendo assim, na hipótese de ser fixada tese jurídica em IRDR sem considerar argumentos relevantes, haverá deficiência de representação argumentativa, de modo que os *sujeitos sub-representados* poderiam instaurar pedido de revisão da tese com fundamento nos argumentos não analisados pela Corte e que sejam capazes de, em tese, infirmar a conclusão adotada pelo órgão julgador.

2.6 Circunstância que não autoriza a revisão da tese jurídica fixada: alteração na composição do tribunal

Além das situações que autorizam a revisão do precedente, existe outra circunstância que normalmente é suscitada para provocar a rediscussão da jurisprudência pacificada de um tribunal, mas que não autoriza – ou não deveria au-

33. MARINONI, Luiz Guilherme; MITIDIERO, Daniel; ARENHART, Sérgio Cruz (Coord.). *Comentários ao Código de Processo Civil* [livro eletrônico]: artigos 976 ao 1.044. São Paulo: Revista dos Tribunais, 2016.

34. "Nos processos selecionados como paradigmas nas demandas repetitivas, pode-se identificar uma representação dos posicionamentos processuais que as partes podem adotar, de seus argumentos e de suas teses. Essa mesma concepção é encontrada na doutrina norte-americana da "representação virtual" (*virtual representation*), que impede que as pessoas possam discutir novamente um assunto que já foi analisado pelo Judiciário, mesmo que elas não tenham sido partes nem membro de classe ausentes, se alguém com interesses semelhantes "litigou vigorosamente" na ação anterior. Nesses casos, se houve discussão da mesma tese, identidade ou semelhança de interesses, escopos correlatos ou, ao menos, não contraditórios, é razoável pressupor a legitimidade da vinculação à decisão adotada em caso anterior. Se não houve representação e a matéria não foi discutida antes, há o direito de litigar, em razão da garantia constitucional do contraditório. Se houve representação adequada, não há direito de relitigar, a não ser em casos excepcionais em que fique configurada alguma especificidade que exija observar o direito de participação de forma individual" (FICANHA, Grasieli Taise. Decisões vinculantes, sua aplicação e garantia do contraditório: uma possível solução através da representação argumentativa, *Revista de Processo*, São Paulo, v. 275, p. 425-448, jan./2018).

torizar – a revisão da tese jurídica firmada no julgamento de casos repetitivos: a alteração na composição do tribunal. Apesar de indicar um possível cenário apto a revisar o entendimento do tribunal, este elemento não é capaz de, por si só, reabrir a discussão do precedente.

Partindo da lição de Richard Posner, Luiz Fux ensina que "a jurisprudência é um estoque de capital que gera incremento produtivo às futuras decisões do Judiciário"[35]. Trata-se, segundo o autor, de um acúmulo de conhecimento que produz utilidade por vários anos a potenciais litigantes, em formato de informações sobre suas obrigações jurídicas. Prossegue sustentando que é papel dos juízes impedir que esse capital se deteriore, adaptando-o às evoluções sociais ao longo do tempo, mas também formulando precedentes bem fundamentados e os respeitando em julgamentos subsequentes. Nessa ordem de ideias, o produto da atividade jurisdicional deve ser entendido como *um estoque de capital do próprio órgão jurisdicional*, não devendo estar suscetível às oscilações na composição dos tribunais.

A despeito disso, não são incomuns as tentativas – muitas vezes exitosas – de modificação da jurisprudência com fundamento na alteração da composição do tribunal. Tratando das decisões que promoveram a superação de precedentes nas "Cortes" de Vinson (1946-1953), Warren (1953-1969), Burger (1969-1986) e Rehnquist (1986-2005), Gustavo Santana Nogueira identificou que, ao praticarem o *overruling*, os juízes demonstraram que o fizeram mais por razões pessoais dos que jurídicas, ou seja, tinham apenas opiniões diferentes[36].

No Brasil, a realidade não parece muito distinta. No âmbito do Tribunal Regional Federal da 2ª Região ("TRF-2"), há um caso interessante que demonstra como a alteração na composição dos tribunais tem sido utilizada como fundamento para justificar a mudança na jurisprudência.

No julgamento do Mandado de Segurança Coletivo nº 2009.02.01.002405-0, de relatoria do Desembargador Federal Guilherme Couto de Castro, foi submetido a julgamento o preenchimento das vagas do quinto constitucional nos tribunais cujo número de membros não é divisível por cinco.

O impasse que se colocou foi o seguinte: em 2009, o tribunal tinha 27 (vinte e sete) membros, de modo que 1/5 desse número corresponde a 5,4. Nesse caso, a pergunta que se pretendia responder é se o arredondamento desse número deveria ser "para cima", isto é, o primeiro número inteiro maior que 5,4, ou "para baixo", ou seja, o primeiro número inteiro menor que 5,4.

35. FUX, Luiz. Notas sobre o princípio da motivação e a uniformização da jurisprudência no novo Código de Processo Civil à luz da análise econômica do Direito, *Revista do Tribunal Regional Federal da 1ª Região*, Brasília, v. 29, n. 11/12, nov./dez. 2017, p. 36.

36. NOGUEIRA, Gustavo Santana. *Stare decisis et non quieta movere*: a vinculação aos precedentes no direito comparado e brasileiro. Rio de Janeiro: Lumen Juris, 2011, p. 187.

Inicialmente, o tribunal deliberou administrativamente arredondar para baixo as vagas destinadas ao quinto constitucional, tendo em conta que a composição plena do Tribunal não é múltipla de cinco, e que a fração não inteira é inferior a 0,5. O Conselho Seccional do Rio de Janeiro da Ordem dos Advogados do Brasil ("OAB/RJ") impetrou mandado de segurança coletivo contra essa decisão administrativa, com fundamento em jurisprudência do STF que privilegia o arredondamento para cima. Todavia, os membros do Plenário do Tribunal Regional Federal da 2ª Região decidiram, por maioria, afastar a jurisprudência do STF, denegar a segurança e manter a decisão administrativa de arredondamento para baixo.

Na fundamentação do seu voto, o Relator Desembargador Federal Guilherme Couto de Castro reconheceu a existência de jurisprudência do STF favorável à tese da OAB, mas considerou que a alteração na composição da Corte Constitucional pode ensejar uma alteração nesse entendimento. Nesse sentido, concluiu que a atual jurisprudência, que vigora há menos de vinte anos, deveria ceder à jurisprudência histórica, que vigeu por mais tempo. Veja-se:

> Mas, mesmo como fiel adepto de sempre estar vinculado ao Supremo, mesmo sem edição de súmula, o fato é que durante quase toda a história do quinto a orientação do Supremo foi outra, e a orientação dos Tribunais pátrios foi outra. Agora, a composição do Tribunal Magno está toda alterada, e é boa hora para, pelo menos, provocar uma revalorização do julgado histórico de 1957.

Em comentário ao julgamento, Ronaldo Cramer asseverou que o acórdão do TRF-2 se valeu de dois argumentos incomuns: a adoção da jurisprudência histórica em detrimento da atual, com base no critério de duração; e a aposta de mudança do entendimento, com fundamento na ideia de que a jurisprudência não é da Corte, mas da composição[37].

Vale dizer que o argumento utilizado pelo TRF-2 reverbera no próprio STF. Em artigo que analisou a oscilação decisória no STF acerca da garantia da presunção de inocência, Guilherme Bacelar Patrício de Assis concluiu que "não é incomum que a mudança do entendimento pretoriano decorra tão somente da alteração da composição do STF ou do STJ, quando então a discussão é reaberta para colher a opinião dos novos integrantes de uma Corte"[38].

Seguindo o mesmo raciocínio, o Ministro Ricardo Villas Bôas Cueva asseverou, em decisão monocrática, que as teses jurídicas assentadas no julgamento de casos repetitivos, além daquelas resultantes da aprovação de enunciados sumu-

---

37. CRAMER, Ronaldo. *Precedentes judiciais*: teoria e dinâmica. Rio de Janeiro: Forense, 2016, p. 148.

38. ASSIS, Guilherme Bacelar Patrício de. A oscilação decisória no STF acerca da garantia da presunção de inocência: entre a autovinculação e a revogação de precedentes. *Revista de informação legislativa*, v. 55, n. 217, p. 135-156, jan./mar. 2018.

lares, não são imutáveis, submetidas que estão às modificações na composição dos órgãos julgadores[39].

Na contramão desses exemplos, a doutrina que tem se desenvolvido sobre o tema possui um olhar crítico a respeito da modificação da jurisprudência com fundamento na alteração da composição do tribunal. Nesse sentido, Gustavo Santana Nogueira afirma que "os precedentes não são das pessoas que estão eventualmente ocupando aquele cargo, e sim da Instituição (...) um precedente da Suprema Corte norte-americana é da Suprema Corte norte-americana, e não do juiz ou dos juízes que participaram daquela votação que originou o precedente"[40].

Da mesma maneira, Vinicius Silva Lemos sustenta que a superação de um precedente judicial não deve ocorrer por mera vontade dos julgadores, como uma alteração na composição do colegiado, por exemplo, porém deve ser por uma análise de mudança do contexto social, mudança no ordenamento jurídico, de novas conjunturas políticas, dos avanços tecnológicos, entre outras situações sociais evolutivas[41].

A seu turno, Luiz Guilherme Marinoni afirma que não deve ser admitida a revogação de precedentes em virtude de simples alteração pessoal na compreensão do direito ou da mera alteração na composição do Tribunal, com a saída de um ou alguns Ministros e a entrada de outro ou outros. Se isto fosse possível, prossegue o autor, a coerência da ordem jurídica ficaria na dependência de meras vontades, alterando-se a todo instante[42-43].

Como se vê, ao admitir a revisão da jurisprudência com fundamento exclusivo na alteração na composição do tribunal, os tribunais pátrios caminham na contramão do que exige um sistema de precedentes, revelam o caráter pessoal

39. BRASIL, Superior Tribunal de Justiça, Petição no Recurso Especial nº 1.673.858/SP, Rel. Ministro Ricardo Villas Bôas Cueva, decisão monocrática em 23/06/2017.

40. NOGUEIRA, Gustavo Santana. *Stare decisis et non quieta movere*: a vinculação aos precedentes no direito comparado e brasileiro. Rio de Janeiro: Lumen Juris, 2011, p. 186.

41. LEMOS, Vinicius Silva. O recurso excepcional com fundamento de superação de precedente repetitivo ou repercussão geral e a necessidade do juízo de admissibilidade positivo, *Revista de Processo*, São Paulo, v. 286, p. 385-417, dez./2018. Em igual sentido: MACÊDO, Lucas Buril de. Transformação, sinalização e superação antecipada e sua pertinência ao sistema de precedentes brasileiro, *Revista de Processo Comparado*, São Paulo, v. 3, p. 89-120, jan.-jun./2016

42. MARINONI, Luiz Guilherme. Eficácia vinculante – a ênfase à *ratio decidendi* e à força obrigatória dos precedentes, *Doutrinas Essenciais de Direito Constitucional*, São Paulo, v. 4, p. 863-893, mai/2011.

43. No mesmo sentido: (i) MENDES, Anderson Cortez. Dever de fundamentação no novo Código de Processo Civil e os precedentes vinculantes, *Revista Eletrônica de Direito Processual – REDP*, Rio de Janeiro, v. 16, jul.-dez./2015, p. 22; (ii) PEIXOTO, Ravi. A reclamação como remédio jurídico processual para a superação de precedentes. In: SARLET, Ingo Wolfgang; JOBIM, Marco Félix (Coord.). *Precedentes judiciais*: diálogos transnacionais. Florianópolis: Tirant lo Blanch, 2018, p. 124; (iii) WELSCH, Gisele Mazzoni. *Legitimação democrática do poder judiciário no novo CPC*. São Paulo: Revista dos Tribunais, 2016, p. 74.

das decisões judiciais e evidenciam o patrimonialismo[44] e o personalismo[45] presentes no funcionamento do Poder Judiciário.

3. QUEM PODE APRESENTAR O PEDIDO DE REVISÃO?

Conforme já mencionado, o legislador dedicou um dispositivo específico para tratar dos sujeitos legitimados para provocar a revisão da tese jurídica firmada no incidente. Assim, de acordo com o art. 986 do CPC/2015, "a revisão da tese jurídica firmada no incidente far-se-á pelo mesmo tribunal, de ofício ou mediante requerimento dos legitimados mencionados no art. 977, inciso III".

Considerando a remissão feita pelo art. 986, é possível concluir que a revisão da tese fixada no incidente será realizada, de ofício, pelo próprio tribunal, ou mediante requerimento, por petição, do Ministério Público ou da Defensoria Pública. Ocorre que, ao fazer referência apenas ao inciso III do art. 977, o legislador deixou de mencionar o inciso II do art. 977, que trata da legitimidade das partes. Com isso, o CPC/2015 excluiu do rol de sujeitos legitimados as partes e quaisquer interessados na revisão do entendimento.

Em que pesem tais disposições, Daniel Amorim Assumpção Neves sustenta que, se o tribunal pode agir de ofício, também poderá fazê-lo quando provocado pelas partes. Sendo assim, apesar da omissão legislativa, pode-se sustentar que as partes são legitimadas para provocar o juízo a rever a tese do incidente[46]. Nesse exato sentido, o Fórum Permanente de Processualistas Civis editou o Enunciado nº 473, segundo o qual "a possibilidade de o tribunal revisar de ofício a tese jurídica do incidente de resolução de demandas repetitivas autoriza as partes a requerê-la".

Indo ainda além, José Miguel Garcia Medina defende que a omissão legislativa não impede reconhecer que, além das partes, os terceiros interessados, na

---

44. Nesse sentido: "Quando se vincula patrimonialismo ao Poder Judiciário, faz-se referência ao caráter pessoal das decisões, estimulado num sistema em que não há respeito a precedentes das Cortes Suprema" (MARINONI, Luiz Guilherme. *A ética dos precedentes* [livro eletrônico]. 2. ed. São Paulo: Revista dos Tribunais, 2016).

45. Assim: "O personalismo tem nítida relação com um sistema que privilegia as decisões individuais em detrimento das decisões da Corte que representa a vontade institucional" (MARINONI, Luiz Guilherme. *A ética dos precedentes* [livro eletrônico]. 2. ed. São Paulo: Revista dos Tribunais, 2016).

46. Veja-se: "O art. 986 do Novo CPC retira a legitimidade para pedir a revisão da tese dos legitimados no inciso II do art. 977 do Novo CPC, ou seja, as partes. Ocorre, entretanto, que a supressão feita na calada da noite, após a aprovação do texto legal, não gera qualquer resultado prático. Se a revisão pode ser determinada de ofício, é natural que as partes poderão pedi-la, já que tudo que pode ser realizado ou conhecido de ofício pode ser objeto de provocação das partes" (NEVES, Daniel Amorim Assumpção. *Novo Código de Processo Civil comentado*. 2 ed. Salvador: Juspodivm, 2017, p. 1649).

condição de *amicus curiae*, também podem requerer a revisão do entendimento firmado no IRDR[47].

Já Luiz Guilherme Marinoni, Sérgio Cruz Arenhart e Daniel Mitidiero sustentam a tese de que existem, de fato, outros legitimados para a revisão, além daqueles previstos pelo art. 986 do CPC/2015. Todavia, para esses autores, as partes do processo que gerou o incidente - caso paradigma - não estão incluídas neste rol. Isto decorre do fato de que as partes do caso paradigma tiveram maiores oportunidades de exercer o contraditório, ao contrário daqueles que foram afetados pela tese fixada sem, contudo, se pronunciar a respeito do tema. Assim, os autores sustentam que as partes de outros processos, onde a decisão vinculante seja aplicada, possuem legitimidade para postular essa revisão[48-49].

A seu turno, Guilherme Rizzo Amaral defende que a matéria deverá ser disciplinada pelo regimento interno dos próprios tribunais[50].

---

47. Veja-se: "O art. 986, ao referir-se apenas ao inc. III do art. 977, não impede que as partes peças revisão da tese. Além de a distinção referido no art. 986, in fine do CPC/2015 não ter qualquer justificativa, a revisão da tese poderá ser examinada de ofício; sendo assim, nada impede que a manifestação do tribunal decorra de provocação da parte (afinal, para haver revisão de ofício, pouco importa se o tribunal foi, ou não instado a fazê-lo). Entendemos que essa provocação pode partir, até mesmo, de pessoa que poderia manifestar-se como *amicus curiae*, no caso" (MEDINA, José Miguel Garcia. *Novo Código de Processo Civil comentado*. 4. ed. São Paulo: Revista dos Tribunais, 2016, p. 1422). Em igual sentido: CÂMARA, Helder Moroni (Coord.). *Código de Processo Civil comentado*. São Paulo: Almedina, 2016, p. 1231.

48. Confira-se: "A lei não prevê a legitimidade da parte para requerer a revisão da tese consolidada. É evidente que a parte do processo onde foi suscitado o incidente não pode suscitar a revisão da decisão - mesmo porque se supõe que já o tenha feito, por meio dos recursos cabíveis. Porém, nada justifica que não se autorize as partes de outros processos, onde a decisão vinculante seja aplicada, a postular essa revisão. Afinal, se o magistrado tem o dever de justificar a aplicação ou não da solução dada pelo incidente a esse novo caso (art. 489, § 1.º, V e VI, do CPC), é evidente que a parte pode discordar dessa conclusão, pleiteando seja a distinção, seja a superação do "precedente" formado no incidente de resolução de demandas repetitivas" (MARINONI, Luiz Guilherme; ARENHART, Sérgio Cruz; MITIDIERO, Daniel. *Novo Código de Processo Civil comentado* [livro eletrônico]. 2. ed. São Paulo: Revista dos Tribunais, 2016).

49. Seguindo a mesma linha de raciocínio: "Además de la legitimidad de oficio o mediante requerimiento del Ministerio Público o de la Defensoría Pública, la ley no prevé otros legitimados para la revisión de la tesis jurídica firmada por el incidente. Por cierto, las partes no podrían ser legitimadas para proponer la revisión, porque ya tuvieron la oportunidad de recurrir la decisión del incidente (art. 987). Sin embargo, como ya se ha visto, la aplicación de la tesis jurídica se da a los casos pendientes, procesos en curso y suspendidos, ya los casos futuros, procesos que se tramitarán (art. 985). Si para las partes en los procesos pendientes parece adecuado no haber posibilidad de revisión de la tesis jurídica, el mismo razonamiento no ocurre para aquellos titulares de procesos futuros. Las partes en los casos futuros no tuvieron oportunidad de manifestarse o recurrir la decisión del incidente. Por lo tanto, nada justifica que les sea negado el derecho a la revisión de la tesis, pleiteando por la distinción o por la superación de la tesis jurídica firmada en el incidente" (ZANETI JÚNIOR, Hermes; CARDOSO, Juliana Provedel; CORNIELLES-HERNÁNDEZ, José Ángel. Incidente de resolución de demandas repetitivas (IRDR), *Revista Eletrônica de Direito Processual - REDP*, Rio de Janeiro, v. 19, nº 3, set.-dez./2018, p. 364-365).

50. Assim: "Para controlar a revisão da jurisprudência e dos precedentes, deverão os tribunais prever, em seus regimentos internos, procedimentos próprios, permitindo-se neles a intervenção amicus curiae (art. 138), a realização de audiências públicas (art. 927, § 2º) e todas as demais providências que possam contribuir para a solução da questão debatida" (AMARAL, Guilherme Rizzo. *Comentários às alterações do novo CPC* [livro eletrônico]. 2. ed. São Paulo: Revista dos Tribunais, 2016, p. 937).

Linha de raciocínio diversa é assumida por Antonio do Passo Cabral. De acordo com o autor, a interpretação ampliativa do rol de sujeitos legitimados é medida que se impõe, sob pena de inconstitucionalidade do dispositivo[51].

De fato, conforme apontam Aluisio Mendes e Sofia Temer, durante o processo legislativo, houve mudança na redação final aprovada do Código, que acabou por restringir a legitimidade para o requerimento de revisão do IRDR[52]. Os autores narram que a versão aprovada pela Câmara previa que a iniciativa cabia a quaisquer dos legitimados no então art. 988, § 3º, II[53], ou seja, os legitimados para requerer a instauração do incidente: partes, Ministério Público, Defensoria, associações. Contudo, a versão aprovada pelo Senado e promulgada como Lei nº 13.105/15 separou, nos incisos do art. 977[54], os legitimados para requerer a instauração, tratando das partes no inciso II e do Ministério Público e Defensoria Pública no inciso III.

Mais tarde, o entendimento foi reiterado por Sofia Temer, na versão comercial da sua dissertação, desenvolvida durante o mestrado em direito processual na Universidade do Estado do Rio de Janeiro[55].

Da mesma maneira, Aluisio Mendes voltou a tratar do tema na obra intitulada "Incidente de resolução de demandas repetitivas: Sistematização, análise e interpretação do novo instituto processual", que encerra versão comercial da tese apresentada como requisito parcial para a obtenção da Cátedra em Direito Processual Civil na Faculdade de Direito da Universidade do Estado do Rio de Ja-

---

51. Veja-se, a propósito: "Evidentemente que ou se interpreta que a legitimidade é ampla, para abrangê-las [as partes], numa interpretação conforme que resgataria a vontade efetiva do legislador, ou o dispositivo também deve ser considerado inconstitucional" (CABRAL, Antonio do Passo; CRAMER, Ronaldo (Coord.). *Comentários ao novo Código de Processo Civil*. 2. ed. Rio de Janeiro: Forense, 2016, p. 1469).

52. MENDES, Aluisio Gonçalves de Castro; TEMER, Sofia. O incidente de resolução de demandas repetitivas do novo Código de Processo Civil, *Revista de Processo*, São Paulo, v. 243, p. 283-331, mai./2015.

53. Art. 988, § 3.º O pedido de instauração do incidente será dirigido ao presidente do tribunal:

I – pelo relator ou órgão colegiado, por ofício;

II – pelas partes, pelo Ministério Público, pela Defensoria Pública, pela pessoa jurídica de direito público ou por associação civil cuja finalidade institucional inclua a defesa do interesse ou direito objeto do incidente, por petição.

54. Art. 977. O pedido de instauração do incidente será dirigido ao presidente de tribunal:

I – pelo juiz ou relator, por ofício;

II – pelas partes, por petição;

III – pelo Ministério Público ou pela Defensoria Pública, por petição.

Parágrafo único. O ofício ou a petição será instruído com os documentos necessários à demonstração do preenchimento dos pressupostos para a instauração do incidente.

55. Assim: "A superação ou revisão da tese jurídica podem ocorrer por iniciativa dos mesmos legitimados a requerer a instauração do IRDR (art. 977 e 986). Embora a versão final tenha, através de uma equivocada remissão legal, suprimido a autorização para as partes, entendemos plenamente possível que estas possam provocar a rediscussão sobre a questão jurídica" (TEMER, Sofia. *Incidente de resolução de demandas repetitivas*. Salvador: Juspodivm, 2016, p. 254).

neiro. Nessa obra, o autor aprofundou o tema e voltou a sustentar a legitimidade das partes na propositura da revisão da tese firmada em IRDR. Confira-se:

> A superação da tese jurídica firmada pode acontecer de ofício, pelo próprio tribunal que fixou a tese, ou a requerimento de alguns dos legitimados para suscitar o incidente, isto é, de modo expresso, o Ministério Público ou a Defensoria Pública, bem como as partes. Quanto às partes, a sua legitimidade decorre do texto efetivamente aprovado pelo Senado Federal. É de se salientar que, na redação do relatório apresentado pelo Senador Vital do Rêgo e aprovada no Senado, nas votações dos dias 16 e 17 de dezembro, o art. 977 continha, tão somente, dois incisos. No inciso II, eram arrolados, como legitimados, as partes, o Ministério Público e a Defensoria Pública. Entretanto, no texto que foi submetido à sanção presidencial, quase três meses depois, a título de modificação de redação, houve o desmembramento do antigo inciso II nos incisos II e III, como supramencionado. No inciso II, as partes, e no inciso III o Ministério Público e a Defensoria Pública. Esta modificação, por si só, não representaria qualquer problema jurídico, se não fosse a consequência jurídica prevista no art. 986, que passou a fazer referência apenas ao inciso III, apontando os legitimados para o pedido de revisão da tese. Portanto, salvo melhor juízo, a interpretação da norma deve levar em consideração o texto efetivamente aprovado, em razão da modificação redacional posteriormente realizada ter exorbitado em relação às mudanças efetuadas nos dois dispositivos, que acabaram efetivamente alterando o alcance em termos de legitimidade para a revisão.[56-57]

O tema relativo à legitimidade das partes para revisão da tese do IRDR também se tornou objeto de inquietações do autor do presente artigo. Em agosto de 2018, este autor submeteu proposta de enunciado para apreciação da Comissão de Trabalho de "Recursos e Precedentes Judiciais", presidida pelo Ministro Humberto Martins, do Superior Tribunal de Justiça, e sob relatoria do Desembargador Federal Aluisio Gonçalves de Castro Mendes, do Tribunal Regional Federal da 2ª Região, durante a II Jornada de Direito Processual Civil, realizada em Brasília, nos dias 13 e 14 de setembro de 2018.

---

56. MENDES, Aluisio Gonçalves de Castro. *Incidente de resolução de demandas repetitivas*. Rio de Janeiro: Forense, 2017, p. 249-250.

57. Marcos de Araújo Cavalcanti também tece comentários relacionados à inconstitucionalidade formal da previsão contida no art. 986 do CPC/2015. Vejamos: "No substitutivo da Câmara dos Deputados havia previsão expressa da legitimidade das partes para o pedido de revisão da tese jurídica, a qual, infelizmente, foi excluída na fase de revisão do texto no Senado Federal. Todavia, essa a exclusão realizada na fase de revisão do texto sofre de inconstitucionalidade formal. Conforme bem explica Cassio Scarpinella Bueno: 'O dispositivo, contudo, padece de inconstitucionalidade formal, decorrente da revisão a que o texto do novo CPC foi submetido antes de ser enviado à sanção presidencial. A remissão por ele feita ao inc. III do art. 977 só surgiu naquela etapa do processo legislativo e se justifica por força do desdobramento que, na mesma oportunidade, foi efetuado no art. 977, até então - e em consonância com o art. 930, § 1.º, do Projeto do Senado e com o art. 988, § 3.º, do Projeto da Câmara - com dois incisos. O resultado da distinção entre a legitimidade das partes (inc. II do art. 977) e do Ministério Público e da Defensoria Pública (o novo e só então criado inc. III do art. 977) é o de que somente essas entidades passaram a ter legitimidade para o pedido de revisão do art. 986, não as partes. Ocorre que - é isto que importa evidenciar - as partes ostentavam, até então, legitimidade para aquele mesmo fim'.1 Para o autor, 'é o caso de sustentar que as partes também têm legitimidade para o pedido de revisão, nos termos do texto aprovado pelo Senado Federal na sessão de 17 de dezembro de 2014, considerando-se não escrita, porque formalmente inconstitucional, a restrição contida no art. 986'" (CAVALCANTI, Marcos de Araújo. *Incidente de resolução de demandas repetitivas* [livro eletrônico]. São Paulo: Revista dos Tribunais, 2016).

O evento, que reuniu autoridades, juristas e especialistas, aprovou 51 enunciados, inclusive o enunciado que fora proposto por este autor, segundo o qual "a revisão da tese jurídica firmada no incidente de resolução de demandas repetitivas pode ser feita pelas partes, nos termos do art. 977, II, do CPC/2015" (Enunciado nº 143).

Diante destas considerações, é possível afirmar que o art. 986 do CPC/2015 não pode ser interpretado literalmente, de modo a restringir seu alcance, sob pena de se perpetuar a inconstitucionalidade formal do dispositivo decorrente do processo legislativo. Assim, entendemos que as partes, tanto do processo principal, quanto dos processos relacionados e suspensos pela afetação do IRDR, possuem legitimidade para suscitar eventual procedimento de revisão da tese jurídica firmada[58], sem prejuízo, é claro, da legitimidade do próprio órgão jurisdicional, do Ministério Público e da Defensoria Pública.

4. COMO OCORRE A REVISÃO?

4.1 Órgão competente

Constitui objeto de controvérsia doutrinária a definição da competência para superação da tese jurídica firmada em precedente. De um lado, afirma-se que somente o tribunal que fixou a tese tem competência para superar o entendimento consubstanciado no precedente[59]. De outro lado, há vozes no sentido de que qualquer tribunal pode dar ensejo à superação da tese jurídica, com fundamento no art. 489, § 1º, VI do CPC/2015[60-61].

58. Conosco: "Entendemos que todos os legitimados para instaurar o procedimento de resolução de causas repetidas podem, tranquilamente, suscitar a revisão da tese" (BRANDÃO, Antonio Augusto Pires. *O incidente de resolução de demandas repetitivas (IRDR)*: do contexto à otimização. Curitiba: CRV, 2019, p. 185).

59. Assim: "No que toca à competência para a superação do precedente, nada obstante o dispositivo utilizar a ideia de preferência do órgão que fixou a *ratio decidendi*, deve-se entender que só é possível que outro órgão realize a superação caso se encontre em posição superior na pirâmide judiciária. Caso contrário, quando a decisão em sentido contrário ao estabelecido é de órgão inferior, não se trata de superação, mas apenas de decisão em *error in judicando* ou *in procedendo*" (MACÊDO, Lucas Buril de. O regime jurídico dos precedentes judiciais no projeto do novo Código de Processo Civil, *Revista de Processo*, São Paulo, v. 237, p. 369-401, nov./2014).

60. Nesse sentido: "No campo doutrinário, sempre foi polêmica a possibilidade de órgão inferior superar entendimento formulado por tribunal que se situe em condições de revisar o entendimento do primeiro. Entretanto, no CPC/2015, a previsão contida no inciso VI, do § 1º do art. 489, parece autorizar a prática, diante de qualquer restrição ou limitação neste e em qualquer outro dispositivo do novo estatuto" (MENDES, Aluisio Gonçalves de Castro. *Incidente de resolução de demandas repetitivas.* Rio de Janeiro: Forense, 2017, p. 244).

61. Veja-se, ainda: "Qualquer juiz pode superar procedente vinculante, desde que faça de forma adequada e fundamentada, demonstrado as razões pelas quais o procedente não mais se aplica ao caso concreto" (CAVALCANTI, Marcos de Araújo. *Incidente de resolução de demandas repetitivas* [livro eletrônico]. São Paulo: Revista dos Tribunais, 2016).

Em que pese a divergência, permanece assente o entendimento de que apenas o tribunal que fixou a tese jurídica de precedente tem competência para rediscuti-la[62] – e é exatamente essa a hipótese que tratamos no presente trabalho.

Com efeito, se existe um assunto em que o art. 986 não pode ser desprezado, esse assunto é o órgão competente para processar e julgar o pedido de revisão da tese firmada no IRDR. Isso porque, como já visto, essa matéria é expressamente tratada pelo referido dispositivo, que atribui a competência ao "mesmo tribunal". Como se extrai da leitura do dispositivo, apenas o tribunal que fixou a tese do IRDR é competente para processar e julgar eventual pedido de revisão da tese.

Questão relevante que é apontada por Aluisio Mendes diz respeito aos casos em que a parte interpôs recurso contra a decisão do tribunal que fixou a tese no incidente[63]. Nesses casos, pergunta-se: a quem compete o processamento e julgamento do pedido de revisão: aos tribunais superiores competentes para o julgamento dos recursos ou ao tribunal de origem que admitiu o incidente e fixou a tese?

A alternativa mais adequada é aquela proposta por Hélio Ricardo Diniz Krebs, para quem é competente para a revisão da tese não o tribunal que instaurou o incidente, mas aquele que proferiu a última decisão de mérito[64-65]. O raciocínio parece acertado, porque o art. 987, § 2º do CPC/2015 prevê que, uma vez apreciado o mérito do recurso pelos tribunais superiores, a tese jurídica será aplicada no território nacional a todos os processos individuais ou coletivos que versem sobre idêntica questão de direito. Significa dizer que o julgamento dos

---

62. Por todos, confira-se: "O art. 986 menciona que esta [revisão] será feita no mesmo tribunal. De fato, enquanto a distinção, e também a superação na opinião do autor deste trabalho, são técnicas que podem ser utilizadas pelos órgãos julgadores, vinculados ao tribunal, diante do caso concreto, a revisão formal da tese somente pode ser realizada pelo tribunal que tenha formulado a tese" (MENDES, Aluisio Gonçalves de Castro. *Incidente de resolução de demandas repetitivas*. Rio de Janeiro: Forense, 2017, p. 248).

63. MENDES, Aluisio Gonçalves de Castro. *Incidente de resolução de demandas repetitivas*. Rio de Janeiro: Forense, 2017, p. 249.

64. Confira-se: "Vale ressaltar, ainda, que, de acordo com o art. 986, 'A revisão da tese jurídica firmada no incidente far-se-á pelo mesmo tribunal, de ofício ou mediante requerimento" do Ministério Público ou da Defensoria Pública. Embora o citado dispositivo enuncie que a revisão "far-se-á pelo mesmo tribunal", podendo dar ensejo à ideia de que o tribunal competente para tanto seria o tribunal que instaurou o incidente, a correta interpretação do dispositivo aponta no sentido de que a revisão deve ser feita pelo tribunal que proferir a última decisão de mérito no incidente" (KREBS, Hélio Ricardo Diniz. *Sistema de precedentes e direitos fundamentais* [livro eletrônico]. São Paulo: Revista dos Tribunais, 2015).

65. Em igual sentido: "O órgão colegiado do tribunal que, nos termos do regimento interno, firmou o posicionamento a ser rediscutido, deve ter preferência para revisar a tese jurídica formada. Essa conclusão não vale para a hipótese de o STF e/ou STJ terem firmado, em sede de recurso especial e/ou extraordinário, o entendimento que se pretende revisar. Logicamente, não poderia um tribunal local e/ou regional revisar a posição fixada por um dos tribunais superiores no julgamento de recurso interposto contra a decisão de mérito do IRDR. Nesse caso, o pedido de revisão deve ser formulado junto ao presidente do STF ou do STJ" (CAVALCANTI, Marcos de Araújo. *Incidente de resolução de demandas repetitivas* [livro eletrônico]. São Paulo: Revista dos Tribunais, 2016).

recursos extraordinário ou especial ampliam a eficácia da tese para toda a jurisdição dos tribunais superiores, isto é, todo território nacional, de maneira tal que somente estes tribunais teriam competência para processar e julgar eventual pedido de revisão.

Vale ressaltar, ainda, que o art. 986 do CPC não impede que os regimentos internos dos tribunais criem normas de prevenção interna, determinando que o relator do incidente que fixou a tese se tornará prevento para conhecer do pedido de revisão[66]. Ainda, em sentido contrário, é possível estabelecer que o pedido de revisão será distribuído a qualquer relator, desde que não seja o relator do incidente originário[67].

4.2 Procedimento

Segundo entendimento de Ravi Peixoto, existiriam duas espécies de procedimentos para a revisão de precedentes: um concentrado e um difuso. O modelo concentrado seria decorrente de um procedimento específico para a revisão do precedente. Já o modelo difuso é aquele que permite a revisão dos precedentes em qualquer processo, de modo que não haveria um procedimento específico para tanto, mas sim uma superação feita de forma incidental[68].

Tratando do modelo concentrado de revisão de precedentes, Fredie Didier Junior, Paulo Sarna Braga e Rafael Alexandria de Oliveira sustentam que "instaura-se um procedimento autônomo, cujo objetivo é a revisão de um entendimento já consolidado no tribunal". De acordo com os autores, é exatamente o que ocorre com o pedido de revisão da tese firmada em incidente de resolução de demandas repetitivas[69].

Ousamos, contudo, discordar desse entendimento. Ao contrário das súmulas, cujo procedimento de revisão pode se dar em abstrato – e, aí sim, pode-se falar em revisão concentrada –, a rediscussão da tese fixada em IRDR não pode ser feita de forma abstrata, dependendo, portanto, da existência de um caso concreto

66. Confira-se, a propósito, a previsão contida no art. 269, § 2º do Regimento Interno do Tribunal de Justiça do Paraná: "A propositura do incidente de revisão, instruído com os argumentos de fato e de direito, observando a necessidade de fundamentação adequada e específica, será autuado junto ao setor competente e distribuído, por prevenção, ao órgão julgador e ao Relator do acórdão que julgou originariamente o incidente a que se visa alterar".

67. Nesse sentido, é a previsão do art. 293 do Regimento Interno do Tribunal de Justiça de Alagoas, segundo o qual "a revisão da tese jurídica firmada no incidente far-se-á pelo Plenário, seguindo-se a mesma tramitação estabelecida para a admissibilidade e julgamento do incidente, não podendo ser Relator o Desembargador que tenha exercido a relatoria do incidente que originou a tese que se pretende revisar".

68. PEIXOTO, Ravi. A superação de precedentes (*overruling*) no Código de Processo Civil de 2015, *Revista de Processo Comparado*, v. 3, p. 121-157, jan.-jun./2016.

69. DIDIER JUNIOR, Fredie; BRAGA, Paulo Sarno; OLIVEIRA, Rafael Alexandria de. *Curso de direito processual civil*. 11. ed. Salvador: Juspodivm, 2016, v. 2, p. 510.

subjacente[70]. Dessa maneira, é possível concluir que o procedimento de revisão será sempre incidental em relação ao processo principal, no qual se pretende ver afastada a aplicação da tese originalmente firmada.

4.2.1 IRDR revisional ou incidente revisor

Diante da ausência de normas específicas no Código de Processo Civil, o procedimento de revisão deve seguir aquele estabelecido para instauração de IRDR[71], instaurando-se um "*incidente revisor*", nas palavras de Sofia Temer[72], ou "*IRDR revisional*", como prefere chamar Marcos de Araújo Cavalcanti[73].

Vale dizer que esse modelo de procedimento foi encampado pelos Regimentos Internos dos Tribunais de Justiça da Bahia e de Pernambuco, que preveem expressamente a instauração de incidente revisor para rediscutir a tese jurídica firmada em IRDR.

Com relação aos requisitos de admissibilidade do incidente revisor, Marcos de Araújo Cavalcanti entende que o interessado na revisão da tese deverá demonstrar fundamento que justifique tal pleito[74]. De fato, deve estar presente ao menos uma das circunstâncias apontadas no item 2 *supra* para justificar a admissibilidade do pedido de revisão da tese jurídica fixada anteriormente. Além disso, o autor sustenta a necessidade de estarem presentes os mesmos requisitos exigi-

---

70. Confira-se, a propósito: "Em regra, a superação do precedente não é feita de forma abstrata, num procedimento previsto apenas para esse propósito, mas sim no julgamento de caso concreto. A parte prejudicada pela aplicação do precedente recorre até o tribunal que o criou. Ao chegar perante esse tribunal, a parte tanta, no julgamento do recurso cabível, convencer o tribunal a superar o precedente. Se obtiver êxito, o tribunal dá provimento ao recurso e supera o precedente (...) Os únicos precedentes que são modificados de forma abstrata são as súmulas. Esse tipo de precedente – que, como visto, é um precedente *lato sensu*, pois representa o precedente que motivou a sua edição – tem o procedimento específico e abstrato para revisão ou cancelamento" (CRAMER, Ronaldo. *Precedentes judiciais*: teoria e dinâmica. Rio de Janeiro: Forense, 2016, p. 150-151).

71. Nesse sentido: "Este novo incidente – cujo objeto é a 'revisão da tese' de anterior IRDR – deverá seguir o mesmo procedimento previsto nos arts. 976 e ss., com os importantes acréscimos dos parágrafos do art. 927 do NCPC, aplicáveis a alteração de precedentes vinculantes" (SPADONI, Joaquim Felipe. Incidente de resolução de demandas repetitivas. In: WAMBIER, Luiz Rodrigues; WAMBIER, Teresa Arruda Alvim (Coord.). *Temas essenciais do novo CPC*: análise das principais alterações do sistema processual civil brasileiro [livro eletrônico]. São Paulo: Revista dos Tribunais, 2016).

72. TEMER, Sofia. *Incidente de resolução de demandas repetitivas*. Salvador: Juspodivm, 2016, p. 255.

73. CAVALCANTI, Marcos de Araújo. *Incidente de resolução de demandas repetitivas* [livro eletrônico]. São Paulo: Revista dos Tribunais, 2016.

74. "Para revisar o precedente não é suficiente o simples requerimento. O interessado deve demonstrar os argumentos fáticos e jurídicos que podem servir de baliza para demonstrar a necessidade de revisão da posição firmada no IRDR anterior. O interessado pode alegar, por exemplo, a revogação ou modificação de texto normativo em que se fundou a decisão; ou a alteração econômica, cultural, política ou social referente à matéria decidida no IRDR" (CAVALCANTI, Marcos de Araújo. *Incidente de resolução de demandas repetitivas* [livro eletrônico]. São Paulo: Revista dos Tribunais, 2016).

dos para a instauração do IRDR, previstos no art. 976 do CPC/2015[75], mitigando apenas a exigência de demonstração de decisões antagônicas.

Ocorre que essa não parece a melhor compreensão do tema, porque exigir a multiplicidade de pedidos revisionais fundados na alteração legislativa, por exemplo, impõe ao sistema de precedentes um atraso na sua capacidade de se reajustar ao contexto sócio jurídico[76].

Uma vez admitido o incidente-revisor, passa-se à fase de debates e instrução do feito, conforme o caso. Considerando o procedimento de revisão anuncia uma potencial alteração de jurisprudência, devem ser adotadas as providências específicas relacionadas aos princípios da segurança jurídica e da confiança. A esse respeito, confira-se o entendimento de Nelson Nery Júnior e Rosa Maria de Andrade Nery:

> Mudança de entendimento sedimentado. A vinculação das decisões dos órgãos jurisdicionais inferiores ao precedente emanado pelo Tribunal impacta de forma definitiva sobre as decisões a serem tomadas por esses órgãos. Em razão disso, a mudança de entendimento sedimentado não pode ocorrer de forma aleatória, ou ao belprazer do Tribunal. Com o poder vinculante da jurisprudência, a segurança jurídica ganha um novo parâmetro de avaliação; não se pode, pois, proceder a qualquer alteração de entendimento já pacificado sem ampla discussão e participação da sociedade, mesmo porque haverá a necessidade de direcionar de forma nova a situação envolvida (tanto é assim que se admite a participação de pessoas, órgãos e entidades no processo, bem como a realização de audiências públicas). A fundamentação já é necessária de qualquer forma, em razão do disposto no CF 93 IX.[77]

Nessa quadra, o § 2º do art. 927 do CPC/2015 prevê que a alteração de tese jurídica adotada em julgamento de casos repetitivos pode ser precedida de au-

75. "O 'IRDR revisional' deve atender aos mesmos pressupostos (negativos e positivos) de admissibilidade previstos no art. 976 e seguintes do NCPC. Dessa forma, deve haver uma efetiva repetição de processos sobre a mesma questão de direito que coloque em risco a isonomia e a segurança jurídica. No "IRDR revisional" a necessidade de demonstração de decisões antagônicas ou conflitantes deve ser mitigada, especialmente porque o efeito vinculante do procedente firmado no IRDR anterior impedirá ou dificultará a existência delas" (CAVALCANTI, Marcos de Araújo. *Incidente de resolução de demandas repetitivas* [livro eletrônico]. São Paulo: Revista dos Tribunais, 2016).

76. Registre-se, por oportuno, o entendimento de Antonio Brandão: "Não obstante a previsão legal de um recall jurídico da tese firmada, não existe a receita exata para se obter o resultado modificador do entendimento. Analogamente podemos concluir que o modo de revisão de tese jurídica deve seguir o rito procedimental do próprio IRDR, quando, ao invés do ônus de provas o risco à isonomia e à segurança jurídica em conjunto com a multiplicação de causas, o legitimado deve demonstrar a pertinência do requerimento, apontando os reais motivos que autorizam a superação do posicionamento adotado" (BRANDÃO, Antonio Augusto Pires. *O incidente de resolução de demandas repetitivas (IRDR)*: do contexto à otimização. Curitiba: CRV, 2019, p. 185).

77. NERY JÚNIOR, Nelson; NERY, Rosa Maria de Andrade. *Comentários ao Código de Processo Civil* [livro eletrônico]. São Paulo: Revista dos Tribunais, 2015.

diências públicas e da manifestação de *amici curiae*, o que demonstra que essas mudanças inspiram cautela[78].

Além disso, existe uma preocupação reforçada com a fundamentação da decisão judicial proferida por ocasião da revisão da tese, sendo certo que "a modificação de enunciado de súmula, de jurisprudência pacificada ou de tese adotada em julgamento de casos repetitivos observará a necessidade de fundamentação adequada e específica, considerando os princípios da segurança jurídica, da proteção da confiança e da isonomia" (art. 927, § 4º, CPC/2015). Dessa maneira, nos termos do Enunciado 320 do Fórum Permanente de Processualistas Civis: "Os tribunais poderão sinalizar aos jurisdicionados sobre a possibilidade de mudança de entendimento da corte, com a eventual superação ou a criação de exceções ao precedente para casos futuros"[79].

Além da majoração do ônus argumentativo, o legislador facultou ao órgão julgador a possibilidade modulação dos efeitos da tese jurídica, nos termos do art. 927, § 3º do CPC/2015. Acerca do assunto, o Enunciado 55 do Fórum Permanente de Processualistas Civis: "Pelos pressupostos do § 3.º do art. 927, a modificação do precedente tem, como regra, eficácia temporal prospectiva. No entanto, pode haver modulação temporal, no caso concreto".

Por fim, vale registrar que, apesar de não haver previsão do Código de Processo Civil nesse sentido, é possível que os tribunais determinem, em seus Regimentos Internos, a necessidade de quórum qualificado para aprovar eventual alteração na tese jurídica fixada[80]. A medida revela-se adequada, haja vista o efeito deletério de se decidir frequentemente pela modificação da jurisprudência.

4.2.2 Regimentos Internos dos Tribunais da Justiça Comum

Sendo omisso o legislador ordinário acerca do procedimento de revisão da tese fixada em IRDR, transfere-se aos tribunais a incumbência de regulamentar a matéria em seus Regimentos Internos, no exercício da competência

---

78. "Da mesma forma como acontece na fase instrutória do IRDR, a decisão sobre a modificação de entendimento sedimentado pode ser precedida de audiências públicas e da participação de *amici curiae*, isto é, de pessoas, órgãos ou entidades que possam contribuir para a rediscussão da tese (art. 927, § 2.º, do NCPC)" (CAVALCANTI, Marcos de Araújo. *Incidente de resolução de demandas repetitivas* [livro eletrônico]. São Paulo: Revista dos Tribunais, 2016).

79. Sobre o tema, confira-se: CABRAL, Antonio do Passo. Estabilidade e alteração de jurisprudência consolidada: proteção da confiança e a técnica do julgamento-alerta. In: GALLOTTI, Isabel *et al* (Coord.). *O papel da jurisprudência no STJ*. São Paulo: Revista dos Tribunais, 2014, p. 31-54).

80. Nesse sentido, a previsão do Regimento Interno do Tribunal Regional Federal da 2ª Região: "Art. 119, § 2º. A alteração ou o cancelamento de tese jurídica adotada em enunciado de súmula ou em julgamento de casos repetitivos poderá ser precedida de audiências públicas e da participação de pessoas, órgãos ou entidades que possam contribuir para a rediscussão da tese. O incidente será decidido pelo Órgão Especial ou pela Seção Especializada, de acordo com suas respectivas competências, por maioria absoluta de seus membros".

definida pelo artigo 96, inciso I, alínea "a", da CRFB/88[81]. Nesse sentido, Fredie Didier Jr. e Sofia Temer já observaram que o laconismo do CPC exige que os regimentos internos dos tribunais cumpram o papel de fonte de regulamentação complementar[82].

A partir de levantamento realizado no âmbito da Justiça Comum – compreendendo, portanto, vinte e sete Tribunais de Justiça e cinco Tribunais Regionais Federais –, constatou-se que, mesmo após mais de dois anos da vigência do CPC/2015, ainda prevalece a omissão dos tribunais no tratamento da matéria.

Para fins didáticos, classificamos o tratamento dado à matéria pelos regimentos internos dos tribunais em quatro categorias, a saber: (i) os regimentos que contém disposições sobre o procedimento de revisão de forma detalhada; (ii) os regimentos que inovam pontualmente em relação às previsões do CPC, mas não tratam do procedimento; (iii) os regimentos que possuem mera reprodução ou paráfrase da previsão de dispositivos do CPC/2015; e (iv) os regimentos que não possuem qualquer previsão relacionada à matéria.

Como exemplo da primeira classificação, cita-se o Regimento Interno do Tribunal de Justiça da Bahia, que prevê a instauração de um incidente-revisor, determina a intimação dos sujeitos do incidente em que tenha ocorrido a fixação da tese para que, querendo, manifestem-se no incidente-revisor, estabelece a necessidade de indicação expressa dos parâmetros para modulação temporal da eficácia da decisão revisora, além de definir que os novos dados serão informados ao CNJ para que se proceda ao registro no cadastro nacional.

Menciona-se, como exemplo da segunda classificação, o Regimento Interno do Tribunal de Justiça de Minas Gerais, que estabelece a competência do órgão que julgou o incidente anterior para processar e julgar o pedido de revisão da tese jurídica. Além disso, determina que a distribuição do novo incidente será feita, preferencialmente, ao relator do incidente anterior, e, caso não seja possível, a distribuição será livre.

Ilustra a terceira classificação o Regimento Interno do Tribunal de Justiça da Paraíba, cujo art. 300-F determina que "a revisão da tese jurídica firmada no in-

---

81. Art. 96. Compete privativamente:
I - aos tribunais:
a) eleger seus órgãos diretivos e elaborar seus regimentos internos, com observância das normas de processo e das garantias processuais das partes, dispondo sobre a competência e o funcionamento dos respectivos órgãos jurisdicionais e administrativos;

82. Confira-se: "A lacuna da legislação processual exigirá que os tribunais regulamentem, mediante normas internas, questões relativas ao processamento de novos institutos do CPC/2015, como é o caso do incidente de resolução de demandas repetitivas" (DIDIER JUNIOR, Fredie; TEMER, Sofia. A decisão de organização do incidente de resolução de demandas repetitivas: importância, conteúdo e o papel do regimento interno do tribunal, *Revista de Processo*, São Paulo, v. 258, p. 257-278, ago./2016).

cidente far-se-á pelo Tribunal, de ofício ou mediante requerimento do Ministério Público ou da Defensoria Pública".

Por fim, a última classificação dispensa exemplos, eis que se trata da ausência completa.

Partindo dessa classificação, os Regimentos estão assim distribuídos: dos trinta e dois documentos analisados, (i) quatro tratam de forma pormenorizada do procedimento de revisão da tese jurídica firmada em IRDR, (ii) sete possuem inovações pontuais em relação às previsões do CPC/2015, (iii) sete constituem mera reprodução ou paráfrase das normais gerais do CPC/2015, e (iv) quatorze não possuem qualquer previsão. Confira-se, nesse sentido, a ilustração gráfica:

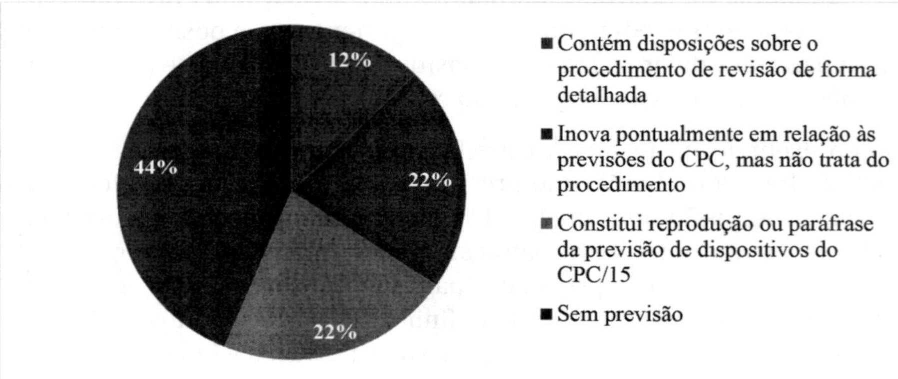

Gráfico 1: Previsão dos Regimentos Internos dos Tribunais da Justiça Comum acerca do procedimento de revisão da tese jurídica firmada em IRDR

Note-se que, na maior parte dos tribunais do país, os jurisdicionados se veem diante de um impasse decorrente do silêncio normativo: de um lado, as previsões normativas do CPC/2015, lacunosas e demasiadamente genéricas, são insuficientes; de outro lado, os Regimentos Internos dos Tribunais também se omitem a respeito do tema.

A tarefa que está posta aos Tribunais é, portanto, desincumbirem-se de um ônus que lhes foi atribuído pelo constituinte e reforçado pelo legislador de 2015, alterando seus Regimentos e estabelecendo as normas procedimentais aplicáveis ao procedimento de revisão da tese firmada em IRDR.

5. QUAIS OS RESULTADOS DA REVISÃO?

Julgado o incidente-revisor, existem três desdobramentos possíveis: (i) manutenção da tese; (ii) modificação da tese; ou (iii) superação da tese.

No primeiro caso, as preocupações jurídicas são reduzidas, uma vez que o julgamento não produzirá efeitos jurídicos relevantes na esfera de direitos dos indivíduos. Em verdade, o principal efeito, nesse caso, é o fortalecimento da tese que já vigia por ocasião do julgamento do IRDR.

O segundo caso inspira maior cautela. É que, ao contrário do primeiro cenário, aqui haverá uma modificação da jurisprudência. Lembre-se que a tese fixada em IRDR não pauta apenas os comportamentos dos órgãos jurisdicionais, mas também o comportamento extraprocessual de pessoas envolvidas em controvérsias cuja solução já foi pacificada pela jurisprudência. Assim, a aplicação da nova tese deverá observar o disposto no art. 985 do CPC/2015, aplicando-se somente aos casos futuros que versem sobre idêntica questão de direito e que venham a tramitar no território de competência do tribunal. Frise-se: apenas aos casos futuros[83]. Não há que se falar, pois, em revisão pretérita com fundamento na modificação do entendimento firmado anteriormente.

Finalmente, no terceiro cenário, a superação da tese significa tão somente o cancelamento do entendimento anterior. Assim, a tese jurídica outrora firmada perde sua eficácia jurídica, deixando de ser suporte para concessão de tutela da evidência (art. 311, CPC/2015), julgamento de improcedência liminar do pedido (art. 332, CPC/2015) ou desprovimento do recurso pelo relator (art. 932, CPC/2015), por exemplo. Isso não significa, contudo, que o cancelamento da tese tem o condão de alterar as relações jurídicas anteriores que já se consumaram sob a sua vigência. É que, nesses casos, a decisão de superação do IRDR não poderá prejudicar a coisa julgada, em conformidade com o disposto no art. 5º, XXXVI, CRFB/1988.

6. CONSIDERAÇÕES FINAIS

"*Vivemos tempos líquidos. Nada é para durar*". Essa é a constatação de Zygmunt Bauman, em entrevista concedida à Revista Isto É[84]. Muito antes do sociólogo polonês, Heráclito de Éfeso, filósofo pré-socrático considerado o "Pai da dialética", já anunciara que "tudo flui", motivo pelo qual "*ninguém entra em um mesmo rio uma segunda vez, pois quando isso acontece já não se é o mesmo, assim como as águas que já serão outras*".

83. Confira-se: "O art. 985 do CPC/2015 afirma que a decisão proferida no incidente 'será aplicada' a todos os processos que 'tramitem na área de jurisdição do respectivo tribunal' e 'aos casos futuros' que 'venham a tramitar no território de competência do tribunal, salvo revisão na forma do art. 986'. Como está claro, permite-se a revisão da decisão apenas em face dos "casos futuros", ou seja, dos casos que 'venham a tramitar'" (MARINONI, Luiz Guilherme. *Incidente de resolução de demandas repetitivas* [livro eletrônico]. São Paulo: Revista dos Tribunais, 2016).

84. Disponível em: https://istoe.com.br/102755_vivemos+tempos+liquidos+nada+e+para+durar+/. Acesso em: ago./2019.

O fato de a sociedade estar submetida a constantes processos de transformações não é, portanto, nenhuma novidade. Exatamente por isso que as ciências humanas têm por desafio analisar fenômenos cujas características estão sempre se metamorfoseando. Não é diferente com o Direito: a ciência jurídica é diretamente impactada pelas mudanças que ocorrem na esfera econômica, política, social e cultural de uma época. Analisar institutos jurídicos é, nesse sentido, analisar pensamentos de uma época. Não é sem razão, aliás, que os livros jurídicos saem tão rápido das prateleiras para o estoque de livrarias, porque rápido também é o processo de desatualização das obras.

Diante de uma realidade tão fluida, de uma modernidade tão líquida, como é possível garantir a estabilidade dos conceitos jurídicos e dos pronunciamentos emanados pelo Poder Judiciário? Como é possível evitar a armadilha do "Direito líquido", sem deixar que ele perca seu lugar nas prateleiras por conta da poeira acumulada e da desatualização dos seus conceitos?

A construção de um sistema jurídico (no qual se insere o subsistema de precedentes) estável depende, paradoxalmente, da sua capacidade de adaptação. Ora, se é necessário flexibilizar o sistema para garantir sua estabilidade, a pergunta que se faz na linha seguinte é: em que medida deve ocorrer essa flexibilização? Note-se que a resposta inspira cautela, porque, por um lado, a flexibilidade exagerada desfigura os institutos jurídicos, e, por outro lado, a rigidez excessiva conduz o Direito ao descolamento da realidade.

Sendo assim, entendemos que é fundamental para discernir a medida adequada dessa *flexibilização* a definição de critérios objetivos que autorizam a revisão de precedentes judiciais, especificamente de incidente de resolução de demandas repetitivas. Na linha do que sustemos ao longo do trabalho, fatores como alterações legislativas, mudanças jurisprudenciais, erros evidentes, transformações sociais, políticas ou econômicas, bem como a representação argumentativa deficiente são circunstâncias que autorizam a revisão da tese jurídica firmada em IRDR, cujo procedimento pode ser proposto não só pelo tribunal, Ministério Público e Defensoria Pública, mas por todos os sujeitos que se veem atingidos pela tese jurídica fixada.

Nessa toada, tratar da revisão da tese fixada em IRDR não se trata de um estímulo à modificação da jurisprudência, tampouco depõe contra a estabilidade do sistema de precedente. Em verdade, a definição precisa e adequada das hipóteses em que pode ocorrer a rediscussão da tese fixada em IRDR aumenta a previsibilidade e a calculabilidade do sistema de precedentes no direito brasileiro, na medida em que permite aos sujeitos processuais tomar conhecimento da estrutura normativa que rege o funcionamento do novel incidente de resolução de demandas repetitivas.

7. REFERÊNCIAS

ABBOUD, Georges; CAVALCANTI, Marcos de Araújo. Inconstitucionalidades no incidente de resolução de demandas repetitivas (IRDR) e os riscos ao sistema decisório, *Revista de Processo*, São Paulo, v. 240, p. 221-242, fev./2015.

AMARAL, Guilherme Rizzo. *Comentários às alterações do novo CPC* [livro eletrônico]. 2. ed. São Paulo: Revista dos Tribunais, 2016.

ASSIS, Guilherme Bacelar Patrício de. A oscilação decisória no STF acerca da garantia da presunção de inocência: entre a autovinculação e a revogação de precedentes. *Revista de Informação Legislativa*, v. 55, n. 217, p. 135-156, jan./mar. 2018.

BARBOSA MOREIRA, José Carlos. O processo civil brasileiro entre dois mundos, *Revista da EMERJ*, Rio de Janeiro, v. 4, n. 16, p. 11-22, 2001.

BARBOSA MOREIRA, José Carlos. *Temas de direito processual*: oitava série. São Paulo: Saraiva, 2004.

BRANDÃO, Antonio Augusto Pires. *O incidente de resolução de demandas repetitivas (IRDR)*: do contexto à otimização. Curitiba: CRV, 2019.

BRASIL, Superior Tribunal de Justiça, Petição nº 11.796/DF, Terceira Seção, Rel. Ministra Maria Thereza de Assis Moura, julgado em 23/11/2016.

BRASIL, Superior Tribunal de Justiça, Petição nº 11.805/DF, Terceira Seção, Rel. Ministro Rogerio Schietti Cruz, julgado em 10/05/2017.

BRASIL, Superior Tribunal de Justiça, Petição no Recurso Especial nº 1.673.858/SP, Rel. Ministro Ricardo Villas Bôas Cueva, decisão monocrática em 23/06/2017.

BRASIL, Superior Tribunal de Justiça, Recurso Especial nº 1.097.042/DF, Terceira Seção, Rel. Ministro Napoleão Nunes Maia Filho, Rel. para acórdão Ministro Jorge Mussi, julgado em 24/02/2010.

BRASIL, Superior Tribunal de Justiça, Recurso Especial nº 1.329.088/RS, Terceira Seção, Rel. Ministro Sebastião Reis Júnior, julgado em 13/03/2013.

BRASIL, Supremo Tribunal Federal, Agravo Regimental em Ação Direta de Inconstitucionalidade nº 4.071/DF, Pleno, Rel. Ministro Menezes Direito, julgado em 22/04/2009.

BRASIL, Supremo Tribunal Federal, Agravo Regimental em Ação Direta de Inconstitucionalidade nº 4.071/DF, Pleno, Rel. Ministro Menezes Direito, julgado em 22/04/2009.

BRASIL, Supremo Tribunal Federal, Habeas Corpus nº 118.533/MS, Pleno, Rel. Ministra Carmén Lúcia, julgado em 23/06/2016.

CABRAL, Antonio do Passo. A escolha da causa-piloto nos incidentes de resolução de processos repetitivos, *Revista de Processo*, São Paulo, v. 231, p. 201-223, mai./2014.

______. Estabilidade e alteração de jurisprudência consolidada: proteção da confiança e a técnica do julgamento-alerta. In: GALLOTTI, Isabel *et al* (Coord.). *O papel da jurisprudência no STJ*. São Paulo: Revista dos Tribunais, 2014.

______; CRAMER, Ronaldo (Coord.). *Comentários ao novo Código de Processo Civil*. 2. ed. Rio de Janeiro: Forense, 2016.

CÂMARA, Alexandre Freitas. Superação da jurisprudência sumulada e modulação de efeitos no novo código de processo civil. In: NUNES, Dierle; MENDES, Aluisio Gonçalves de Castro; JAYME, Fernando Gonzaga. *A nova aplicação da jurisprudência e precedentes no CPC/2015*: estudos em homenagem à professora Teresa Arruda Alvim [livro eletrônico]. São Paulo: Revista dos Tribunais, 2017.

CÂMARA, Helder Moroni (Coord.). *Código de Processo Civil comentado*. São Paulo: Almedina, 2016.

CAVALCANTI, Marcos de Araújo. *Incidente de resolução de demandas repetitivas* [livro eletrônico]. São Paulo: Revista dos Tribunais, 2016.

CRAMER, Ronaldo. *Precedentes judiciais*: teoria e dinâmica. Rio de Janeiro: Forense, 2016.

DIDIER JUNIOR, Fredie; BRAGA, Paulo Sarno; OLIVEIRA, Rafael Alexandria de. *Curso de direito processual civil*. 11. ed. Salvador: Juspodivm, 2016, v. 2.

_____; TEMER, Sofia. A decisão de organização do incidente de resolução de demandas repetitivas: importância, conteúdo e o papel do regimento interno do tribunal, *Revista de Processo*, São Paulo, v. 258, p. 257-278, ago./2016.

FICANHA, Grasieli Taise. Decisões vinculantes, sua aplicação e garantia do contraditório: uma possível solução através da representação argumentativa, *Revista de Processo*, São Paulo, v. 275, p. 425-448, jan./2018.

FRANÇA, Rubens Limongi. *O direito, a lei e a jurisprudência*. São Paulo: Revista dos Tribunais, 1974.

FUX, Luiz. Notas sobre o princípio da motivação e a uniformização da jurisprudência no novo Código de Processo Civil à luz da análise econômica do Direito, *Revista do Tribunal Regional Federal da 1ª Região*, Brasília, v. 29, n. 11/12, nov./dez. 2017.

GAJARDONI, Fernando da Fonseca. *No novo CPC, demandar contra precedente é litigância de má-fé?* Disponível em: <https://jota.info/colunas/novo-cpc/no-novo-cpc-demandar-contra-precedente-e-litigancia-de-ma-fe-15022016>. Acesso em: jul./2018

GONÇALVES, Marcelo Barbi. O incidente de resolução de demandas repetitivas e a magistratura deitada, *Revista de Processo*, São Paulo, v. 222, p. 221-247, ago./2013.

KREBS, Hélio Ricardo Diniz. *Sistema de precedentes e direitos fundamentais* [livro eletrônico]. São Paulo: Revista dos Tribunais, 2015.

LEMOS, Vinicius Silva. O recurso excepcional com fundamento de superação de precedente repetitivo ou repercussão geral e a necessidade do juízo de admissibilidade positivo, *Revista de Processo*, São Paulo, v. 286, p. 385-417, dez./2018.

MACÊDO, Lucas Buril de. O regime jurídico dos precedentes judiciais no projeto do novo Código de Processo civil, *Revista de Processo*, São Paulo, v. 237, p. 369-401, nov./2014.

_____. Transformação, sinalização e superação antecipada e sua pertinência ao sistema de precedentes brasileiro, *Revista de Processo Comparado*, São Paulo, v. 3, p. 89-120, jan.-jun./2016.

MANCUSO, Rodolfo de Camargo. *Incidente de resolução de demandas repetitivas* [livro eletrônico]. São Paulo: Revista dos Tribunais, 2016.

MARINONI, Luiz Guilherme. *A ética dos precedentes* [livro eletrônico]. 2. ed. São Paulo: Revista dos Tribunais, 2016.

_____. Eficácia vinculante – a ênfase à *ratio decidendi* e à força obrigatória dos precedentes, *Doutrinas Essenciais de Direito Constitucional*, São Paulo, v. 4, p. 863-893, mai/2011.

_____. *Incidente de resolução de demandas repetitivas* [livro eletrônico]. São Paulo: Revista dos Tribunais, 2016.

_____; ARENHART, Sérgio Cruz; MITIDIERO, Daniel. *Novo Código de Processo Civil comentado* [livro eletrônico]. 2. ed. São Paulo: Revista dos Tribunais, 2016.

_____; MITIDIERO, Daniel; ARENHART, Sérgio Cruz (Coord.). *Comentários ao Código de Processo Civil* [livro eletrônico]: artigos 976 ao 1.044. São Paulo: Revista dos Tribunais, 2016.

MEDINA, José Miguel Garcia. *Novo Código de Processo Civil comentado*. 4. ed. São Paulo: Revista dos Tribunais, 2016.

MENDES, Aluisio Gonçalves de Castro. *Incidente de resolução de demandas repetitivas*. Rio de Janeiro: Forense, 2017.

_____; TEMER, Sofia. O incidente de resolução de demandas repetitivas do novo Código de Processo Civil, *Revista de Processo*, São Paulo, v. 243, p. 283-331, mai./2015.

MENDES, Anderson Cortez. Dever de fundamentação no novo Código de Processo Civil e os precedentes vinculantes, *Revista Eletrônica de Direito Processual – REDP*, Rio de Janeiro, v. 16, jul.-dez./2015.

NERY JÚNIOR, Nelson; NERY, Rosa Maria de Andrade. *Comentários ao Código de Processo Civil* [livro eletrônico]. São Paulo: Revista dos Tribunais, 2015.

NEVES, Daniel Amorim Assumpção. *Novo Código de Processo Civil comentado*. 2 ed. Salvador: Juspodivm, 2017.

NOGUEIRA, Gustavo Santana. *Stare decisis et non quieta movere*: a vinculação aos precedentes no direito comparado e brasileiro. Rio de Janeiro: Lumen Juris, 2011.

PEIXOTO, Ravi. A reclamação como remédio jurídico processual para a superação de precedentes. In: SARLET, Ingo Wolfgang; JOBIM, Marco Félix (Coord.). *Precedentes judiciais*: diálogos transnacionais. Florianópolis: Tirant lo Blanch, 2018.

_____. A superação de precedentes (*overruling*) no Código de Processo Civil de 2015, *Revista de Processo Comparado*, v. 3, p. 121-157, jan.-jun./2016.

RICHTER, Bianca Mendes Pereira. Repercussões da litigância contra precedente no atual ordenamento jurídico brasileiro e a litigância de má-fé, *Revista de Processo*, São Paulo, v. 277, p. 489-505, mar./2018.

SILVA, Bruno Freire e; MAZZOLA, Marcelo. Litigância de má-fé no novo CPC. Penalidades e questões controvertidas. Responsabilidade do advogado, *Revista de Processo*, São Paulo, v. 264, p. 51-81, fev./2017.

SPADONI, Joaquim Felipe. Incidente de resolução de demandas repetitivas. In: WAMBIER, Luiz Rodrigues; WAMBIER, Teresa Arruda Alvim (Coord.). *Temas essenciais do novo CPC*: análise das principais alterações do sistema processual civil brasileiro [livro eletrônico]. São Paulo: Revista dos Tribunais, 2016.

TARUFFO, Michele, La jurisprudencia entre casuística y uniformidad, *Revista de Derecho*, Valdivia, v. 27, nº 2, dic./2014.

TEMER, Sofia. *Incidente de resolução de demandas repetitivas*. Salvador: Juspodivm, 2016.

WELSCH, Gisele Mazzoni. *Legitimação democrática do poder judiciário no novo CPC*. São Paulo: Revista dos Tribunais, 2016.

ZANETI JUNIOR, Hermes. *O valor vinculante dos precedentes*: teoria dos precedentes normativos formalmente vinculantes. 3. ed. Salvador: Juspodivm, 2017.

_____; CARDOSO, Juliana Provedel; CORNIELLES-HERNÁNDEZ, José Ángel. Incidente de resolución de demandas repetitivas (IRDR), *Revista Eletrônica de Direito Processual – REDP*, Rio de Janeiro, v. 19, nº 3, set.-dez./2018.

EDITORA
*Jus*PODIVM
www.editorajuspodivm.com.br